［内部资料　注意保管］

中国工商银行年鉴

ALMANAC OF ICBC

2014

中国工商银行年鉴编辑委员会　编

中国金融出版社

责任编辑：张翠华
责任校对：潘　洁
责任印制：丁淮宾

图书在版编目（CIP）数据

中国工商银行年鉴. 2014（Zhongguo Gongshang Yinhang Nianjian. 2014）/《中国工商银行年鉴》编辑委员会编. —北京：中国金融出版社，2015. 3
ISBN 978 - 7 - 5049 - 7345 - 0

Ⅰ. ①中…　Ⅱ. ①中…　Ⅲ. ①工商银行—中国—2014—年鉴　Ⅳ. ①F832. 33 - 54

中国版本图书馆 CIP 数据核字（2014）第 279332 号

出版发行　中国金融出版社
社址　北京市丰台区益泽路 2 号
市场开发部　(010)63266347，63805472，63439533（传真）
网上书店　http：//www. chinafph. com
　　　　　(010)63286832，63365686（传真）
读者服务部　(010)66070833，62568380
邮编　100071
经销　新华书店
印刷　北京联合互通彩色印刷有限公司
尺寸　205 毫米 ×280 毫米
印张　48. 75
插页　12
字数　1809 千
版次　2015 年 3 月第 1 版
印次　2015 年 3 月第 1 次印刷
定价　285. 00 元
ISBN 978 - 7 - 5049 - 7345 - 0/F. 6905
如出现印装错误本社负责调换　联系电话（010）63263947

中国工商银行年鉴编辑委员会

中国工商银行年鉴编辑部

分行组稿负责人

汪旭升　王建军　张福印　韩彦斌　赵俊生　陈　龙　郭　浩
吴建明　张　超　徐　扬　陈　坚　钱泽龙　张朝阳　刘马华
马庆东　李　讯　王业清　蒋凤生　童志军　周永德　潘福常
张　军　马　强　高荣超　洪　专　邢计划　李双平　温陇秦
戚兴明　魏　斌　李　军　王刚剑　栾经光　董春阳　薛松颖
熊　超　王介林　刘文辉

组　稿　人　员

刘振华　高　珅　杜　衡　李文杰　韩少华　闵祥龙　冷建春
孙亚洲　姚　厉　胡　煜　王文宇　卢茂魁　陈思滔　余丽燕
江海洋　张　森　陈文辉　莫交林　翁文扬　覃江峰　陈萍萍
张　恒　陈　宏　陈　实　李　洋　刘凤雏　付春涛　雷延平
杨　磊　欧阳昀　李　伟　曹旭阳　杨　杰　吴　娟　傅　昌
武　强　宋　毓　程秋虎　纪佳庆　黄旭辉　王　宁　郭　欣
张姹琳　程　涛　张瑞婷　杨琛楠　王　强　郑　良　高云翔
江　源　冀　风　王　磊　徐　昴　洪　渊　邹　宏　邓　锐
毕　毅　郑　良　谭旭东　郑伶俐　赵正永　刘燕妮　王　希
刘冀云　王晓明　肖亮亮　张　浩　林珣珣　张　楠　张岚东
王昭苏　魏　宏　张　颖　李志军　王　宇　贾美琴　赵利杰
赵幼力　杭子晴　郑　拓　孙　阳　倪　莹　田艳妍　徐玮琳

董事长　姜建清

董事长致辞

2013年，面对世界经济深度调整的新趋势、国内经济转型发展的新特征、金融监管变革的新要求以及利率市场化、金融脱媒的新情况，本行审时度势，综合施策，紧紧把握经营发展中各种机遇和有利条件，以开阔的视野、创新的思维和进取的姿态，扎实推进各项工作，总体保持了健康平稳的发展态势，经营成果好于预期。全年实现净利润2 629.65亿元，增长10.2%。平均总资产回报率（ROA）为1.44%，加权平均净资产收益率（ROE）为21.92%。成本收入比控制为28.03%。核心一级资本充足率和一级资本充足率均为10.57%，资本充足率为13.12%。在《福布斯》和《银行家》杂志公布的榜单上，本行成为全球最大企业和一级资本最大的银行。在《财富》杂志营业总收入排名中，本行列商业银行榜单首位。

本行注重围绕实体经济需求加大金融创新和服务改进力度，尤其是注重从用好增量和盘活存量两端发力，努力在服务实体经济提质增效中改善信贷经营质态。全年贷款累放8.7万亿元，同比多放9 740亿元，超过了当年8 924亿元的新增额，贷款周转进一步加快，资金使用效率提升。从投向和结构看，突出支持了符合产业结构调整方向的先进制造业、现代服务业、文化产业和战略性新兴产业的发展，积极探索了供应链融资等既有利于控制风险、又有利于改进小微企业金融服务的新模式，通过产品创新手段及时响应个人消费及民生领域的金融需求。严格控制了高耗能、高污染和产能过剩行业贷款，并积极运用金融杠杆支持化解过剩产能。本行还综合运用金融租赁、短期融资券、中期票据、银团贷款等工具，在支持实体经济多元化需求的同时，也拓展了新的市场领域。

本行注重统筹当前和长远，通过转方式调结构，既增强对当前盈利增长的拉动力，又为长远发展铺路搭桥。本行手续费及佣金净收入增长15.3%，占营业收入的比重升至20.75%。在全面规范服务收费的基础上，将具有知识技术含量、为客户增值多且客户乐于接受的金融资产服务类业务作为战略转型重点，形成了一批新的盈利增长点。如产业结构调整中企业需求激增的并购重组等投行业务收入增长43%；实物贵金属、养老金、私人银行等业务收入增幅超过70%。本行还基本搭建起全球化的网络布局，境外机构网络已扩展至40个国家和地区的329家机构，同时作为非洲主要银行——南非标准银行的最大股东，进一步进入非洲19个国家的金融市场，成为国内海外机构覆盖面最广的银行之一。境外机构（不含对标准银行投资）净利润增幅52.2%，大幅超过境内，展现了海外业务良好的成长性。本行新加坡分行还成为人民银行首次在中国以外国家选定的人民币清算行，当年清算业务量超过2.5万亿元。

本行注重以改革为统领，用改革的思路和办法破解发展难题，在全面深化改革中释放新的活力和动力。加强改革的顶层设计，以研究实施9个方面的改革创新为抓手，促进了重点领域和关键环节的改革突破。业务流程综合改造和中后台业务集中处理改革如期完成，显著改善了服务效率和客户体验。尤其是着眼于互联网金融和大数据时代下银行经营管理模式的根本变革，前瞻性地进行了信息化银行建设的整体规划和研究，适应消费金融和移动互联特点，创新推出了集网上购物、网络融资、消费信贷于一体的电商平台，基于居民直接消费的小额消费信贷，基于真实贸易的中小商户贷款等重点创新产品，较好地适应和引导了市场需求。目前本行电子银行客户总数达3.9亿户，其中移动银行客户在国内同业中率先突破1亿户；电子银行年交易额超过380万亿元，业务占比达80%以上。金融改变生活，本行致力于通过持续不断的金融创新为广大客户提供了成本更低、效率更高的金融服务。

本行注重增强风险防控的预判力和有效性，积极运用新理念、新机制、新技术提升公司治理水平和风险管理能力，保障各项业务行稳致远。针对中国经济增长放缓、结构调整力度加大背景下银行资产质量管理遇到的新情况，本行坚持完善机制、管控源头和压降风险多管齐下，边固本边清源边化瘀，保持了资产质量总体稳定，拨备充足，风险可控。不良率较年初微升0.09个百分点至0.94%，拨备覆盖率达到257.19%，处于国际银行业先进水平。在市场流动性波动的敏感时期，本行审慎把握资金来源与运用，保持了流动性平稳，较好地发挥了大行市场稳定器作用。本行还加强了对操作风险的监测分析与核查，加大了对违规多发环节的治理力度，内部风险暴露水平保持在历史低位。根据新的监管要求，完善了公司治理规则，增强了集团治理的全面性和有效性。2013年，本行荣获“香港公司管治卓越奖”、“亚洲公司治理指标企业奖”等公司治理权威奖项。本行还首次入选金融稳定理事会公布的全球系统重要性银行名单，这既反映了中国银行业国际影响力的提升，也意味着本行将接受更为严格的国际监管，进一步参与激烈的全球市场竞争。

2013年，杨凯生先生因年龄原因不再担任本行行长，并相应辞去副董事长和执行董事职务；王丽丽女士因年龄原因不再担任本行副行长，并相应辞去执行董事职务；李晓鹏先生、罗熹先生因工作调整变动不再担任本行副行长，并相应辞去执行董事职务；许善达先生因任期届满不再担任本行独立非执行董事职务；环挥武先生因工作调整变动不再担任本行非执行董事职务。董事会对他们在任期间的勤勉工作和为本行作出的突出贡献深致谢忱。本行新聘任易会满先生出任副董事长、行长及执行董事，聘任刘立宪先生出任执行董事，聘任衣锡群先生和傅仲君先生分别出任独立非执行董事和非执行董事。相信他们将对加强董事会建设、改进经营管理发挥积极作用。

日月不淹，春秋代序。2014年，本行迎来了成立30周年。30年时光，在人类历史长河中不过是浪花一瞬，但对我们而言，却是一段值得铭记的奋进历程。30年来，我们与这个伟大的时代同行，成功实现了自身从弱到强、从本土到全球的一步步跨越，昂首步入世界领先大银行之列，探索走出了一条具有中国特色、符合时代潮流的大型金融企业建设之路。站在承载光荣与梦想的新起点上，我们深知，与建设国际一流现代金融企业的宏伟愿景相比，与打造百年金融老店的远大目标相比，我们还只是万里长征走完第一步，未来迈向更高巅峰的每一步，都会是一次艰难的攀登。

浩渺行无极，扬帆但信风。让我们张扬梦想的风帆，开启三十而立之后的再次出发，乘长风破万里浪，驶向更加波澜壮阔的蓝海。

二〇一四年三月二十七日

行长　易会满

行长致辞

过去的一年，面对依然复杂的国内外经济形势，以及更趋活跃的金融创新和主体更加多元的市场竞争格局，管理层审时度势，紧紧围绕董事会确定的各项目标任务，加快经营转型和业务创新，强化内部管理，提升服务竞争能力，既实现了当期业绩的稳定增长，也为未来可持续发展创造了新的优势。

盈利持续稳定增长。全行实现净利润2 629.65亿元，增长10.2%；加权平均净资产收益率为21.92%，实现基本每股收益0.75元，比上年多实现0.07元。这一成绩的取得来之不易。去年，面对影响利润增长的诸多不利因素，本行加快经营转型步伐，主动发展附加值高、为客户增值多的中间业务，适应利率市场化加快的新情况，改进定价管理，积极开源节流、挖潜增效，实现利息净收入4 433.35亿元，增长6.1%；手续费及佣金净收入1 223.26亿元，增长15.3%，占营业收入比重提高1.00个百分点至20.75%，收益结构进一步优化。境外机构（不含对标准银行投资）、境内综合化子公司净利润分别增长52.2%和76.2%，大大超过集团平均增速，对集团盈利贡献和战略协同作用显著增强。成本收入比较去年同期下降0.53个百分点至28.03%，继续保持在可比同业领先水平。

信贷经营质态积极改善。本行坚持围绕实体经济改善信贷经营管理，优化信贷结构，增强信贷经营活力。一是信贷资金使用效率提高。全年境内新增人民币贷款9 244.03亿元，增幅11.7%；贷款累放8.7万亿元，同比多放9 740亿元，超过了当年新增额。新增贷款和存量贷款收回再贷主要投向了符合国家产业政策和转型升级要求的行业和项目。二是行业结构持续优化。中长期贷款主要投向在建续建项目，先进制造业、现代服务业、文化产业和战略性新兴产业新增贷款占全部公司贷款增量的85%。同时，对地方政府融资平台、产能过剩行业等贷款实行严格的行业限额管理，这些领域贷款余额及在全部贷款的比重均有下降。三是零售信贷增长迅速。持续改进小微企业金融服务，小微企业贷款余额1.87万亿元；创新支持个人消费，个人贷款增加4 404.98亿元，增长19.3%，合计占全部新增贷款的39.4%。本行始终坚守风险管理底线，突出加强产能过剩行业、受经济波动影响较大的小微企业贷款风险防范，重在通过推动并购重组、创新信贷方式，在促进行业和企业健康发展中防控和化解风险，同时多渠道清收处置不良贷款，保持了资产质量的稳定健康。

业务创新步伐进一步加快。本行深入研究多层次资本市场发展、利率市场化进程加速以及互联网金融对银行经营形成的挑战和机遇，以新思维新模式全面推进业务创新，特别是研发推出电商平台、基于居民直接消费的小额消费信贷、小商户POS收单贷款等具有互联网金融特质的产品，提高了产品的便捷性和易用性，更好地适应了客户金融需求的变化。零售业务以及金融资产服务等新兴业务，依靠本行综合化经营形成的协同创新优势以及客户广泛形成的交叉销售优势，实现较快发展。银行卡发卡量达到5.8亿张，消费额达到5.77万亿元，分别较上年增长23.2%和39.7%，其中信用卡发卡量突破8 800万张，消费额超过1.61万亿元，继续保持发卡量和消费额亚太双第一。销售银行类理财产品额5.79万亿元；私人银行管理资产5 413亿元，增长14.4%；贵金属业务交易额和交易量分别达1.31万亿元和13.66万吨，分别较上年增长20.2 %和35.5%；托管资产4.6万亿元，增长16.8%；养老金受托管理基金达546亿元、管理个人账户1 238万户，继续保持了同业优势地位。与此同时，本行更加注重传统基础业务和新兴业务的协调发展，依靠创新挖掘存款、支付、结算等基础业务的增长潜力，在激烈的竞争中展现了较好的成长性。截至2013年末，客户存款余额达14.62万亿元，增加9 779.15亿元，增长7.2%，持续领先同业。

服务和管理基础更加扎实。九层之台，起于垒土。本行牢牢把握金融发展本质，不断夯实服务和管理基础，获取更加深厚的增长潜能。在客户拓展上，通过全面完善分层分类的服务体系，加大目标客户营销力度，实现了客户基础的进一步优化和强化，个人客户达4.3亿户，增长9.9%；公司客户473.5万户，增长8.1%，其中现金管理客户数96.5万户，增长18.7%。在渠道建设上，启动实施网点竞争力提升工程，在城市新区、重点县域加快自助渠道建设，创新微信银行等手机银行服务，构建线上线下一体化的渠道体系。在服务改进上，以“服务品质提升年”活动为推动，以大力改善窗口服务为重点，持续提升服务质量和效率。到2013年末，离柜交易率在80%以上的活跃客户占比升至29.3%，同比上升4.7个百分点。在科技支撑上，规划并启动了“信息化银行”建设，利用大数据、云计算、移动互联网等信息技术改造业务流程和管理系统，深度开发客户价值、支持开展业务竞争。在风险管理上，按照全球系统重要性银行监管要求，运用先进的风险计量技术和大数据分析，全面管控信用风险、市场风险、操作风险、流动性风险和声誉风险，进一步增强了集团全面风险管理能力。

我们深知，变化永远是时代特征，革新永远是大势所趋。能否保持基业长青，关键是把握大局，因势而变；找准方向，乘势而上。2014年，我们将在形势变化中增强定力，在应对挑战中顶住压力，在攻坚克难中提升动力，在创新发展中激发活力，进一步推动全行加快从资产持有大行向资产管理大行转变、从高资本占用向资本节约型业务转变、从存贷利差收入为主向多元均衡盈利增长格局转变、从本土传统商业银行向全球大型综合化金融集团转变，全面增强发展的稳健性、协调性和可持续性，努力以良好业绩回报股东、回馈社会。

行长：

二〇一四年三月二十七日

监事长　赵林

2013年3月21日，姜建清董事长、时任副行长易会满出席移动银行客户突破1亿户新闻发布会。

2013年4月2日，姜建清董事长、王丽丽副行长出席“新加坡人民币清算行暨三大业务中心启动会”，宣布我行在新加坡正式启动人民币清算行服务，成为中国以外首家人民币清算行。

2013年5月9日，姜建清董事长到成都飞机工业集团调研，听取客户对银行产品和服务的意见及建议。

2013年5月20日下午，姜建清董事长出席总行创新沙龙，并发表题为“大数据时代的信息化银行”主题演讲。

2013年6月3日，姜建清董事长出席国际货币会议2013年上海年会，并就金融创新、监管合作以及量化宽松等问题发表演讲。

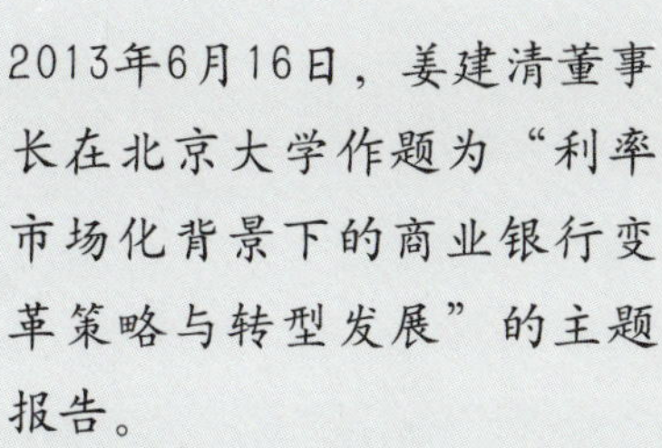

2013年6月16日，姜建清董事长在北京大学作题为“利率市场化背景下的商业银行变革策略与转型发展”的主题报告。

2013年8月28日，姜建清董事长深入工银亚洲军澳湾分行调研。

2013年10月21日，姜建清董事长出席我行与标准银行集团战略合作会议并致辞。

2013年12月20日，姜建清董事长、易会满行长等总行历任领导参加在北京召开的改革发展研讨会，回顾工商银行30年改革发展历程，研究通过全面深化改革开拓持续健康发展广阔前景的新思路、新举措。

2013年12月27日，姜建清董事长出席2013凤凰财经峰会，并获颁“最具改革动力金融家”奖。

2013年3月5日，杨凯生行长参加“两会”期间回答记者提问。

2013年3月27日，杨凯生行长、魏国雄首席风险官、胡浩董事会秘书出席2012年度业绩发布会。

2013年6月25日，易会满行长、罗熹副行长出席电子商务平台业务筹备组成立大会。

2013年7月25日，易会满行长到工银安盛人寿调研工作并看望慰问员工。

2013年1月15日，赵林监事长与部分监事参观我行定点扶贫十七载图片展。

2013年7月31日，赵林监事长到贵州分行调研基层企业文化建设。

2013年4月10日，王丽丽副行长在悉尼参加2013年第一届亚太金融论坛，并作主题发言。

2013年4月11日，李晓鹏副行长出席2013年境外银行卡视频工作会议并讲话。

2013年10月18日，罗熹副行长在加拿大多伦多继续教育学院看望在此参加“国际化人才培训项目”的学员。

2013年6月20日，刘立宪纪委书记在山东分行调研报警监控联网综合管理平台推广情况。

2013年7月28日，张红力副行长出席工银租赁向青海航投和东方航空交付运营A320飞机仪式。

2013年10月10日，王希全副行长代表总行党委参加总行机关离退休干部重阳节秋游活动，表达节日问候和祝福。

2013年10月24日，郑万春副行长赴湖北武汉参加第六届中国·武汉金融博览会暨中国中部（湖北）创业投资大会，并作为商业银行唯一代表与湖北省政府签署战略合作协议。

2013年11月21日，谷澍副行长在山西分行调研核算印章综合改革情况。

2013年11月28日，王敬东副行长出席我行与中国出版集团公司战略合作协议签约仪式。

2013年4月8日，工银阿根廷正式以ICBC品牌对外服务。

2013年3月15日，工银租赁将一座半潜式钻井平台“南海七号”交付给中海油田服务公司。此项目是国内金融租赁公司首次涉足海洋工程平台设备租赁领域。

2013年9月30日，全行业务量达2.461亿笔，主机交易率峰值达7 000笔/秒，创下日业务量和交易率峰值“双高”的历史纪录。图为数据中心（上海）工作人员在ECC应急中心内密切关注信息系统运行情况。

2013年，全行大力发展重组并购等投行业务，有力地支持了我国企业进行重组并购、技术升级和结构调整。图为由我行担任并购融资财务顾问的万达集团收购英国游艇制造商圣汐游艇项目，荣获“2013年度中国最佳并购案例”。

2013年，全行持续加大贵金属产品与服务创新，较好地满足了客户的贵金属投资需求。图为2013年5月，河南分行在第八届中国中部投资贸易博览会上进行贵金属产品展示，吸引众多参会者关注。

2013年，全行加快新型服务方式和智能技术的创新与应用，满足客户不断增长的移动金融服务需求。图为信用卡电话服务中心（石家庄）通过微信客服积极为客户提供优质高效的信用卡服务。

2013年，全行加快推进网点竞争力提升“七大工程”，全面提高网点运营效率和竞争服务能力。广东珠海分行通过在全辖推行ATM集中供钞服务，提升了自助设备运行效率和质量。图为珠海分行ATM中心工作人员在清点现金准备加钞。

2013年，全行积极落实国家扶持小微企业发展的一系列政策措施，持续深化和改进小微企业金融服务。图为宁波分行客户经理深入宁波某生物食品公司，了解企业经营发展情况。

全行坚持以客户为中心，想方设法为因年迈、重病等原因无法到现场办理业务的特殊客户提供“上门服务”，得到客户的交口称赞。图为2013年11月13日，浙江金华武义支行员工为重病老人提供上门服务。

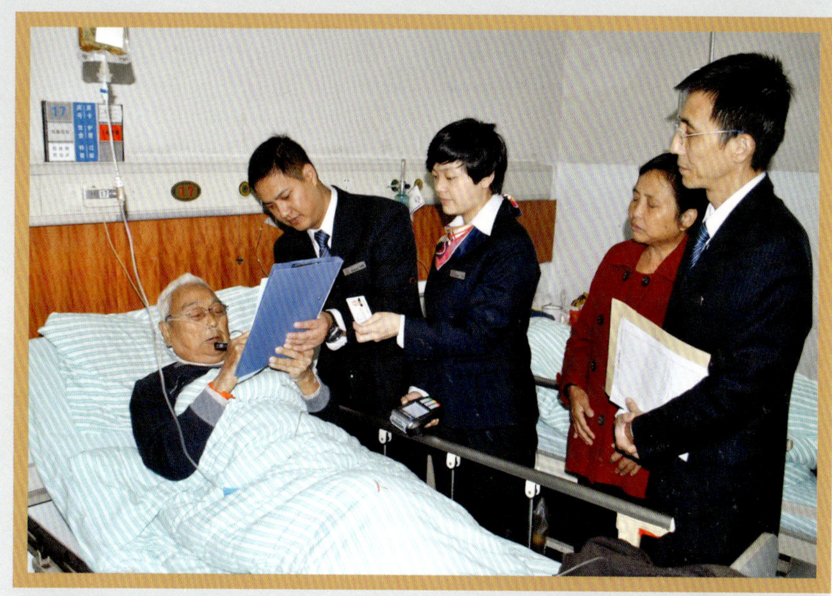

北京分行重点支持建设的北京地铁8号线二期工程。

吉林分行重点支持的丰满大坝重建项目。

上海分行重点支持的我国首批自主设计并制造的ARJ21型新支线客机。

山东分行重点支持的医用制品行业领先企业——威高集团血液净化透析器分公司膜组装车间。

重庆分行重点支持的渝黔铁路建设项目。

目　录

第一部分　改革创新与业务发展

第二部分　国际化发展与综合化经营

第三部分　公司治理与风险管理

第四部分　党建工作与队伍建设

第五部分　境内分行成就

第六部分　重要文献

第七部分　综合统计

第八部分　大事记

第九部分　附　　录

Contents

Part 1 Innovation & Development

Part 2 Global Development & Comprehensive Operation

Part 3 Corporate Governance & Risk Control

Part 4 Party & Staff Building

Part 5 Achievement by Domestic Branches

Part 6 Material Document

Part 7 Comprehensive Statistics

Part 8 Chronicles of ICBC in 2013

Part 9 Appendix

第一部分

改革创新与业务发展

责任编辑：刘治国

认真贯彻国家宏观调控政策

2013年，面对世界经济格局深度调整的新趋势、国内经济转型发展的新特征、金融监管变革的新要求以及利率市场化、金融脱媒的新情况，全行认真贯彻国家宏观调控政策导向和金融监管要求，努力在服务实体经济提质增效中改善信贷经营质态，统筹抓好促改革、调结构、控风险等各项工作，继续保持稳中有进的良好态势。

一、积极支持实体经济发展

紧紧围绕实体经济发展需要，把信贷经营的着力点放在用好增量、盘活存量、提高资金使用效率上。全年各项贷款累放8.7万亿元，是贷款增量的9.5倍，贷款周转进一步加快，资金使用效率提升。从投向和结构看，新增贷款、盘活的存量贷款和代理投资业务筹集的资金主要投向了符合国家产业政策和转型方向的行业和项目。突出支持了符合经济结构调整方向的先进制造业、服务业、文化产业和战略性新兴产业发展，这四大新兴产业贷款增幅为14.8%，增量占公司贷款增量的85.4%。大力支持民生消费领域融资需求，个人住房贷款、信用卡融资增幅分别为28.5%、26.8%，远高于全行贷款平均增幅。积极落实国家扶持中小企业发展的一系列政策措施，中小企业贷款余额占到公司贷款余额的63%。创新小企业经营性物业贷款、"逸贷"等信贷产品，加快实现贸易融资向供应链融资模式升级，供应链融资较年初增加953亿元，网络融资余额较年初增加695亿元。环保友好与合格类法人客户和贷款占比均超过99.9%，投向生态保护、节能减排、循环经济等领域的贷款余额达5 825亿元。

二、持续完善信贷政策，提高金融服务水平

结合宏观形势变化和产业结构调整趋势，及时调整完善信贷政策，不断提升金融服务水平。制定完善了61个行业信贷政策，政策覆盖面达到86.2%，有效引导信贷资源优化配置。完善行业限额管理机制，在国内同业中率先实现了对限额执行情况的实时监控和系统刚性控制，强化产能过剩行业贷款总量控制。新制定了新疆、东北等9个区域信贷政策，有效提高信贷政策与国家产业政策、区域政策的契合度，激发区域发展活力，中西部和东北地区贷款增速高于全行平均水平1.2个百分点。适应市场需要，在风险可控的前提下，改进业务授权模式，调整固定资产融资等业务授权。加快信贷制度建设和产品创新，完善担保管理办法等十余项信贷基础管理制度，完成406项信贷制度梳理，整合简化43项总行系统管理控制事项，信贷经营效率进一步提高。

三、加强重点领域信贷风险管控

（一）严控地方政府融资平台风险。全面落实国家相关政策及监管要求，按照"总量控制、分类管理、区别对待、逐步化解"的总体原则，对地方政府融资平台实施严格的融资总量控制及政策管理。通过严格业务标准、授信审批、统计报告、平台退出、资本占用等措施，进一步加强信用风险管理。全口径地方政府融资平台融资总额较年初减少846亿元，近三年累计下降2 895亿元，不良率为0.09%，贷款质量优于可比同业。

（二）严控房地产信贷风险。认真贯彻落实国家房地产宏观调控政策，优化房地产贷款投放结构，积极支持保障性住房建设和棚户区改造建设。同时提高房地产开发企业准入条件，推广网上核查项目销售率监测方法，督促全行落实按销售进度收回贷款的管理要求。在积极支持棚户区改造等保障性住房建设的同时，房地产贷款余额较年初减少85.8亿元，占公司贷款的比例较年初下降0.78个百分点，不良贷款余额和不良率继续保持双降。

（三）严控产能过剩行业信贷风险。严格按照国家"四个一批"要求，采取限额管理、系统控制等措施，积极压降和退出产能过剩存量融资。对钢铁行业高风险融资客户，逐户明确融资压缩规模，加强融资风险排查分析。钢铁等8个产能过剩行业融资余额较年初下降了305.4亿元。同时，重视产能过剩矛盾的化解，在融资限额内且不扩大产能的前提下，积极支持产能过剩行业企业转型升级、兼并重组和"走出去"。

（四）强化贷后风险监控。推进大数据时代的信息系统建设，开发应用了异常资金流向、交叉违约等41个监测预警控制模型，实现对合规性问题的事前控制。总分行预警并核查处置信贷业务风险6.14万笔，涉及金额6 398亿元，退出和转化潜在风险贷款1 475亿元，排查存在风险隐患的大户融资2 195亿元，从源头上控制贷款劣变，有效保障了业务合规。组织开展新增不良贷款、小企业和个人经营贷款等27项检查，切实堵塞

管理漏洞，严控风险积聚和传导。

（总行信贷与投资管理部）

组织机构改革

一、总行本部机构改革

按照建设“ONE BANK”的总体要求，以客户为中心，以市场为导向，以调整优化职能、提升经营效率为重点，推进总行本部组织机构改革。组建了渠道管理部，合并授信业务部和信用与投资审批部为授信审批部，整合教育部（党委宣传部）、直属党委、系统团委职能为企业文化部（教育部、党委宣传部、直属党委、系统团委），合并法律事务部和消费者权益保护办公室为法律事务部（消费者权益保护办公室），将公司业务一部更名为公司金融业务部，将公司业务二部（营业部）更名为专项融资部（营业部），将机构业务部更名为机构金融业务部，将保卫部更名为安全保卫部。

二、利润中心改革

在总结近几年利润中心改革经验的基础上，进一步完善绩效考核、强化利润中心经营职能，形成更为成熟的经营创利模式。根据各利润中心的实际情况和经营特点，对利润中心的系统行政管理职能进行科学界定和梳理，将利润中心原来承担的系统经营计划、系统绩效考核、系统监督检查职能界定为系统行政管理职能，移交总行相应业务牵头部门。进一步完善利润中心财务核算、业绩考评、激励约束、人力资源管理等机制，不断提升利润中心产品研发与经营能力。完善利润中心与分支机构的利润分享机制，有效调动分行和利润中心的积极性。逐步扩大利润中心改革范围，实施私人银行部利润中心改革，将银行卡业务部（牡丹卡中心）及电子银行部纳入利润中心待改革范畴。

三、省区分行营业部改革

总结改革经验和评估阶段性成效，系统梳理了2012年23家省区分行营业部改革的深化开展情况，剖析改革遇到的问题及出现的新情况，并因地制宜地研究针对性的改革措施。继续贯彻落实定期联系和监测制度，通过多种方式加强分行间的交流与沟通，平稳有序推动改革的深化开展。通过进一步深化改革，23家省区分行营业部城区支行管理半径和网点布局得到进一步优化，整体经营绩效得到有效提升，各项存款、各项贷款、净利润等主要指标均居同业第一。

四、县支行变革

一是面对县域经济的快速崛起与发展，大力推动县域支行经营理念和模式的转变，进一步明确县域市场的客户定位和业务导向。二是继续适度扩大对重点县支行的资源配置和政策支持力度，提升重点县支行市场竞争力。2013年，通过优化县支行的分类标准，重新划定了重点县支行范围，研究制定差别化的信贷政策和考核办法，适度扩大经营管理授权，研究将效益优、规模大、市场占比高、风险管理能力强、系统位次领先的两家县支行升格为二级分行，进一步增强县支行加快发展的积极性。三是创新服务渠道和服务手段，促进业务创新在县域市场的真正落地。通过存量网点迁徙改造的方式在部分金融资源丰富的县域适度增设网点，加大网点改造和自助网点设立的支持力度，进一步提升了县域支行的金融服务辐射范围。

（总行人力资源部）

网点竞争力提升工程

针对全行经营管理面临的新情况和新形势，总行党委决定在存量网点优化的基础上，深入开展网点竞争力提升工作，系统实施存量网点盘活、岗位优化整合、渠道转型、员工优化、客户拓展、产品渗透和配套保障七大工程。

一、工程实施情况

2013年7月，总行成立了由易会满任组长，王希全、郑万春、谷澍、林晓轩任副组长的网点竞争力提升领导小组，以及由总行人力资源部、财务会计部、运行管理部等相关部门组成的工作推进小组。通过深入广东、天津、贵州等13家分行及51家网点进行蹲点调研，深入了解各分行在网点经营发展中面临的主要问题、已经采取的工作措施、取得的成效以及网点运营管理和客户服务情况，认真听取各方面的意见和建议。在此基础上，经过充分沟通论证，研究制定了《中国工商银行网点竞争力提升三年规划》、《网点运营标准化管理实施方案》、《网点考核评价管理办法》等一系列制度和办法。并于12月召开了全行网点竞争力提升工作视频会议，对全行网点竞争力提升工作进行了统一部署，全面启动了各项工作。

二、渠道优化建设

2013年是2011—2013年渠道优化建设三年规划的收官之年，为保质保量按时完成建设任务，全行继续贯彻“突出重点、确保产出、增调同步、统筹配置、整体规划、分步实施”的工作方针，多措并举、积极稳妥地持续推进各项工作。一是调整工作重心。在对前两年渠道优化建设情况进行全面梳理和总结的基础上，以产能提升为根本，周密制订2013年渠道优化建设各项计划，明确2013年渠道优化建设工作以网点布局调整与功能优化为重点，以网点新增建设为辅助。二是着力做好存量低效网点的优化调整工作。在对全行存量网点情况进行深入研究和分析的基础上，制定了《关于做好2013—2015年存量网点优化工作的意见》（工银发〔2013〕64号），提出开展为期三年（2013—2015年）的存量网点优化工作，集中力量优化调整低效网点（总行根据网点经营效益和成长性，将全行网点划分为A、B、C、D、E五类，其中D类和E类网点为低效网点），着力提升网点经营效益。三是持续推进渠道协同发展。坚持物理网点与自助渠道并重，加大自助银行建设与自助设备投放的力度；坚持渠道建设和流程优化并重，柜面业务分流率等指标得到进一步下降，网点服务效率、客户满意度得到稳步提升。截至2013年末，全行新增建设网点56个，网点升格改建二级支行397个，优化调整低效网点372个，其中优化D类低效网点207个，优化E类低效网点165个，较好地完成了全年渠道优化建设工作任务。

（总行渠道管理部）

授信审批集中管理改革

通过对各分行授信审批集中管理改革情况的摸底调查，全面掌握尚未完成授信审批集中管理或集中管理不够彻底分行的具体情况。指导广东、四川、浙江、湖南、上海、厦门6家分行加快授信审批集中管理改革工作，推动陕西、福建分行撤销派驻二级分行审批人员，撤销苏州分行授信审批部和广东分行原批复同意设立的四个分部，天津、上海和厦门分行个贷业务审批人员集中到授信审批部。截至2013年末，除广东分行因办公场地装修等客观原因尚未完成物理集中外，其他34家分行已经实现了一级（直属）分行层面的授信审批集中管理，构建了集约化、标准化、专业化和信息化的独立中台授信审批体系。

（总行授信审批部）

信贷业务流程改造

针对新形势下信贷业务面临的新情况、新问题，坚持“从基层中来，到基层中去”的工作方法，多部门协调配合，统筹规划、深入研究，系统梳理存在的问题，广泛听取意见和建议，反复研究论证整改方案，系统推进了信贷业务流程优化改造工作。同时结合党的群众路线教育实践活动相关部署，成立了以易会满行长任组长，分管行领导任副组长，由相关部门参加的信贷业务流程改造工作小组，统筹推进各项工作。

一、优化信贷业务流程，简化信贷业务控制

以清晰信贷业务部门职责、简化信贷业务操作环节、优化授信业务处理环节、建立信贷业务分级监控体系和执行机制、梳理整合信贷政策制度体系、优化信贷档案存储方式、规范尽职调查模板、完善以 GCMS 为技术平台的业务运行体系、精简调整信贷业务授权制度等九项工作为重点，全面优化信贷业务流程，重点推进了串行流程改为并行组合流程、完善授信项下授权审批制、推行低风险信贷业务简易流程等改革，提升信贷运行效率。精简规范信贷业务控制事项，强化分级管控责任。适当扩大分行自主权，强化分行管理责任，简化系统流程控制和操作管理。

二、建立信贷运行监控体系

按照“构建集约化信贷运行监控体系”总体要求，用改革创新的办法解决信贷管理中信息不对称等深层次问题，组建了信贷监测中心，作为集团信用风险信息整合与处理中心、信用风险信息支持中心、信用风险控制中心与客户信息传导与保障中心，积极运用信息集成、监控分析和数据挖掘等技术，充分发挥风险监测“雷达”和预警防控作用，提高信用风险管理的集约化、科学化水平。

（总行信贷与投资管理部）

业务运营改革和业务流程综合改造

2013 年，全行圆满完成业务运营改革各项任务，流程优化目标基本实现，改革成效加快释放，在推动全行经营战略转型和发展方式转变中发挥了基础支撑和价值创造作用。

一、运营改革各项任务全面完成，业务运营格局实现根本变革

按照集约运营、服务共享理念，构建起全行统一的业务集中处理体系和网点全面受理、中心集中处理的全新运营格局，有效改变了原有以网点为基础的分散式业务运营模式。通过改革，将 40 大类、140 多个品种的对公非现金和个人非实时业务纳入集中，全口径柜面业务集中率达 64%，超出既定目标 4 个百分点。集约化、专业化、标准化处理和工厂化作业的规模效应明显，业务集中的人日均处理业务量是分散模式下的 7 倍。建立起并行作业、专业分工、要素分离、岗位制衡的全新平台和职能共享、精简整合的全新流程，构建起全新的轴辐式业务集约运营组织体系和制度完备、协作顺畅的全新管理体系，显著提高了业务处理效率和规范化程度、降低了运营成本，为全行金融创新、市场营销、客户服务、网点运营搭建起统一的共享服务平台。实现了风险集中控制，建立起业务受理和处理相分离、岗位间制衡的风险控制机制，实现了运营的规范化和管理的常态化，同步推动了业务标准化工作，有效改观了过去风险点多面广、难以监管的局面。简化了网点业务操作、拓展了网点的服务范围、精简了网点业务岗位、释放了网点服务潜能，全行累计精简 70 多类业务岗位，初步释放近 8 700 名业务处理人员，为实施网点标准化、优化人力资源配置、推动网点功能转型创造了良好的条件。

业务集中处理改革是运营改革中最具基础性，也是涉及面最广、历时最长的一项改革，改革各项任务全面完成标志着运营改革圆满收官。以业务集中、远程授权、监督体系改革为主要内容的运营改革，开创了全新的业务布局和管理格局，实现了业务监督向风险管理和质量控制的战略转型，成为全行实施结构调整、加快经营转型的关键引领力量和重要组成部分，对全行打造不可复制的核心竞争力具有深远的战略影响。

二、业务流程得到根本改善，流程体系更加科学合理

以客户为中心、以融合共享为理念，深入实施业务流程综合改造和优化工程，在集中解决基层行反映强烈的 533 项紧迫性流程问题的基础上，全面优化业务受理、业务处理流程，较好地实现了业务流程一年显著变化、三年根本改善的预定目标。

一是业务受理流程更加便捷高效。柜面和网上银行的预约、预填受理模式有效推广，6 大类 17 个品种的个人业务实行预填模式，对公开户及大额取现等业务实行预约模式，柜面服务效率持续提升；排队机系统的标准化改造和推广全面完成，网点客户识别、分层服务、客流调度和精准营销水平得到提升，跨渠道、多模式、电子化的业务受理流程初步形成。

二是业务处理流程更加精简顺畅。实施交易智能定位改造，优化整合高频交易处理流程，业务处理时间平均缩短了20%。完成个人账户开户、取款等10个常用交易的“三个一”改造，即客户连续办理多笔业务的一次填单、一次输密和一次签字，客户体验明显改善。实施会计凭证集中配售改革，实现了空白重要凭证保管和打印从分散模式向集中模式的转变，会计凭证的集约管理水平进一步提高。完成29个跨系统操作界面的整合和一点登录改造，有效解决了多应用平台间的切换问题，业务处理效率极大提高。改造内部款项划拨业务处理流程，实现各级机构间内部资金的自动分解和划拨，替代了原有90%的手工操作，业务核算的及时性和准确性大幅提高。

三是网点运营管理规划基本形成。完成网点运营标准化管理整体规划，设计了涵盖网点运营业态、内部运营格局、岗位设置、柜口和柜员配备等内容的标准体系和涵盖网点运营效率、运营质量等方面的评价指标体系，同步启动网点运营管理平台建设。建立了信息推送机制，实现网点日常运营重要事项、待处理业务信息的联动处理和跟踪督办，提高了内部协同服务效率。搭建完成总行与网点间的流程问题反馈和解决的直通式管理平台，为流程持续优化提供了有力支撑。

通过业务流程综合改造和优化工程的实施，在全行初步构建起功能完善、内控严密、管理有效的业务流程体系，柜面业务处理效率大幅提升，风险控制能力明显增强，客户和柜员体验有效改善，为实现全行核算流程统一管理奠定了坚实基础。

（总行运行管理部）

信息化银行建设

2013年，信息化银行建设工程正式启动，明确了信息化银行建设的目标、特征、主要思路和配套机制措施，以及近期（2013年内）、中期（2014—2015年）和远期（2016年及以后）目标规划，并从基础建设、经营、管理、机制措施层面提出了25项具体任务。大力推动实施重点项目建设，进一步丰富全行数据仓库，初步建立了面向非结构化数据的信息库平台，开展了对大数据和非结构化信息进行分析挖掘的方法和技术研究并试点；基础指标库进一步完善，支持了多维度的考核评价、风险计量等应用，有力支撑了全行经营转型发展。客户服务和产品创新能力持续提升，推出了逸贷、“融e购”电子商务平台、商户POS融资等重点创新产品；按照统一展示、统一使用、统一核算的要求，实现了对个人客户综合积分体系的整合；通过对公代客商品交易、“三金”整合等业务系统研发，进一步丰富了金融市场、贵金属业务品种；构建起支持多维度、差异化的利率管理体系，为全面应对利率市场化改革奠定了基础。

同时，进一步加大对国际化、综合化发展的信息科技支持。境外核心银行系统（FOVA）已在37家境外机构使用，为全行国际化战略实施和境外机构业务拓展提供了强有力的技术支撑；境外特色业务平台和报表平台已分别推广至15家和28家，支持工银莫斯科、工银印尼等境外机构满足当地监管要求；网上银行、手机银行分别推广至27家和6家境外机构，金融市场交易和风险管理平台推广延伸到32家境外机构。实现了综合化子公司客户信息的集中管理，并在银保销售、团险、投资管理、租赁管理、投行管理、基金注册等领域的系统建设上实现新突破。

科技重点基础设施建设稳步推进，“两地三中心”工程取得重要阶段性成果，上海同城数据中心基础设施建设已基本完成，按照未来同城双中心运行模式，实现了主机和一批关键高等级开放平台系统的双活运行，保证工商银行在系统升级和版本投产期间能继续对外提供ATM存取款、转账、挂失、POS消费、B2C支付等基本业务服务，信息系统的业务连续运行能力进一步提升。积极推进信息系统自主可控建设，电子银行的认证系统及密码算法通过了国家安全验收审查，成为金融同业首家自建的电子银行认证系统及密码算法通过国家安全审查的商业银行。

信息科技治理机制进一步健全，科技队伍逐步壮大，科技管理标准化和规范化水平进一步提升。科技制度和技术规范得到持续完善，总行层面的信息科技制度和技术规范分别达到136项和126项，编制发布了《中国工商银行业务系统管理办法》和《总行业务系统目录》，推进全行业务系统的整合、共享和统一规范管理。强化信息科技风险管理三道防线建设，以非现场检查为主、检查与审计相结合的方式开展检查与内部审计，加大对科技风险的排查及跟踪整改力度，信息科技风险管理水平进一步提升。2013年获得国家知识产权局专利授权83项，拥有专利数量达307项。

（总行信息科技部）

产品创新管理

2013年，全行大力深化重点领域产品创新，着力加强新产品推广应用，持续强化产品创新基础管理和创新工作组织推动，不断增强产品创新价值创造能力，取得了较好成效。

一、持续强化产品创新管理，提高创新质量

（一）实施产品全生命周期管理。一是持续加强产品前瞻性研究和创意源头管理。开展了线下POS和线上B2C小额消费贷款、中小微企业结算产品整合创新、客户交易终端、留学金融、银银平台、小额电子支付、跨境汇款产品等产品策略研究，以及汽车金融产品、余额宝、微信银行等市场应对策略研究，快速响应市场热点，提高产品服务能力。持续完善产品优化建设归集机制，激发员工的创新激情，有效引导员工建言献策，在行内外广泛征集产品优化意见建议1.6万余条，营造良好创新氛围。二是持续完善产品管理工作机制。印发了《产品管理系统管理办法》、《产品命名管理办法》、《产品售后服务管理办法（2013年版）》和《产品创新奖励管理办法》，引导全行进一步加强产品精细化管理。完善产品目录，优化了产品管理系统和产品统计系统，不断夯实全行产品管理基础。三是着重加强了产品的跟踪评价。积极做好重点业务或产品五级分类分析工作，为有针对性地提出产品管理措施提供数据支撑。持续开展个人、公司、机构、金融资产服务、渠道、境外金融等一系列重点领域运营态势分析，为科学制定产品策略提供依据。全面梳理市场表现不佳产品清单，进一步强化了产品退出管理。

（二）不断提升项目研发效率。一是持续加强了创新效能管理。探索建立以重要性、紧迫性作为决策依据的研发资源投入机制，强化项目准入审批管理，提高业务协调和技术开发效率。二是不断完善项目管理工作机制。印发了《产品与业务研发管理办法》和《产品设计规范管理办法》，进一步规范了产品与业务创新工作流程；完善项目管理系统，提高项目审批效率和风险防控；加强区域特色业务与产品管理系统建设，推动分行区域特色业务实现规范化管理。三是持续加强客户体验和创新风险管理。印发了《客户体验管理办法（2013年版）》，在北京、上海、广东等多个地区组织开展各类客户体验活动近100项，有效发掘客户需求230余个，发现产品服务问题450余个，许多问题已及时纳入产品研发项目实施解决；印发了《新产品研发风险管理办法（2013年版）》，全年开展新产品研发风险评估451余项，识别各类潜在风险点671个，有效加强了新产品研发风险管理。

二、深化各项重点领域创新，提升各专业产品服务能力

（一）在个人金融领域：一是创新推出了消费支付和信贷融资无缝连接、线上线下一体化的逸贷产品，当目标客户使用银行卡在指定商户进行POS消费或B2C消费时，按照一定规则联动提供信用消费信贷服务，有效满足了客户日常消费时便捷融资的需求。截至2013年末，逸贷产品开户数6.02万户，贷款余额44.02亿元。二是提升了个人客户积分服务，将信用卡积分整合至个人综合积分，客户可在电商平台和POS渠道使用积分直接消费，可通过统一积分账户在各渠道查询积分采集兑换明细，并可在积分采集和兑换后获得积分余额变动提醒通知，充分发挥了积分维护客户关系、促进市场营销的积极作用。三是创新推出信用卡短信分期服务，有效满足客户便捷办理刷卡消费转分期的需求。四是优化定期存款产品，新增自助终端部分支取定期存款功能，满足客户便捷灵活调配资金的需求。五是推出借记卡大额消费短信核实服务，当客户使用借记卡进行大额刷卡消费时，系统自动中断交易，并向客户短信确认，实现交易中的验证控制，有效防范借记卡大额克隆刷卡风险。

（二）在公司金融领域：一是面向优质收单商户推出的小微逸贷公司卡产品，截至2013年末累计发卡1 408张，交易金额2.55亿元。二是创新推出结算账户资金管控产品，提供按金额、用途、收款账号三种条件组合对被监管单位进行监管，并支持按项目进度监控账户余额、按现金和转账分别监控支付额度、一次审批多次支付等功能，满足客户全方位资金监管要求。三是提升了财智账户卡的支付安全性，支持客户持卡使用动态密码在ATM、转账汇款机、查询缴费机、回单自助打印机等渠道持卡办理取现和转账业务，满足中小企业客户办理结算类业务授权与支付相分离的需求。四是优化票据池产品，新增通过网上银行、银企互联渠道自助调整票据池质押保证金额度服务，满足客户足不出户办理

业务的需求。五是在线上收单领域推出 B2C 多银行支付服务模式，线上收单商户仅需与工商银行一点接入即可受理客户多银行账户支付交易，减少了线上收单商户的对接成本。

（三）在机构金融领域：一是优化军队财务综合系统，增加了定期存款管理、公务卡报销、资金监控，并整合机构、用户、权限管理等功能模块，提高军队对定期存款及公务卡等业务的处理效率，满足军队客户对资金监控的需求。二是优化银关通，实现关税自动入库，优化异地税单邮寄功能，提高了业务处理效率和客户服务水平。三是优化银期综合业务平台，顺应交易所开办夜盘交易的计划，实现对客户晚间 20:30 至次日 3:00 期间的银期转账的支持，进一步加强对期货交易所、期货公司及期货投资者的服务能力。

（四）在金融资产服务领域：一是创新推出了个人账户外汇、个人账户原油、票据托管等产品，满足客户多元化投资需求，支持金融同业客户在工商银行办理票据投融资。二是拓展了积存金兑换渠道，支持个人客户在行外通过 POS 刷卡使用积存金份额购买商品，提高了积存金产品的流动性。三是优化了账户贵金属产品，客户可使用账户贵金属份额直接提取品牌贵金属，支持客户根据需要配置、转化贵金属投资品种。四是落实银监会商业银行销售理财产品“信息充分披露”的要求，优化理财产品信息披露流程，规范信息披露报告格式，为客户在网上银行、门户网站等更多渠道提供理财产品信息披露。五是优化了第三方存管产品，客户可通过自助方式在工商银行网银或证券公司网站一站式开立证券账户并开通第三方存管服务，进一步简化了业务办理流程。

（五）在渠道创新领域：一是打造了以名商、名店、名品为特色的“融 e 购”电子商务平台，为优质垂直型电商提供商品展示销售、资金结算、贸易融资、后台管理等服务，为个人客户提供商品浏览、信息搜索、商品导购、交易支付、B2C 交易联动消费信贷等多种服务，实现了银行融资中介和支付中介的有机融合。截至 2013 年末，平台商户总数达到 282 户，客户达到 919 324 个，累计交易金额已突破 2.35 亿元。二是创新推出微信银行，面向微信群体客户提供查询信用卡额度及账单、查询账户余额、查询贵金属行情、业务咨询等 20 余种金融资讯功能，使客户能够通过互联网公众平台便捷地获取工商银行金融服务。三是在 iPhone、Android、WAP 手机银行中新增或优化账户贵金属双向、外汇双向、账户原油、分行特色等服务，提高手机银行客户端的服务承载能力。四是在门户网站提供了智能问答服务，实现对客户提问的智能化、自动回答，提高门户网站的客户自助服务能力和业务分流作用。五是推出企业网银全球现金管理行业版，为企业客户提供账户总览、收付款查询、账户额度查询、账户信息报告等多种专业化现金管理服务，进一步满足了集团客户加强企业内部现金管理的需求。

（六）在境外和跨境领域：一是推出环球旅行卡，实现客户在环球联盟商圈内消费时享受优惠服务和商户优惠信息查询，满足境内外客户日益增长的跨境商旅消费需求。二是创新推出了全球托管服务，支持境外机构担当全球托管人，有效增强了 QDII 等投资境外金融市场托管业务的市场竞争力。三是推出海外手机银行，为客户提供跨境汇款、支票管理、外汇买卖等金融服务，进一步提高了海外电子银行服务能力。四是优化海外电话银行自助语音服务，增加意大利语、德语等 11 个语种服务，丰富对外转账、预付卡挂失解挂等服务，满足了不同地区客户业务办理需求。五是推出工银亚洲个人/企业 Fova 网银，标志着境外机构网银业务系统全面统一。

三、着力加强新产品推广，提升产品价值创造能力

持续研究完善总分行联动的新产品推广机制，着力做好新产品推广，不断丰富和完善营销模式和支持服务，引导全行不断提升产品创新价值创造能力。

（一）组织推动上，引导全行提升新产品推广重视程度持续完善产品创新考核机制，大力提高新产品推广考核权重，确定了积存金、多币种信用卡、智能移动银行、工银商友卡、跨境人民币结算等 20 个全行重点推广产品清单，并组织各行自主选定 5 个分行重点推广产品；同时通过对分行个人和对公客户持有产品情况、分行近三年新产品收入占比情况的动态监测，激励引导分行持续加强自有产品的推广力度，提升新产品的价值贡献。

（二）培训传导上，促进新产品信息的学习交流。全年通过网讯产品创新专栏发布新产品信息 40 余篇、产品营销推广案例 30 余篇，下发了重点推广产品营销案例汇编；分别赴北京、河北、山西、山东、上海、浙江、广东、江西、湖南和深圳分行，结合市场和客户特点开展产品推广培训和营销案例交流，加强新产品信息向基层行的传导，为分行深化产品创新工作提供了新动力、新抓手。

（三）营销方法上，强化新型营销模式的普及推广。深化精准营销，通过数据挖掘方式生成分期付款、账户贵金属、积存金、工银商友卡、账户原油 5 个重点产品的目标客户清单并下发至分行，同时开展了个人结售汇、收款管家等 5 个重点产品的数据库营销建模分析工作，为后续产生目标客户清单做好准备。举办第四届大学生银行产品创意设计大赛及贵金属模拟交易分项赛事，深入校园银行开展产品知识讲座、产品体验营销、产品模拟交易大赛等活动，激励引导大学生客户群体了解、体验和使用工商银行贵金属、银行卡、电子银行类

产品，着力培育潜在优质客户，营造全社会携手共同创新的良好氛围；深化体验营销，开展2013年度产品体验月活动，以逸贷、财智账户卡、增利性理财和客户端手机银行作为重点产品，指导各分行利用客户产品体验、产品推介、媒体宣传、专项促销等多种形式，围绕总行上述重点产品集中开展宣传推广和体验营销。

（四）支持服务上，搭建分行产品推广的支持平台。进一步完善“产品推广在线支持服务”，增强服务内容的实用性，提高信息的通达率，切实有效地加强新产品信息传导，全年通过“产品推广在线支持服务”累计答复分行问题1 800余个，帮助基层行有的放矢地开展产品营销推广工作；研究建立产品知识库，为行内员工提供一站式产品知识学习平台。

四、不断完善分行管理，积极引导分行发挥创新主体作用

（一）考核激励上，积极发挥创新考核激励的引导作用。逐季开展分行产品创新考核，重点加强新产品收入、客户户均持有产品数等核心指标的区域性差异分析，通过下发考核通报激励和引导各分行加大资源投入，提高创新实效；举办2012年度新产品推广奖、明星产品奖和2013年度产品创新奖评选，激发和调动了全行加强创新和新产品推广工作的创造性和积极性，在全行营造了良好的产品创新氛围。

（二）人员队伍上，持续加强产品创新专业化人员队伍建设。一是按照产品序列认证考试工作计划组织开展考纲、题库、组卷策略等考试资料的修订工作，配合教育部组织完成了2013年度产品序列初级、中级和高级专业资格考试。二是基于产品序列专业资格认证工作组建全行产品经理队伍，研究起草《产品经理管理办法》，推动产品经理队伍建设，不断充实全行产品管理力量。

（三）工作机制上，进一步密切总分行联动的产品创新机制，加强分行分类管理指导。一是设立分行创新基地，总分行就工银聚、物产电商平台等一批重点创新项目组织共同项目组开展开发，有效地发挥分行贴近市场的区位优势、总行创新力量强的专业优势。二是分批次召开了分行专题会议，培训总行重点产品策略和重点推广产品，解读产品创新考核指标，交流先进分行产品创新工作经验，协助分行开展辖内产品运营态势分析，促进了分行产品创新向纵深发展。

（总行产品创新管理部）

服 务 创 新

2013年，全行积极推动“服务品质提升年”主题活动，持续创新管理手段和管理方式，实施标本兼治的服务改进策略，以窗口服务改进为重点，以提升客户满意度为主线，以构建长效工作机制为保障，深入推动服务改进，全行服务面貌显著改善，客户体验不断优化。

一是创新管理手段，切实提升客户服务效率。继续狠抓客户排长队问题专项治理，从业务流程优化、业务集中处理、柜面业务分流、客户分层服务、服务设施改善和业务管理完善等源头方面进行综合施治。持续创新网点服务效率管理手段，通过升级排队管理系统，投产跨网点分流和预约叫号功能，实现客户流量在不同网点间、业务高峰和低谷之间的平滑，解决了网点“忙闲不均”问题；通过运营标准化、弹性窗口制、建立业务小分队、社保业务专区办理等措施，解决了网点业务高峰等候时间较长问题，客户服务体验得到持续改善和提升。截至2013年末，全行客户平均排队时间较年初缩短3.1分钟，降幅达20.9%，客户服务效率得到显著提升。

二是创新管理方式，不断完善服务长效工作机制。结合现代金融服务的新要求和客户需求的新变化，创新服务管理方式，加强服务制度体系建设，构建起了一套涵盖服务标准、监督检查、考核评价等方面的服务工作制度框架，为改进服务打下了坚实的制度基础。持续强化大堂服务管理，出台《大堂服务管理规定》，对大堂服务流程、岗位配备及职责要求等进行了规范，完善了大堂服务工作机制。通过持续强化对服务规范落实情况的监测监督工作机制，组织开展窗口服务质量检查，督导分行建立网点服务质量远程监控机制。持续聘请第三方公司开展全行个人客户满意度调查，多措并举，形成服务改进持续深化的机制保障。在2013年度中国银行业文明规范服务百佳示范单位评比中，全行共有17家网点入选。

三是强化服务宣传，持续提升服务形象。持续深入开展了“千名记者进工行，万篇文章评服务”主题宣传活动。结合工商银行成立30周年系列纪念活动，对近年来全行服务改进活动中涌现出的一大批先进人物、先进事迹和优质服务网点，进行了广泛深入的报道。刊发新闻1.2万多篇，多角度、全方位地反映了工商银行

打造人民满意银行的决心和成效。同时，深度挖掘、总结推广全行各级机构服务创新中的好经验、好做法，并在2013年全行服务工作推动会上予以推广，促进了服务工作的创新开展。

（总行渠道管理部）

品牌建设

一、健全品牌规划管理

依据全行业务发展与品牌建设需求，完成了新版品牌架构方案，创新性地搭建了由品牌分级、品类划分和年度热点构成的“两线一点”框架，细化了营销要素与命名规范，纳入业务品牌与支持产品76个。深化宣传费管理，从提高预算精细度、加强合规审批到建立报销进度台账增强全过程控制，开展广告资源集中采购，提升品牌建设效率。强化全行宣传设计与推广管理，优化广告设计登记流程，梳理各部门、各分行广告与宣传资料版权期限，加强办公区域广告拍摄管理与营业网点宣传规范性管理。制定了《集团企业形象管理手册（境外机构修订本）》中英文规范，根据不同地区的市场变化对境外CI规范进行了调整，集团企业形象管理体系更加完善。精编推出了《2012品牌文化报告》，新增总行宣传资料设计名录与电子书，提升了报告的实用性与环保性。

二、深化品牌形象设计

着力开展广告设计制作，首次策划摄制了时长1分钟的大型企业形象电视广告，并套剪30秒、15秒等版本；策划制作了“工银移动银行”电视及平面广告；组织了电商平台“融e购”品牌的整体策划，完成了Logo、吉祥物、平面广告和电视广告的创意制作，构建了多维度立体传播模式；组织策划了企业形象平面广告和跨境人民币电视广告。丰富企业形象建设手段，筹划参加了2013年金融展与金融街街道新春亮灯展览；组织为全行五十余座历史建筑设计制作并安装了历史文化建筑铭牌；策划了马德里分行新办公大楼艺术品装饰方案。

三、丰富品牌传播渠道

挖掘自有传播渠道资源，优化网点电子媒体管理与发布系统，实现全行网点营销宣传工作统一管理，促进网点非电子载体在数量和形式上的丰富，全面提升了全行网点的营销传播能力。深入建设大众传播阵地，集中采购了电视、平面、网络、地铁、机场等优质广告媒体，依据业务宣传需求统筹安排投放，在22个重点城市机场外廊桥宣传了整体形象；在央视综合、新闻、财经频道及凤凰卫视发布了多币种信用卡、工银移动银行等品牌广告，并首次以央视财经频道战略同盟身份开展宣传；继续运用北京、上海、广州、深圳四地地铁媒体，《人民日报》、《21世纪经济报道》等报刊媒体，新浪、搜狐等主流网站推广移动银行、多币种卡、贵金属、结售汇、金融服务等年度重点业务。丰富外部传播手段，在电视剧《正午阳光》（原名《民生书记》）中增加工商银行小企业服务剧情段落，在CCTV－8晚间黄金时段及乐视等三家网络视频播出。

四、注重提升品牌价值

继续支持公益项目，履行社会责任，提升品牌形象，向中华健康快车基金会捐赠200万元冠名资助“健康快车山西吕梁光明行”，为当地1 094名贫困白内障患者免费实施了复明手术，同时开展“行走基层 力行公益”健康快车山西吕梁探访活动，组织10个志愿者家庭对医务人员和患者进行了慰问。品牌影响力和品牌价值进一步提升，获得《银行家》杂志“最佳金融企业形象”、IDG“2013全球竞争力品牌·中国TOP10”、Brand Finance最具价值亚洲银行品牌、中华健康快车基金会光明功勋奖等荣誉，在明略行全球最具价值品牌榜单中名列亚洲金融业第一位。

五、推进品牌国际化传播

优化境外广告投放策略，以亚洲尤其是东南亚为基础、精投欧洲、点投北美，精选高端媒体，在13个国家和地区的机场和商业中心共投放了140余块大型广告牌及90块液晶广告屏，境外品牌传播初具规模。精心结合本土元素设计广告内容，其中跨境人民币系列广告涉及5种语言共9款画面，适用于不同国家和地区，有效提升了全行品牌的全球知名度和亲和力，逐步树立起国际一流金融企业品牌形象。

（总行办公室）

个人金融业务

2013年，个人金融业务专业条线认真落实全行工作会议精神，深入推进“强个金”战略实施，深化经营转型，加快结构优化，改善服务水平，促进个人金融业务的快速发展。

一、主要经营指标情况

（一）经营贡献不断提升，收入结构持续优化。2013年，全行个人金融业务实现营业贡献1 711.72亿元，同比增加183.56亿元，增幅为12.01%；在全行占比达到35.85%，同比提升2.27个百分点，对全行贡献进一步提升。其中，储蓄存款业务贡献1 101.48亿元，同比增长174.1亿元，增幅为18.77%；个人贷款利息收入1 364.71亿元，同比增长142.03亿元，增幅为11.62%。个人中间业务收入保持了较快增速，为全行中间业务收入增长和经营转型作出了积极的贡献。2013年，全行共实现个人中间业务收入580.11亿元，同比增长71.81亿元，增幅为14.13%；在全行中间业务收入中占比达46.2%，较年初提升0.79个百分点，居各专业和同业之首。

（二）个人客户总量稳步增长，客户结构进一步优化。全行个人客户总量稳步增长，2013年末，全行个人有效客户数达到32 086万户，较年初净增1 971万户，增幅为6.54%。在客户结构方面，中高端客户占比进一步提升，客户结构不断优化。四星级（含）以上客户人数为6 098.41万户，较年初增加695.9万户，增幅12.88%；占有效客户的19.01%，较年初提升1.07个百分点。金融资产5万元以上客户为3 542.45万户，较年初增加187.63万户，增幅5.59%，占有效客户的11.04%，与年初持平。

（三）金融资产规模持续增长，储蓄存款余额保持同业第一。2013年末，全行个人金融资产总量突破9.5万亿元，较年初增加7 513.97亿元，增幅为8.59%。其中，“储蓄+银行理财+基金+保险+第三方存管”等可比个人金融资产余额合计达到86 688亿元，四行占比31.33%，居同业第一位。在互联网金融冲击和同业竞争加剧背景下，储蓄存款的经营压力日益增加。截至2013年末，全行储蓄存款余额为72 128.46亿元，较年初增加5 264.85亿元。虽然储蓄存款余额仍然居同业第一，但领先优势有所缩小。个人理财产品销售同比大幅增长。截至2013年末，全行个人理财产品销售额为40 534亿元，同比增长5 536亿元，增幅为15.82%，理财产品余额居同业首位。个人理财产品余额为11 374亿元，较年初增加3 210亿元，增幅为39.32%，理财产品余额四行占比37.88%，继续居同业首位。

（四）个人贷款规模快速增长，贷款质量有所下降。积极顺应市场需求变化，推出逸贷等一系列创新品种，实现了规模的快速增长。截至2013年末，全行个人贷款余额23 823.96亿元，在各项人民币贷款余额中的占比为27.02%，较年初提高1.58个百分点；全行个人贷款新增3 734.11亿元，在各项人民币贷款新增中的占比为40.53%，为全行的信贷结构调整和优化作出了积极贡献。受经济下行因素等影响，个人经营贷款不良额和不良率较年初有所增加，导致个人贷款总体质量水平有所下滑。截至2013年末，个人贷款不良额为161.11亿元，不良率为0.68%，分别较年初增长54.44亿元和0.15个百分点。

二、2013年主要工作措施

（一）量质并举，做大做优客户基础。继续以“五新”策略为指导，持续加大对新市场新客户的拓展力度，同时注重做好成熟市场的精耕细作，不断扩大客户、特别是优质客户的总量。一是商品交易市场拓展达到新高度，商友会员突破1 100万户。以商友俱乐部平台为依托，以商友系列专属产品为抓手，通过精细化的营销管理，提高商友客户的规模和质量。截至2013年末，全行商友会员总量达到1 104.24万人，较年初新增480万人，增幅达76.88%。商友会员中四星级以上客户占比53.03%，资产5万元以上客户占比29.81%，较全行平均水平分别高出34.2个和18.9个百分点。二是公司企业客户集群式营销深入推进。积极指导分行以代发工资业务为切入点，采取批发化、集群式营销，通过批量拓户提高对大公司大企业从业人员的营销效率。截至2013年末，大公司大企业板块新增个人客户突破1 000万户，达到1 104.81万户，其中新增四星级以上个人客户58.37万户。三是民生领域客户稳步拓展。以社保卡、银医卡、军人保障卡为武器，积极推动分行与当地的政府机构、医疗卫生机构、军队、学校等开展合作，大力拓展机构民生类客户。截至2013年末，全行在民生领域发卡总量达到7 153万张，累计与185个地市的社保部门、153家医院建立合作关系。四是新兴经济组织客户营销实现新突破。以律师事务所和会计师事务所为重点目标，指导分行积极开展合作，加大对新兴经济组织市场的拓展力度。总行牵头实地走访并成功营销相关客户，为全行的营销起到示范作用，2013 年全行新兴经济组织客户总量同比增加了 75.46%。

（二）积极推进产品创新，提升市场竞争力。一是代发工资业务实施五级分类。积极落实对重点产品或业务进行五级分类的要求，结合全行代发工资业务发展现状，对全行代发工资业务进行科学界定，确定有效代发工资单位客户的标准，并合理划分代发工资客户五级分类的标准，为客户的差异化营销奠定基础。组织召开代发工资业务营销拓展工作会议，制定并印发管理办法和指导意见，指导分行加快推进全行代发工资业务持续健康发展。启动代发工资业务相关系统开发工作，结合不同类型代发工资个人客户群特征，推出“工银薪管家”综合金融服务体系，配置代发工资专属介质。二是“逸贷”业务推广实现开门红。为满足客户日益丰富的小额信贷需求，依托大数据支持，在 9 月份推出了小额信贷产品“逸贷”，广受市场欢迎。为确保逸贷业务稳步健康发展，组织召开了逸贷业务启动会、新闻发布会和主题营销推广活动，并在总、分行层面同步发起员工体验活动。积极做好营销指导，多层次开展业务培训，确保产品理念、操作、管理进脑、入心、上手，及时处理解答业务投诉与咨询。加强业务管理，优化客户准入，按日监测，加强催收精细化管理和贷后管理。截至 2013 年末，全行逸贷户数达到 6 万户，贷款笔数 93 640 笔；余额达到 43.94 亿元，在个人信用贷款中的占比超过四成，成为拉动个人贷款增长的新动力。三是芯片借记卡发卡突破 1 亿张。推动磁条卡全面升级，成功打通所有“62”BIN 号支持发行芯片卡的通道，成为国内首家也是唯一一家所有“62”BIN 号均可发行芯片卡的银行。完成全部总行联名/主题借记卡产品的芯片卡迁移工作，并组织对分行重点联名卡项目进行芯片卡升级，并支持所有“62”字头银联卡升级为芯片卡的换卡不换号功能。积极开展产品创新和业务创新，推出闪酷借记卡、中国旅游借记卡，推动闪酷卡线上支付项目、手机 SD 卡和苹果皮项目，加快电子现金和线上线下移动支付应用。组织多种形式营销活动，与银联合作组织开展年初旺季福农卡主题发卡促销活动、随芯而动银联标准芯片卡发卡促销活动、“62”卡友节营销活动和芯片卡消费促销活动。截至 2013 年末，芯片借记卡发卡量达到 10 386 万张，较年初新增 6 854 万张，占全部新增借记卡的 66%。在发卡量快速增长的同时，全行芯片借记卡保持着较好的业务品质，芯片借记卡累计消费额为 16 288 亿元，占全部借记卡的 39.2%；卡均存款 19 007 元，较借记卡平均水平高 11 921 元；动卡率为 84%，较借记卡平均水平高 24.8%。四是在业内首推客户综合积分服务。正式投产个人综合积分业务，将原有借记卡个人客户综合积分和信用卡积分进行合并，整合后实现了“五个统一”：统一名称、统一账户、统一规则、统一兑换、统一管理。积极做好投产前准备工作，包括印发业务管理办法、做好客户解释工作、安排业务投产和推广培训工作。迅速采取相关措施处理客户套取积分问题，同时与电话银行中心、分行配合做好舆情监测工作，防范了声誉风险。五是推动个人综合积分在电商平台的应用，收集行内员工对电商平台积分支付功能的优化建议，不断优化积分支付体验。在同业范围内率先实现了借记卡积分和信用卡积分的整合，并将积分系统逐步打造成为重点业务推广的重要平台，有效推动了个人金融业务和银行卡业务重点产品的发展，加快银行卡业务在目标客户群中的渗透率，并且通过积分活动提高了银行卡业务的应用性，促进了电商平台市场推广有效开展，提高了个人客户的忠诚度和满意度，增强了全行零售业务竞争力。

（三）持续推进渠道建设，夯实渠道基础。一是制定营业网点建设及营销标准化规范，推动全行物理网点的标准化建设。根据全行网点竞争力提升项目统一安排，从网点经营定位、功能分区和营销职责等方面进行规范，印发《营业网点建设及营销标准化手册》，为分行的网点建设提供指导。二是持续做好离行式自助银行的建设。截至 2013 年末，全行自助银行总数达 21 825 家，较年初增加 4 388 家，增幅为 25.16%，与物理网点的比例已经超过 1∶1；其中离行式自助银行达到 7 231 家，较年初增加 2 409 家，增幅为 49.96%，与物理网点比例接近 1∶2。三是加快自助设备布设，加大快捷发卡机等新设备推广力度，完善设备功能与应用，进一步提高自助设备使用效率，优化自助终端业绩归属机制，鼓励网点引导客户积极使用自助终端办理非现金业务，逐步将自助终端打造成为非现金业务主渠道。截至 2013 年末，全行投产在用设备总量突破 8 万台，达到 80 501 台。同时，自助设备业务量继续保持快速增长，自动柜员机全年累计各类交易量达 76.67 亿笔，同比增长 18.87%；累计交易额达 8.79 万亿元，同比增长 32.98%。自助终端累计各类交易量 17.70 亿笔，同比增长 24.74%；累计交易额 1.44 万亿元，同比增长 7.46%。四是推进全行外勤营销队伍建设。指导各行在分行层面建立外勤营销团队，在支行层面成立营销服务小分队，初步建立了具有一定规模的综合性、跨机构、跨部门、跨专业的全产品线营销服务团队，逐步推动由“坐商”向“行商”的转变。

（四）探索定制销售，优化销售模式。推动由过去粗放式销售模式向精细化销售模式进行优化，并在理财产品销售中先行先试，积极推进面向各类新市场、重点区域，面向各类特定客户、特定区域的专属产品发行工作。一是推出了面向县域的“惠农”系列产品，累计发行 6 期，募集金额 219 亿元，总行通过点对点直接将产品额度设置到网点，确保产品切实在县域支行销售。二是继续打造针对商品市场客户的“商友富”系列专属理财产品品牌，推出了“代发工资专属、大企业专属、社保专属、安盛专属”等定制产品，支持分行拓展重点市场客户。2013年，全行共发行50款专属理财产品，募集金额488亿元，有力推动了新市场的拓展。此外，还针对大客户发行了56款各类“一对一”定制式专属理财产品，募集金额379亿元，较好地竞争和维护了优质大客户。三是针对竞争激烈的北京、长三角、珠三角区域，定向发行了36款重点区域保本理财产品，销售额1 399亿元，有力地支持了经济发达区域维护优质客户。

（五）建立健全体制机制，支持业务发展。一是建立个人金融业务推进委员会。在总行层面成立了个人金融业务推进委员会，成员涵盖前中后22个部门以及两个集团子公司，统筹规划和协调个金业务的发展。牵头组织委员会相关成员部门共同起草了《“大零售”战略实施纲要》，规范了大零售金融营业贡献统计口径，为全行推进“大零售”战略实施奠定基础。二是完善公私、私私联动营销机制。与相关业务条线建立顺畅的信息共享机制和联合推动工作机制，定期交流新增客户信息、及时沟通并共同拟订目标企业全面合作战略文本，共同拟订集团客户营销方案和走访营销客户，通过资源有效整合，提升客户营销的核心竞争力。三是进一步改进人员培训机制。建立面向个金业务分管行长、总经理、业务骨干的分层培训体系，并根据培训对象统一安排全方位、综合化的培训内容和差异化的培训方式。针对分管行长、总经理的高级管理人员培训班，邀请行领导和各部室总经理现场授课；对分行总经理定期开展新产品新业务的在线培训；对业务骨干开展多批次的现场综合培训，以此提高培训的覆盖面和针对性。

（六）改善客户服务，加大品牌推广力度。一是进一步加强舆情投诉事件管理，建立健全舆情投诉事件的联动处理机制，不断提升客户服务水平。2013年，累计处理涉及个金业务的负面舆情219件，其中新闻舆情127件，网络舆情92件；处理个金专业信访事件24件；受理个金专业投诉类问题600件，较2012年同期下降49.83%，超额完成了年初制定的客户投诉下降30%的工作目标。二是积极落实特殊客户群体服务。处理多起跨区域和跨境的特殊客户服务需求，对于可特事特办的，迅速制定流程指导分行落实处理；对于不符合特事特办条件的，联系分行耐心做好客户解释工作，充分向客户说明原因，争取客户理解，在风险可控的前提下尽可能为分行有跨区域和跨境特殊需求的客户提供帮助。三是开展专题宣传和营销推广活动，大力推广工商银行零售业务品牌，业务产品、服务水平、品牌形象得到了外界的广泛认可，获得了亚洲银行家颁发的中国最佳零售银行和中国最佳大型零售银行两项大奖，同时获得了证券时报、理财周报、中国经营报颁发的中国最佳财富管理机构、2013中国最佳零售银行和财富管理品牌、2013卓越竞争力财富管理银行等多个奖项。

（七）重视风险防控，保障业务健康发展。在发展的同时高度重视风险防控，不断强化系统对风险的硬控制水平，千方百计防范操作风险、信用风险、声誉风险等，保证产品的依法合规销售。2013年个金业务条线未发生重大风险事件，保障了业务的健康开展。一是建立风险分析提示制度。为进一步强化内外部风险控制，根据市场同业案件情况，以《个人金融业务案例与风险提示》方案为载体，整理了涉及开立假名个人人民币银行存款账户、利用借记卡实施非法集资等八类典型案例，深入分析了存在的风险点，并对呈现的风险予以提示，引导各级行举一反三，防微杜渐，有效增强了个人金融业务风险管理能力。二是研发投产“工银卫士”安全管理产品。为了保护客户资金安全，先后研发投产了借记卡个性化定制、工银电子密码器、自助渠道余额查询短信提醒、大额消费短信核实等一系列借记卡安全管理产品，有效增强了防范借记卡克隆盗刷风险的能力。三是推进理财业务合规销售。大力整治误导违规销售个人理财产品的行为，着重对混淆销售、夸大或违规承诺理财收益等误导违规销售行为进行重点整治，把所有产品纳入网上银行等自助渠道销售，通过系统建设有效防范误导与违规销售行为。四是完善业务管理制度体系。根据业务、产品、服务、客户信息管理、自助渠道管理、风险管理等板块，遵照“一项业务，一个办法，一个细则”的原则，对历年来制定下发的13个体例不规范的制度进行整改后重新发布，对29个内容过时的制度进行集中废止，对15个部分内容已发生变化的制度进行修订、整合，建立了较为全面的个金业务制度体系，为各类业务营销发展、推进全面风险管理夯实了基础。

（总行个人金融业务部）

公司金融业务

2013年，全行坚持“以客户为中心、以市场为导向”，积极推进“大公司金融”战略，根据不同类别客户的不同金融服务需求，通过“客户经理＋产品经理＋服务方案”模式，通过全产品、全过程、全链条营销，为大中小客户提供境内外、本外币一揽子的综合化服务，构建“商行＋投行”、“境内＋境外”、“表内＋表外”协同发展的大营销格局。

紧紧围绕“大公司金融”战略，克服经济增速放缓、各种风险因素交织等不利因素，积极做好业务发展、结构调整、经营转型、体制机制建设等多方面的工作，取得了新的业绩。全年本外币公司贷款增加4 888亿元，增长8.4%，其中本币贷款增加5 216亿元，增长9.6%；本外币公司存款增加703亿元，增长2%，其中本币存款增加1 116亿元，增长3.4%，完成全年计划的111.6%。实现公司贷款利息收入3 828亿元，增长4.2%。公司类中间业务收入778亿元，增长14.4%，占全行中间业务收入的61.2%。公司客户达到403.3万户，净增26.9万户。

一、坚持开拓创新，深入推进“大公司金融”战略

一是做好顶层设计。在总行成立公司金融业务推进委员会，作为落实“大公司金融”战略的决策辅助和协调机构，协调跨部门、跨机构的业务，解决营销中遇到的重大问题，推动形成联动营销大格局，充分发挥顶层设计的引领作用。上海、安徽、黑龙江等分行也积极行动，成立分行层面的委员会，协调推动本地区“大公司金融”战略的深入开展。

二是构建公司客户营销系统。在原来法人客户营销、集团客户综合价值评价等系统基础上，建设公司与法人客户营销系统，用半年时间完成了立项、编写需求、编码、测试、业务体验等工作，迅速搭建起营销系统的功能框架，并于12月14日投产。该系统统一了客户视图，提升优化了各类客户营销管理、客户经理网络建设、联动营销和全产品营销等方面功能，为实现公司客户科学管理和精准营销提供了重要支撑。

三是探索建立全产品统计通报制度。选取贷款、存款、企业债承销发行等多项重点产品，对全产品营销覆盖率等情况进行统计通报。这是全行第一次系统地从客户的角度，集中展现了各项业务产品营销办理的情况，为客观评价营销的工作成效，把握产品的客户适用性奠定了坚实的基础。

四是联动营销取得良好成效。在跨部门联动方面，积极与相关业务条线开展代发工资、代销保险、公务卡、企业年金、“融e购”电商平台入驻商户等专题营销活动，有效提升重点产品的覆盖率。在跨机构联动方面，与工银国际、工银亚洲成功联动营销三大石油公司、国家电网公司、华能集团和中粮集团等104亿美元境外债券，以及五矿集团和BP集团37亿元人民币点心债，支持工银国际首次获得“亚太区最佳债券承销商”称号；与工银租赁联动，为郑州、武汉、长沙等地的轨道交通项目办理设备融资租赁；与工银瑞投合作开展了北京地铁、重庆公租房、宁波古城保护等39个基金专项资产管理计划项目，实现投资超过350亿元。在跨境联动方面。建立了境内外机构公司金融联动营销机制，完成了总行公司金融业务部牵头，覆盖36家境内一级（直属）分行公司业务部门、35家境外机构的境内外联动营销联系网络。建立了境内外机构联动人工管理平台，整理发布联动需求信息涉及200户跨境客户、100余个“走出去”大项目或境外并购项目。建立了境外机构公司业务定期分析报告机制、联动业务需求定期调查机制。依托新的机制和平台，成功营销中海油收购尼克森、航天科工并购卢森堡IEE公司等一批重大项目；参与麦格纳、福特汽车、卡特彼勒等全球500强客户的备用银团；为国开投、联通、中粮、五矿、华为、TCL等跨国企业办理融资、国际银团、内保外贷、跨境人民币结算、全球现金管理、境外资金池主办行等业务。

五是完善分层营销体系建设。启动总行级公司客户名单调整工作，积极推动分行加快建立完善分行级公司客户体系，多数分行都建立了分行级公司客户名单，客户总数达1 242户；二级分行级公司客户数达3 259户。

六是持续抓好队伍建设。全行公司客户经理增加1 124人，达到3.15万人，占全行员工的7.38%，同比提高0.05个百分点。积极探索建立首席客户经理制，加强客户经理资格认证考试，首次组织已获资格人员的继续教育，不断提升队伍素质。

二、始终坚持可持续发展，推动改善信贷经营质态

认真贯彻落实国家政策和监管要求，坚定不移地推

动信贷结构调整。一是行业结构持续优化。房地产、城建、公路、电力等“四大行业”贷款总量下降536亿元，较2011年6月末下降3 948亿元，占公司贷款比重为34.5%，下降17.5个百分点。先进制造业、现代服务业、文化产业与战略新兴产业贷款新增占公司贷款增量的85%。地方政府融资平台、房地产、产能过剩行业贷款余额分别下降725亿元、86亿元、280亿元。二是客户基础不断夯实。全行有贷款余额客户净增1 214户（其中中型有贷户净增1 335户），中型有贷户的贷款余额增加3 200亿元，占公司贷款增量的65%。多渠道收集客户信息，发布多个行业、产品营销指导意见，自上而下指导业务发展。与全国中小企业股份转让系统公司签订全面合作协议，积极拓展新三板客户。三是区域进一步协调发展。中西部及东北地区贷款增加2 571亿元，增长11.2%，高于公司贷款平均增速1.6个百分点。四是供应链融资稳步发展。截至2013年末，全行共有供应链1 852条，其中有融资余额的1 270条，较2012年末增加805条；有融资余额的子客户3 740户，较2012年末增加2 424户。供应链融资累计发放3 264亿元，其中表内业务2 462亿元、国内信用证222亿元、银行承兑汇票580亿元，全年累计为1 402条供应链、4 486户子客户办理融资。

三、始终坚持夯实发展基础，不断加强稳存增存

通过抓好资金源、产品源、客户源，向新开户要存款，向资金封闭运行要存款，向综合服务要存款，向同业要存款，向管理要存款，着力解决裸贷、裸财、裸债问题。一是加大营销和督导力度。建立了公司存款重点联系行监测督办制度、重点时段公司存款逐日预测制度，在年末的关键时点，对存款大户实行驻场式营销，确保大客户资金不流失，效果比较明显。二是加强对企业资金的监控管理。不断摸索企业的资金运作规律，引导集团客户的利润上缴、货款回笼、工程价款结算等资金留存行内，争揽集团下属企业的验资开户、资本金汇入等业务，夯实存款业务发展基础。三是加强部门协作与联动。公司、结算、资产管理多个专业联动，创新推出专属资产池支持的高收益理财产品。对公保本理财余额增加184亿元，占本币公司存款增量的16.5%；通过做大资产池支持理财发售、做细理财产品结构支持公司存款增长，有效稳定优质客户存款。四是加强大额资金平台推广应用。针对目标客户拓展，建立了分行分管行长负责的营销制度；举办目标客户营销培训班；定期监测通报平台应用情况。

四、始终坚持经营转型，大力发展金融资产服务业务

2013年，全行债券承销、资产交易、银团贷款分销、委托贷款等非信贷融资与新增贷款之比达1.75:1，为近年较高水平。主要采取的工作措施包括：一是紧抓债券承销业务。在全年资金价格高企，承销商扩容竞争加剧的环境下，围绕“规范”和“发展”两大主线全面开展工作，印发了相关工作细则，通过强化营销、优化流程、扩大授权、建设队伍等措施，持续增强债券承销业务竞争力，全年承销发行3 103亿元，承销只数和客户数分别为2012年的1.4倍和1.3倍。上海、山西、四川、深圳四家行居同业第一位，浙江、重庆等行排名显著提升，同时在并购债、永续债和区域绩优债等新领域取得突破。二是推动理财融资和存量转让业务突破创新。完成工元一期35亿元信贷资产证券化工作。积极开展理财直接融资工具、信贷资产流转、理财投资中小企业私募债等业务创新。受理中石油西线管道建设、南京上坊新型城镇化等一批重大股权、债权代理投资项目。通过北金所完成委托债权项目挂牌508笔，实现交易金额850亿元。通过理财投资、代理销售、信贷资产证券化及转让等渠道完成资产交易2 636亿元，较2012年增加39亿元，实现收入49亿元，增长11%。三是狠抓银团贷款业务发展。牵头银团323笔，增长19%，对外分销份额1 689亿元，增长34%；实现收入34.8亿元，增长34%。先后筹组云桂铁路云南段项目、天津地铁6号线调整及延伸项目等一批重大项目。创新银团筹组模式，制订推广分组银团创新方案。

五、始终坚持强化风险管理，促进业务健康发展

一是加强信贷风险防控。前中后台协作，制定债务融资工具承销与投资、理财融资、房地产开发贷款、项目贷款等四类业务尽职调查模板，并实施电子化，确保客户信息一致性、真实性、完整性。对平台贷款，加强存量贷款整改与信用增级；坚持房地产客户名单制管理，从严控制新项目贷款投放，做好产能过剩行业限额管理。积极推动企业并购重组，探索通过投行业务化解信贷风险的新模式。

二是加强非信贷融资业务风险管理。优化了资产交易、债券承销等业务流程，规范操作，从源头把握风险。债券承销严格按照类信贷审批流程办理，持续跟踪监测企业风险状况与偿债能力。严把理财融资入池项目，利用资产交易管理系统对客户风险总量进行刚性控制，防范操作风险。明确委托贷款操作细节，规范业务发展。

（总行公司金融业务部）

机构金融业务

2013 年，全行机构金融业务条线认真贯彻落实总行发展战略研讨会、年初工作会和专业会精神，推动实施“全机构金融”战略，机构金融业务发展保持良好势头。

一、加强金融资产全面服务，稳步提升客户贡献

全年实现机构客户综合贡献 1 480 亿元，比 2012 年增长 11.3%；实现营业贡献 592 亿元，同比增长 12.4%；机构存款时点增量 4 747 亿元，日均增量 5 011 亿元，同比分别多增 460 亿元和 1 567 亿元，分别占全行存款增量的 59.2% 和 41.6%。

（一）围绕国家战略重心和社会资金流向，抢抓民生领域发展机遇。顺应国家战略重心调整，加快民生领域拓展，2013 年末全行民生领域有效客户为 15.8 万户，金融资产余额为 2.6 万亿元，分别比上年增加 14% 和 12%，成为推动机构金融业务发展的有力增长极。一是开展系统研究。按照总行党委“加强改进民生领域金融服务”重点课题部署，先后赴 10 家分行调研，与 28 家基层行案例座谈，走访 26 家重点客户，组织 13 个部门召开了 3 次行长专题会，完成了发展规划、指导意见、服务方案、平台需求、市场机遇、资金流向、服务现状、分行案例八项课题研究成果，并向总行党委专题汇报。二是加强分行推动。2013 年 8 月初制定下发了《关于加强和改进民生领域金融服务的指导意见》及发展规划，提出全行民生领域整体发展架构和具体工作措施。并在上海、四川、山西、江西等 11 家重点分行，组织了一二级分行机构金融业务主管行长、总经理的专题培训，宣讲总行文件和综合服务方案，进一步提升分行对民生领域发展潜力、机遇认识，指导分行结合当地实际，制定针对性措施。三是加强全面服务。制订民生五大领域综合金融服务方案；把握地方债试点扩大契机，成功竞得 5 省市地方债主承销商资格，累计承销金额 76.3 亿元；配合财政部在北京、河北等 11 省市开展财政信息化建设试点，协同海关总署推进集中汇总征税项目改革；完成社保业务、住房公积金系统立项，组织内蒙古、江西、海南、安徽等分行开展试点和测试；配合人社部做好“社保与银行系统”建设试点并制定接口规范，协助住建部制定住房公积金管理办法，抢抓未来业务发展制高点。

（二）全面响应同业创新需求，稳步提升合作价值。积极把握监管政策进一步放开金融机构经营范围限制、拓宽投资渠道的契机，加快同业创新步伐，加强与行内相关部门联动，积极挖掘同业机构合作潜力。2013 年，全行金融同业客户合作贡献 801 亿元，比上年提升 12.6%。一是扩大合作范围。围绕金融机构资金募集、运作管理、流动性管理等新需求，积极推动与全行业务的有机衔接。支持协助金融市场部门获得重庆农商行、华融资产管理公司的新型资本金融债承销资格；与国际业务部门成功营销南通农商行在工商银行境外分行开立清算账户，与农发行、光大银行、北京银行签订境内外币支付系统账户协议；与相关部门走访太平洋、生命等保险资产管理公司，推动做好工商银行的市值管理。二是强化与重点公司合作。根据监管要求和合作范围扩大，修订信托、证券、保险、期货等综合评价办法，开展 105 家证券、49 家保险、67 家信托、158 家期货公司年度综合评价。以评价结果为依据，会同相关部门加强与重点金融机构合作，发挥其业务范围广、产品创新快、风险管控强等合作优势；协调信用审批部，建立 9 家保险公司债券投资审批绿色通道。截至 2013 年末，全行代销业务量在国寿、太平洋、平安等保险公司占比分别提升 9.3 个、5.4 个和 1.8 个百分点。三是加强重点分行推动。组织召开了北、上、广、深重点分行座谈会，总结近年来金融机构总部营销落实情况，研究制定在创新、流程、机制等方面支持重点行客户营销的措施。

二、改进营销服务，有效夯实客户基础

截至 2013 年末，财政、社保、军队客户合作覆盖率分别达 84%、87% 和 95%；金融同业客户合作覆盖率 81%，其中证券、期货类客户实现全覆盖。机构存款余额四行占比 35%，增量占比 38%，继续占据市场领先地位；第三方存管客户数和资金量四行占比分别为 33% 和 39%，连续四年保持市场第一；军队武警公务卡、预算单位公务卡发卡量均保持 30% 以上的增速；代理保险收入四行占比较上年提升 1.3 个百分点，与农行四行占比差距缩小了 2.1 个百分点。

（一）抓龙头客户营销。面对军队财务系统高层集中调整态势，总行领导带队先后拜访总后、总装、武警、各军区等重点客户 12 次，积极稳定客户关系；中标 2014—2018 年度“中央财政国库集中支付代理银行

项目”直接支付和授权支付两项代理业务资格，成为唯一一家连续12年同时获得两项代理业务资格的商业银行；并与国家开发银行、大连商品交易所、上海清算所等签署了战略合作协议，有力推动相关业务发展。

（二）抓全面服务提升。一是推动系统建设。围绕公共资金管理改革需求，开发公共资源招投标、地方财政国库集中支付电子化、红十字总会财务管理系统，启动银关通业务集中处理模式改革试点，优化总参账户资金监管和南京军区军队综合业务等系统。把握资本市场创新新政，投产“证银宝”，“非现场开户”等创新产品，开发个股期权业务转账结算、银登综合服务、金融产品交易场所资金结算系统。二是优化渠道拓展。加大电话、网上保险和对公寿险营销，下发《电话保险业务操作规程》、《代理对公寿险销售手册》，组织开展了网上保险、对公保险营销活动，实现网上保险量3 500万元，对公保险业务量4.3亿元，收入0.46亿元，同比增长76%；在业内首次实现自助终端销售保险产品，代销业务量1.2亿元。推动中信建投代销工商银行理财产品，5天销售4.16亿元，实现理财产品通过证券公司渠道销售零突破。三是加快产品创新。根据客户需求和加强信贷管理的需要，创新中小企业贷款履约保证保险等产品，扩大国内贸易信用保险试点分行至19家，贸易融资累计超过15亿元，同比增长50%。深入军营推介金融产品，军人保障卡发卡量110万张，工资卡辅卡发卡量12.58万张。

（三）抓新增潜力客户拓展。协助新三板筹备组做好系统开发、平台搭建等筹备工作，争取首批结算银行资格；会同重点分行开展辖内优质金融产品交易所业务营销，目前已与江苏、安徽、重庆、浙江四家金融产品交易所建立合作；与359家中小银行签订银银平台合作协议，与12家银行合作投产18项平台业务，直联汇款、三方存管、账户黄金三项业务规模达2 186亿元。

三、完善营销体制机制，促进业务可持续发展

在总行和32家一级、直属分行成立了机构金融业务推进委员会，为全行整合营销力量、深入推进“全机构金融”战略打下基础。同时积极加快机构客户营销管理系统推广应用。一是开展重点分行试点，先后两次选择13家分行进行系统应用试点，建立定期反馈机制，完善系统功能。二是加强推广动员，召开系统全行推广动员视频会，介绍系统开发的背景和主要功能，对下一步推广应用工作进行部署，正式启动全行范围内推广应用。三是加强督促指导，在总行层面，着手选取各行业重点客户，通过系统进行客户分配、集团关系维护、档案上传、动态信息录入、营销动态登录，构建完整的客户信息视图。在分行层面，召开三次片区会议和两次部分行视频会议，覆盖全部分行，通过上机模拟操作、组织讨论、现场解答等多种形式，指导全行提高系统应用水平。四是深化系统应用和功能完善，建立机构客户资金流向监测模型，借助客户图谱分析、大额资金监控等手段，开展机构客户资金流向分析，指导分行把握客户资金运作、拨付规律，开展有针对性营销。全年相继开展四个版本的优化，推动系统功能的升级与增强。

积极加强客户经理队伍建设。全年举办了5期现场培训班，其中两期总经理培训班，三期客户经理综合培训班。邀请分行主管行长授课，将培训与民生领域等重点业务推动有机结合；专门组织银证、银保业务总经理培训班，提升分行对金融同业合作认识；现场培训客户经理近300人，提高了客户经理专业技能。并通过情景模拟教学、网络大学学习、专业资格考试、网络知识竞赛、编写知识问答等多种形式，提高客户经理业务水平。

（总行机构金融业务部）

存款业务

2013年，我国利率市场化进程继续加快、金融脱媒程度不断加深，同时随着美国退出量化宽松政策预期的不断增强，商业银行面临的内外部经营环境日趋复杂。面对市场资金波动加大和同业市场竞争加剧的局面，全行积极顺应金融改革大势，紧密围绕转型发展的战略方针，贯彻落实监管要求，加大对市场资金面的研判，通过联动协作，确保各项存款工作取得良好成效。截至2013年末，全行境内人民币各项存款（含同业）余额149 841亿元，比年初增加8 024亿元，增幅5.66%。其中储蓄存款余额72 128亿元，比年初增加5 265亿元，增幅7.87%；公司存款余额34 148亿元，比年初增加1 121亿元，增幅3.39%；机构存款余额35 865亿元，比年初增加4 747亿元，增幅15.25%；同业存款余额7 700亿元，比年初减少3 109亿元，降幅28.76%。

一、采取有力措施，积极做好机构存款工作

（一）提高民生领域客户综合服务能力。一是拟定全行民生领域整体发展架构，提升分行对民生领域发展潜力和机遇认识，指导分行制定针对性措施。二是出台民生五大领域综合金融服务方案，进一步提高客户全面服务能力，抢抓未来业务发展制高点。

（二）改进营销服务，夯实客户基础。一是做好客户关系维护工作，根据客户需求加快产品创新，综合利用多种营销渠道加大潜力客户拓展力度。二是完善营销体制机制，推动成立机构金融业务推进委员会，整合全行营销力量，深入推进“全机构金融”战略。

（三）响应同业创新需求，稳步提升合作价值。把握监管政策进一步放开金融机构经营范围限制、拓宽投资渠道的契机，加快同业创新步伐。通过加强与行内相关部门联动，进一步扩大业务合作范围，积极挖掘同业机构合作潜力。

（四）深化系统应用和功能完善。建立机构客户资金流向监测模型，借助客户图谱分析和大额资金监控等手段，开展机构客户资金流向分析，指导分行把握客户资金运作、拨付规律，开展有针对性的营销。

（五）加强客户经理队伍建设。加大对客户经理的培训力度，运用情景模拟教学、网络大学学习、专业资格考试等多种培训方式，进一步提高其业务水平。

二、实施大公司金融战略，切实抓好公司存款业务

（一）深入推进“大公司金融”战略。一是谋划成立公司金融业务推进委员会，落实“大公司金融”战略决策，解决营销中遇到的重大问题，协调跨部门、跨机构的业务，推动形成联动营销大格局。二是建设公司与法人客户营销系统，提升优化了各类客户营销管理、客户经理网络建设、联动营销和全产品营销等方面功能，为实现公司客户科学管理和精准营销提供重要支撑。

（二）加大营销和督导力度。建立公司存款重点联系行监测督办和重点时段公司存款逐日预测制度，在年末的关键时点，对存款大户实行驻场式营销，确保大客户资金不流失。

（三）加强对企业资金的监控管理。摸索企业的资金运作规律，引导集团客户的利润上缴、货款回笼、工程价款结算等资金留存行内，争揽集团下属企业的验资开户、资本金汇入等业务，夯实存款业务发展基础。

（四）加强部门协作与联动。公司、结算、资产管理多个专业联动，创新推出专属资产池支持的高收益理财产品。通过做大资产池支持理财发售、做细理财产品结构支持公司存款增长，有效稳定优质客户存款。

（五）加强无贷户存款精细化管理。一是不断拓展新客户市场，从源头深挖优质目标客户资源。充分利用工商银行现金管理优势，以核心客户的现金管理服务方案为切入点，大力营销链条上下游的优质客户来工商银行开户，进一步加大链条资金的沉淀率。二是更新总、分行级公司无贷直营客户名单，进一步明确目标客户群，为高效开展公司无贷户存款营销工作夯实基础。三是顺应利率市场化改革，从客户需求出发，加快结算产品创新。同时，掌握公司客户资金规律，积极调整优化理财产品结构，使客户不同形式的资金在工商银行系统内循环。四是强化存款数据通报及督导。按周通报公司无贷户存款情况，按月通报优质无贷户数增长情况，按季度分析公司无贷户存款变化及客户结构，同时，在季末重要时点采取日监测通报制度，关注大户资金异动。

三、完善业务发展模式，大力争揽储蓄存款

（一）坚持量质并举，做大做优客户基础。根据客户需求，适时推进产品创新，力争为客户带来更多价值。以“五新”策略为指导，做好成熟市场的精耕细作，同时加大对新市场新客户的拓展力度，不断扩大优质客户的总量。

（二）探索定制销售，优化销售模式。积极探索调整销售模式，努力提高营销管理的精细化水平。在理财产品销售中先行先试，扎实推进面向各类新市场、重点区域，面向各类特定客户、特定区域的专属产品发行工作。

（三）建立健全体制机制，支持业务发展。一是在总行层面成立了个人金融业务推进委员会，统筹规划和协调个金业务发展，为全行推进“大零售”战略实施奠定基础。二是完善公私、私私联动营销机制。与公司、机构等部门建立顺畅的信息共享机制和联合推动工作机制，定期交流新增客户信息，加强业务支持合作，通过资源有效整合，提升客户营销的核心竞争力。

（四）推进全行外勤营销队伍建设。指导各行分别在分行层面建立外勤营销团队，支行层面成立营销服务小分队，初步建立了具有一定规模的综合性、跨机构、跨部门、跨专业的全产品线营销服务团队，逐步实现“坐商”向“行商”的转变。

（五）进一步改进人员培训机制。建立面向个金分管行长、总经理、业务骨干的分层培训体系，并根据培训对象统一安排全方位、综合化的培训内容和差异化的培训方式。

（总行资产负债管理部）

信 贷 业 务

一、信贷业务保持稳健发展

2013 年，面对国际国内严峻复杂的经济金融形势，全行认真贯彻国家宏观调控政策和金融监管要求，严把政策方向，严守风险底线，信贷业务保持稳健发展良好态势。截至2013 年末，集团各项贷款余额99 299 亿元，较年初增加11 263 亿元，增长12.79%，其中境内分行人民币各项贷款增加9 213 亿元，增长11.67%。金融资产服务业务余额85 044.6 亿元，其中涉及客户融资的业务余额12 902 亿元，增长13.08%，保持了与信贷资产的协调发展。全集团清收处置不良贷款782 亿元，其中现金清收343 亿元，占43.86%，不良贷款率较年初微升 0.09 个百分点至 0.94%，拨备覆盖率达259.37%，资产质量总体保持稳定。

二、积极推进信贷结构调整

在信贷结构调整中，坚持有进有退、有扶有控、有保有压，促进经济结构调整和产业优化升级。城建、公路、电力和房地产等“四大行业”贷款占比继续下降，截至2013 年末，“四大行业”贷款余额合计21 833 亿元，占公司贷款余额的34.45%，较年初减少536 亿元，下降3.82 个百分点；制造业、服务业、文化产业、战略性新兴产业等“新四大产业”贷款增长14.8%，高于全行公司贷款平均增幅6.36 个百分点。区域信贷结构协调性进一步增强，中西部地区各项贷款增幅分别高于全行贷款平均增幅1.72 个百分点和4.05 个百分点。积极支持民生消费领域融资需求，个人住房贷款、信用卡融资增幅分别高于全行贷款平均增幅17.7 个百分点和15.9 个百分点。

三、夯实信贷管理基础

（一）梳理信贷管理制度，制定尽职调查模板。扎实推进信贷制度清理和修订，完善担保管理办法等十余项信贷管理制度；完成制度梳理406 份，整合文件18份，修订文件12 份，废止文件65 份，明确继续适用文件311 份。设计制定公司客户和个人客户信贷尽职调查模板，通过提炼标准化信息，形成统一的工作标准，实现了跨平台组合流程下客户信息的同步共享。

（二）规范境外信用风险管理，推动境外业务发展。设计保证融资和共同借款人融资两种业务模式，支持境外机构满足跨境集团客户全球一体化的融资需求。根据境外债券市场特点，细化各类债券业务办理流程及投后信用风险管理要求。积极支持境外机构开展属地化的特色业务，配合新加坡分行建立大宗商品和贸易融资中心，支持纽约分行开办美国公共财政融资业务。

（三）推进信用风险并表管理，完善机构客户分类管理制度。加强对村镇银行、租赁公司等境内并表机构的政策指导，执行统一的信贷政策和业务规则。将34家境外机构的信贷业务、工银租赁及璧山、平湖两家村镇银行信用风险业务纳入全行信用风险授权进行管理。研究制定保险公司、证券公司、信托公司客户信用风险管理办法和金融资产管理公司信用风险管理工作意见，充实机构客户分类型管理制度。

（四）完善信贷管理系统，保障业务健康发展。持续完善CM2002/PCM2003 系统功能，投产应用于供应链融资业务、网络融资业务等优化功能。推进GCMS 的境外延伸，相继完成新西兰分行、华沙分行、华商银行、工银国际GCMS 投产应用。稳步推进GCMS 一体化建设，牵头完成贷后管理、客户信息管理、法人评级、法人授信、押品管理功能迁移。按照信息化银行建设的目标战略，启动信贷与代理投资运营管理系统建设，充分发挥系统对业务拓展和风险防控的支持保障作用。

（总行信贷与投资管理部）

小企业金融业务

一、小企业信贷业务发展情况

2013年，全行继续把落实国家支持小微企业发展的政策要求与自身经营转型、信贷结构调整结合起来，进一步落实和完善“六专”机制，不断深化和完善小微企业金融服务，取得了较好成效。

（一）业务实现稳步增长。在宏观经济增速放缓、市场有效需求相对不足的情况下，2013年末全行小企业融资（内部管理口径小企业融资与个人经营性贷款之和）余额12 174亿元，较2012年末增加283亿元，其中贷款余额11 607亿元，较2012年末增加529亿元，在复杂形势下保持了业务正增长。全年贷款累放超过1.3万亿元，位居同业前列。

（二）客户基础进一步巩固。2013年末，全行有贷款余额的小企业客户8.47万户（占全部法人有贷户数比例超过70%），个人经营性贷款客户54.37万户，二者合计62.8万户，较2012年末增加3万余户。

（三）贷款结构持续优化。内部管理口径小企业贷款中，85%以上的贷款投向加工制造和商贸流通领域；信用等级A级（含）以上的客户户数及贷款余额均占比超过90%。个人经营性贷款中，四星级（含）以上客户超过51万户，占比接近95%。

（四）贷款收益保持合理水平。2013年全行小企业贷款平均执行利率较2012年有所降低，但仍优于各项贷款平均水平，其中内部管理口径小企业贷款、个人经营性贷款平均利率均分别高于公司客户贷款和个人贷款平均水平。

（五）资产质量管理压力有所增大。随着外部经济环境变化，小企业贷款风险逐步暴露。内部管理口径小企业贷款、个人经营性贷款不良贷款余额和不良贷款率均较2012年末有所上升，但仍控制在年初预定的控制线之内。

二、2013年采取的主要工作措施

（一）加强系统组织推动，强化信贷资源配置。年初召开了全行小企业金融工作会议，制定了业务发展指导意见，全面谋划年度业务发展的目标、贷款投向和工作思路；按照“统一领导、统一平台、统一系统、统一政策、统一营销、统一考核”六统一原则，对内部管理口径小企业贷款和个人经营性贷款管理体系进行整合；年中及时组织重点分行召开小企业信贷业务推动座谈会，并在全行范围内开展“工行进市场　服务进商户”个人经营性贷款主题营销活动，组织对全国1 712家重点商品交易市场进行了深入营销，积极推动业务发展。为完善小企业贷款专项规模的保障机制，在全行经营计划中单列小企业信贷计划并分解到各分支机构；调整总行资金配置系统参数，探索按月调剂小企业贷款规模余缺的新机制，努力保障小企业信贷规模，同时充分发挥信贷资源对贷款投放的导向性作用，年内多次依据小企业贷款序时进度调增分行信贷计划，最大限度地保证对小企业的信贷资源配置。

（二）改进业务发展模式，抓好重点市场拓展。积极探索集约化经营、批量化发展道路，逐步由“散单式营销”向“批量化营销”转变。一是加强了对专业市场、产业集群、工业园区的市场分析和规划，大力推进“重点客户群”的批量营销，启动了首批199个销售额超百亿元的重点客户群拓展计划，按照“区域分析—行业研究—实地调研—业务定位—标准提炼—规划审批—监督检查”的步骤，有序开展了细分市场规划和客户拓展。二是明确供应链融资为小企业拓展的重要方向，在把握核心企业行业特征和交易规律的基础上，着力拓展了先进制造业、连锁商业、能源和优势资源、农产品等领域供应链上下游的小企业；同时，进一步向供应链交易终端延伸，积极探索个人供应链融资模式，形成了个人商户供应链融资业务方案，借助核心企业信用批量拓展个人商户客户。

（三）持续开展产品创新，拓宽金融服务覆盖面。在原有小企业产品体系基础上，加大产品创新。积极试点开办商用房按揭贷款、物业购建贷款等中长期信贷产品，为景区开发企业设计了以景区收费权支持的“旅游贷”产品。基于客户现金流、物流和信息流，推出了信用方式系列产品：率先推出小微商户逸贷公司卡业务，以POS刷卡收单收入为还款保障，为小微商户提供无担保、无抵押的小额信用贷款，有效满足餐饮、百货等与民生和实体经济密切相关的小微企业融资需求；稳步开展小额信用贷款业务，以纯信用或增信方式提供融资支持，进一步解决担保难、融资难问题。着力提升综合化金融服务水平，推出网上银行中小企业板，创新支票直通车、速汇款、财智账户卡等多种结算与现金管理产品以及咨询分析、财务方案设计和投融资顾问等服务，推出“中小企业上市一路通”综合性金融服务方案。积极响应国务院《关于全国中小企业股份转让系统有关问题的决定》，率先与全国中小企业股份转让系统公司签约合作，为新三板挂牌及拟挂牌公司提供综合金融服务。

（四）优化业务操作方式，以管理创新提升效率。积极推广小企业信贷业务标准化作业。按照行业类型、业务品种分门别类地制定小企业尽职调查模板，规范调查行为和方法，并引入多种交叉验证工具核实调查信息的真实性。投产小企业贷后管理系统，将融资用途检查、还款能力分析等贷后管理事项嵌入业务系统，实施贷后预警管理、资金流向监控等批量监测管理。总行进一步加强数据挖掘技术应用，利用客户在全行的金融服务信息挖掘潜在市场机会，“自上而下”向分行批量推送了50家核心企业集团上下游的数万户中小企业名单，以提升营销精准度。

（五）完善专营机构管理，加强人员队伍建设。一是夯实机构和人员管理的基础性工作。评选和表彰全行小企业金融服务先进单位及先进个人，树立标杆。继续开展小企业从业人员的统一培训、统一考试和统一资格认证工作，严格执行持证上岗制度。二是加强分支机构的业务监测，提升专业水平。对全行小企业经营机构建设和人员配备情况进行摸底调查，深入分析小企业信贷经营机构、人员配置与业务发展规模、质量的相关性，探索机构、人员的科学配置。

（六）加强信贷风险管理，促进业务健康发展。一是做好重点领域信贷风险防范。针对钢贸领域信用风险，开展专题调研、现场督导、月度专项监测，严防风险向其他同类市场扩散，并加强了外贸出口企业、中长期贷款品种的风险防范。二是在全行范围开展了小企业贷款专项检查、个人经营性贷款专项检查，及时发现业务办理过程中的问题、督导整改。三是从风险案例中总结教训，针对关联关系复杂、挪用贷款资金及对外担保等风险因素，进一步规范和改进了管理制度。四是做好日常风险监测，按月分析不良贷款成因，强化对不良贷款的前瞻性管理。五是强化对逾期贷款催收的督导，探索以批量打包处理的创新方式加快小企业不良贷款处置进度。

（总行公司金融业务部）

专项融资业务

2013年，专项融资经营业务条线积极配合全行国际化发展大局，紧密围绕全行“走出去”业务要求，突出重大项目营销，坚持服务实体经济原则，加快利润中心建设，强化专业产品线推动，促进专项融资各类业务取得新的发展。

一、2013年专项融资业务经营情况

截至2013年末，全行专项融资总额为1 607亿元，其中自营402亿元，比年初增长24%；簿记境内分行295亿元，比年初增长26%；簿记境外分行268亿元，比年初增长64%；其他资产（包括分行自营及以前年度本部审批分行存量业务）642亿元。全年营业收入7.2亿元，同比增长56%，其中中间业务收入4.8亿元，同比增长75%；实现拨备后利润5.85亿元，同比增长43%。

截至2013年末，全行租赁融资产品线融资余额318亿元；签约额200亿元，较2012年增长33%；实现利息收入13亿元，中间业务收入3亿元，分别较2012年增长10%和50%。在推动分行开发新市场及业务的同时，成功开办了国银、农银、招银、交银、兴业、光大、浦银7家银行系租赁公司在工行的首笔保理业务，对银行系金融租赁公司的营销取得新进展和积极成效。

二、加快利润中心的经营建设，稳步推进专业产品线的管理与指导

认真贯彻总行党委关于利润中心深化改革的要求，稳步推进产品线专业化经营与管理，圆满完成利润中心的经营任务，各项业务保持增长势头，较好地贯彻落实了总行对利润中心提出的“业务发展、利润增长”的要求。在继续做好各项经营工作的同时，坚持集团利益最大化和服务支持分支机构发展的指导思想，着力推进产品线的延伸发展，通过与境内外分行联动，以簿记、风险参贷等方式带领境内分行加快公司业务国际化转型。截至2013年末，簿记境内外机构融资余额563亿元，同比增长42%；逐步鼓励境外分行按各自权限审批参贷本部境外贷款，扶持境外机构信贷业务发展，推荐了哈萨克斯坦KBM油田、南非Aspen药业并购贷款、美国M&G Resins公司化工厂出口买方信贷等一批担保措施良好、实质风险低、综合收益高的结构性贷款，为

境外分行拓展当地客户群及后续业务开展打下良好基础。充分利用全行资源和网络优势，拓展“走出去”市场，帮助境外机构找准发展目标区域，捕捉潜在业务机会，通过产品线业务的延伸带动境内外分行更多存款、结算、贸易融资、衍生交易及投行等落地服务和代理行业务机会，支持境外分行与属地重点企业巩固拓展良好稳定的合作关系。在引导分行参与专业融资产品的过程中，积极指导分行发现、挖掘并主动营销项目配套的供应链融资业务机会。

三、积极营销“走出去”重大项目，着力推进跨境并购业务，提升工行境内外的影响力

主动配合国家对外战略及政策导向，积极推进高访项目见签，着力抓好重点国别、重点项目的营销开拓，彰显工商银行在“走出去”领域的核心竞争力。推荐并参与安排国家主席习近平见证签署的《坦桑尼亚开发项目融资合作协议》（项目总投资30亿美元），并签署了《南非可再生能源项目融资合作协议》（项目总投资200亿兰特）。外交部、商务部在安排高访中除政策性银行外，均首选工商银行作为商业银行的代表。截至2013年末，全行累计完成“走出去”项目94个，承贷金额180亿美元，居国内商业银行首位，帮助63家中资企业走向全球五大洲的44个国家，有力保障了国家资源进口，并带动了国内过剩产能向外转移。

同时，争做大项目牵头行，不断提升“走出去”业务影响力。围绕十八届三中全会中提出的核电、通信、航空、铁路四大“走出去”板块，积极寻找在资源、能源、农业、通讯、交通、电力等领域的“走出去”业务机会，提高对重大项目敏感度和快速反应能力，力争在项目实质风险可控情况下，做项目主牵头行，提升工商银行在国际银团中的地位与作用。在巩固原有业务优势的基础上，着力开拓境外并购、资源开发等业务，进入加拿大、德国、澳大利亚、俄罗斯等市场，获得良好收益。在境外并购业务中，完成了中海油收购加拿大尼克森石油公司股权境外并购融资、万达集团收购英国圣汐游艇公司并购融资等重大项目，帮助企业获得海外先进技术、研发平台、资源和市场渠道，进一步提高了企业在国际市场的竞争力。不仅以商业性贷款方式服务了国家政策性战略任务，而且树立了工商银行在国际市场上良好的品牌形象。

四、营销储备优质项目，为“走出去”业务可持续发展积蓄后续力量

面对“走出去”巨大的市场商机，深入分析中国企业“走出去”的重点区域和业务领域，仔细谋划市场拓展策略和境内外客户营销方案，积极开展客户营销和组织推动。

一是进一步扩大客户基础，加强对核心客户和重点信贷行业的营销和业务拓展。把“走出去”支持行业中的144家企业纳入重点目标客户，优选27家目标客户，由行领导率领工作团队逐一走访，通过高层营销，不仅获取大量“走出去”项目信息，同时也拓展了客户与工商银行在境外投行、租赁等多领域业务合作的商机，为与“走出去”企业建立更加广泛的合作奠定了基础。并加强了对万达、华为、特变电工等23户优质民营企业的融资服务力度。

二是与开发银行、进出口银行等金融同业建立定期沟通互访、共同参与融资的合作机制。加强重大项目协作，相互分销符合各自偏好的贷款，为境外机构争取结算业务和项目贷款项下供应链融资业务机会，形成互利共赢。此外，加强与中信保在储备项目、风险研判及产品融合等方面的沟通与合作，进一步密切与商务部、发改委、能源局等政府机构的沟通联系，及时了解国家政策走向和项目信息，掌握第一手的市场信息。

三是增强对新兴市场的营销力度。通过对新兴市场资金需求特点的分析，把握融资投向的具体行业和领域，符合当地实际并有可靠的还款来源。截至2013年末，全行“走出去”业务共储备项目180个，意向融资金额530亿美元。涉及能源、电力、交通、机械、电信等“走出去”重点领域，区域分布在中南部非洲、南美、中东、中亚、东南亚等地区，同时积极关注欧美发达国家的兼并收购市场。这些地区与中国有密切的经贸关系且大多数国家政治、经济形势稳定，法律体系较为健全，对外部资金的需求量较大且信誉较好。

五、推动全面转型，机船融资挖掘新的业务增长点

飞机融资业务方面，继续与三大航空公司等国内优质航空公司密切合作，积极向国内外一线的飞机租赁公司延伸，实现与多家租赁公司在飞机租赁融资方面的首次合作，进一步巩固现有市场份额，拓展了市场发展空间。同时完成了越南沿海海港项目、紫金矿业香港金山内保外贷等交通行业“走出去”业务。船舶融资业务方面，积极拓展与“走出去”资源引进结合紧密的细分船运市场，先后与中石化、马来西亚石油公司合作了相关的油气船舶项目贷款。积极跟进了中水电、中电装备、中水国际等在土耳其、厄瓜多尔等地的20个电力“走出去”项目，为下一步业务拓展储备了资源。

六、深度发掘“走出去”客户金融服务需求，加强产品创新力度

中国企业“走出去”形式越来越多元化，更需要“量身定制”的全面金融服务。通过充分发挥工商银行丰富的产品集成创新优势，认真分析“走出去”企业和新兴市场的资金需求特点，积极发掘新的业务增长点和利润增长点。积极拓展结构融资、贷款分销、保理、

资产管理、海外供应链融资、投资银行及套期保值等金融产品。增强对各种产品的综合运用能力，通过不同产品的组合搭配，满足企业在全球范围内的融资需求，帮助企业规避汇率风险，提高资金使用效率。

七、商品融资多管齐下防控风险，提高管理精细化水平

强化对监管公司的管理，要求相关监管公司弥补监管漏洞，并促其赔付 9 笔、金额 1.2 亿元；清退 32 家区域监管公司并将 26 家列入观察名单，并继续清退 68 家、调整压缩及列入观察名单 28 家。加强现场检查督导，先后组织分行对全部 4 800 多个监管现场逐一检查，组织 10 家重点行对煤炭等 4 种商品进行专项检查，并派员突击检查了 8 家分行的 56 个监管现场，对发现的问题通报并督导分行及监管方整改。规范业务操作，制定《商品融资操作指引》，从 14 个方面阐述了操作和风控要点；编写了 7 个典型风险案例，警示分行吸取教训，提高风控意识。督促分行加快清收不良贷款，赴河北、内蒙古等分行实地了解风险情况，协调监管公司配合质物处置，并积极与总行相关部门共同推进清收处置工作。积极推进业务转型和结构调整，拓展自有仓储资源，推动 8 家监管公司增加近 30 个自有库。委托采购项下商品融资业务实现突破，挖掘了一批适合操作供应链商品融资的优质客户，目前宝钢、广本、中农矿产等下游经销商融资已见成效，以此模式发放融资 140 亿元。

八、抓制度促管理，提高资产质量，防范业务风险

坚持一手抓前台推动，一手抓风险防控。进一步强化信贷风险管理的基础性工作，梳理存量业务抵（质）押品进行重评、增强贷后管理监督和检查、规范信贷业务调查报告及融资意向函、承诺函的标准模板，优化簿记业务流程，修订完善了簿记境外分行专业融资产品的业务操作制度。改进资金管理工作，新增外汇资产基本上都是使用“货币互存”资金，特别是职能转换的条件下，满足了本部自营、分行自营、簿记分行以及审批分行等各类业务形成的需求。在业务审查中严格把关，把握实质风险，自觉地坚持不良贷款为零，进一步提高防范风险责任的认识，确保每一笔业务风险可控。同时争取实现集团内部利润最大化，无论是资产摆放在本部还是簿记分行，都充分利用不同税率的差异，寻找最合适的收益，最大限度地满足优质客户的需求。

（总行专项融资部）

投资银行业务

2013 年，投资银行业务条线认真贯彻落实投行改革精神，推动品牌类投行业务持续快速发展，较好地完成了品牌建设、项目运作、结构调整、产品创新、风险控制等各项任务，在全行非信贷融资中发挥了重要的引领作用，对全行经营绩效提升、客户综合服务、商投互动发展作出了积极贡献。

一、品牌类投行业务成为全行经营转型突出亮点

投行经营体系改革明确了加快品牌类投行业务发展、推动投行结构转型的战略目标。2013 年，积极推动品牌类投行业务持续快速增长，成为资本市场、投资者、合作伙伴和监管部门关注的重要业务亮点之一。全行实现境内全口径投行收入 265.9 亿元，在中间业务收入中的占比继续保持在 20% 以上，在所有中间业务产品中排名第一。其中，品牌类投行收入 150.7 亿元，较上年增长 39.4%，在全部投行收入中的占比由改革前的 21% 提升至 57%。投行部门负责的重组并购、股权融资和高端财务顾问收入合计 104.9 亿元，同比增长 47.6%，占全部品牌类投行收入的比重由 2012 年的 65.7% 提升到 69.6%。投行利润中心实现利润 9.6 亿元，同比增长 56.2%。2013 年，工商银行在证券时报“2013 中国区优秀投行评选”中连续第五年获得“最佳银行投行”奖项，在中国社科院和中国经营报“2013 卓越竞争力金融机构”评选活动中连续第四次获得“卓越竞争力投资银行”奖项。

二、充分发挥对非信贷融资的引领作用

在棚户区改造、过剩产能重组并购、上市公司定向增发、地方重大建设项目资本金融资、大型国企上市前战略引资等重点领域，积极利用私募股权主理银行等拳头产品帮助客户安排资本金融资并撬动优质信贷投放和代理债权投资，提升运用金融资产服务业务手段安排重组并购融资的能力，统筹运用行内渠道部门资金和行外机构投资者资金为客户安排非信贷结构化债务融资，充分发挥了对全行非信贷融资的引领作用。2013 年末，

全行私募股权主理银行存续期内业务规模达到368亿元，增长63%；当年新募集私募股权主理银行资金258亿元，增长102%。通过信贷手段安排重组并购融资349亿元；当年新增并购贷款215亿元，并购贷款余额本外币折合567亿元；全行参与的重组并购交易规模超过2 000亿元，较上年增长50%。积极打造投行债务融资产品，通过理财、私银、租赁、信托、券商等方式为客户安排非信贷债务融资超过1 000亿元。

三、投行团队切实承担金融资产服务业务前台职能

积极贯彻金融资产服务业务基本规定，与公司业务部门共同落实融资客户相关的前台职能，加大投行项目营销推荐力度，理顺与各级行中后台部门的关系，提高项目的审批效率。全年向总行理财、区域理财、私人银行、高净值个人客户、工银租赁及外部合作机构推荐项目实际投资额超过2 061亿元（不含以前年度投资延续至今年收费的项目）。从资金渠道看，推荐总行理财资金投资约551亿元；推荐区域理财投资约425亿元；推荐私人银行投资约351亿元；推荐高端个金客户投资约221亿元；其他约25亿元。积极与券商合作探索企业资产证券化业务，启动多个试点项目并取得阶段性成果，尝试通过拓展交易所标准化债权产品打开全行非标债权业务的发展空间。随着全行国际化进程的加快和国内企业“走出去”需求的增多，加强了投行业务的内外联动，起草了相应的机制办法，为海外分行发展投行业务提前布局。

四、积极探索投行手段化解信贷风险的业务模式

密切关注全行经营环境的变化和经营管理的重大事项，积极围绕全行压降不良贷款、化解信贷风险开展工作。重点推动债务重整顾问业务发展，克服时间紧、人手缺、操作环节任务重等困难，先后完成山东海龙、无锡尚德等债务重整项目，持续推进山东长星等重大债务重整项目，积极探索运用投行手段实现潜在风险信贷资产由“事后处置”向“事前化解”的转变，在促进政府、企业、投资者等多方共赢的基础上最大限度地保障工商银行作为债权银行的权益，开创了商投互动的新领域，初步树立了在国内债务重整市场的品牌形象。还创新推出了“特定债权投资”产品，先后完成系列试点项目，以特定交易结构实现风险信贷资产出表，同时获得投行收入，并为资金渠道部门提供优质投资产品，开创了投行手段化解信贷风险的新模式。

五、大力提升投行项目运作能力和市场品牌影响

品牌类投行项目类型渐趋丰富、行业覆盖更加全面、市场影响稳步提升。全年开展重组并购、股权融资和高端财务顾问项目分别达800个、350个和1 260个。总行牵头开展尽职调查并报送审批的项目共计72个，合计规模约1 323亿元。其中，重组并购项目23个，合计规模395亿元；股权融资项目26个，合计规模约532亿元；高端财务顾问项目23个，合计规模396亿元。

重组并购方面，完成的主要项目包括：文化旅游行业首单跨境并购业务——万达集团并购英国圣汐游艇项目，首个支持民营企业开展海外上市公司私有化项目——天齐集团并购澳大利亚泰利森锂矿项目，三胞集团收购南京国际金融中心项目，复星国际收购法国Club Med项目等。股权融资方面，完成的主要项目包括：甘肃酒钢宏兴24亿元定向增发项目，河北宝石A 15亿元定向增发项目，重庆渝富集团15亿元股权收益权项目，江苏常港建公司11亿元奇瑞股权投资项目，中航国际16亿元Pre - IPO项目，北京宣东39亿元棚户区改造项目等。高端财务顾问方面，完成主要项目包括：山西交通厅80亿元公路收费权融资项目，广州正佳广场36亿元物业收益权项目，长城租赁15亿元租赁款收益权项目，山东济南东兴置业、广东湛江安康、广西正恒等试点项目、无锡尚德财务重整项目等。

六、持续加强投行项目风险防控和存续期管理

在加大市场拓展力度的同时，毫不放松风险防控，确保品牌类投行业务持续健康发展。一是提升尽职调查和交易结构设计水平。更加重视通过现场和视频案例培训提升投行团队的尽职调查和交易结构设计能力，与各级行中后台部门加强沟通协作，共同实践探索差别化的投行风险审批要求，根据中后台建议在项目营销中提前落实风险防控要求，提高项目运作效率、风险把控能力和谈判议价能力。二是牵头做好全行私募股权主理银行业务存续期管理。制定或修订《私募股权主理银行业务管理办法》、《私募股权基金管理公司合作准入管理办法》、《关于做好私募股权主理银行业务存续期管理信息披露工作的通知》等管理规定。继续执行分行权限内项目预沟通制度，充分利用总行团队业务经验指导分行把控业务风险。加强私募股权基金管理公司的合作准入及动态调整，在主理银行合作协议中约束合作机构的存续期管理责任。定期督导分行将存续期项目和客户情况报告渠道部门，并协调渠道部门及时向投资人发布信息披露报告。全年全行私募股权主理银行业务未出现风险损失事件。三是落实好理财投资、代理代销等业务的存续期日常管理职责。督导各行投行部门严格执行《存续期融资客户风险管理办法》、《融资类项目组织推荐及存续期管理操作规程》以及理财投资、代理代销等产品的存续期管理要求，认真履行“谁发起，谁负

责”的职责，督促分行按照规定的间隔期和检查内容进行存续期日常管理，定期完成风险管理报告并更新维护相关IT系统，收集整理档案，尽力提前预判并缓释项目风险。

七、重点抓好投行产品线组织推动

在重点加强总行投行部门直接经营能力的同时，积极抓好对全行投行产品线的组织推动。一是抓好教育培训工作。先后举办八期投行案例视频培训，精选近三十个典型投行案例进行全行推广，培训范围扩展至分支行及广大客户经理，有效地提高了全行投行团队项目运作能力。先后举办四期全行性投行业务现场培训，先后派遣逾百余人次支持分行组织的数十次专业培训，累计培训分行业务骨干逾千人次。二是抓好投行产品创新推广。先后推出债务重整、特定债权投资、联合并购顾问等投行创新产品，通过典型案例积极向分行进行推广，逐步推动创新投行产品由点及面、形成业务规模和产品线。三是动态调整投行考核导向和指标体系。显著提升品牌类投行业务的考核权重，将传统的收入为主的单维度考核扩展到项目、业务量等多维度考核，向全行有效传导发展品牌类投行业务的战略导向。四是拓展投行客户群和合作渠道。通过建立投行基础客户群和投行合作网络，帮助分行夯实投行产品线发展基础，提升分行对投行机会的挖掘能力和对投行项目的执行运作能力。通过一系列成功营销案例，提升了与万达集团、复兴国际、江苏雨润等十余户投行战略客户的互信关系，奠定了长期战略合作的基础。

八、基础类业务规范管理持续加强

继续贯彻全行规范经营的整体工作部署，按照依法合规、服务匹配、要素完备、客户自愿的四项管理原则，持续加强对基础类业务的规范管理。完成投行业务制度梳理工作，重新修订基础类投行业务的各项管理办法，制定出台投行业务档案管理办法。督促各分行全面开展经营规范自查工作，先后召开两次投行业务规范管理视频会，约谈22家重点分行投行业务负责人，派遣十余批、数十人次赴分行开展投行业务现场检查，督促重点分行提升基础类业务管理水平。与总行相关部门共同做好国家发改委涉企收费专项检查的协调沟通工作，夯实基础类投行业务规范管理基础。

九、投行研究支持能力持续提升

总行投行研究中心作为国内银行同业中唯一的投行分析师团队，共有分析师23名，2013年累计发布1 472余篇、1 200多万字的研究成果，为千余客户举办论坛讲座数十次。分析师与项目团队的互动机制和业绩评价机制逐步完善，分析师先后数十人次直接参与投行项目小组工作并发挥重要的研究支持作用。品牌建设初见成效，承接《以政府投资促进民间投资》、《一个“不变”和三个“转折”——全球形势对中国经济和我行的影响》、《上市银行投行业务比较研究》、《提升我行投行业务市场竞争能力研究》、《中国企业重组并购趋势研究》等多项课题，多篇研究报告报送中办和国办，参与业界知名宏观经济预测的准确率在众多国内外投行中排名前列。

（总行投资银行部）

债券与融资业务

一、2013年债券与融资业务指标完成情况

一是人民币同业融资业务取得零风险下的较好收益。紧紧围绕“服务流动性管理、提高收益水平、严控业务风险”的思路，深入落实年初全行有关工作会议精神，转变经营观念，深化各项管理，继续取得了较好发展。2013年末，境内分行人民币同业融出业务余额3 240.43亿元，较年初增加556.46亿元；全年累计办理人民币同业融出业务2 050笔，金额23 225.64亿元，加权平均期限30.7天，加权平均利率5.23%，对应到期应收利息100.45亿元，实现利息收入93.60亿元。各项融资业务未出现任何风险损失，实现了授权风险管理目标，有效控制了融资业务风险，保证了业务的健康、快速发展，维护了与重点优质客户的关系，取得了较好的综合效益。

二是债券自营投资业务取得较好投资收益。截至2013年末，全行人民币债券投资面值余额38 521.39亿元（法人口径，不含分行被动持有的凭证式国债和在北京分行核算的保本理财业务投资债券），比年初增加968.08亿元，增幅2.58%；实现投资收益1 436.82亿

元，较上年增加89.91亿元，增幅6.68%。其中，境内分行（不含总行本部）人民币债券投资余额4 343.30亿元，比年初增加279.49亿元，增幅6.88%；实现投资收入173.80亿元，较上年增加26.14亿元，增幅17.70%。

三是国债代理发行市场占比继续稳居同业首位。全年累计代理发行国债830.36亿元，市场占比24.74%，继续稳居同业之首，实现承销手续费收入4.24亿元。其中：代理发行凭证式国债4期，代理发行金额305.79亿元，市场占比约25.79%，实现承销手续费收入2.14亿元；代理发行储蓄国债（电子式）10期，代理发行金额524.56亿元，市场占比24.17%，实现承销手续费收入2.10亿元。

二、债券与融资业务工作开展情况

一是严控融资业务风险，努力提升收益水平。在对2012年授权执行情况总结的基础上，结合新的经营形势和管理要求，认真研究并制订2013年度资产负债管理业务基本授权方案，根据分行同业融资业务不同产品的不同特点分类管理，适度调整和收缩了部门总经理及分行对部分融资产品的审批权限，严控业务风险。认真审查分行特别授权事项，通过特别授权方式及时满足客户合理的融资需求，同时结合客户授信额度使用情况及其资金需求情况，指导分行努力提升议价水平，提高融资收益，防范利率风险。经审查的融资业务未形成一笔风险，有力地支持了分行与优质客户的营销，取得了比较明显的市场竞争优势。结合外部监管要求，组织相关分行对与金融资产管理公司间的融资业务开展自查工作，认真研究分行与非银行金融机构间融资的资金用途管理方式，防范从工商银行融入资金被挪用风险。根据同业融资业务管理要求，通过分行融资管理系统加强了对分行同业融资业务情况的监测。对分行业务查询内容及时进行查复，定期核查分行融资报备台账与“统计在线”相关融资科目余额，加强对分行同业融资业务的监测。定期完成对融资业务的数据统计工作，编制证券融资月报、旬报。加强业务培训，提高业务办理能力和风险管理能力。举办了境内分行同业融资业务培训班，并邀请相关业务部门负责人进行了融资业务风险审查与管理的专题讲座，召开了部分分行同业融资业务调研座谈会，进一步提高了分行风险业务操作技能，明确了业务发展思路，提高了风险认识，熟悉了风险审查要点，提升了风险管理能力。

二是加强债券投资管理，指导全行业务合规开展。完成债券投资计划调整。根据《关于调整2013年度同业存款及债券投资计划的请示》，印发了《关于调整2013年全行人民币债券投资计划的通知》，将全行人民币债券投资规模计划从2 000亿元调减至1 500亿元，其中境内分行2013年度债券投资规模计划从500亿元调降至300亿元；总行金融市场部债券投资规模计划从1 850亿元调降至1 050亿元。为支持上海分行提高资金运作收益，支持备份中心建设，根据关于支持上海分行进一步加强竞争能力专题会议精神，研究上海分行与存款挂钩的债券投资计划方案，支持其在加大存款营销力度，增加日均存款的基础上，提高债券投资规模。

三是做好组织协调，顺利开展国债代理发行工作。2013年国债发行期间，持续加强对销售进度的跟踪管理，根据各行代销额度需求合理制订任务计划，在发行过程中密切关注分行国债发行进展情况，及时调剂网上银行与柜面渠道额度分配，顺利完成全年国债代销任务。

四是多渠道发展主动负债业务，探索合格二级资本工作发行。向人民银行和发改委上报了《中国工商银行关于在香港发行不超过150亿元金融债券额度的请示》、《关于发行2013年中国工商银行股份有限公司二级资本债券第一期的请示》、《中国工商银行关于申请在境外发行不超过20亿美元等值金融债券额度的请示》等，并在伦敦离岸人民币市场定价发行了20亿元中国工商银行股份有限公司伦敦人民币金融债券。对在新加坡发行50亿至100亿元二级资本债券进行可行性分析，并指导新加坡分行做好对当地市场和监管要求的市场调研。

（总行资产负债管理部）

金融市场业务

面对复杂严峻的国内外经济金融形势，全行金融市场业务条线紧密围绕创收增效核心目标，以科学发展为主题，以加快转变发展方式为主线，认真落实全行经营转型战略，高标准完成各项工作计划，有力地促进了全行经营转型，实现了全行金融市场业务科学发展。

一、2013 年金融市场业务经营发展再上新台阶

（一）业务经营情况良好。一是盈利能力进一步增强。在资产规模增长 3.32%、资金成本增长 14.66% 的情况下，实现利润 631.24 亿元，同比增长 6.19%。二是业务结构不断优化。2013 年交易与承销业务利润 11.05 亿元（剔除相关业务停办等因素），同比增长 33.13%，不仅快于投资业务利润同期增幅 27.04 个百分点，而且在金融市场部利润中心整体利润中占比达到 1.75%，同比提高 0.35 个百分点。三是风险控制工作卓有成效，全年不良资产率与操作风险损失率均为零。

（二）市场竞争力显著提升。一是债券投资收益率保持领先。2013 年上半年全行人民币非重组类债券投资收益率高于四行平均水平 3 个基点，相当于全年多创造利润 9.39 亿元；2013 年总行外币投资收益率 2.94%，高于四行平均水平 53 个基点，相当于全年多创造利润 2 400 万美元。二是融资业务资金运作效率高于同业。2013 年全行日均超额备付率优于四行平均水平 32 个基点，相当于增加资金运作利润 13.93 亿元。三是账户交易类业务稳居市场龙头。2013 年账户贵金属交易收入四行占比 63.25%，并获评东方财富网“2013 年度最佳银行贵金属交易平台”奖项。四是柜台记账式债券业务现货交易量市场占比 65.32%，稳居市场第一。五是外汇交易业务水平持续提升。2013 年末结售汇币种达到 24 个，超越中行（20 个币种）成为市场第一；银行间外汇市场做市交易规模连续四年排名第一。六是凭借在衍生产品定价能力和衍生产品业务方面的突出进步，工商银行获评 ASIA RISK（《亚洲风险》）2013 年“中国年度最佳银行”。七是凭借在国内债券发行领域的突出表现，工商银行蝉联由 IFR（《国际金融评论》）颁发的“中国最佳债券承销行”。

（三）体制机制建设扎实推进。一是进一步完善总行金融市场部门考核激励机制。印发金融市场部处室资本考核方案，明确处室利润精细化管理原则，并制定了利润中心员工激励办法。二是推进金融市场业务集中管理和全球 24 小时交易体系建设。统一管理境外机构债券投资策略，提供亚洲时段债券集中交易服务；实现外币债券、外币拆借拆放、外汇买卖、账户贵金属及账户原油的 24 小时集中交易，启动衍生产品亚欧时段集中交易，持续做好阿根廷子行离岸金融市场业务承接工作。三是推进金融市场业务异地备份中心建设。实现上海分行通过常规业务授权或定期演练方式对总行金融市场业务 12 大类产品线进行异地备份。

二、投融资运作水平持续提升

（一）债券投资方面。一是准确判断货币政策及市场趋势，合理安排投资进度，新增投资收益率进一步提高。剔除 3 年央票续作因素，人民币债券新增投资收益率达到 4.20%，同比提高 23 个基点；外币债券投资收益率 3.09%，高于同期 6 个月 Libor 均值 268 个基点。二是持续加强结构调整，提高组合收益水平。合理优化组合结构，稳步提高信用债占比；科学调整账户结构，提高可供出售类债券比重；结合市场走势，稳妥调整组合期限结构。三是继续推动人民币债券借贷业务发展，盘活存量资产。全年债券借贷交易量 644.34 亿元，实现收入 4 119.17 万元。四是捕捉市场波动机会，开展信用债及美国国债交易，创造价差收入。五是严控信用风险。压降融资平台和产能过剩行业债券余额，严控外币债券投资国别风险。2013 年末，总行银行账户人民币非重组债券余额 31 535.05 亿元（含同业存单 12.7 亿元），同比增长 3.24%，组合收益率 3.80%，实现利润 598.42 亿元，同比增长 7.26%；外币债券余额 49.65 亿美元，同比增长 15.68%，组合收益率 3.09%，实现利润（含拨备回拨）7.84 亿元，同比增长 49.62%。此外，分行信用债投资收入 47.04 亿元。

（二）融资业务方面。一是合理摆布资金头寸，并尝试通过创新货币政策工具获得资金支持，全年多次有效缓解流动性紧张时点的融资压力。二是提高资金运作效率，结合资金状况及利率走势，及时调整交易策略，并积极开展外币资金短期投资，全行超额备付率始终处于较低水平。三是加强集团协作配合。继续通过同业借款业务直接或间接为工银租赁提供资金支持；在跨境、离岸人民币业务方面为集团境外机构提供业务支持。2013 年，总行人民币货币市场交易量 13.40 万亿元，实现利润 4.94 亿元；外汇货币市场交易量 6 779 亿美元，实现利润 5.10 亿元。

三、交易与承销业务发展提速

（一）人民币利率交易方面。一是持续提升交易水平。按照“短久期、信用利差为主”的交易策略，在 6 月前取得了较好交易业绩；在 6 月资金面骤紧情况下，通过增加头寸规模、缩短组合久期、加大高收益债券交易力度等方式提高利差收入，规避收益率曲线陡峭化上扬风险。同时，积极参与利率债、利率互换短波段操作，努力提高交易收入。二是提升主动做市能力，创立短期信用债双边报价平台，继续保持最大人民币债券做市商的地位。三是积极做好国债期货创新准备工作。2013 年完成人民币债券交易 2 324.24 亿元，人民币利率互换交易 535.25 亿元，柜台记账式债券交易 12.19 亿元，共实现利润 1.77 亿元。

（二）人民币代理交易方面。一是债市监管风暴爆发后，积极配合监管机构规范代理债券交易与结算业务。二是抓住市场扩容机遇，大力营销境外三类机构、QFII 和 RQFII 客户，2013 年代理境外客户数量居中资机构第二位。三是积极支持境外分支机构开展境内银行

间债券市场人民币债券投资与交易，获批境外机构增加到12家，获批额度达到299亿元。四是推动人民币利率代客风险管理业务的发展，山东和四川分行达成首笔代客人民币利率衍生品交易，实现自2009年以来的业务突破。2013年，代理债券结算1 160.92亿元，代理债券交易856.11亿元，全行人民币代理业务实现收入762.30万元。

（三）人民币外汇交易方面。一是全面推进结售汇产品线发展。加大远期结售汇、人民币外汇掉期及期权等外汇衍生产品推广力度，推动小企业远期结售汇业务拓户工作。二是贯彻“严格控制敞口风险、开展区间操作”交易策略，持续提升人民币外汇做市交易水平。三是积极支持集团内相关业务及境外机构人民币交易业务发展，为工银亚洲、工银莫斯科和新加坡清算行提供跨境贸易人民币购售业务及人民币平盘交易服务。2013年，外汇业务交易量9 562.72亿美元，总行本级利润约2亿元；全行代客结售汇业务量4 775.36亿美元，实现结售汇产品线收入49.05亿元。

（四）账户交易类、外汇买卖与商品业务方面。一是产品种类不断拓展、功能不断完善。同业首创账户外汇、账户原油产品，推出账户贵金属转实物贵金属、账户贵金属质押、外汇买卖和账户贵金属灵活委托等功能。二是综合开展账户贵金属存量资产运用。与多家同业叙做账户贵金属拆借加掉期交易；打通黄金调回国内渠道，共计调回黄金16.3吨。三是商品交易业务快速发展。2013年有14家一级分行实现商品交易业务突破，业务范围全面覆盖五大商品种类，交易总量达19.82亿美元，同比增长590%。四是北京、伦敦、纽约三地交易中心贵金属平盘收益率进一步提升，境外场内贵金属交易实现突破，贵金属盈利和国际市场做市能力进一步提高。2013年，总行账户交易类、外汇买卖与商品业务本级交易收入5.92亿元；分行账户交易类产品线收入7.33亿元。

（五）衍生产品交易方面。一是充分发挥衍生产品在服务客户外汇避险需求中的重要作用，利率类和汇率类避险产品推广至境内外12家分行，存续交易未出现新垫款。二是配合储蓄存款稳存增存需求，完成近80期个人结构性存款产品发行、平盘等工作。三是推进产品创新，做好双币远期结售汇产品，外汇及贵金属期权产品设计。四是推进量化分析研究，积极开展外汇期权报价及敞口管理系统开发工作。2013年，总行衍生产品业务交易量6 633.11亿元；全行衍生产品业务实现收入1.64亿元，总行本级实现利润8 692.91万元。

（六）承销业务方面。一是全力推进承销发行工作。承销只数和收入持续增长，承销规模四行占比上升，全年地方政府债承销量市场排名第一；主承销首只交易所发行的金融债，开创商业银行承销交易所发行债券的先河；首次承销证券公司、资产管理公司等新型客户的债券。二是完成工商银行在伦敦发行20亿元债券工作，成为首家以总行名义在欧洲发行债券的银行。三是成功发行35.92亿元资产支持证券，成为年内唯一发行证券化产品的大型银行。四是作为首批试点机构成功发行同业存单，金额30亿元。五是向银监会申请发行200亿元二级资本工具，并获批准。2013年各类债务融资工具承销发行业务收入16.74亿元。

四、产品创新与管理能力显著增强，研究与分析工作成果丰硕

一是产品创新突飞猛进。完成功能与流程优化、业务与产品创新等项目30余个，投产账户原油、账户外汇、债券借贷等一批有竞争力的产品，完成账户贵金属指数、双币远期结售汇、用账户原油消费成品油、账户基本金属和农产品等创新方案设计。二是认真做好产品管理。重新修订金融市场业务产品目录，完成人民币债券借贷等6条产品线竞争力评估，编发账户原油等6项产品知识问答，组织网银个人小额结售汇等8项客户体验活动，并开展境外机构金融市场业务产品线调研。在全行产品创新评奖中，代客商品交易、双远期结售汇获得二等奖，账户贵金属借贷获得三等奖，超短期融资券主承销产品获得明星产品奖。三是积极开展市场分析与焦点事件研究工作。编发《金融市场晨报》250期，充分发挥信息参考作用；密切关注国内外金融监管动向、市场焦点与走势、同业竞争态势，编发“工银市场研”分析报告105篇；在门户网站设立“工行看市场”专区，建立健全面向客户的金融市场信息服务体系，编发各类信息1 500多项。四是深入开展业务研究。完成金融市场业务未来十年发展战略纲要、金融市场业务全球布局、商品交易业务等重点产品线发展思路等研究工作，充分发挥决策支持作用。

五、业务管理水平全面提升，系统支持效能稳步增强

一是继续加大制度建设力度。按季度修订并印发《金融市场业务管理办法》等制度文件，完成账户原油等产品客户文档的规范和应用；总结并固化不同情境下的标准化报价、交易经验，建立投资与交易业务指引，形成“制度、规程、流程图、交易指引”四位一体的业务制度体系；按照“交易协议、产品介绍和交易规则”的统一体例，推进交易类客户文档的整合优化工作。二是按照“业务制度化、制度流程化、流程系统化”要求，进一步加强制度建设与系统研发的融合，提升业务电子化管理水平。三是做好系统投产与推广工作。在全国范围内投产账户原油、账户外汇、外汇买卖双向交易等产品，成功投产全球债券集中交易系统；账户贵金属业务境外推广取得重大进展；金融市场交易管理平台全球推广工作稳步推进，2013年末已在31家境

外机构投产。四是事前控制工作又取得突破性进展。先后实现瑞银、德意志、传统渠道（电话、邮件、传真）等9个渠道的控制功能，剩余渠道的实施方案和策略均已明确。五是积极推进金融市场业务产品化改造。研究形成产品化改造总体方案，稳步推动账户贵金属、结构性存款、结售汇等业务的产品化工作。

六、宣传与推广齐头并进，市场营销工作卓有成效

一是多渠道开展宣传工作。通过折页、海报、视频等方式积极开展重点业务宣传推广；充分利用工商银行门户网站、网上银行等渠道，加大网络宣传力度；通过专项营销活动，加强账户外汇、账户原油等新产品宣传。二是有序推进营销视频宣传片拍摄工作，完成个人结售汇及整体业务综合宣传视频并下发分行，完成账户交易与商品交易宣传片拍摄及样片制作工作。三是研究利用数据挖掘技术分析重点业务潜在客户特征、定位目标客户开展精准营销的工作思路。2013年末，全行金融市场业务客户数达到1 868万户，同比增长37.80%，其中账户交易类客户数达到949万户，同比增长53.72%；同时，金融市场产品的认知度、渗透率和影响力进一步提升。

（总行金融市场部）

资产管理业务

2013年，市场环境复杂多变、监管政策不断完善、同业竞争日趋激烈。资产管理业务条线积极落实经营战略转型，以客户需求为出发点，切实服务实体经济，圆满完成了总行利润中心定量考核任务指标及各项工作。

一、全行资产管理业务发展情况

（一）资产管理业务保持稳定增长。一是业务收入和利润增长稳定。截至2013年末，全行资产管理业务共实现中间业务收入146.26亿元，同比增长11.47%。其中，个人资产管理业务收入61.91亿元，对公资产管理业务收入35.46亿元，资产管理项目推荐业务收入48.89亿元；实现本部考核利润10.92亿元。二是产品发行额增长较快。截至2013年末，全行累计发行理财产品47 508.89亿元，同比增长19.50%。其中人民币理财产品发行额为47 461.12亿元，同比增长19.50%；外币理财产品发行额为47.77亿元，同比增长14.27%；个人理财产品发行额为33 916.24亿元，同比增长20.17%；法人理财产品发行额为13 592.65亿元，同比增长17.85%。三是产品余额增长平稳。截至2013年末，全行理财产品余额11 256.47亿元，同比增长12.12%。其中，人民币理财产品余额为11 228.88亿元，同比增长12.11%；外币理财产品余额为27.59亿元，同比增长13.75%；个人理财产品余额为8 777.85亿元，同比增长15.92%；法人理财产品余额为2 478.62亿元，同比增长0.45%。

（二）各项业务指标领先同业。截至2013年12月末，全行共发行理财产品（包括结构性存款）53 784.09亿元，同业占比34.56%，排名第一；理财产品余额（包括结构性存款）12 671.28亿元，同业占比29.92%，排名第一；理财业务收入146.26亿元，同业占比36.92%，排名第一。

（三）业务创新成果丰硕。一是投资创新。在项目投资方面，积极配合监管要求，研究推进信贷资产流转、理财直接融资工具、中小企业私募债业务、资产证券化业务、外币项目投资、与券商、工银瑞投开展资管计划投资业务等创新项目投资模式。完成银监会组织的信贷资产流转及理财直接融资工具项目试点工作；与浙江分行共同研究开展“优聚工行”区域试点创新方案；与工银国际加强股权基金投资业务合作，先后投资了工银国际推荐的惠普、绿能、博大等项目，有效拓宽了理财股权投资的业务范围，实现双方业务共赢；开启了与工银租赁的业务合作，完成80亿元资产转让签约工作，并已完成投资69.38亿元。在资本市场类投资方面，重点推动安全垫定增投资与信用支持股票投资业务。在投资渠道方面，通过与多家信托公司及证券公司合作建立的证券投资信托及券商定向资产管理计划投资通道，拓宽了投资种类与投资范围。二是产品创新。优化固定收益产品期限结构，推出增利、尊利系列产品；丰富另类投资品形态，研发设计私募股权、期酒、“藏茶”、艺术品、国影基金等另类投资产品；运用量化策略成功发行恒盛定增系列产品、“恒盛精选”量化组合基金产品。探索国际化发展，成功获批1亿美元QFII和8亿元RQFII额度，成立了首款通过QFII、RQFII境外募集的资产管理类产品。三是营销渠道创新。在维护好传统营销渠道的基础上，积极推行网上银行、电商平台、手机银行、微信银行等电子化销售方式，并积极推进

"银证通"理财产品同业代销系统建设工作。

创新提升品牌价值，资产管理相关产品及工商银行"工银理财"品牌在《证券时报》举办的"2013年中国最佳财富管理机构"评选中，获得"最佳银行理财品牌"称号；在中国网、普益财富主办的"中国财富管理'金手指'评选活动"中，获得"年度最佳财富管理银行"称号；在《中国证券报》、金牛理财网举办的"金牛理财产品评选活动"中，获得"金牛理财银行奖"等奖项。

二、采取的主要工作措施

（一）投资工作方面

1. 项目投资实现重点突破，服务实体经济成效显著。一是支持新兴产业，提升社会效益。加快转变项目投资思路，严格把控理财资金投资地方政府项目及政府融资平台项目，并逐步加大对"十二五"规划中提出的七大战略性新兴产业投资力度。2013年新增新兴产业投资127.40亿元，存量规模526.45亿元。二是把握政策动向，落实监管新规。2013年3月末，银监会发布《关于规范商业银行理财业务投资运作有关问题的通知》（银监发〔2013〕8号），明确了非标投资比例不得超过理财产品余额的35%或上一审计年度披露总资产的4%等监管要求，对银行理财项目投资产生了重大影响。通过加强总分行统一管理，主动调整项目投资计划，将非标投资比例纳入风险限额管理范畴等措施，率先达到监管要求，同时保障了项目投资工作平稳、合规运行。三是响应监管安排，推进业务模式创新。根据银监会项目创新安排，积极参与了包括理财直接融资工具、理财计划直接投资、信贷资产流转、中小企业私募债在内的多项业务模式创新。截至2013年末，全行共完成新增理财项目投资、资本市场类理财投资及另类投资2 008亿元。

2. 把握市场机遇，圆满完成债券投资任务。2013年，资金市场流动性较为紧张，加上同业业务中的买入返售类资产短期无法及时压降，导致市场对于债券投资的需求下降，2013年下半年，债券市场收益率出现大幅上行，随着监管趋严也降低了理财产品的配置空间。通过灵活调整投资策略，重点把握关键时点投资机会，取得了较好的成效。截至2013年末，总行资产管理部债券存量余额4 602.72亿元，债券平均余期2.93年，债券投资组合的到期收益率为5.85%。全年累计完成债券投资1 037.15亿元，主要投资类别为短期融资券、中期票据以及私募债券，占整体债券投资的85.46%。

3. 加强市场预判，丰富资本市场类投资模式。积极跟进监管政策变化，把握市场创新动向，在股票收益权、结构化证券优先级、结构性安排股票投资等重点投资业务方面，实现了较好的投资收益。目前，总行资产管理部资本市场类标准化投资品存量规模达288.63亿元，新增规模137.81亿元，同比增长12.64%，保持了持续、稳健的增长，其中模式成熟的股票收益权业务、结构化证券优先级投资业务均实现了存量规模突破百亿元，分别为181.50亿元和107.13亿元。重点创新推动了安全垫定增投资与信用支持股票投资。在对市场进行综合研判的基础上，加大了对安全垫定向增发股票的投资，投资品平均折价率61.1%，平均浮盈超过35%；在信用支持股票投资业务方面，投资了浙报传媒、亿利能源等定增以及新兴铸管公开增发。

（二）产品设计发行方面

1. 不断创新优化发展各类产品。本币市场类产品方面，为响应监管要求，成立了银行理财资管计划，推出"多享优势"系列理财管理计划A、B款产品，主要投资于"理财直接融资工具"。国际市场类产品方面，在单向出境投资的基础上，构建了完整的双向跨境产品体系。积极推进海外资产证券化，创新投资海外分行的内保外贷资产，通过内外联动，一定程度上降低了境外分行资本硬约束及流动性等问题。量化投资类产品方面，通过自主研发相继推出了"工银理财——恒盛定增"系列产品、挂钩黄金Au9999结构化理财产品、"恒盛精选"量化组合基金产品，总规模将近50亿元。

2. 积极协调推动产品发行。2013年下半年，银行间市场、同业市场利率大幅高企，互联网金融异军突起。面对复杂的竞争环境，一是坚持产品合理定价，重点保障客户权益，2013年全行期次型产品全部实现了客户预期最高年化收益率，按时兑付了客户收益。二是推行产品结构调整，做好保本产品与非保本产品的协调发展，在严格控制保本产品的发行比例和发行规模的同时，努力扩大净值型产品、增利产品、无固定期限产品的发行规模。三是加强渠道建设，加大网上银行销售力度，稳步推进理财产品同业代销系统建设工作。四是主动做好个人理财营销。通过加强市场需求分析，联合销售部门做好产品旺季销售和节假日销售安排，并开展重点客户短信营销工作。五是强化法人理财营销。通过参与法人高端客户推介会活动，深入一线协助分行营销法人集团客户。

（三）业务管理方面

1. 统筹做好业务流动性管理。在货币市场流动性波动明显加大情况下，从全行存款和流动性统一管理的大局出发，与相关部门密切沟通，采取多管齐下的应对策略，既大力支持了存款业务又成功应对了多次流动性考验，流动性管理平稳有序。一是在合理安排产品发行期限的基础上，做到及早安排、未雨绸缪，统筹安排产品的起息、到期情况，降低产品集中到期的流动性冲击。二是加大网上银行营销力度，落实节假日产品销售支持方案。三是联动公司业务部门，通过"理财+项目投资"的模式，对法人专属客户群体提供"一对一"定向营销产品，利用个性化、有市场竞争力的产品解决方案，支持分行的新客户拓展工作，通过该方式增加产品发行近百亿元。四是积极拓展外部融资渠道，统筹做好融资安排，最大限度地降低表内资本占用。五是做好理财业务流动性统计预测、监测和统计分析工作。

2. 业务管理架构日臻完善。一是建立全面的风险管理体系，各项业务均按照全行统一的授权制度报有权人审批，建立了分类分级授权制度，所有投资交易建立核对机制，实行三级审批制度。二是完善统一管理、分类授权的管理模式，以2013年资产管理业务基本授权方案为基础，做好资产管理部总经理对副总经理、专家以及各处室的转授权工作。三是制度建设取得新的进展，修订完善并正式印发《资产管理业务管理规定》，并根据业务发展要求，及时修订并发布了涉及项目投资、信息披露、流动性管理等8项办法，同步完善了34项相关规程或细则。

3. 确保业务合规发展。一是积极配合外部监管工作，对于银监会各次检查发现的问题，组织落实整改；按照银监会要求，将自2013年7月15日起拟发行的全部理财产品在理财信息登记系统中进行报告，同时完成2011年1月1日至2013年9月30日发行的所有理财产品在全国银行业理财信息登记系统中的数据及材料补录。二是积极配合内部审计工作，配合内审局开展2013年理财业务专项审计、集团关联交易审计、产品后评价审计工作和业务连续性审计工作。三是配合外部审计工作，配合毕马威完成前三个季度商定程序审计、2013年末内控测试及2013年预审等工作。

4. 进一步优化完善系统功能。顺利投产理财产品产品化改造项目一期，实现了理财产品从产品设计、产品配置、说明书审批、产品发布的全流程系统化处理，优化了产品发行流程，降低了操作风险。成功投产了“资产管理业务收入自动分配项目”、“PPM系统审批优化项目”、“理财产品综合统计项目二期”、“贵金属套利项目”、“信息披露支持项目”、“损益分析优化项目”、“金融资产服务业务（PPM部分）”、“理财产品信息披露提升项目”、“PPM系统（资产管理业务）2013年优化项目”等重点系统项目。

5. 产品信息披露及时准确。按照监管最新要求修订了《理财产品信息披露管理办法》，积极推动信息披露系统化项目投产，实现理财产品信息披露全系统化管理，并在现有披露功能基础上，陆续研发智能终端信息披露、信息披露报告待办事项、参数化配置审批流程、非定向披露报告等功能，信息披露水平处于行业领先。

（总行资产管理部）

票据业务

2013年，面对经济增长减缓、利率波动频繁的复杂形势，票据业务条线灵活调整经营策略，成功实施分科目管理，强化风险控制与处置，资产与业务结构持续优化，在配合全行信贷均衡投放的同时实现了票据业务的稳健发展。

一、全行票据业务经营情况

2013年，全行票据交易量比上年减少460亿元，降幅2.46%；票据业务收益134亿元，比上年下降20.30%。全行票据融资余额2 069亿元，其中纳入信贷统计口径的票据贴现余额1 479亿元，比年初减少370亿元；买入返售余额591亿元，比年初减少147亿元。2013年票据贴现余额在全行信贷资产余额中的比重为1.68%，低于全国2.73%的平均水平；在全国市场的占比为7.57%，比年初下降1.48个百分点。票据营业部利润中心建设成效显著，采取“拓进口、寻出口、频交易”策略，全年票据交易量达15 876亿元，创下历史新高，通过以量补差实现拨备后利润突破20亿元。

二、主要工作措施及成效

一是票据业务合规稳健发展。加强业务发展思路指引。结合内外部形势变化与全行经营战略导向研究制订票据融资业务工作要点和基本授权方案，明确发展目标，制定发展举措，创新经营理念，加快经营转型步伐。强化制度建设。根据强化纸质票据统一管理及票据融资业务分科目管理实施方案，对票据存管制度办法及票据系统会计核算规程进行了修订，保障全行票据融资业务的规范和稳健运行。深化票据系统建设，开发BMS增值税发票重号校验、非现场监测报表、业务批量审批、分科目管理与核算等功能，提升对全行票据业务运行与管理的系统支持能力。

二是票据经营灵活性不断提高。成功实施票据分科目管理。将（转）贴现业务区分为流量与非流量业务，增设流量业务资产科目与投资收益类科目并进行核算方式调整，提升票据运营活力，充分发挥票据业务在优化全行收入结构方面的作用。强化经营策略引导。加强对市场的分析与研判，灵活调整经营策略并通过窗口指导等方式引导全行把握时机，灵活运作，加速票据周转，有效提高票据业务收益。完善差别定价策略。对流量业务制定单独的内外部定价策略以激发其运营活力，对非流量业务在按照票据形态、期限、承兑行结构进行区别定价的基础上，持续加大对承兑票据的贴现价格倾斜力度，提高管理精细化水平，进一步发挥票据业务为全行争取低成本资金、周转灵活、节约资本占用的优势。

三是票据业务结构进一步优化。流量与非流量业务并行开展。分科目管理以来，逐步探索开展流量业务，持票生息与交易获利导向的票据运营模式并行，票据业务在实现利息收入的同时开始产生投资收益。票据资产结构进一步优化。票据的品种、期限配比与承兑行结构更加合理，电票占比明显提高，资产交易效率、安全性与盈利能力不断提升，票据资产流通性增强，关键时点规模调控效率提高。票据营业部与分行的业务协作水平提升。票据营业部积极发挥系统内交易平台效用和做市商功能，充分利用票据专营优势，与分行形成协同联动效应，办理了全行首单票据资产托管业务。全行票据业务经营结构得到不断优化，市场竞争力进一步增强。

四是票据风险管理持续加强。加强风险监控与传导。密切关注市场风险动态，加强业务风险提示和预警，通过定期进行非现场监测、发布风险监测通报，利用系统防控风险企业、问题中小金融机构、公示催告票据等方式，确保票据资产安全。深化票据业务监督与检查。加强部门协作开展票据业务检查，并要求分行认真落实整改检查中发现的问题与隐患，引导分行建立并完善贴现申请人动态监测机制，强化票据审验与真实交易背景审查，严控操作风险与合规风险。强化纸质票据统一管理。通过恢复存管率指标考核、对接分行辖内存管与票据营业部存管、以推出票据托管业务为契机对接存管与托管平台等方式，扩大票据存管检测范围，实现纸质票据的集中保管、交易与托收，提高票据资源的集中运作效率，增强全行票据业务的风险防范和化解处置能力。

（总行资产负债管理部）

中 间 业 务

一、中间业务经营发展情况

2013 年，面对复杂严峻的市场环境，全行紧密围绕客户需求，积极应对市场竞争，在规范收费、切实维护消费者权益基础上，创新发展技术含量高、增值空间大的中间业务，实现了中间业务的健康稳定发展。全年集团实现手续费与佣金收入 1 345.50 亿元，同比增长 16.1%。其中，银行卡、对公理财、担保及承诺等业务收入增长较快，同比增幅分别达到 21.4%、25.9% 和 53%。

二、加强中间业务的主要措施

（一）进一步挖掘中间业务增收潜力。坚持“强个金、大公司、全机构”战略，进一步扩大三大业务客户基础。通过召开中间业务座谈会、开展“以零收入、低收入账户为抓手，挖掘中间业务增收潜力活动”等多种形式推动中间业务增收。按照“四季度当季收入同比、环比不下降”的原则，纵横分解保底目标，并借鉴市场化原则，实行追加费用与保底任务完成情况挂钩。在年末关键增收时点，组成 5 个督导组，对增收潜力较大的 9 家分行现场督导，及时将中间业务增收目标落实到部门、产品、项目、客户和业务量。

（二）平衡好“规范”与“发展”的关系。正确理解“规范”的含义，积极引导消除畏难情绪，缓解基层员工心理压力。在全行范围内开展“专项治理回头看”活动，做好收费自查自纠工作。正确看待外部收费检查，做到积极配合、如实说明、有效沟通。进一步依法完善与收费标准相配套的制度建设，优化定价流程和服务价目表，谨慎、稳妥地调整中间业务收费策略，确保每个收费项目可操作、可实施，质价匹配，经得起检查。

（三）强化中间业务增收管理。端正中间业务增收理念，突出结算、代理、理财业务的基础地位，抓大产品不放小产品，抓新业务不放老业务，加强产品、客户、服务等基础管理。利用 MOVA 中产品覆盖率、客户渗透率、收入减免率等信息，逐步建立覆盖中间业务增收全过程的监测和分析体系。借助网点竞争力提升项目，加强对网点中间业务经营范围、收入和考核方式的分析，组织推广一批典型案例，推进网点中间业务收入上台阶。

（四）积极推进重点及潜在产品发展。持续推进 2013 年总行年中工作会议确定的金融市场、资产管理、资产托管、信用卡、品牌投行、私人银行、贵金属、现金管理和电子商务平台9条重点产品线，以及银行卡收单、个人结售汇及外汇买卖、账户贵金属和个人工银信使4项潜力产品的发展。将各分行、各部门发展这些产品的优秀做法形成典型案例，供相互学习和借鉴交流。分析制约这些产品增收的因素，动态调整推动策略，促进重点和潜在产品的健康发展。

（总行财务会计部）

结算与现金管理业务

一、业务指标完成情况

一是无贷户存款再创新高。截至2013年末，全行公司无贷户存款余额达19 784.27亿元，较年初增长3 038.57亿元，增幅18.15%，完成全年计划的303.86%。二是结算账户拓展成效显著。全行新开有效对公结算账户93.42万户，完成年度计划的133.45%。新开账户日均存款余额达2 147亿元，完成年度计划的178.94%；新开账户结算量32.26万亿户，完成年度计划的285.49%；新开账户累计实现中间业务收入50.12亿元，完成年度计划的334.1%，新开对公账户价值贡献明显。三是无贷客户结构持续向好。截至2013年末，全行五星级以上优质公司无贷户增加5.29万户，存量规模达到31.53万户，新增五星级以上优质客户计划完成率达105.72%。其中，五星级客户净增3.47万户，六星级客户净增1.5万户，七星级客户净增0.32万户。

二、公司无贷户营销与维护的主要措施

一是不断拓展新客户市场。积极引导分行投产使用“验资E线通”，截至2013年末，全行共有22家分行上线该业务，投产二级分行达到219家，为5.7万户客户进行了验资服务，共计验资资金达到1 228亿元，推动了从源头深挖优质目标客户资源。同时，充分利用工商银行的现金管理优势，以核心客户的现金管理服务方案为切入点，大力营销链条上下游的优质客户来工商银行开户，进一步加大了链条资金的沉淀率。

二是加强无贷户存款精细化管理。按照无贷户划分标准，更新总、分行级公司无贷直营客户名单，完成重点公司无贷户客户行业属性梳理工作，进一步明确目标客户群，为高效开展公司无贷户存款营销工作夯实基础。

三是加快结算产品创新。在利率市场化不断推进的背景下，从客户需求出发，创新推广结算套餐、存款自动转换、账户管家、收款管家、对公ATM等业务，以逐渐完善的基础性结算服务稳固中小客户。

四是深入挖掘客户的增值需求。掌握公司客户资金规律，积极调整优化理财产品结构，针对重点客户推介专户理财服务，引导存量客户归集外行资金集中购买理财产品，使客户不同形式的资金在工商银行系统内循环。

五是强化存款数据通报及督导。按周通过公司无贷户存款情况，按月通过优质无贷户数增长情况，按季度分析公司无贷户存款变化及客户结构，同时，在季末重要时点采取日监测通报制度，关注大户资金异动。

（总行结算与现金管理部）

信用卡业务

2013年，面对经济增长放慢、刷卡手续费标准调降、第三方支付与互联网金融强力冲击等复杂严峻的市场形势，信用卡业务条线认真贯彻总行党委的决策部署，积极开拓市场，加大创新力度，强化风险管理，提升服务水平，发挥数据优势主动探索尝试大数据应用，开启了内生性的转型与升级，推动全行信用卡业务快速发展，成为全行业务发展的助推器和收入增长的稳定器。

一、2013 年信用卡业务发展情况

（一）核心指标全面增长。截至 2013 年末，信用卡发卡量达到 8 805 万张，较年初净增 1 091 万张，增长 14%；新发卡 1 551 万张，注销到期卡、无效卡 460 万张。信用卡客户数达 6 064 万户，较年初增长 11%。消费额达 16 135 亿元，同比增长 24%。信用卡贷款余额达 3 062 亿元，较年初增长 26%，其中分期付款余额 1 746 亿元，较年初增长 21%。信用卡贷款占全行信贷总资产的比例达 3.34%，较年初提升 0.41 个百分点。特约商户总量达到 75 万户，同比增长 15%，收单交易额达 25 415 亿元，同比增长 38%。在四大行中，工商银行发卡量占比为 35.4%，消费额占比为 33.8%，贷款余额占比为 31.2%。

（二）质态结构持续优化。截至 2013 年末，信用卡启用率达 54.8%，其中新发卡启用率 64.7%，同比提升 13.8 个百分点；近 12 个月动卡率 47.6%，同比提升 2.1 个百分点；年化卡均消费额达 1.96 万元，较年初增长 11%；卡均贷款 3 717 元，较年初增长 13%；按可比口径，卡均总收入 364 元，较年初增长 10%，卡均中间业务收入 277 元，较年初增长 14%。

（三）高收益特性充分显现。截至 2013 年末，信用卡总收入（可比口径）300 亿元，同比增长 23%，其中，中间业务收入 228 亿元，增长 28%。收单回佣收入达 71 亿元，同比增长 30%。

（四）信用卡风险总体可控。截至 2013 年末，信用卡不良贷款余额 40.8 亿元，不良率 1.33%，继续保持同业优秀水平。信用卡不良贷款余额较年初增加 13.94 亿元，增幅与全行个人不良贷款增幅持平。信用卡贷款绝大部分是信用贷款，具有小额、多笔、非集中的特点，风险整体可控。

（五）服务水平不断提升。在信用卡业务规模日益扩大的情况下，通过拓展服务渠道、优化操作系统、改进服务流程，实现了信用卡电话服务的持续高品质平稳运营。2013 年，信用卡电话服务日均 20 秒接听率始终保持在 90% 以上，客户满意度超过 90%。同时创新推出微信客服平台，提供 12 项信用卡自助服务。

二、开拓市场，加快创新，全面提高发展质量和效益

（一）多渠道提高发卡规模与质量。一是加强行内联动营销，强化信用卡客户基础，提升代发工资客户、高端客户信用卡渗透率，推进私人银行客户配发黑金卡工作。截至 2013 年末，全行新口径代发工资客户信用卡渗透率达到 19.1%，私人银行客户信用卡渗透率达 54.3%，白金卡发卡量达 110 万张，黑金卡发卡量达 202 张。二是推出环球旅行卡、人保爱车联名卡等极具影响力的新产品，替代老旧产品，优化产品结构。环球旅行卡在 10 种外币的基础上，在航空、酒店、奢侈品等 10 大行业领域全面搭建产品权益架构，持续激发客户需求，发挥了强有力的“替代营销”作用。三是抓住国家全面推行公务用卡制度的新机遇，对财政预算单位、军队武警单位、国有企业以及优秀民营企业和外资企业开展名单制营销，扩大公务卡发卡规模。四是推出大来品牌卡，成为全球第一家与六大国际信用卡组织建立发卡及收单合作关系的“全品牌发卡银行”。五是积极开展“磁换芯”升级工作，本年新发卡中芯片卡占比超过 50%。研发了具有核心知识产权的产品——双品牌芯片组合卡，该卡具有双品牌、双账户、多币种、纯芯无磁条的特点，首批产品将于 2014 年初推向市场。六是紧抓营销机遇，增强客户黏性。调整销卡业务流程，将销卡挽留和二次营销纳入制度化轨道，有效维护存量客户。开展双币种卡和多币种卡客户配发闪酷卡、新办未启用卡唤醒等 5 类事件式营销，覆盖客户约 1 180 万人，有效地帮助分行拓展了营销渠道。

（二）持续增强收单业务发展活力。一是广开营销渠道，贯彻“以量补价保收益”的发展思路，确保银行卡刷卡手续费调低后收单业务的持续增长。推进集团商户总对总营销，“特色城市一条街”营销，酒店、餐饮、百货、汽车租赁等重点行业优质商户名单制营销，商业预付卡收单等重点项目。2013 年，新增集团商户 25 户，总对总合作集团商户达到 90 户，落地签约门店 3 869 家；新增“特色城市一条街”210 条，总数达 272 条，涉及商户 7 593 家；22 家分行开展了预付卡收单业务，商户总数 748 家。二是提升收单业务综合管理水平，推广面向大数据时代的新一代收单业务平台，实现商户和 POS 的精细管理、自动清理、数据挖掘、动态监控功能，开辟灵活便捷的商户服务功能，提升收单业务软实力，为线上线下一体化收单的统一管理奠定基础。三是加快拓展小额快速支付等新兴收单领域，优化非接受理环境，布放非接受理终端 12 万台。四是开展形式多样的消费促销活动，推动收单业务规模和收入同步增长。组织 3 000 家商户开展覆盖圣诞节、元旦、春节的随机中奖、积分兑换促销活动，活动期间日均收单交易额 96 亿元，是平日和同期的 1.4 倍，有效带动了收入增长。

（三）多元化拓展分期付款业务。一是依托大数据技术推出小微商户逸贷公司卡，开拓信用卡分期新领域，有效解决中小企业融资难问题，支持实体经济发展。截至 2013 年末，已签约商户 3 540 户，发放贷款 2 064 笔，贷款金额 5.51 亿元，笔均贷款 26.7 万元，贷款余额 4.87 亿元，不良率为零。二是创新分期付款渠道，推出一触即贷、方便快捷的短信分期业务，通过短信平台全流程自助操作分期付款业务，满足客户融资的便捷性要求。截至 2013 年末，短信分期交易笔数共计 20.29 万笔，交易额 15.12 亿元，笔均交易额 0.75

万元，交易客户 12.93 万户，户均交易额 1.17 万元，体现了信用卡贷款小额、多笔、非集中的特质。三是结合国家推进新兴消费产业发展的新要求，继续巩固工商银行购车分期业务的市场优势，加快推广厂商贴息方式的购车分期业务，梳理标准化的购车分期厂商贴息业务流程，推进与经销商、厂商系统信息自动传输和自动比对，提高业务效率，降低操作风险。大力发展家电、百货、教育、旅游、文化等收益高、市场广阔、风险可控的新型分期付款业务，构造与国家产业结构相适应相协调的信用卡消费信贷布局，多层次满足社会居民的消费融资需求。四是完善制度流程，强化信用卡贷款管理。修订分期付款业务管理办法及操作流程，严格按照监管要求防止专项分期进入房地产、生产经营和投资等领域。严格执行信用卡分期付款业务费率管理有关规定，加强风险定价管理，提高整体议价能力，规范分期付款手续费核算标准，加强系统自动收费，减少不规范收费和应收未收现象。

（四）完善授信体系，强化风险监控，确保业务健康发展。一是持续升级授信审批管理体系。结合信用卡风险变化趋势和特征，提出“有紧有松、总体收紧”的信用卡授信审批调整政策。梳理整合涉及个人卡授信管理相关政策性文件，明确提出将工商银行代发工资客户和资产客户作为核心目标客户，依据年代发工资额和行内资产，同时结合风险等级对应不同档次的信用卡授信额度，对高风险客户采取更为严格的授信策略。推进单位卡授信纳入法人客户授信管理系统，进一步明确了单位卡实施统一授信管理的基本原则、授信规定和授信流程。二是强化授信额度的动态管理。制定风险客户授信动态管理制度，明确高风险客户的降额标准和风险控制措施。重点加强对逾期客户、行内交叉违约客户、套现客户等高风险客户的额度管理。丰富授信动态管理系统功能，提高额度管理效率，增加大额授信变化的监测功能，及时识别、预警大额授信。三是加强内部评级法的应用。进一步加强内部评级、评分在信用卡发卡、调额及催收等业务环节的刚性控制。根据风险管理水平，动态调整客户群体、产品的内部评级评分标准，实施差异化应用策略。四是全面强化贷后管理。建立了大额清收责任制，构筑起五级督办清收机制，清收回款金额达 7.36 亿元。大力开展不良贷款客户欠款扣收工作，全年共扣收 2.7 万笔，清收现金 7 452.32 万元。五是优化风险监控系统，调整监控重点和控制策略。按照“抓重点客户、抓大额、抓重点区域”的原则，将风险控制环节前移到额度生成环节，重点加强对大额交易和“五同”交易的监控，总行层面对高风险交易实施直接干预，提高风险监控业务处理的时效性和有效性。

（五）持续提升服务品质，扩大品牌影响力。一是狠抓基础服务。有序推进还款日调整工作，非 25 日还款的卡量已占 30% 以上。开展电子账单替代纸质账单试点工作，既便利客户、绿色环保，又节约费用。进一步加强客户投诉管理，投诉客户解决满意度达 90%。编写《信用卡客户服务经典案例汇编》，用作培训教材和参考工具，帮助信用卡从业员工提高服务水平。二是深化高端客户服务。制定《要客服务管理办法》，统一信用卡要客服务的流程及要客经理的配备标准，实现要客在网点服务端的系统化管理，要客在工商银行全国任意网点将享受排队七星级待遇。截至 12 月末，信用卡要客数量已拓展至 8 040 名，要客累计消费额达 107 亿元，人均消费额达 133 万元。同时升级旅行不便险、开展商务卡积分兑换活动特色服务，增强客户用卡忠诚度。三是稳步推广自助服务渠道。大力推广短信银行、网上银行和电话银行自助语音三大自助服务渠道的信用卡服务，通过优化系统显著提升电话银行信用卡自助语音树的易用性，截至 12 月末，全行网上银行信用卡在线客服业务量日均达到 3 160 笔，是业务开通初期的 3 倍。充分利用新推出的微信客服平台，提供查询余额、应还款额、账单、交易明细等 12 项信用卡自助服务。

2013 年，工商银行获得腾讯网“年度最受欢迎信用卡”、金融界网站“年度信用卡最佳营销奖”、《理财周报》“年度最佳信用卡”以及《卓越理财》“中国第一信用卡品牌”等多项荣誉。信用卡服务荣获呼叫中心与 BPO 行业资讯网“2013 中国最佳服务特色奖”、“2013 中国最佳服务创新奖”、“金耳唛杯”中国最佳呼叫中心等奖项。

（总行银行卡业务部）

电子银行业务

2013 年，电子银行业务条线密切围绕全行发展战略，以增强电子银行竞争力、服务全行经营转型为目标，突出业务创新，积极抢占重点客户和重点市场，实现了业务全面协调快速发展，为全行的转型发展作出了重要贡献。

一、业务发展量质并举，综合贡献显著增强

客户规模和结构进一步提升。2013 年，全行个人网上银行客户突破 1.6 亿户，个人电话银行、手机银行客户相继突破 1 亿户，在国内率先建立了“亿”级电子银行客户群体。网上银行个人证书客户、企业证书版客户分别达到 8 540.59 万户和 241.42 万户，占个网和企网客户的比例分别达到 51.65% 和 71.72%，同比分别提高 10.68 个和 3.98 个百分点；个人网银在四星级及以上客户渗透率达到 51.40%，同比提高 3.45 个百分点；交易离柜率在 80% 以上的个人活跃客户占比达到 29.30%，同比提高 4.68 个百分点，客户活跃程度稳步提高。

业务综合贡献进一步增强。全年实现电子银行交易额 381.86 万亿元，同比增长 14.82%，其中手机银行交易额实现 3.37 万亿元，增长 4.49 倍，占个人网银交易额比例达到 6.08%，超额完成突破 5% 的年度目标。电子银行业务占比达到 80.20%，同比提高 5.10 个百分点。柜面业务可分流率降至 29.20%，同比降低 6.30 个百分点。实现业务收入 166.67 亿元，同比增长 30.78%。电子银行全年办理的业务量相当于替代了 3 万个物理网点、30 万柜员，为全行节约经营成本 430 亿元，分流柜面业务、服务全行转型的作用有效发挥。

二、加大产品创新力度，开拓互联网新领域

积极落实总行党委关于建设电子商务平台的重大决策，全面启动电商平台筹建工作，平台功能研发、商户营销、运营维护、业务管理和团队建设快速推进。完成“融 e 购” B2C 商城建设，实现了电商平台建设的阶段性目标。各分行按照电商平台“全行办、全行建”的总体要求，充分调动营销资源，掀起了推广电商平台的热潮。

坚持移动化、个性化、智能化的创新方向，持续加大产品研发力度，全年成功推出 40 项面向客户的创新产品，优化改造 200 多项产品功能，进一步巩固和强化了产品核心竞争优势。在同业中率先推出通用 U 盾，提升了安全介质的通用性和手机银行的安全性。投产二维码应用功能，进一步拓展了手机银行的使用范围。开通 B2C 逸贷分期付款功能，实现个人综合积分整合并在电子银行渠道兑换使用，确保了全行重点创新项目的顺利完成。各分行结合辖内市场特点，共推出 29 项区域特色产品，创新应用潜力进一步激发。全行进一步强化电子银行产品应用推广，企业网银结汇、外汇买卖、他行基本户代发工资等重点产品推广效果明显，赢得良好的客户口碑。

三、积极抢占重点市场，营销宣传成效明显

引入互联网营销理念，将电子银行营销宣传与社交媒体相结合，积极探索网络化营销新模式，精心策划组织贯穿全年的“金融@家　环保有我”主题活动，配套开展“惠在工行节节高”、移动银行进校园等系列活动，取得良好的市场效果，带动了业务规模和客户活跃度进一步提升。充分利用网络广告、电视广播、户外媒体等媒介开展业务和品牌宣传，全年投放电子银行广告 30 项，在百度搜索中“金融@家”搜索结果近 5 900 万条，大幅领先同业水平。积极开展智能营销活动，推动智能营销信息服务管理系统的应用推广，建立电子银行智能营销数据筛选模型。各分行围绕手机银行、个人证书等重点产品、重点市场，切实加强营销组织推动，广泛开展促销推广活动，新增客户规模和交易量再创历史最佳业绩，进一步巩固了在同业市场中的竞争优势。大力推广银企互联客户端，努力挖掘中小企业银企互联新市场，全年新增银企互联客户 1 227 户，存量客户 3 465 户，客户增长率达到 54.83%。强化电子商务在烟草、商品交易市场等重点目标商户的推广，培养了一批具有良好合作关系的电子商务商户，全年新增商户 1 126 家，存量商户数达到 4 140 家，实现 B2C 交易额 5 141 亿元、B2B 交易额 3 767 亿元，同比分别增长 41.37% 和 22.40%。

四、强化服务能力建设，服务品质稳步提升

作为全行对外服务的重要窗口，各电子银行中心紧紧围绕全行“服务品质年”的总体要求，突出服务客户、创建一流的工作主线，积极创新服务方式，持续加强运营管理，实现了“95588”服务品质和客户满意度的双提升。全年平均电话接听率达到 95.60%，20 秒电话服务水平达到 91.30%；短信银行、微信银行累计业务量突破 1 亿笔，累计服务客户超过 3 200 万户，占电话银行人工呼入业务量的比例达到 82.50%，在满足全行业务发展和客户持续增长的服务需求的同时，连续三年实现了人工电话呼入量增幅持续下降、服务效率持续提升。进一步加强集约化中心对客户诉求和金融消费行为信息的数据挖掘分析，不断增强价值创造能力，电子银行中心已成为电子银行业务和工商银行优质服务的一个品牌和亮点。

五、境外拓展全面铺开，全球布局日益完善

2013 年以来，境外电子银行工作坚持“全面推动，分类指导，重点突破，梯度发展”的指导原则，渠道建设全面铺开，产品功能进一步丰富，区域发展结构日

趋均衡，实现了境外电子银行业务全球布局的阶段性目标。推出工银亚洲新一代网上银行、网上存款账户、跨境电子商务、境外银企互联等创新产品，并对原有产品功能进行持续优化。截至2013年末，已有27家境外机构对外开通网银业务，16家境外机构开通电话银行服务，38家境外机构开通门户网站。各境外机构全年新增个网客户7.31万户、企网客户4 436户，客户总数分别达到24.98万户和1.92万户，占全行海外个人和企业客户总数的比例分别达到35.84%和38.17%。

六、规范业务制度体系，风险防控持续加强

加强业务制度建设和重点领域风险防控，不断提高风险管理的精细化和标准化水平。印发年度四大版本制度，完成业务制度梳理，进一步完善了“一套办法、一部规程、一本指南”的制度体系，管理规范化程度持续提高。在全行推广企业网银注册新流程，做好网上收款业务风险管理，持续加强重点领域风险防控。坚持开展客户安全教育，妥善处理外部欺诈风险事件，加强风险事件分析和安全产品研究，推进电子银行风险管理从事后到事中的转变，对外部欺诈风险的管控能力进一步提升。积极开展非现场监测，探索建立以数据分析为基础的业务检查新机制。印发《电子银行业务应急预案（2013版）》，实施电子银行中心客服业务应急演练，业务应急处理能力得到检验。2013年以来，电子银行业务内部风险暴露水平继续保持下降趋势，从第一季度的0.13‱下降至第四季度的0.07‱，远低于全行平均水平，全年未发生涉及电子银行业务的重大操作风险事件。

2013年全行电子银行发展成绩赢得了客户和业界的高度认可，获得国内外媒体机构颁发的各类奖项41个。其中，在美国《环球金融》杂志2013年度全球最佳企业网上银行评选中，第三次荣获“中国最佳企业网上银行”大奖，同时还获得“最佳综合企业银行网站”、“最佳信息安全”、“最佳社会媒体”、“最佳在线财富服务”四个亚洲区单项奖。

（总行电子银行部）

资产托管业务

2013年是工商银行资产托管业务开办十五周年。资产托管业务条线严格履行法律法规赋予托管人的职责，强化风控能力，安全保管资产，提供高效营运服务，完善业务管理体系，推进产品和服务创新，得到境内外客户的广泛好评，获得业界年度所有重大托管奖项，托管规模连续15年居国内同业首位，工银托管的品牌价值和市场地位与日俱增。

一、2013年经营业绩良好

一是托管规模突破4万亿元。截至2013年末，全行托管资产总规模达到46 213.01亿元，同比增长16.84%，连续15年保持市场领先。二是托管业务收入突破65亿元。全年实现托管业务收入67.99亿元，同比增长13.97%，其中分行托管业务收入49.51亿元，全面完成年初任务。三是利润中心经营业绩良好。2013年，利润中心本部实现托管业务收入18.48亿元，税前利润16.32亿元；全行托管业务营业贡献达91.47亿元。托管业务重点产品增长率达到18.6%。按照利润中心考核方案，利润中心各项主要经营指标接近或全面完成T3经营目标。四是市场领先地位进一步巩固。2013年，新增托管证券投资基金76只，新增托管保险公司客户10家，新增企业年金基金客户88个，新增合作券商27家，新增8家境外机构委任工商银行为QFII托管银行，托管QFII本金同比增加19.5亿美元，新增托管QDII产品107个。正式获得21家境外机构委任RQFII托管业务，其中14家机构获批159亿元投资额度，5家客户已开始投资。

2013年度，全行资产托管服务得到境内外广大客户的高度认可和权威财经媒体的持续好评，先后获得英国《全球托管人》、美国《环球金融》、香港《财资》和《亚洲投资者》、内地《银行家》等境内外权威财经媒体颁发的7项“年度最佳托管银行”大奖，累计获奖达41项，品牌影响力持续提升。

二、资产托管业务创新成果显著

2013年，托管业务密切关注市场动态和监管政策调整，积极布局创新业务，拓展业务发展的空间和领域。加大业务创新力度，在产品、研发等方面都取得新突破，既为国内资本市场的机构客户和投资者拓宽了投资渠道，也协助机构客户提高工作效率，提升资本市场对投资者的保障力度。

（一）创新产品荣获大奖。“华泰柏瑞沪深300ETF

基金托管产品”荣获《银行家》年度十佳金融产品创新奖，这是工商银行联合华泰柏瑞基金公司历时五年共同研发推出的国内第一只跨市场ETF，也是第一只采取“T+0”申购赎回机制的跨市场ETF。不仅满足了国内市场广大投资者对于沪深300指数的投资需求，更进一步提升了国内资本市场竞争力，同时也符合我国证券市场对外开放的需要。

（二）业务创新取得新突破。一是重点关注民生领域产品创新，托管国内首只获人力资源和社会保障部批准设立的企业年金养老金产品——长江养老英大电力信托型养老金产品，该养老金产品的推出旨在推动养老金投资的标准化、规范化和便捷化，提高投资效率、合理配置资源、控制运营风险、促进整个企业年金市场的发展壮大。二是在业内率先开办基金公司中后台业务外包，根据监管要求修订完善了18项业务制度，成功投产外包处理系统和外包TA系统，与财通、长信两家基金公司签署核算外包服务协议并开始并行运作，向中信产业基金提供TA外包服务，与长安基金、鑫元基金、朱雀投资等达成合作意向。三是票据资产托管业务试点取得阶段性成果，投产票据资产托管业务系统，通过集中培训、视频会议、上机演练、一对一答疑等方式，对票据营业部和三家试点分行进行分层指导。四是满足客户资金增值需求，设计推出“资产托管理财通”业务，完成制度办法和业务系统，启动监管报备。五是紧跟市场变化，率先托管了一批创新金融产品，首批债券ETF基金、首只黄金ETF、首只与美股挂钩的跨境ETF基金、首只双币分级债券型基金、首批浮动管理费率产品、首批杠杆ETF、首只分级ETF等，率先开展基金管理公司票据专项投资业务、债权专项投资等专项资产托管业务。

（三）业务系统研发取得新进展。加大研发力度，投产和优化了一大批业务系统和系统功能，对业务创新提供强大支撑。一是先后投产资产服务外包业务系统、新一代托管网银客户服务平台、票据登记托管业务系统（票聚通产品）、资产托管部部务管理系统等重点业务系统。二是成功投产中国证券登记结算公司结算保证金制度紧急变更项目，证监会股票行业分类标准调整紧急项目、深交所场内回购交易价格计算调整紧急项目等一系列创新业务紧急项目。三是持续优化托管账务管理系统（AAS），支持全球新产品、新业务，提升全球业务效率，为全球托管业务发展提供全面支持与保障。

（总行资产托管部）

养老金业务

2013年，面对竞争激烈的市场环境，养老金业务条线认真贯彻落实总行党委各项决策部署，积极应对市场环境变化，实现了养老金业务持续健康发展。

一、扩大业务规模，保持领先地位

2013年末，全行共有养老金客户39 275家，较2012年增加5 135家；受托管理养老金基金546亿元，较2012年增长34亿元；管理养老金个人账户1 238万户，较2012年增家71万户；托管养老金基金2 848亿元，较2012年增加554亿元。全行企业年金受托管理基金规模、管理个人账户规模、托管基金规模银行同业占比分别为51.1%、48.1%、41.5%，市场占比持续领先。获得“中国银行业协会养老金专业突出贡献单位”“中国银行业协会最佳专业委员会主任单位”荣誉称号。

二、推进市场营销，加强业务拓展

持续做好养老金业务营销推动，不断加强业务拓展。一是强化营销管理与协作。积极与公司金融、机构金融、个人金融等业务联动，构建综合营销与专业营销相结合的机制。二是全力推进重点客户营销。加大总行对重点企业的直接营销力度，加强重点客户的关系维护，确保合同到期顺利续签并争取更多业务资格。三是全面拓展中小企业客户。继续以集合计划为主要载体，提高营销效果。截至2013年末，全行集合计划客户达到11 089家，较2012年增长628家，其中，“如意养老”系列集合计划客户5 522家，受托管理基金27.9亿元，管理个人账户103.6万户。

三、加强运营管理，提高服务水平

不断提升运营管理水平，进一步提高专业管理与服务能力。一是完善投资管理人评价机制，建立企业年金基金公开披露数据跟踪机制，提高受托管理服务水平。二是对重点客户实行名单式管理，提高响应速度和精细化管理水平。三是根据政策法规、市场环境和客户需求变化，及时修订、完善各项规章制度，加强风险防控。持续优化养老金业务系统，强化系统对风险的识别和隔离功能。四是建立分层服务管理体系，满足客户多样化、个性化服务需求，提高客户服务流程化、自助化水平，规范客户服务工作。

（总行养老金业务部）

私人银行业务

2013年，私人银行转型转制改革顺利推进，转制过渡平稳有序，有效释放了“正能量”，初显改革红利，私人银行业务发展进入了新的征程。

一、私人银行业务经营情况

一是客户规模持续增长。2013年全行私人银行客户总量31 330户，完成全年客户发展目标的101%，较年初增长5 240户，增幅20%，同比多增1 323户；全行2 000万元以上资产超高净值客户5 746户，较年初增长949户。二是金融服务能力进一步提升。全行私人银行客户资产5 412亿元，较年初增长680亿元，增幅15%；私人银行产品余额1 337亿元，较年初增长100亿元；全年累计配置私人银行产品3 487亿元。全行私人银行项目推荐总额433亿元，完成年度计划的108%；2013年，正式启动面向超高净值私人银行客户的专户全权委托业务，全年成功实现166户，管理专户资产规模达71亿元，完成年度计划的111%。三是价值贡献快速提升。2013年实现私人银行业务收入24亿元，同比增幅达76%，完成年度力争目标的120%；实现私人银行客户贡献334亿元，完成年度目标的101%，同比增幅37%。四是品牌影响进一步扩大。获得《亚洲银行家》、《亚洲金融》、《财资》、《证券时报》、《理财周报》等“中国最佳私人银行”奖项，获得《欧洲货币》的“中国最佳投融资方案私人银行”、《21世纪经济报道》的“最佳中资私人银行”及《中国经营报》的“2013卓越竞争力私人银行”等奖项。

二、私人银行业务条线工作开展情况

（一）全面实施私人银行业务转型改制改革，全行业务管理模式进一步统一

上半年，总行正式下发《关于推进私人银行业务改革发展的通知》，全面启动私人银行业务转型改革。改革后，全行私人银行业务经营模式得到全面统一，36家分行、直属分行均建立私人银行中心，形成了覆盖全国高端客户市场的业务布局。

1. 完成私人银行分部转制为中心。积极围绕总体改革方案，最短时间内明确职责、协同配合，与各分行共同落实转制工作，先后完成私人银行上海分部、北京分部、杭州分部、太原分部、成都分部、南京分部、济南分部、广州分部、深圳分部、郑州分部十家分部转制为分行私人银行中心的工作。完成了对各分部人员关系的批量划转，标志着私人银行分部经营转制工作基本完成。本次分部经营转制共涉及十家分部干部员工共423人，其中处级以上干部26人。

2. 完成私人银行本部职能定位转型。围绕转型后的产品中心定位，重新构建了私人银行9个部室27个团队75个岗位的岗位体系，并组织开展了全员岗位竞聘，聘任部室管理干部共19名。同时，积极推进总分行人才交流和业务联动，积极与相关分行开展员工实岗交流工作。

（二）初步建立私人银行专属的产品服务体系，私人银行产品线进一步完善

1. 提速自主理财产品研究与发展。私人银行经营转型后，坚持走个性化、差异化发展道路，加快发展自主理财产品服务创新，初步形成了“核心＋基础＋策略”的产品线体系，实现产品期限由短到长、风险收益由低到高、投资领域由单一到多元的全覆盖完善型理财产品线布局，基本覆盖私人银行客户多元化的投资需求，建立了主要以做大基础型产品规模、做强核心系列产品收益、做精策略型产品结构的业务指导思路。2013年，私人银行自主产品累计发行160余款，产品累计配置额3 250亿元。

2. 规范代理、顾问咨询业务规范。坚持持续转变代理业务发展策略，实现从选产品和选项目为主向选合作对象为主的策略转变、从单一产品遴选为主向系列产品和模式化产品遴选转变等，提速代理产品供给规模。同时，积极搭建顾问咨询业务机制。

3. 正式启动专户全权委托业务。根据私人银行“客户再分层服务”的理念，针对5 000万元以上的客户设计、开发专户全权委托产品，提供一对一的专属理财服务。并积极开展“首富工程”、“亚布力论坛专户营销”等工作，通过总分行联动，大力推进专户全权委托业务的拓展，扩大工商银行在高端私人银行市场的影响力。

（三）基本完成境内私人银行中心的渠道拓展，私人银行服务网络基本形成

1. 全面完成服务中心延伸工作。加速产品服务布局，着力推进服务延伸，以“专人产品服务、专业客

户维护、专属系统培训”为支持，努力覆盖业务资源丰富、发展潜力较大的二级城市。截至2013年末，全行36家一级（直属）分行建立458家私人银行服务中心，提前并超额完成全年350家服务中心的机构布局工作计划。

2. 强化点对点业务营销指导。狠抓基层服务，加强业务指导与支持，提升专业服务支撑力度，建立逐行业务发展分析机制，总分行业务互访互动机制，积极加强总分行互动协同，优化改进发展方式，提升基层产品服务配置能力。

（四）显著提升私人银行全球资产配置能力，私人银行境外业务开局良好

1. 加速推进全球布局。在香港和欧洲的私人银行中心基础上，推动新加坡私人银行中心设立，并积极推动了工银美国、工银加拿大、工银阿根廷、工银澳门等重点发展市场启动私人银行业务。目前，形成了以香港私人银行中心作为全球产品研发中心，以香港、欧洲、新加坡和中东为区域中心，覆盖重点市场的良好局面，私人银行全球布局已基本形成。

2. 丰富境外产品服务内容。开展了境外产品服务体系研究，完成了工商银行私人银行全球理财基金方案论证，并以香港私人银行中心为重点，推动了世纪金花美元债、QFII中国丰盛基金等产品的发行或推介，积极构建私人银行境外产品服务体系。

（五）加速完善私人银行业务的专业管理体系，运行流程风险管理不断优化

1. 完善私人银行业务制度规范。为进一步完善私人银行业务制度规范，围绕业务操作、产品准入、系统管理，先后修订、拟订了《私人银行业务管理操作规程》、《中国工商银行私人银行业务管理规定》等制度规范，从制度层面配合落实监管重点和业务管理要求，确保私人银行业务开展有据可依。

2. 完善私人银行业务风险监控体系。一是定期召开内控管理委员会，审议内控监督检查情况、产品风险管理情况、业务运营风险监测情况等，完善私人银行业务监督体系建设。二是明确项目投后监测、内控管理报告等各方面工作要求，首次开展操作风险控制自我评估及情景分析工作，并完成私人银行所有产品的洗钱风险评估工作。三是强化全流程风险管理，实现实时跟踪，同时，做好产品数据补录、PPM系统调试等工作，落实全国银行业理财信息系统要求，将私人银行业务风险管理纳入到监管及全行风险监测体系。

3. 配合开展多项检查审计工作。配合完成总行内审局直属分局理财业务专项审计、国家审计署业务审计非现场检查、上海银监局“银行业金融机构代销业务风险排查”及对其私人银行业务的全面现场检查。在此次全面检查中，配合检查组完成总计32份调阅清单，涉及78项资料的搜集、整理和提供工作，配合检查组完成21场人员访谈。

（六）认真落实党的群众路线实践教育活动，广泛开展基层现场业务调研

根据中央和总行党委的要求，紧紧围绕学习宣传贯彻党的十八大精神，围绕总行党委战略部署和全行中心任务，围绕私人银行改革创新和转型转制的重大任务，突出重点，注重实效，认真落实群众路线实践教育活动。紧密结合私人银行转型发展的热点和私人银行业务的特点，开展强化服务客户、服务基层、服务员工的“三服务”工作。同时，通过完善机制、廉政集体谈话、定期排查等形式，切实抓好党风廉政和内控案防工作。

（总行私人银行部）

贵金属业务

2013年，在全球主要经济体经济逐步复苏、全球量化宽松政策退出等预期的影响下，国际贵金属价格走出一轮有别于前几年的大幅震荡行情。全行贵金属业务迎难而上，以经营转型发展为主线，坚持产品与服务创新，积极主动地调整业务结构，实现了业务效益规模同比快速增长，完成了总行下达的任务目标，继续保持了同业第一的市场地位。

一、2013年贵金属业务经营情况

2013年，全行贵金属业务线收入达44.09亿元，同比增加8.45亿元，同比增幅24%。其中，手续费及佣金收入32.66亿元，同比增长41%，高出全行增幅27个百分点，占全行手续费及佣金收入的2.57%，同比提升0.48个百分点。利润中心本部实现收入5.06亿元，较去年同期增长25%。各项贵金属业务累计交易量13.66万吨，同比增长35%；交易额1.31万亿元，同比增长18%。贵金属业务客户净增554万户，总数达到1 557万户，增幅为55%。贵金属手续费及佣金收入在可比同业占比达到51.31%，较2012年提升2.36个百分点，继续保持收入总量、增量“双第一”。在金

交所场内交易量占金交所交易总量的22%，代理现货及递延交易、代理清算和代理仓储业务量在所有商业银行中排名第一。2013年，“工银金行家”品牌蝉联《欧洲货币》第二届中国最佳贵金属交易银行；中国工商银行荣获上海黄金交易所年度优秀会员特等奖；全年共获得各类行内外奖项7个，银行贵金属第一品牌的地位得到巩固。

二、2013年贵金属业务发展举措

（一）积极适应市场变化，主动调整业务结构。全行贵金属业务线全力开拓零售和对公两大市场，并积极做大直营业务，结构调整成效显著。实物贵金属业务收入25.33亿元，同比增幅78.2%，成为境内分行中间业务收入增幅最大的产品。在保持如意金条等基础产品市场份额第一的基础上，高附加值主题产品的销售贡献进一步提升，占比达到45%。对公业务收入19.93亿元，在业务线占比由2013年的28%提升到45%，主要是通过推出对公积存金、代理非会员贵金属递延业务，满足了对公客户的资产配置要求。直营业务收入1.62亿元，同比增长75%，主要是抓住境内外黄金价差机会，获取了寄售套利与境内跨品种套利收益。

（二）以市场需求为引领，加快产品与服务创新。以客户文化认同为导向，全行业务线积极挖掘区域文化特色，不断创新实物主题产品：抓住纪念毛泽东同志诞辰120周年契机，推出“红色记忆”系列产品；结合“嫦娥三号”成功登陆月球，打造“落月”主题产品；结合茶饮文化特色，创新“壶运乾坤”系列产品；深挖传统文化题材，开发“福源法门”、“六祖惠能”主题产品。这些实物产品取得了市场效应和经营效益“双丰收”。以优化客户体验为导向，推出“不判库预售”功能，有效平抑供需波动，充分满足了客户实物消费需求；利用金交所降低代理业务交易费率的契机，通过提高限仓额度加强服务，有效提升了客户交易意愿。充分发挥电商平台在贵金属商品展示、销售方面的独特优势，精选111款220个规格产品登录电商销售，年内电商平台贵金属产品销售额位居电商商铺第一。以产业链客户融资需求为导向，创新推出产业链黄金租赁、白银租赁以及人民币—黄金互换业务，提升了为黄金产业链企业提供综合化金融服务的能力，促进了黄金加工企业群向工商银行集聚。贵金属业务部协同工银国际运用集团综合优势，完成了两只矿业股权投资私募基金发行，创造了新的资产管理与咨询业务收入来源。以客户资产管理需求为导向，贵金属业务部与资产管理部合作开发“安享回报”理财产品，全年共发行17期，理财规模214亿元。

（三）强化关键环节布控，风险管理能力持续提高。一是完善贵金属制度体系。对现行的70项业务制度的梳理，重点完善了代理金交所业务、自营业务风险管理流程。二是完成业务风险点梳理。全面梳理业务信用风险、市场风险、操作风险、声誉风险以及商品业务风险等各类风险点，建立了相应的防范措施。三是优化了风险管理系统。实现代理业务系统对客户进行风险提示功能，优化FMBM系统提高自营交易中台监控时效性和簿记管理完整性。四是有效应对了风险事件。提前准确预判到4月、6月市场波动风险，及时向客户做出风险提示，有效保护了工行客户利益免遭损失。针对近年来发生的声誉风险事件特点，建立了业务线声誉风险管理机制。

（总行贵金属业务部）

第二部分

国际化发展与综合化经营

责任编辑：贾　炜

境外机构拓展与业务发展情况

2013 年，工商银行紧密跟随中国经济全球化进程，稳步推进国际化经营战略，在基本建成全球服务网络的基础上，科学统筹境内外两个市场两种资源，加快推动境外机构本土化、主流化、差异化发展，国际化竞争力和价值贡献日益提升。

一、全球网络布局基本形成

2013 年，境外发展重点从拓展境外网络转向推动境外机构的本土化、主流化发展，兼顾填补重要空白市场上来。工银巴西正式对外营业，工银新西兰获颁经营牌照，工银秘鲁获颁运营牌照。阿根廷标准银行正式更名为工银阿根廷，工银美国、工银阿根廷整合工作稳步推进，工银中东成功完成子行转分行工作，印尼、新加坡、马来西亚、加拿大的二级网络得到拓展。签署了认购台湾永丰银行 20% 股份协议。截至 2013 年末，工商银行已在 40 个国家和地区建立了 329 家机构（剔除 SPV 机构）；通过参股南非标准银行，间接覆盖非洲 18 个国家；与 145 个国家和地区的 1 730 家境外银行建立了代理行关系，服务网络覆盖亚、非、拉、欧、美、澳六大洲和重要国际金融中心。

二、境外机构经营能力持续增强

工银亚洲、工银澳门、工银阿根廷、欧洲机构已具备较强盈利能力，美国机构、悉尼分行、新加坡分行加快形成发展优势。河内、金边、印尼、泰国等机构资产和利润规模居当地中资银行榜首；万象分行资产规模居当地外资银行首位。截至 2013 年末，境外机构（不含对标准银行投资）总资产 2 290 亿美元，比 2012 年末增加 592 亿美元，增长 35%。各项贷款 1 086 亿美元，增加 367 亿美元，增长 51%；各项存款 750 亿美元，增加 174 亿美元，增长 30%。拨备后利润 19 亿美元，比 2012 年增长 50%。

三、全球产品线建设向纵深推进

加快零售业务、资金清算、贸易金融、全球现金管理、专业融资、投资银行、银行卡、网上银行、资产管理等重点产品线向境外机构延伸，推动形成集团多元业务优势。支持实施“走出去”战略，累计完成支持“走出去”项目 88 个，承贷金额 170 亿美元，境外贷款余额 588 亿美元。实现投行收入的境外机构有 26 家，投行业务区域覆盖率达 87% 左右。零售业务发展方向从扩大境外零售渠道覆盖面转为增强境外机构零售业务竞争力，境外个人客户超过 186 万户。27 家境外机构投产了网银系统，个人网银客户渗透率达到 36%，企业网银客户渗透率达到 47%。新增信用卡发卡机构 3 家，新增借记卡发卡机构 2 家，境外发卡机构达到 23 家。工银澳门的贵金属业务在实现市场有效拓展的同时，积极发挥对其他境外机构的辐射作用，支持工银伦敦、工银马来西亚做好贵金属业务的延伸。工银金融的证券清算、证券融资和证券存管业务相辅相成、互动发展，具备了一家典型美国证券清算服务供应商所必需的业务功能，为集团打造全球金融资产清算托管平台提供了较好基础。全球托管业务继续保持良好发展势头，境外资产托管规模迅速攀升。跨境资产管理业务作为推动资产管理创新转型的重要突破口，取得显著成效。充分发挥在人民币国际化进程中的引领作用，累计完成跨境人民币结算业务 19 024 亿元，同比增长 46%；完成跨境人民币贸易融资业务 2 641 亿元。

四、境外科技创新能力不断增强

2013 年启动了工银美国 FOVA 系统推广工作，完成了工银新西兰和工银秘鲁的 FOVA 系统投产工作。同时，通过积极推动 FOVA 系统优化、完善各产品线系统建设、组建境外科技服务团队、强化系统培训等工作，加快了具有国际先进水平、安全稳定的全球一体化信息科技平台的建设进程。

五、国际品牌形象持续提升

2013 年 1 月 28 日至 2 月 6 日，工商银行举办了“奔腾入海——中国工商银行国际化发展二十周年历程回顾展”，全面展示了工商银行二十年国际化发展历程中的重要事件和重要进展，多角度、多层面地展现了工商银行的国际化发展成就。2013 年 5 月，中德双方政府成立中德经济顾问委员会，被李克强总理定位为政府磋商机制之外的促进中德经贸合作的“第二轨道”，工商银行董事长姜建清任顾委会中方首任主席。2013 年 10 月，工商银行加入中墨企业家高级别工作组中方小组，被商务部投资促进事务局指定为中方工作组主席单位。

（总行国际业务部）

国际业务综述

2013年，面对世界经济复苏艰难、国内经济下行压力加大的复杂形势，工商银行积极稳妥地推进国际业务发展，坚持一手抓境外机构经营转型和网络拓展，一手抓境内国际业务竞争力的整体提升，有效推动了境内外国际业务的协调联动发展。

一、国际业务市场业绩表现可圈可点

（一）国际结算与贸易融资。境内分行共办理国际结算业务15 971亿美元，四行占比30.86%，创历史最好水平，较2012年末增长0.71个百分点，占比排名第二；累计发放国际贸易融资1 737亿美元，四行占比35.11%，居四行第一；实现国际贸易融资余额511亿美元，四行占比30.3%，四行排名第一；实现国际结算收入60.6亿元，四行占比25.29%，保持四行占比第二。国际贸易融资不良率0.49%，远低于流动资金贷款不良水平，助力全行信贷结构优化和资产质量提升。

（二）对外担保。对外担保业务继续保持稳健快速发展势头。截至2013年末，对外担保业务余额377亿美元，同比增幅67%，累计开出对外担保354亿美元，同比增长131%。实现对外担保业务收入10.17亿元，同比增长16%。对外担保发生额四行占比为35%，排名第一，同比增加14个百分点。作为对外担保业务中的拳头产品，内保外贷业务对境内外机构的业务联动起到了积极推动作用，并为境外机构尤其是新设机构提供了大量优质的低风险信贷资产。截至2013年末，新增内保外贷781笔，金额130亿美元，内保外贷余额154亿美元，同比增长78%，所支持的海外机构已从2008年的4家增至30家。

二、深入推进“国际业务第一银行”工程

不断提升国际业务在本外币、境内外的统筹运作和综合盈利能力。制订了第三批打造“国际业务第一银行”的分行名单并配套下发第三批差别化支持方案，“国际业务第一银行”工程已扩展至18家分行。按季编制印发《国际业务工作动态与经验交流》，打造全行信息互动与交流的平台，引导各行在业务上相互借鉴、相互促进，以强带弱，共同提高。截至2013年末，共有12家分行国际结算业务同业占比第一，10家分行国际结算收入同业占比第一，初步形成了重点突破、梯次发展的区域竞争新格局。

三、积极推动产品创新和系统研发

丰富国际结算与国际贸易融资产品种类，加强了国际贸易融资产品创新，创新推广了风险参贷业务、进口代收保付、人保财险短期出口信保融资合作等重点业务。完善了汇款类产品体系，创新推出西联网银汇入解付业务，成功开办代理银星速汇款业务，完善工银速汇的产品功能。推进BOLERO系统电子交单业务开展，标志着国际业务电子化水平迈上新台阶。积极开展产品创新和应用，以《产品动态》形式下发和推广了承兑交单（D/A）项下福费廷业务、“进口池付通”业务、低风险“协议付款”业务等多项分行创新产品流程和新型结算方式试点方案。对外担保方面，继2012年推出创新产品“贷融通”、“存融通”后，借力香港内外联动创新产品座谈会，推出了创新产品“保融通”，进一步丰富了对外担保产品线。推进国际结算与国际贸易融资产品系统开发，确保业务开展合规有序。开发了全集团统一的风险参贷国际贸易融资系统、推进进口代收保付系统开发，顺利投产了西联网银汇入解付和银星速汇款两项业务，完成了GCMS信贷一体化系统改造中国际贸易融资相关产品的需求编写工作。

四、加大客户分层营销和重点营销力度

按照“向大型客户要市场、向中型客户要收益”的总体原则，积极开展客户分层营销与分类管理，启动了总行7星级国际业务大客户营销工作，综合考量行业地位、业务资源、客户需求、拓展难度等因素，甄选35家企业纳入总行级7星级大客户名单，实施总行人员挂户制度，推动核心客户国际业务取得突破性进展。定期监测督导分行客户覆盖率提升情况，并在国际业务专业考核中设置“国际业务大中型客户覆盖率提升”指标，通过完善考核体系调动基层客户拓展的积极性与主动性。

五、强化境内外机构风险防控

对2012年全行对外担保业务履约情况进行了全面统计和分析，并在境内分行国际业务考核指标中设立“对外担保履约率”减分项，增强各分行的风险防控意识。同时，根据银监会及外汇局要求，对具有对外担保

性质的相关产品进行梳理，对全行对外担保业务数据统计口径进行了规范，加强对担保性质产品外管合规性的审查和管理，确保对外担保数据报送的准确性、全面性，严防合规风险。编写并下发了《非融资性保函文本审查手册》（中英文双语版），全面覆盖并揭示了保函文本的审查重点及风险条款，为审查人员提升风险条款的识别能力提供了有益参考。

六、发挥单证中心集约化平台优势

2013 年单证中心平稳运行，全年共办理单证业务 464 023 笔；办理贸易融资业务 188 742 笔，凸显了单证集中模式下强大的业务处理能力与支持效率。目前单证中心已集中 76 家境内外机构的单证业务，在境内完成了上海分行过渡期客户及华商银行业务集中，持续推进境内分行单证业务集中成果；在境外完成新设工银新西兰的系统投产，持续推进“开业一家、集中一家”的海外集约化模式。境内外单证业务集中工作的完成使工商银行成为国内同业中第一家完成国际结算和贸易融资全业务品种集中的银行，进一步确立了工商银行在国际业务集约化经营方面的同业领先地位。

（总行国际业务部）

跨境人民币业务综述

2013 年，工商银行跨境人民币业务继续保持较高增速，并开创了多项市场之先河，努力发挥在人民币国际化进程中的引领作用。

一、跨境人民币业务量持续稳步提升

2013 年境内外机构累计完成跨境人民币业务 21 666 亿元，较 2012 年末增长 6 154 亿元，同比增长 40%。其中，累计完成跨境人民币结算业务 19 024 亿元，同比增长 46%；完成跨境人民币贸易融资业务 2 641 亿元。共办理跨境人民币购售业务 434 亿元，其中总行办理人民币购售业务 280 亿元，新加坡人民币清算行办理 154 亿元。共承销离岸人民币债券 67 亿元，项目涉及融资总金额超过 285 亿元。各境内外机构共开立跨境人民币账户 485 户。目前，工商银行跨境人民币清算网络已覆盖全球 72 个国家和地区。

二、积极支持离岸人民币市场建设

2013 年先后多次在欧洲、东南亚等地成功举办了大型人民币业务研讨会、推介会，引起了当地市场强烈反响，增进了当地金融监管部门、同业机构和企业客户对人民币业务的了解和认识。2013 年 11 月 12 日，在伦敦成功发行了 20 亿元离岸人民币高级债券，这是中国境内经济实体首次直接在伦敦市场发行离岸人民币债券。境外投资者对工商银行债券发行认购数量超过 4 倍，发行工作获得圆满成功。

三、新加坡人民币清算行建设取得关键性突破

2013 年 2 月 8 日，中国人民银行授权工商银行新加坡分行获得新加坡人民币业务清算行资格，这是中国央行首次在中国以外的国家选定人民币清算行，标志着人民币国际化又迈出了坚实的一步。2013 年 4 月 2 日，中国人民银行与新加坡分行签订了《关于人民币业务的清算协议》，并在新加坡成功举办了新加坡人民币清算行暨三大业务中心启动会，标志着新加坡人民币清算行开始履行海外人民币清算行职责。截至 2013 年 12 月末，新加坡人民币清算行已办理收付业务 25 882 亿元，跨境人民币购售业务量累计 154 亿元，开立清算账户 67 个，服务范围超过 30 个国家和地区。此外，新加坡人民币清算行还为新加坡分行发行的 20 亿元“狮城债”提供资金清算服务、为上海自贸区首笔跨境人民币双向资金池业务提供资金归集服务等，有力地扩大了跨境人民币业务的认知度和市场影响力。

（总行国际业务部）

国际结算单证业务

2013 年，国际结算单证中心实现了工作重心由业务集中向提升服务、防范风险、支持创新、对外交流等新领域的过渡转型。同时，全球单证管理系统投产进入最终测试阶段，全球统一的业务操作经营体系日趋成熟，为“打造第一国际业务银行”的战略目标提供了更加有力的技术支撑与专业支持。

一、发挥集约化平台优势，提升全行国际业务竞争力

单证中心以提升服务为核心，全力支持境内外分行国际业务发展。境外方面，持续推进“开业一家、集中一家”、“并购一家、整合一家”的海外集约化模式，完成新设工银新西兰系统投产；成功实现了工银亚洲全资子公司华商银行单证系统投产及业务集中，为工银亚洲业务集中进行了有益尝试；为境外机构办理非融资风险参贷、买断型出口双保理、联合反担保等多项创新业务，拓展内外联动产品线；协助境外机构支持集团客户“2 小时开证”服务需求，为个性化营销提供有力保证。境内方面，开展“电子化预审单”和“进出口审单一体化”两项定制化创新服务，拓展分行营销空间；把握行业领先趋势，协同分行实现了 BOLERO 平台电子交单技术的试点运用，开辟了无纸化业务领域的市场新空间；以派出专家现场支持、组建专人服务团队等形式，为重点客户举办培训讲座十余场，协助分行进一步密切银企关系，拓展合作空间。2013 年单证中心为 76 家境内外上挂机构办理单证业务 464 023 笔，贸易融资业务 188 742 笔。

二、规范开展国际业务，有效防控各类风险

单证中心以风险防控为基础，加强监督规范全行业务操作。加强制度建设，对中心现行内控制度、操作流程及涉敏业务操作规则等进行了编写和修订，细化内部差错认定标准，更新完善了符合发展要求的制度规范和审查标准；统一业务和技术审查标准，规范海外代付业务表内核算，集中整治境外机构不规范行为，确保业务运行稳健合规。深化风险防范体系建设，坚持三中心交叉检查与部门自查相结合的内部检查制度，加强对日常业务风险的识别与评估，明确部门责任，实现部门自我监督的制度化与常态化。研究制定信用证补充条款，有效规避潜在风险；密切关注国际反洗钱与制裁形势，明确涉敏业务内部报告与登记制度；完成适用于单证中心和收单点的《涉敏业务操作规则》编写，从制度上进一步明确了操作规范；加强高风险业务分析梳理，对特定业务的条款控制及后续跟踪制定细则；参加全球特别控制名单系统调整优化工作，与有关部门共同研究提升系统自动控制水平；加强可疑业务识别与判断，协助分行有效规避了数起涉嫌欺诈业务。2013 年中心未发生诉讼案件及重大纠纷，未发生因操作风险引起的资产损失。

三、推进系统优化和流程创新，探索发展新方向

单证中心以系统科技为依托，完善系统功能，推进业务创新。着力推进系统开发，实现了单证贸易融资账务改造等 10 余个优化项目在现有系统中的投产，配合相关部门完成全球单证管理系统（GDMS）四轮用户体验，完善了新系统流程优化、信息共享、创新支持等方面功能。着力推动产品创新，参与国际业务部及分行新产品研发与流程设计，配合深圳分行做好对华为公司的外包制单业务招投标工作，并研究制订服务方案；针对境外机构重点客户需求，研究设计“供应链融资平台”，推动服务效率与自动化程度的进一步提升；在电子交单试点成功的基础上，协同上海分行与 BOLERO 公司开展合作洽谈，促进相关技术在分行的推广；利用后台信息优势，开展核心客户业务调研，提出服务改进建议。积极支持代理同业业务开展，2013 年共办理各类代理同业业务 7 595 笔，总金额达 144 亿美元，较 2012 年分别增长 19% 和 70%。探索研究集约化运营中心发展新方向，赴境内外同业开展调研，申设合规业务部门，加强对全行高风险及敏感类业务的后台监测与指导；开展设立海外分中心的可行性研究，增强集约化优势对境外机构和市场需求的传导与支持；进一步研究扩大单证中心的服务功能与服务范围，寻求发挥规模优势，逐步打造综合性贸易金融服务平台。

四、加强对外交流与合作，专业化建设不断取得成果

单证中心以专业技术为载体，不断扩大专业领域影响力。加强国际专业领域研讨，就新版国际准则和热点案例等发表意见；与国际海事局商讨加强合作事宜，为

进一步防控涉敏涉恐业务风险提供有效借鉴；参加亚洲银行业论坛、国际福费廷协会年会等10余项同业研讨活动，分享交流单证中心建设经验。与纽约梅隆银行共同举办了单证中心业务国际研讨会，与农业银行、浦发银行、摩根大通等数十家中外同业开展互访交流，在集约化运营管理、国际贸易形势、代理行业务合作等诸多领域进行了沟通与分享。面向全行举办了国际结算和贸易融资专业培训班，全面提升了前中后台人员的专业素质和风险防范能力。

（总行国际结算单证业务中心）

对外金融往来与合作

2013年，工商银行深入贯彻国际化发展战略，主动加强对外交往和国际合作，积极宣传金融产品服务和改革发展成就，促进了品牌形象和市场影响力的不断提升。

一、接待来访与出访

2013年，全行共组织安排因公临时出国（境）622团次，2 641人次；接待各类外事来访677团次，4 015人次。

二、签订合作协议

2013年，全行共签订20份资金对等拆借及货币互存协议，协议总金额达35.94亿美元；成功营销外资代理行在工商银行开立人民币和外币清算账户117个，外资代理行在工商银行的清算账户总数达614个；为外资代理行完成清算量超过46万笔，同比增幅9.3%。

三、参加国际会议及活动

行领导先后率团出席了大连夏季达沃斯年会和上海国际货币会议（IMC）。此外，还派员参加了亚洲开发银行（ADB）年会和国际银行间金融电讯协会2013年迪拜年会（SIBOS）等一系列国际会议，在国际金融舞台上发挥日益重要的作用。

（总行国际业务部）

与标准银行的战略合作

2013年，面对经济环境变化等多重挑战，标准银行积极采取措施加强经营管理，实现了当期业绩的稳定增长，信贷质量积极改善，继续保持了在资产、市值、盈利等方面非洲第一大银行的领先地位。对标准银行的投资与战略合作给工商银行带来了较为稳定的投资回报，也使得工商银行获得了客户拓展、产品丰富、业务完善等多方面提升。

一、对标准银行投资收益情况

2013年，标准银行应归属工商银行利润约为32.23亿兰特，按2013年末汇率计算，折合3.24亿美元。

二、对标准银行的投资管理

继续通过派出董事履职和日常股权监测相结合的方式，全面加强标准银行股权管理，对标准银行战略转型和经营管理提出建议，确保工商银行投资安全及收益。全年工行派任董事通过现场和电话会议方式参加标准银行董事会及各委员会会议15场，就非洲其他地区零售银行业务经营管理、细分市场信贷风险管理、信息科技建设以及成本控制等方面对标准银行提出了明确要求。

三、业务合作开展情况

2013年，两行秉持真诚沟通、互利共赢的态度，根据实际需求调整完善合作组织架构，成功举办标准银行集团董事战略会相关活动，扎实推进国际项目融资、金融市场、贵金属、现金管理等领域的业务合作，商品合资项目取得阶段性成果，两行基于股权纽带的全面合作得到进一步深化。截至2013年末，两行开展合作项目143个，签订对非融资协议约111亿美元，累计实现合作收益约1.78亿美元，较2012年增长34%。

（一）信息科技领域。两行在手机银行、汇款清算、信用卡、操作风险管理等领域开展了合作，进一步理顺两行在IT领域的后续合作机制及汇报方式，并将通过派驻IT专业人员赴标准银行工作交流方式，进一步加深了解与合作。

（二）国际项目融资领域。通过联合营销与协同合作，两行成功签约了南非可再生能源项目——Metrowind风电、安哥拉财政部农业发展、彪马能源流动资金贷款、Aspen集团资产收购等5个项目，并且储备了肯尼亚机场、南非Transnet公司机车采购、几内亚CBG扩建等一批优质项目。

（三）国际清算结算领域。两行的国际清算结算业务合作进展良好，2013年双方共发生国际结算业务3 823笔，合计金额3.79亿美元；标准银行通过工行纽约分行办理清算业务30 718笔，合计金额21.84亿美元。

（四）结算与现金管理领域。两行积极推进现金管理业务合作，进一步拓展客户市场，不断完善产品和系统功能，持续提升服务能力。双方工作团队在中非两地积极开展联合营销，跟进广东森大、四川华西集团等重点目标客户营销，量身定制产品及服务，成功营销江苏中兴建设有限公司签署全球现金管理服务协议；共同走访了南非、肯尼亚中资企业在当地的分支机构，开展中非现金管理及非洲本地业务营销宣传。

（五）金融市场业务。两行在代客交易、账户贵金属拆借、阿根廷离岸金融市场业务、金融衍生产品交易等方面开展了广泛合作，双方代客交易品种不断丰富，新增账户原油交易，即期、远期、掉期交易等持续推进。

（六）贵金属业务领域。2013年，工商银行从标准银行进口贵金属实物总重量达9吨，达到历年最高水平。随着国际市场黄金价格不断下行，实物市场供应趋于紧张，标准银行向工商银行提供了比较稳定的实物黄金供应，提供的借金报价同比略有下降，基本维持在业界的主流水平，支持了工商银行贵金属业务发展。

（总行战略管理与投资者关系部）

工 银 瑞 信

面对复杂的市场环境，工银瑞信全面贯彻公司三年规划和集团发展要求，加快产品创新、业务创新和管理创新步伐，完善与工行集团和瑞士信贷的联动发展机制，在发挥全能型资产管理平台优势、更好服务股东客户和配合股东竞争要求的基础上，各项业务实现了持续快速发展。

一、资产管理规模和行业地位持续提升

公司成功发行14只新基金并开展了系列营销工作，同时非公募业务拓展取得显著成效。截至2013年末，公司资产管理总规模逾2 300亿元，行业排名保持在第6位，其中公募基金管理规模达1 095亿元，较2012年增长2%。紧抓企业年金政策机遇，上报并获批10只养老金产品，成为业内获批产品种类最齐全的公司，企业年金管理规模307亿元，较2012年增长83%。专户业务取得了较快发展，专户管理规模和社保基金管理规模分别较2012年增长55%和179%。

二、投资业绩整体向好，固定收益业绩持续领跑同业

积极推进投研体系变革，加强系统化、精细化建设，提高投资管理能力。基金总体业绩良好，90%的资产获得超额业绩，9只基金位于同类前十，其中3只位于同类第一。固定收益类产品表现尤为出色，2013年规模加权收益率为1.56%，高于行业平均水平1个百分点，在规模前十大基金公司中位居第一。在参与排名的11只基金中9只位于行业前1/2，5只位于前10，工银货币、工银纯债定期开放债基两只基金业绩位于行业可比第一。成长组和QDII股票基金业绩突出。主题策略、稳健成长2013年回报率分别达31.03%和29.19%，分别超越基准38个百分点和34个百分点，排名均位于行业前1/4。全球精选和全球配置分别获得28.12%和17.98%的回报率，在同类21只基金中分别位于第一和第三。

三、持续推进业务创新和管理机制变革

公司抓住监管部门深入推进创新的有利契机，不断加大产品创新力度，加快向全面财富管理机构转型。持续推进产品创新，月月薪定期支付基金成为证监会认定的第一批定期支付基金；宝利、广利、富利分级债基成为第一批新规则分级债券基金；深证信用债综指ETF成为创新债券ETF，纳斯达克100ETF成为创新跨境ETF，产品创新范围居行业前列。积极推动管理机制变革，以设立分公司为契机，实现销售属地化管理，推进销售职能转变。推进组织结构、考核与激励机制、财务管理等改革，管理能力得到进一步提升。

四、国际化和综合化发展稳步推进

为把握国际化和综合化发展机遇，设立了工银瑞信（国际）子公司和工银瑞信投资子公司，2013年两家子公司均取得较快发展。工银瑞信（国际）9月成功发行RQFII人民币固定收益基金，并取得良好业绩，同类排名前1/3。工银瑞信投资业务稳健发展，建立了较为完备的业务管理流程、风险管理机制及授权体系，风险管理得到监管部门、行业协会的高度认可；建立了以债权、股权和财产收益权类为基本资产类别的产品线，资产管理业务模式不断丰富。

五、加强风险管理，继续保持风险管理优良记录

始终秉承“制度先行、程序至上、内控优先、规范运作”的内控原则，不断加强对风险的动态管理，强化员工合规经营意识，持续完善包括四道风险防线、涵盖投资运作风险和法律合规风险、贯穿事前事中事后的严密风险管理体系。2013年监管部门对基金公司的检查力度有所加大，在行业内一些大型基金公司相继出现风险事件的情况下，公司全年未发生违法违规风险事件，继续保持风险管理优良记录，自2007年以来连续六年通过安永华明会计师事务所的全球投资业绩标准（GIPS）认证。

六、超额完成财务目标，持续回馈股东

大力加强增收节支，全年净利润3.18亿元，同比增长61.3%；费用收入比控制在59%，超额完成预算目标。

七、品牌影响力持续提升

2013年，公司获得了包括“明星基金公司”等权威奖项在内的27个重要奖项，所获得的权威奖项数量在2012年大幅增长的情况下继续保持增加势头。全景基金品牌研究中心发布“2012年中国基金公司品牌量化评价报告”，公司连续5年获评“五星级”品牌基金公司，公司品牌综合评分跃升至行业第五名，社会声誉、品牌知名度及美誉度进一步提升。

（工银瑞信）

工银租赁

2013年，工银租赁紧紧围绕“创新、转型、发展”主题，锐意进取，开拓创新，租赁业务健康稳定增长，国际化经营程度不断提高，经济效益大幅提升，行业领军地位更加稳固，向着建设国际一流现代金融租赁企业的目标迈出了坚实步伐。

一、租赁业务持续稳定增长

截至2013年末，公司总资产1 488.42亿元，净资产130.21亿元，净利润20.06亿元，市场份额、资产规模、资本回报、营业收入和利润总额等主要指标均列行业第一。

（一）航空业务实现快速发展。加快由依靠售后回租和资产包收购的被动型发展模式向以自有订单为主，售后回租、融资租赁和资产包收购等相结合的主动业务模式转型。按资产余额计算，工银租赁首次进入全球飞机租赁公司10强，排名第9位。截至2013年末，拥有和管理大飞机总架数超过350架，已交付飞机由2012年的82架增加到2013年的151架，飞机架数全球排名由2012年的第19位上升到第14位。

（二）航运业务不断创新。努力克服航运市场整体低迷影响，除在传统集装箱船、油轮、化学品船等方面加大投放力度外，在以海洋工程为代表的高技术、高附加值船舶资产业务上取得重大突破。以法国波邦项目、新加坡澳拓项目为代表的一批高端海洋工程船加入公司资产当中；中国金融租赁首笔海上钻井平台项目——中海油服平台项目交付并投入使用；中化项目首批化学品船完成交付；与德国贝仕合作的9 400箱集装箱船全部交付。目前公司资产已覆盖散货船、化学品船、集装箱船、滚装船、海工辅助船、海工平台、高端邮轮等主要船舶类型，拥有船舶200余艘，并培育出一批新的国际优质客户资源。

（三）设备租赁取得长足进步。截至2013年末，公司拥有大型设备近3万台套。积极适应租赁“营业税改增值税”政策变化，着力优化业务结构，提升业务质量，继续巩固能源电力、轨道交通产品线领先优势，大力开拓市政、广电、旅游、医疗、教育等专业领域，深化与分行联动加强中小企业租赁业务，取得了显著成效。

二、专业化能力进一步增强

（一）航空租赁领域。成立了航空金融事业部执行委员会，对航空租赁业务重要事项的落实执行进行集体决策。研究制定了《常规航空项目审批办法》，提高航空业务的审批效率，有效控制了业务风险。

（二）航运及设备租赁业务领域。设置了16个行业小组，进一步明确业务分工，细化岗位职责，向

“行业领先、行业专家”的目标不断迈进。

（三）本外币融资领域。将金融市场部门明确定位为利润中心，进一步强化公司金融专业属性，加强了对同业和资本市场两种资源的配置能力。探索多外币融资方式，有效支持了境外业务的快速发展。

三、资产管理水平显著提升

一是丰富信息化手段，飞机资产管理系统顺利投产，船舶资产二期系统上线运行，初步实现机船租赁业务的全流程信息化控制，为资产投资、定价、租期管理和退出提供了有力支持。二是制定并实施了飞机、船舶、能源装备、轨道交通及城市基础设施四大类资产管理细则，对资产购置与起租、权属管理、物理与技术管理、价值管理、保险管理及租期检查等方面作了明确规定，奠定了资产专业化管理的制度基础。三是大力推进资产保险管理体系建设，制定了设备保险通用指引、保险中介机构聘用管理细则和保险管理办法，努力将资产保险工作嵌入业务全流程。2013 年，公司资产结构日趋合理，航空、航运、能源电力、交通运输、市政服务五大行业总资产占比约 90%，且区域布局相对均衡。其中航空、航运资产占比达到 41%，比 2012 年提高 13 个百分点；航空经营租赁资产占比从 62% 提高到 68%，境内外飞机资产各占 50%；航运资产中海工装备占比上升到 20.5%，初步形成了重点清晰的多元化资产布局。

四、行业领军地位更加稳固

坚持以推动行业发展为使命，在促进国家政策完善、相关法律出台、行业交流等方面充分发挥组织者、带头人的重要作用。2013 年公司参加习近平主席出访的签约活动及李克强总理对工银租赁的视察，标志着国家对以工银租赁为代表的中国金融租赁产业的充分肯定，工银租赁行业领军地位得到进一步巩固。此外，工银租赁的国际影响力持续提升，标准普尔和穆迪公司授予工银租赁较高的投资评级，体现了国际资本市场对工银租赁的高度认可，为公司进一步打通国际融资渠道创造了良好条件。

五、公司治理更加完善

根据总行加强集团管控和规范公司治理的总要求，工银租赁不断完善治理结构，规范运行机制，培育治理文化，努力提升董监事会的运行效率和规范化、科学化管理水平。公司修订了董事会议事规则，确保董事会运行依法合规。充分发挥董事会和各专业委员会对重大事项的决策职能，2013 年召开 5 次董事会会议，4 次董事会风险管理委员会会议和 2 次关联交易委员会会议，对涉及公司经营管理、风险管理和关联交易的重大事项进行了科学决策。

六、风险防控得到进一步加强

（一）风险管理。完善了风险管理的组织机构和工作机制，成立公司内控和风险管理委员会，制定了委员会工作规则。初步搭建了风险预警体系框架，拟定了《租赁资产风险预警管理办法》，制定了各类资产的风险评价指标体系；对境内外 15 个行业、共计 257 个融资租赁和经营租赁项目开展了全面风险排查，及时发现风险控制盲点，消除了薄弱环节；按照“集中、授权、归口管理”的原则加强了爱尔兰业务平台的风险管理工作。

（二）内控管理。按照总行内控评价管理办法，围绕内控环境、风险评估、控制活动、信息与沟通、内部监督五个领域对内控管理体系进行了全面评价，对评估中发现的 31 个控制一般性和重要性缺陷进行了及时整改。

七、信息科技工作成果丰硕

（一）核心业务系统得到完善。资金管理平台投产上线，形成了 LS2009 业务系统、ORACLE 财务系统、资金管理系统三位一体，业务流、财务流、资金流三流合一的格局，进一步提升了公司的经营管控能力和风险管理能力。公司自主研发的核心租赁业务系统 LS2009 通过人民银行科技成果鉴定，成为公司乃至整个金融租赁行业首个通过金融行业最高级别鉴定的科技成果。

（二）资源整合能力增强。开发完成代理机构租赁业务系统、厂商租赁业务系统两个营销类系统，通过标准化、批量化、流水线式的作业方式支持大规模业务操作，有力提升了产业链上下游资源的整合能力，为业务创新奠定了基础。

（工银租赁）

工 银 安 盛

2013 年是工银安盛人寿保险有限公司成立以来第一个完整的经营年度。在全行上下的全力支持和保险子公司全体员工的共同努力下，公司搭建了较为完善的公司治理体系，理清了组织管理架构，保持了平稳健康的发展态势。

一、公司业务快速增长，业务结构持续优化

2013 年，公司实现保费收入 102.87 亿元，同比增长 116%；实现新业务保费 95.46 亿元，同比增长 117%；实现标准保费 21.24 亿元，同比增长 77%；实现新业务价值 7.37 亿元，同比增长 63%，其中工行银保渠道实现新业务价值 5.28 亿元，同比增长 68%。截至 2013 年末，公司总资产规模翻番，达到 215.18 亿元。个人客户规模突破 30 万户，团体客户数量突破 1 700 家。湖北分公司成功开业，省级分公司数量增至 12 家，地市级分支机构新增 13 家，达到 28 家。根据保监会公布的 2013 年行业数据，公司市场排名居寿险业第 12 名，比计划提前一年成为合资和银行系寿险公司“领头羊”。

公司将经营思路统一到转型发展的长远目标上来，并根据中长期发展总体目标制订年度分解落实计划和分渠道转型规划，明确了产品结构优化方案暨期交产品占比逐年提升计划目标。在迅速做大规模的同时，积极推进结构调整，强调业务质量，聚焦期交产品销售，抓好续期管理，为转型发展奠定基础。2013 年共实现期交保费收入 14.25 亿元，同比增长 53%，续期保费收入 10.43 亿元，同比增长 83%。积极推动银保、个险、团险渠道协调发展。大力推进电子渠道建设步伐，完成了与网银系统的互联开发，并已上线 8 款产品。

二、产品研发速度加快，投资领域得到拓展

全年新推上线产品 22 款，覆盖了子女教育、财富管理、家庭保障、退休规划等各类保险保障需求，进一步丰富了产品线，完善了营销人员的理财规划方案。特别是抓住监管政策变化机遇，推出了费率市场化改革后行业首款非分红延期年金产品——“尊享晚年”。在控制风险的前提下，大力拓宽投资渠道，优化资产配置，全力提升投资收益。公司账户年底投资资产增至 151 亿元，同比增长 144%。年投资收益 5.33 亿元，同比增长 262%，投资收益率达到 5.1%。坚持资金运用与承保业务相结合，实现承保业务与投资业务的“双轮驱动”，依托优选项目资产和投资组合，设计与之匹配的保险产品，以资产驱动负债，推出一系列资产驱动型产品，为业务发展提供了有力支持。

三、成本费用有效控制，盈利能力开始好转

公司以提高资本回报为核心，初步构建了全面预算管理体系，将影响利润的保费收入、投资、赔付、佣金、费用、税收管理等全部纳入财务管理范畴，不断优化资源配置，把资源投向业绩好、潜力大的领域，并将费用预算向业务部门倾斜。出台了一系列费用管理规定，提高了费用报销的合规性。重点加强大额费用合同及新机构筹建项目费用报销的审核。通过坚持成本收入配比，加强费用源头管理，利用股东资源，发挥协同效应，公司的成本费用得到有效控制。2013 年在保费收入增长 116% 的情况下，费用和佣金支出同比仅增长 55%。全年实现盈利 0.2 亿元，较 2012 年全年亏损 1.08 亿元明显改善。净资产收益率（ROE）由 2012 年的 -5.56% 提升至 0.57%。

四、运营效率有所提升，信息系统建设取得突破

及时优化了各类运营流程，在业务量大幅提升的情况下保持了较高的营运质量和服务水平。在客户服务方面，公司完成了网络服务一期项目，开发了网络自助查询保单信息功能。核心业务系统建设工作有序开展并取得初步成果。确定了个险业务平台规划，进一步优化了银保通系统，新团险系统成功投产上线，完成了投资系统的选型，投产了多个支持渠道发展以及加强公司管理的业务系统，使公司 IT 生产系统运行平稳，安全控制能力进一步增强。

五、强化风险管理体系，提升内部管理水平

严格按照监管要求，狠抓销售误导治理工作，严防退保风险，2013 年未发生一起群体性退保事件。下大力气整治团险赔付问题，通过持续的风险管控与赔付处

置，赔付率降至98%，初步遏制了团险赔付率连续跃升的势头。以偿付能力充足率为抓手，实施全面风险管理，优化资产负债配置，加强市场风险监控。完成了年度注资工作，全年偿付能力充足率始终保持在150%的监管要求以上，到2013年末偿付能力充足率达到414%，为业务快速发展提供了保障。结合监管要求，加大审计检查力度，对发现问题及时督促整改。搭建了较为完善的公司治理体系，健全了组织管理架构，为稳健高效运行奠定了基础。启动了全面梳理公司内部流程制度项目，探索研究总公司与分公司的定位职责以及分支机构管理模式，建立了一系列管理体系与制度，逐步规范了公司有关工作制度，并更新升级了内部沟通平台。

六、加强公司队伍建设，倡导企业绩效文化

按照“职能整合、流程优化、效益提升”的原则，开展了“定岗、定编、定级、定薪”项目，重新对总部及分公司的各岗位职责进行梳理评估、整合优化，压缩不必要层级，并根据管理幅度和职能，统一了部门设置和相应职责。着力增强企业文化凝聚力，提升品牌影响力。2013年先后荣获“最具发展潜力保险公司”、“最佳价值成长型寿险公司”、“最佳市场拓展奖”和“最具成长性保险公司”等多项颇具影响力的荣誉称号。

（工银安盛）

工银亚洲

2013年，面对世界经济局势复杂、经营形势纷繁多变的经营环境，工银亚洲在总行和子行董事会的正确领导下，全力贯彻集团全球化发展战略，充分发挥地处香港国际金融中心和离岸人民币中心的区位经营优势，实施综合金融战略，在保持资产负债规模高速增长的同时，深入推动经营转型、优化收入结构，积极开辟新的盈利增长点，经营工作迈上新台阶。

一、业务经营情况

税前利润为63.13亿港元，比2012年增加13.04亿港元，增幅为26.04%。截至2013年末，工银亚洲总资产余额5 698亿港元，比年初增加1 441亿港元，增幅33.85%；总负债余额5 253亿港元，比年初增加1 395亿港元，增幅36.16%。在规模快速增长的同时，工银亚洲主动调整资产负债管理策略，通过对资产负债总量、期限及价格的多角度、多方面匹配管理，推动收入增长、成本控制和风险管控的同步加强。中间业务净收入13.93亿港元，比2012年增加0.46亿港元，增幅为3.44%；成本收入比为26.1%，比2012年下降了1个百分点；不良贷款率为0.44%，较2012年末下降0.03个百分点；不良资产率为0.38%，较2012年末下降0.04个百分点。

二、主要工作措施

（一）深化资产组合管理，夯实负债业务基础。在资金成本上升和利率波动风险增加的情况下，工银亚洲积极面对同业竞争，加快资产负债业务转型，由以往注重规模和速度的发展方式向更加注重质量和效益的内涵发展方式转变。资产业务方面，持续加强各项传统信贷业务经营，在前期项目储备的基础上积极拓展信贷市场份额，确保增量提升，同时做好存量资产组合管理，通过重新定价、资产交易等方式提高综合收益水平；充分发挥全牌照经营优势，通过多种融资产品相结合，深入挖掘并大力推动全球资本融资业务，特别是债券发行、银团贷款及结构化融资业务发展。负债业务方面，通过内外联动、外外联动有效拓展和激活公司客户；加强客户分层管理维护，通过专题营销和渠道覆盖，取得了零售业务及私人银行业务的持续性增长及突破性发展。

（二）加快推动经营转型，创新发展中间业务。面对全球金融环境对银行资产负债价值带来的压力，以及经济资本占用限额管理要求，工银亚洲加快推进经营转型，继续将发展中间业务作为工作重点，努力提升非利息收入的结构占比。一是加快产品创新，根据行业政策和市场变化趋势，及时研发推出财资类、现金管理类、结算类、资金类、跨境融资类等领域的新产品，提升市场竞争优势，带动中间业务收入快速增长。二是以优质服务提升客户体验，除了增加物理网点、自助机具覆盖面以外，投产优化网银和手机银行服务产品功能，促进各类新产品新业务全方位、多渠道渗透，提升客户使用金融服务的便利度，稳固客户群基础。三是建立健全中间业务管理体系，通过完善制度建设、严格过程控制、计划与考核配套等多项管理措施，有效建立数据监测分析体系，规范中间业务会计核算科目及收费减免管理，全面提升中间业务管理水平。

（三）规划实施新资本协议，完善全面风险管理体系。秉承积极稳健的集团文化，坚持业务发展与风险管理并重，围绕全集团新资本协议实施和全面风险管理要求，制定了巴塞尔新资本协议实施规划，进一步完善全面风险管理治理架构和制度体系，有序推动风险管理工作，确保资产质量持续优良，经营风险得到有效控制。

（四）内部管理强化和企业文化提升并驾齐驱。在业务快速发展的同时，始终高度重视内部管理“硬实力”的强化及企业文化“软实力”的提升。一方面，以科技能力及系统功能的大幅提升为各业务线的创新发展奠定基础。重新规划并规范新的科技管理架构，同时借助 FOVA 平台的综合优势和自身积累，成功构建了综合管理平台、数据分析平台、分行特色报表平台、电子银行分行特色交易平台等，流程一体化和质量监督管理能力显著提升。另一方面，对内有序推进岗位职级和薪酬体系优化，提供员工多通道的职业发展路径，完善薪酬结构和激励计划，以员工满意度和敬业度的提升构建和睦企业文化；对外提升品牌认知度，履行企业社会责任。

（工银亚洲）

工银国际

2013 年，工银国际以建设集团境外持牌投行旗舰为目标，坚持发挥盈利性、功能性双重作用，围绕投资银行、投资管理、销售交易三条业务主线，抓住市场机会大力拓展债券承销业务，适度发展资产类业务，取得良好效果。

投资银行业务表现出色，共完成 42 个项目。在债券承销业务方面，人民币债券承销项目总融资规模约 122 亿元，单独市场排名第 8 位，与工银亚洲合计排名第 3 位，仅次于汇丰和渣打，在中资投行中位列第一。美元债承销项目总融资规模约 200 亿美元，单独市场排名第 10 位，与工银亚洲合计排名第 8 位。债券承销业务凭借内外联动及产品创新能力，成功跻身于亚洲地区高收益债券承销商前六名和中资承销商第一，荣膺 IFR Asia（国际金融评论亚洲）2013 年度“最佳中国债券承销商”奖项。主承销的碧桂园 10 年期 7.5 亿美元债券获得《国际金融评论亚洲》和《亚洲金融》评选的“年度最佳高收益债券”，主承销的中海油总计 20 亿美元双币种债券项目则分别被《国际金融评论》和《国际金融评论亚洲》评选为“年度最佳亚洲新兴市场债券”和“年度最佳投资级债券”。工银国际参与的分众传媒杠杆收购融资项目分别获得《国际金融评论》和《亚洲金融》评选的“最佳亚太地区贷款”和“最佳杠杆贷款”奖项。

投资类业务项目新增与项目退出并举，取得良好业绩。截至 2013 年末，各类信用风险业务余额 88 亿港元，较 2012 年末增长 190%，PE 基金管理认缴规模 297.6 亿港元，较 2012 年的 241.4 亿港元增长 23.3%。

销售交易业务发展良好。在客户拓展方面，现有机构股票客户 155 个，其中 44 个为二级市场活跃客户。机构固定收益客户 258 个，目前全部为一级市场客户。个人客户 2 318 个，其中活跃客户 916 户。

工银国际立足现实，在应对市场、明确发展策略和路径等方面做了有益探索；在机构和队伍建设、公司经营、夯实提升中后台管理基础等方面，取得良好进展，为实现集团发展持牌投行的战略目标、推进经营转型积累了经验。

（工银国际）

香 港 分 行

2013 年，面对复杂严峻的经营环境，香港分行在总行的正确领导和大力支持下，与其他驻港机构及境外机构紧密合作，认准定位，做好经营，细化管理，充实平台，在实现利润大幅增加的同时，进一步提高了风险控制能力，各项经营指标均创历史新高。在保证稳健经营的前提下，充分发挥服务平台的功能，切实做好集团国际化战略的平台服务工作。

一、业务经营情况

香港分行持续转变平台利用方式，力求手段多样化、功能全面化，配合集团海外业务拓展，加强与集团成员的合作，充分发挥自身牌照优势，大力拓展业务范围，收入结构不断优化，经营效益显著提升。截至 2013 年末，分行总资产 710 亿港元，较 2012 年末增加 103 亿港元，增幅为 16.88%；所有者权益 13 亿港元，较 2012 年末增加 5 亿港元，增幅为 66.09%。全年实现拨备后利润 6.9 亿港元，比 2012 年增加 4.9 亿港元，增幅 245%，预算完成率 276%。营业净收入 7.34 亿港元，比 2012 年增加 4.32 亿港元，增幅 143%；其中总行对冲头盘在离岸人民币市场交易取得相关利息净收入和汇兑收益折合港币共计 4.62 亿港元，占全部营业净收入的 62.94%，离岸人民币交易中心的重要作用日益凸显。

二、主要工作措施

（一）适应国际化战略要求，支持境外机构快速发展。按照集团加快推进国际化战略要求，积极参与全球资金市场，加大同业拆借力度，广泛拓展资金来源，在支持集团海外机构业务快速发展、拓宽自身业务领域的同时，较好地保证了香港分行及工银亚洲资金流动性要求。截至 2013 年末，同业存拆放余额 694 亿港元，较 2012 年末增加 103 亿港元，增幅 17.46%；存拆同业（存拆集团境外机构）余额达 389.4 亿港元，较 2012 年末增加 29.6 亿港元，增幅达 8.22%。

（二）实施业务集中管理，有效加强风险控制。作为国际化服务平台，香港分行着力完善运行管理体系，加强系统安全运行，全面提升市场风险管理能力。顺利完成了总行金融市场业务交易系统最新版本的投产上线，在为全行进入市场交易业务提供统一管理平台的同时，有效实施了业务集中管理。规范了参数业务操作流程，提升了部门间协作效率，进一步完善了运行管理体系，增强了市场风险管理能力。

（香港分行）

工银信用卡中心（国际）

一、超额完成年度发卡任务

截至 2013 年末，全集团境外发卡机构达到 23 家。新增信用卡发卡机构 3 家，分别是工银巴西、工银加拿大和巴黎分行，新增借记卡发卡机构 2 家，分别是工银巴西、新加坡分行。

除工银阿根廷外，2013 年新发信用卡 9.1 万张，新发借记卡 14 万张，超额完成双九万发卡目标；累计消费额达到 32.1 亿元人民币，完成年初 5 亿美元目标，贷款余额达到 4.9 亿元人民币，信用卡不良率为 0.43%，达到“低于 1%”的目标要求；新发卡动卡率为 48.3%，新发卡质量优于国际同业平均水平。

境外银行卡总发卡量达到 233 万张，较 2012 年增长 368%。其中，工银阿根廷发卡量为 165 万张，占比 71%；港澳地区发卡量为 61 万张，占比 26%。境外信用卡 136 万张，借记卡 97 万张，分别较 2012 年增长 357% 和 384%。其中，工银阿根廷信用卡发卡量 100 万张，借记卡发卡量 65 万张，分别占境外信用卡、借记卡发卡量的 73% 和 67%，港澳地区信用卡发卡量 35 万张，借记卡发卡量 26 万张，分别占境外信用卡、借记卡发卡量的 26% 和 27%。

境外累计消费额达 154 亿元人民币，较 2012 年增长517%。其中，工银阿根廷消费额达到122亿元，占比79%；港澳地区消费额达到30亿元，占比20%；境外信用卡贷款余额为35亿元，较2012年增长1 033%，其中工银阿根廷信用卡贷款余额为30亿元，占比86%，港澳地区信用卡贷款余额为4.8亿元，占比14%。境外信用卡不良率（逾期90天以上）为0.43%，较2012年下降0.44个百分点。

二、境外发卡营销活动成效显著

工银亚洲着力强化公私联动，与香港航空、永安旅游、苏黎世保险等机构合作发行了联名卡，推出“刷信用卡消费换电影票计划”，既带动了消费额增长，又提升了工行在本地零售客户中的知名度。工银澳门通过澳门购物节、集团发卡、项目发卡等措施，实现了发卡量和零售客户的双快速增长，银行卡收入成为其贷款手续费收入之外的第二大收入来源。牵头开展了“粤港深澳好滋味”内外联动优惠促销活动，发展餐饮商户915家，较2012年增加765家，增长5倍，并采用“微电影”、“惠聚一堂”等宣传渠道进行推广，港澳地区信用卡餐饮月均消费额较活动前增长300多万元，月均消费笔数增长了约7 000笔。与总行个人金融业务部联手举办了境外高端零售客户高尔夫球赛，境外7个国家50多名高端客户报名参加，深受客户欢迎。

三、银行卡系统投产应用速度明显加快

2013年境外银行卡新增产品立项18个，受理境外需求变更146个，相继研发了公司卡、多币种卡、VISA非接支付卡、预付卡、环球旅行卡以及POS收单系统，银联品牌已具备个人卡、商务卡、预付卡全系列产品，个人信用卡实现VISA、万事达、银联多品牌覆盖，港澳地区成功实现环球旅行卡与境内同步发行。境外新一代审核审批系统（APS系统）在境外发卡机构的投产应用率达到100%，工银澳门试点了境外银行卡自助办卡项目和在线客服项目，巴黎分行成功投产卡地亚MIS收单系统，新加坡分行投产了银行卡拒付调单系统。

四、境外银行卡风险管理进一步加强

坚持“科学管理、稳健进取、平衡风险、提高收益”的风险管理理念，运用数据分析对风险进行科学预测、精细管理，确保境外信用卡不良率控制在较低水平。对境外银行卡管理办法、业务流程进行了全面梳理，通过视频培训加深境外机构对制度、流程的理解，将制度办法落到实处。完成了总行反洗钱评估、PCI DSS认证项目海外分支机构审核以及外部审计机构常规审计和专项检查，开展了境外信用卡客户信息安全专项检查，确保各项业务依法合规。成功通过香港品质保证局颁发的《质量管理—顾客满意—内部投诉处理指南》（ISO10002）认证鉴定，境外银行卡客户投诉处理水平达到国际标准。

五、境外银行卡中后台业务集中处理量翻番

2013年，工银信用卡中心（国际）在人员、费用等投入较2012年零增长的情况下，完成集中制卡23.9万张，较2012年增长168%；资金清算业务1.7万笔，较2012年增长158%；建档开户业务9.1万笔，较2012年增长465%；信息维护业务6.2万笔，较2012年增长266%，参数维护记录近1万条，较2012年增长78%。境外银行卡客户来电量突破36万通，较2012年增长131%，接听量突破35万通，较2012年增长128%，接听率保持95%以上。主动外呼量超过3.6万通，较2012年增长123%，营销类外呼占比达到52%，协助工银澳门成功邀请10 396名客户，发卡18 017张，占工银澳门全年25 000张发卡计划的47%。经过两年积极争取，实现港澳地区银联卡人民币资金转到工行进行集中处理，提高了清算效率，节约了清算费用。克服了港澳地区银通芯片迁移项目涉面广、时间短、难度大等不利因素，实现了工银亚洲、工银澳门银通芯片卡系统改造，并正式开启批量换卡。

［工银信用卡中心（国际）］

工 银 澳 门

2013年，面对错综复杂的外部环境，工银澳门坚决贯彻执行总行海外发展战略要求，按照年初董事会确立的发展战略和目标，以“调结构、转方式、谋创新、争市场、重质量、强管理”为工作主线，以巩固和提升澳门地区优秀主流银行、建设粤港澳区域强行为努力方向，挖掘市场资源，扩大客户基础，创新金融产品，提升服务品质，强化内部管理，提高管治水平，各项业务实现了健康快速发展。截至2013年末，工银澳门资产总额1 404亿元（单位：澳门元，下同），较年初增长20%；各项存款余额1 131亿元，较年初增长21%；

各项贷款余额882亿元，较年初增长28%；实现拨备后利润14.65亿元，同比增加17%；成本收入比26.75%；ROA为1.07%，ROE为14.1%；不良贷款率0.06%，继续保持优良水平。良好的经营业绩和市场形象得到社会各界的广泛关注，获得国际知名媒体《环球金融》、《银行家》和《世界金融》杂志2013年度“澳门地区最佳银行”奖项。

一、立足澳门本地，加快零售型银行建设

（一）有效增点。优化物理网点布局，网均效益水平得到提高。结合澳门世界旅游中心城市特点，增加ATM自助终端和自助银行服务中心。2013年新增ATM 35台，总数达到219台；增设24小时自助银行中心8间，总数达到25间。紧跟科技发展前沿，推出首家境外机构网上在线客户服务、个人全球账户管理等新项目，进一步完善网上银行服务功能，提高网上业务占比。

（二）有力拓户。通过参展澳门国际贸易投资展览会（MIF）等综合性、针对性、专项性营销推介活动宣传业务；举办投资理财讲座，扩大公众影响力；通过专业团队营销，挖掘政府机构等优质客户资源；抓住新生入学时机，开展高校现场营销，争取新生客户。截至2013年末，客户数25.4万户，比年初增加4.2万户。

（三）加快零售存贷款业务发展。在有效控制负债成本的前提下，合理调整存款结构和客户结构，优化存款组合。公司和零售业务联动，以资产业务带动存款业务。全年新增个人按揭贷款申请2 317户，贷款金额17.4亿元，市场占比超过70%。截至2013年末，个人贷款188亿元，比年初增加68%。

二、拓展港澳内地三大市场，做大做强公司金融业务

（一）发挥本土银行优势，巩固本地优质信贷市场领导地位。抓住澳门经济快速发展机遇，参与本地龙头企业大型项目银团融资。与澳门最大的中资企业南光集团签署战略合作协议，取得营销澳门当地中资龙头企业的重大突破；继续对澳门城市基础设施建设提供金融支持，参与了中信国际收购澳门电讯银团贷款，为澳门城市轨道建设提供投标保函等；配合政府中小企业发展计划，加大对零售服务业、餐饮业、出租车业等本地中小企业支持力度。

（二）发挥集团品牌优势，内外联动、外外联动。加强与周边地区金融机构合作，参加了香港九龙仓集团、北京控股等银团贷款，为中石化盛骏、奇瑞汽车香港公司等提供融资支持；加强与内地金融机构合作，为五菱集团、玖龙纸业等企业办理多种融资业务；创新开办融资租赁业务，积累了租赁外债管理、利率掉期等业务的开展经验。

三、加快中间业务发展，不断提升金融服务功能

（一）银行卡业务全面超额完成年度计划，发卡量、消费额、动卡率持续上升。全年新发信用卡27 437张，借记卡78 007张（含预付卡），累计存量分别达到108 867张和154 712张。特约商户达到1 725户，比年初增加174家；收单交易额757.06亿元（含信用卡提款机取现），比2012年增加104.6亿元。

（二）经纪代理和贵金属业务稳步增长。推出了股票保证金交易业务等新型产品，通过杠杆投资并运用保证金提高客户交易活跃度。全年代理股票交易额96.96亿港元，较2012年增长67%；投资产品销售额5.23亿元（含人民币挂钩结构性产品），较2012年增长125%。

（三）进一步拓展贵金属业务销售渠道，同步发展零售客户和公司客户。全年累计销售实物金99.045千克、实物银117.08千克，回购品牌金32.65千克，账户贵金属成交交易2 581笔，交易额1 684万美元，月供黄金新开户185户，月供金额548.7万元。

（四）资产托管业务平稳起步。顺应市场需求和本行业务发展需要，成立资产托管部。受托管资产规模总计为58.6亿元，比年初增长25.01%。

四、大力拓展人民币业务，打造新的业务增长极

（一）采取有效措施拓展人民币账户和存款。截至2013年末，人民币账户达7万户，比年初增加3.1万户。人民币存款（不含同业）187亿元，比年初增加94亿元。

（二）加强人民币资产管理，提高经营效益。截至2013年末，人民币总资产266亿元，其中人民币贷款78亿元，人民币债券投资83亿元；跨境人民币结算金额426.56亿元，跨境人民币贸易融资155.43亿元。

（三）扩大人民币业务金融服务范围。自主设计、独立发行推出六期保本型人民币挂钩结构性产品，累计销售折合人民币2.33亿元；推出了港澳地区第一只以人民币计价的退休基金“工银澳门退休基金——人民币收益基金”，提升了工银澳门基金公司的服务功能和市场影响力；积极与国内试点银行在市场营销、产品创新、内外联动等方面开展广泛合作，优化预约汇款、系统内跨境汇款等柜面和电子渠道系统功能。

五、加强全面风险管理，为业务发展保驾护航

（一）信用风险管理。一是完善信贷管理规章制度，梳理法律文件，制定标准信贷文件文本。二是严格市场准入，强化贷后管理。在客户选择上严格遵守总行

及本地信贷政策，支持澳门适度多元经济发展。三是密切关注房地产市场变化，严格执行监管部门的房地产融资信贷政策，做好压力测试，采取风控措施。

（二）市场和流动性风险管理。投产金融市场交易平台（FMBM）、全球市场风险管理系统（GMRM）和全球产品控制系统（GPC），提高了防控市场风险的技术手段。严格监测日常流动性指标变化，分析制定相应流动性管理措施。有效运用金融市场主动负债拓宽融资渠道，自主发行存款证，多渠道获得流动性保障。

（三）操作风险和反洗钱管理。组织开展规章制度评估工作，对适用制度作了全面梳理并落实整改。制定《违规积分管理办法》、《案件防范工作责任管理办法》等规范业务操作。定期召开反洗钱及反恐融资委员会会议，研究分析反洗钱工作新动态、新情况，加强对反洗钱工作的组织领导，提高员工对可疑交易的识别和风险防控能力。

（工银澳门）

新加坡分行

2013 年，新加坡分行各项业务全面发展，同时采取有效措施防范和化解经营风险，实现了规模、质量、效益的协调发展，市场竞争力显著增强。

一、主要经营指标完成情况

实现拨备后利润 5 714 万美元，完成总行下达计划的 164.24%。营业费用 1 158 万美元，控制在总行给定的指标之内。表内总资产 63.12 亿美元，较 2012 年增长 71%。其中，贷款资产总额 10.53 亿美元，较 2012 年增长 1.05 亿美元；贸易融资 34.82 亿美元，较 2012 年增长 13.19 亿美元；债券投资总额 2.21 亿美元，较 2012 年增长 1.15 亿美元。各项存款余额 10.86 亿美元。中间业务收入 832.49 万美元，较 2012 年增加 154.62 万美元，增幅 39.11%。国际结算量累计发生1 485 亿美元，较 2012 年增长 210 亿美元，增幅达到 16.46%。不良资产率 0.25%，较 2012 年下降 0.31 个百分点。自 2005 年以来，新增贷款中未出现不良。

二、主要经营业绩和发展战略

（一）确保人民币清算顺利开业及平稳运行。2013 年 2 月，新加坡分行成功获得人民银行批准的新加坡人民币清算行资格，成为央行首次在中国以外的其他国家选定人民币清算行。在获得人民币清算行资格后，分行克服时间紧、人员短缺等困难，按照清算行与商业银行业务相分离的监管要求，完成 FOVA 系统改造、清算通用平台、SUMMIT 系统投产等一系列工作；正式开业前与本地三大银行组织开展了两轮全面细致的测试工作，确保了系统的可靠性和安全性；制定清算业务相关管理办法、操作流程以及提交监管机构的报备文件；编写与参加行的清算协议、操作指引及业务问答，为清算行业务开展提供制度保障。自 2013 年 5 月 27 日清算行正式对外营业以来，分行在新加坡境内开展多次营销活动，通过与新加坡金管局共同举办人民币清算业务推介会，面向系统内境外机构举办人民币清算业务培训，赴泰国、印尼、马来西亚开展人民币业务路演，积极参加本地各类行业论坛等，不断扩大清算行的市场影响。2013 年累计办理各类人民币支付结算业务 3.6 万笔，清算金额达 2.6 万亿元。共有 67 家新加坡本地及境外的银行同业开立了人民币清算账户，成为新加坡人民币清算行的参加行，其中集团内机构 32 家，集团外同业 35 家。

（二）坚持将人民币业务打造成为分行的核心竞争力。抓住人民币清算行的有利时机，在认真履行人民币清算行职责的基础上，加大对本地市场的培育和拓展。积极加强参加行营销，做大人民币资金交易业务，并结合最新跨境人民币政策，为多个新加坡本地客户、跨国公司和中资企业设计了人民币直接投资、跨境人民币放款、大宗商品客户离岸人民币银团贷款及上海自贸区双向资金池业务等多种方案。分行还组建了债务资本团队，参与完成了多笔人民币债券的发行，人民币业务综合服务能力全面提升。截至 2013 年末，分行共办理跨境人民币结算业务 4 719 笔，金额 1 515 亿元，较 2012 年分别增长 29% 和 61%。人民币贸易融资全年累计发生 320 亿元，较 2012 年增长 47%。人民币存款余额 149 亿元，较 2012 年增长 217%；人民币资产余额 333 亿元，较 2012 年增长 117%；人民币业务净利差收入 1.95 亿元，较 2012 年增长 73%。人民币资产占表内资产的 48%，较 2012 年上升 9 个百分点，人民币业务各项主要指标均居于同业领先地位。

（三）不断加强人民币产品创新和服务方案设计。提升人民币综合服务能力，打造人民币竞争优势。2013 年 11 月 19 日，新加坡分行以联席牵头承销行和簿记行身份成功发行 2 年期“狮城债”，发行金额 20 亿元。本次债券是迄今为止新加坡市场上发行规模最大的人民币债券，也是第一家中资银行且人民币清算行在新加坡发行人民币债券，在市场上获得了广泛反响。同时分行积极围绕本地市场和客户实际需求，不断加强人民币产品创新。如依托跨境人民币 FDI 政策便利性，设计服务方案并成功营销企业通过人民币进行直接投资；按照跨境人民币境外放款新政，设计并协助成功营销人民币境外放款业务；遵循上海自贸区政策，设计并协助完成首笔跨境人民币双向资金池业务等。

（四）以结构调整促进分行经营效益可持续增长。在公司业务方面，坚持优质客户战略，稳固发展双边和银团贷款，提升综合金融服务能力。一是加快客户结构调整，以财富杂志 500 强和新加坡的规模较大企业为目标客户，积极发展新的双边贷款和银团贷款。2013 年，分行参加 14 笔银团贷款，总融资额度达 3.6 亿美元，其中有 4 笔是作为授权牵头行。在世界前 10 强大宗商品客户里，分行已成功参贷 9 位客户，实现银团手续费收入达 143 万美元。二是做好中石油、中石化、中海油和中化四大石油公司在新加坡的七大分子公司、十大贸易商以及世界 500 强企业等重点客户的服务工作，通过分层营销、行内外联动等多种方式，支持客户多元化的金融需求。2013 年，各大石油公司在分行续做贸易融资业务 66 亿美元，同比增加 4%，融资余额 10 亿美元，同比增长 75%。

在个人业务方面，2013 年是新加坡分行取得全面银行牌照的第一年。截至 2013 年末，个人客户新增 830 户，储蓄存款余额突破亿元大关，达到 1.1 亿美元，同比增长近 9 倍。借记卡发卡量达到 526 张，信用卡新增发卡 688 张，累计发卡达 1 347 张，完成总行下达全年任务的 125%，实现消费金额突破千万元大关，达到 1 344 万元。私人银行顺利完成了中心筹建和业务启动，并正式开始业务运营，累计签约客户 10 户，直接配置资产 1 600 万新加坡元。

在机构业务方面，通过业务推介会、培训、路演、发布报告等多种形式，积极开展同业及机构业务营销。清算行累计完成新开户 67 户，其中工行集团内开户 32 户，集团外开户 35 户；商业银行累计完成新开户 3 户，其中工行集团内开户 1 户，集团外开户 2 户。清算行为 25 家参加行设立了账户透支额度，拓展了 14 家新的福费廷业务合作行，与 2 家境内银行签订了出口代付业务协议。

在电子银行业务方面，全面梳理网点产品，持续优化各项网银功能，加强电子银行渠道建设。2013 年新增个人网银客户 540 户，新增企业网银客户 142 户，分别是 2012 年新增客户数量的 5.7 倍和 4.1 倍。拓展现金管理业务客户 30 户。在总行大力支持下，分行对“直通不落地”网银汇款功能模块进行了系统测试和优化完善，实现了网银功能的优化升级。

（五）强化风险管理，确保合规经营。不断健全风险管理架构，进一步完善全面风险管理方案，将风险管理落实到每项业务、每个环节。积极配合总行解决系统对风险控制方面的需求，力求尽快实现中后台对前台业务的系统控制。定期开展业务部门自查、相关管理部门检查等工作，保障分行各项业务的健康发展。加快不良贷款处置，针对三户不良贷款企业分别制订了不良贷款处置方案，全年共收回不良贷款本息 241 万美元。

（新加坡分行）

东京分行

2013 年，东京分行积极抓客户、调结构、控风险，突出存款和人民币业务，加快清算业务和零售业务发展，打造工行品牌和特色服务。

一、基本情况

截至 2013 年末，分行总资产 49.99 亿美元，实现税前利润 3 677 万美元，完成当年计划的 134%；实现中间业务收入 1 193 万美元，占比达到 24.2%，同比提高 10.19 个百分点；各项存款 3.56 亿美元，较年初增长 12%；资金自筹比率达到 95% 以上。不良贷款余额为零，拨备覆盖率达到 498%。

二、经营管理主要举措

（一）资金自筹及持续发展能力得到进一步巩固。东京分行将增加存款、扩大主动负债业务、减轻对市场拆借依赖作为经营转型的重要工作来抓。2013 年新争取到东京短资公司存入 NCD、瑞穗证券公司存入定期存款、日本生命保险公司存入 NCD；住友商事、伊藤忠、上田八木短资公司等存量客户的定期存款金额在原有基础上均有大幅增加。此外，在离岸市场发行 ECP，开辟了新的筹资渠道。2013 年末 ECP 余额达到 8.7 亿美元，较 2012 年末增加 5.2 亿美元，同时启动了在日本本地发行日元 CP 的筹备工作。

（二）资产结构调整取得良好成效。分行代付业务比例继续得到控制，2013 年末代付及簿记贷款占资产总额的29.52%，比年初下降0.38 个百分点；以日式飞机租赁融资业务为主的本地贷款业务余额有较大提升；担保业务得到较快发展，2013 年末外保内贷业务余额为767.7 万美元，同比增加641.5 万美元。

（三）人民币业务继续稳步发展。2013 年以来，本地企业人民币定期存款、个人人民币大额优惠利率产品、个人人民币汇款、人民币投资境内银行间债券市场等多项业务首次成交或办理。在外保内贷业务上，签发首笔人民币备用信用证。积极创新发展人民币贸易融资和结算业务，推出人民币结构性福费廷等一系列结构性跨境人民币贸易融资产品，取得了较好的市场反响。创新并开办了风险参贷项下人民币融资、D/A 项下人民币福费廷等业务，提高了人民币产品线的深度和广度。

（四）日元清算中心服务能力进一步提高。在总行的大力支持下，有效提升了日元清算的灾备应急水平，建立了东京分行日元清算业务由总行运行管理部代理的工作机制。率先成功投产清算业务通用平台，既实现工行清算系统与当地央行清算系统成功对接、积累清算业务连续性运作经验，同时也建立了总行与相邻时区机构清算业务的同步运作机制，标志着清算业务 7×24 小时连续运作机制完成了重要一环。2013 年集团内对东京分行清算的来委比例达到92%以上。

（五）零售业务逐步由“临柜”向“离柜”转型。截至2013 年末，个人存款达 1 530 万美元；新增个人网银账户 542 户、企业网银账户 25 户，分别完成全年计划的181%和125%；新增借记卡 1 370 张，完成全年计划的137%。完成个人网上非预结汇功能优化，实现网银自动处理报文，有效节约柜面人力成本。投产网银定期存款功能，实现在线定活存款转换及跨境人民币汇款功能。实现网银柜面信息共享，双向联动调取客户在网银端和柜面端的各项汇款信息，在保证信息质量的同时减少客户操作。积极推动 iPhone 手机银行的投产工作，满足客户随时随地办理业务的需求。开展个人业务捆绑营销，银联卡与网银捆绑率超过40%。

（六）发挥联动机制优势，落实总行 ONE ICBC 战略。一是积极开展内外联动。2013 年共发放内保外贷 11 笔，累放金额 1.98 亿美元。分行还与多家国内分行联动营销在日中资企业。二是开展外外联动。东京分行会同伦敦子行，成功联动营销世界 500 强企业三菱化学的外保内贷业务，实现了新客户与新业务的双拓展。三是充分发挥总行信息资讯平台的信息池作用，向境内分行提供大量日企在华投融资信息，成功联动促成上海分行成为三菱重工在华子公司人民币理财产品的国内唯一合作银行，并协助上海分行获得瑞穗银行在华机构的 30 亿元人民币增资款存款。

（七）切实做好全面风险管理。一是狠抓全面风险管理制度的完善与落实，对信用风险、流动性风险、市场风险、操作风险等各项风险进行有效的识别、评估、计量、监测和控制。二是为贯彻落实总行和日本金融监管对业务持续运作管理的要求，积极推动新年度业务持续计划（BCP）工作的实施。三是积极配合属地监管和总行要求，完善内控合规管理。积极配合总行内部审计局内控评价检查工作，获得较好的综合评价。四是抓好系统安全日常管理工作。围绕数据与内容安全、计算环境安全、信息基础设施安全、灾备及业务行为监管等方面开展安全建设；不断加强对客户信息和生产安全的管理工作，制订年度灾备演练及其他各类应急演练的计划并按时实施。

（东京分行）

首尔分行

一、经营管理情况综述

（一）努力保持经营效益稳定。适时加大资产投放规模，通过深化本地客户综合营销努力提高收益水平，加强对涉华业务、联动业务、贸易融资业务和人民币业务的营销，不断优化资产业务结构；积极加快零售、担保等中间业务发展，努力扩大存款等筹资来源，加强主动负债管理。2013 年分行共实现拨备后利润 4 153 万美元，超额完成总行下达的 3 826 万美元的计划指标。

（二）资产规模创下历史新高。截至 2013 年末，资产总额 45.97 亿美元，较年初增加 16.59 亿美元，增幅56.5%。其中，贸易融资余额 17.95 亿美元，较年初增加 10.32 亿美元，增幅 135.3%；债券投资余额 13.33 亿美元，较年初增加 1.35 亿美元，增幅 11.3%；一般贷款余额 7.86 亿美元，较年初增加了 2.97 亿美元，增幅 60.7%。

（三）负债结构得到明显优化。截至 2013 年末，负债总额 43.18 亿美元，比年初增加 16.29 亿美元，增幅60.6%。其中，存款、同业拆入款项、系统内借入款项分别为9.7亿美元、18.88亿美元和9.92亿美元，占总负债的比重分别为22.5%、43.7%和22.97%。值得一提的是，存款增长9.34亿美元，较2012年增加24.6倍，成为分行的重要资金来源，而同业拆入款项在总负债中的占比较年初下降了19个百分点。

（四）中间业务收入实现快速增长。加大担保业务、代客外汇交易、汇款业务等中间业务的拓展力度，尤其是在外汇担保业务收入大幅增长45%的带动下，2013年中间业务收入累计完成1 054万美元，较2012年度增长37%。

二、经营策略及主要工作措施

（一）以业务多元化为重点，深化本地客户合作。继续以韩国排名靠前的大集团成员企业为主要目标客户，加强对优质客户的综合营销和新客户拓展工作。信贷业务方面，成功为现代制铁和三星工程沙特子公司发放中长期贷款7 600万美元，与乐天卡和斗山机械签订了5 400万美元备用贷款协议，累计为三星电子等本地重点客户办理贸易融资约30亿美元。担保业务方面，累计为现代重工、现代建设、浦项工程建设、GS Caltex等客户办理保函业务2.8亿美元；在客户存款方面，累计新增对公结算账户94户，成功营销多个公司客户和三星保险、韩华证券、IBK证券等机构客户存款，年末各类客户存款余额达到9.7亿美元，实现历史性突破。新客户拓展方面，先后与韩国天然气公社、乐天化学、浦项工程建设、现代尾浦、大宇造船海洋等新建了信贷业务关系。

（二）以业务创新为驱动，内外联动结硕果。办理各类内外联动业务及服务近300项，其中联动营销220项、咨询信息80项。先后为多家中韩企业办理内保外贷业务15笔，新增贷款2.6亿美元；在总行协助下，成功参贷中海油收购加拿大尼克森公司股权项目银团贷款1亿美元和中石化APLNG船舶融资银团贷款1亿美元两大总行重点银团项目；积极拓展代付、福费廷等传统联动业务，并通过风险参贷、直融通、保贷通等创新业务形式，适当扩大业务规模，累计办理内外联动项下贸易融资业务26亿美元；协助总行营销韩资集团客户的全球现金管理业务；协助山东烟台分行成功营销现代企业研究所4 000万美元资本金，协助宁波分行成功营销三星重工5 000万美元预付款保函。

（三）以一行一策为指导，打造特色产品线。根据韩国外向型经济、中韩贸易往来频繁等特点，重点将贸易融资、资金、跨境人民币业务等作为发展重点，努力打造特色产品线。跨境人民币业务取得历史性突破。2013年累计完成跨境人民币业务结算量124.3亿元，同比增长188.9%；累计办理人民币贸易融资65.3亿元，同比增长321.3%；2013年末分行人民币存款达到37亿元，同比增长406倍。新开展风险参贷业务6.51亿美元，带来了贸易融资业务收益的稳定增长。2013年末贸易融资余额达到17.95亿美元，较年初增长135.3%，全年贸易融资总收益为1 819万美元，较2012年增长20.84%。资金业务方面，继续积极拓展外向型优质企业，成功营销大宇造船和LG显示2户代客外汇买卖客户；新增加高盛和南非标准银行两个新的外汇买卖交易对手，并推动总行与ING、韩国中小企业银行签订了ISDA协议。全年共完成代客外汇买卖交易量121亿美元，实现交易收益175万美元。

（四）以做大客户规模为核心，加快零售业务发展。通过开展上门走访、主题营销等形式以及“韩元借记卡+自动汇款”等特色产品，积极拓展零售业务，做大零售客户规模。2013年分行累计新增个人客户数量8 442户，个人客户总数达到1.2万户，增幅超过200%；实现新发借记卡5 851张，完成总行下达指标的292%，借记卡客户总数近9 000户；自动汇款新签约客户数达3 354户，增幅超100%，实现分行零售业务的历史性突破。

（五）以渠道建设为突破，夯实未来发展基础。获得韩国金融决济院批准，成为首家获准加入本地清算网络的在韩中资银行，相关系统连接工作已经陆续开展；在总行的支持下，积极研发投产网上银行项目，预计于2014年投产。

（六）以主动负债管理为抓手，切实降低流动性风险。加大在本地市场吸揽美元和人民币定期存款的工作力度，各项存款总额达9.7亿美元，占总负债的比重首次突破20%，达到23.2%；建立资产负债管理例会制度，加强资产负债期限和结构管理，合理压缩隔夜拆借规模。扩大与离岸资金市场的联系，从香港、澳洲等市场拆入成本相对低廉的长期资金，控制资金成本和扩大资金来源，对系统内资金的依存度下降19个百分点；积极推进CD等筹资工具发行，完成本地市场评级程序。

（七）以风险控制为导向，强化全面风险管理。继续加强对电子、炼油、汽车等主要行业和重点客户的信用风险分析和监控，准确评估客户整体信用风险。按照全球统一授信管理办法的要求，完成了现代重工集团、晓星集团、LS集团、乐天集团等全球授信客户的审批。分行不良贷款连续多年保持为零，且无一笔表外业务垫款。在市场波动加大的情况下，采取多种措施强化对市场风险和流动性风险的监测和管理；加大内部监督检查力度，防范操作风险事件。继续保持了未发生重大信用风险、市场风险、流动性风险和操作风险事件的全面风险管理成果，并顺利通过了韩国监管当局的定期检查，得到其高度评价和肯定。

（八）以提升效率为目标，完善经营管理机制。建立健全经营管理委员会、资产负债管理委员会和全面风险管理委员会制度，推进重大事项的集体审议；坚持“制度为先”，制定修订了包括经营管理、风险控制、人力资源管理、财务管理等在内的一系列规章制度；完善债券投资、贸易融资等业务的分工，着手梳理各部门职能和岗位设置，加强部门间交流和信息共享，统一对各网点的业务管理，打造高效团队。

（首尔分行）

工银印尼

一、主要经营业绩

（一）资产负债情况。2013 年末，子行资产总额 31.5 万亿印尼盾，较年初增长 30.7%；各项贷款余额 21.8 万亿印尼盾，较年初增长 42.5%；负债总额 28.4 万亿印尼盾，较年初增长 27.4%，余额 25.2 万亿印尼盾，较年初增长 21.2%。

（二）经营效益情况。实现营业收入 7 409 亿印尼盾，同比增长 52.5%。其中，实现净利息收入 5 857 亿印尼盾，同比增长 73.9%；实现手续费及佣金收入 1 349 亿印尼盾，同比增长 7.6%。实现拨备后利润 3 278 亿印尼盾，同比增长 110%。

（三）经营效率情况。按照母行考核口径计算，子行资产利润率（ROA）为 0.83%，资本利润率（ROE）达到 13.33%，较 2012 年末考核指标值分别提升 0.32 个和 3.97 个百分点。存贷利差达到 2.87%，较 2012 年末提高 0.21 个百分点。

（四）资产质量情况。不良贷款率 0.26%，较 2012 年末上升 0.2 个百分点，远低于印尼银行业平均不良贷款率 1.83%。

（五）跨境结算业务快速发展。认真分析印尼本地市场客户人民币业务需求，积极开发新产品，努力拓展人民币市场业务；同时加强与境内分行的内外联动，大力开展跨境结算和跨境融资业务，人民币业务得到快速发展。全年跨境人民币结算金额 92.6 亿元，完成母行计划的 116%。

二、主要工作措施

（一）完善业务组织架构，全面推进公司业务发展。根据印尼央行要求和业务发展需要，对市场营销部门组织架构进行优化调整，新增中小企业部及贸易销售部两个公司业务市场部门，全面增强前台营销力量。2013 年末中小企业贷款余额约合 1.5 亿美元，占比较年初增长 3 倍，客户影响力进一步扩大。在支持中资企业走出去方面，子行坚持全方位立体式营销，联合母行、国内外兄弟行共同营销集团客户，子行深入前方推动业务本地发展，为中资企业更广泛地参与跨境合作和拓展海外市场提供了信贷资金支持和全面的市场信息。如为中国石化印尼 260 万立方储油项目提供卖方信贷 700 万美元，账户资金沉淀逾千万美元。此外，支持促进中资企业在印尼的煤炭、铁矿石、镍铁冶炼、棕榈等大宗商品贸易等，其中为宁波银亿集团提供贸易融资额度达2 000 万美元。加强与境内外机构的联动营销，成功营销中国石化、福建大地管桩、宝钢印尼项目公司等众多中资客户落户子行。在发展本地业务方面，积极参与当地交通、电力、电信、电站等基础设施建设项目，营销和支持行业龙头企业。

（二）完善营销机制，稳步推进零售及信用卡业务。一是加大新产品的研发力度，先后推出了不同币种、利率和收费组合的储蓄产品。二是积极开展全员营销、公私联动交叉营销，促进个金和信用卡业务快速发展。三是开办 ATM 卡业务，稳步推进借记卡申请工作。2013 年末，子行个人客户数达到 19 125 人，同比增加 4 074 户，增长 27%，全年新增信用卡 3 031 张。

（三）积极抢占市场先机，大力发展人民币业务。准确把握人民币政策和市场变化，积极营销人民币跨境结算和人民币购售业务。借助人民银行把广东分行作为“个人跨境人民币汇款业务”试点经办行的契机，在各分行网点大力宣传此项新业务，积极向合作代理行进行推介，从 2013 年 5 月开办至年末共办理 400 余笔。2013 年 10 月，习近平主席访问印尼期间，两国央行续签了总价约 150 亿美元货币互换协议。子行就货币互换事宜与印尼央行进行了初步沟通。截至年末，子行跨境人民币贸易结算金额达到 92.6 亿元；人民币贸易融资累计额 4.8 亿元。

（四）进一步优化信贷管理体系，夯实信贷业务发展基础。强化信贷制度建设，把好客户准入、行业准入、业务准入关，理顺评级授信、业务审批、资产分类流程，细化行业限额标准；开拓创新产品和业务管理模式。调整完善信贷组织架构，在信贷业务比较集中的雅加达和泗水地区组建两个信贷业务处理中心，充实贷后工作队伍。

（五）进一步完善物理渠道建设，提升客户服务能力。稳步推进物理网点布局，加大网点新设力度。2013年Gajah Mada分行和Balikpapan分行先后正式开业，进一步增强子行跨岛屿、跨区域服务能力。此外，积极推进Makassar支行、巴厘岛支行等拟新设分支机构的市场调查、可行性分析、网点选址等工作。截至2013年末，子行分支机构已达21家，分布于雅加达、泗水、万隆、棉兰、巴淡和麻里巴板等印尼六个主要城市，渠道辐射能力和客户服务能力进一步增强。

（六）进一步加强内部经营管理，提升业务支持能力。一是加强财务管理和资产负债管理，充分发挥财务预算导向和管控作用，大力调整优化负债结构，提高资金利用效率和资金效益。二是根据前台业务需要积极提出FOVA系统优化建议，做好系统参数管理和新产品、新业务的测试投产工作。三是提升信息科技服务保障能力，做好各项新业务系统的升级、测试，实现了监管报表自动化报送。四是进一步完善人力资源管理机制，2013年共新招聘各类员工90余人，举办运行、财务、信贷、人民币业务等内部培训51次。

（七）进一步强化风险管理和提升公司治理水平。按照前台、中台、后台分离原则，推行“总部垂直管理，属地区域集中”的信用风险管理模式。健全流动性、利率及汇率风险管理机制，实施外汇敞口和止损风险限额管理，加快金融市场业务前中台系统建设，进一步完善流动性敏感性分析制度。公司治理方面，严格按照要求完善监事会和董事会及其下属委员会工作规程等，进一步修订和完善各项内控制度，对审计发现问题积极落实整改。

（工银印尼）

工银泰国

2013年，工银泰国紧抓本地业务线、中国业务线、国际业务线，围绕“控风险、扩资产、提声誉、增效益、促转型”五项核心工作，推进公司治理、发展战略、客户服务、风险管理、文化融合等关键领域整合与转型，实现各项业务健康快速发展。

一、总体经营情况

（一）资产增长较快。截至2013年末，总资产为53.77亿美元，较年初增加11.5亿美元，增长27.2%。总资产较并购当年（2010年）翻了一番。各项贷款余额42.96亿美元，较年初增加8.17亿美元，增长23.5%。贷款总量较2011年末翻了一番。贷款总量已超过汇丰、花旗、渣打银行等国际大银行在泰机构。

（二）存款平稳发展。截至2013年末，各项存款合计26.33亿美元，较年初增加3.87亿美元，增长17.23%。其中，个人存款余额8.33亿美元，增长17.97%；法人存款余额18亿美元，增长16.89%。人民币各项存款余额1 323万元，较年初增长11.5%。人民币同业存款实现零的突破。

（三）客户群体拓展。成功营销泰国第三大银行——泰京银行（KTB）开立同业清算账户并办理清算业务。全年新增贷款客户（不含融资租赁客户）140户，新增法人结算账户45户。个人客户总数（含租赁公司）突破15万户，较年初增长2.35万户。借记卡总量12 342张，其中新增发卡量7 240张。信用卡总量2 931张，其中新增发卡量2 289张。个人网银总户数5 952户，其中新增4 033户。企业网银总户数275户。

（四）不良资产稳中有降，拨备覆盖水平提升。2013年末，不良贷款率为1.95%，较2012年下降0.18%。贷款拨备余额为10 437万美元，较2012年增加3 553万美元。拨备覆盖率为124.68%，较2012年增加32%，增强了风险抵御能力。

（五）盈利持续增强。实现营业净收入1.44亿美元，同比增长22%。实现中间业务收入1 434万美元，同比增长10%。实现净利润3 107万美元，增长95.47%。成本收入比34.09%，比2012年下降7.26个百分点。

二、主要工作措施

（一）加强内外联动。积极联动北京、广东、山东等分行，为广垦橡胶、玲珑轮胎、中粮生化、赛轮轮胎等在泰项目发放贷款9 200万美元。与北京分行内外联动，以投标保函等产品协助由中国最大的三家水利水电公司组成的中外联合体成功中标泰国政府防洪基础设施项目，中标金额约37亿美元，得到泰国政府的高度评价。与工银亚洲合作，首次成功发放海外银团贷款1.3亿美元。与南非标准银行合作，参贷由南标、美银牵头的总金额20.35亿美元的银团贷款1亿美元。得益于内外联动、外外联动，中国元素业务余额已经突破14.5亿美元，业务结构、资产结构以及客户结构不断提升和优化。

（二）加快零售业务发展。优化信用卡业务系统与流程，实现了信用卡业务的起步发展。实现了个人网银和企业网银提供7×24小时跨行转账服务。成功投产总行电话银行一体化系统，成为首家投产小语种电话银行人工服务的境外机构。

（三）促进租赁业务创新及转型。工银泰国子公司——工银泰租业务原以汽车融资租赁为主，业务品种较为单一。2012年以来，确定了多元化业务发展战略。2013年5月，工银泰租向亚航泰国融资租赁两架空客320飞机，总价值8 400万美元，亚航泰国将成为工银泰租最大的单一客户。新华社、人民日报、曼谷邮报等中泰主要媒体对业务签约进行报道，提升了市场形象。除飞机融资外，在医疗、交通运输设备租赁等领域也取得了业务突破。

（四）贸易融资快速发展，国际业务量稳步提升。优化贸易融资业务流程，提高单证业务处理效率，内外联动开展跨境供应链融资、NRA福费廷业务、直融通等业务，积极营销中泰贸易客户，贸易融资增长较快。截至2013年末，国际贸易融资余额1.69亿美元，比年初增长1.23亿美元，增幅269%；贸易融资发生额4.08亿美元，增长1.89亿美元。实现国际业务中间业务收入41万美元，比2012年同期增长71%。托收业务和NRA福费廷业务成为业务发展亮点，进口代收同期增长212.5%，出口托收同期增长380.17%，同时带动托收项下贸易融资业务发展，进口押汇余额比年初增长61.19%，打包贷款余额比年初增长266.3%。国际结算量继续保持较快增长，全年国际结算量为24.54亿美元，比2012年同期增长4.45亿美元，增幅22%。人民币业务方面，保函和NRA福费廷业务发展迅速，人民币保函业务量增至近40亿元，跨境人民币结算量约17.5亿元，跨境人民币贸易融资业务约5.1亿元。

（五）优化信贷业务审批流程，完善信贷授权管理体系。进一步优化改造信贷审批流程，加强实质风险把控，提高授信审批效率。完善了信贷授权管理体系，实行信贷业务审批“双签”制，即1 500万泰铢以上的信贷业务由中泰双方有权签批人共同签批后生效。

（六）做好信息科技工作，确保信息系统稳定。在FOVA核心系统及相关系统方面，严格落实与数据中心签订的服务协议。做好业务应急管理和演练工作，内容涵盖主备机房关键系统切换、网络中断应急、基础设施演练等。开发本地特色业务需求387项，比2012年增长约15%。启动了工银泰租核心系统整合项目，促进了总行特色业务报表平台推广。

（工银泰国）

工银马来西亚

2013年，工银马来西亚各项业务发展良好，保持不良贷款和不良资产为零，连续两年获得了马来西亚中央银行对商业银行综合评级的最佳等级和马来西亚存款保险公司的最佳评级。

一、主要财务指标情况

2013年实现营业收入1 838万美元，比2012年增长152万美元，增幅为9.0%；实现总收入4 095万美元，比2012年增长了851万美元，增幅26%；按考核还原后口径，全年实现考核利润213万美元，完成总行下达考核利润的106.5%。资产总额131 959万美元，较2012年末增长28%；负债总额120 814万美元，较2012年末增长31.9%；实现手续费及佣金收入609万美元，比2012年增加104万美元，增幅为20.6%。2013年末，已有吉隆坡、古晋、蒲种和新山4家分行，从业人员达到178人，比年初增加20人。其中当地员工163人、外派员工15人，本地员工占比超过90%。

二、迅速拓展资金业务

充分利用人民币业务大行地位以及境内外联动优势，抓住海外人民币业务迅速发展契机，努力扩大银行间人民币资金拆借业务规模，开辟人民币资金运用渠道。2013年共办理外汇买卖业务5 119笔，增幅109%；办理外汇买卖金额277亿美元，增幅699%；资金拆借拆放业务1 297笔，增幅40%；资金拆借拆放金额288亿美元，增幅87%。实现资金拆借拆放业务净收入超900万美元，外汇买卖业务收入141万美元。资金业务收入占全行营业收入之比约57%。

三、公司投行业务快速发展

一是客户基础进一步夯实，存贷款快速增长。截至2013年末，对公客户总数达到1 008户，较2012年增长223%，有贷户合计186户，较2012年增长52%。对公业务存款余额达到3.3亿美元，比2012年增长

7 000 万美元，增幅为 27%；贷款余额达到 5.54 亿美元，较 2012 年增长 4.01 亿美元，增幅为 266%。二是公司投行中间业务收入大幅增长。通过投融资服务、资产转让业务、风险参贷业务、担保业务、财务顾问服务等，确保子行中间业务收入持续增长，2013 年公司投行业务实现中间业务收入 249 万美元，比 2012 年增长 45 万美元，增幅 22.06%，中间业务收入占比 41%，再创新高。三是清算工作实现重大突破。取得了马来西亚交易所的清算行资格，成为大马交易所的唯一中资清算银行。四是批发业务与零售业务形成良好的互动。在公司业务的推广过程中，子行对个人账户、信用卡、个人贷款、个人贵金属等零售业务产品进行捆绑销售，取得良好成果。

四、大个金发展格局初步形成

一是个人客户数量快速增加，增幅在境外机构名列前茅。截至 2013 年末，子行个人客户总数为 10 042 个，较年初新增 7 273 个，完成总行下达年度计划的 909%，同比增幅为 263%，在境外机构排名第二；个人账户数为 13 624 户，较年初新增 9 902 户，增幅为 266%；个人人民币账户数为 3 904 户，较年初新增 3 102 户，增幅为 387%。二是储蓄存款持续增长。截至 2013 年末，储蓄存款余额达 4 776 万美元，较年初增长 3 195 万美元，增幅为 202%，在境外机构排名第三。三是个人贷款业务健康发展。个人贷款余额为 580 万美元，较年初增加 489 万美元，增幅为 537%，在境外机构排名第一。四是零售产品线日益丰富，品牌形象大幅提升。2013 年，子行先后投产三大类、42 种零售产品，形成了较为完善的零售产品和服务体系，产品投产力度和覆盖面在境外机构名列前茅。个人网上银行客户数为 1 724 户，较年初新增 1 520 户，增幅为 745%；签发借记卡 3 555 张，较年初新增 2 947 张，增幅为 485%。

五、大力发展跨境人民币业务，促进中马相互投资

自跨境人民币业务推出以来，先后成功办理人民币存款、人民币贷款、T/T 项下人民币出口收汇、L/C 项下人民币出口议付等产品，跨境人民币结算业务产品线不断丰富。2013 年共办理跨境人民币结算业务 2 708 笔，金额 3 884 507 万元；同比分别增长 103% 和 782%。办理人民币购售汇业务 3 339 笔，金额 6 974 772 万元，同比分别增长 103% 和 494%。人民币存款达到 1.2 亿元，人民币资产达到 33.6 亿元，人民币业务收入达到 8 407 万元，在总收入中占比达到 38%。

六、全力推动贸易融资支持中马两国经贸往来

大力拓展贸易结算和融资业务，支持中马经贸往来，着力将贸易融资业务打造成为利润中心的一大特色产品。截至 2013 年末，实现国际贸易结算量 54.2 亿美元，比 2012 年增长约 20 亿美元，增幅达到 59%；办理了国际贸易融资 15.2 亿美元，比 2012 年增长 5%。实现贸易融资利息收入 377 万美元，实现国际贸易结算中间业务收入 70 万美元。

七、加快网点基础建设

2012 年 11 月成立古晋分行之后，2013 年先后完成了蒲种分行和新山分行的开业工作，两家新网点开业后业务拓展迅速，业务覆盖从中马向南马快速延伸。

八、全面风险管理日趋严格

积极贯彻执行董事会通过的全面风险管理政策，加强全面风险管理的体系建设，增设操作风险管理委员会，强化对主要风险点及风险控制措施的落实。

（工银马来西亚）

迪拜国际金融中心分行

一、总体情况

截至 2013 年 12 月末，迪拜国际金融中心分行资产余额为 84.7 亿美元，较年初增加 45.1 亿美元，其中多哈分行 25.0 亿美元，较年初增长 14.3 亿美元；阿布扎比分行 25.4 亿美元，较年初增长 7.4 亿美元；迪拜分行成立仅 40 天，资产规模达 31 亿美元。在各类资产中，贷款余额（含代付）38.9 亿美元，较年初增加 17.9 亿美元，增幅 85.3%。

二、迪拜国际金融中心分行筹建情况

为突破工银中东子行牌照资源，打破资本充足率、单一风险敞口等限制，增强中东机构为“走出去”客户服务和为中阿经贸往来助力的能力，进一步提升工商

银行在中东地区的影响力和市场形象，2013年积极推进工银中东子行转分行工作，自2012年10月立项到2013年11月20日完成迪拜国际金融中心分行所有内外审批程序并投入运营，用时仅13个月，创下境外机构设立时间纪录。迪拜国际金融中心分行设立后，灵活运用牌照和区位资源，实现了资产规模和利润水平的快速增长，截至2013年12月31日，不考虑工银中东业务转移因素，设立仅40天的迪拜分行日均资产1.58亿美元，其中生息资产1.53亿美元，实现净利息收入361万美元，净利息收益率（NIM）2.36%。

三、经营管理情况

（一）实施区域管理动态优化。在总行的指导下，作为区域总部，迪拜国际金融中心分行认真梳理总结了前期以“统一管理，条线控制，驻地负责”为核心的高度集中管理模式，并对现有区域管理模式进行动态的优化调整。搭建和完善独立经营架构，解决硬件问题。在组织框架的设计和人员配备方面，根据各地监管要求和中东各机构人员实际配置情况，调配各专业条线人员承担前台及后台的经营和管理职能，确保每个驻地分行在满足当地监管规定的前提下搭建和完善经营架构。在科技系统的搭建方面，建立起前台交易及中后台管理系统，完成了资金交易、财务管理、风险管理等系统功能的延伸和完善。逐步加大驻地权限，提升本地化运营的能动性。按照驻地管理原则明确管理层职责分工，通过配置激励营销费用，增加驻地营销费用审批权限，调动创效增收的积极性。

（二）深入推进区域渠道建设。筹备组第一时间获取了沙特劳工政策将发生重大变化的信息，及时向总行提出了相关工作建议。在总行的大力支持下，迪拜分行充分发挥区域管理人才交流优势，有效应对因沙特筹备工作暂缓而带来的人员安排等情况。进一步加强与科威特央行的沟通，争取分行早日投入运营。通过区域内人员动态流转和总行招聘等多种手段，不断落实多哈分行人员到岗，实现人员全部到位。多次拜访阿联酋央行，以中国和阿联酋签订货币互换协议为切入点，积极推进阿布扎比分行商业银行全牌照申请事宜。

（迪拜国际金融中心分行）

多哈分行

一、业务发展情况

多哈分行大力调整优化资产业务结构，创新拓展负债业务空间，挖掘中间业务利润增长点。截至2013年末，资产余额25.6亿美元，较年初增加14.6亿美元；负债余额24.8亿美元，较年初增加14.5亿美元；实现账面利润1 676万美元，注册员工19人，人均利润近百万美元，人均管理资产1.3亿美元。

（一）强化联动，开拓本地市场，调整优化资产结构。一是面对传统代付需求的变化，将发展重点转为内保外贷业务。2013年以前分行基本没有内保外贷业务。通过积极的内外联动，2013年分行内保外贷余额达到2亿美元。二是强化客户营销，介入当地优势行业。成功营销卡航租赁银团贷款1.5亿美元、迪拜投资局贷款1.84亿美元、亚特兰蒂斯银团贷款6 400万美元等一批长期优质信贷业务，有效调整了资产结构。福费廷业务余额3.7亿美元，较年初增加3.6亿美元；银团贷款余额10.3亿美元，较年初增加3.7亿美元；代付业务余额仅为2亿美元，占贷款余额的比重降至11.2%，资产结构得到进一步优化。

（二）拓展渠道，丰富资金来源，扩大负债业务发展空间。通过开发当地企业市场、创新推出存款证业务类型，使得筹资方式更为多样化。新开展的存款证发行业务余额8.7亿美元，其中在卡塔尔央行对分行的授信额度调增至10亿美元的基础上，直接参与了长期存款证认购。2013年末拆入资金占负债的比重为61.9%，较2012年末下降27.3个百分点，而存款证及存款占负债的比重上升至35.1%，负债结构更为合理。

（三）深入挖潜，做好基础工作，加快中间业务发展步伐。中间业务收入达到284万美元，较2012年增加76万美元，增幅36.5%。中间业务收入主要体现为保函手续费收入105万美元，银团安排费收入76万美元，其他递延收入93万美元。

二、经营管理情况

（一）配合区域总部完成区域管理的动态优化。按照“继续探索和完善区域管理模式，强化区域管理总部的业务支持、集约运作和风险管控职能”的工作要求，分行配合区域总部，通过搭建前台、科技和风控体系，平稳推进区域管理优化工作，探索与牌照资源相匹配的业务发展模式，逐渐形成特色化运营特点。

（二）持续完善风险管理架构，提高全面风险管理水平。重新制定了覆盖信用风险、市场风险、流动性风险、操作风险以及合规风险等在内的全面风险管理政策，确保分行的风险偏好、风险限额、风险管理框架等内容与总行保持统一。

（三）扎实有效推动合规与反洗钱工作。详细对照监管手册、本行操作风险手册要求，进一步夯实合规管理的基础。积极与监管沟通协调，合规、反洗钱等方面培训进一步加强。

（多哈分行）

阿布扎比分行

一、业务发展情况

截至2013年末，阿布扎比分行资产余额为25.4亿美元，较年初增加7.4亿美元，实现账面利润1 225万美元，同比增加434万美元，增幅为54.9%。

（一）加强本地市场拓展和客户营销。面对传统代付需求的变化，将发展重点转为内保外贷业务，2013年办理内保外贷超过2.5亿美元，比2012年翻了一番。同时，利用离岸和在岸市场汇率的波动，推出转开双币种信用证、结构性代付两种创新产品，进一步丰富了内外联动产品线。高度重视客户基础建设工作，客户数量较2012年增长37%，新增客户中73%开通了网上银行。加大与本地企业和本地同业合作，成功营销迪拜水电局双边贷款8 000万美元和迪拜国家石油公司循环贷款6 400万美元等一批长期优质信贷业务。

（二）扩展资金来源渠道。推出存款证业务，使得筹资方式更为多样化。2013年末存款余额为25 059万美元，较年初增加18 873万美元，增幅305.1%。其中对公客户存款余额23 656万美元，较年初增加17 593万美元，增幅290.1%；同业存款余额1 403万美元，较年初增加1 280万美元，增幅1046.4%。新开展的CD业务余额43 556万美元。成功营销迪拜房管局获得地产项目预收款托管资质，实现资金归集1.5亿美元，创新了负债业务发展模式。

（三）加快中间业务发展步伐。完成国际结算12.91亿美元，并充分利用人民币产品优势，办理跨境人民币汇款607笔，金额达400亿元；利用系统直连优势，大力发展本币清算服务，为客户办理迪拉姆汇款270笔，金额达15.92亿迪拉姆，交易量和交易金额较上年同期均有大幅度提升。同时，凭借代理清算产品“财汇通”，持续提高在区域内代理清算市场的知名度和业务占比。2013年累计为客户办理代理清算8万余笔，金额达30.84亿美元，实现中间业务收入120万美元。该业务受到了阿联酋央行及同业的高度认可。深化电子银行业务发展，在阿布扎比本地清算平台基础上，完成了企业网银汇款产品上线。网银开户客户占比为44%，动户率提升150%，网银交易占增长4.7%，弥补了区域内物理网点不足的劣势。

二、经营管理情况

（一）配合区域积极探索区域管理动态优化。配合区域总部，通过搭建分行前台、科技和风控体系，平稳推进区域管理优化工作，逐步探索与牌照资源相匹配的业务发展模式，逐渐形成特色化运营。

（二）以资本约束促进全面风险管理。牢固树立资本约束理念，避免盲目扩张和风险加权资产过快增长，使资本的增加与利润的增长相匹配。充分利用各项政策条件和境外资本市场，加快资本工具创新，扩充资本补充渠道，确保资本充足率、单一客户风险敞口和存贷比等指标符合监管要求。

（阿布扎比分行）

工银阿拉木图

一、总体经营情况

截至2013年末，工银阿拉木图资产总额首次超过3亿美元，达到3.21亿美元，较2012年增加9 604万美元，增长43%。其中贷款余额3 678万美元；负债总额为2.44亿美元，较2012年增加9 435万美元，增幅达63%，其中各项存款余额2.438亿美元，较2012年增加64%，在总负债中的占比达到99.9%；实现营业净收入606.82万美元，较2012年增长23%。账面利润达到400.52万美元，较2012年增加99万美元，增幅为33%；税后净利润331.25万美元，较2012年增加64万美元，增长24%；资产回报率（ROA）为1.03%，资本回报率（ROE）为4.49%；成本收入比为34%。

二、主要工作举措

（一）狠抓高层营销，公司客户基础逐步扩大。子行把发展公司信贷业务作为调整资产和收益结构的重要手段，继续强化高层营销机制，由管理层带头“走出去”寻找业务机会。充分利用参加北亚及中亚国家可持续发展宏观政策高层对话会、亚欧博览会金融论坛、“丝绸之路经济带”座谈会、霍尔果斯合作中心进出口商品展销会和“丝绸之路经济带”论坛等活动开展客户营销。截至2013年末，子行存量公司客户已达到369户，其中年内净增41户。

（二）开创同业合作新局面。一是同业代理业务。成功争揽到哈萨克斯坦最大的铜矿生产企业在中国国家开发银行10亿元人民币贷款的支付代理行业务，为子行带来了200多万元的中间业务收入。二是同业定存业务。为盘活资金，扩大收入来源，子行大力加强了与总行、工行境内外分行和哈萨克斯坦当地同业的联系和沟通。2013年存放同业资产总额达到16 690万美元，实现业务收入近200万美元，较2012年增加近76倍，成为收益增长的最大亮点。三是同业转汇业务。自2012年6月与哈萨克斯坦BTA银行签署了“中哈双币通”清算系统合作协议以来，子行代理转汇业务发展平稳，2013年代理转汇2 881笔，较2012年增加2 643笔，增长11倍多，转汇金额达到4 771万美元，较2012年增长近6倍。四是银团贷款业务。在总行和工银伦敦的大力支持下，成功参与了对哈萨克斯坦铜业有限公司的10亿美元出口前融资项目，极大地提高了工银阿拉木图的知名度和当地市场形象。首次作为牵头行筹组了中信集团卡勒赞巴斯（KBM）项目1亿美元银团贷款项目，由总行专项融资部完成贷款审批并风险参贷，首尔分行参贷。

（三）利息收入创历史新高，经营效益实现较快增长。大力开拓公司信贷、同业定存、代理跨境转汇、网上银行和银行卡等业务，推动子行持续发展。2013年利息收入达到462万美元的历史最好水平，较2012年大幅增加66%。其中30%来自于贷款利息收入，24%来自于债券投资利息收入，42%来自于金融机构往来利息收入。从增长幅度看，金融机构往来利息收入由2012年的2.55万美元大幅增至196万美元，增幅高达7 583%，一跃成为第一大收入来源。

（四）网上银行与银行卡业务发展迅速。网上银行和银行卡业务是子行重点推广的业务。2013年新增企业网银客户21户，个人网银客户51户，网上银行业务笔数达1 822笔，较2012年增长近83倍；网银业务收入快速增长。新增个人借记卡发卡216张，较2012年增长2倍多；银行卡业务收入较2012年增长95%。

（五）多措并举提升人力资源管理层次。一是加大人才招聘力度，吸引优秀人才加盟。截至2013年末，阿行员工总数（含外派员工）达到69人，比2012年末增加了13人。二是实施薪酬体系改革。2013年下半年启动了薪酬体系改革，明确了工资体系架构和员工职务晋升体系等。三是完成了人力资源管理系统的投产，实现了全部员工信息均可通过系统查看。

（工银阿拉木图）

河内分行

一、经营情况

（一）盈利能力大幅提高。2013年河内分行实现拨备后利润2 025万美元，较年初增长107%；ROE达26.11%，ROA达0.97%；成本收入比为21.89%；实现中间业务净收入9 346万美元，较年初增长74.69%。

（二）资产规模快速扩张。截至2013年末，资产规模达28.45亿美元，较年初增长352%。

（三）负债业务平稳增长。截至2013年末，河内分行负债总额28.27亿美元，较年初增长352%。

（四）国际结算“中越通”品牌继续做大做强。共办理中越美元通14 705笔，较年初增长114%。

（五）银行卡业务稳步推进。截至2013年末，借记卡累计发卡9 540张，较年初增长45.56%；信用卡累计发卡574张，较年初增长341%；银行卡业务实现手续费收入12.5万美元。

（六）电子银行业务平稳增长。截至2013年末，企业网上银行客户达273户，较年初增长21%；个人网上银行客户3 102户，较年初增长29%，电子银行业务笔数103 591笔，较年初增长21%。

（七）客户稳步增长。截至2013年末，个人客户10 851户，较年初增长48%；公司客户417户，较年初增长44%；签订远程服务协议客户31户，签订全球现金管理户2户。

（八）进一步确立了中资同业领先地位。在当地4家中资银行中，河内分行继续保持总资产最大、盈利最高位置。

（九）实现不良贷款为零。2013年全年无案件和重大差错事故发生。

二、主要工作措施

（一）贴近当地市场需求，注重业务创新。一是成功试点供应链融资业务。该项业务是分行继海外机构中成功办理第一笔“按揭+抵押+回购”融资模式后，又一次在融资方式上的创新突破。二是簿记业务取得历史性突破，成功办理越南沿海一期火电项目的簿记业务。三是开辟二级市场债券投资渠道，与券商签订协议并完成开户、交易资格申请等工作，并成功在二级市场投资了2笔国债。四是不断推进单证业务创新，成功办理了第一笔越南语转开保函，及时满足了客户需求；转开了6笔人民币保函；办理了分行首笔出口托收业务；办理13笔UPAS代付业务，累计金额达到305万美元。

（二）多方合力，全面提升自身筹资能力。一是大力营销本地客户存款，存款突破亿美元大关。二是深挖代理行存款潜力，通过积极营销代理行美元清算业务，沉淀资金存款达到4 134万美元。三是增加新的资金交易对手，拓宽资金来源，新增集团外交易对手29个，有效降低了资金成本。

（三）扎根本地，扬长避短，充分发挥业务优势。一是营销3家代理行新开立美元账户。截至2013年末，已有11家代理行在分行开立美元账户，实现清算业务收入27.31万美元。二是保函业务收入达41.5万美元，较2012年增长171%。三是新增发卡3 430张，实现了发卡量与贡献度双增长。四是根据业务发展需要，及时向总行申请调增湄公河区域集团外融资限额，进一步拓宽了筹资渠道。

（四）区域协作，协同效应成果丰硕。与万象分行合作境内代付、风险参贷业务和购买老挝央票。2013年合作投资老挝央票5笔，金额6 500万美元。办理代付及风险参贷业务43笔，金额8.09亿美元。支持万象分行流动性资金3亿美元，支持金边分行流动性资金6 500万美元。协调金边、万象分行为越南设备买方客户发放美元贷款。采用俱乐部贷款模式为恒源矿业越南项目安排3 000万美元的营运资金贷款，由河内、金边与万象分行分别承贷1 000万美元。

（五）加强内控建设，风险管理水平显著提高。一是理顺部门职责，将原有的风险合规部分为内审内控部和风险管理部，配备水平过硬、经验丰富的当地合规管理人员、内控内审人员及法律人员，提高了专业工作能力。二是配合总行内审局开展了经营管理审计。三是继续健全集体审议制度的执行。四是实现中台独立的市场风险管理及产品控制。

（六）以人为本，科学统筹人力资源工作。一是从薪酬改革、强化培训、完善福利三方面盘活现有人力资源。二是通过招聘，选取18名人才壮大员工队伍。三是从劳动合同换签、员工档案完善等入手完善管理制度。

（河内分行）

万象分行

一、稳居老挝主流银行行列

分行成立两年多以来，取得了管理水平提升和经营效益快速增长的双丰收，获得了老挝监管部门和社会各界的认可，2013 年初老挝中央银行向万象分行颁发“经营业绩突出贡献奖”。这是老挝中央银行首次向国有商业银行以外的银行业金融机构进行此类表彰。截至 2013 年末，分行总资产名列老挝外资银行第一位、各家银行第三位。

二、资产规模和盈利水平大幅提高

2013 年末，分行资产规模为 102 106 万美元，较年初增加 72 062 万美元，增幅达 240%；实现拨备前利润 841 万美元，较 2012 年增加 553 万美元，增幅达 192%；实现拨备后利润 515 万美元，较 2012 年增加 286 万美元，增幅 124%；实现中间业务收入 140 万美元，较 2012 年增加 107 万美元，增幅 323%。

三、本地信贷业务发展迅速

2013 年分行发放本地贷款 2 540 万美元，在老挝当地大型国有企业、小企业贷款以及在支持中资企业走出去内保外贷贷款、项目贷款、保函转开和簿记业务等领域均取得突破。截至 2013 年末，本地贷款余额 4 659 万美元，较 2012 年末增加 1 981 万美元，增幅达 73.9%。办理首笔总行簿记业务 4 000 万美元，为华为、中兴通讯等企业办理保函转开，支持了中国企业在当地的业务拓展。

四、银行卡和电子银行业务发展态势迅猛

截至 2013 年末，分行借记卡 2 426 张，比年初增长 252%，ATM 和 POS 渠道交易量 2 127 万美元；贷记卡 203 张，比 2012 年同期增长 290%；个人网上银行 370 户，比年初增长 781%，交易额 1 148 万元；企业网银 34 户，比年初增长 467%，交易额 8 177 万元。积极与 VISA 卡组织合作，已取得加入该组织资质。

五、零售业务进一步夯实发展基础

积极开展全员营销活动，在客户数量、账户数量、存款、业务量、中间业务收入等方面精耕细作。截至 2013 年末，共有个人客户 3 715 个、账户 9 586 个，个人存款 2 045 万美元，较 2012 年末增加 1 145 万美元，增幅达 127%。跨境汇出汇款 2 537 笔，金额 32 505 万美元，汇入汇款 695 笔，金额 80 135 万美元。全年业务量 45.7 万笔，现金调缴存取总量 1.7 亿美元。

六、人民币结算业务稳步发展

累计办理预结汇业务 193 笔，总金额 106 万美元。积极与国内兄弟行配合，成功开办了个人跨境人民币汇款。在当地同业方面，先后成功营销当地最大的两家金融同业与分行签订人民币清算协议并开立人民币清算账户，实现了首笔老挝境内人民币的跨行汇款，打通了人民币在老挝的业务通道。

七、全球现金管理实现零的突破

致力于通过结算、代发工资、全球现金管理等产品为客户提供综合金融服务，作为协助行为大唐集团在老挝两家公司开通全球现金管理业务，并成功营销中水钾盐、南欧江水电等公司的全球现金管理业务。

八、成功办理首笔 ESCROW 托管业务

2013 年第三季度，分行与中国国家开发银行、老挝南欧江发电有限公司正式签订 ESCROW 账户监管协议后，抽调相关部门人员组成专门的托管业务工作团队，制定了托管业务管理办法，明确了行内相关部门的分工和职责。2013 年 12 月 2 日，中国国家开发银行向该发电有限公司在万象分行开立的 ESCROW 账户汇入 1.68 亿美元贷款资金，标志着万象分行实现了资产托管业务零的突破。

九、全面风险管理得到扎实推进

制定了信用风险、流动性风险和操作风险管理办法，持续深化全面风险管理工作。通过做好境外项目评估、风险审查前移等多种方式，进一步提高了信用风险管理水平。针对贷款规模迅速增长的情况，通过及时进行贷后管理、规范贷后检查报告、加强信贷档案管理等，有效提升了贷后风险管理水平。

十、财务管理系统顺利投产

在上海研发中心、北京数据中心的大力指导和帮助下，于 2013 年 11 月顺利投产了境外财务管理系统，优

化了财务核算和费用支付流程，实现了固定资产折旧的自动化计提，为进一步提高财务管理水平奠定了良好的基础。

（万象分行）

金边分行

2013 年，金边分行加快本土化建设，各项业务发展迅速，总资产 62 980 万美元，总负债 62 440 万美元，全年营业收入 1 124 万美元，税后利润 456 万美元，较 2012 年增长 260%，不良资产率保持为零。先后成为第一家在本土推出银联信用卡借记卡和具备跨境汇款功能网银的商业银行、第一家银联国际网络合作试点行、第一家为柬埔寨央行配置人民币资产的商业银行、第一家为同业提供人民币存款的商业银行，核心竞争力不断增强。

一、持续推进信贷经营转型

围绕内保外贷、风险参贷、簿记、出口保理、代付等信贷主线业务产品，加强内外联动，贷款利息收入和中间业务收入占比大幅提升。加强对流动性、资本充足率、单一客户贷款集中度、大额风险敞口等的管理，增加开展资产转让业务的交易对手。通过盘活存量资产，利用他行资金降低成本，减少资金占用，提升信贷业务盈利水平。积极探索当地小型金融机构信贷业务的发展途径，推进信贷业务授信、评级及客户准入政策准备，通过自主授信及业务审批，对行业前三名小型金融机构实现贷款投放。

二、零售业务产品线建设稳步推进

加快零售业务新产品项目推进力度，银行卡、POS 终端、电子银行业务发展迅速。加大“中柬通”汇款的推广和营销，积极推广“速汇款”业务，扩大本地支票及本地汇款清算业务份额，办理了柬埔寨首笔境内汇款业务。成功推出当地首张单币银联信用卡和银联 POS 终端，构建全面银联环境，促进人民币结算及收单业务发展。克服营业网点单一瓶颈，利用电子银行安全、快捷方便的优势，大力发展网上银行和电话银行业务。

三、人民币业务发展初见成效

经过一年多的不懈努力，于 2013 年 9 月实现柬埔寨国家银行历史上的首笔人民币配置 3 000 万元，至 2013 年末柬埔寨国家银行人民币存款余额增至 14 000 万元，为东盟国家央行树立了新型资产配置的典范。建立每日人民币汇率、利率同业报价机制，2013 年 11 月成功营销首笔当地同业人民币存款，金额达 20 700 万元，并办理首笔人民币质押贷款业务。跨境人民币交易量达到 48 059 万元，人民币贸易融资发生额 24 630 万元，同业存放人民币余额 2.07 亿元，存放同业人民币余额 2 亿元，跨境人民币业务处于同业领先水平。

四、同业合作不断深化

分行已与当地 35 家商业银行中的 25 家建立了代理行关系，与 4 家代理行办理了存放同业的业务，与 5 家代理行办理了美元与人民币的定期存放业务，与 1 家代理行办理了人民币定期存单项下的美元贷款业务，与 3 家代理行实现了银联网络共享。

（金边分行）

仰光代表处

一、获取离岸贷款贷前调查和贷后管理牌照

通过不懈努力，2013 年仰光代表处正式获得了缅甸中央银行特许的离岸贷款业务调查和管理牌照。拥有该牌照后，代表处新增了离岸贷款业务贷前调查和贷后管理等相关职能，确保了在缅甸开展离岸贷款营销、贷前调查和贷后管理工作的合法性。这也是缅甸央行首次

向中资银行发放该牌照。

二、力促缅甸融资业务发展

中国作为缅甸第一大外资来源国和第一大贸易伙伴，双方经贸往来十分密切。2013 年，中资企业商会在册的大中型中国企业达 150 余家，同时仍有大量不在册企业和数量庞大的中国个体经营户。对此，代表处制订了客户营销计划，按计划逐一走访当地大型中资企业，了解客户融资需求，并积极联络总行、境内分行及周边境外机构，为客户设计融资解决方案。

三、加大信息收集和报告力度

截至 2013 年末，代表处将重要信息整理分类，共形成定期信息快报 43 期，信息专报 9 期，项目营销专报 3 期，代理行走访报告 5 期，会议纪要 3 期，会谈纪要 2 期。自 2013 年 3 月开通全球信息资讯平台以来，共发布资讯 400 篇，为分析缅甸国别风险、国家宏观经济情况、金融行业改革动态、政策变化、项目可行性等提供了细致全面的参考材料。

（仰光代表处）

卡拉奇分行

一、主要经营情况

2013 年，卡拉奇分行实现税后利润 1 290 万美元；营业收入 1 846 万美元，同比增长 679%；利息净收入 2 803 万美元，同比增长 2 947%；中间业务收入 277 万美元，同比增长 118%；存款 14 284 万美元，同比增长 233%；各项贷款 3 686 万美元，同比增长 6 255%；公司客户数 160 户，同比增长 41%；个人客户数 510 户，同比增长 50%。

二、进一步明确战略定位和业务发展方向

密切关注巴基斯坦政局变化，加大对重点区域的开拓力度，搜集能源、基础设施等项目信息，成立了拉合尔市场分部，提前布局相关产业。针对在巴中资企业多不具备独立法人主体形式、多数参与项目采取 EPC 总承包模式，以及直接投资项目较少的现状，分行不断完善经营战略，调整业务发展方向，一方面积极营销负债和结算业务，围绕其上下游企业开展融资业务合作，向总行推荐优质项目办理买方信贷业务，深入挖掘中资企业客户需求；另一方面加大市场调研力度，扩展行业分析范围，逐步加深对当地市场和行业运作特点的了解，拟订风险缓释措施，积极开拓本土市场。

三、本地客户数量稳步增长

按照“优选当地客户，渗透当地市场，服务中巴贸易，成为受当地客户欢迎的外资商业银行”的战略目标，将贸易融资业务作为本地化发展的业务主要拓展方向，以出口信用证通知业务为突破口，积极发展依托代理行授信提供信用证项下的贸易融资，带动本地客户的稳步增长。截至 2013 年末，分行本地客户 97 户，占全部公司客户总数的 60.63%。本地客户比例逐步提高，客户结构进一步体现总行本土化战略要求。

四、信贷业务快速起步

经过持续营销与业务跟踪，成功审批 HNR 公司 3 000 万美元授信及流动资金、贸易融资业务额度，履行相关抵押登记手续后，累计发放流动资金贷款 7 笔，金额 1 263 万美元；发放贸易融资 192 笔，累计金额 8 326 万美元。在当地信贷资源有限的情况下，通过上下努力，实现了信贷业务的快速起步。2013 年共办理出口信用证贴现 154 笔，金额 7 767 万美元；出口信用证押汇 12 笔，金额 116 万美元；福费廷 7 笔，金额 61 万美元；进口押汇 18 笔，金额 212 万美元。业务办理过程中，较好地履行了调查、审查和审批职责，信贷资产分类结果均为正常，资产质量优良。

五、中间业务收入增长态势良好

2013 年办理保函业务 215 笔，金额 3.21 亿美元，实现担保业务收入 109.51 万美元。办理单证项下国际结算业务 1 732 笔，累计金额 9.16 亿美元。继续把跨境汇兑通产品作为拳头产品加以推进，共计办理即期汇兑通交易 265 亿元，实现代客外汇买卖点差收入 142.87 万美元。

六、存款规模不断增加，存款结构逐步优化

一是提升服务水平，做好重点客户的维护工作。二是认真研究客户需求，为客户量身定制服务方案。三是协助重点客户寻求监管政策豁免，成功营销大额存款。四是做好客户挖潜工作，加强交叉营销。五是兼顾存款

结构调整，逐步改变单一客户存款集中度高、定期存款比例高的结构，不断增加活期存款和低息存款占比。截至2013年12月末，存款余额14 284万美元，比2012年末增长9 993万美元，增幅达到233%。

七、充分发挥风险防控的保障作用，确保全行各项经营管理健康运行

认真贯彻总行和当地监管机构要求，充分发挥风险管理委员会、内控合规委员会、资产负债委员会和财务审查委员会等各类委员会的集体审议作用，按照工作规则做好各类事项的审议工作。根据总行和监管部门制度规定的变化，及时更新修订完善相关制度办法，强化审计质量控制，有效实施审计服务，配合完成了巴基斯坦央行年检项目和总行内控部制度评估现场检查等5个检查项目，按计划实施了操作风险管理、信息安全（保密）及信息科技风险管理和资金交易3个项目的内部专项审计。

八、产品创新进程加快，科技运行安全平稳

根据客户潜在需求，连续推出了多项中资企业和当地客户需求迫切的创新产品，进一步提升工行品牌形象，提高市场竞争力。高度重视安全生产运行，认真做好新产品、新系统的推广投产，切实发挥科技的保障和支撑作用。针对巴基斯坦当地电力、网络等基础设施较差的现状，在总行的指导和帮助下，相继投产了市电相序自动切换系统等项目，进一步加强基础设施建设。

（卡拉奇分行）

孟买分行

一、业务发展情况

截至2013年末，孟买分行实现拨备后利润696.71万美元，较2012年增长154.66美元，增幅28.53%；实现中间业务收入171.34万美元，较2012年增长68.48万美元，增幅66.58%；资产回报率（ROA）3.96%；资本回报率（ROE）6.5%；成本收入比37.33%；实现存款月均余额4 881.62万美元，对公客户数量72户，不良贷款率为零。

二、经营管理情况

（一）围绕机构可持续发展，主动实施本地经营转型。立足提升本地化经营和服务水平，德里机构设立申请获得总行批准，本地网络拓展推动工作取得阶段性成果。充分挖掘在印中资客户潜力，积极进入本地优质客户市场，2013年新增法人客户31户。积极构建国际结算、低风险专业融资、贸易融资以及资金业务等适合本地经营特色的重点产品线。其中2013年累计实现国际结算量47 850万美元，较2012年增长18 239万美元，同比大幅增长62%；通过产品组合创新丰富贸易融资产品线，累计发放国内国际贸易融资5 179万美元，较2012年增加160万美元；通过债券投资、同业存放、同业拆放等多元资金投资渠道，实现投资收入436.94万美元。此外，按照印度储备银行对外资银行内部管理架构的监管要求，进一步健全管理体系和集体决策机制。

（二）保持机构发展活力，加大经营创新突破。一是成功实现跨境人民币汇兑业务突破。2013年开展跨境人民币汇兑业务100笔，金额120 539万美元，点差收入42.23万元。二是为满足华为印度公司外派员工工资汇款需求，自主研发以批量工资预结汇为核心的“薪金汇融通”个人金融产品。三是主动适应印度当地客户个性化和高效率的需求，加快产品组合运用，适时推出了中介型福费廷、出口信用证保兑、“出口押汇+福费廷”等产品组合，实现了国际业务突破。四是通过加强与总行和境内各分行的联系与沟通，内外联动的范围得到拓展。五是积极研究推进优质客户或项目在工行集团内跨境合作试点机制，跨境贷款合作机制获得试点资格。六是顺利取得报表自动化建设阶段性突破。与总行信息科技部、开发中心海外支持部和上海研发二部联动推进报表自动化系统建设，顺利取得阶段性工作成果，2013年共计完成2张监管报表自动化。

（三）立足机构稳健发展，不断强化内部管理水平。一是强化全面财务管理，建立定期经营分析机制，明确经营发展重点。着重以总行经营绩效考核办法为导向，科学引导分行经营管理发展方向。二是加强业务运行管理，成功投产清算查询与对账管理系统（RMTS）、境内外币T+0转汇款产品、清算业务通用平台（跨境人民币部分）三个系统，有效提升了外汇汇款业务竞争能力和资金清算效率，实现从代理清算模式到一级清算模式的突破。三是持续强化风险管控能力，优化对包含资产负债、信用风险、市场风险、操作风险、信贷管

理和内部审计等在内的全面风险管理体系和制度。

（孟买分行）

工银欧洲和卢森堡分行

一、主要经营情况

2013年，工银欧洲和卢森堡分行实现营业净收入17 337万美元，较2012年增长41%；中间业务收入达到3 336万美元，较2012年增长77%；年创利突破亿美元大关，拨备后利润实现10 140万美元，较2012年增长38%，人均创利超过40万美元，经营发展再获新提升。

二、资产规模稳步增长，负债结构进一步优化

进一步加强内外联动，积极发展贸易融资、内保外贷业务，同时深入挖掘国际市场资源，实现了资产业务的多点开花。2013年末，工银欧洲和卢森堡分行资产合计134.08亿美元，较2012年增加74.65亿美元，增幅125.61%。其中，卢森堡分行年末资产余额为58.04亿美元，工银欧洲资产余额76.04亿美元。从资产品种上看，各项贷款余额为60.78亿美元，占全部资产的比例为45.34%；贸易融资业务余额55.44亿美元，占全部资产的比例为41.35%；债券投资规模约5.29亿美元，占全部资产比例为3.95%。

与此同时，工银欧洲和卢森堡分行继续大力发展客户存款业务。到2013年末总存款余额达17.05亿美元，增幅达89.23%，存款占总负债的比例为13.18%。为优化融资渠道，工银欧洲和卢森堡分行在确保流动性安全的基础上，不断丰富负债业务的产品线，增加了稳定、低成本的资金来源，使得负债期限、币种结构得到进一步优化。2013年末，工银欧洲和卢森堡分行总负债为129.35亿美元，存款证发行余额为64.42亿美元，占比为49.81%，同业货币市场融资余额38.53亿美元，占比为29.79%，自筹资金比例达90.71%。

三、加大客户营销力度，提升竞争发展水平

在发展中重视发挥工银集团优势，把内外联动作为业务拓展的重要途径，抓住当前中欧间经贸及投资往来规模不断增长创造的良好发展契机，积极与工银集团兄弟机构进行信息分享和沟通，利用与境内外分行的功能互补，联动开展各类业务，致力于服务“走出去”的中国企业、机构员工、留学生和新移民，全方位满足中资企业的海外投资兴业需求。协同辖属分行积极融入本地，深入实践特色化经营、本地化发展的方针，与欧洲当地世界500强企业和大量当地的领先企业在各项业务领域建立起合作关系。截至2013年末，工银欧洲和卢森堡分行个人客户数已达7 486户，较年初增加2 199户，增长41.59%；公司开户数存量为1 056户，较年初新增231户，增长28%。

四、积极发展四大新兴业务，着力改善整体收入结构

一是投行业务方面，工银欧洲全力发展并购重组顾问、股权融资和（高端）财务顾问三大品牌类业务，并购重组顾问业务在激烈的竞争中取得实质性突破，以发债顾问为切入点发展了特色财务顾问业务，并把握中国优秀私募基金“走出去”机遇实现了PE主理银行业务的成功出海，实现了投行业务收入的快速增长。二是全球现金管理业务在欧洲市场全面铺开，按照客户需求不断丰富现金管理产品，通过密切与境内分行合作、多方联动营销为跨国企业集团客户、“走出去”中国企业提供全球现金管理服务，2013年各类现金管理签约客户逾50户。三是私人银行与资产管理业务方面，已在区域管理体制下初步搭建了欧洲地区的私人银行业务平台和销售网络，将产品研发和推动作为促进私人银行业务发展的重点，推出了一批私人银行产品和服务；通过大力发展跨境投融资服务，将欧洲的非金融服务纳入全球增值服务平台体系有效满足了客户个性化需求；积极推动欧洲区域资产管理平台的建设，加大QFII产品的营销。四是作为欧洲首家具有运用人民币投资境内银行间债券市场资格的银行，工银欧洲和卢森堡分行还把跨境人民币业务作为拳头产品，积极与境内分行联动，依托金融市场业务与公司业务产品的整合研发跨境人民币产品，提升跨境人民币服务能力。

五、全面防控各类风险，提供坚强发展保障

结合总行与当地监管关于风险评估与内部资本充足的要求，对各类风险进行客观评价，对内部资本覆盖情况进行定量分析，进一步加强资本充足率的管理、单一客户大额风险敞口管理和流动性监管指标管理，并按照

欧洲区域战略规划及部署安排，积极探索区域信贷管理和风险管理模式，及时梳理并规范全辖区信贷及风险管理流程，逐步完善统一联动的区域风险管理体制，确保全行稳健、安全运营和可持续发展。2013 年继续保持了“零不良资产率”的优秀纪录，较好地体现了安全性、流动性、收益性相结合的原则要求。

六、不断推进管理体制创新，激发区域整体经营活力

2013 年，工银欧洲根据当地监管规则和国际经验，按照当地监管 CSSF12/552 通函关于加强公司治理和内部控制的要求，在已有相关制度基础上进一步完善了战略管理、集中管理、组织机构、内部控制、风险管理、信息安全、新产品审批、业务外包等经营机制和管理体制，形成了 22 个原则、政策、制度和办法，完善的公司治理制度得到了当地监管机构的高度认可。

工银欧洲还不断加强区域统一管理水平，积极推进中后台“五项集中”建设，最大限度地发挥集约化经营优势。除了例行的区域管理例会、对各业务条线进行统一管理和指导外，根据工银欧洲本部作为中后台以及管理总部的定位，统筹考虑各类业务的处理，将能够集中的业务都尽可能逐步集中，提高业务处理质量，降低操作风险，提升规模效益。2013 年，工银欧洲先后成立信贷审批中心、参数中心和财务管理中心，初步实现了信贷业务区域化集中审查审批，全面完成了区域的参数集中维护工作，正式对辖内机构的大额费用进行集中审批。在报表集中和系统与网络集中方面，工银欧洲和卢森堡分行报送卢森堡监管的会计类报表全部实现了自动化，全辖的网络和系统集中已做好各项准备工作。

（工银欧洲和卢森堡分行）

法兰克福分行

一、主要经营情况

截至 2013 年末，法兰克福分行资产总额 19.74 亿美元，比年初增加 4.27 亿美元；负债总额 18.99 亿美元，比年初增加 4.12 亿美元；实现税前利润 1 759 万美元；中间业务收入 849 万美元，同比增长 12.94%；营业费用列支 923 万美元，同比下降 105 万美元。

二、本地化转型初见成效

分行客户基础不断发展，新增公司客户数与个人客户数均实现两位数增长，本地存款余额和结构均获得明显改善，个人存款增长迅猛，大额公司存款实现零的突破。本地月均存款总额同比增长 138%，个人客户存款同比增长 41.56%，2013 年末公司存款余额超 100 万欧元的客户数量同比增长 120%。积极探索新的资金来源渠道，在 2013 年上半年启动了 CD 发行准备工作。累计办理国际结算量 276.06 亿美元，同比增长 17.92%；清算总笔数达到 37.2 万笔，同比增长 26%。代理行网络建设进一步拓展，新增 8 家系统外同业客户的 9 个账户。拓展了个人网银全球账户管理的支持范围，实现了与境内全部 37 家一级分行账户的互挂互联，网银各类汇款突破 1.2 万笔，同比增加 83%；业务分流率达 73%，同比提高 18%。投产了网银外汇买卖业务，实现了欧元、美元、英镑和瑞士法郎的自动平盘。

三、人民币业务成为新的利润增长点

在国际结算和贸易融资方面，2013 年跨境人民币结算业务量和贸易融资业务量分别同比增长 110% 和 102%，跨境人民币贸易融资累计发放金额同比增长 55%，跨境人民币贸易融资量占分行贸易融资总量的 33%；代理人民币汇款清算业务增速显著，清算量及清算金额分别同比增长 474% 和 677%。资金业务方面，人民币外汇掉期交易继续成倍增长，代客人民币远期交易实现零的突破并首次投资境内人民币债券；人民币货币市场业务交易笔数和交易量分别同比增长 42% 和 85%。存款和拓户方面，客户人民币存款同比增长 445%，存量个人客户和公司客户人民币账户数量分别同比增长 78% 和 50%。在各项业务的推动下，2013 年分行人民币业务利润同比增长 43%，跨境人民币业务收入占分行所有业务收入的 22%，同比增长 11%。继续大力推进申办中国人民银行指定的法兰克福人民币清算行工作。

四、深入推动全行欧元清算中心和总行欧洲时段资金拆借拆放交易中心建设

继续加大欧元清算中心建设力度，欧元清算业务取得较好发展，填补多个市场空白，全年清算业务收入首次突破 600 万美元大关，实现各币种清算业务安全生产无事故。跨时区头寸管理稳步开展，累计对总行 389 亿欧元的头寸进行了 138 次资金运作，提高了资金利用效

率。同时分行承担境外资金交易中心的职能，积极为各海外兄弟机构调剂资金余缺。

（法兰克福分行）

巴 黎 分 行

一、总体经营情况

2013 年，巴黎分行按照总行及工银欧洲的战略部署，积极实施目标竞争策略，以交易、投行、高端零售业务、结算代理业务和人民币业务为特色，以本地备用银团、负债产品、证券化产品和低风险资产业务为支撑，以中法大型优质企业、贸易企业和高端零售客户为主体，以优化资产配置、增强产品收益率为目标，挖掘盈利增长点，努力实现业务结构与收入结构多元化。截至 2013 年末，分行资产总额为 18.31 亿美元，其中各项贷款余额 15.34 亿美元，较 2012 年末增长 42%，不良贷款为零；负债总额为 18.03 亿美元，其中各项客户存款及自主同业融资余额 16.85 亿美元，较 2012 年底增长 31%；实现营业收入 3 623.61 万美元，中间业务收入达到 507.61 万美元，是 2012 年中间业务收入的 5 倍，考核还原后税前利润 2 655 万美元，较 2012 年增长 24%。

二、主要经营举措

（一）内外联动，产品创新助推业务发展。积极利用总行及系统内资源，适时推出直融通、双币种代付、双币种福费廷、双币种贴现、保函融资、“融资产品 + 离岸结售汇”业务等，抢占优质市场，市场份额不断扩大。大力发展境内分行来委业务，拓宽本地结算业务的营销渠道。2013 年办理各类人民币结算业务 42 亿元，办理各类人民币资产业务 60 亿元。

（二）有的放矢，积极开拓本地市场。分行将挖掘大型优质客户并促成合作作为营销重点。2013 年继续保持对法国 500 强企业、核心龙头企业的高营销覆盖率，积极营销银团贷款、双边贷款、外汇买卖、现金管理等多项重点业务。目前对 500 强企业及法国大企业指数股 CAC40 企业合作覆盖率保持在 80% 以上，市场地位和影响力持续提升。

（三）加大力度，拓展多元融资渠道。在大力发展资产业务的同时，分行加大揽存与本地筹资力度，进一步拓宽资金来源，截至 2013 年末，巴黎分行客户存款余额达 9.15 亿美元。

（四）夯实基础，加快服务平台建设。继续加强产品平台建设，成立专门项目研发团队和产品支持团队，强化产品建设和创新能力。2013 年先后完成华天及卡地亚的银行卡收单、工银信使、万事达贷记卡、网上银行法语版、电话银行、ATM、央行私人信贷抵押贷款平台、代理保险业务、代理贵金属业务、资产托管等项目的投产或初步调研。这些成果增强了分行对本地市场服务与业务运营模式的理解，提升了服务能力与水平，初步树立了工行的本地品牌形象。

（五）严控风险，提升内部控制水平。成立了事后监督与稽核平台，对分行部分业务以及制订、更新和执行有关规章制度的情况进行日常监督检查。组织实施了监管对照内部控制水平提升项目并成立了工作组，对照监管检查细则组织各部门分析内部控制中的薄弱环节，重新梳理业务流程与管理制度。2013 年分行在内审、外审评价中均未发现重大问题，并在总行实施的反洗钱自查项目中获得低风险评价。

（六）锐意进取，改进管理模式。在工银欧洲统一框架下，巴黎分行建立了以客户为中心，管理条块结合的矩阵式管理体制。实施了客户营销服务体系与绩效考核体系改革，打造高效的客户服务体系和特色的产品线，强化营销职能，通过优化业务处理与服务机制、健全考核奖惩机制、进一步明确岗位职责、简化业务流程来提高服务效率和水平。

（七）多措并举，提高营运支持能力。为更好地利用资源，分行从多方着手提高银行整体营运能力。一方面从当地招聘有经验的专业人员充实到后台，积极吸取当地优秀国际人才带来的外资行管理经验，提升服务质量；另一方面，进一步优化组织架构，推动前后台分离和业务处理集约化，推进业务流程再造，逐步打造分行业务运营中心。

（八）立足需求，加大科技开发投入。分行持续加强科技投入，扩展分行的网络渠道和通信渠道，启动接口开发，为分行开展网上银行、电话银行、银行卡收单等本地业务搭建支持平台。积极推动业务数据管理和挖掘工作，深入分析 FOVA 返传数据，搭建公司和个人客户信息库等数据分析平台，增强电子化处理与管理功能，提高工作质量和工作效率。

（九）优化结构，提升人力资源效能。加强专业团队的人力资源拓展，建立了投行、银团、资产管理多个专业团队，选拔出能够适应分行发展的人员，不断优化分行人力资源结构。先后组织分行十余名员工完成外部培训并获得资格证书，组织员工参加合规、风险、安全保卫、信用卡、网银等条线的多次培训。

（巴黎分行）

阿姆斯特丹分行

一、主要经营业绩

截至2013年末，阿姆斯特丹分行资产总额12.36亿美元，同比增长144%；实现账面利润1 153万美元，同比增长71.05%，达到2011年账面利润的5.4倍；权益回报率30.69%，同比提高2.08个百分点；手续费及佣金净收入占比28.3%，同比提高9.23个百分点；成本收入比36.52%，同比下降1.72个百分点。

二、主要工作措施

（一）深化公司分层营销，综合服务能力提升。深化本地化经营，夯实本地资金来源，加强产品创新，稳步扩大本地客户群。截至2013年末，分行共有公司客户125户，较年初增加45户，增长56%；各项存款（含同业）总额3.92亿美元，同比增加2.3亿美元，增长141.98%。

（二）加大零售产品宣传力度，零售业务实现快速发展。积极打造个人金融业务重点产品线，加大个人金融业务产品宣传力度，进一步夯实零售客户基础，取得良好效果。截至2013年末，分行共有个人客户1 314户，个人客户存款余额2 305万美元，个人网银客户953户。

（三）紧紧抓住发展机遇期，跨境人民币业务实现跨越式发展。紧贴客户业务需求，以产品创新为抓手，拓宽盈利渠道。大力营销人民币理财产品和跨境人民币结算产品。截至2013年末，共实现跨境人民币结算量121.39亿元，同比增长108%；人民币融资额44.26亿元，同比增长109%。

（四）积极搭建经贸桥梁。充分发挥在中荷经济合作、贸易投资的桥梁作用，通过举办“DACT推介会”、“欧洲项目投行推介会”、“QFII推介会”、发展投行业务等多种形式，积极打造“中荷往来首选银行”。

（五）加强全面风险管理。分行成立风险管理部，对经营中的各类风险进行实时监控，确保各项制度办法执行到位，为各项业务的顺利拓展保驾护航。强化反洗钱管理的流程控制和有效性监控，分行反洗钱状况被总行委托的外部机构KPMG评为“低风险”。

（阿姆斯特丹分行）

布鲁塞尔分行

一、整体经营情况

2013年布鲁塞尔分行实现营业净收入914万美元；拨备前账面利润416.44万美元；人均利润达到26.10万美元；中间业务收入44.2万美元；ROA为0.30%，ROE为13.55%；成本收入比为44.24%。资产余额10.15亿美元，月均资产9.58亿美元；存款余额2 876万美元，月均存款达5 473万美元；风险控制水平继续保持良好态势，全年无不良资产发生。

二、主要工作举措

（一）积极发展本地市场，深化本土化经营。按照总行经营转型、经营本土化的要求，分行积极营销本地客户，2013年累计拜访了150多家本地优质客户，实现公司开户67户，个人客户存量636户。强化留学金融服务，留学生客户年度新增159户，累计超过260户，带来中间业务收入约4万欧元。

（二）夯实内外联动业务基础，促进资产业务发展。紧紧把握内外联动业务机会，与境内分行及中资代理行建立了较为紧密的合作关系。产品方面，除在传统联动产品如内保外贷、代付、风险参贷、福费廷以外，不断发展新型业务产品，逐步积累办理双币种信用证转开、证融通、反向汇兑通、跨境代付通、结构性代付、增强型直融通、保贷通等新型联动业务的经验，同时储备了一批联动业务，为分行经营打下良好基础。2013年累计完成贸易融资业务488笔，金额20.24亿美元，内保外贷业务80笔，金额5.38亿美元。主要贸易融资产品为直融通、风险参贷、信用证议付及转开。

（三）立足中国概念，全力推动跨境人民币业务。分行将人民币业务作为业务亮点及优势重点推动，积极建立在比利时的人民币清算行地位，加强对金融同业的人民币清算账户营销工作。截至2013年末，对比利时本地完成跨境人民币结算业务累计84.4亿元，同比增长482%；累计办理跨境人民币贸易融资业务48.8亿元，同比增长1 294%。累计叙做跨境人民币外汇买卖交易23.1亿元，同比增长129%。

（四）稳步推进业务产品线建设，推动业务经营转型。一是积极拓展现金管理及投资银行业务发展。成功签约全球现金管理客户5户，新增对公结算户10户，储备投行项目达10个。二是银行卡发展有条不紊。在2011年银联双币种借记卡的基础上，正式推出银联卡产品。三是电子银行业务不断优化。提高人工服务的在线解决率和客户服务质量，优化网银端语言展示，提高了网银渠道翻译内容的准确性。

（五）实施全面风险管理、完善内控合规，确保稳健经营。2013年初分行增设风险管理部，进一步完善风险管理组织架构，推进全面风险管理工作的稳步实施。严格落实监管要求，通过ONE－GATE平台按时准确填制SCHEMA等监管报表。适应业务发展和组织架构的变动，梳理内部制度，完善内部流程，落实总部内部审计整改意见，结合分行实际起草和修订风险手册等多项中英文版本的内部规章。加强合规管理，强化反洗钱及反恐融资日常交易的审查，做好全球反洗钱系统的监管需求编写和系统验证，对内部员工定期实施反洗钱政策等合规培训。

（布鲁塞尔分行）

米兰分行

一、主要经营情况

2013年，米兰分行实现税前利润923万美元，是2012年全年的156%，考核利润突破1 000万美元。实现各项收入2 479万美元，其中贸易融资（含代付）利息收入1 267万美元，银团及短期贷款利息收入903万美元。总资产达9.1亿美元，比2012年增加3.27亿美元，增幅为56.09%。中间业务收入497万美元，比2012年增加237万美元，增幅为91.15%。资本回报率（ROE）和资产回报率（ROA）分别为34.73%和1.09%。

二、稳步推进战略转型与本地化发展

经过持续努力，分行资产结构、负债结构和收益结构实现明显改善。资产结构方面，在稳步开拓本地双边贷款市场的基础上，针对总行对代付业务政策的调整，主动控制代付类资产，有效摆脱对代付产品的过度依赖。截至2013年末，分行资产结构中，双边贷款为3.16亿美元，贸易融资5亿美元，代付资产1 485万美元；负债结构上，通过实施积极的稳存增存措施，各类存款稳步增加，2013年月均存款余额超过1亿美元。收入结构上，中间业务收入继续保持稳步较快增长，在各类收入中的占比为18.63%，比2012年增加了4.8个百分点。

三、践行“ONE ICBC”发展理念

在营销本地客户的过程中，分行始终践行“ONE ICBC”的发展理念，积极与总行、境内分行、境外兄弟行进行业务沟通与联动，推动工行集团整体效益的最大化。先后向卢森堡分行、工银伦敦、工银巴西等境外机构和多家境内分行推荐意大利客户开户。

四、努力完善产品体系

加大产品创新力度，先后创新推广了双币种信用证、结构性代付、双币种福费廷等多种贸易融资和外汇买卖相结合的产品。加快境内现有优势产品的境外投产进程，个人网银的推出有效推动了零售客户的快速增长。通过上门开展客户调研，明确了下一步企业网银改造的工作方向。按照银联双币芯片卡和万事达卡并重的发卡策略，在欧洲区域内较早提交了银联芯片卡的投产申请。清算业务发展迅速，完成银行类金融机构客户总清算笔数78笔，交易金额265.49万美元，较2012年

分别增长200%和296%；非银行类金融机构总清算笔数46 913笔，交易金额5 343万美元，较2012年均增长近22倍。

五、夯实合规和风险管理基础

系统更新了现有各类制度文件，并严格执行、规范落实。面对监管机构在监管报表和反洗钱报表上愈加严格的要求，在软件开发中心的大力支持下，历时7个月完成相关报表系统的升级改造，集中解决了现存问题。组织各部门开展风险自查工作，系统梳理各类风险点，及时落实控制措施，并开展不定期工作检查；对国别风险、信用风险、流动性风险和操作风险加强监控，每日监测流动性风险状况，按月做好信贷资产质量分类。加强了对个人客户反洗钱风险的监控和管理，筛选、识别并强制关闭了一批反洗钱潜在风险偏高的个人客户账户。结合内外部审计和上级行各类检查工作中发现的问题和不足，及时采取针对性的改进措施，不断提高全行内部管理和风险管理的意识和水平。

（米兰分行）

马德里分行

2013年，马德里分行业务规模持续增长，盈利能力大幅提升。分行月均资产余额10.5亿美元，同比增加1.6亿美元；税前利润为1 045万美元，同比增加895万美元。整体资产收益率2.61%，其中贸易融资收益率2.36%，银团贷款收益率3.45%，双边贷款收益率2.65%。整体付息负债成本率0.99%，其中拆借成本率0.92%，存款付息率1.5%。

一、审时度势，促进本地化、特色化经营

零售业务方面，继续落实中资机构代发工资户VIP服务措施，为中资机构提供优质的金融服务；推出了预结汇汇款服务，受到了领事馆、中资企业员工及其他中国籍务工人员的青睐，2013年共办理个人预结汇汇款1 193笔，总额338万元；人民币跨境收汇共计78笔，金额13 587万元；针对赴中国的西班牙游客、商务或务工人员、留学生等客户群着重推介银联借记卡，新增银联借记卡844张，总交易笔数为26 788笔，总额为1 490万欧元。

公司投行业务方面，与西班牙当地的5家世界500强企业全部建立了业务合作关系，并以银团贷款为切入点与其中3家开展了资产业务，金额合计9 000万美元；与21个当地重点核心企业建立了直接业务联系，并与其中的14家发生了业务往来，品种包括结算、存款、保函和资产业务。除贷款业务外，分行还重点发展了保函、信用证贴现、人民币贸易融资等业务。

此外，分行进一步加大了对本地同业机构的营销服务力度，不断拓展与当地同业的合作领域，包括资金拆借、代付转卖、转汇款、公司投行、银行卡、银团、投资产品等。

二、严控风险，确保合规合法经营

分行不断完善风险合规管理的各项制度建设，2013年完成了风险管理手册、信贷档案管理实施细则、《全额保证金租房保函操作流程》等的编写，对信用风险、流动性风险、操作风险和市场风险的掌控提出了更高和更细致的要求，并严格遵照执行。

三、精细管理，保障分行经营发展

信息科技方面，严格执行信息安全控制策略，从组织管理、客户端管理、移动介质管理、数据管理、电子邮件、网络安全、应用系统安全管理等多个方面入手，全面加强信息安全控制；2013年上半年正式投产分行网讯平台，成为信息交流共享的重要渠道；通过本地开发实现了报送西班牙反洗钱机构监控报告数据的自动生成，本地反洗钱监控系统于2013年6月正式投入使用；加入本地卡组织项目在8月版本系统投产，待卡面设计审批完成后，预计2014年初正式发卡。

人事管理方面，2013年累计招聘各类高素质人员16人（包括巴塞罗那分行员工），为分行发展奠定了人力资源基础，在人员选用上也积累了一定的经验；根据年度业务发展计划，对各机构及部门实行了KPI考核，并成功实现了考评的无纸化操作；除积极安排员工参加总行及工银欧洲总部举办的各类视频、网络培训和脱产培训外，分行各部门还对员工定期组织业务技能、职业道德、新员工上岗前培训。

行政保障方面，2013年分行内部管理更加强化，通过制定行政办公手册，规范了分行各项内部制度；2013年2月27日分行成功完成了新购置的被当地称为“祖母明珠”的百年建筑实体交割。

（马德里分行）

华沙分行

一、基本经营情况

（一）主要经营指标发展良好，完成全年利润目标。截至2013年末，华沙分行表内资产总额为101 398万美元，比年初增加95 645万美元，账面利润179万美元。流动性方面，按CSSF监管要求口径计算，流动性比率为51.74%，高于CSSF监管要求的30%。加权风险资产总额为25 878万欧元，在工银欧洲规定的额度内。拓展个人客户134户，较年初增加124户；公司客户37户，较年初增加33户。个人储蓄存款178.2万美元，较年初新增177.02万美元；公司存款20.88万美元，较2013年初新增20.82万美元；存款型理财产品销售额为647万元，并以此为契机成功拓展1户私人银行客户。2013年9月正式对客户推广网上银行业务，共计拓展个人网银客户69户，公司网银客户11户。处理贸易融资564笔，其中海外代付81笔、协议融资6笔、风险参贷196笔、直融通222笔、保付通1笔、内保外贷54笔、保融通4笔。国际结算方面共处理19笔，其中转开波兰语保函3笔、双币种信用证13笔、信用证通知3笔。

（二）整章建制夯实管理，总体符合监管和内控要求。2013年初，波兰金融监管局KNF对华沙分行开展了监管检查。检查以KNF给华沙分行的牌照批复为根据，内容包括开业以来分行各项业务的合法合规状况；6月，工银欧洲对华沙分行展开内部审计检查。在上述外查内审中，华沙分行总体符合监管和内控要求。

二、主要经营特点

（一）力促资产业务大幅增长，快速实现盈利。分行在有限的风险加权资产内，内外联动低风险业务快速扩大，实现了贷款业务的快速增加，开业后半年时间实现盈利。截至2013年末，分行净利润为163万美元，贷款总量达到88 207万美元。

（二）坚持业务双线拓展，资产结构逐步优化。为满足流动性等监管需要，结合加权风险资产规模的权重占比，有计划匹配低风险的资产业务，加强拓展中资背景走出来企业和项目、本地化优质龙头企业、优质项目，有效促进分行资产快速发展。坚持资产业务币种、期限、业务品种等按比例协调发展，根据资金情况、市场因素等有计划协调发展人民币和美元资产业务、短期和中长期资产业务、低风险业务和一般贷款、内外联动贸易融资和本地化普通贷款等，不断优化业务结构。

（三）积极开发新产品，业务品种不断丰富。内外联动方面，业务品种既包括传统的代付和内保外贷业务，又开办了直融通、保贷通、协议融资等新型产品；本地化业务方面，既与到波兰来投资建设的中资企业开展紧密合作，又与波兰本地主要龙头企业、代理行建立了业务联系，努力拓展本地企业的存、贷、结算业务。

（四）快速搭建服务功能，内部管理不断完善。分行于2013年9月投产了网银业务，信用卡业务也与工银欧洲其他分行保持了同步。SIF基金、收单业务与欧洲五国分行基本同步开展业务准备。IT系统基础建设从开业之初就保持了高标准。分行基本完成各部门职能的细分和梳理，并制定各项业务管理的实施细则及风险紧急预案，各项业务操作规程、产品手册等内部管理制度不断修订完善，进一步夯实了管理基础。

（华沙分行）

工银伦敦

一、主要经营情况

2013年，工银伦敦各项业务健康快速发展，盈利能力显著提高，市场影响力不断提升。表内资产规模达34.6亿美元，比年初增长5.8亿美元，增幅20%；实现拨备后利润3 870万美元，比2012年增加711万美元，增幅22.5%，拨备后利润超出总行下达预算目标的16.5%；截至年末无任何不良资产。

二、加快打造重点产品线

（一）传统优势业务进一步发展。一是着力提升银团贷款承销能力。2013年工银伦敦作为主牵头行及活跃簿记行筹组安排了约3亿美元国际银团贷款，成功完成一级市场贷款分销并获得一次性分销中间业务收入20万美元。中间业务收入中来自银团贷款一级市场分销以及资产转卖的非利息收入344万美元，占比16%，创历史新高。二是顺利承接阿根廷跨境贷款簿记工作，在地理区位、业务经验、资产规模、管理模式、团队队伍等多个方面已经初步具备了成为全行跨境贷款服务中心平台的优势。三是成功试水伦敦商业房地产贷款业务，作为主牵头行成功筹组安排伦敦商业房地产银团项目，并担任了该银团项目的账户行、代理行、外汇交易行等多个角色，获得了良好的综合收益。四是多措并举助推贸易融资业务稳健发展，与国内机构密切配合，加强产品创新力度，相继推出直融通、保融通、人民币协议融资、保理项下风险参贷等一系列贸易融资产品，贸易融资利息及相关中间业务收入增长25%，由贸易融资有效带动的国际结算业务稳步发展，国际结算总业务量达176亿美元，比2012年增长3.5%。继续加强与总行、国内分行内外联动以及与其他海外机构的外外联动，深化与北京、上海、深圳以及单证中心的联动合作，重点维护与以国际知名交易商以及资源类企业为主的当地客户的业务关系，共成功办理本地贸易融资业务24.5亿美元，占全部贸易融资业务的64%。加大与其他中资银行在贸易融资业务领域的合作，办理集团外贸易融资业务2.6亿美元。

（二）资金业务取得突破。一是提升金融市场业务服务水平，即期外汇买卖交易量10亿美元，盈利接近100万美元，其中人民币交易量15.55亿元。同时高效履行集团伦敦外汇中心功能，全力配合总行推进新业务模块，收益率和代理费收入再创新高。二是大力发展跨境人民币业务，代客人民币外汇交易量15.39亿元，较2012年增长71%，实现业务收入96万元，较2012年增长55%；其中，外资客户的业务量占比超过20%，继2012年成功发行伦敦市场首只离岸人民币大额存款证（CD），2013年又成功发行了3笔人民币CD，金额累计9.3亿元，成为工银伦敦人民币融资的重要渠道。在货币市场拆借业务上，工银伦敦人民币拆借业务量50.82亿元，是2012年的7倍，其中拆入交易4.62亿元，拆出交易46.2亿元。

（三）零售业务发展较快。一是积极拓展零售业务客户，新增个人客户554户，新增个人网银用户480户，新增银联借记卡758张。二是加强新业务品种的推广，账户贵金属交易业务（美元/盎司）顺利投产，开创了英国中资银行零售业务的新亮点，进一步丰富了现有的零售业务品种。

（四）大力发展主动负债业务。2013年，工银伦敦新增公司客户46户，公司客户存款稳定在7亿美元以上。连续第五年成功筹组俱乐部贷款，参贷银行由2012年的7家增加到9家，筹组金额由2012的4亿美元增加到7亿美元，是2013年度全球规模第八大的俱乐部贷款。

三、进一步提升经营管理水平

（一）完善全面风险控制制度体系。根据董事会风险管理委员会和资产负债管理委员会的意见，不断完善风险防范的框架、政策及流程，进一步修订与自身业务模式、规模、复杂程度相适应的包括《全面风险管理框架》、《风险偏好政策》、《风险报告制度》在内的一系列政策制度。

（二）完善资产负债管理。认真做好资产负债计划编制和执行情况跟踪分析工作，及时调整资产负债结构，降低无效资产。进一步完善俱乐部贷款筹组、使用等管理机制，科学制定俱乐部贷款投资策略。通过二级市场转卖提高存量贷款流动性。完善内部资金转移价格制定、执行和反馈机制。积极引入资产组合管理模式，在有效减低单一客户集中度风险的同时，实现资本及流动性等重要资源分配的优化配置。

（三）加强内控合规建设。2013年，工银伦敦内部审计部门对所有前台营销部门和中台管理部门工作进行了内部审计，同时根据业务发展，对部分产品进行了专题审计，及时将审计中发现的问题通知给相关责任部门，持续跟踪整改落实情况。积极配合外部审计师开展各项审计工作，顺利完成了2012年度审计和2013年度中期审计任务；配合完成了集团派驻办财务检查工作及高级管理层离任审计工作。

（四）强化信息系统开发和应用。认真做好系统推广的各项准备工作和投产后的系统功能应用工作。2013年，工银伦敦成功投产金融市场交易管理平台（FMBM）等各类系统9个。

（工银伦敦）

工银莫斯科

一、主要经营指标

2013年末，莫斯科子行资产总额73 443万美元，同比增加55.5%；负债总额65 068万美元，同比增加67.4%；全年实现各项营业收入1 460万美元，同比增加34.6%；实现净利润630万美元，同比增长28.5%；资产质量良好，不良贷款率为零。

二、公司贷款规模稳健增长

2013年累计投放贷款31 639万美元，是2012年投放量的2.83倍；实现贷款利息收入850万美元，较2012年增长157%；利息收入占营业收入的比例达46.5%；贷款业务产生的中间业务收入92万美元，信贷投放均衡度明显提高，信贷结构不断优化。

三、人民币主要做市商地位稳固

积极配合俄罗斯银行间货币交易所开展人民币/卢布T+1交易、掉期等新交易工具的上线试运营，并正式成为新交易工具的做市商。2013年完成人民币对卢布交易41.35亿元，同比增长304%，市场份额为31%。在交易所公布的按月交易量考评中，始终保持主要做市商地位。

四、"四个业务中心"建设成绩显著

着力将子行打造成为总行在俄罗斯、独联体和东欧地区的项目储备中心、在俄人民币与卢布资金交易中心、人民币融资中心，中国与俄罗斯及独联体其他国家间人民币与卢布清算中心。2013年完成俄罗斯货币交易所人民币对卢布交易项下人民币资金清算718笔，共计29亿元，较同期增长140%。

五、国际结算与代理行业务继续保持快速发展态势

2013年完成国际结算量16.6亿美元，办理代付业务668笔，总金额57 739万美元。办理本地保兑融资业务150笔，金额1 801万美元。共处理境外代理行清算业务9 109笔，金额合计117 372万美元，其中人民币业务2 477笔，清算量493 858万元，代理行清算业务的笔数和金额分别较2012年同期增长1.31倍和1.04倍，人民币业务的笔数和金额分别增长45%和78%。为俄罗斯SMP银行办理了第一笔人民币信用证保兑业务，实现了子行在本地人民币结算业务方面的重大突破。

（工银莫斯科）

组约分行

一、业务发展情况

2013年末，纽约分行总资产为102.73亿美元，同比增长109.82%。信贷资产质量良好，不良贷款率为零。实现利息净收入5 774.29万美元，较2012年增加41.12%；实现中间业务净收入2 638.86万美元，同比增长21.81%。对美国机构进行整合，协调成立了美国机构区域管理委员会，为下一步成立中间层控股公司（IHC）、加强区域化管理打下了坚实基础。

二、主要工作措施

（一）多渠道拓宽收入来源。继续推进纽约资金交易中心建设，代理总行管理境外美元账户商业汇入款业务和进行外汇买卖平盘与报价业务，2013年共支付总行利息45.5万美元，提高了总行营运资金收入，同时节省了大量资金成本。资产业务快速增长，除满足纽约分行的资金需求外，还为兄弟机构提供了定期美元资金支持。通过拓展CD发行渠道和新型存款工具等举措努力扩大低成本资金来源，共发行CD 236笔，总金额

278.3 亿美元，年末余额 53.59 亿美元。

（二）搭建统一的区域管理平台。一是机构整合。按照前台协调联动、后台集中经营的总体思路，积极推进三家机构业务整合工作。二是 IT 整合，积极开展新主备机房选址和规划工作，机房整合、网络迁移的各项工作已正式开展。三是营销整合，与纽约分行协商信贷服务外包协议，代理中信证券（美国）的后台证券清算业务正式启动。

（三）内外联动增强市场竞争力。新增能源及基础设施结构化融资团队，专门针对资源类和基础设施类项目，与国际一流金融机构合作，提供结构化的项目融资方案。同时在纽约分行组建北美区金融机构营销中心，与纽约分行金融机构部共同建立起“总行营销中心 + 分行部门”两块牌子、一套人马的组织架构，为进一步挖掘金融机构客户潜力，做大做强代理行业务，提升了对外资金融机构联动营销、交叉营销和综合服务能力。

（四）狠抓风险和合规管理。完成《公司治理手册》的修订并经管理层审议通过正式生效，确立并规范了公司治理的关键环节。将 RAROC 贯穿到业务审查之中，并为客户精准营销提供决策支持。根据内审相关要求，改进了流动性风险压力测试模型。先后完成了信息安全自我评估、操作风险情景分析、操作风险自评估项目，按时完成并提交其他相关风险项目报告。2013 年 6 月初，纽约金管局对纽约分行进行为期一个半月的年度全面监管检查，被授予“满意”的综合监管评级。

（纽约分行）

工银美国

一、业务发展情况

截至 2013 年末，工银美国总资产达 9.7 亿美元，较年初增长 2.1 亿美元，增幅 27%。实现营业收入 3 505 万美元，税前利润 24 万美元。总客户数达 25 356 户，比年初增长 4 403 户，增幅 24%。资产质量进一步提升，不良贷款率 2.41%，较年初下降 188 个基点；不良贷款额下降 710 万美元。

二、工银美国经营管理情况及主要工作措施

（一）全面完成与东亚银行的有效分割。按照稳妥推进的原则，逐步实现了与东亚银行的全面分割。在网络和办公环境方面，完成与东亚银行在网络和系统上的全面隔离。在业务方面，通过招标方式聘请了新的外部审计公司，并顺利完成年度内审工作的交接。

（二）强化公司治理，决策管理能力进一步增强。完成子行董事会、管理层及其下设的 10 个委员会平稳实现交割一年后的首次换届，子行经营管理团队人员稳定，管理层及其委员会定期召开各项会议，共同商议、集体决策子行发展问题，在实现科学管理的同时，促进了信息共享和思想交流。

（三）推进制度梳理，逐步实现与总行制度全面对接。修订了董事会对首席执行官的授权范围，在此基础上，初步梳理出涵盖风险管理、信贷、合规、财务、IT、人力资源及行政管理等多个领域的 58 项子行管理制度，同时根据总行提供的境外机构制度清单，对 345 项总行制度进行对照梳理，逐一落实部门责任，加强对照检查和反馈，在满足当地监管要求的基础上，确保子行和总行制度有效衔接。

（四）加快业务创新，不断增强服务能力。相继开办了代理工银美国开户见证业务、人民币跨境汇款业务、EB5 投资移民账户管理业务、大学生支票账户等新产品。逐步突破以社区为主要服务对象的客户结构，积极拓展中美跨境客户目标市场，服务能力进一步提升，客户结构明显改善，赴美中资企业、个人客户数量明显增加。

（五）稳步推进 FOVA 系统开发投产项目。积极开展项目前期调研、需求分析、方案设计等相关工作，配合总行开发团队进行了多批次的现场调研，并引入经验丰富的咨询公司，为项目开发提供阶段性合规咨询服务，各项工作按计划稳步推进。

（六）加强合规与风险管理，监管环境明显改善。一是建立了全面风险管理与报告体系，梳理修订了全面风险管理政策（ERM）、业务持续运营（BCP）手册，完善了风险监控、报告、处理流程。二是加强董事会和管理层风险管理意识，定期进行银行保密法、反洗钱风险监控培训，进一步提升风险监控水平。三是形成了适应业务需要的各类风险识别、控制方法，加强风险预警工作。四是积极落实并表管理要求，加强风险协同和风险隔离机制建设，定期向总行汇报风险监控状况。

（工银美国）

工银金融

一、业务发展情况

截至2013年末，工银金融资产总额387.93亿美元，同比增长6.29%，其中主要以美国国债为抵押的清算融资构成，债券回购业务余额为316.29亿美元，在总资产中占比为81.53%；撮合股票借贷业务余额为64.62亿美元，在总资产中占比16.66%。2013年累计实现拨备后利润2 720.51万美元，同比增长62.8%。

二、主要工作措施

（一）抓好三大主营业务，全面完善重点产品线。一是证券清算业务。集债券和股票、跨欧洲和美国市场于一体的证券清算系统运行更加稳定高效，功能更加完善全面，为美国当地金融市场同业所广泛认可和接受。二是证券融资业务。撮合股票借贷业务配合股票清算业务发生，工银金融作为经纪中介，应证券清算客户需要，到市场借入股票并转借清算客户，提供现金抵押、期限隔夜、配合盯市等服务，有效提高了对证券清算客户的综合服务能力。三是证券存管业务。依托现有证券清算系统有关附属功能，为客户提供证券存管和交易报告服务。相继为总行、纽约分行、农行伦敦子行、农行纽约分行、马来西亚银行等客户提供债券存管服务，合计托管美元债券资产7.4亿美元。

（二）加深融入美国资本市场。工银金融和纽约分行注重发挥各自优势，共享客户资源，形成7人专业服务团队，积极联动营销中外资证券机构客户。股票清算业务线初具规模，已有14家客户正式签约。在不断扩大证券清算业务同时，积极审慎拓展证券融资业务。此外，工银金融代表工商银行成为NYSE历史上第一家中资会员，有效提升了工行品牌与行业形象，有利于加强对美国资本市场参与的深度和广度。

（三）加强综合管理，确保稳健经营。严格遵守美国法规和工行反洗钱要求，加大可疑交易监测力度，加强反洗钱同业之间合作和IT系统建设，建立了与证券清算业务相匹配的反洗钱工作机制。严格做好内部审计工作，及时向总行报告审计结果和各项合规报告。在美国金融业监管局（FINRA）进驻工银金融开展的年度监管例行检查中，对工银金融评价良好，检查报告显示工银金融无任何违规违纪操作。在总行内控合规现场检查中，对工银金融在业务创新和经营管理方面取得的成绩给予了肯定。

（工银金融）

工银加拿大

一、主要经营情况

2013年末，工银加拿大总资产10.07亿加元，同比增长30.34%；总负债8.74亿加元，同比增长30.23%；实现税后净利润667万加元，同比增长90.77%；权益净回报率（ROE）5.79%，同比提高2.30个百分点；总资产净回报率（ROA）0.76%，同比提高0.27个百分点；手续费及佣金净收入占比14.29%，同比提高1.93个百分点，同比增收46.88%；成本收入比59.52%，同比降低13.43个百分点；不良贷款余额612万加元，同比增加298万加元；不良贷款率0.72%，同比提高0.25个百分点。

二、主要工作措施

（一）全面发展公司业务。紧紧抓住中资企业到加拿大投资的战略机遇，构建有效的联动工作机制，公司客户基础进一步扩大。在保持传统资产业务稳步发展的基础上，积极拓展包括存款、结算、现金管理、投融资顾问等全方位的公司金融业务。截至2013年末，子行各类对公客户数1 288户，较年初净增加82户；对公客户贷款7.05亿加元，较年初增加1.77亿加元；对公客户存款1.78亿加元，较年初增加0.03亿加元。

（二）多举并重推动零售业务发展。通过加大产品创新力度、拓宽并增强渠道服务能力以及多维度开展市场营销等措施，促进零售业务的跨越式发展，取得了明显成效。截至2013年末，子行个人客户17 201户，增长20.1%；个人客户存款余额3.26亿加元，增长17.64%；各类个人贷款余额1.50亿加元，增长5.53%。

（三）助力人民币国际化进程。充分发挥集团优势，积极借鉴工银亚洲和新加坡分行拓展人民币业务的先进经验，大力推进本地离岸人民币中心建设。

（四）不断拓宽资金来源渠道。2013年，总行在子行的清算户平均余额7 063万加元，比2012年增加5 791万加元；来自总行的拆借资金比年初增加6 000万美元。

（五）稳步推进现金管理中心发展。在美洲区现金管理中心成立后，大力开展营销宣传，推广ICBC品牌优势、产品优势和系统优势，借力当地银行网络突破网点瓶颈，在扩大营销半径、提高服务能力等方面取得较大进展。

（六）做强汇款清算业务。以汇款清算业务作为发挥“ONE ICBC”整体优势的切入点，确立了子行汇款清算业务三大市场优势，即时效性、价格优势和服务优势。2013年，子行汇出汇款业务笔数48 183笔，同比增长109%；汇入汇款业务笔数47 767笔，同比增长111%，实现汇款业务手续费收入70.7万美元，同比增长108%。

（七）进一步提升科技服务能力。配合总行完成133项FOVA系统的优化；完成了多时区整合项目、外汇买卖自动平盘、境外财务管理系统、全球资金市场管理系统（FMBM）、全新信贷档案影像系统等系统投产和功能优化。

（八）优化物理网络布局。在加拿大能源中心、阿尔伯塔省经济金融文化中心卡尔加里市增设分行，适时启动了温哥华营业网点升级优化工作。

（九）加强内部管理和风险控制。深入梳理业务流程，有效识别风险点并制定控制措施；继续落实全面风险管理要求，修订风险管理偏好指标并加强风险偏好执行情况的监测；进一步加强流动性风险监测；认真将各项反洗钱要求落到实处，日常工作中严格按照监管要求履行审查、报告职责；建立全员培训考核制度。

（工银加拿大）

悉尼分行

一、基本经营情况

2013年，悉尼分行实现利润7 871万澳元，增幅40%。中间业务净收入达2 656万美元，同比增长20.73%，占营业收入的28.4%，提高1.5个百分点。ROA为1.23%，ROE为26.31%，成本收入比为18.19%，均优于总行下达的考核标准值。资产总额达到58.1亿美元，较年初增长30%。负债总额为57亿美元，资金自筹率保持在95%以上。公司客户数增至240余户，本土客户占六成以上。

二、主要工作措施

（一）着力优化管理架构。完善了委员会管理架构，梳理了各专业委员会的职责范围、议事流程、相互关系等，形成以重大事项决策机构即执行委员会为核心，涵盖各专业委员会的全方位管理体系，提高决策效率。

（二）重视产品创新及推广。在传统内外联动产品基础上推出境内外联动保理、协议融资总协议、结构性代付、结构性存款、双币双期信用证及融资、双币双期背对背信用证、跨境人民币汇兑通、即结远购外汇交易、直融通、夹层融资、包销权融资、油汽预付款融资、工程项下租赁融资等多款结构性新产品，同时继续推广风险参贷、双币种系列跨境人民币产品等特色业务，有效丰富了产品线，拓宽了收益渠道，提升了市场竞争力和影响力。

（三）加强灵活主动负债管理。针对双边贷款、银行贷款期限较长的特点，先后择机发行两笔三年期澳元MTN合计7亿澳元，一笔三年期港元MTN 5.6亿港元及一笔十年期港元EMTN 3亿港元，较好地补充了相对稳定的中长期资金来源。通过发行ECP/ECD，营销公司和金融机构存款等渠道吸收成本可控且期限匹配的资金。全年累计发行ECP/ECD 24亿美元，吸收存款9.4亿美元。积极开拓新的融资渠道，包括通过总行QDII渠道吸引境内投资者投资分行存款类产品，积极谋求总行澳元清算户资金调拨，较好地补充了低成本资金来源。通过在银行账户下利用掉期工具加强对资产负债期限错配和货币错配的管理，合理利用沉淀低成本资金。

（四）持续改进全面风险管理。顺利通过澳洲金管局流动性风险管理回访性检查及金管局年度审慎见面会，分行监管评级由先前的关注级（Oversight）上调为正常级（Normal），成为当地达到此评级的唯一中资银行。顺利通过总行内控合规及廉洁经营全面检查，在2012年度外部审计中获得无保留意见（Unqualified）的审计结论。

（五）探索跨境私人银行业务新模式并初获进展。针对澳洲政府“显著投资者签证计划”，打造了以分行为核心和主导，涵盖会计、移民税务、教育、地产等领域服务机构的异业合作联盟，积极推进包括基础银行服务、跨境财富管理、专业理财、顾问咨询等七大系列私人银行产品服务体系建设。2013年新增私人银行客户5户，总户数达到11户，管理资产约2 319万澳元，较年初增长38%。

（六）加大科技投入，持续提升业务系统服务能力。本着“早投入、长受益”的原则，持续加大科技投入，各类系统运行稳定，未发生重大安全生产事故。顺利完成多个系统投产工作，提升了业务系统的服务能力，为业务发展提供良好保障。

（悉尼分行）

工银阿根廷

一、主要经营指标

2013年，工银阿根廷实现税后利润1.08亿美元，较2012年增加1 304万美元，增长13.7%。所有者权益4.9亿美元，较年初增加0.71亿美元，增长17%。

二、实现公司与投行业务较快发展

在当地主要商业刊物《市场》杂志公布的当地杰出品牌排名中，子行公司投行业务名列行业亚军。资产托管业务持续排名第一，市场占比38.2%。大型公司和机构客户增至千余家，当地大型客户市场渗透率接近70%，阿根廷本土和外资在阿主要大型企业基本已是子行客户。结算总量达240亿美元左右，取代花旗成为VISA在阿根廷的唯一现金管理银行。

三、推进个人及中小企业业务

截至2013年末，个人及中小企业比索存款余额108.27亿比索，美元存款1.71亿美元；比索贷款76.29亿比索，美元贷款2 500万美元。继续做好代发工资营销工作，扩充存款增长的源头。多渠道推动产品组合销售。以储蓄账户及信用卡为基础产品，配置信用卡附卡、账户透支等其他产品，通过捆绑销售提升交易类产品销售量和活期存款余额。充分利用第三方销售渠道，加强信用卡电话营销以及商户现场实时营销。启动e－ICBC项目，提升子行电子化程度。开展自助机具更新计划。规范银行卡业务管理。梳理汽车贷款与间接贷款业务政策，全力保持汽车贷款行业第一的市场份额。

四、中国业务“做加法”成效初显

建好中国业务营销架构，工作机制基本理顺，发挥中资企业和子行、子行和母行之间内外联动的桥梁作用。基本实现行业的全面覆盖，中资企业从并购前的2户增加到近30户。紧扣中阿经贸往来主题，中阿经贸往来归行业务由并购前的2亿美元增长到2013年的3亿美元。此外，成功实现了整个南美地区人民币业务零的突破。

五、提升运营管理保障能力

2013年信息科技生产运行总体稳定，系统整体可用率平均保持在99.6%以上。月平均CICS交易量约15 000万笔，业务量约1 400万笔。阿根廷央行对子行信息风险防控评级结果较高，为2－Adequate。此外，通过开发投产系统提高自动化程度，优化业务流程，增加收入12.9万美元，并节约9.7万美元成本，释放2名人工。在不涉及系统开发的情况下，优化部分操作流程，以实现客户服务模型改变，节约成本约210万比索。减少电话中心业务量，将国际贸易咨询中心电话漏接率从12.9%压降至2.4%。

六、多举措改善风险管理

一是提高个人消费贷款准入门槛，对部分类型客户限制业务准入，采取新的客户风险接受水平模型。二是充分利用政策，加快不良资产处置。优化不良贷款催收流程，提高催收效率。加大个贷不良电话催收力度，对违约客户做好诉前准备或直接进入诉讼流程。三是加强贷款监测与管理，及时调整信贷策略。结合外部环境，加强贷款监测与管理。对整体经营进行全面压力测试，结果显示各类重大突发性风险完全可控，并得到阿根廷央行认可。四是积极应对金融市场变化，有效防控市场风险。适时调整交易策略，主动对利率类衍生产品限额进行临时性调降，大幅缩减债券类（FI）产品的投资规模。

（工银阿根廷）

工银巴西

一、主要经营指标

截至2013年末，工银巴西本地资产共计13 775万美元，负债5 338万美元，全年实现拨备后利润－103万美元，如果剔除一次性计入装修成本202万美元的因素，开业当年实现盈利。

二、主要工作措施

在总行派员现场帮助及子行各部门密切协作下，工银巴西顺利通过了巴西央行的测试与验收，于2013年9月26日成功开业。

（一）公司业务快速发展。短期内实现了境内外平台并行，本地客户与中资企业并举，贷款、保函、汇款、外汇交易、资金监管等业务全面开花的良好局面。2013年办理外汇交易1.3亿美元，成功营销客户存款8 600万雷亚尔。

（二）建立健全各项规章制度。严格遵守总行各项管理规定及巴西当地监管法规，进一步细化内部各项制度体系、业务操作流程和内控体系，实现了业务办理和内部管理的制度化和流程化。2013年工银巴西正式发布40多项规章制度。

（三）加强基础管理。根据业务发展需求制订和实施当地雇员年度招聘计划，招聘22名本地员工，为业务快速发展提供了有力保障和支持。将“理解、合作、发展”理念作为企业文化建设抓手，在尊重巴西传统和文化的基础上，开展企业文化活动，共同促进公司发展。

（工银巴西）

工银秘鲁

经过近三年的申设，工银秘鲁于2013年获得了秘鲁银行、保险和年金监管局颁发的“营业牌照”，标志着工银秘鲁满足了当地严格的监管审核要求，取得了监管当局各方面的认同，成为唯一一家获批进入秘鲁市场的亚洲银行。

一、坚持审慎合规，满足法规要求

一是总行与工银秘鲁分别作为投资方和被投资方与秘鲁私人投资促进委员会签署稳定协议。二是先后在秘鲁信贷银行进行了五次外汇买卖，合计卖出2 700万美元，外币头寸超买比例由原来的99%下降至44%，满足了当地监管要求，同时也符合子行内部限额规定。三是获批营业牌照后，在秘鲁中央储备银行开立账户，并将存放当地银行同业的资本金调拨至央行账户，强化了账户间资金限额管理。

二、扎实做好业务储备工作

一是发挥本地优势，积极参与优质项目。二是在调研与拓展本地市场的同时，联合工银租赁拓展秘鲁租赁市场，并规划了下一步的工作思路。三是搭建同业市场网络，先后拜访多家当地银行同业，详细了解当地银行经营情况、监管要求、资金拆借、转开保函、信用证保兑等核心问题，并启动了代理行授信工作。四是多渠道、多方式扩大市场影响，并当选第二届秘鲁中资企业协会副会长单位。

（工银秘鲁）

非洲代表处

一、投资管理

（一）标准银行经营业绩稳健增长。2013 年，标准银行集团核心净利润为 171.94 亿兰特（全年对集团利润贡献约 34 亿兰特，折合约 3.4 亿美元），同比增长 15%，创投资以来最好业绩。

（二）强化管理层激励约束机制。标准银行以往的管理层考核体系中不包括资本回报率及成本收入比等关键指标，很难对成本和风险进行有效控制。在总行大力支持下，代表处成功推动标准银行董事会将资本回报率及成本收入比等关键指标纳入管理层考核体系，推动长期健康发展。

（三）维持工商银行对标准银行持股比例。代表处密切监控工行持股比例变化，兼顾股东利益与银行长远发展，本着“有理、有利、共赢”的原则，在总行的支持下，通过多轮沟通协调，自 2013 年 4 月 1 日后，对于所有因股权激励计划增发的股票，已实施自动股票回购，确保工行持股比例不会因此被稀释。

二、战略合作

（一）银行安保和预防金融犯罪合作。协助总行保卫部，先后组织标行风险、IT 部门、南非银行反欺诈中心就金融犯罪进行了深入的会谈研讨，拓展两行在安保和预防金融犯罪方面的交流与合作，取得良好成效。

（二）内控合规和运营风险监控合作。协助总行运行管理部，对标准银行的内控合规和运营风险监控等领域进行了深入研讨，并协调标准银行提供了数百个内控核心指标，为内控工作进一步完善提供了重要借鉴。

三、市场拓展

（一）深入调研非洲市场，部分项目喜获丰收。2013 年，代表处赴埃塞俄比亚、苏丹、博茨瓦纳、南苏丹、莱索托、塞舌尔、尼日利亚、几内亚、毛里塔尼亚、乍得、尼日尔、阿尔及利亚、刚果金、莫桑比克等 14 个非洲国家出差，合计 34 人次，搜集了丰富的非洲市场信息和项目资料，并成功营销了一批重点项目。

（二）完善代理行网络。先后与贝宁经济银行、尼日尔经济银行、毛里塔尼亚国际贸易银行、几内亚国际工商银行、乍得经济银行 5 个法语非洲国家银行建立了代理行关系，地域主要涉及西非和中非区域。

（三）编辑出版《非洲国别分析报告》。以实地调研材料为基础，从宏观到微观对 30 多个重点非洲国家的概况、经济、金融、银行、行业、企业等进行了详尽的分析。

四、发挥窗口效应，扩大非洲影响力

（一）积极配合高访接待工作。2013 年，代表处圆满完成国家领导人及监管部门负责人出访接待任务，详细汇报工行在非投资管理及业务拓展情况，获得国家领导人及监管部门充分肯定。

（二）充分利用金砖峰会扩大影响。协助总行相关部门为行领导参加金砖峰会、有效扩大工行影响力做了大量基础性工作。促成多个项目列入高访签约项目。同时派出员工协助使领馆做好金砖峰会有关会务工作，得到了使领馆的充分肯定。

（非洲代表处）

浙江平湖和重庆璧山工银村镇银行

一、浙江平湖工银村镇银行

（一）业务发展情况。截至 2013 年末，浙江平湖工银村镇银行各项存款余额为 12.61 亿元，其中对公存款 5.96 亿元，占比 47.26%；储蓄存款 2.61 亿元，占比 20.7%；银承保证金存款余额 4.04 亿元，占比 32.04%，存款结构进一步趋向优化。结合地方经济发展的结构和特点，积极探索“强村计划”、“家庭农场”、“社区信贷”、“产业链融资”、“产销集群的小微企业”、“青年创业”、“专业市场”和个人消费八个方面的信贷支持新模式，全年新发展信贷客户485户，累计发放贷款2.5亿元。通过实施“风险十评”、“三色预警”、“贷后评价”和“三严控”、“六原则”等措施，信贷风险管理水平得到改善和提升，贷款不良率为1.36%，较年初下降2.6个百分点。实现净利润3 098.84万元，取得了较好的经营效益，在全省已经营业的48家村镇银行中综合考核位列第9名。

（二）主要工作措施

1. 坚持“支农、支小”方向、努力拓展优质存贷市场，不断提升发展活力。一是准确把握村镇银行客户存款工作新规律，改进工作机制和措施。围绕客户和资金源头，通过资源捆绑和业务创新，努力挖掘客户有效资源，进一步优化存款结构，确保流动性安全和经营平稳发展。二是努力拓展优质贷款市场，持续推进信贷结构调整。按照“小额、分散”的工作要求，继续开展“进村入社，阳光信贷和富民惠农”服务实体经济活动，加大对优质“小微”客户的信贷支持力度，涉农贷款比例达到了94.89%，比年初提高了2.47个百分点，新拓展农户、个体工商户、合作社、小微企业、农户建房、汽车消费、个人信用、青年创业等贷款客户485户，累计发放贷款2.54亿元，新增贷款户均为52.37万元，实现了“小额、分散”和信贷结构调整。

2. 不断优化经营结构，扩大资源群体配置，逐步提升发展质量。一是优化增量，调整存量，以优质的增量替换劣质的存量。实行存量客户分类管理，按照“支持、调整、压缩、清退”四类标准进行授信评估，在年度授信中予以明确，按月下达授信限额控制计划，通过盘活存量，腾出规模“支优、扶好”，优化业务结构，提升发展质量。二是优化定价机制，调整客户结构，降低经营成本。实行客户定价与“网银交易、代发工资、集零储蓄、销售归行比例”挂钩、个人贷款与存款积数挂钩、联保贷款与保证金比例挂钩机制，努力提高客户贡献度，提高收益和降低成本。三是开展了四次专项营销竞赛考核，加大商户POS收单、组理财宝业务等新业务拓展力度，不断优化业务结构。

3. 强化风险机制建设，合力守住风险底线，努力提升风控能力。一是从源头上抓好风险控制。通过优化贷款投向、调整结构盘活存量、严格客户授信评级管理三方面从源头控制风险。二是从环节上抓好风险控制。抓好规范信贷业务操作，建立健全授信、用信审查审核环节、建立分类分权交叉审批制度、加强信贷客户分类管理三个环节的风险控制。三是强化风险控制机制建设。全面落实董事会确定的内控合规工作计划，制订信贷业务、临柜业务、财务管理等检查计划并组织实施，组织开展“学制度、找问题、抓整改、控风险、促发展”内控主题活动。四是强化风险责任考核。通过量化考核目标、强化制度执行和风险责任金考核，增强了全行员工风险责任意识，提高了风险管理效果。

4. 着力培育企业文化，实现稳中求进发展，努力提升全员素质。一是深入开展党的群众路线教育实践活动，密切联系群众。从学习上、团结上、工作上、廉洁上、精神状态上发挥党员干部的先锋带头作用，营造“七戒、七不、七做到”的良好风气，不断改进作风，提高工作效率。二是实施员工综合素质全面提升工程，努力培养“五类”人才，建设“五有”队伍，组织开展员工上岗等级考试，建立竞聘上岗机制和关键岗位人员轮岗机制，使广大员工看到自身差距，唤起危机意识，提升业务水平。三是发挥党、工、团、妇组织的作用，调动全行员工的积极性和创造性。组织开展多种形式的沟通交流活动、文体活动和慰问探望等活动，丰富员工的精神生活，努力为员工做实事、解难事、办好事，增强员工的凝聚力。

二、重庆璧山工银村镇银行

（一）业务发展情况。2013年，重庆璧山工银村镇银行实现拨备后利润2 147万元，较上年增长45%。各项存款余额56 024万元，比年初增加13 630万元，增幅32%；各项贷款余额58 229万元，比年初增加10 275万元，增幅21%；实现营业收入3 913万元，增长35%。银行卡、网上银行业务发展良好，共发行翡翠卡2 465张，累计开办30户企业网上银行及98户个人网上银行。成立四年来，无案件、无重大差错，无各类风险事件发生，各项监管指标总体执行情况正常。

（二）主要工作措施

1. 积极探索和努力打造特色经营管理机制。一是召开“‘三农’服务专场对接会”，搭建起银政、银企相互沟通交流的平台。二是将金融服务的着力点放在“三农”、新型农业经济、农办中小微型企业和农村私营经济上。三是开展“进村子、到农家，交朋友、结干亲”活动，与各街道、村社和农户建立合作关系，探索新型服务流程和经营机制。

2. 研发融资产品，健全产品体系。针对县域经济及产业结构特点，着力打造服务“三农”的“阳光计划”系列和服务于中小微企业的“成长动力”系列金融业务品牌，以产品创新为突破口，为农户及涉农企业提供个性化金融服务，深受创业者的好评。

3. 探索“公司+农户”贷款模式，有效解决养殖户贷款难题。在璧山农村经济结构中，家禽养殖业占主导地位。经过市场调研，选择了当地两家养殖龙头企业作为合作单位，从申贷资料、调查审批等业务处理流程进行了创新，从两家公司七八百户养殖户中择优发展了140户重点养殖户，发放了小额贷款用于鸡苗、饲料、兽药、养殖场建设等资金支持，既支持了农业龙头公司的发展，也帮助农户扩大家禽养殖规模，增收致富，产生了较好的社会效益。

4. 坚持“支持一家农业企业，带动一方农民致富”的信贷投放原则，支持新型农村经济组合体发展，实现“农企双赢”。与县内涉及种养殖业、林业、食品加工的数家农业产业化龙头企业和2家农民专业合作社签订了数千万元的授信协议，对当地的农业产业化龙头企业发放贷款5 000余万元，通过发放一户农业产业化龙头企业贷款，带动一片农户增收致富，彰显了支农经营特色，收到了较好的社会效果。

5. 坚持“小额、分散”原则，积极支持涉农小微企业、种养殖户及个体经营户发展。针对县域内涉农中小微企业、种养殖户及个体私营经济的特点，有针对性地推出了一系列融资产品，积极支持和解决在创业发展中资金短缺问题。

6. 调整信贷结构，优化信贷资产。为分散贷款风险，改善贷款方式，确保信贷资产质量，2013年末成功退出企业类客户5户，金额共计1 565万元，部分退出2户，金额545万元，压降金额合计2 110万元，完成企业类客户退出计划的60.2%；退出个人客户15户，金额共计910万元，完成个人类客户退出计划的83.6%。

7. 以风险可控为底线，健全规章制度，切实防范风险，确保支农涉农信贷业务稳健发展。坚持发展与管理并重的方针，引用工商银行内控管理的成熟经验和一贯制度，结合自身特点建立完善了覆盖业务经营与内部管理100余项制度和办法。强化部门内控、案防履职管理，风险防控。按照业务板块，制定操作标准和禁止条款，实现了每一项业务都有标准、每一步操作都有依据，每一个作业都有规范。在注重工作效率的同时，严格控制信用及操作风险，保障信贷安全。自开业以来，信贷资金营运正常，无欠息和不良贷款。

（总行人力资源部）

第三部分

公司治理与风险管理

责任编辑：盘为龙

公司治理机制建设

2013年，工商银行严格遵守营业所在地和上市地的法律法规和相关监管规定，坚持把完善公司治理作为提升发展水平的关键举措，不断完善“三会一层”架构和工作制度，提升子公司的治理水平，积极推进经营转型，强化风险管理和内部控制，促进各项业务健康发展，获得了监管机构、资本市场和社会公众的高度评价，全年共荣获香港上市公司商会“2013年香港公司管治卓越奖”、《亚洲公司治理》杂志“亚洲公司治理指标企业奖”、《财资》杂志“2013年全优公司白金奖”等19项境内外公司治理重要奖项。

一、持续优化公司治理架构，确保“三会一层”高效运作

（一）平稳顺利完成董事、监事、高管换届和董事会专门委员会调整。2013年是工商银行股改上市以来董事、监事、高管更换最为频繁的一年。因工作调整变动，共有4位执行董事、1位独立董事、1位非执行董事和4位高管换届选任，2位独立董事连选连任，以及1位监事到期辞任。本行认真研究换届程序，积极做好相关工作，确保董事和高管换届顺利完成。同时，根据董事换届情况，综合考虑法律法规要求、新任董事个人专长及意愿等多种因素，完成了董事会专门委员会调整工作。

（二）积极维护股东各项权益。2013年，工商银行先后召开3次股东大会，审议通过15项议案，听取2项汇报，参会股东及股东代表近2 500人次，比2012年增加了近30%。圆满完成2012年度股息派发工作，为100余万户股东派发股息835.59亿元，比2012年增加126.47亿元；每股税前分红0.239元，比2012年增加0.036元；现金分红比例约为35%，比2012年高出1个百分点，切实保障所有股东享有股份收益权，树立了诚信、合规的资本市场形象。

（三）充分发挥董事会战略决策和公司治理核心作用。2013年，面对国内外复杂的经济形势，董事会以公司价值可持续增长和股东长远利益最大化作为根本目标，坚持市场导向和商业银行经营原则，加强集团治理，强化风险管理和内部控制，持续提高信息披露和投资者关系管理水平，加强董事会自身建设，圆满完成了全年各项工作任务。全年共召开董事会会议11次，审议议案50项，听取汇报23项；董事会专门委员会会议27次，审议议案39项，听取汇报24项，持续关注各项战略、规划和决策的实施情况，有效履行了监督职责，并通过召开战略研讨会，前瞻性地对未来十年经营形势的变化及下一步转型发展的战略目标、机构和业务布局、体制机制改革、集团化资源配置整合等问题进行了深入分析探讨。

（四）积极发挥监事会监督作用。根据国家有关法律、法规、公司章程和监管要求，监事会围绕全行中心工作，深入开展董事、高管年度履职评价工作，形成了履职评价报告和个人履职评价意见，向股东大会和银监会报告了履职评价情况。认真审核定期财务报告，重点关注财务报告内容的真实性、准确性和完整性，会计准则和监管规定执行情况，监测分析全行财务数据变化情况，有针对性地开展监督检查。密切关注本行全面风险管理情况，重点关注经营环境变化对资产质量的影响，经营转型和结构调整过程中出现的新情况和新问题，重点监督本行内部控制体系的健全性和有效性，加强对重点领域内部控制的监督，有效地促进了全行的健康可持续发展。

（五）管理层统筹抓好经营计划的落实，实现了良好的经营业绩。2013年，管理层坚持稳中求进的总基调，统筹抓好调结构、促改革、控风险、强服务、转作风等各项工作，有效应对利率市场化带来利差收窄、不良贷款反弹增加财务资源消耗、金融脱媒和市场竞争加剧加速传统业务分流等多方面困难，实现了稳定的盈利增长。大零售、大资管等一些潜力大、附加值高、为客户增值多的新业务得到较快发展，境外机构和综合化子公司对集团的盈利贡献和战略协同作用日益增强。网点竞争力提升、信贷业务流程优化、信息化银行建设等一批重大改革课题有序推进，激发了新的活力和动力。

二、不断完善公司治理制度，进一步健全“决策科学、监督有效、运行稳健”的公司治理机制

（一）修订完善公司章程等公司治理基本制度。一是抓紧完成股东大会2012年审议通过公司章程修订案获得正式核准后的工商登记注册等后续工作，并密切跟进国务院、银监会、证监会及两地交易所关于公司治理、优先股及现金分红等政策的最新监管要求及其影

响，结合工商银行实际，审慎研究公司章程修订相关条款、步骤和程序，预先做好相关准备。二是根据香港联交所上市规则的要求，及时启动《推荐与提名董事候选人规则》修订工作，拟订董事会成员多元化政策相关规定，以确保满足上市地监管要求。

（二）加强全面风险管理体系建设。积极应对全球系统重要性银行等监管要求，完善集团并表管理架构和体制机制，推进风险加权资产计量系统建设与应用，完善第二支柱体系建设，深化国别风险管理，制定《分行及子银行实质性风险评估办法》，修订《风险管理评价办法》和《主权及国别风险评级办法》。

（三）完善内部审计体系。加快推进内审职能优化和专业创新，规划实施信息化审计建设，深化审计标准化建设，完善审计项目运作流程与质量控制，优化系统资源配置，提升团队履职能力。内部审计体系持续完善，进一步提升了审计工作质量和增值服务效果。

（四）强化内部控制。全面落实内控体系建设规划，开展制度与检查“两个统筹”管理，建设检查、监测分析和反洗钱“三个中心”，深入开展监测分析、责任认定、屡查屡犯专项治理，完善内控评价办法，提升内控评价工作水平。

（五）改进人力资源管理。系统完善集团薪酬管理制度体系，持续健全集团薪酬资源配置机制，稳步加强员工绩效管理和薪酬激励体系，激发集团各类机构经营活力和全行员工积极性。

（六）规范财务会计管理。围绕加快构建“价值财会、集团财会、精细财会、智慧财会”管理体系，探索财务运行市场化改革，优化资源配置，提升财务规范化管理水平，助推全行经营转型和全年经营目标的实现。

（七）不断提高公司透明度。秉承“真实、准确、完整、及时、公平”的信息披露原则，以投资者需求为导向，不断提高自愿性信息披露的深度和广度。严格执行内幕信息及知情人管理制度，防范内幕交易，充分保障广大股东的利益。通过境内外路演、业绩推介会、反向路演、日常接待等多种形式，加强与投资者的沟通交流，打造专业、高效的投资者交流平台。

（八）积极践行社会责任。逐步建立集战略规划、制度建设、信息披露、教育培训、国际交流于一体的社会责任管理实践体系，有效提升全行社会责任的管理水平和履行能力。构建以“诚信、人本、稳健、创新、卓越”为基本价值取向的企业文化，增强员工的凝聚力与积极性。

三、积极开展公司治理研究，进一步加强公司治理理念的宣传和推广

（一）积极参与高水平的公司治理宣传交流活动。2013 年 8 月，姜建清董事长接受 G30 公司治理与银行监管研究小组访谈，就金融监管的重要性和有效性、董事会与监管者的职责分工和互动等方面发表了意见。9 月，姜建清董事长应邀参加第七届夏季达沃斯论坛，并发表题为“当前全球经济形势下企业的国际化治理”的演讲，受到与会人员一致好评。

（二）加大公司治理建设成绩的宣介力度。编制完成上市以来第二份《公司治理建设报告》，对 2009 年至 2012 年工商银行公司治理建设的主要成绩和经验进行全面总结，提出下一阶段完善公司治理建设的初步构想，在此基础上编制了自改制上市以来的第二份公司治理建设报告，并报送银监会、证监会等主要监管机构和财政部、汇金公司等股东单位。此外，与北京大学光华管理学院合作编制完成《中国工商银行的公司治理之路》案例，有效宣传工商银行公司治理建设的历程和成就。

（三）积极开展集团治理研究和授权管理研究。结合境内外金融集团的集团治理实践经验，借鉴国际组织关于集团治理的监管准则和最新规定，形成了《金融集团公司治理原则与框架研究》和《中国工商银行集团治理原则与框架》研究报告。同时，结合近年来股东大会、董事会授权管理工作实际，积极开展授权管理研究，研究成果《大型银行授权管理与公司治理效率研究》有针对性地提出了完善国有大型商业银行授权管理以推动公司治理效率进一步提高的相关建议。

（总行董事会办公室、监事会办公室）

投资者关系管理

2013 年，受宏观经济下行压力加大、结构转型阵痛逐步传递到金融领域以及利率市场化步伐加快等多种因素叠加影响，境内外投资者对中国银行业的增长前景和资产质量空前担忧、质疑不断，而同期受益于美国经济复苏和量化宽松政策，全球投资者预期及其资金流向出现显著分化。在此背景下，全行多措并举，主动、深

入地做好投资者沟通与服务，运用多种方式合理引导市场预期，努力打造良好的资本市场形象，坚定投资者信心，取得了较好的工作成效。2013 年荣获中国金融在线“最佳投资者关系上市公司”、《证券之星》“资本力量百强”、财华社“综合实力 100 强”、《大众证券报》“最佳股东回报奖”、“最佳公众形象奖”和“投资者关系金牌董秘”、《证券时报》“主板百佳董秘”等诸多奖项。

一、多渠道加强与国内外投资者的沟通与交流，全面展现良好经营品质，坚定市场投资信心

2013 年，全行高质、高效完成四次定期业绩发布与境内外路演，认真细致做好投资者分析师来访会见、投资者热线电话与邮件回复，多渠道、多方式与境内外 500 余家投资机构、共 6 000 余人次进行全面、立体、深入的互动沟通，特别是成功在内蒙古举办 2013 年反向路演，在广大投资者中引起了强烈的正面反响，也得到监管部门的积极肯定。成功举办两场投资者“公开日”活动，组织重要投资者分别赴温州调研房地产市场和河北唐山调研曹妃甸新区发展情况，展现了工商银行独特经营品质和良好的风控能力。积极与上交所沟通，做好“上证 e 互动”平台的维护工作，并基于 A 股股东每周持股变化和 H 股全球股东认证数据，定期主动联系持股数变化较大的投资者，了解相关情况、推介工商银行投资价值。通过及时、坦诚和详尽的交流，全方位地向投资者和分析师展示了本行良好的盈利能力和风险管控能力、积极有序的经营转型和可持续发展潜力，对资本市场预期进行了务实、积极的引导，有效保障了股价总体稳定运行。

二、启动市值管理危机应急机制，做好资本市场的信息反馈和正向引导，最大限度地维护股价稳定

（一）妥善应对突发股权事件。针对高盛完全退出战略持股一事，第一时间启动市值管理应急机制，及时向监管部门汇报相关情况，本着公开透明的原则加强多边沟通，合理引导媒体舆论，得到了资本市场的高度认可和正面反馈。此次减持的转让折扣率仅为 2.5%，全球订单簿记需求超过 40 亿美元，形成 4 倍超额认购，创造了中国大型银行场外大宗交易的历史最低折扣率。从股价表现来看，减持后本行股价平稳运行。

（二）全力做好市值应急管理工作。针对富国银行市值赶超态势，在年中市值压力较大时期，有针对性地加大投资者沟通力度，主动拜访了汇金、财政部、中国人寿、平安保险等 20 余家主要股东和重要投资者，对市场热点问题及其关注事宜进行了深入阐释。与此同时，挖掘全行发展较好的特色业务和经营亮点进行深度报道，提升股票估值。

三、密切监测市场动向，做好精细化、个性化的股权服务与信息披露工作

（一）深入相关机构和企业客户开展调查研究，了解互联网金融时代金融产品创新、渠道建设、中部地区城镇化建设、县域金融与市场拓展模式等情况，加强对同业和市场的了解，更加专业、更有针对性地加强投资者关系沟通和管理工作。

（二）及时监测、分析股权变化情况，就主要股东持股变动情况以及与重要投资者、分析师的沟通交流情况编写《市值管理周报》，促进全行及时了解资本市场反馈。对 2013 年中因可转债与正股间出现套利空间而导致可转债持有人大量转股对市值造成的影响进行分析，同时加强与投资者的沟通，密集安排 A 股、H 股投资者会见，积极引导市场预期。

（总行战略管理与投资者关系部）

履行社会责任

作为国内首家加入联合国“全球契约”的商业银行，本行坚持以“服务客户、回报股东、成就员工、奉献社会”为使命，不断完善“价值银行、品牌银行、绿色银行、诚信银行、和谐银行、爱心银行”社会责任体系。先后荣获“年度最具社会责任金融机构奖”、“年度最佳民生金融奖”、“最具责任感企业”、“中国最受尊敬银行”、“最佳社会责任上市公司”等多项大奖，并连续三年入选香港恒生可持续发展指数成分股。

一、服务实体经济，致力普惠金融

工商银行坚持金融服务实体经济要求，认真落实国家宏观经济金融政策，全力支持产业结构的调整和国民经济的转型升级，促进区域经济平稳协调发展，致力于实现普惠金融。截至2013年末，境内分行人民币贷款新增9 244.03亿元，增幅为11.7%；小微企业贷款余额1.87万亿元，其中单户融资限额3 000万元以下的小微企业贷款达到1.16万亿元；累计发放保障性住房建设贷款151.4亿元，涉及19个省市88个保障性居住项目，其中发放棚户区改造贷款113.39亿元；保障性住房建设贷款余额235.57亿元，较年初增长46.53亿元。

二、创新金融服务，提升客户体验

以“服务品质提升年”为主题，创新金融产品和服务模式，全面提升服务品质。开展了“客户在我心中”大讨论活动，通过组织服务规范培训班、实施服务先进挂牌上岗、深化员工减负工程、实施特事特办服务工作规定等一系列措施，全面树立以客户为中心的服务理念，并将其内化到员工的服务行为中。从业务流程优化与集中处理改革、客户分层服务、服务设施改善等方面下苦功，完善基础服务体系和流程，进一步提升服务效率，2013年客户柜台单笔业务平均办理时间缩短了10%，大部分网点客户平均等候时间控制在10分钟左右。大力推进信息化银行建设，研发推出了“融e购”商城、逸贷、商户POS融资、双远期结售汇、个人账户原油等一批适应时代特点和客户需求的创新产品。优化营业网点布局，加强县域渠道建设，启动网点竞争力提升工程，提升网点服务能力和竞争力。完善境外机构布局，推进境外机构发展转型，提升跨境金融服务能力，截至2013年末，在40个国家和地区建立了329家机构，与境外40个国家和地区的1 730家银行建立了代理行关系，服务网络覆盖亚、非、拉、欧、美、澳六大洲，全球服务网络基本建成。

三、倡导生态文明，共建美丽中国

全面推进绿色银行建设，修（制）订并印发了2013年版61个行业（绿色）信贷政策，覆盖了全行85%的公司贷款和国家产业政策鼓励发展的绿色经济领域；修订了《境内法人客户绿色信贷分类标准》，建立了绿色信贷分类与企业评级的关联并将其植入和贯彻到信贷流程中，将其作为对客户总体评估和信贷决策的关键依据；对产能过剩行业实行行业信贷限额管理，全行产能过剩行业贷款余额较年初下降279.7亿元。电子银行业务占比达到80.2%的新历史高点，如果按照企业网银客户每月节省纸张1公斤计算，300多万企业网银客户全年可节省纸张约36 000吨，相当于种植了72万棵树，减少了约9 000吨二氧化碳排放；开发投产了多个门类的办公信息化系统，积极扩大办公平台应用，精简了各类文件简报，全行每年可节约用纸约15 816万张；发起“光盘行动”、“地球一小时”等环保活动，以实际行动助力绿色中国。

四、坚持合规经营，强化诚信建设

以维护客户权益为核心，以提升客户满意度为宗旨，努力构建诚信、健康、和谐的金融消费环境。2013年，围绕客户服务的重点环节，查防并举，稳步开展定价及业务审查、收费政策执行监督、客户信息安全防护、消费者教育、客户维权协调等消费者权益保护工作，建立了上下级纵向沟通、多部门横向协调的消费者权益协调联系人工作机制，并在门户网站开辟“金融知识与收费政策”专栏，通过客户体验、主题宣讲、有奖问答、互动沙龙等多种形式将送金融知识进社区、进校园、进企业，累计组织“防范电信诈骗”、“防打非法集资”等各类业务安全公众宣传14万余次。建立了总—省—支三级服务工作委员会制度，构建了“总行解决制度层面问题、分行解决执行层面问题、纵横联动”的客户服务突出问题解决机制，全年共受理客户投诉2 912件，同比降幅58%，客户对投诉的处理满意率保持在90%以上，个人客户满意度同比提升9%。此外，工商银行积极将自身社会责任理念和要求推广至供应商的生产和服务之中，在项目谈判通知书中对项目潜在供应商和服务商提出准入基本条件和项目准入条件，对供应商在安全生产、环保认证、人权等方面采购标准进行资质核查。

五、关爱员工成长，打造和谐工行

本行始终坚持“以人为本”的管理理念，不断建立完善各项劳动用工制度，在员工招聘录用、岗位调整、薪酬待遇、职业发展、离职管理等各个环节，严格遵守国家有关法律法规，积极创建人尽其才的用人环境、打造员工平等发展的平台、营造温馨和睦的大家庭氛围。建立健全职工代表大会制度，对涉及员工切身利益的制度办法依法履行民主程序，切实保障员工知情权、参与权和监督权的落实。实行全流程绩效管理体系，针对不同岗位、不同梯队、不同能力、不同年龄的员工，实施针对性职业设计与能力培养，帮助员工按照工作需要和个人兴趣实现长远职业发展。2013年共举办各类培训班4.5万期，培训414万人次，人均受训约9.5天，全行91%的员工年内至少参加过一次培训。定期组织员工进行健康检查，对女性员工、大龄员工以及离退休人员增加体检项目，对先进员工开展疗养活动，对重急病及特困员工及时救助和慰问。

六、热心慈善公益，倾力回报社会

始终坚持“服务社会、奉献社会、回报社会”的宗旨，积极开展扶贫救困、资助教育、志愿者服务等活动，2013 年在公益事业领域共投入 6 346 万元（不含员工个人捐款）。

（一）定点扶贫。2013 年，工商银行投入扶贫资金 1 200 余万元，在定点扶贫的四川省南江县、通江县和万源市集中开展了一批教育和卫生领域基础建设项目，推动了当地经济和社会协调发展：捐资 400 万元，资助通江县龙凤场乡中心小学新建了 1 250 平方米的宿舍楼以及万源市石塘学校新建了 1 800 平方米的教学楼，预计受益学生将达到 2 000 名；捐款 30 万元，表彰了 150 名扎根山区教育工作的优秀乡村教师；捐款 168.48 万元，资助 356 名品学兼优但家庭条件困难的新入学大学生；捐款 240 万元，与中国残疾人福利基金会合作实施免费复明手术，力求使当地全部 2 400 名贫困白内障患者得到救治；捐款 200 万元，资助南江县光雾山镇中心卫生院新建 800 平方米的住院楼，预计每年可满足近 1 万人次的住院需求；资助 120 万元帮助 2 000 名贫困高危孕产妇到医院分娩。

（二）公益慈善。一是积极支持四川雅安地震灾区抗震救灾，在地震当天即为抗震抢险部队紧急开通了资金应急保障卡，确保救灾资金汇拨、现金提取等应急金融服务需求有效满足。灾后共捐款 1 724 万元（其中员工捐款 224 万元），共向 66 户企业客户发放贷款 31.99 亿元，向 1 293 户个人客户发放贷款 3.58 亿元，为帮助受灾居民灾后安居置业作出了积极贡献。二是向中华健康快车基金会捐赠 200 万元，为山西吕梁 1 094 名贫困白内障患者免费实施了复明手术。三是连续两年参与“幸福宁波，乘机返乡”优秀外来务工人员平安返乡大型关爱活动；连续五年支持“感动甘肃·十大陇人骄子”评选活动。四是大力支持文化教育事业发展，连续四年携手对外经济贸易大学合作举办“工商银行杯”全国大学生银行产品创意设计大赛；与江西财经大学组建了“大学生创业实习基地”；连续四年支持了上海艺术博览会，连续六届资助上海市自然科学牡丹奖。五是积极组织志愿者活动，开展了“携手与你同行　爱心照亮希望”、“梦想书屋”、“送温暖　献爱心”、“志愿支教一日”、“义务劳动送关怀”、“捐资助学”、“艺术传递爱心　六一放飞梦想”、“与工行开拓世界”、“用声音温暖心灵　用心灵去看世界”、“明天会更好”、“情牵民工社区　未来之星闪耀”、“爱伴夕阳”等一系列志愿者活动。

（总行战略管理与投资者关系部）

子公司的公司治理

一、子公司治理机制建设情况

2013 年，工商银行坚持“抓统筹、促协同、控风险”，探索并完善对子公司的管理模式，理清股东、董事会及高级管理层之间的职责分工，参照国际优秀实践和银监会的并表管理要求，扎实推进子公司治理机制建设，也有效推动了集团“ONE BANK”一体化发展战略的落实，促进了子公司与集团其他机构之间的业务联动和协同发展。

（一）推动子公司业务发展战略的规划和实施。充分调研国际国内行业发展趋势，在集团整体发展战略框架下，基于发展机遇和有待改进的问题，找准子公司在集团整体经营发展中的战略定位，制定了四家综合化子公司未来发展的规划，为其指明发展的方向和路径。

（二）做好并表管理和信息报送工作。认真做好综合化子公司并表管理工作，协调境内综合化子公司反馈关联交易、风险管理及内控合规的相关情况。加强综合化经营战略研究，梳理汇总综合化子公司的经营情况和管理措施，形成综合化经营调研报告，报送银监会、人民银行等相关监管部门。

（三）有效发挥专职董（监）事完善子公司治理的作用。一是加强专职派出董（监）事履职制度建设，制定印发了《中国工商银行派驻持股公司专职董事履职管理办法（2013 年版）》、《中国工商银行派驻持股公司专职监事履职管理办法（2013 年版）》和《中国工商银行派驻持股公司专职董事监事履职评价办法（2013 年版）》，进一步规范了专职派出董（监）事的履职管理和绩效评价工作，在推动专职派出董（监）事履职的基础上，引导和推动子公司完善治理机制，提高经营管理水平。二是对各子公司公司章程进行了全面梳理，根据新实施的法规，推动工银瑞信、工银租赁修改公司章程，推动工银安盛建立完善清晰、高效的授权管理体系，健全与业绩紧密挂钩的薪酬激励制度和绩效考核指标。同时，将加强议案管理作为提高子公司治理水平的切入点，制订了《控股公司董事会议案流程管理工作指引（初稿）》，明确对子公司董事会议案报送、审议和执行流程的管理要求。

二、集团派驻子公司董（监）事办公室工作开展情况

截至2013年底，本行已有12名专职董（监）事，分别担任19家子公司的董（监）事职务。全年共参加了19家子公司的88次董事会、监事会，参加各类专门委员会会议95次，合计审议议案946项，专职董（监）事在子公司公司治理中的作用进一步得到有效发挥。

（一）专职董（监）事认真履职，加强对子公司的管理。2013年以来，集团派驻办不断强化董（监）事履职管理，提升履职能力，从公司治理层面积极发挥专职董（监）事价值和作用。一是专职董（监）事以子公司董事会、监事会及其专门委员会为主要平台，认真审阅子公司提交的各项议案，积极思考并及时与集团总部的相关部门沟通，形成会议表决意见，贯彻出资人意志。二是积极开展调研工作，坚持将履行董（监）事工作职责与查找子公司经营发展中存在问题相结合，深入子公司实际了解情况，撰写履职报告，努力为子公司经营管理建言献策。派驻办就专职董（监）事反映的重点问题作工作报告。三是强化监管沟通，营造外部环境。专职董（监）事十分重视与当地监管机构的日常沟通，一方面认真参加子公司驻在地监管机构举办的培训，认真学习当地监管动态、业务知识和公司治理等方面的知识，提高自身履职能力；另一方面积极发挥沟通纽带作用，加深监管机构对子公司的了解，赢得监管机构的理解和支持，为子公司发展营造良好的外部监管环境。

（二）夯实管理基础，完善运作机制。一是完善专职董（监）事联系、沟通和协商机制，专职董（监）事多次对在履职过程中发现的重大问题进行集体研究和讨论，群策群力、集思广益，切实发挥专职董（监）事的团队“合力”。二是初步搭建了集团派驻办与总行财务会计部、国际业务部、内部审计局和风险管理部等相关部室间的横向沟通机制，强化对子公司日常经营管理信息和各项议案的沟通，提高了履职效率。

（三）积极推进履职能力建设，提高国际化、综合化工作能力。一是搭建与总行专业部室面对面交流的平台，邀请总行财务会计部、人力资源部、董事会办公室、国际业务部等部门的主要负责人为专职董（监）事开展了一系列培训，以座谈形式就集团管理模式、子公司业务发展情况、相关专业条线的现状与问题、子公司资本管理和法律风险并表管理等专职派出董（监）事共同关注的问题开展讨论。二是坚持开展英语集中培训工作，强化对商务、银行、公司治理等工作相关英文材料的学习，切实提高专职董（监）事和工作人员运用英语开展工作的能力，以更好地适应工商银行国际化发展的要求。

（总行战略管理与投资者关系部）

全面风险管理

2013年，全行着力加强集团维度全面风险管理，推进风险量化技术深入应用，加大不良贷款管理和清收处置力度，进一步提升了全面风险管理工作水平。

一、进一步提升全面风险管理水平

（一）积极应对系统重要性银行等监管要求。完成全球系统重要性银行（GSIFI）测算，积极开展国际监管规则和金融同业GSIFI实践研究。启动相关数据和报告系统业务建设工作，研究恢复和处置计划方法论及框架模板。配合完成巴塞尔协议Ⅲ定量测算和实施情况国别评估。

（二）完善第二支柱体系，加强实质性风险和资本管理。完善第二支柱下的资本充足率预测、整合性压力测试工作，推进风险加权资产（RWA）系统建设与应用，加强系统应用，开展监管资本占用的分析、报告，强化资本约束理念。

（三）加强集团并表风险管理工作。一是编制集团并表管理总结和工作计划，按季度分析和报告子公司并表风险情况、集团股权投资和自营交易情况。二是加强制度建设，制定了《自营业务管理规定》、《非银行类子公司风险评估办法》，建立并表监管文件库，及时更新并表管理机构名单，对子公司风险管理重要事项进行审核。三是加强非银行子公司风险管理，明确了非银行子公司风险管理原则、职责分工和基本要求，编制了风险评估模板及相关报告。四是推进IT系统建设，投产集团并表风险管理系统（CGRM）一期，启动二期立项等工作，组织建设集团股权投资管理系统（GEIM）。

（四）深化国别风险管理。一是修订《主权及国别风险评级办法（2013年版）》，及时更新124个经济体主权及国别风险评级，丰富国别风险报告，开展了60个国家国别风险报告，首次汇编涵盖80个国家的《全球国别风险概要》。二是加强国别风险限额管理，更新

和调整197个国家的国别风险限额。按月完成集团国别风险敞口统计及监管报表，按季度开展国别风险敞口分析报告，每半年对国别风险潜在影响进行压力测试。三是完善国别风险管理系统建设，优化国别风险评级系统，投产应用国别敞口统计分析和限额监测系统，优化和整合国别风险信息库。

（五）充分发挥风险管理决策支持作用。2013年，总行共召开四次风险管理委员会会议，审议和听取汇报议案15项，审阅报告30项。加强会议决议的落实、督办和执行情况报告，持续督导境内外分行及附属机构改进风险委员会运作机制。总行风险管理部门按季度编制集团口径风险管理报告，完善专题风险报告，定期编制风险指标分析表、风险敞口分析图和风险信息动态等专题报告，并组织分行提升风险报告的决策支持效果。

二、持续提升市场风险管理水平

完成人民币债券业务检查和汇报工作，从制度、流程、交易价格、交易对手等方面全面清理、检查了人民币债券承销发行、投资交易、代理与结算三大类业务的基本情况。深化市场风险内部模型法成果应用，有序推进市场风险计量系统延伸。加强市场风险限额管理，编制2013年度总行及境内分行市场风险限额管理方案、境外机构交易账户市场风险限额管理方案。加快全集团产品控制体系建设，全面调查集团各机构、各系统的事前控制实现情况，推进产品控制系统建设，开发投产银行账户业务、结构性衍生品、债券期权的产品控制系统，完成总行金融市场业务上海中心的备份演练。完善金融资产服务业务风险管理，开发投产金融资产估值管理系统，做好资产管理业务交易价格验证工作，完善金融资产服务业务合作机构客户评价，制定《金融资产服务业务客户风险评价管理办法》，开展资产管理公司等三类合作机构的风险评级建模，完成系统立项。完善资产管理业务市场风险管理机制，制订《资产管理业务市场风险管理实施方案》，并按月编制相关分析报告。

三、继续推进风险计量体系建设

一是推进资本管理办法实施验收。完成实施资本管理高级方法的各项准备工作，2013年上半年向银监会提交正式申请，及时报送高级方法监管报表和定量测算结果。二是持续完善非零售内评体系，加强内部评级管理，推进内部评级模型优化，完成债项评级模型优化，完善内部评级制度，投产全球法人客户评级系统，实现境内外法人客户评级模型、评级标识、评级流程和评级结果的统一管理。三是推进零售评级体系建设和应用，利用大数据挖掘方法，开展系列风险量化分析，完成境内个贷行为、境内外信用卡行为、个人消费贷款申请等12个评分模型和207个风险参数资产池优化，实现境外信用卡存量业务信用评分模型的突破。四是做好风险计量模型验证工作，对非零售客户评级模型、零售业务模型、市场风险计量模型开展持续监控和优化模型投产前验证，对模型的区分能力、准确性、审慎性和稳定性进行监控分析。五是加快反欺诈项目建设，做好操作风险资本计量，组织开展了2013年度操作风险情景分析，并首次覆盖全部境外分行和银行类控股机构。

四、不良贷款管理与清收处置取得新成效

加强不良贷款管理和处置工作。2013年，全行共清收处置不良贷款782亿元，成效为历年之最，清收处置总额、现金清收额、呆账核销额均为上市以来年度最高水平。完善不良贷款管理机制。修订《法人客户不良贷款管理办法》，建立法人客户不良贷款集中管理模式。加强个贷大额不良贷款及重点机构督导，建立大额银行卡透支不良及疑难项目处置工作联系机制，形成前后台压降不良合力。推进全球风险资产管理系统（GRAM）建设，投产不良资产批量转让项目，优化系统呆账核销、还款免息、以物抵债等功能模块，推进不良贷款处置业务无纸化审批应用推广，组织试点分行投产。积极推进历史遗留问题清理，全面完成华融信托投资公司档案移交、归档和印章销毁等工作。向银监会上报《我行历史遗留问题清理及两年以上账龄抵债资产处置情况的报告》。积极推进第二批军工企业债转股和政策性委托持股处置事宜。

（总行风险管理部）

内部审计

2013年，内部审计围绕全行发展战略和中心任务，准确把握自身在全行风险管理、内部控制和公司治理体系中的职能定位，持续关注主要经营风险，有序开展各项审计活动，积极推进专业升级创新，为全行有效防范风险、推动转型发展、实现经营目标提供了有效保障，发挥了增值作用。

一、做好审计计划的执行落实

内部审计紧扣全行风险控制主线和转型创新主题，将职能重心定位于把握总体、揭示风险和服务发展，以精品审计为抓手，以增值服务为目标，全年共完成审计计划项目21项，新增审计项目7项，区域性审计项目14项，境内外高管经济责任审计36项，以及多项非现场持续审计监测和专项审计分析项目，进一步提高了审计计划的整体执行质量。

（一）关注重点领域，揭示风险更加前瞻。结合内外部经营形势变化，审计重点关注了信贷业务、财务管理、信息科技安全、资本管理、反洗钱等部分受政策影响大、风险变化大、监管力度大的重大业务，理财业务、网上银行、第三方支付、利率管理等部分发展创新快、市场变化快、社会关注程度高的热点业务，以及跨专业、跨机构、跨监管的一些复杂业务领域。各内审分局根据分行和机构经营管理实际针对性开展了供应链融资、客户隐性关联贷款风险、个人信用业务产品整合、智能银行创新、网点管理等区域性重点审计。通过审重点、审热点、审难点，进一步突出了审计活动的战略性和前瞻性。

（二）注重综合评价，成因分析更加深入。充分发挥审计活动辐射全业务、全机构、全流程的综合优势，向董事会、监事会和高管层提交审计工作报告4期、《内部审计专报》26期，加强了对年度各类审计发现的整体归纳和提炼，注重从产品流程入手，看管理机制上的缺陷，从个体风险及其潜在影响入手，看风险之间的关联性和相互作用，从区域、局部风险的分布与差异入手，看风险对全局的传递影响，从集团全局和整合视角揭示问题，评价制约业务发展的影响因素和根本原因，积极为治理各方进行决策管理提供审计专业支持。

（三）强化咨询服务，增值作用更加有效。在履行审计确认职能的同时，积极强化咨询服务职能，出具了相应的咨询调研报告，提出的438条审计建议全部得到采纳。此外，通过及时提示风险变化趋势和监管政策动态，加强对境外机构审计条线的管理和指导，积极帮助各机构及时应对区域性环境变化和潜在风险隐患，进一步提升了增值服务效果。

（四）完善制度机制，整改实效显著增强。把揭示风险与推动整改、完善管理紧密结合，注重标本兼治，进一步加大了对问题整改效果的跟进和督促力度，制定实施了《审计发现问题整改工作管理办法》，明确了一把手负责、专业条线负责、归口管理负责的治理整改机制。加强了与各机构和部门的沟通，促进了整改要求的充分落实。通过下发审计整改意见书、持续监测、后续和延伸审计，及时全面地报告审计发现和整改情况，提高了整改实效，有效推动了相关制度流程和管理机制的优化。

二、做好外部审计协调配合

内部审计积极协调配合外部监管和审计机构对本行进行的各类专项审计和检查，主动适应监管审计政策要求，通过把握关键环节、关键事项、关键时期，强化对文件报告的剖析分解，强化对经办资料的审核把关，强化对监管意见要求的督办落实，强化与总行各相关部门和分行的配合，强化对先进经验的学习借鉴，牵头协调内外，积极联动上下，配合检查各方，保证了各项外部监督检查工作的有序进行，在传导国家监管要求、落实监管政策、向行内提供外审信息、整合分析问题及整改情况等方面不断改进，有效发挥了对本行依法合规经营和进行管理决策的支持服务功能，并多次受到监管部门的好评。

同时，内部审计进一步拓展深化协调工作的领域和内容，通过完善向监管机构、资本市场、外部审计的沟通报告机制，及时满足了上市公司信息披露和境内外监管部门的新要求。积极为相关机构业务变更和落实监管要求提供独立第三方的鉴证与咨询服务，内部审计报告不仅已成为行内部分业务创新发展所必需的重要的第三方独立监督意见，也成为境内外监管机构等外部监管部门评价本行监督机制运作成效的重要内容。

三、有效推进信息化审计建设

内部审计将信息化审计建设作为提升未来履职能力的重中之重加以全面研究和规划，经过一年的努力，在信息化审计建设方面取得了阶段性成效。

（一）发展思路目标明确。围绕全行信息化银行建设目标要求，研究确立信息化审计的发展方向、基本框架与主要内容，制定了《信息化审计发展规划》，以信息主导、数据驱动、覆盖全面、智能管理、价值创造为核心，明确了内部审计信息化建设的系统平台、方法体系、管理机制、队伍保障等方面的主要任务和各阶段重点措施。

（二）配套机制逐步完善。制定了《关于全面推动持续性审计工作的意见》、《内部审计局“数据分析师”和“专业分析师”管理办法》、《内部审计局信息需求分析和实施办法》和《非现场审计产品体系管理办法》等制度规范，为信息化审计的有序推进提供了管理保障。

（三）系统平台持续优化。根据审计实践和业务发展需要，优化了审计信息系统与各类核心业务管理系统的对接模式，拓宽了信息通道，充实了审计分析系统数据，补充了境外机构监测系统数据；统一了审计信息系统需求研发标准，完善了审计管理系统，投产了直属机构监测系统，进一步增强了对审计领域拓展延伸的支持功能。

（四）理论研究取得突破。竞标审计署“大数据时代的信息化审计研究”国家级课题招标并中标；开展了“信息化审计发展模式”改革发展课题研究；参加了中国内审协会“内部审计信息化理论研讨暨经验交流活动”，4篇研究论文分别荣获一等奖和二等奖；参加内审协会第一期金融论坛活动，作为商业银行唯一代表作了题为“以信息化审计应对未来挑战”的主题演讲；信息化审计研究成果在《金融时报》发表。

四、持续完善审计管理机制

为保障审计活动顺利开展，内部审计主动适应复杂风险管理形势下的履职要求，加快推进职能转型和专业创新，不断改进工作方法，优化管理机制，持续提升了审计工作层次和水平。

（一）审计项目运作水平有效提升。内部审计不断树立和强化精品理念和品牌意识，重视审计报告的及时性、价值性，重点抓审计项目的质量控制，通过创新运用非现场审计方法技术，完善项目工作组、实施组的职责分工和协作机制，优化内部审计项目工作规程，审计方案和报告专家评审制度，改进审计发现与结论评级标准，提高审计人员审计发现与归纳提炼能力等一系列措施，有效提高了审计发现和报告能力。

（二）审计资源配置效率持续优化。对内部审计机构职能进行了梳理，整合优化了对统筹计划、项目管理、资源配置、方法标准、系统开发、质量控制、结果报告等方面的专业管理机制；从审计项目入手，充分考虑了不同形势环境下各业务和机构的发展情况，结合审计时间跨度因素，合理安排布局年度计划审计、区域审计、非现场审计和持续性审计，根据项目类别和风险等级实行差异化的资源配置，确保了审计资源对审计需求的合理有效覆盖，进一步增强了内部审计系统的整体执行力；区域项目实施首次尝试由选题关注点相近、能力互补的两家分局共同实施，推动了各分局的资源经验共享与共同提高。

（三）审计质量评估步伐加快。根据《中国内部审计质量评估办法（试行）》，制定了我行内部审计质量评估工作要点，从目的、内容、方法、流程、工具、标准等方面明确了职责分工和重点措施，选择部分分局开展了评估试点，审计项目管理质量得到新的提升。内审上海分局获得中国内审协会颁发的“内部审计质量评估结果最高等级标准”荣誉证书，成为国内银行业首家接受外部专业评估并达标的单位。

（四）研究制定内审发展规划。根据工商银行2015—2025年发展战略纲要编制要求，结合内部审计发展趋势和自身实际，起草编制了2015—2025年内部审计工作纲要。明确了未来十年全行内部审计的发展方向和主要目标、审计重点任务和主要措施，为全行内部审计工作的升级发展确立指导纲领。

五、队伍职业水平持续提升

内部审计始终把队伍建设作为提升履职能力的根本途径和重要抓手，一手抓专业能力提升，一手抓工作作风改进，队伍格局得到进一步优化，综合素养和执业能力持续增强，精神面貌积极向上，更好地适应了改革发展对内部审计的履职要求。

（一）突出三项能力建设。持续强化内部审计人员发现和解决问题能力、沟通协调能力和持续学习能力三项核心能力建设，持续提升内审人员的政策和专业水平。一是将专业培训和审计活动实施紧密结合，完善审计培训机制，创新培训方式，充分利用信息手段，全面开展了新政策制度和新业务产品、境外机构业务非现场审计等专项培训。二是注重思维观念更新，积极组织内审人员参加各类专业条线培训，定期开展内审实务及其他专业的学习交流，与毕马威协同举办了12期涵盖审计职能发展、国际银行监管、新资本管理办法等一系列讲座。三是注重重点人才培养，合理安排内审人员参与不同审计项目，发挥专家人才与核心骨干的专业实践引领作用，深化核心项目团队重点培养，选派优秀骨干赴分行挂职交流，通过公开招聘选拔充实了一批急需的优秀管理人才和专业人才。

（二）强化队伍作风建设。一是强化规定落实。在严格贯彻执行中央八项规定、总行改进工作作风规定要求及相关制度的同时，结合内审工作实际制定实施了八项29条实施细则，将从严治行、勤俭办行的传统和作风，有效弘扬并贯彻到内部审计活动之中。二是强化职业自律，严格执行《员工行为规范》、《内部审计人员职业道德与行为规范》、《关于加强审计纪律的九项规定》等制度，加大相关考核评价力度，自觉接受各方面监督。三是强化服务意识，遵循主动服务、有效服务、增值服务原则，深化审计服务规范细则的完善和落实，认真履行内部审计服务承诺，进一步增强了服务的专业性和针对性。

（总行内部审计局）

内控体系建设

2013年，工商银行围绕新时期全行改革发展战略，着力推动实施《2012—2014年内部控制体系建设规划》，健全集团制度管理机制，完善集团合规管控模式，强化监督检查力度，优化操作风险管控手段与工具，推进内部控制体系不断完善。

一、推动实施内控体系建设规划

在全面总结2012年度内控规划实施特征和成效的基础上，各级机构将2013年内控建设任务与本机构经营发展和年度计划紧密结合，采取有效措施积极落实各项工作任务。一是在内部环境方面，借鉴国际先进监管准则和最佳实践，研究拟定《集团治理原则与框架》，进一步完善集团内部管理机制的顶层设计。二是风险评估方面，健全集团合规风险综合管理，完成总行以及境内分行至基层网点2.24万余名合规经理的配备工作。三是在控制活动方面，完成对总行及境内外机构制度梳理评估工作，健全了集团制度管理长效机制。四是在内部监督方面，建立健全监督检查统筹管理机制，初步搭建“项目有统筹、检查有规范、整改有机制、违规有问责、信息有共享”的检查管理体系；实施了高风险业务、重点领域和员工的专项监测，开展“屡查屡犯”风险事件专项治理活动，全行“屡查屡犯”柜员与风险事件数同比下降77.53%和79.57%；完善内控评价办法，实现评价方式常态化、评价内容规范化、计分方法标准化、评价流程信息化。

二、深入推进集团制度统筹管理

一是总行及境内外机构制度梳理评估顺利完成。系统梳理总行制度2 095个，废止整合减少545个，新制定292个，最终形成由80个规定、895个办法、435个细则规程、432个过渡性文件、合计1 842个制度构成的总行新制度体系（截至2013年12月31日），并明确其中429个制度适用于境外机构。各境内分行共梳理有效制度16 860个，各境外机构共梳理有效制度2 992个。

二是制度管理长效机制更加健全。根据《制度管理基本规定》，进一步完善制度统筹管理工作机制，对于存量制度，明确了制度的评估整改机制，对于新制定制度，建立了立项管理、审查管理及统一发布机制；统一建立“工银规章”文号，实现了规章制度与行政公文的分类管理；认真完成年度制度立项、审查工作，梳理解决制度问题943个，其中合规性问题18个，健全性问题35个，适用性问题764个，一致性问题126个，进一步提高了现有制度执行效率。

三是全行统一的制度管理平台投产运行。依托“办公信息化系统”及“合规管理系统”建立了全行规章制度库，收录现行有效制度，并提供灵活的浏览查询功能，为全行员工学习和执行制度提供了便利。

经过一年多的努力，首次形成了覆盖全面、层级明晰的集团制度体系，系统解决了制度体系中长期存在的“内外、上下、前后、左右”不一致问题，健全了集团制度管理长效机制，较好地实现了精简制度总量、提高执行效率、健全管理机制的目的。

三、持续完善集团合规管控模式

2013年，全行以“合规经理、合规审查、合规报告”三项工作机制为抓手，积极探索合规管理新途径和新方法，初步形成了以监管规则研究解读、合规审查咨询为重点的事前合规风险管理模式，有力推动了合规管理向境外和非银行领域拓展，充实了特定合规事务管理内涵，集团合规管理更加有效。一是初步建立合规经理管理机制，印发了《合规经理管理办法（试行）》，完成全行合规经理的配备工作，进一步充实完善了全行合规管理组织架构。二是加强事前合规审查力度。2013年共完成各类合规审查7 087项，提出审查意见8 082条，意见采纳率超过90%，充分发挥了合规风险事前把关作用。三是跟踪研究监管规则变化。跟踪监管规则变动162项，编写了摩根大通合规风险事件分析、沃克尔规则研究等多份专题研究报告，积极推进规则意识在全行的树立。四是认真开展关联交易和内部交易管理。制定《关联交易管理规定》，开展关联交易风险监测，强化内部交易量化分析，充分关注关联交易和内部交易对集团稳定经营的影响。五是强化境外机构和附属机构合规管理。组织开展境外机构合规管理调研和检查，完善集团合规管理报告路径，并编制了首份集团口径的合规管理报告。

四、进一步强化监督检查力度

2013年，全行上下坚决贯彻“从严治行”管理要求，不断强化监督检查统筹管理，认真开展内控监测分析和风险核查，重点实施高风险领域检查审计，全行监督检查的有效性得到进一步提高。

在检查统筹管理方面，制定了《监督检查管理规定》和《监督检查整改工作管理办法》，健全了全行监督检查统筹管理和问题整改工作机制，探索开展了年度检查计划统筹和执行监督，搭建起监督检查管理系统，重复检查和整改不到位的问题有所缓解，总分行年度检查数量同比分别减少 30.2% 和 76.4%，问题整改率上升至 96.36%，集团监督检查活动逐步规范。

在监测核查方面，印发《关于加强内控监测分析工作的意见》，建立由 200 余个自动预警指标构成的常态化内控监测分析机制，实施高风险业务和员工大额异常资金交易专项监测，核查风险事件 242.37 万笔。同时，强化监测核查结果分析，下发风险提示 2 793 期，提出系统流程优化建议 1 241 条，积极促进各项业务制度、系统、流程的优化完善。

在专项检查方面，2013 年全行各级内控合规部门组织开展各类专项检查 4 125 项，并对检查中发现的违规机构和人员进行了严肃问责和处罚，及时发现和消除了一些重点领域和关键环节的风险隐患。

五、组织开展 2013 年度内控评价工作

为进一步提升评价对内控管理的促进作用，增强内控评价工作的科学性和针对性，对内控评价办法和评价组织管理进行了全面优化，大幅增加非现场过程评价指标权重至 50%，探索建立日常审阅机制，加强重要环节刚性控制，升级内控评价系统，强化现场评价质量管理，实现了评价方式常态化、评价内容规范化、计分方法标准化和评价流程信息化。2013 年，各一级（直属）分行内控评价平均得分为 86.86 分、平均等级为内控二级，各分行均在三级以上，无四级、五级分行。与上年度相比较，2013 年内控评价平均得分下降 1.54 分，内控三级行增加 1 家，主要原因是通过修订办法，增加非现场指标和完善限制评价内容，进一步严格了评价标准。

六、不断优化操作风险管控手段与工具

针对 2013 年银行业案件防控压力上升、外部风险因素向银行不断蔓延、金融产品交叉传染风险加大的严峻态势，全行着重从健全制度体系、完善管理工具、强化报告研究等方面不断提升操作风险统筹管理能力，取得积极成效。一是操作风险管理制度进一步健全。印发《2013 年度操作风险限额管理方案》、《操作风险管理委员会工作规则》，强化操作风险偏好管理和委员会履职力度。二是操作风险三大管理工具持续完善。修订损失事件认定和分类标准，强化关键风险指标监测数据质量控制，完成年度操作风险与控制自我评估，三大工具管理系统不断优化并向境外延伸。三是操作风险报告与理论研究得到强化。全年印发各类操作风险管理报告 30 余份，并完成行为风险管理研究、操作风险信息整合研究等前沿课题。四是操作风险履职行为得到进一步规范。开展首次操作风险履职专项检查，发现并纠正操作风险履职缺陷 320 个，有力督促各级机构认真开展操作风险管理工作。五是信息科技风险治理和外包风险管理得到有效推进。健全《信息安全（保密）现场过程指标库》，组织开展信息安全（保密）检查，开展了首次业务外包评价，进一步强化了信息科技风险和业务外包风险管控。

通过扎实推进各项基础工作，以“综合管理、分类控制”为特点的操作风险管理体系日趋完善，2013 年度全行操作风险损失率仅为 0.022%，实现了连续四年下降、远低于 0.15% 控制目标的良好效果。

（总行内控合规部）

声誉风险管理

2013 年是媒体传播方式急剧裂变、外部舆论环境十分复杂的一年，对商业银行的声誉风险管理工作提出了更大的挑战。对此，全行进一步健全和完善了声誉风险管理体系和工作机制，积极主动进行正面宣传引导，妥善应对舆情事件，为全行改革发展营造了相对平稳的舆论环境。

一、大力传播改革创新和业务发展的良好局面，积极引导舆论稳定市场预期，妥善应对舆情事件

（一）加大正面宣传报道工作力度，提升新闻报道层次，创新宣传形式，积极引导舆论。重点策划和实施了服务实体经济、深入开展群众路线教育实践活动、改革创新与业务发展成就等一系列专题宣传活动，取得了显著的传播效果。一是正面宣传的质量和水平持续提

高。2013年，在境内外各类新闻媒体共刊登（播）正面新闻报道超过18万篇，其中在中央电视台、《人民日报》、新华社等8家核心主流媒体上刊播的正面新闻报道数量达1 996篇。国际传播工作取得较大突破，在全球40个国家和地区的350多家国际媒体刊播超过2万篇正面报道，与央视英语频道、中文国际频道深度合作加强了对海外业务的宣传推广。二是舆论引导积极主动。面对复杂形势主动发出正面声音，如2013年6月中旬，由银行间市场资金价格大幅波动等因素引发的不安情绪持续蔓延，工商银行通过发布新闻稿、接受主流媒体采访等主动发声、驳斥谣言，缓解了非理性情绪，有效稳定了市场预期，得到媒体、同业和监管部门的肯定。

（二）成功防范和妥善处置了多起突发舆情事件，坚决维护了我行声誉和形象。一是对容易引发恶意炒作、造成较大社会影响的高风险舆情苗头，提前介入干预，制定应对预案，成功防范了10余起可能造成较大影响的舆情事件。二是在对舆情迅速进行调查核实和科学研判的基础上，综合运用传播控制、正面回应、解释引导等多种手段，妥善处置了多起高风险舆情事件。

二、及时总结经验，进一步强化和完善管理制度和工作机制，夯实声誉风险管理基础

（一）加强舆情监测值班制度。组织公关团队实行常态化的7×24小时舆情监测值班制度，对相关舆情进行全面、实时监测，确保第一时间发现和报告舆情，在舆情发酵前快速响应，为风险的处置化解争取宝贵时间。

（二）加强舆情提示督办机制。进一步加大舆情提示督办力度，显著提高了舆情提示、跟踪督办和报告反馈的时效性，妥善处置客户通过媒体提交的投诉，督促全行各单位改进相关工作。

（三）加强声誉风险报告制度。完善日常舆情监测报告制度，共编制《舆情监测报告》和《舆情专报》73期，第一时间向高管层及相关单位报告舆情和处置情况。同时，督促全行各单位按季度向总行报告本单位声誉风险管理情况，总行办公室按季度向风险管理委员会、高管层及董事会报告全行声誉风险管理情况。

（四）加强声誉风险排查机制。组织全行对负面舆情高发的重点领域进行全面排查，逐级建立声誉风险隐患台账，实行动态管理，逐条认真评估风险状况和演化路径，提前制定了应对预案和口径，限定排除隐患、解决问题的具体期限，将责任分解落实到人，并及时跟踪处置进展情况。

（五）加强声誉风险的事前防范。明确以预防为主的指导思想，对开展新业务、推出新产品、制定新政策等经营活动提出声誉风险管理要求，进一步强化声誉风险事前防范。如针对银行卡刷卡手续费标准调整、信用卡容时容差行业自律公约出台、《征信业管理条例》实施等银行业政策变化，及时下发通知提示声誉风险隐患，提出舆情防范要求和应对要点。

三、适应内外部形势变化，积极探索和建立新的声誉风险管理工作机制，有效提升声誉风险管理成效

（一）建立了舆情处置责任制和快速响应机制。明确全行各机构负责对所辖的区域性舆情进行管理和应对处置，对于影响较大、较为敏感和传播较快的舆情，迅速研究制定解决措施，要求在2小时内作出应对，提高了舆情响应速度。

（二）组建了舆情应对专家团队。总行办公室会同法律事务部、消费者权益保护办公室及各主要业务部门，推荐业务骨干组建了舆情应对专家团队，包括了除办公室公关团队外18个部室的56名成员，启动了专家团队人员抽调和集中工作机制，提升了舆情应对的专业性和工作效率。

（三）建立了舆情会商制度。着力推进舆情高发领域的综合治理，对舆情集中反映的涉及总行政策制度等方面的问题，协调相关部门进行综合治理，促成了相关政策的调整优化。

（四）建立了高声誉风险机构诫勉谈话制度。对舆情管理较为松懈、声誉风险控制不力的分支机构相关负责人进行了约谈，指出存在问题并提出整改要求，敦促相关分支机构切实改进工作。

（五）建立了舆情通报制度和工作考评机制。进一步严肃新闻宣传纪律，对重大舆情和典型案例进行了通报，总结处置经验和教训，提出管理要求和建议，指导全行声誉风险管理工作。同时，通过风险管理评价和内部控制评价的舆情管理指标，将声誉风险管理考核纳入了境内分行经营绩效和业务发展考评。

（六）开展了声誉风险评估和压力测试。根据声誉风险的定义和特点，综合考虑声誉风险偏好、社会公众和利益相关者心理预期、信息传播的渠道路径、风险管控能力等因素，开展了声誉风险评估和压力测试，并做好预案和演练工作。

四、加强声誉风险管理队伍建设，开展新媒体环境下声誉风险管理研究，切实提升声誉风险管理水平

（一）加强了声誉风险管理队伍建设。举办了全行舆情管理培训班，通过讲授舆情应对和媒体沟通技巧、经验交流、模拟新闻发布会等，提高舆情管理人员声誉风险和舆情管理能力。各分行也结合本行实际开展了多种形式的培训和转培训。

（二）对新媒体环境下的声誉风险管理进行研究。根据全行2013年改革发展重点课题安排，完成了题为《新媒体环境下工商银行声誉风险管理研究》的课题报告，分析新媒体环境下的舆情特征及商业银行声誉风险状况，研究舆情应对策略，探索声誉风险评估方法。

（总行办公室）

消费者权益保护

2013年，全行积极按照监管部门要求，努力开拓创新，强化机制建设，稳步推动消费者权益保护各项工作，定价及业务审查、消费者金融知识教育、行内员工培训、收费政策执行监督等取得了显著成效，为树立工商银行良好社会形象作出了积极贡献。

一、推动消费者权益保护体制机制建设

印发《2013年消费者权益保护工作要点》、《关于进一步做好消费者权益保护工作的意见》，部署年内消费者权益保护工作任务，推动全行建立健全消费者权益保护体制机制。各分行均结合本行实际设立了消费者权益保护管理岗位和工作联系人，初步构建了相关部门密切配合、分支行各司其职的日常工作机制。20多家一级（直属）分行成立了分行领导任组长的消费者权益保护工作领导小组。依据银监会《银行业金融机构消费者权益保护工作指引》，积极研究草拟消费者权益保护各项制度，为后续消费者权益保护工作规范化发展打下基础。

积极创新工作机制，探索推动建立消费者权益协调联系人机制。目前已在全行建立起涵盖个人金融、银行卡、电子银行、公司业务、投资银行、养老金、国际业务、内控合规、法律事务等条线共计3 000余人的协调联系人队伍。

总行开通面向基层行员工的内部服务热线电话。制订了消费者权益协调联系人操作与辅导方案，通过电话辅导、公文通知、邮件提示等多种方式，为基层员工提供实时的政策解读和涉及客户权益事务操作指导，提高全行消费者权益保护工作处理能力和效率。

二、突出业务事前审核与风险提示

加强事前审核，把好市场准入关，从银行与消费者权益平衡的角度对总行新制定或修订的业务规章制度、协议合同、市场推广方案等把关，就业务做法、协议条款提出完善意见和建议。全年共审查各类文本224份，提出建议或意见534条，涵盖个人金融、银行卡、信贷业务、金融市场、电子银行、贵金属、资产管理、投资银行等多个业务条线。

开展风险提示，针对客户反映、监管部门关注和社会舆论聚焦的热点问题，适时进行业务风险提示并积极提供优化完善建议。年内总行就电商平台服务模式、理财产品信息披露、信用卡格式合同梳理修订、特殊客户群体服务、银行卡收单业务热点事项，向分行发出业务操作提示，并对业务制度、协议文本进行整改完善。

三、强化产品服务定价审核与分析

常态化审核新推出或修订的产品和服务收费。引导业务部门严格按照2012年版服务价目表规定的收费名称、服务内容、收费标准和优惠政策进行服务收费，引导业务部门合理定价、规范操作。同时为实现2012年版服务价目表参数设置的系统硬控制，完成重点项目中间业务收费系统梳理改造。

专题研究改进重点收费业务管理。对银行理财产品收益分配、信用卡分期付款服务收费、跨行汇款不成功退费、个人转账汇款服务、逸贷业务等重点收费业务进行专题分析，撰写分析报告20篇，促进了相关管理机制的完善。

调研分析收费操作薄弱环节。以现金管理、国际贸易融资、基础类投行等中间业务为重点研究对象，对2013年第一季度收入情况具体分析，并对潜在的违规或操作问题进行分析和提示。积极推动各分行开展服务定价客户体验分析，8月总行选取四川、江苏和辽宁3家分行开展服务收费个人客户体验专题调研，收集问卷1 300份，主动了解客户对我行服务收费的接受程度和关注焦点，提出改进建议。

四、高效稳妥处理客户维权纠纷

加强全行服务收费投诉举报专线电话管理。逐月对各行投诉举报专线电话运行情况进行检查，及时对客户反映的热点问题进行分析解决。针对消费者投诉热点问题，提示、指导分支机构提高重视，规范操作，纠正不当做法，提升客户服务质量，减少同类问题的再次发生。加强对贷款客户收费业务相关问题的治理。每周通过客户之声系统对贷款客户收费意见工单进行监测，下发分行处理，消除服务收费投诉升级隐患。

五、开展丰富多样的消费者金融知识宣传教育活动

印发《2013 年消费者金融教育月活动主题计划》，组织全行于 4 月至 12 月开展“金融服务普惠公众”、“防范金融风险知识”、“电子银行知识宣传”、“金融产品与服务收费知识宣传”等主题的金融消费者教育月主题活动。

组织全行开展“普及金融知识万里行”活动。4～7 月，按照中国银行业协会统一安排，共组织全行开展万里行活动 3.9 万余次，参与网点 4.1 万个次，参与员工 26 万余人次，媒体报道近 5 700 次，发放宣传资料 1 075 万份，惠及消费者近 1.7 万人次。活动得到了银行业协会及消费者的高度肯定，荣获银行业协会颁发的“中国银行业普及金融知识万里行最佳成效奖”。

配合银监会组织开展“金融知识进万家”宣传服务月活动。全行 1.6 万个网点参加活动，12 万余名员工参与宣传活动，媒体报道 4 500 余次，发放宣传材料 716 万余份，接待消费者 1 138 万余人次。

积极开展消费者宣教进校园活动。3 月和 5 月与监管部门分别和中央财经大学、中国人民大学等高校联合开展消费者权益保护宣教活动，内容包括嘉宾演讲、嘉宾答疑、知识问答等，深受师生好评。参与银监会组织的银行业金融知识大讲堂系列活动，为校园师生介绍银行卡业务知识，受到现场听众的一致好评，银监会为此专门发函对工商银行表示肯定和感谢。

创新宣教形式和渠道。在门户网站开辟“金融知识与收费政策”专栏，并面向金融消费者编制《消费者金融知识宣教手册（2013）》，利用门户网站和宣教手册开展常态化消费者宣传教育，大力宣传服务收费政策、消费者金融知识、客户投诉渠道和注意事项，拓宽金融知识教育的覆盖面。

六、加强员工消费者权益保护意识和技能培训

组织开展现场和视频培训。于 2013 年 3 月举办全行消费者权益保护专题培训班，各分行在辖内组织再培训，全年全行开展金融消费者权益保护培训近 3 000 场，累计参与员工 15 万余人次。在总行通过现场和视频方式开展专题讲座，邀请银监会消保局主要负责人授课，向全行传达消费者权益保护最新监管动态。

编发培训参考资料。编制内部员工使用的《银行消费者权益保护员工手册（2013）》，供各级机构员工学习参考。每月编发《银行消费者权益保护工作资讯》，采编全行消费者权益保护工作开展情况及境内外重要监管与行业动态，发送至全行消保协调联系人阅读参考。

创新培训形式，以考代训、以赛代训。于 6～7 月组织总分行相关部门开展银行消费者权益保护专题测试，通过答题活动以试代训，取得了较好效果。9 月开展网上消费者权益保护知识竞赛，全行近 4 万名员工参加，有效提高了参训人员覆盖面。组织推动各分行积极参加银监会与银行业协会联办的首届银行从业人员消费者权益保护知识竞赛，期间全行共举办 1 900 余场次相关培训，覆盖近 14 万人次，并荣获银监会颁发的“2013 年度银行业从业人员消费者权益保护知识竞赛银行业金融机构突出贡献奖”。

七、研究借鉴境内外消费者权益保护有益经验

跟踪研究境内外监管部门和同业机构消费者权益保护动态。对境内外监管政策、同业典型纠纷案例和重大诉讼案件进行分析解读，编入《银行消费者权益保护工作资讯》供全行交流学习。重点跟踪研究加拿大、英国、美国等发达国家金融消费者保护法规的发展态势，密切关注国际监管机构在消费者保护方面的先进经验，酌情借鉴和运用到全行消费者权益保护工作实践中。专题研究大型金融集团客户权益保护管理体系，结合工商银行消费者权益保护管理体系的探索与实践，提出健全和完善消费者权益保护管理体系建议。

开展消费者权益保护管理体系建设专项研究。在分析总结国际国内金融监管当局对金融消费者保护方面采取措施的基础上，通过比较研究以商业银行为主体的国际大型金融集团消费者权益保护管理架构，完成《中国工商银行消费者权益保护管理体系建设研究》。

（总行消费者权益保护办公室）

客户投诉管理

2013 年，全行以深入开展群众路线教育实践活动为推动，着力改善窗口服务，强化对客户反映突出问题的整改，进一步加强客户投诉管理体制和处理机制建设，促进客户投诉精细化管理，投诉处理效率和质量得

到了全面提升。全年共受理客户投诉 2 912 件，同比降幅达58%；重复投诉31 件，其中 24 家分行实现了零重复投诉，重复投诉量同比下降 28%；客户对投诉的处理满意率保持在 90% 以上，个人客户满意度同比提升9%，达到优良级水平。

一是完善投诉管理工作机制。结合新时期的投诉工作要求，制定实施了新的《客户投诉管理办法》，明确了投诉受理渠道、处理流程、时限标准等规范。强化服务管理机制建设，从总行、省行至二级分行层层建立服务工作委员会，进一步强化对投诉工作的组织推动和研究解决。升级客户之声系统平台，完善系统工单流转、自动分配和处理跟踪等 6 大功能，依托系统实现对投诉处理的跟踪督导。改进投诉督办工作机制，实行日监测、周分析、月通报机制，重点对超时处理、客户对处理结果不满意、投诉高发机构等进行监测和督促整改。严肃服务事件通报惩处制度，对个别问题的查处切实起到了有效惩戒和督导改进的作用。

二是强化投诉精细化管理，推进客户反映突出问题的解决。扎实推进客户投诉精细化管理工程，着力解决关乎客户切身利益的被办卡导致不良征信记录、克隆卡、自助设备故障等 11 类客户反映突出问题。通过源头治理、完善制度、优化流程、改进平台、健全机制，明确 11 类突出问题的治理措施；总分行联动，各司其职，逐问题、逐分行抓好治理措施落实；通过按月监测、定期通报，确保治理效果。2013 年末，客户有关这 11 类突出问题的反映较治理前减少 76%，月度环比平均降幅达 23%，治理成效显著。

三是着力提升窗口服务质量。结合群众路线教育实践活动，实施了一系列提升窗口服务质量的措施，深入推进网点服务流程改革和优化，梳理整合了 273 种填单业务和 106 种个人业务凭证，对主要业务实行一次性填单、输密、授权的功能改造，改善了客户窗口服务体验。制定出台《个人金融业务“特事特办”服务工作规程》，为特殊客户的特殊金融服务需求提供柜台延伸服务。组织开展“客户在我心中”大讨论活动，加强为人民服务宗旨和以客户为中心服务理念教育，进一步强化员工主动服务意识。定期开展窗口服务质量专项检查，现场推动解决了一批影响窗口服务质量的问题。编写《网点现场服务典型案例集》，组织全行网点进行案例培训，帮助营业网点更有针对性地提高窗口服务水平。

（总行渠道管理部）

财务会计管理

2013 年，面对利差明显收窄、信贷风险成本大幅增加和中间业务监管趋严等困难和挑战，全行财务会计部门围绕经营目标和转型发展要求，强化经营效益组织推动，优化财务运行机制，提升财会精细管理水平，做好财会支持与服务，探索内部市场化改革，有力促进了全行经营转型和效益增长。

一、全面加强组织推动，助推全行经营效益稳定增长

（一）在预算组织推动方面，重点加大对利润计划执行进度的监测和督导。从第三季度开始就提早进入年终决算的临战状态，认真组织召开年终决算工作会议，周密部署中间业务增收和资产质量管理等工作。按利润进度分类指导、统筹平衡，及时出台激励措施，鼓励各行深入挖潜，力争超额完成全年利润计划。妥善做好各项财务安排的统筹平衡，既鼓励分行积极采取多种方式加大不良资产的清收、转化及处置，保持资产质量的相对稳定，又确保与全行的财务承受能力相匹配。

（二）在中间业务组织推动方面，将推动中间业务收入增长作为年末增收的重中之重，纵横分解保底目标，并借鉴市场化原则，实行追加费用与保底任务完成情况挂钩。总行财会部还牵头 16 个部门组成 5 个督导组，对增收潜力较大的 9 家分行现场督导，各级财会部门及时将中间业务增收目标落实到部门、产品、项目、客户和业务上，推动境内分行中间业务收入总量和增量四行占比继续保持“双第一”。

二、优化财务运行机制，做好全行经营发展战略传导

2013 年，各级财务会计部门紧紧围绕机制创新，通过优化绩效考核、资源配置、固定资产管理等财务运行机制，有效传导全行经营发展战略。

（一）优化经营绩效考核机制。根据全行发展战略要求，对境内分行、总行部门、利润中心和非银行子公司考评办法进行了动态优化。其中，在境内分行考核指标调整中，突出对发展基础和质量、经营转型、人均效率和网点竞争力等指标的考核，取消专业专项考核，指标数量由过去的 359 个大幅精简至 70 个。同时，重构

境外机构经营绩效考评体系，以“统一标准、横向比较”为要点，改革了境外机构一行一策的目标值考核方式。

（二）优化营业费用分配机制。坚持以经济增加值（EVA）为核心，以价值创造为导向，增加“贷款收益率”和“成本收入比”挂钩调节系数，引导各行提升贷款议价能力和资源投入产出效率。出台专项费用指标结余部分跨期使用的新规则，鼓励各行增强主动节约意识，合理、合规、均衡安排开支，持续提升费用资源的利用效率。

（三）优化固定资产管理机制。按照“有保有控、稳中有降”的原则，不断优化固定资产投向。优先保障科技投入、渠道优化建设项目续建投入，以及总行已批复立项的综合营业用房续建投入。制定二级分行以上营业办公用房基建项目可行性报告规范文本，提升全行大型基建项目流程及风险管控水平。

三、提升财会精细管理水平，推动节约型银行建设

（一）推进财务会计制度体系建设。根据党的群众路线教育实践活动要求，秉承“厉行节约、勤俭办行”的原则，梳理和完善120项制度办法。主要包括制定《财务管理基本规定》，突出过程管理和行为控制；制定《总行领导职务消费管理实施办法》及《总行因公出国（境）费用管理办法》，强化成本意识和勤俭节约意识；制定《业务用车管理办法》，明确负责人用车、机构用车的配备范围和标准；制定《闲置固定资产管理规程》，加强闲置固定资产规范化管理，等等。同时，下发《关于进一步加强财务管理 规范财务行为的通知》、《关于停建新建办公用房等有关问题的通知》、《关于明确办公用房清理等事项的通知》等规范性要求。

（二）加强应税事务管理。完成2012年度企业所得税汇算清缴，实际清算企业所得税716.41亿元。争取到研发费用加计扣除金额14.7亿元，节约税款1.84亿元，同比增加0.47亿元。加强境外税收抵免管理，协助20余家涉及税收抵免的境外机构和代扣缴境外税款的境内机构，抵免境外税款9.32亿元。根据税收风险检查要求，梳理794个自查要点，组织二级分行以上分支机构开展了税收风险管理培训和自查，并积极配合税务部门的后续非现场审查。

（三）组织推进现场和非现场监督检查。一是积极部署协调财政部会计信息质量检查和全行财务大检查，建立信息报送和数据反馈工作机制，顺利完成各项检查任务。针对检查发现的问题和薄弱环节，认真组织整改，促进全行财会管理规范化程度的有效提升。二是探索建立财务非现场监测体系。依托财务管理系统，建立监测模型，分析各项财务支出的合理性和合规性，对监测中发现的问题及时进行查复，提高了对全行财务管理的把控能力。

（四）不断强化总行财审会职能。坚持以促进业务发展和推动经营转型为中心，有效控制经营成本，不断提高资源配置效率。2013年，总行共召开18期财审会，审议项目92个，审议金额折合人民币221.31亿元，压缩预算6.24亿元，压缩比例2.8%。

四、做好财会支持与服务，促进全行经营有序开展

（一）不断丰富MOVA的管理服务功能。启动MOVA管理行业绩视图建设，实现了对网点存贷款、中间业务、重点产品销售、客户业务明细、自助设备使用，以及客户经理、柜员业绩等一揽子展示。完成存量网点调整优化课题，建立ABCDE五分类经营诊断模型及四大路径业绩提升模型，为网点竞争力提升工程的全面展开进行了先期论证。编写《2012年度管理会计报告》，为管理层经营决策和目标客户营销提供支持。完成分产品、分部门预算编制，开展大资管、大零售以及公司、机构业务条线业绩测算。

（二）强化会计对业务发展的支持能力。及时做好新业务新产品的核算支持，出台了20多项会计核算规程。完善财务报告综合管理系统，夯实会计信息质量基础。完善集团会计科目对接，加强定期财务报告编制，完成XBRL格式财务报告编制。推进公允价值计量管理，制定资金类产品公允价值计量操作规程，继续推进金融工具计量管理平台在机构和业务维度的延伸，丰富系统对利率衍生品和结构化产品的计量功能，有效支持了全行衍生业务发展。

（三）提升集中采购服务效率。在部分分行开展统一集中采购项目后续合同调研，加强与金融同业之间的交流。研究采购项目计划和需求管理，梳理执行项目备忘录有效期和重复性采购项目服务周期，提高采购需求计划性，加强项目需求审核，对超标准配置的项目需求提出调整建议，从源头保证采购质量。建立项目管理小组，探索项目管理和供应商管理，树立采购全生命周期管理理念。通过全方位、全流程解决集中采购管理中的突出问题，提升了采购效率与效益，全年集中采购金额463亿元，节省采购支出43亿元。

五、推进财会管理创新，提出市场化改革思路

各级财会部门充分发挥基层首创精神，积极创新，取得了实效。总行财会部在总结基层创新成果，广泛听取各方意见的基础上，提出“以财会市场化改革，释放全行经营活力”的十年规划思路。逐步推动财会管理从“管”为主向以“理”为主转变，在发挥好价值推动者和财会服务提供者职能的基础上，拓展利益协调

者、内部市场搭建者职能，站在集团利益最大化和“中间人”的角度，理顺各业务单元间的经营及利益关系，促进了集团内部的协作配合。

（总行财务会计部）

资产负债管理

2013 年，国内外经济金融形势复杂严峻，全行合理把握资产负债总量和运行节奏，有效推进资产负债结构优化，有力地提高了资产负债业务的利润贡献和资金营运效率。

一、2013 年资产负债运行情况

一是人民币存款稳定增长，贷款增长适度。2013 年境内分行人民币各项存款增加 8 024 亿元，其中一般性存款增加 11 118 亿元，继续保持同业领先地位；人民币各项贷款增加 9 213 亿元，同比多增了 540 亿元。二是资本充足率保持稳定，资本实力不断增强。2013 年末，全行审计后集团口径资本充足率为 13.12%，一级资本充足率为 10.57%。三是人民币存款付息率同比下降，贷款利率结构优化。在市场利率大幅上升和存款定期化加剧的不利形势下，2013 年全行人民币存款付息率 2.03%，同比下降了 2 个基点；全年人民币贷款收益率 6.10%；年末下浮利率贷款余额占比 33.94%，同比下降了 1.2 个百分点。四是流动性管理水平继续保持同业领先。在确保流动性安全的前提下，2013 年全行日均备付率 1.43%，同比下降了 0.11 个百分点，比四大行日均平均水平低 0.32 个百分点，相当于日均节约资金达 432 亿元。五是外汇资产负债业务发展与风险控制得到有效平衡。2013 年末，境内分行外汇存款（含同业）余额 620 亿美元，外汇贷款余额 588 亿美元；国际贸易融资发生额达到 2 048 亿美元，同比增加了 166 亿美元，增幅为 9%，有效盘活了贸易融资业务存量。六是票据资产运营更为积极活跃。各级票据经营机构强化主动经营意识，加大票据交易周转，在融资余额下降 20% 的情况下，交易量与上年基本持平，达 1.83 万亿元，实现利息收入 135 亿元，主要指标在可比同业中保持较大领先优势；全行票据资产周转 5.4 次，同比提高 25.58%。

二、资产负债管理各项工作开展情况

（一）资产负债结构优化调整取得了新进展。一是信贷总量平稳增长。2013 年，全行认真落实宏观政策导向和稳健货币政策要求，合理把握信贷投放规模和节奏，积极优化新增贷款品种和区域结构。全行人民币贷款总量计划使用率达到 99.9%，安徽、上海、北京等 13 家分行贷款计划执行精准度较高。贷款节奏把握优于可比同业，新增贷款均衡率达到 54.8%，同比提高了 1.8 个百分点。票据业务继续保持反周期运作，贴现余额波动幅度达 813 亿元，有力促进了全行信贷的平稳投放；全年系统内票据交易量达到 7 483 亿元，同比增加了 2 362 亿元，增幅达 46%。二是资本约束有效强化。完善集团资本管理框架性规划，升级经济资本计量标准，设置经济资本行业调节系数，积极推进信贷结构调整。全年 3 次调整经济资本限额，有效约束与分类支持了不同类型业务的合理增长。2013 年末，境内计划单位经济资本占用总额为 5 086 亿元，同比增加了 453 亿元，总体增量限额执行进度达 94.2%。三是主动负债管理能力进一步提升。主动压缩高成本短期同业定期存款，2013 年末短期同业定期存款余额为 3 127 亿元，较年初下降了 2 383 亿元。首批在国内银行间市场发行了 30 亿元一个月期限的同业定期存单，在伦敦和香港分别发行了 20 亿元和 10 亿元金融债券。

（二）内外部利率定价管理工作取得了新成效。一是人民币存款利率定价机制不断优化。对外完善公司、储蓄存款差别定价管理机制，对内上调各项存款集中价格，加大对低成本、稳定存款的引导与激励。2013 年末，人民币存款余额继续保持同业第一。全年共 177 次调整同业存款内部价格，251 次调整同业存款外部价格，年末同业存款余额四行排名第一，在银行间市场利率明显上升情况下，同业存款付息率同比下降了 4 个基点，利息支出同比减少约 42 亿元。二是贷款利率定价管理成效明显。加强个人住房贷款利率浮动比例管理，两次上调贷款业务配置价格，2013 年第四季度，新发放个人住房贷款平均利率较第一季度上升了 37 个基点，增加利息收入约 8 亿元。北京、上海、湖南、四川、重庆分行办理以贷款基础利率（LPR）定价的贷款和同业借款业务共计 87 笔、金额约 30 亿元，促进了 LPR 的推广应用和市场化定价机制的建立。三是票据业务内部定价管理进一步创新。对票据流量业务创新实施个性化内部定价管理，按照买入利率确定内部资金成本，引导全行通过票据买卖向市场获取价差收益，票据流量业务的年化收益率达到 105%，不仅节约了规模和资金占用，更拓展了盈利空间。外汇业务内部价格调整的灵活性进一步增强。全年累计21次调整了境内外汇存贷款和结售汇业务内外部资金价格，以满足流动性和效益性平衡的需求。四是利率市场化的引领协调作用不断增强。先后当选市场利率定价自律机制、银行业协会利率工作委员会首届主任委员单位，牵头完成自律机制LPR工作小组各项工作，发挥了大行在利率市场化进程中的市场定价引领和协调作用。

（三）本外币资金管理和运作效率迈上了新台阶。一是资金管理成效明显。加强监测分析，灵活、科学安排融资策略，节约融资成本3.03亿元；准确捕捉时间差和价差，在平滑备付的同时实现了较高资金运作收益。2013年，境内分行同业融出资金业务加权平均利率达5.23%，较同期限Shibor高出77个基点，对应到期应收利息达到了100.45亿元。二是票据融资运营成效显著。2013年末，全行票据融资余额2 069亿元，较年初下降20%。票据资产周转速度进一步加快，广东、重庆、四川分行贴现收益率超过8%。票据营业部以全年2.43%的日均规模增长支撑了16.45%的利润增长。三是国债代理业务蝉联行业第一。2013年，国债代理发行总量达830.36亿元，市场占比为24.74%，继续保持市场占比第一，实现中间业务收入4.24亿元。

（四）风险管理工作经受了新考验。一是有效确保了集团流动性平稳有序。2013年市场及我行流动性稳中偏紧，特别是6月及12月市场流动性波动较大，总分行资金管理部门克服困难，加强对日常流动性运营的管理力度，实行重点、动态和全程监测，确保了集团流动性的平稳有序，充分发挥了大银行市场稳定器的作用。2013年全年累计完成资金调拨及上存3.2万笔，金额达70万亿元，资金的稳定性及管理效率继续领先同业。二是有效强化了境外人民币资金业务管理。全年累计13次调整境外机构人民币资金业务管理额度，积极支持新加坡分行成功申请成为当地人民币清算行。2013年，境内分行累计为境外参加行办理跨境人民币同业定期存款业务超过1 000亿元，总行及境内分行为集团境外机构共办理13笔跨境贸易项下的人民币账户融资业务，合计金额86.64亿元。三是有效规避了市场风险不利影响。提高利率风险监测和分析水平，制定并监测银行账户利率风险限额控制计划，降低付息成本和利率下行的重定价风险。积极应对结售汇监管新政，创新集团汇率风险对冲手段，统筹利用境内、境外市场管理集团汇率风险敞口。2013年末，全行未经审计并表口径外汇风险敞口为145亿美元多头，汇兑及汇率产品净收益达70亿元。四是有效防控了信用风险和操作性风险。印发了《金融租赁公司人民币同业融资业务实施细则》《票据融资业务管理制度》及业务操作指南、2013年版票据存管制度和票据业务会计核算规程，组织开展了票据融资业务、存贷款利率执行情况检查，制订强化纸质票据统一管理方案。2013年末，全行同业融资、票据融资业务不良率继续保持为零，全年票据存管率达75.3%，同比提高了6.3个百分点。

（五）改革创新工作取得了新突破。统筹推动贷款计划分配向市场化转型，研究设计存量收回与增量计划统筹管理方案，并积极探索搭建行内信贷资产转让平台。扩大资本管理范围，探索分阶段实现利润中心和境外机构在经济资本计量、限额管理和绩效考核领域的全面应用。积极探索资本工具创新发行模式，有序推进合格二级资本工具发行准备工作。实施利率市场化项目，优化完善利率管理系统，为存款利率精细化管理奠定基础。启动内部资金转移定价管理系统建设，构建内部收益率曲线模型，优化内部定价监测分析功能。推动实施票据融资业务分科目管理，实现了分科目核算与管理功能投产。

（总行资产负债管理部）

授信审批

2013年，全行授信审批专业认真贯彻国家宏观调控政策和监管要求，切实增强在复杂环境下应对挑战、把控风险、把好投向的能力，优化审批流程，提高服务水平。全年共完成法人客户年度授信方案4.45万份，同比增加22%，核定授信额度17.9万亿元；完成项目贷款评估5 041个，同比增加27%，全部项目建议贷款总金额1.83万亿元；总行和各一级（直属）分行共组织召开集体审议会议4 443次，比上年增加963次，增长27.67%，审议事项3.63万笔、19.44万亿元，比上年分别增长21.17%和41.79%。

一、扎实开展金融资产服务业务授信审批工作，支持全行由资产持有大行向资产管理大行转变

一是提高授信审批效率，严把风险防控关。为切实做好金融资产服务业务的授信审批工作，授信审批始终

把保证效率放在重要位置。2013 年，全行共受理审查金融资产服务业务 1 558 笔、11 201.37 亿元；完成审批 1 462 笔、9 171.36 亿元，审结率分别为 93.83% 和 81.87%。总行共审查限额方案 122 个，涉及 90 个集团、197 户成员企业，总计核定债权投资限额 1 423 亿元；完成 12 个代客投资项目评估。同时，严格履行风险把控职责，全年未通过总行审批的金融资产服务业务达 77 笔、1 392.3 亿元，分别占已审结业务的 36.49% 和 26.46%。

二是着力加强管理基础建设。2013 年，金融资产服务业务风险管理制度、系统建设取得多项阶段性成果。总行制订印发了《融资客户风险限额管理办法》、《代客投资项目评估管理办法》、《金融资产服务业务代理债权投资信用风险审查指导意见》，基本建立金融资产服务业务授信、评估、审查管理体系。顺利投产债权投资限额和代客投资项目评估系统功能。

二、强化信用风险把控，促进信贷结构调整

（一）切实抓好重点领域风险把控。进一步强化实质风险把控，扎实推进存量平台贷款整改工作，严防产能过剩行业和房地产信贷风险，持续压降钢铁、有色行业客户授信总量，继续上收产能过剩行业贷款审批授权，高度重视小企业贷款、贸易融资以及个人经营性贷款的风险，切实发挥把关守口的作用。2013 年，总行对风险控制重点领域以及经营弱化、效益下滑、风险显现的 620 个集团成员和单一客户从严核定授信总量，较上年授信额度减少 1 717 亿元，对其中 72 个客户要求分行限期退出。否决或因各种原因中止审查的业务 400 笔、6 429.29 亿元，未通过比例为 32.13% 和 37.96%。

（二）认真贯彻信贷结构调整战略要求，科学把握信贷投向。一是积极推动信贷结构调整。认真做好钢铁、公路、电力、城建四大行业已审批未发放贷款提款审核工作，对四大行业 445.46 亿元已审批未发放的贷款重新审核前提条件。督促分行按照新的行业政策和准入标准重新与借款人协商确定贷款金额、期限、宽限期、利率等条件。积极支持新兴行业领域信贷业务健康发展。全行共审批同意制造业贷款 1.96 万亿元，服务业贷款 1.12 万亿元。重点支持了一批整体实力较强、技术水平较高、具有较强竞争优势的战略性新兴产业项目，审批同意贷款 2 357.13 亿元。积极支持经营市场成熟、盈利模式相对稳定的新兴文化产业，共审批同意文化产业贷款 695.18 亿元。

二是努力推动小微企业信贷、供应链融资和个人信贷健康发展。积极支持基于核心客户、专业市场、重点项目、产业集聚区的小微企业贷款需求。创新性提出风险参贷模式下的全球供应链融资业务授信管理方式，为优质客户制订一揽子供应链融资授信方案，引导前台部门广泛拓展供应链融资业务。继续支持消费类信贷业务发展，审批同意个人住房贷款 6 972.67 亿元，较上年增长 78.05%；个人综合消费贷款、汽车消费贷款、家居消费贷款、文化消费贷款合计 1 501.36 亿元，较上年增长 62.01%。

三、积极推动信贷业务流程优化，持续提升授信审批服务质量和效率

（一）根据总行统一部署，积极配合做好信贷业务流程优化改革各项工作。

一是提出优化信贷业务流程建议，规范业务操作要求和尽职调查模板。全面梳理了制约信贷业务效率的相关问题，提出了扩大授权、调整业务发起层级、制定调查模板、扩大授信项下授权审批制适用范围、优化系统功能等五个提高信贷业务竞争力的建议。提出了进一步优化审查环节流程、提升工作质量等工作措施。制定了项目贷款、债券承销和投资、代理投资业务、小企业信贷业务等 20 多个尽职调查模板。

二是探索“总对总”授信模式，支持大型优质集团客户拓展。重点选择美的、华为、TCL、大连船舶重工、东风集团等部分大型优质集团客户探索实施“总对总”授信管理模式。针对集团整体核定授信额度，在集团核心企业提供增信互补措施条件下，授权主办行在授信有效期内根据客户总部指令共享使用成员企业间授信额度。“总对总”授信模式大大提高了授信审批效率，同时也使得授信方案更具针对性和灵活性，提升了市场竞争力。

三是大力推动个人住房贷款分类审批工作。对个人住房贷款分类审批试点情况进行了阶段性总结，就自动审批个别准入条件偏高、自动化审批比例偏低、系统流程匹配不够便捷、个别刚性控制环节还存在操作漏洞等问题进行改进，修订印发了《个人住房贷款分类审批管理办法（2013 年版）》。

（二）不断改进服务工作，持续提升授信审批环节的工作质量和效率。一是完善业务督办机制，指定专人负责定期监测工作进度，落实限时服务要求，定期汇总签报、会签流程进度，每周通报。二是建立与前台营销部门提前沟通、提前介入机制。如为切实支持国内大型优质企业“走出去”信贷业务，高效完成了万科集团、潍柴集团、安邦集团等“走出去”信贷业务的授信审批。三是主动拓宽审查思路，充分考虑业务所在地市场环境、法律环境和客户需求，根据产品特点和优势，通过完善组合融资方案达到拓展业务与风险防控的有机统一。四是大力推广视频、电话、统一通信平台等更加直接快捷的方式，提高总分行沟通效率。五是梳理总行信贷审查环节，规范审查前提条件设置。对总行本部信贷审查全流程各环节的操作要求重新进行了梳理，制定了《总行信贷审查“十步骤”》，向审查人员提示审查重点

和要点，推动了审查作业的标准化、专业化。进一步规范授信审批条件和管理要求的设置，减少与把控实质风险无关的条件。

四、进一步完善授信审批集中管理，切实加强对分行工作的指导和培训

（一）进一步完善授信审批集中管理。调查摸底各一级（直属）分行授信审批集中管理情况，对集中不够彻底、管理不够完善的分行跟踪督导。截至2013年末，除广东分行因办公场地装修等客观原因未完成物理集中外，34家分行实现了一级（直属）分行层面的授信审批集中管理，构建了集约化、标准化、专业化和信息化的独立中台授信审批体系。

（二）切实加强经验总结和具体业务指导。一是制定了对中小企业集合票据的审查掌握原则并印发全行。二是印发《关于并购贷款审查的指导意见》，从并购交易方案审查、并购方情况审查、融资用途审查、并购标的审查、偿债能力审查、保障措施审查以及贷款方案审查等七个方面总结了审查重点。三是印发《关于在信贷审批结论中进一步明确若干要求的意见》，指导各分行在审批结论中合理设置财务限制性条款和其他约束性条款，提高风险控制的精细化水平。

（三）深入基层开展调研和检查工作。总行派出调研组赴北京、上海、天津、浙江、宁波、湖南、湖北、安徽、贵州等分行开展工作调研，对目前分行正在营销或拟报审项目进行了讨论交流，指导分行准确理解监管要求和总行政策制度。组织授信审批工作检查。对2012年度各分行授信审批内部管理、集体审议、授权执行和各项业务把关情况进行全面检查，对发现的问题及时整改。

（四）进一步规范和完善信贷集体审议工作。组建了代理投资审查委员会，制定了代理投资审查委员会章程。制定下发《关于规范一级（直属）分行代理投资业务集体审议工作的通知》，对各分行代理投资业务集体审议工作组织形式、审议范围、代理投资审查委员会人员构成及工作规则等做出明确要求。2013年，总行专职审议委员共视频列席了21家分行的22次贷审会，覆盖面达到55.26%。参与讨论信贷业务127笔、250.39亿元，提出意见及建议211条。

（五）进一步加强信贷审批资格管理。总行组织了面向全集团的2013年高级信贷审批资格考试，认定了600人信贷业务高级审批资格。各一级（直属）分行共组织44次中、初级审批资格考试，认定了3 400余人初、中级审批资格。同时，继续向具备一定的审批决策能力的非管理人员转授部分小企业、贸易融资和个贷业务审批权限，支持“短、小、频、急”业务审查审批合一。

（六）认真抓好授信审批专业培训工作。举办系统授信审批部门总经理培训班和第二期专职审议委员培训班，并将相关培训内容制作成培训课件上挂网络大学平台，专职审议委员培训项目获评为全行2011—2012年度优秀培训项目二等奖。

五、进一步加强对境外机构及涉外业务的授信审批服务和指导，积极支持全行国际化发展

（一）继续完善全球统一授信体系建设。根据境外机构的客户、业务特点，在统一框架下进行差异化安排。探索跨区域关联客户预授信（风险控制限额）管理模式，允许年初先对其辖内的跨区域关联客户审批预授信，然后正常报总行或牵头行年审。投产了授信系统境内外一体化迁移项目，境内外法人客户授信分项实现了统一，实现了在统一的GCMS系统平台上处理授信业务。境外机构信贷集体审议和审批人、签批人制度进一步规范。2013年，总行共受理评估工银伦敦、工银泰国、悉尼分行上报的多个境外项目，受理审查各类涉外业务50笔、147.33亿美元。

（二）努力通过提高审批效率和优化融资方案满足客户需求。一方面，加强与前台部门的沟通交流，另一方面，主动拓宽审查思路，充分考虑业务所在地市场环境、法律环境和客户需求，在有效防控风险的基础上，根据产品特点和优势，通过完善组合融资方案达到拓展业务与风险防控的有机统一。

（三）多措并举支持境外机构业务发展，积极传导工商银行风险文化。一是举办境外分行及子公司高级风险管理人员培训班，并主动与境外机构进行一对一的视频交流，研究探讨境外业务拓展过程中的信贷风险及其控制要点。二是通过典型案例发布，为境外机构信贷决策提供参考。将东京等分行管理经验和典型案例以审批动态的形式印发全行，收到了良好反响。

（四）加强总结和调研，提升“走出去”业务审查水平。走访了中水电和中土工程等企业客户，就国内企业在境外工程承包中遇到的困难、企业采取的风险防控手段以及加深银企合作等问题进行了交流，起草了融资类对外担保业务及对外工程承包及设备出口类非融资类保函审查指导意见和《银行融资业务中与出口信用保险有关事项的审查要点》，为业务拓展提供了有力支持。

（总行授信审批部）

授权管理

2013 年，全行授权管理工作继续加强，授权管理机制和模式进一步完善，授权管理质量进一步提高，对授权管理工作的监督和指导有效强化。

一、总行年度基本授权工作

根据公司章程及有关文件规定，总行法律事务部统筹协调总行相关部门拟订 2013 年度总行基本授权方案，于第一季度末印发对总行副行长等高级管理人员、部门总经理、直属机构负责人、境内外分行和境外子行及附属公司的基本授权文件，全面、及时完成了 2013 年度基本授权工作，并着重从以下几个方面完善和优化授权管理工作模式。

（一）梳理整合直属机构负责人授权。在以往年度的基本授权文件中，单独印发营业部、票据营业部、牡丹卡中心、私人银行部和贵金属业务部等直属机构的基本授权文件，但这些文件中不包括直属机构的人力、科技和财务等相应权限，不便于被授权主体查找和执行相关权限。为妥善解决这一问题，在梳理部门总经理和直属机构负责人基本授权文件中的相关人力、科技和财务的授权表与直属机构基本授权文件的基础上，形成统一的 2013 年度直属机构基本授权文件。

（二）进一步规范总行部室和直属机构内部转授权有关要求。基本授权文件印发后，总行部分部室和直属机构可根据业务需要，将部分总经理权限转授有关人员行使。为规范转授权工作，落实逐级有限授权、业务发展与风险控制相统一的要求，总行就 2013 年转授权工作提出相关规范性要求：一是明确要求应坚持业务发展与风险控制相统一，根据授权事项和被授权对象的具体情况，实现逐级有限转授权和区别转授权。二是明确协议签署权、业务审批权和日常交易权等相关权限的转授权规则以及量化标准。三是明确转授权流程和形式，总行业务部门应在年度基本授权文件生效日起 30 个工作日内拟订转授权方案，并在签报主管行长同意后，以部发文的形式印发转授权文件。

（三）拟订境外机构经营管理权限英文参考版本。为满足境外机构需求，拟订了 2013 年度境外机构经营管理权限英文参考版本，并随 2013 年度境外机构经营管理权限一并印发。

二、分行转授权工作

指导督促分行根据总行授权文件和转授权相关规定开展转授权工作，加强转授权文件备案管理，确保各项业务的顺利开展。组织相关业务部门对分支机构授权执行情况开展监督检查和专题调研，动态调整转授权内容，严查越权行为，进一步强化授权管理工作的严肃性和规范性。

三、日常授权管理工作

积极配合指导各业务部门、各分行妥善解决日常授权管理中遇到的问题，协助各业务部门规范、修改、完善特别授权工作流程及所需授权文件，认真做好特别授权的咨询审查和登记备案工作，保障年度基本授权文件的贯彻落实和全行授权管理工作的顺利开展，充分发挥授权管理对各类运营风险的有效防控作用。

（总行法律事务部）

运行管理

2013 年，运行管理紧紧围绕全行改革发展战略部署，以改革创新为动力，通过内涵式挖潜深入推进运行管理体制机制变革，运营效率和质量显著提升，风险管理显著增强，运行管理基础更加巩固，运营集约化、管理一体化的价值型运行管理体系建设取得了新的成果。

一、业务运营水平持续提升，综合后台建设迈出坚实步伐

（一）现金营运管理水平不断提高。现金业务集约运营和服务保障能力进一步提升，全行已实现90%的库存现金、91%的上门收送款和96%的贵金属由现金营运中心集中清分整点和统一配送，全年累计完成现金收付量45.5万亿元，其中自助设备现金收付量达到13.1万亿元。以工银亚洲为中心建立的境外人民币现钞调运机制运转顺畅，境外机构人民币现钞支持能力有效提升。现金营运管理信息系统全面推广，实现了现金运营事前预测、事中监测、事后分析的全过程管理，现金营运信息化水平进一步提高，全行现金备付率控制在0.5%，现金综合运用率达到63%。按照人民银行要求，积极推进对外支付现金的全额清分和冠字号码存储查询功能应用，加大各类现钞设备投入，满足清分整点和反假工作需要，完成假币专项治理阶段性工作目标。

（二）自助设备集中运营持续深化。在离行式自动柜员机实现全面集中的基础上，加大附行式自动柜员机集中运营管理力度，统一供钞和账务管理集中度分别达到97%和94%，现金区外的附行式自动柜员机装卸钞集中度已达92%，运行效率和质量进一步提高。不断推进自动柜员机日常运营的信息化建设，实现装卸钞入账、差错核对的联机处理和加钞计划制定、现钞出入库的系统控制。在自动柜员机净增1.4万台的情况下，通过实施集约化运营，进一步增强了日常运维能力，有效保障了全行自动柜员机的对外服务。

（三）资金汇划改革取得阶段成果。按照简化账户体系、精简冗余流程、提高汇划效率、降低管理成本的思路，全面实施系统内人民币资金汇划业务改革，取消各级机构的人民币备付金账户，系统内资金清算通过资金集中配置过程完成，核算流程有效精简。取消通汇机构号以及汇划业务的机构准入审批流程，实现全网点直接通汇。设计全新客户资金汇划业务流程，提高资金汇划业务直通率和标准化程度，构建了“全机构通汇、直通式处理”的资金汇划业务新模式。

（四）资金清算服务能力明显增强。成功将工银亚洲、工银澳门、东京和首尔分行的清算业务纳入清算平台，清算业务的标准化进一步加强，为构建“覆盖全球、标准统一、运行高效”的资金清算体系奠定了坚实基础。通过建立总行集中代理人民币清算行运作机制，组织工银欧洲、工银中东等20余家境外机构顺利投产了人民币清算功能，显著提升了全行跨境人民币清算能力，为境外人民币清算行申设提供了重要支持。全行支付清算网络向多渠道方向拓展，依托银银直联清算，实现了我行与台湾之间的人民币中文汇款；成功开发了面向代理同业清算的网上银行功能，使全行具备了基于互联网提供清算服务的能力。合理配置清算资源，开展境内外清算业务的协调联动，美元、日元、欧元去委支持比分别达到74%、91%和92%。

（五）金融市场后台建设不断加强。资金、债券、衍生等交易品种的簿记、核算和存续期管理能力进一步提高，有力支持了总行在欧洲和美洲开展金融市场业务集中交易。交易结算方式更加多元，与多家境外机构建立了贵金属双边净额清算安排，构建起支持场内和场外、全额和净额的多种结算模式；交易后台流程不断优化，与中央国债公司实现了代理交易的互联互通；债券托管业务更加集约，50余家境内外机构全面实现了债券集中结算和托管。商品交易后台建设的步伐加快，为进入境外商品交易所建立了结算、清算、保证金管理流程及风险防控机制。理财业务前台、中台、后台“四位一体”的运营模式推广至境内分行，清算中心顺利承接了私人银行后台业务，全行资产管理后台运行能力大幅提升。

二、风险过程控制不断强化，运营风险管理实现重大突破

（一）核算印章改革取得重要进展。为从根本上解决核算印章管理的行业性难题，全面构建系统有控制、使用有记录、管理有规范、检查有手段的核算印章管理新格局，正式启动营业机构核算印章综合改革。构建了以业务验证码为核心，以交易驱动、安全有效、有章必有码、有码必可验为显著特征的新型柜面业务认证运行机制。组织完成全行主机交易和凭证的梳理，建立了基于“交易—凭证—用印”对应关系的统一柜面业务用印标准。完成柜面用印机的功能设计和设备选型，实现重要核算印章的集中管理和使用的自动化控制。成功组织柜面用印机在六家分行试点和电子图形印章在山西、重庆分行试点，运行高效平稳，客户与柜员体验良好，在有效管理用印风险、优化人力资源配置等方面达到了预期目标。

（二）业务运营风险管理继续强化。加大新开户支付密码推广力度，全行支付密码推广率提升至91%，新开户支付密码器推广率超过80%。柜员身份指纹认证改革顺利完成业务试点，身份指纹认证模式在系统签到、业务授权、现场审核等环节得到成功应用，保证了事权划分和岗位分离等内控机制的落实到位。按照质量和效率并重的原则，合理设计网点和授权中心间的职责分工，明确现场管理和远程授权人员的配备标准、履职要点和管理要求，提高了业务管理的标准化、规范化程度。启动以督导职能转型、组织模式创新、工作机制转变、资源配置优化为主要内容的运行督导改革，有序推进制度建设、人员集中、系统开发等工作，近90%的二级分行实现了运行督导员集中管理，为制度有效落实提供了有力保障。实施风险导向的银企对账管理，综合有效对账率提升至91%，网银对账占比由36%提升至

48%，网银对账点击率保持在95%的较好水平。

（三）风险监控体系建设不断加强。构建起面向机构、人员、系统、业务，涵盖机制建设、管理标准、岗位履职、系统管理、模型研发，包括规定、办法、细则、规程、指引等在内的层次清晰、定位明确、衔接紧密、内容完备的标准化体系，风险监控运营质量和精细化管理水平大幅提升。完成全行36家运营风险监控中心的首次评级，重庆、新疆、河南等14家分行监控中心被评为A级以上，实现能力型监控中心的建设目标。拓展跨渠道、跨业务线、跨产品线的统一风险监控领域，将分行区域特色平台业务、票据业务、逸贷产品等纳入监控范围，针对非法集资、贷款资金回流、柜员异常交易行为等关键风险点研发的风险模型，及时识别并有效化解风险隐患。截至2013年底，全行在用模型205个，涉及内外部两大风险源头，覆盖十大业务线、14个关键环节、104种已认知的风险冲击类型。坚持按季度分析通报运营风险，各业务部门、各级行根据分析评估揭示的薄弱环节，采取针对性治理措施，推动全行内部风险暴露水平由13.2‰降至9‰，同比降低32%。运营风险监控标准化体系的高效运行为全行集约化中心的精益管理积累了宝贵经验，探索出一套可供借鉴的理念、思路和做法，并将实践成果与前沿理论有机结合，编辑出版了《商业银行事后监督——理论实务与战略转型》，开创了事后监督理论研究的先河，填补了事后监督专业论著的空白，进一步提高了工商银行在风险监控领域的美誉度和社会影响力，2013年共有五家商业银行到总行就运营风险监控进行学习交流。

三、运行管理基础更加巩固，服务支持能力得到大幅提升

（一）参数集中管理改革继续深化。实施内部账户本外币一体化管理，实现内部账户由单一币种向本外币全币种的转化，全行内部户数量由近1 100万户减少至340万户，账务运行效率明显提升。加强参数规范化管理，强化岗位权限和柜员额度等事权控制类参数的规范管理，提升参数对事权管理的刚性控制效能。积极参与参数产品化改造，完成对公结算、银行卡、账户贵金属三大业务线产品参数设计改造工作，优化了基金、理财、债券等产品核算参数引擎，将分散在产品层和外围系统的核算参数统一纳入主机核算引擎，实现总行集中统一管理。深化境外参数集约化管理，完成工银亚洲、工银中东、工银欧洲境外参数区域集中管理，境外参数管理水平进一步提高。加强参数安全运行管理，有力保障了全行业务平稳运行。

（二）系统服务支持工作有效开展。推进全行对公客户统一回单系统建设和业务推广工作，完成了2 400台客户自助回单打印设备的推广，签约服务账户达到41万个，减少了柜员手工操作，促进了柜面业务分流。高效组织完成全功能银行系统运行管理专业8个版本187个项目在境内分行的投产。开展境外机构FOVA系统差异化需求研究，成功解决影响工银莫斯科监管和客户服务的FOVA系统优化问题，研究制定工银美国、工银巴西等境外机构FOVA系统整合方案和业务规则，为境外机构系统建设工作提供良好支持。

（总行运行管理部）

法律事务

2013年，全行法律事务部门紧密围绕总行党委确定的全年工作指导思想、目标任务和有关要求，加强法律人员队伍专业化建设，深化法律事务管理体制改革，扎实履行法律风险管控职责，充分发挥专业职能优势，有力保障了全行的依法合规经营，并获得“中国银行业协会法律工作委员会突出贡献奖”。

一、积极推进法律事务管理体制改革

（一）加强对分行改革工作的指导。印发《关于切实做好法律事务集中改革后续工作的通知》，对各分行提出进一步深化改革相关要求，明确有关具体工作意见，指导分行做好改革相关工作，并及时跟踪改革推进情况，通过组织召开改革经验交流座谈会等形式，及时推广改革成功经验，完善配套政策，保障了法律事务集中改革的顺利推进。

（二）优化有关制度和信息系统。为适应法律事务管理体制改革后的新情况，修订印发《法律审查办法（2013年版）》、《诉讼案件管理办法（2013年版）》、《境内分行经营绩效和业务发展考评法律风险防控专项考评办法（2013年版）》和《法律事务工作考评办法（2013年版）》，制作法律意见书示范文本，优化相关业务法律审查流程。着手开发“法律审查管理系统”和“法律风险并表管理系统”，升级“诉讼案件管理系统”，配套印发《诉讼案件管理系统管理办法（2013年

版）》和《诉讼案件管理系统操作规程（2013 年版》以及用户手册，规范系统管理使用和用户操作，进一步提升全行法律事务工作信息化水平，提高工作效率。

（三）开展法律事务内部计价试点。组织北京、上海、浙江、湖北4家分行进行法律事务内部模拟计价试点，召开座谈会对模拟计价的范围、方式等进行讨论，批准四家分行模拟计价方案，指导和推动相关分行做好试点工作，科学评估法律事务工作价值，为下一步全行法律事务内部模拟计价积累经验。

截至2013年末，除甘肃分行外，其余34家一级（直属）分行（不含西藏分行）已完成法律事务集中改革。

二、着力提升法律服务水平

（一）主动开展法律服务工作。在总行层面，选择信贷与投资管理部、金融市场部作为2013年专项法律服务对象，分别为两部门量身定做服务方案，支持保障全行公司信贷业务和金融市场业务快速健康发展。同时，加强部门间沟通协调，注重“走出去”与“请进来”相结合，通过开展座谈、相互授课等方式，与相关业务部门就业务发展中面临的法律问题及法律服务需求积极开展交流探讨。在分行层面，挑选经营规模较大、金融创新活跃、法律风险防控工作复杂的浙江分行作为对分行的专项法律服务对象，开展“1对1”专项法律服务，制订《“1对1”专项法律服务方案》。进一步完善总分行联动机制，在与北京、上海、广东、浙江、深圳等分行开展法律支持业务创新总分行联动试点工作的基础上，集中总分行法律事务专业力量深入研究业务创新发展过程中遇到的相关法律问题，编写6期《法律支持业务创新简报》，并将相关工作成果在全行范围内进行共享。

（二）提高法律服务价值含量。一是注意归纳提炼日常法律咨询审查工作经验，总结项目贷款、收益权及股权理财业务、信托理财、股权投资基金主理银行等重点业务、创新业务或疑难业务法律风险防控要点，制定相关法律意见书模板和示范合同文本，统一相关法律审查标准，形成指导意见和工作指引。二是注意从诉讼案件管理工作中发现经营管理中存在的法律风险问题，有针对性地提出风险防控意见。在对2012年和2013年上半年全行法律清收和起诉案件管理情况以及全行被诉案件管理情况进行全面总结分析，针对有关案件反映出来的风险问题提出对策建议。此外，还分别就民间借贷、印章管理、冒名办卡、伪卡欺诈和个人客户身份识别诉讼案件中反映出的风险问题，向总行相关部门和有关分行发送风险提示函14份。三是持续跟踪研究最新法律法规及监管规定。2013年，共编发《金融法律简讯》14期、《金融法规专题报告》7期，向相关业务部门和机构作出风险提示和应对建议，主动预防和规避因新法实施可能产生的法律风险。同时，为分行法律事务部门搭建法律信息沟通平台，引导和鼓励分行开展法律工作专题调研，沟通和交流法律风险防控经验技巧。

三、尽职做好法律咨询审查工作

2013年，全行法律事务部门共处理各类书面法律咨询审查事项23.7万项，出具书面法律意见13.02万份，揭示各类风险点及需要关注的问题36.53万个，提出有关风险防控措施及意见37.72万条，参加各类业务谈判1.7万次，累计谈判时间4.45万小时。按照法律服务市场平均价格模拟计算，节约律师咨询费用约5亿元。一是支持和保障各项业务发展创新。积极支持电子商务平台、“逸贷”业务、资产管理业务、衍生交易业务等创新项目，从制度办法拟定、产品结构设计、业务流程安排、担保结构设置、协议文本起草等多方面提出法律意见和建议，有效防控法律风险。加大对重大项目支持力度，为中石化澳大利亚APLING液化天然船舶融资项目、武汉沌口长江公路大桥项目、上海迪士尼合作项目、葡萄牙电力公司贷款项目、三井住友租赁银团贷款等境内外重大项目提供法律支持，助力我行与境内外金融机构开展跨境业务合作。此外，积极协助有关业务部门修订完善《金融市场业务管理办法》、《资产管理业务投资管理办法》等200多个行内制度办法，确保各项经营管理活动在法律和监管框架下依法合规开展。二是加强各类合同协议的规范管理。适应最新监管要求和我行经营管理需要，配合业务部门制定针对客户信息使用的相关格式通知书，协助起草审定私人银行顾问咨询服务协议、基金和证券公司资产管理计划票据理财协议、全球现金管理服务协议等格式文本。加强境外机构合同管理工作，2013年共发布、更新格式合同233份，发布参考文本及英文文本3份。

四、积极组织推动不良资产法律清收工作

2013年，全行法律部门起诉清收不良贷款16 853件，审理结案9 540件；通过胜诉执行等法律手段收回各类资产106.62亿元，其中收回现金97.93亿元，占比91.85%。一是充分运用《民事诉讼法》关于实现担保物权的新规定，指导分行向当地法院申请处置抵押物等担保财产，高效率、低成本清收不良资产。二是探索使用诉前送达地址确认制度，有效缩短诉讼周期，解决债务人逃废债问题。三是实行重点关注行制度，将胜诉案件执行率低于12%的5个分行和胜诉案件应收余额超过7亿元的5个分行，列为2013年胜诉案件执行工作重点关注行，督促分行加大依法清收力度。四是督导分行针对亿元以上大户胜诉未执结案件制订专门清收工作方案和计划，落实清收责任。五是运用法律手段向账销案存资产要效益，全年清收账销案存资产5.73亿元。六是积极做好个人客户大额不良贷款清收处置工作。

五、切实加强被诉案件监督管理

2013 年，全行法律部门处理被诉案件 2 503 件，涉及被诉金额 29.75 亿元。其中，结案案件 1 338 件，结案金额 11.08 亿元，通过妥善做好相关应诉处理工作，避免和挽回经济损失 8.95 亿元，避免损失率达 81%。一是加强重点行被诉案件督办工作。将被诉风险较高的河南、山东、吉林、上海和广东分行营业部列为 2013 年被诉风险重点关注行。同时，要求有关分行高度重视千万元以上被诉案件处理工作，成立专案工作小组。经各级行法律部门共同努力，2013 年全行千万元以上被诉案件结案 27 件，避免经济损失 6.07 亿元。二是建立重要被诉案件快报机制。对七类重要的被诉案件实行全流程管理，迅速采取必要措施妥善防控相关法律风险。三是总分行联动处理重要被诉案件。邀请总行相关业务部门及分行法律事务部门业务骨干专门成立诉讼案件应对小组，为被诉风险防控工作提供法律与业务支持，对重大、疑难、复杂案件召开专题分析会，完善诉讼方案。四是着力防控民间借贷引发的被诉风险。按月跟踪监测各行民间借贷引发的被诉案件发案和进展情况，制定印发《民间借贷引发的被诉案件应诉工作指引》，提高全行应对此类被诉案件水平。

六、加强和改进协助执行工作

积极配合法院推进“点对点”查控机制建设。总行与最高法院执行局签署《关于推广网络执行查控机制备忘录》，并积极指导分行配合各地高级法院开展网络查控系统建设，研究解决系统建设技术方案，做好“点对点”网络执行查控机制落实工作。截至 2013 年末，“点对点”网络执行查控机制建设取得丰硕成果，北京、上海等 16 家分行已完成“点对点”网络执行查控系统投产，河北、黑龙江、厦门、新疆 4 家分行已正式提出立项申请，其余 17 家分行已完成项目建设方案或与当地高级法院正在协商中。工商银行相关做法和经验获得最高法院执行局、人民银行条法司、银监会法规部、银行业协会的一致肯定和好评，并在最高法院执行局组织召开的“人民法院与银行业执行合作座谈会”上被作为典型向农行、中行、建行、交行等商业银行推广。

七、加强集团法律风险并表管理

（一）妥善协调处理涉美跨境协助执行案件。指导纽约分行成功处置山东玲珑轮胎案、OMEGA SA 诉纽约分行案及 NIKE&CONVERSE 案，积极制订应对方案，协调行内相关部门做好涉案客户的调查及解释工作，并联系涉诉同业银行统一口径，保护自身及涉案客户的正当权益。同时，积极推动美国 Tiffany 公司案跨境取证工作，配合人民银行与最高人民法院调查客户信息与账户情况，为抗辩原告主张提供有力证据。

（二）推动并表管理机构提高法律风险管理水平。分析 2012 年度并表管理机构法律风险管理中存在的问题，提出改进工作建议，形成专题报告，发送各境外机构负责人参阅。印发中英文版本《进一步加强法律风险并表管理工作的通知》，促进并表管理机构加强和改进法律风险管理工作。

（三）指导并表机构做好法律风险管理工作。赴工银金融、工银美国、纽约分行三家在美机构开展现场调研，就如何做好法律风险管理工作提出具体指导意见；针对工银阿根廷、工银泰国诉讼案件较多情况，通过跟踪督办、现场报告、专项调研等多种方式分析查找案件多发原因，研究专项指导方案。此外，首次将境外机构法律人员纳入行内法律人员培训计划，邀请东京分行、首尔分行、新加坡分行等十家亚太地区并表机构法律人员参加培训，并举办法律工作座谈会，了解并表机构落实法律风险并表管理情况。

八、做好商标管理工作

配合本行国际化和综合化经营发展需要，在境外近 30 个国家和地区提起商标注册申请；妥善处理与加拿大不列颠哥伦比亚保险公司、台湾兆丰银行等公司关于 ICBC 商标在海外的使用权争议；及时利用商标注册、续展、异议、复审等多种手段，确保商标注册和保护工作在境外顺利推进，维护商标权益。2013 年，共办理商标异议、异议复审、异议复审答辩及商标行政诉讼案件 12 件，办理境外核心商标注册 24 件，境外业务商标注册 61 件，境内业务商标注册 20 件，共完成各类核心商标、业务商标注册 26 件，监控商标公告 47 期，涉及商标约 90 万个。

（总行法律事务部）

反洗钱工作

2013年，全行深入贯彻落实“风险为本”的反洗钱监管要求，以建设完善有效的集团反洗钱合规框架、提高反洗钱工作有效性、防范集团反洗钱合规风险为目标，重点实施人民银行反洗钱综合试点和工商银行反洗钱集中处理两大改革，大力推进反洗钱制度建设、系统建设和队伍建设，突出抓好高风险领域和关键环节洗钱风险防控，为协助国家打击洗钱犯罪活动、维护金融秩序和社会稳定、保障业务健康持续发展发挥了重要作用。

一、顺利完成人民银行指定的首家反洗钱综合改革试点任务，搭建起全新的集团反洗钱管理框架

（一）建立健全了一套较为成熟完备的反洗钱内控制度体系。修订印发《中国工商银行反洗钱规定》，进一步明确了集团内从董事会至基层网点等境内外各层级、各机构、各岗位的反洗钱工作职责和基本要求。制定和修订了9个反洗钱专项管理制度，全面落实《中国工商银行反洗钱规定》制度性安排和原则性要求。37家境内分行和21家境外机构向总行报备了更新版的反洗钱操作规程或反洗钱手册，实现内外部反洗钱要求与业务流程的进一步融合。

（二）设计启用了基于风险为本原则和集中处理平台的反洗钱操作新流程。在可疑交易分析研判流程中增设了审核审批环节以强化质量控制，按照客户风险高低实施区别化的监控频率。对已经向人民银行报送可疑交易的相关情况通过系统向业务部门发送“风险提示”，首次实现了反洗钱合规风险管理与业务风险管理紧密结合的风控新手段。

（三）研发推广了全新功能的反洗钱监控系统和首批自定义监测模型。2013年6～12月试点推广期系统报警量同比下降74.4%，可疑交易报告量同比下降99.84%，可疑交易报告质量及情报价值显著提升。

（四）强化了洗钱高风险领域管理措施。出台涉敏业务以及特别控制名单相关管理制度，建立制裁合规及反恐怖融资工作规范和操作流程。研究制定产品洗钱风险评估办法，组织总行产品主管部门、境内分行和附属机构对现有存量产品的洗钱风险进行全面评估，将洗钱风险纳入新产品立项风险评估体系，重点防控高风险产品被洗钱分子所利用。

二、全面完成反洗钱集中处理改革，为试点工作提供了最佳基础平台并全面释放基层员工反洗钱工作压力

2013年第一季度末，境内各分行反洗钱可疑交易研判工作全部上收到一二级分行反洗钱中心，全行集中专业研判人员替代了2万多名网点反洗钱兼职人员每天需固定完成的工作量，不仅大幅提高了反洗钱报告质量和效率，降低了培训和管理成本，同时也为试点创新成果的推广提供了最佳基础平台和人力资源保障。

三、持续开展反洗钱审计、检查和评估工作，集团反洗钱管理力度不断加大

开展集团“反洗钱管理审计项目”，审计范围涵盖集团各类机构。组织对境内5家分行开展涉敏业务检查，组织各分行针对《中国人民银行办公厅关于近期金融机构反洗钱监管工作的通报》中提示的问题或风险点开展自查，强化反洗钱履职管理。在内控评价指标修订和现场评价中纳入反洗钱重点内容，参与分行行长经营绩效考核。聘请毕马威公司完成对近三年来新设立的17家境外机构实施反洗钱评估项目，组织对6家境外机构开展合规检查，指导督促各机构完善管理，要求尽快达到属地监管要求。现场调研附属机构反洗钱管理现状，指导附属机构严格落实所属行业反洗钱监管法规和总行要求。对审计、检查、评估发现的管理层面和执行层面的缺陷均积极督促落实了整改。

四、深入推进客户信息专项治理工作，着力防控重点业务领域洗钱风险

（一）持续推动客户信息专项治理工作，将客户信息完整率纳入内控评价和反洗钱考核范围，促进客户信息完整率快速提升。2013年末全行对公客户信息完整率达到97.41%，较2012年末提高4.09个百分点；个人客户信息完整率达到83.38%，较2012年末提高30.33个百分点。

（二）组织开展个人人民币银行存款账户身份信息真实性核实工作，全面提升个人客户信息真实性，至2013年末全行个人人民币银行存款账户身份信息核实率达到100%；立项开发假名账户处置、手机短信提醒和手机短信止付等系统或功能，对通过开立假名账户、

克隆银行卡等进行洗钱的行为进行技术控制。

（三）加强网银注册环节大额资金异动情况监测，组织分行对部分客户网银注册手续的合规性进行核查，通过非现场监测推进各分行公转私支付限额设置工作，至2013末全行反洗钱二三类客户的企业网银公转私设置率达到99%。

（四）坚持按季度对运通卡存量客户、按月对大来卡存量客户进行OFAC名单筛选，成功将反洗钱客户风险分类结果应用于信用卡短信分期目标客户等预审批流程之中，重点加强对信用卡境内外大额消费、外卡收单等异常交易的监控，防控信用卡领域洗钱风险。

（五）持续推进业务流程综合改造和优化工程，至2013年末实现187种业务的客户身份联动核查和档案电子化存储，客户身份核查机制更加完善。先后投产指纹身份认证、支付密码改造、事中风险控制等项目，有效提升了营业网点洗钱风险控制能力。

五、扎实开展反洗钱培训，反洗钱专业队伍建设加快推进

出台反洗钱专家团队管理办法，评选聘任首批76位反洗钱专家团队成员。组织第三批100余人参加国际反洗钱师（CAMS）资格认证。分层级、有重点、多形式地举办各类反洗钱培训班，培训范围覆盖境内外机构反洗钱管理和专岗人员及一线员工。

六、反洗钱报告和协查工作成效明显，为打击犯罪作出突出贡献

建立了对可疑交易报告不定期进行非现场质量抽检的常规工作机制，按季度统计全行可疑交易报告报送情况，分析洗钱类罪特征并向全行发布风险提示，可疑交易报告情报价值显著提升。2013年全行认真配合执法机构反洗钱协查，为国家破获多起特大传销案件及其他洗钱上游犯罪案件提供了有力证据。

基于工商银行在反洗钱工作取得的成绩和经验，2013年总行先后两次在央行组织召开的反洗钱综合试点经验交流会上介绍经验，得到了国内同业的认可和效仿，发挥了首家试点银行应有的引领作用。有20家分支机构在当地反洗钱活动中获奖，133家分支机构受到当地监管部门通报表彰，18家分支机构由当地监管部门组织向同业推广经验，58家分支机构在当地反洗钱考核中名列前茅。

（总行内控合规部）

管理信息

2013年，全行管理信息部门紧紧围绕总行党委工作部署，积极落实信息化银行建设任务，以加强信息流管理、提升信息价值为着力点，加强数据仓库管理应用，加快集团信息库建设，推进数据挖掘分析，提升统计管理和信息披露水平，为全行经营转型提供了有力的信息服务与支持。

一、强化数据仓库管理，加快集团信息库建设，巩固信息化银行建设基础

（一）加快业务数据入库，增强数据集中与支持能力。积极开展境内外分行、集团子公司业务系统数据源入库调研，首次实现电子商务平台、综合化子公司系统数据源入库，推动企业级数据仓库（EDW）系统数据源由2013年初的105个增至117个，入库源表由2 689张增至3 659张，入库数据量由211TB增至335TB，保持国内同业首位。不断强化数据支持作用，通过EDW为绩效考核平台、内部评级系统等59个下游数据集市、应用系统日均提供数据量达310GB。

（二）加强数据质量管理，有效提升客户基本信息完整率。加强制度建设，印发《数据治理工作管理规定》《数据质量考核办法（2013年版）》等一系列数据质量管理制度，进一步健全集团数据质量管理长效机制。完善管理平台，投产新版数据质量管理平台（DQMP），延伸DQMP机构树至网点层级，并在新加坡和澳门分行进行境外DQMP试点。联合相关部室加强客户信息治理，推动法人客户信息完整率由2013年初的93.32%提高到年末的95.63%，实现法人客户信息的基本完整；个人客户基本信息完整率由年初的53.05%提高到年末的80.39%。

（三）加快信息标准建设，健全集团信息标准体系。相继发布8批集团信息标准，新增信息标准7 576项，完善信息标准112项。会同信息科技部及有关部门在14个业务系统开展信息标准“贯标”工作，推动信息标准应用，并开展了重点应用系统信息标准合标情况评估，掌握系统合标进展和合标水平。加快业务指标统一视图和信息标准国际化改造，实现集团信息标准管理系统（IS2010）优化改造一期应用投产，完成首批1 100多项信息标准的翻译。

（四）搭建集团信息库总体框架，开启非结构化信息统一管理。克服无业内先例可循的困难，在充分调研基础上制订了集团信息库建设方案，明确集团信息库总体建设目标、实施路径和进度安排，确立业务定位、工作模式、处理流程等总体框架设计。初步完成非结构化信息标准规范（ICBC－UIS），通过多角度的元数据项定义，提供描述集团信息库非结构化信息及信息间关联关系的统一“语言”，构建集团信息库非结构化信息集中共享、统一检索及分析挖掘的逻辑基础。完成集团信息库非结构化客户信息分析挖掘项目需求，研究银行内部非结构化客户信息应用范围和方法，推进非结构化信息分析挖掘平台建设。

（五）升级信息检索服务手段，增强信息检索便捷性。成功投产集团信息库统一信息检索平台，实现对全行网讯、资讯平台非结构化数据的统一检索，大幅提升检索准确度和智能水平。创新推出操作简便、授权充分的通用查询工具，提高数据仓库使用便利性，积极推动高级数据查询应用，EDW 模型应用与管理平台纳入成熟的灵活查询模型 162 个，较年初增加 71 个，全年总分行运用灵活查询工具完成 9 300 项信息服务项目，比 2012 年增长 1 倍。继续推动境外客户关系管理系统（FCRM）应用，覆盖的境外机构增加 3 个至 14 个，更好地满足境外机构灵活查询需求。上线动态监测移动推送子系统，实现 10 余张常用经营管理图表的手机端展现。

二、加强信息挖掘分析，拓展信息应用领域，提高信息价值创造力

（一）推进数据挖掘应用，扩大精准营销成果。与业务部门密切配合，开展数据挖掘，支持精准营销，全行部署的精准营销活动接近 1 100 项。其中，总行统一组织部署 25 项，成功营销 2 251 万目标客户交叉使用电子银行、银行卡、本外币理财等金融产品，有力支持了逸贷、第三方存管资金回流、代发工资留存等重点营销活动开展，营销成功率达 18.2%，比传统方法提高 2～4 倍，创造综合效益 8.1 亿元。加强对分行精准营销活动的现场支持、培训指导，向全行普及精准营销信息服务管理系统，推动各分行开展精准营销活动超过 1 000 项。《大型商业银行基于数据仓库的客户精准营销管理》项目荣获第二十届全国企业管理现代化创新成果一等奖。

（二）丰富资讯平台内涵，加快营销信息成果转化。加快资讯平台升级改造，新增信息标签、组合搜索、信息推送定制功能，推动信息标准化入库、货架式展现和个性化服务。强化外部资讯信息的统一采购和集中管理，完成近 60 个项目调研、审查和谈判，丰富平台信息内容。契合业务需求，重点挖掘与营销转型、机构联动相关的规律性信息价值。建立信息跟踪反馈机制，将营销信息推送至业务部门，推动信息实际应用。截至 2013 年末，平台用户增至 4.3 万人，累计发布行内外信息 344 万余条；当年通过信息成果转化取得存款、贷款、收入分别为 2 321 亿元、2 724 亿元、95 亿元。

（三）推进网讯优化升级，服务中心工作开展。助力国际化经营，完成网讯海外版升级并正式接入集团网讯，实现双向自由切换。优化网讯系统功能，重新设计网讯首页功能区，规划整合网讯频道和栏目，增加高层动态和部门机构两个频道，提升信息查阅便利性。全面开展网讯子站点自查和检查，完善子站点版面设计、信息规范、制度建设和信息安全管理，促进子站点健康发展。围绕全行中心工作，开设“信息化银行建设”等重点活动专栏，开展逸贷、存款、电商平台等工作深度报道，引起全行广泛关注，集团网讯全年发布信息 35 万篇，其中深度报道类信息 1.6 万篇。

（四）深化征信信息应用，提升风险防控能力。周密布置，推动全行贯彻落实《征信业管理条例》，配合人民银行顺利完成《征信业管理条例》贯彻情况现场检查。扩大征信信息应用领域，研究制定征信类信息境外应用实施方案，指导业务部门应用关联企业信息管理系统（GRMS）加强风险管理。启动个人征信异议隐患问题集中清理，信用卡“被办卡”、“被逾期”等异议隐患清理工作取得明显成效。客户信用风险管理系统（CIIS）应用取得丰硕成果，全年利用 CIIS 系统堵住不良信用客户再融资 17.9 万笔、730.7 亿元，清收转化不良贷款 6 万笔、33.8 亿元，在贷后管理中预警高风险贷款 3.9 万笔、1 348.5 亿元，创造直接经济价值逾 147 亿元。

（五）推动分析师队伍组建，打造专职分析力量。制定分析师队伍建设方案，提出全行分析师队伍建设目标、原则，明确分析师工作职责、管理模式、建设规划、工作要求、激励制度等内容，开展首批分析师队伍遴选工作，并搭建了便利全行分析师迅速访问数据、高效开展工作的统一平台。

（六）提高信息分析产品质量，增强经营决策服务水平。全行管理信息部门围绕经营重点，加强调查研究，开展代发工资业务、存款资金流向等专题与定期分析，完成各类分析报告近千篇，较好地发挥了辅助决策功能。聚焦核心竞争力，加强同业经营研究，相继完成数十家国际银行的主要经营指标比较、国内大型商业银行比较分析等报告。创新县支行竞争力分析模式，积极开展重点县支行内源式竞争力研究。

三、创新监管统计报送，规范信息披露，推进信息发布全流程管理

（一）狠抓制度、流程和系统建设，提高统计管理水平。全面修订《统计管理规定》，新增集团管理、统

计监测和信息标准等新内容，明确组织形式和部门职责，强化系统保障、信息标准与统计分析相关要求。完善统计指标体系，修订常用指标库，将3万多个统计指标进行科学分类、合理分层。创新资本充足率统计制度，细化完善金融资产服务业务统计制度和综合统计制度，多层级、全覆盖的统计制度更加完备。组织开展全行统计业务自查与现场检查，着力加强流程规范和机制完善。坚持月度数据T-1监测，确保数据错误“早发现、早解决”。积极推进全球统计信息系统（GSIS）和资本充足率报表系统等统计系统建设，受到人民银行肯定。

（二）圆满完成各项统计报送任务，实现监管报送零差错。加强组织推动，完成新一轮企业规模划型、经济成分、战略新兴行业等统计标识改造和信息更新。按时高质量向人民银行、银监会、统计局报送上千套各类统计报表，未发生错报、漏报、迟报问题，保持同业领先水平。创新工作方式，实现巴塞尔Ⅲ权重法和现行法两套资本充足率统计报表同时点计算填报，报表数量同比增长10倍。开展行内第三次经济普查准备工作，完成业务培训、系统测试及前期数据上报。

（三）深化境内外报表集中管理，规范报表管理流程。境内报表管理方面，加快推进境内报表集中管理平台（CS2002+）建设，累计迁移报表285张，清理低访问率报表475张，报表集中管理率提升至97.90%，报表自动化率提升至89.23%。境外报表管理方面，制定印发中、英文版《中国工商银行境外报表服务业务管理办法》，明确总行专业部室和各境外机构职责分工和机制流程；强化境外报表目录管理，动态更新维护境外报表目录；实现96张境外报表自动化生成，其中通过境外报表集中管理平台实现70张，推动境外报表自动化率提升12个百分点至22%。

（四）巩固信息披露同业领先地位，扩大评优评级成果。遵循沪港两地最新监管要求，圆满完成2012年报和2013年两次季报、一次半年报披露，披露质量获得同业肯定，赢得《香港商报》“全球商业银行透明度金奖”。按照现行法和权重法两种方法，顺利完成2013年新增的资本充足率报告两次季报和一次半年报披露。加强与评优评级机构沟通，宣传全行业绩，获得《欧洲货币》、《银行家》等境内外知名媒体授予的“中国最佳银行”等奖项219个，其中境内奖项168个，境外奖项51个；完成穆迪年度跟踪评级访谈及新型合格二级资本工具发行评级工作。

（总行管理信息部）

安全保卫

2013年，安全保卫工作按照“防案件、防事故、防灾害，保平安、保发展、保形象”安全管理工作目标，不断健全安全防范体系，狠抓案件防控，圆满完成了总行党委确定的工作任务。同时，紧密围绕全行经营改革转型工作要求，继续深入开展安全管理职能拓展工作，初步构建了全球一体化安全管理架构，为全行各项业务顺利发展和改革深入提供了稳健可靠的安全支持和保障。

一、抓好全行外部案件防控工作，案防效果显著

2013年全行共发生外部欺诈风险事件5 237件，成功防范5 176件，防范成功率98.8%，涉及资金96.91亿元，损失金额900万元，避免损失96.82亿元；连续6年实现既遂抢劫案件为零和员工伤亡为零，连续10年实现涉枪案件为零。

（一）依托外部欺诈风险信息系统，为全行业务发展护航。2013年外部欺诈风险信息系统正式投产，截至年底，已实现在电子银行、个人金融、银行卡等领域的运行使用，并与NOVA系统中网银注册注销、个人综合开户、个人转账汇款等交易完成对接，提供实时风险预警支持。该系统打破了传统的“撒网捕鱼”式的风险防控模式，采取“定向清除”式的高效防控手段，在业务流程中建立起了一道安全的防火墙，自投产应用以来，仅三个月时间就堵截各类外部欺诈风险事件252起，查明和监控风险资金3 000多万元，防堵电信诈骗案件68笔，为客户避免经济损失453万元，其中单笔最大堵截金额达119万元，新华网、《中国日报》、中新网、和讯网、凤凰网等多家新闻媒体对此进行了正面宣传报道，获得各界广泛赞誉和好评，树立了工商银行“最安全银行”的良好形象。

（二）积极开展外部欺诈风险评估，建立科学的安全评估体系。总行成立了外部欺诈风险评估管理领导小组，组建了专业评估顾问团队，印发了《外部欺诈风险评估管理领导小组工作细则》和《外部欺诈风险评估实施细则》，完成了安全评估工作的组织架构和整章

建制。截至年底，完成了4项评估课题计划，其中《全行自助设备营业时间优化调整评估报告》、《工银加拿大支票欺诈风险评估报告》2项课题已提交总行操作风险管理委员会审议通过。同时指导36家二级分行完成了63项评估课题，内容涵盖业务运营类（银行卡、小企业、电子银行等业务）、实体安全类（办公楼、网点等实体）、管理活动类（重大活动、突发事件应急处置）等多个业务类别。安全评估工作增强了我行外部欺诈风险防控工作的前瞻性和针对性，实现了外部风险防控工作从“事后处理”向“事前防范”转型。

二、以专业化为目标，提升安防设施建设集约化水平

（一）研发和试点报警监控联网综合管理平台。组织研发以报警信息为主导的智能报警监控联网平台，采用智能分析技术，建立了以报警信号为主导、实行警情分类分级处理的报警监控联网新模式，并在山东分行营业部进行了试点应用。试点分行的实践证明，该平台实现了各种误报警和无效报警信号压缩98%以上，极大地提升了报警接收处置效能。6月总行在平台试点行召开了全行报警监控联网综合管理平台现场推广会，并印发了《报警监控联网综合管理平台推广方案》。截至年底，总行重点跟踪单位和第一批推广单位共计52个平台建设项目已完成前期勘场工作。该系统的研发、建设和推广填补了国内报警联网平台的技术空白，将极大地提升全行技防工作专业化和管理集约化水平。

（二）规范完善安防设施集中采购。结合全行报警监控联网综合管理平台建设推广工作，按照“统一品牌型号，统一规格标准，统一质量要求，统一支持服务、统一形象管理”的原则，组织实施了相关液晶拼接屏和IP对讲类设备集中采购。集中采购后价格比市场价降幅达47%～75%，仅此一项为全行节约资金近7 000余万元。同时，印发了《关于开展2013年度安全防范设施供应商、工程商服务质量评价工作的通知》，全面系统规范供应商、工程商评价工作，通过从多个维度分析汇总工程商、集成商服务质量，切实督促其履行合同约定，确保全行安防设施建设质量。

三、以创新为动力，构建全球一体化安全管理架构

（一）积极开展境外机构安全服务，构建全球安全管理体系。

一是积极探索境外机构安全服务整合工作。根据境外机构安全服务需求，全面比较借鉴国际同业安全管理模式和外包服务方式，实地调研境外安全服务市场，制订了《境外机构安全管理整合方案》，并以工银阿根廷为样本行，启动了境外机构安全服务整合工作。此外，按照“ONE BANK”经营管理要求，本着公平对等、诚信合作、互惠互利的原则，与国际安全服务运营商Prosegur公司签订了全球安全服务战略合作协议，依托国际顶尖安全服务供应商的全球运营网络和专业服务资源，为后续深化境外机构安全服务整合、构建集团化安全管理架构打下了良好基础。

二是不断丰富境外机构安全服务和管理内容。先后赴南非代表处、巴基斯坦分行、工银阿根廷就安全防范、员工人身安全保障、刑事治安事件应急处置和业务反欺诈等工作开展现场检查，指导并培训境外机构防控安全风险，提升员工安全防范知识技能。编发《安全风险提示（中英文版）》近40期，第一时间向境外机构提示安全风险预警信息以及外部欺诈案件信息。同时，通过远程视频方式向30家境外机构组织开展了三次安全培训讲座，参训人员达400人次，切实提高了境外机构人员安全防范意识和知识技能。

三是加强境外机构规范化管理。在广泛征集行内相关部室及境外机构意见的基础上，制定并印发了《境外机构安全管理办法》，为境外机构安全管理规范化打下坚实基础。同时，不断修订完善《境外机构安全管理档案（2013年）》，完成《境外机构安全管理统计分析报告》，进一步丰富统计内容、优化统计项目。通过制订应对境外机构突发事件处置方案，规范应对境外机构突发事件处置流程，不断提高决策效率和指导科学性。

（二）完善对直属机构安全管理工作指导。2013年，完成了对所有直属机构的现场检查和调研工作，举办了两次覆盖全体直属机构的现场培训。同时，不断健全直属及控股机构安全制度，起草了《境内直属及控股机构安全管理工作考核细则》，持续完善直属机构安全管理基础档案，并根据档案信息完成了《直属机构安全管理情况统计分析报告》。

四、注重多措并举，夯实安全管理基础

（一）不断健全安全管理制度体系。制定和印发《境内分行内部安全保卫工作管理办法》、《境内分行安全保卫工作职责实施细则》，修订《境内分行安全保卫工作考核办法》，实现了安全保卫工作责任与经营管理岗位相匹配、与具体工作事项相绑定，责任落实情况与绩效考核相挂钩的管理目标。同时，修订完善《外包业务管理办法》，制定下发《驻点保安服务量化评价表》和《驻点保安服务合同（征求意见稿）》，不断完善相关业务流程、明确操作规范。

（二）扎实开展安全大检查。贯彻落实国务院和银监会相关通知要求，于6～9月集中组织开展了全行安全大检查。其间，总行针对各地检查开展情况，及时加强指导，并派出检查组对9个一级（直属）分行下辖15个二级分行和3家直属机构进行了重点督察。共集中排查发现各类问题隐患3 635项，完成整改3 332项，

整改率达91.66%。安全大检查进一步增强了各级行安全管理能力与水平，为全行业务经营稳定发展塑造了良好的安全环境。

五、加强国际交流，提升队伍素质

（一）建立常态化的国际安全交流合作机制。加入国际银行安全协会（IBSA）并参加了第64届年会。该协会是目前世界上最具影响力的非盈利性银行安全合作组织，通过与该协会40余会员建立长期、稳定、互利的沟通机制，为加强与国际金融同业在金融安全领域的交流和合作，及时掌握国际金融安全信息资讯奠定了良好基础，开启了工商银行安全管理工作与国际舞台接轨的新篇章。此外，还参加了中国企业投资协会海外投资咨询委员会，成为海外投资咨询委员会理事单位。通过日益常态化的国际交流与合作，逐步提升了全行安全管理工作国际化视野和专业化水平。

（二）翻译引进《风险分析与安全调查》。积极探索既符合现代金融企业安全管理要求又有我国银行专业特质的安保文化建设，继2012年完成国际权威著作《安全导论》的翻译出版工作之后，总结前期经验、依靠自身力量，2013年继续翻译引进了国际现代企业安全管理丛书——《风险分析与安全调查》。该书系统介绍了欧美发达国家成熟的企业安全管理体系，有助于进一步完善国内安保工作理论基础，为全行安保专业加快向管理型转变，不断提升队伍素质打下扎实基础。

（三）因材施教，举办专业培训班。2013年，坚持以不同层级为对象、以不同内容为重点，先后举办了5期专业培训班，配合杭州金融研修学院组织了两期"保卫干部适岗能力提升培训班"，累计培训人员近400人次。此外，9月12日举办了外部欺诈风险信息系统全行投产应用视频培训，总行、一级（直属）分行和二级分行相关部门外部欺诈风险管理人员、个人金融等相关业务条线人员以及基层机构负责人共计3万余人参加了培训，有效提高了各行安全保卫专业相关岗位人员的业务素质和管理水平。

（总行安全保卫部）

案件查防

2013年，全行各级纪检监察机构按照总行统一部署和要求，紧密围绕改革发展中心任务，积极应对经济金融形势变化给案防工作带来的挑战，持续保持案件查防工作的高压态势，深入推动各项案防措施落实，有力保障和促进了全行经营转型和稳健发展。

一、继续强化对案件重要风险点防控治理

2013年，总行确定了违规参与民间融资活动、基层机构负责人和客户经理违规经营、小企业贷款贷前调查、票据贴现、违规办理信用卡分期付款业务、会计核算专用印章管理6个案件重要风险点，制订了防控治理方案，明确了防控治理的牵头和协办部门，提出了每个风险点涉及的关键风险环节和具体的防控治理措施，先后两次共对10个一级（直属）分行及辖属17个二级分行防控治理情况进行了检查，对发现的问题及时督促整改并在全行进行了通报。各行根据案防形势和案防工作中存在的问题，在总行确定的6个风险点基础上，明确了自己的防控治理重点，落实防控治理责任，认真开展防控治理工作，消除了风险点上存在的大量案件风险隐患。经过一年的防控治理，全行案件和案件风险事件数量同比均有所下降，商业贿赂案件数量的降幅达到了50%以上。

二、继续深入开展员工违规参与民间融资和经商办企业排查治理

为有效遏制员工违规参与民间融资和经商办企业问题，全行进一步开展了专项排查，明确了排查重点、排查方法和排查要求。各级行通过内部了解、外部走访以及运用内控监测分析、业务运营风险管理、反洗钱、信用卡等系统监测核查方式，深入开展对员工特别是基层机构负责人和客户经理有无参与民间融资和经商办企业情况排查，确保不留死角、不留隐患。经过一年的排查治理，全行未发生员工违规参与民间融资和经商办企业方面的案件，案件风险事件数量也同比下降了60%。

三、继续加强重点监控（关注）行整改

根据近年来发案情况，2013年初总行确定了江西分行、广西梧州分行和甘肃分行营业部3个案件重点监控（关注）行，提出了整改工作要求，制订了一行一策的督导方案，并采取多种形式加强整改督导，及时发现和督促整改存在的问题。3个重点监控（关注）行按照要求，针对案件和案件风险事件暴露出的问题，制订整改方案，成立整改工作领导小组，明确各部门整改责任；各部门根据业务风险环节，提出整改措施并落实到

具体岗位和人员；纪检监察部门加强整改工作的组织协调，定期或不定期开展督导检查。经过一年的整改，3个重点监控（关注）行案防基础得到夯实，案防工作水平明显提升，其中广西梧州分行和甘肃分行营业部2013年未发生案件和案件风险事件，江西分行2013年下半年也未发生案件和案件风险事件。各行也结合实际确定了自己的重点监控（关注）行，并认真做抓好整改工作。

四、深入开展员工异常行为分析研究

根据总行党委的部署，总行纪委监察室牵头开展了《员工异常行为分析与风险防范》课题研究，形成了课题报告，归纳了员工履职中和履职外存在的12种主要异常行为及其特点，分析了产生原因，提出了加强员工异常行为管理工作目标和六个方面具体措施，经总行党委审定后，形成了《关于加强员工异常行为管理的意见》并下发全行。各一级（直属）分行和各直属机构按照意见要求，均成立了由一把手任组长、分管副职和纪委书记任副组长，监察、运行管理、内控合规、人力资源教育和工会等部门负责人为成员的员工异常行为管理工作领导小组，明确了领导小组及辖属各级机构和部门负责人工作职责，建立了联席会议制度，为员工异常行为管理的深入推进提供了保障。

五、进一步加强内控案防制度建设

总行开展了为期一年的制度梳理工作，注重将内控案防要求融入各项制度中，共修订制度369个、整合189个、废止382个，有效提高了各项业务制度防范案件的实效性。在制度梳理工作中，总行纪委监察室着重对《案件防范工作责任制管理办法》、《案件线索处置规程》、《员工抵制检举重大违规违纪行为和堵截案件奖励办法》等进行了修订完善，使其更具有操作性。同时，还在广泛征求总行相关部门和各行意见的基础上，制定了《内部欺诈风险管理办法》，指出了内部欺诈风险的表现形式和应遵循的防范原则，明确了各级纪检监察部门及相关职能部门、专业部门、各级机构内部欺诈风险管理的职责，以及内部欺诈风险如何预警与评估、报告与处置、防范与缓释、考核与奖惩等，使内部欺诈风险管理真正纳入全行操作风险管理体系，融入经营管理和各项业务工作之中。

六、严肃查处各类案件和案件风险事件

坚持“有案必查、查案必严”的原则，对全行发生的每起案件和案件风险事件进行了严肃查处。总行纪委监察室进一步加大了对案件和案件风险事件的指导和督办力度，从维护工商银行利益出发，就发生的有关案件和案件风险事件积极与监管部门沟通协调，并及时指导相关分行做好性质认定、资金追缴和舆情控制等工作，取得了良好成效，全行内部经济案件资金追缴率达到100%。严格责任追究，对案件责任人按照有关规定进行了严肃处理，有效发挥了惩处的震慑和警示作用。注重发挥查办案件治本功能，通过案件查办共向相关业务部门提出完善制度流程建议20余条。

（总行监察室）

第四部分

党建工作与队伍建设

责任编辑：赵会玉

深入开展党的群众路线教育实践活动

2013年下半年，全行各级党组织按照中央统一部署，在中央教育实践活动领导小组办公室和中央督导组的指导下，结合转型发展和作风建设实际，打牢学习教育和查摆问题两个基础，抓住整改落实和建章立制两个关键，采取同批开展、压茬进行的方式，深入开展党的群众路线教育实践活动。全行1 358个处级以上领导班子、11 841位处级以上领导干部、264 450名党员参加了教育实践活动。

一、主要做法

（一）加强组织领导，周密动员部署。总行党委成立了由党委书记、董事长姜建清同志任组长，党委成员、高管和有关部门负责人为成员的教育实践活动领导小组，并从党委各部门抽调骨干力量组成教育实践活动办公室；组建10个督导组，负责对全行62家一级（直属）分行、直属机构进行督导。总行研究制订了教育实践活动实施方案，召开全行教育实践活动动员大会，对活动进行了动员和部署，并专门针对总行督导组和各单位党委组织部长，开展了教育实践活动专题培训。建立了教育实践活动联系点制度，党委成员每人选定了1个一级分行和1个二级分行作为联系点。全行各级党组织也普遍成立了教育实践活动领导小组，由党委（支部）主要负责同志担任领导小组组长，抽调人员组建了活动办公室；召开教育实践活动工作部署会，部署推动本单位活动开展。在活动中，各一级（直属）分行共派出督导组168个，建立了联系点713个，领导班子成员深入联系点1 500余次。

（二）认真学习教育，提高思想认识。全行各级党组织坚持把学习教育、思想提高摆在首位，采取多种措施加强学习，做到规定动作不走样、自选动作有特色。总行党委严格按照中央要求，制订了详细的集体学习计划，先后组织集体学习11次，党委成员还以普通党员身份，参加了所在支部的学习活动。党委书记、董事长姜建清同志以《总行要作改进作风密切联系群众的表率》为题，为总行本部处级以上干部讲了专题党课。各一级（直属）分行、直属机构的党委班子集中学习时间均保证在3天以上。各级党组织还结合本机构和干部队伍实际情况，创新学习方式和学习载体，推动广大党员干部爱学真学、入脑入心。在活动中，各一级（直属）分行、直属机构党委书记讲授专题党课62次，参加人数达2.1万多人次；组织专题讲座84场，参加人员达3.7万多人次。各级党组织开展集中学习1.4万余次，召开座谈会1万多场。

（三）深入调查研究，广泛听取意见。总行党委采取下发征求意见通知、发放调查问卷、设立意见箱、开通专线电话、函询等方式，广泛听取基层组织和党员群众、近年退出领导班子的老同志、“两代表一委员”、政府部门、监管机构、股东单位和客户代表的意见建议。组织召开分别由总行部室总经理、分支机构负责人、党员干部、党外人士参加的座谈会；每位党委成员还通过个别谈话形式，充分听取分管部室和部分分支机构的意见。党委成员先后赴14个教育实践活动联系点，召开基层座谈会23场，参加员工400多名。走访政府部门、企业客户以及监管机构21个，征集到3 800多条次意见建议。各级党组织也按照总行党委统一要求，结合本单位实际深入开展调查研究，听取意见和建议。活动中，各级党委班子和党员领导干部走访政府部门、监管机构、企业客户等5.6万余次，召开基层和客户座谈会7 000余场，广泛征求了各方面的意见和建议。活动开展以来，各级党组织共征集意见和建议6.9万余条（次）。

（四）聚焦“四风”表现，深入查摆问题。全行各级党组织对照党章要求和中央八项规定精神，对照中央提出的党员干部在作风方面存在的突出问题、企业“四风”问题具体表现和第三十三督导组梳理的金融企业“四风”方面主要表现，坚持聚准焦点查根源，联系实际深剖析，确保查摆问题不“走神”、不“散光”。总行党委坚持真正“把自己摆进去”，本着查摆问题不怕丑、不怕痛、不护短的态度，5次召开专题会议研究讨论，2次召开会议开展“回头看”，党委成员结合分管工作和基层调研情况，勇于对号入座、深挖根源，做到从基层的问题找总行的问题、从班子的问题找自身的问题、从部门和下属的问题找自己分管的问题。梳理出党委班子16个“四风”方面的问题，党委成员个人共查找出117个“四风”方面的突出问题。全行各级党组织和党员领导干部在查摆问题过程中，结合自身实际，深入查找群众观念淡薄、宗旨意识弱化的根源，确保问题找准找实。活动中各一级（直属）分行、直属机构班子共查摆出“四风”方面存在问题830个，班子成员共查摆出个人“四风”方面存在问题4 036个。

（五）贯彻整风精神，积极开展批评。总行党委坚持以整风精神大力开展批评与自我批评，党委成员开展谈话谈心超过600余人次，提出相互批评帮助意见93条；认真起草了党委班子对照检查材料，并在一定范围内征求了意见；每名班子成员也动手撰写了本人对照检查材料。在中央教育实践活动领导小组办公室和第三十三督导组的指导下，总行党委班子及班子成员的对照检查材料都数易其稿，做到了开门见山、直奔主题、突出重点、剖析深刻。在充分准备的基础上，总行党委于11月7日召开了专题民主生活会，认真开展了批评与自我批评，达到了统一思想、改进作风、增进团结的目的。会后，及时召开了专题民主生活会情况通报会，向全行通报了民主生活会会前准备、开展批评和自我批评、制定整改措施等情况。在总行党委成员的示范带动下，全行各级党员领导干部也都认真撰写对照检查材料，普遍做了多次修改，积极开展谈心交心活动，各一级（直属）分行、直属机构班子成员提出相互批评帮助意见3 533条。在总行党委专题民主生活会召开之后，总行各部室和分支机构党组织也陆续召开了专题民主生活会，总行党委成员共参加了19家分支机构的专题民主生活会。

（六）切实整改落实，务求取得实效。总行召开4次党委会议，专题研究讨论总行党委教育实践活动整改方案，确定了39项整改任务，梳理了94条具体整改措施；聚焦深化机构改革、优化信贷业务流程、完善考核机制、狠抓窗口服务质量、改进文风会风、清理规范评选表彰庆典、坚持勤俭办行7方面开展专项整治；在对已有作风建设制度初步梳理的基础上，研究提出下一步制度建设计划。截至2013年末，部分整改任务和措施已按时完成，部分整改任务和措施正按序时进度积极推进，7个专项整治工作顺利进行，已经取得初步成效。党委成员个人也针对自身查摆出的问题制定了个人整改措施，并认真开展整改。各级党组织也认真贯彻总行党委要求，紧密结合工作实际，针对基层和群众反映强烈的突出问题，坚持边学习、边查找、边整改，让群众看到变化，使活动取得实实在在的成效。

（七）抓好建章立制，建立长效机制。总行党委对现有作风建设制度进行了初步梳理，修订了公务活动中收受礼品礼金登记和处理办法、执法监察工作办法、集中采购监督办法等制度，制定了调整会议审批流程和发布方式、精简各类简报、改进教育培训作风等方面的办法。中央《党政机关厉行节约反对浪费条例》以及有关加强制度建设的规定出台后，又对作风建设制度进行了全面梳理，重申了92项实践证明行之有效、群众认可的制度。制定了《中国工商银行教育实践活动制度建设计划》，对全行差旅费管理、业务宣传费管理、会议管理和公务接待管理等11项相关制度进行全面修订，还研究制定全行厉行节约反对浪费规定、各级机构负责人职务消费管理办法等12项新制度，初步构建了反对“四风”的制度体系。各级党组织也结合自身实际，积极以制度建设巩固作风建设成果。

（八）加强宣传引导，营造良好氛围。一是通过简报专报、网讯专栏等多种渠道，宣传教育实践活动好的做法、经验和成效。截至2013年末，总行共编发简报107期，专报4期，中央活动简报采用1篇，报道3次。在总行网讯“党的群众路线教育实践活动”专栏刊登网讯2 830篇。各级党组织共撰写网讯14 381篇，简报4 977份，在行外媒体上刊发有关教育实践活动的新闻稿件1 741次。二是积极回应和引导员工群众关心的热点、敏感问题，基层党组织创新形式，开办“教育实践活动大家谈”、“党的群众路线教育实践活动网络课堂”等网络平台，形成了有利于活动开展的正能量。三是加大反面典型查处和曝光力度，发挥警示警醒作用，对活动开展以来发生的“四风”方面问题案件进行严肃查处。

二、初步成效

（一）坚持勤俭办行有了新成效。认真落实《党政机关厉行节约反对浪费条例》，从严控制“三公”经费支出，改进财务核算、资源配置、审批授权方式。通过对差旅酒店、业务宣传品、促销品实行集中采购，严控超标准乘坐交通工具和住宿等措施，进一步加强业务宣传费、差旅费管理。通过运用新公文系统、实行无纸化办公、对打印复印设备实施集中管理等措施，努力降低办公用纸和打印耗材消耗，大力建设节约型银行。2013年，总行本部会议费用同比下降59%，业务招待费同比下降61%，因公出国（境）费用同比降低37%。

（二）文风会风转变有了新效果。按照务实高效的原则，认真规划、严格审批，切实精简各类会议；坚持开短会、讲短话，力戒空话套话；全行性会议不超过2天，其他会议不超过1天，视频会议控制在2小时以内。活动开展以来，总行召开会议数量同比下降15%，其中现场会议同比下降23%，在北京以外召开的会议数同比下降74%。以新公文系统为抓手，对发文、简报、签报等提出了一系列新的管理要求。截至2013年末，各类行发文件较去年同期下降32.7%，共取消各类简报20份，简报数量同比减少37%。清理评选表彰、庆典，严格控制各类庆典规模，着力解决评奖活动过多过滥问题。

（三）廉洁银行建设有了新面貌。进一步加强了惩治和预防腐败体系建设，健全“三重一大”决策机制，着力深化人力资源、信贷管理、财务管理、集中采购、资产处置等领域制度建设和机制改革，利用信息系统对制度执行进行硬控制。建立健全监督管理机制，继续深化和拓展巡视工作、改进廉政和案防责任制量化考评、完善信访举报工作机制、加强执法监察。强化依法合规和从严治行，严格实施案件防范责任制规定，坚持依纪依规严厉查处以贷谋私、行贿受贿、参与社会非法集资、侵害员工合法权益等行为，保持对各类案件和重大风险事件的高压态势。截至2013年末，全行案件防控指标保持国内外同业先进水平，信访举报数量处于历史低位，干部员工的廉洁从业意识明显增强。

（四）窗口服务质量有了新改进。着力构建窗口服务改进长效机制，出台《营业网点大堂服务规定》，完善了窗口服务日常管理机制和客户投诉管理办法，规范了大堂服务流程、联动配合等内容。出台《个人客户特事特办工作规定》，指导基层行对特殊客户的服务事项做到特事特办。多措并举加大对服务薄弱环节的整治，围绕产品功能优化、流程整合、综合定价、统一视图、完善渠道、账户安全等重点问题，积极实施整改，切实提高服务客户能力。活动开展以来全行个人客户平均等候时间较最高峰时缩短20分钟，柜面服务效率提高近20个百分点。

（五）服务实体经济有了新进展。认真贯彻国家宏观经济和金融政策，积极支持先进制造业、现代服务业、文化产业和战略性新兴产业等行业发展，新增贷款4 200多亿元，占公司贷款增量的85%以上。充分利用理财项目投资，加大理财直接融资工具等新型直接融资方式创新，帮助实体经济进行直接融资。突出加强对小微企业和个人客户的金融服务，改进小微企业贷款产品和授信审批方式，截至2013年底，小微企业贷款余额近1.9万亿元，个人类贷款增加3 700多亿元。适应消费金融和移动互联时代特点，将消费支付与信贷融资有机链接，及时推出逸贷、“融e购”电子商务平台等消费信贷创新产品。依托集团优势，强化内外联动、外外联动，着力打造重点产品线，为国内企业“走出去”提供高效优质服务。

（六）体制机制改革有了新突破。召开改革发展研讨会，全面总结回顾了工商银行30年来的改革发展历程，明确提出要深化信贷运营体制、全面风险管理机制、组织架构、绩效考评体系、财务运行机制、人力资源管理、业务评价方式、改进作风长效机制等八个方面的改革，优化资产、负债、渠道、国际化发展、综合化经营等五大布局，突出大零售、大资管、大数据和信息化等三大战略，构建中高端客户总量大、代际衔接、交易活跃的客户基础，为未来一个时期工商银行的发展指明了方向。积极稳妥地实施机构改革，进一步明晰总行本部、利润中心及各类机构发展定位，着力解决总行部门间职责不清、沟通不畅、协同不足等“大企业病”问题。深化绩效考评体系改革，重点增加对经营转型、质量效率、发展基础等三方面指标的权重，引导全行把握好规模、结构、效益和风险的关系，同时突出关键性指标，大幅精简指标数量，指标由原来的359个下降到100个以内。以清晰信贷业务部门职责、简化信贷业务操作环节、优化授信业务处理环节等九项工作为重点，优化信贷业务流程，消除冗余环节。

三、工作经验

（一）党中央高度重视，中央教育实践活动领导小组办公室和中央第三十三督导组的悉心指导，是教育实践活动取得实效的保证。党中央对这次教育实践活动高度重视，习近平总书记等中央领导同志多次对教育实践活动作出指示要求，指导部分省区开展教育实践活动，为全党作出了表率。中央教育实践活动领导小组多次召开工作会议，对每一环节的活动都进行了周密部署。在教育实践活动中，中央教育实践活动领导小组办公室和中央第三十三督导组认真贯彻中央精神，严格把握活动方向，多次深入我行指导把关，督促检查，积极联络协调，帮助我行扎实完成了每一个环节和每一个步骤的工作任务，在我行教育实践活动中发挥了不可替代的重要作用。我行教育实践活动能够顺利推进并取得实效，与中央教育实践活动领导小组办公室和中央第三十三督导组的有力指导、积极推动、严格把关是分不开的。

（二）深入领会贯彻教育实践活动的指导思想，准确把握目标要求是教育实践活动取得成效的前提。总行党委在中央《关于在全党深入开展党的群众路线教育实践活动的意见》印发后，立即召开党委扩大会议，组织党委成员认真学习，深刻领会文件精神。中央党的群众路线教育实践活动工作会议召开后，又及时召开党委扩大会议，传达学习习近平总书记和刘云山、赵乐际等领导同志的重要讲话，准确理解把握中央提出的指导思想、目标要求和方法步骤，并结合实际，研究确定了活动的指导思想、目标要求、基本原则、方法步骤。各级党组织也自觉把中央和总行党委确定的活动指导思想、目标要求贯彻落实到活动全过程、各环节，为教育实践活动的顺利开展提供了坚实的理论支持。

（三）各级领导班子和党员领导干部率先垂范，是教育实践活动取得实效的关键。总行党委从活动开始就突出领导班子和领导干部这个重点，专门制定了总行党委班子教育实践活动具体安排，细化了总行党委班子在教育实践活动各个环节的工作，自觉把总行党委班子摆进去，把总行党委成员摆进去，以中央领导为表率，带头开展教育实践活动。党委书记、董事长姜建清同志亲自抓，认真履行了第一责任人的职责，其他班子成员也结合各自分工协助抓好工作，推动了全行教育实践活动的深入开展。全行各级领导班子和党员领导干部也充分发挥好示范带头作用，组织党员扎扎实实地做好每一环节的工作。

（四）坚持践行党的群众路线，开门搞活动，是教育实践活动取得实效的基础。全行在教育实践活动中，始终坚持开门搞活动，注重吸收群众参与，虚心向群众学习，认真听取监管部门、员工、客户、服务对象等多方面的意见和建议；整改过程中，把群众意见摆在第一位，整改工作接受群众监督，整改结果接受群众评议，把群众是否满意作为活动是否取得成效的检验标准，调动了群众的积极性，赢得了群众的支持，为教育实践活动的扎实推进奠定了坚实的基础。

（五）坚持边学习、边查摆、边整改，是教育实践活动取得实效的途径。教育实践活动的重点是解决“四风”问题，全行各级党组织认真贯彻活动要求，在学习教育、查摆问题的基础上，坚持边学边查边改，对学习教育、听取意见过程中大家反映的问题，注重即查即纠、立改立行，从银行业实际出发，从基层、员工、客户和社会大众感受最直接、反映最强烈的问题改起，把整改着力点放在转作风、强服务、促发展上，用解决问题的实效鼓舞党员、激励群众，保证了教育实践活动有的放矢，增强了教育实践活动的实际效果。

（六）结合中心工作，突出实践特色，是教育实践活动取得实效的动力。总行党委注重结合中心工作开展教育实践活动，围绕当前面临的机构改革、信息化银行建设、信贷业务流程改造、存量网点调整优化等9大课题深入开展调查研究，形成了推进重点领域改革发展的具体举措，着力解决影响全行健康可持续发展的突出问题。立足于“服务基层、服务客户”，广泛听取基层机构和有关客户的意见和建议，实行服务承诺、首问负责和限期答复、限时办结制度，优化业务处理流程，提升窗口服务水平，制定21个区域信贷政策，积极服务实体经济，不断推动工作作风的转变。改进绩效考核办法，推进发展方式转变，开展业务和产品创新，积极打造核心竞争力，持续增强可持续发展能力。通过深入开展教育实践活动，切实推动中心工作取得了新进展。

（总行党委组织部）

党建工作

2013年，全行各级党组织紧密围绕全行改革发展中心工作，学习宣传贯彻十八大精神，组织召开民主生活会，开展纪念建党92周年表彰活动，大力推进党员发展管理和基层组织建设，促进党建工作科学化水平不断提高，为全行改革发展提供了坚强的政治保障。

一、学习宣传贯彻党的十八大精神

印发《关于开展“学习贯彻十八大精神 开创科学发展新局面”主题活动的通知》，组织各级领导干部全面学习和贯彻落实好党的十八大精神，进一步改进工作作风，切实增强推动科学发展的能力。举办组工干部学习贯彻党的十八大精神暨统计工作培训班，采取集中授课、专家讲座、经验交流、分组讨论相结合的形式，组织全行组工干部学习贯彻党的十八大精神，进一步提高组工干部做好基层党务工作、推进党建工作科学化的水平。组织全行处级以上领导干部学习贯彻党的十八大精神集中轮训，把学习贯彻十八大精神的成果落实到推动科学发展、加快体制机制改革和转变发展方式上。开展学习党的十八大报告和党章知识竞赛活动，提高参与活动质量，确保活动取得实效。

二、组织召开党员领导干部民主生活会

按照中央关于开好2012年度民主生活会的要求，全行各级党员领导干部民主生活会安排在党的十八大召开之后、2013年3月底前召开。各级党组织和党员领导干部紧紧围绕学习贯彻党的十八大精神，结合思想和作风建设实际，深入落实中央八项规定精神，扎实做好会前准备工作。总行党委以“深入学习贯彻党的十八大精神，坚定理想信念，切实改进作风，密切联系群众”为主题，于2013年3月18日召开2012年度党员领导干部民主生活会，并认真做好总结工作，向中央报送《中共中国工商银行委员会关于党员领导干部民主生活会情况的报告》。2013年第一季度，全行共有32家单位召开民主生活会，总行党委成员、纪委和党委组织部有关同志先后参加17家单位的民主生活会，深入了解各单位和各分支机构领导班子思想作风等情况和经营状况，有力地督促民主生活会各项制度和措施的落实。

三、开展纪念建党92周年表彰活动

印发《关于表彰先进基层党组织 优秀共产党员 优秀党委书记和优秀党务工作者的决定》，对全行128个先进基层党组织、160名优秀共产党员、30名优秀党委书记和70名优秀党务工作者进行了表彰。召开纪念建党92周年表彰大会暨先进事迹报告会，5名先进集体和优秀个人代表在会上作了事迹报告。

四、加强党员发展和管理工作

印发《发展党员和党员管理办法》，指导各级党组织按照控制总量、提高质量、优化结构、发挥作用的总

要求，不断提高发展党员和党员管理工作的科学化水平。认真落实中组部要求，根据业务发展和人员结构，科学规划全行党员发展工作，严把党员发展质量关，2013 年新发展党员 4 053 名，其中，大学本科以上学历占比 70.8%，35 岁以下占比 49.2%，进一步优化党员队伍结构。印发《关于开展 2009—2013 年全行党员教育培训总结工作的通知》和《中国工商银行 2009—2013 年党员教育培训工作总结报告》，总结五年来党员教育培训管理工作情况。

五、扎实开展基层党建工作

研究起草《关于加强境外机构党的组织建设的指导意见》和《关于加强集约化中心、境内子公司党的组织建设的意见》。印发《关于在元旦春节期间开展走访慰问生活困难党员、老党员和老干部活动的通知》，切实指导各级党组织做好元旦春节期间走访慰问工作，向各单位拨付走访慰问活动费用 800 万元。印发《关于确定 2013—2014 年度总行党建工作联系单位的通知》，对总行党建工作联系单位进行调整补充。做好 2012 年度党费收支结存情况统计工作，指导各单位做好党费收缴、使用和管理工作，在总行网讯刊登《关于公示 2012 年度中管党费收支情况及总行管理党费收支情况的通知》。开展全行 2012 年度党内统计工作，向中组部报送党内统计报表及相关材料。截至 2013 年底，全行共有党委 842 个、总支部 1 097 个、支部 11 368 个，党员 268 377 名。

六、加强党建工作理论创新和实践探索

开展“新时期国有企业党组织发挥作用问题”课题研究工作，研究报告获得 2012 年度中组部组织工作调研成果一等奖，是唯一一家获得一等奖的中央金融企业。丰富党员教育形式，印发《关于征集党员教育电视片活动的通知》，组织开展党员教育电视片征集和评选表彰活动，并选出 4 部优秀作品推荐中央组织部，全部入选 2013 年全国党员教育电视片观摩交流活动。

七、加强总行机关党建工作

总行机关党委按照中央国家机关工委和总行党委的总体部署要求，坚持围绕中心，服务大局，加强机关党的思想、组织、作风和精神文明建设，支持工会共青团工作，较好地完成了各项工作任务。总行机关连续 4 年保持中央国家机关和首都的双文明单位称号。

（一）进一步推动党务、部务公开的落实，促进决策科学化、民主化。认真总结近年来开展党务、部务公开工作情况，结合实际，督促机关各党支部（总支部）进一步加强领导，认真组织，完善工作机制，修订实施方案，在狠抓落实上下功夫。各党支部（总支部）采取员工大会、公开栏、电子邮件、传阅文件等多种方式，就重要事项向部室内全体员工公开，进一步提高了部室工作透明度，保障了员工知情权、参与权和监督权，调动了员工参与民主决策、民主管理和民主监督的积极性，推进了决策科学化、民主化。

（二）加强组织建设，增强党支部的创造力、凝聚力和战斗力。一是开展主题党日活动。开展以“增强执行力，改进工作作风”为主题的党日活动。各党支部（总支部）把党日活动与改进工作作风、密切联系群众结合起来，与评选表彰“两优一先”活动结合起来，与支部建设和部室业务工作结合起来，通过支部书记上党课、体验基层服务一线、倡导勤俭节约反对浪费，参观爱国主义教育基地、观看党史影片，开展知识竞赛、扶贫助困献爱心等党的基本知识、革命历史传统和爱国主义教育，进一步增强了党员干部爱国爱党爱行热情和建设国际一流现代金融企业的责任感和使命感。机关近 4 000 名党员干部参加。二是开展“创先争优”评选表彰活动。按照总行党委的统一要求，组织开展了创先争优评选表彰活动。经申报支部和个人介绍情况和主要事迹、无记名投票、差额推选、机关党委全委会审议等程序，有 16 个党支部（总支部）获得总行机关先进基层党组织称号，70 名同志获得总行机关优秀共产党员称号，25 名同志获得总行机关优秀党务工作者称号。其中 2 个集体、4 名个人分别受到总行党委表彰。三是开展回乡见闻征文评选活动。在总行机关开展关注形势、关心基层、关爱员工教育活动，各支部积极响应、精心组织，广大干部员工热情参与，踊跃投稿，共征文 813 篇。通过初评、复评，评选出一等奖 24 篇，二等奖 50 篇，三等奖 100 篇，优秀奖 323 篇，优秀组织奖 19 个，将获奖作品编印成册分发党员干部。四是认真做好党员发展工作。根据“坚持标准，保证质量，改善结构，慎重发展”方针，2013 年预备党员转正 54 名，发展党员 4 名，并加强了对入党积极分子的培养教育，举办了总行机关入党积极分子培训班，机关 93 名入党积极分子参加。

（三）加强精神文明建设，培育一流员工队伍。一是抓好文明单位细胞工程建设。按照《中国工商银行总行机关文明单位管理办法》，经部室推荐—行内公示—机关党委全委会审议等程序，共推荐评选文明处室 138 个，对机关文明处室进行了通报表彰。二是动员全员深化创建活动。通过创建学习型党组织、主题党日活动、学习交流会、知识竞赛等多种形式，不断提高全体员工对创建活动必要性与重要性的认识，增强积极投身创建活动的自觉性与主动性，形成人人参与、积极争创的良好局面。2005 年以来，连续 9 年荣获中央国家机关文明单位和连续 4 年荣获首都文明单位称号。三是办好总行图书馆。加快图书馆电子化建设，先后开通“电子期刊网”和数字图书馆，电子类图书近 5 万余册，电子期刊近 1 500 种，博硕论文 42 万余篇，实现

了期刊杂志和图书阅览的电子化。图书馆总藏纸质图书达2万余册。新增党支部书记培训课件、机关事务大讲堂和机关党日活动集锦等视频学习资料，为党员干部学习工作提供服务。

（四）加强群众工作，充分发挥其桥梁纽带作用。一是组织专题活动，丰富员工文化生活。参加中央国家机关妇工委与中国妇女报社等联合组织的“书香三八——幸福中国·幸福女性”征文活动，机关18个部室报送了65篇征文，有5篇征文获奖，总行机关女工委获得优秀组织奖。邀请中国金融美术家协会和中国摄影家协会领导、专家来行作摄影方面的讲座，并对“2013年新春印象”摄影作品进行评审，评选出50余幅获奖作品。组织参加中国金融作家协会第二届金融文学奖作品、第二届（生命人寿杯）全国摄影作品和纪念中国工商银行成立30周年书法作品展。组织开展《女职工劳动保护特别规定》知识竞赛，机关2 901人参加，45人获得优秀个人奖，机关女工委获优秀组织奖。开展第六届总行级“学习型组织先进单位”和“知识型员工先进个人”评选活动。开展春节游艺活动，机关近2 000名员工参加20项游艺活动。组织机关体育协会座谈会，交流运动协会活动管理经验，探讨活动改进措施。二是组织开展群众性体育健身活动。“三八”节前夕，举办迎春女员工户外健步走活动，330名女员工参加。举办了龙舟、篮球、足球、乒乓球、羽毛球、游泳、排球和网球等多项比赛，2 000余人次参加。指导机关健身、乒乓球、网球、羽毛球、足球、篮球、排球、游泳和摄影等9个协会自我管理，自我服务，吸引固定会员500余名。组队参加对外比赛，先后参加工委、同业、社区组织的网球、羽毛球、乒乓球等近30多项比赛，获得不同奖项和荣誉，展示了总行机关员工竞技技术和良好精神风貌。三是为机关困难员工及时发放特困救助金，慰问生活困难的老党员、老干部。

（五）进一步发挥共青团生力军作用。一是开展“学雷锋、树新风”活动。“五四”前后，在机关青年团员中开展了“学雷锋、树新风”主题系列活动。为各团支部配发《雷锋》视频光盘，观看雷锋事迹，组织参观“永远的雷锋”主题展览。在“行内意见与建议”栏目中开展“学雷锋、树新风”专题讨论，机关近4 000人次关注，150余人参与讨论。开展就餐“光盘”行动，倡导弘扬雷锋精神，继承和发扬艰苦奋斗的优良传统，养成勤俭节约良好习惯。二是参观《复兴之路》大型展览。组织机关“四优”获奖代表、各团支部书记和部分团员青年代表参观复兴之路大型展览，重温入团誓词，增强了团员青年为党为国争光的责任感和使命感。三是做好评优评先工作。开展总行机关“十佳青年”、“青年岗位明星”等评选活动，其中5人获得全行青年岗位明星称号。

（总行党委组织部、直属党委）

领导班子建设

2013年，各级党委和人事组织部门继续贯彻落实全国组织工作会议和全行年度工作会议精神，持续加强领导班子和干部队伍建设，为全行改革发展提供坚强的组织保障和人才支持。

一、选好配强各级领导班子

围绕全行改革发展战略，以优化干部队伍结构、推动干部梯队建设为重点，加强各机构领导班子调整配备。2013年共任免一级（直属）分行高级管理人员70人，总行副总经理以上管理人员57人，直属机构管理人员56人，境外机构管理人员53人，进一步增强了领导班子整体合力，提升了干部资源配置效能。继续加大优秀年轻干部的培养选拔力度，全行已有31家分行配备“70”后年轻干部46人，其中领导班子成员20人，行长助理26人，40岁以下18人。做好专家层级干部的选聘工作，2013年共聘任专家层级干部21人，在全集团范围内公开选拔7名内部审计条线专家。

二、统筹推动干部交流工作

搭建统一开放的干部使用平台，持续推进总分行、境内外、分支机构之间的干部交流工作，推动各机构突破地域和专业界限，共享干部资源。2013年共选派22名总行干部赴基层分行任职，选拔190名分行干部到总行部室、直属机构交流任职，组织41名干部参加一级（直属）分行处级干部横向交流任职，安排13名全球雇员到总行部室任职，选派了7名干部到集团外挂职。完善交流配套机制，加强对交流干部的跟踪管理；印发实施东西部分行间干部横向交流工作的意见，进一步提高干部交流工作的制度化、规范化水平。

三、切实加强干部制度和工作机制建设

按照定性与定量考核相结合、班子考核与干部考核

相结合的基本思路，统一各类机构考核评价办法，着力构建更加科学合理的干部考核评价机制。完善干部日常管理配套制度，明确向省级组织部门推荐人大代表、政协委员的工作流程，制定总行管理干部离职管理办法、干部任免职谈话及宣布规则和干部考察规则，建立领导干部退休致信慰问制度。印发《关于核定各分行、直属机构专家、高级专家职数的通知》和《关于明确专家层级干部有关待遇的通知》，加强对专家层级干部的配套管理。修改完善专职派出董事监事管理办法。

四、积极改进干部培训工作

以培训对象的职务层级和职业生涯阶段为主要维度，统筹考虑组织发展战略、岗位任职资格和个人能力素质三方面因素，建设覆盖全行管理人员的培训课程体系。加强对后备干部的针对性培养，启动各类机构后备干部轮训计划，进一步提升后备干部的思想政治素质、抓班子带队伍能力和推动转型发展的能力。作为中组部“跨界领导力行动学习”项目首家企业试点单位，顺利完成2013年度项目培训安排。

五、强化干部监督工作

认真贯彻落实《管理人员选拔任用工作监督检查办法（试行）》，逐步形成事前报告、事后评议、离任检查、违规追责的干部监督制度体系。组织全行46家机构开展了2012年度干部选拔任用工作“一报告两评议”，研究制订评议结果反馈方案，推动各单位进一步做好干部管理监督工作。结合离任审计，对即将离任的党委书记开展了履行干部选拔任用工作职责离任检查，推行了对干部选拔任用工作和新选拔任用干部的民主评议。

（总行党委组织部）

廉政反腐建设

2013年，全行各级纪检监察机构认真贯彻落实中央纪委和总行党委工作部署，把反腐倡廉工作置于全行经营管理全局中定位谋划，结合改革发展中心任务，明确工作重点、狠抓任务落实，反腐倡廉建设取得明显成效。

一、严肃执纪，推动作风转变

全行各级纪检监察机构坚持正风为先，肃纪为要，以贯彻落实中央八项规定和总行党委六条落实意见为标准，结合党的群众路线教育实践活动，聚焦“四风”问题，由浅入深、循序渐进，持续推动作风转变。注重从小处小节入手，强化监督问责，严肃查处并及时通报违规违纪行为，执纪必严、违纪必究；注重边总结边整改，总行纪委牵头抓好勤俭办行专项整治，推动改进作风长效机制建设。经过一年不懈努力，全行作风建设发生了较大的变化，得到干部员工积极评价，为改革发展营造了风清气正、凝心聚力的有利环境。

二、深化检查，增强监督实效

以规范权力运行为导向，加强对廉政风险防控重点领域和关键环节的制约监督，努力做到授权有度、行权有规、制权有效。改进和完善巡视工作，把领导班子特别是“一把手”执行总行决策、遵守党的纪律作为监督重点，总行对8家一级分行开展了巡视，注重巡视成果的综合运用；认真开展信访核查，总行直接核查反映违反廉洁自律规定、截留员工收入等问题的重要信访，及时解决了一批热点难点问题；加大执法监察力度，全行对1 455个机构开展专项检查，监督集中采购项目4 265个，累计清除119家有不良记录供应商；严格执行各项党内监督制度，全行共对9 470个机构和部室领导班子开展了廉政案防责任制量化考评，组织4万余名各级管理人员在线填报廉洁从业报告，进行任前廉政谈话8 052人次、诫勉谈话941人次、函询102人次；加强监督资源整合，强化监察与人事、内审、内控等部门协作配合，形成重要信息共享、重要情况会商、重要问题相互移交、办理情况相互反馈的工作协调机制；积极拓宽监督领域，继续探索实施对境外机构高管人员廉洁履职监督。

三、强化举措，有效治理涉案风险

积极推动案防工作由以防为主向查防并重转变，始终保持对各类案件和案件风险事件的高压态势。把惩处放在突出位置，重拳出击，严肃查处各类案件和案件风险事件，并给予相关违规违纪责任人党纪政纪处分。以惩治促防范，在继续抓好案件防范工作责任制落实基础上，组织开展重要风险点和重点监控行专项治理，并以员工异常行为排查为抓手，提高了案防工作针对性和实效性，全行案件和案件风险事件数量同比下降27%，商业贿赂案件数量降幅达50%以上。注重发挥查办案件治本功能，把查办案件与加强警示教育、推进建章立制结合起来，仅总行监察室授课团队全年就累计进行廉政案防培训 7 990 人次，促进了干部员工合规意识提升；督促相关部门完善制度规定 80 余条，将惩治成果有效地转化为预防成果。

四、狠抓基本，深化制度建设

坚持运用法治思维和方式反腐，不断强化制度建设。总行相关职能部门结合自身廉政案防职责，加强制度梳理，将反腐倡廉要求融入其中，共修订各类制度 369 个、整合 189 个。总行纪委牵头制定和修订廉洁谈话办法、员工异常行为管理意见、内部欺诈风险管理办法、员工违规行为处理规定等近 10 项制度，形成正面有规范、反面有禁止、违规有问责的制度链条，制度笼子更加稳固结实、细密牢靠。

五、锤炼队伍，夯实组织基础

始终把纪检监察组织建设作为一项重要基础工作来抓，注重提升纪检监察队伍综合素质和履职能力。截至 2013 年末，全行二级分行新增监察室 236 个，县级支行新增纪委 72 个，全行新增专职人员 624 人，新增人员中绝大多数是业务部门骨干和基层机构负责人，队伍的年龄、学历、专业和经历结构得到进一步优化。带头改进作风，在全行纪检监察系统开展会员卡专项清退活动，共有 5 202 人递交了零持有报告书。认真推进片区培训，创新方式方法，坚持因岗施教，2013 年六大片区累计培训 800 余人次，实现了良好开局，被评为全行优秀培训项目。加强基层调研和督导，采取全面跟进、重点检查、总结通报等形式，促进了全行纪检监察工作整体水平提升。

（总行监察室）

企业文化和精神文明建设

2013 年，全行宣传思想文化工作围绕中心、服务大局，以社会主义核心价值观为统领，深化企业文化传播，加强精神文明创建，丰富员工思想教育形式，为全行改革发展提供了有力的思想保证和文化支撑。

一、企业文化建设

（一）持续开展企业文化传播。持续推进价值理念传播，通过“企业文化专区”、“企业文化园地”等平台，展示我行历史文化积淀，促进文化交流和理念渗透。其中“园地”全年刊发信息 12 631 篇，点击率名列前茅，特别是“才艺广场”栏目点击率连续几年保持总行“网讯”榜首。进一步推动文化元素融入“职工之家”建设，着力打造“文化之家”、“快乐之家”，在基层行营造了浓厚文化氛围。大力开展对外文化交流，先后参与“百人文化学术论坛”、“中外企业文化 2013 上海峰会”、银监会金融文化课题研究等活动，在“改革开放 35 周年企业文化竞争力”系列表彰中，工商银行荣获“十大典范组织”最高奖项。各单位结合实际，着力创新丰富文化传播载体，如陕西分行推出“文化视频”网讯栏目，上海黄浦支行、苏州相城支行、长春金融研修学院等单位通过制作微电影将价值理念可视化、形象化，北京、江苏、河南等分行利用网络大学、文化沙龙等平台，提升文化传播效果。

（二）稳步推进专业文化和特色文化建设。与相关业务部门密切配合，全面启动合规、廉洁、服务、风险等专业文化建设，先后汇编《企业文化故事集》（第三辑 合规篇），开展全行廉洁文化调研、制定廉洁文化建设实施意见，进一步修改完善《风险管理文化建设纲要》。持续开展“企业文化建设巡礼”活动，广泛展示基层行特色文化建设成果，如山西分行的“基层行长践行文化”活动、“文化示范网点”建设、山东济南大观园支行“三特色”服务文化建设、大连分行“文化建设进网点”等，进一步调动了各级分支机构开展文化实践、培育特色文化的积极性。

二、精神文明建设

（一）深入开展“中国梦·工行梦”宣传教育。围绕“中国梦·工行梦”主题，结合纪念建行 30 周年，扎实开展“同庆辉煌成就　共促转型发展”主题教育活动，全行先后开展了“回眸三十年　扬帆谱新篇”才艺展示、主题巡讲、演讲比赛、网上竞赛、图片展览等活动，全面反映工商银行改革发展成就，进一步激发员工爱国爱党爱行情怀。围绕全国宣传思想工作会议精神，开展“幸福瞬间”照片征集活动，多角度捕捉员工工作中的难忘瞬间，展现工行人健康快乐、积极自信的风貌。全行共报送摄影作品 2 832 幅，总行择优刊登

436 幅。

（二）大力开展树典推优工作和员工思想教育。举办第三届“感动工行”员工（集体）颁奖典礼，以工商银行历史发展为主线，通过专题片与现场访谈互动融合的形式，全景展现了 30 年来工行人拼搏进取的奋斗历程和文化特质。获奖员工和集体的感人事迹引起广大员工的情感共鸣，使员工真切感受到文化的力量，极大地激发了工行人内心的自豪感和荣誉感。各单位积极响应总行号召，通过网上互动专栏，刊发“身边的感动”故事 1 400 余篇，“感动工行”主题曲歌词 700 余篇，并以主题征文、座谈交流、展板宣传等方式，深入开展“感动工行”员工和集体学习宣传活动，进一步激励员工将感动情怀转化为实际行动，汇聚全行改革发展的正能量。

（三）深入开展精神文明创建工作。结合中央文明委要求和工商银行实际，制定《文明单位测评标准（试行）》，组织第八届总行级文明单位评选，推出了一批业绩好、口碑优、文化氛围浓厚的基层单位，共评出总行级“文明单位”35 家、“精神文明建设工作先进单位”50 家，55 家往届总行级“文明单位”继续保留荣誉称号。各单位不断丰富创建内涵，开展了“文明细胞”建设、“精益求精”管理项目、特色营销、“五心”创建等一系列丰富多彩、扎实有效的创建活动，有力推动了文明创建与业务发展相融并进。

围绕中央关于纪念毛主席为雷锋同志题词五十周年活动精神，发挥党政工团齐抓共管优势，在全行广泛开展“岗位学雷锋　争做好员工”、“传承雷锋精神　参与志愿服务”等常态化活动项目，突出金融行业特色，先后组织了“雷锋事迹在身边”网上展览、“学雷锋、强服务、比贡献”营销竞赛、“学雷锋标兵”评选等活动，大力弘扬新时代雷锋精神。同时指导各级分支机构持续推进“道德讲堂”建设，通过举办传统道德文化主题座谈会、组建“员工巡讲团”、搭建公民道德宣讲平台、编发服务故事书等方式，宣传道德模范和身边好人，促进广大员工职业素养和文明素质提升，展现了工商银行文明创建的新气象、新面貌。

（总行党委宣传部）

人力资源管理

一、稳步推进机构改革，服务全行业务发展

（一）稳步推进总行机构改革。梳理回顾了工商银行成立以来的 5 次组织机构改革情况，全面总结改革的成功经验，继续坚持以服务发展战略为核心、以推动业务发展为目标、以注重风险防范为前提，以整合优化职能为主线，积极稳妥推进各项改革。全面征集各层级、各专业意见和建议，深入总行部室访谈业务骨干，从适应外部环境变化、提升内部运作效率和分支机构竞争力等三个方面明确机构改革的方向。根据高管层、总行部门负责人和各一级（直属）分行行长意见建议，前瞻性地设计、完善改革方案，着力将总行本部打造成战略统一、管控有力的全球管理总部。抓紧研究制定改革配套办法，做好机构、人员调整和工作交接的各项准备工作，确保改革过程中经营管理的延续性和员工队伍的稳定性，逐步形成总行机构有序发展的长效机制。完善分行本部组织架构、深化省区分行营业部改革和县支行变革，进一步推进二级分行竞争力提升改革，以加强区域管理、提升经营效益为中心，逐步完善境外机构管理模式，稳步推进国际化发展。

（二）优化组织架构，支持全行国际化、综合化发展。以保障全行经营转型和国际化、综合化发展战略为目标，不断优化调整总行本部组织架构。通过明确总行信用审批部承担金融资产服务业务审查审批职能，将总行信用审批部更名为信贷与投资审批部，有效提高金融资产服务业务风险管理水平；将清算中心（上海）作为总行清算中心下设处级机构、同步运营并承担异地备份中心角色，健全不间断后台支持保障体系；在纽约建立北美金融机构营销中心，增强境外机构业务管理能力，助力国际化经营与发展。通过推进私人银行部向总行利润中心转型，增设票据营业部的票据托管中心，深入推进总行利润中心建设。通过在总行组建直属学院校务管理委员会，统筹两院规划与管理，优化长杭两院管理机制。

（三）推进分支机构体制变革，提升分支机构核心竞争力。跟踪监测营业部改革成效，梳理 23 家省区分行营业部改革前后经营情况，编制营业部改革前后经营情况监测报表。加强重点县支行变革情况分析和定期通报，按季度在总行网讯和资讯平台上统计发布重点县支行经营情况。提高重点机构设立服务效率，高效率完成上海自贸区分行与深圳前海分行机构设置研究及报批工

作、霍尔果斯跨境人民币业务中心研究与审批工作。加强机构管理制度建设，印发《关于进一步加强境内分支机构变更营业场所管理的通知》，完善机构变更营业场所管理制度。为提升分支机构竞争力，新设、升格部分一级支行，扩大工行在当地的影响力，有效推动了各项业务的发展。

二、优化人力资源配置，规范用工管理，促进员工成长与全行发展的协调互动

（一）深入推进集团化用工管理，提升人力资源配置效率。完善集团用工计划管理体系，将境外控股公司、综合化子公司统一纳入集团用工计划管理。编制下达2013年用工计划，年末全行从业人员总量44.6万人。在顺利完成年度用工计划的基础上，继续加大对核心区域、重点机构、新兴业务领域及客户经理岗位的人员支持力度。开展集团人力资源优化配置专项课题研究，明确集团人力资源结构调整和分层分类人员优化配置的体制机制，编写未来三年集团用工配置方案，实现集团人员总量与结构配置的统筹规划与分类指导。探索集团人力资源优化配置新模式，研究起草各级机构本部和营业网点人员优化配置、加强客户经理队伍建设等制度办法。

（二）加大人才引进力度，优化员工队伍结构。印发《集团招聘录用管理办法（2013年版）》、《关于加强柜员合同工招聘录用管理的通知》，规范招聘流程，明确录用标准，强化招聘纪律。加大吸引、培养和储备优秀青年人才力度，组织实施2014年度统一校园招聘，完成6万人在全国38个城市的统一笔试。把握人才市场竞争先机，打造校园精英招聘精品项目，提前锁定和招聘选拔一批综合素质突出、具有较大发展潜力的毕业生，提升人才引进效率效果，提高工行品牌影响力。通过社会招聘、系统内招聘等多种渠道在全集团优化配置优秀专业人才，常态化从内外部人才市场遴选和引进适岗人才70余人，充实到电子商务、管理信息、资产管理等业务发展重点板块。

（三）完善专业人才培育体系，提升员工队伍整体素质。加大专家人才选拔力度，在全集团范围内公开选拔内部审计条线风险序列专家，年末全行专家层级干部共194人。规范各分行、直属机构专家、高级专家职数核定工作，统一要求专家层级干部与所在单位一把手签订目标责任书，加强专家层级人才管理。完善人才晋升发展机制，规范业务类职务管理，持续加强全行业务类人才梯队建设。2013年末，全行资深经理为555人，高级经理为3 371人，经理（三级）为18 025人，分别比年初增加162人、399人和1 592人。加强专业资格管理与应用，印发《专业资格管理办法（2013年版）》，组织开展人力资源序列初、中、高级资格考试与资格认证，完成全行专业资格免试申请与获取。优化人才培养方式，加快一级支行行长和对公客户经理素质模型开发和试点分行的落地应用，选拔紧缺专业人才到总分行部室和境外机构实岗锻炼。通过完善组织推荐、优化英语测试、扩大公开选拔范围等方式，不断提升国际化人才培训质量，全行2013年第一批43名学员已赴境外研修。

（四）加强境外机构员工管理，支持国际化战略顺利实施。拓展全行员工国际化发展平台，采取公开招聘、机构推荐、员工自荐等方式，全年选派各类外派人员362人。创新重点领域外派人才培养方式，研究制订小语种人才招聘和分层分类培养计划，安排拟派出人员到总分行专业部室进行岗前培训。加强紧缺专业人才的主动培养，选取业务资源丰富的境外机构作为培养平台，实岗培训1年后派往其他境外机构工作。深化当地雇员境内交流任职机制，将交流机构由总行扩展到境内分行、直属机构，在到岗工作前安排集中岗前培训，提升文化融合和业务联动效果。探索实施国际派遣，以集团化的方式拓宽当地雇员的职业发展路径，降低部分境外机构的用人和培训成本，2013年已完成2例国际派遣，为逐步形成国际派遣制度积累经验。加强外派员工严格管理与关心关爱，印发《境外机构员工管理细则（2013年版）》，加强规范管理和严格管理；全年有50名表现优秀的外派员工国内职级得到晋升，悉心做好外派员工回国安排。

（五）规范劳动用工管理，构建和谐稳定劳动关系。规范劳动合同管理，全面统计劳动合同签署情况，妥善完成全行老版本劳动合同的换签。加强劳务派遣用工管理，根据国家政策调整的要求，全面推进劳务人员转制的平稳实施，全年累计将1.3万名劳务人员转为合同制员工。完善内部退养管理，梳理整合内退管理制度，修订印发《员工内部退养管理办法（2013年版）》。完成《离职人员管理操作手册》，进一步明确员工离职的条件、流程、补偿金计算方法和工作要求，防范离职操作法律风险，畅通人员退出通道。

三、深入实施集团薪酬治理，着力健全薪酬激励约束机制，支持全行战略转型

（一）加强集团薪酬治理体系建设，支持保障全行综合化国际化发展。完善集团工资总额管理机制，分别印发了境内机构、境外机构、控股子公司工资总额管理办法和利润中心业绩工资总额管理办法，实现了工资总额管理制度的全覆盖，落实了价值创造和收益分享的薪酬分配理念。加强高管激励机制建设，制订董事、监事及高级管理人员2012年度薪酬清算方案、高级管理人员2013年度业绩考核方案，稳步推进境外机构、控股子公司董监事及高管人员薪酬考核激励机制建设。加强全面薪酬管理，印发了《集团稳健薪酬管理规定（2013年版）》，境内外机构员工薪酬管理办法，内审分

局员工工资等级（档次）管理细则等，进一步拓展和丰富了薪酬管理的内涵和外延。

（二）统筹配置集团薪酬资源，提高集团化管理水平。加强与财政部沟通，合理扩大全行2013年工资总额基数。按照分类管理、突出重点的原则，科学测算2013年度集团工资总额预算方案，稳妥实施全集团薪酬年终决算。突出价值创造导向，强化人均指标与境内分行绩效挂钩，优化工资费用资源配置，推动分行经营发展与转型。组织各境外机构、控股子公司首次开展2013年工资总额预算和决算工作；建立境外机构工资总额与经营业绩挂钩机制；以增量利润贡献和资本回报为核心，实行控股公司工资总额决定机制；将利润贡献和综合目标考核双挂钩，完善利润中心激励机制，激发境外机构、控股公司和利润中心的价值创造动力。

（三）扎实开展人力资源管理提升项目实施情况调研，做好深化项目准备工作。开展分支机构岗位等级、专业资格认证管理、绩效管理情况调研，全面掌握和了解人力资源管理提升项目运行情况，系统总结人力资源管理提升项目实施以来经验和问题，研究确定深化项目工作的主要思路、工作专题和职责分工。初步设计人力资源管理深化项目方案，拟定了岗位、绩效、薪酬三个层面、七个类别的相关制度办法和工作指引，为实施人力资源深化项目做好充分准备。

（四）加强企业年金管理和两项基金受托管理，提高薪酬福利保障水平。修订印发企业年金方案，更加突出年金的保障功能。加强企业年金和统筹外福利负债基金管理，开展对投资管理人绩效考核及管理额度调整工作，加强统筹外福利负债基金多元投资管理，不断提升两项基金受托管理水平。截至2013年末，企业年金基金资产183.48亿元，统筹外福利负债基金资产264.05亿元，2013年两项基金投资收益率分别为4.59%和4.11%，均列可比企业年金和统筹外福利负债基金投资收益的第二名。

四、不断加强信息化管理，提升人事组织工作服务协同水平

完成营业网点管理系统投产和试点应用工作，启动干部管理平台、员工自助信息服务平台建设工作，加大系统在境外机构和控股机构的投产应用力度，系统功能得到拓展，人力资源管理的信息化水平不断提高。强化信息质量管理，深入推广人力资源信息标准，丰富人力资源信息数据共享渠道和应用范围，人力资源信息化工作基础不断夯实。研究构建信息分析体系，继续强化MOVA在资源配置、网点考核、全产品营销计价考核、柜员业务量考核和干部管理等方面的推广应用，人力资源信息化对经营发展的支持力度不断加强。加强人力资源系统履职能力建设。制定印发2013年人事组织工作要点和人力资源专业考核办法，根据全年工作重点，优化考核指标与内容，引导和推动各机构更好地开展工作。

（总行人力资源部）

工会工作

2013年，工会工作委员会紧紧围绕全行中心工作，结合党的群众路线教育实践活动，充分发挥职能作用，突出重点，狠抓落实，按照年初计划全面完成了全年工作任务。

一、职工之家建设任务圆满完成

总行将2013年作为职工之家建设管理年，深入云南、辽宁、新疆等多个基层单位开展职工之家建设调研，进一步完善职工之家场所设施的使用管理、维护保养和安全检查等制度，提高职工之家的开放面、利用率和管理水平。截至2013年末，全行累计投入87 518万元，共新建和修缮职工之家（小家）16 164个，食堂2 689个，活动场所4 494个，添置机具器材、生活用品228 630台、件，全行20多万员工的就餐条件得到改善，近10万员工午餐问题得到解决，所有网点生活用品基本得到满足，基本做到县支行以上都有职工书屋，每个网点都有“读书角”。中国金融工会对工行职工之家（小家）建设给予充分肯定，首次拨出60万元与工行共建了3个职工之家。2013年，全行3个单位获得全国模范职工之家，2个单位获得全国模范职工小家荣誉称号。

二、特困员工救助工作稳步开展

在全行推广应用了特困救助工作模块，规范了特困救助工作流程，实现了特困救助工作科学化、动态化管理。以全行工会经审为契机，组织开展了特困救助工作检查，深入了解和掌握存在的问题，制定落实救助工作及时性、常态化的措施。一年来，组织对贵州、宁波、

海南、软件开发中心等重急病员工和突发自然灾害地区进行了应急性救助和慰问，及时将总行党委的关怀送到员工手中。全年累计下拨特困救助专项资金8 008.7万元，全年全行共救助、慰问各类员工33 763人次，为解决员工特殊性、临时性、突发性的生活困难，帮助员工树立信心、渡过难关发挥了重要作用。针对困难员工的特殊群体，组织开展了对困难女员工的慰问，并实行女职工先进模范、巾帼文明岗负责人、工会女干部代表与单亲困难女职工代表“一对一”结对子帮扶联系，收到了良好的效果。

三、员工疗休养工作扎实推进

总行继续加大劳模先进和中高层管理人员疗休养的资金投入力度，全年共安排6 000名劳动模范、各类先进人物和管理人员参加疗休养活动，较上年提高20%。组织开展了先进女员工、优秀共产党员、杰出青年等员工疗休养活动，使多层次、各条线的先进员工代表都能享受疗休养，使工商银行的改革发展成果惠及更多的劳模先进，进一步在全行营造了关心劳模、崇尚先进的浓厚氛围。着力提升疗休养接待点的服务质量和工作水平，加大考核和监控力度，评选表彰了疗休养服务先进单位。

四、劳动竞赛和技能练兵活动效果显著

积极与业务部门沟通联系，采用不同形式分类别分层次开展劳动竞赛，推动业务创新发展。联合举办了以完成全年业务指标为目标的劳动竞赛活动，均超额完成了竞赛确定的任务指标。联合教育部开展了网上业务知识竞赛，通过多种方式对竞赛活动进行宣传，全行38个一级（直属）分行、16个直属机构、9个境外机构共14万员工参加了比赛，答题28万人次。联合举办了审计报告、专业论文、理财营销方案的评比，有近500篇审计报告、专业论文、理财营销方案获奖。

五、劳模先进任务推荐评选成果丰硕

2013年，全行3个单位、2名个人分别获得全国五一劳动奖状、全国工人先锋号和全国五一劳动奖章荣誉称号；6个单位和47名个人分别获得全国金融五一劳动奖状、全国金融五一劳动奖章；1个单位获得全国金融系统工人先锋号荣誉称号。4个单位和1名女员工分别荣获“全国巾帼文明岗”、“全国巾帼建功标兵”称号；1个单位和1名女员工分别荣获“全国五一巾帼标兵岗”、“全国五一巾帼标兵”称号。1个单位获得全国厂务公开民主管理先进单位，3名个人被评为全国优秀工会之友。进一步健全全行劳模评选体系，组织制定了工商银行先进单位、先进集体和劳动模范、五一劳动奖章评选管理办法。

六、女员工合法权益得到有效维护

以搭建活动平台、增强激励机制为载体，组织开展了以“女性魅力与发展”为主题的征文和演讲活动。以推动贯彻女职工劳动保护特别规定和女职工权益保护专项集体合同工作为目标，在全行组织开展了《女职工劳动保护特别规定》知识竞赛，员工参与率达97%以上，全行有18名女员工荣获全国总工会《女职工劳动保护特别规定》知识竞赛个人优秀奖。积极推动《女职工权益保护专项集体合同》签订工作，到2013年末，全行36家一级（直属）分行、2家直属学院、1家直属机构签订了《女职工权益保护专项集体合同》，签订率达到95.9%。建立了涵盖工会女职工工作人员基本信息、工会女职工组织建设情况、工会女职工年度工作情况《电子台账》，进一步强化了女职工工作规范化、系统化管理。在总行网讯开设了“巾帼风采”栏目，为女员工展示才华、表达心声搭建了平台。

七、群众性文体活动丰富多彩

举办了第二届全行员工网球比赛，全行46个参赛队的260名选手历时2个月在山西、福建、江西、陕西、江苏5个赛区参加了350余场次比赛。结合纪念中国工商银行成立30周年活动，举办了“最佳服务瞬间”摄影作品展示活动，全行40多家单位共报送800余幅作品，获奖作品在总行办公大楼内和总行“网讯”进行了展览和展示。举办了“辉煌三十年”书法美术作品展示活动，共有39家单位报送作品760余幅，获奖作品汇编成《纪念中国工商银行成立30周年书画作品集》。组队参加全国金融系统第二届职工运动会，工行200余人参加了10大项、36小项的全部比赛，荣获优秀组织奖。

（总行工会工作委员会）

共青团工作

2013年以来，系统团委以迎建行三十周年为契机，以团的十七大和全行青年座谈会精神为指导，以“修内功，抓基础，促发展，亮品牌”为方针，重点开展了以下五大方面的工作。

一、以学习贯彻党的十八大精神为主线，以团十七大召开为契机，多途径多手段做好青年思想政治工作

（一）认真学习贯彻党的十八大精神。在广大团员青年中深入开展学习贯彻党的十八大精神活动，总行举办“感悟十八大，青春正能量”主题征文活动，通过网讯“主题论坛”发布主题征文180篇，评选出优秀征文60篇，并择优在《才智青年》杂志进行发表。各单位团委通过各种形式组织了党的十八大精神学习贯彻活动，如江西分行团委利用新媒体手段加强十八大精神学习宣传，福建分行团委举办十八大精神专题报告会，甘肃分行团委召开青年座谈会学习贯彻十八大精神，私人银行部团委通过“五个注重”、“四个结合”认真组织学习贯彻十八大精神活动等。

（二）开展团的十七大精神学习宣传活动。组织广大团员青年认真学习习近平、刘云山、李源潮、秦宜智等领导在团十七大上的讲话精神，以“青春托起工行梦”、“奋斗的青春最美丽”为主题在青年员工中开展主题论坛和微博征集活动，共征集短文、微博计400余篇。认真开展工商银行团十七大代表选举工作，召开全行团代表大会，选举出系统团委李群、苏州分行余歆沁两名同志出席团十七大，其中李群当选团十七届中央委员会候补委员。

（三）举办全行青年座谈会。为庆祝工行成立30周年，以纪念“五四”运动为契机，举办“共话青春　同筑梦想”全行青年座谈会。此次座谈会在形式上进行了创新：一是按照工行不同发展时期特点，制作了《创业——坚定起步》、《变革——砥砺前行》、《上市——书写辉煌》3个短片；二是在座谈人选方面，选取了10名全行不同发展时期的优秀青年员工代表分别就“话说当年”、“重温三铁精神”等10个主题分享了工作心得和成长感悟，全方位展现了工行三十年来的发展过程，以及广大青年员工的时代风貌。座谈会在各级团组织和广大青年员工中引起了强烈反响，对于加深广大青年员工对工商银行发展历程和发展成就的了解和认识，激励他们进一步增强责任感和使命感，共同为实现“工行梦”而努力奋斗起到了积极作用。

二、紧紧围绕全行经营发展大局，充分体现共青团工作品牌效应，带领广大青年为推动转型发展贡献力量

（一）与电子银行部联合开展“掌上生活　指点精彩”工银移动银行进校园活动。在2012年“指点精彩　触摸快乐”活动基础上，与电子银行部进一步加强合作，重点面向高校大学生开展手机银行业务专项宣传推广活动，通过“开户有礼”、“交易有奖”等促销手段促进大学生通过工行手机银行进行转账汇款、手机充值和贵金属交易。活动期间，共有12.8万名大学生注册开户，其中1 257人次获奖，目标业务交易总额达7 803万元，直接推动了工行手机银行业务的快速增长。

（二）开展电商平台“我体验　我建议”主题活动。以工行“融e购”电商平台行内上线运营为契机，在全行青年中开展电商平台“我体验　我建议”活动，一方面号召、组织青年通过电商平台实际购物体验，另一方面鼓励青年员工、团组织在体验基础上报送“金点子”和体验报告，为电商平台建设出谋划策。在为期一个月的活动中，全行青年提交“金点子”建议1 300多条，体验报告60多篇。

（三）开展“梦想起航　星耀未来”主题活动。响应团中央号召，在人力资源部的大力支持下，与个人金融业务部联合开展“梦想起航　星耀未来”主题活动，计划用1年半的时间，在全国45家重点高校深入推进“青年就业创业见习基地”及“大学生金融实践中心”建设，促进工行履行企业社会责任，帮助高校拓宽接收学生实习渠道，帮助大学生提高就业能力，探索实现了工行与知名高校团组织共建合作的新路径、新模式、新平台。目前，工行已与南京大学、江西财经大学开展共建合作。

三、立足青年实际需求，为青年成长成才搭建舞台

（一）深入开展“岗位大练兵　争做服务明星”活动。按照中央金融团工委统一要求，在全行广大青年员工中深入开展“岗位大练兵　争做服务明星”主题活动，引导青年岗位建功，全面提升服务水平和服务能

力。活动中，各级团组织认真组织、强化领导，以“好技能、好服务、好形象”为目标，注重活动开展的普遍性、层次性和创新性，开展了一系列主题突出、形式新颖、特色鲜明、影响广泛的主题活动，如山东分行开展“一战到底——青年知识技能PK赛”活动，重庆分行开展“我们来会诊”网点诊断活动，浙江分行开展“百团聚力促发展”活动等。全行共开展各类主题活动235次，参与人次达17.5万人次，涌现了一批青年先进典型。在此次活动基础上，总行评选表彰了270名全行青年岗位明星，并推荐了20名青年荣获全国金融青年岗位能手、青年服务明星称号。其中，信用卡电话服务中心（成都）兰璟露经过网上投票和专家投票，当选为全国十大金融青年服务标兵，工商银行被评选为活动优秀组织奖（金融系统共7家）。

（二）积极开展青年文明号主题实践活动。开展“我的中国梦”青年文明号主题教育实践活动，以“我的中国梦，青春勇担当”为主题，组织各级青年文明号集体的各类主题教育实践活动，以岗位实践促进“中国梦”、“工行梦”的实现。结合学雷锋志愿服务活动，继续开展青年文明号优质服务月活动。持续开展青年文明号创建工作，评选出114家2012年度总行级青年文明号。举办2013年全行青年文明号负责人培训班。

（三）举办2013年中国工商银行金融青年论坛。以“金融业在支持中国城镇化发展中的作用”为主题，开展2013年中国金融青年论坛活动，共征集青年论文236篇，为历年最多。经认真评选，总行共评出一等奖5篇，二等奖20篇，三等奖30篇，优秀奖50篇，其中上报金融团工委的5篇论文全部获奖，其中一等奖1篇，二等奖1篇，三等奖2篇，优秀奖1篇，总行系统团委被评为论坛优秀组织奖。活动对于引导青年员工树立严谨、务实的学术研究之风，挖掘培养理论研究能力强、工作实践水平高的青年人才，起到了积极作用。

（四）首次举办全行“青年先进典型西部行”疗休养活动。于7月底在宁夏举办首次“青年先进典型西部行”疗休养活动，从近年来全国、总行级青年文明号号长、“两优一红”、青年岗位能手、青年服务明星以及全行杰出青年、青年爱心大使等青年先进典型遴选出30人作为首批疗休养人选，通过座谈交流、参观访谈等方式，促进了优秀青年间的互动交流，进一步坚定了优秀青年对工商银行的热爱和忠诚，引导他们对工行企业文化有更深刻的理解和认识。

四、提升爱心行动品质，引导青年奉献青春正能量

（一）广泛开展青年爱心行动。积极探讨中央金融系统青年志愿公益活动体系，前往甘肃参加“金融系统团干部西部行”公益活动，并为甘肃和政县贫困小学捐助6万元。以全行团委书记培训班为契机，举办“心手相牵，乐伴成长”爱心公益活动，组织参训团委书记前往重庆歌乐山乐一融合幼儿园，通过现场捐款、青年爱心义卖等形式，为这家特殊幼儿园捐建两间爱心音乐教室和音乐教具，用于对园内80余名2～8岁智障、自闭症儿童进行音乐教学。

（二）集中开展学雷锋志愿服务活动。以毛泽东为雷锋同志题词50周年为契机，于2013年3月至6月在全行范围内广泛开展学雷锋志愿服务活动，传承雷锋精神，深化志愿服务。总行团委开展了“与雷锋精神同行”微博主题征集活动，共征集微博143条，各级团组织通过“学雷锋、树新风，我们在行动”志愿服务月、“七彩课堂，多彩人生”关爱农民工子女行动等主题和方式广泛开展了各类志愿活动。据统计，活动期间全行共组织开展各类学雷锋活动3 500多次，参与人数达6万多人。

五、以提升共青团工作科学化管理为目标，修炼内功、夯实制度，不断加强团自身建设

（一）加强全行共青团工作制度建设。根据团中央要求，总结近两年工行青年文明号创建管理工作，修订印发了《中国工商银行青年文明号活动管理办法》，对全行青年文明号创建管理工作进行了规范和完善，同时，初步研究搭建青年文明号创建管理手册。结合总行网讯“青春在线”栏目改版，印发了《总行网讯“青春在线”栏目管理办法》，对栏目定位、信息报送流程、栏目管理等进行了明确规定。根据全行共青团新媒体工作调研，印发了《中国工商银行青年新媒体使用管理公约》，对团组织、团干部和青年在微博、微信等新媒体使用管理方面做出明确要求。印发《中国工商银行青年思想引导手册》。

（二）加强全行团的工作能力建设。创新团的宣传手段。加强新媒体手段运用，开通总行团委微信公众账号——“青春进行时”，实时发布全系统共青团工作动态及青年关注焦点；通过“青年e家”微博平台组织开展“我的中国梦，金融青年在行动”、“奋斗的青春最美丽”等主题微博征集活动，获得了广大青年的认可与欢迎。加强传统宣传平台建设，对网讯“青春在线”信息报送、审核机制进行调整，增强基层团组织的参与性和积极性。开展全行直属机构共青团和青年工作调研，对4 000余名直属机构青年进行了问卷调查，走访了11家机构，举办了专题座谈会10场。评选全行优秀团员、团干部、团组织和青年小组，推荐5名团员、6名团干部、5个团组织荣获全国金融“两优一红”。举办全行团委书记培训班，加强团干部队伍建设，邀请部分近期转岗老团干举办新老团干部联谊会；择优选拔部分一级机构团委负责人参加金融系统基层团干部2013年培训班。开展青联建设研究，了解同业青联建设经验，撰写并提交成立青联的可行性研究报告。

截至2013年年底，全行共有35岁以下青年146 102人，占全行员工总数的32.7%；团员61 071人；团干部8 234人，其中专职团干部51人；各级团组织6 671个；共“推优”1 615人，其中经推优入党的1 097人。

（系统团委）

离退休人员服务和管理

2013年，全行各级离退休人员服务和管理工作部门紧紧围绕全行工作大局，全面落实离退休人员工作的方针政策，准确把握新形势下离退休人员工作的特点、规律，着力解决离退休人员工作中遇到的新情况、新问题，取得了新的成绩。到2013年末，全行离退休人员已达15.94万人（其中离休干部0.52万人，退休人员15.42万人），较上年增加0.93万人，增幅6.2%。

一、离退休人员政治待遇全面落实

各级行党委和离退休人员工作部门坚持把落实离退休人员政治待遇作为一项重要工作来抓，结合开展深入学习党的十八大和十八届三中全会精神以及党的群众路线教育实践活动，引导广大老同志自觉做到政治坚定、思想常新、理想永存。

一是坚持离退休人员阅读文件、听报告、参观学习、参加重要会议和重大活动等制度，保障他们的政治权利。加大情况通报力度，引导老同志学习新知识、接受新事物、跟上新形势，做到了解时事、掌握政策、支持发展、以身作则，在政治上、思想上、行动上始终与党中央和总行党委保持一致。2013年，全行共组织离退休人员开展政治学习6 918次，共有25万人次参加；通报行内情况3 665次，16.7万人次参加；组织参观学习1 286次，13.7万人次参加。

二是切实加强离退休人员思想政治教育。从老同志的实际出发，采取灵活多样的形式，组织离退休人员认真学习党的十八大和十八届三中全会以及习近平同志的一系列重要讲话精神，同时结合党的群众路线教育实践活动，积极组织广大老同志开展“同心共筑中国梦”主题教育、专题座谈、大讨论等活动。

三是扎实推进离退休人员党支部建设。坚持深入开展“五好”离退休人员党支部创建和“四好”党员评选活动，不断优化离退休人员党支部组织设置，进一步理顺组织关系，健全完善学习制度、组织生活制度、联系党员制度等，推进了党支部工作的制度化、规范化；定期举办党支部书记和委员骨干培训班，使党组织的凝聚力、战斗力进一步增强。截至2013年末，全行离退休人员党支部已达2 886个，较上年增加369个。2013年，全行共组织离退休人员党员培训1 429期，参训党员达4.1万人次。

四是坚持走访慰问老同志。做到了“五必访”，即重大节日必访、老同志寿辰必访、老同志生病住院必访、老同志去世必访、老同志出现困难必访。各级行党委和离退休人员工作部门还通过建立完善困难离退休人员帮扶机制等措施，切实为老同志解决实际困难，使老同志们深深感受到了党组织和工行大家庭的温暖。2013年元旦、春节期间，全行共走访慰问老同志6.9万人，发放慰问金6 437万元；慰问特困离退休人员1.28万人次，发放各种慰问金2 880万元；日常共探望住院的老同志2万多人次；为离退休人员过生日6.23万人次；处理老同志丧葬事宜3 101次，日均达8.5次。

二、离退休人员生活待遇得到有效保障

各级行党委和离退休人员工作部门坚持从生活上关心照顾老同志，全面落实离退休人员生活待遇，使广大老同志更好地实现了老有所养、老有所医。

一是认真落实“高寿慰问金”制度。各级行按照总行要求，严格执行高寿慰问金发放和管理制度，建立完善信息库和台账，切实做到及时、准确发放，确保“高寿慰问金”专款专用，真正把好事做好。2013年，全行共向2 372位90岁（含）以上高龄的离退休人员发放高寿慰问金240.7万元。

二是进一步完善离退休人员医疗保障机制。各级行以确保老同志老有所医为根本，结合本行、本地区实际，在扩大定点医院范围、提高补充医保报销比例、简化报销程序、开展健康体检等方面，出台了不少改善老同志医疗条件的措施办法。如北京分行出台了《大额医疗保障管理暂行办法》，将临时性的救助转化为长期的关怀，以减轻患重大疾病老同志的医疗费负担。江西分行积极探索实施“1+N”的医保模式，即“基本医保+补充医保+大病商保+爱心帮困基金”，并提高了补充医保的报销比例。2013年，全行共为11.9万老同志审核报销医药费3.62亿元，并为15万多名老同志进行了年度健康体检。

三是大力开展“养老和孝德文化”建设。积极推

进“养老和孝德文化”建设，取得较好成果。陕西分行以深入开展“养老和孝德实践活动”为抓手，推动和营造和谐的经营环境，促进经营工作健康发展。2013年，该行共开展各类“养老和孝德实践活动”67次，参与人数达1.14万人次，并涌现出12名孝德模范、9个孝德家庭，受到省行表彰。河南鹤壁分行积极开展“回家与父母一起过节”、“带父母出去转转”等活动，在员工中产生了较好反响。

四是积极探索推进利用社区资源做好离退休人员服务工作。在保持原有服务管理关系不变的基础上，加强与社区、街道及养老机构的工作联动，利用社会资源更好地服务于全行离退休人员，是2013年全行离退休人员工作的一大重点。一年来，各级行结合实际，围绕此项工作进行了积极地探索和实践，积累了不少好的经验。2013年第二季度，总行专门组织各级行报送了“利用社区资源做好离退休人员服务工作”经验材料，并在全行离退休人员工作处长培训班上进行了交流，同时还特别邀请此项工作的全国先进单位——中科院老干部局主要负责同志在培训班上做了经验介绍。

三、离退休人员精神文化生活更加丰富多彩

一是以离退休人员活动中心（室）和老年大学等阵地为依托，积极推进老同志老有所学、老有所乐。一年来，各级行因地制宜，不断加强离退休人员活动中心（室）和老年大学建设，努力为老同志开展学习和各种活动创造良好条件。河南分行从关心关爱老同志出发，投资150万元建设了面积达730平方米的离退休人员活动中心，为全省老同志集中开展活动提供了硬件保障。河北分行积极筹措资金，对全辖大部分离退休人员活动中心（室）进行了粉刷或修缮，并添置了新空调和娱乐设施，使老同志的学习和活动条件进一步得到改善。截至2013年末，全行共有离退休人员活动中心（室）1 610个，较上年新增74个，总面积达22.7万平方米，较上年增加1.6万平方米，全年活动人数达83.4万人次；自办老年大学16所，在校学员达1万多人。

二是以开展丰富多彩的文体活动为载体，展示老同志的良好风采。各级行坚持把组织老同志开展各种活动与寓教于乐、寓教于为有机结合起来，在丰富老同志精神文化生活的同时，向全行、全社会展示了工行老同志的精神风貌。如福建分行开展了“工行夕阳红，共筑中国梦”活动，通过组织引导老同志以亲身经历和切身感受阐释对“中国梦”的理解和认同、征集“和谐长寿梦”、“幸福梦”等主题书画摄影作品，既教育了青年员工，又展示了老同志的风采。2013年，全行共组织老同志喜闻乐见的各种活动9 826场次，35.6万人次参加。

三是以纪念中国工商银行成立三十周年为契机，充分发挥老同志的积极作用。为纪念工商银行成立三十周年，总行在全行开展了《永镌的记忆——工行老同志口述历史》图书编选活动，得到各级行的普遍重视。到截稿日，总行共收到各级行报送的老同志口述历史文稿223篇。为确保入书文稿的质量，总行离退部专门抽调部分行的业务骨干成立了图书文稿评审小组，多次召开评审工作会议，对这些文稿进行了认真细致地评审、筛选和反复修改，最终选定了131篇入书文稿。《永镌的记忆——工行老同志口述历史》的结集出版对于弥补工行文献资料的不足，说明历史事件的来龙去脉，多角度、全方位展示工行三十年的巨大发展变化，更好地发挥行史资料资政、育人、存史的作用都具有十分重要的意义。此外，2013年，各级行离退休人员工作部门还按照总行部署，认真完成了《三十年 那些人 那些事》入书老同志文稿、照片的编选工作。

四、离退休人员工作部门自身建设水平显著提升

切实强化工作人员的素质教育和业务培训，在杭院成功举办了全行离退休人员工作处长培训班。各分行也都普遍加大了培训力度，有计划、有步骤、分层次、多渠道地开展对离退休工作人员培训工作，有效提高了离退休人员工作队伍的能力素质。扎实有效开展调研工作。对2012年调研工作进行了评选和通报；按照中组部老干部局的部署，在全行开展了以“如何推进离退休干部文化养老问题研究”为主题的调研活动，有效锻炼了离退休人员工作队伍，进一步推进了文化养老工作的深入开展。圆满完成了信访和统计工作任务，认真按照“正确把握政策，重在思想疏导”的工作原则，扎实做好信访工作。2013年，全行离退休人员工作部门共接到老同志来信1 116件，来访6 649人次，来电2.18万次，回复率达到100%。认真做好统计信息工作，加强日常维护，有效确保了采集上报信息的准确、完整和规范。

（总行离退休人员管理部）

教育培训

2013年，全行教育培训工作紧紧围绕全行改革发展中心任务，秉承“服务战略、服务员工、服务基层”理念，深化全员培训，完善资源建设，推行项目管理，转变工作作风，圆满完成了各项教育培训任务，为推进全行经营转型和可持续发展提供了重要的人才保障和智力支持。

一、深化全员培训，提升培训针对性和实效性

契合全行发展战略，以提升培训实效为核心，以“国际化人才”等重点项目为抓手，开展大规模、分层次的培训工作。2013年，全行共举办各类培训班4.5万期，培训414万人次，人均受训约9.5天。

（一）管理人员培训。

一是党校培训。召开“党校工作座谈会”，深入剖析群众路线教育实践活动征求的意见和建议，形成上报《进一步加强党校工作的意见》，为下一步工作奠定基础。认真做好十八大精神培训，总行党校举办了2期高管专题培训班，分校和教学基地也将其纳入必修课程。强化“三级联动”，统筹规划、统一标准，全年共举办培训班16期，培训高级管理人员120名、中层管理人员503名，基层管理人员420名，规模和人数较上年分别增长了7%和15%。

二是高级管理人员培训。借助全球知名高校资源，着力提升领导干部的系统性思维和解决实际问题的能力，全年共完成跨界领导力等9期高管人员境外培训班，培训学员180余人。加强项目管理，优化境内预培训和效果评估，着力提高培训效率。按照中组部统一部署，选派13名在京高管人员参加中央和国家机关司局级干部自主选学工作。

三是中级管理人员培训。充分发挥香港培训中心产品培训基地的作用，围绕年度业务发展重点，举办15期中层管理人员培训班，培训学员482人。开展第五期“国际工商管理（IMBA）核心课程班”的集中授课，将国际最新管理理念和实践引入工行管理人员课堂。

四是基层管理人员培训。按照网点竞争力提升“七大工程”总体部署，制定统一规范的培训大纲，编写《网点公私联动与组合营销》教材，组编经营能力提升案例并举办示范培训。总分行共举办支行行长和网点负责人“深港联动”培训班15期，培训学员566人。开展2013年度营业网点负责人考试认证工作，全行共12 956人次参加，5 221人次获得资格。

五是国际化人才培训。坚持“数量服从质量”，完善学员选拔机制，将年度培训人数从200人调减至100人。加强成本控制，科学拟订预算，实现总费用和人均费用连续三年“双下降”。按照“建立标准、一次锁定、系统管理、动态调整、跟踪评估”的原则，研发并投产项目“人才库”，入库学员达300余人。编制《学员境外学习指南》，加强学员管理和指导力度。全年组织115名学员参训，项目实施三年来累计派出356名学员。

（二）专业人员培训。

一是专业资格考试认证。印发《专业资格管理实施细则》，全年共组织专业类、销售类15个序列初中高级专业资格考试53期，86 693人次参考，43 992人次获得资格。截至2013年底，全行非管理类岗位人员持证人数达28.4万人，持证率达81%，较上年同期提高45个百分点；网点级机构负责人及后备人员持证人数达2.1万人，持证率达90%，较上年同期提高6.4个百分点。

二是国际资格认证培训。持续开展国际资格认证培训考试工作，举办11个序列的培训班35期，培训员工1 800人次，新增持证员工559人，全行各类国际资格持证人总数达8 830人，居国内同业之首。推动持证人信息的系统录入和审核，逐步实现国际资格认证的流程化、规范化管理。

三是岗位适应性培训。印发《2013年业务培训指引》，征集特色鲜明、效果良好的专业人员培训课程，予以全行共享。按照“培训组织跨部门、培训内容跨专业、授课师资跨领域、参训对象跨层级”的模式，举办6期“金融资产服务业务”、“供应链融资业务”等重点业务培训班，580名业务骨干参训。总行年内共举办岗位适应性培训359期、28 250人次。

（三）业务人员培训。

一是客户经理培训。系统规划高级客户经理培训，举办4期案例教学师资培训班和2期客户经理示范培训班，全年共举办面授培训246期，参训2万人次。研究策划精英客户经理培训项目，以案例教学、经验分享、互动讨论为主要方式，举办个人、公司、机构客户经理精英培训班。试点探索客户经理驻点辅导培训，提高参

训人员实操技能。2013 年，全行累计培训客户经理 81 万人次。

二是职业持续培训（中年员工培训）。结合客户经理、柜员等项目，推动分行组织专项培训，年内举办中年员工面授培训 139 期、参训 8 379 人次，通过网络大学等方式培训中年员工 173 万人次，覆盖率达 89%。落实行领导关于“深化中年员工培训、实施职业持续培训项目”指示精神，以 45 岁以上销售、客服、运行、专业类员工为重点，组建项目实施小组，制订实施方案，开发培训大纲和课程内容，为推进职业持续培训项目做好准备。

三是一线员工培训。印发《关于做好 2013 年一线员工培训工作的通知》，制定柜员标准化培训项目实施方案，编写大纲和教材，按照新入职、熟练型和柜面业务管理人员岗位特点，举办柜面业务管理人员示范培训，组织分行开展标准化培训，共举办面授培训 294 期，2.2 万人次，全行年内培训柜员 12.4 万人，新入职柜员岗前培训覆盖率达 100%。

二、完善资源建设，加强培训基础保障能力

围绕全行业务创新和员工成长需要，夯实培训资源基础，加强网络大学等平台建设，持续完善培训支持保障体系。

（一）持续推进内部兼职培训师选拔培养工作。做好全行内部兼职培训师的增聘、续聘与结构优化工作，全行各级机构共聘内部兼职培训师 1.33 万名，平均参训率为 95.5%、授课率达 54.7%。采取自主选学与集中培训相结合的培养模式全面提升行内师资授课技能和专业素养；开发全行统一的培训方案、课程等，加快内部师资标准化、批量化培养。加强师资库信息维护及平台推广，发布《培训师资库信息平台操作指南》，推动各行加强对师资库资源的有效利用。

（二）加大教材、案例、试题开发力度。根据业务发展和员工需求，增强教材针对性、便携性、实效性，加大“口袋书”、电子书开发力度，全年开发培训教材 83 种；推动教材库基础建设，完成历年 357 种教材入库工作。加快重点案例开发工作，合作开发“中国工商银行公司治理之路”等 12 个案例，完成“报表集中改革案例”等 84 个案例的自主开发、网点竞争力提升案例等 9 大专题 527 个案例汇编入库工作，全行已收集整理案例 5 700 个，审核入库 1 900 个。开展总行题库清理工作，组织对 124 个专业题库进行清理更新和修订，废止修订 70 个子题库，涉及试题 5.7 万道。目前试题库总量为 134 万道，其中总行 24 万道、分行 110 万道。

（三）加强全行网络培训推广应用。围绕全行业务发展做好重点网络培训，举办全行性网络培训项目 32 期、培训 135 万人次，分行举办 623 期，较去年增长 2 倍。2013 年，网络大学访问量达 1 800 万人次，日均访问量 7 万人次，人均学习时间 27 小时，面授和远程学习比例同比提升 13%。明确课件标准，加大开发力度，总行开发课件 902 门，分行开发 647 门。推进网上模拟银行建设，开发完成“大堂经理技能演练”等游戏课件，并应用到一线员工培训工作中。

（四）加强教育培训系统平台建设。推动员工培训信息管理系统功能优化及英文版建设，结合信息质量监测工作，提升培训信息化、精细化水平。增强网络大学培训专区功能和灵活性，完善课件学习跟踪模式，投产英文版加强境外支持应用。发挥考试系统平台优势，研究完善人才测评、面试管理等功能模块，为相关部门招聘、竞聘等各类选拔考试提供服务支撑。同步加强教育培训统一门户网站建设工作。

三、创新方式方法，增强培训专业服务能力

以群众路线教育实践活动中的培训工作问题整改为契机，强化需求导向，创新方式方法，提升培训专业服务能力。

（一）推动全行项目管理工作。贯彻落实教师节座谈会精神，召开培训项目管理工作视频会，通报重点项目进展情况并布置下阶段工作任务。修订印发《培训项目管理办法》，编制《培训项目实施手册》，为分行开展相关工作提供制度依据和参考工具。按照“理论 + 实践”思路，举办项目管理专题培训，持续推动分行后续相关探索实践。组织开展优秀培训项目评审，从 115 个参评项目中评选出 15 个优秀项目，在教师节座谈会上予以表彰，组编《优秀培训项目介绍材料》，发挥引领示范作用。

（二）加强系统指导和工作推动。一是建立直属学院校务管理委员会，制订《直属学院校务管理委员会工作规则》，明确重要管理事项并实行会议情况反馈制。印发《关于加强香港培训中心建设的意见》，突出中心新产品新业务培训的建设方向和思路。二是完善专业工作考核。优化分行教育培训工作以及长杭两院的专业考核，优化指标设置、权重分配，提高量化比重，确保考核数据可评可比可测。三是加强需求调研和效果评估。分赴 5 家一级分行近 10 个基层单位开展一线员工培训需求调研，提升培训前瞻性和针对性。完成《工行特色培训效果评估模型研究》重点课题研究，以国际化人才培训为突破加强重点项目的效果评估工作。

（三）多种形式创新学习培训渠道。一是对全行知识库进行重新规划，年内实现 2 万多条行内知识全行共享。二是丰富网络大学数字图书馆学习资源，新引进电子图书约 1 万册，累计访问量 60 万人次。投产网络大学直播课堂，实施了 13 个直播项目，满足一线员工培

训需求。三是丰富总行本部培训形式，举办“周末课堂”8期，专题讲座19期，专项培训3期。通过采购《世纪管理名家讲堂》公开课，“一对一”英语培训等形式，满足总行部室领导个性化学习需求。

（四）推进从业队伍建设，扩大宣传交流。一是有序推动培训从业人员的专业资格培训、考试和认证工作，举办培训研发、课件制作，信息监测分析等培训班3期，提升从业队伍整体水平。二是扩大宣传交流力度，全年共编发《培训简报》31期、《专业资格考试评估分析报告》16期、《培训信息分析报告》12期、《培训参考》14期，为提高全行培训决策实施能力提供有效支撑。三是加强对外交流与合作，剑桥大学等近30家境内外机构来行交流调研培训工作。全行教育培训工作荣获“金融教育发展基金会先进集体奖”、“2012年度中国人才发展最佳企业”、“中国E－learning行业卓越实施奖”等奖项，报送的《注重党校群众路线教育的科学性、针对性和实效性》论文，在中央国家机关分校评选中荣获“优秀论文奖”。

四、香港培训中心全面完成教学任务

2013年，香港培训中心充分利用香港优质培训资源，以产品培训为重点，共举办中级管理人员培训班15期，培训494人，设计开发课程92门；组织赴外资银行考察8次；召开与工商银行在港机构的“内外业务联动”座谈会15个，完成了总行下达的培训任务。同时，还在工商银行网络大学设专栏，编制《前沿培训电子期刊》63期，为行内员工传递海外同业业务发展动态信息。

（总行企业文化部）

长春金融研修学院教育培训

2013年，长春金融研修学院全面落实教育培训发展战略，认真履行现场培训、远程教育、课件制作、教材编审、六库管理等各项职能，圆满完成了各项工作任务。

一、现场培训各项经营指标均创历史新高

2013年，长院共承办计划内培训班189期，同比增加11期，增长6.18%；培训学员14 217人次、68 797人天，同比增加66人次、6 865人天，分别增长0.47%和11.08%；面授培训工作量62 719人天，同比增加5 160人天，增长8.96%，超额完成20.72%。一年来，学院通过创新培训工作流程、推行项目化管理和强化培训现场管理等，实现培训管理过程的项目化、专业化、针对性。培训部仅下半年就实施自主项目39个，超过2012年全年总量，且全年培训的综合满意率较高，达到98.29%，其中课程满意率为98.51%，师资满意率为98.56%，班主任满意率为99.02%。

二、项目研发的引擎作用凸显

注重项目研发在职能方面的合理分工和资源方面的有效整合，根据教育培训的框架格局、职责分工和工作侧重进行资源重组，在全院统筹项目开发的人员队伍，适时完成项目研发的机构更名和职能转变，并在“专业做、专家做、专门做”经营理念指导下确定了项目研发先导战略。突出项目前期的市场调研，集中推出重点项目，在做好项目跟踪回访的同时，实现项目的滚动实施。“私人银行”和“大数据时代”两个项目，由于前期准备工作充分，突出基层市场营销，在实施中获得好于预期的经济效益和社会影响力，均建立稳定的合作关系，实现一次开发、长期合作、不断完善、滚动实施的良好开局。

三、教材杂志的两翼作用得以巩固

全年共编审教材31部、近830万字，与上年基本持平。全年编辑发行《现代商业银行》一刊三版36期47.60万套，实现销售收入1 224.75万元，与上年基本持平。其中《管理智慧》212 412套、《财富生活》172 776套、《才智青年》90 768套。全年共开发各类课件195个、1 619.3课时。定期编发《养老金资讯》、《养老金观察》、《培训参考》、《培训在线》、《银行信息情报》、《银行高管每日要览》、《工会动态》、《沟通交流》等电子信息，对辅助领导决策、服务经营管理、推动教学科研、了解时事动态等发挥了积极作用。

四、加强兼职培训师队伍建设

学院历来重视培训师队伍建设，并逐渐形成新老结合、相互促进的梯队模式。全年有19位培训师共开发出30多门涵盖不同门类、不同学科、不同专业的培训课程，共完成授课450多课时，其中青年培训师的登台授课人次、开发课程门数和教学时数等占比均比往年有

所提高。学院适时调整了学术委员会构成，完成了城市金融学会的换届工作，并成立青年金融研究会，科研地位和作用得以突出强化，科研方向和重点得以明确确立，科研力量和资源得以优化配置。全年完成总行重点研究课题4个，向总行报送调研报告4篇，总行征文4篇，公开发表各类论文14篇。

五、“六库”作为资源中心的功能和基础作用不断完善

自总行赋予学院六库管理的资源平台和专业资格认证考试的职能以来，学院高度重视六库的日常维护和管理工作，在海量数据的维护中基本做到了无差错。学院利用培训资源中心这一特点优势，注重信息的挖掘加工和为我所用，对进一步认识自己与了解同业、信息采集与需求调研、案例教学与辅助科研等发挥了积极作用。

六、综合保障能力不断提升

在不断强化“大培训观”的前提下实施“大服务战略”。培训职能部门注意统领培训工作的规模、进度、节奏，协调培训资源的配置、运行和摆布。加大实施科技强院战略，在人才培养上通过“招进来”和“送出去”，提升科技支撑能力，积极应对大数据时代和互联网金融。以需求为纽带，延伸服务链条，突出差别服务，培育服务品牌。针对参训班次和服务对象在年龄、层次、地域、风俗等方面呈现出的不同特点施以不同的服务举措，既突出自身服务特色的开发培育，又注重走出去深入同业考察，从学习和借鉴中启迪思路，增强创新发展的内生动力，服务综合满意率跃升到一个新的水平。

七、员工队伍梯队建设取得初步成效

一是突出对资深员工的适岗管理和情感关怀，重燃他们的身份感、责任感和职业自豪感，从多年“为人师表”的从业经历中再次让他们体验当导师的荣耀，强化他们对青年人“扶上马，送一程”的责任。二是对青年员工提要求、压担子，加快其成长成才步伐。学院先后制订了《管理培训生实施方案》、《导师制实施方案》、《各部门中层后备干部选拔实施方案》等，同时为加快青年人才培养，学院还进一步细化了培养计划，建立青年员工个性化培训提高档案，为加快青年员工成长提供了组织制度保障。三是进一步强化人力资源的流动性管理，全年内约有20人次参与了与分支行之间的挂职锻炼、实习交流和院内各部门之间的换岗轮岗、短期借调等，提升存量资源品质，在较好地实现人岗匹配的同时锻炼了队伍，加快了复合型、全能型人才队伍的成长。

（长春金融研修学院）

杭州金融研修学院教育培训

2013年，杭州金融研修学院以深入开展党的群众路线教育实践活动为契机，听民声、顺民意，戒“四风”、树新风，团结一心、奋发进取，各项工作取得了可喜的成绩，跃上了新的台阶。

一、培训工作成效显著

超额完成培训任务指标。全年举办现场培训223期，培训15 646人次，74 993人天，其中总行培训146期，10 417人次。实施网络培训项目44个，举办网络培训336期，培训学员136万人次。举办各类在线考试131个，考生31.8万人次。设计网络大学培训套餐9个，编辑和上挂《网络大学运行月报》12期，上挂课件1 111门。网络大学访问量1 830万人次，学习时长近1 145万小时。开发完成和优化升级并实施自主培训项目32个。完成教材编审54本，发行量6.9万册。完成课题研究21项（总行课题5项、学院课题16项）。完成案例采编715个，制作各类课件119个。培训工作满意度位居前列。全年学院在全行培训基地满意度排行榜中一直位居前列。年末，学院在排行榜上排名月度第一（满意率99.49%），季度第一（满意率99.43%），年度第二（满意率98.86%）。全年班主任工作满意率的年度平均值高达99.28%，后勤综合服务满意率的年度平均值高达98.67%。其中，取得100%满意率的班主任有73人次，客房服务40期，餐饮服务30期，票务服务27期，校园环境68期。培训品牌影响力日益显现。2013年，学院获得了年度“中国E－learning行业应用创新奖”、“中国十大影响力企业大学引擎奖”等殊荣，培训品牌的社会影响力得到提升。学院开发的“一级支行行长经营能力提升培训项目”荣获全行年度优秀培训项目一等奖。网络大学运行管理中心获得了全行年度教育培训先进集体。

二、培训项目研发工作推陈出新

开发完成“工银商友俱乐部系列培训”、“电话银

行客服代表系列培训”、“小微企业金融服务培训”、“金融资产服务培训”、“私人银行网络培训”、“投资银行服务能力提升培训”等重点业务类培训项目，有效发挥了培训对业务的推动作用。开展领导力培训研究开发工作。成立“领导力发展中心”，探索实践领导力发展方法论研究、测评系统深度开发、测评中心建设可行性研究、管理人员培训体系建立等工作，开发推出了“领导力训练营”、“行动学习训练营”、“营销特训营”等体验互动式培训项目。改革创新互动式培训项目。开发“行动学习”项目，并先后在5期管理人员（或后备干部）培训班中实施，师资平均满意率达98.47%，较外部培训公司提升了13个百分点。改进“领导力工作坊（workshop）”项目。第一批“走出围城”、“心口相传”、“抢占空位”、“我要出牌”4个管理游戏在3期培训班顺利实施，培训满意率达97.51%。参与总行课题和项目研发。参加培训效果评估模型研究，并牵头完成基层经营管理人员子课题，并以该项目为指导，成功对一期管理人员能力发展培训项目进行了三四级评估；参与“工行标准化内部兼职培训师”项目开发；参与总行培训项目管理专题培训班，完成培训项目转培训工作。参与支行行长执行力、职业持续、客户经理精英培训等总行重点项目的研发工作。

三、培训管理服务工作精益求精

抓好总行重点培训项目的落实、实施和管理。全年共实施专业处长培训46期，3 111人次，实施二级分行行长培训9期，699人次；承办高级管理人员1期，89人次。实施学院领导力培训项目5个、37期、2 282人次。为分行培训网点负责人410人次，培训支行行长927人次。累计实施客户经理培训项目7个，计8期，787人次。为36家分行培训个人客户经理516人次；为10家分行培训公司客户经理153人次，为12家分行培训机构客户经理88人次。实施境外雇员境内任职前培训2期，主办境外机构外籍雇员培训3期，承办总行各业务条线主办的境外机构员工和负责人培训10期。加强培训质量管理。制定《培训质量管理不合格事项认定和处理暂行办法》，修订《培训质量管理手册（第5版）》，根据总行培训质量管理办法，制定学院实施细则，推进培训管理工作标准化。创新培训管理手段。全面推行首问负责制、服务承诺制和限时办结制，创新开展精细化、个性化培训服务，实行培训管理后台集中处理，推出了“杭院通V1.0”信息服务平台。

四、网络大学运行管理持续完善

为私人银行部开发提供了网络学习的一揽子实施方案，在网络大学建立私人银行业务专区，设计策划网上持续性培训项目并组织实施。与总行个人金融业务部、运行管理部等业务部门合作举办了Nove+版本升级推广系列网络培训。启动“境外雇员工行入门”网络培训项目。开通网络直播课堂。向总行建议并率先试点网络大学直播课堂，提升培训资源利用率。全年共进行全行现场直播16期，开通直播学习点425个，学员人数4 797人次，共计学时96 240小时。做好网络大学运行管理。配合总行完成网络大学新平台升级系统的全面测试和投产工作，参与网络大学数字图书馆的系统、全行网络大学知识库建设。参与模拟银行建设系列的全行大堂经理3D情景演练系统开发并取得创新突破。协助总行制定《网络大学管理办法》。做好网络大学门户信息的维护工作，每月编辑上挂电子版《网络大学运行月报》。规范考试管理服务。制订全年专业资格考试计划，加强考试工作计划性。开展考试管理流程改造，对关键步骤采取“双人同步操作制”，对所有数据处理做到“双人复核制”，提升工作质量效率。做好分行考试服务工作。全年为总、分行共举办34期竞聘选拔考试，考生7 904人次。

五、“六库”资源建设成果显著

一是推进师资库建设。全年参与总行8个部室15期培训班的教学方案设计，聘请师资计72人次，新入库教师530人，更新师资信息205人，师资总库人数累积达4 426人。组织完善了学院品牌教师管理办法，制定导师制管理办法，加大青年教师的培养力度，推动教师队伍的可持续发展。全年院内教师授课2 213课时，比2012年增加560.5课时。全年为分行送教上门320课时。

二是推进教材库建设。2013年，教材工作继续保持高位运作。学院克服教材工作量大、时间要求紧、内容质量要求高等困难，通过“狠抓”教材内容架构、“善抓”教材编审进度、“巧抓”工作思路创新、“严抓”教材编审质量，保质保量完成教材编审工作。全年共编审教材54本，编辑860万字。

三是推进课程库建设。积极开展全院性学术沙龙活动和学科小组活动，组织完成5项总行课题和16项学院课题。以科研带动课程开发，通过备课、学科小组试讲、全院试讲的开发流程，经严格审核，学院全年共有36人次（包括“行动学习”和“领导力工作坊”团队）开发了36门课程，丰富了课程资源。

四是推进案例库建设。完成30个自主开发案例的初审、审定和汇总工作；配合总行教育部开展网点负责人的案例征集工作，共完成33家分行622个案例的收集汇总工作，其中49个汇编成《网点经营管理案例汇编》，294个案例入总行教材库，36个案例进入《网点竞争力“七大工程”案例汇编》，3个案例改编为教学型案例；完成了8本案例教材的编校工作。

五是推进试题库建设。积极参加总行组织的公共基础教材（2013年版）和网点负责人岗位培训资格认证的题库修订维护工作。加强与分行合作，开发新员工招聘和各级管理者竞聘等试卷 11 套、800 多题，首次承担了“无领导小组讨论”的策划工作，为分行人才选拔提供了咨询服务和智力支持。

六是推进课件库建设。加强与总、分行合作，通过增加课件开发的技术含量，强化课件开发的教学设计，模板设计和开发审查等工作，较高质量地开发了私人银行部培训专区课件、营销序列岗位培训教材（私人银行业务）课件、《支行行长经营管理案例汇编——管理类》课件等一系列课件。全年共完成基于面授培训的三分屏课件 73 个，网络多媒体课件 46 个。

（杭州金融研修学院）

金融理论研究和学术交流

2013 年，面对复杂严峻的经营环境，全行围绕改革创新和转型发展等重点问题，积极开展理论研究和学术交流，取得了丰硕成果，有力地发挥了决策支持职能，有效提升了工商银行在业界的学术领先地位。

一、围绕全行改革发展的关键问题，总行推动了四个方面 38 项重大课题的研究，全面服务全行战略决策

（一）适应国际化、综合化发展需要，对工商银行体制机制和管理模式变革开展研究。《后危机时代国际大型银行战略模式演化趋势研究》深入分析后危机时代全球银行业的整体运行态势、战略模式转型的动因和主要演化趋势，总结了对工商银行乃至中国银行业未来发展的启示，并提出相关策略建议；《变革与转型：客户行为变化趋势下的工商银行盈利对策实证研究》按照“信息技术促进社会变革，社会变革重塑行为模式，行为模式触发经营转型”的思路，分析信息技术发展和商务行为演变机理，阐释当前工商银行客户迁移的内在机理及其对效益的量化影响，提出工商银行在商业模式重构、传统业务升级、服务渠道优化、云服务创新等层面上的转型发展之路和盈利对策的量化措施建议；《新型城镇化进程中工商银行的机遇与风险研究》在深入实地调研的基础上，基于十八届三中全会对新型城镇化的部署和要求，从宏观层面对比分析新型城镇化与传统城镇化的异同，研判未来中国新型城镇化推进路径和发展重点，从微观层面分析新型城镇化给工商银行带来的巨大机遇、潜在风险和挑战，提出应对策略和建议，为工商银行积极介入支持新型城镇化建设提供决策参考。

（二）着眼于市场竞争和新兴业务发展，围绕新技术、新领域和新市场开展的研究。《移动互联网金融时代下的银行服务模式创新研究》分析了在当前移动互联网金融高速发展的趋势下，商业银行面临的机遇和挑战，提出了工行应深入挖掘大数据应用，创新支付、融资、理财等金融服务，打造“生活 + 金融 + 信息”移动客户端、全功能的移动远程银行，建设线上线下联动、信息共享的金融服务渠道，促进工行运营模式的变革与金融服务的创新；《商业银行与金融产品交易场所合作前景与策略研究》介绍了国内外产权市场产生、发展的理论基础，以全面调研资料为基础对当前商业银行与金融产品交易场所合作情况进行阐述，分析商业银行与金融产品交易场所合作机遇，重点对商业银行与金融产权交易场所合作中面临的风险进行分析，并提出防范措施。

（三）突出经营转型、结构调整和提升核心竞争力，就优化体制机制、业务流程开展的一系列研究。《资产管理业务定价体系与机制研究》分析理财产品的定价影响因素和工行理财产品定价现状，阐述了在建立投资品定价基准的基础上，考虑流动性成本的产品基准定价方法，并对工行理财产品的定价方法提出了建议；《国际化背景下代理行业务条线发展模式的探索研究》对代理行业务条线发展模式进行了理论和实证研究，按照打造“国际一流、国内领先”重点业务线的发展目标，紧紧围绕全行未来转型发展的核心战略，从战略高度和长远角度，提出代理行业务条线发展的新思路和新举措；《通过渠道结构调整　推进网点经营转型》论述了网点经营转型的目标和意义，介绍了目前柜面业务分流工作的成效和困难，提出推动网点经营转型的策略建议。

（四）继续深化风险管理的研究。《新媒体环境下工商银行声誉风险管理研究》探讨了新媒体的运作规律及新媒体对银行声誉风险管理的影响，在此基础上结合工行信息化、综合化、国际化战略转型的需要，以及经济、社会、监管环境变化的要求，提出了应对措施和管理方法、管理思路；《汇率改革及国际化背景下集团汇率风险计量与管理探究》从汇改及国际化战略对集团汇率风险管理的影响出发，分析工行面临的主要挑战，并结合国际银行业务较为成熟的汇率风险管理方法

和“巴塞尔新资本协议IV”最新市场风险前沿计量技术，提出满足ONE ICBC集团统一视角汇率风险计量与管理的对策。

二、密切跟踪行内外改革热点，准确把握国内外经济形势，打造四个系列研究精品，为全行经营管理提供专业支持

（一）开展十年纲要前期研究，推动十年纲要编制工作。2013年是工商银行改制以来第二个十年发展战略纲要的编制年，研究所就第一个十年纲要实施情况进行回顾评价，就十年纲要相关的问题进行了一系列研究。在此基础上，于2013年7月正式启动了工商银行2015—2025年发展战略纲要编制工作，于9月完成了对各编制机构十年纲要的收集工作，并展开了各样本机构纲要的整理、分析和提炼工作。

（二）扎实开展全行改革发展重大问题的研究，为工行多项改革提供决策支持。2013年，研究所参与了总行机构改革方案相关研究，提出了关于工商银行机构改革的框架设计方案，提供课题组参考。组织和推进了拓展县域市场和提升县支行竞争力问题研究，形成了《拓展县域市场的几点思考》，并组织召开了拓展县域市场和提升县支行竞争力研讨会。开展了利润中心改革问题研究，形成了《关于进一步深化我行利润中心改革的建议》，提出了“一中心一策”的深化改革政策建议。开展了商业银行资产管理业务发展问题研究，形成了《关于支持合格商业银行加快发展资产管理业务的建议》报告以及推动工行大资管平台建设的3套方案，报送国务院，为商业银行开展大资管业务便利争取政策。

（三）完成国际国内经济金融形势分析及重大、突发事件研究工作，较好地发挥了参谋作用。2013年，国内外经济形势错综复杂，不确定性不断加强。为了准确判断经济形势，为行领导提供决策支持，研究所围绕形势变化，紧密跟踪分析，深入精确研断，完成形势分析和专题研究报告百篇以上，为决策层和有关方面提供了重要参考。

（四）结合金融市场同业竞争的最新形势，在完善同业信息网络和数据库的基础上，密切关注工商银行竞争环境和竞争地位的动态变化，并对商业银行利差变化、网络金融发展形势、网点经营效率、银行流动性变化趋势等进行了研究，形成了《我国银行业盈利水平与NIM的关系及变动趋势研究》、《新形势下银行同业竞争新特点及对策研究》等报告。

三、扩大学术交流范围，提高学术交流层次，显著提升了工行在国内外业界和学界的影响力

（一）国际交流层次不断提升。一是深度参与亚太经济合作组织工商咨询理事会（ABAC）和亚太经济合作组织（APEC）峰会。在ABAC会议上提交了“2012年以来人民币跨境贸易结算现状及2013年展望”提案，提案内容被写入ABAC提交给APEC财长的信函和报告以及ABAC提交给APEC领导人的报告。在APEC CEO峰会期间，为参加ABAC代表与APEC领导人的对话，就贸易结构和WTO未来、增长和金融稳定性、新兴市场货币国际化、食品能源安全和可持续发展以及服务投资商业友好型监管等议题准备了相关对话材料。二是积极参加国际学术交流活动。参加达沃斯论坛、国际货币会议（IMC）、第五届金砖国家工商论坛、2013年第一届亚太金融论坛、APEC国家中心圆桌论坛及华盛顿贸易会议、中英离岸人民币市场发展讨论会等一系列大型国际会议，加强了国际交流，扩大了工行的影响力。三是不断加强与国际同业的学术互访与交流。与法国外贸银行经济学家、桑坦德银行首席风险官、新加坡星展银行访问团、法国安盟保险集团经济学家、日本三井住友银行访问团、南非标准银行管理人员等外方人员会谈，就全球经济金融形势和国内经济金融形势进行深入沟通和交流。

（二）国内交流范围不断扩大。一是组织了多场学术研讨会和学术论坛。《金融论坛》编辑部组织了“新型城镇化与商业银行的发展机遇”学术研讨会，邀请了来自北京师范大学、首都经贸大学、中国银行、中国农业银行、民生银行相关人员做专题发言和讨论。《金融论坛》编辑部与江西财经大学在南昌合作举办了“城镇化建设与地方政府债务风险防范”学术研讨会，来自武汉大学、江西财经大学的教授、商业银行的专家做了专题发言和讨论。博士后工作站组织了“互联网金融发展与银行变革”博士后论坛，邀请了多家同业专家及博士后，就互联网金融展开了热烈的探讨。二是参加第十八届两岸金融学术研讨会、第三届海峡两岸服务业论坛、人民银行举办的“金融业综合经营风险控制和监管改革”研讨会、人民银行举办的“回望金融危机——雷曼兄弟倒闭五周年”研讨会、2013年中国中部金融创新与发展论坛、银行业协会举办的互联网金融研讨会、《上海证券报》圆桌论坛、金融界网站举办的小企业论坛、人民大学举办的“微型金融在中国”高峰论坛、金融街商会举办的“金融街论坛——2014经济形势分析会”等监管部门、知名媒体、学术机构组织的学术交流活动，就国际、国内经济金融形势与同业、学界专家等进行广泛的交流。

四、开展重点课题研究等工作，加大专家支持力度，群众性学术活动蓬勃发展

推进城市金融学会建设，充分发挥其作为研究平台的作用。巩固和发挥以城市金融学会理事会和常务理事会为主体的专家咨询机制，发挥专家学者的智囊作用，

为工行发展献计献策。2013 年成功组织召开了常务理事会议、学会成立 20 周年座谈会、全国城市金融学会工作会议、秘书长培训班等活动，学会系统各项工作顺利开展。同时，学会认真做好重点课题研究的组织、推动与应用，结合工行中心工作，制订重点课题研究计划，通过各分行学会组织全行员工共同参与研究，不仅为总行课题研究、战略规划制定提供了帮助，也为各级分行业务的开展、发展战略的制定提供了有力支持。2013 年完成了对 2012 年度重点课题成果的申报整理，并组织专家对课题成果进行了评审，评出优秀 13 篇、良好 94 篇、合格 413 篇、基本合格 22 篇。

以创新沙龙为载体，在全行范围内构建“勤于思考、勇于创新”的研究氛围。2013 年，围绕数据时代的信息化银行、大资管时代下的金融创新、宏观经济形势分析与展望等主题，共举办 5 期创新沙龙活动。其中，第 3 期创新沙龙在陕西西安举办，总行多个部室相关负责人、陕西分行、北京分行代表以及政府、企业客户代表 300 余人，围绕“金融创新助推文化产业腾飞”主题进行了研讨与交流。

五、充分发挥《中国城市金融》、《金融论坛》的宣传导向和理论研究的学术平台作用

（一）紧密结合经营管理实践，提升《中国城市金融》办刊质量，服务全行改革发展。一是加大了对事关全行改革发展重大事项的专题报道。2013 年，围绕工商银行贯彻十八大精神推动科学发展、资产托管业务发展 15 周年、私人银行部成立 5 周年、运行管理部构建“ONE ICBC”运营风险监控体系、全面风险管理转型与创新等重大选题，编辑记者实地采访，进行专题报道，取得了较好的宣传效果。二是精心打造“特别策划”栏目，展现各分行改革发展风貌。根据各分行发展战略的不同，“特别策划”栏目报道了新疆分行区域强行建设、湖南分行助推“四化两型”社会建设、广西分行服务北部湾经济区发展等主题的报道，充分展现了各分行紧抓国家政策及区域发展机遇，结合自身特色和优势，加快结构调整和战略转型步伐的努力和探索。三是发布“2012 年度工商银行十大新闻”，稳步推进 2013 年工商银行十大新闻的整理和评选工作，盘点回顾工商银行一年来改革发展成就，向社会公众传递工商银行品牌价值。四是为纪念工商银行成立 30 周年，编撰出版了《纪念工商银行成立 30 周年》增刊。

（二）开阔研究视野，推动金融学术研究，扩大《金融论坛》在学术界、金融界的影响力。一是积极刊登国内理论界与实务界的最新研究成果，提高学术质量。2013 年，重点加强了对影子银行、金融监管、银行风险管理、利率市场化、城镇化金融支持、银行资本充足率、金融衍生产品等商业银行经营热点问题的关注，推动了商业银行经营管理的理论研究。二是向专家约稿，提高刊物的权威性和影响力。2013 年向人民银行、社科院、北京大学等机构的 30 多位金融学者和专家发出撰稿邀请函，收到多篇来稿，已刊发在《金融论坛》，有助于提高刊物的影响力和引用率。三是积极组织学术征文。为庆祝工商银行成立 30 周年，编辑部组织了“商业银行与资本市场创新”学术征文，共收到来稿近 80 篇，从中选择若干篇合格的稿件刊登在《金融论坛》。

（总行城市金融研究所）

第五部分

境内分行成就

责任编辑：史绍伟

北京分行

【主要业务指标完成情况】

2013年，北京分行实现拨备前利润389.24亿元、拨备后利润381.08亿元、净利润285.92亿元，同比增长分别为10.9%、10.9%和11.3%，继续保持系统内和北京同业第一。本外币各项贷款余额突破5 000亿元，达到5 118亿元，较年初增加549亿元，余额和增量四大行均排名第一。其中，人民币贷款增加490亿元（含银行卡透支），贷款均衡度达到54%，同比提升14个百分点；外币贷款增加11亿美元。本外币全部存款余额2.56万亿元，较年初增加2 516亿元。人民币全部存款增加2 587亿元，日均存款余额较上年增加2 744亿元，时点和日均均居系统和同业首位。实现中间业务收入78.89亿元，同比增加0.74亿元，保持同业首位。资产质量保持稳定，不良贷款余额16.85亿元，不良贷款率0.33%，分别较年初下降0.55亿元和0.06个百分点，连续13年保持“双降”。拨备覆盖率535%，同比提高69个百分点。综合经营绩效考核系统排名第一。

【主要工作措施】

一、加快信贷结构调整，有效支持和服务实体经济发展

一是积极抢抓优质信贷市场。立足集团总部和北京本地两个信贷市场，紧抓集团本部、中央企业、“走出去”企业和市属重点企业四大板块，重点支持国家和北京市重点在建续建项目及“十二五”规划确定的重大项目，全年人民币贷款累放3 899亿元，同比多投放682亿元，贷款周转次数为0.78次，较上年增加0.06次。加强对融资平台和房地产行业的融资总量控制，融资平台贷款减少55亿元，房地产贷款减少63亿元，积极支持重点棚户区改造项目，审批融资67亿元，发放表外融资39.2亿元。二是持续推进信贷结构调整。积极支持符合国家经济结构调整方向的先进制造业、现代服务业、文化产业和战略性新兴产业的发展，四项贷款合计增加355亿元，占新增公司贷款的比重达到104%。持续改善对中小企业的金融服务，中型客户和小企业贷款分别增加227亿元和31亿元，完成小企业贷款“两个不低于”的监管目标。大力推广供应链融资新模式，供应链融资增加64亿元，贸易融资增加189亿元。积极满足居民消费领域贷款需求，个人贷款增加144亿元，余额达到859亿元。三是深入实施大公司金融战略。加快公司信贷向公司金融转型步伐，充分发挥“总部经济”资源优势和资金大行优势，依托60个集团大客户服务团队，综合运用间接融资+直接融资、投行+商行、表内+表外业务等多种方式，全年新增表外融资366亿元，不仅满足了客户多元化金融服务需求，提高了客户的依存度，而且提升了客户的综合贡献，取得了多元收益。

二、提升精细化管理水平，巩固扩大存款第一大行优势

一是持续扩大对公存款竞争优势。紧紧抓住军队、财政、社保、公积金等机构系统大户，强化高层营销和源头营销，稳固核心客户资金源头。着力提升公司存款的稳定性，一方面通过综合金融服务、集团公司与财务公司联动营销抓好大客户资金的“揽入”，另一方面依托网点竞争力提升工程，以“客户包”为抓手，加强中小公司客户的集群拓展，夯实公司存款的增长基础。切实加强对企业“走出去”、外商境内投资、个人境外留学移民等领域外汇资金的营销，促进外汇存款增长。全年人民币对公存款增加2 131亿元，四大行占比76%。二是重点抓好储蓄存款的源头争揽。坚持“抓资金源头、抓高端客户、抓批量发展”的工作策略，一方面把代发工资作为揽存增储的主要抓手，多措并举推进代发工资业务量质齐升，全年新增代发工资单位1.3万户，优质对公客户代发工资渗透率较年初提高1.1个百分点，达到36.5%，代发额达到2 425亿元，同比提高14%。另一方面，积极开发新市场新客户，深入总部、商会、协会、商品交易市场、社区会所等市场开展直销，加强对社保、医保、公积金等民生领域的拓展，促进优质高端个人客户的批量化发展，带动零售金融资产的稳定增长。全年人民币储蓄存款增加457亿元，四大行占比47%。三是着力提升存款工作管理水平。积极为客户提供以业务增值、资金安全、效率提升为目标的专业服务，以代发工资绑定存款、以结算沉淀存款、以理财吸引存款、以现金管理稳定存款、以资产托管和企业年金转化存款，努力实现存款资金来源的最大化。不断提升存款增长的稳定性和均衡性，全年储蓄存款和对公存款日均余额较上年日均余额分别增加616亿元和2 128亿元，北京四大行占比分别为50%和58%。理性应对利率市场化提速环境下的市场竞争，严控高成本存款增长，积极通过产品的创新组合，为客户提供个性化的综合金融服务，努力实现客户提高存款收

益和银行控制付息成本的“双赢”。

三、加快业务创新，推动中间业务规范快速发展

坚持把中间业务作为经营转型的主攻方向，及时根据监管要求和市场变化调整经营策略，不断加大系统推动和业务创新力度，在保持传统优势业务市场领先优势的基础上，通过创新引领、资源整合和专业化服务，推动潜力大、附加值高、能为客户增值的新兴业务特别是资产管理业务提速发展，加快培育新的收入增长点，实现中间业务规范快速可持续发展。从主要业务发展情况看，各条业务线总体都实现了较快发展，绝大多数产品在北京同业市场都保持和扩大了领先优势。销售个人四项理财产品和法人理财产品 6 283 亿元和 2 424 亿元，均居同业首位。新增信用卡 159 万张，总量达到 934 万张，发卡量、消费额和中间业务收入三项核心指标全面领跑同业。新增个网、企网和手机银行客户 129 万户、2.2 万户和 185 万户，总量分别达到 544 万户、17.2 万户和 428 万户，电子银行交易额 58 万亿元，同比增长 7%，客户总量和交易规模均居同业首位。主承销债务融资工具 1 440 亿元，系统内占比 53%，排名首位。通过股权融资、并购重组、高端财务顾问实现表外投资 199 亿元；新增对公结算账户 5.7 万户，总量达到 26.6 万户；国际结算量 1 738 亿美元；销售实物贵金属 15.3 吨，账户贵金属 4 151 吨；资产托管规模达到 1.2 万亿元；新增年金账户 50 万户，总量达到 447 万户，以上六项业务均排名同业第一。

四、深入实施网点竞争力提升工程，激发经营发展活力

一是创新实施“客户包”管理。将全行对公存款余额 50 万元以上客户按每包 50 户左右的原则进行打包，由一名客户经理专门负责营销维护，为客户提供更有针对性的差异化服务。通过“客户包”这一新型管理模式，完善客户分层管理体系，做到“直营客户团队管、客户包客户专人管、小微客户批量管”，实现对大中小客户全视图、分层级、无缝隙的营销维护。全年共将 42 039 户对公客户纳入客户包管理，合计打包 863 个，客户包存款日均余额 3 017 亿元，同比增加 349 亿元，增幅达 13%。二是大力加强网点队伍建设。在网点负责人层面，通过提拔聘任、轮岗交流、定向培养等方式，积极补充对公业务管理人员，全行贵宾理财中心以上网点负责人配备达标率达到 100%。在客户经理层面，通过竞聘、后台优化转岗、新聘大学生置换等多种措施，累计新增对公客户经理 147 人，管包对公客户经理达到 843 名，基本实现了“一人一包”。加强对公客户经理和柜员的综合化培训与认证，提高网点客服人员的综合素质和业务技能，为网点竞争力提升工程的深入推进做好人才准备。三是着力完善配套保障措施。完善考核评价体系，将网点竞争力提升纳入支行行长绩效考核，将网点分为 4 类实施差异化考核，面向对公客户经理创新推行“1 + N”式考核（1 即存款，N 即多项重点产品，合计共 22 项指标），引导客户经理更加关注客户的产品覆盖和综合贡献，并将所有客户经理的考核结果按季度在全辖统一列榜排队进行通报，激发了各个层面推动网点竞争力提升的主动性和积极性。完善 MOVA 系统功能，自主研发了法人客户精准营销系统和客户经理营销服务支持系统，为实现精准营销、全面及时展现客户经理营销成果、加强对客户经理的绩效管理提供了重要保障。

五、深化重点领域改革创新，着力提升服务品质

一是持续推进流程优化与业务集中改革。积极推动流程优化项目的实施和推广，提高了系统运行稳定性和业务处理效率。扩大业务集中处理范围，实现了总行业务集中处理平台的业务品种全覆盖。稳步推进现金业务与 4 294 台自助机具的集中管理，实施科学统一调配，既提高了集约化管理水平和运营效率，又有效防范了业务风险。二是不断加大渠道建设力度。充分发挥渠道建设领导小组的职能作用，统筹全行“全渠道”建设的系统规划、战略决策和组织推动。调整优化物理渠道布局，全年新建、迁建、升格网点 61 家，新建自助银行 24 家，网点总量达到 661 家（含自助银行 106 家）。运营标准化在网点全面推广，标准化达标网点达到 492 家，占比 93%。加快提升电子渠道承载能力，新增自助机具 1 399 台，总量达到 7 144 台；柜面业务可分流率 29.1%，同比下降 6.6 个百分点。三是努力提升服务质态。强化对排队重点区域网点的挂牌督导，加快新业务流程、新型机具在网点的推广应用，加强网点现场管理，去年第四季度贵宾和普通客户平均等候时间分别降至 11 分钟和 19 分钟，基本实现了“1020”目标。加大投诉突出问题治理力度，持续开展服务态度专项治理，全年客户投诉 113 件，同比下降 76%。根据第三方测评结果，分行客户满意度和服务规范度分别达到 88.5 和 93.1。西客站支行营业部获评中银协百佳服务示范单位，19 家单位获评北京银协百佳服务示范单位，5 家单位获评北京银行业特色服务网点，获评单位数量均居同业首位。

六、加强风险管理和内部控制，保障全行健康平稳运行

一是加强重点领域信用风险防控。认真落实总行关于风险防控的各项部署，切实抓好政府融资平台、涉房类贷款、小企业和贸易融资等重点领域的风险防控，有效防范和化解了风险隐患。积极做好不良贷款的清收处置和潜在风险贷款的清收转化，共清收处置不良贷款 7 亿元，压降潜在风险贷款 56 亿元，分别完成总行年度计划任务的 151% 和 110%，确保了信贷资产质量基本稳定。二是加强操作风险和其他风险管理。充分利用新监督体系加强对操作风险的管控，深入开展业务运营风险专项治理，全行可控风险事件总量压降了 56%，“屡

查屡犯”柜员及风险事件数量均压降85%，在总行综合评比中排名第一。扎实做好客户信息安全、表外业务、市场风险、声誉风险和法律风险等各类风险的防控工作，及时发现和消除了风险隐患。三是加强内控案防工作。完善内控合规体系建设，建立分行内控监测分析中心和分行内控合规检查中心，实现对全机构、全业务和全流程的非现场、持续监测分析。贯彻“行为有规、授权有度、监测有窗、检查有力、控制有效”的要求，坚守风险底线，持续加强对案件易发领域和违规多发环节的检查整治，保障全行安全稳定运营。严格落实案件防范责任制，全年未发生重大安全事故和风险案件。

七、加强党建和队伍建设，为改革发展提供有力保障

一是深入学习贯彻党的十八大精神。引导全行广大党员和员工自觉把思想和行动统一到党的十八大作出的各项部署上来，体现到推动分行“两个一流”建设上来。以服务全行业务发展为中心，以领导点评、公开承诺、创新案例征集等为重点，积极推动创先争优系列活动深入开展，使创先争优常态化和长效化。深入落实“基层组织建设年”的各项部署，引导广大党员干部“干好当前事、带动身边人”，更好地发挥党的政治优势。二是深入开展党的群众路线教育实践活动。紧紧围绕“为民务实清廉”主题，聚焦形式主义、官僚主义、享乐主义和奢靡之风“四风”问题，通过打牢学习教育和查摆问题两个基础，抓住整改落实和建章立制两个关键，推动教育实践活动取得重要阶段性成果。注重将开展教育实践活动与推动经营发展相结合，将解决思想根源问题与解决实际问题相结合，将党风、作风建设与政风、行风建设相结合，切实做到两手抓、两促进。通过这次教育实践活动，达到了党员干部思想进一步提高、作风进一步转变、党群关系进一步密切、为民务实清廉形象进一步树立“四个进一步”的目标，以作风建设的新成效凝聚起推动全行改革发展的强大力量。三是深入推进干部员工队伍建设。坚持“德才兼备、以德为先”，树立注重基层、注重实践的用人导向，完善竞争性选人用人机制，加大干部交流和培养锻炼力度，通过多种途径把人选准用好。坚持人才优先发展战略，加强高级人才培养和人员培训，完善专业职级体系，使各类优秀业务人才进步有通道、发展有舞台。完善多渠道人员补充机制，健全以人均效能指标为核心的用工计划配置模式，将新增人员优先配置到人均边际产出较高的支行、重点发展区域、新兴业务领域和一线服务岗位。四是不断加强企业文化建设。以建设“首都文化大行”为目标，继续办好“五件文化大事”，搭建企业文化交流平台，努力将“工于至诚，行以致远”的工行价值观内化为全行员工的实际行动。组织开展“同庆辉煌成就 共促转型发展”建行三十周年系列主题教育活动，传播优秀企业文化，凝聚转型发展力量。推进职工小家建设升级，继续实施员工关爱计划，进一步增强了员工队伍的凝聚力。

天津分行

【主要业务指标完成情况】

2013年，天津分行实现拨备前利润70.69亿元，同比增加7.15亿元，增长11.26%；实现净利润48.89亿元，同比增加3.78亿元，增长8.39%；实现中间业务收入21.07亿元，同比增加2.57亿元，增长13.92%。手续费及佣金净收入占比为18.60%，较上年提高0.6个百分点。本外币各项存款（含表内保本和银行卡存款）余额为2 659.3亿元，较年初增加136.72亿元。本外币各项贷款（含银行卡透支）余额为2 307.03亿元，较年初增加287.65亿元。累计清收处置不良贷款17.22亿元，年末不良贷款余额24.46亿元，不良贷款率1.07%。

【主要工作措施】

一、实现有效客户数量的突破

完善客户拓展考核制度，调增客户积分的考核权重，健全拓户长效机制；运用总行大额资金监控平台锁定目标客户信息，实施工商局名称预核准客户信息定期发布制度及营销成功情况定期上报制度，加快拓展优质对公客户；大力发展私人银行，成功推出首期私人银行区域专属理财，推广工银财富私人助理服务，加大财富客户的拓展力度。截至2013年末，时点存款在5万元以上的对公优质客户达到28 272户，四星级及以上个人客户达到112.59万户。

二、实现资产管理业务的突破

成立资产管理业务项目推荐协调小组，健全资产业务发展机制。加强重点客户走访，打造跨区域联动营销平台。以行业领先客户和优质项目为“突破点”，加强对基础设施、保障房及棚户区改造等天津市重点领域的贷款支持力度。成功运作全行首笔证券公司定向资产管理计划，创新证券小集合投资定向资产管理计划业务模

式，实现对一户企业多笔投行运作，多项投行收益的综合营销。全年累计投放本外币各项贷款 1 752 亿元，较上年多投放 246 亿元；法人客户贷款周转次数为 0.76 次，同比提高 0.06 次。积极挖掘市场融资资源，全年完成主承销债务融资发行金额 116 亿元，同比增长 93%；实现投行业务收入同比增长 24%。

三、实现中间业务收入的突破

积极推动潜力业务发展，带动中间业务收入的较快增长。一是积极培育机构业务的新增长点。创新实施足额投保贷款抵押物财产保险，并系统内进行推广。截至本年末，天津分行三方存管客户存量超过 42 万户，四大行占比超过 37%，居同业第一。机构中间业务收入同比增长 14.34%。二是加快贵金属业务发展。扎实推进实物贵金属销售渠道建设，建成五星级旗舰店六家，其中两家开办了综合回购业务。贵金属业务收入较上年增长 51.06%。三是做强代理保险业务。通过开办新产品、加强业务督导，促进代理保险业务的发展，全年代理个人保险销售额同比增长 29%。

四、实现信用卡和国际业务的突破

一是积极推进信用卡业务发展。以津通卡和星级客户发卡项目带动信用卡规模和质量的快速提升，投产津通卡 POS 查询及缴罚功能，实现了在滨海新区公交车系统的非接应用；成立收单中心，创新分期付款手续费的收取方式，增加分期渠道，加快分期业务的发展。全年净增客户 41.9 万户，完成计划的 299.3%；银行卡中间业务收入增长 29.4%；保持信用卡发卡量、消费额、中间业务收入的同业第一。二是加快推进国际业务发展。推出低风险的“协议付款”业务，创新开展中介福费廷、外汇择期、掉期等业务，实现国际业务发展的新突破。国际结算业务量同比增长 42.68%，市场占比达到 33.9%，首次成功超越天津中行成为同业第一；全年办理跨境人民币业务同比增长 202.46%。

五、实现重点竞争领域的突破

一是推出公积金贷款的“委提代扣”业务，成功打破天津建行长期以来对公积金市场的垄断局面，全年公积金贷款累计发放金额同比增长 100%。二是加快社会保障卡发卡，开展“我选择工行社保卡”营销活动。全年新增发放社会保障卡同比增长 485.7%。三是成功投产“银医通”平台，有力地开拓了医院领域的金融市场。四是拓展电子银行领域。投产电视银行项目，完善手机银行代缴电信通讯费功能，启动移动银行体验区建设。全年手机银行客户新增 69.8 万户，完成计划目标的 113%。

六、实现联动营销的提升

积极开展业务联动营销，成功营销壳牌华北石油集团有限公司的全国资金池业务，并以此为契机，创新资金管理模式、强化了上下游客户的系列业务合作，有效带动了存款、现金管理、网上银行、POS、代发工资等多种业务发展。实施重点企业名录的代发工资挂单营销，深度挖掘企业客户资源，全年新增代发职工工资客户 9.48 万人。将实战与培训紧密结合，着力提升各级业务骨干的营销能力，启动 100 家网点负责人的领军团队“斯巴达计划”和 120 名客户经理的“雄鹰计划”；推进分行核心战略客户集中营销模式，以“首席客户经理制”为基础，搭建“客户经理 + 产品经理 + 风险经理”的综合营销平台。

七、实现品牌形象的提升

加快推进业务集中处理，完成津通卡集中录入，优化结算账户业务操作流程，服务效率得到显著提升。已集中处理的业务种类达 37 大类 122 个小类，集中平台全年业务量已达 415.69 万笔，日均业务量 1.73 万笔，较上年提高 3%。深化导入式培训，推行柜面“7 + 7”服务流程。建立服务质量远程视频监控中心，启动服务管理实时监控系统，加大对日常服务的规范性监督检查。全年客户投诉事件为 11 件，投诉率大幅下降 90% 以上。加快推进各类渠道建设，整合渠道建设工作职能，创新研发了 4 × 4 矩阵式网点评价系统，全年竣工项目 40 个，撤并营业网点 10 个，净增自动柜员机 147 台。

八、实现人员素质的提升

认真贯彻中央关于开展党的群众路线教育实践活动的要求，按照总行党委统一部署，以为民务实清廉为主要内容，聚焦“四风”问题，开展了学习教育、听取意见，查摆问题、开展批评，整改落实、建章立制等环节工作，进一步改进了作风，提高了党员队伍整体素质。全面完成网点标准化建设，营业网点总人数降幅达 6.6%，提高了人员效能。公开选拔一批新任助理充实到支行和分行部室领导班子，实施公开选拔网点负责人后备工作，建立跟踪培养机制，优化网点负责人队伍。全年共完成各类培训 1 309 期，同比增加 739 期。

九、实现风险管理的提升

面对复杂严峻的外部经济形势，全行高度重视信贷资产质量工作，强化对商品融资、钢贸类小企业、国内贸易融资等高风险领域的排查，提前做好风险防范工作。创新清收处置方式，成功完成首笔受让方为非四大国有资产管理公司的债权转让项目。组建监测分析中心，配备分析管理团队，统筹做好制度管理和监督检查；紧扣全行经营发展和风险状况，围绕监管热点、新业务、新产品等内容进行合规检查，努力消除风险隐患。开展企业网银柜面交易流程优化项目，实现企业客户证书“即做即取”及多重回访确认。大力开展银企对账工作，提高网银对账使用率，不断扩大对账覆盖范围和工作质量，有效对账率较上年提高 23.96 个百分点，网银对账占比达到较上年提高 15.01 个百分点。

十、实现民生福利的提升

推进健康计划项目和感恩计划项目，对员工完成总分行规定相应培训项目予以学习补贴。组织开展“千名青年员工点钞大比武、大竞赛”等活动，为青年员工搭建施展才华的舞台。深化职工之家建设，组织书法家、美术家、摄影家三个协会联合首次作品展，组建天津分行“工银乐动”艺术团，成功举办了梦想飞扬汇报演出，以优秀的企业文化凝聚人、鼓舞人。

河北分行

【主要业务指标完成情况】

2013 年，河北分行实现拨备前利润 120.7 亿元，增幅 14.81%；实现拨备后利润 111.91 亿元，增幅 10.23%；实现净利润 83.42 亿元，增幅 9.47%，超额完成总行利润计划；实现 EVA 48.92 亿元，增幅 11.31%，完成总行计划的 103.08%。全行人民币存款余额达 5 075.9 亿元，较年初增加 442.48 亿元，同比多增 218.23 亿元。其中，全部对公存款新增 201.2 亿元，个人存款新增 241.28 亿元。人民币各项贷款余额 3 353.24 亿元，较年初增加 340.83 亿元。新增小企业客户 69 户，贷款增加 52.54 亿元。个人贷款新增 189.82 亿元，余额达 1 147.25 亿元，余额和增量均居同业首位。实现中间业务收入 37.53 亿元，同比增加 6 亿元，增长 19%，账面中间业务收入和结算理财代理类收入实现同业双首位。不良贷款余额 29.2 亿元，不良贷款率 0.86%，较年初下降 0.07 个百分点。累计退出转化潜在风险贷款 47 亿元，完成全年计划的 134.28%。总行内控评价晋升到一级，连续 8 年平安无案件，连续 15 年无重大安全事故。在一级分行综合经营绩效考核中排名第 11 位，取得股改以来最好成绩。再度荣获省政府“金融贡献奖”，是四大行中唯一一家连续六年上榜单位。

【主要工作措施】

一、突出经营转型，内涵发展能力显著增强

一是创新机制，为转型发展提供有力支撑。着力完善分类管理、资源配置、联动营销、业务创新、考核评价、绩效分配、风险控制、队伍建设“八项机制”，深入推进公司金融、个人金融、金融资产服务业务、存款业务、中间业务、客户发展、渠道建设、风险防控“八个转型”，以机制的改革创新，促进经营转型和业务发展。二是更新理念，推进科学发展。坚持夯实基础与创新用新并重，通过夯实客户、渠道、内控、队伍“四项基础”，做强基础业务，通过金融资产服务业业务整体推进、“电子业务发展年”活动、公司客户链式拓展、民生领域金融创新，做大创新业务。三是转变作风，带动经营转型。紧紧结合党的群众路线教育实践活动，进一步改进作风，建立健全干部履职责任和评价机制，激发了干部队伍活力。

二、突出优化结构，持续发展能力进一步增强

一是强化资本节约意识，持续推动信贷转型和结构调整。着力把好贷款投向，瞄准全省百强企业、销售收入 10 亿元以上企业、央企进河北项目等重点板块，加快拓展先进制造业、现代服务业、文化产业、战略性新兴产业四大新市场，四大新市场贷款较年初增加 167.65 亿元，占全行各项贷款增量的 55.2%。围绕 120 个中小企业产业集群、网上商品交易市场、核心企业和优质项目供应链，批量化拓展中小企业信贷市场，新拓展中型客户 531 户，新增融资 221 亿元；新增小企业客户 69 户，贷款增加 52.54 亿元，排系统第 3 位。个人贷款余额突破千亿元，较年初增加 189.82 亿元，排系统第 5 位，余额和增量均居同业首位。同时，着力提升信贷业务综合金融服务能力。瞄准港口、交通等重点行业，多渠道拓展融资服务，推荐办理融资租赁项目 41.1 亿元、资产管理业务 67.69 亿元，分别是去年的 4.1 倍和 2.06 倍。围绕河北钢铁集团等 34 个重点营销目标客户，新建 33 条紧密型供应链，累计拓展核心企业上下游客户 182 户，融资增加 33.62 亿元。加强对政府融资平台、房地产和“两高一剩”行业贷款风险防控，压降平台贷款 34.76 亿元，占比下降 2.58 个百分点。压降“四大行业”贷款 76.33 亿元，完成任务的 109.63%，占各项贷款比重较年初下降 7.08 个百分点。二是深化“三大转变”，强力推进中间业务在转型中快速增长。第一，由融资项目拉动向基础类服务类业务转变。信用卡、国际结算等 22 个项目实现正增长，其中，贵金属、企业年金、私人银行等 10 个项目增长 30% 以上。企业年金、信用卡、对公结算、国际结算等 9 个项目实现同业首位。第二，由中低端同质化服务向品牌化高附加值服务转变。完善制度、理顺机制、加大资源配置和考核激励，全力促进金融资产服务业务快速发展。金融资产服务业务发生额 3 321 亿元，是上年全年的 1.23 倍；余额较上年增加 324 亿元；实现收入 112.97 亿元，同比增长 28.37%。第三，由重收费轻服务向提

升服务质量、提高合规收费意识转变。通过产品和服务的不断升级，推动中间业务可持续发展。

三、突出夯实基础，存款业务竞争能力得到提升

一是储蓄存款实现稳定增长。全力抓好代发工资、交易市场商户、个人高端客户争揽，从源头增加存款。代发工资单位较年初增加 3 064 户，代发金额净增 299.88 亿元。商友卡会员新增 31.09 万人，是去年全年的 405.35%，带动储蓄存款增长 59 亿元。金融资产 5 万元以上中高端客户增加 5.29 万户，金融资产增加 239.58 亿元。私人银行客户增加 229 户，居系统 A 类行第 6 位；客户金融资产较年初增加 38 亿元，排系统第 7 位。二是对公存款竞争力快速提升。新增机构存款 137.6 亿元，排系统第 7 位，日均增量同业占比首位；累计发行社会保障卡 241 万张，争揽财政专户 44 个，社保存款余额 80 亿元。部队客户存款较年初增加 21.4 亿元，市场占比达 96%。三是创新存款稳定增长机制。建立存款变动与信贷资源挂钩机制，强化对有贷户资金流向及上下游渠道管理，公司有贷户存款增加 47.15 亿元。累计销售保本理财产品和结构性存款 687.76 亿元，同比增加 136.73 亿元，销售法人理财产品 363.9 亿元，同比增加 38.4 亿元。

四、突出风险防控，在复杂的环境中经受住了考验

一是信贷资产质量保持稳定。大力推进不良贷款大户和重点行清转处置，3 个亿元、9 个千万元以上大户实现全部清转，金额 9.78 亿元。清收账销案存资产 8 245 万元，完成总行任务的 137.42%；5 户抵债资产实现成功处置，金额 5.14 亿元。累计退出转化潜在风险贷款 47 亿元，完成计划的 134.28%；个人关注类贷款较年初减少 9.07 亿元，占比下降 1.11 个百分点。二是内控和案防管理工作显著增强。深入推进“创三无、上等级”系列活动，开展形式多样的案防教育，强化十大违规风险事件、十个重要风险点专项排查治理，内控案防管理的基础不断夯实。三是运营风险防控取得新进步。通过非现场监管实现对网点监管范围的全覆盖。可控一类风险事件 41 笔，同比减少 45.33%。全行可控风险暴露水平、可控风险率分别下降至 7.08‱ 和 1.16‱，较上年分别下降 2.97 个和 0.44 个万分点。

五、突出改革创新，经营活力进一步激发

一是机构管理更加精细。将全辖支行划分为单列、重点、特色、一般四类，制定支行经营绩效分类考核意见，二级分行逐支行研究发展规划，因地制宜、特色发展，管理更加精细化。二是营销机制不断完善。组建投行、租赁、收单、私人银行、自助银行管理等五个专业团队，打破机构、层级、地域限制，制定专项绩效考核和分配办法，充分激发队伍活力，提升了对重点市场、重点客户、重点业务的营销能力。三是客户经理队伍进一步增强。优化岗位结构，充实营销力量，提高销售人员占比，通过实施新招录员工“进一出一”客户经理增配、网点运营标准化转岗、二级分行本部营销职能前移，累计增加客户经理 800 余人。全面实行客户经理综合积分考核，引导客户经理从单一产品营销向全产品综合营销发展。四是网点经营转型深入推进。落实总行“七大工程”要求，结合实际，同步推进营业网点“四化建设”，819 个网点完成标准化改革，高柜向低柜流动 354 人、在柜向离柜流动 361 人、在行向离行流动 156 人，人岗匹配程度、业务处理效率均有所提高。

六、突出人本理念，和谐发展氛围更加浓厚

按照总行党委统一部署，深入开展党的群众路线教育实践活动，以为民务实清廉为主要内容，深入查找各级班子和领导干部在“四风”方面存在的问题，严格落实整改，积极转变作风，切实提升员工和客户服务水平，积极构建和谐稳定的发展环境。认真按照群众路线教育实践活动统一部署，全面提高员工工作水平，拓宽员工发展空间，面向各级管理类、业务类职务以及员工岗位晋升的机制不断完善。强化员工分层分类培训，组织支行行长、客户经理和中年员工等各层次培训 600 余期，实用性、针对性不断提高。深化“以客户为中心”理念，优化流程，提升效率，创新产品，改善服务，特别是加强服务投诉量化目标管理，对全行服务情况实行精确监测、准确把控和精细管理，客户投诉同比下降 64.3%；760 个网点实现零投诉，占全部网点的 92%，较上年提高 13 个百分点；客户满意度达 99.67%，较上年提高 2.37 个百分点，连续三年荣获河北网民最信赖银行品牌。推动企业文化建设，完善职工之家，建家率 100%，荣获“全国厂务公开民主管理先进单位”荣誉称号，是全国金融系统唯一获奖的省级单位。

山 西 分 行

【主要业务指标完成情况】

2013 年，山西分行实现拨备前利润 74.23 亿元，同比增加 7.44 亿元，增幅 11.15%；净利润 52.23 亿元，同比增加 5.48 亿元，增幅 11.72%；实现经济增加

值（EVA）27.59亿元，同比增加3.19亿元，增幅为13.09%；实现中间业务收入20.12亿元（含银行卡还原收入），增幅4.05%，四大行占比为36.36%。人民币全部存款较年初增加113.59亿元，四大行占比为26%。其中，储蓄存款增加170.59亿元，四大行占比为35.7%，日均增加122.26亿元。本外币各项贷款较年初增加222亿元，增幅12.72%，较系统平均水平高2个百分点，增量四大行占比为37.76%。其中，个人贷款和信用卡贷款分别较年初净增40.07亿元和14.66亿元，增幅分别达32.77%和31.43%，增速分别高于系统内平均水平14.18个和5.23个百分点。不良贷款余额17.3亿元，较年初增加2.62亿元；不良贷款率0.9%，较年初上升0.04个百分点。

【主要工作措施】

一、明确经营工作主线，引领各项工作争先进位

坚持“一个理念引领、三个结构调整、三项工程实施、四项精细化管理”的“1334”工作主线，形成了推进转型发展的行动纲领，促使各层级、各条线形成更具针对性、更切合实际的工作措施和战术动作。在全行持续推行“按月滚动落实、按季考核通报”的滚动落实工作机制，着力从目标分解和责任落实两方面入手，督促各层面以阶段工作目标为单位，层层分解任务，明确工作进度，确保各项工作的有序推进和有效落地。在省分行层面建立了对二级分行的季度滚动排序通报工作机制，加大了省分行专业条线的垂直指导和推动力度，促进了各专业目标任务按时保质完成，形成各专业均衡推进、各层级层层推动、各领域多点开花的工作格局。进一步明确经营目标和考核导向，修订完善经营绩效考评机制，深入挖掘MOVA系统功能，通过高点目标引领、强化考核激励、借鉴先进模式等方式，激发各级行夺回同业领先、各专业前移考评位次的潜在动能，推动各项工作争先进位。

二、深入挖掘市场潜力，信贷结构进一步优化

坚定不移推进信贷结构调整，突出抓好“新兴领域拓展、小贷业务突破和融资产品创新”，努力构建信贷业务均衡发展格局。先进制造业、现代服务业、文化产业和战略性新兴产业等“四大新市场”贷款较年初增加197.98亿元，增幅为31.57%；密切跟踪“综改区”建设步伐，抢抓窗口机遇，挖掘市场潜力，通过转换思路应对行业限额管理，坚持存量转化和增量拓展双线并进，继续巩固煤炭、冶金、电力、公路、铁路等传统行业战略地位，深入推进“双千百亿”工程，积极做大贷款规模和客户总量，全年贷款投放再创新高，稳居省内信贷市场主导地位。成功开办太钢岚县矿业链融资业务，并复制启动重点钢铁企业上游和煤炭行业下游链融资业务推进工作，为链融资业务承接对重点企业的融资支持打开了新局面，全年共建成省级以上供应链5条，融资102亿元。大力拓展非信贷融资途径和信贷产品创新，多渠道满足大型集团客户融资需求，全年实现创新融资416亿元，同比增加217亿元，增幅近110%。

三、夯实客户发展基础，存款业务持续均衡发展

积极推进“竞争力提升工程”，依托“大宣传、大走访、大营销”活动，深入挖掘和准确对接客户需求，通过综合化服务优势，有效拉动存款均衡增长。按照“拓户增存”的发展思路，加大账户拓展和客户营销力度，通过考核激励促进拓户工作的放量提质，新增有效账户1.36万户，同比增长40%，新增账户增加存款99.57亿元，深入分析公司存款稳存增存策略，从“守住大户资金、竞争同业客户、拓展新增客户”三个维度入手，运用系统监测、专业督导、工作问责等多种手段，努力扭转公司存款负增长的被动局面。通过跟进省级财政集中支付、抢抓社保基金归行、创新医保资金结算模式等工作举措，聚力打造“财政、社保、公积金”三大核心板块，积极竞标成为全资格省级财政国库集中支付代理行，同步拓展军队、教育、同业等多领域业务合作，深入挖掘民生金融市场潜力，保持了机构存款持续向好发展。积极构建专业联动、产品带动、精准营销、层层督导等工作机制，深入开展个人金融资产专项营销活动，严密关注市场动态，有效掌控关键时点，持续加大中高端客户拓展力度，带动个人金融资产和储蓄存款稳健增长，储蓄存款存量和增量始终保持四大行第一的位置。

四、聚力“双擎两翼”工程，中间业务稳健发展

围绕中间业务“二次起飞”，深入推进“双擎两翼”工程，力推重点业务和重点项目，坚持传统业务和新兴产品同步发展，全力突破中间业务收入增长瓶颈，实现中间业务收入20.12亿元（含银行卡还原收入），居四大行首位。通过构建“双向梳理”、“滚动开发”的工作机制，对投行业务进行地毯式市场梳理，加快重点投行项目的落地转化进程，创新业务运作模式，提升项目运作效率，积极推动品牌类投行项目取得明显成效，全年实现投行收入2.8亿元，其中完成品牌类投行项目21个，实现融资118亿元，是2012年的6.5倍。按照重点产品发展视图，加大金融资产服务业务拓展力度，着力推动债券投资、养老金、贵金属、私人银行、资产托管、国际业务等多点开花，同比分别增长32%、35%、13%、26%、24%和12%，不断提升金融资产服务板块的收入贡献，支撑中间业务收入持续增长。以电子银行和银行卡业务大发展为抓手带动交易类业务规模增长，做大客户群和交易量。深入开展存量客户“二次营销”和“回头扫地”，推动电子银行量质并举。2013年末柜面业务可分流率为29.5%，较年初下降7.4个百分点；交易离柜率在80%以上的活跃客户占比为33.49%，较年初上升7.7个百分点，高于系统内平均水平4.5个百分

点。依托项目带动和产品创新继续做大发卡规模，加快牡丹晋旅卡、公积金联名卡、ETC一站式等项目推广步伐，推出小微商户逸贷公司卡业务，打造特色收单工程，推动信用卡业务持续健康发展，全年新增发卡33.4万张，实现中间业务收入4.25亿元，同比增长31.17%，继续保持同业第1位。

五、加强内控案防，着力提升风险管控能力

在全行范围内深入开展“合规文化建设工程”，围绕集中学习、风险排查、强化教育三项重点，以“重塑合规文化、根植合规理念”为目标，分专业、分板块有序推进。加深运营风险管理，强化重点环节风险防控，加强网点现场管理、远程授权、对账、柜员等四类人员履职管理，内部风险暴露水平为6.63‱，较年初下降36%。积极开展营业机构核算印章综合改革试点，分批完成143个网点柜面用印机的推广，实现印章管理由传统实物向电子化、信息化管理的转变，在加强用印风险管控、提高用印效率方面走到了全国前列。牢牢把握“看住人”和“看住贷后”两条主线，创新实施一级包一级的员工行为动态排查模式，不断加强员工警示教育。进一步强化贷后投后管理，创新组建特约检查员队伍，深入探索“三级联动+换手管理”贷后管理新模式，开展大规模的贷后投后风险排查，严把贷后管理风险关口。以“两打一防”、“案件风险百日专项排查”等活动为抓手，结合重要风险点防控，开展对机构、网点、业务三个维度的100%风险排查，保持案防工作的高压态势。按照“四个一批”工作思路加大不良资产清收处置力度，各级行领导亲自挂帅清收，加强重点行帮扶督导，全年累计清收处置不良贷款7.03亿元，完成总行全年计划的110%，其中现金清收1.78亿元。加强被诉案件源头治理，通过排查梳理和矛盾化解等手段，大幅压降被诉案件数量和金额，构建全方位法律风险防控体系。认真落实安全责任，提升安全管理水平，强化外部风险防控，深入开展覆盖全机构的安全大检查，维护安全稳定的经营环境。

六、扎实开展党的群众路线教育实践活动，作风行风持续改进

按照总行党委统一部署，扎实开展党的群众路线教育实践活动，聚焦“四风”问题，坚持边查边改、立查立改，对整理汇总出的138条意见逐条分解细化、逐项落实整改。在全行范围内推进管理人员“四个一次”和本部员工“带任务、进网点、作表率”等活动，推动各级管理人员走进基层、贴近一线，关心员工生活状况，解决基层实际困难，扎实转变工作作风。认真落实总行“服务品质提升年”活动部署，启动“最佳服务银行打造工程”，健全服务工作组织推动机制，加大网点客户等候时间长和客户投诉的整治力度，逐步改变全行服务面貌，服务工作系统内排名前进七个位次。深入推进网点效能提升及运营标准化建设，加快流程优化和业务集中改革步伐，拓展自助渠道服务，全年改造附行式自助网点123个，投产各类自助设备967台。在全行范围内公开选拔部分管理人员，推动干部全方位交流，着力提升管理人员的执行力和履职能力，实施了青年员工培养工程，有序开展遴选分类，实现青年员工的目标培养。扎实开展人力资源梳理工作，深入挖掘人员潜力，释放760多名员工转岗到客户经理、市场营销等一线岗位。关心关爱员工工作生活，完善补充医疗保险制度，加强企业文化建设和职工之家建设，积极组织开展形式多样的文体活动，努力为广大员工营造良好的工作环境。

内蒙古分行

【主要业务指标完成情况】

2013年，内蒙古分行实现拨备前利润53.13亿元、拨备后利润47.65亿元、净利润35.7亿元，同比分别增长13.43%、6.54%和6.2%，拨备前利润和净利润均排名同业首位。实现经济增加值19.44亿元，同比增长4.48%。实现中间业务收入16.33亿元，同比增加2.75亿元，增长20.25%，同业排名首位。人民币各项存款余额2 089.35亿元，新增155.08亿元，增长8.01%，储蓄存款、公司存款日均增量均同业排名首位。人民币各项贷款（含票据贴现和银行卡透支）余额1 561.28亿元，新增174.95亿元，增长12.62%，贷款增量同业排名首位。贷款收益率6.68%、存款付息率1.51%、存贷款利差5.16%，系统内排名分别为第一位、第四位和第二位。不良贷款余额15.64亿元，较年初增加5.2亿元；不良贷款率1.02%，上升0.26个百分点。

【主要工作措施】

一、加大营销拓展力度，市场竞争力稳步提升

一是深入推进信贷结构调整，提高资产业务质量效益。重点拓展先进制造业、现代服务业、文化产业和战

略性新兴产业“四大新市场”和小企业贷款、个人贷款、供应链融资“三大战略领域”优质信贷市场，2013年向“四大新市场”投放贷款435.24亿元，向“三大战略领域”投放贷款437.34亿元。稳健发展小企业信贷业务，积极推动批量化融资快速发展，累计发放小企业贷款199.17亿元，小企业贷款余额149.39亿元，新增1.58亿元。深入推进“四个100工程”，稳步规范发展个人信贷业务，累计发放个人贷款91.60亿元，个人贷款余额327.33亿元，新增11.48亿元。围绕核心企业、重大项目推进优质供应链融资业务发展，新增供应链核心客户16户，紧密型上下游企业35户，紧密型供应链融资余额7.17亿元。资产证券化、私募债、股票定向增发、应收租赁款保理等多项非信贷融资业务发展取得新突破。灵活摆布票据交易节奏，充分发挥票据对信贷规模的调节作用，2013年累计完成票据交易量346.09亿元，同比增加171.65亿元，实现利息收入9 494万元。2013年累计投放各项贷款988.11亿元，贷款投放均衡率56.86%，同比提升了7.27个百分点。沉着应对存款竞争的严峻形势，切实提高组织管理能力，以代发工资绑定存款、以结算沉淀存款、以理财吸引存款、以贷款派生存款、以现金管理稳定存款、以资产托管和企业年金转化存款，全面打造存款持续增长的长效机制。2013年，各项存款日均增量114.04亿元，存款增长均衡率73.54%。储蓄存款日均增量101.38亿元，同业排名第1位。公司日均存款322.67亿元，较年初增加35.41亿元，同比多增52.52亿元；机构日均存款同比多增2.94亿元。活期存款余额占比67.75%，高于系统平均水平18.2个百分点。二是大力发展结算、代理、理财基础类中间业务，积极拓展品牌类投行业务、私人银行、信用卡三大业务，加速发展养老金、资产托管、贵金属等新兴中间业务，继续保持资产业务带动中间业务发展的良好态势，千方百计加快非资产类中间业务的发展，深入挖掘新的收入增长点，实现中间业务收入的较快增长，中间业务收入增长20.25%，增幅高于系统平均水平4.72个百分点。三是坚定不移地把客户拓展作为竞争发展的基础，举全行之力开展账户营销和客户维护活动，客户基础进一步夯实。2013年新增个人客户119.8万户，增长16.51%，其中新增四星级及以上客户114.4万户，增长6.77%。新签约私人银行客户450户，增长313%；新增代发工资个人客户35万户，增长27.3%。新增代发工资单位1 584户，增长158%，对公客户代发工资覆盖率8.69%；新增商友俱乐部会员1.77万户，增长58.42%；新增借记卡发卡量310万张，增长42%。净增信用卡发卡量18.43万张，增长24.18%；新增个人网银证书客户50.54万户，增长65.38%。新增手机银行客户62.77万户，增长79.32%。新增企业网银证书客户6 310户，增长41.15%；新增供应链核心客户16户，增加紧密型上下游企业35户；新开对公结算账户2.61万户，净增9 033户，增长11.73%；新开机构同业客户873户，新增养老金客户1.14万户，增长8.32%。

二、深入打好“两大战役”，信贷资产质量基本稳定

面对不良贷款反弹压力逐季加大和逾期贷款持续增加的严峻形势，集中组织开展“不良贷款清收处置攻坚战”和“信贷资产质量保卫战”两大战役。完善信贷资产质量分析会、不良贷款月度分析会、重点二级分行不良贷款和逾期贷款清收处置工作推进会等会议制度，运用行政措施有效落实不良贷款管控责任，严肃不良贷款责任认定和责任追究。严格执行领导挂帅清收制度，组建专职清收团队，逐户制订清收方案、落实责任人、明确时间进度和问责措施。创新运用账户扣收、依法诉讼、以物抵债、批量转让和重组并购等多种处置方式，多措并举加快不良贷款的清收处置。坚持清收逾期贷款、关注类贷款和潜在风险贷款与压降不良贷款并重，逐户跟踪督办，严格防止不良贷款前清后溢。深入分析研究不良贷款形成的原因，对存量贷款展开拉网式排查，提早预警、超前防范，及时采取追加抵（质）押担保、压缩融资等方式缩小风险敞口。全年累计退出与转化潜在风险贷款25.04亿元，转化担保圈贷款78.34亿元，清收处置不良贷款35.40亿元，同比多收9.27亿元。存量法人客户不良贷款清收处置成效显著，2013年累计清收处置1 000万元以上大户7户、3.62亿元，彻底清理了5 000万元以上不良贷款大户。

三、全面深化机制改革创新，经营发展活力不断增强

深化分行营业部和二级分行竞争力改革，开展改革成效专项检查验收和效果评估，通过存量移位挖潜的方式进一步优化人力资源结构，2013年压缩中后台调整到销售类岗位1 116人，销售类人员占比由改革前的13.54%提升到22.53%，提高8.99个百分点。充分挖掘运营改革红利，完成全辖营业网点岗位整合优化工作，压缩25个网点岗位，精减网点运营类人员730人，下降16.5%。网点销售类岗位增加530人，增长37.9%，网点层面销售服务类人员占比达到34.4%，提升10.3个百分点。启动分行本部组织机构优化暨编制预算改革，组建大客户直营服务团队，建立员工双向选择和优进劣退的竞争性流动机制，鼓励员工多通道发展。修订完善对二级分行管理人员和本部部室的绩效考评办法，建立与效益增长相匹配、与工资总额相挂钩的薪酬增长机制。大力推进渠道建设转型。加快自助渠道建设，2013年新建自助银行379家，自助银行与物理网点的比例达到1.66:1，超过系统1.29:1的平均水平，县域机构提前实现自助银行与物理网点2:1的目标；累计投产安装自动柜员机817台，在用机具总量达到1 833台，净增长70.67%；累计投产安装自助终端235

台，在用总量达到785台，净增长9.18%。自助机具运营效率进一步提升，ATM单机日均交易额增长5.87%，总业务量和总交易额分别增长34.5%和56.54%；自助终端单机日均业务量增长36.23%，总业务量和总交易额分别增长36.67%和57.05%。2013年末，全行柜面业务可分流率降至37%，同比下降8.8个百分点。

四、加强内控案防管理，安全运营能力稳步提升

狠抓内控案防各项制度和工作措施的落实，扎实有效开展安全保卫、党风廉政和信访维稳等工作，生产系统安全稳定运行，全年未发生重大违规问题和案件。通过量化考核评价、执法监察、信访举报核查和案防专项检查等多种手段，加强对辖属机构和部门落实廉政和案防责任制的监督检查。积极推进监督体系改革，强化对风险领域和重点环节的业务检查，加强对高风险机构和高风险柜员的管控，开展严重违规行为专项治理，充分利用核查系统做好风险核查工作，全年逐笔核查准风险事件2.3万笔，评定为风险事件1.1万笔，较同期下降48.13%。加大对屡查屡犯和严重违规行为处罚力度，年末风险暴露水平为4.8‱，同比下降1.38个万分点，降幅22.33%。持续提升风险量化管理水平，扎实做好客户信息安全、外包业务、表外业务、市场风险、声誉风险和法律风险等各类风险的防控工作，及时发现和消除了风险隐患。积极开展安防创新探索，启动异地守库、智能报警分析、值守外包三项改革。严格外部欺诈风险管理，开展安全风险评估，全年成功堵截各类外部欺诈银行和客户风险事件31起，堵截金额6 331万元。

五、加强党建和队伍建设，凝聚力和向心力不断增强

按照中央以及总行党委统一部署，扎实开展党的群众路线教育实践活动，聚焦“四风”问题，精心组织开展各环节工作，主动解决基层关心的突出问题，积极回应员工诉求，全行业务招待费、车船使用费、外事费、差旅费、会议费等消耗性经营费用同比分别下降23%、14%、42%、19%和24%。加强干部和人才队伍建设，调整、提任和改任处级干部94人，公开选拔15个副处级管理类和5个非管理类岗位。加强干部交流锻炼和人才培养，交流外省分行干部3人，到总行交流锻炼4人，选送7名二级分行副行长挂职副旗（县）长。狠抓员工素质提升工作，共举办各专业、各层次培训班537期，培训员工4.04万人次。持续加强企业文化建设，全面完成全区职工之家建设，积极开展特困员工帮扶活动。充分发掘并大力弘扬典型事迹和模范精神，激发员工奋勇争先、建功立业的工作热情。有2名员工荣获全国金融系统“五一劳动奖章”，6名员工荣获“自治区五一劳动奖章”，1名员工荣获总行级“优秀巾帼标兵”，区分行业务处理中心荣获全国总工会“五一巾帼标兵岗”荣誉称号。

辽宁分行

【主要业务指标完成情况】

2013年，辽宁分行实现净利润43.2亿元，同比增加3.45亿元，增长7.5%。实现EVA21.2亿元，同比增加0.72亿元，增长3.5%。实现中间业务收入20.05亿元，增长13.1%。人民币全部存款突破3 000亿元，增加198亿元，增长7%，日均增量105.7亿元。人民币各项贷款突破2 000亿元，增加216.8亿元，增长11.9%，同比多增7.3亿元。不良贷款余额16.5亿元，下降0.8亿元，不良贷款率0.82%，下降0.13个百分点。

【主要工作措施】

一、坚持稳中求进，推进经营转型

面对严峻复杂的外部形势，全行坚持以科学发展观为统领，把握“稳中求进”的工作总基调，沉着应对困难挑战，依靠发展解决经营中的难题。注重做好对“形与势”的把握，做到有进有退，有扬有弃，有所作为，既抢抓市场机遇，又有效防范风险。在坚持全年发展目标不动摇的基础上，适应形势变化，及时对工作思路、考核导向和方法作出调整，以变应变，掌握主动。注重“计与策”的谋划与实施，推进“大公司”转型，引导全行拓客户、找市场；推动个人金融业务转型，系统性地优化个金业务运作模式；发展重点业务品种，拓宽收入渠道，构建多支点的收入增长格局，促进经营模式和发展方式的转变，全年各项经营工作保持稳健发展。

二、深化客户扩容工程，夯实经营发展基础

全面实施客户发展战略，突出客户工作在全行经营中的基础作用，通过客户的持续扩容和结构的不断优化，带动各项业务良性发展。一是以拓展客户为主要抓手，完善分层营销的客户拓展机制，深入开展“百户营销”和挖转他行优质客户等营销活动，抓好“一体两翼”的对公账户拓展，依托商友俱乐部和新农村带

头人俱乐部等载体发展中高端客户群。二是以维护客户为重点，注重做好对存量客户多元化的产品覆盖，将营销策略从推进单一产品转向针对特定客户需求的组合营销，为优质大型客户设计个性化方案，对需求类似的中高端客户群体适用标准化方案，提升客户的依存度和贡献度。加快构建优质服务长效机制，依托网点效率提升工程的深入推进，全面提高网点的服务承载能力，通过现场检查与远程监控管理相结合的方式，不断提升服务质量和服务效率，维护巩固客户关系。三是以防止客户流失为阻击点，利用数据仓库平台，对客户资源进行数据分析，精准定位客户流失的“失血点”，将客户流失率纳入考核体系，持续推进中高端流失客户的回归。截至2013年末，个人客户较年初增长7.1%，对公结算账户增长4.6%，法人有贷户增长4%。

三、强化核心业务竞争力，打造全新市场地位

面对复杂的经济形势和激烈的市场竞争，坚持资产业务的战略地位，强化负债业务基础地位，突出中间业务的转型标志地位，核心业务市场竞争力得到提高。一是资产业务市场拓展取得新突破。持续推进优质资产业务市场的开发和储备，大力发展以重点项目和固定资产支持融资为代表的成熟资产业务，加快进入现代服务业、现代农业和民生领域等新市场，公司贷款全年增加135亿元，同比多增19.8亿元，列四大行第一位；个人类贷款稳步发展，积极支持个人住房信贷需求，大力发展以“商网贷”为代表的商用房抵押方式个人经营贷款和以卡分期为主导的卡融资业务，个人贷款全年增加107亿元，规模达到432亿元。二是推进存款总量的持续增长。坚持负债业务的基础性地位，不断完善存款业务发展的长效机制，突出时点指标和日均指标、存量指标和增量指标的同步考核，在费用的配置上兼顾阶段性和全年计划完成情况，推动各项存款的持续稳定增长。加快渠道建设，提升网均效能，发挥产品与服务对存款的拉动作用，对重点客户挖转攻坚，巩固存款稳定增长的基础，全部存款增加198亿元，增长7%。三是中间业务跃上新台阶。从全面提升综合服务能力和产品应用能力入手，着力抓好中间业务创新和传统中间业务市场地位提升，加快推进重点产品业务线的创新驱动和渗透率、覆盖率的持续提升，积极发展信用卡、国际业务、贵金属、私人银行等增长潜力大的业务，大力发展有质量、有效益、风险可控的表外业务，为中间业务的持续发展提供多点支撑，中间业务收入首次突破20亿元。

四、坚持深化转型，保障持续发展动力

加快推进信贷结构调整，个贷、小企业、卡融资在全部贷款中的占比达到28.4%，比年初增加4.3个百分点；四大新市场贷款占比达到29%，比年初增加5.2个百分点。调整优化物理渠道和自助渠道布局，加大核心城市和重点县域网点建设倾斜力度，推进网点资源的优化整合，促进市场竞争力的提升。通过增加机具布放和有效引导，柜面业务可分流率降至34.2%，比年初下降4.5个百分点。收入结构不断优化，中间业务收入在营业收入的占比达到11.6%，同比提升0.8个百分点。重点城市行竞争力进一步提升，沈阳、鞍山和本溪三家分行的利润贡献同比提升1.1个百分点，特别是省行营业部保持了较好的发展势头，利润贡献度达39.7%，同比提升1.7个百分点。全面启动公司业务转型，租赁、理财融资、债券承销等业务取得了新的突破，全年新增非信贷融资123亿元。深化个人金融业务转型，从客户分层、渠道建设、服务配套等多个维度，推动个人金融业务发展。

五、推进改革创新，释放经营发展活力

改革创新是推动发展的不竭动力。坚持把重点领域和关键环节的改革创新贯穿始终，着力解决发展中的难题。优化人力资源配置，引导部分中年员工向业务处理中心和“1+2+N”离行式自助银行分流，在现有人员规模基本稳定的情况下，进一步扩充客户经理队伍，基本完成网点大堂经理配置工作。实施网点效率提升工程，网点排队叫号机覆盖率由年初的28.37%提升至87.66%，预填单业务量每月超过2万笔，完成了163个网点柜口资源整合工作，为120个网点投放了清分机。深入推进县支行改革，增强县域支行发展活力，县支行利润贡献度达到19.9%，提高0.7个百分点。实施法律事务、授信审批集中管理改革，有效提升集约化管理水平。推进业务源头领域创新，分期付款、固定资产支持融资、商网贷等业务从小到大，余额分别达到30.5亿元、130亿元、1 200万元，实现了新领域、新产品的新突破。

六、积极防控风险，较好地把握了市场与风险的平衡

由于经济下行压力加大，信贷风险等各类风险持续暴露，并呈由沿海向内地、由小微企业向大中型企业扩散趋势。对此，坚持把风险管理作为生命线，妥善处理业务发展与风险防范的关系，适时调整信贷政策，根据不同时期市场变化情况，采取不同的风险偏好和策略。制定钢铁企业贷款退出预案，全年压缩钢铁企业融资18.4亿元，逐步实现平稳退出；鉴于商品融资风险暴露敞口增大，逐步将动态质押贷款向静态质押贷款有序调整。严格防控个人消费信贷风险，适度收缩资金用途难以把握的个人消费信贷业务，将重点转向个人住房信贷业务。通过一系列调整措施的适时推进，保持了信贷资产质量的整体稳定，不良贷款额和不良率继续保持双下降。

七、加强队伍建设，为转型发展提供支撑保障

深入开展党的群众路线教育实践活动，着力解决党员干部队伍中存在的“四风”问题，党员干部思想进一步提高、作风进一步转变、党群关系进一步密切、为民务实清廉形象进一步树立。加强领导班子和干部队伍

建设，公开选拔任用管理人员，实行管理人员绩效合约制考核，强化绩效考核与激励约束。优化岗位设置，按照“大岗位、多职能”的原则，进一步精简岗位数量，整合岗位职能，提升运转效能。坚持以人为本理念，健全员工职业发展机制，切实改善员工职业环境，激发了全员工作热情。召开宣传思想工作会议和纪念建党92周年座谈会，举办庆祝工行成立30周年系列活动，积极活跃和丰富员工业余文化生活，动员全行凝心聚力促发展，干部员工的士气和斗志得到进一步提振，求真务实、共谋发展的工作氛围更加浓厚。

吉林分行

【主要业务指标完成情况】

2013年，吉林分行实现拨备后利润35.4亿元，实现净利润26.6亿元，同比分别增长12%和12.9%。本外币各项存款突破2 000亿元大关，余额达到2 136亿元，较年初增加183亿元；其中，一般性存款较年初增加187亿元，日均增加125亿元，增量四大行占比第一，增幅9.4%。本外币各项贷款（含银行卡透支）余额达到1 272亿元，较年初增加138亿元；其中，人民币各项贷款较年初增加144亿元，四大行占比第一，增幅为12.1%。不良贷款继续保持双下降，不良贷款余额12.4亿元，较年初下降0.5亿元，不良贷款率0.99%，较年初下降0.16个百分点。

【主要工作措施】

一、坚持立足实际，推动核心业务持续健康发展

一是积极拓展信贷市场，为信贷业务持续发展提供源头保障。针对经济增速换挡、风险挑战加大、市场有效需求不足的宏观经济形势，根据地方经济和自身经营实际，确立发展定位、市场定位、客户定位，加快信贷业务的市场拓展。以支柱产业、重点基建项目为依托，加大丰满水电站工程、吉珲地铁、长春地铁等重点项目的二次营销力度，全年实现大项目、大客户贷款投放317亿元，净增27亿元，新增储备241亿元。以一汽三方融资业务为依托，全面提速链融资业务发展进度，顺利完成一汽轿股、一汽解放2条供应链及3条省行级供应链搭建工作，全年供应链融资累放额达到215亿元、余额达到49亿元，同比分别增长2.8倍和3.7倍；其中一汽链融资累放额167亿元、余额21亿元。以核心企业上下游、专业市场、产业集群客户为依托，加快推进小企业信贷业务市场拓展，全年锁定19个重点集群类目标市场，新拓小企业客户70户，投放贷款4亿元，其中，办理小企业经营型物业贷款6户，实现该项业务零突破。以巩固和扩大个人住房贷款领先优势为依托，同步加大对非住房类个人信贷业务的发展力度，全年新增个人贷款80亿元，继续保持余额、增量同业第一。二是完善存款发展机制，确保各项存款持续稳定增长。针对利率市场化加快、流动性趋紧，存款竞争日益激烈的发展形势，成立对公存款推进委员会，建立针对存款业务的特别奖励以及专项述职、岗位调整、扣减绩效等配套措施，强化存款工作机制建设。积极发挥理财和存款互动作用，分解落实公司客户包保责任，积极开展拓户增存工作，进一步强化50万元以上法人客户、核心大客户、个人中高端客户的维护工作，确保了全年新增本外币存款183亿元，其中，新增储蓄存款109亿元、公司存款38亿元、机构存款41亿元，全面完成各项存款计划。三是依靠核心拉动和转型带动，持续推动中间业务发展创新。努力克服收费政策调整和同期不可比因素带来的不利影响，突出抓好投行业务、资产管理业务、零售业务的转型突破，实现中间业务收入10.55亿元。通过大力发展债务重组顾问业务，加强与工银租赁开展合作，实现品牌类投行收入同比增长4倍。通过加快业务集群发展、批量发展和提质发展，组建百人外出营销团队，针对目标客户、商品交易市场开展新市场拓展，实现信用卡分期收入、代理公积金归集收入、现金管理收入同比分别增长86.6%、158.2%、69.9%。

二、坚持改革创新，不断增强可持续发展动力

加快推进体制机制创新，积极构建外具张力、内具活力的经营管理体制。着眼于发挥绩效考评的导向作用，完善行长经营绩效考评，开展省行部门量化考评，建立更加科学的重点产品计价、分成、激励体系，搭建起“条块结合”的二维考评模式，推动各项业务内涵价值型发展。着眼于提升集约化管理水平，实施信贷审批、法律事务、反洗钱、资金托管及养老金业务等一系列集中改革，集约化管理模式深入推进。着眼于提升信息科技引领作用，全年开发工商E线通、薪酬管理、交通卡无罚单缴费等37个本地化应用项目；依托EDW系统，累计完成考核管理、客户服务、精准营销等167个支持项目，同比增长3.5倍。着眼于提升业务运营效率，顺利完成37个总行流程优化项目、3个自行开发优化项目、39项运营业务改革项目和取消187个身份证预留项目的投产工作，客户业务处理时间、对公开户

时间平均缩短30分钟以上。

三、坚持重点突破，提升关键领域核心竞争力

以提高网点管理效率和单产效能为核心，积极启动网点竞争力提升工程，明确4条工作主线，完成130项督办事项，为顺利推进网点竞争力提升工程奠定了坚实基础。全年新建、原址改造、迁址改造网点34个，新增自助银行27个；净增自助柜员机416台、自助终端228台；柜面分流率下降5个百分点；延吉明珠支行被评为“中国银行业百家服务示范窗口”，有7家网点进入吉林省银行业50强示范网点，稳居同业首位。筛选出10家城区支行和10家县支行，启动重点支行竞争力提升工作。从体制机制、发展定位、考核评价、资源投入等方面推出了一系列配套措施，加大重点支行领导班子考核、调整、充实力度，建立省行专项配置费用制度和定期调研制度，扶持重点支行加快发展、率先突破，带动全行发展。20家重点支行各项存款较年初增加149亿元，增幅14.5%，高于全省平均水平5.2个百分点，实现净利润19.25亿元，同比增长了13.24%，高于全省平均水平3个百分点。

四、坚持稳健发展，强化全面风险管控能力

坚持从严治行，强化非现场监测和日常检查，持续提升风险管控的精细化水平，保持经营的健康稳健发展。一是强化抓信贷风险防控。突出对风电、城建、房地产、公路等行业的专项分析，加强产能过剩行业客户融资管理，退转潜在风险贷款13.5亿元。成立了不良资产处置与管理中心，组建个贷、信用卡专职清收团队，提升不良资产处置进度和清收效果，全年累计清收处置不良贷款达6.9亿元，其中现金清收不良贷款4.6亿元，同比增加1.8倍。二是强化内控案防风险防控。延伸内控管理触角，对11家一级支行开展了延伸评价工作，开展财务管理、票据、小企业等14项专项检查，实施信用卡分期、个人开户、商品融资等22项非现场检查，创新“两个责任制”量化考核方案，全年案件和安全生产事故零发生，风险事件、风险暴露水平同比分别下降45%和40%。在总行内控评价实现二级一等目标，同比提升二等。综合经营管理能力在人民银行的评价等级由D级跃升至A级。

五、坚持以人为本，释放内生发展能力

从作风建设、人才选拔、职业发展、教育培训等多个维度加强党建、队伍和文化建设。一是深入开展党的群众路线教育实践活动。按照总行党委的统一部署，聚焦“四风”问题，扎实开展各环节的工作，精心组织讲党课、专题讲座、基层调研、征求意见建议等活动，特别是通过边学边查边改、专题民主生活会等，落实解决基层意见建议近400条，差旅费、会议费、低值易耗品费同比分别下降13%、58%和27%。同时，各级领导班子和领导干部率先垂范、严于律己意识显著增强，队伍素质进一步提高，党风行风进一步改进。二是加强干部和员工队伍建设。组织开展副总级干部、资深经理、高级经理的公开选拔工作，加大领导干部、业务骨干交流力度。采取集中授课、视频培训、以干代训、总经理大讲堂、传帮带等多种形式，狠抓教育培训工作，全年累计组织各类集中培训950期，参加人员达5.7万人次，是过去3年的总和。三是着力开展企业文化建设。构建起涵盖补充医疗保险、疗休养制度、荣誉激励等更广范的激励保障体系；举办第二届“十佳女工”颁奖典礼暨女员工才艺展示活动、纪念“五一”国际劳动节暨劳模表彰大会、庆祝建党92周年文艺会演；精心策划了“工行记忆、劳模人像”艺术作品展、“走进春天放飞梦想”主题户外活动、“才智青年创新有我”青年金融论坛等主题活动，全行员工凝聚力、战斗力显著增强，风清气正、人心思进的氛围日益浓厚，经营发展活力进一步增强。

黑龙江分行

【主要业务指标完成情况】

2013年，黑龙江分行实现净利润36.2亿元，同比增加2亿元。实现中间业务收入13.5亿元，同业占比第一。年末各项存款余额2 768亿元，较年初增加154亿元，存量、增量同业占比双第一；其中，储蓄存款余额1 888亿元，增加135亿元；对公存款余额829亿元，增加23亿元；同业存款余额52亿元。各项贷款余额1 390亿元，比年初增加95亿元，其中公司贷款余额892亿元，增加9亿元；个人贷款余额464亿元，增加83亿元；票据贴现余额34亿元。全年累计投放各项贷款777亿元，其中，公司贷款615亿元、个人贷款162亿元。不良贷款额和不良贷款率保持双下降，不良贷款余额12.97亿元，较年初减少0.44亿元；不良贷款率0.93%，较年初下降0.1个百分点。

【主要工作措施】

一、积极营销拓展区域内信贷市场，大力发展资产

业务

按照大力发展资产业务、以资产业务快速发展带动并加快各项业务发展的经营目标，推动信贷业务的快速发展。一是加强对省电力、省农垦等重点公司客户的营销，逐户制订营销服务方案，确定业务突破重点。紧紧抓住黑龙江省作为我国“现代农业综合配套改革试验区”的市场机遇，对系统龙头企业展开强力营销，全年共向北大荒集团投放贷款152亿元，其中向龙头企业投放143亿元，授信使用率达83%，农垦贷款市场同业占比从2012年的18.6%上升至2013年的29.8%。适应装备制造业转型升级要求，投放装备制造业贷款58.7亿元，其中向中国一重集团累计发放贷款13.2亿元，同比增加8.11亿元；现代服务业市场投放104.3亿元；牵头推进保障性住房贷款投放，完成7亿元棚户区改造贷款项目报批，投放贷款5亿元。二是大力营销个人住房按揭贷款，积极拓展个人经营贷款和个人消费贷款市场，贷款规模不断扩大。个人贷款余额达到464亿元，比年初增加83亿元；累放个人贷款162亿元，同比增长60%，其中个人住房贷款、消费贷款、经营贷款累放额分别较同期增加35亿元、12亿元、14亿元。特别是在开展垦区现代化农业金融业务方面效果明显，目前已与省内54家农垦农场合作，结合农垦系统独特管理模式和农垦职工实际需求，累放个人小额贷款17亿元，同比增加15亿元。

二、夯实存款基础，努力实现稳存增存

适应总行存款考核新变化，调整经营绩效考评方法，引导全行转变增存工作的方式和手段，全力抓好日均存款，日均余额达2 649亿元，比上年增加85亿元。突出抓好储蓄存款，一是对有贷户和无贷户代发工资情况进行全面摸底排查，将已在工行开户而未在我行代发工资的客户，实行名单制管理，逐户将营销责任落实到人。全行新增代发工资单位1 196个，新增代发人数36万人、新增代发金额15亿元。二是走进商品交易市场和新兴消费市场，竞争中小商户群体和个人结算目标客户，抢抓中小商户的经营流动性资金和结算沉淀性资金。三是大力发挥理财产品优势，重点抓好结构性存款销售，营销与储蓄存款互动型高收益理财产品10亿元。四是将储蓄存款任务完成情况与个人中间业务手续费、理财产品的额度分配密切挂钩，按日进行考核通报，对储蓄存款下降分行或增速低于全省平均水平的分行建立的督导机制。狠抓对公存款，继续加强公司、机构和同业重点客户名单制管理，实行重点客户行领导维护制度，认真分析大客户、龙头企业的资金状况，以及存款同业占比情况，逐户制订走访计划和营销方案，有效开展分层营销，并将重点客户、目标任务和营销责任落实至具体责任人。同时用好大额资金监控平台，加强客户资金监控，努力实现客户资金在系统内封闭运行。

三、强化业务营销，提升中间业务收入水平

一是积极调整代理保险产品销售结构。将中长期财险作为业务创新方向、收入新增长点，全年个人保险业务实现收入5 934万元。按月确定新发行重点基金产品，将营销结果纳入基金尾随佣金的分配。充分发挥个人理财产品优势，确定目标客户，通过预约销售、定向销售等方式挖转同业优质客户。二是积极推动优质项目发卡工作。做好总行重点新产品的推广，积极面向财政预算单位推广公务卡及优质联名卡。科学配置POS设备，扩大收单规模，不断优化客户结构。全行信用卡新增发卡23万张，信用卡消费额同比增加29.6亿元，信用卡透支余额比年初增加8.9亿元。三是开展网上银行精准营销活动。专项治理企业网银不动户，重点提高个人网银四星级以上客户渗透率，全年四星级以上个人网上银行客户渗透率36%，比上年末提高2.24个百分点。积极推进与省烟草公司的网上售烟电子商务，与部分重点商户签约电子商务在线支付合作协议。四是推进商投互动和信息交流。积极挖掘投行项目，及时全面对有效贷款投放客户提供配套的投行服务，实现投行业务收入24 140万元，其中品牌类业务收入8 175万元。五是大力拓展机构金融业务。提高重点客户的依存度，最大限度地争取存量延伸客户资金份额。加强对业务潜力较大分行的督导，重点落实托管、养老金和住房公积金等业务挖潜工作，累计销售养老金理财产品275亿元，全年销售日均165亿元。新增管理养老金职工人数25 662户，完成总行全年计划的128%。六是着力拓展现金管理及贵金属业务。重点发掘五星级以上优质潜在客户，五星级以上现金管理客户增加534户，完成总行计划的191%；销售法人理财产品320亿元，增幅41%；贵金属有效客户净增19 021户。七是加快推进国际业务的发展。以哈尔滨、大庆等城市为中心，以七星级核心客户为重点，全面营销“反向汇兑通”、“贷融通”等业务。抓住中俄贸易快速发展的有利时机，大力推进海外代付业务和对外担保业务。全年国际结算量突破60亿美元，同比增长7%；跨境人民币结算量同比增长29%；对外担保业务发生额同比增长45%。

四、抓好风险防控，强化经营管理

一是重点防控贸易融资、小企业、房地产、政府融资平台等领域的风险，有针对性地落实各项贷款管理要求。全年累计退转潜在风险贷款35.31亿元，清收处置不良贷款5.7亿元。二是坚持依法合规经营，严格规范经营行为。深入开展员工行为规范教育活动，把教育活动与规范经营行为、防范内部案件、排查重点领域潜在风险、整治道德领域突出问题等工作结合起来，实现员工合规意识与内部管理水平双提升。三是认真抓好业务运营管理，可控风险指标保持低位运行，可控风险暴露水平、风险率大幅下降，与同期相比，降幅分别达39.88%和36.11%。成功堵截各类外部欺诈事件18笔，涉及金额1.5亿元，保持外部欺诈“零损失”。四是做好安全保障工作。信息系统运行稳定，主要业务时段安全可用率达到100%。认真抓好营业场所和关键部位的风险防控，加强信访维稳和客户投诉管理工作，保持了安全稳定的发展环境。

五、抓好员工职业发展，强化企业文化建设

坚持以人为本，把拓宽员工多渠道发展作为重要工作来抓，在总行核定干部职数范围之内，根据干部管理权限，坚持“公开、平等、竞争、择优”的原则，不断加强干部梯队建设，合理开展管理干部选拔任用工作。选拔对象逐步向年轻化、高学历、能力强、业绩突出的员工倾斜。同时，积极拓宽员工职业发展通道，对专业能力强，业务水平高，工作敬业、业绩突出的同志在非管理类职务上予以晋升。根据业务发展需要，聘任高级经理46人，构建起了多层次、阶梯式干部管理格局。强化企业文化和精神文明建设工作，注重对先进典型的挖掘和宣传，运用多种方式，树立榜样和楷模，为全行经营发展增添了强大的正能量，精神文明工作取得新成绩。省行营业部靖宇支行的中年转岗员工马忠理同志荣获了总行第三届“感动工行员工”称号；有2人获“全国金融五一劳动奖章”荣誉称号；1人获“全国金融五一巾帼标兵”荣誉称号；省行营业部通河支行、牡丹江锦江支行分获“全国工人先锋号”荣誉称号；佳木斯中心支行被授予“全国金融五一劳动奖状”。

六、深入开展党的群众路线教育实践活动，进一步转变工作作风

按照中央关于深入开展党的群众路线教育实践活动要求，以及总行党委的统一部署，聚焦“四风”问题，加大整治力度，扎实开展各环节活动。一是成立活动领导小组及办公室，把开展教育实践活动作为各项工作的重中之重，组成4个督导组，确保每个阶段活动都扎实到位，不走形式。二是采用基层调研、座谈访谈、发放调查问卷等多种形式，广泛征求各方面的意见建议，查找和梳理“四风”方面存在的问题，注重边学边查边改。三是通过召开民主生活会开展批评与自我批评，提高了领导班子发现和解决自身问题的能力，增进了团结，提高了班子的凝聚力和号召力。四是针对查找出的“四风”方面的突出问题，制订了整改方案和专项治理方案，构建反对“四风”的制度体系，形成了制度化、规范化、常态化的改进作风工作机制。五是制定了改进工作作风密切联系群众实施细则，集中对改进调查研究、减轻基层负担、厉行勤俭节约等项工作进行了细致规定。全年共精简会议127个，精简文件1 398个，清理评比达标表彰项目21个，压缩“三公”经费3 133万元，促进了党风行风的改进，在行内外进一步树立了良好的金融企业形象。

上 海 分 行

【主要业务指标完成情况】

2013年，上海分行实现拨备前利润232.86亿元，同比增加17.7亿元，增幅8.2%。本外币各项存款突破12 300亿元，保持平稳增长。其中，人民币储蓄存款比年初增加324亿元，保持同业第一；外币存款突破90亿美元。本外币各项贷款余额突破5 300亿元，人民币各项贷款增加315亿元，其中个贷增加274亿元，居同业第一；外币各项贷款增加3.39亿美元。实现中间业务收入84.24亿元，居同业第一。

【主要工作措施】

一、全面晋位争先，巩固发展优势

全行以“发展、创新、精细化”为指导，以竞争发展为第一要务，以晋位争先为中心工作，重点实施“三五工程”，即五大新兴增长点、五大创新突破点和五大关键支撑点，大力开展新春营销、百日营销、旺季营销活动，存贷款规模、中间业务收入和利润等主要经营指标屡创新高，保持同业第一，实现各项业务稳健增长。一是存款业务突出日均兼顾时点。储蓄存款抓客户基础、抓产品销售、抓网点效能，组织开展好三大营销竞赛活动，时点日均保持同业双第一。对公存款明确一把手负责制，落实营销举措和考核激励，超额完成既定目标。同业存款强化“核心同业存款”理念，抓资产管理类定存、财务公司等重点项目存款，同业领先地位进一步巩固。二是贷款业务强调效益兼顾规模。加强贷款计划管理，用足用好规模，盘活存量、优选增量，优先考虑综合收益高、业务拉动作用明显的项目。公司贷款把服务实体经济作为首要任务，抓住国家加快推进工业化、信息化、城镇化和农业现代化机遇，加快优化结构和信贷投向，积极拓展总部经济市场，瞄准新城镇建设，抓住上海核心功能区、城市综合体建设、旧城改造机遇，瞄准虹桥商务区、后世博板块、黄浦江两岸、临港新城、旧区改造和新农村建设等目标市场，积极争揽优质项目。公司贷款余额同业第一，四大行占比34.8%。小微企业贷款重点突破石化、钢铁、汽车、船

舶等供应链金融模式，抓住客户上下游、产业链、供应链，批量拓展客户，做大做强供应链融资业务，实现了小微企业贷款增量和增幅“两个不低于”工作目标。三是中间业务着力重点兼顾基础。大力发展私人银行、品牌类投行和金融市场业务，扩大重点业务市场份额。加强精细化流程管理，确保应收尽收，提高基础板块收入贡献。聚焦信用卡、第三方支付和电商合作，加快新兴产品营销推广，四大行占比35.3%，同比提高0.3个百分点，总量、增量排名第一。

二、强化创新驱动，提速转型发展

从适应市场变化入手，从创造客户需求出发，从突破发展瓶颈着力，围绕“整合、融合和联合”做文章，以全球视野统筹境内外市场，以开放心态互联网上网下，打开转型发展的新天地。抓住国际金融中心建设和利率市场化等趋势，创新产品和服务模式，抢先布局新行业、新市场和新业务。深化改革，在营销体制、服务理念、风控手段、人员配置、机构布局、考核激励等方面下功夫，不断促进资源优化配置，形成强大合力。一是特色业务快速崛起。贵金属业务增势强劲，“壶韵乾坤”累计实物销售系统第一。创新型投行发展迅速，成功推介首单理财直接融资工具，并购贷款规模翻番，债券承销同业第一。金融市场总行备份机制初见成效，业务规模不断扩大，收入贡献占比达到20%。机构金融主动探索资本中介服务，收入超亿元。信用卡实现精准营销，发卡量突破600万张，新发卡启用率从28.4%上升至58.6%，收单业务量1 938亿元，同比增幅22%。现金管理业务快速增长，与上海迪士尼度假区签署企业联盟协议，新增签约总分行级客户101家。电子商务迅猛发展，新增商户65户。票据业务实施组合管理，创新突破，效益贡献度不断提升。国际业务巩固优势，国际贸易融资发生额、余额同业双第一。二是经营活力不断激发。建立特色专营机构，成立上海自贸试验区分行，完成区内新注册企业首个基本账户开立，与宝钢签订人民币双向资金池合作协议，实现首笔人民币双向资金归集。加快网点转型提升，加强网点对公客户经理配备，提高综合网点占比，提升外汇业务开办率，提高网点综合营销效能和发展潜力强化网点考核引导，实施网点绩效评价办法和梯度进步办法，将网点竞争力纳入支行行长经营绩效考核。打造网点盈利梯队，激励网点晋位争先。设立可比网点分类及排行榜，统一网点数据平台，加强日常监测管理，动态调整网点等级，鼓励网点学比赶超。加强营销队伍建设，通过中后台人员梯度转移和中年员工转岗培训等项目，加快岗位结构调整，加强客户经理配备。加快客户经理综合化，进一步提升客户经理职业素质，行商营销经营理念逐渐深入人心，经营活力不断激发。三是协调联动彰显合力。完善科学考核，围绕经营短板突破，在网点竞争力提升、拓户增容、公私联动以及专业晋位争先等方面设立专项任务考核，增加考核权重，优化考核方式，探索月度考核机制，引入专业条线评价，将公司、小企业、个金和结现等专业考核办法纳入对分管行长的专业评价。强化一体化经营，贯彻推进总行“强个金”、“大公司”和“全机构”三大战略，强化联动，理清边界，处理好部门关系、渠道关系，建立联动工作机制，强化公私机联动和境内外协同，打破“部门墙”、“机构壁”，努力推进实现大营销、大服务格局。

三、严格风险防控，保障稳健发展

密切关注风险因素交织演变趋势，严防信用违约风险，严控表外业务关联风险，严管外部风险传染，严守风险底线，加强合规及案件风险防控，切实防范和化解各类风险。针对小企业、信用卡、贸易融资等重点业务领域，及早制定预案，做到早部署、早行动、早处置，推动业务稳健发展。一是加快风险贷款处置。实施全面风险管理，夯实信贷管理基础，召开信贷资产质量攻坚工作会议，严控信贷资产劣变，加快不良资产清收处置转化。在坚持依法合规的前提下，用足用好各类清收处置手段，快速处置不良贷款，加紧催收逾期贷款，努力缩小剪刀差。分行专业部门做好顶层设计，加强分类指导，细化工作措施，逐行制订风险化解整体方案，明确阶段目标，多维度协同推进。大力抓好不良资产压降工作，通过现金清收、呆账核销、贷款转化等各种途径清收处置不良贷款41.56亿元，不良率控制在1%以内。信用卡资产质量持续改善，不良率较年初下降1.32个百分点。二是加强信贷基础管理。强化定期跟踪监测和风险预警，细化逾期贷款控制措施，大力化解潜在风险贷款，严控信贷资产劣变。关注宏观经济形势变化，对具有高风险特征的小企业、个贷和信用卡客户提高准入门槛，对高风险存量客户逐户排查、实时监控，提高对行业风险、环保风险、财务风险、突发事件的敏感性，发现异常状况及早应对。对钢贸、小企业和个人经营贷款等重点产品，加强重点环节“防假”、“反假”，严格甄别假贸易、假资料、假用途、假消费、假POS，避免问题重复发生。对融资平台、四大行业、房地产贷款、经营性物业贷款等重点领域，落实专人负责，强化项目制管理。严格尽职调查和审查审批环节的信息核实与查验，切实避免重形式、轻实质。三是强化内控案防管理。强化员工从业行为约束和异常行为监测机制，持续开展重点专项排查，尤其是客户经理和网点负责人等重点岗位，加强八小时外的动态观察和行为分析，严格禁止员工参与民间借贷、各种理财和集资活动。加强党风廉政建设，进一步贯彻中央八项规定精神，抓好廉洁自律工作，勤俭办行，厉行节约，严禁铺张浪费。密切关注舆情变化，高度重视声誉风险管理，持续抓好收费规范管理，加强信访维稳工作，营造稳定和谐的发展氛围。

四、坚持群众路线，加强作风建设

深入开展党的群众路线教育实践活动，以为民务实清廉为主要内容，聚焦“四风”问题，强化各级党组织和党员干部的宗旨意识和作风建设，认真查摆问题，制订实施方案，重拳整治突出问题，群众满意度不断提升。一是深入“三个联系”。联系基层，践行分行部室服务承诺制，强化二线为一线服务职能，畅通分行对基层的服务渠道。切实改进专业部室管理作风，提高工作效率，多为基层提供专业指导，切实为基层提供经营支撑。联系客户，充分听取、接受来自于大众客户和社会舆论的评判、意见、建议和监督，了解自身的问题与不足，改进技术和服务，完善产品和管理，全心全意为客户服务。联系员工，加快推进“员工实事工程”建设，深入了解员工实际，推动解决员工最关心、最企盼的重要问题，进一步完善员工的利益协调、矛盾调处和权益保障机制。二是强化“三个参与”。让员工参与决策，在拟订改革发展战略、出台重要制度管理办法等决策过程中，重视听取员工代表的意见和建议，先民主、后集中，先协商、后决策，力求流程的规范透明。让员工参与管理，充分发挥职代会等平台作用，提升广大员工对全行改革发展的关注和认可程度，激发员工参政议政的积极性和创造力。广泛开展员工合理化建议等活动，动员广大员工发挥聪明才智、建言献策。让员工参与监督，深化行务、党务公开制度，通过职代表巡视、行务公开栏等载体，加强与员工沟通，及时纠正各类问题，积极化解各种矛盾，确保考核激励、资源配置、员工福利等重大决策和实施情况接受员工监督。三是狠抓“三个落实”。落实措施方面，各级党组织精心制订学习培训计划，通过个人自学、集中培训、专题辅导、座谈交流、上党课等多种形式，开展好学习教育活动。深入开展下基层活动，广泛征求意见和建议，认真查摆形式主义、官僚主义、享乐主义和奢靡之风方面的问题，进行党性分析和自我剖析，开展批评和自我批评。落实整改方面，坚持边学边改，边查边改，边整边改；整改方案要明确责任，明确措施，明确时限；整改方案制订后，向党员群众公开，着力解决好四风问题。落实机制方面，完善作风建设长效机制，对加强作风建设的相关制度规定进行全面梳理，进一步完善厉行节约、制止浪费制度和公务接待管理规定，完善公务用车配备使用管理办法、因公出国（境）管理规定、办公楼建设和装修管理制度以及会议、培训、活动经费管理办法，巩固教育实践活动成果。

五、持续改进服务，弘扬企业文化

一是加强服务管理。围绕“增强服务能力、提升服务效率”主线，推进员工综合能力和网点综合效率提升工程，持续开展优质服务标杆网点创建工作，重点关注涉及客户切身利益的诉求反映，加强大堂现场管理，客户有效投诉明显减少。加快网点业务分流机制建设，提高网点服务承载能力，排长队现象明显改善。加强电话银行和自助机具管理，电话银行人工接听率和自助机具可用率始终保持在98%以上。制定特殊客户群体服务预案，编发投诉处理指引，创建优质服务标杆网点，服务效能明显改善，客户整体满意度98%以上。二是加强队伍建设。坚持德才兼备、以德为先的用人标准，强化管理干部队伍建设，推进干部考察与任职资格管理，加强专业人才和紧缺人才引进。积极安排兄弟分行、境外分行干部来上海行交流。主动参与国际化人才队伍建设，营造国际化人才发展氛围。三是加强企业文化建设。抓历史传承，推进金融博物馆建设，打造银行博物馆文化，进一步提升文化影响力。加强各类先进典型事迹的宣传报道，积极营造学习先进、争当先进的良好氛围。通过打造和提升文化软实力，营造和谐发展的良好氛围。

江苏分行

【主要业务指标完成情况】

2013年，江苏分行实现拨备前利润265.31亿元，净利润157.61亿元，实现中间业务收入124.94亿元，增幅13.5%。人民币存款余额超过万亿大关，达到10 032亿元。本外币各项贷款余额超7 000亿元，达到7 008亿元，人民币各项贷款新增连续三年列系统第一。经营绩效综合考评列系统第三。

【主要工作措施】

一、坚持市场拓展和风险管理并重，资产业务稳定发展

一是大力发掘和拓展目标信贷市场。抢抓城镇化建设新机遇，积极支持棚户区改造项目。更加关注上市公司母公司、子公司及所属集团内的非上市企业，着力把上市公司“系”做深做实。发展供应链融资业务，抓好核心客户及其上下游供应商的批量拓展。围绕“一链一区一市场”，探索实施融资方案项下的授权审批制，推进小企业贷款持续发展。通过“政府+科技型企业”或“专家+科技型企业”的模式，完善“商行

+投行”的服务，抢占科技金融的先机。抓住“走出去”市场机遇，加强客户储备和项目对接，为企业“走出去”提供出口信贷、并购贷款等金融支持。抓好目标客户和商户筛选，优化POS机具布放，大力推广逸贷业务。继续抓好购车分期市场，积极进入家装分期市场，注重发挥短信营销和电话营销的作用，精耕细作信用卡分期付款业务。二是进一步完善信贷管理。高度关注经济下行趋势下的政府融资平台、产能过剩等风险，加强小企业信贷客户的准入和现金流管理，抓好房地产开发贷款封闭管理和到期管理，强化金融资产服务业务等表外业务管理。全面开展大户风险分析，对亿元以上信贷大户，逐户排查潜在风险，及时完善管理预案。做好信贷大户的日常监测，提前预警风险点。三是加快不良贷款的清收处置。发挥催收团队的作用，积极开展“三小贷款”电话催收，对大额违约个人贷款实行行领导挂牌清收。综合运用现金清收、还本免息、以物抵贷、重组转让、呆账核销等多种手段，开展不良贷款处置。加强与司法部门的联系沟通，加快担保物权执行，努力提高清收效率。

二、推进重点突破，存款业务发展基础有效夯实

一是大力竞争储蓄存款。突出代发工资业务的基础性地位，落实对公业务部门的营销责任，排出员工多、收入高的目标客户，持续开展营销竞争。大力竞争各级财政统发项目，积极营销政府转移支付市场，抓好各类补偿款的归集。运用银商通、商友卡、结算套餐等产品组合，积极拓展产业集聚、大型卖场、餐饮一条街等各类专业市场，深化与工银瑞信、工银安盛的合作，突出抓好县域理财产品的发行。完善私人银行业务组织体系，重点抓好私人银行与个人金融、公司业务、小企业金融业务等专业的联动配合。落实私人银行中心、分中心和市行财富管理中心的分层维护责任，对资产100万元以上客户开展建档维护。对个人高端客户和要客，各级行领导带头做好直接营销，并发挥贵宾俱乐部的平台作用，常态化开展专属服务。组织个人金融业务“对抗赛”，提升旺季营销效能。实施“村长工程”，借助关键人物的影响力，争揽重点项目和目标客户。二是大力拓展对公存款。持续抓好新开户工作，重点拓展能够带来存款、结算等业务的有效新户。依托总行大额资金监测系统，实行“派工单”制度，做好目标客户跟踪营销。瞄准资金量、结算量大的集团公司、连锁企业等目标客户，加强现金管理服务方案的营销推介。推广财政收支代理、公务卡等优势产品，发挥信贷资源投入的拉动作用，竞争各级财政资金。密切与社保部门的联系合作，在取得社保卡发卡资格的基础上，切实做好优质单位发卡工作。运用校园一卡通、无现金报账系统等优势产品，加快拓展重点本专科院校。推广银医一卡通等主打产品，大力竞争二级以上医院客户。加强与公积金管理中心的对接，积极发展公积金归集和委托贷款业务。以银银平台为抓手，持续抓好同业合作和存款增长。三是加强存款基础性工作。完善管理人员竞争力提升专项考核，对省分行相关管理人员增加日均存款同业占比的考核指标，加强对一级支行存款工作的监控和督导，加强网点对公业务职能。

三、加强中间业务产品线建设，挖掘新的业务增长点

一是推进融资中介业务规模化发展。积极抢占债务融资工具发行市场，私募债承销和美元债承销实现突破。创新运用“顾问+收益权”、夹层融资等方式，多元化解决企业并购融资需求。围绕成长型企业、拟上市企业、上市企业的不同需求，有针对性地做好VC、PE、上市顾问业务。二是推动结算业务提速发展。大力推广商友卡、速汇款、汇款套餐、全球快汇等个人结算重点产品，积极营销电子回单箱、财智账户卡、工银信使等对公结算基础服务。加强与核心企业ERP系统的对接，重点推介收款管家卡、资金池、集团账户、票据池、结算套餐等产品。持续做大国际结算业务规模，积极营销跨境人民币业务客户。三是加快发展信用卡收单业务。发挥收单团队的作用，紧盯大型商场、高级酒店、特色街区等核心商户，实行名单制挂牌营销。跟踪营销固融项目，加大MIS系统布放。加强POS机具布放和管理，努力提升使用频率和效益。联合大型商户持续开展营销活动，加大重点节假日的促销力度。四是重视潜力业务发展。加强与重点保险公司的合作，抓好工银安盛保险等重点产品销售。推进安心账户托管规模和收入的同步增长，积极竞争理财资金、信托资金、券商资产管理计划、基金公司特定资产管理等托管业务，密切关注政策动向，推动养老金业务发展。五是加强目标客户的产品渗透。开展“N+3”产品渗透营销，推动目标客户在已使用N种产品的基础上，再新开办3种以上产品，提升客户的忠诚度和贡献度。发挥大数据支撑作用，组织营销竞赛，取得积极成效。

四、深化改革创新，内部管理持续强化

一是提升人力资源效能。推进“零基团队”建设，实行“底薪+提成”的分配办法，开展对公客户和个人客户的定向营销。对城区网点柜员进行核编，超编人员转至营销岗位或开展弹性营销。抓好中青年干部培训班、网点负责人培训班、客户经理加强班、中年员工培训班等重点培训项目。二是推进网点布局调整。选择部分低效网点，改建成“自助+理财”网点。突出抓好低效网点迁建调整，完成42家D类和E类网点的调整。抓住功能区划分、高低柜设置、自助机具布放等关键环节，推进网点内部由高柜多、低柜少、机具少逐步向高柜少、低柜多、机具多转变。建成系统内首家智能银行。三是加强内控案防管理。深化“无违规、无差错”活动，开展专项整治。运用视频监控系统、数据仓库等新手段，加强非现场审计工作。加强员工行为动

态管理，采用“以人到事、以事找人”的方法，抓好员工异常行为、代客理财、参与民间借贷等问题的排查治理。抓好风险事件的查处，保持内控案防高压态势。重视营业网点、离行式自助银行、金库等重点部位的安全管理，突出防范电信诈骗、抢盗等外部案件。

五、坚持以人为本，营造奋进和谐的发展氛围

一是深入开展党的群众路线教育实践活动。成立活动领导小组，制订活动实施方案，认真落实各个环节要求。针对“四风”问题向各层面征求意见和建议，梳理存在问题，制定整改任务书、时间表和具体措施，迅速推进整改。认真开好省市行党委班子专题民主生活会，推动作风建设取得实效。二是加强干部队伍建设。落实党委中心组学习制度，组织管理干部读书班和网上自学自测，认真学习贯彻党的十八大和十八届三中全会精神。广泛开展廉政教育，严格落实中央八项规定和总省行改进作风有关要求，促进各级管理者廉洁勤政。实施省分行管理干部轮训，提升管理干部能力。三是推进凝聚力工程。坚持职工代表大会制度，引导广大员工为经营发展献计献策，确保涉及员工切身利益的重大事项经过职工代表大会审议通过。大力弘扬先进，有1个单位、3名员工荣获全国金融五一劳动奖状奖章和省五一劳动奖章，3个基层党组织、5名共产党员、1名党委书记和2名党务工作者受到总行表彰。发挥“直通行长室”的桥梁作用，解决好员工关心的热点问题。推进职工之家和职工小家建设。全面开展对困难员工和劳动模范的走访慰问，关心离退休人员的生活，积极营造稳定和谐的发展氛围。

浙 江 分 行

【主要业务指标完成情况】

2013年，浙江分行实现拨备前利润244.4亿元，同比增加7.98亿元、增长3.38%；实现拨备后利润183.32亿元，净利润136亿元。中间业务收入首次突破百亿元大关，达到105亿元，同比增加14.51亿元、增幅16.03%；占营业净收入的比重达28%，同比提升2.6个百分点。本外币存款余额达到9 000亿元，四行占比进一步升至33.78%；全年新增存款622.13亿元，增量四行占比44.18%；其中对公存款、储蓄存款、同业存款分别新增237.31亿元、349.26亿元、35.56亿元，均列同业第一。本外币贷款余额7 168亿元，比年初新增564亿元，名列系统和同业双第一；其中，流动资金贷款、项目贷款、个人贷款分别新增203亿元、167亿元和124亿元。表外融资业务新增450亿元，同比多增289亿元，余额达2 673亿元，表内外融资增量超千亿元，达到1 014亿元。不良贷款余额77.41亿元，比年初增加17.22亿元；不良贷款率1.15%，比年初上升0.18个百分点，资产质量优于四大行及全省金融机构平均水平。

【主要工作措施】

一、千方百计控风险，资产质量总体可控

面对不良贷款持续反弹的严峻形势，坚持把信用风险防控作为头等大事、重中之重来抓，千方百计打好资产质量保卫战。一是堵源头，实现风险关口前移。深入开展风险排查，对于风险隐患突出的潜在风险客户和担保圈客户，逐户制订风险处置预案，强化违约贷款催收责任考核和风险贷款协同预警管理，严格池外劣变贷款考核，全年压降潜在风险贷款128亿元，化解担保圈贷款145亿元；对光伏、造船、钢贸、重金属、房地产等10个高风险及产能过剩行业，严格名单制准入、限额管理和刚性控制，全年退出风险企业167户、45.5亿元，户数、余额分别下降37%、27%。二是降存量，加大不良资产清收力度。落实分层管理、行长挂帅清收责任制，创新结构性风险资产转化模式以及资产证券化等投行处置新途径，强化不良贷款处置奖惩，全年累计清收处置不良贷款86.39亿元，其中，核销呆账贷款10.8亿元，打包转让不良贷款50.9亿元；创新建立诉前送达地址确认制度，率先通过实现担保物权清收不良贷款并在全系统推广，全年共取得成功裁定215件，标的额11.55亿元，执行收回不良贷款3.46亿元。三是强管理，逐步完善信用风险管理体系。严格落实不良贷款目标管理，在二级分行行长经营绩效考核中提升不良贷款考核比重，建立不良贷款集中处置机制，完善信贷业务智能化集中监测系统，实现法人、个人、信用卡的信息联动、全过程监控。严格放款核准管理，加强贷款资金受托支付管理，及时梳理作业监督发现的问题并进行通报追责。推进信贷文化建设，提炼风险案例，加强案例培训，建设良好信贷文化。

二、全力以赴拓客户，存款竞争力显著提升

在利率市场化加快的大环境下，坚持存款基础地位不动摇，围绕客户和资金源头，加强资源整合，创新业务产品，存款领先优势进一步扩大。一是构建联动营销

机制。按照“以客户为中心”全方位服务的理念，对有关部门职能进行调整，变过去以产品线为架构的部门内部分工模式。调整存款相关指标权重，加大存款日均指标考核权重，提高两类存款日均同业占比调节考核权重，全年日均存款增量达 726.94 亿元，四大行占比 46.23%，好于时点增量占比，存款均衡度明显提升。二是量质并举拓户。以智多薪卡、福农卡、社保卡等产品为主要抓手，大力拓展代发工资、农村集镇、学校客户等基础性客户群体，积极向理财客户、经营客户、资本客户、战略联盟客户等重点营销商友卡、白金卡等核心产品，搭建面向高端客户的非金融增值服务平台，着力推进工银商友俱乐部建设，个人有效客户新增 140.28 万户，总量达到 1 654.55 万户，其中四星级以上客户新增 44.71 万户，六星级以上客户新增 4.05 万户，财富客户新增 5 802 户。积极营销省政府自行发债、移动公司代理商资金归集、高速公路不停车收费（ETC）、烟草款跨行支付、浙江股权交易中心等并取得重大突破，开展对公存款薄弱点或空白点的“填空营销”，年末系统客户存款新增 103.67 亿元。开展结算账户新开户营销竞赛、客户积分回馈等活动，全面推广“工商验资通”、行业集群套餐等，持续推进集群式拓户、提质，无贷客户存款增存 158 亿元。切实利用股权交易中心平台，积极拓展拟上市客户，牵头拟上市企业合计新增表内外融资 29. 28 亿元，新增存款 4.77 亿元。三是创新产品增存。积极推进“以贷引存、以贷促存”向依靠产品增存转变，创新推出“直融通”、期溢金、双币远期、账户外汇和账户原油等交易类产品，推进 NRA 福费廷融资、日溢金等 17 项国际业务重点产品应用，带动各项存款 181.56 亿元，同比增加 85.21 亿元；大力推广资金池、票据池、收款金管家等现金管理产品，不断扩大资金流量、增加资金沉淀；推出“节节高”、理财 POS、“微理财”、“添益通”等，持续做大存款资金蓄水池，推动理财与存款业务的良性互动发展。四是转变存款发展方式。持续加强资金封闭管理，全年信贷资金和大额资金流出率从年初的 17.22% 下降至 13.17%；大力推进“E”式综合化营销系统，加大考核挂钩力度，形成了“公司业务个人做、个人业务公司做、全行业务共同做”的浓郁氛围。

三、持之以恒调结构，信贷经营质态总体良好

一是加大重点领域信贷投放。坚持大客户、大项目带动，狠抓集团客户和重点项目营销，成功营销甬台温天然气输气管道工程、杭州地铁二号线一期工程等 20 余个重大项目，共发放项目贷款 167.33 亿元，同比多增 231.6 亿元；积极支持四大新兴市场发展，重点拓展高端设备制造业、信息技术产业、大型综合物流、新型文化产业客户，年末四大市场贷款较年初新增 395.32 亿元。密切关注新型城镇化带来的市场机会，向崇福、钱清等集镇发放城市转型升级配套项目贷款合计 6.5 亿元，为城镇化改革提供了有力的金融支持。二是加快小企业业务的创新转型发展。针对小企业有效贷款需求下降的严峻形势，狠抓目标客户，把小微企业目标市场转变到产业集群、专业市场、供应链等重点领域，重点拓展融资需求在 500 万元以下的优质小微企业。抓流程优化，实施小企业“年审制”，成功向总行争取 500 万元以下小微企业融资自主创新权限，着力推进授信项下和方案项下审批制。抓产品创新，加快推广抵押物余值项下信用贷款、供应链“易透”、“采购通”、固贷通等产品，通过模板化复制，实现业务快速推广。三是表内外并重发展。主动顺应金融脱媒化趋势，大力发展个性化理财、北交所资产转让、资产证券化、国内信用证保理等，多渠道满足客户融资需求，年末表外融资余额达 2 676 亿元，较年初增加 451.82 亿元。

四、坚定不移推转型，盈利模式持续优化

一是加快金融资产服务业务发展。推动理财产品创新，首次发行结构化浮动收益理财产品，根据客户群体特征和各地区经营特点设计各类重点专属产品，创新投资模式，实现省内首单理财投资定向增发项目、全国首单中小企业私募债项目，成功试水代理投资业务，以及多种个性化债务优化项目。全年累计销售理财产品 4 249.44 亿元，同比增长 62.26%。成功运作债券承销业务 26 笔、重大并购项目 17 笔、股权融资业务 2 笔、夹层融资 3 笔，实现投行收入 20.27 亿元，其中品牌类投行收入 14.74 亿元，同比增长 51.43%。积极发展资产托管业务，做大安心账户、理财产品、信托计划托管，创新推动保险资产托管、券商基金专户托管、QFII 和票据资产托管业务等，全年累计托管资产 1.37 万亿元；稳步发展养老金业务，新增企业 165 家、职工人数 3 万户，实现养老金业务收入 1.85 亿元，同比增长 60.65%，系统内排名第一。二是深化基础业务的创新挖潜。强化人民币国际化机遇，完善营销机制，推进客户扩容提质，加快产品创新，国际结量、跨境人民币业务量四行占比分别达到 34.14% 和 35.52%，贸易结算历史性跃居四行首位，从而实现非贸易结算、国际结算收入、贸易融资发生额和余额、对外担保发生额和余额等 9 项业务四行第一。创新电话营销发卡模式，推进黑金卡、白金卡、公务卡、工银携程卡等重点产品，加大“五大五小”类商户、五星级酒店、商业一条街与高回佣商户收单市场营销，完善汽车、家装等分期付款办法，建立审批应急及监测机制，全行发卡净增 120.51 万张，累计消费 1 526.18 亿元，信用卡贷款净增 52.62 亿元，总收入 31.55 亿元，发卡规模、直接消费额、资产业务规模、中间业务收入等核心指标继续保持同业第一。贵金属、现金管理业务快速发展，实现贵金属业务收入 2.78 亿元，同比增长 35.2%；现金管理客户数达到 10.3 万户，同比增加 3.3 万户，客户覆盖面超过 30%。

五、开阔思路促改革，管理创新活力进一步激发

一是推进信息化银行建设。抢抓网络金融发展机遇，创新推出“支付+融资+服务”的“工银聚”金融服务平台，全年发展工银聚平台客户172户。围绕供应链金融，以电子商务为切入点，推出企业ERP对接模式，为核心企业实现网络订单管理、融资等一体化服务，网络融资余额达312亿元，较年初新增67亿元；加快电子渠道建设，全年新建离行式自助银行155家，建成智能银行35家，新增自助设备投入1 000台，并推出发卡机远程视频授权、VTM远程视频辅助等新型服务方式。推进流程管理信息化，开发了一批营销管理系统，研发了云办公平台，通过信息化手段对工作任务的执行、分解、监控、督导的效率。二是完善内部管理机制。对投资银行部、法律事务部试点利润及成本中心业绩管理改革，动态监测经营管理业绩和费用成本，提升各专业价值创造与成本约束意识。扩大集中处理业务品种和地区范围，全年新增信用卡申请等12类业务的集中上收，全行集中处理代理业务品种达到97个。开展“守行为规范、重自我养成、做优秀员工”案防主题教育活动，制定系统内首个重要风险点防控治理管理办法，全面推广案防网格化管理，全年没有发生经济案件。充分发挥非现场监测作用，上收核查层级，开展“屡查屡犯”专项治理，业务运营内部风险暴露水平为9.63‱，下降5.04个万分点；加强与媒体的联系沟通，做好舆情防控，营造了良好的舆情环境。三是进一步提升服务水平。创新“大堂联动服务管理”模式，探索贵宾客户“低柜服务”模式，深入推动网点排队叫号机运用，网点服务效率明显提升。开设全省客户投诉专线，加强客户投诉各环节管理，有责投诉压降65.4%。嘉兴分行营业部本部成功入选“2013年度中国银行业文明规范服务百佳示范单位”。精心打造文化艺术、健康保健、运动休闲和教育培训四大非金融服务平台，切实提升高端客户服务能力。

六、以人为本抓党建，队伍凝聚力不断增强

认真贯彻落实党的十八大、十八届三中全会精神，扎实推进党的群众路线教育实践活动，以改进作风为切入口，全面推进党建和队伍建设。一是学习贯彻党的十八大精神，持续深化党建工作。分层次、有重点地通过举办领导干部学习班、读书班、集中培训、轮训等形式，引导干部员工把思想和行动统一到十八大和十八届三中全会的重大决策部署上来。扎实推进党的群众路线教育实践活动，认真组织学习动员，深入基层调研，广泛征求意见和建议，深刻查摆“四风”问题，精心组织开好专题民主生活会，征求各类意见建议480条，确保教育实践活动各环节扎实有效推进。切实贯彻落实“八项规定”，狠刹不正之风，开展劳动纪律、文风会风等专项整治，有力促进了工作作风的转变和管理效能的提升。二是持续加强队伍建设。实施“312”核心管理人才工程，优化充实各级领导班子，二级分行班子70后占比超过30%，浙江分行70后管理人员占比为50.6%。开展网点标准化配置、精益项目运营和人力资源配置优化项目创新试点，引导员工向前台营销岗位流动，前台与中后台人员占比分别为53.24%和46.76%，加强客户经理队伍培养，销售类人员占比达到20.53%。持续改进员工工作，完善员工职业发展体系，规范劳动用工管理，柜员合同工及劳务人员转制1 103人。三是持续强化企业文化建设。大力推进基层特色文化建设，组织“学雷锋标兵”“中国梦、我的梦、我们的梦”等宣传活动，广泛传播向上向善的正能量；全面启动员工关爱——致远行动，开展员工心理援助、员工健康等管理，深化职工之家建设，在全行营造浓厚、和谐向上的工作氛围。

安徽分行

【主要业务指标完成情况】

2013年，安徽分行实现净利润52亿元，同比增加5.16亿元。实现中间业务收入26.78亿元，同业占比32.59%，居同业首位。本外币各项存款余额为3 468.33亿元，较年初增加265.93亿元，存量、增量均居同业首位。各项贷款余额为2 510.8亿元，较年初增加276.55亿元，均居同业首位。不良贷款余额、占比分别比年初下降3.44亿元和0.35个百分点。

【主要工作措施】

一、抢抓市场机遇，主要业务稳中有进

一是各项存款稳步增长。坚持存款市场第一目标不动摇，全面强化各项存款市场竞争，人民币日均存款增加206.17亿元，均衡率为77.55%，同比提高2.57个百分点。围绕储蓄存款市场占比“双第一、双提升”目标，强化源头性资金争揽，储蓄存款增加181.97亿元，增长9.79%。强化信贷资金全流程监控，深挖中小公司客户增存潜力，抓好无贷户资金揽存，公司存款

增加48.38亿元。积极竞争财政、社保民生、医疗、教育等领域新增资金，深度挖掘乡镇、街道、社区、中介机构、事业单位等业务资源，机构存款增加68.91亿元。二是各项贷款均衡投放。将信贷结构优化与新兴信贷领域拓展、用好增量限额与盘活存量规模结合起来，积极竞争优质客户资源，促进贷款均衡快速投放，累放贷款1 909.13亿元，同比增长25.6%。大力拓展先进制造业、现代服务业、战略性新兴产业等重点项目，全年共向91个项目发放项目贷款195.7亿元。实施小企业信贷业务集群式发展，抢抓优质新市场新客户资源，累计发放小企业贷款308.7亿元。大力拓展供应链融资，累计发放融资款34.4亿元，同比增长36.1%。积极支持个人首套房和改善性住房需求，新增个人住房贷款175.1亿元；深入挖掘商品交易市场这座"金矿"，净增经营性贷款10.22亿元。全年累计发放个人贷款333.94亿元，同比增长65.43%。三是中间业务持续增收。注重打好传统业务和创新业务"两张牌"，进一步细化中间业务管理，促进中间业务收入稳定增长，全年同比多收3.16亿元。销售个人理财产品752.28亿元、对公理财产品338亿元；净增信用卡16.6万张，实现消费交易额480亿元，同比增长14.83%；新增灵通卡238万张，实现消费额1 002亿元，同比增长52%。把金融资产服务业务作为转型发展、创新发展的工作重点和主攻方向，实现收入9.65亿元，同比多收3.36亿元，占全部中间业务收入增量的103%，已成为最主要的增收来源。

二、推进经营转型，促进健康可持续发展

一是注重推动业务转型。着力推动个人金融业务由销售产品向满足客户需求转变，由储蓄业务为主向综合资产服务转变，重点强化个人贷款向个人信贷客户经营转变，深度挖掘客户需求，着力提升金融产品对个贷客户的覆盖率和渗透率。积极推动公司金融向综合服务、经营资产转型，努力提升公司业务发展层次。突出抓好公司无贷客户存款工作向公司无贷客户经营转变，在扩大有效无贷户规模的同时，提高对无贷客户的产品覆盖，净增有效公司无贷客户1.11万户，使用主要产品5项和3项以上的客户占比为18.4%和31.9%，分别比年初提高11个和16.2个百分点。探索推动机构存款工作向机构客户经营转变，按照"1+N"的联动营销要求，强化全产品捆绑营销，推出了保险公司、银行同业、非银行金融机构和军队板块综合服务方案，并成功办理多笔机构客户资产业务。二是优化信贷结构。着力优化信贷资源配置，重点拓展"四大新市场"、中小企业、个人信贷等重点领域，做好"四大行业"贷款调配，信贷结构进一步优化。加大优质信贷市场和客户拓展，新增积极和适度进入类行业贷款116.88亿元，占公司贷款增量的104.46%。密切关注"四大新市场"机遇，新增"四大新市场"贷款71.5亿元，余额占公司贷款比重较年初提高1.52个百分点。优先投放个人信贷、小微企业等经济资本占比低、综合贡献高的产品和领域，个人贷款增加173.84亿元，增长4.29%。三是优化客户结构。坚持"扩户、优户"相结合，将有效客户数量和优质客户比重，作为衡量经营转型成果的重要指标，积极打造数量充足、结构合理的客户群。重点围绕商品交易市场和优质客户群开展批量营销，净增个人客户135万户，其中四星级以上客户36万户；中高端客户占比为18.9%，比年初提高2.18个百分点。加强公私联动营销，净增代发工资客户772户，有效客户总数达8 656户。净增中型信贷客户60户。积极捕捉新形态、新业态等各类机构客户信息，净增10万元以上机构业务客户189户，同比多增141户。大力开拓电子银行市场，净增个人网银证书客户85.4万户、手机银行客户104.2万户。四是优化渠道结构。密切关注城市核心区迁建、新城区、重点县域、经济强镇建设规划和进度，统筹做好中心区域网点外迁、新区布局等工作。综合运用迁建、改建、优化与整合等手段，共实施装修改造营业网点79个，逐个明确了D类、E类网点优化措施。全年新增对外营业网点7个，迁址优化网点34个，原址改造网点21个，新增离行式自助银行170个。进一步提高业务分流水平，柜面业务可分流率下降了2.1个百分点。

三、深化改革创新，提升转型升级内生动力

一是抢抓高端市场。重点是依托省行品牌投行和私人银行团队两支"特种部队"，以投资银行、财富管理等来巩固和竞争高端客户。实现品牌投行收入3.65亿元，同比增长2.49倍。组织开展"精准拓展、精准配置"等系列营销活动，净增私人银行达标客户90户，客户总数达385户；实现私人银行专属理财产品销售54.8亿元，完成总行计划的109.6%；管理私人银行客户金融资产总额同比增长23.2%。二是加强产品创新。加强本地化特色新产品的开发与运用，成功推出"旅游贷"产品并发放融资7 500万元。加强年金目标营销，强化养老金客户营销和后续服务管理，实现养老金收入9 533万元，同比增长2.69倍。以安心账户应用为抓手，推动托管业务全面发展，托管各类资产1 135亿元，实现收入1.32亿元。加快交易类贵金属业务发展，实现收入4 498万元，同比增长2.39倍。积极开展账户原油业务体验活动，新增开客户7 990户，实现业务交易额1.01亿元。三是深化内部改革。成立省行不良贷款管理中心，指导推动不良贷款管理和清收转化工作。完善责任落实机制，省行对各二级分行、省行部室实施了经营管理目标考核。完善各级机构经营考评体系，加大了经济资本回报率、经济增加值和业务转型发展、风险类指标考核。深化授信审批集中管理、业务集中处理改革，提高业务处理质量和效率。推动网点功能提升，推进网点全能化、柜员综合化、业务离柜化、管理标准化、考核科学化，网均拨备后利润同比增长10.58%。

四、强化信贷管理，资产质量稳中向好

一是大力开展存量贷款风险排查。按月对所有法人贷款进行逐户排查，将风险客户纳入风险“名单制客户”管理，逐户制定科学合理的化解预案，建立完善分析会制度，促进排查常态化、制度化。全年共排查名单内风险客户467户、67.77亿元，化解风险客户贷款38.55亿元，其中清户145户、14.85亿元。转化退出潜在风险贷款38.67亿元，完成年度计划的162.5%。二是强化信贷基础管理。加强信息真实性治理，重点强化对客户信息的逻辑校验和分析判断，提升非现场监测实效。严格贷款核准和信贷作业监督，新发放贷款监督率、归档率和问题整改率均达100%。积极打造“较真”的信贷文化，对各类信贷业务违规违纪问题按照规定严肃处理，对新发生不良贷款及时启动责任认定，并注重对风险背后“人的因素”排查，用严肃的惩处来保证制度的刚性执行。组织开展了重点品种、重点环节现场检查，并及时抓好发现问题整改。三是推动不良贷款清收处置。积极运用各种清收手段，加大不良贷款清收处置力度，将清收处置目标责任逐户落实到各级行领导，加大案例分析和责任评议，共清收处置不良贷款26.46亿元，其中现金清收7.18亿元。

五、织密案防网络，排查化解风险隐患

一是加强案防网络建设。大力开展“从人到事”的员工行为动态排查，强化“以事找人”的风险事件核查处理，通过把以“人”入手作为经线、以“事”入手作为纬线，积极构建内控案防网络。全年共发现行为异常员工72人，解除劳动合同14人，有效防范了风险隐患。在此基础上，利用一个季度的时间，组织开展了以“忠诚理想、改进作风、廉洁自律、合规经营”为主题的大教育大讨论活动，从治本的角度加强员工教育，让员工对违规违纪的事情“不愿做、不敢做、不能做”。二是加强内控合规管理。深入推进内控体系建设，不断完善运行风险管理体系，开展“合规建设年”、“屡查屡犯”风险事件专项治理，进一步强化了合规管理。牢固树立人防是根本、物防和技防是手段的意识，全面落实安全目标管理责任制，组织开展安全大检查，实现了安全运营。

六、加强党的建设，强化内部管理基础

一是深入开展党的群众路线教育实践活动。按照中央要求以及总行党委部署，聚焦“四风”问题，研究制订活动实施方案，组建领导和督导机构；以党委中心组集中学习、专题党课和讲座、专题研修班等形式，积极开展学习教育活动。各级行班子成员深入基层、员工和客户开展调研，广泛听取了各方面的意见和建议，并深刻剖析问题的实质、根源和危害。在总行督导组的指导下，省行和各二级分行均召开专题民主生活会，广泛开展了批评和自我批评，并以整改落实、建章立制为契机，持续推动全行作风改进。二是提升服务水平。深入开展“服务品质提升年”等活动，牢固树立大服务理念，将服务管理责任分解落实到相关专业部门，强化了协调配合，齐抓共管；推进十大突出问题集中专项治理，全行客户投诉数量同比下降78%。积极做好营业网点排队管理系统推广应用，推动网点排长队现象良性下降。将声誉风险纳入全面风险管理体系，成立声誉风险管理委员会，按季度对声誉风险进行专题分析。三是提升管理水平。把县域机构作为发展重点和盈利增长点，连续第三年召开县支行工作会议，加大对县支行发展的资源投入、经营授权等方面支持，县支行存、贷款余额分别占全行的27.91%和21.98%，比年初分别提高0.17个和1.85个百分点。积极推进学习型银行建设，开展各层面教育培训，重点组织了省行部室、二级分行副职以及县支行行长轮训。注重企业文化建设，拍摄首部企业文化建设形象专题片，增强竞争软实力，为推进经营发展注入新动力。

福建分行

【主要业务指标完成情况】

2013年，福建分行实现拨备前利润79.84亿元，同比增加1.20亿元，增幅1.52%；实现拨备后利润48.44亿元，同比减少23.98亿元，其中计提减值准备31.4亿元。实现中间业务收入39.56亿元，同比增长2.01亿元，增幅5.36%。全部存款余额2 402.61亿元，较年初增加2.57亿元，其中，储蓄存款较年初增长101.45亿元，机构存款增长44亿元，公司存款减少18.45亿元，同业存款减少124.43亿元。各项贷款余额2 651.57亿元，较年初增加248.59亿元。人民币贷款中，项目贷款增加94.32亿元，个人贷款增加179.26亿元。外汇贷款（折人民币）增加9.74亿元。全年贷款、表外融资、信用卡透支等各项融资新增357.29亿元。不良贷款比年初上升1.57个百分点，不良率 2.25%。

【主要工作措施】

一、落实总行“三大战略”，经营转型成效初显

一是加快推进大零售业务发展。大力发展以个人住房贷款为主体、以个人小额贷款为基础的消费类贷款业务，新增个人贷款占全年新增贷款的 72.11%。积极扩大优质发卡规模，全面推进分期付款业务，加快收单业务发展，信用卡业务交易额、透支额、分期付款余额的增量、增幅均位居全系统前列。积极发展电子银行业务，通过网上银行、电话银行、手机银行、自助终端等电子渠道处理的交易笔数同比增长 12%；柜面转账汇款可分流率为 13.3%，下降 3.8 个百分点，电子银行交易主渠道作用日益显现。二是推进大资管业务发展。品牌类投行发展步入快车道，全年完成 23 个项目放款，总额 55.33 亿元。运作了平潭百亿基金主理银行、华辰地产股权主理银行、泉州城建国投综合资产收益权业务等重大项目，完成省内首单福茅窖酒另类理财投资，大大提高了工行投行品牌的知名度。牵头和参贷银团 18 个，承贷额 94 亿元。成功竞标取得紫金矿业 100 亿元中期票据主承销商资格，完成第一期 15 亿元中期票据承销业务。新签约包括 93 只他行和区域理财产品组合、16 只信托计划组合、4 只阳光私募证券投资基金组合和 5 只基金公司特定客户资产托管组合，扩大了资产托管业务的领先优势。三是推进大数据应用和信息化银行建设。在网讯上开辟“产品分析监测体系”专栏，按月或按季度以数据表格的形式呈列各产品的数据信息、市场态势，强化数据挖掘和利用，运用 EBM 精准营销系统支持开展精准营销活动，客户营销综合成功率达 30% 左右。

二、优化营销体系，客户拓展取得较大成效

一是广泛挖掘业务发展机会。积极参加“6·18”项目成果推介会、与北京福建商会、红星美凯龙等重点客户签订战略合作协议。参与福建联合石化“乙烯脱瓶颈”扩建项目银团投标，取得银团牵头行和账户行角色。全年共拓展福建省销售百强、纳税百强等 16 个板块的重点目标客户 154 户。二是加强机构客户分层营销，聚焦公共财政、民生领域、同业市场三大板块，全年新增机构及同业客户 1 671 户。三是以集群式、批量式营销为抓手，依托理财产品创新、芯片卡行业应用、逸贷等产品创新，带动个人中高端客户拓展。

三、优化信贷结构，全力支持实体经济

一是支持在建续建重点项目。项目贷款比年初增加 95.53 亿元，主要投向核电、高速公路、码头、石化仓储项目贷款和固定资产融资等项目。二是加大先进制造业、战略性新兴产业、现代服务业、文化产业等新四大行业的资金支持，新四大行业贷款余额 1 228.89 亿元，比年初增加 51.97 亿元，占法人贷款比重达 71.07%。三是积极支持中小企业发展。与福建省经济贸易委员会、福建省财政厅三方签订《万家小微企业成长贷款业务合作框架协议》，重点扶持 10 000 家有市场、有发展潜力但担保能力不足的小微企业。设立 8 家小微贷专业支行，强化专业经营。四是积极支持“三农”经济发展。重点支持小城镇建设、农村节能减排项目、科技含量较高的农业生产项目、农村基础设施建设等，涉农贷款较年初增加 64.97 亿元，增幅 6.98%。五是加大对平潭综合试验区信贷支持。年末贷款余额 23.47 亿元，比年初增加 4 亿元。

四、积极开展创新，金融服务能力进一步提升

一是加快产品创新推广步伐。开办代客商品风险管理业务，系统内首家办理小麦远期业务。投产和开办“西联汇款”网银汇入解付业务和“银星速汇”款业务，形成速汇金、西联汇款、银星速汇等国际三大速汇公司代理合作，以及工行自身的速汇品牌“工银速汇”和传统的代理行汇款等多元化汇款渠道。首创 PICC 闽通牡丹卡、牡丹闽商精英白金卡、工银薪金卡、电信（移动）手机支付卡、公交手机支付、个人账户贵金属、个人账户外汇买卖、车位分期业务等产品，投产多个 IC 卡行业应用，推出手机银行同城跨行速汇业务系统和在线兑奖系统。与省农发行、省邮政储蓄银行签订全面合作协议，推进同业客户的银银平台业务合作。二是积极开展服务创新。强化渠道建设，持续推进全省 15 家个人外汇业务旗舰网点建设工作，打造外汇网点新标杆。组织主题营销活动，引导客户通过网上银行、手机银行渠道办理业务，有效促进网点业务分流。加强服务精细管理。千名“大堂经理 + 大堂引导员”大堂服务团队基本组建完成，利用网点服务质量监测与排队管理系统对排队管理进行精细化管理，客户排长队问题得到有效缓解。深入开展客户投诉问题治理工作，客户投诉处理满意度提高。持续开展书法、玉器、红木、寿山石、健康讲座等方面的非金融增值服务活动，社会影响力显著提升。三是持续深化内外联动、内内联动。加强与工行境外机构及代理行的业务合作，发挥各自客户资源、利率、汇率、产品等方面优势，使原有“1 + 1”模式下一些遇到障碍的业务在新模式下能成功办理，累计办理内保外贷业务 6.57 亿美元。加强与境内同业的合作，积极拓展代理同业国际结算业务，开立进口信用证、人民币保函，实现了代理同业国际结算业务的新突破。

五、深化机制体制改革，经营效能明显提升

一是试点网格化营销管理。将市场进行划分，包产到每个机构，明确划分和界定每个机构的营销职责边界，并根据网格单元内的客户资源、发展潜力、竞争状况自下而上确定营销的存量和增量客户及重点营销产品。二是对二级分行试行“一总四分”的考核办法，“一总”是考核一把手，“四分”是大公司、大个金、运管、纪委四条线分别考核，加大对同业竞争力考核的

权重，实现了较好的压力传导。完善省分行部室考核办法，突出执行力、创新能力、服务协作、团队建设等共性指标的考核。在全辖分批次逐步推广应用全产品营销计价考核营销系统，探索全员考核模式。三是成立网点管理部，负责全分行网点规划、管理、评价、监测、考核等方面工作，全力推动网点竞争力提升工程。四是建立跨部门、跨专业的会商机制和快速的大户响应机制，解决为重点客户提供综合服务过程中遇到的问题和障碍。

六、强化信贷管理，全力压降不良贷款

一是严格执行总行行业和区域信贷政策，坚持有扶有控，加强投向管理。积极进入类和适度进入类行业贷款余额增加 36.39 亿元，谨慎 I 类、II 类下降 10.63 亿元，限制进入类下降 9.76 亿元。二是抓好潜在风险的管理。强化风险管控和预警，突出加强对亿元以上贷款大户的监测分析工作，同时强化个人违约贷款催收中心建设，加强个人贷款业务电话核实管理。全年退转潜在风险贷款 52.78 亿元。三是全力压降不良贷款。在做好现金清收、呆账核销、还款免息等基础工作的同时，大力推动协议转让、批量转让、重组转化。对重点分支机构和领域的不良贷款，组成专门工作组，专题研究和推进清收处置，全年累计清收处置不良贷款 49.3 亿元。

七、扎实抓好内控外防，全行实现安全运营

一是认真抓好重要风险点防控治理。重点抓好违规参与民间融资活动、基层机构负责人和客户经理违规经营、小企业贷款贷前调查、票据业务、风险管理履职、违规办理信用卡分期付款、会计核算专用印章管理 7 个重要风险点的防控治理。二是组织开展执法监察行动，及时整改发现的问题，促进了制度的落实。三是强化操作风险管理，建立和完善操作风险偏好和限额管理机制，做好操作风险与控制自我评估工作。四是加强安防设施建设与管理，保持全年安保工作无案件事故。五是加强声誉风险防范。对负面舆情高发的重点领域进行深入排查，落实责任，强化管理。实行声誉风险日监测机制，强化与媒体的资源互换，及时处置负面舆情。

八、抓好党建和队伍建设，为业务发展提供强大支撑

一是深入开展党的群众教育路线实践活动。按照总行党委统一部署，以“为民务实清廉”为主要内容，按照“照镜子、正衣冠、洗洗澡、治治病”的总要求，聚焦“四风”开展活动，着力解决员工意见集中、基层呼声强烈、客户反映突出的问题。坚持开门搞活动，通过下基层调研、召开座谈会、上门走访、函询等方式，广泛征求各方面的意见，认真查找党委班子在“四风”方面存在的突出问题。召开专题民主生活会，研究确定了包含 29 项任务、73 项整改措施的整改方案以及“优化营销体系，完善考核机制，提升网点竞争力，加速人才培养，改进文风会风，厉行节约、勤俭办行”六个方面专项整治工作方案，制订了制度建设计划。坚持边整边改，将整改落实融入到日常经营工作中，做到了“两手抓、两不误、两促进”。二是加强人才队伍建设。全面实施人力资源提升项目，建立以年度考核为基础的积分动态管理长效机制，全辖 90% 以上员工工资档次得到晋升。推行人才发展项目，每个专业线建立一个人才发展库，按照专业知识和能力程度分集管理，初、中、高三个级别间通过专业学习和考试考核逐级晋升。推动干部交流工作，加强优秀年轻干部培养使用。三是加强企业文化建设。围绕中心工作，开展形式多样、内容丰富的劳动竞赛活动，充分激发广大员工的劳动热情，助推全行业务发展。组建了乒乓球、羽毛球、摄影等文体协会，定期进行训练、比赛、观摩等活动，组织开展丰富多彩的员工业余文体活动。推行党员承诺上墙、员工生日祝福等企业文化可视化工作，营造和谐奋进的文化氛围。深入开展帮扶救助工作和员工关爱工程，全年共慰问困难员工 942 人次。全行多个单位集体先后荣获“总行模范职工之家”、“福建省模范职工之家”、省部级“巾帼文明岗”，并涌现出了“全国五一金融劳动奖章”获得者、福建省“劳动模范”等一大批先进个人。

江西分行

【主要业务指标完成情况】

2013 年，江西分行实现拨备前利润 52.78 亿元，增长 20.02%；拨备后利润 47.9 亿元，增长 14.3%；实现经济增加值 19.5 亿元，增长 24.6%。实现中间业务收入 24.36 亿元，保持同业第一。本外币各项存款余额 2 312.4 亿元，较年初增加 260.2 亿元。本外币各项贷款（含卡透支）余额 1 602.9 亿元，较年初增加 205.39 亿元。全年清收处置不良贷款 13.2 亿元，其中现金清收 3.6 亿元。不良贷款余额 18.48 亿元，不良贷款率 1.01%。

【主要工作措施】

一、瞄准蓝海市场，全力发展负债业务

一是持续推进储蓄“蓝海”战略。实施商品市场“十百千万”工程，加强各类商品市场的上下游联动延伸营销，重点营销“百户”商户领袖，并依托商友系列产品，商品市场的业务份额从原先6%提升到20%以上，商友会员客户比年初增加11.8万户。加强农村市场细分，以田园卡、联名卡推广为重点，重点营销农产品加工企业主、农产品经销商、种植养殖大户、农村公务员及教师、外出务工人员和近郊金融服务盲区的农村客户，新增福农卡、田园卡35.5万张，卡存新增33.3亿元。以农业产业化企业为龙头，积极探索开展链式营销。通过拓展两大蓝海市场，储蓄存款扭转了与农行竞争不利的局面，实现日均和时点增量同业双第一。二是全力拓展对公存款市场。深入实施公司存款“三大工程”，落实信贷资金投向管理和委托支付制度，加强大额资金平台的应用管理，促进了公司存款稳步增长。尤其是通过表外信用业务带动、代理同业开票等一系列措施，推动保证金存款增长29%。积极探索机构存款“蓝海”领域。建立“四位一体”联动营销机制，开展对公客户“统一视图”工作，抓好“双名单制”落实，为机构存款全面崛起奠定了基础。研究和拓展对公存款资源较为丰富且竞争性相对较弱的“蓝海”市场，机构存款蓝海领域拓展初见成效，年末对公存款扭转了开年以来增长乏力的状况。

二、夯实两项基础，推进信贷转型

一是以拓展实体经济客户为抓手，进一步夯实信贷经营基础。突出营销实体经济客户，将园区拓展与持续开展的“走万家、拓千户”活动有机结合，壮大了实体经济贷款增长的基础，新拓大中型公司信贷客户240户，增长25.8%。以优先开拓现代服务业信贷市场为增长点，重点营销旅游、文化产业、现代物流业、医疗卫生业优质信贷客户和项目，服务业贷款占公司贷款比重较年初提高4.6个百分点。加大农村信贷市场的研究与拓展，建立涵盖全省农业产业化国家级和省级重点龙头企业的目标客户储备库667户。以银团贷款、供应链融资以及债务融资为切入点，推动融资模式转型发展。成功营销13条紧密型供应链，累计发放紧密型供应链融资8.11亿元；实现银团牵头19个，分销银团贷款8.3亿元；成功发行新钢股份15亿元短期融资券，实现了债券承销历史上零的突破。大力支持小微企业发展，紧紧围绕省级以上工业园区、各类商品交易市场、供应链客户等目标市场与客户加强营销，开展“百园千企”政银企对接，重点推进“财园信贷通”业务和项目项下供应链融资业务发展，通过专项规模支持、信贷政策调整、信贷流程简化等措施，促进小企业信贷业务稳步增长。新增小企业评级客户729户，增长32.5%。通过在工业园区市场办理“财园信贷通”业务，为220户小企业授信8亿元，发放贷款5.1亿元。二是以信贷业务整顿为抓手，进一步夯实信贷管理基础。针对高风险行业、高风险地区、高风险业务等“三高领域”，深入开展业务风险整顿和业务清查。集中开展信贷业务操作风险清查，有力打击了虚假交易背景及虚构贷款用途行为。强化信贷文化建设，重点对信贷从业人员开展贷后管理、信贷政策、流程操作等方面培训，提高了信贷从业人员业务素质。建立信贷从业人员岗位准入、职业发展、年检和退出制度，进一步严格落实无资格或低资格人员禁止从事信贷或复杂信贷业务的刚性规定。

三、突出三个重点，加大改革创新力度

一是加快中间业务创新发展。完善中间业务考核与资源配置，突出净利润、中间业务、经济增加值等核心指标的导向作用，依托产品创新提升客户的价值贡献。继续抓好传统结算、代理销售、基础投行等业务的稳定增长，巩固和扩大品牌投行、企业年金、资产托管、信用卡、贵金属、私人银行等新兴业务的领先优势，尤其是推动金融资产服务业务，提升盈利贡献。年末实现结算代理理财类收入同业排名第一，占比达到50%以上。二是深化经营机制改革，内生发展动力进一步提升。加大重点支行扶持力度，单独下达经营费用、人力费用、信贷规模等资源支持政策，推动重点支行加快发展。实施“重点支行理顺管理体制、优化经营机制”改革，试点开展支行内部管理体系梳理工作，持续提高县域支行竞争发展水平和管理能力。扎实推进业务集中处理改革，实现了全品种、全网点、全流程纳入集中处理。稳步实施业务流程综合改造。加大客户预填单、客户调度管理、贷款交易整合、卡折交易整合等项目的推广和应用，启动财政授权支付系统改造等特色业务优化工作。优化利率定价管理模式。在对上饶、抚州分行贷款利率市场化试点基础上，在全行范围内进行推广贷款定价方案。三是深化干部人事改革，推进员工职业生涯管理。加快干部年轻化建设步伐，提出了未来三年各级领导班子年轻化发展目标，全面实行领导班子“N+1”配备，加大70后年轻干部选拔力度。落实员工职业发展管理办法，重点推动非管理类职务晋升工作，组织完成柜员、文员岗位资格管理初始化工作，启动员工职业发展正常晋升机制。实行全员绩效合约管理，组织全行首次“功勋员工”评定与授章，授予勋章1 382人，促进全员提高履职能力和增强工作积极性。深入推进人力资源优化项目，在省行本部率先组织开展整编定员工作，优化和精简了省行科室及岗位设置。

四、抓好四项建设，强化内部管理

一是加强信贷风险防控建设。全面深化信用风险监控管理。将信用风险监控范围扩大到全部公司法人客户，对风险较大领域融资客户，逐户制定信贷掌握意见和风险防控措施。强化行业信贷政策管理。严格执行总行绿色信贷政策，认真落实"绿色信贷一票否决"制。全行"四大行业"和8个产能过剩行业贷款余额均控制在总行要求之内。抓好重点领域风险防范。加强对小企业经营情况监测，高度关注企业经营脱实向虚和多头融资风险。积极防范贸易融资、个人经营贷款、个人消费贷款、信用卡分期贷款等贷款风险，努力做到风险关口前移。切实抓好不良处置工作。针对不良贷款"前清后溢"问题突出现象，通过加大资产质量的考核权重和问责，调动了各行遏制不良贷款上升的积极性。实行"五个一"清收处置工程，切实落实大额不良贷款领导挂户清收处置责任制。二是加强内控案防建设。深入推进派驻监管、专业检辅、内控合规"三位一体"机制建设，进一步夯实了内控案防管理根基。着力加强网点现场管理，对辖区所有营业机构及柜台从业人员实行全面覆盖、不留死角的100%风险排查，同时加大网点重要业务和关键环节的管控力度，网点风险防范能力进一步提升。编写违规处罚案例警示录，做到人手一册，引以为鉴。大力推动员工行为规范和制度规范常态化教育，在全行范围组织开展"员工行为管理年"和"珍惜职业生涯、远离违规违章"主题教育活动，开展违反规定接受和赠送现金、有价证券、支付凭证问题专项治理活动，进一步增强员工职业道德和遵章守纪意识。三是切实改进作风。深入开展党的群众路线教育实践活动，着力整改了文风会风、工作效率、服务质量方面的突出问题。召开专题民主生活会，各级党委班子成员聚焦"四风"方面问题，深入开展批评和自我批评，敞开思想、揭短亮丑、提出整改措施。通过教育实践活动，推进构建领导干部作风改进的长效机制，并引导全行员工切实改进工作作风。四是加强党建和企业文化建设。组织召开全行党建工作会，提出当前及今后一个时期党建工作目标和重要举措，出台推进领导干部年轻化建设的实施意见、开展创建"五强"基层党组织和"五优"党员活动方案等重要文件办法。大力开展争创活动，推进了基层党组织和党员队伍建设。发布了江西分行特色文化建设纲要，营造浓厚的特色文化建设氛围。

山东分行

【主要业务指标完成情况】

2013年，山东分行实现拨备前利润191.5亿元，同比增加14.7亿元；实现净利润133.8亿元，同比增加7.3亿元。本外币各项存款余额6 310.52亿元，较年初增加564.62亿元。各项贷款余额5 657.32亿元，较年初增加502.79亿元。不良贷款率1.36%，拨备覆盖率达到151.17%。全年实现安全平稳运行。

【主要工作措施】

一、全力拓展市场，提高市场竞争能力

一是深入实施客户发展战略。坚持以客户为中心，以市场为导向，全力做大客户规模，做优客户结构，促进客户数量和质量的提高。全年新增大额平台目标客户1 402户、公司中型客户228户，A+级以上优质中型客户占比达到92.3%。新增机构客户账户1 721户，同业客户284户，户均存款达到214万元。个人有效客户较年初新增150万户，其中四星级以上客户增加62.0万户，私人银行客户增加314户。二是着力提升存款市场竞争力。健全完善存款主维护人制度、存款重点关注支行制度和存款信息督导制度，配套落实竞争力衰减问责制度，各项存款持续稳定增长。全年新增本外币各项存款564.62亿元，省内四大行占比27.47%，排名第二。其中，储蓄存款增加379.85亿元，省内四大行占比30.21%，排名第一；对公存款增加184.03亿元。三是改进和加强服务工作，按照总行"服务品质提升年"部署要求，以中高端客户服务品质提升为重点，以服务工作突出问题整治为基础，创新服务管理模式，扎实推进各项工作。全年客户投诉量比上年下降61.59%，年末全省五星级及以上客户平均排队时间下降到8分钟以内，72.48%的客户能在10分钟内办理完业务。

二、积极稳妥增加信贷投放，不断优化贷款结构

一是积极增加信贷投放。在信贷限额总体有限的情况下，合理统筹信贷资源，科学把握信贷投向，既有效满足了省内重点项目融资需求，积极支持了企业发展，又实现全行信贷业务的快速增长。全年新增本外币各项贷款502.79亿元。其中，中长期项目贷款增加113.28亿元，短期流动资金贷款增加238.36亿元。二是持续优化信贷投向。全年新增"黄蓝"两区贷款138.44亿元，占全部公司贷款增量的46.84%。新增县域贷款163.77亿元，占全部人民币贷款增量的37%。新增十大振兴产业贷款163.83亿元，占全部公司贷款增量的55.43%。新增文化旅游业贷款15.1亿元、生产性服务业贷款277.96亿元。产能过剩以及煤炭、涉重金属污染和涉高危化学品行业领域融资余额较年初下降27.68亿元，其中退出适度支持类以下客户融资39.01亿元。

三是积极拓展表外融资业务。大力推广理财投资、委托贷款、金融租赁、股权融资等业务，促进表内、表外业务融合互动发展，满足了客户多样化融资需求。年末，全行表外融资余额 2 109. 43 亿元，较年初增加 558. 18 亿元，同比多增 289. 03 亿元。其中，委托贷款、银行承兑汇票、保函、信用证四项业务较年初增加 483. 19 亿元，完成理财项目及票据资产投资 74. 99 亿元。

三、加快推进结构调整，推动全行经营转型

一是优化调整收入结构。按照“巩固强项、扭转弱项、突破空白点、开辟增长点”的总体思路，突出发展重点，细化增收措施，加大挖潜力度，进一步提升中间业务发展水平。全年共实现中间业务收入 71. 5 亿元，增长 10. 67%；占营业净收入的比重为 23. 35%，同比提高 0. 82 个百分点。其中，结算代理理财业务收入 46. 48 亿元，同比增长 19. 17%；品牌投行业务收入 10. 24 亿元，同比增长 40. 98%；金融资产服务业务收入 41. 26 亿元，同比增长 38. 39%。二是优化调整人员结构。在对全省人员结构进行调研分析的基础上，制定出台关于优化人员配置增强营销力量的意见、加强支行行级干部职数管理的若干意见，加快推进分支行本部人员调整优化工作，压缩机关本部和中后台人员，充实一线人员和客户经理队伍。年内已调整柜员 343 人，其中 264 人充实到销售类岗位。同时，严把新增人员流向关，各类新增人员优先投向网点一线柜员岗位和销售类岗位，不断提高网点人员配置效率。三是优化调整渠道结构。着眼于结构调整和产能提升，以及网点布局与资源分布、物理网点与自助渠道的协调发展，有序推进网点优化工作。年内完成迁址 35 家，升格二级支行 37 家、升格一级支行 2 家。年末 115 家新建网点存款余额达到 135. 9 亿元，网均余额达到 1. 18 亿元。

四、全面加强信贷风险防范，努力保持资产质量稳定

一是加强风险管理机制建设。建立部门间的沟通协调机制，按月召开联席会议，及时商议信贷政策调整、贷款限额管理、到期贷款管理、重点县域支行业务发展等相关内容，建立起有效的前中后台沟通协调机制。将风险排查和潜在风险贷款退出管理有机结合，完善客户风险分类和退出机制。自主研发了行业信贷风险监测分析系统，初步实现对客户的资金流、现金流批量监测，提前揭示风险。二是转变信贷经营模式，大力发展供应链融资业务。按照总行统一部署，配套制定供应链融资业务政策，排出了拓户名单，逐户制订营销方案。在此基础上，实施省行行领导营销名单制度，对目标核心客户进行上门走访营销。各二级分行和支行组建营销服务团队，通过高层营销、分包挂靠、限时突破、优化流程等措施深入推动供应链融资发展。截至年末，已审议批复个性化供应链服务方案 40 户，其中核心企业供应链方案 33 个，项目供应链方案 7 个，梳理 982 户上下游供应链客户，核定债项授信 45. 6 亿元。三是强化以偿定贷信贷理念，积极化解担保圈贷款。针对保证类贷款比重过大的情况，对二三四类风险担保圈贷款逐圈逐户进行分析，通过增加抵押物、供应链融资置换、更换高信用等级保证人、退出清收等措施，积极化解担保圈贷款风险。年末化解担保圈贷款 80 亿元，完成全年化解任务的 118%。四是压降潜在风险贷款和逾期贷款。年末退出转化潜在风险贷款 105 亿元，剪刀差贷款由年初的 22. 89 亿元降至 9. 97 亿元。不断深化贷款基础管理，开展个人住房贷款应办未办抵押登记集中整治活动，规范个人住房贷款操作。截至年末，应办未办抵押个人住房贷款登记率由 54. 45% 上升至 57. 9%。五是加大清收处置力度，遏制不良贷款反弹势头。严格落实清收处置“一把手”责任制，突出“两大、两小”，即不良贷款大行、大户和小企业、个人不良贷款（含银行卡透支），综合采取现金清收、以物抵债、呆账核销、贷款重组等方式，加快清收处置进程。全年累计处置不良贷款 38. 23 亿元，较上年多处置 3. 24 亿元。其中，处置法人客户不良贷款 20. 07 亿元、个人客户不良贷款 18. 16 亿元。

五、毫不放松地抓好内控案防工作，确保各项业务安全运营

一是完善内控案防管理体系。扎实做好内控合规各项工作，不断强化制度建设，立足问题整改，提升履职效果，全年未发生重大操作风险事件和案件事故，实现安全平稳运行，内控专业综合考评系统内排名首位。二是加强检查统筹管理。紧抓风险防控重点，对表外业务、代收代付业务、金库管理制度执行情况、逸贷业务等 9 项内容，开展专项检查和调研，加强重要风险防控。检查过程中，合理安排检查项目，坚持持证上岗制度，严格落实现场控制措施，检查质量和风控能力进一步提升。研究制定管理人员廉政案防履职巡查管理办法，采取突击巡查的方式，对各二级分行的检查实现全覆盖。开展两个责任制量化考核评价，及时发现问题，提出和落实整改建议，保证了各项责任的落实。三是严格把控各类案件重要风险点。在总行确定的 6 个重要风险点的基础上，根据我行实际，增加了理财业务、内部账户管理、贸易融资、违规查询下载客户信息 4 个风险点。开展员工参与民间融资专项排查活动，组织签订责任书、承诺书、确认书 29 372 份，走访典当行、小额贷款公司、担保公司等机构 233 家、公检法及监管部门 397 次、重点客户 3 174 户，实现了排查对象从管理人员、到普通员工、再到在编不在岗员工的全覆盖。对员工违规担保等问题，按规定进行责任人处理，充分发挥惩戒警示作用。四是严肃查处各种违规违纪行为。持续加大对违规违纪人员的处罚和责任追究力度，促使干部员工坚持依法合规经营，严格按规章制度办事。不断加强对内控薄弱机构的督导力度，定期对重点关注的机

构、专业、岗位人员整改情况进行评价验收，促使其提升内控管理水平。目前，十大违规行为风险事件下降到月均1笔的较低水平，重点治理的“屡查屡犯”事件数量和柜员数量分别较上年下降76.32%和86.34%。

六、加强党建工作和队伍建设，促进作风转变和素质提升

一是深入开展党的群众路线教育实践活动。按照中央以及总行党委统一部署，把党的群众路线教育实践活动作为首要政治任务，围绕为民务实清廉主题，扎实推进各环节工作。省行党委班子先后集体学习6次，征求意见建议579条，梳理“四风”问题13个。坚持边学边改、边查边改。对于征求到的问题及建议，制订了整改方案，形成了解决问题的“日程表”和“路线图”。二是加强干部队伍建设。坚持德才兼备、以德为先、注重实绩的用人标准，加大二级分行行级干部、高级业务职务人员的选配调整力度。在干部推荐、考察考核中设置了“德”的评价项，将其作为选用干部的首要依据，去年以来考核评价干部160余人。适应全行经营转型和业务发展需要，推动管理职务、业务职务协调发展，员工职业生涯实现多元化发展。推动多层次的干部培养锻炼，17名二级分行干部赴省行部室交流，6名省行本部干部赴基层行交流任职。加强与政府企业间的交流，推荐3名同志赴山东省国资委、银监局、金融办等单位挂职。进一步细化“360度”民主测评，扩大员工评价权重，干部选拔任用的透明度和群众满意度不断提高。三是加强员工队伍建设。紧紧围绕业务发展和员工队伍成长需要，突出重点，上下联动，多措并举，不断深化培训工作。全年完成面授、专题、视频网络培训2 633期，人均培训8.66天。着力抓好管理人员培训。围绕业务转型发展和经营管理能力提升，采取集中轮训、党校进修、专题讲座、与高校合作办学等多种方式，加强对各级干部的培训，全年举办培训11期，725人次参训。点面结合推进员工培训，组织各级各类重点培训499期。以新业务、新产品为重点，采取集中培训、在线学习、模拟操作等方式，开展业务集中学习，全年实施培训2 123期，10.3万人次参训。四是加强宣传思想文化工作。精心组织十八大精神学习宣传，省行和各二级分行举办党委中心组集体学习191次。深入学习领会党的十八大、十八届二中、三中全会和习近平总书记一系列重要讲话精神，以及中央关于党风廉政建设部署和党的群众路线教育实践活动重要文件，组织十八大精神集中轮训，全行330余名正副处级干部、资深经理和高级经理参加为期5天的集中学习与研讨。持续强化员工思想引导，紧紧围绕总行和省行工作部署，结合年度重点工作，组织各行抽调专人组成宣讲团，到支行、网点进行巡回宣讲，引导基层干部员工准确领会、把握上级行党委决策部署。深化企业文化建设，组织编写了建行30年发展大事记，汇编形成企业文化建设集锦，因地制宜建立“文化角”、“文化墙”、“文化长廊”，依托职工之家，将文化传播融入书法、绘画、摄影、演讲比赛及文体活动，在潜移默化中使核心理念内化于心。

河南分行

【主要业务指标完成情况】

2013年，河南分行实现拨备前利润87.4亿元，拨备后利润81.3亿元，净利润60.3亿元，分别增长21.2%、21.7%、20.9%。实现中间业务收入40.15亿元，增长23.65%，中间业务收入占营业净收入的比重提升至26.43%。本外币各项存款余额3 985亿元，新增361亿元，增幅9.97%。各项贷款余额2 531亿元，新增326亿元，增幅14.8%。不良贷款保持双降，贷款不良率降至1%。

【主要工作措施】

一、强化信贷转型

持续加大对战略性新兴产业、先进制造业、现代服务业、文化产业的资源倾斜力度，其贷款占公司贷款的比重较上年提高5.6个百分点至41.6%，新增169亿元，占全部公司贷款增量的87%。大力发展小企业、贸易融资、个人贷款业务，其贷款新增208亿元，余额占各项贷款的比重提高2.5个百分点至47%。着力发展供应链融资业务，年末有融资余额的供应链数85条，办理融资链数75条，累放达到60亿元。加大对“走出去”企业的支持力度，累计办理国际贸易融资32.8亿美元，同比增长61%，办理对外担保29.2亿元，同比增长2.5倍。统筹推进电力、公路、城建、房地产四大行业贷款调整，腾出的信贷规模主要投向重点企业和重大项目建设。坚持优化增量与盘活存量相结合，全年公司贷款累放1 335亿元，同比多放220亿元。

二、强化负债转型

在市场流动性趋紧、存款竞争更加激烈的新形势下，更加重视存款在经营发展中的基础性作用，更多地放在拓展客户、创新产品、改善服务、联动营销、优化

资源配置等基础工作上，促进存款的稳定增长。进一步加强存款与理财互动，实施存款与保本理财的双线考核，通过产品锁定重点客户群，争揽更多客户和存款。切实抓好存贷互动，实施存款增长与信贷资金配置联动管理，对于存款计划完成较好的分行，在新增贷款规模上给予适度倾斜。着力引导全行由重时点向重日均转变，推动存款持续稳定增长。储蓄存款新增268亿元，增幅12%；日均新增208亿元，排名全系统第二位。机构存款新增93.5亿元，增幅13.6%。

三、强化收益转型

深入实施中间业务“全面发力、重点突破、巩固优势、加快创新”16字方针，在创新用新和合规管理上狠下功夫，推动中间业务持续快速发展。一方面，抓创新推动。重点加大金融资产服务及品牌类投行等创新型业务的拓展力度，重点品牌投行业务收入同比增长1.73倍，担保承诺业务收入同比增长71.8%，企业年金收入同比增长67%，外汇业务收入同比增长52 %，私人银行业务收入同比增长48.4%，贵金属业务收入同比增长41.9%，经营性物业贷、收费权质押贷款等多项业务实现了零突破。另一方面，抓业务挖潜。充分挖掘对公、对私人民币结算、电子银行、银行卡等传统业务增收潜力。信用卡业务收入同比增长45.6%，占全行中间业务收入的比重提升至18.3%，电子银行收入同比增长37.8%，银团贷款业务收入同比增长2.76倍。同时，注重合规管理，开展了涉企专项收费自查等工作，确保了中间业务可持续健康发展。

四、强化客户转型

坚持把客户作为转型发展的重要基础，深化“强个金、大公司、全机构”战略，着力在有贷户、无贷户、个人客户的链式营销、精准营销、批量营销上下功夫，实现量与质的双提升。全年公司有贷户新增243户，增长7.9%，其中A+级以上公司贷款客户占全部公司有贷户的比重提高5.2个百分点至74.6%。机构客户新增1 308户，增长13.6%，其中千万元以上客户增长19.9%，对公结算账户存量达到19.6万户，金融资产5万元以上的个人中高端客户增长7.4%，服务重点品牌投行客户增长2.5倍，贵金属客户增长75%，手机银行客户增长50%，养老金客户增长28.7%，资产2 000万元以上超高净值客户增长28%，外汇客户增长27.4%，新签约现金管理客户增长26%，代发工资单位增长25.3%，信用卡客户增长6.3%。

五、强化联动营销

持续开展各项业务的联动营销竞赛活动。业务联动上，通过本外币联动，人民币跨境结算业务同比增长452%、对外担保业务同比增长255%、国际结算业务同比增长71.8%、国际贸易融资同比增长57.9%、结售汇业务同比增长35.3%，国际业务量达到330亿美元，同比增长67%，市场占比38%，首次跃居同业第一。内外联动上，通过加强与工银租赁联动，租赁业务综合排名系统第3位，较上年提升3个位次；通过加强与兄弟分行和同业的联动，牵头组建跨行和行内银团17个，涉及贷款金额114亿元。部门联动上，着力强化个金、公司、机构、银行卡、电子银行等部门的联合互动，提高了综合营销效果和各类产品对客户的渗透率，信用卡中高端客户渗透率达到15.7%，较年初提高0.7个百分点；个人网银覆盖率达到56.4%，较年初提高5.6个百分点。

六、强化改革创新

通过持续推进营业部竞争力提升和县域支行改革，营业部存款、贷款、中间业务、利润等主要指标均居同业第一，分别增长16%、15.5%、33.5%、22.3%，分别高出全省平均增幅6个、0.64个、9.9个和0.65个百分点；县域支行各项存款、对公存款、各项贷款、拨备后利润分别较改革前增长了28.2%、29.7%、61.4%和50.7%，高出同期全省平均增幅1.6个、6.8个、28.7个和18.1个百分点。召开了城区支行加快转型发展推进会，确立了“七强一首”战略目标，明确了省行和二级分行“七大支持”措施，年末城区支行中间业务收入增长65.5%，拨备后利润增长29.5%。通过持续深化授信审批集中改革，个人信贷、小企业信贷、法人信贷业务每人日均处理笔数分别提高了298%、147%、92%；通过深入推进业务运营三项改革，实现了39个业务大类、131个业务小类的集中处理，集约化管理和风险控制能力大大增强；全面实施了法律事务改革，诉讼案件管理水平显著提升。

七、强化服务转型

按照中央要求以及总行党委部署，深入开展党的群众路线教育实践活动，聚焦“四风”问题，落实整改措施，进一步增进了班子团结，改进了工作作风，凝聚了队伍士气，提升了金融服务水平，带动了各项业务的持续快速发展。深入开展“服务品质提升年”活动，狠抓服务管理长效机制建设、规范化服务基础、投诉治理、消费者权益保护、渠道建设等工作，客户满意度明显改善，服务形象持续提升。客户投诉量同比下降82%，客户满意度达到99.8%，同比提高了0.57个百分点；渠道建设三年规划圆满收官，其中2013年新建网点9个、优化调整46个；新增ATM 592台，新建离行式自助银行90家；电子银行替代率提升6个百分点至82%，柜面业务可分流率下降7.8个百分点至31.1%。全行28个营业机构被评为“河南省群众满意基层站所”，数量连续四年排名同业首位。获得了河南地区“最佳服务银行”、“最佳支持中小企业银行”等称号。

八、强化风控转型

深入实施信贷业务联动管理，严格地方融资平台、房地产等重点领域的风险防控，加大潜在风险贷款退出、“担保圈”化解和不良贷款清收处置力度，全年累计退出与转化潜在风险贷款43.58亿元，化解担保圈贷款11亿元，有效控制了贷款劣变和下徙。开展了管理品质提升年、合规长效机制建设年、风险隐患专项治理等活动，加强了对总行及省银监局确定的“6+5”案防重要风险点的防控治理，风险管控能力明显提升，各类风险事件同比减少8 555笔、下降28.4%；累计防范外部欺诈事件99起，涉及风险资金6.74亿元，实现了全年安全营运，被河南省公安厅评为“全省内部治安保卫工作先进集体”，是大型银行中唯一获此荣誉的单位。

湖北分行

【主要业务指标完成情况】

2013年，湖北分行实现拨备前利润94.93亿元，增幅高于全国一级分行平均水平10.03个百分点。实现中间业务收入54.29亿元，同比增长20.26%，高于全国一级分行平均水平8.09个百分点；同业占比37.96%，高于排名第二的农行8.96个百分点。各项存款增加558.4亿元，同业第一。其中储蓄存款增加336.58亿元，对公存款增加221.82亿元。新增贷款305.49亿元，同业第一。对公账户18.97万户，净增2.22万户，余额、增量继续保持同业第一；四星级以上个人客户230.35万户，同比增加26.03万户，占比提升0.89个百分点；私人银行客户695户，同比增加155户，增幅高于系统平均水平8.6个百分点。中高端客户信用卡发卡渗透率达到16.1%，同比提高0.8个百分点；信用卡比年初增加27.6万张，发卡量继续保持同业第一。

【主要工作措施】

一、在结构调整中实现市场竞争能力大幅提升

一是加快存款竞争力提升，存款增量勇夺同业第一。制定两项负债分层级、分阶段的增点进位同业赶超计划，综合运用倾斜绩效资源、实行专项奖励、提高考核权重、干部考核挂钩等行之有效的措施提高全行员工争揽存款的积极性，促进负债业务加快发展。二是加快优质信贷市场拓展，“第一信贷银行”地位不断巩固。贴近湖北资源禀赋特征和经济发展特点，积极拓展“四大新市场”和民生金融领域市场，加快抢占县域优质信贷市场。深化小企业信贷业务梯度发展策略，探索银政保合作共建小微企业信贷风险补偿机制。优选首套住房贷款、汽车贷款、出国留学、商品交易等个贷领域目标市场，加快发展信用卡透支和分期付款等消费融资产品。高度重视并着力推进逸贷业务营销推广，小微商户逸贷业务主要指标系统领先。三是加快业务创新步伐，中间业务收入持续领跑同业。继续把中间业务创收增收作为构建多元均衡盈利增长格局的重中之重，全力推动基础类中间业务提速、创新类中间业务提量、融资类中间业务提质。四是加快客户综合拓展，竞争发展基础不断夯实。将客户综合拓展作为做大做强做优的基础和源泉，作为加快发展方式转变的抓手和突破口，坚持“面上的客户分层营销、全面拓展；重点客户深度营销、重点挖掘”原则，在全行深入开展法人客户市场目标、重点目标、发展目标“三个目标”拉网式营销，通过逐行、逐专业下达刚性拓户计划，明确职责，加强考核，加大存量客户提质和增量客户拓户力度。

二、在应对复杂经营环境中实现风险控制能力提升

一是加强信贷业务精细化管理，不良贷款持续“双降”。将保持资产质量稳定作为全行工作的重中之重，不断增强防范风险的前瞻性和预判力。建立风险资产全行督办、定期督办、逐行逐户逐笔督办、行长挂钩负责制度，聚精会神加强资产质量精细化管理。全年清收处置不良贷款17.35亿元，其中现金清收7.09亿元。年末逾期贷款与不良贷款剪刀差14.41亿元，比年初下降2.76亿元。不良贷款余额16.45亿元，比年初下降0.21亿元；不良贷款率0.64%，比年初下降0.1个百分点。不良贷款余额和不良贷款率持续保持“双降”，资产质量持续保持优于系统、优于同业的良好态势。二是加强内控案防综合化治理，全行保持安全平稳运营。强化“安全防范无小事，内部管理无琐事，合规经营无特事”管理理念，建立健全“管理靠制度、办事讲规则、决策依程序”的内控氛围。全面开展以“切实解决‘六个不到位’问题，有效提升制度执行力”为中心内容的“内控品质提升年”主题活动。加强内外风险交叉传染叠加背景下的操作风险管控，开展了“重要业务、重要环节、重要岗位”操作风险大检查，“屡查屡犯”专项治理活动全国一级分行综合考核排名第3位。加大对各类违规违纪行为的查办问责力度，全行保持安全平稳运营。

三、在机制创新中实现队伍经营活力有效提升

一是加大机制创新力度。全面推进以“目标管理精细化、绩效考核科学化、资源配置透明化、干部管理规范化”为主要内容的体制机制创新，较好地起到激

活干部员工潜能、促进业务发展的作用。坚持“四维度”目标评价标准，推进目标管理精细化。坚持完善绩效考核办法，推进绩效考核科学化。坚持按业绩配置资源，推进资源配置透明化。坚持凭业绩用干部，推进干部管理规范化。二是强化机构人员管理。加强渠道优化调整。认真贯彻落实总行网点竞争力提升七大工程，以推动业务发展和提高网点经营效益为目标，以网点周边资源、效能分析为基础，以迁建、改建、优化与整合为手段，以优化网点布局、提高网点辐射能力为主要路径，全力推动网点转型升级。全年完成网点建设项目234个，其中新建自助银行165家、优化调整存量网点64家。年末柜面业务可分流率25.5%，同比下降8.1个百分点。加强人员结构优化调整，抓住总行人力资源政策调整窗口期机遇加速人员结构优化。三是强化团队执行力建设。要求全行将“经济资本占用管理、资金计价改革管理、风险计量综合管理、公私一体化营销”贯穿于经营活动的全过程、各环节，形成制度，嵌入流程，严肃考核，严格奖惩。督促各级行坚持走资本节约型发展道路，推进管理的精细化和经营的集约化。

四、在教育实践活动中实现干部和经营作风优化提升

一是以深入开展党的群众路线教育实践活动为契机，重点解决干部作风和经营作风中存在的突出问题，把解决“不作为”和“乱作为”作为整个活动的重中之重，通过扎实开展“五抓五促”，推动党的群众路线教育实践活动走向深入。即：抓“六项清理”整改，促经营作风转变；抓“百名高管进百家支行”活动，促干部作风转变；抓本部服务承诺，促机关作风转变；抓从严规范管理，促队伍作风转变；抓服务优化创新，促行业作风转变。二是以党的群众路线教育实践活动为契机，与时俱进加强新形势下党建和队伍建设。针对教育实践活动揭示的问题加大整改力度，提高全行特别是各级管理团队运用科学发展观推动健康可持续发展的能力。通过建立创先争优长效机制，激发基层党组织内生活力，引导全行员工不断提升思想政治修养和爱岗敬业精神，发挥党建对经营发展的引领和促进作用。坚持经营管理与党风廉政建设同部署、同推进，强化全员廉洁从业意识。三是以党的群众路线教育实践活动为契机，以人为本抓好员工工作和企业文化建设。坚持“发展依靠员工、发展成就员工、发展惠及员工”理念，不断完善员工职业发展机制、教育培训机制、岗位流动机制、薪酬激励机制、监督管理机制。积极探索具有湖北分行特色的企业文化建设路子，引导全员积极参与企业文化实践活动并积极争创全国文明单位。不断深化民主管理和民主监督，维护职工合法权益，提高决策监督质量，使员工真正关心和参与全行发展。

湖南分行

【主要业务指标完成情况】

2013年，湖南分行全部存款增加212.2亿元，其中储蓄存款、对公存款、同业存款分别新增152.1亿元、46.7亿元、13.4亿元，同业存款新增额居同业第一。人民币各项贷款新增193.4亿元，其中个人贷款增加89.6亿元，占比46.3%；房地产开发贷款、个人住房按揭贷款分别累计投放81.8亿元、139.2亿元，均创历史最好水平。实现拨备前利润62.2亿元，同比增长11.7%；净利润46.5亿元，增长10.5%，增幅高出全国平均水平2个百分点；EVA 27.2亿元，增长21.9%，完成年度预算的105.6%；经济资本回报率36.1%，提高4.2个百分点。实现中间业务收入35.2亿元，同比增长23.4%；收入同业占比33.2%，提升2.2个百分点。内部可控风险暴露水平为6.1‰，同比下降62.7%。退出转化潜在风险贷款30.7亿元，完成任务的148%。清收转化处置不良贷款14.7亿元，完成任务的108%。全年无大案件事故。

【主要工作措施】

一、强化稳存增存举措，提高存款市场份额

一是确保公司存款稳定增长。推行公司存款“一把手”工程，重点围绕核心企业，大力拓展产业链上下游客户；通过供应链融资与结算服务锁定目标客户及资金流向；加强对公资金平台应用管理，实时关注资金流动；加强存贷比管理，建立有贷户公司存款监测制度，每季度要求各二级分行对有贷户存贷比、销货款回行情况进行逐户检查；强化对保证金类存款产品的营销，加大存款自动转换、委托贷款等业务推广力度，通过银团牵头行和结算代理行角色锁定银团资金，引存增存；继续推广收款管家、票据池、资金池等具有较强市场竞争力的产品，从结算源头争揽存款。全年对公存款增长46.7亿元。二是保持储蓄存款稳步增长。开展“薪火”行动之代发工资、商品交易市场、农村市场系列营销活动，批量挖掘大项目及优质客户；以灵通卡为依托加大客户扩面，重点突出银医一卡通及民生领域项

目营销；依托工银商友俱乐部营销服务平台及商友系列产品，推进商品交易市场营销。储蓄存款较年初净增152亿元，同时发行981款本外币理财产品，销售银行类理财产品281.4亿元，代理销售基金40.2亿元，代理个人保险销售额6.2亿元。三是加大机构存款维护和营销力度。持续做好对移动公司和湖南省烟草公司客户业务服务，进一步夯实存款基础。全面推进民生领域金融服务业务发展，成为省会长沙第一家发行“居民健康卡”的银行。突破社保领域业务，全省七家二级分行已与当地人社局签订《社会保障卡金融服务项目合作协议书》。配合财政开展国库集中支付电子化改革工作。为公积金中心量身定制“银企互联”服务方案。进一步加强养老金业务及资产托管业务竞争能力，向省内77家企业提供年金服务，资产托管业务规模总额达到383.5亿元。全年机构存款较年初增长55.6亿元，增量排名较年初前进5个位次。

二、推进精准营销，抢抓优质信贷业务市场

一是做大优质信贷市场。支持湖南省政府重大项目建设的信贷投放，贷款净增66亿元。对湖南洞新、临岳、张花、怀通、茶界、东常、临长等高速项目累计投放贷款48.9亿元，湖南高速贷款增加33.3亿元，公路行业贷款合同执行率达99%。成功发行湖南高速公路建设开发总公司中期票据24亿元。联手工银租赁与三一重工旗下的康富租赁有限公司办理10亿元的厂商租赁融资业务。二是引导信贷结构调整。对“两高一剩”行业客户逐户进行风险排查，加强客户行业分类及信用贷款客户准入管理。向“四大新产业”新增贷款53.4亿元，较上年上升28.3%；涉及“两高一剩”节能减排控制行业客户贷款得到有效控制。拓展小企业和个人消费信贷市场。推进小企业专业市场、产业园区、供应链集群客户营销，全省累计营销小企业重点客户群贷款18亿元；丰富供应链融资发展模式，围绕三一重工、中联重科等总行级核心企业及上下游大力拓展同类型的集群型客户贸易融资2亿元。以个人住房按揭贷款为主打产品，同步跟进个人经营贷款和个人消费贷款，个人贷款增加89.6亿元，完成年度计划的199%。

三、坚持量质并举，促进中间业务稳健发展

一是完善中间业务激励考核机制。对2013年中间业务激励考核机制进行全方位完善，调整费用资源配置与中间业务收入的挂钩方式，加大对二级分行主要负责人、省分行机关部门专项激励力度，修改完善中间业务综合考核办法。加强中间业务日常精细化管理，从6个维度对中间业务收入进行全方位监测分析。创新发展高收益转型中间业务。加强公司中间业务工作的组织推动，提高房地产业务、小企业金融业务、网贷通业务综合回报率。推进公司信贷中间业务收入增长结构的调整和品牌建设。以代理基金、保险、理财等高收益品种为营销重点，努力挖掘新的收入增长点。探索与各券商的合作新模式，第三方存管服务费收入大幅增长。发展分期付款业务、贵金属业务、收单业务等高收益转型中间业务，增强中间业务可持续增长能力。全年中间业务收入同比增加6.7亿元，增长23.4%，完成计划的110.7%。二是规范中间业务收费管理。全面落实监管要求，先后开展不规范经营“回头看”、服务收费复查、发改委涉企收费专项检查和中介机构年度考评工作。开展“3·15”金融消费者宣传教育、“普及金融知识万里行”以及“金融知识进万家”宣传月等宣教活动共1 100余场次，参与人数逾一万人。做好消费者权益保护工作，建立健全消费者投诉监测、分析、受理、处理和反馈机制。

四、大力推广新兴产品，提升转型业务盈利能力

一是提升信用卡业务经营效率。推广公务员卡、美食卡、多币种卡、安邦卡、携程旅游卡等优质产品，新增发卡41万张。三级联动拓展交通卡项目，抢占驾驶员市场，共发行牡丹交通卡19.7万张。继续把优质客户渗透作为工作重点，启动黑金卡发卡，积极推广发行白金卡，已与174户商家完成逸贷公司卡签约。强化分期付款业务宣传，做大家装、购车等专项分期付款业务，全年分期付款交易额达113亿元，同比增长50.7%。重点拓展固定资产融资客户收单业务和特色一条街收单商户，固定资产融资客户收单覆盖率达到80%以上。全年实现信用卡中间业务收入7.7亿元，同比增长48%，增幅全国排名第七。二是加速发展电子银行业务。组织开展“银企互联联百家”活动，锁定省内100家重点目标客户，制订个性化营销方案，33家优质客户开通我行银企互联。开展“电子商务务实干”，累计为78户企业开通电子商务平台。加快电商平台建设推广工作，成功营销18家商户入驻我行“融e购”平台。加强收、缴费站建设，扩大电子银行产品在公共事业领域的应用范围及影响力。深入开展“金融@家　环保有我”主题活动，积极开展手机银行和短信银行营销，全年新增个人网上银行证书客户12.8万户，手机银行客户8.2万户。三是大力发展结算与现金业务。积极拓展贵金属营销，成功首发红色题材贵金属产品，创新销售红色题材贵金属产品300公斤。开办具备综合回购功能的贵金属旗舰店，实现我行回购业务零突破。全年贵金属业务完成中间业务收入7 477万元，同比增幅达202%。法人理财和现金管理业务贡献突出，全年销售法人理财产品59.6亿元，签订现金管理协议8 712户，任务完成率达356%。四是国际业务竞争力进一步增强。发挥工行全球网络优势，联动境外机构为湘企“走出去”提供融资服务，全年共为三一重工集团、中联重科、汇富投资集团等办理内保外贷业务30 227万美元，比上年增长52%。全年办理国际结算业务62.7亿美元，同比增长23%。

五、突出防控重点，提高风险管理水平

按照“四三三”贷款管理机制，把质量监管责任具体明确和落实到前中后台每个岗位、每个员工。前台营销部门和人员切实履行调查职责，中台授信审批部门和人员严把审查审批关，后台信贷管理部门和人员严格审核担保和前提条件落实情况。突出压降转化潜在风险贷款。分解落实压降任务目标，对潜在风险贷款逐户制订清收和退出方案。制定潜在高风险贷款管理办法，对潜在风险贷款中的高风险劣变贷款实行单独管理，对大额潜在风险贷款实行行领导挂帅督办制度。将潜在风险贷款压降指标纳入二级分行行长经营绩效考核和信贷经营管理水平等级评价。加强对潜在风险贷款动态管理，按月做好监测分析工作，按季度通报压降进度。全年退出转化潜在风险贷款金额30.7亿元，完成总行下达任务的148%。完善不良贷款管理机制。推进“抓大清长”策略，将1 000万元以上大户作为不良贷款清收压降工作的重点和突破口，加快五年以上账龄不良贷款清收进度。强化行领导挂帅清收责任制，明确各级行领导为大额不良贷款清收处置的第一责任人。推行法人客户不良贷款集中管理模式，建立大额贷款项目贷款劣变前和劣变后的一体化管理机制。建立健全不良贷款清收处置问责和督办制度，严格对具体责任人员兑现处罚。全年累计清收处置不良贷款14.7亿元，完成计划任务的108%。加强内控案防管理。组织对支行案件防范工作集中巡查，强化整改落实，保障全行经营稳定。

广东分行

【主要业务指标完成情况】

2013年，广东分行实现拨备前利润308亿元，同比增幅为9.07%；实现拨备后利润293.5亿元，同比增幅为6.7%；实现净利润218.8亿元，同比增幅5.6%；利润总额居同业第一，首次实现人均创利超百万目标。本外币全部存款余额13 213亿元，各项存款余额12 941亿元，比年初增加1 005亿元，四大行占比36.3%，居同业第一。本外币贷款余额7 349亿元，比年初增加172亿元，其中人民币贷款净增613亿元，四行占比31.8%，居第一。实现中间业务收入138.3亿元，同比增幅14.9%，对总行贡献度为10.64%，同比提高0.05个百分点。资产质量总体稳定，不良率低于系统平均水平，不良贷款余额67.61亿元，比年初增加8.05亿元；不良贷款率0.92%，比年初微升0.09个百分点。全年无案件发生，实现安全运行，确保“内控评价一类行”的地位。在总行2013年度一级分行经营绩效与业务发展考评中排名第二，有10家分行进入全国二级分行经营30强。

【主要工作措施】

一、坚定不移地加强资产质量管理，切实守住生命线

一是抓机制，严格考核问责。与各级分支机构签订资产质量责任状，明确资产质量管控目标和责任，进一步加大对管理不力、不良贷款清收效果不明显的分支行负责人和客户经理的问责力度。同时，进一步加强对分支机构特别是不良率上升较快、信贷检查发现合规性问题较多的分支行的管理。二是抓大户，落实名单制管理。法人融资大户方面，进一步加大风险分析和排查，关注风险预警信息，重点对民营融资大户进行拉网式的风险排查，及时进行风险提示，提前跟踪落实贷款到期的还款来源。个人客户方面，不断加快不良贷款清收处置，对单户不良贷款本金超100万元的个人客户实行实名制管理，并逐户研究制订和组织落实清收处置方案。三是抓实管，进一步夯实基础。在继续抓好逾期贷款的催收和潜在风险贷款的管理，缩小剪刀差的同时，重点抓好贸易融资、小企业贷款、个人经营性贷款、个人家居贷款、信用卡分期贷款等重点领域和环节的“防假”、“反假”，并按照“表内外一视同仁”的原则，加强表外业务管理。四是抓清收，提升处置贡献率。灵活运用各种处置手段，创新运用债权批量转让、重组、并购等处置方式，加大不良贷款现金清收力度，进一步提高风险贷款的清收处置效率和效果。

二、不遗余力争存款，确保存款领先优势

一是储蓄存款方面，从客户、产品、营销等方面综合入手，进一步巩固“储蓄存款和个人金融资产管理第一大行”的优势地位。截至2013年末，广东分行管理的个人客户资产余额10 729亿元，净增980亿元，居系统第一，其中本外币储蓄存款余额7 915亿元，成为系统内储蓄存款第一大行，储蓄存款净增962.7亿元，四行占比47.7%，居系统同业双第一，其中外币储蓄净增1.73亿美元，四行占比121%，同业排名第一。二是公司存款方面，通过进一步完善分层次营销机制、用好利率杠杆和加快“拓户工程”等方面的工作，公司存款的竞争局面有所改善，我行人民币公司存款余

额2 717亿元，净增231亿元。三是机构存款方面，通过“保重点客户、拓平台项目、抓中小机构”等工作，机构存款业务有所突破。机构存款余额首次突破2 000亿元，达2 042亿元，净增235亿元。

三、坚定不移调结构，更好地支持实体经济发展

一是进一步加快存量贷款周转速度，提高信贷资产使用效率。综合运用资本市场、资产管理、银团贷款、资产交易等多种手段，加快存量贷款的周转速度。同时，积极把握信贷投放节奏，进一步提高新贷款投放均衡度和日均余额，提高我行的信贷收息水平。去年我行全年人民币贷款累放5 887亿元，占人民币贷款总额的84%，人民币贷款日均余额6 722亿元，同比净增601亿元；贷款投放均衡度55.9%，同比提高3.4个百分点。二是继续推进信贷结构调整，继续加大发展个人贷款、小企业等贷款品种。至12月末，我行个人贷款余额2 288亿元，居系统内第一，净增257亿元，居系统同业第二。小企业贷款余额1 252亿元，净增210亿元，居系统内第一，占全国净增量的46.8%。信贷结构继续优化，个人贷款占各项贷款比重31.1%，同比提高2.8个百分点。小企业贷款占各项贷款比重为17%，同比提高了2.5个百分点。三是继续加大信贷蓝海拓展力度。进一步加大拓展符合我行信贷政策的先进制造业、现代服务业、文化产业、战略性新兴产业基地，以及我省工业化、信息化、城镇化、农业现代化等项目建设，加快培育新的信贷增长点。

四、持之以恒抓创新，确保中间业务收入加快发展

一是进一步加快重点业务线创新发展。从九大专业系统内排名看，个金、电银、资负和机构4个专业排第一，投行和银行卡排第二，结现、国际和公司3个专业排第三。特别是个金、投行两个专业实现总量突破，个金收入突破40亿元，达41.04亿元（还原借记卡积分递延收入），其中私人银行业务收入2.4亿元，增长32%。投行业务收入突破30亿元，实现收入31.68亿元。二是进一步加快新产品推广，培育新的增长点。全年销售个人理财产品5 274亿元；销售对公理财938亿元，日均余额445亿元，同比增长60%。资产管理余额1 223亿元，同比增加226亿元。品牌类投行收入14.9亿元，同比增长11%。发行信用卡925.6万张，净增159.4万张，消费额1 743亿元，同比增长27%。贵金属业务实现交易量20 746吨，系统内排名第一，同比增幅104%。国际业务第一银行优势持续扩大，国际结算量累计2 367亿美元，同比增长17.2%，四行占比37.71%，同比提高1.62个百分点，领先中行的优势由2012年末的1.33个百分点扩大到3.41个百分点。其中跨境人民币结算1 670亿元，同比增长62%。三是进一步加强MOVA的推广应用，提升精细化管理水平。积极推进“七进MOVA”和员工维应用项目，加快投产应用，进一步完善中间业务激励机制。四是进一步提升机构网点的竞争力。继续深化顺德南海区域综合改革，继续推进重点支行变革，完善重点支行变革配套服务。重点是通过“服务品质提升年”等主题活动，进一步改善网点服务水平。至去年末，全行客户平均等候时间9.5分钟，同比下降40.6%。客户满意度98.9%，同比提高1.2个百分点，客户投诉数量同比下降41%。12月末柜面业务分流率26.6%，同比下降7.3个百分点。

五、齐抓共管保平安，确保实现安全运营

一是坚持“五有”（行为有规、授权有度、监测有窗、检查有力、控制有效）内控总体要求，综合采取多种措施，真正做到严密监测、严格核查、严肃整改、严厉问责，全面加强各类风险隐患和苗头问题的预防、化解和处置，为全行加快转型发展保驾护航，实现了零案件和安全运营，确保“内控评价一类行”的地位。二是切实抓好重要风险点防控，抓好了违规参与民间融资活动、基层机构负责人和客户经理违规经营、小企业贷款贷前调查、票据贴现、违规办理信用卡分期付款、会计核算专用印章管理、银企对账、商业贿赂和员工涉赌这9个重要风险点的风险排查和防范工作。三是做好全辖范围内的安全生产大检查工作，通过进一步做好信息系统的安全生产管理工作，认真细致做好信访稳定工作，以及积极配合公安机关打击银行卡和电信诈骗等活动，彻底排除各类风险隐患。四是进一步加强声誉风险管理，积极研究应对措施，从源头上减少发生声誉风险的机会，同时进一步加强媒体关系维护，妥善处置负面舆情，切实维护我行良好的社会声誉。

六、深入开展党的群众路线教育实践活动，作风建设取得新成效

按照总行党委的统一部署，在总行第五督导组的精心指导下，以为民务实清廉为主要内容，聚焦“四风”问题，紧紧围绕“照镜子、正衣冠、洗洗澡、治治病”的总要求，统筹安排，统一行动，精心组织，狠抓落实，圆满完成学习教育、听取意见，查摆问题、开展批评，整改落实、建章立制等环节的各项工作任务，努力做到把教育实践活动和经营管理融合起来，同部署、共促进。通过教育实践活动，进一步提高了党员干部队伍的思想认识水平，密切了党群干群关系，以作风建设的新成效凝聚起推动广东分行改革发展的强大力量。

广西分行

【主要业务指标完成情况】

2013年，广西分行实现净利润37.56亿元，同比增加4.02亿元，增幅12%；实现EVA 19.8亿元，同比增加3.47亿元，增幅21.18%；实现中间业务收入19.97亿元，同比增加1.96亿元，增幅10.9%，同业占比第一。本外币存款余额2 206.99亿元，比年初增加180.11亿元，其中，储蓄存款增加169.81亿元。本外币贷款余额1 863.18亿元，比年初增加193.56亿元，同业排名第一，其中，小企业贷款增加32.72亿元，增幅33.63%；个人贷款增加80.95亿元，增幅12.63%；贷款均衡率56.68%，同比提高1.5个百分点。不良贷款余额10.01亿元，不良贷款率0.54%，资产质量保持优良。

【主要工作措施】

一、加大优质信贷投放，推动资产业务快速发展

一是优化投放结构，大力发展低经济资本占用业务。全年新四大市场和林业、沿海经济板块等广西优势行业共计增贷72.2亿元，占公司贷款增量的57.5%。同时，紧跟自治区政策导向，保持与广西经济产业结构调整步伐协调一致，把区内的铁路、公路、电力、城建、港口等自治区统筹推进的重大项目作为重点支持对象，全年累计投放项目贷款156.1亿元。二是大力发展小微企业信贷业务。积极顺应监管部门和总行政策要求，及时调整发展方向，积极发展以房地产抵押作为担保方式的网贷通产品，小企业贷款实现稳步增长。小企业贷款比年初增加32.72亿元，小微企业贷款达到监管部门“两个不低于”考核要求。三是继续推进个人贷款加快发展。加大对房地产开发项目配套按揭资源的支持力度，个人住房贷款得到快速发展，余额比年初新增49.41亿元，同比多增37.48亿元。同时，加大个人消费贷款和个人经营性贷款等非住房类个人贷款的营销力度，不断提高非住房类个人贷款占比。年末个人消费及经营贷款余额243.27亿元，比年初增加31.55亿元，增幅为14.9%，同业占比第一。

二、强化存款工作，提升竞争发展水平

一是着力推动储蓄存款稳定增长。积极实施个金项目发展年，以项目带动储蓄存款的稳定增长。全年共新增营销拓展17个项目，较上年翻番。提早布局理财市场的销售工作，重点做好高收益理财产品、存款互动型产品和新网点专属理财产品销售，全年累计销售各类理财产品620.6亿元，同比增加178.9亿元。夯实县域支行储蓄存款业务发展基础，巩固和扩大代发蔗农款营销成果，关注其他农副产品上下游支付资金的市场资源，开展面向个体工商户、种养殖大户、农副产品批发商等价值客户群体的市场营销和批量发展工作，以优势理财产品吸引客户。二是着力抓好对公存款增长。抓有效对公账户拓展，全年新增日均金融资产5万元以上的对公客户2 163户。新开对公有效结算账户2.67万户，新开账户同业占比第一；新开户带来对公存款余额60.30亿元，日均存款32.89亿元。抓系统维护，提高对财政、社保、军队、公积金等几大系统的服务质量，财政、社保、军队、公积金四大系统时点存款比年初增长16.6亿元。抓项目带动，中标区本级财政国库集中支付业务代理银行资格，完成交通罚没款收缴系统投产上线，完成南宁市商品房预售资金监管系统的投产上线。紧紧围绕系统大户资金链、有贷户上下游和无贷户资金流，做好跨行资金流大户的客户回流和资金回流工作，公司存款（含保证金）比年初增加28.33亿元，为近年来历史新高。

三、加快中间业务创新发展，提高市场竞争力

一是大力发展投资银行业务。以投行业务覆盖率为抓手，紧紧依托公司、房地产专业的拓户工作，提高基础投行业务收入，实现基础类投行业务收入3.36亿元，同比增加2 429万元。加强拓展品牌投行的项目运作，开展各类资产收益权、重组并购、股票融资、特定债权融资等业务，发放品牌投行项目资金17.26亿元。二是提升信用卡业务贡献度。通过对行内代发工资和稳定存款客户开展精确营销，新增发信用卡30.7万张，比年初净增18.9万张；累计消费额421.7亿元，同比增加99亿元；信用卡透支规模余额65.6亿元，比年初增加14亿元。三是跨越式发展国际业务。实施“重点区域、重点客户、重点产品”的发展思路，加大对国际业务资源丰富的二级分行的政策倾斜力度，加强重点客户名单制精细化管理，国际结算量、国际结算收入、国际贸易融资、边贸结算、跨境人民币结算、非贸易结算业务、对外担保业务等七项核心业务指标同业排名第一。四是夯实电子银行发展基础。大力推广U盾等产品，强化工银信使的捆绑销售，突出抓好广西“百强企业”、“民营企业百强企业”等优质客户的营销，电子银行业务笔数达到3.63亿笔，交易金额5万亿元；实

现电子银行收入5.08亿元。

四、抓好风险管理和案件防范，确保全行安全运营

一是加强不良贷款压降和实施经济资本节约工程，提升风险管理水平。加快法人不良贷款清收进度，债权转让清收新增不良贷款及账销案存资产2.18亿元。重大处置项目取得突破性进展，实现1.5亿元抵押物成功拍卖。强化潜在风险和担保圈贷款的管理，全年退出潜在风险贷款26.03亿元，化解二三四类担保圈贷款5.05亿元。切实加强对个贷逾期贷款压降工作，贷款逾期率由上半年的1.73%下降到年末的0.98%。二是强化内控合规管理，夯实业务发展基础。开展合规文化主题教育活动，对业务运营"屡查屡犯"风险事件进行专项治理，组织开展各项合规检查、责任审计和配合外部检查工作，对重点业务合规风险实施远程监控，为全行业务的健康发展提供有效保障。三是坚持教育、制度、监督、惩处并重，不断加强案防管理，扎实推进案防各项措施的落实。深入开展"走基层、控风险、保安全"主题教育活动，增强员工依法合规意识。持续推动内控案防"制度执行年"活动，重点开展风险环节的业务检查和整改，全行共发现存在问题483个，累计对63名责任人违规积分109分；整改存在问题481个，整改率99.6%。

五、持续推进服务与流程优化，提升客户满意度

一是抓服务品质提升，促进经营发展。做好顶层设计，加强组织推动，出台服务工作改进方案，提出服务工作十五项重点改进措施。加强客户投诉管理，实施客户投诉工单管理模式改革，由部室分散式管理改为由"95588"电话银行中心集中式管理，建立典型客户投诉督办工作机制，提高了工单处理效率，促进客户投诉大幅下降。推进标杆网点和服务明星的打造工程，13家网点荣获广西文明规范服务"百佳"示范单位称号，居同业首位。二是全行不断改进内部服务，优化业务流程。完成复杂业务分流、单位结算账户预约预填模式推广等工作，提高了工作效率和客户满意率。更新网点超期服役设备，减轻一线员工劳动强度。新增营业网点2家，实施网点装修改造项目46个，新建离行式自助银行91家，自助银行与物理网点比例达到1.6:1。客户排队等候时间连续5个月保持在全国前10名，投诉同比减少62.5%，客户满意度不断提升。

六、加强党建工作和队伍建设，促进全行和谐发展

一是扎实推进党的建设。深入开展党的群众路线教育实践活动，认真制订开展党的群众路线教育实践活动方案，以为民务实清廉为主要内容，聚焦"四风"问题，在全辖组织开展教育实践活动，坚持高标准严要求，不走过场，扎实推进每一环节工作。认真贯彻落实中央八项规定以及总行党委的相关规定，转变工作作风，提高执行力，扎实推进"学习型、服务型、创新型"银行建设。二是加强员工队伍建设和业务培训。不断优化人员配置，服务全行战略转型，在新增人员投向配置方面，继续施行差异化人力资源配置政策，同时加强录用人员专业结构与本行业务发展需求的契合度，改善队伍专业结构。推进干部队伍建设，通过公开选拔和组织推荐方式共提拔副总经理以上管理人员35人，选拔聘任高级经理11人，调整管理人员岗位19个，拓宽了优秀人才的职业成长通道。三是大力倡导共创共建共享的家园文化，不断完善"职工之家"建设，完善疗休养制度，切实关心员工身心健康，增强员工队伍的凝聚力和向心力。

海南分行

【主要业务指标完成情况】

2013年，海南分行实现净利润17.8亿元，增长13.7%；各项存款余额983.84亿元，增长7%；各项贷款余额536.66亿元，增长13.5%；中间业务收入8.03亿元，增长8.95%；净利润、各项存贷款存量、中间业务收入总量等主要指标保持四大行第一；不良贷款率0.34%，总体风险可控。在2013年全国30家一级分行行长经营绩效考评中，排名第9，连续5年考评位列系统前十强。

【主要工作措施】

一、持续狠抓三大业务，发展势头进一步增强

一是突出结构调整，资产业务实现转型发展。积极调整信贷结构，进一步加大对先进制造业、战略性新兴产业、现代服务业和文化产业等"四大新兴市场"和对贸易融资业务、中小企业贷款、个人贷款等优势产品的信贷投放力度。全年累计向"四大新兴市场"发放贷款233.17亿元，贷款余额234.28亿元。同时，不断加大业务创新，积极探索发展链融资新型资产业务集群新模式，并创新推出了个人游艇贷款、个人渔业船舶按揭和飞行员培训助学贷款等特色贷款品种。二是突出规模扩展，存款业务实现领先发展。在储蓄存款方面，坚持"客户为本，市场为源，机制为纲"的存款发展策

略，在重点抓实商友、福农、校园一卡通三大发展项目的基础上，扎实做好客户拓展工作。2013年，储蓄存款余额达472.23亿元，较年初增加52.71亿元，增幅12.56%，储蓄存款余额、增量继续保持同业双第一。在对公存款方面，在扎实落实对公存款六项制度的基础上，建立并完善公司客户的“四个机制、两个专家团队、一个方案”建设，加强大额资金监控平台目标客户营销和分层分类营销管理，进一步夯实对公存款发展基础。对公存款（不含同业）达506.41亿元，较年初增加49.01亿元，增幅11%。三是突出新兴业务，中间业务实现转型发展。在规范管理的基础上，坚持传统中间业务与新兴中间并举，着力发挥新兴中间业务潜能，促进中间业务实现转型发展。一方面以结算和销售业务为重点，积极巩固传统中间业务优势。比如国际结算收入增长迅猛，在同业和系统中均排名第一，实物贵金属、积存金、贵金属递延、贵金属融资业务快速增长，同比分别增长53%、216%、53%和196%。另一方面以金融资产服务业务为突破，积极推动新兴中间业务发展。前移资产管理和市场营销职能，主动贴近市场和客户，有梯次地推进资产管理、品牌投行、养老金、资产托管、票据等重点业务线的并进发展。

二、持续推动机制改革，发展活力进一步激发

一是适时调整分区域发展战略。对辖属18家分支行的分类管理由三类缩减为两类，并明确“一类行转型发展和创新发展、二类行全面发展和可持续发展”的发展思路，并在资源配置、考核管理等方面进行相应调整，着力提升各区域行的市场竞争发展能力。二是不断强化扁平化管理体制。按照“三定”（定员、定岗、定编）原则，加大对辖属机构内设人员比例控制，鼓励各级行在内设机构精简方面先行先试，既精简管理岗位，明确岗位职能，又能进一步释放管理质效，提高前台人员和营销人员的占比，提升资源投入的使用效率。三是创新推出经营管理视图应用长效机制。深化产品渗透、队伍建设、网点等级、绩效考核、客户服务等“五大类”视图的推广和应用，不断提升精细化管理水平。同时将视图推广与年度经营计划、市场拓展、考核问责以及服务等工作相结合，较好地推动了各项业务的内涵式发展。四是继续完善考核管理机制。动态调整行长经营目标考核、部门绩效考评、领导干部问责等一系列管理办法，既保持与总行的衔接和完善，又增强了业绩传导压力和动力。五是纵深推进运营集约化改革。继续深化业务集中处理改革，全年共投产了36个业务大类、124个业务小类的集中处理；深入实施业务流程综合改造和优化，先后成功投产了26个项目，提升我行网点客户服务和业务管理水平，建立了上下畅通的业务流程优化沟通渠道和平台，推进了流程优化的常态化进程。

三、持续加大服务管理，服务品质进一步提升

一是全力提升网点服务规范化水平。重点强化环形流向布局，进一步提升网点内部布局的科学有效性；通过加强培训、动作练习、自查互查、指导纠正等措施，巩固服务礼仪的规范性；推行员工投诉违规积分管理，完善投诉责任追究制度，全年无恶性服务事件发生。二是加大客户排长队问题专项治理。通过“网点业态可视化系统”对营业网点排队状况进行实时监测，对异常情况及时进行预警和干预，督导支行网点及时有效化解排长队问题。2013年，全行排队状况总体趋好，全国排名第11。三是持续完善服务工作机制。根据不同类别、不同层次的客户，制定分层、分类服务模式，由不同层次的经营部门和不同级别的客户经理提供差异化服务。四是继续加强服务渠道建设力度。目前我行共有营业网点130家，自助银行175家，已形成包括3家财富管理中心、39家贵宾理财中心、80家一般理财网点和8家金融便利店的分层次、多功能、全方位的网点结构布局。

四、持续强化队伍建设，团队合力进一步增加

一是加强干部任期评价。采取个别谈话、民主测评外加定量考核的方式进行，重点关注任职期满干部德的表现、能力业绩和公众评价三个方面的评价，客观公平地体现管理干部的履职情况。二是加强干部管理责任。建立了“两级分管行”制度，即省行领导、分支行领导两个层面要从业务指导、服务巡查、渠道建设、队伍管理等方面加大对分管行的帮扶督导力度。三是加强队伍梯次建设。提前谋划青年人才培养发展方案，并制订了80后青年干部公开选拔工作的实施方案。四是加强员工交流管理。鼓励员工跨区域、跨层级、跨专业、跨岗位交流任职，为员工成长提供广阔舞台。五是加强全员培训管理。实行培训积分管理制，举办金融管理与创新、MBA学位以及客户经理技能提升等培训形式，有的放矢地抓好“管理人员、专业骨干和一线员工”三个层面的培训工作，多渠道提升各层级管理人员综合素质。

五、持续强化党的建设和内部管理，发展基础进一步夯实

一是深入开展党的群众路线教育实践活动，根据中央要求及总行多举措整改落实，充分结合自身实际和工作安排，多层次加强学习，多渠道征求意见，多角度对照检查，党委统一部署，以为民务实清廉为主要内容，聚焦“四风”问题，有序推进教育实践活动持续深入开展。以落实党风廉政建设责任制为主线，以不断强化案件防范工作为重点，构筑案防长效防线。二是加强内控管理，不断夯实内控管理基础。紧紧围绕内控“五有”的要求，有效开展内控评价和合规专项检查工作，及时完善内控合规管理激励约束机制，全年全行内控管理持续保持良好的态势，反洗钱工作连续第3次被人民银行海口中心支行反洗钱非现场年度评估评为最高级A

级。三是加强操作风险管理，不断提升风险防范能力。加强对日常业务运营准风险事件的核查工作和业务运营风险专项治理活动，今年我行内部风险暴露水平6‰、风险率0.85‰，分别比去年下降49.24%、41.78%。四是加大声誉风险管理，不断提升品牌影响力。通过加大新闻监测力度、不断完善新闻危机处理机制、持续深化银媒合作关系，全年成功化解了各类新闻危机事件25起，为各项业务的健康发展提供了良好的舆论环境。

重庆分行

【主要业务指标完成情况】

2013年，重庆分行实现拨备前利润68.64亿元，增长24.53%；实现净利润48.08亿元，增长25.99%。本外币各项存款（含同业）余额突破2 800亿元，达到2 881.61亿元，新增347.7亿元。本外币各项贷款余额突破2 100亿元，达到2 164.5亿元，新增298.82亿元。实现中间业务收入30.98亿元；同比增加4.64亿元，增幅17.63%，高于系统平均水平4.17个百分点，总量和增量四行占比继续保持四行第一。不良贷款余额5.73亿元，较年初下降1.5亿元；不良贷款率0.26%，较年初下降0.12个百分点，继续保持“双降”。未发生重大差错事故和案件，实现安全营运。

【主要工作措施】

一、积极转变发展方式，经营结构转型持续向好

一是信贷结构进一步改善。四大新行业贷款共计增加212.19亿元，占全部贷款增量的121.48%。项目贷款占公司类贷款的49.52%，同比下降5.93个百分点；小企业贷款、流动资金贷款占公司类贷款分别达到8.38%和40.56%，较年初分别提高0.88个和6.82个百分点。贷款期限日益合理，中长期贷款占比为63.26%，同比下降6.53个百分点。二是客户基础进一步优化。对公客户达到7.35万户，增幅10.6%；个人有效客户达到743万人，增幅11.56%；公司信贷客户达到2 375户，增幅13.15%；电子银行客户达到1 010.9万户，增幅25.56%。新增机构客户693户，新增个人中高端客户30万人，私人银行客户278人。三是利率管理进一步加强。对公司类贷款实行了差别定价，存款上浮利率逐笔报市行审批，强化了对全行存贷款利率执行情况的监测、分析。

二、统筹协调业务发展，竞争能力显著增强

一是各项存款市场份额有效提升。新增代发工资单位2 661户、月均代发额4.08亿元，增幅分别达到35%和29%；通过成立专门的营销团队及建立科学的绩效考核和费用配置机制，专业市场内的个人客户、法人客户分别新增8 418户和476户；通过做好优质客户的分层维护、挖潜增效，新增个人中高端客户存款143亿元。充分利用大额资金监控平台信息、强化贷款资金沉淀率考核、推进一体化服务模式、全产品营销等方式加强对有贷户的管理，新增人民币存款26.14亿元；日均存款100万元以上、500万元以上无贷户分别新增272户、98户；新增机构存款86.84亿元。二是结算业务份额稳步增长。狠抓大集团、大市场、大财政、大同业、小微企等传统结算客户市场，新增对公结算账户10 457户，与重庆市政府批准的13家交易市场中的12家建立了结算业务关系，结算量市场占比达到30%。全面梳理及针对性营销贷款大户、集团型客户、“走出去”客户以及具备多个分支机构的目标客户，新拓展市行级以上现金管理客户31户。三是重点业务拓展顺利推进。新增供应链融资客户378户，累放贷款271亿元；新增小企业贷款26.37亿元、增幅26.49%。结售汇业务量首次突破百亿美元达到114.65亿美元，办理国际结算310.82亿美元、国际贸易融资153.28亿美元，第一国际业务银行地位有效巩固；实现银行卡发卡606.78万张，银行卡消费额1 137.83亿元，银行卡收单900.49亿元。

三、加快深化改革创新，管理效率稳步提高

一是各项改革加快推进。顺利推进信贷流程优化、业务处理集中、全面风险管理体系、信息化银行、内控综合监测分析平台等改革项目。积极推动分层营销机制完善、重点团队的组建探索、县支行管理模式创新，有效促进了内部经营环境与外部市场环境的匹配。成立产品创新管理中心，统筹管理全行的创新工作。二是考核体系不断完善。强化效益贡献评价和风险控制要求，加强绩效考评运用，提高绩效考评结果在资源配置中的权重。加大对部室效益贡献和价值创造的考评力度，加大对市场占比、系统排名等指标的考评，引导专业部室将规模发展与效益提升更好地结合起来。强化对县支行经营效益、市场竞争力、客户拓展及风险控制等指标的考核评价。将费用配置与绩效考评、存款、中间业务收入挂钩，进一步强化资源与利润的联动。三是服务保障不断强化。加快网点新建和迁址以及装修改造，完成32家网点新建和迁址，14家自助银行的建设；持续加大

自助机具布放力度，布放 ATM 315 台、快捷发卡机 5 台、多媒体自助终端 2 657 台、POS 机 7 243 台，建设电子银行体验区 100 个。大力推广弹性窗口，切实做好应急保障，有效提升前台柜员、大堂经理服务效能，实现柜面业务的良性分流，逐步解决客户排长队问题。强化突发事件现场处置，客户有效投诉控制在 47 件，柜面业务可分流率压降至 32.6%。

四、始终坚持稳健经营，风险防控不断强化

一是信用风险管理不断加强。对融资平台客户的贷款、债券投资、信用证、银承和代理投资等业务进行全口径、全方位、多维度监测。开展房地产市场监测分析和风险排查、房地产贷款押品重估等工作。对钢铁、水泥、船舶制造、煤化工、铝冶炼等产能过剩行业的小企业的风险情况进行了风险排查，防范小企业信贷风险。加大个人违约贷款催收力度，全年共清收个人不良贷款本息 6.15 亿元。完善操作风险管理委员会工作规则、操作风险监测工作管理实施细则等系列管理办法，从制度上防止操作风险发生。二是强化系统硬控制。积极推进业务直通处理，全面改造与行外系统的连接方式，实现同一界面下多系统多业务的同步联动，从流程上增强风险控制能力；积极推动印章数字化改造和交易驱动重要印章的应用，实现了业务与用印的硬控制。三是内控案防管理不断加强。进一步完善全行内控制度体系，完成了八个重要风险点的排查治理工作。开展财务制度执行情况执法监察，共发现问题 63 个，提出整改意见和建议 22 条。制定了党风廉政建设责任制实施细则，规范和细化了党风廉政建设和反腐败工作。

五、狠抓党建和队伍建设，经营氛围日益融洽

一是作风建设持续深化。深入开展党的群众路线教育实践活动，严格按照总行党委部署和要求，扎实推动教育实践活动的开展，取得了积极且显著的成效。在反对形式主义方面，针对反映较为集中的会议、文件、简报、报表、邮件、检查、调研等“七多”的问题，制定了相应的制度办法进行规范，“七多”问题得到有效控制；在反对官僚主义方面，完善首问负责制和牵头责任制，要求市行部室切实做到有问必答、有求必应、急事急办、特事特办，分行本部服务质量效率明显改善；在反对享乐主义方面，引导年轻干部到艰苦环境锻炼能力、磨炼意志，激发了党员干部的工作热情和进取精神，同时加强对干部员工的思想教育，提高了全行防腐拒变的能力；在反对奢靡之风方面，通过倡导绿色办公、强化费用管理、强化集中采购等方式，全行公务接待费用支出较同期下降了 22%。二是企业文化更加务实。通过开展“学习贯彻十八大精神、开创科学发展新局面”主题活动，大力宣传先进典型和道德楷模，逐步形成知荣辱、讲正气、促和谐的文明风尚。开展第二届员工岗位技能大比武业务综合知识网络大赛活动，4 个基层行通过了全国模范职工小家、重庆市模范职工之家、小家验收。组织职工代表走进基层、贴近员工、走访特困员工家庭，深入开展了“心连心、实打实、服务员工在基层”活动，广泛听取员工意见，帮助员工解决问题。完善爱心救助基金管理办法，加强对困难员工的帮扶。

四川分行

【主要业务指标完成情况】

2013 年，四川分行实现拨备前利润 139.37 亿元、拨备后利润 131.74 亿元，较上年增长 19.44% 和 16.42%，系统内排名第 7 位。实现净利润 98.38 亿元，较上年增长 15.93%，高于全国平均水平 7.47 个百分点。各项存款 6 066.05 亿元，增长 12.92%，增量系统排名第 4 位，同业第 1 位。各项贷款（含信用卡）3 835.15 亿元，增长 15.45%，增量系统排名第 3 位。共实现中间业务收入 47.10 亿元，增长 16.64%，增幅较系统内平均水平高 3.18 个百分点。信用卡消费交易额 561 亿元，增长 23.84%。国际结算量 210.32 亿美元，增长 13%。800 万元以上私人银行客户总数达到 1 093 户。资产托管业务规模发生额 1 135 亿元，增长 34%。供应链融资净增额 19.67 亿元，增长 137%。电子银行交易额 9.74 万亿元，增长 28.16%。销售实物黄金 2 306 公斤，增长 65.2%。不良贷款余额 26.65 亿元，比年初下降 0.31 亿元；不良率 0.72%，比年初下降 0.12 个百分点，连续 5 年实现“双降”。持续保持“零案件”内控案防工作目标。

【主要工作措施】

一、突出转型发展路径，加快推进质量结构不断优化

一是注重提升综合负债的市场竞争能力，全面构建了“存款 + 理财”的发展模式。对公综合负债方面，根据资金来源，按营销进度做好“增长一批、储备一批、营销一批、跟踪一批”，促进理财与存款的良性互

动。个人综合负债方面，提出了“1+8”产品整体推进策略，启动了“县域支行个人理财业务拉力赛”活动，强化储蓄存款与理财产品互动发展。二是强力拓展优质表内外融资市场，提升了信贷业务核心竞争能力。进一步深化实施“五议会”制度以及“六个一批”工作机制。积极维护大项目、大客户合作关系，着力推动重点行业、重点项目营销大发展。年末储备项目894个，拟融资金额3 253亿元。三是省分行先后成立了投资银行、资金交易和资产托管“三大中心”，充分利用商投互动加强营销协同和一体化运作，认真梳理投行业务重点目标客户名单，快速实现重点项目的突破，开启与工银瑞信、工银租赁的全面合作模式。四是加强利率和经济资本等价值型管理工具应用，积极主动应对利率市场化，持续提升利率管理水平。

二、夯实客户发展基础，深入实施客户拓展提升工程

一是对公客户拓展按照“保存量、拓增量、提质量、扩总量”的总体目标，突出源头营销抓客户拓展，突出集群营销抓客户质量，提升中高端客户占比。同时，强化重点产品渗透和营销，巩固、挖掘客户资源，积极创新开展“1+2+N+1”的法人客户拓展模式，加大“百、千、万”三个层次客户拓展力度，提高客户综合贡献度。二是个人客户拓展始终坚持“定位中端、竞争高端、培育潜力”战略，不断完善重点项目事前引导机制、事中推动机制、事后评估机制，以名册制项目式营销管理推动模式，批量拓展中高端客户，在稳步拓展个人客户规模的同时，不断优化个人客户结构。

三、调整优化发展结构，全面提升多元化经营水平

一是强化信贷客户结构调整，积极推进小企业客户市场拓展，进一步发挥好小企业客户的业务基础作用。二是加快业务结构优化，探索创新业务领域。2013年，我行加大了对品牌类投行业务的营销力度，首次实现四川分行中期票据、中小企业区域集优集合票据承销业务的突破，我行主承销额达92.41亿元。完成我行首笔跨境并购顾问项目，成功投放1.2亿美元并购贷款。三是大力发展资本节约型中间业务，促进全行收益结构的优化。强力发展基础性中间业务，突破性发展创新性中间业务，规范性发展我行表内融资关联性中间业务。

四、加快改革创新步伐，有效激发经营发展活力

一是按照“一盘棋、一张网、一个阵地”思路，继续优化营业部“1+6”改革，进一步激活营业部主战场的竞争发展能力和活力。二是纵深推进县支行变革，显著增强县支行竞争发展能力。进一步完善组织保障机制，在省、市分行层面成立促进县域金融发展领导小组，统筹部署全省县域支行竞争力提升工作。持续深化分类管理，大力实施差异化资源配置，创新建立涵盖5项核心业务加N项创新业务的“5+N”考评体系，并将年度考评结果纳入二级分行行长经营绩效考核。三是继续推进渠道优化工作，不断完善网点规划布局，加快推进网点迁建、装修改造进度，按照“1+2+N”思路加快自助银行建设。四是先后实施了授信审批和法律事务的集中改革，积极推进远程授权业务区域集中化，进一步提高了全行经营管理效率。

五、增强风险防控水平，保障各项业务稳健发展

一是突出重拳整治、强化过程控制，大力加强操作风险管控。在全行树立强化“内控创造价值”、“管控操作风险是竞争发展能力的另一支柱”等理念。以“条块结合、双线管理”为原则，初步建立起涵盖25个专业涉及420个风险点的操作风险管控常态管理机制。二是树立整体意识、提升工作效率，多措并举强化信用风险管控。在新的发展形势下，时刻保持忧患意识和清醒头脑，夯实管理基础、注重部门配合、落实责任目标，不断加大各项工作推进力度。三是完善工作机制、赢取工作主动，切实强化不良资产清收处置工作。进一步完善不良资产清收处置机制，狠抓长账龄不良贷款和现金清收工作，充分提升清收处置成效。年末，全行不良贷款余额及不良贷款率继续实现双降，其中个贷不良率和信用卡透支不良率分别为0.27%和0.6%，大幅低于系统平均水平。

六、扎实推进党建和队伍建设，增强发展的凝聚力

一是推进作风深入转变。在全行深入开展党的群众路线教育实践活动，深入剖析自身“四风”方面的突出问题，剖析产生问题的原因，全面贯彻落实中央八项规定以及总行党委的相关规定，并与经营发展紧密结合，狠抓整改落实，以作风建设新成效为全行转型发展增添新动力。二是加强基层党组织和党员队伍建设，着力改善党员队伍结构。三是创新工作方法，扎实有效推进廉政案防工作，连续第五年保持了内部经济案件和商业贿赂案件“零”发案的良好工作态势。四是持续深化各项学习，进一步明确全行发展方向和战略举措。五是进一步深化“以人为本”的理念，积极推进和谐银行建设。

七、认真履行社会责任，进一步弘扬抗震救灾精神

坚持以服务社会经济为己任，不断提升服务实体经济发展的贡献度和成效，大力多措并举强化网点服务质效管理，不断提升网点服务水平，全面提升我行品牌形象。“4·20”雅安芦山地震发生后，第一时间启动应急预案，在做好受灾员工妥善安置的同时，全力以赴保障灾区金融服务。震后首先全面恢复网点对外营业，并在芦山重灾区率先搭建起“帐篷银行”、“板房银行”，并在10月首家迁入服务功能完善的永久性固定场所。对灾区实行特殊的金融服务政策，积极对符合信贷条件的重点客户发放抗震救灾贷款，先后组织为灾区输送物资9批次，向66户企业客户发放贷款31.99亿元，向1 293户个人客户发放贷款3.58亿元，有效保障了受灾

地区的金融服务稳定和社会稳定。

贵州分行

【主要业务指标完成情况】

2013年，贵州分行实现拨备前利润57.04亿元，增长24.05%；实现拨备后利润52.51亿元，增长24.52%；实现净利润39.18亿元，增长24.35%；经济增加值21.02亿元，增长31.5%；实现中间业务收入17.75亿元，增长22.25%。人民币各项存款余额1 980.99亿元，增加172.48亿元。其中，储蓄存款余额935.2亿元，增加128.08亿元；对公存款余额966.23亿元，增加93.45亿元。人民币各项贷款余额1 740.29亿元，增加234.62亿元。其中，个人贷款余额436.57亿元，增加86.9亿元；公司贷款余额1 297.43亿元，增加149.71亿元；各项贷款不良率0.38%，较年初下降0.01个百分点；个人贷款不良率为0.39%，较年初下降0.11个百分点。新增个人客户64万户，新开对公有效账户1.89万户，电子银行交易额达30 917.12亿元，国际业务结算达32亿美元，新发放信用卡17.04万张，信用卡消费额达302.9亿元。连续七年未发生内部经济案件。

【主要工作措施】

一、抢抓发展机遇，加快信贷结构调整步伐

一是推进"四大行业"结构调整。与工银租赁合作办理首笔融资租赁业务，首次以行内银团贷款方式支持央企在黔风电项目。二是大力拓展信贷发展新市场。运用券商资产管理计划为贵安新区城建项目提供23亿元信托理财资金支持，为省内小城镇建设提供1.5亿元信托理财资金。累计向教育行业投放贷款30.5亿元并实现贷款余额及增量在全国工行系统内排第一。三是加大战略领域业务拓展力度。围绕电力、交通、化工、煤炭等核心客户大力拓展供应链金融，供应链融资较年初增加16.71亿元。以个性化融资服务方案拓展专业集群市场，小企业贷款较年初增加31.05亿元，个人贷款较年初新增87亿元，保持同业第一。

二、强化客户基础管理，增强存款市场竞争力

一是围绕"队伍线"、"客户线"、"产品线"创新管理模式，针对公司、机构等不同类型客户资金管理特点，制订个性化服务方案，全面提升法人客户存款管理能力。二是借助社保综合业务系统、住房公积金系统、公共资源交易中心金融服务平台，强化对财政、社保、公积金等重点领域的覆盖渗透。三是强化存贷款占比对等制度、资金封闭运行管理制度、分层管理责任人制度，有效发挥了信贷资源对存款的拉动作用。四是加快客户拓展由"规模扩张"向"质量提升"转变。全年新增对公有效结算账户1.89万户，公司无贷客户存款增加79.49亿元。五是以代发工资、理财业务为重要手段抢抓储蓄存款。新增代发工资单位1 534户，新增代发工资个人客户33.84万户。

三、拓展金融资产服务业务，推进经营方式转型

一是推进非信贷融资产品在股权、债权双线上的延伸发展，实现九大项非信贷融资产品的创新突破，非信贷业务余额达417亿元。二是实现券商资产管理计划票据资产投资业务零突破，首创私人银行理财投资项目推荐16亿元。三是销售养老金理财产品16.4亿元，增幅达242%，养老金业务收入保持同业第一。托管规模达716.16亿元，增幅达348%。四是深化同业合作深度与广度，促进财务公司存款增长17亿元，办理1亿元票据卖断业务。五是新增私人银行客户83户，新增储蓄存款7亿元，投放项目资金16.2亿元，办理委托贷款3.25亿元。六是建成6家贵金属五星级服务专区，开展贵州分行"红色记忆"系列贵金属产品主题营销，全年实物金、实物银、积存金销售分别达到644公斤、544公斤、591公斤，完成全年任务的306%、116%、246%。

四、深化"大个金"发展战略，促进个人业务升级转型

一是围绕客户和产品两大核心实施管理构架改革，突出客户管理与基层营销服务。实施"经营管理、网点管理、客户服务标准"标准化建设工程。二是组建联动直营及外勤营销团队，做好重点企业、新兴市场的拓户工作。三是率先开发投产特色产品牡丹ETC专用卡，带动各类银行卡、POS商户、分期付款业务的营销推广，新增各类银行卡17.04万张，完成计划的155%。组织策划多项电子银行营销宣传活动，手机银行净增数、电子银行客户渗透率和交易额等指标均超过总行计划。

五、拓宽收入渠道，实现中间业务大幅增长

一是对金融资产服务业务、其他重点产品和一般性产品等16大类中间业务收入实行差别挂钩，将中间业务重点产品营销费用下沉网点和营销团队。二是分阶段

开展“开门红”、“双过半”、“短板产品劳动竞赛活动”和“收入目标+挖潜增收劳动竞赛活动”等主题竞赛活动。三是分机构、分部门、分产品制订收入计划，形成相互衔接、多元化发展的中间业务计划体系。个人业务、投资银行、贵金属等业务大幅增长。

六、提升内部管理水平，确保经营健康发展

一是着力优化激励考核管理机制，以积分累积的方式统筹各专业营销竞赛活动，引导全行加快推进经营结构转型。二是着力提升风险管控质量和水平，平台贷款较年初下降6.85亿元，做到无不良和欠息。房地产不良贷款余额和不良率实现双降。个人贷款违约率为0.77%，较年初下降1.79个百分点。三是着力强化内控案防工作。重要操作风险管理活动取得明显成效，内部风险暴露水平同期下降5.76个万分点。加强新一代反洗钱监控系统推广应用，首次甄别出贵州境内的“清洗网络聚众赌博资金”案。组织开展员工违规参与民间融资活动专项排查活动，未发生内部经济案件。

七、加强党建和队伍建设，开展群众路线教育实践活动

一是深入开展党的群众路线教育实践活动，扎实做好各环节工作，深刻查摆“四风”问题，落实整改措施，作风改进成效明显，全行会议费同比下降83.16%。全年未发生内部经济案件和贿赂案件，干部员工的廉洁从业意识明显增强。二是加强思想建设，开展思想大讨论活动，在全行持续营造一心一意谋发展的良好氛围。推进“三亮三比三评”制度、基层党组织晋位升级长效机制等党务工作融入中心任务，涌现了一批党员先进典型。三是加强素质建设。启动了后备干部队伍“7581”工程，分层推进网点负责人、业务骨干、劳务派遣人员培训工作，共举办各类培训班5 352期、培训86 228人次，员工队伍素质得到进一步提升。

云南分行

【主要业务指标完成情况】

2013年，云南分行实现拨备前利润61.53亿元，拨备后利润58.61亿元，较上年增加8.53亿元和7.5亿元，分别增长16.11%和14.68%；实现净利润43.9亿元，较上年增加5.66亿元，增长14.1%。人民币各项贷款（含银行卡透支）1 878.66亿元，比年初增加219.12亿元，增长13.2%，增量在同业排名第1位。人民币全部存款余额2 386.29亿元，比年初增加248.26亿元，增长11.61%。其中：储蓄存款增加109.59亿元，同比多增21.07亿元；公司存款增加31.49亿元，同比多增50.79亿元；机构存款（含同业）增加107.18亿元，同比多增17.47亿元。实现中间业务收入18.63亿元，同比增加3.89亿元，增长26.43%。清收处置不良贷款5.52亿元，不良贷款余额8.78亿元，比年初减少0.61亿元；不良贷款占比0.48%，比年初下降0.09个百分点，实现双下降。

【主要工作措施】

一、着力拓展优质市场，持续提升竞争能力

一是全面完善市场营销机制。认真贯彻落实总行“强个金”、“大公司”、“全机构”金融发展战略，坚持以客户为中心、以市场为导向，加快产品和业务创新，积极拓展优质客户和市场。二是积极拓展优质信贷市场。根据总行信贷政策和融资导向，组织加大对装备制造业、现代服务业、能源产业的营销力度，认真做好烟草、电力、交通等战略型大系统、大客户的金融服务。全年发放行内银团贷款64亿元，牵头组织审批了云南省目前金额最大的云桂铁路项目242亿元银团贷款，固定资产支持融资、旅游文化贷款、供应链融资取得新突破。三是加大稳存增存工作力度。通过巩固和扩大基本面客户存款、重点客户存款、重点资金留存来夯实公司存款发展基础，通过开展整体联动营销，巩固能源、交通等垄断行业、基础产业的优质市场领先地位，加大对他行优质法人客户的挖转力度，积极竞争新兴市场客户群。

二、着力开展结构调整，持续增强经营活力

一是进一步加快渠道建设。新增购置租赁营业网点38个，新装修18个营业网点和48个离行式自助银行，购置自助银亭50个。新拓展特约商户5 584户，布放POS机6 637台，投放自助柜员机449台，投产快捷发卡机38台。二是进一步调整信贷结构。围绕云南省“两强一堡”战略的推进，重点拓展旅游、文化、酒店、物流等具有区域特色和优势的服务业，服务业务贷款增长率高于公司贷款增长率23.13个百分点。支持以昆明为核心的中心城市圈建设，加大对丽江、西双版纳等旅游热点地区、瑞丽国家级开发开放试验区的市场拓展力度，加快现代服务业信贷创新和发展。三是进一步优化客户结构。全年对公客户数增加8 272户，增长10.38%；小企业贷款客户数比年初增加923户，增幅

62.24%；四星级及以上个人优质客户增加17.1万户，同比多增9万户；私人银行客户新增37户，年度客户增量创近年来新高。

三、着力加快改革创新，持续完善管理机制

一是不断深化体制机制改革。根据《云南分行三年发展规划》，对不同层级机构制订针对性发展计划，对机关部室定量考核指标及权重进行了调整。强化对分支机构的科学管理，建立以价值创造为导向的机构内部管理体系，提升支行、网点核心竞争能力。二是不断强化运营体制管理。完成对公业务、个人业务等35个大类、115个小类业务品种的集中处理，柜面渠道全口径业务集中率达55.30%，平均处理时间控制在23秒以内，经授权风险事件降至2.87‱，各项质量效率类指标均处于系统内领先位次。三是不断加快业务产品创新。完成自主软件研发项目近20个，云大医院银医一卡通、石林景区网上售票系统等项目顺利投产。设计符合实际的、针对专业市场和产业集群内优质小企业客户的融资业务方案。大力拓展新型融资产品服务，在小企业经营型物业贷款、小企业标准厂房按揭贷款等业务方面取得了实质性突破。

四、着力完善服务管理，持续提升社会形象

一是服务能力明显增强。以建设一流服务团队为目标，全面实施了内部服务承诺制。积极推动各级行开展规范化服务培训，依托第三方公司专业服务规范培训，促使全行形成标准化、规范化的服务流程。全辖14家文明规范服务示范单位顺利通过了云南省银行业协会组织的“千佳示范单位”复查。二是服务品质显著提升。按照《中国银行业文明规范服务示范单位考核标准》，对营业网点的环境管理、服务能力、信息管理、大堂管理、柜面服务和效率等十方面工作进行了全面完善和改进，积极争创“百佳、千佳”示范单位。投诉数量较上年下降56.52%，客户平均排队时间较上年减少了2.4分钟，客户服务效率得到显著提升。三是服务形象持续优化。在云南卫视《云南新闻联播》中连续播出“工行云南省分行成立30周年纪念巡礼”专题报道，在第三届春城金融博览会颁奖典礼上荣获2013年度云南省最佳商业银行服务奖、云南省银行业服务创新奖等8个奖项，获奖数量和含金量均居同业首位。

五、着力强化内控案防，持续提升经营质量

一是推进内控案防制度建设，全面完善风险管理体系。加强党风廉政建设和案件查防工作，深入开展重要风险点防控治理，组织开展员工参与民间融资和非法集资专项排查活动，反腐倡廉和案件防范工作取得了明显成效。二是深入开展主题教育活动，加强主动防范风险意识。在全行开展“内控管理提升年”活动，有效提高了内控管理水平。在16个二级分行建成报警监控联网综合管理系统，应用外部欺诈风险管理系统成功堵截电信诈骗51起，挽回客户资金损失260余万元，全行实现了安全经营。三是不断提高风险管理水平，促进业务持续健康发展。组织开展了公司客户信用风险分类、5 000万元贷款大户信用风险监控管理情况调查、亏损客户风险排查等工作，提升了风险管理水平。

六、着力开展党建工作，持续提升队伍素质

一是深入开展党的群众路线教育实践活动。通过深入开展群众路线教育实践活动，解决了一批员工意见集中、基层呼声强烈、客户反映突出的“四风”问题，进一步密切了党群干群关系，保持了党的队伍的先进性与纯洁性。二是大力加强党建工作。组织对省分行管理的领导干部进行集中学习培训，提高思想政治建设水平，切实抓好党风廉政建设责任制的落实和考核，营造廉洁文化。三是推进企业文化建设。对全行25年（含）以上网点客服类柜员、现金营运中心、自助银行中心员工的岗位工资等级进行了优化调整，规范了全行员工补贴补助标准。以纪念工商银行成立30周年为契机，开展了云南分行行史编写工作。建成“职工之家”225个，慰问困难员工、离退休人员、老党员1 050人300余万元。

陕西分行

【主要业务指标完成情况】

2013年，陕西分行实现净利润47.6亿元，增长9.02%。实现拨备前利润67.25亿元，增长11.07%，拨备后利润63.59亿元，增长8.63%。人均、网均拨备后利润分别达51.73万元和1 298万元，同比分别增长3.74%和8.17%。实现EVA27.56亿元，经济资本回报率35.59%，同比上升0.8个百分点。实现中间业务收入19.34亿元，同比增加2 760万元。各项存款余额3 230亿元，其中新增人民币储蓄存款172.31亿元。个人客户金融资产总量达2 340.08亿元，增长9.25%。各项贷款余额1 790亿元，较年初增加219亿元，增幅13.97%；全年工作安全平稳运行，无事故案件发生。

【主要工作措施】

一、加快推进负债业务转型，积极做大客户资产规模

一是继续深化“强个金”战略。建立客户分层维护体系，探索实施私人银行准事业部制管理，主动适应客户从“存款人”到“投资人”的转变，积极实施理财产品和个人信贷双引领战略，新增人民币储蓄存款172.31亿元，保持全省同业领先；个人客户金融资产总量达2 340.08亿元，增长9.25%。理财规模281.25亿元，增长67.91%。个人有效客户、中高端客户分别较年初增长7.32%、10.67%。个人贷款净增31 434户，个贷产品中高端客户覆盖率提高0.43个百分点。二是实施“大公司金融”战略。成立了省行大客户服务中心，建立三级六层对公客户分层营销服务体系，开展集群营销、链式营销和清单式营销，年日均零余额账户较年初减少455户，资产50万元以上客户较年初增加1 700户。三是实施“全机构金融”战略。全力推进社保、公积金、财政等源头性账户开立和存款营销工作。机构客户新增323户，销售养老金理财产品90亿元，相当于上年的16倍。实现托管收入152.3万元，总资产突破400亿元。

二、加快信贷结构优化调整，满足客户多元化融资需求

一是传统和新兴市场并举，进一步加大信贷投放力度。紧密结合关天、西咸一体化等经济区划，以综合化营销手段，深度挖掘大客户多元化融资需求，累计投放公司法人客户贷款723亿元，同比多投110亿元。“四大新市场”贷款较年初新增67.5亿元，增幅20%。二是满足客户多元化融资需求，以产品创新和服务创新提升信贷业务发展的空间。围绕核心客户供应链上下游，不断发掘贸易融资和小企业融资新空间，小企业、贸易融资和个贷“三大战略领域”贷款累计发放513.2亿元，同比多投50.4亿元。紧紧围绕公司业务投行化发展思路，以融资租赁、债券承销、高端财务顾问、重组并购、银团贷款和资产证券化等投行业务，为客户提供灵活的资金安排，品牌类业务由6个增加到20个。加大对“走出去”企业海外发展过程中融资支持力度，累计向中铁二十局、西电国际等大型国有外向型企业发放表内外国际贸易融资13.26亿美元。三是加快结构调整，增强可持续发展能力。制订信贷结构调整方案，加快行业、产品、期限等结构调整步伐。个人贷款新增31 434户，产能过剩行业贷款余额较年初减少6 345万元，不良率下降0.65个百分点。

三、加大业务挖潜和创新力度，拓宽中间业务发展空间

一方面挖掘传统业务增长潜力。通过完善法人账户客户识别、营销、维护和培育体系，开展结算套餐创新及业务促销活动，不断挖掘现金管理、法人和个人理财、人民币结算、银行卡等传统产品的增收潜力。实现结算类中间业务收入3.94亿元，同比增长9.6%。通过开展高频率、多样式刷卡消费促销活动，实现信用卡类中间业务收入4.56亿元，同比增长23.5%；通过开展国际结算、结售汇等重点业务和产品的专项营销活动，实现国际结算业务收入3 669万元，同比增长44.1%。另一方面扩大新业务规模总量。建立了投行业务省行分区包干和团队直营模式，实现投行中间业务收入3.52亿元。将积存金、账户原油、账户贵金属等交易类业务快速向代发工资、项目联动业务领域渗透。销售法人理财产品414亿元，同比增长5.3%，法人理财业务网点覆盖率和客户渗透率分别较年初提升1.8个和13.6个百分点。

四、强化全面风险管理，实现健康稳定发展

一是切实加强重点领域信贷风险防控。认真把控融资性担保机构、中小企业、贸易融资、个人贷款等业务规律性和实质性风险，超前做好潜在风险贷款清收转化预案。加大对个人违约贷款催收管理，个人贷款劣变率控制在0.22%。累计清收处置不良贷款本息11.4亿元，不良贷款余额23.91亿元，不良率1.34%，较年初下降0.11个百分点。二是狠抓内控、法律、运行和科技管理，切实提高各项业务发展保障能力。深化“集中做、专家做、系统做”工作模式，加强总省行“6+1”个风险点、关注点和相关专业案防重点的防控治理，不断推进不良贷款认定、员工违规积分管理、反洗钱等工作。全年未发生监管处罚事件、未发生重大操作风险事件。三是加强案防保卫工作，平安银行建设取得新成效。不断规范“人”的行为，规范操作、防范风险事件的发生。全面落实单位内部治安综合治理各项工作措施，成功防范57起外部欺诈风险事件，防堵外部欺诈事件金额8 600余万元，荣获省级“平安示范单位”称号。

五、强化渠道建设工作，着力提升网点竞争力

积极组织实施新三年渠道建设规划，以网点效能提升为目标，以网点优化、离行式自助银行建设为重要手段，建立健全多渠道、综合化客户服务体系，新迁建28家网点，新迁建网点当年增存额相当于全行网均增存额的10倍。电子银行业务快速发展，30%以上活跃客户占比提高18个百分点。同时，认真开展服务工作作风整治活动，加强大堂经理队伍建设，强化网点现场服务管理，完善特殊客户服务流程。咸阳人民西路支行获得中国银行业协会评选的“百佳示范网点”，成为全省银行业系统唯一获双“百佳”荣誉称号的金融机构。

六、深入开展党的群众路线教育实践活动，构建以人为本的和谐文化

认真学习贯彻党的十八大、十八届三中全会精神，深入开展党的群众路线教育实践活动，聚焦“四风”问题，坚持领导带头、边学边查边改，扎实落实中央及总行党委相关要求，教育实践活动取得了阶段性成果。

贯彻落实中央厉行勤俭节约反对铺张浪费要求，全行招待费、会议费同比分别下降27.3%和11.4%。紧密结合经营实践，加快推进“创新营销文化、提升服务文化、完善风险文化”特色文化建设。开通“行长信箱”，加快职工小家建设、开展“十佳青年员工”评选等活动，不断提升企业文化对业务发展的推动作用。

甘肃分行

【主要业务指标完成情况】

2013年，甘肃分行实现净利润15.98亿元，完成全年计划的102.77%，增长16%，增幅高于系统7.54个百分点。实现经济增加值4.65亿元，增长20.54%。各项存款增加141.73亿元，完成全年计划的111.6%，增长10.54%。各项贷款增加145.58亿元，增长16.93%。存贷比提升至61.77%，较上年提高3.37个百分点。实现中间业务收入11.92亿元，完成全年计划的100.59%，增长12.35%。不良贷款余额较上年减少0.51亿元，不良贷款率降至0.62%，信贷资产质量创历史最好水平。

【主要工作措施】

一、强化市场营销，主要业务协调推进

确定2013年为存款攻坚年。实施“一把手”负责制，实行“存款+理财”全口径考核，加大一般性存款竞争力度。各项存款增量四行占比提高7.55个百分点，增量排名第二。大力实施信贷引领战略。加大重点项目优势产业营销力度，深化“千人双百”集中营销活动，积极支持实体经济发展。各项贷款余额和增量四行占比分别为30.52%和30.1%，继续保持同业占比“双第一”。公司贷款较年初净增92.72亿元，增长13.8%，余额及增量占比保持四行“双第一”；小企业、个人及信用卡领域贷款分别较年初增长76.12%、43.28%和114.58%，信贷结构调整优化成效良好。大力推动中间业务创新发展，中间业务继续保持同业领先优势。新兴业务发展迅速。全年承销发行债券32.5亿元，办理资产管理业务6.14亿元，开办首单并购融资业务2.68亿元，累计销售实物黄金776公斤，私人银行客户、资产规模、资产配置规模分别增长62%、35%、144%，私人银行项目推荐、专户理财、境内外双向开户三项业务实现零突破，信用卡分期付款增加3.41亿元。信用卡、电子银行、私人银行、贵金属、资产托管、企业年金、现金管理等业务实现收入6.12亿元，占中间业务收入比重升至51.35%。持续开展“两卡一网银”渗透活动，理财金卡、信用卡和个人网银中高端客户渗透率分别达到76.72%、25.4%和53.97%，较上年分别提高13.33个、5.29个和6.12个百分点。有4家二级分行三项指标实现全面达标。

二、创新管理机制考核，激励作用不断提升

改进两项费用管理模式，年初对各二级分行两项费用一次性亮底，指导各行加强财务预算管理，以财务杆杠强力推进经营发展。改进产品计价管理模式，由各二级分行直接实施产品计价考核管理，因地制宜确定计价品种和产品价格，以优化费用资源配置提升重点产品竞争发展能力。修订完善二级分行行长经营目标考核办法，突出核心指标和关键导向，鼓励各行实现更大的绩效进步。完善重点业务黄牌警示制度，对存款月均时点占比、中间业务计划、净利润增幅和不良贷款“双下降”等四项业务按季度进行黄牌警示考核。完善省分行部室考核办法，加大部室绩效考核与服务网点业务指标完成情况的挂钩力度。确定2013年为“支行发展年”。按照分类管理、动态调整的总体要求，着力构建类别能进能出、职级能升能降、职务能上能下的价值驱动型支行管理新模式。科学精简支行中后台机构与人员占用，强化支行营销服务功能。对重点县支行扩大经营权限，加大激励力度，支持其加快创新发展；对低效支行明确其经营定位，找准发展重点，增强发展能力。继续深化营业部七大支行的“双线考核”，进一步激发七大支行的经营活力和竞争能力。强化城区二级支行管理，确定一名二级分行副行长专职负责城区二级支行管理，强化对城区“虚拟”支行的考核通报。

三、坚持从严治行，经营管理基础得到加强

坚持将资产质量作为信贷业务发展的生命线，加强重点领域、重点环节、重点产品风险前瞻性管理，严格执行审查审批程序，严格落实贷款发放条件，严格实行贷款业务核准，严格履行贷后管理职责，持续加强小企业信贷、个人信贷、新型融资及表外业务信用风险管理，保证信贷资产质量精良、风险因素可控。全年退出潜在风险贷款14.43亿元，完成总行计划的112.75%。清收处置不良贷款3.68亿元，完成总行计划的136.17%。深化操作风险网状式控制法，加大宣传培训力度，加强关键风险点动态管理，特别结合运营风险核查中发现的突出问题，强化对“三高”营业机构检查，督促落实关键风险点控制措施，始终保持操作风险管理高压态势，保障了各项业务安全经营。紧紧围绕总行服务品质提升活动年总体要求，不断把营业网点规范服务达标活动引向深入。滚动式开展网点达标管理验收，聘请第三方公司进点培训，总结推广20家样板网点先进经验做法，年内实现所有网点服务全面达标。加强服务评价系统使用管理，加大客户服务投诉监测考核力度，为网点服务品质提升提供有力抓手。认真开展“网点无小事”整治活动，注重实处细处改进，着力实现前中后台服务的无缝对接和整体联动，全面提升客户对我行服务的满意度。全年建成100家离行自助银行，渠道布局更加合理。扎实抓好安全保卫工作，组织防火、防抢和科技系统等应急演练，保证了全行安全运营。

四、加强党建和队伍建设，全员凝聚力明显加强

深入开展党的群众路线教育实践活动，把“照镜子、正衣冠、洗洗澡、治治病”的总要求贯彻始终，把反对“四风”问题贯穿始终，把整风精神贯穿始终，以改进作风为切入口全面推进党建和队伍建设，以更高标准进一步加强经营管理，为转型跨越发展提供有力支撑和保障。全体党员特别是各级党员领导干部党性修养和勤政廉政意识进一步增强，服务基层、服务员工意识进一步增强，党群干群关系进一步密切，作风改进取得较为明显成效。持续加强关爱员工工作，“行长热线”沟通渠道更加顺畅，授予109名基层网点员工“忠诚员工”称号，组织基层员工分期分批到敦煌培训中心、兰州培训中心疗休养，加大困难员工帮扶救助力度，进一步增强了员工的归属感和凝聚力。高度重视文化建设，开展了《正能量》、《做最好的自己》读书活动，引导广大干部员工塑造优秀的价值观。加强与地方政府及职能部门的衔接沟通，机关作风和行风民主评议工作深入有序开展，带动了作风行风建设。积极履行大银行社会责任，连续5年独家冠名“感动甘肃·陇人骄子”评选活动，连续三年荣获甘肃省“省长金融奖”。持续深化文明单位创建活动，用两年的时间，省分行本部和16家二级分行全部获得市级以上文明单位称号，其中本部和12家二级分行进入省级文明单位行列。

宁夏分行

【主要业务指标完成情况】

2013年，宁夏分行实现拨备前利润13.67亿元，净利润9.39亿元，分别较上年增长11.98%和11.59%。实现经济增加值4.23亿元，同比增长13.33%。经济资本回报率27.45%，总资产净回报率1.94%，分别较上年提高了0.52个和0.04个百分点。成本收入比32.09%，同比下降0.82个百分点。各项贷款余额（含信用卡透支）达512.58亿元，较上年增长10.79%。各项存款（不含同业）日均余额423.15亿元，较上年同期增长10.35%。全年实现中间业务收入4.44亿元，同比增长21.07%，增幅在系统内一级分行中排名第7。不良贷款率控制在0.5%以内，在系统内和本地区同业处于优良水平。

【主要工作措施】

一、着力加快信贷结构调整，优化资产布局

按照国家宏观调控政策和总行信贷工作总体要求，以服务支持实体经济为导向，重点通过用好增量、盘活存量来有效改善全行的信贷经营质态。全年新拓展中小企业客户115户。贸易融资、中小企业及个贷“三大战略领域”贷款余额较上年共计增加39.08亿元，占各项贷款余额的比重为67.99%，上升了2.09个百分点。战略性新兴产业、先进制造业、现代服务业、文化产业“四大新市场”贷款较上年增加26.78亿元，占各项贷款余额的比重为28.59%，提升了3.15个百分点。公路、电力、城建等行业贷款余额较上年减少6.02亿元，占各项贷款余额的比重为28.67%，下降了4.05个百分点。与此同时，供应链融资业务市场拓展成效明显，全年成功为38户中小企业累计发放供应链融资8.93亿元。固定资产支持融资、小企业经营型物业贷款等信贷产品营销也取得了积极进展。累计办理票据贴现41.5亿元，再贴现业务量位列区内四行第一。信贷结构的优化调整，有力推动了信贷收益率的提升，使全行利息收入同比增长5%。

二、全力推进发展方式转变，中间业务收入总量和增量“双第一”

2013年，全行中间业务收入总量和增量四行占比分别达32.01%和49.55%，双双位居第一。一年来各专业条线充分发挥自身主打产品优势，既单兵突击，又协同配合，促使各业务板块经营发展亮点纷呈。公司投行业务全年实现中间业务收入1.76亿元，较上年增长23.79%，在全部中间业务收入中的占比达39.62%。个人金融业务实现中间业务收入1.21亿元，同比增长12.28%。银行卡业务实现中间业务收入0.79亿元，同比增长40.41%。结算与机构业务实现中间业务收入同

比增长10.13%。贵金属业务逆势上扬，重新夺回了四行第一的位置，并成功推出了同业首款具有浓郁回乡文化特点的专属贵金属产品。电子银行业务冲出低谷，中间业务收入同比增长48.82%。国际业务实现中间业务收入同比增长17.23%，国际贸易融资累放额和余额四行占比分别为51.52%和65.82%，继续保持同业首位，并成功办理了首笔内保外贷业务，填补了分行国际业务的又一空白。

三、深化服务改进与创新驱动，可持续发展的后劲与活力进一步增强

以开展“服务品质提升年”活动为抓手，协调推动网点标准化建设、柜面业务分流、服务投诉治理等三大综合化服务工程，持续规范服务行为，积极改善客户体验，进一步健全服务工作长效管理机制，促使全行服务面貌有了新的变化。以“保新增、促优化、抓离行、提效能”为主线，统筹推进各类服务渠道建设。全年共装修改造营业网点12家，打造离行式自助银行10家，新增ATM 81台，新增POS机和中小商户消费转账终端2 286台。柜面业务分流工作成效明显，可分流率较年初下降3.4个百分点。进一步梳理优化评级、授信、押品、审查四位一体的业务流程，促使全行授信审批质量和效率持续提升。“网点全面受理、中心集中处理”的新型运营格局全面建构，业务流程优化和远程授权事中风险控制效果显现，自助设备集中管理运转良好，支付密码应用工作扎实推进，参数综合管理和银企对账工作持续加强，运行管理工作的效能进一步提高。截至2013年末，全行纳入集中处理的业务已扩大到33个大类112个小项。加速推进精品服务战略，通过接续开展“2013财富文化之旅”、政府机构客户高层营销、电子银行产品专项推广、惠民卡百日营销竞赛以及服务中阿博览银企合作恳谈会等形式多样的活动，促使全行服务创造价值的合力进一步增强，社会美誉度和品牌影响力进一步提升。

四、强化风险管理和内部控制，全行经营发展保持稳健运行

继续强化全面风险管理，深入推进内部评级法成果应用，扎实做好内部评级基础性建设、压力测试、风险评估、事中验证等工作，促使全行风险量化管理水平进一步提升。信贷管理、授信审批、风险管理等部门严格把关，扼守住风险底线，突出抓好煤炭流通、钢贸等重点行业以及集团关联客户、房地产和“两高一资”行业等重点领域风险防控。全年压降退出潜在风险贷款4.42亿元，化解担保圈贷款0.6亿元，累计清收处置不良贷款1.16亿元，为全行盈利可持续增长打下了牢固根基。按照内部控制“五有”要求，深入推进内控管理“进系统”工作，进一步强化操作风险管理、业务运营核查、非现场监测、监督检查四大职能领域，统筹抓好制度梳理、反洗钱和内控评价工作，持续开展《业务操作指南》和员工违规积分推广应用，着力构建了更加全面、系统、严谨的操作风险和内控管理体系。全年运营内部风险暴露水平为7.17‰，较上年下降56%。与此同时，不断加大重要风险点治理工作，进一步深化履职行为案防主题教育、员工参与非法集资专项排查以及“最安全银行”创建活动，全面抓好外部欺诈风险监测和远程联网监控管理，实现了全年无重大违规事件和经济案件发生。

五、认真开展党的群众路线教育实践活动，引领全行经营发展迈出更加坚实有力的步伐

按照“照镜子、正衣冠、洗洗澡、治治病”的总要求，深入开展党的群众路线教育实践活动，通过打牢学习教育和查摆问题两个基础，抓住整改落实和建章立制两个关键，坚持边学边查边改，推动教育实践活动取得了较为明显的成效，全行党员特别是各级管理人员的思想政治水平、解决实际问题能力有效提升，为民务实清廉作风进一步养成。与此同时，通过分行领导带头“下基层”和专家督导组帮扶、召开各分支机构民主生活会、举办“中层干部十八大精神学习班”等多种举措，切实将各级党组织的思想政治理论建设、作风建设和执行力建设与经营发展更加有机融合在一起，促使各级领导班子和党员干部队伍的战斗力进一步增强。不断拓宽选人用人视野，加大公选竞争上岗力度，持续完善干部交流培养和梯队建设机制，更加注重在实践中培养、考察、提拔、锻炼干部，尽可能地为干部成长创造空间。坚持人才兴行战略，建立了以岗位职级体系为基础的员工职务常态化晋升机制，并依托人才纳新、人才跨机构跨岗位有序流动以及完善教育培训等有力举措，促使人才队伍建设迈上了新台阶。2013年末客户经理数量占比跃升至17.9%，较上年末提升了4.7个百分点。坚持价值创造和收益分享激励导向，通过健全分支机构分类管理办法，完善重点产品营销计价与综合经营绩效考评相结合的薪酬资源配置机制，激发了全行上下干事创业的热情和动力。扎实推进了对20件员工代表提案的解决落实，并通过开展各类专业技能劳动竞赛、树典推优、加强“职工之家”建设、帮扶救助困难员工以及调增内部退养人员待遇等多种方式，切实增强了员工队伍的凝聚力和向心力，营造了团结向上、和谐奋进的文化氛围，为各项业务的可持续发展注入了新的生机和活力。

青海分行

【主要业务指标完成情况】

截至2013年末，青海分行实现净利润7.09亿元，同比多增1.36亿元，完成年度计划的103%；经济增加值3.35亿元，同比增加8 673万元；实现中间业务收入2.03亿元，首次突破2亿元关口，同比多增4 458万元，完成年度计划的102%，连续4年保持了增长态势；经济资本回报率为28%，同比提高2个百分点，资产回报率1.32%，同比提高0.17个百分点；各项存款新增20亿元（剔除保本理财还原数据），完成总行下达年度计划的37%，其中储蓄存款增势良好，较年初新增32.5亿元（含保本理财），同比多增3亿元，完成年度计划的108.30%；各项贷款新增55.91亿元，同比多增10.4亿元，完成年度计划的105%，票据融资余额较年初下降34.8亿元，改变了以往信贷规模过度依靠票据业务支撑的局面；不良贷款余额降至1.48亿元，不良贷款占比0.41%，较年初下降0.27个百分点，连续四年实现了不良贷款余额、占比“双下降”，资产质量再创新高。

【主要工作措施】

一、大力拓展信贷业务市场

2013年，青海分行紧紧围绕总行区域信贷政策，结合青海省“十二五”发展规划，重点支持交通、新能源等优势产业、重点项目和优质客户的资金需求。围绕青海省产业龙头、核心客户上下游企业、他行优质客户市场，积极培育信贷增长战略领地，全面竞争优质信贷市场。全年累计发放项目贷款68.3亿元，有力地支持了实体经济。以省内的17家核心企业及其子公司、分公司作为主攻方向，依托贸易融资、网贷通等新兴融资产品，为其上下游小企业办理供应链融资业务。建立了以西部矿业、西宁特钢、金鼎水泥、金圆水泥、正平路桥建设股份有限公司为核心的5条紧密型供应链，并深度挖掘其上下游共20户小企业客户，进一步扩大了小企业客户群体。截至2013年末，小企业客户较年初新增77户，较上年多增9户；累计投放小企业贷款16.03亿元，同比多投放6.76亿元，增幅达72.87%，小企业信贷业务取得实质性突破。强化个人贷款市场营销工作，积极开展商友卡、逸贷产品市场宣传，加强商品交易市场拓户工作，全年累计投放个人贷款9.02亿元，贷款余额新增5.21亿元，均创历史新高。

二、加快业务创新发展步伐

青海分行将2013年确立为“创新年”，通过积极介入民生领域，创新推出了大美青海健康卡、公积金联名卡、牡丹青通卡等，有效弥补了机构未能覆盖全省的劣势。截至年底，累计新发信用卡1.21万张，实现消费交易额38.2亿元，完成年度计划的109.2%。成功办理VOLVO公司SPA项目首笔5 000万美元国际银团贷款簿记业务，办理了5亿元股权融资业务，迈出了“表内＋表外”、“国内＋国外”一体化服务的新步伐。认真贯彻落实总行逸贷业务营销推广任务，累计发放个人逸贷115笔，共计63户，贷款余额445.31万元，未产生逾期类贷款。在全行开展岗位优化整合工作，实施了24家网点核心竞争力提升项目，在12家核算网点实施岗位优化整合工作，将原来的26个岗位整合为7个岗位，共释放人员54名，取得了明显成效。依托MOVA系统将更多考核指标下沉网点，加大了对核心指标序时进度的考核力度，强化各类考核结果的综合应用。

三、全面夯实客户基础

充分发挥各渠道、产品、平台、系统、机构的功能优势，全方位拓展客户群体。全年净增对公结算账户2 869户，同比多增1 032户，增长56%；新增法人信贷客户小企业106户，同比多增23户；净增私人银行客户99户。新发大美青海健康卡4.24万张；新发商友卡9 867张，同比多发6 875张。净增企业网银证书客户1 114户、个人网银证书客户8.34万户、手机银行客户8.15万户，同比分别多增387户、2.46万户和2.34万户，星级客户网银渗透率41.5%，同比提高3.6个百分点。开展了“全员进市场，POS进商户”劳动竞赛活动，新增个人转账终端商户3 458户，总量达到3 751户，完成计划的154%；净增POS机4 671台，增长4.3倍。

四、不断加强风险控制

深入推进风险量化技术成果的应用，重点管控信用风险、市场风险、流动性风险、操作风险和声誉风险，健全全面风险管理的长效机制。综合运用多种方式推动不良贷款清收处置“由量向质”转变，累计清收处置不良贷款1.06亿元，完成年度计划的137.29%，且基本为现金清收；实现拨备回拨7 516万元，完成计划的375.80%；收回账销案存资产43.7万元，完成计划的109.25%。信用卡融资业务管理不断加强，90天以上不良率1.09%，控制在总行核定的1.2%范围内。认真做好内部评级验证工作，对评级基础数据进行了修正和完善，有效提高了内部评级的基础数据质量。加强内控外防和风险管控，持续开展对“六个风险点”、“三高网点（柜员）”和屡查屡犯风险事件等的专项治理，全面落实“三防三保”工作责任制，全年成功防范各类外部欺诈事件52起，内部风险暴露水平为7.38‱，同比下降2.3个万分点，屡查屡犯风险事件同比下降87%，全面实现了无违规违纪和责任事故的内控管理目标，连续实现了第十八个安全年。

五、持续改进服务品质

继续深化业务集中处理改革，纳入集中处理的业务达31个大类、116个小类，ATM账务集中处理达到80%以上，业务退回率、失败率、撤销率均有所下降，提高了业务处理效率。深化“2013品质提升年”服务工作，积极落实服务创新举措，引进了第三方培训机构对全辖11个样板网点开展导入式规范化服务培训，并以此为契机，加大明察暗访力度，针对网点营业环境、员工仪容仪表，大堂经理、柜员、客户经理、网点负责人等服务规范、管理状况等进行全面诊断，及时发现问题，制订改进方案，多管齐下提升整体服务水平。在网点数量保持基本稳定的前提下，调整优化网点布局，新建4家营业网点，增设13家离行式自助银行，有效填补了我行营业网点的服务空白。在2013年度全省党风政风行风评议中，我行位列全省经营服务类第二，赢得了社会好评。

六、深入开展党的群众路线教育实践活动

按照总行党委统一部署，深入开展党的群众路线教育实践活动，认真贯彻“照镜子、正衣冠、洗洗澡、治治病”的总要求，全行支行以上领导班子、102名各级管理人员、1 414名党员参加了教育实践活动。党委成员深入联系点，按照“五个一”“三个带”（“五个一”，即走访一个重点客户、参加一次员工集体活动、体验一天网点业务流程、参加一次基层党支部专题组织生活会、撰写一篇专题调研报告；“三个带”，即带着问题下基层、带着任务下基层，带着感情下基层）的工作要求，深入基层、深入一线开展调查研究，广泛听取意见，查摆问题。党委班子共查找出15个“四风”问题，党委成员个人共查找出65个“四风”突出问题，并制定了整改措施，从提高信贷政策制度运用水平、完善绩效考核体系、优化岗位组合、完善培训机制、改进文风会风等五个方面进行专项整治。通过深入开展教育实践活动，进一步提高了广大党员干部特别是领导干部的思想认识，增强了清除作风之弊、行为之诟的自觉性，密切了党群干群关系，促进了经营管理的提升，实现了两手抓、两促进。

七、加强员工队伍建设

严格执行干部选拔条件和用人标准，通过公开竞聘、推荐选拔、民主测评等多种方式，补充了省分行相关部室和部分支行的管理人员，优化了干部资源配置和管理团队结构。及时跟进新产品、新业务的发展，分层次、多渠道、有重点地开展员工培训，全年共举办各类培训班58期，培训员工3 000余人次，为转型发展提供人才保障。强化新员工的岗前和在岗培训，建立机关员工跨部门交流和支行员工到分行机关锻炼的多通道、多岗位培养机制，不断提升员工综合素质。举办青年员工骨干培训班，有计划地做好后备干部的选拔培养。深入开展创建劳动关系和谐企业活动，救助困难员工561人次，发放特困救助金179.4万元。以工商银行成立30周年为契机，加强企业文化建设，举办了员工乒乓球比赛、员工书法摄影作品展、“灿烂微笑在工行”摄影图片征集活动及联谊、郊游等群众性文艺体育活动，进一步塑造了员工自尊自信、理性平和、积极乐观的健康心态。举办先进模范人物事迹巡回报告会13场，营造比、学、赶、帮、超的工作氛围。加强离退休管理工作，落实走访慰问、住院探望、定期座谈、困难补助等相关机制，开展形式多样的文化娱乐活动，提高了服务管理水平。

新疆分行

【主要业务指标完成情况】

2013年，新疆分行实现拨备前利润和拨备后利润38.41亿元和36.19亿元，同比分别增长23.91%和16.61%；人均、网均拨备后利润分别为44.73万元和1 283.34万元，较上年分别提高6.18万元和220.49万元。实现净利润27.12亿元、增长16.4%，完成总行下达任务计划。实现经济增加值15.11亿元、增长12.58%；经济资本回报率33.88%。本外币各项存款余额2072.8亿元，较年初增加218.6亿元、增长11.8%，余额、增量同业占比均居第一位。本外币各项贷款余额932.2亿元，较年初增加197.5亿元，增量同业排名第一。实现中间业务收入11亿元，同比增长

17.24%，考核还原后收入为 11.2 亿元，同业占比 32%，排名第一。资产质量保持优良，不良贷款余额较年初减少 0.16 亿元，不良贷款占比较年初下降 0.21 个百分点至 0.69%，继续保持了“双降”态势。

【主要工作措施】

一、做大做强信贷业务，加快调整信贷结构

将交通、水利等重点基础设施建设以及电力、煤炭、煤化工等资源开发项目作为 2013 年信贷营销重点，大力推动小微企业、贸易融资和个人信贷业务，优质信贷业务快速增长。一是以电力、交通、煤炭、水利、城市基础设施等行业为主，加大对入疆大企业、“十二五”规划重点项目等重点客户和项目的营销，深入挖掘煤化工、装备制造、农业等行业的融资需求。与中广核、华能集团、乌鲁木齐铁路局等多个重点客户开展业务合作，争揽了国电、华电集团的 12 个项目，涉及融资近 60 亿元。积极支持自治区文化产业及物流业的发展，年末现代服务业及文化产业贷款余额较年初新增 28.55 亿元，增量占公司贷款增量的 22.55%。二是大力发展经济资本占用低、综合收益高的贸易融资、小企业贷款和个人贷款，三大战略板块贷款投放量较去年净增 118 亿元，占全部贷款增量的 59.8%。年末全行国内贸易融资较年初增加 23.17 亿元，增长 29.7%。全力推广供应链融资，以全疆 50 余家核心企业上下游小企业客户为营销目标，积极争揽优质贷款项目，抢占农业产业化重点龙头小企业融资市场，小企业贷款比年初增加 15.39 亿元。提高个人信贷业务市场规模，个人贷款新增 74.05 亿元，同比多增 38.9 亿元，余额、增量同业占比继续保持“双第一”。三是抢先进入兵团物流园区等重点工程建设以及机采棉、棉花仓储等特色优势产业，加大重点师市合一城市基础设施项目贷款的营销，在发展较快的兵团城市成功实现了城镇化贷款的投放。2013 年，全行兵团信贷业务高速发展，客户规模不断壮大，资产规模快速增长，全年新增各项贷款 39.3 亿元、增长 74%，兵团贷款增量居同业之首。

二、夯实客户基础，促进存款稳定增长

通过实施“扩户工程”、深化重点客户维护、提升服务能力、强化存款业务发展的考核督导等措施，促进存款竞争力不断增强。启动代发工资业务拓户清单和存量待拓展客户清单精准营销活动，个人有效客户较年初净增 35 万户。依托商友俱乐部平台，通过战略合作、批量营销、代建结算平台等方式开拓市场，年末商友卡客户较年初净增 9.14 万户，商友卡客户总资产较年初增长 80.03 亿元。推动理财、基金、第三方存管等业务与储蓄存款的良性互动，实现从简单“拉存款”向“拉资金流”转变，并切实落实存款竞争力衰退问责制，全行人民币储蓄存款较年初新增 111.63 亿元，同业占比第一。全力推进银银平台业务发展，与五家同业客户签订了银银平台合作框架协议，机构存款较年初增加 92.7 亿元，同比多增 17.8 亿元。加大揽新扩户力度，新增大中型公司有贷户 88 户，较年初增长 24.2%，公司有贷户存款余额较年初增加 16 亿元，增幅达 37.2%；公司无贷户时点存款、日均存款分别较年初净增 12.88 亿元和 22.58 亿元。

三、创新发展中间业务，加快推动经营转型

分行注重信贷融资与非信贷融资交互发展，加快投资银行、贵金属、私人银行、托管、养老金、信用卡、国际结算、电子银行等中间业务的发展步伐，充分满足客户多元化金融需求。2013 年，分行信用卡发卡量、消费额、中间业务收入和特约商户数量等核心指标继续保持同业第一，其中信用卡发卡量突破百万大关，发卡量市场占比 47.4%，消费额占比 42.6%，中间业务收入占比 30.4%。投资银行业务实现高端财务顾问收入 3 511 万元，累计完成各类信托融资 28.8 亿元，实现投行收入 1.52 亿元，同业排名第一。私人银行业务实现收入 782 万元，较上年多增 303 万元，增幅 63.3%。国际业务新增客户 133 户，累计办理国际贸易融资 5.57 亿美元，业务量与收入均领先同业，旅游购物及边贸结汇业务同比增长 72%，实现跨境人民币结算 57.3 亿元。养老金业务取得新突破，成功营销天富热电企业年金业务，实现养老金收入 1 157 万元。结现类中间业务拓展成效显著，其中，新增签约客户 2 209 户，完成全年任务目标的 245%；新增有效法人理财客户 491 户，累计销售法人理财 99.8 亿元；收款管家卡累计发放 6.57 万张，销售实物金 4.05 吨，建成贵金属旗舰店 9 家，贵金属专区 62 个，全辖 57% 的网点实现实物贵金属销售。电子银行业务年末银企互联、电子商务两项产品交易额合计 1 516 亿元，手机 B2C 支付业务累计交易笔数达 11.5 万笔，同比增长 143.79%；个人网银四星级及以上客户渗透率 54.5%，企业网上银行证书动户率 78.8%。

四、深化改革措施，探索内涵发展

2013 年，新疆分行从网点转型入手，通过实施渠道转型与优化、网点运营标准化建设、服务标杆网点建设、客户拓展与产品渗透工程、员工优化工程，以及加快配套保障机制建设等一系列改革措施，积极探索内涵式发展道路。全年撤并了 13 家低效网点，网点总量为 279 家，自动柜员机、自助终端、个人转账终端较年初分别增长 26.1%、9.8% 和 54.4%，电子银行渠道业务量同比上升 20%，柜面业务可分流率降至 23.6%，较年初下降 15.3 个百分点，降幅在系统内排名第一。实现柜员业务量全口径统计，提高业务受理效率和客户满意度。全辖所有网点启动了标杆网点建设，员工服务意识、服务效率、团队凝聚力、内部基础管理都发生较明显变化，客户评价满意度达 99.32%，较上年上升 0.67 个百分点，客户平均排队等候时间缩短至 14.9 分钟，较 2012 年下降 6.1 分钟，客户投诉量下降 65%。通过渠道优化、网点标准化、全员竞聘、业务外包等途径共优化调整1 100余人，相应充实到销售、管理和专业类岗位。深化MOVA系统应用，加快推进分润机制建设，实行绩效合约制，实现员工考核激励的精细化、科学化。开展员工个人特质测试和360度评价，规划员工职业生涯。成立柜员管理中心，统一柜员的管理，形成年龄梯次协调、素质优良的人才队伍。

五、强化风险与内控案防管理，保证经营发展质量

着力加强信贷资产质量管理，截至2013年末，累计清收转化不良贷款2.55亿元，其中现金清收2.34亿元，清收账销案存资产0.07亿元；不良贷款余额6.4亿元，较年初减少0.16亿元；不良贷款占比为0.69%，较年初下降0.21个百分点，继续保持“双降”态势。不断提升风险把控能力，撤销原有按区域设置的4个内控中心，在分行整合成立检查监测分析中心等3个中心，形成了三个层级统一管理、分层有序的内控合规体系。在全辖营业机构配备合规经理384人，开展运营风险专项治理，加强前台操作风险管控，业务运营风险事件大幅下降，在总行验收中综合评分位居前十。

六、党建和队伍建设取得新进展，和谐发展氛围更加浓厚

深入开展党的群众路线教育实践活动，聚焦“四风”问题，多形式、多渠道听取全行员工和不同层面客户群的意见和建议，共征集意见和建议1 103条，落实责任，限期整改。召开专题民主生活会，以整风精神开展了批评和自我批评。通过教育实践活动，全行党员干部思想进一步提高、作风进一步转变、团队凝聚力和执行力进一步提升，服务意识和网点服务效率有了明显改善，有效推动了各项业务的提速发展。完善职工之家建设，改善硬件基础条件。大力倡导和推行“快乐工作、健康生活”理念，组织开展丰富多彩、寓教于乐的文化体育活动，努力满足员工物质和精神文化生活方面需求。实施送温暖工程，扎实开展特困救助工作，使广大员工充分感受到党委关心基层、关爱员工的温暖和实惠。

西藏分行

【主要业务指标完成情况】

2013年，西藏分行实现拨备前利润4.39亿元，净利润2.72亿元，EVA 1.68亿元，分别较上年增长93.37%、179.56%、292.95%。按年末实际在编人数计算，人均拨备前利润388万元、人均净利润241万元，为当地同业最高。存款、贷款余额分别达到95.38亿元、131.07亿元，实现中间业务收入1 252万元，同比分别增长70.96%、57.73%、48.52%，三大业务增速为当地同业最快。内控评价由二级晋升到一级。

【主要工作措施】

2013年，西藏分行认真贯彻落实总行年度工作会议精神，认真分析研究分行在维护稳定、创新服务、提速发展、素质提升方面的压力和挑战，以及在区域经济跨越式发展、整体联动营销战略、特殊优惠金融政策、干部员工进取精神等方面的机遇和优势，确定将喜迎“五年行庆”，抓实“两件大事”，全面实现“一保三最”（即确保安全经营，实现在系统内和同业人均利润最多、资产利润率最高、三大业务增幅最快）目标作为全年工作的主线和中心任务，并提出了突出维稳、着力维护工行社会形象，乘势而上、着力扩大借势营销成果，重视创新、着力推进业务协调发展，思近谋远、着力建设基础业务体系，内控先行、着力防范各类经营风险，以人为本、着力打造和谐进取团队等六项工作举措。

一、抓维稳安保，彰显工行社会形象

始终把维护祖国统一、反对民族分裂、确保安全经营、维护工商银行形象作为首要任务和第一责任来抓。切实发挥维稳工作领导小组的领导作用，坚持一把手负总责，进一步完善并认真执行全员维稳承诺、员工出入藏管理、联防联控、应急演练等制度，认真做好各级员工特别是新入行员工教育引导，坚决落实自治区统一安排的强基惠民驻村工作、村支书选派等重点工作，实现了自治区党委提出的“大事不出、中事不出、力争小事也不出”的维稳工作目标，被拉萨市委市政府授予“平安单位”荣誉称号，是两个获奖中直单位之一。

二、抓借势营销，提升市场发展水平

准确把握和平衡借款企业享受西藏特殊优惠利率政策降低融资成本、内地分行维护客户关系增加中间业务收入、西藏分行发展优质信贷业务增强盈利能力这三个方面的契合点，全力推进借势营销发展战略，实现了信贷业务的快速发展。在内部组织运作上，针对不同行业、不同项目归纳整理制式的拓展流程，明晰从项目信息收集、服务方案制订到贷款审批发放、贷后管理等各个环节的工作任务和责任，规范高效地推进与内地分行间的联合互动。在外部营销拓展上，紧密围绕国家

“十二五”支持西藏经济社会发展建设项目规划方案和总行区域信贷政策，密切跟进城建、交通、能源、矿产、通讯、旅游、水利工程等支柱产业和重点领域的建设项目，在持续做好与北京、四川等传统重点区域分行联动营销的基础上，拓展与兄弟分行的联动营销，与西藏分行建立合作关系的分行达到22个，实现贷款投放的分行达到12个。全年通过联动营销实现贷款投放61亿元，实现利息收入和中间业务收入3亿元，在促进资产业务快速发展的同时，带动了负债业务和中间业务协调发展，提升了分行整体竞争发展能力和盈利水平。

三、抓服务创新，促进重点业务发展

面对客户差异化的金融需求，面对日益加剧的同业竞争，分行进一步强化创新力度，各项重点业务均得到了长足发展。在资产业务方面，通过创新服务模式，与内地分行联动，更好地满足了优质高端客户的融资需求，维护了客户关系；通过创新贷款方式，并积极向自治区财政厅、人民银行请示，成功解决了借款人在享受西藏特殊优惠信贷政策方面的一些问题，如向西部矿业发放“委托贷款＋营运资金贷款”组合融资6亿元，开拓了资产业务发展的新模式。在负债业务方面，通过创新服务手段，成功为自治区财政厅提供了个性化的国库现金管理组合存款金融服务，全年增加财政存款33亿元；住房公积金和社保基金等民生领域金融服务得到破题，年末公积金存款余额达到4 141万元。在中间业务方面，努力打造投行业务品牌，实现了财务顾问、银团安排与管理等投行业务的快速发展，全年共实现投行业务收入533万元；创新客户服务方式，紧盯客户资金流向和金融服务需求，有针对性地推介企业理财和新型协定存款等金融产品，全年共实现对公理财产品销售收入42万元。

四、抓基础管理，实现内控评价升级

为进一步夯实内控管理基础，提升对经营风险的把控能力，分行从管理机制、工作抓手、制度管理、监督检查、责任追究等方面不断加大工作力度，促进了内控管理水平的提高。一是完善管理机制，在风险管理部成立了内控合规检查中心，重新调整了反洗钱中心职能，在系统内率先推行合规经理制度，为各部门和辖属机构选配兼职合规经理，初步形成了以分行风险管理委员会为统领，风险管理部为牵头责任部门，检查中心和反洗钱中心为工作平台，各部门兼职合规经理为重要依托的内控合规管理框架。二是创新工作抓手，在全行组织开展了“完善内部控制100个重要风险环节专项治理”活动，并将其作为一把手工程，提高各部门和员工的重视程度，发现和纠正了经营管理的一些顽疾固症。三是强化制度落实，按照“制度先行”的要求，认真组织开展了制度梳理和“回头看”工作，严格做好制度合规审查，提高制度的适用性，确保了业务有章可循。四是加强监督检查，消除业务风险隐患。开展了监督检查的统筹管理，强化了对操作风险和合规风险的检查，较好地发挥了内控合规的监督作用。五是严格责任追究，以运营风险事件责任认定为突破口，结合内控检查工作的开展，大力推动了对违规责任人的认定和处理工作。

五、抓属地工程，积蓄持续发展后劲

坚持把属地化作为实现可持续发展的重要抓手，适时提出和启动了“属地化建设工程”。一是不断加强属地化人才的培养和锻炼。通过校园招聘方式招聘属地化员工7名，属地化员工总量达到42人，占比达到30%；遴选了部分属地化员工进行有针对性地跨行交流培训，促进了属地化员工综合素质的提升。二是不断培育和扩大属地化的客户基础，提升属地化的业务贡献度。经过一年的发展，属地化业务贡献净利润（剔除借款人工商注册地在内地、资金使用在西藏的贷款业务贡献）达到9 156万元，占全行净利润的35.24%；营业收入达到1.98亿元，占全行营业收入的35.63%；属地化贷款达到27.54亿元，占全部贷款的21.01%。三是不断加大基础建设投入和基础系统建设，进一步提升工行服务覆盖能力和品牌形象。在充分进行市场调研的基础上，如期完成色拉路支行的筹建开业，完善了在拉萨城区的网点布局，同时积极推进了兴建营业办公楼及员工周转房事项。

六、抓作风和队伍建设，增强整体发展活力

一是认真组织开展党的群众路线教育实践活动。按照中央及总行党委要求，详细制订活动方案，召开动员部署工作会议，全面安排教育实践活动各阶段工作。根据分行实际安排了“维稳工作提升和先进双联户创建评选”、“服务实体经济支持西藏跨越式发展”等七个方面的自选动作。针对征集的意见和深入自我剖析发现的问题，按照边查边改的原则明确了整改责任和时限要求，有力地促进了经营管理和工作作风的改进。二是加强领导班子建设。强化班子的政治意识、大局意识、发展意识和责任意识，坚持民主集中制，做到科学决策和民主决策，自觉接受群众监督。三是加强管理人员和高级专业人才队伍建设，严格遵守干部选拔的原则和程序开展了选拔聘用工作，中层干部队伍得到强化，执行能力明显提升。四是加强员工队伍建设，制定出台了员工职业发展办法，完善了员工岗位职级体系，通过加强员工职业发展指导和规划，有序推进了员工职务聘任和工资晋升工作。同时，在政策范围内努力提高员工综合福利水平，积极改善员工工作和生活条件，使员工同步享受我行发展的成果，增强了员工的凝聚力和向心力，调动了员工干事创业的积极性。

大连分行

【主要业务指标完成情况】

2013年，大连分行实现净利润22.2亿元，同比增长10.9%；实现经济增加值11.4亿元，同比增长17.5%。实现中间业务收入8.4亿元，增幅5.3%。本外币各项贷款在同业中率先突破千亿元，年末余额1 054.9亿元，较年初增加99.1亿元；本外币各项存款余额1 487.6亿元，较年初增长77.3亿元，其中，储蓄存款余额和增量继续保持同业首位。不良贷款率1.18%，较年初上升0.25个百分点。

【主要工作措施】

一、坚持转型促发展，市场竞争力和盈利持续提升

坚持将信贷战略与宏观经济金融政策相衔接，牢牢把握结构调整主攻方向，推动服务地方经济社会发展的水平不断提升。各项贷款余额在同业中率先突破千亿元，新增贷款均衡率55.4%、同比提高17.5个百分点。主动压降政府融资平台、房地产、产能过剩等高风险领域贷款，降幅达3.5%，新发放项目贷款中85%以上投向地方重点在建续建项目，进一步突出对实体经济、小微企业、个人信贷等战略领域的支持力度。截至年末，四大新市场贷款余额增长21.5%、在公司贷款的比重同比提高5.3个百分点，小企业贷款增长3.2%，个人贷款增长23.2%。与此同时，更加注重创新应用多种融资方式提升对客户的全面金融服务，全年债券承销、资产交易、委托贷款、银团贷款分销、股权融资、金融租赁等非信贷融资总额超过61亿元，与新增公司贷款比达到1.6:1。端正经营思想，立足于夯实客户基础改善负债业务发展的质量，存款增长的稳定性以及成本控制得到增强。通过抓源头、抓系统以及重点突破带动逐级深挖等举措，全年对公与个人有效客户分别增加1 439户和23.1万户，其中日均存款50万元以上优质对公客户和金融资产5万元以上中高端个人客户分别增加79户和1.7万户，总规模达到3.1万户和315.2万户。中间业务在规范基础上健康发展，尤其将契合客户需求、潜力大且附加价值高的创新业务作为战略转型重点，全口径品牌投行业务收入增长90%；养老金、贵金属以及个人代理理财业务收入增速分别高于系统平均水平85.3个、30.5个和11个百分点；信用卡发卡量及消费额继续领跑同业，新发卡启用率、动卡率同比分别提高21个和3.7个百分点；对外担保和跨境人民币业务累计办理量分别增长494.7%和141.1%；资产托管业务规模保持同业领先，其中技术含量较高的资本市场投资类托管业务收入是2012年的近3倍。

二、狠抓风险管控，经受住了严峻复杂环境的考验

面对长期化、全方位的风险挑战，将管控信用风险放在更加突出的位置，以强化主动预案管理和严格节点控制为基本手段，通过切实加大机制约束力以及积极创新有效途径，快速推进潜在风险贷款、逾期贷款以及不良贷款的清收转化处置，及时有效遏制风险劣变势头，全年累计退出潜在风险贷款14亿元，清转逾期贷款20.3亿元，清收处置不良贷款13亿元，其中现金清收率75.4%，高于系统平均水平32.6个百分点，年末不良贷款率比年中高峰值下降了0.42个百分点。全面启动“内控强化年”主题活动，开展“屡查屡犯”专项治理取得明显成效，反洗钱工作水平不断提高，荣获“大连市反洗钱工作先进集体”称号。持续加大运营风险核查监督力度，内部风险暴露水平和可控风险暴露水平下降到历史最低点。深入做好管理人员廉洁从业教育和员工行为监督管理，始终保持案防高压态势，有效防止外部风险传染，全年无重大风险事件和案件发生，在市政府政风行风评议中被评为金融系统唯一免检单位，连续4年在大连市委平安创建工作评比中获优胜单位称号。进一步密切舆情监测，细致开展信访工作，为经营发展提供了安全稳定的环境。

三、深化改革创新，增强持续发展的源动力

全面启动网点竞争力提升改革，通过实施以岗位整合和流程优化为核心的运营体系标准化建设，较大幅度地释放了后台人员，推动了网点人员结构的优化，项目实施网点运行岗总人数下降11.1%，其中71.7%的人员转岗到临柜客服和营销一线，7%的人员补充到了网点负责人队伍，低柜柜员和营销人员配置比例平均提高12.9个和2个百分点，网点业务处理和营销服务能力得到提高，客户体验改善明显，客户平均排队等候时间下降12.7%，客户平均满意度提高4个百分点。加大自助及电子渠道建设力度，进一步打造各类渠道协同互补的整体优势。全年新增自助设备122台、新建自助银行20家，自助渠道总规模与自助设备跨行交易量占比均居同业第一；新增个人网银证书客户27.6万户、企业网银证书客户3 338户、手机银行客户35.5万户，电子银行客户总规模及交易总额居四大行之首；柜面业务可分流率32.4%、较年初下降4.7个百分点，交易离

柜率在80%以上的电子银行活跃客户占比达到34.4%、同比提高5.7个百分点，高于系统平均水平5.1个百分点。继续深化运营体系综合改革，年内新增4大类9小类集中处理业务；实行全过程库存管理，现金综合运用率同比提高2.6个百分点，达到50.6%；超过90%的自动柜员机实现集中运营管理、较上年提高11个百分点，系统化管理的优越性逐步显现，自动柜员机现金保障率上升0.8个百分点，达到99%，非技术故障率减少0.2个百分点，低至0.5%。进一步抓好考核激励和队伍管理机制建设，通过调整指标体系、强化结果应用，引导全行紧紧围绕转型发展优化资源配置、落实各项措施。加强干部选拔、任用、培养和退出的全流程制度化管理，强化干部员工的横向、纵向交流。系统开展教育培训工作，启动实施分行各部室“总经理开讲”专题项目，收到良好成效。

四、深入开展教育实践活动，为经营发展提供坚实保障

按照中央和总行党委的统一部署，深入开展党的群众路线教育实践活动，各级领导班子组织开展各类专题学习以及调研走访活动总计1 000多次，广泛征集各方面意见和建议300余条，在深刻查摆“四风”问题和剖析原因的基础上，认真制订整改方案，积极推进建章立制，取得重要阶段性成果。活动开展过程中，始终把改进作风与推动全行改革发展相结合，既着眼群众关心问题边查边改、立行立改，同时又立足长远发展，以改革的思路和办法建设完善长效机制，形成了一批重要的改革创新方案，做到了两手抓、两不误、两促进。与党建工作相结合，进一步推动企业文化落地，通过学习型组织建设、创先争优活动，积极弘扬爱岗敬业正能量。成功召开第二届一次职工代表大会，民主管理水平不断提升。组织开展形式多样的文体活动和知识竞赛，细致做好职工之家建设、特困员工救助以及离退休老干部服务管理，将对员工的关爱落到实处，积极营造和谐发展环境。继续深入推进服务改进工作，服务品质和服务面貌不断提升，在大连消费者协会、主流媒体组织开展的满意度调查等活动中，分行揽获了“2012—2013年大连诚信金融机构”、“3·15诚信金融企业”、“满意3·15优秀金融机构”、“市民满意理财机构”、“2003—2013大连金融五星金融机构”等多项殊荣，赢得了社会各界和广大客户的广泛赞誉和好评。

青岛分行

【主要业务指标完成情况】

2013年，青岛分行实现拨备后利润33.92亿元，同比增加2.52亿元，增幅8.01%；实现净利润25.17亿元，同比增加1.69亿元，增幅7.18%；实现经济增加值14.99亿元，同比增加1.78亿元，增幅13.49%。实现中间业务收入11.73亿元，继续排名同业第1；中间业务收入对利润的贡献度达到29.3%，同比上升0.67个百分点，收入结构进一步优化。本外币各项存款（不含同业）余额1 047.75亿元，较年初增加107.87亿元，其中储蓄存款较年初增加68.14亿元，四行排名第1。本外币各项贷款余额1 097.66亿元，较年初增长81.45亿元，余额、增量均居同业第1。信贷结构持续优化，铁路、公路、电力、城建四大行业贷款余额259.82亿元，较年初减少18.27亿元，下降6.57%，完成总行压降计划的304%；先进制造业、战略新兴产业、现代服务业与文化产业四大新兴市场贷款余额总计395.11亿元，较年初增加28.09亿元，增长7.65%。

【主要工作措施】

一、大力拓展优质客户，夯实业务发展的基础

按照“细分市场、锁定目标、整合产品、理顺机制、团队联动、全面出击”24字营销方针，坚持“拓户”和“护户”并重，推动客户结构持续优化和市场份额不断扩大。一是狠抓重点领域个人客户营销工作。截至2013年末，全行个人有效客户达到329万户，较年初增长8.25%。在民生领域，正式启动了青岛地区社会保障卡发放工作，成功营销65万张。通过电子银行特别是手机银行的营销，抓好未来客户群体拓展，全年净增手机银行客户32.6万户，同比增长66%，完成总行计划的121%；实现手机银行交易额294亿元，是2012年的4.4倍，手机银行交易额占个人网银交易额比例达6.7%，超过总行计划1.7个百分点。做好“金融下乡”工作，充分发挥我行在理财产品、电子银行、品牌等方面的优势，引导农村居民将资金从单一的存款向理财、贵金属等更为丰富的资产配置转化，积极争揽农村金融资源。二是盯紧具有良好发展前景的国际贸易客户。把握青岛国际贸易与物流领域发展机遇，2013年新增国际结算客户260户，同比增长9.27%，其中新增总行目标客户29户；办理国际结算量36.7亿美元。三是推动小企业市场营销模式由单户营销向供应链、专业市场、产业集群等批量式营销方式转变。在业务拓展

过程中，分行、支行充分发挥营销层面的优势，积极与经信委、财政局、社保局等政府职能部门进行合作沟通，与大型企业集团、医院等核心客户进行营销对接，按照客户运营特征、结算特点、资金需求，充分发挥专业技术优势，运用个性化金融服务方案拓展核心客户及其上下游供应链客户。

二、开展“信贷管理年”主题活动，切实加强信贷风险管理

针对资产质量劣化、信贷管理薄弱的严峻形势，将2013年作为“信贷管理年”，以“三个到位、四个坚持”为导向加强信贷管理。一是“三个到位”，即经营理念到位，端正信贷经营理念，不为追求短期指标而侵蚀长远发展的基础，不为追求结构性指标而降低风险控制要求；责任意识到位，坚持“谁创造风险，谁最终对风险负责”原则，对不良贷款的责任认定做到客观合理、公平公正，尽职免责、违规必究；管理监控到位，切实发挥信贷管理在优化资产结构，监控贷后风险的作用确保管理监控落到实处，增强贷后管理的有效性。二是“四个坚持”，即坚持实质重于形式，把客户的风险与收益作为市场进入与否的主要标准；坚持目标优于手段，区分真实信用风险和内部管理要求，适当增强业务处理的灵活性和机动性；坚持速度服从质量，宁愿牺牲一些单项指标、过程指标，也要将信贷管理的基础打牢；坚持创新与管理并重，按照“宽进、严审、实管”的原则，把业务做实，把风险控制住。三是信贷管理回归本源。将安全性放在信贷业务发展的首位，视资产质量为生命线，从根本上提高信贷风险防范和控制水平。2013 年，全行完成潜在风险贷款压降 41.19亿元，完成总行计划的 339.58%；后三类担保圈贷款保证余额总量较年初减少了 14.46 亿元，完成总行考核计划的 233.6%；揭示了隐性关联群 25 个，年末贷款余额 83.32 亿元，较年初压降 37.39 亿元，降幅 31%。

三、实施创新驱动发展战略，提升竞争发展水平

一是加大融资类金融资产服务业务的推广力度。依托“表内 + 表外”的工作思路，综合运用债权、股权和收益权类单一或集合信托融资模式，成功探索了以“券商 + 信托”双渠道融资新模式，共计完成表外融资业务 17 笔，为客户解决融资 33 亿元。二是股权融资业务取得突破性进展。成功办理首笔 Pre - IPO 型 PE（私募股权）基金主理银行业务，实现了 PE 基金主理银行业务零的突破。三是创新性开展中小企业集合信托业务，该笔业务的调查、审批和申请投资等流程，均采用了批量化的操作模式，一次性为两户企业解决了融资需求 4 500 万元，从而为后续该类业务的批量化处理提供了借鉴。

四、创新管理模式，提升工作效能

一是创新不良资产清收处置方式。实行法人客户不良贷款集中管理工作模式，由分行风险资产处置中心集中处置全行不良资产，不仅充分了发挥专业处置优势，加快了处置进度，而且使支行能够集中精力抓发展。全行共清收处置不良贷款 14.58 亿元，完成总行下达计划的 117.60%，其中现金清收 10.13 亿元，完成总行计划的 253.37%；账销案存资产清收 0.87 亿元，完成总行计划的 144.82%。二是运用精益六西格玛管理方法，开展了理财经理业绩提升项目、网点柜员人力资源优化配置项目等一系列优化项目，通过翔实的测量与数据分析，优化了业务流程、岗位设置和劳动组合，促进了营销与运营效率的提升。三是整合部门职能，形成工作合力。成立了由行长直接主管的服务与流程改善办公室，将之前分散于不同部门间的服务管理、客户投诉管理、企业形象策划与对外宣传、品牌管理、精益六西格玛管理等工作职能统一由该部门行使，推进了服务管理模式的转变。加强声誉风险管理，建立舆情监控处置机制，成立了舆情管理专家团队，将服务管理、投诉处理和舆情监控处置有机整合，更好地维护工行利益及品牌形象。

五、加强党建和队伍建设，完善考核激励机制

一是深入开展群众路线教育实践活动。按照总行党委统一部署，以为民务实清廉为主要内容，聚焦“四风”问题，扎实推进学习教育、听取意见，查摆问题、开展批评，整改问题、建章立制等环节的工作，做到规定动作不减环节、不省步骤；同时紧密结合分行的实际情况，使“自选动作”贴近基层、彰显特色、突出亮点、见到实效。二是健全完善绩效管理体系。搭建了机构、管理人员和员工三位一体的考核体系，从支行一直考核到基层网点，在全员考核、全员定位的基础上交叉考核，实现上级与下级之间、对公与个人之间的立体考核。工资总额计划不再与人员规模挂钩，引导支行增加人均产出效能。三是深化“人才盘点”项目。向中层管理人员传导人才盘点项目盘点数据、整体报告和人才地图进行全面分析，对项目价值、实施效果和未来应用进行深度解读，将“人才盘点”的结果应用于对干部的选拔任用、教育培训、培养锻炼和调整退出中。四是实施员工敬业度调查分析。对全行 3 057 人进行敬业度调查，找出驱动我行各类员工群体敬业度变化的关键因素，为决策提供参考。五是实施管理人员领导力提升培训项目。进一步丰富和提升分行“商学院”项目的内容和品质，先后举办了“引领变革”、“跨部门协作”、“经理人与组织”、“TechMark 管理实战模拟”等 7 期共 400 余人次参加的管理人员培训班，课程的综合评价满意率达到了 98.5%，培训师资的满意率达到了 98.3%。

六、抓好内控案防工作，保持高压态势

一是围绕以“遵章守纪为荣，违规违纪为耻”为主要内容开展内控文化主题教育活动，进一步提高了全员内控意识和执行规章制度的自觉性。二是落实员工行为排查和重点监控行制度。连续组织对全体员工“违

规参与集资、民间借贷、担保”等进行排查、回头看和集中整治活动，通过家访、走访客户、外部走访、对重点人员资金流向核查等形式，对有苗头的人员一律调整岗位并纳入重点关注对象。三是注重廉政案防教育，努力增强教育的说服力和针对性。重点加强对网点负责人、客户经理的职业道德教育培训，有效提高了全行干部员工对内控案防重要性和必要性的认识，形成了良好的内控管理文化氛围。

宁波分行

【主要业务指标完成情况】

2013年，宁波分行实现拨备前利润49.40亿元，同比增长1.95亿元，增幅为4.10%；实现拨备后利润23.82亿元。中间业务收入达16.09亿元，较上年增长8 739万元，增幅5.74%，位居同业第一。本外币各项存款余额1 415.14亿元，新增163.61亿元，增量四行占比40.48%，存款总量、增量同业双第一；日均存款新增91.21亿元，同比多增28.99亿元。本外币各项贷款余额1 746.32亿元，新增136.65亿元，增量四行占比29%，贷款总量、增量同业双第一。

【主要工作措施】

一、抓基础，全力拓展存款业务

一是实施客户引存。大力拓展机构客户，重点巩固各级财政、社保等战略合作客户，着力突破税务、海关、大中院校等薄弱环节，全年新增机构账户175户，新增机构存款70.84亿元。大力拓展公司无贷户，加强与商会、街道等的合作，争揽招商引资新项目，全年新开有效账户7 589户，带来时点存款38.99亿元、日均存款49.52亿元。大力拓展个人客户，持续加强专业市场商户、优质代发工资户、信用卡和电子银行活跃客户、高校学生等客户群体的集群化营销，全年净增个人有效客户37.28万户，新增储蓄存款44.72亿元。二是实施产品增存。抓好付汇理财通、双币种信用证、境外非融资性保函、内存外贷、“金溢金”等国际业务创新产品运用，全年累计增存41.3亿元；抓好结算产品，争揽理财资金并实现与存款的良性互动发展，实现法人理财销售额41.5亿元、同比增长146.6%，个人理财销售额498.5亿元、同比增长16.98%；抓好个金产品，全年新增商友卡4.88万张，新增代发工资对公客户592家、代发人数17.7万人，同时推广营销个人账户综合理财协议，带来日均存款5.67亿元；抓好托管业务，成功办理三笔基金公司特定客户资产托管，积极开拓股权投资基金托管、商业预付卡预收资金存管、安心账户托管等市场，托管规模达920亿元。三是实施管理稳存。加强大额资金管理平台运用，成功营销重点目标客户186户、同比增加59户；加强信贷资金全流程监控，年末信贷资金受托支付留存率68.23%，较年初上升13个百分点；开发对公资金封闭管理系统，完成6家支行测试运行；合理摆布考核指标，强化负债业务发展导向。

二、抓重点，着力压降不良贷款

坚持“除旧”、“控新”两手抓，全力遏制了资产劣变趋势。一方面，加快存量不良清收处置。对9家不良贷款余额超亿元的支行，成立不良资产处置中心；对贷款不良率超3%及不良余额1亿元以上的支行，由支行行长任清收处置工作“第一责任人”、分管副行长负责全过程管理；严格实行新增不良和存量压降双线问责及业务岗、监督岗、管理岗多岗追责。通过组合运用现金清收、转化上调、呆账核销、以物抵债、批量转让等方式，全年共清收处置不良贷款33.82亿元，同比多清收24.41亿元，完成总行年度计划的195%。另一方面，有效防范新增风险。重点排查存在逾期欠息、销售归行不足、交叉违约、资金流向不合规、押品价值不足等重大风险特征的贷款，共发现风险客户68户；加强潜在风险贷款和逾期贷款管理，向总行上报6批共152家潜在风险客户名单；严控融资平台风险，对地方政府融资平台到期贷款逐户逐笔制订还款方案，落实还贷资金来源；严控房地产信贷风险，对存量38户和新增19户房地产开发企业进行核准；加强担保圈贷款风险监测，对有担保余额的融资性担保机构担保情况进行逐户调查分析，完全清收5家担保机构担保贷款。

三、抓关键，努力提升中间业务发展质量

一是贷款关联业务平稳发展。做大流动资金贷款和优质项目贷款，带来中间业务收入5.66亿元；做大个人资产关联业务，实现收入3 890.81万元；做大信用卡分期付款业务，信用卡专项分期付款累计交易额突破25亿元，同比增长32%，实现收入1.38亿元；做大进出口押汇、进出口发票融资等传统表内融资产品业务量，实现外汇中间业务收入2.79亿元。二是基础类业务快速发展。着重抓好结算、代理、理财三大类业务增收拓收。结算业务方面，做大国际结算与外汇资金业务量，全年实现国际结算收入1.8亿元，业务增量市场占比第一；加大有效结算账户拓展，实现人民币对公结算收入7 633.8万元；实现个人结算业务和灵通卡业务收入8 295万元。代理业务方面，主打股票型基金、券商集合计划和融资类基金专户、代理保险等业务，累计销售个人基金88.11亿元、实现收入4 819万元；销售个人保险2.39亿元、实现收入951.54万元；实现代理对公保险、代理归集住房公积金业务收入485.84万元。理财业务方面，持续开展法人理财业务营销竞赛活动，实现法人理财产品销售收入543.98万元，同时抓好贵金属营销，实现收入3 257.3万元。三是创新型业务争先进位。建立由中间业务委员会秘书处牵头、相关专业参加的定期协调机制，以表外业务优先于表内业务发展、金融资产服务业务优先于信贷融资业务发展为导向，对创新型中间业务收入按照3倍于其他中间业务收入的比例挂钩奖励工资费用和经营性费用，加快金融资产服务等创新型业务发展。全年牵头银团贷款12个，分销金额20.3亿元，银团安排承销与管理费收入8 823万元；完成两笔共计5.4亿元专项资产管理计划、两笔共计4.1亿元融资租赁收益权项目投资、18亿元中票和20亿元短融注册，以及首笔2.5亿元PE主理银行投资，实现收入3 842万元；完成重组并购业务6笔，实现收入2 090万元。

四、抓转型，大力调整信贷结构

一是抓好项目市场。把握宁波市"有效投资提升年"机遇，大力拓展四大新市场，推进海越新材料化工、永升医药物流等项目合作；大力支持新农村建设，推动海源新农村望春桥二期拆迁改造、辽河路东地块小城镇改造等项目投放；加大固定资产支持融资力度，完成柏悦大酒店、奉化银泰城等项目固融；提升水利、城市建设及港口交通信贷保障力度，满足梅山岛国际集装箱码头、环球航运广场、余姚双溪口水库等项目资金需求。全年累放项目贷款159.6亿元，同比多放30.04亿元。同时，大力发展创新融资业务，通过债务融资工具、融资租赁、信托融资、并购贷款、银团贷款等创新型融资渠道及海外代付、福费廷等融资产品支持，引入外部资金230.15亿元，较上年增加55.04亿元。二是抓牢优质客户市场。拟定优质客户"增容拓户"任务，成功营销挖转他行客户28户。全年新增公司贷款160.27亿元，相当于2011年和2012年之和，增量和余额均居四大行之首；净增公司有贷户55户。三是抓紧个人和小企业市场。个人贷款方面，按"做大住房贷款、做强消费贷款、做优经营贷款"思路，强化重点产品营销，加强考核激励，全年新增个人贷款31.13亿元、四行占比38.74%，居于首位。小企业贷款方面，受宏观经济增长趋缓等因素影响，小企业业务发展受到制约，但网贷通业务扭转2012年持续下降趋势，年末实现提款余额28.38亿元，较年初增加11.45亿元，完成总行下达计划的190.83%；同时宁波市政府大力推动的城乡小额保证保险贷款累计发放3.61亿元、余额3.3亿元，当年发放额、累放额等指标保持同业第一，获得市政府"全市金融机构小微企业贷款工作考评一等奖"。

五、抓根本，切实加强队伍建设

一是深入开展党的群众路线教育实践活动。以活动为载体，结合本行实际，组织开展了"反四风、治八病"问题查改、"三好一优"百日作风整治等专项工作，实施了联系帮扶基层三项制度，选派了首批28名本部员工赴基层交流任职，修订了内部服务承诺、督察督办、公务接待等规章制度，明确了改进调研、精文简会、厉行节约等六方面18条转变作风的具体措施。认真组织开好民主生活会，会前，开设"分行意见箱"NOTES信箱，征求了83个基层党组织和广大党员干部意见及建议260多条，累计开展分行党委成员谈心85人次；会上，认真审阅班子成员对照检查材料，深入开展批评和自我批评，进一步统一了思想、凝聚了力量；会后，认真开展整改。二是加强干部队伍培养。完善干部选拔，首次开展了一级支行主要负责人公开选拔；优化干部队伍结构，对部分支行和分行部室负责人进行调整和充实；完善干部管理制度体系，出台了《干部德的考核实施细则》，修订了《管理人员请销假和外出报告制度》；着手建立干部业绩档案制度，以支行行长、网点负责人为主要对象，制定自2010年以来各年度业绩档案表。三是强化全员教育培训。举办各级各类培训93期次，总天数201.8天，人均培训10.06天，举办各类考试81场次；运用网络大学开展自主培训11期，共7 502人次受训，举办了网点负责人经营能力提升培训班和"深港联动"培训班，选送优秀人才参加金融风险管理师（FRM）、金融分析师（CFA）、国际财资管理师（CTP）等专业资格培训，选拔骨干参加金融理财师（AFP）网络班的培训。四是构建和谐企业文化。举办了分行企业文化建设巡礼展、青年员工风采展示大赛、行史教育文化实践等多项活动；加强员工福利保障体系建设，完成各种社会保险和企业年金缴费基数调整申报及个人缴费额调整补缴补退工作，做好员工行龄补贴、体检等事关员工切身利益的工作；以促进老有所学、老有所乐为重点，提升老干部服务水平。

厦门分行

【主要业务指标完成情况】

2013 年，厦门分行实现拨备前利润 22.4 亿元；净利润增长 6.4%；中间业务收入 7.6 亿元，增长 7.9%。本外币各项存款余额 805 亿元，净增近 50 亿元，各项贷款余额 830 亿元，净增近 90 亿元，存贷款余额双双突破 800 亿元，其中，机构存款余额及增量同业、公司贷款和小微企业贷款余额位居同业第一。内部管理进一步加强，在 2013 年度总行内控评价中取得历史性突破，进入内控一级行，居系统第 4 名。服务工作在系统内排名不断靠前，辖内江头支行荣获“中国银行业文明规范服务百佳示范单位”称号，创分行服务工作最佳成绩。

【主要工作措施】

一、加大拓户和存款组织，努力促进各项业务更高质量、更好效益发展

一是抓好拓户和存款发展基础。成立拓户和存款工作推进领导小组，从战略高度把拓户和存款作为分行的基础和中心工作来抓。加强部门联动，开展供应链、集群客户营销，利用 EDW 数据仓库实施全渠道精准营销，不断扩大优质客户基础。公司有贷户较年初增加 75 户，小企业有贷户新增 215 户，机构客户较年初增加 40 户；个人金融资产 5 万元以上中高端客户和四星级以上客户分别增加近 1 万户和 5.2 万户。实行存款与贷款规模、利率审批、支行经营考核、EVA 增量计价“四挂钩”，强化有贷户存贷比指标监管，加强存款资金流的跟踪分析和定价研究，努力提高存款业务质量和效益。全年储蓄存款增加 37 亿元，机构存款增加超 20 亿元，无贷客户日均存款增加 6.8 亿元，存款付息成本控制在较低水平。二是持续推进信贷结构调整。加强信贷投向管理，优先支持绿色信贷市场和闽台产业对接重点项目，加强钢贸、水泥等行业信贷融资控制，落实地方融资平台和房地产客户动态监测，不断优化信贷结构。年末制造业、现代服务业、文化产业贷款余额 334.5 亿元，增长 22.8%，占全部公司贷款余额的 66.9%，较年初上升 8.3 个百分点；城建等四大行业及地方政府融资平台贷款分别压降 20.3 亿元和 7 亿元。深化重点客户战略合作关系，加大贷款储备力度，先后组建了 14 个银团合作项目，年末公司贷款余额 520 亿元，继续居同业第一。深入挖掘专业市场、产业集群小企业客户资源，完善个人贷款联动营销管理机制，年末小微企业贷款余额 95.6 亿元，增长 18.2%；个人贷款新增 89 亿元，创历史新高，个贷不良率 0.54%，继续保持较好水平。三是促进各项业务协调发展。继续抢占银行卡发展优势，以特色卡和分期付款为抓手，打造精品工会卡项目，首创保证保险信用卡二手车分期付款业务，全年信用卡净增 8.4 万张，实现信用卡中间业务收入超过 1.5 亿元，增长 21%。发挥地缘优势，打造国际业务新竞争力，全年实现国际结算业务量（不含同业）163 亿美元，增长 22%；外汇资金交易业务量 95 亿美元，增长 5%；国际贸易融资累放额 39 亿美元，增长 19%。突出发展电子银行业务，全年净增个人网银证书客户 21.2 万户、手机银行客户 29.2 万户，网上银行交易额达到 1.5 万亿元，柜面业务可分流率下降 5.1%，实现电子银行收入 1.1 亿元，同比增长 43.6%，主要业务指标继续领先同业。

二、深化改革创新，激发经营内生活力和动力

一是推进管理改革创新。进一步优化扁平化管理架构，将区域竞争力强的二级支行升格为类一级支行，并以竞标方式聘任 11 家类一级支行行长，进一步整合提升支行合力和竞争力。优化考核指标，突出 EVA、RAROC 和经济资本管理，新增特色支行和市场竞争力指标，引导支行做强优势业务。推进部门绩效合约管理，强化前台部室直接经营职能和中后台部室业务保障功能。二是积极创新发展中间业务，培育和扩大效益增长点。主动适应内外部监管要求，加强商投互动，全面提升投行业务规范发展水平，全年实现投行收入近 2 亿元，增长 33.7%，占分行中间业务收入超过 1/4，其中品牌类投行收入持续高速增长，全年累计实现收入 1.3 亿元，占投行总收入的 70.6%。将供应链融资视为资产业务工作重点之一，成功办理全国首笔商用车供应链融资业务和系统内首笔委托采购项下商品融资业务，全年累放供应链 9 条，累放供应链客户 22 户。加快推进金融资产服务和产品创新，在非标准年金、安心账户、QFII 托管业务、资金池、贵金属同业拆借等方面实现了新的突破，全年实现资产托管收入 3 732 万元，增长 30%；贵金属收入 1 762 万元，增长 33%；销售黄金 446 公斤，增长 122%，贵金属交易类业务折合近 40 吨黄金，增长 35%。加快推进私人银行客户和金融资产规模、贡献度同步高速增长，达标客户增加 85 户，金融资产增长 14 亿元，增幅均排名系统第 2。

三、强化全面风险管理，筑牢从严治行基础

一是加强信贷风险排查和潜在风险化解。加强对重点领域、重点行业的风险专项排查和防控，对潜在风险客户实行动态管理，认真做好风险监测、预警、催收、处置工作。对已经形成不良的，由一把手挂帅，成立不良贷款处置委员会，创新“集中管理、构建团队、分包处置”的清收工作模式，制订逐户清收计划和考核激励办法。全年退出及转化潜在风险贷款12亿元，完成总行下达计划的143%，化解担保圈风险贷款6.2亿元，完成总行下达计划的115%；完成不良贷款清收处置5亿元，完成总行计划的208%，其中现金清收4.2亿元，完成总行计划的233%，年末个人逾期贷款余额比年初下降25%，完成总行下达压降任务。二是大力推进内控案防建设。以内控评价上等级为契机，大力加强和改进我行内控案防工作，加大案防工作推进力度。优化支行层面纪检监察组织框架，在一级支行配备纪检书记（委员），在各支行（部门）选聘合规经理，完善分行立体多维内控案防体系。大力推进廉洁银行建设，加强反洗钱管理，统筹整合分行检查资源和计划，推进业务运营风险事件治理，认真开展安全大检查。

四、扎实抓好服务基础工作，树立良好社会形象

一是推进专项治理，解决突出问题。大力推进“营业网点服务环境”、“排长队”和“客户投诉处理”等专项治理活动，实施网点、柜员工位及理财室标准化管理，重拳解决服务突出问题，全辖网点服务环境有了很大改善，客户平均等候时间下降17.6%，投诉处理客户满意度提高至100%。二是优化渠道建设。加大网点布局调整和自助银行建设，打造服务标杆网点，推动创建“百佳”窗口单位。开办夜间银行服务，推进特色支行建设，加强客户分层维护，构筑不同时段金融服务互补新格局，激发特色服务品牌发展活力。三是加强消费者权益保护，提升品牌形象。建立消费者权益保护工作联系机制，大力开展金融消费者宣传教育，积极维护金融秩序，参与社会公益活动，切实履行社会责任，辖内同安支行和海沧支行分获全国级和厦门级“送金融知识下乡宣传服务站”称号，分行代表队在厦门市消费者权益知识竞赛中荣获冠军。加强声誉风险管理和媒体关系维护，以产品创新、服务实体经济等为重点，推出一系列有影响力的品牌宣传，提升品牌形象；全年在各媒体发布新闻宣传稿件近1 500篇次。

五、扎实开展党的群众路线教育实践活动，强化企业文化建设

一是深入开展党的群众路线教育实践活动。突出密切联系群众，突出作风建设，重拳整治员工和客户反映比较集中的“四风”问题，加快建立长效机制，工作作风有了较为明显的转变。实施人性化管理，推进行风建设，改进思想政治工作，大力建设具有分行特色的和谐企业文化。二是健全员工工作机制。加强员工职业发展管理，完善专业类和销售类职务体系，重点解决中老年员工、普通员工职业生涯诉求。健全完善员工内部流动机制，深化柜员星级评定，探索柜员集中管理改革，落实推行服务承诺制，共有192人实现跨支行、部门岗位流动，分别有102名、139名劳务人员转为合同制在岗员工和柜员合同工。大力推进人力资源管理创新，建立“选用分离、四位一体”的干部选拔机制，实施能上能下的干部动态管理机制，全年共161位副经理级以上干部实现岗位流动任职。

深圳分行

【主要业务指标完成情况】

2013年，深圳分行实现拨备前利润86.6亿元，同比增长8.4%；净利润60.2亿元，同比增长6.8%，两项指标均超额完成总行计划任务；网均和人均利润分别提升至6 766.5万元和176.5万元，同比分别增长8.5%和8.4%。实现中间业务收入37.7亿元，其中金融资产服务业务收入15.6亿元，占中间业务收入的比例由2012年的33%提升至41%；资金营运业务收入7.6亿元，同比增长21%，占营业收入比重提升至5.9%。本外币存款余额4 569亿元，较年初增加232亿元，其中，人民币一般性存款增加380亿元，增长12.5%；储蓄、公司、机构存款日均余额同比分别增长11%、36%、32%。不良贷款率为0.5%，与年初持平，保持同业领先水平。

【主要工作措施】

一、实施客户拓展战略，夯实发展基础

一是加快批量化、电子化和网络化拓展客户。立足技术创新，围绕“系统、网络、平台、联盟”八字创新方针，将工行金融服务嵌入政府公共服务和市民日常生活，加快由“金融服务主渠道”向“社会综合服务商”转变，实现银政合作基础上的批量拓户。依托产品创新，紧随市场创新步伐，按照“心动类、绑定类、

便利类、增值类”四类不同产品的特点与客户需求进行有效匹配，以创新产品的先发优势和时尚体验提升客户吸引力和市场竞争力。整合推进三大业务板块的联动拓户，通过“机构联动个人、个人带动对公、对公绑定个人”，进一步强化个人、对公业务线的协同营销，形成“客户需求对接、信息资源共享、营销服务协同、业务产品整合”的营销格局。截至2013年末，分行个人有效客户849万，净增61万户；对公有效客户17.5万户，净增3.4万户。二是完善分层分类服务体系经营好客户。以低成本战略做大一般客户，打造“标准化产品、电子化渠道、简约化流程”的服务组合，让客户切实享受到实惠、高效、便捷的金融服务，实现金融服务在更广泛客户群中的覆盖，巩固并拓宽存款增长来源。以差异化战略做强价值客户，坚持分层服务理念，主动提供基于价值客户需求的差异化渠道、产品和价格，提升中端客户价值贡献与存款贡献。以集中化战略做优高端客户，集中行内资源，以“专属产品+定制服务+专业管理”的服务体系为高端客户提供全方位、多渠道、一体化的金融服务，以优质服务稳定大额资金。三是各级机构联动实现拓户突破。在全年后4个月开展拓户专项活动，分行加大营销资源投入，进一步完善配套和考核办法，突出对客户拓展的考核力度；各专业部室统筹部署，拟订目标客户名单，层层落实营销责任；各支行一把手带头营销，广大员工全力以赴，奋勇争先，共实现对公有效客户净增2.9万户、金融IC卡净增128万张，分别是前8个月全部增量的6.1倍、2.9倍。

二、创新发展新兴业务，深化经营转型

一是推动金融资产服务业务快速发展。加大统筹规划和系统推动力度，打造资产管理、投行中介、资产托管、高端财富管理四大服务平台，加快推进金融资产服务业务发展，促进全行由资产持有大行向资产管理大行转变。2013年，品牌类投行、现金管理、托管和年金等高附加值业务收入同比增长均超50%；贵金属业务实现收入3.4亿元，增长41.7%，居同业第一；托管资产规模达2 496亿元，增长32%，稳居同业第一。二是深入推进交易型银行建设。不断推进金融市场交易平台和跨境人民币交易平台建设，在巩固和扩大基础交易类中间业务领先优势的同时，加快品牌化、高端化交易业务发展。国际结算量、跨境人民币结算量分别突破千亿美元和千亿元大关；信用卡业务收入突破6.3亿元，增长38%；电子银行业务实现收入3.01亿元，增长39%，规模和收入总量继续保持同业前列；同业资金交易量4 199亿元，实现收入8.1亿元，交易量、收入均居系统和同业前列。三是加快产品创新步伐。丰富产品体系，充分利用总行区域理财创新授权，累计推出958款不同期限组合的理财产品，形成“长、中、短”全覆盖的理财产品体系，满足不同风险偏好、不同层次的客户需求。优化产品结构，协调发展保本产品与非保本产品，努力扩大净值型、增利型、无固定期限型产品的发行规模，2013年理财产品平均期限62天，同比延长21天。拓宽投资范围，将投资的触角延伸到票据、信托等新兴领域，建立券商定向资产管理计划投资通道，有效提高产品收益率，增强市场竞争力。开展创新定制，针对私人银行客户、集团总部客户大额资金，推广与融资项目紧密对接的“资产推动型”产品；针对黄金企业推出“掉存宝+黄金租赁+黄金远期”组合产品，满足客户个性化需求。

三、提升服务品质，创建金融服务最佳银行

一是持续加快渠道建设步伐。充分发挥渠道建设委员会的职能作用，统筹全行全渠道建设的系统规划、战略决策和组织推动。持续推进渠道布局的优化调整工作，加快自助渠道铺设进度，完成前海分行、5家新设网点、3家搬迁网点、25家离行式自助银行的开业。二是持续推进业务流程优化。加快推进分行特色业务流程优化项目实施，实施35个业务大类、111个业务小类全网点、全流程的推广。持续推进柜面业务分流，在全渠道业务量增长28%的同时，柜面业务量进一步下降。持续提升业务处理集中、运营管理集中水平，实施远程授权集中，授权平均等待时间由集中前的19.9秒压缩至3.8秒。三是持续提升服务管理水平。健全服务管理办法，完善客户投诉分级考核制度。以服务优化系统统一视图为指引，狠抓排长队等重点问题的治理，12月份客户平均等候时间较前11个月下降21分钟，降幅达55%。

四、强化内部管理基础，持续提升风控案防能力

一是切实加强全面风险管理。进一步完善信用风险、市场风险、流动性风险、操作风险和声誉风险全覆盖的全面风险管理体系。按照总行“有进有退、有保有压”、“盘活存量、用好增量”的要求，深入推进信贷结构调整。二是切实加强内控管理。落实“五有”内控合规总体要求，持续推进事前、事中、事后全流程内控合规管理，努力做到对合规风险“实时发现、准确识别、及时报告、有效制止”。三是切实加强案件防范。深入推进纪检监察组织建设，组织开展常态化、专业化的廉政案防警示教育，加强员工异常行为排查机制和系统平台建设，加大违规违纪行为查处力度。2013年实现全年无案件和重大事故发生，继续被总行评定为内控管理一级行。

五、加强党建和企业文化建设，营造奋进和谐的良好氛围

一是深入开展党的群众路线教育实践活动，密切党群干群关系。根据总行党委的统一部署，分行党委认真按照“照镜子、正衣冠、洗洗澡、治治病”的总要求，结合经营发展实际，切实加强领导，精心组织安排，深入开展了学习教育、听取意见，查摆问题、开展批评，

整改落实、建章立制三个环节的工作，通过对“四风”问题的深刻查摆、剖析和整改，进一步提高了党员干部思想认识水平，密切了党群干群关系。二是加强作风建设，形成更强的凝聚力。各级领导干部率先垂范深入基层一线，研究市场同业，提出了一系列针对性强、操作性好的具体措施并推动落实，带动全行干部员工进一步养成勇于拼搏、敢于担当、甘于奉献的敬业精神。三是推进“家园文化”建设，营造更浓的幸福感。秉承“真心实意待员工”的理念，推动全行形成有归属感、幸福感的“家园文化”氛围。充分发挥分行书法、美术、摄影协会的作用，丰富员工业余文化生活。通过组建员工兴趣小组、青年艺术社等形式，推动员工个人综合全面发展。进一步完善员工帮扶计划，从家庭和谐、身心健康、职业发展、心理减压等方面关爱员工，为员工提供更加贴心的人文关怀和更加完善的福利保障。进一步做好离退休人员工作，创新服务和管理方式，做好日常走访和慰问工作，让离退休人员更好分享分行发展的成就，更加理解和支持分行发展。

苏州分行

【主要业务指标完成情况】

2013 年，苏州分行实现账面拨备前利润 72.68 亿元，拨备后利润 59.65 亿元，账面净利润 44.45 亿元。实现经济增加值 24.63 亿元。实现中间业务收入 29.87 亿元，同比增加 1.38 亿元。截至年末，全行人民币各项存款余额 2 160.26 亿元，较年初增加 156.23 亿元；人民币各项贷款余额 1 973.88 亿元，较年初增加 161.44 亿元。不良贷款余额 17.34 亿元，不良率 0.84%。

【主要工作措施】

一、坚持实施拓户增容工程

2013 年，坚定不移地加快客户拓展进度，努力夯实经营发展的基础。在对公客户拓展方面，通过行领导挂牌、多部门联动的营销机制，主动对接区域内 65 家上市公司、67 家拟上市公司及当地龙头企业，为其量身定制专业融资方案，全年已为 15 家企业提供了个性化的服务。紧抓项目研发与投产，代理市级财政罚没款系统、财政局社保资金招投标系统、代理昆山非税收入系统、银行社保平台三期、房地产货币资本金托管等一批项目系统成功投产，较好地支撑了与财政客户的深入合作。稳步进入医疗教育板块，成功投产与苏州大学附属第一医院、苏州科技学院的银医、银校合作项目，并与苏州科技学院签署了全面合作协议，进一步深化了合作关系，并与全市多家医院与学校达成了合作意向。运用专户理财、票据池、委贷资金池、银企互联、三方存管等特色产品，对苏州市 49 家总部企业开展集中营销，成功开户 41 家。截至年末，全行新开对公结算账户 13 916 户，新开人民币结算账户存款达 53.71 亿元。在个人客户拓展方面，组建 18 家新型经济组织目标客户的名录库，持续开展专题营销活动，实现个人客户的批量拓展。以代发工资和借记卡等业务为抓手，深入企业、新型经济组织、专业市场和乡镇社区，结合“金融知识进万家”开展上门宣传服务，扩大和提升工行在县域市场的影响力。充分调动营销团队的拓户积极性，实行“1 + 1”公私客户经理制、代发工资和出国金融“项目经理”制度，明确任务分配，落实责任到人。全行新增个人客户 72.51 万户，增幅 10.72%；新增私人银行客户 198 户，总户数达 595 户，私人银行客户增量、私人银行业务经营评价及考核两项指标列总行考核 B 类分行双第一。

二、全力提升负债业务竞争力

一是奋力竞争对公存款。建立健全体制机制，进一步明确各部门在对公存款工作中的职责和考核内容，建立对公存款大额变动每日监测制度与旺季对公存款日报制度，加强对大额存款进出的情况分析，通过开展“存款旺季营销对抗赛”、“对公存款和结算账户营销活动”等对公存款的营销活动，加强对法人理财营销的推动，提高理财和存款的互动。截至年末，人民币对公存款余额 1 285.14 亿元，比年初增加 66.88 亿元。二是大力争夺储蓄存款。始终将储蓄存款增长放在重要位置，牢固树立存款增效的理念，将储蓄存款增长作为中高端客户拓展、提升市场核心竞争力的基础性工作，从纯储蓄、保本、结构产品多方发力，全力拓宽储源。特别是进一步加大了储蓄源头市场的拓展，开展了“拓百户、增百亿”代发工资主题营销活动、“工行村村行，金融直通车”县域拓展专题活动，较好地推动了存款的稳定增长。截至年末，全行新增储蓄存款 90.53 亿元，且稳定性明显优于同业。

三、深入推进信贷经营结构转型

一是积极抢抓优势公司贷款项目。面对经济下行压力加大，企业发展动力不足、信贷需求减弱的矛盾，持续推进公司客户结构调整与优化，加大对重点客户与项目的投放力度，全年共完成 248 个项目的审批，贷款金额530.44亿元，同比增长31.05%。大力拓展供应链融资业务，以“商业承兑汇票＋贴现”的创新模式解决核心企业上游中小企业供应商的融资担保问题，其中与金龙客车的上游供应商推荐紧密型供应链融资业务合作，受到江苏省分行重大项目通报表彰。同时，做好优质项目下供应链融资，快速拉动核心企业上下游客户的链式拓展。截至年末，全行供应链融资客户达到95户，较年初新增27户，拓展上下游企业222户，较年初新增145户，表内外供应链融资余额16.5亿元，比年初新增12亿元。服务小微企业工作得到当地政府肯定，被苏州市政府授予“苏州市中小企业金融服务先进单位”，“经营型物业贷”产品还获得“苏州市中小企业最佳创新金融产品”称号。二是及早谋划，顺势而为抢占个人贷款市场。以个人按揭贷款为中心，通过加强对大型按揭项目的开发商或中介的走访与座谈，建立按揭资源分层跟踪机制，加快贷款授信审批上收后的工作效率，推动了个人按揭贷款的较快增长。积极拓展消费贷款的营销新渠道，加快对积存金、账户贵金属质押、逸贷等新品种的推广，成功办理总行系统内首单积存金质押贷款。积极跟踪同业个人贷款的实际执行利率，建立动态化调整机制，不断提升我行个人贷款收益水平。年末个人贷款执行利率达到6.97%，较第一季度提升0.73个百分点，其中个人住房贷款执行利率达到6.90%，列四行第2。

四、加快重点业务和产品创新，促进中间业务收入稳定增长

积极探索资产管理业务投资新渠道，在原有委托债权、股票收益权和财产收益权项目基础上，还成功办理了私银项目、资产证券化和投行PE主理业务在内的投资新品种，带动投资总量的稳步上升。截至年末，资产管理业务余额达到336.74亿元，实现中间业务收入2.28亿元。品牌类投行业务发展迅猛，股权融资业务首次实现了PE主理业务、股权私募顾问业务、直接投资顾问业务、上市顾问业务、认股安排权业务的全覆盖。国际业务利用政策资源优势，加大产品创新步伐，推出内外联动型进口保理、融资性风险参贷、跨境贸易人民币协议融资产品，及即付通与内外联动型融汇通套餐等跨境汇兑产品。同时，以“跨境贸易人民币协议融资”为抓手，推动对外担保业务取得长足发展。全年累计发生对外担保6.57亿美元，实现担保手续费收入1 721万元，首次实现对外担保累计发生额、余额市场占比双第一。个人结算代理业务保持高速增势。借记卡有效卡存量突破700万大关，达到734.6万张。销售基金155.63亿元、同比增长高达51.02%；代理个人基金收入8 392万元，同比增长35.6%，高于当地农行、中行、建行三家的总和。销售个人保险9.28亿元，同比增长25.84%，名列全国前茅。信用卡新发卡19.11万张，卡存量达到135.32万张；实现收单业务收入1.43亿元，比去年同期增加3 500万元，增幅32.49%。

五、全面加强资产质量和内部管理

一是统一思想，明确目标，打好资产质量维稳的攻坚战。面对以钢贸类为首的贷款风险集中释放及部分非钢贸类小企业贷款、个人贷款的劣变，使得资产质量波动加剧的不利局面，分行进一步加大不良贷款控制情况、潜在风险贷款退出及转化计划完成率等指标的考核权重，落实事前审查、事中验证、事后检查等各环节风险控制措施，确保新增贷款质量。对已发生不良的，通过催收、诉讼、批量债权转让、呆账核销、以物抵债、转化上调等方式，加快不良贷款的清收处置。对钢贸类不良贷款，成立特殊资产处理中心，全部上收到处置专业团队集中管理，全年累计处置钢贸类不良贷款15.43亿元。截至年末，全行共收回不良贷款23.44亿元，其中通过批量转让共处置不良贷款11.84亿元，确保了全年不良贷款压降目标的顺利完成。二是进一步强化合规经营理念。通过开展“守规矩、保清廉、转作风、促发展”活动，加强全辖干部员工对内控基本制度的学习掌握，在线参与知识竞赛的员工占比达99.36%。继续开展“无差错、无违规”主题活动，至年末全辖网点和柜员达标率分别为87.44%和84.75%，较年初显著提升。二十类风险事件比2012年同期下降24.97%，屡查屡犯柜员人数和风险事件总数分别比2012年同期下降91.80%和18.41%，取得了良好的治理效果。

六、搭建党建和人才队伍建设新平台

一是深入开展党的群众路线教育实践活动。按照总行党委统一部署，以为民务实清廉为主要内容，深刻查摆“四风”问题，通过上党课、下基层、学文件、听民意等多种形式，领导干部带头改进工作作风，对群众提出的九大类意见和建议，认真排查并落实整改。组织开展“案件防范警示月”、举办“职务犯罪预防”讲座等形式多样的专题活动，牢固树立廉洁自律意识。二是开展多层次的人才教育。教育培训的内容与范围延伸至各个专业、各个岗位与各年龄段，通过对管理人员培训重品牌创建、网点负责人培训重综合素质、专业人员培训重资格认证、柜面人员培训重适应性的分层次、分类别培训教育活动，提高全行员工队伍整体素质和业务能力，为进一步增强核心竞争力提供人才保障。三是努力建设温馨和谐的企业文化。组织开展了苏州分行第二届“我身边的榜样”评选活动和“建功‘十二五’，奉献在工行”争先创优活动，营造全行比、学、赶、帮、超的工作氛围。开展员工心理健康专业帮扶项目，通过专家建议，帮助员工减轻和舒缓心理压力。举办形式多样的“团聚”系列活动，丰富青年员工业余生活，展现青年员工青春活力和风采。举行“全员健身行动”系列活动和家园文化建设等特色活动，促进员工快乐工作、健康生活。

广东分行营业部

【主要业务指标完成情况】

2013年，广东分行实现拨备前利润140.04亿元，拨备后利润134.90亿元，净利润100.50亿元，同比分别增长8.58%、6.68%、6.56%。成为系统第一家净利润超百亿元的省行营业部。本外币各项存款余额（不含同业存款）5 646亿元、比年初增加467亿元，是2011年以来增长最多的一年；日均余额4 896亿元，同比增加394亿元。本外币各项贷款余额3 460亿元，比年初增加47亿元，其中人民币各项贷款比年初增加257亿元，增量四行占比43.59%，继续保持首位。实现中间业务收入51.97亿元，同比增加5.51亿元，总量、增量均居同业第一。

【主要工作措施】

一、存款业务坚决打好“四大战役”

积极落实存款市场领先战略，加大存款日均考核权重，进一步提升存款争揽能力和经营贡献，各项存款增量四行占比达到52.99%，占据了“半壁江山”。一是打好储蓄存款“持久战”。通过抓好客户金融资产多元化配置来吸引和稳定存款，在个人理财产品同比增加177亿元的情况下，储蓄存款余额比年初增加427亿元，2008—2013年连续六年保持同业双第一。二是打好公司存款“翻身战”。通过抓龙头客户、抓中小客户扩面、抓大额资金留存、抓存贷款联动，年末人民币公司存款比年初增加134亿元、增量四行占比67.81%，重夺同业第一。三是打好机构存款“抢夺战”。通过深入挖潜、重点突破主要客户群体和重大项目，机构存款比年初增加97亿元，余额达到943亿元，比建行多5亿元，自2010年来首次超过建行，成为广州最大的机构存款行。四是打好同业存款转型“攻坚战”。通过做大非银行金融机构等核心同业存款增加效益，实现转型发展，同业存款经营效益同比增加4 916万元。

二、资产业务着力抓好表内外双轮驱动

一是立足“早投放、早收益”，不断提升贷款均衡度和经营贡献。全年人民币贷款投放均衡率为55.64%，高于系统平均水平0.81个百分点，人民币贷款经营贡献56.56亿元，同比增加3.13亿元。二是坚决做大小企业、个贷等战略性业务，信贷结构进一步优化。个人贷款和小企业贷款增量突破200亿元，增量合计占全部人民币贷款增量的80.24%，其中，个人贷款余额869亿元、比年初净增156亿元、增量四行占比50.65%；小企业贷款余额304亿元、比年初净增49亿元。个人贷款、小企业贷款余额在各项贷款中的占比分别为25.12%、8.80%，较年初提高4.23个、1.33个百分点。三是推进从融资向“融智”转变，加大表外业务发展力度。全年累计运作表外融资109亿元，与人民币法人贷款增量之比达到1.1∶1，表外融资余额241亿元、比年初增加57亿元。

三、中间业务突出规范经营和创新发展

一是大个金中间业务收入增长“稳定器”作用突出。全年大个金中收同比增加3.86亿元（其中个金中收增加2.04亿元，信用卡中收增加1.82亿元），占全部中收增量的70.05%。二是新兴业务收入增势较好。投行业务收入成功突破12亿元大关，实现收入12.12亿元，再创历史新高。资产托管和养老金业务收入同比增加0.68亿元，增幅50.44%，高于系统平均水平24.62个百分点。资产托管规模4 295亿元、增长45.99%，新签约养老金单位794户、总量达2 847户。国际结算四行占比44.49%，领先中行7.18个百分点，连续三年保持同业占比第一。三是成长类业务快速发展。结算与电子银行专业收入增量突破1亿元，其中，对公理财收入同比增加5 114万元、增幅76.63%，高于系统平均水平35.51个百分点；贵金属收入7 943万元、同比增长32.65%。

四、抓紧抓实风险管理“生命线”，资产质量保持基本稳定

将资产质量防控作为各项工作的重中之重，以“铁的决心、铁的措施、铁的手腕”狠抓资产质量。一是严把贷款投向准入关。加强贷前调查审查，坚持优中选优，贷款重点投入个贷、小企业和“四大新市场”，确保新增贷款质量优良。二是强化存量贷款管控。加强贷后管理，着力防范民营融资大户、房地产企业、平台客户、产能过剩产业等重点行业，以及贸易融资、小企业贷款、个人经营贷款等重点产品的劣变风险。三是快速清收转化不良资产。全年累计清收处置不良贷款31.31亿元，完成全年计划的203.83%，有效保证了不良贷款余额和不良率的基本稳定。

五、紧贴市场，创新业务和产品支持客户多元化需求

在公司业务方面，启动了国内首个由商业银行担任财务顾问的资产证券化项目运作；办理全国首批理财直

接融资业务；完成总行首单理财资金投资非贷款类财产收益权项目；参与募集设立首个在新三板挂牌的股权投资基金项目；债券承销额首次突破百亿关口，达到111亿元。在机构业务方面，成功中标2013年广东省政府债券主承销商资格；自主开发的“员工薪酬福利金管家”产品获总行批复同意试点；QDII、QFII基金托管取得新突破。在个人金融方面，成功投产自助发卡机项目、个人账户原油买卖业务；成立广州首家集贵金属销售、回购、投资于一体的银行贵金属旗舰店。在国际业务方面，成功办理系统内首笔大豆远期交易业务，办理该部首笔平价远期结售汇业务、首笔跨境人民币“直融通”业务、首笔跨境人民币代发工资业务、首笔人民币跨境放款业务等，进一步丰富了国际业务产品线。

六、突出抓好客户等基础工作，发展后劲进一步增强

一是大力拓展有效客户。截至2013年末，法人有贷户5 321户、比年初净增178户；法人结算账户总量21万户、净增8万户；四星级以上个人客户总量272万户、净增32万户；手机银行客户总量336万户、净增128万户。二是加快网点经营转型。全部网点（不含营业室）对公存款比年初增加22亿元；网点营销小企业贷款53亿元、余额比年初增加34亿元；办理非房个贷65亿元、占比47.94%；网点柜面分期付款交易额20亿元、同比增长5倍；对公外汇业务网点达181家，比年初增加59家。三是不断提升服务水平。通过成立服务管理委员会，推进网点精益运营项目试点等，前台服务不断改善。客户平均排队等候时间比年初下降11.8分钟、降幅44.03%，客户投诉总量同比下降72.29%，柜面业务可分流率较年初下降6.20个百分点。四是持续强化内控案防工作。成立内控合规检查和反洗钱监测中心，突出加强“屡查屡犯”、员工参与民间融资专项排查等问题的防治和反洗钱工作。全年未发生内部案件和重大差错事故，实现安全运营。

七、抓好党建和体制机制建设，经营活力不断提升

一是深入开展党的群众路线学习教育实践活动。按照总行党委的部署和相关要求，聚焦“四风”问题，认真做好规定动作和自选动作，教育实践活动取得预期效果，2013年度“三公经费”同比下降19.80%。二是抓好考核激励机制的完善。按照总行和省行的经营导向，完善各类考核办法，加大费用增长与经营效益、存款日均增量、存贷款定价水平、经营转型的挂钩力度。引入模拟利润概念，强化对公客户经理团队和客户经理目标管理以及效益观念。推进MOVA系统深度运用，突出对产品、员工、网点等维度的业绩考核，真正体现公开透明、多劳多得。三是抓好干部队伍管理。按照以德为先、注重基层的原则，不断完善干部公开选拔机制，配齐配强支行和部门管理人员队伍。同时，通过开发管理人员业绩档案管理系统，对业绩表现一般、群众认可度低的干部进行了适当的岗位调整和退出。四是精神文明建设成果丰硕。全年获总行和省行以上各类奖励100多项，其中，天河支行荣获总行第三届“感动工行”员工（集体）称号，新塘支行获得“全国金融五一劳动奖状”和总行“精神文明建设工作先进单位”。

第六部分

重要文献

责任编辑：周吉人

深化改革创新　转变工作作风
努力在复杂形势下实现健康可持续发展

——在中国工商银行2013年工作会议上的讲话

姜建清

（2013年1月29日）

这次会议的主要任务是，深入贯彻党的十八大和中央经济工作会议精神，落实研讨会部署，总结2012年工作情况，安排2013年工作任务。下面，我讲几点意见。

一、2012年的工作情况

2012年以来，面对复杂严峻的形势，全行认真贯彻党中央、国务院决策部署和金融监管要求，统筹抓好经营管理各项工作，经营发展呈现稳中有进的良好态势。"稳"主要表现在：盈利平稳增长，实现净利润××亿元，增长××%；信贷投放平稳适度，人民币各项贷款新增8 673亿元，增长12.3%，增量领先同业；存款增加稳定，人民币各项存款（含同业）新增14 213亿元，增长11%，余额和增量均领先同业；资产质量稳定，不良贷款余额比年初微增6亿元，较6月末下降15亿元，不良率较年初下降0.1个百分点至0.84%，拨备覆盖率提高33个百分点至300%。"进"主要表现在：改进金融服务有新成效，经营转型有新进展，改革创新有新突破，风险管理有新进步，党建和队伍建设迈出新步伐。一年来的主要工作和特点是：

（一）加大信贷结构调整力度，在更好地服务经济发展中改善了信贷经营质态。将信贷战略与国家宏观经济政策相衔接，将增量贷款投向优化与存量贷款调整移位相结合，深化了信贷结构调整。依靠收回再贷发放项目贷款超过6 000亿元，95%以上投向了以国家重点投资为主体的在建续建项目。积极支持了符合经济结构调整方向的先进制造业、服务业、文化产业和战略性新兴产业的发展，其新增贷款占到公司贷款增量的103%。持续改善对中小企业的金融服务，其新增贷款占公司贷款增量的73%，余额占公司贷款的65%，小微企业贷款余额占比25%。积极满足居民消费领域贷款需求，个人类贷款（含银行卡融资）新增2 597亿元，约占全部贷款增量的30%。继续加大对中西部及东北地区支持力度，其贷款增幅连续5年高于全行平均水平。与此同时，通过调整"四大行业"贷款结构，使贷款集中度较高问题得到改善。通过加快潜在风险退出、健全贷款催收机制、加大清收处置力度，使不良贷款反弹势头得到有效遏制，共退出潜在风险贷款1 350亿元，清收处置不良贷款660亿元。

（二）加快转变发展方式，增强了可持续发展能力。中间业务在规范基础上创新发展，实现手续费及佣金收入1 148亿元，增长5.2%。尤其是将资本占用少、附加价值高、客户需求大的金融资产服务业务作为战略转型重点，其收入增长32%。其中，理财产品余额突破1万亿元；资产托管业务规模近4万亿元；并购重组等品牌类投行业务收入增长1.6倍；信用卡发卡量和消费额居亚太地区双第一，并跻身全球四大发卡银行之列。金融市场业务利润增幅18.7%。国际化综合化发展迈出新步伐。一年来又完成了7家境外机构的申设和并购整合工作，其中收购美国东亚银行是中资银行首次在美收购银行控股权，收购阿根廷标准银行是中资银行首次在境外收购一家真正意义上的主流商业银行，全行境外网络扩展至39个国家和地区的近400家机构。同时通过强化重点产品线延伸和境内外联动等措施，提升了境外机构本土化经营水平。境外总资产和利润增幅分别为33%和23%，体现出国际化经营稳定利润、分散风险的作用；跨境人民币业务增长67%，国际结算量接近2万亿美元，进入全球领先国际结算银行之列。收购设立了工银安盛人寿保险有限公司，丰富和完善了综合化服务体系，各子公司对集团的盈利贡献和战略协同作用日益提升。

（三）深化改革创新，注入了新的发展活力和动力。纳入利润中心改革的产品线扩展至8家，拨备后利润增长20%。省区分行营业部和重点县支行改革成效显现，有更多机构同业排名实现争先进位。一级分行层面的授信审批和法律事务集中管理改革全面推进。完成了FOVA系统对境外机构的全覆盖，成为国内首家实现信息系统全球一体化延伸的银行。作为集团统一信息平台的新版网讯系统投入使用。创新推出了短信银行等500多项新产品。以"满意在工行"为主题，多措并举提升服务质量和效率。全面完成了533项紧迫性问题的流程改造优化任务，业务集中处理模式扩大到1.6万个网点和39大类业务，初步建立了全新的网点业务处理流程和运营模式。离柜交易率在80%以上的活跃客户占比升至25%。专门成立了消费者权益保护部门，对个别收费项目上的不规范行为进行了认真整顿，对客户投诉焦点问题进行了集中整改。全行普通网点排队较长问题得到缓解，客户投诉显著下降。

（四）加强公司治理和风险管理，经受了严峻复杂环境的考验。根据新的监管要求，完善了相关治理规则和决策程序，强化了对子公司治理健全性的监督。积极推进了新资本管理办法实施准备工作，加强了覆盖表内外业务和境内外机构的全面风险管理体系建设，实施了全球统一授信管理，完善了资本规划，通过在同业间市场发行次级债券补充了附属资本，全行资本充足率与核心资本充足率保持在13.5%和10.5%的较高水平。深入开展了“内控案防执行年”和“员工行为规范教育”等活动，持续加强了对案件易发领域、违规多发环节的检查整治，全行内部风险暴露水平下降二分之一，并有效阻断了非法融资等外部风险向银行体系的传导，保持了各类案件的低发态势。

（五）推进党建和队伍建设，发挥了引领保障作用。组织各级党组织和广大党员干部认真学习贯彻十八大精神，并紧密结合实际，深入开展创先争优活动，谋划了全行推动新一轮科学发展的战略举措，制定了改进作风的具体规定。完善了集团化干部培养交流机制，加大了市场化选人用人力度，加强了分行班子年轻化建设。持续推进国际化人才项目等重点培训工程，完善了专业资格认证管理体系。通过抓好“十件文化大事”、开展主题教育等活动，促进了企业文化建设。

去年经营发展形势总体上是好的、稳健的。成绩来之不易。这是党中央、国务院正确领导、科学决策的结果，是国家有关部门加强监管、支持帮助的结果，也是全行上下攻坚克难、艰苦奋斗的结果。在此，我代表总行党委和董事会，向关心支持工商银行改革发展的国家有关部门、监管机构和股东单位，向全行干部员工，表示感谢和敬意！

现在，工商银行资本、资产、质量、效益、市值、客户存款、品牌价值都进入全球金融同业领先行列，但正如邓小平同志指出的那样，“发展起来以后的问题不比不发展时少”。作为全球最大银行和市场先行者，我们在前进的道路上往往会遇到难以预见的风险和挑战，而且在很多细分市场上会面临越来越多竞争对手的追赶和冲击。同时，外部环境的急剧变化，特别是资本约束增强和利率市场化加快，使银行传统的资本消耗型、规模利差型盈利模式难以为继，可以预见未来一个时期利差扩大几无可能，银行差异化发展时代已经来临。面对新的经营环境和新的发展阶段，我们越来越深切地感受到全行在经营结构、组织机构、管理方式、制度流程、人员结构等体制机制和发展方式上的不适应。如果不能创造更大的改革红利，不能潜心向市场学习、向客户学习、向同业学习，并真正融入自己的特点，打造出有思想力的原创产品、有竞争力的杀手锏产品；不能真正探索走出一条集约、内涵式的发展道路，我们将无法实现下一个十年的健康可持续发展，现在的地位也难以持久。生于忧患，成长于危机。全行务必要保持清醒的头脑，保持卧薪尝胆、励精图治的精神状态，努力在应对新的挑战中实现新的发展。

二、2013年的主要经营发展目标

在前不久召开的发展研讨会上我们全面分析了当前经营形势，研究了今年及未来一个时期的发展思路。2013年工作的总体要求是：认真贯彻党的十八大和中央经济工作会议精神，坚持建设“三个之最”的国际一流现代金融企业的愿景不动摇，继续把握好稳中求进的总基调，把改革创新贯穿于经营发展的各个环节，重点是转变发展方式和增强服务实体经济的能力，关键是在严峻复杂形势下保持资产质量的稳定和经营效益的合理增长。今年经营发展的主要目标是：实现净利润××亿元，增长×%；实现经济增加值1 729亿元，增长3.1%；权益回报率达到××%；资产质量保持总体稳定；资本充足率和核心资本充足率分别保持在13.4%和10.7%左右。这里，我着重讲讲盈利指标。把今年的利润增长目标定在×%，是我们综合分析各种因素、反复权衡之后决定的。主要基于以下几个方面的考虑：

第一，实现这一目标是必要的。首先是满足股东回报、维护市值稳定的需要。特别是在当前银行业面临的挑战增多、国际上唱衰和做空中资银行的声音不断出现的情况下，作为一家国内外有较大影响力的银行，我们保持一定的盈利增幅，创造持续成长的企业价值，有利于正面引导市场的预期。同时，依靠稳定的盈利增长增强内源性资本积累能力，既是实现银行健康可持续发展的内在要求，也是增强服务经济社会发展能力的客观需要。从全行员工的切身利益来讲，为了应对即将到来的员工退休高峰，我们需要提前做好人员储备，即使按从紧的人员增长计划掌握，考虑全年CPI涨幅3.5%左右的控制目标，以利润增幅和员工费用增幅1∶0.6的挂钩办法测算，要保证在岗员工实际收入不下降，利润增幅也至少要达到×%。

第二，实现这一目标面临较大困难和挑战。如受基准利率下调对贷款重定价的不利影响，NIM将收窄约20个基点，加上利率市场化进程加快和大客户对存贷款价格的敏感性不断增强，全行利息收入增长面临较大压力；银行卡刷卡手续费调整政策即将实施，再考虑拟新出台的《商业银行服务价格管理办法》、《政府定价目录》影响，每年将减收约90亿元；国际金融危机和欧债危机持续发酵，贸易保护主义抬头，我国出口形势严峻，会对银行国际业务收入形成较大影响；由于风险传导的滞后性，部分地区、行业和企业的潜在风险可能进一步暴露，银行资产质量变化带来的拨备增提会进一步挤压盈利增长空间。

第三，实现这一目标也存在许多积极和有利条件。如随着国内经济的逐步企稳，新“四化”的同步发展特别是城镇化这一最大内需潜力的释放，以及各地转型发展和产业创新步伐的加快，都将产生大量的金融服务需求，创造新的盈利增长空间。随着居民收入的增长、企业盈利的改善、多层次金融市场的完善，以及消费权益保护机制的健全，全行中间业务收入有望进一步实现恢复性增长。随着全行国际化综合化的深入发展，境外机构和子公司会对集团有更大的利润贡献。此外，全行在经营效率、业务联动、产品渗透及资源配置等方面也还有很大提升空间。只要我们在把控好风险的基础上，抓住和用好这些机遇及有利条件，充分发挥主观能动性，今年的盈利目标是应该能够实现的。

第四，实现这一目标取决于几个关键因素。一是转型发展能力。过去十年全行以年复合36%的手续费及佣金收入增长拉动了30%的净利润成长，在当前利差收窄、资本约束增强的条件下，实现盈利增长必须更加依靠中间业务的创新发展，依靠转型增加多元化收益。二是存贷款定价能力。在利率市场化条件下，定价能力的高低对效益的影响差异巨大。而能否有合理的定价水平，是对我们服务和产品创新能力、营销和竞争策略，以及收益、成本和风险平衡能力的综合考量。三是信贷风险管控能力。据测算，若保持目前拨备覆盖率不变，不良率每增加0.01个百分点，净利润增速就会下降0.77个百分点。因此保持信贷资产质量的稳定是利润目标实现的重要基础。四是成本控制能力。盈利增速放缓，费用必须打紧，必须更加重视提高单位成本的收入贡献。

总之，今年的利润目标是必要的、必需的，实现这个目标需要付出艰苦努力。全行要坚定不移地走改革创新和转型发展的道路，努力在复杂局面下和新的起点上把各项工作推向前进。

三、依靠创新，推动各项业务加快转型发展

面对经营转型的艰巨任务，我们必须进一步强化创新驱动，通过创新促进结构调整，推动各项业务跨台阶、上层次、增效益。

（一）创新发展融资业务，提高发展的质量和效益。综合考虑稳健货币政策要求和我行资本、风险管理水平等实际情况，今年全行人民币信贷计划初步按9 000亿元掌握，增幅为11%左右，加上到期收回再贷，信贷资金累放为7万~8万亿元。提高融资业务的质量效益，提升支持实体经济的水平，关键是要创新信贷资源配置方式。要全面实施信贷流量管理，以信贷增量优化为杠杆带动存量优化使用，坚决管好收回再贷投向，防止贷款周转中结构劣化、边际效益递减。要全面实施信用总量管理，以信贷融资带动非信贷融资发展，力争非信贷融资总额与新增贷款比例达到2:1，推动从信贷大行向信用大行的转变。

一要持续推进信贷结构调整。新型工业化、信息化、城镇化、农业现代化是加快形成新的经济发展方式的重要动力，必将加快推动产业转型升级、拉动基础产业和公共领域投资，从而也必然带来大量新的金融服务需求，特别是先进制造业、现代服务业、文化产业、战略性新兴产业的融资需求，应该成为我行信贷结构调整和创新发展的主体市场，今年新“四化”领域和新“四大市场”新增贷款应不少于6 000亿元，着力支持其中具有较高技术含量和经济附加值的先进市场。总分行都要明确“四大市场”目标客户，并要切实根据客户融资需求特点，完善信贷政策，创新产品和营销服务，适当调整授信管理、利率定价、审批权限等配套措施。同时，面对一些地方可能出现的新一轮投资热潮，也要保持清醒的头脑，尤其要注意准确把握国家推动城镇化发展的总体要求，认真研究各地具体路径和模式，把支持城镇化的重点放在市场化运作模式相对成熟、有可靠还款来源的项目上，推进“开发区+区内企业群”一体化服务，合理确定区域融资总量，把握融资主体和还款来源，避免走地方政府融资平台的老路，避免不加选择、盲目铺开导致新的信贷结构失衡。

要继续控制好“四大行业”融资总量，进一步完善“两个打通”政策，通过加强到期贷款收回和移位再贷，重点支持我行有存量贷款的在建续建项目和国家“十二五”规划重大项目融资需求，支持中西部地区重大交通、电力项目，支持普通商品住房和保障性住房项目。

二要大力推广供应链融资新模式。供应链融资是信贷发展模式的重大创新，也是高质量发展中小企业贷款、贸易融资等业务的重要途径。要把贷大贷长贷集中的劣势转变为大客户、大项目集中的优势，积极拓展其上下游产业链客户，由散点型营销向集约型营销转变，建立供应链信息交流机制，形成完善的“属地行发起、（总）省行集中审批、统一配置资源、银团比例分配”的供应链融资模式。同时，要增强我行信贷系统与企业供应链的融合度，引导企业更多地采用网络“不落地”办理业务，提高业务处理效率和专业化水平。力争全年打造100条优质供应链，新增有效信贷客户2 000户、融资额1 000亿元。更多地依托供应链融资发展，实现小企业信贷14%的增长目标。

三要加快培育新型消费信贷产品。今年要在市场上打响个人小额消费贷款的品牌，重点开发线下POS和

线上B2C产品，打通融资与支付中介通道，形成线上、线下融合，商户、客户联动，借记卡、贷记卡合一的新业务模式，逐步使其成为具有千万级客户的拳头产品。同时要稳步发展住房按揭、文化旅游等消费贷款，夺回“第一住房按揭银行”地位，积极支持居民消费升级。

四要积极稳妥地发展非信贷融资业务。要适应多层次资本市场加快发展和社会融资结构多元化趋势，深化“商行+”战略，更加充分地利用各专业产品，以及工银国际、工银租赁等子公司的功能，多方支持大型企业优化负债结构、产业链并购重组、上市公司增发融资，以及转移整合过剩产能的金融需求。创新担保银团、风险参贷等非信贷类银团业务，推动银团同业分销网络建设和银团贷款二级市场转让。债券承销要继续巩固市场占比第一的地位。

五要确保资产质量稳定。要把控制不良贷款反弹、保持资产质量稳定，作为今年信贷工作的重中之重。对于产能过剩行业，要严格行业信用风险限额管理，并要将限额分解到各行、到客户。对于企业集群，要加强统一授信管理，控制融资总量，强化交叉违约风险管理，重点防范企业参与民间借贷、连环保互保、过度融资导致的资金链断裂风险。对于政府融资平台贷款，要继续执行“总量控制、分类管理、区别对待、逐步化解”的政策，提前落实还款来源，防止重大违约事件。对于房地产贷款，要认真落实差别化房贷政策，严格执行客户名单制和资金封闭管理。对于小企业贷款和贸易融资业务，要严格交易背景和贷款用途真实性审查，严格落实销售资金归行管理。对于个人贷款，要进一步完善违约贷款催收机制。要加强全面信用风险管理，尤其要确保有效隔离信贷业务和新型金融资产服务业务的风险。继续加强贷后管理，加快潜在风险贷款退出和不良贷款清收处置，稳妥推进不良资产批量转让试点工作。

（二）创新发展个人、公司、机构金融业务，推动全面转型升级。最近，总行相继召开了这三大业务的专业会议，对各项工作进行了全面安排，总的要求就是，要通过创新，推动这三大业务联动营销、全面开发、升级发展。这里，再强调今年要抓好的三方面基础工作。

一要大力扩展优质客户。这是推进经营转型，实现有质量有效益发展的重要基础，今年全行一定要在实施优质客户扩展工程、提高优质客户比重方面取得更大进展。个人金融领域，要按照拓展六类新市场、五类新客户目标要求，着力开展板块营销，实现批量化集群化发展个人优质客户。公司金融领域，要层层筛选、落实重点维护和竞争的优质客户名单，特别是对于集团大客户、行业龙头企业、产业链核心企业、开发园区企业群，要有明确的竞争策略、量身定制的金融服务方案，以及实现主要业务品种同业占比第一的时间表。拓展核心企业上下游的中小企业，也要有具体的客户名单和营销服务计划。机构金融领域，要适应政府公共资金管理模式改革，适应证券、保险等金融领域政策变化，适应各类机构客户的增值服务需求，通过率先在一些合作新领域的突破，把握市场格局调整中的竞争主动权，进一步拓展业务版图和优质客户。各级行、各市场部门既要重视竞争新客户及我行业务占比较低的优质客户，也要重视维护老客户，重视做好我行流失优质客户的挽回工作。要对重要客户流失、挽回和竞争新的优质客户情况建立相应的考核、问责和激励机制。

竞争优质客户，不能简单地依靠价格手段，关键是要提供优质的、有竞争力的产品和服务。要善于倾听客户声音，重视客户投诉，学习同业先进做法，在全行开展“服务品质提升年”活动，从服务素质、产品、渠道、机制等各方面，全面提升服务品质，并要把客户满意度的提高、优质客户的增加作为检验活动成效的重要标准。

二要完善营销服务机制。要紧紧抓住产业链、供应链、资金链，全面加强业务联动、公私联动、区域联动和境内外联动，尤其要注重从机制上促进各部门各机构主动合作、深度营销、协力服务，进一步把我行的整体优势发挥出来。要完善客户分级分层营销服务机制，落实各级行、各部门分级分类维护和推荐客户的责任。要建立以服务客户为纽带的分润机制，通过完善MOVA系统在营销管理和客户维度的应用，实现科学分润，激励到位，让真正出力者得利。要建立以客户综合贡献为基础的差别化定价机制，提高对外定价策略的灵活性，既保持对优质市场的竞争力，又有效控制成本，提升综合收益。要探索建立首席客户经理制，形成以客户经理为主、产品经理配合的综合营销服务模式。要构建更加完善的统一客户视图，充分利用全球资讯平台、大额资金监控管理平台等工具，促进各业务条线的产品和服务信息共享共用。

三要注重推动存款与各类金融资产服务业务的协调稳定增长。今年全行人民币存款计划新增13 000亿元，与2012年计划持平，主要是考虑存款理财化、同业化趋势越来越明显，存款工作受市场环境因素影响很大。总行希望全行既努力抢市场，巩固存款市场第一的地位，更要注重存款的稳定性、均衡性，靠抓源头、抓产品、抓系统、抓机制，靠整合信息流与资金流，靠提高人均、网均存款等生产率，来提高存款市场竞争力，控制付息成本，做到存款增长是没有水分的、有成本优势的增长。要适应当前客户资产多元化趋势，研究把握好各类理财发行时点、节奏、期限与存款余额波动的内在关系和平衡途径，推动存款与其他金融资产业务的协调发展，确保管理的客户金融资产规模占优势地位。

这里，特别强调一下民生领域的金融服务，随着政府保障和改善民生力度的加大，以及相关体制、资金管理模式的变化，相应金融服务正呈现出蓬勃发展的势头。我们要加强对财政、养老、住房、医疗、教育、就业等领域的政策研究、市场需求的深入分析，制订发展规划，整合系统平台，探索服务模式，深耕精作创造有效市场。

（三）创新发展中间业务特别是金融资产服务业务，培育和扩大利润增长源。今年手续费及佣金收入计划实现16%以上的增长。要在规范收费、维护消费者权益基础上，创新发展技术含量高、能为客户增值的中间业务，尤其要把金融资产服务业务作为其主要增长点，进一步完善制度、优化系统、加大资源配置和考核激励力度，促进业务快速崛起，力争今年实现金融资产服务业务收入950亿元，增长20%。

信用卡、品牌类投行、私人银行三大业务要加速发展，力争今年实现收入470亿元，增长28%以上（信用卡增长23%、品牌类投行增长40%、私人银行增长31%以上）。信用卡业务，要抓住我行代发工资客户和基本存款客户，加大业务渗透，提高发卡的质量，扩展基于消费的分期付款业务；要抓住刷卡手续费下调后，收单市场重新洗牌和商户刷卡意愿提升的契机，扩大商户MIS、POS布放，组建专业化收单机构，全面拓展线上线下收单业务，同时要推动与银联的全球合作，支持境外机构开办收单业务，扩大收单市场份额和回佣收入。品牌类投行业务，要重点关注国家鼓励企业兼并重组，以及支持企业扩大对外投资、转移产能中的业务机会，扩充业务团队，提升专业技能，加强境内外机构以及投行与各专业条线的协作联动，打造核心竞争力。私人银行部，要抓紧完成利润中心改革，转制到产品线建设上来，加强对客户的全球资产配置服务。

要在银行类理财业务的创新发展中，认真落实监管新规，严格规范产品设计、销售和资金投向。要以打造行业标杆为目标高质量做好信息披露，对每只理财产品的投资组合、市场表现、客户收益、银行收费等情况，都要在一定范围内及时、准确披露，保障投资者知情权，规避银行不应承担的风险，确保理财业务规范、健康、有序发展。要推动贵金属业务、资产托管业务、养老金业务等其他金融资产服务业务线竞相发展、多创利润。支付结算是最基础的金融资产服务业务，也是银行最重要的中介职能。要紧紧把握客户的新需求，创新支付结算模式和现金管理服务，牢牢守住并不断拓展这块战略要地。

（四）创新发展金融市场业务，不断提高业务收益。要在全面提升资金运作和债券投资收益基础上，重点打造几条具有较强竞争力和创利能力的产品线，确保今年金融市场交易和承销收入增幅达到15%以上。一是账户交易业务，在巩固和提升账户贵金属市场领先优势的同时，要加快推广账户原油、账户外汇等创新产品，力争使其成为新的重要盈利产品线。二是商品交易业务，今年所有一级（直属）分行都要力争开办商品交易业务，更好地满足客户商品避险需求。三是结售汇业务，要加快解决个人办理外汇的渠道问题，尤其要充分利用网上银行提高客户办理结售汇业务的便利性，确保结售汇业务市场份额和收入双提升。四是积极做好分行推荐信用债投资，提升业务竞争力和盈利水平。

（五）创新发展跨境跨市场业务，稳步推进国际化综合化发展。关于国际化，明天国际化工作会议将做全面部署，这里主要强调三点。一要积极创造条件推动各境外机构内生发展。继续探索和完善区域管理模式，强化区域管理总部的业务支持、集约运作和风险管控职能，推动区域内机构差别定位、优势互补、协同发展；要明确重点业务线的境外设立形式和管理模式，支持境外机构用有竞争力的产品打开当地市场；要建立以ROA、ROE为核心指标的考核机制，激励各境外机构加快发展；进一步完善FOVA境内外一体化功能，更好地适应境外机构满足当地监管和差异化发展的需要。二要抢占跨境人民币业务竞争制高点。建设好工银亚洲离岸人民币中心，全力争取新加坡人民币清算行资格，大力支持具备条件的境外机构成为当地人民币清算行，完善"中国—东盟人民币跨境清（结）算中心"职能，建立上海、深圳前海等区域跨境人民币中心，形成跨境人民币业务内外协同发展格局。三要提升境内外一体化经营水平。把支持"走出去"企业和跨国经营企业，作为工作立足点和着力点，充分利用人民币资本项目逐步放开的有利条件，加强境内外联动，依托跨境人民币融资、境外并购融资等重点业务，推动境外信贷资产业务发展，带动国际结算、贸易融资等业务快速增长。力争今年境外机构总资产和拨备后利润分别达到2 000亿美元和20亿美元；境内机构国际结算量四行占比不低于30%，国际贸易融资占比继续保持第一。

当前，推动综合化发展的重点是，进一步完善集团与子公司之间的"业务联动、信息共享、风险共管、分润科学、人才流动"机制，支持工银瑞信、工银租赁、工银安盛、工银国际等子公司把握政策和市场机遇，加快业务拓展，在各自领域争先进位，提升对集团的盈利贡献。要加强股权管理，规范公司治理，推动集团战略和风险管理在子公司的有效传导和落实。要把子公司作为利润中心统一考核，建立以净利润和资本回报为核心的资源配置、业绩综合考核及激励约束机制。

四、深化改革，提高集团管理效率和风控水平

面对新的发展阶段，全行要进一步凝聚起改革是发展的最大动力、最大红利的共识，拿出足够的勇气冲破思想观念的障碍，突破体制机制固化的藩篱，整体、系统和协调地推进改革。总行已就组织机构改革、信贷业务流程改造、网点调整优化、私人银行体制变革、信息化银行建设、内部管理机制完善、新资本工具发行、供应链融资和民生领域金融服务体系构建9个方面重点领

域和关键环节的改革，成立了由党委成员和高管分别牵头的课题组，要争取尽快提出改革的总体规划和具体措施，讨论后抓紧实施，做到全局和局部相配套、治本和治标相结合、渐进和突破相带动，努力通过这些改革使转型发展走得更快更好一些。

（一）深化体制机制改革。要按照 ONE ICBC 集团一体化管理体制和“两纵两横”组织架构，分层分类提出各类机构改革的目标、思路和措施，逐步实施。

总行本部机构改革牵一发而动全身，既要率先突破，又要积极稳妥。要按照产品经营、支持保障与管理职能相分离的原则，整合优化现有部门职能，构建“前台整合、中台清晰、后台精简”的组织架构体系。要完善利润中心经营机制，强化经营定位，理顺其与总行业务管理部门的关系，以及与分支机构的分润关系，形成更为成熟的经营模式，进一步提升创利能力。

省区分行营业部改革要在总结评估的基础上进一步深化。要对实施改革的 23 家营业部及其管辖支行的经营发展情况进行综合分析，广泛听取各方面的意见。要认真落实行之有效的改革措施，对需要进一步完善或者遇到的新情况新问题，要积极反映，全面评估，尽快调整和改进，充分激发营业部的发展动力和经营活力。

二级分行改革要更加注意尊重基层的首创精神，发挥各一级（直属）分行的能动性。要认真总结二级分行集约化、扁平化管理的经验，结合正在推进的授信审批业务集中、后台业务集中等新的体制变化，进一步调整完善二级分行的体制机制。要根据二级分行的规模和特点，探索实施不同的组织模式，促使二级分行因地制宜提升竞争发展水平。

县支行改革要迈出更大步伐。总分行要共同研究，尽快推出县支行分类管理办法和评价标准。对经营效益好及经济活跃、金融资源丰富的重点县支行，要扩大经营权限、增加资源配置、加大激励力度，支持其加快创新发展；对低效县支行，要指导其明确经营定位，找准发展重点，优化渠道布局，激活存量资源，增强盈利能力。

网点渠道调整优化的重点要从增量转移到存量，全面提升网点的经营效率和服务能力。要利用 MOVA 系统搭建网点效率效益评价体系，依托量化分析，整体规划网点布局调整优化、网点转型与标准化、智能化建设，以及相应的自助银行建设和 ATM 布放，既要大幅提高重点网点辐射能力和单产效能，更要着力抓好低效网点的提升和调整。要统筹解决部分网点业务高峰波谷忙闲不均的矛盾，针对客户结构改进网点服务模式和劳动组合，既要进一步缓解高峰时段排队等候时间较长的问题，又要加快组建一支专兼职外勤营销队伍，特别是要挖掘网点柜员潜力，忙时上柜，闲时营销，实现从“坐商”向“行商”的转变。

要不断完善电子银行渠道，推动网上银行全产品销售，健全柜面渠道、自助渠道、电子渠道服务价格阶梯式递减的定价机制，引导客户由“临柜”服务向“离柜”、“离行”服务分流。要积极抢占手机银行市场，不断丰富面向各类移动终端的金融产品和服务功能，打造移动银行的特色优势。要强化电话银行营销职能，扩大短信替代范围，拓展微博、微信等新型渠道的创新应用，形成不同服务渠道的有效衔接、整合联动。要大力推广电子商务业务，加快工银 e 支付的普及应用，打造“支付 + 融资”相结合的线上电子商务平台，融合电子商务信息流和资金流，形成银行、商户和消费者之间的有机连接，抢占更大的互联网新兴市场份额。

流程改造和业务集中要迈出新步伐。今年是实现业务流程“三年根本改善”目标的最后一年，要抓紧完成剩余 33 个项目的建设，全面建成以客为尊、融合共享的业务流程体系，同时积极跟进信息技术与业务发展趋势，将流程优化作为今后的常态工作持续推进。要把信贷业务流程优化作为今年流程改造的重点，着力解决重复环节多、信息共享性差、流程兼容性低等问题，搭建适应不同类别客户和业务风险特征的流程通道，在控制风险的前提下提高流程的便利性和适用性。要进一步深化业务集中处理改革，着力推动个人业务运营的集约化和分行特色业务的标准化，力争柜面业务集中率再提升 7 个百分点达到 45%，构建起境内业务跨产品、跨渠道的集中处理体系。

要依托 MOVA 系统，进一步完善资源配置和绩效考评体系。要把人力、信贷、财务、固定资产等资源的增量优化配置与存量盘活结合起来，提高资源配置效率。突出核心指标和关键导向，鼓励各机构各专业实现更高的资本回报和更大的绩效进步。要重视将考核导向贯彻到基层，把 MOVA 系统提取的经营数据实时传输到基层，使每一个网点和柜员都能够清楚知道网点和个人每日的存款、理财等产品营销情况，强化业绩激励。

（二）加快建设信息化银行。从银行信息化到信息化银行是管理方式和运营机制的一次重大变革，我们要依托领先的信息科技平台，前瞻性地谋划、率先推动信息化银行建设。要本着“标准统一、信息共享、系统整合、灵活创新、价值创造”的理念，抓紧进行顶层设计和整体规划，提出分步实施意见，推动科技与经营管理的深度融合，加快形成新型管理模式。要制定统一的信息标准体系，统筹规划各业务条线及综合化业务系统建设，整合跨专业、跨系统、跨渠道的产品和服务，实现信息在各专业、系统间的流转共享。要搭建全行统一的信息库和检索平台，推进数据仓库、管理会计等系统建设，通过对海量数据及信息的整合分析，深度挖掘客户行为偏好和金融服务需求，发挥信息在市场营销、经营分析、资源配置中的价值作用。要抓紧对重点业务线实施产品化改造，通过对产品属性的提炼和灵活配置实现产品的快速创新。要全面推进“两地三中心”工程建设，完善与之相适应的一体化生产运行管理体制，为经营发展提供高度安全和高可用性的科技基础设施平台。

（三）完善全面风险管理体系。当前经济金融形势的复杂变化，使得银行业风险因素的复杂性也在增加，存在多点发生和转换的可能，我们必须坚决守住不发生系统性、区域性风险的底线，更高标准地推进全面风险管理体系建设。要完善集团治理，确保集团治理的全面性、一致性和有效性。要认真落实监管要求，健全全过程控制、全方位覆盖的风险防范体系，提升跨业务、跨市场、跨区域风险管理水平。要加强国别风险管理，重点监测我行业务较多但信息相对不够充分国家的有关风险变化。要完善并表管理，加强对并表机构风险状况及集团内部风险转移情况的监控。要密切关注国际金融市场变化，延伸全球市场风险管理系统，提升市场波动常态化下的风险管控能力。要关注存款波动、表外业务发展及同业债权风险权重上调等对流动性管理带来的新情况，优化全额资金集中配置系统，完善内部资金转移定价管理机制，提高流动性风险管理水平。要对外部风险传染严密布防，高筑“防火墙”，防范输入型风险。要高度重视声誉风险管理，进一步完善消费者合法权益保护和利益相关者权益维护，及时研判和应对舆情，防止不实信息、恶意信息对我行声誉和市值造成损害。

我国新的资本管理办法已经开始实施，全行务必要进一步增强资本约束意识，完善以经济资本配置、资本限额管理、资本回报要求等为主要手段的资本综合管理体系，强化对各机构和各项经营活动的资本约束。要进一步做好内部评级计量结果推广应用和市场风险内部模型法、操作风险高级计量法实施达标工作，认真落实银监会验收评估中提出的整改意见，力争成为国内首批达标银行。要积极研究新资本工具发行，扩充资本补充渠道，为转型发展提供可靠的资本支撑。

（四）改进内控案防管理。要认真研究近年来典型案件和风险事件成因，更有针对性地完善业务条线、风险及合规管理、内审监察三道防线，坚决遏制重大风险事件发生，将案件风险率严格控制在银监会规定的目标范围以内。要发挥科技硬约束作用，所有业务都要进系统进大机。要加快建设内控综合监测分析平台，逐步实现与相关业务系统的对接，推进内控合规“进岗位、进功能、进流程、进系统”。要加快推广应用监督检查管理系统，统筹安排和规范开展各类监督检查，增强监督检查的针对性和实效性。内部审计要重点关注信贷、财务、金融资产服务、境外机构和并表机构、IT 等领域的风险。要注重加强对基层机构负责人、客户经理等关键岗位的监督制约。要加紧健全员工行为动态管理机制，重点排查员工直接或变相参与民间借贷、非法集资、违规担保、私自代客投资理财、利用个人账户为他人过渡资金、销售虚假理财产品和保险等行为，严肃查处违规违纪问题，坚决防止因员工个人行为造成全行声誉受损，甚至导致外部风险转嫁给我行。

五、转变作风，加强党建和队伍建设

全行要以学习贯彻党的十八大精神为主线，以改进作风为切入口，从严治党、从严治行，全面推进党建和队伍建设，为转型发展提供坚强的思想、组织和作风保证。

（一）以改进作风为切入口，扎实推进党风廉政建设。要认真贯彻十八届中纪委二次全会精神，不折不扣落实中央关于改进作风的“八项规定”，以及总行党委的有关规定要求，正文风、改会风、转作风、树新风，做到执行坚决、令行禁止、常抓不懈。要紧密结合实际，从各级领导干部和总分行本部做起，从客户和员工反映突出的问题改起，从最能培育良好作风的具体事情抓起，从严和高标准地加强作风建设。要坚持求真务实，真抓实干，不做表面文章，不搞急功近利的短期行为，多做打基础、有利于长远发展的事情。日前，总行就贯彻习近平总书记关于厉行勤俭节约、反对铺张浪费的重要批示，专门印发了通知，全行要认真落实有关要求，大力弘扬艰苦奋斗、厉行节约、勤俭办行的优良传统，坚决反对讲排场、比阔气，坚决纠正少数干部身上庸懒散奢的不良习气。总行马上会对全行范围财务大检查作出部署，各行要认真落实检查方案，尽快开展自查，边查边改，总行要派检查组进行重点抽查。要通过检查，切实规范财务行为和管理机制，并以此促进作风建设的深入开展。

今年，中央将在全党深入开展以为民务实清廉为主要内容的党的群众路线教育实践活动，目前中央正按照“照镜子、正衣冠、洗洗澡、治治病”的要求，制订活动实施方案。我们要按照中央的统一部署，组织全行认真开展好这项活动。要通过实践活动，进一步加强先进性和纯洁性建设，提高全行作风建设和整个党建工作的水平。

要继续全面推进惩治和预防腐败体系建设，抓紧制定实施我行惩防体系建设新的五年规划。要健全廉政风险防控制度，加强对权力运行的制约和监督，健全职务消费管理制度及适合境内外各类机构的廉洁从业制度，研究出台基层党组织党务公开实施意见。要强化对干部的监督管理，提高选人用人公信力。今年总行要对各单位领导班子及其成员廉政勤政情况集中开展一次内部网上民主测评。要深化和拓展巡视工作，将廉政案防责任制考评纳入巡视内容，并要注意巡视成果的运用。要严查重处腐败行为特别是贪污贿赂、侵害员工利益等行为，抓典型，动真格，不护短，不手软。

（二）以加强培训和完善机制为抓手，加强干部和员工队伍的能力建设。要首先抓好各级领导干部的思想理论建设，以学习十八大精神、加强理想信念教育和党性教育等为主要内容，分期分批开展专题轮训，以政治过硬、思想领先促进管理过硬、发展领先。要不断改进分层分类全员教育培训工作，改进培训方法，提高培训的实效性，继续实施国际化人才培训项目等人才培养工程。要深化干部制度改革，完善公开选拔、竞争上岗机制，提高竞争性选拔干部比例。要在更大范围推动干部交流，在注重上下交流的同时，积极开展跨部室交流，逐步建立起常态化的横向岗位交流机制。要完善业务类与管理类人才之间双向转换渠道，拓展人才职业发展空间。要认真应对员工队伍的周期性调整，立足长远，科学规划员工总量和结构需求，把握好“退出”与“进入”的平衡，逐步实现员工队伍的平稳更替。要在管理挖潜上下功夫，着力解决一些业务领域分工过细、流程重叠、资源错配等问题，提高人力资源的配置效能。

（三）以思想政治工作为统领，进一步建设积极健康的企业文化。要加强和改进新形势下的思想政治工作，深入开展社会主义核心价值体系学习教育，加强员工职业道德教育，推进精神文明创建活动，评选表彰新一届“感动工行”员工，深入培育知荣辱、重品行、比奉献的良好风尚。要以纪念我行成立30周年为契机，组织开展一系列宣传营销活动，深化员工和社会对工行历史与文化的认知，促进业务发展和品牌形象的提升。要加大信访矛盾纠纷排查调处力度，做到重心下移、工作前移，努力把矛盾化解在基层和萌芽状态。要加强人文关怀，做好职工之家的管理、救助特困员工等工作，着力解决好员工最关心的现实利益问题，不断增强全行的凝聚力和向心力。

同志们，抓改革就是抓发展，谋创新就是谋未来。面对复杂多变的形势和艰巨繁重的任务，全行上下要保持奋发有为的精神状态和良好的工作作风，勇于创新、锐意改革、稳中求进、扎实工作，确保圆满完成全年各项任务目标，奋力开创建设国际一流金融企业的新局面！

在中国工商银行年中工作会议上的讲话

姜建清

（2013 年 7 月 16 日）

今年以来，在国内外经济环境十分复杂的情况下，全行总体保持了稳健经营态势。上半年实现净利润××亿元，增长××%。手续费及佣金净收入增长25.8%，不仅对盈利增长起到重要拉动作用，且收入结构明显优化。有技术含量、为客户增值多的中间业务收入大幅增长，表明这些年全行前瞻性和持之以恒地推进中间业务经营转型收到明显成效。人民币各项存款（含同业）增加5 511亿元，增长3.9%，从7月前10余天情况看，改变了季末冲高、季初大幅下降的状况，存款稳定性显著增强。人民币各项贷款增加4 853亿元，增长6.1%，比去年同期增加342亿元，总量和进度符合稳健货币政策要求。贷款累放4.34万亿元，同比多增7 446亿元，存量周转明显加快。资产质量总体稳定，不良额较年初上升××亿元，较3月末上升××亿元，上升势头放缓；不良率××%，较年初微升××个百分点，较3月末下降××个百分点。全行机制改革、业务创新、服务提升、信息化、国际化、综合化发展、风险管理、队伍建设等重点和基础工作有序推进，取得新的进展和成效。在今年《福布斯》和《银行家》杂志公布的最新排名中，我行又成为全球最大企业和一级资本最大的银行。在《财富》杂志按营业总收入排名的世界500强榜单中我行列第29位，在商业银行子榜单中列首位。至此我行在存款、贷款、总资产、一级资本、营业收入、利润、市值、品牌等8项指标排名中均列全球同业首位。总的来看，上半年经营情况比我们预想的要好一些，但经营中也出现了一些值得高度关注的问题，主要是不良贷款反弹压力增大、信贷有效需求下降，日均存款增长放缓、流动性管理难度增加、内控案防形势较为严峻等。接下来易会满行长会对上半年经营情况进行全面分析，对下半年一些重点工作进行布置。下面，我先讲三个方面的问题。

一、准确把握形势，有效防控风险，更好地服务实体经济

第一，关于怎样看待当前形势。综合各方面情况看，当前经济金融形势更加错综复杂。从国际上看，全球经济增长前景有所改善，但风险和变数依然较多。美国经济呈现复苏势头，GDP已连续实现15个季度正增长，失业率得到控制，房地产市场走强，但经济增长的动力还不明显，QE退出后复苏能否持久难以预料。同时美国QE的维持和退出都会给全球经济带来连锁反应。欧元区经济整体未见起色，主权债务风险依然严

峻。日本以极度宽松的财政和货币政策刺激经济带来短暂效应，但能否实现下一步目标存在极大不确定性。新兴市场国家经济增长明显放缓，经济结构调整的压力逐步加大。目前国际资本已呈现从新兴经济体撤出的趋势，全球股票、债券和大宗商品市场剧烈动荡。国际上各种形式的保护主义明显抬头，贸易摩擦加剧，货币战、汇率战全面升级。

从国内看，国民经济运行总体平稳，上半年 GDP 增长7.6%，工业增加值同比增长9.3%，CPI 同比上涨2.4%，主要指标处在年度预期的合理区间。经济结构调整稳中有进，经济增长的驱动逐步转向投资和消费并重，第三产业对经济的拉动超过第二产业。但也存在“稳中有忧”的一面。经济运行中结构性矛盾依然突出，尤其是一些跟投资高度相关产业的过剩趋势明显。一些先行指标显示经济回升的动能不足，下行压力加大。6 月 PMI 指数虽处在临界点之上，但比上月回落0.7 个百分点，PPI 同比下降 2.7%，环比下降 0.6%，出口同比下降 3.1%，工业用电量、铁路货运量等指标也降至年内新低。从总行对样本企业的持续跟踪分析看，当前企业整体经营情况尚未明显好转，企业盈利下滑，边际投资效率下降，有效融资需求放缓。

从金融运行看，今年以来全社会货币信贷融资增长较快，6 月末，M_2 同比增长 14%，1～6 月社会融资规模 10.15 万亿元，同比多增 2.38 万亿元，其中人民币贷款新增 5.08 万亿元，同比多增 2 217 亿元。货币信贷融资增速与经济增长出现一定程度的背离。这在一定程度上反映出，在经济结构转型阶段，随着潜在生产率的下降，信贷融资对经济增长的拉动效应也有所下降；同时因落后过剩产能还没有完全淘汰退出，新兴产业发展又需大量投入，且投入和产出之间还有一个间隔期，同时占用了银行两套资金。面对这种经济金融运行的新变化和经济转型升级的新趋势，需要我们加快推进对经济增长的服务方式，由新增贷款支持向增量优化和存量调整并重转变。在严峻复杂的经济环境下，金融体系某些方面的脆弱性和结构性矛盾也进一步显现。受多种因素叠加影响，6 月以来银行间市场流动性逐步趋紧，利率出现大幅上升和波动。市场流动性的一些新变化对商业银行经营管理带来较大影响。此外，利率市场化和金融脱媒的步伐加快，也使银行转型发展的紧迫性不断增强。

近期，国务院相继召开常务会议和经济形势座谈会，分析了当前经济形势，研究部署了一系列新的政策措施。会议要求，要优化金融资源配置，用好增量、盘活存量，更有力地支持经济转型升级，更好地服务实体经济发展，更有针对性地促进扩大内需，更扎实地做好金融风险防范；要统筹推动稳增长、调结构、促改革，使经济运行处于合理区间，经济增长率、就业水平等不滑出“下限”，物价涨幅等不超出“上限”。会议还部署了加快棚户区改造，促进经济发展和民生改善；加快发展节能环保产业和促进信息消费，拉动有效需求，推动经济转型升级等工作。国务院还下发《关于金融支持经济结构调整和转型升级的指导意见》，提出了金融支持实体经济的十条具体措施。全行要全面准确地贯彻国务院关于经济金融工作的部署，进一步加强形势研判分析，深入谋划各项工作措施，牢牢把握经营发展的主动权。

第二，关于怎么样在当前形势下做好风险防控工作。在错综复杂的形势下，银行业正经历着近几年来最为严峻的风险考验。首当其冲的是信用风险防控的挑战。尽管当前全行资产质量整体稳定，拨备充足，风险可控，但不良贷款反弹压力不容忽视，全行连续 12 年的双下降趋势已出现拐点变化。考虑造成贷款劣变的外部环境因素短期内不会有本质改善，今后一个时期贷款风险由小企业向大中型企业、由产业链下游向中上游、由沿海向内陆地区蔓延扩散的迹象可能更趋明显。在目前一些国际大银行正在逐步摆脱国际金融危机影响、资产质量趋于好转的情况下，如果我们不能有效遏制不良贷款反弹势头，不仅会因为质量劣变吞噬盈利成果、逆转良好的经营发展势头，还会严重影响全行的国际金融市场地位。尤其是在当前国内资本市场大幅震荡、国际上唱空中国经济和中国银行业声音叠起的情况下，如果资产质量出现大幅波动，将直接影响投资人、存款人对我们的预期，影响市值稳定和业务发展。此外，在极为复杂和较为敏感的环境下，全行防范流动性风险、操作风险、IT 风险、声誉风险及外部风险传导的压力增大，各类风险相互交织和传染的可能性增强，甚至一个小的风险事件都会酿成大的影响。

全行要深刻认识新形势下主要风险所在及风险防控工作的严峻性，努力以新的理念、机制和技术提升风险防范和化解能力，这是做好新形势下风险管理工作的关键和精髓。

一要高度重视改进信贷风险防控。要进一步加快潜在风险贷款退出，多措并举加大不良贷款清收处置力度，同时下更大的气力改进信贷管理。这里我要着重提醒全行切实重视抓好经济结构调整进程中产能过剩行业的风险防范。目前在经济增长放缓、出口大幅波动的形势下，我国产能过剩矛盾更加突出。传统制造业产能普遍过剩，焦煤、粗钢等 9 个行业产能利用率低于 70%。一些新兴产业也存在盲目发展情况，典型的如风电和光伏设备。在化解产能过剩矛盾、推进产业结构调整的过程中，我们要有清醒认识和坚定措施。今天之所以我们在产能过剩的情况下遇到很多挑战，但总体风险仍然可控，是与我们这些年始终坚持实施总量控制和扶优限劣的信贷行业政策分不开的。2000 年中国钢铁产量是 1.1 亿吨，我行钢铁行业贷款总额 1 100 亿元，到 2012 年钢铁产量达到 9.5 亿吨，而我行钢铁产业贷款只增加了

200 亿元至 1 300 亿元，且主要支持了行业中优势龙头企业的技术改造升级，充分说明我们的信贷行业政策是正确和有成效的。当然在产业高速发展的时候，采取行业信贷控制措施，让渡一些市场份额，会给业务带来一些影响，给部分行经营带来一些阵痛，但是却能避免今后更大的痛苦和成本。前些年有些同志反映，总行行业政策管得太紧，我们钢铁厂是当地唯一一家好企业，存款、贷款、结算等业务都很多，由于总行搞钢铁行业信贷总量控制，企业跑去他行了。现在我们都清楚地看到，钢铁行业普遍亏损，下一步钢铁产能的压缩意味着相当一部分银行贷款可能会出问题，而我们因为提早实行行业信贷管理避免了深陷其中。因此在信贷经营管理中必须有前瞻视野、长远眼光和全局意识，要坚定实施行业信贷管理政策，并根据经济形势变化和产业发展趋势不断调整完善。要加强全口径的行业信贷政策管理，既包括表内，也包括表外委托、代理等业务。决不允许此退彼进，将有瑕疵、不符合信贷标准的业务转而通过理财投资途径办理。

二要积极推进大数据时代下的信贷变革。经过这些年的发展，我们的信贷业务结构和信贷管理方式都发生了巨大变化，风险防范能力有了长足进步。但与快速发展、日趋丰富的社会经济生活相比，我们的变化调整还远远不够和不相适应。比如说，目前银行和企业间的信息不对称问题已成为贷款风险最突出的原因，而我们在运用信息收集、数据分析和数据挖掘来发现商机和把控风险等方面还十分薄弱。特别是在小微企业、个人经营性和消费信贷业务中，因户多面广加大了贷后管理难度，而在现实管理中物流、资金流、信息流三流分离的情况还相当普遍，若缺乏基于大数据分析的非现场监测，则难以形成有效的风险预警控制。又如我们在上述贷款领域标准化操作做得不够，缺乏对客户经理“尽职才能免责”的量化考核标准。要针对这些薄弱环节，全面改进信贷管理，特别是要在信息化银行的整体框架下，以大数据思维规划和推进信贷变革。目前总行在业务运行体系中建立了不少风险监测模型，能通过信息挖掘分析来检验和发现风险，而且精准度和灵敏度较高。要将这一思路更多移植应用到信贷管理中，依托大数据的支持，构建远程、非现场的信贷监测中心；通过对信贷风险案例的研究分析和归纳提炼，开发风险监测模型；通过对各类交易信息和关联信息的分析以及对异常信息的识别，及时准确揭示风险。信贷作业监督和贷后管理部门要加快转型，拿出专门力量负责分析监控工作。要从过去单业务条线、单客户、单账户、单品种的局部化、碎片化风控管理方式，加快向业务关联、上下游联动、跨账户交易的信息流风控方式转变，通过信贷管理方式的这种根本性、革命性变革，提升新时期的转型发展能力和风险防控水平。

三要重视各类风险隐患的排查和化解。要进一步加强流动性管理，在当前银行流动性敏感时期，尤其要注意坚持稳健审慎的流动性管理策略，合理把握期限错配结构，摆布好流动性和安全性、效益性的平衡，防止资金运用绷得过紧。要深刻认识理财投资、债券投资、债券承销等业务的风险特征，落实好一系列新的监管要求，按照实质风险可控和风险收益匹配原则，切实筛选好交易对手、投资对象和客户，完善投后管理、信息披露和产品核算，杜绝各类误导和违规销售，防止风险转嫁至我行。要筑好防火墙，严密布控非法民间融资集资、非法理财等风险向我行的传递渗透。要在当前诱发操作风险的各类因素增多的情况下，进一步强化依法合规和从严治行，加快规章制度的梳理整合工作，加强员工行为的动态管理，保持对各类案件和重大风险事件的高压态势。要持续抓好中间业务收费的合规管理，严格落实“七不准”和“四公开”等规定，合理确定收费标准，始终保证中间业务收入增长真正建立在规范化和立足创新、基于服务的基础上。近期，国务院部署了在全国范围内集中开展安全生产大检查工作，总行也作了具体布置。各机构要认真组织落实，明确责任，加强整改，健全制度，彻底排除安全风险隐患。尤其要深刻汲取教训，进一步做好信息系统安全生产管理工作，确保系统运行的稳定性。要加强全方位的声誉风险管理，及时研判和正面引导舆情，防止负面信息对我行声誉的损害。目前我行总市值仍居全球首位，但期间曾一度被富国银行反超，下半年保持市值稳定的压力依然较大。全行要高度重视市值管理工作，加强与投资者沟通。将市值理念融入日常经营管理之中，以纷繁复杂环境下的持续成长、稳健发展和有效风控，彰显投资价值。

第三，关于怎么样在当前形势下抓住机遇，加快发展，更好地支持实体经济。近期国务院部署的一系列政策措施，既对银行服务实体经济提出了新的更高要求，也为银行经营转型、创新发展和风险控制提供了新的政策机遇和有利条件。全行要积极把握这些有利条件，在推进自身健康可持续发展的同时，努力为实体经济提供针对性强、持续性好、附加值高的金融服务，促进经济结构调整和转型升级。要在继续保持信贷总量适度增长和均衡投放的基础上，更加注重通过加快存量周转和优化信贷结构，提高支持实体经济的质量和效率。实际上，在资本充足率、存贷比、风险管理能力等多重约束下，银行信贷总量不可能无限制增长。目前全行信贷余额已达到 8.3 万亿元，即使按照年均 12% 的较低增速测算，十年之后，贷款余额也将超过 20 万亿元，管理的难度极其巨大。同时对工商银行这样一家信贷大行来讲，存量调整有着巨大潜力和空间。如果每年周转率提高 0.1 次，就相当于通过存量周转增加贷款 8 000 亿元。2010 年至 2012 年全行当年贷款累放量分别是新增量的 5.65 倍、6.82 倍和 8.02 倍，贷款周转的加快有效带动了贷款累放额的增加。全行要将盘活存量作为一项利当前、惠长远、一举多得的重要举措，作为一项事关全行经营全局和服务经济大局的紧迫性工作，来加紧研究推进。要创新和拓展思路，加强信贷存量管理，降低低效资金占用，促进资金加速流转。逐步将增量贷款与存量周转规模统筹配置、收回存量视同增量一样严格管理，要通过探索扩大信贷资产证券化发行等改革促进存量贷款的循环周转。

要在经济结构性矛盾突出、有效信贷需求放缓、部分领域风险暴露增多的情况下，更加注重在有效市场、潜力市场的“精耕细作”，通过深入做好细分市场的精准营销，深入挖掘各板块、各领域和各类优质客户的综合金融服务需求，为信贷业务持续发展开辟新的增长点，为经济稳增长、调结构提供更有力的金融支撑。自2011年总行提出公路、电力、城建、房地产“四大行业”信贷结构调整战略以来，四大行业贷款占公司贷款比重已由54%降至36%。下半年要在确保实现今年结构调整计划的前提下，按照好中选优、有扶有控的原则，择优支持其中能源、交通等领域的融资需求。棚户区改造是新一届政府稳增长、调结构、扩内需的重要举措，同时融资空间巨大，今后5年全国将完成各类棚户区改造1 000万户。要采用增量安排、存量调整及研究发行债券等方式，支持符合商业化运作要求，有条件的大型城市棚户区改造、旧城（城中村）的城市改造等项目，同时在这一过程中制订整体金融服务方案，捕捉综合金融服务需求。棚户区改造贷款可不纳入“四大行业”结构调整计划考核。

目前先进制造业、现代服务业、文化产业和战略性新兴产业“四大新市场”拓展也取得积极成效，其贷款余额较2010年翻了一番，占公司贷款的比重已超过50%。要根据国家新的产业政策导向，深挖“四大新市场”中的潜力需求，特别是关注国家加快医药卫生体制改革、持续加大教育投入、推动节能环保和再生品消费、提升产业技术装备水平、实施“宽带中国”战略和“信息惠民”工程等领域的有效需求，完善适应这些行业发展规律的信贷政策，创新适应这些领域客户发展需求的产品，不断扩大优质市场占比。

要在控制过剩行业融资总量的同时，通过定向开展并购贷款、提供投资银行服务等，支持优势企业整合产能、做大做强；通过出口信贷、内保外贷、全球供应链金融服务、贷款换资源、工程+金融等，支持企业向国际市场疏导和转移产能。

要大力拓展供应链融资业务的“蓝海”。供应链融资是融资服务模式的重大创新，是未来信贷业务发展的“蓝海”。近期总行选择了50家集团客户进行了数据挖掘，不仅在客户集群的信息钩稽上取得重要进展，而且挖掘出了与这些核心企业有真实贸易关系的大批上下游客户，并基本掌握了所有目标客户在我行的结算、存款、融资、网银、代发工资等综合金融服务情况。从数据挖掘结果看，这50条供应链中蕴含着高达10.4万户的上下游客户，其中供应链贸易结算金额在500万以上的客户达1.7万户，可见供应链融资的市场空间是极为广阔的。但从近几年经营实践来看，我行在发展模式特别是在业务运营、组织推动、作业渠道、业务处理和风险控制等方面还不完全适应供应链融资业务的运营特点和市场需求，还未形成市场影响力。各级行行长要高度重视供应链融资业务发展，亲自抓好对外营销和对内协调等工作，利用好总行数据挖掘成果。总行要加紧健全相应的工作机制，加强组织推动和系统支持。要通过全行整体合力的发挥，努力在供应链融资的“蓝海”里，开辟出业务发展的一片新天地。

要以创新的思路做好对小微企业的金融服务。今年以来受部分小微企业融资意愿下降、不良贷款上升等因素影响，全行小微企业信贷业务发展放缓，同比少增526亿元，有13家分行贷款负增长。对小微企业不良贷款上升，我们应认真查找分析原因，但不能因此减弱发展力度，甚至动摇发展决心。关键是要对小微企业发展模式和管理机制进行深入研究，从风险暴露中总结教训，用创新的思维、转型的思路，解决发展中面临的问题。要逐步改变目前“单户”、“散点”和人海战术的经营现状，加快建立起以供应链、专业市场、产业集群客户为目标市场，批量化营销和集群式发展的经营模式。同时抓住国家有关部门加快推进中小企业信用体系建设和小微企业信息整合等契机，依托现有业务交易平台，运用信息挖掘和分析技术，有效解决小微企业发展中信息不对称的难题，以积极的金融创新和有效的风险控制保证小微企业信贷业务的健康持续发展。要确保实现小微企业贷款增速不低于各项贷款平均水平，贷款增量不低于上年水平的“两个不低于”目标。

要以产品创新为抓手积极拓展个人消费信贷市场。下半年，我们前期研发的一批和消费信贷有关的重点创新产品将陆续投产，如逸贷、中小商户贷、B2C电子商务平台等，这些都是我们适应消费金融和移动互联时代特点，将消费支付与信贷融资有机链接，将客户和商户两端的链条通过工行渠道有机整合，将物流、资金流和信息流三流紧密合一，打造出的适合市场需求、差异化和有核心竞争力的产品，全行务必精心组织好营销推广工作，确保产品一经投放，就能够迅速打开市场、成为盈利亮点，抢占新型消费金融服务的制高点，以新型消费融资模式，有力地支持扩大消费和消费升级。

三、向深化改革创新要红利，为转型发展提供强大动力和支撑

工商银行每一次的历史性跨越与提升，都源自思想观念的解放，源自改革创新所释放的巨大能量。面对当前复杂多变的国内外经济金融形势，急剧变化的金融生态和市场竞争环境，以及自身转型发展新阶段出现的深

层次矛盾和问题，关键还是要进一步加快改革创新步伐，通过改革创新增动力、添活力。全行上下要进一步增强改革创新的责任感和紧迫感，真正坚持以改革创新的精神深入研究当前、积极谋划长远，牢牢把握工作主动权，积蓄健康可持续发展的后劲。

年初，总行党委把改革目标与发展目标一起规划、把创新工作与经营转型一同部署，围绕贯彻党的十八大精神、推动科学发展，研究确定了9个事关全局和长远发展的重点课题，并由行领导和高管层成员分别牵头组织研究。经过前一阶段广泛深入的调查、研究、分析和论证，使我们在一些重点领域和关键环节的改革创新思路越来越清晰，形成了一批重要的改革创新方案。下半年要加快推动这些方案的落地和实施，对其中成熟的改革创新措施，要明确具体任务目标和工作进度，力争早见成效，不能延缓发展机遇；对一些还需探索和完善的办法，可先行开展试点，在实践中及时调整和纠错，为全行面上的工作提供新鲜经验和实践标杆；对涉及面广的项目，要综合考量、统筹安排，注意配套制度和系统的同步完善。各行、各部门不要单纯等待总行拿政策、出措施，要解放思想，抱着更加自觉的改革创新热情，认真抓好改革创新项目在本行、本专业的落实和推广，并充分发挥主观能动性，从实际出发，针对本行、本专业存在的突出矛盾和问题，群众反映的热点、难点问题，研究解决办法。不断在实践中探索新举措、研究新产品，在全行形成上下协同、积极进取的改革创新合力。

（一）关于机构竞争力提升。这是全行非常关注的，也是涉及面广、难度比较大的一项工作。目前，以“ONE ICBC”为目标规划设计了集团管理架构，形成了初步方案，下一步将根据各层面的意见和建议，继续完善和细化，择机启动。但各级行也都不要等，要全面评估近年的机构改革情况，总结省行营业部、重点城市行、县支行、网点和业务流程改革经验，针对经营管理中遇到的新情况新问题以及机构自身的差异化特点，进一步完善、调整、改进、深化相关措施，拿出新的改革思路和举措，进一步激发潜能、调动活力。

网点是全行经营管理的基础和细胞。从总行利用MOVA系统对1.38万家营业三年以上网点进行的综合绩效评价，以及具体的分析诊断情况看，一些网点经营效率效益低，除有网点的地理位置、营业场地等问题外，更有客户结构、业务功能、劳动组合等基础管理的原因。如全行排名前20%的网点存款占全行存款余额的73.7%，排名后20%的网点存款只占全行存款余额的1.9%，差异非常之大，这不仅让我们看到网点竞争力提升的必要性和紧迫性，而且深刻说明了不能简单靠增网点来发展存款和各项业务，存量网点的调整比增量网点的扩张更重要。针对这些情况，总行在网点调整优化方案的研究中，把网点划分成协调发展、成熟改善、潜力成长、低效维持、低效优化5种类型，并从布局调整、渠道转型、岗位优化、产品渗透、客户拓展等方面提出了针对性的优化工作意见。各行要一一对照，分类施策，眼睛向内挖潜增效，实施竞争力提升计划。尤其要对700家低效优化网点和2 214家低效维持型网点，逐个落实迁建、改建和调整措施，力争2014年前全面完成低效网点的盘活优化工作。网点调整优化要与后台运营集中、流程优化、劳动组合、标准化建设等工作配套衔接，使各项改革的成效能够充分发挥出来，大量释放柜面人员，充实客户经理和外勤营销人员，同时要加大岗位技能培训，使网点成为新产品新业务的营销服务阵地。今后要每年定期公布网点五级分类评价结果和综合排名，鼓励各级各类网点争先进位。力争到2015年末，一半以上网点单产领先同业，整体竞争力大幅提升。

（二）关于信息化银行建设。这是我们面向未来、抢占互联网金融和大数据时代先发优势的一项重大战略工程，是对商业银行现有业务结构和发展模式的重大变革。现在银行业变化非常大，业务越来越复杂，经营领域越来越宽广，客户群体越来越庞大，而且未来随着金融监管改革的进一步推进和资本约束的增强，也必须走一条资产不无限扩张、盈利和竞争力可持续成长的道路，这一切都要有信息化的支持。2012年的战略研讨会和2013年的工作会议上，总行已经提出了信息化银行建设的总体构想和改革方向，今年上半年又在深入调研基础上，对信息化银行建设的目标、思路和配套措施进行了整体规划，从基础建设、经营和管理应用三个层面制订了实施方案，有些项目已开始启动。总的来看，在信息化银行建设上，全球的银行基本都处在探索阶段，还没有一个可供学习仿效的样板。我们与国外领先银行的差距主要是在交叉产品销售和数据分析挖掘等方面，这些差距是可以弥补和赶上的。我们要全力做好信息化银行建设，争取达到市场上公认最好的水平。

数据信息真实准确是信息化银行运营的前提条件。要把客户信息治理作为一项突出工作和系统工程，由前中后台多个部门成立攻坚小组，建立客户信息采集、核实、更新、维护的有效机制，为客户主动更新信息提供激励性和便利性措施，同时对客户经理核实、维护、更新客户信息加强考核，实现客户信息真实性的源头治理和全程维护。数据仓库和信息库建设是信息化银行的基础工程。要按照先结构化数据后非结构化数据、先增量数据后存量数据、先局部数据后全部数据的步骤，制定明确的任务计划和时间表，推动各类数据加快“入库”。数据挖掘是信息化银行的核心应用。要尽快组建“数据分析师+专业分析师”的专业团队来负责数据挖掘和应用，从对公、对私等维度开展数据挖掘。在这一过程中，既要充分听取和吸收基层的业务需求，又要做到将挖掘的结果返传到基层，实现“从基层来、到基层去”，真正让挖掘技术在智能营销、精准风控等经营管理应用中大放异彩。

电子商务平台的搭建是信息化银行建设的重点项目之一。我行电商平台的建设不同于现有的网上银行、手机银行，也不是现有业务做法和模式的简单复制和平移，而是借鉴业界最佳实践，采用先进技术，设计友好客户体验，部署具有吸引力产品，打造集网上购物、投资理财、网络融资、消费信贷于一体，“支付＋融资”的综合金融服务平台，充分体现银行系特色。计划明年1月1日电商平台正式对外运营，今年10月中旬和明年上半年完成B2C、B2B商城的投产。总行已经成立了建设领导小组和业务筹备组，负责组织推动工作。各部门、各业务条线要按照职责分工，从重点目标商户遴选、网络融资业务规划、积分系统建设、专属产品设计、品牌营销宣传、风险管控、配套资源投入等方面，举全行之力推动工作开展，确保平台如期投产运营。各分行要大力推介我行品牌、技术和服务优势，落实目标商户清单和营销方案，并通过费用优惠促销等手段，吸引更多信誉良好、行业领先的优秀企业和集团及有实力的品牌商户入驻我行平台。要坚持边营运、边完善、边提升，不断丰富平台功能和服务内容，力争在短期内聚集起较高人气和美誉度，使其成为我行新的核心竞争优势。

信息化银行建设的另一项重点工作是信贷业务流程改造。总行全面梳理了信贷业务流程，对子流程串行设计、重复审查等影响信贷业务效率的7类问题，分别提出了调整优化意见，并明确了各项任务和时间表。要根据职能分工，通力协作，力争及早完成相关工作和系统功能完善，提高信贷运行效率与集成度。在改造过程中，要注意充分听取基层和客户的意见建议，同时紧密结合线上线下融资发展趋势，不断总结完善，保持流程的开放性和适应性，切实用信贷效率和风控水平的持续提升来检验改造成效。

（三）关于新业务新产品推进。今年全行以产品化改造工程为抓手，通过产品标准化和模块化设计，启动实施了企业网银、理财、个人金融等10多条产品线改造，推出了账户类交易、信用卡短信分期等50多个创新产品。前面讲到的逸贷、供应链融资、基于POS交易的中小商户融资、线上线下支付等产品也将陆续投产。全行在抓好这些产品营销推广的同时，还要上下配合立项开发一批新的产品，特别是在一些前沿性业务领域、竞争力较弱的业务领域，一定要加快真正有竞争力产品的研发，同时所有产品创新都要有线上产品，提高全行产品的上线、上网率。

要抓住客户现代金融服务需求大量增加和大资管时代到来的机遇，通过进一步完善制度、优化系统、加大资源配置和考核激励力度，促进金融资产服务业务快速发展。信用卡、品牌类投行、私人银行三大产品线要继续按照年初的工作部署和计划，不断创新、加速发展，力争全面或超额实现全年目标。信用卡要全面拓展线上线下收单业务，扩大收单市场份额和回佣收入。品牌类投行要重点关注国家支持企业走出去、转移产能中的业务机会，扩大业务规模、打造核心竞争力。私人银行业务要坚持“全行办、全球办”的理念，把握国内财富市场快速发展的黄金期，发挥改制成效，大力提升产品自主研发能力，构建国内领先、具有差异化竞争力的私人银行产品体系，打响“工银私人银行”品牌。

资产管理、资产托管、金融市场商品交易、养老金、贵金属等业务线要不断扩大市场和收入贡献。今年以来，这些产品线都显示出良好的发展势头，适应了市场的新需求，也与我们着力开发和培育一批具有知识技术含量、能为客户创造价值的重点产品线分不开，与通过利润中心改革持续激发经营活力分不开。各利润中心要进一步发挥体制机制优势，加快发展和跨越，努力把一批潜力产品线打造成为行业龙头、国内领先的市场标杆，进而在全球同业具有一定的影响力。资产管理业务要充分利用我行全面满足监管要求的有利条件和良好基础，抓住政策机遇，尽快创新推出资产管理直投业务，积极参与资产证券化、中小企业私募债，加大标准化投资力度，在确保规范各类投资行为的同时促进业务的持续稳定增长。其他业务线也要主动适应市场变化，不失时机地加快创新，通过为客户提供附加值高的金融服务来拓展市场、获取收益。只要继续保持这样的发展势头，通过几年努力，每一条产品线实现的利润将会十分可观，形成工商银行重要的盈利增长极。

民生领域金融服务创新要迈出大步伐、形成新优势。前期，总行对财政、社保、医疗（医改）、教育、就业、住房保障六大核心民生领域的政策机遇、市场前景和金融服务进行了深入研究分析，并制定了工作指导意见，着手整合标准化、产品化、模块化的综合服务平台，推动业务加快发展。各行要深挖民生领域丰富的金融资源，加紧探索构建成熟的商业模式，分类制定营销策略、适合产品和服务方案，力争在重点领域取得市场领先优势。

这里，专门强调一下存款工作。今年以来，我们注意引导全行树立正确的存款发展理念，在加大一般性存款稳存增存力度的同时，认真落实监管部门去杠杆化政策，主动压缩利率敏感性强、稳定性差的同业存款2 800多亿元。存款稳定性的增强，不仅降低了付息成本和法定存款准备金缴存成本，也进一步端正了经营风气。但也要看到，全行存款稳定增长还面临着较大压力。虽然目前全行余额贷存比仍保持在60%的较低水平，但由于新增存款增速放缓，而信贷业务保持相对均衡增长，以致近年来贷存比持续上升。在当前和未来一个阶段市场流动性仍整体偏紧的情况下，一些中小银行出于存贷比和流动性管理压力，对存款业务的竞争更加激烈。面对存款竞争和流动性管理的新形势，全行要更加重视存款业务在经营发展中的基础性作用，进一步用科学理念统领存款业务发展。要把存款竞争发展的关注点更多放在日均存款上，更多放在拓展客户、创新产品、改善服务、联动营销、优化网点和各类渠道功能等基础工作上，依靠整体功能的发挥和竞争能力的提升来促进存款的稳定增长，促进实实在在的可用资金增长。进一步完善内部定价和考核机制，进一步激发全行发展存款业务、提高日均存款市场占比的积极性，同时通过机制约束一些行过度依赖同业存款甚至依靠一些不可持续的手段抬高时点的冲动。

（四）关于境外业务发展。上半年境外机构（不含南标）净利润增长27%，大幅超过境内，进一步体现了国际化经营稳定利润、分散风险的作用。随着国内银行业从盈利高增长期转入相对平缓的发展阶段，加快境外市场的发展显得尤为重要。从目前看，全行境外业务发展已经有了一个良好的基础，基本搭建起全球化的网络布局，信息平台建设和产品延伸也取得重要进展，下一步境外业务发展要有一个更高层次、更具前瞻性的战略思考，加快从侧重网络布局向增强机构竞争力转型，加快实现差异化、本土化发展。

总行要有计划、有重点地指导和推动境外业务发展，促进境外机构转型升级。尤其要高度重视打造几条重点产品线。没有拳头产品支撑的客户拓展，客户的黏性不够。要不断巩固和扩大现有9大产品线的延伸效果，争取以更多领先产品撬动市场、吸引客户。工银亚洲等港澳机构要配合总行承担起产品研发责任，加大境外产品的供给，给业务发展和市场拓展提供支持。境外机构既要依托集团优势，更要结合区域特点，对自身的客户、产品、技术、业务定位有一个清晰的发展战略和目标，找到适合的发展方向和道路，立足本土做到有所为有所不为，实现经营发展上的大胆突破和超越，尽快融入主流，形成符合区域实际和我行特点的可持续发展模式。要强化内外联动、外外联动，通过完善的工作机制和合理的分润，调动各产品线、境内外机构加强沟通、互动合作的积极性，境外机构也要利用地缘优势及时提供各种业务和项目信息，全行上下合力、内外联动推动境外业务发展，避免境外机构“单打独斗”，这才是我们未来海外发展的制胜之道。

下半年，全行在落实9大重点改革创新方案的同时，还要抓住我国城镇化建设、利率市场化加速、资产证券化常规化等影响商业银行经营发展的重大问题，抓紧启动新一批的课题研究，各行也要结合实际加大对一些重点领域、关键环节的课题研究，不断解决经营管理中的重点难点问题，推动改革创新不停顿、转型发展不止步。总行要在完成三年发展规划修订的基础上，着手研究制定新一轮三年发展规划，加强战略研究，科学谋划未来。各境内外机构要按照总行的要求，积极参与和配合集团新三年发展规划的制定。

三、深入扎实开展党的群众路线教育实践活动

7月11日全行党的群众路线教育实践活动动员大会召开后，在中央督导组的指导帮助下，总行和各一级分行教育实践活动正在有序开展。各单位从实际出发，采取集中学习与分散学习相结合、学习讨论与专题报告相结合、学习交流与听取意见相结合等方式，认真做好学习教育、听取意见环节的各项工作。总行党委班子成员和各分行领导干部带头参加了学习。总行开设了网讯专栏，加强了教育实践活动的宣传引导。明天我们还要组织开展民主评议活动。总的来看，目前教育实践活动正在迅速展开。

下一步要继续按照中央要求和总行党委部署，把教育实践活动抓紧抓实抓出成效。要坚持把活动总要求贯穿始终，把反对“四风”贯穿始终，把领导带头贯穿始终，把开门整风贯穿始终，高起点、高标准地抓好三个环节的工作，做到目标“不虚”、措施“不空”、方向“不偏”，确保把教育实践活动办成群众满意工程。三级管理行尤其是总行本部要发挥好表率作用。境外机构要结合自身实际和特点，采用灵活多样的方式，自觉加强学习，深入开展剖析，认真查摆问题，并制定有针对性的整改措施，通过教育实践活动的开展，进一步增强境外机构的凝聚力、创造力和竞争力。驻外使领馆对教育实践活动有统一安排的，当地境外机构要认真抓好落实。

要在加强学习上下功夫。开展教育实践活动第一位的任务是搞好学习教育。要适当集中时间，强化集体学习讨论，着力提高学习教育的成效。要紧紧围绕世界观、人生观、价值观这个“总开关”，突出坚定理想信念这个根本要求，深入开展理想信念、党性党风党纪和道德品行教育，努力提高党员、干部的辨别能力、政治定力和实践能力。要防止搞形式、走过场，不要以记多少学习笔记、写多少体会文章来衡量学习效果；不要搞走马观花、浮光掠影式的调研，避免一窝蜂下基层征求意见。

要在查摆问题上下功夫。发现问题是前提。开展教育实践活动，一定要抓住关键、找准要害。否则泛泛而谈，泛泛而搞，就会使教育实践活动效果大打折扣。总行党委在动员会上列举和剖析了全行“四风”问题上的一些突出表现，这些问题在各单位、各级干部的表现形式不尽相同。各机构、各业务条线要结合各自特点和实际，以敢于亮短揭丑的态度、以无私无畏的勇气，查找问题、剖析原因。在查摆问题过程中，请员工参与，请基层帮助，请客户评判，请社会监督，逐一把存在的问题原汁原味梳理出来，防止只重表象不重实质。

要在解决问题上下功夫。解决突出问题是教育实践

活动的目的。敢不敢于、善不善于解决问题，是对党性和能力的考验。要针对查找出的问题，制定整改任务书、时间表，实行一把手负责制，及时整改，逐项落实。要从现在做起、从管理做起、从领导带头做起，说到做到、马上就改。凡是能够及早解决的就尽快解决，凡是能够自身解决的就不要等上面的措施，即使是一时难以解决的也要抓紧创造条件积极解决，不等待观望、不敷衍塞责。要针对服务行业和窗口单位的特点，把整改工作同改进金融服务相结合，努力提升客户满意度，打造群众满意银行，让客户和社会各界实实在在看到变化、看到成效。要把整改工作同加快改革创新、强化内部管理、加强员工队伍建设、推进科学发展相结合，使教育实践活动成果真正体现在员工满意度的提升和凝聚力的增强上，体现在经营管理水平的提高上，不断把现代金融企业建设引向深入。

同志们，面对复杂多变的经营环境和改革发展的艰巨任务，全行上下要坚持经营工作与教育活动两手抓、两促进，以积极进取、开拓创新的精神状态和脚踏实地、狠抓落实的工作作风，研究新问题，提出新思路，落实新举措，为贯彻落实好党的十八大精神，进一步推动国际一流现代金融企业建设，支持实体经济健康平稳发展作出新的贡献！

在中国工商银行第三届青年外语大赛总决赛上的讲话

姜建清

（2012 年 12 月 12 日）

刚才，我们怀着轻松而愉悦的心情观看了英语决赛和小语种展示。整场比赛竞争激烈、形式新颖，选手们机智幽默的辩论，充满激情的演讲，活泼开朗、富有青春气息的才艺，给大家留下了非常深刻的印象。前不久胜利闭幕的党的十八大对青年倾注了关心，也寄予了厚望，在这个特殊时刻举办此次比赛，是我行贯彻落实十八大精神，关心、关注、关爱青年的具体体现。在此，我代表总行党委向参加第三届全行青年外语大赛的所有选手，向为我行国际化发展作出贡献的青年朋友们致以亲切的问候！

2012 年是工商银行跨国经营 20 周年。1992 年，新加坡代表处的成立，正式开启了工商银行的国际化进程。此后的 20 年间，工商银行的国际化步伐与中国改革开放的伟大时代同行，经过不懈探索和锐意开拓，取得了令人瞩目的成就，走出了一条具有工商银行特色的国际化发展之路，在中国金融业的发展史上书写了“扬帆出海”的华彩篇章。在机构建设方面，到目前为止，我行已建成覆盖 37 个国家和地区、由近 400 家境外机构组成的牌照完备、运营高效、服务优良的全球网络；在境外经营能力方面，坚持“一行一策”经营转型，境外机构总资产从 2000 年的 36 亿美元增至 2012 年 10 月末的 1 539 亿美元，拨备后利润从 3 400 万美元增至 12 亿美元，不良资产率从 2001 年末的 4.49% 降至 2011 年末的 0.51%，境外机构资产和利润年复合增长率均达到 39% 左右，均大幅超过境内分行增幅，体现出国际化经营对稳定集团利润、分散区域国别风险的均衡效应；在系统建设方面，FOVA 系统已覆盖全部境外机构，完善了同业领先的境内外一体化科技平台；在服务能力建设方面，重点产品线从境内延伸到境外，零售业务、银行卡、网上银行、资金清算、专业融资、全球现金管理、投资银行、资产管理、跨境人民币等全球重点产品线在境外加快发展；在境内国际业务方面，境内国际结算量从 1993 年的 340 亿美元发展到目前的超过 1 万亿美元，四行占比提升至 29.41%，从市场追随者变为主导者。

20 年来工商银行的国际化发展之所以取得了辉煌成就，其中一个重要的原因，就是总行党委始终高度重视国际化人才队伍建设，为国际化战略实施提供了有力支持和保障。从 1992 年派出第一批外派员工以来，目前我行境外机构员工总数已达 5 700 余人，其中国内外派员工 500 多人。2011 年，总行党委又下决心启动了国际化人才培训项目，每年派出 200 人到境外学习培训，计划用 10 年时间培养 2 000 名左右高端国际化人才。这一项目的实施，是我行应对全球竞争形势，在国际化人才培养模式上的又一次创新与变革，相信必将为下一阶段的国际化发展奠定更加坚实的人才基础。

回首 20 年来的国际化发展道路，我们感到骄傲而自豪。然而成绩只属于过去，未来十年将是我行国际化发展的关键十年，挑战前所未有，机遇稍纵即逝。加快国际化发展步伐，把我行建设成为真正的全球性银行，需要包括青年员工在内的全行广大员工加倍的努力和付出，也对青年员工提出了更高的要求。借此机会，我对有志于投身全行国际化发展事业的广大青年员工提三点希望。

一是希望你们持续学习，不断进步，为投身国际化发展做好准备。庄子曾经说过，“吾生也有涯，而知也无涯”。学习是人生永恒的主题，对于年轻人来说更应该把学习作为最紧迫的任务，惜时如金，只争朝夕，孜孜不倦，锲而不舍，为成长为工商银行国际化发展的先锋做好知识储备。在这里要特别强调加强语言学习。语言能力是对外交流沟通的敲门砖，学会一门语言就等于打开了一扇了解不同国家、不同文化的窗户。当前，随着我行境外机构建设的脚步不断加快，全行对各种小语种人才的需求量也不断增加。这次青年外语大赛增加了6个小语种单元，充分体现了全行国际化发展对小语种青年人才的渴求，对引导青年员工积极学习外语也起到了良好的导向作用。新一代的青年员工英语水平普遍较高，有很多还在大学里学习过第二外语，这是你们的重要优势，希望你们在参加工作后继续保持，不要轻易放弃。“学如逆水行舟，不进则退”，学习语言更是如此，一定要长期坚持，不断锻炼。

二是希望你们努力实践，增强才干，成为推动国际化发展的业务骨干。青年人要充分发挥观念新、有冲劲的特点，大胆实践，永不懈怠，真正成为适应我行国际化发展要求的专业人才。首先要在本职工作中刻苦钻研，成为本岗位、本专业的行家里手，及时了解业务前沿领域的新发展、新动态和新需求。其次要关注、宣传我行的国际化发展进程，积极寻找境内业务与境外业务的结合点，把境内业务产品尤其是人民币业务的优势延伸到境外，不断提高全球产品线的竞争力。此外，已经外派工作的青年员工也要在了解海外的金融环境、监管规定、市场规则、客户需求的同时，紧跟国内银行业务发展的新趋势，这样才能真正做到把握全局，决胜千里。

三是希望你们提升自我，融会贯通，成为促进国际化发展的桥梁与纽带。近年来，工商银行快速发展，已经成为市值、盈利、存款和品牌价值等多个指标全球第一的上市银行，在国际上的地位和影响力大幅提升。对于我们境内青年员工来说，今后服务海外客户的机会将越来越多，外派工作的机会将越来越多，与外籍员工共事的机会也会越来越多。如何积极适应这种变化，成为一名合格的国际化银行，乃至全球性银行的员工，是当代工行青年应该正视和思考的课题。我觉得一方面青年员工要立足我行的企业文化，不断提升自我，成为工商银行优秀文化的代表者、宣传者。要意识到在国外、在外籍人士面前，你们就代表着工商银行，甚至代表着中国，要通过自己的言行举止树立起国际一流现代金融企业的良好形象。要忠于祖国、热爱工行，宣传中国、宣传工行，善于用外国人能够听懂、容易接受的方式，加强对中国和工行的宣传。另一方面，青年员工要增强自己的融合能力，努力融合工行文化与当地文化，促进工商银行在海外的本土化发展。要学会用开放的心态去学习、理解、接受、尊重不同地区的文化、风俗和生活习惯，增强全球雇员对工行的归属感，使不同国家、不同地区、不同种族的客户增强对ICBC的认同度，促进工商银行走出一条友好相处、文化包容、和谐共赢的国际化发展道路。

“潮平两岸阔，风正一帆悬”，带着20年的积淀和经验，工商银行国际化发展已经开启了新的征程，希望广大青年员工锐意进取、努力奋斗，在党的十八大精神的引领下，在建设“三个之最”的国际一流现代金融企业的伟大进程中，焕发青春之光，谱写美好未来！

在总行党校学习贯彻党的十八大精神专题培训班座谈会上的讲话

姜建清

（2013年1月24日·根据录音整理）

学习贯彻党的十八大精神是我们当前一项首要的政治任务。这次总行党校办的十八大精神专题培训班提供了一个很好的学习机会。十八大报告是一个旗帜鲜明、思想深刻、部署全面、求真务实、催人奋进的报告，是一篇蕴含一系列新思想、新观点、新举措的马克思主义纲领性文献，是新形势下夺取中国特色社会主义新胜利的政治宣言和行动纲领。

总行在十八大以后及时组织召开会议，进行了专题学习，要求领导干部认真参加集中学习，同时加强自学，力求多学一点，学深一点，做带头学习和学以致用的表率。我在全行贯彻十八大精神推动科学发展研讨会上的讲话，这次也作为党校的学习课程之一。在讲话中我着重强调的是现阶段的问题和今后的工作思路，成绩和经验部分讲得比较简略，所以当时我要求大家在今后的学习中着重地看一下。这部分写得非常好，总结了我们大家共同走过的道路，体现和反映了我们金融行业始终坚持科学发展的生动实践。前几天温总理在金融系统座谈时指出，金融系统改革发展的实践，是可以载入史册的，取得了非常大的成就。大家要紧密结合全行改革发展实践，充分认识十六大以来我国经济社会发展取得的辉煌成就和宝贵经验，进一步增强坚持中国特色社会主义道路和贯彻落实科学发展观的道路自信、理论自信和制度自信。

一、关于银行未来发展问题

把握好银行未来发展问题，关键是要看清形势。我在研讨会上的讲话最大篇幅就是讲机会和挑战。在材料讨论期间，同志们有很多不同的看法。有的说，董事长把困难讲得很多，还是要多讲点机遇。有的说应该先讲机遇后讲挑战。各种说法都有。总的来看，我自己的感受是挑战讲得还不够。今天在座的同志们，经过了十几年这种一直持续向上的难得的发展机遇期，大家对困难和挑战尽管嘴上在说，但实际思考得并不深入，准备得并不充分，这是我的一个基本判断。

今天工商银行站在了新的历史起点，资本、资产、质量、效益、市值、存款、品牌价值等指标都进入世界金融同业的前列。我们今天这个位置，也是这百年中世界金融同业期望达到的位置，但是成功登顶者寥寥。我前不久看过一部历史书，在100年前的1913年时，当时世界前20大银行，基本没有亚洲的，日本勉勉强强排在靠后的位置，现在这些银行很多都不复存在了。第一位的银行从欧洲慢慢转移到了美洲，其间日本曾经短暂占据过一段时间，很快又被美国的银行夺走。百年来，作为一个新兴市场的国家，作为一个过去大家认为金融不太发达的国家，我们的金融业站到了顶峰的位置。这正是我们改革开放取得的成就，是我们贯彻落实邓小平理论、三个代表重要思想和科学发展观的结果，是与我们坚持党的领导和大家共同努力分不开的。

但我也一直在想，再过100年后会怎样？工商银行在什么时候会失去我们现在的地位？100年间会不会工商银行的名字都不存在了？我跟大家想的可能不一样。大家想的可能是我们的辉煌。普遍而言，企业的生命周期大约是人的一半，也就是三四十年，对世界500强企业有过这个统计。因此对我们而言，更重要的是生存。今天在座的有些同志，可能10年前不在主要管理层岗位。大家可能已经淡忘我们走过的一些艰辛道路和历程。这些经历在我面前是历历在目，我永远都不会忘记这个奋斗过程带来的沉重压力和刻骨铭心。历史才翻页过去十几年，对整个金融史来说就是一瞬间。我们现在发展起来了，但发展起来之后的问题并不比以前少。

现在我最大的感受是，在我们面前没有任何一家银行的经验可完整供工商银行去学习和效仿，我们很孤独地走在世界金融业的前列。当然我们今天也在学习很多银行一些好的方面，然后把它与工商银行的实践结合起来，融合到我们的经营发展中。在我们前面有很多难以预见的风险和挑战，在我们背后面临越来越多的竞争对手的追赶。我们可以作为其他银行的一个效仿者，但我们又能去效仿谁？

现在整个外部环境都在急剧变化。我跟世界上很多大银行的董事长在交流时，几乎所有的人都说，这个世界的经济在变化、金融在变化。金融监管的日益加强，资本约束的强化，利率市场化的加快，使中国银行业传统的资本消耗型、利差型盈利模式难以为继。在政治生态、社会生态、经济生态、金融生态都在变化的情况下，我们银行进入到了一个新的差异化发展时代。今后利差不可能再有提升，已进入了单位数的利差时代和单位数的利润增长时期，而且这种趋势恐怕是长期的，这也进一步加大了资本补充压力，进一步约束了我们资产业务的发展。而我们的工资增长又是跟利润水平相挂钩的，如何激励好员工、带好团队的难度也在增加。

从过去百年或者更长的时间看，银行业出问题甚至倒下，都是外因和内因两方面作用的结果。从外因来看，在利差收入逐步收窄、盈利越来越困难的情况下，银行就会铤而走险，去大量地扩贷，大量地从事高风险高收益的产品和业务，同时认为风险不会即刻来临。因为都是持有这样的想法，都认为今天晚上能睡个好觉，所以就成为一种击鼓传花的游戏。我在看《大而不能倒》（Too Big to Fail）这本书的时候，很多内容都是感同身受。比如讲雷曼兄弟的事情，实际上背后是一种创造高利润的压力。因为有这种压力，即使有风险，能不干吗？书里讲的市场份额、发展机遇、同业追赶、利润压力等，跟我们现在的讲法一模一样。任何金融危机都是这么发生的，都是在这么一个过程中酝酿的。

我们现在已经有27 900亿美元的总资产，离世界上资产最大的德意志银行只差几百亿美元（至2012年末已经赶超了）。像这样的发展速度，5年至少增加4万亿元人民币资产，差不多等于7 000亿美元，5年下来总额就将达到35 000亿美元，这在历史上是从没有过的，美国最大的商业银行——美国银行也就26 000亿美元资产。我们现在还在不停地前进，大家认为不会有停的一天，因为面临的市场份额、利润等压力和雷曼当时所处的境遇及想法是一样的。只不过幸运的是，中国处在经济的上升期，我们周边的环境比美国当时的环境要好。但是，中国经济就不会有风险吗？我们20世纪90年代的时候，不也面临银行不良贷款率高企，实际上已资不抵债，处于技术上破产的境地吗？

我经常说，今后十年对我们是一个机遇。十八大报告中讲到我国仍处于可以大有作为的重要战略机遇期。这个机遇如果把握得好，我国经济可能保持7%到8%的年均增长，这是外部环境给我们创造的机遇。但是国际国内形势变化很快。去年和今年有相当长一段时间经济处于下行，现在经济能够稳住，坦率地说，相当一部分是靠国内投资。当前世界经济低迷，而且外部保护主义越来越严重，外需拉动作用有限，而消费每年也就是13%到17%的增长，并且很大程度上也看经济的好坏。因此目前企稳回升主要靠内部投资拉动，如果投资一旦上不去，经济还不可避免地要下行。可是内部投资差不多也要到极限了。我们52万亿元的GDP，现在地方财政和国家财政平台的融资占GDP的比重，即政府负债率已达到40%左右。国外一般认为极限是60%到70%。其实这个说法也没有确切的理论依据和官方的统计数据可以支撑。假设现在负债率40%，最高可以到70%，则中间还有15万亿元的融资空间可以扩展，15万亿元也只相当于2009年的投资再搞一次多。而且我们要看到现在社保基金、养老金的存量缺口，按照非官方的初步统计有10万亿元左右，这部分钱还没有放到政府融资偿债率里计算。今天很多欧洲国家的政府负债率很高，酿成了主权债务危机，我们国家现在国际上的信誉这么好，融资成本相对较低，引进外资的情况比较好，都跟我们偿债率比较低有关系。

中央提出要加快转变发展方式，要牢牢把握扩大内需的战略基点，增强消费对经济增长的拉动作用。现在很多产业面临着大量的边投资边过剩、投资边际收益下降的情况。习总书记在中央经济工作会议的讲话中，用了相当篇幅讲现在的产能过剩有多严重，以及通过发展消费、兼并重组、淘汰落后产能、加快走出去等措施来化解产能过剩矛盾。

对我们来说，最重要的事情是千万不能头脑发热，千万不能出大的风险。工商银行达到世界第一的地位，这么好的一个形势，千万不能在我们手中倒下去。在座各位今后在工商银行的时间还很长，你们今后要去领养老金，而不是领失业金。所以为了我们的国家民族，为了工商银行，一定不能头脑发热，一定要守好摊子、把好底线。金融业最重要的天条就是防控好风险。

刚才大家发言的时候，没有太多讲到风险问题、形势问题。我为什么要讲形势、讲危机、讲忧患，而不是整天讲那些成绩和辉煌？因为只有多讲问题才能保持警醒，才能保持斗志。最近我看一个报道，有人问华为董事长20年以后企业会怎么样，他说20年以后会倒闭。一个董事长说自己的企业20年以后会倒闭，你们敢这样想么？所以一定要有危机意识。

二、关于经营转型问题

对我们来说，未来十年，一个重要的事情就是经营转型，换句话说就是转变发展方式。前面讲的“击鼓传花”游戏就是在发展方式上出了问题。倒闭的一些美国金融公司，它不是第一天做次债就出了问题，做次债的人不是傻瓜。我们买美国的国债，因为风险低收益亦低，安全一点的仅2%的回报率。“优质”债券有4%到5%的利率，因为买房子的人收入相对是比较高的，这部分贷款被打包做成产品。贷款人资质比较差的贷款构成的次债有7%到8%的利率。难道不让人心动吗？你不买有很多人买，看到别人赚很多，你忍不住会开始少买一点，只持有几个月，等赚到了钱就会想多买一点，再多买一点，结果越买越多，你又会安慰自己，大家都买的嘛。于是形成了“击鼓传花”的局面。搞银行的人就是怕鼓声停了，100年来金融业的问题都是这样出来的，大家都不傻，都很聪明，只是认为鼓声不会在这一刻停下来，结果停下来的时候风险就出来了。你们在做业务的时候，千万不要认为鼓声不会在这一刻停下来，更不要认为我做我的，如果鼓声停下来也是总行来埋单。这就是银行一定要转型的原因，做银行的就不能把鸡蛋都放在一个篮子里。这是一个很浅显的道理，但在真正操作过程中，会因为各种各样的原因难以实行。

我在研讨会报告中，专门提到了今后几年的信贷结构调整方向，这十几年来，我们不断在信贷结构调整上动脑筋。我1999年到总行的时候，当时基本上是流动资金贷款，贷款的收息率仅50%到60%，有些行30%。贷款收息率和不良贷款率基本上是倒数关系，即收息率是30%，不良贷款率就是70%。不良贷款率这么高仍然一个劲的贷款，为什么呢？因为还在收息啊，我贷款2亿元给你，你还给我1亿元利息，我就完成总行的任务了。一些行认为只要能够活下去，就会饮鸩止渴，毒药也敢吃，当时我们有些分行考虑的就是要活下去。当时有些技术改造贷款，其中很大一部分也都死掉了。所以这种机制不改革是不行的。

大禹治水，堵是堵不住的。那解决问题的出路就在于结构调整。我们抓住当时国家加大基础设施建设的机遇，大力发展了基本建设和基础设施贷款，同时积极培育和拓展了个人住房贷款市场，在同业中率先发展了票据业务。之后又搞了小微企业、贸易融资、服务业、文化业等市场，一两年搞一个水库，不仅容纳了大量新水，也起到了净化水的作用。今天工商银行只有0.8%左右的不良率，正是我们信贷结构不断优化调整的结果，当然也和我们实施疏导、堵漏、清淤和综合治理有关。搞好信贷业务的一个关键就是疏导，将贷款引进新的池子里，当然要保持水池的水持久是清水。

现在我们个人贷款有25 000多亿元，项目贷款搞了21 000亿元，票据最多搞了四五千亿元，又面临一个新的结构调整问题，要找一些新的蓄水池。这就像长江三峡，灌多少水是有规定的，水位到顶了坚决不能再装。现在贷款集中度这么高，我们中长期项目贷款占比曾一度超过建行，必须下决心调整。因此总行提出了控制四大行业融资总量的安排，就是为了合理分布各个水池中的水量。当然还要进一步寻找一些新的蓄水池，即新的信贷投向。以支撑我们信贷业务的接续发展。

在这个结构调整过程中，可能还面临一些局部和全局想法碰撞的问题。比如，传统和新兴产业，当然新兴产业不错，有些说我这里是县级市，没有那么多新兴产业。前些年，开会讨论时好多行长都说，总行信贷部管得太紧，项目、行业授信管得太紧。我这里传统产业的钢厂好得不得了，门口天天排队等着拉货，存款、贷款、结算业务的都很多，由于总行搞钢铁行业信贷总量控制，企业都跑去他行了。讲这些话时锣鼓没停。现在一旦鼓声停了，情况就不一样了。去年经济稍微复苏了一点，钢材价格上涨了一点，今年铁矿石价格一涨，钢铁行业面临亏损。淘汰产能的压力很大，过度贷款的银行难免会有损失。想当初没有几个人感谢总行对钢铁信贷的控制，但是当锣鼓停的时候，我知道大家心里是感谢总行的。

1999 年的时候，我行在钢铁行业贷款大约有 1 100 亿元。当时朱镕基总理跟我说，交给你个任务，去做个调查，为什么中国钢铁企业这么多？风险在哪里？和银行有什么关系？2000 年 4 月我送上去报告，他把这个报告批给副总理和十几位部长。我们当时认为：第一，钢铁企业过于分散，第二，银行信贷在里面起了主要作用。因此，要搞钢铁业的兼并，搞成核心大企业，同时银行信贷要管住。从 2000 年开始，中国的钢铁业产量从 1.1 亿吨上升到八九亿吨，我们的贷款从 1 100 亿元降到 800 亿元。后来顶不住一些分行的压力认为“传统产业也要发展”，贷款又反弹到 1 200 多亿元。我们在鼓声非常响的时候，采取控制措施，丢了一些客户，丢了一部分存款和结算。但是，当鼓声停的时候，我们没有太大地陷进去。世界上没有光开心不痛苦的事情。我们选择退出肯定会失去一些，但当发现没有更大失去的时候，还是感到高兴的。

结构调整中面临的这些难题，下一步依然存在。包括传统产业和新兴产业，包括区域信贷政策等。刚才有的同志谈到，当地有国家新的政策、新的功能区。实际上现在新的功能区全国有 30 个左右，基本上每个省都有，还怎样体现差异化的区域信贷政策？因此，信贷政策还是要有一定之规，一定要约束好自己，满汉全席再好也只吃一口，不能全吃。我们讲信贷结构的调整是个完整的概念，包括表内的、表外的，信贷类的、金融资产服务类的，等等，这里不再展开详述。总之，结构调整一定要有非常清晰的战略和战术目标，然后严格按照既定战略和战术去执行。

三、关于城镇化问题

中央一直在讲，城镇化是未来发展重要的战略契机。我们国家现在的城镇化率大概是 52%，但是户籍城镇化率只有 35% 左右，未来中国城镇化发展机遇非常大。习近平同志在中央经济工作会议讲话中专门提到，中央是不是要召开一个城镇化工作会议，专门研究这个事情，还讲了城镇化，如果做得好未来会怎么样，如果做得不好，会带来什么样的影响。这些思想，大家要认真学习领会。

我觉得城镇化是个大的概念，在具体实施过程中，其实还没有破题。城镇化如果和工业化、信息化、农业现代化紧密结合起来，会发展很快。因为作为一个城市，应该具有居住的功能、生活的功能，还应该有生产和容纳就业的功能。

现在有些地方，城镇化被理解得有些简单。三年前，我去过一个二级市，市委书记请我去看城镇化改革。大的概念，就是把农村的、农民的地收回来，实际上是一亩地一年给一两千块钱，因为现在国家明令农民土地不准交易。地收回来，钱我给你。在乡镇的旁边找块地，将农民住房安置好，然后把农民宅基地收归汇总，把小地变成大地，搞商业和房地产开发，基本上还是土地开发的概念，发展模式还是老的模式。过去农民不管怎么说，还有个一亩三分地，即使在最苦的时候，没有工作了，还可以回到家，靠土地有个温饱。但现在变成一个完全失地的农民。我要求去看看盖成的房子，楼有六层、七层，没有电梯。一户农民两套房，125 平方米一套，农民一家老小住一套，农具都背上去，另外一套房出租。农民整天呆在楼里面也没事干，没有产业，就在那里坐着。出租房屋一个月一千多块钱，再加上农地流转收入两千块钱，一年一两万收入。我认为，如果这样搞城镇化，对农民带来的不一定是幸福。我上次参加一个小型活动，回良玉副总理和大家交流，谈到有些地方那样搞城镇化，农民没有土地了，将来有一天会影响农地 18 亿亩的红线。而且现在是拿坏地换好地，弄来弄去可能会都剩下那些荒地。

因此，城镇化问题是一个大的政治考量。若建成一个非常宜居的城市，进城农民有好的就业，人居和就业紧密地结合，这才是新型的城镇化。千万不能只将房地产开发和城市基础设施建设这两件事情理解为城镇化，这将比现在这样一种状况更危险。我认为在城镇化这件事上没有终点，现在是在探索中。我们银行在这些方面要有非常冷静的思考，在制定信贷政策时，一定要为我们民族、为我们国家、为真正的健康的城镇化负责。不然的话，可能又重新使我们的贷款产生大量坏账，大量的不切实际的城市建设、政府融资平台等也会借此全出来了。

四、关于产品创新问题

目前在产品创新方面，我们信息集中、整合、共享、挖掘都不够充分，还处于信息分割、隔离的阶段。

我们现在的信息技术实际上是从手工时代演变过来的。最早的时候，我们是想使用计算机代替手工，做了很多努力，一条一条把手工内容计算机化。所以现在的业务流程有很强烈的手工时代的痕迹。我们在业务线计算机化方面水平是很高的，但是在横向跨部门、跨产品的地方就不太理想。

在手工转向计算机化的时代，我们很多领导干部和管理人员业务水平很高，但是计算机水平不够，所以当他们把业务需求转换成计算机语言的时候效果就不是很理想。一个好的计算机系统，一种好产品，其实是高层酝酿的。因为他可以综合基层好的建议和想法，考虑问题更具综合性、全面性。而我们往往在提出需求时，是从下至上一层一层提出来的。我们把这种最重要的管理思想、业务需求放到较低等级的员工或者干部身上，最后出来的产品在很多方面考虑不周到，或者由于部门开发的原因，很少能产生横向跨度。而且由于考虑不周，在开发过程中，需要不断地进行重返修改，浪费大量时间和成本。所以在考虑需求这个环节一定要予以重视，重要的需求一定要领导亲自出面。这不应该是一个基层的问题。

我觉得一个最好的产品，实际上一定是高级管理层集思广益的结果，这样的产品才可能是高质量的。但很可惜，现在很少有领导干部直接参与系统和产品需求的提出。这是我们很少能找到好的产品特别是综合性产品的原因。所以今后要从产品开发、投产到营销，一直到后期评价，整个流程都要完善。一个真正的商业银行，在目前的市场条件下，能够打开市场，就在于你能有比别人更好的产品、更有竞争力的产品。靠喝酒、吃饭营销短期可能有用，长期肯定没用。而且现在中央有“八条”规定，总行也有新规定，这种情况下靠什么竞争？就是产品创新！

坦率地说，现在我们原创性、整合性的产品太少。我们大量的产品都是单一的、支离破碎的，而真正好的产品是高度整合的。一个美国兵在战场打仗，据说头盔和身上所有装置需要 3 万美元。头盔里面带的夜视视频，有讲话功能，能告诉你在战场上，哪里是你的友军或是敌人，有多少武器装备。如果你孤身在战场上，可以直接呼叫己方战斗机来支援。一旦陷入危机，直升机可以飞来救人。据说通过这套装备可以使一个人在战场上的战斗力相当于 10 多个人。我们也有庞大的信息，以及 NOVA、FOVA、MOVA 这些强大的系统，但这些信息很少做整合、挖掘。整个的业务链条，贷款链条、存款链条、结算链条，从核心企业到一般企业的供应链，一个客户所有的资金流向，所有的资产管理路线等，均没有做到高度整合，因为缺乏这样的产品。很多小银行就指望吃工商银行牙缝里的东西。因此，我希望我们各个分行的领导，包括总行部门，你们站的位置比较高，希望大家都能成为一个产品需求的提出者，而不要把这个工作都交给基层。

前不久我提出，我们银行的支付中介和融资中介实际上是分离的，支付中介单管支付，融资中介单管融资，需要把这两个方面整合起来。现在金融脱媒及直接融资发展了，与我们争夺融资中介功能。第三方支付在和我们拼支付市场，它们比我们更灵活，成本更低，监管相对更宽松一些，因此比我们更有市场。而我们发放个人贷款是和支付分离的。比方说线上线下用卡支付，为什么非要到银行去申请消费贷款？实际上一用卡支付，银行主机即可通过网上、手机短信等通知他“您刚才消费 2 000 元，需不需要申请消费贷款？”需要申请按 1，不需要按 2。按 1，再选贷款期限是几个月，成功后钱就到了账上。这就是支付和消费捆绑起来了。这时候你可以和银联去拼，和淘宝去拼，因为它们没有贷款，没有这么方便。而且由于客户账户及数据都在银行，我们事先可以搞好授信。这项工作我找了两位行领导、十几个部门一起开会研究，大家讨论了 3 个小时，每个人说出不同意见。我和产品创新部说，你把今天讨论的记录下来就能变成一个产品。作为董事长，我可以为一个产品开几个小时的会，你们也要做这个事情。

五、关于竞争力问题

今天工商银行很多指标都位居全国、全球前列。但是，在一些领域我们也存在僵持的情况，未来还面临来自其他银行的激烈竞争。我觉得主要是两个问题。

第一个是总量的问题。如在贷款方面，因为贷款的增长实际上在于自己把握。在这种情况下，贷款是否也应该有一个总量控制，有个自身的主动约束，一味做大这个市场份额并没有多大意义，别家银行面临的约束也是一样的。在存款方面，这些年，我们的存款尤其是储蓄存款差不多要被农行赶上了。怎么来看这个问题？当然有些同志说，不能光看储蓄存款，也要看我们的理财产品，我们储蓄存款加上理财产品比第二名农行多了 1 万亿元。但单纯讲储蓄存款，我们还是面临很大压力。

第二个是人均存款和效益的问题。我们人均存款比农行高，基本和建行差不多。总体上，四大行处于相差无几的水平。但是和股份制银行相比，我们人均存款只有他们的一半或 60%。我们的网均存款也不理想，比农行好一点，跟建行差不多，但和股份制银行相比只有它们的 30% 左右。有一年在苏州开座谈会，我们一个县支行市场份额在当地处于老三或老四的位置。那个支行负责人解释说，农行网点多啊，我们才 10 个，它有 30 个。我说，股份制银行只有 1 个网点，是你的十分之一，怎么存款有你的三分之一？这值得思考和研究。

人均的指标上不去的原因很多。第一，可能是考核上还不到位，压力没有传导下去。第二，可能有体制机制的问题，现在网点忙闲不均现象十分严重。每个网点劳动生产率差别非常大。分行和分行之间人均效益差个三倍、五倍、十倍的，比比皆是。在同一个省里面再差个三到五倍。作为一个银行，这么大的效率差距是不大可容忍的。

效率和人员总量、结构问题紧密相关。现在，随着业务流程改革，网点业务量开始下降，即使在沿海地区也是忙闲不均。我们的外勤机制能不能作出相应调整？这个是在你们权限内就可以做的工作，拿出一到两年网点业务量数据一分析就知道什么时候需要多少人了。

很多单位都希望通过增量解决问题，想大量进人。全行目前已经有44万多人。今年总行6%的利润增长目标，按照60%挂钩的原则，工资总额只能增长3.6%。今年分行要求增加用工8 000人。这会带来什么结果？那就是所有在职人员的工资都不增加。现在工资机制就是这么设计的。所以最后只能调整为增加2 000人。

最近，天津分行报来个材料，说是通过几项集中改革、流程优化、中年员工培训等措施，释放了大概500人，实现了通过存量解决问题。为什么一定要通过增量解决呢？实际上我们基层员工的经历非常丰富，如果能够好好培训和引导，完全可以适应工作。到2015年，全行将迎来退休高峰，人员会逐步递减。大概到2020年，工商银行人数会减少4万多人。按现在的业务发展情况看，基本或完全不到银行来的客户占25%，15年后可能会增到80%，那样我们也许只需要8 000个网点，也就是有可能要关掉现有8 000多家网点。将来我们在网上就像在柜台一样，可以面对面处理业务。再往后，我们甚至可以降到30万人。为什么我们现在要严格管住人员呢？大家想想，一个人24岁大学生和研究生毕业进银行，15年以后40岁。如果到那个时候，80%的客户都不来银行，而是通过网上办理业务，网点降到8 000个，不再需要那么多人的时候，我们能让他回家吗？人无远虑必有近忧。为了未来，我们今天只能把人员规模控制住。

总之，人均、网均存款、效益这些指标，我们要一项一项搞上去，不仅在四大行中领先，还要能跟股份制银行比拼。这一条并不是那么难，只要我们每个细胞、每个基层网点都有战斗力，就完全能够做到。

抓住新机遇　打造新优势
建设具有较强国际竞争力和影响力的跨国银行

——在中国工商银行国际化工作会议上的讲话

姜建清

（2013年1月30日）

这次会议的主要任务是，贯彻刚刚召开的全行工作会议精神，总结2012年国际化发展情况，分析国际化发展新形势，明确2013年国际化发展任务。下面我讲三点意见。

一、国际化发展取得新成绩

2012年，在国际金融危机和欧债危机持续发酵、国内经济增长放缓的严峻复杂形势下，全行积极稳妥地推进国际化战略，一手抓境外布局的完善和机构的转型发展，一手抓境内国际业务的整体升级发展，通过“双轮驱动”使国际化发展实现了新的突破和提升。

（一）全球服务网络基本建成。2012年，全行境外机构拓展又迈出新步伐。在欧洲，随着华沙分行开业和里斯本代表处实体化运作，我行欧洲机构已覆盖至11个国家，具备了辐射欧洲全境的金融服务能力；在拉美，成功进入秘鲁、巴西、阿根廷三个区域重点国家；在大洋洲，新西兰子行申设取得突破，澳新机构互动格局已具雏形；在中东，沙特利雅得分行、科威特分行获当地监管批准，海湾地区服务网络日益完善。特别是进行了一系列开创性的探索：如收购东亚银行（美国）80%股份，实现了中资银行首次在美国收购商业银行控股权的破冰之举；收购阿根廷标准银行80%股份，成为首家在境外控股收购当地主流商业银行的中资银行；新加坡分行由批发银行牌照升级为特许全面业务牌照，成为首批获得此类牌照的中资银行。截至2012年末，我行境外网络已延伸至39个国家和地区，分支机构总数达383家，同时通过参股南非标准银行，海外布局间接延伸至18个非洲国家，形成了横跨亚、非、拉、欧、美、澳六大洲的全球服务网络，成为境外机构覆盖范围最广的中资银行。作为海外经营网络的重要补充，全行代理行网络覆盖至全球138个国家和地区，外资代理行总数跃升至1 630家，首次超过中国银行跃居中资同业首位。

（二）境外经营能力持续增强。去年境外业务的持续较快发展是全行经营中的一大亮色。至2012年末，我行境外机构总资产已达1 698亿美元（不含南标），同比增长33.55%，这一规模在全球1 000家大行中排到第121位；实现拨备后利润16亿美元（含南标），增长32%，增速明显优于国际同业平均水平，也大幅超过境内机构，充分体现出国际化经营在稳定利润、分散风险方面的重要作用。得益于“一行一策”的差别化经营和成功并购，工银亚洲、工银澳门、工银阿根廷、万象分行已跻身当地主流银行之列，其中工银亚洲在香港综合排名第五，是近年来香港盈利增长最快的银行之一；工银澳门资产规模和盈利能力三年翻番，成为澳门第二大银行和最大的本地法人银行；工银阿根廷按当地资产规模排名第12位；刚开业一年的万象分行已跃升为当地最大的外资银行。此外，工银泰国、工银欧洲、首尔分行等一批当地排名较好、盈利能力较强、具有一定本土化发展能力的第二梯队正在加速形成。

（三）全球产品线建设向纵深发展。零售业务方面，境外个人客户达164万户（含工银阿根廷），增长196%。电子银行业务方面，26家境外机构推出了网银，14家境外机构开通了电话银行，工银澳门成为首家手机银行试点行。银行卡业务方面，境外发卡机构增至21家，总发卡量达到50万张，累计消费额达25亿元人民币。全球现金管理方面，已与3 332家客户建立了合作关系，签约账户累计达到8 550个，覆盖亚太、非洲、欧洲、美洲的四大现金管理区域中心已完成布局。专业融资方面，累计支持“走出去”项目70个，融资总额达152亿美元。投行业务方面，工银国际保荐承销业务取得突破，完成项目融资额占香港IPO项目融资总额的62%，在中资投行中蝉联第一。清算业务方面，依托境内外系统的全面对接，跨境汇款向纽约分行、法兰克福分行和东京分行的去委比例分别提升至73%、89%和83%。私人银行业务方面，加强了香港私人银行中心产品服务平台建设，突出了旗舰店的市场定位，并新设了欧洲区私人银行中心。贵金属业务方面，拳头产品“积存金”海外上线步伐加快，工银澳门、工银伦敦实物销售稳步增长。托管业务方面，重点加大了对美国、英国和欧洲市场的QFII托管业务营销，加快了工银金融托管业务专业化经营转型步伐。

（四）境内国际业务强势突破。全年境内国际结算量达1.39万亿美元，四行占比创30.15%的历史新高，与市场领先者的差距已缩小到不足3个百分点，其中贸易结算量首次破万亿美元，占同期全国进出口额的1/4强；实现国际结算收入57亿元人民币，同比增长21%；国际结算、对外担保和结售汇三条产品线创造的中间业务收入达110亿元人民币，约占全行手续费和佣金收入的10%。2012年，我行对全国进出口1 000万美元和5 000万美元以上的客户覆盖率分别达到36%和48%，分别较年初提升5个和8个百分点。在打造“国际业务第一银行”的进程中，涌现出一批表现突出的大行强行，形成了重点突破、梯次发展的格局。2012年，有24家分行提升了国际结算量四行占比，9家分行排名第一；有25家分行提升了国际结算收入四行占比，11家分行排名第一，较上年增加了8家，规模与效益竞争力实现双提升。广东、江苏、上海、浙江、山东、北京等分行抢先进入国际结算量四行占比“第一俱乐部”，苏州分行，广东、江苏、浙江、湖北和山东分行营业部等业务资源集中、同业竞争激烈地区的机构率先实现超越。其中，上海分行是首家排名第一的东部沿海城市大行，重庆分行是首家六项国际业务竞争力指标全面领先的分行，苏州分行实现了新增外汇存款等多项指标同业第一。我行首次获得《金融时报》评选的“2012年度最佳国际业务银行”奖项，充分体现了市场的认可。此外，我行加强外汇合规管理工作受到监管部门的肯定，成为四大行中唯一获得A类考核评价的银行。

（五）跨境人民币业务领跑同业。2012年，全行跨境人民币业务总量超过1.5万亿元人民币，同比增长67%，跨境人民币清算网络拓展至全球67个国家和地区；境内分行跨境人民币结算业务量增幅较全国平均水平高出近一倍，在全部金融机构中的占比上升1.31个百分点。目前，我行已有25家境外机构开展了跨境人民币业务，人民币业务收入已占到境外机构总收入的20%，一些机构在跨境人民币业务领域取得较大进展。如万象分行获得老挝央行指定的人民币清算行资格；工银亚洲离岸人民币中心实现清算、产品、资金三大板块职能集中，集团内离岸人民币中心建设初见成效；工银国际成为港交所第一批、唯一中资背景的人民币货币期货市场做市商，日均交易量约占香港离岸人民币期货市场的20%；工银金融完成了首批代客离岸人民币债券的清算交割，实现了我行离岸人民币债券清算业务零的突破；工银伦敦成为首家在伦敦市场发行人民币CD的中资银行；工银莫斯科成为莫斯科外汇交易所最大的人民币做市商。

（六）全球一体化管理水平稳步提升。2012年，除当年收购的机构外，所有境外机构均投产了FOVA系统，我行成为国内同业中第一家实现信息系统全球一体化延伸的银行。同时，完成了境内外74家机构的单证业务集中，也是国内同业中第一家实现国际结算和贸易融资全业务品种集中的银行。我们高度重视风险管理，加快推进了全球市场风险管理系统（GMRM）与全球信贷管理系统（GCMS）的境外延伸，丰富了国别风险评级体系，实现了境内外机构风险文化的有效融合与风险偏好的有机统一。我们创新了外派员工薪酬管理模式，优化了外派员工晋升机制，初步搭建起适应国际化发展需要的薪酬激励架构。

过去一年的成绩，是在全行20年跨国经营实践基础上取得的。经过20年的探索实践和创新发展，我们在境外网络布局、信息平台、产品延伸、规模效益、风险管理、品牌文化、人才队伍等方面都取得了令人瞩目的成绩，站在了一个可以发挥综合优势的国际化发展新起点上。

二、充分认识建设跨国银行的新目标、新任务

党的十八大明确提出“加快走出去步伐，增强企业国际化经营能力，培育一批世界水平的跨国公司”。从国际银行业发展经验来看，一般认为，跨国银行有三种类型，即区域性银行、国际性银行和全球性银行。区域性银行，如新加坡星展银行、南非标准银行，其特点主要是全球化网络还不完善，业务收入主要来自于本国和邻近地区。国际性银行，以渣打、桑坦德等为代表，其特点主要是，在全球具有比较广泛的业务网络，分支机构所在国家和地区一般在40个以上，业务收入来源约90%集中在一个国家或地区。全球性银行，以花旗、汇丰为代表，其特点主要是，在全球具有广泛的业务网络，分支机构所在国家或地区一般超过50个，海外业务占比超过40%，乃至70%以上，在国际金融中心具有重要地位和影响力，能够为全球客户提供全面金融服务。

目前，工商银行是中国本土业务规模最大、竞争能力最强的银行，在一些新兴市场国家和地区的机构越来越多地跨入了当地主流银行之列。我们的全球网络已经覆盖到近40个国家和地区，境外业务发展较快，但境外资产和利润占集团的比重分别为6%和4.2%，在全球资本市场、全球融资和零售等三大业务领域尚未形成具有全球竞争力的产品线。我们基本上已经算是一家国际性银行，而且具备了并正在进一步快速形成建设真正意义上的跨国银行的基础条件。工商银行率先建设成为跨国银行，既是服务国家战略的需要，也是自身增强国际竞争力的必然选择。我们一定要充分利用当前内外部一切有利因素和条件，把建设具有较强国际竞争力和影响力的跨国银行作为新目标，制定国际化发展的新的规划和战略，稳健审慎地走好每一步，推动国际化经营向纵深发展，为我国对外开放作出更大的贡献。

（一）坚持服务“走出去”，利用好我国实施更加积极主动的开放战略这一有利条件。跨国银行的发展类型与其所处的历史阶段、政治环境、经济条件密切相关，不同的历史节点，推动跨国银行形成的因素各不相同。欧美跨国银行或依托殖民地扩张，或借助欧洲货币市场发展，或利用石油美元兴起等机遇实现全球布局。这二十年，我们国际化经营最基本的一条经验就是，始终坚定贯彻国家对外开放战略，紧跟中国对外贸易和投资的进程来推进国际化经营。目前我行境外机构覆盖区域与中国的贸易额已占到中国对外贸易总额的70%以上。未来，随着走出去战略的深入实施，中国将构建自己的全球供应链体系，我国经济与世界经济特别是与亚太、拉美、非洲等新兴市场的互动融合将不断增强；贸易结构优化升级使我国逐步从贸易大国向贸易强国转变，中资企业走出去的规模会越来越大，层次和水平不断提高，必将催生一大批大型跨国公司。这些都为我们深化内外联动，抓住国际贸易产业链条，延伸拓展海外客户与业务提供了大量的商业机会，为我们跨国银行建设开辟了新的广阔空间。

同时还要看到，人民币跨境使用是助推对外开放、扩大对外投资和贸易的重要支撑，是我国从经济强国走向金融强国的重要战略举措，也为我们带来了历史性机遇。跨境人民币业务启动三年多来，业务规模和涉及领域加速拓展，境外离岸人民币市场加快形成，国际影响力不断扩大。2012年，跨境贸易人民币结算业务累计2.94万亿元，较上年增长41.3%；直接投资人民币结算业务2 802亿元，增长152.7%，人民币在全球支付货币中的占比和排名也不断上升。我行有着人民币业务体量大、资金清算便利等传统优势，一些境外机构正成为或有条件成为当地人民币清算行或离岸中心，我们有能力为中资“走出去”企业和境外主体提供更多以人民币计价的金融产品。未来几年是境外人民币业务竞争格局的重要形成期。我们一定要紧紧抓住、切实用好这样的机遇，积极抢占跨境人民币业务的竞争制高点，为跨国银行建设再添新翼。

（二）坚持整体联动，发挥好母行全球领先优势。母行实力强大是境外机构壮大的主要依托。目前，工商银行资本、资产、质量、效益、市值、客户存款、品牌价值都进入全球金融同业领先行列，国际地位与影响力不断提升。尤其是近年来，我们利用改制上市后整体实力增强等有利条件及金融危机后的窗口机遇期，稳步实施全球化发展战略，实现了国际化发展的大跨越。我们坚持自主申设与战略并购并举，基本建成了全球服务网络；坚持系统建设与机构建设、业务发展统筹规划、持续推进，建成了全球统一的科技平台，促进了重点产品线的全球延伸和全球服务能力的增强；坚持统筹境内境外两个市场两种资源，发挥全球资讯平台等作用，加强内外联动、外外联动，形成境内外一体化的经营格局；坚持集团文化与当地文化的有机融合，主动融入当地经济社会发展，提高了当地市场和客户对ICBC的认同度。2012年末，境外机构来自境内的簿记资产、内保外贷和代付业务合计212亿美元，占境外资产的12.5%。境内对境外业务发展给予了有力支持，内外联动服务国际化客户的成果显著。实践表明，境外机构的快速发展离不开母行的有力支持，做大做强境外机构也必须依托母行的整体优势。这既是我们过去国际化探索

实践取得的成绩和经验，也是我们未来建设跨国银行的最重要途径和依托。因此，全行要更加重视发挥好、利用好全行整体优势，在渠道、客户、产品、科技、人才等方面积极支持境外机构创新发展，实现转型升级。

（三）坚持因地制宜，挖掘好境外机构本土化发展这一最大潜力。境外机构本土化发展是跨国银行的重要标志。这些年，我们致力于可持续发展与本土化经营，充分考虑境外机构差异，一行一策地支持境外机构立足当地，加快本土化发展，一些机构逐步地成为当地有影响力的主流银行，或在当地一些主要业务中取得主流或重要地位。目前我行境外机构以相当于汇丰集团香港以外地区2%的人员，创造了相当于其约6%的资产、9%的利润，人均利润是其4倍。但总的来说，我行境外机构本土化经营水平还不够，主要是，自主筹资能力仍不够强，可持续发展面临资本与资金的双重制约；在全球资本市场、全球融资，以及在重点区域的零售业务等领域，还没有形成有竞争力的核心产品线，客户基础仍然比较薄弱；等等。当前境外机构本土化经营的不足，也是我们最大的发展潜力所在。各境外机构要结合自身优势和当地市场特点，进一步丰富业务领域，扩大客户基础，找准适合自身发展的商业模式，提高自主发展能力。我希望再过几年，我们具备条件的境外机构都达到本土化银行的标准，即有相当规模的本地客户基础及业务占比，资金主要来源于本地市场，管理人员不单纯依靠总部外派，更多的是培养和利用本地人才，具有全面且多样化的产品线，能够根据环境变化不断创新，为客户提供较为全面的金融服务，并在当地市场具有较高知名度和较大影响力。

可以说，未来几年是决定我行能否抓住国际化发展机遇成长为真正跨国银行的关键时期。我们在第三个三年规划中提出，到2014年境外拨备后利润达到30亿美元、占集团利润总额比重达到8%以上，这是我们现阶段的发展目标。长远目标是打造具有较强竞争力的跨国银行，这就要求我们在以下方向不懈努力：一是成为国际创新型银行，能够使我们的核心产品线具有较强的国际竞争力和定价权；二是找准在全球价值链中的定位，能影响金融服务价值链和全球银行业竞争结构的变迁，能影响国际银行业服务价值主张的确定；三是能在全球银行业规则、标准、监管规定的制定中有一定的话语权，能反映中国经济金融全球化的利益诉求。

三、着力推动跨国银行建设实现新突破、新提升

昨天召开的全行工作会议，着眼集团整体发展布局，对国际化发展的重点工作作出了部署。根据集团发展的要求，今年国际化发展的核心目标是，境外机构本土化发展水平有明显提高，总资产和拨备后利润力争增长30%，分别达到2 000亿美元和20亿美元（含南标投资收益）；境内分行国际结算量四大行占比不低于30%，国际贸易融资发生额和余额四行占比第一；国际业务大中型客户数新增2 000家；跨境人民币结算业务量力争同比增长25%，增幅高于我国的平均水平。在发展战略策略方面，要着重推动几个方面工作。

（一）着力推动境外机构本土化、差异化经营。当前，我行全球化经营网络布局已基本形成，下一步国际化发展的重点就是按照“区域统筹、差别管理、循序渐进、因地制宜”原则，加快推进境外机构本土化、差异化经营。要认真研究境外机构所在国家或地区的金融市场，结合各自经营特点、资源禀赋和监管环境，明晰经营定位，以最擅长的优势业务为突破口，不断提高本土业务比重，逐步实现主要经营指标向当地市场重要或主流银行靠拢，在细分市场上创立优势，努力形成较强的自我发展能力和盈利能力。港澳及东南亚地区是境外机构实施本土化战略的优势地区，港澳机构要充分利用粤深港澳闽厦一体化优势和香港打造人民币离岸中心的历史机遇，大力发展区域内理财、投行和消费金融等新兴业务，扩大目标客户保有量，提升经营效率、服务能力与盈利水平，不断巩固和扩大主流银行优势，逐步发展成为全行海外综合化经营和金融创新的支持平台。东南亚机构要充分利用当地与中国经贸往来密切、文化相近的特点，抓紧从以批发为主向批零并举的经营模式转变，尽快发展成为当地有较强竞争力的综合性银行和区域性强行。中东、非洲、拉美等新兴市场国家机构要紧扣贸易金融链条，服务好“走出去”企业和当地能源、基础设施等战略性项目，确立“走出去”业务和“资源银行”业务的领先地位。欧美等成熟市场机构要进一步推进区域整合和牌照功能完善，依托所在国际金融中心的地缘优势，积极建设我行业务与国际市场的接轨平台，以全球500强企业、本土领军企业和“走出去”企业为核心，推进本土化经营新突破。

目前境外机构从总行拆借的资金仅占其负债总额的3%，自主筹资能力显著增强，但仍有少数境外机构对总行资金存在较大依赖。资金是发展之本，境外机构要多措并举，增强筹资能力，持续扩大稳定的低成本资金来源，逐步降低对总行资金的依赖。要适应资本监管要求日益提高的趋势，合理确定资产业务的扩张边界，在保证必要的资产业务发展速度的基础上，积极调整资产、负债结构，优化资本使用，努力形成低资本消耗的、自主平衡的可持续增长模式。

（二）着力增强重点业务线的全球竞争力。国际实践表明，一家真正有影响力的跨国银行一般在零售、公司金融、金融市场、资产管理等一条或多条业务线上具有领先的全球服务能力。目前我行在零售及公司金融方面具有较强的实力和竞争力，存贷款均居全球银行业首位，但在贸易融资、全球银团等领域还相对薄弱，而且庞大的零售客户群也主要在境内，缺乏在国际市场大规

模发展零售业务的基础；在金融市场业务方面，尽管近年来债券承销、利率衍生品交易、外汇交易等产品均表现出较好的成长性，但与国际大银行相比，业务规模依然不算大，外汇交易业务尚未进入全球前50名，利率衍生产品名义本金尚不足汇丰的1%。在资产管理方面，我行已是境内最大的资产管理银行，近5年理财产品余额年均复合增长率近50%，但从管理资产的绝对规模来看，还存在较大的差距，而且业务也主要在国内。我们要正视存在的不足，深入挖掘潜力所在，积极推动重要业务线在全球延伸，增强全球服务能力。

要充分利用境内外两个市场，把握人民币国际化深入推进的政策机遇，注重发挥金融创新的引领作用，依靠有特色、有竞争力的产品打开国际市场。零售业务要根据区域特点有选择地发展，主要定位于当地华人及中产以上阶层，重点发展存贷汇、跨境理财及个人境外投资服务等业务。公司金融业务要在巩固公司存贷款业务领先优势的基础上，充分利用新兴市场国家在全球经济占比上升、全球贸易和资金流向逐步转移等有利条件，推动贸易融资业务快速发展，逐步在全球银团贷款及项目融资领域占据引领性地位。金融市场业务要配合国家战略进入商品交易领域，着力提高在全球外汇市场的交易份额。资产管理业务要重点面向全球机构客户和高净值客户，创新和丰富金融产品，增强中高端客户黏性。同时，要加强对重点业务线的成本收益考核。目前全行已在香港、巴黎等地设立了私人银行、现金管理、离岸人民币交易等8个境外业务中心。对已设立的业务线境外中心，要以促进境外机构经营水平提升为重心，明确三年业务发展规划和盈利目标，对业务线境外中心进行量、本、利分析，并探索通过MOVA系统对其进行考核；对于计划设立境外中心的业务线，要提前做好相关业务规划与成本收益核算，产品线延伸的初期可以不盈利，但要在规划中明确实现盈亏平衡的时间点。业务线境外中心要作为境外机构的内设部门，由境外机构统筹管理，总行业务线部门负责专业指导。国际业务部要统筹规划并协同各业务线部门做好业务线境外延伸的总体规划，并对境外业务中心进行评估与管理。还要整合和充实前台营销资源，加大对前台资源的配置力度。目前金融市场业务在香港、伦敦和纽约设置了前台，将触角延伸到了三大国际金融中心，贴近了市场和客户，提升了服务效率。要总结和完善这一经营模式，审慎推动业务线前台的境外前置。

（三）着力提升境内外一体化经营水平。我行境内外机构所处的经营环境不同，牌照功能互补，内外联动业务发展空间很大。要认真总结内外联动的经验，统筹利用好人民币与外币两种资源，联动发展境外业务与境内国际业务，提升全球化综合服务能力，提高境内外一体化经营水平。要充分利用人民币资本项目逐步放开的有利条件，以建设集团内离岸人民币中心和布局境外人民币清算行为抓手，将我行人民币业务优势向境外延伸。要全力争取新加坡分行获得人民币清算行资格，积极支持工银泰国、工银中东和法兰克福分行成为当地人民币清算行，与工银亚洲离岸人民币中心、老挝人民币清算行实现优势互补；做好上海、深圳前海等区域跨境人民币中心建设工作，继续完善广西“中国—东盟人民币跨境清（结）算中心”职能，形成跨境人民币业务内外协调发展的良好局面。

要进一步完善FOVA境内外一体化功能，更好地适应境外机构满足当地监管和差异化发展的需要。总行国际、科技和产品创新部门以及各相关业务部门，要大力支持并要具体帮助境外机构编研需求，加快搭建全球客户与产品资源共享平台和内外联动产品创新推广平台。信息科技部要建设一支精干、了解境外市场情况和监管要求的专业技术队伍，支持和保障FOVA系统的可持续运行。要把支持“走出去”企业和跨国经营企业，作为工作立足点和着力点，不断优化全球资讯平台，加强境内外联动，依托跨境人民币融资、境外并购融资等重点业务，推动境外信贷资产业务发展，带动国际结算、贸易融资等业务快速增长。要继续实施境内国际业务梯次发展策略，以总量突破和结构优化为主线，加大国际业务客户拓展工作力度，持续提升国际业务市场竞争力，使更多分行成为当地国际业务第一银行。

（四）着力创新境外机构管理模式。由于境外机构所在国家或地区的经济环境、监管政策、发展水平和民族文化各不相同，所以在管理模式上既不能简单复制境内机构的组织架构体系，也不能机械模仿国际同业的组织管理模式，而必须结合实际，探索和创新具有工行特色的境外机构管理架构。我们的初步想法是：现阶段要“以块为主、以条为辅”，推动业务条线的设置由以产品为基础向以客户为基础转变，构建“条块结合、纵横平衡”的矩阵管理架构，下一步随着全行国际化进入更高阶段，考虑推动由矩阵管理架构向三维管理架构演变，在实现区域化管理、按客户类型设置业务线的矩阵架构基础上，强化风险、人力、财会、科技、审计和法律等支持保障功能条线作为第三个维度的作用，形成由区域、业务线和功能线组成的三维管理架构。

一要统筹规划境外机构功能定位和等级动态管理体系。要按照“集团效用最大化”的原则统筹规划境外机构的功能定位，既要注重利润考核，又不能简单地将盈利多少作为不同机构考量的唯一标准。部分机构虽然在财务报表上体现的盈利不多，但却在集团中发挥着重要的功能节点作用，对集团的整体贡献很大。要从集团整体发展的视角明确机构定位，兼顾盈利性和功能性，充分考虑市场环境、监管法规、税率政策、客户资源和业务牌照差异，在全球范围内选择相应的业务发展和成本控制策略。境外机构有的适合筹集资金，有的适合客户营销，有的适合业务运营，有的适合税收筹划，要做好差异化定位，在全球范围内推动战略协同。同时，要按照“清晰规范，灵活高效”的原则，加强境外机构等级管理，针对各境外机构的规模体量、业务发展、本地化程度、在集团中的功能定位等差异情况，抓紧制定境外机构动态等级管理体系，将机构等级与战略导向、价值贡献相挂钩，重点考察机构的战略地位、辐射能力和经营发展等情况，并逐步实现与境内机构等级管理标准的对接和连通。

二要健全和完善区域化管理机制。根据国际化发展的新阶段，认真研究区域化管理的必要性和可行性。区域化管理有利于区域内各机构的差别定位、优势互补、集约运作和协同发展。我行目前已实施区域化管理的欧洲、中东和湄公河机构，2012 年净利润同比增长均超过 100%。同时，也要认识到我行的区域化管理与同业的模式不尽相同，除了目前欧洲的区域管理通过工银欧洲实体法人的形式来实现外，中东和湄公河区域都没有单独设立实体区域总部，将来的区域总部也应主要采取虚拟的模式，重在发挥对区域内机构的资源整合和沟通协调功能，带动区域内机构的竞争力升级。要健全集团总部—区域总部—区域内机构的管理模式，构建责权利对等的运营机制，充分调动区域总部和区域内机构积极性，处理好集约化管理与各机构特色经营的关系。区域总部应在业务计划制订、经营绩效考核、人力资源管理、业务集中运营等方面对区域内机构享有适当的权限。区域总部权限过小，不利于发挥对区域内机构的协调功能；权限过大，区域内机构的属地化管理能力就会削弱，不能充分发挥其经营潜能，甚至达不到当地监管的合规要求。要逐步将境外机构纳入区域管理模式中，在美国也要实现区域管理，整合纽约分行、工银美国和工银金融各自在批发业务、零售业务和经纪交易业务方面的优势，形成三家机构的资源共享和分工协同；在澳新地区，要发挥澳大利亚机构对新西兰机构的业务带动作用，充分利用分行和子行牌照的互补优势；在其他地区，要成熟一个推进一个，最终实现全球区域管理新格局。

三要加强境外机构人力资源管理。目前，境外机构员工总数将近 1 万人。同时，境内还有 8 000 多名国际资格认证持证人才与 2.5 万名国际业务从业人员，这些都是国际化发展的人才支撑。要将境内外国际化人才纳入集团范畴统一管理，打通境内外职业发展通道，实现国际化人才“走出去，引进来”，推动人才资源在集团内部的有序流通和高效配置。要积极构建覆盖外派员工与本地雇员的全面薪酬管理体系，为进一步完善全球化布局与推动本土化经营发展提供坚实保障。

四要强调一下风险管理。随着境外经营网络的扩展、综合化产品线的延伸，我们管理跨境、跨市场、跨产品线风险的难度与复杂性不断上升，各类风险交织传染的可能性增大。各相关机构和部门要加强对市场环境变化的深入研究，强化对境外机构面临风险的全面管理，特别要重视发挥各类风险管理系统的作用，确保境外机构运营安全和资产质量优良。

同志们，今天上午大家利用会议间歇时间，参观了“中国工商银行国际化发展 20 周年历程回顾展览”。回望过去，我们的国际化从 1992 年在国外设立第一家代表处开始，筚路蓝缕一路走来，付出了无数的艰辛和汗水，取得了今天举世瞩目的成就。如今，国际化发展 20 年的辉煌成就已载入史册，我们又站在新的历史起点上，开启了建设跨国银行的新征程。让我们以党的十八大精神为指引，把握机遇，继往开来，创新进取，为把工商银行建设成一家具有较强国际竞争力和影响力的跨国银行而奋发努力！

在中国工商银行纪检监察工作会议上的讲话

姜建清

（2013 年 3 月 1 日）

今天我们召开会议，目的是传达贯彻党的十八大及十八届中纪委二次全会精神，研究部署 2013 年全行党风廉政建设和反腐败工作，更好地保障现代金融企业建设顺利推进。立宪书记的报告经总行党委认真研究过，我完全赞成。各级行党委、纪委要深刻领会和认真落实这次会议精神。下面，我讲三点意见。

一、深刻领会中央反腐精神，大力推进廉洁银行建设

党的十八大对当前和今后一个时期党风廉政建设和反腐败工作作出新部署，为我们深入推进工作指明了方向，营造了有利的外部环境。党的十八大强调，反对腐

败、建设廉洁政治，是党一贯坚持的鲜明政治立场，是人民关注的重大政治问题，要坚持中国特色反腐倡廉道路，坚持标本兼治、综合治理、惩防并举、注重预防的方针，全面推进惩治和预防腐败体系建设，做到干部清正、政府清廉、政治清明。近期，习近平同志多次强调，加强党风廉政建设要从领导干部做起，下大气力解决党内存在的问题尤其是一些党员领导干部贪污腐败、脱离群众的问题；要自觉学习党章、遵守党章、贯彻党章、维护党章；要依法依纪严惩腐败，坚持"老虎"、"苍蝇"一起打。王岐山同志在十八届中纪委二次全会上也明确要求，国有金融机构要抓好党风建设和反腐败工作，认真执行国有企业领导人员廉洁从业若干规定，落实"三重一大"决策制度，进一步规范并严格执行国有金融机构领导人员职务消费、薪酬管理等制度，纠正损害群众利益的不正之风和突出问题。工商银行作为一个有着优良传统和国际影响力的大型商业银行，一定要带头学习好、领会好、贯彻好中央的一系列决策部署和制度规定，密切联系全行实际，动真格、出实招、见实效，把党风廉政建设和反腐败工作不断引向深入。

当前我国反腐倡廉形势依然严峻，银行业内部经济案件形势不容乐观。目前我国正处于体制转轨、结构调整和社会变革的历史时期，客观上存在着诱发腐败的多方面因素，反腐倡廉形势严峻。金融处于现代经济的核心和焦点位置，依然是腐败现象易发多发的领域。从银行业近年来查处的案件看，高级管理人员职务犯罪行为和基层机构负责人及客户经理等关键岗位人员违法违纪案件屡有发生；腐败案件从贪污挪用更多地转向收受贿赂、以权谋私、利益输送等行为；一些行外的不法分子实施集资诈骗活动，将风险转嫁给银行。一些银行从业人员收受贿赂，为社会不法分子获取贷款、非法挪用、诈骗企业资金提供便利；有的违规获取、泄露、出售客户信息；有的违规用卡套现透支，参与投资股市及贵金属买卖；有的以银行名义为非法融资活动提供担保；有的利用职务便利参与经商办企业，参与非法集资及民间借贷，违规介绍票据业务充当资金掮客，销售虚假理财产品和保险，等等。这些现象在我行也有实际案例或苗头性问题发生，说明当前案防形势不容乐观。

党风廉政建设和反腐败工作为全行改革发展发挥了重要的保障和推动作用，要坚定不移地推进廉洁银行建设。近年来，各级行党委、纪委以及总行各部室认真贯彻落实中央决策部署及总行党委工作安排，扎实推进惩治和预防腐败体系 2008—2012 年工作规划的落实，构建起较为完善的反腐倡廉教育机制和规章制度体系，基本形成了对权力运行的多维监督管理模式，选人用人、财务管理等源头治腐工作取得了新的进展，走出了一条符合银行实际的反腐倡廉路子。全行内部经济案件发案数连续多年大幅下降，近五年来一直控制在个位数，案件防控指标保持国内外同业先进水平。全行信访举报数量近五年也以年均 20% 左右的幅度在下降，目前处于历史低位，自 2004 年以来总行直管干部没有新发生大的违规违纪问题。去年在宏观经济形势严峻复杂的局面下，全行经营发展呈现出稳中有进的良好态势，廉政案防工作在其中发挥了重要保障和推动作用。同时我们也要看到，一些领导干部在作风方面还不同程度地存在着本位主义、经营作风不实、奢侈浪费、管理松懈等不良倾向，内部经济案件和风险事件有明显反弹趋势，新兴业务领域和集团范围内的廉政案防风险控制机制还需要加强研究和完善，等等。对此，各级行、各部室领导班子和领导干部务必要保持清醒的认识，进一步统一思想，坚定不移地推进廉洁银行建设，把工商银行打造成一家规章纪律严明、干部作风严谨、风险防控严密的现代金融企业，不断提升市场形象、提振队伍士气、提高管理水平，为实现"三最一流"发展愿景提供坚强保障。

二、严守党的政治纪律，切实改进工作作风

全行党员特别是党员领导干部必须增强党的纪律意识，严守党的纪律，特别是严守政治纪律，在思想上、政治上、行动上同党中央保持高度一致。习近平同志在十八届中纪委二次全会上指出，政治纪律是我们党最重要的纪律，是各级党组织和全体党员在政治方向、政治立场、政治言论、政治行为方面必须遵守的规矩。同时深刻指出，一个政党不严明政治纪律，必然会分崩离析。就工商银行而言，目前全行有党组织 1.3 万余个，党员 25 万余名。严明政治纪律，既是各级行党委落实党中央党要管党、从严治党要求的政治责任，也是我们适应外部复杂形势和全行转型发展任务，真正管住风险、带好队伍的内在要求。只有坚持从严治党、从严治行，以铁的纪律加强党员和员工队伍建设，以有效的管理适应创新发展的形势任务要求，才能更好地团结带领全行员工共同完成建设国际一流现代金融企业的光荣使命。

严守政治纪律，要从学习和遵守党章入手，坚决维护党章的权威性和严肃性。全行每一名共产党员特别是党员领导干部都要通过党委中心组学习、支部学习等各种方式认真学习党章，对照党章规定的党员八项义务和党员领导干部六项基本条件，认真查找和纠正党风党纪方面存在的问题，加强党性修养和党性锻炼，增强党员意识，做合格党员和称职的党员领导干部。

严守政治纪律，要坚定共产主义理想信念，在原则问题上和大是大非面前要立场坚定、旗帜鲜明。理想和纪律是一个组织和个人取得成功的重要保证。我们看到，不少贪官在其"忏悔录"中往往说自己走向腐败堕落的一个很重要的原因就是缺失理想信仰，世界观、人生观出了问题，他们的悔恨也警示我们，在理想信念

这个根本问题上必须保持十分清醒的认识。我们要在工作和学习中不断地深入总结和思考，牢固树立历史唯物主义观点，坚定共产主义远大理想和中国特色社会主义共同理想，抛弃一切迷惘迟疑、及时享乐、贪图私利、无所作为的思想观点和行为作风，在建设国际一流现代金融企业的工作实践中实现自己的人生价值和人生理想。

严守政治纪律，要牢固树立大局观念和全局意识，确保中央决策部署落到实处。决不允许公开发表同中央决定相违背的言论，决不允许“上有政策、下有对策”，决不允许有令不行、有禁不止，决不允许在贯彻执行中打折扣、做选择、搞变通。全行各级党组织要加强对党员特别是党员领导干部遵守政治纪律的教育，发现违反政治纪律的苗头性倾向性问题要及时提醒和纠正，对违反政治纪律的行为要坚决制止。各级行纪检监察部门要把维护党的政治纪律放在首位，通过巡视、廉政和案防责任制考评、信访核查、执法监察等方式，加强对执行政治纪律情况的监督检查。

全行党员特别是党员领导干部要带头认真贯彻落实中央的要求，切实执行总行党委作风建设的有关规定，努力改进工作作风，带动全行风气的进一步改善。近期，中央政治局制定了关于改进工作作风、密切联系群众的八项规定，内容明确具体、要求严格、符合党心民意。中央领导同志身体力行、率先垂范，充分体现了党要管党、从严治党的坚强意志，体现了求真务实、转变作风的坚定决心。总行党委据此制定了六条落实规定，各级行也制定了具体实施办法。全行各级领导干部要深刻领会中央及总行党委相关规定的精神实质，认真抓好贯彻落实，做到心中有制度，行为有尺度，执行有力度，切实推动各方面工作作风的根本转变。

改进工作作风，本质要求是密切联系群众。中央之所以从改进作风入手抓反腐倡廉建设，是因为改进作风的问题绝不是小事，如果不坚决纠正不良风气，任其发展下去，就会在党群、干群之间竖起一座无形的墙。只有下定决心，以踏石留印、抓铁有痕的劲头持续抓好落实，抓出成效，才能赢得群众信任，也为进一步推动治本工作营造氛围、创造条件。全行在经历了黄金十年发展之后，正处在改革发展新的平台和关键期，迫切需要把各级行、各部门的干部和员工、党员和群众拧成一股绳，齐心协力、团结奋斗、再创辉煌。今年我们将按照中央的统一部署，在全行深入开展以为民务实清廉为主要内容的党的群众路线教育实践活动，每位党员和党员领导干部都要以此为契机，认真检讨自身在关爱员工、服务客户、服务基层、服务一线等方面存在的突出问题，切实维护员工在薪酬待遇、知情参与和民主监督等方面的合法权益，切实提升服务广大客户和实体经济发展的水平，真正收到“照镜子、正衣冠、洗洗澡、治治病”的效果。

改进工作作风，最根本的是坚持和发扬艰苦奋斗精神。习近平同志指出，抓改进工作作风，各项工作都很重要，但最根本的是要坚持和发扬艰苦奋斗精神。习总书记列举当前社会上存在的奢靡、奢华之风的具体现象，还特别指出我国“舌尖上的浪费”非常惊人！每年被倒掉的食物相当于2亿多人一年的口粮。习总书记还以历史上一些“成由勤俭败由奢”的例子警示全党。工商银行各级干部在勤俭办行方面总体是好的，但是也有不少值得注意的地方。我们有一些领导干部白天会桌、晚上饭桌，陷在文山会海、吃喝迎送之中，有的还把外部营销的一些做法用到内部接待上来，加重了这种不良风气。我想这些同志其实自身也很辛苦，毕竟长此以往既有损身体健康，也减少了与家人团聚和读书休闲的时间，还容易引起群众的意见，事实上也并非什么乐事和享受。总行党委制定的六条规定里明确要求总行领导、高管参与行内活动不备酒，提倡自助餐并注意节俭。今年各级行还要继续通过制定实施职务消费管理办法，严格会议、招待、差旅等方面的费用审批，加大财务检查和执法监察力度等，认真落实总行已经下发的具体规定，下功夫扭转这方面的不良风气。

改进工作作风，关键是要从领导干部做起，从小问题、小毛病改起。总行党委的六条规定，应当讲每一条都是切实可行的，但是从以往作风建设实践看，全部、持久地落到实处肯定也有难度，难的原因最主要有两点：一是由于作风建设规范的重点对象都是领导干部，监督管理难。所以各级领导干部必须增强自律意识，带头抓好落实，自觉接受全行监督。总行党委同志从我本人做起，各分行、各部室主要负责同志和班子成员都要层层做好表率，不搞特殊化，不给自己找借口，真正做到言必信、行必果。领导干部的身边人员，也要带头学习和遵守这些规定。二是既然是一种风气，就说明这些现象往往十分普遍，大家都司空见惯、习以为常了，改变这些风气也不容易。要解决这个问题，需要各级行、各部门都共同行动起来，把这些要求落实到每一位干部员工、每一个工作岗位、每一项业务流程中，通过上下左右持久、一致的努力，推倒旧风气，树立新风尚。要认真听取客户和员工的反映，从一点一滴的小事做起，从一个一个小毛病改起，“勿因善小而不为，勿因恶小而为之”。要对不符合规定的行为和现象实行“零容忍”，对顶风违规违纪的要严肃处理，情节严重造成不良影响和后果的要从严给予纪律处分，并通报全行。

三、坚持惩防并举，严格控制廉政和案件风险

全行要制定实施惩防体系建设新的五年工作规划，健全反腐倡廉教育机制和权力运行制约监督体系。建立健全教育、制度、监督并重的惩治和预防腐败体系，不仅是一种工作规划和安排，也是一种系统防治腐败的工

作思路和方法。各级行要按照中央部署及总行党委安排，科学制定2013—2017年工作规划，认真抓好任务分解和落实，力争通过未来五年的努力，使各类案件和风险事件继续保持低发态势，反腐倡廉建设保持金融行业领先水平。

要强化反腐倡廉教育和廉洁文化建设，在全行培育清正廉洁的价值理念。要坚持和理顺反腐倡廉大宣教工作格局，各级行、各部门各负其责，共同抓好教育提醒工作。要重点加强理想信念教育、案防警示教育和人格心理教育，使教育触及根本、入心入脑。要把廉洁文化建设纳入企业文化建设总体布局，加快研究推进，以诚信、自律、合规、透明等先进文化风尚为全行改革发展注入正能量。

要加强机制改革和制度建设，从源头上有效防治腐败。邓小平同志曾指出："制度好可以使坏人无法任意横行，制度不好可以使好人无法充分做好事，甚至会走向反面。"习近平同志强调："要把权力关进制度的笼子"。总行各部室在机制改革和制度建设方面承担着更重要的责任，要注重增强制度建设的系统性、协调性和实效性，形成不敢腐、不能腐、不易腐的配套机制。要持续优化各类考核制度办法，更好地引导各分支机构合规、诚信经营，防止出现偏离科学发展观要求和总行党委部署精神的行为。要完善各专业领域防止利益冲突的具体制度和措施，着力规范用人权、信贷权、财务权、采购权、处置权的行使，消除权力寻租空间，防控廉政风险。要更加注重制度执行中的可操作性和科技硬约束，以刚性控制防止制度规定被歪曲、规避和虚置，真正做到把权力关进制度的笼子里。

要继续加大对领导干部特别是一把手的监督力度。信任不能代替监督，加强监督是对干部的爱护，不想接受监督、不能自觉接受监督或者觉得接受组织和群众监督很不舒服的人，不具备当领导干部的起码素质。各级行、各部门领导班子成员尤其是一把手，要认真执行民主集中制，科学、民主地决策"三重一大"事项，决不能凌驾于组织之上、凌驾于班子集体之上。总行将继续深化和拓展巡视工作，力争从今年起再用三年时间完成第一轮巡视，做到在每届班子任期内至少巡视一次。各分行要通过廉政和案防责任制考评等方式持续加大对下级领导班子和领导干部的监督力度。总行还要对直管干部廉政勤政情况集中开展一次内部网上民主测评，组织各级领导干部在线填报个人廉洁从业报告和承诺书。各级行要继续加强信访监督，有具体线索的要认真核查，进一步增强对违规违纪人员的威慑力。要以行务、党务和部（室）务公开为抓手，推进权力公开透明运行，自觉接受干部群众监督。

全行要坚决遏制员工违规参与民间融资等风险事件多发的势头，建立健全新兴业务领域和集团范围内的廉政案防机制。前边我们提到，银行业及我行案防形势并不乐观，在当前严峻复杂的经营环境下，一些潜藏的风险还有可能进一步暴露出来。因此全行要保持清醒的头脑，对案件和风险事件始终保持高压态势，坚决遏制重大案件和风险事件发生，将案件风险率严格控制在银监会规定的目标范围以内。

要立足强化内部管理，深入排查员工直接或变相参与民间借贷、非法集资、违规担保等违规违纪行为。员工违规参与民间融资形成的风险事件，往往打着银行旗号、涉及金额巨大、关乎群众切身利益，经网络媒体渲染披露后极易对银行形象和声誉造成严重损害。这类风险事件是外部因素主导的，但是外部风险之所以转嫁、蔓延到银行，往往是有内部员工违规参与其中。因此，我们一定要继续下大力气搞好排查治理，把好银行内部这道门。特别是对存在支出明显大于收入、被人追索债权、有赌博等不良嗜好、社会交往复杂、账户资金变动异常等现象的员工，要引起高度警觉，及时加以了解，凡违反有关禁止性规定的，要采取果断措施，从严、从快予以惩处，不给有作案企图的人员得逞的机会。

要在防范传统业务领域风险的同时，加强新兴业务领域廉政和案件风险防控机制建设。近十年来，随着我行发展方式的转变，开辟了一大批新兴业务领域，这些业务的性质特点、风险形式及成因与商业银行传统的资产负债业务大相径庭，加之发展历史短、规模增长快，我们对其中一些风险因素的研究还不够充分，监督及控制能力也相对较弱。相关部门要紧跟业务发展趋势，加强深入研究，切实从前中后台制约、信息沟通披露、系统监测预警、内部合规控制等多个维度，加强廉政和案防风险防控。

要在抓好境内机构廉政案防工作的同时，积极探索和构筑覆盖境内外机构、母子公司的集团一体化廉政和案件风险防控机制。近年来随着我行国际化、综合化的积极推进，面临的风险种类、复杂程度和影响范围等都发生了较大变化，各类风险相互交织传染的可能性也在增大，如何建立适应大型跨国金融特点的廉政案防体系面临着新的挑战。我们要深入研究跨国境、跨行业的监管要求和风险变化特征，进一步完善覆盖全集团的员工行为规范、禁止性规定和违规行为处理规定，切实提高集团廉政和案防风险控制水平。

抓好全行党风廉政建设和反腐败工作，必须坚持党委统一领导，纪委组织协调，部门各负其责，发挥好纪检监察、内审内控、风险法律等部门的监督合力，依靠员工的支持和参与。廉政建设和案件防范是管理工作的重要视角和重要内容，当领导干部的必须具备这个视角，管好这项工作。各级行、各部门领导班子和领导干部要严格执行廉政和案防责任制，按照谁主管、谁负责的原则，一级抓一级、层层抓落实，让责任制落到实处。这次会议通过视频方式开到了二级分行，这里我要特别强调一下，二级分行及以下基层机构既要抓经营，也要重管理，干部员工经常同各类客户打交道，容易受到外界不良因素的影响，事实上目前不少案件和风险事件发生在基层，因此二级分行领导班子和领导干部尤其要肩负起抓廉政案防的职责，结合基层实际建立健全有效、管用的工作机制和方法，各一级（直属）分行也要改进和加强对基层行廉政案防工作的督导，确保一方平安。

一年来，各级行纪检监察部门和广大纪检监察干部为加强全行党风廉政建设和反腐败工作做了大量卓有成效的工作。在此我代表总行党委向大家表示感谢和慰问！各级行党委要一如既往地支持纪检监察部门开展工作，关心爱护纪检监察干部。特别要注意保护那些党性强、敢于坚持原则的同志，为他们开展工作和成长进步创造条件。各级行纪检监察部门要按照忠诚可靠、服务人民、刚正不阿、秉公执纪的要求，加强干部队伍建设，提高履职能力和水平，在推动科学发展、推进班子建设、抓好作风转变、防控廉政和案件风险等方面，更好地发挥监督检查作用。广大纪检监察干部要严格要求自己，自觉接受监督，做严守纪律、改进作风、拒腐防变的表率，努力维护纪检监察干部可亲、可信、可敬的良好形象。

今年的各项任务和要求已经明确，希望大家从领导班子和领导干部做起，严明政治纪律，大力改进作风，抓好廉政和案件风险防控，以新风正气和改革创新精神，保障和推动全行改革发展开创新局面！

提高审计效能　强化服务增值
为全行健康可持续发展发挥更大作用

——在中国工商银行内部审计工作会议上的讲话

姜建清

（2013 年 3 月 13 日）

这次会议的主要任务是，贯彻全行推动科学发展研讨会和 2013 年工作会议精神，总结 2012 年内部审计工作，根据新的形势与要求，安排 2013 年内部审计任务。下面，我讲三点意见。

一、2012 年内部审计工作卓有成效，为全行稳健经营和健康发展作出了重要贡献

2012 年，全行在复杂多变的形势环境下，认真贯彻国家宏观决策部署和金融监管要求，有效防范了各类金融风险，保持了稳中有进的良好发展态势。在这一过程中，内部审计准确把握自身在公司治理和风险管控中的职责定位，积极进取，勤勉履职，为全行有效防范风险、推动改革创新、实现经营目标提供了重要保障，发挥了突出作用。

（一）注重前瞻服务，对全行转型发展的增值作用更加显著。内部审计从全行大局和集团战略出发，把服务于企业价值增长，作为现代企业制度下内部审计工作的基本目标，坚持确认与咨询并重、现场与非现场并重、境内与境外并重、传统业务与新兴业务并重，集中精力关注全行发展过程中的全局性、重要性和敏感性问题，高质量完成了年度审计任务，实现了对全行各类机构、各经营层面关键风险的合理覆盖与有效监督，是近年来完成审计项目最多、涉及领域最广、审计效果最好的一年。各内审分局根据相关分行的经营管理和风险状况，开展了针对性的区域审计和监测，与全局项目形成了整体联动与有机互补。审计活动注重以精品审计建设提升审计价值，通过看快、新、重业务领域，做短、精、专审计项目，揭示机制性、制度性、系统性风险，契合了董事会关注的重点和全行改革进程的需要，审计建议得到了董事会、监事会、高管层的高度重视，促进了全行风险管理能力与经营发展能力的同步提升。

（二）注重政策把握，对全行落实监管要求的促进作用更加突出。内部审计始终把配合外部审计和监管检查，放到全行改革发展大局中去研究和推动，政策把握能力、组织协调能力和检查成果利用能力不断增强，在传导监管要求，客观反映经营管理成果，督促问题整改，促进依法合规经营，营造良好监管环境等方面，发挥了重要作用。内部审计认真落实监审联动要求，加强了与各级监管部门的沟通交流，增进了相互了解和信息共享。2012 年我行通过统一招标的方式，在全集团范围内更换外部审计师，受到国家有关部门和投资者的高度关注，内部审计作为牵头部门，精心筹划实施，扎实高效地完成了这项工作，保证了前后任外部审计师顺利交接。

（三）注重体系优化，对提升审计服务水平的推动作用更加深入。内部审计根据全行综合化国际化战略快速推进的需要，通过进一步完善制度体系、工作机制、专业标准、系统平台和实务规范，建立完善了适应全行全球化布局和集团化发展要求的审计监督服务框架体系，及时满足了集团和各境内外机构的多元化审计服务需求。内部审计针对境内分行、境外机构、总行直属机构和利润中心的经营特点，分别制定了相应的审计服务规范，开展了大量有特色的持续监测和专项分析，传递了先进的审计方法技术，提出了更多有价值的审计报告，增强了各内审分局对区域性环境变化和风险的预见揭示能力，加强了对境外机构审计条线的管理和指导，对各类机构审计服务的针对性和效果不断增强。

（四）注重技术创新，对优化审计模式的支持作用更加全面。内部审计始终将创新应用现代方法技术，作为内审职能发展的核心战略加以推动，坚持走技术强审之路，从根本上改变了内部审计的作业方式，优化了审计的工作模式。近年来，内部审计在信息化建设方面保持了同业领先，建立了包括风险监测、数据分析、审计管理的信息化平台，非现场技术在审计项目中得到了深度应用，成为在海量数据中发现风险隐患、定位目标群的“鹰眼”和“雷达”。非现场审计方法技术在全行风险管理领域也得到推广应用。去年，在中国内审协会举办的“国企扬帆、内审护航——2012 国有企业内部审计成就展”活动中，我行荣获国有企业信息化审计领军企业称号，已成为业内标杆。

（五）注重队伍建设，对增强内审履职能力的保障作用更加有效。内部审计将队伍建设作为提升履职能力的中心任务，一手抓专业能力提升，一手抓工作作风改进，队伍精神面貌积极向上，综合履职能力不断增强。通过加强培训、实战锻炼、以老带新、内外交流等方式，持续提升了内审人员的专业水平。通过落实内审人员在审计活动中应严格遵循的“九不准”纪律要求，将全行员工行为规范教育活动与审计活动有机结合，进一步提高了内审人员的职业道德素养，树立了内审队伍客观公正、廉洁自律的良好形象。

总体而言，近年来内部审计始终坚持围绕中心、服务大局、突出重点、求真务实的履职方针，尽职有效地履行了公司治理对内审的职责要求，做了大量卓有成效的工作，出色完成了总行党委和董事会交办的各项任务，为全行的改革发展作出了重要贡献。内部审计通过持续探索创新，走出了一条具有工商银行特色的发展道路，实现了建设“国际一流、同业标杆、工行特色的内部审计体系”的阶段性发展目标。内部审计取得的成绩，凝聚了内审系统干部职工的心血和汗水，得益于各机构、各部门的合作与支持，得益于审计署、银监会等监管机构和内审协会的指导与帮助。在此，我代表总行党委和董事会，向内部审计系统全体员工和所有关心、支持内部审计工作的同志们，表示衷心的感谢！

二、清醒认识形势与挑战，进一步增强做好内部审计工作的责任感和使命感

2013 年对于中国经济而言，将是具有挑战性和充满不确定性的一年。国际金融危机和欧债危机后续影响不断加深，全球经济短期内难以走出低迷境况，还在艰难中复苏。中国经济社会发展的基本面总体向好，但发展不平衡、不协调、不可持续的问题仍然比较突出，对银行业而言，信贷与投资的违约风险开始加大，不良贷款反弹的苗头已经出现，我行主要集中在小微企业和个人信贷领域。当前利率市场化改革提速，金融脱媒深化，第三方支付产业正在对银行传统业务进行分流，使银行的利润增长进一步趋于下降。新技术在支持银行业务不断整合的同时，也使风险更趋集中，银行体系风险的关联度、复杂性和隐蔽性逐步上升，守住不发生系统性和区域性风险底线的压力也逐步增大。

面对新的经营环境和新的发展阶段，总行已经明确了当前和未来一个时期的战略指导思想和中心任务，可以说，几乎每个方面都与内部审计工作密切相关。董事会、监事会、高管层以及各利益相关方，都对内部审计工作寄予了厚望和重托，内部审计工作更要加强，不能削弱。要进一步增强责任感和使命感，更好地服务于新时期全行的一系列改革发展战略，既要当好“卫士”、“医士”，也要当好“谋士”。

（一）要更加积极有效地服务科学发展。内部审计要从推进发展方式转变、促进质量效益提升入手，更好地服务全行健康持续发展。要密切关注集团和区域、境内和境外、分行和部门的战略执行及协同效应，对重点机构竞争力、业务发展布局、盈利发展模式、考核激励机制等战略的实施效果进行评价；要密切关注和评价全行利润中心改革的成效，推进改革顺利进行；要对新资本管理办法在我行的实施和应用情况进行评价，在进一步完善资本综合管理体系方面提供更多的咨询建议，推动我行资本运作管理的升级和深化。要持续关注信贷资产质量的变化情况，特别是关注拓展新领域、开发新市场、寻找新利润增长点过程中的质量与效能问题，促进全行在实现新一轮竞争发展中始终“筋骨强健”，保持优势。

（二）要更加积极有效地揭示各类风险。内部审计要牢牢把住风险控制这一生命线，将前瞻性揭示风险、建设性提出建议、针对性督促整改，作为提供专业支持和服务的立足点，从战略全局和综合视角，全面增强对复杂环境下总体风险、重大风险的评估预判和系统把握能力，明晰风险管理和关键控制环节，促进全行提高全面风险管理水平。未来一个时期，内部审计要集中关注复杂经营形势下各类风险的集聚演化，防止局部风险演化为区域性、系统性风险；要密切关注经济增速放缓、

产业结构升级环境下部分行业和领域的风险暴露，密切关注国家重点调控领域和产能过剩行业的贷款风险，保持资产质量稳定；要密切关注境外机构和并表机构的国别风险、法律风险、外汇风险和文化融合度风险，以及集团层面风险的流动性、关联性和控制的有效性；要重点关注集团层面信息系统的安全运行，关注业务产品创新和综合化国际化发展中，信息系统开发、建设和运行的安全；要重点关注境内外机构的操作风险，确保监管要求的严格遵守和有效落实。

近十余年，我行的信贷结构发生了很大变化。十几年前，我们曾经有大量的中小企业客户，在2000年不良贷款剥离中，这些中小企业贷款基本损失殆尽。之后，我们重点发展了一批大型企业，也参与了不少固定资产投资项目，但贷款过度集中也带来了潜在风险。近些年我们做了大量工作，发展中小企业，尤其是小微企业贷款和个人消费信贷业务，使信贷布局更加合理，对宏观经济和社会稳定起到了积极的促进作用。

新时期，风险管理的根本在于信息是否对称，而目前对大企业信息管理的办法不适用于管理中小企业，我们不可能组织很强大的团队对单个小企业或个人客户进行很深入的风险研究。在经济全球化的今天，小企业的经济活动范围可能在一个区域内，也可能在全国范围内，甚至是在全球范围内，很难把握小企业的活动痕迹。而且，现在企业经营日趋多元化，经常出现跨地区、跨银行的资金往来，这样金融机构就更加难以全面掌握小企业的经济活动信息。当前和今后相当长的一个时期内，银行和企业之间的信息不对称、信息不全面，将是造成银行信贷风险最主要、最突出的原因。如果没有掌握充分对称的信息，在信贷领域就缺乏对异常信息或关联信息的风险预警。比如说信贷领域的骗贷和挪用，这种情况说明了银行的信贷脱离了物流，而资金流反映的实际是物流，因此，我们应该把FOVA和CM2002密切联系起来，通过将银行的信贷与企业的资金流进行有效关联，从而有效防范风险。比如说，有些企业实际的控制人经常采用多处注册、分头融资、分头骗贷，大家都知道的德隆事件，如果将德隆的关联企业通过一张表画出来，可以画满整整一面墙，极其复杂。现在有些企业经常通过复杂的企业关联，来逃避银行对企业物流和资金流的监管，因此我们要更加强化数据库技术，要将在工商银行所有企业的账户、个人账户进行综合的归拢汇总，从中看出企业更真实的情况。

对于内审部门，如何从信息化银行建设的角度出发来防控风险，需要关注两方面的问题，一是看企业的物流、合同等与企业的资金流、结算流能不能紧密结合；二是看银行的融资和融资产生的结算支付能不能紧密结合。掌握融资企业的结算流是融资银行风险防范的权利，必须要求企业配合。随着我行信贷结构的进一步调整，这些由于客户结构发生变化所带来的全新挑战，如果不能通过信息化银行的建设得到全面解决的话，是很容易出问题的，所以必须重新认识信息化银行在新的时期，尤其是信贷领域的应用，要将其作为全新的课题来研究，内审部门也要增强敏感性，加强对这一领域的研究。

（三）要更加积极有效地推动改革创新。“ONE ICBC”的全球战略规划目标，就是要建设具有国际竞争力和影响力的跨国银行。要实现这个目标，必须科学把握全球银行业竞争结构变化，准确定位金融服务价值链，整合转型创新的体制机制，提高整体战略协同能力。这是一项全方位的、复杂艰巨的系统工程，内部审计要探索分析这一改革进程中可能面临的新情况、新问题，利用自身独立客观的职业特性，找准提供审计服务的最佳切入点和结合点，有重点地服务于各项新战略、新部署和新举措的实施，为全行的创新发展提供更具价值的专业建议，为化解各领域的改革难题提出更有建设性的思路和方法，实现内部审计的服务增值。

（四）要更加积极有效地推进专业升级。全行建设“三个之最”国际一流现代金融企业的愿景目标，是一个在各领域不断创新和超越的过程，内部审计作为其中的组成部分，必须与其发展进程相匹配，加快自身专业技术、服务水平和产品价值的领先步伐，不断超越自己，才能有效提升履职能力，满足董事会等各方对内部审计的要求和期望。从内部审计的发展经验来看，专业进步的关键在于创新，创新的基础在于实践，要把内部审计的创新实践同全行发展需要紧密结合，持续巩固和提升在理念、方法、技术、队伍等方面的专业优势，积极借鉴整合国内外先进实务和经验做法，为我所用，增强创新成果的转化应用实效。在加快推进内审升级发展过程中，要把信息化审计作为重中之重，通过建设完善先进的技术方法体系，实现内部审计方式的新突破，进而带动内部审计工作整体质的跃升。

三、提升增值服务水平，全面做好2013年内部审计工作

2013年，内部审计要围绕全行工作的中心和大局，紧扣改革创新主题和风险控制主线，按照把握总体、揭示风险、服务发展的工作思路，精项目、优技术、强能力、严作风，努力促进转变发展方式、创新发展模式、增强发展能力，更好地支持全行健康持续发展。要在工作中突出以下几个重点：

（一）更高质量地完成年度审计任务。董事会批准的2013年度审计计划，广泛吸收了各方面的意见，充分考虑了经济金融形势和风险控制需要，体现了风险导向和重要性原则，贯彻了监管要求和全行工作部署。内部审计要在执行审计计划过程中，将精品审计的理念、内涵、标准和措施，有机贯穿于审计活动的各个环节，深耕细作，实现对资源的有效配置和精细化管理，将项

目做精、做深、做透，更好地发挥对集团风险防控的保障性作用和促进全行转型发展的建设性作用。

一要在审计活动中把握好重点、热点和难点。要通过审重点，从具体项目入手，看对全局的影响；从产品流程入手，看管理机制上的缺陷；从个体风险及其潜在影响入手，看风险之间的关联性和相互作用；从区域、局部风险的分布与差异入手，看风险的扩散和传递规律，突出审计的全局性和战略性；要通过审热点，深入研判宏观形势政策和风险变化趋势，及时关注董事会、监事会和管理层高度重视的领域，突出审计的敏感性和实效性。要通过审难点，揭示影响经营发展和管理效率的体制、机制、系统、流程等方面的痼疾顽症，突出审计的独立性和客观性。

二要把揭示风险与推动整改和完善管理结合起来。内部审计不仅要揭示风险，更要促进问题整改、消除隐患和改善管理。各被审计单位作为问题整改的主体，要高度重视审计发现，及时分析问题原因，认真研究改进措施。年初总行专门印发了审计检查发现问题整改的管理办法，各单位要切实抓好落实，完善一把手负责、专业条线负责、归口管理负责的治理整改机制，坚持标本兼治，着重从制度层面、从根本上解决问题。内部审计要通过加强与各机构和部门的沟通，开展审计监测和后续、延伸审计，定期通报整改结果，跟进问题整改效果，不断完善向董事会及其审计委员会、监事会和高管层的报告机制，及时、系统、全面地报告审计发现和整改情况；要通过加强对年度各类审计发现的整体归纳和提炼，对历年审计发现的归类分析比较，从宏观全局和综合视角，揭示问题，分析原因，把握规律，在更高的层次上发挥内部审计的建设性作用。

（二）更高标准地贯彻监管要求。随着经营环境日趋复杂多变，对金融行业的监管将会更加广泛、深入和严格，特别是对系统重要性银行的监管，有着更加严格的要求。全行上下必须牢固树立依法合规意识，将落实各项监管要求作为主动规范管理、合规经营的重要契机，全面提升风险管理和内部控制水平。

一要落实好监管要求。银监会制定的 2013 年大型银行监管工作要点，针对严密防控风险、支持实体经济、完善公司治理、加强监审联动等方面，提出了 20 多项具体监管要求。总行近期对各项监管要求进行了任务分解，确定了牵头部门和职责分工。全行上下要通力合作，高标准、严要求地抓好落实，按照序时进度完成好各项工作。

二要配合好监管检查。今年银监会将对我行开展资本管理高级法实施检查、国际化综合化成效评价，以及外部审计质量调研和内部审计履职情况调查。审计署也将持续对我行经营管理情况进行风险监测和审计。各境外监管机构对我行境外机构的监管力度也不断加大，有些检查已经延伸到境内。各机构和各部门要增强全局意识，加强协同联动，主动做好协调配合和支持保障，对检查发现的问题，要切实做好自查自纠和整改，确保各项业务安全合规稳健运营。内部审计要在牵头做好检查配合、协调前后任会计师全面交接、保障各项审计审阅工作顺利实施的同时，配合好银监会对外审、内审的履职调查，推进自身职能建设的不断强化。

三要完成好信息报送。总行去年对监管信息报送的内容时限、路径方式、牵头和具体负责部门，以及重大突发事件的特别报送要求，进行了细化和规范。各部门和机构要按照信息报送的各项要求，认真负责，确保全面、准确、及时报送。

（三）更高水平地推进审计模式创新。方法技术水平决定了内部审计的履职层次和效果。当今世界信息技术飞速发展，内部审计要充分利用我行信息科技优势，以系统整合、技术创新、实践应用为突破口，加快信息化审计建设步伐，推动审计模式变革，使审计工作领域和层次不断拓宽和提高。

一要优化整合信息化审计平台。要根据审计实践和业务发展需要，整合审计信息系统，优化与各项业务管理系统的对接模式，拓展系统功能，拓宽信息通道，提高应用水平，构建集成高效、功能完备、标准统一的审计专业化信息平台，逐步实现信息化审计对业务领域的全覆盖，延伸到审计活动的全流程，拓展审计领域，提升审计效能。

二要完善和创新先进审计技术。目前，内部审计已经建立了以非现场审计技术、风险热图构制技术、内部控制评价技术、审计结果评级技术四项专业技术为核心的方法技术体系，内部审计要在现有基础上，继续坚持专业技术自主创新为主导，学习借鉴审计署、银监会以及同业的先进技术成果，研发、引进适用的信息化审计等专业工具，通过审计技术的升级发展，提高审计质量和效率。

从银行信息化程度来看，虽然工商银行是比较领先的，但还存在不足，主要是信息的条线化、局部化、碎片化。第一是银行和企业之间的信息不对称，银行对企业的商品流、物流、资金流、融资流、信息流不能全面掌握，将来面对千千万万中小企业和更多的个人信贷业务客户，这个隐患不解决就会影响全行信贷资产的质量。第二是对信息的全面利用还不够，在审计过程中经常发现，可能从单笔业务来看是正常的，是合规的，但从完整的全数据、大数据链来分析的话，问题就出现了，通过全数据链去发现异常数据，就能揭示风险。在信贷领域对这种异常数据模型的开发和应用还需要加强。第三是关联数据的应用，经济活动中有很多事情是关联的，一些异常情况可以通过关联性的模型来发现。第四是习惯性数据，比如做小商品贸易的企业，突然做了一笔钢材；星巴克店出现一笔 50 万元的刷卡等，这都不正常，所以要增强对习惯性数据的风险监控能力，特别是在信贷领域要建立大量模型。

在新时期，银行能否建立新的优势，取决于银行的信息化能否建立优势，拥有信息化优势就是新商业时代的强者，没有这种优势，不仅是在风险管理上，也包括在市场营销上就会遇到很多困难。今天我提出这个问题，不仅是对内审和信贷部门，也是对全行所有的部门提出的，如果能够把这些碎片化、局部化、条线化的信息全面整合起来，实现全数据、历史的、联系的分析，就能进一步发现适合我们的营销对象，进行精准营销，不仅能管住风险，还能扩展市场。

三要有效推动审计机制创新。随着系统的优化整合、方法技术的创新，内部审计在组织方式、运作模式和程序标准等方面，也将会发生重要改变。内部审计要主动适应信息化审计带来的一系列变化和影响，从制度、产品、实务、技术等方面有效推进审计标准化建设，进一步完善和升级专业管理框架和业务标准体系，通过不断的机制创新，支持和保障新模式、新方法的高效运行。

（四）更高层次地加强内审队伍建设。内部审计要继续巩固和扩大在队伍建设方面取得的成果和经验，以能力素质和作风建设为抓手，持续推进队伍的集约型、内涵式发展，锻造一支讲全局、重实效、业务精、风气正的职业化团队，更好地适应新形势下全行改革发展对内部审计的履职要求。

一要专业胜任。要多措并举抓好培训，完善分类别、分层次的培训机制，优化内部审计专业培训的能力框架和知识体系，充分利用信息化培训手段，创新培训方式，提升培训效果。培训工作要实现对内审人员的全覆盖，对新业务新产品的全覆盖。要通过培训促进内审人员不断增强战略思维、辩正思维和创新思维的能力，增强自主学习和适应转型的能力。要注重在实战中锻炼队伍，有计划地组织进行多岗实践，实现内审人员的优势互补和复合型发展，最大限度地发挥团队整体合力。要进一步推动内审队伍的结构优化和人才流动，加大内审系统与全行各经营管理层面双向交流力度。要进一步完善境外机构审计组织架构，充实熟悉境外机构运作、掌握先进审计技术的境外审计力量，持续改善内审队伍梯次与专业结构，胜任日益艰巨复杂的审计任务。

二要作风过硬。内部审计作为公司治理中重要的监督力量，要带头落实总行改进作风建设的各项要求，争做全行作风建设的标兵。要严于律己，严格遵守内审职业准则，自觉接受各方面监督，以铁的纪律打造内审“铁军”。要营造积极向上、争先创优、团结和谐的工作氛围，坚持诚信客观、严谨保密、求真务实、廉洁自律的职业操守，以令人信服的职业水准和具有公信力的审计成果，维护内审团队的良好职业形象。

内部审计工作日益繁重，全行各级部门和机构要进一步提高对做好内部审计工作重要性的认识，全力支持和配合内部审计工作，积极听取和采纳审计建议，如实报告整改结果；各项业务系统要向内部审计部门全面开放，出台的规章制度要及时抄送审计部门。同时，内部审计部门要及时发布审计计划安排，在审计活动中要与相关机构充分沟通交流，严格保密制度，严控对业务系统和涉密信息的使用权限，营造良好的内部审计环境。

同志们，全行已经从新的起点踏上新征程，面对新的形势和挑战，内部审计将发挥更加重要的作用，肩负更加艰巨的职责与使命。希望大家不负重托与厚望，继续开拓创新，扎实进取，以良好的精神风貌和作风，用更加优质的审计增值服务，推动内审工作不断开创新局面，实现新跨越，为我行建设全球“最盈利、最优秀、最受尊重”的国际一流现代金融企业，作出新的更大贡献。

在中国工商银行2013年第一季度经营情况通报会上的讲话

姜建清

（2013年4月16日）

刚才，杨行长通报了第一季度经营情况，并对下一阶段的重点工作作了一些新的布置，我都同意。这里我想再强调两个问题。

一、关于信贷资产质量问题

当前，工商银行的信贷资产质量又处在了一个关键节点。今年以来，不良贷款反弹趋势明显，不良额和不良率已由2012年末的一升一降转为双上升，特别是东部沿海地区和小企业、个人等贷款风险相对集中暴露。尽管全行不良贷款变动总体仍处在可控范围，拨备也较为充足，但令人担心的是，这一质量变化还在继续，而且有扩大和蔓延的态势。

从外部来看，当前经济形势依然错综复杂，积极因素和隐忧并存。我国经济与国际经济已高度融合。世界经济有好的一面，如美国失业率出现了高位下行趋势，但国际金融危机深层次影响仍持续显现，欧债危机不断暴露出新的问题，主要发达国家实施量化宽松货币政策带来外溢效应还需密切观察。国内经济运行总体平稳，一些指标显示实体经济有回暖迹象。第一季度国内生产总值同比增长7.7%，环比增长1.6%。进出口同比增长13.4%，其中出口增长18.4%，增速回升。1~2月规模以上工业企业实现利润同比增长17.2%，增速比上年全年加快11.9个百分点。3月PMI达到50.9%，环比上升0.8个百分点，已连续6个月处于临界点上；作为反映经济活跃度的重要指标，物流业景气指数连跌三个月后3月也首次出现回升。CPI上涨2.1%，环比下降0.9%，短期内物价上涨压力不大。但经济回升的基础尚不牢固。社会消费品零售总额增幅为12.4%，比2012年底回落1.9个百分点。铁路货运量同比下降2.2%。1~3月用电量同比增长4.3%，创下自2009年6月以来46个月的次低。现在用电量与GDP增长的弹性系数变化较大，是否与节能减排成效有关有待观察。第一季度中央财政收入同比下降0.2%，其中3月同比下降5.2%，是近三年来首次单月下降。企业经营困难还比较多。根据总行对全行5.6万有贷户的样本分析来看，显示企业库存增加、销售下降、债务清偿能力减弱、资金周转速度降低。从对融资亿元以上的6 420家大户的样本分析来看，1~2月出现亏损的有1 003户，占样本企业的15%，其中686户是由于经济下行、产能过剩、环保等原因形成经营性亏损。消化过剩产能也是我国推进经济转型升级过程中正在着力解决的一个问题。当前，传统制造业产能普遍过剩，如粗钢、水泥、电解铝、平板玻璃等行业产能基本占到全球产能一半左右，船舶制造能力是全球总需求的1.5倍。同时，一些新兴产业由于存在盲目扩张情况也出现了过剩，如风电设备、光伏制造、LED等行业。产能过剩必然会引发资源浪费、恶性竞争和效益下滑，因而也会加大银行的融资风险。

在这样复杂的形势下，非常令人堪忧的一点是，未来一个时期贷款风险会不会由小企业向大中型企业、由沿海向内陆地区蔓延扩散。因为地区经济并没有边界，现在冲击还没到中西部地区，并不是说这些区域经济运行质量非常好，而是因为风险传导有一定的滞后性。沿海地区由于经济外向程度高、资金相对宽松、企业投资多业化、一些企业过度融资问题比较突出，所以首当其冲会受到国际市场及经济下行的影响。未来一旦风险蔓延至中西部省份，局面会更加严峻。与此同时，我们还要清醒认识到，随着一些地方民间借贷风险的逐渐暴露，区域性金融风险扩大，加之国内流动性总体宽松，国际金融市场波动加大，我行在业务创新、结构调整和国际化综合化发展中，各类风险的来源和形式呈现前所未有的多样化、复杂化特征。周期性风险、结构性风险、系统性风险、区域性风险、国别风险交织错节，给我们资产质量稳定带来严峻考验。此外，汇率市场及大宗商品市场价格震荡起伏，2013年3月末，日元、英镑、欧元兑人民币分别比年初贬值约9%、6%和3%，美元兑人民币也创历史新低，国际金价跌至22个月来新低。要密切关注相关产业行业的承受力及质量变动，防止信贷风险。要高度关注我行外汇资产安全，加强避险操作。

从内部来看，全行客户结构已经发生了较大变化。过去相当一段时期，我们习惯于做大客户、大项目，很大程度上形成了路径依赖。大客户财务管理较为规范，风险把控能力较强，银行资产相对也较安全。但如今我们不可能再继续以大企业为主要对象了。这既是因为随着金融脱媒的加速演进，越来越多的大企业转向资本市场融资，银行的信贷市场和利润空间在不断缩小，也是因为贷款过度投向大企业，会加大集中度风险和资本占用。同时，政府融资平台的风险也已经显现，今后几年正面临集中还贷高峰期，地方政府偿债风险较大。银监会对政府融资平台贷款总量再次重申了“只降不升”的要求。

总体来看，尽管目前我行的信贷资产风险基本可控，不良率较低且风险拨备率较高。但随着信贷总量的累增，企业、行业信贷的累增，风险也在累积。此外除政府融资平台类贷款、房地产开发贷款及部分小微企业市场信贷需求仍旺盛外，不少产业特别是传统产业扩大投资的动力减弱，银行拓展信贷市场的难度不小，风险增加。因此，控制风险根本的一条是要加快转型，不断寻找一些新的市场。正是基于这种原因，近年来我们积极拓展了中小企业、个人消费贷款等新领域。目前全行中小企业客户占公司客户总量的93%，贷款余额占62%，小微企业贷款余额占公司客户贷款余额的比重为24%，个人贷款占各项贷款的比重为24.5%。发展小企业、个人消费贷款是我们坚定不移的一个战略方向，不能因为现在这些领域不良贷款上升了，认识上就发生摇摆。但是我们也要看到，很多小企业不同程度地存在治理不完善、财务不健全等问题，加上这些客户群体产业链条复杂、资金流动频繁、信息不对称等特点，给银行管理增加了难度。我们再沿用做大企业、大客户的管理模式和人海战术来发展小企业，已经很难适应发展需要了。一旦经济环境变化，这种管理上的不适应、信息上的不匹配就会从潜在风险转化为显性风险。

外部经济形势和全行客户结构的变化，对我们信贷风险防控能力形成了严峻挑战，提出了很高的要求。近些年来，我们之所以成功抵御国际金融危机的冲击，并脱颖而出，在资本、资产、市值、盈利、客户存款、贷款等方面成为全球领先银行，与我们良好的资产质量基础是分不开的。我们现在不良率低于1%，还显著优于国际大银行平均3%～5%的水平，但现在一些国际大银行特别是美国银行业正在逐步复苏，信用质量趋于好转。相反，国内的银行都感受到了资产质量劣变的压力。如果我们不能有效遏制资产质量劣变势头，难免会使近年来形成的良好经营发展势头发生逆转，在国际金融市场的地位也不可能延续。据测算，假设保持目前的不良贷款拨备保有率不变，若不良贷款升至1%，即不良额在第一季度基础上再增加130亿元，则需相应增提拨备67亿元，信贷成本率提高29个基点，影响净利润52亿元；如果不良率升至1.2%，则会影响利润124亿元，也就是说，今年我们所计划中的净利润增量基本就被资产质量劣变吞噬光了。希望全行能够清醒地看到这一点，认识到资产质量对稳健经营和健康发展的至关重要性，决不能有丝毫松懈和麻痹思想。要按照远近结合、标本兼治的原则，既立足当前，抓紧采取有力措施，及时处置已经出现的问题，坚决遏制不良贷款反弹势头，又要着眼长远，通过改革固本培元，从根本上提高信贷风险防范与控制能力。刚才杨行长已就当务之急的一些工作措施作出了具体部署，会后要尽快落实。这里我着重强调如何治本，也就是如何从思想观念和体制机制上解决问题。

（一）进一步端正经营思想。这里特别想进一步提醒全行警觉的是，全行在连续12年实现了不良贷款的双下降之后，特别是经历了2008年、2009年特殊时期信贷超常规投放后，一些分支机构的稳健经营理念有所动摇，风险意识有所淡化，内部管理工作有所松懈。从这次总行对不良贷款上升较多机构的检查情况可以看到，不少机构存在着片面追求信贷扩张，不讲结构和质量，轻视风险控制的问题。如有的是在客户准入上放宽标准，有的是在贷前调查上缺乏对企业真实信息的了解和判断，有的是在审查审批环节风险把控失察，有的是在贷后管理或风险监测上工作不到位，导致了风险发生。记得十几年前工商银行背负不良贷款沉重大山的时候，我们基本上逢会必讲不良贷款和风险控制，要求大家不能越雷池一步。就是在这样的高压震慑和严格管理下，逐步把一些不正确的经营理念和不健康的经营风气扭转过来。现在风险防控又处在一个重要关口，希望全行勿忘那段刻骨铭心的历史，牢记经验教训，切实用从严治行、严格管理、稳健经营的思想来重新审视本行的经营行为和信贷工作，培育健康的风险文化和信贷文化。要本着尽职免责、违规必惩的原则，严格落实责任追究，警示全行强化风险和责任意识。风险暴露较多的分行要举一反三，认真查找管理上的漏洞，完善风险防控措施，把更多的精力放到不良贷款清收转化处置上。中西部分行决不能存有侥幸心理，要抓紧排查风险隐患，健全管理机制，提前扎紧风险防控的篱笆，防止不良贷款的蔓延和扩散。我们决不允许因为风险防控不力造成不良贷款全面反弹，决不允许因资产质量基础的动摇而毁掉我们多年来之不易的改革发展成果。各级行长和各相关负责同志要守土有责，切实负起这个重要责任。

（二）进一步健全体制机制。首先，要继续推进授信审批集中管理改革。我们从2010年开始在一级分行层面推行授信审批集中管理，到目前已有32家分行实现了集中，建立了标准化、集约化、专业化的中后台体系。这项改革对增强授信审批的独立性，强化风险防控是积极有效的。总行做了个比较分析，总的来看较早集中分行的贷款质量要优于后期集中的分行。至3月末前两批集中分行的不良率要比全行平均水平低0.1个百分点，要比第三批和未集中分行平均水平低0.22个百分点。而且集中后的效率和专业化水平也能得到保证。改革后各级行实际审批人员精减了22%，而人均每日审批公司、个人和小企业信贷业务量分别提升76%、42%和87%。因此授信审批集中要坚持搞下去，今年上半年以前全行所有信贷业务要集中到一级分行审批，已经实现集中的要进一步完善管理。将来条件成熟时，还可以探讨搞跨省的审批集中。

其次，要加强对小企业贷款、个人经营贷款和信用卡透支业务风险特征的研究，尤其要充分考虑小企业贷款、个人经营贷款的借款主体与信用卡持卡人之间的关联关系，加强统一授信和交叉违约控制，严格按杨行长布置要求，落实对小企业贷款、个人经营贷款和信用卡透支业务“五个禁止”。

再次，要改进对大中型企业尤其是产能过剩企业的风险防控工作。要对大中型企业特别是亏损大户逐户进行风险分析和排查，逐户细化风险管控要求，落实人员管理责任，切实防止重大违约事件。同时要进一步创新和改进金融服务，综合运用股权融资、兼并重组、债券发行、银团贷款、金融租赁等多种手段，帮助企业拓宽融资渠道，化解风险，渡过难关。

（三）进一步研究推动大数据时代下的信贷变革。要把大数据时代的信息化银行建设在信贷领域的深入应用作为一项全新课题来研究，通过信贷管理方式的革命性变化来提升我们新时期的转型发展能力和风险防控能力。

要做好中后台的数据分析，加强信贷风险预警。大数据时代的决策应基于数据分析，而非经验或直觉。随着经济生活的日趋复杂化，银行和企业间的信息不对称问题已成为信贷风险的最突出原因。没有掌握充分的信息就无法实现有效的风险预警和控制。现在工商银行已经有了NOVA、FOVA、MOVA等强大的系统，掌握了庞大的数据库，但这些信息还很少做整合、挖掘。信息化时代的银行，风险防控不能仅靠前台来做，仅靠支行来做，在风险控制方面中后台应发挥更大的作用。要加快建立依托数据库的远程信贷监测中心。这些年我们通过业务监督体系改革，建立了近200个风险监测模型，能对业务运营中的风险点进行及时抓取和监控。我们的非现场审计平台也能在海量数据中发现风险隐患、精确定位目标。这一思路完全可以应用到信贷管理领域。通过对历年来发生较多的信贷风险案例进行研究分析，归纳提炼出数据分析模型进行风险揭示和预警，包括对经营数据、交易习惯等历史信息和关联信息进行分析，通过模型识别异常交易，发挥“鹰眼”和“雷达”的预警作用。

要加强客户的全信息流管理。未来银行的一个发展方向就是全信息流的“链金融”。在现代经济体系中，银行和客户的行为实质上就是资金流、信息流、物流不断转化的过程。比如说，我们给钢贸企业发放一笔贷款是资金形态，公司用来进货后转换为钢材的物质形态，回笼钢材销售款后，又变回资金形态，这是一个完整的链条。而信贷领域的骗贷和挪用，其实就是信贷脱离了物流。而我们现在的信息是局部化、条线化、碎片化的，没有全信息流管理。我们提出要大力发展供应链融资新模式，就是要整合核心企业与其上下游企业之间的信息流、资金流和物流，让信贷紧跟物流，让结算追随信贷，让信息帮助把控风险和发现商机。应该说，这也是今后发展小微企业信贷业务的一个基本方式。总行最近提出的要开发线下POS和线上B2C、B2B产品，就是要通过工行的渠道把客户和商户两端的链条整合起来，掌握客户和商户的交易行为、交易习惯等信息，把信息流和交易量作为拓展客户的依据和还款的来源。通过这种方式拓展更大的、真正基于直接消费和交易的个人信贷市场和小微企业信贷市场，并切实把风险控制住。这是新时期信贷管理的本质和精髓，也是现代金融服务体系的发展方向。

三、以改革创新的思路推动当前工作

一个企业要保持充满活力、持续向上的发展态势，关键是要不断改革创新。现在工商银行已进入世界领先大银行之列，站在了新的历史起点，但我们感受最大的不仅是欣喜，还有不安，因为前面没有任何一家银行的经验可以完整地供我们去学习借鉴。面对当前全球经济金融风云的急剧变幻，金融监管和利率市场化改革的加快推进，以及银行业差异化发展时代的到来，我们不能满足现状、因循守旧，不能凭以往的经验应对当前复杂环境下的新情况、新问题，也不能就事论事、治标不治本，而是必须要以改革创新的思路通盘考虑，对症下药，寻找新方法、探索新路径、积累新经验，依靠改革走出新路，依靠创新增强活力，依靠制度来增强发展后劲。只有这样，才能有效应对当前的困难和挑战，也才能比别人走得更好、走得更远。

今年初，总行党委围绕贯彻党的十八大精神、推动科学发展，研究确定了9大改革创新课题，由行领导和高管层成员分别牵头组成课题组，对这些关系全行经营管理全局和长远发展的重大战略问题进行深入调研。3个月来，总行有关部门和许多分行的同志都参与了课题调研，各课题组深入基层、深入客户，通过实地考察、座谈、召开专题会议等多种形式，广泛听取基层和客户的意见，积聚各方智慧来破解发展难题，课题研究均取得了阶段性成果。

有的课题已经完成或基本完成。其中私人银行改革课题，已经总行党委会讨论通过，近期总行将召开转制实施工作会议，部署相关工作。各行要按照要求成立专门的领导小组，抓紧组织做好方案的实施，积极稳妥推进，力争5月底前，基本完成分部转制工作，确保各项工作平稳交接。要通过改革，使私人银行部转制到产品线建设上来，能够更好地发挥全行的综合功能推动私人银行业务竞争发展。存量网点调整优化课题，对全行1.3万多家网点经营情况作了细致分析，提出了网点分类、优化和挖潜增效措施，并构建了全行统一的营业网点绩效评价指标体系，提出了网点升级进位长效机制和动态化、制度化的绩效改进思路。新资本工具发行课题，深入研究了我行新型资本工具发行面临的问题及可行性，提出了统筹推进各类资本工具的发行、多渠道拓宽资本补充渠道的思路。明天，总行党委将就这两个课题进行专题研究，讨论完善后要抓紧启动实施。

其他课题经过多方研究论证，也都形成了一个基本的工作方案。信贷业务流程改造课题，对现行流程中存在的问题逐一进行了梳理，研究提出了运用信息化手段，搭建适应不同类别客户和业务风险特征的流程改造思路。机构改革课题，根据建设“ONE ICBC”现代金融集团的需要，对目前组织架构中存在的问题进行了分析研究，提出了改革的目标、思路以及一些具体的方案，目前正在征求各层面的意见和建议。民生领域金融课题，深入研究了民生领域相关体制、资金管理模式等变化，提出了民生领域金融业务发展的目标市场和策略措施。员工行为分析与风险防范课题，着眼于复杂经济形势下的业务风险特点，通过对大量案例成因和过程的实证分析，提出了把握员工异常行为特征和加强员工管理的办法措施。信息化银行建设课题，提出了建设信息化银行的总体目标、思路和配套措施，勾画了利用大数据、云计算、移动互联网等技术实现我行内外部信息的集成整合和创新应用的整体框架。要抓紧完善整体规划，合理制订分步实施方案，推动信息技术在产品创新、市场营销和风险防控等领域的深化应用，实现我行经营管理模式在互联网金融和大数据时代下的重大转变。供应链融资课题完整提出了这一新型融资模式的建设思路，目前正在以重点企业为样本做深入的实践论证，争取今年供应链融资业务有明显突破。下一步，各课题组要抓紧研究完善课题内容，尽快形成最终研究报告。总的要求是，6月底前，9大改革创新课题要全部按计划完成。要本着“成熟一项、启动一项”的原则，有序推动改革方案落地。有的整体方案尽管还没有完成，但其中有些措施比较成熟的，也要尽快实施，相关系统开发工作要提前启动。力争从下半年起，各课题改革方案全部付诸实施。

此外，对于其他一些事关转型发展的重大改革创新工作也要统筹加以推进。比如，构建具有我行特色的“融资+支付”电商服务，努力成为中国银行业网络金融的领跑者，等等。

改革创新需要顶层设计，更需要基层的首创精神。总行课题方案中一些好的思路、新的经验很多都是从基层行产生的，而且整体规划中许多措施也都需要基层行去付诸实施，很多工作需要基层行从实际出发去改革、去创新。希望基层行充分发挥首创精神，针对自身经营管理中存在的重点难点问题，积极主动地推动改革创新。要有“逢山开路、遇河架桥”的精神，善于用新思路、新方法解决经营管理、市场竞争中的难题。要在全行大兴学习研究之风，营造浓厚的改革创新氛围，以思想领先促进发展领先、管理领先。

同志们，第一季度全行经营发展开局不错，但外部环境变化很快，影响健康发展的不确定因素还很多，希望大家一定要保持清醒的头脑，以改革创新的精神、求真务实的作风做好各项工作，在应对挑战中寻找发展新机遇、在攻坚克难中实现更好的发展。

在中国工商银行“共话青春　同筑梦想”五四青年座谈会上的讲话

姜建清

（2013年4月28日·根据录音整理）

再过几天就是“五四”运动94周年纪念日。借此机会，我代表总行党委向为工商银行改革发展作出贡献的青年朋友们表示亲切的慰问！

刚才我和党委的同志们一起，聆听了10位同志的发言，很受感动，也很有感触。发言的这10位同志是我行不同发展时期的优秀青年代表。他们中间，有建行时期就在工行工作的，也有在不同发展阶段加入工行的，还有近几年才进入工行的；既有来自总行的，也有来自分行的，还有来自海外的；既有担任中高级管理职位的，也有从事专业类岗位的，还有在基层一线工作的。从大家的发言中，我们能够深切地感受到一代又一代青年对工行的热爱，对工行发展的信念，以及对工行事业的激情。有了这样的青年人，有了这样的精神风貌，我们的未来就充满希望。

党的十八大后，习近平总书记提出了“中国梦”的重要论述，其本质内涵就是实现国家富强、民族复兴、人民幸福。大到国家、民族，小到企业、个人，都有属于自己的梦想。工商银行也有着一个执着追求的梦想——那就是把工商银行打造成为最盈利、最优秀、最受尊重的国际一流现代金融企业。我们向着这个梦想拼搏奋进、上下求索，走过了近30年的风雨历程。在这30年不平凡的发展历程中，我们经历了早期创业的艰难，经历了承担国企转制成本的阵痛，经历了消化不良资产包袱的艰辛，经历了股改上市的蜕变，也经历了经营业绩的节节攀升和各种奖项纷至沓来的荣耀。尤其是近年来，我们成功经受住了国际金融危机的严峻考验，保持了健康发展的态势。2012年，工商银行实现净利润2 387亿元，连续五年蝉联“全球最盈利银行”桂冠，我们的“全球最大市值银行”也已经保持了6年。今年，在市值、利润、存款、贷款都是全球同业第一的基础上，我们可能又将成为全球资产最大银行和全球一级核心资本最大银行。尤其这个“全球一级核心资本最大银行”是首次被一家亚洲的银行摘得，大概在今年7月英国的《银行家》杂志就要公布这一消息。资本，它不像资产、市值、利润那样波动较大，资本能更好地说明一家银行的实力和信誉。我最近在看一本书的时候，翻到了一张100年前全球资本最大的20家银行的排名表。在这张表上，我看到在100年前的1913年，全球按资本排名最大的银行有9家是英国的银行，接下来是德国的银行、法国的银行，当时刚刚开始崛起的美国仅仅只有2家银行，没有一家亚洲的银行名列其中。但是在100年后的今天，我们在全球资本最大的20家银行排行榜中看到，有不少跻身榜单的银行是来自全球新兴市场国家的代表。更可喜的是，其中有几家来自中国的银行，而名列榜首的就是中国工商银行。这张表不仅说明了全球经济力量、政治力量的对比变化，说明了全球金融力量在地理上的变迁，也说明了百年间金融的沧桑变化以及金融的脆弱性。在这100年中，有许多银行由于经历了金融危机而破产，有许多银行历经风云变幻而不倒，还有许多银行诞生发展并不断壮大。前不久，《福布斯》杂志公布了全球企业2 000强排行榜，我行跃居榜首，这是该榜单推出10年来首次由中国的企业摘得冠军。今天，工商银行在许多指标方面都已跻身全球金融同业的领先行列，可以说我们离"工行梦"已经越来越近。

工商银行30年的改革发展史也凝聚了青年员工的艰辛和汗水。30年来，一代又一代的青年员工矢志不渝地为实现"工行梦"锐意进取，攻坚克难，发挥了改革发展的生力军和先锋队作用，将工行事业推上一个又一个新阶段。但我们也要清醒地认识到，前进的道路并非一路坦途，国内外经济金融形势的深刻变化带来很多新情况、新问题和新挑战，同时我们在转变经营发展方式、增强金融服务能力、提升全球化响应水平、培养金融高端人才等方面还存在很多的差距。如何在这种复杂环境下保持工商银行的健康可持续发展，是时代交给青年员工的重要历史使命，是每一个工行青年都应该认真思考和面对的重大课题。在这里，我想对当代工行青年提几点要求和希望。

第一，实现"工行梦"，需要你们具备更强的危机意识。过去的十年是工商银行历史上发展速度最快、发展质量最好的"黄金十年"。十年来，我们的净利润年复合增长率达到了30%，是同期全球成长性最好的金融机构之一。在这么好的发展情况下谈危机，很多人都以为是危言耸听。因为现在的青年员工基本上都是近些年入行的，没有经历过以往尤其是股改上市前走过的艰辛历程，以为我们会永远保持这种高速发展的态势。其实我们在发展过程中是走过弯路的，甚至一度因为资产质量、财务包袱等问题被国际上一些人称为"技术上已经破产"的银行。后来我们进行了大刀阔斧的改革，实行了极其严格的管理措施，才使全行的经营管理状况发生了巨大的变化。可以说，如果没有当初破釜沉舟、背水一战的综合改革，没有股改后持续推进的经营转型，就没有我们今天所取得的巨大成绩。

"生于忧患，发展于危机"。越是在发展好的阶段，越是要看到我们面对的严峻挑战。就宏观经济周期而言，全球经济下行和国内经济增速放缓给银行的盈利增长、资产质量安全带来了新挑战；就银行业发展周期变化而言，金融监管日益严格、利率市场化改革提速、金融脱媒加剧给银行的经营发展带来了空前压力，我国银行业可能进入到个位数的利润增长时期。在复杂艰巨的经营发展环境下，如果我们不能以更大的决心、勇气和魄力，加快转型发展，探索走出一条集约化、内涵式的发展道路，我们就难以实现下一个十年的健康可持续发展，现在的地位也就难以持久保持。因此，青年员工一定要保持清醒的头脑，居安思危，励精图治，奋发有为，努力在应对新的挑战中实现新的发展。

第二，实现"工行梦"，需要你们具备更强的改革创新意识。改革创新是推动企业持续发展的核心动力，这些年来我们取得的成绩与进步，从根本上说源于我们始终坚持变革与创新。尽管当前我们已经走在了全球银行业的前列，但如何驾驭这样一个规模庞大的金融机构，既没有先例可循，也没有现成的模式可以套用。正因为如此我们更不能满足于现状、因循守旧，只有以前瞻性的视野和改革创新的精神，不断探索实践，才能确保工商银行在未来严峻的市场竞争中立于不败之地。

敢为人先、勇于创新是青年人的优势。青年员工要成为全行改革创新的先锋，一方面要努力培养创新理念，时刻保持创新的敏锐度，切忌思想僵化、故步自封，对传统做法形成惯性思维和路径依赖，从而忽视好的创新举措，错过好的创新时机。另一方面要努力提高创新能力，及时了解经济发展新动态、金融发展新趋势和银行经营实践新变化，以更新的视角、从更高的角度去思考和解决业务发展的难点、焦点和热点问题。刚才的发言中，好几位青年同志都谈到了"信息化银行"的建设问题，这是全行在转型发展新时期的一项战略任务。当前，随着以大数据、云计算、移动互联网技术等为代表的新一轮科技革命席卷全球，信息科技正迅速向金融领域渗透融合，银行原有的规模、地域、网点等优势可能会被逐渐弱化，并倒逼银行在科技与业务的深度融合创新上寻求突破，从而加速进入"信息化银行"建设的崭新时代。在这一转变过程中，如何实现各类信息的"融会贯通"，充分挖掘和利用信息价值，推动信息技术在产品创新、市场营销、经营管理和风险防控等领域的深化应用，促进银行核心竞争力的提升，需要包括青年在内的全行员工集思广益、深入研究。

第三，实现"工行梦"，需要你们具备更强的责任意识。"工行梦"既是我们这个企业的梦，也是广大青年员工共同的梦。青年总是最富理想、最具追求、敢于担当的群体，青年的梦想能否实现，关键看能否把个人发展与工行发展有机结合起来，能否把个人的梦想融入到建设国际一流现代金融企业的事业中去。只有把"我的梦"融入到"工行梦"中，"工行梦"、"我的梦"才能共同实现。离开了工行事业来谈自己的梦想、自己的成才，就失去了最重要的基础。

实现"工行梦"，需要广大青年充分认识肩负的责任和使命，切实树立起对发展负责、对岗位负责、对自己负责的意识。对发展负责，就是要从全局、从长远把握好自己所做的每一项工作，多做"打基础、利长远"的事情，不能只看到局部利益、当前利益而忽视全局利益、长远利益，你们所做的工作一定要经得住历史的检验、实践的检验。对岗位负责，就是要树立良好的职业道德和职业操守，明白自己的岗位职责，规范自己的岗位行为，做好自己的岗位任务。如果每个人都能把本职工作上的每一件小事做得更好、更出色，全行的发展就有了更加坚实的基础。对自己负责，就是要对自己的职业生涯负责，对自己的当下人生负责，希望你们在职业发展中始终严格要求自己，不懈怠、不飘忽、不浮躁，持之以恒，积极进取，为实现自己的人生价值积极努力，切不可虚度光阴，错失青年这一人生发展的大好时期。

同志们，工商银行的事业是面向未来的事业，需要包括广大青年在内的全行员工团结一心，不懈努力。各级党委一定要关注青年、关心青年、关爱青年，倾听青年心声，鼓励青年成长。要大胆使用年轻干部，放手让他们去实践、去锻炼，为青年营造能干事、干成事的良好氛围，为全行转型发展培养更多的青年人才。

共青团是党的助手和后备军，历来有“党有号召、团有行动”的优良传统。各级党委要高度重视共青团和青年工作，切实帮助各级团组织和团干部解决实际困难。各级团组织也要及时总结工作中的好方法、好经验，找准团的工作与经营管理工作的结合点和着力点，团结带领广大青年为实现“工行梦”贡献更大的力量。

同志们，青年朋友们，工商银行30年的发展道路，镌刻了一代又一代工行青年坚实的奋斗足迹；工商银行的腾飞梦想，承载了一代又一代工行青年不懈的人生追求。在建设“三个之最”国际一流现代金融企业的宏伟征程中，希望广大青年员工要以扎实的工作、优质的服务和良好的业绩，积极践行“工于至诚，行以致远”的核心价值理念，与工商银行同进步、共成长，奋力谱写“创新发展、追求卓越”的新篇章！

在工银欧洲机构座谈会上的讲话

姜建清

（2013年5月28日·根据录音整理）

近年来，工商银行通过机构申设和10多次的成功收购，已经搭建起全球化的网络布局，在海外机构的发展和管理上也有创新，比如完成了工银欧洲区域管理平台的建设，避免了单打独斗，减少了管理成本。随着工商银行全球化产品线的升级，包括全球现金管理业务、金融市场业务、资产管理业务和投资银行业务在内的一系列业务由境内延伸到境外，使得境外的产品更加丰富。同时，得益于工商银行的集团化管理，FOVA系统的统一应用和海外人才战略的实施（目前境外机构员工约10 000人，外派人员已经达到600人，基本做好了人才的战略储备），工商银行的全球服务能力得到进一步提升。工银欧洲在2011年的一周之内连续五家分行开业，所有分行在半年内全部实现盈利，投资银行、私人银行等创新业务不断发展，在机构建设、业务发展、风险控制、人才队伍建设和区域集约化管理等方面都取得了优异的成绩，在欧洲区域内凸显了工商银行的品牌。

我听完大家的发言之后，有一个强烈的想法，就是我们海外机构的下一步发展战略是什么？从目前的情况看，工商银行在境外的发展面临的主要问题可以概括为以下三个方面：一是资本的制约，仍然延续着不断要求总行增加资本金、不断发展资本消耗型业务的路子；二是流动性压力，与国内机构相比，海外机构往往缺乏雄厚的存款基础，因此流动性管理的要求更高，压力也更大；三是海外监管要求的不断提高。这些形成了增长的瓶颈。工商银行在海外不能再继续沿用此前的资本消耗型的发展思路，需要有一个更高层次的战略思考。总行国际业务部和各境外机构要对未来的发展战略进行研究，不能犯战略上的错误。战略要有前瞻性，要经得起考验，要在十年后来看今天的战略决策仍然是正确的。

工银欧洲在工商银行的海外战略中非常重要，因为工银欧洲辖属机构都处于高度成熟的市场，位于国际银行业竞争的前沿，需要多研究，多总结，为其他海外机构的发展提供经验和案例。当前，工银欧洲面临着各方面的挑战，要在所取得成绩的基础上，深入思考下一步转型发展的战略。

一是要加大对宏观经济政策和发展战略的研究。未来金融业持续高速增长和扩张的可能性已经不大，境内银行市场有可能在今后十几年开始步入增长率下行，因此海外市场的发展战略更为重要。工商银行应该有自己对宏观环境和发展战略的研究，重点从所在国的经济发展、未来经济及金融行业变化、竞争对手的策略变化及未来自身发展策略四个方面加强研究，每家境外机构都要有一个完整的战略研究，不同区域的机构要有不同的战略定位，做到在不同市场和业务领域有进有退。以汇丰银行为例，汇丰银行的业务覆盖全球80多个国家和地区，但其重点市场只有22个。我们可以看到汇丰在很多市场甚至是在收缩部分业务条线。其中很大的原因是来自成本这一隐性压力。

二是工商银行海外机构应对自己的业务发展战略有一个清晰的定位，要做到有所为、有所不为。其中，有所为容易做到，但是有所不为就难了。目前来看，有限的资本已经成为工银欧洲发展的一大制约因素。由于传统信贷业务的资本消耗较大，工银欧洲要加快转型，降低资本消耗，在大的发展趋势中寻找业务增长点，以避免发展过程中不断加大的流动性压力和资本监管压力。特别是要对欧洲央行2014年开始启动的对欧洲重要商业银行的集中监管要求进行研究，及时做好应对。同时，要以产品和服务为依托，瞄准高端市场和有竞争力的市场，全力推进经营转型。

要加快经营转型，重点是产品的转型，争取做到产品领先。工银欧洲应该继续大力发展全球现金管理、投资银行、私人银行和财富管理以及跨境人民币业务四个产品线，做好产品创新。在业务发展方面要有前瞻性，要抓住人民币国际化的机遇，遴选优质项目，扩大产品供给规模；要进一步加强商投联动，目前工银欧洲在跟进的投资银行项目太少。

要把私人银行业务的发展作为欧洲区域的重点战略，坚持这一发展方向不动摇。私人银行业务是促进商业银行业务转型的重要抓手。目前欧洲区私人银行业务处于起步阶段，已经初步搭建了业务平台，组建了业务团队，开局是良好的，但产品供给、客户基础和人员队伍与国际一流私人银行相比还有比较大的差距，需要进一步明确战略，加快转型，抢占市场份额。私人银行和财富管理的戏台已经基本搭好，但戏服还没准备好。私人银行业务的发展必须是产品战略和客户战略齐头并进，不可偏废其一。没有拳头产品支撑的私人银行客户拓展，就像是狗熊掰玉米，掰一个扔一个，客户的黏性不够。目前欧洲私人银行中心在总部和分行的支持下自行研发了一些表内理财产品，但是产品创利能力、收益率水平与维护私人银行客户的要求差距比较大。根据国际同业经验，私人银行必须在全球有一支几十人的团队进行产品的研发和供给，这方面私人银行部和工银亚洲要共同努力，突出香港产品中心的地位，提供足够的产品作为拓展欧洲市场的武器，通过产品维护客户、提升客户服务水平，这才是私人银行业务在全球包括欧洲区域的发展思路。

三是伴随着工商银行的国际化、信息化和综合化，要进一步抓好海外机构管理机制的创新和人才队伍建设。要进一步健全工银欧洲的区域化管理，为全行国际化发展积累经验。要努力在全行办公领域实现国际化，总行国际业务部和办公室可以研究打造一支专门的公文翻译团队的可行性，努力实现国际化语言的办公环境。海外发展战略的关键在于人才，需要匹配相应的国际化、专业化的高端人才队伍，加强人才队伍建设，比照国际同业进行严格管理。

新形势下工商银行个人金融业务转型与发展

姜建清

（2013年6月18日·根据录音整理）

很高兴参加全行个人金融业务高级管理人员培训班开班仪式，并借这个机会与在座的各位行长和总经理共同探讨关于个人金融业务转型发展的话题。之前李卫平总监邀请我为培训班授课，我也答应了，因为目前个人金融业务发展面临着新形势、面对着转型发展的新阶段、遇到了许多新挑战，同时也面临着许多新的机遇。如何在新形势下实现新的转型，不仅关系到个人金融业务的发展，也关系到工商银行的未来。我今天想讲三个方面的内容，一是回顾2009年以来个人金融业务发展成效；二是分析当前个人金融业务发展面临的机遇与挑战；三是明确推进个人金融业务全面转型的方向。

一、2009年以来个人金融业务的发展成效

目前工商银行市值、盈利、客户存款、贷款、品牌价值等多项指标位列全球第一。今年7月的《银行家》杂志将公布新一期的全球银行一级核心资本排名，我行将是全球第一，这是我们第一次位列该榜单榜首。可以说在一两百年的历史中，还从来没有一家来自东方的银行、来自亚洲的银行和来自中国的银行能够达到这个地位。但同时我们也面对着诸多挑战，因为这种地位实际上很容易变化。大家都知道，就市值而言，我行目前在全球银行业市值第一，建设银行在很长一段时间一直紧

跟在后，市值第二。但是最近一段时间，它失去了全球第二的位置，变成第五，最新晋升到第二位的是美国的富国银行——这是一家以零售业务见长的银行。其实富国银行的规模并不太大，资产远没有排在前列的几家银行那么大，资本也没有我行多，利润也远低于我行，大约为我行利润的一半多一些。但为什么它的市值能排到全球第二呢？到底是什么特长使得全球的投资者给它如此高的市值呢？答案就是零售金融业务。截至6月17日，富国银行与我行市值的差距只有200多亿美元了，正在紧紧追赶我们。如果我们不努力，今天所取得的这么多的“全球第一”不是永远能保得住的。所以这就需要我们继续努力，这也是我今天讲课的一个重要的出发点。

截至2012年末，我行总资产、客户存款和贷款余额分别达到17.5万亿元、13.6万亿元和8.8万亿元，净利润从2003年的226亿元增至2012年的2 386.9亿元，十年复合增长率达到30%。从全行利润构成上看，2012年个人金融业务的盈利贡献占到了22.46%。大家看到一组非常亮丽的数据的同时，也应当注意到全球银行业正面临着一个巨大的转折。最近的一两年里，我见了很多国外银行的董事长，大家一致认为包括中国在内的全世界银行业高增长阶段已经过去，部分人甚至认为全球银行业增速将由过去年均百分之二十多下降到百分之六左右。大家都在思考，在新的监管环境下，商业银行如何转型发展？几乎所有的商业银行都把关注点放到了零售金融领域，因为大家都看到了这个领域巨大的发展潜力。

从工商银行近年来个人金融业务发展成效就可以看到这个业务领域的成长性。一是个人客户总量快速增长，结构不断优化。个人客户规模由2009年末的3.1亿户到2012年末突破4亿户，其中有效个人客户总量由2009年末的2.4亿户增长到2012年末的3亿户，财富客户总量由2010年末的253万户增长到2012年末的402万户，私人银行客户总量由2009年末的1.3万户上升到2012年末的2.6万户。尽管各类机构对中国私人银行市场的统计口径有所差异，但所有报告都指出这类市场潜力很大。从今天我行的财富客户和私人银行客户情况看，还有很大的发展空间。信用卡业务经过多年的快速发展，依然有很强的发展潜力。信用卡客户总量由2009年的3 685万户增长到2012年末的5 475万户，发卡量目前已经突破8 000万张，成为全世界第四大发卡银行。我认为用不了几年我行将成为世界第一大发卡银行，因为中国有非常广阔的市场空间。电子银行业务发展更是迅速，电子银行客户总量由2009年末的7 535万户增长到2012年末的1.41亿户，电子银行业务占全行业务量的比例由2000年的3%上升到2012年的75%。去年电子银行渠道发生的业务量相当于2.3万个网点办理的业务量，粗略估计，为工商银行节约了350亿元的成本。在客户规模快速增长的同时，全行个人客户结构持续优化。个人资产5万元以上客户总量由2009年末的2 492万户增长到2012年末的3 355万户，占比提升至11.14%。四星级及以上客户由2010年末的4 373万户增长到2012年末的5 402万户，占比提升至17.94%。从客户规模和中高端客户占比的增长情况，我们能看到近几年来我行在个金客户拓展方面取得的成绩，也能看到巨大的提升空间和未来的工作方向。

二是个人金融资产加速扩容，储蓄存款稳步增长。随着居民收入水平的不断提高，我行个人客户的金融资产也从2009年末的6.15万亿元快速增长到2012年末的8.75万亿元，增幅达42.43%。截至今年5月末，个人客户金融资产达9.3万亿元，较年初新增5 512亿元，今年有望突破10万亿元大关。储蓄存款余额从2009年末的4.6万亿元增长到2012年末的6.69万亿元，增幅达45.13%，约占个人金融资产的76%。私人银行客户资产由2009年末的2 617亿元增长到2012年4 733亿元，增幅达80.85%。一个明显的规律是，个人金融资产增长的速度快于储蓄存款的速度，储蓄存款占个人金融资产的比例总体上呈下降趋势。按照这样的趋势发展，可以预见在未来的某一天，将可能出现非储蓄金融资产和储蓄存款各占50%的局面。

三是个人贷款和信用卡产品日趋丰富，规模快速增长。经过近10年的发展，我行个人贷款已经形成了个人住房贷款、个人消费贷款和个人经营贷款三大产品体系。个贷余额由2009年末的1.17万亿元增长到2012年末的2万多亿元，累计增幅达71.72%。同时，个人贷款不良率呈现下降趋势，2009—2012年分别为0.81%、0.57%、0.48%和0.53%。信用卡透支由2009年末的371亿元增长到2012年末的2 426亿元，累计增加了5倍多；分期付款余额由2009年末的135亿元增长到2012年末的1 446亿元，累计增长超过10倍。同时，信用卡透支180天不良率1.54%，分期付款90天不良率1.11%，显著低于国际同业约3%的平均水平。

四是零售板块营业贡献持续提升，中间业务收入领跑同业。个人金融业务营业贡献由2009年的836亿元增长到2012年的1 528亿元，累计增幅达82.78%。2012年个人金融业务营业贡献占比为33.46%，较2009年提高1.65个百分点。信用卡业务营业贡献由2009年的75.7亿元增长到2012年的125.5亿元，增幅65.78%。这些还只是零售业务的直接贡献，如果看它对工商银行的间接贡献，包括个金与其他业务的联动和交叉营销所带来的贡献，则会更加突出。从中间业务收入来看，全行个人中间业务收入从2009年的251亿元增长到2012年的514亿元，增幅104.78%，实现收入翻番，四大行占比由2009年的33.31%扩大到36.64%，稳居同业首位。全行私人银行业务收入已从最初的323万元增至13.7亿元，增幅显著。所以说，个人金融业务是工商银行最基础的一项业务，是工商银行核心竞争力的一个最重要的组成部分。

实践证明，“强个金”战略的成效是显著的，可以说“强个金”战略就是全行经营转型在个人金融业务领域的细化和实践，其最核心的内容是经营理念的转变和外拓营销的加强；其最明显的改善是客户规模的日益扩大和客户结构的持续优化，为业务的可持续发展夯实了基础；其最突出的特点是实现质量与速度并重，确保业务稳健发展；其最重要的进步是发挥集团优势，推动了零售业务与其他业务互动发展。

二、当前个人金融业务发展面临的机遇与挑战

（一）十八大后我国经济社会发展方式将发生深刻变化，全行个人金融业务发展必然要随之变化。当前，我国经济增长速度放缓，产业转型日趋紧迫，给全行业务发展带来新的压力和挑战，但与此同时，随着经济结构调整和产业升级，将有力地促进经济健康可持续发展以及社会居民财富的增长，给个人金融业务带来新的发展机遇，这既是一个巨大的“红海”市场，也是一个巨大的“蓝海”市场。

机遇来自中国经济结构的调整。根据国家统计局公布数据，过去10年，固定资本形成对GDP的贡献率为53%，消费对GDP的贡献率为43.8%，其中，2012年固定资本形成对GDP的贡献率为50.4%，消费贡献率为49%，而2012年全球最终消费占GDP比重平均约为78%左右，其中美国为87%左右，欧盟为82%左右，亚洲新兴工业化经济体为67.7%左右。我国消费在GDP中的占比要远低于世界平均水平。中央提出要加快转变发展方式，增强消费对经济增长的拉动作用。从今年上半年的情况看，我国第一次出现了消费对GDP的贡献率高于投资的贡献率的迹象。目前我国消费的贡献率约为50%，按照全世界很多国家的情况看，未来贡献率可以达到70%，甚至80%，这里就有20%～30%的提升空间，会为零售业务市场带来巨大的发展机遇。

机遇来自中国城镇化的发展。一个国家的现代化过程必然伴随着城镇化的发展。1995—2010年，我国城市面积扩张速度达到年均7%，但城市人口的年均增长率仅略高于3%。目前我国城镇化率为52%左右，但户籍人口城镇化率只有35%左右，其中差异在于2亿多人虽然在城市工作生活，但尚未转化为城市人口的流动人口。西方很多国家的城镇化率都在70%、80%左右，所以我国的城镇化还有很大的空间。随着更多城镇人口的产生，居民整体收入水平的提高，消费升级也将是必然趋势。中国城镇化将会进一步为银行催生大批目标客户，有利于我行发挥系统和渠道优势，吸引优质客户。

机遇来自社会民生领域。在十八大报告中，以及从国务院近期的几次会议来看，改善民生都被提到了前所未有的高度。与民生有关的领域非常多，包括收入分配、养老保障、教育、医疗、环保等。服务民生涉及亿万人群，对商业银行零售业务拓市场、调结构，实现业务转型具有十分重要的意义。

（二）新信息技术革命的洪流，将改变传统个人金融业务发展的模式与规则。近年来，随着信息技术的迅速发展，带动了传统行业和商业模式的网络化变革，电子商务快速崛起，从2009年到2012年，我国电商交易额由3.7万亿元上升到7.85亿元，年均增速28.5%，第三方支付交易额由0.59亿元上升到3.5亿元，年均增速253.3%。过去电商交易没有被很多人重视，但从去年开始，电商的质变开始出现。当电商的交易经过多年的快速发展积累到一个巨大的量以后，它会以滚雪球的方式不断扩大已占据的市场，不断扩大未来要发展的市场。目前传统零售商在电商的巨大冲击下已经有些应接不暇，很多线下的客户纷纷转向线上，很多实体商店纷纷关门，很多过去认为不需要电商的业界大佬和著名品牌都开始纷纷“触电”。银行的情况也是一样，从我行的情况看，2010—2012年电子银行交易量年均增长30.86%，而同期柜面交易量年均下降10.38%。我曾经和很多同志一起展望电子银行业务的未来，十多年前工商银行电子银行的交易量仅占全部业务量的3%，到今年已经上升到76%。我认为未来会有90%的业务将通过电子银行渠道完成，按照目前每年4～5个百分点的速度提升，到90%也就三年多的时间。

当然光看交易量或许还不够全面，因为有的客户交易量巨大，而有的客户可能一个月才有一两笔交易，因此只看交易笔数是无法客观、全面地反映问题。近年来，我们开发了一个新的指标来评价电子银行业务，就是以人为单位，观察一个客户主要的业务是通过柜面渠道办理还是电子银行渠道办理。两年前我们开始按照这一指标统计，大约有12%的客户基本不来银行，20%多的客户一半业务来银行办理。看到这个数据，我们觉得问题很大，仅仅抓电子银行笔数是不够的，还必须采取措施提升电子银行活跃客户占比。经过两年的努力，目前已有25%的客户基本不来银行，50%的客户一半业务来银行办理，这个数据也是以每年5%～6%的速度提升。换句话说，最多5年时间，将有50%的客户基本不来银行；10年后，大约有75%的客户将基本不来银行，而是通过我行强大的电子银行渠道和自助渠道办理金融业务。这将对客户结构、渠道结构、人员结构，以及成本、收益、产品等方面带来巨大的影响。总行通过数据分析发现，目前很多城区网点包括零售业务在内的业务量开始出现下滑，除了每个月发养老金那几天业务量较大外，柜员每天的业务量很少，但我们并没有在网络、机构、劳动组合等方面做大的调整，对这样

的变化，我们的敏感性有时候还不够。可以说，现代信息技术发展、金融脱媒、电商崛起与金融渗透等，是时代发展的客观要求，是无法逆转的大趋势。我们身边二十多岁的年轻人的消费习惯和金融习惯，就是未来银行金融业务的发展方向。

（三）银行业转型发展的压力和趋势，将进一步推升个人金融业务的地位和作用。从我国银行业整体发展来看，已经经历了一个高盈利、高增长的发展阶段，未来如果还是依靠传统经营模式保持这种势头是很困难的，因为我们将同时面对经济周期性变化的影响以及金融体系内部变革的影响。总的来说，我们要去应对一些具体问题：一是金融监管变化问题。国际金融危机以来，国际国内金融监管显著增强，特别是对商业银行的资本约束方面。资本的有限性制约着资产业务的扩张，银行传统依靠存贷利差为主的盈利增长难以持续。近年来虽然我行增长方式有了较大改变，但实现现有模式下的盈利增长同样面临资本不足的压力。二是利率市场化改革问题。当前利率市场化改革已步入核心环节。利率市场化加快将使利差收窄，对银行盈利模式、经营结构、管理水平、创新和竞争发展能力形成全方位考验。三是金融脱媒加剧问题。近年来金融脱媒呈加速趋势，“十一五”期间各类债券年复合增长率超过30%，股票市场累计融资占股市成立以来融资总额的一半。同时，基于互联网和移动通信技术的第三方支付产业飞速发展。这使银行基于支付中介和融资中介这两大基本功能的传统业务市场面临分流，对银行存贷汇业务经营带来重要影响。在这样的背景下，传统盈利模式难以为继，银行必须积极转型。个人金融、信用卡、私人银行等业务资本消耗低、抗经济周期性强、创新发展的空间广阔，是银行利润的稳定器和助推器，只有做强个金，才能实现工行的长期可持续发展。

（四）经济全球化后的国际化竞争，将渗透到个人金融业务发展的方方面面。工商银行自1992年在国外设立第一家代表处开始，已经走过了20年的国际化道路，取得了举世瞩目的成就。我们要充分利用当前内外部一切有利因素和条件，把建设具有较强国际竞争力和影响力的跨国银行作为新目标，制定国际化发展新战略，加快推进境外机构的本土化、差异化经营，充分利用境内外两个市场，联动发展境外业务与境内业务，提升全球化综合服务能力，推动国际化经营向纵深发展。对于个人金融业务来讲，参与国际化竞争主要是两个方面：一个是在境内外汇业务上，另一个是境外零售业务上。近年来，出国留学、旅游的人群日渐壮大，商务考察、双边交流、对外投资等涉外活动明显增多，客户对个人外汇业务的需求日趋旺盛，业务量逐年增长。截至今年第一季度，我国外币存款余额达4 416亿美元，同比增长29.2%，外汇储备余额达3.44万亿美元；第一季度跨境贸易人民币结算业务发生额1万亿元，直接投资人民币结算业务发生额854亿元。服务好出国留学、移民、商务、旅游、在华外籍人士等优质客户群体不仅能够增加个人外汇业务收入，而且通过本外币一体化服务可以提升客户的满意度和忠诚度。因此，要积极助推个人外汇业务发展，尽快实现我行本外币业务“两条腿”均衡发展。目前我行个人外汇业务主要存在业务处理效率低、现钞供应不足以及专业人员匮乏等问题，下一步要采取针对性措施，推进个人外汇业务的发展。

我行境外零售业务在经营中面临的主要问题包括：一些适合从事零售业务的境外机构受当地监管限制，经营牌照还不是全面牌照；物理网点不足，很多机构还只有单一网点；FOVA系统对零售业务的支持有待加强，境外产品类型有待丰富；内外联动、外外联动及营销活动有待加强；零售从业人员综合素质有待提升；等等。但是从发展空间看，一些国家和地区的境外零售业务还是有很多文章可以做。与主流全球性银行相比，我行境外零售业务规模占全行比重仍然较低。2012年，汇丰银行除香港以外地区的零售业务利润贡献比重超过了60%，而我行境外零售客户数占全行个人客户数的比重只有0.5%，境外零售存款余额占全行储蓄存款余额的比重为1.6%，还有较大的发展空间。我们应当根据各境外机构的市场情况、自身的牌照情况、业务规模、监管环境等，制定不同的零售业务经营策略。例如东南亚国家人口众多，适合发展零售业务，而欧美国家由于网点较少，单位成本较高，无法实现规模效应，适合发展财富管理业务和私人银行业务。

三、面对挑战，明确方向，推进个人金融业务的全面转型

未来一段时间，全行个人金融业务转型的重点在于实现“三个转变”：即从产品销售为主向客户需求满足转变，从储蓄业务为主向客户综合资产服务转变，从银行产品和业务为主向金融与非金融服务提供转变。实际工作中需要关注几个方面的基础工作：一是用三年的时间打好客户基础，抓住机遇扭转客户规模和结构上的被动局面。现在我行在客户规模和结构上都存在问题，但同时发展空间巨大。二是时刻不能放松储蓄业务发展对于全行整体发展的基础作用，更新观念抓储蓄。现在很多分行感觉很难处理好个人金融资产和储蓄存款的关系，认为理财和储蓄存款是此消彼长的关系，但实际情况是，往往理财产品卖得好的分行，储蓄存款的存量和增量也比较好。也有分行说因为网点数低于农行，因此储蓄存款低于农行，可是在某些省份建行的网点比我们少，为什么在该地储蓄存款和我们差不多呢？我觉得这些问题非常值得各级行思考，要在大量分析的基础上就这些问题召开务虚会，认真讨论。三是注重做好渠道优化，特别是网点效能提升，激发内在经营活力带动整体竞争力的提升。目前总行已经完成了网点竞争力提升课

题研究，将于近期开会部署相关工作。总行在大量调研的基础上，在过去三年时间里适当增加了1 000多家网点，弥补在部分地区的机构网点空白。坦率地说，总行党委在讨论这一决策时是非常犹豫的，因为工商银行有近17 000个网点，总量不算少，但网均、人均效率和效益在全国商业银行中是不高的，比农行略强，在部分地区与建行、中行持平，几乎低于所有股份制商业银行。还有些网点由于人员紧缺，许多柜面窗口没有对外营业。因此，到去年末总行党委决定下一步重点将对开业三年以上的、14 000家存量网点做全面的评估分析，并进行优化调整。从今年开始，渠道优化工作将全面展开，各级行要加强领导，成立专门团队，做好规划，特别是新迁建网点的设立一定要科学决策，不能设在效益不太好、发展潜力不大的地方。如果我们能做好3 000家低效网点的调整，过几年再继续分析和优化网点，那网点竞争力肯定会提升。我们希望至少网均和人均效率、效益要在四大行中处于领先地位。四是服务和品牌建设，这几年这项工作有很大的提升，还要继续巩固和发展好。下一步各行要认真总结三年来积累的宝贵经验，抓住问题的主要矛盾，突破业务发展瓶颈，确保"强个金"战略发展目标的全面实现。这里，我重点讲讲在业务发展过程中要重点关注的几个方向性问题：

（一）适应外部变化，明晰客户发展战略，夯实个人金融业务发展的核心基础。客户是零售业务持续经营的基础。目前我行个人客户主要呈现如下特点：一是客户总量庞大，但不具备领先优势。全行2012年末个人客户总量3.93亿，其中有效客户3.1亿；农行4.09亿，建行2.5亿，中行1.7亿。二是客户分布不均衡，区域差异较大。去年末，我行客户总量在全国常住人口中的占比为29.17%，各一级和直属分行个人客户数量占当地常住人口比例超过50%的分行只有北京、上海等7家分行。三是客户户均资产保持领先。从四大行有效客户主要金融资产户均余额比较情况看，2012年末全行有效客户户均资产为2.58万元，比建行高0.12万元，比中行高0.25万元，比农行高0.83万元。四是客户年龄结构总体均衡，但在年轻客户中工行的品牌和吸引力并不占优势。要高度重视年轻群体，他们是未来个金业务的主要目标客户。五是客户产品渗透还有较大提升空间。目前除了储蓄存款、借记卡和网上银行渗透率相对较高外，电话银行、手机银行、代发工资、U盾和贷记卡等产品的渗透率分别为22%、17%、13%、12%和11%，其余都低于10%。这方面数据挖掘严重滞后，希望管理信息部能和个金部做几个课题，以网点为单位，按客户进行挖掘，至少要告诉网点，他们的客户在哪里，目标是什么，以增强客户营销的针对性。

下一阶段，要实现客户总量规模的快速扩大，全行要做好两件事情，一是加快新市场和新客户的拓展，确保客户的增长率；二是抓好现有存量客户的服务，确保降低客户的流失率。我想全行要思考三个问题：

第一个问题，新增客户来自于哪里的问题。前几年全行重点做了商品交易市场，效果非常明显，下一步要加快三个市场拓展：会计师、律师事务所等新兴经济组织市场；中国城镇化带来的新农村、新城镇市场；旅游、文化等新兴消费品市场。从客户类型上看，要继续做好大公司、大企业、机构类客户、金融同业等领域个人客户的批量拓展，在拓展前要做好数据挖掘和分析，可先对一个对公客户的产品渗透情况进行挖掘分析，一个客户的结果出来了，200多家的客户的分析也就出来了，关键是要建立一个模板。

当前有几类客户值得重点关注：

一是代发工资客户。我行机构类、公司类、结现类客户资源丰富，但代发工资业务在这三个领域的渗透率分别为49.51%、23.84%和8.81%。全行的代发工资单位虽然有50万家，但渗透率仍然较低，并且代发工资额较少。我之前要求开发一个分析代发工资状况的软件，包括代发工资单位的人数、规模、与工行的关系、代发月平均额、每年发放的次数、连续代发的月数等，从中进行数据的挖掘与分析。但如果仅仅关注代发工资单位数和客户数，基于现行的考核制度，难免会出现问题。以这两年的POS机集中为例，检查发现，40万~50万台POS机是无效的，剩下的POS机中约有一半的月交易额在1万元以下。内部审计还发现了很多虚假办卡等问题，这说明数据持续监督还不够。近年来，运行管理部和内控合规部通过数据分析，发现了很多类似的案例，但是整改力度还不够。今后，信用卡业务POS监控中心要纳入运行管理部的接口，统一建立模型进行数据管理和监督。发现风险事件后要及时提示分行或部门，如果多次发现，内控部门要向分行或部门出示"黄牌"，警示风险；如果某个分行或部门多次被亮出"黄牌"，那就要机构退场和人员退场。近期总行将在全行范围内推出"薪管家"代发工资综合服务，主要针对代发工资个人客户，在结算、理财、融资、消费等方面推出一系列的专属产品和银行服务，打造具有核心竞争力的代发工资综合服务品牌，刚才我讲的代发工资的分析软件要纳入其中。

二是互联网客户。随着电子商务的飞速发展，我国网购人数规模已经超过2亿，与此同时，网络支付安全也越来越受到人们的重视。目前我行已与公安部签订了排他性发卡协议，在2014年10月前只有我行可以发行加载eID电子身份认证功能的芯片借记卡。各行要抓住保护期机遇，抓好eID技术与网络安全认证、电子商务、移动支付以及政府公共服务等应用的创新结合，快速批量增加个人客户与各种互联网行业资源。

三是民生领域客户。教育、医保、养老等社会民生问题是十八大报告中的重中之重，也是各级政府未来发展中的重要任务。银行如何积极满足民生领域的金融需求，在实现业务发展的同时促进民生领域建设，是各行需要研究关注的问题。

这里还要讲一讲流动性客户服务研究。随着经济的发展、社会活动的活跃以及现代化交通的日益发达，个人客户跨区域流动成为常态，流动性客户群体在增多，而且未来随着户籍制度改革的推进，这部分客户将会越来越多。跨区域流动客户普遍使用多种银行金融产品，且交易活跃度和频度高，是个人结算客户的主力军，也为银行带来了更多业务拓展空间。概括来讲，目前流动性客户主要包括异地任职的中高层管理者、商品交易市场的个体老板、外出务工的县域客户、商旅频繁的白领客户、异地求学的学生等几类客户群。初步数据挖掘结果显示，我行具备跨区域流动特征的存量客户在2 000万人左右，这部分客户使用银行产品的频率和种类要多于一般客户，个人贡献也相对较高，是难得的优质客户群体，而我行遍布全球的服务网络、先进的IT技术使得我们有能力为这类客户提供ONE ICBC一体化的服务体验。

第二个问题，存量客户如何留住的问题。我认为主要要做好两点：一是尽快提高产品渗透率。现阶段，我行三分之一的客户同时办理了储蓄、借记卡和网银三个产品，但这三个产品都属于基础业务、介质和渠道。下一步，如果尽快地将手机银行、代发工资、U盾和贷记卡的产品渗透率抓上来，也提高到三分之一，不仅能够大大提升客户的黏性，也会对相关业务发展起到积极的促进作用。这就要求我们要做好数据挖掘，指导一线人员对哪些客户、重点营销哪些产品，增强营销的针对性。管理信息部和个金部门要把这项工作做好。通过对客户资源的精细化管理，使我行能够真正成为客户首选和业务主理银行。二是实现客户有序升级。有序升级是提升客户忠诚度和满意度的重要举措之一。总行近期修订了星级管理办法，对个人客户星级评定参考标准和服务标准进行了完善，进一步增强了星级服务体系的透明度。各行要认真落实，加强内部培训，多渠道宣传客户星级服务体系对等服务的特点，充分保障客户对星级服务的知情权。同时，要利用星级系统平台和个人客户综合积分服务做好新增目标客户拓展和存量客户的产品交叉销售，推进客户分层维护和升星提级，不断优化客户结构。需要强调的是，客户的星级与对客户的服务和费用优惠相关，与客户的授信没有关系。

第三个问题，谁去拓展和服务客户的问题。反思近几年个人金融业务经营中的主要压力，特别是部分新市场和新客户拓展缓慢等问题，我感到关键仍然在于“行商”模式尚未建立，没有一支可以走出去主动营销新市场和目标客户群的团队。再好的战略，最终执行都需要落实到人。因此，总行今年决心要下大力气逐步打造一支相当规模的“行商”团队。在人员构成上，应包括管理人员和客户经理，并打通专业客户经理之间单一营销的壁垒，组建起一支能综合化营销的外勤客户经理队伍。人从哪里来？可以从柜面压力降低后的柜员转型中来，从业务集中处理和流程优化后释放的后台人员中来，从定员定编项目释放的人员中来。在建设客户服务渠道和客户经理队伍过程中，要充分利用MOVA系统做好网点业绩效率分析评价和客户经理的贡献分析，确保网点的投入产出，确保客户经理的激励到位，切实提高运营效率和客户经理营销积极性。总行个金部要对财富管理中心建立一套科学的考核评价办法，避免柜台人满为患、财富中心空空荡荡的现象，用足用好各方面资源，防止资源的闲置和浪费。

（二）扩展经营视野，关注信息化建设，把握个人金融业务转型发展的方向。“信息化银行”是建立在“银行信息化”基础上的银行运营管理模式的一种革新，更强调依靠信息来组织与统筹银行的经营管理。具体地看，信息化银行有四个突出特征：一是运营集中。信息化银行参照工业化大生产的方式，将过去分散处理的作业模式转变为工厂化、规模化、标准化的作业模式，实现对业务的集中处理、前中后台的有效分离以及风险的集中监控。二是系统整合。即从银行全局出发，以客户为导向和中心，通过建立统一的IT中枢和架构，将核心业务系统、客户关系管理系统和银行内部其他管理系统整合在一个平台上，实现系统的互联互通，以强化银行内部的协同合作，提升对战略决策的执行力、对市场和客户的服务响应力。三是信息共享。即突破信息传导、查询的时空限制，实现对银行经营管理各类信息的集中共享和跨平台检索，提高信息的可用性、易用性，最大限度地挖掘信息价值。四是数据挖掘。银行对经营管理的各类信息进行收集、储存、处理、分析与应用，提炼和发现有价值的信息，为服务客户、研判市场、评估风险和配置资源等提供决策支持。

从个人金融领域看，个人客户数量庞大、交易繁多、信息海量、且较为分散，目前信息化对业务发展的支撑作用还没有完全发挥出来，下一步随着信息化银行建设的逐步推进，最先受益且受益最大的业务领域之一就是个人金融业务板块。当然个金板块也是信息化银行建设的主要参与者，大家都需要开动脑筋。我觉得，个人金融业务在信息化建设中要做好四件事情：第一，完善统一客户信息视图。打破信息壁垒，建立所有业务板块之间的客户信息共享，完善以星级为基础的客户信息视图，要将全部面向个人客户的产品和服务都纳入星级统计，即将所有的交易信息整合到客户综合贡献上来。基于统一客户视图，再建立完善对应的分层服务体系、产品供应体系和价格管理体系。最近我们正在做的积分统一管理，就是一个非常好的改进服务和管理的案例。第二，收集客户信息。目前全行的信息、业务线条、流程基本都是纵向或者横向的，纵横交错的基本没有涉及。其主要原因还是我们没有真正掌握好信息，没有参与除资金往来以外的其他商务活动过程。从长远来看，商业信息电子化、标准化程度越来越高，这些商务活动信息在银行体系聚集汇合的可能性越来越大。商业银行具备全面掌握这个复杂系统中资金流、物流、信息流的优势和条件，可以为客户提供更加综合化、智能化的金融服务。第三，客户信息处理。也就是通过数据挖掘、信息整合等从海量客户信息中找到能够带来目标客户、挖掘潜在需求、把握交易习惯、降低经营成本等方面的有用信息，为精细化管理和营销提供依据。这里有一个课题需要总行个金部、银行卡部和电子银行部研究，就是如何保证客户信息的准确性、更新的及时性，这是下一阶段需要重点研究的课题。前一阶段，在个人贷款催收过程中就出现了因为客户信息缺失联系不上客户的情况，说明客户信息维护还不及时、不到位，要通过努力把这个基础做实。第四，产品创新，包括平台创新，也就是有价值信息的应用。这方面内容太多，这里重点讲一讲比较急迫和基础的两项工作：

第一项是建设基于线下 POS 网络的信息数据平台，大力推进小额消费信贷业务。总行将推出一项线下 POS 和线上 B2C 小额消费贷款产品“逸贷”，主要目标客户包括：消费方式时尚、消费理念超前的年轻人、公务员和白领客户；消费需求旺盛，具有银行卡、网银消费习惯，有融资需求和还款能力保障的客户；信用记录良好的存量个人贷款及信用卡分期付款客户。总行做这样一个产品，主要有四个方面的考虑：一是市场潜力大。目前我行个贷和信用卡客户都是 200 多万户，这其中还有交叉，而这两个群体在整个个人客户中的占比仍然较低。如果全行 3.9 亿个人客户中能有四分之一，也就是 1 亿客户办理个人贷款或分期付款，如此以亿计的庞大客户群，哪怕他们的贷款金额很小，都能带动巨额的消费贷款。二是符合监管政策要求，贷款风险可控。逸贷通过 POS 交易触发贷款，不仅能保证贷款用途的真实性，并且直接将贷款支付给交易对象，符合现行监管关于贷款用途和受托支付的要求，规避了政策风险。同时，通过消费贷款账户与个人工资性账户或基本账户的强制关联，并以代扣方式还款，可以有效降低业务风险。此外，依托 POS 系统信息平台，我们可以从根本上转变商户贷款的业务模式。过去发展个人经营贷款和小微企业贷款，遇到的一个重要的问题就是如何甄别优质客户，而实际上，商户的 POS 现金流本身就为我们提供了一个很好的甄别标准。我们可以在 POS 商户中甄选现金流状况较好的客户给予小额信用融资，然后从商户的 POS 返款中直接扣款用于还贷，以控制业务风险。三是有利于改善个人贷款结构。今年以来，个人贷款增量的 90% 来自个人住房贷款，目前住房贷款的余额占全部个人贷款的比例接近 70%。这样过于依赖单一品种的个贷结构风险也相对集中。而逸贷则依托 POS 系统这个信息平台，可以形成主动营销和精准营销的新模式，从根本上改变目前消费贷款业务发展的被动局面，快速扩大业务规模，提高贷款综合收益。四是应对金融脱媒和电子商务的有力武器。与第三方支付公司和电子商务公司相比，银行的优势在于融资，而不仅仅是支付结算。逸贷通过实现消费支付与信贷融资流程的无缝连接，将成为我行融入电子商务时代洪流、应对金融脱媒的一个重要武器。

各行目前可启动“逸贷”投产的前期营销宣传和预热活动，组织业务培训，投产后开展专项营销，力争一炮打响。

第二项是推进电商平台建设。前面讲到，现在的电子商务已经推动传统商业模式发生了革命性的变化，线下的零售商已经迫不得已地卷入这股大潮。新的市场环境将对银行的客户群、信贷以及支付结算方式等带来重大挑战，如果我们不主动调整，可能会在市场重新调整的过程中丧失目前的优势地位。总行已经就此做了大量研究，并在积极推进我行电子商务平台建设，预计今年年底能和大家见面。线上业务对我行而言，是一项从零开始的业务，必须精心设计和部署，争取将来能迅速聚拢客户，打开市场。

电子商务平台建设的总体思路是，发挥我行客户、品牌、技术优势以及在支付、融资等领域的金融优势，建设综合化电子商务平台，提升在电子商务领域的竞争力和影响力。一是结合电子商务信息流与资金流的深度融合以及线上服务融资需求不断增长的态势，打造“支付 + 融资”的特色金融服务方案，拓展网络融资和线上个人消费金融市场。二是实现金融产品和服务的跨专业、跨系统、跨行业整合，对内聚合集团内各专业、各控股子公司的金融产品和服务，对外聚合基金、保险、券商等金融企业的产品和服务，全面拓展平台的服务能力。三是强化对企业客户和个人客户的综合服务能力，挖掘和引导客户需求，进一步巩固与客户的关系。在运营模式上，我们负责平台系统的开发、维护和数据托管工作，平台运营遵循“入口统一、商户独立、数据集中”的业务原则，我行可通过数据托管获得整个交易链条的全部数据，从而为网络融资和线上个人消费信贷业务发展奠定基础。通过电商平台，一方面我行能获得企业进驻平台的服务费以及支付结算服务费，另一方面能获得电商平台带来的企业和个人融资利息收入，沉淀资金也可形成存款，一举多得。可以预见，电商平台的建设，将成为我行新的利润增长点。

我们还可以利用电商平台，促进银行和企业之间的信息对称，有利于业务发展和化解风险。比如，近年来，我行小微企业服务做得还不错，贷款余额已经超过 18 000 亿元，但目前最大的困难是信息不对称，以及管理模式的不适应，导致小微企业不良贷款上升问题在业务发展较快的地区较为突出。如果我们通过电商平台能及时掌握企业的资金流、信息流，就有可能解决好上述问题。

（三）深化联动协同，增强竞争合力，促使参与各方共享机制红利。业务联动、公私联动、区域联动、内外联动、上下联动是这几年来全行非常关注而且已经取得一定成效的经营实践，对于发挥集团合力、提升竞争能力起到了重要作用。从个人金融业务来看，2011 年总行牵头组织了“大联动、大营销”活动，以代发工资业务和商品交易市场为重点，实实在在地把行内公私联动向前推进了一大步，今后还要继续深化。要在数据挖掘的基础上，有针对性地进行公私业务联动，以公带私、以私促公。银行经营的核心是经营客户，经营客户就必然要以客户为中心，打破产品、专业、地域等框框，只有这样才能更好地发挥集团合力，提升市场竞争力。加强联动要从以下四个方面入手：

第一是营销联动。这两年，“大联动、大营销”的成功经验就是对公、对私板块和团队的团结协作。全行有很多成功案例，要总结和推广下去。总的来看，对于公司、机构类单位，仅仅满足他们的对公业务需求已远远不够了，他们提出了很多个人金融服务需求，希望银行能够提供一揽子综合服务。而且，很多优质个人客户同时也是公司高管、政府官员，或民营企业所有人，基于对我行个人金融服务的满意和信任，他们也就更容易接受我行的公司和机构金融服务。所以，全行各条线的管理和营销人员都应以一种开放的胸怀来共同经营客户，保证这种联动效果的持久性发挥。其中的关键在于建立一套科学合理的考核评价和业绩分配机制，也就是以服务客户为纽带的分润机制或考核机制。

第二是服务联动。要建立以客户经理为主、产品经理配合的综合营销服务模式，跟踪客户资产配置需求，沿着客户资金流动链条创新和营销产品，深度发掘客户价值，既要发展好理财、基金、信用卡、保险等金融资产服务业务，还要通过搭载医疗、社保、交通、教育、文化等社会服务功能的产品来增加客户黏性。这其中，个金、银行卡、私人银行、电子银行、贵金属等业务部门之间要有互动，开展客户推介和产品渗透，共同培育客户，打破专业界限。同时，零售业务部门和公司、机构、结现等部门之间也要联动。

第三是业务联动。比如说如何处理金融资产服务业务与储蓄存款的关系。由于外部环境条件已变，个人客户金融资产从储蓄存款向其他金融资产转换的趋势不可逆转，我们应该顺势而为，加快转型，由过去更多地关注储蓄存款转移到更多地关注金融资产服务上来。当然，储蓄存款仍然是个金业务的核心，要同时抓好储蓄存款和金融资产，并通过做大金融资产业务来抓好新形势下的储蓄工作。年初总行个金部曾做过一次统计分析，全行个人金融资产规模同业领先的分行，在储蓄存款竞争中也往往处于优势。要想办法实现客户资金在我行体内循环，在稳定和挖掘存款潜力的基础上，利用银行类理财产品、基金、保险、信托、贵金属、外汇等业务联动，满足存量客户的投资理财需求，并通过一些有竞争力的产品竞争他行优质客户，力争实现储蓄存款和金融资产“双第一”。

第四是需求整合。一是纵向需求的挖掘。比如，供应链融资模式就是通过对核心企业供应链上物流、信息流和资金流的有效整合，实现核心企业及其上下游企业和个人的融资、存款、结算和理财等金融服务需求聚拢在我行。以个人经营贷款为例，未来可以由核心企业为上下游中小企业或个人提供保证担保，并缴纳一定数额的保证金，银行再以核心企业向上下游企业支付的货款为质押，向企业或个人发放个人经营性贷款。这样做的好处在于不仅可以提供双重担保，能有效控制贷款风险，而且可以批量拓展上下游的客户，实现零售业务的批发化。再以结算为例，我们可以为核心企业及其上下游企业定制专属优惠结算套餐，核心企业与上下游企业的结算可以享受优惠，上下游企业间的结算同样可以享受优惠，这样可以确保整个供应链环节的资金流都能封闭在我行系统内。二是横向需求的整合。比如个人综合资产服务业务，除了金融资产以外，今后银行的零售业务还要关注个人客户的其他资产，比如不动产。大家都知道，对于大部分家庭而言，房产在一个家庭总资产中占了很大的比重，可以说是家庭的主要资产。这些客户对银行而言都是高净值的客户，那么如何帮助他们盘活这些不动产，让不动产动起来，是下一阶段零售业务的一个经营方向。总行计划推出的个人资产综合服务业务，就是以客户在我行建立的资产池为依托，为客户提供全资产、多层次、跨地域的融资授信、财富管理及其他增值服务的综合化业务。该业务最终目标是搭建个人金融产品及服务的总体性平台，纳入既有的各项个人金融产品及服务。总行将基于此平台陆续研发推出系列专属创新产品及服务，充分发挥集团优势，提供全资产、多层次、跨地域的新型综合化服务，有效盘活客户的存量资产，提高客户综合贡献。由于该业务涉及面广，系统开发和后续完善复杂，总行先期拟分别选择 5 家东部沿海地区分行和 5 家中西部地区分行进行试点，希望这几家分行能积极探索，积累一些宝贵经验。

（四）注重集约化经营，加强精细化管理，持续提升个人金融业务竞争能力。提高经营效率是经营转型的一项重要目标。体现经营效率的指标包括很多，对于零售业务来讲，关注较多的就是网均指标和产品竞争力。从 2011 年开始，总行开展渠道优化建设工作，经过近两年的努力，全行新建网点超过 1 000 家，从新建网点的效率类指标来看，普遍高于全行平均水平，呈现出较好的发展势头。以可监测到业绩的 927 家新网点为例，截至 2012 年底储蓄存款余额 1 075 亿元，比年初增长 753 亿元，占全年新增储蓄存款的 10%；网均 1.16 亿元，比年初增长 7 600 万元，是存量网点网均增长速度的2.55倍。从网均经营指标来看，我行的网均储蓄余额和网均中间业务收入是领先同业的，但是网均储蓄存款增量落后于建行，网均个贷余额落后于中行和建行。这些数据说明我行的网均效率仍有进一步提升的空间。全行要坚持集约化经营理念，用好网点和渠道资源，发挥产品优势，做好精细化管理。

关于存量网点优化问题。下一步，工作重点将转向存量网点的优化上来，目标是用2~3年的时间对开业3年以上的网点进行优化，使全行约50%的存量营业网点竞争能力得到提升。各行要巩固近年渠道优化建设成果，确保新建网点的投入产出。要按照总行统一部署，安排好存量网点优化工作。一是要加大自助设备投放力度，延伸服务触角，减轻柜面业务压力，提高网点的经营效率。二是做好业务流程优化，提高物理网点的服务质量和效率，改善客户体验。三要建立健全网点评价体系，科学全面地评价网点优化工作成效，把人力、物力和财力都投入到最需要的地方，确保产出和投入成正比。

关于智能网点和自助银行建设问题。我行存量客户基础庞大，要服务好、维护好这部分客户，单纯依赖这17 000多个物理网点肯定不行，需要加强信息化银行建设，构建完善的客户服务渠道网络架构。物理网点方面，目前总行正在北京、南京、广州和深圳四个城市试点智能网点建设，预计年底前在全行范围投产。智能网点面向个人和法人客户提供智能化、专业化、自助化金融产品和服务，是集客户自动识别、产品精准营销、专业理财服务、业务快速处理为一体的全功能、全产品、综合性营业网点。各行在新建或优化物理网点时要参照这一建设标准，构建集客户识别、产品营销、专业服务为一体的网点营销服务体系。自助银行方面，要继续推广“1+2+N”模式，力争再新建2 000家自助银行，构建多维立体网络，扩大渠道辐射半径。电子银行方面，要不断完善电子银行的功能，改善客户体验，着力提高网上银行、手机银行在个人客户中的渗透率。

关于产品竞争力问题。产品竞争力主要表现在两个方面：产品创新能力和市场响应速度。产品创新能力方面，工商银行一直引领着中国商业银行发展前进的方向，无论是公司类产品还是零售业务类产品，近年来在创新发展方面都取得了长足进步。比如近年来个金开发的商友俱乐部平台，是零售业务营销模式一次重大转型。在市场响应速度方面，以3 266项个人产品为例，真正能赢得市场、有重大影响力、响应速度比较快的产品还不多，很多产品仍然只是概念，停留在实验室阶段，或者是投入市场后反响平平，客户不大认可。还有的产品可能投入了大量的人力、物力，但市场竞争力并不强。比如我之前看过报道，某家银行推出婚庆贷款，两年才办了四五笔业务。实践是检验真理的唯一标准，任何产品创新都要拿到市场上去检验。总行产品创新部要建立产品后评估机制，做好产品投放后的评价，以促优汰劣，希望每年全行能推出几个“杀手锏”产品。提升产品竞争力，可以从三个方面着手：一是尊重基层首创精神。基层是最贴近市场的，最了解市场需要什么样的产品，我希望各行要积极主动，要有市场敏感度，第一时间把市场的需求反馈上来，为总行产品研发提供第一手资料。二是加大产品分析和研发力度。产品研发是一项综合性工程，希望总行相关业务部门紧密合作，做好顶层设计，开发更具市场竞争力的产品和服务。三是新产品的快速应用。新产品推出后，要抓紧做好市场宣传和内部营销，以最快的速度将产品推向市场，赢取先机。同时产品推出后要加强跟踪研究，分析产品为什么受欢迎或者受冷落，及时加以总结改进。

个人金融业务是工商银行最具核心竞争力的业务之一。过去我们是一家零售业务见长的银行，现在和将来也绝不能丢失，一旦工商银行失去了个金业务竞争力，也就失去了整体竞争力。因此，对于个人金融业务，各级行怎么重视都不为过，如果有哪家分行失去了个人金融业务在当地的优势竞争力，那家分行行长就是不合格的。经济社会的发展进步给个人金融业务提供了更加广阔的市场和服务创新的空间，也使得个人金融业务变得更具活力，并让我们的经营活动充满了未知和乐趣。个金业务大有可为，经营实践永无止境，希望大家充分发挥才智，一起去探索如何做好个人金融领域的服务与创新。

在中国工商银行纪念建党92周年表彰大会暨先进事迹报告会上的讲话

姜建清

（2013年7月1日）

今天是中国共产党诞辰92周年的日子，我们在这里齐聚一堂，回顾党的历史，庆祝党的生日，表彰先进集体和优秀个人，交流经验体会，共话科学发展，是一件非常有意义的事情。

刚才听了5位同志的发言，很受感动，也很受启发。大家虽然来自不同机构、不同岗位，但有着同样的爱岗敬业、勤勉尽职、奋发进取、无私奉献的精神和情怀，你们在平凡的岗位上，充分发挥党员先锋模范作用，集中展现了新时期工商银行优秀党员的风采！从你们身上，我们感受到了全行广大党员对党的热爱，对事业的忠诚，对工商银行转型发展强烈的责任感和使命感；从你们身上，我们也看到了为全行发展立足本职、默默奋战在各个条线各个岗位同志们的精神风貌，看到了大家正在用勤奋和汗水创造无愧于时代和历史的骄人业绩，我为大家感到骄傲和自豪！在这个光荣的日子里，我首先代表总行党委，向受到表彰的先进集体和优秀个人表示热烈的祝贺！向为全行改革发展作出贡献的全体党员致以崇高的敬意和节日的问候！同时，借这个机会，我想谈三个方面的意见。

一、工商银行之所以取得今天令人瞩目的成就，最根本的原因在于始终坚持党的领导

中国共产党自1921年诞生至今已经走过了92年的光辉岁月。从成立以来，我们党就承担起领导全国人民完成中华民族独立和复兴的伟大历史使命。1949年，成立了人民当家做主的新中国，领导中国人民实现了由新民主主义到社会主义的历史性转变。1978年，党的十一届三中全会后，党将工作中心转移到经济建设上来，实行改革开放，逐步确立了党在社会主义初级阶段的基本理论，开辟了中国特色社会主义道路。21世纪以来，党深入贯彻落实科学发展观，紧紧抓住重要战略机遇期，在全面建设小康社会进程中推进实践创新、理论创新、制度创新，坚持和发展了中国特色社会主义，经济总量跃升至世界第二位，国际地位和影响力显著提升，创造了“中国奇迹”。2012年，党的十八大胜利召开，新一届中央领导集体提出了实现国家富强、民族复兴、人民幸福的“中国梦”。如今，一个拥有八千多万党员、历经风雨砥砺更加成熟坚强的党，一个坚持先进性和纯洁性、追求自我完善、自我革新的党，正紧密团结和带领全国人民奋进在中华民族伟大复兴的宏伟征程上。

在党的领导下，工商银行也走过了30年的风雨历程。30年来尤其是股改上市以来，无论国内外经济环境如何变化、银行体制机制如何变革，也无论面临多么大困难和考验，我们始终坚持党的领导不动摇，始终坚持以服务实体经济和人民群众为根本方向，坚持以改革创新为战略驱动和支撑，坚持以人为本科学发展，经受住了种种风险挑战和严峻考验，实现了从大到强、从本土到全球、从国有独资商业银行到国有控股银行的历史性转变，成长为一家多项指标全球第一、公司治理完善、风险抵御能力强的优秀上市银行，探索走出了一条具有中国特色的大型金融企业的建设道路。在前不久《福布斯》（*Forbes*）杂志公布的2013年全球企业2 000强排行榜中，工商银行名列第1位，这是该榜单推出10年来中国企业第一次排在榜首。工商银行的成长和壮大，是党领导中国经济金融改革和发展的缩影，是我国金融企业坚持科学发展观、走中国特色社会主义道路的生动实践。

28年的革命历程波澜壮阔，64年的执政成就壮丽辉煌。历史充分证明，中国共产党是领导我们事业的核心，党带领亿万人民探索开拓的中国特色社会主义道路是康庄大道。始终不渝地坚持党的领导，是包括工商银行在内的中国金融企业在激烈的全球经济金融竞争中乘风破浪、实现健康可持续发展的坚强保证！

二、积极探索党建工作的新路子，努力把党建优势转化为全行科学发展优势

办好中国的事情，关键在党。推进工商银行的发展事业，关键也在党。近年来，面对复杂多变的经营形势，我们在建立和完善公司治理过程中，没有简单地照搬西方公司治理模式，而是从中国的国情行情出发，把党的建设与现代金融企业建设相结合，在公司治理架构

下充分发挥党建工作的优势，为加快推进全行的改革发展提供了坚强的政治保障。

（一）坚持发挥党的领导核心作用，实现了党的建设与各项工作同步推进。我们围绕经营抓党建，抓好党建促发展，通过做好“三个结合”，促进了全行市场竞争发展能力的不断提升。一是完善党的领导体制与健全现代公司治理机制相结合。探索形成党委领导与现代公司治理职责明确、运转协调、相互促进的新体制，不仅确保了党委在公司治理中的领导核心地位，而且有效发挥了党建工作与公司治理的双重优势，形成了国家控股大银行特有的核心竞争力。二是加强党组织建设与提高机构竞争力相结合。通过开展学习实践科学发展观、创先争优等活动，将基层党组织建设与提高基层经营活力、改进服务等工作融为一体，以基层党建凝聚全行合力，促进转型发展。三是加强党风廉政建设与完善内部管理相结合。坚持党要管党、以从严治党促进从严治行的方针，充分发挥党组织的保证监督作用，根据不同时期廉政案防形势和特点，积极探索反腐倡廉的新方式新方法，确保了全行依法合规、稳健经营，干部勤勉敬业、清正廉洁。

（二）坚持创新党建工作，促进了党建工作科学化水平的不断提高。我们积极解放思想，改革创新，不断优化和改进党建工作的途径和方式，以全球化视野和战略性眼光来谋划和推进党建工作。一是积极创新干部管理工作。坚持党管干部、党管人才，着力推动干部管理理念创新、体制机制创新和方法创新，大力推进干部管理的集团化、市场化、多元化改革，使各方面优秀人才充分涌现、各尽其才、才尽其用。近三年，全行共有1 100多名处级干部进行了上下交流，70多名干部通过公开选拔走上了一级或直属分行、总行部门负责人等领导岗位。二是积极创新基层党建工作。以“增强基层组织核心竞争力和经营活力”为主题，深入开展“创先争优”活动，通过党员责任区、党员示范窗口、党员承诺制、党员结对创优等载体，引导党员立足岗位创先争优。全行各级党组织共建立创先争优长效机制1.2万项，形成了以党员队伍建设带动员工队伍建设的生动局面和争创先进、推动发展的良好氛围。三是积极创新党员教育管理形式。通过开设办好总行党校、党员流动课堂、设立网上党校和短信课堂、开展党员在线学习交流、组织送教上门等措施，扩大了党员教育的受众面，增强了教育的针对性和实效性，取得了良好效果。2009年以来，全行共开发党员培训教材1 000多部，累计培训党员203万人次。

（三）坚持以人为本，充分发挥党建工作的导向、协调和激励作用。总行党委制定印发了关于加强员工队伍建设的意见，提出了“全行员工与工商银行同进步、共发展”的员工工作核心理念，完善了“纵向可晋升、横向可交流”的岗位职级体系，持续开展了国际化人才项目、中年员工职业振兴等系统工程，以及大规模的业务培训和资格认证培训，形成了浓厚的重学习、强素质的氛围，实现了与职业发展的有机衔接，促进了人力资源的全面开发。全行定期组织开展员工思想状况调查，有针对性地开展思想政治工作，大力培育富有工行特色、体现时代精神的先进企业文化，促进了员工队伍整体素质的提升。

三、深入贯彻落实党的十八大精神，积极开创复杂严峻形势下转型发展的新局面

今年是全党深入贯彻落实十八大精神的开局之年，也是我行实施股改后第三个三年发展规划承上启下的关键一年。当前，全球经济金融形势依然错综复杂。随着我国经济增速放缓、金融监管改革深化以及利率市场化加快推进，银行业正从过去盈利高增长期进入到一个增长相对平缓的发展阶段。特别是去年以来，受经济环境变化等因素影响，银行信贷风险增大，且有进一步扩大和蔓延的风险。前几天，在多重因素叠加作用下，货币市场还一度出现了资金结构性紧张的情况，尽管在央行指导下，流动性压力得到及时缓解，但从中也看出了当前经济运行的复杂性。作为国有大银行，我们一定要以十八大和中央经济工作会议精神为指导，坚持服务实体经济的本质要求，深入研究和加快推进经营转型，全面加强党的建设，不断提高科学发展水平，为促进我国经济持续健康发展和实现全面建成小康社会的奋斗目标发挥积极作用。

（一）深入贯彻落实党的十八大精神。要以全行“学习贯彻十八大精神、开创科学发展新局面”主题活动为抓手，把学习贯彻十八大精神更好地落实到全行经营管理的各个方面，努力把学习成果转化为促进发展的政策措施和推动改革的内生动力。一要更加积极有效地支持和服务实体经济发展。金融和实体经济密不可分。最近国务院针对当前宏观经济运行中遇到的新情况、新问题召开常务会议，研究部署金融支持经济结构调整和转型升级的政策措施，要求优化金融资源配置，用好增量、盘活存量，更好地服务实体经济发展。我们要认真落实党中央和国务院的要求，更加自觉地把经营发展放到全国经济金融大局中去谋划和推动，不断丰富和创新金融服务，将金融资源高效地配置到实体经济最需要、匹配度最高的领域。二要更加积极有效地推进发展方式转变。要以经营转型谋求长远发展，坚持稳中求进、稳中有为、稳中提质，注重宏观思考，全方位推进经营结构的优化调整，提高发展的质量和效益，增强集约式、内涵式发展新动力，努力走出一条规模大、结构优、效率高、资本消耗少、盈利可持续的发展新路。三要更加积极有效地维护金融稳定。要以更加全面、严格、科学、先进的风险管理，做好应对各种风险的准备，坚决守住不发生系统性、区域性风险的底线，保持全行资产

质量稳定，维护国家经济稳定和金融安全。四要更加积极有效地推进重点领域和关键环节的改革创新。改革创新是推动发展的最大动力和最大红利。年初，总行党委立足当前实际，研究确定了机构改革、信息化银行建设、信贷业务流程改造、存量网点调整优化等9大事关全局和长远发展的改革创新课题。目前，这些课题大部分已经完成，有些已经付诸实施，有些也已形成整体方案。下一步，要将研究成果转化为经营管理的具体实践，通过改革激发各机构各业务线的发展新动力，努力建立更富活力、更有效率、有利于科学发展的体制机制，促进自身科学发展能力和水平的提升。

（二）着力打造高素质干部和人才队伍。事业兴衰，关键在人。干部队伍是推进我们事业的中坚力量。要加强理论武装和思想教育，坚定干部队伍的理想信念。要加强意识形态工作，把意识形态教育纳入各级各类干部培训中，教育引导全行干部尤其是党员领导干部讲政治、顾大局，守纪律，明辨理论是非，自觉与党中央保持高度一致。要坚持正确的干部路线和选人用人标准，进一步深化干部制度改革，加强干部选拔、任用、培养的全流程制度化管理，保持干部队伍的先进性。要进一步完善公开选拔、竞争上岗机制，在更大范围推动干部交流。要深入实施全行中长期人才发展规划纲要，持续推进重点人才工程，促进各类人才大量涌出、优秀人才脱颖而出，为加快全行发展方式转变服务。

（三）进一步加强基层组织和党员队伍建设。党的基层组织是党的全部工作和战斗力的基础。要适应新形势新任务，积极探索基层党建工作的新方法，结合经常性创先争优，激发基层党组织和党员队伍的生机活力。要深入推进学习型、服务型、创新型基层党组织建设，引导党员干部自觉把学习作为一种精神追求，健全党员干部联系服务群众制度，推进基层党建工作创新。要主动适应综合化国际化发展和机构改革需要，进一步建立健全党的基层组织体系，扩大党组织和党的工作覆盖面，提高组织设置的科学性和党务干部配置的合理性。要按照控制总量、提高质量、优化结构、发挥作用的要求，不断加强和改进新形势下党员发展和管理工作，使党员队伍始终充满生机活力，保持旺盛的战斗力。

（四）切实加强和改进作风建设。十八大后，党中央首先强调作风建设，并作出改进工作作风、密切联系群众的八项规定，目前又对全党开展党的群众路线教育实践活动进行了全面部署，这是中央深刻分析国内外形势和党的作风现状提出的重大要求。按照中央要求，总行党委已经成立了教育实践活动领导小组和专门工作机构，制订了活动方案，近期将专门召开会议进行动员部署。各级党委要按照中央要求和总行党委安排，切实把本单位的教育实践活动组织好、开展好。要准确把握“照镜子、正衣冠、洗洗澡、治治病”的总体要求，以为民务实清廉为主要内容，把贯彻落实中央八项规定作为切入点，进一步突出作风建设，坚决反对形式主义、官僚主义、享乐主义和奢靡之风，着力解决干部员工和客户反映的突出问题。要通过党的群众路线教育实践活动，促进党员干部思想进一步提高、作风进一步转变、党群干群关系进一步密切、为民务实清廉形象进一步树立，用作风改进的新成效进一步凝聚起推动全行转型发展的强大力量。

同志们，党的十八大描绘的全面建成小康社会的宏伟蓝图，振奋人心；工商银行三十年风雨历程谱写的华彩篇章，令人自豪；建设“三个之最”国际一流现代金融企业的崇高使命，催人奋进。让我们在党的领导下，团结和带领全行广大员工奋发图强，锐意进取，不断开创科学发展的新局面，为党的金融事业作出更大的贡献！

在中国工商银行深入开展党的群众路线教育实践活动动员大会上的讲话

姜建清

（2013年7月11日）

中央决定，今年下半年开始，在全党自上而下分两批开展以为民务实清廉为主要内容的党的群众路线教育实践活动。按照中央部署，工商银行系统参加第一批教育实践活动。今天，我们召开全行深入开展党的群众路线教育实践活动动员大会，主要任务是，认真贯彻落实中央关于开展教育实践活动的有关精神，对全行教育实践活动进行安排部署，动员各级党组织和广大共产党员以饱满的政治热情和良好的精神状态投身这次活动。中央第33督导组对我行的教育实践活动给予了很多指导和帮助，接下来督导组组长马之庚同志还要做重要讲话，传达中央精神和要求。下面，我代表总行党委，先讲几点意见。

一、充分认识开展党的群众路线教育实践活动的重大意义和现实紧迫性，切实把思想统一到中央的决策部署上来

习近平总书记指出，开展党的群众路线教育实践活动，是我们党在新形势下坚持党要管党、从严治党的重大决策，是顺应群众期盼、加强学习型服务型创新型马克思主义执政党建设的重大部署，是推进中国特色社会主义的重大举措，对保持党的先进性和纯洁性、巩固党的执政基础和执政地位，对全面建成小康社会，具有重大而深远的意义。作为大型中央金融企业，全行各级党组织和广大党员要认真学习、深刻领会中央有关文件和习近平总书记重要讲话精神，把思想统一到中央决策以及总行党委的安排部署上来，提高对教育实践活动重要性和紧迫性的认识。

（一）深入开展党的群众路线教育实践活动，是保持党的先进性和纯洁性、实现中华民族伟大复兴“中国梦”的必然要求。围绕保持党的先进性和纯洁性，在全党深入开展群众路线教育实践活动，是党的十八大作出的一项重大战略部署。在日前召开的纪念建党92周年表彰大会上，我们刚刚一起缅怀了党的历史。九十多年来，党领导中国革命、建设和改革的历程深刻地昭示：“群众路线是我们党的生命线和根本工作路线”，“党的根基在人民、血脉在人民、力量在人民”，这是我们党的成功之道和基本经验。党的十八大确定了“两个一百年”的奋斗目标，以习近平为总书记的新一届中央领导集体，提出实现中华民族伟大复兴的“中国梦”，实现这个奋斗目标和理想，关键取决于我们党。习近平总书记在党的群众路线教育实践活动工作会议上强调指出，党的先进性和执政地位不是一劳永逸、一成不变的，过去先进不等于现在先进，现在先进不等于永远先进；过去拥有不等于现在拥有，现在拥有不等于永远拥有。保持党的先进性和纯洁性，巩固党的执政基础和执政地位，最重要的就是靠坚持党的群众路线，密切联系群众。这次中央在全党深入开展党的群众路线教育实践活动，就是要使全党牢记全心全意为人民服务的根本宗旨，将为民务实清廉的价值追求深深植根于全党同志的思想和行动中，以优良的作风把全国各族人民紧紧凝聚在一起，同心同德，扎实奋进，以作风建设的新成效汇聚起推动经济社会发展、实现“中国梦”的强大力量。

（二）深入开展党的群众路线教育实践活动，是保证和发挥党的领导核心作用、建设国际一流现代金融企业的必然要求。工商银行从1984年1月正式成立至今，走过了近30年的风雨历程，既经历了早期创业筚路蓝缕的艰辛和承担经济转轨改制成本的阵痛，也经历了在国家政策支持下股改上市带来的脱胎换骨的嬗变，特别是成功经受住国际金融危机的严峻考验，保持了健康发展的良好态势，成长为一家资产、资本、盈利等多项主要指标全球第一的大型上市银行。工商银行之所以能有今天的发展局面，关键在于始终坚持党的领导，坚持走党的群众工作路线，坚持把党的建设与现代金融企业建设相结合，从而不断调动和激发了广大干部员工投身改革发展的主动性和积极性，也赢得了广大客户的信任和支持。工商银行的创业史、发展史充分证明，只有坚持党的群众路线，把事业植根于群众，才能从干部员工中汲取破解发展难题的无穷智慧，才能从不断满足客户金融服务需求中获得源源不断的业务发展动力。党的十八大吹响了进军“中国梦”的号角，“中国梦”之于工商银行，就是把工行打造成为最盈利、最优秀、最受尊重的国际一流现代金融企业，打造成为一家基业长青的百年银行，这是我们的“工行梦”。当前，世界经济金融形势错综复杂，国际金融危机的深层次影响短期内还难以消除；我国经济运行总体平稳，但结构性矛盾依然突出，面临着经济转型和化解长期粗放增长积累矛盾的严峻考验。随着国内经济增速放缓、利率市场化步伐加快以及金融监管改革的深化，银行业发展方式和风险管理也面临着许多新情况新挑战。在这样一个关键时期，在全行深入开展党的群众路线教育实践活动，就是要用党的优良传统、优良作风把广大干部员工紧紧凝聚在一起，群策群力，攻坚克难，加快推进经营转型与科学发展，更好地服务实体经济、建设人民群众满意的银行，为实现“中国梦”而奋发努力。

（三）深入开展党的群众路线教育实践活动，是解决当前群众反映的突出问题、进一步加强作风建设的必然要求。总的来看，全行各级党组织和党员、干部贯彻执行党的群众路线情况基本上是好的，在推进改革发展、建设国际一流现代金融企业进程中，在改善金融服务、支持实体经济发展中，较好地发挥了各级党组织的战斗堡垒作用和广大党员的先锋模范作用，赢得了广大员工和客户的肯定。但也必须清醒地看到，面对世情、国情、党情以及工商银行自身发展形势的深刻变化，全行还存在诸多不相适应的问题。党的十八大指出，党面临的执政考验、改革开放考验、市场经济考验、外部环境考验“四大考验”是长期的、复杂的、严峻的，精神懈怠危险、能力不足危险、脱离群众危险、消极腐败危险“四大危险”更加尖锐地摆在全党面前。在中央党的群众路线教育实践活动工作会议上，习近平总书记告诫全党：党内脱离群众的现象大量存在，一些问题还相当严重，集中表现在形式主义、官僚主义、享乐主义和奢靡之风这“四风”上。从我行的实际情况看，这“四风”在全行也不同程度、不同形式、不同性质地存在，有的还比较突出。

在形式主义方面，主要表现为有的党员干部工作作

风不扎实，科学发展的思想树立不牢固，重形式轻实效，重部署轻落实，重眼前轻长远，重局部轻全局，重增长轻管理，造成一些机构、一些领域发展的可持续性不强。有的不注重思想理论武装和对新知识新业务的学习，不能沉下心来认真研究经营管理和业务发展中存在的问题，或满足于既有经验和老的工作套路，或整天疲于往来应酬，政策水平、专业能力日益衰减，难以真正对新形势下的经营工作形成有力的指导和推动。有的缺乏实事求是的精神，唯指标不唯市场、唯考核不唯基础，不去研究业务发展的办法，不按市场规律办事，只注重结果，忽视过程，很多工作都是为了应付考核，完不成任务就冲时点，用一种不可持续的办法把考核数完成，以致工作基础越来越脆弱，竞争力和经营情况在走下坡路，为官一任后，表面上很光鲜，实际上却掏空了业务发展基础、透支了发展潜力。有的唯上级不唯实际，唯文件不唯实践，机械地执行文件和制度，本本主义严重，对实践中出现的问题不研究、不反映、不修正，以致积累出很多问题。全行会议文件依然较多，甚至有的习惯于以会议落实会议，以文件落实文件，一般号召多，工作浮在面上，落不到实处。有的文件空话套话多，针对性、指导性不强，一些时候成为规避管理责任的“挡箭牌”。有的会议会前准备不充分，真正管用的办法措施不多。从全行情况看，形式主义诸多表现挤占了谋全局谋大事谋发展的精力，有的分行和部门一年到头热热闹闹，活动一个接着一个，但竞争能力并没有得到提升。

在官僚主义方面，主要表现为有的党员干部宗旨意识淡薄，服务观念不强，办事效率不高，对基层、对员工、对客户缺乏感情，距离基层和员工的期望、广大客户的需求存在较大的差距。有的大局观念不强，本位主义严重，遇到问题不是主动协调配合，而是敷衍塞责、推诿扯皮，形成“部门墙”和“机构壁垒”，影响了集团整体合力的充分发挥。有的领导工作过于超脱，对一些重大问题、重要工作不是亲自研究和推动，而是当甩手掌柜，任由下面推来扯去，造成工作质量和效率低下。有的对基层批评指责多、指导关心少，有好处则与基层争功，问责任则向基层诿过。有的对基层需要帮助解决的事项拖拖拉拉，长期得不到落实。有的考虑工作的出发点往往是如何方便本部门，而不顾及基层的实际困难，甚至直接干预基层权限内的工作。有的管理机构对基层缺乏热情，颐指气使，发号施令。有的高高在上，不接“地气”，脱离基层，脱离实际，以致出台的制度办法、研发的金融产品与基层和客户需求脱节；总分行跑基层不少，但走马观花、蜻蜓点水多，深入解剖麻雀、解决实际问题不够。有的以客户为中心的观念淡泊，不是按照市场主体办事，存在“官本位”思想和衙门作风。有的对员工思想状况和工作生活中的实际困难关心不够，对员工管理不严和调动积极性不够的问题都不同程度地存在。有的干部原则性不强，当好好先生，一些工作重检查轻整改，问责和惩处不力，造成内部管理薄弱。

在享乐主义方面，主要表现为有的党员干部理想信念蜕化，精神懈怠，意志消沉，对工作向下看齐，对待遇向上看齐。有的事业心不强，工作上没目标、没追求，安于现状，不思进取，缺乏激情、动力和锐气，工作平平碌碌、不求有功、但求无过；有的生活上贪图享受，盲目攀比，讲条件、要待遇，满足不了就怨天尤人，牢骚满腹；有的奉行及时行乐的人生哲学，沉湎于宴席酒会和娱乐场所，甚至玩物丧志。

在奢靡之风方面，主要表现为在近年来全行经营效益持续提升、经营基础和条件有了显著改善的情况下，有的党员干部艰苦奋斗、勤俭办行的观念有所淡化，有的机构存在花钱大手大脚，铺张浪费，讲排场、比阔气的现象。极个别干部生活作风不检点，以权谋私，腐化堕落。

这些问题的存在，直接关系到党的威信和形象，也影响了党群干群关系，影响了银行与客户的关系，也一定程度上影响了全行改革发展整体工作的推进，影响了服务实体经济和社会进步的实际效果。尽管以上问题和现象只是少数，但如果不引起我们的高度警觉和重视，并认真加以解决，而任其发展蔓延，势必会严重侵蚀我们党员干部队伍健康的肌体，严重影响我们事业的发展。深入开展教育实践活动，就是要对这些作风之弊、行为之诟来一次大排查、大检修、大扫除，切实聚焦和解决作风方面的突出问题。

二、深刻领会教育实践活动的指导思想，准确把握目标要求

根据中央精神和总体工作部署，结合我行实际，总行党委研究制订了我行教育实践活动工作方案，对活动的指导思想、目标要求、基本原则、方法步骤作出了明确要求。各级党委要准确领会精神实质，落实好各项工作要求，认认真真开展好教育实践活动。

（一）明确指导思想，认真贯彻“照镜子、正衣冠、洗洗澡、治治病”的总要求。我行教育实践活动的指导思想是，高举中国特色社会主义伟大旗帜，坚持以马克思列宁主义、毛泽东思想、邓小平理论、“三个代表”重要思想、科学发展观为指导，紧紧围绕保持党的先进性和纯洁性，以为民务实清廉为主要内容，以处级以上机构、领导班子和领导干部为重点，切实加强全体党员马克思主义群众观点和党的群众路线教育，把贯彻落实中央八项规定精神作为切入点，进一步突出作风建设，坚决反对形式主义、官僚主义、享乐主义和奢靡之风，着力解决员工意见集中、基层呼声强烈、客户反映突出的问题，提高做好新形势下群众工作的能力，充分发挥党密切联系群众的优势，调动全行员工的积极

性、主动性、创造性，凝聚全行员工力量，打造人民群众满意银行，努力建设国际一流现代金融企业，更好地在推动经济持续健康发展、全面建成小康社会进程中发挥大银行的作用。

这次教育实践活动，中央借鉴延安整风经验，明确提出了“照镜子、正衣冠、洗洗澡、治治病”的总要求。这4句话12字，概括起来就是自我净化、自我完善、自我革新、自我提高。全行各级党组织、广大党员尤其是党员领导干部要认真学习、系统理解、全面把握，自觉把总要求贯穿活动全过程、各环节。

一是“照镜子”，主要是学习和对照党章，对照廉政准则，对照改进作风要求，对照员工和客户期盼，对照先进典型，查找宗旨意识、工作作风、廉洁自律等方面的差距。党员干部要敢照镜子、勤照镜子，不断找出不足、不断修身正己。

二是“正衣冠”，主要是在照镜子的基础上，按照为民务实清廉的要求，正视不足和差距，不回避矛盾和问题，严明党的纪律特别是政治纪律，敢于触及思想，从自己做起，从现在改起，端正行为，维护良好形象。

三是“洗洗澡”，主要是以整风精神开展批评和自我批评，深刻剖析形式主义、官僚主义、享乐主义和奢靡之风产生的根源，通过自我净化、自我完善、自我革新、自我提高，既要解决实际问题，更要解决思想问题，清洗思想和行为上的灰尘，做到干干净净做事、清清白白做人，保持共产党人政治本色。

四是“治治病”，主要是坚持惩前毖后、治病救人的方针，区别情况、对症下药，对作风方面存在问题的党员干部进行教育提醒，对问题严重的进行查处，对损害员工和消费者利益的不正之风和突出问题进行专项治理。

（二）落实为民务实清廉的主要内容，努力达到“四个进一步”的目标。中央明确提出这次教育实践活动以为民务实清廉为主要内容，具体到我们工商银行，为民，主要体现为坚持以人为本、人民群众至上，坚持一切为了群众、一切依靠群众，从群众中来、到群众中去，面向股东、面向客户、面向员工、面向社会，并为其创造价值；务实，主要体现为求真务实、真抓实干，坚持理论联系实际，发扬艰苦奋斗之风，发挥密切联系群众优势，在加快金融创新，提高服务水平，推进战略转型，防控金融风险，促进经济健康发展等方面取得新突破新成效；清廉，主要体现为自觉遵守党章，严格执行廉洁从业准则，规范各项经营行为，主动接受监督，坚决反对和制止各种忽视客户利益、损害消费者权益的不规范经营行为，弘扬行业新风，建设人民群众满意银行，树立负责任的企业公民形象。在教育实践活动中，各级党组织和广大党员干部要紧紧围绕这一主要内容，教育引导全行党员干部牢固树立群众观点，弘扬优良作风，解决突出问题，保持清廉本色，努力达到“四个进一步”的目标，即党员干部思想进一步提高、作风进一步转变、党群干群关系进一步密切、为民务实清廉形象进一步树立，切实以作风建设的新成效凝聚起推动改革发展的强大力量。

（三）明确主要任务，着力解决“四风”突出问题。习近平总书记深刻指出：“这次教育实践活动的主要任务聚焦到作风建设上，集中解决形式主义、官僚主义、享乐主义和奢靡之风这‘四风’问题。”优良作风具有无声的力量，让干部和群众心贴心。不良风气像一座无形的墙，使党和人民群众产生隔阂。“四风”问题看得见、摸得着，是当前作风建设中最具普遍性的问题。因此，抓住反对“四风”，就抓住了干部群众的关注点，就抓住了活动的着力点。刚才，我们分析了“四风”在全行的主要表现，各单位、各部门要紧密联系实际，解决好在“四风”方面存在的突出问题，巩固和扩大落实中央八项规定的成果，进一步树立起良好的行风行貌。

一要力戒形式主义，做到实干兴行。要进一步教育引导党员干部树立科学的发展观和正确的业绩观，提思路、定政策、作决策、拓市场，必须尊重客观规律，坚持实事求是，必须利长远、打基础。要脚踏实地，出实招、办实事、求实效，注重过程管理和精细化管理，部署了的工作要督促检查、一抓到底。要从全行改革发展和队伍建设的实际需要出发，改造和加强领导干部及全行的学习，对各类会议、文件、简报、庆典和评比表彰进行认真清理，根据工作需要精简合并，提倡写短文、开短会，坚决取消没有实质内容、没有实际作用的会议、活动和文件，引入先进的管理理念，利用现代信息手段，改进办公方式和流程，提高办公效率，不断正学风、改文风、优会风、树新风。

二要力戒官僚主义，依靠民本治行。要进一步教育引导党员干部强化全局意识和协作精神，并从制度、流程等根本入手，打破“部门墙”、“业务及机构壁垒”。要牢固树立以员工、以基层、以客户为本的思想，善于从员工中汲取发展智慧，到基层去抓工作落实，在客户中检验服务成效。要虚心向客户学习，时时刻刻关注客户的需求，真正以客户为中心推进业务创新发展；要虚心向基层和员工学习，提高民主科学决策水平，依靠广大干部员工的智慧和力量办好银行。要在感情和行动上贴近员工、基层和客户，真正理解、关心他们的诉求，着力解决推诿扯皮、挫伤员工积极性、损害员工利益、漠视基层疾苦等问题，着力解决客户投诉的突出问题，不断提高员工、基层和客户的满意度。

三要力戒享乐主义，开拓进取强行。要进一步教育引导党员干部牢记“两个务必”，增强工作的责任感和紧迫感，大力倡导勤勉敬业，克己奉公的作风，坚决克服不求有功、但求无过、安于现状、不求进步的的懒惰思想。要进一步完善干部管理体制，形成优进绌出的用人机制，引导党员干部真正把心思和精力用在干事业上，时刻保持敏锐的市场意识、强烈的风险意识，始终保持昂扬向上、争创一流、永不懈怠的精神状态。

四要力戒奢靡之风，坚持勤俭办行。要进一步教育引导党员干部牢固树立过紧日子的思想，坚决反对铺张浪费和大手大脚，狠刹讲排场、比阔气、公款大吃大喝、内部营销等不良风气。要认真贯彻落实中央八项规定，切实执行总行党委作风建设的六个方面15条措施，抓紧完善领导干部职务消费管理办法，进一步规范财务行为，自觉做到精打细算、勤俭办行，树立艰苦奋斗、励精图治的良好形象。

（四）把握基本原则，自觉做到“五个坚持”。一是坚持正面教育为主。加强马克思主义群众观点和党的群众路线教育，加强党性党风党纪教育和道德品行教育，引导各级党员干部讲党性、重品行、作表率，模范践行社会主义核心价值观，坚守共产党人精神追求和金融工作者职业操守。二是坚持批评和自我批评。开展积极健康的思想斗争，敢于揭短亮丑，崇尚真理、改正缺点、修正错误，真正让党员干部思想受到教育、作风得到改进、行为更加规范。三是坚持讲求实效。开门搞活动，请员工参与，向基层学习，让客户评判，受社会监督，努力在解决思想不正、作风不实、服务不好和行为不廉上取得实效，在提高群众工作能力，密切党群干群关系，全心全意为员工、客户和社会服务上取得实效。四是坚持分类指导。针对不同机构、不同层级、不同业务条线的特点，找准需要解决的突出问题，提出契合实际的目标要求和措施。五是坚持领导带头。领导干部既是活动组织者、推动者、监督者，也是活动参与者，要自觉把自己摆进去，切实发挥示范引领作用。作为党委书记，我在这里郑重表态，我将带头学习、带头听取意见、带头谈心、带头开展批评与自我批评、带头进行整改，一定当好表率。

（五）紧密结合全行改革发展实际开展活动，切实做到两手抓、两促进。当前经济形势严峻复杂，全行转型发展、改革创新、风险管理等任务十分繁重。党中央、国务院对保持金融稳定健康发展，以及金融更好地支持和服务实体经济发展提出了新要求。各级行党委要自觉地把开展教育实践活动作为将各项工作引向深入的新契机新动力，通过做好“三个结合”，及时把活动成果转化为推动全行科学发展的积极成效。

一是要把组织开展活动与建设人民群众满意银行相结合。要通过教育实践活动，把今年以来在全行开展的“服务品质提升年”活动引向深入，引导广大干部员工进一步树立客户至上的服务理念，切实改进服务态度，着力提升服务效率，创新金融产品和服务模式，同时持续开展客户投诉治理工程，不断健全消费者权益保护制度，全面提升服务品质。认真落实国家宏观调控政策和监管部门要求，不断优化金融资源配置，用好增量、盘活存量，更好地支持经济结构调整和转型升级。贯彻把保障和改善民生放在更加突出位置的要求，大力改进窗口服务，创新民生领域金融服务，不断通过现代金融服务为人民群众增福祉、为社会进步添能量。

二是要把组织开展活动与解决改革发展突出问题相结合。要通过教育实践活动，广泛征求基层员工和广大客户对我行业务发展、经营转型、服务改进的意见和建议，认真研究和解决影响全行健康可持续发展的突出问题。年初总行党委确定的机构改革、信息化银行建设、信贷业务流程改造、存量网点调整优化等9大改革创新课题的研究已经基本完成，要对其中比较成熟的改革方案，尽早推动落地和实施，同时要抓紧启动新一轮的改革创新调研，以体制机制创新来促进作风建设的深入和科学发展水平的提升。

三是要把组织开展活动与深化廉洁银行建设相结合。要通过教育实践活动，深入开展反腐倡廉教育，推动廉洁从业文化建设，切实培育清正廉洁、敬业简朴的价值理念，并进一步强化风险治理和内控管理，以行务、党务公开为抓手，加强对领导班子和领导干部的监督，推进权力公开透明，着力规范用人权、信贷权、财务权、采购权、处置权等权力的行使，严惩违规违纪，进一步打造纪律严明、作风严谨、风控严密、治理完善的现代金融企业。

三、紧紧抓住三个重要环节，确保教育实践活动扎实推进、不走过场

全行教育实践活动同批开展、压茬进行。总行、各一级分行、直属分行，各直属学院、直属机构于7月上旬开始；二级分行及一级支行于8月上旬开始。每个单位的集中教育时间一般不少于3个月。这次教育实践活动，要抓好三个重要环节：一是学习教育、听取意见，二是查摆问题、开展批评，三是整改落实、建章立制，这三个环节是相互联系、相互促进的有机整体。学习教育、听取意见是基础，这个环节搞好了，才能掌握思想武器、掌握改进提高的参照坐标；查摆问题、开展批评是关键，问题找准了、批评搞好了，就有了方向、有了目标；整改落实、建章立制是根本，教育实践活动的最终目的就是有所改进、真正提高，把成果巩固下来、坚持下去。这次教育活动不分阶段，不搞转段，目的就是把这三个环节的要求贯通起来，贯穿于教育实践活动的全过程。

（一）抓好学习教育、听取意见，在思想理论武装、提高认识上下功夫。思想是行动的先导，理论是实践的指南。群众路线的贯彻，工作作风的转变，前提在于认识水平的提高、在于思想理论的自觉。开展教育实践活动第一位的任务是搞好学习教育，衡量教育实践活动成效的一个重要方面也要看党员干部的思想认识是否提高。要精心制订学习培训计划，通过个人自学、集中

培训、专题辅导、交流研讨等多种形式，开展好学习教育活动。要组织党员干部系统学习中国特色社会主义理论体系，学习党的十八大精神，学习习近平总书记和中央其他领导一系列重要讲话精神，学习党的光辉历史和优良传统，学习先进和模范人物的事迹材料等，深入开展理想信念、党性党风党纪、道德品行等教育，开展中国特色社会主义宣传教育。二级分行以上党员领导干部要紧密联系本单位党员干部思想实际和工作实际，围绕为民务实清廉要求、坚持党的群众路线、做好新形势下的群众工作等重点内容，主动给本单位党员干部上党课、讲体会。要通过深入的教育学习和讨论，引导广大党员干部进一步坚定理想信念、提高思想认识，牢固树立宗旨意识、增强群众观念。同时，要组织党员干部深入员工、基层和客户，倾听群众声音，征求各方意见，为下一步工作打好基础。

（二）抓好查摆问题、开展批评，在触动思想、规范行为上下功夫。查摆问题、开展批评是教育实践活动的关键，问题找准了、批评搞好了，整改才有方向和目标。各级党员干部尤其是党员领导干部要围绕为民务实清廉要求，通过以党章和中央领导同志的讲话要求为镜，以群众为镜，以模范同志为镜，通过群众提、自己找、上级点、互相帮，结合全行加快发展方式转变、推动科学发展的实践，全面总结自己在思想、能力、素质、作风等方面情况，重点查摆在“四风”方面的问题，深入开展党性分析和自我剖析。要认真开好专题民主生活会，做到严肃认真、实事求是、民主团结。严肃认真，就是态度端正，认真听取群众意见，认真开展交流谈心，认真进行自我剖析，程序严格，环节不减，步骤不省。实事求是，就是坚持讲真话讲实话，是什么问题就摆什么问题，有什么问题就提什么问题，不避重就轻，不回避矛盾，触及思想深处、触及问题实质。民主团结，就是坚持党内人人平等，坦诚相见，历史地、客观地、辩证地讲问题，不马虎敷衍，不文过饰非、不发泄私愤、不搞无原则的纷争。通过开展健康的思想斗争，敢于揭短亮丑，真正红红脸、出出汗，达到团结—批评—团结的目的。

（三）抓好整改落实、建章立制，在改进作风常态化长效化上下功夫。整改落实、建章立制是活动的根本，教育实践活动的最终目的就是有所改进、真正提高。各级党组织和领导干部要针对查找出的问题，尤其是员工、基层和客户反映突出的热点难点问题，一条一条进行梳理，分别制定整改落实措施，明确整改时间表、目标和责任，并向党员和员工作出公开承诺。要坚持边学边改、边查边改，能改的马上改，不断让广大员工和客户看到变化、见到成效。对暂时解决不了的问题，要向群众作出说明；整改效果不好、多数群众不满意的，要重新进行整改，确保整改工作不走过场。同时，要注重加强制度建设，因为作风问题具有反复性、顽固性，抓一抓就好些，松一松就反弹。从活动一开始，我们就要重视研究制定、细化一些加强作风建设的具体制度和规定，尤其是针对容易滋生“四风”问题的重点领域、薄弱环节，着力建立健全一些务实管用，操作性、指导性强的制度，从源头上防止不良风气；要重视把中央和总行党委要求、自身实际需要结合起来，及时总结提炼教育实践活动中的好经验好做法，并上升为制度规范；要重视运用信息科技手段，形成技术和制度硬约束，使改进工作作风、密切联系群众、为民务实清廉成为党员干部长期自觉的行为。

四、坚持高标准、严要求，切实把教育实践活动各项任务落实到位

这次教育实践活动时间紧、任务重、要求高，各级党委要增强责任感和紧迫感，把教育实践活动摆上重要议事日程，高度重视、周密安排、狠抓落实，确保教育实践活动深入推进。

（一）加强组织领导，健全工作机制。目前，总行已经成立了由总行党委委员、高管成员及有关部门负责人组成的教育实践活动领导小组，负责全行活动的开展。领导小组下设办公室，负责日常工作。各级党委要抓紧健全工作机构和工作制度，二级分行以上机构要成立教育实践活动领导小组，抽调精干力量组成工作机构，尽早开展工作。党委主要负责同志要认真履行第一责任人的职责，分管领导要认真履行直接责任人职责。各级领导小组和办公室的同志，要认真学习中央和总行党委有关文件精神，做到先学一步、吃透政策、领会精神，以便更好地指导和推动基层行开展工作。总行将派出10个督导组，对各单位教育实践活动开展情况进行巡回督导，各一级分行、直属分行也要根据实际情况，组建派出督导组，真正沉下去、面对面指导辖属机构开展工作，使教育实践活动开展的过程成为改进工作作风、密切联系群众的过程。

（二）制定切实可行方案，精心组织推动。各级党委要尽快组织力量深入基层调研，广泛听取干部群众的意见和建议，找准问题，理清思路，抓紧制订实施方案。在总行和一级分行、直属分行开展活动期间，二级分行和一级支行不要等待观望，该做的马上做，提前为活动开展做准备、打基础。各单位都要发挥创新精神，既要按照中央要求和总行党委部署，做到活动基本环节不能少、不变通，完成好“规定动作”，又要贴近工作实际、党员实际，积极探索，使“自选动作”有特色出亮点，增强教育实践活动的针对性和实效性。

（三）加强宣传引导，营造良好氛围。这次教育实践活动中央很重视、全社会高度关注，全行员工热切期盼，抓好宣传工作十分重要。要精心策划宣传方案，建设好宣传阵地，通过建立网讯专栏等新的方式，宣传活动的重大意义，宣传活动的好做法、好经验和实际成

效，统一党员干部和广大员工的思想认识。要用正面声音引导各种媒体舆论，积极回应员工和客户关心的热点问题，为活动开展营造良好氛围。要发挥典型示范作用，选树一批为民务实清廉先进模范，用生动鲜活的事例感染人、教育人，使党员干部“正衣冠”有参照，“照镜子”有比较。要结合活动的开展，大力宣传我行改革发展30年取得的巨大成就，宣传我行在改进金融服务、支持实体经济发展上作出的积极努力和成效，树立工商银行为民服务、争做人民群众满意银行的良好形象，不断积聚有利于推动活动开展和我行健康可持续发展的正能量。

同志们，搞好这次教育实践活动，责任重大、使命光荣。让我们以高度的政治责任感、良好的精神状态和扎实的工作作风，把教育实践活动组织好、开展好，确保活动取得实实在在的效果，为贯彻落实党的十八大精神、进一步推动国际一流现代金融企业建设，实现金融强国梦作出新的贡献！

总行要作改进作风　密切联系群众的表率

——在总行党的群众路线教育实践活动专题党课上的讲话

姜建清

（2013年7月29日）

根据全行党的群众路线教育实践活动的安排，今天由我为大家上一堂党课，主要想结合教育实践活动要求和工商银行实际，就“总行要作改进作风　密切联系群众的表率”这个主题，与同志们交流一下思想。下面我讲三个方面的内容。第一讲讲必要性的问题，即为什么要抓总行作风建设；第二讲讲针对性的问题，即总行在作风建设中存在哪些问题；第三讲讲着力点的问题，即从哪些方面抓总行作风建设。希望以此启发大家的深入思考和工作改进。

一、充分认识全行尤其是总行加强作风建设的极端重要性

习近平总书记深刻指出：“开展党的群众路线教育实践活动，就是要使全党同志牢记并恪守全心全意为人民服务的根本宗旨，以优良作风把人民紧紧凝聚在一起，为实现党的十八大确定的目标任务而努力奋斗。”什么是优良作风？优良作风就是我们党历来坚持的理论联系实际、密切联系群众、批评和自我批评以及艰苦奋斗、求真务实等作风。而作风建设的核心问题是密切党与人民群众的血肉联系。从根本上说，抓作风就是抓党与人民群众的关系问题，就是要解决好立党为谁、执政为谁的问题。

（一）以密切党群关系为核心的作风建设是党的光荣传统和政治优势。中国共产党是一个创造无数奇迹的党。在长期艰苦卓绝的奋斗中，我们党紧紧依靠人民，付出了最大牺牲，书写了感天动地的壮丽史诗，不可逆转地结束了近代以后中国内忧外患、积贫积弱的悲惨命运，不可逆转地开启了中华民族不断发展壮大、走向伟大复兴的历史进程，使具有五千多年文明历史的中华民族以崭新的姿态屹立于世界民族之林。“问渠哪得清如许，为有源头活水来。”当我们翻开历史的壮丽画卷，为党所取得的辉煌成就而骄傲的同时，不禁会思考：党的生机与活力来自哪里？是什么因素使得党能够历经风雨而更加坚强？答案就在于，我们党能够始终清醒认识自己与人民群众的关系，把人民群众视为党的“生命之本”和“力量之源”，始终高度重视人民群众的主体地位和作用，形成了以密切联系群众为核心的作风建设的传统和优势，从而不断增强了党对人民群众的凝聚力、向心力、吸引力，获得了不竭的动力和制胜的法宝。

以毛泽东同志为代表的共产党人，在井冈山时期，就特别注意在实际工作中坚持“革命成功，尽在民众”的观点。在延安时期，我们党成功进行了延安整风，培育并形成了党的三大优良作风。在革命战争年代，党的事业在艰难困苦中星火燎原，根本原因就是党高度重视并不断加强作风建设，以作风建设的成效保证了党的宗旨的实现，使党得到了最广大人民群众的拥护。抗战时期，美国军事观察组来华考察后，得出一个结论：国民党占有着大片的土地，而共产党则占有大片的人心。我们正是发挥了密切联系群众、“得民心”的政治优势，最终夺取了新民主主义革命的胜利，建立了新中国。

在改革开放历史新时期，以邓小平同志为核心的党的第二代中央领导集体、以江泽民同志为核心的党的第三代中央领导集体、以胡锦涛同志为总书记的党中央始

终高度重视作风建设。改革开放初期，邓小平同志就强调：“在目前的历史转变时期，问题堆积如山，工作百端待举，加强党的领导，端正党的作风，具有决定的意义。”这些年来，先后开展了整党、“三讲”教育、保持共产党员先进性教育、深入学习实践科学发展观活动等。党的十八大以来，新一届中央领导集体着眼新的形势和任务，出台八项规定等一系列务实举措，特别是习近平总书记等中央领导同志率先垂范、身体力行，彰显了改进作风的新气象，对于匡正党风政风、净化社会风气起到了重要作用。正是通过不断加强作风建设，始终保持党同人民群众的血肉联系，始终保持共产党人昂扬奋进的精神风貌，才保证了改革开放和社会主义现代化建设的顺利推进。

可以说，党的历史既是一部波澜壮阔的革命、建设和改革史，也是一部深入持久的作风建设史。在90多年的奋斗历程中，我们党始终把作风建设作为生命线，始终要求全党同志坚持光荣传统、发扬优良作风，为党和人民事业不断从胜利走向胜利提供了重要保障。

（二）以优良作风凝聚全行力量是工商银行推进现代金融企业建设的根本保障。弹指一挥间，工商银行从1984年成立至今，已走过近30年的风雨历程。其间既经历了创业初期筚路蓝缕的艰辛和转型期承担国有企业改制成本的艰难，也经历了股改上市的涅槃之变和国际金融危机的风雨洗礼。在近30年波澜壮阔的改革发展实践中，我们实现了从大到强、从本土到全球、从国有独资银行到国有控股银行的历史性转变，探索走出了一条有中国特色的大型金融企业建设之路。全行综合实力、国际竞争力和影响力大幅提升，全面迈进世界领先银行之列。在今年《福布斯》杂志按销售收入、利润、资产和市值四项指标排名的全球企业2 000强榜单中，我行超过埃克森美孚，成为全球最大企业，这是该榜单推出10年来中国企业首次登顶。在《财富》杂志按营业总收入排名的世界500强榜单中，我行列商业银行首位。在《银行家》杂志按一级资本排名的全球1 000家大银行中，我行也跃升至榜首。至此我行在存款、贷款、总资产、一级资本、营业收入、利润、品牌等指标排名中均列全球同业首位。我们今天这个位置，是近百年中多少国际大银行、大金融集团所期望达到的位置，但成功登顶者寥寥可数。在100年前的1913年，当时全球资本最大的20家银行中，还没有亚洲银行的身影，基本被欧美银行所占据。今天前20强坐席中，已有不少亚洲银行跻身其中，更有4家中资银行进入前十强，凸显了这百年来世界经济金融格局的沧桑变化。

我们今天取得的成就，是改革开放的成果，也是与坚持党的领导，坚持走群众路线，坚持用优良作风把广大干部员工凝聚在一起，团结奋斗、开拓创新分不开的。我们面对的群众，既包括员工，也包括客户和社会大众。实践证明，只有坚持党的群众路线，把事业植根于群众，才能从干部员工中汲取破解发展难题的无穷智慧，才能从不断满足客户和市场的金融服务需求、服务经济社会发展中获得不竭动力。

十八大之后，党中央提出了实现中华民族伟大复兴的“中国梦”。“中国梦”之于我们，就是要把工行打造成为最盈利、最优秀、最受尊重的国际一流现代金融企业，打造成为一家基业长青的百年银行，这就是我们的“工行梦”。在实现这一梦想的征程中，我们面临许多难得的历史机遇。我国发展的有利条件、内在优势和长期向好趋势没有改变，工业化、信息化、城镇化、农业现代化深入发展，经济结构调整加快，多层次金融市场日趋完善，为我国银行业持续发展提供了坚实基础和广阔空间。我们比历史上任何时期都更有信心、更有能力实现“工行梦”。同时我们也要看到，前进的道路上并非一帆风顺、一路坦途，国内外经济金融形势深刻而复杂的变化给我们带来了前所未有的困难和挑战。从宏观经济环境看，国际金融危机的深层次影响短期内难以消除，世界经济将进入一个低速增长期；国内经济运行总体平稳，但发展中不平衡、不协调、不可持续问题依然突出。从监管环境看，对商业银行的资本约束将显著增强，传统规模扩张型发展模式难以为继。从金融市场环境看，利率市场化改革加快，对银行盈利模式、经营结构、管理水平、创新和竞争发展能力形成全方位考验；金融脱媒加剧和第三方支付快速发展，对银行传统优势市场拓展形成空前压力。在这种严峻复杂环境下，党中央、国务院对银行严守不发生系统性、区域性金融风险的底线，为更好地支持经济结构调整和转型升级提出了新的更高要求。同时我们已经走在了全球银行业的前列，驾驭如此规模庞大的金融机构，没有先例可循，没有现成模式可套用，可充当指导。

越是在这种转型和改革的攻坚期，越需要我们以良好作风凝聚全行力量，激发创造活力。“工行梦”关乎每个员工的发展进步，没有员工的参与和支持，“工行梦”的实现就失去了基础和依托。从这个角度讲，宏大叙事的“工行梦”，也是具体而实际的员工梦。只有以优良作风把大家团结在一起，凝聚在一起，心往一处想，劲往一处使，滴水之微才能汇聚起不可战胜的磅礴力量，形成推进全行改革发展的强大正能量。只有最大限度地调动全行员工的积极性和创造性，引导每一个员工把个人梦想有机融入工行愿景之中，做到心中有梦，脚下有路，脚踏实地，埋头苦干，才能共同享有梦想成真的机会，共同享有人生出彩的机会，共同享有和这个伟大时代、和工行一起成长与进步的机会。“最好的作风，就是踏踏实实干事”。我相信，只要全行上下始终保持团结一心的精神，保持自强不息、真抓实干的精神，我们就能托举工行梦想，朝气蓬勃地迈向未来！

（三）总行在改进作风、服务基层、服务客户方面要坚持更高标准、更严要求。习近平总书记强调指出，

“一个地方的工作，成在干部作风，败也在干部作风；一个地方的事业，兴在干部作风，衰也在干部作风”。同样，一家好的银行，必须要有好的作风；一家银行的总部，尤其要有好的作风。工商银行实行的是统一法人体制，总部是全行、全集团的战略规划中心、经营决策中心、管理指挥中心和资源配置中心，同时还担负着直接服务重要客户的职能。总部作用发挥得如何，直接影响着全行经营管理全局，关系着改革发展大局。总行作风是总行干部员工整体精神面貌的反映，是机关决策能力、管理水平、人员素质和企业文化的综合体现。抓住作风建设，就抓住了总行建设的根本。解决好作风问题，也就为其他问题的迎刃而解创造了更好条件。因此，在加强总行整体建设的过程中，必须始终把作风建设摆在突出位置。

加强总行作风建设对全行转变作风起着重要引领示范作用。俗话说，打铁先要自身硬，正人先正己。在开展党的群众路线教育实践活动中，在改进工作作风、密切联系群众的过程中，总行本部既是组织者、推进者、监督者，更是参与者、践行者。总行同志的一言一行、一举一动，在全行员工面前，代表着总部的形象，在社会公众、客户和监管机构面前，代表着工商银行的形象。总行的作风建设对全行作风改进有着重要影响。全行作风中存在的一些问题，有时表现在基层，可能根子在管理行、在总行，特别是脱离群众的种种问题，主要表现在管理行、表现在领导干部当中。风成于上，俗化于下。对不良作风，如果总行不警觉，安之若素，见惯不怪，最终大家也会坦然受之，变成“温水煮青蛙”。因此，只有总行高起点、高标准地带头转变作风，真正服务好基层，才能形成一级做给一级看、一级带着一级干，一级抓一级、层层抓落实的工作格局，才能形成总行示范、上行下效、全行合力的生动局面。

二、目前总行作风建设中存在的突出问题

应当肯定，总行的作风总体上是好的，风气是正的，绝大多数的干部员工是爱岗敬业、务实进取、清正廉洁的。这些无论是领导机关、监管机构，还是金融同业、业务客户，还是基层干部员工，方方面面的反应和评价总体上是积极、正面的。但毋庸讳言，总行在作风建设方面也确实不同程度、不同形式、不同性质地存在着形式主义、官僚主义、享乐主义和奢靡之风，有些问题还比较突出，分支机构存在的某些“四风”现象，有些根源也在总行，必须引起足够重视。根据前期征求意见和各方面反映情况看，主要表现在以下五个方面：

一是工作程序比较烦琐，工作效率整体不高。作为全行的决策指挥中心，全球第一大银行、第一大金融集团的总部，凡事有规则，讲规矩，讲程序，这是应该的。为保证依法合规经营、防范风险、减少失误，我们强调前中后台分开，形成监督制约机制，这也没有错。也正是因为我们坚持讲程序、重规则、守规矩，才保证了全行的平稳健康发展，才保证了多年来资产质量稳定和没有发生过大的案件事故，树立了良好形象。但讲程序、重规则、守规矩决不意味着就可以不要效率。应该说，总行对如何平衡风险与效率是重视的，但做得还很不够。比如，有些业务特别是涉及多部门的业务，审批流程过于复杂，加上信息共享差，流程兼容性低，导致效率低下，基层反映有时整个流程走下来，要两三个月的时间，如果中间还要退回去，补充点什么，说明些什么，就要大半年的时间。分行不得不挨个部门去请示、解释，涉及的总行有关部门也要定期跟踪，才能保证工作不被耽误。对此，分行的同志意见很多，部门也有反映。我们是商业银行，市场如战场，这样的效率怎么能够把握住机遇，抢得先机？再比如，出台一个办法，年初要先立项，通过了之后开始调研和起草，起草好了要通过书面形式广泛征求意见，修改了再送各部门会签，再进行法律审查和合规审查，再上会研究，然后再改，最后报行领导签批，才能完成发文。诚然，一个成熟的办法需要经过多方面的深入研究，但慢工是否就一定会出细活？细活是否就一定要靠慢工？能否在工作的组织方式上做些改进呢？很多环节能否由串行改为并行呢？事实上，尽管经过这么多的环节，但总行许多制度还是漏洞较多，针对性和可行性不强，因此寿命都不太长，一两年就要修订一次，有的当年就要修订，有的甚至按季度修订，表明长流程并不一定能保证高质量。这些不合理的长流程，有的已经被制度化，有的还被嵌入了系统实行了硬控制，导致系统化的低效率。有的部门和员工反映，工作很忙，天天加班，但有不少是重复劳动、无效劳动。

除上述制度性的长流程和低效率外，还有许多情况是人为造成的。比如部门会签效率较低，据办公室公文系统的监测情况，有份签报竟会签三个月之久；有的工作注重形式，不重实效，甚至搞“花架子”，热衷于举办或参加没有多大实质内容的庆典仪式、产品推介、峰会论坛，一年到头热热闹闹，活动不断，但竞争能力并没有得到相应提升。有的有令不行、有禁不止，不按规则办事；有的搞上有政策，下有对策，合意的就执行，不合意的就不执行，搞实用主义。近年来，随着业务运营风险监控等系统的推广和各类检查的统一计划管理，各部门对基层的重复检查、多头检查问题已有所改善，但整合得还不到位，各种现场检查还是偏多，检查信息共享不够，现场检查与非现场检查相结合还有很大的提升空间，不少现场检查还是传统的人海战术，大海捞针，带有很大盲目性，给基层带来了较大负担，检查效果也不会理想。有的部门看重激励性措施，轻视约束性措施，这既表现在热衷于搞各种评先表彰，范围越来越广，人数越来越多，使表彰失去了应有的激励作用，也表现在奉行“老好人主义”，重检查，轻处置，轻整

改，对存在问题的机构，不敢坚持原则，遮遮掩掩，一团和气。有的干部员工眼高手低，学用脱节，分析解决问题能力不足，碰到具体问题无所适从，遇到突发事件束手无策，这些都影响了整体效率的提高，导致有些重要工作部署落实较慢，甚至难以有效落实，严重制约了全行市场反应能力和客户服务能力发挥。

二是会议多、文件多的问题仍然比较突出。应该说，近些年来，总行在精文简会方面动了不少脑筋，花了很多功夫。我们不断改进公文处理机制，推行办公信息化系统，通过格式化方式简化处理流程，公文质量和运转效率不断提升，系统内部纸质简报已全面取消，一律通过网讯发布。我们加强了对会议的统筹管理，严格审批，会议数量明显下降，今年上半年总行召开各类会议87个，降幅18%，其中，现场会58个，同比减少23个，降幅40%；在京外召开会议13个，同比减少30个，降幅75%。但总的来说，文山会海的现象仍然比较突出。这几年总行每年印发的各类行发文件都在2 500个左右，部门发文在30 000个上下。这么多的文件，分行看都看不过来，怎么去研究？去落实？会议数量仍然偏多，而且一通到底的视频会议和视频培训越来越多，动辄要求各级行、各相关部门负责人、各网点负责人都要参加，当然，视频会议和培训具有成本低、速度快、覆盖面广等优势，但如果准备不充分、针对性不强，就必然过多地牵扯分行抓市场、抓经营的精力。各部门每年给行领导写的签报在8 000份左右，有的越写越长，请示报告不分，在报告中夹带请示事项，既增加了部门负担，也影响了行领导的精力。

会议和文件是总行目前经常的、基本的管理手段。会议多、文件多也与这些年来我行创新发展步伐快、机制改革范围广、风险控制力度大有很大关系。但也应当承认，有些会议是可开可不开的，有些文件是可发可不发的，有些会议、文件是由于效果不好、质量不高而不得不重复开、重复发的，这就与有些部门管理理念偏差、工作作风飘浮、工作能力不强有直接关系。有些部门负责同志存在单纯依赖会议和文件推动工作的机关化办公思维，个别甚至将会议和文件视为推卸责任的手段，认为开了会、发了文、定了制度，就算尽到了管理责任。有些部门负责人缺乏担当，对授权和职责范围内的事情也要再请求领导批示，或请领导出席会议帮助安排工作，或简单照抄照转。有的部门管理能力和工作水平不高、责任心不强，起草的文件质量差，文件印发后不久就要重新发文或补充发文；有的部门内部也函来函往，凡事也要用文字方式签报报告；有的部门缺乏统筹管理，按片开会，按处开会；有的干部作风不深入，只愿意做出头露面有声有响的风光事，不愿做案前幕后吃苦受累的苦力活，会不嫌多，规模不嫌大，规格不嫌高，但对会议材料不做认真研究，分析问题表面化，政策措施形式化；有的部门总经理对本部门产生的重要公文和提出的会签意见不审核，不把关，不统筹，名曰副总分工负责，实为各自为政，自己做甩手掌柜，出了事情又推说自己不知情。这些都是造成全行会议、文件数量多但效果差的重要原因。过多的会议、文件使总行各部门和基层机构往往疲于应付，从文件到文件，从会议到会议，难以集中时间和精力去抓落实，抓经营，抓管理。

三是部门之间协作配合还不够密切。总行有40多个部门，其中还有8个利润中心，许多工作是需要各部门齐心协力才能完成的。但坦率地讲，有些部门大局意识、合作意识不强，部门之间、部门内部沟通协调不够，从而影响了整体工作效率和服务质量。有的部门缺乏全行一盘棋思想，想问题，做事情，不是从全局出发，不是围绕全行的中心任务而展开，而是过多地从部门角度考虑问题，过分强调本专业工作的特殊性和重要性，少沟通、不沟通、难沟通，推诿扯皮。有的部门利益至上，本位主义严重，于己有利的事抢着做，需负责任的事就推给别人做。这也许就是为什么有些涉及多部门的工作，往往效率比较低，甚至需要行领导一而再地开会协调的原因吧。还有的部门在研究问题、起草文件或者拟订制度时，对超出自己工作权限的事情不主动与涉及的部门沟通协调，该会签的也不会签，有的又走向另一个极端，需要不需要的一律会签，不少文件一次会签二三十个部门，人为拉长了工作流程。部门间信息难以共享，每个部门都希望做得大而全，小而全，对相同或类似的信息各自开发，自成体系，重复建设，导致大量人力、物力、财力浪费。

四是对基层行服务支持力度不够。虽然我们这些年一直强调建立二线为一线服务、总行为基层服务、全行为客户服务的“大服务”格局，去年底还组织各部门实行了内部服务承诺制度，但对基层的服务意识、服务效率、服务质量还是有很大差距。基层反映较为集中意见有：对分行的各类考核指标越来越多，越来越烦琐，有的部门总是希望能更多地将本专业的指标纳入分行考核，实在纳不进去的就搞个单项考核。即便剔除内控、风险类考核指标，现在仍有10多个业务部门的200多项指标纳入了对分行的综合经营绩效考核，过细的考核指标使得考核“指挥棒”的作用因过于分散而削弱。总行制定的管理政策，“一刀切”的仍然较多，分类指导不够。版本优化、系统升级过于频繁，这可以看做是我们的科技发展快，但是否也说明有些项目前期的需求、开发、测试不太细致、不太成熟呢？是否考虑过会给基层熟悉流程、掌握运用产品带来许多困难呢？还有极个别部门遇事就要从分行抽调人，搭个专门班子，搞个专门小组，很少考虑分行工作是否紧张，人员是否抽得出，有些员工甚至已经习惯于分派基层同志干事，自己动动嘴，交付一下任务，也就是依赖基层同志代为完成本该自己做的日常工作。有的干部对基层缺乏了解，没有感情，特别是一些刚出校门的年轻人，对基层同志颐指气使，以总行领导自居，口气很大。有的部门对基层的困难漠不关心，对基层的请示迟迟不予回复。当然，这其中可能有分行报送的材料不符合要求，比如请示报告不分、一份请示中夹杂多个事项、多头报送等，但这些都不能成为一些部门置之不理的理由，要知道我们是一个整体，一线就是前线，总行每一个部门、每一个干部都应该有这个意识。有的部门重结果，轻过程，遇到问题不是设身处地与分行一起出主意想办法，而是简单粗暴，动不动就要求分行一把手亲自汇报，动不动就要求分行以正式文件向部门报告情况，文件来了又懒得看，束之高阁，甚至有些处长也能用邮件给分行行长下命令，提要求。有的干部下基层调研不少，但走马观花，深不下去，没有真正解剖麻雀，和基层一起分析问题、解决问题。

五是享乐主义和奢靡之风还有一定市场。个别干部意志消沉，甚至奉行及时行乐的人生哲学，贪图安逸，追求享受，沉湎于宴席酒会和娱乐场所，迷恋于求神拜佛，情趣低俗，玩物丧志。有的庸懒松散，安于现状，不思进取，对工作向下看齐，对待遇向上看齐，没做多少工作就讲条件、要待遇，满足不了就怨天尤人，牢骚满腹。有的特权思想严重，追名逐利，摆资格，搞特殊，总行的公务用车嫌不够档次，到分行动不动就提出超标准接待要求，主要领导不陪不高兴，酒店星级不够不高兴，娱乐项目不丰富还不高兴。有的玩心太重，上班时间打游戏、上娱乐网站，偶尔加点班就喊累，但玩扑克、搓麻将通宵达旦。有的借出差、调研、营销之机，吃喝玩乐，常常醉醺醺、昏沉沉。有的干部不顾总行三令五申，仍借职务之便，收受基层行的所谓“纪念品”、购物卡。有些有审批权的部门动不动就要求分支机构人员来总行当面汇报，要么补充材料，要么说明情况，难道讨论交流问题通过视频、电话、邮件不更方便吗？有些基层行就反映内部营销比外部营销还牵扯精力。还有极个别干部利用手中的权力获取不正当利益，存在违规违纪行为。

随着全行经营效益的持续提升、经营基础和条件的显著改善，有些部门和党员干部艰苦奋斗、勤俭办行的观念也有逐步淡化的迹象，存在奢侈浪费现象。有的部门不注重踏踏实实搞产品、抓服务，而热衷于热热闹闹搞仪式、搞活动，认为工商银行都“全球第一大行”了，应该有点“派头”，多花点钱不算什么。现在全行有各类金融产品近5 000个，但很多是“拿来主义”的，别人的东西多，真正自己原创的少，而且缺乏产品的应用评估机制。有些产品和服务辛辛苦苦开发，投入了大量的人力物力，但或者由于立项研发时“拍脑袋”、想当然，结果与市场需求背离；或者由于营销推广不力，投产后没有市场，没有效益。这种情况不在少数，造成了不小的浪费。有的部门用公款相互宴请、拉拉扯扯。尽管近年来我们积极倡导绿色、低碳、环保理念，但总行机关“长流水、长明灯”现象还不少见；虽然投产应用了办公信息化系统，但许多人还偏爱纸质文件，许多会议文件、资料还要打印出来，每年纸张等耗材就需几百万元；尽管我们开展了“光盘行动”，但餐厅中剩饭剩菜浪费也还不少。总行近几年每年光水电费支出就要2 000多万元，厉行节约还有很大的空间。这不仅是个人修养问题，也是银行的社会责任问题。

刚才讲的五个方面的问题，都是“四风”的种种表现，说明总行还存在比较浓厚的行政机关化色彩，存在“大企业病”的症状，对此大家可能感受更直接，认识更明确，希望能更加深入地剖析和讨论查摆。这“四风”虽然表现形式各异，但都是违背我们党的性质与宗旨的，是当前群众深恶痛绝、反映最强烈的问题，也是损害党群干群关系的重要根源。究其原因，既有群众观点和求真务实作风树立不牢固的内在因素，也有体制机制和管理上的原因，总行部门处室设置过多、分工过细、职责不明，客观上造成管理流程环节多、沟通协调难；一些部门、一些干部依然存在官本位思想，对基层、对客户缺乏感情，不能正确处理权力与责任的关系，管理粗放、作风飘浮，满足于既有成绩、自我感觉良好，忧患意识和危机意识不强；对干部的考核评价不够科学系统、干部能上不能下；等等。对总行机关作风建设上反映出的这些问题，总行党委要深刻反思，进一步查找在银行管理、干部教育、体制机制建设上的不足，深入剖析“四风”问题存在的根源，标本兼治予以解决。

三、关于总行作风建设的主要要求

针对征求到的各方面意见建议和查摆出的问题，中央督导组希望工商银行能够切实通过这次教育实践活动，在解决“四风”问题尤其是在提高效率、解决大企业通病上带个好头，进一步提高改善管理，改进窗口服务，实现更好发展。我们要按照中央督导组的要求，按照总行党委关于在全行开展教育实践活动的总体部署，举起“透视镜”，拿起“铁扫把”，抓住要害，对症下药，着力解决，努力树立总行学习进取、务实高效、服务优质、清正廉洁的良好形象。

（一）要加强学习，树立良好学风。当今世界，科技发展日新月异，知识总量呈几何数增长，更新速度大大加快。18世纪以前，知识更新速度为90年左右翻一番；20世纪90年代以来，则为3～5年翻一番。近50年来人类社会所创造的知识比过去3 000年的总和还要多。在这样知识信息快速膨胀、经济金融形势复杂多变的情况下，凭经验、吃老本已远远不能适应改革发展的需要。1939年，毛泽东主席在延安在职干部教育动员大会上指出：“我们队伍里边有一种恐慌，不是经济恐慌，也不是政治恐慌，而是本领恐慌。”这里，将本领恐慌与政治恐慌和经济恐慌相提并论。总行作为全行经营决策和管理指挥中枢，需要很强的学习力，如果我们不注重通过持续的学习充电来增强本领，仅仅满足于凭经验办事，即使是高学历也无法终身受用，储备的知识早晚会老化，被这个快速发展的时代所淘汰。一个人修身立业的根本不靠学历、不靠关系，而靠自己的真才实学。真才实学从哪里来？从学习中来，学习如同造房子打地基，只有地基打得深，房子才能建得高，发展和成长的空间才会更宽阔。比如，毛泽东主席的秘书田家英同志就是坚持在不断学习中增强本领的典范。他虽然9岁失学，但凭借着自己的努力，勤学不辍，成为了我们党内有名的“大秀才”，不仅参与了党和国家许多重要文件的起草工作，而且在史学研究上也颇有造诣，还主持了《中国通史》现代史部分的编写。

“吾生也有涯，而知也无涯”。全行同志尤其是总行的干部员工要树立正确的学习观，时刻保持有一种本领危机意识，奋发努力学习，树立良好学风。我们这一代人刚进入银行工作时，大家最赞赏的就是工作时努力工作、业余时间也在认真看书学习、钻研业务、探究金融前沿课题的年轻人，正是因为当时有那么一个好的氛围，大家进步都非常快。现在总行年轻人多、学历高、上进心强，这些都是学习上的优势。我们要充分利用这些优势，通过办讲座、读书沙龙、创新研讨等丰富多彩的活动，进一步激发总行员工的学习热情，营造良好的学习氛围。各部室要建立定期学习制度，原则上各部室每月都要组织一次集体学习。当然，总行尽可能创造好的学习条件只是一方面，更重要的是，各部室及每名干部员工都要增强学习的自觉性和紧迫性。不仅要学习，而且要结合经营管理中遇到的问题进行思考，坚持学以致用，以学习推动工作，以工作检验学习成果。要学习政治理论，提高理论素养和明辨是非能力，培养良好作风；学习业务技能，提高业务素质和推动专业工作能力；学习管理知识，提高复杂局面下的管理能力；学习法律知识，提高依法合规意识和风险防控能力。年轻同志要注重加强对经营管理实践的学习，不断积累和丰富自己的管理经验。部室领导要带头学习，减少不必要的应酬，尽可能挤出时间静心读书思考，保持思想敏锐、精神进取，这也是提高个人素养的最重要手段。希望每个同志都能把学习作为一种爱好，一种追求、一种健康的生活方式，都能养成乐学好学、终身学习的习惯，努力把总行打造成作风健康、学风端正、读书氛围浓厚的学习型机关。

（二）要增强服务基层的理念，不断提升服务水平。银行是服务行业，以服务为本、以服务为王。总行既是全集团最高管理机关，也是最重要客户的直接服务者。应该说，总行对直接服务的客户，服务意识是强的、总体服务水平也是好的，但对下属机构，正如刚才所分析的那样，相对比较薄弱。总行对下属机构的服务，包括决策审批、资源配置、产品开发、制度安排、流程设计等，都直接决定着全行服务客户的质量和水平。这些基层直接面对市场、面对客户，竞争压力大、困难多，而且对市场变化和客户需求的把握也最为敏感。因此，总行要设身处地为基层着想，满腔热忱地为他们排忧解难。在制定政策措施时，要多考虑其所在区域的发展阶段和特征，增强分类指导能力，不要采取简单的“一刀切”的方式，避免与市场一线的实际脱节；在下达任务目标时，要注意指标的先进性，能够起到相应的激励作用，但也要想一想基层的承受力究竟有多大，完成任务有什么困难，切莫搞不切实际的高指标，今后凡纳入分行综合经营绩效考核的指标，都要归口总行财务会计部统一下达，避免部门各行其是造成考核导向不明和压力重叠的现象；在市场竞争、业务创新中出现问题时，要多一些具体指导，多一些思想和工作的帮扶，切勿一味指责，揽功诿过，挫伤基层的积极性；在下基层调研时，要多听听基层和客户的意见及建议，既听顺耳话，也听逆耳言，不要走马观花，满足于肤浅了解，也不要带着事先定的调子下去，先入为主，盲目发表意见。总行要带头坚持和落实领导机关、领导干部调研工作制度和联系点制度，不仅“身入”基层，更要“心到”基层，沉下身子解剖麻雀，抓住典型，找出规律性和普遍性的东西，实实在在地帮助基层和客户解决经营管理中遇到的困难和问题。今后，对于基层行的请示事项、上报的各类审批等，必须要有明确的时限要求，做到有问必答，有求必复，急事急办，特事特办，即使解决不了的也要做好解释工作，切实提高响应基层服务的速度。总行部室对基层的服务如何，基层要有发言权，可以研究建立分行对总行部室服务的考评打分制度，把基层行对各部门服务的满意度作为衡量评价部门工作的重要标准。通过这种评价监督，进一步在总行形成“上级为下级服务，二线为一线服务，全行为客户服务”的氛围和环境。

我和今天在座的许多同志一样，是从基层一步一步走上领导岗位的，我们都对基层的感情很深。我的切身体会是，基层工作很辛苦，基层员工很可爱，只要带着感情去服务基层、服务员工，工作效果就会大不相同。现在总行一些干部特别是年轻干部没有基层经历，从家门到学校门、从学校门直接进了机关门，对基层了解不多，而干部与基层的感情，更多的是靠共同奋斗培养出来的。最近几年，总行大力推行干部交流制度，一大批干部到基层实践锻炼，他们在基层摸爬滚打、锤炼作风，体味了基层的酸甜苦辣，也培养了对基层的深厚感情，许多同志回来后非常感慨，认为这是一生中最宝贵的经历和财富。希望总行干部员工特别是没有基层经历的年轻员工，一方面要主动朝下走，到基层去锻炼，到基层去调研，到艰苦困难的地方去体验；另一方面要摆正自己的位置，树立群众观点，尊重基层，感恩基层，不断从基层汲取改革发展的智慧和力量，这不仅是总行的管理职责，更是以人为本的具体体现。

（三）要树立现代企业理念，运用现代技术手段大力提高工作效率。近年来，总行对网点业务流程进行了改造，取得了良好成效；今年又启动了信贷业务流程优化调整，这是一项需要持久推进的工作。总行各部室要适应信息化银行建设的要求，对本专业的业务流程进行细致梳理、评估，积极运用新理念、新技术来改进管理方式，努力去行政化办公色彩，建立起现代企业的办公秩序。

前面讲到的文风会风问题，是一个老问题，要把其作为改进总行工作作风的重要突破口扭住不放，下大力气加以解决。要积极转变观念，改变将会议和文件作为推动工作的单一手段，提倡开短会、发短文，凡是能够合并召开的会议尽量合并，凡是能够不发的文件尽量不发，从源头上减少会议、文件的数量。确实需要召开的会议，能够视频开会的尽量视频。对确实需要发的文件，也要尽量简约朴实，去掉那些空话虚话，去掉那些穿靴戴帽的套话，干净利落，直奔主题，千万不要“三纸无驴”，洋洋洒洒数十页，不仅起草文件的同志累，而且文件越长越难以落实。古人说，“删繁就简三秋树”，虽寥寥笔墨，却生趣盎然，简约是为大美，文件也是如此。另外，一般性的需要全行周知的文件，或者转发国家有关部门公开颁布的、需全行遵照执行的文件，均可以直接挂到“网讯”上，还有一些经验类的报告，也可以放到“网讯”供大家学习，既减少了文件数量，又扩大了受众面，起到了告知或推广的作用，比单纯发一个文件效果还要好得多。

最近总行投产了新的办公信息化平台，以后除涉及国家秘密的文件外，行内文件都要上这个平台。平台实现了对文件处理流程的优化整合，对文件运转的各个环节都有着明确的限时处理要求。比如，签报处理时间一般为 3 天，最多不超过 5 天，如果超过时限办理部门还未提出意见，系统就默认为同意，自动从该部门取回签报并进入下一环节。这种方法通过系统硬控制的手段，将有效解决文件流转时间过长等问题，促进办公效率的提升。目前新的办公信息化平台还处于投产应用的初步阶段，希望各部门要主动适应，积极应用，使信息技术真正成为推动办公效率提升的有力抓手。

（四）要增强大局意识，积极主动地搞好部门协同。随着企业规模的不断增长、经营范围不断拓展，其内部职能部门增多、分工细化是必然的，这也是大企业特别是企业集团的基本特征之一。但与此同时，管理半径的扩大也更容易导致大企业内部沟通、协调成本相应上升。经济学家科斯曾经说过，企业发展的界限，最终取决于其能否有效控制和降低管理成本，如果企业内部沟通协调比外部市场交易谈判还困难的话，那么这个企业的发展也就到了“天花板”，未来恐怕就要成为一只恐龙了。因此，对于工商银行这样的大型企业集团，部门之间、机构之间、上下层级之间的高度协同就显得格外重要。可以说，协同就是生产力，协同就是竞争力。

解决内部沟通协调难的问题，首要的是强化集团“一盘棋”的思想，正确处理好局部与全局、部门与整体的关系，办事情、出制度、拿措施既要着眼本专业经营管理的需要，更要从大局着想，统筹考虑，尤其是在系统开发、产品创新、制度制定等方面不能搞“部门化”和“小而全”，不能为了本部门管理便利而人为增加其他部门的工作困难，或为推脱责任而不顾实际执行落实的难度，更不能为了局部利益而损害全局，必须保证整个 ICBC 集团经营管理利益的最大化。有次总行开会，有个同志开玩笑地说，有的部室老总每天只做两件事：上午忙着解别的部室给套的绳子，下午忙着给别的部室套绳子。话虽然是玩笑话，但是不是也有一些实际情况或道理在里面呢？值得同志们反思。同时，还要善于换位思考，搞好协调配合。在遇到重要工作、困难事项和复杂问题时，部门之间要主动沟通协调，协商解决措施，不能敷衍塞责、推诿扯皮，甚至上交矛盾。大家在日常工作中都有这样的感受，很多问题部室的负责同志面对面或电话里谈一谈就能解决，比起“函来函去、文来文去”，不知要省时省力多少倍，而且还能增进部门之间的理解与感情。如果每个部门都能积极换位思考、乐于协作配合，那么“部门墙”“机构壁垒”就不复存在，我们在市场竞争中就是一只攥紧的拳头，爆发出无穷的战斗力。同时，要对部门间的联动考核分润机制以及年终考评办法等进行梳理完善，通过科学的机制来调动部门主动协调的内在积极性。

解决内部沟通协调难的问题，还要以改革的勇气在集团治理的框架下对现行体制“动手术”，通过革除体制弊端来打通经络，活血化瘀，焕发活力。今年以来，在总行党委的直接组织推动下，我们对机构改革课题，包括全行组织机构的现状、问题及改革方向进行了系统深入的研究，尤其对总行机构职能设置进行了优化设计，重点解决部门职能交叉重叠、事权分离、多头管理、交叉管理和真空管理等问题，促进部门间的信息共享和战略协同。机构改革方案将在充分酝酿成熟后择机出台、有序推进。要通过机构改革，把总行打造成为定位清晰、管理高效、机构精简、富有生机的大型现代金融企业集团总部。

（五）要坚持勤俭办行，大力推进节约型银行建设。大到一个国家、一个民族，小到一个企业、一个家庭，如果不提倡艰苦奋斗，只想在前人创造的物质文明成果上坐享其成，贪图享乐，不思进取，必然会走向没落和衰败。从前面查摆出的大手大脚、铺张浪费现象的背后，我们看到的是一些干部员工艰苦奋斗精神的衰退。这种思想倾向看似小问题，但很容易成为诱发腐败的动因，其危害性不可小视，“千里之堤，溃于蚁穴”，必须坚决地加以反对和制止。

艰苦奋斗、勤俭办行一直是工商银行的优良传统，不论什么时候，不论经营发展到什么水平，都不能丢。随着宏观经济环境的变化，中国银行业利润高增长的时期已经过去，银行利润增幅放缓在所难免，去年全行利润同比增长13.8%，尽管这个增幅在业界还是不错的，也超过了我们的预期，但与过去十年净利润30%左右的年复合增长率相比，已经大幅放缓。今年保持利润平稳增长面临更大的困难。随着经济下行压力加大和利率市场化的逐步深化，银行利差进一步收窄，风险抵补计提增加。与此同时，各方面增加支出的压力很大，特别是信息化银行建设、网点调整优化和竞争力提升工程的实施、一批重点产品的开发和推广都需要增加大量的、刚性的费用投入。在这种情况下，总行必须更加注意带头厉行节约，缩减一切不必要的开支，才能在全行进一步形成过紧日子、勤俭办行的风气，把增收节支各项要求落到实处，把有限的资金用在推动业务发展、增强金融服务能力的刀刃上，促进全行的可持续发展。而且这也直接关系到全行员工的切身利益，因为按照利润与费用增长1∶0.6的挂钩比例要求，只有节约不必要的开支、保持利润增长，才能带来员工收入实实在在的增长。

总行带头节约从哪些方面入手呢？我想大家都有很多好的想法，但重要的是要从自身做起，从小事入手，将绿色、低碳、环保办公理念转化为自觉行动。比如，积极推行绿色办公模式，尽量用电子手段来办公及联络，减少纸质文件的打印和传递。比如，将节能降耗纳入日常管理工作，节约每滴水每度电，降低水电费开支，促进节能降耗。同时，要抓好大的开支，严格费用审批，从严控制会议费、差旅费和接待费、外事费等费用支出。按照精简、简约、俭朴原则安排好各类会议和各种活动，严格落实公务接待有关规定，禁止各类奢侈浪费行为。针对不同部门特点，制订合理的费用、资源配置的方案，严格预算管理，严防超预算支出。创造条件扩大集中采购范围，做到阳光采购，不断降低采购成本，提高采购效率。要严格落实各项节约措施，切实提高资金使用效益。领导干部要率先垂范，做俭朴新风的表率。

（六）要坚持常抓不懈，形成作风改进的长效机制。作风问题具有顽固性和反复性，抓一抓有好转，松一松就反弹，容易落入“改进—反复—再改进—再反复”的怪圈。纠风之难，难就难在防止反复。习近平总书记强调，持之以恒抓好改进作风各项工作，关键在“常”、“长”二字，要以“咬定青山不放松”的决心，善始善终、善做善成、防止虎头蛇尾。因此，要保证党的群众路线不走样、不走调，保证作风建设不是一阵风，关键是要加强制度建设，形成完善有效的长效机制。当前，我们要重点在完善制度、加强监督上下功夫。

邓小平同志曾告诫全党，“制度问题不解决，思想作风问题也解决不了。”改进作风不可能毕其功于一役，必须有经常抓、长期抓的思想准备，既要立足当前解决作风建设上的突出问题，更需要着眼长远建章立制，用制度的力量去约束干部员工的言行，作风建设就更加有形、有力、有效。当然，制度一定要接地气、具体可行，这样不仅能真正落到实处，而且能减少执行过程中“上有政策、下有对策”的空间。下一步要认真总结、提炼实践中行之有效的做法和经验，根据实际需要及时修订完善相关制度，形成一大批精文简会、提升效率、勤俭节约等制度办法，切实用制度管权、按制度办事、靠制度管人，实现作风建设的制度化、规范化、常态化。

阳光是最好的防腐剂，而监督是最明亮的阳光。要积极畅通基层反映总行作风问题的渠道，健全对总行部室作风的监督机制，尤其要把执行“八项规定”以及改进对基层的服务、加强部门协作等情况作为改进党风行风的一项经常性工作来抓，并将监督结果作为评价部室工作的重要依据，使作风建设由“软指标”变为“硬杠杠”。

要抓好总行机关的作风建设，总行党委班子和成员要以身作则，率先垂范，从自身做起。针对存在的问题，从自身思想根源挖起，对自身的工作进行反思。要认真思考如何采取有效措施重点解决总行服务理念和效率问题，切实抓好“四风”纠正。要坚持从严治党，从严治行，抓好班子，带好队伍，抓住干部教育监督管理的重点环节，着力形成干部能上能下、优进绌出的良好机制，保持干部队伍的生机和活力。要坚持标本兼治，综合治理，从健全机制体制入手，努力建立作风改进的长效机制。要通过这次教育实践活动，进一步加强班子自身的思想政治建设、能力建设、作风建设、廉政建设，把总行党委班子建设成为推动科学发展的坚强领导集体，团结和带领全行干部员工向着国际一流现代金融企业目标不断迈进。

同志们，这次党的群众路线教育实践活动，是中央在新时期加强党的自身建设的一项重要部署。作风建设任重道远，我们取得的成绩只是初步的，前期工作也只是开端破题，“解题”的繁重任务还在后面，还需要标本兼治，往实里抓，往深里走。希望总行在贯彻落实中先行一步，抓早抓实，切实发挥好表率作用，带动全行教育实践活动开好局、起好步，确保活动取得实实在在的效果。

在行务会议上的讲话

姜建清

（2013 年 10 月 28 日・根据录音整理）

现在到年底还剩两个多月的时间，经营工作进入一个关键期，同时党的群众路线教育实践活动也进入了开好民主生活会、抓好“四风”问题整改的关键阶段，不久后党的十八届三中全会还要召开，出台加快改革的一些新的政策要求。刚才易行长通报了第三季度的经营情况，分析了当前经营发展中遇到的新情况新问题，对一些重点工作作了布置和强调，会后大家要抓好贯彻落实。这里我想再强调三个问题。

一、正确把握当前形势，努力完成全年经营目标

近一个时期以来，全球经济有所好转，但各国经济复苏情况有所分化。美国经济复苏态势比较明显，但量化宽松政策退出预期增强增加了世界经济走势的变数，对全球金融、商品市场和其他国家宏观政策带来较大压力。欧洲经济在财政和货币政策支持下出现疲软复苏，但复苏基础非常脆弱，存在很大的变数。新兴经济体增长明显放缓。我国在没有对经济进行大规模直接干预的情况下，主要经济指标保持在合理区间和预期目标之内，经济运行出现了企稳向好的势头，结构调整取得新进展。第三季度 GDP 同比增长 7.8%，PMI、规模以上工业增加值、进出口总值、工业用电量、铁路货运量等指标普遍回升。同时也要看到，经济回升的基础仍不牢固，不利因素、不确定因素还很多。尤其是外需不足和内需预期不稳影响经济增长动力，产能过剩加重企业生产经营困难，经济金融运行中的一些潜在风险，如房地产市场和政府融资平台等风险有所累积。此外，通胀压力有所加大，9 月 CPI 同比上涨 3.1%。预判加息周期可能要来临，需要我们在投资等业务策略上及时做一些调整。

一系列重大金融改革措施正在酝酿和推进之中。如实施资本监管新规、扩大信贷资产证券化试点、扩大消费金融公司试点、设立自担风险的民营银行、设立存款保险制度、推进汇率市场化和人民币资本项目可兑换等。国务院还正式印发上海自贸区总体方案，明确提出了金融改革先行先试等内容，上海自贸区作为改革试验田，其金融改革措施未来很可能在全国推开。尤其值得关注的是，利率市场化改革向纵深推进。继 7 月 20 日人民银行全面放开贷款利率限制后，9 月 24 日央行又召开市场利率定价自律机制首次工作会议，提出了近期利率市场化改革的三项具体任务。金融脱媒趋势进一步加剧。随着多层次资本市场的发展、债券在融资结构中比重的大幅提升，以及大家热议的互联网金融的快速发展，银行业面临着资金脱媒和技术脱媒的双重挑战。金融改革的深化，在给银行业发展带来红利的同时，也将催生新的多元化、差异化的金融生态，对商业银行的经营模式、管理水平、创新和竞争发展能力形成全方位考验。

在复杂多变的外部环境下，第三季度全行经营发展总体延续了上半年以来的稳健态势，尤其是一些新兴中间业务成长较快，对整个盈利增长起到有效拉动作用，成为经营中的亮点。需要高度关注的是，今年以来经营发展中一些不好的趋势和苗头，第三季度有进一步蔓延和扩大的迹象。主要是贷款风险进一步暴露，贷款劣变速度快于可比同业；利润增幅在可比同业中排在末位，存贷款定价没有明显竞争力；存款增速放缓，付息成本控制难度上升；部分领域有效信贷需求下降，结构调整压力加大；风险和内控管理上还有很多薄弱环节。各分管行领导、各有关部门要组织分行深入分析经营管理中存在的这些问题，加大推动解决力度，巩固良好的发展势头，努力完成好全年目标任务。

一是要坚决遏制不良贷款上升势头。去年以来，在我国经济下行压力增大的情况下，我行信贷资产质量也出现了拐点性变化。从去年上半年开始，不良贷款余额出现反弹，到年底不良贷款余额较年初增加 16 亿元，结束了之前连续 12 年的“双降”态势。今年不良贷款反弹趋势进一步明显，余额和比例总体呈逐月双升态势，尤其是第三季度反弹速度加快。从品种看，小企业及个人经营贷款仍是不良增加的主要领域，合计占新增不良的 95%；从区域看，新增不良主要集中在长三角等沿海地区，但反弹面也有扩大趋势，有 23 家分行不良余额上升，有 17 家分行不良余额和比例双上升。如果不能有效控制不良贷款较快反弹势头，我行很可能会失去可比同业中不良率最低的优势地位。

衡量与评价一家银行的盈利能力和竞争能力，其实最后还是看能否守住风险底线。否则盈利再多，拨备基础再厚，也会被贷款劣变吃掉。能不能有效控制住贷款劣变势头，是决定当前一个时期盈利状况的最主要因素，也直接影响着全行的市值和形象。近一个时期以来，我行市值和富国银行基本上是交错领先，如果业绩披露相关指标不理想，可能对市值产生一定影响。前三季度全行核销贷款（含批量转让）耗用拨备126亿元，较上年同期增加85亿元。据测算，如果核销金额进一步上升到150亿元，则净利润增幅下降约3.1个百分点；核销金额上升到180亿元，则净利润增幅下降约4.1个百分点。这从另一个角度也说明我们的盈利能力还是比较脆弱的。

资产质量稳定事关经营发展全局。全行务必要采取远近结合、标本兼治的措施，狠抓贷款风险的防控，坚决把不良贷款余额和比例上升的势头控制住。要督导各行特别是不良上升较多的重点行，逐户排查潜在风险贷款情况，提前采取应对措施。要综合运用和探索创新多种处置手段，在兼顾处置效率、效益和财务承受能力的基础上，及时处置已经出现的问题。要更加注重从理念、体制、客户、产品、流程等方面，对不良贷款成因作深层次、而不是就事论事的分析，找到症结所在，花了学费真正买到教训。当前最突出的风险特征，实质上是信息不对称的问题。特别是在小微企业领域，由于其财务制度普遍不健全、经营者素质良莠不齐、产业链和关联关系复杂、资金流动频繁等特点，银行凭借传统手段很难掌握其真实情况。从最近总行有关部门对部分行小企业贷款的检查情况看，我们在很大程度上还在沿用做大中型企业的办法来开展小企业信贷业务，在调查审查、评级授信、抵押担保等方面都缺乏针对小企业特点的制度安排和流程设计，难以起到实质性的风险甄别和防控作用。我们从2005年起开始发展小企业信贷业务，经历了从无到有、从小到大，取得了不错的成绩。但在不断变化的市场环境中，我们还没有找到一条既能很好防控风险又有利于拓展业务的小企业发展道路。今后加强贷款风险防控关键是要抓好两端。一个是要增强中后台的数据挖掘和分析能力，依靠大数据技术，真正掌握客户的资金流、物流和信息流，通过对客户经营数据、交易行为的深度分析来有效识别和预警风险，解决好信息不对称问题，发挥好远程“雷达”的作用。另一个要重视做好客户经理前端的实地调查了解客户的工作，这块调查的信息大部分是非结构性的，把结构性和非结构性的信息有机整合起来，改变目前局部化、碎片化的信息状况，有利于我们从整体上把控住风险。如果在风险控制上不走这条创新转型的道路，还是沿袭和复制现有模式，结果只能是规模越大累积的风险越高。

二是要完成好全年利润计划。第四季度，全行要抓住经济回暖、转型加快、金融改革深化等一些积极因素和有利条件，发挥我们在一些新兴中间业务和海外业务上的同业比较优势，进一步抓好开源节流工作，不仅要努力实现好全年利润计划，还要力争我们的利润增幅在可比同业中保持一定的位置。要坚持挖潜增收和创新增收并举，积极扩大利润来源。尤其要重视在绩效考核、存贷款定价、资源配置、客户渗透率、产品覆盖率、业务联动等方面深入挖潜，向精细化管理要效益。要把中间业务作为创新发展的主战场，积极适应市场环境和客户需求的变化，通过持续激发利润中心经营活力，持续推出一批原创性、差异化、高附加值的金融产品，加快重点产品线和潜力产品线的发展，进一步发挥好中间业务收入回升对盈利增长的拉动作用。同时要积极配合好国家有关部门对我行中间业务收费的检查工作，切实避免和主动纠正不规范收费问题，不断完善消费者权益保护机制，决不能因为个别机构的不规范行为给全行中间业务发展大局带来被动。要结合落实中央八项规定和教育实践活动整改措施，坚持抓好勤俭办行，加强成本控制和费用管理，防止大手大脚和铺张浪费，把有限的费用花在推动业务发展、增强金融服务能力的刀刃上。

三是要努力扭转存款增长乏力的局面。存款增长乏力，既有当前经济增速放缓、金融脱媒和利率市场化步伐加快、市场流动性整体偏紧等外部环境因素的影响，也与我们自身在客户、渠道、产品、服务等方面基础工作不到位、内涵式发展动力和竞争力不足有很大关系。以客户为例，我们无论是个人客户还是对公客户，基础都比较薄弱，普遍存在偏重数量，不重结构和质量的状况。在一些光鲜数据的背后，掩盖的是业务基础越来越差、竞争力逐步丧失的严峻现实。因此，抓存款工作，一定要从基础抓起，从内涵抓起，从结构抓起，从质量抓起，精耕细作地发展业务。既要眼睛向外，通过公私联动、链式营销、源头营销等多种手段，强化新市场新客户的拓展，壮大优质客户基础；又要立足现有存量客户，抓紧组建总行和各分行的数据分析师团队，通过数据仓库和信息挖掘技术，筛选出真正有价值的目标客户，促使目标客户的金融资产在我行体系内摆布和流转。要抓紧推进网点竞争力项目落地、各类渠道整合优化、产品创新以及存款与金融资产业务联动发展等工作，依靠整体功能的发挥和内涵竞争力的提升促进存款业务的稳定增长。要提升利率市场化条件下的存款定价能力，增强利率弹性，同时也要强化成本约束观念，进一步优化存款结构，把握好客户综合收益贡献度与存款业务的盈亏平衡点，促进存款业务有效益、有质量的增长。

此外，当前我国经济运行正处于敏感变化时期，增长速度换挡和结构调整阵痛相叠加，既有增长动力，也有下行压力。中央提出，要坚持统筹稳增长、调结构、促改革，坚持宏观政策要稳，微观政策要活，社会政策要托底，确保实现全年经济社会发展预期目标。作为国有控股大型银行，我们要认真贯彻落实国家宏观经济政策，在第四季度继续保持信贷总量适度增长和均衡投放的同时，努力盘活存量，用好增量，坚定推进信贷结构调整，促进实体经济与自身经营的协调发展和良性循环。如对项目贷款、房地产开发贷款和个人住房贷款的存量收回，要研究在全行范围内进行盘活和优化配置，防止贷款在原地打转造成边际质量和收益递减的问题。要尽快扭转小微企业贷款增长缓慢的局面，着力改进小微企业发展模式和管理机制，重点拓展供应链上下游的小微企业，加快拓展以核心企业、重点产业集群、重点专业市场为基础的小微市场，以积极的金融创新和有效的风险控制，努力实现小微企业贷款“两个不低于”的要求。同时，要敏锐把握国家推动节能环保和促进信息消费、实施宽带中国战略、加快棚户区改造、向社会力量购买服务、推进社会养老服务体系建设等新的政策机遇，积极捕捉有效市场需求，探索建立科学的商业模式，不断提高对经济结构调整和转型升级的支持力。

三、深入研究谋划推动全行健康可持续发展的战略思路与举措

最近，我们正在着手编制改制上市后第二个十年发展纲要和新的三年发展规划，考虑从战略指导思想上作进一步的调整。因为外部环境正在发生非常重大的、深刻的变化，如果再延续过去十年的发展道路是行不通的。从2000年到现在，全行资产从3万亿元增长到了18万亿元。今后十年，即使按照每年10%的速度增长，大概7年后资产总量就会翻一番，如果按照每年7%的速度增长，十年后就会翻一番，达到36万亿元。资产总量这么庞大的金融机构，在历史上、在世界上都是绝无仅有的。如果再这么走下去，未来有一天我们很可能面临这样几种结果：或者是因为巨大的资本压力，被迫“瘦身”卖资产，金融危机后一些西方银行如德意志银行、巴黎银行等都进行了减肥瘦身，不再以肥为美；或者是资产规模过大以后，管理水平跟不上，出现大量的风险暴露。往重里说，在总量上发展越快，衰落得也就越快。看看历史上那些曾经“全球资产规模最大的银行”，像日本东京三菱、住友、法国农业信贷银行等，现在都已沦落为二流银行甚至有的已经都不存在了。以史为鉴可知兴衰。所以说，这种规模驱动型的增长方式已经难以为继了。那么我们未来的出路在哪里？或者说新的发展动力从哪里来？我认为，只能从转型中来，从改革中来，从创新中来。当然这种转型和改革的过程可能是痛苦的，是要付出代价的，需要不断爬坡过坎、攻坚克难。但不改革，不转型，就没有出路。今天我们已经站在“百尺竿头”，想要“更进一步”，就必须拿出一些属于自己的开创性的东西，因为前面已经找不到标杆，没有太多经验可供借鉴和参考，我们要有敢为天下先的勇气，探索走出一条符合自身实际、顺应科学发展的新路，只有这样，才能长久保持发展，才能锻造一家百年老店。

今年以来，总行党委围绕推动全行科学发展确定了9大改革创新课题，目前多数课题已付诸实施。如完成了私人银行业务条线改革，实现了客户、资产和业务收入的同步增长；基于信息化银行的研究，推出了电商平台、POS商务贷、逸贷等重点创新产品；基于存量网点调整优化课题，延伸开展了对各类网点竞争力提升的整体规划；基于员工行为分析课题，改进和完善了操作风险管理体系；信贷业务流程改造、民生领域金融服务和供应链融资业务有序推进；组织机构改革方案已基本形成。第四季度要继续抓好课题方案的推进工作，细化目标和措施，确保取得预期的效果。同时要进一步解放思想，开阔视野，结合贯彻十八届三中全会关于改革的总体部署，结合落实教育实践活动整改措施，结合研究制定十年发展纲要和三年发展规划，深入思考谋划事关全行改革发展大局的新一批重大课题，做到改革创新不停顿，转型发展不止步，为开好年底发展战略研讨会、推动工商银行健康可持续发展做好思想上和措施上的准备。这段时间还准备召集有关部门开几个座谈会，和大家一起来研究讨论明年及今后一个时期的发展思路和举措。

（一）要深入研究以完善考核为突破推动经营转型问题。近十年我们通过转型以年均15%的资产增长带动了30%的利润成长。但整个转型的道路还走的磕磕绊绊，效果并不那么理想。比如我们在经营考核上，在下任务指标时，在监测业务运行发展的过程中，还普遍存在追求总量发展、忽视结构和质量的问题。正如我们在教育实践活动中检查剖析的那样，“一些机构用一种不可持续的办法，掏空了业务发展基础，透支了发展潜力”。今后要考虑放弃总量扩张的老路，走结构优化和内涵发展的新路，把发展的力量引导到由做大转为做优做强上。即不一味谋求在市场上占有什么样的地位，放弃表面上一些虚胖的东西，而是要把重点业务线做到最强，把ROA、ROE和结构质量等指标做到同业最优，把网均、人均等效率水平做到大幅度高于市场平均水平，在重点业务线、重点区域和重点客户方面做到最有竞争力。新的战略指导思想确定后，要改进现有的经营管理尤其是考核体系。要对现行绩效考核办法中各专业考评指标作一全面梳理，突出与全行战略发展、经营转型紧密相关的主体指标，淡化和精简整合专业考核指标，使考核评价工作真正能够对全行转型发展起到导向和推动作用。要借鉴过去信贷五级分类的办法，从业务、产品、客户和渠道四个维度，建立起一套五级分类的指标体系，比如分成优、良、及格、不及格、差，或是ABCDE五类。在指标监测体系中既能看到总量，又能看到结构和质量，全面衡量业务竞争力的升降。在下达业务指标时，结构和质量指标要与总量指标一起下

达，一起监测，一起考核。这种五级分类办法可以分批分步实施，先从最基础、最核心的 20 多项业务做起，再逐步延伸到各个业务领域。

（二）要深入研究零售金融业务战略发展问题。零售金融战略是工商银行的核心战略，无论是从全行历史和现实，还是从中国经济成长前景看，都必须坚持这一核心战略和立行基础不动摇。要始终坚持科学发展方向，统筹把握好发展的速度、质量、结构和效益，立足新的形势变化，以新理念、新机制、新策略来全面创新发展零售金融业务，真正打造中国最优秀的零售银行。要研究做好个人客户信息整合工作，将分散在全行各部门的个人信息全部收集汇总，并建立验证更新机制，形成全行统一、各部门共享的数据库，为利用大数据技术深度挖掘客户价值、改进客户服务和风险管理奠定基础。要研究建立客户分类体系，完善客户战略，提高中高端客户比重。要研究进一步优化业务处理流程和服务模式，包括推广银行卡电子账单、建立网上金融资产质押平台、改进网上理财产品销售、改革灵通快线产品、完善个人综合积分项目，以及探索个人账户和资信证明开立等业务网上填表、柜台办理的新模式。要研究强化公私联动发展，全面摸底我行对公主体客户和有较大业务往来客户在工商银行对私业务开展情况，有针对性地加强联动营销和一体化发展。要在继续解决好部分网点常年排队问题的同时，研究做好相当一部分网点业务量下降后柜员转型问题，选择 100 家左右的网点开展转型试点工作。要研究设立以香港为中心、辐射全球的海外私人银行财富管理平台，集中一批力量加强产品创新研发。

（三）要深入研究大资管时代金融资产服务业务发展问题。全行要深刻把握大资管时代的市场特征、监管趋势、客户需求和同业创新走向，深度开发金融资产服务业务，推动全行由高资本占用向资本节约转变、由资产持有向资产管理转变、由利差收入向服务收入转变。要研究发挥我行投行、租赁、基金、保险等综合业务优势，建设全球化、跨领域、多层次的业务运营体系，搭建能够为客户提供一体化、一站式金融服务的平台。

（四）要深入研究支持棚户区改造和城镇化发展问题。中央将召开专门会议，明确城镇化的目标任务、指导原则、基本方向、重大举措等顶层设计，推动各地按照正确的方向和框架去推进城镇化。要根据中央会议精神和要求，关注棚户区改造和新型城镇化带来的市场机会，从科目、产品、准入、审批、风控等方面建立一套符合其金融服务特点的经营管理体系，防止走传统平台贷款的老路。

（五）要深入研究互联网金融发展问题。互联网金融的快速发展对商业银行客户营销、交易服务、业务发展、内部管理模式的变革形成倒逼效应，同时金融与互联网的加速融合也将催生大量新型金融服务需求。要深入研究互联网金融对商业银行客户行为变化的影响，加快大数据体系和信息化银行建设步伐，创新适合网络消费时代的金融服务体系，突破传统商业模式的限制，促成传统业务拓展和经营管理模式的彻底转型，形成信息化时代的竞争新优势。

（六）要深入研究信贷业务接续发展问题。要牢牢抓住经济结构调整和转型升级进程中的市场机遇，培育一批符合经济发展阶段特征和信贷结构调整方向、业务带动能力强、能够接续发展的信贷业务“蓄水池”。过去十几年我们信贷结构调整的道路就是这么走过来的，经验告诉我们，信贷一定要有创新，信贷管理部门本身也要成为一个产品创新的部门。同时要针对我行作为一家信贷大行，存量调整空间和潜力巨大的现实，进一步研究探索盘活存量、加快周转、扩大资产证券化发行的有效途径和方式，不断提高信贷资源的配置效率和支持实体经济的效能。

（七）要深入研究国际化发展战略问题。目前全行境外网络布局已基本完成，下一步国际化发展要有更高层次、更加前瞻的战略思考，加快从侧重机构网络建设向推动差异化发展转型，打造境外业务发展的升级版。要抓住扩大人民币跨境使用的历史机遇，根据境外各区域经济特征、监管差异和机构自身经营特点，合理定位目标客户和发展路径，加强全球重点产品线的推广延伸，实现经营发展上的突破和超越。

（八）要深入研究体制机制改革问题。目前全行体制机制上还存在诸多需要理顺的地方，成为转型发展的瓶颈制约。要借教育实践活动的推动，加快重点领域和关键环节的改革步伐，形成有利于科学发展的新机制。要抓紧启动总行机构改革，并配套推进内部协调、服务基层、资源共享、激励约束等领域的改革，解决好一些部门职能边界不清、协调困难、效率不高等“大企业病”问题，打破“部门墙”和“机构壁垒”，促进部门间的信息共享和战略协同。要在 ONE ICBC 集团一体化管理架构下，深化利润中心、省行营业部、重点城市行、县支行等层面的改革，进一步激发潜能和活力。要深入推进业务运营体系、信贷业务流程优化等改革，同步提升业务集成度、风险控制力和对基层、客户的服务效率。

（九）要深入研究产品和服务创新问题。我们过去在一些领域的成功，是因为创新走得比别人快，做得比别人好。现在银行之间的差距越来越小，一家银行固有的优势如果不与时俱进地加以提升，就会很快被别人复制和赶超。要成为一家好的银行，国际上公认有几个标准，其中一个就是要有自己独特的、别人不可复制的竞争力，成为特色化、差异化的银行。这就要求我们不断拿出一些原始的、有思想、有价值的创新，始终跑在同业的前面。尽管创新中也会遇到大量问题，比如基础工作不扎实等，但这不能阻挡创新的脚步，要通过持续不断地创新，为业务发展带来巨大推动力。要不断完善创新机制，从需求提出、事前评估、跟踪评价、激励奖惩等方面加强全流程管理，不断提高创新质量和效率。要改变过去产品开发投产和市场相脱节的问题，将来每个创新产品都要提出市场初步目标和达纲目标是什么，只有达到目标才算开发成功，这样才会督促产品开发和业务部门去关注市场。

（十）要深入研究应对利率市场化问题。今年以来，利率市场化改革步伐的进一步加快，虽然短期内不会对我们造成实质性的影响，但长期来看，将带来诸多风险和挑战。国内银行业长期处于利率相对稳定的环境中，利率管理的架构、流程、方法，以及利率定价能力还不能完全适应利率波动的市场环境，随着利率竞争加剧，还往往伴随着利差收窄情况，对银行成本控制能力，以及平衡市场、风险和收益能力形成严峻考验。国际经验表明，在利率市场化进程中，部分银行往往因为不能有效管控风险或主动转型而陷入困境。因此要充分估计利率市场化改革包括存款保险制度推出，对我行经营发展的现实和长远影响，在现有定价管理基础上，加快构建更加精细化、富有弹性的利率市场管理体系，不断提高利率风险、流动性风险和成本管控水平，以积极主动的创新转型，在利率市场化浪潮中锻造差异化竞争优势。

（十一）要深入研究抓好基础工作的思路措施。做银行是跑马拉松，不是追求一两年的事情。因此，不能让当前的工作、目标与未来发展背道而驰、南辕北辙，不能因为应付当前、得过且过，而掏空发展基础，透支未来发展潜力，这种竭泽而渔的做法是与可持续发展、内涵发展的要求相违背的。全行要下大力气做好各项基础工作，切实解决好有些领域经营粗放、管理粗放、服务粗放等问题。如要抓好客户基础工作，构建统一客户视图，依托大数据分析，“变数为宝”来推动客户拓展和服务营销，扩大中高端客户和潜力客户基础。要抓好渠道基础工作，在实施网点竞争力计划的同时，加快电子渠道的整合创新，实现线上线下的良性互动和一体化发展。要抓好管理基础工作，适应新的风险特征和监管要求，积极运用现代信息技术改进风险监测、分析和管理手段，切实提高风险防控成效。

三、以高度负责的精神和更加有力的措施推动教育实践活动深入开展

党的群众路线教育实践活动启动以来，我们认真贯彻中央要求，在中央督导组的指导帮助下，着力增强思想和行动两个自觉，充分调动领导干部和员工两个积极性，切实打好学习教育和查摆问题两个基础，保证了教育实践活动的有序开展、扎实推进。总行党委对活动高度重视，既抓好动员部署，又注重自身参与，发挥好带头作用。各部门各分行紧紧围绕教育实践活动主题，认真学习中央确定的重点内容和必读书目，坚持个人自学与集中学习相结合，通过领导干部上党课、专题讲座、研讨交流、案例分析等多种方式，推动学习向深度和广度拓展。各单位坚持开门搞活动，结合各自职能特点和工作实际，采用基层调研、座谈访谈、发放调查问卷和征求意见函、设立专线电话和专门信箱等多种形式，广泛征求各方面的意见和建议，查找和梳理“四风”方面存在的问题。同时，注重边学边查边改，加大对作风方面突出问题的整治力度，在改进文风会风、厉行勤俭节约、提高服务基层和客户的质量效率等方面取得初步成效。

目前，总行和各分行教育实践活动都已进入查摆问题、开展批评环节。这一环节的关键举措，就是开一次高质量的民主生活会。这项工作做得好不好，直接关系到能否真正认识到差距和不足，能否找到整改落实的着力点。总行党委成员及各部门都要按照中央开好专题民主生活会的要求，以极端认真、极端负责的精神，做实做细各项准备工作，同时也要对分支机构召开高质量的民主生活会提出要求、加强督导。一是要把学习贯穿活动始终，在前一段学习的基础上，进一步学习习近平总书记关于教育实践活动一系列新的重要讲话和指示精神，为高标准、严要求开好民主生活会奠定思想基础。二是要对听取意见情况开展一次“回头看”，对征求意见情况进行全面梳理，对查摆问题情况进行过细审视。三是要按照衡量尺子严、查摆问题准、原因分析透、整改措施实的要求，认真撰写对照检查材料，不追求形式上的整齐划一，但要抓住重点，给自己画好“像”。四是要认真开展谈心，主要负责同志与班子成员之间、班子成员相互之间、班子成员与分管部门负责同志之间，要坦诚开展谈心，对拟在会上提出的批评意见，在会前反复沟通，达成共识。总之，要坚持时间服从质量，准备不充分的要抓紧补课，不能草率召开民主生活会。

在民主生活会上，要体现整风精神，真正用好批评和自我批评这个利器，开展积极健康的思想斗争。要敢于直面问题，敢于自我揭短，敢于交锋，防止一团和气，不搞好人主义和庸俗哲学。同时也要出于公心，实事求是，讲究方法，防止从个人恩怨、得失、利害、亲疏出发看事待人，真正达到“团结—批评—团结”的目的。

查摆问题的目的在于解决问题，把正确的认识落到行动上。前一段，总行及各分行在学习教育、查找问题的同时，也初步解决了自身存在的一些问题，但整改工作还仅仅是开始。对各方面反映的意见和专题民主生活会上查摆出的问题，无论是总行的问题、部门的问题，还是班子的问题、个人的问题，都要逐项研究，细化解决方案，落实整改责任，明确整改时限。不仅要注重解决面上的问题、具体的问题，更要针对作风问题具有反复性、顽固性的特点，注重从体制机制上加以完善，推

动改进作风的常态化、长效化。总行已将征求到的意见建议及查摆出的问题逐一分解到责任部门，班子成员要组织推动分管部门集中精力、认真研究具体整改措施，并按照责任分工牵头抓好一批关键和影响面较大问题的整改。重点通过深化体制机制改革，解决好“大企业病”问题，努力形成市场反应快、服务响应好、协调联动的集团内部运作机制。持续推进信贷业务流程改造、对公业务整合、个人客户体验优化等工作，不断提高对内对外服务质量和效率。完善经营绩效考核体系，引导全行进一步树立科学发展观和端正经营行为。贴近市场和客户需求，加强金融产品创新研发，健全创新的评估、评价及奖惩机制。深化人力资源管理体制改革，关心关爱员工，努力打造一支作风硬、素质高、能力强、结构优，与全行战略发展相适应的员工队伍。抓好作风改进，关键是要整治好“四风”问题，尤其是对总行干部员工要严格要求，带头落实中央八项规定，主动加强部门协作，积极改进对基层的服务，对基层请示事项要限期答复，严禁敷衍塞责、推诿扯皮，坚决杜绝下基层超标准接待、大吃大喝、高档消费等问题。

各单位一把手是教育实践活动的“第一责任人”。教育实践活动能否抓得深入、抓出成效，关键看一把手。各单位主要负责同志要以身作则，带头深入学习，带头查找剖析“四风”问题，带头开展批评和自我批评，带头制定落实整改措施，切实做到认识高一层、学习深入一步，实践先一着，成为活动的引领者和示范者。同时要尽心尽责，发挥好组织推动作用，在当前中心工作任务繁重的情况下，舍得花时间、投入精力，亲自过问和严格把关各个环节的工作，确保教育实践活动不走过场。

此外，总行教育实践活动领导小组及其办公室和各级督导组要切实负起责任，及时掌握活动进展动态，从严督促，从实指导，特别是要在意见问题的收集反馈、领导干部的谈心交心、对照检查材料的撰写、开展批评和自我批评、制定落实整改措施等方面，严格审核把关。

当前外部环境十分复杂，全行面临的挑战很多，改革发展的任务很重，更需要有积极进取、开拓创新的精神，更需要有求真务实，狠抓落实的工作作风。全行要以开展教育实践活动为契机，坚持活动和经营发展“两手抓、两促进”，借作风建设之力推动全行改革发展，不断将现代金融企业建设引向深入。

全面深化改革　加快经营转型
开拓现代金融企业建设更加广阔前景

——在中国工商银行改革发展研讨会上的讲话

姜建清

（2013 年 12 月 20 日）

党的十八届三中全会描绘了全面深化改革的新蓝图、新愿景、新目标，这是走过 30 年风雨历程的工商银行前行中新的历史航标。中央经济工作会议明确提出了明年经济工作的总体要求、政策取向和主要任务，为做好全面深化改革开局之年的经济金融工作指明了方向。我们这次改革发展研讨会的主要任务是，认真贯彻十八届三中全会、中央经济工作会议精神，研究通过全面深化改革，破解发展中面临的各种难题，开拓持续健康发展广阔前景的新思路、新举措。下面，我讲三方面意见。

一、认真学习贯彻十八届三中全会精神，准确把握全行改革发展新阶段面临的形势任务

党的十八届三中全会是在全面建成小康社会决定性阶段召开的一次重要会议。全会通过的《中共中央关于全面深化改革若干重大问题的决定》，是我们党在新的历史起点上全面深化改革的科学指南和行动纲领。认真学习贯彻全会精神，把思想和行动统一到中央关于全面深化改革的总体要求和明年经济工作的具体部署上来，以更大的勇气、智慧和魄力，推动全行改革发展取得新突破，是我们面临的一项重大任务。

（一）准确把握全面深化改革的各项部署。作为国有控股大型银行，我们要自觉把改革发展放到全面深化改革的大背景下去谋划和推动。要准确把握“使市场在资源配置中起决定性作用和更好发挥政府作用”这一重大理论和实践创新，在经营实践中坚持市场导向和商业银行经营原则，把提高质量和效益作为发展的本质要求，把公司价值可持续增长和股东长远利益最大化作

为根本目标，把服务客户作为根本宗旨，把以人为本作为发展基石。同时，继续贯彻好国家宏观调控政策，进一步加强经营战略与国家产业政策和区域发展战略的衔接，实现银行自身可持续发展与支持经济社会发展的有机统一。

要准确把握“六个紧紧围绕”的改革总体思路，适应坚持和完善基本经济制度、健全城乡发展一体化机制、构建开放性经济新体制、推进文化体制机制创新、推进社会事业改革创新、加快生态文明建设等一系列重大改革部署，进一步改善对民营企业和小微企业的金融服务，增强对县域经济和新农村的金融辐射力，加强对“走出去”企业和人民币国际化的金融支持，加大对文化产业的扶持力度，关注和把握教育、医疗卫生等领域改革带来的商机，坚持实施绿色银行的长期发展战略，积极支持和促进全面深化改革及转变经济发展方式。

要准确把握完善金融市场体系和推动国有企业完善现代企业制度的改革任务，着眼于扩大金融业对内对外开放带来的金融业态和竞争格局的变化，进一步增强战略谋划能力，完善境内外一体化经营布局，提升国际化发展新优势。着眼于发展多层次资本市场带来的脱媒挑战及新的机遇，进一步加快金融创新和结构调整，增强跨市场运营能力和多元化盈利水平。着眼于汇率、利率市场化改革带来的现实及长远影响，积极主动地推进创新转型，锻造差异化竞争优势。着眼于完善现代金融企业制度，健全协调运转、制衡有效的公司治理，深化重点领域和关键环节的改革，不断提升经营活力、管理效率和可持续发展能力。着眼于打造卓越金融服务，为客户创造良好体验，让金融创新发展成果更多更好地惠及民生。

（二）准确把握全行可持续发展需要破解的重大问题。今天上午，我们总结回顾了中国工商银行成立30年来的改革发展成就和经验。经过30年来的改革，我们完成了从国家专业银行到国有独资商业银行，再到国有控股的国际公众持股公司的历史性转变。特别是经过股份制改革为突破的综合改革，整体构建起现代金融企业制度，全面推进了业务和技术创新，加快实施经营转型，初步走出了一条资产与资本相平衡、质量与效益相兼顾、成本与效率相统筹的可持续发展之路，迎来了工行历史上一个黄金发展时期，市值、利润、资本、资产、存款、贷款和品牌价值位居全球第一，昂首步入世界领先大银行之列。这些成就来之不易，经验值得我们铭记并在新的实践中坚持加以运用。

当我们在越来越多的领域确立了中国第一、全球最大的市场地位的时刻，越要清醒地看到一些领域大而不强的突出问题，看到发展方式尚未摆脱资产特别是信贷资产总量扩张的路径依赖，在急剧变化的经营环境下面临发展不可持续的风险和挑战。概括起来讲，未来一个时期在复杂的形势变化中需要破解五个重大问题：

第一，如何实现资产质量稳定和各类风险可控。当前及今后一个时期，全行经营发展面临国际国内两大背景的新变化。世界经济进入深度调整期，以刺激政策带动的反弹周期可能趋于结束，而新的增长动力尚不明朗，全球经济可能在较长时期处于低速增长状态。我国经济处于增长速度换挡期和结构调整阵痛期叠加阶段，长期以来支持经济高增长的因素发生深刻变化，经济开始进入中高速增长阶段，并可能经历较长一个时期的降杠杆和去产能过程。在错综复杂的环境下，全行面临着近几年最为严峻的风险考验。首当其冲的是信用风险管控的挑战。去年以来由于处在产业链末端的小微企业和个人经营贷款风险加速暴露，今年全行用于消化不良贷款的财务资源同比增加2倍多，6家分行因此出现利润下滑。未来经济转型升级过程中产能过剩和地方政府性债务风险可能会更加凸显出来，大额信贷风险、理财业务风险甚至区域性、系统性风险发生的几率增大。与此同时，随着外部形势的复杂多变和全行创新转型步伐的加快，我们面临风险的复杂性、关联性、传染性进一步增强，全面管控流动性风险、市场风险、合规风险、操作风险、IT风险、国别风险、声誉风险的难度也在日益增大。能否控制住风险，特别是能否稳定住信贷资产质量，是关系到股改以来健康发展的态势会否发生逆转的重大问题，必须着力加以破解。

第二，如何实现盈利可持续稳定增长。现在全行盈利进入到一个平台期，今后几年净利润增幅总体可能会保持在个位数。客观上讲，经过10余年净利润年均30%左右的高增长，全行盈利基数已经全球最大，增速减缓具有必然性，现在利润每增长10个百分点，利润增量就接近300亿元，相当于股改前一年的利润总量。风险管控的难度加大，特别是不良贷款反弹会成为吞噬利润的“黑洞”。利率市场化改革加快，短期内会带来市场竞争加剧和利差收窄，而利差收窄1个基点，将减少全行净利润约12亿元。随着直接融资比重的显著上升，以及互联网金融的快速发展，金融脱媒进一步加剧，不仅挤压了银行传统盈利来源，也对银行经营模式之变形成倒逼与挑战。如何适应经营环境变化，构建更加稳健、均衡、多元的盈利模式，是全行面临的一个重大问题，必须着力加以破解。

第三，如何破解资本短缺的难题。国际金融危机以来，国际和国内金融监管都显著提高了对商业银行资本数量和质量的要求。今年我行又首次入选全球系统重要性银行，这既是全行国际影响力提升的重要标志，同时也意味着我们将面临更加严格的资本监管，按照目前的重要性级别需增加1%的附加资本。未来随着全行业务规模、复杂程度和全球活跃度的进一步提升，附加资本要求还会相应提高。按照现有发展模式估算，我行将面临较大的资本缺口。如何处理资本消耗快、需求大、监管标准高与外源性资本补充渠道不畅、盈利增长趋缓又限制内生资本补充能力的矛盾，事关全行营运安全和可持续发展，必须着力加以破解。

第四，如何优化客户基础。银行最重要的基础是客户基础，最重要的战略是客户战略。当前我们客户基础薄弱不仅表现在客户总量相对不足，而且客户结构不优，质量不高，对转型发展的支撑力不强。全行无论是个人客户还是对公客户中，无效和低效客户还占了相当比重。而这些在我行“零资产”或“轻资产”摆布的客户，其实有不少是在他行有大量金融资产的贵宾客户。一些地区客户数量表面有所增加，但内在结构和质量却在下降，在客户战略的指导思想上存在偏差。还有一些机构偏重增量客户拓展，不重存量客户激活与维护，不重客户需求与体验，造成优质客户流失较多，产品渗透率和交叉销售率较低，客户价值和综合贡献度挖掘不充分。这些客户基础和客户战略上的问题，必须着力加以破解。

第五，如何破除体制机制性障碍。应该看到，现代金融企业制度虽然整体建立了起来，但是还很不完善。突出表现为：各级管理行仍然程度不同地存在部门设置多、职能交叉重叠、协调成本高、流程环节长等问题，制约了管理效率与服务水平的提升。集团内部各条线、各板块之间工作联动、战略协同机制不健全，协调成本高、资源共享不充分。部分领域管理理念和技术落后，风险意识淡化，尚未形成既有较高市场竞争效率，又能真正管住风险的成熟管理模式；一些领域管理过度与缺位并存，权力与责任脱节，难以做到失职追责和尽职免责；检查过多过频与检查不到位并存，且不同程度存在重检查、轻惩处、轻整改现象。绩效考核过细与粗放的矛盾突出，大量专业类、过程类、总量类部门主导考核指标，淡化了效益、质量、结构等核心关键指标考核，干扰了总体绩效考核的激励导向，一些机构唯指标不唯市场、唯考核不唯基础管理、唯短期效益不唯长远发展，甚至用一些不可持续的办法来完成考核数，掏空了业务发展基础、透支了发展潜力。这些问题是“老国企病”和“大企业病”在新形势下的典型症状，是我们市场化改革不够彻底的突出表现，必须着力加以破解。

改革由问题倒逼而产生，又在不断解决问题中得以深化。全行要有强烈的危机意识，抓住这些影响全行发展大局的关键性问题进一步深化改革，以改革的新突破开辟发展的新境界。

（三）准确把握未来一个时期全行改革发展的目标任务。总的要求是，全面贯彻落实党的十八大和十八届三中全会精神，把改革创新贯穿于经营发展的各个领域各个环节，坚持当前和长远相结合，全局和局部相配套，整体推进和重点突破相衔接，顶层设计和基层创新相统一，从广度和深度上全面推进改革，力争到 2020 年《决定》提出的改革目标完成之日，即全面建成小康社会之时，全行在重要领域和关键环节的改革上同步或提前取得决定性成果，形成更加科学更加规范的集团公司治理结构，现代金融企业制度更加成熟、更加定型、更具活力。

与此同时，坚持以改革的思路和办法推进转型，紧紧扭住转变发展方式这根主线深化改革，从考核激励、资本配置、费用投入、渠道布局、风险管理、人才结构等全方位建立起适应科学发展需要的体制机制，力争到 2020 年，全行基本实现由资产持有大行向资产管理大行、由高资本占用向资本节约型业务、由存贷利差收入为主向多元均衡盈利增长格局、由本土传统商业银行向全球大型综合化金融集团的“四个转变”；到 2025 年十年发展纲要实现之时，全行 ROA、ROE、质量及结构指标保持可比同业先进，人均效率指标大幅高于市场平均水平，发展及风险内控管理能力、跨境跨市场服务能力进入国际先进行列，品牌知名度和美誉度为全球公认，“三个之最”国际一流现代金融企业建设得到国际国内广泛认可。

这些既是改革目标，也是发展目标，是通过深化改革促进可持续发展的目标。实现这一目标，关键是要进一步解放思想，有清晰、前瞻的战略思考，辩证处理好总量与结构、当前与长远的关系。目前我们正在着手制定全行股改上市后第二个十年发展纲要，可以说，这个十年全行发展面临的困难之多、挑战之多、风险之多，一点儿也不亚于上一个十年。要化解发展面临的各种风险和挑战，必须打破传统思想观念的束缚，拿出自我革新的勇气和胸怀，向前展望，超前思维，提前谋局。

从 2005 年到现在，全行资产总量从 6.5 万亿元增长到了 18 万亿元，今后即使按照每年 6% ~7% 的速度增长，大概 10 年后资产总量就会翻一番，达到 36 万亿元。按现在的经营模式，我们将很快面临巨大的资本补充和风险控制压力。纵观百年金融发展史，那些曾经的世界资产最大银行，要么被迫瘦身卖资产，要么因深陷危机而衰落或倒闭，没有几家能够跨越资本和风险两大障碍而长盛不衰的。我们是要做三五年的世界最大，还是做百年的世界最好，是继续走扩张型或以扩张型为主的发展道路，还是走以结构优化、效率提升、资本节约为主要特征的内涵式发展道路，这是事关工商银行兴衰存亡的重大战略抉择。对于这个抉择，全行上下从理论上、从总体上认识是清楚的，但是有些机构具体到实际经营问题上往往认识又是模糊的，在遇到困难时行动又是动摇的、犹豫的。

应该认识到，我们目前资产等一些规模类指标第一的国际地位，是我国经济金融发展现阶段我行综合实力的反映，是长期以来我们服务经济社会发展重要作用的体现，但商业银行所追求的长远目标决不是简单的资产多、规模大。随着我国经济转型和金融改革的深化，银行传统业务正在逐渐失去规模快速扩张的环境，一些规模指标也越来越不能全面反映银行综合实力和重要作用。当然这是一个渐进的、长期的过程。现阶段存贷款业务、资产业务还是支撑我们盈利的最主要来源，而且其竞争发展状况直接影响着转型的进程，较长的一个时期内合理的规模增长一定是要有的。但这种增长必须是建立在风险、资本、成本约束条件下，建立在结构优化、质量优良、效率提高基础上的增长，是能够带来较高资本回报率、不断形成新的资本积累的增长。那种信贷结构和边际效益越来越差、风险积累越来越大的资产增长是没有前途的，那种靠冲时点等不可持续的方法实现的负债增长是要不得的，那种只顾眼前利益、以掏空未来发展基础为代价、为全行带来后遗症的业务增长是决不能允许的。

同时，还要及早认识到的是，如果我们真正实现快于同业的转型，必然会带来存贷款、资产规模增速和市场占比的下降，但与这种趋势相同步的应该是我们信贷流量和管理资产规模的真正做大，是多元化融资和金融资产服务能力的真正做强，是在重点区域、重点客户群、重点产品线上的竞争力真正能够牢固确立第一的地位。在转型问题上，我们完全可以发挥大行影响力，积极有所作为，主动塑造环境，加快建立一个全口径客户金融资产服务、全口径融资业务的统计和披露体系，更加全面客观地评价反映银行竞争力状况和对经济社会发展的支持情况，为转型发展创造良好的政策环境、市场环境、舆论环境。转型发展是事关工商银行前途和命运的重大抉择，全行一定要通过解放思想，真正破除狭隘的利益固化的藩篱，在发展方向和战略问题上达成思想统一。

二、全面深化体制机制改革，进一步创造和释放新的发展红利

按照十八届三中全会提出的经济金融改革新要求，坚决破除体制机制的顽症痼疾，加快构建适应转型发展要求的新体制新机制。

（一）深化信贷运营体制改革。要适应复杂形势下稳定信贷资产质量、激发信贷经营活力的迫切需要，把信贷运营体制改革放在突出位置，加紧解决影响信贷经营管理水平的主要问题，突出实质性风险防控和市场应变能力的提高。要完善前中后台有效分离、相互制衡的风险制约机制，进一步厘清信贷前中后台职责，从流程上确保信用风险管理体系的有效运作。要改进尽职调查、档案管理两大基础性工作，消除冗余环节，加强市场营销力量和客户的日常维护管理工作。要按照“授权充分、权责匹配、审批下放、监管上收”原则，深入推进授信审批制度改革，以客户为中心，区分不同的企业和业务，设计标准化流程、短流程和长流程等不同的操作流程。在有效控制风险的前提下，完善授权管理，将信用风险业务审批权和系统控制事项适当下放给分行。要推广应用“总对总”集团客户授信模式，提高授信时效，更好地发挥授信环节管控总量风险的作用。要构建以集约化、信息化为基础，以模型参数为主要应用工具的总行级信用风险监控分析中心，形成覆盖全集团的监控网络，实现信贷业务全流程的风险监控与监督。

要密切关注国家大力调整产业结构、着力防控债务风险等相关政策实施情况，关注地方政府融资平台、房地产、产能严重过剩行业等领域潜在风险的趋势性、方向性变化，完善监测分析、限额管理、名单制、风险定价等防控机制，提升风险防范的前瞻性，有效规避系统性风险。政府融资平台贷款明后年将迎来集中偿债的高峰期，要特别重视各地改革“土地财政”、降低对土地收入的依赖后，一些主要依靠当地财政收入作为还款来源的平台项目面临的偿债风险。要加强平台贷款的分类管理，继续严格控制融资总量，严格控制用理财、租赁等业务替换贷款，同时要积极通过协助地方政府发行地方债和政策性金融工具的方式置换我行的融资。对当前风险多发的贸易融资、小微企业和个人经营贷款，要通过重构经营模式改善发展质量，按照客户维度将个人经营性贷款与小微企业贷款纳入同一体系，统一管理，统筹经营，形成统一的市场定位和风险管控策略；产品设计、业务流程和监控手段要坚持简约、直观、易操作，切实提高风险控制力。要健全逾期贷款管理机制，落实监督考核责任，缩小逾期贷款与不良贷款的“剪刀差”。要完善不良资产专业化管理和处置机制，创新多元化处置方式，严格落实问责制度，提高处置效率，降低处置损失率。

（二）以改进资本管理为主线，深化全面风险管理机制改革。资本是银行经营发展最为稀缺的资源，也是经营风险最后一道防线，各级行要充分认识到我们所面临的长期资本压力，牢固树立资本约束理念，加快完善以经济资本配置、资本限额管理、资本有偿使用等为主要手段的、更加严格的资本综合管理体系，使资本的增加与利润的增长相匹配，进一步深化资本在经营管理中的全面应用。要充分发挥经济资本管理作用，实现对表内外、境内外、包括各利润中心、子公司在内集团各机构、各业务条线和品种的限额控制；信贷规模及各类资源配置要加大与经济资本挂钩力度，并以EVA、RAROC等经济资本指标为主要依据，利用资本的力量限制盲目扩张和风险加权资产过快增长，推动经营转型、降低风险成本、促进提质增效。境内外子行、子公司经过近年来的发展有了一定的规模，今后要走资本节约型的内涵式发展道路，增强依靠自己盈利的内源式资本补充能力，总行要将其资本管理与回报情况作为增资注资的主要依据，体现集团资本收益的最大化。要适应集团发展的资本需要，充分利用各项政策条件和境内外资本市场，加快资本工具创新，扩充资本补充渠道，降低资

本成本，确保资本充足率水平符合监管要求，并维持一个安全缓冲区间。

要密切关注利率汇率市场化和金融市场创新趋势，深入研究复杂经营环境下银行风险的隐蔽性、关联性和突发性特征，深化集团治理和全面风险管理，统筹做好表内外、境内外业务等各类风险防范，从单点单线向立体综合风险管理转变，从被动应对向主动防范转变，确保全行稳健经营发展。要加快形成集团统一的垂直化市场风险管理机制；加紧完善流动性风险管理和监测体系，更加关注稳定的资金来源，加强资产负债期限错配管理；争取成为国内首家操作风险高级计量法获批银行，不断提高流动性风险、市场风险、合规风险、操作风险管理水平。要重视风险数据的汇集、治理和处理，依托大数据分析构建新型风险防控体系，突出过程控制，增强集团整体风险管理能力。

（三）深化组织架构改革。要适应全行创新发展特别是信息化、国际化、综合化发展的需要，突出以客户为中心，改革完善集团组织架构和管理机制，着力形成目标统一、资源共享、权责清晰、科学高效的组织运行机制，提升集团经营管理效能，激发各经营单元的价值创造力。

积极稳妥实施总行机构改革。这次总行机构改革的重点是调整优化职能、提升经营效率，进一步理顺职能关系，科学确定机构数量，形成精简高效、管控有力的全球管理总部。改革后，总行机构分成营销管理、风险管理、综合管理和支持保障四大板块。营销管理部门职能得到整合，实现客户统一营销和分类管理；信用风险管理架构得到优化；增设的渠道管理部整合过去分散在各部门的渠道管理职能，负责渠道的统一规划和统筹管理。分离利润中心的系统行政管理职能，强化其经营职能和产品研发能力，完善财务核算、业绩考评、激励约束、人力资源管理等配套机制，形成更为成熟的经营创利模式。今后适时将银行卡业务部、电子银行部纳入利润中心改革范围。规范总行直属机构的管理，强化专业化、集约化运营与专业支持定位。这次改革重点突出、方向明确，各机构各部门要切实增强大局观念，确保改革按计划全部到位。同时，要完善配套机制，真正使新体制机制的活力充分迸发出来。

分类推进各级机构改革。优化调整一级（直属）分行本部机构，重新核定一级（直属）分行本部内设机构、干部职数和人员编制，清理并规范分行直、附属机构的设置和管理。深化省区分行营业部改革，强化资源配置和激励约束，完善省区分行营业部与省分行本部的营销联动、资源共享机制，提升整体合力。一级（直属）分行也要抓好二级分行及以下机构的改革。完善二级分行差异化业务授权体系和资源配置机制，改进城区支行经营管理模式，打造一批绩效优、竞争力强、风险管理好的样板分支行，以点带面地推动二级分行、城区支行整体竞争力的提升。把握城乡发展一体化及新型城镇化带来的县域发展新机遇，加快提升县支行整体竞争发展能力。总行将进一步突出80家总行级重点县支行，明确重点县支行发展规划和年度目标，给予必要的政策支持和财务、信贷、渠道、干部人才等资源倾斜，帮助支持其提升竞争能力。总行级重点县支行发展情况将纳入一级（直属）分行行长目标责任考核，并定期发布考核排名。县支行要坚持以县城、以零售业务、以小微企业“三为主”的经营定位，重点通过创新符合县域经济特点、有特色的产品和服务，依托银银合作平台，大力拓展县域中高端客户市场，确保全面确立在重点县域的市场主导地位。要把握上海自贸区建设带来的战略机遇，认真落实央行近期出台的《关于金融支持中国（上海）自由贸易试验区建设的意见》，积极推进跨境人民币业务、离岸金融业务及公司、个人对外投资等产品与服务创新，探索建立相适应的内部管理机制，形成金融支持投资贸易便利化的可复制、可推广的经验，使上海自贸区成为全行改革发展的试验田。

（四）深化绩效考评体系改革。绩效考核是经营管理的指挥棒，也是资源配置的重要依据。要适应全行转型发展需要，综合考虑长期与短期经营目标、过程管理与结果控制、统一性与差异性等方面的需要，整体优化绩效考评指标体系。一是强化战略发展导向。全面梳理总行部门、境内分行、境外机构和综合化子公司的绩效考评指标，突出全行战略发展导向的一致性，重点增加对经营转型、质量效率、发展基础三方面指标的权重，不再单纯考核时点性业务规模，引导全行把握好规模、结构、效益和风险的关系，防止少数机构的短期经营行为，牢固树立科学的发展观和正确的业绩观。二是突出关键性指标（KPI）。按照简化、直观原则，大幅精简现有指标数量，除必须保留的专业指标统一纳入主指标体系下达分行外，其余专业专项指标一律取消。目前的指标体系中大概只保留20%的关键性指标。今后各专业提出新增考核指标，必须按规定程序报批，经统筹评估后统一下达。三是加大考核力度。强化考核结果的运用，加大与资源配置及各机构主要负责人考核的挂钩力度，解决好考核传导问题。要提升考核数据来源的信息化水平，强化考核数据真实性的核查，严厉惩处弄虚作假行为，促使全行端正经营思想。

（五）深化财务运行机制改革。随着全行盈利增长速度的放缓，财务资源供给将同步减缓，同时现行以会计年度代替财务管理周期的机制，也容易助长部分机构片面追求效益而掏空发展潜力，丰年突击花钱、年费用挂账等短期行为，必须以创新的理念对现行财务运行机制进行改革。要探索财务运行内部市场化改革，以集团利益最大化为出发点，将集团各经营单元改造成市场主体，逐步形成市场和行政双线并行的新型财务管理模式。要本着“有偿、公平”原则，完善内部服务计价，探索建立费用资源有偿存入、借出管理机制，优化资源配置。要建立重大投资效益评估机制，强化以ROE为核心的投资效率评价，对长期低回报的机构、产品线实行有序退出。

（六）深化业务评价方式改革。要推进经营转型，就必须改变目前以规模、总量为主的业务评价方式，建立一套完整的以质量、结构为主的全新评价方式，以引导全行真正追求有质量、有效益的发展，也防止一些机构用一些只讲总量、不讲结构的业务数据来影响到我们经营发展的判断和决策。总行考虑借鉴成熟的贷款五级分类的思想和方法，依托MOVA系统，选取相应的评价要素和标准，按照五个等级，对重点的客户、产品、业务线、渠道进行质量效益等结构性评价，并纳入正式的统计体系。通过简单明了的五级分类，可以清楚地看到结构质量状况和迁徙变化趋势，有助于前瞻性、有针对性地采取政策措施。特别要加紧完善新产品适销与效益情况评价机制，今后每项新产品开发前都要明确目标市场及达纲标准，防止盲目开发投入，造成资源浪费。总行产品创新管理部负责产品评价，渠道管理部负责渠道方面的评价，管理信息部负责客户、业务线等的评价，并定期公布评价结果，作为绩效考评和资源分配的重要依据。

（七）深化人力资源改革。要利用人员退休高峰的到来为优化人力资源结构带来的难得机遇，适当压缩总量，改善人员配置结构，提高人力资源效能。人员配置上要突出价值创造与效率提升，进一步压缩机关本部和中后台人员，新增人员重点充实新兴业务条线、经营转型重点领域，并着力建设一支与业务发展相适应的客户经理和产品经理队伍。选人用人上要完善竞争性选用机制，重点疏通退出通道，不仅要使能者上、勤者进，还要使庸者下、懒者退。不能片面强调管理人员年轻化，简单按年龄一刀切退出。规范管理类和专业类干部职责，调整专业类干部选聘管理方式，进一步与行政职级脱钩。考核评价上要着力完善量化考核，准确评价干部的实绩，着力纠正简单地以时点数、以规模和速度排座次的业绩导向，注重对提质增效指标和结构型、基础型指标的考核，并要加强业绩真实性的审计，不能让有些人用伪业绩获得奖赏，不能使在光鲜指标下掏空发展基础的干部得到提拔重用。薪酬激励上要依据市场化、企业化的分配导向，在总量增长有限的情况下，加大薪酬与绩效挂钩力度，防止“大锅饭”式分配模式造成的激励边际作用递减与激励不足，最大限度调动全行员工积极性。今年利润负增长且没有完成经营计划的分行，行长绩效考核一律不能评为优秀。管理监督上要切实体现从严要求、从严治行，明确员工行为规范，加大合规激励和违规问责力度，使员工心有敬畏、行有所止。

（八）深化改进作风长效机制建设。良好作风是全面深化改革的重要保障。党的十八届三中全会强调要“健全改进作风常态化机制”，就是要推进改进作风的常态化、长效化、制度化。要把党的群众路线教育实践活动引入深入，认真抓好整改措施的落实，不断增强预防和解决形式主义、官僚主义、享乐主义和奢靡之风“四风”问题的能力，以更加优良的作风为全面深化改革、推进现代金融企业建设助力。要完善领导干部联系和服务群众制度，健全带头改进作风、深入基层调查研究机制。要完善改进会风文风制度，积极运用科学理念和现代信息技术改造办公方式和流程，改进公文和会议管理，清理规范评选表彰、庆典等活动，各部门、各业务线不单独开展评优评先活动。要完善勤俭办行制度，认真落实《党政机关厉行节约反对浪费条例》，健全严格的财务预算、核准和审计制度，严格控制“三公”经费支出，严格遵守公务接待的制度规定，严禁新建、扩建、迁建和购置二级分行以上机构本部办公大楼等楼堂馆所，停止尚未开工的各类具有住宿、会议、餐饮接待功能的设施或场所（包括培训中心）的维修改造，真正把有限的资金用在改革发展的刀刃上。要完善监督检查制度，加强对重大决策部署贯彻落实情况的监督检查，以财务权、用人权、信贷权、不良资产处置权等为重点，规范权力运行机制，健全责任追究制度，形成覆盖权力运行过程的制度链条。各级机构本部、领导班子和领导干部要带头改进作风，一级抓一级，一级带一级，推动作风建设更加深入持久。

三、推动发展方式加快转变，着力构建可持续健康发展新模式

加快发展方式转变也是改革，而且是更广泛持久、更深层次的改革。要坚持把经营结构战略性调整作为加快发展方式转变的重点，推动经营结构战略性调整的主攻方向是优化“五大布局”、突出“三大战略”，最需要解决的难点问题是调整客户结构、强化客户基础。

（一）优化“五大布局”。经营结构的调整优化是比资源投入更重要的发展动力，必须以全面优化资产布局、负债布局、渠道布局、国际化发展布局、综合化经营布局为着力点，推动实现更好质量、更高效率的发展。

一要优化资产布局。综合考虑服务实体经济的需要和我行信贷投放的连续性和稳定性，明年人民币贷款计划初步按9 000亿元左右掌握，增幅10%。随着多渠道融资的增加和信贷流量的扩大，未来我行贷款增速将稳中趋降，但即使信贷中速增长，贷款累放量“滚雪球”效应也会逐年放大，需要我们更加主动地寻求和培育优质合格的信贷市场，通过统筹增量优化和存量调整，实现信贷业务的提质增效。明年对项目贷款、房地产开发贷款、个人住房贷款按照年内到期收回额的50%上收总行，与新增贷款规模统筹配置管理，并逐年提高统筹

比例，推动存量周转和移位再贷。要建立行内信贷资产交易平台，推进信贷资产竞价交易、跨区域有序流转，运用市场手段优化信贷资源配置。

金融支持实体经济，不只取决于信贷总量，更重要的是优化信贷结构，管好信贷投向。要紧紧围绕国家政策导向，密切关注国家重点基础工程建设、能源资源开发，特别是“十二五”规划的重大项目；密切关注传统产业升级和新兴产业中制造业、节能环保等行业领先企业；密切关注扩大内需中宽带中国、信息网络消费和民生领域等新市场；密切关注大型集团化农垦区和农业产业化经营等现代农业新领域；密切关注化解产能过剩矛盾中企业兼并重组以及加快“走出去”中的新业务，稳步构建一批带动能力强、能够接续发展的信贷“蓄水池”。对市场需求广阔且成熟度较高的信贷池子要加大蓄水量，对产品覆盖率较低的重点领域和目标市场要深挖扩容，对大行业板块中的优质细分市场要精耕细作。这次中央经济工作会议期间套开了城镇化工作会议，从战略和全局上对城镇化发展作出了部署。要正确把握新型城镇化发展方向，有选择地拓展按照商业化模式运作的棚户区改造、城市功能升级、城市生态环境改善等项目，找准信贷支持城镇化发展的着力点。“四大行业”贷款结构调整，经过三年多的努力，已经取得预期成效，今后主要是继续严格控制及压降地方政府融资平台、产能过剩行业、房地产贷款总量，注重优化存量结构。要进一步通过理念的引导和机制的推动，改变只愿做、只会做大企业、大项目，不愿做、不会做小微企业、做小额消费信贷的状况，大力发展小额、轻型、简约明了的小微企业贷款和个人贷款，逐步提升中小型企业和个人贷款比重，继续控制好贷款集中度和中长期贷款比重。

优化资产布局，还要更加注重以创新的思路推动持有资产向管理资产的转化，推动多元化融资工具的运用，真正着眼于从信贷业务和融资市场全面开发中提升整体获利能力，而不是追求信贷规模的过快增长。要抓住资产证券化常规化机遇，更多地将高速公路、电力行业以及个人住房等容量大、标准化程度高的贷款进行资产证券化。要更多地发展银团贷款、金融租赁、债券发行、中票短融等资本市场工具，主动适应社会融资结构多元化和多层次资本市场体系发展的大趋势。

二要优化负债布局。随着金融创新发展和客户资产配置多元化，存款增长格局必然发生较大变化，但今后相当长一个时期内仍是支撑全行转型发展的重要基础。做好新形势下的存款和负债管理工作，必须要有大的视野和新的思路。一是在服务客户多元资产配置中稳定存款。从数据分析看，储蓄存款在个人金融资产中的占比由十年前的90%逐步演变成目前的70%，未来5年时间，可能会下降到50%，对公客户存款的比重也在不断下降。存款工作必须顺势而为，真正放在服务客户多元化资产配置的大格局中去谋划，着眼于客户价值创造和为客户提供更多资产服务选择，创新产品，改进营销方式，以真正具有竞争力的产品和服务，稳定老客户，吸引新客户，沉淀和集聚客户资金。要辩证把握理财和存款的关系，发挥好双向促进效应，发展存款为理财打好基础，创新理财吸引更多客户资金，把理财和存款的盘子同时做大，改变过去二者往往此消彼长导致的资金波动和成本上升的状况。二是注重抓住资金源头稳存增存。要更加注重发挥大银行在支付、结算、融资领域的传统优势，利用大额资金监控平台、电商平台、产业链金融服务平台、代发工资“薪管家”等新的手段，提高从源头吸纳资金能力和对各类资金流的汇集能力。三是通过更有效率的资金运用竞争存款。要在加强利率定价精细化管理的基础上，创造条件实现大额存款价格与高收益资金运用价格的直接对接，提升对大额存款的竞价能力。四是积极开展主动负债。创新主动负债发展的模式、方法，通过大额定期存单、金融债券等多种主动负债工具，拓宽各渠道、各期限、各币种资金来源，增强多元化负债对资产业务发展的支撑能力。

调整资产负债布局，很大程度上要依靠价格机制的有效激励和传导。要积极适应利率市场化改革进程，制订明晰的定价策略，完善定价方法和模型，加快形成一个对市场有较强竞争力和影响力、对经营有明确传导力和约束力的定价管理体系。要增强自主定价能力，积极发挥我行贷款基础利率（LPR）报价行和贷款大行优势，完善LPR管理办法，努力成为市场价格的主导者。要增强定价的精细化水平，按照客户、行业、区域等多个维度，进行阶段性、差异化的灵活定价，全面考量客户整体收益以及市场竞争实际，进行综合化定价。要增强定价的及时性，加大内部价格调整力度，继续坚持存量、增量分别定价的原则，强化增量业务的市场化调控导向，采取结构性调整策略，适当提高低成本并控制高成本存款内部价格，有效激励基层机构大力发展低成本存款，提高资金配置效率。要增强定价的协调性，建立健全反映市场真实状况、准确计量风险和回报的内部资金转移价格机制，做到内外部之间、各产品之间价格的有效衔接，促进贷款、存款与理财等各项业务和收益同步协调增长，努力将NIM稳定在合理水平。

三要优化渠道布局。要整体规划各类渠道建设，充分发挥线上线下全渠道优势，打破渠道间隔离，构建起客户任意一点接入、银行线上线下互联互通、全程响应、体验一致的一体化渠道体系，全面巩固支付中介、融资中介和信息中介的优势地位。

近年来，通过实施业务运营改革和流程优化改造、加快以电子银行服务分流柜面业务，加强网点现场服务管理，全行服务效率快速提升，目前除个别高峰时段仍存在客户等候时间长问题外，部分网点日常业务量呈下降趋势。今后还要继续加紧推动客户金融交易向线上迁移，探索建立网上受理或预约、柜面办理的新模式，分流卡账开立、个人资信证明等占用柜面资源较多的业务，推动更大比例、更多客户通过电子银行渠道办理业务。同时，要转变发展思路，抓住改革创新带来的网点生产力大幅解放、服务能力大幅提升的有利条件，加快推动网点从“坐商”向“行商”、从交易核算向营销服务转型。要抓紧实施网点竞争力提升七大工程，加快建设网点管理平台，实现对全部营业网点营运情况的统一评价、多维度分析和及时监测，促进网点提能增效。要推进网点标准化和智能化建设，按照网点功能分类和业务量大小，灵活设置高低柜口和科学调配劳动组合，构建“岗位设置有标准、任务分配有目标、人员调整有依据、要素配备有规范”的网点运营管理模式。要合理调配柜面人员在不同区域、业态和岗位间的数量，释放更多柜员充实到营销岗位，可先选择100家网点试点，再逐步推广，确保销售类人员占比每年提升2个至3个百分点，网点客户服务和产品销售力量明显增强。力争三年内多数网点的效率、效益等主要指标超过当地同业平均水平，人均指标达到当地四行前两位。

建设电商平台，是抢占互联网金融竞争高地的战略之举，也是从产业链上把住“信息流、资金流、商品流”的固本之策。要举全行之力，打造“名商、名品、名店”汇集、融资与支付一体的特色电商平台。要逐行落实全国名牌、区域知名品牌商户的入驻，不断丰富上线产品，提升客户体验，扩大客户流量和交易量，力争明年平台交易额达到150亿元，后年翻番，并进入前5名电商之列，成为发展客户、拓展业务的竞争手段和优势平台。POS网络，不仅是线下交易渠道，更是链接商户和消费者支付交易的“互联网”和“数据库”，是我们区别于互联网金融企业的最大优势。要对商户POS进行分级管理，建设好POS管理平台，构建起覆盖广、规模大、信息全的线下数据库。要把移动金融作为线上渠道的发展方向，不断丰富移动金融服务功能，提高客户黏性和活跃度，推动电子银行由“家中银行”向“掌上银行”转变。

四要优化国际化发展布局。在未来盈利增长放缓趋势下，要更加重视境外市场，进一步扩大境外业务比重和盈利贡献，向成熟的跨国银行水平靠拢。争取用三年左右时间，港澳以外区域机构的经营指标与国内主要竞争对手持平，在港澳地区的差距逐步缩小；到2020年，境外资产达到5 000亿美元、拨备后利润达到50亿美元，分别较目前翻一番。

要明确战略规划。研究制定境外业务发展的资本、资金、机构、业务、区域和客户规划，清晰境外业务发展版图和路径。坚持一行一策，明确境外机构经营发展定位、重点和策略，尽快提升本土化经营能力。

要突破重点产品线。统筹考虑全球业务线布局，实行重点业务线境外拓展名单制，集中有限资源和精力，确保其逐个落地、生根发芽。跨境人民币业务要抓住试点人民币资本项目可兑换的机遇，深化香港离岸人民币资金交易中心和新加坡人民币清算行功能，积极争取新一批人民币清算行资格。零售业务要立足港澳、东南亚，关注东盟地区的机构延伸、购并机会，在港先行设立私人银行和财富管理中心，打通全球营销服务和资产配置网络，做大境外私人银行产品规模。要重视银行卡、网上银行业务对网点功能的补充，具备条件的境外机构要尽快开办。要关注个人境外直投业务机会，积极营销境外账户“见证开户＋专户理财”服务。工商信贷业务要跟随国家“走出去”战略，支持铁路、核电、通信以及产能转移等重点领域企业在全球的延伸和发展，完善全球统一授信体系和客户经理团队建设，建立全球银团贷款统计体系，增强重大项目的承揽分销能力，争做代理行、账户行和管理行，以专业服务掌握业务价值链的高端环节。金融市场和交易业务要把握金融市场对内对外双向扩大开放，大力推广账户交易、人民币购售和账户融资、代理债券等重点产品线，完善集中交易体系和全球交易平台，形成辐射全球的业务连续运营能力。

要强化集团联动和配套措施。境外机构区域管理中心要更多地承担内外联动、外外联动职能，特别要重视发挥好工银亚洲的特殊区位优势和旗舰作用，在香港设立海外信贷审批中心，同时研究在香港、迪拜等地设立全球资产簿记中心，通过集约化的全球运营模式来实现规模经济。要发挥国际化经营对境内业务的稳固和促进作用，大力拓展国际结算、贸易融资、对外担保、国际保理、全球供应链融资等在内的贸易金融，争取明年实现境内国际结算市场占比第一的目标；外汇存贷款业务缩小与主要竞争对手的差距。要完善境外机构以ROE、ROA和利润总额为核心的绩效考核，强化经营压力传导。要做好境外FOVA与网银系统优化、公文翻译、报表管理等基础工作，明年境外机构报表自动化率要大幅提升。

五要优化综合化经营布局。要在加快商业银行体系内业务创新、推进多元化发展的同时，更加重视综合化子公司的联动发展。综合化子公司要坚持走专业化、特色化的发展道路，始终着眼集团发展的全局谋划自身发展，不断增强自我发展能力，增强与集团各机构和业务的战略协同能力，并要力争三年内使综合化子公司的年利润贡献达到70亿元。

工银瑞信要发挥牌照全、产品多的特点，做大专项资产管理业务，提高权益类、专户类等市场前景好、利润率高的业务比重，实现规模和效益的协调增长，成为行业标杆。工银租赁要把握规模扩张和资本占用的节奏，拓宽资产转让渠道，加强资产流转管理，从资产投资、交易和处置中获取更多利润，稳固行业第一地位。工银安盛要抓住我国人口老龄化加速带来的巨大寿险市场机会，及时调整发展策略，大力发展能够体现寿险公司业务特点和优势，盈利性好的期缴、保障型产品，建设网销渠道，优化业务和收益结构，实现盈利。工银国际作为集团境外持牌投行平台，要从以投行、投资业务为主转向重点侧重于销售交易和投行业务的配套发展，大力发展经纪交易类业务，加快与工银亚洲经纪交易业务的整合，构建更为稳定的收入和盈利结构，协助集团提升对客户的综合服务能力。要把握国家扩大金融开放、完善金融市场体系的政策机遇，择机进入信托、商品交易等行业，进一步完善以商业银行为主体、跨市场的经营布局。

（二）突出“三大战略”。股改上市之初，我们部署实施了八大战略，对于全行转型发展起到了极大的推动作用，要继续坚持和不断完善。同时，要适应当前及今后一个时期经营形势变化，更加突出大零售、大资管、大数据和信息化新的“三大战略”，这是全行经营发展的短板或是相对薄弱领域，也是新时期重大发展机遇所在，是我们突破盈利增长瓶颈、降低资本消耗、推动转型升级的关键举措，决定着全行未来发展的方向和质量。

一是大零售战略。零售金融是工商银行的生命线。要抓住我国经济成长和居民财富增长带来的机遇，着眼于综合服务能力和市场竞争能力的提升，构建新的零售业务发展战略蓝图，形成客户需求对接、信息资源共享、营销服务协同、业务产品整合的大零售发展格局，力争用三年左右的时间使零售金融收入贡献从目前的40%提高到50%，成为我行最大的经营优势、最稳固的发展基础。

“大零售”战略是对“大个金、强个金”战略的延续和扩展，就是在更大范围和更深层次上整合发展资源，根本解决“以客户为中心”整合严重不足的弊病，打破长期存在的信息碎片化、产品部门化和服务同质化的瓶颈制约，全面提升个人金融及小微企业金融的发展水平和竞争能力。实施“大零售”战略，统一客户信息是基础。明年要把统一客户信息平台建设作为重点工程，整合各专业条线的客户基础信息、产品信息，将公司、机构业务涉及的个人客户信息归集起来，健全信息更新验证机制，真正形成视图统一、全行共享的个人客户信息数据库，做到全景展现客户信息、全面了解客户真实需求、前瞻识别客户风险。创新业务产品是关键。要真正从最大化满足客户需求、最大化突出工行整体利益出发，对集团内的理财、信用卡、贵金属、基金、保险等业务，以及与我行形成功能补充的同业产品，进行灵活组合和统一定价，形成整体金融解决方案，逐步做到个性化定制。要继续有选择地把与个人消费密切相关的非金融服务纳入到整体服务中，为中高端客户提供更多的增值服务，进一步推动全行加快从单一产品服务向综合化、一揽子服务；由单一区域服务向跨区域、全球化服务；由同质化服务向个性化、差异化服务转变，打造零售银行全链条服务。完善机制是根本。总行在这次机构改革中确定由个人金融业务部负责个人客户产品与营销的统一管理，要进一步完善个人客户营销部门与产品部门、与对公客户部门及子公司的协调机制、定价机制和分润机制，建立起更为灵活、反应灵敏的市场响应机制。要建立对公客户的对私业务贡献评价系统，全面衡量对公客户的个人金融业务贡献，有重点有针对性地挖掘对公客户中的中高端个人客户业务，进一步将对公领域优势延伸至个人金融领域。

要重视重点产品和业务线的创新驱动和渗透率、覆盖率的持续提升，确保重点产品和业务线始终占据同业领先地位。私人银行，要着眼于满足高净值客户资产配置日益全球化的需求，提升跨市场、跨机构、跨区域一体化服务水平；着眼于家庭财富的传承，创新家族信托等家庭财富管理业务，力争在较短的时期内使年业务收入突破100亿元。信用卡，要继续做大信用卡客户、发卡和贷款规模，建立内部独立核算的收单专营机构，全面实施收单商户倍增计划，研究建立银行卡跨行清算机构，开辟新的盈利来源。个人贷款，要抓住我国居民消费向小康型升级中的需求，继续发展按揭贷款，建设以金融资产为主要质押物的网上贷款平台，创新基于大数据的便捷小额消费信贷业务，将信用卡分期业务统一为“逸贷”业务，力争“逸贷”明年新增1 000亿元，完善风险管理技术，形成与居民消费结构和资产配置结构相适应的个人贷款发展格局。小微企业贷款是未来发展的重要方向。要按照小额、便利的总体原则，进一步创新适应不同行业、不同成长阶段小企业特点的信贷产品，提高市场竞争力，争取占全部贷款的比重每年提高1个百分点。

二是大资管战略。随着资产管理政策管制和竞争壁垒的逐步打破，跨业竞争与合作并存的金融大资管时代已经来临。早在2011年，总行就提出了大力发展包括资产管理业务在内的金融资产服务业务，推动我行由资产持有大行向资产管理大行转变的战略思路。为了更好地把握新形势下的发展先机，总行决定更加明确地提出大资管战略，进一步全面、深入地推动大资管业务发展。要按照总行的整体战略发展规划，完善统计体系，加快业务线整合，综合集团理财、托管、养老金等业务优势，以及投行、租赁、基金、保险等综合化子公司功能，建设辐射境内外、跨领域、一体化的业务运营体系，搭建全市场、全客户、全价值链的大资管平台。力争业务规模和收入年均增长20%以上，用5年左右时间将资产管理业务收入占比从目前的近5%提高到10%以上，努力创造条件跻身国际一流资产管理机构行列。

发展好大资管业务，关键要立足“受人之托、代客理财”的资产管理本质，把握社会金融资产迁移、客户需求变化以及金融创新走向，大力提升投资管理和资产配置能力，逐步形成以代客投资、管理资产规模为基础的盈利模式。要利用工银安盛保险资金期限适中、来源稳定、可投资范围较广的特点，创新推广与融资项目紧密对接的“资产驱动型”产品，发挥好与理财业务期限互补、投向互补、服务互补的功能作用。要关注国家在养老税收优惠、事业单位养老改革等方面的政策动向，向企业年金、职业年金、个人养老等领域深度拓展，积极争取养老资产投资管理资格。要发挥贵金属在资产保值增值、避险、套利等方面的独特作用，进一步创新理财和交易类产品，丰富客户资产配置选择。要加强基础资产的甄选推荐，创新资产支持证券、债权直接融资工具、信贷资产流转等各种可交易的标准化投资工具。投行业务要切实发挥在非信贷融资领域的引领作用，完善并购、股权、债权、重组等产品体系，积极参与客户融资安排的“顶层设计”，提升产品配售能力，为资金渠道部门和机构投资者持续提供优质投资标的，成为非标准化债权、股权融资的主渠道，打造工行特色的投行业务线。要创新大资管业务营销思路，提高销售渠道的开放性、便利性，优化电子渠道销售界面和流程，通过理财产品吸引更多的行外客户直接在我行开户；提高银银平台的灵活互联，实现对一批中小金融机构的业务覆盖，成为“银行中的银行”。要积极延伸大资管业务链条，发展托管、结算、清算等后台增值服务，整体规划全球托管网络布局，整合境内营运中心功能和设置全球托管亚洲区域中心，并顺应资产管理与托管交叉融合的趋势，为开展证券借贷、账户融资等业务做好准备，拓宽新的服务领域。

发展好大资管业务，要充分把握其跨市场、跨专业可能导致风险传播面广、交叉传染性强的特征，针对近期理财业务进入风险凸显期的实际，进一步完善和细化从资金募集到投后管理全流程的风险防控措施，不得进入监管禁区以及我行信贷业务退出的领域，形成与信贷战略相契合的控制机制，防止风险从信贷领域转移到理财领域。要严格规范信息披露，做到风险充分提示，确保大资管业务健康发展。

三是大数据和信息化战略。这是适应互联网金融蓬勃发展的需要，更是发展方式和经营机制的深层次变革。要把握数据这一创新的核心要素，从基础建设、经营、管理三个层面，加快推进信息化银行建设，构建起面向未来、更加智慧、可持续的发展新模式。总行已经绘就信息化银行建设蓝图，全行要上下协同，高标准实施。要夯实数据基础，完善数据仓库动态入库机制，搭建集团信息库基础架构，逐步实施非结构化数据的标准化处理和存储。要整合客户和各业务领域数据，丰富数据资源、细化数据颗粒度，改变数据局部化、碎片化、低效化的状况，建成涵盖结构与非结构数据、及时服务各业务线的“超级数据库”。要提升数据应用能力，建设数据分析师和专业分析师两支队伍，将数据查询、分析、挖掘功能嵌入到营销和风险管理系统中，从数据中攫取最大价值。要积极学习互联网金融的经营理念，发挥数据对创新的引领和支撑作用，推出更适合客户的、有思想的、有创意的产品。要完善大数据运营平台，加快IT系统的构件化、产品化改造，按计划完成两地三中心工程，形成与大规模交易处理、大数据量分析统计、大中心并行运行相匹配的技术架构，确保信息系统安全稳定运行。

（三）调整客户结构、强化客户基础。要坚定不移地实施客户提升工程，量质并举、以质为先，力争通过几年努力，构建起中高端客户总量大、代际衔接、交易活跃的客户基础，巩固和扩大全行可持续发展的战略根基。

在个人客户发展上，要按照星级评定和客户五级分类标准，明确客户结构目标、发展计划和考核体系，引导全行去营销真正有金融需求的客户，去竞争能带来可用资产、能创造收入的客户。要积极借鉴互联网金融思想，创新线上线下一体化的服务方式，积极改善对大众的金融服务，充分发挥出大众客户巨大的集聚效益。中高端客户基础是真正竞争力所在，要更加重视对潜力客户特别是“高流量、低存量”资产特征客户的挖掘利用，推动客户提高在我行资产存放占比，不断向中高端正向迁移，促进日均金融资产5万元以上及四星级以上客户的大幅增长。活跃客户是各项业务收入的主要来源，要着力培植信用卡客户、代发工资客户、商友客户、投资理财、基金、保险客户、个人贷款客户、年轻客户、自由职业者、流动性客户、外汇业务类客户等优质活跃客户群体。代发工资客户和养老金客户是源头客户，要高度重视并切实抓好，开展对优质对公客户代发工资业务的逐一排查和逐户营销，确保明年稳定、连续的代发工资客户数量翻一番。力争明年日均资产1万元以上、5万元以上及四星级以上客户分别达到9 500万户、4 000万户和6 800万户；三年后，分别增加到12 000万户、5 000万户和9 000万户。在公司客户发展上，要着力拓展全球化企业、供应链上下游企业、产业集群企业、拟上市企业、同业客户等优质客户。小微企业是公司客户的主体，一定要把这个基础拓宽筑牢。力争每年新增公司客户25万户，其中五星级及以上中高端客户5万户，努力解决客户集中度与低资产客户占比“双高”问题。在机构客户发展上，要大力挖掘民生领域金融服务潜力，在保持客户总量同业领先的基础上，不断提高重点客户覆盖率和重点产品渗透率。

目前，总行在机构改革中已明确了由客户部门统一负责营销的管理体制，成立了个人、公司和机构三大客户推进委员会，各分行也要参照成立并发挥好委员会的组织协调和综合推动作用，促进营销力量整合，做好客户发展规划，依托营销系统精准发现目标客户，形成管理行与基层行“自上而下”与“自下而上”相结合的拓户模式。要把服务工作放在头等重要位置，按照客户五级分类标准，细化配套政策措施，实施“一户一策”综合服务方案，构建起分层分类分级的全产品、差异化客户服务体系。要按照科学的管户标准配齐配强客户经理，探索对公客户首席客户经理制，落实好个人客户经理的中高端客户管户责任，加强对客户经理拓户情况和产品销售情况的双重考核。要将重点产品、稀缺产品用到发展目标客户上，增强产品黏合度，促进中高端客户拓展和业务增长齐步快进。要高度重视消费者权益保护，树立重社会责任、重客户服务的银行形象。

工商银行经过30年的改革发展站在了新的历史起点上，面对外部经济金融形势的深刻变化，全行要在深化改革中激发开拓进取的勇气和力量，朝着既定的宏伟蓝图奋勇前行，努力开创工商银行新的光辉岁月和光明前景!

在中国工商银行
2013年工作会议上的讲话

杨凯生

（2013年1月29日）

一、2012年经营情况

1.1　2012年经营计划目标顺利实现

国际财务报告准则（集团管理层数据）

主要经营指标	2012年	年度目标/变动
1. 盈利能力		
1.1　净利润（亿元）	××	2 367
1.2　EVA（亿元）	1 677	1 631
1.3　加权平均权益回报率	××	22.60%
1.4　基本每股收益（元）	××	0.68
2. 收益结构		
2.1　净利息收益率（NIM）	2.66%	（较2011年↑5个基点）
2.2　手续费及佣金净收入占比	19.70%	（较2011年↓188个基点）
2.3　成本收入比	29.27%	不高于38%
3. 资产质量		
3.1　不良贷款额（亿元）	736	（较2011年↑6亿元）
3.2　不良贷款率	0.84%	不高于1.2%
3.3　拨备覆盖率	300%	（较2011年↑33个百分点）
3.4　贷款总额准备金率	2.50%	（与2011年持平）

1.2　净利润预算完成率排名前30位的分行

单位：亿元

行名	净利润	预算完成率		行名	净利润	预算完成率	
			排名				排名
湖北省分行营业部	33.48	108.4%	1	广　西	33.53	98.4%	16
新　疆	23.30	107.8%	2	内蒙古	33.33	98.3%	17
湖　北	54.51	105.8%	3	山　东	126.49	97.8%	18
贵　州	31.51	104.7%	4	北　京	246.20	97.4%	19
湖　南	42.03	103.6%	5	重　庆	38.16	96.8%	20
四　川	84.86	103.1%	6	河　北	76.20	96.5%	21
江苏省分行营业部	40.45	101.7%	7	大　连	20.01	95.9%	22
四川省分行营业部	53.82	101.6%	8	海　南	15.40	95.4%	23
辽　宁	39.77	101.5%	9	安　徽	46.93	95.3%	24
黑龙江	34.19	100.7%	10	上　海	156.95	95.3%	25
天　津	45.10	100.5%	11	江　苏	173.57	95.2%	26
陕　西	43.69	100.2%	12	青　岛	23.48	95.2%	27
云　南	38.24	99.5%	13	山　西	46.75	94.4%	28
江　西	31.30	98.6%	14	甘　肃	13.78	93.4%	29
苏　州	48.85	98.6%	15	浙　江	165.38	92.8%	30

注：西藏分行全年预算完成率达到229.5%，进步显著。考虑到其净利润实现有计划外特殊补贴金额较大以及贷款规模上调等因素，暂未直接参与排名。

1.3　分行净利润实现情况

单位：亿元

行名	净利润			行名	净利润		
		绝对额排名	同比增幅			绝对额排名	同比增幅
北　京	246.20	1	4.5%	江苏省分行营业部	40.45	22	16.4%
广　东	207.17	2	4.9%	辽　宁	39.77	23	3.6%
江　苏	173.57	3	5.3%	云　南	38.24	24	19.3%
浙　江	165.38	4	3.6%	重　庆	38.16	25	5.6%
上　海	156.95	5	0.6%	黑龙江	34.19	26	-9.6%
山　东	126.49	6	10.0%	广　西	33.53	27	9.9%
广东省分行营业部	94.31	7	3.2%	湖北省分行营业部	33.48	28	33.7%
四　川	84.86	8	12.7%	内蒙古	33.33	29	8.9%
河　北	76.20	9	0.9%	贵　州	31.51	30	14.9%
浙江省分行营业部	58.74	10	3.1%	江　西	31.30	31	11.9%
深　圳	56.37	11	-5.7%	宁　波	30.13	32	-2.4%
湖　北	54.51	12	28.9%	吉　林	23.54	33	6.0%
福　建	54.02	13	7.8%	青　岛	23.48	34	9.5%
四川省分行营业部	53.82	14	13.8%	新　疆	23.30	35	12.2%
河　南	49.87	15	8.5%	大　连	20.01	36	8.2%
苏　州	48.85	16	12.6%	海　南	15.40	37	6.6%
安　徽	46.93	17	9.3%	甘　肃	13.78	38	25.3%
山　西	46.75	18	7.3%	厦　门	13.16	39	-6.2%
天　津	45.10	19	11.1%	宁　夏	8.42	40	22.1%
陕　西	43.69	20	16.2%	青　海	6.33	41	-8.2%
湖　南	42.03	21	30.8%	西　藏	0.97	42	254.6%

二、工商银行经营发展成就

2.1　净利润增长情况

我行净利润及其增长率领先于国内可比同业

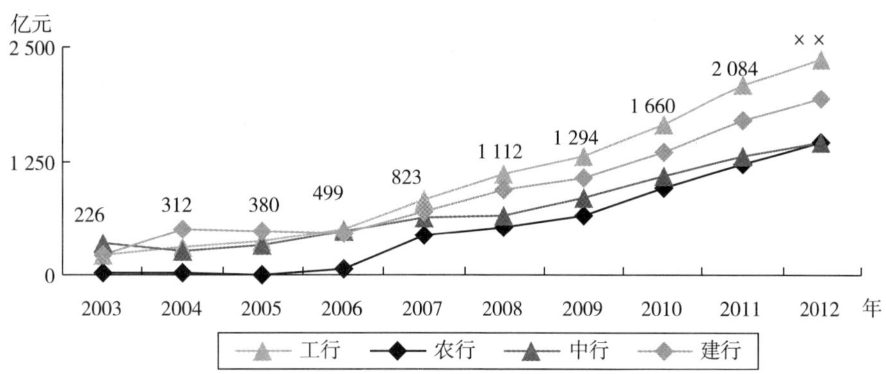

注：2003 年至 2011 年均为国际审计数据，2012 年四行净利润数据为管理层未经审计数据。

我行和国内可比同业净利润增长情况

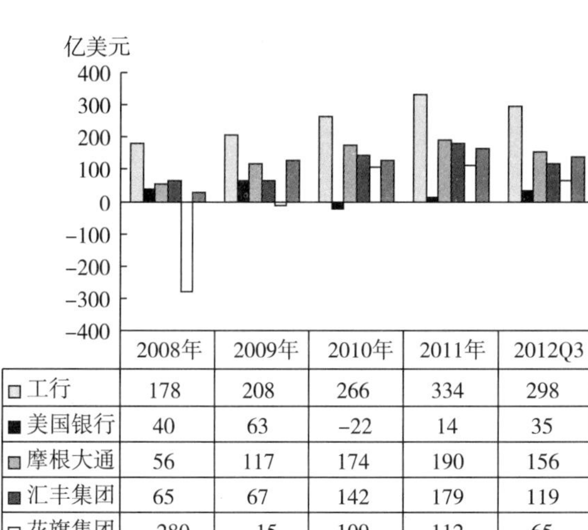

	2008年	2009年	2010年	2011年	2012Q3
工行	178	208	266	334	298
美国银行	40	63	−22	14	35
摩根大通	56	117	174	190	156
汇丰集团	65	67	142	179	119
花旗集团	−280	−15	109	112	65
富国银行	27	127	127	162	141

我行和国际同业盈利情况比较

全行历经十年的综合改革和转型发展，经营管理水平得到显著提高，尤其是股改上市以来，经营效益持续稳步增长。我行净利润由 2003 年的 226 亿元增加至 2012 年的 × × 亿元，年复合增长率达到 30%，分别高于建行（27%）和中行（17%）3 个百分点和 13 个百分点。

盈利额在全球银行体系中连续五年位居第一。

2008 年，我行一跃成为全球最盈利银行，并将这一优势保持至今。

2011 年末，我行盈利额达到 334 亿美元，领先于摩根大通银行（190 亿美元）144 亿美元。2012 年第三季度领先摩根大通 142 亿美元。

2.2　市值情况

全球市值第一银行地位进一步巩固

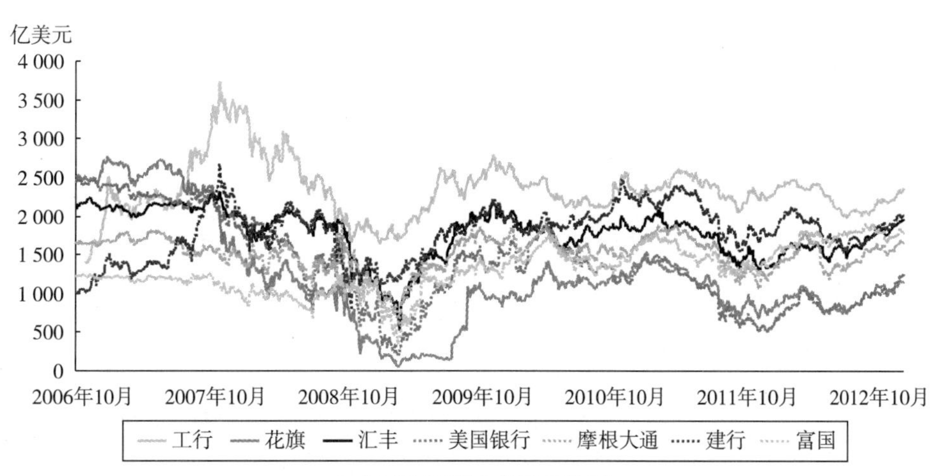

上市以来我行市值排名变化

自上市以来，我行在全球上市银行中总市值排名不断提升。2006 年末，我行总市值超越美国银行获得全球第二大市值银行地位。2007 年 7 月，超越花旗集团成为全球最大市值银行，并自此保持全球第一的位置。

2012 年末，我行总市值为 2 365 亿美元，领先于市值第二位的建设银行（2 000 亿美元）365 亿美元。

截至 2012 年 12 月 31 日全球前十大上市银行市值排名

上市银行	市值（亿美元）	上市银行	市值（亿美元）
工商银行	2 365	农业银行	1 473
建设银行	2 000	中国银行	1 289
汇丰银行	1 941	美国银行	1 251
富国银行	1 799	花旗集团	1 160
摩根大通	1 671	澳大利亚联邦银行	1 039

2.3 总资产增长情况

资产总量跃居全球第二

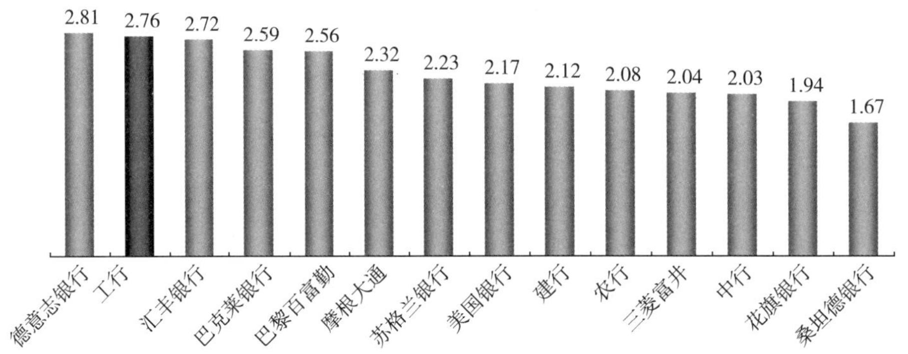

注：2012 年末国际同业数尚未全部披露，下同。

2012 年 9 月末我行与国际可比银行资产总量比较情况

截至 2012 年末，集团总资产达 17.6 万亿元，较 2003 末增长了约 2.8 倍，年均增速达到 16.1%。

截至 2012 年 9 月末，我行总资产约合 2.76 万亿美元，高于汇丰银行，低于德意志银行，居全球银行业第二位。

资产结构更趋多元化，非信贷资产比重达到国际银行业中游水平。

截至 2012 年末，我行信贷资产总额占比为 50.1%，较 2002 年末 62.9% 的占比下降 12.8 个百分点。非信贷生息资产余额占比为 46.7%，较 2002 年末 31.7% 的占比提高了 15 个百分点。其中，债券投资余额占比达到 22.7%，较 2002 年末提高了 2 个百分点。

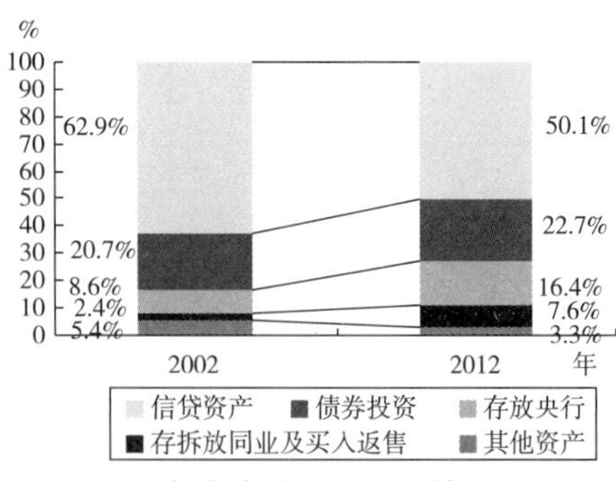

十年来资产结构变化情况

按一级资本排序的全球前 50 大银行非信贷资产占比平均为 51.9%，我行排在第 26 位，摩根大通为 67.2%，花旗银行为 63.8%，汇丰为 55.6%，美国银行为 55%，桑坦德银行为 34.4%。

截至 2012 年末，我行境外机构资产余额达到 1 698 亿美元左右（相当于国际上排名 110 ~ 120 位的麦格理集团或美国运通公司的总资产），较 2002 年末提高约 30 倍。境外机构资产占集团的比重由 2002 年末的不到 1% 提升至 6% 左右。

境内外资产占比变化情况

2.4　总资本变动情况

资本实力不断增强

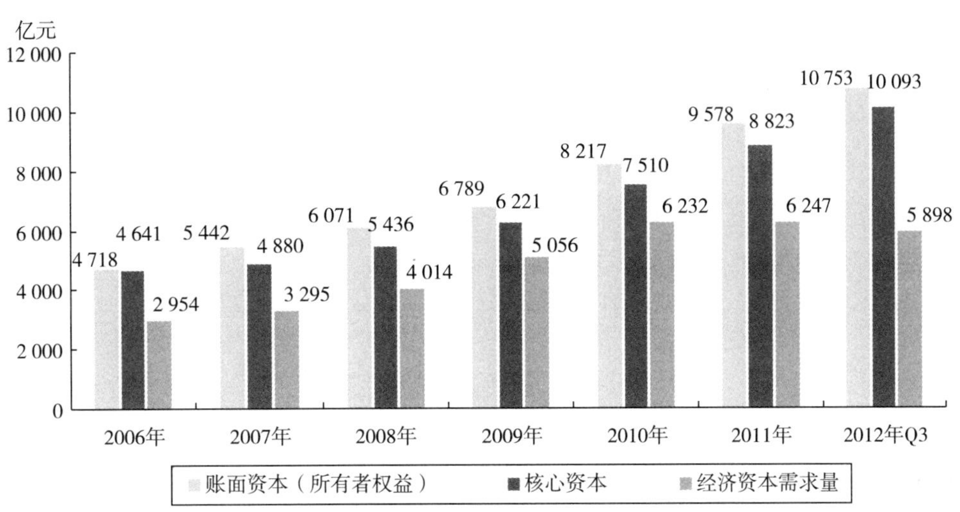

账面资本、核心资本和经济资本情况

资本充足水平保持在较为理想的水平

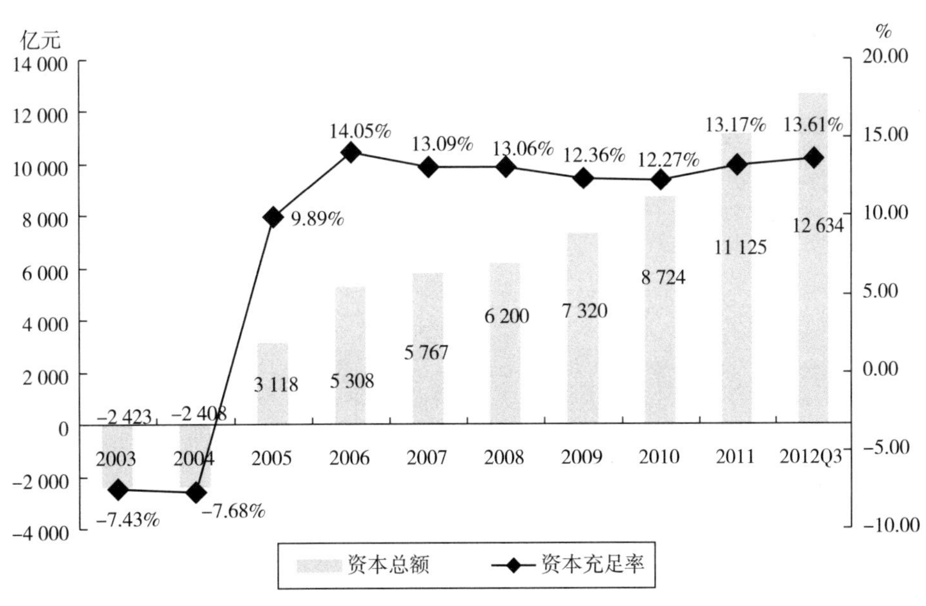

注：2003 年资本总额和资本充足率为根据 2004 年颁布的《商业银行资本充足率管理办法》回溯后的数据。

我行充足水平保持在较为理想的水平

十年来，我行资本总额由 2003 年末的 −2 423 亿元增长到 2012 年末的 12 634 亿元。股改上市后，在推动业务快速发展、支持综合化和国际化战略实施的同时，我行注重平衡资本供求，资本充足率保持在较为理想的水平。

核心一级资本已跃居全球银行业首位

2012 年第三季度末，我行核心一级资本达 9 760 亿元人民币，约合 1 553 亿美元，居全球同业第一。一级资本与核心一级资本相等，低于美国银行（1 631 亿美元）78 亿美元，排名第二。2012 年末有望排名全球首位。

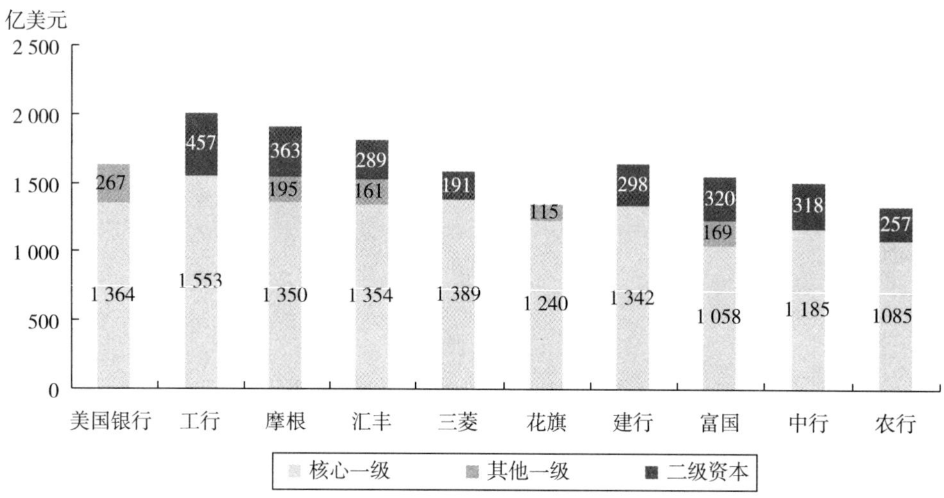

注：1. 国内银行受监管政策限制及资本市场制约，目前暂无符合其他一级资本要求的资本工具；
2. 美国银行、花旗银行未公布二级资本数据，三菱银行未公布其他一级资本数据。

2012 年第三季度国际主要同业资本结构

2.5　资产质量变动情况

资产质量持续改善

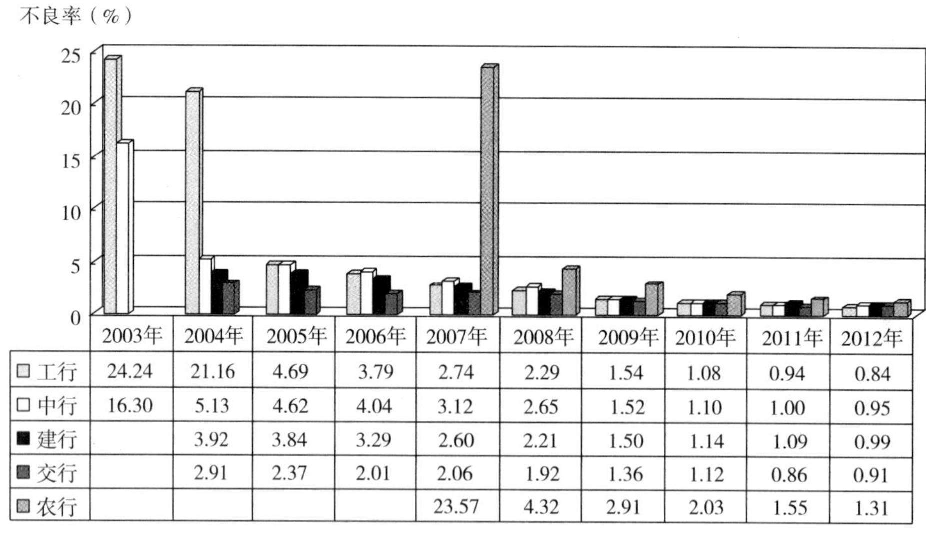

	2003年	2004年	2005年	2006年	2007年	2008年	2009年	2010年	2011年	2012年
□ 工行	24.24	21.16	4.69	3.79	2.74	2.29	1.54	1.08	0.94	0.84
□ 中行	16.30	5.13	4.62	4.04	3.12	2.65	1.52	1.10	1.00	0.95
■ 建行		3.92	3.84	3.29	2.60	2.21	1.50	1.14	1.09	0.99
■ 交行		2.91	2.37	2.01	2.06	1.92	1.36	1.12	0.86	0.91
□ 农行					23.57	4.32	2.91	2.03	1.55	1.31

注：2012 年末数据为同业内部交流数据，未经披露。

2003 年以来五大行贷款质量情况

2003 年以来，经过十年的努力，我行从五大行中不良率较高、贷款质量较差的银行成为不良率最低、贷款质量最优的银行。

2.6　境外机构建设及业务发展情况

我行成为服务国家和地区覆盖范围最广的中资银行

截至 2012 年 12 月末，我行境外机构覆盖 39 个国家和地区，境外分支机构总数达 383 家，形成了跨越亚、非、欧、美、澳五大洲的全球服务网络。其中，沙特利雅得分行和科威特分行的设立申请已获两国央行批准（尚未开业），巴西子行已于 1 月 23 日开业。此外，我行通过参股南非标准银行，间接覆盖 18 个非洲国家，合计覆盖近 60 个国家和地区。外资代理行网络覆盖国家和地区 138 个，总数达 1 630 个。

<table>
<tr><th></th><th colspan="2">亚太</th><th colspan="2">欧洲</th><th colspan="2">美洲</th><th>非洲</th></tr>
<tr><td>中行</td><td rowspan="2">中国香港
中国澳门
新加坡
日本
韩国
印度尼西亚
越南
澳大利亚
马来西亚
泰国
哈萨克斯坦
柬埔寨
阿联酋（中行为代表处）
（13）</td><td>菲律宾、巴林（代表处）、中国台湾（3）</td><td rowspan="2">英国
德国
俄罗斯
法国
意大利
比利时
荷兰
卢森堡
波兰
（9）</td><td>匈牙利、瑞士、伊斯坦布尔、瑞典（4）</td><td rowspan="2">巴西、美国
加拿大
开曼群岛
维尔京群岛
（5）</td><td>巴拿马（1）</td><td>南非
赞比亚
（2）</td></tr>
<tr><td>工行</td><td>卡塔尔、巴基斯坦、印度、老挝、缅甸沙特、科威特（7）</td><td>西班牙、葡萄牙（2）</td><td>阿根廷、秘鲁（2）
注：我行开曼群岛机构为工银亚洲下设分行；维尔京群岛为工银国际下设二级机构</td><td>南非（1）</td></tr>
</table>

数据来源：以上我行为截至2012年末最新数据。

境外机构规模和盈利贡献逐年增大

经过近年来的快速发展，我行境外机构覆盖的国家和地区数已达39个，成为覆盖国家地区最广的中资银行；境外机构数量从2006年的98家增加至2012年末的383家。

境外机构资产规模从2006年末的267亿美元上升至2012年末的1 698亿美元，年复合增长率达到36%；拨备后利润从2006年的3亿美元上升至2012年的16.25亿美元，年复合增长率达到33%。

境外机构员工数从2006年末的1 900余人增加至2012年末的约9 893人。

项目	2006年	2007年	2008年	2009年	2010年	2011年	2012年
境外机构覆盖国家和地区（个）	12	13	15	20	28	33	39
境外机构数量（个）	98	112	134	162	203	239	383
境外机构资产规模（亿美元）	267	354	429	522	757	1 247	1 698
境外机构拨备后利润（亿美元）	3	3.58	5.22	8.64	11.85	13.73	16.25
境外机构员工数（人）	1 924	2 767	2 897	3 422	4 714	5 508	9 893
其中：境外外派人员数量（人）	116	164	198	263	409	604	663

国际结算业务市场占比显著提升

十年间，我行国际业务发展迅速。2012年境内国际结算量达到1.39万亿美元，是2003年的10倍，四行占比达30.15%，较2003年提升了近10个百分点。一些分行成为当地国际结算市场的领先者。

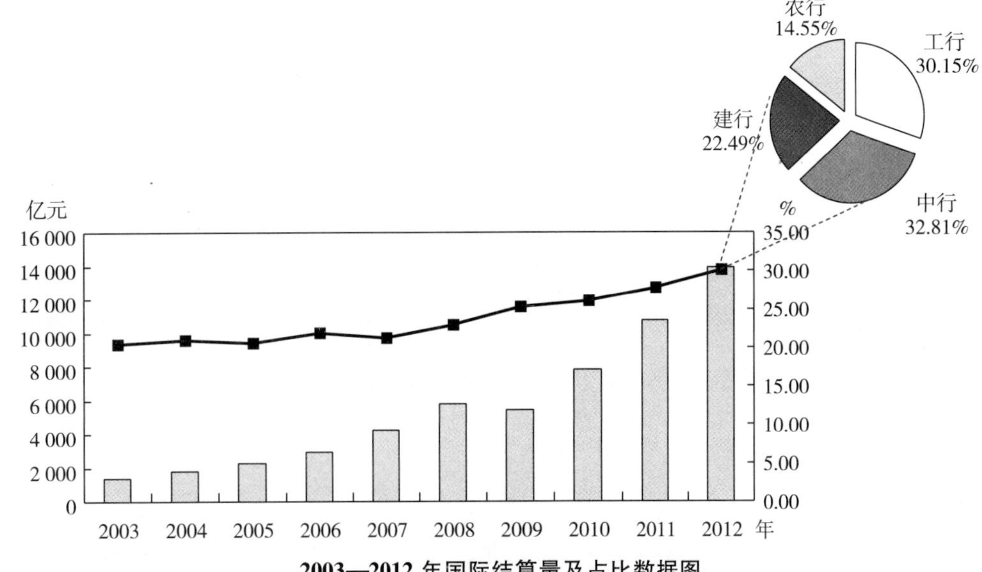

2003—2012年国际结算量及占比数据图

境外科技平台建设领先同业

年度	投产机构	数量
2007	澳门分行（原）	1
2008	首尔、新加坡分行，诚兴银行（原）	3
2009	东京、香港、悉尼、多哈、法兰克福、河内、卢森堡分行，工银印尼、工银伦敦、工银澳门、工银阿拉木图、工银中东、工银欧洲（原工银卢森堡）	13
2010	纽约、阿布扎比、巴黎、布鲁塞尔、马德里、米兰、阿姆斯特丹、孟买分行，工银莫斯科、工银马来西亚	10
2011	卡拉奇、金边、万象、科威特（筹）、利雅得（筹）分行，工银加拿大、工银泰国、工银巴西、工银秘鲁	9
2012	工银亚洲、华沙分行	2

2012 年，工银亚洲和华沙分行顺利投产 FOVA 系统，标志着 FOVA 在 36 家境外机构实现投产。我行在境内外一体化科技平台、境内外集中运维等多方面实现同业领先。

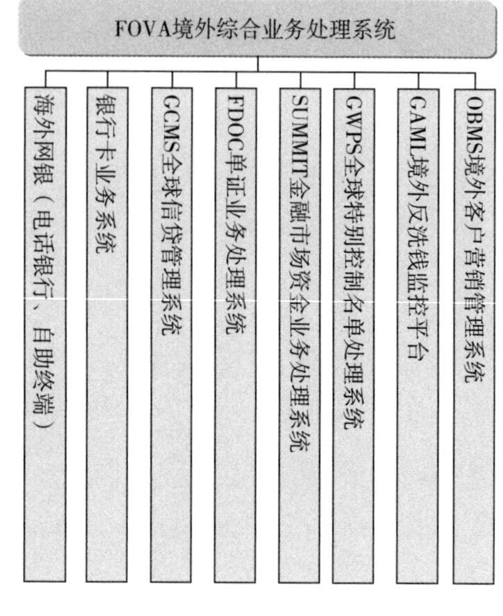

依托 FOVA 系统，海外网银、单证中心、GCMS、SUMMIT、全球特别控制名单处理系统、境外反洗钱监控平台、境外客户营销管理系统等外围系统的境外应用与推广持续深化，科技平台有力支持全球一体化发展。

2.7　综合化经营发展情况

综合化经营发展成效显著

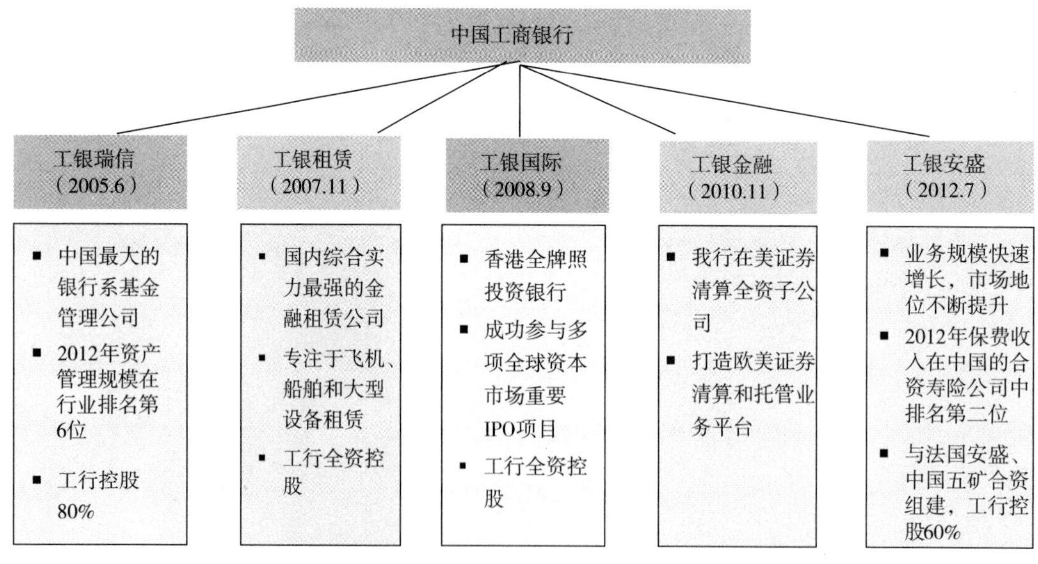

经过多年的发展，工商银行从无到有，目前已经初步建立覆盖基金、租赁、投行、证券清算和保险等领域的综合化服务平台，综合化经营发展成效显著。

2.8　存贷款业务发展情况

存贷款总量均居全球同业首位

单位：万亿美元

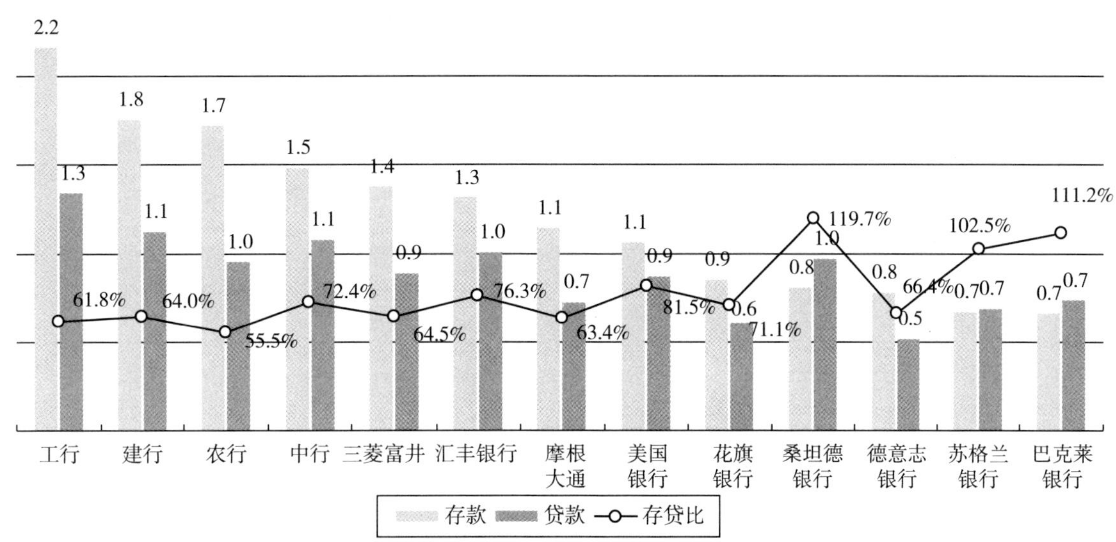

2012 年 9 月末我行与国内外可比银行存贷款总量比较情况

2012 年 9 月末，我行存款余额达 13.6 万亿元，约合 2.2 万亿美元，贷款余额达 8.4 万亿元，约合 1.3 万亿美元，均领先国际国内银行同业；存贷比在国际银行同业中处于较低水平。

2.8　存贷款业务发展情况——贷款

贷款增长合理适度

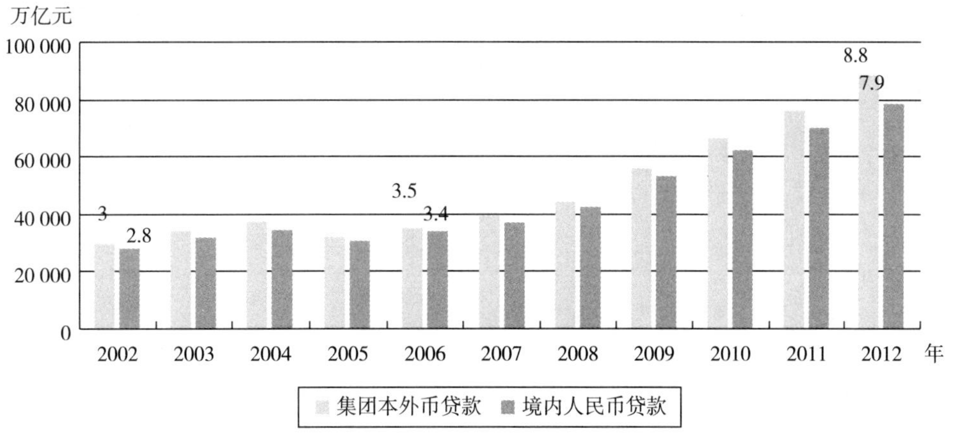

十年来我行信贷资产余额增长情况

截至 2012 年末，集团信贷资产余额约为 8.8 万亿元，较 2002 年末的 3 万亿元增加 5.8 万亿元，年均增长 11.4%，已成为全球第一大信贷银行。

十年间，我行境内分行人民币贷款余额增长 1.8 倍，年均增幅为 10.8%，贷款投放增速与我国经济 10.7% 平均增速基本相适应，较同期全社会 17% 的贷款增速低 6.2 个百分点，相比同业实施了更为稳健的信贷政策。

十年间累计发放贷款近 45 万亿元，各项贷款周转速度已提高至 2012 年的 0.87 次/年，相当于每 1.15 年贷款存量周转一次。

2003 年以来，货币政策经历了稳中适度从紧、从紧、适度宽松、再到稳健的不断调整，我行认真执行中央银行和监管部门各阶段的信贷总量把握要求，既不过度放贷，也不急踩刹车，贷款增速与全社会相比始终保持在既积极又稳健的适当水平。

2003—2007 年，在 GDP 增速持续处于相对高位的情况下，我行坚持较为审慎的信贷投放策略，贷款增速较全社会低 5 ~ 7 个百分点。

从 2008 年国际金融危机爆发以来，我行适度把握贷款投放节奏，贷款增幅明显提升，与全社会平均贷款增速差距缩小至 2 ~ 3 个百分点，有效支持国民经济和社会发展。

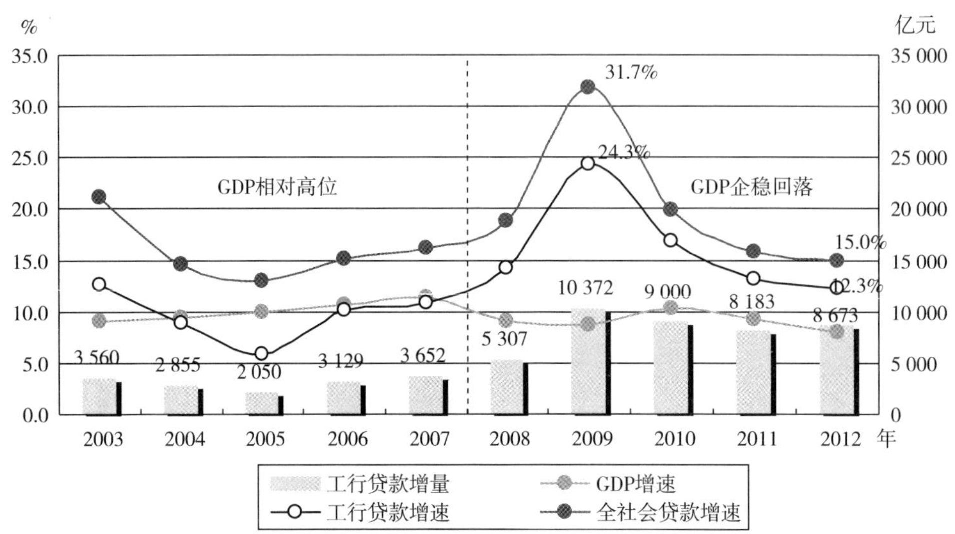

2003—2012 年人民币贷款增长与 GDP 增速情况

境内人民币贷款总量及主要品种均领先同业

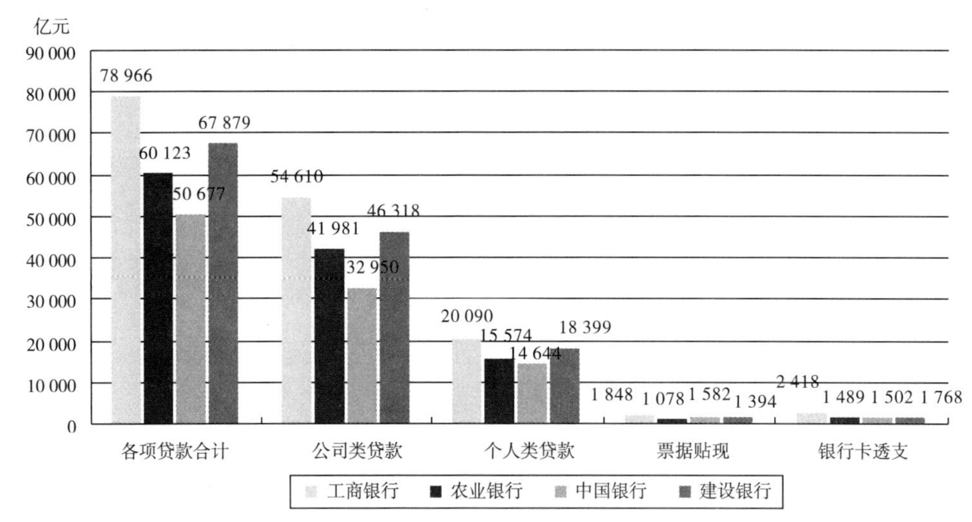

2012 年末四大行人民币贷款余额结构

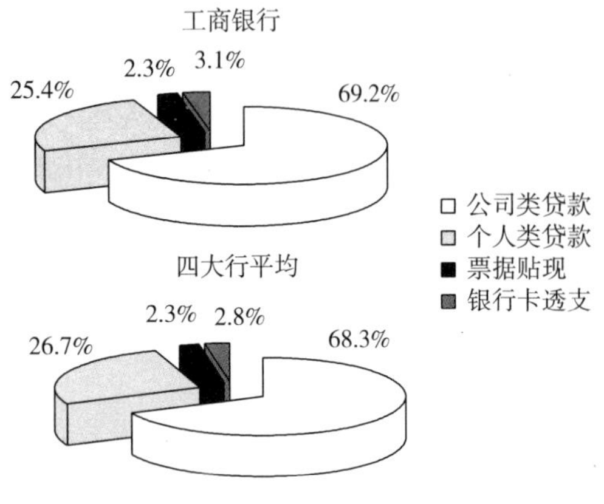

2012 年末四大行人民币贷款余额结构

截至 2012 年末，我行境内分行人民币各项贷款余额为 7.9 万亿元，居四大行首位，较排名第二的建行多 1.1 万亿元。工商银行信贷业务在经济社会生活中发挥了重要作用，在金融市场上保持了相应的影响力。公司类贷款、个人类贷款、票据贴现及银行卡透支余额均处于同业领先水平。

信贷结构持续优化，中小企业及个人信贷占比显著提高

2008 年初至 2012 年末，中小企业贷款余额由 1.3 万亿元增至 3.8 万亿元，年均增幅达到 24%，较同期境内分行贷款平均增幅高 8 个百分点。

截至 2012 年末，境内分行个人类贷款余额突破 2 万亿元，达 20 090 亿元，银行卡融资余额为 2 426 亿元。个人类贷款（含银行卡融资）余额合计达到

22 516 亿元，十年间增加了 18 412 亿元，增长了 4.5 倍。2012 年末，境内分行个人类贷款（含银行卡融资）余额占各项贷款的比重为 27.2%，比 2002 年提升了 14.8 个百分点。

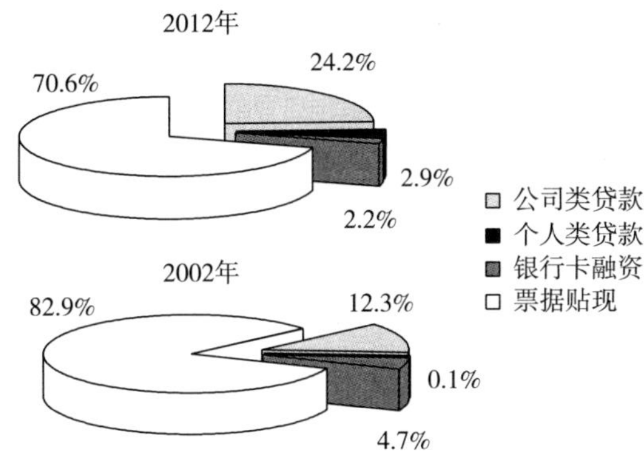

2002—2012 年信贷资产（本外币）结构情况

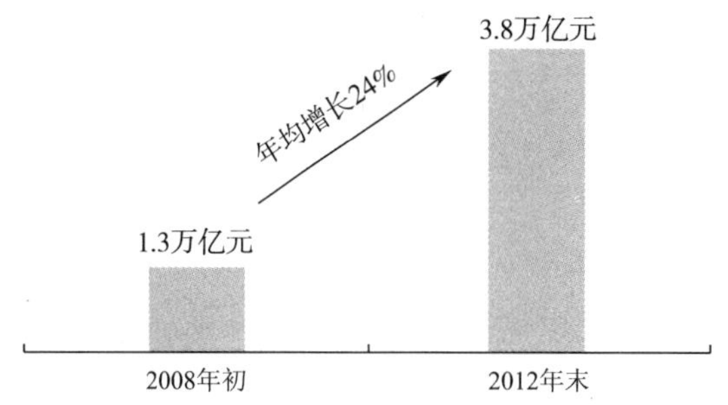

2008—2012 年中小企业贷款增长情况

积极落实国家区域发展战略，加大对中西部及东北地区倾斜支持。

十年来，我行积极落实国家深化西部大开发、支持中部崛起和加快东北老工业基地振兴的战略部署，逐步加大对中西部和东北地区的信贷资源倾斜配置力度。2003 年至 2012 年，中西部和东北地区分行贷款合计增加 1.8 万亿元，年均增幅为 10.6%，其中 2006 年以来年均增幅为 19.8%，较全行平均增幅高 2.6 个百分点。

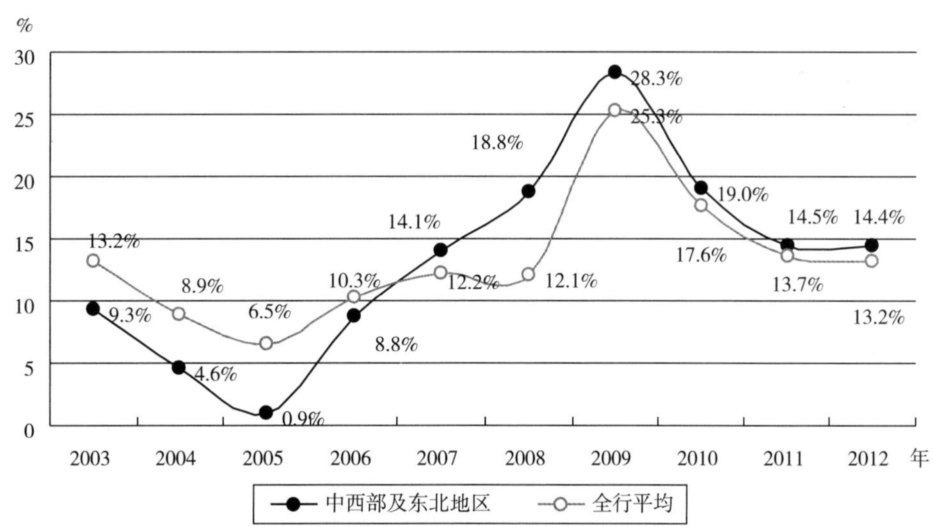

2003 年以来中西部地区本外币各项贷款增长情况

2.8　存贷款业务发展情况——存款

存款实现较快增长

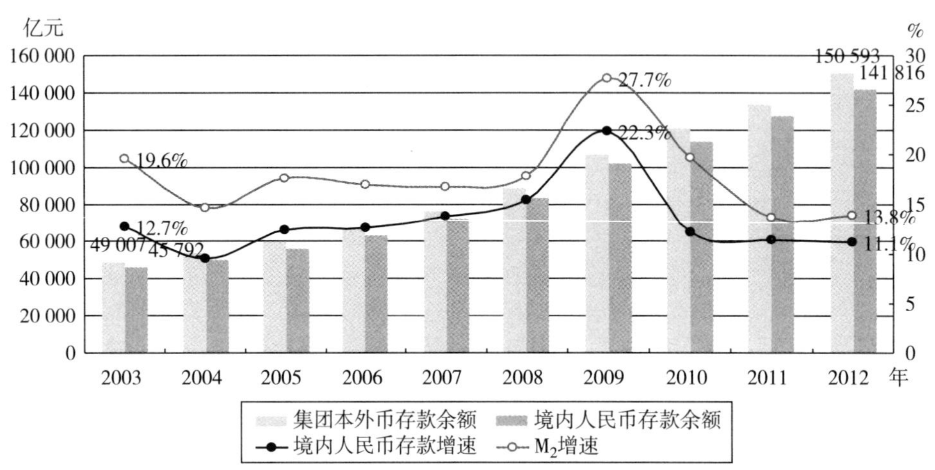

2003—2012 年我行存款（含同业）增长情况表

截至2012年末，集团各项存款（含同业）余额达到15.1万亿元，较2002年末的4.3万亿元增长了2.5倍，年均增幅达13.4%。境内人民币存款余额也由2002年末的4.1万亿元增长2.5倍至14.2万亿元。

境内人民币存款总量及主要品种均领先同业。

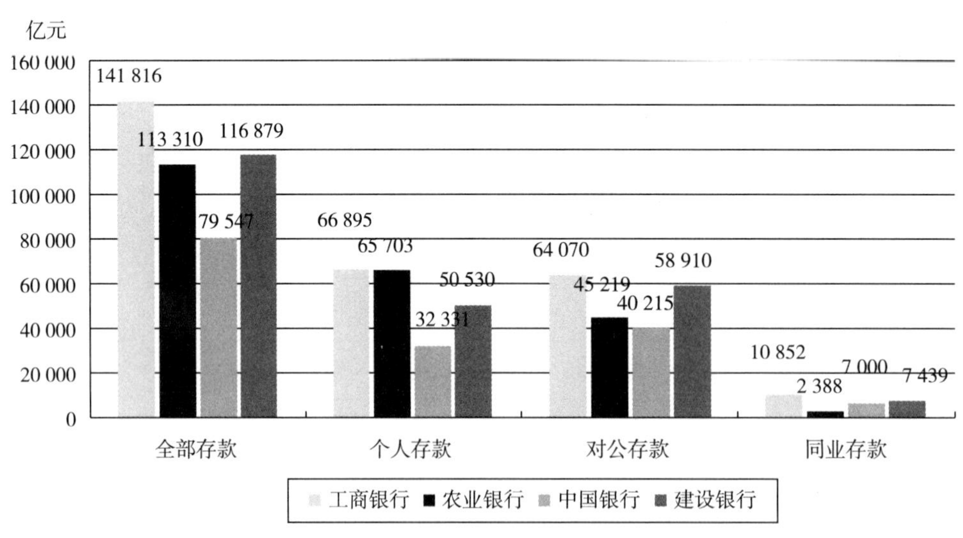

2012 年末四大行人民币存款（含同业）余额情况

截至2012年末，我行境内分行人民币各项存款（含同业）余额为14.2万亿元，居四大行首位，较排名第二的建行多2.5万亿元。个人存款、对公存款和同业存款余额均处于同业领先水平。

2.9　中间业务发展情况

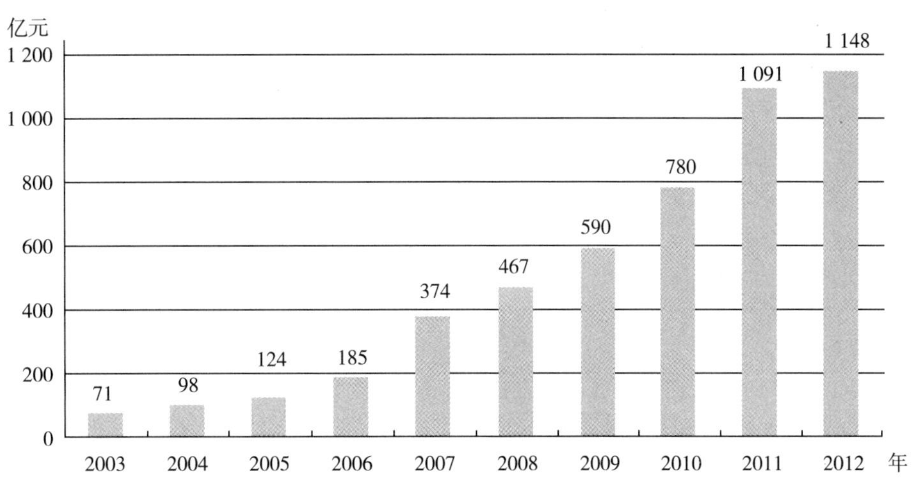

2003—2012 年集团手续费及佣金收入增长情况

2012 年，我行集团实现手续费及佣金收入 1 148 亿元，　同比增长 5.2%，2003—2012 年复合增长率为 36.3%。

2006 年以来我行境内分行手续费及佣金收入同业占比情况

单位：亿元,%

年份	工行			可比同业市场份额		
	手续费及佣金收入	同业占比	同业排名	农行	中行	建行
2006 年	194.68	29.50	1	23.39	25.00	22.11
2007 年	379.38	30.48	1	20.35	23.43	25.73
2008 年	450.33	29.72	1	19.44	23.95	26.89
2009 年	571.88	31.63	1	18.97	21.49	27.91
2010 年	750.37	31.47	1	20.22	19.83	28.49
2011 年	1 053.27	31.68	1	22.22	18.42	27.68
2012 年 1 ~9 月	831.04	31.86	1	22.23	18.46	27.45

2006 年以来，我行境内分行手续费及佣金收入在四大行中排名一直保持第一的位置，且同业占比稳步提升。

2006 年至 2011 年，我行手续费及佣金收入复合增长率达到 40.2%，较农行（36.8%）高 3.4 个百分点，较中行（30.0%）高 10.2 个百分点，略低于建行（44.5%）。

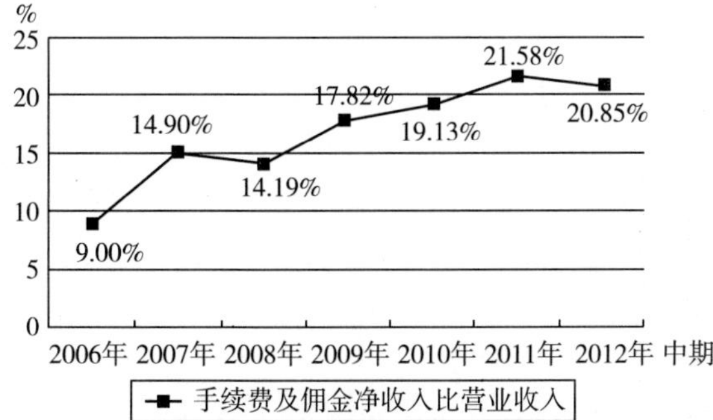

手续费及佣金净收入占比

银行	手续费及佣金净收入占比（2012 中期）
中国工商银行	20.85%
摩根大通	40.51%
美国银行	28.47%
富国银行	26.90%
花旗银行	18.43%
汇丰银行	22.52%
桑坦德银行	23.02%
巴克莱银行	33.30%
苏格兰银行	18.90%

自股改上市以来，我行手续费及佣金净收入占营业收入的比重稳步提升，与国际银行业先进水平的差距明显缩小。

资产管理业务发展迅速

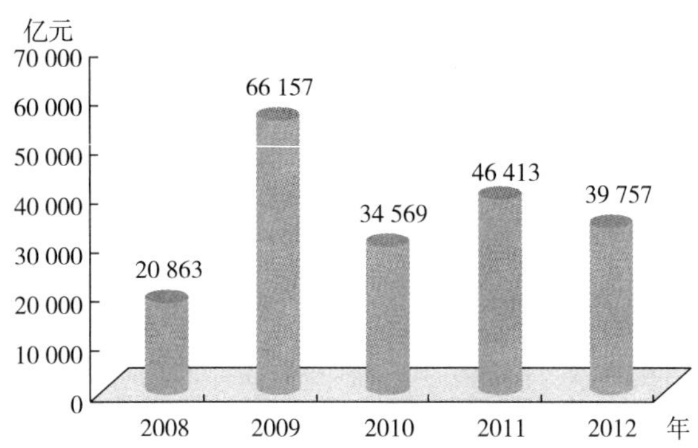

说明：2008 年和 2009 年中无固定期限产品发行量统计口径为每日累计发行量，2010 年、2011 年、2012 年无固定期限产品发行量统计口径为日均余额。

理财产品发行量

我行资产管理业务经历了从无到有，从小到大的发展历程。

我行是境内首批开展资产管理业务的商业银行之一。

目前已发展成为境内资产管理业务规模最大、产品种类最齐全、品牌优势明显的资产管理银行。

2012 年末，全行理财产品余额 10 040 亿元。理财产品余额近五年年均复合增长率为 49. 97%。2012 年全年实现理财类中间业务收入 133. 16 亿元，近五年年均复合增长率 32. 61%。

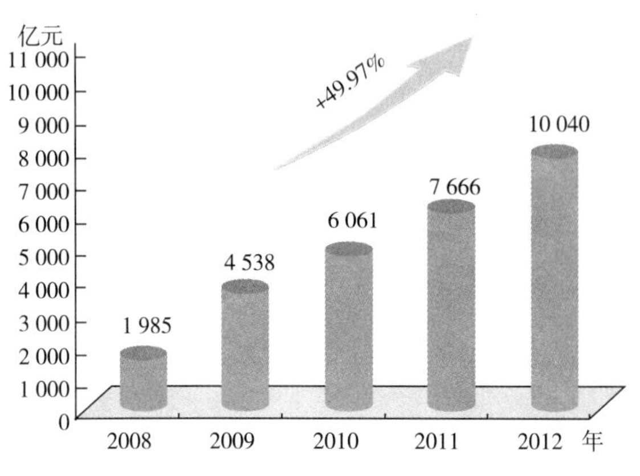

理财类中间业务收入

资产管理业务保持同业领先

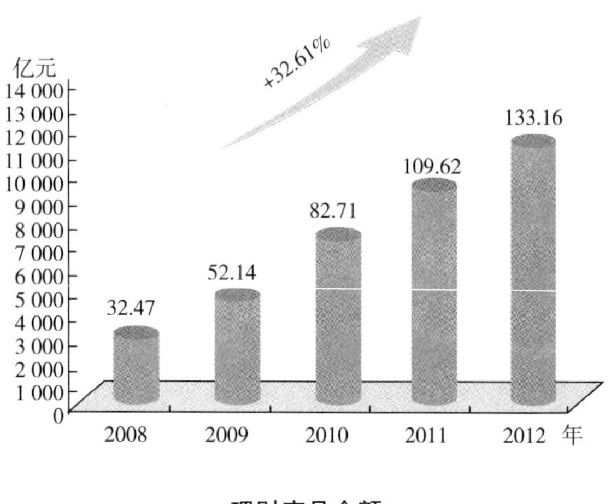

理财产品余额

2012 年我行资产管理业务余额和业务收入（截至 11 月）四行占比分别为 32. 76% 和 38. 10%，继续保持四行第一。

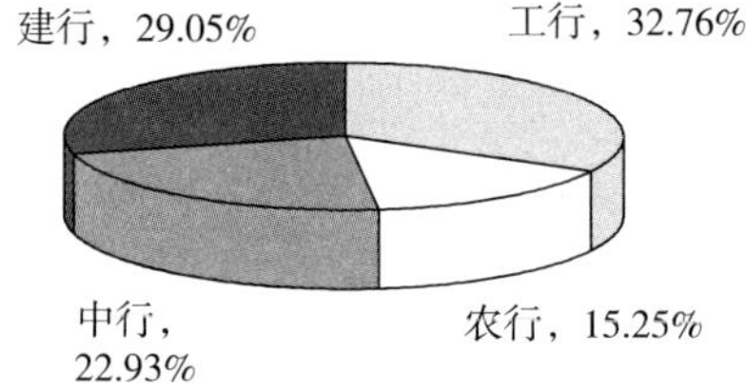

2012 年末余额占比

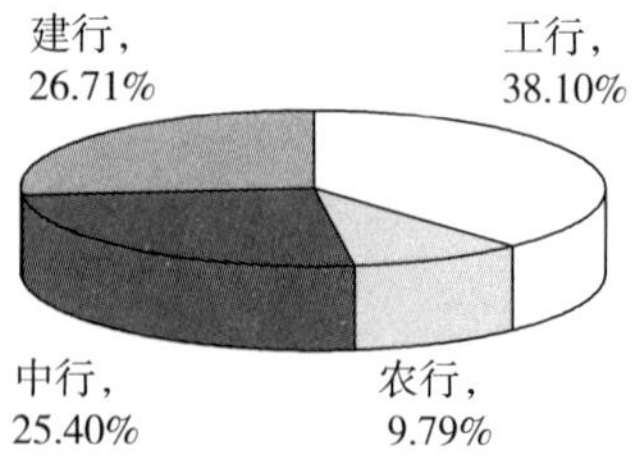

2012 年业务收入占比（截至 11 月）

投行业务持续健康发展

经过 10 年的发展，我行已经成为国内成立时间最早、业务规模最大、服务功能最完善、品牌效应最卓著、风险管理最优秀的“银行类投行”，建立了由重组并购、股权融资、债券承销、银团贷款、顾问咨询等组成的、较为完整投行产品体系。

我行在实践中形成了“商投互动”的发展模式，成为国内银行同业发展投行业务的领先者。

我行投行收入四大行同业占比持续保持第一，2012年达到41%，领先优势明显。

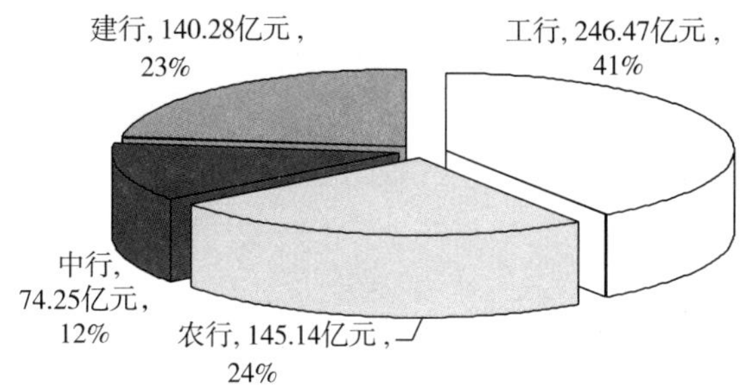

2012 年工农中建投行收入对比

2.10　金融市场业务发展情况

金融市场业务持续保持同业领先

➢ 资金运作效益与效率持续保持同业领先

✓ 投资收益率保持领先，2012年上半年人民币非重组类债券投资收益率高于四行平均7个基点。

✓ 全年超额备付率始终保持同业最优水平，2012年12月末日均超额备付率优于四行平均25个基点。

➢ 交易类产品线市场竞争力显著提升

✓ 账户贵金属竞争力稳居龙头，品种最全，功能最多；同业率先面向国际国内市场实现双边报价开展做市交易；产品线收入与市场份额持续保持市场第一。截至2012年11月，收入排名市场第一，四行占比达63.29%。

✓ 结售汇币种达24个，超越中行（18个）成为同业第一；银行间外汇市场即期、远期、掉期做市交易规模排名第一，业务市场占比逐年提升。截至2012年11月，收入四行占比22.31%，比年初提升1.33 个百分点，总量排名第二、增量排名第一。

➢ 承销发行业务规模连续6年保持市场第一

✓ 2012年主承销业务发行额四行占比29.45%，主承销发行各类债务工具172只，合计金额3 486亿元，是唯一获得《环球金融》杂志“中国最佳债券承销银行”、路透《国际金融评论》“2012年中国最佳债券承销银行”和欧洲货币组织“最有竞争力和最优秀发行大奖”三项国际奖项的境内金融机构。

➢ 系统建设与量化分析能力同业领先

✓ 完成国内首创的金融市场交易管理平台（FMBM）主体建设，替代并整合我行长期依赖的分散外购管理系统，实现了总行主流产品的集约化管理；国内率先自主开发建成一套覆盖全部基础类利率和汇率衍生产品、具备组合管理、自主定价估值与风险计算能力的衍生产品定价系统。

2.11　IT 建设和电子银行业务发展情况——IT 建设

业务量持续增长，信息系统保持较高的业务连续运行水平

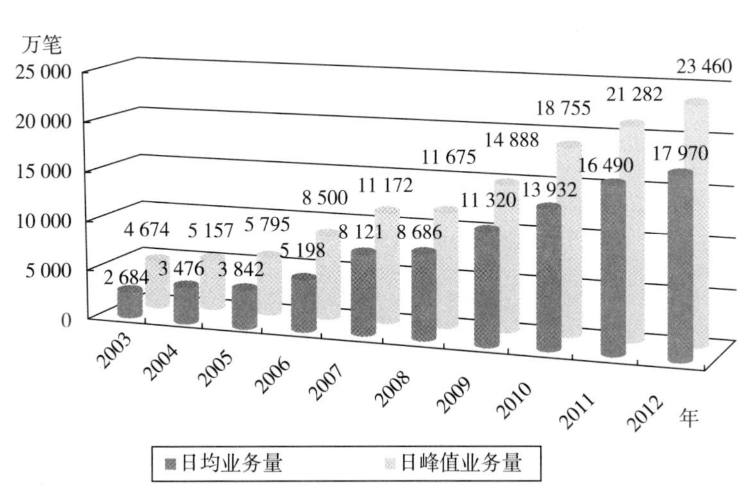

四大行	2012年日均业务量（万笔）
工行	18 000
农行	12 000
中行	11 000
建行	14 000

在业务量年均增长 20% 以上的情况下，信息系统可用率始终保持在 99. 95% 以上的较高水平。

建立了集约化的生产运行体系

1999 年 9 月决定实施全行数据集中

2002 年 10 月国内大型商业银行率先完成数据集中

2004 年南北两大数据中心整合，建成全行集中生产运行和远程灾难备份体系

2011 年国内率先完成分行同城并行机房建设

2011 年底开始建设生产中心的同城数据中心

2012 年 4 月完成对 36 家境外机构集中生产运行

2014 年即将建成“两地三中心”运行体系

自主研发统一的境内核心系统（NOVA）和境外核心系统（FOVA）

2008 年以来自主研发了同业领先的第四代境内核心业务系统（NOVA +）

2007 年以来自主研发了统一的境外机构核心业务系统（FOVA）

实现了客户信息统一视图，以及客户统一星级评价和统一授信。

自主研发了网上银行、电话银行、手机银行、短信银行等具有领先优势的电子银行系统平台

自主研发了信用卡、全球现金管理、企业供应链融资、金融市场及代客交易等一大批具有市场竞争力的应用系统

自主研发了法人和个人信贷管理、业务运营风险管理、全球市场风险管理等应用系统，支持我行健全了适应集团化发展的全面风险管理体系

建立了全行统一的管理会计 MOVA 体系

MOVA 是股改以来全行内部经营管理领域自主创新的重要体现，是一个理念先进、管理科学、服务应用的管理会计体系，是全行科技领先优势与经营管理水准的有机结合。目前，全行有 27.3 万用户登录、使用 MOVA，累计访问超过 3 500 万人次，成为国内第一家可以在机构、产品、部门、客户和客户经理五个维度进行业绩自动计量的商业银行。

技术实现上，贯彻“四统一”的建设目标，完成了跨系统融合，构建了自动化的管理会计技术平台。

业务管理上，近年来全行相关改革成果在 MOVA 建设中得到广泛应用，管理流程得到同步优化，经营质量与效率得到显著提高。

理论建设上，建立了适合工商银行自身经营发展需要的管理会计理念、方法和模型体系，确立了全行管理会计建设的应用规划。

功能应用上，按照“六进 MOVA”应用要求，在四个层级、五个维度、六大区域的应用得到进一步延伸。

2.11　IT 建设和电子银行业务发展情况——电子银行业务

电子银行成为全行交易与服务的重要渠道

电子银行业务笔数占比达到 75.1%，交易量相当于 2.3 万个物理网点、23 万个柜员所办理的业务。

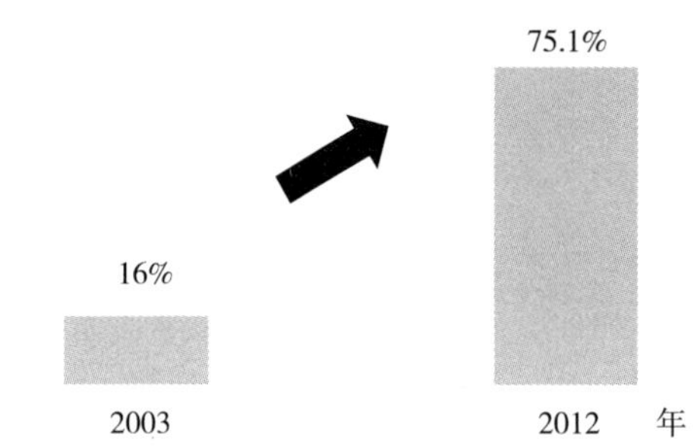

电子银行业务笔数与全行业务笔数之比

创造了可观的经营效益

2012 年电子银行业务收入达到 127.4 亿元。

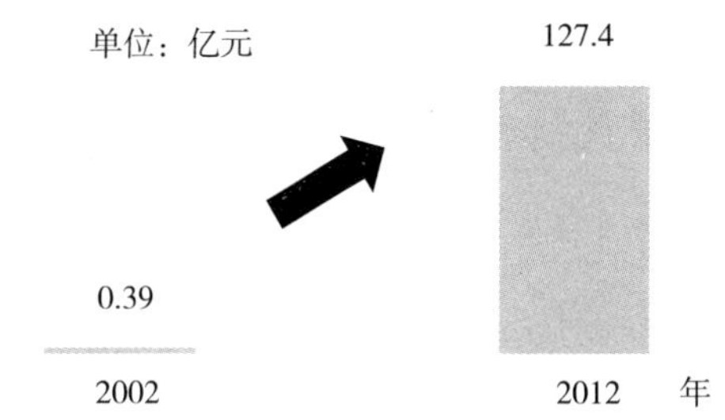

电子银行业务收入发展情况

培育并巩固行业领先的客户群体

企业网银客户达到 285.1 万户，已占到全行企业客户的 62.9%。

个人网银客户达到 1.4 亿户，已占到全行个人客户的 46.7%。

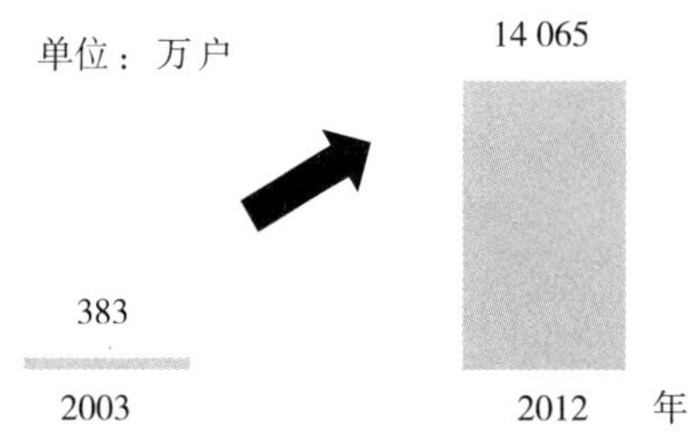

个人网上银行客户发展情况（存量数）

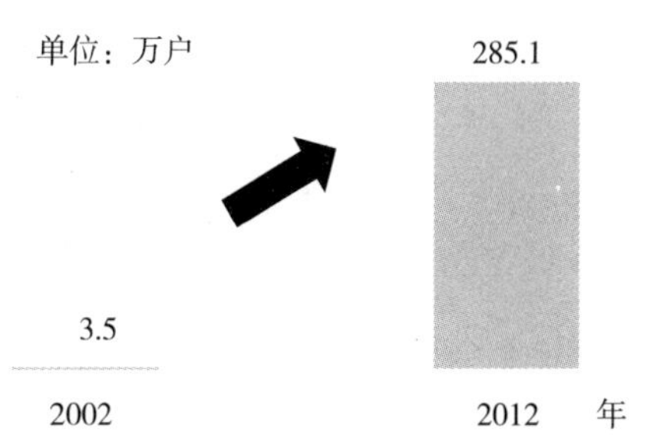

企业网上银行客户发展情况（存量数）

电子业务领跑国内同业市场

2012 年前 3 季度，我行电子银行业务收入在四大行的同业占比为 55.8%，领先第二名 33 个百分点；网上银行交易额在四大行的同业占比为 50.3%，领先第二名 30.2 个百分点。

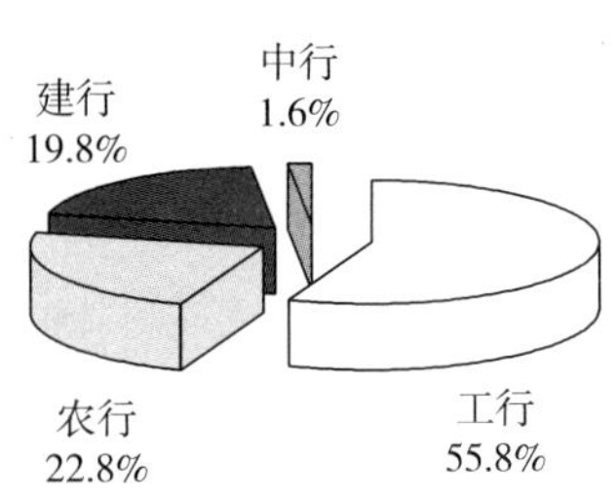

2012 年前 3 季度电子银行业务收入同业市场占比

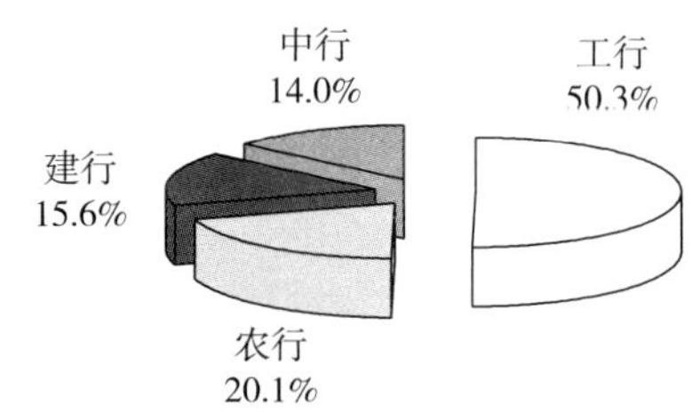

2012 年前 3 季度网上银行交易额同业市场占比

2.12　内部管理运行机制情况——运营改革

业务集中处理改革

构建起网点全面受理、远程统一授权、后台集中处理的业务集中处理体系，分散式业务运营布局得以改观。

39 大类、143 小类业务纳入集中处理。

单日最高业务量达 300 万笔。

全行柜面对公非现金业务集中率达到 97%。

20 余种个人业务纳入集中处理。

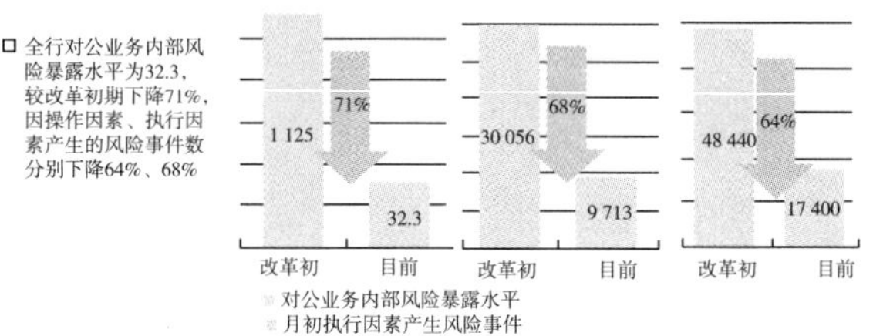

柜面服务潜能加速释放

已集中业务品种的柜面流程环节精简幅度达 73.5%，在柜面对公非现金业务持续增长情况下，业务处理人员大幅减少。

打破部分业务受传统模式下岗位分离所限不能办理的局限，网点业务品种和服务范围进一步拓展，网点功能逐步向服务营销型转变。

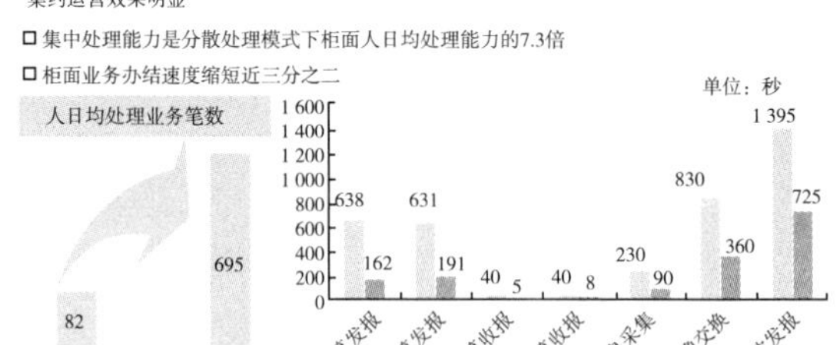

远程授权改革

在全行建立起专业化、标准化、流程化的全新远程授权管理模式。全面、及时、连续的远程授权有效提高了授权质量和业务规范化程度，事中控制能力显著增强。

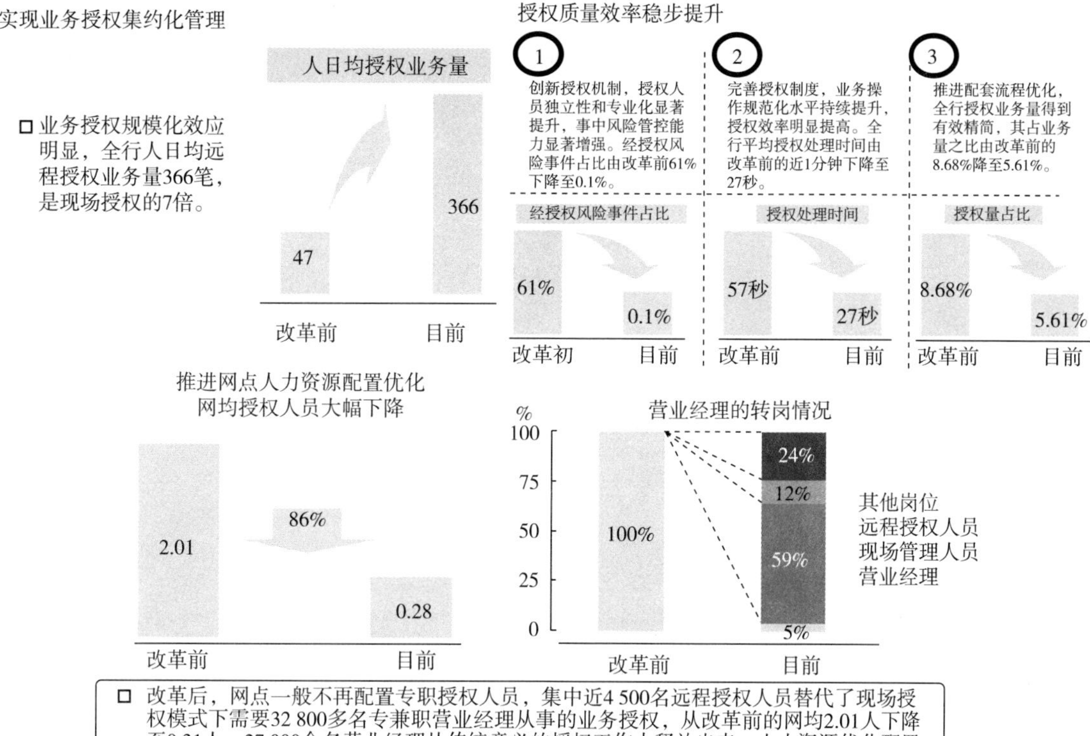

□ 改革后，网点一般不再配置专职授权人员，集中近4 500名远程授权人员替代了现场授权模式下需要32 800多名专兼职营业经理从事的业务授权，从改革前的网均2.01人下降至0.31人，27 000余名营业经理从传统意义的授权工作中释放出来，人力资源优化配置效率大幅提升

监督体系改革

构建起以收集风险事件、确认风险事件、统一风险评估、选择风险动因为基础，集风险监测、质量检测、履职管理于一体，良性循环的全新监督体系，大幅提高了监督效能。

建立逻辑统一、综合利用、精确索引、管理高效的会计档案影像管理模式，效率提高近百倍。

监督效能大幅提升

- 日均手工监督量由改革前的881万笔降至目前3.3万笔
- 监督人员配备数量较改革前下降86%
- 日均发现风险事件由改革前的1 500笔增至5 000余笔
- 平均每分钟有10笔风险事件被有效识别

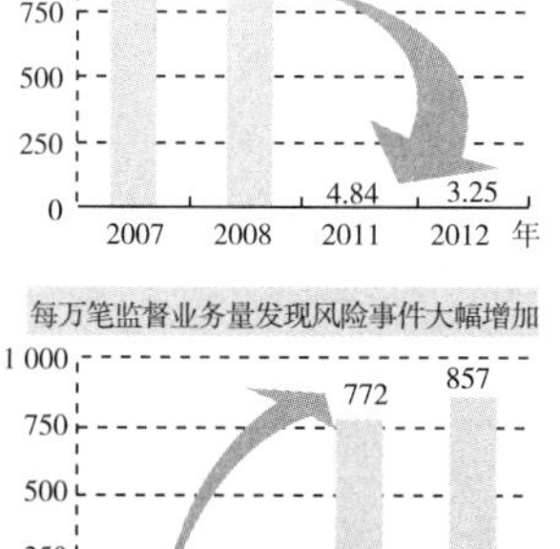

风险管理效果充分显现。与改革之初相比，内部风险暴露水平从100‰快速下降到13.5‰。风险分级管理有效落实，主要业务线内部风险暴露水平均下降50%以上。

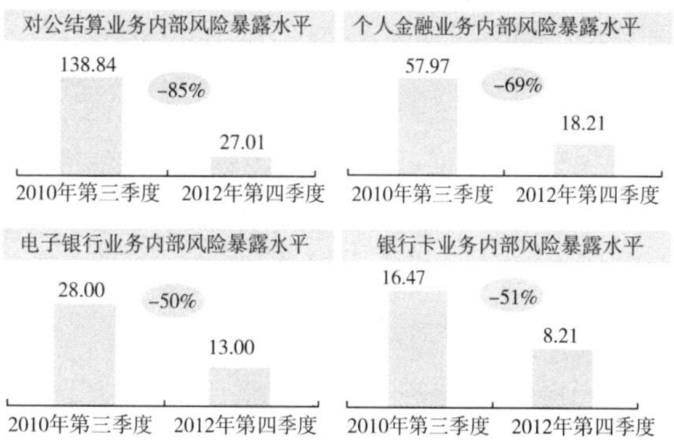

流程导向作用充分发挥。强化频繁触发风险事件环节的流程分析，关键风险环节的流程控制能力得到有效加强。

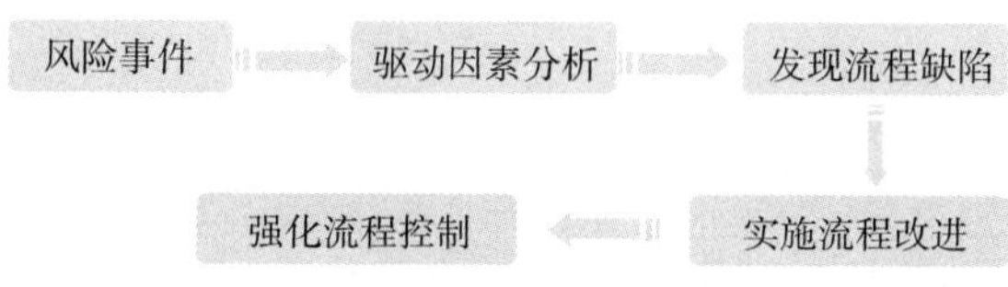

2.12　内部管理运行机制情况——业务流程改造和优化

以客为尊、融合共享、功能完善、内控严密的业务流程建设取得实质性进展。

紧迫性问题得以解决
基层行反映强烈的严重影响客户体验、柜员体验的533项紧迫性问题全面解决，交易效率明显提高，平均处理时间缩短30%

业务受理流程全面重构
预约、预填、客户调度等项目投产，从渠道拓展、客户识别、系统联动等方面逐项突破，形成服务前移和渠道多元的业务受理流程。客户个性化服务、精确化营销服务模式初步建成。

网点内部管理标准化稳步推进
网点岗位整合统筹推进，网点效率评价指标体系基本构建，网点营运管理指引编制完成，网点内部管理标准化成效逐步显现

“集约、直通、精益”的业务流程体系已见雏形，成效初步显现

业务处理流程更加精简顺畅
交易综合改造、跨专业流程整合、本地核查机制等项目投产，从交易优化、信息共享、流程整合方面整体推进，构建操作简捷和控制有效的业务处理流程

流程优化长效机制逐步推进
业务流程集约化、标准化、综合化的改革思想认识趋于统一，从效率评价、问题反馈、队伍建设等方面统筹推进，构建管理统一和持续改善的流程优化长效机制

全行客户平均等待时间缩短37%，有效改善客户体验
业务处理效率平均提高30%，有效改善柜员体验
加强业务运营风险硬控制，有效提高风险管理水平
业务流程自动化有效减少生产投入，大幅降低运营成本

2.12　内部管理运行机制情况——综合运营后台建设

集约型综合运营后台建设成效显著

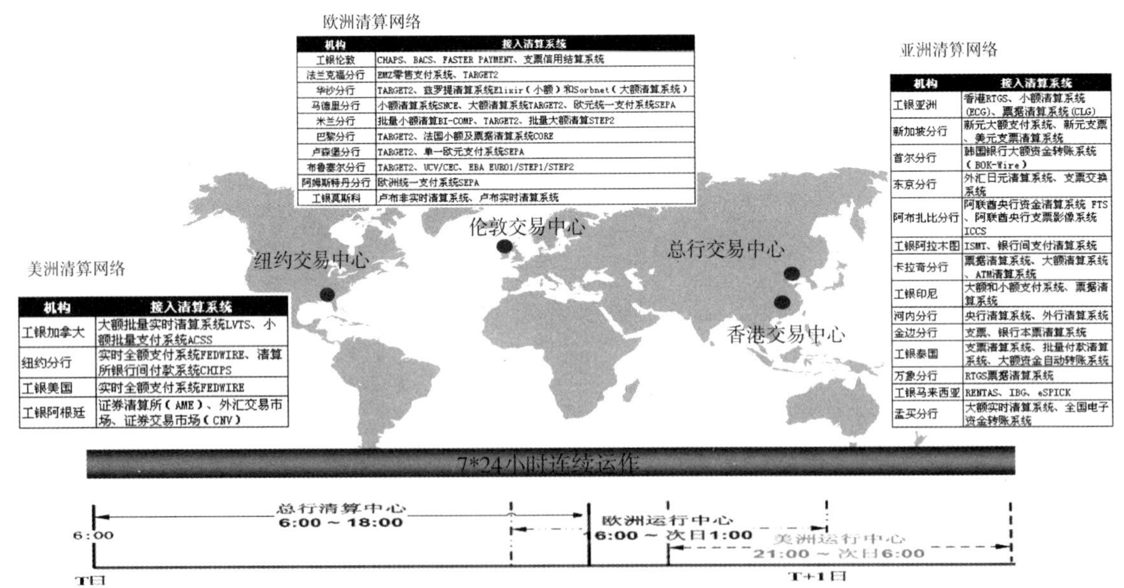
欧洲清算网络

机构	接入清算系统
工银伦敦	CHAPS、BACS、FASTER PAYMENT、支票信用结算系统
法兰克福分行	EMZ零售支付系统、TARGET2
华沙分行	TARGET2、兹罗提清算系统Elixir（小额）和Sorbnet（大额清算系统）
马德里分行	小额清算系统SNCE、大额清算系统TARGET2、欧元统一支付系统SEPA
米兰分行	批量小额清算BI-COMP、TARGET2、批量大额清算STEP2
巴黎分行	TARGET2、法国小额及票据清算系统CORE
卢森堡分行	TARGET2、单一欧元支付系统SEPA
布鲁塞尔分行	TARGET2、UCV/CEC、EBA EURO1/STEP1/STEP2
阿姆斯特丹分行	欧洲统一支付系统SEPA
工银莫斯科	卢布非实时清算系统、卢布实时清算系统

亚洲清算网络

机构	接入清算系统
工银亚洲	香港RTGS、小额清算系统(ECG)、票据清算系统(CLG)
新加坡分行	新元大额支付系统、新元支票、美元支票清算系统
首尔分行	韩国银行大额资金转账系统（BOK-Wire）
东京分行	外汇日元清算系统、支票交换系统
阿布扎比分行	阿联酋央行资金清算系统 FTS、阿联酋央行支票影像系统ICCS
工银阿拉木图	ISMT、银行间支付清算系统
卡拉奇分行	票据清算系统、大额清算系统、ATM清算系统
工银印尼	大额和小额支付系统、票据清算系统
河内分行	央行清算系统、外行清算系统
金边分行	支票、银行本票清算系统
工银泰国	支票清算系统、批量付款清算系统、大额资金自动转账系统
万象分行	RTGS票据清算系统
工银马来西亚	RENTAS、IBG、eSPICK
孟买分行	大额实时清算系统、全国电子资金转账系统

美洲清算网络

机构	接入清算系统
工银加拿大	大额批量实时清算系统LVTS、小额批量支付系统ACSS
纽约分行	实时全额支付系统FEDWIRE、清算所银行间付款系统CHIPS
工银美国	实时全额支付系统FEDWIRE
工银阿根廷	证券清算所（AME）、外汇交易市场、证券交易市场（CNV）

为适应全行国际化发展战略，支持交易中心的全球化布局，满足跨市场、跨网络的交易需求，全行建立了覆盖全球的支付清算网络。2012年启动欧洲运营中心、美洲运营中心建设规划，初步实现了人民币、美元等主要币种的跨时区、7×24小时连续清算运作机制，建立了涵盖主要资本市场、货币市场的后台支持保障体系。

2.12　内部管理运行机制情况——新资本管理办法实施准备情况

信用风险内部评级体系建设领先国内同业

建设领域	我行	国内同业
数据基础	2002 年即实现数据大集中，数据积累时间超过 10 年；数据信息涵盖客户基本信息、交易信息、担保信息，完整性好；2008 年建立数据质量管理平台，数据可靠性高。	数据集中较晚，积累时间不足 10 年；押品管理系统上线较晚，担保信息积累不足；部分行尚未建立数据质量管理平台，数据质量有待提高。
计量模型	2006 年完成评级模型投产上线，模型投产运行 5 年；评级、评分模型覆盖全行所有信贷业务完整生命周期；所有模型均已完成自主持续优化。	部分行模型投产上线运行不足 3 年；部分行评级模型尚未实现信贷业务的全覆盖；评级模型尚未完全实现自主持续优化。
评级系统	2006 年投产覆盖内部评级前中后台全过程的评级系统，实现了信息收集、风险量化、量化应用的一体化。	农行违约认定、押品管理等基础信息系统未上线；交行贷款定价未与信贷管理系统对接；中行压力测试等后台管理无系统支持。
RAROC 计量与应用	2008 年 1 月实现单笔业务 RAROC 的计量，并先后启用了法人、个人客户单笔业务 RAROC 刚性控制，RAROC 已全面用于授信审批、贷款定价、绩效考核等领域。	尚未实现单笔业务 RAROC 的计量，RAROC 主要用于绩效考核。
其他应用	内部评级结果已在信贷政策、授信审批、贷后管理等核心领域及经济资本计量、贷款定价、绩效考核等高级领域得到实质性应用。	内部评级结果仅在部分领域得到应用；内评应用对业务经营的实质性约束有待进一步加强。

国内独家实现市场风险系统自主研发，克服了外购系统不足

人民银行 2012 年度银行科技成果鉴定结论：该系统理念先进、设计合理、功能丰富，填补了国内同业市场风险内部模型法领域系统自主研发的空白，在国际银行同业中达到领先水平。最终被评定为一等奖。

我行自主研发系统优势

- 从源头提升了系统运行的稳定性，保证数据质量，避免外购系统业务数据丢失、服务延迟等固有弊病
- 建立了统一的数据管理平台和定价估值平台，同时满足前中台的定价估值服务，保证市场风险计量有效性和一致性
- 自主构建了计量方法论，打开外购系统黑匣，挖掘技术本质，能切实掌握和运用核心技术
- 保证我行数据安全与商业机密，维护国家金融安全

V.S.

外购系统不足

- 外购系统间交易数据传输错误、衔接故障频发，系统兼容性与稳定性较差
- 外购系统间的模型和数据差异，直接影响风险计量数据的准确性和一致性
- 无法掌握核心技术
- 部分外购系统需要将银行计量所使用的市场数据甚至业务数据传至外部，不利于保证商业银行数据安全与保护商业机密

国内同业唯一一家操作风险高级计量法实施银行

银行	方法	数据	模型	系统	应用
工行	高级计量法	包括：内部损失数据、（2005年至今，已收集8年） 外部损失数据、情景分析数据等	损失分布法（LDA）	高级法系统于2010年全面投入应用	操作风险资本从2011年起已应用于分行绩效考核
农行	标准法	只有内部损失数据	无计量模型	只有标准法计量系统	无
中行	标准法	只有内部损失数据	无计量模型	只有标准法计量系统	无
建行	标准法	内、外部损失数据	无计量模型	只有标准法计量系统	无
交行	标准法	内、外部损失数据	无计量模型	只有标准法计量系统	无
结论	国内首家自主研发并实施高级计量法	数据种类最全，收集时间最长	唯一一家采用模型计量操作风险资本	唯一一家投产应用高级计量法管理系统，可以同时支持操作风险管理和资本计量	通过资本考核，引导分行主动加强操作风险管理，树立良好的风险管理文化

2.12　内部管理运行机制情况——财务会计体制机制建设

强化财务会计体制机制建设，不断夯实财务会计工作基础。

建立公开、透明的资源配置机制，“价值创造”和“效率优先”的资源配置理念深入人心，有效助推了全行经营效益稳步增长和各项业务的健康发展。

构建形成多维立体考评体系，实现集团经营机构的“考核全覆盖”。考核对象从原有的境内分行，逐步扩展到包括境外机构、总行部室、利润中心、子公司在内的五大板块 。

在国内同业中率先实施全部一级（直属）分行的财务集中，大大减少了由于资金出口环节多而导致的财务风险。

大力推进财务会计信息系统研发，将重要业务及管理流程在系统中予以固化，对关键风险点实施刚性控制和实时监测，对决策支持功能进行扩展和提升。目前已形成了涵盖财务核算、管理会计、固定资产、财务预算、税务管理等11项功能模块的全能型财务会计信息化综合体系，财务系统建设水平在同业中居于领先。

基于MOVA平台的管理会计体系建设在同业中处于领先水平。

2.12　内部管理运行机制情况——操作风险

股改上市以来，我行操作风险管理成效显著

操作风险损失率呈大幅下降态势，并远低于0.15%的预定控制目标。

案件风险总体保持较低水平，案件数量四大行占比约为20%，涉案金额四大行占比更是低于6%。

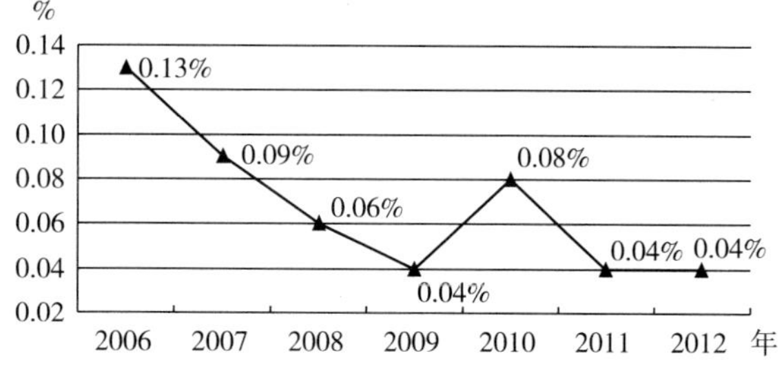

2006—2012年操作风险损失率

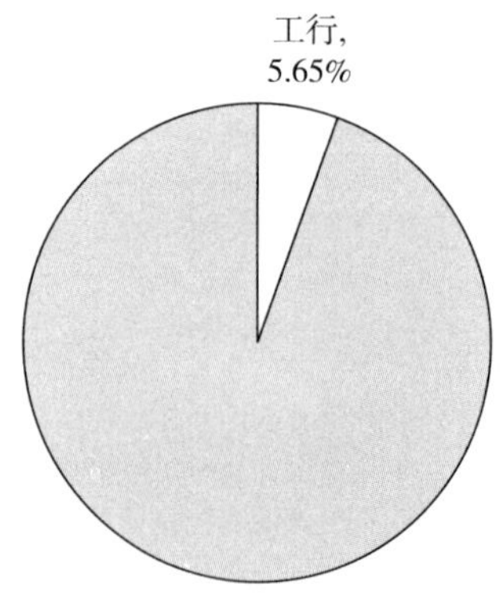

2006—2011年涉案金额四行占比

2.12　内部管理运行机制情况——资金集中管理改革

资金集中管理体制改革成效明显

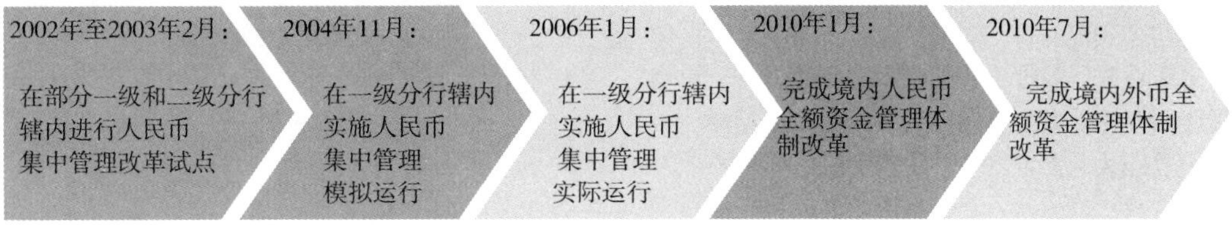

2002年至2003年2月：
在部分一级和二级分行辖内进行人民币集中管理改革试点

2004年11月：
在一级分行辖内实施人民币集中管理模拟运行

2006年1月：
在一级分行辖内实施人民币集中管理实际运行

2010年1月：
完成境内人民币全额资金管理体制改革

2010年7月：
完成境内外币全额资金管理体制改革

在同业率先创新推进全额资金集中管理改革

十年来，全行统筹规划、积极稳妥地推进资金管理体制改革，持续引领国内银行同业资金管理体制改革发展。2002—2010 年逐步扩大改革试点范围，先后实施一级分行模拟及集中运行，不断积累改革经验。

2010 年 1 月 9 日和 7 月 18 日，先后成功投产人民币和外币全额资金集中管理系统，标志着我行本外币一体化、集约化的全额资金集中管理改革圆满成功。

项目	工行	农行	中行	建行
资金管理体制	本外币全额管理	人民币全额管理，外币差额管理	差额管理	本外币全额管理
业务管理模式	资金全额集中配置管理，具有事前、事中的配置管理功能	资金全额集中配置管理	—	仅具有计价功能，不具有事前、事中配置管理功能
系统支持	实现主机联动记账	实现主机联动记账	业务台账管理	外购系统，考核结果返回主机

充分发挥全额资金集中管理优势，服务全行转型发展

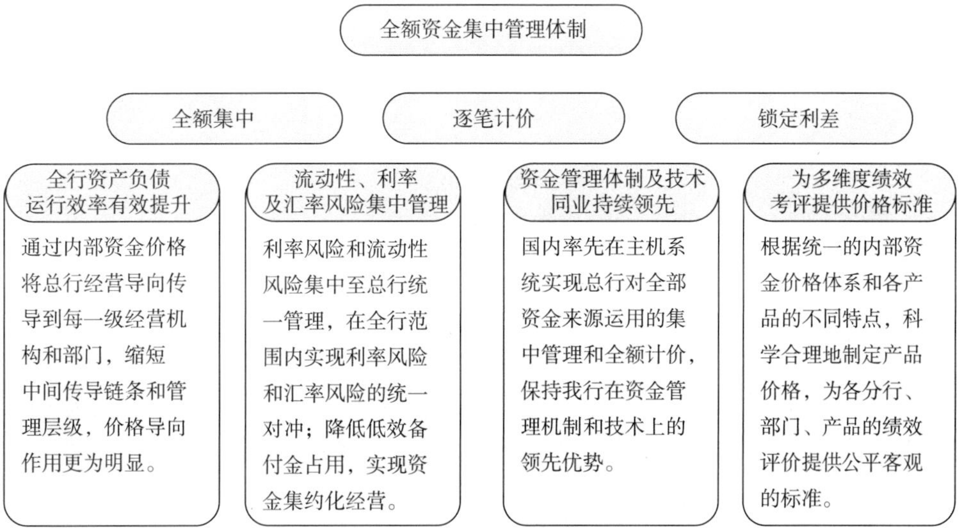

全额资金集中管理体制

全额集中　逐笔计价　锁定利差

全行资产负债运行效率有效提升
通过内部资金价格将总行经营导向传导到每一级经营机构和部门，缩短中间传导链条和管理层级，价格导向作用更为明显。

流动性、利率及汇率风险集中管理
利率风险和流动性风险集中至总行统一管理，在全行范围内实现利率风险和汇率风险的统一对冲；降低低效备付金占用，实现资金集约化经营。

资金管理体制及技术同业持续领先
国内率先在主机系统实现总行对全部资金来源运用的集中管理和全额计价，保持我行在资金管理机制和技术上的领先优势。

为多维度绩效考评提供价格标准
根据统一的内部资金价格体系和各产品的不同特点，科学合理地制定产品价格，为各分行、部门、产品的绩效评价提供公平客观的标准。

三、经营发展中存在的问题

3.1　经营效率方面

人均网均净利润

股改上市以来，我行人均盈利水平不断提升，由之前显著低于国际同业转变为领先国际大银行，与国内可比同业间的差距也逐步缩小。但目前，由于规模大小、员工多少、网点布局以及客户结构等诸多原因，我行人均净利润和网均净利润仍落后于建行，与股份制银行相比差距仍然较大。

人均净利润

单位：万元人民币

年份	2006	2007	2008	2009	2010	2011	2012H1
工商银行	12.9	19.7	26.3	30.3	38.2	47.1	28.2
农业银行	1.3	2.7	11.6	14.7	21.4	27.3	18.0
中国银行	20.7	26.1	26.1	32.5	39.3	44.9	26.0
建设银行	13.9	20.2	26.8	30.6	38.3	47.2	30.0
浦发银行	28.5	38.9	70.7	60.4	68.3	87.6	53.0
招商银行	29.3	52.6	56.7	45.2	59.8	79.7	52.2
民生银行	27.2	35.7	39.8	46.5	57.2	71.3	46.3
美国银行	64.8	44.5	10.3	13.8	-4.8	3.1	—
摩根大通	50.0	53.0	15.7	32.9	45.1	45.5	—
汇丰集团	34.9	39.6	12.9	14.4	30.0	38.8	—

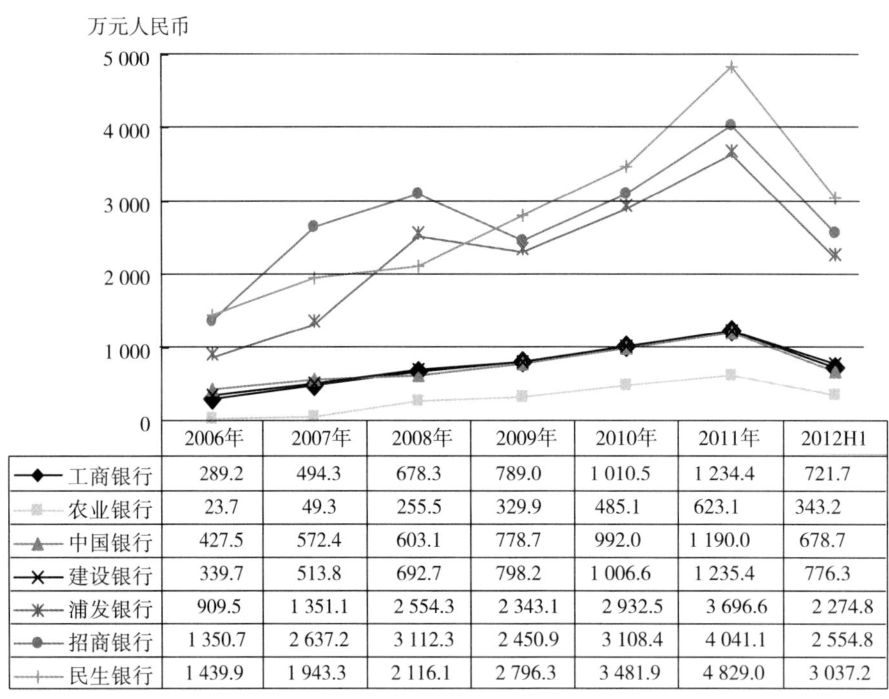

	2006年	2007年	2008年	2009年	2010年	2011年	2012H1
工商银行	289.2	494.3	678.3	789.0	1 010.5	1 234.4	721.7
农业银行	23.7	49.3	255.5	329.9	485.1	623.1	343.2
中国银行	427.5	572.4	603.1	778.7	992.0	1 190.0	678.7
建设银行	339.7	513.8	692.7	798.2	1 006.6	1 235.4	776.3
浦发银行	909.5	1 351.1	2 554.3	2 343.1	2 932.5	3 696.6	2 274.8
招商银行	1 350.7	2 637.2	3 112.3	2 450.9	3 108.4	4 041.1	2 554.8
民生银行	1 439.9	1 943.3	2 116.1	2 796.3	3 481.9	4 829.0	3 037.2

网均净利润

人均网均存款

股改上市以来，我行人均存款规模不断提升，由之前显著低于国际同业稳步增长为国际领先，但与国内同业相比，与人均、网均利润存在差异的原因类似，我行人均、网均存款仍落后于中行和建行，与股份制银行的差距更大。

网均存款情况则更严峻一些，在四大行中我行由上市初的领先地位变为落后中行，同时也被建行追平，与股份制银行的差距也有所拉大。

人均存款

单位：万元人民币

银行＼年份	2006	2007	2008	2009	2010	2011	1H2012
工商银行	1 656	1 656	1 949	2 292	2 563	2 771	3 012
农业银行	1 045	1 181	1 380	1 700	2 000	2 151	2 370
中国银行	1 759	1 854	2 047	2 558	2 769	2 848	3 285
建设银行	1 414	1 554	1 842	2 290	2 574	2 782	3 079
浦发银行	5 061	5 404	5 353	5 921	5 836	5 927	6 333
招商银行	3 335	3 257	3 388	3 986	4 403	4 896	5 487
民生银行	4 217	3 778	3 958	4 332	4 584	4 124	4 318
美国银行	2 125	2 390	2 265	2 176	2 187	2 236	—
摩根大通	2 212	2 556	2 822	2 631	2 418	2 702	—
汇丰集团	1 858	2 124	2 222	2 496	2 594	2 711	—

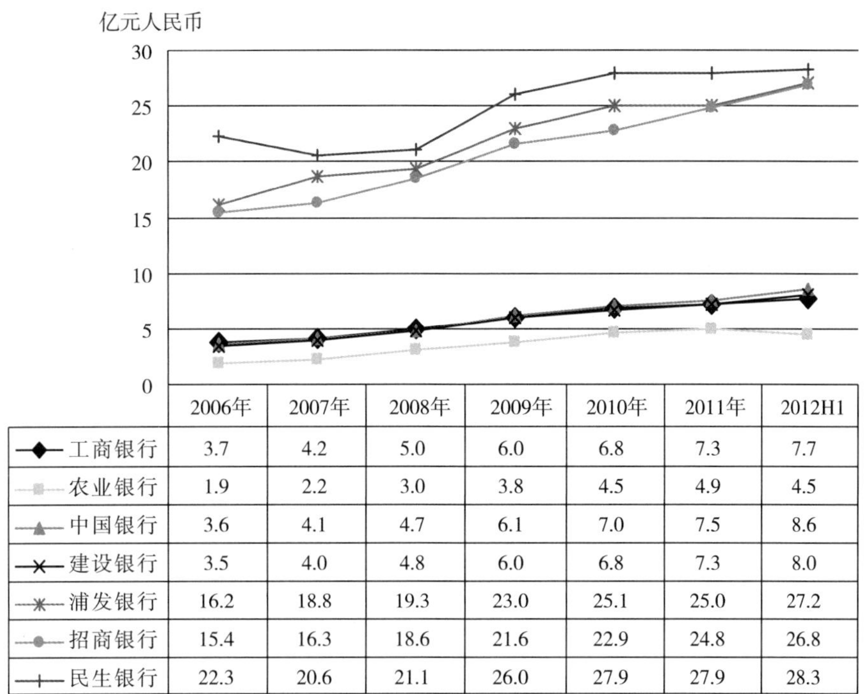

网均存款

3.2　信贷结构方面

近两年来，我行启动了以调整“四大行业”贷款总量、拓展“新四大市场”和“三大战略领域”为主要内容的新一轮信贷结构调整工作，取得积极成效。2011 年 6 月末至 2012 年末，城建、电力、公路、房地产贷款占公司贷款的比重由 51.68% 下降至 38.24%，制造业、服务业、战略性新兴产业和文化产业新四大市场贷款占比由 40.77% 上升至 48.63%，贸易融资、小企业、个人贷款的增幅也明显高于公司贷款平均增幅，全行贷大、贷长、贷集中的不合理现象得到有效缓解。但信贷结构调整中，仍存在一些值得关注的问题。

从贷款期限维度看，我行中长期贷款占比仍然较高，达 67.59%，高于农行和中行。

境内贷款		工行	农行	中行	建行
期限维度	1. 短期贷款（%）	30.03	39.59	29.98	27.04
	2. 中长期贷款（%）	67.59	58.57	66.82	70.82
品种维度	1. 公司贷款（%）	69.27	69.85	65.10	68.27
	2. 个人贷款（%）	28.35	28.31	31.70	29.58
	3. 票据融资（%）	2.35	1.80	3.13	2.06
	4. 各项垫款（%）	0.03	0.05	0.07	0.08

从行业维度看，重点目标市场进入不足。总行确定的制造业 122 家领先企业中，我行贷款占比 10% 以下的有 82 户；现代服务业和文化产业 111 家领先企业中，我行贷款占比 10% 以下的有 63 户。在单一客户包括比较优质的客户中，一行的贷款占比不宜过高，但总体来说我行在领先企业的市场占比还偏低。

从客户维度看，目标客户拓展不够。2012 年，全行有贷户较年初增加 10 615 户，增量较上年少增 16 941 户，其中，中型客户少增 1 126 户，小企业客户少增 15 822 户。这影响了信贷风险的有效分散。

从品种维度看，我行个人贷款占比较低，为 28.35%，低于建行和中行。

3.3　收益结构方面

尽管近年来全行中间业务发展较快，但信贷利差收入仍然偏高。2012 年上半年，我行非利息收入占营业收入的比重仅为 22.36%，较国际大银行平均水平低 24.38 个百分点，业务创新和综合化经营的步伐仍需加快。

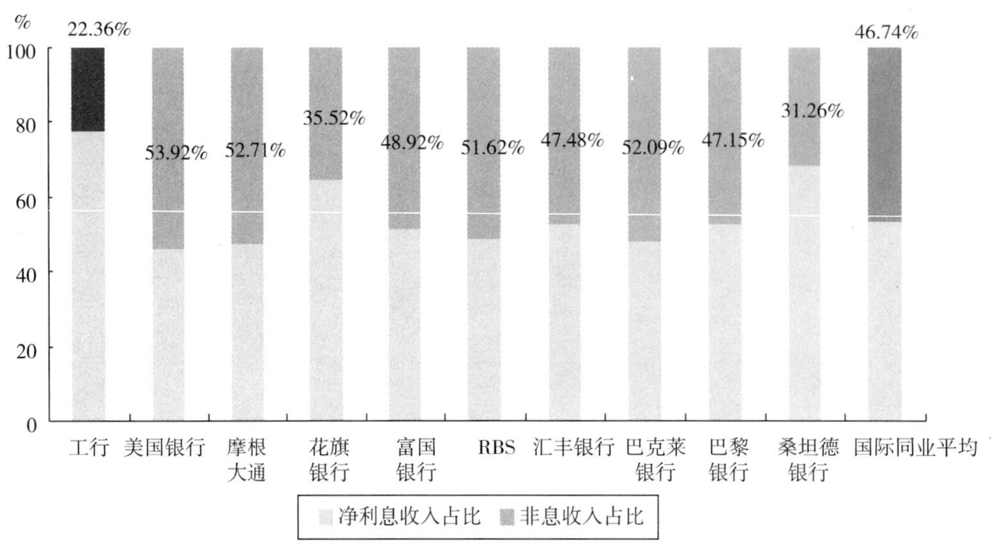

2012 年上半年我行与国际大银行收入结构比较

从非息收入的构成来看，我行非息收入 90% 以上来源于手续费及佣金收入。2012 年上半年，我行手续费及佣金以外的非息收入只占到全部非息收入的 6.45%，远低于国际大银行 44.47% 的平均水平。这充分说明我行与国际大银行在综合化经营，包括在交易、保险、证券经纪等业务上差距较大。如汇丰银行 2012 年上半年的保险业务收入占到非息收入的 27.56%，交易收入占到非息收入的 18.60%。

2012 年上半年我行与国际大银行手续费及佣金以外非息收入占全部非息收入比例的情况

	手续费及佣金以外非息收入/全部非息收入
中国工商银行	6.45%
美国银行	47.19%
摩根大通	23.13%
花旗银行	48.13%
富国银行	45.00%
RBS	63.38%
汇丰银行	52.57%

续表

	手续费及佣金以外非息收入/全部非息收入
巴克莱银行	36.07%
巴黎银行	58.43%
桑坦德银行	26.37%
国际同业平均	44.47%

3.4　业务流程方面

柜面业务流程

业务流程综合改造和优化实施两年来取得积极进展，实现了业务流程“显著变化”的阶段性目标，但仍需要持续改进和提升。

以个人客户开户签约业务所需时间的实地调查为例，在部分行处，我行较同业最短时间多 24%，时间主要花费在凭证填写、柜面多交易处理、多次打印、签字等环节。

今年将建立新的交易并行处理机制，预计此类业务处理效率可提升 30%，相当于每个网点日均节约近 2 个小时的工作量。

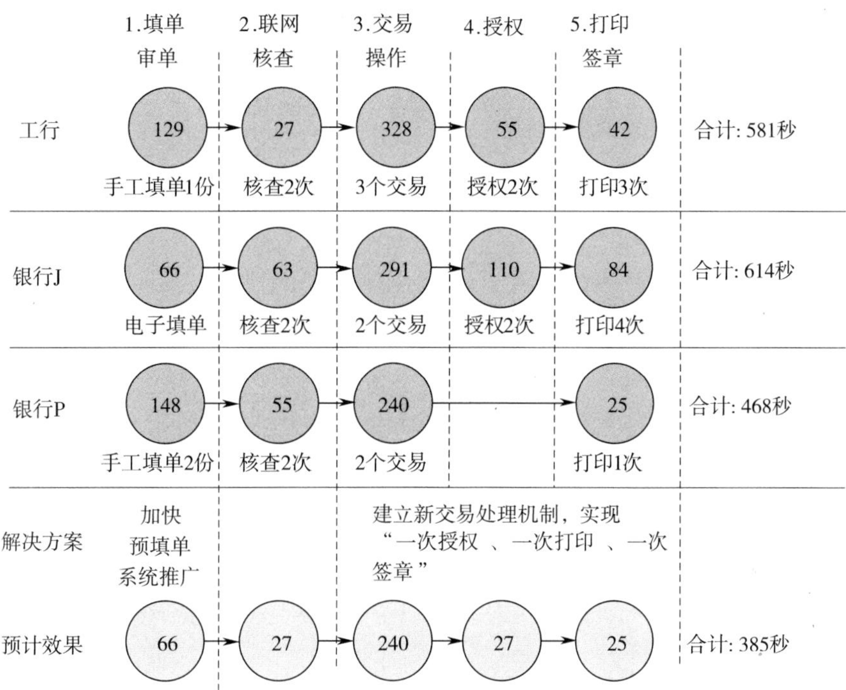

注：1. 图中圆圈内数字表示在个人客户开户过程中办理开卡、网银、短信三项业务各环节所需时间；
2. 上图为同业部分网点实地测量结果，限于调查样本数，部分环节时间可能与实际有所偏差。

个人开户业务流程同业比较

信贷业务流程

近年来，通过信贷流程改造和授信审批集中改革，信贷业务办理效率和质量不断提升，但现有模式下的重复环节多、信息共享性差、流程兼容性低等问题亟待解决。

初略统计，在不发生任何差错的前提下，一笔上报一级分行的一般信贷业务流程通常需经手 20 人次，上报总行需经手 40 人次。一笔普通流动资金贷款，需经过 33 个环节，涉及系统流程达 82 个。信贷审批中必要的一些环节是不可缺少的，但大量时间花费在重复的业务流程和业务查询回复过程中是不合理的。

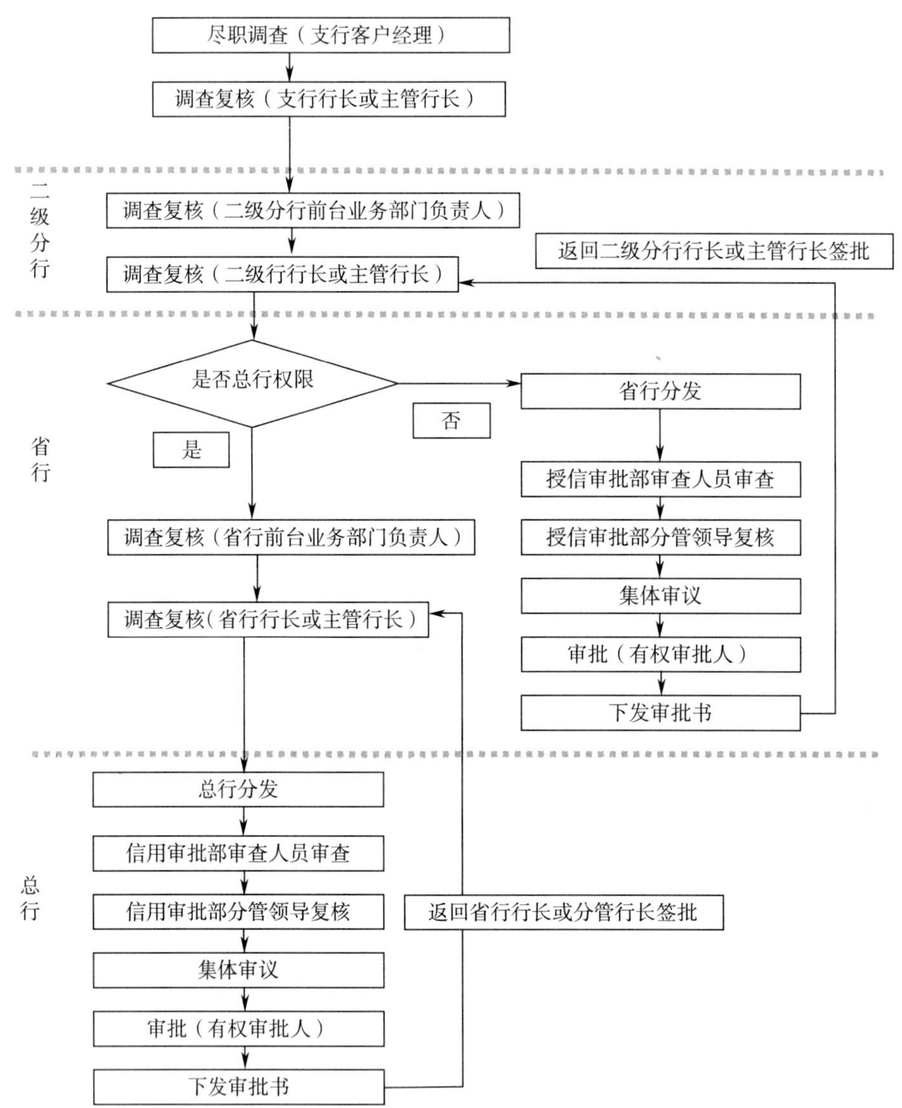

一般信贷业务流程

以一些低风险业务流程为例，按照总行现行制度规定，经认定的低风险业务可以不经一级分行审查审批环节（红色虚框内的流程环节），但由于系统控制未作相应优化，目前低风险业务仍然需执行审查审批的基本流程，从发起到签批一般需要经过 11 个环节，需经手 20 多人次。如符合低风险业务办理条件的银行承兑汇票，从客户申请到拿到银票，我行一般需 4 ~ 7 天，他行一般只需 2 ~ 3 天，招行可在一天内完成开票。

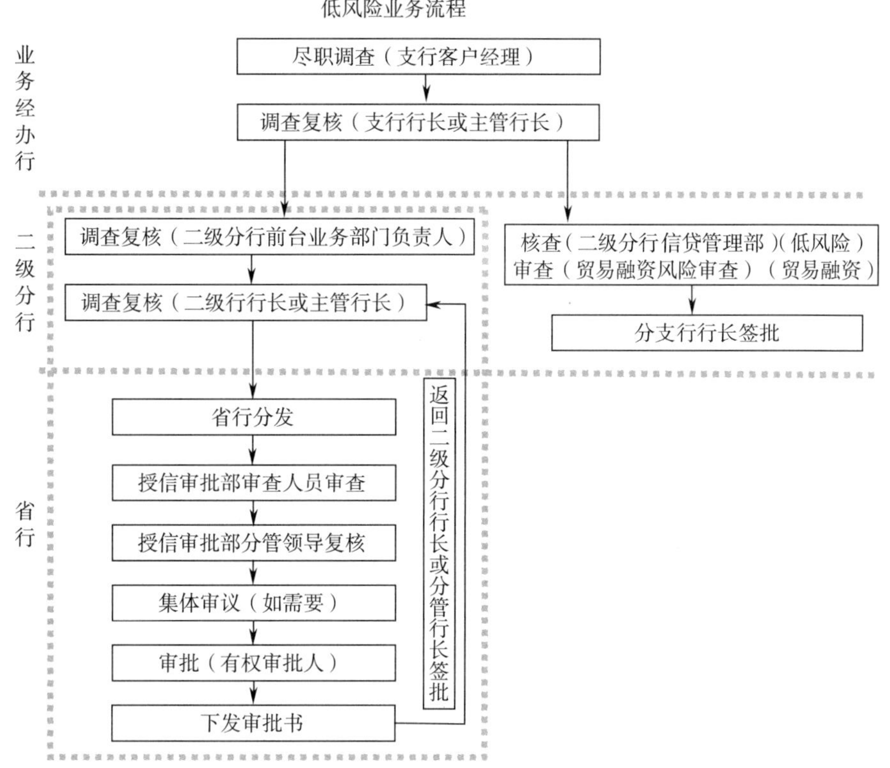

低风险业务流程

3.5 员工收入方面

股改上市以来，随着全行经营效益和效率的持续提升，员工收入也保持了合理较快增长。2011 年，我行人均工资性收入达 13.21 万元（含住房补贴、通讯补贴等现金福利补贴），是 2007 年的 2.03 倍，年均复合增长率为 19.31%，增幅明显高于同业平均水平（9.51%），仅略低于农行（20.71%），我行人均工资性收入与同业的差距在逐步缩小。

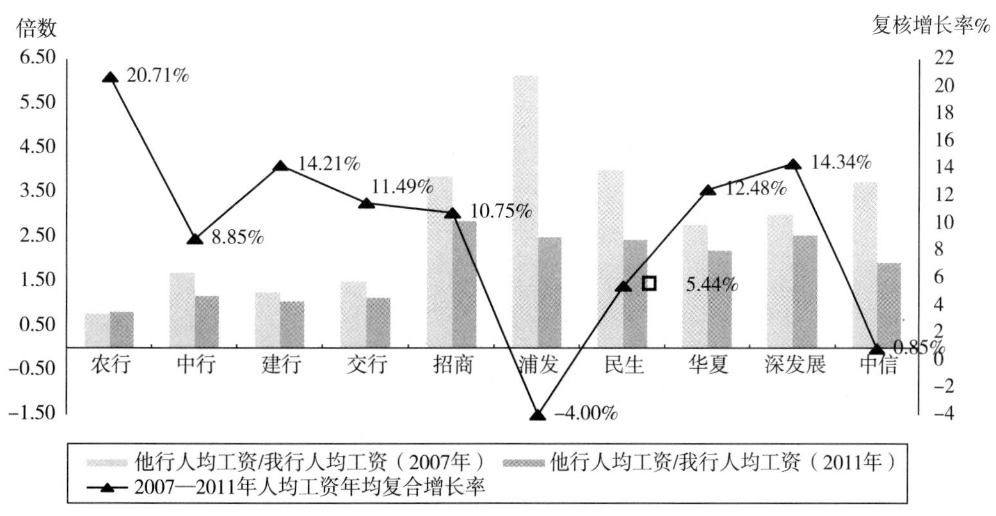

2007—2011 年同业人均工资性收入增长情况

但是，目前我行人均收入仍处于业内较低水平，仅高于农行，与中行、建行、交行仍存在差距，与股份制银行相比，差距更大一些。尽管我行保持了盈利持续增长，但由于利润基数较大，未来我行盈利增长将进入相对平缓的阶段，按照有关部门规定的利润增幅与工资总额增幅1:0.6的挂钩增长机制，全行人均工资的增长面临更大压力。

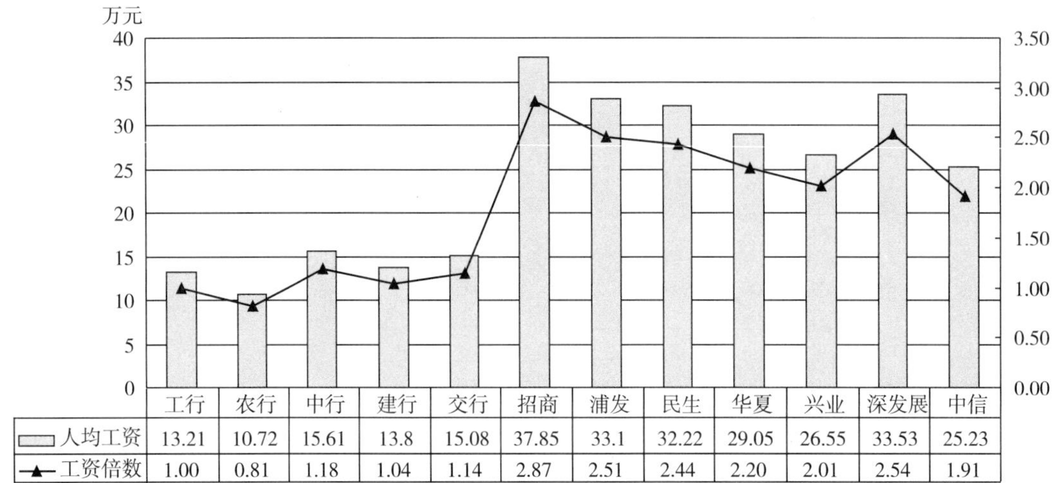

	工行	农行	中行	建行	交行	招商	浦发	民生	华夏	兴业	深发展	中信
人均工资	13.21	10.72	15.61	13.8	15.08	37.85	33.1	32.22	29.05	26.55	33.53	25.23
工资倍数	1.00	0.81	1.18	1.04	1.14	2.87	2.51	2.44	2.20	2.01	2.54	1.91

2011年度我行与同业人均工资比较

四、努力目标和措施

4.1　坚持“最具盈利能力、最优秀、最受尊重”的发展愿景不动摇

最具盈利能力：保持利润稳健增长，在全球银行业居于领先地位，力争使资产、资本回报及人均利润保持或达到国际国内先进水平，形成强大的可持续盈利能力。

最优秀：公司治理完善、经营结构合理、服务质量优良、创新能力强、风险管理水平高、员工队伍素质优。

最受尊重：居国际金融市场领先地位，品牌影响力大；美誉度和市场声誉卓著，企业文化先进；忠实履行社会责任，是优秀的企业公民。

4.2　科学调整2012—2014年发展战略规划

银行业外部经营环境发生了深刻变化

宏观经济形势复杂严峻

国际经济形势错综复杂、充满变数，全球经济低速增长的局面难以改观。IMF预测2012年全球经济增速将下降至3.3%，是2009年以来最低增长水平。

国内经济缓中趋稳，但发展中的不平衡、不协调、不可持续问题依然突出。2012年我国GDP同比增长7.8%，为十三年来最低增速。在外部不利因素影响和经济结构必须进一步调整的双重作用下，我国经济已进入个位数增长阶段。

利率市场化进程加快

利率市场化改革正步入核心环节，2012年两次基准利率下调和贷款利率下浮区间扩大对净利息收入造成的影响正在显现。如宏观及微观两方面举措不当，我国也有可能陷入利率市场化后的东亚模式。预计2013年NIM将下降16～21个基点，按照平均生息资产规模15.5万亿元测算，我行利息净收入将至少减少248亿元。再加上存款定期化、长期化趋势和重点客户议价能力增强，全行存贷利差收入增长的难度明显加大。

银行传统业务的发展面临挑战

从融资中介看，近年直接融资已经并将继续快速发展，传统信贷业务的空间开始收窄。

从支付中介看，基于互联网和移动通讯技术的第三方支付业务飞速发展，连续5年增长率超过100%，仅去年11月11日淘宝网一天的成交金额即超过190亿元，充分说明第三方支付的巨大市场潜力和对银行支付中介功能的挑战。

资本约束等制约因素进一步强化

新的商业银行资本管理办法今年1月1日起正式实施，资本约束进一步增强。在我行利润增速放缓，资本内源性补充能力降低，外源性资本补充渠道又相对狭窄的情况下，资本补充和管理的压力加大，这将制约我行的业务发展能力和盈利增长能力。

对金融消费者权益的强调和保护已成为一个趋势，如果处理不当，可能会影响银行服务业务的创新及其相关收入的增长。

外部经营环境的变化对规划期内部分战略目标的实现产生了较大压力

由于外部形势的变化，规划期内三年规划收益类指标的实现面临较大压力。尤其是今年，受息差收窄和手续费收入增长放缓影响，我行净利润预期增长低于规划目标，由此也必然导致其他相关指标低于预期。

部分收益类指标测算值与规划目标比较

	规划目标	测算值
净利润增长率（%）	年均15%	2013年6%左右
ROE（%）	保持在22.5%	2013年20.4%
EVA年均增长（%）	高于净利润年均增速1个百分点	低于净利润年均增速2~3个百分点

适应新形势新变化，适时调整2012—2014年发展战略规划

鉴于当前的经济金融形势发生了规划制定时难以预见的重大变化，需要我们认真测算和评估外部形势变化对全行经营管理的影响，及时调整三年战略规划。

调整和修订三年规划的指标体系，必须注意既要保证战略目标的科学可行，又要保持战略的导向性和工作的连续性、稳定性。

4.3　进一步明确工作思路

总行对今年及未来一个时期全行改革发展中的重点领域和关键环节进行了统筹考虑，成立了九个由总行领导分别牵头的重点课题调研组，目前相关工作已经启动，争取尽快拿出改革方案，成熟一个、实施一个。各行、各部门也要紧密联系本行本专业实际，在总行整体方案下积极开展试点，积累经验，努力形成全行共同推动改革发展的强大合力。

◇ 机构改革
◇ 存量网点调整优化
◇ 信息化银行建设
◇ 供应链融资
◇ 员工行为分析与风险防范
◇ 信贷业务流程改造
◇ 私人银行改革
◇ 新资本工具发行
◇ 民生领域金融服务

贷款工作

今年既要保持贷款合理增长，保持应有的市场影响力，巩固信贷业务的重要战略地位，在支持经济持续健康发展中发挥好大银行的作用；又要综合考虑货币政策的要求和我行资本、风险防控能力等实际情况，在可能出现的新一轮投资热潮中，努力保持稳健均衡的信贷投放，避免大起大落，确保信贷发展质量，体现我行一以贯之的稳健经营理念。

认真贯彻落实国家宏观调控政策和监管要求，把握好信贷总量、节奏和投向，统筹存量收回再贷和新增贷款，实现有序、均衡投放。

2013年人民币贷款各品种投放初步计划

单位：亿元

贷款品种	2012年末存量贷款于2013年到期量	2013年新增计划	可发放规模
各项贷款合计	35 162	9 000	44 162
一、公司类贷款	24 159	5 500	29 659
1. 小企业贷款	7 308	1 200	8 508
2. 一般流动资金贷款	12 807	2 600	15 407
3. 项目贷款	2 316	1 800	4 116
4. 房地产贷款	1 728	-100	1 628
二、个人类贷款	7 262	2 500	9 762
三、票据贴现	1 848	200	2 048
四、银行卡透支	1 893	800	2 693

2013年公司本外币贷款八大主要投向

单位：亿元

投向	2012年末存量贷款于2013年到期量	2013年新增计划	可发放规模
先进制造业	20 800	2 400	23 200
现代服务业	6 420	2 300	8 720
基础设施	250	670	920
资源行业	1 300	500	1 800
新型城镇化	3 184	400	3 584
文化产业	460	300	760
现代农业	160	100	260
“走出去”	—	100	—

存款工作

既要看到存款是各项业务发展之基，是客户稳定之源，不能听任存款市场优势在根本上受到撼动，要坚持不懈地巩固和扩大存款第一大行的优势，又要积极适应存款同业化、理财化趋势，认真研究和把握存款日均额与时点数、存款与理财、竞争力与成本等之间的关系，不能简单地靠提高成本“买存款”，要不断根据市场变化及时调整工作策略，以新视野、新思维提升存款发展水平、开辟存款增长空间，夯实存款基础。

1. 要加大对存款业务的科学考核，不是简单地抓时点数考核，而是重视考核存款产品的营业贡献，通过机制性建设引导全行把更多精力放在做实存款的基础性工作上来，真正依靠有竞争力的服务、渠道、产品和技术等综合优势来影响客户、稳定存款。

2. 要充分发挥大额资金监测管理平台功能，进一步在全行形成围绕大额资金流动的联动营销机制，同时通过必要的合理的价格手段引导企业主动选择我行作为

异地汇入行，最大限度地减少我行客户资金净流出，减少“裸贷”现象，有效提高目标客户开户率和派生存款留存率。

3. 要分析社会资金流动规律以及各类客户资金配置变化，围绕产业链、资金流、信息流来竞争存款，力争从源头上实现客户各类形态资金在我行归集和循环。

4. 要加强对存款的定价研究，准确考量客户整体贡献度等因素，运用分类营销与差别定价策略，保证存款市场的竞争力和存款增长的盈利性。

5. 要正确认识和把握客户在银行存款与购买银行理财产品之间的转换规律，做好存款与理财的有序衔接，保证存款与理财的稳定协调增长。

利润增长

既要看到实现今年利润增长目标的难度是存在的，又要充分看到实现这一目标的必要性和可能性。

巩固专项治理成果。结合落实新《商业银行服务价格管理办法》，对“12 版价目表”及现有协议文本、操作规程、收费参数管理等进行完善。2013 年起，凡推出新产品，必须做到收费标准与相关配套制度齐全、合规。

在规范的基础上努力推动中间业务创新发展。突出加快结算、代理、理财业务发展。强化专业条线的系统推动，从客户、产品、渠道等方面拓展增收潜力，以提高产品覆盖率、做大规模带动收入的增长。提升品牌类投行等创新业务的收入贡献。抓住当前产业转移和重组加快的商机，进一步健全商投互动机制，深化投行与公司信贷、资产管理、私人银行、专业融资等条线的分工合作，打造新的收入增长极。促进与贷款客户相关业务的合规收入恢复性增长。准确把握监管要求和收费政策，努力挖掘贷款客户综合化金融服务需求，在规范操作的前提下，按新版价目表规定合理收费。

构建精细化、富有弹性的利率管理体系。进一步完善全行利率集中管理体制，既客观考虑市场竞争的需要，实行针对重点客户、重点产品的差别授权管理，增强定价管理的科学性和市场适应性；又有效发挥内部定价机制的约束作用，引导全行正确把握好成本、风险和收益的平衡，努力保持 NIM 的稳定。

深化 MOVA 应用。按照“六进 MOVA”（管理行为进 MOVA，业绩信息进 MOVA，营销组织进 MOVA，经营分析进 MOVA，绩效评价进 MOVA，资源配置进 MOVA）的要求，进一步推进 MOVA 在经营管理领域的应用，实现 MOVA 由数据平台向管理平台的提升。

转型发展

既要坚定不移地推进传统业务升级发展，进一步形成竞争新优势；又要紧紧依托传统业务优势和客户基础，加快推动新兴业务发展和经营转型，主动走出一条资产规模不无限扩大、资本占用不无限增加，却可持续发展的新路子。

做大金融资产服务业务	加快融资服务业务转型	加大各类跨市场业务创新力度	稳步实施“走出去”战略
这是我行形成未来银行间差异化竞争优势的关键所在，也是推动我行从资产持有大行转向资产管理大行的潜力所在。目前我行已搭建了金融资产服务业务管理体系，下一步资产管理、金融市场、投资银行、银行卡、私人银行等业务线都要深入研究市场变化和客户需求，明确发展策略和目标，创新推出有技术知识含量、高附加值的“杀手锏”产品和服务，推动业务快速崛起，成为能够支撑我行转型发展的重要力量	随着直接融资市场的快速发展，优质客户“去贷款化”的趋势开始显现。要适应金融脱媒的趋势和企业多元化融资需求，树立“大融资”理念，统筹信贷融资和非信贷融资业务，积极开展银团贷款、信托融资、债券发行、股权融资等业务，加快从传统融资中介向全能金融服务中介转型。今年公司非信贷业务融资与新增贷款比例要达到2∶1	发挥综合化发展优势，利用我行强大的信息系统打造连接各市场的先进业务平台，开发多功能、集成式、个性化金融产品，为客户提供高附加值的综合金融服务。要不断完善综合化经营机制，加强商业银行主体业务与工银瑞信、工银租赁、工银安盛和工银国际等子公司业务的联动，增强综合服务能力和业务辐射力，形成跨市场、多元化的发展格局	发挥内外联动、外外联动和全球统一系统平台优势，丰富境外机构产品线，不断优化全球资产布局、降低区域集中度风险、增强跨境金融服务和获利能力

信息化银行建设

既要看到信息化银行是在银行信息化基础上的发展，又要看到信息化银行不是简单的信息技术升级和应用范围扩大，而是银行适应互联网时代金融服务特征，管理方式和运行机制的一次重大变革，全行要准确把握信息化银行建设的本质特征，加强顶层设计和整体规划，加快推进步伐，在国内率先建成信息化银行。

标准统一:按照“统一口径、统一目录、统一管理”的原则，健全全行信息标准、产品设计规范、业务服务规范，为信息共享、产品创新、系统整合奠定基础。

系统整合:统一规范全行平台、系统、应用、功能的命名管理；统筹规划相关业务条线系统建设并进行整合；加强前中后台、上下游以及各渠道的协同配合，实现业务流程的高效畅通。

信息共享:整合全行内外部各类信息，建设集中统一的公共信息库，打造灵活快捷的信息检索平台，消除“信息孤岛”和“查询壁垒”，实现全行信息的高度共享。

信息化银行特征

灵活创新:通过产品化改造提升应用系统整体架构的灵活性和可配置性，全面梳理和规划我行的产品服务体系，推动业务整体创新。

价值创造:整合分析海量数据，深度挖掘信息价值，为客户提供精准营销和个性化服务，健全我行管理会计和风险管理体系，提升决策分析能力。

4.4　培育健康向上的企业文化

在充分调动各机构、业务条线经营活力的同时，推进“ONE ICBC”一体化建设

发挥集团整体优势。随着综合化国际化的深入推进以及业务复杂程度的提高，集团的管理边界和职责越来越宽，对机构间的协调联动提出了更高要求。必须强化统一法人意识，深化“ONE ICBC”理念，打破“部门墙”和“玻璃门”，以强化集中管理和优化分润机制两手防止和克服“大企业病”，充分发挥集团整体优势，形成集团各单元优势互补、资源共享和战略协同。

完善联动分润机制。推进境内外联动业务分润机制建设，逐步实现集团整体联动机制的全覆盖。探索建立基于重点、优质客户的客户贡献分润机制，促进跨区域、跨专业的客户资源与收益共享。

在优化流程、提高效率的同时，提升风险管控水平

大规模、集中式的流程改造任务今年应该基本完成，流程改造和优化将转入常态化持续推进。要善于在实践中不断总结和发现流程中需要完善的地方，并向国际上流程先进的银行同业学习，及时加以改进，不断提高业务运营的效率。

今年流程改革的重点是要推进信贷业务流程改造。现行的信贷体系长处是严谨，为信贷资产质量的稳定发挥了重要的作用，短处是存在前面所分析的重复环节多、效率不高等问题。要通过优化改造，形成集约化、专业化、信息化的信贷运行机制，提高效率和风险控制水平。

要正确处理优化流程与控制风险的关系，既不能简单地讲流程效率而忽视风险控制，也不能简单地讲防风险而舍弃效率，要把握好二者之间的最佳平衡。

在关心关爱员工的同时，落实从严管理要求

坚持以人为本，关心员工成长，落实人力资本优先投入政策，为员工职业发展提供广阔平台。在保持利润增长的前提下，合理提高员工薪酬福利待遇。实施员工关爱工程，促进员工队伍的和谐稳定。

严格管理是对员工的最大爱护。近些时期，一些银行员工参与民间借贷、非法集资、违规担保等活动，对银行的资金安全和声誉造成严重的风险隐患。要加强员工动态行为排查，坚持从严治行，坚持教育、监督、惩处并重，提高员工的职业素养和合规意识，使员工不愿违规、不能违规、不敢违规。

在保证合理费用支出的同时，厉行勤俭节约

股改以来，盈利持续快速增长使全行的财务列支环境相对宽松，少数基层机构财经纪律意识有所淡薄，奢侈享受、铺张浪费之风有所抬头。近期，中央政治局出台改进工作作风、密切联系群众八项规定，习近平总书记也就厉行勤俭节约、反对铺张浪费作出重要指示，总行也作出相关规定，各行要认真贯彻落实。经营发展的势头再好，艰苦奋斗、勤俭办行的优良传统也不能丢，总行和各级领导干部要带头，形成勤俭节约光荣、铺张浪费可耻的良好风气。

随着外部经营形势的变化，未来全行利润增长将明显放缓。我们既要保证业务发展和经营管理所需的合理费用开支，也要精打细算，努力控制成本。我国银行业进入一个盈利低增长期之后，那么能保持竞争优势和发展后劲的将是成本控制力卓越的银行。

加强财务管理，严格财务纪律，规范财务行为。在完善总行和境内各机构财务管理的同时，强化对境外及控股机构的财务管理。上半年总行将组织开展财务大检查。

2014 年 1 月 1 日，我们将迎来工商银行成立 30 周年。我行的历史可追溯至新中国成立前夕的中国人民银行，65 年来特别是 1984 年工商银行正式成立以来，我行在改革中壮大、在开放中成长，实现了从大到强、从本土到全球、从国有独资银行到国际公众持股公司的历

史性跨越，整体面貌发生了巨大的变化，已昂首迈入了全球领先银行之列。

面临新的发展关键时刻，全行要认真总结回顾改革发展的成就和经验，结合新的形势任务要求，进一步研究谋划好、执行实施好新时期的发展蓝图。让我们在十八大精神的指引下，把握机遇，应对挑战，加快发展方式转变，加大改革创新力度，奋力开创国际一流现代金融企业建设的新局面。

贯彻新监管要求　合规创新促发展

——在中国工商银行资产管理业务工作会议上的讲话

杨凯生

（2013 年 1 月 17 日·根据录音整理）

刚才，王行长已经就资产管理业务 2012 年取得的成绩，以及 2013 年业务发展目标讲了很多，讲话不长，但内容很多，请大家认真贯彻。

今天，我主要讲一讲理财业务的本质，作为王行长讲话的补充。我觉得只有认识了理财业务的本质，才能让理财业务健康、合规和更好地发展。2013 年 1 月 14 日，银监会召开了年度工作会议，尚福林主席在会上有个讲话，专门提到了商业银行的理财业务。他强调“要严格监管理财业务的设计、销售和资金的投向，商业银行要对理财产品进行分账经营、分类管理，要对理财产品进行单独清算”。有时候监管部门提的监管要求，我们有些同志在研究的时候会有些嘀咕，这个做不到、那个不太符合实际，经常会有这样的情况。但我想说的是总行非常赞成尚主席的这段话。为什么呢？我想有两个理由，第一个理由就是它有道理，完全符合理财业务“受人之托、代人理财”的本质。怎么在处理业务时体现这个“受人之托、代人理财”的要求呢？我们认为分账经营、分类管理、单独清算就是体现这个要求的最重要的一个做法。有些银行把自营和代客混在一起，把不同的理财产品的资金来源、资金运用混在一起，实际上根本没有做到分账经营、分类管理和单独清算，也就是没有体现“受人之托、代人理财”的基本要求。所以我们认为银监会提出这个要求是完全正确的。第二个理由是工商银行落实银监会这个要求是具备条件的，不是做不到的。实际上，这些年我们也是一直倡导、一直努力朝着这个方向在做，当然我们的业务中现在也还有一些不够规范的问题。目前总行发行的理财产品基本上做到了分账经营、分类管理和单独清算，但我们也发现有些分行发行的理财产品分离得不够。但总的来说工商银行有条件、有基础严格落实银监会领导同志的这个要求。究竟应该怎么理解这段话，也就是我今天要讲的怎么理解理财业务的本质。我想谈四个问题。

一、开办资产管理业务要坚持的几个原则

开办理财业务实际上有几个原则必须坚持，那就是自营和代客分离的原则要坚持；前台、中台、后台分离的原则要坚持；每个投资组合进行单独核算、单独管理的做法要坚持；理财产品必须进行严格的第三方托管的要求要坚持。只有这几个原则落实了才能够落实尚福林主席的要求。

第一，自营业务和代客业务分离。什么叫自营代客分离？通常讲要有单独的部门、专业的管理团队、单独的业务流程、单独的管理系统，我觉得对，这些都是自营代客分离的重要表现，是基本要求。但我在这里要强调的是，理财业务自营代客分离中最重要的是理财业务的资金来源、风险责任必须和银行传统的业务有所区别且分离清楚。资金来源要分清楚、风险责任要分清楚、收益要分清楚。发一款理财产品的目的是投资一个投资标的，那么就要告诉投资者，你买的这款理财产品是准备干什么用的，这个要说清楚，并不是你在银行有十万元存款，其中拿五万元去干那个，不是那么简单，不是像原来银行可以随意调度客户存款资金用于贷款那样。因为存款业务最大的特点是客户已经让渡了资金使用权，但要确保客户资金的收益权。至于具体这个钱去干什么了，银行拿它用于贷款、还是投资于票据、还是资金拆借，客户不需要知道，通常也不知道，这是银行传统存贷业务的一个特点。但理财业务不一样，银行卖理财产品的时候必须告知客户这个资金是干什么用的，客户有权选择买这款理财产品，不买那款理财产品，或者决定买这家银行的理财产品而不买那家银行的理财产品。所以资金来源和使用是要分清楚的，跟银行自营资金是要分清楚的。同时，责任也应该分清楚，信息披露必须充分。按理说理财资金投资了以后，投资风险是由投资者承担的，责任是买者自负的，但这里面如果银行

在销售的时候有虚假做法，信息披露不充分，卖者也要承担责任。这也是银监会一直强调的。我们应注意的是这里面风险责任和存款、贷款以及银行其他业务是不一样的。按照现在我国的做法，客户把存款存放在银行，除非银行破产，否则存款是要无条件偿还本息的，至于某一笔贷款出现呆账，与客户存款是没有关系的。当然如果银行真的破产了，那是另一个概念。现在中国的银行还没有存款保险制度，政府通常要予以救助，存款本息是受法律保护的。而理财按理说应该不一样，应该是有区别的，至于我们怎么样将这个区别真正地落实到位，那是另一个问题。银行拿到客户的存款是去做贷款也好，做资金交易也好，赚的是利差，返给客户的是利息，偿还给客户的是本金。理财业务不一样，买的理财产品到期了，本金和投资收益都应该是投资标的产生的，是从投资标的拿到的投资收益部分和到期后的本金，同时，银行开办理财业务拿到的是投资管理费，或者说是手续费佣金，赚的不是利差，不像存贷业务我们赚的是NIM，是存贷净息差。所以，自营和代客的分离，除了做法上要有单独的团队管理、单独的部门、单独的业务流程、单独的系统以外，更重要的是，我们首先在理念上应该把自营和代客分清楚，把理财业务与传统存贷业务分离清楚。否则为什么对理财业务的制度要有一些专门的规定，为什么一定要这样落实，有的时候我们就会想不通，有时候就愿意秉持我们以前习惯的做法去做，结果监管部门一查就违规了。所以，我们首先要从思想上把自营和代客业务分清楚，这对下一步开展业务是有好处的。

第二，前台、中台、后台分离。前台，比如说我们的个金部门、结算现金部门、私人银行部门、养老金业务部门，都在销售我们的理财产品，这些都是面对客户的前台部门。再比如说公司部门、投行部门、工银国际等，他们要负责对投资标的、投资对象进行尽职调查，一定意义上也是前台部门。中台，在工商银行实际上比较典型的就是资产管理部门，负责规章制度、产品研发、投资管理、收益分配等。后台，通常是我们说的审批部门、授信部门、运行部门、托管部门等。所以，我们四个原则中前、中、后台分离主要就是这个意思。关于独立托管的要求大家比较清楚，我就不多讲了，要重点讲一讲投资组合的单独核算和管理问题。

第三，投资组合的单独核算和管理。这里说的是每只理财产品都要单独建账、单独管理、单独核算，也就是尚主席讲的“商业银行要对理财产品进行分账经营、分类管理，要对理财产品进行单独清算”。这其实也是工商银行一直以来倡导的做法，需要进一步坚持，做到每一只理财产品都要单独建账、单独管理、单独核算，当然还有一个估值问题、定价问题。要说清楚一个问题，就是要强调投资组合一定不能有一个简单的“资金池”的概念，现在媒体上经常说理财业务有风险，为什么有风险？因为客户投资理财产品的资金在一个所谓的“资金池”里，混在一起说不清楚，这个批评是有道理的。我们自己有时候说惯了，也会说“资金池”、“资产池”。说“资产池”还多多少少有点道理，因为投资标的可能是多笔资产，也可能是单笔资产，当是多笔资产时，这时候就是个组合了，过去经常就叫做“资产池”，尽管说这还多少有点道理，但我建议今后也不要再这样说了，称为投资组合，才更准确。因为说“资产池”往往会和“资金池”混在一起，而“资金池”是绝对不行的。第一它没有道理，客户投资于A的，你无权去应用于B。第二它祸害无穷，风险传递，责任混淆，都会由此而来。所以要单独建账、单独核算，不能混在一起，混在一起就是所谓“资金池”的做法。银行发理财产品A，理财产品B，理财产品C，很多理财产品，客户来银行购买理财产品，可以选择买A产品而不买B产品，实际资金拿来了以后他说买A产品我们就一定要用在A上面。这是很简单的道理，而不能把投资A产品的、B产品的、C产品的资金混在一起投资这笔资产或者那笔债权，混在一起用。当A产品到期了，混在一起拿点钱出来兑付，C产品到期了再拿点钱兑付，兑付不了再发几只产品糅在里面继续往下滚动，最不规范的理财产品就是这么操作的，当然这个做法很极端了。还有些做法进行了一些调整，不一定有这么典型，但是这样做即使搞点变相的做法也是绝对不行的。所谓“资金池”的本质就是不同产品募集的资金混在一起用，把投资标的产生的收益去支付购买不同理财产品的投资者，这个做法是绝对不行的。工商银行历来不这么做，据我们检查，总行销售的理财产品目前确实都没有这么做，但是发现有些分行管理的理财产品在这个方面不是很严格，虽不像我刚才所说的那么严重，但容易让人产生投资组合单独管理、单独建账、单独核算没有完全落实的印象。现在，全行的理财产品余额大概是1万亿元，分行管理的产品在全行理财产品余额中已经占有一定的比例了，大概是百分之十几，特别是销售额已占到百分之二十多，有的时候比例还要更高一点。在我们整个业务当中，如果有百分之二十多的业务的做法并不那么严格地经得起检查的话，那是有问题的。所以，在今天这个会上，我想和同志们打个招呼，我刚才反复讲的就是理财业务的本质，讲理财业务的本质要求，必须要做到几个分离，尤其是每个投资组合、每只理财产品的资金来源、资金运用，包括最后偿付，都应该是单独建账、单独管理、单独核算的，不能混在一起，不能有“资金池”的概念。投资标的也不要说是“资产池”了，应该是投资组合的概念。这不是简单的说法上的调整，实际上是我们对业务的本质理解得更清楚了。

二、规范的资产管理业务运作模式

首先讲的是，整个资产管理业务主要的运作环节从组织销售到投资管理，最后一直到期兑付，整个过程都要不断地进行信息披露。投资管理和信息披露在一定意义上是并行关系，不是前后串行关系，这是理财业务运作的一个主要环节。在营销过程中要遵循“买者自负、卖者有责”原则，决不能搞虚假销售，风险披露必须要及时。这里我想对流动性风险管理、合作机构选择、投后管理和托管等方面再讲几点意见。

第一，流动性风险管理的问题。理财业务有风险，包括市场风险、信用风险、流动性风险、操作风险等等，每种风险都应该纳入我们的全面风险管理体系。我想重点说一下理财业务的流动性风险问题。为什么要强调流动性风险？我们在办理传统业务时，习惯关注信用风险，虽然我们现在强调的是全面风险管理，包括市场风险、利率风险、汇率风险、流动性风险、操作风险等等，新资本管理办法中也强调全面风险管理，但不管怎么说，信用风险仍然是工商银行传统业务中最主要的风险，所以我们会经常说到不良贷款率是多少，关注它是增加了还是减少了，关注不良贷款拨备是不是计提充分了，等等。

我认为理财业务和传统的贷款业务有很大区别。首先要肯定，理财业务也有信用风险，所以要强调尽职调查，要强调投后管理。因为如果投资项目和投资标的出现了问题，不能支付收益，甚至连本金都不能偿还了，那么产品到期兑付就会出问题。所以，理财业务的信用风险是存在的，不能忽视其信用风险，这一点是必须注意的。但我为什么这里要专门强调理财业务的流动性风险？工商银行本身也有流动性风险，资产负债管理部管的就是流动性风险。但工商银行有十几万亿存款、几万亿贷款，在人民银行有法定存款准备金、超额备付金等，金融市场部操作着那么多易变现的债券，所以说哪一天工商银行可能无法兑现客户存款了，出现支付能力不足的风险固然需要注意，但到目前为止，还没有出现过。头寸调度有一定困难的情况出现过，但无法兑现客户存款的情况还从未出现过。当然这不意味着我们不需要注意流动性风险。这里要重点强调的是，理财业务出现流动性风险的可能性要比传统业务大，这与理财业务的本质有关系。我刚才一再强调，不能搞所谓的“资金池”，A产品的资金就要用于A项目上，B产品的资金就要用于B项目上。打个不恰当的比方，银行存款存的时候是A+B+C混在一起的，贷款也是A+B+C混在一起，存款兑付时混在一起兑付，不论是定期还是活期的存款利息，并不知道具体是由哪一笔贷款产生的，我们只是统一算一个NIM，算一下存贷款利差是多少。而理财产品就不能这样，本金和投资收益都要来源于所投资具体项目的回报。而理财产品与投资标的的期限是错配的，这就有可能产生流动性风险。现在有人批评银行理财产品，说理财产品期限错配，我觉得这种批评没有批评到点子上。理财产品存续期限和投资标的运作期限存在错配是必然的，否则这种产品不可能存在，关键是要防控好流动性风险。理财产品的流动性风险怎么规避，怎么解决由于期限错配带来的流动性风险问题，这确实是一个大问题，不能因为理财产品的期限错配，在产品到期时出现兑付不了产品本金和收益的情况。假设有个10年期项目，用一只10年期理财产品去投资也可以，这就没有期限错配，但实际上是很难这样操作的。所以，流动性风险是很重要的一件事，怎样管好流动性风险，总行这两年做了很多探索。目前我们的理财产品可以分成两大类，一类是固定期限产品，另一类是无固定期限产品，这里面都有流动性风险管理问题。对于这两类产品，流动性风险管理的要点和措施，有相同的地方，也有不尽一致的地方，我们都要做好。比如说，对固定期限产品的流动性管理，主要是在建立投资组合的时候，要严格按照投资组合的久期来确定限额，不管是1年期还是3年期产品都是如此，不能想做多少就做多少，要有限额。此外，每个投资组合中，高流动性资产和期限错配资产也要有限额，要严格按照这些限额来执行。同时，要设计和安排严格的产品发行计划，巧妙地、严谨地安排好投资组合中的久期，要有相应比例的高流动性资产，这样才能把流动性问题解决好。如果都是没有限额的，投资标的都是久期很长的，而发行的产品都是短期的，那肯定不行。所以要有限额来把这些问题限制好。再比如说，对无固定期限产品，T+0产品的流动性管理，那更是随时存在流动性风险，其中一定要有高流动性资产配置的比例要求。这里我可以举个例子，去年6月底，出现了T+0产品的大量赎回，个人客户T+0产品的赎回比例超过40%，法人客户T+0产品的赎回比例超过65%，这就是对我们流动性管理的考验。因为我们在这类产品中高流动性资产的配置比例非常高，达到80%，所以没有发生问题。我们当时处理的办法就是把高流动性资产做变现处理，或者是依法合规地质押做回购，融得资金，满足了投资者兑付要求。在这种情况下，第一解决了流动性风险，第二我们也没有违规，第三还获得了收益。当然有的时候需要以较低价格变现债券资产或者增加一些成本以获得债券质押融资，这就需要考虑所配置的高流动性资产的质量。所以要考虑多种因素的影响以求得最优的流动性解决方案，这不是一件简单的事情。还有一个方法就是在T+0产品的产品说明书中和投资者约定赎回的比例，一旦当日该产品的赎回超过一定比例，比如说30%，要暂停赎回。这个不是我们不让投资者自由兑现，而是事先和投资者约定好的。如果说一款产品可以随时赎回，流动性很高，投资者可能会愿意认购，为什么？第一是追求流动性，第二是追求比活期存款更高的收益，所以愿意投资这款产品。但这里面要有一个限制，就是在产品已达到当日赎回比例限制的情况下，就暂时无法再赎回了。这一点要事先和投资者说清楚，如果投资者不认可，那可以去存活期存款。如果投资者认可今天不能赎回明天赎回也行，下周赎回也行，但收益要比活期存款高，那就可以投资这种理财产品。这就是通过不同理财产品满足具有不同风险偏好的投资者的需求，基本道理就在这里。关键是要事先说清楚，产品说明书中要约定好。如果在事先没有约定好的情况下不让投资者赎回，那投资者肯定不同意。如果和投资者约定达到30%的赎回比例停止赎回，现在刚到20%就要停止赎回，这也是不行的。所以说流动性管理中有很多做法，说理财产品的技术含量比较高也就在这个地方。因为理财产品会有期限错配，为了解决期限错配问题，流动性管理水平要比传统的存贷款业务要求更高一些。我在这里反复讲理财产品的流动性风险管理，就是要提醒大家注意这个问题。我们发现少数分行个别理财产品出问题的时侯，存在资产被挪来挪去的现象，因为产品没有实行严格的单独经营、单独核算，出现产品兑付问题时就以腾挪资产来应对，这种做法是不对的，是违规的，是不可持续的。

第二，对于合作机构的选定和管理。对合作机构要有评价依据，理财业务有很多合作对象，北金所、信托公司、券商、基金公司都是合作机构。我们在评估这些合作机构时，除了考虑其综合实力、风险承受能力、业务贡献度以外，还要考察其业务合规程度。有些业务合作的合规性需要引起重视。比如我们把资金交给合作机构，他们拿去搞“资金池”，放到“资金池”里用。坦率地说，他们的风险防控能力可能还不如我们，我们把资金交给他们，他们把资金混在一起投资项目，如果出了问题，责任就很难说清楚了，这一点一定要注意。所以一定要和规范的机构合作，合作的行为一定要规范。

第三，对于投后管理问题。这是一个非常重要的问题，这方面我们还是有不足的。投后管理系统一定要健全，许多工作目前主要还是靠手工在做，机制也不是很顺。拿投后管理报告来说，有的时候好几个部门都出报告，而有的时候可能一份报告也没有，这样是要出问题的。不论是总行资产管理部还是分行做的理财业务，都一定要有严格的投后管理。我们贷后管理搞了很多年，尚且不能说现在的贷后管理水平已经到位了，但比理财产品的投后管理水平还是要好一些。信贷与投资管理部有一项专门的工作叫信贷业务操作检查，对融资客户进行持续跟踪，这些事情都是规范地在做，但我们理财业务的投后管理现在还没有到这个水平，所以投后管理问题必须引起我们的重视。

第四，对于理财产品托管的问题。全行理财产品由总行托管部和8家分行承担着托管。托管部门在这里面一定要扮演一个客观的、公正的角色，严格履行托管机构的职责，有问题要随时提出来，这样才能保证托管功能的充分发挥。我们自己搞托管，肥水不流外人田，这是对的，也是符合规定的，但我们自己的托管也一定要真正起到托管的作用。

三、不能学某些银行理财业务存在的不规范运作行为

这里讲到不规范的运作行为，包括自营代客不分、前中后台不分，实际上这就是我刚才讲的那些，就不更多地重复了。我这里想提醒一下的就是，我们有个别分行也存在不分，或者分得不那么清楚的情况，各分行如果想继续做这个业务，就要立即按照银监会的要求，按照今天会议的要求，把它规范起来。下一步内控合规部要再下去查一下全行开展理财业务的情况，看一看是不是严格地做到了刚才所说的四条原则，特别是不能开展所谓“资金池”的理财业务，要严格地单独建账、单独核算、单独管理，这些要求一定要做到。如果哪个分行现在还做不到这一条，那么我这里明确说一下，这个分行就要把这项业务暂停下来。否则越做风险越大，越做违规问题越多，将来是要出大问题的。这是今年银监会检查的一个重点。

理财业务在我国的历史并不长，各方面的认识也不尽一致，我们只有把它做到符合监管规定，无懈可击，这项业务才会有生命力。如果我们在做的时候存在这样那样的毛病，那么说白了，就足以最后扼杀了这个本应有发展前景的业务。现在已经有人质疑什么叫理财业务，说无非就是庞氏骗局。这个帽子一戴，那理财业务马上就应该停了。如果工商银行这个公众上市公司竟然搞了一万多亿元的庞氏骗局，你何以面对投资者，面对你的客户，面对你的股东。我们说我们不是搞骗局的，但人家如果举出例子来了，你这些做法根本不符合银监会的要求，到时候你还说什么？说我们的业务总的方面是好的，只是局部存在问题？局部也不行呀。我们希望看到的结果是，一检查，没什么问题，只是提出“希望你们继续完善规章制度，继续加强管理”，检查结论是这么一句话该多好啊。所以，今天会议提出的这些要求，希望全行一定要做到。总行内控合规部要抓紧开展一次检查，你们可以和资产管理部联合起来检查。检查的目的是支持全行理财业务发展，督促全行上下严格地按照监管规定来做，否则的话不仅仅是合不合规的问题，实际上是会有很大风险的。如果混在一起，什么信用风险、市场风险、操作风险等会互相转移，这样风险发生的可能性就加大了。最后本来不是工商银行的事，但由于你这些分离不到位，那么这个风险责任的分离也就不会到位，责任就会莫名其妙地落到银行头上来了，资金损失让你承担，信誉风险让你承担，总之，是脱不了干系。

我们知道有些同志现在之所以这样做，是由于照搬

了一些同业不规范的做法。我前面说了要实施严格的分账经营，A 对 A，B 对 B，不搞“资金池”。现在国内包括工商银行在内大概也就只有少数几家银行严格做到了这一点，有许多银行没有做到这点，而这些银行在当地的做法对我们分行或多或少有些影响和干扰。只有我们一本正经地做，可能会带来市场占比的问题，可能会有“别人那么省事，为什么我们要这么啰嗦”的想法。但是我要说，第一，这种不规范的做法持久不了，银监会不同意，并已有明确要求了；第二，从规避自己的风险角度来说，要想真正把自己的风险和投资者承担的风险隔离开，和投资标的风险隔离开来，也只有这样做才行。所以这一点我们不要马虎，不要和别人攀比。你要求严一点，管理严一点，只有好处，没有坏处。这一点请大家一定要注意。

这里还要强调一下与合作机构的合作问题。前面讲了，合作机构要有严格的客户评级，要考量风险承受能力，考量综合实力。我这里想说一说，不管是什么合作客户，我们一定不要糊里糊涂地把资金交给他去用到一个“资金池”里，不仅工商银行不允许在理财产品中搞“资金池”，而且我们也不赞成合作机构去搞“资金池”。虽然我们无权去管合作机构，但我们的资金不能交给合作机构投到他的“资金池”里去运作，这不仅是助长了他的不规范行为，更重要的是加大了我们自身的风险，所以这一点也希望大家注意。

四、下一步的业务发展要求

下一步理财业务怎么健康发展，刚才王行长讲话中已经讲得很多了，我就不重复了，我只讲一条，信息披露问题。理财产品需要充分的信息披露。这一轮金融危机爆发以来，许多银行包括投资银行，后来就吃亏在当年他们销售的许多产品在销售过程中信息披露不充分。信息披露不充分的毛病被许多投资者和客户抓住了，说是虚假销售，没有尽职，要索赔。昨天世界上一家著名的律师事务所来找我谈，引导我们去追索 2007 年、2008 年以前投资的美国次贷支持证券。当时我们确实也有一些投资，后来我们以最快的速度在 2008 年、2009 年处理得差不多了。他们说处理了没关系，你们的账务处理了，但你们是保留追索权的，你们愿意的话可以委托我们帮你们去追索，他们还说已经有成功的案例，追偿率达到了 10% 到 30%。他们当然是为了自己律师事务所赚钱而来的，但从这里面我们可以看到，信息披露不充分是后患无穷的，多少年以后还会有人找你算后账。所以，对于理财产品我们一定要进行充分的信息披露。这一点董事长很重视，提出了明确的要求。我准备下周开一个会议，专题研究一下理财产品信息披露工作怎么进一步改善。要提高信息披露的频率，扩充信息披露的覆盖范围，改善信息披露的技术手段。这个工作一定要做好，只有那样我们的工作才能万无一失。

这里还要说一个现象，最近发现有人在我行网点销售或推荐根本不是我行的理财产品，这实际上是在搞诈骗。他们对客户说这儿有理财产品，收益率是多少多少。还有在我们网点或以工行员工名义卖虚假保险的。这些所谓的产品实际和我们真正的理财业务、代理保险业务都没关系，和工行的存款业务也没关系，但这属于我们的网点管理、员工队伍管理方面的问题。这个问题现在从金融系统来看，从兄弟行情况来看，发案次数有增多的趋势，工商银行也发现了几起这样的问题。各级行一定要加强对网点的管理，加强对员工队伍的管理，不能允许出现这种问题。

我今天就讲这么多，供大家参考。主要意思就是希望大家对理财业务的本质要有更清晰的认识。通过认识的进一步厘清，使得我们的许多做法更自觉，更主动。为什么要这么做而不能那么做？我们要想清楚其中的道理，而不能只是因为这是监管部门的规定，我们不得不这样做。如果我们把其中的道理理解透了，就会知道有些事情应该做、可以做，有些事情确实不应该做、不能做。

在中国工商银行内控合规工作会议上的讲话

杨凯生

（2013 年 2 月 18 日 · 根据录音整理）

刚才罗行长对去年全行内控合规工作进行了总结，对今年的内控合规工作作了安排和部署，我都赞成。回顾近十年来工商银行内控合规体系建设的历程，可以追溯到股改前夕，当时，为适应工商银行股改的需要，我们在对原有稽核工作体系改革和完善的基础上搭建起了内控合规工作体系。在近十年间，我们在内部控制的部门定位、职能内涵、工作理念和手段等方面进行了不断的探索、研究和实践，形成了一套适合我行战略发展需要、具有鲜明工行特色的内控合规体系。近年来，内控合规工作与全行的经营管理和业务发展融合得越来越紧密，工作涉及的范围也越来越广泛。内控合规部门除2004年成立时承接的原稽核局的大部分职能外，又先后于2007年正式承接了全行反洗钱工作、2011年全面接手业务运营风险事件核查工作，近两年还陆续承接了内部交易和关联交易管理、业务外包风险管理、集团制度规范化管理、监督检查统筹管理等一批新职能，可以说内控合规部门越来越深地参与到全行经营管理流程之中，发挥的作用越来越大。

这些年来，我行的风险管控水平不断提高，资产质量保持稳定。之所以能取得这些成绩，原因当然是多方面的，但全行的内控合规工作在其中发挥了重要的作用。因此，总行党委对内控合规工作、对全行各级内控合规部门同志们的辛勤付出是充分肯定的，各业务部门、各专业条线对内控合规部门的工作也是充分认可的。关于去年工作情况与今年工作安排，刚才罗行长已经讲了，我不再重复了，今天我想主要强调一个问题，即如何加强行内各类、各层级检查工作的统筹管理问题，最后还要讲一讲目前我行的资产质量问题。

一、关于监督检查统筹管理问题

各种形式的监督检查工作是促进全行业务发展的重要管理手段。经营管理中的一些违规违纪问题，改革发展过程中的一些偏差性问题，一些规章制度不够合理、不够科学的问题，很多都是通过各类检查显现出来的。这不仅解决了有章不循的问题，也解决了有章难循的问题，保证了全行经营理念、经营指导思想的端正，保证了经营决策水平的提高，保证了全行队伍风气的良好。从这些方面来讲，监督检查的必要性是毋庸置疑的。

随着工商银行的摊子越来越大，部门越来越多，专业分工越来越细，各级行、各部门、各专业条线都有自身的管理责任和义务。尤其是针对业务发展过程中规章制度不落实、执行力不够的共性问题，都会通过开展各种形式的监督检查来促进规章制度的落实。这是各类大企业，特别是银行经营管理所需要采用的一项重要手段。从一定程度上讲，工商银行的管理能够达到现在这个水平，与我们以往持续开展各类检查工作是有关的。但在努力加大管理力度，反复进行各方面、各类型、各层级的检查过程中，也存在着一些比较突出的问题。

一是内部检查条线多，检查分散，影响了有限检查资源的投入效力。内审局、内控合规部、运行管理部、信贷与投资管理部、风险管理部等部门的主要工作或者说很重要的一项工作就是开展监督检查。各专业条线，包括个金、信用卡、结算与现金、财务会计和保卫等部门也都有自己的专业检查。各类检查涉及的条线多，但整合得不够，导致检查比较分散。

二是上下级行重复检查多。总行的检查分行要落实，分行的检查所辖机构要落实；有的检查要先自查，然后上级行再抽查或全面检查，导致基层机构同一个项目要接受两到三次重复检查。当然，这种形式有时是需要的，但不是都是必要的，这需要认真研究。

三是监督检查工作缺乏统一的标准。目前，各机构、各部门在监督检查过程中，检查作业标准、方法、流程及后续管理缺乏统一的规范和要求，这或多或少地影响了检查工作的质量和效果。各项检查质量参差不齐，存在着一些检查有检查无报告、有报告无整改、有整改无跟踪、有处理要求但责任人处理不落实等现象。

四是检查成果共享不够。各类检查所获取的信息没有真正实现综合利用，出现多个专业部门同时先后检查同一个业务事项的现象，既导致了重复检查，也影响了我们经营管理水平的提高。此外，由于缺乏统筹，在重复、交叉检查的同时，也存在检查盲区。虽然每年都开展了很多的检查，但并不是所有机构、所有业务都覆盖到了，并不是所有的风险点都暴露了。这些现象都是客观存在的。

我在这里可以给同志们举一些例子。据不完全统计，2012年全行各级机构共开展内部检查项目8 378个（不含董事会和内部审计项目），投入检查时长534 584人天。其中：专项检查项目4 475个，非现场检查项目673个，各类评价项目654个，其他检查项目1 416个。参加检查的部门有内控合规、信贷与投资管理、财务会计、国际业务、运行管理、资产管理、个人金融业务、结算与现金管理、资产负债、投资银行、票据业务、风险管理和保卫等部门。如此多的检查，是否存在重复、交叉的现象？特别是时间安排上是否存在不合理的现象？例如，某基层行从2011年3月至2012年11月，一年多的时间里，仅理财类业务就接受总行或由总行部署省行开展的检查6次；还有某分行2011年接受关于政府融资平台贷款现场检查就达4次；又如，某分行在2012年不到两个月的时间里，先后接受了9次检查（审计）或检查调研，涉及受托支付、融资平台、结算、信贷、反洗钱等；还有一个分行在去年6～7月的一个多月时间里，内控合规部牵头同时接待了3个检查组；还有一个二级分行一个月内接受来自不同专业的检查4项，其中有两项是一个部门发起的不同内容的专项检查。

我们不能说这些检查都不需要，也不能简单地说今后要大幅度削减这些检查，这显然与工商银行一直坚持的审慎管理的经营风格和所倡导的持续稳健的企业文化不吻合。正如我前面所讲，经常开展各类检查是大型企业加强经营管理的一个必要的、不可或缺的手段。我们现在所要解决的问题是如何加强对各类检查的统筹管理和科学安排，使各类检查发挥更大的效能。去年底，总行印发了《关于切实改进总行工作作风密切联系群众的规定》（工银党〔2012〕105 号），近期还要印发《关于规范全行监督检查工作的意见》。一方面，各分行要对照这两个文件要求，规范自己的监督检查工作，并监督总行是否按照有关规定开展各类检查；另一方面，各级行各类检查也要做到统一计划、统一标准、统一方法、统一信息管理。

第一要统一计划。就是要求各级内控管理委员会或操作风险管理委员会在统筹监督检查管理工作中发挥更大的作用。各专业部门要将本部门制定的年度检查计划纳入到全行总体检查计划中，内控合规部门要在内部控制委员会和操作风险管理委员会的领导下，统筹考虑外部检查和内部检查、境内机构和境外机构、综合部门和专业部门、上级行检查和下级行自查之间的关系，对全行检查活动进行统筹安排，排出年度计划。各部门计划要服从全行统一计划，内部检查要服从外部检查。因特殊需要安排的临时专项检查，如监管部门要求银行对某项工作进行检查，或者我行在经营管理中遇到突出问题需要马上解决等，也都要履行正式的程序，要经过内控管理委员会审议，以保证检查计划的严肃性。总体要求就是能联合检查的，不分头检查；能综合检查的，不单项检查；能利用非现场手段检查的，就尽量少搞现场检查。通过这样的方式，努力做到各种检查不重复、不交叉，检查时间不冲突，既重点突出，又兼顾全面，使检查工作安排比较合理，摆布节奏比较恰当。

第二要统一标准。统筹管理不仅是检查计划的管理，同时也是对监督检查行为进行规范化管理。从检查方案的制定、检查项目的实施、检查发现问题的确认，到检查报告的生成，从问题整改到责任人的落实，再到整改效果、处理结果的跟踪反馈等都要有一个统一的标准，有一个规范的操作流程。内控合规部要牵头与有关部门协商，尽快制定一个检查的统一模板，包括开展一项检查的通知怎么发，检查过程中对发现问题的确认有什么要求，最后的检查报告是什么格式，必须写哪些方面的内容，都要有明确的要求。如审计署的检查报告就是有统一模板的，规定了一些内容或问题必须反映在报告中，这种做法在一定程度上保证了报告的客观性和准确性。我们的检查规范要尽快制定出来，各分行、各部门，甚至境外分行的检查都要按照统一的规则、统一的流程来操作，使我们检查工作质量得到较好保证。

第三要统一方法。现在全行有 4 000 多个产品，每天业务量超亿笔，非常大，而且数据都已经集中，电子化程度很高，原来靠手工的、简单的现场检查在 3 天内把问题搞清楚，现在已经不可行了，我们必须充分利用现有的 IT 手段来开展检查。所谓统一方法首先就是各项检查要更多地采用远程的、非现场的办法，对经营行为、对操作行为实施不同的监测，对员工的行为进行准确研判。董事长要求监督检查要做到“精确制导、准确检查、有效监督”，如果我们不学会有效地利用非现场检查手段，是做不到的。比如开展信贷操作检查，全行这么多网点和机构开展信贷业务，组织再多的现场检查组也覆盖不过来，但我们可以通过系统在各业务系统里面排查一遍，就可以发现哪些业务值得注意、值得关注，甚至可疑，这样再进行重点检查就更有针对性，检查的命中率就比较高。今后监督检查部门和专业条线都要更多地采用这样的办法。同时，在开展现场检查时，也要注意变革检查手段和方法，要尽快完成由传统手工作业方式向信息化作业方式的转变。

当然，这里说到非现场排查自然涉及信息系统建设问题。现在各专业部门、监督检查部门，经常提出要开发新的系统来满足检查工作的需要。我想各部门还是要充分利用现有的系统，不应简单地另起炉灶。我想在这里强调一下，各专业部门的管理系统、各专业部门的数据，都要向内控合规、内部审计和纪检监察部门开放，要向他们提供完整的、准确的、真实的信息，不要搞自我封闭。这是一个原则要求，这和信息保密并不矛盾。内控合规部门、内部审计部门和纪检监察部门可以分别提出需求，并制定相应的管理制度，包括明确的授权和职责、明确的保密责任和义务，形成一个工商银行各项检查信息数据开放的规定，既解决系统各自为政、重复建设、资源浪费的问题，又满足各类检查需要，同时还要保证我行的商业秘密和客户信息不泄露。

第四要统一信息管理。去年总行印发了《监督检查信息管理办法》（工银办发〔2012〕946 号），并配套开发投产了“监督检查管理系统”，目的就是要加强对内外部各类检查信息和成果的统一管理。但现在看来这个系统使用得不太好，大量的检查成果还是分散在各专业条线和各部门。这个现状要改变，今后凡是纳入统一计划的检查，包括计划、立项、发现的问题和整改情况，以及处罚情况和责任人处理情况等，都要形成一套完整的信息录入到这个系统中，这要作为一个惯例和最基本的工作要求。即使有的检查可能不宜录入系统，但一定要作为特例经过正式审批同意。要规范监督检查管理系统的开放权限，各部门在开展检查时，可依据授权查询监督检查管理系统中其他部门的检查信息，从而合理安排本部门的检查项目、检查时间和检查区域。当然，在这个过程中还有一些问题，比如现有的业务管理权限与统一纳入系统的关系怎么处理，这就要求各部门都要有大局意识，有合作意识。可以在现有各种经营管理权限、各部门的职能都不作调整的情况下，实现系统与系统的对接，实现信息的共享，把相关的检查信息导入监督检查管理系统。请各监督检查部门提出需求，信息科技部门牵头负责整理，了解一下各部门到底有哪些这方面的系统，怎样把这些系统对接起来，各部门怎么互相开放，把关系捋清楚，形成意见后报行务会研究，最后真正地做到四个统一，有效解决检查存在重复与盲区、检查质量难以得到保证、检查成果不能充分利用等问题。

总之，今天讲的检查统筹问题，可以概括为三句话：第一，一个银行要管好，要保证自己不出问题，各类监督检查是必不可少的。第二，现在的监督检查安排还不够科学，重复多、交叉多，浪费了检查资源，影响了检查的质量和效果，必须改进。第三，怎么改进，就是要做到四个统一。监督检查统筹管理，在一定意义上也是总行改进作风的一个具体体现。我们相信总行改进好了，各级机构会欢迎，而且外部监管部门也会欢迎，希望内控合规部门牵头把这项工作落实好。

二、关于资产质量问题

今年1月，全行各项不良贷款余额总共上升了43亿元。虽然不良率仍然在1%以下，拨备覆盖仍然是充分的，但是需要警惕。我们对这40多亿元不良贷款进行了认真分析，其中有一些值得注意的问题。

一是少数支行不良贷款增加明显，而且呈持续增加态势。全行现有贷款余额的支行4 528家，2012年至今年1月末连续13个月，不良贷款上升额超过1亿元的支行有47家，这47家支行不良贷款余额13个月内合计增加了95.8亿元，是全行同期新增不良贷款的220%，而47家支行仅占全行有信贷余额支行的1.04%。也就是说，99%的支行加在一起，总体不良贷款余额是减少的，而那1%的支行是不是我们的工作重点，这就很清楚了。这47家支行中有40家不是受一笔两笔不良贷款的拖累，而是连续6个月都在增加。

二是少数支行小企业不良贷款占比较大。现在全行发放小企业贷款的支行有3 582家，其中2 840家支行小企业不良贷款余额为零，占有小企业贷款支行数量的近80%，而有5%左右的支行小企业不良贷款占了全行小企业不良贷款的70%。

三是从去年到今年1月，少数支行法人不良贷款和个人不良贷款余额都增加，而且增加得比较多。如果按法人不良贷款增加8 000万元以上、个人不良贷款增加2 000万元以上，来定义一个行“法人和个人不良贷款都增加比较多”的话，13个月来都增加比较多的支行，全行有9家。从客户结构来看，13个月来共10家支行有超过20户以上的法人客户贷款发生劣变，而并不是因为某户企业贷款发生不良造成了这种局面。

上述这些问题，在有些支行是同时存在的。它既有第一种情况，也有第三种情况，也有的支行同时存在第一、第二种情况。把这些数字列出来，可以得出这样的概念：第一，无论同国际比还是同国内同业比，全行现在的资产质量仍然是健康的，不良率还不到0.9%，我们的风险抵补能力也是充足的；第二，不良贷款额1月增长了40亿元，增长得较多，不能掉以轻心；第三，少部分支行所出现的不良贷款占到了全行新增不良贷款的相当比例。因此，需要提示各分行、各专业部门注意：我们说到去年以来不良贷款的波动，往往首先想到出口受到影响、内需不振、企业经营困难。宏观形势确实对银行的经营管理提出了挑战，这是肯定的，但为什么问题都集中在少数支行？东部沿海地区受的冲击比较大，中部、西部现在受的影响比较小，这也是客观事实，但同样是东部一个分行，同样一个二级分行，就相邻的两个支行，客户结构也相近，为什么差异那么大呢？为什么有的支行20户、30户企业发生劣变，而有的支行只有2户、3户？为什么有的支行刚出现不良，或者就这两个月出现不良，而有的支行不良贷款已经连续多个月增加？我们的工作、我们的贷款管理有没有问题？出现了不良以后，工作有没有跟进？催收工作和化解工作到位不到位？这些支行的班子需不需调整？存不存在道德风险和操作风险？这不是无的放矢，因为总行已经听到一些反映。

所以今天我要利用这个机会，提醒大家高度警觉目前信贷资产质量的波动。请内控合规部马上组织力量，同信贷与投资管理部、个人金融业务部、银行卡业务部、监察室组成联合调查组开展一次重点检查。各分行也要对自己辖内的重点支行进行认真的排查，该整改的要整改，制度落实不严格的必须严格起来，违章违纪的要追究责任，管理水平不行的要及时调整支行经营班子。希望通过这次检查，集中地抓一抓，遏制住不良贷款的反弹势头。总行各部门、各级行都要引起重视，在支持实体经济发展的过程中，怎样把信贷风险把控好是一个十分重要的问题，一切工作都必须立足于工商银行的长远发展。

在中国工商银行内部审计工作会议上的讲话

杨凯生

（2013 年 3 月 13 日 · 根据录音整理）

刚才建清董事长回顾总结了去年全行内部审计工作情况，充分肯定了内审工作所取得的成效，同时，对今年的有关工作，从四个方面做出了安排，提出了要求，全行要认真地贯彻落实。大家听了以后可能会有一个感觉，董事长今天用了相当多的篇幅，讲了很多在新的形势下，如何提高我行的信贷管理水平，防范新的信贷风险的问题。结合这个问题，我再讲两点意见。

一、关于信贷资产质量

今年第一季度以来，我们明显地感到经营压力加大了，主要问题就是贷款质量受到挑战，而且有些情况还在继续趋于严峻。到 2 月底，我们的不良贷款率是 0.91%，这个数字与国际大银行包括欧美的著名银行相比，与国内同业，无论是大银行还是中小股份制商业银行相比，都是不错的数据，比年初仅上升了 0.07 个百分点，好像问题不算太大，好比体温 36.8℃ 和 37℃，没有太大的差异。但是，实际情况并不乐观，必须引起我们的高度重视，增强忧患意识和紧迫感，否则，风险可能就会积聚，问题就会蔓延，甚至会导致工商银行多年来保持的良好经营态势发生逆转。为什么要提到这个高度来说？通过对今年新增不良贷款的分析，可以发现有三个特点：第一，品种相对集中。主要表现在小企业贷款和个人贷款这两类产品上。这两类贷款今年新增的不良贷款占全部新增不良贷款的 95%，其中，个人经营性贷款的新增不良贷款占个人新增不良贷款的 50% 以上。第二，区域相对集中。尽管今年以来，我们 30 家分行或多或少不良贷款额都有新增，但是主要集中在江苏、浙江、福建、广东、上海、宁波和内蒙古等分行，这 7 家分行的新增不良贷款占到了全行的 70%。第三，发生问题的机构相对集中。全行所有网点机构中，有公司贷款余额的机构 3 769 家，其中公司不良贷款增加最多的前 40 家机构占机构总数的 1.06%，但新增法人不良贷款金额占到了全行的 67%；个人贷款中，全行有个人贷款余额的机构 4 120 家，其中个人不良贷款增加最多的前 40 家机构约占机构数的 0.9%，而新增个人不良贷款占到了全行的 37%。

不良贷款品种集中、区域集中、机构集中的特点，促使我们要反思一些问题。现在的经济形势固然对信贷资产质量的稳定提出了挑战，但不能简单地、一味地去强调客观原因。银行管理水平不同，在同样的形势环境下取得的经营效果肯定是不同的。如果说两家省分行存在区域差别，可以说他们客户结构不同、贷款品种不同、区域社会经济发展水平不同，导致了面临的风险有所不同。但需要重视的是，同一家省分行里的两家二级分行，为什么差异那么大？如果二级分行之间也还有不可比的因素，那么同一个二级分行里的两家支行，甚至就隔着一条街，为什么差别那么大？如果说是偶然因素，因某个支行的余额小，正好发生了一笔不良贷款，就导致了不良率的上升，但我们发现有的支行连续 13 个月不良贷款额在增加。总行非常重视这些问题，前段时间直接组织了 6 个组到 40 多个支行进行了检查，总行党委将集中听取汇报。有些问题是值得总结和反思的，我们在信贷管理上到底到不到位？信贷操作到底是精细的还是粗放的？有些贷款的发放中是否存在什么问题？经济形势变化对工商银行不良贷款的影响，我们姑且不去说，关键是要具体问题具体分析，逐个对支行进行解剖，看我们自身管理到底有没有问题。

还有一些同志会说，我本来不良率就低，只有 0.4%，现在虽然增加到 0.5%、0.6% 了，但还是低于全行平均水平。还有些同志会讲，以前都讲不良率控制在 1.5%、1.6%，我们还有 0.5～0.6 个百分点的空间呢。但是要注意，按照我们现在的贷款余额，全行不良率每增加 0.1 个百分点，就要多提 22 亿元的拨备，直接影响税后净利润 17 亿元；不良率如果到了 1.5%，利润下降幅度将会高达 10% 以上。所以这个问题一丝一毫也不能懈怠和大意。

这个问题该如何解决？董事长提出要“一手抓治标，一手抓治本”。当务之急要先治标。第一，各行要加大不良贷款的清收、处置力度。要采用多种措施尽快处置业已形成的不良贷款，同时对已出现逾期欠息的，要加大催收力度。比如个人贷款，去年末出现不良额增加的趋势后，我们明显加大了个人贷款的催收力度，强化电话催收、上门催收等，效果是好的，要持续加强。希望到3月末，各行不良贷款余额都要低于1月末水平。第二，加强不良贷款的责任认定和追究力度。其实我一直不赞成一出事就讲追究责任，要分清是非原因，只要尽职就应免责。但是，不良贷款那么集中，集中在少数支行，管理上到底有没有问题？我觉得应该深入检查。是工作疏漏的问题就堵漏补缺，该整改的要整改，但如果确实有责任，该处理的就要处理。这次总行查了47个支行，根据认定情况可能要直接提出一些处理意见，希望各分行也要这样去做，对辖内不良贷款集中暴露的分支行要认真地检查，该从工作上加强的在工作上加强，该从班子上加强的就要从班子上加强，该做出必要调整的就要做出调整。第三，对贷款劣变较多、有责任的客户经理，要让他们集中精力清收不良贷款，在有效消化不良贷款前，暂停他们发放新的贷款。以上几点，各行要认真地去落实，但这些都是治标的办法，是权宜之计，下一步要研究治本。

金融脱媒是一个趋势，也是不争的事实，将来到资本市场融资的大项目、大企业越来越多，我们的贷款会更多面向小微企业和个人。如果我们不提高这方面的管理水平，就无法实现客户结构和信贷结构的调整优化。关键问题是，我们这么少的信贷人员，面对千千万万的小微企业，面对上亿的个人，怎么能做到管理到位？靠现在的一些办法，实际在技术上是不可行的，这也是我们现在不良贷款增加的原因之一。

所以对董事长提出的信息化银行建设，大家要认真研究。我们前些年是搞银行的信息化，把最初的算盘、手工记账用计算机代替，后来又把简单的记账功能发展成计算机管理功能，CM2002就是典型的管理系统。总之是利用IT技术，改进业务处理手段，提高业务处理效率，提升经营管理水平。而现在要从银行的信息化变成信息化银行，就是要把银行的资金流与客户的信息流、物流有机地结合在一起，这是未来解决银行和客户信息不对称的根本出路所在，也是未来经营转型、实现可持续发展的源泉所在。董事长今天把题目点出来了，是要全行上下在思想上为下一步更深层次的转型奠定一个新的认识基础。过去我们抓资产结构、负债结构和盈利结构的转型，成效很明显，我们要进一步抓好。但是我们转型的内容要进一步丰富，层次要进一步提升，其中重要的一点就是建设信息化银行，这是银行经营模式的根本转型。但是治本需要时间，不可能马上解决第一季度、上半年甚至今年不良贷款率上升的问题，所以当务之急，是要高度重视和抓紧采取措施有效控制不良贷款反弹。

二、关于财务状况

刚才我说了，不良贷款率每增加0.1个百分点，就大体要影响税后净利润17亿元，压力是很大的。我们今年的经营计划是基于几个目标考虑的：第一，希望税后净利润能增长6%；第二，希望今年的费用增长得到有效控制。只有这样，才能保证员工收入增长3.6%。今年要增加2 000多名新员工，还要计提内退员工的费用，如果达不到今年的费用控制目标和税后净利润增长目标，那么现职员工的实际工资收入增长就存在问题。总之一句话，如果我们不努力，盈利上不去，许多问题都解决不了。

一要提升存贷款的议价能力。去年央行允许的利率浮动幅度扩大以后，我们明显地感到了利率市场化进程加快带来的挑战，明显地感觉到客户议价能力的提升，也明显地感觉到同业竞争的压力。如果我们自己随波逐流，放弃底线，那么实现盈利目标的压力就很大。二要大力抓好中间业务收入。今年我们内部设立了一个目标，希望中间业务收入增长15%。中间业务收入的增加不仅仅是利润增加的问题，最根本的是盈利结构的转型要不要坚持的问题。以上两点，希望大家在思想上进一步提高认识。抓好这两个问题，既是为党和国家负责，为股东负责，也是为我们的员工负责。一家上市公司、大型国有企业，社会责任体现在哪儿？就体现在为利益相关者负责，所以，我们要心无旁骛，坚持抓好这两个方面的问题。

同时，我们要厉行勤俭节约，要有过紧日子的打算。从大的方面讲，要认真落实中央转变作风的八项规定；从小的方面讲，要做好费用的管理和控制。费用增加了，净利润就会减少，与之挂钩的员工收入也会减少，这是很简单的道理。

总之，当前的经营中，压力不少，利用这个机会给同志们通报一下。治标治本的问题，我们一起来抓，要通过科技手段、通过信息化银行的建设，来解决经营管理中的问题和可持续发展的问题，希望大家都高度重视和深入思考这些问题。

在中国工商银行财务会计工作会议上的讲话

杨凯生

（2013 年 3 月 21 日·根据录音整理）

很高兴参加今天的全行财务会计工作会议。去年，我行在严峻复杂的形势下，依然保持了良好的发展态势，最后全面实现了我们预定的经营目标。原因当然是多方面的，其中有个重要原因就是全行财务会计部门上下齐心，统筹配置全行的财务资源，创新财务管理手段，做了大量卓有成效的工作。我一直跟财会部门的同志们说，全行的经营业绩不是靠你们算出来的，但是，你们的组织推动工作是不可缺少的，没有你们的有效组织推动，全行经营目标的顺利实现是困难的。我感到去年全行的财务会计部门做了几件比较重要且具有开创性的工作。

比如，以 MOVA 系统建设为抓手，实现了全行经营管理的进一步精细化。第一次编制了全行及一级、直属分行层面的管理会计报告，这是工商银行 30 年里没有做过的事情；第一次编制了对重点分行的管理会计诊断报告，这标志着我行管理会计工作向前推进了一大步，对经营发展的决策支持水平提升到了一个新的层面。董事长十分肯定这些报告，认为这是一项很有意义的工作。当然，这项工作去年刚开始做，分行的同志体会还不是很深，今后我们每年都将向全行印发管理会计报告，让大家更清晰地知道管理会计在全行经营管理中的重要作用。这是去年我行最具有创新意义的工作之一。

又比如，去年我们多次调整和完善了绩效考核办法。按理说一个大型企业要稳定发展，应该有一套比较成熟的、定型的考核办法，这样分支机构才能对总行的经营管理要求提前有一个预期。但是我们现在的考核办法却要经常调整、完善，这与目前所处的市场环境和面临的监管环境有很大关系，绩效考核机制在短期内定型的难度很大。我们目前要做的应该是如何适应变化，及时调整完善考核机制。去年，我们对境内分行、总行部室及利润中心、境外机构等不同层面的经营考评机制都做了一些调整，有效地推动了全行经营转型的深入实施。比如说，面对中间业务一度增长乏力的情况，我们一方面组织规范中间业务收费管理，另一方面在考核机制上做了调整，对推动中间业务稳定增长起到了较大作用。

再比如，去年下半年，在面对经营形势发生较大变化的情况下，财会部门积极应对，采取了一些有力的措施，有效地统筹、调度财务资源，这些做法对于确保实现年度经营目标发挥了积极作用。财会部门与有关专业条线加强了合作，更多地、更真切地了解各业务条线和分支机构的经营发展情况，使我行的财务管理工作有机地融合到全行的经营管理之中，这是去年财务会计工作的一个重要进步。

去年的工作我就不逐一列举了，总之在过去的一年，全行财务会计专业工作取得了显著的成绩，财务会计专业战线的同志们非常辛苦，为全行经营转型、改革发展作出了重要贡献。所以，今天的会议首先要肯定去年一年财务会计部门的辛勤工作。

有关财会工作 2012 年的总结以及今年的工作安排，一会儿沈如军同志将会作具体布置，我今天主要讲一个问题，就是如何适应下一步经营转型的需要，进一步提升财务资源配置水平，或者说我们原来的财务资源配置理念、方法可能要受到进一步挑战，面对挑战我们应该怎么办？

过去一些年，特别是股改上市以来，包括工商银行在内的中国银行业，尤其是几家大银行，得益于较好的外部经营环境、股份制改造以及改革以后的红利释放，整体上保持了利润的快速增长。这使得我们有能力、有条件加大各方面的财务资源投入力度。拿固定资产投资来说，2007 年以来，全行累计投入了 960 亿元。其中，累计投入 414 亿元，购置了 1 950 个面积较大的综合性网点，同时对全行原有的 1.4 万个网点进行了升级改造，全行网点面貌因此发生了很大改变。在科技信息系统建设方面，累计投入科技专项资金 259 亿元，主要用于电子银行、手机银行、自助设施及大型科技设备等建设。同时，还有一部分分支机构置办了一些必要的营业办公楼。总的来看，这六七年来的固定资产投入效果是不错的，对提升全行的竞争力发挥了重要作用。我们曾经统计过，新购置、新装修的营业网点多数都达到了购置前、装修前量本利分析的预期目标。但是今天的经营形势发生了很大的变化，我行财务资源的配置理念和方式也要随之调整。

随着互联网技术、新型电子商务交易模式快速发展，银行业的经营模式将面临着巨大的变化。可以预见，下一步电子银行、网上银行、手机银行将成为银行提供交易和服务的越来越重要的渠道。从数据来看，电子银行业务量占全行总业务量的比重由2003年的16%增长到2012年末的75%。当然，有些同志说75%中含有大量的查询业务。实际上查询也是客户的需要，大量的查询需求不满足也不行，如果没有电子渠道，客户还是要到物理渠道来。总的来说，通过电子渠道来实现银行服务和金融交易的趋势越来越明显。我们按照去年的业务量来测算，如果这75%的交易在物理网点处理，大概需要2万多个物理网点、20多万个柜员才能完成。在电子银行业务量快速上升的同时，网点、柜员平均业务量从2011年以来已经出现了明显的下降趋势，如果光是电子渠道的总量上升，我们的网点可以继续搞下去。但现在出现的一个重要趋势是，网点、柜员人均业务量在明显下降。当然，一些网点排队现象还没有彻底解决，仍然是客户不满意的一个重要原因。但是总体上，网点柜员单月业务量从2011年的2 992笔下降至现在的2 801笔；日均业务量45笔以下的柜员占比，从2011年的29%提高到31%。这当然是好事，但我们需要做一些更深入的研判，如财务资源配置应该如何适应这种变化。随着信息技术的飞速发展，现在几乎所有非现金金融业务都可以在网上交易和实现。马云曾经表示，不要以为我们现在仅仅是搞电子商务的，我们将来是搞信息服务的，把我们仅仅看做是电子商城卖东西的那就错了。他现在不承认他要办银行，但他们显然已经在涉足金融业务。这些情况值得我们思考和研究。因为网上交易具备物理网点所不具备的便利性和低成本的特点，其竞争潜力是显而易见的。

除了外部环境变化之外，我们利润的持续高增长也开始有明显的压力了。财务宽松时，我们具备较强的成本承受能力；而财务状况趋紧时，我们的支出能力会受到挑战。我们即将公布2012年年报，总体上2012年的利润完成情况是不错的，但是今年1～2月的情况不太理想，利润的可持续增长面临很大压力，基层行的同志可能还没有完全感受到，总行管理层和财会部门已经明显感受到这种压力，而且压力之大是从来没有过的。

这就需要我们认真思考，传统的通过争地盘、建网点来抓客户、抓业务的做法，以及配合这些做法的相应的财务资源投入思路是不是需要调整。今年，总行党委确定的9大调研课题之一，就是机构和营业网点优化调整的问题。要立足长远打算，固定资产配置也要逐步转向，这种转向是我行经营转型的需要。前几年，我行的转型重点放在资产结构、负债结构、收入结构、区域结构、队伍结构等方面，由于着手早，效果比较好。下一步我行将面临一个更加重要的转型，这一转型层次更深、意义更长远，那就是从加快银行信息化建设转型为加快建设信息化银行。银行的信息化建设主要是指依靠IT技术来改进业务处理的方式、提高业务处理效率、强化内部管理；建设信息化银行是指要利用IT技术把银行掌握的海量客户信息、宏观经济金融运行信息和银行的资金及服务等融合起来，即通过大资金和大数据的融合，发现经济生活中供给方和需求方，并撮合和服务于宏观、微观经济中交易的实现。能够做到这一点的银行，就是一个信息化银行，也就具有了可以与电子商务公司、第三方支付公司竞争的强大优势。电子商务平台目前单笔交易额大体是380元，可以满足社会公众日常、零星的消费需求，但我行在大资金业务中可以开拓的空间更广。例如，汽车厂商推出一款新的车型需要什么样的钢板，某钢厂具有这样的生产能力，我行可以通过自己的信息网络加以撮合，然后把融资业务和咨询顾问业务、结算业务都结合在一起。我们现在搞的供应链融资业务的链条较短，没有从头到尾，而且也比较简单，除了上下游以外，还有很多横向的关系没有拓展。将来搞好以后，就是一个矩阵式、网络式的业务群。未来的转型是把大资金和大数据进一步结合的转型。这种转型比以往的转型更深刻，内容更丰富、要求更高，整个经营管理理念都会发生很大的变化。比如，我们的信贷管理政策和办法就会发生变化，整个贷前调查、贷中检查、贷后核查等都会发生变化。我们要深入思考，这种转型在给各业务条线带来变革的同时，又给财务会计部门带来了哪些新的挑战和要求，这就是财务会计部门在财务资源配置上要做长远打算的原因所在。

今年以来，董事长多次提出以往传统网点建设思路和投入方式需要调整。前几年，我们抓紧时间升级改造部分营业网点，成效很明显。去年我说过大规模的网点建设改造计划将不再延长、面也不再扩大，现在已经到这个时候了。我行现有1.6万多家网点已经开始出现网点和柜员的日均交易量下降的问题，如果现在还大量添置新网点，若干年后网点日均交易量下降的问题将越来越严重，我们将面临更多的麻烦和更难以处理的问题。所以，今年的工作思路要有所调整。之所以要调整，还有一个因素就是现有的人力资源薪酬机制给我们带来了很强的约束，本来今年全行计划新增员工5 000人，经过反复研究调整为新增2 000人，这2 000人是为应对今后几年即将出现的退休高峰进行的人力储备。如果不从现在就开始控制新增网点，这个人员增长规模是不够的。这两年搞了不少新增网点，特别是高档网点，私人银行中心、财富中心各地都有不少，现在要有一个适当的控制了。

为适应下一步更深层次的转型需要，财务资源配置必须要有前瞻性、预见性，资源投入现在应该有一定的转向。今年，总行制定了“有保有控、稳中有降”的年度投资预算，优先满足电子银行和自助设备等信息科技投入、已开工已立项的基建项目投资需求，以及渠道优化续建项目的收尾建设投资需求等。新增网点投资预算安排35亿元，比2012年下降约40%，重点用于存量低效网点优化建设。这说明总行转向的指导思想是清晰的，做法也是稳妥的。各行安排今年工作时，要和总行的指导思想相吻合。要统筹物理网点和电子渠道的协同配置，注重发挥电子渠道的低成本延伸优势，同时要统筹好自有物理网点和租赁网点的结构配置，努力降低租赁网点过多带来的财务成本压力。

在资源配置过程中，要进一步树立“厉行节约、勤俭办行”的意识，这不仅是贯彻党中央“八项规定”以及总行党委关于改进作风的要求，也是我行自身经营发展的要求。2012年，集团营业费用开支近1 550亿元，是2006年上市当年的2.4倍，年复合增长率为15.3%。当然，这期间我们的业务发展确实很快，规模与当时相比也不可同日而语，这些营业费用开支绝大部分是合理的、必要的。但是，也需要思考这中间有没有潜力可以挖掘？每一分钱是不是都用得合理？应该说，这里面恐怕还是有余地的。当然也有同志抱怨说我们把成本收入比控制得那么低干什么？在这个问题上，中外银行是不可比的。拿国内大银行来说，我们过去常说工行成本收入比是最低的，费用支出控制是最严的，但现在我们和建行的成本收入比基本上已经拉平了，已经没有什么领先优势了。可以说，工商银行现在总的费用投入水平已经不低了，这句话应该承认。工商银行一年要花1 550亿元，有一些不懂金融、不懂经济的外行专家说我们一年的费用相当于一个小国的GDP收入，这完全是外行话，后来我们也组织力量予以了澄清，但是我们自己也要看到，我们的费用支出水平绝对额还是不小的。从目前的经营形势和我行利润增长的态势来看，预计中国银行业的盈利增速将会放缓。因为经济决定金融，当经济增长乏力的时候，银行业不可能保持利润的持续快速增长，这是不争的事实。我过去曾说过，美国的富国银行当时被评为全世界唯一一家3A级银行的时候，它实际上也不过是连续保持十几年的百分之十几的利润增长，还不到二十。

现在我们营业费用增长受到约束，不仅仅是内部自发的约束，也有很强的外部约束。在讨论去年年报的时候，就有大股东问：你们这笔支出怎么样、那笔支出怎么样，甚至还问到了内退员工费用去年的增长合不合理，为什么增长这么多？我们告诉他，一是内退员工数量增加了多少；二是内退员工收入标准的适当提高也是需要的，因为全行的改革发展成果也应该让这些曾长期在工商银行工作过的员工有一定程度的分享；三是这些都反映在成本收入比这个指标里了，我们的成本收入比还不到30%，等等。我们反复地解释了这些问题。我们已经明显地意识到外部约束越来越强，特别是1:0.6的这个约束。同志们都是知道的，利润增长1个百分点，员工的薪酬收入总的只能增加0.6个百分点。但现在这个规定也带来了很多问题，你比如说我们想加快综合化、国际化发展，而国际化我们过去两条腿走路，一个是自己申设分支机构，再一个就是搞一些必要的收购兼并。收购兼并的好处有时候是新申设分支机构不能比拟的，比如说一下子占据了一定的市场份额，一下子带来了较大的业务量，一下子带来了较强的客户基础，此外，有的还有并表效应，等等。这些好处都是显而易见的。但是，收购一家海外的银行有时可能会有三五千员工，目前我们海外员工已经有1万人了。在执行1:0.6要求的时候，这些海外并购所带来的新增员工基数应该不应该算？当然，我们认为不应该算，否则不利于中国的银行走出去，不利于中国企业走出去。这一点我们也反复向有关部门进行了反映。我说这些话的意思是，我们现在已经明显地感受到了很强的财务约束。

今天把这些情况向同志们通报一下，就是要大家进一步转变观念。像前几年利润高速增长时的花钱方式和费用支出方式必须作出必要的调整了，否则就难以适应新形势的需要。当然，我刚才说到一二月份盈利状况并不理想，但是我们也看到3月底情况会有一些变化，整个第一季度的情况要比一二月份好一些。目前，我们要考虑的是，当利润增长为个位数的时候，费用支出的办法和制度规定必须做相应的调整。否则的话，员工费用保持合理增长的目标就可能实现不了。现在关键问题是面对利润增长幅度下降这个事实，如何做好财务费用支出和成本控制工作。在这里，我提三点要求：

第一，各级财会部门作为费用资源、固定资产资源的统筹管理部门，要继续认真履行好职责。一方面，要通过制定合理的费用、资源配置方案，引导和促进各项业务的健康发展，特别是要适应经营模式转型的新要求，积极主动地调整好资源配置投入的方向和结构。另一方面，财会部门作为日常费用审查和监督部门，也要继续负起责任，把好关、守好口，在授权范围内认真审批具体的财务开支。

第二，各业务部门要对自己的财务开支行为负起责任，从源头上杜绝不规范财务行为的发生。这一点也很重要。尽管财务支出的最终支付是在财会部门，但财务行为的发生涉及各个业务部门，这其中既有前台营销、后勤保障部门，也有负责薪酬发放的人力资源部门等。各部门凭拿到手的发票、单据到财会部门报销，但在很多情况下，仅仅依据拿到手的发票、单据是很难判断财务行为是否合法、合规，特别是不是合理的。怎么才能真正做到合理、合规、合法呢？实际上很重要的一条就是我们各条线、各级行要真正确立起勤俭办行、厉行节约的理念，否则仅凭一些制度要求是难以完全奏效的。只要各条线、各级行把这个理念确立了，我想就好办了。因此，贯彻勤俭办行、厉行节约的开支理念，坚持规范化财务运作的行为理念，不仅仅是财务会计部门一家的事。在这一点上，各个业务部门都要认真学习财经纪律和财务管理规定，严格要求自己，对财务支出事项和财务支出行为的真实性、合法性、合规性、合理性承担第一责任。

第三，各级行领导也要负起责任来。前面提到未来几年银行利润增速将会出现下降的趋势，对此，各级行领导有两个责任：一个责任是千方百计地提升盈利能力，另一个责任就是精打细算，节约开支。即一方面开源，一方面节流，把钱真正用到刀刃上，用到业务发展急需的地方去。各行安排费用“盘子”的时候，经常自觉不自觉地把“硬缺口”留着，到时候再往上级行跑一跑、说一说，争取上级行的理解，把“硬缺口”填上。说白了，在上级行有这个财力的时候这种做法或多或少可能会达到目的，当上级行的财力也有限的时候，就会爱莫能助，想帮你解决也解决不了，到时候你可能就比较狼狈了。因此，不必要的开支要切实压缩，不能将开支的“硬缺口”留给上级行，留给总行。在股改上市前，我们曾经有过倒过头来向企业借钱，弥补自己财务费用缺口的现象。现在，工商银行作为中国第一大行，绝不能再出现这样的情况。所以，我们一定要不断提升自己的财务管理水平，各级行行长一定要变成银行财务管理的行家里手。

今天我反复阐述的其实就是一个问题，即下一步经营转型过程中，财务资源配置的方向必须作适当调整，在这一过程中，要牢固树立“勤俭办行、厉行节约”的指导思想。今天对问题和困难讲得多一点，但总的来说，工商银行的经营情况还是良好的，只要大家齐心协力、秉承工商银行一以贯之的稳健经营和可持续发展理念，工商银行一定能够实现建设最盈利、最优秀、最受尊重的国际一流现代金融企业的目标。

在中国工商银行2013年第一季度经营情况通报会上的讲话

杨凯生

（2013年4月16日）

今天主要是通报一下第一季度经营情况，同时强调下一阶段需要重点关注和加强的几项工作，尤其是资产质量问题。

一、第一季度主要经营情况

总的来看，今年第一季度经营情况好于预期，业务发展和各项工作保持了较好的势头。但外部形势依然错综复杂，全行经营管理中也出现了一些值得警觉和担忧的问题。

——主要财务指标完成情况较好，但净利息收益率明显下滑。第一季度全行实现净利润××亿元，同比增加××亿元，增长××%，完成年度计划的××%。在这过程中，中间业务收入回升对盈利增长起到了关键性的拉动作用。第一季度全行实现手续费及佣金净收入××亿元，同比增长××%，占营业净收入的比重达到××%，较上年提高××个百分点。38家一级分行中有22家分行中间业务收入实现了两位数的增长。第一季度的年化平均权益回报率和总资产回报率为××%和××%，分别较上年提高××个和××个百分点。拨备覆盖率达到289%。境内分行拨贷比为2.61%，满足监管要求。各项费用开支控制较好，特别是行政费用开支明显下降，差旅费下降8.6%，会议费下降34.9%，业务招待费下降8.2%，通讯费下降11.4%，车船使用费下降16.2%，较好地体现了转变作风的要求和勤俭办行的理念。

值得关注的是，第一季度全行净利息收益率呈不断下降趋势，NIM为××%，较上年下降××个基点，基准利率下调和存贷款利率浮动区间扩大的影响进一步显现。全行利息净收入增幅降至8%，较上年同期下降7.7个百分点，而第一季度全行人民币贷款额和债券投资额同比都是增加的。这说明资产定价水平的提高和负债付息成本的控制都遇到了挑战。未来3个月全行将有近8 000亿元贷款和8 900亿元存款需要重定价，预计利差还会进一步收窄。目前全行生息资产规模超过15万亿元，NIM每下降1个基点，利息净收入将减少15亿元。

——信贷投放总量适度、结构较为合理，但小企业信贷业务发展遇到困难。人民币各项贷款较年初新增2 476亿元，同比多增147亿元，增幅为3.14%，完成9 000亿元年度计划的27.5%；新增贷款均衡率为66.8%，优于可比同业，较好地贯彻了货币政策的要求，体现了我行稳健的信贷经营风格，保持了对经济发展的支持力度。从投向和结构调整情况看，“四大行业”贷款余额较年初下降12.6亿元，占公司贷款的比重较年初下降1.86个百分点至36.41%。先进制造业、现代服务业、文化产业、战略性新兴产业新增贷款占到公司贷款增量的88%。供应链融资核心企业拓展了11 034家上下游客户，较年初增加525户。东北和中西部地区分行贷款增幅高于全行平均水平0.6个百分点。157家重点县支行贷款增幅4.75%，是全行平均增幅的1.5倍。

需要注意的是，随着外部环境的变化，小企业信贷风险暴露较多，小企业贷款的不良率已改变了连续几年低于全行平均不良率的状况，而与此同时，我们一些新的信贷运作方式，例如供应链融资的建立还处在起步阶段，无论是管理方法、技术手段还是人力资源都难以适应以分散性客户为主的小企业业务发展模式。如何在有效防控风险的前提下推动小企业信贷业务健康发展，是下一步信贷结构调整中的一个大问题。第一季度行内口径的小企业贷款增幅仅为1.5%，同比下降4.88个百分点，低于公司类贷款平均增幅1.45个百分点，仅完成全年投放计划的9.72%。有三分之一的分行今年小企业贷款出现负增长。

——中间业务和一些新业务增长较快，但也存在不平衡现象。品牌类投行收入同比增长146%，占到全部投行收入的60%，而去年只有不到30%，其中高端财务顾问业务收入同比增长499%，银团安排承销与管理业务收入同比增长79%，股权融资及企业发债顾问业务收入同比增长73.5%。结算、代理、理财板块实现收入205亿元，同比增长24.4%。养老金业务收入同比增长260%，对公银行类理财产品收入同比增长191%，现金管理收入同比增长150%，代理对公保险收入同比增长108%，私人银行业务线实现收入同比增长90%，代理个人基金业务收入同比增长82%，实物贵金属收入同比增长75%，国际贸易融资业务收入同比增长41%。信用卡动卡率和新发卡启用率同比提高5.4个和14.4个百分点，卡均消费额、卡均贷款、卡均收入三项指标均同比增长20%左右。托管资产总额突破4万亿元。移动银行客户在国内同业中率先突破1亿户，手机银行交易额同比增长18.5倍，交易离柜率在80%以上的电子银行活跃客户占比超过26%，较上年提高1.5个百分点。

同时，中间业务发展也存在不够均衡的问题，除了分行之间有不平衡现象之外，特别是一些有潜力的品种，如账户贵金属、结售汇及代客资金交易、第三方存管等业务收入同比出现了负增长。

——资产质量总体稳定，但不良贷款反弹压力正在增大。关于这个问题下面我还要着重讲，这里只简单点一个题。虽然第一季度全行清收处置不良贷款142亿元，较去年同期增加7亿元；其中现金清收54亿元，较去年同期增加6亿元，但不良贷款余额和占比较年初都有所上升，虽然3月环比有所下降，但问题仍然不容掉以轻心。3月末不良贷款余额××亿元，较2月下降××亿元，但较年初还是上升××亿元；不良率××%，较2月下降××个百分点，但较年初还是上升××个百分点。资产质量稳定的重要性、紧迫性不容小视，不良贷款的反弹已直接增加了拨备提取，抬升了信贷成本。第一季度，全行提取贷款减值准备123亿元，同比增长21.5%；信贷成本为0.53%，较2012年上升16个基点。如果资产质量进一步劣变，将相应加大盈利增长目标实现的难度。

第一季度全行一些重点工作、基础工作有序推进，改革取得了新的进展和成效。例如，业务集中处理范围进一步扩大，对公业务和个人业务集中处理率分别达到75%和29%。在广泛征求部门和分行意见的基础上，信贷业务流程改造核心问题梳理工作初步完成。存量网点优化方案基本形成，试点工作已在3家分行推开。科技与产品创新持续推进，启动了线上线下一体化小额消费贷款、电子商务平台、小额电子支付等重点产品的研发，推出了账户外汇、账户原油等创新型产品。完成了今年银行间市场首单信贷资产证券化项目，涉及金额35.92亿元。抓住两岸金融开放契机，与台湾永丰金控及永丰银行签署了股份认购协议，成为首家通过参股方式投资台湾金融业的大陆银行。新加坡分行人民币清算行服务及私人银行中心、大宗商品和结构化贸易融资中心、现金管理中心正式启动，这是央行首次在中国以外的国家选定人民币清算行。第一季度全行还加强了对监督检查工作的统筹和规范化管理。财务大检查自查工作基本完成，各行针对自查发现的问题正在落实整改措施。

总的来看，今年以来全行经营发展的开局情况是正常的，不少方面比我们预想的还要好一些。但我们必须看到，外部形势已经并将继续发生深刻而复杂的变化，各种不确定因素和风险挑战还很多，对全行经营中出现的一些问题，即使还仅仅是苗头，也必须引起我们的高度警惕。

二、关于信贷资产质量问题

与国际国内同业相比，我行目前的资产质量仍处在优良区间，但凡事预则立，不预则废。关键是要看到发展趋势，要把握工作的前瞻性，提前采取应对措施，否则就难以做到可持续发展。第一季度资产质量变化有几个明显特点：一是贷款劣变增加。第一季度贷款劣变比去年同期增加××亿元，增幅××%。公司和个人贷款劣变率同比都是上升的。贸易融资、一般流动资金、房地产、小企业、个人领域贷款不良均出现双升。另外，逾期贷款比年初增加141.6亿元，余额达1 327亿元，说明贷款质量继续下降的可能性是现实存在的。二是小企业和个人贷款成为不良增加较多的领域。这两类贷款新增不良占第一季度全部新增不良贷款的128%。其中小企业不良贷款上升××亿元，个人不良贷款上升××亿元（含银行卡透支不良上升××亿元）。小企业的贸易融资，尤其是“钢贸”不良贷款上升××亿元，占贸易融资不良贷款的××%；个贷中，个人经营性不良贷款上升××亿元，占个人不良贷款的××%。三是东部沿海地区分行不良贷款增加明显。从区域看，新增不良贷款主要集中在江、浙、沪、闽等沿海经济发达地区，不良额较年初上升××亿元，不良率上升了××个百分点。从分行看，全行有23家分行不良贷款上升，其中94%的增加额集中在江苏、上海、福建、浙江4家分行。这些过去经营环境相对较好、资产质量一直比较稳定、信贷管理比较健全的分行遭到了多年不遇的挑战。四是少数基层机构风险暴露集中。全行现有公司贷款余额的机构3 776家，其中不良贷款增加最多的前40家机构占机构总数的1.06%，但不良贷款增加额占到全部法人新增不良贷款的116%；全行有个人贷款余额的机构4 130家，其中新增不良贷款最多的前40家机构占机构总数的0.9%，而不良贷款增加额占到全部个人新增不良贷款的62%。并且，这些机构中有的连续十几个月不良额都在持续增加。

今年以来，新增不良贷款品种集中、区域集中和机构集中的明显特点，应该引起我们对一些问题的认真研究和深刻反思。近期总行几个部门组成联合检查组对新增不良贷款较多的47家支行进行了现场检查。通过检查发现，信贷资产质量的波动尽管有宏观经济变化的影响，但一些机构风险意识淡薄、责任落实不到位、贷款“三查”不实、信贷制度执行不严是不良贷款产生的重要原因，否则就无法解释所处地区相近甚至街道紧邻的不同支行之间资产质量差异为何如此之大。比如说，小企业贷款出现风险后，其企业主又来申请个人贷款，而后又继续利用信用卡融资，从而导致我行信贷品种出现风险轮番显现的现象；再比如说，“钢贸”领域的不良贷款，从外部看是由于经济下行导致钢材价格下跌，实际是我们对企业过度融资、虚假交易、跨市场转移资金进行类金融操作等问题研究不够、重视不够，在办理一些业务时，只关注表面上的合规性，忽视融资的实际风险性。例如，一些行没有严格执行贸易融资业务操作流程的各项规定，在贷款“三查”环节没有把控好防范虚假交易这个关键点，在贷后管理中商品融资质押物控制落空，应收账款回款管理不到位。在市场情况较好的时候，企业资金周转比较畅通，银行内部管理的瑕疵有时不一定真正导致不良贷款的发生；但在经济环境变化的时候，内部管理的一些漏洞就必然导致银行风险防控壁垒的垮塌。

全行一定要清醒地看到这种信贷风险还有扩大和蔓延的趋势，要认识到当前形势下信贷风险防控的严峻性和艰巨性，做好充分的思想准备和工作准备，全面加强信贷管理，坚决遏制贷款劣变势头。要立足长远，标本兼治，当前首先要采取措施，力争6月末不良贷款额较3月底不再增加。

一要抓好风险突出业务领域的管理。从近一个时期的情况看，防止小企业和个人贷款劣变是遏制不良贷款反弹的重点所在。考虑到零售业务的特点，不能简单地依靠人海战术去管理风险，需要从制度层面进一步去严格规范业务办理，从源头加强风险管控。要严格执行对小企业贷款、个人经营贷款和信用卡透支业务“五个禁止”的要求：禁止以互保、联保作为主担保方式办理小企业贷款和个人经营贷款；禁止对经营期不足一年的经营实体发放小企业贷款和个人经营贷款（低风险业务除外）；禁止对同一经营实体同时发放小企业贷款和个人经营贷款；禁止为异地经营实体办理小企业贷款和个人经营贷款；禁止个人信用卡（不含服务“三农”的惠农信用卡）透支及分期付款业务用于经营领域，不得用于购买商用车、支付商铺租金或用于商贸经营。对于不符合“五个禁止”要求的存量贷款，到期应收回；无法一次性全额收回的，需采用追加抵质押担保、压缩融资等方式缩小风险敞口。要密切关注小企业和个人客户的关联风险，对存在股权关联、自然人关联、实际控制人关联的小企业客户，在核定授信时，应剔除关联交易形成的销售归行额。要抓紧在信贷系统中补充完善相关借款人的关联关系信息，加强统一风险管理，控制交叉违约风险。

与此同时，要高度重视产能过剩行业、环保和食品安全不达标企业的一些风险苗头。随着产业结构调整和压缩淘汰过剩产能力度的加大，“两高一资”行业的矛盾将不断显露，钢铁、有色、造船、航运、光伏行业里有些大型企业、行业龙头企业已经出现了亏损持续扩大和破产重组的现象。这些大企业自身融资规模大，上下游关联企业多，一旦出现违约，容易引发“多米诺骨牌”现象导致系统性和区域性风险。对此必须予以高度关注。总行已将亏损大户的名单发至各一级（直属）分行，各行要做好风险分析排查工作，逐户提出风险管控意见。要认真执行大额不良贷款行领导挂帅清收制度和到期贷款明细报告制度，对存量和新发生的逾期贷款实行逐户跟踪督办，切实把工作做在前头。今年，总行将对8个产能过剩行业以及4个结构调整的重点领域实行严格的行业信贷限额管理，要下决心做到产能过剩行业融资总量不再增加，并通过行业内客户结构优化调整，全年退出不少于300亿元劣势客户存量融资。对涉及汞、铬、镉、铅等重金属和类金属砷排放的13个重点行业实行退出客户名单制管理，加快存量贷款退出。对于亏损大户以及产能过剩和高污染客户，总行将进行新增业务的系统控制，切实做到余额只降不增。当前，食品安全和质量标准已成为社会各界广泛关注的敏感问题，有关部门加大了对违法企业的处置力度。要将食品安全纳入绿色信贷政策范畴，实施一票否决制，对暴露重大食品安全问题的企业，要按行业退出类客户管理。要关注“国五条”和地方政府实施细则对房地产市场的影响，严格执行房地产开发企业名单制管理，继续控制好房地产开发贷款总量，做好住房开发贷款和按揭贷款计划有效衔接，严格按照项目销售进度收回贷款，切实防范房地产开发企业挪用资金和资金链断裂风险。

二要抓好风险突出机构的整顿。这次对新增不良贷款较多47家支行专项检查时发现，一些客户结构类似、经营条件相同，甚至就在同一个城市相邻的不同机构之间，资产质量优劣差异很大。由此可以看到，在经济情况相同区域，分支机构间的经营理念和信贷管理水平是很不同的，这直接导致了不良贷款水平的差异。因此，不能把资产质量问题完全归咎于经济周期的波动和客观环境的变化。事实上，现在出现的资产质量问题一定程度上是前几年信贷集中投放过程中，一些机构稳健经营、合规经营理念发生动摇的集中暴露。全行特别是这些风险突出的机构要深刻反思，亡羊补牢，加强风险管理文化的教育传导，全面改进信贷管理。对持续出现贷款集中劣变的经办行要实行业务整顿，对存在违规和不尽职问题的责任人要严肃追究责任，有些人员要待岗专职清收不良贷款，对违规问题较多的机构负责人要追究管理责任。

三要抓好到期贷款催收和不良贷款清收工作。去年下半年以来，我们组建了个人贷款催收中心，从完善制度、加强监测、组建催收机构、完善系统功能等方面加强了个人违约贷款催收机制建设，效果是明显的。2012年末个人逾期贷款较6月末减少112亿元，取得了较好进展和成效。第一季度，个人逾期贷款情况又出现了反复，下阶段还要进一步加强个贷催收工作的常态化管理，不能简单地寄希望于月末、季度末突击催收、集中核销，而过后又放松了催收管理。要创新不良贷款清收处置方式，进一步探索与资产管理公司开展不良贷款处置的合作形式。对于有行内可扣收资产的信用卡逾期客户，要在我行集团范围内实施扣收处理。

四要尽快全面落实授信审批集中改革的各项要求。6月末之前，全行所有信贷业务都要集中到一级（直属）分行审批，不再设立或变相设立分部。目前小企业融资业务授信审批权仍转授支行的个别分行要上收权限，不得越权审批。各一级（直属）分行银行卡业务不应分散设立信用卡审批中心，辖内信用卡发卡授信及调额审批业务全部由审批中心处理，不再向下转授权。将信用卡审批业务全部纳入信用卡审批系统和额度管理系统处理，严格内部评级系统的刚性控制。

三、需要关注的其他几个问题

（一）关于存款问题。到第一季度末，全行人民币各项存款比年初增加了4 019亿元，完成了年度1.3万亿元存款计划的30.9%。除了我们主动压缩了付息率偏高的2 300多亿元短期同业定期存款外，第一季度其余存款同比都是增加的。但存款工作中也存在一些值得重视的问题：一是增速不尽理想。目前尽管全行存款余额继续保持同业第一，但增量、增幅四行排名均为第四。二是波动仍然较大。3月末最后三个工作日，全行存款增加了4 300亿元，占当月增量的55%，但到4月7日，一周内存款又下降了4 200亿元。第一季度日均存款增量（含同业）是－3 300亿元，同比多降了1 000亿元。三是付息成本控制难度加大。第一季度全行仅对公活期存款利率上浮的就增加了800亿元，第一季度新吸收的对公定期存款利率上浮10%的有2 900亿元，占比达到新吸收定期存款的31%，上升了4个百分点。四是一些分行客户存款与其他金融资产相互促进的协调性还不强。第一季度的情况再次证明，金融资产业务和存款业务应该是、也可以是相互促进、协调发展的。如第一季度末，有14家分行的储蓄存款和金融资产任务完成率同时超过了全行的平均水平。有的分行储蓄存款任务完成率超过了90%，同时金融资产任务完成率也超过了70%，而有13家分行两个任务的完成率同时低于全行平均水平。

关于存款问题，我们要意识到，一是在我国利率市场化改革还未完全到位、银行业经营转型还需一个相当长过程的情况下，存款业务的同业竞争仍然会十分激烈。近几年来我行的存贷比是逐年提高的。按照今年的经营计划，人民币存贷比将达61.8%，如考虑外币情况，全集团存贷比将达67%左右。尽管还处在监管限额以下，但如果这一趋势长此延续下去，我们经营中的主动权就会受到影响，发展就会受到制约。存款的稳定增长尤其是平均余额的稳定增长仍是目前全行需要高度关注的一个问题。

二是关键还是要抓存款的基础工作。要巩固和扩大存款客户基础。对个人客户，要通过公私联动、团体营销，以重点项目带动个人客户的批量拓展。继续下大力气抓好代发工资业务，全面推广代发工资“薪管家”服务，争揽资金源头。对公司客户，要与有贷户拓户工程紧密结合，围绕供应链融资业务等一体化服务模式，链式拓展客户，促进产业链资金沉淀我行。要重视抓好存款的技术基础，充分应用好大额资金监测平台，要进一步优化大额平台系统功能，强化各行之间的联动机制。今年要加强对这一平台使用情况的检查督导，出台专项奖励计划，引导分行快速提高大额平台目标客户的开户水平和资金系统内流动积存水平。要针对集团客户财务公司、大型客户、中小型客户等不同的资金运作模式，制订综合化、个性化、多产品的营销服务方案，注重通过债券承销、理财、委托贷款等业务，有效吸引客户各项金融资产业务都通过我行办理。要重视开拓民生领域金融服务，扩大机构客户基础。

三是简单地靠提高利率水平不是办法。从 2012 年我行和建行的存款付息率比较情况看，我行高 1 个基点，今年第一季度已进一步扩大至 4 个基点，但从存款增长情况来看，如考虑同业存款，建行增幅是 4.49%，而我行是 2.83%。如不考虑同业存款，建行增幅为 5.72%，我行为 4.6%。可以看出，建行第一季度存款增幅要比我行高，而与此同时，NIM 和我行的差距与去年底相比又进一步拉大了 3 个基点。目前，我行计息负债构成中，客户存款占比超过 85%，因此，控制好全行付息成本对于稳定 NIM 具有重要影响。各行在业务发展过程中，一定要平衡好抓存款和控制付息成本的关系，注意把握客户存款、理财和同业存款之间的相互影响及其变化规律，更多地利用我行的系统功能、综合优势，通过为客户提供多样化的金融服务留住客户，努力做到存款的高稳定性和低成本率的统一。必须认识到，努力提高存款议价水平、有效控制付息成本的上升是发展存款业务中始终不能忘记的一点。

（二）关于征信信息管理问题。3 月 15 日起，国务院颁布的《征信业管理条例》（以下简称《条例》）正式生效实施，国家以行政法规的形式对征信信息保护做出了严格规定。作为征信信息的最大使用者和提供者，商业银行在贯彻执行《条例》中负有许多责任和义务。比如，《条例》规定，信息提供者向征信机构提供个人不良信息，应当事先告知信息主体本人等。前些年，我们个别分支机构出现的“假按揭”、“假车贷”、“被办卡”、“被逾期”等问题，虽几经清理，仍然没有得到彻底解决。如果这些遗留问题处理不当，就有可能在执行《条例》的过程中引致客户投诉和批评。前不久，总行专门召开了《条例》宣传推广视频会议，就这一《条例》实施之后可能带来的影响进行了分析，明确了部门责任分工，部署了有关工作。各行、各部门要认真落实会议要求，加强对《条例》的学习培训，增强信息主体合法权益保护意识，并尽快改造完善相关流程系统，规范征信信息的应用管理。6 月底前，要清理完成上述客户“被信用”的遗留问题，同时要主动加强与人民银行的沟通协调，尽早清除由此产生的客户不良记录。要指导一线网点人员、“95588”客服人员妥善解答客户有关咨询，避免形成征信异议投诉。各分行有问题要及时和总行办公室、消费者权益保护办公室联系沟通。

（三）关于员工行为管理问题。去年，个别分支机构由于员工参与民间融资等行为引发的风险事件多达 11 起，今年第一季度又发生了 2 起。这类风险事件的发生，不仅对我行资金安全形成威胁，也给我行形象带来了严重的负面影响。近年来，总行专门把员工行为分析与风险防范作为一个课题，正在组织开展调查研究，力求尽快形成更加行之有效的管理措施。各行也要结合实际，深入研究和把握当前员工行为的新情况、新特征，不断完善相应的监控措施，对不规范行为要予以明确禁止。要把业务管理与员工行为管理结合起来，善于发现员工思想上的不健康倾向和行为上的异常，加强对员工行为异动和账户异常大额资金交易的监测分析，进一步优化监控模型，早发现、早制止风险案件的苗头。要坚持从严治行的理念，对违规违纪行为要严肃执纪，不能姑息。

同志们，今年各项工作有了一个良好开端，我们对全面实现今年的经营计划和发展目标是有信心的。但当前的形势依然严峻复杂，压力不小，挑战很多。希望大家继续按照年初工作会议的部署和要求，振奋精神，扎实工作，狠抓落实，确保各项工作按计划协调推进，力争上半年取得较大进展，为圆满完成全年目标任务奠定更好的基础。

在中国工商银行
年中工作会议上的讲话

易会满

（2013 年 7 月 16 日）

一、上半年经营情况

1.1　总体经营情况

1.1.1　主要经营指标情况

经营效益

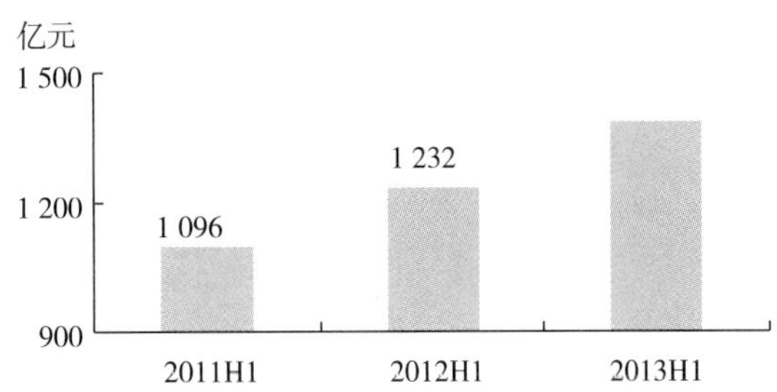

净利润增长情况

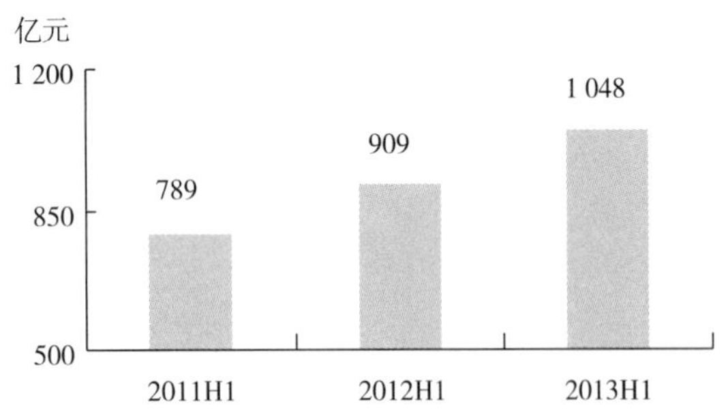

注：2013 年经济资本计量引进零售内部评级法结果，计量标准有所调整。

EVA 增长情况

2013 年上半年，集团实现净利润××亿元，较上年同期增长××%，完成序时进度的 55.02%。

集团 EVA 预计为 1 048 亿元，同比增加 139 亿元，增长 15.3%。

主要经营指标完成情况

国际财务报告准则（集团数据）

主要经营指标	2012H1	2012	2013H1
1. 盈利能力			
1.1　净利润（亿元）	1 232	2 387	
1.2　EVA（亿元）	909	1 692	1 048
1.3　加权平均权益回报率	24.31%	23.02%	
1.4　基本每股收益（元）	0.35	0.68	
2. 收益结构			
2.1　手续费及佣金净收入占比	20.85%	20.02%	23.48%
2.2　成本收入比	25.57%	29.24%	25.15%
3. 资产质量			
3.1　不良贷款额（亿元）	751.25	745.75	
3.2　不良贷款率	0.89%	0.85%	
3.3　拨备覆盖率	281.40%	295.55%	289.19%
3.4　贷款总额准备金率	2.51%	2.50%	2.50%

盈利保持稳步增长

加权平均权益回报率达到××%，较 2012 年提高××个百分点；基本每股收益××元，完成序时进度的 55.06%。

收益结构进一步优化

手续费及佣金净收入占比持续提高，达到 23.48%。

资产质量小幅波动

不良贷款余额较年初增加××亿元，但增幅较第一季度放缓；不良率较年初增加××个百分点。

贷款总额准备金率为 2.50%，与年初持平。

资本充足率情况

一级资本排名跃居全球同业首位

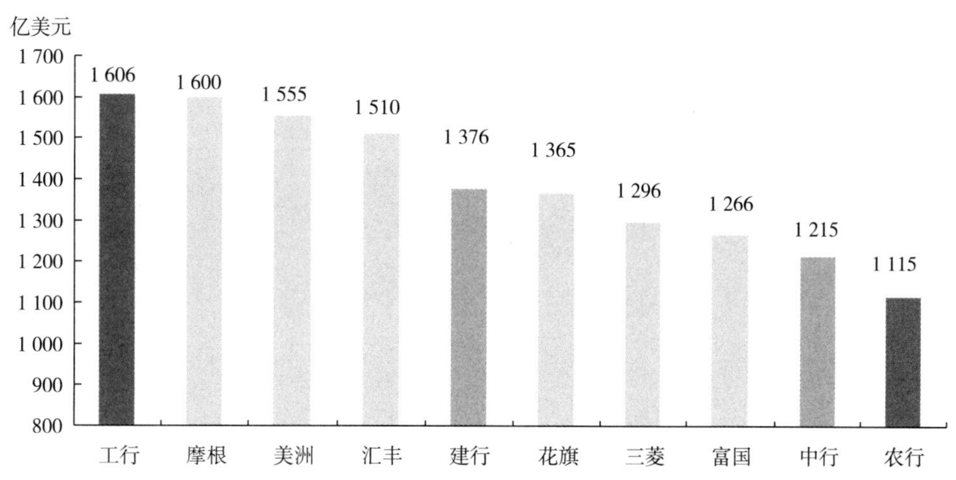

2013 年全球一级资本前十大银行

7 月 1 日，英国《银行家》杂志公布了 2013 年按一级资本排名全球 1 000 家大银行榜单，我行以一级资本 1 606 亿美元跃升至首位。

资本充足率持续保持在较高水平

当前最高：第一季度末我行资本充足率为 13.68%，为四大行中最高。

平均最高：2006 年以来，我行资本充足率均值为 13.17%，为四大行中最高。

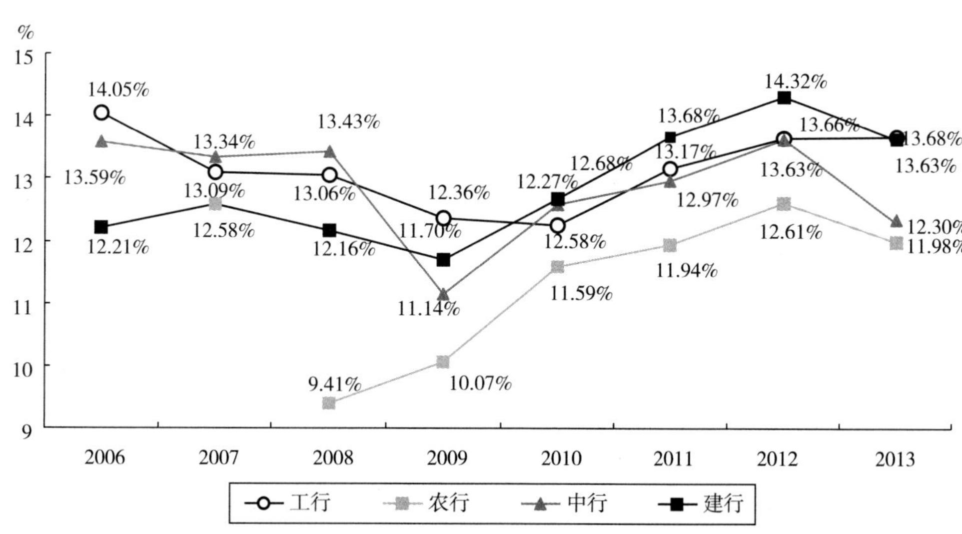

注：2012 年末之前的资本充足率数据按照 2004 年《资本充足率管理办法》计算，2013 年第一季度资本充足率数据按照 2012 年《商业银行资本管理办法（试行）》计算。

1.1.2　境内分行净利润情况

上半年境内分行净利润增长情况（总额排名）

单位：亿元

行名	净利润				行名	净利润			
		排名	同比增减	同比增幅			排名	同比增减	同比增幅
北　京	130.09	1	3.10	2.4%	重　庆	24.16	19	5.09	26.7%
广　东	110.60	2	2.29	2.1%	云　南	23.15	20	3.62	18.5%
江　苏	87.98	3	6.74	8.3%	贵　州	21.03	21	4.38	26.3%
上　海	82.60	4	0.49	0.6%	江　西	20.88	22	3.87	22.8%
浙　江	75.94	5	-5.54	-6.8%	内蒙古	20.74	23	3.29	18.8%
山　东	74.90	6	5.42	7.8%	广　西	18.68	24	3.12	20.1%
四　川	47.14	7	4.91	11.6%	黑龙江	17.96	25	0.43	2.5%
河　北	42.63	8	2.26	5.6%	宁　波	17.20	26	1.21	7.5%
深　圳	34.74	9	2.33	7.2%	吉　林	14.10	27	0.45	3.3%
河　南	34.62	10	7.03	25.5%	新　疆	13.54	28	2.04	17.7%
湖　北	34.53	11	8.76	34.0%	青　岛	13.32	29	0.89	7.2%
安　徽	29.92	12	5.71	23.6%	大　连	10.98	30	1.01	10.2%
福　建	28.36	13	0.10	0.3%	海　南	9.03	31	0.83	10.1%
陕　西	27.78	14	3.97	16.7%	甘　肃	8.28	32	1.27	18.2%
山　西	27.78	15	1.60	6.1%	厦　门	6.09	33	-1.73	-22.2%
天　津	25.40	16	1.72	7.3%	宁　夏	5.41	34	0.99	22.4%
辽　宁	24.89	17	0.06	0.3%	青　海	3.86	35	0.58	17.7%
湖　南	24.87	18	1.69	7.3%	西　藏	1.14	36	0.94	482.7%

注：净利润在账面口径基础上，剔除受内部资金结息周期调整影响纳入本年核算的2012年后8天资金利息收支金额。

上半年境内分行净利润增长情况（增幅排名）

行名	净利润				行名	净利润			
		排名	同比增减	同比增幅			排名	同比增减	同比增幅
西　藏	1.14	1	0.94	482.7%	江　苏	87.98	19	6.74	8.3%
湖　北	34.53	2	8.76	34.0%	山　东	74.90	20	5.42	7.8%
重　庆	24.16	3	5.09	26.7%	宁　波	17.20	21	1.21	7.5%
贵　州	21.03	4	4.38	26.3%	湖　南	24.87	22	1.69	7.3%
河　南	34.62	5	7.03	25.5%	天　津	25.40	22	1.72	7.3%
安　徽	29.92	6	5.71	23.6%	深　圳	34.74	24	2.33	7.2%
江　西	20.88	7	3.87	22.8%	青　岛	13.32	24	0.89	7.2%
宁　夏	5.41	8	0.99	22.4%	山　西	27.78	26	1.60	6.1%
广　西	18.68	9	3.12	20.1%	河　北	42.63	27	2.26	5.6%
内蒙古	20.74	10	3.29	18.8%	吉　林	14.10	28	0.45	3.3%
云　南	23.15	11	3.62	18.5%	黑龙江	17.96	29	0.43	2.5%
甘　肃	8.28	12	1.27	18.2%	北　京	130.09	30	3.10	2.4%
新　疆	13.54	13	2.04	17.7%	广　东	110.60	31	2.29	2.1%
青　海	3.86	13	0.58	17.7%	上　海	82.60	32	0.49	0.6%
陕　西	27.78	15	3.97	16.7%	福　建	28.36	33	0.10	0.3%
四　川	47.14	16	4.91	11.6%	辽　宁	24.89	34	0.06	0.3%
大　连	10.98	17	1.01	10.2%	浙　江	75.94	35	-5.54	-6.8%
海　南	9.03	18	0.83	10.1%	厦　门	6.09	36	-1.73	-22.2%

注：集团净利润增幅为12.3%。

1.1.3　境内分行手续费及佣金收入情况

上半年境内分行手续费及佣金收入增长情况（总额排名）

单位：亿元

行名	手续费及佣金收入				行名	手续费及佣金收入			
		排名	同比增减	同比增幅			排名	同比增减	同比增幅
江　苏	67.12	1	15.81	30.8%	陕　西	11.04	19	0.78	7.6%
广　东	66.41	2	8.78	15.2%	山　西	10.66	20	0.94	9.7%
浙　江	58.82	3	13.61	30.1%	辽　宁	10.55	21	0.59	5.9%
山　东	42.00	4	7.61	22.1%	内蒙古	10.16	22	3.40	50.4%
北　京	41.67	5	2.42	6.2%	贵　州	10.04	23	2.27	29.1%
上　海	41.04	6	4.51	12.4%	广　西	9.36	24	2.03	27.6%
湖　北	26.94	7	5.82	27.6%	宁　波	9.23	25	1.31	16.6%
河　南	22.97	8	6.53	39.7%	青　岛	7.14	26	0.61	9.4%
四　川	22.65	9	5.39	31.2%	黑龙江	6.69	27	0.18	2.7%
福　建	21.98	10	3.31	17.7%	甘　肃	6.04	28	0.13	2.3%
深　圳	21.12	11	2.78	15.2%	新　疆	5.64	29	0.85	17.8%
湖　南	20.56	12	6.94	51.0%	吉　林	5.61	30	-1.60	-22.2%
河　北	20.18	13	3.13	18.4%	大　连	4.50	31	0.43	10.7%
重　庆	16.86	14	4.30	34.3%	海　南	4.30	32	0.26	6.4%
安　徽	15.79	15	2.44	18.3%	厦　门	3.79	33	-0.09	-2.4%
江　西	14.54	16	2.05	16.4%	宁　夏	2.78	34	0.92	49.1%
天　津	11.59	17	2.19	23.3%	青　海	0.90	35	0.22	32.3%
云　南	11.05	18	3.08	38.7%	西　藏	0.08	36	0.02	45.3%

注：各行手续费及佣金收入含牡丹卡中心还原至分行的手续费及佣金收入。

上半年境内分行手续费及佣金收入增长情况（增幅排名）

单位：亿元

行名	手续费及佣金收入				行名	手续费及佣金收入			
		排名	同比增减	同比增幅			排名	同比增减	同比增幅
湖　南	20.56	1	6.94	51.0%	新　疆	5.64	19	0.85	17.8%
内蒙古	10.16	2	3.40	50.4%	福　建	21.98	20	3.31	17.7%
宁　夏	2.78	3	0.92	49.1%	宁　波	9.23	21	1.31	16.6%
西　藏	0.08	4	0.02	45.3%	江　西	14.54	22	2.05	16.4%
河　南	22.97	5	6.53	39.7%	广　东	66.41	23	8.78	15.2%
云　南	11.05	6	3.08	38.7%	深　圳	21.12	24	2.78	15.2%
重　庆	16.86	7	4.30	34.3%	上　海	41.04	25	4.51	12.4%
青　海	0.90	8	0.22	32.3%	大　连	4.50	26	0.43	10.7%
四　川	22.65	9	5.39	31.2%	山　西	10.66	27	0.94	9.7%
江　苏	67.12	10	15.81	30.8%	青　岛	7.14	28	0.61	9.4%
浙　江	58.82	11	13.61	30.1%	陕　西	11.04	29	0.78	7.6%
贵　州	10.04	12	2.27	29.1%	海　南	4.30	30	0.26	6.4%
广　西	9.36	13	2.03	27.6%	北　京	41.67	31	2.42	6.2%
湖　北	26.94	14	5.82	27.6%	辽　宁	10.55	32	0.59	5.9%
天　津	11.59	15	2.19	23.3%	黑龙江	6.69	33	0.18	2.7%
山　东	42.00	16	7.61	22.1%	甘　肃	6.04	34	0.13	2.3%
河　北	20.18	17	3.13	18.4%	厦　门	3.79	35	-0.09	-2.4%
安　徽	15.79	18	2.44	18.3%	吉　林	5.61	36	-1.60	-22.2%

注：集团手续费及佣金收入增幅为25.8%。

1.1.4　利润中心经营情况

单位：亿元

项目	金融市场部	资产托管部	票据营业部	贵金属业务部	公司业务二部	养老金业务部	资产管理部	投资银行部
一、营业收入	271.37	9.01	8.88	5.01	2.28	0.92	8.39	7.35
（一）利息净收入	254.92	0.11	8.80	-0.84	0.55		0.02	
利息收入	606.66	0.11	25.25	0.03	4.50		0.02	
利息支出	351.74		16.45	0.87	3.95			
（二）手续费及佣金净收入	4.44	8.90	0.08	5.13	1.87	0.92	8.37	7.35
手续费及佣金收入	4.70	8.99	0.08	5.13	1.87	0.92	8.37	7.35
手续费及佣金支出	0.26	0.09		0.36				
（三）其他非利息收益	12.01			0.72	-0.14			
二、营业支出	-1.45	0.85	1.20	1.66	0.48	0.18	0.84	0.66
（一）营业费用	0.48	0.35	0.80	0.36	0.04	0.13	0.37	0.25
（二）营业税金及附加	0.87	0.50	0.19	0.08	0.37	0.05	0.47	0.41
（三）资产减值损失	-2.80		0.21	1.11	0.07			
（四）其他业务成本				0.11				
三、营业利润	272.82	8.16	7.68	3.35	1.80	0.74	7.55	6.69
四、税前利润	272.82	8.16	7.68	3.35	1.80	0.74	7.55	6.69
加：国债利息免税收入	36.38							
五、考核利润	309.20	8.16	7.68	3.35	1.80	0.74	7.55	6.69
考核利润同比增幅	-0.4%	17%	-42%	57%	38%	174%	—	—
六、预算完成率	50%	52%	39%	74%	69%	96%	50%	76%

注：资产管理部和投资银行部从2012年底起实施利润中心改革，无同期可比数据。

1.1.5　境外机构经营情况

单位：亿元

亚洲地区机构名称	拨备后利润				其他地区机构名称	拨备后利润			
	上期	当期	同比增减	同比增幅		上期	当期	同比增减	同比增幅
新加坡分行	1.835	1.433	-0.402	-22%	法兰克福分行	0.949	0.569	-0.389	-41%
首尔分行	1.536	1.306	-0.230	-15%	卢森堡分行	2.610	1.773	-0.837	-32%
东京分行	1.484	1.222	-0.262	-18%	工银伦敦	0.926	1.113	0.187	20%
香港分行	1.105	1.059	-0.046	-4%	工银莫斯科	0.132	0.245	0.113	86%
（湄公河）区域	0.332	0.872	0.540	163%	工银欧洲	2.484	1.832	-0.653	-26%
河内分行	0.277	0.388	0.112	40%	工银欧洲本部	0.099	0.019	-0.080	-81%
金边分行	0.020	0.145	0.125	609%	巴黎分行	0.975	0.808	-0.167	-17%
万象分行	0.035	0.338	0.304	875%	阿姆斯特丹分行	0.475	0.232	-0.243	-51%
孟买分行	0.195	0.259	0.063	32%	布鲁塞尔分行	0.468	0.111	-0.357	-76%
卡拉奇分行	-0.028	0.005	0.033	—	马德里分行	0.240	0.326	0.086	36%
工银亚洲	20.441	24.430	3.989	20%	米兰分行	0.226	0.331	0.105	46%
工银澳门	4.829	5.120	0.291	6%	华沙分行	—	0.005	0.005	—
工银泰国	0.881	1.211	0.330	38%	悉尼分行	1.771	2.285	0.514	29%
工银印尼	0.467	0.874	0.407	87%	纽约分行	1.450	1.412	-0.038	-3%
工银阿拉木图	0.080	0.129	0.049	62%	工银加拿大	0.136	0.306	0.170	125%
工银马来西亚	0.127	0.062	-0.066	-51%	工银金融	0.458	0.878	0.420	92%
工银国际	-1.850	3.002	4.852	—	工银阿根廷	—	4.397	4.397	—
中东机构	2.317	1.017	-1.299	-56%	工银美国	—	0.078	0.078	—
工银中东（迪拜）	0.197	0.207	0.009	5%	—				
多哈分行	1.844	0.383	-1.461	-79%					
阿布扎比分行	0.275	0.427	0.152	55%					
境外机构合计						44.667	56.879	12.212	27%

注：上半年，境外机构拨备后利润同比增长27%，如果剔除工银阿根廷、工银美国等2012年下半年新开业（收购）机构的因素，同比增幅为17%；工银秘鲁与工银巴西尚未正式对外营业，本表未予列示；孟买分行、首尔分行数据已经剔除营运资金受汇率波动的影响。

1.1.6　境内控股机构经营情况

截至6月末，境内控股机构总资产规模达1 712亿元，较年初增长17.37%。其中，去年新收购成立的工银安盛资产规模较上年末增加51.32亿元，增长近50%；同比大幅减亏6 200万元，减亏幅度达82.67%。

上半年，境内控股机构实现拨备后利润20.69亿元，同比增长182%。

工银瑞信

单位：亿元

项目	2013－06－30	2012－12－31	增减	增减幅度
总资产	11.76	10.13	1.62	16.03%
总负债	3.28	2.12	1.16	54.74%
资产管理规模	1 785	1 568	217.00	13.84%
ROE（年化）	35.13%	26.35%	—	8.78%
	2013－06－30	2012－06－30	同比增减	增减幅度
拨备后利润	1.95	1.10	0.85	77.62%

工银租赁

单位：亿元

项目	2013－06－30	2012－12－31	增减	增减幅度
总资产	1 539.87	1 339.39	200.48	14.97%
总负债	1 415.84	1 229.56	186.29	15.15%
ROE（年化）	24.32%	12.77%	—	11.56%
ROA（年化）	1.98%	0.99%	—	0.99%
	2013－06－30	2012－06－30	同比增减	增减幅度
租赁业务收入	47.22	31.65	15.57	49.20%
拨备后利润	18.87	6.23	12.64	202.91%

工银安盛

单位：亿元

项目	2013－06－30	2012－12－31	增减	增减幅度
总资产	160.83	109.51	51.32	46.87%
总负债	134.05	82.61	51.44	62.27%
	2013－06－30	2012－06－30	同比增减	增减幅度
保费收入	64.98	6.34	58.64	924.47%
投资收益	2.05	0.52	1.52	292.87%
拨备后利润	－0.13	－0.75	0.62	82.67%

1.2　主要业务发展情况

1.2.1　存款增长稳定性有所增强

境内分行人民币各项存款（含同业）比年初增加5 511亿元，完成全年13 000亿元总量计划的42.4%，同比少增5 861亿元，增幅为3.9%，其中不含同业存放的一般性存款比年初增加8 344亿元，同比少增1 434亿元。

与同业相比，四大行存款增量和增幅均明显低于去年同期，我行一般性存款增量8 344亿元，排名同业首位。

上半年我行人民币存款增长情况表

单位：亿元

项目	上半年增量					
	2013年	占比	同比	2012年	2011年	2010年
各项货款	5 511	100%	－5 861	11 372	10 925	10 515
1. 储蓄存款	4 777	87%	－1 870	6 648	5 187	4 343
2. 公司存款	203	4%	－14	217	1 449	3 004
3. 机构存款	3 364	61%	451	2 913	2 756	2 557
4. 同业存款	－2 834	－51%	－4 427	1 594	1 533	611

上半年四大行人民币存款对比表

单位：亿元

项目	工商银行			农业银行		
	余额	比年初	增幅	余额	比年初	增幅
人民币各项存款	147 327	5 511	3.89%	120 658	7 348	6.48%
其中：一般性存款	139 366	8 344	6.37%	118 209	7 288	6.57%
同业存款	7 960	－2 834	－26.25%	2 448	59	2.47%

续表

项目	中国银行			建设银行		
	余额	比年初	增幅	余额	比年初	增幅
人民币各项存款	83 474	3 927	4.94%	122 725	5 846	5.00%
其中：一般性存款	78 962	6 439	8.88%	116 628	7 818	7.18%
同业存款	4 512	-2 512	-35.76%	6 097	-1 972	-24.44%

从6月末7月初情况看，截至7月11日，全行人民币各项存款比上月下降905亿元，同比少下降5 146亿元，存款增长的稳定性得到改善。

与同业相比，截至7月11日，我行人民币各项存款比上月下降905亿元，比农行和建行少下降846亿元和2 530亿元，比中行多下降613亿元；降幅低于农行和建行，略高于中行。

人民币各项存款（含同业）余额变动情况
（截至7月11日）

单位：亿元

日期	余额	比月初	比年初
2013年7月11日	146 422	-905	4 606
2012年7月11日	132 924	-6 051	5 321
2011年7月11日	122 645	-2 872	8 053

四大行人民币存款对比表（截至7月11日）

单位：亿元

项目	工商银行			农业银行		
	余额	比年初	增幅	余额	比年初	增幅
人民币各项存款	146 422	-905	-0.61%	118 907	-1 751	-1.45%
其中：一般性存款	137 236	-2 130	-1.53%	116 465	-1 744	-1.48%
同业存款	9 186	1 226	15.40%	2 441	-7	-0.29%
项目	中国银行			建设银行		
	余额	比年初	增幅	余额	比年初	增幅
人民币各项存款	83 184	-292	-0.35%	119 290	-3 435	-2.80%
其中：一般性存款	77 280	-1 680	-2.13%	113 493	-3 135	-2.69%
同业存款	5 905	1 389	30.76%	5 797	-300	-4.92%

1.2.2　贷款增速和投向把握较好

贷款增长平稳适度。境内分行人民币各项贷款比年初增加4 853亿元，同比多增342亿元，增幅为6.1%，完成9 000亿元年度贷款总量计划的53.9%，保持了对实体经济的支持力度。

贷款投向结构合理。上半年公司类贷款增加2 329亿元，个人类贷款增加2 271亿元，银行卡透支增加247亿元，票据贴现仅增加6亿元。与同业相比，我行公司类贷款和个人类贷款比年初增量均排名首位，票据贴现比年初增量明显低于其他行。

上半年人民币贷款增长情况表

单位：亿元

项目	上半年增量					
	2013年			2012年	2011年	2010年
		占比	同比			
各项贷款	4 853	100%	342	4 512	4 155	5 250
1. 公司类贷款	2 329	48%	-397	2 725	2 476	4 096
2. 个人类贷款	2 271	47%	1 741	530	1 392	2 361
3. 票据贴现	6	0%	-956	962	-116	-1 357
4. 银行卡透支	247	5%	-47	294	402	151

上半年四大行人民币贷款对比表

单位：亿元

项目	工商银行			农业银行		
	余额	比年初	增幅	余额	比年初	增幅
人民币各项贷款	83 819	4 853	6. 15%	64 264	4 141	6. 89%
（一）公司类贷款	56 939	2 329	4. 26%	43 388	1 407	3. 35%
（二）个人类贷款	22 361	2 271	11. 31%	17 671	2 097	13. 47%
（三）票据贴现	1 855	6	0. 35%	1 599	521	48. 32%
（四）银行卡透支	2 665	247	10. 21%	1 607	117	7. 85%
项目	中国银行			建设银行		
	余额	比年初	增幅	余额	比年初	增幅
人民币各项贷款	53 673	2 995	5. 91%	72 302	4 423	6. 52%
（一）公司类贷款	34 006	1 056	3. 20%	48 357	2 039	4. 40%
（二）个人类贷款	16 131	1 488	10. 16%	20 160	1 763	9. 58%
（三）票据贴现	1 732	149	9. 41%	1 568	173	12. 41%
（四）银行卡透支	1 806	303	20. 16%	2 217	448	25. 33%

1.2.3　中间业务转型发展取得进一步成效

收入稳步增长，占比持续提升

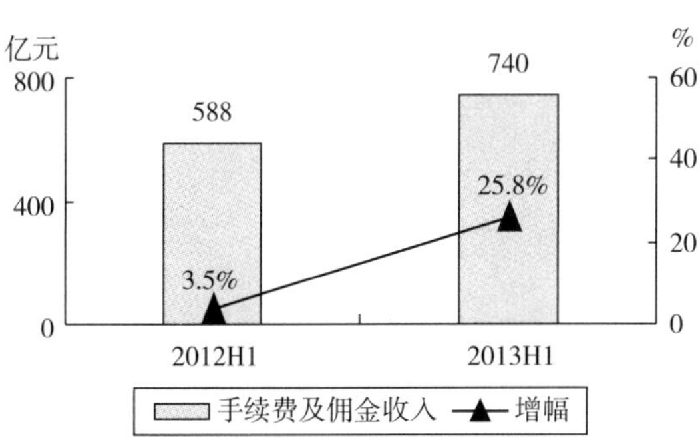

手续费及佣金收入增长情况

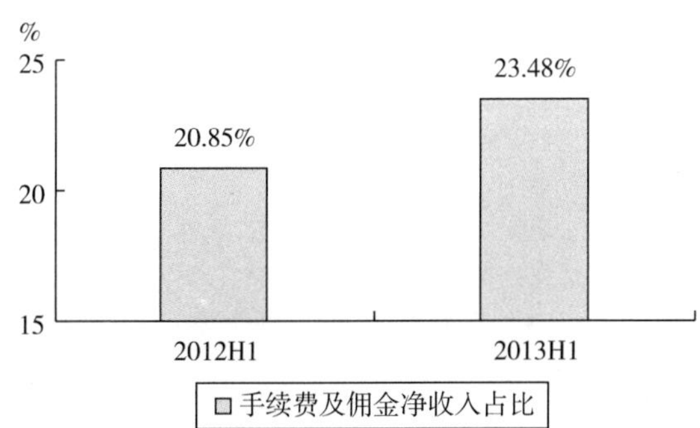

收益结构变化情况

上半年，集团实现手续费及佣金收入740亿元，同比增长25.8%，增速显著优于年初预期目标，成为上半年全行盈利增长的重要推动因素。

截至6月末，手续费及佣金净收入在全行收入中的占比达到23.48%，同比提高2.63个百分点，收益结构持续改善。

收入结构进一步优化

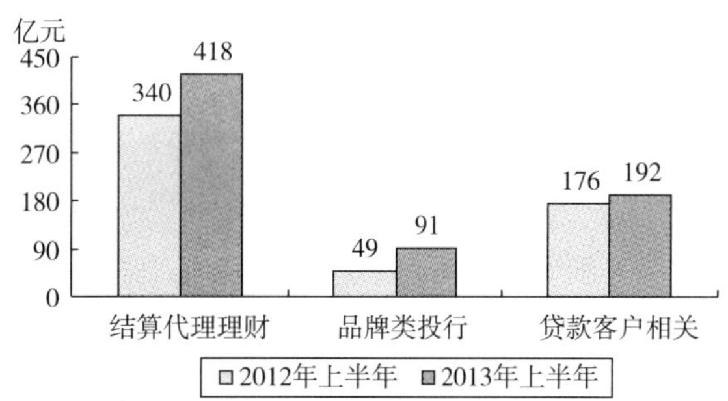

分板块增长情况

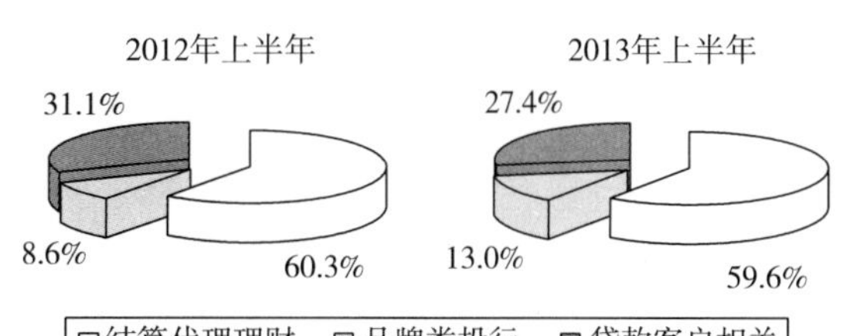

占比结构情况

在三大板块中，结算代理理财业务同比增长22.8%；品牌类投行业务同比增长86.8%；贷款客户相关业务同比增长9.5%。

从各板块收入占比结构看，结算代理理财业务收入占比59.6%，较上年同期略降；品牌类投行业务收入占比提升4.4个百分点；与贷款客户相关业务收入占比下降3.7个百分点，呈现出健康可持续发展态势。

中间业务发展情况——各专业中间业务收入增长情况

上半年各专业中间业务收入增量情况

单位：亿元

专业	2013H1	同比增幅
养老金业务	9.21	134.53%
私人银行	12.75	90.94%
贵金属业务	19.69	90.87%
资产托管	45.47	43.52%
电子银行	86.66	39.94%
银行卡业务	107.75	35.00%
公司业务	112.39	34.14%
结算与现金管理	146.64	34.05%
资产管理	84.87	30.30%
机构业务	8.75	23.61%
投资银行	187.13	16.68%
个人金融业务	189.94	15.28%
国际业务	60.40	13.74%
金融市场	31.83	-4.78%

上半年各专业中间业务收入增幅情况

单位：亿元,%

专业	2013H1	同比增加额
结算与现金管理	146.64	37.25
公司业务	112.39	28.61
银行卡业务	107.75	27.93
投资银行	187.13	26.75
个人金融业务	189.94	25.17
电子银行	86.66	24.73
资产管理	84.87	19.73
资产托管	45.47	13.79
贵金属业务	19.69	9.37
国际业务	60.40	7.30
私人银行	12.75	6.07
养老金业务	9.21	5.29
机构业务	8.75	1.67
金融市场	31.83	-1.60

注：1. 专业收入中含部分捆绑收入，合计数大于全行中间业务收入。

2. 金融市场收入中未含远期、掉期等未纳入中间业务收入口径的交易类业务收入，如含513008代客远期结售汇汇兑损益等16个比照中间业务考核的收入科目，1～6月实现收入38.32亿元，同比增加1.53亿元，同比增长4.15%。

上半年，结算与现金管理等8个专业中间业务收入增量超过10亿元，养老金业务部等9个部门中间业务收入同比增幅超过30%。

中间业务发展情况——分品种情况

境内分行　　单位：亿元

业务	收入	增幅	业务	收入	增幅
承诺	18.24	248.5%	信用卡结算及商户回佣	56.17	13.2%
实物贵金属	16.25	142.5%	人民币个人结算	25.4	10.5%
企业年金	8.6	137.1%	代理财税	2.77	10.4%
代理对公保险	2.67	131.7%	代理个人保险	17.3	9.3%
对公银行类理财产品	22.07	114.6%	对公电子银行服务	6.18	6.7%
现金管理	14.35	105.4%	个人银行类理财产品	28.28	4.8%
品牌类投行	90.77	86.8%	外汇汇款	1.44	2.6%
信用卡分期付款	51.58	70.9%	人民币对公账户管理	10.59	1.6%
对外担保	7.84	57.8%	其他个人中间业务收入	1.78	0.8%
代理个人基金	16.22	43.5%	代收代付	1.91	0.6%
个人电子银行服务	5.97	36.0%	个人账户管理	3.42	0.1%
国际贸易融资	21.96	34.6%	国内贸易融资服务	17.61	-2.2%
私人银行	8.97	34.3%	外汇托收及其他国际结算	2.14	-4.4%
收支账户资金托管	21.17	34.1%	账户贵金属	3.43	-5.0%
代理个人国债	1.75	29.9%	对公委托贷款	2.24	-11.4%
非信贷资金托管	15.7	28.0%	即期结售汇及代客资金交易	18.94	-12.8%
个人委托贷款	2.97	24.3%	第三方存管及代理其他对公证券	1.59	-16.9%
信用证	8.38	22.1%	基础类投行	64.9	-23.7%
理财项目推荐	25.55	20.6%	其他对公中间业务	1.44	-29.3%
人民币对公结算	26.01	17.3%	对内担保	1.85	-32.6%
代理债券发行承销	9.46	16.7%	其他服务收入	7.5	-35.0%
借记卡	25.49	14.7%			
代理公积金归集	1.76	13.9%	合计	700.64	24.1%

上半年，44类业务收入“34升10降”，其中承诺、实物贵金属等17项业务收入增速高于全行平均水平（24.1%）。

1.2.4　新兴业务发展情况

信用卡：发卡量较年初净增554万张，达8 267万张；实现收入141.4亿元，同比增长27.7%；信用卡启/动卡率持续提升，年化卡均收入357元，增长16%；收单业务以量补价，在刷卡手续费下调的情况下，实现商户回佣收入32.7亿元，同比增长31.9%。

投资银行：实现收入161.59亿元，同比增长16.1%；其中品牌投行实现收入90.77亿元，同比增长86.8%，在全部投行收入中的占比达56.2%，较上年末提升近17个百分点。

资产托管：克服资本市场大幅调整的不利影响，托管资产总规模达到42 657.14亿元，同比增长14%，连续15年保持市场领先；实现业务收入36.8亿元，同比增长31%。

现金管理：实现收入14.35亿元，同比增长105%。现金管理客户数达86.31万户，增加5万户，其中五星级客户累计达到19.23万户；全球现金管理客户3 609家，账户数9 303户，市场影响力进一步增强。

私人银行：转制过渡平稳有序，客户数达3.13万户，较年初增长20%；实现收入12.75亿元，同比增长91%。境外私人银行业务发展迅速，香港中心管理资产规模同比增长59%；欧洲中心、新加坡中心顺利开业。

电子银行：交易离柜率在80%以上的活跃客户占比达27%；柜面业务可分流率降至30.9%，较年初下降4.6个百分点。手机银行业务发展迅猛，交易额和新增客户数同比分别增长11.6倍和26.8%。移动银行用户在同业中率先突破1亿户。

贵金属：实现收入25.16亿元，同比增长76%；中间业务收入四行排名总量增量“双第一”，在市场单边向下的不利行情中实现了效益平稳较快发展。

养老金：实现收入9.21亿元，客户总量3.7万户，管理个人账户1 250万户，托管基金2 515亿元，销售理财产品1 153亿元，企业年金受托、账管、托管规模银行同业占比分别为55%、50%、40%，主要指标保持同业绝对领先。

1.2.5　准确把握市场利率及流动性走势，资金运营效率进一步提升

把握市场机会获取超额资金收益。上半年累计办理非结算用途存放同业和票据回购6 105亿元，加权平均利率4.62%，高于同期限Shibor 53个基点；实现利息收入52亿元，同比增加14.4亿元。

合理应对分红缴税支付高峰。5月下旬至6月末，在市场资金紧张、预期不稳定、利率高企的情况下，我行在银行间市场累计净融出资金10 405亿元，既实现了合理的资金收益，更充分发挥了大银行在稳定市场方面的作用。

2013年上半年境内人民币资金营运表

单位：亿元

项目	余额	比同期	日均余额	比同期	年损益	比同期	年收益率/付息率	比同期
一、债券投资	40 566	1 928	39 587	1 607	724.9	32.3	3.69%	0.03%
二、同业资金运用合计	5 403	-3 124	3 646	550	82.6	11.0	4.57%	-0.08%
同业拆出	2 185	1 512	765	168	19.7	3.1	5.20%	-0.39%
债券质押拆出	1 274	-1 474	587	-301	10.3	-6.9	3.54%	-0.35%
非结算用途存放同业	1 026	-3 213	1 575	290	36.2	6.8	4.63%	0.03%
买入返售票据	883	31	695	376	15.8	7.6	4.59%	-0.58%
分行其他融资业务	35	20	23	16	0.5	0.3	4.68%	-1.13%
三、同业资金来源合计	3 741	-2 780	4 446	-2 065	88.8	-58.8	4.03%	-0.53%
同业融入	1 036	821	1 564	-468	29.3	-18.1	3.77%	-0.92%
短期同业定期	2 706	-3 601	2 882	-1 597	59.5	-40.7	4.17%	-0.34%

1.2.6　资产管理业务保持同业领先

	2013年6月	同比增幅
理财产品发行量	23 522.65亿元	+15.78%
理财产品余额	11 895.36亿元	+36.41%
中间业务收入	84.87亿元	+30.30%
为客户创造收益	210亿元	

上半年，理财产品发行量、余额、中间业务收入、为客户创造收益等指标继续位居同业首位。特别是在6月末流动性管理的关键时刻，行内外累计融资1 558亿元，比预计的2 400亿元大幅减少，显著降低了流动性融资成本，平稳完成了流动性管理任务。截至6月末，投资非标资产占比下降至34.88%，全面达到银监会监管要求。

1.3　存在的主要问题

1.3.1　存款增长的均衡性依然较差，部分存款业务竞争力不强

人民币日均存款增量、增幅处于四行末位。上半年，我行人民币一般性存款日均增量为702亿元，分别较农行、中行和建行低1 728亿元、2 070亿元和1 746亿元（去年中行调整存款策略，大规模压缩高成本的结构性存款，全年人民币一般性存款增量仅为72亿元，同比少增8 943亿元，因而其今年日均存款增量较高）。从增长的均衡率看，尽管我行6月末7月初存款波幅明显收窄，但上半年存款增长的均衡性仍然较差。

6 月末四大行人民币存款日均情况表　　单位：亿元

项目	工商银行			农业银行		
	日均增量	日均增幅	均衡率	日均增量	日均增幅	均衡率
人民币各项存款	-1 771	-1.25%	-32.13%	2 521	2.22%	34.30%
其中：一般性存款	702	0.54%	8.42%	2 430	2.19%	33.34%
同业存款	-2 473	-22.91%	—	91	3.81%	154.24%
项目	中国银行			建设银行		
	日均增量	日均增幅	均衡率	日均增量	日均增幅	均衡率
人民币各项存款	1 848	2.32%	47.06%	-283	-0.24%	-4.85%
其中：一般性存款	2 772	3.82%	43.06%	2 448	2.25%	31.31%
同业存款	-924	-13.16%	—	-2 732	-33.86%	—

1.3.2　资产质量总体稳定，但不良贷款反弹压力较大

不良贷款绝对额和占比上升

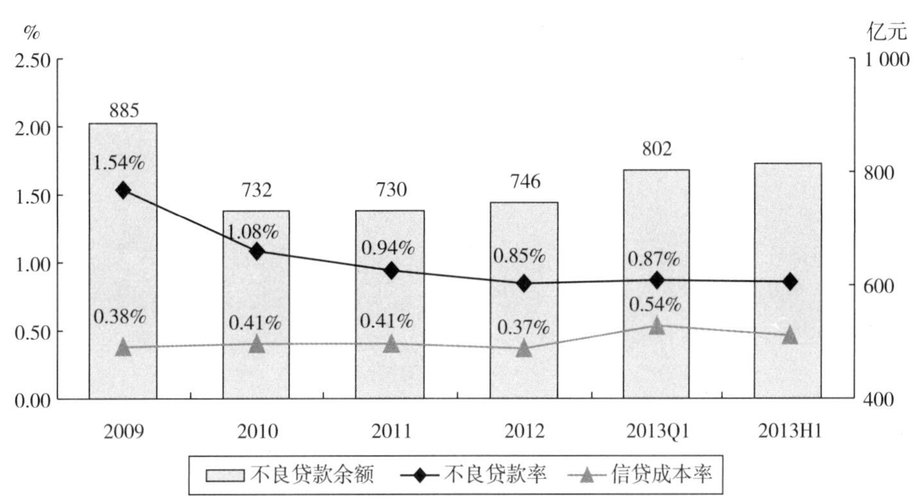

上半年我行资产质量变动情况

虽然信贷资产质量优于国际国内可比银行，且从第二季度起不良贷款反弹势头得到一定抑制，但不良贷款额和不良贷款率由去年末的“一升一降”转为“双上升”的态势仍然要引起高度关注。

不良贷款反弹区域范围扩大

截至 6 月末，有 17 家分行不良贷款余额、占比较年初双升，4 家分行不良贷款余额上升、不良占比下降，特别是长三角、东南沿海地区贷款风险相对集中暴露。

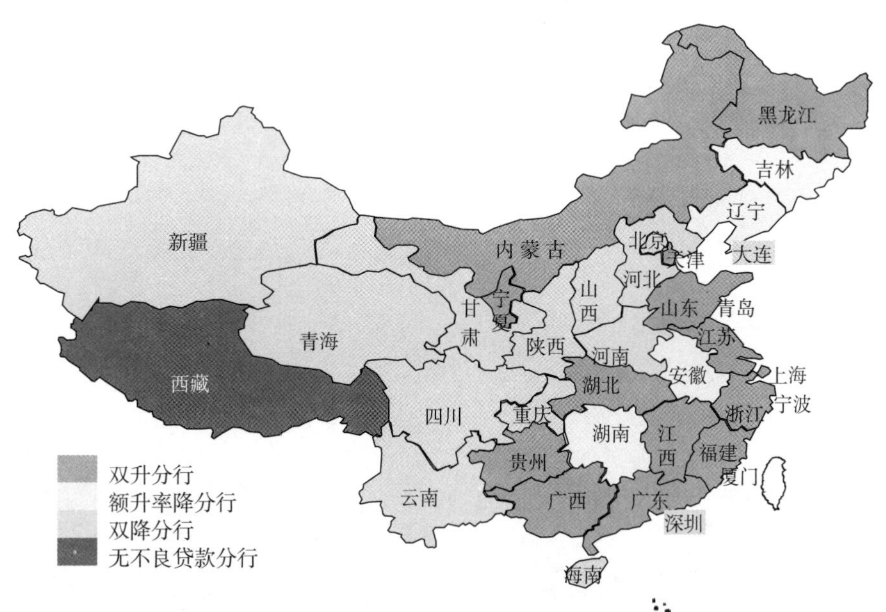

逾期贷款与不良贷款出现明显“剪刀差”

今年以来，全行逾期贷款增加快于不良贷款，“剪刀差”逐季上升，至6月末达615亿元，较年初上升××亿元。

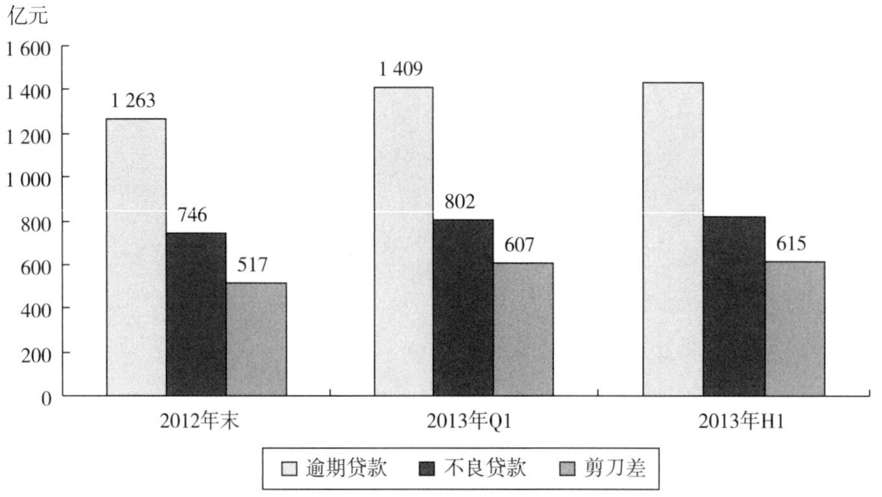

我行“剪刀差”逐季变化情况

分类来看，境内分行公司逾期贷款余额××亿元，不良贷款余额××亿元，剪刀差为129.2亿元；境内分行个人逾期贷款余额××亿元，不良贷款余额××亿元，剪刀差为409.5亿元，其中，个人逾期贷款处于10天延期待扣的有157.5亿元。

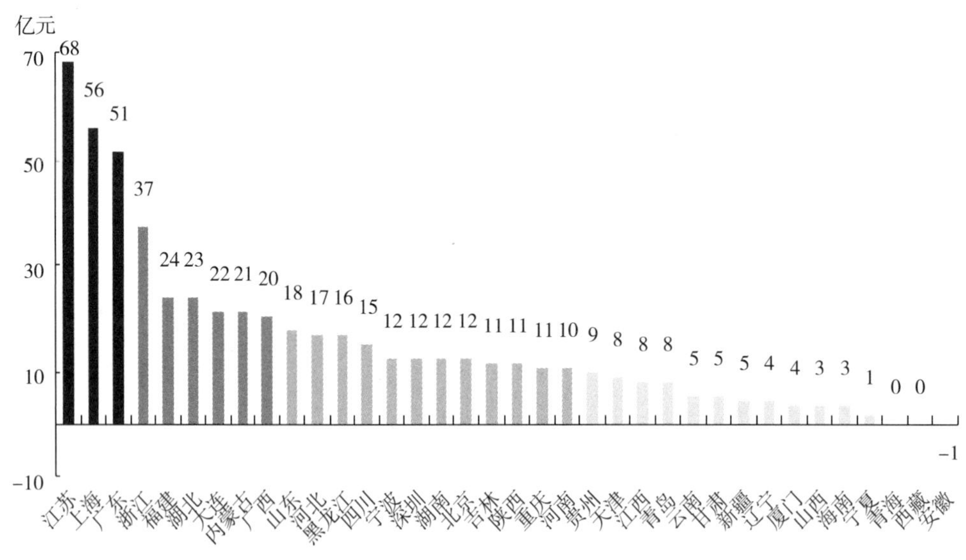

境内分行“剪刀差”分布情况

江苏、上海、广东3家分行的“剪刀差”在50亿元以上，浙江、福建、湖北、大连、内蒙古、广西6家分行的“剪刀差”在20亿元以上。

拨备提取压力加大

上半年，全行加大不良贷款清收处置力度，拨备资源耗用相应增加。其中，核销贷款使用拨备约43亿元，创新批量转让不良资产使用拨备约17亿元；去年同期，核销贷款使用拨备金额为25亿元。不良贷款反弹及清收处置对拨备提取产生一定压力。

单位：亿元

项目	2013年上半年	2012年上半年	同比增幅
期初	2 204	1 949	13.1%
加：本期提取	222	190	16.4%
减：本期使用	60	25	139.9%
其中：核销	43	25	71.9%
批量转让	17	0	—
减：其他	9	0	—
期末余额	2 357	2 114	11.5%
贷款总额	94 292	84 240	11.9%
拨贷比	2.50%	2.51%	—

1.3.3　利差进一步收窄，对利润增长的影响日益显现

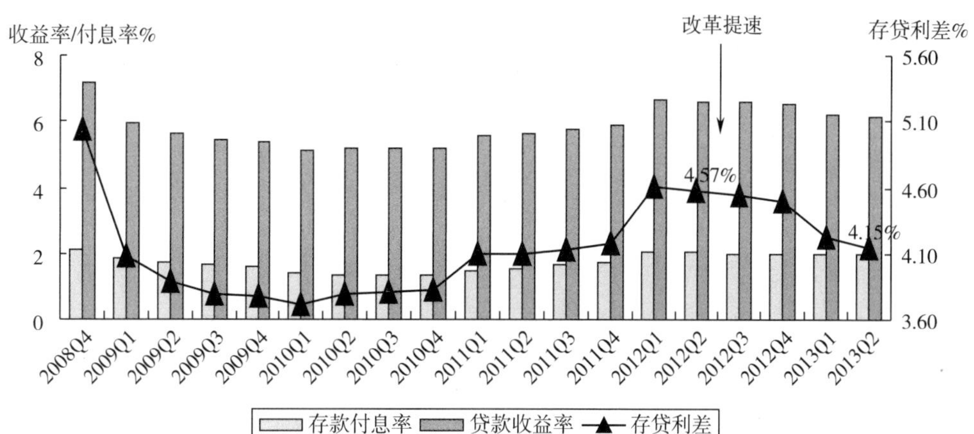

2008—2013 年我行人民币存贷利差变化情况

2012 年中利率市场化改革提速后，存贷款利率非对称下降趋势明显，存贷利差连续 5 个季度环比下降。2013 年上半年，全行人民币贷款收益率为 6.13%，同比下降 48 个基点，存款付息率为 1.97%，同比下降 6 个基点，存贷利差同比收窄 42 个基点。

随着利率市场化的持续推进，NIM 收窄将是必然趋势，对全行利润增长的影响还将继续显现。第一季度，集团 NIM 为 2.59%，比 2012 年下降 7 个基点；上半年境内分行 NIM 较第一季度又下降 2 个基点。据测算，全行 NIM 每下降 1 个基点，将会减少利息净收入约 16 亿元。

1.3.4　客户基础进一步改善，但优质客户比重低、产品渗透率差的问题依然十分突出

个人客户

6 月末，全行个人客户共计 4.11 亿户，新发展 2 430 万户，任务完成率为 48.6%；其中有效客户 3.1 亿户，新发展 1 552 万户，较年初净增 853 万户。从客户结构来看，四星级以下的客户占比达 85.85%，而且金融资产余额占比仅 13.45%；中高端客户中，六星级客户仅增加 0.53 万户，增幅 0.14%；七星级客户减少 3.22 万户，增幅 –11.68%，值得关注。

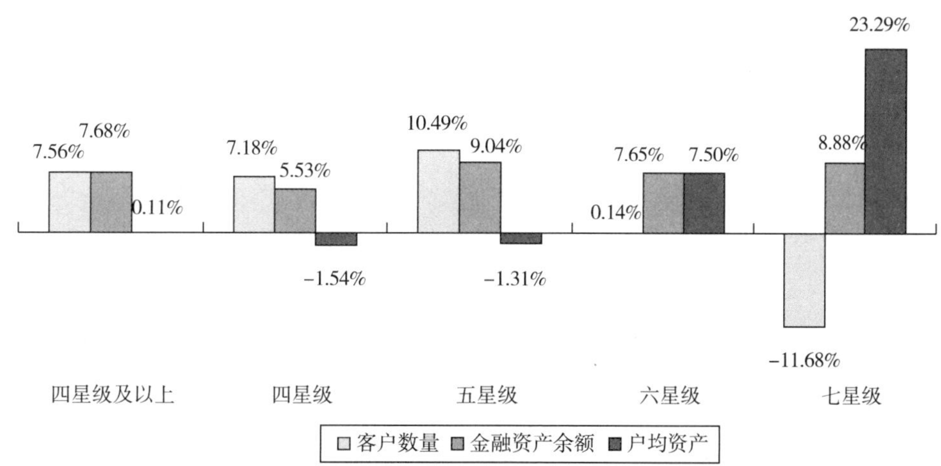

四星级及以上个人客户比年初增长

公司客户

截至 6 月末，全行有融资关系的公司客户 134 850 户，较年初增加 498 户，其中大型、中型、小企业户数较年初分别增加 15 户、1 308 户和 –825 户；有贷款余额公司客户 119 106 户，比年初增加 24 户，其中大型、中型、小企业户数较年初分别增加 –48 户、810 户和 –738 户。客户数总体增长，但小企业客户下降较多。

从产品覆盖率来看，有融资关系的大中型客户中，使用 2 项及以上融资产品的客户仅占 23%，客户“黏性”较差。全部产品中，除存款、贷款、企业网银等产品的客户覆盖率高于 70% 之外，投融资顾问、对公理财等多项产品的覆盖率都在 10% 左右，商务卡、理财融资等覆盖率甚至低于 5%。

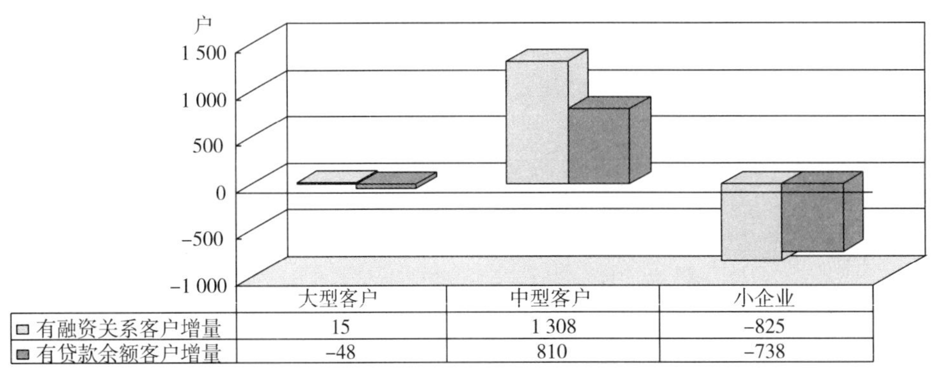

1.3.5 风险和内部管理需要进一步引起重视

今年以来，在宏观经济下行压力增大和外部风险向银行传导冲击加剧等因素的影响下，银行业金融机构案防和内控形势严峻。从我行情况看，上半年共发生各类案件和风险事件20件，其中内部经济案件2起。特别是在业务创新发展和各种交叉传染带来的操作风险、商誉风险、道德风险、信用风险等频繁暴露、交替出现，对全行经营管理带来巨大的挑战。

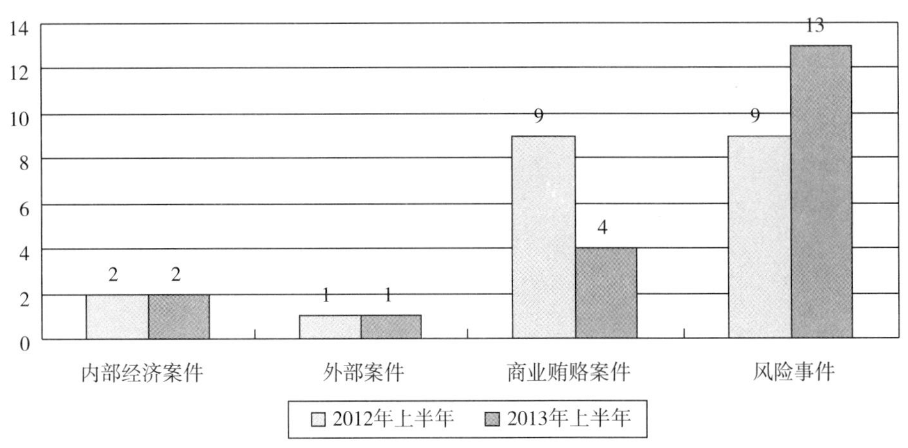

二、下半年工作总体要求——三个“突出”和五个“进一步”

认真贯彻宏观调控政策和监管部门要求，深入落实总行党委、董事会的战略意图和监事会的监督意见，提高工作的前瞻性、主动性和统筹性，坚持稳中求进、稳中有为、稳中提质，积极应对复杂多变的经济金融形势，突出调整经营结构，突出过程管理，突出从严治行，全面增强核心竞争力，确保完成既定的各项目标任务。

□ 进一步向改革要红利，激发内生活力和动力

工商银行的成就和进步得益于改革推动，每一次改革都释放出巨大的生产力和激发起更大的经营活力。可以说，没有改革就没有工商银行的今天。下半年，全行要在改革上迈出更大步伐，重点围绕总行党委年初确定的9大课题，加快推动改革措施的落地和实施，把研究成果转化为经营管理的具体实践，以体制、机制、流程、制度等关键环节改革为突破，为竞争发展提供强大动力和支撑。如通过机构改革进一步提升集团的运行效率和管控能力，通过信贷流程优化改革进一步提升市场、风险的统筹能力和对客户的服务水平。要注重各项改革措施的关联性、协同性，努力做到全局与局部相配套、治本与治标相结合、渐进与突破相促进。要鼓励各级机构结合实际大胆探索、锐意进取，形成推动改革的合力。

□ 进一步强化创新驱动，打造核心竞争力

在市场瞬息万变和大数据、移动互联等信息技术风起云涌的当今时代，没有创新，企业就难以立足和生存，创新慢半拍往往就会形成“代际”差距，而且过去的创新领先并不代表着未来的创新领先。因此，全行上下要始终保持一种坐不住、等不得的强烈责任感和紧迫感，高度重视创新工作，推动技术、业务、产品、服务等各方面创新牢牢占据同业领导地位。要深入研究利率市场化、“大资管”时代等给银行经营管理带来的影响，增强抢抓政策机遇、市场机遇、业务机遇的敏锐性，以创新的精神、创新的办法推动工作，积极挖掘新的业务增长点。要持续推进产品线建设，集中精力推广新产品，巩固传统产品优势，寻找新的潜力产品。要树立信息创造价值的新理念，以信息化银行建设为引领，构建全新的经营管理模式和业务流程，加快启动一批具

有思想力、影响力、原创性的重大创新项目，奠定新的市场地位和同业难以复制的核心竞争优势。

□ 进一步加快转变发展方式，走内涵式集约化转型路子

在当前经济下行压力加大、利率市场化加速、资本监管加强的经营环境下，传统铺摊子、上网点、增人员、加大信贷投入等过度依赖规模扩张的增长方式越来越难以为继，必须加快转变发展方式，加快经营结构战略性调整，实现尊重经济规律、有质量、有效益、可持续的发展。加快转变发展方式要在增量上做文章，更要在存量上下功夫，通过统筹运用资源配置、资本约束、绩效考核等手段，综合发挥运营集中、流程改革等成效，引导全行眼睛向内调动各业务条线挖潜增效积极性，眼睛向下提升各级机构尤其是网点竞争力，全面增强每个经营细胞的主观能动性，走出一条内涵式集约化发展的转型新路。

□ 进一步端正经营发展理念，强化内控和风险管理

内控问题、风险问题归根结底是发展观的问题。从近年来银行发生的典型风险事件来看，一家机构若出风险、出问题，绝大多数是由于经营行为违背了客观规律、不符合科学发展观的要求。作为一家稳健合规经营、负责任的大银行，在当前经营环境复杂多变、各类风险交织传染增多的情况下，一定要进一步端正经营发展理念，正确认识和把握市场、效益、风险三者之间的关系。发展要尊重规律，从本地区实际情况出发，绝不能一味追求发展速度、光鲜指标而透支发展潜力，甚至采取不可持续的做法，以致积累风险隐患。要始终坚持从严治行方针，重视解决当前一些机构重营销轻管理、重结果轻过程、重监测轻运用、重检查轻整改等问题，尤其要加强对风险事件高发机构、关键岗位的管理，约束规范员工行为，狠抓风险的源头治理。要深入研究和把握当前各类风险演变发展的趋势，提高科学应对水平，既要严守不发生系统性区域性风险的底线，更要推动信息分析和数据挖掘技术在风险防控领域的创新应用，努力使工商银行的风险管控能力保持在国内外领先水平。

□ 进一步重视服务和商誉管理，树立良好社会形象

银行作为服务行业和经营信用的企业，服务是根本，商誉是核心价值的重要构成，是社会大众对银行服务安全、便利、增值状况的总印象、总评价。面对当今客户日益提高的金融服务需求，面对同业竞争越发激烈的发展环境，全行必须真正树立“以服务赢得客户、以服务创造价值、以服务成就卓越”的经营理念，必须真正以客户为中心配置资源、开发产品、设计流程和改进管理，加快构建适应新时期竞争发展需要的现代金融服务体系。

面对信息时代大众传播速度快、影响大的新挑战，面对社会思潮更趋多元、网络自媒体影响日益增强的新环境，我们每一个机构、每一名员工都应该像爱护眼睛一样维护商誉，做好服务客户的每个细节，管好影响商誉的每项工作和每个言行，倾听大众呼声、回应社会关切，以新理念、新方法、新手段主动引导舆论，做好舆情处置，增强工作的主动性和预见性，这不仅是应对当前挑战的根本之策，也是实现“三个之最”愿景、打造“百年老店”的根本途径。

三、下半年需要重点做好的九个方面工作

3.1　推进信贷结构调整，更好地支持实体经济发展

要高度重视分析和把握错综复杂的经济金融形势，认真贯彻落实国务院最近出台的《关于金融支持经济结构调整和转型升级的指导意见》精神，在用好信贷增量的同时，更加注重运用好存量周转空间，更加注重风险与收益平衡，进一步通过信贷结构调整与经营转型，更好地发挥大银行对经济结构调整和转型升级的支持作用。

3.1.1　统筹用好信贷资源

全年人民币贷款新增9 000亿元的计划暂且不变，按此初步测算，下半年可用增量为4 147亿元，加上存量贷款周转，累计可投放空间接近5万亿元。另外，若考虑资产证券化腾出的一部分存量规模，实际可用的信贷资源还会更多。在经济增长放缓，结构性矛盾突出，有效信贷需求下降的形势下，实现有质量、有效益、结构优化基础上的5万亿信贷投放是个很大的挑战。

总行将根据经营环境变化，对一些信贷政策和准入标准等进行微调，形成更加适合市场需求、符合长远发展的信贷政策制度，同时根据上半年信贷业务运行及各品种、各区域有效信贷需求情况，及时对人民币贷款分品种、分地区计划进行结构性调整，增强对信贷需求较为旺盛地区分行的信贷资源配置。

各级行要认真全面地把握经济结构调整和产业优化升级政策要求，更加主动地贴近市场、贴近企业，更加敏锐地把握市场变化、需求变化，更加准确地抓住区域经济增长点、新的产业增长点，统筹安排好下半年的信贷投放。

去年以来，信贷资源储备下降了约3 000亿元。上半年公司贷款增长出现连续5个月逐月递减情况，5月份单月仅增加11亿元，一些重点行业的表现低于预期。至6月末，公司贷款新增2 329亿元，同比少增396.5亿元，仅完成计划的42.3%，低于序时进度。6月以来公司贷款需求虽已出现回升迹象，但后续持续性有待观察。

分地区看，东部沿海地区（包括环渤海、长三角、珠三角）增加1 110亿元，增长3.5%，同比少增419

亿元，上海、厦门、宁波、青岛和天津分行人民币贷款均衡率低于全行57.5%的平均水平。

分品种看，新增贷款主要集中在个人住房贷款和项目贷款，小企业、一般流动资金贷款、贸易融资同比分别少增514亿元、789亿元和679亿元，仅完成年度计划的10.7%、31.4%和9.0%。

3.1.2 切实把好信贷投向

把好信贷投向，优化信贷结构，是防范信贷风险、实现信贷业务健康发展与服务实体经济有机统一的关键，必须认真坚持有扶有控、有保有压的方针，使信贷投向的把握更加精准和科学。下半年要重点把握好以下六个方面的投向。

一是进一步把握好“四大新市场”的拓展方向

新四大市场还有大的潜力可挖。首先要围绕总行列出的233户领先企业名单，“一户一策”落实支持方案。同时要深入研究当地“四大新市场”需求特征，建立分行级重点支持名单，创新开发适应性产品和服务，更有针对性地拓展新市场，培育新的产业增长点。

先进制造业：优质行业龙头企业、重点装备制造企业。

文化产业：列入世界自然及文化遗产保护名录的景区、国家5A级景区、广电网络运营及广电播出、新闻出版、电影院线、文艺演出院线、国家级及省级重点文化产业园区基地等。

现代服务业：经国务院批准设立的海关特殊监管区域保税物流园区、列入省或区域中心城市重点规划建设的商贸物流园区项目、重点城市群落间交通与物流等大型枢纽工程建设项目。

战略性新兴产业：产业发展相对成熟的新能源、节能产业、绿色环保业，规模较大、“高技术、高成长”特征突出的新一代信息技术产业。

对上述领域，将分行授权额度内公共事业、现代服务业项目贷款期限，由目前的6年延长到10年；对于总行直营客户开展的技术升级建设项目和节能减排环保建设项目，授权一级分行审批。

要突出本区域的优质客户，同业优质客户的拓展，突出对上市和拟上市公司等优质客户的培育。

二是进一步把握好“四大行业”的结构调整方向

6月末，“四大行业”贷款占公司贷款的比重已从2010年末的54.4%降至36.3%，较年初下降284亿元，完成今年计划的142%。要坚持结构调整的目标不动摇，保持相应政策的连续性，主要依靠盘活存量规模，有选择地支持“四大行业”中的重点融资需求，特别是在建、续建重点项目。对“四大行业”调整增加项目贷款定向配置计划额度至600亿元，扩大定向配置分行范围。

公路行业，重点支持省级财政统贷统还的国家高速路网在建和前期已投放的重点建设项目。

城建行业，重点支持地方政府债务率水平适中、产业发展潜力大的地级以上城市、国家级开发区、国家重点战略区建设，以基础设施建设融资带动优质实体企业综合金融业务为导向，按照商业化市场化运作原则，优选融资主体及项目，防范融资风险。

电力行业，重点支持技术水平先进、还贷来源可靠的水电和火电项目中的“上大压小”项目、坑口电站、煤炭储备—发电一体化项目和港电一体化项目。

房地产行业，严格落实房地产贷款规模100亿元年度压降计划。重点支持名单制内的优质大型房地产企业开发的、能够带来优质按揭资源的普通商品住房项目。严格控制对实力较弱的小型房地产公司发放贷款，适当压缩土地储备贷款和商用房开发贷款，不得向未与我行建立按揭贷款合作关系的项目发放住房开发贷款。

——选择经济实力强、还贷能力强的城市开办棚户区改造贷款，实行严格的名单制管理，对于棚户区改造贷款不纳入“四大行业”结构调整计划考核。

三是供应链融资要大力突破

采用集中处理模式，标准化方案，分解营销目标，嵌入信贷流程，实现操作平台网络化、自助式业务申请、内部流程不落地及贷后管理电子化，打开信贷业务转型发展的一片新开地。

——一般贸易融资供应链：围绕大型装备制造业、连锁商业、重点能源和优势资源产业、全国性大宗商品交易市场、农产品等领域，新增500条贸易融资供应链。

——电子供应链：选择发展一批经营稳健、ERP（企业资源计划）系统应用成熟、合作意愿强的大中型核心企业，采用企业网银、银企互联等网络通道办理电子供应链融资业务。

——项目融资项下供应链：挖掘优质项目供应链潜在市场、通过多方协议和定向支付等结算工具组合，设计项目供应链标准化方案，依托项目供应、承包链条逐级延伸拓展我行供应链融资业务。

——境内外联动的全球供应链：围绕我国企业境外销售、境外采购、境外投资设厂等不同情况，创新供应链业务办理模式，加强境内外联动，实现全球供应链金融服务业务突破。

四是小微企业贷款确保不低于各项贷款平均增速、不低于上年水平

充分利用国家和各地政府完善扶持小微企业发展政策体系的机遇，创新服务小微企业的思路、机制和产品，提高小微企业信贷业务发展水平。优先配置小企业贷款资金，继续实施小企业贷款专项计划，并视情况及时调增额度。

——重点拓展总行确定的销售额超百亿元的234个小企业重点客户集群信贷业务。

——重点拓展小微企业和个体工商户的POS收单贷款业务。

——着力支持重点县支行发展的同时，突出打造一批具有特色竞争优势的重点县域信贷精品支行。

——负增长分行要一手抓不良贷款处置，一手抓市场的拓展，争取第三季度实现正增长。

五是把好个人贷款投向，更好地支持消费升级

下半年，要继续重点发展个人住房按揭以及与直接消费相连接的小额消费贷款。

——坚持以个人住房按揭贷款为主体，在严格防范“假按揭”、保证个人按揭贷款质量，坚持风险收益定价原则的前提下，继续优先支持高收益的个人按揭贷款业务发展。

——创新小额消费贷款业务，重点是设计和推广好“逸贷”产品，在小额信贷上真正实现突破。

——严格控制发放 300 万元以上个人经营性贷款，以及大额的、难以控制实际用途的消费贷款。

六是严格实施产能过剩行业信贷限额管理和投向控制，促进产业结构调整和优化升级

要按照对产能过剩行业“消化一批、转移一批、整合一批、淘汰一批”的差别化政策要求，严格融资准入和授信审批，区别对待，加快融资结构调整，创新手段支持化解产能过剩。

——加大融资压降力度。将 2013 年 8 个产能过剩行业新增限额由 60 亿元调整为 - 200 亿元（限额口径包括表内外业务及金融资产服务业务）。其中，钢铁行业新增限额由 45 亿元调整为 - 150 亿元，融资总量力争控制在 1 200 亿元以内。各行要按照总行分配的行业限额制定和落实压降控制方案。

——强化融资全口径管理。除表内业务外，对表外业务和金融资产服务也要控制。除部分企业债券承销以外，其他金融资产服务业务品种不再新进。

——加大存量融资结构调整力度。按照优化存量结构、严格新增准入的要求，积极压降和退出高风险客户存量融资，为满足优质客户融资需求腾出空间

——支持行业龙头企业整合产能，定向开展并购贷款，以及通过“商行 + 投行 + 其他金融资产服务”等多种工具，帮助优势企业跨地区、跨行业的兼并重组。

——支持企业“走出去”，通过出口信贷、内保外贷等产品和“贷款换资源”、“工程 + 金融”等特色业务，帮助企业向国际市场疏导与转移产能。

3.2　深化“强个金、大公司、全机构”战略，不断扩大能够支持未来可持续发展的客户基础

近年来，中国金融市场快速发展，从各种企业债的超常规发展、银行理财的崛起，到信托业的爆发式增长，大资管时代的逐步形成，再到第三方支付的兴起，中国金融市场格局正发生剧烈变化，客户对金融服务、对财富管理的观念正在发生根本转变，对公客户的经营形态相应变化，突出表现为集团化经营、全球化布局、产业链整合、集群式发展。个人客户特别是高端客户的金融服务需求也日益呈现出个性化、综合化、区域化甚至全球化的特点。

面对新的金融市场环境和客户新的金融需求，2011 年，总行提出了“强个金、大公司、全机构”的发展战略，推动三大业务领域发展发生了一些新的变化，但总的看，这三大战略实施还很不够深入，相应的策略措施还不够完善，客户基础不牢、业务增长不稳、发展质量不高的问题仍然比较突出。当前要从设立业务推进委员会、统一客户视图、完善营销机制等多方面深化战略实施，提升竞争优质客户和促进三大板块业务可持续发展的能力，增强全行市场竞争力。

3.2.1　研究设立业务推进委员会

分别成立个人金融业务、公司金融业务、机构金融业务推进委员会

主要职能：推进“强个金、大公司、全机构”战略的实施，统筹规划个人金融业务、公司金融业务、机构金融业务发展规划，审定年度发展计划，制定实施营销指导意见，负责各板块金融产品创新、授权、定价及分润机制的制定，推动完善以客户为中心的营销服务体系，促进客户服务竞争能力的提升。

示例：个人金融业务推进委员会

个人客户营销管理部门	个人客户协同营销部门	业务与产品管理部门	运营支持与综合保障部门
组成部门：个人金融业务部 主要职责： ✓统一组织个人金融业务客户拓展与市场营销工作 ✓履行委员会秘书处的主要职责	组成部门：公司业务部、机构业务部、结算与现金管理部 主要职责： ✓协助个金部拓展个人客户 ✓参与个金部组织的营销活动	组成部门：银行卡业务部、电子银行部、私人银行部、贵金属业务部、资产管理部、金融市场部、信贷与投资管理部、资产托管部、工银瑞信、工银安盛等 主要职责：开展涉及本部门的个人金融产品管理和创新；参与组织个金部统一安排的市场营销活动	组成部门：办公室、财务会计部、人力资源部、资负部、管理信息部、信息科技部、产品创新部、运行管理部、内控合规部、内部审计局、教育部、法律事务部等 主要职责：参与委员会及其秘书处组织的有关会议，执行委员会有关决策和议定事项，为客户营销提供相应支持

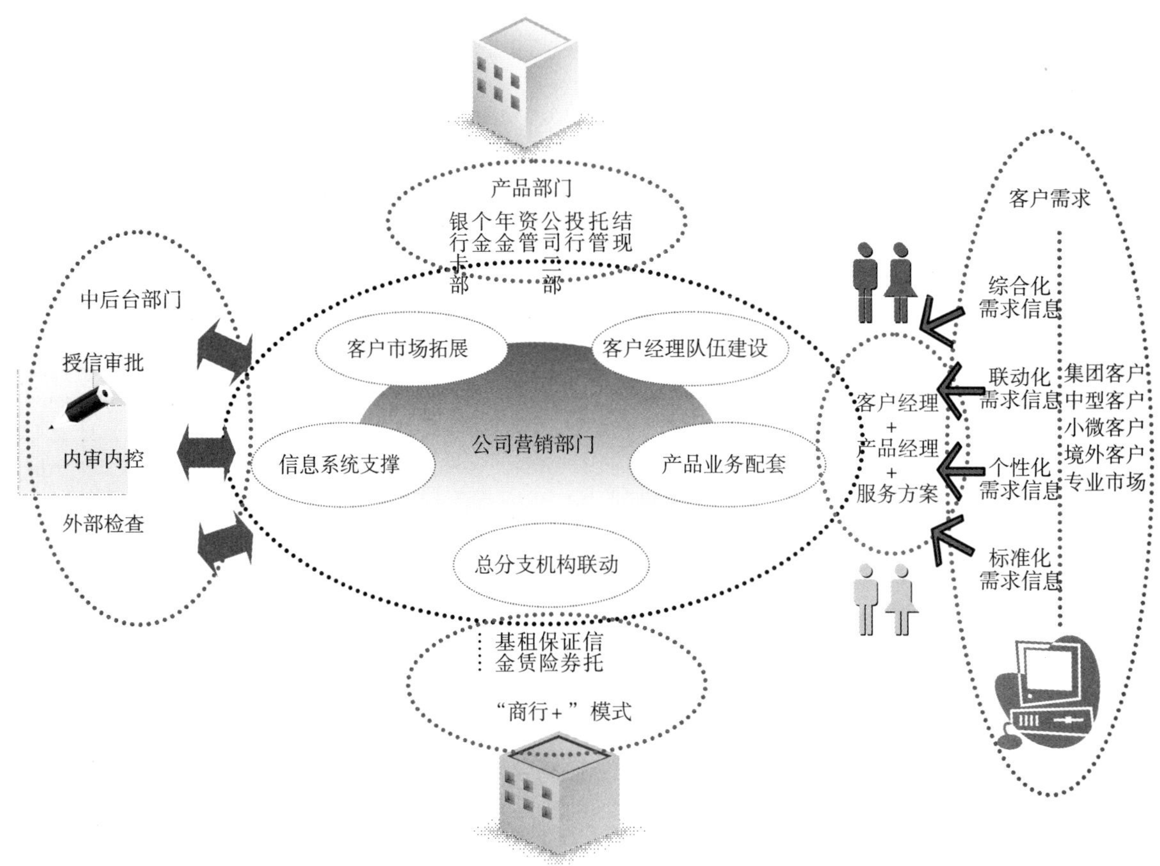

示例：“大公司战略”示意图

3.2.2 构建以客户为中心的统一视图

按照个人、公司和机构客户三大类别分别建立信息全景视图，将分散在各专业部门的营销管理功能按客户类别全面纳入统一营销管理业务系统，彻底解决以往客户信息不够集中、共享不充分、信息不准确等问题，实现以客户维度的统一信息界面、综合定价与整体营销，提升我行在产品销售、客户关系维护、市场拓展等方面的精细化管理能力。

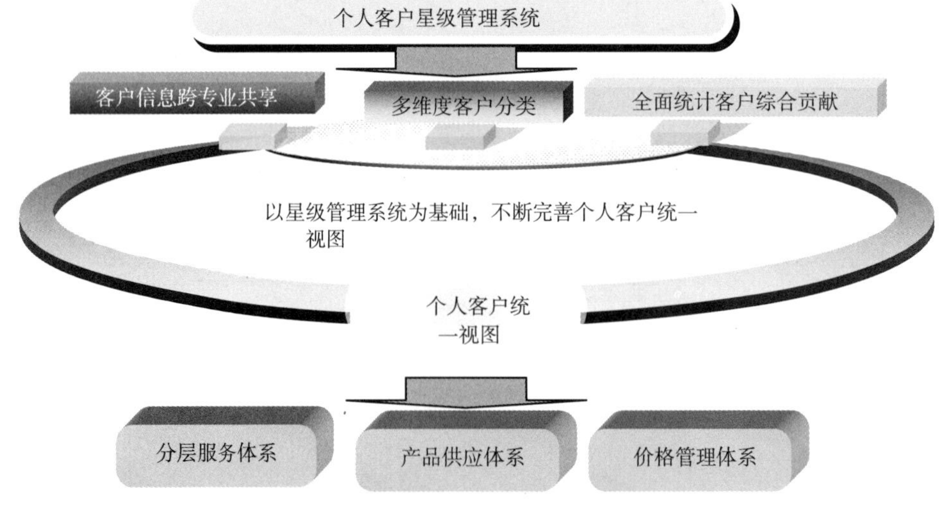

示例：个人客户统一视图

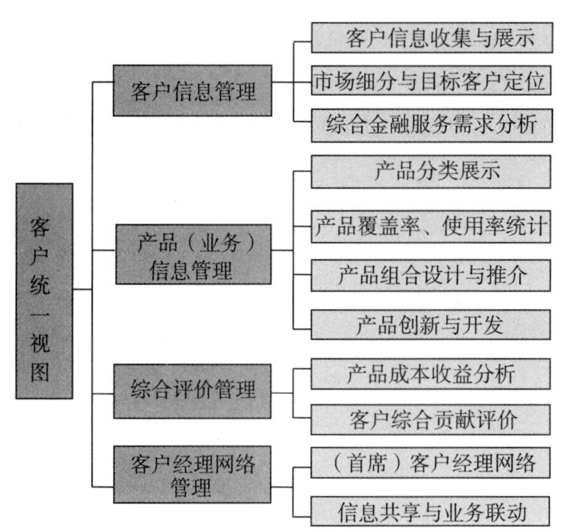

示例：公司客户统一视图

3.2.3　完善分润和定价机制

适应集团联动营销的发展要求，完善业务联动利益分配机制；推动产品组合营销，以公促私、以私带公，使公私联动的一体化营销长期化、制度化。

适应深化利润中心改革的发展要求，理顺营销部门与产品部门的经营定位与联动分润机制，探索更为成熟的经营模式，进一步提升经营合力。

完善定价机制，发挥好内部资金转移价格的引导作用。

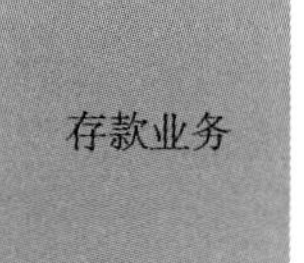

✓ 将资金转移价格向存款业务倾斜，适当扩大低成本、稳定存款业务的内部利差水平，对同业存款实施精细化差异化的内部资金转移定价管理，避免交易性同业客户向我行套利，以体制机制的完善来做好存款工作。

✓ 要增强公司存款定价管理的灵活性，实施储蓄存款差别定价管理，对核心同业客户适当丰富定期存款期限品种，优化计息方式，提高主动负债管理水平，实现存款规模与付息成本的有效平衡。

贷款业务

✓ 适度降低贷款业务的内部资金转移价格利差水平，灵活调整票据贴现业务配置价格，加大对不同收益贷款品种的结构性调整，促进经营转型和信贷结构调整。

✓ 坚持风险定价原则，合理掌握贷款定价标准，做到浮动有依有度，提高信贷资源使用效益。

3.2.4　推动信息化银行的应用

通过总分行和后台对客户信息数据、行为数据、财务数据等的搜集、加工和分析，全面准确地分析判断客户的现时需求，预判客户的潜在需求，锁定潜在客户，为基层行和前台营销提供支持，提升客户需求响应的及时性和准确性，实现从传统的推广型或关系型营销向基于数据挖掘分析的精准营销转变。

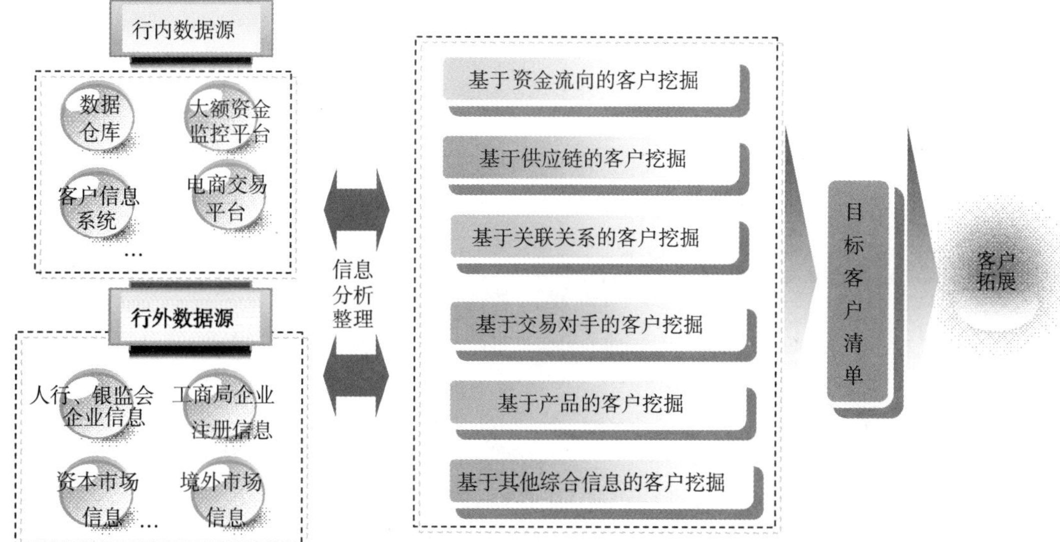

示例：公司客户拓展示意图

3.2.5　深化营销机制建设

统一客户营销

由客户部门统一实施客户营销管理、产品营销管理、业绩评价，产品部门为客户提供营销支持，建立以客户经理为主、产品经理配合的综合营销服务模式，实施全产品营销，跟随客户资产配置需求，沿着客户资金流动链条创新和营销产品，深度发掘客户价值。

建立首席客户经理制

对公司、机构板块的集团大客户，要建立首席客户经理制，做好对大客户的综合服务。

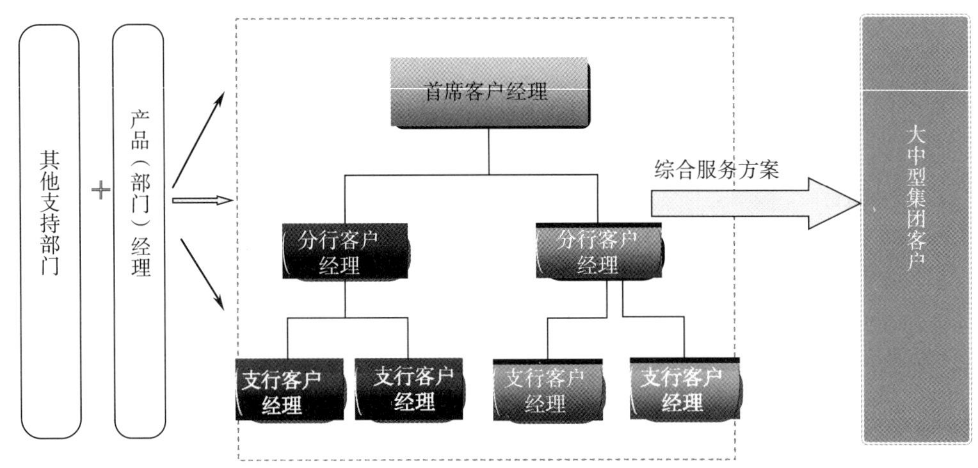

完善联动营销机制

个金、公司、机构各板块内部各部门之间，三大板块之间都要以机制为推动，以挖掘客户价值为核心，做好联动营销。

个金板块，个金、银行卡、私人银行、电子银行、贵金属等部门之间要打破专业界限，加强客户推介、产品渗透，共同推动业务发展，既要发展好理财、基金、保险等金融资产服务业务，还要通过搭载医疗、社保、交通、教育、文化等社会服务功能的产品来增加客户黏性。

公司板块，完善以客户为中心、以市场为导向的营销服务体系，进一步强化公司业务部门的营销定位，与相关产品部门、利润中心、境内分行、境外机构、子公司及行外机构通力合作，构建商业银行与投资银行、境内机构与境外机构、表内业务与表外业务协同发展的大营销格局。

机构板块，建立机构客户识别、营销、维护和培育体系，打造机构金融综合服务平台，完善机构客户资源配置、产品定价、业绩考评机制，加强跨部门联动、总分联动，形成全行上下从机构客户开发、需求挖掘、产品创新到后续服务的快速响应机制。

进一步扩大三大业务客户基础

个人客户

要充分做好数据挖掘，提高营销各类客户的针对性和有效性，利用星级系统平台和个人客户综合积分服务，做好客户的产品交叉销售，提高产品渗透率；加快客户分层维护和升星提级，使我行成为客户首选和业务主理银行，确保全面完成新增个人有效客户5 000万户、四星级以上客户900万户的年度目标。

继续做好大公司大企业、机构类客户、金融同业等领域个人客户的批量拓展。

加快拓展“三大市场”：会计师、律师事务所等新兴经济组织市场；新农村、新城镇市场；旅游、文化等新兴消费品市场。

着力抓好代发工资客户、民生领域客户、流动性客户、芯片卡客户等“四类客户”：

● 代发工资客户。推出“薪管家”代发工资综合服务品牌，为代发工资个人客户提供结算、理财、融资、消费等一系列专属产品和服务。

● 教育、医保、养老等民生领域客户。

● 流动性客户。主要包括异地任职的中高层管理者、商品交易市场的个体老板、外出务工的县域客户、商旅频繁的白领客户、异地求学的学生客户等。

● 芯片卡客户。目前我行已与公安部签订了排他性发卡协议，在2014年10月前只有我行可以发行加载电子身份证功能的单芯片借记卡。要抓住这一机遇，做好我行单芯片卡市场宣传，加大推广力度，扩大发卡规模，努力在磁条卡全面向芯片卡迁移、市场格局重新划分过程中确立并巩固先发优势。

公司客户

找准目标市场，依靠链式营销和集群营销，批量拓展新客户，确保完成全年4 000户中型客户、2.2万户小企业有贷户、有效对公结算账户新开70万户，其中五星级以上优质公司无贷客户增长5万户的任务目标。

抓好五大重点板块

一是同业优质客户板块：研究出台同业优质客户营销指导意见，建立同业优质客户信息库，集中资源，有策略性地营销一批同业优质客户。如纳税大户、销售大户、贸易大户、盈利大户、贷款大户、学校、医院等。

二是供应链板块：抓重点核心企业，制订个性化供应链方案；抓大额资金平台，通过系统筛选目标客户，批量拓户。

三是拟上市板块：建立上市企业目标客户库，对尚未与我行建立业务关系的客户提出针对性营销措施和配套政策，研发新产品，提供上市前中后全过程、一揽子的金融服务。

四是入园企业板块：推广“开发区＋入园企业”的发展经验，探索进一步利用政府在公共资源方面的调控力和对落地企业在金融资源方面的影响力，形成银政合作为入园企业提供服务的新平台，批量拓展落户企业。

五是电商平台客户板块：高度重视电商平台入驻商户的营销，在电商平台基础上为客户打造“支付＋融资”的特色金融服务方案，积极拓展结算、网络供应链融资、资金管理等业务，并依托平台开展拓户工作。

努力提高产品覆盖率，增加客户黏性

一是促进信贷增容：选择一批优质客户，特别是授信额度使用不足、信贷同业占比较低的优质客户，加大融资类业务的营销，实现信贷增容。

二是深化融资产品合作：针对96%的融资客户仅使用1～2种融资产品的情况，认真分析原因，加大针对性营销力度，促进客户使用我行更多的融资产品。

三是抓好全产品营销：通过公司业务带动投行、国际、金融资产服务、集团现金管理、企业年金、代发工资、产品线（出口信贷、租赁业务、商品融资）、“走出去”业务以及个金、银行卡等业务的发展。

机构客户

把握社会资金运动规律，适应证券、保险等金融领域政策变化，抢抓民生领域发展机遇，加强对目标客户拓展，实现全年新增政府机构客户2 000户，账户4 000个，新增第三方存管客户75万户，新建代理行32家，银银平台投产客户20家。

总行已制订民生领域金融服务发展规划，各行要根据实际，因地制宜逐年细化民生领域客户发展目标，力争2015年财政、社保、医疗、教育领域重点机构客户合作覆盖率分别达到90%、90%、75%、80%。

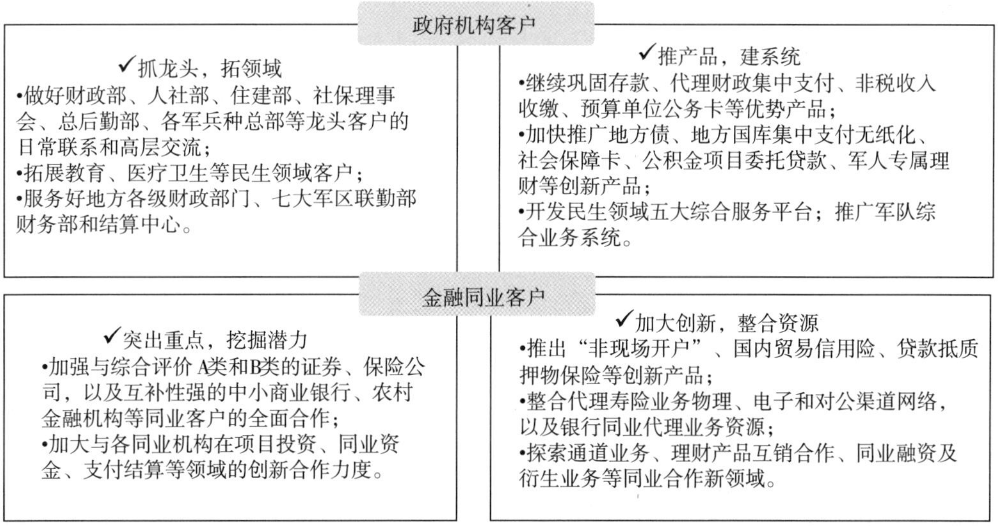

政府机构客户

✓抓龙头，拓领域
•做好财政部、人社部、住建部、社保理事会、总后勤部、各军兵种总部等龙头客户的日常联系和高层交流；
•拓展教育、医疗卫生等民生领域客户；
•服务好地方各级财政部门、七大军区联勤部财务部和结算中心。

✓推产品，建系统
•继续巩固存款、代理财政集中支付、非税收入收缴、预算单位公务卡等优势产品；
•加快推广地方债、地方国库集中支付无纸化、社会保障卡、公积金项目委托贷款、军人专属理财等创新产品；
•开发民生领域五大综合服务平台；推广军队综合业务系统。

金融同业客户

✓突出重点，挖掘潜力
•加强与综合评价A类和B类的证券、保险公司，以及互补性强的中小商业银行、农村金融机构等同业客户的全面合作；
•加大与各同业机构在项目投资、同业资金、支付结算等领域的创新合作力度。

✓加大创新，整合资源
•推出“非现场开户”、国内贸易信用险、贷款抵质押物保险等创新产品；
•整合代理寿险业务物理、电子和对公渠道网络，以及银行同业代理业务资源；
•探索通道业务、理财产品互销合作、同业融资及衍生业务等同业合作新领域。

3.3　提升网点效率和竞争力，走内涵式发展道路

3.3.1　网点经营管理中存在的主要问题

网点单产差距较大

营业网点是经营管理的基础，网点竞争力直接关系到全行的经营效率。6月末，全行网均存款（含同业）8.85亿元；上半年网均新增存款2 656万元、网均拨备前利润1 055万元、网均中间业务收入391万元。

低效网点偏多。2012年全行有1 489家网点存款日均余额为负增长，占网点总量的8.9%。过去3年存款日均余额复合增长率低于5%的有3 314家网点，占网点总量的19.8%。

网点单产差距较大。2013年6月末，排名前20%的网点存款合计占全行存款余额的73.7%，排名后20%的网点存款合计只占全行存款余额的1.9%。

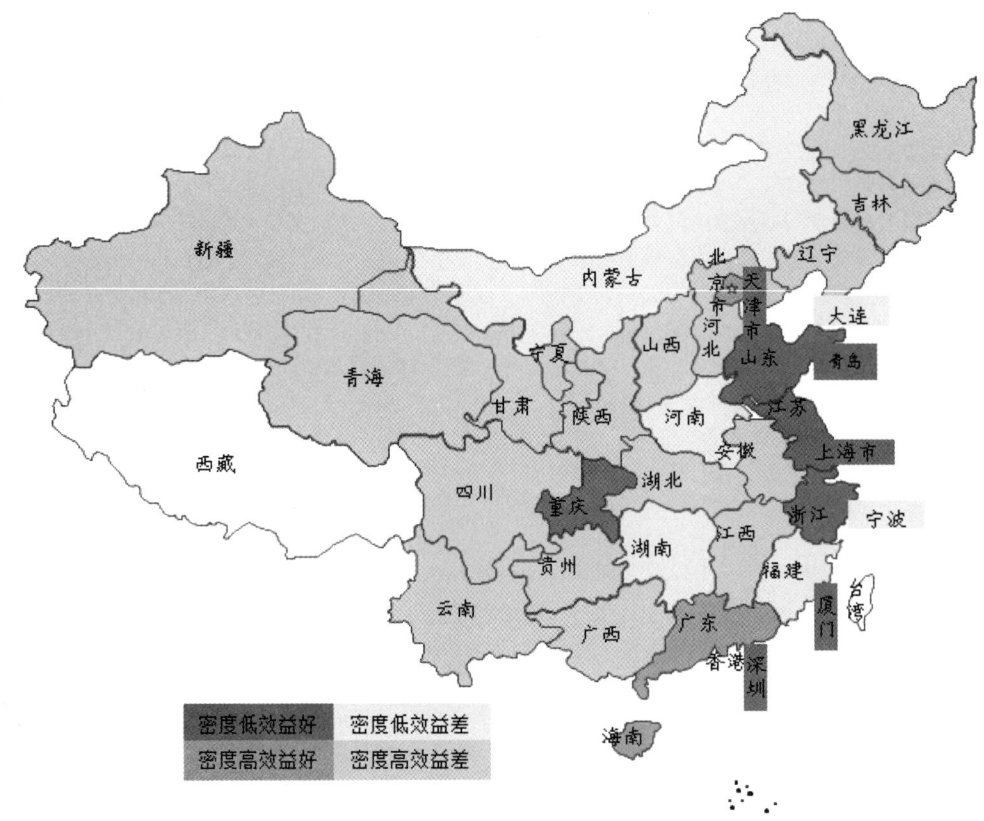

说明：（1）网点数量/百亿 GDP，代表网点资源投入密度；
（2）网均 EVA，代表网点资源投入产出效率。

全行网点的市场、资源与效益的差异化现象较为明显。

天津、山东、青岛、江苏、上海、浙江、重庆、厦门、深圳 9 家分行的网点密度低于全行平均水平，且网均 EVA 高于全行平均水平；

北京、广东、海南 3 家分行的网点密度和网均 EVA 均高于全行平均水平；

内蒙古、大连、河南、湖南、宁波、福建 6 家分行的网点密度和网均 EVA 均低于全行平均水平；

其余 17 家分行网点密度高于全行平均水平，网均 EVA 低于全行平均水平。

运营效率有待提高

运行标准化程度不够。各行在网点运营、服务管理、考核评价等方面存在较大差异。

柜口利用率不高。网点柜口中有 25% 闲置，未对外营业。

柜面业务分流有待加强。目前柜面业务可分流率为 30.4%，有 58% 的一级分行可分流率高于全行平均水平。

业务饱和度不够。30.5% 的柜员月均业务量低于 1 000 笔，日均业务量不足 45 笔，仅为全行柜员日均业务量平均水平（161 笔）的 28.2%。

劳动组合有待优化

存在“三多三少”的现象：

一是现金柜台多，非现金柜台少。目前，全行配置现金柜口 7.5 万个，非现金柜口 2.8 万个，二者之比为 2.7:1，分行最高为 6.3:1，最低为 1.2:1，相差 5 倍。部分网点现金柜口过多承担复杂业务处理和营销工作职能，在一定程度上出现了现金柜员和非现金柜员忙闲不均的现象。

二是网点柜面业务人员多，客户经理、大堂经理和引导人员少。

三是网点内服务人员多，外勤营销人员少。6 月末，销售类员工只占网点人数的 21.76%。

网点综合化有待改进

网点对公服务能力还不够强。2012 年末，全行仍有 1 800 家网点尚不具备综合化服务能力，2 600 家网点虽然具备综合化服务能力，但未开展对公业务，二者合计为 4 400 家，占全行网点总量的 26.3%。

网点人员办理对公业务的技能有待提升。相当一部分网点柜员不熟悉对公业务，存在不会办、不想办的问题。

网点精细化管理有待加强

网点建设中依然存在“重建设、轻管理；重投入、轻产出；重数量、轻质量；重行政推动、轻机制建设”等问题。

网点规划布局有待完善

目前全行 73.2% 的网点分布在老城区，仅有 19.3% 的网点分布在新城区和城市新区，未能及时根据城市建设进程和金融资源分布的调整，对业务量下降、资源匮乏的老城区网点进行相应的调整优化。

3.3.2　提升网点竞争力的工作措施

制定网点竞争力提升三年规划

从推进网点经营转型、优化网点劳动组合、加强科学考核等方面入手，进一步建立健全网点经营管理机制，促进网点综合竞争力的明显提升。

未来三年，网均客户金融资产增速要超过四大行平均水平。

营销人员占从业人员比例每年提升 2～3 个百分点。

力争到 2015 年末，50% 以上的网点单产领先国内可比同业。

总分行组建专门工作团队

总行成立领导小组，组建专门工作团队，专司此项工作。按照“抓两头、带中间”的工作方针，对不同类型网点实行解剖麻雀式的蹲点调研，全面调查分析当前网点经营发展中存在的问题，深入剖析制约网点竞争力提升的关键因素，在此基础上研究提出全面提升网点竞争力的顶层设计方案并专题部署。

各分行也要及早行动，成立相应的工作组，根据当地实际和总行有关要求，做好辖内分支机构网点竞争力提升的组织与推动工作。

网点竞争力提升“七大工程”

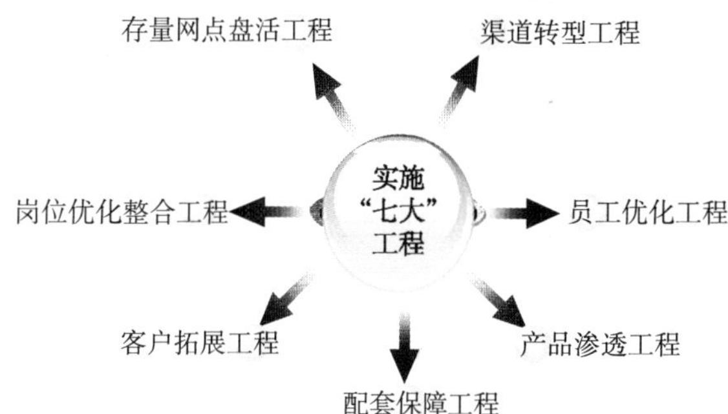

存量网点盘活工程

◆　加强对存量营业网点的规划布局和科学管理。

◆　适应部分城市核心区迁址及新城区规划，启动中心区域网点外迁工作，使网点布局紧跟城市发展适时调整。

◆调整优化低效存量网点。对于D类低效维持型及E类低效优化型网点，通过迁建改建等措施来提升经营绩效。各行要逐网点落实迁改建措施，力争2014年前完成低效网点盘活优化工作。

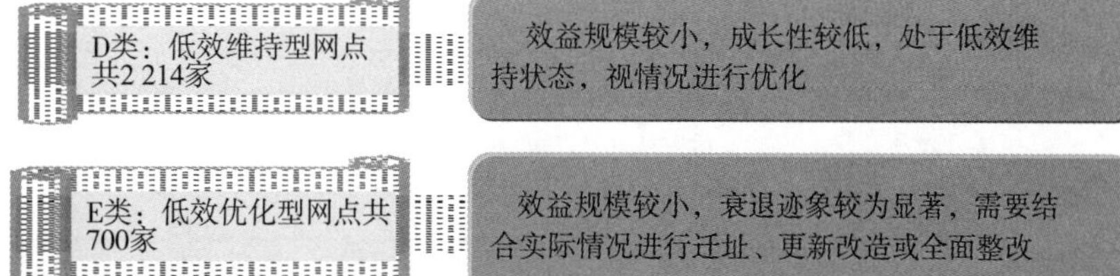

◆总行对营业网点进行分类评级，并按年度定期公布网点五级分类评价结果和综合排名，鼓励网点争先进位。

渠道转型工程

◆ 渠道转型的核心是提高业务分流水平。要在优化物理网点的同时，加强电子渠道建设，形成网点柜面、电子渠道、自助渠道有机结合的服务网络，力争柜面业务可分流率降至25%左右的水平。

◆ 根据网点实际情况，科学配置高低柜，促进业务在高柜低柜间的合理分布。

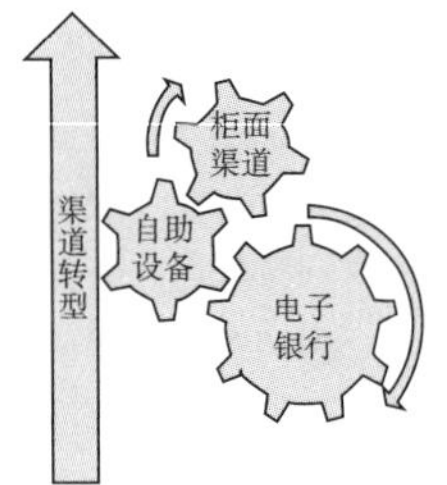

通过业务分流，释放人力资源

●对“柜面业务量大、业务分流差（可分流率高）”的8 106家网点，要进一步加大电子银行渠道的分流力度，减少柜面业务量，为柜员转岗提供支持。

通过自助设备使用，降低柜面业务量

●对“柜面业务量大、自助设备投放不足”的1 229家网点，要进一步加大自助设备投放，优化布局，加强分流引导，减少柜面业务量，为绩效提升提供支持。

岗位优化整合工程

以流程精简、岗位整合、人员集约为目标，按照整合岗位职责、精简岗位数量、遵循岗位制衡的原则，全面开展网点岗位整合，按照不同网点运营业态，明确各类网点岗位标准，核定网点柜口和柜员配备标准。

◆合理区分现金柜员、非现金柜员与理财经理、客户经理的职责分工，使网点各个岗位之间既职责清晰又互助互补。

◆建立机动柜员调配机制。以网点的直级管理行为单位，综合考虑所辖网点总体业务峰值情况，合理配置一定数量的机动弹性柜员，实现所辖网点内跨区域人员机动调配和动态流动，解决辖内网点业务错时峰值时运力不足、忙闲不均的问题，实现人员灵活调配。

◆柜口配置要充分考虑网点业务波峰、波谷情况，根据网点业态设置弹性窗口。

柜口配置标准化	柜员业务量核算标准化	柜员配备标准化
以网点折算后的日均业务量和柜口日均业务量的比值确定网点柜口配备数量。	根据有效工作时间和单笔交易时间基准核算单个柜员的日均标准工作量。	在确定柜口数量的基础上，考虑柜员轮休等因素，确定柜员配备数量。

员工优化工程

◆ 充分释放运营三项改革及流程优化成果，实现人员由高柜向低柜、由柜员向客户经理优化调整，形成科学合理的网点人员结构。

◆ 压缩中后台岗位人员，提高临柜、客户经理等服务营销人员占比。对不同类别网点的中后台岗位进行分类设置，实现网点内部人员配置的动态优化。比如，对单一业务网点不再设置中后台岗位、最大化配置对外服务窗口人员，增强网点业务处理和营销服务能力。

◆ 实施网点人员统一调度管理。在风险可控的基础上，实现网点内部现金柜员和非现金柜员之间、大堂经理和柜员之间在不同功能区、不同岗位的流动，解决网点内部运力调度问题。

◆ 提升网点人员素质。通过推行网点员工上岗资格认证等方式，形成标准化、定量化的岗位要求，努力发挥各岗位人员在网点运营中的最大效能。

客户拓展工程

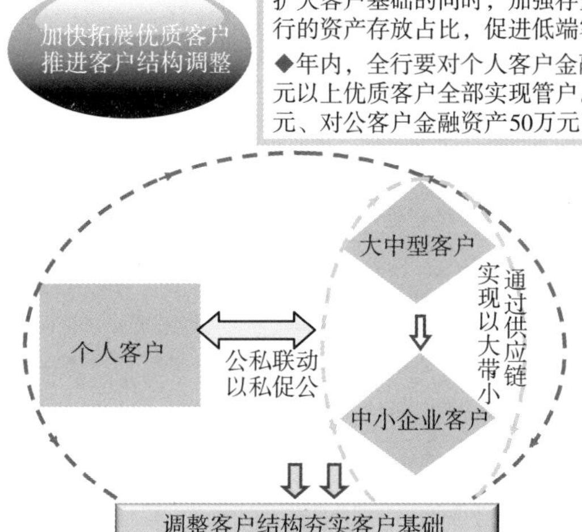

产品渗透工程

配套保障工程

按照经营发展、运营效率、服务质量相协调的原则，建立涵盖网点业务发展、资源配置、集约运营业务占比、客户服务、内控安全等在内的网点竞争力评价体系，实施精细化管理，发挥考核的引导功能，鼓励网点争先进位，全面激发网点经营活力。

完善配套机制保障竞争力提升

强化网点员工绩效考评。建立分岗位的网点员工绩效考核体系，涵盖网点负责人、柜员、大堂经理和客户经理四个层面。对网点负责人，重点考核网点整体效益、风险、服务、内控和案防等情况。对柜员，重点考核业务量、服务质量、投诉量、客户识别与转推介。对大堂经理，重点考核识别引导、业务咨询、大堂管理与客户转推介。对客户经理，重点考核营销业绩。

建设营业网点运营标准化管理平台。建立涵盖营业网点业务量、运营效率、运营质量和综合评价的指标体系。

提升网点负责人能力。加强网点负责人的培训和交流锻炼，全面提高其营销服务和内部管理能力。要选好配优网点负责人，通过多种途径，将素质好、能力强的网点一线业务骨干充实到网点负责人队伍中来。

发挥信息化银行建设对网点营销服务的支撑作用。充分利用大数据创新客户营销与服务模式，深化对各类数据自上而下的挖掘分析，并将采集分析的数据信息及时反馈到营业网点，帮助网点员工及时、有效地识别客户，为网点精准营销提供有力保障。

3.4 加快业务线产品线建设，进一步调整业务结构

3.4.1 扩大重点业务线优势

要不断巩固扩大重点业务线竞争优势，提升产品渗透率和客户忠诚度，稳固业务持续增长的基石。

金融市场

抓住当前形势下客户利率、汇率避险等金融需求日益旺盛，商品交易、账户交易等市场快速起步的战略机遇，充分发挥我行金融市场业务与产品优势，努力拓展客户群、提升交易活跃度，加快发展金融市场业务、丰富盈利增长点。

努力提高投资交易及承销业务盈利贡献	科学调整组合结构，加大信用债投资力度，着力提高本外币债券投资业务收益水平； 保持在人民币利率、汇率交易领域的领先做市商地位，进一步提高各类交易业务报价竞争力、做市影响力和盈利贡献； 提高承销能力，继续按照“抓大不放小”原则，巩固大型优质客户、拓展中小型优质客户，努力保持我行承销规模市场第一的优势。市场资源丰富但排名落后的分行要加大工作力度。同时,要注意债券承销的风险防范，在客户选择、尽职调查等方面进一步加强管理，特别关注私募债的风险审查。
加强产品与经营模式创新	不断丰富交易类产品线种类与功能，尽快推动工银伦敦、纽约分行代理总行外币债券、衍生产品及商品交易，进一步完善全球24小时不间断资金交易体系； 进一步提高境外机构金融市场业务统一管理与集中交易水平，持续推进离岸市场人民币交易业务发展； 加快开发向客户提供金融市场信息的相关系统，丰富网银、短信等信息提供渠道，提高客户满意度与市场竞争力。

资产管理

今年以来，监管部门对银行理财风险问题高度关注，先后出台了多项监管规定，全行要密切关注、认真执行研究国家政策和监管新规，一手抓风险控制、一手抓业务创新，推动资产管理业务合规发展，进一步提升对全行收入的贡献。

1. 推动业务和投资持续创新。要把握政策机遇，推进资产管理直投业务，积极争取监管支持，实现业务早日开展，继续推进理财投资中小企业私募债等新业务，以及债券指数化产品、Shibor 挂钩产品等的创新研发。

2. 抓好产品发行和流动性管理工作。科学制定产品发行计划，加快推进固定期限类产品线的优化整合，积极组织无固定期限、净值型产品和增利系列产品的持续营销，为做好流动性管理提供良好基础。同时，要降低保本产品发行量，促使产品报价回归正常水平。

3. 落实监管要求，做好理财项目投后管理。持续加强制度建设，完善风险处置流程，加快投后管理系统建设，严格落实分行和合作方投后管理职责，提高产品投资运作透明度和信息披露效率，切实保障投资者权益。

4. 加强分行理财业务管理。将分行区域理财项目纳入全行统一管理，督导分行切实提高业务运作合规性水平，严格落实各项管理制度，做到产品的统一报价，单独管理、建账和核算，严格控制投资非标资产数量，达到各项风险监测指标要求。

资产证券化

随着国务院资产证券化常规化政策的推出，银行信贷资产证券化的政策空间已经打开。要抓住政策机遇，将资产证券化作为资产负债总量管理和结构优化的主动性策略手段，在上半年成功发行 35.92 亿信贷资产证券化产品的基础上，按照常规化发展业务的思路，提前做好业务规划、制度修订、资产入池等准备，力争尽早完成 300 亿元的证券化规模。

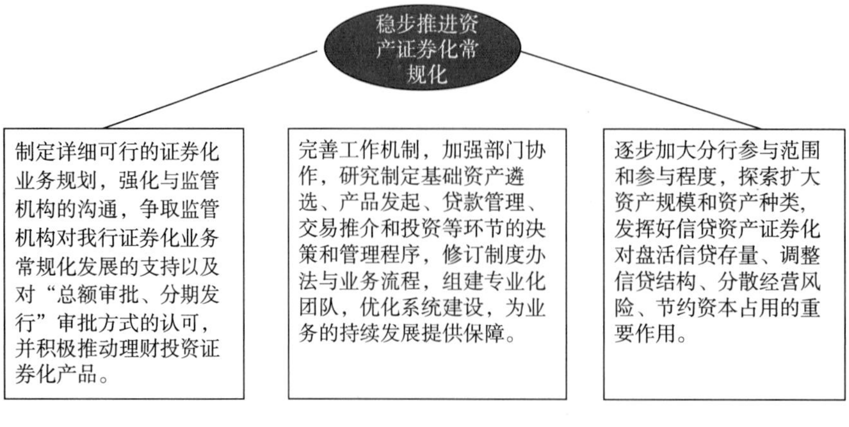

稳步推进资产证券化常规化

- 制定详细可行的证券化业务规划，强化与监管机构的沟通，争取监管机构对我行证券化业务常规化发展的支持以及对“总额审批、分期发行”审批方式的认可，并积极推动理财投资证券化产品。
- 完善工作机制，加强部门协作，研究制定基础资产遴选、产品发起、贷款管理、交易推介和投资等环节的决策和管理程序，修订制度办法与业务流程，组建专业化团队，优化系统建设，为业务的持续发展提供保障。
- 逐步加大分行参与范围和参与程度，探索扩大资产规模和资产种类，发挥好信贷资产证券化对盘活信贷存量、调整信贷结构、分散经营风险、节约资本占用的重要作用。

资产托管

抓住“大资管”市场机遇，跨越式发展资产托管业务，确保主要产品同业领先，全年资产托管规模力争达到4.5万亿元；总收入确保65亿元，力争达到70亿元。

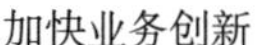

强化市场营销

✓ 加强对基金及专户、证券公司资产管理，保险公募产品和全球产品的市场营销；

✓ 加强部门合作，加强总分行联动、境内外机构联动，增强营销合力，巩固扩大市场份额；

✓ 积极关注监管政策和客户需求变化，关注市场波动对产品净值与市场份额的影响，及时调整产品和市场营销的重点。

加快业务创新

✓ 加快流程梳理、业务系统研发，确保票据资产托管、资产托管理财通、基金业务外包三大创新业务的试点和市场推广工作；

✓ 加快民生领域托管方案研究与探索，推动服务方案的产品化进程；

✓ 加大产品创新，力争在养老金后端产品等领域确立先发优势。

信用卡、品牌投行、私人银行、贵金属及现金管理业务

信用卡：加大有效发卡力度，强化环球旅行卡、双品牌芯片卡等优质新产品营销推广，年末代发工资客户渗透率要达到40%；优化分期付款行业结构，小额、多笔、非集中地开展信用卡贷款业务，推动信用卡贷款回归消费本质。到年末，信用卡业务力争实现总收入300亿元，同比增长25%，其中中间业务收入达到230亿元，同比增长30%。

品牌投行：坚持投行业务和收入结构调整的方向，加强人员配备和培训，不断丰富品牌类投行产品线内涵，年末全行品牌类投行业务收入要达到160亿元，增长50%，其中股权融资、重组并购和高端财务顾问业务收入要力争达到110亿元。

私人银行：继续深化私人银行业务“全行办、全球办”的机制，深入开展私人银行中心服务延伸，实现客户服务分层、产品销售下沉，进一步激发私人银行业务经营活力。力争到年末，私人银行客户数达3.3万户，管理资产规模6 000亿元，全年实现中间业务收入22亿元。

贵金属：加快各类渠道建设，年末完成三类网点建设目标（五星级300家、四星级500家、三星级5 000家），以及香港贵金属营运中心设置，为境外机构实物贵金属业务提供交易支撑，力争全年业务线实现收入42.6亿元。

现金管理：发挥四大现金管理区域中心纽带作用，狠抓中石油、中石化、长虹、华为等重点客户全球现金管理项目的推进，深入营销收款管家和资金池服务，加强票据池业务的推广和实施，形成新的利润增长点。力争年末现金管理存量客户超过88.9万户，其中全球现金管理客户增幅在11%以上，存量客户超过3 700户，继续巩固市场占比第一的领先优势。

3.4.2　集中精力抓好新产品投产与推广

完善产品创新体制机制，紧扣“创意、创新、价值创造链条”，研发推出一批贴近客户需求，引领行业发展的新产品，集中精力抓好市场推广，迅速打开市场空间，形成先发优势。

逸贷：适应线上B2C交易和线下POS交易不断普及，为拓展新兴消费信贷市场而研发的线上线下一体化小额消费信贷产品。当客户使用我行借记卡、信用卡、存折等介质在指定商户进行线上B2C或线下POS消费时，针对符合条件的持卡人按照一定规则联动提供信用消费贷款服务或信用卡分期付款服务。

目标要求：7 月中旬至年底在线上线下同步开展“工银逸贷　一触即贷”主题营销活动，各行要按照总行安排部署，加大营销活动组织力度，迅速提升“逸贷”在我行客户中的覆盖率和公众认知度。力争在营销活动期末，“逸贷”签约客户突破 200 万户，贷款金额突破 200 亿元。

电子商务平台：搭建商户、客户、银行三位一体，资金流、物流、信息流“三流合一”的综合化电子商务平台，提供“支付＋融资”的智能化综合金融服务方案。

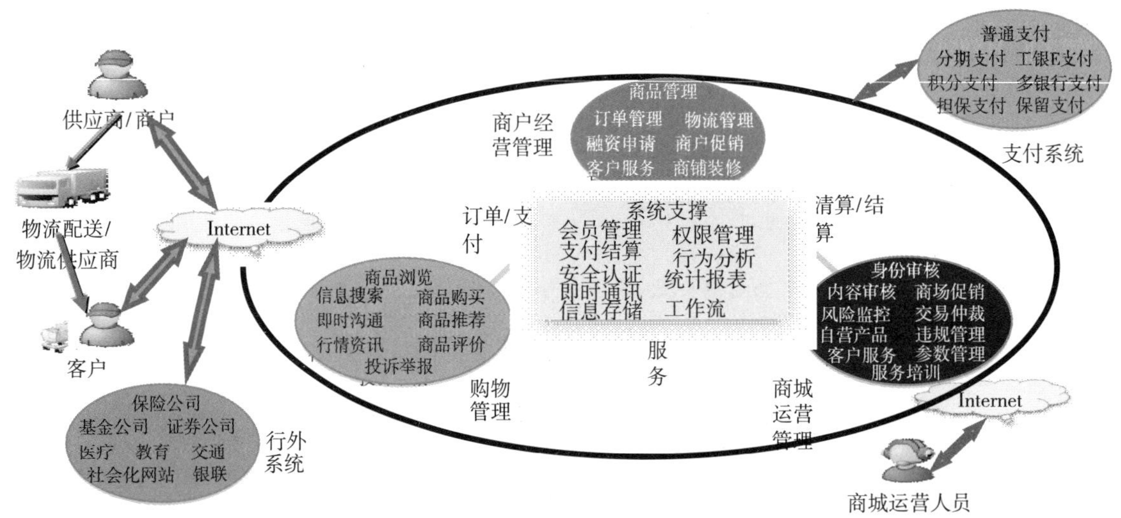

目标：10 月实现平台一期 B2C 商城的投产，2014 年 1 月正式对外运营。

要求：制定完善的商户营销方案和法律文本协议，明确我行电商平台的优势及双方的权利义务，并据此积极组织目标商户的筛选、营销、签约、上线；运行初期实现至少 100 户商户进驻；加强平台制度建设和队伍建设，保障平台平稳顺利运营。

中小商户贷：遵循“小额、信用、集约、自动、便捷”的原则，依据商户在我行 POS 终端（或个人转账终端）的收单业务情况，为符合条件的商户核定信用循环授信额度，并以 POS 交易资金作为直接还款来源的短期信贷产品。

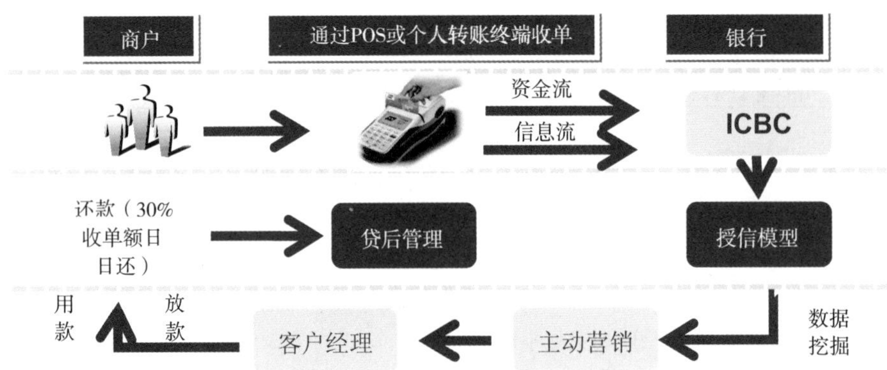

目标：产品主体功能将于 11 月投产，预计潜在目标客户超 5 万户，若实现目标客户全覆盖，每年将为我行带来超过 10 亿元收入。

要求：总行相关部门要抓紧出台产品管理办法，推动系统开发和投产工作；各分行要积极开展商户对接，特别是面向专业市场、商圈等小微商户密集的区域，推动前期的 POS 布设和产品宣传工作。对有需求的商户，可参照管理办法，按照现行小企业和个人经营贷款政策，满足其融资需求。

线上线下支付：实现芯片卡借贷记电子现金账户，线上线下小额快速支付和移动支付（微信支付、二维码支付等），提升电子支付市场竞争力。

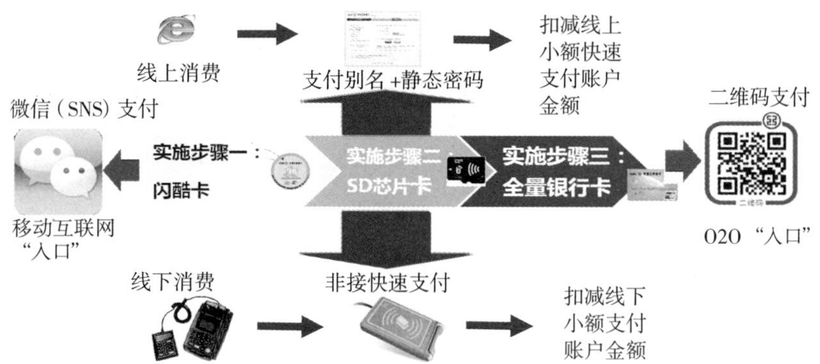

目标要求：产品主体功能将于今年 11 月投产。2014 年起，我行新发行银行卡将全面转向芯片卡，届时小额电子支付将成为标配产品，预计闪酷卡客户将超千万，市场潜力巨大。

供应链金融：基于核心企业的经营理念和价值增长目标，借助于银行的专业化金融产品与服务，通过金融资本与实业经济的协作，构筑企业、银行和商品供应链互利共存、持续发展的产业生态。

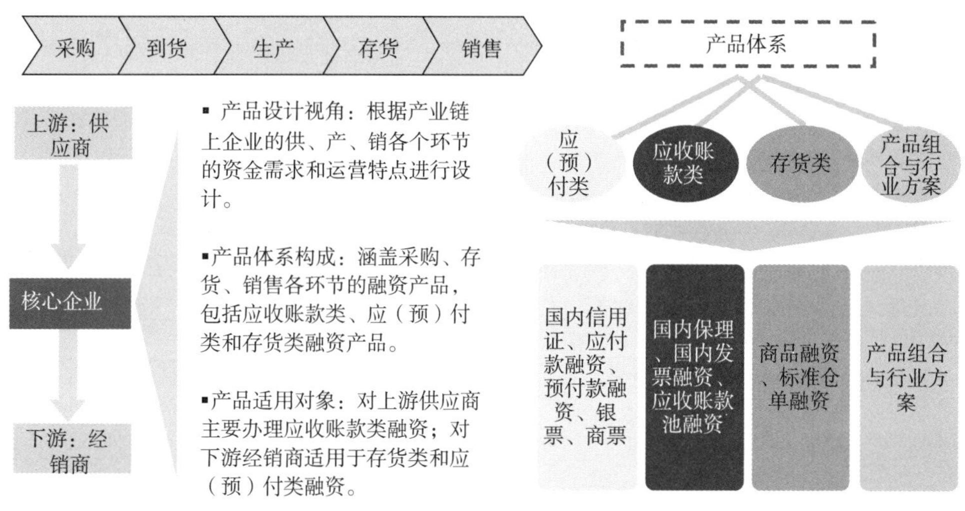

发展过程中遇到的问题：

客户市场：核心企业一般不愿承担对银行的信用捆绑责任。

业务模式：一点对全国模式无法适应大体量供应链与综合化营销，属地化模式难以实现供应链金融对一体化、定制化、标准化的服务要求。

发展现状：虽已起步但规模较小、增速较慢。

风控方式：缺乏针对产业链条整体风险评价与管理。

处理流程：在客户分类、评级、逐一授信、集中审批等环节内耗过多。

操作方式：主要采取手工线下操作方式，操作成本高、作业效率低。

工作思路和要求

总行	分行
• 加快总行集中处理模式创新； • 优化供应链业务流程； • 加快项目供应链与全球供应链推动； • 业务操作电子化； • 加强非现场风控模型与系统干预手段应用。	• 各行要提高供应链营销层级，由一级（直属）分行行领导直接负责供应链融资的整体营销； • 优先选择具有批量化潜力的供应链，争取与目标客户签订供应链金融服务合作协议； • 在信贷规模、人员、技术等方面予以保障。

3.4.3　着力培育潜力产品

要进一步加强产品研究，紧盯客户找市场、紧盯同业找差距，积极发掘培育一批潜力产品，对增长速度快、市场空间大的产品，要完善资源投入的配套机制，加大绩效挂钩和激励性费用投入的力度，充分调动各级行的积极性。

银行卡收单

上半年，全行实现收单业务收入32.7亿元，同比增长31.9%。随着银行卡受理环境的完善和银行卡消费的快速增长，收单市场将日益成为银行和第三方机构的“必争之地”，全行要进一步提升对发展收单业务的认识，力争到2014年，实现收单商户突破100万户、回佣收入突破100亿元。

加快组建专业收单团队	• 在全行打造一支2 000~3 000人的专业化收单团队； • 各行要加快组建专职收单团队，特别是商圈较为集中的各级城市分行，要抓紧配备专职人员，促进收单业务发展。
名单制营销优质商户	• 加快集团商户总对总合作，集团商户总部所在地分行负责牵头营销，各分行推动辖内门店签约； • 加大MIS系统推广力度，提升大型商户合作的稳定性和排他性； • 围绕银行卡消费热点商圈，积极布放非接POS，摆放“城市一条街”标识，打造我行收单品牌。
开展线上线下商户一体化营销	• 顺应商户线上、线下经营交融趋势，积极进入迅速发展的线上支付市场，加强与电子银行协作营销，共享客户资源，以全行利益最大化为目标，实现线上线下商户一体化营销。

个人结售汇与外汇汇款

上半年，我行个人外汇业务增长较快，个人结售汇业务量同比增长35.63%，可交易币种达到24个，为同业最多；个人外汇汇款收入3 068万元，同比增长127.73%。但与同业相比，我行个人外汇业务的差距仍然较大，1~5月我行个人结售汇业务收入约为中行的1/6，个人外汇汇款业务收入四行占比11%，排名第四。产品和系统优势尚未转化为市场竞争优势。

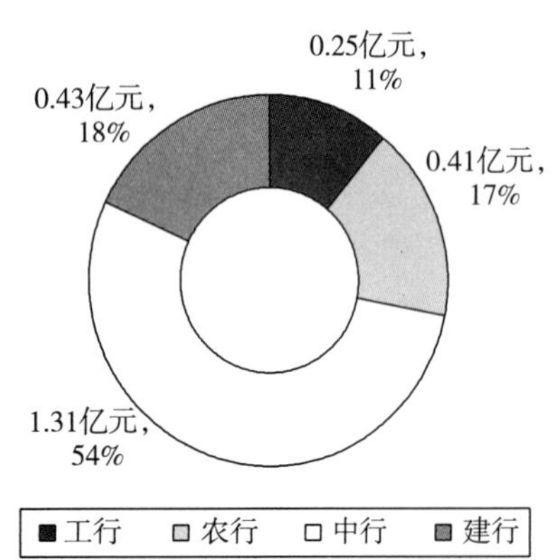

1~5月四行个人外汇汇款收入占比情况

下一步工作措施：

改造业务流程，优化产品功能，增强客户体验友好性。

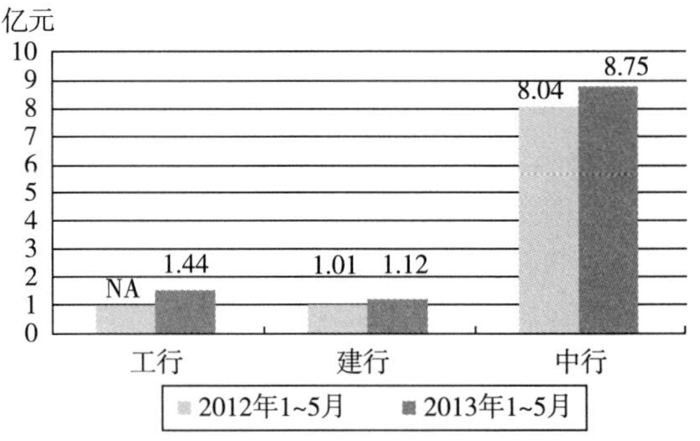

1~5月同业个人结售汇收入情况

加强对目标客户的营销，加大对个人结售汇、外汇汇款、外汇买卖、外汇理财等关联业务的整合营销力度，提升个人客户对我行个人外汇业务的认知度。

截至2012年末，全行个人外汇汇款业务网点覆盖率仅为48.7%。下一步，要持续推进个人外汇网点建设，提高办理个人外汇业务网点的覆盖率。

账户交易类产品

第一季度，全行账户原油、账户外汇两项创新产品投产后，市场反响较好，但产品推广和客户拓展还不够快。至6月末，账户原油、账户外汇客户数分别为13.97万户和7.95万户，仅完成全年目标值的4.7%、2.7%。全行要进一步加大推广力度，力争年末账户原油、账户外汇客户数均达到300万户，交易量分别达到260亿元、100亿元。

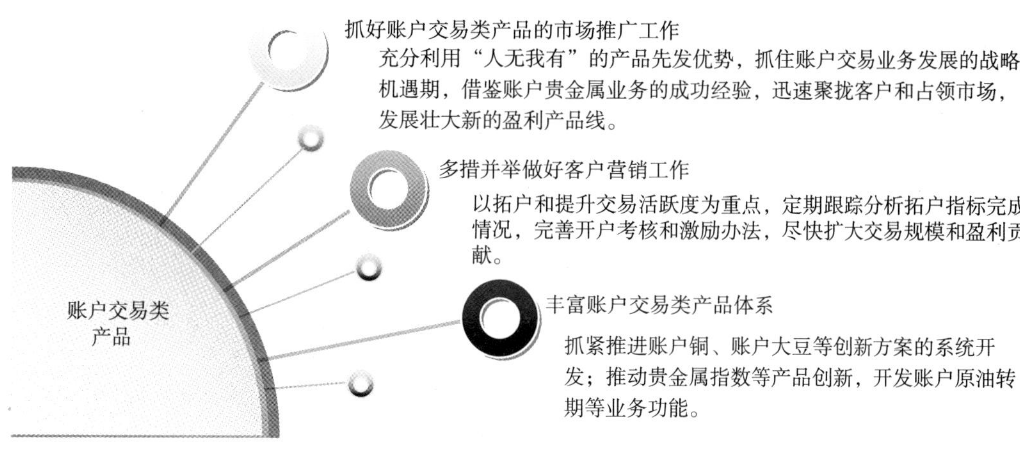

个人工银信使

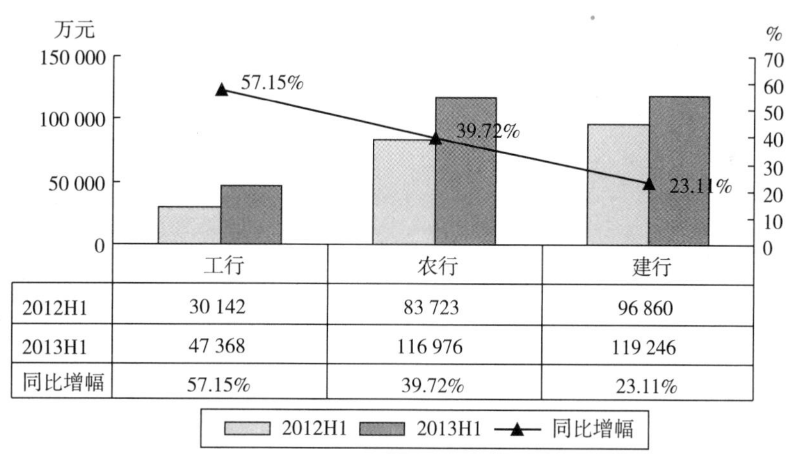

	工行	农行	建行
2012H1	30 142	83 723	96 860
2013H1	47 368	116 976	119 246
同比增幅	57.15%	39.72%	23.11%

工农建三行个人工银信使收入比较

上半年，全行个人工银信使收入4.74亿元，分别比建行、农行低7.19亿元和6.96亿元。已签约账户户均收入为4.23元，相当于0.71元/账户/月，低于我行《“12版”价目表》规定的2元/账户/月，且有16家分行户均收入低于全行平均水平。

目标要求：目前每年在我行交易超过5次的借记卡约有2亿张，潜在目标市场十分巨大。全行要进一步重视工银信使业务发展，努力提高产品渗透率和户均收入水平：

加大与银行卡产品的联合推广力度，提升新办卡客户中的渗透率；

面向账户交易较为频繁的目标客户，开展精准营销。

3.5　发挥集团合力，推动国际化综合化发展实现新的跨越

3.5.1　加快从侧重境外网络布局向侧重境外机构业务发展转变

经过二十年的努力，尤其是股改上市以来的快速发展，我行已基本实现对境外核心目标市场的覆盖，但境外机构自我发展的基础还比较薄弱，一些境外机构网点较少，客户基础较差，仍以传统的“三少”业务（少自有资金、少自有客户、少自主资产）为主，这种情况成为制约境外机构持续稳定发展的瓶颈，必须加快从侧重机构布局向侧重境外机构本地化、主流化、差异化发展转变。

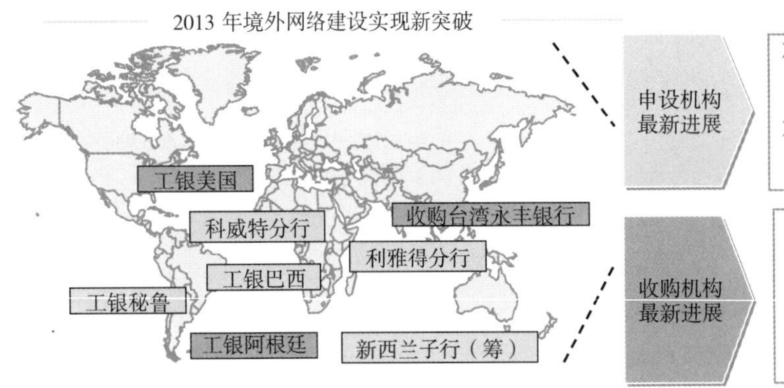

3.5.2　大力培育本土化客户基础

2013 年 6 月末境外客户情况

单位：个

序号	机构名称	企业客户			零售客户	
		总数	本土客户	有贷客户	总数	本土客户
1	工银阿根廷	32 813	32 813	19 330	980 000	980 000
2	工银亚洲	28 440	28 359	6 043	293 838	250 292
3	工银澳门	9 667	9 270	408	224 545	209 195
4	工银美国	2 223	2 223	347	20 669	20 669
5	工银印尼	1 509	1 189	289	20 178	17 916
6	工银泰国	1 301	1 247	1 301	156 821	155 475
7	工银加拿大	1 244	1 231	363	15 857	15 060
8	湄公河机构	992	765	23	11 504	1 708
其中	万象分行	258	115	10	2 605	780
	河内分行	605	605	12	8 011	80
	金边分行	129	45	1	888	848
9	欧洲机构	924	783	96	6 735	6 494
其中	工银欧洲	814	682	94	5 086	4 912
	卢森堡分行	110	101	2	1 649	1 582
10	工银马来西亚	559	518	75	7 116	7 083
11	法兰克福分行	545	462	52	1 341	1 341
12	首尔分行	471	309	34	43 182	8 162
13	工银阿拉木图	358	333	1	1 731	801
14	新加坡分行	324	223	134	1 385	1 385
15	东京分行	311	232	68	3 863	3 863
16	工银伦敦	243	141	39	3 536	3 182
17	工银莫斯科	216	216	12		
18	中东机构	198	165	88	1	1

续表

序号	机构名称	企业客户			零售客户	
		总数	本土客户	有贷客户	总数	本土客户
19	纽约分行	171	92	55		
20	悉尼分行	169	123	91	4	4
21	卡拉奇分行	122	67	18	482	36
22	工银国际	103	73			
23	孟买分行	55	55	11	236	236
	合计	82 958	80 889	28 878	1 793 024	1 682 903

注：个别机构的本土客户数为预估数。

截至6月末，境外零售客户总数约为180万，企业客户为8.3万，但客户主要集中在工银阿根廷、工银亚洲等几家机构，少数机构的零售客户不足1 000户，对公客户过千的机构仅有7家，且有贷户中很多为总行簿记客户，真正的“双边”客户更少。薄弱的客户基础，已经成为境外机构业务稳定发展的“短板”。因此，在强调内外联动的同时，必须切实加大本土客户拓展的力度。

以全球500强企业、本土领军企业和“走出去”企业为重点，以华人华侨、“走出去”企业员工、留学生和新移民为重点，加快客户拓展，努力形成能够支撑本地化、主流化发展的客户基础和客户结构。

以服务好集团全球核心客户为出发点，做好客户营销服务。深入参与当地市场，洞察客户的跨境金融需求，在做好服务的同时及时反馈至总行和相关境内外机构，加强对集团全球优势的整合运用，提高全行对国际化客户的需求响应速度与服务能力。

3.5.3　进一步深化一行一策

明确各境外机构业务定位，体现区域特色，避免平均用力，做到“有所为、有所不为”，培育境外机构竞争力。

完善"协调统一、专业分工"的管理模式

总行牵头部门

- 国际业务部统筹境外机构业务定位；统筹产品线部门做好产品线推广规划和量本利分析；积极参与资源保障部门对境外机构的资源配置工作。

总行保障部门

- 根据境外机构业务定位及在集团中的功能节点作用，会同境外牵头管理部门，研究制定资源分配和激励倾斜机制。

总行产品部门

- 深入了解境外机构经营环境，明确产品线推广的重点地区，自上而下推动境外机构的产品创新。

明确境外不同区域的产品线拓展策略

港澳机构

大力发展全球现金管理、私人银行、财富管理、投资银行、跨境人民币业务等高附加值产品线，发展成为全行境外综合化经营和金融创新的支持平台

东南亚机构

抓紧从以批发为主向批零并举的经营模式转变，其中新加坡分行要做强人民币清算行业务

欧洲机构

发挥当地金融体系发达优势，大力拓展优质信贷、投资银行及私人银行业务

北美机构

依托在国际金融中心的地缘优势，建设全行金融市场业务与国际市场的接轨平台

日韩机构

以与中国的双边往来为切入点，为跨境客户和当地客户提供特色服务

其他机构

中东、拉美、南亚、非洲等机构要紧扣贸易金融链条，服务好"走出去"企业和当地能源、基础设施等战略性项目

3.5.4　深化境内外一体化战略

建立全球客户分层服务体制

- 针对全球500强等集团大客户，构建总对总服务机制，上移营销职能，充分发挥总行公司部门的主导作用和统筹境内外机构一体化服务的功能。
- 针对中小型跨境客户，根据规模与贡献潜力，实施分层营销和精细化管理，夯实境外客户基础。
- 加强全球客户经理团队建设。对核心全球集团客户，由总行公司部门配备全球客户经理，客户成员企业所在地机构配备本地客户经理，为客户提供联动服务。

完善全球统一授信体系

- 在集团层面逐步建立与全球一体化客户营销对应的全球授信联动机制，既要体现全球授信体系的统一性，也要兼顾境外机构的差异化需求，统筹考虑境外监管和境外控股机构公司治理等要求。
- 兼顾全球授信统一管理与业务审批时效性，原则是满足客户需求、不削弱境外机构的市场竞争力。

健全集团一体化联动机制

- 借鉴粤深港澳一体化联动经验，制定各业务条线、产品线的联动分润机制，真正调动联动积极性。
- 建立高层联动协调机制，强化牵头营销部门的业务联动统筹作用，将内外联动纳入总行相关部室的职能、职责和任务中，作为总行部室考核的重要指标。
- 充分利用集团的内外联动业务信息平台，不断完善联动信息共享机制，实现具体联动信息在相关机构、产品线的共享。

搭建全球供应链平台

- 积极向境外机构延伸供应链融资业务全球网络，基于境内优质核心企业的信用增级，为境外机构本土化经营创造业务机会，最大限度地挖掘我行的客户资源优势。
- 完善全球供应链客户的准入标准及相关信贷政策，加强高层营销和联动营销，抓好核心企业境内外对接和融资方案制订，争取在年内拓展几条有成熟业务模式、有市场影响力的全球供应链融资业务。

3.5.5　提升 FOVA 系统本土化功能

发展现状

- 经过近年来的不断完善，FOVA系统在架构灵活性、功能多样性、操作流程便利性和境外特色业务包容性等方面取得了一定进展，满足了国际化发展战略需要，但仍有很大提升空间。

提升方向

- 坚持本土化、差异化、主流化，进一步完善FOVA境内外一体化功能，更好地适应境外机构满足当地监管要求和个性化服务的需要，提升流程操作的高效性、易用性和友好性，为境外机构提升客户服务能力提供支撑。

3.5.6 进一步完善考核机制

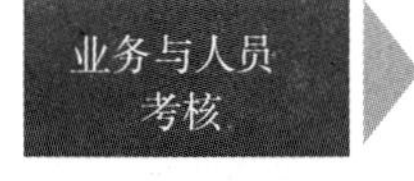

- 完善对总行部门的国际化考核机制，加大对产品线部门的考核力度；
- 做好境外机构主要负责人的选拔、考核、评价工作，逐步建立起会签征询工作机制。

- 平衡外部经济发展差异和监管环境差异，完善和细化考评办法。对经营环境类似的境外机构，要以利润增速、资产质量和人均水平指标为重点，进行横向类比。

非财务考核

- 坚持精细化管理和可持续发展的原则，进一步引导境外机构调整优化业务结构；
- 在推动业务发展的同时，高度关注合规与风险管理工作。

3.5.7 打造第一国际结算银行

丰富国际业务第一银行内涵	➢ 在做大业务规模和市场份额的基础上，注重规模和效益协调发展，强化队伍建设和基层服务供给能力，提升客户本外币综合服务体验，实现本外币良性互动。 ➢ 配套差别化政策，通过差别化EVA考核、经济资本计量等科学合理反映国际业务的综合贡献。
扎实推进客户工作	➢ 坚持业务收益底线与客户拓展相结合，制定更灵活、更具竞争力的外汇资金定价政策，适当、适度给分行放权。 ➢ 加强后台审批部门与前台部门和分行的沟通，优化办理流程。 ➢ 积极开展分层营销与分类管理。
加强产品和服务精细化管理	➢ 做好基础外汇业务功能优化，提高客户黏性，提升客户服务体验。 ➢ 加快跨全球供应链、本外币一体化产品拓展，充分发挥融资业务的拉动作用，不断优化调整业务和客户结构。
发挥专家智囊团作用	➢ 引导国际业务专家参与支持产品创新和前台营销。 ➢ 鼓励专家加强对前沿业务领域研究，提升全行国际业务品牌美誉度、知名度和影响力。
提升个人外汇服务能力	➢ 加强个人外汇业务渠道建设，提升外汇业务的网点覆盖率，优化完善个人外汇产品和服务，大力开展“工银速汇”推广营销。
确保合规经营	➢ 加强贸易背景真实性检查，严格防控企业的虚假交易、套汇套利行为。

3.5.8 完善联动机制，推动综合化子公司争先进位、竞相发展

深化“各业务线专业运营、产品和服务高度聚合、渠道捆绑交叉销售、科技后台集中运行”的整合发展模式，促进综合化子公司与集团深度融合、协同发展。各综合化子公司要增强发展的主动性，充分发挥专业产品线功能，增强创新发展能力，在各自领域争先进位、成为行业标杆，提高对客户的服务能力和对集团的盈利贡献。

工银瑞信	工银租赁	工银安盛	工银国际
充分发挥全能型资产管理平台优势，加快产品创新、业务创新和管理创新步伐，在更好配合集团竞争和服务客户的基础上，推动公司资产管理规模、投资业绩和利润的持续快速增长。	加大业务拓展力度，进一步明确租赁产品线定位，创新推出与集团信贷业务、投行业务等紧密结合的租赁产品及结构性融资服务，推动租赁业务与集团各分行、各产品线联动工作的不断深入，提高综合服务水平，努力保持和强化行业领先地位。	推进银保、个险、团险渠道的平衡发展和产品结构调整，抓住监管机构启动产品定价市场化改革试点的契机，进一步优化产品设计，提高产品竞争力，下半年要结合网销新渠道的特点，研发推出第一批工行网销渠道专属产品。	依托集团资源积极拓展大型跨国公司和内地企业赴港上市融资业务，增强项目承揽能力。积极拓宽资金来源，在有效防控风险的前提下，适度发展资产类业务，构建更加多元、稳定的盈利结构。

3.6　增强定价管理的科学性，更加积极主动地应对利率市场化

3.6.1　我国将继续推进和深化利率市场化改革

2013 年 5 月 6 日，国务院常务会议研究 2013 年经济体制改革重点工作，提出要推进利率市场化改革。

2013 年 6 月 19 日，国务院常务会议研究部署金融支持经济结构调整和转型升级的政策措施，强调要稳步推进利率市场化改革。

人民银行货币政策委员会第二季度例会强调，进一步推进利率市场化改革，更大程度地发挥市场机制在资源配置中的基础性作用。

下一步可能推出的利率市场化改革举措：取消贷款利率下限，精简基准利率期限档次，建立最优贷款利率报价机制，推出存款保险制度等。

3.6.2　利率市场化对我行的影响

全行 2013 年上半年新发放贷款利率浮动情况表　　单位：亿元

项目	发生额	加权平均利率	平均浮动幅度		利率上浮贷款			利率下浮贷款			基准利率贷款	
			本期	同比	平均幅度	占比	同比	平均幅度	占比	同比	占比	同比
一、各项贷款（不含票据和银行卡）	26 580	6.31%	4.40%	-2.09%	13.69%	48.66%	-5.36%	-10.88%	20.86%	2.86%	30.48%	2.49%
二、公司类贷款	21 439	6.26%	4.97%	-1.68%	13.16%	51.06%	-4.25%	-9.88%	17.70%	1.32%	31.24%	2.94%
1. 流动资金贷款	16 429	6.12%	4.81%	-1.97%	12.99%	51.62%	-4.83%	-9.96%	18.97%	1.93%	29.41%	2.90%
2. 项目贷款	3 667	6.59%	1.96%	-0.52%	9.75%	37.13%	-1.96%	-9.50%	17.51%	-0.76%	45.36%	2.72%
3. 房地产贷款	1 343	7.14%	15.12%	-1.11%	18.72%	82.22%	-2.38%	-9.93%	2.71%	0.00%	15.07%	2.38%
三、个人类贷款	5 141	6.51%	1.99%	-3.62%	16.62%	38.67%	-8.48%	-13.04%	34.02%	7.46%	27.30%	1.02%
1. 个人住房贷款	3 064	6.11%	-6.62%	-0.55%	8.51%	9.66%	0.31%	-13.04%	57.08%	4.85%	33.26%	-5.16%
2. 个人消费贷款	902	7.05%	13.45%	-2.60%	18.04%	74.56%	-2.66%	-10.00%	0.01%	-0.10%	25.43%	2.76%
3. 个人经营性贷款	1 174	7.15%	15.66%	-2.99%	18.05%	86.79%	-4.64%	0.00%	0.00%	0.00%	13.21%	4.64%

2013 年上半年，全行新发放贷款 26 580 亿元，同比增加 812 亿元；新发放贷款利率平均浮动幅度 4.40%，同比下降 2.09 个百分点；利率上浮贷款占比 48.66%，同比下降 5.36 个百分点；利率下浮贷款占比 20.86%，同比上升 2.86 个百分点；基准利率贷款占比 30.48%，同比上升 2.49 个百分点。超过一半的贷款执行了基准和下浮利率。

我行存贷款利率定价同业对比不具优势

2013 年 1～5 月四大行新发放贷款量价比较情况

单位：亿元，%

银行	各项贷款		其中：1. 公司贷款		2. 个人非住房贷款		3. 个人住房贷款	
	发生额	平均利率	发生额	平均利率	发生额	平均利率	发生额	平均利率
工行	21 453	6.32	17 085	6.27	1 724	7.12	2 643	6.10
农行	17 604	6.49	12 992	6.30	2 798	7.53	1 813	6.24
中行	13 331	6.42	10 412	6.33	1 209	7.20	1 709	6.42
建行	16 101	6.37	12 747	6.29	927	7.35	2 427	6.38

1～5 月，我行人民币贷款发生额居四大行首位，但平均利率四行最低，分别比农行、中行、建行低 17 个基点、10 个基点和 5 个基点。分品种看，农行个人非住房贷款量价优势明显，建行个人住房贷款发生额与我行接近，但平均利率比我行高 28 个基点，量价协调竞争力较强。

贷款利率定价分地区差异明显

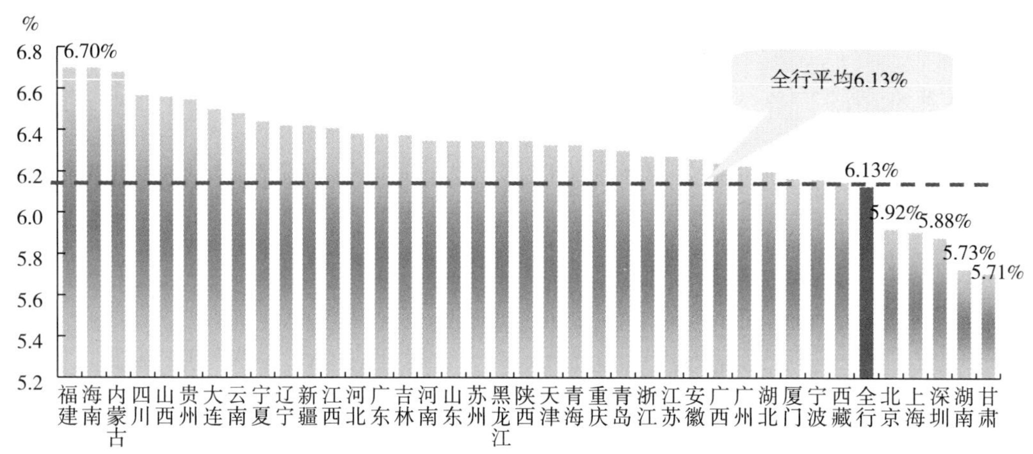

2013 年上半年各分行人民币贷款收益率比较

2013 年上半年，全行人民币贷款收益率为 6.13%，最高的福建分行贷款收益率 6.7%，比最低的甘肃分行高 1 个百分点。

分行新发放贷款量价协调需有效提升

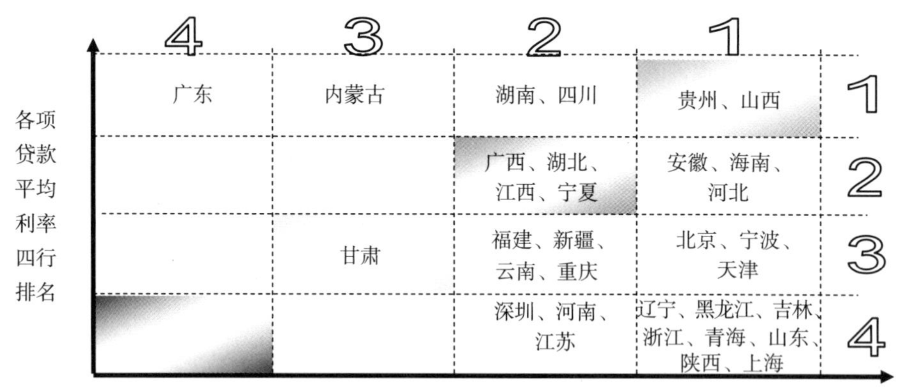

2013 年前 5 个月四大行新发放人民币贷款量价排名比较图

前 5 个月，贵州、山西分行新发放人民币贷款量价均居当地四大行首位；湖南、四川分行贷款平均利率居四大行首位、发生额排名第二；安徽、海南、河北分行贷款发生额居四行首位、平均利率排名第二，这些分行新发放贷款量价协调竞争力较强。

前 5 个月，甘肃分行新发放贷款量价均排名第三，黑、辽、吉、浙、沪等 8 家分行贷款发生额同业最大、利率同业最低，量价协调竞争力需加强。

存款付息成本高于主要可比银行

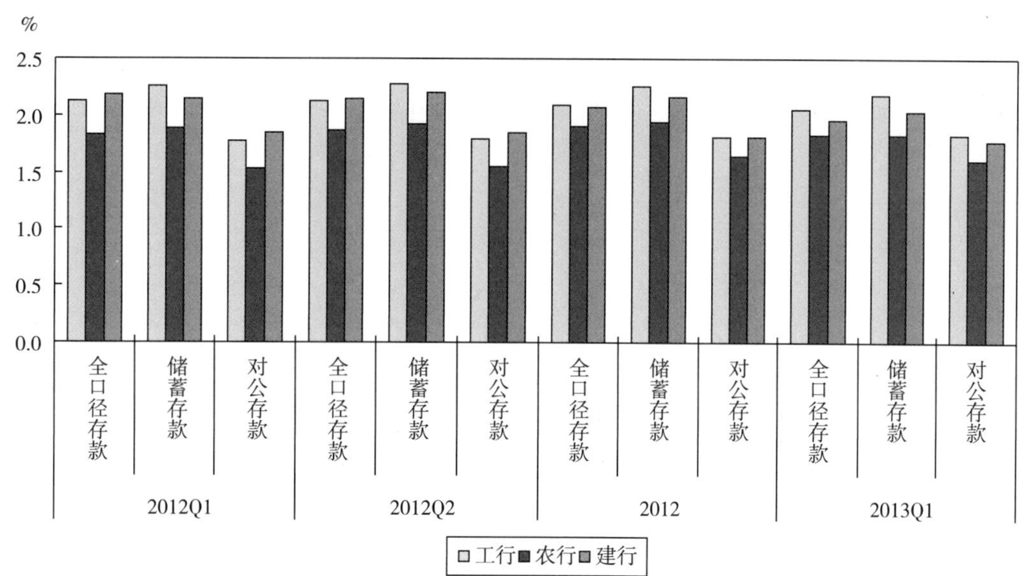

2012 年以来工行、农行、建行分品种存款付息率比较情况

2013 年第一季度，全行人民币存款付息率 2.05%，分别比农行、建行高 21 个基点和 9 个基点，按日均存款 14 万亿元测算，付息成本差异将导致我行每年多付利息约 126 亿元，影响利润增速下降约 5 个百分点。

分品种看，我行储蓄、对公存款（公司 + 机构）付息率均高于农行、建行；第一季度我行储蓄存款付息率比建行高 14 个基点，对公存款付息率比建行高 6 个基点，差距较上年同期分别扩大 4 个基点和 13 个基点。

存款付息成本分地区差异明显

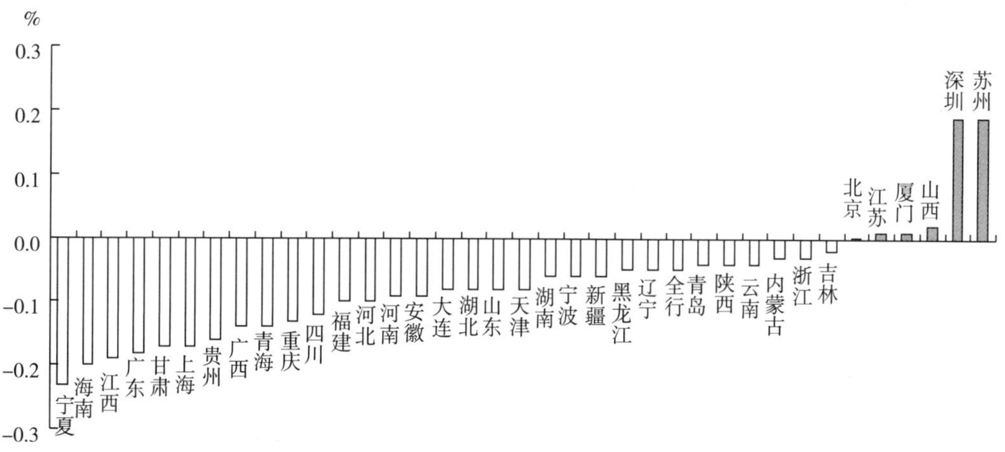

2013 年上半年各分行人民币存款付息率与 2012 年比较情况

2012 年人民银行两次下调存款基准利率，2013 年上半年全行人民币存款付息率比 2012 年下降 5 个基点，30 家分行存款付息率比 2012 年下降。6 家分行不降反升。其中，宁夏、青海分行下降 20 个基点以上，苏州、深圳分行上升约 20 个基点，存款定期化和存款利率上浮是影响付息率变化的重要因素。

3.6.3　应对利率市场化的措施

重视加强定价管理

定价是商业银行可持续盈利能力的核心。净利差收入是商业银行收入的重要组成部分，而利率定价决定了银行净利差收入的水平。

定价是银行维护客户关系的纽带。价格在市场上的竞争力，不但反映银行的风险管理和成本控制水平，同时也反映客户对银行产品和服务的认可度。

定价是银行战略传导的有效机制。通过针对各类客户、业务、行业、区域的差异化定价，实现战略传导。

定价是银行风险和成本管理的手段。强化定价管理的财务硬约束，精确核算各类风险和成本，并通过定价把成本控制和风险管理的理念传导到各个部门、业务条线和客户经理层。

完善定价管理机制

建立更加灵活的内外利率调整机制和差别定价模式，增强内外部利率的协调性和统一性，提升市场竞争力。

培育市场化贷款利率基准：加快研究最优贷款利率（Prime Rate）定价方法与模型，配合人民银行完善市场化贷款利率体系。

完善人民币贷款定价标准：对内完善 RAROC 阈值体系（明确审批最低价），对外制定细化的贷款利率标准和指导价格（明确每笔贷款议价目标）。

完善利率审批授权，优化系统功能，根据各行利率政策执行情况实施差异化存贷款利率授权管理。

完善利率定价考核，在贷款收益率、资产利润率等收益指标基础上，增加存款付息率指标，加强对前台营销部门的成本压力传导。

3.7　改进风险管理和内部控制，确保稳健运营

3.7.1　着力改进信贷和代理投资管理

要真实反映、快速处置不良贷款，加紧催收逾期贷款，主动退出潜在风险贷款，全面改进信贷基础管理，确保年末资产质量处于国内可比银行领先水平。

一要加大不良贷款处置和核销力度

在坚持依法合规的前提下，用足用好各类清收处置手段，创新运用批量转让、重组、并购等处置方式，继续加大不良贷款现金清收力度，提升清收处置贡献率。

1. 认真落实大额不良贷款行领导挂帅制度。对 5 000 万元（含）以上法人客户大额不良贷款，实行一级分行领导挂帅清收制度，对 100 万元（含）以上的个人客户大额不良贷款，逐户落实到各二级分行以上相关负责人挂帅清收。

2. 稳步推进不良资产批量转让工作，合理掌握转让受偿比例。

3. 有序做好不良贷款处置和核销工作。

4. 做好个人客户不良贷款处置工作。合理运用提供宽限期、延长贷款期限、变更还款方式等对个人不良贷款进行重组，努力化解风险。

二要抓好逾期贷款的催收

上市以来，我行逾期贷款占全部贷款的比重由 2006 年末的 4.15% 降至 2011 年末的 1.38%，但在 2012 年和今年 6 月末，则分别上升至 1.43% 和 1.51%，同时，逾期贷款与不良贷款的剪刀差逐步扩大，截至 2013 年 6 月末，逾期贷款与不良贷款的剪刀差额为 615 亿元，比年初增加 98 亿元。全行要切实加大逾期贷款的管理强度，防止贷款进一步劣变，力争年末逾期贷款比年初下降 200 亿元。

总行从 5 月开始已把各行剪刀差列入行长目标绩效考核。

落实逾期贷款催收责任制，对存量和新发生的逾期贷款逐户落实专人进行催收。

个人逾期贷款，除总行集中催收外，各行要切实落实“95588”催收责任。

三要抓好潜在风险贷款管理

开展经常性的风险排查，关注国家重点调控领域及受宏观经济影响较大领域的贷款风险，提前采取有效措施，总行通过信贷监控模型筛选排查了部分潜在风险客户，并将逐户下发分行，各行要认真组织实施，力争下半年潜在性风险贷款退出与转化 500 亿元。

四要抓重点领域和环节的“防假”、“反假”

五个重点领域：贸易融资、小企业贷款、个人经营贷款、个人家居贷款、信用卡分期付款。

五个重点内容：假贸易、假资料、假用途、假消费、假 POS。

在尽职调查环节，客户经理必须及时、准确、真实、完整地采集客户信息资料，并进行严格的甄别与判断，保证采集信息的真实性。对疏于职守、对客户信息不进行认真核实，甚至虚构或变造客户信息的行为，要进行严肃处理与惩戒。

在审查审批环节，要加强对客户信息的逻辑校验与分析判断，特别是对于客户信息变化异常，与借款人实际经营情况严重不符的问题，要进行严格查验与纠正，准确揭示与控制风险，不能“带病审批通过贷款”。

在贷后管理环节，要加强对客户生产经营与消费行为的分析研究与判断，积极开发和自觉运用非现场监控模型，重点加强对客户财务指标变化、账户资金流向、异常交易行为、隐性关联关系、交叉违约行为的识别和监控，建立和完善非现场监控与现场检查的联动机制，实现对信贷风险的有效预判。

完善信贷监控模型，更多借助信息化银行手段对贷后管理进行革命性改革，进一步提升“防假、反假”能力。

五要抓紧改造信贷产品

从风险案件中总结规律，举一反三，多从产品、政策、制度等方面入手加以改进，特别是要进一步对现有产品进行调整和完善，提高产品、政策、制度设计的整体协同性，关注实质风险的把握。

六要抓好信贷业务流程整合优化

总行针对子流程串行设计与岗位重叠设置、重复审查等 7 个方面的问题，提出了初步优化方案，各行要按新的流程要求做好落实，同时要边实践边总结，进一步深入研究、深入推动信贷业务流程的整合与优化。

七要抓好代理投资业务的投后管理

投资后的存续期管理是目前代理投资业务中的薄弱环节之一。要进一步做实投后管理，切实防控融资客户风险。

当前问题

✓ 投后管理部门岗位责任在部分分行不落实，投后管理的规范化、流程化、标准化模式尚未建立，导致投后管理效果打折扣；

✓ IT系统不完善导致投后监测数据报送不及时、不全面、不准确，影响了风险分析、预警和有效管控；

✓ 部分业务交易结构复杂、多家合作机构多层嵌套导致我行对最终融资客户进行投后管理时在信息收集、预警监控方面难度加大；

✓ 风险处置机制不健全，尤其是对风险的处置没有合规、有效、适用的路径和方法，处置流程和信息披露要求也不明确，如个别分行项目发生风险后，首先想到的是表内贷款承接或垫款，导致表外风险表内化，增加了风险传染、风险扩散的可能性。

改进措施

✓ 将分行区域理财项目投后管理纳入全行统一管理，进一步理顺投后管理工作中各有关部门的职责，前中后台各部门各司其职、各负其责，切实做到投后管理落地。

✓ 严格审批代理投资业务，严禁将有瑕疵、不符合信贷标准的业务通过金融资产服务业务来办理代理投资。

✓ 认真履行受托管理责任，严格按约从事投后管理工作，及时揭示、控制与化解风险。对出现风险苗头的要早发现、早预警、早定预案，逐笔落实兑付资金来源，争取在风险暴露前及时退出。

✓ 进一步规范融资客户风险处置管理制度，对存在兑付风险的理财投资业务，要积极协商各方统筹解决，不得用贷款续接、不得垫款，避免表内贷款承接表外风险。

✓ 持续优化完善信息披露内容、方式和系统功能，提高产品投资运作透明度和信息披露效率，切实保障投资者知情权和投资利益。

3.7.2　加强全面风险管理

- 保证资本管理办法顺利实施，我行已正式向银监会提交资本管理高级方法实施申请，要从系统、数据、模型、应用、第二支柱、资本工具等方面完善达标工作。
- 做好第二支柱建设和应用，组织境内外分行及子银行开展实质性风险评估。加强风险加权资产（RWA）系统应用，开展系统数据挖掘，加强监管资本监控、分析、计量和分配，提高地区、行业、业务线和产品资本使用效率。
- 推进集团并表风险管理体系建设，制定非银行类子公司风险评估办法和打分卡模板，按季度监测各风险指标；投产集团风险并表管理系统（CGRM），推动自营业务风险管理相关系统的开发和投产，提升并表风险管理的系统监控能力。完善并表机构的限额管理手段和授权管理机制。
- 健全国别风险管理体系，及时开展国别评级和国别限额调整，对欧洲、重点新兴市场国家及区域开展压力测试。做好国别风险敞口统计监测工作，完善相关制度和系统支持能力。
- 推进市场风险管理体系建设，密切关注市场变化，尤其是流动性变化，加强利率、汇率风险监控，及时调整管理策略和业务总量、结构，有效掌控市场风险。

3.7.3　坚持从严治行

风险观取决于发展观。要纠正当前行内出现的种种经营行为偏差和员工行为失范现象，首要的就是坚持正确的发展观，坚持稳健经营、从严治行的理念。

坚持“五有”内控总体要求，真正做到严密监测，严格核查，严肃整改，严厉问责，切实改变“重检查、轻整改”的现象。

➢ 严密监测：及时发现隐患，准确提示风险。重点加强对员工异常行为的监测分析，加强对个人经营贷款、消费贷款、银行卡分期付款、贸易融资等重点信贷业务，以及交易业务的监测分析；加快建成集“行为分析、指标分析、监测分析、自动预警、模型定制、任务管理”于一体的内控监测分析平台，进一步丰富监测分析模型和工具。进一步加强各风险监测分析部门的信息共享。

➢ 严肃整改：切实解决问题，杜绝屡查屡犯。内控合规部门要牵头组织做好监督检查发现问题整改工作，建立问题整改跟踪核销机制和整改效果评估机制；各机构、各部门负责人要对自身整改工作承担第一责任，认真组织落实整改工作，并开展好屡查屡犯专项治理活动；对整改不到位的机构或部门，要通过“亮黄牌”等方式予以警示，切实解决屡查屡犯、无效检查问题。

➢ 严格核查：深入分析原因，充分反映问题。对员工异常行为以及各业务重点领域风险监测结果，要进行严格核查，查清事实真相，找出风险事件背后的机制性、系统性问题；要持续完善业务运营风险核查工作机制，稳步推进核查层级上收，优化直通式核查、电话核查和短信回访手段，有效提升核查工作水平。

➢ 严厉问责：坚持尽职免责、有责必问，注重惩教结合。要持续健全违规问责机制，重点完善信贷管理责任认定、非信贷资产损失责任认定和违规积分等问责制度；要严格执行员工违规行为处理规定，认真落实各类问责处理决定；对问责处理落实情况进行不定期抽查，对问责处理不到位的，要根据有关规定追究相关管理人员责任。

打造以过程控制为核心的运行风险管理体系

➢进一步发挥监督模型在操作风险管理中的重要作用，提升模型的前瞻性、科学性、针对性。

➢逐步建立覆盖所有机构、员工、客户、产品、渠道的集团统一风险视图，实现运营风险统一管理。

➢继续深化远程授权改革，提高授权集约化水平和事中风险控制能力。

➢构建有效覆盖与突出重点相结合、组合筛选、职能定位的督导体系，加强对重点业务、关键环节以及高风险网点、柜员的检查督导。

保持案防的高压态势

当前，各类案件和风险事件暴露出全行经营管理和案防工作中还存在很多薄弱环节。要始终保持清醒的头脑、高度的警觉和防控案件的高压态势，持续加强对新形势下案发趋势和案件特点的研究分析，不断完善防控措施，努力提高案防工作的前瞻性和有效性。

✓要抓好员工异常行为监督管理。作为今年总行党委确定的重点课题之一，总行完成了员工异常行为分析与风险防范的总体方案，近期将印发，各行要结合实际认真抓好落实，形成较为完善的员工异常行为监督与管理体系。

✓要抓好重要风险点防控治理，继续抓好违规参与民间融资活动、基层机构负责人和客户经理违规经营、会计核算专用印章管理等6个案件重要风险点，同时各行要结合本行实际加强其他风险点的防范。

认真开展安全大检查

按照国务院要求、总行统一部署，组织开展好安全大检查，全面深入排查各类安全隐患。尤其是要重视加强信息系统安全管理，进一步提高运行稳定性。

3.7.4 做好两项检查和中间业务收费管理

协助做好财政部会计信息质量检查相关工作

会计信息质量检查工作

继续做好配合检查工作。各行领导小组和支持小组要切实发挥职能作用，各相关部室和辖属机构要各负其责，密切协作，及时提供相关资料内容，做好与检查人员的沟通和解释工作，确保检查工作顺利开展。

加强对分支机构配合检查工作的督导。总行、各分行检查支持小组、各部室要密切关注各被检查机构的检查动态，及时提示检查配合注意事项，协调解决各地检查组提出的共性资料或数据需求；对下级机构报告的重要问题和请示，上级行要及时反馈和答复。

进一步梳理经营管理机制。各级行要以检查为契机，对现有工作机制、业务事项进行重新梳理，不断规范经营管理行为。同时，要按照“边检查、边落实、边整改”的要求，认真做好检查发现问题的整改工作。

配合税务机关做好税收风险管理工作

根据《国家税务总局办公厅关于开展税收风险管理工作有关事宜的函》（税总办函〔2013〕427 号）要求，税务机关今年将在我行开展税收风险管理工作。

工作特点：

涉及范围广：所有企业成员2008—2012年涉及的全部税种

评估时间长：企业自查→风险评估和初审→税务审计→总结反馈四个阶段，从2013年7月1日起持续一整年。

工作方式新：采用自查软件，各成员单位自查风险点描述 784项

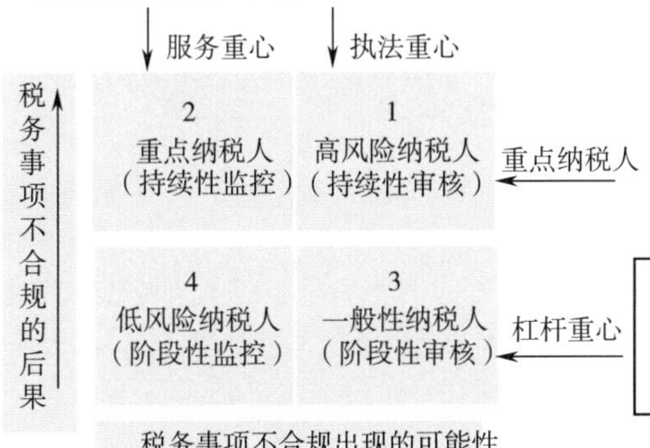

工作要求：

总行下发了《关于配合国家税务总局做好税收风险管理工作的通知》（工银办发〔2013〕615号），对配合税务机关开展工作做了相关安排。

高度重视，加强组织。各行财会业务主管行长要亲自负责，统一部署，成立工作领导小组与支持配合团队，明确人员分工和职责。

加强沟通，密切联系。对自查中的出现问题，积极与当地税务机关沟通协调，做好解释说明工作。

结合评估，发现问题。各行要针对关键部位、薄弱环节开展自查，务必抓好、抓实、不留死角。

认真自查，积极整改。加强对问题的分析，并落实整改措施，尽最大努力减少涉税风险。

注意事项：税务机关将会依据风险程度确定对纳税人的管理强度，一旦认定评估的税务事项不合规且由此导致的后果较严重，税务机关将持续性关注。

进一步规范中间业务服务收费管理

下半年，有关监管部门将对银行中间业务进行检查，各行要高度重视，提前开展自查自纠，发现问题，认真整改，把工作做细、做实，确保各项服务到位、收费要素齐全、手续完备、收费规范。

做好《“12 版”价目表》、“七不准”和“四公开”在总行门户网站和各营业网点对外公告工作。对去年 3 月 1 日以后出台的制度、办法、操作规程、会议讲话等进行梳理，如发现有不符合要求的表述，要迅速更正。

对照《“12 版”价目表》，对本行本专业收费情况进行认真梳理，做到两个衔接。一是“产品—管理制度—操作规程—协议文本—服务记录—投诉处理—业务档案管理”相衔接；二是“产品—收费项目—收费标准—收费参数—入账科目—收费凭证”相衔接。

加强对基层和员工的培训，确保业务人员准确把握收费监管政策。

重视近年外部检查关注度较高的重点领域。如基础类投行、收支账户资金托管、承诺、国内贸易融资服务、个人贷款服务、对内担保、对公贷款服务和高端财务顾问等。

检查是为了规范，规范是为了更好的发展。要始终坚持规范发展中间业务，以检查为促进，不断提高业务发展质量和水平。

3.8　加强服务和舆情管理，提升服务品质和商誉

3.8.1　加快改进服务，提升服务品质

服务品质是决定银行市场竞争力和商誉的根本。要按照总行年初服务工作推动会的部署，在继续推动客户等候时间较长和投诉较多两大突出问题解决的基础上，突出抓好中高端客户服务改进，不断提升服务品质。

着力提升中高端客户服务品质

因需而为，因需而变，不断满足中高端客户金融需求。

组织开展中高端客户满意度调查，寻找影响满意度提升的主要因素，抓住薄弱环节、关键产品、重点渠道进行有针对性改进。要准确把握中高端客户金融需求，充分运用信息化银行建设成果，开展基于需求的中高端客户服务细分和集群设计，为其提供整合的差异化服务。

加快提升中高端客户服务效率

上半年全行 75% 的五星级及以上客户在网点办理业务的等候时间控制在 10 分钟以内，较去年同期提高了 3 个百分点，但仍有相当比例的中高端客户对网点服务效率不满意，甚至因此转到他行办理业务。要切实提高中高端客户的辨识率，整合对中高端客户服务的资源配置，综合运用集中服务、专区服务及专柜服务等模式，进一步提升中高端客户服务效率。

着力完善中高端客户专属服务体系

要从产品、人员、渠道等方面加快完善中高端客户专属服务体系，高效满足中高端客户对更好服务和更专业解决方案的需求。要强化客户经理对中高端客户的关系维护，力争到年底客户经理对五星级及以上客户的配备率提高到 100%。

继续推动客户等候时间较长问题解决

上半年网点客户平均等候时间降至 12.4 分钟，较

去年同期下降3.3分钟，453家二级分行实现了辖内“零超时网点”目标。在当前客户规模持续扩大和服务需求日益多元的背景下，“来了就办”不现实，但客户等候时间不能过长，超过20分钟会带来诸多抱怨，对银行的品牌会构成伤害。要继续通过抓流程优化、抓业务分流、抓人力资源配置管理、抓员工技能提升，努力将客户等候时间控制在20分钟以内。

抓网点业务流程优化和业务集中处理，进一步提高网点业务处理效率

上半年533项紧迫性问题全面解决，36大类对公非现金和个人非实时业务纳入后台集约化和专业化处理，使得网点业务处理更加简捷高效，业务处理效率提高了20%。要持续优化网点业务流程，推进网点业务集中处理，进一步提升业务处理效率。

以预约化、自助化为重点，进一步完善网点业务受理流程体系，加快形成多点接入、服务前移、预先处理的业务受理模式。

以交易并行处理为手段，加快跨系统、跨业务流程融合，年内力争完成全部个人业务类主机交易的整合和主要业务品种的“三个一”（一次填单、一次输密、一次授权）改造。

加快推进业务集中处理改革，确保年内全行共性业务、个人业务及分行特色业务集中率分别提高到80%、35%、70%，柜面业务集中率提高到45%。

抓业务分流，减少低效业务对柜面资源的占用

上半年全行柜面业务可分流率为30.40%，较2012年末下降5.1个百分点，但低效业务和普通客户占用柜面资源的问题仍然较为严重。上半年全行共有7 400万人次客户在柜面办理了2.61亿笔可分流业务，其中三星级及以下客户办理业务量占53%。

加快推进产品的电子化改造和业务自助处理，进一步推动传统柜面业务的分流。

定期统计分析办理可分流业务客户结构和分布情况，实施分星级差异化分流措施，进一步减少普通客户对柜面服务资源的占用。

强化网点大堂经理、客户经理等关键岗位的分流职能，持续推动客户交易方式向“离柜”和“离行”转变。

抓网点人力资源配置管理，解决网点忙闲不均问题

不同网点的忙闲不均、不同时段的忙闲不均、高低柜间的忙闲不均是当前网点服务效能提升中亟待解决的问题。

——促进人力资源跨网点流动。以6月监测的1.5万家网点数据看，按照当前全行柜员日均服务客户31人次这一平均水平计算，被监测网点每天全部柜员服务客户数理想值应为350万人次，而实际服务客户人数为200万，全行柜员服务潜能增长空间巨大。要在上半年网点标准化改革试点基础上，加快推广改革成果，促进人力资源的跨网点流动，解决局部区域人员紧张和局部区域人员富余造成的运力不平衡问题。

——促进网点内部人力资源的统一调度。相当部分网点未根据客户流量进行柜口和劳动组合的科学配置。要督导基层机构运用排队管理系统分析预判网点客户流量分布规律和特征，指导网点建立分别针对高峰期和非高峰期的弹性排班模式，建立机动柜员队伍，确保高峰期窗口开放数量充足，切实降低客户等待时间。

——促进高柜和低柜的统一配置和联动。要进一步明确低柜业务办理种类，设定低柜最低业务量，促进简单业务与复杂业务的高低柜分离，进一步解决高柜与低柜忙闲不均以及复杂业务压柜问题。

抓员工培训，解决员工服务技能差异大的问题

要重点加强新流程应用培训，充分发挥新业务流程对服务效率的提升作用。要组织编写柜面常用新业务流程应用手册，以清单的方式呈现新流程的关键交易、操作要领和常见的错误做法，帮助一线人员更熟练、准确地运用这些新流程。

继续压降客户投诉总量

上半年全行发生客户投诉1 997件，同比降幅为54%，重复投诉仅为14件，28家分行实现了零重复投诉。但是今年以来有关信用卡、征信异议、产品销售等方面的投诉不降反升，解决力度亟待加大。

信用卡投诉量呈加速上升趋势

有关信用卡方面的投诉190件，占全部投诉的比例达到10%，同比增加61%。投诉反映的主要问题有：一是办卡效率低，未在承诺的15个自然日内完成办卡。二是信用卡售后服务问题，涉及积分价值偏低、优惠活动与宣传内容不一致、短信错发及到期换卡通知不到位等。三是客户通过第三方支付机构还款延迟入账导致欠息和滞纳金。

征信类投诉大幅增多

有关征信方面的投诉104件，同比增长136%。主要是因被办卡和被贷款而导致客户不良征信记录，其中仅通过网络、媒体等反映的投诉就高达34起。被办卡集中在批量办卡，以猪福卡和学生卡为主。

保险类投诉持续高发

有关保险销售方面的投诉87件，同比上升28%。投诉反映的主要问题有：一是我行代销的一批分红型和两全型保险产品到期后收益明显低于预期。二是将保险作为存款或其他理财产品误导客户购买。三是保险产品销售时风险揭示不充分。四是退保后资金长时间不能回账。

有关克隆卡的投诉大量增加

有关克隆卡方面的投诉37件，涉及金额约370万元，分别较2012年同期增长76%和91%。近来不法分子通过克隆磁条卡窃取客户资金的犯罪活动越发猖獗，由此导致客户对克隆卡的投诉件数和涉案金额也呈增长

态势。

有关自助服务方面的投诉仍然较多

有关自助服务方面的投诉171件，较去年同期下降102件，但客户的投诉或抱怨仍比较多，在投诉总量中占比接近10%。主要是对自助设备出现吞卡、吞钞、存款未记账、取款未吐钞等问题的处理不满意。

3.8.2　加强舆情管理，维护良好声誉

当前舆情管理工作面临严峻挑战

从外部因素看：

我国正处在经济社会发展的转型期，也是各种社会矛盾的凸显期。银行作为现代经济的核心，不可避免地成为各种矛盾汇聚和碰撞的“风暴眼”。

经济下行压力加大，各方面对银行支持经济发展的期望很高，关注度骤升，使银行持续成为社会舆论场的热门话题。

在经济增速放缓、经营环境复杂多变的形势下，金融体系某些方面的脆弱性、结构性问题进一步显现，往往金融运行、银行经营中的一些小问题都会引起社会的普遍关注，甚至舆论过度反应，酿成大的影响。

境外“唱空”中国经济与银行业的论调与国内对国企的某些错误思潮相互叠加，使舆情形势更加错综复杂。

微博、微信等自媒体应用的迅速普及，各类舆情的传播范围广、速度快，控制难度大大增加。一些媒体竞争生存压力加大，为吸引眼球和牟取利益刊发不负责任的报道。

从我行内部因素看：

在经济增速放缓的大环境下，全行各方面的经营压力和资产质量管理压力加大，各类风险事件呈多发态势。

个别基层机构存在经营思想不端正、经营行为不规范，有些历史问题排查不彻底，解决不到位，引起媒体关注。

全行舆情管理机制不够完善，有的机构对舆情管理不重视，工作不到位，或应对不当。

监测显示，上半年全行共发生各类舆情事件约400起，其中有一定影响的舆情事件20起。6月20日以来，全行已连续发生了7起传播范围较大的负面舆情事件。从舆情事件产生的原因来看，综合发生频率和传播影响两个维度予以考量，对我行声誉存在较大威胁的风险因素如下：

员工参与民间借贷或非法集资活动导致出资人向我行维权。

客户购买我行理财产品或由我行推荐投资的委贷、信托、保险、基金等产品出现亏损后要求我行代偿。

客户银行卡被克隆导致资金被盗取。

因非本人办卡、小额欠费等原因形成大额透支和不良信用记录。

个别企业风险集中暴发形成大额不良贷款。

各种内外部案件和安全事故。

要高度重视和全面加强舆情管理工作。

当前，关于我行的负面舆情与正面宣传相比虽然比例很小，但是影响较大。负面舆情管理不好，不仅干扰全行正常的经营管理活动，还会严重影响公众对我行的信任，影响员工的思想稳定和士气，影响监管部门对我行的评价，影响市值管理，进而全面影响综合竞争力和可持续发展能力。为此，各级行都必须把舆情管理作为内部管理的一项重点工作来抓，切实完善机制、明确任务、落实责任，确保一方平安。其中，要着重抓好以下几项工作：

切实规范经营，加强管理，努力从源头上防范声誉风险。

建立声誉风险排查和限期解决机制。各级行、各部门要尽快组织对负面舆情高发的重点领域进行深入排查，限定排除隐患、解决问题的具体期限，并将责任分解落实到人。特别是对较为敏感的风险事件、诉讼案件、客户投诉集中的突出问题，要拉出单子，建立台账，动态管理，并要提前拟制舆情应对方案，直至风险彻底排除。对可能引发全行性声誉风险的事件总行将进行重点督办。

面对当前复杂的经济环境和敏感的舆论环境，要更加注意规范经营行为和改善金融服务，特别要加强对理财销售、代理保险、委托贷款、信用卡经营和服务收费等容易发生客户投诉、产生负面舆情领域的监督检查，及时纠正和整改不规范做法；更加注重加强员工的教育和管理，加强员工异常行为分析和监督，严明纪律，真正通过改善服务、规范经营、从严治行，消除声誉风险滋生的土壤，树立良好的口碑。

坚持24小时全天候舆情监测，建立快速响应机制，前移风险管理关口。

总行负责全行性舆情的监测，各分行负责对辖内媒体和本机构舆情的监测，确保第一时间发现和报告舆情。

对在短时间内集中大量出现的客户投诉必须引起高度重视，要第一时间向总行报告，有关部门要迅速研究解决措施，避免酿成重大舆情。

建立舆情处置责任制，提高舆情应对的及时性和有效性

各单位一把手对舆情管理负总责，并明确一位班子成员抓好日常具体工作。

建立快速反应机制，各分行要全面负责所辖的区域性舆情处置，对于传播快、影响大的舆情，要确保在发生后的2个小时内作出回应。

总行由办公室、法律部、消费者权益保护办和各主要业务部门明确2~3名骨干组成舆情管理专家团队，遇有舆情集中组织应对，确保舆情应对处置的效率。

对外发布的应对口径必须由本单位一把手或受权人审签，确保应对稳妥，避免因回应不当导致舆情升级恶化。

方法上，坚持疏堵结合，以疏为主。

建立舆情事件通报制度和责任追究机制

总行按月通报重大舆情和典型案例，指导全行舆情管理工作。

对于发生重大负面舆情的机构，将视舆情危害程度从行长经营目标绩效考核中扣减相应分值。

对违反舆情管理要求和新闻宣传纪律、对外发表不负责任言论，造成不良社会影响的责任人员，严加惩处。

加强媒体关系管理和维护

紧紧依靠党委和政府，加强汇报和沟通，争取新闻宣传主管部门和网络管理部门的支持帮助。

要通过日常沟通、高层互访、业务合作等多种形式，加强与主要新闻媒体的联系。

加强和改进正面宣传，积极引导舆论

紧紧围绕打造人民群众满意银行、服务实体经济发展两个主题，大张旗鼓地组织正面宣传报道，不断强化我行正面形象和社会影响。

创新宣传形式，多宣传老百姓普遍关心的便民、利民、惠民金融服务，多宣传生动鲜活的服务案例、真实感人的典型事迹，提升正面宣传的影响力。

3.9　大力改进作风，做密切联系基层、联系群众的表率

总行和一级、二级分行直接服务客户、具有越来越重要的经营职能，而且担当着重要的领导和管理职能，三级管理行的作用如何，决定着全行的风气和整个经营管理工作。因此，在全行开展的党的群众路线教育实践活动中，总分行一定要认真贯彻中央要求和总行党委的部署，本部要在活动中发挥表率带头作用，积极改进作风，带动全行教育实践活动的深入开展和服务基层、服务客户水平的全面提升。这里，着重对三级管理行尤其是总行的作风建设，提四点要求：

要做务实高效的表率

解决形式主义问题、提高工作效率，首先要从管理行做起。一些问题表现在基层，但根子在管理行。因此，三级管理行都要结合各自的职能特点和工作实际，认真查摆形式主义方面存在的突出问题，明确具体解决措施。要把克服形式主义、培育务实高效作风，与新一轮机构改革和流程改造等工作结合起来，全面开展效率提升工程，特别要注意引进现代办公理念，利用信息技术手段，改进办公方式和流程，创造精文简会的机制环境，促进工作效率和质量有个大的提升。

要做优质服务的表率

要着重改进总行对集团各机构的服务，以总行对境内外机构服务的全面持续改进，带动全行为客户大服务格局的巩固和完善。各部门都要有大局观和协作精神、服务意识，不能打小算盘，搞“部门墙”，不能有“衙门作风”。要积极帮助员工、基层和客户解决困难和问题，落实服务承诺制和首问负责制，业务审批、答复基层请示事项等都要有时限要求，各项工作都要有效率标准，严禁敷衍塞责、推诿扯皮。总行要定期组织境内外分行、子公司对各部门服务情况进行评议，日常要听取意见，并研究纳入对部门的绩效考核，广泛接受监督，促进工作不断改进。

要做创新进取的表率

要增强转型发展的责任感和时不我待的紧迫感，树立勤勉敬业、敢为人先、勇争一流的昂扬精神状态，并要更加重视通过机制的激励约束作用，让得过且过、慵懒散漫、不作为、混日子的现象没有滋生环境。领导干部要带头学习、刻苦钻研，善于从实践中概括、总结、提炼出规律性的东西，成为经营管理的行家里手，带动全行建设学习型银行。各部门主要负责人更要勤勉敬业，担负起统筹推动工作的职责，发挥好“第一责任人”的重要作用，重大问题、重要工作、重点项目，要亲自研究和组织推动，使部门工作体现出应有的水平，以过硬的工作、过硬的作风体现出良好形象。

要做清正廉洁的表率

总、分行要率先做到秉公用权，廉洁从业，率先做到艰苦奋斗、勤俭办行，争当清廉的楷模、节约的表率、勤俭的标兵。要树立过“紧日子”的思想，在各种办公运营成本上精打细算，量入为出，节约开支，将更多的财务资源用于经营发展和业务创新的关键领域。在廉洁从业、合规经营、遵章守纪等各个方面，对各级管理行尤其是总行的干部，要比对基层员工要求标准更高、管理更严、违规违纪处罚更严厉，使管理行成为从严治行、风清气正的典范。这样才能管好系统、带好队伍，凝聚起推动全行改革发展的向心力和战斗力。

加快改革创新　深化经营转型
全面提升公司金融业务综合竞争力

——在中国工商银行公司与投行业务工作会议上的讲话

易会满

（2013 年 1 月 15 日）

今天会议的主要任务是，贯彻中央经济工作会议和全行推动科学发展研讨会精神，总结 2012 年公司与投行业务工作，分析面临的机遇和挑战，研究谋划公司与投行业务发展方向，部署 2013 年公司金融业务重点工作，动员全行加快改革创新，深化经营转型，全面提升公司金融业务综合竞争力。

一、全面贯彻落实科学发展观，2012 年公司投行业务经营转型取得新的突破

2012 年，在宏观经济趋弱、有效信贷需求不足、风险防范压力增大的不利局面下，全行公司业务条线紧紧围绕公司金融转型这一主线，坚定信心，奋发有为，各项业务取得了新突破。公司业务内部核算利润贡献 1 180 亿元，增加 87 亿元。全年本外币公司贷款新增 6 287 亿元，增长 12%，其中本币公司贷款新增 5 323 亿元，增长 10.8%；本外币公司存款增加 2 470 亿元，增长 7.75%，其中本币公司存款新增 1 321 亿元，增长 4.17%。外汇公司存贷款增长为历年最高。公司类不良贷款余额 573 亿元，下降 18 亿元；不良率 0.98%，下降 0.15 个百分点。实现公司贷款利息收入 3 577 亿元，增长 21.9%；公司类中间业务收入达到 560 亿元，增长 7.2%，占全行中间业务收入的 49.5%，其中投行收入 246.5 亿元，增长 16.9%，同业占比第一，收入总量和增量分别占中间业务收入的 21.8% 和 48%。以上成绩的取得，主要得益于以下几方面工作。

（一）积极拓展优质市场，信贷结构调整取得新进展。全行牢牢抓住优质市场，在行业、客户、产品上多管齐下，信贷结构全面改善。一是行业结构实现两个显著改变。四大新市场贷款占比显著提高，2012 年，制造业、服务业和文化产业本外币贷款新增 6 311 亿元，占公司贷款增量的 100.2%，余额占比由 2010 年末的 33.9% 提高至 44.4%。城建等四大行业贷款占比显著下降，去年下降 1 564 亿元，超额完成年度计划，离三年调整 4 000 亿元任务仅差 587 亿元，完成计划的 85.3%；占公司贷款比重由 2010 年末的 54.4% 下降至 38.3%。二是客户基础持续夯实。客户总量达到 13.44 万户，增长 9.8%，其中中型客户增加 4 592 户，贷款净增 3 266 亿元，占公司贷款新增的 51.9%。重组并购和股权融资客户数超过 1 000 户，增长 50%。客户数量的增长，带动了存贷款和中间业务的大幅增长。三是品种结构持续优化。短期贷款快速增长，一般流贷增加 2 998 亿元，增长 26.9%；项目贷款增加 1 658 亿元，增长 6.3%。供应链融资取得明显成效，依托 1 324 家核心企业拓展了 10 509 家上下游客户，实现了 1:8 的拉动率，供应链融资表内业务累放 2 235 亿元，增加 1 102 亿元，表外业务累放 7 735 亿元，增加 1 566 亿元。四是贷款期限结构持续改善。余期 1 年以内的贷款增加 4 161 亿元，占公司新增贷款的 66%；余期 10 年以上贷款仅增加 351 亿元，占新增贷款的 5.6%，在全部公司贷款余额中的占比 14.7%，较上年末下降近 1 个百分点。

（二）深入推进金融资产服务，综合化经营升级发展。全行依托金融资产服务，持续推进经营转型。债券承销、资产交易、委托贷款、银团贷款分销、股权融资、金融租赁等非信贷融资服务总额达到 10 019 亿元，在公司贷款大幅增长的情况下，非信贷融资与新增贷款占比仍达到 1.88:1，处于近年较高水平。一是债券承销连续第 6 年保持同业第一。主承销发行 3 487 亿元，同比多发 586 亿元。通过扩大授权、优化流程、加强团队建设等手段，提升了受理项目数量、非直营客户数量，覆盖区域进一步扩大。二是资产交易业务创新取得突破。受市场环境变化影响，完成资产交易 2 597 亿元，同比少 817 亿元，但实现收入 44 亿元，同比增长 27%。探索资产证券化工作，已完成项目报批。通过融资结构创新，完成中石油西气东输三线、国家电网委托债权投资及南京地铁股本融资等一大批重大项目，涉及金额 419 亿元，稳固了与重点客户和当地政府的合作关系。三是银团贷款业务快速发展。通过加强与同业合作、完善授权与激励、加强业务培训等多种方式，推进银团贷款分销网络建设，效果良好。实现分销金额 1 263 亿

元，同比增加549亿元，增长77%；牵头数量271个，同比增加195个，增长257%；实现收入26.1亿元，增长202%；牵头银团结构不断优化、品种不断创新，中小企业银团贷款个数占比提高到50%以上，四大新市场领域银团贷款比例显著提升；零牵头、零分销的分行大幅减少。银团贷款已成为我行防范风险、增加收益、竞争优质客户的重要手段。四是金融租赁业务取得新发展。租赁业务新增投放480.8亿元，租赁资产余额达到1 122亿元，增加316亿元，增长39%；通过批量订购出租空客A320飞机以及天津、武汉、无锡等一批重大轨道交通和水务项目的实施，在航空、航运、能源、轨道交通等领域继续保持行业领先。与分行合作，开展应收租赁款保理业务，累计投放金额近200亿元；推出“租易通”产品，为中小企业累计提供融资100多亿元，社会反响良好。行司联动迈上新台阶，合作项目、产品、金额都创历史新高。五是全产品营销持续推进。强化牵头营销职能，加大综合金融服务方案推广力度，进一步提升核心业务覆盖率。总行直营户信贷业务、债券承销、银团安排、顾问类投行、企业网银、国际结算、公司理财、企业年金、代发工资覆盖率分别达到97%、32%、39%、38%、92%、75%、45%、30%和77%，实现信贷业务与其他业务协调发展。

（三）狠抓投行业务发展，商投互动迈上新台阶。去年，无论是投行体制机制改革、投行收入增长还是投行品牌建设等都取得良好成效，增强了发展信心。一是投行改革落实到位，新的经营机制初步确立。完成利润中心改革基础工作，初步形成经营管理融合互动的运作机制，专职投行团队充实到500人，部分分行新设立了投行机构，并在机制建设方面进行了有益探索。二是投行业务大幅增长，成为带动公司金融转型的重要力量。实现重组并购、股权融资和高端财务顾问业务收入108.2亿元，增长166.8%，占投行收入43.9%，提高25个百分点，结构调整成效显著。PE主理银行业务余额达225.8亿元，当年新募资规模达128亿元；重组并购涉及金额达1 100亿元，并购贷款余额320亿元。积极提升跨境项目落地操作能力，探索丰富并购融资工具，重组并购服务由“融资+顾问”向“顾问+融资”转变；主理银行实现“基金代销”向“融投管退”全过程管理转变；高端财务顾问业务由“资产业务拉动”向“表内外融资安排”转变。三是大项目运作初见成效，投行品牌逐步形成。完成重组并购、股权融资分别达到600笔、170笔。在多个方面实现了新的突破，如首次为大型央企海外并购提供纯顾问服务；首次提供跨境金融资产并购顾问服务；首次获得境外上市公司卖方顾问委任；首次成功运作大型信托制股权基金、大型定向增发基金、跨境并购基金；首次以纯顾问角色主导上市公司债务重整，等等。四是常财和投融资顾问等业务健康发展。开展了基础类业务收费梳理、制度修订、文本标准化、科技开发等工作，常财、投融资顾问客户达2.86万户，收入达138.3亿元。

（四）深化境内外联动，一体化营销取得新成绩。一是积极探索境内外一体化管理。将部分大型跨国公司纳入总行直营户，并对其中部分企业探索实施全球统一授信。通过强化授权、授信、营销、信息统计等统一管理，逐步实现公司金融业务的全球化管理。二是“点面结合”扩大联动营销范围。与境外机构联动营销60多家集团客户的融资、国际银团、保理、内保外贷、跨境人民币结算、全球现金管理等业务，涉及项目100多个。成功获得中石油、华为、中海油、长虹等重点客户的境外资金池业务主办行；为一批集团大客户海外机构切分或核定授信额度。三是有国际影响力项目取得新突破。举办中荷企业商务峰会，邀请近百家中荷企业对接，实现境外银政企多边会谈。为中国联通、三一重工、徐工、中海油、三峡集团境外收购提供融资；为锦江国际海外并购及卡塔尔控股公司在亚、非、拉美提供投行顾问服务。成功担任中石油、中石化、三峡集团等公司海外债全球协调人、主承商、簿记管理人等角色，涉及金额超过75亿美元。

（五）着力完善营销组织管理，进一步提升服务水平。一是加强存贷款定价管理。建立灵活的利率调整机制，针对重点客户实行差别授权，对存款利率上浮实行名单管理，适时调整定价策略，有效控制负债成本。公司贷款收益率达到6.68%，提升62个基点，新发放公司类贷款加权平均利率高于可比同业，最优质客户贷款利率下浮比例控制在10%以内。二是加强资金流向管理，提升公司存款竞争力。强化存款考核激励问责机制，在公司金融业务评优中实行“一票否决”；加强对重点客户存款日常监测和信贷资金封闭管理，尝试将信贷资金留存行内作为制度贯穿于信贷流程中，受托支付留存率达到73%，较年初提高2.44个百分点。三是创新营销组织管理。强化总行“自上而下”的管理，锁定重点行业优质客户名单，提出配套政策措施，积极推动业务发展。把握外部环境变化契机，加强调研，推动信贷政策调整。四是加强队伍建设。公司客户经理达到3.06万人，增加2 000人，超过4万人取得初中级客户经理资格；配备了1 417名客户经理助理。开展针对分行主管副行长、部门主管、二级分行主管行长、业务骨干等多层次培训，总计超过2 000人次，把成熟业务模式、成功营销案例有效推广到全行。

（六）坚持强化风险管理，实现业务健康发展。随着经济下行压力的加大，信用风险逐步显现，并与操作风险、商誉风险、道德风险等交织在一起，对公司金融业务的健康发展带来了严峻挑战。一是主动防范信贷风险。在积极拓展四大新市场的同时，通过下达名单制等手段，锁定行业领先企业，以优良客户基础保证业务健康发展。在城建、房地产等四大行业结构调整中，做好重点在建续建项目资金保障。对平台贷款，根据地方政府可支配财力及融资平台未来现金流变化趋势，加强存量贷款整改与信用增级。继续坚持房地产客户名单制管理，优先支持大型优质房地产企业，从严控制一般房地产企业和土地成本偏高、产品定位不合理项目，加强封闭管理，落实在建工程抵押，严格按照销售进度收回贷款。二是加强金融资产服务业务风险管理。对持续跟踪、监测我行承销债券的发行企业和增信机构风险状况与偿债能力。对理财融资项目严格设置信用增级措施，完善融资结构与方案，落实足值抵押或担保。明确委托贷款操作细节，规范业务发展。从系统、流程、限额管理、中介准入等方面强化投行业务管理。规范重组并购业务操作流程。到期兑付 38 只超 112 亿元 PE 主理基金。

在取得显著成绩的同时，我们应该清醒地认识到，公司投行业务发展还存在一些突出的矛盾和问题，主要表现为：虽然公司有贷户本外币存款完成全年计划，但本币存款计划未能完成；金融资产服务业务增速放缓，非金融企业债承销额退居同业第二，发行只数低于同业，部分行银团贷款仍是零牵头、零分销；中间业务收费大检查中暴露了规范操作方面还存在问题；牵头营销职能和队伍建设仍有待加强，综合化服务与客户需求不适应，人员数量、质量与业务快速发展不适应，等等。这些问题需要全行认真研究思考，在今后工作中加以克服和解决。

二、深刻认识外部形势变化，抢抓发展机遇，进一步增强创新转型和拓展新市场的主动性

未来一年，全球经济仍难走出衰退阴影，“紧财政、宽货币”成为主要发达经济体中长期选择，经济低迷成为常态。美国将在再次量化宽松的货币政策的刺激下逐步走出困境，但难有强劲增长；欧债危机逐步见底，欧元区进入缓慢复苏阶段；日本经济受出口减速、内需下滑、主权债务过高、人口老龄化严重等多重困扰，长期衰退局面难以破除；新兴经济体仍将面临增长放缓和通货膨胀上行双重压力。国内经济将企稳回升，可能转入一个较长时间的中速增长期，需求动力不足，部分周期性行业和新兴行业产能过剩，处于产业链末端的一般加工业和传统制造业将更加困难，实体经济仍不容乐观。中央经济工作会议确定今年经济工作仍将保持稳中求进的总基调，实行积极的财政政策和稳健的货币政策，国家也将积极推进“工业化、信息化、城镇化和农业现代化”，加快转变经济增长方式，提升经济增长潜力。这为公司金融带来压力，同时也带来新的市场空间和转型动力。

（一）转变传统信贷增长模式成为现实且紧迫的选择。一是资本成为约束信贷业务规模、投向的主要因素。新资本协议已正式实施，我行在利润保持两位数增长且维持较低分红比例，信贷保持目前增量，面临较大资本缺口，若利润增速低于 10%，则缺口更大。因此，将资本管理运用到信贷规模、期限、品种、定价、投向等各方面，提高资本集约化水平，是大势所趋。持续优化信贷结构、强化信贷经营理念、加强信贷流量管理将成为一种常态。二是经济增速下降与利率市场化进程加速并现，银企博弈和银行竞争将更加激烈。利率市场化进程加速以来，公司新发放贷款平均浮动幅度环比呈下滑趋势，在信贷需求趋缓的情况下，优质客户可能会提出贷款利率更大幅度下浮。同时，在经过一段时间的试探和博弈之后，商业银行定价策略出现分化。某些行在部分优质客户市场占比较低，依靠价格竞争扩大市场份额的动机强烈。如何加强存贷款定价管理，同时提高竞价策略的灵活性，保持对优质客户的竞争力，将面临更多压力。三是金融脱媒加速，信贷转型空间增大。去年，社会融资规模达 15.76 万亿元，人民币贷款占比仅为52%，比十年前降低 40 个百分点。今后直接融资市场仍将快速发展，优质客户“去贷款化”趋势明显，债券市场上最优质客户“债券融资总额”与“对外融资总额”之比已达 32%。直接融资市场扩容使传统信贷扩张面临次优市场的选择，但同时也为非信贷业务发展提供了更加广阔的空间。

（二）把握新市场成为信贷业务持续健康发展的要务。公司贷款每年累放超过 4 万亿元，今后还将继续增长。有些领域在增长到极限后，将会出现停滞，主要通过收回再贷解决优质客户需求。如此巨大的投放，需要不断挖掘新市场，做好信贷市场总体布局。主要体现为：一是国民经济转型发展带来的新机遇，如“新四化”中新型城镇化、农业现代化中的机遇；二是我行占比较低或未能进入的优质客户，如同业优质客户、拟上市企业、各行业中的龙头企业、开发区入园企业群、产业链中的核心客户等；三是“走出去”企业或“走出去”业务。不断壮大这些新的信贷领域，培育新的信贷增长点，是公司战线当前乃至今后一段时期的工作重心之一。要通过持续的努力，真正在这些领域取得新的进展，实现新领域信贷规模、结构、质量、效益的协调发展，为信贷业务持续增长提供新的支撑。这需要通过“自上而下”和“自下而上”相结合的方法，锁定目标客户，加强营销指导；需要创新产品、培育队伍、强化培训，提升对新市场机遇与风险的掌控能力。

（三）投行业务发展较快但基础仍然薄弱。姜董事长在推动科学发展研讨会上提出投行业务要快马加鞭。在经济转型期，投行业务商机无限，潜力巨大。但我们还很多迫切的问题需要解决。一是对投行业务重要性的认识还不到位，行际差别较大。从投行考核排名与行长绩效考核排名对比看，最好的领先 14 个位次，最差的落后 18 个位次。部分分行认识超前、行动果断，在组

织机构建设、投行团队配备、人力资源配置、体制机制创新等方面肯动脑筋、舍得投入，效果良好。但也有部分行安于现状，单纯依靠行政命令、考核手段推动收入增长，对投行业务发展缺乏信心、缺乏思路、缺乏主动，不可避免地出现了客户基础薄弱、市场竞争力下降、团队战斗力不强、品牌建设徘徊不前等情况。二是投行业务的发展基础仍然薄弱。全行从事重组并购、股权融资和高端财务顾问业务的人员仅200余人，部分行投行团队不增反降；重组并购和股权融资客户总数仅1 000多户，很难支撑业务持续快速发展，也很难形成投行客户的评判标准和目标群体；投行与公司信贷、资产管理、私人银行、专业融资等条线及集团子公司的合力尚需更好地发挥，内外联动需进一步加强；对分行的系统推动、营销指导、专业支持和团队调度还需强化，全行投行队伍还未形成整体战斗力。三是市场竞争压力加大。去年我行投行收入四行占比提升到39%。但有些同业商投互动程度高，有些同业综合化经营的步子迈得大，有些同业利用社会资金拓宽投行融资安排渠道的办法多，有些同业在债券承销、并购融资、股权业务创新等市场的思路活，有些同业在激励约束机制和团队建设方面投入大。这些都值得学习借鉴。

（四）信贷结构调整面临新形势，需要采取新举措。近两年，我行实施信贷结构大调整，效果良好，但也出现一些新情况。一是四大行业调整已取得阶段性成效。目前，四大行业贷款比2011年6月末减少3 413亿元，占公司贷款的比重为38.3%，比2009年末最高时大幅下降18.1个百分点。在信贷结构极大优化的同时，也面临一些新情况。如部分压降行业出现客户主动选择银行的迹象；在经济下行的背景下，四大新市场也出现了需求不足的情况。部分区域四大行业贷款占比已经很低，平衡信贷总量与信贷结构调整的难度加大。四大行业营销的动力有所减弱，营销基础有所动摇，防止贷款惯性下滑的压力增大，需要对信贷政策进行预调微调。二是新的市场机遇需要积极探索，稳步推进。新型城镇化如何做好区域试点，提供综合性金融服务，创新业务发展模式，调整政策制度，避免穿新鞋走老路；供应链融资如何在试点的基础上，创新覆盖全流程的产品体系，抓好核心客户及上下游企业拓展；同业优质客户和拟上市企业如何提出针对性竞争策略；农业现代化中如何挖掘构建新型农业经营体系过程中的业务；“开发区+入园企业群”一体化服务模式需要何种政策支撑，等等。都需要总分行加强调研，提出新的举措和配套政策，切实解决实际问题。

（五）风险防范的压力将在多领域多层面渐次显现。一是信贷领域。由于经济持续下行，去年个贷和小企业贷款不良率有所上升，由于风险传导的滞后性，今年大中型企业风险防范压力不容忽视，某些行业已初现端倪。同时，房地产行业销售有回暖迹象，一旦出现快速上涨势头，可能面临新一轮的调控措施；房地产行业信托计划面临刚性兑付，诉讼事件增多。政府融资平台通过直接融资，缓解了去年还债高峰，但今年仍有大量债务到期，目前国家已提高了城投债发行门槛，同时财政部发文严控地方政府融资行为，要求平台公司承担“公益性项目”建设举借需财政性资金偿还的债务，不得通过保险、信托、基金、金融租赁、财务公司等直接或间接融资。在土地收入锐减，以及民生和保障房支出硬约束的双重压力下，地方政府偿债风险暂难缓解。二是金融资产服务业务领域。近年来，债券、信托、股权基金、民间借贷、私募等快速发展，去年，债市扩容加速，交易商协会注册非金融企业债务融资工具余额突破4万亿元，同比增加1.1万亿元；产品不断创新，发行主体资质参差不齐，个别企业出现风险；地方政府债务也出现债券化、信托化趋势；信托受益权投资迅速膨胀。金融的融合发展，使风险的关联性、传导性、复杂性增强，对银行风险管理的系统性、全面性和可预见性提出更高要求，监管部门对银行各类风险尤其是表外业务风险的管理也将进一步强化。

应该看到，中国经济正经历快速增长向平稳增长、规模扩张向质量效益型发展两个转变。未来十年，是中国经济跨台阶、上层次的关键十年，也是工商银行加快转型发展的关键十年。公司金融业务面临的压力、挑战不言而喻，但机遇是主流，发展是方向。从宏观经济看，党的十八大对全面建成小康社会和全面深化改革开放作出新的部署，随着工业化、信息化、城镇化、农业现代化的深入推进，必将给我国经济注入新的动力和增长点，这为培育新的信贷增长格局带来新的机遇。从金融发展看，直接融资快速发展，货币市场日益繁荣，资本市场逐步回暖，企业的股票、债券、信托、私募、租赁等融资渠道不断拓宽，证券、基金、保险、理财等产品在社会金融资产中的占比不断扩大，这为公司金融转型提供了良好的外部环境。从我行自身看，公司金融战线保持了良好的精神面貌，转型发展的理念已深入人心，抢抓市场机遇的意识大为增强，东中西部梯次发展的格局基本形成，区域差异成为下一步发展的潜力。这些都是公司金融业务大跨越、大发展的有利条件，但能否转变为现实成果，关键在于公司金融战线的同志能否保持奋发有为、舍我其谁的昂扬斗志，能否保持改革创新、革故鼎新的精神状态。

三、公司投行业务创新转型的目标任务与基本要求

2013年是全面深入贯彻落实党的十八大精神的开局之年，也是外部环境严峻复杂的一年，做好公司投行业务工作意义重大。今年工作的指导思想是牢牢把握创新转型这一主线，培育信贷增长战略领地，构建信贷业务可持续发展新格局，持续扩大客户基础；进一步突出

投行业务，丰富商投互动内涵外延；持续推进信贷结构调整，进一步优化信贷结构；做大金融资产服务业务，提升公司金融转型发展层次；全面深化“大公司金融”战略，健全公司投行体制机制，提高综合竞争能力。

2013 年，全行公司金融业务发展要按照既定战略，确保实现以下经营目标：人民币公司贷款计划新增 5 500 亿元，公司存款计划新增 2 000 亿元，其中有贷户存款新增 1 000 亿元，有融资关系公司客户新增 1.5 万户，其中中型客户净增 4 000 户；非信贷融资与信贷增量的比例达到 2:1；重组并购、股权融资、高端财务顾问和银团安排、企业债券承销业务收入合计确保增长 30%，达到 140 亿元，力争增长 40%，达到 150 亿元。常财和投融资顾问业务收入保持适度增长。继续保持公司存款、贷款、中间业务收入同业排名第一的位置。要确保完成上述目标任务，必须认真贯彻落实五个“更加注重”。

（一）更加注重改革创新，增强发展的活力和动力。改革创新是保持公司金融业务主动权的关键。过去十年，我行依靠改革创新，初步实现公司信贷向公司金融的转型，确保了市场领跑者的地位。在新形势下，更要加快改革创新，对内整合资源，对外扩大服务边界，推动公司金融再次实现历史性跨越。一是深入推进“大公司金融”战略。要着力研究符合我行实际的“大公司金融”服务模式，加快构建公司客户统一视图、统一营销服务、统一综合定价、统一科技平台的客户综合营销服务管理体制。利用科技手段，建立公司客户重点产品覆盖率、综合收益率的统计分析制度，定期通报和督导。建立重点业务品种的区域覆盖率统计通报制度。二是创新公司营销体制机制。对于大客户，营销职能的上移、层级的提升是方向。要加强总行直营团队建设，探索建立首席客户经理制，进一步加强大客户协调能力。要加强总分行“自上而下”的营销指导，明确目标区域、目标客户。要加强对分行营销模式指导、案例培训推广。三是加大营销模式创新和产品创新。要大力推行“链式营销”，抓供应链融资，抓产品链和客户链，系统地推动业务发展。要注重产品的组合和灵活运用，避免单打一，提高产品对客户需求的适用性。

（二）更加注重转型发展，提升发展的层次和内涵。无论是信贷领域，还是资产管理领域，信托、保险、租赁、证券、私募股权基金、基金公司、第三方支付公司，都在相互渗透。金融业融合发展的趋势已十分明显，行业边界不断突破，如果我们仍固守传统信贷业务，必将失去未来。一是要大力发展金融资产服务业务。树立资产经营理念，通过资产管理、资产证券化、银团贷款及转让等方式，加强信贷流量管理，打造信用交易大行，提升公司金融转型发展层次，稳步提升非信贷融资比重。二是要健全商投互动机制。统筹行内商行投行资源，理顺公司、投行、资产管理、金融市场、私人银行、专业融资等业务融合发展和分工合作机制，并做好与工银国际及其他境外机构的内外联动，实现商行和投行业务在国内、国际市场的融合发展。三是要丰富商投互动的内涵。利用我行资金、网络、客户资源、科技等优势，实施“商行 +”战略，搭建合作平台，整合客户资源，探索多产品组合，丰富“商行 + 投行、租赁、信托、证券、保险、创投基金、基金公司”的合作渠道，做好“商行 +”成熟合作模式总结推广。

（三）更加注重优质客户服务，挖掘新的增长潜力。新市场拓展最终要通过优质客户实现，任何行业政策、信贷准入、授信评级、定价策略等工作，归根结底也要围绕竞争优质客户展开。因此，我们一要持续做好集团大客户的服务。大客户是公司金融业务的立足之本、生存之基，也是我行综合竞争力的体现。要深度挖掘大客户需求，利用综合化营销手段，加快实现从产品提供商向金融服务提供商转变。二要实施名单制管理，扩大优质客户群体。对于同业优质客户、各行业龙头企业、拟上市企业、产业链核心企业、开发园区企业群、现代农业龙头企业等，要“上下结合”，层层筛选，全面排查，力争形成新的优质客户名单，明确核心业务品种同业占比第一的时间目标，建立竞争优势。三要加强政策配套，提高营销效能。前台要加强与中后台沟通，研究配套的客户与区域准入、授权授信、配套产品、定价策略等一揽子政策。对于同业优质客户，要采取优于同业的竞争策略。四要坚持全产品营销，提高客户综合贡献度。要摸清不同客户群的经营特征、资金运作规律、金融需求特点，制订相应服务方案，实现个性化、深度化营销。要积极推进服务创新，运用商行 + 投行、信贷 + 非信贷方式，为不同阶段客户提供相应金融服务。要以银团贷款、债券承销、资产交易等重点产品为抓手，深度开发客户价值，提高产品覆盖率和使用率。

（四）更加注重风险管理，保持业务的可持续发展。目前，金融业创新速度加快，风险越来越具有复杂性、隐蔽性和关联性，但大家还习惯于应对传统信贷风险，对新形势下风险的演变、传导机制认识不足、估计不足。如把金融资产服务业务或表外业务看成低风险业务，或认为其风险与银行无关，或只关注信用风险，忽视商誉风险引发的信用风险；只关注客户风险，忽视内部操作风险、道德风险；注重物的风险，忽视人的风险，没有从流程上、机制上制约和防范风险。在与金融机构合作过程中，更多注重双方利益，忽视其管理水平和治理结构，忽视合作机构风险对银行的传导性。要树立全面的风险观，在控制传统信用风险的同时，探索新型业务的风险实质、传导机制和防范措施；要做好金融资产服务业务全流程管理，处理好效率和风险的关系；在债市扩容的背景下，要明确竞争策略，做好客户筛选；在与金融机构合作中，要做好甄别，明确双方责任。

（五）更加注重转变作风，提高队伍战斗力和执行力。一是加强服务意识。要深入基层，了解一线情况，解决营销难题。要多走访客户，倾听客户声音，切实解决客户需求。要多总结政策制度执行中带有普遍性、全局性的问题，提出针对性意见；要与基层行一道，解决重大项目营销中存在的政策障碍。二是加强工作指导。要总结先进经验和成功案例，多推广，多培训；要杜绝简单地发文件、提要求、分任务、压指标；要加强“自上而下”的指导。三是加强学习。尤其要加强政策制度、业务、产品的学习，提高业务技能。

四、加快改革创新，做好公司投行重点工作

（一）坚持拓展优质市场，持续优化信贷结构。开辟新的信贷市场，构筑新的信贷池，是我们今年公司金融业务的重中之重，也是确保信贷业务可持续发展的关键。要通过业务的发展，实现信贷结构的持续优化。

一要抓好行业优质信贷市场。要将先进制造业、现代服务业、文化产业、战略性新兴产业、新型城镇化、基础设施、资源行业、现代农业作为支撑公司信贷增长的主体，认真落实已下发的三个领先企业拓展意见，由总行牵头，各行按照“一户一策”原则，制定营销方案和业务发展目标，着力提升各主要产品市场占比和综合收益。建立领先企业拓展目标考核机制，定期监测通报。领先企业名单实行动态管理，一年一调。以领先企业为标杆，继续挖掘行业中核心竞争力强、市场占比高、技术领先、经济效益好的优质客户，扩大覆盖面。要按照总行模式，加快建立分行领先企业名单，明确配套政策措施，开展针对性营销。要继续结合中型企业拓展做好拓户工作，做好近两年新拓客户的挖潜，总行将定期通报拓户对业务量和贡献度提升的情况。要根据客户融资需求特点，完善信贷政策，适当调整授信管理、利率定价、审批权限等配套措施。

新型城镇化是中国未来经济增长的潜力所在，将会带来巨大的投入，不断形成丰富的金融资源，同时也是一个持续渐进的过程，目前尚未有成熟的发展模式，因此要坚持好中选优，做好区域准入标准，重点选择工业化程度高、商业环境较好、土地升值空间大的大中型城市的城乡结合部开展金融业务，要创新业务发展模式，尽快建立新的融资产品、创新产品体系。要坚持市场化运作模式，融资主体必须是经营实体且有充足稳定的预期现金流，避免走平台贷款老路。要坚持全方位、全产品营销，充分发挥商投互动优势，为客户提供一揽子综合性服务方案。要牢牢把握风险底线，明确城镇化金融的边界，密切关注地方政府总体负债水平，防止过度融资。

农业现代化要把握“农业经营组织化、生产服务社会化”的发展方向，关注正在推进的农村土地确权登记和林权制度改革所带来的农村土地“资本化、金融化”动向，择优扶持产粮大省、大型集团化农垦区和龙头企业，拓展合作的广度和深度，提供覆盖养殖、种植、仓储、加工、流通、销售等全产业链的金融服务，积极推广“银行＋政府＋龙头企业＋农户（专业合作社）＋保险”五位一体的融资模式；支持龙头企业兼并重组，组建大型企业集团，实现跨区域经营的融资需求；有选择地支持农业产业化集群发展，对依托农产品加工、物流等形成的各类农业园区、农业产业化示范基地择优提供支持。

基础设施和资源行业要重点营销电网、铁路、轨道交通、枢纽及干线机场改扩建、石油、天然气、煤层气、煤炭、各种矿产资源等领域中“十二五”规划重大建设项目。各行要抢抓市场机遇，加大营销力度，充实优质项目储备。加大全产品营销力度，积极支持优势企业债券承销、重组并购、走出去及其他与资金交易相关的业务需求。

二要抓好区域板块信贷市场。目前，国家陆续出台的区域战略规划和区域政策文件达60多份，现有国家级和省级开发区近1 600个，区域板块内形成以大型企业为核心，中小企业为纽带的庞大产业集群，资源优势和产业集聚特征突出，成为地区经济新的增长极。要全面统筹区域板块，从经济指标、产业分布、投融资状况等方面入手，对其评级分类，选择规划较为成熟、区内企业质优、辐射面广、市场潜力大的区域板块（开发区），推行“区域板块（开发区）＋区内企业群”的一体化营销服务模式。制定更适合区域发展的信贷政策，统筹考虑信贷准入、授信审批、资源配置、配套服务等。要从综合金融服务出发，成立涵盖多个部门的服务团队，推行一揽子的综合服务方案。

三要抓好供应链融资业务。总行已提出在未来五年，供应链融资余额在公司贷款中的占比要由0.6%提升至5%，核心企业对上下游企业实现1∶12的拉动。2013年要实现供应链融资表内业务累放额2 700亿元，表外业务累放额达到9 300亿元，新增有效信贷客户2 000户、融资额1 000亿元。一是充分发挥总部营销优势，重点做好以总行和一级（直属）分行直营户为核心客户的供应链融资业务，推广核心企业“一点对全球”的集中营销管理模式，每家一级（直属）分行要在辖内完成5条完整供应链融资。二是以产品创新为抓手，形成供应链融资业务核心竞争力。总行已开发出从采购订单到赊销货款的覆盖供应链全流程的产品体系，近期又选取部分企业进行业务创新试点，各行要利用好现有的产品组合，同时注意发掘客户潜在需求，在产品设计、业务流程、产品使用条件等方面提出创新建议，提高市场竞争力。三是增强系统联动，通过客户信息在集团内共享，促进业务联动营销、批量发展。核心企业所在地分行与上下游企业所在地分行要全力合作，

实现跨区域高效联动。各行在营销过程中，要从整体利益出发，做好沟通协调，防止业务整体流失。

四要积极服务好“走出去”市场。要加快从外汇贷款收入导向转变到综合收益导向上来。抓住国家鼓励企业兼并重组整合产能、支持企业“走出去”扩大对外投资、有序转移产能中的潜在业务机会，积极发展重组并购、财务顾问以及杠杆融资等业务。围绕大型企业“走出去”服务需求，加大全球现金管理、贸易融资、外汇交易、国际结算等业务的营销力度。把握中国企业参与国际市场投资、贸易合作不断加大的有利时机，大力拓展人民币跨境结算、贸易融资和海外项目人民币贷款业务。对“走出去”大型集团客户要从境内产业链扩展至全球产业链，通过人民币贸易融资产品满足客户境外上下游企业融资需求。

五要坚持做好四大行业结构调整。今年四大行业贷款余额要下降 200 亿元，实际投放将超过 4 300 亿元。要按照“总量控制、区别对待、好中选优、掌握节奏”的原则，做好四大行业结构调整。总量控制就是要继续控制四大行业贷款总量，避免过度负债；区别对待就是充分考虑调控进度、行业发展、客户维护等因素，对信贷政策适度预调微调，适度控制城建和房地产贷款，适度支持电力和公路行业贷款，适当拓宽四大行业融资渠道；继续利用两个“打通”，重点支持中西部和东北地区、列入国家“十二五”规划，事关全局且带动性强的重大项目。要根据各行四大行业贷款占比情况采取差异化政策。好中选优就是要防止因结构调整，放弃对优质项目的营销。要加强贷款流量管理，做好有前期贷款支持和还款保障的在建续建项目投放，主动营销一批整体带动性强的重大优质新项目。积极运用结构化融资、直接融资、表外融资等满足客户需求。掌握节奏就是要根据外部环境变化，把握好结构调整的力度和进度，避免系统性风险。

要认真做好四大行业贷款投放。电力行业重点支持三峡集团、五大发电集团、两大核电集团、神华集团等总行牵头营销客户的大型水电项目、符合国家最新核电发展规划的核电项目和风力资源丰富、电网接入条件好的内陆及沿海地区重要风电项目，支持“上大压小”、坑口电站、内陆地区的煤炭储备—发电一体化项目和港电一体化项目。公路行业重点支持国家高速路网在建项目、我行前期已投放和两年内即将通车的项目。城建领域贷款重点投向位于经济发达、财政实力较强的大中型城市、区域中心城市且现金流充裕的一般公司类客户，侧重支持规划获得国务院批准的重大项目。房地产行业优先支持大型优质集团客户、上市公司及区域性优质龙头企业，重点支持地理位置优越、土地成本较低、且以中小户型为主的普通商品住宅项目，稳步发展保障性住房贷款，适度支持可落实还款来源、风险可控的经济适用房、双限房、棚户区改造项目。

（二）突出抓好投行业务的跨越式发展。一要夯实投行业务自身发展基础。要在考核体系中纳入区域发展评价指标，树立区域标杆，加强区域内横向比较和督导推动。要加强体制机制创新，增加考核资源投入，优化考核导向和方法，加强对重大品牌项目及团队的专项奖励，加大资源挂钩力度。要建立公司投行部门联席会议制度，加强投行与相关专业条线的客户信息共享、项目联合营销；狠抓内外联动，建立跨境项目协调配合机制；加强与国际投行的交流合作，提升跨境落地操作能力。要整合梳理投行信息资源，建立信息集散平台，为投行项目交易撮合提供信息支撑，适时探索投行信息资源的商业开发和运营。二要围绕全行重点工作发挥投行职能作用。要推进“顾问先行”，把握重点客户战略动向和资本运作动态，抢占营销制高点。要着力挖掘企业资本金融资需求，撬动“新四化”及重点领域优质信贷投放。要着力运用投行手段化解信贷资产风险。三要打造核心投行产品的市场竞争力。重组并购要依托公司营销网络拓展重点客户群体，依托科技平台建立并购项目信息集散机制，依托表内外资金优势丰富并购融资手段，依托国际化和同业合作做好跨境项目落地，加快建立交易估值模型。股权融资要重点关注上市公司控股股东、已获知名 PE 投资的未上市企业等客户，着力拓展上市公司定向增发、重点客户夹层融资、大型央企首发上市等市场，积极开拓国企改制和引入战略投资者、海外上市公司私有化退市、大型地方建设基金等创新领域。高端财务顾问业务要提升融资安排能力，继续利用好理财和租赁资金，拓展与信托、保险、券商资产管理计划等资金对接渠道；要针对风险资产化解和不良资产处置，尽快形成债务重组顾问等产品并推广。四要提升常财和投融资顾问服务水平。尽快充实分析师队伍，适当加大信息产品外购力度，优化电子服务渠道，丰富投融资顾问模板，推进重点客户的总行直接服务模式。

（三）坚持公司金融转型，深化发展方式转变。2013 年非信贷融资总额力争突破 1.1 万亿元，总收入超过 60 亿元，非信贷融资比公司新增贷款达到 2∶1。其中非金融企业债承销额确保完成 3 600 亿元，力争 4 000 亿元并继续保持市场占比第一，增长 35%；主承销项目达到 200 个，发行只数超过 160 只，增长 70%；资产交易 3 000 亿元；委托贷款 2 000 亿元；银团贷款分销 1 600 亿元，个数不低于 300 个；股权融资 200 亿元；金融租赁资产规模净增 350 亿元，资产规模突破 1 600 亿元，增长 35%。

一要抓住债市扩容机遇，持续扩大承销规模。一是加大营销组织，加大直营力度。目前，总行对铁道部等 41 户优质企业短融和超短融承销实施一揽子流程优化措施，各行要抓住政策调整机遇，全力营销。对总行直营客户要依托“专业 + 产品”的业务模式，拟订个性化服务方案，逐户营销，各行特别是承销业绩下滑的分行要做好直接营销，提高营销效率。要把握私募债券、地方优质企业债券发行放量的有利时机，重点拓展与我行有信贷关系的他行承销客户、区域性或行业性龙头企业、省属企业以及具有行业优势的中小型发行人重点债券产品。在四大行业结构调整逐步到位、政策预调微调的情况下，突出抓好电力和交通这两个债券发行资源最为丰富、我行落后主要竞争对手最多的领域的客户，及时掌握发行信息，逐户主动营销。要与评级公司共享优质客户信息，与证券公司共享企业债发行主体和优质上市公司资源。二是加大激励考核和团队建设力度。在公司金融业务考评中加大对各行承销只数、客户数的考核权重。总行按月统计各行债券承销情况、按季度通报；对于20亿元以上债券承销项目流失而未能提前掌握信息和营销的，总行将逐项通报，特大项目流失将进行问责。各行也要加大激励考核，提高考核权重。要确保有足够人员专门从事债券承销业务。三是规范业务操作。从尽职调查、后续管理入手，明确规定业务操作流程、运行机制、要件制作要求、上报路径、募集资金使用、后续管理、档案要求等事项。

二要从市场环境出发，稳健发展资产交易业务。要细化项目组织推荐、尽职调查及项目存续期管理操作规程与业务流程。结合监管政策、风险偏好以及融资项目风险特征，做好目标客户市场调研和精准营销，严控介入相关政策限制领域、纯公益性质政府融资平台类项目，积极营销以经营性收益为主、还款来源明确的各类债权及股权融资项目。在创新业务合作模式时，要避免因合作方资质或监管问题造成新的风险。稳步推进信贷资产证券化工作，今年争取实现发行投资。把握好各类业务要点，总结和推广一些模式新、收益高的重点业务案例。

三要适应经营环境变化，大力发展银团贷款业务。深化同业合作，建立更多分销合作网络。积极开展银团业务创新，扩大流动资金贷款银团、贸易融资银团、中小企业银团占比，探索分组银团、担保银团、风险参贷及其他非信贷类银团等创新型业务。探索银团贷款二级市场转让。继续缩小零牵头、零分销、零代理分行范围。完善行内银团贷款承销安排与统计分析系统，将银团分销渠道拓展与交易商协会银团贷款信息系统推广相结合，原则上新筹组项目均要应用系统，使用协会统一合同示范文本，为二级市场转让创造条件。重视团队建设与技能培训。增强合规操作和风险意识，规范收费。促进总分行、境内外业务衔接，根据市场潜力细化分类指导，扩大市场份额。

四要深化行司联动，大力发展金融租赁业务。各行要指定专人负责租赁业务的营销与管理，业务量大的分行要成立专门营销团队，研究挖掘本地租赁业务需求，主动与租赁公司对接。要把租赁业务纳入分行产品体系，开展一体化营销。积极探索完善租赁公司与分行间的分润机制，提高分行的积极性。要进一步拓宽行司合作领域，加大产品和业务创新，在直接租赁、售后回租、应收租赁款保理等传统租赁业务基础上，更多向厂商租赁、中小企业融资租赁倾斜，更好地满足产业链上下游企业的融资需求。进一步加大外汇产品研发，拓宽与海外分行合作领域。稳妥推进公司法人资产业务向公务机、游艇等高端私人客户服务领域拓展。通过租赁资产转让、理财产品对接及应收租赁款保理等开发组合租赁产品，提高资金使用效率。

（四）坚持抓好公司存款，稳定业务发展基础。一要结合信贷客户拓户工程，不断拓展存款客户基础。要重点围绕核心企业，大力拓展产业链上下游客户，通过供应链融资与结算服务，锁定目标客户及资金流向。要强化目标客户筛选和储备，简化开户流程，提高开户效率和账户质量，不断挖掘新开账户存款贡献。要进一步提升大额资金流动监控平台目标客户开户水平，研究探索将资金支付对象在我行开户作为新增贷款条件之一，实现大额平台目标客户开户15 000户。二要抓好重点产品。加强理财与存款的互动，针对重点存款客户设计专项理财投资产品。探索选择存款大户直接受理理财需求，筛选匹配的信贷资产，稳定大户存款。通过营销融资类及非融资类保函产品，尝试将表外业务定价与保证金比例相挂钩，研究本外币保证金存款相互转化规律，做好产品创新，力争保证金存款新增220亿元。利用债券承销业务带动存款增长，对我行主承销债券，争取不低于承销份额的募集资金归集我行。积极争取拟上市企业IPO收款行业务。通过银团牵头行和结算代理行角色锁定银团资金，实现引存增存。三要加强信贷资金全流程监控。加快建立辖内跨区域联动营销机制，进一步完善系统功能，加强资金划付信息通知、响应、协作营销、开户等全过程管理。强化信贷资金监控，提高信贷客户销货款归行率、信贷资金支付留存率。四要建立健全工作机制。完善公司有贷户存款总分支行协调、分层营销管理机制。完善存款考核激励机制、存款增长与信贷计划配置的联动机制和定期通报机制。

（五）加强公司投行业务的风险管理、定价管理和队伍建设工作。一要坚持抓好风险控制，提升业务持续发展能力。持续关注房地产、产能过剩行业以及一般加工制造业风险。密切跟踪分析企业现金流、资金链，防范出现大的个案风险。在新型城镇化、农业现代化以及四大新市场拓展中，把好客户准入关。稳步推进四大行业结构调整，做好项目筛选；做好地方政府债务的总体控制、融资平台贷款整改、信用增级和期限调整工作。坚持房地产贷款发放的名单制管理，严控贷款总量及投放进度，做好客户结构调整和贷款封闭管理工作。继续加大不良贷款处置力度。严格按照限额管理、业务准入、存续期管理、档案管理等要求，把好金融资产服务业务风险防线。在债市扩容、承销机构扩围的背景下，持续监测合作客户与地方政府偿债能力变化。继续做好投行业务规范管理，避免收费行为变形、服务脱节。加强 PE 合作机构名单动态管理，做好 PE 基金主理业务到期兑付工作。

二要做好新资本协议落实。在新资本协议下，信贷资本占用与违约概率、违约损失率、剩余期限、相关系数等密切相关，不同行业、不同客户差别显著；同一客户不同的贷款期限和风险缓释手段也会对资本占用造成显著影响。各行要加强对新经济资本实施影响的研究分析，准确把握资本占用规律，认真分析各类业务资本占用特性和风险收益特点，真正从资本优化配置角度自觉做好信贷结构调整工作。

三要做好存贷款定价管理。坚持风险与收益相平衡原则，抓好重点客户、重点产品的差别授权管理模式，探索分层定价策略。密切关注同业动态，做好沟通，继续坚守贷款利率下浮下限控制底线；一户一策，控制存款大户利率上浮幅度。通过综合服务竞争优质客户，确保客户不流失。

四要加强队伍建设。加快制定新的客户经理队伍建设三年规划，2013—2015 年公司客户经理要由 3.1 万人增加到 4.3 万人，年均增加 4 000 人。加强对各行客户经理配备情况的督导和通报。自上而下建立多层次客户经理体系，完善客户经理服务网络。加强投行组织机构建设，配备与业务规模和市场潜力相匹配的投行团队，适当引进协定薪酬人才，优化团队结构，通过积分管理等手段使用好企业理财师队伍。举办形式多样的客户经理培训班，加强岗前培训。继续组织好专业资格考试，全面落实持证上岗制度。认真做好商投互动培训，尤其要注重对分行中高级管理人员的培训，重点做好案例剖析和讲解。

当前的形势复杂且富有挑战，但也蕴含着大量的业务机遇和待开辟的新领域，需要我们以更加宽阔的思路和开放的心态，大胆创新，勇于探索，推动公司金融业务转型发展迈上新台阶，创造新辉煌！

以信息化银行建设为抓手　扩大信息科技领先优势　推动全行经营转型发展

——在中国工商银行信息科技工作会议上的讲话

易会满

（2013 年 1 月 16 日）

这次会议的主要任务是，认真贯彻落实总行推动科学发展研讨会精神，在总结 2012 年工作成果的基础上，全面部署 2013 年信息科技工作任务，加快推进信息化银行建设，促进全行经营转型发展。下面，我讲三个方面的意见。

一、全行信息科技工作取得重大进展，我行竞争优势进一步增强

近期召开的总行推动科学发展研讨会在系统回顾党的十六大以来全行改革发展成就时，明确指出“这十年最显著的竞争优势是科技优势”，这是对全行信息科技工作的高度评价。在过去的一年里，全行各级科技部门继续充分发挥科技保障和引领作用，以积极主动、勇于创新的精神，在确保信息系统总体平稳运行的同时，大力推进业务转型和创新发展，进一步巩固了我行在国内同业中的科技领先地位，为全行改革发展提供了有力支持。

（一）信息系统保持平稳运行，科技基础设施建设和信息安全管理取得新进展。

生产运行管理水平再上新台阶。2012 年，全行日均业务量达到 1.797 亿笔，再创历史新高。在业务量持续增长的情况下，各级科技部门认真落实各项生产运行管理措施，特别是在总行先后组织召开境内、境外分行生产运行专题会议后，各单位高度重视并积极开展生产运行专项治理。上海、山西、四川分行和工银加拿大等机构在生产事件发生后能快速响应并进行应急处理，生产事件基本未对业务造成影响。在全行上下的共同努力下，全行信息系统保持安全平稳运行态势，信息系统可用率达到 99.986%，未发生全行性或关键业务系统全局性生产事件，圆满完成了各敏感时期信息系统的安全运行保障任务。

基础设施建设扎实推进。一是“两地三中心”工程取得阶段性进展，上海同城数据中心基建工程已完成主体建筑结构封顶。建成同城双中心并行系统的试点技术架构，完成主机系统和第一批关键开放平台应用系统的双活部署。二是持续开展系统性能优化、操作自动

化、网络提升等重点工程，为全行业务高速发展提供了基础保障。三是境内一级分行全部完成同城机房建设，并纳入一体化运行管理。吉林、宁波等分行在生产事件发生后，同城机房能快速接管信息系统运行，有力地发挥了保障作用。

信息安全工作取得实效。一是全面完成各项信息安全技术措施的部署，打造了业内最完整的客户端安全技术防护体系。二是完善信息安全管理制度体系，明确相关部门管理职责，积极推动落实信息安全风险事件监测、外发邮件防控等管理措施。

自助设备投入和运行能力进一步加强。全行可用ATM设备总量突破7万台，投产在用设备达到6.57万台，同比增加1.34万台，增幅26%；自助终端和POS设备数量分别达到4.35万台和94万台。ATM和自助终端的硬件正常运行率分别达到98.45%和98.95%，单台日均交易笔数分别达到305笔和109笔，自助渠道服务能力不断提升。

（二）应用研发取得新突破，促进业务和产品创新持续稳健发展。

2012年，全行科技部门与业务部门继续深化融合，密切配合，各项应用创新工作取得新突破。总行应用研发规模达到120万个功能点，同比增长20%，研发测试效率达到18.9个功能点，版本差错率控制在1.1‰以内，研发效率和质量得到同步提升。

客户服务和产品创新支持能力进一步增强。一是成功推出电话银行智能机器人应答、移动生活客户端等52项电子银行产品与服务，全面实现个人网银对主流浏览器的覆盖，持续优化系统功能，支持我行移动银行实现了跨越式发展。在业界首家推出多币种信用卡，推进POS集中管理及客户消费行为分析等系统建设。二是供应链金融、住房公积金、资金存管、现金管理等对公业务平台功能进一步完善，增强了各领域客户与我行的黏合度。三是构建了覆盖多个投资品种、支持多种投资方式、功能完整灵活的账户贵金属交易平台。在国内同业率先推出账户外汇、账户原油等创新型商品投资产品，强化了我行在金融市场代客交易领域的领先地位。四是在全行2012年版服务价目表整理和系统参数调整等工作中提供技术支持，确保了我行如期实施新价目表。

推动运行管理领域改革改造工作实现新突破。一是完成33项业务流程再造任务，全面解决基层行反映强烈的533项紧迫性问题，推动业务流程综合改造工作取得关键性成果。二是进一步扩大业务集中处理范围，实现个金39个大类、148个小类业务的集中处理。三是发挥科技创新和设备整合优势，大力推广网点客户排队、预填单预处理等系统功能建设，提升了客户服务的质量和效率。

促进经营管理与风险控制水平稳步提升。一是持续完善MOVA平台指标与系统功能，深入推进平台的全面应用，加快财务管理系统向境外机构的延伸和推广。二是积极推进金融资产服务系统架构研究和建设，建立业务信息统计系统，实现7类业务、932个统计指标的自动化提取。三是按照新资本协议实施要求，搭建覆盖全集团风险管理和资本控制的技术体系，在全球银行同业中率先取得金融市场交易事前风险控制突破性成果；自主研发金融市场交易及风险管理系统，并延伸推广至17家境外机构，巩固了该领域系统建设的同业优势地位。

积极服务国际化综合化发展战略。一是开展境外机构与集团子公司办公系统建设工作，实现了工银租赁、工银瑞信、工银安盛生产运行的集中统一管理。二是实现FOVA系统对工银亚洲等36家境外机构的全覆盖，并建立FOVA系统功能动态优化提升机制。三是主动开展综合化经营领域应用系统规划与研发工作，投产工银国际证券交易和投行项目管理系统，同步推进基金、租赁、保险等多个领域信息系统建设。

区域特色业务创新成果丰硕，助力分行抢占经营发展先机。各级分行依托总行平台、规范、培训及团队支持，大力开展本地特色业务创新，年内立项研发创新项目519个。北京分行网点可视化系统、浙江分行专业商品市场特色金融服务平台、上海分行多银行网上在线支付、山东分行信用卡分期付款快速处理系统、广东分行金融社保卡支持等一批区域特色业务或管理平台，有力支持了当地分行的经营创新，发挥了信息科技在市场竞争中的优势。继续加强总分行层面的技术交流与成果共享，如总行成立了民生领域金融合作服务支持团队，为分行提供了代理财政、住房公积金、银医合作、金融IC卡等领域项目的大量技术支持。

（三）信息科技管理水平不断提高。

一是持续完善科技制度与技术规范体系，总行层面的科技制度和技术规范分别达到136项和123项。组织制定全行标准体系框架，为我行信息、产品、业务、技术的标准化管理奠定了坚实基础。二是信息科技与内控合规、内部审计部门密切配合，强化信息科技风险管理三道防线建设，以非现场检查为主、检查与审计相结合的方式，开展检查与内部审计26次，提出改进要求4 410余项并逐一得到落实。与相关业务部门联合制定了全行业务连续性管理办法，明确了17个业务条线的应急预案，实现了从信息系统连续性到业务连续性的跨越。三是坚持科技集约化发展思路，全面完成了数据中心（上海）职能优化调整，强化了对境外机构生产运行的统一管理。

过去的一年里，全行广大科技干部员工顽强拼搏、无私奉献，为全行改革发展作出了突出贡献，在加快经营转型、调整经营结构、推进综合化和国际化战略、完善体制机制和加强全面风险管理等方面发挥了重要作用，得到了总行党委、各部门的肯定，获得了监管部门和同业的好评。在2012年人民银行和银监会组织的科技评奖中，我行获奖项目的数量和等级均居同业首位。在此，我代表总行党委向全行科技战线员工致以诚挚的问候，对大家过去一年的努力和辛勤奉献表示衷心的感谢！对各业务部门和各分行给予信息科技工作的关心和大力支持表示衷心的感谢！

二、充分认识信息科技工作面临的新形势、新挑战、新任务，巩固信息科技的领先优势

去年底召开的总行推动科学发展研讨会明确提出，要在深化改革创新中加快转变发展方式，增强发展的稳健性、协调性和可持续性。这是在新的发展阶段，我行面临的新的历史性任务，也是对全行各级科技部门提出的更高要求和殷切期望。全行科技部门要以党的十八大精神为指引，认真贯彻落实总行研讨会各项工作部署，始终保持改革创新的勇气，始终满怀奋发向上的冲劲，认清当前信息科技工作面临的新形势、新挑战和新任务，勇于开拓，积极进取，攻坚克难，更好地推动我行国际一流现代金融企业建设。

一要充分认识银行信息化向信息化银行转变，必将推动我行信息科技工作进入新的发展阶段。经过二十多年的科技建设，我行在信息化建设方面完成了信息科技大集中，逐步实现了服务电子化、运营集约化和管理现代化，基本达到了银行信息化的目标。随着内外部经营形势的变化，总行提出要加快从银行信息化向信息化银行转变，促进全行经营管理水平提升。当前我行信息化银行建设面临的主要挑战：一是虽初步建立了涵盖信息、产品、业务、技术等方面的标准框架体系，但体系覆盖范围还不全面，实施力度还有待加强，信息离标准化规范化管理还有距离。二是金融产品和服务渠道虽然众多，但服务模式主要依靠各业务条线，全行范围的渠道联动、上下联动、境内外联动、商行机构与综合化子公司联动尚显不够，未形成整体合力。三是客户信息和经营管理数据虽已实现集中并在各业务条线广泛应用，但跨专业线的信息流转尚不畅通、共享不充分，还存在一定程度的信息“壁垒”。四是持续推动了各专业条线的产品创新，但对整体创新的关注度不够，产品创新的整合性与前瞻性有待提高，产品创新速度和效率无法满足市场激烈竞争需要，尚难紧跟业务发展的步伐。五是建立了以数据仓库为基础的信息平台，积累了大量历史数据，并在经营分析、绩效考核、产品营销等许多方面实现运用，但信息的统计分析方法和工具还不统一、不完善，信息的使用还不够开放，专业信息分析队伍还没有真正建立起来，信息价值有待进一步挖掘利用。以上这些问题都需要在信息化银行建设中逐步加以解决，这需要的不仅是信息技术上的变革，更是业务与科技融合机制、发展方式和经营管理模式等方面的革新。信息化银行建设作为我行的一项战略目标，影响重大，意义深远，使命光荣，任务艰巨，是当前及今后一段时期全行科技与业务部门共同面临的一项重大课题。

二要积极应对新技术快速发展带来的新挑战。当前，信息技术在商业银行领域的应用日益深入，而信息技术发展的步伐和更新的频率还在不断加快，云计算、大数据、智能终端等各类新技术层出不穷，对银行客户服务带来深刻的影响，对银行传统经营管理模式形成巨大冲击。一是新技术的大量涌现、新设备的广泛应用、新渠道的迅猛发展，要求我行必须因需而变，以更开放的心态适应变化的趋势，以更快的速度加快产品开发。二是第三方支付公司、电信运营商、电子商务公司等机构纷纷加入到类金融服务领域，对商业银行主导的支付结算、信贷等众多传统业务领域形成新挑战，银行支付中介和融资中介基本功能受到影响，要求银行必须加快技术和业务创新，有效应对互联网金融新时代的到来。三是面对银行信息化建设同质化现象，国内外同业开始越发重视新技术的运用，信息化建设的投入不断加大、追赶的步伐不断加快。我们必须清醒地认识到，信息化建设不进则退，慢进也等于后退，如果不能紧跟新技术发展的步伐，如果不能有效应对同业竞争带来的挑战，如果不能增强紧迫感和危机意识，我们多年以来积累的信息科技优势甚至有可能逐步失去。因此，作为国内金融同业信息化建设的领跑者，必须在变革中勇担先行者，积极创新，大胆实践，不断扩大我行的科技优势并将之转化为业务发展优势。

三要全面完成今年全行经营转型发展战略对信息科技提出的各项新任务。总行党委在推动科学发展研讨会上明确提出，要在深化改革创新中加快转变发展方式，并要求在构建信贷业务可持续发展格局、各项业务转型升级、推进跨境跨市场经营、集团治理和内部管理六个方面实现新突破。要实现上述经营转型目标，需要科技部门进一步加大与业务部门的协调配合力度，在一些关键领域发挥好科技支撑作用。要通过应用创新拓展新型个人消费业务、创新发展供应链融资，支持全行信贷结构优化。要加快技术研发，促进个人、公司、机构等客户基础类业务的转型升级，推动金融资产服务业务较快发展，打造汇率类、账户交易类、商品类等一批具备较强市场竞争力的拳头产品，加快形成完整的金融市场业务全球化产品体系。要支持集团治理和内部管理提升，不断提高集团管理效率和风险防控水平，深化战略统一、运作高效、管控有力、服务协同的“ONE ICBC”战略。各级科技部门要围绕全行中心工作，依托灵活快捷的技术手段，推进多元化产品创新，为全行业务转型和经营结构调整提供更好的技术保障。

四要深刻认识FOVA本地化、个性化运用和集团子公司系统建设对信息科技提出的新要求。去年4月，FOVA在工银亚洲顺利投产，标志着FOVA从快速推广阶段转入精细化提升阶段，意味着未来将面临更多的境

外本地化、个性化需求，面临更大的难度和挑战。同时，在我行成功控股安盛保险，综合化经营范围进一步扩大之后，实现租赁、基金、投行、保险等各类金融业务信息系统的集中统一和有效兼容，对信息科技而言也是一项较新的课题。就当前国际化综合化信息科技建设看，有以下特点：一是部分境外机构和子公司信息化建设水平不高，科技力量比较薄弱，主要采取外包方式开展系统建设，给后续实施系统整合统一、集团信息资源共享带来较大难度。二是不同金融业务领域面临不同的区域或行业监管要求，业务的复杂程度更高，本地业务特色化特征更明显，这些都给信息科技系统的集成兼容带来现实的困难。三是国际化综合化发展需要科技部门与各相关业务部门、各境外机构、各子公司的密切配合，形成境内外机构、母行与各子公司、各产品线之间的科技协同和资源联动，但这种体制机制还没有真正建立起来。

五要高度重视新形势下信息安全的新考验，积极应对各类风险点。信息科技在服务业务发展的同时，产生的风险问题也不容忽视。去年，在全行生产运行态势良好的情况下，中心层面及部分分行仍发生了17起影响部分业务条线客户服务或区域性的重大生产事件，其中境外分行4起，分行生产事件尤为突出，数量同比增加了14起，暴露出制度规范不落实、内部检查不到位、应急管理不及时等问题，全行安全生产运行的形势不容乐观。随着信息化时代的到来，因信息尤其是客户信息泄露引发的重大风险事件不断增多。从近年来我行发生的各类信息安全事件以及总行开展信息安全检查、调研评估发现的情况看，部分机构存在信息安全工作机制不健全、管理不到位、控制不严格等薄弱环节。在开展行业合作和业务外包过程中，只关注了如何满足业务拓展和市场竞争需要，在一定程度上忽略了客户信息保护的问题，埋下了风险隐患。当前监管部门日益重视信息科技风险，要求坚决守住不发生系统性和区域性金融风险的底线。上年末银监会组织召开的中国银行业信息科技风险管理年会上，对加强信息科技风险管理提出了更加明确和严格的要求，要求各商业银行必须强化信息科技风险管理，推动银行业信息化工作强本固基、健康发展。各级科技和业务部门必须高度重视并切实防范好信息科技风险，这一点要时刻谨记在心。

应该看到，在总行党委的坚强领导和有力推动下，在各级科技部门与业务部门的密切配合下，历经几代工行人的不懈努力，我行已具备了坚实的科技发展基础，奠定了国内同业领先的科技地位。在当前全行经营转型发展的重要关口，站在信息化银行建设发展的新起点上，需要我们把握好机遇，应对好挑战，加大改革创新力度，以更大的决心、勇气和魄力来推进我行的信息化建设。

三、扎实推进2013年全行信息科技工作，奋力开创信息化银行建设的新局面

2013年是我行全面实施“十二五”信息科技发展规划的攻坚年，在全行战略发展的整体框架下，2013年信息科技工作的指导思想是：以服务业务、服务基层、服务管理为宗旨，以信息化银行建设为抓手，牢牢占据信息科技发展的制高点，确保我行信息科技在国内同业的领先优势，全力支持全行经营转型发展。对今年信息科技工作的具体任务，稍后林晓轩首席信息官将作全面部署。在此，我想着重强调几点要求：

（一）要始终坚持“安全生产运行第一”和“第一时间恢复生产”的指导思想，持续提升安全生产运行和信息科技风险防范能力。

一要加强生产运行统一管理。各中心以及境内外分行要切实加强对信息系统生产运行的重视，严格执行信息科技管理制度和技术规范，加强内部监督检查力度，进一步将安全生产管理工作“抓精、抓细、抓实”，杜绝技术问题转化为管理问题。数据中心在加强内部管理、确保不发生重大生产事件的同时，要切实做好境内外分行、集团子公司信息系统的生产运行统一管理。要积极防范业务量大幅波动对我行信息系统可能造成的影响，主动做好应对外部环境变化的准备，为全行改革发展提供稳定的技术平台。

二要加强科技基础设施管理。2013年是“两地三中心”工程建设的关键一年，相关部门要密切配合，抓好工程建设进度、质量及成本控制，确保年内上海同城数据中心交付并进行设备安装。要做好技术攻关与方案设计，尽快建立与“两地三中心”相适应的技术体系和生产运行管理体制。要加快推进业务集中处理平台灾备体系建设，实现一级分行内场地灾备或跨一级分行灾备，提升业务连续性运作能力。各分行要严格按照总行技术规范和制度要求，确保各类基础设施安全可靠。各境外机构要严格按照“生产管理责任不外包、风险责任不外包”的要求，落实好机房设施外包维护管理责任。

三要持续完善信息安全防护体系。目前，全行已全面部署了各项信息安全技术控制措施，在此基础上关键是要强化信息安全管理和应用。各分行要按照总行规章制度要求，完善信息安全组织体系，加强信息安全管理的监督、检查与评价，全面深化本行信息安全管理工作。要关注和强化对外合作中客户信息保护的技术管理，加强外包业务中的安全控制。要进一步加强第三方支付业务的管理，防止外包和行业合作过程中发生信息泄露。要在信息安全管理过程中进一步强化技术硬控制，实现全行信息及信息系统安全事件的集中监控和管理。

（二）要以信息创造价值为核心思想，以产品化改

造为抓手，积极推进信息化银行建设。信息化银行是银行信息化向更高层次的发展。要通过科技创新和业务创新的深度融合，充分挖掘信息价值，建成以“标准统一、信息共享、系统整合、灵活创新、价值创造”为特征的信息化银行。一是按照“统一口径、统一目录、统一管理”的原则，健全全行信息标准、产品设计规范与业务服务规范，为信息共享、产品创新、系统整合奠定基础。二是统一规范全行平台、系统、应用、功能的定义和划分，统筹规划各业务条线系统建设并进行有效整合，通过前中后台、上下级机构以及各渠道的协同配合打破“部门墙”，实现业务流程的高效畅通。三是整合全行内外部各类信息，建设集中统一的公共信息库，打造灵活快捷的信息检索平台，消除“信息孤岛”和“部门壁垒”，实现全行信息的共享。四是通过产品化改造全面梳理和规划我行的产品服务体系，推动业务整体创新，提升应用系统整体架构的灵活性和可配置性，并建立配套的产品快速创新机制。五是整合分析海量数据，深度挖掘信息价值，为客户提供精准营销和个性化服务，提升决策分析能力。

在信息化银行建设中，一要抓好顶层设计、整体规划，将信息化银行作为全行的一项重要战略，深入研究信息化银行建设方案与实施路线，做好整体规划。二要分工负责、分步实施。信息化银行建设涉及全行各项业务的改革发展，各部门要按照职责分工加快推进本专业的相关工作，并进行相关配套管理机制与业务流程的改革。同时，信息化银行也是一项长期任务，各部门要根据整体规划制订切实可行的实施计划，逐步落实各阶段的建设目标和任务。三要从大局出发、协调配合。信息化银行建设涉及集团各级机构，相关单位和部门要站在“ONE ICBC”的高度加强配合，共同推进。四要注重实效、重在应用，各部门要将信息化银行建设作为核心工作之一，尽快将研究成果落地，年内抓紧启动实施一批重点项目，并注意及时推进，发挥效益。

今年要重点推进产品化改造这一能带动全行业务整体创新能力提升的重要工程，积极推进 14 条既定产品线的产品化改造工作，支持业务的整体创新，提升产品快速研发能力；要进一步推进信息标准化建设；要综合推进信息价值开发和运用；要对相关业务条线的流程现状进行全面梳理，开展前瞻性规划研究，充分利用我行信息集中整合的优势和价值，推动流程、产品以及上下游、线上线下的联动创新。

（三）要紧随新技术发展趋势，提升产品创新和对市场需求的快速响应能力。各级科技部门和业务部门要加强学习，把握信息技术发展的趋势和脉搏，保持对新技术发展的敏感性，加强前瞻性研究和新技术应用，牢牢把握银行科技创新的主动权。要积极应对第三方支付等互联网金融模式的挑战，紧跟移动互联网发展潮流，大力发展线上线下小额支付和移动支付，开发更多智能便捷、贴近客户需求的移动服务应用，扩大与民生领域的线上合作，加快在消费领域的渗透，促进支付与小额信贷的联动。要进一步拓展网上银行、移动银行、电话银行、短信银行等渠道的服务与营销功能，为客户提供便捷服务，推动柜面客户向电子银行客户转化，提升我行离柜客户活跃度，实现客户从离柜到离行的转变。要研究建设具有我行特色的电子商务平台。要充分运用各项新技术，创新网点金融产品和服务模式，建设智能示范网点，通过加大主动营销、优化服务流程、拓展自助业务、丰富体验渠道、提升处理效率、提供远程专家协助等手段，为客户提供高效便捷的网点服务，促进网点服务与运营管理水平的提升。

（四）要全面服务保障我行各项业务改革和转型发展。

一要积极推进各项业务的转型升级。要加快个人、公司、机构等业务领域应用系统的研发，为客户联动营销与整体服务提供支持。要适应利率市场化发展需要，做好相关系统支持和技术准备，提高系统的差异化定价能力。要全面启动金融资产服务业务系统建设工作，遵循应用架构统一、数据信息共享的总体要求，根据客户服务、业务运营和风险控制的实际需要，统筹规划和建设全行金融资产服务业务系统。要继续推进业务流程改革，提升个人业务、区域特色业务的集中处理比例。

二要加快完善集团全面风险管理体系。要结合银监会《商业银行资本管理办法》及我行全面风险管理要求，不断深化信用风险、市场风险、操作风险、流动性风险等领域的风险量化体系及管理平台建设，扩展风险管理平台业务功能，统一风险管理指标，推进交易及风险管理系统向境外机构的推广延伸，逐步满足集团全面风险管理的需要。

三要全面提升经营管理决策水平。要健全基于 MOVA 平台的管理会计体系，推进集团统一并表管理，完善全行统一的经营分析与决策支持指标库。要丰富境外报表平台功能，规范境外机构科目设置，完善数据源，统一报表目录和口径，实现报表的灵活定制。要充分发挥好总行数据管理平台的作用，为分行营销管理和各类统计分析提供更强大支持。

四要积极支持区域特色业务创新。去年，总行对区域特色业务规范管理进行了专题研究，科技部门要与业务部门密切配合，按照总行“规范改造一批、上收整合一批、清理退出一批、设计开发一批”的总体要求，积极提供技术支持，一方面完善区域特色业务平台的规范管理功能，有效满足业务管理集约化、标准化的要求，提高业务的风险防控能力；另一方面集中精力做好军队、银企、银医、社保、交通等行业合作平台建设，提供营销服务、资金监管、支付控制和精细化分析等功能支持，促进业务的良性和可持续发展。

（五）全力抓好境外系统推广服务水平提升和综合

化子公司系统建设。

一是推进境外系统优化提升和推广投产。今年要在做好 FOVA 系统优化提升的同时，继续支持新西兰等新设机构 FOVA 的推广投产，研究并逐步推进工银美国、阿根廷子行等机构的系统整合。要充分发挥“两个平台”和“一支团队”的作用，积极推动境外特色业务研发创新，支持境外机构的本地化需求。总行相关部门要坚决贯彻境内外一体化发展的要求，加强对境外机构的业务指导和应用系统建设，加强对境外机构特别是本地员工的培训，将境外科技支持与服务水平提升到一个新的高度。境外机构也要认真执行总行的管理要求，加大力量投入，做好系统的推广使用。

二是综合化系统建设要取得突破。要按照子公司与集团深度融合、协同发展的要求，积极推动全集团信息科技的统一规划与管理，统筹推进子公司的客户信息、财务核算、风险管理、办公管理等系统建设，在保险、租赁、投行、基金等领域系统建设方面取得显著进展，实现综合化金融服务平台的新突破。总行相关部门要加强对集团子公司的业务管理和指导，集团子公司也要加大投入，抓紧提出明确的系统建设需求。

三是提升集团一体化科技管理水平。既要坚持境外机构、集团子公司在生产运行、创新研发、科技治理等 IT 建设方面的统一、集中管理，将其作为全行信息化建设的组成部分，又要根据境外机构与集团子公司的具体情况，做到科学、灵活的部署，满足当地监管与检查的要求。要充分借助目前已积累和形成的科技优势，通过更广泛、更高层次的综合联动，进一步发挥集团资源优势与经营合力，为提升我行“ONE ICBC”的综合竞争力提供信息科技工具和平台。

（六）要继续强化信息科技专业管理。

一是严格科技资源的使用与管理。受内外部环境影响，我行经营形势面临前所未有的挑战，全行上下却要有过紧日子的思想准备。一直以来，总行党委高度重视信息科技工作，在各类科技设备等资源方面持续加大投入，为各项信息科技建设和业务创新发展创造了良好条件。我们要珍惜这些年的资源投入，继续本着勤俭节约的原则，进一步加大对各类科技资源的使用和管理力度，严格做好各类设备的需求管理、库存管理和调拨管理，加强对各类设备资源使用效果的评估。对出现科技资源闲置浪费的，要对相关负责人严格问责，确保充分发挥科技资源的使用效益。各级科技部门要进一步提高工作效率，调动人员潜能。近年来，在总行党委的高度重视下，总行各中心人员力量得到了持续加强，如何管好用好这支科技队伍，充分发挥其在全行生产与研发测试中的作用，是一项紧迫的课题。会后各中心要认真思考和研究，提出内部和人员管理方面的具体措施，形成“讲效率”的工作氛围，提倡“重实干”的工作作风，调动各级员工的积极性主动性。

二是持续加强科技队伍建设。多年来，总行十分重视对科技人才的激励和培养。前不久，总行进一步完善科技奖励机制，将原有的科技进步推动奖提升为科技奖励基金，并特别增设了科技核心人才奖，重点奖励全行范围内科技工作业绩突出的核心骨干。日前，总行下发了科技奖励基金管理办法，完成了 2012 年度科技奖励基金的评选，通报了科技核心人才名单。各单位要按照总行科技奖励基金管理办法的要求，研究制定本单位的科技激励措施，并组织好分行（中心）级核心人才的评选和奖励工作，进一步激励科技部门和人员发挥好核心骨干作用。各分行还要尽快建立科技与业务部门间常态化的人员交流机制，充分发挥这支强大科技队伍的优势和潜能，依托充满生机与活力的科技人才队伍支撑全行战略转型和业务发展。

这里，我想再强调一下基层分行科技队伍的建设与管理问题。近年来，随着全行各项业务创新、管理改革、流程优化的稳步发展，特别是随着业务运营改革、客户服务模式创新、网点转型等工作的深入推进，二级分行承担的科技任务不是减轻了，而是更加繁重了，但是二级分行的科技机构设置与队伍建设却没有得到足够的重视。针对这一问题，总行去年开展了专题调研分析，并相应出台了加强分行科技管理和队伍建设的指导意见，各级分行要按照总行有关指导意见和要求认真抓好落实，并将落实情况及时上报总行。

2013 年是我行深化经营转型、结构调整和业务创新的关键时期，信息科技工作任务更加繁重而艰巨。全行各级科技部门要加强学习，强化创新意识，克服自满情绪，树立忧患意识，紧密围绕总行战略发展的新要求，全面完成好今年信息科技的各项任务，为全行改革创新注入新的活力和不竭动力。

突出业务创新　拓展活跃客户
加快推进全行经营转型

——在中国工商银行电子银行业务工作会议上的讲话

易会满

（2013 年 1 月 18 日）

这次会议的主要任务是，认真贯彻全行推动科学发展研讨会精神，总结 2012 年电子银行业务工作，深入分析面临的经营形势，全面部署 2013 年工作任务，动员全行以服务经营转型为核心，突出业务创新，拓展活跃客户，进一步提升电子银行业务的市场竞争力，促进电子银行业务持续快速健康发展。下面，我讲三个方面的意见。

一、勇攀新高峰，业务发展创历史佳绩

2012 年，电子银行工作围绕全行发展大局，坚持外延拓展与内涵提升相结合，积极推进业务转型，着力抓创新、拓市场、调结构，电子银行产品研发、市场营销、客户服务、业务分流、境外拓展和风险防控等各项工作都取得显著成效，为全行经营转型和结构调整作出了重要贡献。

（一）规模效益与结构质量并重，业务发展创最好水平。

一是业务规模再创新高。电子银行和网上银行交易额双双突破 300 万亿元，分别达到 332.6 万亿元和 308.6 万亿元，同比均增长 17.2%；业务收入达到 127.4 亿元，同比增长 25.1%。手机银行发展显著提速，新增客户 2 628 万户，总数达到 7 448 万户，实现交易额 6 139 亿元，同比增长 15.9 倍，占个网交易额的比例突破 1%，达到 1.35%。

二是结构持续优化。网上银行个人证书客户、企业证书版客户分别新增 2 422 万户和 41 万户，分别占个网和企网客户新增总量的 78.9% 和 86.7%，存量占比分别提高 12.7 个和 14.3 个百分点至 41% 和 67.7%。交易离柜率在 50% 和 80% 以上的电子银行个人活跃客户占比达到 48.5% 和 24.6%，分别提高 7.1 个和 4.6 个百分点。个人网银客户在全行四星级及以上客户中的渗透率达到 47.9%，同比提高 4.7 个百分点。短信银行占非信用卡人工电话呼入量的比例达 53.1%，累计服务客户突破 1 800 万户，对电话银行的替代作用进一步发挥。

三是分流作用日益凸显。电子银行业务占比达到 75.1% 的新高点。柜面业务可分流率降到 35.5%，较上年下降 3.7 个百分点，两年累计下降 6.2 个百分点。电子银行全年办理的业务量相当于 2.3 万个网点、23 万柜员，为全行节约成本近 350 亿元。

（二）创新完善产品体系，核心竞争优势进一步巩固。全年共推出 52 项面向客户的创新产品，完善近 300 项产品功能，牢牢占据产品功能最多、创新能力最强的同业领先地位。推出苹果电脑、谷歌浏览器、安卓平板电脑等版本的个人网银，实现对主流操作系统、浏览器、平板电脑的全面覆盖；快速响应移动金融服务新需求，创新移动生活客户端、移动在线客服、手机银行捐款等服务；投产账户原油、账户外汇、账户贵金属质押融资、账户贵金属转换等新产品，进一步健全电子银行金融理财功能；银医服务平台上线并接入全国 40 多家大型医院，拓展了医疗服务新市场；新增企业网银他行基本户代发工资、外汇买卖和积存金等功能，投产总行标准接口电视银行，以创新为特色的电子银行产品体系进一步完善。各分行积极响应客户需求，因地制宜推出 59 项区域创新产品，挖掘了新的业务增长点。广东分行研发个性化银企互联产品“优客系统”，成为竞争中小企业客户的利器；浙江分行优化自助发卡机功能，实现发卡与注册电子银行的联动整合；深圳分行投产个人网上银行和手机银行特色同城跨行转账汇款，安徽、湖南、重庆分行推出多种网上银行和手机银行代理缴费项目，进一步增强了在当地市场的竞争力。

（三）着力渗透重点市场，品牌影响力进一步扩大。围绕移动银行举办精彩纷呈的系列营销，开展了员工体验、短信精准营销、不动户唤醒等活动，推出了手机号转账汇款、账户贵金属、手机充值有奖促销，得到客户的广泛关注和积极参与；通过网络广告、电视广播、报刊杂志等多种媒介大力宣传“工银移动银行”，品牌知名度日益提升。加大电子商务市场拓展力度，全年新增商户 632 家，B2B、B2C 交易金额同比分别增长 52.6% 和 32.4%。以银企互联为重点强化大客户营销，

全年新增银企互联客户610户。掀起手机银行营销高潮，河北、福建、四川等分行开展手机银行体验式营销，调动起行内全员使用并宣传营销手机银行的积极性；北京分行搭建电子商务营销平台，推出“梦想嘉年华”系列活动，创新了电子商务营销新模式。

（四）建立健全推动机制，业务分流进一步深入。全行将柜面业务分流作为事关全局的战略性工作加以推进，取得明显成效，网点服务压力得到缓解。全行上下通过专题会议、现场调研、培训等多种形式对分流工作的重要意义进行宣讲，进一步提高认识、统一思想。总分行广泛建立业务分流工作领导小组和例会、通报制度，强化考核与指标监控，业务分流工作推动机制逐步健全。组织举办“金融@家　低碳金融”劳动竞赛，持续加大营销力度，掀起“人人关心分流，人人参与分流”的工作热潮。根据不同的可分流业务类型，规范大堂经理和柜员的分流引导话术。各分行采取了多种富有成效的措施，上海分行坚持“深入一线，分析一线，指导一线”的方针，成立工作小组持续走访督导辖内全部网点；山东分行统一分流引导流程，从方便客户、节约手续费等方面入手推介电子银行服务，有效改进分流技巧；广西分行研发程序支持逐日分析柜面交易数据，实现对转账汇款频繁客户的精准引导；新疆分行通过营销竞赛、对口帮扶等多种形式，促进基层行分流工作取得实效。

（五）拓展外延深化内涵，服务水平进一步提升。组织全行进一步强化电子银行客户服务，印发《电子银行客户服务案例》教材，持续开展面向基层行电子银行专、兼职人员的业务培训。四家电子银行中心实现高水平平稳运行，人工电话接听率达到97.7%，20秒电话接听率94.7%，客户服务满意度保持在98%以上。总行电子银行中心托管工银瑞信电话服务，合肥中心开展电子银行风险核实，广州中心实现对14家境外机构的服务覆盖，四家中心全面开展电话银行个人逾期贷款催收，电话服务外延进一步拓展、内涵持续丰富。

（六）加快境外渠道建设，国际化布局进一步拓宽。坚持“一行一策”发展，根据各境外机构实际加强分类支持与指导，2012年工银泰国等5家境外机构正式推广网银业务，工银美国等5家境外机构完成门户网站建设，工银加拿大等13家境外机构推广电话银行人工服务，工银澳门推广手机银行业务，形成网上银行、电话银行、手机银行全面发展的良好局面。在部分境外机构推出工银电子密码器、网上银行贵金属等创新产品，实现个人全球账户管理等重点业务应用。截至2012年底，全行已有26家境外机构对外开通网银业务，35家境外机构开通门户网站，全年海外网银新增个人客户6万户、企业客户3 789户，客户总数分别达到22.4万户和1.5万户。

（七）持续完善制度体系，风险防控进一步加强。编写印发年度四大版本配套制度，制定并试行《电子银行中心业务管理办法》，电子银行制度体系进一步完善。全面深入开展电子银行业务管理培训，完善教材体系，建设网络大学电子银行业务培训专区，进一步强化制度传导，提升基层行制度执行力。研究设计全新的企业网银注册流程，形成“开户网点+业务处理中心+远程授权中心+95588电话”的风险防控四道防线。强化客户注册、网上收款、反洗钱等重点领域的风险防控，电子银行内外部风险管控水平进一步提高。2012年电子银行业务内部风险暴露水平下降至0.13‱，远低于10.37‱的全行平均水平，外部欺诈风险事件数量较上年下降4.17%。

2012年，我行电子银行发展成绩赢得了客户和业界的高度认可，全年获得国内外媒体机构颁发的各类奖项39个，国际影响力和市场美誉度进一步提高。其中，在美国《环球金融》杂志评选中，我行第九次获得“中国最佳个人网上银行”，并获得“中国最佳企业网上银行”大奖，还包揽了9个亚洲最佳单项奖中的6个，是获得单项奖最多的银行。这些成绩的取得是总行科学决策、正确领导的结果，也是各相关部门高度重视、紧密配合的结果，更是全行上下、特别是基层行员工鼓足干劲、奋力拼搏的结果。在此，我代表总行党委，向全行为电子银行业务发展而付出努力的同志们致以诚挚的问候，对你们在过去一年中的辛勤奉献表示衷心的感谢！

二、把握新形势，探索科学发展新模式

党的十八大开启了我国全面建成小康社会的新征程，国民经济发展和银行业经营转型进入新的历史阶段，随着新型工业化、信息化、城镇化、农业现代化同步推进和信息技术、互联网、新业态的快速发展，电子银行业务面临的经营环境也出现一些新特点，需要我们更加全面深入的认识和把握。

（一）积极顺应信息化发展的新趋势，进一步增强抢占市场的机遇意识。十八大报告明确提出，未来我国要“推动信息化和工业化深度融合”。可以预见，随着WiFi、3G、4G等移动互联技术的迅速发展，以及物联网、云计算、非接触式支付等新技术的商业化应用，在缔造出各种新型网络商业形态的同时，也将带动传统行业和商业模式的网络化变革，为商业银行拓展互联网市场开辟全新的空间。随着平板电脑、智能手机等新兴移动终端日益普及和微博、社交网络等社会化媒体广泛应用，人们的生活与互联网络更加密不可分。年轻一代对网络化、移动化生活和消费的偏好更加突出，形成对电子银行更为广泛的服务需求。新型城镇化和农业现代化将进一步改变居民生产生活方式，城乡居民的金融需求呈现出一体化、多元化的发展趋势。整体上看，电子银行业务仍将处于快速发展的历史机遇期，市场潜力巨

大。对商业银行而言，如果能够利用电子银行平台加快推进互联网与银行业务的融合，培育并巩固新的核心竞争能力，就能抓住新的机遇，抢占更多的新兴市场和未来客户，打开未来发展的新局面。

（二）主动应对同业和支付市场竞争全面升级的新态势，进一步增强加快发展的忧患意识。需求在变、客户在变、对手在变，我行更应因势而变。银行同业纷纷将电子银行作为未来发展的战略重点，在机制、人员、产品、定价等方面进一步加大投入，进一步加大平台构建、业务整合、研发创新力度，不断提升电子银行的综合化、个性化、智能化、精细化水平，加速推进电子银行向多业务、多领域甚至是跨行业的网络化扩张。尽管这几年我们客户拓展和业务创新速度一直在加快，但应该看到同业进步也很快，我们的领先优势在缩小，同业对手在部分地区、个别业务领域甚至已经有超越的苗头。同时还要看到，基于信息技术的支付脱媒愈演愈烈，第三方支付、电信运营商、互联网公司、电商企业和银行卡组织等也力图凭借技术和商业模式创新撬动商业银行核心业务领域，在深入拓展网络消费、支付业务的同时，积极探索投资理财和小额融资的市场新空间，对商业银行的传统业务、创新业务甚至客户关系形成新的冲击。

（三）深刻领会全行改革发展对电子银行提出的新要求，进一步增强推进转型的责任意识。当前，我国已经进入了加快经济发展方式转变和经济结构战略性调整的关键阶段，银行业面临资本约束、金融脱媒、利率市场化等多重挑战，商业银行承受的市场竞争和盈利增长压力越来越大。一方面，随着全行经营转型与结构调整向纵深发展，传统依靠网点扩张、人员叠加的外延式增长模式已经不可持续，迫切需要电子银行在业务分流、推进转型等方面发挥更大的作用，以更有效率的成本投入获得更高的经营效益，形成电子银行业务发展的内生动力。另一方面，全行的长远发展必须要有坚实的客户基础和充足的业务增长储备，要求电子银行充分发挥作为集约化平台的优势，积极引领全行业务的网络化创新，以更加优质、便捷的电子金融服务吸引未来客户、潜力客户，不断培育和拓展新的业务增长点，促进全行可持续发展能力的提升。这既是全行赋予电子银行专业的使命和责任，也是对电子银行创新竞争实力的新考验。

（四）正确认识自身业务发展中出现的新问题，进一步增强持续突破的改革意识。电子银行业务历经十二年发展，取得了重大成绩，也存在一些亟待解决的问题。我们各级行对于电子银行业务发展的重要性认识仍然存在较大的差异性，体现在推动机制、资源投入以及重点业务、新兴业务发展能力等方面的差距。例如，部分行在业务发展机制方面，缺乏系统性、长远性的投入，考核、激励和营销资源等配套投入不到位，导致在当地的同业竞争当中处于被动；部分行柜面业务分流、手机银行以及电子商务拓展等重点工作还存在启动晚、见效慢的情况；电子银行的客户结构和活跃度水平整体上还有较大的提升空间。同时，还要清醒地认识到电子银行既是一项高效率、高成长的业务，也是一项风险性较高的业务，风险形势依然严峻，需要给予高度重视电子银行注册等关键环节的各项风控措施要长期坚持。这些问题，需要我们各级行进一步发扬改革创新精神，认真加以解决，确保电子银行业务未来实现更大发展。

面对全行转型发展的新形势和电子银行发展出现的新特点，我们能否抓住机遇、迎接挑战，实现电子银行业务的更大跨越，关键是要进一步确立全面的发展观，坚持把电子银行作为全行经营转型、结构调整重点方向不动摇，进一步统一和提升全行上下对于发展电子银行重要性的认识，积极探索电子银行网络化经营发展的新模式，将电子银行打造成为全行转型发展和提升核心竞争力的重要利器，在工作中要突出创新发展、跨越发展、联动发展和科学发展。

创新发展就是要顺应客户金融消费需求全面网络化的趋势，加快打造以聚合开放、互动分享为特色的新型电子银行。聚合开放，就是要在原有的电子银行渠道功能基础上，借助电子银行的网络优势，汇聚行内各专业、集团各板块以及外部相关行业的信息、产品和服务等各类“云资源”，实施深层次整合，集成为一体化的电子金融服务。要充分发挥电子银行的网络辐射优势，进一步突破传统物理渠道和介质的界限，实现对更大范围受众群体的开放延伸和覆盖，并吸引其成为我行客户。互动分享，就是要结合未来客户网络化生存的行为特点，改变电子银行渠道信息传播以通道式单向或双向传递为主的传统模式，构建网络社交式的互动与分享新模式，以图文、语音、视频等更加丰富的交互手段，实现产品和服务的精准化搜索、比较，个性化推介、销售，人性化预约、预订，互动式体验、消费，促进我行口碑、品牌、文化的社会化分享、传播，营造全新的网络金融服务体验。

跨越发展就是要坚持高目标发展。只有时刻以市场为导向，不断树立更高目标，超越自我，才能持续巩固来之不易的领先优势。电子银行的未来跨越，重点是进一步强化客户战略，加快拓展活跃客户，持续巩固和强化市场领先优势，夯实支撑全行未来转型发展的客户基础。要坚持资源优先投入。用长远发展的眼光看，在当前的市场培育与扩张阶段，对电子银行在组织机构、人员配备、考核激励等方面的适当优先投入，能够换来未来客户拓展、效率提升、成本控制等多重收益，具有事半功倍的效果，这是非常值得和必要的。要做到产品优先投放。这一点，董事长在推动科学发展研讨会上专门进行了强调，要求能够在电子银行渠道部署的产品，尽可能优先在电子银行渠道销售，不能做到优先的，也必须确保在物理渠道和电子渠道同步投放。

联动发展就是要进一步强化各部门、各专业密切协作的业务联动机制，发挥整体功能。在营销层面，电子银行与个金、结算、公司等专业要做到联动捆绑，任务同步下达，确保营销真正落实到网点和一线营销人员。在服务层面，要强化网点客户经理与电子银行中心之间的联动协作，进一步提高服务效率；要完善与各相关部门横向协同、与各分行纵向联动的大客户服务机制，加强服务配合，快速响应客户的新需求和应用问题，进一步提升对大客户的服务水平。在流程层面，要坚持以客户为中心，不断整合优化开户、开卡和电子银行注册流程，将电子银行柜面注册业务融入全行统一运行管理体系，进一步提升业务处理效率。

科学发展就是要继续坚持规模、结构、风险管理的平衡发展。在持续扩大证书客户规模、抢占手机银行市场领先地位的同时，进一步提高证书客户占比、活跃客户占比和中高端客户渗透率。持续强化对客户交易的事中实时监控和事后监测分析，提高外部欺诈风险防范能力，确保业务风险可控，实现健康可持续发展。要更加突出有质量、有效益的增长，进一步发挥电子银行的价值创造作用。改变电子银行渠道以单项产品或服务交付为基础的价值传递方式，推进支付、投资、融资、消费等价值链的有机融合，促进产品交叉销售，提升产品附加价值，形成电子银行网络价值生态体系，实现客户、银行、合作伙伴之间的价值共赢。依托电子银行强化对客户网络行为的跟踪与分析，加快信息集中、整合、共享、挖掘和应用，创造和提升信息价值。

三、立足高起点，实现电子银行新跨越

2013 年电子银行业务发展的指导思想是：以建设国际一流电子银行为方向，以增强电子银行竞争力、服务全行经营转型为目标，以突出业务创新为手段，加快构建综合性、开放性的电子银行平台，全力抢占重点客户、重点产品、重点区域市场，持续提高活跃客户占比，扩大柜面业务分流，全面强化风险防控，进一步巩固和强化我行电子银行的同业领先优势。

2013 年电子银行业务工作的具体发展目标是：网上银行企业证书客户确保新增 36 万户，力争新增 40 万户；网上银行个人证书客户确保新增 2 400 万户，力争新增 2 700 万户；手机银行客户确保新增 2 800 万户，力争新增 3 300 万户；交易离柜率在 80% 以上的活跃客户占比提高 4 个百分点，柜面业务可分流率降低 3 个百分点；建设具有工行特色的电子商务平台；确保电子银行业务无重大案件。

为实现电子银行在高起点上的新跨越，全行重点要做好以下几项工作。

（一）加快产品和服务创新，增强核心竞争能力。

一是加快产品研发步伐，进一步巩固和扩大创新引领优势。要进一步加强面向新终端、新技术、新模式的研发应用，从产品、服务方式、安全认证等方面加快移动银行的体系研究和创新开发，实现我行产品在各主流智能手机、平板电脑操作系统的全覆盖，统一各类终端应用之间的业务功能和服务体验，打造移动互联时代客户“身边”触手可及的银行。要继续强化交易主渠道建设，深入推进营销和服务平台建设与应用，积极开展网银、手机银行、电话银行产品化改造工程，实现产品创新的快速响应与灵活配置；丰富企业网上银行行业应用，针对现金管理、招投标、社保、公积金等行业研发包装不同的行业版产品；研究建立工行业务应用商店，实现对客户的一站式、精准化产品营销。要坚持以客户为中心，注重产品创新与流程优化相结合，真正从客户角度出发，深入开展新产品可用性测试与客户体验，持续推进精品化项目研发，进一步优化操作步骤、完善功能细节，实现便利性与安全性的统一。要积极推进分行区域特色业务创新，进一步鼓励并支持分行开展面向区域市场、特定行业、重点客户的特色产品研发，加强面向地区产业集群、城镇化市场等领域的创新拓展。

二是研究建设具有工行特色的电子商务平台，创新电子商务发展模式。要充分发挥我行在客户、品牌、技术和资金等方面的优势，打造“支付 + 融资”相结合的线上电子商务平台，融合电子商务信息流和资金流，形成银行、商户和消费者之间的有机链接，挖掘商户和个人客户的潜在金融服务需求，不断提升我行在电子商务市场的综合竞争力。要研究推出针对不同支付用途、不同支付额度、不同支付渠道的差异化支付产品，加强面向互联网小额支付、移动支付等领域的渗透，实施差异化限额和费率控制机制，争取在与第三方支付机构市场竞争合作中的主动权。

三是丰富和完善服务手段，提高全行电子银行服务水平。要进一步加快服务方式创新，依托云计算技术，加强不同服务渠道的联动整合和有效衔接，积极拓展微博、微信、飞聊等新型服务渠道的创新应用，打造以云服务为主要特征的综合性远程金融服务平台。要进一步加强全行电子银行服务管理，2013 年电话接听率和服务水平要分别保持在 95% 和 90% 以上，确保全行电话服务高水平运营。做好对大客户的联动服务，形成响应迅速、服务高效的工作机制。充分发挥分行保留座席作用，继续强化不动户唤醒工作，主动开展二次营销和售后服务。加强客户服务与投诉支持管理系统的深度应用，强化服务受理、服务处理和服务评价三个环节的标准化管理，完善客户问题梳理、反馈和改进工作机制，从源头上减少服务请求和隐患，实现电子银行客户投诉总量和投诉处理时长的双下降。

四是推进电子银行中心创新转型，提升服务价值贡献。要进一步加强短信替代，加大短信银行宣传推广力度，积极拓展交易类业务。规范并整合短信外拨业务，

持续提升对人工电话咨询业务的分流占比和短信自助服务的占比。要进一步增强电子银行中心价值创造能力，进一步做好电子银行风险核实、个人逾期贷款电话催收、工银瑞信客户服务、私人银行尽职调查等工作，加强各类服务渠道客户信息的数据挖掘和整合分析，服务全行业务发展。要开展主动营销与客户关系管理，以电子银行活跃客户和全行贵宾客户为重点，进一步加大主动外拨营销和服务力度，强化与网点客户经理的营销互动，推进电子银行中心向多媒体客户联络中心转变。

（二）扩大活跃客户群体，持续巩固同业竞争优势。围绕实现董事长提出的“交易离柜率在80%以上的电子银行活跃客户占比每年提升4个百分点，七年内提升到50%，十五年内提升至80%，从根本上改变设机构、铺摊子、加人员的传统增长模式，促进全行服务效率和经营效益的整体提升”的目标，进一步扩大客户规模、优化客户结构，大力提升客户活跃度，持续巩固在同业中的客户领先优势。

一是通过迅速扩大证书客户规模提升客户活跃度。证书客户无论是在交易规模、收入贡献，还是在活跃程度、服务体验反馈等方面都要优于口令卡、静态密码等非证书客户。从我行的客户现状来看，全行个人网银证书客户5 763万户，占1.4亿个人网银客户的41%，仅占全行3亿个人客户的19%，证书客户仍然有较大的发展空间。因此，全行上下要进一步集中精力抓证书客户发展，以此带动客户总体活跃度提升。要对U盾、工银电子密码器等产品进行场景式包装宣传，开展安全宣传进校园、进企业、进机构活动，重点扩大U盾和电子密码器在年轻客户和重点目标客户群体中的覆盖面。要密切协同个金等相关专业，加强对新增个人客户、个人中高端客户、代发工资客户、商友俱乐部客户、银医客户、年金客户等群体的个人网银、手机银行开通捆绑，提高电子银行渗透率，2013年个人网银在四星级及以上客户中的渗透率要提高3个百分点以上。要持续开展主动外拨营销，对新增客户和活跃度较高、但交易频度相对较低的客户，通过短信外拨营销，引导客户更多使用电子银行交易功能；对中低活跃度客户，要挑选其中的优质潜力客户，加大电话外拨回访力度，予以充分激活。开展各种优惠促销活动，促进网上银行交易客户、证书客户和活跃客户占比同步提升。

二是把活跃客户提升与柜面业务分流结合起来，持续抓好分流工作。柜面业务分流是一项长期性的工作，前一阶段全行的分流，主要是把客户从“临柜”分流至“离柜”，更多的是对自助设备的运用，下一阶段重点要引导客户从“离柜”到“离行”，让客户更多地了解并习惯使用网上银行、手机银行，全面发挥电子银行的分流效果。全行上下要充分认识分流对于全行经营转型和发展方式转变的重要意义，进一步加大组织推动力度。要建立对大堂经理、客户经理和柜员的科学激励机制，实现柜面业务的良性分流。要进一步用好数据仓库和MOVA系统，筛选精准营销目标客户清单，切实做好客户认领和归口管理，逐户营销开通电子银行，同时强化对客户交易行为的引导，带动客户活跃度提升。要进一步完善差异化价格机制，坚持柜面渠道、自助渠道、电子渠道逐步递减的收费原则，研究在现有渠道折上折措施的基础上进一步扩大对高活跃度客户的优惠幅度，培养客户使用电子银行的习惯。

三是大力拓展优质企业客户市场。要在继续抓好行业类大客户拓展的基础上，深入开展面向中型客户的营销推广活动，着力渗透先进制造业、现代服务业、文化产业、战略性新兴产业等新兴市场，全年要力争新增银企互联客户600户以上。要加强整合营销，提高新增企业客户的网上银行开通率，对新增现金管理、法人理财、供应链融资等重点客户，要确保实现企业网上银行全面同步开通。要全面提升存量企业客户的应用效果，充分发挥产品经理队伍的营销与服务支持作用，深入开展二次营销，提高存量客户的交易量和贡献度。

（三）全力抢占新兴市场，实现重点领域新突破。手机银行、电子商务是当前市场的竞争热点，也是体现新形势下电子银行发展能力的新战场，全行一定要高度重视，抢抓机遇，快速抢占并牢牢巩固业务领先地位。

一是快速普及智能便捷的移动服务，占据新兴市场制高点。随着移动互联网的崛起，手机银行发展的黄金期已经到来。从用户规模来看，截至2012年末，我国手机网民规模已经达到4.2亿，占整体网民总数比例达到74.5%，历史性地超越使用台式电脑的用户规模，具备了普及手机银行的潜在客户基础。从相关应用来看，去年手机购物和手机支付用户增速分别达到136.5%和80.9%，远高于同期网上购物和网上支付用户30%左右的增幅，手机银行的应用前景十分广阔。从用户结构来看，年龄在30岁以下的年轻用户占手机网民的比例高达65%，手机改变了人们的生活习惯，也将直接改变今后的银行服务模式。占据手机银行的业务领先地位，就意味着掌握未来客户市场的先机和主动权。从竞争形势来看，同业在手机银行领域决心和发力程度，也超出网上银行达到前所未有的程度。无论是从市场基础、应用环境的外部条件而言，还是从发展未来客户、应对同业竞争的内在要求出发，我行的手机银行都到了要实现超常规发展的关键时刻。今年全行的手机银行业务，要以确立同业领先地位为目标，全面加速市场拓展，发扬二次创业精神，树立信心、坚定信念打好这场遭遇仗、攻坚战，这将是对我们这支专业队伍乃至各级行思想认识和行动能力的一次全面检验。

要发起持续性的手机银行市场营销攻势。在客户优惠、员工激励等方面进一步加大资源投入，并予以必要的保证。不断完善营销机制，加大对新开户客户的捆绑营销力度，研究利用3G终端加快手机银行客户集群式拓展。针对高校、企业园区、小商品批发市场等制订手机银行专项营销方案，快速提高我行手机银行在重点市场的占有率。深入推进上下游行业合作，开展与电信运营商、手机厂商的联合市场营销，加强与铁道部、航空公司、影院等单位的手机购票业务合作，不断扩充缴费支付、餐饮购物、娱乐旅行等生活类服务，实现对移动互联网用户的全面渗透。

要进一步扩大手机银行交易规模。推进网点移动银行体验区建设，加快在财富中心、贵宾理财中心及其他城区主要网点配备平板电脑、智能手机等移动银行体验设备，搭建使用环境，深入开展体验式营销。推出手机银行交易双倍积分优惠，深入开展手机银行精准营销、客户唤醒工作，全面推行手机银行新客户首用辅导机制，加强对新客户的营销演示和辅导，切实提升客户开户后的实际使用率，促进手机银行动户率水平进一步提升，年内要实现手机银行交易额占个人网银交易额比例达5%以上。

二是全面推广电子商务业务，抢占互联网新兴市场。2013年要确保实现新增电子商务商户600户以上。要深度挖掘电子商务商户行业细分市场。全面梳理线上线下商户，紧紧抓住传统行业“触网”的机遇，大力营销系统性、区域性、连锁性大中型商户。完善考核激励和协同联动工作机制，加大对商户规模指标的考核和激励力度，推进电子商务业务收入在主办行和协办行之间的分润工作，调动全行上下拓展电子商务商户市场的积极性。

要持续加强在线支付业务营销宣传。以工银e支付为重点，广泛联合业界知名电子商务商城，积极策划开展系列营销活动，加快拓展小额支付市场。推进积分商城的建设，加强与电子商务商户在精准营销等领域的联合推广，不断提升我行与重点商户合作的广度与深度。

要在做好传统电子商务市场拓展的基础上，结合我行电子商务平台的推出，积极营销信誉良好、行业领先、商品附加值较高的垂直型优质商户进驻我行平台。

（四）持续拓展境外业务，服务全行国际化发展。继续围绕全行国际化发展战略，坚持“全面推动、分类指导、重点突破、梯度发展”的指导原则，加快推进境外电子银行业务拓展。

一是继续深入推进境外电子银行渠道建设。已经具备条件的境外机构，要尽快开通和推广电子银行业务。华沙、巴西、秘鲁等机构要抓紧推广门户网站、网上银行、电话银行业务，巴黎、东京、马德里、泰国等机构要积极推广电话银行小语种自助语音服务，加拿大、东京、马德里等机构要适时推广手机银行。要研发跨境电子商务、电子储蓄账户、海外e理财、海外银企互联等创新产品，完善转账汇款等基础产品功能，进一步提升我行的全球服务能力。

二是加快境外电子银行业务推广。总行要加大考核激励与组织督导力度，结合各境外机构的发展情况加强分类支持。各境外机构要加大资源投入，充实专业人才，加快全球账户管理、资金池、转账汇款、工银信使等重点产品的应用推广，充分利用电子银行做好对“走出去”的客户营销服务，逐步拓展当地客户市场，促进电子银行客户渗透率与业务占比快速提升。

三是加强境外电子银行业务管理。各境外机构要深入了解当地相关法律法规和监管政策，切实加强电子银行制度建设与风险防控，确保境外电子银行业务健康有序开展。

（五）完善风险管理体系，确保业务可持续健康发展。以客户注册管理、交易风险实时监控、非现场风险监测等为重点，围绕准入、事中、事后风险防控，持续完善电子银行风险管理体系，真正把握好业务发展与风险防控的平衡点。

一是进一步加强注册环节的风险硬控制，做好准入风险防控。客户注册管理是电子银行风险防控的基础，必须紧紧围绕“本人办理”这一原则把风险防控工作落到实处。在对公业务方面，去年总行开展企业网银注册流程重构项目，实现了业务处理中心的集中录入和电子银行部门的集中审批，今年各行要按照总行统一部署尽快完成推广，全面履行客户注册审批与证书解冻电话核实职责。在个人业务方面，要进一步研究大额交易风险防范的硬控制机制，研究如何将个人注册业务纳入业务集中处理平台，提高集约化处理水平。

二是建立交易风险实时监控机制，做好事中风险控制。互联网的开放性决定了电子银行的安全问题没有终极解决方案，仅靠客户身份认证并不能彻底解决安全问题，攻与防的安全斗争将永远存在，对此我们一定要保持清醒认识。要不断研究识别新风险，储备安全新手段。要加快建立电子银行交易风险实时监控机制，构筑除安全认证工具外的第二道安全防火墙。要将风险监控与网银交易身份认证有机结合起来，对于高风险交易要强化身份认证与核实措施，对于低风险交易要减轻安全认证强度，提高交易的便利性，在解决交易安全性和便利性这对矛盾中找到突破口，进一步增强我行电子银行的市场竞争力。

三是深入开展非现场风险监测，做好事后分析排查。非现场检查是今后一个时期全行监督体系建设的重点内容，电子银行要充分利用统一运行风险监控平台、数据仓库等信息管理平台，深入开展非现场风险监测分析与排查，提高对风险的全面掌控能力。要深入研究分析各类案件和违规行为的规律及特点，积极研发部署非现场监测分析模型。要充分利用运行风险监控与核查结果，分析业务风险防控的难点和重点。要规范监测分析、核实和报告工作，对监测发现的问题建立问责机制，全面提高电子银行风险管理的效率和效果。

四是加强“95588”信息管理，防范相关法律风险。相关分行及业务部门要及时向“95588”客服通报收费、服务和业务调整信息，对信息内容严格把关，并相应对准确性、全面性负责，确保市场营销和业务推广信息、合同条款等各项配套文件的一致性，避免因文件内容不一、各渠道信息不一导致答复口径不一，引发相关法律风险。

（六）健全业务发展机制，提升科学发展能力。从培育未来客户与未来竞争力的高度着眼，进一步完善电子银行业务发展机制，优化电子银行业务的发展环境，为电子银行业务的持续快速科学发展提供有力保障。

要进一步加强考核激励。去年总行在分行经营绩效考评中大幅增加了柜面业务分流、活跃客户占比等重点工作的考核权重，还没有将相关内容纳入辖内经营绩效考核的分行要抓紧落实，与总行发展思路保持一致。对今年手机银行、业务分流发展等各项电子银行重点工作，各级行一定要早动手、早落实，及时调整考核方案、优化资源配置，合理分解任务，并逐级落实到网点，确保全年计划任务的顺利实现。

要进一步加强专业队伍建设。去年，部分分行坚持加大投入，强化电子银行机构和队伍建设，取得了良好成效。例如江苏分行在全省组建了100人的电子银行售后服务团队，规范培训、考核和管理制度，探索建立起相对完善的电子银行售后服务机制；云南分行在各二级分行新设电子银行业务部门，增配电子银行业务人员，夯实了业务发展基础。但也有个别分行出现机构撤并、专职人员大幅减少的情况，对业务发展造成负面影响。借此机会，我再次强调，关于基层行电子银行组织机构和人员队伍建设，总行曾经专门发文，各行要结合本行实际情况认真贯彻落实。同时，要采取有力措施进一步调动基层人员从事电子银行工作的积极性，保持电子银行专职队伍相对稳定。

要抓好业务培训和能力提升。组织开展面向各级管理层和专业人员的多层次、多维度业务培训，充分应用网络大学电子银行培训专区，结合集中培训、日常学习等培训方式，深入开展对大堂经理、客户经理和柜员的电子银行业务培训，确保相关人员准确掌握电子银行业务知识，进一步提升一线业务人员的电子银行营销和服务技能。

在全行建设国际一流现代金融企业迈向新阶段之际，电子银行业务也即将开启新一轮的跨越征程，让我们上下团结一心，积极承担推进全行经营转型与结构调整的发展重任，进一步凝聚力量、攻坚克难、开拓创新，为推动全行改革发展作出更大贡献！

深化流程改革　强化过程控制
加快价值型运行管理体系建设

——在中国工商银行运行管理工作会议上的讲话

易会满

（2013 年 2 月 1 日）

这次会议的主要任务是，贯彻落实全行推动科学发展研讨会和2013年工作会议精神，全面总结2012年运行管理工作，研究部署下一阶段改革和管理任务，动员全行运行管理专业锐意创新，深化流程改革、强化过程控制、提高运营水平，全面加快价值型运行管理体系建设，为全行稳健、协调、可持续发展注入新动力。下面，我讲几点意见。

一、2012 年运行管理成绩显著，发展基础良好

过去的一年，各级运行管理部门深化运营改革，实施流程优化，强化运行管理，运营效率、质量和安全水平再上新台阶，为全行加快发展方式转变和核心竞争力提升作出了积极贡献。

（一）坚持统筹推进，运营流程改革取得新成效。

业务集中处理改革继续深化。按照集约运营、共享服务的要求，持续加强业务集中处理平台和流程建设，网点全面受理、中心集中处理的业务运营模式日益完善。集中处理的业务范围进一步扩大，业务品种进一步丰富，达到39大类、143小类，总分行平台集中处理量创下单日近300万笔的历史新高；全行柜面对公业务集中率达到71%，其中对公非现金业务集中率达到97%。集中处理的业务结构不断优化，新增20种个人业务，信用卡申请录入、个人客户信息补录等非实时业务集中处理取得重要进展，较好地促进了实时和非实时业务的错峰安排和业务量负载的均衡，有力地支持了业

务发展。业务处理中心的管理功能得以加强，单位结算账户集中审批管理全面推广，分散处理模式下账户开立不规范现象和问题得到根本改变。后台集约运营的精细化管理逐步深化，业务处理质量效率持续提升。集约化、专业化、标准化业务运营规模效应加快释放，风险集中控制能力不断增强，运营规范化水平日益提升，柜面业务处理环节有效精简，网点服务潜能得到释放，网点服务范围及功能得以拓展。

业务流程综合改造取得关键性成果。坚持以改善客户体验、提高服务水平为目标，深入推进业务流程综合改造，计划实施的59个主体项目已经启动75%，科技研发类项目主体功能投产33个，重点项目推进取得实质性进展。基层行广泛关注的533项紧迫性问题得到全面解决，业务处理效率明显提高。业务受理流程全面优化，业务预约已延伸到网上银行、手机银行、电话银行等渠道，网点预填单模式覆盖了个人业务6大类17个品种，总行版客户调度系统推广到全行1.1万个网点，网点服务模式不断优化。业务处理流程改造向纵深推进，实施跨专业、跨产品交易整合，交易数量有效精简，业务处理效率平均提高约30%；密码共享、合并授权等业务和技术难点实现突破，部分领域的同一客户多笔业务一站式服务模式完成试点验证。对公信息服务完善项目在厦门等分行成功试点，实现了各渠道对公业务回单的格式标准、流程统一和自助打印，促进了柜面业务分流和客户服务改进。投产网点业态可视化项目，服务资源、客流分布、处理效率等网点运营指标的直观展示为网点管理人员动态调整资源配置提供了便利。经过全行上下的艰苦攻坚，业务流程综合改造在“一年显著变化”的基础上向更深层次拓展，业务处理效率得以提高，客户服务得以改善，风险管理能力得以增强，为全面完成“三年根本改善”的目标奠定了坚实基础。

（二）坚持精益管理，业务运营水平再上新台阶。

现金集约运营能力明显增强。本外币现钞、贵金属、有价单证集约化处理能力进一步提升，有力保障了全行现金业务运营，全年累计完成现金收付量42万亿元，为自动柜员机装卸钞5.1万亿元，上门收送款1.2万亿元。现金营运管理信息系统一期在全行全面推广应用，初步实现了现金营运事前预测、事中监测和事后管理的全过程信息化，现金运营主动管理能力进一步增强，库存限额管理制度落实更加精细，全行现金备付率控制在0.5%以下，现金综合运用率达到61%。

自助设备集约运行水平进一步提高。深入推进附行式自动柜员机的集中运行，供钞、装卸钞、账务管理集中度分别达到100%、73%和61%。自动柜员机运行管理系统全面推广应用，实现加钞计划、装卸钞账务、现金调出调入等自动化处理和全流程控制，运行管理水平得到提升。全年自动柜员机现金保障率较上年提高0.7个百分点，非技术故障率降低0.48个百分点。

资金清算市场竞争力持续提升。清算通用平台的产品服务、协议管理、连续运作等核心功能更加丰富，跨境人民币清算项目成功在境内分行和新加坡分行、万象分行投产，为境内外机构跨境人民币清算业务纳入统一平台运营奠定了重要基础。继续加大对纽约、东京和法兰克福分行的清算支持力度，2012年底美元、日元、欧元去委支持比分别达到73.2%，83.1%和89.3%。顺利承接阿根廷标准银行离岸金融市场后台业务，为我行海外并购项目成功开创了满足个性化要求的后台运营模式。依托境外代理行债券托管资源，初步建立了市场渠道多元的、覆盖全球103个国家和地区的债券结算网络及债券集中结算与托管模式。理财业务“前、中、后台与托管”四位一体的运行模式向分行推广，全行资产管理业务集中管理模式初步形成。清算中心（上海）建设方案和场地选址基本确定，为构建异地备份运作机制奠定了良好基础。

（三）坚持强基固本，运营风险管理实现新突破。

风险管理能力进一步增强。按照总行制度管理规定的统一要求，梳理整合数百项运行管理制度，为构建适应业务发展需求的全新制度体系奠定了基础。支付结算风险管理手段日益丰富，全行支付密码推广率由年初的52%提升至88%，密码器推广率接近60%，新开户密码器推广率达到75%。强化对新开户发生大额支付、新注册网银、新更换预留印鉴等“三新账户”和资金异动类高风险账户的有效对账，风险导向的银企对账管理有效实施，对账渠道不断丰富，网银对账覆盖率由年初的19%提高至36%。积极承担起人民银行由以规则为本向以风险为本转变的反洗钱综合试点任务，创造性以案例特征化、特征指标化、指标模型化的思路，初步构建了覆盖全行主要业务条线的反洗钱指标模型体系。深入开展反假工作，全行成功防堵伪造、变造票据和支付凭证2 800多笔，金额近93亿元，假币4 000余万元，识别各类虚假身份证件8 700余件，不仅有效防范了风险，而且较好地履行了社会责任。

监督体系改革成果进一步巩固。运营风险监控标准化管理体系全面构建，运行风险监控中心管理主体作用有效发挥，监督机制运行更加高效。以延伸运营风险管理触角、打造全球统一视图为目标的统一运营风险监控取得重要进展，初步完成个人金融、银行卡等业务条线风险监控系统的运营风险整合，在工银澳门推广运营风险管理系统（FOVA版），风险导向和流程导向的风险监控体系在境外机构不断延伸。风险模型持续优化，并逐步拓展至国际业务、票据业务等领域，模型性能更加先进，经核实确认为风险事件的比例由上年的7.7%提升至8.6%。风险分析评估持续深入，风险管理的主动性和前瞻性有效增强，各业务部门根据分析评估揭示的薄弱环节，通过完善制度、组织整治、实施检查等方式加强管理，风险治理成效明显。高风险网点、柜员得到持续跟踪管理，柜员业务技能和制度执行力大幅提升，全行内部风险暴露水平由20.5‱降至13.2‱，降幅超过35%。

（四）坚持规范管理，服务支持能力得到新提升。

参数集中管理进一步加强。参数管理基本制度全面实施，主机参数和外围参数的管理标准和流程实现统一规范。电子银行外围系统核心参数实现参数管理部门集中统一管理，全行参数集约化水平进一步提高。高效组织完成2012年版中间业务收费标准实施工作，为全行按时执行新标准和平稳运行提供了有力保障。投产新一代境外参数管理系统，成功实施工银信用卡国际、工银加拿大、工银欧洲的参数区域化集中管理试点工作。账务动态管理改革全面完成，人工核算统一运行标准全面实施，管理全面、标准清晰、控制刚性的账务管理体系有效建立。构建起集事前风险识别、事中监测预警、事后检查评估于一体的参数监控管理体系，参数监控整体水平不断提升。

系统支持工作高效完成。组织完成NOVA+运行管理专业7个版本170个项目在境内分行投产，支持FOVA在工银亚洲、华沙分行等境外机构投产，高效组织完成跨分行机构撤并的系统调整工作。核算机构管理实现与全行机构综合管理的信息共享和联动处理，规范化和信息化管理水平进一步提升。深入研究FOVA系统在境外机构应用中的问题，制定了涉及20家境外机构174项业务运营相关系统的优化方案。

近年来，运行管理始终坚持革故鼎新，全面实施运营改革，以网点为基础的传统分散式运营格局得以改观，业务集约运营水平大幅提高，以内涵式挖掘存量资源潜力的方式解决了资源配置方面存在的不均衡性问题。全面推进业务流程综合改造，业务受理和处理流程更加契合基层和客户的需要。全面实施强基固本战略，风险管理和服务支持能力显著增强，全行运营理念、运营布局、运行模式发生了很大变化，运行效率、质量和安全水平实现质的提升。运行管理在全行改革发展和经营管理中的价值创造能力增强，集约、安全、高效的价值型运行管理体系建设成效明显，为全行加快发展作出了重要贡献。在此，我向长期以来付出艰苦努力的运行管理专业的同志们致以诚挚的慰问，向关心和支持运行管理工作的各分行、各部门表示衷心的感谢！

在肯定成绩的同时，我们也必须清醒地认识到，运行管理工作还存在一些亟待解决的矛盾和问题。突出表现在：适应全行发展方式转变要求的运营集约化水平有待进一步提高；适应集团一体化管理要求的全球业务运营格局尚未构建；适应集约运营要求的业务连续性运作机制亟待建立；局部地区和局部领域风险管理有待进一步加强；个别行在实施改革过程中资源配置、业务推广、运营管理还需改进；运行管理队伍结构不尽合理、后备专业人才不足。解决这些矛盾和问题，是我们今后工作的重要任务。

前不久总行召开的全行推动科学发展研讨会和刚结束的2013年工作会议，明确提出要深化实施国际化、综合化发展战略和“ONE ICBC”的集团化管理，加快构建服务完善、模式成熟、运营集约的全球化格局，为运行管理的改革发展指明了战略方向。总行党委把深化业务运营改革，推进业务流程综合改造，统筹规划境内外共享业务运营平台列入全行改革创新的重要举措，对运行管理的改革发展提出了总体要求。全行运行管理专业要深刻领会并深入贯彻这两次会议精神，增强工作的主动性和预见性，认真谋划和扎实做好今年的工作。2013年运行管理工作的目标和任务是：深入贯彻落实总行整体发展战略部署，坚持集约化运营方向，统筹境内与境外、效率与安全、质量与效益的协调并进，继续深化运营改革、实施流程优化，努力构建集团统一业务运营后台，不断巩固运营管理基础，全面推进价值型运行管理体系建设向更高水平迈进。

实现上述目标，做好今年工作，要重点把握以下要求：一是必须坚持改革创新。深化改革创新是加快转变发展方式的内在要求。要健全创新机制、培育创新氛围，不断推进运行管理机制和业务流程创新，着力构建质量效益型的业务运营格局和服务导向型的业务流程体系，进一步提高效率、改进质量、确保安全。二是必须坚持过程控制。运行管理是全行各项业务的基础平台，承担着业务核算组织实施、业务流程设计管理和操作风险一线管理的重要职责。这种独特的地位作用决定了运行管理必须以过程而非以结果为重心，即更加重视过程控制。过程控制是以价值创造为导向，以提升流程效率为主要手段、以风险管理为基础内容的运行管理活动。要贯彻全面统筹、贯穿主线、突出重点、全程控制、科学量化的要求，通过事前科学规划、事中有效控制和事后循环反馈，实现运行管理过程的有机衔接、协调运转。风险管理要与业务发展协调统一，通过一系列预控制的方法和手段来降低风险发生的可能性，由侧重控制措施转向全面建设风险管理架构体系，切实提高全行业务运行操作风险管理水平。三是必须坚持价值创造。运行管理近年来通过深入实施运营改革，已经成为全行经营管理中创造价值的重要组成部分。要继续坚持以价值创造为导向，打造优秀的运营体系，构建增值型业务流程，减少不必要的和不为客户创造价值的运营流程。要对运行的过程采取整合、自动化、集约化等控制措施，减少或剔除非增值过程所造成的浪费，降低运营成本，提高运营效率，巩固和提升运行管理的基础性作用。四是必须坚持整体推动。要强化总分行间、部门间联动，确保改革必需的人财物配备、技术研发、流程设计、业务推广组织实施等工作按时保质完成。要加强对改革进度和成效的监测，积极树立典型加以示范引导，及时督导进展较慢的分行，确保按照改革规划抓好各项工作落实。各分行要全面落实业务推广和加强管理的要求，提前做好改革配套的设备投入和相关配备，提高项目投产应用效果。要结合运营模式改革和流程优化的新特点，加强对客户交易习惯的引导。要建立健全业务集中处理、业务流程综合改造等重点改革项目考核通报机制，增强改革的激励约束，确保各项工作措施有效执行。

二、深化改革不停步，构建质量效益型业务运营体系

要继续推进集约化改革，统筹集团与分支机构、境内与境外的业务运营，统筹体制机制、运营格局、运行模式、业务流程的改革，统筹质量、效率、安全等方面要求，全面加强运行管理重点领域改革的系统设计、整体谋划、协同推进。

（一）倾力打造集团统一的业务后台。深化业务集中运营格局。今年要在集约运营的基础上，进一步扩大集中处理业务范围，提高业务集中程度；进一步强化集中运营管理，提高业务处理水平。要以提升效率、控制风险、改进服务为前提，不断扩大个人业务、特色业务、现金支付业务集中处理范围，实施部分理财类个人业务的准实时或非实时改造并纳入集中处理，完成同城跨行、代收代付等柜面区域特色业务的集中处理，加快现金付款业务集中处理推广。要实现各类已研发集中处理业务的全品种、全网点、全流程、全业务量在一级（直属）分行层级的集约运营。年内全行共性对公业务（含现金业务）、个人业务及区域特色业务集中率力争分别达到80%、35%、70%，柜面渠道全口径业务的集中率达到45%，全面完成业务集中处理改革任务，基本建成境内业务跨产品线、跨渠道集中处理体系。要以精益运营理论为指导、以评级管理为手段、以卓越运营为目标，全面构建集约运营标准化管理体系。要实施业务处理中心内部机构设置、岗位设置、人员配置、业务操作标准化管理，综合运用动态计量、阈值管理、参数控制等方法，建立起科学的业务优先级管理机制，提高业务调度科学性。要建立适应业务峰谷变化的专业分组和劳动组合调整机制，提高中心对网点业务响应速度和客户服务水平。要加强业务集约运营和中心建设的协调推进，统筹整合二级分行后台运营中心，进一步提高业务集约化程度。

要按照集团一体化管理的要求，结合各境外机构业务发展实际和外部监管要求，加强对境外分支机构业务运营格局、业务组织模式、账务核算流程、运行管理制度、系统平台功能、运营风险管理等方面的统一指导和管理，加快构建布局科学、层次清晰、功能完备、运作协调的全球业务运营体系。今年开始，要按照统一组织规划、兼顾各国实际的原则，研究规划跨领域、分层次、分区域，连续运作、互为备份的共享服务中心，逐步实施各类业务的集中处理，形成对全球业务运作的强大支持。要在解决莫斯科子行FOVA系统问题的基础上，加强对境外机构业务运营领域的系统建设和管理；要有步骤地将有关系统向境外机构延伸，实现全行资源共享，提升业务运营整体水平。

努力构建国际一流清算银行。要将总行清算中心建成面向集团总部、利润中心、境内外分支机构和控股子公司的全行综合性业务后台。要适应人民币国际化趋势，全面完成清算业务通用平台在境外机构推广，构建跨境人民币清算7×24小时全球不间断连续运营机制，不断提升跨境人民币清算业务的竞争力。要加快建设自有支付清算网络，以保障我行金融信息安全，更好地为“走出去”中资企业提供服务。要深化与境内外金融同业的战略合作，积极推进“两岸中文汇款”平台、银银直联清算、清算银行网银等产品和服务研发，形成满足场内和场外交易结算、全球跨境资金支付需求的清算产品体系。要结合人民银行二代支付系统建设进程，科学设计清算流程和管理模式，构建安全、高效的支付运营平台。要启动资金汇划体系改革，简化账户体系、精简冗余流程、取消通汇机构、统一流程标准，构建全行直接通汇、全程业务监控的资金汇划新格局。

建设集团一体化金融市场和金融资产服务后台。要适应总行交易中心全球化布局的要求，发挥集团整体优势，建立全领域、多币种、一体化的金融市场后台体系，力争上半年将理财业务“前、中、后、托管四位一体，互联互通”的运营模式下延伸到全行各机构。要用两年左右时间建立起在全球范围的投资、融资、交易的标准化业务处理流程，三年内实现我行参与全球资本、货币、外汇和商品市场的交易集中簿记、资金集中清算、业务风险集中控制，建成集团统一的金融市场和金融资产服务后台。

（二）全面构建服务导向型业务流程。要深入实施业务流程综合改造和优化工程，系统地解决制约效率和服务水平提升的问题，年内全面建成以客为尊、融合共享、功能完善、内控严密的业务流程体系，并探索建立流程统一管理、持续优化的长效机制，实现“三年根本改善”的目标，打造业内领先的流程竞争优势。

从渠道拓展、功能完善、客户引导方面逐项突破，形成服务前移和渠道多元的业务受理流程。要以预约化、自助化为重点，通过系统预处理机制前移传统柜面业务环节，全面建立涵盖自助终端、网上银行、手机银行等渠道，覆盖开户、签约、大额取现等业务的预约、预填模式，推动传统柜面业务的分流。要全面完成总行版排队机的推广，实现科学准确的客户识别、客户分流、分层服务。要加快预约处理模式的推广，年内实现开户、凭证出售、大额取现等办理时间较长业务的预约服务。要丰富预约、预填业务品种，逐步实现旅行支票、资信证明等填写内容多、占用时间长业务的预填单

改造，完成网点预填单模式在全行应用。要实现业务受理流程和客户营销系统的信息互通和共享，增强网点交叉销售和整体服务能力。

从交易优化、信息共享、流程整合方面整体推进，构建操作简捷、控制有效的业务处理流程。要以一站式服务为目标，以交易并行处理机制取代传统的柜面单交易串行处理模式，完成主要业务品种一次填单、一次输密、一次授权的“三个一”改造，改善客户体验，提高业务处理效率。要试点柜面双屏展示的交互式业务操作模式，改进柜面业务风险管理方式。要加快个人业务跨系统、跨业务的流程融合，按照交易功能对个人业务类主机交易进行分类整合，建立科学统一的交易标准。要实施客户信息、协议等跨专业整合，构建个人、法人客户统一协议和产品视图。要加快客户自助回单模式推广，年内覆盖60%以上对公网点。

从制度建设、系统控制方面统筹推进，构建管理统一、持续优化的长效流程管理机制。实施业务流程综合改造，重在确保业务流程始终符合业务发展和经营管理的需要，建立并保持我行业务流程的领先优势。既要重视解决当前制约处理效率和服务质量提升的存量问题，又要重视通过机制建设和管理的加强，推动业务流程优化的持久深入，确保增量流程与管理要求相适应。要建立涵盖流程设计、流程评审、效率评估、动态调整的科学高效流程管理体系，确保流程管理的系统性和有效性。要建立网点业务流程效率评价机制，通过业务处理效率的实时监测和分析通报，实施业务流程的主动管理。要完善流程问题反馈渠道和循环解决机制，形成自下而上全过程、多形式的流程动态评价和反馈机制，促进业务流程的持续动态优化。

（三）同步推进相关配套改革。要在全面实施运营改革和流程优化的同时，加强配套机制建设，实现集约化中心间互为备份和协调运作，以及中心和网点运营的良性互动，全方位增强改革的协同效应。

实现集约运营中心的连续性运营。业务集中处理实现了风险的集中控制，同时集约运营中心发生系统性风险的可能性也相应增大，因此必须建立中心间互为备份、协调运作的机制，确保业务运营的连续性。要按照安全可靠、灵活有效、操作便捷、统一管理的原则，建立跨省业务集中处理灾备和业务溢出机制，年内完成系统建设、管理办法制定和试点投产运行。要完善清算中心“北京—上海”同步运行机制，上海中心要力争在上半年内试行清算银行服务、金融市场业务和金融资产服务后台的业务运营，实现资金清算异地双中心互为备份、业务品种全面覆盖，增强持续清算能力。

实施网点运行标准化管理。集约运营改革和流程优化促进了网点业务结构优化、业务处理简化和服务潜能释放，要结合运营模式的调整，同步推进网点标准化建设和功能转型。要区分不同网点业态，全面实施网点岗位整合，建立全新营业网点岗位体系，推动网点资源优化配置。要综合运用智能终端、物联网等新技术，打造体验型、专业型业务流程，促进网点由交易核算型向服务营销型转变，为客户提供智能和专业的金融服务。要完善网点运营管理平台建设，构建涵盖网点分区、柜口业务量、客户排队时间、柜面业务处理效率等运营效率的实时监测、综合评价体系和分析通报机制，以强化网点的效率管理。

三、强化管理不放松，打造以过程控制为核心的专业管理体系

全行要把握过程控制的本质要求，不断完善涵盖运行管理事前、事中、事后全流程，覆盖全机构、全业务、全人员，集定性管理与定量管理为一体的管理体系，增强现金营运、业务参数、事中控制、风险监控等领域管理的计划性及系统性，全面提升业务运行效率、质量和安全水平。

（一）全面加强现金业务集约运营管理。要深入推进现金营运中心现代化建设，丰富现金营运中心职能，完善配套制度，优化业务处理流程，不断提高金库的建设标准、安全标准和服务标准。要建立标准的贵金属保管、调运、配送业务处理和服务流程，实现自动柜员机装卸钞、上门收送款、代理同业现金、贵金属仓储配送等业务进一步向现金营运中心集中。要加快信息化建设和管理步伐，全面推广应用现金业务信息化管理系统和款箱物流管理系统，强化本外币现金营运的科学预测和主动管理，确保现金综合运用率和现金备付率保持在合理水平。要加强现金、贵金属实物管理、金库安全管理和人员履职管理，增强制度执行力，提高现金业务操作规范化水平，降低操作风险。要通过管理手段创新和设备技术更新全面提高反假币水平，推进以人民币冠字号为载体，集设备识别、系统存储、存取验证于一体的现钞流转全过程信息化管理。加快新国标人民币点验钞机的应用，年内完成三分之一现有设备的更新配备。加大现代化清分设备的投入力度，逐步实现现钞全额清分。

要深化自助设备集中运行管理改革，年内附行式自动柜员机账务管理集中度达到100%，现金区以外的装卸钞集中度达到80%。要全面推广应用自动柜员机运行管理系统，实现运行管理信息化和长短款自动核对、自动处理，及时跟踪解决运营故障，提高服务支持响应速度。要建立全行统一的自助设备运行服务协调管理机制，推进科学布局和动态调整，不断提高设备整体运行效能。要提升自动柜员机运营质量和服务水平，加大资源配置力度，落实运营服务规范，实施交易情况定期分析评估机制，统一运行服务标准和服务流程，确保离行式自动柜员机现金保障率达到98.5%以上，非技术故障率控制在0.8%以内。

（二）全面加强境内外一体化参数管理。今年适逢

总行参数中心成立暨全行实施参数集中管理十周年，要认真总结参数管理改革成果，进一步谋划好下一阶段参数改革发展任务。要构建涵盖参数设计、应用、监控等全过程的境内外一体化参数管理体系。深入实施运行标准和内部核算本外币统一管理，实行事权控制参数规范化改造，逐步建立管理集中、控制刚性、流程简捷的运行标准统一管理机制。加强参数全生命周期管理系统与科技信息资源管理系统的对接，推动版本投产参数前移管理，实现参数设计与版本投产无缝衔接。全面推行参数管理全流程电子化处理，强化参数管理流程和风险管理的统一。实施工银欧洲、工银亚洲、工银中东等境外机构业务参数区域化集中管理，制定境外参数管理制度，提升境外参数集约化管理水平。要厘清参数管理在产品创新中的职能定位，配合产品化管理改革，按照产品线全面梳理参数元素，建立产品属性参数库，构建以参数配置为主要内容的产品创新流程。要加强参数运营风险管理，完善参数监控系统功能，增强参数监控模型的针对性，拓展参数风险监控范围，逐步将外围和境外业务参数纳入参数监控管理系统，建立全球统一的参数风险管理体系，保障业务安全运行。

（三）全面加强业务运营关键环节管理。加强制度建设。全面完善相关业务管理、业务操作专项制度，构建系统完善、科学规范、运行有效的制度体系，使各方面制度更加成熟、更加定型，不断强化制度对业务运行的基础保障作用。

加强结算账户管理。严格落实营销与审批相分离、开户集中审批管理的要求，实现前后台的有效制衡。营销部门要切实做好客户尽职调查工作，提高账户发展质量。要加强验资账户开立管理，加大对涉嫌以虚假验资方式开立账户行为的监测分析，提高准入门槛，防止个别高风险、低贡献的账户产生。要综合利用网点和网银等渠道，结合账户年检、对账单回收等途径，及时更新和完善客户信息，确保账户信息真实、准确、完整。加强结算账户日常监测，强化对异常发展账户的分析和跟踪管理。要通过建立专用交易、构建监控模型等措施，加强柜面公转私业务的风险管理。

加强运营风险的事中控制。制定网点现场管理办法，确保业务受理真实性、柜员操作合规性、现场审核准确性和实物管理规范性，实现业务营销、客户服务、风险管理的协调统一。要尽快实施柜员身份认证的指纹识别，实现柜员和现场管理人员身份认证的全封闭、全流程自动化处理，提升风险硬控制能力，年内要完成系统研发和业务试点工作。要深化远程授权改革，积极稳妥做好跨二级分行的远程授权试点工作，逐步在人员和业务规模较小的分行实行跨地区集中授权，提高授权集约水平和事中控制能力。

加强核算要素管理。要实施营业机构核算印章综合改革，本着精简种类、分类管理、刚性控制的要求，加快推动电子化替代和自动化控制，全面构建实物有控制、使用有记录、过程有监测的业务用印管理新模式，从根本上解决核算印章风险管理的行业性难题。要加大支付密码推广力度，重点客户支付密码器应用比例要达到100%；加快实施密码单改造，实现客户支付结算业务中的密码单和密码器应用互为补充、全面覆盖。

加强客户对账管理和业务检查。加大网银对账推广力度，推行银企互联等新型对账方式，实现网银活跃客户的网银对账全覆盖，提升客户服务价值。对账周期内客户有效对账率要保持在90%以上，月累计发生额100万元以上的客户有效对账率要达到100%。要按照风险导向、方式互补的原则要求，构建有效覆盖与突出重点相结合、组合筛选、智能定位的督导体系，加强对重点业务、关键环节以及高风险网点、柜员的检查督导。

（四）全面加强业务运营监督体系管理。要深化业务监督体系建设，加快构建境内外统一运营风险监控体系。深入实施运行风险监控中心达标评级管理，依据评级管理采取差别化管理措施，推动监控中心各项核心履职能力的均衡发展与全面提升。要将模型研发前移至产品设计或流程设计阶段，建立模型全生命周期管理和模型合作研发与集体会商机制，强化模型训练与检验，提升模型研发投产的响应速度和模型识别的准确度。要逐步将运营风险监控体系延伸至各业务条线，在区域特色平台改造与标准化的基础上，逐步创造条件将区域特色平台业务纳入集中监控范围。要稳步将风险导向和流程导向的运营风险监控体系延伸至海外机构，逐步建立起覆盖集团所有机构、员工、客户、产品、渠道的统一风险视图，实现集团运营风险统一管理。要以精品分析评估报告为载体，研究建立基于过程控制、风险导向的运营分析评估体系。进一步优化运营风险监测核心指标，准确定位高风险机构及其管理薄弱环节，并采取预警提示、专题审议、督促整改等针对性措施，提高分析评估的成果转化能力。要探索建立网点运营风险评价机制，针对不同风险级次的网点采取不同的监管措施与风险管理策略，提升运营风险的目标管理能力。

运行管理工作涉及面广、专业性强，对从业人员专业素质要求高，专业人才培养周期长。各行要把加强运行管理人才培养、提高队伍素质作为重要任务，创新工作思路和工作举措，不断加强队伍建设。各级行要在调研分析的基础上，立足当前、着眼长远，全面抓好运行管理人才、专业人才和操作人员队伍建设，加快打造一支规模适度、梯次合理、结构科学、理论素养高、实务能力强的运行管理队伍。要以提高素质为目标，以综合培养、有效激励为手段，以跟踪考核为保障，建立一套完善的人才引进、培养和使用机制。要确保各级行领导班子中配备懂业务运营的管理人才，网点要配备熟悉业务运营、具有较好职业素养和较强责任心的专业型负责人履行内部管理职责。要大力推进以商业银行业务运营为题材的系列教材研发工作，更加注重培训的系统性和综合性，提高专业人才的理论素养和实务能力。要探索试行运行管理优秀人才单式管理，使高素质人才在专业内优先发展、优先在专业内发展，确保运行管理专业人才能引进、能留住、用得好。

今年是落实2012—2014年运行管理发展战略规划，实现全行业务运营在集约高效基础上向质量效益型转变的关键之年。全行运行管理部门要继续凝聚力量，励精图治，攻坚克难，全面加快价值型运行管理体系建设步伐，为打造最盈利、最优秀、最受尊重的国际一流现代金融企业提供重要支撑。

深化产品创新 驱动转型发展

——在中国工商银行产品创新工作会议上的讲话

易会满

（2013年4月19日）

这次会议的主要任务是，全面总结2012年产品创新工作情况，分析把握新形势，根据转型发展要求，研究部署2013年工作任务，动员全行大力深化产品创新，有效驱动转型发展。下面，我讲几点意见。

一、积极促进经营结构调整，产品创新工作取得新成效

2012年，全行紧密围绕改革发展中心工作，深化重点领域产品创新，着力加强产品推广应用，强化产品创新管理，不断提升产品创新的价值创造能力，有效促进了全行经营结构调整。

（一）深化重点领域产品创新，增强全行竞争发展能力。一年来，总行各部室和各分行围绕全行转型发展要求，根据年度业务与产品创新计划，共计实施创新项目908个。一是创新研发和推出了一系列重点产品。在个人、公司、机构、金融资产服务、渠道等主要业务领域，加大了产品创新研发力度，推出了多币种信用卡、账户管家、第三方支付机构备付金存管、增利型理财产品、账户原油、安卓网上银行等一大批“人无我有、人有我优”的拳头产品，为全行拓展市场、竞争客户提供了利器。二是大力推进了流程优化和服务模式创新。全面完成了533个业务流程紧迫性问题改造，实现了客户办理借记卡开立、电子银行注册、工银信使定制等多笔业务的整合，优化了产品预约服务和柜面预填单服务，有效提高了业务处理和服务效率。创新产品营销服务模式，推出了私人银行客户与财富顾问互动联络服务和客户经理便携式营销服务终端，完善了接触点营销和事件营销模型，增强了客户服务能力。三是实施了一批重点业务创新项目。全面启动产品化改造，完成了对公存款等产品的产品化改造，推进了对公收费、投资理财等产品的产品化改造，初步确立了快速生成新产品的业务模式和工作流程。研发了全球授信管理系统、信贷资金托管等内部管理系统，实现了FOVA系统对境外机构的全覆盖，有效提升了全行业务管理水平。四是各分行研发推出了一批有竞争力的区域特色产品。如北京分行推出了中小企业集合信托贷款产品，上海分行推出了“银银代汇通”产品，广东分行推出了“外汇互换通”产品。区域特色产品有效契合了当地市场和客户需求，增强了我行在区域市场的竞争能力。

（二）着力加强新产品推广，提升产品创新价值贡献。一是产品推广认识有效提高。各级行进一步认识到产品推广是产品创新的根本目的，产品只有通过有效推广才能彰显出产品价值、体现创新实效。二是产品推广能力切实增强。各分行积极履行产品推广的主体责任，发挥产品创新牵头部门作用，多措并举，持续强化新产品推广。各分行结合区域特色，通过加大借记芯片卡、收款管家、积存金、iPhone手机银行等15个重点产品的推广力度，有效提升了这些产品的市场表现；通过产品推广联席会议等形式，加强了跨专业横向沟通和分支机构纵向联动；及时发布了新产品信息482篇、产品营销推广案例1 005篇、动态完善产品手册和产品宣介材料，加强了对一线员工的支持指导服务；通过开展多层次新产品培训和员工产品体验活动，持续调动全行员工学习掌握和宣传营销新产品的积极性；通过产品体验月、大学生银行产品创意设计大赛等活动，强化了体验营销新模式；通过数据挖掘方法开展精准营销，有效提高了营销成功率。三是产品跟踪评价有效强化。全面开展了个人金融产品、公司金融产品、外币与跨境人民币产品的运营态势分析，以及客户金融资产变化情况分析，组织产品竞争力评估312项，累计发现问题582

个，提出改进措施和意见建议660条。结合产品推广和跟踪评价中发现的问题，动态优化和完善了产品，有效提升了产品质量和营销服务水平。四是产品推广成效明显。在全行的共同努力下，重点产品市场表现良好。如iPad网上银行客户达693万户，较上年末大幅增长506%。截至2012年末，我行3年内自有新产品累计实现中间业务收入217亿元，占全行中间业务收入的20%。客户户均持有我行自有产品数达4.66个，比上年末增长6.6%，对稳定和新增客户及存款起到了重要作用。

（三）持续强化产品创新管理，有效提高创新质量。一是加强创意源头管理。广泛征集行内外产品意见建议8.8万余条，收集同业产品信息2 072条，开展了一系列产品创新前瞻性研究，为产品创新提供了创意源泉，增强了产品创新储备。二是加强项目整合管理。在产品创新先期阶段做好创新项目和业务需求整合工作，会同多部门开展了线上线下一体化小额消费贷款等一系列综合产品研发，推进了跨专业、跨渠道的整合创新。三是加强流程规范管理。制定了业务需求提交、项目文件归档、产品命名等多项管理办法，规范了产品命名和售后服务行为。强化执行产品设计规范，提升了业务需求质量。四是加强客户体验管理。组织开展客户体验活动275次，发现产品服务问题1 200多个，对发现的问题及时纳入产品研发项目加以解决，有效提高了客户满意度。五是加强了创新风险管理。累计开展新产品立项风险评估413项，识别各类潜在风险点648个，减少了新产品研发与投向市场后可能的风险损失。

（四）加强产品创新组织推动，提高全行创新积极性。一是加大产品推广考核力度。加强对产品创新贡献度考核，并组织开展了产品创新奖、新产品推广奖和明星产品奖评选，引导和促进各分行提升产品创新实效。二是充实产品创新人员力量。建立了全行产品序列专业资格认证体系，结合产品序列专业资格考试，初步建立了全行产品经理队伍，增强了全行产品创新和推广力量。三是改进分行管理工作机制。重点加强分行工作调研和分行间产品创新工作交流，提出了加强分行产品创新工作分类管理的思路措施，促进了产品创新向纵深发展。四是完善区域特色创新管理。制定了区域特色业务梳理改造工作方案，推进了区域特色业务与产品管理系统建设，强化了分行创新工作抓手。五是加强境外产品创新管理。建立了专职负责境外产品创新的业务与技术研发团队，进一步加大了境外产品和跨境金融服务创新力度。

回顾一年来全行产品创新工作，有三点经验值得总结：

第一，“创新要出价值”是深化产品创新的根本。一年来，全行坚持把增强产品创新价值创造能力作为产品创新工作的出发点和落脚点，紧密围绕全行结构调整、服务提升等中心工作大力研发和推广有客户、有交易、有收入的优质产品，立足提升产品创新价值贡献，组织强化重点产品推广应用，有效提升了重点产品的市场表现，为客户创造了价值，为我行带来了效益。

第二，“创新要靠合力”是深化产品创新的关键。在总行业务与产品创新管理委员会的统一领导和组织推动下，全行通过完善产品创新管理机制、加强创新规划计划、整合利用创新资源、密切各机构间创新交流与创新联动、强化产品创新工作考核激励等一系列措施，有效发挥了各部门、各分行的产品创新主体作用，充分调动了广大员工支持参与产品创新的工作热情，持续增强了全行创新合力，为不断深化产品创新提供了强大动力。

第三，“创新要讲科学”是深化产品创新的手段。一系列科学方法的深入运用，为产品创新提供了有效的工作手段，快速提升了产品创新的专业化水平。如，优化创新、整合创新、突破创新三大模式，完善了产品创新方法；客户体验工作方法，为挖掘客户需求、提升产品服务品质提供了手段；产品设计规范工作方法，为提高产品研发质量奠定了基础；产品化要素配置新产品方法，实现了新产品快速上线和客户的个性化定制；新产品研发风险识别评估和控制方法，为强化产品创新风险管理、推动产品创新工作健康发展提供了保障；产品运营态势分析方法，为加强产品跟踪评价、提升产品质量和营销服务水平提供了科学依据。

上述成绩是在总行党委的正确领导下，依靠各部门、各分行的共同努力所取得的，产品创新战线的同志们开拓进取、求真务实，在全行业务发展中也发挥了不可替代的重要作用。在此，我谨代表总行党委向大家表示衷心的感谢和诚挚的问候！

在肯定成绩、总结经验的同时，我们也要认识到全行产品创新工作中还存在一些问题。一是竞争力强的新产品还不多。全行自有产品占比不足50%，自有产品中资金类产品占比近60%，且资金类产品数增长率明显高于信用类、结算类产品，创新工作在专业间不尽平衡，同时产品创新质量有待进一步提升。二是产品推广工作有待加强。一些新产品由于培训传导不到位、宣传营销不够、总分行联动推广机制不完善等原因，致使基层行对新产品了解不够全面深入，部分新产品在投产后未达到预期效果，产品创新实效未得到充分发挥。同时，各分行间新产品收入贡献度差距较大，特别是同处一个区域的分行也呈现较大差异，说明产品推广工作的潜力还很大。三是分行产品创新工作尚需深化。一些分行对产品创新工作投入不足、抓手不多，在市场需求调研、产品推广应用、区域特色产品研发等方面的创新主体作用发挥还不够充分，总行对分行产品创新工作的组织推动和分类指导也有待加强。

二、认清形势，增强产品创新的紧迫感和责任感

随着经济金融环境的快速变化，客户金融服务需求日益升级，同业竞争日趋激烈，产品创新工作面临的形势正在发生深刻变化。今年年初召开的全行工作会议明确提出要“打造有思想性的原创产品、有竞争力的杀手锏产品”、“依靠创新，推动各项业务加快转型发展”，这对深化产品创新工作带来了新契机，提出了新要求。

（一）新经济和新技术发展要求我行加快推进产品创新。在外部因素影响和主动调控的作用下，国内经济运行缓中趋稳，积极扩大内需、提升社会保障，以及新型工业化、信息化、城镇化、农业现代化，正成为经济增长的重要动力。这迫切要求我们加快消费信贷、支付结算、投资理财等产品创新，促进新兴消费市场发展；加快养老金、资产管理、资产托管、代理、银行卡等产品创新，提升民生领域金融服务水平；加快投融资、金融避险、投资银行等产品创新，更好地支持先进制造业、现代服务业、文化产业、战略性新兴产业市场的发展；有针对性地创新农村和县域金融产品，加大对农业和城镇化建设的服务力度。同时，以大数据、云计算、移动互联网为代表的新一代信息技术风起云涌，催生了互联网金融蓬勃发展，商业银行的经营管理模式、业务运营模式、客户服务模式，乃至整个银行业态正面临着巨大的变革。这迫切要求我们紧跟时代变化和新技术发展，因需而变，加快建设信息化银行，以信息创造价值为核心，深度融合和创新应用各种行内外信息，促进银行核心竞争力的提升。

（二）客户金融需求日益升级要求我行持续推进产品创新。随着企业经营方式和居民生活方式的发展变化，客户金融服务需求不断升级。如在对公客户方面，越来越多的企业与其上下游企业形成了稳定的供应链合作关系，这迫切要求我行从为单一企业服务向为供应链集群企业服务转变，并在账户管理、现金管理、供应链融资等支付结算、投融资方面加大产品创新，为企业客户提供一揽子金融服务。又如在个人客户方面，理财化、综合化、个性化、自助化趋势日益明显，客户更加关注产品体验感受，这也要求我行持续推进投资理财、综合金融、信息增值等方面的产品创新，改进客户体验，提升产品服务品质。

（三）日趋激烈的同业竞争要求我行加快推进产品创新。在国内金融市场快速发展的背景下，同业机构纷纷将产品创新作为竞争市场、赢得客户的利器。如在支付结算方面，银行同业加大了集多行业应用芯片卡的推广力度，抢占社保等民生领域市场；在投资理财方面，多家银行创新推出了集医疗、机场等增值服务的理财产品，满足了客户多元化理财需求；在信贷方面，各银行创新融资产品、优化审批流程，大力抢占小微企业和个人贷款市场；第三方支付产业飞速发展，在网上支付占据较大市场份额的同时，加快对融资领域渗透，银行支付中介和融资中介功能面临分流。因此我们必须保持对市场竞争态势的高度敏感，加快推进结算、资金、信用等重点领域产品创新，不断巩固和提升我行整体竞争力。

（四）我行实施转型发展迫切要求深化产品创新。在金融监管不断深化、资本约束进一步增强、利率市场化改革提速、金融脱媒加剧、经济下行压力依然较大的背景下，我行面临的经营环境更加复杂。全行迫切需要通过创新驱动发展方式转变，不断开辟新的业务增长点。如通过融资产品创新，提高信贷业务发展的质量和效益；通过营销模式创新和产品整合创新，推动个人、公司、机构业务的转型升级；通过金融资产产品创新，培育和扩大中间业务增长源；通过境外和跨境产品创新，稳步推进国际化发展，等等。

全行必须深刻认识上述形势变化给产品创新工作带来的机遇和挑战，切实增强应对竞争的危机感、抢抓机遇的紧迫感、深化创新的责任感，站在加快推进工商银行转型发展的战略高度，深入抓好产品创新工作，通过产品创新推进经营转型，优化业务格局，实现可持续发展。

三、2013年产品创新工作的指导思想、工作目标和要求

2013年是我行贯彻落实党的十八大精神的开局之年，也是外部环境严峻复杂、内部改革关键紧迫的一年。前不久召开的总行业务与产品创新管理委员会审议通过了《2013年业务与产品创新计划》，为深化下一阶段产品创新工作提供了指引。根据该计划，2013年产品创新工作的指导思想和工作目标是：紧紧围绕全行改革发展中心工作，统筹加强产品的优化、整合、突破式创新，坚持不懈地强化新产品推广应用，培育一批有客户、有交易、有收入的优质产品；2013年使投产3年内自有中间业务新产品收入占全行中间业务收入比重提高2个百分点，达到22%，客户户均持有我行自有产品数增长10%，达到5.1个；在信息化银行建设的产品创新领域取得明显进展，驱动全行转型发展。

为实现上述工作目标，全行要重点抓好三方面工作：

（一）统筹加强产品的优化、整合、突破式创新，深化各专业领域重点创新工作

1. 加强产品的突破创新，推进信息化银行建设在产品创新领域取得明显进展。在产品上，一是打造面向优质垂直型电商、“支付+融资”相结合、具有工行特色的线上电子商务平台，通过了解商户经营、交易信息，探索信息中介服务，加快拓展电子商务市场。二是

研发线下与线上融合、支付服务与融资服务联动、借记卡与贷记卡全面适用的个人小额消费信贷“BtP”（Bank to Peer）产品，以及基于线上线下商户受卡行为分析的“BtM”（Bank to Merchant）商户信贷产品，推动信贷业务向互联网金融转型。三是研发线上线下一体化小额支付产品，实现芯片卡借贷记电子现金账户线上线下小额快速支付，提升我行电子支付产品的市场竞争力。四是打造面向实体商户、“收单＋融资”相结合的线下店商平台，利用银行卡收单风险监控系统，掌握商户的物流、现金流等经营信息，通过对信息数据的整合和分析，针对性地提供融资等全面金融服务，加快拓展线下商务市场。

在服务上，一是完善多渠道预约服务等措施，实现网上银行与物理渠道的联动，提升我行线上线下协同服务水平。二是建立前后台联动、人机互动等网点新型服务模式，实现网点内资源统一调度、产品推介联动购买、自助交易现场审核等服务，提升网点的服务效能。三是积极推动移动互联网、智能终端、全球定位、消息推送等新技术在各渠道的应用，促进移动化智能型金融服务的发展。

2. 加强产品的整合创新，为客户提供更加全面的综合金融服务。一是打造为财政、社保、住房等公共服务机构和个人、对公客户提供资金结算和托管等多项专属服务的民生金融服务平台。二是整合研发集留学贷款、资信证明、购汇、跨境汇款等服务于一体的一站式个人综合跨境金融产品。三是打造涵盖各类代客金融交易产品的综合型客户交易终端。四是研发账户贵金属、实物贵金属、积存贵金属的“三金”自由转换产品。五是推出覆盖ATM、POS、自助终端、网银、手机银行等渠道的中小企业全渠道结算服务。

3. 推动产品的持续优化，不断提升产品生命周期内的竞争活力。一是优化电子供应链融资审批流程和授信限额管理模式。二是优化境外分行特色业务平台，进一步提升对特色业务和差异化监管要求的支撑能力。三是按计划实施理财、个人金融、信贷、对公结算、网上银行、实物贵金属等产品线的产品化改造。

4. 深化重点领域创新，进一步提升各专业产品竞争力。今年，各部室和分行初步上报了1 029个创新项目，其中产品创新项目549个。一是在个人金融领域，创新个人账户综合服务、工银大莱信用卡、中小商户移动支付等产品。二是在公司金融领域，研发企业网银现金管理行业版、金融资产池产品和现金管理可视化工具、进口代收保付、偿付信用证等产品，推动CM2002、PCM2003向GCMS迁移整合，实现全球统一授信。三是在机构金融领域，丰富银银合作产品，创新金融机构同业存款，研发军队财务综合管理客户端等产品。四是在金融资产服务领域，进一步丰富理财产品种类和投资模式，创新白银铂金租赁、人民币账户贵金属远期等代客交易产品，实现私人银行代理保险、代理信托、顾问咨询业务系统化管理，研发代理基金公司后台业务、票据登记与托管等资产支持性产品。五是在渠道创新领域，优化短信银行和自助终端等产品，研发智能平板电脑炫版网银，丰富移动银行产品服务功能。六是在管理创新领域，建立集团并表信用风险管理系统、自营国债期货和债券借贷交易等管理系统，将分行特色业务纳入全行业务集中处理平台。七是在区域特色领域，鼓励各分行结合本地实际积极创新金融产品，如上海分行拟推出个税递延养老保险产品；深圳分行拟推出社团服务通产品；江苏分行拟推出第三方支付公司预付卡收单产品；山东分行拟推出黄金赊销产品，等等。八是在境外和跨境领域，研发境外贵金属转换、跨境电子商务、境外多币种信用卡和个人境外直投产品服务；研发全球托管系统、新一代单证中心系统和海外业务运营平台，加快美国、新西兰等新增海外机构的FOVA推广；根据“一行一策”要求，开展境外机构特色产品研发。

（二）持续强化产品推广，培育一批“有客户、有交易、有收入”的优质产品。全行要进一步提升对产品推广的认识，把提高产品创新实效摆在更加重要和突出的位置，在产品推广过程中做到有重点、有声势、有手段、有评价。

1. 强化重点产品的推广应用。总行今年明确了积存金、多币种信用卡、智能移动银行、工银商友卡、跨境人民币结算等20个重点推广产品清单。各分行要在做好这些重点产品推广的同时，结合区域特点，自主选定5个本行重点推广产品。各行要重点做好这批产品的市场推广工作，持续提升产品市场表现，培育一批使用情况好、对经营发展贡献大、效益显著的优质产品。

2. 强化产品推广的组织发动。要完善总分行联动、跨专业联动的产品推广工作机制，各分行要切实履行好产品推广的主体责任，成立由分管行长任组长的产品推广工作小组，发挥好本行产品创新部门的牵头作用，加强各专业和分支机构的沟通协调，配备和充实专门人员负责产品推广。通过网讯、产品手册等渠道及时将新产品信息向基层一线传导，通过通报、督导等手段营造更加浓厚的产品推广氛围，持续调动全行员工学习和推广新产品的积极性。

3. 强化产品推广的专业能力。各分行要结合区域特点，确定重点产品的市场推广策略，重点加强对各级业务管理人员和一线人员的新产品培训，及时总结成功案例，强化营销案例培训。深入开展员工产品体验活动，加快营业网点客户体验区建设，强化体验营销。积极运用数据挖掘等科学方法，推广开展精准营销。强化组合营销，为客户提供一揽子金融服务。总行将通过产品在线，为产品推广提供专业支持服务。

4. 强化产品推广的考核激励。各行要明确产品推广工作目标，加强对重点产品推广、客户户均持有产品数、新产品收入在中间业务收入占比的考核，完善并持续开展新产品推广奖、明星产品奖评选，激励和引导基层行加大产品推广的资源投入和工作力度。

5. 强化产品的跟踪评价。各行要加强对产品推广的动态监测，开展辖内产品运营态势分析，跟踪评估辖内各领域产品推广情况。总行也将加快解决产品推广数据不全不准的问题，并积极促进各分行间产品推广信息共享。

（三）不断完善产品创新工作机制，提升创新管理水平。

1. 进一步完善产品创新制度体系建设。要完善产品的优化、整合、突破三大创新模式工作机制，健全覆盖创意收集、规划计划、立项审批、需求整合、技术开发、测试投产、推广应用、跟踪评估的产品创新全流程管理制度。建立健全产品化改造条件下的产品要素配置研发工作流程制度。理顺境外机构产品创新管理机制。积极营造创新氛围，引导全行自觉运用创新思维和创新方法推动经营转型。

2. 加强产品创新队伍建设。各分行要积极充实产品创新部门专职人员力量，深入做好产品创新规划计划、需求调研、业务研发、产品推广组织发动、产品跟踪评价等工作，进一步增强产品创新力量。要结合产品序列专业资格认证建立产品经理队伍，分解落实产品管理责任，确保各产品主管部门和二级分行（含）以上机构都有专职人员负责各条产品线、各项产品的管理工作，推动产品创新和产品推广工作向纵深发展。

3. 加强分行产品创新管理。要强化对分行产品创新工作的管理、指导和服务，鼓励具备条件的分行在前沿性产品创新方面先行先试，研发重点创新项目。积极推进区域特色业务与产品管理系统的应用，规范区域特色产品创新，促进各分行创新成果共享，减少低效、重复开发。通过产品创新动态、产品研究、产品创新园地等信息沟通平台，进一步加强各行产品创新交流。通过开展产品创新奖评选、推广体验营销、精准营销等措施，为各分行提供更多提高创新成效的工作抓手。具备国家金融改革政策优势的分行，在做好产品推广的同时，要着力加强区域特色产品创新，积极发挥产品创新的先导和示范作用。市场潜力大、创新能力强的分行，要结合本行实际大力强化产品推广，并有针对性地加强区域特色产品创新。其他分行要切实加强产品创新工作的组织发动，重点加强产品推广应用。

4. 持续提升产品创新专业化水平。完善覆盖境内外、总分行的全行产品目录管理体系，实现产品代码对各项产品应用的业务处理控制。建立产品应用渠道统一编码，准确记录全行各项产品在各类渠道的销售和使用情况。定期分析和发布各类产品运营态势，及时掌握产品的优势与不足，为产品创新和经营管理提供依据。实施新产品研发全流程风险管理，防控产品创新各类风险点。在产品研发和推广过程中，注重扩大客户体验活动覆盖面，提高客户体验专业化程度。

产品创新是我行推进转型发展、增强可持续盈利能力的重要战略举措，各级行各部门要大力深化产品创新，加强产品推广应用，推动各项业务跨台阶、上层次、增效益，加快推进经营转型，打造不可复制的核心竞争力，为把我行建设成为国际一流现代金融企业作出新的贡献。

在中国工商银行服务工作推动会上的讲话

易会满

（2013 年 4 月 25 日）

刚才我们表彰了 1 000 名总行级服务标兵，6 家分行分别作了专题介绍。2012 年“满意在工行”活动开展以来，各级行和广大员工围绕“让客户满意”这一根本开展了大量的创新工作和改革实践，取得了显著成效。这里，我代表总行党委，向受到表彰的总行级服务标兵表示热烈的祝贺！向全行为服务改进付出辛勤努力的同志们表示衷心的感谢和诚挚的敬意！身教胜于言教，榜样就在身边。我们这次会议就是要通过表彰和弘扬先进，动员全行凝心聚力，真抓实干，推动全行服务工作迈上一个新的台阶。下面，我结合大家的发言讲六个方面的意见。

一、2012 年全行服务改进主要成效和 2013 年工作总体要求

一年来总行各部门和各级行以“满意在工行”主题活动为主线，以解决突出问题为抓手，以完善制度体系和工作机制为重点，扎实开展服务改进工作，在服务面貌改善、质效提升、机制建设等方面取得了重要

进展。

（一）排长队问题得到进一步解决。2012 年全行坚持标本兼治，协调推进服务效率提升。533 个紧迫性项目全面完成，143 类柜面实时业务流程得到改造优化；业务分流力度进一步加大，可分流率下降到 35.5%；渠道优化建设进展加快，新增建和装修改造 980 个网点，促进了网点服务效率的提升。与此同时，通过加快排队管理系统推广，深化排长队问题的监测分析和考核引导，挂牌督导重点区域和重点网点，推动了排长队问题的进一步解决。2012 年全行客户平均等候时间降至 12 分钟，较 2011 年下降 37%，初步实现了“1030”排队压降目标。

（二）客户投诉治理成效显著。重点推动了十大投诉突出问题的集中整治，开展了重大投诉风险隐患的排查和督导处理，强化了对重点分行的专门督导，客户投诉量大幅下降。全年共受理客户投诉 6 945 件，投诉总量历史性降至万件以内，同比下降 73%；重复投诉 43 件，首次降至百件以内，同比下降 91%。

（三）大服务格局建设迈出新步伐。出台了《总行内部服务规定》，明确了总行内部服务规范和要求，在全行范围内实施了内部服务承诺制。强化了服务管理部门牵头协调、业务条线分工负责的矩阵型服务管理体系的建设，推动了大服务格局的形成。

（四）服务质量监督控制得到进一步加强。聘请第三方公司对个人客户满意度进行了调查，开展了重点针对直辖市分行、省会城市分行及直属分行的网点服务规范建设情况非现场检查工作，促进了服务规范化水平的提高。在 2012 年度中国银行业文明规范服务千佳示范单位评比中，我行 116 家网点获评，居同业首位。

（五）优质服务宣传活动影响良好。深入开展了“千名记者进工行、万篇文章评服务”主题宣传活动，总分行共组织服务专题采访 300 余次，参与记者人数超过 1 200 人次，新闻报道超过 1.1 万篇。完善了服务金点子创新推广机制，年初推出的 11 条创新经验得到较好推广，促进了服务工作的创新开展。

在总结成绩的同时，我们也要正视问题和不足。如，服务工作在不同分行间和不同专业间进展还不尽平衡，相应的改进效果差异也很大。又如，一些分行在服务标准化和规范化建设中比较多地依靠基层管理人员的单点改进，缺乏统筹推动，影响了服务标准化水平的整体提升。特别是中高端业态网点的服务标准化建设落实不到位，导致中高端客户在不同分行、不同网点的服务体验难以保持稳定、一致。再如，个别机构的工作作风不够扎实，对待服务工作大而化之，满足于一般号召，没有下真功夫和花大力气去抓日常服务的细节改进和具体措施的落实执行。还如，部分分行在服务长效管理、客户投诉处理等方面的工作机制还有待健全，需进一步加强常态化、系统化机制建设，持之以恒地抓下去。

总体来看，通过过去三年的持续改进，服务突出问题解决进展明显，服务制度框架构建基本完成，服务管理基础得到夯实，这使得服务工作具备了由解决客户不满意的问题、进行补漏式改进的初级阶段迈向更高阶段的条件和基础。基于当前服务改进的新形势、客户需求的新发展和全行经营管理的新要求，总行决定将 2013 年确立为“服务品质提升年”。总的要求是，以开展“服务品质提升年”主题活动为主线，以中高端客户服务品质建设为重点，切实改进服务态度和自助服务水平，着力提升服务效率，创新金融产品和服务模式，加强客户投诉精细化管理，构建优质服务长效工作机制，全面提升服务品质。总的目标是，打造更多服务“三零”机构，即更多网点实现“零有责投诉”，更多二级分行实现“零超时等候网点”，更多一级分行实现“零服务恶性事件”。

服务具有品质是客户满意的最高阶段，意味着客户的体验由符合期望向超越预期跃升。这对全行服务改进工作提出了更高的标准和更高的要求。要成功实现这种飞跃，必须坚持以下几个方面的基本要求：

一要从中央改进工作作风的政治高度认识和抓好服务品质提升工作。去年底，中央出台了改进工作作风、密切联系群众的八项规定，总行党委相应制定了《关于切实改进总行工作作风　密切联系群众的规定》，对改进工作、转变作风、提升服务提出了明确要求。对全行而言，服务工作是联系客户最直接的桥梁和纽带，改进作风的一项具体行动就是改进服务、提升品质。服务品质不提升，人民就不会满意，改进作风就落了空。要切实按照中央和总行党委的要求，进一步增强服务改进的紧迫感，以作风转变促服务改进，以服务品质的大提升来赢得广大客户和人民的信任和拥护。

二要准确把握服务品质的深刻内涵和外延，全方位构建服务领先优势。服务品质好主要是指对客户需求响应及时、提供的产品具有价值、解决问题专业。这就要求我们必须进一步提升服务效率，确立领先同业的效率优势；必须更加注重产品价值的提升，加快形成市场认可度高、价值内涵优于同业的产品体系；必须着力增强客服人员素质和专业能力，建立一支有客户沟通能力、能读懂客户需求、会解决客户问题、受客户信任的服务队伍。高品质还体现在细节，要高度关注细节，坚持用心服务，用细节打动客户。

三要统筹协调基础金融服务建设和专属服务改进，加快服务资源的整合优化，不断提升对不同客户群体的金融服务。作为一家大银行，需要提高金融服务的可获得性，以促进社会民生进步；作为一个商业组织，必须坚持商业原则，切实服务好作为全行利润支柱的中高端客户。二者相辅相成，不能偏废。要依托服务资源的整合优化和统筹配置，力促不同的客户群体都能各取所需、各得其所。一方面，要增强基础性和普惠性金融服务供给能力，切实改进薄弱环节，为广大客户提供更加高效、快捷、安全的服务。另一方面，要转变单纯强调规模取胜的粗放做法，通过实施差异化服务模式，注重深耕细作，深挖中高端客户的价值，以质取胜。

四要坚持标本兼治，形成服务改进合力。服务品质提升涉及产品、流程、机制、渠道、人员等方方面面，与业务的联系更加紧密、更加深入。没有业务部门的深度参与，不注重标本兼治，品质提升工作难以取得实效。各级行服务牵头管理部门要进一步加强与业务部门的沟通协调，构建与业务部门高度协同的执行机制，紧紧依靠业务部门主观能动性的充分发挥，标本兼治，共同改进，促进服务品质的有效提升。

二、全面加强服务品质建设，着力提升中高端客户服务竞争力

中高端客户是银行利润的主要来源，是银行赖以生存和持续发展的基础，也是同业竞争的焦点和重点。具体到我行，全行14%的个人客户贡献了86%的个人金融资产，“二八”效应非常明显。服务好这部分客户群体对推进全行经营转型，实现有质量有效率的发展至关重要。当前我行对中高端客户的服务，与其需求相比，与先进同业相比，还存在一定的差距。主要表现为：一是对我行的服务满意度较低。去年总行开展的个人客户满意度调查结果显示，我行中高端客户对服务的感知满意度为84.9分，预期满意度为83.9分。这表明当前我行的服务水平虽能满足客户的基本需求，但与其预期相比仍有较大的提升空间。而且，与同业相比，中高端客户对我行服务满意度的评价还不高。二是忠诚度不高。我行51%的中高端客户同时也是他行的中高端客户，五星级以上客户平均持有产品数为5.4个，且多为存款和介质类，理财、基金、账户黄金、账户白银、实物贵金属等交易类产品持有率低。其中，99%的是存款、75%的是灵通卡、59%的是网银、46%的是理财金账户、40%的是电话银行，购买理财、基金、贵金属的则分别仅为25%、21%、14%。这种状况使得我行的高端客户转换到他行的成本低，转换几率大。三是对客户价值深挖不够。有一些中高端客户选择在我行主要办理存取款、代理缴费等便捷型业务，在他行办理理财产品购买、资产管理等高附加值服务。根据居民收入和个人金融资产拥有数量等情况可以推断，全行4亿个人客户中，标注为低星级或在我行留存资产不足5万元的客户群体中，有相当一部分金融资产总量大，但由于未将我行作为其业务主办银行，其大部分金融资产集中在了他行。目前及今后，客户多元选择银行进行资产配置的状况将成为一种常态，中高端客户则会加速流向服务好的银行。董事长在年初工作会上明确要求全行将中高端客户满意度的提高、中高端客户的增加作为检验“服务品质提升年”活动成效的重要标准。各行要切实将中高端客户服务品质建设作为今年工作的重中之重，着力围绕产品、人员、渠道等方面加快构建中高端客户专属服务体系，高效满足中高端客户对更好服务体验和更专业解决方案的需求，切实提升中高端客户服务黏合度和价值贡献度。

（一）实施基于服务需求细分的中高端客户差异化服务模式。依据金融资产多少划分客户层级能有效识别客户，但对中高端客户服务而言，仅仅识别身份还远远不够。因为即使资产规模处于同一层级的客户，其对银行服务的需求往往也具有很大的差异性，不是拥有100万资产的客户都需要频繁办理转账业务，也不是拥有500万资产的客户就都偏好理财业务。根据资产多少识别定位高端客户后，还需要了解评估其具体金融服务需求，并据以采取个性化、有针对性的服务手段和措施。只有这样，才有可能服务好这部分客户群体。要加快信息化银行建设成果在中高端客户服务方面的应用，依托强大的数据基础和深入的数据分析，按照服务需求类型对中高端客户进行细分，并针对每个集群设计和提供方案式的整合服务。如针对偏好非金融增值服务的中高端客户群体，要着力以尊贵专享的非金融服务来深化其与我行的关系。又如，针对投资理财需求旺盛的群体，要注重为其提供专业的理财辅导和咨询服务以及综合的产品解决方案。再如，针对存取款、转账汇款等基础金融业务办理较为频繁的群体，要为其设计整合的多渠道快捷服务方案。

（二）完善中高端客户专属产品体系。中高端客户对产品的量身定制非常看重。要加快推出重点产品线的产品，促进中高端客户专属产品的快速上线，实现中高端客户对产品的个性化定制。要紧密契合客户需求，对不同发行周期、风险属性、定价规则的产品进行连接设计和接续组合，为各类中高端客户提供更具针对性、更有价值和整合度更高的产品捆绑解决方案，提升交叉销售率，提高客户钱包在我行的分配份额。当前尤其要丰富中高端客户专属理财产品种类和投资模式，吸引更多中高端客户在我行办理理财业务。要加快推广综合积分营销系统，构建包括SOS紧急救援、医疗健康管理、综合意外保险等在内的非金融增值服务平台，提高增值服务对中高端客户的渗透率。今年力争财富客户对这些增值服务的知晓率达到100%，使用率由目前的5%提高到30%以上。

（三）打造中高端客户专属服务渠道。在一些贵宾理财中心与财富管理中心，中高端客户与普通客户混杂在一起，以致中高端客户无法被有效识别，少有专人引导，服务体验不好。要加强贵宾理财中心、财富管理中心等的资源配置管理，确保这些网点的服务资源能够高效优先配置到中高端客户服务上来。可积极探索和实施中高端客户集中服务模式，以专门的机构、专门的人员和专门的产品为中高端客户提供专属服务。要加快制定

中高端客户服务标准体系，明确网点识别引导、产品营销、业务处理和关系维护等关键环节的服务内容和质量规范，为中高端客户创造卓越的服务体验。要加快推广中高端客户预约服务制，尽力减少中高端客户到网点单一办理现金业务，引导其更多办理高附加值业务。

（四）强化客户经理对中高端客户的关系维护。刚才浙江分行介绍的中高端客户服务改进工作，一项重要内容就是如何依托客户经理深化客户关系管理。但是当前一些机构简单地将中高端客户价值视为一次产品销售的时点价值，缺乏对客户关系的深入开发和良好维护。数据显示，我行仅有31%的中高端客户享受过客户经理的主动服务。要通过制定客户经理队伍建设长期计划、完善激励政策、竞争上岗、转岗等多种措施，充实客户经理队伍，确保高素质的客户经理队伍配备到位。同时，要加强现有客户经理队伍资源的优化配置，优先保障处于金字塔尖客户群体的“一对一”专属服务。今年客户经理对五星级及以上客户的配备率要提高至100%。要通过考核机制的完善，促使客户经理更加注重对中高端客户的主动服务和跟踪维护，深度拓展银行与客户的业务主办关系。要将中高端客户平均持有产品数、金融资产增长率、交易频率和数量、流失率和服务满意度等纳入到客户经理的关键绩效指标体系，充分调动客户经理维护客户关系的积极性。要加强客户经理专业技能培训，着力增强客户经理在产品组合设计、综合金融服务解决方案提供等方面的专业能力。

（五）尽快发挥网点调整优化课题成果对中高端客户服务能力的提升作用。存量网点调整优化课题是年初总行党委研究确定的九大改革创新课题之一，目前已完成了针对35家分行的分层细化方案，并向总行党委作了汇报，下一步将由课题研究转入管理实施阶段。实施中，各行要注意将课题成果充分运用到中高端客户服务改进上来。要按照总行课题组研究提出的网点绩效提升路径，结合新规划的本行存量网点视图，进一步清晰中高端客户增量拓展、存量客户升级和产品交叉销售的具体目标、实施路线图和考核等内容，配套完善中高端客户服务改进要求，确保中高端客户群体进一步壮大、服务品质进一步提升。新调整的中高端业态网点要在功能分区上向中高端客户服务倾斜，更好地满足中高端客户优先、私密的服务需求。要加快优化网点员工结构，将调整释放的业务处理人员优先配置到客户经理队伍，增强对中高端客户的服务和维护能力。

（六）完善中高端客户服务品质建设工作机制。中高端客户服务改进，不只是个人金融、公司、机构等前台营销部门的事，更不只是服务管理部门的事，与运营管理、产品创新、队伍建设、渠道建设等中后台职能部门紧密相关。要加快建立一套有效的工作机制，促使全行各部门、各条线、各级行拧成一股绳，协同推进中高端客户服务品质建设。

一是建立中高端客户之声调查机制。各级行、各部门要结合“服务品质提升年”活动的开展，利用客户座谈讨论、行内员工访谈、同业服务体验等方式，持续了解中高端客户的产品偏好和服务需求，发现问题和瓶颈，对比分析我行与同业差距，更为有的放矢地改进中高端客户服务。总行这次会上印发的个人客户满意度调查报告重点对各行个人中高端客户满意度状况、与同业的比较情况进行了分析，并提出了改进建议。各行回去后要认真研究和抓好整改落实。

二是强化中高端客户满意度建设的考核引导。总行个人金融、电子银行、银行卡、公司与机构等相关部门要按照全行工作会议精神，将中高端客户服务品质提升作为关键绩效考核指标纳入本专业考核体系，引导本专业条线深入实施优质客户扩展工程、加快改进中高端客户服务。要在考核中高端客户数量增长及同业占比的同时，注意加强在我行为低星级、但为他行VIP的存量客户向高星级迁徙的考核，促使各行在做好新客户拓展的同时深入做好存量客户的价值挖掘工作。2013年度总行服务质量考核将作相应调整，专项设立中高端客户满意度考核维度，重点考核对中高端客户的服务效率、投诉管理以及服务满意度等情况。各级行要对服务质量考核办法进行相应调整。

三是健全网点中高端客户服务质控体系。要综合运用现场检查、远程监控等方式，强化对中高端客户服务质量的督导。要依托已经建立的网点联网监控平台，实时监测辖内网点中高端客户分区服务情况。总行将适时组织开展一次专门针对贵宾理财中心、财富管理中心的专项检查，进一步推动中高端客户专属服务标准体系的落地运营。

三、加强服务接触界面友好性建设，切实提升客户满意度

一线员工和自助机具是客户接受服务、完成交易的两个重要接触界面。从北京分行去年开展的服务态度提升专项活动的成功实践看，服务态度好了，口碑就会好，竞争力也会更强。这些年电话银行中心作为一个重要的接触界面，其接通率的不断提升、座席应答水平的不断提高，不仅提升了电话银行的服务满意度，吸引了更多客户使用电话银行，而且加快了全行的经营转型。这些都表明，接触界面的友好性对客户满意度提升乃至全行可持续发展具有十分重要的意义。但是，一些员工待客不友好、自助服务应用不顺畅等问题还不少。2012年这两个方面的客户投诉和意见占全行投诉意见的比例高达25%。各级行要从完善机制、加强规范、强化管理等方面入手，持续提升员工服务态度，不断改进自助服务水平，为客户提供更加卓越的人际互动和人机互动体验。

（一）构筑员工自发主动热诚服务的机制保障。广

大一线员工服务主流是好的，但由于一些机制还有不完善之处、一些管理还不到位，在一定程度上削弱了部分一线员工规范服务、用心服务的积极性和主动性，甚至导致了服务态度"冷""硬"等问题的发生。要从员工最切身的利益、最不满意的地方入手，着力改善制度和机制方面存在的问题，让员工发自内心地为客户服务。

一是完善一线员工绩效考核体系。不同的岗位履行不同的职责。要加快调整柜员和大堂经理业绩考核指标，将柜员考核重点调整到业务量、服务质量、投诉量、客户识别与转推介上来，将大堂经理的考核重点放到识别引导、业务咨询、大堂管理与客户转推介，充分调动柜员和大堂经理改进服务的积极性。要完善业务分流考核机制，把业务分流作为网点主要的考核依据，但不宜将分流指标层层分解到柜员，避免强制分流或生硬分流引发不良后果。

二是提高网点服务管理人性化水平。要完善一线员工差错扣罚制度，防止"重罚轻管"、"以罚代管"，注重教育和引导，保护一线人员的服务积极性。要建立公开透明的网点先进评选机制，督导网点按照民主推荐、群众评判等程序进行公平评选。要探索设立"终身奉献奖"，表彰那些长期扎根一线服务并做出突出业绩的员工，提高一线服务的荣誉感和自豪感。

（二）提高一线员工服务规范化水平。服务规范化有利于避免因用语不规范、操作不标准给客户造成的误解和矛盾，减少投诉和纠纷的发生。银监会今年将组织制定银行业标准服务用语和服务流程，并在部分商业银行进行试点。各级行要积极参与试点工作，并以此为契机加快制定常见服务场景标准应答话术，强化服务规范的学习培训，切实提升一线员工服务规范化水平。要推行总行级千佳服务标兵挂牌上岗制，充分发挥千佳服务标兵的示范和带动作用。要明确客户服务的"雷区"和"高压线"，用成典、出重拳，严惩个别员工和机构的恶劣服务行为和事件，力争更多分行实现"零恶性服务事件"目标。

（三）实施自助服务专项治理工程。目前电子渠道办理的业务量已经占到全行业务量的75%。提升电子渠道的友好性，对增强客户满意度、推进服务方式转变至关重要。

各专业部门要按照自助机具管理职责分工，组织本专业条线深入实施自助服务专项治理工程，切实提升各类自助机具的可用性、易用性和安全性，吸引更多客户、更多业务转向自助服务渠道。要开展自助机具运营大检查，落实整改措施，从制度、系统、机制等方面进行整改。要加强自助机具运营维护和退出管理，确保自助机具正常运行率提高到98%以上。要多方听取客户心声，持续做好自助服务细节改进。要加强网点自助机具的统一配备管理，力争一家分行内新投入的自助机具名称一致、一家网点新配备的同一功能设备型号一致，为客户提供统一的自助服务体验。

各级行服务管理部门要重点督导健全本辖自助服务故障应急处理机制，进一步落实吞卡、卡钞等自助服务故障处理流程，确保服务故障得到及时妥善处理。要将流程运转、限时制落实等纳入服务监督检查内容，通过流程穿越、客户回访等，检验评估应急处理机制的有效性。要加强对自助服务满意度的调查分析，全面评价网上银行、手机银行、ATM、自助终端等自助渠道的客户满意度，促进自助服务满意度的提升。各级服务管理部门负责人近期要到辖内网点亲身体验一次吞卡、卡钞等自助服务突发事件的应急处置机制，并向总行提出具体的改进建议。

四、继续坚持标本兼治，进一步提高服务效率

通过这几年各级行、各部门的合力攻坚、标本兼治，全行服务效率提升取得了显著进展，排长队现象有了明显好转，但这一任务没有根本完成。一方面，"1030"目标实现的基础还不牢固，稳定性较差，业务高峰期或客流量大时排长队问题仍然较为严重。在今年第一季度营销旺季，全行客户排队等候时间就出现了小幅反弹，超时等候客户占比也有所上升。而且，这一目标本身还只是客户能够容忍的心理底线，与同业相比，等候时间还是偏长，客户对我行排长队的印象也未发生根本改观。另一方面，排长队问题解决进展很不均衡。个别战略区域和一些重点网点排长队问题解决进展比较滞后，而且全行中高端客户排队等候时间超过10分钟的占比还高达30%。这些问题的存在使得服务效率短板的影响更为突出。调查显示，目前效率仍是影响全行客户满意度的最重要指标，排队时间每压缩5分钟，客户满意度就会相应提升5.8个百分点。因此，全行不仅不能满足于眼前的成绩，更不能有差不多、缓一缓的想法。相反，应趁热打铁，抓得更实。要继续实施标本兼治策略，进一步攻坚克难，确保到年底85%以上的中高端客户排队时间控制在10分钟以内，95%以上的普通客户排队时间控制在30分钟以内，并加快向"1020"这一更高目标迈进。

（一）推动流程改造、渠道优化、业务分流等工程对排长队问题解决效应的更好发挥。山东分行去年以来服务效率提升取得良好效果的关键就是抓流程改造、渠道优化以及业务分流等工程的配套实施。今年关于这些工程的实施要求和工作措施，总行已陆续召开专业会议作了布置。各级行服务管理部门要紧密跟踪，及时反馈，协助相关部门更为有效地推进这些工程。当前尤其要注意抓好相关工作的配套落实。

一是督导新业务流程在网点的落地执行。实践表明，员工对流程或产品的熟悉程度直接影响服务效率和服务效果。我们花费很大力气进行了流程优化，但基层

员工对流程优化带来的变化体会还不深，执行的效果在各行间、各网点间差距较大。如同一流程下办理最快和办理最慢的员工之间时长相差数倍。又如，同样的产品对需求一致客户的营销，不同分行、不同网点、不同人员之间的差异也非常大。全行一定要将流程落地作为一项基础性的工作抓实。各行要组织编写辖内柜面实时处理业务量最多的前 10 项业务流程指南，用图示和清单方式呈现关键交易的操作要领，警示常见错误做法，确保新流程操作准确高效。要组织开展形式多样的新流程应用竞赛活动，增强一线人员熟练使用新流程的能力。要结合流程改造，尽快启动柜员工位标准化改造工程，建立科学规范的柜员工位设计管理标准，减少柜员操作中的无效动作，提升流程处理效率。

二是促进客户向离柜和离行转变。现在的业务分流主要以自助机具为主，真正的“离行”分流还不够。今后要将工作重点从离柜转向离行，尽量多地运用网银及移动金融支付工具，把各类服务渠道资源利用得更好。要进一步丰富网上银行、电话银行、手机银行等的产品应用功能，实现更多金融产品和服务的线上发展，促进客户金融交易方式由“在行”向“离行”的转变。要通过强化大堂经理分流引导和现场管理职能，促进网点业务的离柜化。今年总行将制定《大堂服务管理规定》，各行要以此为契机，积极探索大堂经理统一管理模式，将大堂经理的选拔与管理权限上收至二级分行，强化大堂经理队伍建设特别是履职能力建设。

三是协助推进存量网点优化。今年总行渠道建设的重点转向存量网点的优化。各级行服务管理部门要积极参与其中，依托排队管理系统准确掌握辖内网点服务运营、客户规模、业务办理、发展潜力等情况，向有关部门提出网点经营定位、业务分区、人力资源、岗位设置以及机具配备等方面的优化建议。要将辖内服务承载能力严重不足、排队现象突出的网点纳入第一批优化名单，加快提升这些网点的承载能力，从根本上促进排长队问题的解决。

（二）切实解决“忙闲不均”问题，提升网点服务效能。当前网点之间忙闲不均与同一网点不同时间段忙闲不均问题是网均产能提升的突出障碍，也制约了全行排队等候时间的压降。据统计，去年全行人日均业务量低于 50 笔的网点超过 1 000 家，约有 43% 的网点在养老金发放这一高峰期单个柜员日均服务客户数超过其他时段服务客户数 3 倍以上。董事长曾多次讲到网点业务量不足与排长队并存这一结构性问题。大连分行去年推行的服务效能提升项目的核心是在找准网点经营定位的基础上对不同类型的网点进行标准化管理和资源配置，以解决网点之间资源配置过剩与配备不足这一矛盾。目前总行正在组织制定网点标准化实施方案。各行可按照分步实施的原则，先行探索推进柜员标准化管理。要利用 MOVA 系统计算和确定柜员标准业务量，根据网点的经营业态、所服务的客户规模、所办理的业务量对各网点柜员岗位进行定编，并按标准在全辖进行柜员配备和调剂。要全面实施弹性窗口制，促使柜员忙时上柜与闲时营销这一忙闲转换的机制化开展。要尝试组建业务应急小分队，通过紧急支援的形式帮助网点应对业务高峰。

（三）积极探索网点团队服务营销模式，实现窗口服务效率提升与产品营销效果增强的双赢。一些柜员在等候客户较多的情况下仍长时间营销客户，加剧了客户排长队，引发了客户投诉，也影响了营销效果。要积极探索网点团队服务模式，组织辖内有条件的网点探索组建以客户经理为核心，大堂经理、高柜柜员以及低柜柜员联动配合的服务工作团队，变“全员营销”为“各负其责、高低联动、内外联动、团队营销、团队激励”的联动服务营销模式。该模式的精髓在于，让专业的人做专业的事，按团队分配营销任务，按链条来服务客户。在该模式下，柜员主要负责业务处理和客户转推介，在等候客户较少时可进行适度简单营销，大堂经理负责做好大堂服务管理、引导分流和识别转推介。重点是要明确网点高低柜柜员、大堂经理、客户经理等的服务营销职责、联动要求、考核重点，促进各岗位的无缝连接，达到既提升窗口服务效率，又增强营销效果的目的。

（四）加强排长队问题的监测分析和督导推动。今年 9 月底前总行将投产新的排队管理系统应用版本。新版本投产后，将实现排队管理系统与 NOVA 系统的逻辑互联，具备预约叫号和跨网点分流等功能。各行要深化排队管理系统运用，进一步强化对排长队问题的监测分析、实时干预和介入解决。要继续实施重点网点挂牌督导制，通过总分行和支行的三级联动，尽快使重点区域和重点网点排长队问题有一个明显的好转。要开展“零超时等候网点”二级分行创建活动，力争通过一年时间的努力使更多二级分行实现辖内无超时等候网点的目标。要建立网点结对帮扶制度，以交流学习、对口支援和管理帮扶的方式，促进高效网点先进做法和成熟经验向低效网点的输送，实现网点服务效率的全面提升。

五、加强客户投诉管理体制和处理机制建设，促进客户投诉精细化管理

这几年全行投诉总量由一年 4 万起降到 1 万起再降到去年的 7 000 起以内，今年第一季度又压降到了 1 000 起以内，成绩巨大。但从以客户为中心的角度看，当前投诉总量依然过高，尤其是监管部门转来的客户投诉还比较多。而且，目前的投诉量还不是全口径的，如果将客服系统中具有明确诉求的意见或建议计算在内，投诉量会增加许多。今年，要力争在全面统计各渠道客户投诉的基础上，将投诉总量进一步压降到 5 000 件以内，重复投诉控制在 50 件以内，规定时限内的投诉办

结率提高到98%以上，客户对投诉处理的满意率提高到98%以上。

（一）狠抓客户投诉总量压降。对我们这样一家拥有4亿个人客户、400多万对公客户、日均办理2亿笔业务的大行来说，将全行客户投诉量压降到5 000件以内是一个较高的目标，尤其是在客户金融维权意识不断增强、我行产品和服务品种日益丰富以及业务量持续扩大的情况下，完成起来的难度确实比较大。但这并不是一个不可能完成的任务，只要我们继续坚持去年以来在有效压降共性问题、集中整改批量问题、重点治理突出问题等方面推出的一系列行之有效的措施，并不断创新机制和方法，就一定能够实现这个目标。去年总行部署了对客户反映的十大突出问题的解决任务和具体措施。各部门、各分行要认真贯彻落实，继续深入开展十大突出问题专项治理工程，确保到今年6月底十大问题的投诉意见和建议类工单较2012年10月末下降1/3，到年底再有一个明显的下降。要继续梳理辖内引发客户集中投诉的问题，建立重点问题台账管理制度，前移关口，提前介入，有效解决。要注重投诉的源头治理，既分批分类地解决好制度流程、政策规定、产品设计存在的不合理问题，又注意提高员工服务意识、业务素质和投诉处理技巧，多管齐下，多措并举，确保实现压降目标。

（二）高度重视和切实做好涉及消费者权益的投诉处理工作。当前我行个别分支机构片面夸大收益、忽视风险提示甚至欺诈销售等侵害消费者权益的事件时有发生，由此引发的投诉还比较多。今年第一季度，仅总行监测发现的有关不良征信记录、保险满期收益率低于预期、理财产品诱导销售等方面的舆情事件就高达91件，较去年同期上升69%。最新的国家《征信业管理条例》要求银行报送不良信息前应履行告知客户本人义务，这是一个非常大的变化，如果我行的工作不到位，随着这一条例的实施，难免会形成客户征信异议和投诉激增。同时，前几年集中销售的一批分红型和两全型保险产品将在年内陆续满期，金额总计250亿元左右，涉及上百万客户，由于大部分产品的收益明显低于预期，也可能会引发较多的客户投诉。这些关乎客户切身权益的投诉事件一旦处理不当，容易产生连锁反应，成为行业甚至社会话题。形势十分严峻，各级行必须高度重视并妥善处理。要严格按照《征信业管理条例》确定的处理流程和时限标准，尽快主动清理因“假按揭”、“被办卡”等给客户造成的不良征信记录，消除投诉隐患。要积极协助保险公司做好相关保险产品的满期给付工作，督导其严格按照与我行商定的应急预案，加强应急处置，避免大规模客户投诉。要认真落实银监会理财业务销售监管要求，加强对理财产品销售环节的风险控制，规范营销行为，确保合规销售。要从保护消费者权益角度，对信用卡、代理保险、投资理财等业务领域的规章制度、操作流程、文本协议等进行审核和规范，对一些客户意见和舆情反映较为集中的产品与服务进行及时改进。要指导营业机构坚持举一反三，透过投诉个案对辖内涉及客户切身利益的类似问题进行全面排查和整改，防止同类投诉反复发生，从源头杜绝负面舆情事件。

（三）完善客户投诉管理办法。总行修订后的客户投诉管理办法正在全行征求意见，将很快正式印发，各分行要据此制定相应的实施细则，确保办法的落地执行。要明确辖内相关部门的职责分工，强化各专业部门对涉及本专业投诉的处理和管理职责。要协调督导各专业部门制定一套快捷、规范、透明的应诉机制，指定投诉处理具体联系人，依托各条线处理客户投诉的专业性，提高客户对投诉处理的满意率。要实施全口径投诉监测分析，将客户通过“95588”、信用卡客服电话、网络、信访等渠道进行的投诉全部纳入监测范围，更为全面准确地掌握辖内客户投诉情况。要依据投诉事件的性质、责任归属，对客户投诉进行多维统计和分级处理，切实做到“谁的责任，谁来负责；谁的权限，谁来处理”。要把解决客户诉求作为服务改进的重要动力，研究客户关切的问题，找出客户共同的合理诉求，持续检讨和纠改自身问题。

（四）提升投诉处理效率和质量。要通过完善投诉管理平台的流转处理和跟踪督导功能，进一步提升客户投诉处理效率和质量。一是完善工单自动提醒和升级处理功能，对超出规定处理时限的工单由系统自动拽回，改由上级管辖行进行直接处理，切实提高规定时限内的投诉办结率。二是完善系统对工单处理真实性和客观性的监督功能，促使各级行及时妥善解决好客户诉求。三是完善系统对投诉处理结果的跟踪反馈功能，实行客户回访制度，抽查部分客户对投诉处理结果的满意程度。四是增加系统报表统计功能，实现对投诉工作的逐日跟踪、逐月分析通报、逐季度考核。

六、强化服务管理，推动全行服务品质持续提升

要通过完善服务管理工作机制、深化运用服务管理平台、狠抓各项制度落地执行，加快构建全行服务品质提升的长效机制。

（一）建立健全服务委员会工作机制。上海分行探索实践的服务工作委员会模式，在加强服务工作的协商联动和协同一致方面取得了良好的效果。各级行要推广这一模式，尽快成立服务工作委员会，由行领导任主任，与客户服务密切相关的办公室、消费者权益保护办公室、个人金融、电子银行、银行卡、运行管理、信息科技等部门参加。要对委员会的工作内容和议事规则进行规范，确保委员会发挥作用。各级行服务工作委员会要定期碰头研究服务工作，协调解决服务问题。要组织成员部门定期深入到辖内服务问题多、客户意见大的网点进行现场办公，帮助重点网点切实改进服务。要坚持

“两个一”，即一级分行每个季度、二级分行每个月至少召开一次由委员会相关成员部门参加的客户投诉分析会，至少到辖内一家网点进行服务工作的现场帮扶。要通过委员会工作的制度化和规范化，推动各专业、各机构服务改进工作的常态化。

（二）深化“五个系统”的运用。对服务管理部门来说，信息化银行建设的一项重要内容是依托信息技术提高服务工作的精确制导能力。近年来总行着力建设了排队管理系统、投诉管理系统、满意度评价系统、网点服务营销管理系统以及网点远程监控联网系统等“五个系统”，这是各级行抓好服务工作的重要技术支撑。今年总行将根据系统运行情况和各行使用过程中提出的改进建议，进一步从后台运营、参数设计、系统功能等方面对各系统进行完善。有关工作在办公室印发的工作要点上已作了详细安排。各行要将运用好系统作为服务管理部门履职建设的一项重点工作来抓。要通过建立一套成熟的机制来明确系统使用要求，推进系统运用的常态化和标准化，推动服务改进工作的不断加强。要强化“五个系统”的关联运用，依托联动监测分析，有效督导基层行改进服务，辅助行领导进行服务决策。要继续按季度向总行报送排队和投诉分析报告。这里重点强调一下远程监控联网系统的应用问题。目前全行已有18家分行搭建起了这一系统。河北分行的实践表明，这一系统运用好了能对网点的服务质量起到很好的监督和促进作用。天津、四川、河南等分行在这方面也进行了尝试和探索。但大部分行还只是把这一系统视为安全监控平台，相应的服务管理应用机制还不完善，致使其对服务改进的作用还未充分发挥出来。要重视这一系统的应用，加快建立起有效的网点服务远程监控工作机制，明确监控人员、监控频率以及问题整改的责任主体等方面的要求，依托综合监控联网平台，实现对网点柜口、营业大堂、自助设备等服务运营的有效监控和改进。

（三）强化网点负责人对服务管理的有效和充分履职。网点负责人的服务管理能力是决定网点服务水平的关键因素，诸如服务态度差、投诉多等问题以及一些恶性服务事件的发生，都与网点负责人管理不到位有关。目前部分网点负责人抓服务的经验和技能积累得相对不够。各级行要将服务管理的重点放到抓网点负责人的履职能力建设上来，注重通过教方法、勤督导、严问责，促使网点负责人履行好网点服务工作第一人的职责。要在加强网点负责人服务管理能力培训的同时，进一步完善网点负责人抓服务工作的机制建设，通过实行服务管理工作的表格化和定量化，促进网点负责人重视和持续抓网点服务改进工作。要将网点服务水平纳入到网点负责人管理能力评价体系，严格服务事故问责机制。要深入发掘总结辖内网点负责人在服务管理履职、解决网点服务问题、创新改进服务工作等方面的好做法和好经验，积极推介给全辖借鉴参考。

（四）狠抓服务规范和制度的落地执行。总行用三年时间基本建立了一套适合现代金融服务要求的制度体系，累计修订或制订了包括服务标准、监督检查、考核评价等在内的25项制度。要抓好各项服务制度的培训学习和落地实施，切实发挥服务制度体系对服务工作的促进效应。要制定落实方案，做好任务细化和分解，落实到责任单位和具体责任人。要科学量化制度执行成效的检验标准，完善制度执行情况监督检查工作体系，对照方案进行成效验收。总行有关职能部门要加强督促检查，各级行内控合规部门要将服务制度执行情况纳入内控评价体系。

（五）加强同业优质服务跟踪研究和比较分析。服务无止境，比较出高下。要高度重视对同业先进服务经验、成熟服务做法的跟踪研究和借鉴运用，取人之长，补己之短，不断超越。要建立同业服务体验机制，经常组织干部员工到同业进行实地体验。要加强对同业服务的比较研究，从今年起一级分行服务管理部门负责人至少每半年须向总行提交一篇辖内同业服务的体验分析报告。

（六）强化服务典型的选树和宣传表彰。要加强服务先进和行业标杆的打造，积极参与银行业2013年度百佳文明规范服务示范网点创建评选活动，争取获评网点数量领先当地同业。要继续开展“千名记者进工行、百图万文评服务”主题宣传活动，为“服务品质提升年”活动营造良好的舆论氛围。要结合工商银行成立30周年系列纪念活动的开展，在当地主流媒体开设“30年服务成就巡礼”专栏，总结回顾工商银行的服务成就，发掘宣传服务改进实践中的感人事迹、动人场景和精彩片段，凝聚正能量，塑造好形象，传播好口碑。

当前服务改进工作进入到了品质提升的新阶段。面对艰巨繁重的任务，全行要保持奋发有为的精神状态，加快转变工作作风，更加脚踏实地，更加开拓创新，更加齐心协力，努力开创服务改进新局面。

在中国工商银行
服务工作推动会上的总结讲话

易会满

（2013 年 4 月 25 日·根据录音整理）

连续四年的服务工作会议，每一次都突出一个主题，都开得非常紧凑，各分行都作了很好的准备。这次会议的一个特点是总行有 14 个部门参会，这表明总行部室对服务工作的重视和投入。服务工作如没有大家的共同努力是抓不好的。上午对 2013 年的服务工作进行了安排，有 6 个分行作了专题介绍，下午十几个分行进行了交流，刚才几位主任和总经理也谈得非常好，我都赞同。下面，我讲几点意见。

一、要充分看到近年来服务持续改进所取得的成绩，进一步增强抓好服务工作的信心

服务工作是一项系统工程，也是一项没有终点的长期工程。实际上，从我们进入银行那一天起，无论在什么岗位，都能感觉到服务工作是贯穿始终的，只有持续推动才能见到效果。通过近年的持续实践，全行上下对服务的认识是一致的，对服务工作是重视的，也在工作中探索并制定了很多办法，总结了很多经验，效果非常好。

第一，全行对服务工作的规律有了更深一层的理解和认识。如服务改进重在创新，服务改进重在整体协同，服务改进重在细节，服务改进重在标本兼治，服务改进重在以人为本，等等。在去年的服务工作推动会上，我们分享了服务工作的五条规律。这些都是我们以客户为中心、在抓服务的实践过程中总结出来的。

第二，加大了服务资源投入。近年来，总行党委审时度势，进一步加大了对服务基础设施的投入，既有网点建设、自助设备的布放，也包括大堂经理、客户经理等服务队伍的建设。与几年前相比，个人金融、公司业务、机构金融等方方面面的服务都发生了根本性变化，这与我们加大投入密不可分。

第三，实现了服务由软任务向硬指标的转化。由软任务到硬指标的转变，符合董事长提出的信息化银行建设的大思路。依托数据支撑、数字呈现与量化考核，变软要求为硬管理，实现了传统意义上服务管理由“软”到“硬”的质变。特别是五个系统的建立和运用发挥了很好的作用。现在服务考核中 90% 的指标是有数据支撑可量化的，如排队等候时间、客户投诉、窗口开工率、每一个客户持有工商银行的产品数等，基本可以反映真实状况。软任务与硬指标的很好结合，促进了考核杠杆作用的有效发挥。

第四，治理了服务突出问题。重点体现在无序排长队与投诉多的整治上。客户多导致排队是一个“快乐的负担”，没有客户才是痛苦。这几年持续抓、着重抓排长队治理，效果还是明显的。现在除了代发养老金这一特殊时间段，总体上排队时间客户还是能承受的。到今年第一季度末，全行平均排队时间已控制在 13 分钟以内。通过持续努力，我行服务意识、服务环境、服务效率、整合流程、客户经理与大堂经理建设、分层分区服务、信息技术支撑等都发生了巨大的变化，取得了突出的成果。所以只要坚持不懈，抓好战略层面的推动部署和细节落实的丝丝入扣，可以持续见效，最终形成对客户高品质的服务。工作中建立起来的信心会助推我们的服务改进不断前行。

二、要紧密围绕全行中心工作提升服务品质

一要紧密围绕全行的改革发展理念提升服务品质。今年是服务品质提升年，服务品质关系到我们工商银行的竞争力，关系到全行经营结构的调整和转型。实际上，一个行的服务品质既是经营品质的综合反映，更是一种理念，体现了一个行的发展观。可以说，我们的经营理念就是我们的服务理念。以客户为中心、以效率为中心、以品牌建设为中心的一系列观点，都是我们具体的服务理念。因此，抓服务不能就服务论服务，而是要紧密围绕全行的中心工作，充分发挥全行的合力。事实上，这些年的服务工作都是围绕全行中心工作一以贯之开展的，一年一个台阶，不断取得重点突破。具体到今年的中心工作来讲，普惠金融服务要做好，但更要做好中高端客户的服务。如果连五千万中高端客户都服务不好，工商银行是没有未来的。

二要紧密围绕各项重点工程的实施提升服务品质。抓流程优化、抓业务分流、抓运营标准化等工作，都体

现了银行经营模式转变的基本方面和基本规律。这些措施的推动有利于提升服务品质，是治本的工作举措。我们要善于认识和把握各项重点工作的内在规律。比如对治理排长队问题，某种意义上，到银行排队是一种客户成本，尤其在客户规模持续扩大和服务需求日益多元的背景下，完全不排队并不现实。我在分行的时候做过一个模型测算，当时有超过30%的个人客户给银行带来的是负利润。也就是说，不能给银行带来贡献，甚至是负贡献。客户排队是对银行成本的对冲，正如不能根据春运客流量来决定交通基础设施投入一样。排队时间固然不能延长，但也不是越短越好。20分钟是心理学上排队的极限时间，超过20分钟会带来很多抱怨，对一个品牌的影响是很大的。具体到排长队的治理，关键要看哪些人在排队，中高端客户排长队显然是有问题的。现在中高端客户、低端客户在部分网点混在一起，不能得到很好地区分，正是我们重点要解决的问题。相对于普通客户，中高端客户多到银行能带来更多的价值创造。对业务分流也同样，要紧密结合各项重点工程的实施，有分析、有策略、有计划地推进柜面业务结构的调整，尽可能减少低效业务对柜面资源的占用。现阶段，要坚定不移地做好业务分流，但不能搞“一刀切”，不能简单化，更不能把总行的要求和指标层层下到柜员。

三要紧密围绕客户体验的改善和金融消费者权益的保护提升服务品质。对于投诉处理，个别人员换位思考的意识不强，一些管理者还是站在以我为中心的角度来对待客户投诉。这需要从根本上改变，切实规范职业操守和服务行为。如个人跨行汇款不成功银行也要收费，就缺乏对具体情况的分析，导致客户不理解、有意见，乃至由投诉转为诉讼，小事变成大事，得不偿失。据统计，全行跨行汇款不成功笔数占全部跨行汇款业务量的2.5%，其中非客户原因的占40%。也就是说，全部跨行汇款不成功的业务办理中，有1%是非客户原因造成的，这部分业务全行一年可以收取手续费630万元，但分布在282万笔业务中，涉及的客户可能以百万计。非客户原因造成汇款不成功仍要收取手续费，客户肯定有意见。最近，就出现了一个客户与我们打官司的案例。官司打下来的成本多大？对我们的声誉影响多大？恐怕远远超过所收取的那部分钱，需引起我们深思。

因此，服务工作始终要围绕着全行的中心工作、经营理念、经营战略来考虑，围绕全行效益、客户结构的调整以及品牌的建设来促进可持续发展。唯有站在这个高度来统筹服务工作，才能使我们的服务改进成为有源之水和有本之木。

三、要在巩固现有改进成果的基础上，每年确定并解决服务中的几个关键问题

前四年我们主要是解决了排长队、客户投诉、基础设施建设等方面的欠债。作为一家年盈利2 000多亿元人民币、市值2 000多亿美元、全球最大的商业银行，不让客户排长队，不出现恶性服务事件，对客户的态度不能冷、不能硬，是我们应该而且必须要做到的。但绝不能够满足于这些，要在巩固现有成果的基础上，进一步确立新的服务改进目标，每年解决几个关键问题。今年总行关注的重点工作已经明确，包括中高端客户服务能力提升、服务界面友好性建设、长效工作机制形成等。每一个分行都要有责任意识，都要结合自身的具体情况确定几项关键性工作，因地制宜施策，因势利导推进，持续抓好服务改进。通过每一年解决几个关键问题，步步为营地推动全行客户体验和服务口碑的不断改善。

四、要以作风转变促服务改进，认真抓好各项工作措施的落地执行

抓经营也好、抓服务也好，关键都在于作风的转变。尤其是服务，既有大的战略，又有细节，牵涉面很广，难度又大，需要发挥整体功能，需要有人来牵头，更要有责任意识和好的作风。至于刚才大家谈到的服务工作委员会的主任由行长兼还是副行长兼不是主要的，关键是各级行党委要重视。如何根据党委的要求完成好各位分管行长的服务工作任务，作风建设和作风转变是很重要的基础。

现在服务工作不缺思想、不缺手段，缺的是作风和具体的细节、技巧，因为全行的认识已越来越清楚，关键是怎么抓、怎么落实。从我自身的体会看，服务工作做下去其乐无穷，对学习业务、提升综合能力很有帮助。服务办是个很好的平台，只要认真学习、深入钻研，定有收获、定有成长。同时建议一些新分管服务的行领导，可以把前三年总行关于服务工作的总体部署再看一看，这项工作是有整体性和系统性的，在温故知新中实现传承与发展。

在当前复杂的经济形势下，全行经营压力非常大。在这个时候我们更要练好内功，把应该做的工作做好，把工商银行的服务品牌建设好，把全行服务工作提高到一个新的水平，以此促进经营目标的顺利完成和经营转型的圆满实现。

在当前重点工作推进会上的讲话

易会满

（2013 年 6 月 8 日）

今天的会议非常重要。刚才听了各家参会分行的汇报，掌握到更多的贷款质量情况。之前，我去风险管理部、信贷管理部也就这一问题进行了调研。总体上看，全行控制信贷风险、稳定资产质量的压力很大，进一步验证了总行的基本判断。下面，我重点就这个问题，以及当前经营中需要关注的存款和信贷市场两个问题，谈几点意见。

一、认清当前信贷风险防控形势，坚决遏制不良贷款反弹势头

金融危机以来，世界经济持续低迷，我们将长期面临严峻复杂的外部经济形势。今年以来，我国经济总体运行平稳，但稳中有忧，经济回升的动能仍显不足，不平衡、不稳定因素较多，从 5 月的一些经济先行指标看，如小企业新订单和生产指数均低于 50% 的临界值。特别是经济增长下行压力和产能相对过剩的矛盾突出，一些行业和企业的发展困难增加，银行信贷风险增大。尽管目前银行业整体不良率还较低，但拐点已经出现。从我行情况看，今年以来，信贷资产质量劣变趋势仍没有好转迹象，而且还有进一步扩大和蔓延的风险。主要表现在：

一是不良贷款反弹趋势明显。不良贷款由去年末余额上升、占比下降的“一升一降”转变为余额、占比“双上升”。第一季度末，集团不良贷款余额达 802 亿元，较年初增加 56 亿元；不良率 0.87%，较年初上升 0.02 个百分点。5 月末，不良贷款余额预计达 882 亿元、不良率 0.94%，分别较年初上升 136 亿元和 0.09 个百分点。

二是不良贷款反弹地区进一步扩大。5 月末，各一级（直属）分行中有 28 家分行不良贷款较年初上升，反弹面超过了去年不良贷款反弹最多的 11 月（23 家上升）。今天参会的 10 家分行 5 月末不良贷款余额合计上升 132 亿元，占到全部新增不良贷款的 92%。

三是小企业贷款尤其是小企业钢贸贷款、个人经营贷款不良余额上升较快。5 月末，小企业贷款余额 7 842 亿元，不良额 206.9 亿元，不良率 2.64%，不良额、占比分别较年初上升 91.7 亿元和 0.6 个百分点。其中小企业钢贸贷款余额 429 亿元，不良额 55.4 亿元，不良率 12.9%，不良余额、占比分别较年初上升 39.8 亿元和 9.9 个百分点。个人经营贷款余额 1 898 亿元，其中不良额 43.4 亿元，不良率 2.29%，不良额、占比分别较年初上升 22.7 亿元和 1.15 个百分点。

四是贷款劣变速度增加。前 5 个月，正常关注类贷款累计劣变 374 亿元，同比增加 125 亿元，增幅 50%。与同业相比，前 4 个月（目前掌握的同业最新数据是 4 月数据）我行贷款劣变额 298 亿元，是中行（113 亿元）的 2.6 倍、建行（121 亿元）的 2.5 倍、农行（124 亿元）的 2.4 倍。

五是逾期贷款与不良贷款的“剪刀差”较大。2012 年末，逾期贷款与不良贷款余额的剪刀差达 511 亿元；到今年 4 月末，剪刀差进一步扩大到 514 亿元。尽管 5 月末，剪刀差预计降至 460 亿元（其中法人约 65 亿元，个人约 350 亿元，卡透支约 45 亿元），但总量依然不小。根据近十年数据分析，逾期三期、二期、一期及延期待扣个人贷款中分别有 66%、43%、21%、10% 的账户劣变为不良贷款；根据内评模型预测，61% 的逾期三期贷款未来一年内将会劣变为不良贷款。逾期贷款与不良贷款剪刀差中的潜在风险不容忽视。

六是不良贷款增速高于同业。4 月末，除农行不良贷款余额较年初单升外，我行、中行、建行、交行不良额、不良率都是双上升。其中，我行境内不良贷款余额新增最多，增加 117 亿元，增幅 16.2%，高于建行（43 亿元、5.9%）、中行（23 亿元、3.5%）、农行（8 亿元、1%）。

我们要清醒认识当前信贷风险防控形势，把控制信贷风险、稳定资产质量作为当前信贷工作的重中之重来抓。6 月末，全行不良贷款余额要控制在 821 亿元以内，较年初增加额控制在 75 亿元以内，逾期贷款余额要大幅度低于年初水平。实现这个目标，在座分行尤为关键，你们贷款质量控制得好坏，直接关系全行经营大局，进而关系我行在资本市场的形象。希望大家全力以赴，力争将 6 月末不良贷款额控制在 3 月末的水平。

（一）落实稳定贷款质量的长效机制。要坚持“内紧外松”原则，进一步端正认识、明确目标、采取措施、落实责任，确保思想、组织、机制、人员“四到位”，不断建立健全稳定资产质量的长效机制。特别是

不良贷款新增相对较多的长三角和东南沿海地区，要尽快确定辖内不良贷款控制的重点机构、重点目标、重点渠道，拿出清收处置的具体计划，组建专门团队，专职负责不良贷款管理和处置工作。对已经形成不良的贷款，逐户制定清收处置方案和时间表，对不良贷款大户落实行领导挂帅清收制度；对可能劣变的贷款，要采取措施尽快退出，对其中超过1 000万元的大户，由一级（直属）分行行长亲自负责，逐户研究风险化解方案，并督导落实。对现有的亿元以上的贷款大户，各行主要领导要定期会诊，提前预警，保持对贷款大户信贷资产质量控制的主动权。

（二）加强贷款质量分类管理。一是严格执行贷款质量分类管理办法。认真遵守总行关于分类时间频度、认定权限、审核流程等方面的要求，切实加强客户基础、财务报表等信息录入质量和实效性管理，规范开展信贷资产质量分类工作。要客观分析判断客户的风险，质量分类结果要真实反映客户的实际风险水平，一旦发现可能影响借款人还款能力的不利因素，要及时调整质量分类结果。二是加强信贷资产质量分类偏离度的持续监测。严禁通过违规操作人为掩盖真实资产质量等问题。对监测、检查和审计中发现信贷资产质量分类出现偏离的，必须及时纠正和严肃处理，并计提相应减值准备。三是强化不良贷款的认定工作。要统筹好贷款质量分类工作，准确审慎进行贷款风险评估和质量分类，凡是正常关注类贷款纳入不良贷款管理的，必须由一级分行行长或主管副行长组织审定确认，并逐户落实清收处置方案，其中贷款劣变金额超过5 000万元的，要报总行备案。

（三）多措并举清收处置不良贷款。要在坚持依法合规的前提下，用足用好各类清收处置手段压降不良贷款，目标要高一点，进度要快一点。一是加快呆账核销进度。积极协调当地法院，加快诉讼案件处理进度，确实执行困难的，商请法院出具难以执行的裁定，尽快取得核销要件。二是积极稳妥推进不良贷款批量转让工作。目前山东、江苏、浙江、宁波、上海分行正在申请开展批量转让工作，5家分行要按照总行指导意见，参考山东分行前期试点经验，组织开展工作。要综合考虑受偿率以防止低价甩卖，受偿比例不能低了，不能留下风险隐患和后遗症，否则会对今后的批量转让产生不利影响。三是积极探索新的方法和途径。在财政部处置政策允许范围内和依法合规的前提下，开阔思路，努力探索新的不良贷款处置手段。以物抵债是一种比较好的处置方式，符合条件的要尝试开展。还可以在不增加我行风险敞口的情况下，研究运用重组、并购等投行方式来处置不良贷款，分行提到的担保企业承债的方式也可以尝试，要把握实质性风险，保证风险敞口有所下降。

（四）抓好个人客户贷款风险化解。一是加大逾期贷款催收力度。要完善催收机制，将逾期催收范围扩大至逾期90天以上的未诉个人客户不良贷款，各一级（直属）分行行长要对本行逾期贷款的总量控制负直接责任。各行要研究个人逾期贷款情况，查找分析问题的原因，要将逾期催收责任落实到专门的催收中心，落实到具体的客户经理。客户经理要积极维护好基础信息，重点解决个人贷款客户信息缺失问题，及时核实更新客户信息，集中力量上门催收。现在电话催收接通率比较低，说明基础管理工作还需要进一步加强。二是落实个人大额不良贷款挂帅清收和处置督导制度。要认真落实总行关于加快个人客户不良贷款清收处置工作的有关要求，对单户不良贷款本金100万元以上大额不良贷款实行领导挂帅清收，逐户研究制定和组织落实清收处置方案。三是要前瞻性地加强信用卡分期付款风险管理，依照客户信息合理科学地核定其授信额度，并根据监管政策的变化，明确分期付款的用途及禁入的业务领域，通过系统硬控制对不符合规定的用途贷款予以屏蔽，同时进一步加强对分期付款资金用途的日常监控，确保用途合规合理。要严格执行信用卡透支不能用于生产经营的要求，要加强非现场监测和典型案例分析。

（五）重视金融资产服务融资客户的风险管理。目前全行金融资产服务业务总体状况是好的，但受经济下行压力加大的影响，有的分行的一些投资项目出现难以到期兑付的情况，还有一些分行投后管理没有完全落实，风险预警不够，缺乏业务损失处理机制，风险管理亟待加强。一是严把准入关。按照政策，严格审批代理投资业务，严禁将有瑕疵、表内贷款不能批、不符合信贷标准的业务通过金融资产服务业务来代理投资。二是坚持一户一策，做好投后管理。逐户做好风险排查，摸清情况，制定风险应急预案，前移风险控制关口。对重点监测客户要逐笔落实投资到期后的偿付资金来源，其中偿付资金来源不确定的，要逐户研究制定风险防控措施，防止风险从表外资产向表内资产蔓延。三是对已出现兑付风险的理财投资业务，未经总行审批，不得用贷款续接、不得垫款。对代销代理的合作机构产品，要按照协议要求区分责任，盯住合作机构。对我行没有操作瑕疵的业务，要坚持“买者自负”的原则，由合作机构和投资者承担相应风险。

（六）着力提升信贷管理能力。一是要对信贷经营管理做全面的反思，从政策制度、基础信息、品种设置、操作流程等各方面，认真分析查找不良贷款产生原因。尤其要针对近两年钢贸企业、小企业和个人经营贷款等不良贷款相对集中的业务领域，通过剖析典型案例，查找规律性问题。对前些年某些业务领域出现过的类似的问题，要举一反三，避免重复发生。要加紧完善政策制度和改进管理流程，做到既要满足市场信贷需求，又要有效甄别和防控潜在风险点，提高对实质风险的把控能力，确保业务又好又快发展。二是持续推进信贷结构调整。结构调整是防范风险的重要途径。要按银行经营规律办事，根据外部市场环境的变化持续做好结构调整，把握好调整的重点和力度，积极开展信贷业务创新，不断拓展新的信贷市场。三是转变传统信贷经营管理方式。这方面我们过去积累了很多好的经验做法，但随着经营环境的变化，管理方式也要适时跟进，要避免重形式、重程序而轻实质，重市场而轻风险。要研究如何充分利用IT技术、运用大数据来提高风险防控水平。要提升信贷信息数据质量，提高客户信息的准确性、全面性，开发风险预警工具，通过对各类信息特别是交易信息和全流量信息的分析，及时揭示风险，增强风险防控的前瞻性。

（七）严格资产质量考核和问责。要加大不良贷款与考核利润、信贷规模的挂钩力度，对6月末不良贷款余额比3月末增加的一级（直属）分行，半年考核时要按照不良贷款增量的一定比例扣减利润，并按照不良贷款增量的一定倍数调减其年度信贷规模。要严格不良贷款责任追究，对疏于职守、未尽职履责形成不良贷款的责任人，要严肃追究责任；对贷款劣变较多、不良贷款上升较快、风险较大的机构，要严肃进行整顿。

二、进一步抓好抓实存款工作，确保存款同业领先地位

今年以来，全行存款增长仍然面临较大压力。一是人民币存款时点增量、增幅持续处于四行末位。5月末，我行存款时点增量较四大行平均增量低1 787亿元，增幅较四大行平均增幅低1.75个百分点。储蓄存款分别比建行、农行、中行少增1 960亿元、1 563亿元、398亿元，且余额已落后农行402亿元；对公存款增量较中行低1 792亿元，仅领先农行84亿元。二是存款增长仍不稳定。人民币存款3月末最后三个工作日增加4 300亿元，占当月增量的55%，4月第一周即下降4 200亿元。日均增量自年初以来持续为负，5月下旬才逐步转正，1~5月全行一般性存款日均增量仅87亿元，四行最低，较四行平均水平低2 500亿元。三是付息成本压力较大。5月末，人民币中长期定期存款余额占比13.47%，同比提高2个百分点；执行利率上浮10%的对公存款约10 000亿元，其中定期存款约9 000亿元。相比建行，第一季度我行人民币一般性存款付息率高9个基点，其中对公存款（公司+机构）付息率高6个基点，对公存款付息率的差距扩大了5个基点。四是部分行存款负增长局面未见改观。截至5月末，广东、北京、上海、深圳、陕西、天津6家分行合计人民币各项存款（含同业）比年初下降3 225亿元，其中广东、上海、北京3分行分别下降2 380亿元、336亿元和322亿元；上述6家行1~5月合计的存款日均增量为-4 113亿元，其中广东、北京、上海3分行分别为-2 115亿元、-880亿元和-604亿元。同时，部分行存款增长对短期同业定期存款依赖度偏高。如3月，广东、上海、河北、安徽等12家分行短期同业定期存款增量占当月存款增量的10%以上，其中广东分行占25%；上海分行占64%。以上这些问题需要引起高度重视，并切实加以改进。这里，我强调两点：

（一）进一步认识存款的基础性地位。当前存款业务理财化趋势日益明显，存款在银行的表现形态更趋多样、停留时间更短、资金大进大出现象更为突出，对流动性和回报都提出了更高要求。做好存款工作，对于我行资产业务发展、巩固客户基础以及保持盈利增长具有重要意义。一是近年来我行存贷比指标逐年提高，法人口径存贷比由2009年末的58.56%提高至2012年末的62.4%，年均提高1.28个百分点，到今年3月末持续上升至62.55%，如果这一趋势长此延续下去，我们经营中的主动权就会受到影响，发展就会受到制约。二是存款的背后是客户基础。存款的问题说到底是客户总量和结构上的问题。如果我们不能保持第一存款银行、第一零售银行地位，那么市场的判断就不仅是我行存款的流失，而是客户和市场的流失，我行长期拥有的竞争力优势、品牌优势等就会随之削弱。三是按照新资本管理办法，银行同业融资业务的资本消耗将增加，尤其是3个月以内的同业融资业务，风险权重由0%提高至20%，这将直接影响我们通过银行间市场的融资空间，也意味着一般性存款对支撑全行业务发展更为重要。同时，还要看到，存款的发展空间取决于资产业务的收益能力。资产收益水平越高，存款定价提升的空间也越大，就能更大程度地满足客户存款利率上浮的要求，竞争存款的主动性也会更强。因此，各行既要重视存款付息成本，也要关注资产收益，要保持二者的同向、同步变化。

（二）采取有力措施稳存增存。到6月末，存款工作总体目标是实现时间过半、任务过半。其中，储蓄存款增量达到6 000亿元，确保时点余额同业第一，目前仍为负增长的分行要扭负为正，同业排名第三、第四的分行要实现排名进位。各行储蓄存款增量绝不能低于建行和中行，同业排名第四、第三是不能接受的，也是不能容许的。公司存款实现正增长，不能出现负增长的分行。同业存款和机构存款合并计算，要实现序时增长进度，同业存款中的短期同业定期存款年末较年初要压缩1 300亿~1 400亿元，要建立分类管理机制，分别考核。

一要抓好客户。重点抓好大客户、龙头客户，逐户制订营销方案，确保市场份额。重视用好大额资金监控平台，大力拓展产业链、供应链上下游客户，努力实现客户资金在我行系统内封闭运行，使产业链资金更多沉淀在我行。深化公私联动营销机制，以重点企业、重点项目为突破口批量拓展个人客户。发挥营业网点主阵地作用，吸引新客户。

二要抓好产品。大力推动金融资产服务业务发展，实现与存款的良性互动增长。近期总行已经大幅提高了保本理财产品收益率，且产品额度充足，各行要高度重

视保本理财产品销售工作，锁定重点客户群，争揽更多个人客户和储蓄存款。进一步强化对保证金类存款产品的营销，加大委托贷款业务推广力度，通过银团牵头行和结算代理行角色锁定银团资金，引存增存。继续推广收款管家、票据池、资金池等具有较强市场竞争力的产品，从结算源头争揽存款。

三要合理控制负债成本。到6月末存款基本完成重定价后，付息成本下降将主要依赖于存款期限、品种结构的优化。总行相关部门要从定价、分行授权等方面多想办法，努力增加低成本、稳定性高的存款。要把关联业务较多的证券、基金、财务公司、托管理财、交易所等存款列入核心同业存款，把单纯以逐利为目的的银行类同业存款列入交易性存款，实行差异化、精细化的定价管理，有取有舍。对于财务公司、证券公司、基金公司等重点核心客户，要研究适度授权重点分行在关键时点试行“超额累进”、市场化自主定价，稳定和增加优质核心同业客户存款。同时，要坚持平稳增长，逐步熨平高成本的短期同业定期存款波动，避免大起大落。还要注重与贷款业务的协调发展，加强新增贷款投向的优化摆布以及与存款业务的联动营销，缩小全行存贷款日均增量差距，实现辖内存贷款业务的良性互动运行。

三、加快拓展优质信贷市场，促进信贷业务可持续发展

我们要认识到，在当前我国经济增长转段过程中，即由过去十多年两位数的高速增长转为中高速增长，信贷需求可能会出现放缓迹象。从我行公司贷款增长情况看，今年以来，公司贷款增速逐月递减，到5月末公司贷款新增1 688亿元，同比少增542亿元，完成年度计划的30.7%，低于序时进度。其中5月单月仅增11亿元；公司贷款增量四大行排名第二；一些重点行业表现低于预期。对此，各行要高度重视，加快培育和拓展新的信贷增长点。

（一）大力拓展同业优质客户板块。一是进一步明确同业优质客户评价标准，主要从没有与我行建立融资关系的客户中筛选，加大营销力度，不断扩大客户基础。二是加强与国资、财政、金融监管等部门及行业协会等机构的合作，自上而下和自下而上相结合，把握同业优质客户源头，建立客户信息库。三是明确准入政策、定价策略、产品等配套措施，有策略地选取一批客户，以重点产品为抓手，集中资源，重点突破。相关部门要紧盯工作进度，持续做好同业优质客户拓展的统计分析、对比以及名单的动态调整。

（二）牢牢把握重大优质项目机会。一是贯彻好中选优、有扶有控的结构调整思路，合理把握能源、交通领域的融资需求。紧盯中石油、中石化、中海油及中化等企业即将启动的大型炼化一体化、煤制气及煤层气、天然气接收及加工、全国性输油输气管道等重点项目，确保不低于20%的市场份额。电力生产行业要坚持好中选优，积极储备一批优质项目，扭转贷款持续下滑趋势。煤炭行业因近期煤炭价格下滑，效益受到影响，但龙头企业的市场不能丢。公路行业要进一步优化投放方向，继续做好对省级综合化公路企业的金融服务，重点支持国家高速路网在建项目、我行前期已投放和两年内即将通车的项目。铁路行业重点做好今明两年即将通车的“十一五”重点项目融资支持。二是积极拓展信息技术等战略新兴产业。要抓住4G牌照即将发放拉动电信行业数千亿元投资的历史机遇，加大对运营商信贷和非信贷融资支持力度。积极研究和筛选物联网、云计算、移动互联网、移动支付产业中发展前景明确的潜力子行业的优质客户，拓展行业龙头企业的贷款和供应链融资业务。三是继续支持大型优质集团客户及区域性优质龙头企业，积极拓展辐射范围广、带动作用强的城市综合体项目。

（三）切实抓好供应链融资业务。一是加强高层营销。分行领导要亲自参与核心企业对接及方案制定，选择适当模式尽快开展业务。二是加强对项目供应链的渗透。对我行的优质项目，通过供应链融资加强对上下游的渗透，提供综合金融服务；对他行优质项目，通过供应链融资实现曲线营销渗透。三是加强新产品开发和现有产品的组合创新，提高市场竞争力。对具有成熟ERP系统、电子商务平台的核心企业，要实现供应链融资不落地处理。四是严把核心企业准入关。优选产品销售稳定的弱周期行业中的龙头企业，并结合企业采购、销售变化及时调整融资总量，防控好供应链的关联性、系统性风险。

（四）稳步推进小微企业信贷业务发展。要坚持发展小企业信贷的战略方向，加快改变以“散户”、“散点”为主体的经营现状，以供应链融资、专业市场、产业集群客户为目标市场，提高标准化操作水平，建立批量化发展模式。要加强机构和队伍建设，配齐配强专营机构人员，及时开展对营销人员的培训，打造一支与小微企业信贷业务发展相匹配、服务效率高、专业能力强的从业队伍。总行切出单独信贷规模，鼓励对优质小微企业信贷放款。

最后还要提醒大家一点的是，当前民间借贷、非法集资十分活跃，担保、小额贷款、各类资产管理等新型业态发展很快，对银行各级经营管理人员，尤其是客户经理和基层网点负责人的诱惑非常大。我们近年发生的一些风险事件，也主要是这方面的问题。各行要进一步加强内控管理和案件风险防范工作，强化员工行为规范教育和行为监测分析，切实防范外部风险向我行渗透传染。

借今天这个机会，我就讲这三个方面的问题。希望大家回去后要认真落实好这次会议的要求，全力以赴把不良贷款降下来，把资产质量稳定住，保持存款市场的应有地位，拓展好优质信贷市场，努力实现时间过半，任务目标过半。

加快电子商务平台建设
开启互联网金融服务新篇章

——在中国工商银行电子商务平台业务筹备组成立大会上的讲话

易会满

（2013 年 6 月 25 日 · 根据录音整理）

很高兴参加电子商务平台业务筹备组成立大会。经过前期紧张、细致的组织准备，电子商务平台业务筹备组今天正式成立了。这在工商银行信息化银行建设中具有里程碑式的重要意义，标志着我们迈出了探索互联网金融服务的新步伐。刚才，蔡东同志介绍了平台建设的进展情况，总体而言，各相关部门高度重视，密切配合，各项工作都在有条不紊地推进。下面，我再讲两方面的意见。

一、充分认识建设电子商务平台的重要性和紧迫性

在全行上下的共同努力下，工商银行经过近 30 年特别是股改上市以来的改革发展，取得了盈利、资本、资产、客户存款、品牌价值等多项指标全球同业第一的殊荣，赢得了国内外各界的广泛认可。但随着宏观经济环境和金融监管政策的变化以及信息技术的风起云涌，银行业的经营模式和发展方式正在发生深刻的改变。我们在不断创新发展、不断转型突破的同时，也越来越深刻地感受到前进道路上面临着更加错综复杂的风险和更为严峻的挑战。

一是金融脱媒、利率市场化进程加速等多重因素交织，对商业银行的资产业务发展形成一定的影响，需要我们寻找新的业务增长点。据统计，2012 年全社会融资规模达 15.76 万亿元，其中人民币贷款占比为 52%，比十年前降低 40 个百分点。优质企业走向市场，更多地通过直接融资渠道获取资金，是市场发展的必然。在当前经济增长放缓带来社会投资增速下降的大背景下，非银行融资占比的持续提升有可能导致商业银行有效信贷需求出现阶段性下降。而阿里小贷、人人贷等网络融资模式的逐渐兴起，也对商业银行的零售信贷业务形成了分流。与此同时，利率市场化改革不断提速，商业银行存贷利差水平出现持续收窄的趋势，对商业银行盈利增长的影响日益显现。新资本协议实施也给银行资本管理带来较大压力，在保持一定的利润增速和分红比例的情况下，信贷发放维持现有增量意味着资本将面临较大缺口，需要进一步优化信贷品种，尽量降低对资本的占用。我行信贷业务要继续实现每年近 9 000 亿元的增量投放、8 万亿元左右的累计发放量，保持有质量、有效益、结构优化基础上的可持续发展，面对的困难和挑战会越来越大。我们必须在传统领域之外积极探索新的信贷业务发展模式，比如逸贷、POS 商户贷、基于电商交易的个人消费贷等都是待开发的新业务。

二是第三方支付的发展正在对商业银行支付领域的传统优势形成侵蚀，商业银行支付脱媒形势日趋严峻。自 2010 年人民银行正式颁布《非金融机构支付服务管理办法》以来，总计有 223 家企业获得了支付业务许可证。从当前第三方支付公司与商业银行的竞争态势看，第三方支付公司主要具有以下四个方面的优势：第一是支付便利性。第三方支付平台通过开通各家商业银行电子商务在线支付服务，整合了银行支付网关接口，只需一点接入，就可支持用户多银行、一站式线上支付。第二是客户体验好。第三方支付公司支付产品更注重客户感受和使用效率，而银行支付产品更多考虑风险防控和资金安全，两者差异的本质是企业文化和经营理念的不同，但客观上造成前者的客户体验要优于后者。第三是采取低价竞争策略。通过“以价格换市场”，第三方支付公司不仅广泛介入航空、教育、网游等专业消费市场，更在向基金、保险等金融代理销售领域不断渗透。第四是享受了“超银行”待遇。第三方支付公司在账户开立、限额管理、业务拓展等方面的监管要求和合规标准，总体看要远远低于商业银行。尽管在与第三方支付公司的竞争中面临不少不利因素，但我们也要看到商业银行在资金、客户、技术、品牌等要素上拥有的优势，树立竞争自信，加大支付产品创新力度，尽快推出适应客户不同支付用途、不同支付额度、不同支付渠道的差异化支付产品，主动加大对互联网小额支付、移动支付等快速发展领域的渗透，努力形成支付竞争的主导权。

三是商业银行在面临融资脱媒、支付脱媒的挑战的同时，还面临着更深层次的信息脱媒的挑战。现代商战的本质是信息战，信息为王。综合性电子商务平台往往

集商品交易、支付与融资等功能为一体，通过平台化运营获取大量的商户和消费者的注册信息、交易记录、不良记录乃至社交关系等各类数据，逐渐成为社会经济活动的信息中心。同时其通过对商业银行进行信息隔离和屏蔽，使商业银行逐渐远离客户，金融中介的地位被不断削弱，面临“去信息化”，甚至被取而代之的危险。前段时间，移动通信运营商与腾讯公司之间沸沸扬扬的微信收费之争，对我们就是很好的警示。这场纷争的背后是信息和数据服务商与传统运营商对移动互联网产业的主导权之争。对商业银行而言，信息脱媒的挑战可能才刚刚开始，如果我们不加快创新转型，移动通信行业的今天很可能就是商业银行的明天。因此，我们必须站在战略的高度，因时而变，因需而变，更加主动地向互联网金融服务转型，切实防止被“管道化”“边缘化”，才能稳固金融中枢的地位。

面对严峻复杂的经营形势和以上种种挑战，探索发展电子商务业务，实现从融资中介、支付中介向信息中介的跨越，打造“商品流”“资金流”“信息流”三流合一的综合金融服务平台，是我们加快信息化银行建设，应对互联网金融时代市场竞争的一项重要战略举措。当前，电子商务市场方兴未艾，正处于高速成长期。统计显示，2012 年全国网络购物市场交易规模超过 1.2 万亿，年增长率达到 58%，占社会消费品零售总额中的比例超过 6%；参与网络购物的消费者超过 2.2 亿人，互联网用户渗透率接近 50%，人均消费额超过 4 000 元。可以说，电子商务已渗透到人们的日常生活中，且这部分客户更多的是年轻客户、潜力客户，谁抓住了这些电子商务客户，谁就赢得了未来。尽管我行介入电子商务市场时间还不长、经验还不足，但我们拥有金融服务领域的专长，选择在客户基础培育基本完成、市场仍在高速增长时进入，可以充分发挥后发优势，迅速聚拢客户，抢占市场。我们不仅要成为融资、支付等金融服务的优质提供商，更要成为领先的信息服务提供商。对此，全行要进一步统一思想、坚定信心，加快创新发展电子商务业务，努力成为中国银行业电子商务业务的佼佼者和领跑者。这也是我们今天举办电子商务平台业务筹备组成立大会的意义所在。

二、举全行之力，做好电子商务平台建设工作

（一）明确平台定位，突出特色和优势。一是突出我行电商平台的特色和优势。要充分发挥我行客户、品牌、技术、资金优势以及在支付、融资等业务领域的金融服务优势，在尊重电子商务业务发展客观规律的同时，传承好我行的特色和文化，利用积分兑换、网络融资、供应链融资等手段为客户提供增值服务，打造“支付 + 融资”的特色金融服务模式。二是加大支付产品便利性创新。要在坚守支付安全性底线的前提下，努力提高支付的便利性，创新支付产品，提升客户体验。三是重点引入信誉良好、行业领先、商品价值较高的垂直型企业。商户选择上要既体现我行服务优势，又形成与第三方电子商务平台差异化的市场定位，尽可能减少商品交易纠纷，避免连带的声誉风险。

（二）加强组织领导，健全平台建设体制机制，激发业务发展的内生动力。一是要增强部门间的协同配合，充分发挥电商平台“全行办”的整体优势。目前，总行已经成立了由罗熹副行长任组长、14 个成员部室负责人组成的电子商务平台建设领导小组，其目的是让各部门、各专业条线都积极参与到这项工作中来，积极推进互联网金融战略转型这件全行性的大事。在工作推动过程中，电子银行部要做好牵头组织和协调工作，尽快制定详细的、可操作性强的平台建设实施方案，列出时间进度表，并建立例会协调机制和工作简报督导机制；公司业务一部要牵头梳理电商平台重点目标商户清单，制订详细的营销方案，做好商户营销工作；信贷与投资管理部要做好平台网络融资业务的规划、创新、实施和风险管理工作；办公室要牵头做好平台宣传和专属子品牌的设计工作；产品创新管理部、个人金融业务部、财务会计部等相关部门要加快推进客户积分系统建设，实现积分在平台的直接兑换。二是要理顺平台建设领导小组、业务筹备组、工作小组三者间的工作关系。平台建设领导小组负责平台的顶层设计和统筹规划工作；业务筹备组负责具体落实领导小组相关工作部署，负责平台建设的组织推进和日常运营管理；工作小组是各部门协调议事的接口，对于平台建设运营中的重大事项，业务筹备组要事先通过工作小组进行协商，再提交领导小组审定。三是要全面提升筹备组运营电子商务平台的能力。筹备组要建立市场化的运营评价体系，推进业绩量化考核，完善激励机制，充分调动工作人员的主动性、积极性和创造性，确保运营团队的能力和水平经得起市场检验。要抓好筹备组人才培养工作，夯实发展基础。先期可从保障日常运营的角度出发，对前、中、后台不同岗位人员开展针对性培训，后续可根据业务发展需要，尝试引入外部咨询机构，培养一支既通晓电商运营，又熟悉市场规律、了解客户需求的专家业务团队。

（三）加大资源投入，打造引领优势。一是加大信贷政策支持。要为平台设计“不落地、一站式”的个人消费信贷以及供应链融资产品，并在产品期限、利率、限额、流程等方面给予支持和倾斜，确保平台配套融资产品具备较强的市场竞争力。二是加大人力资源投入。目前，筹备组已经初步建立了一支 30 人左右的人员队伍，下一步要结合入驻商户规模、会员数量、商品种类等情况，通过系统内招聘、社会公开招聘、校园招聘等多种方式，将一批客户意识强、服务理念新、创新能力突出、专业基础扎实的人员充实到筹备组中去。三

是加大财务资源倾斜。要明确与平台发展相关的财务配套机制，平台正式运营后，每年要有一定的财务资源投入。四是加大配套产品创新力度。贵金属业务部、资产管理部要分别为平台设计专属的贵金属产品和理财产品，并随平台一期投产同步投放，增强客户影响力和黏性。五是持续加大科技资源投入。一方面，要建立平台研发的绿色通道，实现平台优化功能第一时间的投产应用，增强平台的适应性和技术领先优势。另一方面，要配合商户直联需求，组建系统专职研发和推广团队，实现平台与入驻商户内部管理系统的无缝对接。

（四）积极策划营销方案，强化平台市场推广。一是确保实现平台一期上线时至少进驻100家商户的工作目标。入驻商户的品质、数量、积极性直接决定了平台对外服务的形象，公司业务一部要按照“宽选、严审”的原则牵头做好商户的遴选和营销工作。要认真梳理总行直营客户、电子商务商户、线下POS商户、供应链融资客户等客户资源，发动各分行积极推荐，尽快制定目标商户清单，并设计差异化的营销推介方案，报送行领导审定。每个目标商户要落实两名营销责任人，一名是总行联系人，一名是分行客户经理，通过总分行的紧密配合把工作沟通协调好、资源调配好。二是电子银行部要会同办公室策划好平台投产上线的市场宣传和营销推广方案。要借助平台上线恰逢工商银行成立30周年纪念且正值元旦新年的有利时机，精心组织、周密安排，通过举办新闻发布会、开展大型系列营销活动等形式，确保平台上线后迅速聚拢人气，形成声势，一炮打响。

（五）加强研究创新，夯实发展基础。电子商务平台是一个完整的生态系统，包含商户、消费者、平台运营商、物流服务商等多个不同角色的参与者，是一个集知识密集型、技术密集型、人员密集型为一体的综合性平台。随着行业发展的不断深入，电子商务市场也呈现出参与主体日益多元化、模式创新不断涌现、影响范围日趋广泛的发展态势。对于这个复杂的生态系统，电商企业摸索了很多年，投入了很多资源，我们是这个行业的后来者，这就要求我们必须做好业务的科学性、系统性、前瞻性研究，加强对大数据、云计算、移动互联网等新兴信息技术的掌握和应用，这样才能真正紧跟技术发展潮流，真正把握市场先机，真正完善产业生态系统，真正发展好这项业务。

（六）完善制度建设，强化风险管理。近年来，在电子商务市场快速发展的同时，假货、欺诈、投诉等负面事件也时有发生。近日国内最大的信用卡积分商城亿佰购物网站申请破产，多家银行的信用卡客户出现了已付款但未收到货物的情况，引发了大量的客户投诉。类似负面事件在一定程度上制约了电子商务行业的正常发展，由此也引发了社会舆论和监管部门的高度关注，行业发展的政策环境面临调整。例如，前期《中华人民共和国消费者权益保护法修正案（草稿）》就对消费者网上购物的权益保护提出了指导意见，在规范行业管理的同时也给运营电子商务平台带来了巨大考验。我行电子商务平台能够做到多大规模，在某种程度上取决于我们运营的合规性和风险管理能力。对此，筹备组要联合法律、内控等相关部门，按照“制度先行”的原则，不断强化制度建设，完善平台管理制度体系。要对准入、评价、退出、审核等重点环节做出明确规定，配套详细的业务流程图，确保严格按制度和流程办事，降低业务运营风险。

建设电子商务平台必将是一次充满艰辛和挑战的改革创新之旅。但唯其艰难，更彰显意义深远。能亲身参与和见证这段历程，是在座每一位筹备组成员职业生涯上浓墨重彩的一笔。今天这个会叫成立大会，实际上也是动员大会，从今天到10月中旬电子商务平台投产还有不到4个月时间，到明年1月1日平台正式对外运营还有半年多一点时间，时不我待。衷心希望大家以今天这个特殊的时刻为起点，齐心协力、鼓足干劲，深入贯彻落实总行党委相关工作部署，以改革创新的勇气、攻坚克难的决心、求真务实的作风，做好平台的建设和运营工作，为工商银行开启互联网金融服务新篇章作出贡献！

在部分分行经营形势分析座谈会上的讲话

易会满

（2013年9月18日·根据录音整理）

今天在这里召开部分分行经营形势分析座谈会，主要目的是分析我们当前面临的形势和经营管理中存在的问题，研究探讨下一步的经营发展思路。通过一天多的座谈，总体感觉尽管当前经营发展面临的压力比较大，但各分行都能够紧紧围绕总行的工作部署，保持良好的精神状态，齐心协力，克服困难，努力推进各项工作的有序开展。关于当前经营形势和下阶段工作安排，我想谈以下四点意见。

一、关于当前外部经营环境的看法

今年以来，国际经济复苏幅度有限且政策形势不尽明朗，我国经济总体运行平稳，宏观经济出现积极变化，部分指标回升迹象明显，但不稳定、不平衡的问题依旧突出。外部经营环境的复杂性要求我们时刻保持清醒的头脑，对面临的困难做好应有的思想准备。

一是宏观经济放缓将是常态，但仍有能力保持中高速增长。在全球经济低迷和国内经济转型任务艰巨的背景下，经济增速放缓将是大势所趋。对此，我们既不能过于乐观，在经济出现企稳回升即认为9%～10%的增速还将复返；也不要盲目悲观，李克强总理在近期国务院常务会议和夏季达沃斯论坛上均表示，7%～7.5%的增速在全球范围内也是中高速水平，中国经济有信心、有能力在未来的10～20年保持中高速增长。

二是经济体制改革预期提速，金融改革将进一步深化。目前我国经济改革已步入深水区，市场普遍预期即将召开的党的十八届三中全会将明确经济体制改革的顶层设计，市场对资源配置的基础性作用将进一步得到增强。改革对银行而言，既是机遇也是挑战，我们要高度关注经济体制改革动向，及时研究推进自身经营体制机制的改革创新，积极寻找新的发展机遇。利率市场化改革进程将进一步加快，资产证券化常态化、汇率形成机制、资本项下人民币可自由兑换和外汇局部自由流动等金融改革措施也将陆续出台，均需要我们及时调整经营策略加以应对。

三是金融脱媒影响不断加大，市场竞争格局更趋复杂。当前金融脱媒步伐加快，银行的很多业务发展形态正发生新的变化，例如客户金融资产的业务形态日渐多样化且转换频繁，各类金融机构资产管理、财富管理业务开展得如火如荼，第三方支付行业日趋活跃，不断推出吸引市场眼球的产品。作为利率市场化和金融脱媒的前兆，资产管理业务和互联网金融的快速发展具有必然性，未来的市场份额还会越来越大。我们面临的竞争形势更加复杂，加快推动转型发展更加紧迫。

四是消化过剩产能必然要经历痛苦的过程，但新政策通常蕴含新的市场需求和机会。当前在结构调整中面临的最大压力就是消化过剩产能，但要达到经济转型升级目标，又必须经历这一艰难过程。当前产能严重过剩行业中，一部分企业开工不足，对银行而言，过剩产能消化背后是如何确保贷款质量少受冲击。要关注经济政策调整带来的市场需求变化，及时把握新的市场机遇。例如在政府职能转变过程中，将减少直接负债去投资和运作项目，而是鼓励民营资本进入公用事业和服务领域，增加从社会购买服务，其中健康、养老产业和棚户区改造等诸多新的消费和投资热点潜在的金融服务需求巨大。

大家还要认识到，当期资产质量管理和存款业务拓展等工作难度的加大，与外部环境影响和内部管理紧密相联。资产质量控制压力上升是经济转型、结构调整和消化过剩产能过程中的必然，并且将在较长时期内存在。大家不要寄希望于今年不良贷款反弹问题处理后，明年就可以放松警惕，必须要做好长期应对资产质量防控困难局面的准备。存款分流和业务竞争压力加大也是金融脱媒背景下的必然，随着银行资产负债业务增速的逐步降低，银行业务在整体金融市场所占比重还会下降。在此过程中，我们需要关注新的业务增长点，培育新的业务增长机制，不断寻找新的业务合作伙伴，努力在同业竞争中保持领先优势，并通过体制机制的革新激发和提升可持续发展能力。

二、关于当前经营发展中需要关注的问题及挑战

今年前8个月，全行总体发展态势稳定。从中期业绩发布情况看，投资者和市场的反映较好，同业比较情况也不错，但同时也存在部分需要高度关注的问题。一是存款形势不容乐观。今年前8个月，人民币存款比年初增加3 199亿元，同比少增3 815亿元，存款增量是近四年来最少的。与四大行相比，储蓄存款增量排在第三位，同业存款增量排在第四位。二是有效信贷市场拓展和信贷结构调整需要关注。当前信贷客户拓展乏力，重点领域贷款增长乏力，信贷收益率与同业相比偏低等矛盾比较突出。三是资产质量控制压力加大。8月末，不良贷款比6月末上升131亿元，比7月末上升47亿元，不良贷款控制形势比较严峻。四是转型发展思路需要拓展。目前业务发展中的“规模情结”仍然较重，行际之间存在不平衡性。这些问题反映出当前全行经营发展中面临不小的挑战。概括来讲，主要体现在以下三个方面：

一是竞争力的问题。存款是衡量各行市场竞争力的重要指标。从前8个月存款同业对比看，我行储蓄存款余额仅比农行高39亿元，增量低于建行和农行；公司存款已持续三年增长乏力。从分行看，部分分行存款增长不理想，一些存款大行如广东、上海、深圳等分行存款较年初依然是负增长，广东分行今年以来存款下降超过2 000亿元。有些城市行、重点县市行在当地的市场占比也不理想。更重要的是，在存款增速放缓的同时，我们的存款付息成本却高于主要可比银行。按我行存款总额测算，付息率每升高1个基点，对利润的影响约为16亿元。这些数据充分说明，全行存款业务的竞争力亟待加强。

二是资产质量问题。受国内外经济形势影响，今年

前8个月，全行不良贷款额和不良率总体呈现逐月“双升”的态势，不良贷款反弹压力较大。特别是进入第三季度以来，不良贷款反弹加快，其中7月单月不良贷款净增87亿元，为股改上市以来单月净增额最高月份。从区域分布看，江苏、浙江、福建等部分分行在采取包括批量转让在内的各种处置手段后，不良贷款余额仍保持惯性增长。截至8月末，江苏分行累计批量转让26亿元，但不良额较年初仍然增加了41亿元；浙江分行累计批量转让28亿元，但不良额较年初仍然增加了22亿元；不良贷款前清后溢现象严重。从品种看，小企业贷款劣变势头不减，个人经营贷款质量存忧。部分分行对可能劣变的潜在风险贷款排查不细致、不深入，未能全面掌握真实情况和积极主动地采取措施进行前瞻性清收化解，造成贷款逾期、劣变后的工作被动。

三是信贷结构调整问题。近年来总体上信贷结构调整的成绩不错，但问题也比较突出，全行信贷业务经营转型的自觉性和针对性还要进一步加强。当前信贷业务运行中出现了客户增长乏力，小微企业信贷增长缓慢、没能妥善处理好发展和风险控制的关系，局部有效信贷需求不足和结构性不平衡的矛盾，新增贷款的集中度有所上升、期限拉长，且利率定价水平低于同业。因此，在肯定全行信贷结构调整取得进展的同时，还是要客观全面地看待当前信贷结构调整中存在的问题。

三、关于听取各行汇报后的几点感受

各行在发言中不仅分析了本行经营发展情况，也就当前如何进一步完善体制机制，有效提升市场竞争力和加快经营转型等问题进行了探讨。结合大家的发言，我总体有六方面的感受。

第一，存款工作必须加强而且能够加强。座谈中，各行都讲到存款问题，分析了存款面临的环境，普遍认为存款是我行竞争力的主要体现，是一项基础性工作，零售业务发展需要进一步加大力度。但大家也反映对存款的认识和投入仍然不够、办法不多、措施不力，满足于一般的号召和一般的要求。对存款工作，大家要统一思想，更加重视客户拓展，不断完善激励机制，强化存款基础工作，各行要把存款工作作为第四季度和明年工作安排的重中之重。

第二，基础管理工作亟须重视和加强。目前，全行的基础管理工作跟业务发展环境的变化还不相适应，强化基础管理工作需要引起全行上下的高度重视。现在重指标、轻过程的问题还比较突出，层层下达指标、分解任务，但过程控制不够，管理也不精细、经营指导不力、考核比较粗放，座谈中几家行都谈到了这个问题。总行党委在这次教育实践活动查摆问题的过程中也注意到，我们有的分支机构经营思想不够端正，在讲发展时片面围绕指标转，甚至不惜掏空了持续发展的基础，各级行在层层进行工作安排上也有简单化倾向。如何端正经营思路，强化基础管理工作，需要引起全行的进一步关注。

第三，不良贷款形成的根源需深入反思。面对当前资产质量稳控的严峻形势，一方面，我们要认真反思不良贷款反弹的原因，结合整个外部环境、社会发展阶段和工商银行基层管理现状，对信贷业务的整体战略作深入的思考；另一方面，要继续完善管理方式方法，进一步加大不良贷款清收处置力度。长期以来，我们秉承稳健的信贷文化，积极完善信贷业务管理体系，风险管控取得了较好成效。然而当前形势下，与同业相比较，我们在对不良贷款的控制上优势并不明显。当前不良贷款反弹既与外部经营环境变化相关，又与内部信贷经营能力紧密相关，反映出我们信贷风险防控薄弱的问题还较为突出。

第四，经营策略要根据环境变化及时调整。在党的群众路线教育实践活动中，全行共征求到3 000多条意见，内容涉及信贷政策的授权和分类指导、业务创新、操作流程和管理效率等许多方面，下一步需要统筹研究和把握集中管理与分类指导的关系。对于大型集团企业，集中统一管理是基础，而分类指导则是激发经营活力的源泉。相比较而言，分类指导的难度更大，更加考验我们的管理艺术、管理水平和管理技巧，因为授权过散可能会增加风险，而过度集权则会影响效率。在业务授权和分类指导过程中，要在充分了解基层实际的基础上，统筹考虑利润和风险承受力两个关键点，并根据外部环境的变化及时调整好我们的经营策略。

第五，经营转型思路需进一步拓展。如按当前的业务发展速度测算，工商银行的资产规模将在7年后实现翻一番，贷款总额达到近20万亿元，如此庞大的体量，管理难度无疑是巨大的，对资本的需求也是难以解决的。如何在资产总额不无限制扩张的基础上，保持较强的市场竞争力和可持续发展能力，唯有推进业务转型和结构调整。全行要进一步拓宽转型思路，加快向“资产管理大行”和“交易大行”转变。

第六，工作作风还要进一步转变。要结合这次教育实践活动，切实改进工作作风，进一步贴近基层、贴近客户、贴近员工，广泛听取意见，找准需要解决的突出问题，提出切合实际的整改措施。在加强分类指导的同时，注重提升全行的整体协同效应。

四、关于下阶段工作要求

（一）要高度重视存款增长的基础性工作，持续优化存款业务发展的体制机制

一是进一步扩大和夯实客户基础。目前全行个人有效客户3亿户，但中高端客户的比例不高。下一步，要对全行对公客户和个人客户情况进行全面梳理，摸清客户情况，制定有针对性的增量客户拓展计划和存量客户维护计划。要高度重视个人未来客户、年轻客户、活跃

客户的拓展，做好客户和产品的对接，不能简单化。要用好数据仓库和信息化银行建设的成果，目标客户的确定要上移，营销活动要下移，不仅要定目标，更要有明确的措施。

二是进一步提升机构网点竞争力。目前全行机构网点仍存在整体效率偏低、单产差距大、劳动组合待优化、精细化管理待加强等问题，各行要认真落实好年中工作会议中提出的关于提升网点竞争力的各项部署，组织专门的队伍，对本行的网点做一些系统性的调研分析。江苏分行尝试通过岗位优化整合，挤出近千人搞营销，取得了一定成效，下一步工作可再细化一些。各行要重视网点人员的结构调整、岗位优化和员工优化，重点通过存量人员调整增加外勤和客户经理数量。网点负责人队伍是关系网点竞争力提升的重要方面，全行要高度重视网点负责人队伍的建设工作。

三是加强存款定价管理。存款的定价需要在市场与成本承受能力之间权衡。利率市场化后，客户对价格的敏感性提高，而我行作为国有控股大型银行，货币政策导向和我行自身的市场定位与影响力都决定了我们不能主动挑起价格战。存款包括理财定价，既要考虑同业竞争又要考虑自身的需要。目前全行付息成本较高，存款定期化趋势明显，存款利率上浮的授权还要慎重，“一浮到顶”容易，但是成本控制压力太大。下一步在充分考虑分行区域差异的基础上，可对重点分行、重点区域做一些差异化的授权。

四是完善存款工作机制。要及时研究调整内部资金转移价格，进一步鼓励分行发展存款业务。要成立专门的推进委员会，做好各项存款的推动工作，解决部门间的协调问题和整体推动问题。要加强产品创新，把握好客户和产品的关系，在强化客户营销的同时，发挥好产品的支撑作用。要充分运用信息化银行、数据仓库对营销工作的支撑，总行准备建立一支数据分析师队伍，在总分行层面通过利用管理信息系统、营销系统数据来挖掘市场机会。

（二）要坚持信贷结构调整导向，积极拓展优质信贷市场

一是将安全性放在信贷业务发展的首位。为支持、服务宏观经济发展和保持市场地位，全行每年信贷总量保持了合理适度的增长，但随着基数的增大，未来信贷增速可能逐步降低。在信贷资产流动性不断增强的形势下，我行未来每年累计发放贷款将在8万亿元以上，市场拓展的有效性值得大家重视。总的来讲，在经济增速放缓的大背景下，对于流动性、安全性和盈利性“三性”，应将安全性放在第一位。因为只有健康的增长，才是有效的增长。

二是坚持信贷结构调整方向，把握好信贷投向。信贷结构调整的大方向不能变，但力度和节奏可根据实际情况做适度调整。要继续重点控制好“四大行业”特别是地方政府融资平台贷款总量；对房地产贷款，要根据外部环境变化，继续做好总量控制，棚户区改造贷款不列入房地产贷款考核，通过存量结构调整腾出规模予以发展；电力、公路行业中重点融资需求可以适当作一些支持。要把握好四大新市场的具体投向，坚持“好中选优”原则。信贷产品设计上要坚持以风险可控性和交易真实性为基础，要考虑外部环境、自身管理水平和发展阶段，实事求是地掌握好贸易融资、商品融资等政策。

三是采取有效措施抓好小企业信贷业务发展。作为国家控股的大型银行，支持小微企业发展的方向不能动摇。要进一步完善小企业信贷业务政策，在管理上尽量做到简约、透明和直接，适应小企业贷款业务的发展需求。要在严格控制风险的基础上，积极发展小微企业信用贷款，将其作为竞争优质小微企业客户的重要产品，要重实质风险的管控，不要重形式上的担保。9月末，全行小企业贷款必须实现回升，尽量做到正增长，同时也要避免冲时点现象。

四是积极发展个人信贷业务，提高个人贷款定价水平。今年以来，个人住房贷款增势较好，占各项贷款比重稳步提高，但部分分行个人住房贷款定价水平不高，上海、北京、宁波、天津、江苏、云南等8家分行7月、8月新发放个人住房贷款中，利率“八五折”的占比超过60%。目前个人住房按揭贷款仍然是我行下一阶段发展的重点，各行在业务拓展中要注重提高定价水平，坚持风险、成本和收益相平衡的定价原则，切实提高个人贷款定价水平。

五是统筹研究城镇化领域的信贷政策。要密切关注国家相关政策制定进展，及时研究我行城镇化领域的信贷政策安排。在城镇化领域的信贷投入不能再重复地方政府融资平台模式，做地方政府融资平台的“升级版”，要围绕工业化、信息化、城镇化、农业现代化“四化”同步建设，统筹把握信贷投向和融资方式。

六是进一步调整优化信贷流程。在信贷流程优化过程中，要注意听取基层和客户的意见建议，按照简化、简约的原则，以“减少人为IT服务、增加IT为人服务”为指导思想，从信息系统整体规划和操作细节入手，下大力气改造和优化信贷业务流程，提高业务操作和审批效率，从而大量地“解放”基层客户经理。

（三）要全力保持信贷资产质量稳定，将不良贷款控制在合理水平

各行要高度重视贷款质量问题，采取有力措施遏制不良贷款反弹势头。在不良资产处置过程中，要做到“三统一”：一是不良贷款处置与承受能力的统一。工商银行作为大型上市银行，要努力保持形象和品牌价值，对于资产质量问题既要做到积极处置，又要考虑我们的整体承受能力。二是快速处置与成本约束的统一。在清收处置的时候，既要讲求快速，也要考虑到成本约

束。三是前瞻性预警和多手段处置的统一。目前有些行对信贷风险的预警管理和风险处置的前瞻性不够，工作专业性不足，清收处置把握不是很及时和全面。不良贷款处置的专业性很强，还是要有一支专业队伍来做，可考虑借鉴有些行好的做法，成立不良贷款清收处置中心，在处置方法上积极进行创新。

（四）要加快推动经营转型，保持中间业务收入的可持续增长

今年以来，全行经营转型工作推进良好，中间业务收入取得了不错的增长，盈利结构持续优化，产品业务创新加快，推出了供应链融资、POS商户融资、逸贷等一批更加贴近市场需求、引领行业发展的重点创新产品，取得了较好的市场反映。在下阶段工作中，一是要找准各个产品线发展的薄弱环节，加强管理和业务创新。二是重视中间业务发展的合规问题。目前社会上关于银行盈利问题的争议仍在继续，相关监管政策不断强化的趋势对部分中间业务发展影响突出。要高度重视中间业务的规范发展，加强自查，对不规范收费及时整改。三是要适应“大资管时代”到来的趋势，积极寻找新的合作领域和合作方式，特别是在机构同业方面要多做一些深入研究，挖掘同业业务的潜力。

关于转型的问题内容还很多，在这里就不展开讲了。各行还是要继续在拓展转型思路和推动中间业务可持续发展方面多做一些深入分析和思考。

借这个机会，今天就讲这么多。第三季度即将过去，希望大家围绕存款、贷款、资产质量和中间业务等中心工作，把第三季度各项指标完成好。第四季度，大家要齐心协力，共渡难关，力争顺利完成全年任务目标。工作中遇到的问题和困难要及时向总行反映，总行会实事求是地予以解决。

在行务会议上的讲话

易会满

（2013 年 10 月 28 日）

今天开个行务会，主要任务是对照年初和年中工作会议部署，总结第三季度经营情况，分析当前面临的主要问题，布置年前几项重点工作。下面，我先讲几点意见，然后，请董事长作重要指示。

一、第三季度主要经营情况

第三季度以来，全行在深入开展党的群众路线教育实践活动、大力改进作风中，全面推进经营、管理、改革、创新和转型，总体保持了健康发展的良好态势。

（一）经营效益平稳增长，但与同业比增长偏缓、压力偏大。前三个季度，集团实现净利润 2 058 亿元，同比增加201 亿元，增长 10.8%，完成全年净利润计划的 81.8%。其中，利息净收入 3 276 亿元，同比增加163 亿元，增长 5.2%；手续费及佣金净收入 955 亿元，同比增加 158 亿元，增长 19.9%，占营业净收入的比重达22.08%，较上年提高 2.06 个百分点，不仅有效拉动了净利润的增长，也促进了盈利结构的进一步优化。集团净利息收益率（NIM）为 2.57%，年化平均权益回报率为23%，年化平均总资产回报率为 1.51%。提取贷款损失准备283 亿元，集团的减值准备余额为 2 349 亿元，较年初增加 145 亿元；集团拨贷比 2.44%，境内口径拨贷比 2.56%。严格成本核算，优化费用投入结构，成本收入比降至 26.08%，同比下降 0.37 个百分点。

尽管前三个季度经营效益实现了平稳增长，但与上半年比，集团净利润增幅回落 1.56 个百分点，而且从可比同业情况看，增幅也偏缓。NIM 虽然与 6 月末持平，但较上年下降 9 个基点。第四季度，我们还将面临核销不良贷款带来的财务压力，加之合理的刚性费用还需按计划支出，中间业务收入增长还存在较大的不确定性，要保持全年两位数的利润增长压力巨大。

（二）贷款投放均衡、重点突出，但保持信贷业务可持续发展的基础有待夯实、后劲有待增强。前三个季度，全行新增贷款投向较为合理，总量与进度均较好地贯彻了稳健货币政策的要求，有效地支持了实体经济的发展。截至 9 月末，境内分行人民币各项贷款较年初增加 7 189 亿元，同比多增 599 亿元，增幅 9.1%，完成9 000 亿元年度计划的 80%。人民币贷款日均增量为3 928 亿元，同比多增 431 亿元；新增贷款均衡率为54.6%，同比提高 1.6 个百分点。一是全行公司类贷款新增 3 965 亿元，占各项贷款增量的55%，增幅 7.3%。按照“分类指导、区别对待”的原则，积极完善行业信贷政策，通过定向配额等措施，城建等四大行业贷款总量减少 175 亿元，先进制造业等四大新市场贷款增加2 758 亿元，增幅 9.7%，占公司贷款增量的 79.4%。

统筹全行小微企业贷款计划管理，按月调剂小微企业贷款规模，指导和支持全行深入推进重点客户群拓展，小微企业贷款新增391亿元，增幅2.15%。考虑到今年核销和批量转让小微企业不良贷款52亿元，按可比口径，小微企业贷款实际新增443亿元，增幅为2.44%。大力发展境内跨区域供应链、项目供应链和跨境供应链融资业务，制定全球供应链客户的准入标准及相关信贷政策，供应链融资累计发放1 800亿元，新增638亿元，余额达到1 202亿元，增幅达113%。加大棚户区改造项目金融支持力度，将北京、上海等15个城市列为棚户区改造贷款业务重点发展城市。认真研究城镇化进程中城市更新改造商业模式及融资需求，在深圳试点开办城市更新贷款业务。二是全行个人类贷款新增3 179亿元，占各项贷款增量的44%，增幅15.8%，其中个人住房贷款新增2 991亿元，增长22.6%，同比多增2 295亿元。银行卡透支比年初增加420亿元，增长17%。紧贴市场和客户需求，推出“逸贷”产品，到目前短短一个多月时间，开户数即达30 696户，新增贷款18.9亿元，表现出较好的成长性。三是加强行业与区域信贷政策的衔接，推动区域信贷协调发展。中西部及东北地区人民币贷款合计比年初增加3 581亿元，增幅11%，比全行贷款平均增幅高1.9个百分点。其中，西部、中部地区增幅分别为12.1%和10.3%，较全行平均增幅高3个和1.2个百分点。

尽管前三个季度信贷总体把握较好，但面对经济形势的发展变化，信贷业务发展的思路尚需进一步拓宽，发展的基础和后劲尚需进一步夯实和增强。比如，面对目前客户数量整体上还显薄弱、大中小三类客户发展不尽协调的问题，如何更加有效地拓展优质客户数量、调整客户结构；面对当前部分信贷领域风险显现、有效信贷市场需求不足的问题，如何优化信贷结构的顶层设计、更加具体和清晰地明确新的市场环境下的信贷投向，促进政策与市场、与风险防控的更加紧密衔接，等等。这些不仅关系着第四季度、也关系着今后信贷业务的可持续发展，需要各相关信贷部门进一步深入研究和思考。

（三）存款业务稳定性有所增强，但发展不平衡、竞争力亟待提升。面对存款业务发展环境的复杂变化，积极引导全行端正经营思想，坚决纠正少数机构用不可持续的办法冲时点，主动调整存款品种结构，存款稳定性有所增强，增长较为平稳。截至9月末，境内分行人民币一般性存款（不含同业）增势良好，比年初增加10 684亿元，增幅8.2%。其中，储蓄存款比年初增加5 161亿元，增幅7.7%；公司存款比年初增加514亿元，增幅1.6%；机构存款比年初增加5 010亿元，增幅16.1%，为近5年来最好水平。主动压缩付息成本较高的短期同业定期存款，此类存款比年初减少2 103亿元，降幅38.16%，日均同比减少1 440亿元，节约利息支出41.4亿元。

尽管存款业务增长的稳定性增强，但全行存款竞争力弱化的局面并没有好转，储蓄、公司、同业存款增量均为近年来最低水平。从同业比较看，一般性存款（不含同业）时点增量低于农行，日均增量则为四行最低，分别比农行、建行、中行少增837亿元、955亿元和851亿元。储蓄存款余额低于农行，时点增量比农行和建行分别少增2 122亿元和551亿元，日均增量比农行和建行分别少增1 065亿元和1 770亿元。从分行情况看，一般性存款（不含同业）日均负增长的有广东、福建、厦门、浙江、天津、陕西、宁夏、大连8家分行。此外，存款的结构和付息成本也都不理想，定期存款占比51.5%，同比上升2.43个百分点。存款（含同业）平均付息率同比虽然下降4个基点，为2.02%，但分别比农行和建行高出17个基点和7个基点。如果按全行日均存款14万亿元、付息率高7个基点测算，我行比建行多支付利息约98亿元，直接影响利润增速下降约4个百分点。

（四）信贷资产质量总体可控，但防控不良贷款反弹的任务依然艰巨。第三季度，面对不良贷款反弹压力加大的严峻形势，我们坚持管控风险源头和压降不良贷款两手抓，明确目标，落实责任，从思想、组织、机制、人员等方面强化风险管理，边“化瘀”边“清源”，努力保持了信贷资产质量的总体可控。截至9月末，集团不良贷款余额875亿元，不良率0.91%，分别较年初上升130亿元和0.06个百分点，依然处于可控区间。一是多措并举清收处置不良贷款。累计清收处置不良贷款563亿元，同比增加65亿元。其中，现金清收226亿元，同比增加32亿元；呆账核销125亿元，同比增加85亿元。组织完成了江苏、浙江、苏州、福建、上海、宁波6家分行94亿元的不良贷款批量转让。二是加快高风险领域和潜在风险贷款退出。对地方政府融资平台、产能过剩行业实施融资总量控制、贷款限额管理，全口径融资平台客户融资总额较年初下降378亿元，8个产能过剩行业贷款余额比年初减少235亿元。对信贷风险集中暴露的钢贸企业实行专项标识、名单制管理和系统刚性控制，钢贸类小微企业贷款较年初下降123亿元，降幅32.2%。加大潜在风险贷款排查力度，退出和转化潜在风险贷款1 080亿元，超额完成全年计划。三是强化贷后风险管控。组织对新增不良贷款、个人经营性贷款、小微企业贷款、国际贸易融资等业务进行专项检查，有针对性地改进管理措施。

尽管当前信贷风险总体可控，不良贷款率可比同业最低，但我们必须清醒地认识到信贷风险稳控面临的严峻形势，看到不良贷款反弹的压力不比同业小、趋势也不比同业好，具体情况分析我下面还要讲，因此强化信贷风险管理、遏制不良贷款反弹势头将是第四季度及今后一段时期的重要工作。各信贷部门要在抓好资产质量稳控的同时，从体制机制、产品设计、管理流程等方面深刻反思不良贷款形成的深层次原因，思考如何进一步构建科学的信贷风险管理体系，努力保持信贷资产质量的长期稳定。

总的来看，前三个季度各专业在经营发展压力较大的情况下，紧紧围绕总行党委的决策部署，以良好的精神状态推进各项工作有序开展，经营发展取得了新的成绩。特别是经营转型持续推进，资产管理、投资银行、资产托管、信用卡等创新型业务提速发展，较好地推动了全行收益结构的调整。但是，经营管理中也出现了一些需要引起我们高度重视的苗头和问题，比如贷款劣变速度加快，存款增长疲软且付息成本控制难度上升、一些重点拓展的战略性领域有效信贷需求下降，特别是利润增幅在可比银行中偏弱，需要引起我们的高度重视。可以说，第三季度全行工作喜中有忧、喜忧参半。第四季度，各部门要结合贯彻十八届三中全会精神，以及群众路线教育实践活动整改措施的落实，对照年初和年中工作会议上确定的目标任务，一项一项检查序时进度完成情况，抓住今年最后两个月时间，有针对性地加以改进，力争较好地完成全年各项目标任务，并为明年各项工作开好局多做些基础准备。

二、关于信贷工作

进入第三季度以来，经济运行出现稳中向好态势，但仍然存在不少不确定因素，一些企业经营还比较困难，特别是随着国家加大化解产能严重过剩矛盾的力度，将使现有产业格局发生深刻变化，有的制造业尤其是其中的一些中小微企业甚至会伤筋动骨，这将使银行信贷运行面临很大挑战。当前，党中央、国务院对银行服务实体经济有很高的要求和期望，社会各方面对银行信贷投放也非常关注，这要求全行在信贷投放进度和投向的把握上要更加认真落实国家调控政策和监管要求，更好地处理自身信贷结构调整与支持经济转型发展的关系，提升信贷经营水平。

（一）要更加科学地掌握好信贷增速和流量。第四季度，全行人民币贷款可用计划为 1 811 亿元，占 9 000 亿元全年计划增量的 20.1%，为前三季度平均增量的 75.6%。第四季度全行有到期公司贷款约 9 819 亿元，其中到期项目贷款 727 亿元。要督导各行按照总行核定的年度贷款计划、月度投放进度要求，严格把控好贷款投放总量、流量和节奏，真正把有限的信贷资源用到收益较好、风险可控、对实体经济发展支持作用大的业务品种、客户或项目上去。要特别关注近来有效信贷需求不足、品种间、地区间供需不平衡的问题。一些分行贷款上中旬呈负增长状态，主要集中在下旬投放，为了弥补贷款下降缺口和占规模，个别分行还出现“冲时点”的不正常行为。总行要切实注意分地区、分品种的贷款规模调剂，加强对贷款投放均衡性的管理。可考虑建立行内信贷资产交易平台，通过市场化手段调剂各行信贷规模余缺，实现信贷资产内部有序流转。对于全年可能追加的信贷规模，主要用于小微企业、收益较高的个人住房按揭和棚户区改造项目投放。要加快推进信贷资产证券化，做好新一轮证券化资产入池组织和发行准备工作，加强与监管部门沟通，争取更大规模。证券化腾出的规模由分行自主支配使用，调动分行盘活存量的积极性。

（二）要更加有效地开拓目标市场和调整信贷结构。前三季度，全行新增贷款主要是项目贷款和个人住房贷款，两类贷款合计增加 5 110 亿元，占各项贷款增量的 75.8%。当前，调整信贷结构的关键在于业务创新和营销、服务方式创新，更加积极主动地拓展重点领域和目标市场。要进一步加强拓户工作，通过大数据分析，深入挖掘重点客户信息，总行已将“四大新市场”中的 233 户领先企业名单，120 户电商平台重点企业，6 820 户同业优质客户、上市公司、拟上市企业名单，以及 199 个小微企业重点客户集群下发到各行，要指导分行落实好“一户一策”的营销方案，实施精准营销，提高拓户针对性和有效性，扩大客户基础。对“四大行业”中的地方政府融资平台和房地产开发贷款，坚持控制融资总量，重在做好行业内结构的优化。要适度控制一些分行项目贷款的过快增长，更多地依靠存量移位方式支持重点项目融资需求，更加重视运用理财、债券承销、融资租赁等方式帮助企业拓宽资金来源，做好客户维护工作。对总行确定的 15 个棚户区改造贷款重点城市行，按照 8 月下发的相关管理办法，加强与政府对接，力争形成具有市场优势的棚户区改造项目商业运作模式。要密切关注国家近期出台实施的“宽带中国”战略促进信息消费、政府向社会力量购买服务、鼓励和引导民间投资健康发展、社会养老服务体系建设等重大改革措施，从中发现、挖掘有效信贷市场。要加强对国家城镇化建设新政策、新要求、新情况的研究，及时完善支持城镇化发展信贷服务的思路、政策和措施。个人信贷业务要抓住“逸贷”推广和电商平台上线契机，进一步完善客户和商户准入条件，合理确定客户授信额度，抓紧推出信用卡“逸贷”业务，努力提升小额消费信贷业务发展水平，进一步推广中小商户 POS 贷。县域信贷业务要进一步明确发展定位和目标，前三季度，全行 157 家重点县支行贷款比年初增长 7.29%，低于全行平均增幅，利润、存款、中间业务收入等核心业务指标与总行的期望有比较大的差距。要进一步明确 100 家左右的县（市）支行，尤其是前 30 家左右县（市）支行作为重中之重，重点扶持、重点投入、重点突破，支持这些县（市）支行率先进入当地同业前列。

（三）积极发展小微企业的信贷业务。国务院和监管部门要求商业银行的小微企业贷款要实现“两个不低于”的目标。9 月末，我行（国标口径）小微企业贷款比去年同期少增951亿元；增幅低于全行贷款平均增幅6.61个百分点；12家分行小微企业贷款为负增长，而且大多是小微企业贷款大行。前三季度，全行新拓展小微企业有贷户12 100户，同比减少4 550户，降幅达27%，小微企业有贷户较年初净下降591户。发展小微企业贷款业务是国家和监管部门对国有商业银行的政策导向，也是全行信贷结构调整的战略方向。当前，小微企业信贷业务发展乏力，既有经济增速放缓和转型期小微企业风险集中暴露、贷款劣变压力加大的客观原因，也有我们小微企业信贷发展模式不适应业务发展和风险防控需要的管理问题。要下决心改变小微企业信贷业务发展模式，加快整合信息流、资金流和物流，充分挖掘交易数据的应用领域，形成适应小微企业业务规模化发展的科学合理方式。要积极拓展为重点优质企业配套的小微企业、重点专业市场小微企业集群客户。要充分发挥我行项目融资规模大、优质项目资源多的优势，利用多方协议、定向支付等结算工具链接融资，拓展项目融资项下的供应链融资业务，实现小微企业集群式发展。要坚持简约、透明、直接授权与问责统一的原则，完善小微企业贷款产品、授信、审批。对一些暂时无法提供合格抵质押物，但生产经营状况稳定、销售归行充足的客户，可以考虑发放纯信用或者附带一定增信措施的小额信用贷款。

（四）要切实提高贷款定价管理水平。今年以来，全行下浮利率贷款占比增多，贷款收益水平下降。前三季度，新发放贷款（不含票据）平均利率为6.30%，同比下降59个基点，其中，公司类和个人类贷款利率分别较四大行平均水平低6个基点和21个基点，均为四大行最低。尤其要指出的是，新发放个人住房贷款定价水平偏低。前9个月，新发放个人住房贷款中下浮利率贷款占比达53%，分别较去年全年和同期上升16个和31个百分点。第三季度，总行上调了贷款内部资金转移价格，对利率下浮较多的个人住房贷款采取了窗口指导等方式，引导分行加强贷款定价管理，初步控制了贷款收益水平可比同业偏低的局面。第四季度要进一步加大内部价格调控和资金成本约束力度，特别是对部分个人住房贷款定价水平偏低分行，适度放缓个人住房贷款投放进度，促使分行按照风险收益原则，从严控制下浮利率的个人住房贷款发放。

信贷业务流程优化是增强信贷业务竞争力的一项紧迫任务，也是教育实践活动中明确的重点整改内容。要在前期工作基础上，坚持授权和严控相结合，对信贷准入到信贷档案管理全流程进行系统梳理，构建涵盖信贷前中后台、公司个人、大中小客户的产品体系和整体管理架构，实现对产品、准入、授权、制度、政策、授信、审批等管理体系及系统的进一步优化升级。适当调整行业、产品的市场准入标准，扩大分行进行融资业务的创新试点范围；完善授信业务管理模式，扩大授信项下授权审批制适用范围；持续完善GCMS全球信贷管理系统，通过构件化、参数化改造，增强IT系统控制与管理的灵活性，提升对信贷流程优化的响应效率，增强全行竞争能力。

三、关于资产质量稳控工作

当前，全行信贷风险防控正面临着严峻考验。从前三个季度看，不良贷款反弹压力持续加大，总体呈现逐月“双升”态势，到9月末，集团不良贷款余额、不良率分别较上半年又上升56亿元和0.04个百分点，并有进一步蔓延的势头。一是不良贷款反弹势头明显。7月不良贷款余额增加84亿元，为股改上市以来单月最高；8月不良贷款余额突破900亿元，达到946亿元，不良率0.99%；9月中旬不良率一度突破了1%。二是贷款劣变规模明显增加。前三个季度，贷款累计劣变694亿元，同比增加197亿元，增幅40%。其中第三季度劣变278亿元，较前两个季度均增加70亿元，增幅33%。三是不良贷款反弹地区扩大。有23家一级分行不良贷款额较年初上升，较上半年增加2家。长三角等沿海地区是反弹的主要区域，江苏、福建、浙江、天津、上海5家分行不良贷款余额合计上升99亿元，占新增不良贷款的75%。同时，一些重点地区尽管采取批量转让的方式快速处置不良贷款，但贷款劣变速度超过了不良贷款处置速度，前清后溢问题突出。四是小微企业和个人经营贷款仍是不良贷款反弹主体。小微企业不良贷款余额较年初增加89亿元，占全部公司不良贷款新增额的114%；个人经营不良贷款余额较年初增加36亿元，占全部个人不良贷款新增额的81%；两者合计占全部不良贷款增加额的95%。部分小微企业经营风险有向大中型企业扩散、传导的迹象。五是逾期贷款与不良贷款的“剪刀差”持续扩大。9月末，集团口径逾期贷款余额1 512亿元，比年初和6月末分别增加了256亿元、82亿元；占比达到1.57%，比年初和6月末分别上升0.14个、0.05个百分点。逾期贷款与不良贷款的剪刀差为639亿元，比年初增加128亿元，比6月末增加24亿元。

要深刻认识到，在经济结构调整过程中，我们面临的不良贷款反弹压力不是暂时的、短期的，稳控资产质量的考验将是长期的、持续的，必须做好打持久战的准备，不要因资产质量问题而为国际上唱衰中国经济金融的声音作注脚。第四季度要采取更加有力措施，坚决控制住不良贷款反弹势头，力争第四季度不良贷款不再增加，年末不良贷款较年初增加额控制在130亿元以内，不良率0.9%以内，继续保持贷款质量同业领先水平。

（一）要加大不良贷款清收处置力度。一要督导各分行拿出第四季度贷款质量管控计划，明确年末及每个月的控制目标。要认真落实行领导挂帅清收制度，并对执行效果进行跟踪督导。尤其是对10家不良贷款增加较多的分行，要求分行一把手及班子成员对辖属重点二级分行分片包干，亲自参与研究方案，指导清收处置工作。二要组建专业清收队伍。当前，一些行对不良贷款清收处置"不会管"和"没人管"的问题比较突出，有的行在保持较长时间资产质量稳定后精神有所懈怠、风险意识有所淡化，对不良贷款反弹的思想准备不足，办法不多，工作不细致、不深入。不良贷款清收处置的专业性强，要督导各行特别是不良贷款反弹较大的分行，抓紧充实专业力量。有条件的分行，可以成立不良贷款处置中心等专业机构或专门的工作组进行集中清收。三要正确使用批量转让、呆账核销等措施，坚持不良贷款处置与财务承受能力相统一、快速处置与成本约束相统一原则。批量转让财务资源消耗较大、资金回收率偏低，要引导各行用好但不要简单依靠批量转让的方式，重在自我清收转化。批量处置要与利润计划完成情况挂钩。要积极争取司法支持，创造核销条件。核销中损失责任认定要严格、实事求是，该尽职免责的免责，该处罚的严厉处罚，不能因责任追究而应核不核。

（二）要加强重点领域信贷风险控制。

一要狠抓小微企业和个人信贷风险治理。要继续做好钢贸领域存量风险管控和化解，防止以市场为融资平台"套贷"，以及以联保、商品质押为主要特征的钢贸类信贷风险的传递与扩散。要高度关注商品融资业务风险苗头，重点加强对输出监管项下以及钢铁、煤炭等受经济波动影响较大的、大宗商品质押项下的小微企业商品融资业务排查。要对不良贷款劣变集中的二级分行、支行进行重点督导与整顿，分类采取调整客户准入、控制单户贷款额度等措施，集中精力清收转化信贷风险，尽快扭转小企业贷款质量下滑的不利局势。要全面核查小微企业客户关联交易信息情况，防范小微企业虚构交易、虚假商品存货、关联交易、对外过度担保、过度融资、涉足高息民间借贷等风险。对生产经营正常但出现短期资金周转困难等问题的小企业，可按照法人客户贷款期限管理的相关规定，办理展期、再融资和重组。要严控个人贷款和信用卡融资业务风险，当前尤其要抓好个人经营贷款的风险控制，防止借款人通过虚假收入证明、虚假合同、虚假交易等手段骗贷；信用卡融资业务重点监控同一时间段、同一场所多次刷卡消费，防范信用卡套现行为。要加快整合小微企业、个人和信用卡违约信息，实现系统对交叉违约客户风险的刚性控制，防范融资风险传染；对三项业务发生交叉违约的客户，不得新增授信，并逐步收回存量贷款。

二要密切跟踪各地落实国务院《关于化解产能严重过剩矛盾的指导意见》情况，主动防范和化解经济结构调整中的信贷风险，实施融资限额全口径管理，努力压降和退出高风险客户存量融资。要按照优胜劣汰的原则和差别化政策要求，对产能过剩行业认真进行风险排查，对于技术装备落后、亏损严重、不具备市场竞争能力的企业，要果断退出；对产能过剩行业的新建项目，要严格遵守国家政策法令，更为细致地进行审查审批，审慎进入，暂停办理除债券承销外的其他金融资产服务业务。同时，在产能过剩行业融资限额内，支持产能过剩行业兼并重组和"走出去"，支持产能过剩行业结构调整和转型升级。

三要严控地方政府融资平台贷款风险。要高度关注一些地方政府财政收入增速放缓，偿债能力下降的趋势，认真落实监管要求，实行大小口径统一控制，防范平台贷款潜在风险。要严禁用规划土地的未来预期收入作为还贷来源或抵押，坚决杜绝各类涉及平台信贷与投资业务的合规性问题发生。

四要严控房地产贷款风险。密切关注房地产市场走势，建立房地产贷款项目建设进度与销售款归行的监控管理机制，防止出现贷款挪用。要进一步加强房地产贷款的投向管理，严格控制向中小房地产企业发放房地产开发贷款。

（三）要进一步压降逾期贷款与不良贷款"剪刀差"。第三季度，逾期贷款和不良贷款的"剪刀差"扩大的趋势虽较上半年明显放缓，但要实现全年压降200亿元"剪刀差"的目标难度加大。但越是困难，对各行的要求越不能放松，计划目标不能调减。要督导各行下更大的力气抓好逾期贷款的催收，特别是对于逾期贷款集中的重点分支机构，要加强督导与整顿，组建专门的清收队伍，定目标、盯进度，把催收工作的每一个环节做细、做实。要加强对"剪刀差"的考核，年末对没有完成总行逾期贷款压降和控制任务的分行，要相应增提风险拨备。要强化责任管理，加大对经办机构和客户经理绩效奖罚力度，在贷款出现逾期后，相应扣减绩效，并根据逾期期数逐步加大绩效扣减比例。

四、关于存款工作

应该说，存款竞争力弱化的问题，其原因是多方面的。从客观因素看，当前社会资金格局发生变化，客户资产配置多元化及流转加快，同时我行定位于城市金融领域，相较于经营领域主要在县域和农村市场的同业，理财等大量新型业务对存款的替代效应更为明显，存款分流趋势更为突出，这是必然的。从主观因素看，主要是全行客户、渠道、服务、产品、机制等发展基础不扎实，组织推动存款工作的新思路新办法不多，可持续发展的内生动力不足，存款工作不适应市场变化和同业竞争形势。存款是支撑各项业务竞争发展的基础。尽管我们不简单地追求存款的规模增长，但也不能听任存款竞争力弱化，这种趋势一旦形成，将危及工商银行的市场地位，损害可持续发展的根基。因此，我们要正视存款工作中存在的突出问题，既要立足当前，采取针对性措施，遏制市场份额下滑趋势，力求较好地完成全年存款任务；更要着眼长远，从促进客户存款和其他金融资产业务协调发展出发，夯实促进存款竞争力持续提升的基础，确保我行市场领先地位。

（一）要抓好客户基础。客观说，我们的客户基础薄弱并不是指总量太少，而是有效的、有质量的、有增长潜力的客户太少。至9月末，全行金融资产5万元以上的中高端客户只有3 534万户，仅占全部4.2亿个人客户的8.37%，其中净增179.63万户，仅完成年度500万户拓户目标的36%。471万户对公客户中，月日均存款50万元以下的占90.31%；而月日均存款500万元以上的只有10.4万户，占比2.2%。这里重点讲讲个人客户。大量数据分析表明，在我行只有少量存款的大众客户中，许多是在他行有着大量金融资产的贵宾客户。因此，要更加重视引导全行眼睛向内，从撒网式、无选择地拓展增量转到依靠大数据挖掘存量客户上来，从重总量增长转到量质并重上来，进一步拓宽高质量客户基础。对于存量客户，要将目标客户的发掘上移，营销活动下移，主要依靠数据挖掘精准定位目标客户和发现客户需求，主要依靠提供有竞争力的产品和服务，唤醒客户，吸引客户将他行资产转到我行。对于增量客户，要重点关注他行优质客户、年轻客户、活跃客户以及跨境跨区域流动客户等真正有较多金融需求的客户，通过定制化、打包化、整合型的产品组合，进行批量化拓展。

特别要指出的是，代发工资是存款、理财的源头，各项收入的“上游”。抓住了代发工资客户就稳固了相当数量的优良客户。近年来，虽然我行代发工资业务拓展取得一定成效，但客户基础比较薄弱，其中个人优良客户仅有1 700万户，占全部个人代发工资户的比重还不到四分之一，且资金留存水平较低。要抓紧调整代发工资业务发展思路，建立能够真实、准确地反映代发工资业务及客户情况的统计分析体系，明确代发工资单位、客户数量、资金留存率等具体拓展目标，拿出针对性措施。近期总行要召开动员会，推动各级行在这项工作上有大的突破。

（二）要抓好产品创新。没有拳头产品，业务发展也就没有依托和抓手。比如，我们通过发行商友卡，抓住了1 000多万户专业市场的活跃客户，仅储蓄存款就发展了8 200多亿元。要持续加强优化、整合、突破式创新，完善产品后评价机制，激励创新更多的具有竞争力和影响力的产品，提高产品的覆盖率和使用率。个人业务领域，重点要加快推出“薪管家”服务，形成有竞争力的代发工资产品；创新开发针对年轻客户、网络客户的互联网金融产品；研究推出适应跨区域、跨境客户资产流动特点的个性化服务或产品。对公领域，要针对大、中、小客户不同的资金运作模式，不断创新能促进企业发展、为客户增值、受市场欢迎的产品，灵活制订综合化、个性化的服务方案。同时，要充分应用好大额资金监测平台，吸引客户将各项金融资产业务放在我行办理、资金在我行各类产品中配置，从源头上、从客户的大盘子里吸引和沉淀各类资金。

在利率市场化进程中，要更加重视利用理财产品对于竞争客户、吸引存款的重要作用。总行准备进一步研究理财业务发展策略，提升各种理财产品的平衡发展和市场竞争力。资产管理、个人金融等部门要掌握好发行频率和节奏，指导分行科学摆布、合理利用有限资源，处理好客户拓展与成本控制的关系，稳定和竞争综合贡献高、能带动存款有效增长的客户。同时也要做好工作引导，避免基层过度依赖保本理财产品来推动存款增长。要提高一般理财产品的开发水平，增强其对社会资金的吸引力。

（三）要抓好网点优化。今年重点实施的网点竞争力提升“七大工程”要抓紧推进。对601家低效维持型和388家低效优化型网点的优化调整，各有关部门要按名单逐一跟踪落实，督促各行加快进度，确保明年底前全面完成。网点竞争力提升三年规划，目前已完成蹲点调研和剖析会诊，要尽快制订整体方案，重点从网点的布局与规划、岗位设置与人员配备、业务引导与分流、网点管理的模式与配套机制等方面提出一系列政策、措施及制度办法，争取11月召开一次全行性工作推动会，就网点竞争力提升作一个全面的安排部署。要注意将网点竞争力提升与运营改革和流程优化、完善内部管理机制、信息化银行建设等工作结合起来，统筹考虑，协调推进。通过三年的持续推进，进一步提升网点的竞争力。

（四）要抓好机制建设。一是这几天总行要成立个人、公司、机构三大业务推进委员会，并尽快实质运转起来。重点解决好部门之间的协调问题和三大客户群体业务的整体推动问题，加快客户统一营销系统建设，促进各专业间信息共享和协同联动。二是组建数据分析师队伍。11月底前总行管理信息部和各营销条线要率先建立起来，分行也要抓紧时间组建，专门负责数据分析和挖掘，指引基层有的放矢营销目标客户。三是完善定价管理。要做好拓展存款市场与成本承受能力的权衡，坚决控制好付息成本。要努力提高定价水平，尽快向差异化、动态化定价模式转型。既充分考虑市场竞争实际，对重点分行、重点区域做一些差异化授权，对同业存款加强客户营销和精细化管理；又要从总体上把控好成本，慎重上浮授权，引导基层行主要依靠综合服务来拓展存款。年内还要研究调整存贷款的内部资金转移价格，适度提高存款集中价格，引导分行更加重视存款工作。

五、关于中间业务发展

前三季度，全行中间业务收入增长快于15%的预期目标，继续保持收入总量和增量“双第一”，特别是年中工作会议确定的一批重点业务线产品线总体发展良好，对中间业务收入的增长起到了推动作用。比如，资产管理共实现中间业务收入120亿元，同比增长22%，并成功参与首批银行理财直接融资工具试点；资产托管实现中间业务收入66亿元，同比增长35%，托管资产总规模达到4.47万亿元，接近完成全年目标；信用卡实现中间业务收入165亿元，其中收单回佣收入51亿元，同比增长28%；养老金、私人银行、现金管理、品牌投行、贵金属等继续保持中间业务收入增长的强劲势头，增速分别达到107%、78%、67%、59%、52%。但同时我们也必须看到，第三季度中间业务收入增速较上半年放缓了5.95个百分点，部分产品收入增长缓慢，业务发展基础还不稳固。其中，账户贵金属、第三方存管、国际信用证、代理个人保险、基础类投行等13个项目收入同比下降，同比负增长的项目较上半年增加3个；结售汇及外汇汇款等潜力产品的收入增长低于5%，也不理想。

在利率市场化进程加速，全行存贷利差持续收窄的大环境下，加快中间业务的创新发展显得尤为重要，我们要始终坚持一手抓发展、一手抓规范，拿出更加积极进取的措施，不断提升中间业务对全行收益的贡献。

（一）要推动重点业务线和产品线创新发展。资产管理、私人银行、资产托管要抓住“大资管”时代的机遇，加大资产管理创新产品的研发推广力度，完善面向中小商业银行、券商、保险、基金的业务合作平台，健全产品互销机制，并积极拓展各类资管计划的后台增值服务业务，扩大同业合作领域。品牌投行、信用卡、结算与现金管理要继续发挥中间业务收入增长“稳定器”的作用。尤其是品牌投行要不断丰富现有产品的服务内涵和功能，拓展新的业务领域，努力减缓基础类投行收入下降的影响。贵金属、养老金要发挥“加速器”作用。贵金属线下网点建设目标已接近完成，要积极拓展线上、同业渠道，并确保完成香港营运中心设置，抢抓第四季度贵金属营销旺季，牢牢保持同业第一的领先地位。

电商平台、小微商户逸贷公司卡、闪酷卡等重点创新产品要切实做好市场推广工作，抢占互联网金融发展先机。目前，B2C商城已实现技术投产，要组织好内部试运营和客户体验活动，提前策划对外运营后的优惠促销和宣传推广，加快专属金融产品的研发，打造我行电商平台特色和核心竞争力，确保平台明年1月正式对外运营“开门红”。逸贷公司卡目前已经在全行试点推广，与1 000余家小微商户完成签约，要加紧完善风险监控系统功能，实现业务全流程的自动监控处理。闪酷卡线下支付功能已于8月投产，要围绕客户体验进行进一步完善，争取明年初推出线上支付功能。

银行卡收单、个人外汇与账户交易等潜力产品要进一步加大市场推广的力度。要全力推动专职收单团队建设，确保年底机构、人员到位，并整合线上线下商户管理系统，迅速进入线上收单市场。个人外汇与账户交易类产品的客户规模尽管增长较快，但距离全年目标仍有较大差距，要提高营销针对性，扩大客户规模。账户贵金属要尽快扭转持续负增长的局面，巩固市场的领先地位。

（二）要严格整治不规范经营行为。近年来，国家发改委对银行涉企收费检查工作已经全面开始，目前有7家分行接到检查通知，银监会也将于11月针对小微企业金融服务收费政策落实情况开展专项检查。从前一阶段总行组织全行开展的收费合规管理自查情况看，经过去年的治理，全行收费合规意识明显增强，管理基础大为改善，但个别机构仍存在顾问类业务服务缺失或服务质量有待提高、协议签署不规范、未按监管规定和总行要求收费或承担费用、收入科目核算不规范、档案管理有待完善等问题。针对这些问题，总行消保办、财会部要会同有关部门抓紧组织开展一次专项治理，督导各行逐项梳理、排查漏洞，对问题较为集中的个别分行开展窗口指导，进行针对性彻底整改。要加强与监管部门的沟通协调，指导受查分行准确把握监管政策，做好检查配合工作。要教育引导基层行端正经营行为，决不允许个别机构、个别人做违规收费、损害工商银行形象、影响中间业务发展环境的事情。要高度关注客户收费方面的投诉，及时处理，防止形成负面舆情，切实维护消费者的合法权益。

最后，再着重强调一下服务问题。近日陕西分行营业部纺建路支行发生一起重病老人被担架抬进网点办理重置密码的服务事件，被媒体曝光后，造成十分恶劣的影响。尽管在总行指导下，陕西分行迅速采取登门看望、公开致歉、严肃处理责任人员等一系列措施，在较短时间内平息了舆论纷议，但这起事件的发生，不仅暴露了个别员工对群众服务态度的冷漠，对特殊客户缺乏最起码的人文关怀和人性化服务，也暴露了我们一些业务流程、服务办法贯彻不好、执行不到位，服务管理缺失等诸多问题。目前，总行已将此恶性服务事件通报全行，就进一步加强服务管理提出了要求。总行相关部门要督导各行抓紧落实，结合群众路线教育实践活动，深入查摆和加紧解决本单位服务工作中存在的问题。对因老弱病残等特殊原因、无法办理须由本人亲自办理业务的特殊客户，要本着“换位思考、特事特办”的原则，完善延伸服务、上门服务办法，做到既守制度、防风险，又体谅客户实际困难、人性化服务。要坚持对服务恶性事件“零容忍”，进一步健全责任追究机制，发现一起、严惩一起，决不手软、决不姑息迁就。

第四季度工作任务非常繁重，希望大家统筹安排，扎实工作，全面抓好营销、服务、管理、安全以及年终决算等各项工作，确保高质量地完成全年目标任务。特别要重视内控管理和安全生产工作，细致排查各类风险隐患，加强专业督导检查，努力把管理工作做细、做扎实。要认真落实中央八项规定，严格财务开支管理，严禁年底突击花钱、铺张浪费行为，严控“三公”经费，积极增收节支、开源节流。要结合下一个十年的发展纲要和新三年发展规划的编制，提早研究明年的经营计划和工作思路，为做好来年工作打好基础。

在个人 公司 机构金融业务推进委员会成立大会上的讲话

易会满

（2013 年 11 月 15 日 · 根据录音整理）

经过一段时间的筹划和酝酿，今天总行正式召开个人、公司、机构金融业务推进委员会成立大会。三大委员会的成立，不仅是深化落实总行党委“强个金、大公司、全机构”战略的重要举措，也是整合前台营销力量，解决客户拓展、市场营销中突出问题的改革创新之举。近几年，个人、公司、机构三大业务板块取得了较好的经营业绩，但战略实施还不够深入，策略措施还不够完善，在客户基础、业务增长、发展质量等方面与总行党委的要求还有不小差距。这三大板块是工商银行营销服务客户的依托，如果经营运转不畅，客户基础不牢，工商银行的创新转型、改革发展将失去支撑。因此，成立三大委员会，着力解决上述问题，意义重大。

具体来讲，总行研究成立三大业务推进委员会，主要有以下几点考虑：

（一）成立三大委员会是适应外部经济金融环境变化的需要。近年来，我国经济形势复杂多变，金融市场风云变幻，商业银行经营面临的外部环境和客户需求不断变化。从股市、债市的快速发展、银行理财的崛起，到信托业的爆发式增长，再到第三方支付的兴起，中国金融市场格局正发生剧烈变化。从公司信贷情况看，前 9 个月银行业贷款增量占社会融资总规模的比重已经下降至 60%，6 月底是 50%。去年平均为 50% 左右，比 10 年前降低了四五十个百分点。金融脱媒不断加速。目前全社会银行理财产品余额 9.1 万亿元，信托计划 9.5 万亿元，证券公司、基金公司、保险公司资产管理计划超过 13 万亿元，合计超过 30 万亿元。“大资管”时代的到来，对商业银行客户基础、支付结算、投资理财、消费融资以及传统单打一的营销模式构成全方位、颠覆性的挑战，需要商业银行成立关于客户、市场方面的高层决策机构，对环境与形势做出研判，统筹规划主要业务板块的发展战略、竞争策略，进一步整合营销资源，提升营销层次，增强“自上而下”的营销推动能力。

（二）成立三大委员会是适应客户需求变化的需要。随着经济开放程度的提高和金融创新的加快演进，客户的金融需求也在发生巨大的变化。对公客户经营向集团化、全球化、产业链与集群化发展。集团总部对下属公司的财务、资金实行集中控制和管理，对资金的使用效率和风险控制能力大为提升。机构客户面临的形势也发生了巨大变化，近年国家加大了对民生领域的投入，特别是十八届三中全会后，改革力度进一步加大，机构业务中蕴藏着丰富的金融需求。但我行的同业金融服务还比较传统，除了同业拆借、短期定存和日常的结算代理服务之外，其他新兴业务开办得还不够，竞争能力、创新能力还有待加强。个人客户金融需求也表现出个性化、综合化、多样化的特征。个人存款占个人金融资产的比例已下降至 70%，预计再过 5 年，这个比例会下降至 50% 左右。在金融脱媒加速发展的今天，工商银行如果依然固守传统业务，经营理念和服务不转型、不创新，就没有出路，甚至很可能会被边缘化。因此，我们要加快从单一产品的服务转变为综合化的、一揽子的服务，由单一国家或地区的服务转变为全球的服务，由标准化、同质的服务转变为个性化、差异化的服务，由个人、公司、机构的单线条营销转变为融合互动的交叉营销。

（三）成立三大委员会是适应市场竞争形势变化的需要。随着利率市场化、大资管、大数据时代的来临，我行存款、贷款、中间业务等都面临同业的激烈竞争，保持原有市场份额难度越来越大，存贷款定价也出现了新变化，净息差缩窄幅度快于同业，不良资产反弹压力加大，这些都对全行利润的持续增长带来挑战。以储蓄存款为例，目前部分股份制商业银行已将存款利率全部上浮 10%，四大行中农行、建行已将利率上浮权授权给一级分行且开始执行差别利率。截至 9 月末，我行储蓄存款余额 7.2 万亿元，同业占比 30.43%，排名第二，较农行少 972 亿元。信贷市场有效需求不足，品种间、地区间供需不平衡问题较为突出。债券承销业务面临着强有力的市场竞争，截至 9 月末仅完成 2 088 亿元，市场排名第二，落后建行367亿元。互联网金融的迅猛发展也对商业银行的传统业务造成冲击。在支付结算方面，支付宝、拉卡拉等第三方支付公司凭借其便利、多样性以及低价等优势，业务量迅速增长。理财方面，阿里公司的余额宝规模在短时间内突破1 000亿元，成为国内规模最大的货币基金；客户数也已经超过1 600万户，而同期我行个人有效客户仅新增2 417万户。瞬息万变的市场形势对我行的竞争策略、渠道、定价、服务、产品等提出更多要求。

（四）成立三大委员会是解决群众反映强烈的“大企业病”问题的举措之一。我行机构庞大、部门众多，难以避免地存在业务协调困难、联动不够等问题，“部门墙、机构壁”现象不同程度地存在。这次党的群众路线教育实践活动，基层提了很多很好的意见和建议，其中普遍反映业务流程长、环节多、效率不高，影响了市场竞争力；同时存在各自为战、多头营销的情况，不仅造成资源浪费，也给客户留下了缺乏整体合力的印象。因此，推动建立“以客户为中心、以市场为导向”的营销管理体系，通过体制机制改革打破“部门墙”和“机构壁”，既是适应业务发展的需要，也是群众路线教育实践活动整改落实的要求。

对于“大企业病”的治理，我认为，一是要加快机构改革，进一步厘清部门职能。二是要进一步完善考核机制。目前专业考核指标过多，关键指标体现不够。下一步，对各部门的考核指标要进行简化，减少人为、主观指标比重，并与部门的工资包、评先评优高度挂钩。经营管理部门、利润中心、保障部门要分别形成各自的考核体系。考核结果与分配激励、干部使用等挂钩。三是要在服务者与被服务者之间建立考核评价制度。总行部门之间也要评价，分行对总行的相关部门要评价。评价可采用不记名网上投票、网上评分等形式。要通过这次教育实践活动整改，采取一些实实在在的措施，促进经营管理各方面作风的改进，要让全行40余万名员工看得到、感受得到。

总之，设立三大委员会是我行经营发展到一定阶段后转型发展的必然选择，是各项业务再发展、再提升的载体。成立委员会的根本目的在于不断扩大和优化能够支持未来可持续发展的客户基础。要坚持以下三个原则：一是要突出“以客户为中心，以市场为导向”的原则。客户是利润之源，是银行生存之基，要把做好对客户的服务工作放在头等重要的位置。要进一步明确营销部门与产品部门的职责，由营销部门统一实施客户营销管理；产品部门配合营销部门把营销工作做深做细，深度发掘客户价值，提升客户贡献度。二是要突出对重大问题的解决。三大委员会是决策的辅助机构、参谋机构。三大委员会不替代行内现有委员会，不与现有的委员会职能冲突，而是从客户、市场、产品的角度，解决一些营销方面的重大问题。委员会决议一旦形成，就是决策的重要依据，需要行内各委员会、各部门、机构全力配合，确保相关工作的落实。三是要突出整体机制的建设。要依托三大委员会，加强顶层设计，完善全行分润机制、联动机制、定价机制、督导机制等配套机制建设，健全组织保障，切实发挥好三大委员会的作用。

三大委员会成立以后，我提五点工作要求：

一是加快理念转变。要进一步增强紧迫感、危机感，进一步增强忧患意识和机遇意识。委员会只是一种形式、一个载体，真正的核心是如何适应当前的竞争形势，转变经营理念，强化全局意识和协作精神，打破“部门墙”、“机构壁”，各部门要顾全大局，形成合力，把委员会的作用真正发挥出来。个人、公司、机构三个承担委员会秘书处的职能部门，更要增强主动服务意识，进一步转变作风，认真做好统一的客户牵头服务工作。

二是完善联动营销机制。个金、公司、机构各板块，内部各部门之间，要以成立委员会为契机，加强部门间的联动营销、协同营销。个金板块，个金、银行卡、私人银行、电子银行、贵金属等部门之间要打破专业界限，加强客户推介、产品渗透，实现交叉销售。公司板块，要强化公司业务部门的营销定位，与相关产品部门、利润中心、境内外机构、子公司及行外机构通力合作，构建“商行+投行、境内+境外、表内+表外”的大营销格局。机构板块，要完善机构客户资源配置、产品定价和业绩考评机制，加强跨部门联动、总分行联动，形成从机构客户开发、需求挖掘、产品创新到后续服务的快速响应机制。

三是增强业务条线的系统推动力。要按照“以客户为中心，以市场为导向”的原则，抓紧研究出台与客户拓展、市场营销相关的战略规划。前台部门要加强对市场、客户、基层行情况的研究和了解，对市场拓展、业务流程优化等拿出有说服力的数据和有针对性的意见办法，“自上而下”做好客户、行业、区域、板块的营销指导，帮助基层行提高营销效率。新客户拓展是明年考核的一大重点，同时，要更加重视夯实客户基础，尤其重视有效客户、盈亏平衡点以上客户，减少睡眠客户、无效客户。要根据全行的发展战略，对明年整体信贷投向、投量、区域、客户、行业做深层次分析，寻找新的增长点、蓄水池。市场和客户研究是一项非常重要的基础性工作，是一项需要坚持不懈、日积月累的长期性工作，前台部门一定要眼睛向下、眼睛向内，把这项基础工作做好。要切实提升各业务条线、各机构之间的联动，加强产品创新、服务创新。要健全营销体制机制，加强人才队伍建设，公司板块要完善分层营销机制，探索首席客户经理制。要积极推动全产品营销，不断提高产品的覆盖率和使用率，深度挖掘客户价值。要及时解决市场营销、客户服务中的突出问题，提高对重大市场机遇的把握能力。

四是做好委员会各项基础性工作。要加快建设完善个人、公司、机构客户的营销管理平台，做好三大板块的统一客户视图，并逐步与MOVA系统有机结合起来，为清晰掌握客户情况，准确指挥业务经营提供强有力的信息支撑。这项工作一定要先行一步。要做好上会议题的论证，严把质量关，确保每项议题均是从客户、市场角度出发，有助于解决业务、产品、区域、板块营销中存在的重大问题。要认真落实好委员会各项决议，增强执行力，确保实效。

五是健全委员会的运作机制。今后，委员会会议将采取定期与不定期召开相结合的方式，半年召开一次业务分析会议，日常根据需要随时召开，参会部门根据议题确定，形式可以相对灵活，关键在于效果。会议内容由主管副主任委员确定，必要时由我来召集会议。一级分行是否成立相关委员会，总行不做硬性规定。

在中国工商银行2013年度决算工作会议上的讲话

易会满

（2013年12月9日·根据录音整理）

今年全行经营形势发生了许多新的变化，许多问题需要我们积极应对。今天召开年终决算会议，我主要围绕利润目标讲几点意见，稍后财务会计部就决算工作再做具体部署。

一、全行经营面临多重挑战，但总体经营形势稳定

今年以来，全行财务运行主要受到三个方面的挑战：一是利差收窄幅度高于同业。年初以来，2012年基准利率下调和存贷款浮动区间扩大对利息净收入的影响集中体现，集团净利息收益率明显下降，前三季度NIM降至2.57%，同比下降9个基点。从同业数据看，农行NIM为2.75%，同比下降7个基点；建行NIM为2.71%，同比下降3个基点；中行NIM为2.22%，同比上升10个基点。我行NIM绝对值列同业第三位，降幅最大。NIM的变动除受利率政策调整影响外，还与存贷款定价相关。以贷款为例，前三季度我行新发放人民币贷款平均利率为6.30%，比建行低8个基点，全行利息净收入增幅降至5.22%，比上年同期下降11.36个百分点。按照目前全行生息资产规模测算，NIM每下降1个基点，利息净收入将减少超过16亿元，NIM下降9个基点导致全行利息净收入累计减少约144亿元。今年我行利润增长幅度较低与利差收窄幅度较大有很大关系。

二是不良贷款增加给全行盈利带来较大压力。随着中国经济增长进入转型期和换挡期，包括我行在内的中国银行业信贷资产质量普遍出现拐点，不良贷款增长势头仍在延续。今年1～11月，全行贷款劣变近800亿元，较去年增加近200亿元。东部沿海地区尤为严重，个别分行贷款劣变超过百亿元，不仅高于系统内同一区域其他分行，也高于当地可比同业，严重影响了自身当期净利润。从各境内分行利润完成情况看，前11个月，36家一级（直属）分行净利润年化预算完成率平均为95%，但上海、江苏、浙江、福建、宁波和厦门六家分行受资产质量劣变等因素影响，总体预算完成率仅为78%。其中同期净利润负增长超过10%的分行有四家，宁波分行负增长45.4%，福建分行负增长30.2%，浙江分行负增长14.2%、江苏分行负增长12.1%。上述传统利润大行净利润出现负增长，传导给全行的压力可想而知。从集团层面看，为落实拨贷比监管要求，不良资产处置、核销所耗用的拨备都需要总行重新补足，拖累了集团净利润的增长。

三是中间业务收入增速呈现逐步放缓之势。今年1～11月，全行累计实现中间业务收入1 069.16亿元，同比增长14.27%。但第三季度以来，中间业务收入增长有放缓之势，增速从上半年的24.15%，降到前三季度的18.01%、前11个月的14.27%，11月当月中间业务收入同比进一步下降至10.02%。从境内情况看，前三季度，仅西藏、甘肃、辽宁、湖北等11家分行增速有所加快，其他27家分行增速均较上半年下降，16家分行增速低于10%。从业务品种看，全行14类中间业务中，投资银行、委托贷款及贷款服务、资产托管、对公理财、国际结算、人民币结算和借记卡等7类业务同比下降。从同业看，前三季度我行中间业务收入总量和增量同业占比虽保持“双第一”，但增速低于中行8.68个百分点，其中结算、代理、理财收入增速分别低于农

行、中行3.44个和1.03个百分点。

尽管经营发展面临多重压力，但经过全行上下的共同努力，经营效益总体继续保持平稳增长态势。前三季度，集团实现净利润2 058亿元，同比增长10.8%，完成全年计划的81.8%，全年完成董事会确定的净利润增长6%的经营目标问题不大。但从同业情况看，盈利增速压力仍然较大。前三季度农行净利润增幅为14.92%，中行为12.68%，建行为11.57%，均高于我行。据了解，年末可比同业净利润增幅预计均在两位数以上。因此，我行能否在可比同业中取得较好位次仍有一定的不确定性，这取决于全行上下年底前这段时间的工作态度和力度。

二、保持良好稳定的利润增长是实现经营转型和可持续发展的重要基础

首先，保持良好稳定的利润增长是股东和资本市场的要求。没有盈利的持续增长就没有持续的投资价值。股改上市以来，工商银行利润增速一直处于可比同业前列。总体来看，我行市值管理比较主动，但今年投资者对工商银行的认识与判断发生了微妙变化。资本市场自身有一套成熟的股票估值模型，模型中一对最重要的参数是净利润和净利润增长率。目前，主流投资分析机构普遍预测我行今年利润增幅将保持两位数。如果达不到预期，就可能促使它们修正参数和投资建议，并由此引发我行股票在资本市场上受到较大抛压，这将直接影响国有股东和所有境内外投资者的利益。此外，近年来工商银行无形中已成为中国金融业乃至中国经济的一个风向标，工商银行的业绩表现和资产质量如何，某种程度上会影响国际投资者对中国经济和金融的预判。因此，从股东利益和资本市场角度看，我们需要考虑如何在可比同业中表现出更好的成长性。

其次，保持良好稳定的利润增长是顺利推进经营转型的重要保障。党的十八届三中全会作出了加快推进利率市场化、扩大金融业开放、提高直接融资比重等重大金融改革决策，既为中国金融业注入了新的活力，也给商业银行经营带来新的挑战。当前，利差收窄、金融脱媒、支付脱媒等外部挑战加剧，都在持续挤压银行的传统收入来源。银行业面临着经营转型的巨大压力，需要我们不断创新金融产品和服务、不断优化客户结构，才能重塑更具盈利性、安全性、流动性的资产负债表，重构更加多元、更可持续的利润表。在这一战略推进过程中，必然对短期盈利带来一定冲击。因此，保持当前全行盈利的良好稳定增长显得尤为重要，否则转型调整空间就会相对受限。

最后，保持良好稳定的利润增长是保证费用资源合理增长的需要。按照财政部确定的我行工资费用与利润增幅挂钩关系，利润每增长1个百分点，工资费用可增长0.6个百分点。因此，利润上不去，工资费用就上不去。在整个费用结构中，员工费用大致占六成，经营性费用占四成。在经营性费用中，受物价上涨，尤其是房价、租金及固定资产使用维护费用快速上涨的带动，刚性费用较快增长，占比达到六七成。加上准刚性的工资费用，总费用中八九成都是刚性的。今年以来，部分利润下滑较快的分行已经明显感受到这块刚性费用的压力。如果未来我行收入增速继续放缓，而费用又在不断地刚性增长，那么我行净利润、ROE必然会出现下滑，成本收入比将会攀升。这是我们不愿看到的。总的来说，全行上下要进一步提高认识，克服困难，挖掘潜力，毫不松懈地抓紧抓好年前各项工作，努力把全年利润计划完成得更好一些，实现得更多一些。

三、全力以赴抓好岁末增收节支工作，力争更好地完成全年利润计划

现在距离年底还有21天时间，各行要按照总行的统一部署，以更加积极进取的态度和决心，争取把利润完成得更好一些，尽量减少或消灭负增长。总行也将对重点行进行督导。各行、各专业要不唯计划、不唯基数，只唯大局、只唯市场，抓好中间业务增收，强化资产质量管理，合理使用费用资源，按照更高的目标多做贡献。

一是坚持中间业务两手抓，稳定利润增长基础。中间业务要不留余地，力争超额完成计划。年初董事会确定的中间业务收入增长计划是15%，上半年达到了24.15%，全年要争取达到18%。当前中间业务增速下降太快，有的分行一提到检查，连该收费的业务都不敢收费了，这是不正常的。在此明确，各行、各专业今年第四季度单季的中间业务收入同比、环比都不能下降，这作为一项基本要求。结合前11个月的情况，12月各专业收入目标如下：投资银行部要实现品牌类、基础类投行收入77亿元；资产管理部牵头，实现对公、个人理财收入和理财项目推荐收入38亿元；银行卡业务部实现回佣和分期付款手续费收入21亿元；个人金融业务部实现代理个人保险、基金收入12.5亿元；公司业务一部实现承诺、融资服务费12.5亿元；资产托管部实现资金托管费10亿元；金融市场部实现债券利息收入105亿元。各专业要多措并举、多管齐下，确保实现上述目标，年后总行将对收入实现情况进行通报。同时，各分行行长也要高度重视中间业务增收工作，超计划实现的收入部分不作为明年的考核基数，大家不要有鞭打快牛的顾虑，相应挂钩的费用资源明年全部兑现。

需要强调的是，各行、各专业要注意正确处理中间业务“规范”和“发展”的关系，“规范”是基础，“发展”是目标，既要积极配合外部收费检查，如实反映我行涉企收费管理情况，做好与监管部门的沟通，又要把外部收费检查压力转化为进一步改进服务的动力，合法合规的业务要大力发展，该收的费用要理直气壮地

收，做到应收尽收，不合规、手续不齐全的费用1分钱也不能收。在此重申一下“规范”的含义，只要符合《“2012版”价目表》以及总行与之配套的规章制度、操作流程、协议文本、收费凭证、投诉处理等相关规定的，就是“合规”收费。中间业务收费除政府指导价外，市场调节价只需报备监管部门并对外公示告知后，就可以收取，这些要求我行已满足。这次检查并没有出现系统性的收费项目问题，个别项目手续、合同、服务内容等方面不规范问题是客观的，大家要全面理解、正确对待，不能一遇到检查，全部业务都停顿下来，造成中间业务收入的大幅波动。如果外部检查机构对我行某些业务收费的合规性存在疑问，总行将出面协调相关分行、部门对外统一沟通解释。本次会议后，各行、各专业要及时将上述精神传达到每一个机构、每一位员工，切实消除当前存在的对外部检查不正确的认识，消除基层行的畏难情绪，缓解基层员工的心理压力。

二是严格控制好资产质量，统筹兼顾利润大局。要在统一组织安排下，积极采取多种方式加大不良贷款清收、转化和处置力度，努力保持资产质量相对稳定。不良贷款处置要坚持全行“一盘棋”，要考虑利润承受能力，现在打包处置的成本很高，受偿率只有20%～25%，不能不计财务成本、不管利润完成情况，一核了之，一转了之。同时，要认真分析不良贷款的形成原因，深刻反思、查找信贷经营管理中存在的内在问题。今年增加的200多亿元不良贷款主要是小企业贷款和个人经营性贷款，但不能认为小企业、钢贸贷款出问题很正常，这种想法本身就很危险。最近，总行前、中、后台部门都在做深层次的分析，付出那么多学费，不能只强调外部形势变化，要多从主观上找原因，从各个层面总结教训。

三是合理安排费用资源，提高资源使用效率。现阶段及未来一段时期，全行费用总量增速必然放缓，大家要有过紧日子的思想准备。“盘活费用存量、用好费用增量、提高资源投入产出效率”将成为未来资源配置的主基调。今年费用总体坚持适度从紧原则，有些分行一味强调拨备成本上升形成费用硬缺口，寻求总行在费用资源上的支持，这是不正确的。各行要妥善安排好费用资源，保证工资费用、开门费用，不留硬缺口。对利润计划完成较好的分行，挂钩费用年内难以追加的，会在明年全部予以兑现。

同志们，面对新一轮金融改革，面对激烈的同业竞争压力，全行不能仅仅满足于实现年初既定的经营目标。要紧紧抓住岁末年初业务旺季，以更加积极进取的精神状态服务客户、抢占市场、提升业绩。我最后再小结强调几点：一是要齐心协力完成好中间业务增长18%的总体目标，各专业要完成好总行下达的分专业收入力争目标。二是严格控制好资产质量，资产处置不能不计成本、不讲大局。三是适当控制费用，做好过紧日子的准备。四是对未完成利润计划且为负增长的分行，取消行长绩效考核评优资格。总行相信，只要全行上下齐心协力，扎实工作，就能够交出一份与中国经济发展水平、与工行竞争力相匹配的优异成绩单。

突出重点　统筹推进
以内涵发展促进网点竞争力的全面提升

——在中国工商银行网点竞争力提升工作视频会上的讲话

易会满

（2013年12月9日）

经过认真分析当前全行经营管理面临的新形势、新情况，同时基于对网点竞争力的研究判断以及对部分机构网点的现场调研情况，总行党委决定从现在开始，用三年左右的时间在全行深入开展网点竞争力提升工作，通过内涵式发展全面提升营业网点市场竞争能力。根据总行党委统一安排，总行成立了专门的项目团队，自9月初起，分赴广东、天津、贵州等13家分行开展了为期20多天的蹲点调研，现场了解了我行在网点竞争力方面存在的问题，广泛听取基层员工对提升网点竞争力的意见和建议。总行在深入研究、充分沟通、反复论证的基础上，制定了网点竞争力提升的一系列政策和措施。考虑到这项工作事关全行战略发展和经营管理大局，所以今天我们召开这次视频会议，专题进行一次工作动员和任务部署，以便把这项工作谋划好、组织好、推动好。下面，我讲三个方面意见。

一、认清形势、正确研判，充分认识提升网点竞争力的必要性和紧迫性

近年来，全行在优化渠道布局、调整网点结构、抢占新兴市场和拓展优质客户等方面取得了显著成绩，网点的市场竞争能力和客户服务水平得到了进一步提升。但与此同时，我们也要清醒地看到，随着国内外经济形势的变化、客户金融消费习惯的改变、互联网金融的快速崛起和同业竞争的日趋激烈，全行在网点经营管理和竞争能力方面存在的问题也日益凸显，迫切需要我们深入研究、准确分析、科学研判，采取有效的措施加快提升营业网点的竞争发展能力。

（一）业务规模小、盈利能力弱的网点仍然偏多。2013年6月末，全行网均存款8.8亿元，网均拨备前利润1 055万元。虽然整体上经营业绩不错，但规模小、盈利能力差、增长乏力的低效网点还为数不少。从经营规模看，全行近1.7万家网点中，排名后20%的网点、也就是近3 500家网点的存款合计仅占全行存款余额的1.9%；开业三年以上的网点中，仍有近600家存款余额不足1亿元。从盈利能力看，全行排名后20%的网点拨备前利润合计占全行拨备前利润总额的比例不足1%；开业三年以上的网点中，拨备前利润低于100万元的网点有400多家；另外还有200多家处于亏损状态，平均亏损额达到800万元。从业务增长看，增长缓慢甚至负增长的网点还为数不少，2012年全行日均存款增长率为11%，但日均存款增长率低于2%的网点却有2 500多家，负增长的网点也有近1 500家。

（二）客户基础相对薄弱。一是客户总量规模不小，但无效和低效客户数量较多。2012年末，全行个人客户突破4亿户，但一年内无账户交易的就有近1亿户，占比高达25%，而财富、私人银行等中高端客户仅400万户，不足个人客户总量的1%；全行438万户对公客户中，超过60%的客户存款不足5万元。二是从客户结构看，网点优质客户不多。2012年末，金融资产5万元以上的个人客户3 355万户，仅占全行个人客户的8.38%；金融资产超过2万元且持有2个以上个金类产品（不包括电子银行产品）的客户只有4 300多万户，仅占全行个人客户的十分之一；在具备对公服务功能的网点中，存款50万元以上的对公客户网均只有40户，还有2 000家网点5户都不到。三是存量客户黏性不强。由于营销手段相对单一，交叉销售不够，产品渗透不力，导致全行存量客户尤其是优质存量客户潜力挖掘不够，对我行的依赖性和黏性也不强。比如，除了储蓄存款、借记卡和网上银行渗透率较高外，手机银行、代发工资、U盾和贷记卡等产品的渗透率分别为17%、13%、12%和11%，其余产品更低，均在10%以下。四是客户拓展方式有待转变。某些业务部门和部分分支机构还是习惯于“跑马圈地”、“人海战术”的粗放式发展模式，缺乏对业务领域的深入研究和精耕细作，导致产品向市场投放的数量不少，但效果和质量却不容乐观。

（三）网点柜面业务结构亟待调整。目前，全行网点柜面办理的业务结构不尽合理，导致柜面资源的利用效率不高。一是低附加值业务占比过高。2012年，全行网点柜面办理的账户类交易中，71.6%为传统低附加值业务，其中53.7%是活期存取款业务，9.7%是定期存取款业务，8.2%是汇款业务，而理财、基金等高附加值产品的交易占比仅为1.6%。二是柜面业务仍有较大的分流空间。6月末，全行柜面业务可分流率为30.4%，其中有22家分行可分流率高于全行平均水平，还有不小的分流空间。三是柜面忙闲不均的现象较为普遍。2012年，全行有4 800多家网点的柜员月均业务量超过3 000笔、即日均超过140笔；而月均业务量低于1 000笔、日均业务量不足45笔的柜员，全行还有30%左右，区域间、行际间和网点间忙闲不均的现象亟待改变。

（四）网点人力资源配置有待进一步优化。一是网点岗位整合不够。随着流程改造、远程授权、业务集中等改革的实施，网点内很多岗位的职责、工作范围和业务办理环节都发生了变化，不少岗位的工作量有所减轻，但是我们并没有及时进行优化整合，产生了一些工作不饱和的岗位，造成了人力资源的浪费。二是劳动组合不科学。由于全行对网点的岗位设置和业务量统计缺乏统一标准，导致各分行在网点人力资源配置上差异较大；而且，在现金业务量不断下降的情况下，部分分行柜口设置和劳动组合也没有及时进行优化调整，高柜柜口设置仍然偏多，高低柜比例最高的分行达到了6.3:1，是最低的分行（1.2:1）的5倍。三是网点人员总量偏多，但结构不合理。全行23.1万家网点从业人员中，柜员和后台人员占比较高，而销售类人员占比偏低，对公和个人客户经理合计为5.1万人，只占网点人员总量的22.1%，还有3 000家左右网点没有配备专职大堂经理。

（五）网点综合化服务能力有待增强。一是网点综合化程度不够。目前全行还有1 800家网点是单一业务网点，不具备对公业务服务功能，而且还有2 600家左右网点虽具备综合化服务能力，但没有办理过一笔对公业务，这两者合计一共有4 400家网点，占全行网点总量的26.3%，也就是说我们四分之一的网点是单一网点。二是外汇业务服务能力不强。全国34个重点城市行中，开办个人五项外汇业务的网点占比仅为62.7%，二线、三线城市网点的外汇业务覆盖率则更低。有的网点虽然具备办理外汇业务的功能，但是业务量不大甚至为零，还有相当一部分网点员工对外汇业务不熟悉，业务办理效率不高，甚至出现把客户推到其他银行去办理的现象。三是网点对公客户缺乏有效维护。大部分网点

缺少对公客户经理，一般由网点负责人或低柜柜员负责对公客户的维护，由于内部管理、柜面业务等工作任务繁重且管户数较多等因素，做好对公客户维护也就只能是纸上谈兵了。调查显示，目前全行对55.9%的小微企业客户没有提供日常维护，网点服务小微企业的功能没有得到充分发挥。四是网点负责人综合能力有待提高。分支行普遍反映，业务能力强、管理水平高的网点负责人非常缺乏，人才断层也比较严重。同时，全行现有网点负责人中熟悉个金专业的多，但对公司、机构、国际、电子银行等业务则了解不够，业务综合能力还不能完全适应网点业务综合化发展的需要。

（六）网点同业竞争能力不容乐观。与其他四大行相比，我行整体的网均、人均效能水平相对领先，但近年来优势正在不断缩小。2013年6月末，我行网均存款、网均利润均排名四大行第1位，但领先优势十分微弱；人均存款、人均利润均排名四大行第2位，分别落后于建行679万元、8.8万元。从地区分布看，我行在15个省区网均存款只排在四大行第3位，其中有6个省区近三年的网均增幅排在了后两位；在10个省区人均存款只排在四大行第3位。与中小股份制银行相比，我们的差距则更大。据统计，2012年网均效能方面，民生银行的网均存款、网均利润分别是我行的3.5倍和4倍，我行分别只有598家网点的存款和922家网点的利润可以达到民生银行的网均水平，仅分别占我行网点总量的3.5%和5.5%。人均效能方面，浦发银行的人均存款、人均利润分别是我行的2倍和1.7倍。

二、多措并举、全面优化，以七大工程为抓手全力推进网点竞争力的提升

营业网点是我行拓展业务、服务客户的主要平台和核心渠道。未来三年，全行将以“内涵发展、效益优先、经营转型、机制推动”为根本方针，以提升网点竞争力为目标，以市场为导向，以客户为中心，坚持走内涵式发展之路，通过系统实施存量网点盘活、岗位优化整合、渠道转型、员工优化、客户拓展、产品渗透和配套保障七大工程，实现全行网点的经营管理水平和市场竞争能力再上一个新台阶。主要有七项目标：

——竞争能力全面提升。2016年底前，全行50%以上的网点存款、利润等主要指标超过当地同业平均水平，人均指标达到当地四行的前两位。

——网点总量稳定、结构优化。全行网点总量控制在1.7万家以内；重点完成D类和E类低效网点优化调整任务。

——自助渠道建设快速推进。2014—2016年，全行新增各类自助设备14万台。2016年底前，力争实现离行式自助银行与物理网点数量比为1:1，自助银行总量与物理网点数量比为2:1。

——客户基础不断加强。全行中高端客户占有效客户比重每年提升1个百分点，客户结构不断优化，户均金融资产显著提升，产品渗透有效加强，客户黏度进一步提高。

——服务水平持续改善。网点分类服务体系基本建立，综合化服务功能进一步完善，2016年底前全行网点综合化率超过90%；力争实现对五星级（含）以上个人客户、日均存款70万元（含）以上对公客户有效管户；普通客户的等候时间控制在20分钟以内，中高端客户的等候时间控制在10分钟以内；使客户体验不断改善。

——人员配置持续优化。在网点人员总量基本不变的前提下，完成2万人的结构调整，其中：高柜柜员向低柜柜员转岗0.5万人，柜员向销售类人员转岗1.5万人；销售类人员占网点从业人员比例每年提升2个至3个百分点，2016年底力争要达到6.5万人。

——工作机制得以健全。要构建全行网点经营管理平台，全面反映网点每日业务量、人均业务量、中间业务收益、利润及客户拓展状况，逐步构建并完善考核评价、动态管理、跟踪反馈等长效机制，确保网点竞争力持续稳步提升。

为实现这些目标，全行要按照七大工程的整体要求形成一条清晰的网点竞争力提升路线图，突出重点、分步推进。当前，要加快推进存量网点优化调整，尽快消除低效网点。首先，启动网点运营标准化建设，制定包括网点业态分类、岗位设置、柜口设置、柜员配备和业务量统计在内的各项标准。其次，要以渠道转型为方向，加大柜面业务分流力度，加快自助和电子渠道的建设，提升全行网点的整体运营效率，促进网点由交易核算型向营销服务型转变，在此基础上，积极做好网点各类人员的优化配置，整合岗位设置，提升运营效率，调整人员结构，充实营销队伍。同时，要大力实施客户拓展和产品渗透工程，提升网点综合化水平，全面推进联动营销和产品交叉销售，促进公私联动和上下游客户一体化服务，巩固和提升网点客户基础，增强产品市场竞争力。最后，要不断夯实网点经营管理基础，构建网点经营管理平台，建立健全激励约束机制，加强网点负责人队伍建设，强化网点服务管理，持续推进业务流程优化，为网点竞争力提升提供强有力的措施保障。

（一）以加快低效网点优化调整为重点，认真做好存量网点盘活工作。上半年，总行开展了存量网点优化重点课题研究，将全行现址营业三年以上的全部网点划分为A、B、C、D、E五类。其中，盈利能力差、业务增长缓慢的D类和E类网点达到2 914家，占网点总量的21.1%。因此，总行决定率先优化调整这些低效网点，切实增强网点市场竞争力，具体要做好以下几个方面的工作：

1. 持续优化全行网点区域布局。根据城市建设规划和重点经济区域变化，进一步优化网点区域布局，着

力调整密度过高的老城区网点和小、老、旧网点，逐年降低资源匮乏的老城区网点占比；对发展潜力较大的区域要重点关注，加快进入步伐，进一步提高重点区域、潜力地区和新兴市场的机构覆盖率。各一级（直属）分行要综合考虑辖内经济环境、人口规模、收入水平和发展潜力等因素，制定辖区内网点区域布局整体优化方案。

2. 全面完成低效网点优化调整工作任务。各行要按照总行上半年有关部署与要求，按照“迁、改、撤并”的原则，于2014年底前完成低效网点优化调整工作。同时，为更好推进低效网点优化调整，总行会相应地出台一些配套优惠措施，例如在财务上给予一定的费用支持，对于迁建的低效网点给予两年考核宽限期，不纳入网均指标计算的基数，等等。总行财会部要按照新的网点分析评价方法和指标体系，会同有关部门尽快对全行网点分级分类情况进行分析与测算，并予以公布。

3. 切实提高网点优化调整的工作效率。很多分行都反映我们的网点优化与建设审批层级多、流程烦琐，固定资产购置、租赁标准不合理，工作效率不理想，等等。今后5年，二级分行以上机构的办公楼按照国家的要求是要控制的，我们的固定资产仍将较多的投入在基层网点，总行财会部要抓紧研究出台新的固定资产租购标准，探索建立固定资产租购标准与当地物业价格变化动态调整机制；可适度扩大各级分行在网点租购价格上的财务授权，缩短审批链条，提高工作效率。

（二）以实施网点运营标准化为基础，打造新型网点运营管理体系。实施网点运营标准化是提升网点竞争力的基础和关键，要通过实施网点岗位整合、资源优化配置和管理流程再造等措施，逐步构建“资源配置有标准、岗位设置有规范、内部管理有秩序、效率评价有依据”的网点运营标准化管理体系，实现网点柜面服务水平和营销能力的有效提升。

1. 规范全行网点的运营业态标准。为促进网点间、区域间客户协同服务和资源有效整合利用，总行从网点业务功能和客户服务的角度出发，将全行营业网点划分为全功能网点、综合网点和单一网点三大类别。今后，全功能网点将是旗舰型网点，具备为客户提供对公和个人本外币全品种、全方位的运营服务能力，有较强的业务处理和服务辐射能力；综合网点则是基础型网点，具备为客户提供对公和个人本外币主要品种的综合服务能力；单一网点为功能型网点，主要提供便利性服务，具备根据网点区域属性和客户资源特点，提供针对性地运营服务能力。各行要在辖内逐步构建起以全功能网点为中心、综合网点为支撑、单一网点为延伸的网点服务网络，系统做好网点的分类管理和布局调整。

2. 建立新的网点岗位标准化体系。要以整合岗位职责、精简岗位数量、遵循岗位制衡为原则，对现有的网点岗位进行整合与优化，建立“各司其职，各负其责”的网点岗位新体系。全行网点将设置网点负责人、大堂值班经理、大堂经理、客户经理和柜员五大类岗位，原则上不再单独设置后台岗位，业务库管理、对账、票据交换、代理业务等尚未集中的支行或网点，可根据需要设置服务支持岗。各行要在风险可控的基础上，实现网点高柜和低柜柜员之间，大堂经理、客户经理和柜员之间在不同功能区、不同岗位的兼岗和流动，最大限度地发挥人力资源配置效率。

3. 统一全行业务量测算标准。总行运管部要于2014年上半年之前完成业务量标准的统一和规范工作，整合现有的MOVA、CS2002、主机日志等多个统计口径，合并为同一个标准。同时，综合考虑业务复杂程度和风险因素，为全部主机交易设定相应的折算系数，并对非主机业务和区域特色业务进行合理测定和折算，实现柜员业务量全口径统计，使不同网点、不同岗位人员的实际工作负荷能够得到全面、客观的反映，从根本上解决业务量统计口径和折算标准不统一、难以进行横向比较和效率评估的问题。

4. 科学确定柜员的标准工作量。规范和统一全行营业网点柜员工作量定额标准，解决网点人力资源配置不合理和忙闲不均的问题。在总行统一交易折算标准的基础上，根据业务平均耗时和柜员有效对外服务时间对网点柜员标准业务量进行测算，确定网点高柜柜员日均标准工作量为150笔，同时，综合考虑高低柜业务复杂程度的不同，确定全行网点低柜柜员日均标准工作量为100笔。

5. 合理设置网点高低柜口。在综合分析网点优质客户数量和非现金业务量的基础上，通过复杂业务和简单业务的分离，进一步增强网点业务处理效率和产品营销能力，逐步减少高柜、增加低柜。力争通过三年的努力，实现全行高低柜比例由目前的2.7:1调整到1.8:1。各分支行和网点要参考总行标准，因地制宜地调整柜口设置。

6. 科学核定网点各类岗位人员配备标准。根据对外服务需要和内部控制要求，总行制定了各业态网点的最低配置标准：全功能网点最低开柜数为5个，最低人员配备为15人；综合网点最低开柜数为3个，最低人员配备为9人；单一网点最低开柜数为2个，最低人员配备为5人。各分行可在此基础上，根据总行标准工作量测算值，结合本行实际情况，确定合理的配置标准，尽量避免“一刀切”。同时，各分支行要克服困难、统筹协调，按照新标准将所有网点的各类岗位人员配备到位。

（三）以渠道转型为工作着力点，积极推动网点由交易核算型向营销服务型转变。全行要以网点由交易核算型向营销服务型转变为主线，着力做好以下几方面工作：

1. 继续加大网点柜面业务分流力度。强化柜面业务的引导和分流，培育客户使用自助渠道和电子渠道的交易习惯，促进网点业务的离柜化和离行化，进一步降低柜面业务可分流率。对不同类型的客户群体采取差异化的分流策略，对于重点优质客户，可淡化分流，积极引导客户来网点办理业务、参与体验营销活动，创造更多的营销服务机会，巩固客户忠诚度；对中端主体客户，在积极引导其通过自助、电子渠道办理低附加值业务的同时，积极向其推介高附加值的业务，以提升客户综合贡献度；对普通低端客户，要加大分流力度，持续推进“折换卡”工作，引导客户分流至自助、电子渠道办理业务，同时将低附加值业务尽量调整到柜面以外的渠道办理。

2. 多措并举加快自助渠道建设。2012 年，全行 4 741 家离行式自助银行和 11.4 万台自助设备办理了 80 亿笔业务，相当于 15.5 万名柜员一年的业务量，为全行客户服务和柜面业务分流作出了巨大贡献。未来三年，全行要按照自助银行总量与物理网点数量 2∶1 的建设目标，加大自助银行建设力度，特别是加快以“快捷发卡机 + 其他自助设备”为依托的多功能自助银行建设，充分发挥自助渠道的辐射作用。加快在核心商业区、大型居住社区、工业园区、商品交易市场等客户集中区域布放自助机具，切实解决机具投放不足、过度老化、故障率高的问题。加强自助设备集约运行管理，以二级分行为单位进一步推进附行式自动柜员机的集中运营管理，力争 2014 年末全行网点自动柜员机现金管理和账务管理集中度达到 100%。

3. 进一步加大电子渠道创新力度。根据客户需求的变化情况，加快研发新型自助机具，丰富现有机具功能。总行已研发投产并局部推广的快捷发卡机、自助回单打印机、电子银行演示体验设备和双屏自助理财终端，都取得了比较好的实践效果，下一步全行要尽快推广应用。加快对微信银行、在线客服、微博等新型线上服务模式的研发和应用。进一步理顺各渠道的价格机制，对于客户自助办理的业务，明确有关收益在各渠道之间的分配，从机制上引导网点员工支持业务分流。加强不同渠道间的系统整合，积极研发网点营销人员使用的智能终端，促进柜员与营销人员间的业务协同。

4. 突出网点的市场营销功能。在积极引导业务分流的同时，要注意发挥网点的阵地营销作用，将网点逐步打造成提供理财、资产管理、贵金属交易、私人银行等高附加值业务的主阵地，使网点成为辐射区域客户的服务中心和多功能产品销售中心。同时，通过配齐配强网点营销人员，加强网点营销队伍的培训，全方位提升网点整体营销水平，积极推动网点由“坐商”向“行商”转变。

（四）以优化人力资源配置为抓手，增强网点竞争能力。目前，我行 44.5 万员工中有 23.1 万人直接在网点工作，占总人数的 52%，应该说这个数字不小、比例不低，如何更好地发挥这些员工的作用、如何优化配置这些人力资源对提升网点竞争力意义重大。

1. 在网点人员总量基本不变的前提下，做好网点人力资源优化配置。未来全行已经不可能大量增加人员，人力资源优化配置的工作重点在于结构调整，在于高柜人员怎么样转向低柜和销售岗位，这也是网点竞争力提升能否成功的主要标志之一。一是根据业务集中运营和流程优化的情况，及时整合网点岗位和工作职责，将原有网点多个业务处理类岗统一整合成柜员岗，实现岗位的同质化管理。二是进一步提高业务集中处理的水平，扩大集中处理范围，发挥好业务集中运营的规模效应，加快释放柜面人员。三是加强对各级分支行本部的人员管理，压缩分流一部分人员到一线网点，严格控制各级本部的人员增长。总行将建立相关人员管理台账，对各分行释放人员的配置情况实行名单制管理，并按季度进行通报；各分行要以 2013 年底网点人员数量及岗位分布情况为基准，建立人员对应管理台账，加强对网点人员优化工作的监测、督导和管理，确保网点人力资源优化效果。

2. 健全人力资源内部挖潜机制。一是实施网点内各岗位间人员统一调度管理。在风险可控的基础上，根据各岗位人员工作负荷状况，灵活调整不同岗位人员实时互补，实现网点高低柜间以及大堂经理、客户经理、柜员间的兼岗和流动，实现“岗定人不定”，解决网点内部运力调度问题。二是建立弹性排班制。各级行要充分运用排队管理系统和业务量数据，建立分别针对高峰期和非高峰期的弹性排班模式，科学设置柜口和劳动组合，合理安排“上二休一”和“上三休一”交替轮换的排班方式。三是组建机动柜员队伍，有条件的二级分行，可综合考虑所辖网点业务峰值情况，灵活安排、机动调配一定数量的柜员在城区内不同网点间流动工作，提升所辖网点整体服务能力。

（五）以加强客户拓展和产品渗透为手段，不断巩固客户基础和增加客户综合贡献度

1. 提升网点综合化服务功能。对于已具备综合化服务功能但未开展对公业务的 2 600 家网点，通过选配熟悉对公业务的人员、加强对公业务培训等方式，尽快实现对公业务办理和法人客户营销。对于功能单一的 1 800 家网点，应根据周边金融资源分布情况，适合条件的要实现网点综合化服务。明年起，总行将按季度开展网点综合化服务能力提升工作的考核评价，并在全行通报考核结果。

2. 全面加强网点客户拓展和产品渗透工作。一是完善网点营销体系。建立以网点负责人、客户经理、大堂经理、柜员为核心的“四位一体”客户营销服务体系，网点负责人负责高端客户维护和网点市场拓展的统筹管理，大堂经理负责客户识别引导，客户经理负责新客户拓展和存量客户挖潜提升，柜员负责向客户经理推

荐优质客户，实现既能将客户领进来、识别准，也能将客户服务好、稳定住。二是以富有竞争力产品为支点积极做好产品渗透。总行相关部门将确定20种全行重点推广产品，各分行要结合区域特点选定5～10个分行重点推广产品，逐级下发至网点。各网点要结合目标客户特点，由内向外逐层开展产品渗透；最终实现一名客户平均持有我行“1种核心产品+2种重点产品+若干高附加值的黏性产品”，用逐渐深化的“产品圈”来锁定客户，提高综合贡献度。三是进一步加强公私联动。重点拓展城市新区、商品交易市场、县域和发达乡镇等新市场，推动“大联动、大营销”，实现以公带私、以私促公；各级分支行要全面摸底信贷业务、机构业务和其他服务业主体客户以及我行重点采购与合作单位的个人业务状况，从这些公司客户入手，有意识地发展一批个人客户群体。四是加强业务培训，强化客户经理关于产品卖点和风险点的识别和理解，引导客户经理掌握客户拓展与服务方面的专业技巧。

3. 推进信息化银行建设成果在网点客户拓展和产品渗透中的应用。一是加强客户信息真实性治理，尽快统一个人和对公客户信息视图，依托我行营业网点、自助设备、电子银行、POS机拥有的海量客户数据，运用数据仓库和大数据的分析挖掘方法，对客户的基本信息、资金流、物流等关键信息进行全面分析和整合。通过自上而下的数据挖掘，快速定位目标客户，深度挖掘客户潜在需求，准确告诉网点“找谁营销”和“营销什么”，提升新客户拓展和存量客户挖潜能力。二是加强分析师队伍建设，要尽快完成数据分析师队伍和专业分析师队伍的组建，理顺两支队伍的职责和协作关系。围绕重点热点问题开展数据挖掘，深化信息加工应用，并通过定点信息支持和推送服务，及时将信息应用成果融入到网点的客户拓展中。

（六）以加强配套措施为保障，确保网点竞争力提升取得实效

1. 加强网点负责人队伍建设。网点竞争力提升需着力打造一支“精于业务、善于管理、富有激情、结构合理”的网点负责人队伍。一是提高网点负责人岗位吸引力，对规模大、效益好的网点的负责人可适当提高岗位等级。在选拔一级支行负责人时，应优先考虑具有网点负责人从业经历的人选。二是完善网点负责人选拔机制，各二级分行要加强对网点负责人选拔的指导、监督和管理，规范选拔流程和科学合理制定用人标准，突破年龄、学历、资历、身份和地域等条件限制，切实把“懂业务、会管理”的人员选拔到网点负责人的岗位上来。三是做好网点负责人后备人才梯队建设，有计划地选择一批素质好、有潜力的员工作为网点负责人后备人才重点培养。明年6月底前，各二级分行要按照1:1的比例建立网点负责人后备人才库，并实行名单制管理。四是加强对网点负责人履职能力的培养，围绕网点负责人在知识、技能、经验、能力等方面的要求，本着缺什么补什么的原则，开展更加系统和有针对性的培训。五是健全网点负责人退出机制，定期组织对辖内网点负责人的能力评估和业绩评价，对缺乏干事创业激情、考核业绩不佳或者出现违规违纪情况的网点负责人，及时进行诫勉谈话和岗位调整。

2. 健全营业网点考核评价体系。进一步明确网点考核导向，避免网点考核指标过多过全，重点不突出。一是加强网点分类考核。根据网点业态的差异，有针对性地设计考核体系，充分反映提升竞争力的导向和要求。二是明确考核重点。网点考核要以拨备前利润、存款日均余额、中间业务收入、重点客户拓展等效益贡献类指标为核心，兼顾经营效率、重点产品推广等评价内容，科学设置考核指标。三是强化考核结果的运用，明年起，要将各分行辖内网点竞争力提升考核评价情况列入行长经营绩效考核。

3. 完善网点员工绩效考核体系。在清晰界定核心职责的基础上，对网点各类工作人员实行差异化考核。对网点负责人重点考核网点经营业绩、运营管理及现场服务，为整个网点的经营业绩和客户服务负责；对柜员重点考核其业务量、核算质量以及服务质量等核心职责；对大堂经理重点考核客户分流、自助机具管理、大堂管理和服务管理等履职情况；对柜员和大堂经理的产品销售和客户推荐可作为考核加分因素；对客户经理则重点考核其营销任务完成率、管户金融资产增长情况、管户客户产品渗透率、新客户拓展情况、资产质量、合规销售和团队合作等指标。避免向柜员下达过多营销任务，影响其业务处理和客户服务。总行将研究制定针对不同类别营业网点以及网点各岗位的考核模板，各分行根据实际情况参考运用。

4. 切实提升网点服务水平。一是切实加强网点的现场管理工作，纠正网点负责人“重客户营销、轻现场管理”和“重任务指标、轻过程管控”的现象；网点负责人要走进网点大堂，切实履行好网点服务管理第一责任人的职责。二是加强节假日的服务管理。各级行要结合实际尽快建立节假日网点负责人带班制，实现网点负责人对网点服务管理的全天候覆盖，有效提升网点节假日的服务水平。网点负责人现场带班制尤其是节假日带班要做一条纪律来要求，各分行务必高度重视。三是加强对普通客户的服务。注重高端客户的服务并不意味着放松对普通客户的服务，从一些负面服务事件的后果来看，对普通客户的服务不到位给我行带来的声誉风险十分严重。因此，各级分支行不能只看客户对我行的贡献，更要高度重视对普通客户的服务。四是做好特殊群体服务，妥善处理突发事件。前不久陕西分行发生的服务事件，暴露出我行一些营业网点“人性化”服务意识淡薄的问题，总行已经进行了通报处理，各分行要汲取教训，深刻反思。面对各类突发事件，要严格执行

《客户投诉管理办法》，将客户现场投诉处理好，避免投诉升级或引发声誉风险，确保网点服务不出问题。

5. 加快网点管理平台建设。要整合散落在不同业务系统的营业网点信息，尽快研发能够实时监测所有网点的每日业务量、人均业务量、中间业务收益、利润和客户情况等信息的网点管理平台，从不同角度反映网点关键绩效指标及其变化情况，实现对全部营业网点的统一评价、多维度分析和运营管理情况监测，进而促进全行网点管理水平的全面提升。

（七）以流程优化为支撑，不断提升网点运营效率和服务水平

1. 持续做好流程优化。一是构建操作简捷和控制有效的业务处理流程。继续加大对高频交易及主要业务品种的一站式服务改造力度，有效压缩柜面长流程业务的办理时间，精简冗余的处理环节，进一步提升柜面服务效率。比如，对借记卡开立、账户开立和取消、挂失、密码重置以及个人资信证明等耗时较多的柜面业务，探索通过业务的预处理，持续优化柜面业务流程，减少柜面实时处理环节。对于环节少、风险低的短流程业务，通过加强分流引导、科学调度柜面资源等方式，进一步提高处理效率，提升客户满意度。二是建立差异化的服务流程，按照客户的信用水平和各类业务的风险程度，从审查的内容与权限、操作的标准与程序等方面设计出不同的客户服务流程。对于重点优质客户，简化办理流程，尽可能提升业务办理效率；对中端主体客户，进一步完善流程的标准化水平；对普通低端客户，降低业务处理的成本，尽量引导其通过自助渠道和电子渠道办理业务，进而实现成本、收益与风险的合理匹配。三是加强流程优化制度配套建设。2014 年第一季度之前，总分行内控合规部门牵头，运管、个金、结算等有关部门共同对涉及网点人员管理、业务运营、制度流程、风险控制等方面的制度办法进行一次全面梳理，对于一些不符合改革要求和发展趋势的制度办法，该完善的要完善，该废止的坚决废止，以有效解决当前普遍存在的“配套制度跟不上流程优化进度”的问题。

2. 加快业务流程的改革创新。基于大数据时代的银行服务模式，积极探索建立远程服务的业务核算流程和应用平台，通过电子渠道与网点间的共享联动和互补，实现区域内运行能力利用的最大化。探索建立全新的立体化服务模式，加快传统营业网点的转型，促进电子渠道与物理网点的协同发展。解决网点之间由于地理位置不同、业务高峰差异，所带来的局部区域运力不平衡问题。

三、高度重视、统筹推进，全面做好网点竞争力提升工作

（一）加强组织领导。网点竞争力提升是一项战略性工作，涉及内容多、影响范围广，需要建立强有力的组织领导和密切协作、分工负责的工作机制。为此，总行已经成立了由我任组长，王希全、郑万春、谷澍三位副行长和林晓轩首席信息官任副组长的网点竞争力提升领导小组，人力、财会、运管、个金、公司、结现、办公室、电子银行、内控、科技等部门组成的工作推进小组，负责日常工作的组织推动和跟踪服务。总行即将实施的机构改革还会专门成立渠道管理部，由其负责全行各类渠道的统筹管理。同时，总行还将建立分片定点联系制度和通报制度，领导小组组长和各成员部门都要有定点联系的分行。从明年开始，总行将按季度定期通报各行工作进展情况，并将及时进行阶段性总结与交流。要像抓运营改革和业务集中工作一样，分阶段、一个行一个行地抓督导落实，尤其是要抓两头，既要总结先进经验，也要督导落后分行，通过台账、通报、会议、文件等各种形式，持续推进网点竞争力提升各项工作。

各级分支行也要尽快成立由“一把手”任组长的领导小组和工作推进小组，切实做好有关工作的组织推动。要将网点竞争力提升作为各级行“一把手”的主要工作之一来考核；要指定专门的部门和人员来负责网点竞争力提升工作，制定具体的工作目标，明确职责分工和时间进度安排。我希望各分行行长都能够静下心来，按照党的群众路线教育实践活动的要求，切实转变部分分行和部分部门好大喜功的工作作风，转变只热衷于做大项目、大客户的工作方法，全面了解辖内网点的运营状况，潜心研究网点竞争力提升的基础工作，细化工作措施，一抓到底，抓出成效。

（二）逐级分层负责。各部门、各级机构要紧密配合、加强协调联动，合力做好网点竞争力提升工作。总行各部门要做好顶层设计，重点抓好宏观趋势研判、全局性问题调研和综合性政策论证；要注意协调配合，把握好各项工作措施的实施节奏，制定具有针对性的政策与措施，在加强对基层行的指导和督促的前提下，适当放宽对各级机构的管理权限，有效实现“权责分明、责权对等”，提升工作效率。各一级（直属）分行作为网点竞争力提升的实施主体，要按照总行确定的目标和方向，细化时间表、制定路线图，做好区域内网点竞争力提升工作的总体规划和安排部署。要在 2014 年 2 月底之前将本行网点竞争力提升整体实施工作方案和三年规划报送总行。二级分行和支行网点也要紧跟改革步伐，将各项政策措施真正应用到网点的经营管理和市场拓展上去，及时总结各类网点在实践中好的做法和经验，树立标杆典型，发挥示范效应。同时，要及时向上级行反馈各项政策措施的实际执行情况，协助上级行不断完善政策体系。

（三）注重扎实推进。网点竞争力提升要坚持从基础抓起，关键在于完善网点经营管理的各种工作机制，各行在组织推进中，不能用目标代替措施，用运动代替机制，一定要坚定不移地走内涵式发展道路，改变“重建设、轻管理；重投入、轻产出；重数量、轻质

量；重行政推动、轻机制建设”的传统做法，全面增强网点竞争发展的内生动力。在总结和借鉴近年渠道优化建设工作所积累经验的基础上，将网点竞争力提升与运营改革、流程优化、服务提升、信息化银行建设等工作结合起来，综合考虑、系统推进。

（四）确保改革实效。会后，总行将争取在年底前出台提升网点竞争力的相关政策和配套措施，一共有七个办法、规划、指引等。各级分支行在具体组织实施中要定期总结、分析、评估工作效果，在验证和评估成效的基础上不断完善各项制度办法，并结合改革实际，勇于创新，先行先试，确保改革实施取得实效。网点竞争力提升还要坚持以人为本，特别注意鼓励全行员工，尤其是基层员工积极参与、支持改革，一定要调动好、保护好一线员工的工作积极性，使之成为推动网点竞争力提升的强大力量。

同志们，在当前复杂的经济形势和激烈的市场竞争中，我们一定要加快转变工作作风、着力深化改革，扎扎实实地练好网点经营管理基本功，促进全行网点的经营管理水平和市场竞争能力再上一个新台阶，为工商银行的可持续发展奠定更加坚实的基础。

在代发工资业务营销拓展工作视频会议上的讲话

易会满

（2013 年 12 月 18 日）

今天，我们召开全行代发工资业务营销拓展视频会议，对代发工资业务做一个专题部署。代发工资业务是工商银行的一项传统业务，也是一项非常有潜力的业务。前段时间，在谋划 2014 年工作的时候，姜建清董事长亲自带队进行专题调研，召开的第一个座谈会就是研究个金条线业务发展问题。会上，董事长系统分析了当前个金业务发展面临的新情况、新环境，强调客户是零售金融非常重要的基础，提出在新的一年要更好地突出“大零售”战略，并将其作为明年的三大战略之一。近年来，个金业务发展总体上取得了不错的成绩，但当前零售金融的经营环境发生了较大的变化，在这种情况下，如何研究和把握零售金融市场、进一步强化基础工作、巩固工商银行零售强行的地位，代发工资是重要的依托和抓手。下面，我讲三个方面的意见。

一、客观分析、准确研判代发工资业务发展现状

代发工资业务是我行一直以来高度重视和重点发展的核心业务，也是一项具有市场优势的传统业务。近年来，在全行上下的共同努力下，代发工资业务总体上实现了健康快速发展。截至 11 月末，全行累计代发工资单位达到 63.62 万户、代发工资个人客户数达到 8 464 万人、代发工资金额达到 2.32 万亿元，分别较 2009 年增长了 102.80%、77.47% 和 47.91%，年均增长率分别达到 19.34%、15.42%、10.28%。今年前 11 个月，全行代发工资业务带来的个人金融资产、储蓄存款增量分别达到 5 109 亿元、2 692 亿元；特别是代发工资客户中拥有个人网银 3 881 万户、工银信使 2 921 万户、手机银行 2 607 万户、信用卡 1 629 万户、第三方存管 554 万户、基金 542 万户、贵金属 425 万户、本外币理财 388 万户、保险 303 万户、个贷 160 万户、白金卡 27 万户，业务发展质量和效益均高于全行平均水平，对零售业务促进作用明显。同时，代发工资业务还有效推动了公司、机构等对公部门业务的联动发展。

在看到成绩的同时，也要清醒地认识到，当前全行在代发工资业务发展过程中，还存在一些值得关注和亟待改进之处。

（一）代发工资客户总量不足、结构不够优化。虽然全行代发工资单位、个人客户分别超过 60 万户和 8 000 万户，但由于对代发工资界定不够清晰，统计口径较宽，数据真实性和准确性存在一定问题。如果把与我行签订代发工资协议、每月代发人数均在 10 人以上、代发金额相对稳定，且逐月连续代发的法人客户定义为有效代发工资客户，截至 11 月末，全行有效代发工资单位实际仅有 21.04 万户，占全行代发工资单位的 33.07%，占全行法人客户的 4.14%；有效代发工资个人客户为 5 393 万人，占全行代发工资个人客户的 63.72%，占全行个人客户数的 16.91%。如果进一步提高标准，连续代发工资 6 个月的单位则只有 15.18 万户，仅占全行代发工资单位的 23.86%；连续代发 6 个月且每月代发工资额在 1 500 元以上的个人客户则只有 2 562 万人，只占全行代发工资个人客户数的 30.27%，

可见在全行代发工资客户群中，真正有效的优质代发工资客户占比还非常低，客户总量不足，结构需要进一步优化。工商银行有些业务总量不少、总体不错，但是仔细一剖析、数据一细分，结构性的问题就比较突出。比如逸贷业务，刚推出时遇到一些问题，原因之一就是8 000多万个人客户的代发工资数据不真实、不全面。

（二）重点行业和重点领域代发工资业务拓展不够深入。近年来，全行积极推进拓户工程，公司有贷户、中型以上企业、同业机构、五星级以上公司无贷户数量持续增加，但这些重点对公客户的代发工资业务覆盖率还比较低。按有效代发工资统计口径，全行13.51万户公司有贷户中，在我行开办代发工资业务的单位占比仅12.22%；全行1 740户中央企业总部、各省50强企业的优质对公客户中，在我行开办代发工资业务的单位有455户，占比仅26.15%；全行39.50万户机构同业客户中，在我行开展代发工资业务的单位占比仅7.98%，其中财政统发工资方面，虽然代发单位数、个人客户数和代发金额尚有一定的市场优势，但由于优惠措施不多、县域网点薄弱、系统支持有限等原因，导致存量客户维护不够，甚至出现流失的情况。这也是工商银行的一个通病，整体联动功能发挥得不是很好，很多业务占比都小于我行在当地的市场占比。

（三）代发工资业务对其他业务的促进作用发挥得不够有力。截至11月末，全行由代发工资业务带来的个人金融资产和储蓄存款留存率分别为22.06%、11.63%，比例明显偏低，大部分代发工资资金未能实现行内封闭循环。从主要产品对代发工资个人客户渗透率来看，网银是45.86%、信用卡是19.25%、基金是6.11%、本外币理财是4.59%、保险产品是3.58%、个贷是1.90%，产品渗透率总体较低，代发工资业务对各类金融产品的营销源头作用没有得到充分体现。另外，从实际的业务开展情况来看，代发工资业务对公司、机构业务的客户营销、忠诚度培育等深层次促进作用还有很大提升空间。

（四）代发工资业务区域发展不够平衡。目前全行代发工资业务在不同区域发展具有很大的不平衡性。截至11月末，从代发工资个人客户规模来看，代发工资人数超过300万的只有北京、上海、江苏、广东、山东5家分行，有10家分行代发工资人数低于100万人；从公司有贷户代发工资单位覆盖率来看，超过20%的只有重庆和苏州2家分行，有15家分行低于10%。

应该说，造成上述代发工资业务发展出现问题的原因，既有同业激烈竞争等外部因素，也有我们自身的问题。一是对代发工资业务重要性的认识有待进一步提升。代发工资业务是一项基础性、源头性业务，需要全行上下持之以恒、一以贯之地抓下去，才能产生更好的业务发展效果。但一直以来，许多分支机构对代发工资业务的重要意义认识不足，缺乏全局意识，在实际工作中对做好代发工资业务重视不够、思考不多、措施不强，联动营销、资源投入、激励考核等都不能很好地支持业务拓展，导致市场竞争力有所下降。由于认识不足，还导致整体的业绩观、发展观出现问题，为了应对总行考核，把不真实、有问题的户纳入抵数，8 000多万户的代发工资客户数据看起来不错，翻了一番，但其实许多都是不能带来效益的客户。二是代发工资业务发展机制有待进一步健全。代发工资业务本质上是一项全行性的业务，涉及部门多、营销管理难度大，需要全行各个部门联动发展、合力推进，而当前代发工资业务的联动营销，更多的是依靠行政力量推动，尚未真正形成有效的机制推动。特别是分润机制尚不健全，“谁营销、谁得益”的激励机制尚未完全落到实处，各行各专业营销代发工资业务的积极性、主动性、自觉性有待进一步激发。三是代发工资业务专属产品创新和服务有待进一步加强。产品与服务是拓展市场、提高客户满意度的利器。目前，全行还缺乏系统的专属代发工资客户群的“杀手锏”产品，尤其是针对不同类型代发工资个人客户的个性化服务方案和专属产品体系匮乏，导致客户分层服务不到位，不仅不利于有效维护存量客户，也对拓展代发工资业务新市场新客户支撑不足。四是代发工资业务还没有找到有效的发展路径。表面上，这几年代发工资客户总量翻了一番，但是有效的并不多，大家也不是不努力，但为什么效果不明显？总分行都要静下心来，深入细致地分析原因。应该说，代发工资业务拓展具有非常强的竞争性，存量客户已基本被瓜分完毕，但新客户、新市场潜力很大，需要有针对性、有吸引力的措施，需要认真研究，配套资源，投入力量，真正找到代发工资业务的发展规律与有效途径，工作措施要细，要有针对性，需要全行联动、共同努力来完成。

二、深化认识，牢牢把握代发工资业务在零售业务中的基础地位

代发工资业务是商业银行的一项重要业务，也是一项社会性的业务。做好代发工资业务，是零售业务的源头、是经营转型的基础、是践行社会责任的重要体现。

（一）做好代发工资业务是服务社会民生、践行国有大型商业银行社会责任的重要内容。为452万户养老金代发客户、119万户农民工代发客户，以及众多企业提供代发工资服务，是商业银行的一种社会责任。我行对于代发工资客户推出的“逸贷”产品，有效地促进了社会消费需求，也是对社会的一大贡献。从社会责任来看，代发工资业务的意义重大。

（二）做好代发工资业务是夯实发展基础、推动经营转型的有力抓手。十八届三中全会和中央经济工作会议对下一步经济工作工作做出了总体部署，利率市场化和人民币汇率形成机制改革将加快推进，商业银行转型发展的任务更加紧迫。结合国际先进银行的发展经验，

从中国社会经济发展和国有大型商业银行经营特点来看，零售银行转型势在必行。前不久董事长在个金业务发展座谈会上，明确提出零售业务是工商银行的生命线和立行之本，是工商银行的核心战略和转型发展方向。零售业务的发展重在夯实客户、产品、渠道和服务基础，代发工资业务一方面有助于商业银行拓展优质客户群，促进客户结构优化；另一方面对商业银行的产品、服务、渠道等提出了更高要求，有利于夯实零售业务基础。同时，依托信息化银行建设和“大数据”，搭建代发工资营销管理平台，加强对公客户、个人客户现金流管理与监测，有助于进一步完善个人综合授信管理，有效促进个人信贷产品尤其是消费信贷产品创新，推动商业银行经营转型，带动全行业务发展和整体竞争力提升。

（三）做好代发工资业务是促进公私板块联动发展、提升市场竞争力的有力保障。代发工资业务是公私业务协同联动、合作共赢、共同发展的纽带和桥梁。从促进零售业务发展的角度看，做好代发工资业务，就等于抓住了客户，抓住了个人金融资产、储蓄存款的源头，同时银行卡、理财、基金、保险等各项金融产品的发展也就有了更好的客户基础。目前全行代发工资客户中，四星级以上客户占比 24.22%，高于全行平均水平 5.45 个百分点；资产在 5 万元以上客户占比 13.97%，高于全行平均水平 2.9 个百分点；各个产品渗透率也均高于全行平均水平，有效带动了零售业务的发展。从促进对公业务发展的角度看，通过为法人单位员工提供优质的代发工资服务，可以进一步深化银行与法人单位之间的合作关系，提升法人客户的黏性和忠诚度。同时，通过对法人单位代发工资资金流的监控也能及时发现营销机会、识别业务风险，进一步促进全行公司、机构、结现、年金、国际业务等综合业务的全面发展，真正做到“以公带私、以私促公”，从而提升工商银行的整体竞争力。

做好代发工资业务，无论对社会、还是对商业银行，都有十分重要的意义。将代发工资业务作为全行一项重点工作来抓，既是基于对这种意义的认识，更是对代发工资业务巨大发展空间的前瞻性把握。从外部宏观经济环境看，未来我国仍将保持 7% 以上的年均经济增长速度，每年新增就业人口超过 1 000 万人。目前，全国代发工资总人数超过 5 亿人，其中城镇单位就业人口 1.7 亿人，城镇退休人员 7 000 万人，农民工 2.6 亿人，年代发金额超过 15 万亿元，代发工资业务发展空间广阔。从我行自身对公客户代发工资业务发展潜力看，公司有贷户方面，如加大对我行有贷户代发工资业务拓展力度，每年提升 5 个百分点，至 2016 年末将会增加 900 万户代发工资个人客户。公司无贷户方面，目前我行五星级以上无贷客户的代发工资覆盖率不足 10%，若每年提升 1 个百分点，至 2016 年末将会增加 2 800 万户代发工资个人客户。财政统发等机构和金融同业方面，如果我行在维护好现有客户基础上，每年再提升 3 个百分点的覆盖率，到 2016 年末可新增近 1 600 万户代发工资个人客户。这些目标加总起来是非常可观的，需要公司部门、机构部门好好分析，系统地寻找市场潜力。与我行业务合作单位方面，当前为工商银行提供产品和服务的合作单位、供应商数量众多，如果营销这些单位在我行开展代发工资业务，短期内能有效增加代发工资业务量。最后，从代发工资个人客户金融产品渗透率看，目前我行中型以上企业代发工资个人客户人均金融资产 4.13 万元，银行理财产品渗透率 3.89%，借记卡渗透率 87%，个人贷款渗透率 1.81%，如果能在这些存量代发工资客户中深耕细作，加强全产品营销，可以很大程度提升代发工资客户的综合贡献度。市场潜力主要是两块：一是新客户如何拓展，二是老客户如何精耕细作，提高产品渗透率，增加客户黏性，减少客户流失。这两项工作非常重要。

三、多措并举，努力实现代发工资业务更好更快发展

近期，总行制定了新的《代发工资业务管理办法》，会后将尽快印发给大家。下一步，全行要积极行动起来，努力提升代发工资业务市场竞争力，力争实现代发工资业务发展目标。这里我重点强调以下五点。

（一）统一思想认识，加强组织领导。各行要深刻理解做好代发工资业务的重要意义，全面把握代发工资业务发展规律，以新思路、新举措，大力拓展代发工资业务市场。要将代发工资业务作为个金、公司、机构三大业务推进委员会的重要内容，强化组织领导，尤其要认真落实代发工资业务一把手工程，各行行长要明确营销职责，加大资源投入，坚持和完善分层营销、高层营销策略，对优质代发单位，要定期开展高层互访，稳固合作关系。同时，总行将对代发工资业务建立五级分类管理体系，重新界定统计口径及认定标准，代发工资业务的基本条件须同时包括与我行签订代发工资协议、每月代发人数均在 10 人以上、统计时点前代发时段相对固定、代发金额相对稳定且逐月连续代发。根据代发工资单位在我行代发业务的稳定性及贡献度，对月代发金额大于或等于 1 500 元且连续代发 6 个月以上的个人客户，按照相应档次由低到高依次分为一级到五级，为代发工资业务精细化管理奠定基础，引导全行着力竞争优质代发工资目标客户群。全行共有几十个产品准备实行分级管理，一些产品总量很大，但质量很差，需要细化管理，需要分级分类，以对今后的经营决策、对支持其他产品的发展更好地发挥促进作用。

（二）明确目标市场和重点客户，巩固市场优势。基于新的统计口径，2014 年全行计划净增代发工资个人客户 1 500 万人，其中五级分类代发工资个人客户数

计划净增1 000万人；净增代发工资金额7 200亿元，其中五级分类代发工资金额净增6 400亿元。各行要重点围绕公司有贷户、无贷户、同业机构、政府、合作单位等目标市场领域，全面开展代发工资业务营销工作。要重点营销公司有贷户中总行公司直营客户，先进制造业、现代服务业、文化产业等重点行业领先企业，省分行直营或重点营销目标企业；要重点营销机构客户中保险、证券、信托、非银行金融机构等金融同业客户，中央、省级、地市、县区政府及财政统筹代发客户，以及军队等机构客户；要以全行营销推广公务卡为契机，做好财政预算单位、国有企业的代发工资业务营销和对公务卡持卡人的全方位金融服务；要重点营销公司无贷户中五星级以上客户、小微企业户中有贷户。要在深耕我行存量对公客户代发工资业务、提升代发工资业务覆盖率的同时，通过与工商行政管理部门合作等方式，及早发现和抓住市场机会，积极从源头拓展新的代发工资客户。近期还要重点做好与我行有合作的公司单位客户代发工资业务营销拓展工作，主要包括为我行提供各类产品和服务的供应商、有不同业务往来的单位等。总行各部室、各分行要认真梳理、细致排查，尽快形成目标清单，摸清这些合作机构在我行代发工资业务开展情况。对尚未在我行开办代发工资业务的合作单位，要充分利用我行的话语权，加强营销，提高我行代发工资业务在这些合作单位的覆盖率。此外，还要高度关注一次性代发、特殊储源市场的拓展，主要包括以旧城改造、“铁公基”、城市新区、工业园区建设过程中涉及大量拆迁款项的发放，企业改制职工买断工龄款项代发，上市公司股东股份减持款项代发，养殖大户、种植大户销售款项代发等，尤其在城镇化过程中，一次性的代发市场量非常大。各行要结合当地实际，将上述市场作为代发工资业务发展的目标客户群，认真研究营销方案，对于这些目标市场都要提出有针对性的措施，在现有市场中通过局部突破渗透进入，而后通过优质服务不断提升业务占比和份额。

（三）完善代发工资业务发展机制，加强整体联动。代发工资是一项全行性的业务，不仅对各项业务发展都具有联动促进作用，更需要各部门之间的共同努力推进。一是要明确职责分工，加大联动推进力度。按照“统筹推进、分工协作”的工作要求，个人金融业务部门负责统筹协调代发工资业务发展规划、组织管理、市场推广、客户服务、业务培训、协同营销等工作，着力提升个人客户代发工资业务在金融资产、储蓄存款方面的留存率以及各类零售金融产品的渗透率；公司、结算与现金管理、机构、小企业金融业务部门牵头做好各自条线对公客户的代发工资营销工作，着力提升代发工资业务在各类对公客户中的覆盖率。其他部门都要发挥好各自职责，积极参与和给予支持配合，为代发工资业务发展提供保障。

二是要明确考核目标，作好目标任务分解。各行要按照全行代发工资个人客户的目标分解纳入年度考核指标任务，并将代发工资业务指标按照板块和条线两种模式进行分解，纵向将任务指标分解至各辖内二级分行；横向将拓展类年度计划任务指标分解至各专业部门，并由各专业部门推动落实各自条线代发工资客户发展指标。分行在总行考核指标的基础上，还要关注各类法人客户代发工资覆盖率、代发单位员工覆盖率、存款留存率、代发工资客户信用卡渗透率等指标。

（四）创新开发代发工资业务专属产品体系，提升服务水平。要进一步提升代发工资业务平台对零售板块的支撑作用，充分发挥代发工资业务对各零售产品的组合营销和交叉营销优势，提高代发工资客户的忠诚度和贡献度，总行将针对代发工资个人客户提供特色产品、特色服务和配套政策支持。在产品支持方面，创新推出以“工银薪管家”为品牌的代发工资综合服务和以“薪金卡”为品牌的代发工资主题借记卡产品。薪金卡面向全体代发工资客户发行。为五级分类代发工资个人客户提供“薪管家”服务，其中包括提供“逸贷”产品服务，提供跨区域代发工资服务，比如为跨区域经营的重点目标单位客户在我行代发工资的流动性员工提供包括异地存取汇免费优惠笔数增加和异地挂失补卡、异地换卡、批量开卡启卡、网上申请补卡等便捷跨区域服务；提供专属理财产品支持，专属理财产品具有定制、专属、收益率较高等特点，代发工资客户可以通过网银等渠道实现名单制预约购买。在渠道服务支持方面，为代发工资人数众多、代发金额高、人员集中、各类个金业务交易潜力大的单位优先提供物理网点、自助银行、银行自助设备服务。在建立代发工资客户退出与挽留机制方面，总行近期下发的《代发工资业务管理办法》（工银规章〔2013〕119号）中已有明确要求。特别需要指出的是，各行要在代发工资业务营销中积极探索经验，提出好的建议，要做到一是有人营销、有领导参与；二是有营销的手段；三是有好的产品；四是有便利的措施。希望全行上下在这个方面认真做好研究。

（五）强化代发工资业务管理，保障健康可持续发展。要加快建立功能完善的代发工资业务营销综合管理系统，实现代发工资客户全视图管理、精准营销与服务、业绩统计与绩效分配，以及与相关业务系统的功能对接和重点代发项目一体化支持，提升代发工资业务管理水平。要依托大数据，加强代发工资业务精细化管理，优化代发工资业务资源配置，提高代发工资业务投入产出效率。要注意防范批量办卡业务中存在的潜在风险，以及可能涉及的洗钱风险、套贷风险、虚假代发风险等各类风险。要严格按照监管机构和总行要求规范代发工资业务办理手续，规范代发工资交接管理，强化代发工资专户管理，规范业务操作流程和检查监督，确保代发工资业务健康发展。要加大代发工资业务宣传力度，突出亮点和特色，提高我行代发工资业务的知名度和美誉度。

代发工资业务事关全局、意义重大。会后希望大家认真贯彻落实这次会议精神，真抓实干，齐心协力，扎扎实实做好代发工资业务，确保实现全行代发工资业务发展目标。

在中国工商银行改革发展研讨会上的讲话

易会满

（2013年12月20日）

一、关于盈利的可持续增长

1.1　未来银行业盈利增长既有机遇又有挑战

经济发展为我国商业银行盈利平稳增长提供了基础

2006年以来，我国GDP年均增长10.3%，为大型银行股改上市以来盈利的高速增长提供了重要基础。

未来一个时期，我国经济将保持7%～8%的中高速增长，支撑我国银行业盈利平稳增长的有利经济环境仍然存在。

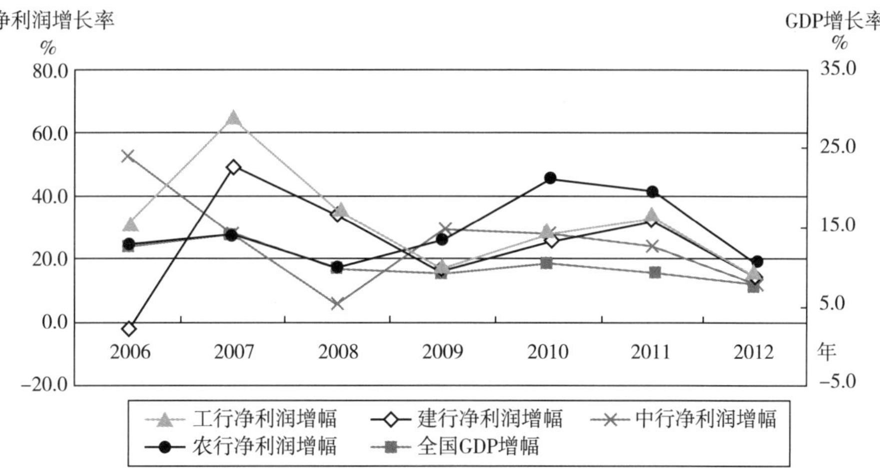

传统盈利增长模式面临挑战

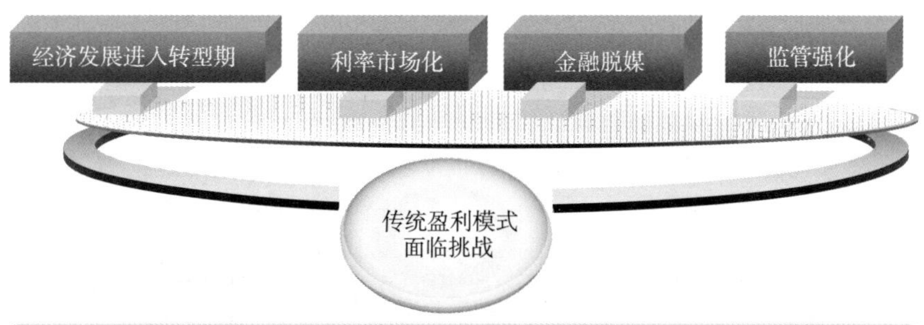

未来，不断变化的市场与经营环境，将给银行业传统盈利模式带来挑战：

➢经济转型与产业升级要求银行经营结构做出相应优化调整。

➢利率市场化对银行利润增长空间形成挤压。

➢金融脱媒使银行盈利来源面临更多的分流。互联网金融是金融脱媒的一种全新业态。

➢资本约束强化、中间业务价格监管加强使银行利润增长受到制约。

在机遇和挑战面前，商业银行的发展将会出现两极分化，一些银行可能会伴随着市场发展日益壮大，一些银行则可能在市场竞争中衰落甚至面临生存危机。

挑战是现实的，机遇是潜在的，能否走出一条盈利可持续增长的路子，关键在于我们能否切实增强“四种能力”。

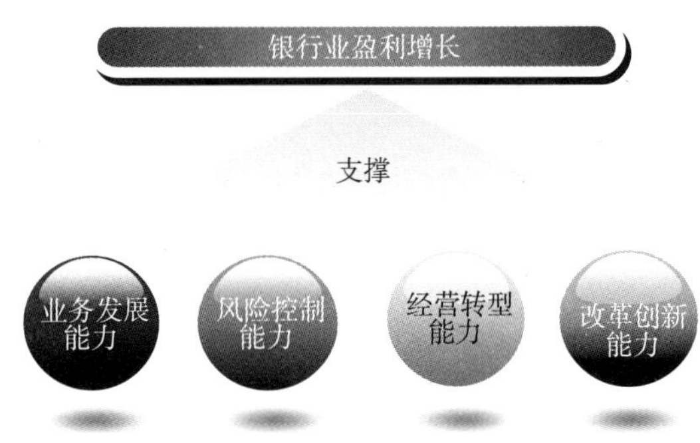

1.2　业务发展能力

我行存贷比在同业具有一定优势

股改上市以来，业务总量的合理增长支撑了全行盈利增长

得益于业务总量的稳步发展、结构的持续优化以及资产质量的稳步提升，我行实现了利润年均30%的快速增长。

未来仍需要保持总量的合理增长，但必须是有质量、内涵式的增长

总量增长是关系到长远发展的基础性指标，是成长性和竞争力的体现，是经营转型的基础，是提高工作主动权的条件。

总量增长应是实实在在的增长，是均衡、稳定基础上的增长，不是忽上忽下剧烈波动的增长。

总量增长应是在结构优化基础上的增长，是成本控制和客户基础壮大上的，主要由新业务与新客户贡献支撑的增长。

总量增长应是建立在全行各经营细胞活力与竞争力提升基础上的增长。

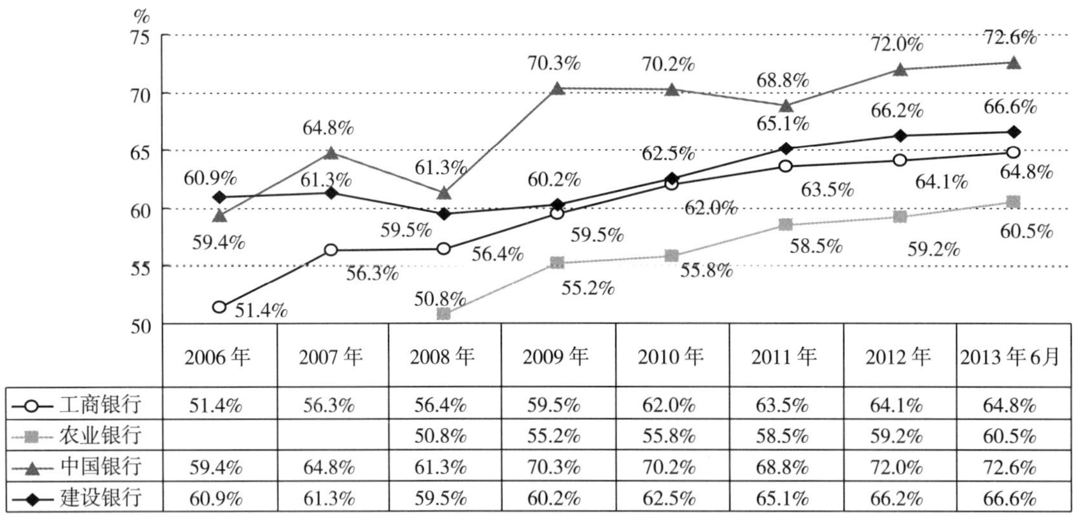

	2006年	2007年	2008年	2009年	2010年	2011年	2012年	2013年6月
工商银行	51.4%	56.3%	56.4%	59.5%	62.0%	63.5%	64.1%	64.8%
农业银行			50.8%	55.2%	55.8%	58.5%	59.2%	60.5%
中国银行	59.4%	64.8%	61.3%	70.3%	70.2%	68.8%	72.0%	72.6%
建设银行	60.9%	61.3%	59.5%	60.2%	62.5%	65.1%	66.2%	66.6%

2006年以来四大行存贷比走势变化图

自2006年以来，我行本外币集团口径存贷比逐年提高。截至2013年6月末，我行存贷比较2006年末增加13.4个百分点。

截至2013年6月末，我行存贷比为64.8%，比农行高4.3个百分点，但分别低于中行、建行7.8个和1.8个百分点。

合理存贷比能保持工作主动权。

尽管我行季度末存款波幅明显收窄，但存款增长慢、均衡性较差改善仍不明显。

我行各项存款（含同业）增速较慢，波动较大。1月21日最高较年初下降6 489亿元。10月1日最高较年初增加8 079亿元。截至12月10日，全行各项存款（含同业）比年初增加5 523亿元。

由于存款增长稳定性较差，前11月，为支持业务发展相应产生的日均资金缺口为969亿元，相应产生支出22亿元。

2013年每季度初针对上季度末后10天新增存款缴纳冻结的存款准备金共计3 398亿元，由于存款准备金收益率较低，相应损失的机会收益达4亿元。

人民币日均存款增量、增幅处于四行末位。1～10月，我行人民币一般性存款日均增量为3 312亿元，分别较农行、中行和建行低650亿元、480亿元和591亿元（去年中行调整存款策略，大规模压缩高成本的结构性存款，一般性存款增量仅为72亿元，因而其今年日均存款增量较高）。

2013 年我行各项存款（含同业）比年初变化情况图

单位：亿元

项目	工商银行			农业银行		
	日均增量	日均增幅	均衡率	日均增量	日均增幅	均衡率
人民币各项存款	672	0.47%	15.24%	4 003	3.53%	62.99%
其中：一般性存款	3 312	2.53%	41.73%	3 962	3.57%	60.79%
同业存款	-2 640	-24.46%	—	42	1.76%	-26.09%
项目	中国银行			建设银行		
	日均增量	日均增幅	均衡率	日均增量	日均增幅	均衡率
人民币各项存款	2 592	3.26%	46.60%	962	0.82%	41.24%
其中：一般性存款	3 792	5.23%	51.66%	3 903	3.59%	75.82%
同业存款	-1 200	-17.07%	—	-2 941	-36.45%	—

尽管我行存贷比在同业中具备一定优势，但存贷比上升趋势仍然较为明显，一定要把发展存款工作作为重中之重，采取更加有效措施，推动存款合理增长，特别是日均存款的稳定增长。

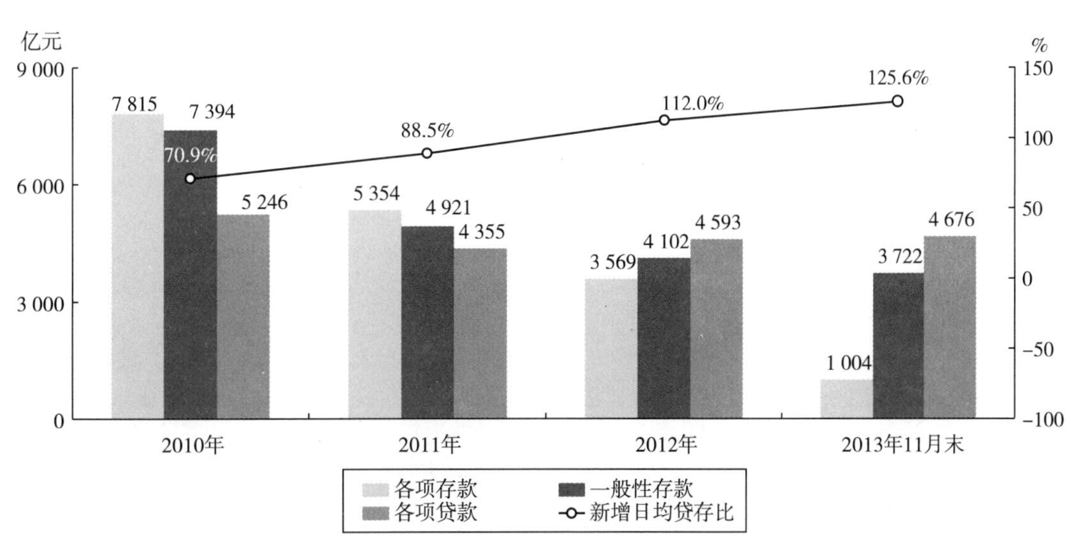

2010 年以来全行人民币存贷款日均增量情况

存款的稳定增长是业务发展的基础、转型的基础。

NIM 低于同业主要竞争对手

2008 年以来我行 NIM 水平一直处在第三位，低于农行和建行。其中，2010 年我行 NIM 与建行差距缩小至 5 个基点，2013 年上半年再次拉大到 14 个基点。

从利率市场化影响看，2012 年利率市场化改革提速后，各行 NIM 走势开始分化，2013 年上半年我行 NIM 同比收窄 9 个基点，收窄幅度最大；中行 NIM 不降反升，同比扩大 8 个基点。

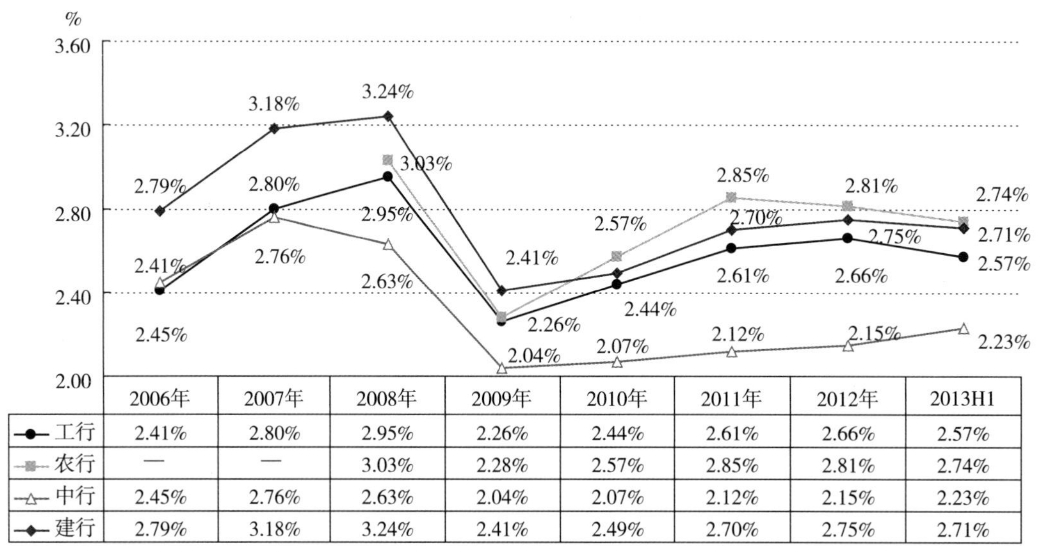

	2006年	2007年	2008年	2009年	2010年	2011年	2012年	2013H1
工行	2.41%	2.80%	2.95%	2.26%	2.44%	2.61%	2.66%	2.57%
农行	—	—	3.03%	2.28%	2.57%	2.85%	2.81%	2.74%
中行	2.45%	2.76%	2.63%	2.04%	2.07%	2.12%	2.15%	2.23%
建行	2.79%	3.18%	3.24%	2.41%	2.49%	2.70%	2.75%	2.71%

2006 年以来四大行 NIM 走势变化图

NIM 每下降 1 个基点，将影响我行净利润 12 亿元。明年在 NIM 提升方面要有硬措施。

1.3　风险控制能力

从国际国内经验看，不良贷款上升、风险拨备增加是银行成本的最大变数。

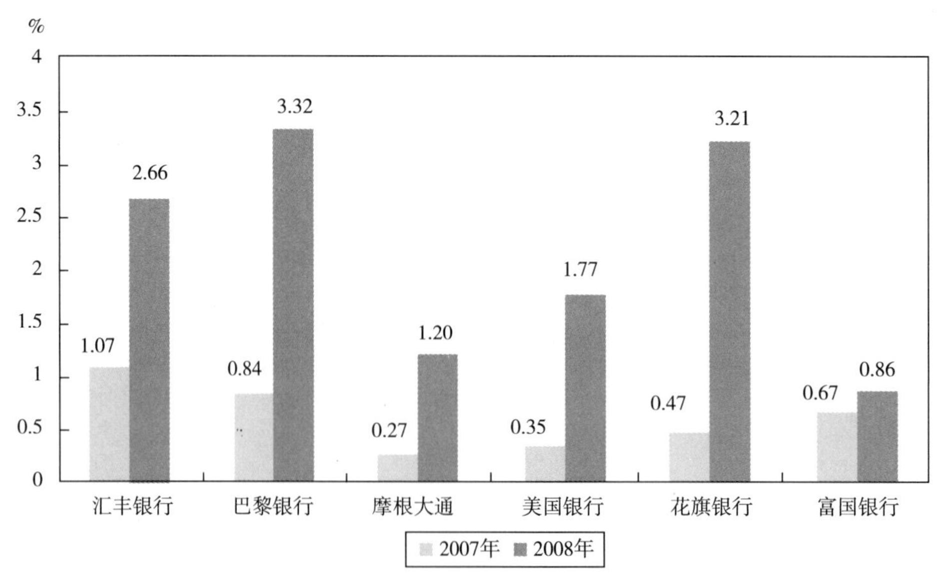

国际银行不良贷款率变动趋势

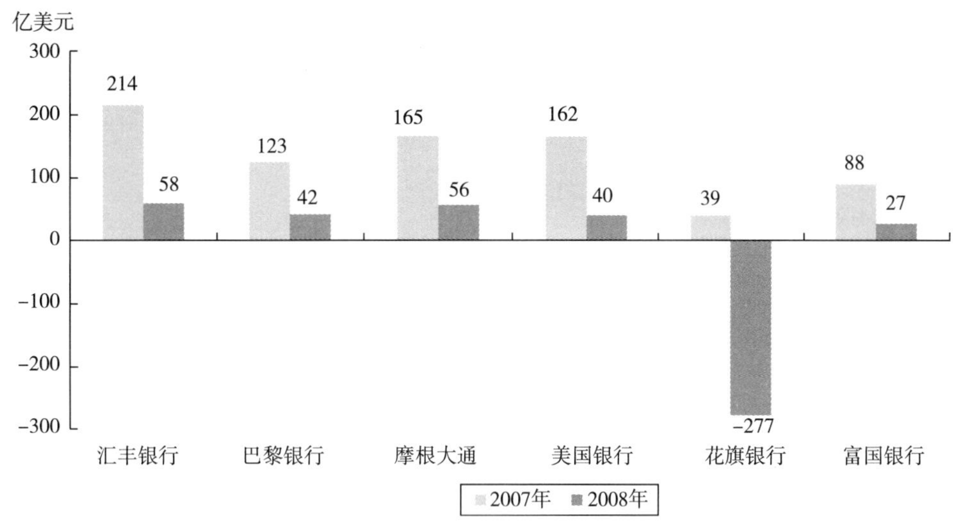

国际银行净利润变动趋势

从我行情况看，目前全行费用支出中，刚性开支占比接近90%，加上集团成本收入比已低于30%，未来费用支出压降空间有限。风险拨备成本是最大的可变成本之一。

营业费用构成情况表

境内　　　　单位：亿元

类别	项目	2013 年前三季度		2012 年		2011 年	
刚性开支	人力费用	652. 69	62. 4%	925. 28	63. 2%	838. 30	62. 1%
	固定资产相关	147. 91	14. 1%	187. 27	12. 8%	172. 39	12. 8%
	基本营运开支	121. 15	11. 6%	158. 50	10. 8%	142. 39	10. 6%
	小计	921. 75	88. 1%	1 271. 05	86. 8%	1 153. 09	85. 5%
可变成本	业务营销及差旅会议费等	124. 80	11. 9%	193. 45	13. 2%	195. 75	14. 5%
合计		1 046. 55	100. 0%	1 464. 51	100. 0%	1 348. 84	100. 0%
成本收入比		26. 08%		29. 24%		29. 91%	

今年以来，部分行不良贷款增加较快，对效益增长产生了严重冲击。浙江、江苏和上海等6家分行拨备提取同比增长191%、91亿元，在拨备前利润增长了52亿元、增幅8. 1%的情况下，净利润同比反而下降33亿元，降幅达7. 44%。

行名	拨备前利润（亿元,%）			资产减值损失（亿元,%）			净利润（亿元,%）		
	本期	同比增减	增幅	本期	同比增减	增幅	本期	同比增减	增幅
浙江	193. 36	12. 15	6. 70	44. 83	25. 96	137. 55	109. 50	-11. 68	-9. 64
江苏	207. 30	23. 97	13. 08	41. 11	30. 79	298. 45	123. 40	-5. 99	-4. 63
上海	178. 08	10. 84	6. 48	20. 48	14. 56	245. 78	115. 67	-4. 39	-3. 66
福建	63. 05	3. 38	5. 66	17. 85	13. 18	282. 66	33. 13	-7. 92	-19. 29
宁波	37. 98	1. 94	5. 37	9. 69	5. 41	126. 24	21. 25	-2. 47	-10. 41
厦门	17. 14	-0. 05	-0. 32	4. 46	0. 96	27. 52	9. 52	-0. 71	-6. 94
小计	696. 92	52. 21	8. 10	138. 42	90. 86	191. 05	412. 47	-33. 15	-7. 44

目前，银监会对我行拨贷比监管触发值要求为境内口径不低于2.55%，从第三季度末情况看，我行境内口径拨贷比（2.56%）仅高于监管触发值1个基点。由于不良贷款核销直接耗用拨备资源，在拨贷比指标的刚性约束下，今年以来不良资产处置已给全行财务承受能力带来了较大挑战。在当前经济转型期，不良贷款压力增加的情况下，风险成本的控制显得尤为重要。

控制风险就是创造利润！

分行拨贷比平均水平低于监管指标

11月末各行拨贷比指标情况

单位：%

机构名称	拨贷比	机构名称	拨贷比
北　京	1.78	广　西	1.75
天　津	1.90	海　南	1.61
河　北	2.03	四　川	1.91
山　西	1.86	贵　州	1.68
内蒙古	2.07	云　南	1.79
辽　宁	1.97	陕　西	2.25
吉　林	2.09	甘　肃	1.88
黑龙江	2.04	青　海	1.95
上　海	2.10	宁　夏	1.75
江　苏	2.02	新　疆	1.73
浙　江	2.04	重　庆	1.68
安　徽	2.09	西　藏	1.51
福　建	2.45	大　连	1.88
江　西	2.04	青　岛	2.04
山　东	2.04	宁　波	2.65
河　南	2.02	深　圳	1.70
湖　北	1.78	厦　门	2.64
湖　南	2.20	分行小计	1.99
广　东	1.98		

从各行11月末情况看，分行拨贷比平均水平为1.99%，与监管值要求仍存在一定差距。在目前管理模式下，分行不良资产处置产生的拨备缺口统一由总行承担，成为今年以来影响全行盈利的最重要因素。

1.4　经营转型能力

我行经营转型势在必行

截至2013年9月，我行资产总量3.06万亿美元，已跃居全球第一。

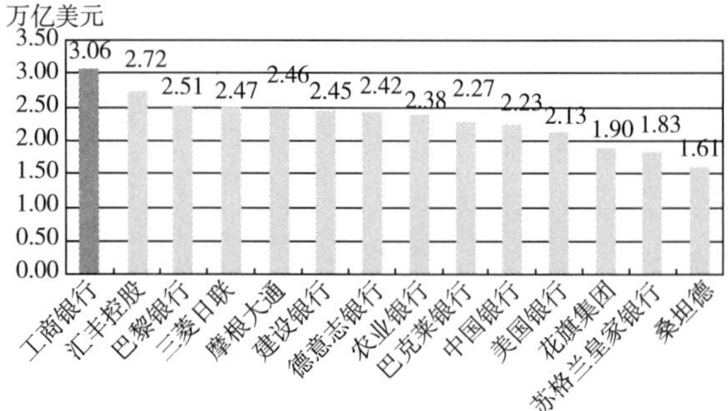

2013年9月末主要商业银行总资产

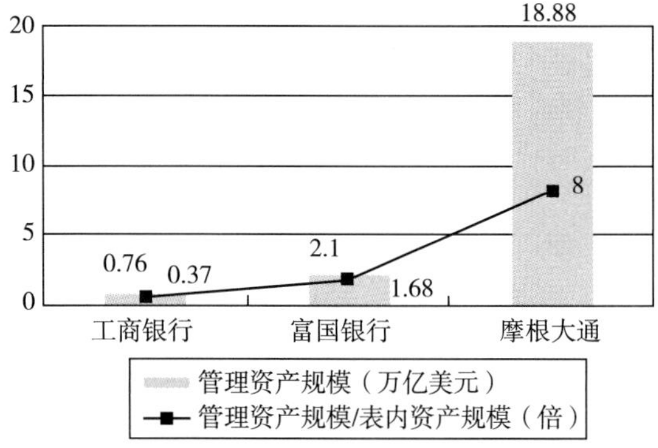

2010年末管理资产规模和表内资产规模对比

银行规模增长是有边界和临界点的，不可能无限扩展，总资产的快速增长给银行经营带来巨大的资本压力和较大的系统性风险。

与国际同业相比，我行管理资产的规模相对较低，潜力巨大。

我行经营转型的重点

- ◆ 资产转型
- ◆ 表内外转型
- ◆ 收入结构转型
- ◆ 业务结构转型

资产转型：从资产持有大行向资产管理大行转型

我行资产管理业务国内同业领先、增长迅速、大有可为。

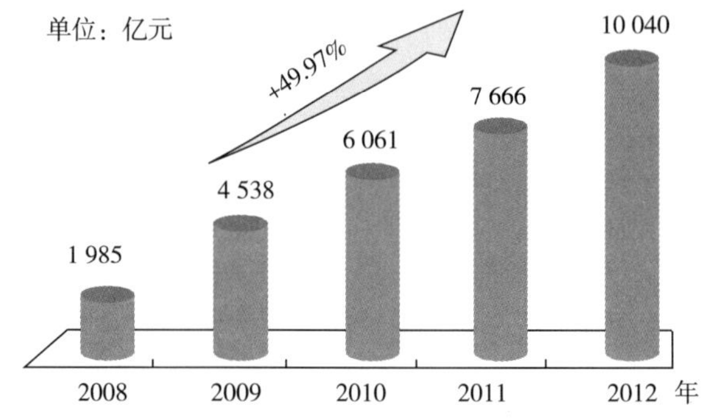

理财产品余额

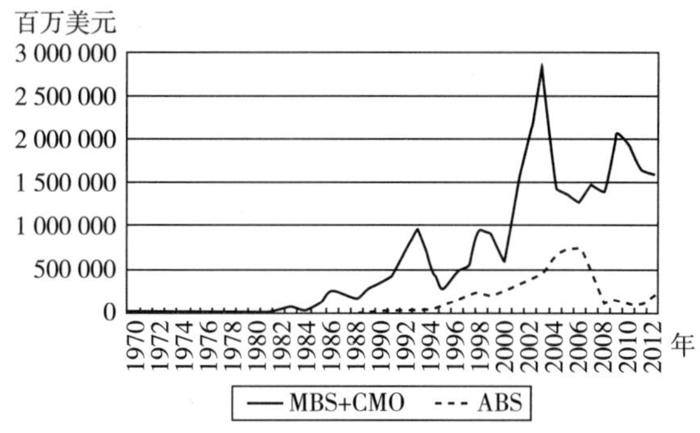

美国资产证券化发行量

表内外转型：加快资产证券化

我国资产证券化业务发展空间巨大。

国际经验借鉴：美国自1986年完全取消存款利率上限管理以来，为解决资产的低流动性与负债的高流动性严重失衡，资产证券化规模迅速扩大。

收入结构转型

继续大力发展中间业务，提高中间业务收入占比。

力争到2015年信贷利差收入、投资与交易收入和手续费收入比例由原来的6∶2∶2调整到5∶2.5∶2.5，2020年再进一步调整到4∶3∶3。

业务结构转型

富国银行NIM高于我行，与其大力发展零售业务有很大关系。重要的启示是：

大力发展零售业务。

提高贷款定价能力。

尽量通过表外业务满足大客户需求，减少资本占用。

贷款类别	富国银行				工商银行			
	2011年		2012年		2011年		2012年	
	占整体贷款平均余额比例	平均贷款利率（美元）	占整体贷款平均余额比例	平均贷款利率（美元）	占整体贷款平均余额比例	平均贷款利率（美元）	占整体贷款平均余额比例	平均贷款利率（美元）
大中型企业贷款	43.70%	4.24%	45.14%	4.06%	65.88%	5.84%	64.62%	6.32%
零售贷款	56.30%	5.46%	54.86%	5.25%	34.12%	5.84%	35.38%	6.72%
小微企业贷款	11.50%	6.29%	11.22%	6.10%	8.80%	6.48%	10.05%	7.29%
个人贷款	44.80%	5.25	43.64%	5.03%	25.32%	5.61%	25.34%	6.50%
整体贷款	100.00%	4.93%	100.00%	4.71%	100%	5.80%	100%	6.35%

大力发展投资与交易业务，推动收入结构优化

努力扩大投资业务盈利贡献

——把握国家提高直接融资比重、推动债券市场大发展的机遇，用好到期再投资和新增投资规模增量，在把控好风险、平衡好提高组合收益率与节约资本占用之间关系的前提下，坚持投资相对价值更好的品种，继续加大信用债等投资力度，科学优化组合结构，提高组合收益率水平。

——扩大债券借贷业务规模，盘活存量债券资产，进一步提高创收水平，增加存量债券资产收益。

——合理提高可供出售类债券比重，把握市场有利时机，加大波段操作力度，在赚取利差收入的同时，扩大交易价差收入贡献。

——在具备市场条件的情况下，探索一定额度内通过自主负债方式扩大债券投资规模、创造投资收益。

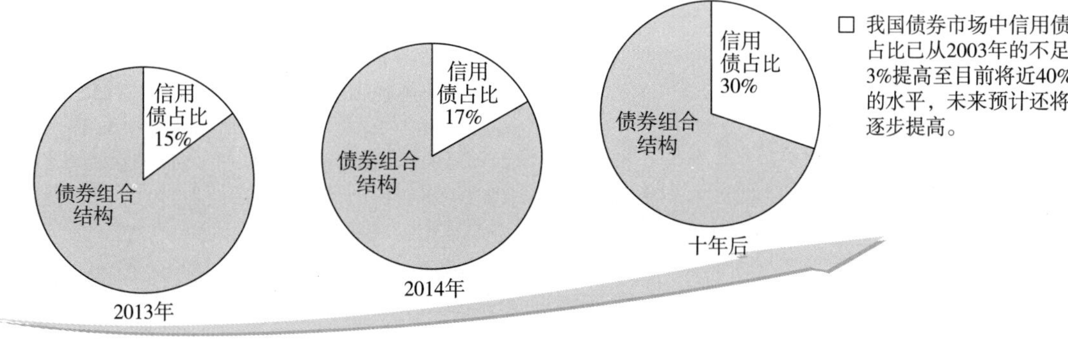

我行债券投资组合结构中信用债占比调整目标

我国债券市场中信用债占比已从2003年的不足3%提高至目前将近40%的水平，未来预计还将逐步提高。

我行投资余额超过4万亿元，提升投资收益更需努力。

大力提高交易业务盈利占比

金融资产交易业务面临难得发展机遇，具备加速发展条件。国内监管机构高度重视，市场规范化程度不断提升，交易工具推陈出新。我国利率和汇率市场化步伐加快、人民币国际化进程加速，商品等全球金融市场波动加剧，蕴含巨大市场机会，客户多元化金融需求日益旺盛。

——持续提升汇率类交易市场竞争力，紧抓汇率市场化加速进程中迅猛增长的客户用汇与避险等需求，强化外汇网点建设、现钞配置等综合服务能力。

——加强账户贵金属等账户交易类产品客户拓展，提高交易活跃度，将我行产品优势转化为经营效益，为大资管时代做强我行金融资产服务、吸引客户资金沉淀在我行体系内循环运作打造竞争利器。

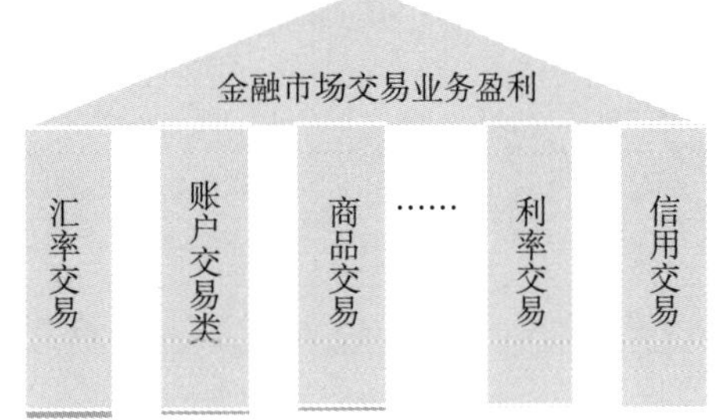

金融市场交易业务盈利

——加快推广商品交易，立足我行市场先发优势，把握当前市场潜力大、同业竞争少的发展契机，尽快做大业务规模。

——积极推动利率、信用等交易发展，扩大交易盈利贡献。

——我行金融市场交易业务现有个人客户1816万户、对公客户21万户，占全行客户的比例均不到5%。

交易业务处于发展初期，商机需全行把握。

1.5 改革创新能力

产品创新和业务多元是银行竞争力的体现，是银行利润增长的重要推动力。

产品和服务创新逐渐成为我行中间业务发展的“顶梁柱”。2009年至今，我行资产管理、信用卡分期、贵金属等7个新业务实现的中间业务收入从63亿元增加至282亿元，在中间业务收入中占比达到29%，三年多提高了18个百分点。

进一步加大产品服务创新，努力打造新的利润增长点。同时要加强技术创新、体制机制创新，释放改革红利，推动盈利的可持续增长。

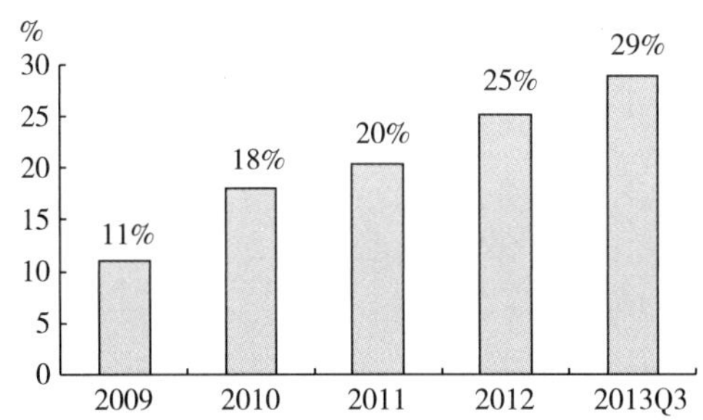

新业务对全行中间业务收入的贡献

总之，全行要把提升业务发展能力、风险控制能力、经营转型能力和改革创新能力“四个能力”作为当前及今后一个时期改革发展的重要抓手，努力构建更加稳健、均衡、多元的盈利模式，推动全行在复杂经营环境下实现可持续发展。

二、关于贯彻落实“五大布局”、“三大战略”，强化客户基础

董事长在报告中提出：“要坚持把经营结构战略性调整作为加快发展方式转变的重点，推动经营结构战略性调整的主攻方向是优化“五大布局”、突出“三大战略”，最需要解决的难点问题是调整客户结构、强化客户基础。

要抓好董事长重要要求的落地，需全行共同努力，总的要坚持“四个原则”，落实五项核心工作：

◆ 坚持强基固本原则
◆ 坚持以客户为中心原则
◆ 坚持集团联动原则
◆ 坚持市场配置资源原则
◆ 落实“大零售”战略
◆ 落实“大资管”战略
◆ 落实“大数据和信息化”战略
◆ 落实客户基础工程
◆ 落实城市行和重点县支行竞争力提升工程

2.1 坚持“四个原则”

坚持强基固本的原则

坚持强基固本的原则，就是要不断夯实经营管理的基础，强管理之基，固发展之本。

近年来，全行各项业务发展较快，但一些业务领域也存在着“唯规模论”的倾向，片面追求规模、速度而不顾质量、基础、结构。有些机构重结果不重过程，顾当下不计长远，存在急功近利的短期经营行为，造成资源配置效率低下、发展后劲不足等问题。“基础不牢，地动山摇”，业务质量、结构、管理等基础性问题已经成为影响和制约全行未来发展的关键因素。

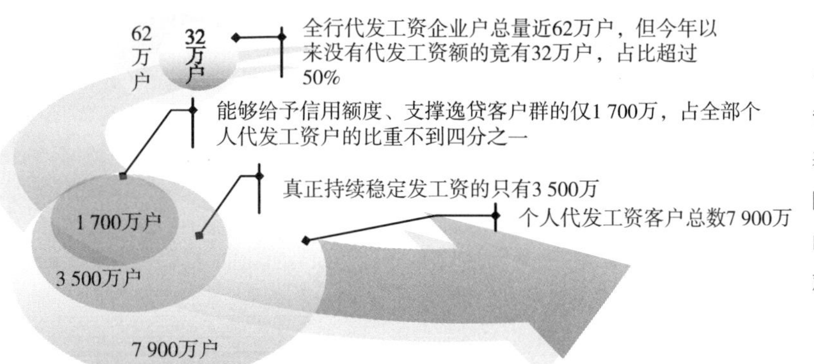

◆ 在一些总量数据背后，掩盖的是业务基础不牢、竞争力下降的严峻现实，反映的是工作浮躁和业绩观的偏差。

在一些总量数据背后，掩盖的是业务基础不牢、竞争力下降的严峻现实，反映的是工作浮躁和业绩观的偏差。

截至今年9月末，403万户存量公司客户中，日均金融资产5万元以下的客户占比达到70%，其中零余额客户40.7万户，占比10%；从新增客户来看，由于大多新客户金融资产规模不高，且缺少必要的产品营销手段和日常维护，日均金融资产5万元以上的客户占比只有7.82%，而零余额客户占比却高达27.69%，造成公司客户的质量结构还在向下迁徙，客户的价值潜力还待进一步挖掘。

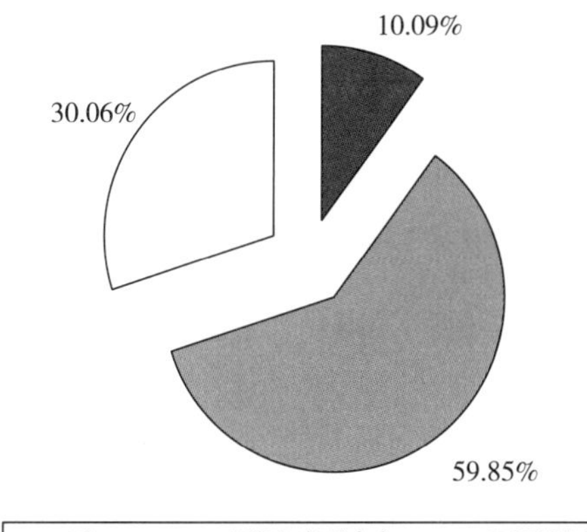

公司客户日均金融资产分布（新增）

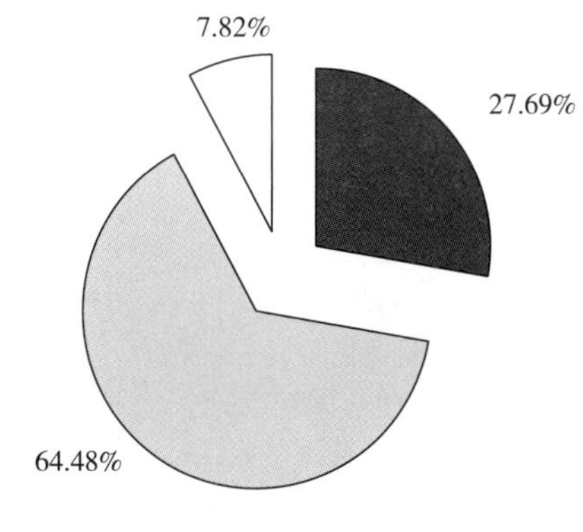

公司客户日均金融资产分布（存量）

类似情况还比较普遍。

块头大不等于强，体重高不等于壮，有时是虚胖。全行必须摒弃片面追求规模和速度的传统理念，切实纠正存款冲时点等以不可持续的办法透支发展潜力的问题。如果经营理念不转变，经营作风不转变，不可能有可持续发展。

管理基础决定发展质量。要针对经营管理中的薄弱环节，特别是粗放管理、管理模式和手段与业务发展不相适应等问题，全面加强基础管理工作，推进精细化管理，不断夯实促进可持续发展的管理基础。

坚持实事求是，进一步端正经营思想，更加注重业务基础管理，切实把发展的着力点放在增长的质量、结构上，实现没有水分的、实实在在的增长，实现有质量、有效益、可持续的增长。

明年在下达任务时，在考虑总量的同时，更加体现质量、更加体现结构、更加体现日均。

坚持以客户为中心原则

坚持以客户为中心原则，是商业银行最重要、最基本的一项经营原则，通俗地讲，就是一切工作都要围绕客户来做。

销售产品 vs 服务客户
产品经理 vs 客户经理
产品定价 vs 客户定价
产品销售考核 vs 客户拓展考核

银行和客户的关系经历了从以银行为主到以客户为主的变化过程，随着客户金融服务需求日益多样化，其对银行选择性的明显增强，以产品为中心、以“自我”为主而不能快速响应和满足客户需求的银行，将逐步丧失市场。

在以客户为主导的同业竞争形势下，客户对银行的忠诚度取决于银行以客户为中心的服务程度。但总的来看，我们“以客户为中心”在很多时候依然停留在口号上，众多产品和制度流程设计均是以银行端为主，甚至是为了便于专业管理或撇清专业责任，而忽视了客户体验和感受，造成许多产品市场接受度不高，许多制度操作性不强，许多流程越来越冗长，不仅浪费了宝贵的经营资源，也制约了效率、效益和竞争力的提升。

客户是银行经营发展的基础，经营银行实际上就是经营客户。要根据客户需求，持续增强服务能力，提高服务效率，以优质高效服务在客户中树立良好口碑，实现客户价值与银行价值的共同成长。唯有如此，银行的经营发展才有前途。

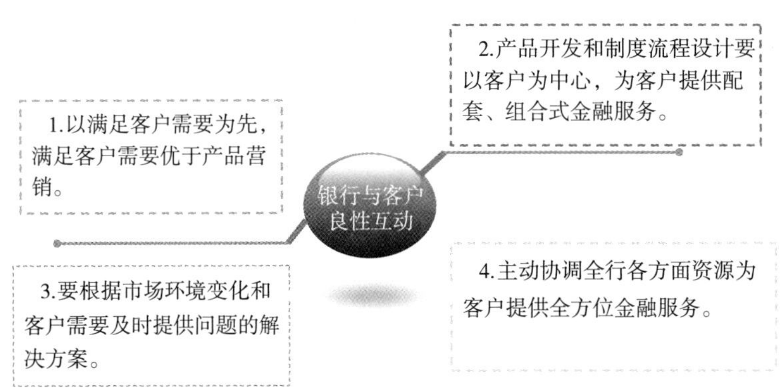

坚持集团联动原则

坚持集团联动原则，就是要本着 ONE ICBC 的精神，强化集团各单位的全局意识和协作精神，实现集团对客户的联动营销和联动服务。

五指张开不如一拳紧握。ICBC 集团是一个统一的营销与服务整体，如同集团军作战需要海、陆、空诸兵种的紧密协同与配合一样，做好客户金融服务工作，集团各机构要有主动协同、配合的意识，有“功成不必在我”的广阔胸怀。

境内外机构要切实增强大局观，坚持集团利益至上。以本次组织机构改革为契机，从体制机制上打破“部门墙”、“玻璃门”和各种利益壁垒，不能各弹各的弦，各唱各的调，各打各的算盘。要推动总行各部门间、总分行间、境内与境内机构之间、境内与境外机构之间、境外与境外机构之间、商业银行和综合化子公司之间的协调联动，形成竞争发展的整体合力。

境外机构要走出一条符合自身实际的发展路子，持续提升对集团的贡献。

综合化子公司要最大限度地与母行形成战略协同。多元化公司存在的唯一理由就是获取协同效应。我们开展综合化经营的根本目的，不仅仅是增加一个盈利增长来源，更重要的是发挥集团的协同联动效应，实现“1＋1＞2”，即整体大于部分之和。任何时候也不能因为走得太远而忘了当初为什么出发。

坚持市场配置资源原则

十八届三中全会一个重大而鲜明的观点是使市场在资源配置中起决定性作用，用决定性代替基础性，是我们对市场规律认识的又一次升华。市场决定资源配置是市场经济的一般规律，商业银行在经营管理中也必须要尊重这条规律，推动资源配置依据市场规则、市场价格、市场竞争实现效益最大化和效率最优化。重点要完善“六项机制”：

完善内部资金转移价格定价机制。建立我行内部资金价格和外部市场价格的联动调整机制，更多地根据市场竞争形势、市场利率走势，实施差异化的内部定价管理。加强总行拆借利率引导，对境外机构资金拆借的增量部分要按市场化价格配置。

建立贷款拨备分配机制。从明年开始，总行会将拨贷比指标有效传导至分行，引导分行合理平衡使用拨备资源，更加注重信贷投放的总量、质量和效益。

完善信贷计划市场化配置机制。坚持市场化和效率优先原则，将信贷计划与存贷收益挂钩，新增存贷比挂钩，将有限的信贷资源优先用于 EVA 贡献高、存贷款平衡增长和资产质量优的品种和区域。

完善集团内部分润机制。完善三大业务板块内部和板块间、利润中心和分行间、非银行子公司与商行间的利益分配机制，用价格机制促进形成分工协作、互利共赢的经营模式，提升集团联动水平。

完善以投入产出为核心的绩效考核机制。绩效考核既要突出产出，也要强调投入。绩效考核要体现战略导向。要优化以投入产出效率为核心的资源配置模型。

完善资本配置与经营成果分析机制。进一步强化资本讲回报的理念，完善经济资本配置，建立覆盖全行机构、产品、投资的跟踪评价和效益分析机制，对经营效益不佳的要实行调整或退出，推进全行经营结构优化。

2.2　落实五项核心工作

落实“大零售”战略

刚才董事长在讲话中突出强调“大零售”战略，这是关乎当前竞争力提升和未来长远可持续发展的紧迫而重大课题。

大零售战略实施需要在战略驱动、文化引领、体制机制、基础工作、队伍建设等方面整体推进，既要立足当前，又要谋划长远。

当前我国零售银行发展正处于大调整大变局中：

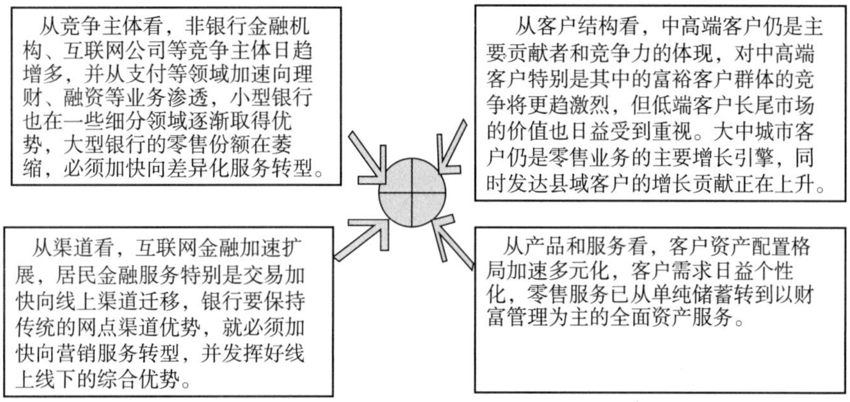

从竞争主体看，非银行金融机构、互联网公司等竞争主体日趋增多，并从支付等领域加速向理财、融资等业务渗透，小型银行也在一些细分领域逐渐取得优势，大型银行的零售份额在萎缩，必须加快向差异化服务转型。

从客户结构看，中高端客户仍是主要贡献者和竞争力的体现，对中高端客户特别是其中的富裕客户群体的竞争将更趋激烈，但低端客户长尾市场的价值也日益受到重视。大中城市客户仍是零售业务的主要增长引擎，同时发达县域客户的增长贡献正在上升。

从渠道看，互联网金融加速扩展，居民金融服务特别是交易加快向线上渠道迁移，银行要保持传统的网点渠道优势，就必须加快向营销服务转型，并发挥好线上线下的综合优势。

从产品和服务看，客户资产配置格局加速多元化，客户需求日益个性化，零售服务已从单纯储蓄转到以财富管理为主的全面资产服务。

零售业务客户数量庞大，交易分散且烦琐，某种程度上可以说是细活、苦活，长期积累产生规模效益。但我行一些机构还习惯于像做公司业务那样，指望抓几个大企业、大项目实现增长，或用一些运动式营销来达到短期成效。我们要充分认识和把握新形势下大零售的发展规律，加快从以产品为中心转到以客户中心服务上来，扎扎实实做好客户、产品、渠道、信息整合等细致工作，不断夯实零售业务的发展基础，提高市场竞争力。

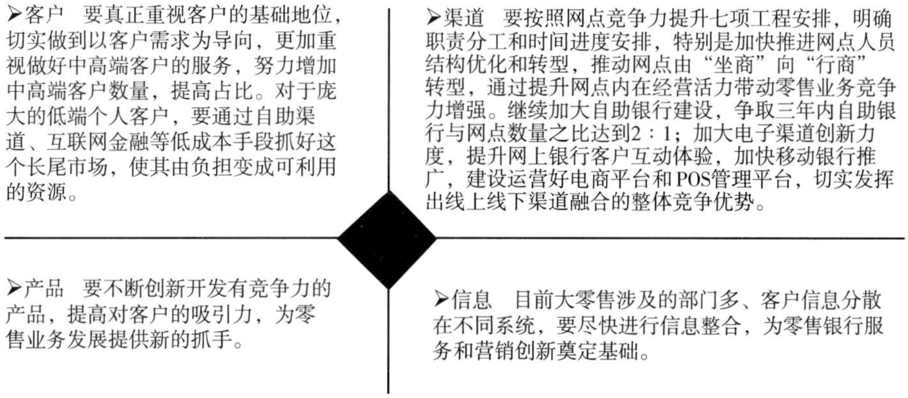

➢客户　要真正重视客户的基础地位，切实做到以客户需求为导向，更加重视做好中高端客户的服务，努力增加中高端客户数量，提高占比。对于庞大的低端个人客户，要通过自助渠道、互联网金融等低成本手段抓好这个长尾市场，使其由负担变成可利用的资源。

➢渠道　要按照网点竞争力提升七项工程安排，明确职责分工和时间进度安排，特别是加快推进网点人员结构优化和转型，推动网点由“坐商”向“行商”转型，通过提升网点内在经营活力带动零售业务竞争力增强。继续加大自助银行建设，争取三年内自助银行与网点数量之比达到2：1；加大电子渠道创新力度，提升网上银行客户互动体验，加快移动银行推广，建设运营好电商平台和POS管理平台，切实发挥出线上线下渠道融合的整体竞争优势。

➢产品　要不断创新开发有竞争力的产品，提高对客户的吸引力，为零售业务发展提供新的抓手。

➢信息　目前大零售涉及的部门多、客户信息分散在不同系统，要尽快进行信息整合，为零售银行服务和营销创新奠定基础。

落实“大资管”战略

随着我国多层次金融市场进一步完善，以及资本市场双向开放程度的扩大，资产管理市场的发展空间十分广阔。预计到2015年，我国将成为全球第二大财富管理市场。去年以来，监管层出台了扩大投资范围、降低投资门槛等一系列新政，逐步打破了银行、证券、基金、保险、信托等机构从事资产管理业务的竞争壁垒，我国资产管理行业进入到混业经营的大资产管理时代。

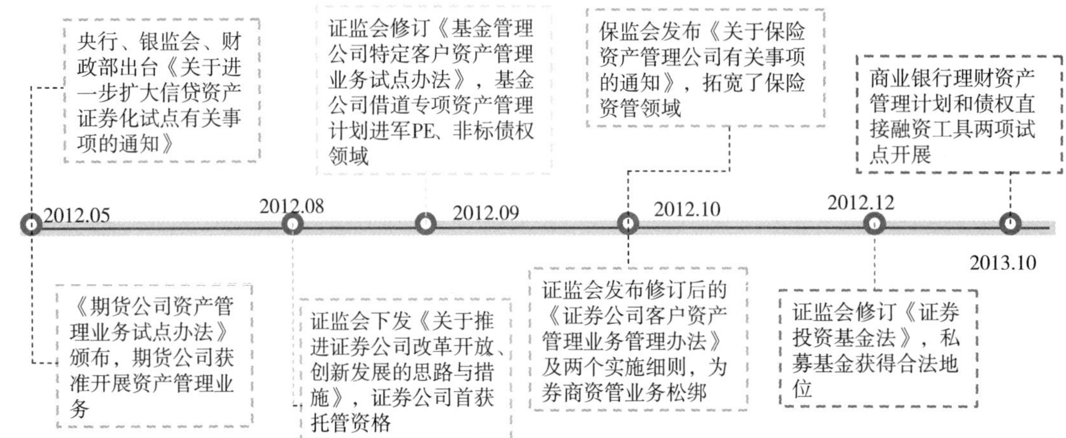

大资管业务是指我行受客户委托开展的资产管理业务和资产托管业务。从业务链来看，资产管理、个金、私人银行、公司、投行、资产托管、工银瑞信等多个部门、多个机构以多种角色参与到大资管业务的委托、管理、托管、通道、产品池等各个环节；各分行在投资项目推荐、理财产品销售、项目投后管理的全链条中发挥着重要作用。

大资管不是狭义的资产管理业务，是涉及全行多个部门、多个子公司的业务。

推动大资管业务发展不仅仅是总行的事情，需要全行上下发挥工商银行综合化全球化的整体优势，需要集团各机构、各分行各负其责、协调合作、共同推进。

✓ 明确业务发展总体规划。统筹大资管业务的规模、速度，明晰相关专业条线和子公司职能定位，有效优化前台营销、项目管理、产品设计、投资管理、后台支持各业务环节。

✓ 发挥我行商行、投行、基金、保险等多牌照、综合化发展优势，合理摆布大资管业务资源配置，抓住大资管时代市场发展机遇，牢固确立市场领先的优势。

✓ 客观认识大资管业务代客理财的本质属性，真实履行代客资产管理和代客资产托管职责，夯实业务发展基础，严格做好资产管理业务与表内资产负债业务的风险隔离。

✓ 深刻把握大资管时代的市场特征、监管趋势、客户需求和同业创新走势，突破传统商业银行经营思维，以创新的思路和措施，深度开发大资产管理业务，大幅提升资产管理业务的投资管理能力。

✓ 主动适应资产证券化常规化发展的趋势，加快理财投资与信贷资产证券化的对接，盘活存量资产，释放资本占用，实现表内表外业务协调发展。

落实“大数据和信息化”战略

当前落实“大数据和信息化”战略最重要的任务是抓好数据治理和分析挖掘这两个基础环节，推动信息化银行建设。

解决好“数据在哪里”问题

数据是信息化银行建设的基石。金融竞争已经前移到对数据这一创新核心要素的争夺上。目前我行在日常经营活动中已经积聚了海量的数据基础，但信息碎片化、局部化、低效化，缺乏有效的共享和整合，制约了数据价值的有效发挥。要加快信息标准体系建设，按照先简后繁、分类处理的原则，推动各类数据完整入库，丰富数据来源，尤其要着力提高非结构化数据的应用能力，搭建更加开放、集中共享的信息化平台。

优势

➢存储了4 500T的海量数据，其中隐含了大量客户资产状况、交易行为、习惯偏好等有价值的信息，具备了进行大数据分析的基础。

✓ 数据仓库：汇集300T结构化数据，数据的集成管理水平领先同业。

✓ 信息库：打造了涵盖总分行两级体系的集团信息平台。

不足

✓ 数据分布在各专业系统，缺乏有效的共享和整合。

✓ 数据质量还不够高，数据的规范性、统一性、完整性有差距。

✓ 对数据的分析应用不够，数据的价值没有得到充分挖掘。

解决好“数据如何应用”问题

尽快在总分行建立数据分析师和专业分析师两支队伍，集成已有的数据分析挖掘工具，深化对各类数据自上而下的挖掘分析，在信息利用上变被动发起为主动推送，为经营管理提供强有力的支撑。

精准营销	产品服务创新	优化管理
✓ 将精准营销功能嵌入到个人、公司、机构营销管理平台中，为基层行和前台营销提供全面及时的信息支持，提升客户需求响应的及时性和准确性，实现从传统的推广型或关系型营销向基于数据挖掘分析的精准营销转变。	✓ 发挥数据对创新的支持引领作用，通过对大数据的运用和对资金流、物流、信息流的把控，发现和引导客户金融服务需求，创新和丰富线上线下一体化、支付融资相融合的新型产品服务，积极应对互联网金融的挑战。 ✓ 适应互联网时代客户生活方式和消费习惯的改变，全面打通移动银行、网银、柜面等各渠道资源，形成客户一点接入、银行线上线下融合、优势互补、全程响应的一体化客户服务新模式。	✓ 树立“数据治行”的理念，促进信息化成果在流程优化、考核评价、资源配置等领域的应用，通过全信息流的智能分析，直观监测全行运营情况，实现复杂情况下的智能决策。 ✓ 提升风险模型开发和风险量化管理的水平，加快从基于单账户、单品种、单业务条线的事后被动防控向以关联分析、事前预警为基础的主动防控风险转变。

落实客户基础工程

工商银行能成就今天的发展规模得益于庞大的客户基础，未来经营转型仍然取决于客户基础的优化和强化。刚才董事长在报告中提出了“调整客户结构、强化客户基础”的总体要求，我们一定要把实施客户基础工程作为首要工作来抓，通过完善客户营销服务机制、构建分层分类服务体系、加大产品创新等措施，挖掘目标客户，培育活跃客户，拓展中高端客户，筑牢未来可持续发展的根基。

一要解决“客户在哪儿”的问题。当前我们的客户基础薄弱并不是指总量太少，而是有效的、有质量的、有增长潜力的客户太少。随着客户服务加快向自助渠道、互联网渠道迁移，客户与银行的接触方式发生了很大变化，要更加重视利用好信息化银行的手段，从撒网式、无选择地“跑马圈地”转到依靠大数据挖掘目标客户上来。对于新拓展客户，主要依靠通过链金融、大额资金监控平台等系统数据的加工分析，发现、锁定目标对公客户，依靠对私对公联动系统发掘对公客户中的代发工资、年金、养老金等源头个人客户。对于存量潜力客户，主要依靠数据挖掘精准定位目标客户和发现客户需求，并有针对性有重点地采取“唤醒”、“激活”、“提星升级”等挖潜措施。

要进一步完善个人客户、公司客户、机构客户三大营销系统，构建客户的统一视图，尽快建成承载客户全量信息、监控客户全部交易活动、支持客户经理全面营销工作的综合业务系统平台。同时建立客户拓展与全产品营销的监测分析、通报制度，管理信息部门要与客户营销部门对接，管理行要与所辖分支行对接，定期从客户拓展进度、具体产品的使用、产品的覆盖率等多个方面监测分析客户拓展的成效，使“自上而下”与“自下而上”相结合的客户拓展模式发挥出最大成效。

培育“千万级”活跃个人客户群

目标客户	产品组合
■ 代发工资客户	“工银薪管家”、逸贷、专属理财等
■ 商友俱乐部会员	商友客户系列产品，包括商友卡、商友贷等
■ 理财客户 ■ 基金客户 ■ 保险客户	个人综合投资账户 现金管理类理财产品创新 销售模式转型：定客户、定区域、定产品组合销售、链式销售、预约销售
■ 个人贷款客户	个人贷款产品、个人综合资产服务
■ 新兴经济组织从业人员	财富卡、理财金卡、非金融增值服务
■ 年轻客户	单芯片卡、闪酷卡、网银、手机银行
■ 流动性客户	福农卡、商友卡、薪金卡、学生卡、专属结算套餐等
■ 外汇客户	个人外汇类、交易类产品

二要解决“谁去抓”、“怎么抓”客户的问题。总行这次机构改革按照以客户为中心原则对总行部门设置进行了调整，还成立了三大客户推进委员会，进一步理顺了服务营销管理体制。这还只是基础，下一步还要继续完善客户营销部门与产品部门、对公与对私、集团与子公司等之间的协调机制、定价机制和分润机制，解决过去产品为主、部门割据、信息难以共享的问题。要探索对公客户首席客户经理制，落实好个人客户经理的中高端客户管户责任，建立健全“客户经理＋产品经理”

的综合营销团队机制，由散点式营销、多头营销向团队营销、整合营销模式转变。要完善客户经理考核办法，强化客户维度的考核，有机结合产品维度考核，引导基层行从销售产品向经营客户转变，真正通过做强客户基础来带动产品和收入的增长，避免过去只卖产品不维护客户，以及客户边拓展、边流失现象。

机构客户拓展主要目标是提高行业优质客户覆盖率

客户	2014 年			2015 年			2016 年		
	新增客户数	市场占比	客户贡献（亿元）	新增客户数	市场占比	客户贡献（亿元）	新增客户数	市场占比	客户贡献（亿元）
政府机构客户	1 160	36%	724	1 060	37%	796	1 060	38%	876
金融同业客户	89	38.5%	839	87	39%	873	89	39.5%	909

三要解决客户拓展“抓什么”的问题。抓客户，服务是根本，产品是关键。要细化分层分类分级服务，进一步扩大总分行牵头营销客户的覆盖范围，在一级、二级分行本部都要建立牵头客户名单，明确相应的管户事权，将分层服务营销落实情况列入分行行长目标责任考核。要深入研究和全面把握客户需求，按照五级分类标准和要求，细化准入、定价、产品、流程等配套客户政策和措施，更加重视中高端客户的个性化、增值化服务，可从总行客户中挑选100家左右试点实施“一户一策”综合服务方案，逐步向全行推广。要充分发挥集团跨市场跨区域等业务创新优势，搭建一体化、一站式金融服务创新平台，集中精力打造一批受客户欢迎、竞争力强的明星产品，开展全产品营销，推动客户拓展向“产品黏合”转型。

公司客户量质并举提升目标

客户发展总体目标	2014 年	2015 年	2016 年
公司客户增长	25 万户	25 万户	25 万户
其中：五星级（含）以上客户增长	5 万户	5 万户	5 万户

2014 年拟推重点产品	拓展目标	2014 年拟推重点产品	拓展目标
年日均存款超 5 万元	10 万户	基础类投行客户	1.12 万户
有融资关系客户	7 000 户	现金管理客户	10 万户
供应链核心客户	200 户	养老金公司客户	5 000 户
供应链上下游客户	2 000 户	国际业务大中型客户	1 800 户

落实城市行和重点县支行竞争力提升工程

进一步提升城市行特别是大中城市行竞争力

截至2012年，城区支行实现拨备前利润2 718 亿元，净利润1 975 亿元，EVA1 401 亿元，净利润占比为77.65%，是全行经营效益的主体。受经济环境、客户资源和经营管理水平等影响，城区支行发展质量与效率差异较大。

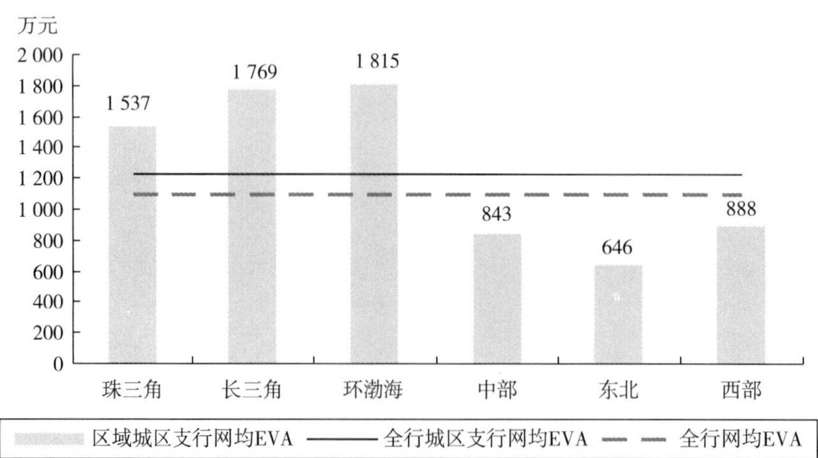

区域支行网均 EVA 比较

从网均效率来看，中西部和东北地区城区支行的EVA均低于全行平均值，其中网均效率最高的环渤海地区网均EVA为1 815万元，网均效率最低的东北地区城区支行网均EVA仅为646万元，前者是后者的2.8倍。

截至2012年，23家省区分行营业部存贷款余额在本行占比分别为33.9%和35.9%，与2010年末相比，分别下降了1个和1.2个百分点。从同业比较情况看，2012年末存贷款余额在当地四大行占比分别为31.3%和31.0%，较2010年均下降了0.6个百分点，一定程度上表明同业领先优势有所缩小。

省区分行营业部在本省系统内和当地同业占比情况

项目	在本省系统内占比			在当地四大行占比		
	各项存款	储蓄存款	各项贷款	各项存款	储蓄存款	各项贷款
2012年末	33.9%	34.4%	35.9%	31.3%	33.4%	31.0%
2010年末	34.9%	33.5%	37.2%	31.9%	33.2%	31.6%
占比变化	-1个百分点	0.9个百分点	-1.2个百分点	-0.6个百分点	0.2个百分点	-0.6个百分点

切实落实优质客户拓展工程，贯彻落实好“强个金、大公司、全机构”营销部署。

加强重点产品交叉销售水平，提高单个客户的价值贡献度，切实将客户优势转化为产品优势和竞争优势。

加快电子银行、自助银行分流引导，为人力资源释放奠定基础。

严格控制中后台人员占比，加快柜员转岗，全面提高客户营销人员占比。

建立健全以业绩贡献为核心的员工收入分配机制。

大中城市是我国经济金融资源富集、投入产出效率最高的区域，也是工商银行一直以来的主要目标市场和传统优势区域。必须坚定巩固大中城市竞争优势的决心不动摇，以深化省区分行营业部和重点城市行改革为重点，确保在大中城市特别是重点城市占有核心业务市场领先的位次，切实增强在大中城市的经营优势和获利能力。

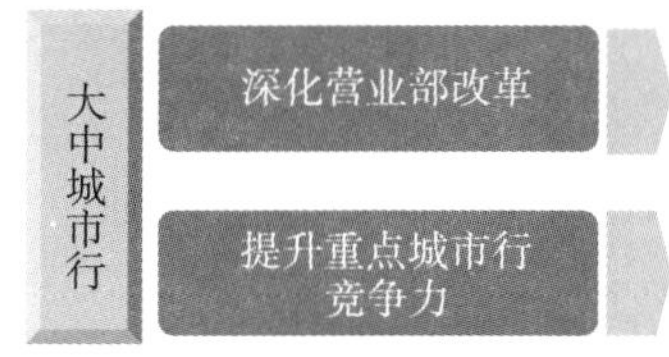

进一步强化对省区分行营业部的资源配置和激励约束，完善联动营销和资源共享机制，提升整体合力。

建立健全差异化业务授权体系和资源配置机制，打造一批绩效优、竞争力强、风险管理好的样板城市行。

进一步拓展县域市场和提升县支行竞争力

县支行变革计划实施以来，总行从网点和人员、信贷规模、产品创新等各方面，持续加大对县域支行的倾斜支持力度，在重点县域市场保持了领先同业的综合竞争优势。但与县域经济金融的快速发展相比，我行在县支行尤其是重点县支行的竞争力提升速度仍较慢。

投入产出效率有待提升

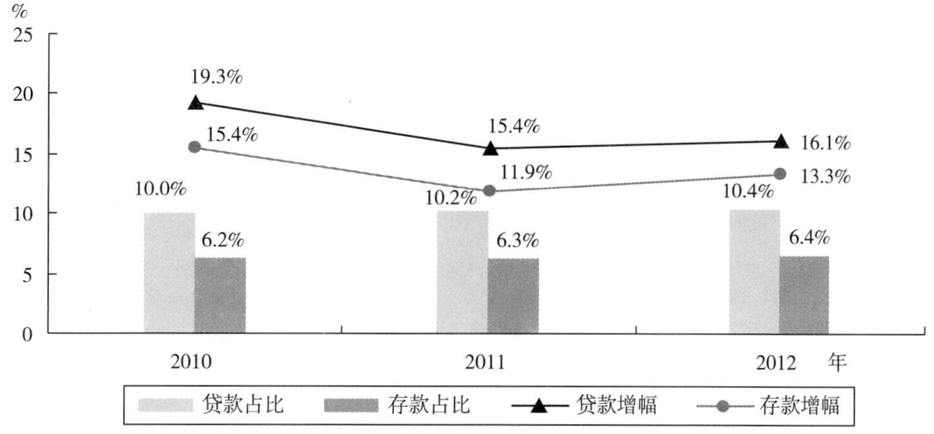

2010—2012年重点县支行存贷款增速与占比

2010年至2012年，重点县支行各项贷款余额年均增长16.9%，高于全行平均增幅2.2个百分点；存款余额年均增长13.1%，高于全行平均增幅0.9个百分点。相比较而言，存款增幅低于贷款增幅3.8个百分点。

2012年末，重点县支行各项贷款余额占全行比重为10.4%，较2010年提高0.6个百分点；存款余额占全行比重为6.4%，较2010年提高0.2个百分点。相比较而言，存款余额系统内占比低于贷款占比4个百分点。

领先主要竞争对手的优势并不明显

2010—2012年重点县支行综合市场占比情况

	机构数量	机构占比
四行排名上升	20	14.9%
四行排名不变	94	70.2%
四行排名下降	20	14.9%

注：综合市场占比指标为拨备后利润、储蓄存款、对公存款、各项贷款、中间业务收入在当地四大行占比的加权平均值。

综合市场竞争力方面，总体维持领先优势，近一半机构综合市场占比居四行第一，但提升效果不明显。2012年末，重点县支行综合市场占比指数均值为0.31，较农行高出0.01，与农行的差距较两年前没有变化，甚至一度被农行赶超。

存款方面，储蓄存款与农行的差距仍然较大，2012年末，重点县支行储蓄存款余额四行占比22.5%，较农行低19个百分点，与2010年相比基本没有变化。个人贷款方面，2012年末，重点县支行个人贷款余额四行占比25.9%，低于农行2.2个百分点，与2010年相比，差距扩大了1.9个百分点。

总行将从现有重点县支行中，研究确定80家总行级的重点县支行，其中30家综合经营实力、市场竞争能力和系统位次整体领先的核心县支行（甲类县支行），以及50家所在地经济发展水平高，而支行市场占比相对较低、业务发展空间较大的潜力县支行（乙类县支行），明确其发展规划和年度目标，给予政策支持和资源倾斜。各一级（直属）分行也要因地制宜确定若干重点县支行并给予相应支持。

三、关于信贷流程优化与信贷风险管理

3.1 信贷流程优化

信贷流程优化是深化信贷运营体制改革的核心环节。随着经营环境的变化、业务创新和转型发展的加快、信息化银行建设的逐步推进，信贷流程优化问题日益突出。

主要问题

随着信贷业务量增加，风险防控重点转变，管理范围不断扩大，新的管理内容与部门分工相继嵌入信贷流程，出现流程环节重叠复杂、部门职能交叉、前中后台有效联动不足、信贷运行效率降低。

信贷授权不足，信贷责任不清。

授信审批体制集中后，偏重业务操作处理环节的形式管理，对客户实质性风险的控制重点不够突出。

信贷前中后台相对割裂，信息采集、校验、整合、共享不够，系统整合度低。以信息化、集约化、“大数据”分析为基础的管理技术应用缺乏。

管理工具刚性有余而弹性不足，区别对待、分类管理欠缺，缺乏激励基层机构和人员主动发现风险、事前控制的有效机制。

机构信贷经营能力与外部环境变化不适应。

改革目标

以提高实质风险防控能力和激发信贷发展活力为根本目的，通过综合运用信息化手段，构建起集约化程度高、市场竞争力强、服务效率优、实质风险控制严的新型信贷运营管理模式。

基本原则

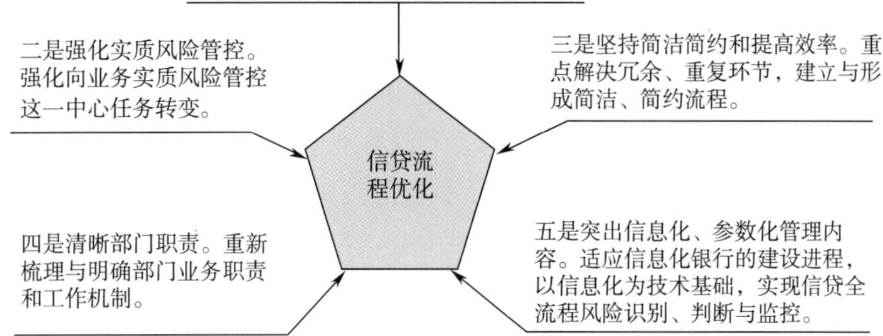

主要内容

清晰信贷业务部门职责。重点解决前中后台管理职能交叉、职责不清问题。

将面向客户的日常营销、服务、管理职能整合到前台业务部门。

将尽职调查后的客户评级、授信（评估）、债项审查、提款核准职能整合到授信审批部门。

将信贷政策制度制定、流程管理、信贷监控、不良贷款处置职能整合到信贷与投资管理部门。

简化信贷业务操作环节。重点解决流程环节过多、重叠往复和基层行各环节案头工作量过重问题。

信贷流程串联改并联，设计短流程、长流程、标准化流程。

调整下放总行管理控制事项，总行制定规则标准和履行监督监控职能，增强一级分行和二级分行的管理能力。

推进信贷业务操作处理流程的信息化、参数化管理方式，清晰管理路径与内容，简化风险控制环节。

完善授权管理方式。重点解决授信业务集中审批后，信贷业务授权不落地，基层经营机构负责人风险管理和经营责任淡化，风险责任不落实的问题。

根据有限授权和责任落实相结合的原则，在授信业务集中审批模式下，逐步扩大授信项下授权审批制适用范围、差别化授权、智能化审批和审查组织管理，将部分易操作和控制的信贷业务审批权限授予经营机构负责人。

优化授信业务处理环节。更好地发挥授信环节管控总量风险的作用，重点解决授信时效和集团客户授信共享问题。

严格授信业务时限管理。

建立集团客户授信分配使用机制，推广应用“总对总”授信模式。

强化授信业务的监督与管理。

改进信贷尽职调查与档案管理两大基础工程。重点解决客户经理重复劳动、业务流程信息缺乏共享、纸质档案归档资料过多的问题。

根据信息标准化和数据结构化的要求，规范客户信息采集与尽职调查模板，实现客户基础信息、尽职调查信息、申请审批信息充分交互共享。

大量减少纸质文件复制与存储，除权证类资料必须保持纸质介质外，扩大电子档案存储和使用范围。

构建集约化的信贷运行监控体系。组建总行信用风险监控分析中心，整合与集成行内外信息资源，集中一批信贷业务分析专家，形成功能强大、监控全部信贷业务经营机构、全部信贷业务客户、全部信贷业务产品的“雷达”监控网络，及时识别发现风险，进行有效控制，并为客户营销与市场拓展提供信息支持。

重构小微企业发展与风险管理模式。

推进小微企业信贷产品的标准化，按照简约、易操作、易控制风险要求，研发与推广适合小微企业特点的产品。

小微企业贷款要体现小额化的原则，要控制贷款的集中与过度融资行为。

坚持不动产抵押为主，限制易放大信用倍数、操作流程复杂的产品。

坚持重点围绕核心企业和专业市场做业务。

打造专业化机构和专业队伍。

建立信贷经营机构建制管理制度。全行新增不良贷款主要集中在少数二级分行和支行。重点解决信贷经营机构的信贷经营管理能力和信贷业务发展不相适应的问题。

建立信贷经营机构资质认证和经营业务特许制度。

进行经营机构风险管理能力等级评估。评价的责任主体是省级分行，监督主体是总行。

对于风险管理能力薄弱、没有或不具备专门信贷人员的机构，要限制及禁止办理信贷业务。

“以管促建”促使各行重视加强信贷队伍建设。

加快信贷 IT 系统配套改造。主要存在系统整合程度较低，信息共享不够充分，数据挖掘应用不够深入、价值创造不够高效、内部较为庞杂冗余等问题。

加快完善以 GCMS 为平台的信贷运营体系，推进信用风险业务的一体化功能建设和推广应用工作，提升信贷风险管理信息化水平。

实现信用风险业务集中监控、统一运营和评级、授信、债项审查、监督支付、贷后管理环节的信息传导与共享，为全行并表机构信用风险集中管理提供功能强大的技术平台。

3.2　信贷风险管理

受错综复杂的经济形势影响，从去年下半年开始，我行不良贷款余额出现反弹。今年不良贷款反弹趋势进一步明显，余额和比例总体呈双升态势，尤其是第三季度反弹速度加快。当前，我国经济正处于增长速度换挡和结构调整阵痛期叠加阶段，化解产能过剩矛盾还需要较长一段时间，一些领域的潜在风险加大，银行资产质量稳定面临严峻形势。

保持贷款质量稳定形势严峻

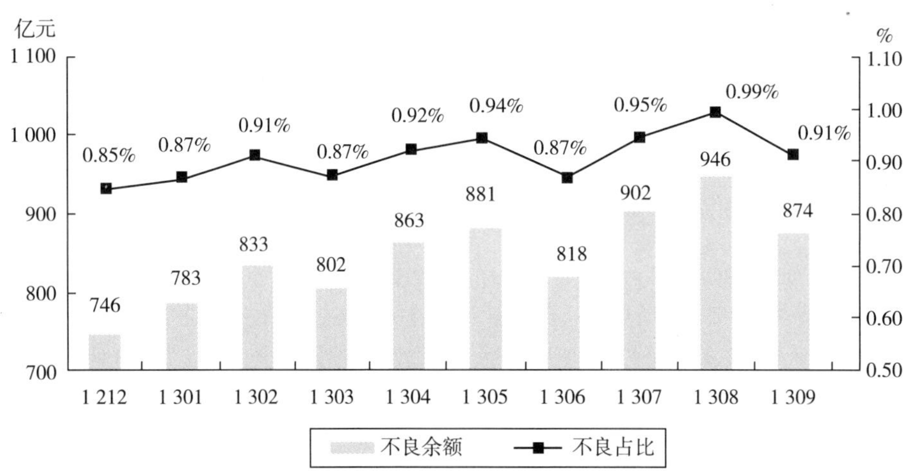

年初以来集团口径不良贷款变动情况

不良贷款反弹明显。截至 11 月末，集团不良贷款余额××亿元、不良率××%，分别较年初增加××亿元、××个基点。

贷款劣变呈加速趋势。前 11 个月贷款累计劣变××亿元，较去年同期增加××亿元，并超去年全年水平（669 亿元），增幅××%。

风险暴露的客户和业务品种集中。主要集中在小企业、个人经营贷款和商品融资。

不良贷款反弹地区蔓延，风险暴露的地区和机构相对集中。11 月末，36 家一级（直属）分行中，27 家不良余额较年初上升，较 9 月末增加 4 家，较 6 月末增加 6 家。

长三角地区不良贷款和不良率分别比年初上升 111.1 亿元、0.49 个百分点，不良贷款增量占全部的××%。

在 798 家二级分行（含直辖市、直属分行的辖属支行）中，各项贷款（不含银行卡融资）不良增加额在 2 亿元以上的二级分行 43 家，共增加不良 213.1 亿元，机构数占比 5.39%，不良增加额占比××%。

在 4 124 个信贷经营支行中，不良增加额在 1 亿元以上的支行 61 家，共增加不良 130.8 亿元，机构数占比 1.48%，不良增加额占比××%。

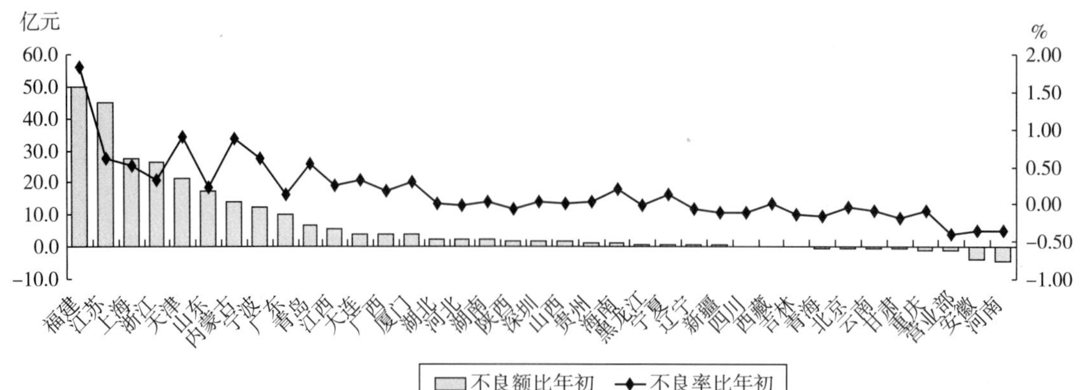

2013 年前 11 个月各一级（直属）分行不良额和不良率变化

逾期贷款与不良贷款“剪刀差”扩大

至11月末，集团逾期贷款额为××亿元（含不良贷款），较年初增加××亿元，占比达到××%，比年初上升××个百分点，与不良贷款的“剪刀差”为××亿元，比年初扩大××亿元。

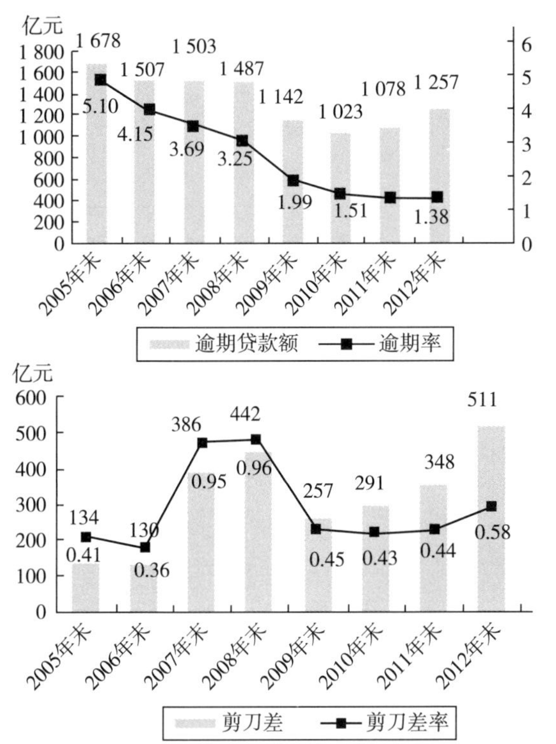

同业逾期贷款结构比较情况表（监管口径）

2013年9月30日

单位：亿元，%

机构	贷款余额	其中监管口径逾期贷款	逾期占比
工行	89 528	858	0.96
农行	67 958	673	0.99
中行	60 182	774	1.29
建行	77 768	729	0.94
交行	28 673	392	1.37

根据银监会统一监管口径，我行境内分行逾期贷款占比虽相对较低，但是不容乐观。

我行逾期贷款的监管口径和信息披露口径的主要差异是：

9月末境内分行披露口径逾期余额1 429亿元＝监管口径逾期余额858亿元＋个人贷款逾期90天以内不应计入监管口径的逾期余额354亿元＋公司贷款本金未到期但有部分欠息贷款余额217亿元。

同业比较情况

五大行第三季度集团口径不良贷款额与不良贷款率

单位：亿元，%

项目		工行	农行	建行	中行	交行	合计
不良额	9月末	873.6	879.2	820.9	720.6	325.5	3 619.7
	比年初	127.9	20.7	74.7	66.1	55.5	344.9
不良率%	9月末	0.91	1.24	0.98	0.96	1.01	1.01
	比年初	0.06	－0.09	－0.01	0.01	0.08	0.02

从第三季度季报看，我行不良贷款率在工行、农行、中行、建行、交行可比同业中，虽处于相对较低的水平，但是不良贷款额和不良贷款率上升势头较快。

五大行前三季度不良贷款清收处置情况

单位：亿元

2013年前9月	清收处置	现金清收	以物抵债	呆账核销	转化及其他
工行	563	226	4	125	208
农行	345	202	1	53	89
中行	258	140	1	40	77
建行	281	120	6	76	79
交行	210	79	0	102	29

前9个月，我行不良贷款清收处置额563亿元、现金清收额226亿元、呆账核销额125亿元、其他方式208亿元。

部分分行过于倚重批量转让处置手段。虽然批量转让方式能够快速压降不良贷款，但是其处置损失率往往高于我行自主处置结果，较低的回收率给全行利润完成造成一定影响。

当前信贷资产质量的波动尽管有宏观经济变化的影响，但我行一些机构经营作风不够端正、风险意识淡薄、责任落实不到位、贷款“三查”不实等也是不良贷款产生的重要原因，需要引起高度警觉。

✓ 主观意识上，追求短期业绩，对信贷风险规律认识不足，对经济下行期信用风险形成与传导的深刻复杂变化准备不充分。一些经营机构对经营状况过于乐观，忽视信贷产品的风险属性及特质，风险警觉降低，风险防范意识淡化，存在市场拓展和风险管理一手硬一手软的问题。	✓ 体制机制上，调查、审查审批、贷后管理等主要环节的风险控制效能及协同性不高，存在信贷前中后台责任脱节、对客户的日常管理不落地、对实质风险的控制重点不够突出等问题。
✓ 在政策制度执行上，体系不够简洁高效，政策传导不畅，政策执行力度逐级减弱，部分分支机构违规违章问题突出，对责任机构和人员惩戒不够严厉。	✓ 技术手段上，主要依靠逐户风险排查手段，事后监督为主、事中控制、事前预警能力不高，信息化技术运用不够，对于识别交叉违约风险、集团关联客户风险、关联担保风险等多层次复杂风险的能力仍然较低。
✓ 产品推广与应用上，一些信贷产品复合度高，需要综合评价、分析判断客户的经营状况，履约能力，合作机构的协管水平，但存在着复杂产品简单做、简单产品复杂做，风险控制重点不突出，风险管理要求流于形式。	✓ 经营机构与人员配置上，小微企业与个人经营性贷款的经营机构开设面过宽，甚至一些经营机构，在缺乏必要信贷专业人员情况下，开办贷款业务。全行从事信贷业务1年以下的信贷人员占信贷业务从业人员21%。

信贷风险控制与管理要求

2014 年，要根据中央经济工作会议提出的守住不发生系统性和区域性金融风险底线的工作要求，把确保贷款质量稳定作为全行工作的重中之重，坚决遏制重点机构、重点客户领域、重点业务品种不良贷款反弹势头，坚决防止局部的、结构性的风险发展为总量的、系统性的风险。

高度重视和严格控制地方政府性债务融资风险、严重产能过剩行业融资风险和房地产行业的融资风险，严格执行总行的限额控制计划，坚决将信贷风险控制在总体可控的底线。

认真开展贷款风险逐户排查工作，建立全行统一的风险排查记录系统，对贷款劣变底数做到心中有数，对潜在风险贷款提前预警并制定处置方案，采取切实有效措施化解风险。

建立不良贷款专业化处置队伍，积极运用传统清收处置方式，适当控制批量转让规模，把握好处置成本，提升处置效率。

加强逾期贷款催收。根据总行监测，公司逾期贷款中仅有利息逾期但本金未逾期贷款占比高达 60.4%；个人逾期贷款中，单户积欠本息 5 000 元以内所涉及的逾期贷款占 50.74%，要特别加大催收力度，提高清收效果。

严格防范地方政府融资平台贷款风险

控制和化解地方政府性债务风险是当前经济工作的重要任务。国家将对“土地财政”进行调整和改革，规范“土地财政”收支，并通过培育地方主体税种、发行地方债、发展政策性金融、探索基础设施资产证券化等多种方式，减低地方政府对土地收入的依赖程度。

到 11 月底，我行政府融资平台贷款余额××亿元，占公司贷款的比重为××%。明年，约有 1 400 亿元贷款集中到期，力争实现总量减少 1 000 亿元的目标。

目前，地方政府融资平台贷款资产质量良好，总体风险可控，但要重视调整和改革“土地财政”过程中，一些地方偿债压力增大，建设项目还款来源不落实的风险问题。

继续按照“总量控制、分类管理、区别对待、逐步化解”原则，实施融资限额系统刚性控制，加强表内外全口径的限额管理，防范用理财、租赁等业务替换贷款。

积极拓展投行业务，协助地方政府发行市政债券，支持社会资本参与城市公用设施投资运营。

对一些主要依靠当地财政收入偿还债务、商业效益差的地方政府融资平台项目，要充分利用政策性金融工具等机会，稳妥退出我行融资。

积极化解产能过剩行业贷款风险

今年中央经济工作会议把化解产能过剩作为调整产业结构的重点任务，强化环保、安全等标准的硬约束，大幅提高违法违规成本，并通过创新化解产能过剩矛盾，形成新的产业和新的竞争力。

各行要切实把握当前国家积极化解产能过剩矛盾的关键时机，充分认识加强产能过剩行业融资管理的重要性和紧迫性，认真贯彻落实总行政策要求，加大行业限额执行力度，加快存量融资结构优化调整，及时防范和化解融资风险。

加强融资限额管理。确定 2014 年钢铁等 5 个产能严重过剩行业总体融资额度压降 200 亿元，并通过系统刚性控制。融资口径包括贷款，银行承兑汇票、保函和信用证、租赁等表外业务，以及金融资产服务业务（包括债权和股权类理财投资、代理信托计划、PE 基金主理银行等业务）。

支持产能过剩行业结构调整和转型升级。按照有保有控的原则，在不扩大产能的前提下，支持优质客户在技术改造升级、提高研发能力、推动绿色低碳发展等方面的业务需求，推动产能过剩行业结构调整。

支持促进产能过剩行业兼并重组和“走出去”。通过并购贷款和投行业务等综合金融服务，支持产能过剩行业兼并重组，提升行业集中度和优化产业结构。发挥国际化经营优势，支持国内产能向发展潜力较大、市场需求旺盛的新兴市场等国家转移与调整，引导和帮助国内企业开展对外投资合作，建立国内产能疏导的战略通道。

四、关于信贷投向和结构调整

积极适应经济社会转型升级、产业结构调整及金融改革发展的要求，认真贯彻落实稳健货币政策，继续坚持审慎经营的信贷原则，统筹用好信贷增量与存量，加强流量管理，合理把握信贷投向与节奏，推进信贷结构全面优化，拓展可支持我行持续发展的优质信贷市场。

2014 年新增贷款计划预测

项目	2007 年	2008 年	2009 年	2010 年	2011 年	2012 年	2013 年预计	2014 年初步安排
GDP 增速（%）	14.2	9.6	9.2	10.4	9.3	7.8	7.7	7.5
M_2 增速（%）	16.7	17.8	27.7	19.7	13.6	13.8	14.0	13.0
全部贷款增速（%）	16.1	18.8	31.7	19.9	15.8	15.0	14.3	12.5
全部贷款增量（亿元）	36 300	49 100	95 900	79 500	74 700	82 000	90 000	90 000
我行贷款增速（%）	10.8	14.2	24.3	16.9	13.2	12.3	11.7	10.2
我行贷款增量（亿元）	3 652	5 307	10 372	9 000	8 183	8 673	9 258	9 000

信贷资源需求总量

综合考虑贷款新增计划、贷款到期收回额、贷款周转等情况，经测算，2014 年全行需要投放到新客户、新领域的贷款资源需求总量约为 2.85 万亿元，约占贷款余额的三分之一，为新增计划的 3 倍左右。

实施 2014 年的信贷投放计划，要结合国家经济战略的实施与产业调整的总体部署，前瞻性地确立信贷业务的行业布局、区域布局、品种布局。

存量贷款中可移位再贷的额度

贷款品种	存量周转使用	2013年10月末贷款余额（亿元）	2014年预计可使用额度（亿元）
✓ 项目贷款	到期贷款收回后可全部用于新客户、新项目。	30 725	1 469
✓ 房地产贷款		5 053	1 297
✓ 个人住房贷款		16 527	2 000
✓ 贸易融资	约63%存量用于客户经营周转，37%到期后需挪移到新拓展的客户。	8 807	3 259
✓ 一般流动资金贷款		17 623	6 521
✓ 个人消费贷款	年周转率约为0.5 。	3 649	1 825
✓ 个人经营贷款		3 312	1 656

➢ 2014 年存量贷款到期可用于移位再贷的金额合计约 1.9万亿元。

2014 年存量贷款到期可用于移位再贷的金额合计约 1.9 万亿元。

实施存量收回与增量计划统筹管理

充分发挥贷款计划分配与调整在传导全行业务经营策略中的作用。

以EVA为核心挂钩分配贷款计划	以单位信贷资产EVA贡献为核心指标，结合新增贷款投向、日均存款、存贷利差和不良贷款率等反映分行经营情况的主要指标，对贷款计划额度进行挂钩测算和定量分配，增强贷款计划分配的科学性和合理性。
简化分品种贷款计划指标	简化年度贷款计划指标体系，考虑对分行下达各项贷款年度总量计划指标及小企业贷款、房地产贷款等监管部门有明确要求的，以及需要实施上限或下限管理的品种计划指标。分行可结合全行信贷结构调整导向要求，在总行下达总量计划之内对辖内贷款品种进行自主安排。
预留总量计划传导经营导向	改变以往全年亮底模式，年初适当预留贷款总量计划额度，年内根据总行信贷结构调整导向和分行小微企业贷款业务、存贷款协调发展、利率定价和资产质量等经营发展情况进行挂钩，充分发挥贷款计划在传导全行业务经营策略中的作用。

自2014年初开始，在贷款年度计划和分月度计划的核定中，充分考虑项目贷款、房地产贷款和个人住房贷款三项业务到期收回因素，将分行预计到期收回的三项贷款50%额度与分地区增量计划加总，统筹测算和安排年度、季度和月度贷款发放计划，并加强对分行新发放贷款流量的监督和指导，切实推动全行贷款存量周转和移位再贷，进一步优化信贷结构，提升服务实体经济的能力和效率。具体管理方式为：统筹分配、动态监测、投向考核、流量约束。

分行年度贷款统筹计划 = 各项贷款年末增量计划 + 全年三项贷款预计到期收回额的50%

分行月度贷款统筹计划 = 各项贷款月末增量计划 + 当月三项贷款预计到期收回额的50%

对存量收回腾出规模限制使用的考核口径	产能严重过剩行业、地方政府融资平台（小口径）。
	商用房住房开发贷款、三四线城市房地产开发贷款（直辖市、省会城市和计划单列市以外）、中小房地产企业的住房开发贷款。
	利率下浮且低于当地同业平均水平的个人住房贷款。

更加有效地开拓目标市场

➢公司信贷七大领域

	重点投向
◻新型城镇化建设	■把握我国城镇化建设的总体部署与市场机遇，清醒地认识到城镇化是长期的历史进程，必须科学有序、积极稳妥地向前推进。重点支持按照商业化模式运作的重点城市城镇化建设、重点城市的改造升级建设、重点棚户区建设，拓展特大型及大型城市轨道交通、土地储备、城市更新改造、商贸物流商务中心、城市功能性领域（燃气、供水、供电、电讯设施、污水处理）等信贷领域。
◻基础产业及基础设施	■重点支持西气东输、西电东送、国家规划建设重点江河流域治理、综合运输体系等重大工程，列入国家“十二五”电网规划的特高压直流输电通道建设，核电、大型水电、超临界和超超临界大型火电项目等。 ■适度支持区域和省级超高压主网架、统贷统还的高速公路、新能源发电等重点项目。 ■积极支持国家重点规划的丝绸之路经济带、国际经济通道与走廊、自贸区建设。
◻能源资源类	■重点支持国家规划矿区内资源储量丰富、技术水平先进大型石油石化、煤炭企业，主要是油气开采企业勘探、开采石油天然气资源、石油加工以及在海外收购油气田项目、引进液化天然气项目、原油储备项目和千万吨级煤炭建设项目。

➢ 公司信贷七大领域

	重点投向
□现代服务业领域	■重点投向有稳定经营现金流的重点文化旅游基础设施、重点城市的商务设施等领域。 ■围绕"宽带中国"战略实施，积极支持电信、广电及配套基础设施及产业链融资。 ■顺应物流业快速发展趋势，支持供应链物流、仓储配送等领域优质客户。 ■跟踪政府购买服务政策及试点情况，支持列入购买目录，长期稳定、优质高效的公共服务企业和项目。
□先进制造业	■重点围绕产业转型升级，适度支持先进装备制造、重点汽车制造、农副产品深加工等领域的行业领先企业。 ■择优支持新能源汽车、新材料、节能环保等战略性新兴产业。
□节能环保	■积极支持国家节能重点工程、环境保护重点工程以及技术升级改造等节能环保项目，主要是热电联产、火电机组改造、污水处理、重点流域污染治理、环境整治、资源综合利用等领域项目。
□并购贷款和"走出去"	■支持传统行业中的优势企业兼并重组过剩产能、转型转产、产品结构调整、技术改造和向境外转移产能。 ■大力支持"走出去"企业的跨境信贷业务，特别是加大对能弥补国内能源矿产等战略资源不足、促进境外资源勘探开发、提高境内企业国际竞争力、加快开拓国际市场以及国内成熟产业技术设备出口等业务或内保外贷项目的支持力度。 ■支持国家大型骨干企业实施境外并购、对外投资和对外承包工程以及由中信保提供保险项下的出口买方信贷、银团贷款等业务。

三大业务板块

继续将小微企业信贷、供应链融资、个人信贷作为信贷业务发展的重点。

小微企业信贷	供应链融资	个人信贷
主要基于核心客户、专业市场、重点项目、产业集聚区，在重构小微企业信贷业务模式的基础上实现稳健发展。	**重点发展供应链融**资业务，重点推进境内跨区域、项目供应链、电子供应链和跨境供应链融资业务。	**重点推进以个人住**房贷款为主体，以个人小额信用贷款为基础的消费贷款业务，有序拓展代发工资账户的个人"逸贷"小额贷款市场。

主要信贷政策调整

2011年以来集中开展的信贷结构调整取得了重要成效，要根据中央经济工作会议确定的经济发展战略和产业结构调整方向，对下一步信贷结构调整的目标与方向进行适度调整，突出对地方政府融资平台、严重产能过剩和潜在产能过剩行业、房地产融资总量的控制与结构优化，适度拓展新的业务领域。

调整"四大行业"和"新四大产业"政策	梳理重点产品制度	调整行业信贷政策	改进信贷政策工具
✓对"四大行业"不再进行硬性压缩控制，但继续适度从严控制贷款"贷长、贷集中"问题。 ✓对"新四大产业"不再笼统提拓展目标，但对具体行业区别对待，信贷政策更加细化，更具有针对性。	✓适应市场环境变化和风险状况，适当控制贸易融资业务发展节奏，调整贸易融资优惠政策，重点发展核心企业供应链融资业务。 ✓ 商品融资统一纳入贸易融资管理，不再作为总行专属融资产品线。 ✓ 整合小微企业和个人经营贷款政策。限制小微企业办理贸易融资、商品融资等复杂性信贷业务。	✓除符合环保政策、控制产能过剩政策和监管要求外，合理设置信贷准入标准，扩大优质信贷市场目标选择。 ✓加强行业政策与产品、客户、区域等政策衔接，推动对重点子行业、特色区域和优势产业集群等优质市场的拓展。	✓行业信贷限额要据实分配到各行。 ✓加大经济资本模拟计提力度。 ✓增加一级（直属）分行对RAROC未达标业务的调整审批权。 ✓放宽并购贷款准入限制。适当下放并购贷款审批权。

坚持区别对待、一行一策

信贷结构调整与各地产业结构、重点建设进程、经济环境变化的关联很大。在总行信贷结构调整总体框架下，对各行的信贷结构调整目标与措施不搞一刀切，实行一行一策，以鼓励各行充分利用当地信贷资源，增强信贷业务的经营活力。

区域信贷政策	县域信贷政策	弹性管理要求	加强评价指导
✓根据国家和重点区域经济布局，进一步完善以重点区域为主体的差异化信贷政策。 ✓适应重点区域经济资源禀赋特点，逐步形成资源特征分明的区域信贷布局。 ✓规范与清晰行业、区域信贷政策重点。行业信贷政策重点体现行业基本标准与产业方向，区域信贷政策重点体现区域差异与特点。	✓按照“重点帮扶、梯次推进”的原则，遴选一批重点县支行、潜力县支行、省级县支行为重点，在信贷资源配置、信贷产品应用、信贷业务适度授权等方面进行重点支持，加快提升信贷竞争能力，逐步确立我行在重点县域信贷市场的领先优势。	✓为形成资本消耗低、风险收益高、资产质量优、充满活力和竞争能力的可持续信贷发展格局，信贷结构调整工作要从量的比例调整提升到质量和效益要求上来，综合使用贷款计划、内部资金价格、经济资本和信贷限额等，丰富信贷结构调整的方式。	✓建立区域评价制度与激励机制。以一级分行为目标，设置信贷结构评价指标体系，科学评价信贷结构变化，引导信贷资源的配置方向，提高信贷资源的应用效率。

五、关于完善绩效考评体系和深化组织机构改革

这次教育实践活动中各方面反映出的大企业病问题，有的是“改革疲劳症”和“精神懈怠病”的外化，有的是体制机制上的顽瘴痼疾，有的是集团化发展中出现的利益固化藩篱等。对此，要坚持标本兼治，既要进一步加强作风建设，也要通过完善绩效考评体系、深化组织机构改革等逐步加以解决。

5.1　改进完善绩效考评体系

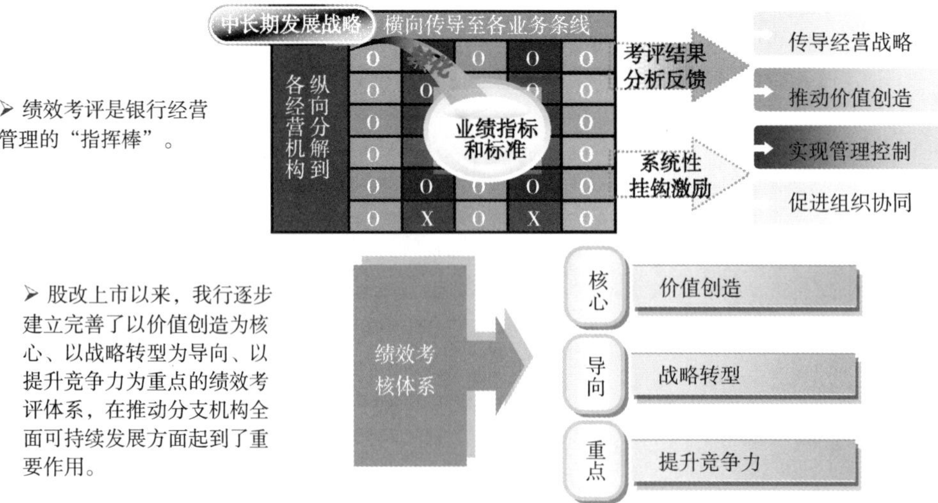

当前绩效考评体系的问题与改革方向

目前境内分行考评指标体系采用主指标与专业专项考评相结合的“1 + N”考评模式，设置了主指标 26 个、专业专项 333 个。这种考评模式在推动分支机构全面平衡发展上起到了积极作用，但随着全行经营转型的深化，也日益暴露出考评指标过多过细、战略导向不够突出、各项考评机制协调不够等问题。

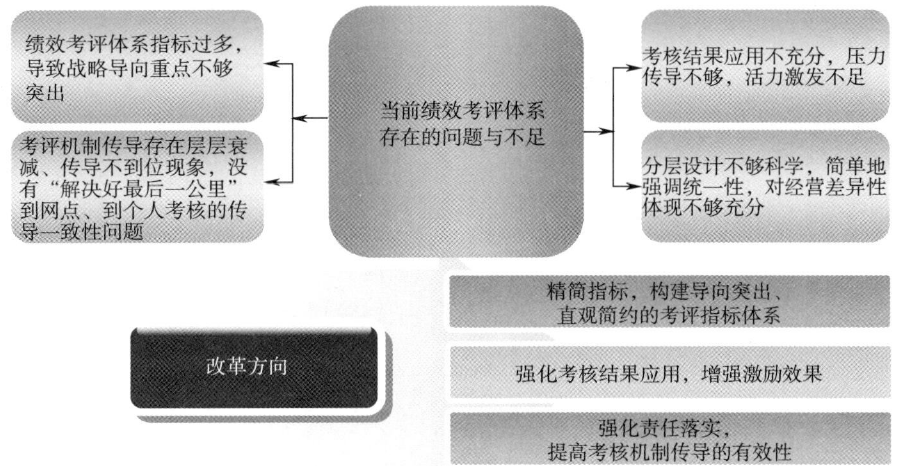

绩效考评体系的优化调整思路

按照“突出关键业绩指标、强化战略发展导向、规范指标设置管理”的思路，精简考评指标数量，优化考评指标体系，健全指标设置流程，正确发挥绩效考评的作用。

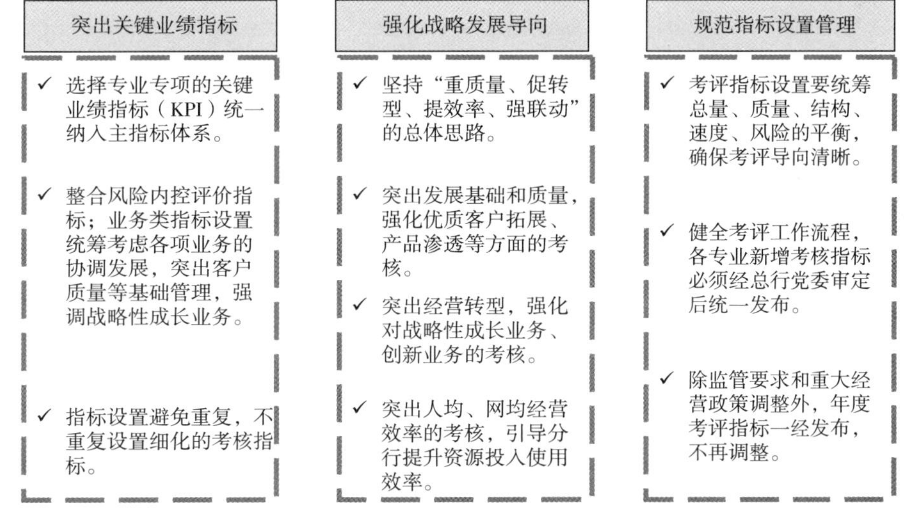

完善新的绩效考评指标体系

调整后指标数量大幅下降，由 359 个下降至 100 个以内。从经营效益、风险内控、经营转型与业务发展三方面设置考评指标，体现可持续发展的战略要求。

经营效益类	体现以风险调整后收益为核心的经营理念，重点考核经济资本回报率、人均经济增加值、总资产回报率、网均净利润、存贷款息差等效率指标，引导分行提高资源配置效率，增强可持续价值创造能力。
风险内控类	设置风险管理评价、内控评价、不良贷款控制、重大案件控制等指标，体现对风险防控的重视，同时落实银监会的相关要求，保证指标权重达到总权重的 40%。
经营转型与业务发展类	设置客户结构优化、收入结构优化、渠道服务优化、产品结构优化等二级板块，体现加快经营转型的要求；增设战略性成长业务指标，促进重点战略性成长业务发展。加强对重点县支行、网点竞争力提升的考核。

基于考核导向的资源配置体系

要点一：资源配置和绩效考评的导向保持一致，激励费用配置的挂钩指标来源于绩效考评的指标体系。

要点二：按照考核作用领域的不同，区分当期效益、业务基础、转型发展、战略导向和资产质量五大类激励领域。

要点三：针对不同的激励领域和各自的激励特点，采取不同的挂钩方式、配置相适应的资源种类（人力费用或经营费用），最大化资源激励效果。

要点四：适当加大激励力度，盘活存量费用，提高当期考核指标挂钩的激励费用在费用总量中的占比，有效传导经营导向和压力。

要点五：增强工资费用分配的刚性约束，净利润下降的分行，原则上工资总额也要有所下降。

要点六：不良贷款处置、固定资产指标分配同时要与分行盈利情况挂钩。

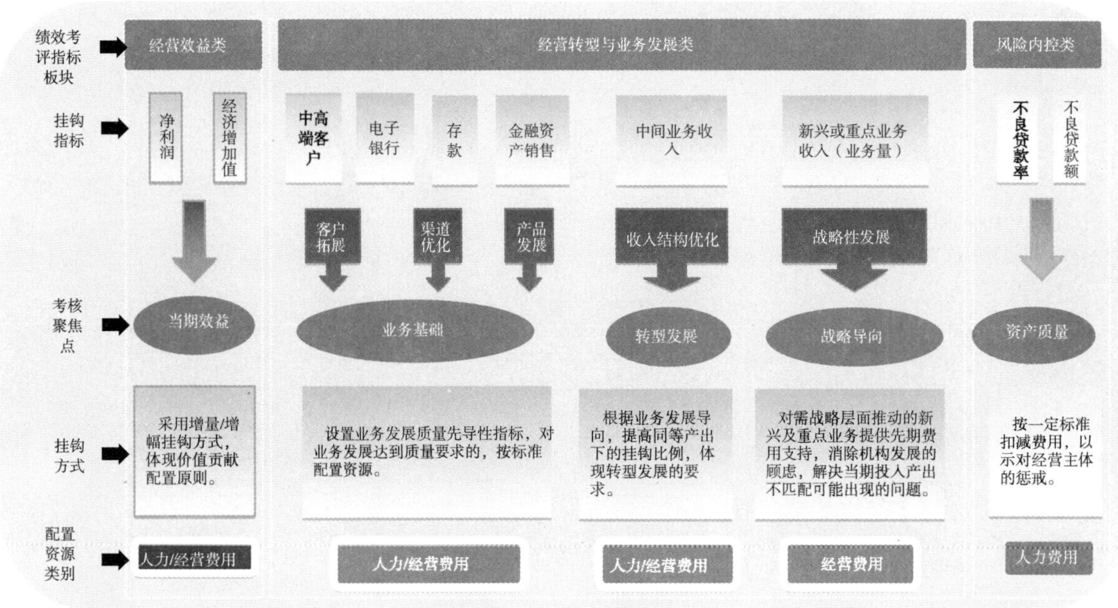

基于考核导向的资源配置体系

选取绩效考评体系中的重点关键指标，按照激励目的、导向的不同，划分成五个方面的激励领域，建立起考评指标和资源配置挂钩指标的内联关系。

对不同的激励领域，按照相适应的挂钩方式，相应配置能激发更大激励效果的费用种类，达到优化资源配置、推动业务综合发展的总体目标。

强化考核激励机制的传导

为确保总行战略导向完整、一致向基层行传导，同时符合银监会关于“分支机构不得自行制定考评办法或提高考评标准”的规定，按照统一性与差异化相结合的分层设计思路，坚持效益提升、效率提高、风险控制核心导向与总行统一；经营转型与业务发展体现差异化要求，各级行根据地区实际情况和经营特点，针对性设置业务转型考评指标。一级分行对二级分行、二级行对支行（网点）的考评指标要进行合理的数量控制。

重点解决好“最后一公里”问题：主要解决员工绩效考核落地问题

完善符合总体导向的员工绩效考评体系，加大绩效工资奖优罚劣的力度，确保压力传导到位、激励措施有效；同时，要进一步规范绩效工资的考核分配，凡挪用员工工资费用的，一经发现，严肃处理，追究责任。

财会部要强化对专业评价的统筹管理，专业评价结果可作为干部年度业绩评价的参考依据。

5.2　深化组织机构改革

工商银行成立以来，根据不同时期的经营发展需要，先后进行了5次比较大的组织机构改革，提高了组织管理效率和市场竞争能力。

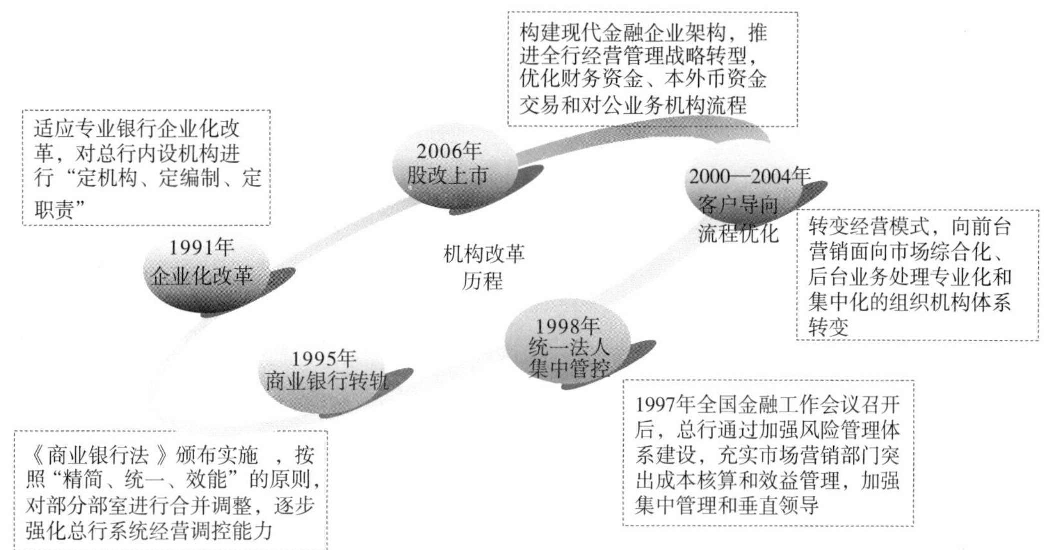

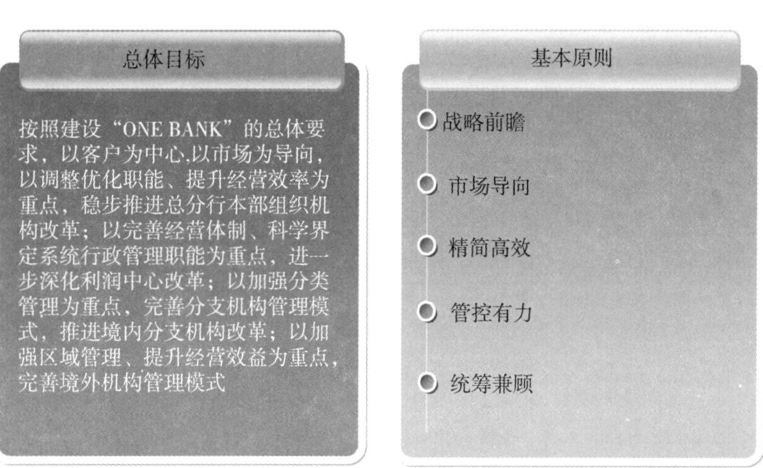

总行本部改革

改革后，总行本部管理层设置营销管理、风险管理、综合管理和支持保障四大板块，一级部26个，二级部4个，主要调整如下：

组建渠道管理部，负责各类渠道的统筹管理。

整合授信业务部和信用与投资审批部为授信审批部

教育部（党委宣传部）、直属党委和系统团委整合为企业文化部（教育部、党委宣传部、直属党委、系统团委）

优化职能分工，突出市场导向。将贸易融资、商品融资、基础类投行业务、个人经营贷款的组织推动职能整合至公司金融业务部。利润中心的系统行政职能按客户及产品线分别归入公司、机构、个金。

整合部门职能，提升专业水平。将一级分行层面贷款前提条件核准职能并入授信审批部，不良贷款处置职能整合入信贷与投资管理部。

合并相近职能，方便工作开展。机关团委职能并入系统团委，机关工会职能移交工会工作委员会。

深化利润中心改革。总行对部分业务线实施利润中心改革的目的在于，通过专业化经营和量本利考核，充分激发各业务线的经营活力和价值创造能力，促进业务线做专、做精、做强，打造一批具有上百亿元利润的专业化产品线，培育全行新的竞争优势和盈利增长极。正是基于上述考虑，总行基本上把利润中心的盈利体现在了分行，现在利润中心与分行的分润比例大约是1:9，所以说利润中心改革不是与分行“争利”，而是大家一起“创利”。要在全面总结利润中心改革经验基础上，形成更加成熟的经营管理模式。

科学界定、合理划分系统行政管理职能
•系统经营计划、系统绩效考核、系统监督检查职能界定为系统行政管理职能，移交总行相应营销管理部门

完善利润中心配套管理机制
•完善利润中心分润、财务核算、业绩考评、激励约束、人力资源管理等机制

扩大利润中心改革范围
•将银行卡业务部（牡丹卡中心）及电子银行部纳入利润中心改革范畴

明确利润中心相关协作关系
•明确利润中心与总行相关部门、分支机构之间的职责分工与协调关系，充分调动相关各方的工作积极性

改革后，利润中心包括金融市场部、资产管理部、资产托管部、票据营业部、私人银行部、投资银行部、贵金属业务部、专项融资部（营业部）、养老金业务部9个利润中心，银行卡业务部和电子银行部两个部门待时机成熟改建为利润中心。

注：专项融资部（营业部）为公司业务二部（营业部）更名。

5.3　进一步加强和改进作风建设

加强总行对基层的服务。认真执行《总行内部服务规定》，严格落实并不断完善内部服务承诺、首问负责制和限期答复、限时办结制度，提高对基层和市场需求的响应速度。

实施文风会风专项治理。积极运用现代信息技术改造办公方式和流程，最大限度减少流转环节，提高运转效率；从严控制会议数量、会期、规模和经费，严明会风会纪。

着力整治评选表彰过多过滥现象。严格限制表彰数量和规模，增强先进的典型性、代表性、示范性。

改善和加强调查研究。坚持调查研究制度，加强调查研究的统筹管理，提高调研的针对性和实效性。

实行制度建设质量管理。重要制度出台前要广泛征求基层和相关部门意见，避免“一刀切”、“制度打架”和“制度墙”现象。

建设节约型银行。牢固树立勤俭办行理念，整治费用支出不均衡、不合理、不合规现象，严厉查处违反财务制度的各类行为。

在中国工商银行总行党校学习贯彻党的十八大精神专题培训班上的讲话

赵　林

（2013 年 1 月 25 日 · 根据录音整理）

根据中央有关要求，结合我行实际，总行党委决定在前期各行、各部门认真学习宣传贯彻党的十八大精神、抓好处以上干部轮训工作的基础上，近期在总行党校举办两期一级分行、直属分行、直属机构和总行各部门负责人学习贯彻党的十八大精神专题培训班。首先，我代表总行党校对大家来参加学习表示欢迎！

党的十八大召开后，总行先后召开了党委会议、分行党委书记、行长会议和贯彻党的十八大精神、推动科学发展研讨会，结合工商银行实际对学习贯彻十八大精神作出了重要部署，研究谋划了 2013 年工作思路和未来发展战略举措。总行明确要求全行把学习宣传贯彻党的十八大精神作为当前和今后一个时期的首要政治任务，制定并印发了《关于认真学习宣传贯彻党的十八大精神的通知》，举办了“学习贯彻党的十八大精神报告会”，邀请中央宣讲团成员为全行三级党委作了专题报告，将党的十八大精神迅速贯彻落实下去。以领导干部为重点，切实抓好学习培训，下发了《关于做好全行处级以上领导干部学习贯彻党的十八大精神集中轮训工作的通知》，对轮训工作作了统筹安排。编印了《奋进的十年》一书，系统总结了各行各部门十年来的改

革发展成就，为学习贯彻十八大精神提供了重要资料。精心组织舆论宣传，开设了“学习贯彻党的十八大精神”网讯专栏，及时报道全行各级分支机构和广大党员干部员工学习贯彻十八大精神动态。部署开展“新征程、新展望”征文活动，推动各单位开展领导宣讲、支部生活、辅导讲座、员工座谈、征文、演讲、读书等多种活动，运用网讯、简报、电子期刊等载体，推动学习深入开展，迅速在全行兴起了学习贯彻党的十八大精神的热潮。

总行党委高度重视本期专题培训班，主要领导亲自审定了教学计划，姜董事长还将亲临党校与大家面对面进行交流。总行党校在课程设置、师资选择、培训方式等方面也作了精心安排，主要是在大家自学的基础上，聘请知名专家学者专题解读党的十八大精神，还将组织大家结合本单位、本部门的实际情况，通过分组与集中相结合的形式，就如何贯彻落实十八大精神、推动我行改革发展进行深入研讨。大家要从总体上把握十八大的精神实质和思想内涵，全面准确领会十八大提出的重大理论观点、重大方针政策、重大工作部署，用十八大精神来指导推动工作。

大家要珍惜这次学习培训机会，静下心来认真学习，深入研讨，做到学有所获、研有所得，努力提高学习效果。要把学习过程中的所学、所思、所感带回到工作岗位，渗透到各项日常工作中，努力做到用党的十八大精神、用科学发展观武装头脑、指导实践、推动工作。下面向大家提三点要求。

一要认真学习研读，把握精神实质。首先要认真研读党的十八大文件，原原本本学习党的十八大报告和新党章，学习习近平总书记在党的十八届一中全会上的重要讲话，结合学习辅导读本和专题报告，深刻认识深入学习宣传贯彻党的十八大精神的重大意义，全面准确学习领会党的十八大的精神实质，做到学深学透、融会贯通。要按照习近平总书记在十八届中央政治局第一次集体学习时提出的要求，从理论和实践的结合上深刻领会中国特色社会主义是党和人民长期实践取得的根本成就，深刻领会中国特色社会主义是由道路、理论体系、制度三位一体构成的，深刻领会建设中国特色社会主义的总依据、总布局、总任务，深刻领会夺取中国特色社会主义新胜利的基本要求；深刻领会确保党始终成为中国特色社会主义的坚强领导核心，把思想统一到党的十八大精神上来，把力量凝聚到实现党的十八大确定的各项目标任务上来，把学习贯彻的成效体现到各项工作中去。

二要紧密联系实际，深入研究思考。学习的目的在于运用。思考是运用的桥梁，目前全行改革发展任务十分繁重，大家要把学习贯彻党的十八大精神和本单位、本部门经营管理实际结合起来，将学习的过程转化为思考、总结、谋划的过程，找到突破工作瓶颈、解决发展难题、做好员工工作的好思路、好办法，切实把党的十八大精神落实到推动科学发展、加快体制机制改革和转变发展方式上来，落实到全面推进我行党建和队伍建设上来，落实到凝聚力量、攻坚克难上来，落实到关爱员工、维护发展稳定上来。姜董事长在全行“贯彻十八大精神、推动科学发展”研讨会上，就如何在深化改革创新中加快转变发展方式，增强发展的稳健性、协调性和可持续性，提出了构建信贷业务可持续发展格局、推动各项业务转型升级、推进跨境跨市场经营、强化集团治理和内部管理、加快信息化银行建设、加强人才队伍和企业文化建设六个方面实现新突破，对我行下一步发展都是具有战略性、全局性、系统性的课题。在学习中，大家要结合本单位、本部门的实际，主动思考，深入研讨，既要看到实现六个新突破面临的机遇和有利条件，又要看到面对的挑战和困难，找到解决矛盾和问题的思路和办法，努力把学习成果更多体现到促进各级行、各部门工作再上新台阶上，进一步推动重点领域和关键环节的改革创新，出实招，见实效，奋力开创国际一流现代金融企业建设的新局面。

三要结合作风建设，提高思想认识。大家要通过学习党的十八大报告和新党章，深刻认识到在新的发展时期，作为一名共产党员、一名领导干部，加强党性修养、保持良好精神状态、不断改进工作作风、增强群众观念和纪律观念、坚持廉洁从业，对于完成艰巨繁重的任务、经受住各种考验的极端重要性。姜董事长在“贯彻十八大精神、推动科学发展”研讨会上，指出了我们应该警惕的一些问题苗头，希望大家结合实际，深入思考，不仅自身要解决好，还要教育我们的干部和员工努力去克服，增强全行上下改革创新、开拓进取、攻坚克难的信心和勇气，不断开创各项工作的新局面。最近，总行党委认真贯彻落实中央关于改进工作作风、密切联系群众的规定精神，制定下发了相关规定，涉及6个方面、15项内容。希望大家在学习中，也要结合实际提高思想认识，认真贯彻执行，以良好的精神状态和工作作风，把党的十八大精神和总行党委的各项工作部署贯彻好、落实好。

在中国工商银行总行党校第二十一期领导干部进修班开学典礼上的讲话

赵　林

（2013 年 4 月 16 日）

总行党校第二十一期领导干部进修班今天开学了。我代表总行党校对大家来学习表示欢迎！

今年是全党深入贯彻落实十八大精神的开局之年，是实施“十二五”规划承上启下的关键一年。对于党校来说，今年也具有特殊意义。前不久，中央党校庆祝建校 80 周年，习近平总书记发表了重要讲话，再次专门谈了学习问题，对领导干部为什么学、学什么、怎么学都作了深入浅出的分析。这篇讲话大家在稍后的入学教育环节还要专门学习。在这样的背景下，大家到党校学习，时机很好，机会难得。

大家对党校可能或多或少都有所了解。我们这期班相对年轻一点的同志不少，可能有些同志还是第一次参加党校学习，有必要对党校的历史、性质和任务有一个基本的了解。中央党校 1933 年创办于中央苏区，延安时期初具规模，新中国成立后特别是改革开放以来发展壮大，毛泽东、刘少奇、胡锦涛、习近平等领导同志都曾经担任中央党校校长。在建校 80 周年之际，习近平总书记对中央党校给予很高评价。他指出，80 年来，中央党校坚持正确办学方向，突出党校教育特色和优势，坚持与时俱进、改革创新，为我国革命、建设、改革事业培养了大批领导干部，在坚持党的思想路线、推进党的理论创新中作出了重要贡献，为推动党和人民事业发展特别是推进改革开放发挥了重要作用。需要特别说明的是，我们这期进修班列入了中央党校中央国家机关分校主体班序列，将颁发中央党校毕业证书。

长期以来，中央高度重视对干部的教育和培训工作，视之为推动党和人民事业发展的一条成功经验。习近平总书记在出席中央党校 2012 年秋季学期开学典礼时指出，领导干部集中一段时间到党校学习，很有必要，很有好处，有利于补充和丰富知识，有利于总结和提高，有利于相互交流和学习。这几句话深刻揭示了领导干部党校学习的必要性和重要性。近期中央又印发了《干部教育改革纲要》等一系列重要文件，对做好新时期干部教育培训工作提出了新的更高的要求。

总行党委一直高度重视管理人员培训特别是党校培训工作，近年来在认真调研的基础上，制定下发了关于加强我行党校建设、加强学习型党组织建设、加强各级干部教育培训等方面的意见和规定，推出了许多具体的贯彻落实措施。姜建清董事长在不同场合也多次强调，要不断加强对各级领导干部的教育和培训工作，使干部素质能够与我行各项改革与发展任务的要求相适应。

在总行党委的领导下，党校校务委员会每年都要对如何进一步做好干部培训工作进行研究，提出改进意见。总行党校坚持围绕全行中心工作和干部队伍建设的需要，进一步巩固完善分层次、分类别培训体系，注重优化培训内容、创新培训方式、精选培训师资，不断提高培训的针对性和实效性。应该说，这些年做了大量的工作，也取得了好的成绩，充分发挥了管理人员培训中的主渠道和主阵地作用。目前，我行党校实行“三级联动”的分层分类培训体系：总行党校主要负责对一级分行、直属分行、总行部门、直属机构、直属院校及境外机构负责人的培训，也包括对总行本部处级干部的培训；长院、杭院两个分校，主要培养二级分行负责人和同级别干部；另外还有湖南、湖北、四川三个教学基地，主要培训县级分支机构负责人，教学内容与期限安排主要是根据干部的特点和需求制定，逐步形成了长短结合、优势互补、各具特色的党校培训体系，让更多基层管理人员有机会参加党校学习，在全行取得了良好反响。

同志们进党校，主要任务是学习。今天在座的，都是工商银行的高级管理人员，平心而论，大家每天都很忙，压力也不小。作为一名领导干部，要抓班子、带队伍，能经营、善管理，自身的能力、素质非常重要。大家可能已经愈发地感受到，不断学习提高是做好工作的前提和迫切需要。如果从整个干部队伍这个角度，从工商银行经营发展这个角度，这种重要性和必要性就更加凸显。历史经验表明，无论是一个人、一个企业、一个政党、一个民族，什么时候勤于学习、善于学习，就能坚持正确的方向，找出前进的办法；反之，如果忽略了学习，出现了懈怠，就会裹足不前，就有落后淘汰的危险。当前，国内外经济金融形势正在发生深刻变化，特别是经济周期、银行业运行特点和我行自身发展中出现了一些新情况、新问题，受这些因素的叠加影响，全行经营发展面临一些从未有过的困难和挑战，迫切要求我们既要有攻坚克难的志气和信心，还要有战胜困难和挑战的智慧和本领，切实增强抓好发展方式转变、增强服务实体经济的能力，在严峻复杂形势下保持资产质量的稳定和经营效益的合理增长。

到党校学什么，这个问题我想大家也会很关心。延安时期，毛泽东同志亲自兼任中央党校校长，1943 年 8 月，他在中央党校第二期开学典礼上说："我们办党校，就是要使我们同志的政治水平和理论水平提高一步，使我们党更加统一。"毛主席这段话不仅强调了党校的性质和职能定位，也把党校学习的重点讲得很明确，就是通过学习来提高领导干部的政治水平和理论水平，来增强工作的本领。经过多年的实践，党校逐步形成了"一个中心、四个方面"的教学布局，也就是将学习中国特色社会主义理论体系作为教学中心，把夯实学员的马克思主义理论功底、培养战略思维能力、开阔世界眼光、加强党性修养放在更加突出位置。党校培训主要承担的是领导干部综合能力素质培训任务，更多地着眼于领导干部的素质、视野、能力和思路，以提高领导干部的理论素养、综合素质、战略思维能力、领导能力和党性修养为重点，这是党校培训区别于其他培训的鲜明特点。

具体到我们这期进修班，时间相对长一点，学习将会比较系统、全面、深入。这期班将深入学习党的十八大精神和习近平总书记等新一届中央领导同志近期一系列重要讲话精神，比较系统地学习党的基础理论和中国特色社会主义理论体系，还安排了综合知识与能力培养、党性修养方面的专题学习，经济金融改革与发展重要问题的讲座，以及结合专业特长开展课题研究等方面的内容，还将组织大家到井冈山干部学院接受党性教育和革命传统教育。应该说，内容是很丰富的，思想性、针对性也是很强的，而且我们请了很多资深专家、知名学者来授课，相信大家能够学有所获。结合这期培训班的教学内容和要求，我觉得大家要注重以下几个方面的学习、思考和交流。

一是注重把握党的十八大精神实质，系统学习中国特色社会主义理论体系。理论武装是党校培训的首要任务。大家首先要认真研读党的十八大文件，原原本本学习党的十八大报告和新党章，学习习近平总书记在党的十八届一中全会上的重要讲话，结合学习辅导读本和专题报告，全面准确学习领会党的十八大的精神实质，做到学深学透、融会贯通。要从理论和实践的结合上深刻领会中国特色社会主义是党和人民长期实践取得的根本成就，深刻领会中国特色社会主义是由道路、理论体系、制度三位一体构成的，深刻领会建设中国特色社会主义的总依据、总布局、总任务，深刻领会夺取中国特色社会主义新胜利的基本要求，深刻领会确保党始终成为中国特色社会主义事业的坚强领导核心，从而把思想统一到党的十八大精神上来，把力量凝聚到实现党的十八大确定的各项任务目标上来，把学习贯彻的成效体现到各项工作中去。在此基础上，以党的十八大精神为引领，系统学习掌握中国特色社会主义理论，把课堂学习、研讨交流和自学读书紧密结合起来，学真经、读原著，将学习马克思列宁主义、毛泽东思想、邓小平理论、"三个代表"重要思想和科学发展观同认识、理解、把握中国共产党领导的革命、建设和改革发展的历史进程结合起来，深化对中国特色社会主义道路和中国特色社会主义理论体系的理解认识，深化对把马克思主义基本原理同中国具体实际相结合的理解认识，增强理论武装的自觉性。

二是注重理论联系实际，提高战略思维能力和分析解决实际问题能力。能力培养是党校培训的重要组成部分。学习是基础，目的在应用，思考是桥梁，这三者是相互联系和相辅相成的，不能割裂开来。今年 3 月，习近平总书记在中央党校建校 80 周年庆祝大会暨 2013 年春季学期开学典礼上指出，实现党的十八大提出的各项目标任务，应对复杂多变的国际形势，把握改革发展稳定大局，做好方方面面的工作，对我们的本领提出了新的要求。增强本领就要加强学习，既把学到的知识运用于实践，又在实践中增长解决问题的新本领。姜建清董事长最近在不同场合多次强调，随着全行资本、资产、质量、效益、市值、客户存款、品牌价值都进入全球金融同业领先行列，作为全球最大银行和市场先行者，我们在前进的道路上往往会遇到难以预见的风险和挑战，而且在很多细分市场上会面临越来越多竞争对手的追赶和冲击。在这种情况下，大家要特别注重提高战略思维能力和分析解决实际问题的能力，学习掌握前瞻思维、系统思维和结构思维，用发展、联系、连续的观点来思考、分析、判断，对于日常工作遇到的困难、业务发展面临的瓶颈、干部群众关切的热点，看得长远一些、全面一些、深入一些，注重抓住本质、突出重点、协调推进。

三是注重增强党性修养，坚定理想信念。党校是党性锻炼的熔炉，党性教育是党校办学的特色。党性修养是党校培训学习中很重要的一部分。大家要通过学习党的十八大报告和新党章，进一步坚定理想信念，坚定中国特色社会主义的道路自信、理论自信、制度自信，还要认识到在新的发展时期，作为一名领导干部，加强党性修养、保持良好精神状态、增强群众观念和纪律观念、坚持廉洁从业，对于完成艰巨繁重的任务、经受住各种考验的极端重要性。大家要重视党性锻炼，通过自我学习、自我锻炼、自我改造，不断提升自身理论、政治、道德、纪律、文化等方面的修养，发挥好示范和导向作用。作风问题实际上也是一个党性问题。姜建清董事长在贯彻十八大精神、推动科学发展研讨会上结合实际，指出我们应该警惕的一些问题苗头，希望大家结合自身实际，深入思考，不仅自身要解决好，还要教育我们的干部和员工努力去克服，增强全行上下改革创新、开拓进取、攻坚克难的信心和勇气，不断开创各项工作的新局面。去年底，总行党委认真贯彻落实中央有关精神，制定下发了关于改进工作作风、密切联系群众的规定。希望大家在学习中，也要结合实际提高思想认识，认真贯彻执行，以良好的精神状态和工作作风，把党的十八大精神和总行党委的各项决策部署贯彻好、落实好。

最后我还想专门强调一下培训纪律问题。中央八项规定出台后，中组部专门印发了《关于在干部教育培训中进一步加强学员管理的规定》，中央党校也出台了相应的实施意见，都对党校培训中作风建设提出了新的具体的要求。总行党校要严格贯彻落实，加强日常管理，严肃校纪校规，大家也要积极配合党校的管理，自觉遵守纪律，共同营造良好的校风学风。

今天，借这个机会和大家交流了一些关于党校学习的想法。我讲这些，目的是希望大家来了之后，沉下心来好好学习，真正学一些东西，探讨一些问题。从今天开始，大家就将展开一个团结、紧张、严肃、活泼的学习历程，希望大家专心致志、心无旁骛，抓紧时间、合理安排学习计划，努力提高学习效果，真正做到满怀学习渴望而来，满载丰收成果而归，使大家在党校的学习成为一段充实、美好、难忘的经历，使党校学习的过程成为自己思想不断解放、认识不断深化、能力不断提高、党性不断增强的过程，使党校学习的收获和成果成为做好工作的新动力。

在中国工商银行党委宣传部长党校培训班座谈会上的讲话

赵　林

（2013年6月20日）

很高兴能有机会在总行党校和大家一起座谈交流。刚才听了小组代表和基层行代表的发言，大家谈了很多感受，总结了一些好的经验做法，听了以后很受启发。尽管讲的时间不长，但都是和工作紧密联系在一起，有的问题还谈得比较深入，就如何进一步把全行宣传思想文化工作在现有基础上推向一个新阶段、提升全行整体工作水平，提了很多好的意见建议，会后我们要认真思考研究，在下一步工作中把这些意见建议很好地体现出来。

这两年，我们先后召开了全行宣传思想文化工作会议和精神文明建设暨企业文化建设经验交流会，就近年来的精神文明建设和宣传思想文化工作进行了总结和交流。今年总行不再另行召开工作会，所以借这次培训班的机会，就当前的工作和下一步安排，谈几点意见。

一、认真总结近年来的工作，进一步深化对宣传思想文化工作的认识

这几年全行宣传思想文化工作围绕中心、服务大局，在创新方法、增强实效方面做了很多探索，取得了较好的成效。2012年，党的十八大召开前后，全行各级党委和各级宣传思想文化工作部门围绕学习宣传贯彻党的十八大精神，紧扣全行中心工作，重点抓了以下几项工作。

一是学习宣传贯彻党的十八大精神掀起热潮。党的十八大召开后，总行迅速组织了传达学习，印发了《关于认真学习宣传贯彻党的十八大精神的通知》，编写了《奋进的十年——党的十六大以来工商银行改革发展成就回顾》图书，举办了“学习贯彻党的十八大精神报告会”，召开了“贯彻十八大精神 推动科学发展”研讨会，同时充分发挥党校培训主阵地作用，将学习十八大精神纳入各级各类培训中，积极开展处以上干部十八大精神集中轮训工作，较好地落实了中央相关部署和要求。各分行党委围绕党中央一系列重大理论创新、重大决策部署和重大政策措施，运用多种形式和载体开展学习，坚持联系实际、学以致用，进一步增强了坚持中国特色社会主义事业的自觉和自信，带动了全行学习型党组织、学习型银行建设。通过对十八大精神的学习贯彻，较好地积聚了全行力量去解决改革发展中的一些重大问题。各级宣传部门也积极履行中心组“学习秘书”职责，不断提高学习服务水平，并利用“宣传思想文化工作信息管理系统”，实现了中心组学习调研及师资信息的纵向传导和横向共享，这一经验得到中央国家机关工委的认可和推广。

二是思想道德建设取得新成效。按照中宣部要求，

我行在50个全国文明城市（区）的分支机构先行开展了道德领域突出问题专项教育和治理活动，结合不规范经营治理和员工行为规范教育活动，通过运用编制“学习卡”、举办“周末大讲堂”、发送“宣讲短语”等新方式，使员工在潜移默化中受到良好的道德熏陶。这些做法得到中央有关部门充分肯定，成为唯一入选中央简报的金融企业。各级行积极响应中央号召，大力弘扬雷锋精神，推开学雷锋实践、“岗位学雷锋 争做好员工”“传承雷锋精神 参与志愿服务”“学雷锋 树新风”等6大活动项目，建立了学雷锋常态化机制，有效促进了员工队伍职业道德素养的提升，也进一步提升了全行窗口服务水平和品牌形象，得到广大客户和社会公众好评。

三是树典推优力度不断增强。第三届“感动工行”员工评选活动顺利开展，评选标准和流程进一步完善，条块结合、重在基层的特点更加鲜明，活动覆盖面有所扩大，参与人数再创新高，共有31.4万名员工参与投票，经过层层遴选，10名员工和2个集体荣膺“感动工行”称号。同时，“身边的雷锋”和“身边的感动”征文、“我推荐 我评议”及“感动工行”主题曲征集等学习宣传活动为评选营造了浓厚的舆论氛围，较好地调动了员工创先争优的积极性，使评选过程变为净化心灵、团结鼓劲的精神洗礼。全行共写下“感动心语”30余万条，刊发“身边的故事”500余篇，撰写评议意见14余万条，创作“感动工行”主题曲歌词700余篇，进一步扩大了活动的影响力和感染力。

四是精神文明创建工作深入开展。总行在调研的基础上，从多方面分析基层文明创建工作现状，研究深入开展精神文明创建的办法措施，举办了研讨会，召开了全行“精神文明建设暨企业文化建设经验交流会”，隆重表彰20家第三批“全国文明单位”和78家第七届总行级“文明单位”，并通过“文明新风大看台”栏目，以电子书形式推广这些创建经验。各级行结合行业特点，开展了“打造卓越金融服务 建设客户满意银行”主题教育活动，通过“学先进 找差距”、“服务体检”和“服务我体验”等活动，引导员工感悟我行文化理念，集中破解服务难题，弘扬文明服务新风，促进了服务满意度的提升。在10家分行先行开展了基层行管理人员心理健康测评试点工作，形成了《基层行管理人员职业心理健康测评报告》，为深化“员工心灵绿色通道”工作打下了基础，进一步提高了员工思想政治工作科学化水平。

五是企业文化建设稳步推进。通过将文化宣传融入门户网站，使“工于至诚 行以致远”的核心价值观得到更为广泛的传播，我行企业文化的社会影响力显著提升，《光明日报》“理论·核心价值”专栏还对此作了报道。文化培训机制不断完善，基本做到新员工文化培训100%覆盖。文化资料整理有序推进，先后推出了《企业文化手册》双语版和《境外机构企业文化培训课件》双语版并上载“网络大学”，编制了《画说工行》电子书和《企业文化故事》（第二辑），运用多种形式对价值理念进行了更生动的诠释。“企业文化园地”栏目内容更加丰富，形式更加活泼，“才艺广场”、“悦读空间”在总行网讯栏目访问量继续保持第一和第二位。专业文化建设初见成效，由风险管理部牵头，梳理形成了《风险管理文化建设纲要》。分支机构特色文化建设各具风采，总行通过网讯“企业文化巡礼”专区，对一些分行的“企业文化标杆示范网点”和“企业文化示范团队”、“五型机关”管理文化，以及部分分行提炼的特色文化等进行了展示和交流。在中国政研会、金融政研会和企业文化研究会联合开展的企业文化建设评选表彰活动中，我行共有19家单位、16名个人荣获“企业文化建设先进单位”、“企业文化建设先进工作者”等称号。

总的来说，过去的一年里，宣传思想文化工作在各级行党委的正确领导下，经过宣传思想文化工作部门同志的积极努力，取得了较好的成绩。在这里，我代表总行党委向大家表示衷心的感谢和诚挚的慰问！

上次经验交流会，我们从近几年宣传思想文化工作中，总结出了围绕中心、以人为本、与时俱进、弘扬先进和发挥合力等五条经验。这一年来，大家在工作中不断实践探索，进一步丰富了对这项工作的认识，并在以下几个方面取得了新的进展。

一是丰富载体渠道，抓好舆论宣传。舆论宣传是宣传思想文化工作部门最基本的职责，这项工作头绪多、担子重，既有长期性、又有阶段性，需要常抓不懈、与时俱进。近一年来，各级宣传思想文化工作部门从全局和战略的高度出发，抓住工作的重要节点，在迎接党的十八大和学习宣传贯彻十八大精神、道德领域突出问题专项教育和治理、学雷锋活动、“感动工行”员工评选等工作中，全力以赴做好宣传报道和舆论引导，把握舆情导向，唱好主旋律，在网上网下形成了强大的正面舆论氛围。如全行开展的“新征程 新展望”主题征文，得到各层面员工热烈响应，仅刊登在“企业文化园地”的征文就有500多篇。各级行越来越重视对受众心理的研究和把握，针对员工兴趣喜好，采用新媒体、新渠道，扩大了舆论宣传的覆盖面和精准性。如多家分行通过“95588”平台推出了《手机报》，有效促进了价值理念的传播；不少分行开设了“直通行长室”、“员工论坛”、“交流园地”等网讯栏目，为员工思想教育和舆论引导搭建了平台。

二是把握员工关注重点，做好思想政治工作。在社会主义核心价值体系引领下，各级行进一步把以人为本、人文关怀的理念渗透到各项工作中，眼睛向下，摆正位置，为基层行服务，为一线员工服务，针对不同层面、不同类别员工所思所想、所需所求，采取了很多富有创意、贴近实际的举措。比如有的分行高度重视提高管理者开展思想政治工作的水平，多次举办专门培训，引导直线管理者与员工谈心谈话。有的分行开展了“感动员工在行动”，通过为员工办实事，让他们感到在为工行作贡献的同时，工行也在关注自己的喜怒哀乐，使“感动”在组织与员工之间双向流动。有的分支行充分发挥“企业文化墙”的作用，让员工以贴便笺的形式随时表达对经营管理的意见和建议，使员工更加主动地参与到所在行经营管理中，提高了队伍的凝聚力和向心力。有的分支行针对青年员工渴望组织肯定、渴望成才进步的心理特点，建立荣誉积分制，实施“青年成长工程”，发掘和发挥出青年员工多方面才能，形成了有利于青年成长的良好局面。这些措施充分体现出“一切为了员工、一切依靠员工”的人本思想，创意好，方式新，把思想政治工作真正做到员工心坎上。

三是弘扬先进文化，树立清风正气。树典推优是宣传思想文化工作的有力抓手。随着社会发展进步，人们越来越关注先进典型蕴含的道德价值，这种道德价值，很值得我们去学习、去弘扬。正因如此，“感动工行”才会在员工中广受欢迎。这一年来，各级行响应中央和总行的号召，把评先的范围从单纯的业务能手、劳动模范进一步扩大到思想道德层面的各类好人好事，广泛开展了诸如“道德模范”、“身边好人”等评选表彰。如有的分行开展“四德”模范评选，不断赋予新的内涵。有的分行组织了“学雷锋、强服务、比贡献”活动和“学雷锋标兵”评选，为当代如何弘扬雷锋精神找准了着力点和切入点。这些举措较好地发挥出先进典型的精神力量，为我们的事业发展和队伍建设注入了充沛的正能量。

四是完善工作机制，抓好考核管理。近几年，总行着力加强宣传思想文化工作管理，在建机制、严考核、搭平台方面做了大量工作。特别是去年以来，考核指标体系进一步完善，形成了比较科学的工作考核机制，建立了较为完善的先进集体、先进个人评选表彰机制。运用技术手段建立的“宣传思想文化工作管理信息系统”平台运行已经步入常轨，各项工作有据可查、有章可循，增强了考核管理的透明度和公信力。在总行推动下，越来越多的分行把宣传思想文化工作的考核管理提上议事日程，有的还将其融入经营绩效考核中，有效促进了宣传思想文化工作责任体系和保障体系的不断完善，进一步激发了各级宣传部门的工作积极性和主动性，为宣传思想文化工作发展夯实了基础。

刚才发言中，大家都谈到要加强经验交流，这确实很有必要。近几次开会，包括这次培训班，都请了基层行同志来介绍经验，效果很好，以后形式还可以更灵活一些。经验交流一定要实，不能虚。要采取更多的方式，把好经验推广出去，同时又实实在在地推动各项工作。希望大家在今后的工作中能够借鉴这些好的做法，结合本单位实际，取长补短、有所创新，形成更多的好做法、好经验，进一步加深我们对新形势下宣传思想文化工作的认识，推动各项工作取得新的进展。

二、当前和今后一段时期要抓好的几项主要工作

当前和今后一段时期，全行各级宣传思想文化工作部门要紧紧围绕学习宣传贯彻党的十八大精神，围绕践行社会主义核心价值体系，认真落实总行党委战略部署和中心任务，持续加强和改进新形势下宣传思想文化工作。重点要抓好以下几方面工作：

（一）全面深入学习宣传贯彻党的十八大精神，认真做好党的群众路线教育实践活动的宣传工作。目前，全行处级以上领导干部十八大精神轮训工作已基本完成，但这只是一个起点。各级行党委和党员领导干部要继续通过中心组学习、培训、读书等形式，深刻领会十八大提出的重要观点和重大部署，进一步提高思想理论水平。要坚持理论联系实际，把十八大精神学习成果运用到工作实践中去，转化为驾驭复杂形势、解决实际问题的能力，提高各项政策措施的针对性和前瞻性。

党的十八大提出，要在全党深入开展以“为民务实清廉”为主要内容的党的群众路线教育实践活动。目前，中央已经成立了教育实践活动领导小组，下发了相关文件，将从下半年开始，用一年的时间分批次开展教育实践活动。这是新形势下坚持党要管党、从严治党的重大决策，是顺应群众期盼、加强学习型服务型创新型马克思主义执政党建设的重大部署，也是我们学习宣传贯彻党的十八大精神的有力抓手。总行党委正在研究部署这项工作，成立领导小组，制定具体实施意见。各级宣传部门要按照党委的统一部署，认真做好教育实践活动的宣传工作。

要进一步加强意识形态领域的工作。认真领会和贯彻中央有关文件精神，充分认识意识形态工作的重要性和迫切性，进一步增强政治意识、大局意识、责任意识、忧患意识，加强对意识形态工作的组织领导，密切关注意识形态领域的新情况新问题，建立健全相关机制。各级领导干部特别是党委班子成员和党委各部门负责同志，要自觉坚持理论学习，不断加强党性修养，进一步分清是非、澄清认识，善于从政治上、大局上、战略上、理论上看问题。要严明政治纪律，在思想上、政治上、行动上同以习近平为总书记的党中央保持高度一致。

（二）开展“中国梦”、“工行梦”宣传教育活动，进一步坚定信念、鼓舞干劲。要唱响中国特色社会主义和“中国梦”的时代主题和主旋律，大力弘扬中国精神和工行文化，增强全行上下的道路自信、理论自信、制度自信。要围绕中央下发的宣传材料进行学习宣讲和理论辅导，组织员工积极参与当地开展的各种宣传教育

活动，启发员工深入思考，认真领会“中国梦”的丰富内涵和重要意义。要以我行成立30周年纪念为契机，精心组织行庆系列活动，开展好“同庆辉煌成就 共促转型发展”主题教育活动，展示我行30年改革发展历程和辉煌成就，使“工行梦”的理想深入人心。宣传教育中要突出思想内涵，把握实践要求，创新方法手段，多用图片、用事实、用数字说话，引导员工通过亲身经历和今昔对比，看到国家社会和工商银行的发展进步，辩证分析当前面临的机遇和挑战，把自身理想融入对“中国梦”、“工行梦”的追求中。

要积极发挥先进典型的榜样作用，激发员工爱岗敬业、无私奉献的正能量，为实现“工行梦”注入强大精神动力。今年要重点办好第三届“感动工行”员工集体颁奖典礼，做到形式新颖、手法朴素、情感真挚，为30周年行庆烘托出厚重而热烈的氛围。要持续深入开展“感动工行”、“道德模范”及各类先进的评选表彰活动，坚持员工评、评员工，从机制、条件、措施、载体等方面予以保证，把树典推优的触角真正延伸到基层。要注重从精神和道德层面选树先进，积极参与全社会正在开展的道德模范、时代楷模、身边好人等评选表彰活动，大力宣传“身边的感动”、“身边的雷锋”等先进典型，并逐步建立畅通的推荐机制、严格的优选机制和鼓励为善的导向机制，引导员工崇德向善、见贤思齐。在典型宣传中，要坚持实事求是，不人为拔高；要突出特色，忌千人一面，使先进人物更加有血有肉、可亲可信。要用好先进的网络传播手段，不断创新教育形式，扩大宣传声势，进一步增强活动的吸引力和感召力。

（三）深化拓展文明创建工作，持续提升队伍思想道德素质和行业文明程度。“中国梦”的提出，为精神文明创建工作赋予了新的内涵，进一步突出了社会主义核心价值体系的要求。中央文明办结合新形势要求，去年就颁布了“全国文明单位测评体系”，不仅从机制上进行了完善，也从创建内容上作了很多拓展，这对我们推进文明创建工作具有非常重要的指导意义。要巩固和扩大我行文明创建成果，就必须适应新的机制和标准，调整工作重点，进一步提高创建活力。目前，总行已经结合实际拟订了我行创建工作的测评标准，下发了第八届总行级文明单位评选的通知。各分行要按照总行要求，对照标准，认真评估考量，做好总行级文明单位的推荐申报工作。要根据测评结果，深入研究本单位创建工作的优势与不足，理清今后的创建思路，制定实施新的工作规划和具体方案。

今年创建工作要把握三个着力点，主要是从思想道德建设方面，激发广大员工的道德自觉，增强道德判断力和道德荣誉感。一是推进“一堂、一队、一牌、一桌、一传播”的“五个一”建设。即“道德讲堂”、“志愿服务队”、“遵德守礼”温馨提示牌、“文明餐桌”和“网络文明传播志愿小队”。建设过程须和全社会的文明引导活动紧密结合，积极参与当地开展的“文明交通”、“文明旅游”、“网络文明”等活动中，把公民道德、家庭美德、社会公德、职业道德教育有机融合在一起。各级领导干部和机关员工更要带头，当好表率。要抓好创建工作的规范性、针对性，比如“道德讲堂”的场所、时间、人员、流程等应作明确要求，认真筛选开讲中所用的经典、故事、歌曲，既体现传统文化和时代精神，又具有工行特色，同时抓好讲堂档案管理，切实做到“一堂一档”。很多分行在“五个一”建设上已经先行一步，还没有全面推开的行要加快步子、拿出方案，切实落到实处。二是结合道德领域突出问题专项教育和治理活动，大力推进诚信建设，积极倡导“礼貌待人、诚信服务”的理念。中央在教育治理活动中对窗口单位提出了“优质服务”要求，“礼貌待人、诚信服务”就是“优质服务”最主要的表征。大家要结合企业文化建设，结合我行“服务品质提升年”活动，认真总结推广去年试点经验，在统筹推进基础金融服务建设和专属服务改进的同时，通过“道德讲堂”“道德评议”及各类实践活动，加强职业道德教育，促使各级行不断改进服务态度和服务水平，着力提升服务效率，创新金融产品和服务模式，创建更多优良服务示范机构。三是深刻认识雷锋精神在社会主义道德体系中的典范意义，把弘扬雷锋精神与改进作风紧密结合起来，推进学雷锋活动的常态化、机制化。广泛开展“学雷锋 树新风”“岗位学雷锋 争做好员工”“传承雷锋精神 参与志愿服务”等活动，打造“雷锋窗口”“雷锋岗”等服务品牌，树立“满意在工行”的良好形象。

（四）认真落实“十件文化大事”，推动企业文化建设与经营管理相融并进。经过几年的努力，工商银行企业文化体系已基本传播覆盖全行，接下来要研究的是如何加深价值理念的渗透，如何将文化真正融入员工的思维方式、行为习惯以及各项规章制度中，把文化理念准则转化为具体的经营管理实践。实现这种转化必须依靠各业务部门的密切配合，必须依靠全行上下同心协力。各级行各部门要紧紧围绕总行党委提出的“十件文化大事”，明确职责分工，发挥好应有作用。宣传思想文化工作部门要切实担负起统筹规划、沟通协调的任务。一是要持之以恒地推进文化传播。文化传播本身就是文化建设的一个重要组成部分。文化建设无止境，文化传播也就没有终点。要坚持以新员工、新任管理人员为重点，抓好企业文化培训。要继续开展形式多样的文化学习和交流活动，特别是要结合当前“工行梦”宣传教育，将文化讨论推向新的高潮，使员工对文化的认识与时俱进、不断加深。要加强文化对外传播，引导基层行结合渠道标准化建设，通过视频、刊物及举办理财沙龙等多种方式，向客户和公众传递“工于至诚 行以致远”的价值理念，使文化传播和业务营销相得益彰。要积极参与行外文化交流活动，多亮相、多交流、多宣传，努力使我行文化品牌形象更为鲜明。二要有计划地推进专业文化建设和特色文化建设。专业文化和特色文化既是企业文化体系的丰富和延伸，也是价值理念“外化于行、固化于制”的重要途径。从总行层面讲，宣传部门要积极配合专业部门，为风险管理、内控、服务、廉政等专业文化建设提供支持和服务。从分行层面讲，大家要继续抓好特色文化建设，要坚持在我行企业文化体系框架内开展特色文化建设，鼓励基层行通过自下而上的方式，引导员工主动发现本单位文化中的优势和亮点，找准企业文化落地生根的结合点，形成更加深刻的文化认同，把这种文化优势进一步彰显出来，转化为实实在在的核心竞争力。三要加强文化宣传阵地管理，推进文化载体创新。要发挥好“两网”特别是“企业文化园地”的重要作用，加强舆论引导和舆情管理，形成网上正面舆论的强大声势。要贴合员工思想实际和兴趣特长，组织各类竞赛、笔会等活动，调动员工参与文化建设的热情。要进一步丰富传播载体，找准角度、紧接地气，敏锐捕捉传媒技术发展的新动态，大胆采用各类新载体，增强文化传播的吸引力与亲和力。

（五）做深做细员工思想政治工作。各级行党委必须认识到转型发展新形势下做好员工思想政治工作的重要意义，认真落实“一岗双责”的制度要求，将思想政治工作与业务经营管理同部署、同推进、同落实。要本着“凡事预则立”的态度，提高员工思想政治工作的前瞻性和实效性，定期开展员工思想调查，听取员工心声和意见，及时发现不良情绪苗头，准确把握问题症结。要将解决思想问题与解决实际问题相结合，切实关心关注员工利益，把党政工团力量整合起来，为员工办实事、解难事、做好事。积极推进员工关爱工程，努力将“职工之家”打造成为文化之家、快乐之家、温馨之家，增强员工的归属感。要增强工作中的人文关怀和心理疏导，以课题研究为抓手，进一步分析把握基层行管理者思想和心理实际，为“心灵绿色通道”建设夯实基础。要通过多种方式，广泛开展职业心理健康教育，加强员工心理压力管理，培育形成平和包容的阳光心态，带动员工队伍的敬业度和满意度的提升。

在总行督导组工作座谈会上的讲话

赵　林

（2013 年 8 月 3 日）

刚才，各督导组按照会议要求，汇报了前一阶段的工作进展情况。既交流了情况和做法，又认真分析了当前活动中存在的问题，提出了许多好的意见和建议，这有利于我们进一步做好督导工作，推动教育实践活动健康深入开展。

召开这次座谈会的主要目的，就是要学习贯彻近期中央领导同志关于深入开展党的群众路线教育实践活动重要讲话精神，落实好总行党委推进教育实践活动的一系列要求，了解各一级分行、直属分行、直属学院、直属机构教育实践活动进展情况和存在问题，研究安排下一步的督导工作重点，确保各单位教育实践活动不走过场，取得实效。这里，我讲几点意见。

一、各单位教育实践活动总体开局良好，进展顺利

7 月 11 日总行党的群众路线教育实践活动动员会议和总行督导组培训会议后，各单位认真落实总行党委要求，积极做好启动部署和第一环节的工作。一是认真组织学习，各单位采取集中学习和分散学习相结合的方式，先后举办党委中心组学习、专题讲座 117 次，进一步增强了党员、干部参加教育实践活动的思想自觉和行动自觉。二是广泛征求意见，各单位在前期组织召开多层次干部员工座谈会的基础上，采取多种形式，进一步认真听取员工、客户、监管部门以及社会各界的意见建议。三是深入开展下基层活动。各单位党员领导干部深入联系点 290 余次，深入基层、一线和客户，围绕基层干部员工关心的热点难点问题，倾听群众呼声，帮助基层解决实际问题。四是初步查找问题，对照中央和总行有关规定，结合各自实际，查找“四风”方面的突出问题。五是坚持领导带头，一些单位作出反对“四风”公开承诺，自觉接受群众监督。六是注重边学边改，一些单位对查找出来的问题，积极采取措施，能改的马上改，能做的先做起来。一级分行、直属分行在抓好本级机构教育实践活动的同时，也着手布置分、支行的组织推动工作，成立了 167 个督导组，派往分、支行督促指导活动的开展。可以说，全行教育实践活动进展顺利、

开局良好。

教育实践活动能有这样的开局，是总行党委高度重视、坚强领导的结果，是各单位扎实工作、共同努力的结果，也是 10 个督导组加强督促、精心指导的结果。近一个月来，总行各督导组克服困难，认真履行职责，积极开展督导，做了大量工作，发挥了重要作用。一是行动迅速。按照总行部署，及时沟通对接，细化工作安排，审核实施方案，体现了高度负责的精神。二是调查深入。与班子成员逐一谈话，广泛接触党员、干部、员工，了解实际情况，听取意见建议，体现了求真务实的作风。三是重点突出。围绕重点对象、重点环节、重点要求开展督导工作，体现了抓住关键的方法。四是把关严格。参加工作部署会，提出具体要求，开展民主评议，督促落实总行党委规定，体现了恪尽职守的态度。五是注重工作方式方法，紧紧依靠被督导单位党委开展工作，及时与被督导单位沟通协调，与总行教育实践活动办公室联络，体现了扎实有效的方式。在此，我代表总行教育实践活动领导小组，对大家辛勤工作表示衷心感谢！

最近中央在分析教育实践活动情况，充分肯定进展顺利、开局良好的同时，指出还存在一些值得注意的问题。一是一些同志思想认识还不到位。有的不以为然，存在等待观望心态，有的认为“四风”问题在本单位不突出，没有必要兴师动众，有的推一推动一动，“顺着走、跟着走、看着走”。二是部分单位征求意见不够广泛深入。督导组征求意见难以听到真实情况，被督导单位自己查找问题又不够具体，机关内部听意见的多，基层一线意见上不来。三是学习教育不够深入。重形式、轻实效，以分散自学、辅导报告代替集中学习讨论，联系实际、交流互动不够，专题研讨不深，有浮在表面的倾向。四是重点对象突出不够，没有真正把重点放在领导机构、领导班子、领导干部上，采取的措施还不够有力。五是聚焦问题不够集中，查找问题偏离“四风”，有的机构把查找问题重点放在涉及职工群众的福利待遇上，把办一些具体事情当做解决作风问题的举措，冲淡了活动主题。这些开局起步阶段出现的问题，各单位都不同程度地存在，有的还表现的比较突出和明显。如果不认真加以解决，势必影响下一步工作的开展和整个活动的成效。对此，我们一定要高度重视，认真对照检查，实事求是面对问题，深入研究分析问题，积极主动解决问题，在前段工作基础上采取更有力措施，推动教育实践活动健康发展。

做好教育实践活动下一步督导工作，总的就是要认真贯彻中央部署，认真贯彻习近平总书记一系列重要讲话精神，贯彻落实好总行党委的一系列要求，紧紧围绕调动领导干部和广大群众两个积极性，围绕打牢学习教育和查摆问题两个基础，围绕整改落实和建章立制两个关键，强化督导措施，严格督导过程，提高督导质量，及时发现和推动解决苗头性、倾向性、潜在性的问题，确保教育实践活动不虚、不空、不偏、不走过场，取得群众满意的效果。

二、深刻认识教育实践活动的重大意义，进一步增强做好督导工作的责任意识

关于开展教育实践活动的重要意义，中央文件和有关领导讲话都作了深入分析和论述，姜建清书记在 7 月 11 日的动员会上联系工商银行实际，从保持党的先进性和纯洁性、实现中华民族伟大复兴，保证和发挥党的领导核心作用、建设国际一流现代金融企业，解决当前群众反映的突出问题、进一步加强作风建设等方面，对开展党的群众路线教育实践活动作了系统阐述。大家在学习中也都有很深的感受和体会。意义越重要，越需要我们深化思想认识、认清肩负的责任。

一是要从党中央的决心态度来认识督导工作的重要责任。对这次教育实践活动，中央非常重视。从党的十八大之后不久中央制定出台改进工作作风、密切联系群众的八项规定，到中央政治局常委会、中央政治局会议多次研究教育实践活动；从中央下发《意见》、召开工作会议，到中央政治局召开专门会议，对照检查八项规定落实情况，带头开展教育实践活动，都反映出中央对开展好教育实践活动的鲜明态度，反映出中央对贯彻群众路线、狠抓作风建设的坚定决心。总行党委对中央开展教育实践活动高度重视，活动启动以来，党委先后组织集中学习讨论 6 次，专题研究有关工作 4 次；党委成员先后主持召开座谈会 22 次，广泛征求各方面的意见建议。近期总行党委成员又分别到各自联系点开展调研，广泛听取各方面意见，以实际行动为全行做表率。这周一和周五，总行党委两次召开扩大会议，梳理研究讨论党委班子在“四风”方面存在的问题。我们要从中央的高度重视和坚定决心中，从总行党委的实际行动中，深刻领会做好督导工作的重要意义。

二是要从这次教育实践活动的特点要求来认识督导工作的重要责任。这次教育实践活动聚焦作风建设，总要求是“照镜子、正衣冠、洗洗澡、治治病”，必须对“作风之弊、行为之垢来一次大排查、大检修、大扫除”，在解决“四风”问题上取得突破、取得实效。要达到这样的效果，既要靠内因，也要靠外因。内因就是内力驱动，要求各级党委有很高的思想自觉和行动自觉；外因就是外力推动，通过督导检查，形成解决问题、改进作风的外在压力，真正达到红红脸、出出汗、排排毒的效果。这就需要总行督导组切实肩负起这样的责任，以有力、有效的督促检查，推动教育实践活动扎实深入开展。

三是要从群众对教育实践活动的期待来认识督导工作的重要责任。对开展这次教育实践活动，社会各界非常关注，广大群众非常拥护，全党全社会都有很高的期

待，都希望这次教育实践活动能取得明显成效，切实解决一些突出问题，在作风建设上有一个新的面貌。如果不实实在在地搞，而是像有人讲的那样，“轰轰烈烈搞活动、认认真真走过场”，活动效果就会大打折扣，党的威信和形象就会受到损害。这就要求我们以敢于碰硬的精神进行督导，如果哪个单位的教育实践活动走了过场，影响了全行教育实践活动的成效，那么，按照中央有关要求，我们不仅要对这个单位的主要负责同志问责，也要对相关的督导组问责。

三、坚持从严要求，严格把关，确保活动不走过场

做好督导工作，要突出重点，从严要求，严格把关。在做好全程督导、全面督导的同时，要把主要精力放在重点对象、重点要求、重点环节上。总行督导组要重点抓好一级（直属）分行、直属机构领导班子、领导干部和机构本部的督导工作。要抓住关键不撒手，突出重点不放松，做到严格标准、求真务实。现在各单位都制定了活动实施方案，随着活动的深入推进，还需要督促各单位对每一个环节的工作进一步具体化，使之更具针对性和可操作性。如何严把质量关？关键是要按中央的要求，做到“五个不放过”：一是思想认识上不去的不放过，二是查摆问题不聚焦的不放过，三是自我剖析不深刻的不放过，四是整改措施不到位的不放过，五是群众不满意的不放过。对于那些达不到总行党委要求的，该“补课”的就要“补课”，该“回炉”的必须“回炉”。总而言之一句话，就是在教育实践活动中要力戒形式主义，不走过场。不走过场的标志是什么，中央有明确要求：

第一，学习教育、听取意见环节不走过场的标志。一是扎实开展了学习，个人深入自学、集体学习交流，原原本本研读必读书目，做到真学、真懂、真信、真用。集中学习时间一般不少于3天，达不到要求的要“补课”。二是很好地落实了学用结合、知行合一，使党员、干部认识到活动的重要性，增强反对“四风”、践行为民务实清廉的自觉性主动性。三是真心诚意征求了方方面面的意见，初步查找了突出问题。征求意见过程中注重听取班子成员和下属单位负责人、基层党员群众、服务对象、离退休老同志的意见，注重向信访、监察、审计等部门了解情况，注重运用巡视成果。四是体现了边学边改。这个环节效果怎么样，督导组关键要看这4条。

第二，查摆问题、开展批评环节不走过场的标志。一是结合思想、工作实际，把自己摆进去，认真查摆了“四风”方面的突出问题。二是“群众提、上级点、互相帮”落到了实处，特别是领导干部之间深入谈心交心，真正找出了问题。三是开了一个高质量的民主生活会，体现整风精神，会前广泛征求意见，班子成员真诚沟通、提醒帮助；会上自我深刻剖析，从团结的愿望出发认真开展相互批评；会后制定了有针对性的整改方案。这3条，是督导组在第二环节要抓住的重点。关于民主生活会，中央教育实践活动领导小组办公室会专门印发文件。总行专题民主生活会初步安排在9月10日左右，各单位民主生活会的时间应在此之后。同时，要注意时间安排服从质量。

第三，整改落实、建章立制环节不走过场的标志。一是针对“四风”问题拿出了实实在在的措施，明确了任务书、时间表、责任人。二是整改落实到位，存在的一些突出问题有效解决，作风明显改进，群众对活动比较满意。三是相关制度进一步健全和落实，初步形成了改进作风的长效机制。要紧扣这三个方面，督促解决突出问题，推动形成长效化的制度成果。

四、坚持边学边查边改，着力帮助被督导单位解决“四风”方面存在的突出问题

教育实践活动能否取得实效，关键在解决突出问题。各督导组要推动被督导单位从教育实践活动一开始，就要强调坚持边学边改、边查边改，针对查摆出的“四风”问题，拿出改正问题、解决问题的决心和措施，以自我净化、自我完善、自我革新、自我提高的精神开展活动。

第一，要切实找准问题。找准问题是解决问题的前提，找准问题才能有的放矢、抓住要害、取得突破。目前有的单位征求意见的面比较宽，但问题聚焦不够，还存在找得不深不透的现象，集中表现为“四多四少”：肯定成绩的多，指出问题的少；反映工作层面问题的多，反映“四风”方面问题的少；反映领导班子问题的多，反映领导干部问题的少；反映形式主义、官僚主义的多，反映享乐主义、奢靡之风的少。这要引起督导组高度重视，推动领导机构、领导班子和领导干部把问题找准查实，为对照检查、解决问题打下基础。一是要紧密联系各自实际找问题。“四风”问题普遍存在，但具体到各个单位，表现不尽相同，不能简单照搬照套。要督促各单位紧扣“四风”，对照中央和总行党委的要求、群众和员工的期盼，找出差距在哪里、问题有哪些。问题找得越具体越好，不能笼而统之、大而化之，不能避重就轻、遮遮掩掩，注意防止以工作问题代替“四风”问题，防止以笼统的班子问题代替个人本来存在的问题，防止以客观原因的分析代替主观因素的剖析。二是要通过多种方式找问题。督促领导班子、领导干部深入基层单位，面对面地听取各方面意见，特别是听取基层干部员工、服务对象和离退休老同志的意见，真心实意地让他们把想提的意见提出来。要督促领导班子、领导干部从本单位本部门发生的重大事件和典型案件中、从分管工作和下属单位的工作实际中、从个人日常工作生活小节中查找问题，客观真实地给自己“画

画像”。要综合运用纪检监察部门和组织部门提供的干部考察、民主测评、巡视工作情况，结合审计、信访等工作情况，发现存在的问题，并及时进行反馈，必要时帮助提醒。总行督导组还要注意听取被督导单位对总行党委和总行机关各部门“四风”方面突出问题的反映和意见，为总行找准问题提供帮助。查找问题应当坚持领导带头，要督促领导班子成员特别是一把手切实端正态度，放下思想包袱，带头查找问题，让群众看到查找问题的真心、解决问题的决心。

第二，要不等不拖，立行立改。要帮助被督导单位在查找问题、分析原因、找准症结的基础上，制定有针对性的解决方案，明确整改时限、整改措施，向群众公示、请群众监督，形成解决问题的压力和动力。要督促被督导单位对查找出的问题立行立改，不要等、不要拖，有什么问题就解决什么问题，什么问题突出就着重解决什么问题，什么问题紧迫就抓紧解决什么问题，小有小改、大有大改，从具体事情改起。这里也要强调一点，整改工作决不能过多聚集到具体生活问题上，如房子、票子、车子等，这样也会冲淡改进作风这个主题。要综合施策、标本兼治，对常规性问题要加大力度，对遗留问题要集中攻坚，对新发现问题要及时跟进。要推动领导班子领导干部从自己做起、从现在抓起，从群众感受最直观、反映最强烈的问题改起，以实实在在的成效取信于民。

第三，要着力健全长效机制。制度机制管长远、管根本，最可靠、最有效。这次教育实践活动解决作风方面存在的问题，不仅要着力解决眼前的问题，还要注重解决长远的问题。要推动被督导单位把建章立制作为教育实践活动的重要内容，切实解决制度缺位问题，努力实现作风建设规范化、常态化。要推动被督导单位从制度上堵塞滋生不正之风的漏洞，对已有制度进行全面清理，该完善的完善、该制定的制定、该废止的废止。要推动被督导单位弘扬改革创新的精神，深化各方面体制机制改革，加强对权力的规范、制约和监督，形成便于遵循、便于落实、便于检查的制度体系，为巩固和拓展活动成果提供可靠保障。

五、加强作风建设，认真扎实地做好督导工作

这次教育实践活动，督导组联系的面很广，承担的任务很重，始终要以优良过硬的作风开展督导工作，确保教育实践活动沿着健康方向发展。

一是要注意督导工作的方式方法。要紧紧依靠被督导单位党委开展工作。各单位党委是教育实践活动的责任主体，总行督导组是重要帮手。要加强与被督导单位党委的沟通，对活动中发现的问题，及时帮助出主意、想办法，督促研究解决。要创造性地开展督导工作。各单位特点各不相同、情况千差万别，要加强分类指导，把总行党委的要求与各单位实际结合起来，有针对性地开展督导工作，推动被督导单位在认真做好规定动作的同时，安排好有特色、有亮点的自选动作。特别是对重点单位、重点对象、重点要求，要加大督导力度，讲究工作方法，注意督导效果。

二是要加强督导组的自身建设。首先要切实抓好学习，努力把中央和总行党委的精神吃透，做到了然于胸，很好运用到督导工作中。要坚持求真务实的作风，深入实际、深入基层、深入群众，开展调查研究，广开言路摸实情、听真话，掌握第一手材料，真正当好被督导单位的有力帮手。要严格遵守制度，从严要求自己，带头遵守中央八项规定和总行六个方面 15 条措施，严守工作纪律和廉政纪律，不接受宴请，不收受礼品，不游览名胜，用模范行为做好督导工作。

三是要加强教育实践活动的沟通和指导。要加强与总行教育实践活动领导小组办公室的沟通联系，互通信息、相互交流，及时发现和提供典型经验，既发挥好正面典型的示范带动作用，又发挥好反面典型的警示教育作用。对活动中遇到的带有政策性、普遍性的问题，多研究、多提建议。拿不准的要及时报告、一起商量，确保活动健康有序推进。要及时掌握分析督导工作情况，加强对督导工作的研究，根据中央精神、总行要求和活动进展情况，明确督导的重点和要求，提出做好工作的对策措施。

四是要切实推动教育实践活动与日常工作两手抓、两不误、两促进。当前，全行经营转型和业务发展的任务十分艰巨。要推动被督导单位摆布好时间精力、安排好工作布局，协调好教育实践活动与日常工作的关系，既保证教育实践活动的进度和力度，又抓好各项重点任务的推进和落实，做到两手抓、两不误、两促进。

在总行督导组工作座谈会上的讲话

赵　林

（2013 年 9 月 22 日）

刚才，各位督导组组长按照会议要求，汇报了督导单位前一段时间教育实践活动的开展情况，分析了活动开展过程中一些需要关注的问题，对下一步深入开展好教育实践活动提出了很多很好的意见建议。会后，总行教育实践活动办公室要认真研究，提出针对性的措施和办法，做好活动指导。

召开这次座谈会的主要目的是，学习传达近期中央领导同志关于深入开展党的群众路线教育实践活动重要讲话精神，落实好总行党委推进教育实践活动的一系列要求，了解分支机构教育实践活动进展情况和存在问题，研究安排下一步督导工作重点，确保各单位教育实践活动不走过场，取得实效。下面，我讲两个方面的问题。

一、认真学习领会中央领导同志关于深入开展党的群众路线教育实践活动重要讲话精神

习近平总书记对教育实践活动高度重视，近一段时间先后十几次做出重要讲话和批示。概括起来，主要有这样几点：一是强调着力增强思想自觉和行动自觉，既以“知”促“行”，又以“行”促“知”，推动党员干部在坚持党的群众路线方面做到知行合一。二是强调一把手是关键，一把手以身作则并有力推动班子切实贯彻中央精神很重要，要充分发挥一把手的示范推动作用。三是强调调动领导干部和广大群众两个积极性，打牢学习教育和查摆问题两个基础，抓住整改落实和建章立制两个关键，保证活动善始善终、善作善成。四是强调把开门搞活动作为重要方法，虚心听取群众意见，自觉接受群众监督，主动请群众评判。五是强调自始至终要有严的标准、严的措施、严的纪律，坚决有力地做好执法执纪工作，对于顶风违纪者一律依法依纪及时从严惩处。六是强调注意总结运用典型，宣传一批正面典型，曝光一些负面典型，起到示范和警示作用。七是强调形式主义根源是政绩观错位、责任心缺失；官僚主义根源是官本位思想严重、权力观扭曲；享乐主义根源是世界观、人生观、价值观不正确；奢靡之风根源是思想堕落、物欲膨胀，对这“四风”问题，必须下大力气惩治。八是强调着力解决突出问题，把“四风”问题作为主要矛盾和矛盾的主要方面来抓，既治标又治本，以实际效果取信于民。这一系列重要指示，有很强的指导性和针对性，体现了以习近平同志为总书记的党中央对教育实践活动的高度重视，体现了抓作风、改作风的坚定决心，为搞好教育实践活动提供了重要遵循，指明了努力方向。刘云山同志近期先后参加了地方、中央和国家机关座谈会并作重要讲话，并专门就中管金融企业和中管企业教育实践活动作出重要批示，指出“要加压力、严要求，坚决不能走过场”，对包括我行在内的金融企业提出了很高的要求。

9 月 2 日，中央组织召开了中管金融企业、中管企业教育实践活动工作座谈会，参加单位有 15 家中管金融企业、53 家中管企业。中央政治局委员、中央组织部部长赵乐际同志出席会议并作重要讲话。会议先由我行等 10 个单位党委（党组）书记发言。赵乐际同志在讲话中深入分析了当前中管金融企业、中管企业教育实践活动开展过程中存在的问题，强调要深入学习贯彻习近平总书记重要指示，落实好“照镜子、正衣冠、洗洗澡、治治病”的总要求，做到严字当头、从严要求。对中管金融企业、中管企业下一步开展好教育实践活动，赵乐际同志提出 5 个方面的具体要求：一是突出企业特点，不能大而化之。坚持分类指导，针对不同情况制定针对性措施，突出企业自身特点，体现企业功能定位。要认清肩负的重要经济责任、政治责任和社会责任，增强搞好活动的思想自觉和行动自觉。要联系企业班子和个人实际，深入查摆“四风”方面存在问题。如果找不到问题，本身就是问题；如果不把自己摆进去、不结合个人和班子实际，就找不出真正存在的问题。二是聚焦“四风”问题，不能跑偏散光。要从思想上、工作上、生活上查找“四风”问题，一风一风地查，一风一风地找，真正把问题找准查实。三是发挥两个积极性，不能自我循环。要自己主动找，勇于直面问题，真找问题、找真问题。要敞开大门听，把“面对面”和“背靠背”结合起来，听真话、实话、心里话。要对照典型查，不仅对标先进，找差距、明方向，还要对照反面典型，警醒反思、防微杜渐。四是触及思想灵魂，不能就事论事。要抓住民主生活会这个关键环

节，以整风精神开展批评和自我批评。上级党组织和督导组对专题民主生活会要严格把关，对照检查材料主要问题没抓住、剖析不深刻的，要严肃指出、帮助完善。准备工作不充分的，不能急于开会。五是解决突出问题，不能虚晃一枪。要坚持边学边查边改，从群众反映最强烈的具体问题抓起，拿出切实管用的措施，实实在在地加以解决。对存在的问题，能改的马上改，能做的马上做，不等不拖。发扬“钉钉子”的精神，一个一个解决，抓一件成一件。要针对“四风”问题，加大专项整治力度，做到标本兼治。

对习近平、刘云山同志的重要指示精神和赵乐际同志的讲话精神，总行各督导组和全行各级党组织、广大党员特别是各级党员领导干部一定要认真学习领会，结合实际切实抓好贯彻落实，确保教育实践活动健康深入开展。

二、坚持高标准、严要求，抓好当前教育实践活动的重点工作

当前一级分行和有关机构教育实践活动已进入查摆问题、开展批评环节，要重点做好三个方面的工作，一是找准“四风”问题，深挖思想根源；二是撰写一份高质量的对照检查材料；三是开一个高质量的民主生活会。这里我给大家简单介绍一下总行党委班子及成员高度重视查摆“四风”方面存在的突出问题，认真撰写对照检查材料的有关情况，希望对大家开展督导工作有所启发和借鉴。一是找准问题，聚焦“四风”不跑偏。总行党委坚持“走出去”和“请进来”相结合，广泛征求各方面的意见建议。共征集到意见建议3 800余条（次），归纳梳理为加强作风建设、支持实体经济发展、深化改革优化流程等13类191条意见建议。党委逐条逐项对照“四风”反思检查，把问题找实、找具体。二是真正“把自己摆进去”，形成查摆问题材料。党委本着查摆问题不怕丑、不怕痛、不护短的精神，先后召开5次专题会议反复研究“四风”方面存在的问题，做到从基层的问题找总行的问题；从班子的问题找党委成员各自的问题；从部门和下属的问题找自己分管的问题，客观真实地给自己画像，找准党委班子和个人的“四风”突出问题。三是深挖根源，明确整改措施，形成并完善对照检查材料。党委主要负责人主持起草班子的对照检查材料，党委成员亲自撰写个人对照检查材料。通过反复讨论修改，并经中央督导组审阅，初步形成了总行党委班子和党委成员的对照检查材料。9月18日上午，中央第33督导组召集所督导单位负责教育实践活动的党委成员和教育实践活动办公室主任开会，就对照检查材料的写法提出了新的要求。根据中央督导组的新要求，总行正在进一步修改完善党委班子和成员的对照检查材料。

总行党委班子对教育实践活动高度重视，特别是在聚焦“四风”、查摆问题、自我剖析方面，党委一直是抓的早、抓的紧、抓的实，得到了中央教育实践活动领导小组办公室和中央督导组的认可。在这次中管金融企业、中管企业教育实践活动工作座谈会上，姜建清书记代表我行，以“聚焦整改‘四风’确保取得实效”为题作了情况介绍，中央领导同志在讲话中也对我行活动做法和成效给予了肯定。在这里我想说的是，党委班子前期活动之所以取得了较好成效，除了中央的正确领导，总行党委的重视和身体力行之外，中央第33督导组的直接指导也发挥了重要作用。督导组与我行始终保持密切沟通和联系，共同研究活动中的各项具体工作，确保了中央要求和我行实际紧密结合，为教育实践活动顺利开展提供了有力的保证。

从刚才大家谈的和各方面反映的情况看，各分支机构党委能够认真贯彻中央以及总行党委要求，班子成员注意带头示范，扎实开展学习教育，广泛听取意见建议，积极回应群众诉求，主动解决突出问题，教育实践活动有序推进、逐步深入。各督导组履职尽责，发挥了重要作用。同时，活动中还存在一些不容忽视的问题。一是有的思想认识还不到位。少数分支机构对开展教育实践活动的重要性认识不足，有的班子特别是主要负责人投入精力还不够。二是有的分支机构在活动的组织推动中结合不够，存在“两张皮”现象。三是有的学习教育不扎实，分散自学多、集中交流少，深入思考不够、联系实际不紧。四是有的听取意见不充分，听取意见范围不够广泛，收集到的意见分量不够，征求到的意见针对性不强。五是有的查摆问题不深入，主要表现在没有把自己摆进去，避重就轻、避实就虚，不温不火、不触及实质性问题，重查领导班子的问题，轻查领导干部个人的问题；重查普遍存在的共性问题，轻查本部门本单位的具体问题；重查形式主义和官僚主义问题，轻查享乐主义和奢靡之风问题；有的把查找问题的重点放在了下属单位和普通党员干部。对这些问题，必须采取有力措施，切实加以解决。

查摆问题、开展批评环节是教育实践活动承上启下的关键环节。搞好这一环节的工作，把“四风”方面的突出问题查找准、剖析透，以整风精神开展批评和自我批评，对于确保教育实践活动不走过场、取得实效至关重要。在这一环节，各督导组任务艰巨，责任重大，要着重把握好以下督导重点：

（一）督促领导干部把自己摆进去，确保真查问题。这次教育实践活动的对象是党员干部特别是领导干部，重点是查摆形式主义、官僚主义、享乐主义和奢靡之风这“四风”问题。领导干部愿不愿、能不能、敢不敢把自己摆进去，是对教育实践活动态度的具体体现，也关系到我们各级领导干部有没有决心改作风、是不是真心改作风。把自己摆进去的关键，是紧密联系自己的思想、工作和生活实际，联系自己的成长经历特别

是领导岗位上的各种表现，带着问题把自己摆进去，多讲自己的问题，多讲自己的不足，不遮遮掩掩、文过饰非。

一是要从思想上查“四风”问题。在理想信念方面，重点查找自己的信仰信念是否坚定，是否把认真履职、全力推进我行“三个之最”银行建设作为自己的职业追求；宗旨意识方面重点查找是否坚持以人为本，充分调动员工积极性，切实做好服务工作；党性修养方面，重点查找自己是否有坚强的党性原则、是否保持了先进性纯洁性；政治纪律方面重点查找是否认真贯彻执行党和国家的方针政策，自觉同以习近平同志为总书记的党中央保持高度一致，认真落实总行党委的各项决策部署。

二是要从工作上查“四风”问题。查找领导班子“三重一大”决策、经营管理、招标采购、资产处置、服务基层等方面的问题；查找领导干部行使权力、履职尽责、执行纪律、接受监督等方面的问题。看一看有没有唯指标不唯市场、唯考核不唯基础、忽视发展质量的问题，有没有行政色彩浓、工作效率低的问题，有没有个人专断、群众观念淡薄、高高在上的问题。

三是要从生活上查“四风”问题。查找是否有等级观念、特权思想；是否有攀比待遇、贪图安逸的现象；是否有铺张浪费、大吃大喝、讲排场比阔气的问题。

具体到每一个分支机构、班子和个人，都要做到有什么问题就着重查找什么问题，真正把问题找准查实。

各督导组对查找问题要严格把关，督促各单位围绕为民务实清廉要求和中央八项规定精神，对听取意见情况开展一次“回头看”，进一步聚焦反对“四风”，深化听取意见工作。不仅要督促领导干部自己找，同时还要充分运用群众提、上级点、互相帮等多种方式，对照典型，突出重点，深入查摆突出问题。查找问题要看是否紧密联系实际、具体实在，是否聚焦“四风”、抓住要害。既要看领导班子的问题找准了没有，也要看领导干部个人的问题找准了没有。对听取意见浮光掠影、不深不透的领导班子及其成员，要求重新听取意见。

（二）贯彻从严要求的方针，开好民主生活会。教育实践活动是落实党要管党、从严治党的一项重要举措，必须坚持“严”字当头、体现整风精神。在查摆问题、开展批评环节，贯彻整风精神的集中体现就是要召开一次高质量的专题民主生活会。总行党委成员将参加教育实践活动一级分行联系点和有关分支机构的专题民主生活会。关于开好专题民主生活会的通知已经印发全行，对会议提出了明确具体的要求，希望各督导组与督导单位党委紧密配合，共同努力，在以下几个方面充分发挥把关作用，确保专题民主生活会的质量。

一是做好会前准备。要继续做好学习教育、听取意见的工作，进一步梳理分析各方面的意见，拿出切实管用的整改措施。对那些学习抓得不紧、思想认识不够的，对那些问题找得不准、根源挖得不深的，要抓紧补课。要坚持时间服从质量，准备不足的不能草率召开。督导组的会前情况通报工作，可以结合实际，一般采取向督导单位主要负责同志个别通报和班子集体通报的形式，对反映存在问题较多的班子成员，可以由督导组会同党委主要负责同志进行谈话提醒。

二是开展好谈心交心。要结合谈话提醒，及时了解班子谈心交心情况，重点看主要负责同志与班子每名成员之间、班子成员相互之间、班子成员与分管部门负责同志之间是否都谈到了，是否指明了问题、化解了矛盾、增进了团结。谈心时间安排要充分，既要肯定成绩，又要指出问题和不足，要敞开心扉、坦诚相见，多作自我批评，有话讲在当面，把矛盾和问题解决在专题民主生活会前。凡是准备在会上提出的问题和意见，都要在会前谈通谈透。

三是撰写对照检查材料。各督导组要认真审阅对照检查材料，重点看联系实际是否紧密、突出问题是否找准、剖析反思是否深刻、改进措施是否实在，对思想认识不深刻、查摆问题不到位、自我剖析避重就轻、整改措施大而化之的，要严肃指出，帮助完善，甚至推倒重来。领导班子的对照检查材料，主要负责同志要亲自主持起草，提交领导班子会议审议，并在一定范围通报，征求意见建议；班子成员要自己动手撰写对照检查材料，个人材料不公开征求意见。

四是开展批评和自我批评。督导组列席民主生活会时，要对开展批评和自我批评的情况作出评价。在听取班子成员逐个发言过程中，对态度不端正、发言质量不高的，提醒其立即改正；对民主生活会上搞无原则纷争的，建议休会，待解决问题后再行召开。要确保专题民主生活会动真碰硬、敢于交锋，勇于指出问题、真诚帮助提高，坚决防止对上级放“礼炮”、对同级放“哑炮”、对自己放“空炮”的现象。各单位召开民主生活会时，党委成员和总行督导组成员都要参加，其他参会人员由各单位党委确定。

（三）抓住一把手这个关键，充分发挥好一把手的示范带头作用。教育实践活动走不走过场，关键在一把手。从教育实践活动前段情况看，凡是一把手高度重视，整个班子就会认真对待、负起责任；凡是一把手虚心听取意见，群众就会讲真话、说实话；凡是一把手态度坚决、立改立行，其他同志就能直面问题、主动整改。各督导组一定要抓住一把手这个关键，引导和推动督导单位一把手认真贯彻中央和总行党委要求，增强思想自觉和行动自觉，切实发挥好一把手的示范带动作用，确保教育实践活动组织领导到位、措施落实到位。

一是要以身作则，发挥“带动”作用。要督促一把手用更高的标准严格要求自己，带头深入学习，带头查找和剖析“四风”方面存在的问题，带头开展批评和自我批评，带头制定整改落实措施，真正把自己摆进去。在查摆问题、开展批评环节，重点要督促一把手集中精力，精心组织好专题民主生活会。要按照中央有关精神和总行党委要求，主持研究制定体现整风精神的专题民主生活会工作方案，把会前准备做充分，把谈心交心活动做到位，把批评和自我批评开展好，开一个共同受到教育、受到警示的会，达到“团结—批评—团结”的目的。

二是要尽职尽责，发挥“推动”作用。教育实践活动是一项政治任务，也是增强领导班子凝聚力、战斗力的有利契机。要督促督导单位党委主要负责同志，切实承担起“第一责任人”的责任，要舍得花时间、投入精力，用心谋划、精心组织，狠抓教育实践活动各项任务的落实，对教育实践活动的每一个环节、每一项工作都要亲自过问、亲力亲为，真正把责任扛在肩上，把中央和总行党委要求落到实处，抓出成效。

这里要明确的是，如果哪个分支机构教育实践活动走了过场，群众不满意，一把手负有不可推卸的责任。总行教育实践活动领导小组及办公室和总行督导组要加强考核评估、加强督促问责，对一把手示范作用发挥好的要给予鼓励，对工作抓得不紧、组织不力的要及时提醒，推动一把手切实把示范作用发挥好，把教育实践活动各项工作做到位。

（四）坚持立行立改、标本兼治，着力解决突出问题。前期，各分支机构在学习教育、听取意见的同时，也在积极整改自身存在的一些问题，总行教育实践活动简报上专设“坚持边学边查边改”的子栏目，刊载了一些分支机构的具体做法。但总体而言，目前分支机构解决突出问题情况，离总行党委要求、离教育实践活动目标、离群众的期盼仍有相当的差距。各督导组要按照活动要求，督促督导单位，切实把解决问题贯穿到每个环节，做到边学边改、边查边改、立行立改。

一方面要抓主要矛盾、突出问题，从群众反映最强烈的具体问题改起。要发扬“钉钉子”精神，一个一个解决，抓一件成一件，积小胜为大胜。要加大对“四风”问题专项整治力度，通过重点整治，推动作风的整体好转。比如，重形式轻实效，重部署轻落实，重眼前轻长远，重局部轻全局，重增长轻管理的问题；文山会海、脱离实际、脱离基层、脱离群众的问题；宗旨意识淡薄，服务观念不强，办事效率不高，门难进、脸难看、事难办的问题；大局观念不强，本位主义严重，遇到问题敷衍塞责、推诿扯皮，形成“部门墙”和“机构壁垒”的问题；精神懈怠，意志消沉，铺张浪费，贪图享受，盲目攀比的问题，等等。对这些问题，群众反映强烈，各督导组要将其列为重点，督促分支机构认真对照检查、抓紧研究解决，取得让群众看得见、感受得到的实际效果。

另一方面要找准症结，治根治本，建章立制。要从理想信念、工作程序、体制机制等方面解决“四风”问题，围绕规范权力运行，建立健全权力制约和教育监督体系，重点健全管理人员激励约束机制、职务消费管理、公务接待、公务用车、出国（境）管理等制度规定，完善管理人员选拔任用考核、信贷审批和财务管理等方面的监管制度。强化制度执行力，推进改进作风常态化、长效化。

总行各部室的教育实践活动也进入了查摆问题、开展批评环节，总行机关党委要进一步指导各部室扎实开展有关工作，参照对各单位党委专题民主生活会的要求提出对各部室专题民主生活会的具体要求，并严格审核把关、督促落实，确保各部室都能召开一次高质量的专题民主生活会。各督导组和总行机关党委要注意掌握活动进展动态，加强与总行教育实践活动领导小组及办公室的沟通联系，密切与督导单位和总行各部室的配合，及时解决活动中出现的苗头性、倾向性、潜在性问题，确保活动健康深入开展。

最后需要强调的是，现在已经快到第四季度了，今年以来，受各种因素的影响，全行经营发展的压力比较大，要完成全行年初既定的各项任务目标，抓紧抓好第四季度的工作非常重要。希望各督导组要会同督导单位，精心安排好经营发展的日常工作和教育实践活动的各项安排，切实做到两手抓、两不误、两促进。

抓住机遇　积极创新
把资产管理业务推向新的发展阶段

——在中国工商银行资产管理业务工作会议上的讲话

王丽丽

（2013年1月17日·根据录音整理）

我们这次会议的主题是，总结2012年资产管理业务工作，分析当前业务发展面临的机遇和挑战，明确2013年的发展目标和工作任务。下面，我讲三个方面的内容。

一、2012年我行资产管理业务成绩显著

（一）业务持续发展，继续保持同业领先地位。2012年，全行发行本外币理财产品39 762亿元；年末理财产品余额突破一万亿元大关，达到10 042亿元；资产管理业务全年实现收入133.16亿元，在全行中间业务收入中的占比达到了11.8%。全年新增项目投资3 365亿元，新增债券投资2 653亿元，为完成产品发行计划作出重要贡献。理财产品销量四大行占比24.08%；理财产品余额和业务收入四大行排名第一，占比分别为32.76%和45.03%，继续保持最大资产管理银行的地位，并荣获“最佳资产管理银行”、“资产管理金贝奖最受信赖中资银行”、“理财产品最佳创新奖”等称号。

（二）创新成效突出，客户服务能力持续提升。在产品创新方面，我行推出创新理财产品近20个，固定收益期次产品推出了“增利”系列产品；外币理财产品快速发展，同比增长276%；无固定期限和分段计息等产品继续保持市场优势，特别是分段计息产品缩短到账时间后规模翻了一番。在自主投资管理方面，面向私人银行客户发行的混合型稳健配置产品在包括银行理财、基金、券商集合资产管理计划等在内的全市场同类产品中排名第二，产品规模攀升至200亿元。全权委托可转债理财产品、增强型债券理财产品、私人银行混合型多策略理财产品等自主管理产品的净值增长率在全市场同类产品中名列前茅。与此同时，理财客户规模不断扩大。目前活跃的个人理财客户达到466万户；理财客户质量不断提高，五星级和六星级等高等级客户已经构成个人理财客户绝对主力，占全部客户的76%。资产管理业务为客户创造的价值大幅增加，全年产品平均收益水平达到4.56%。全年资产管理业务向客户支付投资收益456.12亿元，较上年增加了52%，居于同业首位。

（三）实现重点突破，服务实体经济成效显著。通过对理财项目投资通道创新，多个重大项目实现突破，支持了实体经济的发展。例如，北京分行国家电网100亿元北金所委托债权项目、陕西分行陕西煤业90亿元股权项目、北京分行中石油55亿元股权项目、江苏分行南京地铁50亿元股权项目、湖北分行武汉地铁40亿元股权项目、山东分行新汶矿业20亿元股权项目等。2012年约有500家优质法人客户通过理财在我行获得融资。例如，武汉地铁项目为湖北分行创造中间业务收入9.6亿元，开启了银政合作的新模式；南京地铁项目为江苏分行创造了7亿元中间业务收入及超过13亿元的日均对公存款，并带动了已批银团贷款提款；陕煤项目不仅直接为陕西分行创造了3.5亿元中间业务收入，还带动新增公司存款90亿元。此外，根据私人银行客户需求发行专属理财产品近1 000亿元，有效满足了高端客户的金融服务需求。

（四）管理水平进一步提高，综合经营能力持续增强。资产管理部门对三层制度架构进行了完善，修订各类管理办法、操作规程和业务流程图20余项。资产管理业务系统（PPM）功能完善，成功投产了专项产品支持系统等10多个重点项目，大幅提升了投资管理和运行管理功能。对分行实行了差别化授权。全行理财业务接受行内外大规模全面检查6次，促进了业务管理水平的提升，保障了业务的健康发展。同时，积极发挥理财联动作用，综合经营能力进一步提高。通过发行理财产品吸引和稳定了客户，直接贡献6 000亿元个人存款和2 000亿元法人存款。为配合渠道部门拓展市场，发行支持商友会员、定向县域、新网点营销等专属产品超过3 800亿元，发行法人及养老金重点客户定制产品超过550亿元。年末托管理财资产规模近1.4万亿元，贡献托管收入超过2.88亿元。

总之，2012年资产管理业务发展良好，成绩显著，是总分行资产管理专业同志们艰辛努力、锐意探索、不

懈奋斗的结果。在此，我代表总行党委向资产管理业务战线的同志们致以真诚的问候，对大家2012年的辛勤工作和作出的贡献表示衷心的感谢！

二、资产管理业务面临的发展机遇、挑战及我行的战略选择

（一）资产管理业务面临的机遇与挑战。世界经济在经历金融危机和欧债危机后短期内难以走出低迷，国内经济下行压力仍然存在，2013年理财投资仍将面临复杂性和不确定性。券商、基金、保险等资产管理机构去年以来在扩大投资范围、降低投资门槛、加快创新进程等方面推出了多项创新举措，大幅提升了市场竞争力，市场竞争将更加激烈。由于分业经营、分业监管的现状，银行理财与其他机构相比不具备明显的竞争优势，因此基于统一市场和功能监管的顶层设计迫在眉睫。

虽然如此，资产管理业务仍然面临着难得的发展机遇。首先，我国个人金融资产已达62万亿元，理财需求旺盛，目前，客户金融资产中现金和存款的占比超过75%，而银行理财只占2.43%，说明银行理财拥有巨大的发展空间。其次，中央经济工作会议提出“适当扩大社会融资总规模，切实降低实体经济发展的融资成本，发挥好投资对经济增长的关键作用”，理财投资的空间将进一步扩大。再次，监管部门对理财业务高度重视，拟通过理财业务专业委员会建立行业机制，并正在加紧解决理财开户问题，而我行《金融资产服务业务管理基本规定》的发布，也进一步完善了理财业务管理体系，这些均为业务发展提供了新的条件。

（二）发展资产管理业务是工商银行的战略选择。

第一，发展资产管理业务有利于我行实施银监会新资本管理办法，可以缓释资本补充压力。不占用或者少占用资本的资产管理业务将成为商业银行重点发展的业务类型。

第二，发展资产管理业务有利于应对利率市场化挑战。资产管理业务的产品和投资品都是市场化定价，可以消化部分寻求高收益的资金，缓释利率市场化对银行利润的冲击。

第三，发展资产管理业务有利于我行实施国际化发展战略。例如，我们可以利用QDII等业务资源使资产管理业务成为我行境内外业务联动和人民币国际化的工具和手段。

第四，发展资产管理业务有利于维护和稳定客户。资产管理业务可以根据客户需求设计适销对路的个性化理财产品，增强银行在资金这一关键环节中的竞争力，成为银行维护客户关系的重要手段之一。

第五，发展资产管理业务有利于开拓新的市场。资产管理业务作为金融资产服务业务中的一项核心业务，在调整资产结构和收入结构中将发挥重要作用，是开拓新市场、新利润来源的重要途径和方式。

总之，我们要从中国经济发展前景、中国金融市场未来变革的方向，从我行经营转型、国际化发展的战略视角，来认识资产管理业务的重要意义，进一步统一思想、增强信心，积极谋划我行资产管理业务的发展战略和举措。

三、2013年资产管理业务的发展目标和要求

2013年我行资产管理业务的总体思路是：认真贯彻落实全行推进科学发展研讨会和全行工作会议精神，以《金融资产服务业务管理基本规定》的出台和实施利润中心改革为契机，围绕转型发展战略，强化创新驱动发展业务模式，抢抓机遇，加快创新，通过完善业务运作体系和加强风险控制来提升管理水平，在保证合规的前提下稳步推进业务发展，不断提升资产管理业务的盈利能力和市场竞争力。

2013年资产管理业务的经营目标是：理财产品日均余额达到12 500亿元，其中个人理财产品日均余额7 600亿元，法人理财产品日均余额3 000亿元，私人银行理财产品日均余额1 500亿元，养老金理财产品日均余额400亿元。全行理财产品销售额达到49 000亿元，其中个人理财产品销售33 000亿元，法人理财产品销售12 800亿元，私人银行理财产品销售2 000亿元，养老金理财产品销售1 200亿元。全行资产管理业务线实现净收入（包括投资管理及顾问费收入、理财产品销售费收入和项目推荐及管理费收入）155亿元，实现总行本部考核利润17.4亿元。

（一）以利润中心改革为契机，加强对分行的支持力度，促进全行业务持续发展。落实利润中心改革方案并加强总分行业务联动。利润中心改革之后总行将坚持“三个不变”：总分行利益分配格局不变，总行对分行的业务授权不变，总行对分行发展理财业务的各项支持不变。总行将做好利益分配及绩效考评工作，加强总分行联动，侧重于理财产品创新，负责全面风险管理、投资管理及系统开发，加强管理，把握政策。分行要支持配合总行，加强产品营销和项目推荐。

合力做好理财产品发行和渠道创新。各分行要重点做好销售工作，落实总行要求并确保销售足额有序，特别是无固定期限产品、增利产品及资本市场理财产品的销售工作，配合总行开拓新的理财销售渠道和新的理财客户。证监会已明确上市公司募集资金可以投资银行理财，各分行要尽快建立目标客户名单，并对需求进行调研。保监会已明确保险资金可以投资银行理财，我们要针对保险资金运作特点设计并发行专户理财产品，各分行要做好准备。

分行要加大向总行推荐项目的力度。总行将进一步明确项目投资准入标准、投资模式等具体要求，做好创

新投资培训工作，指导分行运用新产品、新渠道去满足客户融资需求，提升市场竞争力。各分行向总行推荐项目金额原则上不应低于本行今年理财项目投资总额的80%。

提升分行业务管理水平并强化合规管理。资产管理业务要实行集中统一的投资、执行全行一致的管理和风控标准。各分行要以总行修订《资产管理业务管理规定》为契机，认真贯彻落实各项管理要求，切实提高业务管理水平。

（二）把握市场创新机遇，全面提升投资管理能力。要准确把握市场投资机遇，优化理财资产配置。要加强信用债分析研究和个券研究，择优配置利率债，择机投资优质高收益信用债，并控制好债券投资期限。加大对基础设施领域的投资力度，积极参与城镇化建设，重视“新四大市场”中的高端装备制造业、信息技术产业、大型综合物流、新型文化产业相关企业的投资，同时要抓住市场并购重组、股票增发等机遇，以合理的产品结构适度参与。要完善理财投资平台，增强对实体经济的支持力度。积极建设新型理财投资通道，打造券商、基金、保险、信托四大投资平台。

（三）加快理财产品创新，进一步丰富和完善理财产品线。要加强对市场和业务的研究，完善资产管理业务创新机制。要坚持“研究指导投资”的理念，加强对业务的研究，对新市场、新业务、新产品、新工具、新政策的研究，为改进业务管理和提高投资水平提供支持。要加快理财产品创新，进一步丰富我行理财产品线。除了继续完善8大产品线之外，要继续整合现有理财产品，提升市场竞争力。加快研发自主管理的资本市场理财产品，今年要推出类年金稳健配置产品、定向增发对冲套利产品、可转债杠杆增利产品等更多的新产品，销售部门要配合进行营销。外汇理财产品要重视内外机构联动型产品的开发。此外，还要创新适合保险资金、企业年金等可购买的银行理财产品等，使我行在产品开发方面更具竞争力。

（四）强化销售管理，加强“工银理财”品牌建设，提高客户服务能力。今年，银监会将严格监管理财产品设计、销售和资金投向，严禁未经授权销售产品，严禁销售私募股权基金，严禁误导消费者购买，要求理财产品实行分账经营、分类管理。全行务必认真领会，落实到位。目前我行已经实现了理财产品的独立核算和分类管理，但还须进一步采取措施加强理财产品销售管理，落实最新监管政策。各行要严格落实授权管理要求，严禁发行未经总行授权许可的理财产品。在销售环节，客户经理要真实、充分地揭示产品风险，严禁隐瞒重要信息和夸大宣传，规避销售风险。当前，建设和整合“工银理财”品牌的时机已经成熟。要从产品设计、投资管理、产品销售、产品发行等各个环节来加快“工银理财”品牌建设。树立“工银理财”品牌的标杆形象是一个非常重要的工作，要认真谋划，希望今年能走出重要一步。

（五）完善业务管理体系，提高系统支持水平，控制风险，保障业务稳健发展。新发布的《金融资产服务业务管理基本规定》对资产管理业务提出新的要求，各行要尽快落到实处，确保业务的持续稳健发展，特别要注意两点：

一是要完善理财产品信息披露制度。总行将制定理财产品信息披露具体方案，对披露的内容、渠道、频次等作出明确要求。各部门、各分行要各司其职，配合资产管理部门共同做好这项工作。新的信息披露方案将加大对投资组合明细及变动、投资品市场表现、客户收益情况、我行收费等信息的披露程度和披露频次，最大限度地保障客户知情权。总行将制定统一标准的信息披露准则和格式文本，销售部门要提高信息披露的质量，尤其是要做好代理销售类理财产品和高风险理财产品的信息披露工作。总行还将优化信息披露方式，增加电子银行、门户网站及电子邮件等定向信息披露方式。二是要进一步完善资产管理业务系统功能。今年，资产管理业务系统（PPM）将围绕金融资产服务业务、利润中心改革和产品化改造等核心内容进行完善，开发并投产理财投资债权、股权类项目投资管理系统，初步完成资产管理业务的产品化改造，加快MOVA系统在资产管理业务的推广与应用，完善理财产品信息披露系统功能，提升系统对业务发展的支持和保障能力。

2012年的成绩已成为过去，2013年需要我们继往开来，再接再厉。希望全行上下以党的十八大精神为指导，加快发展方式转变和经营结构调整，不断研究资产管理业务的新形势、新问题、新策略，努力取得新的突破，顺利实现今年的资产管理和业务发展目标，为全行发展作出更大的贡献！

在中国工商银行国际化工作会议上的讲话

王丽丽

（2013 年 1 月 30 日）

这次会议我受杨行长委托，转达对我行国际化工作的几点要求。

一、关于境内国际业务的重要性

目前，中国在全球贸易的占比已接近 10%，贸易增速达 6.2%，远高于全球 2.5% 的增速；外国直接投资（FDI）流入量已超越美国，成为最受全球跨国公司欢迎的东道国。这为我行的贸易金融发展带来了前所未有的机遇。2012 年，我行共有 9 家分行国际结算量四行占比第一，11 家分行国际结算收入四行占比第一，重点突破、梯次发展、区域提升的国际业务发展新格局正在逐步形成，我们成为中国第一大国际结算银行是有能力的，也是有希望的。2013 年各行要把“打造国际业务第一银行”工程继续推向深入，要通过配套的差别化政策支持国际业务客户的拓展，在风险可控、综合收益可接受的情况下，考虑在外汇资金价格、行业政策和流程优化等方面，选择一些国际业务资源丰富的行业龙头优质企业，研究更灵活、更具针对性的差别化政策，先行先试。如实行名单制管理和总额控制，提升大中型客户的覆盖率和业务份额。此外，还要强化 One ICBC 理念，坚持全行一盘棋，统筹好境内外两种资源、两个市场，进一步完善激励和分润机制，以内促外，以外带内，努力提升我行的核心竞争力。

二、关于跨境人民币业务

目前我国的跨境人民币政策连番出台。在经常项目下，扩大了区域范围和企业参与主体；在资本项目下，出台了有关外商直接投资人民币结算业务等细则，并通过 RQFII 试点，推出了建立人民币投资回流渠道的一些方案。2012 年，我国的跨境贸易人民币结算量累计达 2.94 万亿元人民币，同比增长 41.3%，发展非常迅猛。人民币在全球支付货币的排名已由 2011 年的第 20 位提升至 2012 年的第 14 位。随着中国香港、中国台湾、新加坡和伦敦等境外离岸人民币中心的加速形成，我行已具备把跨境人民币业务做大做强的条件。正如刚才董事长所讲，去年我行境内外跨境人民币业务总量突破 1.5 万亿元，较上年增长 67%，业务增速较全国平均水平高出一倍，境外机构人民币业务收入已占到境外机构总收入的 20% 以上。这给我们下一步跨境人民币业务发展打下了很好的基础，也提出了更高的要求。一是要做好跨境人民币产品创新，把产品线作为打造全球人民币业务第一大行的重点，构建全面覆盖、跨境联动的产品体系。二是做好跨境人民币渠道创新。特别是要着力打造上海、前海、南宁等跨境人民币业务中心。三是加强境外人民币清算行建设。近期目标是新加坡、万象、泰国、伦敦、中东等境外机构，境内各分行要做好联动和配合。

三、关于代理行价值贡献挖潜

2012 年我行外资代理行总数达到 1 630 家，首次领先国内同业。外资代理行的清算、国际结算等业务高速增长，清算业务量突破 42 万笔，同比增长 49%；国际结算量 7 375 亿美元，同比增长 18%，高出我国进出口增速 11.8 个百分点。因此，我们完全有条件调整优化代理行网络布局结构。今年总行国际业务部提出的重点工作：一是年内要实现与我国经贸往来超过 10 亿美元的国家或地区，以及与我国经贸往来超过 400 亿美元国家或地区的前十大银行“双覆盖”；二是要提升外资代理行业务管理水平；三是要研究成立区域营销中心。

四、关于风险与合规

国际金融危机后，境外监管更加严格，美国先后出台多德法案、沃克法则，反恐、反洗钱与反逃税法规越来越细化；英国出台了全球最为严格的流动性监管新规，阿根廷近期实施了近年来最为严格的外汇管制政策，跨国银行全球合规成本和声誉风险在加大。2012 年从涉及伊朗洗钱案到利率操纵案，全球银行业仅向美国政府缴纳的罚金创下纪录，总额突破 107 亿美元，跨国经营面临的风险和挑战不断增多。随着我行境外业务的快速发展，跨国家、跨市场、跨产品线经营的难度与复杂性也在不断加大，我们要对境内外国际业务的潜在风险时刻保持警惕，处理好业务扩张与风险控制的关系，尽可能将境外业务风险管控工作前移，进一步完善境内国际业务的风险防范措施。

五、关于国际业务人才和渠道建设

我行国际业务队伍建设有自己的特色，但是也有待强化。目前，国际业务产品经理不到全行员工的1%，个别分行外汇业务人员极度短缺，与国际业务可持续发展的要求和综合服务能力提升的愿景相比，面临较大的人才压力，甚至有可能成为全行国际业务竞争力持续提升的瓶颈。此外，外汇服务渠道建设也亟待加强，境内分行开办外汇业务的网点偏少、外汇服务柜台偏少是一个相对普遍的问题。目前，全行能够全面办理5项个人外汇业务的网点仅为33%，在一定程度上制约了全行外汇业务的发展。因此，希望各分行在今后的工作中认真加以改进。一要进一步加强对公和个人外汇服务渠道建设。在国际业务资源比较丰富、体制机制相对健全、人员队伍齐备等有条件的二级分行考虑设置单独的国际业务部或国际业务中心，力争到今年末，能够同时办理个人汇款、存款、理财、结售汇和交易5项业务的网点覆盖率达到60%，也就是在现有基础上再增长27%。二要将国际业务队伍建设放在突出重要的位置，力争按照1位国际业务对公产品经理配套支持5位对公客户经理的比例，形成“产品经理+客户经理”相互支持、协作促进的联动营销模式。三要完善考核机制。在岗位薪酬和考核评价上，要向国际业务优秀人员倾斜，使激励政策充分体现总行战略导向和国际业务岗位的专业价值。

六、关于外事管理

近期，中央政治局提出了改进工作作风八项规定，其中一项规定就是要规范出访活动，我行要把这项规定落到实处。一是严格把关审批程序。各级外事主管部门要从严掌握出访次数、路线和在外时限，提高外事服务管理效率。二是加强因公出访的实效性。加强出访统筹协调，简化出访安排，尤其要严格控制无实质内容的一般性考察和重复考察，不安排无关人员“搭车”出访。在保质保量完成出访任务的原则下，尽量压缩团组人数和在外停留天数。三是严格出访经费预算管理。四是注意遵守外事纪律。在因公出访和接待来访过程中，严格遵守行内外各项规章制度，约束言行，注意安全保密，确保不出现任何问题。之前董事长、杨行长已对这个问题提出了严格的要求，希望大家认真领会、贯彻落实。

适应新形势　迎接新挑战
全面做好资产负债管理各项工作

——在中国工商银行资产负债管理工作会议上的讲话

王丽丽

（2013年2月25日）

本次会议的主题是“适应新形势　迎接新挑战　全面做好资产负债管理各项工作”，首先我们一起回顾和总结一下2012年的资产负债管理工作。

一、2012年资产负债管理工作成效显著

2012年，国内外经济金融形势依然复杂严峻，但是通过我们大家共同努力，加强精细化管理，合理把握资产负债总量和运行节奏，确保了资产负债的平稳运行和结构优化，为全行各项业务的发展作出了积极贡献。

人民币存贷款总量适度增长。2012年末，境内分行人民币各项存款（含同业存款）比年初增加14 213亿元，同比多增1 202亿元，增幅11.1%；人民币各项贷款比年初增加8 673.5亿元，同比多增490亿元，增幅12.3%，新增贷款的均衡率53%，增长均衡性优于同业可比机构。外汇存贷款规模与效益协调快速发展。2012年末，我行外汇存款余额763亿美元，增幅达65%，增量居四行首位；国际贸易融资余额达到459亿美元，居四行之首。资本充足率继续保持理想水平。2012年末，按照现行法计算，并表口径的（审计前）资本充足率为13.76%、核心资本充足率为10.70%，分别比年初上升了0.59个和0.63个百分点。利率定价管理成效非常显著。2012年，全行人民币存贷利差同比提高了26个基点；贷款收益率同比提高60个基点，新发放贷款的平均利率在四行排名继续保持第二。流动性管理水平继续领先同业。2012年，全行日均超额备付率0.97%，比四行平均值低了0.25个百分点，资金使用效率继续保持了领先水平。

总结2012年工作，主要有以下几个特点：

（一）资产负债结构精细化调控水平稳步提升，在促进全行转型发展中的作用进一步增强。首先，全行认

真落实“稳增长”的宏观政策和稳健的货币政策，合理把握各阶段的信贷总量与投放进度，人民币贷款计划使用率达到99.99%，贷款增量稳居各金融机构首位，贷款同比多增额居四大行首位。其中，北京、广东、天津等13家分行年末贷款计划执行偏离度低于千分之一，辽宁、江西、河北等分行新增贷款均衡率处于较高水平。票据营业部发扬一贯良好的作风，从全行大局出发，加强和各分行的联动，既满足了全行信贷总量调控的要求，又有效支撑了分行票据业务的开展，深化了票据池的功能定位。加大了对重点县支行的信贷资源配置和政策倾斜支持力度，157家重点县支行本外币贷款比年初增加1 195亿元，增幅达到16.1%，是全行贷款平均增幅的1.3倍，实现了全行重点县支行贷款余额赶超同业的目标。其中，江苏、福建、浙江等分行辖内重点县支行信贷市场竞争力明显提高。其次，我们抓住银监会《商业银行资本管理办法（试行）》实施之前次级债补充资本的最后机遇，成功增发了200亿元次级债券，资本充足率提高了0.22个百分点。适度紧缩年度经济资本限额配置，调增资本成本率，资本限额控制力度进一步增强。2012年末，全行计划单位经济资本较年初上升9.5%，增量限额执行进度为72.3%，经济资本增速低于资产增速1.33个百分点，相当于节约资本177亿元。上海、天津、山东、青海等分行在信贷资产余额上升的情况下，实现了经济资本占用的下降。同业融资的资本集约特点日益凸显，分行对同业融资资金增长了49.4%，2012年末加权风险资产较年初仅增长7%，RAROC总体水平达到了56%。

（二）内外部利率精细化管理水平稳步提升，利率市场化条件下的应变能力和管理能力进一步增强。

第一，人民币存贷款市场化分类定价机制初步建立。通过精细化的差别定价管理，建立了重点客户分类管理与名单制相结合、统一管理与分级授权相结合的分类差别定价管理机制，取得了明显成效。

第二，贷款利率定价管理得到进一步加强。部分分行的利率水平在当地实现了四大行最优，其中，河北、山西、内蒙古等13家分行新发放贷款利率水平居当地四行首位，福建、贵州、湖北等分行新发放贷款的平均利率也明显提高。

第三，内外部利率调整机制的灵活性得到了提高。我们调整了同业存款定价政策，扩大分行对7天、14天同业定期存款利率上浮授权。调整短期同业定期存款的外部利率119次、内部价格47次。2012年末我行同业存款余额、增量居同业双第一；同业定期存款付息率同比下降67个基点，是四行中付息率最低的。建立了超额准备金和库存现金的分档内部定价机制，适当上调2年、3年对公存款集中价格，适时下调个人住房贷款配置价格，鼓励分行合理发展个人住房贷款业务。

第四，成功实施了外汇存贷款利率管理机制改革。我行外汇资产负债管理开局不错，取得了良好效果。随着我行业务发展和国际化进程的不断推进，这项工作的开展势在必行并要不断完善。2012年全行15次下调外汇资金内外部价格，合理控制付息成本，促进外汇存贷款业务的快速和协调发展。其中，北京、上海、江苏、浙江、山东、广东6家分行在外汇业务快速发展的同时，外汇存贷款利率管理成效突出。

（三）资金精细化营运水平稳步提升，市场波动常态化下的资金管理效率进一步提高。

第一，资金管理效益性和安全性得到有效结合。总行不断完善流动性管理机制，实施超额准备金差异化管理；各分行进一步增强资金管理意识，加大对重点领域资金流动的监测分析。北京、浙江、重庆等分行保持了较低的备付率水平和较高的资金预报准确度。2012年，全行日均备付领先四大行平均水平25个基点，相当于日均节约资金328亿元，相比超额准备金0.72%的利率，全年多实现利润11.12亿元。

第二，加强了波段性的资金操作，资金营运收益显著提升。2012年，分行同业融资业务累计融出量再创新高，达2.87万亿元，同比增长61%，对应到期应收利息首次突破百亿元，同比增长68%，其中北京、深圳、辽宁、广东、江苏等分行同业融资业务对应到期应收利息均超过6亿元。全行票据交易量突破1.8万亿元，同比增长36%，实现利息收入达168.5亿元，同比增长35%。特别是票据营业部以8%的规模增速支撑了29%的利润增长率，RAROC高达161%。票据营业部连续多年得到了总行的表彰和肯定，作出了较大贡献。

第三，稳步推进中长期资产业务发展，资产布局进一步优化。2012年末，全行境内人民币债券投资余额比年初增加1 464亿元，新增债券投资收益率4.02%，中长期投资规模及收益率持续提升。统筹考虑我行外汇资金形势和市场利率情况，我行还加强了对“走出去”贷款的管理，通过各种方式积极争取支持中资企业“走出去”和我行自身国际化发展资金34.8亿美元，新发放“走出去”贷款约15亿美元。

（四）风险防控精细化管理水平稳步提升，资产负债专业风险管理的深度和广度进一步拓展。2012年，全行不断延伸流动性管理范畴，集团流动性风险管理体系继续完善。市场风险管理工具和手段不断完善，提升了对银行账户利率风险和汇率风险的管理水平。信用风险和操作风险管理效果明显，票据融资和同业融资资产不良率继续保持为零。系统优化和业务创新步伐加快，全年国债代理发行市场占比26.72%，继续保持第一和业务零差错，实现中间业务收入3.03亿元，特别是北京、广东、上海、辽宁、山西、江苏6家分行国债代理发行量合计在全行占比超过60%。总行资产负债管理、电子银行、个人金融、信息科技、运行管理及办公室等部门密切配合，保障了储蓄国债（电子式）网上银行销售的顺利开局，我行网上银行销售量占三家首批试点行销售总量的60.74%。

同志们，我们顺利完成了2012年的各项工作任务，这是总行各部门和各分行密切协作的结果，是全行资产负债管理战线广大干部员工辛勤努力的结果。在此，我向大家表示祝贺，也表示衷心的感谢！

二、适应新形势，迎接新挑战，充分把握2013年资产负债管理工作的主要任务和目标

2013年是全面贯彻落实十八大精神的开局之年，中央经济工作会议明确了“稳中求进”的政策总基调，为我行资产负债管理各项工作的开展指明了方向，提供了良好的政策环境。同时我们也应该看到，国际金融危机和欧债危机的后续影响仍在不断加深，世界经济进入了深度转型调整期，国内利率市场化加快、银行经营的资本约束增强，使我们面临不少的问题和挑战。

（一）利率市场化改革的深化与提速，对我行利率定价管理提出了更高要求。从目前情况看，我行存贷利差正在逐渐收窄。2012年第四季度，全行人民币贷款收益率比第一季度下降了19个基点，而存款付息率仅下降6个基点，导致存贷利差收窄13个基点。2013年1月人民币贷款收益率继续下滑至6.12%，同比下降约37个基点。如果贷款收益率不能回升甚至继续下滑，以全行人民币贷款日均余额8万亿元为基数测算，2013年贷款利息收入将减少约300亿元。从新发放贷款来看，利率水平下降更快，2012年12月全行新发放贷款平均利率比降息前的5月下降约100个基点，比基准利率降幅多下降44个基点。如果以2012年人民币贷款发生额4.8万亿元、贷款投放均衡率53%为基数测算，贷款利率平均下降10个基点，每年将减少利息收入约25.4亿元。如果增量贷款利率继续下降，有可能出现增量不增收的局面。

（二）资本监管标准日趋严格，对我行资本管理提出了更高要求。银监会《商业银行资本管理办法（试行）》已于今年1月1日起正式实施，资本监管政策将更趋严格；全行业务发展对资本的需求仍然较大，资本对业务发展的制约也将突出显现。从资本供给方面来看，新资本办法实施后，资本补充压力将逐步增大。一方面存量次级债和可转债已不再属于合格的资本工具，可计入的部分将分年度摊销，我行每年约递减200亿元，需要用新型资本工具进行补充；另一方面，新型资本工具，特别是我行迫切需要的其他一级资本工具的发行机制尚未建立，资本补充渠道尚未打通。从资本需求方面来看，未来我国经济仍将保持平稳增长态势，信贷和货币投放仍将保持一定增速，资本需求存在较大刚性。同时我行综合化、国际化经营战略已取得长足发展，业务发展显著提速，迫切需要进一步增强资本实力，增强整体竞争力。

（三）存款波动性增大，对我行流动性管理提出了更高要求。2012年以来，存款市场拓展难度加大，影响因素错综复杂。其中，既有经济及财政收入增速相对放缓、货币政策调控力度较大、存款市场竞争激烈、贷款受托支付导致存款留行率下降、高收益非存款类产品对传统存款的替代、大型集团公司客户资金集中管理和市场化运作等外部因素的影响，也有我行存款业务需要进一步适应市场竞争，进一步发挥营销服务联动机制等内部原因。

受上述因素影响，我行存款出现部分时点增速放缓、在月末和季末波动加大的现象。2012年，我行存款比年初最大下降幅度接近7 000亿元，比年初最大增量接近1.5万亿元，波峰波谷差值超过2万亿元，这给资产负债管理带来了巨大的挑战。比如，在2012年10月8日之后的5天时间里，我行存款连续下降了7 545亿元，超过全年日均增量的2倍。2012年全行人民币各项存款（含同业）均衡率仅为25.11%，较2011年下降16个百分点。存款大幅波动不仅增加了付息成本和财务成本，而且影响了资产业务的均衡稳定增长，影响了资产负债的稳健运行和流动性安全。

（四）我行国际化综合化布局快速推进，对资产负债集团化管理提出了更高要求。随着我行国际化综合化发展取得重大进步，我行境外机构各项业务快速发展，利润中心和附属机构资产负债规模和盈利能力不断提升，如何有效传导总行经营政策导向和战略部署，促进利润中心、境外分行和附属机构的长期可持续发展，在集团层面推行集约化和一体化的资产负债管理，是我们面临的又一项重要课题。近几年来，我行建立了并表口径的利率风险、资本充足率和外汇资产负债的监测分析机制，定期测算集团口径的经济资本占用总额。但在推行资产负债集团化管理过程中，仍存在一些内外部制约因素：一是建立集团层面的资产负债管理机制是一项复杂的系统工程，需要各方进一步达成共识、形成合力；二是不同国家银行业监管机构的监管政策、对资金资本流动的管制存在差异，集团层面的资产负债管理面临一定的外部监管制度障碍；三是我行境外及附属机构所面临的外部环境、业务特点和发展水平也有较大差异，存在一定程度上的个性化和自主性管理需求；四是境外及附属机构的IT管理系统尚未完全覆盖全集团层面的资产负债业务，管理信息化平台仍有待进一步完善。

总体来看，未来资产负债管理工作面临的挑战和压力是巨大的，我们正处在国内外经济金融形势的剧变期、国内金融体系变革的深水期、我国银行业发展的转折期，市场形势、监管形势和我行内部发展形势都需要我们进一步加快创新步伐，创造出更大的资产负债管理改革的红利。全行资产负债管理战线的同志们一定要坚定信心，在化解危机过程中实现新跨越，在克服困难过程中取得新突破，顺利完成2013年的各项任务目标。

2013 年资产负债管理工作的主要任务是：认真贯彻中央经济工作会议精神和全行工作会议部署，密切围绕全行经营转型的目标，建立和完善适应利率市场化要求的资产负债管理机制，加强资本约束传导，提升内外部定价水平，构建覆盖集团全口径的资产负债监测、管理和运行体系，为全面提升我行的竞争发展能力和可持续盈利能力作出更大贡献。

今年的工作目标可以概括为七项：一是保持存贷款业务的平稳有序增长，全行人民币各项存款新增 13 000 亿元，增幅为 9.2% 左右；人民币贷款计划初步定为 9 000 亿元，增幅为 11.4%，年中将视央行差别准备金动态调整机制要求和同业运行动态做适当调整。二是境内外汇存款增加 180 亿美元，境内外汇贷款增加 170 亿美元，其中国际贸易融资增加 120 亿美元，国际贸易融资余额保持四行第一。三是确保资本充足率维持在合理水平，资本充足率和核心（一级）资本充足率分别保持在 13.4% 和 10.4% 以上。四是合理把握资金业务节奏，资金管理水平继续保持同业领先。五是协调贷款定价管理和支持实体经济的关系，下浮利率贷款机会成本率控制在 1.45% 以内，新发放贷款利率平均浮动幅度不低于 6.0%。六是保持同业融资业务继续健康发展，力争同业借款日均余额不低于 300 亿元，继续保持国债代理发行市场占比第一地位。七是票据融资业务交易量力争完成 2 万亿元，在保持贴现余额合理增长的前提下，综合盈利贡献增幅力争超过 10%。

三、围绕经营转型，深化改革创新，全面做好 2013 年资产负债管理各项工作

（一）在促进发展方式转变上下功夫，进一步提升全行资产负债业务发展的协调性和可持续性。

一要积极推动全行信贷总量与结构的优化摆布。2013 年央行货币政策继续保持稳健取向，保持货币信贷总量和社会融资规模平稳适度增长，这既是稳增长与调结构的需要，也是控通胀与防风险的重要基础。综合考虑实体经济需求和我行经营管理能力，总行继续按照审慎适度的原则确定了全行贷款增长目标，年内将结合宏观经济形势和国家有关部门要求及同业运行情况，对全年贷款总量和分品种目标及分季度、月度投放进度，进行科学安排和动态监控。总行按照定量挂钩分配与定性调节平衡相结合的方式，综合考虑各分行经济增加值贡献、信贷结构调整、有效贷款需求、贷款收益水平、信贷资产质量及存贷款协调增长等挂钩指标，核定各行人民币贷款增量计划分配方案。要强调的是，由于按央行差别准备金动态调整机制要求，全年贷款总量空间具有动态性特征，因而年初下达各行的年度贷款计划并不代表已“落地扎根”，总行将在年内通过加大贷款计划到位进度的差异性，继续引导各分行提升新增贷款均衡性，优化摆布存量贷款结构和新增贷款投向。从 2013 年初以来的贷款增长形势看，1 月、2 月全行人民币贷款投放进度快于同期水平，各分行普遍出现了新增贷款计划额度偏紧的情况，在宏观经济企稳、企业融资需求回升的态势下，我们预计今年上半年贷款总量与进度的调控压力再次加大。为确保全行各阶段的贷款总量符合宏观政策要求，各分行要按照“统筹总量、用好增量、盘活存量、优选流量”的思路，严格落实总行关于季末、月末及月内贷款投放进度的政策要求，在继续保持信贷总量合理增长的同时，积极调整优化信贷结构，有效降低资本占用，坚持均衡投放策略，有效提高新增贷款的利润贡献水平，推动信贷资产组合的优化配置和信贷业务的可持续发展。希望大家要积极把握我国城镇化进程加快的发展机遇，继续实施已采取的信贷资源倾斜配置措施，加大对重点城市行和重点县支行的信贷资源投入力度，进一步提升我行重点区域的信贷业务竞争力。

二要积极推动向资本集约型发展方式转变。根据全行三年资本规划要求，今年要着手完善以经济资本配置、资本限额管理、资本有偿使用、绩效综合评价、内部资金管理等为主要手段的资本综合管理体系，切实加强对集团各机构和各项经营活动的资本约束。全行要高度重视、密切配合，以系统开发为先导，以资本配置为核心功能，与 MOVA、CM2002 等核心系统紧密结合，下大气力建立起统一完善、时效性高、应用面广、深入业务基层和交易层面的资本综合管理系统。要根据新资本办法要求，结合我行资本管理实际情况，及时修订完善适应我行国际化、综合化长远发展，适用于全集团的资本管理制度办法。要尽快制定发行 600 亿元新型资本工具的发行方案，抢占市场先机，在业内树立标杆。在完成内部审批条件下，积极争取监管机构支持，率先发行二级资本工具，打通新型资本工具补充渠道，抢占市场先机并建立价格标杆，努力降低长期资本成本。要根据资本监管政策变化和利率市场化改革情况，适时调整并滚动编制三年资本规划，优化资本充足率管理目标，完善管理手段，提高资本使用效率。要继续实施适度紧缩的资本配置政策，巩固资本节约的工作成效，进一步挖掘资本节约的潜力。要创新资本管理措施，改进经济资本配置方式，研究试点运用经济资本限额替代信贷规模管理，提高资本回报水平。要逐步强化集团资本限额管理，建立覆盖境内外分行、利润中心和附属机构的经济资本限额管理机制，实现资本对全行各类资产、各项业务和各管理流程的全面覆盖和全方位应用。各境内外分支机构都要认真学会“算资本账、用资本账”，充分发挥经济资本“体检表、指挥棒和试金石”的作用，努力提高资本管理水平。

三要积极推动全行国际化发展水平实现新跨越。在集团层面推行集约化和一体化的资产负债管理体系是我行推进国际化战略布局、强化总行经营政策导向的必然

要求，是有效促进境外分行、利润中心和附属机构长期可持续发展的内在需要，要加强研究、勇于探索，建立和完善覆盖集团全口径的资产负债监测、管理和运行体系。要积极稳妥地推进境外机构资金集中和内部资金转移价格管理，深入开展调查研究，广泛听取各境外机构、总行各相关部门的意见，充分考虑境外机构实际和所在地监管政策。在改革方案讨论和实施过程中，要把握好整体框架设计与个别机构试点相结合、最终目标与分阶段实施相结合的原则。改革既要实现集团在低成本地区融资、在高收益地区运用，并充分发挥资金集中运作的优势；又相对剥离各境外机构面临的流动性风险、利率风险和汇率风险，实现集团风险的对冲和集中管理，推动境外机构差异化、本土化发展。同时要不断完善集团人民币资金管理机制，抓住境外人民币业务发展机遇，为境外机构开展人民币业务提供资金支持，逐步探索境外人民币资金的统一管理。要逐步建立起覆盖集团范围的科学化、弹性化的限额管理体系。不断完善境外资产负债额度管理体系，建立同时涵盖境外机构资产方和负债方的额度总量管理及期限结构管理体系。要搭建集团层面统一的资产负债管理平台，加强对境外机构流动性管理系统的研发和应用，为提高集团流动性管理水平提供强有力的信息技术手段。

（二）在提升内外部定价管理水平上下功夫，进一步增强资产负债管理的灵活性和市场适应性。

一要加强资产负债成本收益的精细化考量。在当前利率市场化提速、全行盈利增长进入平台期的形势下，资产负债管理的重要工作就是要精细评估各项业务的收益与成本，综合运用各项组合管理工具，促进边际收益率高于边际付息率的业务品种的发展，抑制边际收益率低于边际付息率，甚至是亏损的业务品种的发展。资产负债总量规模和业务结构要受到收益与成本因素的制约，表内外资产负债业务要保持合理适度增长和协调良性发展。要加大对资产边际收益率与负债边际付息率的计量、监测和分析，以此作为调整资产负债结构和推动业务品种发展的重要参考。

二要构建更加精细化和富有弹性的利率定价体系。在利率管理机制建设工作中，既要坚持并不断完善全行利率集中管理体制，又要兼顾内外部利率调整机制的灵活性，针对重点客户、重点产品实行差别定价管理。在存款定价方面，要加强对差别定价政策执行情况的监测、分析，适时研究制定储蓄存款差别定价管理方案，完善对公存款、同业存款的差别定价政策；在贷款定价方面，要加快研究最优贷款利率（Prime Rate）定价机制，充分利用资产管理系统的RAROC定价功能，将逐笔的风险定价结果总结提炼成贷款定价基准，逐步建立我行的Prime Rate定价体系，为人民币贷款完全利率市场化及早做好准备。

三要完善利率定价的协调机制和技术支持平台。在利率管理的协调沟通过程中，既要坚持并不断完善行内利率政策协调机制，加强前中后台的沟通，又要加强同业间的合作和竞争，推动完善利率同业协调机制，积极应对可能出现的不理性竞争局面。要完善利率管理的技术支持平台，继续加强利率管理系统建设，推进利率市场化项目相关系统的开发。

四要进一步提高内部定价的市场化、精细化管理水平。要继续发挥好内部价格的政策传导和激励约束作用，有效促进全行NIM水平的稳定和提升。要稳步扩大Shibor在内部定价中的应用，提高内部价格与市场价格的契合度及其对产品定价的指导、约束作用。各分行要按照总行导向，不断提高市场化条件下的主动定价能力，努力成为市场价格的引领者。要加强内部定价的精细化管理，抑制不计成本的短期经营行为。要加快构建内部收益率曲线，为利率市场化的深入推进提前做好准备，完善内部定价形成机制和内部价格传导效应的监测反馈体系，增强市场应变能力。

五要继续完善外汇存贷款利率管理机制改革。要根据全行外汇资金形势和外汇利率管理实际，动态调整外汇存贷款利率管理政策要求，发挥分行自主定价积极性，提高分行利率定价管理水平。从2013年1月末情况看，仍然有9家分行外汇存贷比和外汇贷款综合收益率不满足总行标准，希望各行特别是未满足总行标准要求的分行加强外汇存贷款业务管理和利率定价管理，大力吸收外汇存款，提高贷款综合收益水平。总行资产负债管理部要继续加强外汇存贷款利率监测、培训指导和系统建设，继续督促和引导分行完善外汇利率管理机制，努力实现外汇存贷款规模与效益的均衡发展。

（三）在提升资金营运效益上下功夫，进一步推动全行收入结构向多元化和均衡化发展。

一要继续发挥资金来源运用联动管理、统一运作的优势。银行间资金市场单笔交易金额大、利率变化快、资金同质性高，全行要继续在快速变化的市场中充分发挥管理优势、信息优势、系统优势，确保资金营运的主动、灵活、高效。要进一步做好短期同业定期存款业务管理，根据内外部资金形势动态调整内、外部报价，做好利率、期限、金额及交易对手管理，有效平衡付息成本与资金规模的关系。要加强对利率曲线、市场资金形势的分析及判断，把握有利的时间窗口，合理匹配或适度错配资金来源与运用，提高资金营运收益。

二要继续保持同业融资业务健康发展的良好势头。要加快制度建设步伐，在服务全行流动性管理的基础上，积极寻求做市机会，在赚取融资业务价差的同时，努力实现综合回报的最大化，并注重提高业务办理的均衡性，促进业务的可持续发展。要加强内部流程梳理，不断提升业务办理效率，加强区域内客户拓展及维护，切实按照总行的管理要求及价格导向开展业务。要加强同业融资业务的信用风险、操作风险管理，严格做好尽职调查、准入审查、融后管理，建立不同层级业务审查人员的审查责任制，加强新拓展客户风险审查，对中小金融机构拓展质押类融资业务，降低信用风险。

三要稳步提高债券投资业务贡献度。要根据市场环境和全行存款状况合理安排投资规模，优化调整债券资产的币种、信用等级和期限等结构，加大低资本消耗的优质债券投资力度。要继续巩固国债代理业务，发挥好我行作为首批网上银行储蓄国债（电子式）销售试点成员的优势，积极应对日益激烈的市场竞争，保持市场领先地位。

四要稳健提升票据业务核心竞争力。要坚持交易获利的策略不动摇，以多元化经营和交易获利为主线，以量补价、以量增收，促进票据业务盈利的稳步增长。要加快转变方式，加大对不额外占用资本的本行和政策性银行承兑票据以及不影响规模、不增加资本占用的月内到期票据的配置力度，不断优化票据资产结构。要以满足市场需求和业务发展为突破口，充分发挥票据专营机构的作用，进一步加强票据业务创新。要以加强风险控制为目的，做好新版票据融资业务管理制度的学习和落实，探索建立包括贴现申请人动态监测、贴现资金流向跟踪、增值税发票校验等在内的票据业务非现场监测体系，优化机制建设、狠抓内部管理，防范和化解风险隐患，实现票据融资业务持续稳健发展。

（四）在提升流动性风险防控能力上下功夫，进一步完善本外币流动性管理机制。

一要积极应对人民币资金波动的新特点。2013 年市场资金波动仍较大，利率市场化、存款同业化及大客户资金往来密集化将对全行资金管理提出严峻挑战。我行大客户多、资金支付业务量大、社会关注度高，资金管理工作责任重大。要做好货币政策的贯彻、执行、传导，加强对市场资金形势的预判，进一步完善资金的统一管理，综合平衡全行资金往来。要关注存款增长的均衡性，加强对存款的主动管理、事前管理，对存贷款发展极不平衡或与总行转型发展导向严重不符的分行，要通过适当方式引导其动态调整优化资产负债结构，保持全行资产负债的总量平衡。要将本行主动吸收的存款和自主资金运作纳入资金管理范畴，及时分析、充分掌握客户资金的新动向和新规律，做好客户大额资金往来的预测预报，确保全行流动性安全。

二要确保全行外汇流动性安全。目前全行外汇流动性处于相对平衡状态，但是受人民币升贬值预期变化、我行外汇存贷款规模变化、结售汇业务发展等因素影响，今年外汇资金形势可能趋向紧张。总行资产负债管理部要加强市场利率、汇率走势的分析与研判，加强对分行外汇存贷款变化的监测与分析，继续灵活调整外汇内外部资金价格，确保外汇存款稳定增长和国际贸易融资余额四行排名第一。总行金融市场部、资产负债管理部要继续加强配合，合理安排货币市场运作的期限结构和结售汇资金占用或留存规模。要继续做好外汇资金的短期波段性操作，在短期资金有一定富余时鼓励分行开展外汇非结算存放同业业务，在临时头寸不足时继续灵活运用人民币美元掉期和贵金属美元掉期等手段熨平外汇流动性的大幅波动。

三要稳妥推进第二代支付系统建设。2013 年 10 月人民银行第二代支付系统将投产，我行将根据人民银行相关要求在部分地区先行试点，然后逐步过渡到“一点接入、一点清算”的资金管理模式。这将是我行自 2010 年全额资金集中管理改革之后资金体制的又一次重大改革。总行资产负债管理部要与信息科技部、运行管理部密切配合，加快我行流动性管理系统建设，充分评估资金管理模式转变的影响，积极稳妥地推进这项改革及试点工作。第二代支付系统投产后，分行流动性管理手段将进一步丰富和完善，流动性管理责任和要求也将更高。各分行要按照总行安排做好试点工作，研究制定适合本地区特点的资金管理办法，明确资金逐级管理职能，强化资金管理责任，确保改革顺利推进和全行流动性安全。

四要不断拓展流动性管理范围。要加强对境外机构发行融资工具的管理，引导境外机构合理安排筹资工具的发行规模、发行节奏与利率水平，有效拓宽资金渠道。要密切关注、积极研究巴塞尔委员会颁布的《第三版巴塞尔协议：流动性覆盖率及流动性风险监测工具》的有关规定，做好新监管指标的监测分析工作。要进一步完善表内外统一管理的流动性风险管理体系，关注表外业务对流动性的影响，完善系统、制度建设，构建表内外一体化的流动性管理机制。

（五）在加强员工队伍建设上下功夫，努力打造一支结构合理、作风优良的资产负债管理专业团队。

一要加强专业队伍结构的调整和优化。要认真应对员工队伍的周期性调整，在引导员工合理流动的同时，前瞻性地谋划人员结构配置，促进本部门人员的年龄结构、专业结构的优化以及业务类人员与管理类人员的合理搭配，实现人员调整的平稳过渡和有序衔接。要更好地发挥我行院校培训主阵地作用，充分运用远程网络培训、国际化人才项目、外派境外机构交流、网络大学等渠道和资源，加强员工教育培训，积极支持资产负债管理专业人员参加专业资格考试和认证，使全行资产负债管理专业人员都享有学习和成才的机会。

二要加强专业队伍的作风建设。要严格落实《关于切实改进总行工作作风　密切联系群众的规定》（工银党〔2012〕105 号）的要求，弘扬真抓实干、厉行节约的优良作风，把作风建设有机融入到业务发展和管理工作中。要抓好反腐倡廉制度建设，严格落实党风廉政建设责任制。要以规模、资本、资金、利率、融资和票据为重点，科学构建逐级授权体系，通过集体决议、逐级审批、量化评价和监督检查等方式，对经营管理过程中的关键环节和重点领域进行严格把关。要继续加强思想教育，强化干部的价值观和权力观教育，深化员工的职业道德教育，在各级资产负债管理员工队伍中树立正确的价值取向和清廉的部门风气。

同志们，2012 年我们圆满地完成了资产负债管理的各项工作，在新的一年里，希望大家以更加宽广的视野、更加积极的精神，继续改革创新、克服困难，也希望全行上下和总行各个部门齐心协力，圆满完成 2013 年资产负债管理工作的任务目标，为工商银行改革发展作出新的贡献！

在中国工商银行租赁业务座谈会上的讲话

李晓鹏

（2012 年 12 月 19 日 · 根据录音整理）

今天，我们在这里举行“中国工商银行租赁业务座谈会”，回顾总结我行租赁业务走过的发展道路和所取得的成就，研究探讨新形势下工银集团综合化经营与创新发展的新路径新举措。下面，我讲三个方面的意见。

一、五年来我行租赁业务创新发展为集团综合化经营积累了丰富经验

2007 年 11 月，经中国银监会批准，我行成立了我国首家银行系金融租赁公司，租赁公司的成立是我行探索综合化与国际化经营战略的一个重要举措，也代表了我国一个全新金融子行业发展的起点。

在各方的大力支持和全行的共同努力下，我行租赁公司经过五年来的创新发展，从无到有，从小到大，各方面都取得了显著的经营成果。主要表现在以下三个方面：一是发展速度快。租赁公司从零起步，目前经营管理的境内外资产规模超过 1 200 亿元，年复合增长率达到 75%，资产规模和发展速度在金融租赁行业内均处于领先地位。二是财务回报高。我行租赁业务收益远远高于贷款利率水平，租金收益率达到长期贷款利率上浮 10% 以上，回报是可观的。租赁公司开展业务第一年即实现盈利 2 亿元。五年来累计实现净利润将近 30 亿元，创造了良好股东回报。再有，天津开发区已经连续几年对工银租赁实施所得税和营业税部分减免，并且随着我们每一次增资，这个减免期都有相应的增加，到现在还是享受这样一个政策。同时，租赁公司还以支付手续费和项目推荐费等形式向境内外分行、子行贡献了大量中间业务收入，仅模拟各行的中间业务收入就达 20 多亿元。三是内控管理好。在总行党委重视下，特别是近几年在总行派驻子公司董监事会办公室直接指导下，几届董事、监事在各子公司经营管理中都发挥了很好作用。租赁公司自成立以来内部治理建设和总行稳健经营文化保持一致，围绕金融租赁优势特点，无论是从业务领域的开拓到产品服务的创新，还是从运行机制的设计到经营管理体系的建立健全，都进行了非常有益的探索。

总结回顾我行租赁业务五年来的发展历程，主要有以下三点体会：一是发展战略比较清晰。按照总行党委要求，五年来租赁公司坚持“专业化、市场化、国际化”的发展方向，致力于把金融租赁公司建设成为国内第一、亚洲知名的金融租赁公司。五年过去了，这个战略得到了很好的执行。从专业化角度上讲，我们经营飞机和船舶都是国际上成熟的标准化产业，需要有专业化产品设计、专业化人才队伍、专业化的风险控制，这和我们一般意义上所从事信贷业务有很大的区别。不坚持专业化租赁公司很难在业界树立起良好的口碑。所谓市场化，租赁公司成立以后，总行除了投入资本金以外，成立之初没有行司间的保理和拆借，主要融资完全是一种市场化资金运作，目前已获得金融机构授信 2 500 多亿元。更重要的是租赁公司面向国际市场进行融资，也是我国首次在香港发行金融债券的融资公司，首次得到美国进出口银行担保境外融资的租赁公司。这个市场化还包括租赁公司人才市场化。所谓国际化，工银租赁这两年除了关注国内市场，随着中国企业走出去也加大了境外发展的步伐。以爱尔兰注册工银国际租赁公司为起点，租赁公司在海外总资产超过 20 亿美元。爱尔兰政府把工银国际租赁作为中国在爱尔兰投资的最大企业。实践证明，“专业化、市场化、国际化”的发展战略符合我国经济金融发展方向和工商银行综合化经营的实际，反映了金融租赁业务的本质和特点，是我行租赁业务取得突出成就的关键。二是市场定位比较准确。租赁公司一成立，就坚持突出飞机、船舶和大型设备租赁业务经营特色。针对国内、国外两个市场，营销了一批国际知名跨国公司、国有大中型重点企业、优秀上市公司等大型客户，并在海内外实施了一批有重要影

响力的大型租赁项目。目前，我们的机船业务已经初步树立了较好的国际品牌影响，能源电力、轨道交通、工程机械等重点产品线在国内金融租赁公司中遥遥领先。正是由于我们坚持了自身的经营特色和准确的市场定位，注意与我行大客户联动，在经济金融出现波动的时候，承担的风险相对较低，租赁公司五年创业期内既保持了快速发展，也确保了良好的资产质量。三是创新驱动比较到位。五年来，租赁公司创新发展了保税租赁、转口租赁、出口租赁、跨境人民币租赁、税务租赁、厂商租赁、中小企业租赁，以及“租赁＋保理”、“租赁＋信托理财”等系列创新组合产品，开展了一系列标志性的租赁创新业务。总体来讲，产品体系在国内金融租赁公司里是最全的，基本上可以覆盖客户短中长期融资需要。正是这些基于深入开发租赁业务本质与特色的业务创新，造就了工银租赁全方位领先同业的优势，形成了企业的核心竞争力。

经过五年来的探索与实践，租赁公司积累了商业银行综合化经营的一些经验，发挥了对工银集团综合化经营的重要平台作用。具体来讲体现在三个方面：第一点，丰富了工商银行融资产品。以前，我们营销推介信贷业务，主要是贷款、保函、信用证等融资产品。租赁公司的设立，迅速开发发展了系列租赁产品，丰富了我行产品组合，完善了全行的产品体系，提高了全行金融服务能力。今天，租赁业务已成为我行产品和服务体系中一个较为成熟的产品线，并以其自身的特点，对相关金融业务发挥着越来越大的优化与带动作用。第二点，探索建立了行司协同机制。无论是租赁公司，还是其他几家子公司，从开业到现在，核心的问题是如何发挥母行或工银集团的作用，实现行司联动。租赁公司依托集团整体优势，利用自身专业优势，与总行相关部门一起成功探索建立了与各分行间对租赁业务协调支持的利益共享机制，推出了分行经营绩效考评分值、应收租赁款转让、中间业务收入模拟返还等三大措施，为建立母子公司间有效的协同机制做出了有益的探索。正是这些行司协同机制的建立，我行租赁业务得到了快速发展，为分行信贷结构的调整提供了更加灵活的经营手段，进一步维护了传统客户，开拓了大量新客户，产生了很好的联动效果。第三点，形成了有效的协同风险控制。工银租赁作为一家独立子公司，法律意义上是独立核算、自负盈亏、自担风险。但是从风险控制来讲，对全集团又非常重要，不能让它发生风险。租赁公司项目投向符合工商银行信贷投向偏好，执行全行统一行业信贷政策。同时，这几年，子公司不断发展壮大，集团根据整体发展需要和监管要求，加强了对各子公司的并表管理，推行全球统一授信管理，加强了内部交易与关联交易的管理，加强对各子公司各个层面的内部控制，初步建立起了有效的内部风险隔离机制，保证了集团各业务板块以及各子公司的健康快速发展。

总的来看，经过五年发展，租赁公司与其他子公司一起为集团实现了金融产品的创新升级，更好地满足了广大客户对一体化金融服务的需求，有效巩固和拓展了客户基础，为提升全行竞争发展能力作出了重要贡献，为全行积极稳妥地推进创新发展积累了宝贵经验。借此机会，我代表总行党委对各分行、总行各部门五年来对于租赁公司业务发展所倾注的各方面支持，表示充分的肯定。没有总行部门的产品创新、资金支持、政策指导、内部风险控制和管理，租赁公司不会走到今天；没有各个分行积极参与和推动，租赁这个产品在我们广大客户中不会树立起像今天这样非常响亮的品牌。五年来租赁公司的工作与发展成绩应给予肯定，这支队伍是经得起考验的队伍，是一支能够创新、能够打硬仗的队伍，为工商银行综合化经营确实增添了光彩。

二、充分挖潜金融租赁业务的优势，进一步提升全行租赁业务板块的市场影响力

金融租赁是集金融、贸易与技术服务于一体的金融产业活动。全球租赁业务发展起源于20世纪五六十年代，到现在有60年的时间，发展已经非常成熟。目前全球租赁业务已成为全球五大融资产品中非常重要的品种。在发达国家租赁渗透率达到15%～30%，在中国不超过5%，发展潜力巨大。从全球范围内的实践发展来看，金融租赁以租赁物为载体，相比较其他融资方式而言，可以深入到产业研发、制造、销售的全过程，为企业提供最为直接的融资服务。因此，金融租赁对促进金融市场与实体经济的协调发展具有重要的价值，具有传统的金融工具所不具备的独特优势。同时，经过这几年的探索，我们加深了对租赁产品的认识，它还具有几个突出功能：

第一，发展金融租赁业，可以促进企业技术进步，促进产业结构优化升级。利用租赁方式可以促进新产品、新技术在国内外的推广和应用。特别在一些新产品、新技术推广应用的初期，由于投资的问题、成本的问题会遇到一些阻力，而通过租赁的办法在减轻企业当期财务成本的同时，促进新产品、新技术推广和应用。国外不少政府对于租赁和租赁的对象都采取加速折旧这种财务税务管理，以促进新产品、新技术的推广和应用。当前，中国经济正在加速转型，党的十八大提出要着力构建现代产业发展新体系，优化产业结构，加快传统产业转型升级，积极支持先进制造业、战略性新兴产业、现代服务业、文化产业的发展。运用金融租赁的手段，引进国外的先进技术，研究和运用国内新的技术成果，促进传统工业的升级改造，是非常重要的。我行今后租赁业务的开展要重点围绕支持传统产业设备、技术的更新换代，保持航空、航运、能源电力、轨道交通等优势领域的市场份额，并积极向新兴战略性产业、高端装备制造业及创新科技企业倾斜，分享这些行业高成长

带来的高回报。

第二，发展金融租赁业，可以改善企业的资产负债状况。租赁业务原本初始的优势和功能就在于用别人的资源办自己的事业，不花或少花钱办大事。现在这个功能仍然是租赁各种功能优势的一个重要方面。对企业而言，利用租赁，不必一次性花费大量资金购置资产，降低了资产负债率，租赁比购买更能优化资产负债表，有利于企业实现资产轻量化发展。承租企业可利用经营性租赁方式实现融资，既实现了投资的目的，又改善了财务状况，还可以通过租赁直接或分享出租人在特定领域投资获得的税收减免。特别是全球金融危机以后，大家也注意到，中国的不少行业和企业出现了资产负债表不够合理的困境，核心的问题是资产负债率比较高，融资能力有限，生产经营出现问题。我们可以在这个时候挑选一些与我行合作联系紧密客户、发展前景又可以把握的项目，利用租赁业务给予支持，进行融资租赁的业务合作，既帮助企业渡过难关，也为我行租赁公司发展找到一个收益可观的、风险相对可控的业务市场，并发挥它对集团相关业务的综合带动作用。

第三，发展金融租赁业，可以促进出口的增长，改善国际贸易收支平衡。当前，金融危机从外需方面影响了中国的出口，融资租赁的国际化可以起到调节作用。把国内的产品通过租赁的办法销售到国外，这是支持出口的重要举措，如国内汽车，包括最近工程机械、建筑设备，甚至我们一些核电设备，高铁都要出口。我们开发非洲、中东金融业务市场时，境外分行给客户提供融资方案就是EPC+租赁。还有，这几年中国贸易出现顺差，有不少贸易摩擦，如果通过租赁办法来解决，由出口产品改为出口“租赁服务”，可以平衡进出口贸易，减轻这些摩擦。在进口方面，融资租赁可以通过从国外采购而直接拉动进口，同时降低企业的初始投资要求，促进产业结构调整和技术升级。此外，由于融资租赁不涉及海外企业的股权，不容易引起政治敏感，风险比较小，因此外汇储备投资可以改变思路，可以向租赁公司出借外储资金，通过融资租赁投资海外基础设施和设备，有助于我国“走出去”战略实施，促进贸易的平衡发展。今后，租赁公司要进一步丰富租赁产品与服务，加大外汇租赁业务的研发，与境内外分行合作推动人民币跨境租赁、出口租赁业务的发展，努力在支持我国商品出口和国内企业投资海外基础设施和设备等方面有所作为。

第四，发展金融租赁业，可以促进产融结合，拉动有效的投资需求。租赁的天然属性是融资和融物相结合。租赁公司直接购买租赁资产，将提高制造商的销售规模，扩大承租人的资产投资，增加社会投资。当前，投资仍将是拉动我国经济增长的重要动力。我行租赁业务下一步的发展，要进一步选择一些适合发展金融租赁业务的行业领域，如飞机、电信、新能源等，在自身持续发展的同时，也为实体经济和产业发展注入新的活力。

此外，从长远来看，租赁业务对集团的发展可以发挥三个重要前瞻性的平台功能。一是产业金融平台。我行通过租赁业务可以深层次地接入到产业资产的建造、收购、交易等各个层面及环节，创造新型的业务机会，促进商业银行与产业链的深度结合，提高我行专业化经营水平。二是资产投资平台。通过租赁业务可以实现集团资产经营的多元化，避免产业周期性波动风险，通过享受资产投资税收抵免，锁定收益，降低资产风险。三是实物资产管理平台。国际上许多大型银行的抵押品或融资资产通过专业化的租赁公司进行管理。租赁公司要发挥金融租赁的物权控制优势，研究探索管理大量抵押品等实物资产的有效方法，积极探索实物资产交易与处置，降低集团业务的系统性风险。

需要强调的是，我行租赁业务要始终坚持“有所为、有所不为”，确保持续健康发展。融资租赁是与产业密切结合并高度相关的，要办好融资租赁必须对产业有深刻的了解和把握。我们银行系租赁公司对金融领域比较熟悉，但对产业领域，还不能做到非常清楚。从历史上银行涉足新业务领域的经验教训看，我国当前融资租赁业仍处于探索阶段，易犯的错误就是“遍地开花”、“无所不为”。因此，要始终坚持专业化的发展路子，不要搞散了、搞宽了，对重点行业，要先掌握，逐步涉足，进而做精、做强。要合理把握与母行的协同，银行办租赁，不能只是着眼于租赁公司的财务贡献，更要关注租赁对集团其他业务的带动作用，还要建立好母子公司间的“防火墙”，避免风险的相互蔓延，实现长期稳健经营。租赁公司要继续坚持“专业化、国际化、市场化”的发展方向不变，深入挖掘租赁业务的价值和功能，打造更加完备、先进的产品和服务体系，进一步提升我行租赁业务在国内外市场的影响力。

三、切实发挥集团的整体功能，把工商银行的租赁业务办好，推进集团综合化经营迈上一个新的台阶

经过五年的发展，我行租赁业务不论是在经营业绩还是市场影响力方面，都取得了明显的行业领先优势。未来十年，我国仍处于大有可为的重要战略机遇期，发展的有利条件、内在优势和长期向好趋势仍在延续，工业化、信息化、城镇化、农业现代化同步深入发展，经济结构战略性调整加快，投融资需求巨大。全行上下要紧紧抓住这个大好的发展机遇，进一步深化认识，站在全局的高度推进租赁业务的更好更快发展。金融租赁在国内是一项新兴的业务，发展潜力非常大。全行上下要充分认识发展租赁业务是集团综合化经营的重要举措，是提高我行综合服务水平和竞争力的需要，是应对经济金融形势变化，满足企业多元化金融服务需求的必要手

段。发展租赁业务不只是租赁公司的事，不只是某个部门的事，也是事关境内外各分行切身利益的事。总行各部室要根据各自职责，深入研究，加强指导，进一步支持租赁公司和分行开展业务。各分行要把租赁业务纳入自身产品体系，加强组织领导，开展一体化营销，利用租赁业务优势带动相关业务的发展。租赁公司要更加明确公司定位，认清肩负的使命，加强与总行各相关业务部门和分行的联系，利用产品创新整合行内业务资源，充分发挥战略平台和联动协调作用，进一步增强服务客户的综合能力和业务辐射力，促进集团整体业务的发展。

成立租赁公司、基金管理公司、保险公司、投资银行等各子公司，稳步推进综合化经营，对工行来说，既是业务的创新，也是体制上的探索。如何通过租赁业务等商业银行以外的各类牌照业务，进一步加强业务联动、产品联动、市场联动、机构联动，带动传统商业银行业务的发展，对于我行今后的发展意义重大。为此，要加强研究和不断完善行司联动机制，充分发挥集团整体优势，创造出更大的协同效应。重点要在五个方面进行探索与完善：

一要完善联动营销机制。在对公客户的联动方面，各分行公司业务部门指定专人负责租赁业务的营销与管理，业务量大的分行成立专门的营销团队，研究挖掘当地客户租赁业务需求，与租赁公司进行业务对接，共同提供包括租赁业务在内的公司金融一体化服务。在高端私人客户方面，要建立起租赁公司与个人金融业务部、私人银行业务部、银行卡业务部及分行间的联动营销，积极发展私人飞机、私人游艇及专属设备等租赁业务，以租赁业务的发展带动高端私人客户投资理财等高附加值金融业务的发展。

二要完善信息技术共享机制。我行经过近三十年的发展，积累了大量的客户资源，也建立了集团资源信息库。今后，要进一步实现子公司与各分行间的客户信息共享，打通境内外、子分行之间的客户联系。同时，要运用我行先进的信息科技优势加强子公司经营管理。下一步，整体联动的关注是信息要共享，总行信息园科技部正在牵头组织，对几家子公司的科技平台进行整合，子公司信息科技资源要和总部的信息科技系统资源全面对接，总行也要在法规法律允许情况下向子公司开放信息渠道、客户情况、各种产品要求等，只有这样双方才能受益。

三要完善利益分享机制。积极探索综合化子公司与分行间更加合理、有效的收益分成机制，进一步健全已建立起的分行行长绩效考核、模拟收入返还、应收租赁款保理三大措施。各分行要切实建立联动考核结果向二级分行和前台业务部门的传导机制，提高基层网点及营销人员推介子公司业务的积极性。

四要完善风险共管机制。风险管理能力是影响商业银行综合经营能走多快、走多远的决定因素。因此，在推进综合化经营中，我们要时刻保持清醒的风险意识，始终坚持稳健适度的原则，不断完善风险管理体系，持续强化内部风险隔离机制和集团并表管理，防止不同业务单元间风险的扩散和传染，实现长期稳健经营。我们这几家子公司特别是租赁公司的客户，都是工商银行的共同客户，因此，从集团角度上讲，要有一个风险总量。在总行统一授信下，公司一定要按照工商银行风险文化和风险偏好开展业务，不这样做风险很难把握。总行风险控制、内部审计等管理部门，要按照这样的政策理念和固定流程进行检查和审计。

五要完善行司人才流动机制。各子公司正在逐步走向市场，甚至业务全球化，仅靠公司现有人才是远远不够的。全行在加强人力资源调配过程中，要向这几家公司做更多的倾斜，把更多优秀人才放到子公司去。从集团管理角度来讲，子公司的员工也是工商银行的一员，要爱护从事综合化经营的人才，将子公司人员的聘用、晋升、交流、培训纳入集团统一的人力资源管理体系。要在综合化子公司规模快速扩张、市场影响力不断提升情况下，保持员工队伍的健康、纯洁和高水平。

今后 3 ~5 年是中国金融租赁业实现更好更快发展的重要时期。对我们这样一个国内最大的租赁公司而言，无疑是很好的发展机遇。希望全行牢牢把握发展是第一要务的科学发展观的要求，再用五年时间，力争把我行租赁公司办成亚洲第一、全球知名的金融租赁公司，为集团打造在国内具有绝对竞争力、在全球具有国际水准的租赁业务板块，飞机、航运、设备租赁等重要的产品线，跨入世界前十名。我们已经有这样一个平台和有前五年的工作基础，相信经过未来五年的努力发展，我们一定能实现既定的目标。

在中国工商银行个人金融 信用卡与私人银行业务工作会议上的讲话

李晓鹏

（2013 年 1 月 18 日）

刚才，红力同志从战略层面就全行的私人银行和贵金属业务进行了部署，对重点工作提出了要求，请大家认真领会、贯彻执行。应该说，这几年全行的私人银行和贵金属业务取得了跨越式发展，形成了良好的品牌，已经成为零售业务营销的“敲门砖”。我也想借这个机会，对这两条战线的同志们对个金与信用卡业务的支持表示感谢！下面，我主要就今年全行零售业务的发展再统一下思想认识，明确几项重点工作。主要讲三点意见。

一、把握机遇，知难而进，进一步增强发展责任感

2012 年对于全行个人金融与信用卡业务来讲，是近几年形势最为严峻、发展最为艰难的一年，但在全行共同努力下，我们再一次取得了优异的成绩。个人金融业务在客户金融资产总量、储蓄存款余额、个人贷款余额和中间业务收入等四项主要指标继续保持同业第一的同时，实现了个人金融资产增量突破万亿元的新成绩，增强了发展的实力。信用卡业务在继续保持发卡量、消费额、融资额、收入四项核心指标同业第一的同时，实现了发卡质量、中间业务收入和风险管理的新突破。全行个人金融与信用卡专业去年营业贡献 1 653.66 亿元，实现中间业务收入 514 亿元，占全行的 36.34% 和 46.9%，分别提高了 0.35 个和 2.68 个百分点，为全行可持续发展作出了重要贡献。在此，我代表总行党委对大家的辛勤工作表示衷心的感谢！

回顾去年的工作，大家明显感受到了巨大的挑战和压力。一是来自储蓄存款竞争压力加大的挑战。储蓄存款余额虽保持第一，但增量落后农行，领先优势减弱。从分行看，有 25 家分行增量和 21 家分行余额已落后同业。二是来自资产质量的挑战。受外部经济形势影响，个人贷款和信用卡不良额分别增加了 19.2 亿元和 7.4 亿元；不良率为 0.53% 和 1.11%，较年初分别上升了 0.05 个和 0.02 个百分点。尽管这个质量状况在可比同业中处于较好水平，风险也在可控范围，但受此影响，个人贷款增速明显减缓，增量居同业第三，信用卡融资增量退居同业第二。三是规范服务收费的挑战。按照监管部门的要求，我们对服务收费进行了自查整改，确保依法合规经营，但在这个大环境下个人中间业务收入的增长明显减缓，受影响最大的是个贷中间业务收入，同比降幅较大。四是发展转型的挑战。在新市场拓展方面，除商品交易市场之外的几类市场进入效果尚不明显；外勤队伍建设滞后于总行要求，“走出去”营销还不够主动，导致客户增速不快。在支付业务上，第三方支付呈几何级数增长，线上线下融合发展的趋势日趋明显，对我行的收单市场和关联业务构成现实挑战。

2013 年，我们面临的经济金融形势依然严峻，上述挑战仍将会延续，但新情况、新变化也使我们面临着许多发展良机：一是在宏观层面，十八大确立了“两个 100 年”的奋斗目标，改革深化的红利，结构调整的机遇，特别是全面建成小康社会、人均收入倍增等一系列惠及民生的举措将加速零售业务发展。二是在市场层面，城镇化建设的加速将会创造更多的市场机会，各类市场更加活跃与成熟，客户金融需求更加旺盛和多样化，有利于拓展我们的服务和发展空间。三是在监管层面，新资本管理办法的实施，将使银行更为关注个金和信用卡等低资本占用业务的发展，全行零售业务的发展速度和营业贡献将会逐步提升。四是在基础层面，这几年全行个金和信用卡实施了一系列“改善服务、提升品质”的新举措，抓业务合规经营，抓系统制度建设，抓基础业务发展，抓全面风险控制，抓服务渠道完善，精准营销、精细管理、精品服务迈上了一个新台阶，为下一步个金和信用卡业务持续发展奠定了基础。

未来一个较长时期，我们依然面临着零售业务发展的黄金机遇期。只要全行因势利导，坚定信心，知难而进，我们就能再一次把握机遇，实现个金与信用卡业务大发展、优势大提升。

二、把握规律，统筹兼顾，推动个人金融与信用卡业务健康发展

回顾这几年的工作，我觉得有一些重要的规律需要认真总结和把握，工作也应该注意统筹兼顾，整体

推进。

（一）正确处理金融资产与储蓄存款之间的关系。随着客户资产配置日渐多元化，储蓄存款在整个个人金融资产中的占比呈逐渐下降趋势。据统计，去年末，全行主要个人金融资产总量（含储蓄、基金、保险、理财、第三方存管、私人银行，下同）达到8.2万亿元，比年初增加10 774亿元，市场占比均为第一，比农行多1.2万亿元，比建行多2万亿元。但是储蓄存款在个人金融资产的占比已由2009年的74.98%下降至去年末的73.55%，如果按增量统计，这一比例降至62.28%。从地域看，长三角、珠三角地区分行的这一比例为69.68%，显著低于全行平均水平；从客户看，六星级客户是60.2%，七星级客户是38.2%，越是高端客户这一比例越低。这种趋势将随着利率市场化进程加快变得越来越明显。因此，做好个金工作不仅要求我们重视存款业务的发展，而且还要关注个人金融资产的增加，两手都要硬。储蓄存款是个金业务的核心，这个优势不能丢。从去年情况看，我们储蓄存款增量与主要竞争对手只差288亿元，还是有机会实现余额、增量“双第一”的，全行也有不少分行实现了储蓄存款增量同业第一，包括北京、山西、黑龙江、上海、广东、海南、贵州、新疆、大连、河南10家分行。全行储蓄存款日均增量3 416亿元，同比多增779亿元，增幅29.53%，增量和增幅均为近三年来的最好水平。储蓄存款日均增量占到了全行存款日均增量（含同业存款）的96%，有力地支撑了全行资产业务的发展。储蓄存款营业贡献为928亿元，占个金营业贡献的61%，是个金业务最重要的贡献来源。所以，我们要继续将储蓄业务当做全行的核心业务来抓。同时，要通过做大金融资产来抓好新形势下的储蓄工作。从实践看，个人金融资产规模同业领先的分行，也普遍在储蓄存款竞争中处于优势。据不完全统计，35家分行中主要金融资产同业第一的有18家，这其中储蓄存量第一的14家，包括北京、大连、广东、贵州、海南、黑龙江、山西、上海、新疆、安徽、吉林、辽宁、内蒙古和陕西分行。但也有不少分行，储蓄业务没做好，金融资产同业也不是第一，甚至排到第三。如果说储蓄分流这一趋势无法逆转的话，我们就必须想办法实现客户资金在我行体内循环，确保实现个人金融资产总量和增量的市场第一。丧失储蓄存款第一而又未实现个人金融资产第一，不仅意味着存款在流失，更重要的是客户在流失，这些分行应该认真进行反思！所以，我们必须要处理好金融资产和储蓄存款的关系，核心是在稳定和挖掘存款潜力的基础上，利用银行类理财产品、基金、保险、信托、贵金属、外汇等业务满足我行存量客户的各类投资理财需求，发挥产品优势竞争他行优质客户，摸索储蓄存款与其他理财产品间的比例关系，力争实现储蓄存款和金融资产“双第一”。

（二）正确处理高端服务与大众金融之间的关系。近年来，我行已经较好地搭建了客户分级、服务分层、网点分类、功能分区的客户服务体系。在大众金融上，我们的16 718家物理网点、10.55万台自助设备及便捷的电子银行服务着2.47亿元、占全部客户数82.06%的三星级及以下客户。这不仅充分彰显了工商银行“身边的银行”品牌形象，履行了大行的社会责任，还有力支撑了普通客户的培育，促进客户升级增星和结构优化。去年全行净增的464万户四星级及以上客户中，约70%是源自存量客户升级。在高端服务上，我们为高端客户定制专属产品，提供专属介质，设立了268家财富中心和5 028家贵宾理财中心为其提供专属服务，对五星级以上客户建立认领关系。目前全行理财金账户客户和财富客户总量超过2 400万户，金融资产总量达到67 082亿元，以占比不到9%的客户数贡献了近80%的资产；白金卡发卡量达到91万张，卡量占比1.2%，而消费额达3 962亿元，占全行信用卡消费额的30.4%，卡均消费51万元，是其他信用卡的30倍。这些数据充分证明了我行抓高端客户的思路是正确的。全行要继续按照高端服务与大众金融两手兼顾的要求做好客户服务工作，两手都要硬，不能顾此失彼。要继续做好面向中高端客户的服务，包括渠道建设、营销队伍管理、产品开发及活动组织，把服务和产品做精、做专、做细。同时要抓好惠及更多普通客户的服务和产品，大力发展自助业务，大力普及电子银行，大力培植小额消费信贷和分期付款，大力发展交通卡、市民卡、社保卡、中油卡、航空商旅卡等受大众欢迎的银行卡，做好广大公众的普惠服务和高端客户的定制类服务，让客户更加满意。

（三）正确处理创新拓展与调整优化之间的关系。我行零售业务近十年来发展很快，业务规模处于市场领先地位，成为国内影响力最大的零售银行。同时，全行在调整结构方面也取得了积极的进展，个金和信用卡各项网均人均指标、资产质量、客户结构、收入结构等均处于同业良好水平。未来一个较长时期，拓展和调整的任务依然繁重。从新一轮的发展机遇看，创新拓展的机会无处不在。比如我国的城镇化未来将会有一个较快提升，即使按目前城市化率51%计算，我国城镇人口规模已在7亿左右，但我行现有客户规模3亿，还有较大的提升空间。再比如国家逐年加大民生领域的投入，不断完善全民的住房、医疗、就业、养老等保障机制，不论是覆盖面还是保障金额都不断提升，也给银行业的创新带来很多机会。同时，随着经济的转型发展，银行业调整优化的潜力也无处不在，如产品和服务的渗透问题。在我们已有个人客户中，个贷客户只有779万户，信用卡客户5 000多万户，分期付款客户205万户，分别占全部个人客户的2.59%、16.61%和0.68%。因此，全行要抓住这些机遇，充分利用这些有利条件，既要通过新市场、新客户拓展，扩大我们的业务基础，又要利用我行产品、系统和服务优势，不断优化客户和业务结构，提升中高端优质客户总量，实现在发展中调整，在调整中拓展。

（四）正确处理风险防控与业务发展之间的关系。去年，由于客观原因，全社会信贷需求有所下降。但同样的市场环境，可比银行的个人贷款和银行卡融资增量均超过我行，这里面就有很多问题值得思考，其中重要的一条还是如何处理好风险防范与业务发展的关系。在经济下行时，业务做得小心翼翼，投入多一些精力去预警、检查、催收和处置，这都是无可置疑的。但是，必须要坚持发展和管理并重，速度和质量并重。这一点，我们是有欠缺的。从个人类贷款质量看，2007 年到 2012 年，个人贷款余额增加了 12 651 亿元，不良额只增加了 22 亿元，不良率由 1.13% 降至 0.53%，新增贷款不良率为 0.17%；信用卡融资增长了 2 341 亿元，不良额增长 24 亿元，不良率由 3.45% 降至 1.11%，新增融资不良率为 1.02%。应该说现在是股改以来较好的一个时期，经济下行时不良贷款的阶段性波动应该重视，但这不能成为影响发展的理由。

（五）正确处理零售业务与其他业务互动发展的关系。个金和信用卡业务是全行的基础业务。长期以来，各专业、各机构都给予了两个专业大力支持，提供了很多很好的产品，共享了很多集群或优质客户，创造了较高的中间业务收入，全行大联动、大营销的长效机制也得以进一步完善，为个金和信用卡业务发展拓宽了平台。同时，个金和信用卡作为全行客户部门，以雄厚的个人客户资源促进了私人银行、电子银行、贵金属等业务的发展，维护了公司、机构、政府、军队等客户的银企关系，支持了工银瑞信、工银国际、工银安盛等综合化子公司的发展。这种各业务板块之间良性互动发展的局面不仅要长期坚持，而且要制度化。一是要实现联动营销制度化。要将个金和信用卡业务统一纳入公司、机构和结现工作之中，合作协议要有体现，日常营销中要有安排。个金、信用卡、私人银行、电子银行、贵金属等专业之间也要有产品渗透目标，互为客户，融合发展。二是要实现分配考核制度化。要继续落实“谁营销，谁得益”的基本原则，科学客观地反映销售部门和人员的业绩，建立长期性利益分配机制。今年要继续做好工银瑞信、工银安盛的产品销售，代销两家公司产品纳入存款任务和市场占比考核的做法要制度化坚持下去。三要实现信息共享制度化。各板块产品和服务信息要共享共用，客户资金和资产服务要在行内循环，不能有专业隔离。

三、扭住重点，扑下身子，实现 2013 年经营发展目标

2013 年个金和信用卡的具体发展目标我就不重复了，我再从全局的角度，对几项重点工作作一安排，希望大家围绕重点，扑下身子一项一项抓好落实。

（一）关于拓展目标客户和市场问题。扩大客户基础是零售业务永恒的话题，而目标市场是我们的重中之重。今年全行要继续按照六类新市场、五类新客户目标要求，加大营销力度，实现客户增长速度与全行业务发展保持一致。这里，我着重讲一讲代发工资业务。截至 2012 年末，全行代发工资客户 1.17 亿户，代发单位 50.76 万家，渗透率 11.59%。从代发业务质量看，均好于一般客户。代发工资客户户均资产 3.33 万元，较全行平均水平高 0.43 万元，幅度为 14.83%；户均存款 2.48 万元，较全行平均水平高 0.34 万元，幅度为 15.89%；如意金积存、网上银行、信用卡业务在代发工资客户中的渗透率分别是全行平均水平的 8.5 倍、1.1 倍和 2 倍。这几年，我们通过大联动大营销活动，促进了代发工资的快速增长，但总体看潜力仍然很大。今年的任务有两个，一是提高代发工资单位的渗透率，由 11.59% 提高至 15%，其中，机构、公司、结现客户的渗透率分别提高 8 个、15 个和 2.7 个百分点。二是提高重点金融产品在代发工资客户中的渗透率，如目前信用卡的渗透率是 27%，要力争用两年的时间翻一番，今年的目标是 40%。请个金、信用卡两个部门牵头，细化目标，分解到位，按季度考核，抓出成效。

（二）关于大力发展消费贷款问题。在我国经济转型过程中，扩大内需促进消费是当前及未来的重要举措。去年我行在消费贷款上做得还不够，今年必须迎头赶上。全行基本思路是适应商品流通形式和客户消费偏好的新变化，通过多产品、多渠道，大力发展消费贷款。基本途径是鼓励客户在使用借记卡、贷记卡等介质进行线下 POS 机和线上 B2C 消费时，通过专用 POS 机、手机银行、短信和网上银行等渠道办理小额消费贷款。首先，要大力发展信用卡直接分期付款业务。在确保购车分期市场优势的基础上，大力拓展家装、家电、数码等新兴消费信贷市场。要抓紧投产短信分期，提高信用卡分期付款业务的覆盖面。其次，要研究借记卡刷卡消费及线上 B2C 过程中引发的贷款需求，通过个人综合授信、自动审批等新方式增加客户使用消费贷款的渠道和便利性。最后，要利用我行消费贷款的优势，整合线下和线上优势资源，探索电商金融结合的有效途径，构建有吸引力的工行商户联盟，拓展发展空间。

（三）关于加快产品创新问题。各行要继续抓好去年几个创新产品的推广。比如要提高芯片卡在新发卡中的占比，充分发挥芯片卡多功能应用的特点，加载社保、医疗、卫生等各类应用，以此为抓手做好民生金融领域的服务。再比如去年新推出的闪酷卡、货币基金信用卡、多币种信用卡等，要通过营销闪酷卡抢占小额快速支付市场，通过货币基金信用卡推进我行理财业务发展，通过多币种卡吸引更多的境内外高端客户。同时，

今年要重点关注几个新的产品：一是个人资产综合服务，这项业务能充分发挥我行的集团优势，最大限度地满足那些高净值、高流动性、资产配置多样化客户的金融需求，提供全资产、多层次、跨地域的新型综合化服务，有效盘活客户的存量资产，提高客户综合贡献。二是借助 eID 应用，巩固我行在芯片卡上的领先地位。电子身份证不仅能有效提高客户的网络应用安全，而且有利于推动我行金融服务流程变革和提升交易安全性。各行要在明年 10 月之前的技术保护期内迅速抢占市场先机，变技术优势为先发优势。三是以多币种信用卡为基础，整合多家航空公司、酒店、购物、租车、旅行社、培训、退税机构，推出环球旅行信用卡，突出特色服务，拉动信用卡境外消费。

（四）关于收单问题。2012 年全行银行卡消费额已突破 4.13 万亿元，收单回佣收入达 69.4 亿元，其中信用卡消费额 1.3 万亿元，收单回佣收入 54 亿元，已成为新的效益增长点。今年要新增特约商户 20 万户，回佣收入增长 40%，力争达到 100 亿元，其中信用卡争取达到 75 亿元。为确保目标实现，要重点做好两件事：一是以大中城市为重点，在全行组建专业化的机构和团队，全面拓展线上线下收单业务。二是瞄准“五大五小”目标市场和商户全面开展营销。特别是对星级酒店和酒吧一条街等收单薄弱地区，要定出目标，细化考核，强力营销，争取有效的突破。

（五）关于渠道问题。经过近两年的努力，全行新建网点超过 1 000 家，三年渠道优化建设任务已取得重要进展。从今年开始，工作重点将转向存量网点的优化上来。目标是通过对低效网点的重组优化，提升网点竞争能力。要建立健全网点的评价体系，实现渠道管理的分类和标准化。各行要巩固渠道优化建设成果，确保新建网点的投入产出，同时，按照总行的统一部署，安排好存量网点的优化工作。网点作用的发挥关键在人，各行除了巩固提升现有客户经理队伍的规模和素质之外，要建立一支 6 000 人规模的外勤营销队伍。总行对直辖市、省会城市、地级市及县域支行制定了最低人数标准，实行名单式管理，建立健全激励机制，推动由“坐商”到“行商”的转变。

（六）关于风险管理问题。去年个人类贷款增速缓慢，今年期望能有所提升。但前提仍然是控制好风险：第一，必须落实个人综合授信，这是门槛，不能超过。第二，信用卡融资只能用于消费，不能涉及生产、经营，这是红线，不能突破。第三，个人客户经理必须提高贷前调查的质量，承担贷后管理责任，对风险贷款要配合进行现场催收，出现不良的要及时向有关部门移交档案并配合处置。第四，各一二级分行必须按总行要求成立个人违约贷款催收中心，全面落实催收措施，协调各相关专业完成催收任务。

去年以来，理财市场发生了一些风险事件，主要表现在理财产品风险评估和准入不严，销售人员违规操作甚至违法账外募集等。我们要高度关注，切实加强管理。作为销售部门，个金专业必须做到：第一，依法合规销售。按照总行和监管部门的要求，统一审批程序，统一销售流程，统一信息披露，不能自行其是。第二，强化系统控制。各行代理销售的任何产品都要进入系统销售，严禁手工代销。第三，严格产品准入。要按照授权范围，严禁各行销售未经审批的产品，或超越权限代销。第四，加强投资者教育。“买者自负，卖者有责”，银行要向客户充分揭示风险，诚实销售，也要通过投资者教育提升客户风险意识。第五，防范声誉风险。各级人员要提升敏感度，遇到问题及时汇报，做好客户解释工作，避免事态扩大。

新春佳节即将到来，借此机会我代表红力同志还有在座的三位总经理预祝大家在新的一年中取得新的成绩，祝大家工作顺利、家庭幸福、身体健康、心情愉快，为工商银行个人金融业务、信用卡业务、私人银行业务、贵金属业务的持续长远发展作出新的贡献！

加快完善联动机制 确保完成销售目标

——在工商银行—工银安盛银保业务工作会议上的讲话

李晓鹏

（2013 年 2 月 27 日）

今天是工商银行和工银安盛首次联手召开银保销售工作专题会议。借此机会，我首先代表工商银行对于工银安盛成立近半年来取得的优异成绩表示祝贺，对总行有关部门和有关分行给予工银安盛的大力帮助与支持表示感谢。下面，我谈三点意见。

一、统一思想，确保完成银保销售任务

这次会议明确了今年全行销售工银安盛产品88亿元的目标任务，要确保完成，并力争达到95亿元。完成今年银保销售任务，之所以非常重要，主要基于三点考虑。一是在银行业利润增长趋缓的困难时期，加强银保合作是促进收入增长的重要措施。去年以来，中国银行业收入增长大幅下降，预计今年利润和收入增长会低于两位数，这是近十年来没有的。工商银行要保持收入的稳定增长，需要挖掘各种业务增长点。经过近8年的探索，工商银行的综合化经营已经形成了良好开端，工银瑞信、工银租赁对集团的收入和利润贡献稳步提升，期待工银安盛也能够有好的起步，为工银集团收入增长发挥重要作用。实现这一目标，需要母行和子公司共同努力完成今年的销售任务，这是核心。二是承担第一大股东责任，履行银保合作协议的重要体现。工行目前在工银安盛占股60%，银保协议中规定工行销售任务占比要在70%以上，完成今年的银保销售任务是履行协议、发挥大股东作用的重要体现。三是促进工银安盛迅速扭亏，在保险业体现应有实力与地位的重要保证。只有顺利完成今年的银保销售任务，工银安盛才有可能实现既定的发展目标。希望各分行通过这次会议，把银保销售任务层层分解，加强考核，确保完成。

二、不断探索，建立和完善银保联动机制

完成工行和工银安盛的银保销售任务，必须从建立行司联动机制抓起：

一要建立联合营销机制。根据工行与工银安盛银保协议要求，去年双方成立了以李卫平总监为主任的第一届银保委员会，工作很有成效，这一机制要坚持。当然，工行还有全行层面的银保委员会，这里强调的是在大框架下工行和工银安盛特殊的合作机制。总行要求全行三大营销平台，个金、机构、公司，都要把工银安盛的产品销售列入其中，必要时，要把工银安盛的产品嵌入到工行的产品系列。个金业务部门要积极组织销售，个金部门和相关分行每年要组织若干次工银安盛产品推广专题营销活动；机构业务部门要把工银安盛列入重点业务合作单位；公司业务部门营销时应考虑客户的团险需求，在签订银企合作协议时，要注意把工银安盛产品列入合作范围。

二要建立信息共享机制。工行经营保险业务的优势在于信息丰富。在符合监管要求、并且严格管理的基础上，可以与工银安盛共享信息。一为客户信息。工银安盛的保险产品，特别是复杂的期缴产品，需要客户信息支持，而工行有2.5万私人银行客户、400多万财富客户。长期期缴产品卖给普通客户难度较大，其对产品理解和风险识别有困难，同时缺乏长期资金支付能力，因此需要进行客户识别，需要客户信息支持，也包括未来工银安盛开展网上和电话销售也需要针对性的客户信息。二为产品信息。工行掌握了大量产品信息，了解客户需要什么产品，同业中有什么好产品，要及时和工银安盛共享这方面的信息，启发、督促甚至责成工银安盛根据客户需求和市场情况开发好的产品。工银安盛也要根据信息反馈加大产品研发改进力度，主动适应不同地区、不同客户的需要。三为市场信息。工银安盛的保费收入需要保值增值，需要进行投资运作，这些都需要把握风险。工行在这方面有很多经验和信息，比如，对基金公司的评价，资产托管部有很多这方面的信息；再比如，企业年金，养老金部掌握了年金市场的情况；还比如，企业债券信息等，公司业务一部、金融市场部也非常了解。如果这些信息不能共享，工银安盛作为工行的子公司就发挥不了应有的优势。

在IT系统建设上，工行也要与工银安盛紧密合作。要从工银安盛的办公和日常信息系统入手，与工行网络系统进行整合。下一步要对工银安盛的销售、风险管理系统进行全面整合，必须在三年内完成。如果双方配合得好，这一过程将会加快。

三要建立考核分润机制。去年工银安盛成立时，在总行领导及部门的大力支持下，出台了一系列考核激励措施，这些都要坚持。一是继续把工银安盛产品列入全行重点奖励产品计划，加大投入，保持三年不变。二是继续把工银安盛销售任务列入分行行长绩效考评，权重8分不降低。三是继续把销售工银安盛保险列入储蓄存款考核并计算同业占比。四是探索将保费收入列入各行非利息收入考核。目前，集团并表工作中把工银安盛的保费收入列入集团收入，支出也列入集团支出，对集团来讲是全额并表。对分行而言，保费收入列入非利息收入考核是可行的，但是能否列入中间业务收入考核，需要研究。按照目前会计制度，保费收入只能并入其他业务收入。下一步，如果随着工银安盛的发展，盈利增长，完全可以为集团利润增长作出更大贡献。到那个时候，将自然列入分行的利润考核。

四要建立风险共管机制。保监会对银保业务合作有很多规定，从工银安盛的情况看，过去在保险销售方面也有不合规之处。工行入主公司后，作为大股东，要讲规矩，按章办事，不能出现随意承诺、销售误导的问题。合作过程中如果出现风险，理论上是工银安盛的责任，但工行也要按风险事件处理规定和流程严格执行。希望银保双方在保险投资者教育工作上做得更好、更细致。工商银行一贯以稳健经营著称，安盛集团是全球最大的保险公司，双方有条件在加强投资者教育方面发挥更大的作用。

五要建立人才流动机制。工商银行有丰富的人才储备，但是精通保险的人员不多。一方面工行要大力培养保险专家，包括保险管理、产品创新、风险定价、产品生命周期管理等方面，特别是个人金融业务部、机构业

务部、产品创新部、风险管理部要注意招募、培养保险方面的人才和专家；另一方面，要注意向工银安盛输送既懂商业银行又懂保险的优秀人才。目前工银安盛公司规模相对较小，但随着业务发展，人才流动的需求是非常大的。要把综合化经营公司办成工行锻炼、培养人才的平台和激发工行员工聪明才智的平台。总行党委、董事会在这方面对于工银安盛寄予很高的期望。刚才会上交流的江苏分行试行保险专员的经验，以及上海分行考虑利用中介机构开展保险销售的设想，也是行司人才流动的方式之一，总行人力资源部要牵头认真总结。有条件的分行要学习这些经验，在合规的前提下扩大试点的范围。

上述这些机制需要总分行共同探讨，希望总行有关部门进一步研究完善集团与子公司协作机制，逐步形成综合化经营的可操作模式。

三、加快创新，尽快形成工银安盛的核心竞争力

加快完善联动机制，确保完成销售目标，关键是创新。工银安盛要实现既定目标，必须尽早形成自身的核心竞争力。希望工银安盛下一步的创新工作中重点做好“五个结合”。

一是要做好趸缴产品和期缴产品的结合。从中国保险市场，特别是银保渠道的销售情况看，去年寿险银保期缴产品的占比为13.17%，工银安盛则为13.71%，高于全国平均水平，但低于建信人寿的14.29%和新华人寿的24.33%。今年计划销售期缴产品15亿元，占比提升到17%。下一步工银安盛的产品创新要注意期缴产品的开发，去年公司的几个新产品市场反响还不错，但开发期缴产品是个复杂的过程，第一要取决于市场是否接受，第二要取决于客户能否理解。同时，目前公司趸缴产品规模发展确实也很慢，因此还是要注意把长期和短期产品结合起来，业务规模有时候也是非常重要的。

二是要做好产品销售和投资管理的结合。目前工银安盛没有资产管理公司，监管规定保险公司总资产在100亿元以上才能成立资产管理公司。相对于专业的资产管理公司，公司目前的投资渠道和手段都会受到限制，要加快销售上规模，争取早日成立资产管理公司。希望工银瑞信、工银租赁、总行资产管理部、资产托管部在投资管理上给予工银安盛大力支持。工银瑞信要开发理财产品来满足工银安盛的投资需求，资产管理部的理财项目要和工银安盛的长期投资资金对接。

三是要做好物理网点销售和电子渠道销售的结合。下一步工银安盛要探索发展网络、自助终端、电话等销售渠道，当然传统物理渠道的拓展是当前的重点，不能放松。

四是要做好保险规模和经营效益的结合。当前工银安盛全力以赴扩大保险销售规模，但一定要注意控制退保和契约撤销问题，同时要关注新业务价值的增长。要减亏增盈，早日实现股东的投资价值。

五是要做好保障性产品和理财型产品的结合。监管机构希望保险产品回归到保障性功能为主，但中国市场中多数保民对于理财型保险产品还是非常关注，也有很大需求，因此要研究两者的结合。公司今年计划研发养老等产品，既有保障，也有投资，值得肯定。

总而言之，希望银保双方密切合作，加快创新，促使工银安盛尽早形成自己的竞争能力。

切实把控实质风险　做好授信审批服务
为全行经营转型作出新贡献

——在中国工商银行授信审批工作会议上的讲话

李晓鹏

（2013年3月8日）

这次授信审批工作会议的主要任务是，深入贯彻中央经济工作会议和全行发展战略研讨会精神，认真落实2013年全行工作会议的各项部署，全面总结2012年授信审批工作，安排2013年工作任务。下面，我讲三方面意见。

一、2012年授信审批工作取得显著成绩

过去的一年，在总行党委的正确领导下，全行各级授信审批部门真抓实干，努力工作，为实现全行经营目标作出了重要贡献。全年各级授信审批部门完成授信方案审批5.31万户，比上年增长11%，核定授信额度

16.69 万亿元，比上年增长 19%；完成法人和个人客户单笔融资业务审批 257.4 万笔，比上年增长 14%，审批金额 10.51 万亿元，比上年增长 18%；完成项目贷款评估报告 3 873 份，涉及项目贷款 11 355 亿元，金额较上年增长 14%；完成押品评估 577.43 万宗，押品价值 11.86 万亿元；组织召开信贷审议会议 1.2 万次，审议事项 8.67 万个，涉及金额 16.7 万亿元。总体看，全年的授信审批业务量超过 2009 年的水平，再创历史高峰。同时，信贷结构调整任务繁重，疑难和创新业务不断出现，工作难度明显增加，工作负荷进一步加重。全行授信审批部门坚持“难中求准，繁中求精，稳中求进”的工作要求，充分发挥职能作用，促进了全行信贷业务稳健经营和持续发展。截至 2012 年末，集团口径各项贷款余额 88 121 亿元，比年初增加 10 232 亿元；其中人民币贷款比年初增加 8 673 亿元，增量领先同业，且控制在年度计划之内。不良贷款率比年初下降 0.1 个百分点至 0.84%，为五大行最低。贷款客户结构、品种结构、期限结构和收益结构也持续改善。

回顾过去一年的授信审批工作，主要有以下五个方面的收获：

（一）稳步推进全球统一授信，不断完善集团授信审批体系。2012 年，全球统一授信体系建设稳步推进，发布了英文版全球统一授信办法，印发了有关配套制度，投产了全球统一授信系统，同步开展业务培训，加强组织推动。经过全行上下共同努力，克服语言、文化、业务习惯差异等诸多困难，按照“总量统一、标准统一、系统统一”要求构建的、覆盖集团所有机构、法人客户和交易对手全部信用风险业务的全球统一授信体系初步建成。除工银国际、工银金融外，基本实现了全球授信全覆盖。在全面推行全球统一授信的短短半年内，全行已审批全球授信方案 2 261 份，核定授信额度 21 080 亿元。全球统一授信管理在集团信用风险控制和加强境内外业务联动、增强整体竞争力方面发挥了重要作用。

全行积极探索境外机构授信审批集约化管理的具体模式，工银欧洲、工银印尼授信审批集中管理迈出了实质性步伐。切实加强制度建设，境外机构信贷集体审议和审批人、签批人制度进一步规范。加强境外贷款和“走出去”项目风险管理，通过总行直接评估和境外机构自行评估、现场评估与非现场评估相结合，推进境外项目评估工作迈出了重要步伐。

（二）基本完成授信审批集中管理，押品管理体系进一步完善。2010 年，总行党委决定用三年时间，在一级分行层面实行授信审批集中管理。2012 年是收官之年，总行加大了对这项工作的组织推动力度，相关分行按照“把大事办好、好事办实”和“一个坚定、两个优化”的总体要求，认真研究制定授信审批集中改革方案，稳妥处理好机构改革、人员调整和业务衔接之间的关系。截至上年末，除 4 家分行因办公场地装修等客观原因要在今年上半年集中到位外，其余 32 家分行已经顺利实现了授信审批集中管理，构建了集约化、标准化、专业化和信息化的中台授信审批体系，一级分行授信审批集中管理“分三步走、三年内到位”的改革目标已基本实现，全行前中后台相互独立、授信审批集中管理的信用风险控制机制更加完善。授信审批集中管理有效提高了工作效率，据统计，集中后全行授信审批人员 2 945 人，减少 22%，人均每工作日完成公司业务、个人业务审查审批业务量分别由改革前的 2.1 笔、8.4 笔提高到目前的 3.7 笔、12 笔，贸易融资和小企业信贷业务分别由 1.6 笔、0.8 笔提高到目前的 2.6 笔、1.5 笔，审批效率明显提升。

押品管理迈上新台阶。总行印发了《押品管理办法》，完成了押品管理体系重构，实现了个人和法人、境内和境外、价值评估和押品处置统一的押品全流程管理。特别是首次明确了新型押品准入审核、押品处置、委托付费、违规处理等管理要求，研发投产了全集团统一的押品管理系统，建成全行押品数据信息库，构建了覆盖境内外机构、全部信用风险业务、押品管理全流程的全面统一的押品管理体系。截至 2012 年末，全行法人客户抵质押融资余额占全部法人客户信贷资产的 33.54%，比上年提高 3.78 个百分点，法人抵质押融资占押品价值的比例保持在 38% 的较低水平；全行个人客户抵质押融资余额约占全部个人客户融资余额的 96%，个贷抵质押融资占个贷押品价值的比例维持在 30% 的较低水平。抵质押品对信贷资产的保障程度进一步提高，促进了经济资本集约高效配置。

（三）着力促进信贷结构优化调整，风险控制水平不断提升。从投向把握上看，各级行坚持服务实体经济的工作要求，更加重视统筹项目信贷运营，着力促进信贷结构优化调整。公路、电力、城建和房地产四大行业授信总量较上年下降 2 167 亿元，压缩 5.63%。全行否决老四大行业新增项目贷款 2 125 亿元，对 1 782 亿元已审批未发放的项目贷款重新审核把关，优化了贷款条件，确保贷款主要投向以国家重点投资为主体的在建续建项目。加强对先进制造业、现代服务业、文化产业和战略性新兴产业新四大市场的调查研究，及时制定授信审批指导意见，增强风险把控的前瞻性和准确性。全年受理审批新四大市场贷款 33 万笔、27 674 亿元，有力地促进了全行信贷结构优化和经营转型。按照仿信贷流程审批的要求，受理审批金融资产服务业务 2 220 笔、16 063 亿元，支持了金融资产服务业务快速发展。

从风险把控上看，认真贯彻监管政策，严格把握授信审批标准，切实防范重点领域风险，全年完成存量平台贷款整改业务 428 亿元，经审查否决或通过整改压缩的贷款金额共计 79 亿元，占原贷款余额的 19%；城建行业授信额度较上年下降 1 155 亿元，压缩 10%。加强公路行业授信总量控制，授信额度较上年下降 474 亿元，压缩 5%。严格各分行公路新增贷款审批及提款核准与公路不良贷款清收工作挂钩，全年公路不良贷款余额下降 39.84 亿元、不良率下降 0.6 个百分点。继续从严把握房地产信贷，房地产行业授信额度较上年下降 705 亿元，压缩 8%；否决房地产贷款 934 亿元，否决率为 23%。严控产能过剩行业授信总量，严格控制其盲目扩张，推进这些行业技术升级、转移消化、兼并重组、扶优汰劣。全年否决产能过剩行业项目贷款 147 亿元，否决率达 47%。严格融资性担保机构授信管理，2012 年末其在我行担保余额较 2011 年 9 月末整顿前下降 77%。

（四）持续加强授信审批创新，进一步增强中台服务能力。面对经营领域的不断拓宽，不断增强授信审批服务转型发展的能力。大力推动大额贷款以银团方式提供融资服务，加强对财务限制性条款和约束性条款的运用。认真研究监管政策和各类新型融资工具的运作方式与风险特征，积极受理结构性、组合型融资以及 PE 基金主理银行、股权信托、债权信托等金融资产服务业务，开拓性地做好银信合作、银证合作等领域新业务授信审批，成功审批了首单资产支持票据业务、首笔证券公司短融业务、首笔上市公司定增主理银行业务、首笔理财资金通过信托 + 基金形式投资未上市公司股权业务、首笔与证券公司合作的股权投资业务，等等。通过这些典型案例审批推动了业务和产品创新。

面对日益激烈的市场竞争，立足于授信审批方法创新，提高授信审批服务水平。优化集团客户授信方法，加紧研究融资客户风险限额管理方式，探索自营融资授信和代理投资业务风险限额的协同管理和总量控制方法，促进金融资产服务业务发展。对部分大型优质客户债务融资工具实行简化审批。对贸易融资和低风险业务，进一步推行授信项下授权签批制。根据个人住房贷款标准化程度较高的特点，在 14 家分行试点投产了个人住房贷款自动化审批系统。

面对相对紧张的人力资源，进一步强化专业队伍的作风建设，提高工作效率。对重大、紧急业务主动沟通、提前介入，确保授信审批服务质量效率。对投标竞争项目发扬拼搏奉献、连续作战的作风，及时完成评审，为竞标提供有力支持。对小企业、贸易融资等业务，借助统一通信平台有效沟通，努力提高业务办理效率。全面推行服务承诺制，建立业务沟通和通报制度，保证授信审批公开透明。

（五）切实加强专业指导，授信审批专业管理和队伍建设呈现新亮点。在系统指导方面，制定印发了《进一步规范和完善境内分行信用风险业务集体审议的若干规定》，明确了各分行授信审批集中后集体审议机构设置和审议范围确定的要求和原则。深入细致开展全球授信、境外项目评估、押品工作和业务审批的管理与指导。结合授信审批的新情况，对现代制造业、文化产业、现代农业、现代服务业等领域深入调研，形成了系列调研报告，细化了授信审批重点支持的指导意见。认真总结大中小型客户和个人客户的不同经营特点，出台了审批指导意见。对汽车整车制造、光伏发电、私募债承销和投资等敏感行业客户，也注重加强审批指导。在队伍建设方面，信贷专职审批人聘任力度加大，人员增至 409 名较上年翻倍，加强授信审批培训，尝试案例教学方法，引入案例辩论，取得了良好效果。高级审批人考试首次面向全集团举行，其他层级审批人资格和个贷押品评估考试有序进行。总行专职审议委员视频列席了 31 家分行的 40 次贷审会，同时邀请部分分行的专职审议委员列席总行贷审会，促进了上下级行之前的工作交流。

过去的一年，全行授信审批战线的同志们齐心协力、扎实工作，为实现全行经营目标、稳步推进经营转型和资产业务可持续发展作出了重要贡献。在此，我代表总行党委，向全行授信审批专业的全体干部员工表示衷心的感谢和亲切的慰问！

二、当前授信审批工作面临的新考验和新要求

同志们，全行工作会议对今年面临的严峻形势和复杂经营环境进行了全面分析，安排部署了改革创新和转型发展的各项任务。全行授信审批专业要全面、深刻地认识这些新变化，在思想和行动上做好迎接新挑战、新考验的准备。

（一）适应全行加快经营转型的挑战，拓展服务范围，促进信贷与非信贷业务协调发展。2013 年是全行经营转型的重要一年。随着新资本管理办法正式实施、利率市场化加速以及金融脱媒广度和深度的扩大，靠拼资本消耗、规模扩张、依赖利差的粗放型发展模式已难以为继。董事长在研讨会上明确提出“力争到 2015 年，我行表内资产规模与表外资产规模比例要从现在的 2.5∶1 调整到 1∶1，信贷利差收入与非信贷利差收入的比例由现在的 6∶4 调整到 5∶5”。今年的工作会议上，又明确提出全年“力争非信贷融资总额与新增贷款比例达到 2∶1”的目标。为此，总行对中台部门职能和编制做了调整和扩充，明确了金融资产服务业务限额管理和审查审批职责。

授信审批工作要主动适应全行经营转型的要求，积极拓展服务范围和领域，在做好传统信贷业务授信审批的同时，支持信贷与非信贷业务协调发展，以合理分散风险，获取多元化收益，推动我行从信贷大行向信用大行转变、从资产持有大行向资产管理大行转变。一是要通过信贷融资带动非信贷融资发展，大力支持前台通过“商行 + 投行、信贷 + 非信贷”的方式为客户提供金融服务。二是要在信贷资源有限的情况下，充分发挥集团

综合优势，通过提供代理融资、债务融资工具、租赁融资等非信贷产品满足客户融资需求。三是要把住风险底线，确保各类融资重点支持实体经济发展，实质风险可控。要实行风险统一管控，将信贷和非信贷融资统一纳入行业限额和融资客户风险限额管理，控制总量风险。无论竞争多么激烈，都不能降低非信贷融资的风险把控标准。

（二）面对不良贷款波动的新挑战，严防死守，努力保持资产质量的长期稳定。去年以来，受经济增速下行的影响，加之部分分行信贷管理基础还不够扎实，致使部分地区、部分业务品种不良贷款出现反弹。今年，保持资产质量稳定的任务非常艰巨，这是对授信审批风险把控能力的严峻考验。全行授信审批工作要把风险防控和保持资产质量稳定放在更加重要的位置。一是要切实把好投向。形势越是复杂，越要把好投向，控制好风险，坚守风险底线，审慎进入我们不熟悉或超越自我控制能力的领域，果断否决不符合我行战略布局的业务，坚决退出风险隐患较大的客户。防止不加选择、盲目铺开导致新的结构失衡，避免追求短期利益引发新的风险。二是要切实加强风险管理的前瞻性和预见性。授信审批不能就业务论业务，要由表及里、由此及彼、由点到面，有效识别各类风险间的关联性，切实提高复杂环境下把控风险的能力。要进一步加强对交易背景和资金用途真实性的审查分析，控制好现金流和第一还款来源，重点防控通过重复抵质押和关联担保放大信用风险敞口。三是要保持授信审批的独立性、客观性和专业性。要坚持原则，顶住压力，以把控实质风险为根本要求，支持业务发展为最终目的，通过授信审批集中管理，客观审查，统一风险偏好，统一把控标准，为转型发展提供坚实基础和坚强保障。四是要高度重视押品管理。这是风险管理的最后屏障。去年印发的《押品管理办法》要认真执行，并不断完善，各部门的职责要落实到位，切实发挥应有作用。

（三）应对市场竞争进一步加剧的态势，努力改进作风，提高授信审批效率。目前银行业竞争不断加剧的环境没有改变。各家银行都在抢抓工业化、信息化、城镇化和农业现代化推进过程中的新机遇，对优质客户的竞争更加激烈。市场竞争力很大程度上依赖于中后台的服务水平、服务质量、产品创新和政策支持力度。竞争加剧将导致市场、客户选择更加困难，前台获取有效信息难度加大，客户和银行信息不对称问题可能会更加突出，授信审批决策难度也将加大。

为进一步提升授信审批质量和效率，授信审批部门要改进作风，坚持通过授信审批创新提升信贷核心竞争力。一是要在确保授信审批质量的基础上进一步提高工作效率。既不能单纯追求业务发展，为迎合市场和客户而放松风险把控标准，也不能把关过于谨慎或机械，把授信审批标准与条件定得过严过死，影响甚至限制业务发展，更不能以确保质量为借口过分夸大风险，拖延时间，迟迟不做决断而贻误业务机会。二是要通过流程优化、环节整合、适度下放权限以及运用先进信息科技手段等多种方式保证授信审批服务质量和效率进一步提升。三是要发挥授信审批部门熟悉产品、熟悉政策的优势，继续通过产品组合、要素组合和个案创新，推动全行信用产品和融资方式创新的常态化。

（四）针对转型发展对授信审批人员素质的新要求，多措并举，全面提升授信审批队伍素质。近年来，随着经营转型和金融市场创新发展，我行信用风险业务范围不断拓宽，资产管理、理财信托、PE 基金、股权并购和另类投资等创新型产品不断涌现，业务占比逐步提高。与传统信贷产品相比，这些产品政策敏感性强、交易结构复杂、风险因素叠加、风险处置手段有限、可循经验较少，对授信审批部门的同志提出了新的考验。特别是授信审批集中后，人员数量有所减少，新招聘的人员也有一个适应的过程，人员素质一时还满足不了转型发展的新要求。

因此，必须千方百计地提高授信审批人员专业素质。只有能力提高了，政策吃透了，风险看准了，把主要矛盾抓住了，才能把握好质量和效率的平衡。一是要与日常工作紧密结合，在干中学，在学中干。要自我加压、自我锻炼，善于把信用风险的基本特点、基本规律和传统信贷业务中积累的基本经验灵活运用到新业务中，通过工作实践掌握新知识，增长新本领，积累新经验，不断提升工作能力和综合素质。二是要加强培训。特别是要抓好新业务、新产品、新方法的培训，使授信审批人员尽快熟悉资本市场和国际市场，熟悉新兴产业和新型业务。三是要加强人员交流和人才引进。各行在人员交流和引进时要适当给予倾斜，在数量和质量两方面为授信审批部门配备与业务发展要求相适应的专业人才，特别是专家型人才。

三、转变作风，务求实效，认真做好 2013 年授信审批工作

结合当前形势与任务，2013 年全行授信审批工作的总体要求是：根据建设“三个之最”国际一流现代金融企业的要求，紧紧围绕经营转型战略目标，按照“守住风险底线，把控实质风险，强化基础管理”的工作思路，进一步转变作风，做好授信审批服务，为全行经营转型作出新贡献。按照上述要求，总行授信业务部和信用与投资审批部已经分别制定了授信和审批工作计划与安排意见，近期即将印发。下面，我就几项重点工作提出以下要求：

（一）认真贯彻经营转型和信贷结构调整要求，把好信贷投向和风险关口，服务实体经济发展。

一是要重点支持“十二五”规划确定的重大项目。要准确把握国家产业规划的重大投资方向，优先支持我

行已有先期投入的电力供应、石油石化、机场、铁路、港口、城市轨道交通、水电等基础产业及能源产业重点在建、续建项目。支持前台部门深入挖掘工业化、信息化、城镇化和农业现代化发展的市场潜力和客户资源，特别要加大对工业化、信息化发展中的区域优势产业、重点行业、重点项目的授信和融资支持力度。要把支持城镇化的重点放在符合国家城镇化发展规划、工业化程度较高、商业环境较好、土地升值空间大的地区，准确把握区域融资总量，优选市场化运作模式相对成熟、有可靠还款来源的项目，合理确定融资服务对象和服务方式，重点做好城镇工业、商贸领域的金融服务。

二是要继续加大对先进制造业、现代服务业、文化产业和战略性新兴产业新四大市场的授信和融资力度，支持前台拓展客户，竞争适当的市场份额。对新四大市场中的高端设备制造业、信息技术产业、大型综合物流和新型文化产业，可优选行业领先、技术先进、市场占比大、经营效益好、具备核心竞争优势的重点客户实行名单制管理，适当扩大经办行根据授信使用条件直接签批办理短期融资业务的范围。

三是要继续支持贸易融资、中小企业贷款、个人信贷与银行卡融资加快发展。要积极支持依托优势产业、核心客户和重点项目的供应链融资业务，支持通过企业网银、银企互联等通道办理的电子供应链融资业务。积极探索适应供应链融资特点的授信审批模式。要重点支持500万元以下的小微企业融资业务，支持依托供应链、产业集群和专业市场拓展中小企业客户集群，促进小企业信贷集约化经营。适应城镇化推进进程中人口结构变化和新兴消费类融资需求，大力支持个人消费、信用卡透支和分期付款等消费类金融产品。积极支持符合条件的个人首套房和改善性住房需求，力争实现住房按揭贷款市场占比第一。支持个人经营贷款稳健发展，根据销售回款周期合理确定融资期限，严格限制1年期以上贷款，不得向经营期限不足1年的客户审批发放个人经营性贷款。

四是要加强对“走出去”等涉外业务的授信和融资支持，发挥集团综合化优势，促进内外联动和外外联动，提高对中资企业“走出去”扩大对外投资、有序转移产能过程中的授信审批服务水平。积极支持前台部门综合利用产品组合拓展“走出去”大型集团客户的全球产业链业务，进一步增强对优质客户“走出去”的全球化服务能力。要尽快制定印发融资类对外担保等涉外业务的审查指导意见，更好地支持“走出去”业务健康发展。

五是要继续严控重点领域的信用风险。继续贯彻执行四大行业信贷结构调整要求，严控房地产、政府融资平台、融资性担保机构的客户授信和融资总量。对四大行业贷款要好中选优、掌握节奏，统筹处理好总量控制与维护重点客户、提高市场竞争力的关系。在确保完成优化调整任务的前提下，可适当支持“上大压小”、坑口电站、煤电一体化和港电一体化项目、统贷统还的高速路网在建项目、规划已获得国务院批准的城建领域重大项目。要密切关注国家房地产调控政策，严格控制向规模小、资质低的房地产企业审批发放贷款，重点压降商用房开发贷款。要严格执行平台贷款监管要求，继续严格控制对地方政府融资平台新增授信和各类融资，防止相关企业借城镇化发展之名，将我行信贷资金挪用到平台项目。要认真贯彻生态文明理念和绿色信贷原则，从严执行行业限额制度，加大对高环境风险和落后产能客户的授信压缩和融资退出力度。要做好融资性担保机构的清理规范，努力将不符合要求的融资性担保机构在我行担保贷款全部收回或转化。加强代理行客户风险防范，严控欧债危机涉及国家的代理行授信总量。要进一步加强内部评级法成果在授信审批中的应用，将RAROC达标水平作为授信审批决策的重要依据，严格控制期限过长、RAROC评价过低的贷款投放。需要特别强调的是，今年要突出加强对受经济波动影响较大的行业以及不良贷款增长较快的品种和地区的授信审批管理。密切关注小企业和个人客户关联风险，对小企业贷款和小企业实际控制人个人贷款、信用卡融资实行交叉违约控制，任何一项融资违约，都不得再审批办理新增融资。

（二）全面推进全球统一授信审批体系建设。要按照董事长关于全球授信“扎实推进不动摇”的批示精神，遵循“全球授信、全球风控、全球共享”的原则，深入落实“机构全覆盖、管理精细化”的工作要求，进一步完善全球统一授信体系。除了总行已批准过渡方案的、新收购设立的子机构外，其他所有境内外并表机构都要纳入全球统一授信管理体系，统一执行全球授信办法，不留管理空白。要加快推进全球授信经理体系建设，优化代理行区域授信模式，提升全球授信管理的精细化水平，更好地发挥全球授信在控制业务风险和拓展跨境信贷市场方面的重要作用。

要进一步探索境外机构授信审批区域集中管理，提升业务集约化管理水平和区域整体风险控制能力。根据对境外机构实行区域管理的安排，按照“成熟一个，推进一个”的原则，今年要进一步规范工银欧洲授信审批集中管理，加快推进在工银中东建立区域授信审批中心，实现中东机构授信审批集中管理。要根据湄公河区域机构管理模式和东道国监管要求，研究区域内授信审批集约化管理的具体方式。其他境外机构也要根据区域管理的具体安排研究探索实行授信审批集中管理的可行性。在推进过程中，总行要加强指导和推动，帮助境外机构协调解决政策配套、权限管理和系统支持等问题，必要时可在全行范围内择优选派具备高级信贷审批资格的人员赴境外区域授信审批中心工作，加大人员支持力度。

适应国内企业“走出去”和境外机构业务开展的需要，进一步加强境外业务评估、审议和审批管理。要严格执行境外项目贷款评估管理规定，强化现场评估要求。应该到现场评估的，一定要到现场实地了解项目情况，切实把握好风险。要尽快配套建立境外信贷评估委员选聘机制，逐步增加境外机构信贷评估委员数量，保证境外项目贷款评估有序开展。今年，总行还将采取现场与非现场相结合的方式，对境外机构授信审批工作进行一次检查，督促和指导各境外机构进一步提高信用风险管理水平。

（三）持续做好信贷流程优化，增强竞争发展能力。信贷流程改造是今年流程优化工作的重点。在全行工作会议上，董事长和杨行长都对信贷流程优化做了重要阐述，提出了明确要求。目前，杨行长正在牵头开展信贷流程优化调研。授信审批部门要认真参与，积极行动，站在全行的角度多提建设性意见，既要在控制风险的前提下提高流程的便利性和适用性，也要在优化流程、提高效率的同时，全面提升风险管控能力；既要主动参与优化大流程，解决大问题，营造大环境，也要自我剖析，从严要求，主动优化小流程，营造改善服务、加强管理的小气候。

（四）切实做好金融资产服务业务限额管理和业务审批工作，推动由资产持有大行向资产管理大行转型发展。金融资产服务业务资本占用少、业务附加值高、客户需求大。大力发展金融资产服务业务是我行调整资产结构和收入结构的需要，是全行实现经营转型的战略性安排。授信审批工作要在有效防控风险的基础上大力支持金融资产服务业务发展，促进经营转型。

一是要抓紧构建融资客户风险限额管理体系。为实现自营和代理业务信用风险的统一控制，总行即将印发《融资客户风险限额管理办法》，建立全行融资客户风险限额管理体系。融资客户风险限额是指我行对融资客户的最高风险敞口，包括自营业务风险限额和代理投资业务风险限额。自营业务风险限额包括最高授信额度和自营股权投资限额，授信管理执行现行规定，自营股权投资限额核定执行自营投资业务管理办法。代理投资业务风险限额包括代客债权投资限额和股权投资限额，总行即将印发的《融资客户风险限额管理办法》着重对代理投资业务风险限额的管理范围、业务流程、核定方法、调查审查、后续管理要求等进行规范。各行要严格执行相关规定，授信审批部门要加强培训，确保此项工作有序推进。总行也将同步印发《金融资产服务业务代客投资项目评估办法》，明确评估要求，建立中长期股权投资项目评估体系。

二是要加快制度建设，规范审查方法。要抓紧制定印发代理投资审查委员会章程，规范代理投资业务集体审议工作。要结合行业信贷政策、投资指南以及不同投资者的风险偏好与承受能力，分类、分步骤制定各类金融资产服务业务审查指导意见，引导前台及各分行提高营销的针对性和有效性，规范分行金融资产服务的审查、审议标准和流程。要合理评估金融资产服务业务信用和投资风险授信审批业务量，抓紧充实相关专业人员。

三是要统一代理类业务风险偏好和把控标准，切实控制好业务风险。金融资产服务业务操作复杂，涉及风险因素较多，我们对其操作方式和风险规律的认识还不是很充分，防范风险的经验还不是很足，如果把握不当，将会造成不可弥补的损失。因此，不能因为金融资产服务业务的代理投资性质而放松审查把握标准。要有效识别和控制不同类别代理投资业务涉及的信用风险和投资风险，强化交易结构审查。注意研究中长期股权投资项目评价方法，加强对股权估值模型及合理性的分析判断，准确评估项目（企业）价值。比照押品入库管理方式，研究加强金融资产服务业务涉及的抵（质）押资产以及信用风险保障措施等的“准押品”管理。

需要特别说明的是，去年底，财政部、发展改革委、人民银行、银监会联合发布了《关于制止地方政府违法违规融资行为的通知》（财预〔2012〕463号）。根据《通知》要求，除法律和国务院另有规定外，对地方政府融资平台公司因承担公益性项目建设，通过财务公司、信托公司、基金公司、金融租赁公司、保险公司等直接或间接融资涉及的理财投资业务，要暂停受理审批。同时，严防理财资金直接或间接流入房地产、“两高一剩”等高风险领域和国家政策法规明确的限制性领域，切实防范政策风险。

（五）进一步完善授信审批集中管理，强化内部基础管理，不断提升授信审批集约化、专业化管理水平。实行授信审批集中管理后，授信审批部成为分行本部人员最多的部室之一。要把这支队伍带好，必须切实加强专业管理和内部基础管理，常抓不懈。

一是要着力完善内部管理和专业考核。各分行要按照总行要求并结合本行实际，研究制定每个审查岗位的职责要求和管理细则，建立授信审批人员业绩考核评价办法和奖惩机制，全面实施“阳光审贷”和“限时审批”，从制度上确保授信审批集中管理后审批效率明显提高、风险控制标准更加统一。总行要尽快研究制定授信审批专业考核办法。完善考核机制，对考核指标设置要统筹业务发展和风险防控，兼顾效益与风险、当期成果和可持续发展。

二是要加强员工思想政治工作。要认真研究授信审批集中管理后人员集中办公、本部员工总数增多且来源广泛，员工思想多元化、诉求多样化，以及工作负荷和压力加大的特点，有针对性地加强员工思想政治工作和心理疏导。各分行授信审批部要确定一名部门领导专门负责员工廉政教育、心理疏导及日常行为管理工作。既要严格管理，加强考核，强化岗位职责，落实工作责任，同时也要关心关爱员工，合理评估工作负荷，尽力帮助员工特别是青年员工和异地工作人员解决工作、生活中的具体困难，加强人文关怀，充分调动授信审批人员的工作积极性。

三是要切实加强集体审议和专职审议制度建设。要将集体审议制度建设情况纳入全行内控评价指标体系，对各分行集体审议制度落实和执行情况实行量化打分，进一步规范集体审议工作。各分行要加快专职审议委员选聘进度，确保年内选聘到位。探索建立审议委员异地审议机制和跨分行的区域集中审议模式，对专职审议委员尚未全部到位或配备不足的分行，试行由总行在全行范围内指定或安排审议委员通过视频系统异地参加会议。

四是要善于利用信息科技手段提高管理水平。在授信审批工作中全面推广应用统一通信平台系统和个贷95588电话核实系统，为信贷前中后台人员加强沟通协作提供系统和技术保障。继续完善信贷审批资格管理系统功能，对审批人、签批人的行为进行系统监测、记录和刚性控制，杜绝道德风险和操作风险。利用信息系统准确记录业务流转处理时间，推行授信审批公开化、透明化管理，接受前台和基层行监督。

广东、浙江、四川和湖南四家分行要按照总行批复方案抓紧实施改革，争取在上半年内完成授信审批集中管理改革任务。

（六）强化作风建设和人才队伍建设，建立廉洁高效、勤勉尽职的授信审批队伍。授信审批部门是负责风险把控的重要部门，党风廉政教育要时时讲，经常抓。授信审批人员要坚持原则秉公办事，廉洁审贷，尽职履责，敢于负责。要时时刻刻保持清醒头脑，自觉抵制各种诱惑，只有手脚干净，腰杆子才能硬，才能做到不为人情所扰，不为利益所诱，严守风险底线，把好审查关口。

要以改进作风为切入口，切实增强大局意识、服务意识和沟通协调能力。各行授信审批部门在审查审批工作中既要坚持原则，把好风险关口，也要及时听取前台和基层行的意见，认真分析市场环境和竞争态势，体谅营销工作的困难，不认死理，不抬死杠，不死扣条条框框，客观合理确定融资服务方案支持前台营销，切实提高授信审批服务水平和市场竞争能力。

要进一步加强信贷审批资格管理，做好与信贷序列专业资格的有序对接。改进评估委员和押品资质考试认证管理方式，选拔一批具备资产评估、房地产评估、MAI等评估执业资格人员充实到项目评估和押品价值评估队伍中。总行信贷评估委员要达到300人左右。要加强对已取得资格人员的动态考核和退出管理，对已不在信贷岗位或不再符合资格准入条件的人员要及时解除其资格，对不服从抽调或已调出评估岗位的信贷评估委员要取消其资格。

要加强授信审批人员业务技能和专业素质的培养。围绕全行信贷和投资工作重点加强学习和调研，加快培养一批精通行业和产业链融资分析的专家型人才，尽快建立一支既熟悉银行信贷和信用风险分析，又熟悉资本市场和资产管理的专业人才队伍，提高把握经济运行规律和行业风险特征的能力，增强科学决策、平衡风险和发展的能力。要采取多种形式强化培训工作，总行要直接组织对分行管理人员、高级审批人和专职审议委员的集中培训。各分行要细分培训层次，抓好分层培训工作落实。要全面推广案例教学方式，提升培训效果。要计划安排授信审批人员和前后台人员进行交流，双向优化前中后台人员结构，建设一支总量和年龄梯次合理、素质优良、作风过硬、适应“ONE ICBC”长远发展的授信审批专业队伍。

面对复杂多变的形势和艰巨繁重的任务，我们一定要按照总行党委和董事会确定的发展思路和统一部署，进一步转变作风，开拓创新，以更加优质高效的授信审批服务推动信贷业务的加快转型，为全行资产业务健康、可持续发展作出更大贡献。

在中国工商银行境外银行卡业务工作会议上的讲话

李晓鹏

（2013年4月11日）

这次会议的主要任务是，学习贯彻全行2013年工作会议和国际化工作会议精神，总结2012年境外银行卡业务工作，部署2013年工作任务，动员各境外机构和总行相关部门统一思想、汇聚力量，进一步推动境外银行卡业务发展。下面，我讲三个问题。

一、2012年境外银行卡业务成绩显著

一年来，经过大家的共同努力，境外银行卡业务发展取得了显著成效。

一是“双七万”发卡量等各项指标任务圆满完成。截至2012年末，境外信用卡发卡量达到了29.8万张、全年累计新发卡7.6万张、境外借记卡发卡量突破20万张、全年累计新发卡8.4万张，超额完成信用卡、借记卡发行任务。境外银行卡中银联卡占比为52.4%，VISA卡占比为34.2%，万事达卡（Master Card）占比为9.7%。2012年实现银行卡消费额25亿元人民币，较上年增长34%，完成年度目标的133%。其中，在发卡机构本国（地区）消费占比为72.5%，在中国境内消费占比为19.6%，在其他境外地区消费占比为7.9%。期末贷款余额为3.1亿元人民币，较上年末增长19%。90天不良率0.87%，较上年末下降0.75个百分点；180天不良率0.08%，较上年末下降0.72个百分点。新发信用卡动卡率为64%，总体动卡率为45%，分别超过年度目标14.3个和5.4个百分点，不良率和新发卡动卡率呈现一降一升的良好态势。

二是营销活动形式多样、精彩纷呈。卡中心（国际）举办了首届境外信用卡精英客户高尔夫邀请赛，组织工银亚洲等5家境外机构45名高端信用卡客户参加，得到了客户和境外机构的一致好评。组织了首届境外银行卡营销能手论坛，促进了境外银行卡营销经验交流和推广。牵头组织粤深港澳四地200多家餐饮商户，开展了第三届“刷工银信用卡，品粤港深澳好滋味”活动。各境外机构也因地制宜，组织了形式多样的营销活动。

工银亚洲在加强网点发卡营销力度的同时，举办了上百场直销推介活动，投放了BUS车身、平面媒体及网络媒体营销广告，与本地大型商场联合推出市场推广活动，从产品、服务等多方面入手，积极推广银联双币卡、香港航空联名卡等新产品，扩大了我行信用卡的社会影响。

工银澳门实施积极主动的市场推广和渠道营销策略，对16家分行网点的银行卡业务进行培训，对VISA、Master Card持卡人互动配发银联卡。加强公私联动和集团客户营销，完成了多个联名卡项目的批量营销发卡和路演发卡；精心组织“工银卡精彩缤纷2012澳门购物节”、“工银欧亚高球会银联钻石双币卡”发布仪式等活动，推动了发卡和收单业务协调发展。

工银泰国深入开展各类“走出去”市场营销活动，通过前后台协同、公私联动、交叉销售等多种方式，主动上门走访本地中资企业、大学等客户，现场宣传推介借记卡等零售业务产品。加强媒体沟通宣传，组织30多家媒体到香港进行银行卡业务参观交流。在成功获批信用卡发卡资质后，邀请当地中资企业、华人华侨、政府官员以及其他社会知名人士500多人参加了VISA信用卡发卡仪式，市场反响良好。

工银马来西亚加强与当地监管部门的沟通，成功获批信用卡和借记卡业务资质，举办了大型零售产品暨银联双币信用卡产品发布会，邀请驻马中资企业员工、使领馆外交人员和当地华人华商领袖等300多名高端客户参加，还针对驻马中资企业员工在本地银行办卡难的问题，开辟了中资企业人员快速办卡“绿色通道”。

新加坡分行信用卡中心与公司部、个金部联动营销，对使馆以及中石油、中石化等中资企业和新加坡航空公司等本地企业，进行了上门营销和路演，收到了良好的效果。

河内分行立足本土化经营，以赴中国留学生、中越间商务人士为主要目标客户，把银行卡业务作为吸引客户、扎根本地的拳头产品来大力发展，通过各种渠道打开当地市场。

首尔分行克服种种困难，成功实现与韩国国民银行合作发行韩元联名借记卡——“必圆卡”，利用韩资银行清算网络和渠道资源，有效地满足了当地零售客户借记卡产品需要。

法兰克福分行成功举办了华人羽毛球对抗赛，积极推广信用卡、借记卡，产品知名度进一步提高。

三是银行卡产品创新成效明显。2012年，卡中心（国际）与总行相关部门、境外机构和卡组织积极配合，一批具有市场竞争力、广受客户和境外机构欢迎的银行卡产品在境外成功推出。青花瓷卡面预付卡去年6月在港澳市场成功推出，发卡量达到4 300多张，金额达到170万元；蛇年纪念版预付卡在港澳市场推出不到3个月的时间里就发行了6 700多张；工银加拿大去年12月推出“银联+Interac + Exchange”三标识借记卡，客户可通过Exchange网络在加拿大的2 400多台ATM以及在美国的31.6万台ATM上免费取款，大大降低了本地客户在加拿大及美国的用卡成本，提升了产品的市场竞争力；工银马来西亚和工银泰国分别在去年8月和11月成功发行了VISA信用卡，弥补了银联卡在当地受理环境上存在的问题。

四是制度建设和风险控制水平明显提升，中后台服务进一步完善。制定了《收单业务风险管理办法》等15项制度办法，初步搭建起了以信用卡审批、交易监控和逾期催收三大风险管理系统为主的境外银行卡风险管理平台，在所有境外发卡机构投产使用了FOVA信用卡审批系统，风险管理水平显著提高，透支不良率大幅下降，实现全年无重大欺诈及风险事件。随着工银亚洲银行卡中后台业务的平稳移交，所有境外机构银行卡中后台业务实现了集约化、专业化、规范化处理。完成了工银澳门、工银亚洲银行卡业务热线的承接，电话接听率达96%。

五是不断加强与国际卡组织沟通协调，推动发卡和收单业务取得新进展。经过总行与卡组织“总对总”协调，工银泰国、工银马来西亚成功发行 VISA 卡，其他机构如工银加拿大已成功获得 Visa 会员资格，工银伦敦、巴黎分行、马德里分行、米兰分行、阿姆斯特丹分行已成功获得万事达会员资格，即将发卡。在收单方面，总行牵头与中国银联密切沟通与合作，积极争取全方位支持，已在欧洲地区成功签约银联卡收单商户，成为除港澳地区收单业务外的一项新突破。

六是发挥集团优势，加强内外联动，提升服务质量，提高品牌影响力。2012 年，总行积极推动境内外机构银行卡业务联动，较好地发挥了集团优势。境内外分行通过发展全球特惠商户服务于工行全球持卡人；总行借助门户网站、对账单折页、活动海报、营业网点、“95588”等渠道对境外机构的优惠活动进行了联动宣传。同时，总行为提高境外高端卡的服务品质，协调完善境外工银银联双币白金信用卡在境内 52 家机场贵宾室的受理服务。通过一系列的内外联动措施，提升了持卡人跨境用卡感受，也提升了我行信用卡的品牌美誉度。

过去的一年里，境外银行卡业务取得了显著的成绩。这离不开各境外机构的积极努力，离不开总行各相关部门的大力支持。在此，我代表总行，向各境外机构、向总行相关部门表示衷心的感谢！

二、抓住机遇，攻坚克难，实现境外银行卡业务较快发展

现在，大家都在畅谈机遇，我认为对于银行卡而言，发展机遇更为明显。

首先，从大环境看，随着中国国力的不断增强，全球华人的购买力不断提高。根据联合国世界旅游组织发布的资料显示，2012 年中国人在海外旅游消费额达 1 020 亿美元，比 2011 年的 730 亿美元增长了 40%，已超过美国，成为世界第一大国际旅游消费国。另据中国银联发布的资料显示，2012 年中国银联实现国际业务交易 1.17 亿笔，金额达 3 878 亿元人民币，同比分别增长 43.8% 和 30.6%。同时，全球经济逐步趋暖，国际货币基金组织对今年世界经济增长的预期也高于去年，为各国居民消费提供了逐步向好的市场环境。这些数据表明，境外银行卡业务发展的客观条件已越来越好，市场潜力巨大，全行要充分把握当前有利时机，高度重视银行卡业务在境外的发展，借此提高我行全球市场地位，这是个历史责任。

其次，我行国际化战略的实施奠定了境外银行卡业务的发展基础。截至 2012 年末，工商银行已经在全球 39 个国家和地区设立了 383 家分支机构，这为我们在海外拓展银行卡业务打下了良好基础。同时，银行卡业务有其自身特点，可以先行发展：一是可以通过公私联动，稳步提升银行卡客户规模，减轻对柜台的依赖。二是可以通过发卡和收单并举，减少网点建设成本。虽然 POS 等机具的布放也要投入，但成本相对较低，周期相对较短，所以要充分利用银行卡产品可离行使用、产品标准化、风险可控、资本节约的优势，在网点、人员、资本等条件有限的情况下，依靠统一的中后台支持，实现率先发展，走出与国内不同的发展路径。三是可以通过与国际卡组织和境外机构所在地金融机构的网络合作，改善受理环境，实现借力发展。事实上，国际性大银行在发展境外业务时，常以信用卡业务作为“敲门砖”。例如花旗银行，由于美国本土信用卡市场竞争异常激烈，花旗银行把信用卡作为全球化扩张的工具，希望借此进入新兴市场以取得市场占有率，再借由信用卡推展其他金融产品，来达到全球化目标。

最后，加快境外银行卡业务发展正逐步成为全行的共识。经过近几年的实践，全行上下对境外银行卡业务的重视程度也不断提高，有的境外机构也因此尝到了“甜头”。比如工银亚洲，截至 2012 年末共发行信用卡 18.3 万张，借记卡 8.5 万张，去年新发信用卡和借记卡分别为 40 796 张和 24 571 张，超额完成全年发卡任务，信用卡发卡量在全行境外信用卡中的占比高达 61.7%；银行卡消费额达 14.43 亿元人民币，占境外卡消费额的 58%；共发展特约商户 1 993 家，布放 POS 机 2 825 台、ATM130 台，全年商户收单交易额 93 亿元人民币。再比如工银澳门，截至 2012 年末，共发行信用卡 10.4 万张、借记卡 8.7 万张，发展特约商户 1 551 家，布放 POS 机 2 479 台、ATM 184 台，全年商户收单交易额 506 亿元人民币，银行卡业务收入达 8 817 万元人民币，占其全部中间业务收入的 21.63%。其中，发卡业务收入 3 004 万元人民币，收单业务收入 5 813 万元人民币，税后净利润 3 800 万元人民币，核心业务指标在当地排名第二，市场竞争力和品牌影响力大为提升，社会反响良好。

去年，总行国际部牵头征求了各境外机构对银行卡业务发展的意见和建议，各境外机构都积极回复，提出了很多合理化意见和建议，反映了境外机构对境外银行卡业务发展的重视和期望。总行国际部根据反馈共计梳理出 30 个问题，其中 11 个问题已经解决，9 个问题即将解决，对于其余 10 个目前尚未解决的问题，我在 2 月下旬召集总行相关部门召开了专题会议，逐一研究了解决措施，将会一一反馈给各境外机构，我相信这些问题的解决将会对境外银行卡业务的发展起到积极作用。

从总体上讲，与国内相比，境外银行卡业务的发展困难更多，因此，总行将继续实行政策倾斜，上下合力推动境外卡业务发展。一是继续执行《关于规范境外机构考核调整政策的通知》（工银办发〔2011〕949 号）中制定的银行卡有关投入和利润考核还原政策，对开展银行卡业务过程中一次性投入、初始设备投资及法律咨询、产品推介等相关费用进行考核还原。二是今

年将会在重点地区牵头组织阶段性优惠活动，并支持一定的费用。三是总行将继续与国际组织进行“总对总”谈判，为我行境外机构申请国际组织会员资格提供有力支持，帮助境外机构节约开办信用卡业务的一次性成本。总行也希望各境外机构加大投入，包括配备足够的人员，拨出专门的费用，确保能够完成总行制定的发展目标。

三、对2013年境外银行卡业务发展的几点要求

2013年境外银行卡业务的发展目标是：新发信用卡、借记卡各9万张；实现消费额5亿美元；新增信用卡发卡机构4家（工银巴西、工银加拿大、巴黎分行、工银新西兰）、借记卡发卡机构3家（新加坡分行、工银巴西、工银新西兰）；信用卡新发卡动卡率和存量卡动卡率分别高于50%和40%；90天不良率控制在1%以内。

关于今年境外银行卡业务的具体工作，王晓燕总经理还要专门布置，我就不细讲了。下面，我着重强调几点：

（一）业务和系统要实现一体化管理。

一是产品创新要一体化。FOVA银行卡系统自2010年首次投产以来，经过多次版本升级，增加了不少新的产品和功能，较好地支撑了境外银行卡业务发展。但是各发卡机构仍有很多期望与要求，科技部门要根据境外机构和业务部门的需求，加快开发进度，继续做好境外银行卡业务系统及产品的研发支持，努力满足境外银行卡市场与客户需求。要将境外信用卡功能纳入全行信用卡系统统一规划，境内NOVA系统中立项开发的新产品要同步在FOVA系统中立项开发。此外，要发挥境内芯片卡业务优势，将境内较为成熟的芯片卡向境外延伸，加大非接触芯片卡发展力度，加快“手机支付”在港澳地区的推广。鉴于境外无法发行双标识卡，建议境外机构向客户发行两张卡，银联卡主要用于中国境内使用，VISA或Master Card卡主要用于本地使用。

为便于统一管理、及时解决系统运行中的问题，今后凡涉及境外银行卡业务的开发需求，请各境外机构报卡中心（国际）并同时抄报总行国际业务部和银行卡业务部，由卡中心（国际）负责按现有流程进行后续推进，科技部门要加快开发进度。总行银行卡业务部负责牵头管理与银联等国际卡组织的合作，以及与各区域性卡组织、地方机构的合作，由信用卡中心（国际）负责统一审核，包括业务规模、市场影响力、清算能力、风险承担机制、费率标准等内容，报总行银行卡业务部备案。

二是授信管理要一体化。境外信用卡要通过全球资产管理系统，纳入全行综合授信管理体系，进一步加强对境外银行卡审批、授信的集中统一管理，做到以客户为中心、覆盖境内外信用卡，要实现个人客户授信全球一体化。要建立并完善系统自动审批与人工审批相结合的审批机制，境外机构今年要100%使用审核审批系统来完成信用卡授信审批工作，系统审批通不过的再转入人工审批。

卡中心（国际）要根据境外机构的不同需求及不同监管要求，进一步完善境外信用卡审核审批系统优化计划，特别是充分利用“大信息”的优势，研发二代系统，尽快推动内部评级成果在申请审批、额度管理等业务中的应用，做好评级应用的相关系统改造及政策准备，逐步实现以评分卡技术为基础的定量、精确授信。卡中心（国际）要学习掌握总行信用卡反欺诈项目成果，统一应用总行开发的模型与系统，与总行风险管理部门一道研究信用卡反欺诈模型及规则在境外机构的应用，加强与总行的相关客户信息共享，在满足监管要求的前提下，尽快从总行内控合规部、管理信息部获取反洗钱黑名单和征信黑名单，以把好业务准入关口，杜绝黑名单客户办卡。

三是风险监控要一体化。总行银行卡业务部要牵头规划和构建全球统一的信用卡风险监控平台，实现境内外信用卡的实时监控、实时查询、实时干预，对全行境内外信用卡业务运行状况进行监控管理。特别是境外POS交易的风险监控要与总行实现一体化。要制定海外收单风险监控的专门制度办法，完善风险交易处理要求和工作流程。总行银行卡业务部要严格审查把关，标准要与境内统一，要能够对境外POS风险交易进行准确、及时的预警，并建立快速、准确的核实及反馈响应机制。

四是服务要一体化。境内要加大对境外银行卡业务的培训力度，保证境内各贵宾识别渠道能够有效识别境外银行卡客户，做好相应的服务。境外机构也要做好这些工作，在遵守监管政策的前提下，鼓励国内客户通过网银换汇，然后办理跨境取款等相关业务。对于无法使用网银的客户，由个人金融业务部负责制定业务策略和提交需求，科技部门协助做好系统研发工作，通过委托交易完成境内购汇、跨境汇款，然后办理跨境取款等相关业务。

（二）全力以赴做好环球旅行卡的产品研发和营销准备工作。环球旅行卡是第一张境内外同步发行的银行卡产品。该卡将整合境内外10家航空公司、10家知名酒店、10家旅行机构、10家留学教育机构、10国高端购物、10家知名奢侈品品牌、10家境外机场贵宾室、多国租车、多国退税、多国救援等旅行权益，打造环球旅行合作商圈，为持卡人提供最佳组合服务。如投产成功，达到预期目的，将会成为市场上独树一帜的拳头产品。因此，要作为重点工程，制定明确的工作时间表，争取在上半年完成开发，下半年能够境内外同步发卡。总行要牵头做好环球旅行卡的统一研发、统一发行、统

一宣传工作。希望各境外发卡机构配合总行一起做好商户拓展、商户维护、系统准备、联动营销和宣传推广工作，让环球旅行卡在全球范围内成为ICBC卡的知名品牌。

（三）扎实做好信用卡、借记卡、网银的捆绑销售。境外银行卡业务要与其他零售业务统筹发展，要加强信用卡、借记卡与网银的捆绑营销，向客户营销“信用卡+借记卡+电子银行”零售产品组合。开立信用卡的客户要配套发行借记卡，用于存款和信用卡还款，并同步开立网银，方便客户自助办理业务，弥补境外机构网点少的问题。要通过捆绑营销，扩大境外个人客户规模，争取更多的个人存款，推动境外零售业务实现整体发展。

（四）积极稳妥地发展好信用卡贷款业务。要促进贷款、发卡、消费业务良性互动。根据市场及客户需求，今年将在境外试点信用卡透支结构化利率，以贷款促进发卡和消费额提升。要在风险可控的前提下，对现有信用卡持卡人，要大力营销分期付款、现金分期等贷款产品，扩大贷款规模，增加利息收入。要按照总行的统一部署，研究境外“多介质”项下的小额消费贷款业务，满足境外客户消费需求。同时，发展信用卡贷款业务要做到制度先行，根据各国家（地区）的监管要求，制定专门的管理办法，防范业务中可能会出现的各类风险，保障业务健康发展。

（五）大力发展收单业务。发卡业务和收单业务相辅相成，做好收单业务，可以充分发挥发卡与收单业务的协同效应。因此，各境外机构要力争发卡与收单并举，尽早申请收单业务资质并投产FOVA收单业务系统。已具有收单业务资质的境外机构，要积极与当地商户开展收单及特惠商户合作，提升收单市场份额。港澳地区要加强收单团队建设，加大收单业务发展力度，结合“粤深港澳”商户圈建设，重点拓展美食、电影院线、购物、酒店等各类商户。其他境外机构要瞄准中国游客的消费热点，重点做好知名品牌店以及环球旅行卡当地合作商户的收单业务。需要总行协助拓展的收单商户，境外机构要提供具体的商户名单。要重点研究边贸地区的银行卡及收单市场。边贸地区的银行卡业务是有市场的，卡中心（国际）要牵好头，与各相关边贸地区分行一起进行详细、全面的市场调查，适时制定边贸地区银行卡与收单业务发展的具体工作方案。

最后，希望卡中心（国际）要加强队伍建设，转变工作作风，切实做好服务和管理。卡中心（国际）要加强自身建设，改进工作作风，严格工作要求，积极做好对境外机构的服务支持。一要梳理好业务流程，优化劳动组合，不断提升中后台服务质量和效率，为境外发卡机构提供“高品质、高效率、高标准”的中后台服务。二要深入调查研究，多进行面对面的交流，更及时、更全面地做好境外机构银行卡业务方面的意见建议征集、汇总，协助科技部门做好立项开发工作。三要继续做好对境外机构银行卡业务的现场和非现场支持，加强业务培训，及时解决境外机构业务发展中遇到的问题。四要严格执行总行制定的各项财务制度，加强成本控制，厉行勤俭节约，避免铺张浪费。

新的一年里，希望总行各相关部门及各境外机构密切配合，抓好工作落实，大力推动工商银行信用卡业务在境外的发展，确保实现总行确定的各项发展目标，推动全行银行卡业务发展再上新台阶。

培育员工良好职业操守
建立行为规范长效机制

——在中国工商银行员工行为规范教育活动总结表彰大会上的讲话

罗　熹

（2012年12月18日）

这次员工行为规范教育活动是在国内外经济形势发生新变化，我行经营转型进入新阶段，风险管理和内部控制面临新挑战的形势下开展的，半年多来主要做了三件事：一是通过开展主题学习、征文评比、知识竞赛等活动，全行40余万名干部员工对我行的行为规范进行了一次深入、系统的学习，强化了全行“凡事讲依法合规、做事要有规有矩”的意识；二是首次评选了一批长期严守行为规范和岗位职责、兼顾风险控制和经营业绩的“合规标兵”机构和个人，树立了在内控合规方面持之以恒的行为典范；三是通过检查评价对自身经营从业行为进行了反思和整改，受教育的不仅是基层员工，各级管理者也受到了深刻的教育，真正实现了全行合规意识与内部管理水平双提升。下面我受杨行长委托，讲两点意见。

一、学习教育活动扎实有效，取得丰硕成果

（一）行为准则深入人心，巩固了我行多年来的职业道德教育成果。自工商银行成立以来，一贯高度重视员工的职业道德行为教育，为全行业务的稳健发展提供了有力支撑。此次教育活动正是我行职业道德教育发展到成熟阶段，为更好地适应战略转型的一次深化。几个月来，38 家境内分行、17 家直属机构和附属机构、19 家境外机构及总行本部都参与了学习教育，活动期间全行共召开各层级动员会、交流会、推进会 14 000 多次；开展各层面集中学习 5 万多次，参加集中学习人次超过 180 万人；各级机构主要负责人进行专题辅导接近 25 000 次，进行主题巡讲 5 000 多次；参加网络学习员工人数超过 42 万人，参训率达 96.53%，课程有效点击量接近4 900 万次，学习时长接近 590 万小时，人均学习次数超过 24 次，人均学习时长接近 14 小时，学习规模和累计学时均创下网络大学培训纪录；参加网络竞赛人数接近 32 万人，参赛率达到 72%，平均成绩达到了 73 分，三项指标均创网络知识竞赛新高；活动期间编发各类简报 25 000 余篇，总分行共刊发网讯 18 000 余篇，征集主题征文 12 300 多篇、案例 2 000 多篇、箴言 3 200 多条。其中我们一位分行行长写的一句“宁可千日设防，不可一日疏忽”，我觉得写得很好，讲得确实感同身受，是对我们分行同志的一种谆谆教育。总之，这种规模庞大、广泛细致、持续不断的学习、宣传和教育，加深了员工对各项内控制度的熟悉理解程度，从总行部室到基层一线，从境内分行到境外机构，从各级管理人员到普通柜员和经理，都认真对照行为准则规范提升自己，全行队伍素质获得整体提高，各项业务的健康发展得到有效保障，较好地巩固了我行多年来职业道德教育的成果。

（二）经营管理更加规范，有效提升了全行风险意识和风险管控水平。近两年来，我行面临的经营形势更趋复杂，银行业进入新一轮风险周期，内控案防形势不容乐观，前些年被资产和盈利高速增长遮蔽的一些管理松懈、风险意识淡化等问题可能显现出来。正是在这样的形势下，这次活动起到了提升风险意识、规范经营行为的效果。首先，各级管理者受到了深刻教育，带头参与学习，带头遵纪守法，带头规范经营，开始认真审视和反思近几年快速发展中存在的管理漏洞和不足，认真思考和实施新形势下加强内部控制和风险管理的各项措施。其次，活动按照“岗位适应”的原则，要求每位员工结合岗位要求规范自身行为，特别针对新进员工、转岗员工、新提职员工进行了约 1 万余次的专题教育，覆盖面接近 100%，员工自律意识普遍提高。最后，活动将学习与整改有机结合，通过一系列措施，组织员工认真查找在制度执行方面存在的突出问题和薄弱环节，及时纠正各类违规行为。活动期间，全行共对过去两年 1 万个内外部检查项目发现的 163 000 多个问题整改及责任人处理落实情况进行了检查和评价，截至 10 月底整改率已达 98.95%。通过集中教育和整治，6～10 月全行十大违规风险事件较 1～5 月降低 50.39%；第三季度因员工行为因素导致的风险事件降低 28.4%。多项指标表明通过这次活动的开展使我行内控案防及风险管控水平有了明显提高。

（三）养成教育机制的形成，开启了我行职业道德教育的新局面。员工素质是企业素质最直接的表现。良好的行为规范和职业素养需要持之以恒的教育和培养。本次活动的着眼点就是职业道德养成教育，并在养成教育常规机制的建设上做了新的探索。首先，《员工行为守则》、《员工行为禁止规定》、《员工违规积分管理办法》、《员工违规行为处理规定》等制度共同构成了一套“正面有规范、反面有禁止、违反有处罚”的“三位一体”的员工行为规范管理体系，对爱岗敬业、诚实守信、稳健合规等职业素养的内容进行了分析和提炼，使养成教育具备了统一的参考标准。其次，活动初步形成了较为完整的养成教育实施体系。从教材开发、集中学习、网络学习，到竞赛和测试，以及学习状况的准确记录和综合评价等方面都进行了很好的探索，使养成教育逐步向系统、规范、持续、精细化的方向转变。最后，活动为如何增强员工的合规意识，激发其自我教育的内在动力积累了经验。从集中学习到对照剖析再到整改提高，从正面宣讲到警示教育，都注意把工作重点放在激发员工的内在动力上，不少员工在活动中感受到对自身的益处，对规范的学习和遵守都变得更为主动。事实证明，只要抓住习惯养成这个根本，促使员工自重、自省、自警、自励，真正形成自我约束和自我提升的惯性后，工商银行就有了向最优秀银行迈进的源源动力。

（四）自我约束更为主动，充分体现了监管的自律要求。近年来，监管部门对银行员工规范从业行为和规范经营行为的自律要求越来越明确和具体。自 2005 年以来，中国银行业协会先后发布《银行业自律公约》、《银行业从业人员道德行为公约》、《银行业从业人员职业操守》，形成了完整的银行职业操守规范。今年初银监会特别针对银行员工道德风险下发了《关于严禁银行业金融机构及其从业人员参与民间融资活动的通知》，提出了“八不得”要求，要求银行加大针对此类违法违规行为的监督和教育力度，进一步整肃从业人员行为。本次活动按照监管要求，不仅对经营从业行为提出了要求，而且在活动中各机构还从不同层面制定了一

系列自我约束和自我规范的办法、手册和岗位条款，自立了高于监管和总行要求的标准，并切实做好落实和深化工作。有的分行结合“八不得”要求开展了员工行为动态排查工作，及时消除道德风险隐患；有的分行将教育活动作为规范收费行为和改善公众金融服务的切入点，极大地提高了客户满意度；有的分行还将教育活动与“建设最规范、最安全银行”主题活动相结合。这些活动的开展体现了各机构和干部员工在自律方面更高的追求，各地监管部门对活动的成效也给予了充分的肯定。

（五）正面典型得到弘扬，进一步丰富和深化了合规文化内涵。每一位员工都是合规文化的传承者和践行者。可以说，工商银行走过的近三十年历史，不仅是业务快速稳健发展的三十年，也是合规文化不断充实和完善的三十年。在这种成熟文化的引领下，全行员工严守法规，规范行为，使稳健规范成为了我行品牌价值中最核心的组成部分。本次教育活动始终坚持正面引导的基调，不仅对全行合规文化进行了广泛深入的宣传，在活动中涌现出来众多合规标兵的感人事迹，更是对我行优秀合规文化的生动阐释。双百“合规标兵”机构和个人中，有依法合规、数十年无重大风险和案件，常抓基础管理并实现业务稳健发展的基层机构；有规范操作、凭着高度的责任心和敬业精神实现 26 年 160 多万笔业务无重大差错的优秀员工；还有勤勉尽责、开拓进取，在防范我行新产品、新业务合规风险中作出突出贡献的专业人员。他们的事迹，集中体现了当代工行人严谨规范、合规敬业的精神风貌，再次赋予了我行合规文化新的内涵和活力。身教胜于言教，各机构围绕“合规标兵”评选还开展了一系列发现、宣传、推广合规典型的活动，在全行弘扬了一种昂扬向上的力量，在学习先进、提升自身的过程中真正将合规典型的行为习惯变为我行宝贵的精神财富。

二、高度重视、不断探索，逐步建立行为规范长效机制

这次员工行为规范教育活动各项规定动作已顺利完成，今后我们的工作重心将转到巩固活动成果和推动成果的转化，特别是建立和实施长效机制上。

（一）努力构建和完善适应集团发展的制度管理机制。全面、科学的制度体系是实现“行为有规”最为重要的前提，下一步我们要重点做好制度的梳理和管理工作。一是全行要认真对照制度梳理十项标准，查找现有制度“上下、左右、前后、内外”不协调的问题，全面完成整改工作，切实提高我行制度整体的可遵循性。二是要根据《合规管理规定》，尽快制定《合规审查管理办法》、《合规经理管理办法》、《合规报告管理办法》，构建起全行基础性的合规管理框架；要根据我行改革发展和经营转型的要求，及时完善员工行为规范和经营管理制度，确保经营管理具备统一的行为标准。三是要切实贯彻执行好《制度管理基本规定》，全面提升制度管理的科学性和精细化水平，以制度建设为切入点，贯彻落实好姜建清董事长提出的“要把制度约束、技术控制、员工职业道德教育有机结合起来”的工作要求。

（二）努力构建和完善重视习惯养成的常规教育机制。此次教育活动为未来全行进行常规、系统的习惯养成教育提供了经验，但内外形势在变、经营方式在变，今后还有大量的完善和拓展工作，并要制定员工行为规范常规教育的指导意见。一是要按照“岗位适应”的原则进一步梳理各岗位必须掌握的制度和行为规范内容，形成科学细致、实用有效的规范教育内容体系；要围绕已成熟的规范教育内容重点开发员工行为规范教育系列课程，并将其纳入全行教育体系建设。二是要细分教育对象，明确施教重点和频次要求。除全行所有员工每年必须学习行为规范内容不少于一次、且学习时间不少于 3 小时外，特别要在新员工入职伊始和其他员工转岗和提职前必须进行行为规范专题教育。此外对一些重点岗位，特别是对员工自律要求较高的岗位，要适当提高员工行为规范教育的频率和时间要求。三是要在网络大学的内控合规专区下开通员工行为规范教育专栏，定期将员工行为规范课程作为必修课推送至每位员工，并对各机构员工必修情况进行定期通报。四是要优化员工行为规范测试题库，坚持学测结合，并根据员工行为规范教育向日常性教育的转变，修订已制定的规范教育评价方案和标准，按年度对机构和员工的学习情况和效果进行综合评价。

（三）努力构建和完善强化员工行为管理的监测机制。对各岗位人员经营管理行为的全面监测是进行内部管理的重要手段。今后要充分利用信息技术手段，实现对员工从业行为的全方位监测，全力做好提示和预警工作，为员工的职业安全和发展提供保障。一是各业务部门要进一步完善自身的管理系统和监测模型，发挥好“一道防线”的作用。同时，内控合规部门要加快搭建集“行为分析、指标分析、监测分析、自动预警、模型定制、任务管理”于一体的内控综合监测分析平台，真正发挥好“二道防线”的作用。二是内控综合监测分析平台要与全行尤其是有信息源的 90 多个系统进行对接，做到“进岗位、进功能、进流程、进系统”，实现“调单、调账、调像”，为下一步监测分析创造条件。三是要依托综合监测平台对全行经营行为进行集中监测分析，从“账务、信息、数据、图像”等多个维度对经营管理和业务操作进行监测，真正形成“能识别、能计量、能报告，能控制”的监督机制。

（四）努力构建和完善推动成果转化的激励约束机制。员工行为规范教育的最终目的在于规范员工行为、提升员工素质、强化内部控制。今后要坚持员工合规状

况与选拔聘用相统一，综合运用多种激励约束措施促进教育成果转化。一是要让“合规标兵”评选常态化。今后“合规标兵”的评选将每两年进行一次，在“正面有规范、反面有禁止、违反有处罚”基础上实现“合规有激励”，进一步提高机构、员工合规守纪的积极性。二是要进一步加大干部横向交流力度。今后要优先将业务部门年轻、优秀的后备干部和拟提拔干部交流到内控、内审、监察等监督部门任职锻炼1～2年，并将其在监督岗位上的工作经历和任职表现作为提拔任用的重要参考依据。三是要提升违规积分综合应用效果。对个人而言，要将违规积分作为员工绩效考核和年度评优的参考依据和岗位调整、选拔聘用、职务晋升的重要考察内容；对机构而言，要充分发挥违规积分数据的指向性、提示性作用，将违规操作的高发领域及业务管理的薄弱环节作为检查监督、业务辅导、人员培训和排查的重点。四是要将各机构每年开展行为规范常规教育的情况纳入年度内控评价，作为内控环境评价的重要内容之一，促使各机构加强自身内控建设。

（五）努力构建和完善促进问题整改的监督问责机制。监督问责是遏制和警示各类违规行为的有效手段。今后要本着“管理是手段、关爱是根本”的原则将教育和惩戒结合起来，以强化监督问责为切入点进一步促进违规违纪问题的整改。一是要严格问责，及时对违规违纪行为进行处理。要按照《员工违规行为处理规定》严厉惩戒内外部各类监督检查活动中发现的违规行为，促使各级管理层和每一名员工都对制度规范心存敬畏，守住底线。二是要完善案件分析通报机制。要对典型案件和重点违规事件进行深入分析，总结提炼案发趋势和员工行为动态特点，提出风险防范要点和建议，增强案防工作的前瞻性。三是进一步完善发现问题的整改追踪机制。要依托“监督检查管理系统”，对监督检查发现的违规问题，特别是屡查屡犯的问题，建立问题整改台账，实施问题整改核销制，对没有及时核销或长期不能核销的要分析原因、严格问责，逐步形成“教育在前、监测在上、奖惩在后、整改有责”的合规管理方式。

工商银行正在深入推进经营转型和创新发展，朝着建设全球“最盈利、最优秀、最受尊重”的愿景目标迈进。新的形势和新的任务需要更多具有优秀职业素养的员工。我们相信，通过持续不断地教育和培养，通过优秀合规文化的塑造和引领，一定能够打造出一支职业、敬业、专业和兴业的优秀员工队伍，一定能够将工商银行稳健合规的企业文化传承并发扬光大，一定能够在建设国际一流现代金融企业的过程中创造更多的经验。

深入做好公司金融资产服务工作

——在中国工商银行结算与现金管理专业工作会议上的讲话

罗　熹

（2013年1月14日）

这次会议的主要任务是，认真贯彻党的十八大会议精神，全面落实全行发展战略研讨会议部署，总结2012年结算与现金管理专业工作，分析结算与现金管理业务形势，部署2013年的工作任务，进一步推动公司金融资产服务工作。下面我代表总行党委讲三点意见。

一、2012年工作情况

2012年，全行结算与现金管理专业积极应对经济增速放缓、金融脱媒加剧、收费监管从严等不利因素的影响，抓住机遇，攻坚克难，超额完成了各项经营计划，为全行经营结构转型和实施国际化发展战略作出了重要贡献：

一是业绩贡献突出。结算与现金管理专业2012年各项经营计划指标的增长情况均超过全行平均水平，经营贡献全面提升。全行公司存款增加3 196亿元，其中公司无贷户存款增加3 586亿元，较年初增长23.06%，比全部公司存款的增长率高出12.41个百分点，完成全年任务计划的3.5倍，无贷户存款日均比上年日均增长2 599亿元，为全行公司存款的稳定增长作出了积极贡献。结算专业实现中间业务收入236亿元，同比增长13.3%，比全部境内分行中间业务收入增长率（4.1%）高出9.2个百分点，完成全年任务计划的105.83%。

二是市场份额领先。对公人民币结算业务量达到1 446万亿元，较去年增长97万亿元，继续保持国内第一结算银行的市场地位。法人理财产品销售额达11 064亿元，日均及年末存量规模分别达到2 639亿元和

2 274 亿元。代理财政集中支付及非税收入收缴业务金额达 120 亿元。在 197 家获得牌照的非金融支付机构中，已有 80 余家与我行确定了全面合作关系，市场份额遥遥领先。

三是客户质量提高。公司无贷户较年初增长 46 万户，其中潜力以上中高端客户较年初增长了 13 万户。新增结算账户 67 万户，带来 4 699 亿元的增量存款资金。国内现金管理客户累计达到 81 万户，其中五星级以上客户达到 18 万户。全球现金管理客户累计 3 332 户，全行境外对公账户达到 8 550 户，增幅达到 40%。

回顾 2012 年的结算与现金管理专业工作，有以下几点做法值得肯定：

一是市场营销有声势。广泛开展“现金管理营销推广季”活动，对现代服务业、先进制造业和新型农业等重点行业进行集群营销、行业营销，形成行业龙头示范效应。浙江、江苏、上海分行制订符合当地实际情况的行业解决方案，使营销推广季活动效果更加明显。先后在境外 10 个国家或地区成功举办全球现金管理客户营销活动，影响力向海外迅速延伸。深入开展海外拓户活动，有效协助境外机构拓展和稳定本地客户群。北京、深圳、湖北和四川分行加强与境外机构的业务联动，带动了海航、华为、武钢和长虹等重点现金管理项目的上线投产。成功举办多场法人理财业务推介会，取得了很好的营销效果，北京、广东、上海、河北和河南分行市场拓展成绩突出。成功举办多场第三方支付机构重点客户推介会，在同业竞争中取得了领先优势。积极参与 AFP、欧洲金融等国际性会议，展现我行的专业市场形象。

二是存款工作有飞跃。首次明确公司无贷户的营销职责，通过明确管理责任、强化专业考核、落实指标任务、完善服务机制，取得了良好的业绩。组织全行开展万元以下存量小客户的管理和挖潜工作，开展“唤醒”营销，实施账户“激活”工程，带动了中小客户在我行的资金留存。深入开展重点公司无贷户的直营活动，密切了与重点客户的业务合作关系。通过实施现金管理和公司金融资产增值服务营销方案，将理财产品销售作为吸收存款的重要手段，稳存增存效果明显。江苏、山东、四川、安徽、浙江和上海分行高度重视公司无贷户存款，全面落实总行考核政策，组织推动得力，取得了良好的营销效果。

三是产品创新有突破。启动了“以客户为中心”的现金管理系统改造工作，以“可操作、可交易、可核算、可控制”为目标，完成了全球现金管理系统的优化升级方案和项目开发计划。按照“系统平台整合、产品管理统一、渠道服务共享、客户服务连续”的原则，完成现金管理产品整合，并顺利完成中石油、中国移动等 602 个客户、23 361 个账户的数据移行任务。北京、上海、广东三家分行按照总行的统一部署，为移行项目的顺利实施作出了积极的贡献。优化对公票款存入机功能，在七家分行投产对公回单自助打印机，有效延伸对公自助服务渠道。持续优化集中收付款、资金池产品和中非直联项目，支持跨境人民币结算，更好地满足客户的全球现金管理需求。

四是业务管理有章法。进一步完善业务管理，规范业务准入和资格审查，优化内部操作流程，从源头控制业务风险，创造健康有序的业务发展环境。建立总行风险分析例会制度，并首次在专业考核体系中增加风险管理的控制指标，增强全行对风险管理的重视程度。制定并下发《非金融支付机构合作业务管理规定（暂行）》，建立业务准入制度和标准，体现差异化的管理策略。各项风险应对措施有效得力，及时关停 20 余家不符合管理要求的交易市场的银商转账业务，成功化解银商转账业务的系统性风险。及时开展全行代收代付业务调查清理工作，组织全行从政策依据、客户授权、信息安全、业务流程等角度进行治理整顿，及时防范了相应的业务风险。加强信息监测体系建设，深入研究客户与产品的匹配关系，为业务发展和精准营销提供有效的信息支持。成立欧洲区和美洲区现金管理中心，与之前成立的亚洲区现金管理中心和中非现金管理平台，共同构成全球现金管理区域中心布局，“总行—区域中心—境内外机构”的全球现金管理体系初步形成。

五是队伍建设有成效。总行牵头组织 14 期结算与现金管理专题培训班，为管理层和业务人员提供系统化的专业培训。推进国际财资管理师（CTP）的培训和认证工作，全年共培训 1 222 人，共有 755 人通过认证考试，持证人员总数达到 1 825 人，占国内总持证人数的 53%。成功组织产品经理竞赛和案例评选活动，发现和培养了一批优秀的产品研发专业人才。

在肯定成绩的同时，也要看到我们工作中还存在一些不足：个别分行风险管理意识不强，管理措施不到位，造成银商转账业务的风险隐患；有些分行网点对公客户服务功能没有得到完全有效发挥；有些分行对公司无贷户存款工作重视不够；总行探索公司客户金融资产服务的力度还需进一步加强。对于这些问题，我们要认真研究加以解决。

二、2013 年形势和任务

做好今年的工作，要对当前和今后一段时期所面临的形势有全面的把握，我想强调以下三个方面：

一是经济减速压力加大。可以预见，经济相对平缓增长将成为常态，短期内难以启动大规模的经济刺激计划，货币资金总量增长有限。银行的各项业务都面临着经济减速的压力，与企业经济活动密切相关的开户量、结算量和存款量大幅增长的可能性不大。在有限的增长空间内，各家银行对金融资产资源的争夺将更加激烈。我们的各项工作都不能放松，尤其是无贷户营销工作更要在激烈的竞争中不断进取。

二是支付结算要求提高。企业对账户功能和支付方式的需求，随着网络技术的发展快速更新，要求由单一账户服务向集团账户综合服务发展。网络支付的出现，使实体账户、虚拟账户的功能界限逐渐模糊，要求银行支持实体账户和虚拟账户之间的灵活转换，对银行传统支付结算渠道和工具提出了挑战。同时，随着企业财资管理水平的不断提高，又派生出更多账户控制、信息管理、资金调度、风险管理等新要求。这要求我们在产品功能和系统开发上要有前瞻性，以创新方式满足客户更高的财资管理需求。

三是资产增值需求旺盛。在企业当中，理财意识已经非常普遍，企业要求越来越多的理财产品，越来越高的理财收益。企业金融资产的形式，正在从单一的存款向多元化的资产配置转变。这需要我们推出更有竞争力的理财产品，帮助企业配置好金融资产，在扩大金融资产总量的同时，优化金融资产结构；需要我们做好存款与理财等各类金融资产服务之间的有序衔接，保持存款和理财的共同增长，增强我行公司金融资产服务的市场竞争能力。

总体上，今年面临的挑战与机遇并存，我们要积极在挑战中寻找机遇。基于以上形势，根据全行发展战略研讨会的精神，2013 年结算与现金管理专业的经营目标确定为：公司无贷户存款增长 1 000 亿元，实现中间业务收入 247 亿元；五星级以上优质公司无贷客户增长 5 万户，现金管理客户增长 7.6 万户，现金管理存量客户超过 88.9 万户，全球现金管理客户增幅在 11% 以上，存量客户超过 3 700 户；人民币结算业务量超过 1 500 万亿元，法人理财产品发行额超过 11 100 亿元。

2013 年结算与现金管理专业的工作要求是：围绕公司金融资产服务这一中心，积极拓户建好“池”，吸引存款引好“水”，发售理财养好“鱼”，完善现金管理功能，完善网络支付服务，加强风险管理，加强网点服务，用好营销系统，培养专业人才，为全行持续健康发展作出更大贡献。在工作中，具体要把握好三个要点：

一是建好“池”。“池”就是客户的账户，是银行为客户提供支付结算的服务平台。法人客户在银行开立的账户，从单一账户阶段，发展为集团账户阶段，进入了网络账户形态。因此，我们的工作仅仅实现单一账户、集团账户的拓展是不够的，还要顺应网络支付、移动支付的互联网时代特征，通过网络账户这张“网”，将法人客户的上下游客户“一网打尽”，以提供更加全面和综合的支付结算服务。要重点抓好知名电子商务平台、战略新兴产业集群、供应链集群和小微企业群，围绕电子商务龙头和核心客户的账户金融服务，批量发展新客户。要实现物理账户和电子账户的协同发展，进一步扩大公司客户电子银行证书的覆盖率和电子银行动户率，适应网络支付环境要求。

二是引好“水”。“水”就是存款，是客户金融资产的发展之源。与有贷户存款不同，公司无贷户存款规避了“以贷生存、以贷派存、以贷引存”的风险，具有成本低、风险低、效益高的特点。公司无贷户存款作为公司业务重要的组成部分，2010—2012 年三年年均复合增长率达到 14.77%，发展态势良好，对全行稳存增存发挥了关键作用。要进一步加大全行开展无贷户存款营销工作的力度，带动法人客户的整体存款贡献。要开发差别利率、灵活计息的存款产品，丰富存款产品的流动性和收益性组合，吸引客户存款。要紧紧把握网络和信息通讯技术的最新发展，加快云计算、移动终端等前沿技术在支付结算领域的应用，研究开发具有市场竞争力的支付结算工具，增强账户的引“水”功能。

三是养好“鱼”。“鱼”就是金融资产，是客户实现保值增值的重要手段。为加速金融创新，要依托基础牢固的账户拓展存款资源，开发扩大金融资产服务业务，向全行法人客户营销更多的理财、基金、贵金属、票据和保险产品，将金融资产池做深做大，更为主动地适应市场和客户需求的复杂变化。要积极掌握客户需求的第一手资料，从市场需求出发主动推动理财产品创新，提高理财产品的市场竞争力。

以上三点是密切呼应的，只有建好“池”，才能让客户的资金在“池”内流转，吸引更多的存款。通过抓存款，使“池”中蓄满“水”，才能更好地体现结算与现金管理专业的价值。随着“池”子里“水”的增多，我们就可以养“鱼”，通过多元化的金融资产配置，在帮助客户“生财”的同时也帮助我们自身提高服务效益。

三、2013 年工作措施

（一）拓展各类结算账户。要继续牢牢抓住客户源头，大力拓户增容，积极扩大金融资产池。具体做好六项工作：一是改进开户和结算服务效率。近来，客户对开户环节过多、效率降低的问题反应较为强烈。上半年，总行要组织各行开展客户对账户和结算服务满意度的调查，并根据客户反馈的情况提出改进措施，减少不必要的操作环节。相关部门要积极配合，优化对公账户开户和结算业务流程。二是提高账户“含金量”。要用“账户活动率、资金留存率、账户收益率、存款付息率”等“四率”衡量账户的“含金量”，切实提升账户质量和效益。今年全行要确保账户活动率提高到 93% 以上，账户收益率达到 16.5% 以上，资金留存率达到 5.4‰以上，存款付息率扣除政策因素后保持零增长。三是提高账户和结算产品竞争力。总行要组织全行开展同业调查，对同业的账户和结算工具服务功能逐一对比，找出服务效率高低的原因，有针对性地开发新产品，改进我行的账户和结算服务功能。四是加大力度推广“验资 E 线通”。年底上线投产的一级分行要超过 25

家，实现新客户的批量营销。五是深入开展集群营销。今年，每个分行至少要做出一个成功的“集群账户”营销案例，达到账户“一抓一片”的效果。六是持续开展海外拓户。总行提供好系统和产品支持，境内外分行加强联动营销，发挥区域现金管理中心联动优势，保持海外账户资源快速增长，全球账户要达到9 500户。

（二）吸收公司无贷存款。要认真贯彻杨行长在2012年存款工作视频会上的讲话精神，高度重视公司客户存款工作，将存款增量的完成情况与贷款增量相挂钩，实施存贷比动态差别管理，促进存贷款均衡稳定增长。去年底，公司客户中无融资业务的客户占比达93%，无贷户的存款和金融资产服务十分重要，今年重点要抓好六项工作：一是开展公司无贷户清理。在去年工作的基础上，总行要协调有关部门，组织全行对公司有贷和无贷客户进行清理，在清理的基础上准确标识，在标识的基础上准确分类，在分类的基础上准确考核。清理工作完成后，要把公司无贷户的营销和存款工作落实到各级机构，落实到各级岗位的人员。二是实施区域差异化客户拓展计划。大客户占比高的北京、天津、山西、大连、内蒙古和青海等分行，新开有效对公结算账户计划要高于全行平均水平，增加中小客户比重，降低存款集中度高的风险。其他中小客户占比高的分行，要鼓励抓大户，向重点户倾斜资源，争取存款稳定增长。三是实施产品推动。各行要组织“财智账户卡”和“存款自动转换”专场营销，以“财智账户卡”为介质整合对公服务渠道，对高端客户推广“存款自动转换”产品，充实支付结算服务内容。四是落实公司无贷户直营制度。总分行都要有配套的政策支持，采取产品差别定价、协议快捷通道、专属理财产品等方式，让客户体会到直营的好处；标准化理财产品要重点向日均金融资产500万元以上的大客户倾斜。五是加强存款动态信息监测。各行要充分利用大额资金流向监控管理平台，密切跟踪客户资金流向和金融资产形态的转换情况，掌握竞争对手动态，引导客户资金在我行体系内循环。六是继续坚持考核推动。总行要进一步强化存款考核机制，继续加大对无贷户的存款考核力度。各分行要将公司无贷户存款计划纳入到分行绩效考核体系当中，制定对辖属机构及其负责人、客户经理的考核办法。

（三）改进现金管理服务。现金管理服务要不断完善功能，改进技术，提高效率，加快推广，为金融资产服务打好基础。第一，加速开发全球现金管理系统。要尽快开发出现金管理客户端和银行端，建立统一的客户现金管理业务操作终端，形成现金管理方案、产品和渠道的一体化服务体系。要做好全球现金管理系统一期、二期项目的投产工作，开展现金管理专业版网银的客户营销，各行要力争实现当年上线突破。第二，加快创新现金管理产品。研发“付款管家”产品，为客户提供便捷、可控的付款服务。加大力度推广资金池、票据池、收款管家卡等产品，升级对客户的现金管理服务。第三，大力拓展全球现金管理业务。要重点抓业务投产上线，打造一批全球现金管理精品案例。推出具有“四大现金管理中心”区域特色的金融服务产品，提升区域中心的全球服务能力。第四，积极拓展机构客户现金管理服务。在做好代理财政集中支付的基础上，要把医院、学校和其他资金充裕的事业单位作为重点目标客户，开展专项营销活动，积极拓展现金管理服务范围。

（四）推动法人理财营销。要继续做大理财业务规模，丰富金融资产服务内容，主要抓好五项工作：一是大力营销标准化理财产品。以T+0、周周分红、日升月恒和开放式增利产品为重点，加大持续营销力度。二是开发专户和保本理财产品。各行要利用好这些有竞争力的产品，挖转他行优质客户。三是扩大代销业务合作范围。今年与外部信托机构、证券公司、基金公司的理财业务合作要有新突破，总分行都要积极寻找信誉好的合作对象，加强签约管理，为客户开辟更多的理财产品供应渠道。四是拓展机构客户资产管理。紧紧把握同业客户、准政府机构类客户、保险公司、养老金机构等机构客户的资金增值需求，为其量身定制专户资产管理服务方案，增强对机构客户的金融资产服务能力。五是积极参与贵金属业务营销。加强部门合作，联动营销账户金、实物金、积存金等产品，拓宽金融资产服务领域。

（五）规范与支付机构的合作。网络支付是发展趋势，网络银行是一个新型的金融业态，要积极应对网络支付带来的新挑战，处理好与非金融支付机构之间的竞争与合作关系，创造我行自身的业务发展机会。今年要重点抓好三项工作：一是规范业务合作模式。总行要深入了解非金融支付行业的商业运作模式，制订合作方案、营销方案和服务方案，统一营销策略。各行要严格按总行制定的统一策略开展与支付机构的合作。二是加强系统功能整合。总行要加快研发统一的系统平台，兼容各类支付机构的合作模式。各行自行开发的系统，要符合总行统一规划，既能够满足支付机构、商户及电子商务客户三方的金融服务需求，又要有必要的风控措施。三是实施差异化市场策略。各行要开展拉网式筛查，逐户制定与各支付机构的合作策略。对于符合准入条件的支付机构，所在地分行要逐户紧盯，推动签约和系统上线，做好日常业务合作。对于限制合作的支付机构，也要有适当的客户关系维护策略，密切关注其成长性。

（六）严控结算业务风险。结算业务风险原来主要为内部作案和外部欺诈风险，近几年随着业务升级，风险状况越来越复杂。全行要重点关注三个方面的风险：一是网络支付中的系统性风险。银商转账、第三方支付等平台化支付方式一旦出事，不仅会形成经济损失，处理不好还会形成社会事件。二是结算中的信用风险。现金管理服务中资金池常与日间透支联合使用，管理不好就会形成日终的风险敞口。三是系统操作风险。客户的资金归集、支付和透支，一经系统设定，就会自动批量执行，一个细小参数设错就会造成大面积差错。针对这些风险，今年全行要抓好以下五项工作：一是落实《非金融支付机构合作业务管理规定（暂行）》。全行要立即开展支付机构资质审查和等级评定工作，选取信誉好的机构合作。各支付机构开户行要加强备付金管理，防止备付金挪用引发的支付风险和信誉风险。二是严格规范银商转账业务。各行要认真落实去年确定的清理整顿交易场所的要求，动态监控各交易场所的业务情况和资金情况，如发现有从事违法、违规交易或挪用客户保证金等问题，立即采取控制措施并逐级上报。三是严格防范信用风险。各行对客户的日间透支要有信用额度、保证金或其他保证方式全额覆盖，对去年因网银高级功能移行形成的日间透支敞口，要逐一清理。四是严格防范操作风险。在客户协议系统设置、集团账户挂接等重要环节，承办行和协办行都要加强审核，严格操作手续，避免误操作风险。五是监测客户异常资金流动。加强与运行管理部门的配合，分析近年出现的风险案件，研发改造资金流动异常风险监控模型，对异常资金流动进行实时监控，及时发现潜在风险隐患并采取管理措施。特别要注重将网络账户之间的非正常交易、代收代付客户的资金往来纳入系统监测的范围。

（七）加强结算部门自身建设。重点做好以下六项工作：一是二级分行机构建设。各二级分行原则上都要设立结算与现金管理部，或者与其他专业联合设立专业部门，负责公司无贷客户、现金管理客户的服务工作。二是开展网点的对公服务评价。全行要在上半年组织集中开展一次网点对公服务功能评价，统一网点的对公服务策略、服务流程、营销品牌和评价办法，切实提升网点的对公金融服务能力。三是加强客户经理的配备与培训。每个对公业务网点都要有一名以上专职或兼职客户经理从事对公客户服务工作。利用 MOVA 中的星级评价信息，开展客户星级评价；根据评价结果，落实客户经理制和主维护人制度，为不同星级的客户配备相应层级的客户经理。继续开展国际财资管理师资格认证以及结算与现金管理业务的专项培训工作，优先将取得资格认证的人员充实到结算与现金管理专业上来。四是全面应用营销管理系统。在原来法人客户营销管理系统基础上针对公司客户进行系统性改造，不仅要满足内部管理分类需求，更要在一个界面反映客户信息全貌、产品交易全貌、营销过程全貌、金融资产全貌。所有公司客户经理要以营销管理系统为基本工具，记录客户的有关信息。各行要考核客户经理应用营销管理系统的情况，把客户认领、协议管理、营销记录、交易记录等作为主要指标逐一落实。大力推广平板电脑等离行办公工具，拓展营销管理系统接入渠道。深入挖掘营销管理系统数据，结合内外部信息资源，开展信息监测分析，为营销管理决策提供信息支持。五是加强部门之间的联动。全行结算与现金管理专业要继续加强与资产管理、资产负债管理、公司业务、投资银行业务、机构业务、电子银行、运行管理、信息科技、国际业务等部门的密切配合，形成我行公司金融资产服务的合力，提升我行的竞争发展能力。六是改进工作作风。坚持以客户为中心，牢固树立服务意识、创新意识、团队意识和风险意识，不断改进学风、文风、会风和工作作风。

2013 年是全行推进经营转型的重要一年，也是公司金融资产服务全面展开的一年，结算与现金管理部门要继续保持旺盛的工作热情和严谨的工作作风，积极探索公司金融资产服务的新渠道、新产品、新方法、新工具，为把我行建设成为国际一流的现代金融企业作出更大贡献。

努力提高机构金融服务的价值贡献

——在中国工商银行机构金融　资产托管　养老金业务工作会议上的讲话

罗　熹

（2013 年 1 月 21 日）

这次会议的主要任务是，认真贯彻党的十八大会议精神，全面落实全行发展战略研讨会工作部署，总结 2012 年机构金融业务工作，分析当前经营形势，部署 2013 年重点任务，努力提高机构金融业务的价值贡献。下面，我代表总行党委讲三点意见。

一、主要工作成效

2012 年，全行机构金融业务面对复杂形势，克服困难，逆势而上，各项工作成效显著。一是经营业绩良好。机构业务存款创十年来增长最好水平，时点增量 5 099 亿元，完成计划 147.5%，同比多增 367 亿元；日均增量3 884亿元，完成T3目标值129.5%，日均余额和增量占全部存款的比重分别为31.6%和36.2%；付息成本率2.33%，低于T2目标值7个基点，付息成本上升幅度低于全行平均水平3个基点；中间业务收入44.8亿元，比上年增加0.5亿元；营业贡献537亿元，计划完成率高于全行整体水平4.6个百分点。二是市场地位领先。机构业务存款余额和增量四行占比分别为36%和42%，均位居同业第一；第三方存管客户数和资金量四行占比分别达到33%和40%；中央财政集中支付代理金额4 733亿元，比上年增长11%；银保综合收入121亿元，代理保险业务收入33.6亿元，四行占比较年初提高1.35个百分点，其中代理财险收入9.3亿元，同比增长75.6%，继续保持同业领先优势。三是客户贡献提升。据初步分析，机构客户综合贡献约1 360亿元，同比增加13%，其中对金融市场交易、资产托管、银行卡、结算、电子银行等业务条线的贡献分别约为500亿元、50亿元、9亿元、5亿元和0.5亿元；政府机构客户对行内公司、个人板块分别输出资金2 902亿元和4 220亿元。四是部分分行表现突出。北京、新疆、青海、甘肃、陕西等分行的机构业务营业贡献在分行全产品贡献占比均超过15%；北京、广东、上海三家分行的机构业务存款日均增量合计在全行机构业务存款日均增量中的占比达到34%；北京、上海、山西、新疆、深圳分行在代理保险、第三方存管等重点业务保持同业第一。

2012年，面对市场形势复杂、营销任务繁重等情况，机构金融战线迎难而上，奋发进取，取得了良好的成绩。在此，我代表总行党委，向奋斗在机构金融战线上的同志们表示诚挚的慰问！向所有关心和支持机构金融业务的相关部门、分支机构表示衷心的感谢！

回顾2012年工作，有以下做法值得肯定：

（一）开展重点客户营销。高层营销有力。面对同业激烈争夺，总行对重点机构客户开展密集的高层走访，走访军队客户12次，政府客户6次，银行同业客户2次，保险公司客户9次，证券公司客户3次，成功组织银行同业研讨会、保险公司客户答谢会、“八一”军银联谊会等大型营销活动。各分行也积极行动起来，全年开展800余次机构客户高层营销。各级行领导深入了解客户需求，加强组织协调，紧抓产品对接，扎实推进各项任务落实。例如，上海分行及时开展对国库单一账户高层营销，组织制定紧急开户流程、开辟送审绿色通道，挖转他行预算单位170户，市场占比较年初提升近3个百分点。联动营销成效显著。加强部门联动、上下联动、内外联动、行司联动，充分挖掘机构客户合作价值。总行机构业务部与托管部联动，实现保险资产托管增加2 321亿元，巩固了四行领先优势；广东、浙江和深圳分行，一举夺得当地政府债券主承销商资格。总行机构业务、个人金融、金融市场等部门通力配合，助力工银国际、工银亚洲、工银金融取得人保集团H股上市投行和收款行资格，争揽到中信国际在美国经纪清算资格。

（二）改进机构客户服务。推进客户服务标准化，针对军队客户需求特点，出台综合金融服务方案、客户服务标准。制订落实综合服务方案，总行对中组部、卫生部、住建部等重点客户，量身定制综合金融服务方案，北京分行认真配合总行做好服务方案落地工作。上海、江苏、浙江分行也比照总行模式，制订辖内重点机构客户服务方案。优化服务流程，总行及时制定对证券公司和投资者的应急服务流程，协调解决对红十字会服务流程中信息不全等问题。完善服务渠道，总行研究制订财政服务电子化改革方案，成功获得财政部“地方财政国库集中支付电子化项目”首家试点合作行资格。福建分行根据军队、武警客户机动性强等特点，优化“工银随军银行保障车”服务。开展服务调查，总行机构业务部先后开展代理中央财政集中支付、非税收入收缴等服务质量调查近4 000次，并与银行卡部联合开展军队公务卡服务质量调研。

（三）完善客户营销机制。构建重点业务协调机制，在海军三大舰队账户竞争中，总行及时组织协调相关部门和分行制订服务方案、落实分工职责、密切配合、上下联动，会同北京分行加大对海军后勤部、装备部的总部营销，了解客户需求、争取军队系统总部支持；宁波、广东和青岛分行积极开展对舰队单位的高层营销，稳定军队客户关系。建立重点行定期会商机制，总行组织北京、上海、广东、深圳、河南等分行，召开金融机构总部营销座谈会，制定下发工作意见。加快构建总部营销机制，推进主题营销活动，加强队伍建设，完善考核激励。加强全行资源统筹，充分发挥银保业务委员会作用，总分行全年召开工作会议80余次，在银保营销策略制定、产品定价、资源统筹等方面发挥重要作用。建立重点客户合作定期梳理评价机制，与中信证券定期会谈，及时明确阶段目标任务，逐项落实部门职责，有效推进双方资源互换和渠道延伸。完善利率定价机制，与资负部密切配合，共同研究下发对财政、军队、社保、住房四类重点机构客户差别定价方案，有效实现市场竞争和成本控制的统一。

（四）加快服务系统建设。加快开发机构客户营销管理系统，在科技部门的大力支持下，系统初步实现机构客户信息集中展示和分类查询，以及客户分配管理和营销信息维护共享等功能。天津、河北、安徽、山东等分行积极参与系统需求讨论，湖南、福建、贵州、黑龙江等分行高效完成辖内数据梳理。扎实推进服务及业务系统建设。成功投产了账户管家、军队综合业务系统总参版、国库动态监控系统等8个新产品项目，推进社保、住房资金、银期综合平台、公务卡网上还款、银登转账等10项系统研发优化。特别是在社保、住房资金两个综合服务管理平台开发中，总行相关部门整合需求，面向分行和客户征求意见，及时完成系统立项。系统建成后，既能为客户提供业务交易、资金监控、信息管理等全方位、全流程服务，又能满足业务管理需要。河北、湖北、四川等分行不断丰富银银平台功能，对辖内中小银行营销成效突出；深圳分行借助自主开发的"证券交易明细查询"和"柜面实时批量支付"系统，全年成功营销网下发行项目62个，累计收款金额1 905亿元。

（五）加强客户风险管理。组织开展代理信托业务检查，总分行逐一梳理了存续信托项目，对融资人经营情况、融资项目进展情况、风险防范措施落实情况进行跟踪了解，全面排查房地产、煤炭和基础设施建设等领域的道德风险、市场风险和政策风险隐患，并重点检查业务办理和管理过程中的薄弱环节。加强付息率管理，积极配合资负部，加强对机构业务存款付息成本监测，主动调整短期同业定期存款规模和结构占比。梳理完善制度办法，根据《金融资产服务业务管理基本规定》，修订代理信托、银证、银保业务管理办法，进一步规范保险、证券、信托、期货等机构的准入和限额管理，优化业务流程。加强信用风险管理，总分行认真开展对451家金融机构客户授信尽职调查，授信总额40 416亿元，覆盖面100%。

在肯定成绩的同时，也要看到工作中存在的不足。比如个别分行在开展代理信托业务过程中，对信托公司的管理能力和融资客户的信用状况缺乏把握，存在一定的风险隐患和管理漏洞；总行对机构客户金融资产服务在需求、产品、渠道、系统方面研究还不够，个别分行机构中间业务收入长期徘徊，存在需求不明、产品不清、核算不准、考核不力等问题；总行组织开发的机构客户营销管理系统功能仍不够成熟，系统应用还处在试点阶段，尚不能通过系统实现客户、交易、信息和价格的全面、实时管理。对于这些问题，我们要认真研究并加以解决。

二、明确工作目标

2013年是全行深入贯彻落实党的十八大精神的开局之年，也是国内外经济金融形势严峻复杂的一年。全行机构金融业务部门要认真分析市场形势，把握发展机遇，加快产品创新，控制经营风险，谋划转型发展的新思路、新举措。

（一）把握四大机遇。

1. 资本市场机遇。一是资本市场资金体量快速增长。新监管政策提升了券商理财产品创新能力，券商理财规模有望在当前1.2万亿元基础上保持快速增长。证监会大力培育机构投资者，未来将新增QFII额度500亿美元，RQFII额度2 500亿元，证券类机构金融资产在银行体系流转的规模持续增长，为我行开展第三方存管、资产管理、RQFII收款清算、资产托管等业务带来机遇。二是银行与证券市场合作通道进一步打开。监管政策放开券商理财投资和代销金融产品范围，鼓励券商参与私募债承销试点，银证在财务顾问、承销、市场交易、渠道共建等领域合作空间广阔。

2. 保险市场机遇。一是险资投资范围有效扩大。新的监管政策将释放约2万亿元可投资于银行理财、券商资产管理计划、信托的保险资金，进一步打通了银行、证券、保险市场资金联系，有利于银保在资产管理、金融市场、资产托管、租赁等领域开展全面合作。二是保险产品创新步伐加快。保监会加快推动出口及国内贸易信用保险、贷款保证保险等险种创新，有利于我行优化银保产品结构，丰富产品集群，提升为客户提供保障、风险管理、理财的全面服务能力。

3. 民生领域改革机遇。一是资源总量巨大。预计今年底全国社保基金结余资金达4万亿元，养老保险覆盖人数和社保卡发放量迅速增加，到2015年可达到8亿；今年全国保障性住房社会投入资金1.2万亿元，医疗卫生领域投入3.2万亿元，教育领域投入4.6万亿元。社会资金持续向社保、住房、医疗和教育等领域汇聚，为我行存款持续增长提供重要来源。二是金融服务需求旺盛。社保领域需求主要集中在资金清算、保值增值等方面，医保费用即时结算、异地就医结算、社会保险关系转移接续、农村新型养老保险、社保资金投资运营等方面合作需求巨大；医疗卫生领域在新型农村合作医疗基金托管、医疗行业基金和卫生专项资金运作管理需求旺盛，联名发行"银医一卡通"、银行参与药品集中交易服务、医疗设备租赁等新型合作模式已经或即将推出；教育服务领域在经费拨款、学费收缴、基金捐助、教学设施建设等方面也蕴藏着丰富的金融需求。面对资源丰富、机遇良多的民生领域大市场，我行总体介入还不够，尚未形成市场领先优势。

4. 同业领域机遇。一是货币市场深度广度进一步提升。2012年全年银行间市场拆借和回购累计成交突破200万亿元，同比增长超过50%。随着企业债、超短期融资券、非公开定向债务融资工具、信贷资产证券化等新兴品种推出，银行间债券市场全年发行规模已超过7万亿元，同比增加20%。二是银行间互补合作需求提升。随着银行体系各类机构在经营策略、网点布局、客户结构等方面差异日益明显，为我行依托产品、渠道、科技、管理优势，与各类银行机构开展互补合作提供了良好契机。如邮储银行、城商行、农商行、农信社经营特色鲜明，与我行营业网点和客户结构差异较大，在开展支付结算代理、国际业务合作、外汇清算、同业存款等业务方面具有高度互补需求；中小股份制商业银行具有经营机制灵活，业务发展与创新较快的特点，与我行在同业拆借、支付结算代理、债券投资、国际结算及贸易融资等方面合作潜力巨大。

（二）关注三大业务风险。

1. 代理信托业务风险。近年来信托融资规模呈爆发性增长，但受国内外经济环境影响，部分企业出现了经营困难，信托融资风险逐渐暴露。今明两年是我行代理的信托计划到期兑付高峰期，兑付总规模近 300 亿元，约占存续信托计划总量的 80%，也是相关风险容易暴露的敏感期。对此，全行要高度重视，各相关部门、机构要提前制定风险预案，早作防范。

2. 代理保险业务风险。今年是我行第一个代理保险产品满期给付高峰，2008 年前后销售的保单将有 700 多亿元面临到期给付。而 5 年前，银行五年期存款利率为 5. 13% ~5. 85%，若到期保单分红收益低于当时利率，容易引起客户投诉。有关保险公司已在制定给付方案和处置预案，总行相关部门要积极参与给付方案实施工作，与保险公司做好方案对接。

3. 理财业务风险。近期一些金融机构的理财产品频频爆出未达到预期收益、出现巨亏，或者存在违约风险等问题，已被监管部门列为重点风险源。在我行与其他金融机构开展代销、托管、顾问等合作中，相关金融机构的理财产品风险较易向我行传导。我们要认真贯彻监管政策要求，进一步加强对合作机构、产品、项目、流程的全面风险管理。此外，还要关注和防范个别基层机构、岗位员工“私售”、“假售”理财和保单的违法违规行为。

（三）应对两大压力。

1. 同业竞争压力。近年来主要同业加大了资源投入，加强对财政、军队、社保等客户营销，我行长期领先优势受到冲击。比如 2012 年，中行、农行、建行与我行就东海、南海、北海舰队的账户开立展开白热化争夺。如何顶住压力、稳定客户、改进服务，需要我们积极应对。

2. 资产管理压力。随着相关政策放开，机构客户的资产管理需求迅速提升。如何针对各类机构客户需求特点，设计开发不同投资品种、交易结构、期限结构、风险结构的资产管理产品，有效满足机构客户资金保值增值需求，需要我们及时加以研究和响应，并做到规范营销。

（四）工作思路和目标。2013 年，机构金融专业的工作要求是：紧紧抓住金融市场发展和公共资金增长的历史机遇，以提高机构金融服务价值贡献为导向，以增加机构同业存款和中间业务收入为目标，对外开展综合营销，对内加强产品整合，开拓民生领域服务，探索资产管理业务，加快服务系统建设，改进风险管理，加强客户经理培训，为全行经营转型和持续发展作出应有贡献。

机构金融业务的发展目标是：营业贡献 560 亿元，EVA 295 亿元；机构业务存款增量 4 000 亿元，日均增量 2 000 亿元；纳入部门定量考核的机构中间业务收入 45 亿元；银保业务综合收益 130 亿元。

三、主要工作安排

（一）继续做好重点客户营销。

1. 对于银行同业客户，重点工作是加强互补合作，提升银银平台产品的普及率。强化分类营销，总行要针对不同类型客户逐一制订方案，各分行要密切关注辖内重点客户需求，与政策性银行推进结算及跨境金融服务合作，与邮储银行深化资金交易和国际结算合作，与股份制商业银行开展投融资业务，并向中小银行推出优惠套餐服务。加强重点产品推介，总行要开展“搭平台、促合作”主题营销活动，上半年与农信银资金清算中心牵头，联合 30 家农村信用联社和深圳农商行召开银银平台业务研讨会，不断丰富平台产品功能，加强平台上我行与同业客户互销产品的规模数量、客户结构、区域结构的梳理，对分行平台推广做出具体安排，搭建“金融超市”。各分行要加强银银平台推动营销，力争年内每家分行投产一家客户。

2. 对于证券类客户，重点工作是推进与证券公司的创新合作。推广“非现场开户”业务，总行要加快流程设计及系统建设，各分行要认真组织产品推广，提高辖内存管一站通和网上自助注册业务的开通率。加强综合营销，总行要制定灵活、统一的定价方案，将“现金宝”与集合理财代销、第三方存管客户开发进行捆绑，各分行要在总行授权范围内，对辖内重点合作券商制订综合营销方案。

3. 对于保险公司客户，重点工作是严格执行《银保业务管理办法》，全力完成代销业务规模 1 000 亿元、综合贡献 130 亿元目标。要优先与大型保险公司开展合作，总行将国寿、泰康、新华等七大寿险、人保、太平洋、平安三大财险和工银安盛列作重点合作伙伴，在代销和各类金融资产服务业务给予政策和资源倾斜。各分行要优先开展与重点保险公司合作，并对零业绩的二级分行和网点进行问责。要努力提高保险客户覆盖率，总行要联合保险公司开发专属产品，提升养老、教育及健康类保障型产品销售比例，扩大国内贸易信用险试点范围。各分行要与保险公司组成营销团队，通过知识讲座、社区营销、理财沙龙等形式培养引导客户保险需求。加快电子渠道建设，总行要对发展网银、电话、自助机具保险作出进度安排，加强网上保险产品筛选和宣传促销，优化电话银行系统外呼功能，力争三年时间实现银保网销等电子渠道业务占比 10% 的目标。积极拓展保险公司客户资源，综合营销银行卡、个人网银、代发工资、理财产品等业务，并与大型保险公司开展渠道延伸合作。深化资产服务业务合作，总行要组织召开保险投资服务推介会，向保险公司重点营销资产管理、托管、金融市场等产品。北京、上海、深圳等保险机构法人所在地分行，要做好业务对接准备及后续跟踪服务。

4. 对于财政类客户，重点工作是强化综合金融服务，争揽各级政府机构客户存款和各类专项资金账户。总行要组织重点分行及当地财政部门开展国库现金管理业务研讨会，配合财政部扩大地方国库集中支付电子化项目试点范围，做好对红十字会的综合金融服务。各分行要落实总行主题营销活动安排，对辖内公共财政和事业单位逐户走访，进一步提升代理中央财政授权支付网上银行、非税收入收缴、预算单位公务用卡、账户管家、地方债承销等业务市场份额。

5. 对于军队客户，重点工作是转变服务理念，注重服务细节，提高服务效率和响应速度。开展分层营销，总行与北京分行要加强对总后等八总部客户的高层营销，七大军区所在地分行要重点营销军区联勤部财务部和结算中心，其他分行要加强对省军区和驻地集团军的营销。提升服务质量，总行要联合总后、总装召开军队金融服务研讨及产品推介会，集中组织军队“两卡”业务营销，协助总后完成军人工资卡辅卡的研发推广。各分行要抓紧落实军队服务标准，提升军银合作层次和服务水平。推广业务系统，北京分行要认真做好总后、总参资金监管系统的应用维护，做好总装资金监管系统投产准备。广东、江苏分行要配合广州、南京军区做好“军队综合业务系统”建设规划方案和组织实施。

6. 对于民生类客户，重点工作是加快推出民生领域的金融服务方案、系统和产品。总行要组织开展“抓机遇、建平台、促民生”主题营销活动，分领域制订金融服务方案，做好与人社部、住建部等龙头客户的日常联系和高层交流。积极配合住建部做好“住房公积金银行结算数据采集系统”建设工作，开展全行系统操作培训。加快推广社会保障卡、住房公积金联名卡、公积金项目委托贷款、个人委托贷款等产品，力争今年社保卡新增发卡2 000万张。各分行要认真落实总行营销管理要求，全力介入当地社保投标，确保投标参与率不低于60%。加强对公积金支持保障房建设试点城市公积金管理中心、项目承建单位的营销渗透，力争对新增64个扩大试点城市的参与率不低于30%。

（二）开拓民生领域金融服务。按照“有规划、早投入、全流程、全渠道、多功能、建平台、建代理、讲安全”的总体要求，重点做好以下五方面工作：一是加强规划研究。今年总行将民生领域金融服务作为全行的重点研究课题。下一步要尽快完成民生领域金融服务规划，明确财政、教育、就业、医疗、住房、养老六大领域任务目标，研究产品设计、流程优化、系统开发、渠道建设的建议。二是搭建重点平台，按照标准化、产品化、模块化、平台化的要求，整合住房资金、社保业务、公共财政三大综合服务平台和医疗机构、教育机构两大专业服务平台。三是科学规划投入，要着眼长远，按照“有所为有所不为”的原则，合理确定六大领域市场份额和发展目标，做大财政、社保、公积金等基础领域，并在医疗、教育、就业等相对薄弱领域有所突破。各分行要加强辖内重点客户营销推动，做好社保、住房资金综合服务管理平台的投产上线工作，并结合当地实际，积极开展业务合作，设计、开发服务民生领域的专属功能和产品。

（三）探索机构客户资产管理。通过资产管理业务，增加客户资产收益、降低资金风险、提高资金使用效率，为机构客户金融市场上投融资活动提供增值服务。对于证券类客户，要探索银行资金池与券商资金池对接，满足券商资产多元化配置、流动性管理需求，并加强与券商资管的托管合作。对于保险公司客户，要大力拓展金融市场交易、资产管理、投资银行等业务合作，研究投贷联动的合作模式。对于银行同业客户，要为其金融债、次级债、可转债发行提供承销服务，并为中小银行提供适合的理财产品。对于政府类客户，要竞争地方国库现金管理、地方债承销，并重点面向民政、慈善、教育、医疗等资金充裕的事业单位开发专属理财产品。对于军队客户，要加强官兵个人理财业务培训，根据部队官兵个人金融资产配置需求，选取合适理财产品进行推介，并做好工资卡辅卡研发推广，为军人购买理财产品提供便利。

（四）加快机构客户服务系统建设。一方面，要加快机构客户营销管理系统推广应用。总行拟于近期召开全行系统应用推广会，下一步要重点做好四项工作：一是开展客户属性梳理。总行将按照“统一标准、专业认定、集中纠改、试点完善、全面覆盖”的原则，对法人客户开展客户属性认定，各分行要按总行要求认真完成客户信息梳理，建立系统性客户的层级关系。二是建立机构客户统一视图。全面整合交易和账户信息，实现机构客户信息多维度、多渠道展现，支持各部门、各机构之间联动营销和全流程服务。三是做好交易监测。全面采集客户各项交易数据，力争达到“T+1”的时效要求，尽快补足缺失的客户重要交易信息、产品信息、营销信息。四是做好客户信息综合分析。按照客户、人员、产品、机构和部门开展多维度的信息分析，统一信息结构和数据基础，为有效营销提供决策依据，为考核提供管理手段。另一方面，要提升业务系统功能。加快相关产品系统研发，推动证券公司“非现场开户”系统、政府公共资源交易金融服务平台、总后银医平台项目、红十字会综合信息管理系统、总装装备账户和资金监管系统建设，加快远期结售汇、代理外汇买卖等银银平台新产品上线，推出军人工资卡辅卡等创新产品，优化地方国库集中支付电子化业务系统功能，推广军队综合业务系统、总后账户及资金监管系统。加强组织推动，机构业务部要与产品部门密切配合，对产品的推广效益、竞争力、客户体验及时进行评估和改善。

（五）严格控制机构客户风险。面对严峻复杂的经营环境，要进一步把握好风险防控和业务发展的关系，提升风险管理水平。一是加强操作风险管理，及时完善代理保险、代理信托等业务的制度办法、业务流程和合同文本，做好军队客户信息分级查询和保密工作。二是加强信用风险管理，进一步加强信托、证券、保险的准入管理和融资项目的尽职调查，密切关注合作机构的经营管理、风控能力和财务状况，持续跟踪项目存续期间融资人的经营情况、融资项目的进展情况以及风险防范措施的落实情况，及时调整准入名单和合作政策。三是加强声誉风险管理，要完善保险公司重大事件应急预案，密切关注到期保单收益情况，提前制定应对满期给付和投诉的预案，严格防范满期给付风险，防止发生客户集体投诉或非正常集中退保事件。

（六）加强机构业务部门自身建设。一是加强营销骨干培养。从今年开始三年内选拔培养1 000名机构客户营销骨干，优先用于重点机构客户的配备。总行要尽快拿出营销骨干的选拔办法和培养使用计划，并完善机构客户经理业绩评价、等级管理、财务资源配置等机制。要充分发挥营销专家对系统性龙头客户营销的作用，今年要对分行主管行长进行民生领域金融服务专题培训。二是完善营销机制。进一步明确各级行、各部门在机构客户营销服务中的职责，全面提升系统客户整体服务水平。对于重点机构客户，要在有效防范风险的前提下，探索建立直接受理业务、优化调查流程、个性化授权的“绿色通道”。加强部门联动，借助客户图谱分析、大额资金监控管理平台等手段，积极拓展核心机构客户的上下游客户资源。今年重点行机构金融业务座谈会的议题，就是对照分析去年座谈会后下发加强金融机构总部营销工作意见的落实情况，进一步完善总部营销机制。三是改进作风。要持续提升学习和研究能力，树立服务、创新、严谨、效率的意识，进一步规范营销行为，不断改进学风、文风、会风和作风。

2013年机构金融业务任务艰巨，责任重大。希望全行机构金融业务部门的干部员工进一步振奋精神、积极履职、真抓实干、精细管理，在全行经营转型和持续发展中发挥更大的作用，作出更大的贡献！

广泛开展各类资产托管服务

——在中国工商银行机构金融 资产托管 养老金业务工作会议上的讲话

罗 熹

（2013年1月21日）

过去的一年里，全行资产托管业务部门的干部员工面对艰难的市场环境，积极应对挑战，克服重重困难，取得了良好的经营业绩。为谋划好今后一个时期资产托管业务发展，总行拟定了2013年资产托管业务工作意见，会后将下发。请各分行按照总行要求，认真组织落实。下面，我代表总行党委讲三点意见。

一、良好经营业绩来之不易

2012年，全行认真贯彻落实总行党委战略部署，扎实推进市场营销，全面强化业务管理，取得了突出的经营业绩。

一是关键业绩指标再创佳绩。2012年，在经营环境极为不利的条件下，全行资产托管规模增长至3.95万亿元，比上年多增4 253亿元，完成年度任务的105%；实现托管业务收入59.65亿元，较上年进一步提高，继续扩大了国内第一托管大行的领先优势。

二是利润中心经营绩效持续提升。2012年，总行资产托管部利润中心本部资产托管规模1.96万亿元，比上年多增2 567亿元；实现托管业务收入17.02亿元，净利润14.95亿元，同比多增2 200万元，完成预算目标的111%，全面完成各项年度经营指标。

三是同业领先优势进一步扩大。我行各类产品托管规模不仅继续保持而且进一步提升了市场领先优势，其中证券投资基金托管市场占比29.02%，领先第二名7个百分点；企业年金基金托管市场占比40.4%，超过第二名近27个百分点；保险资产托管占比稳定在40%左右，托管业务全面领先优势更加明显。与此同时，我行还蝉联《环球金融》、《全球托管人》和《财资》等境外媒体颁发的“中国最佳托管银行”全部奖项。

过去的一年，资产托管业务的整体经营环境非常严峻，安心账户托管业务上半年一度受阻，且全年资本市场下跌30%，但全行上下团结一致，合理规划业务发展，扎实推进经营管理，各项工作收到良好成效，我代表总行党委，向全行资产托管战线的干部员工表示祝贺和亲切慰问。总结去年的工作，有以下几个明显特点。

一是安心账户托管业务收入稳定，同业领先优势扩大。全行坚持合规经营，全面落实“专户保管、专门审核、专项指令、专户筹集、专项监测、专门报告”要求，规范业务管理，安心账户托管业务收入下半年企稳回升，全年实现业务收入32亿元，与上年基本持平，领先同业第二名的优势从上年的12亿元扩大到16亿元。

二是在不利的市场环境下实现了收入任务不减的目标。面对快速变化的市场环境，总行提出了业务收入任务不减的目标，并通过实施重点产品激励和存款收益返还政策，扩大收益返还产品范围，调整业务和产品重点等手段推动业务发展，全行托管业务总收入实现了难得的增长，尤其值得一提的是，各分行非安心账户的托管业务收入同比多增2.8亿元，增幅达37%。

三是以客户数量的快速增长筑牢业务发展基础。全行加大客户分类服务和重点客户营销推动策略的实施力度，新签约客户迅速增长，其中新增托管证券投资基金51只，累计达282只；新增保险客户6家，总客户达73家；新增企业年基金客户300个，客户总数达3 993个；新增QFII客户11个，总客户达37个；新增合作券商22家，总数达39家；安心账户覆盖率达到45%，同比提高5个百分点，进一步夯实了托管业务的客户基础。

四是全球托管业务布局初见成效。总行先后召开境外机构托管工作座谈会和境外机构QFII托管营销专题视频会，全面部署和推动托管网络建设，提升境外机构托管业务营销服务能力，工银亚洲已正式提供香港本地托管服务，工银金融开办首单QDII专户托管业务，工银印尼等机构的业务准备均取得较大进展，全球三大托管区域中心的建设规划正在逐步推进。

五是以创新促发展收到实效。创新是我行托管业务多年发展的经验，也是2012年取得成功的重要推动力。全行抓住政策机遇，率先开展基金公司中后台业务外包试点，成功推出首只跨市场沪深300ETF、首只理财型基金等创新产品的托管服务，大大丰富了产品线。同时，顺利完成全行托管业务前中后台一体化流程改造，业务营运流程进一步优化，效率显著提升。

二、充分认识托管业务发展的新阶段、新任务

2013年，我行托管业务发展将进入第15个年头。15年里，我们的资产托管规模从十亿元级迅猛增长到接近4万亿元，并实现了从基金向各类资产管理全面拓展，从单一资本市场向不同市场延伸，从国内市场向全球市场逐步过渡的大跨越，为业务的进一步发展奠定了良好基础。与此同时，我们更应该认识到，全行资产托管业务发展已经进入一个新的发展阶段，面临许多难得的历史机遇。

政策环境有利于托管业务发展。党的十八大报告提出收入倍增计划，社会财富增长及其投资需求将更加旺盛，为专门提供资产服务的托管业务带来广阔的发展空间。人民币国际化步伐进一步加快，境外机构投资中国资本市场上限上调，离岸人民币获准回流国内市场试点总额度提高，也表明我行全球托管业务将迎来快速发展期。

市场创新推动托管业务发展。随着管制的进一步放宽，更多的托管服务、托管产品和托管模式将出现。新《基金法》明确规定商业银行可以开办基金中后台外包业务，这将大大拓宽托管业务的发展空间；监管部门放松对金融机构资产管理业务的管制，基金公司、证券公司和保险公司从事公开募集资产管理的步伐加快；银行票据资产托管、商业预付卡资金托管和各类第三方支付托管的大量出现，将托管服务从资本市场引入更广阔的领域。

我行推动经营转型要求加快发展资产托管业务。面对资本监管更加严格、利率市场化和金融脱媒加快推进的经营形势，全行必须加快推动收益结构转型，快速提升金融资产服务业务经营贡献。在资本硬性约束和利差收窄的情况下，资产托管业务所具有的高稳定、高成长和低风险、低资本占用的“两高两低”特点，将和其他金融资产服务业务一道，为全行突破资本约束和盈利瓶颈发挥重要作用，承担更大职责。

托管业务具备了进一步发展的条件。经过15年创新发展，资产托管业务已经成为一项适应全行各个层面，可以广泛服务于各类型客户的专业性与基础性充分结合的金融资产服务业务。一是综合贡献大。资产托管业务作为一项中间业务，不仅直接产生托管费收入，还可创造可观的低息存款、汇划费收入和结售汇收入。以2012年为例，全行资产托管业务不仅直接创造了近60亿元的托管费收入，而且带来投资户日均1 200亿元、受托户日均40亿元的低成本沉淀资金，投资户平均付息率仅为0.84%、受托户更是低到0.35%，大大低于全行2.75%的平均付息水平，为全行提供了优质存款资源，仅此一项为全行创造的超额贡献超过20亿元。自2006年以来，全行托管业务人均利润连年超过1 000万元，综合贡献非常突出。

二是业务带动作用强。经过15年发展，资产托管业务从最初的总部独立运作，发展到目前的全行营销、多部门参与、境内外机构协同配合，成为横跨各类市场，连接各类机构和各业务板块的重要纽带，大大丰富了我行与各类金融机构和大型企业集团在各个业务领域的合作关系。资产托管业务已经成为总分行业务创新的重要平台，促进了境内外分支机构的业务结构不断优化。

三是业务覆盖面广。资产托管业务从服务资本市场延伸到货币市场、保险市场和实业领域，与银行业务的

联动性不断增强，互补性日益明显。尤其是近年来，托管业务延伸到基础金融市场、实业领域甚至是互联网等新兴行业，既与商业银行传统业务建立起密切联系，又将业务触角伸向社会经济生活的各个领域，有机整合了商业银行的清算与结算、核算与估值、保管与支付等传统功能，再加上独特、严格的依据指令监督和公开信息披露功能，已经成为适用于绝大多数商品交易和资金往来活动的业务。

全行托管业务收入结构中，来自于非资本市场产品的收入已经超过总收入的50%，而且这一比例呈现逐渐增大趋势，说明随着资产托管业务从单纯为资本市场服务逐步发展成为银行的一项基础性金融资产服务，全行普及、推广、发展业务的空间越来越大。

三、全面做好2013年资产托管业务工作的目标和要求

结合全行中长期发展战略目标和今后一个时期的工作任务，2013年全行资产托管业务的总体工作任务是：以党的十八大精神为指引，以迎接托管业务开办15周年为契机，把握发展机遇，向内挖潜、向外突破，加快服务创新，拓宽服务领域，加大资源配置力度，全面提升营业贡献，保持业务健康快速发展。工作目标是：托管业务规模确保43 000亿元，力争实现45 000亿元；托管业务收入确保实现65亿元，其中总部利润中心18亿元，分行47亿元；各主要托管产品继续领先国内同业，各分行托管业务收入四行占比保持第一；正式推出托管理财通、票据托管业务和基金外包业务。

围绕上述任务目标，我就做好2013年全行资产托管业务提出以下要求。

（一）加快基础性托管业务发展。安心账户是我行面向广大客户最主要的基础性托管产品，全行要以客户融入资金托管为重点，并把安心账户托管业务嵌入商业预付卡资金、商品房预售资金、公益基金、公共资源资金、各类保证金、网上交易平台资金等领域，迅速形成完善的安心账户托管产品体系。总行资产托管部要加强同信贷与投资管理部、公司业务一部、财务会计部等部门的配合，从业务指导、考核措施、完善系统功能等方面加大对各分行的支持力度。同时，要和财务会计部密切配合，尽快对各分行反映突出的安心账户（客户融入资金）收费模式进行合理调整。

各分行安心账户托管业务的工作重点是：客户融入资金托管要在全面落实“六专”服务、积极提供增值服务的同时，充分发挥托管机制优势，大力推进业务发展。单用途商业预付卡资金托管，要抓住商务部实施《单用途商业预付卡管理办法》的有利时机，加强部门联动，力争全面推广。商品房预售资金上托管，要紧跟当地商品房预售资金监管政策动向，发挥托管系统优势，以托管影响和推动政府的资金监管。与此同时，各行要在加快业务普及与产品创新的同时，加强收费的精细化管理，不得随意减免费率。

（二）扩大资本市场托管业务领先优势。要把托管业务开办15周年作为重要的营销契机，大力宣传我行托管业务取得的成绩和优势，实现宣传与营销的有机结合。在证券投资基金托管业务上，要加强对基金管理公司的综合评价，深化分层营销，密切与优质基金公司合作关系，稳定市场领先地位。北京、上海和深圳分行要强化与辖内基金管理公司的关系维护与营销，积极拓展特定客户资产管理和专项资产管理业务的托管市场。在保险资产托管业务上，要深化核心客户定向营销，重点挖掘大中型保险公司的托管潜力，上海、深圳分行要密切关注平安集团及其子公司的托管资产招标工作，确保我行获得招标资产最大份额。要积极应对保险公司多托管银行模式的冲击，北京、上海、深圳、浙江、广州五家分部要重点做好辖内保险客户的营销与维护，确保托管客户和托管资产“不流失、有增长”。在企业年金基金托管业务上，要密切跟踪养老金产品、地方社保基金、养老保险个人账户基金政策动向，总分行资产托管部门要会同机构业务部、养老金业务部和公司业务部等部门，形成营销合力，提前介入新型养老金产品领域。要强化总分行联动和部门联动，建立客户服务首问负责制及统一协调机制，切实提升年金基金托管的客户服务水平，确保新客户能拿到，老客户不流失。

（三）提升新兴托管业务市场地位。新兴业务是未来全行托管业务的增长点，要抓住政策和市场机遇，不断提升市场份额。在证券公司资产管理托管业务领域，各行要针对券商资管新政，加强对辖内重点证券公司的营销，深化托管代销捆绑机制，以集合计划托管带动定向和专项资产托管。要加大与证券公司在债券分级、商品期货投资方面的创新业务合作，以创新带动规模增长。在商业银行理财托管业务领域，要积极拓展他行理财产品托管市场，以中小银行和外资银行为营销重点，不断增加托管规模和产品种类。要完善全行理财产品托管管理体系，推动集中营运和系统直连，提升理财产品托管运营效率。在股权投资基金托管业务领域，各托管分部要深入挖掘信托、券商、基金公司、保险公司等机构客户潜力，开展专项营销，深化业务合作。各行要密切关注辖区内产业基金、政府引导基金等的发起设立，联动资产管理、投资银行、私人银行等部门尽早介入，全力营销，尽早受益。

（四）完善托管服务平台功能。一是强化托管业务的营销管理职能，要把资产托管综合管理系统建设成为总分行间客户信息共享、营销进程跟踪、业务流程统一和服务内容标准的全行托管业务一体化营销管理平台，实现市场营销和客户服务功能的有机整合。二是强化托管业务的营运管理职能，建立起面向全行、流程畅通、高效安全的托管业务营运平台，全面推进全行托管业务

的系统化营运，坚决杜绝任何游离于业务处理系统平台外的营运行为。要全面做好托管业务账务、清算和监督三大系统的延伸，确保所有分行、所有业务在系统化营运中提高营运效率和服务水平。三是强化托管业务的风险管理职能，要在推广 ISAE3402 审计、延伸应急演练、完善运行流程的基础上，搭建全行统一的资产托管业务风险管理平台，开展全机构、全产品、全流程的风险控制自我评估，探索建立托管业务操作风险监控模型和差异化业务授权制度，力争实现全年业务风险零损失。

（五）完善资源配置机制，强化队伍建设。要适应资产托管业务逐步成为基础性的银行服务的需要，完善资源配置机制。总行资产托管部要从机构设置、人员培训和财务费用等方面加大对各分行托管业务的支持力度，对达到一定条件、具备一定规模、业务潜力丰富的分行要设立托管业务专门机构和专业队伍，依靠专业化团队拓展业务。要加大业务培训力度，将优质培训资源重点向获得岗位资格认证的托管团队人员倾斜。进一步实施重点产品激励和存款收益返还政策，推动分行托管业务的快速发展。要以多种形式组织好面向海外机构的跨境托管业务培训，制定和完善激励海外机构发展托管业务的政策。各分行要切实提高对资产托管业务战略地位、业务特性和发展前景的认识，在组织机构、专业队伍、营销资源和财务费用等方面做好配套投入，使这项基础性的金融资产服务创造出更大的营业贡献来，为全行转型发展和结构调整发挥更加重要的作用。

（六）深入推进总部利润中心改革。完善总分行间、部门间的业务协作和利益分享机制，既要实现利润中心总部效益最大化，又要推动全行业务的全面发展。一是总部利润中心要采取措施，保持重点产品收入的稳定增长，同时积极推动业务创新，今年要确保外包业务、票据托管和资产托管理财通三大新业务尽快投产，尽快创收。二是要完善协作和分润机制，加强总分行间、业务板块间的营销协同，总行不与分行争利益，而是要通过科学、合理的机制，推动境内外机构托管业务的全面发展，实现托管业务从专到广、从大到强、从国内最佳到国际一流的跨越。

2013 年是我行开办托管业务 15 周年，也是实现新的跨越极为关键的一年。我们相信，在全行上下的共同努力下，我行托管业务必将取得新的成绩，向国际一流托管银行迈进。

发挥“两库一师”作用 推动信息化银行建设

——在中国工商银行管理信息工作会议上的讲话

罗 熹

（2013 年 1 月 31 日）

这次管理信息工作会议的主要任务是，认真贯彻全行发展战略研讨会和年度工作会议精神，总结 2012 年管理信息工作，部署 2013 年重点工作任务，以“两库一师”为抓手，积极推动信息化银行建设。下面，我代表总行党委讲三点意见。

一、服务大局，创造价值，2012 年管理信息工作取得新成绩

2012 年，全行管理信息专业紧紧围绕总行党委工作部署，开拓创新，求真务实，在网讯改造、信息披露、统计管理和数据仓库建设等方面取得显著成效，有力地支持了全行转型发展。

（一）成功投产集团信息平台，信息化银行建设迈出新步伐。经过认真筹备，成功改造网讯，投产集团信息平台，实现了系统和信息的统一入口和集中展现，信息共享程度得到有效提升。姜建清董事长指出这是“我行信息化银行建设史上的又一个重要里程碑”。加强制度和流程建设，发布平台管理办法和业务规范。完成 44 家子站点建设试点工作，北京、上海、浙江、山东等分行及票据营业部发挥了示范作用。

（二）创新开展转型业务统计，统计管理与服务水平明显提升。召开金融资产服务业务统计、新资本协议统计等专题会议，建立工作机制，明确统计要求。按照“全面反映、收资对应、统一规则、合理划分、全程衔接、数据共享”要求，创建金融资产服务业务统计体系，克服原业务系统缺乏相关数据标识的困难，按季度采集分析 7 大类 1 083 个指标数据，上海、山东、广东等分行成效明显。集中力量，高效完成 97 张新资本协议报表试填报。加强统计管理，比照银监会建立“四单”制度，规范标识管理，强化月度数据 T－1 监测，

切实做到“数据有监测、变化有分析”。上海、河北、北京等分行建立了月度差错分析机制。启动境外报表集中改革，梳理境外222套共335张报表分布情况，推动实现51张总行统一报表的自动化，协助解决工银印尼等境外属地报表规范管理和自动化生成。

（三）深化数据仓库管理，信息支持营销成效明显。专题研究数据仓库建设应用，推动各类数据完整入库，新纳入27个境内外系统，入库系统达到105个。投产事件式营销（EBM）管理系统，在12家分行开展15项营销活动，成功营销932万目标客户，创造效益11亿元，北京、上海、浙江、广东、江苏、深圳、重庆、山东等分行应用成效显著。提升灵活查询应用水平，完成数据建模及信息服务项目4 514项。

（四）强化客户信用风险管理，信用信息应用持续领先。召开全行机构信用代码推广会议，明确工作分工和时间表，完成人行机构信用代码发证任务，发放信用代码证289万户，上海、安徽、内蒙古等分行工作突出。强化客户信用信息平台应用，推进集团关联系统纳入信贷全流程。平台应用成效显著，全年堵住不良信用客户再融资567亿元，现金清收不良贷款17亿元。荣获人行征信数据质量集体、个人双优表彰，连续7年、15次蝉联银监会客户风险信息应用考核第一名。

（五）加快资讯平台推广应用，营销信息转化效果突出。加强部门合作，推进外购信息统筹管理和集中共享。完善平台功能，打通内外联动渠道，建成重点客户信息库、工商注册信息库，服务市场营销。推广移动办公，制订智能终端移动办公系统管理办法。依托资讯平台，全年实现成果转化4 637例，新增存款1 167亿元、贷款1 236亿元，实现收入41亿元。上海、浙江、广东、北京、山东、河北、山西、河南等分行表现突出。

（六）圆满完成定期报告和评优评级工作，信息披露水平同业领先。高质量完成全年四期定期报告，荣获美国媒体专业联盟白金奖、香港会计师公会“最佳企业管治资料披露白金奖”。第三支柱信息披露的制度、流程、内容和系统已准备就绪。组织参与评优评级工作成效显著，全年我行获得境外媒体授予的“中国最佳银行”等奖项40个，进一步提升了我行国际声誉和市场形象。

（七）持续推进信息标准化和数据治理，数据管理能力不断增强。加强信息标准梳理，编制92项集团级信息标准，新增1 064项境内基础信息标准，修订完善17项已发布信息标准。扎实推进贯标工作，规范信贷业务前台信息标准400余项，提供信息标准搜索服务超过1万次。持续开展数据治理，投产企业级数据质量指标体系（EDQI）项目，召集相关部门，专题研究法人客户分类统计和客户风险数据治理，提升数据质量。强化定期监测和通报，宁波、新疆、陕西、厦门、江西等分行数据质量管理工作突出，全行金融监管统计报送数据质量有效提高，被银监会授予“提升数据质量标兵单位”。

（八）积极打造信息分析产品，信息服务经营决策能力不断提升。落实姜建清董事长强化信息分析指示，召开专题会议，按照“客户化、产品化、电子化、市场化”原则，推进信息分析工作。完善竞争力分析，形成国际、国内、一级分行、营业部、大中城市行、县支行、产品七大系列竞争力分析报告，上海、北京、吉林、山西等分行竞争力分析支撑了本行经营决策。加强专题分析，形成储蓄、对公、机构“三位一体”存款资金流向监测报告，定期发布客户结构、产品、风险等分析报告，上海、浙江、广东等分行信息分析成效明显。

2012年管理信息专业在解放思想、深化改革、创新服务、精细管理方面取得新的进步。主要有以下特点：一是信息资源共享拓展了新空间。集团信息平台的投产，搭建了信息统一发布平台，开创了信息资源共享的主渠道；全球信息资讯平台的完善，提升了商用信息资源的共享水平。二是信息价值创造打开了新局面。基于数据仓库的事件式营销应用，有力地支撑了全行的市场营销；客户信用信息应用有效地支持了信贷风险防控；全方位的数据服务、多层次的分析报告较好地服务了全行决策管理。三是信息创新驱动开创了新领域。规范金融资产服务业务统计，推动新资本协议统计，做好第三支柱信息披露准备，业务创新领域不断扩展。四是信息流程管理实现了新发展。源头管理上，加快推进各类数据完整入库；过程管理上，积极推进信息标准化、数据治理等工作；挖掘应用上，开展了基于数据仓库的精准营销，推出系列化、高质量的信息产品。

2012年全行管理信息工作取得了较大成绩，总行党委是充分肯定的，姜建清董事长、杨凯生行长分别批示：“持续改革创新，不断取得新进步”、“去年工作又有新的进步，而且管理信息部工作作风比较踏实、认真，这一点尤应予以肯定”。这些成绩是在总行党委正确领导下、在各部门大力支持下、在全行管理信息专业同志们共同努力下取得的。在此，我代表总行党委向大家表示衷心的感谢！

随着全行经营转型的深入推进，以及信息化的快速发展，管理信息业务也存在一些不适应的问题。如信息服务主动性不够，个别分行对信息服务不够重视，主动服务业务一线的意识和力度有待加强；数据质量准确性不够，一些新业务、境外机构数据采集不够准确、自动化水平不高，还需要从数据源头、系统硬控制等方面进一步提升；信息共享广泛性不够，一些重要的客户信息、业务信息等还处在“曲高和寡”、“锁在深宫人未识”的状态，信息共享利用的效率和范围有待提升。这些问题的解决需要全行的积极配合。去年我就管理信息工作主持召开了10多次专题会议，围绕涉及全行性的重要问题和矛盾，从体制机制完善、制度流程规范、系统控制加强、人员优化充实等方面研究提出了一系列措施，这些措施有效推动了管理信息业务的持续发展，还需要进一步落实深化。

二、把握机遇，建设“两库一师”，明确管理信息发展新定位

去年，姜建清董事长从全行经营转型的战略高度明确提出信息化银行的发展战略，要求全行在信息化银行建设上实现新突破。具体到管理信息专业如何落实，我在去年9月井冈山网讯工作座谈会上首次提出了“两库一师”，即数据库、信息库和分析师队伍。建设“两库一师”是面向信息社会、服务经营转型的客观要求，是落实董事长信息化银行战略的具体安排，是管理信息专业发挥自身职能作用的新定位。

（一）“两库一师”是服务于信息化银行的发展战略。信息化银行是信息社会发展的客观要求。从政策导向看，信息化是党的十八大确定的重大战略方针。从金融环境看，外部经济、金融、监管和市场环境变化对银行信息化提出新要求。从发展趋势看，目前已进入大数据时代，云计算、物联网、语义网、移动互联、智慧城市等新技术层出不穷。这为银行的信息化发展带来战略机遇，信息化银行战略的提出很好地顺应了这一发展趋势。

“两库一师”是信息化银行战略的具体体现。姜建清董事长明确了“集中、整合、共享、挖掘”的信息化银行建设八字方针。在近期全行发展战略研讨会上指出要加快数据库、信息库“两库”建设，实现行内经营管理数据、行外经济金融同业数据和集团行务信息、全球商务信息等内外部信息的“大集中、全覆盖”。要更加重视依靠数据信息的深度分析和综合运用来推动业务发展，进一步提高信息利用率。要积极推进信息标准化和规划制订，尽快出台信息共享办法。“两库一师”正是落实董事长提出的信息化银行战略的重要体现，是管理信息专业推进信息化银行建设的主要抓手。

“两库一师”是管理信息业务转型发展的必然选择。管理信息业务经过十多年发展，取得了很大成就。下一步面临着向哪儿发展、如何发展的问题，这决定着管理信息未来的作为和地位。过去管理信息部的定位是全行的“统计局”、“数据库”和“参谋部”，现在要提升到“两库一师”的战略高度来认识。“两库一师”融合了管理信息工作的特点，契合了管理信息业务的发展要求。管理信息业务要开创新的局面，“两库一师”就是方向，就是定位，是最核心的工作内容。要通过“两库一师”提升信息管理和服务能力，更好地支持全行经营转型。

（二）“两库一师”契合了信息流管理的基本规律。“两库一师”是一个逻辑整体，贯穿于信息流管理的全过程，是信息流管理规律的高度凝练和深刻阐释。

在信息采集阶段，通过“两库”建设，形成基于结构化数据的数据库和基于非结构化信息的信息库，注重信息采集的时效性和自动化，实现信息资源“集中”。

在信息加工阶段，通过对“两库”信息和数据组织生产，明确生产流程和要求，整合系统，统一标准，提升质量，健全制度，实现信息加工“整合”。

在信息发布阶段，通过“两库”信息和数据的发布，以及仓库生成平台，打造集团信息的统一发布平台，完善统计报表的统一发布格局，形成对外信息的统一发布渠道，实现信息渠道“共享”。

在信息应用阶段，通过“一师”培养，打造专家型、多层次的分析师队伍，加强对“两库”信息和数据的分析应用，丰富系列化分析产品，实现信息价值“挖掘”。

（三）“两库一师”明确了管理信息业务的发展路径。

总体目标。通过建设“两库”，实现信息和数据资源的科学管理，提升科学管理能力；通过打造“一师”，实现信息和数据资源的挖掘应用，提升价值创造能力。

基本原则。“两库一师”建设中要遵循以下原则：一是统一性。在深入推进结构化数据标准统一的基础上，积极研究非结构化信息的标准，按照统一的标准规则对信息进行标签处理。二是流动性。实现信息自由流动，使原来相对分割的信息能够按照一定规则流动起来相互共享。实现信息系统互联，使办公系统、业务系统、营销系统和行外资讯系统等信息相互共享。三是扩展性。非结构化信息的信息库具有良好的扩展性，能够与结构化数据的数据库实现信息资源共享。四是联动性。总分行要加强联动，总行要注重“两库一师”整体框架构建，明确标准、规则、流程、制度、平台等，制订数据库、信息库、分析师队伍建设的分类指导意见。分行要在总行整体框架下，形成特色的信息子库，实现与总行信息库的有效衔接。五是层次性。“两库一师”建设要科学规划，分步推进，按照“统一规划、加快入库、组织生产、丰富产品、培养专家、创造价值”的要求，充分论证，加强调研，强化协作，积极推进。六是专业性。全行有六支分析师队伍，包括企业财务与资金分析师、市场行情与交易工具分析师、产业和行业分析师、技术框架与工具分析师、宏观经济及政策分析师，以及管理信息的数据与信息分析师专业队伍，这支队伍要通过对数据和信息专业化的挖掘分析，推出系列化的分析产品。

发展阶段。目前，数据库、信息库和分析师队伍的建设分别处于不同的发展阶段。信息库建设处于启动阶段。信息库建设首先要从标准化开始，要统一标准，制

订规划，明确流程，提高效用，首先要启动信息标准、框架构建等工作，重在“定标准”、“建货架”。数据库建设处于深化阶段。经过多年的发展，数据仓库体系基本建成，下一步要在强化管理的基础上重点做好数据挖掘应用，重在“深应用”、“强管理”。分析师队伍建设处于强化阶段。要整合现有职能，组建专职分析师队伍，加强对兼职分析师的指导和培训，做强数据和信息分析职能，完善信息和数据产品评价机制，重在“作分析”、“出成品”。

“两库一师”建设是一项系统工程，需要全行解放思想、改革创新、齐心协力、上下联动，在改革中破解难题，在发展中不断完善。2013 年管理信息工作总体要求是：认真贯彻党的十八大精神，紧紧围绕总行党委建设信息化银行的战略部署，以数据库、信息库和分析师队伍“两库一师”建设为抓手，建立信息和数据标准，加强信息和数据整合，强化信息和数据共享，完善信息和数据产品，注重总分行联动，不断提升信息和数据的服务、增值能力，为全行经营转型和持续发展作出积极贡献。

三、积极开拓，抓住重点，实现信息化银行建设新突破

全行管理信息专业要统一思想，充分认识“两库一师”的核心地位，把“两库一师”贯穿于 2013 年工作全过程，重点做好六个方面的工作。

（一）加强统一规划，建立信息标准，启动信息库建设。

统一规划，明确信息库建设内涵。在信息库建设中要明确几点认识：明确逻辑架构，信息库是逻辑上统一、物理上分散的交互式、共享性的云服务平台，是基于统一标准的各类非结构化信息的逻辑集中。明确共享途径，通过对非结构化信息进行标准化处理，打破信息壁垒，连接信息孤岛，最终将分散在不同系统的客户信息、产品信息、管理信息等互联互通和逻辑共享，为信息在全集团内部的集中共享、自由流动和在专业领域的深度应用、价值创造提供支持。明确建设原则，本着“科学规划、统一标准、规范流程、高效利用、资源共享”原则，加强调研，深入论证，开展信息库建设。明确推进步骤，按照网讯座谈会中提出的信息库建设“四步流程”、“四大重点”、“四个难点”要求，制订建设规划。

科学分类，积极推进信息标准化。要加紧研究非结构化信息的标准化，按照“内涵一致、名称一致、分类一致、应用一致和更新一致”原则，建立可动态更新的信息标准，准确描述非结构化信息属性。开展信息标准化加工，给每条信息打标签，从逻辑上建立信息的内在联系，形成不同标准、不同维度的分类体系。分行要在总行整体框架下，积极探索分行信息子库建设，推进区域特色非结构化信息标准化，总行将选择上海、浙江、北京、广东、深圳五家分行试点推进。要对现有行务和商务信息进行规范，对子站点存量和增量信息进行标准化处理。

加强合作，加快信息库建设步伐。要探索信息库建设基本框架，推动行务和商务信息入库和自由流动。加强与业务部门协作，研究业务系统内非结构化信息的加工范围和规则。加强与科技部门联动，建立统一搜索功能。加强与办公室、信息科技部及营销部门合作，制订信息共享办法。

明确重点，实现信息库建设突破。要以“重点客户多源全息信息库”项目为突破口，全方位整合各机构、各专业、各系统内及行外的客户基本信息、财务信息、银行账户信息、征信信息、关联企业信息等，实现客户信息统一展示，为全行精准营销、市场拓展提供全视角服务，年内要实现立项和初步应用。各部门、各分行要积极收集完善本专业、本区域重点客户信息，推动三大客户营销管理系统信息共享，做到及时更新、共享利用。

（二）完善数据源头，加强数据管理，深化数据库建设。

加快数据入库，推进结构化数据的全覆盖。要完善境内外业务系统数据源，增加集团子公司数据，探索管理类、操作类数据入库方案。优化提升 EDW 平台时效性、授权精细性和服务层次性。完善数据仓库体系，逐步形成集境内、境外、附属机构为一体的数据仓库体系。推动境内外客户关系管理系统建设和应用，投产境外目标客户监测系统。

做好建标贯标，加快数据标准化进程。要推动建标工作，重点开展金融资产服务业务、系统产品化改造项目的标准化。深入贯标工作，启动已发布标准在现有业务系统的贯彻落实。充实人员力量，加快专门机构组建。分行要做好贯标工作，推动已发布标准在本行的落实，重点做好对公、对私、信贷等专业领域指标标准的贯标。

加强数据治理，提升全行数据质量水平。要加强制度建设，制订全行数据治理分类管理等办法。推进源头治理，提高分类统计准确性，深入开展《良好标准》达标。强化考核管理，坚持“统分结合”的数据质量考核评价。分行要制订本行考核办法及细则，建立定期通报体系。依托数据质量管理平台，做好辖内数据质量监测、分析、治理。各分行管理信息部要加强与结现、公司、机构等部门合作，第三季度末完成辖内法人客户开户证件类型、所属行业及客户分类数据的核对确认，推动法人客户数据治理工作取得实质进展。

强化数据安全管理，杜绝泄密风险。要强化系统控制，严防数据违规使用，加强分级授权，强化数据授权管理，加强合作方管理，完善制度，严格执行审批流

程。分行要建立本行数据安全管理细则，做好向合作方提供数据的审核，严格执行国家征信业管理条例，不得违规提供客户信息，每半年要开展一次跨商业银行客户信用信息安全管理检查。

（三）满足经营管理与监管要求，强化统计管理，推进统计数据统一发布。

创新统计管理，满足经营管理与监管要求。要加强统计管理，完善《统计管理规定》，明确管理规程和部门职责。强化统计标识管理，要与信息科技部门、产品创新部门密切配合，对各业务部门基础业务系统的统计标识设置、变更和调整实行刚性控制，各业务部门如需变更、调整统计标识，须会商管理信息部，并报主管行长批准后实施。分行要认真落实总行统计管理规定要求，明确管理责任，严格统计纪律，提高统计管理水平；加强标识管理，规范网点柜员的客户属性操作，将统计差错纳入员工违规积分管理；加强全覆盖统计制度建设和统计监测队伍建设。

强化业务统计，提升数据支撑决策水平。要完成新资本协议报表统计，规范制度文件，实现24套报表填报，各相关部门、境外机构及子公司要落实职责，按时高质量完成任务。提升金融资产服务业务统计自动化水平，对已实现自动化取数的，业务部门要提高数据质量，对尚未实现自动化取数的，业务部门要将统计标识和规则落实到业务系统中，全面实现数据采集自动化。同时，要积极推动分行金融资产服务业务统计制度建设。做好存贷款利率统计，落实数据源头负责制，妥善解决历史遗留问题，13个样本分行要组织核对存量信息准确性，558个样本机构要落实专人做好增量数据日常监测。加强境外机构报表管理，各境外机构要认真执行集团统计制度，满足母国监管和集团管理要求，及时、准确、完整地报送统计报表。完善FOVA系统建设以满足境外报表数据基础性需求，加快境外监管报表转换系统建设步伐。

加强集中管理，提升境内外报表自动化水平。要大力推进境外报表集中改革，形成规范有效的工作机制。管理信息部做好境外报表集中的需求归口管理、自动化平台建设和制度建设等工作，相关部门做好本专业境外报表需求梳理确认，完善业务系统数据源，信息科技部做好报表自动化开发。境外机构要落实工作人员，完成当地特色报表自动化需求的归口管理、需求编制和测试验证等工作。总行要加强工作方法、工作流程、工作系统等方面的指导、培训和帮助。深入开展境内报表集中管理，各分行要依托CS2002+平台提升报表自动化水平，境内报表自动化率要达到85%。

加强系统建设，逐步实现统计系统的互联共享。要做好全球统计信息系统（GSIS）数据移行和应用推广，完成境内报表集中管理平台（CS2002+）、动态监测系统建设与迁移，启动工行“驾驶舱仪表盘”建设，加快境外报表集中管理平台（FS2012）建设，完成60张自动化报表。分行要做好CS2002+投产和推广应用，提升动态监测系统运营维护水平。

（四）打造集团信息平台，丰富信息内涵，实现信息渠道统一共享。

提升集团信息平台功能，服务发展转型。要完善平台功能，实现集中整合、共享挖掘、知识管理和互动交流等七项功能。盘活存量信息，实现栏目频道式整合，建立业务库、案例库、营销库、经验库、文化库、知识库和文件库。推动子站点和海外版建设。分行要围绕全行工作重点做好信息组织报送，积极做好子站点建设，规范页面设计，第一季度完成历史数据迁移。

丰富全球信息资讯平台内涵，助力业务经营。要加快平台改造，重构分类体系，丰富数据内容。加强外购信息管理，出台全行外购信息集中采购管理办法。加快推广移动办公，优化移动办公功能。要完善资讯信息考核机制，明确信息联动双方对信息价值有效性的计量方法，鼓励分行报送和使用跨机构、跨境信息，提高信息成果转化率。分行要加强营销信息报送，内外联动信息占比不低于30%，并规范信息跟踪反馈流程，及时启动跟踪程序，反馈跟踪情况。

做好对外信息发布，维护良好形象。要按照银监会《商业银行资本管理办法》要求，做好首次第三支柱报告的编制与披露工作。继续做好全年四期定期报告编制披露，加强评级评优，努力保持或提升我行评级。

（五）加快分析师队伍建设，丰富信息产品，深化信息挖掘应用。

服务价值挖掘，打造专业分析师队伍。要积极打造专业的数据和信息分析师队伍，加强优化整合，充实人员力量，提升专业素养。分行要结合自身特点，加快组建队伍，强化考核激励，提升分析水平。

服务决策管理，丰富信息分析产品。要完善现有分析体系，丰富竞争力分析，深化专题分析，加强重点热点问题分析。分行要聚焦市场、客户，开展综合营销、代发工资、无贷户拓展、金融资产服务、客户结构、资金流向、产品渗透、二级分行30强、重点关联客户、柜面业务分流等分析，做好四大新市场、市场利率、同业风险等分析，每季度不少于2篇分析报告；开展二级分行和县支行竞争力分析，每半年报送1篇分析报告。

服务市场营销，打造EBM精准营销产品。要制定事件式营销（EBM）管理办法，优化EBM应用流程，加快EBM模型创新，推动EBM系统应用，强化过程监控和效果评价。分行要成立领导小组，建立协同机制，组建服务团队，完善考核方法，深化系统应用。12家试点分行要按照总行统一部署做好高流量低存量客户营销等7项EBM营销活动，同时开展3~5项分行特色营销活动。其他分行要借鉴经验，做好EBM流程和方法培训，抓好代发工资综合营销等4项成熟方案的应用。

服务风险防控，深化客户信用信息应用。近日国家出台了《征信业管理条例》，全行要认真贯彻，及时修订完善我行个人、企业征信管理办法和细则。启动特别关注客户信息系统（CIIS）境外延伸项目。拓宽行外信用信息，引入公安部等行外客户信息源。分行要加强跨行客户信息应用，推进机构信用代码信息与企业客户信息采集整合，加强异议监测分析，异议发生量较大的分行要分析异议成因并上报总行。

（六）发扬优良传统，加强队伍建设，提升服务和管理能力。

统一思想认识，提高组织能力。要高度重视管理信息工作，加强统筹安排，强化资源支持，在推进“两库一师”建设过程中，努力形成各专业、各部门全面参与、积极推动、共享发展的良好格局。

强化部门配合，提高协调能力。管理信息部门要加强与科技部门、产品创新部门和业务部门沟通协调，推进数据和信息自动入库，强化信息标准化和数据质量，做好新资本协议报表填报、第三支柱报告披露等全行性的重点工作。

发扬优良作风，提高实干能力。作风建设是推进“两库一师”建设的有力保障。总分行管理信息部门要继续发扬做深、做细、做实的优良传统，“树作风、比实干、出亮点”，继续坚持踏实认真、甘于奉献的精神，增强锐意改革、开拓创新的勇气和勤于学习、攻坚克难的智慧。

加强队伍建设，提高履职能力。总分行要从数据分析、信息分析、统计管理、系统管理等方面充实人员力量，提升分析、挖掘、应用和管理能力。要加强培训，按照不同类型人员特点，加强专业知识、分析技能等培训，提升履职能力。

站在新的历史起点上，全行要按照总行党委工作部署，以“两库一师”为抓手，注重总分行联动，强化信息服务，提升信息价值，推动管理信息业务的持续发展、创新发展、跨越发展，为信息化银行建设作出新贡献。

努力提高内控合规工作的实效性

——在中国工商银行内控合规工作会议上的讲话

罗　熹

（2013 年 2 月 18 日）

这次会议的主要任务是总结 2012 年工作，贯彻落实全行工作会议和有关监管会议精神，研究部署 2013 年内控合规重点工作任务。受杨行长委托，我讲两点意见。

一、2012 年工作成效显著

2012 年各级内控合规部门紧扣“五有”内控要求，积极寻求提高履职能力的新途径和新方法，主要在以下六个方面有所推进。

（一）集团制度统筹管理工作取得新突破。一是印发了《制度管理基本规定》，确立了“制定权限化、行为程序化、体例标准化、口径一致化”的管理目标，以及“起草前有立项审核、执行中有跟踪反馈、执行后有评价总结”的管理模式。二是统一编制体例，整合重叠制度，清理遗留制度，完成了总行首批 17 个部室制度梳理，形成了包括 30 个规定、220 个办法、199 个细则规程的制度体系；第二批 19 个部室也已完成 1 611 项制度的梳理评价工作，增强了制度规范性和适用性。三是各分行也开展了多种形式的制度梳理工作，浙江、北京、湖北、宁波等分行制定了管理制度的办法。

（二）监测分析工作取得新突破。一是监测分析系统（二期）实现了与七大主要专业系统和 EDW 数据仓库连接，以及对 8 条业务线、54 个重点风险领域的分析预警，并在总行、38 家一级（直属）分行、445 家二级分行和私人银行部、票据营业部等直属机构部署应用。总行对违规代发工资、委托贷款等热点开展了 27 个批次专项监测核查，河北、江苏、山东、上海等多家分行也利用系统对信贷资金流向、银行卡套现等进行了监测分析。二是对操作风险关键风险指标监测体系进行了优化，并与运行风险监控系统对接，建立起覆盖 28 个专业、4 000 余个风险点与控制措施的评估字典库，通过了银监会操作风险计量标准法达标验收。三是投产了系统内员工账户异常资金交易监督系统，并开始逐步发挥监测和预警作用。四是监测到行内重大操作风险事件线索 83 起，提交重大操作风险事件报告 25 篇。

（三）监督检查职能发挥取得新突破。一是制定了《监督检查信息管理办法》，投产推广了监督检查管理系统，为统筹检查资源、规范检查行为提供了有力支撑。二是持续健全运营风险核查制度体系，开展十大违规行为专项整治和核查履职监督，核查工作更加规范有效。全年共核查风险事件280万笔，确认风险事件108万笔，一、二类风险事件分别较上年下降14.7%和50.7%，十大违规行为较上年减少76.4%。三是组织开展资产管理、银行卡、金融资产服务等领域的重点合规检查项目8 378个，开展经济审计7 379人次、离岗审计4 014人次，牵头落实了风险排查及风险防控责任，配合协调了1 240项内外部审计和监管检查，及时发现和消除了一些重点领域和关键环节的风险隐患。四是问责力度不断强化。《违规积分管理办法》新增了14个专业的积分标准，实现了业务条线全覆盖，全年共实施违规积分6.8万人次；追究了17位二级分行管理人员的不良贷款管理责任、近3 700人次的新增不良贷款损失责任、285人次的资产管理损失责任。

（四）集团合规与操作风险管理取得新突破。一是承接集团关联交易牵头管理和业务外包风险管理新职能，投产了集团内部交易管理系统，修订和制定了《关联交易管理基本规范》、《业务外包操作规程》和《业务外包目录》等基础性管理制度。二是探索集团合规管理新模式，对6家境外机构进行了调研，对9家境外机构进行了现场检查，对10多家国际大型银行集团合规管理模式进行了考察，形成了我行集团合规管理模式研究报告。三是发布并实施了股改以来的第三个内部控制体系建设三年规划，印发了《内部控制基本规定》、《合规管理基本规定》、《操作风险管理规定》三项基本制度，进一步健全了集团内控合规管理架构。四是全年共对1 287项新制度、886件新业务产品、41项控股机构董事会审议事项进行合规审查，提出合规审查意见2 729条，切实发挥了合规工作的监督保障作用。五是总行操作风险暨内部控制管理委员会审议重要议题45项，形成并落实重大建议31项，各级内部控制和操作风险管理委员会也加强了对重要制度、重要系统、重要检查和重大风险的审议活动，内控合规管理基础显著增强。

（五）反洗钱工作模式取得新突破。一是完成各境内分行反洗钱集中处理改革，释放了1.3万多个营业网点、2.6万多名兼职人员、日均1小时以上的反洗钱工作量，可疑交易报出率由年初19.2%下降至8.02%，报告质量大幅提升。二是我行独家承担的人民银行大额和可疑交易报告综合改革试点工作取得重大进展，确立了新模式和新流程，设计了118个监测指标和37个监控模型，开发了新一代反洗钱监控系统，得到了人民银行的充分认可。三是推进客户信息质量专项治理，对公客户和个人客户信息完整率分别达到92%和53%，分别较专项治理启动前提高了8倍和7倍。四是启动了境外机构反洗钱评估项目，开展了境外机构反洗钱合规检查，研究应对了国际反洗钱制裁事件对集团的影响。

（六）员工行为规范教育取得新突破。员工行为规范教育活动作为落实“行为有规”要求的重点工作之一，得到了各机构、各部门的高度重视和广泛参与。一是全行38家境内分行、17家直属和控股机构、19家境外机构及总行本部共40多万干部员工对我行“三位一体”行为规范进行了一次深入、系统的学习，强化了“凡事讲依法合规、做事要有规有矩”的意识。二是首次评选表彰了一批长期严守行为规范和岗位职责、兼顾风险控制和经营业绩的“合规标兵”，树立了在内控合规方面持之以恒的行为典范。三是通过对近两年内各项内外部检查发现问题整改情况的梳理和自查，对自身经营从业行为进行了反思和整改。四是总结确定了员工行为规范教育的五项长效机制，实现了全行合规意识与内部管理水平双提升的活动目标。

一年来，全行内控合规工作取得了良好效果：2012年度各一级（直属）分行内控评价平均得分88.34分，较2010年、2011年分别提高1.32分和0.47分，在评价范围扩大、评价标准提高的同时，内部控制水平持续提升；业务运营内部风险暴露水平为13.23‰，内部风险率为1.75‱，内部风险度为7.57‱，均处于较低水平；全行操作风险损失1.15亿元，操作风险损失率0.028%，远低于0.15%的控制目标，并连续四年持续下降，操作风险限额控制有效。

同志们，过去一年大家为各项工作成绩的取得付出了大量辛勤劳动，借此机会，杨行长和我代表总行党委，对全行内控合规专业以及各相关部门和专业的同志们表示衷心感谢！

在看到成绩的同时，也要清醒地看到，与全行改革和业务发展的要求相比，内控合规专业的信息化程度还不高，监督检查统筹管理和信息共享还有待加强，总行对全系统内控合规工作的指导作用发挥还不够明显。新的一年还需要加倍努力、扎实工作、力求实效。

二、2013年工作主要任务

2013年内控合规工作将面临诸多压力和挑战。一是今年1月1日新资本管理办法实施后，按照标准法需计提操作风险资本约711亿元，全行资本充足率将下降1.28个百分点，降幅8.8%；而高级计量法仅需计提300亿元左右，资本充足率少下降0.57个百分点。因此，加强操作风险管理、尽早实施高级计量法的目标任务十分紧迫。二是随着金融资产服务业务和新兴表外业务发展加快，误导销售、私自销售等操作风险开始显露，风险监测和管理手段需要跟上业务创新步伐。三是个别员工利用工作之便参与违规经营、民间融资或非法集资等行为时有发生，合规教育与管理的压力仍然很大。四是境外机构的制度建设水平不均衡，与总行管理要求一致性还有待加强。五是国际反洗钱制裁日趋严厉，洗钱犯罪手法不断翻新，集团反洗钱管理压力持续增加。

为此，2013 年内控合规工作的总体思路是：继续落实“五有”内控要求，推进“集中做、专家做、系统做”工作模式，推广应用内控合规综合管理平台，加快内控监测分析中心建设，统筹做好制度管理和检查工作，全面提高监测分析和监督检查的针对性和有效性，为全行持续健康发展提供良好的内部环境。全年的主要工作任务是：

（一）突出抓好集团制度管理，夯实集团合规管理基础。一是要按期完成制度梳理任务，对梳理工作有效性进行评估，尽快发布全行有效规章制度清单，并建立日常维护机制。要对境外机构制度建设和管理现状进行评估，制定境外机构制度建设指引。各分行要全面启动制度梳理工作，并力争在年底前完成。二是要加强对制度生命周期全过程的规范化管理，编制制度体例规范性审查和合规审查工作手册，有效落实制度管理和合规审查制度要求。三是要继续推进《业务操作指南》建设。各分行要持续做好《指南》推广应用工作，明晰流程图和作业点。

（二）突出抓好检查统筹管理，提高检查的针对性和有效性。一是要推进对除规定以外的各种检查的统筹管理，建立检查管理基本规范，制定标准化检查流程。各级内控合规部门要在第一季度完成年度检查计划编制，做好同级业务部门和辖属机构监督检查管理系统用户管理及信息补录，并及时向本级内控管理委员会报告年度计划编制执行和系统应用情况。二是要修订《业务运营风险分级管理办法（试行）》《业务运营风险事件确认标准》和《运营风险监督核查手册》，通过对重大案件、风险事件的监测分析，评估和改进模型，加大总行直通式核查力度，完成电话核查改造项目，开发推广核查辅助系统。各分行要加强核查组织管理，认真开展业务运营监督核查自我评估。三是要严密监测平台贷款和房地产贷款等领域信贷政策执行不严格、资产服务操作不合规、基层网点管理不到位、法人信贷客户参与民间融资、外部风险通过新兴表外业务和非法集资等渠道向银行传染等重点风险，严格防范违反财务管理规定、违规干预信贷审批和资产质量分类、利用职务之便进行利益输送、风险管理职责履行不到位、参与民间融资或非法集资、私自销售金融产品或有意误导客户、泄露客户信息以及越权替客户办理业务等违规行为。总行将于近期下发 2013 年度全行检查计划安排。各分行在配合完成好各项外部和总行的检查项目外，还要抓住监管热点以及新业务新产品等重点领域，认真开展高质量的自定项目检查。四是要修订一级（直属）分行和基层行内控评价办法，加大非现场评价力度，探索基层行内控评价复评机制。各分行要配合总行完成一级（直属）分行内控评价，并做好基层行内控评价工作。五是要修订《不良贷款管理责任认定办法》和《新发生不良贷款及损失贷款责任认定规程》。各级内控合规部门要认真做好不良贷款管理责任认定，以及新发生不良贷款和资产损失责任认定工作。

（三）突出抓好内控监测分析，增强风险控制能力。一是要研发内控监测分析系统（三期），增加境内外各业务条线监测指标和模型，推进内控合规数据集市建设，探索建立内控合规风险综合评价指标和风险热图。各分行要进一步推广应用内控监测分析系统，配合总行做好系统开发和监测分析。二是各级内控合规部门要积极组织开展日常监测、定期监测与专项排查分析，建立监测、核查、处置、报告、整改的完整工作流程，做到实时发现、准确识别、精准核查、及时报告和有效制止各类违规风险，并按季度向上级行报送监测报告。三是要出台内控监测分析中心建设方案，年内各分行要全部完成中心组建和分析团队配备工作。

（四）突出抓好集团反洗钱管理，有效应对境内外反洗钱严峻形势。一是要确保反洗钱综合改革试点任务顺利完成，投产并分批推广新一代反洗钱监控系统，及时总结经验，完善改革措施。二是要深化反洗钱集中处理改革，发布反洗钱中心操作手册。各分行要逐步将设在不同部门的反洗钱集中处理机构和人员整合到反洗钱中心，并着重提高集中处理岗位员工对可疑交易的甄别能力。三是要健全集团反洗钱管理机制，印发《反洗钱规定》《大额交易和可疑交易报告管理办法》等制度，对全部专业产品和金融服务的洗钱风险进行评估。各境内外机构要认真做好客户身份识别工作，加强反洗钱人员的配备与培训，避免反洗钱监管处罚事件。

（五）突出抓好操作风险管理，积极推进高级计量法达标。一是要完善操作风险暨内部控制管理委员会工作规则和操作风险考核监督管理办法，健全操作风险偏好和限额管理机制，研究建立操作风险损失认定标准和保险方案。各境内外机构要进一步完善本机构操作风险管理流程，健全操作风险管理委员会工作机制。二是要继续推动内部损失数据管理系统与境内外会计系统数据对接，扩大操作风险关键风险指标覆盖范围和自动取数范围，定期维护风险点和控制字典库。三是各境内外机构要加强损失数据核实和跨业务线损失分配，继续健全区域性操作风险监测指标，做好操作风险评估结果完整性验证，积极推进高级计量法达标。

（六）突出抓好集团合规管理，大力提升集团合规保障能力。一是要推动落实合规管理基本规定及三个配套办法，探索研究集团合规风险关键监测指标。要认真执行合规管理报告要求，境内分行年内要严格按照规定配备合规经理，境外分行和控股机构要有效发挥合规官作用。二是各级内控合规部门要按照授权，牵头开展业务外包立项审批和风险管理，定期向操作风险管理委员会进行报告。三是要完善关联交易管理制度和操作手册，开发内部交易系统抓取工具。各级内控合规部门要高度关注关联交易和内部交易中的风险转移和利益输送问题，认真开展审查与报告工作。

（七）突出抓好员工行为规范长效机制落实，不断深化合规文化建设。一是要制定员工行为规范常规教育指导意见，开发教育课程并优化测试题库。各级机构要重点加强对新入职员工、转岗员工和提职人员的教育，并对辖属机构员工的学习情况进行年度评价通报。总行要将各机构每年开展行为规范常规教育的情况纳入内控评价和经济责任审计。二是要坚持每两年一次的“合规标兵”评选表彰机制，坚持员工合规从业情况与选拔聘用相结合，加大业务部门年轻、后备干部到内控、内审、监察等部门任职交流力度。三是要根据全行企业文化建设工程的统一部署，研究制定合规文化建设指引，明确全行合规文化建设的指导思想和工作任务。

（八）突出抓好转变工作作风和工作方式，全面提升内控合规履职能力。一是要切实改进工作作风，认真贯彻党中央以及总行党委关于改进工作作风、密切联系群众有关规定要求，不仅要精文简会，而且要注重改进学风和作风。要树立主动学习的良好风气，健全内控合规岗位资质认证和准入机制，推行内控合规专家人才名单库管理，加快专家队伍的培养。要养成做细、做实、做深的工作习惯，主动融入业务过程，关注员工行为细节，把握风险和行为内在规律，踏实履行内控合规职能。二是要进一步改进内控合规工作方式，发挥内控合规专业条线的监督职能，以及业务条线和分支机构的控制作用，形成纵向到底、横向到边、条块结合的集团内控合规管理架构。要推进“集中做、专家做、系统做”工作模式，提高反洗钱、监测分析、监督检查工作质量和效率。三是要持续优化内控合规工作方法，加快推广应用内控合规综合管理平台，以推进“信息化、集中化、标准化”建设为抓手，加强对全系统的管理、指导和考核，不断提高系统整体工作的针对性与实效性。

2013 年是全行贯彻落实十八大精神的开局之年，也是着力调整经营结构、转变发展方式、加快建设“三最”一流现代金融企业的关键之年。内控合规专业一定要紧扣全行中心工作，不断深化“五有”内控要求，改进工作方式，增强履职能力，加强系统应用，提升工作水平，为确保全行持续、健康发展作出新的贡献！

在中国工商银行贯彻落实《征信业管理条例》视频会上的讲话

罗　熹

（2013 年 4 月 3 日・根据录音整理）

刚才，总行管理信息部郝彬总经理对国务院刚刚颁布的《征信业管理条例》（以下简称《条例》）进行了宣讲，对相关政策做了详细解读和工作部署，所讲的这些内容我都赞成。下面，我代表总行党委讲三点意见。

一、要充分认识贯彻落实《条例》的重要意义

经国务院审议通过并公布，《条例》于 2013 年 3 月 15 日正式实施。《条例》的出台，标志着我国征信业开始步入有法可依的轨道，具有里程碑式的意义。长期以来，征信业务领域缺乏统一遵循的法律依据和制度规范，人民银行的《个人信用信息基础数据库暂行办法》也仅对个人信用数据进行有限管理。这项《条例》的出台，将在三个方面产生重要影响。

第一，对社会或者国家来讲，有助于形成信用激励约束机制，约束社会信用主体的信用行为，促进形成守信光荣、失信可耻的社会氛围，为推进社会信用体系建设奠定法制基础；同时将促进征信服务市场的发展，通过发挥市场机制的作用，培育和发展征信服务业，提供良好的征信服务，满足市场需求，为推进社会信用体系建设打好市场基础。

第二，对金融机构来讲，有助于明确和规范银行在信息提供、使用方面的责任和行为。同时，征信市场的发展也有利于促进形成各类征信机构互为补充、依法经营、公平竞争的服务格局，提升行业服务水平，推动征信产品创新发展，更好地满足金融机构多样化、多层次、专业化的信息需求。

第三，对客户来讲，有助于强化对信息主体权益的保护。众所周知，在比较发达的市场环境下，在信用体系比较完善的国家，个人对自身的用信和履约状况非常

重视，征信记录对用信主体来讲非常重要。《条例》对保护个人客户的信息安全做出了严格的规定，为信息主体依法维护自身的信用信息安全提供了法律依据，这对于促使个人消除信息安全顾虑，参与征信市场建设，以及保持良好信用记录都有着积极的作用。

二、要切实履行“告知好”、“提供好”、“使用好”、“保护好”四大核心职责

这几年，工商银行的征信工作取得了很好的成绩，主要表现在以下几个方面。一是为人民银行提供了大量高质量的征信信息，多次得到人民银行的高度肯定。二是征信信息运用成效良好，特别是在清收不良贷款、授信、贷款审查、关联关系识别以及交叉违约风险控制等业务领域得到了广泛深入的应用。三是征信信息已纳入全行数据仓库进行统一管理，实现了全行共享和深度挖掘。总行管理信息部还定期向行领导和相关部门提供客户同业融资以及信用风险分析报告。四是研究并制定了征信异议处理等一系列制度办法，维护了客户的合法权益。这项工作，得到了个人金融业务部、银行卡业务部等相关部门的大力支持。五是强化了客户信息安全管理。六是圆满完成机构信用代码推广应用工作，为将来非自然人客户的征信管理奠定了良好基础。以上六个方面的工作做得很好，值得肯定。

接下来我主要讲一下，作为商业银行，在《条例》颁布之后应该履行什么样的职责，概括起来主要是四点。

第一个核心职责是“告知好”，即采集信息时要履行告知义务，做好客户授权，加强对信息主体知情权的保护。这些信息从源头上讲是客户的信息，不是银行的信息，所以银行作为采集者首先要履行好告知义务，这与《条例》颁布之前有很大差别。《条例》严格要求商业银行要切实做好信息报送授权、查询前授权、个人客户不良信息报送前告知等工作。

第二个核心职责是“提供好”，即提供信息时要提升数据报送质量，深化信息提供的内涵和外延。按照政府职能转变的要求，将来可能会有社会组织在符合法律规定的前提下履行征信机构的职责，这意味着商业银行在向人民银行提供信息之外，可能还需要向其他征信机构提供信息。这些新形势要求不断深化信息提供的内涵和外延，提供好信息。

第三个核心职责是“使用好”，即使用信息时要着力加强共享和挖掘，使之成为授信审批的重要依据。从征信机构得到客户信息之后，除了要在行内共享、开展挖掘和分析以外，还要在业务系统、生产系统里进行设置。征信信息虽不能作为授信、审贷的唯一依据，但它将是非常重要的依据之一，要通过深入应用充分发挥征信信息的价值。

第四个核心职责是“保护好”，即获取信息后要强化安全管理，切实保护好客户信息。《条例》要求商业银行要同客户约定信息用途，严禁将信息提供给第三方使用等。此外，《条例》针对违规提供或者出售信息、个人信息泄密等违规行为制定了严格的处罚措施，处罚对象包括责任机构和责任人，处罚力度明显加强。在信息使用当中绝不允许违规把客户信息提供给行内无关人员或行外单位和人员，更不能违规凭空“制造”客户用信信息。近几年，“被贷款”、“被办卡”、“被逾期”、“被按揭”时有发生，一些客户根本没有用信行为，却发现有用信记录，这是会损坏银行声誉的。如果发生这种情况，必须给予相关责任人员严厉处罚。

以上是我对《条例》颁布后关于商业银行职责的一些认识。另一方面，从银行内部管理来讲，从信息化银行建设角度考虑，也需要对包括征信信息在内的客户信息进行高标准、高质量地管理和应用，通过信息整合、共享、分析和运用，满足信息化银行建设的需要。这几年，我和总行管理信息部的同志一直在研究如何把客户信息按照统一视图整合起来。目前信息的碎片化问题比较严重，信息为机构所有、部门所有的现象普遍存在，每个部门都只从自己的这一个角度看客户，比如在研究机构客户的时候就很难掌握相关个人客户的情况。我认为，包括个人客户、公司客户、机构客户在内的各方面信息应该全面整合，要做到经过授权进入数据仓库后能够掌握客户的全貌，只有这样，营销工作和风险防范才能更加精准、更有效率。年初，我在专业会上对管理信息工作做了相应安排，就是要加快数据库和信息库建设的步伐，解决信息碎片化的问题。

三、全行上下要明确分工，协同推动《条例》的实施工作

（一）总行各部室要分工协作，推动《条例》贯彻落实。管理信息部作为牵头部门，要做好与人民银行的沟通，根据人民银行对《条例》的解释以及实施细则及时修订我行征信系统相关制度，通过加强培训和监督检查督促全行认真贯彻落实相关规定；按照《条例》要求，组织相关业务部门提出系统改造需求；牵头《条例》的宣传和培训工作；在相关部门配合下，针对《条例》出台后可能引发的客户异议增加问题，做好应对预案。

信贷与投资管理部、银行卡业务部、个人金融业务部、公司业务部等征信信息使用部门，要根据《条例》要求认真梳理审查本专业的合同、合约、协议等，对不符合《条例》规定的，要尽快修改完善，并按照《条例》要求改造本专业业务系统，尽快组织分行对本专业涉及的征信异议隐患问题进行集中清理。

办公室、消费者权益保护办公室要配合管理信息部研究制定应对客户异议增加的工作预案，在处理相关客户投诉时，切实按照《条例》要求，维护信息主体的

合法权益。

电子银行部、教育部要配合开展宣传培训工作，在我行网站上开辟专栏，进行《条例》专题宣传；对行内相关专业人员，尤其是客服人员集中开展《条例》及征信知识培训。

信息科技部要根据业务部门落实《条例》提出的相关业务需求，组织技术力量优先安排相关系统的升级和改造。

法律事务部要认真研究《条例》对全行经营管理工作的影响，提出法律建议；在发生相关诉讼时，做好法律支持工作。

（二）各分行要认真学习，切实落实条例。

一要掌握条例规定。由分管行长负责，以管理信息部为主体、相关业务部门参加，组织一次专题学习，结合刚才总行管理信息部的宣讲材料，结合自己的工作实际，切实掌握条例相关规定，研究贯彻落实措施。

二要组织条例宣传。一是行内的宣传要做好；二是各分支机构的宣传要加强；三是对客户的宣传要到位。相关办法的修订、系统的改造需要一个过程，但是宣传工作慢不得，这关系客户的切身利益，也关系银行的形象。

三要制订落实方案。从总行到分行都要制定落实《条例》的方案，当中涉及系统、制度、宣传培训等各方面都要有相应安排。

四要发布通知。总行近期将向全行发布贯彻落实《条例》的相关通知，各行要按照通知要求，认真落实工作事项和工作要求。

五要做好培训。特别是要加强主办部门主要岗位人员的培训，培训要抓紧时间，近期就要安排。

六要解决异议问题。在征信信息管理当中比较难解决的就是关于争议的处理，说到底这是各相关部门履职是否到位的问题。今后一旦发现异议问题没有及时处理的要通报，不能总是搁置。

七要提高数据质量。出现信息失真的原因主要有，部分信息在采集时由于交易流程或系统本身有漏洞导致出错；部分信息由于手工采集录入当中欠认真出现差错；还有部分信息由于部分部门或机构随意在系统里加标识导致出错。目前所有业务系统的标识应该由总行管理信息部门进行审核，只有审核之后才能修改，科技部门在这方面要把好关。数据质量管理工作要有文件、有办法、有纪要，管理信息部要很好地履行管理职责，确保信息质量不断提高。

（三）要继续做好征信信息的应用管理工作，进一步发挥征信信息价值。人民银行对我行征信应用管理工作多次给予肯定，认为工商银行是全国商业银行征信工作的标杆。《条例》出台之后，要抓住机遇，按照人民银行要求，在《条例》贯彻落实过程中继续保持优良传统，体现工行的作风，在这方面要做得更好。另外，关于境内客户在境外用信当中如何使用征信信息的问题，请管理信息部按照《条例》规定认真研究方案。

下一步，总行相关部门要尽快研究拿出贯彻落实《条例》的具体方案，待专题会讨论商定后印发分行。各级行要按照总行要求认真贯彻落实好《条例》各项规定，大力推进征信工作，充分发挥征信信息价值，为信息化银行建设作出新的贡献。

认真做好法人客户结算服务调查工作

——在中国工商银行法人客户结算服务调查动员会议上的讲话

罗　熹

（2013 年 4 月 10 日）

刚才，杨烈副总经理代表总行结算与现金管理部对法人客户结算服务调查工作的目标、对象、内容以及要求等作了全面具体的安排，我都赞成。下面围绕为什么要做这项调查、调查什么、怎么去调查，我讲三点意见。

一、充分重视法人客户结算服务调查工作

这次调查是加快支付结算业务创新、改善结算服务质量和效率、提高对公客户服务能力的重要举措，也是加强全行金融资产基础性服务的重要安排，今年全行结算与现金管理专业会提出要开展法人客户结算服务调查的任务，今天又专门开会具体部署这项工作，说明总行对这次调查工作是十分重视的。

（一）此项调查有利于促进营销和推动创新。在宏观经济增长放缓、收费价格监管趋严的形势下，结算与现金管理专业积极营销，改进服务，加快创新，严控风险，各项工作平稳推进，第一季度共计实现营业贡献 171 亿元，较去年同期增长 21%，贡献额稳居全行前三

位。截至3月底，公司无贷户存款余额达17 155亿元，较年初增长409亿元，无贷户存款增量占全部对公存款增量的32%；实现结算类中间业务收入70亿元，同比增长27.6%，高于全行平均增幅12.5个百分点；五星级以上优质无贷客户较年初增加2.53万户，现金管理客户增加2.3万户，全球现金管理客户新增126户；新开有效账户达到15.2万户，实现对公结算业务量406万亿元；法人理财产品的销售额达4 177亿元，较去年同期增长71%。这些指标充分表明，结现专业经营贡献高，发展潜力大。总行要通过此次调查工作，进一步挖掘专业潜力，提高专业价值，提升专业竞争力。调查工作与结现专业营销工作是相互促进的，调查也是营销，是更加深入、更贴近客户、更有针对性的营销。

（二）此项调查有利于巩固我行结算市场份额。姜建清董事长在去年结算与现金管理年度总结报告上批示"我行结算业务领先的优势务必要加以巩固"。目前来看，由于我们部分产品缺乏竞争力，部分业务效率跟不上，在同业竞争日益严峻的形势下，尽管结算市场份额保持同业第一，但占比有下降趋势。另外，境外机构的跨境结算、全球账户服务也面临一定的困难。要巩固我行的结算市场份额，首要的任务是解决好结算服务的功能和效率问题，这就需要通过全面细致的调查，从客户调查中找答案，从市场分析中找差距。

（三）此项调查有利于提升金融资产服务。去年，全行公司无贷户存款的时点余额达到19 137亿元，较年初增长了3 586亿元，但是存款的稳定性不够，日均存款仅比年初增长352亿元。同时，公司有贷户存款增长情况不够理想，整个公司存款的时点和日均余额分别较年初增长3 196亿元和－563亿元。2011年我行投产了大额资金监控平台下的目标客户库，为客户拓展和存款挖转提供了重要的信息支持，但除了这些有价值的信息之外，在营销目标客户时更需要有先进的产品、优质的服务和实惠的政策。这就需要认真研究法人客户结算服务的问题和不足，完善账户服务，优化结算工具，提升网点功能，以优质的基础性结算服务吸引客户开户，留住客户的存款，并在此基础上做好客户债券、票据、基金、理财、贵金属等其他类型金融资产服务。

（四）此项调查有利于掌握客户的需求变化。客户是银行最重要的资源，账户又是银行为客户提供金融服务的重要基础。目前我行的法人客户数量超过470万，其存款占全部存款的52%，信贷规模占比超过70%，中间业务收入占比超过50%，法人客户是全行利差收入和中间业务收入的重要贡献者，是利润的主要来源。随着经济的发展与竞争的加剧，法人客户金融服务需求呈现出新趋势和新特点：一是支付网络化，据不完全统计，去年国内已有46万家企业与支付宝建立合作关系，与财付通和快钱建立合作的企业数量分别达到40万和37万。通过网络进行结算和清算的客户越来越多，对我行的网银结算服务提出了一系列挑战，尤其是如何正确处理好安全性与便捷性的矛盾问题。二是管理集团化，当前企业的经营呈现出多元化、综合化的特点，集团化管理趋势不断加强，全行83万户现金管理客户中，约有1/4为跨区域集团企业，以现金管理为主的综合化结算服务需求迫切。三是业务全球化，截至2011年底，中资企业在境外直接投资的企业超过1.8万家，分布在全球177个国家和地区，这就要求银行能够紧跟企业"走出去"步伐，提供全球化的账户服务，提高全球结算效率。四是资产多元化，2012年底，国内商业银行的单位和个人存款余额达到89万亿元，银行理财产品余额达到7.6万亿元，债券市场余额达到26万亿元，流通股市值达到18.2万亿元，保险公司受托资产规模达到4 381亿元，金融资产多元化趋势进一步增强，对此，银行需要改变单一资金结算服务手段，改进现有结算系统，满足客户多元化金融资产服务需求。五是资金链条化，供应链模式现已成为国际产业组织的主流模式，以掌握竞争优势的企业为核心、以提供原料及销售渠道的企业为上下游的链条模式，使得企业之间的合作紧密化，甚至是固定化，银行对客户资源的竞争较大程度上取决于银行链条结算与融资服务的能力，这里既有供应链问题，又有客户链问题。六是功能一体化，目前单一支付产品或单一融资产品缺乏市场竞争力，客户更需要结算与融资一体化的服务，支付工具应当与融资工具进一步结合。面对这些新趋势新特点，我们需要通过全面的调查工作，掌握客户需求的变化，及时调整营销重点及产品功能。

（五）此项调查有利于优化网点的对公服务功能。随着网络金融的发展，网上银行、网络支付、线下支付、移动支付、预付卡支付等新型结算方式大量分流了银行网点的结算业务，但是网点在"接触式"、"体验性"、"安全性"、"全功能"等方面还是有相当优势的，目前网点依然是法人客户结算服务的主渠道。作为对公网点建设的牵头部门，结算与现金管理部要通过此次调查，深入研究网点对公业务经营中存在的问题，并在调查后着手制定网点对公服务评价标准，完善网点服务功能，优化网点业务流程，提高网点服务质量，充分发挥网点"实体店"的经营优势。

二、准确把握法人客户结算服务调查的各项要求

要做好这次调查，各行应当把握好以下三点：

一是明确"五个目标"。法人客户结算服务调查要围绕"抓需求、找差距、强功能、改服务、防风险"五大目标来开展。"抓需求"就是通过各种形式的调查工作，全面了解客户的深层次需求，深入挖掘业务创新的突破口；"找差距"是通过同业对比、差异化研究等手段，查找我行与他行在结算服务上的差距，要找出差

距在哪儿，相差有多大；“强功能”就是要根据调查中发现的问题，提出改进方案，不断完善结算服务功能，提高客户满意度；“改服务”是要找出影响结算效率的因素有多少，具体环节在哪儿；“防风险”是要找出结算业务的风险点，严控账户服务、结算工具、现金管理及法人理财的业务风险。

二是涵盖“三项内容”。在业务调查过程中，大家最关注的问题就是结算产品功能、结算工具的性能和服务渠道的效率，所以，这次调查要涵盖产品、渠道及流程这三项内容。产品方面要调查现有产品的功能能否满足市场需求、是否有市场竞争力、定价是否合理、市场占有率如何、产品创新的方向在哪儿；渠道方面要调查传统柜面、客户经理及电子银行、自助机具等功能情况，这里特别强调一下，目前我行使用企业网银客户数量已近200万户，占全部对公客户数量的43%，网上银行在结算服务中的作用愈加重要，调查要涵盖这方面的内容；流程方面主要调查现有的业务处理流程是否顺畅、是否合理，如何在风险可控的前提下精简手续、优化流程，其中，重点调查结算账户的开户流程。

三是面向“三个对象”。调查对象要涵盖客户、员工和同业三个维度。客户调查应该真实反映客户对我行结算服务的总体评价，从金融消费者角度提出有价值的建议和需求，满意度调查是客户调查的主要内容；员工调查应该从经营者的角度反映出结算服务的内部管理问题，尤其是根据切身体会提出改进建议，流程优化调查是员工调查的主要内容；同业调查应该通过竞争对手之间的比较，找出我行与他行之间的差距，尤其是在产品竞争力上的差距，结算产品调查是同业调查的主要内容。同时，同业调查不能忽视对第三方支付机构的调查，要了解、学习其网上支付的先进做法。

三、全力做好本次法人客户结算服务调查工作

（一）分管行长要牵好头。各行要成立由结算与现金管理专业分管行长牵头、相关部门参加的工作小组，分管行长要改进工作作风，本着“以身作则”的态度做好以下四项工作：一是研究如何落实调查方案，牵头制定本行的具体工作要求。二是亲自调查大客户，各分管行长至少要联系3家重点客户，深入了解客户对我行结算服务的意见和建议，意见要具体，要有针对性。三是进行同业沟通，各分管行长要就此次调查内容与他行的行领导进行交流，了解同业的新情况、新问题和新动向。四是用数据和案例说话，要认真分析此次调查收集的数据与信息，深入研究与分析，亲自审定本行上报的调查报告。

（二）相关部门要分好工。法人客户结算服务调查涉及多个专业部门，全行要按照“高效联动、协调分工”的原则推进调查工作：结算与现金管理部要发挥好牵头作用，制订跨部门、跨专业调查工作方案，及时就调查中发现的客户问题、产品问题及流程问题等与相关部门进行沟通。机构业务部、公司业务一部及个人金融业务部要做好机构同业客户、公司有贷户及个人客户的调查，注重将各类型法人客户的结算与个人结算有机联系起来。国际业务部要协助做好跨境及全球的账户服务和结算服务的需求分析，提出解决方案。电子银行部要协助做好网银渠道及电子银行产品的调查工作，提出优化电子银行业务的建议。运行管理部要组织基层柜员做好内部员工调查，提出优化业务流程的建议。产品创新部要结合此次调查结果，将结算服务创新思路融入到今后的工作中。信息科技部也要听取客户的意见和建议，做好结算业务技术改进工作。办公室从改进服务的角度参与此次调查工作，提高调查效率和调查质量。

（三）调查工作要细致深入。各行要根据总行的统一安排，深入客户、深入网点、深入同业开展调查工作。二级分行以上机构要成立主管行长带队、相关部门负责人参与的工作小组，层层落实责任人，逐级明确工作任务，持续跟踪调查进度。在调查内容上，除总行要求之外，各行也可结合当地经济情况、客户特点等增加调查内容，扩大调查对象。为收集到更多统计样本，各行也可通过奖励等形式推动更多客户、更多员工、更多网点参与本次调查活动。

（四）材料收集要真实、客观。一方面，在调查工作中要注重收集一手的数据和案例。要按照客户规模、所属行业、所有制性质等情况，分门别类地收集、整理调查信息和案例，全面真实地反映不同类型客户的业务需求和建议；要按照产品类别来掌握客户的评价情况，分析出哪些类产品市场需求大、哪些类产品客户满意度高等；要通过网点、客户经理、网银、自助机具等渠道来了解客户体验情况，并认真分析其中的问题。另一方面，调查情况要真实客观。为保证调查结果的真实性，各行要注重做好调查结果记录与统计工作。问卷统计方面，要运用统计工具如实分析、汇总，不能为减少工作量而随意填写结果；客户访谈方面，要真实记录客户的意见和建议，不能根据自己想法随意编写；同业调查方面，不能因图省事而放弃同业暗访，要重点了解其他3家国有控股银行、股份制银行和外资银行的结算服务。

（五）做好研究和分析。要将研究分析充分融入调查之中，根据调查情况有针对性地组织研究分析，根据分析结论引导调查方向。在分析方法上，不要孤立地看待一个问题、一个环节，要将前台营销与中后台操作、网点与网银、产品销售与功能设计、渠道服务与处理流程、实体账户与网上账户等有机结合，围绕各种复杂的因果联系，深入挖掘问题的本质。在工作方式上，各行要针对发现的问题，组织相关专业和人员召开专题研究分析会，运用量化分析、案例分析、系统分析等手段查找问题根源，并有针对性地提出解决方案。同时，总行

也会召开相关会议，一是由总行结现部到分行实地指导调查工作后，组织召开专题会议，研究分析各行调查工作出现的问题和改进意见；二是在调查工作结束前，总行将召集部分重点分行召开座谈会，研讨各行提交的调查分析报告，在综合各行意见的基础上形成最终的调查报告，向总行党委汇报。

法人客户结算服务调查意义重要，工作量也比较大，各级行和各部门要高度重视，扎实认真地推进调查工作，圆满完成各项调查任务，为下一步全行支付结算工作的创新发展打好基础。

在业务运营风险专项治理活动视频会议上的讲话

罗　熹

（2013 年 6 月 4 日・根据录音整理）

刚才，惠平总经理就运营风险专项治理活动做了具体安排。林晓轩首席信息官对专项治理活动提出了两点意见，很有针对性，要切实体现到活动的方案里，认真贯彻落实。下面，我重点谈一谈为什么要开展这次专项治理活动，主要是基于以下四个方面的考虑。

一是培养合规意识。员工的合规意识要通过经常性的教育和治理来实现，不是说自发就能够形成的，所以，我们去年开展了员工行为规范教育活动，而这次专项治理活动实际上是培育合规意识的一个重要步骤，也是去年员工行为规范教育活动的继续。

二是持续提高运营质量。运营的效率怎么样，质量怎么样，与合规状况有密切关系。合规水平越高，运营质量就越高，就像数据一样，张冠李戴的数据不叫数据，如果数据仓库都装这样的数字，就没有什么意义了。全行日常运营中每天都要处理大量的业务，如果有效、合规的业务占比 99% 甚至 100% 的话，那么效率和质量就是很高的，客户也会满意。

三是消除风险隐患。有句老话叫“小洞不补、大洞吃苦”，所以，我总是把有些事和一些问题排序来看。比方说违规，有的违规并不一定带来风险，但是你会发现风险事件后面一定是跟违规有关系！如果制度没有明确规定的话，那就跟制度的完善程度有关系。再一个是风险，比违规更高一些。再往上就是造成资金损失的问题了。损失也罢，风险也罢，违规也罢，这些问题的初期都体现在一些小事上。为什么要治理屡查屡犯现象呢？可能有些人觉得这仅仅是操作上的失误，没有形成事故或案件，没有必要花大气力治理。但是通过进一步分析会发现，在案件和事故的后面往往是由于某些方面的失误，未能及时引起足够重视而发生的。某银行曾经有一个震惊全国的案件，涉及了 300 多人，这些人都存在不同程度疏忽。虽不能说这个案件是这 300 多人造成的，但可以说是因这 300 多人不同的疏忽和失误，使得银行的案件防控能力大大下降。因此不能忽视小错误，要争取消除风险隐患。

四是增强案防能力。专项治理是增强案防能力的措施之一，但增强案防能力不能只依靠组织专项治理活动。比如制度漏洞导致的错误，与我们一线员工的操作没有关系，就要去修改制度。在不影响服务和效率的情况下，增强案防能力也可以采取一些技术手段来控制，既起到硬控制的作用，也减轻了员工的压力。在操作中尽量减少一些违规和失误，也是增强案防能力的措施之一。一流的银行一定要有一流的管理。如今，我行已经站在了全球银行的最前面，但是能否保持可持续发展，将是一个重大的挑战。实现可持续发展有一个前提，就是要有一流的管理，管理的标准要高一些、严一些。

这里，我再举几个案例，进一步说明本次专项治理活动的必要性。

第一个案例是某行柜员秦某与外部人员翁某合伙变造定期存单、诈骗客户资金，涉及金额 3 500 万元。2013 年 2 月 7 日，客户余某等到秦某柜台重新办理 2 月 6 日的定期存款业务。秦某先将客户银行卡中的 3 500 万元转入翁某的银行卡中，再将事先套取（8 张空白定期存单）、变造好的户名为余某的 4 张共计 3 500 万元的大额定期存单（3 张各 1 000 万元，1 张 500 万元）加盖业务印章后交给客户。当日，余某对存单有疑惑返回支行查询。该支行行长经仔细查看后发现打印格式、字体、字号等存在诸多疑点，于是上机查询，认定该存单系变造，随即报告上级分行，冻结相关账户并立即报案。经查，涉及的 3 500 万元属于某物业公司，余某为该公司出纳。余某称翁某向该公司介绍了“涉案支行为揽存，在原有存款利息的基础上，对大额存款客户额外支付 4.8% 的年息”，于是该公司便指派余某到该支行办理上述业务。由于2月6日余某未在秦某柜面办理大额定期存单，不法分子诈骗未得逞，于是翁某等又设法让余某7日到秦某柜台重新办理。这笔业务是一起内外勾结、诈骗客户资金的案件。在公安机关的配合下，涉案的3 500万元被全部追回，秦某被公安机关刑事拘留。

第二个案例是规避反交易等行为屡禁不止，且方法、手段不断翻新，使我行多年形成的良好内控合规文化受到冲击。为规避反交易，从开始的柜员本人直接办理，到后来的柜员之间协助办理、网点负责人指使办理；从开始的当日、当时办理，到后来的班后、次日办理；从开始的在本网点办理，到后来跨网点、跨区域办理，有的还打着出租车去办；从开始的在柜面办理，到后来利用ATM、网银等多渠道办理，手法越来越隐蔽、越复杂。

有个案件具体情况是，某网点柜员为客户办理取款8万元，但误办为存款。柜员向网点大堂值班经理、网点负责人询问如何处理，网点负责人与客户商量后，让客户到别的网点翻倍取款以规避反交易。随后网点负责人让网点理财经理，陪同客户一起到另一网点取款16万元，再回到本网点，将8万元现金交给柜员轧平账务。网点负责人指使多人配合、跨网点取现规避反交易，是不是考核上还存在记错账扣分的情况？这种以错纠错的办法不是更麻烦吗？而且增加业务量，增加费用。这么办的话，银行内部会发生大量无效业务，而我们的计算机储量是有限的，运行资源也是非常宝贵的，为什么还要做这种事？

第三个案例是对新的库存现金管理制度、流程培训与执行不到位，造成风险防控作用未得到有效发挥，风险事件屡查屡犯。为降低网点因库存现金不足引发柜员“逆向操作”风险，总行于去年对“2025抵现”交易的功能进行了完善和扩展，增加了对公账户与个人账户之间的抵现功能。此项流程优化在满足客户需求的同时，有效减少了实物现金转移的风险和成本。但对业务运营风险事件的核查发现，部分分行对“2025抵现”交易培训及执行不到位，通过内部户违规调节库存问题依旧突出。据统计，今年第一季度，因违规调节库存引发的准风险事件共计7 600余笔。比如，今年2月28日，某分行柜员为客户办理500万元现金解款业务，因网点库存不足，柜员未按规定使用“2025抵现”交易，而是采取通过内部账户虚增电子钱箱490万元，再办理500万元现金解款业务的方式处理该笔业务，且在中间穿插办理了1笔其他业务。该笔准风险事件被评定为二类风险事件，该柜员被给予告诫并核减绩效收入的处理。

第四个案例是以营销和完成考核指标为由，放松风险管理，擅自修改客户支付验证方式，明知故犯行为时有发生。核查发现，个别分行合规意识淡薄，在未经客户同意的情况下，存在违规查询客户信息、擅自修改客户支付验证方式等行为，容易引发银企纠纷。比如，某支行为了完成支付密码推广任务，在未经企业同意的情况下，批量将某企业支付验证方式由图章印鉴修改为密码单支付方式。由于该企业不肯接受，强烈要求恢复使用原验证方式。在此情况下，经请示上级行，又将该企业支付验证方式改回原方式。我们设想一下，如果出现了风险、发生了案子，因为这个验证方式是银行自行更改的，责任就会完全在银行。在调查中还发现，有一个行仅2012年第四季度涉及上述问题的就有13个二级分行、50个支行、120批次。针对这一问题，总行已向全行下发了风险提示。这类事情还比较普遍，可能支付密码推广任务压得也比较紧。所以，刚才林晓轩首席讲的要切实注意，整改也不只是前台，也包括后面的集中作业部门。相关部门在起草制度、办法和通知的时候要特别注意，要有可行性，不要给其他岗位和部门增加不必要的压力，不要简单地通过加大考核力度来解决。

第五个案例是个别柜员风险意识淡漠、责任心不强导致同类问题反复发生。高频率低风险问题屡查屡犯，主要是因为员工未养成良好的操作习惯，特别是员工行为规范类问题，部分单位或人员未予重视，导致问题重复发生。某行的1名柜员去年一年内共发生各类风险事件103笔，其中，“业务凭证/申请书要素不完整、不正确或更改不合规”达54笔，均为漏凭证印鉴、漏客户签字、大小写书写错误等，主要原因是疏忽大意，责任心不强。这种情况需要加强对员工的培训和教育，或不一定要他干这个岗位，可以去一些不需要记事的岗位或记事少的岗位。还有1名柜员，一年内10次忘记收回客户签字凭条，造成原始凭证遗失。为此，只能通过补打凭证，再联系客户签字的方式弥补，既给客户带来不必要的麻烦，也给我行造成不良影响。

根据以上的分析，对加强业务运营风险管理工作我想再强调以下几点：

第一，尽管违规行为并不一定造成案件，但可能被有意作案者利用，造成风险防控能力下降。这些年来，一方面，全行通过运营监督体制的改革，整体合规水平大幅度提升，案防能力大幅度提高，堵住了很多案件风险隐患。可以说，99%的案件风险是通过合规措施落实防堵的。另一方面，从已发生的案件去分析，结论都与某些环节、某些岗位控制不到位有关，与有些岗位人员操作不规范、疏忽大意等有关。要通过长期的养成教育，并强化员工行为监督，帮助员工形成良好的合规操作习惯，不给作案者可乘之机。需要注意的是，屡查屡犯现象的解决，风险事件的下降要采用同口径进行比较，如果出现新模型，只能跟同期原模型比较。比方说，上个季度使用这个新模型，下个季度继续使用这个模型是可以同口径进行比较的。也就是说，监测口径要可比，统计数据要准确，认真分析出现问题的原因，并有针对性地开展治理，这样才能取得良好效果。

第二，要多管齐下，提高合规水平。刚才林首席也讲了，制度改进工作很重要。凡是屡查屡犯的风险事件，要想想为什么会屡查屡犯，有些恐怕不是某个人、某个岗位的偶然动作触发的偶然事件。所谓屡查屡犯，是比较普遍、长期存在的现象，而普遍和长期的背后就可能有制度的问题在里面。所以，一定要把制度的原因分析清楚，要防止“治下不治上”。今天这个会没开到二级分行，只是开到了一级分行，就是说这件事情不要只向下找原因，也要从上面找原因。包括总行的业务管理部门，要想一想本部门制订的制度和办法合不合理、可行不可行。还要尽可能研究一些技术控制的办法，充分利用计算机技术、互联网技术来提高工作效率，减轻一线的负担。比方说远程授权，它减少了很多负担，还有印鉴管理，也减轻了很多负担，要尽可能地使用这些办法，机器总归比人的效率更高。

第三，要持续完善作业流程。前台的柜面业务如何同后台的集中作业有机地衔接起来？有些风险就往往发生在需要衔接的环节上，比如需要人工衔接的时候，就容易出现问题；涉及前后台衔接的时候，也容易出现问题。业务集中处理中心和网点柜面之间怎么分工？如何衔接很重要。比如说，票据业务如何实现“一条龙”的处理，还有很多衔接环节需要进一步完善。

第四，提高在线监控水平，完善监控模型，进一步强化控制能力。在违规事件发生时，要能够当时发现，当场处理。像前面举的第一个案例中这种变造大额存单，不仅要在线监测，还要在线控制，该锁的要能够及时锁住。也就是说，不仅是提高监测水平，在监测的基础上更要实现事中控制。

第五，奖罚要分明，对长期未发生违规或失误的同志，每年要有评比和奖励。不发生违规和失误虽然是应该做到的，但是几十年如一日不出差错，合规操作也是不太容易的。对于偶然出现这些情况的同志，要采用违规积分的形式进行记录。对于违规积分较多的要有处罚。在员工职业晋升的时候，要将违规积分作为评价依据之一。

最后，对本次活动再提点具体要求。一是要收集案例。分析案件发生与违规行为的关系，案件发生与岗位履职的关系，作业流程与合规管理的关系。案例能生动地说明违规的危害性，便于大家理解，如漏盖了一个印章，就给犯罪分子可乘之机等。二是深入分析原因。特别是不要回避上级行的问题，上面有问题，不要让下面吃药。如果需要相关部门改进的，内控合规部门列出清单，把相关材料移交各部门，及时修订相关制度，解决相关问题。活动结束之后，分行的报告不仅要总结分行的问题与整改情况，也要对上级行提出具体改进建议，报告内容力求详尽。三是整改的措施要有实效。整改之后要做实事求是的评估，并在间隔一段时间之后再评估整改是否有效，以确保长期存在的复杂违规问题，能够得到有效整改。

这次业务运营风险专项治理活动总共5个多月的时间，在开展专项治理活动的过程中，内控合规部将不再下达全行性、集中性的工作，要集中力量抓好这次专项治理。各相关部门也要密切配合，大家齐心协力，确保这项活动取得实效。

在中国工商银行国际化人才培训项目开班典礼上的讲话

罗　熹

（2013年7月2日）

今天，2013年国际化人才培训项目正式启动了。大家经过严格选拔，获得这次宝贵的学习机会，即将开启为期一年的学习生活。在此，我代表总行党委向各位学员表示衷心祝贺，也希望大家能珍惜机会、勤学苦练，增长知识、提升能力，在职业发展中取得新的进步，为我行的发展作出新的贡献。下面，我就为什么学、学什么、怎么学三个问题谈谈意见。

一、解决好“为什么学”的问题，努力增强推进国际化发展的使命感

近年来，在复杂多变的国际经济金融形势下，全行抓住机遇，稳步推进国际化发展战略，逐步迈入国际性大银行之列，全球服务网络基本建成，境外经营能力持续增强，全球一体化管理水平稳步提升。在《银行家》杂志近期公布的全球1 000家大银行排名中，我行以一级资本1 606亿美元排名第一。在看到成绩的同时，我

们也要看到未来发展道路上面临的挑战。尽管工商银行的资本、资产、存款、贷款、利润、市值等都居于世界银行业前列，但距离做强做优仍有较大差距，主要是核心竞争力有待增强，金融创新能力还有很大的提升空间。

围绕增强核心竞争力这一重大课题，总行党委从全局的高度，准确研判经济金融形势变化，提出实施市场化、信息化、国际化、综合化等发展战略。这“四化”中，“市场化、信息化”是最近提出的，也是提升核心竞争力的关键。当前，信息化时代移动互联网技术飞速发展，金融脱媒趋势日益加剧，将显著改变客户金融产品消费方式，甚至是配置种类，也对银行业经营模式提出了新的挑战，这就要求我们加快建立强大的信息化系统，进一步了解客户金融消费的趋势性变化，提供适合的产品，在经营转型中占据主动。比如资产管理方面，要尽快开展理财产品销售创新的尝试，通过信息渠道为客户金融资产组合优化提供个性化建议，让资产管理业务更加贴近客户需求。我们还要积极应对利率、汇率、人民币兑换等市场化的新趋势，提高经营管理体制机制的市场化水平，真正做到“以客户为中心，以市场为导向”。在此基础上，我们还要一如既往地坚持国际化、综合化发展，使“四化”统筹推进、协同发展，才能真正提升核心竞争力。

要顺利实现“四化”发展战略，把工商银行打造成国际一流现代金融企业，人才是关键因素。能不能培养出一支国际一流的人才队伍，决定了我们的事业能否取得成功。就目前而言，工商银行已是人员大行，但还算不上是人才强行，尤其是能够适应新形势、有效推动“四化”发展的人才较为短缺。随着新设境外机构的增多，国际化人才的“短板”日益凸显，比如，能够符合境外工作条件的人员数量明显不足，素质能力上也难以满足国际化发展的要求，同时员工的全球视野有待拓宽，语言沟通能力有待提高，跨文化交流经验有待丰富，经营管理和创新变革能力有待增强，等等。这些情况在一定程度上制约了国际化发展，也将影响综合化、信息化、市场化发展，不利于核心竞争力持续提升。

总行党委对此高度重视。2010 年董事长就提出了国际化人才培训项目的构想，要求用 10 年左右时间，培养一大批具有国际视野、战略思维、管理技术和政策水平的国际化人才，把全球最先进的理念、方法、技术学到手，并结合工行实际加以创新和应用，不断突破全行经营发展的“瓶颈”。国际化人才项目的提出，是为长远发展做好人才开发的战略性举措，也是建设“最盈利、最优秀、最受尊重”的国际一流现代金融企业的必然抉择。2011 年该项目正式启动，姜建清董事长、杨凯生行长及在北京的党委成员全部参加了开班典礼，足见总行党委对这个项目的重视程度。此后，姜董事长一直非常关心项目进展，并就有关工作多次作出重要批示。

经过两年的摸索，国际化人才培训项目已成为我行受重视程度最高、资源投入最大、参与境外培训人数最多、时间最长的项目。总行教育部和人力资源部密切配合，把“严把质量关”作为确保项目质量的关键环节。其中，学员选拔是重中之重。今年，总行按照“建立标准、一次锁定、系统管理、动态调整、跟踪评估”的原则，着手建立“国际化培训项目后备人才库”，进一步完善学员选拔机制，提高对入库人员品德修养、业务素质和管理能力的要求。人才库大约包括 3 000 人，其中高级管理人员 100 人，中层管理人员 900 人，业务骨干 2 000 人。总行将在合理区分梯度的基础上，针对不同层级学员开展富有针对性的分类培训。目前，总行已研究制定了不同层级人员的入库标准，并初步锁定了 2 000 名左右的入库人选。在此基础上，培训准入门槛也不断提高。总行本着“数量服从质量”的原则，根据实际情况，把此次培训人数从原定的 200 人调减为 100 人。因此，大家能成功入选，应该深感自豪，要意识到肩头那份沉甸甸的责任，其中既有组织的信任，也有广大员工的厚望。希望大家能够认清使命，踏踏实实地把学习任务完成好。

这里，我还想谈一谈国际化人才培训和外派之间的关系。工商银行的市场化、信息化、国际化、综合化发展，决定了整个集团都迫切需要具有国际视野、战略眼光和全球化管理能力的人才。我们做这个项目，从初衷讲是为了服务于国际化发展，但从全局来说，是为集团和业务发展储备有用人才。培训结束后，希望有意愿的同志踊跃应聘到海外工作，也欢迎大家到集团内任何有需要的岗位工作。总之，希望大家打消顾虑，把个人的发展和工行的发展真正融合起来，把握机会、用心学习、提升自我。

二、要解决好“学什么”的问题，着力提高国际化的执行力

国际化人才培训紧紧围绕国际化发展主线，主要涵盖了国际化视野、跨文化管理、企业领导力、金融业创新与变革、银行经营管理等几大板块。在境外研修课程设计上，总体遵循“定制 + 公开 + 选修”的原则，注重通用内容与个性化内容相结合，并针对不同层级员工，结合不同院校资源，差异化编制计划、设计课程，力求做到三个方面：

深化对全球金融同业的了解和比较。主要是设置全球金融类课程，解读国际金融行业发展现状及趋势，重点介绍所在国家的金融业情况，使大家基本把握全球金融行业发展大势，从比较中进一步认清我行国际化发展的优势和不足。

强化对地缘政治影响经济金融的探讨。国际化发展中有个很重要的问题，就是国际政治对海外机构的影

响，这也是总行最近重点研究的一项课题。大家可能都研究过国别风险，主要是从信用风险、市场风险的角度考虑，但实际上在海外机构发展中，影响最大的还是国际政治格局的变化。比如，利比亚等中东国家的局势，比如在秘鲁、俄罗斯申设机构中遇到的限制性政策等，都对国际化发展造成了影响。所以，培训中专门安排了风险管理类和跨文化类内容，希望大家借此对全球的政治、经济、社会、历史、文化等方面进行系统深入的了解，丰富知识储备，开阔工作视野。

加深对金融综合化发展与变革的了解。根据全球金融发展的最新趋势，安排了国际金融市场自由化和监管、未来法规与行业的变化、全球金融市场和机构等课程。培训中，大家不仅要学知识，更要把提升能力作为学习的主要目标。有的同志说起来头头是道，但遇到实际问题、需要想点子、拿方案的时候就困难了，就是因为能力没跟上。所以，我们要把培训的重点从对知识的积累转变到对能力的培养上来，着力培养以下“六种能力”。

培养语言沟通能力。大家要尽量利用这一年的时间，通过自主选课、插班学习的方式，主动参加学校的讲座、社团活动、志愿者活动等，锻炼自己的语言沟通能力。

培养独立思考能力。当前全球金融业面临的很多问题并没有现成的解决办法，包括公共债务危机、经济结构调整、国际货币体系等问题，实际上都还没得到有效解决。所以，听课中大家要保持清醒的头脑，不能人云亦云。要通过对最新案例进行深入研究，用实证的方式进行独立的判断，研究摸索解决问题的方法。

培养开拓创新能力。刚才讲到全球金融业存在的那些问题，无论是书本知识还是同业经验，都找不到现成的解决办法，所以我们要勇于探索、善于创新，突破传统思维模式的束缚，通过对大量相关事态的分析，来探求规律。培训中大家要努力改变过去的习惯，不能满足于死记硬背，而要以比尔·盖茨、乔布斯为榜样，力争成为创造力出色的人才。

培养市场拓展能力。国际化人才培训要求大家在刻苦学习的同时，为未来工作培养、积累人脉资源。要积极考察所在国经济金融运行情况，关注市场变化，深入研究客户资源，特别是维护好就读院校和实践企业的同窗资源，多认识一些人，结交一批良师益友甚至是合作伙伴，为将来境外工作打好基础。

培养信息分析能力。现代银行离不开信息，银行经营管理离不开信息分析。在信息社会中，信息、知识都是重要的生产要素。大家在境外学习期间将接触到海量信息，要学会运用定性和定量相结合的方法，对信息进行收集、整理、鉴别、评价、分析和综合，形成新的增值的信息，锻炼、强化信息分析的能力。

培养独立作战能力。国际化人才培训项目不是“贵族培训”，恰恰相反，学习、生活、实践等各个环节都需要大家独立完成，共同参与。大家要锻炼独立生存、实际动手的能力。尤其在实践环节，总行为提高实习质量和效果，想了很多办法，没有采取业务讲授的常规方式，而是安排大家顶岗工作。所以，大家不能浮在表面，要深入实习企业，积极运用所学知识，研究岗位工作，全面掌握相关制度流程，了解上下游工作内容，才能真正取得收获。

这里我再提一点要求，从今年开始，境外培训期间不再要求大家提交课题研究报告，改为每人提交一份“千字文”，把自己思考最深刻的东西写出来，以此来检验提升“六种能力”的实际成效。

三、解决好“怎么学”的问题，切实提高参与国际化培训的实效性

国际化人才培训项目的课程设计，既有前瞻性和创新性，又有很强的实践性。大家要珍惜机会，把学习与实践紧密结合起来，学有所思，学有所得，学有所树，同时严格遵守学习纪律，维护工商银行的良好形象。

在学习方面，大家要做到“三多”：多听、多想、多动。多听，就是要以“偷学”的精神，在较短的时间内尽快汲取更多的知识和信息。不仅课堂上要听，还要通过与老师、同学和企业的交流，学习新的知识和经验。多想，就是要着眼于工商银行的发展和转型，结合自身工作实际，带着问题去思考，积极寻找解决问题的方法。多动，就是要在总行管理制度的框架内，努力开阔眼界，主动深入当地，积极开展交流，不断增长见识，培养独立工作的能力。

在纪律方面，大家既要遵守中国的法律、工行的制度，也要遵守国外的法律法规，尊重当地的风俗习惯，务必做到以下四点：

严格遵守培训管理规定和外事纪律。总行为此召开了几次专题会议研究，教育部也完善并印发了《中国工商银行境外培训管理规定》。大家要认真遵照执行。在学习期间，总行相关部门会利用出差机会看望大家，听取合作院校的意见建议，也会听取大家的建议。

认真落实项目管理的各项要求。总行专门编制了培训项目手册，汇集了培训的目标和任务。每个学员都要珍惜学习机会，严格要求自己，如实、客观、认真填写“学习日志”。要充分发挥好团组自我管理的作用，每期班总行都将配备强有力的班委，由班长负总责，并按照有关规定认真履行职责，管理上绝不能缺位。

严格实行“训中淘汰”制度。境内培训期间安排结业考试，不能达到派出要求的学员将被淘汰。境外培训期间，如果个人学习能力不济，或违反所在国家和地区有关法律法规或总行有关规章制度，情节严重、造成不良后果的，总行将终止其参训资格或作出处罚决定。

最后，祝愿各位学员在一年的学习过程中，珍惜机

会，珍惜资源，学有所获，学有所成，我们期待着大家满载而归！

努力提高法人客户支付结算服务效率

——在中国工商银行法人客户结算服务调查总结会议上的讲话

罗　熹

（2013年7月25日）

刚才听了大家的发言，各行普遍认为此次调查很有必要，很有收获。在调查过程中，总行结算与现金管理部认真组织推动，各级行和各专业开展了大量细致周密的调查工作，对相关问题进行了透彻的分析和研究，形成了方方面面的意见和建议，为做好下一步工作打下了扎实的基础。下面我讲几点意见。

一、这次调查工作卓有成效

（一）此次调查有利于改进全行结算服务。此次调查共计回收有效问卷10 744份，涉及制造、零售、服务、基金等15个行业，面对面的客户访谈5 200多次，客户能切实感受到我行是从客户体验角度来提升服务的。总行先后派出5个涵盖结现、运管、产创等部门的调查小组，分别到13家分行召开调查座谈分析会，分行也能感受到总行正着手解决基层行的困难。同时，采取暗访、拜访等形式对其他三大银行、大型股份制银行、部分外资银行甚至是城市商业银行进行比较分析，进一步了解竞争对手的营销策略、产品策略和服务能力。可以说，这次调查切实达到了听取客户意见、掌握同业动态、对照监管政策、解决基层行困难的目的，有利于进一步改进全行的结算服务。

（二）此次调查有利于全面提升全行市场竞争力。通过系统、全面的调查，通过客户访谈、同业比较、基层行员工的反馈，共计收集整理了70个问题，主要集中在流程设计应更多从客户角度考虑、定价灵活性应提高、网点对公服务需提升等方面，这些问题要引起我们的高度关注，并在以后的经营中逐步落实解决。

（三）此次调查切实提高了部门的合力。为了改进结算服务，各营销部门、产品部门及后台支持部门齐心协力，共同仔细查找问题，认真研究分析问题，提出切实可行的解决方法，这点我很受感动。特别是总行几个部门能够把问题点透，广东、厦门等分行已经着手在分行权限内改进相关工作，说明各部门、各级行都是从改进工作的角度，积极主动地参与到此次调查中。

总之，这次调查工作的效果比较好，较为全面客观地反映出我行结算服务的深层次问题，此次总结分析会也比较成功。调查工作虽已落幕，但结算服务提升工作却是任重而道远，此次调查仅是改进结算服务的一个新的良好开端。

二、高度关注金融形势的变化

（一）利率市场化要求我们加快经营转型。经过30多年的改革开放，中国经济高速发展，在存在利差保护的情况下，发展贷款业务能够给银行带来可预见的、可观的利润，但是，随着利率市场化、汇率市场化、人民币国际化步伐加快，金融形势发生了深刻的变化，在这种情况下，我们单纯依靠贷款来获取利润的时代已经过去了，我们要靠自己的服务取胜。从上半年的情况可以看到，我行的存款付息率要高于农行和建行，但今年新发放贷款收息率却低于这两家行，利差空间正逐步缩减，截至目前我行的存贷款利差已经连续12个月下滑，也就是说，主要依赖存贷款利差的发展方式已经落后了，下一步我们需要加快经营转型，加快推动金融资产服务业务发展。一方面，要大力推进支付结算、电子银行、信用卡等基础性业务；另一方面，要做好资产管理、养老金、托管、私人银行、投行、贵金属等新兴业务。

（二）第三方支付的兴起要求我们创新支付结算业务。支付结算不仅是银行传统业务之一，也是转型中确实要抓好的重要工作。虽然结算中间业务收入贡献较大，同业市场份额也保持在第一位，但是，我们要清醒地看到电子商务、第三方支付、移动支付的迅猛发展对银行结算业务的冲击。浙江分行汇报材料里提到了三个知名的支付机构，他们都在做支付结算。可见，这个行业的确是有利可图、有事可做，竞争异常激烈，我们的基础性结算服务正面临颠覆性的变革。在这个形势下，需要我们各个部门从大局利益出发，协同作战，共同致力于支付结算业务的创新发展。

三、需要着重研究的几个问题

今天大家反映的情况以及提出的建议都很好，总结下来有以下六个方面需要着重研究。

（一）产品功能优化。企业基础性银行服务需求包括：资金保管、资金收付、计息、对账等，这是企业在银行开立账户最基本的原因。随着时代变化，账户功能越来越先进，从单一账户逐步发展到结构账户—专用账户—网上账户—集团账户—行业账户，我们必须弄清楚账户的种类及功能，在此基础上做好账户功能的优化。一是抓基础功能的优化。功能优化要着眼于基础，在不违反规定、不引发风险的基础上，做细微的调整使其在基础功能上有所优化，这些功能的微小改进都会给存款带来无限的影响，存款只是结果，客户通过结算业务沉淀的资金才是存款的源头。二是抓功能的外延发展。下一步要考虑账户的全球性功能，这是亟待解决的一个问题，也是全球现金管理业务的基础。全球账户是指在资金存放、计收利息、资金收付、对账这些基本功能的基础上，增加四类功能：第一，全球通兑，例如一家公司在北京的账户与在纽约的账户之间能够通兑；第二，货币兑换问题，很多海外机构提出各币种之间的换算对账需求；第三，跨境汇款问题，由于每个国家的监管政策和具体情况不尽相同，跨境汇款的环境差别很大，任务非常艰巨，但却是客户十分关心的问题，如果没有先进的技术手段和对监管政策的熟练掌握，是没有办法穿过层层壁垒开展跨境结算业务的；第四，多币种记账，就是以不同币种来记账，这一点相对容易些。如果账户的全球性功能能够实现，我们的全球结算服务能力会提升，境外人民币结算量就有可能赶超中行。三是探索法人和个人结算账户一体化功能。目前招商银行推出了“公私E网通”，将法人账户和个人账户的结算有效结合起来，我们也可从代发工资或者是个体工商户入手，创新法人与个人账户的一体化功能产品，推进公私业务联动。总之，要将账户功能优化作为满足客户需要的头等大事来对待，对目前账户及其结算功能进行分析对比，分析我们究竟有哪些账户，账户功能有哪些，哪些是我们有别人没有的，哪些是别人有我们没有的，一定要下功夫做一个精细的分析，列出一个明细表。

（二）流程整合问题。过去只有财务会计部，结算都是由财务会计部负责的，而且计算机系统也没运用得这么深入。随着业务的发展，形成了专业化程度高、职责分工明确、业务条线清晰的内部分工机制，如现在财会部主管会计科目，结算部负责前台营销，运管部负责后台处理，科技部提供技术支持，个金部在做个人结算，国际部在做外汇结算，电子银行部在做网上结算，如何让各部门分工负责的结算业务及处理流程在全行形成统一完整、高效配合的流程，这就需要我们进行流程整合。概括起来主要做好以下三件事：一是各自按职责做好本职工作，比如刚才运管部说的就非常专业，哪些是我们能做的，哪些是暂时做不了的，哪些是要几个部门商量解决的，如果能做好本职工作起码能解决三分之一的问题；二是涉及跨部门的，一定要做好有效对接，认真研究衔接中是否存在问题，如何提高衔接效率等；三是在遵守监管的前提下，想办法提高作业效率，将来还要进一步做好对公对私、境内境外、网上网下、前台后台的流程衔接，为客户提供更加一体化、更加全面的账户服务，做好未来3~5年的规划。

（三）综合定价问题。计价非常复杂，我们的产品和流程分散在不同的部门，如何形成一个统一的计价规则，相关部门可以研究、商量。比如，可以根据客户星级评价确定某些产品的最低收费标准，允许分支机构在此标准的基础上自行确定价格，或者采取套餐制或流量制的优惠计价方式，各行可以利用总行正在升级完善的结算套餐销售系统，制定适合本地区需求的结算套餐方案。值得注意的是，计价的前提必须是客户增值、银行增收。为了调动基层行将优质结算产品推向市场的积极性，切实提高结算产品竞争力，结算与现金管理部要会同财务会计部、人力资源部，参考个人产品内部计价方式，制订对公结算产品内部计价试行方案，明确纳入计价的产品范围、计价标准和绩效分配等内容，可先行在江苏、广东等分行试行，待取得成效后在全行范围内统一实施。

（四）统一视图问题。今年下半年总行已明确对三大系统进行改造：一是机构客户营销管理系统。把每个机构客户发生的每笔交易于T+2日在系统中体现，把每个客户在我行开立的账户、与客户有关系的各级管理人员、客户经理、操作人员展现在系统中。经过近期的最后一次评估，这项系统功能已经比较完善、比较先进，工作基本接近尾声。二是个金的营销系统。这个系统的基础比较好，还要继续做一些改进工作。三是公司客户营销系统。下半年要启动系统改造工作，实现将客户发生的每一笔交易、收益情况、资金去向、交易对手都体现在系统中，营销部门、运管部门和科技部门都能在系统中查询到这些信息，信息必须是完整、及时、准确的，这是信息化银行建设重要的一个方面。同时，结算与现金管理部要牵头做好星级评价系统在各部门、各渠道的应用，建立全行统一的法人客户视图，统一客户信息、统一服务标准、统一营销策略、统一品牌宣传。

（五）渠道完善问题。第一，要大力推广对公自助设备，进一步完善财智账户卡功能，开通其POS刷卡功能，让中小客户用好这张卡片，提供更为便捷的服务。第二，结现部要尽快开发投产移动营销终端，通过为基层客户经理提供便捷式、移动式营销终端，提高结算产品的市场覆盖率。第三，结现部与电子银行部要加强配合，做好网银上现金管理业务操作终端的投产应用，开展现金管理专业版网银的客户营销，同时要解决好网上开户问题，做好网上、网下的配合。第四，要明确大堂经理、柜员、综合客户经理的岗位职责，提升网点服务能力。第五，要实现网点对公服务功能的标准化，首先要确定个标准，接下来就要考虑达标问题。我们现在考虑的还很简单，是否达标主要以网点有没有开办对公业务为依据，下一步就要考虑更为复杂的标准，比如说网点要开办多少项对公业务，每一天能办多少笔，每一项能办多少笔，要细化指标、确定标准，并用标准去考核。这项工作年初就布置过，此次调查结束后就要着手启动。

（六）账户安全问题。客户需要的是快捷、方便、安全的服务，账户的安全性是客户的基本需求，但在办理业务中，客户往往考虑速度因素多一些，安全因素少一些，当需要按照监管政策要求提供一些资料时，客户可能会觉得有些烦琐。在当前各种风险因素复杂交织的情况下，我们要合理权衡处理效率与风险防范之间的关系，考虑便捷性的同时必须兼顾好客户账户安全，不管对方是否有协议、通过哪种渠道办理，只要动了在我行开立账户上的资金，我们就应该有系统监控。

四、下一步工作的几点要求

第一，将结算服务提升与党的群众路线教育实践活动有机结合起来。有效改进客户结算服务质量和效率是在商业银行践行党的群众路线的重要体现。各行要对照总行有关规定，认真查找结算服务过程中存在的突出问题，对于客户反映的普遍问题要认真对待、深入研究，能改的马上改，能做的先做起来，切实提升支付结算的服务水平。

第二，认真整理好案例。各行要按照找客户需求、找同业动向、找基层存在的困难这三个方面，进一步整理案例，今天会上提到的案例要找到相关分支行核实。

第三，实事求是地分析和解决问题。总行结算与现金管理部要认真分析这次调查汇总上来的问题，明确问题具体出在哪里，提出改进意见和建议要有针对性，可以分为短期和长期，而且还要明确哪些是分行可以做的，哪些是需要总行做的。

第四，上报调查报告。总行结算与现金管理部结合此次会议内容，进一步修改完善调查报告，会签相关部门后，正式上报给总行领导。

在中国工商银行机构客户营销管理系统推广视频会上的讲话

罗　熹

（2013 年 8 月 14 日）

这次会议的主要任务是，推广机构客户营销管理系统，组织系统应用工作，以此提升全行机构客户营销工作的科学化、精细化水平。下面，我讲三点意见。

一、充分认识建设机构客户营销管理系统的作用

姜建清董事长早在 2005 年就提出了建立客户统一视图的构想，个人金融业务部门最先开始了个人客户统一视图整合工作，取得了良好效果。依托法人客户营销管理系统，公司客户统一视图建设近年也取得较快进展，但机构客户的统一视图建设还在探索中，主要原因在于机构客户的自身特点。与个人和公司客户相比，机构客户主要体现出四个特点：一是属性多样。如财政类客户，除了财政系统，还有教育、医疗、卫生、农林、水利部门等多种类型；金融同业客户同样如此，除了银行、证券、保险、期货等机构外，还有新兴的基金公司、资产管理公司等，属性各不相同。二是结构复杂。单就财政系统而言，从中央财政到地方的乡镇财政，多层多级，没有任何一个系统能清晰提供这些客户主体的信息服务和作业流程。三是规模庞大。比如军队客户，仅这一个主体，在我行存款规模就达数千亿元，虽性质单一，但数额巨大。四是产品丰富。机构客户涉及产品类别多种多样，而且不同性质客户应用的产品差异很大。针对机构客户的这些特点，很有必要尽快建设一个营销管理系统，才能够有效应对如此复杂的营销活动。

同时，我们对机构客户一直以来的粗放营销方式和传统管理模式也迫切需要建设一个专业的营销管理系统来加以改进。首先是营销流程不清晰。“以客户为中心”的营销理念并未真正体现在工作流程安排中，营销工作仍存在政出多门、多头对外等问题。营销手段匮乏，没有围绕统一的客户视图进行市场定位和客户分类，并据此制定行之有效的营销策略与营销方案，实施营销计划、组织、跟踪、控制的全过程作业。营销管理方式传统，缺乏在统一平台上开展整体营销的体制和机

制，不能进行综合化的总体策划与部署，信息传导和流程安排难以在平台上实现，全行整体协同优势未能真正发挥。

第二是客户信息不共享。机构客户的信息分散，碎片化现象严重，而且反馈不及时、信息不对称。由于未能实现对客户的全流程管理，客户信息分散在多个环节、多个部门，客户部门、产品部门、渠道部门，以及客户经理、产品经理包括风险经理等分别掌握着不同程度、不同方面的客户信息和交易数据。营销信息的发布与反馈体现出多渠道、多形式、多角度状况，信息的精确化管理程度不够，对准确评价客户价值、科学衡量与考核机构岗位贡献造成很大困难，管理决策缺乏真实依据。

第三是数据质量无保障。现有系统中的客户数据基本是以客户信息号、账户等结构展示，往往一个客户会有多个信息号和各种类型的账户，客户业务数据多元化。实际营销活动中，客户的概念也会因其组织体系、集团关联关系、行业或系统化统计分析需要而差异很大，客观上造成了系统数据与实际需要相比存在不全面、不准确、不及时、不完整的问题。客户分类不准确，不同机构和专业往往根据自身需要进行划分。根据审计结果，我行有数百亿元存款因客户分类不准造成统计差异。

第四是客户经理没手段。因为缺少专门的系统平台，机构客户经理的日常工作主要依靠一张嘴和一支笔，大量需要统计分析的业务数据、需要记录和应用的客户信息、需要提交的业务报告给客户经理形成了沉重负担，营销精力投入自然不足。

解决这些问题的关键在于技术创新和机制改革。建设一个承载机构客户全面信息、监控机构客户全部业务流程环节、关注全部机构客户营销活动的综合业务平台系统很有必要，这不仅是为机构客户经理和管理人员提供技术工具的需要，也是为推进机构业务转型发展提供技术保障的需要。

第一，有利于满足机构客户系统化维护的需要，促进科学营销体制的建立。机构客户具有很强的系统性，往往跨地区、跨行业，在全国范围内成网络、成系统分布。机构客户营销管理系统为机构客户建立专门的客户关系信息库，据实定义“一个机构客户”，对重点机构客户按照客户特点以集团化、系统化方式梳理客户的整体关系，从而为各级机构管理部门准确制定机构客户合作策略、准确评估客户营业贡献和科学定价提供重要参考，为在全行推行“全机构”战略的大营销格局奠定基础。通过系统可准确设置机构客户分级分类属性，客户分类可根据营销重点灵活调整，比如民生领域这个新的营销概念，系统可对相关类别客户进行有机整合，迅速明确目标群体。在科学确定客户主体和客户群的基础上，营销方式将从以往的发散式转变为集中式，把多头营销方式统一为集中进出、分工协作的整体服务方式，依托系统制定科学化的服务流程和管理模式，建立新型营销体制。

第二，有利于实现机构客户营销活动流程化、智能化管理。现阶段的客户营销，不论事前的材料搜集、事中的客户拜访和谈判，还是事后的营销管理和客户维护，还处于较为粗放的运作模式中。有的还在用纸质笔记本记录、管理客户信息，有的用 Excel 建立小型台账。这种粗放的营销信息管理方式有很多弊端，一方面客户资源仅掌握在客户经理等少数人手中，客户容易随客户经理的变化而流失；另一方面客户经理的工作无法被上级部门及时掌握，客户的需求也不能在最快的时间内被相关部门了解，不利于迅速跟进和提出客户需求解决方案。更大的缺陷是，相关部门的交易信息客户经理无从知晓，客户经理不能全面掌握客户的深层次信息。

有了专门的客户营销管理系统，所有的机构客户动态、客户走访等信息都统一维护在系统平台中，各级管理人员和客户经理，可以快速查看到自己关注目标客户的全方位信息。系统为联动营销提供强力支持，建立与公司、个人、产品、渠道等部门的信息共享机制，不仅使机构客户的需求可以快速传递给相关部门，其他部门也可以通过系统查询到机构客户相关信息，为联动营销找准焦点。机构业务营销人员可以系统为工具，完整建立客户关系树，全面展示客户产品应用情况，使自己更充分了解客户需求，并有针对性地制订营销服务方案，提升服务质量，不断提高机构客户的忠诚度。

第三，有利于提升机构业务信息化管理水平，更好应对未来的市场竞争。随着大数据、云计算、移动互联网等为代表的新一代信息技术的发展，商业银行的经营管理模式、业务运行模式、客户服务模式乃至整个银行业态面临着剧烈变革，信息化银行的发展水平成为在新一轮技术变革与银行发展模式重构中赢得主动、赢得未来的关键所在。建立统一的系统平台后，我们能够集中管理、展现全方位的机构客户信息，机构业务的统计、核算、考核及分析进入统一系统支持，全面提供客户分析、经营决策、精准营销等需要的重要数据，将大大提升机构业务的信息化管理水平，为打造我行机构业务核心竞争力发挥重要作用。

二、机构客户营销管理系统建设与应用情况

机构客户营销管理系统的构想、设计、开发及付诸生产，总行各相关业务部门和各分行都付出了巨大努力。信息科技部在系统前期评估、功能定位等方面给出了非常好的意见；产品创新部在需求编制、架构设计等方面投入了大量人力；管理信息部、结现部、公司一部等部门在信息标准化要求、客户信息梳理、客户科学分类等方面提供了巨大支持；软件开发中心和数据中心在

系统框架内容规划、具体功能实现、投入生产应用等方面付出了辛勤劳动；北京、上海、深圳等试点分行对系统功能实际应用进行了广泛验证，河北、天津等分行对于客户分类梳理等工作进行了逐户甄别。还有许多总行部门和分行为系统的开发建设提供了帮助，这里就不一一赘述了。这些部门和分行克服时间紧、任务重、人员少、工作量大等种种困难，创新工作思路和手段，保质保量完成了前一阶段工作，在这里我代表总行党委一并表示感谢！同时，希望大家再接再厉，把机构客户营销管理系统的开发、推广、完善工作持续做好，使其在工作中发挥出应有的作用。

系统自2012年11月实现版本投产后，为验证机构客户营销管理系统的实用性，发现系统存在的问题和不足，总行先后分两批组织13家分行开展了系统应用试点。各参与分行积极筹备系统试点工作，通过开展学习研讨熟悉系统框架和功能，在辖内筛选重点试点行进行相关系统测试工作，验证系统功能，发现存在问题，及时反馈总行。在试点过程中，总行相关部门建立了良好的工作机制，包括分行意见每周集中反馈制度、总行双周会议协商制度等，及时准确解决了试点中发现的各种问题。试点期间，软件开发中心又分别利用今年2月版本和5月版本进行了功能提升，系统功能更加完善。

通过试点应用情况来看，系统设计理念先进，符合当前机构客户营销管理需要；建设目标清晰，契合“全机构”发展战略要求；功能架构完整，具备独有特点，且经过总行专业部室和试点行充分使用，效果良好。系统以客户为中心，规划了全新的机构客户统一视图，建立了全覆盖的机构客户分类体系，设计了全流程的营销作业模式，确定了全条线、全部门的信息共享机制，初步实现了“统一的信息平台、综合的营销工具、科学的管理系统”三大预定目标，为机构客户营销和机构金融条线管理提供了技术工具。

在试点阶段，各分行也反映了一些问题，如系统管理员的开通流程存在不合理环节、在客户查询方式的灵活性方面还有提升的空间、分析监控功能不够强大、数据更新频率有待提高等问题。总行机构部要会同相关部门，尽快研究解决方案，提出变更需求，提升系统功能。

三、关于机构客户营销管理系统推广应用的有关要求

各行分管机构业务部门的领导、机构业务部门的所有成员以及参与机构客户营销、服务的相关部门的工作人员，要懂得和熟悉系统功能，会使用系统办理相关工作，要不断促进系统推广，参与系统功能完善工作。为做好下一步系统推广应用工作，再提几点具体要求：

（一）持续推动系统功能升级，完善系统功能。目前系统功能已初具规模，总行机构业务部要与科技部门、产创部门密切配合，做好后续功能版本的开发建设，不断推动系统功能的升级与完善。随着系统在全行的推广应用，发现的问题和新业务需求也会越来越多，总行要根据全行的应用情况，不断整理新的业务需求，补充到系统功能中。新的功能设计要全面考虑机构客户的特殊性，体现出机构客户的特色，比如根据不同的行业客户设计不同的视图页面，尽量完整诠释不同客户的特点。同时，要做好数据源的集中规划，对尚未完成数据集中的交易数据，总行机构业务部要商相关部门尽早实现数据集中和共享，并使数据导入的方式格式化。新的机构客户信息要陆续纳入系统管理，使客户信息更加完整。

（二）广泛开展系统培训，加快系统应用。总行要做好系统应用培训工作，采用多种形式，给相关人员讲解系统原理和功能，开展上机模拟操作，组织功能优化讨论，同时还要邀请开发人员现场解答系统应用问题，确保大家尽快熟悉并应用系统开展工作。培训过程中要重点做好对分行主管行长和机构业务总经理的培训，使分行领导层面重视系统的推广与应用。总行要尽快培训一批系统推广业务骨干，发挥他们的转培训作用，使各级行的机构业务人员尽快掌握和熟练应用系统功能。各一级分行要成立专门工作小组，机构业务主管行长亲自挂帅，组织推动系统应用，精心安排辖内系统上线、业务培训和推广应用工作。各二级分行要组织专人安排专岗，在充分领会总、分行培训内容的基础上，采取送教上门、现场支持等多种灵活方式做好基层行的推广工作。

（三）加强系统应用，提高营销效率。全行机构业务部门要广泛使用系统开展相关营销工作，总行机构业务部要带头应用。客户信息整理要从重点大户开始，各专业可以考虑选取十大客户，通过系统进行客户分配、客户集团关系维护、客户档案上传、动态信息录入、营销业务动态登录、专业营销计划上传等内容，构建完整的客户信息视图和客户信息档案。要做好客户分类管理和维护，对政府机构类客户，要从系统化营销管理和特色应用的要求出发，做好客户的系统性分类，实现客户分析与统计的灵活性；对金融同业类客户，要在全面了解客户组织架构和层级关系的基础上，完整建立集团客户关系。各一级分行也要从分行的重要行业和重点客户着手，构建辖内的行业和客户体系。二级分行以下机构要重点做好客户的逐户分配和客户信息的修正维护，确保所有机构客户都有对应的客户经理管理，所有机构客户信息尽可能完整准确。全行机构业务营销工作要逐渐通过系统进行有机整合，有效推动“全客户覆盖、全产品营销、全流程服务、全方位管理、全系统联动”的“全机构金融”战略，实现全行机构客户营销的一体化。

（四）编制系统管理办法，规范系统应用。总行要

做好系统相关配套制度规章的建设，组织力量编制系统管理办法、功能操作手册等相关文件，确保系统应用有章可循。相关办法一方面要保证系统使用的规范性，另一方面要随着系统应用的深入和业务的发展适时修订。管理办法的内容重在制定系统运用规则，包括客户命名规则、客户分级分类规则等，确保各类信息的采集、加工、展现、输出都有据可依，使各级客户经理可以快速应用系统为客户营销管理服务。

（五）加强安全管理，保证信息安全。机构客户涉密信息较多，在系统功能规划中要严格注意信息保密，从系统架构上首先做好安全防范。在客户信息维护、推送、共享等方面也要制定细致规则，利用权限管理和审核流程等方法提升信息的安全等级。各类系统应用角色要认真执行信息使用要求，注意甄别信息的保密程度，防止信息的人为泄露。

（六）结合业务实际，积极反馈有关建议。机构客户营销管理系统是首个专门为机构客户营销管理打造的信息系统，与业务实际的契合度还有很大的提升空间。各行要在日常营销工作中积极应用系统，每周反馈应用情况和系统问题。前期总行层面已经建立了系统应用方面的联动工作机制，机构业务部要与信息科技部、产品创新管理部定期召开部门联动会议，分析解决分行反馈的新需求和业务问题，力争在最短时间内解决，使系统对机构客户的营销管理发挥越来越重要的作用。分行层面也要建立、完善这一机制，力争快速解决系统应用问题，使系统各项功能不断趋于完善。

（七）以系统为手段，推动客户数据质量提升。由于历史原因，系统中的数据信息质量不高，如对客户数据分析有重要影响的行业信息、科目信息等都存在不准确的情况，不少机构客户在系统中拥有多个客户信息号，导致在进行客户信息查询或客户动态信息维护的时候，不知道以哪一个客户为准，不知道该将信息维护到哪个客户名下。目前上述问题已经可通过系统的客户信息修改功能进行调整，各行在应用过程中，要发现一处、修正一处，确保客户信息质量逐步提高。同时，要注意客户集团关系数据的正确性，客户归属集团发生变动后，要通过系统及时进行调整。信息的采集尽量在交易过程中完成，实现信息采集加工的系统化、电子化，避免客户经理人工录入大量信息，减轻客户经理工作负荷。要把客户经理应用系统的便利与否作为评判系统优劣的最重要标准。

同志们，机构客户营销管理系统推广应用是一项长期艰巨的任务，希望各行统一思想，真抓实干，以系统推广为契机，加快提升机构业务营销管理信息化水平，促进机构业务市场竞争力的持续提升！

加快电子商务平台建设　打造金融服务网络模式

——在中国工商银行电子商务平台建设专题培训会上的讲话

罗　熹

（2013 年 9 月 5 日）

这次请各分行和各部门来参加电子商务平台建设视频培训会，充分体现了总行对电商平台建设工作的高度重视。建设电商平台是根据董事长意见，经总行党委认真研究后作出的重要战略决策。这项工作自启动 5 个多月来，总行相关部门密切配合、通力协作，认真落实各项工作任务；各分行也迅速行动，积极开展商户推荐及营销等工作，目前平台建设工作进展顺利。下面，我讲三点意见。

一、为什么要建设电商平台

工商银行成立 30 年特别是股改上市以来，取得了巨大的发展成就，但我们也越来越深刻感受到未来转型发展道路上面临错综复杂的风险和挑战。当前金融脱媒进一步加剧，银行贷款融资占社会融资总规模的比例已从 2002 年的 96% 下降到 2012 年的 58%；同时利率市场化进程加快，今年 7 月 20 日起央行取消贷款利率下限，传统大客户对银行信贷的依赖度越来越低，靠存贷利差过日子的传统盈利增长模式正逐渐削弱，并将一去不复返。2012 年以来，新一轮互联网金融的竞争愈演愈烈，以阿里集团为代表的互联网企业相继推出快捷支付、余额宝、虚拟信用卡、小微贷款等包含支付、产品代销、融资在内的各类金融服务，全面进军金融领域。银行同业面对变化，快速行动。2012 年 4 月，交行“交博汇”正式开馆；6 月，建行推出“善融商务”，目前累计交易额突破 100 亿元；中行宣布正在积极筹备推出“中银易商”电商平台。面对互联网企业的渗透和金融同业的竞争，我行必须积极应对。建设电子商务平台，全面参与互联网金融市场竞争，正是在这个大背景下作出的重要战略性决策。

（一）电商平台是新的客户接入点。从个人客户看，目前网民中网购客户总数将近3亿户，年人均网购金额近4 000元，网购已经成为人们的一种生活方式，并快速从年轻人群向中老年人群延伸。从企业客户看，预计2015年企业网上采购和网上销售金额占比将分别超过50%和20%，线上渠道将成为企业重要的供销渠道。可以说，谁掌握了网络，谁就掌握了客户、掌握了未来。伴随电子商务的蓬勃发展，各大支付机构快速成长，2012年通过第三方支付机构的支付笔数已占全部支付笔数的30%，其中线上支付占比超过80%。互联网企业逐渐成为了客户线上的接入点，割裂了银行与个人和企业客户之间的联系，银行成为资金管道。因此，我们有必要抓紧建设电商平台，满足个人和企业客户网络金融服务需求，打造新的客户接入点。

（二）电商平台是新的网络突破点。2000年以来，我们在国内同业率先推出电子银行业务，实现了从“砖头”到“砖头”+“鼠标”，再到“鼠标”+“砖头”的华丽转身，目前全行电子银行客户达3.52亿户，电子银行业务笔数占比达77%，客户数量、交易规模等均稳居同业首位，成为转变发展方式的有力推手。但通过电子银行我们仅能掌握经济活动中的资金流信息，无法全面掌握企业和个人客户的交易信息和商品流信息，同时支付机构的发展进一步导致银行无法掌握全面的资金流信息，仅掌握单向的资金流出和流入信息，无法掌握从哪里流入、向哪里流出，更不能掌握为什么流入、为什么流出，尤其是线上支付方面，我们只掌握线上一部分资金流信息，其他大部分资金流信息不掌握。反观支付宝推出的信用卡还款、货币基金代销等一系列金融创新，都源于交易担保机制和交易过程中形成的资金沉淀，因为它控制着线上的资金流。在我行电商平台推出后，电商平台将侧重于商品交易及其关联的支付、融资服务，电子银行继续侧重于提供各类金融产品的销售，二者相互补充、相互促进、共同发展，我们就可以掌握包含信息流、资金流、商品流在内的全部信息，就可在继电子银行之后打造一个新的网络突破点。电商平台和电子银行，要形成进军网络的两只拳头，两只拳头不但要一起打，还要把五个手指头捏紧，这样才更有力。

（三）电商平台是新的产品创新点。与20世纪90年代末期第一轮互联网冲击相比，新一轮互联网金融的浪潮不再是简单的技术和渠道革新，而是彻底改变传统金融服务模式的全新业态。互联网企业依托电子商务的发展，积累了海量的客户消费数据、交易数据，并以此为基础，通过采取大数据、云计算等技术手段，以更高的效率、更低的成本和可控的风险推出包含支付、融资等在内的金融产品，快速从客户交易端向银行的支付端和融资端延伸。面对挑战，我们通过建设电商平台，就能掌握全方位、全流程的信息，再结合长期积累的客户金融信息，利用大数据分析挖掘技术，通过对不同行业的发展情况，不同企业的进、销、存情况，不同个人的收入、支出情况进行分析，就可以准确锁定客户金融服务需求，快速识别和控制风险，将平台打造成为新的产品创新点。围绕个人消费、企业零售和企业间采购，研发更便捷、更安全的个人消费和企业采购支付产品，创新全线上、全流程、全系列的个人消费信贷和企业网络融资产品，更好地把握快捷与安全之间的平衡，更好地控制业务成本和风险，从而积极拓展互联网金融市场，形成新的业务增长点。

（四）电商平台是新的信息汇集点。电商平台对外连接了商户和客户，汇集了包含商户信息、客户信息、商品信息、客户线上选购及评价行为信息、物流配送信息等商品交易相关的各类结构化和非结构化信息；对内连接了我行支付、信贷及各类直销与代销系统，汇集了企业和个人客户的资产信息、信用信息、支付信息等金融产品相关的各类结构化和非结构化信息。将电商平台汇集的信息加以整合分析，就能形成围绕商户和客户两个中心点，不同行业、不同规模和不同职业、不同年龄的多维度、多关联的信息集合，从而将电商平台打造成为新的信息汇集点，对外可提供专业、全面的资讯服务，对内进行快速、准确的行业和客户分析，挖掘客户金融需求，制定行业信贷政策，优化业务流程和风险控制。

信息汇集起来之后最大的作用之一就是精准营销，客户的偏好、消费水平、信贷需求等，都可以挖掘出来，系统对客户行为进行分析之后可以预见客户的金融需求，提前开展精准营销。当然具体执行中要注意营销方式的合理性。同时我行电商平台的特点是“名店、名商、名品”，要尽可能多地掌握重点商户信息，并为商户提供信息资讯服务。这都对我们的信息汇集能力、信息分析加工能力提出了较高要求。

二、建设一个什么样的电子商务平台

经过数十年的发展，工商银行已经成为联系千行百业和千家万户的纽带，拥有雄厚的资金实力以及庞大的企业和个人客户资源，在融资规模和成本上具有互联网企业无法比拟的优势。加之长期以来持续的科技投入和电子银行业务的快速发展，也使我行具备了良好的技术基础和互联网基因，完全有能力借鉴电商市场发展规律，应用业界最先进的技术实践，建设一个具有自身金融特色的电商平台。

我行电子商务平台按照“入口统一、商户独立、信息集中”的原则，设立二级域名并开立统一入口，商户使用平台独立开展商品的线上销售，我行不介入商户与客户之间交易纠纷，所有商户及客户信息、交易信息、商品流信息、支付和融资信息等全部集中存储在我行系统。在建设步骤上，按照“分步实施、先内后外”的原则，今年10月中旬实现平台一期B2C商城的系统投产，2014年1月正式对外运营，2014年6月底前实现平台二期B2B商城投产运营，之后逐步从境内拓展到境外，力争2014年下半年启动O2O线上线下一体化交易模式。在商户及商品定位上，严格执行“名店、名商、名品”和同一商户的同一商品价格不高于其他主流电商平台的原则，打造不同于淘宝等的“品牌店”，客户可以线下体验、线上购物。兼顾商户行业和商品种类的覆盖度，逐步树立“品牌优、价格廉、款式新、质量好、种类全”五大优势，最终搭建一个集网上购物、投资理财、网络融资、消费信贷于一体，信息流、资金流、商品流“三流合一”的综合金融服务平台。

在信息流方面，一是做好信息的收集。既要收集商户、商品、客户信息，又要收集浏览选购行为、服务评价信息；既要收集交易信息，又要收集支付和融资等金融服务信息；既要引入各类垂直型企业的商品或服务信息，又要考虑逐步引入工商、税务、电力、通讯等政府机构类、基础服务类企业的服务信息。二是做好信息的展示。既要符合客户线上购物的操作习惯，又要体现我行文化特色；既便于通过电脑浏览展示，又便于通过手机、平板电脑等上网终端浏览展示；既可通过首页导航、行业分类、频道设置等方式，引导客户快速进入感兴趣的商品或服务类别，又可通过关键字的关联搜索，方便客户准确快速定位到需要购买的商品与服务。

在商品流方面，一是做好商品流信息的展示。配送信息要做到实时更新和展示，并可细化展示配送的每个状态，如已发货、正在配送、快递人员联系信息、预计送达时间、已送达等。二是做好与商户自建或其通过其他合作伙伴建立的商品流管理系统的连接，以获得详尽的商品流信息，便于客户跟踪全流程的配送信息。三是后续考虑与信誉良好、配送能力强、覆盖区域广的物流公司建立战略合作，实现双方系统的连接，方便无配送能力商户快速入驻我行电商平台。商品流是电商运营的重要环节，不仅仅是商品配送，还涉及退货、换货等售后服务，非常复杂，后续还要深入研究。

在资金流方面，目前电商平台专门配套了网银支付、银联支付、工银e支付、积分支付等多种支付产品，还全面引入了刚刚推出的消费信贷产品——“逸贷”，并创新实现了“现金+积分+信贷”的组合支付服务。后续将根据电商平台交易、支付、融资一体化的特点，研发平台专有的支付和融资产品；同时将以平台商品交易为基础，推出相应的保险产品和理财产品，充分彰显银行电商平台的金融服务特色。资金流方面主要是两个问题，一个是支付、一个是融资，我们将来的支付产品、融资产品、工银安盛保险产品等，都需要根据平台客户和商户的需求来改造，必须适合网络销售，否则对客户没有吸引力。要尽快组织电商平台建设领导小组第三次会议，重点研究电商平台的支付和融资产品问题。

在做好信息流、商品流、资金流服务的基础上，电商平台要发挥信息汇集点的优势，真正实现“三流合一”。一是做好系统架构设计，要按照互联网开放、共享、互动原则，既可连接内部支付、信贷等业务系统，又可连接外部商户、物流公司、社交化网站系统；既可建设初期一次性接入，又可后续逐步接入。二是做好数据结构设计和关联设计，既可存储商户和客户信息、交易信息、支付信息等结构化数据，又可存储评价、咨询、投诉等非结构化数据，并可按照某一行业、某一商户、某一客户、某一订单、某一地域、某一时间段等多个维度实现数据的关联。三是做好数据分析和挖掘，结合电商平台汇集的“三流”信息和我行积累的大量金融信息，深入开展数据分析和挖掘，尤其是非结构化数据的分析和挖掘，逐步建立事前锁定服务需求、事中快速审批办理、事后实时监控管理的全流程数据分析挖掘模型，并不断调整优化，充分发挥电商平台“三流合一”的价值与作用。四是要尽快梳理信息流、商品流、资金流列表，明确与同业相比的相同点和不同点。五是要着手研究B2B模式下的“三流合一”，包括大宗商品交易、综合性平台建设、票据支付、信用证支付等，同时要研究类似B2C的便捷支付手段。

三、当前电子商务平台建设的几项重点工作

自今年8月7日全行启动电子商务平台营销拓展工作以来，各专业条线、各分行高度重视，认真落实目标商户的营销工作。目前有明确合作意向商户58家，正在履行签约流程的商户15家，完成签约商户12家。但总体而言，商户营销工作进展仍然较为缓慢，距离9月末实现100家签约商户的目标仍有较大差距，一定程度上还存在着认识不够、了解不深、工作推动机制不明确等问题。电商平台建设时间紧、任务重，全行上下务必要牢固树立“全行建、全行办”的大局意识，举全行之力，做好电子商务平台的建设工作。

（一）进一步统一思想，高度重视电商平台建设工作。电商平台建设涉及面广，复杂程度高，是一项技术密集型、知识密集型、人员密集型的工作。各分行、各部门要加强电子商务领域的学习，进一步统一思想、提高认识，高度重视电商平台的建设工作。各分行、各部门领导，在机制建立上要亲自抓、亲自协调；在重点商户营销上要亲自走访、亲自营销；在宣传推广上要亲自体验、亲自使用；在工作推动上要亲自组织、亲自督导，切实将思想和行动统一到总行党委对电商平台建设

的统一规划和部署上来，保障电商平台建设工作顺利、有序进行。这里讲到好几个“亲自”，这也是党的群众路线教育实践活动基本要求之一，希望相关部门和相关分行的领导一定要做到这几个“亲自”。

（二）大力开展商户营销，确保实现9月底签约100户的工作目标。商户和商品是平台发展的基础，商户和商品营销是当前工作的重中之重。各分行要按照“统一策略、条线管理、总分联动、全行营销”的总体原则和商户商品准入条件，吸引更多的优质商户，部署更具竞争力的商品。筹备组要尽快研究品牌店的建设标准和思路，各分行也要注重选拔、培养对网上开店、网上购物比较熟悉的人才。一是要全力以赴做好目标商户营销拓展。要利用与目标商户长期形成的良好合作关系，结合新四大市场客户拓展、“逸贷”业务拓展、信用卡分期和POS收单业务营销等，加快拓展前期确定的213家目标商户，同时积极推荐营销本地区行业排名领先，具有地方特色的优质商户，确保9月底完成100户的签约目标。二是要全力以赴做好重点行业和重点地区的商户营销拓展。要将汽车、3C家电、信息消费、高档酒店作为重点行业，对该行业全国排名领先的商户，按照“一户一策”的原则开展针对性营销。北京、上海、广州、深圳、江苏、浙江、福建等分行要发挥先天优势，重点挖掘、营销本地区具有电商经验的知名品牌商和经销商入驻我行电商平台。其他有条件的分行，如果有品牌店、名牌商，都可以去营销。三是要坚持商户拓展与商品部署“两手抓、两手硬”。要坚持“名店、名商、名品”的发展策略，拓展商户的同时，谋划和部署丰富的首发商品、畅销商品、优质商品，严格控制商品价格不高于其在主流电商平台的定价，增强平台商品的吸引力和竞争力。同时，要做好商品评价系统和评价方法的经验吸收和自有创新。

（三）积极开展宣传推广，快速提升平台人气。客户流量是电商平台的命脉，平台上线运营后的宣传推广是一项全行性的持续工作。一是要加强网点营销，要通过电子显示屏、网点电视、海报等多种形式广泛宣传。二是要强化网络社交化营销，创新符合电商规律和网购客户特点的宣传方式，加强社区网站、微博、微信等网络营销，形成口口相传、口碑营销的氛围。三是要借助我行电商平台的优惠政策，引导商户将节约的经营成本主动让利给客户，联合商户积极策划平台内部试运营和对外营业时的营销方案和促销活动，吸引更多的客户参与，确保实现“开门红”。四是要积极引导本行员工特别是客户经理参与平台的体验和营销，做到“人人体验、人人参与、人人宣传”，使40多万名员工特别是8万名客户经理，都成为电商平台的“购物者”和“宣传员”。除我行积分开放运用于平台外，还要逐步将商户的积分和服务集中到平台上来消费，如航空积分等。与交行、建行、中行不同，我们的开张不能“低调”，但开张之前要严格保密，“不鸣则已，一鸣惊人”。

（四）建立健全工作机制，促进平台持续发展。一是要建立组织推动机制。各一级分行、直属分行要明确电商平台业务主管行领导和牵头部室，成立电商平台建设协调小组，组织推动营销拓展、服务支持、操作落地等各项平台业务工作，定期组织碰头会和研讨会，协调解决工作中存在的困难和问题。二是要建立业务培训和人才培养机制。各分行要尽快组织针对领导干部、业务骨干、客户经理等不同层次、不同重点的业务培训，尽快培养一支精通电子商务和商业经营、熟悉电商平台业务操作、了解互联网金融模式的本地化专业人才队伍。总行相关部室和电商平台业务筹备组要在培训上给予积极的支持。

建设电商平台是一项开创性的战略举措，有人把这种跨界经营形容为“穿着西装和皮鞋跳街舞”，难度之大可想而知。但难度系数总是与价值系数成正比，电商平台是“三流合一”的全新金融服务模式和业务增长极，对于全行客户拓展、资产业务、产品创新等工作都具有显著促进作用，是全行转型发展新的重要抓手，是信息化银行建设的重要举措。希望大家以今天的培训为再动员、再部署、再奋战的良好契机，努力做好平台建设工作。

实施培训项目管理　提高培训工作实效

——在中国工商银行2013年教师节座谈会上的讲话

罗　熹

（2013年9月10日·根据录音整理）

今天是第29个教师节，我们在长春金融研修学院召开座谈会，共同庆祝节日，一起交流、研讨下一步培训工作。刚才，我们学习了董事长的慰问信，表彰了一批优秀兼职教师和优秀培训项目，4 名优秀兼职教师代表作了发言。大家在实际工作当中，辛勤耕耘，开拓创新，为工商银行的培训事业作出了贡献。在此，我谨代表总行党委，向在座的各位、向广大兼职教师，向所有在培训工作中无私奉献的同志们，致以节日的祝贺和诚挚的问候！下面，借此机会，我谈几点看法和意见。

一、全行“三员”培训和“六库”建设成效显著

一年来，全体培训工作者围绕中心，服务大局，找准定位，把握重点，在巩固中提高，在突破中发展，积极推进“三员”培训和“六库”建设工作，为全行培训工作奠定了良好基础。

（一）坚持按需施训、以岗定训，“三员”培训取得新的成效。按照差异化、分层次、多渠道、多形式的原则，各有侧重地推动“三员”培训，有效保证了“人才兴行”战略的落实。在管理人员培训方面，继续实施“国际化人才培训”项目，目前已有 265 人完成了境外研修和实习；对 3.2 万名各级管理人员分期分批进行了培训，包括支行行长能力提升培训以及“深港联动”培训、业务专题培训、党校培训等。在专业人员培训方面，全面启动了 4 大类 19 个序列的专业资格认证考试，完成了三年专业资格认证目标，开展了较为广泛的任职资格培训；推进高级专业人才培训项目，目前全行持有 CFA、CFP 等各类国际资格证书的人数达到 8 600 名。在业务人员培训方面，重点实施了“高级客户经理培训项目”和“柜员标准化培训项目”，培训覆盖率分别达到 14.4% 和 41%。

（二）坚持统筹推进，效率优先，“六库”建设实现新的进步。按照“统一规范、持续优化、系统整合、全行共享”的思路，分类实施、持续推进“六库”建设，全行的培训资源统筹利用水平和精细化程度不断提高。目前，全行共聘用内部师资 1 万多名，题库总量 110 万道，入库案例 1 146 个，入库教材 486 种。在“基地库”建设方面，长杭两院、香港培训中心、总行党校以及各分行金融培训学校无论是设施、服务以及教学的组织实施，还是管理水平都有不同程度的提高，这也体现了各行对行属院校建设的重视。“六库”建设规模和质量的持续提升，有效地支持了各类培训活动的深入开展。

（三）坚持锐意创新，探索实践，培训方法手段有了新的改进。积极探索岗位培训的基本规律和特点，创新培训方法和技术，提升培训质量和效果。大力开展实习银行培训，积极尝试网上模拟银行培训，全面推广案例培训，增强了培训效果。改进网络大学的服务和功能，目前网络大学日均访问量达 8 万人次。今年，我行荣获“中国 E－learning 行业卓越实施奖”和“2012 中国人才发展最佳企业奖”，在培训行业中的影响力逐步显现。

当然，我们在看到成绩的同时，也应当看到工作中存在的不足。这次党的群众路线教育实践活动中，大家对教育培训工作提出了更高的要求，也反映了一些存在的问题。主要集中在：培训的针对性有待增强、培训的实效性有待提高、培训的力度还要进一步加大、培训的资源还要进一步开拓，等等。各级行领导要高度重视培训工作，把其作为自己工作的一项基本内容来考虑，我们在座的各位培训工作人员，包括兼职教师，也要在这方面继续努力。

在这里，我想谈一下今后培训工作的两个关键问题。第一，如何看待培训工作。培训工作是银行经营管理的一项基本手段和基础工作，但个别分行将其看做是一项附属工作，这就需要转变观念，提高认识。当前，各部门推动工作的方式发生了很大变化，除了计划、检查、考核等常规手段外，更多把培训当成重要抓手。比如，现在全行推广新的产品、升级业务系统、变更业务流程、发布制度规范等，首先就是要抓好培训，通过培训确保其落地。再如，银行人才培养和企业文化传播，也要靠培训来推动和实现。尽管银行同业反映我们对新入行员工的培训水平很高，很快能使一名大学生转变成为合格的银行员工。但这次党的群众路线教育实践活动，我到河北、内蒙古分行调研了解到，基层员工对总行推出的有些产品不清楚，对一些制度还不能完全理解和准确执行；有些支行行长很久没有参加过脱产培训。可见，教育培训部门肩负的责任和任务还很重。第二，如何提高培训效率。近年来，我们对培训投入了很多资源，但大家还是反映针对性和实效性不够，对此要引起足够的重视。当前重点要解决两点：一是工学矛盾，这里有一个学员长时间、长距离地来回奔波学习的问题；二是学以致用，这里包括所培养的员工能不能到合适的岗位上、所培训的内容能不能在工作中得到应用。

针对这些问题，关键要解决培训的方法和技术问题。第一，改进培训技术。当前，培训已成为一个产业，要认真学习这一产业“领头羊”的先进做法。我曾经拜访过一家培训机构，他们拥有一支三百多名员工的客服队伍，为受训人员提供短信咨询、专人答疑、专家辅导等服务。同时，他们的培训网络具备了语音化和图像化的自动答复功能。还有一家培训公司开发了“家庭理财咨询软件”，将其发给 CFP、AFP 等所有参训学员，让这些人通过软件，一方面训练自己，另一方面给客户咨询。这家公司通过这种方式，把培训和业务很好地结合起来了。第二，优化培训方法。大学教育的关键是要做好课程设置，而职业培训的关键则是要做好项目管理。要掌握项目编制和实施的方法，每一场培训都要考虑培训的对象、需求、课程、师资、教材、资料、案例、考试和考核等，将其做成完整的项目，避免

为办班而办班，不断提高项目编制能力。要按照区分轻重繁简原则，对项目进行分类实施，通过培训项目的方式来解决学以致用的问题。要加强对项目管理的推广与引导。我们今后的工作任务之一就是实行培训的项目化管理，通过实施项目化管理，解决当前“三员”培训和“六库”建设中存在的问题。明年还要开展优秀项目经理与优秀培训项目评选活动，通过持续的努力，使培训的针对性和实效性再上新台阶。

二、项目化管理是提高培训实效性的有效手段

教师节前夕，我们组织开展了优秀培训项目评选活动，总行部门和各分行踊跃参与，共报送参评项目115个，从中评出优秀培训项目15个。这些项目各有侧重、各有特色，具有较强的示范和引导作用。这说明我们在项目管理上做了一些尝试，但总体上看，我们在这方面的探索才刚刚开始，与真正的培训项目管理还有一些差距。

我们推行培训的项目化管理，就是要把培训工作目标和任务转化为具体、有形、可操作的项目载体，按照项目管理的理念、方法和技术来组织运作。其意义在于：

一是有利于资源的集约化。近年来，培训主管部门的职能作用得到了较好的发挥，但对整个工作的统筹整合需要加强，“条块分割、条线培训”、管理逐级弱化的现象还比较突出，培训的整体协同效应发挥还不够充分，这就给培训资源的利用和共享带来了一定的难度。我们推行项目化管理的根本目的，就是要集中全行的人力、物力、财力来办好一些重点培训。培训部门要善于利用项目化管理的整合、规范、联动功能，打破层级分离、条块分割的培训格局，充分挖掘和调度各类资源，借用各方面的力量服务于培训工作，进一步形成推动培训工作发展的强大合力。当前，要重点对各专业条线在网络大学中的培训进行整合，按项目统筹安排授课时间、内容和师资，确保培训资源利用的最大化。

二是有利于管理的精细化。当前，我们对培训的组织和推动力度在不断加强，但部分分行的培训组织工作仍然比较粗放，任务目标模糊，培训需求不清，组织随意性比较大，工作效果和质量不高。在制订培训计划时，对具体的培训需求不够了解，不能很好地区分轻重缓急，也没有形成一整套科学的培训需求调研的工作方法，缺乏对各部门和分行培训计划的有效整合，缺乏“精准制导”、“精确定位”。在实施培训时，培训责任主体有待进一步明确，缺乏对事前、事中、事后等各个环节的有效控制和持续跟踪，一定程度上存在着重培训实施、轻培训需求调研和培训效果评估的问题。我们推行培训的项目化管理，就是要运用它的一整套工作流程和方法，对每个项目的时间、进度、内容、措施和责任进行分解、细化、量化，专注于做好项目涉及的每一件事情，在每一个环节上精益求精、力求最佳。

三是有利于队伍的专业化。做好培训工作，需要有一支专业化的人才队伍。当前，我们培训从业人员的观念、知识和能力与现代金融企业培训工作的要求还有一定差距，需要在实际工作中不断地锻炼和提高。项目管理作为一个系统工程，对我们各个方面的能力都提出了较高的标准和要求。要通过抓项目管理，练本领、长才干、带队伍，在培训组织策划、需求分析、咨询评估、产品研发、教学教务管理等各个方面，建立起一支专业化的服务团队。我想，这应当成为我们培训工作人员的一门必修课。今后，对教育培训专职人员的考核，要不同于其他管理人员和业务人员，应围绕培训项目管理，明确其职责定位和履职评价，更加系统地考核我们从业人员的工作，进一步增强其项目管理的能力。

四是有利于培训工作的转型。从传统的以课程为中心到以培训项目为中心的转型，是各类企业培训工作取得成功的共同点。如汇丰的“银行家管理培训生计划”、高盛的“松树街领导力项目”、HP的“惠普之道”及中国移动的“金讲台计划”等。对于这些不同类型的企业，他们都有经典的培训项目在支撑着人才发展规划的高效落地。近年来，总行推出的国际化人才培训、高级专业人才培训等，也都是按照项目制来实施的，体现了培训部门紧跟战略和业务发展，提供综合、持续解决方案而非单纯课程菜单的思路。大家要充分认识到，无论是研究制定培训规划和体系，还是打造培训工作品牌，最终要通过优质项目来保证落地，这就需要认真做好项目，包括：需求搞清楚，课程设置好，老师要找到，教材要选准，案例要编好，然后就是组织实施、考试评价。要不断完善对项目的评价，今后哪一级编制的项目就在哪一级范围内评价，切实增强评价的科学性、客观性和全面性。

三、准确把握培训项目化管理的内容和要点

项目化管理涵盖的知识和内容很多，但讲到具体操作，我们要切实做到“三个一”，即：“一班人负责”，就是要明确项目责任主体和分工，每个项目、每项工作都由一个团队和相关人员负责实施执行；“一揽子装进”，就是要将与项目有关的各项工作一并纳入项目管理范围，按照统一工作流程和要求进行组织实施；“一竿子到底”，就是要把目标任务分解下去，坚持一抓到底、持之以恒，善始善终、善做善成，确保各项工作真正落地。具体来说，要认真把握好以下操作要点和要求：

一要有专门的工作团队。项目化管理主要采用团队作战的运作方式，每个项目都要建立一个这样的团队，做到任务不完不脱钩。要细化管理团队的工作职责，做

好任务分解，强化分工协作，实现各个环节工作的无缝传递和有效落实。全面推行项目经理负责制，项目经理要对项目全程、全面负责，要带领整个团队按时、优质完成项目。要打破部门职能和机构层级限制，可以跨专业、跨部门、跨机构组建项目团队，实行上下联动、部门互动。要抓紧培养优秀的项目管理人才，加快建立一支专业水准较高的项目管理人才队伍。

二要有规范的实施流程。培训的项目化管理是全流程、全要素的管理。要根据培训工作特点，科学、合理设计培训项目的各个环节和要素，这是项目管理的核心，是项目质量的保证。具体来讲，培训的项目化管理流程主要包括需求分析、策划设计、组织实施、效果评估等方面。大家可能觉得这些工作我们平时都在做，但作为培训项目化管理的规定动作，我们需要更加重视整个工作的系统性和持续性，更加强调各个工作环节的协调性和可控性，更加突出各个工作要素的整合度和匹配性。大家对此要认真把握，在工作实践当中不断地完善和改进，形成流程和机制。

三要有配套的培训资源。培训资源层面如果不扎实，培训的项目化管理成了空中楼阁、无米之炊。我们要继续把“六库”建设作为培训资源建设的重点和核心。当然，这项工作本身也可以采用项目化管理的方式方法。目前，“六库”建设的主要框架和基础工作已经完成。下一步，要根据项目化管理的需要，围绕“质量、效率、服务”这一主题，在做实、做好、做深上下功夫，避免盲目开发、重复开发、低水平建设，切实体现“资源跟着项目走”。

四要有健全的运作机制。培训的项目化管理能否长期坚持下去，最终还是要靠建章立制。要完善项目管理工作制度，积极探索项目立项、实施、监督、评估等一整套的项目运作模式，不断规范管理。要建立项目论证机制，始终坚持需求导向，选好、选准项目，把需求调研分析、可行性论证作为项目规划与设计的必经环节。要建立项目责任机制，按照“项目责任化、责任具体化”的要求，明确“谁为主、谁执行、谁负责、谁配合、谁评价”，确保责任到位，推动有力。要建立项目监督与评估机制，严格跟踪把关项目实施的进度和质量，探索对项目管理的评价方法，让每一个项目都可跟踪，可评价。要建立项目运行协调机制，充分发挥培训主管部门在项目管理中的牵头抓总作用，形成各方参与、部门联动的项目协调运作机制，保证项目高效、顺畅地实施。

五要有系统的管理要素。作为培训的项目管理，需要具备从需求整理到最后评估评价等一整套管理要素。今年总行按照项目管理要素对三个项目进行了优化：一是把原来的“中年员工培训项目”优化为“职业持续培训项目”；二是将原来的“高级客户经理培训项目”优化为“精英客户经理培训项目”；三是对国际化人才培训项目进行规范。这些项目都是总行经过认真研究的，体现了项目管理要素的要求。

四、当前及今后需要着力抓好的几个重点培训项目

当前以及今后一个时期，全行培训工作的重点是全力构建以发展战略为导向、以培训需求为中心、以资源整合为手段、以流程控制为路径、以提升实效为目标的培训项目管理与运作体系。为全面推行培训的项目化管理，总行教育部近期邀请清华大学专家作了专题培训和辅导，修订了前期下发的《培训项目管理办法》，同时，针对党的群众路线教育实践活动查摆出来的有关问题，梳理出一批有实施、推广价值的培训项目。各行每年要有规划、有重点地策划一批、完善一批、退出一批培训项目，逐步积累项目经验，不断提高项目管理水平。要加强项目质量控制，今后培训经费要跟项目挂钩，通过建立费用挂钩机制，引导和推动好的培训项目实施和差的项目退出。

根据工作计划和重点，今年及今后一段时期总行在统筹推进各项培训的同时，要集中精力抓好以下“五个”培训项目：

（一）国际化人才培训项目。这个项目从 2011 年 2 月正式启动至今已两年半，计划利用 10 年时间培养 2 000 名国际化人才。应该说，总行党委决心很大，在这个项目上投入了很多资源。从目前看，项目总体进展顺利，成效初步显现，但在学员选拔、实习渠道以及学用结合等方面，存在一些困难和问题，需要不断完善和改进。要完善项目工作机制，优化学员选拔方式，强化境内培训，拓展境外合作院校，明确培训与使用相结合的具体措施。要加强项目效果评估，研究建立符合项目特点的效果评估模型，客观评价学员知识和能力的改进，不断提高项目的综合效益。要加快人才库建设，以“建立标准、一次锁定、系统管理、动态调整、跟踪评估”为原则，加快搭建涵盖初、中、高三级、合计 3 000 人的国际化人才库，努力实现“年内入库 2 000 人”的阶段性目标，形成持续、稳定的国际化人才培训的“学员库”。要强化参训学员的实习环节，不断拓宽实习渠道，安排学员到国外中小银行、工行境外机构以及与我行有业务联系的跨国公司、会计师事务所、律师事务所、评级机构等进行实习，并保证合理的实习时间，在具体工作中体验和学习先进管理经验。

（二）职业持续培训项目。这个项目是对中年员工培训工作的优化和扩展。从 2008 年开始，我们启动、实施了中年员工培训计划，历时三年圆满完成了轮训任务。中年员工作为一个数量庞大的群体，要不断完善他们的职业素质，始终关注他们的知识更新和能力提升。我们要在总结以往工作的基础上，从中年员工职业发展的角度出发，启动、实施职业持续培训项目，建立常态

化的培训机制，对中年员工进行持续、系统、规范的培训。在培训对象上，要以45岁（含）以上的销售、客服、运行、专业四类人员为重点，各有侧重，分类推进。在培训方式和手段上，要根据不同岗位员工特点，利用现场与网络培训相结合的方式，采用案例分析、实习银行、技能比武等多种培训手段，体现差异，增强效果。在培训内容上，要强化对新知识、新法规、新技术、新产品等方面的培训，突出实务操作和实战能力培训，确保针对性，力求实效性。总之，我们要通过项目的实施，力争三年内对中年员工再轮训一遍。需要强调的是，对中年员工的职业持续培训不能复杂化，要以“管用、够用”为原则，体现其岗位工作职责和特点，满足其基本知识和基本技能要求。尤其对运行人员、风控人员、系统监控人员等，都要分岗位进行培训，按项目组织实施。

（三）客户经理精英培训项目。要在2012年开展的高级客户经理培训项目的基础上，以有发展潜质的客户经理为对象，启动、实施客户经理精英培训项目，持续提升客户经理的综合素质和营销能力。当前，要做好项目的前期策划和设计，统筹考虑客户经理各类别、各阶段的培训，紧密衔接，纵深推进，不断增强培训的系统性、持续性。要找准培训需求，明确培训标准，以客户经理能力素质模型为基础，建立覆盖重点产品、核心业务、营销技能、综合素质等内容的培训课程体系。按照通用性与专业性相结合的原则，针对公司、机构、个金不同专业条线岗位特点，灵活设置选修课程，实行差异化培训；按照各类客户经理通用技能要求，指定基础学习教材，统一培训内容和课程，开展综合化、组合式培训。要强化客户经理的实战能力培养，加强客户经理营销实战案例的编写，加大案例式教学的力度，以案例说做法、讲问题；完善学员考核，检验实际培训效果。在这里，需要强调的是，客户经理培训不完全是一个综合化培训，首先要按照精细化要求，立足于专业条线，有针对性地推进公司、机构、个金三类客户经理的培训。要建立多方参与的项目团队，成员从教育部、专业部门、客户经理和高校中选择，组成“五人团队”，通过发挥各自特长和作用，编制好项目。要开展项目团队间的竞赛，同时组建两个项目团队，分别设计、实施同一项目，并进行评比，推动项目管理的深入开展。

（四）支行行长执行力培训项目。这个项目已经实施了几年，近三年来共培训4.2万人次，主要针对一级支行行长和二级支行行长，重点培养他们怎样正确执行总分行的政策与制度，怎样做好本行的经营管理，怎样抓班子、带队伍。目前，我们在这个项目上已经有了一定的经验，从明年开始要在总行层面上进行完善，在全行范围内正式推广实施。总行要认真做好范本项目，各分行要按照五人团队制的方式进行组织，或在总行基础上进行改造，改造以后一些优秀的项目也可以拿到总行来推广。要通过这一项目的优化实施，真正解决支行行长反映的没有时间“充电”的问题。

（五）高管领导力培训项目。目前，分行副行级以上、总行副总经理以上高级管理干部有500多人。近年来，我们通过剑桥大学、牛津大学、洛桑学院等境外渠道，不断加大对这批高管的境外培训力度，近三年来共培训800人次左右。但总体上看，培训仍然不够集中、系统，基本还是“零敲碎打”。对此，我们要把这项工作纳入项目管理的范畴，从明年开始启动实施高管领导力培训项目，对总行副总经理、各一级（直属）分行副行级以上人员轮训一遍，并确保多数人能够到境外参加培训。这个项目的培训内容主要侧重于战略层面，重点围绕战略策划、市场分析、团队组织、企业文化、风险控制等方面组织实施。为此，要依托我们的“档案库”，对近几年来全行高管人员参加境外培训的情况做一次认真地摸底调查和分析，有针对性地开展相关工作。

以上五个项目，是总行层面当前及今后一段时间要重点抓好的工作，各行会后也要认真研究本单位迫切需要开展的培训项目，在总结已有项目管理经验的基础上，根据实际需要，做好各级各类培训项目的开发、完善和淘汰工作。如果这项工作做得好，我们明年就评选和表彰一批先进典型。这次会后，我们的主要任务就是要全力以赴抓好培训的项目化管理，这是今后一段时间的工作方向和努力重点。

培训的项目化管理是个老话题，也是个新课题；是坚定不移的方向，更需要坚持不懈地探索。当前，我们“三员”培训和“六库”建设能否落到实处，关键就要看能否真正把项目化管理的方式确立起来、运用起来。希望大家以这次座谈会为契机，进一步统一思想、提高认识、开拓创新，扎实做好项目化管理，努力推动全行培训工作实现新的提升。

加强内控监测分析体系的建设工作

——在中国工商银行内控监测分析体系建设座谈会上的讲话

罗　熹

（2013 年 9 月 23 日 · 根据录音整理）

今天的座谈会开得很好。总行内控合规部通报了近两年内控监测分析体系建设的基本情况，与会分行介绍了内控监测分析的工作方式和典型案例，如北京分行的存款利率执行情况监测分析、上海分行的批量开立定期存单监测分析、江苏分行的贷记卡监测分析、浙江分行的员工行为监测分析、山东分行的业务运营“屡查屡犯”专项治理监测分析、广东分行的反洗钱监测分析、四川分行的代收代付专项监测分析、江西分行的个人经营及小企业贷款监测分析等典型案例，揭示了不同业务、不同方面的风险问题，反映了内控监测分析的价值和作用，具有很好的借鉴意义。各分行积极研究和推进内控监测分析体系建设的工作成效值得肯定，总行各参会部门就进一步加强内控监测分析体系建设也提出了很好的意见和建议，值得深入思考，并做好相关工作安排。下面，我讲三点意见。

一、充分发挥内控监测分析作用

（一）内控监测分析是贯彻落实“五有”要求的关键。2010 年初，总行提出了“行为有规、授权有度、监测有窗、检查有力、控制有效”的“五有”内控总体要求，贯彻落实“五有”关键是要“心明眼亮”，要“看得见、辨得清”，只有看见了、辨清了才能判断行为是否有规，才能根据事实开展检查整改和风险控制。内控监测分析工作很重要，没有监测，工作就会缺乏基础，针对性和有效性就会打折扣。可以说，在“五有”中体现“监测有窗”的监测分析是“行为有规”的保障，是“授权有度”的依据，是“检查有力”的前提，为实现“控制有效”提供了明确目标。

总行有关专业部门在监测分析工作上先走一步，摸索了很好的经验，如信贷监测监督系统最早对信贷作业进行监督，促进了信贷管理各项要求落到实处；运管专业对柜面交易进行监督，对核心系统、账务系统、客户的账务和资金安全提供了保障；银行卡专业对持卡人、特约商户交易进行了全面监测；电子银行专业也有一套监测系统对网银交易进行监测；保卫专业针对外部欺诈建立了监测系统，等等。各专业部门开展的监测工作，为内控监测分析工作奠定了基础。

这几年，总行内控合规部出台了一系列制度办法，对内控工作体制机制进行梳理，各方面进步很大，特别是在监测分析方面成效明显。过去，内控工作主要体现在制度和检查两个方面，监测分析工作是个短板。从今天大家交流介绍的情况看，经过近三年的探索实践，内控监测分析工作思路已基本清晰，系统建设与技术手段逐步完善，成效也已初步显现。例如，今年以来总行内控合规部完成的几个监测分析项目，得到了总行高管层及相关部门的充分认可，包括今天会上交流的 8 个监测项目，说明内控监测分析作为内控合规部门的重要抓手，在全行内部控制与合规管理中的作用越来越重要。

（二）内外部形势要求加强内控监测分析工作。当前银行业所处的经济金融环境错综复杂，银行自身的经营模式和业务结构也在发生深刻变化，不同类型风险之间的关联性增强，风险传染的途径、方式和范围更加复杂。从外部看，经济增速放缓导致非法洗钱、制假用假、套取信用、套取现金、民间借贷、非法集资、资金诈骗等案防压力很大。从内部看，近年来全行业务发展很快，创新迭出，但风险也与日俱增；员工参与经商、参与集资、非法套现、索贿受贿、玩忽职守等现象也时有发生，因个别机构、个别员工的异常或不当行为引发重大风险的现象屡见不鲜。这就要求我们建立和完善覆盖全机构、全业务、全流程的内控监测分析机制，做到风险早发现、早预警、早控制、早处置，增强风险防控的预见性、针对性和有效性。

（三）监测分析工作要对业务健康发展起到保驾护航作用。目前，我行主要可比指标已位列全球银行之首，综合金融服务能力和品牌美誉度有了质的提高，稳健、合规、负责任的大行形象得到了广泛认可。在各项业务持续健康快速发展过程中，监测分析工作要切实起到三个方面的作用：一是对员工的保护作用，有效的监测是对员工的爱护，完善的监测体系对员工可以实现有效的保护。二是确保合规作业作用，依法合规操作要依靠监测，主要监测制度执行是否到位、操作行为是否合规。三是确保正确履职作用，特别是各级管理人员能否正确履职，需要监测与监督。如最近总行监察室制定的内部欺诈管理办法就很好，但如何落地，就要发挥监测与监督的作用了。

总之，内控合规部作为牵头全行内部控制并独立履行监督检查职能的部门，应当利用好监测这一手段，从独立于业务经营和专业管理的角度出发，以合理平衡内部控制与业务发展的视角，对全行各类信息进行持续监测和综合分析，并就如何规范各项经营管理行为提出见解，真正起到保驾护航的作用。

三、不断完善内控监测分析体系

要进一步围绕集团经营发展战略目标，围绕落实“五有”内控工作要求，在专业条线监测分析的基础上，全面推进全行内控监测分析体系建设。要加快总行和一级（直属）分行内控监测分析中心建设，打造全行统一的内控监测分析平台，建立合规指数和全景式风险视图，健全监测、检查和报告工作流程，通过远程、非现场方式对经营行为持续全面地开展监测分析和检查，实时发现、准确识别、精准检查、及时报告、有效制止各类问题及风险隐患，逐步实现对全机构、全业务和全流程的有效覆盖。

（一）明确监测重点和范围。要实现内部控制目标，就必须注重从行为层面开展内控监测分析工作，把重点放在交易信息、账户动向和行为信息上，密切关注机构经营行为、员工履职（操作）行为和客户交易行为的真实动机、实施方式和潜在影响，及时发现那些在核算、交易或指标层面都貌似合理，但实质上却违法违规的不当行为，防范由此可能给我行、客户或社会造成的不良后果。

在机构经营行为方面，首先可通过指标层面开展监测，主要关注规模、效益、风险等指标的发展变化情况。发现有指标异常变化的，即可调取交易信息来进一步分析，确定具体哪些交易引起的指标变化，进而发现背后的原因。

在员工履职（操作）行为方面，要重点关注突破政策、降低标准或逆流程操作等方面的异常。目前对员工行为的监督还比较欠缺，特别是重要岗位员工的行为监督。如果监测到位了，对有意要违规作案的员工将会更具威慑力。如逸贷业务，什么样的代发工资户可以贷款，是有标准的，如果突破政策、降低标准或逆流程操作，不符合条件的也给其贷款了，就可能存在业务人员履职不到位，甚至内外串通套取贷款的问题。

在客户交易行为方面，要重点关注客户交易真实性。有时贷款放出去，表面上看，好像是用于个人经营或者消费，但实际上资金没进入实体，一转手到了小贷公司和担保公司，或者给了公司老板，公司老板将多家贷款攒起来干别的，甚至放高利贷去了。如果都这样的话，贷款的偿还是很难保证的，因为他能不能还款不取决于他了，取决于小贷公司、担保公司或公司老板了。这种事情不是个别现象，这是很危险的。这还涉及一个利率问题，有些民间贷款利率远高于我们的贷款利率，利差很大，这正是有些人想方设法套取银行贷款的真正原因。对于这样的客户，就要通过有效的监测分析，及时加以识别和风险提示，在今后办理相关业务时，在业务种类、授权额度等方面严格控制，让他们意识到有不良目的的业务很难办理，他们就不敢做了。同时，像这样的客户交易行为信息的积累和保存，一方面完善了客户风险评判标准，另一方面为以后的客户准入和业务受理范围、种类提供了重要参考。

另外，内控监测应当覆盖到全机构、全业务、全流程，不应人为设定监测禁区，监测活动不留死角。同时也要突出重点，要将有限的监测资源投入到可能因机构或个人的不当行为而引发的重要风险、系统性风险，以保证及时发现和报告重大问题隐患。

（二）明确监测工作职责。内控监测分析的特点有四个：一是专业性。内部控制是专业的，内控部门应该以专业和独特的视角，独到地揭示各类问题和风险隐患。二是独立性。内控部门应该做到不受任何干扰，可以通过对各机构、专业和系统的监测分析，独立地履行好监督职能。三是综合性。内控部门可以综合触及到各部门、各岗位、各类交易、各类行为和个人，并有机串联起来进行监测分析。换句话说，内控合规专业的优势是能够以各专业监测为依托，通过分享和应用各专业监测成果，以合理、可靠、经济的方式实现综合有效的全面分析。四是行为性。内控监测更注重透过业务的异常分析判断人的行为，包括客户和员工的行为，也包括因机构或个人的不当行为而引发的跨机构或跨专业的交叉风险、多因素耦合的复合风险等的监测分析。业务监控和行为监控是有区别的，在整个监控体系中，既要把业务监控做到位，更要把行为监控做到位。

（三）理顺监测工作流程。内控监测要以专业监测为基础，但不能完全依赖专业监测。内控合规部门要根据市场动向、客户动向、员工动向、监管政策动向，适时研发有针对性的监测模型，及时发布风险提示。在专业监测的基础上，要有内控合规部门的综合监测以及分析、控制、评估。

综合监测始终是内控合规部门应着力加强的工作，相对于业务部门，内控合规部门有行内外信息综合的优势。综合监测后要进行重点分析，目的是找到原因。对监测出来的一些异常现象，要分析背后的原因在哪。分析完成后，就要做一些行为控制，如在系统中关闭一些交易、进行授权调整等控制措施。最后要有综合评估，就是对相关的部门要有评估，对相关的分行要有评估，对有关业务和产品要有评估，乃至对全行风险状况也要有一个评估。评估工作是实时的，多长时间可以进行一次监测，多长时间可以刷新一下风险热图，需要认真研究。

监测分析要全面、适时、真实、准确。全面是指内控监测分析不能仅停留在某一个或几个专业条线，要覆盖到全机构、全业务、全流程。适时就是要快速、及时地发现和反映问题，要能够在第一时间获取到信息。真实就是要有记录，能够完整还原问题的整个过程，凭据真实可靠。准确就是要能够准确反映各类风险情况，为及时发布预警信息、有针对性地加强风险控制、全面落实“五有”内控总体要求提供有力支撑。

内控监测分析工作还要充分利用各专业条线监测和已有的信息系统，积极探索拓展各种交易信息监测、账户动向监测和行为信息监测，对全行各类信息进行综合监测和重点分析。对于如何利用各专业条线监测和已有信息系统，还需进一步考虑我行系统共享问题，对于哪些系统共享，怎么共享，要有具体安排和措施。

三、逐步改进监测分析方法

监测分析中的方式方法是关键一环，内控合规部门要抓紧监测分析方法的改进与优化，重点抓好以下几方面：

一是高度重视监测分析。总行各相关部门和各分行都要充分认识内控监测分析工作在内部控制中的重要作用，真正把它作为基础性工作来抓，真正将内控监测分析工作当做落实“突出过程管理和从严治行理念”、深入贯彻“五有”内控总体要求和“四严”工作任务的重要举措，全力推进内控监测分析体系建设。

二是建设好内控监测分析体系。一方面要不断完善、不断改进各业务部门监控系统和监测方法，另一方面要尽快完善内控监测分析系统。同时，要考虑建立分行信息库和数据库，让分行能够充分应用监测分析系统，发挥监测分析的作用。

三是不断丰富各种信息和数据并逐步提高质量。要充分利用数据仓库、集团信息库以及外部各类信息开展监测分析，并实现数据和信息的共享。

四是不断改进相关的手段和技术。要充分运用“调单、调账、调像”方法，要引进和应用大数据的文本挖掘、决策树、神经网络、“爬虫”技术等先进技术手段，以数据仓库和集团信息库为基础，进一步扩充监测分析数据源，持续提升模型建设和监测分析水平，实现对资金流、信息流、物流的全方位有效监测分析。

五是加强整改和评估。监测分析反映出的问题和提示的风险，各相关部门、分行要认真整改，整改工作要通过全行监督检查管理系统进行，真正将该系统作为有效的整改工具用好、用实。同时，要分部门、分机构对整改情况进行评估。

六是推进专家队伍的建设。各分行要按照《关于加强内控监测分析工作的意见》要求，参照总行做法，年内完成内控监测分析团队（中心）的组建、岗位设置和人员调配，选聘具有较强业务能力、分析能力的人员充实内控监测分析团队。总行要研究建立“工商银行内控监测分析师”制度，并继续通过集中培训、以工代学（训）等形式，集中研发监测模型，开展项目监测，培养锻炼一支高素质的内控监测分析队伍。

内控监测分析体系建设是一项长期、艰巨的工作，我们一定要提高认识，明确目标，持之以恒，努力推进内控监测分析体系建设，不断提升内控合规工作质量、效率和水平，为全行持续稳健合规发展提供有力保障。

以作风建设为切入口 固基础 求长效 努力开创党风廉政建设和案防工作新局面

——在中国工商银行纪检监察工作会议上的报告

刘立宪

（2013 年 3 月 1 日）

这次会议的主要任务是，全面贯彻党的十八大和第十八届中央纪委第二次全会及 2013 年全行工作会议精神，回顾总结 2012 年全行纪检监察工作，分析当前反腐倡廉工作面临的形势，研究部署 2013 年工作任务。

一、2012 年全行反腐倡廉建设取得新成效

2012 年，全行各级纪检监察机构认真贯彻落实中央纪委和总行党委工作部署，围绕中心，服务大局，充分发挥惩治和预防腐败体系建设牵头作用，深入推动反腐倡廉各项工作有序开展，反腐倡廉建设取得新的进

展，为全行经营转型和健康发展起到了重要的服务、保障和促进作用。

（一）注重建章立制，增强制度体系约束力。全行不断强化、完善制度建设，并以此为载体把反腐倡廉要求嵌入到不同领域、不同主体的权力结构和运行机制各环节，总行相关职能部门和各级行结合自身廉政案防职责制定有关制度办法近200项，其中总行纪委监察室出台了“三重一大”决策制度实施细则、案件调查和审理工作规程等10余项制度办法，初步形成以制度保廉、以制度倡廉、以制度促廉的工作格局。

（二）注重有效制约，增强监督检查制衡力。围绕权力集中部门和资金、资源密集领域，切实加强多维监督和制约。严格执行各项监督制度，共对各级管理人员开展任前廉政谈话7 369人次，诫勉谈话617人次，函询180人次；总行对拟提拔或调整的直管干部进行廉洁自律情况审查365人次；对6家一级（直属）分行开展了巡视，并首次对2家境外机构开展了管理人员廉洁履职现场检查；全行共对10 842个机构和部室领导班子开展了廉政案防责任制量化考评；加大执法监察工作力度，共对1 454个机构财务制度执行情况开展执法监察，监督集中采购项目3 889个，剔除了95家有不良记录的供应商。

（三）注重惩防并举，增强查办工作威慑力。坚持有案必查、有腐必惩，积极发挥惩治工作威慑作用，全年共查处内部经济案件4件、商业贿赂案件16件、各类风险事件22件，千人发案率等管理指标居国际同业先进水平；充分发挥信访直查快办优势，加大直查力度，总行和各一级（直属）分行共直查信访案件179件；严格按规定和程序审理案件和违规违纪问题，给予1 685名违规违纪人员党纪政纪处分；对在查处中发现的制度流程缺陷和漏洞加以研究剖析，督促相关部门完善制度规定40余条，推动惩治成果有效转化为预防成果。

（四）注重教育引导，增强廉洁文化渗透力。全行各级机构结合实际，坚持用身边事教育身边人的有效做法，广泛开展内容丰富、形式多样、特色鲜明的反腐倡廉宣教活动，促进廉洁文化的深植与扎根，一年来累计开展反腐倡廉学习培训14 790次，培训员工96万余人次；其中总行直接为各部室和分支机构进行廉洁合规培训授课80余次，培训员工3万余人次。

（五）注重自身建设，增强干部队伍软实力。通过打造片区培训新模式，提高培训工作的针对性和实效性；全年累计培训专兼职纪检监察人员20 489人次，交流轮岗645人次；研发投产纪检监察业务管理信息系统，为纪检监察有效履行职能提供了科技支撑。

同志们，2012年全行纪检监察工作取得的成绩，是在中央纪委和总行党委的正确领导下取得的，也是全行各级机构和干部员工积极努力和共同参与的结果。在此，我谨代表总行纪委，向辛勤工作在纪检监察战线上的全体同事，向关心和支持反腐倡廉建设的全行各级管理人员和员工，表示衷心的感谢！

二、准确把握全行廉政案防工作面临的形势和挑战

2013年，廉政案防工作形势依然严峻，任务依然艰巨。要清醒地认识和把握廉政案防工作的长期性、复杂性、艰巨性，增强忧患意识、风险意识和责任意识，以更加坚决的态度，采取更加有力的措施，切实解决好工作中存在的新情况新问题。

（一）党的十八大反腐倡廉部署对纪检监察部门提出新任务。党的十八大和中央纪委二次全会对当前和今后一个时期党风廉政建设和反腐败工作做出了一系列新的部署，对反腐倡廉建设提出了更高的要求，纪检监察机构的责任更大、担子更重，比如，如何严明党的政治纪律，加强对中央重大决策部署执行情况的监督检查；如何对落实八项规定执好纪、问好责、把好关，防止一阵风、流于形式；如何强化廉政风险防控，有效遏制各类案件发生；纪检监察如何围绕中心、服务大局，更加自觉自如融进业务经营管理，切实为全行转型发展提供保障等。对这些新任务新课题，各级党委纪委要结合本单位实际，提出科学有效的对策和措施。

（二）复杂多变的外部经营环境给廉政案防工作带来新挑战。随着经济下行压力增大，经济上升周期被掩盖和积聚的矛盾和问题可能会“水落石出”形成真实风险，甚至牵连出各种违规违纪甚至违法问题。2012年以来，因资金稀缺诱发信贷领域廉政和欺诈风险有所暴露，商业贿赂、以贷谋私等问题出现反弹，大额不良贷款背后隐藏的案件隐患显现，特别是少数员工参与非法集资、违规担保以及违规经商办企业等风险事件连续发生，有的已给我行声誉和资产造成损失，案防形势十分严峻。但一些领导干部和管理人员对此认识严重不足，应对措施软弱无力，集中表现在风险防范意识淡薄，廉政案防警觉性下降，对经济金融形势变化伴生的案件风险缺乏敏感性，既缺乏防控预案，又对总行提出的警示和防控措施落实不力，导致案件和风险事件连续发生。

（三）全行改革发展的快速推进对廉政案防工作提出新要求。随着国际化综合化发展战略深入推进，全行业务结构、发展规模、经营地域和管理边界也在不断发生变化，对廉政案防工作提出了领域更宽、内容更多、层次更深的新要求，我们必须根据总行党委部署和集团管理需要，拓展廉政案防工作思路，拓宽纪检监察工作覆盖面，主动关注和及时谋划跨专业、跨机构、跨区域的廉政案防工作措施，努力构建集团化全方位廉政案防管理架构和风险防控机制，为全行持续稳定健康发展提供保障。

三、巩固成果、抓好基础，持续推进廉政案防工作

2013年，各级党委和纪检监察机构要以党的十八大精神为指导，坚持从严治党、从严治行，用法治思维和方式全面推进廉政案防各项工作；坚持围绕中心、服务大局，将反腐倡廉工作自觉融入全行经营管理和业务发展中定位谋划；以作风建设为切入点，坚持更加注重治本，更加注重预防，更加注重制度建设，不断拓宽从源头上防止腐败工作领域；切实维护党的政治纪律，认真解决廉政案防中的突出问题，明确重点、狠抓落实，改革创新、攻坚克难，推动党风廉政建设和反腐败斗争向纵深发展。

（一）加大监督检查力度，推动中央重大决策部署和总行各项工作要求的贯彻落实。全行各级纪检监察机构要把学习贯彻党的十八大精神作为首要政治任务，把切实维护党的政治纪律、加强对中央重大决策部署和总行各项工作要求执行情况的监督检查作为首要职责，围绕加快推进转型发展这一主线，突出工作重点，抓住关键环节，加强对全行改进服务、控制风险、创新业务、增强可持续发展能力等重大决策部署贯彻落实情况的监督检查，推动各级机构提升执行力，及时发现和坚决纠正有令不行、有禁不止的行为。认真总结经验，建立健全监督检查长效机制，在提高监督检查工作的整体性、规范性、严肃性上下功夫，不断提高监督检查工作的科学化和制度化水平。

（二）统筹兼顾，突出重点，纵深推进廉政案防各项工作。做好新形势下廉政案防各项工作，必须善于总结经验，注重把握规律，与时俱进不断提升反腐倡廉工作水平。各级纪检监察机构既要按照“巩固已有成绩、坚持有效做法、强化监控措施、完善考核制度”的工作思路，统筹兼顾、整体推进反腐倡廉各项工作，又要把握重点、突破难点，在狠抓基本、夯实基础、管好基层上下功夫，以重点工作的成效带动全局工作的发展，以关键环节的突破带动整体建设的推进，全面构建涵盖境内外、跨领域的全集团党风廉政建设和反腐败工作新格局。

一是狠抓基本，深化廉政教育和作风建设，促使领导干部廉洁自律。要以党员干部为主体，结合以为民务实清廉为主要内容的党的群众路线教育实践活动，深化示范教育、警示教育、岗位廉政教育，建立健全分层分类施教机制，着力增强廉政教育的针对性和实效性。注重开展正面典型示范教育，积极培养和发现勤廉兼优先进典型；经常开展警示教育，深刻剖析案件和违规违纪问题背后的原因，使领导干部引以为戒，防微杜渐；全面开展岗位廉政教育，针对人钱物管理等不同岗位特点，围绕腐败现象易发多发的重要领域、重点部门、关键环节，强化对领导干部责任意识和风险意识的教育。要把廉政教育融入管理人员培养、选拔、管理、使用全过程，逐步建立反腐倡廉教育培训资源库，促进各单位优质教育培训资源交流和共享。深入推进廉洁文化建设，以形式多样的创建活动为途径，使廉洁、合规、诚信等价值观念深入人心，内化为稳健审慎的经营作风和合规守信的管理文化，培育具有影响力、吸引力和辐射力的廉洁文化。

各级纪检监察机构要认真履行协助党委抓作风建设的职责，以贯彻落实中央“八项规定”和总行党委六条落实意见为切入口和动员令，督促各级管理人员正文风、改会风，转作风、树新风，做到言必信、行必果。各级管理人员要深刻领会中央和总行党委规定的精神实质，要有一以贯之的勇气和坚持，从自身做起、从现在做起、从具体事项做起，带头改进工作作风；要厉行节约，规范职务消费；要深入基层调查研究，解决实际问题；要把中央和总行党委规定作为转变作风的准绳和标杆，以自身模范的行动为所辖机构转变工作作风作出表率。各级机构要认真研究制定涵盖所辖各级管理人员的、有针对性和可操作性的具体意见，做到贯彻落实动作要快、行动要真，执行坚决、令行禁止；要建立完善抓落实的常态机制，形成改作风的内在动力和持久推动力；要结合行业实际，深入开展行风建设和专项治理工作，积极参与民主评议行风活动，防止和纠正损害金融消费者合法权益的各类问题。各级纪检监察机构要将落实总行党委六条意见和当地有关规定结合起来，把监督执行中央和总行党委规定作为改进党风行风一项经常性工作来抓，纳入巡视和两责考评内容，重点检查听取群众意见、维护员工权益、改进文风会风、厉行节约等方面存在的突出问题，推进长效制度建设，评价结果要作为选拔任用干部的重要依据。对发现的违规违纪问题要限期查清、严肃处理，为全行改革发展营造风清气正、凝心聚力、干事创业的良好环境。

二是夯实基础，深化制度建设和监督机制，促进权力规范透明运行。结合制定落实全行惩治和预防腐败体系2013—2017年工作规划，建立健全反腐倡廉各项制度，不断完善内容科学、程序严密、配套完备、有效管用的反腐倡廉制度体系。在制定工作规划时，既要承接和完善现有的经验做法，又要开创和谋划新的思路方法，既要深入解读中央精神，又要密切联系我行实际，紧紧围绕财权、用人权、信贷权、采购权、处置权等监督制约重点，提出更加实在管用、具体可行的工作措施。在此基础上，要加强组织领导，明确职责分工，突出工作重点，狠抓任务落实，巩固惩防体系建设齐抓共管的良好工作局面。要切实加强对制度执行情况的监督检查，坚决纠正有章不循、有纪不守、随意变通的不良现象，维护廉政制度和纪律的权威。继续坚持和发扬“制度+科技”的做法，把科技手段融入制度建设之中，以更加严明和刚性的约束防止制度空转和屡治屡

犯。要把强化对权力的制约监督机制作为有效预防腐败的关键。抓好党内监督各项制度落实，严格执行述职述廉、谈话诫勉、民主生活会、领导干部报告个人有关事项等制度，加强廉政风险信息收集、识别和评估工作。继续深化和拓展巡视工作，从2013年开始每年组建四个巡视组，力争再用三年的时间完成第一轮巡视工作，实现每届班子任期内巡视一次的工作目标；坚持做好巡视回访，将巡视结果和整改落实情况作为对被巡视单位班子成员业绩评定、选拔任用的重要依据，充分发挥巡视促进班子建设和科学发展的作用。进一步强化党务、行务、部（室）务公开监督权力运行的作用，提高权力运行的透明度。适应大型跨国金融集团特点，探索将反腐倡廉工作范围延伸覆盖至境内外各级各类机构和员工；总行要继续开展对境外机构管理人员廉洁从业情况的监督检查，尽快摸索、制定出一套适合境外机构的廉洁从业检查制度，提升集团廉政风险防控水平。

要严格执行党风廉政建设责任制。各级管理人员特别是主要负责人要坚持原则、敢抓敢管，切实抓好职责范围内的反腐倡廉工作。各级纪检监察机构要充分发挥组织协调职责，加强上下互动和左右联动，督促各部门各司其职、各负其责、密切协作，形成联系紧密、运转协调、配合有力的工作格局。各级机构要继续抓好责任分解、责任落实和责任考核三个关键环节，进一步改进完善责任制量化考评工作。对总行部室将启动第二轮考评，根据部室类别及职能差异，合理划分考评批次，科学设置考评指标，扩大征求意见对象范围，提高量化考评工作的针对性和考核结果的可比性，将考评结果纳入对总行部室及管理人员绩效考核指标体系，推动部室切实发挥引领全行科学发展的重要作用。

三是管好基层，围绕业务一线和重点环节，加强廉政风险防控建设。各级机构要立足风险防控，聚焦合规履职，突出管好基层，努力构建符合我行实际的廉政风险防控体系。要根据岗位风险来界定基层，相对于总行，分行是基层；而总行具体负责财务、采购、营销等一线岗位也可以视做基层。加强廉政风险防控建设，一要突出重点对象，把掌握人事权、财务权、审批权、监管权、处置权等权力的管理人员和基层机构负责人、客户经理、在编不在岗人员等作为重点对象，加强对人、财、物等关键岗位的廉政风险防控。把管理人员和基层机构负责人列为廉政风险防控的重点对象是针对岗位而言，因为这些岗位是权力运行载体，也是廉政风险高发领域，廉政风险防控是“对岗不对人”；二要突出重点领域，着力抓好信贷发放、集中采购、工程基建、财务管理、选人用人、资金运作等腐败现象易发、多发领域的廉政风险防控工作；三要突出重点环节，对关键岗位职权进行深入梳理，摸清职权底数，仔细查找廉政风险，科学评定风险等级。要依据制度规定、廉政要求、工作职责和工作标准，制定有针对性、可操作性、具体管用和切实可行的防控措施，特别是要突出对高等级风险的岗位防控，提高监督效能；四要突出重点任务，权力行使前着重查找廉政风险点，制定和落实风险防控措施；权力行使中着重进行实时动态监控，及时发现各种苗头性、倾向性问题；权力行使后着重通过警示提醒、诫勉纠错和责令整改等手段，及时纠正偏差，避免廉政风险演化为腐败行为。

要以执法监察、信访核查和效能监察为抓手和切入点，加强对权力集中部门和资金、资源密集领域的监督，努力取得廉政风险防控建设新成效。要认真总结近年来开展执法监察工作的经验，逐步深化对执法监察工作特点和规律的认识；继续对部分机构执行财务制度情况开展执法监察，重点强化对员工绩效分配特别是专项奖励费用分配发放真实性的检查；进一步扩大效能监察试点评价范围，通过检测指标体系、完善评价方法，探索适应不同机构特点的工作方法，为全面推开效能监察做好准备工作；严格采购供应商禁入名单库管理，定期检查并通报结果，加大对现有供应商和中标项目执行情况的后评价力度。要进一步加大总、分行信访举报直查力度，通过直查，既要促进信访举报问题得到解决，又要对下级机构开展工作情况进行巡访督导，努力提升全行信访举报工作水平。在执法监察和信访核查中，要继续加大对截留员工收入和少数人分配、占有专项奖励等侵害员工合法权益问题的专项治理力度，维护广大员工的合法权益。要提高对监督核查中发现问题的分析研判水平，为领导和有关部门进行决策、完善制度和明确导向提供参考和依据，拓宽源头治腐领域，努力实现由查处违规违纪问题的“点”，逐步转移到完善制度流程的“线”，最后延展到促进合规经营、有效预防风险的“面”上来。

（三）切实采取有力措施，有效遏制案件反弹势头。全行案件特别是各类风险事件在连续多年低发后，2012年出现明显反弹，案防工作出现了许多新情况新问题，面临严峻的形势和挑战。2013年，要进一步加大工作力度，创新工作思路，采取更有力的措施，案件风险率要控制在银监会规定的目标范围内，千人发案率控制在0.1以内，有效遏制各类案件和风险事件。为实现这一目标，在抓好案防工作长效机制建设和案防责任制落实的基础上，要突出抓好以下几方面工作：一要继续抓好重要风险点防控治理。针对2012年全行案件和风险事件暴露出的问题，2013年全行要重点抓好违规参与民间融资活动、基层机构负责人和客户经理违规经营、小企业贷款贷前调查、票据贴现、违规办理信用卡分期付款、会计核算专用印章管理6个重要风险点的防控治理。相关部门要制订防控治理方案，并将防控治理责任落实到具体的岗位和人员。要加大对风险点防控治理情况的监督检查力度，对风险点防控治理不到位，导致发生同质同类案件和重大风险事件的，将严肃追究相关领导的责任。二要进一步深化员工行为动态管理。要加强员工行为动态分析，全面了解员工思想行为状况，深入分析当前员工中存在异常行为的主要表现形式及诱发原因，提出有针对性的防控治理措施。2013 年上半年各行要在近两年持续开展员工违规参与民间融资排查的基础上，开展一次专项排查活动，明确排查重点、丰富排查方法、落实排查责任、提高排查效果，有效化解民间融资风险对银行的传导和冲击。三要继续加强重点监控（关注）工作。总行将对近几年商业贿赂案件与风险事件多发、内控案防工作薄弱的江西分行和 2012 年发生 500 万元以上案件的广西梧州分行实施重点监控，对风险事件多发的甘肃分行营业部实施重点关注，切实帮助被重点监控（关注）行整改内控案防工作中存在的问题。四要加强工作考核和信息报送。按照“过程和结果并重考核”的工作思路，从定量和定性两个方面全面准确地评估各行案防工作，并着手试点推动，待条件成熟后在全行范围内推开。加大案件风险信息报送的问责力度，对案件管理工作薄弱、问题较多的分行，将实施有力度的整改措施。五要严肃查办案件和违规违纪问题。突出查办重点，严肃查处内幕交易和利益输送案件，违反政治纪律和组织人事纪律案件，贪污、侵占、挪用、贿赂、内外勾结诈骗案件，违规参与民间融资造成重大风险和损失的案件，严重损害员工合法权益案件等。严格按照规定履行审理程序，充分发挥审理把关和监督制约的作用，坚决杜绝查审不分、先定后审等情况的发生。要加强对二级分行案件审理工作的监督检查和业务指导，重点解决责任追究中量纪不平衡、链条不完整等问题，提升执纪质量。加强对各级管理人员的责任追究力度，既要发挥案件查处的震慑作用，又要注重维护员工合法权益。要把查办案件与加强警示教育、推进建章立制、强化制约监督等结合起来，从体制机制方面深入分析案件发生的深层次原因，向有关部门提出建议对策，切实发挥查办案件的治本功能。

四、提升履职能力，狠抓任务落实

（一）正确处理履行监督职责中的几个关系。各级纪检监察机构既要坚持和完善长期积累的反腐倡廉工作思路、工作格局和工作机制，保持工作连续性和稳定性；又要注重总结推广各单位创造的新鲜经验，推进反腐倡廉理念思路、体制机制、方式方法创新。当前，要深入分析和认真研究反腐倡廉建设中遇到的新情况新问题，正理处理好几个关系。一要处理好制度建设与科技手段之间的关系。既要善于借助科技硬约束手段加强廉政案件风险防控，又要充分发挥制度建设的治本作用，通过“制度 + 科技”风险防范加强对人的管理监督；二要处理好行使权力与监督权力的关系。既要有效提升行使权力的效率效能，又要注重加强对权力运行的监督制约；三要处理好惩处与教育之间的关系。要把惩处作为一种特殊的“教育”，把教育作为一种“惩处”前的告诫，既要坚决惩处违规违纪问题，又要通过教育警示达到“查一事、警一片”的目的，为形成廉洁从业氛围，推进廉洁文化建设夯实基础。

（二）大力提升纪检监察队伍综合素质和履职能力。建设一支政治坚强、公正廉洁、纪律严明、业务精通、作风优良的高素质纪检监察队伍，是新形势下开展党风廉政建设和反腐败斗争的重要组织保障。一要抓住能力建设这个关键。以片区培训为抓手，从 2013 年起，争取用 4 年时间对全行纪检监察人员普遍进行一轮培训，进一步提高全行各级纪检监察人员的理论素养、业务素质和履职能力；强化上级纪检监察机构对下级的领导和工作指导，尤其是加大对各一级分行纪检监察负责人的指导力度，通过建立和完善过程与结果并重的干部考核评价方法，促其提升协调推动廉政案防工作的能力，及时发现苗头性、倾向性问题的能力，处理复杂局面、破解难题、化解风险的能力。二要抓住组织建设这个基础。通过重点督导、现场检查、全行通报等形式，加大对各单位纪检监察组织建设情况的督导检查力度。坚持德才兼备、以德为先的用人标准，以政治素质好、党性观念强作为选用纪检监察干部的第一要求，特别是要按照这一标准选好配强一级（直属）分行纪检监察负责人。各级纪委要配备和充实基层一线专兼职纪检监察人员，并为其履职提供制度、机制等方面的保障；要充分发挥基层一线各类监督人员作用，形成工作合力，提升监督实效。三要抓住作风建设这个重点。打铁还需自身硬，纪检监察干部必须以更高的标准、更严的纪律要求自己。敏于行、慎于言，降虚火、求实效，认真落实中央八项规定和总行六条意见，带头改进作风，要求全行做到的我们首先做到，总行明令禁止的我们坚决不做。完善内部监督制约机制，严格工作程序和业务流程，健全岗位责任体系，完善回避、保密制度，增强自觉接受监督意识，树立纪检监察队伍良好形象。

（三）认真抓好反腐倡廉工作任务贯彻落实。贯彻落实党的十八大关于反腐倡廉建设的各项部署、中央纪委二次全会和总行党委提出的各项工作任务，时间紧、任务重。各级纪检监察机构和干部要始终保持饱满的工作热情和昂扬的精神状态，以踏石留印、抓铁有痕的劲头，毫不放松地做好各项工作。对已经开展多年的工作，要注意总结经验，抓好巩固提高；对正在开展的工作，提出完成时限和工作进度表，积极推进；对进度较慢、难度较大的工作，要分析原因，提出有针对性的举措。要建立健全强化执行力的工作机制，抓好任务分解，明确工作职责，确保事事有安排、件件有人抓；要建立健全督查机制，坚持集中检查与日常检查、明察与暗访、上级检查与自查自纠等相结合，提高监督检查实效；要建立健全考核结果运用机制，严格责任追究，对行动迟缓、落实不力的要责令整改，对不负责任、不抓不管的要严肃处理，确保全年任务落到实处。

深化职能拓展　坚定改革信心 开创安全保卫工作新局面

——在中国工商银行安全保卫工作会议上的讲话

刘立宪

（2013年3月28日·根据录音整理）

这次会议的主要任务是，贯彻落实年初全行工作会议精神，总结去年的安全保卫工作，分析当前形势，部署下一步工作。下面我讲三点意见。

一、2012年安全保卫工作开拓进取、成效显著

2012年，安全保卫工作坚持以“防案件、防事故、防灾害，保平安、保发展、保形象”为目标，不断提升安全管理集约化水平，强化外部欺诈风险防范工作，全年抢劫、盗窃和诈骗案件防范成功率达98%，连续5年无既遂抢劫案和员工零伤亡，连续9年无涉枪事故，在建设“最安全银行”方面迈出了坚实步伐，为全行经营环境的安全稳定作出了贡献。在扎实做好基础工作、抓好外部案件防范的同时，安全保卫工作主动探索服务全行转型发展的新领域，填补安全管理的空白点，职能拓展稳步推进，取得了显著成效。

（一）初步构建了集团化安全管理架构体系。适应全行集团化、国际化、综合化发展要求，我们在以往安全保卫工作转型改革奠定的坚实基础上，借鉴国际化银行集团安全管理理念，确立了拓展安全保卫工作职能、构建集团化安全管理架构的发展方向，提出了以“四条防线”建设为主线，直管、指导和指引相结合的实施路径；引进并广为宣传国际上公认的现代安全管理理念，使安全保卫新的职能内涵得到更为广泛认知；通过制定实施《境内分行安全保卫工作职责实施细则》、《境内直属及控股机构安全管理工作指引》等制度规程，建立境外机构安全管理档案，初步形成了覆盖境内外机构的集团化安全管理架构；通过与国际安全防范协会、反欺诈组织和全球知名安保公司、安全咨询公司开展交流合作，安全保卫工作正逐步与国际化接轨。经过一年来不断探索、总结和完善，我行集团化安全管理架构建设初具规模，各项改革工作取得了一定成效，得到了总行党委的充分肯定。

（二）提升了外部欺诈风险管理机制的智能化、社会化水平。按照总行党委确定的“三查、三控、三防、四进”要求，总行印发了《外部欺诈风险管理办法》，完善了外部欺诈风险管理体系，强化了外部欺诈风险管理专业职能。研发了外部欺诈风险信息系统，搭建了涵盖事前防范、事中应对、事后控制的全方位管理平台，形成了从事件报告、跟踪、分析、预警和处置的全过程管理。通过与公安、司法等国家职能部门建立信息共享机制，收集了近200万条涉及外部欺诈风险的个人、企业和账户信息，建立风险信息库，为客户和企业开户、资金转账、贷款审批、信用卡申办等业务提供了具体可操作的风险实时筛查和预警支持，为保障我行和客户资金财产安全、预防外部欺诈风险，提供了有力的技术支持和应急处置平台。此外，总行组织开展的账户实名制、自助设备运营风险等评估成果开始显现，与公安部联合编制的《证件防伪识别手册》印发全行，自助设备各项安全管理水平得到有效提升。北京、上海、湖南、内蒙古等分行开展的快捷发卡机、地铁自助银行、信用卡风险和上门收款等安全评估项目，也取得了良好成果。经过一年来积极主动探索，创新实践，安全保卫工作在防范外部欺诈风险方面拓展了管理空间，增强了发展后劲。

（三）安全防范体系、机制的科学化建设取得显著成效。去年以来，为提升全行安防设施建设的标准化水平，我们实施了全行安防设施集中采购，迈出了全行统一、集约化管理的第一步，同时也大大降低了采购成本。2012年8月至12月的4个月间，全行安防设施采购费用较集中采购前节约了2 000余万元，一些分行安全防范建设整体预算下降了30%。在远程报警监控联网平台建设上，改变了视频监控为中心的固有模式，采用智能分析现代技术，建立了以报警信号为主导、实行警情分类分级处理的报警监控联网新模式。从初步反馈情况来看，各种误报警和无效报警信号压缩了95%以上，提升了报警接收处置效能，达到了预期效果。

回顾一年来，上述成绩的取得是在总行党委和各级

党委坚强领导下，全行保卫战线同志们共同努力的结果，也得益于我们立足全局，解放思想，大胆探索，创新实践。在这个过程中，有许多经验值得认真总结。归纳起来，大致有以下几点：一是坚持把安全保卫工作融入全行经营发展大局统筹考虑和推动。比如，适应全行国际化、集团化发展需要，积极借鉴国际先进管理理念，考察分析国外同业做法，加强国际化业务交流，提出了比较全面、系统的集团化安全管理设想与思路，得到了总行党委的肯定。可以讲，经过一年来的改革实践，我们已经找到了安全保卫工作全面融入经营管理的接口，初步确立了职能拓展路径，积累了有益的经验，也更加坚定了改革发展的信心。二是坚持把责任落实作为安全保卫工作稳步推进的基本保障。比如，狠抓安全保卫制度建设，建立了职责更加清晰、约束更为有力的安全保卫制度体系，特别是通过对安全保卫工作过程的考核，有效地引导各级行不断夯实基础工作，为安全保卫工作职能拓展和改革创新提供了保障。三是坚持把职能拓展作为安全保卫工作持续发展的有效途径。比如，我们建立了外部欺诈风险信息数据库，分析排查出4 500余户不良贷款和信用卡欠款客户，并及时提交相关部门采取预防措施，有效规避了资金风险。有为才能有位，这项工作的成效凸显了安全保卫部门在外部欺诈风险管理上的专业作用，赢得了业务部门的信任和好评。四是坚持改革创新、知难而进是安全保卫工作稳步提升的内在动力。比如，我们在安防设施集中采购上，针对安防设施存量品牌、型号和供应商繁杂，多数行委托工程商打包采购的局面，敢于打破旧模式，实行总行与安防设施供应商直接采购，发挥集团整体优势有效降低成本，保证了在费用相对趋紧的情况下，安全防范设施建设能够继续推进。一年来的实践证明，安全保卫工作必须在创新中发展，必须通过改革解决前进中的问题。这些行之有效的做法和经验，我们必须坚持下去，在实践中不断丰富和完善。

二、适应形势把握机遇，积极开创安全保卫工作新局面

在去年全行推动科学发展研讨会上，姜建清董事长分析国内外经济形势时指出，全行经营发展正处于一个重要关口，过去潜伏的问题可能变成真实风险暴露出来。今年第一季度一些分行不良贷款上升，违规违纪事件有所浮现，说明我们对形势的判断是准确的，必须清醒认识这种形势变化带来的挑战，冷静分析，积极应对，把握机遇，赢得发展。

第一，要把握外部环境的变化趋势，应对挑战。随着国内经济增速放缓，社会稳定和治安环境方面出现了新情况新变化，对我行安全保卫工作形成了新的压力与挑战。一是抢盗风险仍不可小觑。尤其是社会上造成人员伤亡的抢劫案件仍有发生，个别银行还遭遇爆炸勒索抢劫和炸弹恐吓电话，客户在营业场所被抢劫的案件也时有发生。二是ATM安全防护仍是重点。全行ATM投放已突破6万台，特别是离行式自助设备占比增幅较快，量大面广的布局被攻击的概率必然较高。近年来犯罪分子利用ATM存假钞换真钞、窃取客户银行卡信息及密码、诱骗客户转款等案件频发，甚至发生利用ATM接口侵入网络、虚增存款的高科技犯罪，作案手法更趋隐蔽化、智能化和科技化，这些都对ATM安全防护提出了更高的要求。三是金融诈骗风险日益凸显。据统计，去年全行共查堵利用汇票、存单等虚假支付凭证实施诈骗970余起，利用虚假证件或资料实施诈骗6 600余起，客户被克隆银行卡事件560余件。虽然上述风险事件没有造成实际损失，但这种态势必须高度警惕。尤其是去年以来虚开增值税发票、编制虚假财务报表骗取银行贷款案件多发，不仅造成了一些银行巨额资金损失，还对银行业的整体社会形象产生了极大的负面影响。

第二，在应对挑战中把握自身发展机遇。安全保卫工作的发展离不开全行的经营发展。服务全行工作大局的过程，就是我们有效拓展安全管理职能、加快自身发展的过程。比如，要把握全行深化组织机构和业务运营机制改革、进一步完善风险管理的要求，适时推进安全保卫管理体制优化改革，尽快提升安全管理集约化水平。要把握全行确保信贷资产质量健康稳定的重点目标，在防范信贷诈骗方面与业务部门紧密协作，完善防范外部欺诈管理方式。要把握信用卡业务高速增长的挑战，在防范和打击伪卡欺诈过程中，培训、建立一支有一定识别、防范伪卡能力的兼职安保队伍。要把握全行加快电子渠道建设的发展步伐，积极为网上银行、短信银行、手机银行等新兴业务提供安全服务支持，同时弥补传统安保业务在信息化、电子化方面的短板。要把握我行全球服务网络已基本建成的新格局，加快推动境外安保服务资源整合，提升按照不同国别实行差异化安全管理与指导的能力，为构建覆盖境内外集团化的安全管理架构打好基础。在这些方面，我们已经进行了许多有益的探索，取得了一定成效，积累了宝贵经验。只要我们善于把握机遇，敢于攻坚克难，虚心求教，凝心聚力，就一定能走出一条有工行特色的安全管理之路。

第三，要切实解决好思想认识和改革意识方面的问题。当前，安全保卫工作改革发展开局良好，正处于攻坚阶段。大多数分行和直属机构认识明确、措施得力，资源配置到位，分管领导亲自谋划，组织推动，取得了良好成效。但也有少数分行改革的主动性和紧迫感不足：有的分行满足于过去的成绩，缺乏主动求变的勇气，等待观望；有的分行对安全保卫工作职能拓展的思想认识不够，实际行动不多，存在“上热下冷”现象；有的分行安全保卫工作低标准，遇到问题和困难，就止步不前或者怨天尤人、牢骚满腹等。这些模糊认识和消

极状态，不仅限制了安保工作职能的发挥，影响了本级行安全管理水平的提升，也拖了全行安全保卫工作改革发展的后腿。对此，这些单位的主要领导要给予高度重视，切实提高认识，迅速行动起来，采取果断措施，跟上全行安保工作发展的步伐。

三、围绕中心服务大局，不断提升集团化安全管理水平

2013年安全保卫工作的总体思路是，继续坚持“三防三保”工作目标，以“四条防线”建设为抓手，夯实安全保卫工作基础，提升安全管理专业化水平，综合防范外部欺诈风险，切实保障业务运营安全。关于今年工作的具体内容，总行已经印发了工作要点，各行要逐项抓好落实。这里，我再强调五个方面内容。

（一）以责任落实为重点，不断完善安全管理体系和机制。

一是要巩固深化建设“最安全银行”活动，持续营造“大安全”氛围。建设成为社会、客户和员工都认同的“最安全银行”是一项长期任务和系统工程，必须常抓不懈，持续推动。各级行要把建设“最安全银行”作为经营管理的一项重要目标任务抓实抓好。要认真总结去年建设活动成果，组织多层次、多角度的宣传交流，使干部员工进一步加深对建设“最安全银行”理念与内容的理解，增强对安全保卫工作内涵与职能的认同。要深入挖掘和广泛宣传活动中的典型事例及先进代表，充分发挥示范激励作用，使基层行有压力、有荣誉、有奔头，形成努力做好、积极向上的机制和氛围。对活动中遇到的问题，要及时梳理分析，制定详细解决计划和措施，分层次分步骤加以解决。总行要注意收集、总结、完善和推广基层创建成果与经验，研究推动建设“最安全银行”活动长效机制。

二是强化责任落实，推动全员参与。要形成全员参与、网格化安全管理的局面，必须做到责任分解到人、工作落实到岗、考核跟踪到位。总行已经印发了《境内分行安全保卫工作职责实施细则》和《安全保卫工作考核办法（2013年版）》，明确了各级安全保卫工作责任人、分支机构和安全保卫部门的工作职责、管理事项和考核标准。各级行要不打折扣地抓好贯彻执行，通过加强宣传、教育和培训，把两项制度内容切实传导到基层，使每一名干部员工特别是新到岗新入职人员，充分知晓其职责，增强履责意识。要切实抓好责任的分解落实，按照不同机构和人员的安全保卫工作职责，划清职责边界，实现无缝衔接，并据此细化考核内容，量化考核标准，定期跟踪检查，推动责任落实。尤其要加强对分支机构一把手和主管安全保卫工作负责人的监督考核，督促其履行管理职责，带头落实安全保卫工作。目前，总行对分行安全保卫工作的考核结果，已经与主管安全保卫工作的分行领导的工作业绩挂钩。各行要按照这种思路，抓好本单位考核工作，发挥好考核“激励先进、鞭策后进”的作用。

三是强化监督检查，提升制度执行力。各行要坚持长期工作实践中摸索出来的行之有效的检查办法，深入了解一线情况，掌握基层实际需求，采取针对性的解决措施，推动基层行提升安全管理水平。要坚持有错必查、有责必究，重点抓好《安全保卫工作违规积分标准》的实施应用，切实把各种问题隐患消除在萌芽状态。在保持必要检查频率和力度的同时，要转变检查思路，改进检查方式，做到带着问题去检查，提升检查的针对性和实效性。尤其是既要对一线员工制度执行情况进行检查，也要重视对安全保卫工作责任人履职情况的检查。要通过查执行、看管理双管齐下的方式，全面掌握受检行综合情况，重点解决管理上的问题。

（二）以科技应用为引擎，不断提升安全防范建设水平。

一是严格落实集中采购成果。实行安防设施集中采购不仅是成本控制的需要，也是构建全行统一化、集约化安全技术防范体系的重要基础。各级行必须服从全行整体发展的大局，不得以地方情况特殊为由，消极对待甚至抵制总行集采结果执行。要按照《采购供应商禁入名单管理办法》的要求，加强集中采购后续管理，规范供应商的服务水准，形成良性竞争态势。要坚持去年制定实施的集采后续管理措施，不断总结完善，逐步建立起分行执行情况跟踪收集、供应商服务监测评价、问题反馈和沟通解决等管理机制。

二是抓好安防设施前端规范化工作。去年保卫工作会议上，我曾经讲过实现安防设施在规格和标准上的统一，这只是安防设施标准化建设的第一步，科学合理地集成各种安防设备，使其发挥最大功效才是根本目的。目前，总行启动了安防设施前端梳理和规范化工作，许多分行也正在加快组织推进。但调研中发现，仍有部分分行对这项工作缺乏足够重视，进度明显偏慢。必须看到，前端安防设施建设是否规范，配置是否合理，直接关系到其综合效能发挥，影响到案防实际效果。对此，各级行一定要有清醒的认识，切实把安防设施前端规范化工作抓紧抓好。总行要跟踪各行进展，加强指导推动，并要对工作效率和质量进行考核。

三是积极推广远程报警监控联网新平台。总行研发的远程报警监控联网平台，已经在山东青岛分行进行了试点运行。综合来看，这个平台具有以下特点，第一，改变了以视频监控为中心、依靠人工分拣警情信息的传统模式。通过信息技术，将前端警情按照地点、时间与报警源进行分析处理，根据制定的策略启动相应的报警处理预案，为报警功能的精准制导提供了保障，使中心值守人员有可能、有条件快速准确地响应警情。第二，在保证警情分析接处功能的基础上，建立了安防设施资产管理档案，对安防设施日常运行、维护保养、采购更

新等情况进行自动检测、分析与统计，提升了安防设施综合管理效率和质量。第三，按照不同层级和岗位，制定了相应安全管理事项模板，建立了自动提示、督办处理、跟踪复核的闭环操作流程，实现了工作过程、核心环节和频度要求的硬控制。应该讲，新平台的功能比较完备，具有一定的前瞻性，下一步要在实际应用中不断充实、完善和改进，使之逐步成为安全保卫工作综合化、信息化、科技化管理的重要载体。关于平台后续推广工作，总行保卫部下一步有具体部署，这里我不再展开讲了。

（三）以成本管理为切入点，探索改进委托守押管理机制。去年总行根据银监会《银行业金融机构外包风险管理指引》，制定了《外包业务管理办法》，把委托守押业务管理纳入了全行外包业务管理范畴，在完善管理机制、规范外包工作和提升风险管理水平等方面提出了新的要求。公安部也已经部署推动武装守押公司改制工作，全国守押服务市场将产生新的变化。各级行要把握这些新情况新变化，积极优化委托守押业务管理工作。

一是增强风险防控意识，进一步加强委托守押业务管理。当前国内守押服务市场尚未打破垄断格局，在各地武装守押公司独家经营、缺乏可替代性的现实情况下，要高度警惕武装守押公司由于内部管理问题或发生风险事件，导致委托守押服务出现中断，进而影响我行分支机构正常运营的问题。要加强对委托守押业务的风险预测和全过程监测、管理，严格落实对武装守押公司的日常监督检查，定期组织履约服务评价，及时发现并提前化解各种风险苗头。要与当地监管机构、银行业协会建立紧急联动机制与应急预案，确保发生突发事件后，能够快速获取相关方面支援，最大限度地控制风险，降低影响。

二是引进成本管理理念，探索改进委托守押业务机制。成本控制能力是商业银行竞争力的核心要素之一。近年来守押费用逐步上涨的情况始终未能有效解决，成为困扰各级行的老大难问题。面对这种情况，在继续推动守押服务市场化运作的同时，应当先从自身管理上想办法、做文章，通过优化运营机制、提升管理效能，实现成本有效压降。比如，在全辖实行守押服务分类计费方式，业务量较大的选择包车服务，相对较小的按次计价；按照业务库辐射范围，优化整合运钞线路，提高单车综合运能；对款项交接流程进行调整，提高单次操作效率；加强网点库存现金动态管理，降低调缴款频度；此外，离行式自助银行选点建设、上门收款业务营销等也必须匡算押运成本支出，综合衡量成本收入比。当然，这些只是初步想法，还需要进行详细分析评估，并在实践中去验证。总行保卫部今年将组织守押业务专项评估，探索推动委托守押业务运行机制改革试点，力求通过引入成本核算理念，完善业务流程，明确操作规范，统一考核标准，在控制服务费用的基础上，形成具有我行特色的委托守押业务新模式和管理办法。这项工作事关全局，必须统筹规划，周密组织，稳妥推进。各级行要按照总行安排，积极参与配合，协助做好相关工作。

必须强调的是，安防设施购置和守押业务外包是两项较大的费用开支。各级行要树立节俭意识，通过集中采购、分批置换设备、优化守押业务管理等多项措施，主动控制成本，尽量少花钱多办事，这项工作的成效在一定程度上也反映了各级行的管理水平、组织能力和责任意识。总行要及时总结各地经验和做法，加强检查、督导，完善相关管控措施，逐步建立起以节约为导向的考核机制。

（四）坚持预防为主，不断提升对外部欺诈风险的防控能力。前不久，银监会召开了全国银行业案件防控工作会议，部署了今年案防工作重点，要求各家银行机构“坚决守住不发生系统性和区域性金融风险的底线”，继续保持案防高压态势，遏制案件多发势头，并力争在案防理念、机制和手段上取得突破提升。在年初全行工作会议上，董事长强调要认真研究近年来典型案件和风险事件成因，改进内控案防管理，坚决遏制重大风险事件发生。今年外部欺诈风险管理工作，要紧密围绕上述要求，重点抓好以下方面。

一是继续抓好重点风险防控工作。各级行要持之以恒地开展典型案例教育，狠抓应急预案演练，切实保证防范抢劫、盗窃工作力度不减，重点提升对劫持人质抢劫、利用爆炸物威胁勒索以及各类 ATM 新型欺诈手法的预防应对能力。要在去年工作基础上，继续组织开展面对客户的防欺诈安全宣传活动，积极协助公安机关防范和打击伪卡、ATM 和电信欺诈等犯罪。数据中心、软件开发中心、电子银行中心等直属机构要结合本单位实际，加大防范暴力攻击、蓄意破坏和电话恐吓等违法犯罪行为力度，切实抓好消防安全，尤其是防火疏散演练。

二是积极提升风险监测预防能力。要坚持风险防范和风险预测相结合的路径，组织好外部欺诈风险信息系统的推广与应用。要逐级抓好风险事件及信息的统计报送，全面监测掌握辖内机构外部欺诈风险管理状况，及时预警通报典型事件及信息，指导开展针对性防范。要跟踪掌握外部欺诈风险信息系统在业务领域的应用情况，充分挖掘和发挥系统汇总分析功能，研究查找不同时期和区域的风险特点及规律，不断完善改进防范对策，加快推动构建过程控制、技术约束、风险导向、查防结合的案件防范新模式，提升全行整体防范水平。

三是全面提升风险综合管控能力。各级行要认真抓好《外部欺诈风险管理办法》和《外部欺诈风险评估实施细则》的贯彻执行，加快建立安全保卫部门牵头管理、相关部门共同参与的外部欺诈风险管理机制，为外部欺诈风险管理工作提供机制保障。一级（直属）分行要结合本行实际，成立安全评估领导小组，组建专家顾问团队，科学选定评估课题，积极组织开展评估，不断提升对外部欺诈风险的综合分析预判能力。开展安全评估必须立足分行实际，贴近业务经营，着眼未来发展，注重实用性和前瞻性。根据安全管理需要确定评估项目，通过实际应用检验评估效果。要积极发挥安全评估的作用，大胆尝试、稳步实施，努力将风险管控能力提高到一个新水平。

（五）坚持多管齐下，不断提升安全保卫队伍专业能力。

一是加强专业培训，盘活存量资源。要继续分层级、分类别组织在岗培训和能力测试，加强对安保专职人员的专业培训，推动其提升综合素质与管理能力，从单纯安全操作人员向安全管理专家或业务专才转变。要根据安保兼职人员的岗位特点，以操作执行为重点，组织针对性培训，使其既会操作相应设备，又能督促检查安保措施的落实。要重视对各级机构安全保卫工作责任人的职责和技能教育，使其明晰管理职责与工作重点，更好地发挥安全管理组织、督导职能。

二是充实专业人才，更新队伍结构。随着安全保卫工作职能内涵的深入拓展，对安全管理专业人才的需求越来越大，特别是今年外部欺诈风险信息系统应用、新型远程报警监控联网平台建设推广等任务较重，必须尽快引入专业人才，确保相关工作顺利实施。在这方面，山东、广东、河南、重庆、浙江等许多分行已经有所行动，通过外部引入和内部交流，促进了队伍结构的更新。但需要强调的是，这种人员引入和交流，必须设置岗位资格门槛，确保新增人员质量，宁缺毋滥。特别是安全保卫部门负责人的选任，要坚持年富力强，有一定管理经验和专业知识的标准，配好配强。

三是注重梯队建设，筑牢发展基础。目前，安保专职人员年龄偏大问题日渐突出。比如，一级（直属）分行和二级分行安保专职人员中，50 岁以上的占比分别达到了 54% 和 43%，有的行超过了 70%。安全管理是一项综合化和系统性、专业性很强的工作，其复杂程度和技术含量随着安全管理职能拓展和国际化、集团化发展在不断提升，许多安全管理理念、经验和方法需要在实践中积累形成。这就要求安全保卫队伍必须保证梯次配置，做到稳妥地代际交替，使安全管理的效能稳步提升，持续发展。各级行要从工商银行的集团化安全管理长远需要出发，在人力资源配置上给予安全保卫部门适当倾斜，加快改善队伍年龄结构、知识结构和经历结构，以更好地发挥其职能作用。

在报警监控联网综合管理平台现场推广会上的讲话

刘立宪

（2013 年 6 月 20 日·根据录音整理）

这次会议是专题部署报警监控联网综合管理平台的应用推广工作，目的是逐步搭建起总、省、市三级联网的综合安全管理和应急指挥平台系统，提升全行安全技术防范标准化水平，推动安全保卫管理流程化和信息化建设。这次采取现场推广会的形式，主要是考虑到报警监控联网综合管理平台的应用推广，不仅有技术层面的工作，还关系到一线金库、营业网点、自助银行和 ATM 的运营安全，涉及大量实际操作与安全管理工作，有必要通过现场观摩、实际体验和相互交流，使大家增强感性认识。

昨天，我到山东分行营业部报警监控中心，现场观看了报警监控联网管理综合平台的实际运行，了解了平台的基本功能。今天上午，大家也都看了平台功能演示，听了山东分行经验介绍，下午还要去现场实地观看平台运行，时间紧，内容多，大家要珍惜机会，多看、多问、多交流、多思考，重点解决两大问题：一是为什么建设这个平台，二是如何推广和用好这个平台。搞清这两点，会议就达到目的了。下面，围绕这两个方面，我谈几点想法和意见，供大家讨论和参考。

一、为什么要建设报警监控联网综合管理平台

第一，平台建设的客观需求。用一句话来说，这是工商银行经营发展带来的安保任务的需要，是工行经营形势的发展对安保工作提出了新的需求，需要一个科技化、信息化的平台来满足这样的需求。从两个方面分析：一方面按照《银行安全防范报警监控联网系统计术要求》（GB/T 16676—2010）、《银行自助设备、自助

银行安全防范的规定》（GA745—2008）、《银行业务库安全防范要求》（GA858—2010）等国家安保监管标准的要求，我行的报警监控仍有比较大的空白，没有全覆盖。还有20%的金库、36%的营业网点、24%的自助银行没有实现报警监控联网，30%的地市分行没有建立报警监控联网中心。与中国银行、农业银行已基本实现全辖联网相比，我行存在着短板，需要尽快补上。另一方面，已经联网的报警监控设施或者效能需要大幅提升。应该说，目前金库、营业网点和自助银行的报警监控联网在技术上不存在障碍，但随着银行业务经营的发展，特别是自助服务渠道的快速扩张，以往报警监控联网平台的不足逐渐显露。比如，没有对前端警情进行分析和预处理，现有平台接入的数据信息海量积存，值机人员很难做到有效筛选、判断和处理。如调研发现某个二级分行的联网平台每天接收警情信息超过10万条。其中，需要人为干预或者说构成警情标准的信息非常少，95%~98%的信息属于误报。这种海量的误报信息等于没报，值机人员不可能完成甄别处置，只能放弃。要解决这一问题，必须进行平台结构调整和功能的再造。

第二，平台的主要特点。报警监控联网综合管理平台2012年启动研发，经过总行和相关研发机构联合攻关和实验室测试，2013年3月在山东分行营业部进行了系统验证和试点应用。从试运行情况看，系统预设功能运行正常，应用效果也比较理想，基本实现设计目的，也就是做到了事前防范、预警优先。一是针对性。平台通过引入风险预警概念，运用智能分析技术，对前端警情信息科学分类分拣，有效降低了误报或低级别信息的干扰，保证了对警情信息的突出和准确甄别。二是有效性。据试运行期间统计，平台日均接收数据600余条，较之前下降了约95%，其中需要立即处理的高级别警情50余条，占数据总量的9%，平均到每个支行或网点大约3至4条，这比较客观地反映了警情真实情况，也为警情处置提供了数据上的可能，值机人员可以在第一时间发现警情、快速响应、及时处置和预防。三是实用性。平台充分考虑基层实际，固化了接处警流程，并且按照不同用户进行个性化设计，界面比较简化，核心功能突出，方便了使用。四是综合性。平台还设计了警情统计分析、安防设施巡检、安防资产管理和日常安全巡查等功能模块，提供了多种管理模板和分析查询报表，使各级管理人员可以掌握全面情况，综合分析判断，提升管理质量和水平。另外，这个平台的功能设计和技术实用性在业内是领先的，得到了公安部、高校和业内安防专家及专业安防评估机构的高度评价，不仅适用于银行，也适用于整个安保行业，是对安保管理智能化的贡献。

第三，平台的综合效能。报警监控联网综合管理平台为什么叫综合管理平台？因为综合效能是这个平台的一个特点。平台的综合效能大致有六个方面，一是可以使各级机构按照统一标准来规范安防设施建设与配置，推动安全防范建设的标准化；二是可以实现对安防设施状态的自动巡检，及时提示修复故障；三是可以随时汇总分析辖内警情信息分布，找出风险防控的薄弱环节，有的放矢，加以改进；四是可以全面掌握辖内安防资产情况，更加科学合理地制定安全防范建设规划；五是可以借助数据挖掘，即历史数据的充分利用，分析确认日常管理薄弱环节和问题隐患，有针对性地采取管控措施，强化制度执行；六是可以借助技术手段监督基层网点落实安保工作职责，强化安全保卫工作的流程化管理等。同时，随着平台的应用推广，还有许多应用效能会逐步显现，并将促进平台的不断完善和优化。

二、如何用好和推广这个平台

关于平台的应用推广计划和步骤，靳晓鹏同志稍后将进行具体部署。这里，我重点强调一下切实发挥平台效能所必须做好的相关基础工作。

第一，要按标准尽早规范前端安防设施的配置。目前，全行共有近90万路前端报警探测和视频监控设备、33 023台视频存储设备和84 919台报警控制主机。总行2012年实施了视频监控、视频存储、报警探测和报警控制等相关安防设备的全行集中采购，统一了相关设备品牌和型号，但全行各种存量设备仍占据着相当大的比例。要实现平台与这些设备的全部兼容对接，工程巨大，而且从安全运行的角度看，设备的品牌和类型越多，平台运行的稳定性受到的影响越大。因此，各行要按照总行相关标准和条件，先简后繁，分类实施，优先安排条件较为成熟的单位进行平台推广，切忌一哄而上。目前，平台已经可以支持全行55%的视频设备和51%的报警设备。对于平台暂无法支持的设备，一方面要积极配合总行进行平台后续开发，解决兼容问题，另一方面要在严格成本控制的前提下，结合设备使用年限和运行状况，逐步进行淘汰更新，但不得借着平台推广的名义，搞大面积推倒重来。特别是在报警监控联网中心建设或改造上，必须做到合理规划、因地制宜、量体裁衣，量力而行，不能搞华而不实的形象工程。比如，不要单纯追求显示大屏幕的数量，值机人员使用最频繁的只是面前的电脑。屏幕的尺寸和数量要从监控实际需要出发，不要考虑供人参观时的效果。这也是作风建设的要求之一。这个问题，各行务必要有清醒认识，总行也要考虑拟定一个指导标准或意见。

第二，要按标准调整和规范前端安防设施的安装。实现安防设施在规格和标准上的统一，只是安全防范标准化建设的第一步，科学合理地集成各种安防设备，使其发挥最大功效才是根本目的。上半年，总行组织了安防设施前端梳理和规范化工作，对全行近百万个安防设备进行了全面梳理和建档造册。这是一项浩大的工程，也是夯实安防设施技术基础，推动标准化建设和精细化管理的重要一步。通过这项工作，近70%的机构改造纠正了原有建设安装中存在的错区安装、防区交叉等问题，实现了辖内安防设施建设与配置的规范统一，为后续与平台的顺利对接做好了准备、创造了条件。但是还有一些分行的工作进度明显落后，工作质量也有问题，并在一定程度上影响了平台应用推广。对此，相关分行要加快工作进度，避免出现一步慢、步步慢的局面，拖全行的后腿。与此同时，在平台应用推广过程中，前端安防设施规范化工作仍不可放松，发现问题要随时解决，调整改进，不断完善。

第三，要落实平台应用的组织、机制和人员保障。一是各行要切实认识平台在防范外部风险和加强内部管理上的作用，把平台应用作为建设最安全银行的一项基础性工作，提供必要的人力、物力、财力保障。二是要结合单位实际，合理设置平台的管理架构和模式，以保证平台的有效运转。考虑到有些分行已建平台包括其他业务管理内容，其管理运作模式已经定型，因此总行在这方面暂不做强制要求。但无论采取何种形式，必须坚持报警监控联网综合管理平台的使用管理由保卫部门牵头负责。三是要健全相关管理制度规程，确定管理人员和值机人员的职责分工，细化工作流程，以保证平台运转的效能。四是要配备胜任的必要人员。报警监控联网综合管理平台的应用管理系统性和专业性都很强，其工作人员特别是管理人员承担着处置警情、防范风险的重任，应当具备责任心强，风险敏锐性高，有一定协调处置突发事件的经验和能力，能适应连续高强度工作等条件。在人员数量的配置上，要充分考虑平台覆盖的范围，工作任务的强度和轮流值班的需求，以保证每班应急值守力量足额够用。在实际工作中，各行可探索借助外聘值机人员来缓解行内人员紧张的矛盾，但必须严格界定双方责任，明确外聘人员工作职责，做到每班有行内人员带班，加强监督管理，并做好行内信息保密工作。

三、积极以平台应用推动安全保卫工作信息化建设

银行信息化是全方位的信息化，安保工作信息化是其中重要组成部分，也可以说是我行信息化建设的一个子系统，要从这个高度来认识和推动安保工作信息化建设。

第一，以平台应用为载体，推动安全保卫信息管理的集成化。换句话说，就是通过平台应用，使前端目标设置形成网络，将原来零星、分散、碎片化的信息集合起来，形成有逻辑联系的集成信息，使总行、省行和二级分行不同层级实现对各自层面的安保信息的全方位把握。安全保卫工作涉及各级机构，在日常安保管理中生成了大量信息资源，比如警情风险信息、安防设施运行状况、安全检查发现的问题隐患等。这些信息直接反映了基层机构和网点的安全管理状况，对各级行查找薄弱环节、加强安全管理有着极强的参考价值。目前，这些信息分散在各种前端目标之中，依靠人工进行汇总统计，很难做到全面动态掌握，也难以进行归纳、分析和提炼出有价值的信息。因此，只有实现前端目标的互联互通，形成信息网络，才可能对每个分支行网点甚至每个点位的情况实时掌控，进而合理科学地规划安防设施、优化管理流程和完善安保制度，奠定安保工作信息化管理的基础。

第二，以平台应用为途径，推动安全保卫信息管理的精细化。对数据信息进行集中梳理、归纳、整合和分析处理，是信息化管理的重要特征。大家已经知道，这次平台对警情信息实行五级分类。从需要人为干预的角度来看，前两类属于必须立即处置的高级别风险信息，而后三类信息包括一些误报信息虽然风险等级较低，但并不是没有价值的信息，这些信息其实是日常安全保卫管理工作所需要的信息。比如，误报信息可能反映了有些安防设施的设置、防区的设定不合理，需要进行调整；一些故障信息可能反映了设备的使用年限、使用是否适当、型号是否匹配以及电源是否稳定等。可以说，这些低风险等级的信息，或者称为管理类信息，大量反映了基层营业网点、金库管理等日常情况，是对我们工作的有益提示，为安保管理的精细化提供了可以操作的参考值。因此，通过平台的应用推广，在确保高级别警情信息得到及时处置和预防的同时，对这些管理类信息的有效利用，将在很大程度上加强安全保卫工作的精细化，使我们每项工作都能落地。

第三，以平台应用为抓手，提升安全保卫管理的科学化。报警监控联网综合管理平台只是为安保管理的信息化提供了载体和手段。要真正提升信息利用的水平，就要善于捕捉和把握信息反映的客观真实，或者说信息源背后的规律性东西，透过信息的现象看到事物的本质。比如，通过对不同时段、不同部位和不同类型的警情信息进行分析，从中发现某类案件的高发时段、经常发案部位的概率，以及各种警情数据之间的关联性，从而确定针对性防控的重点。因此，平台的应用推广，不能仅停留在对警情的接收处置，而要认真分析数据背后反映的客观情况，归纳出信息所反映的行为规律及特点，这将大大提高我们防范案件的能力和水准。应该讲，以上只是对安全保卫工作信息化建设的初步想法，还有很多内容需要在实践中不断探索。

总之，希望大家通过这次会议，统一对平台推广应用的认识，真抓实干地推动安全保卫工作综合化和信息化发展。各位回去之后要向本行主要领导和分管领导作一次专题汇报。要用简洁明了的语言讲清楚平台推广应用的内容和作用，务必让行领导听明白，知道要做什么和为什么。这是贯彻落实会议精神的第一条要求，一定

要做好。

最后，我再强调一下安全问题。近期，国内一些地方接连发生造成重大人员伤亡和财产损失的火灾、爆炸等重特大事故，中央领导同志高度重视并作出重要指示，国务院也专门下发《关于集中开展安全生产大检查的通知》，要求各地区、各行业、各单位从6月至9月底集中开展一次彻底的安全大检查，切实加强安全生产工作，防范重特大安全生产事故的发生。总行党委对此高度重视，姜建清董事长作出了批示，总行即将就贯彻落实国务院《通知》要求，在全行开展安全大检查作出具体安排。这里借会议机会，我先提几点要求：一是各级机构要高度重视，加强组织领导，把此次检查作为当前安全生产的首要任务进行周密部署，做到检查有方案、组织有保障、督导有手段，确保检查落到实处，不走过场。二是要严格按照《通知》和总行有关要求，组织督导辖内机构全面摸排薄弱环节，彻底排除安全隐患，做到边查边纠，边查边改，保证检查全面覆盖，不留死角。三是要把安全责任落实情况作为此次检查的核心，重点检查各级管理人员是否切实履行安全管理责任，各项安全制度、设施和措施是否落实到位。四是要结合所在地区和本行特点，突出对数据中心、现金中心、电话银行等业务运营单位或人员集中单位的检查，突出抓好消防和汛期安全防范工作。在这个过程中，要健全突发事件应急机制，防止发生重大事件及事故。各级机构特别是各级管理人员，要以对员工生命财产安全和工行事业高度负责的精神，一沉到底，从细从严地将检查贯穿于经营管理之中，切实消除可能存在的重大安全隐患，确保一方平安。

关于当前全行案件查防工作中的几个问题

——在中国工商银行2013年案件查防工作会议上的讲话

刘立宪

（2013年10月15日）

这次案件查防工作会议是在全行深入开展党的群众路线教育实践活动的过程中召开的。按照转变会风、求真务实的要求，我们尝试着对会议的开法作了些改变，主要是：以当前案防工作中的共性问题作为会议主题，研究解决的思路和具体措施，不汇报具体工作，使会议的实效更加突出；采用围绕重点发言、集中讨论的方式，我的讲话也作为中心发言之一，与会同事充分发表见解，在观点碰撞中去粗取精，集思广益，取得共识；根据会议讨论的意见和建议，形成会议纪要，体现会议的收获和成果。

关于去年案件查防工作会议以来全行案件查防工作情况、案件和风险事件情况以及今后的工作任务，会议已印发给大家讨论，当前案防工作的几项重点任务，将用会议纪要加以明确，经总行同意后下发，各行要认真贯彻落实。

在一天的会议中，大家围绕当前案件查防工作中存在的主要问题进行了重点发言和集中讨论，讲得都很好，问题分析的很透彻，提出标本兼治的措施建议也很有针对性和操作性，达到了相互启发、相互学习、共同增强案件查防工作能力的目的。下面就这几个问题，我再谈几点意见。

一、关于员工违规参与民间融资和经商办企业防控问题

员工违规参与民间融资和经商办企业是近年来全行案件查防工作中遇到的最突出问题。近两年，随着经济增长的减速，社会上广泛存在的民间融资活动和少数员工经商办企业行为，将给全行的案件查防工作带来重大挑战。为此，总行充分研判案防形势，及时部署开展了包括几次专项排查治理在内的一系列防患于未然、消除风险隐患的工作。实际情况证明，总行当时的判断是准确的。2011年以来，员工参与民间融资活动和经商办企业等各类案件和风险事件不断暴露，2011年全行查处的员工参与民间融资的案件和风险事件6件、涉及资金3.82亿元；2012年10件、涉及资金1.82亿元。今年至9月末，又查处此类风险事件6件，虽然数量有所减少，但涉及金额却达到2.06亿元，比去年全年还多0.24亿元。此外，各行通过专项排查还发现员工参与民间融资事件30件。在员工参与经商办企业方面，湖北分行今年上半年就排查出45名员工，仅省分行营业部就有32人。而且，实际发生的问题肯定要多于上述这些已查处的问题。

全行查处的员工违规参与民间融资和经商办企业问

题逐年增多，主要有两个方面的原因：一方面，客观上这些问题的发生在增多，但由于隐蔽性较强，往往因社会矛盾冲突才暴露，平时较难发觉；另一方面，说明排查工作有成效。目前已查处的问题大多是过去发生而未被发现的。今年自查发现员工参与经商办企业的问题，湖北分行最多，这说明湖北分行排查工作有成效，目标明确，方法得当。如在排查中普遍走访了工商、税务等部门，借助经济管理部门的作用，由外查内，排查工作基本没有死角。今年排查“零发现”的分行近 10 家，是真的没有还是工作不得力没有发现？我高度存疑！希望有关分行再认真回头看看。

员工违规参与民间融资和经商办企业危害巨大，不仅容易给银行造成巨大的资金风险，而且容易造成较大的声誉风险。此类问题多发的内外部原因，各行在发言中都做了准确的归纳和总结，我都赞同。如何切实解决这一问题，我想应从以下几个方面下功夫。

一是要把防范员工违规参与民间融资和经商办企业问题作为案防工作的重点。这个问题虽然经过两年多的治理，但仍未从根本上得到遏制，说明产生问题的土壤和条件依然存在。总行的基本判断是，这类案件和风险事件在未来 2～3 年内还会陆续发生。对各分行来说，这类案件和风险事件不是有没有的问题，而是多与少的问题。目前没有发生，不代表今后不会发生。正是基于这一判断，总行才对“零发现”的分行存疑。今年上半年排查出的这些问题，说明总行的判断是准确的。因此，各行特别是主要负责人、职能部门负责人一定要有清醒的认识，克服松懈麻痹思想，认真部署，精心安排，潜心研究工作措施，逐项抓好落实。

二是要采取有效手段做好排查工作。遏制员工违规参与民间融资和经商办企业行为，一靠警示教育，二靠有效排查，但主要靠排查。排查彻底、惩处有力是最好的警示教育。湖北分行的做法说明只要排查办法对头，效果就十分明显。要结合贯彻落实总行《关于加强员工异常行为管理的意见》，在继续坚持以往排查工作方法的同时，善于收集利用外界相关信息，进行汇总、分析、评估，使排查工作更加精准、深入，形成威慑力。比如，可以通过员工亲戚、朋友、客户等了解其有无参与民间借贷、集资、担保等问题，通过工商、税务等部门了解员工有无经商办企业问题，通过对小额贷款和投资担保等中介公司与我行的业务联系来分析研判员工与其有无资金往来和兼任职问题，通过对员工账户监测核查了解其有无异常资金往来问题，等等。同时，要研究如何切断社会上对员工违规参与民间融资和经商办企业的诱因。例如，对员工违规参与的小贷公司、担保公司，一经查实，可将该公司列入禁入名单，在一定时期内，禁止所辖机构与其发生业务往来。我们还可以将其违规行为向当地监管部门反映，建议在全行业禁入，使这些公司不敢吸纳我行员工参与其活动。

三是要加强对内退、退出管理类、长期病休等在编不在岗人员的管理。目前，全行共有内退、退出管理类和长期病休等人员 54 000 多人。从暴露出的问题看，这三类人员中存在违规参与民间融资和经商办企业问题的相对较多。由于一些行对这部分人员疏于管理，有的甚至放任自流，对其中一部分人违规在外经商办企业，参与和银行业务有关的如小额贷款公司、担保公司等经营活动的情况不了解、不掌握，甚至对其因参与非法集资、高利贷等违法犯罪活动被司法机关逮捕、判刑也不知道。由于这三类人员属于银行在编人员，将风险转嫁给银行的可能性极大。因此，各行要摸清这三类人员的底数，分类清理，根据情况，该上岗的上岗，该清退的清退，该解除合同的解除，一定要从严管理。对其中参与违规融资、担保、经商办企业的，一经查实，必须依有关规定严肃处理，不能心慈手软，网开一面。在日常管理中，要探索有效管理方式，如尝试签订经公证的协议书等形式，从法律上切割与银行的联系或建立有效防火墙，及时发现和消除风险隐患。

四是要妥善处置。员工违规参与民间融资和经商办企业的形式多样，情况复杂，处理难度较大，极易造成银行重大资金损失和声誉风险。如河南开封分行崔晓玉参与非法集资风险事件，涉及资金数额巨大，且情况复杂，在当地影响非常大，总行和河南分行处置措施及时、得当，才避免了较大的负面影响，可能的资金损失也大幅降低。因此，发生这类风险事件后，首先要准确判断问题的性质，对于与银行资金和业务无关、纯属员工个人违规参与民间融资的风险事件，要依纪依规、从严处理，该解除劳动合同的一律解除；对于通过私刻银行印章和伪造理财协议等违法手段参与民间融资、担保或盗用客户 U 盾及密码参与或组织非法集资、非法吸收公众存款，可能给银行和客户资金带来较大风险的，要及时将当事人移送司法机关，并借助司法机关采取一切措施，力争资金不受损失或将资金风险降到最低。在处置工作中，要积极与政府相关部门和媒体保持沟通联系，全力控制声誉风险。尤其是员工私刻印章或伪造文件、盗用客户密码这类风险事件，银行是最大的受害者，对当地法制环境、政府公信和金融监管秩序也有极大损害，因此要加强与监管部门的沟通，争取其理解和支持，依法维护我行的利益。对属于参与经商办企业但与银行和客户资金及银行业务无关的风险事件，可依有关规定给予当事人严肃纪律处分，并视其改正程度、造成的声誉风险大小等，决定是否解除其劳动合同。

二、关于商业贿赂案件治理问题

近年来，全行商业贿赂案件高发的势头一直没有得到有效遏制，每年的发案数量都在 10 件以上。究其原因，一方面，是少数管理人员和员工的理想信念动摇，人生观和价值观扭曲，面对社会上不法分子的各种利益诱惑和拉拢腐蚀，违反职业操守和底线，利用工作便利和手中权力收受甚至索取他人好处以致犯罪。另一方面，也反映出廉政风险防范工作中尚存在诸多问题：一是重视不够，认为管理人员廉洁主要靠自律。客观上干部员工的因公因私交往混杂、利益交织难区分、难管理；主观上对一些廉政风险苗头不敏感，甚至视而不见，教育、提醒、制止不力，甚至有的怕得罪人，有好人主义倾向。加之对发生商业贿赂案件的考核力度不大，从领导到监督部门的重视程度远逊于内部经济案件，在防范工作上的投入严重不足。二是廉政教育成效不明显。主要是教育方法流于形式，浮于表面，缺乏吸引力；教育内容枯燥乏味，个性化不强，缺乏说服力；理论教育多，案例教育少，缺乏震慑力，没有真正从内心深处触动受教育者。三是廉政风险点把握不准、防控不力。一些机构和部门虽然对商业贿赂案件易发高发的信贷、基建、集中采购和资产处置等廉政风险点比较清楚，但对这些风险点究竟在哪些环节上容易引发道德风险，哪些是制度问题、哪些是制度执行问题等模糊不清，因此防控治理措施缺乏针对性，防控效果不明显。四是对发生的商业贿赂案件处置不到位。一些行在发生商业贿赂案件后，急于通过解除当事人劳动合同切割其与银行的联系，试图减轻对银行的声誉影响。虽然出发点是好的，但对查找案件发生的原因和内部管理存在的问题考虑不够，对利用案件对全辖进行警示有所忽略，捡了芝麻丢了西瓜，没有举一反三，借此提升管理水平和制度执行力；没有以案释法，用身边事教育身边人，发挥查处一案、警示一片、教育一面的作用。

各行要从维护工商银行良好声誉和为员工职业生涯、政治生命负责的高度，切实提高对防控商业贿赂案件重要性的认识，将其摆在与内部经济案件防控工作同等重要的位置来抓，有效遏制商业贿赂案件的高发势头。一是要加强廉政教育。发生商业贿赂案件的单位要对案件进行深入剖析，形成案例警示教材，不怕亮家丑，及时开展对辖内各级管理人员和员工的警示教育。要以案释法，重点讲解受贿罪与礼尚往来的界限以及犯罪后果等，教育干部员工算好人生“七笔账”，充分调动员工内心的自警、自律意识，消除模糊认识和侥幸心理，筑牢思想防线。二是要加强对廉政风险点防控。要持续加强对信贷、基建、集中采购和资产处置等重要廉政风险点的防控治理，重点查找这些风险点存在的主要风险环节，针对每个风险环节提出防控治理措施。要强化关键岗位廉洁承诺制度，重要项目、大宗业务的主要承办人员要签订有约束力的廉洁承诺书。要严格执行供应商禁入名单制度，对违反廉洁约定的客户要坚决取消其承办资格，形成有效的内外制衡机制。三是要加强商业贿赂案件处置。发生贿赂案件的机构要认真查找分析案发原因和内部管理存在的问题，吃一堑长一智，用教训换进步。对于涉案人员，必须严格按照规定进行处置，该移交司法机关的必须移交，杜绝大事化小、“内部处理”的做法。对于司法机关免予刑事处罚的受贿人员，也要按党纪行规从严给予纪律处分和组织处理。只有严肃处理，才有威慑力。四是要加强防控商业贿赂案件的考核和问责。总行正在研究将其作为廉政建设责任制的重点考核内容，作为管理人员提升职级、交流使用的重要依据，以此督促各级行主要负责人切实负起廉政风险防范第一责任人的责任。

三、关于外部欺诈案件防范问题

近年来，全行发生的各类外部欺诈案件，从案件数量和涉案金额上都呈上升趋势，给我行造成的声誉和资金损失也较为严重。通过柜台或电子银行渠道发生的诈骗案件，尽管数量少，但涉案金额巨大，动辄上千万元。如山西分行营业部近年来接连发生诈骗案件，涉案金额都在数千万元。贷款诈骗案件虽然目前发现的不多，但涉案金额惊人，如去年厦门分行发生的“榕兴系”贷款诈骗案件涉案金额达1.4亿元。我们判断，随着经济增速放缓、结构调整和企业重组、兼并，贷款诈骗案件可能更多地暴露出来，银监会最近已对此进行了风险提示。银行卡诈骗案件虽然就单个案件来讲涉案金额较小，但案件数量比较多，仅今年以来全行就发生各类银行卡诈骗案件47件。该类案件社会影响大，给银行造成的声誉风险高。金融票据诈骗案件近年来在我行发生的虽然不多，但根据监管部门通报，其一直是金融系统各类案件的重灾区，无论是案件数量和涉案金额，都居各类案件之首，需要引起我们的高度警觉。

外部欺诈案件有许多表现形式，且手段不断翻新变化。如利用手机银行电子密码器骗取客户资金，今年以来发生了30余起；伪冒证件和支付凭证诈骗客户和银行资金，今年以来发生了621起；利用ATM安装盗卡装置、冒用银行名义张贴虚假转账通告等方式诈骗客户资金，今年以来发生了407起，等等。目前银行的各个业务种类，几乎都成了外部诈骗分子觊觎的对象，每一个新业务品种的推出，都会伴随着一种新的外部欺诈手段的出现，而且欺诈手段不断向智能化犯罪方向发展。可以说，外部诈骗分子对银行各个业务品种包括新业务品种实施的攻击，如影随形。

外部犯罪分子对银行和客户资金实施各种形式的诈骗，是一种客观存在，对银行来讲，就是要扎紧“篱笆”，即通过采取有效应对措施，努力防范外部欺诈风险对银行的冲击。当前要重点做好几个方面工作：一是要贯彻落实总行的《外部欺诈风险管理办法》。该办法对各级机构、各个专业部门在防范外部欺诈工作中的职责和任务作了明确界定，各级机构和部门要按照规定认真履职，做到职责到位、工作到位。各级行特别是基层机构可以根据总行的管理办法和各自的实际，制定可操作性强的实施细则，切实做到大事有人抓、小事有人管，不留空隙，不留死角。总行将于明年上半年对各行落实情况进行检查，推动外部欺诈管理办法的落实。二是外部欺诈案件易发的业务条线要制定明确的防范措施。各个专业的业务特点不同，外部欺诈实施的攻击手段也不同，魔高一尺，道高一丈，我们的防范措施只有不断升级，才能兵来将挡、水来土掩。各专业部门要根据总的规划和部署，制定各自的防范和应对措施，责任到岗、落实到人，熟练掌握、灵活运用。三是要切实抓好内部规章制度的落实。外部诈骗案件和内部经济案件有许多方面的不同，但有一点是相同的，即大多数案件的得逞，都是由于我们内部规章制度执行不好，出现了漏洞，给了犯罪分子可乘之机。从已发生的外部诈骗案件看，内部管理不到位是诈骗案件既遂的原因之一。因此，防范外部诈骗案件，也要像防范内部经济案件一样，抓好各项规章制度的落实，抓好内部各项管理工作。这一点，希望大家一定要明确。四是要充分运用外部欺诈风险信息系统加强风险预警和控制。总行今年9月投产了外部欺诈风险信息系统II期，收录了包括银行卡犯罪人员、电信诈骗涉案账户、失信执行人和企业、在逃人员、经济犯罪人员、伪冒证件等各类信息200多万条。运用信息系统发现风险只是第一步，发现后如何处置更为关键。比如，今年10月8日，一客户在河南许昌分行南关支行办理网银开户，经办人员在办理过程中收到外部欺诈风险信息系统发出的“该账户曾被冒名办理业务”的风险提示，经核查为客户本人，其身份证曾丢失，被他人冒名在我行注册了网银。根据客户要求，经办人员注销了其被冒名开立的网银。事后，总行保卫部根据系统提示发现，该客户名下有21张借记卡，分布在11个省，其中有3个系公安机关认定的涉嫌电信诈骗账户。这一案例给我们提出了如何处置系统发出的风险提示问题，包括这些卡能否停用或注销、经办人员如何操作、如何报告、由谁来决定处置、相关部门的工作职责是什么以及如何协调配合等。因此，各行和相关部门要充分运用外部欺诈风险信息系统，对系统提示的此类问题积极应对，提出处置办法，切实做好外部欺诈风险的预警和处置工作。

四、关于员工异常行为管理问题

员工异常行为管理是有效防范内部案件的基础性工作。经过多年的实践，各行各单位都有了一套管理办法，也取得了较好效果。但随着社会环境的变化、银行从业人员结构的变化以及业务种类、产品的增多，员工异常行为的表现形式也有许多新的变化。银行的案件防范，在一定意义上说，主要是员工异常行为的及时发现和风险隐患的有效化解。总行党委高度重视这项工作，今年初将员工异常行为分析与风险防范确定为全行九大重点研究课题之一。上半年，总行课题组经过充分调研，对近年来全行员工异常行为管理工作进行了系统总结，归纳了员工履职中和履职之外的12种异常行为及其特点，分析了产生原因，提出了加强员工异常行为管理工作目标和措施，形成了《关于加强员工异常行为管理的意见》，目前已下发全行执行。该意见是全行第一个加强员工异常行为管理工作的文件，也是今后较长一段时间内全行做好这项工作的指引，全行要认真抓好落实。在落实中，要把握好以下几个环节：

一是要建立健全领导体制和工作机制。各级行和总行各直属单位要以案防工作领导小组为基础，调整、充实相关部室，成立由一把手任组长、分管副职和纪委书记任副组长，监察、办公室、运行管理、信息科技、内控合规、人力资源、教育、工会等部门负责人为成员的员工异常行为管理工作领导小组，明确领导小组及辖属各级机构和部门负责人工作职责。领导小组日常工作由纪检监察部门负责协调。要建立联席会议制度，定期和不定期地召开联席会议，研究和解决员工异常行为管理工作中存在的问题。

二是要制定和完善员工异常行为管理办法。各一级（直属）分行和各直属单位要按照总行有关管理工作要求，于2014年底前制定和完善本单位《关于加强员工异常行为管理工作办法》或工作实施细则。内容除了指导思想、工作目标、工作原则、工作职责外，主要还要包括以下方面：（1）员工异常行为标识，就是识别标准。要结合本地区和本单位实际，制定较为完善的员工异常行为标识，分别列出履职中和履职之外各种异常行为及其识别和判断标准，并根据异常行为的动态性特征适时调整。（2）排查工作机制。包括排查对象、排查内容、排查方法、排查形式等。在排查对象上，除了一般员工外，要突出将工作空间与时间自由度较大的岗位，如基层机构负责人和客户经理、在编不在岗人员作为排查重点；在排查内容上，针对异常行为的隐蔽性特点，不仅要重点开展对员工履职中的行为排查，而且要延伸到员工的履职之外；在排查方法上，除通过对员工本人及周围员工了解情况外，还要善于通过员工家庭、社区、客户关系等，借助工商、税务、公安司法机关等掌握的信息，由外查内，了解员工履职之外的行为；在排查形式上，不仅要开展日常排查和集中排查，还要对出现的一些苗头性、倾向性的异常行为进行专项排查。（3）处置办法。对排查出的员工异常行为的处置，要根据异常行为的风险程度及其对银行经营和声誉等方面的影响程度，将其分为一般、较高、高、严重等不同级别，分别采取说服教育、批评帮教、待岗换岗、纪律处分、解除合同、移送司法机关等相应处置措施，使对员工异常行为的处置，既坚持从严治行、维护行纪行规，又坚持以人为本、维护员工的合法权益。

三是要充分发挥信息科技的支撑作用。明年总行将研发员工异常行为记录评分管理系统，采取定性评价与定量评价相结合的方式，对员工的异常行为进行预警、识别、分析、登记和管理，进一步提高员工异常行为排查的科技化、智能化水平。各行也要加强科技手段在员工异常行为排查中的应用，对内控监测分析、业务运营风险管理、反洗钱、贷款和银行卡等专业监督系统发现的员工异常资金往来和异常业务痕迹进行深入核查，同时综合分析员工的家庭、收入、投资、兴趣爱好等信息，全方位、多角度地对员工是否存在异常行为作出准确判断和把握。

五、关于基层机构负责人管理问题

基层机构负责人处在案件防范工作的第一线，担负着重要职责，这支队伍作用发挥得如何，对全行案防工作的成效关系极大。同时，由于他们处于工作一线，直接面对市场，面临的诱惑和考验也较大，风险程度高于其他岗位。因此，加强基层机构负责人的管理非常必要，要重点抓两个方面的工作：一是切实提高基层机构负责人的案防责任感和工作能力，发挥好他们第一线指挥员的作用。二是加强教育和管理，防止他们在诱惑面前出现问题。所以对基层机构负责人第一是“用”，第二是“管”，“管”是为了更好地“用”。

近年来，全行发生的各类案件和风险事件，基层机构负责人特别是二级支行行长占比高，所涉金额大，主要是一些行对基层机构负责人管理不到位，以致其发生了一些问题。如2011年全行发生各类案件和风险事件33件，所涉资金4.46亿元；基层机构负责人涉案7人、占比21%，涉及金额3.69亿元、占比82.8%；其中二级支行负责人涉案5人、占比15.2%，涉案资金3.54亿元、占比79.4%。2012年发生案件和风险事件43件，所涉资金2.29亿元；基层机构负责人涉案16人、占比37%，涉及金额1.04亿元、占比45.5%；其中二级支行负责人涉案2人、占比4.7%，涉案资金3 564.5万元、占比15.8%。今年以来发生案件和风险事件20件，所涉资金2.58亿元；基层机构负责人涉案7人、占比35%，涉及资金2.15亿元、占比83%；其中二级支行负责人涉案4人、占比20%，涉案资金1.85亿元、占比71.7%。

从基层机构负责人所涉案件和风险事件的性质来看，涉及一类案件较少，大多为风险事件，如非法组织或参与民间融资、违规为他人融资提供担保、经商办企业等。由于这些行为往往涉及资金巨大，社会负面影响比较大，有的已给我行造成了巨大损失。比如前面提到的河南开封河大支行行长崔晓玉参与非法集资事件，涉及资金数亿元，估计给我行造成的损失也将近亿元；江苏无锡鸿山支行行长邹大勇参与民间融资活动风险事件也可能会给我行造成数千万元损失。

对基层机构负责人特别是二级支行负责人的管理，已成为当前全行案防工作的一个重点。从相关案件和风险事件情况分析，对基层机构负责人的管理存在如下几个薄弱环节：一是选拔任用把关不严。一些行在选拔任用基层机构负责人时，单纯看重业绩和营销能力，对其思想素质、道德品质、管理水平等有所忽略。这类问题在将原来的分理处、储蓄所升格为二级支行的过程中更为突出。二是使用中缺乏有效的监督和管理。客观上讲，由于基层机构负责人的工作时间和空间自由度比较高，加上管理链条比较长，管理难度相对大一些。从主观上说，一些行重业务指标完成，一俊遮百丑，只要能完成指标任务，往往对支行特别是二级支行负责人的日常活动疏于管理，甚至放任自流。在开展员工行为动态排查时，也只是重在对一般员工进行排查，而漏查基层机构负责人，或者排查不够细致，走了过场，使其异常行为不能被及时发现。三是岗位轮换制度不落实。一些行以影响业务发展为由，未按规定对基层机构负责人进行岗位轮换，往往只是以强制休假和离岗审计代替，使其风险隐患未能通过岗位轮换得以及时发现和化解。

因此，加强对基层机构负责人的管理，一是要把好选拔任用关。坚持德才兼备、以德为先的标准，既要考察其业务能力，更要考察其思想政治素质，对思想道德素质差的，坚决不能提拔任用。二是要在使用中加强监督与管理。要通过各种专项检查、执法监察、廉政与案防责任制量化考核评价和述职述廉、民主测评等方式，加强对基层机构负责人履职情况检查和全面考核，对不称职的要果断调整。要坚持“谁主管、谁负责”的原则，加强对基层机构负责人异常行为排查，及时发现并消除风险隐患。要注意发挥基层员工的监督作用，基层员工对基层机构负责人的情况最了解，利益相关度也最高，可通过建立评价平台、推行行务公开、调整劳动组合等方式，规范基层机构负责人的权力行使，引导基层员工积极主动反映情况，同时对员工反映的问题认真核查并及时反馈，进一步调动员工监督的积极性。三是要坚持轮岗换岗制度。要严格按照银监会和总行的规定，定期对基层机构负责人进行岗位轮换并实施离任审计，不得以各种理由延迟或不进行岗位轮换。对因岗位轮换制度不落实或落实不到位引发案件和风险事件的，要追究相关责任人的责任。

六、关于案件和风险事件查处与管理问题

在案件和风险事件查处方面存在的主要问题有：一是重防范，轻查处。近年来，全行内部经济案件一直保持低发水平，一些行连续多年没有发生内部经济案件，案件查防工作的重心向防范转移，查处工作有所弱化；一些行对风险事件和违规违纪问题的查处不认真、不彻底，没有抓小防大，甚至养痈成患；一些行对查处发现的问题督促整改不力、走过场，只是为了应付上级检查，隐患依旧，甚至导致同质同类案件和风险事件再次发生。二是对责任人处理不严肃，失之于宽。一些行在对部分案件特别是对侵犯我行或客户资金（财产权益）

风险事件进行责任追究时，存在执行规定不严格的问题：有的只是对直接责任人严肃处理，而对管理人员的责任追究不到位，甚至网开一面，放纵了授意、指使员工违规的管理人员；有的随意使用从轻减轻和尽职免责条款，为责任人开脱责任，袒护严重违规违纪行为；有的没有综合运用行政处分、组织处理和经济处罚等处理方式，用行政处分代替免职等组织处理，用经济处罚代替行政处分，对给予党纪政纪处分同时应该解除劳动合同的，只解除劳动合同了事；甚至经济处罚也不痛不痒，有的行还出现了百元以下处罚，极不严肃。这些不当做法，造成了对性质相同、情节相似、责任相近的违规违纪责任人在处理上量纪不平衡，小错重处、大错轻处、应追责而漏追等问题较普遍存在，严重影响了执纪工作的公正、公平和严肃性，削弱了惩戒的警示和教育作用，应切实加以纠正。

在案件管理方面，主要表现为案件信息报送不规范，这个问题总行虽多次强调，但仍没有彻底解决。存在的主要问题有：一是不会报。有的行对银监会和总行关于案件和风险事件的定义和分类领会不透，对哪些属于必须报送的案件风险信息把握不准，有的把员工个人与亲属、朋友间因借贷担保而引发的民事纠纷也作为风险事件报送给监管部门，干扰了监管部门的正常工作。二是不按要求报。有的行在发生案件和风险事件后，没有上报总行就先报给了当地监管部门，造成工作上的被动；有的行不是在规定时间内上报，而是以各种理由拖延报告，甚至瞒案不报。三是不能动态报。有的行对发生的案件和风险事件虽然已按规定报送，但对后续进展情况，没有认真跟踪和及时补报；有的经查或对公安司法机关已认定不属于案件的，也不报送撤销报告等。

加强案件和风险事件查处与管理工作，一是要切实重视并抓好查处工作。查处工作是案件查防工作的重要内容，只有把案件和风险事件的成因、演变和发生的全过程查清、查透、查彻底，才能准确把握不同类型的案件和风险事件的防范要点和化解方法。各行各部门要坚持“有案必查、查案必严”的原则，通过彻底查处来找准问题症结、明确防范重点、提高防范效果，真正实现查防并举、以查促防。二是要严格责任追究。总行纪委针对惩戒工作中存在的问题，于近期印发了《关于风险事件责任追究有关事项的通知》，对侵犯我行或客户资金（财产权益）风险事件的责任追究工作提出了具体要求，各行要严格执行，确保责任追究错罚相当、公平公正。三是要准确把握和严格执行案件管理规定。今年初，银监会对银行业的案件定义进行了修订，明确了案件的三个条件：银行从业人员独立或参与实施的，或外部人员实施的；以银行或客户资金（财产权益）为侵犯对象的；行为已涉嫌触犯刑法，由公安司法机关立案或应由其立案的刑事犯罪案件。我们要准确理解银监会的规定，严格把握报送标准，既不漏报、迟报、瞒报，也不误报、错报，要注意把握以下几点：（1）凡符合银监会案件标准的一经发生或发现，立即向总行报送，经总行认可后报当地监管部门，不得以任何理由瞒报、迟报。（2）员工伪造银行凭证、印章等参与社会上违法活动被公安司法机关立案查处的，如没有直接侵犯银行或客户资金（财产权益），但由于使用伪造银行凭证、印章，可能导致银行承担一定民事责任的案件，可先按总行规定立即报送总行，由总行决定是否向监管部门报送。（3）员工以个人名义参与外部人员的非法集资、高息借贷、担保等被公安司法机关立案查处的，此行为与员工职责无关，也没有侵犯银行或客户资金（财产权益）的，可认为不属于银监会要求报送的案件范围，按总行相关规定办理。此外，对于员工违规使用银行凭证、印章等，套用银行信用参与非法集资等活动并涉嫌触犯刑法的，在涉及金额的认定上要客观分析、依法有据，并主动与监管部门沟通，从有利于化解风险、减少损失、消除声誉影响等方面争取支持。

上述六个问题，是目前全行案件查防工作中较为突出的几个问题，对查防工作的其他问题这里就不一一谈及了。希望各行对这六个问题给予充分重视，结合各自实际情况，及时采取有效措施，防患于未然，推动案件查防工作更好地为全行转型发展服务，全力营造安全稳定的经营发展环境。

发挥联动效应　着力持续创新
推动贵金属业务稳步发展

——在中国工商银行贵金属业务工作会议上的讲话

张红力

（2013 年 1 月 14 日·根据录音整理）

这次会议的主要任务是认真贯彻党的十八大会议精神，全面落实总行推动科学发展研讨会部署，总结2012 年的工作，谋划 2013 年贵金属业务发展，进一步推动全行经营转型。

一、2012 年贵金属业务实现了持续稳步发展

2012 年全行贵金属业务线积极应对复杂的市场环境，通过全面创新和协同发展逐步形成了稳定的经营模式，实现了业务平稳增长。截至 2012 年末，全行贵金属业务线实现收入 36.13 亿元，同比增加 0.32 亿元；交易量 10.08 万吨，交易额 1.09 万亿元，完成了全年任务目标。

第一，调整结构，夯实发展基础。2012 年，受国际黄金市场调整影响，国内贵金属市场交易活跃度下降，全行迎难而上，积极调整业务结构，在交易类业务交易量较上年下滑接近 40% 的情况下，大力发展实物、积存、融资和自营业务，四类业务收入较上年分别提升了 7%、77%、50% 和 569%。从产品材质结构分析，黄金产品的交易额占总交易额的比重从 2011 年末的 29% 迅速攀升至 41%，交易结构更趋优化。通过主动调整结构，确保了全年业务收入的增长，为业务可持续发展夯实了基础。

第二，创新产品服务，巩固竞争优势。在产品创新方面，开发了高收益、高附加值的佛教文化系列产品。浙江、安徽分行结合“普陀大慈”文化和“九华大愿”文化特点，积极创新产品和销售模式，起到了引领示范作用，山西、海南、四川分行也相继开发了“五台大智”、“南海慈航”和“峨眉大行”系列产品，共创造中间业务收入 1.5 亿元。其中，安徽、四川两家分行实物类业务收入同比分别增长了 211% 和 347%。同时，融资类产品推出了人民币黄金远期、黄金互换等新品种，实现业务收入 7.2 亿元，同比增长 50%。深圳分行在结算与现金和信贷部门的通力协作下，创新推出了产业链黄金租赁业务方案，实现收入 2.1 亿元，占全行黄金租赁业务收入的 33%，创造了融资业务新模式。黄金积存产品，推出了通存通兑、兑换延伸等新功能，创造收入 2.17 亿元，同比增长 77%。理财类产品，研发推出了“安享回报—黄金套利型产品”，募集资金超过 53 亿元。在服务创新方面，全行设立五星级专属服务区的网点增加到 205 家，具备综合回购服务功能的网点增加到 89 家；“工银金行家”投资者俱乐部平台可视化、系统化建设取得实质进展；与个人金融业务部合作发行“工银金行家理财金账户卡”，整合提升了集团对贵金属高端客户的服务能力。

第三，培育市场，扩大客户规模。通过强势营销，拓户工作取得良好成效，贵金属业务客户全年净增 479 万户，达到 1 003 万户。北京、广东、浙江、四川、上海、河南等分行新开客户数超过 20 万户。其中，黄金积存产品新发展客户 312 万户，占全年新开户的 64%；新增融资类业务入围客户 216 户，总体客户业务开办率达到 70%。在“跑马圈地”的同时，借助我行多元化的渠道优势，开展了对目标客户的精准营销，使交易类睡眠客户激活率提高了 0.7 个百分点，通过分类、分层的服务，储备、稳固了一批优质客户资源。

第四，强化风险管理，稳健经营。以银监会现场检查为契机，通过制度梳理和流程改造，提升了风险管理水平。修订了代理类业务制度办法，健全了客户准入、强行平仓、保证金动态管理等风控机制。贵金属客户风险管理系统顺利投产，实现了运用系统手段实时监控交易类客户的市场风险。强化了对融资类客户租赁用途的监管，探索了创新型融资类产品的风险管理方法。各分行认真履行风险管理职责，北京、上海、大连等分行在实物类业务运营管理、交易类和融资类客户风险监管等方面管理精细，措施到位。去年，我行还成功应对了“金条掺假”网络谣言事件，检验了声誉风险防控和危机处理体系的完整性、有效性，维护了工行的品牌形象。全面有效的风险管理体系成为了贵金属业务稳健发展的坚实保障。

第五，探索利润中心经营机制。贵金属业务线充分

发挥集团资源优势，积极协同结算与现金、个人金融、金融市场、资产管理、运行管理、信息科技、电子银行、产品创新、私人银行等专业形成发展合力。贵金属业务部与各分行共同开展市场营销、客户服务和产品创新，并采取资产池运作返利等措施，以经营手段替代行政手段，驱动业务线有节奏、有重点地开展经营，充分发挥利润中心对业务线的引导和推动作用。稳步推进利润中心直营平台建设，不断完善适应贵金属商品属性的制度流程和运作体系，提升业务专业化、集中化管理水平。加强全行各层级专业人员的交流培训，不断提升业务线专业管理能力。

贵金属业务在全行各专业部门、各分行的通力协作下，不仅实现了新的发展，也发挥了对零售、金融资产服务等多项业务的带动作用。2012 年全行新增的 485 万户贵金属业务客户中，有 155.7 万户为新开客户，有 2 366 户为私人银行客户。这些客户存款余额达到 1 559.5 亿元，较上年末增加 378.9 亿元；金融资产余额达到 2 683.5 亿元，较上年末增加 821.2 亿元，贵金属业务的快速发展有效促进了全行经营转型，为全行利润中心建设积累了宝贵的经验。借此机会，我代表总行党委，向长期关心和支持贵金属业务发展的各专业部门、各分行表示衷心的感谢。向奋斗在贵金属业务战线上的广大干部员工表示最诚挚的慰问。

二、努力把握机遇，积极应对挑战

过去三年，在全球黄金市场单边震荡向上的趋势下，我行贵金属业务实现了快速发展。从 2012 年开始，影响黄金价格走势的因素趋于复杂，市场震荡加剧。我们必须要考虑在这样的环境下，如何应势而变，顺势而为，把握机遇，实现新的突破。

从外部经营环境分析，我国“十二五”规划已明确将推动黄金市场发展作为加快多层次金融市场体系建设的重要环节，中国黄金市场发展将与全球黄金市场“西金东移”的趋势产生共振，一个新的战略机遇期已经到来。去年，我国颁布了《金融业发展和改革“十二五”规划》以及《关于促进黄金行业持续健康发展的指导意见》，为我们拓展贵金属金融资产服务和产业链金融服务创造了机遇，也对我们的服务能力提出了新的要求。与此同时，我行面临的竞争压力也与日俱增。农行、中行、建行、交行相继组建了贵金属专营机构，整合资源参与竞争。兴业、招商等股份制银行充分发挥灵活高效的特点，在分产品市场上与我行争夺客户。外资银行加大了对国内市场的渗透，并在产业链高端客户市场上占据优势。其他同行也加大了创新力度，黄金 ETF、贵金属期货、电子商务平台等产品和服务相继推向市场。未来，我行维持专业化经营领先优势的难度不断加大。我们必须要考虑在这样的环境下，如何适应市场变化，调整经营方式，优化业务结构，找准创新方向。

从我行转型发展的要求分析，在这次推动科学发展研讨会上，总行提出了要在深化改革创新中加快转变发展方式，增强发展的稳健性、协调性和可持续性的整体要求。事实上，面对利率市场化改革和银监会新资本管理办法的挑战，全行降低资本消耗，创新金融资产服务业务的紧迫性不断增强，这为进一步加快贵金属等新兴业务的发展创造了条件。通过三年的创新发展，贵金属业务已经形成了良好的市场基础、管理基础和人才基础，但在体制机制上还有很大的提升空间，贵金属产品在我行金融资产服务体系中的融合度有待加强；我行对黄金产业链的综合金融服务能力有待增强；符合贵金属商品属性的业务流程仍需进一步建立和完善；贯通境内与境外、场内与场外、现货与期货的跨市场竞争能力尚未形成，等等。差距就是潜力，只要全行满怀信心，敢于创新突破，就一定能在复杂的环境下保持业务的持续健康发展。

三、2013 年的任务目标和工作要求

主要目标是：业务线收入超过 40 亿元，交易量超过 11 万吨，交易额超过 1.1 万亿元，客户数达到 1 500 万户，确保我行继续引领贵金属业务的发展。

为了确保今年目标任务的实现，我提以下几点要求：

（一）加大集团各专业和总分行联动，做大市场规模。全行要进一步加强对贵金属业务的协调联动，以集团整体优势推进贵金属业务全面发展。贵金属业务部要承担好联动的牵头职责。一要加强专业联动。要深化与个人金融、私人银行和电子银行等部门的协作，联合开展客户营销和考核激励，提高个人客户配置贵金属金融资产的比重；密切与金融市场、资产管理等部门的合作，共同打造跨市场的贵金属复合型产品；加强与结算与现金、机构业务和养老金等业务协同，推进对公积存业务，扩大法人和机构客户贵金属金融资产配置规模；加快与公司信贷、投资银行和境外子行的合作，提升产业链金融服务层次。二要加强总分行联动。总行各专业要加大对分行的支撑和服务。各分行要全力以赴拓展市场，继续做大客户规模；要以贵金属业务三类专属服务区和综合回购网点为阵地，加大业务网点覆盖，创新网点激励考核办法，提升产能；要加大网点贵金属业务与其他业务捆绑销售、联动营销的力度，争夺并稳定客户，扩大综合收益。三要实现境内外联动。今年，我行将建立海外贵金属运营中心，加强对境外机构贵金属业务的支撑和服务，以港澳地区为龙头，实现产品向东南亚等地区延伸，完善境外贵金属产品线建设。四要拓展同行同业联动。要积极挖掘同行、同业合作伙伴，深化银银合作、银企合作。贵金属业务部要依靠分行推动实物、交易、融资、理财等业务向同行、同业渠道延伸；

要以同业拆借等批发类业务为支点，在贵金属同业市场上努力发展成为“银行的银行”。

（二）持续创新产品服务，扩大竞争优势。总结贵金属业务专业化经营三年来的发展经验，创新是我们成功的重要法宝。董事长在贵金属业务部调研时指出创新产品必须“推出一批、储备一批、思考一批”，通过持续的创新引领业务发展，扩大市场优势。要挖掘实物类产品题材，扩展新材质，引入新工艺，提升文化内涵，满足客户对高附加值产品的投资收藏需求。要抓住电子商务在商品零售市场蓬勃发展的有利时机，探索贵金属业务网上商城 B2C 经营模式，利用信息技术在网上做好贵金属业务，形成线下线上互为补充的立体式贵金属商品零售体系。要加大对四大类业务的融合创新，加大黄金积存产品创新的深度和广度，打造“融金快线”等金融工具，打造使竞争对手一段时期内无法复制的复合型产品，在产品上形成代际优势。要在做大做强贵金属租赁业务的基础上，把黄金产业供应链融资打造成全行重要的供应链融资品种，尝试为产业链集团客户提供金融资产整体服务方案，形成以贵金属资源为驱动的产业金融业务集群，并带动相关资产、负债、投行等业务开辟新的收入来源。

（三）全面梳理制度流程，强化风险管理。在当前的市场环境下，我们要保持清醒头脑，坚守风险管理底线，把控好业务经营中的各类风险。一要对贵金属业务在过去三年创新发展中形成的制度办法进行全面梳理，总结风险管理成果，并随着对业务规律认识的深入，不断完善制度，优化流程，形成体系。二要重点关注代理交易业务的客户市场风险和信息系统风险，将客户准入逐步纳入全行客户信用评级体系，实施更灵活的限仓管理和保证金管理，前移风险控制关口。三要坚持自营交易前台、中台、后台分离的内控机制，明晰职责边界，落实工作日志，消灭风险盲区，并逐步实现对交易风险的系统硬约束。四要加快完善贵金属实物产品质量检测控制体系，严格监管供应商加工流程，明确加工品质保证责任，并引入二维码等技术手段提升产品防伪水平，提高物流运营效率。五要增强保护消费者合法权益意识，实现服务标准透明化，建立危机公关机制，防范声誉风险事件发生。去年网上爆出工行黄金 40% 掺假的谣言，使我们面临了一次大的声誉危机，在多位行领导的关心下，我们在短短几天之内进行了妥善应对，由于总行应急措施得当，分行临场处置得当，反而提升了品牌声誉。声誉风险管理是没有止境的，我们必须总结经验，进一步完善和梳理制度流程，严控声誉风险。

（四）加快利润中心机制探索，深化改革成果。要围绕企业核心竞争力的构成要素，探索利润中心可持续发展方式。一要进一步优化与各专业的联动分润机制。贵金属业务部要尝试以 MOVA 系统作为资源配置的基础平台，与各专业部门逐步建立稳定清晰的分润关系，形成彼此分工协作、相互促进的盈利模式。二要进一步稳固与分行的激励分润机制，加大对分行的资源倾斜，充分调动总分行联动的积极性。三要进一步强化集中化管理和专业化经营，逐步固化确立以贵金属商品贸易、金融资产服务和供应链金融服务为主线的经营模式。四要进一步推进利润中心成本管理，积极开展成本分析，优化产品定价模型，加强经济核算，促进增收节支，提高整个业务线的经营管理水平。五要进一步培育和稳定一支有战斗力的专业团队。随着贵金属业务的快速发展，对业务岗位的配备提出了精细化要求。三年来，分行层面贵金属业务人员规模不仅没有增加，而且主管部门的负责人调动频繁，使业务的快速发展面临各种市场风险和操作风险，各分行要引起重视。要尽可能在分行贵金属业务牵头管理部门下设立专门的二级机构，落实相对稳定的专业人员开展经营管理。在此基础上，全行要逐步培养一支具有国际化视野的、有竞争力的集团化、市场化专业团队，有效发挥人才对业务核心竞争力的贡献。

贵金属业务经过三年的磨砺，不仅以良好的成长性为全行贡献了一个新的业务增长点，也树立了利润中心改革的一个成功范例。各专业、各分行要高度重视，提高认识，加大投入，积极支持和推动贵金属业务发展。贵金属业务部门也要更加注重发挥对其他各项业务的协同拉动作用，为全行经营转型发展作出更大贡献。新的一年工作目标已经明确，全行上下要坚持创新发展，努力推动贵金属产品线核心竞争力的不断提升，在新的市场环境下实现贵金属业务新的跨越。

积极转型促发展　科学发展助转型
全面加快私人银行业务又好又快发展

——在中国工商银行个人金融、信用卡、私人银行业务工作会议上的讲话

张红力

（2013 年 1 月 18 日）

2012 年，在全行的共同努力下，私人银行业务取得进一步的突破和发展，这很大程度上得益于全行“强个金”战略的深入推进，得益于我行集团优势与整体合力的有效发挥，得益于相关专业特别是个金专业的大力支持和积极配合。在此，我对全行个金专业以及所有关心和支持私人银行业务发展的干部员工表示衷心的感谢。下面我就贯彻全行推动科学发展研讨会关于推动金融资产服务业务快速崛起的要求，就如何加快私人银行业务发展速度，实现跨越发展和形成规模效益，讲几个方面的意见。

一、私人银行业务走过了五年不平凡的发展历程

私人银行业务在国内是一项全新的业务。2008 年 3 月，根据总行董事会大力发展私人银行业务的战略决策，我行正式推出私人银行业务，迈出了综合化发展的重要一步。业务发展近五年来，在总行党委的正确领导下，私人银行专业干部员工和全行相关专业一起，依托银监会颁发的国内第一张私人银行牌照优势，创新了管理模式、业务模式、服务模式和盈利模式，探索了符合国情、具有工行特色的私人银行业务发展之路，形成了宝贵的发展经验，为下阶段的转型发展奠定了基础。

（一）初步确立了国内领先的行业地位。经过近五年努力，全行私人银行客户与管理资产规模实现持续快速增长。截至 2012 年末，全行金融资产 800 万元以上高净值客户达到 26 090 户，是业务创立之初的 6 倍；管理资产规模超过 4 732 亿元，是业务创立之初的 6.3 倍。全行私人银行客户结构不断优化，截至 2012 年末，金融资产 2 000 万元以上的超高净值客户达到 4 797 户，金融资产 1 亿元以上的极高净值客户达 170 户。全行私人银行业务收入达到 13.7 亿元，私人银行客户的综合贡献超过 240 亿元。今天，我们很高兴地看到，我行私人银行业务已经确立了国内市场份额第一的地位，不仅业务规模与发展势头保持了同业领先水平，而且专业服务手段、产品配置能力等方面也名列同业前茅。近年来，我行连续获得《欧洲货币》杂志授予的年度“中国最佳私人银行”综合性大奖，并被中国银行业协会推选为私人银行联席会议第一届主席单位，近期中国银行业协会将成立私人银行专业委员会，我行拟任首届主任委员单位。

（二）初步建立了客户需求导向的私人银行服务体系。私人银行客户在资产规模、产品销售起点、适用性产品、风险承受能力与风险控制模式上均具有不同于普通商业银行客户的差异化特点。经过近五年努力，私人银行业务以客户需求为导向，构建了资产管理类、代理业务类、顾问咨询类三大业务板块，形成了以资产管理为核心、顾问咨询为重点、代理业务为补充的差异化金融服务体系，业务范围还涉及客户财务管理服务、私人增值服务与跨境金融服务等多个领域。在业内率先研发推出符合私人银行客户需求特征的远程委托交易方式，凸显了“行商化”服务特点。在产品方面，遴选推出了契合高端客户需求的基金和券商一对一、一对多专户、信托计划资金收付和推介等业务。经过近五年努力，私人银行业务为客户配置资产规模从 2008 年的 28.8 亿元增长至 2012 年的近 3 000 亿元。

（三）初步探索了“全行办、全球办”私人银行业务的模式。私人银行部成立之初，积极探索实践持牌经营的管理模式，用较短的时间在客户资源较丰富的长三角、珠三角、环渤海、中西部的重点地区完成 10 家分部为基础的首轮经营布局，迅速开拓市场、完善服务、创新产品，在区域内树立了良好的品牌影响力。2012 年在分部经营的基础上，进一步推进非设分部地区分行私人银行中心建设工作，当年设立 26 家私人银行中心，并全部开业投入运营，形成了覆盖全国高端客户市场的业务布局。同时各分行建立了私人银行业务推进委员会，初步建立多专业协同联动发展机制。随着我行国际化发展战略的推进及境内客户跨境投资需求的不断增长，私人银行业务将服务机构向海外延伸，2011 年末

正式在香港设立私人银行中心，打造私人银行跨境金融服务平台，迈出了拓展海外市场的第一步。2012 年末私人银行欧洲中心在法国巴黎正式开业，中东中心、新加坡中心筹建工作加快推进，悉尼分行等境外机构相继推出私人银行服务，我行海外私人银行业务呈现良好开局。

（四）专业协同联动的工作机制成效初步显现。私人银行业务注重以客户为中心充分整合各方资源，挖掘客户需求，将金融服务从个人向其家族与企业延伸，向个人投行服务、海外市场投资服务领域探索，形成了“以点带面”的业务发展局面。在传统零售和公司业务联动方面，全行私人银行客户的综合贡献 2012 年提升至 243 亿元。私人银行客户增存效应也已显现，其存款余额接近全行个人存款的 4%。在交叉营销上，私人银行签约客户的理财产品、贵金属、U 盾、基金、第三方存管、白金卡等重点产品覆盖率，均较全行未签约维护的私人银行达标客户平均水平高 10 个百分点左右。在新兴业务联动方面，私人银行业务与总行资产管理部、机构业务部、投资银行部协同做大了私人理财、信托代收付与主理银行业务，与工银国际合作支持了优质 IPO 项目的竞争，与工银瑞信、工银租赁、工银安盛等不断拓宽合作领域，探索了跨市场业务延伸的新方式。2012 年累计向私人银行客户推荐 105 项、规模总计 175 亿元的代理信托、主理银行、顾问咨询等业务与产品，发挥了新兴业务的整体合力。

（五）初步打造了一支专于服务高端客户的专业队伍。经过近五年的努力，私人银行业务线已经汇聚和打造了一支近 600 人的专业队伍，绝大多数员工拥有 CFP、CFA、ACCA、FRM、注册会计师、律师等资质。在财富顾问队伍中，管理资产在 10 亿元以上的财富顾问达到了 108 人，占比 49%，其中管理资产在 20 亿元以上的财富顾问已有 16 人。财富顾问人均创造中间业务收入 600 万元，创造中间业务收入超过 1 000 万元的财富顾问有 45 人。同时，开展了私人银行专业资质认证工作，全行 5 200 余人获取私人银行初级、中级专业资格。私人银行从业队伍初步形成，专业素质、服务能力得到提高，已逐渐成长为我行一支专于服务高端客户市场的生力军。

今年是私人银行业务发展五周年，也是贵金属业务发展三周年。三年来，全行贵金属业务线与私人银行业务条线一道，坚持资源整合、渠道协同，与个人金融、结算与现金管理、资产管理、运行管理、信息科技、电子银行、产品创新管理等专业共同拓展渠道、联动营销、研发系统、优化流程、创新机制，形成了发展合力，例如，与个人金融业务部合作发行“工银金行家理财金账户卡”，整合了集团对贵金属高端客户的服务能力；与私人银行部合作开展佛教文化系列实物贵金属产品的集中营销活动，取得了非常好的销售业绩。在全行各专业部门、各分行的通力协作下，贵金属业务不仅实现了自身的跨越式发展，也发挥了对零售、金融资产服务等多项业务的带动作用。

2012 年全行贵金属业务线积极应对复杂多变的经济金融形势，坚持创新发展，主动调整业务结构，收入实现了平稳增长，完成了各项经营目标，继续保持了同业第一的市场地位。截至 2012 年末，全行贵金属业务线实现收入 36.13 亿元，同比增长 0.32 亿元。交易量 10.08 万吨，交易额 1.09 万亿元，贵金属业务客户总数突破千万户，达到 1 003 万户，增长率达 91%，完成了总行下达的任务目标。

2012 年贵金属业务实现了持续稳健发展，渠道协同成效明显。2012 年全行新增的 485 万贵金属业务客户中，有 155.7 万户为新开客户，有 2 366 户为私人银行客户。这些客户存款余额达到 1 559.5 亿元，较上年末增加 378.9 亿元；金融资产余额达到 2 683.5 亿元，较上年末增加 821.2 亿元，贵金属业务的快速发展有效促进了全行经营转型。

二、新时期、新阶段私人银行业务面临的新挑战

目前，总行已经确立了打造国际一流私人银行品牌，跻身全球十大私人银行机构的战略目标。以国际化、综合化的发展视野审时度势，以跨越式发展的标准衡量未来目标要求，私人银行业务要实现这一宏伟蓝图，就必须充分利用集团优势，发挥全行整体合力，打造更具有竞争力的私人银行业务线。

全球金融危机后，世界经济格局正经历着新一轮的调整。亚洲等新兴市场迅速崛起，成为全球私人银行客户市场主要增长区域，中国作为全球财富市场新亮点，是亚洲最具活力与吸引力的市场。今天的中国不同以往，中华民族面临民族复兴的历史性伟大机遇，私人银行市场荟萃着国家的精英与财富，在我国金融市场发展中承载着更大的历史责任，工行的地位与优势决定我们必须在这个市场大有作为。同时，工行在全球金融市场的加速崛起，金融资产服务业务成为全行转型发展新的增长极，面临加速发展的宝贵机遇。这些有利条件都为我行私人银行业务的发展提供了难得的机遇，也对私人银行业务加快发展提出了更高要求。

我们要清醒地认识到，虽然私人银行业务总体处于市场领先地位，但在客户规模上的领先优势还不明显。同时，全行 70% ~80% 的私人银行客户仍集中在 10 家分部所在地区，区域发展相当不平衡，一部分地区还落后于其他银行，我行的市场地位还面临着严峻的挑战。2012 年末私人银行客户为 2.6 万户，但全年曾经达到 800 万元资产的客户有 5.6 万户，客户资产呈现较大的波动性，季末冲高、季初回落的特征还比较明显。我行在产品差异化供给上还面临着严峻的挑战，虽然 2012

年私人银行资产配置规模达到3 000亿元，但是私人银行自主研发的产品占比不到5%，主要还是依靠行内其他部门、行外第三方机构的产品遴选，还没有形成自身独立的产品服务体系，私人银行客户个性化需求和差异化服务还未满足，在服务方式创新上也需要进一步加强。此外，虽然我行已经拥有了一支近600人的私人银行专业队伍，但是相对于现有的2.6万多户私人银行客户，相对于下一轮业务加速发展的需要，无论从队伍的数量还是专业能力上，都还有待提升，业务的持续发展能力还面临着严峻的挑战。

正因为面临着这些严峻挑战，要贯彻落实总行推动科学发展的要求，提升核心竞争力，就必须在体制、机制上有一个比较大的突破，以此进一步激发全行发展私人银行的积极性，进一步发挥集团内各部门、机构在管理和产品上的优势，进一步扩大私人银行专业发展的宝贵成果，争取在全行转变发展方式中争当“排头兵”，成为全行盈利增长较快的重要领域之一。

三、全面加快私人银行业务的转型与发展

2013年是私人银行业务的加速发展年，也是转型发展的关键时期。转型是为了更好更快地发展，转型的过程绝不能影响业务发展，这意味着私人银行业务不仅要加快转型，更要加快发展，实现“弯道超越”，拉开与竞争对手的距离。为此，全行一定要用“等不起、慢不得”的态度，落实好转型与发展的各项工作要求。

今年全行私人银行业务转型的总体任务是：围绕打造国际一流私人银行品牌的目标，实现私人银行部的职能转型、分部管理体系转制、利润中心改革实施、私人银行产品服务体系建设与全行私人银行业务考核评价体系完善等重点突破。通过经营机制、产品机制、管理机制的转型，实现私人银行业务核心竞争力的有效提升。

今年全行私人银行业务的主要目标是：私人银行客户确保达到3.1万户，管理资产确保达到5 500亿元，贡献超过260亿元，私人银行业务线收入突破18亿元。

为有效落实业务转型和发展的各项任务，全行要着力做好以下工作。

（一）推进业务线转型，加快提升业务盈利能力。要着眼于加快打造国际一流私人银行、形成与工行市场地位相匹配的私人银行行业地位的目标，研究制定业务转型实施方案，并加快实施，争取在第一季度全面完成转型工作。

要加强课题研究，完善转型方案。认真做好私人银行改革这一重点课题的调查研究以私人银行部职能转型、分部管理体系转制、利润中心改革实施、私人银行产品服务业务线建设与全行私人银行业务考核评价体系完善等五方面工作作为重点突破方向，科学制定私人银行部总分部转型、转制实施方案，并尽早实施到位。

要推动部门职能转型，形成全行发展合力。私人银行部要从以私人银行客户营销服务为主的渠道管理部门，转型为以提供私人银行客户金融资产服务为主的产品开发管理部门。要强化总行私人银行部的产品提供职能，尽快建立授权明确、边界清晰、较为完善的私人银行业务线，形成具有同业领先优势与较强发展潜力的盈利模式。要实施推进私人银行部利润中心改革，制订利润中心的改革方案。总行各专业要从提升集团综合服务能力出发，加强协同配合，打造产品研发合力，快速推动私人银行产品规模迈上新台阶。

要加大业务组织推动力度。今年总行将下发《私人银行业务考评办法》，加大对全行私人银行业务的考核评价力度。各分行也要充分运用MOVA等工具，加强对私人银行业务的考核评价，有效激发业务发展活力。要加大私人银行客户发展和产品营销各类资源投入，以及私人银行专营机构所需资源投入的支持，为推进全行私人银行产品业务线建设提供保障。

（二）理顺发展机制，加快业务发展。业务要发展，机制是关键，资源整合是保障。各分行要配合好私人银行业务的转型要求，建立和完善有利于私人银行业务加快发展的经营机制，更好地协调和整合境内外各类资源，促进全行私人银行业务取得一个大的跨越发展。

要平稳做好私人银行分部转制工作。私人银行分部转制为分行私人银行中心的改革，是要将现有分部纳入全行资源最丰富、经营最具活力的分行进行管理，更有效地提升分部私人银行专业服务能力。在改革中我们要有序做好转制推进工作，做到“不影响客户服务、不影响资产配置、不影响业务流程、不影响队伍稳定、不影响品牌声誉”，坚持“平稳过渡、强化职能和快速发展”的原则。各分行要加大资源投入，进一步强化分行私人银行业务经营管理、客户服务、产品拓展、投融资服务、营销支持等方面的职能，进一步理顺和激活经营机制，更好地促进私人银行业务在本地区快速发展。转制工作要有利于发挥对私人银行业务的组织推动作用，有利于促进分行相关专业协同发展，有利于提升私人银行业务创新活力，有利于调动分行加大投入的积极性，有利于加快私人银行专业队伍培育与提升。

要进一步强化分行业务发展机制。一是进一步建立和完善分行私人银行业务推进委员会机制，定期研究市场、研究客户、研究产品、研究对手，为推动“全行办私人银行”提供机制保障。二是在推进委员会框架下细化专业部门联动机制，形成专业联动的工作细则，重点要全面构建私人银行业务与对公专业条线的公私客户联动推荐机制与项目互荐机制，并建立相应考核激励机制。三是进一步落实分行的客户维护发展机制。明确各分支机构私人银行业务管理职能，落实分管领导、分管部门和专管人员，加大对分支机构私人银行客户、业务、收入贡献的考核评价力度。建立以发展客户、做大

管理资产规模为主线的考核机制，强化存量客户全覆盖的客户维护机制。四是延伸客户发展机制，在全行重点地区选择部分高净值客户资源丰富的二级分行，进一步延伸私人银行服务渠道。

要进一步提升私人银行客户规模与层级。客户是发展的基础，要以更宽的视野研究市场、分析市场，促进私人银行客户规模和质量的同步提升。一是实现客户规模的总量持续增长，原分部所在地区分行要以提升价值贡献为重点，业务线收入全行占比要保持在75%。原中心属地分行要以推进客户发展为重点，2013年新增客户全行占比力争达到60%。二是在锁定2.6万户存量客户规模的基础上，抓好私人银行客户群体的联动率、保留率、提升率，加强对全行客户发展情况的通报、考核和评价，有效推动全行私人银行客户规模尽快上等级、上台阶。三是加强对行外潜在客户的拓展，把市场发展的眼光延伸到行外客户群体中去，延伸到财富效应显著，“造富”动能强劲的板块中去，重点关注、重点拓展和重点维护辖内超高净值与极高净值客户，确定和锁定私人银行目标客户群体，以产品全视图的组合方案为抓手，积极营销拓展目标客户。

要形成私人银行国际化发展的整体优势。要整合境内外的资源为客户实施一体化服务。加快发挥私人银行香港中心的产品研发功能，打造全球私人银行产品研发“旗舰”。做好境外分行私人银行中心开业支持工作，推动境外分行做好当地监管环境研究，与境外分行共同制定开业时间表。2013年上半年，完成中东中心和新加坡中心的开业，启动在美国、阿根廷、澳门等境外机构的私人银行业务。要着力提升海外客户发展和资产配置能力，大力开展境内外私人银行业务协同，境内中心要积极向境外中心推荐客户，实现私人银行客户海外资产向我行的统一归集。

（三）做好产品线建设，促进业务收入快速增长。应当说，全行都对私人银行盈利增长的前景十分看好。私人银行业务发展的空间还非常广阔，增长的速度可能会超过我们的想象。以私人银行产品为例，一方面，现在市场上往往是需求大大高于供给，还没有足够的产品去供应给客户。另一方面，吸引好的客户也需要好的产品，维护客户的资产更需要产品。因此，做好产品线的建设要成为现阶段及今后一段时期私人银行业务发展的重中之重。总体要求是既要形成较强的产品开发能力，打造差异化的产品线，又要发挥行内专业协同联动的整体合力，根据客户需求，整合行内现有的产品，形成专属组合服务方案。

要继续发挥集团合力，做大私人银行金融资产服务规模。加大集团内金融资产服务业务部门联合研发力度，发挥协同效应，形成有效的私人银行产品联动供应机制。要进一步加强与资产管理部门的协同联动，将资产管理作为维护客户和创造效益的重要抓手；要进一步加强与投资银行部、机构业务部、工银国际的协同联动，做好主理银行、代理信托、私募股权基金资金募集工作；要进一步加强与工银瑞信、工银租赁、工银安盛等集团子公司的协同联动，设计开发面向私人银行客户的专属产品服务。

要提升自主产品研发能力。要充分运用好行内授权，积极发展另类投资业务，探索私人银行全权委托业务，形成私人银行客户专属的顾问咨询服务。要立足为超高净值客户提供商业银行、投资银行、私人银行三位一体的综合服务，搭建好私人银行客户投融资一体化服务平台。各分行要加强项目遴选、项目开发和项目推荐的力度，通过项目营销拓展私人银行产品来源，不断增强私人银行产品服务的自主支撑能力。

要认真做好私人银行产品服务体系建设。要借鉴国际一流私人银行发展经验，根据监管部门核准的业务范围，坚持走私募化、个性化、小众化和定制化的发展道路，以客户需求为导向，以产品服务创新为方向，采取加大自主研发，加强与集团内相关金融资产服务业务部门联合研发，优化整合集团外金融机构资源的方式，探索确立与客户需求相匹配、与行内其他条线有差异、与业务发展趋势相契合的业务发展模式，在资产管理业务、另类投资业务、全权委托业务、顾问咨询业务、财务管理业务、跨境金融服务业务、财富传承服务业务和增值服务业务八大金融服务领域打造具有工行特色的私人银行产品服务体系，提升私人银行核心竞争力。

（四）深化流程再造，坚持稳健经营。风险管理是私人银行业务发展的生命线，私人银行业务到了一个新的发展阶段时，更要注意把握好防控风险和促进发展的关系。尤其是全行私人银行中心完成布局，产品创新职能进一步强化之际，更不能对风险管理有所放松。工商银行私人银行的风格，可以有很多要素，但最重要的一条就是稳健。尽管创造财富很重要，但对私人银行客户来说更重要是财富安全和传承。

一要重点关注产品风险，要以对客户负责为出发点，严格遴选合格、合适的产品，避免给客户造成风险损失。在产品定位上，一定要做出我行私人银行稳健投资的特点，形成市场的口碑。对全行面向私人银行客户销售的产品，要实施统一归口管理，要纳入统一的销售系统。二要重点关注项目风险，要将私人银行产品开发涉及项目的风险管理与监测纳入全行成熟的风险控制和检查体系，形成反应及时、监督有力、防范有效的项目风险预警监控机制。三要重点关注操作风险，要加强建章立制，制定私人银行业务管理办法，关注声誉风险，不断规范制度与完善业务流程。要切实加强系统的硬控制。加强相关业务系统的开发和完善，对客户信息保护等主要风险点全面实施系统硬控制管理。

（五）加强专业队伍建设，夯实发展基础。人才是业务可持续发展的基础保证。要不断加强专业团队建设，夯实业务可持续发展的基础。一要强化总行私人银行部产品团队建设。私人银行部要按产品部门的职能定位，加强专业团队建设，在不断提升现有队伍能力的基础上，引进社会成熟专业人才充实产品队伍。二要配齐配强分行私人银行中心人才，选拔熟悉公司业务、投行业务、个金业务的多元化专业人才加入私人银行团队，并通过案例交流、专业竞赛等活动，不断加强专业队伍建设。三要建立总行、分行、私人银行中心三位一体的专业培训体系，充分利用我行资源加强与国内外私人银行机构在人才培养交流领域的战略合作，通过短中长期交流、实岗培训，不断提升团队专业素质，同时根据业务开展情况组织境内外相关人才跨境轮岗。积极鼓励私人银行专业团队“干中学”、“学中干”。四要积极储备专业队伍，通过在全行推广普及私人银行初级、中级、高级专业资格认证，为私人银行业务的持续发展挖掘、发现和储备一批人才。

借今天专业会议的机会，我再就加强与个人金融、信用卡和私人银行业务联动，深入拓展贵金属业务市场讲点意见。下阶段希望全行共同努力，做好贵金属业务以下四个方面的工作。

一要深化联动机制。要将贵金属业务的个人服务部分纳入个人金融、私人银行业务线的发展格局，明确任务目标，完善综合考核机制，有效激发网点和客户经理的营销积极性。要通过专业联动，形成协同发展、共拓市场、共享客户、互相渗透、融合发展的共赢局面。

二要加大拓户力度，提高贵金属金融资产在个人客户资产配置的比例。全年力争净增贵金属个人客户500万户，总客户有效率达到45%；贵金属业务在五星级个人客户中的渗透率力争达到5%，在私人银行客户中的渗透率达到10%。

三要积极开展联动营销。要加大对积存金、账户贵金属、代理金交所递延交易业务的客户拓展；在10家重点分行开展工银商友俱乐部和“工银金行家”投资者俱乐部联动营销的试点；“工银金行家”联名卡发卡规模年内力争超过100万张，并逐步丰富和强化联名卡功能。联动私人银行业务，加强对贵金属高端客户的营销，推出专享贵金属理财产品和服务，组织针对私人银行签约客户的贵金属产品营销推介活动。

四要推动贵金属业务进网点，提升网点产能。2013年末，全行要建成开发五星级、四星级、三星级专属服务区的网点分别达到300家、500家和5 000家，力争每家二级分行建成一个五星级专属服务区。全行已获批的137家综合性回购网点要确保在2013年全部建成投产。要创新专属网点体验式营销服务模式，加大硬件和软件的资源投入，落实网点考核机制，激发经营活力，全面提升贵金属专属网点经营能力。2013年，全行贵金属业务网均产能要达到20万元，其中四星级专属服务区产能达到40万元，五星级专属服务区产能达到100万元。

私人银行和贵金属业务潜力很大、前景广阔，但面临的转型压力和发展挑战也不小。希望大家充满信心、充满激情，边转型、边创新、边发展，用新机制、新措施和新方法来解决前进道路上的困难和问题，为加快建设国际一流私人银行和贵金属银行作出积极的、更大的贡献。

在中国工商银行机构金融　资产托管养老金业务工作会议上的讲话

王希全

（2013年1月21日·根据录音整理）

根据总行领导班子分工，今后由我来分管养老金业务部。由于我近年来的工作离具体业务比较远，也没有分管业务工作的经验，希望罗行长和从事养老金业务工作的同志们多给我帮助，我将尽快适应岗位需要，把分管工作做好。刚才罗行长对全行机构金融业务做了重要讲话，在全面总结去年工作的基础上，深入分析了面临的形势，对今年的工作提出了全面的要求。我觉得这些工作要求同样适用于养老金业务条线，希望养老金业务条线把罗行长的讲话学习好、贯彻好、落实好。下面，我结合前些天到养老金业务部调研的体会以及对这项业务的感受，谈两点个人的看法。

一、近年来特别是去年以来养老金业务以及全行各项业务的快速发展，为我们今后做好养老金业务工作奠定了坚实的基础

近年来，在总行党委的正确领导下，全行各项业务都实现了健康快速发展。养老金业务在罗行长的带领下，在总行相关部门和各分行的共同努力下，也保持了

良好发展态势。2012 年末全行养老金客户达到 34 140 家，比上年增长 16%；受托管理养老金基金 512 亿元，比上年增长 15%；管理养老金个人账户 1 168 万户，比上年增长 18%；托管养老金基金 2 293 亿元，较上年增长 24%；全年累计销售养老金理财产品 853 亿元，日均额 251 亿元，比上年增长 5 倍；实现养老金业务收入 9.5 亿元，比上年增长 147%。最新数据显示，目前我行企业年金受托基金规模、管理个人账户规模、基金托管规模在银行同业占比分别为 57.2%、51.6%、40.3%，居于遥遥领先地位。与此同时，养老金业务制度建设、运营管理、客户服务、风险管理、信息系统建设、人才队伍建设等工作也都取得长足进展，各项改革创新与基础管理工作成效显著。这些成绩为养老金业务今后的发展奠定了坚实的基础。

养老金业务各项成绩的取得，凝聚着各级领导和同志们的心血与汗水。在此，我谨向罗行长、向全行为养老金业务辛勤付出的各位领导和同志们表示敬意和感谢，也向取得更大成绩的机构金融、资产托管业务条线的各位领导和同事表示祝贺。

从全行来看，近年来公司业务、机构业务、资产管理业务、资产托管业务、结算与现金管理业务、电子银行业务、银行卡业务等与养老金业务紧密相关业务的改革发展和创新进步，不仅有力地支持了养老金业务的改革发展，更重要的是也为养老金业务下一步发展提供了坚实基础。这是一个辩证的关系，相关业务我中有你、你中有我、相互支持，而受益更多的我觉得是养老金业务和部门。

有关养老金业务 2012 年发展情况、成绩与经验、存在的不足和下一步工作方向，会后总行将进行详细通报，希望各行认真对照分析，找到自己的位次，确定今后的工作方向和思路措施。

二、养老金业务有条件实现更好更快发展

从外部环境来看，养老金业务市场前景十分广阔。首先，国家政策、企业发展与大众养老需求的迅速增长为我行发展养老金业务提供了市场需求和业务机会。其次，从市场来看，养老金业是个比较特殊的行业，同业关系比较复杂，既相互竞争又相互依赖，目前同业之间更趋理性的竞争使多方合作变得越来越有可能，这也有利于我们业务的发展。认真审视外部环境是我们做好业务工作的前提，今后总行要进一步加强政策研究，加强信息传导，加强对分行的业务指导，支持全行更加有效地推进这项业务工作。

从内部环境来看，我们做好养老金业务的理由就更多了。工商银行在养老金行业的领先地位有利于我们进一步抢抓机遇，充分发挥综合优势，实现养老金业务更好更快地发展。大的方面，2012 年 12 月召开的全行贯彻十八大精神、推动科学发展研讨会议已经做了深入分析，提出了总体要求，即将召开的全行工作会议还会进行部署。我在这里讲一讲做好今年养老金业务具体要重视的几个方面：

第一，养老金业务是工商银行的一项优势业务，优势业务要用优势来做，要做出更大的优势。目前工商银行的养老金业务在业界处于领先水平，受到业界的广泛赞誉，养老金业务也已经成为工商银行的一个重要品牌。怎样利用优势地位把养老金业务进一步做强，这不仅事关这项业务的成长与工商银行的市场地位，还检验着我们的经营策略与经营能力。由于行业数据缺失，目前我们还无法获得各分行在当地市场份额的准确数据，但从掌握的大致情况来看，有些分行的业务份额在当地并不占优势，希望这些分行反思一下为什么全行的优势业务在当地不占优势，要认真分析原因，制定有效的改进措施。

第二，养老金业务是工商银行的一项小业务，我们要把小业务做大。目前养老金业务收入占全行业务收入的比重还很低，仅占到中间业务收入的 0.86%；养老金客户数量占公司客户的比例也很低，只占到全部公司客户的 0.89%。这两个数字同时说明养老金业务成长性比较好，潜力比较大，更容易做出成绩来。有时候把大事情做大并不容易，但是要把小事情做大相对比较容易。这些年各行在大业务板块上都发展得很好，工作做得非常漂亮。应该说，从工作的复杂程度来看，把养老金这项小业务做大应该更容易一些。从全行来看，各分行养老金业务发展很不平衡，业务收入、客户数、主要业务规模差距比较大。各行要认真分析自身的系统排名和市场地位，研究市场潜力和发展空间，努力把养老金业务做大做强。

第三，养老金业务是一项协作性业务，需要合作与协作，需要我们一起来做。尽管目前总行和部分分行有专门的养老金业务部门，有一些专业人员，但就这项业务的特性以及客户服务、市场营销、运营流程方面的特点而言，我们很难把这项业务作为一项独立的业务，由独立的部门去做。养老金业务部告诉我，这项业务在总行涉及的关联部门多达 23 个，其中关联十分密切的部门有 9 个。事实上，这几年养老金业务取得的成绩是大家协同作战、协同工作的结果，是这 9 个乃至 23 个部门共同努力、共同奋斗的结果。今后要做好养老金业务，还需要总行相关部门、各分行共同努力。养老金业务首先是工商银行的业务，我们要加强联动，不能单拉条线，各自做各自的。不能以部门分工为由，人为拆分本不应该拆分的业务，这样只会拆分我们的合力，分散我们的优势。要理性对待这项业务，遵循业务的客观规律，通过协商与配合来解决业务工作中存在的问题。会后养老金业务部要主动到相关部门，一是汇报工作，二是表达感谢，三是恳请支持。也希望总行相关部门，特别是今天与会的各个部门，进一步加强协作，相互策

应，形成合力，共同把各项工作做好。

第四，养老金业务是分管行长们的业务，要管理好、发展好。会前我拿到了各分行养老金业务分管行长名单，看到大家都是工商银行经营管理的行家里手，要么经验丰富，要么年轻有为，工作成绩都很突出。从分工来看，除个别分行领导分管七八个部门外，其他大部分行长都是分管四五个部门，大家的专业背景与分工构成对开展养老金业务工作十分有利。希望各位分管行长能够重视养老金业务，主动带领业务部门分析业务工作的优势与不足，组织大家研究针对性的措施。特别是一些没有专门养老金业务部门的分行，更需要分管行长发挥牵头作用，组织各种资源，协调推动业务工作。

第五，养老金业务是一项创新的业务，要通过改革创新实现创新发展。这几年养老金业务快速发展得益于创新提供的动力，今后更需要通过不断创新来持续推动。业务工作创新的内容十分广泛，包括观念创新、方法创新、机制创新、管理创新、产品创新等，其中观念创新和方法创新尤为重要。为推动全行养老金业务创新发展，一方面总行养老金业务部要进一步加快业务创新，切实发挥引领作用，为分行业务创新和发展提供有力支持；另一方面，我们也鼓励分行创新，在控制风险的前提下主动探索，先试先行。当然，我们也希望听到来自总行各职能部门对养老金业务的真知灼见。

第六，养老金业务是养老金业务部门的业务，各级养老金业务部门要主动开展工作，切实抓实抓好。目前，全行有了一支养老金业务专业队伍，部分分行成立了专门的机构，全行养老金业务从业人员大约有 380 人，这是一支重要的力量。与其他银行相比，工商银行的养老金业务人员是比较多的，这也说明我们的业务比其他机构做得好是应该的，因为我们占有了更多的资源。同时我们也要注意到，有些分行虽然机构人员不缺，有岗有人，但是业务却做得不是很好，资源投入与业绩贡献不相匹配，希望这些分行认真分析原因，消除差距，努力把工作赶上来。养老金业务是养老金业务部门的业务，希望各级养老金业务部门主动向主管行长汇报工作，主动与上级行沟通联系，主动指导下级行的工作，主动与其他部门协同合作。要积极发挥养老金业务特点和产品优势，促进、推动和支持其他业务发展，巩固与客户的长期合作关系。只要我们对养老金业务工作有正确的认识，创新的方法，通过共同努力，未来养老金业务一定能做出更好的成绩。

最后，我想强调一下，总行实施的利润中心改革是全行改革发展中的一件大事，按照改革方案，总行养老金业务部利润中心建设不会对各行的账面收入造成影响，反而会促进全行养老金业务发展，希望各行关注这项改革，支持这项改革。今年养老金业务的发展目标、任务计划和工作要点，会后总行将及时制定下发，希望各行认真贯彻执行。

在中国工商银行法律事务工作会议上的讲话

王希全

（2013 年 3 月 29 日 · 根据录音整理）

刚才，法律事务部张炜总经理对去年全行的法律事务工作进行了通报，对今年的工作作了重点安排与说明，希望各行、各部门予以重视，并结合 2013 年法律事务工作要点贯彻落实、配合执行好。前期我到法律事务部开展了一次工作调研，近来我也同分行分管副行长就如何做好我行法律事务工作进行了交流，对这一工作有了一些感性上的认识与收获。下面，我根据前期调研学习情况，并结合今年我行法律事务工作的主要任务，讲几个方面的意见。

一、近两年全行法律事务工作成效显著，为全行改革发展作出了积极贡献

一是法律事务常规工作取得了新成绩。在全行经营环境十分复杂、改革发展任务较为繁重的情况下，全行法律咨询审查、诉讼案件管理、合同管理、法律风险并表管理、授权管理以及知识产权管理等各项法律事务工作都取得了新的进展，不仅承担了较大的工作量，而且确保了质量。法律事务部门同事们加班加点、兢兢业业的工作精神与无私付出，为这个团队赢得了荣誉，赢得了尊重。

二是法律事务集中改革取得了新的突破。在前几年

上海、北京、山西、新疆这4家分行实施改革的基础上，去年全行法律事务集中改革向纵深发展。总行法律事务队伍职业化改革迈出了重要一步，分行法律事务集中改革目前已扩大到20家分行。虽然还不能说这项改革取得了完全成功，但实践效果已经十分明显，特别是这项改革带给我们的观念上的变化，其意义甚至大于改革本身，相信影响会很深远。

三是全行对法律事务的重视程度有了新的提高。法律作为武器、作为工具，是否能够发挥作用不仅取决于自身的坚韧与耐用，还取决于使用者的善用与维护。近几年来，全行各级领导、各职能部门乃至全行员工对法律事务工作十分重视，对法律事务部门的工作十分支持，对法律事务工作者也很尊重，这些都是法律事务工作得以不断改进、不断发展的前提与保障。在此，我向分管法律事务工作多年的王丽丽副行长，向总分行有关部门，向各分行分管行长，向全行从事法律工作的同事们表示崇高的敬意与真诚的感谢！

二、当前面临的新情况与新问题给全行法律事务工作带来新课题与新挑战

（一）外部环境的变化对全行法律事务工作提出了新要求。例如，银行受关注度与社会依存度的提高，公众对银行产品和服务的要求日益提高、一些地方和部门的保护主义、贷款企业的关停并转、不法人员的恶意欺诈等，都在增加法律事务的工作量与工作难度，甚至直接影响工商银行的品牌价值与社会形象。从去年来看，仅被诉案件数量一项就比2011年增加了439件，增幅达56%，我们担心这种趋势会进一步扩大，这不仅是法律事务部门，也是全行都需要高度关注的一个问题。

（二）综合化国际化发展拓宽和增加了法律事务工作的幅度与复杂程度。按照集团并表管理的统一要求，全行的法律风险也必须并表管理。在国际化经营发展过程中，我行既要遵循国内的法律和监管规定，还要接受各机构所在国的法律与监管约束；在综合化经营发展过程中，我行既需要遵循银行业的监管规定，又需要遵循证券、保险、信托等不同行业的监管与约束。而我行法律事务工作在体制、机制、手段以及资源利用等很多方面都还需要健全，应对综合化国际化发展还显得准备不足，必须继续研究解决。

（三）重点领域的业务创新与产品创新是对法律事务工作能力的考验。从法律事务的角度看创新，我们感到有两个方面的变化。一方面是各行特别是总行各职能部门的创新方式很多、速度很快，需要法律部门审查、会签的意见也越来越多。仅去年一年，全行法律事务部门出具的法律意见书就达13.15万份，增幅超过10%。另一方面是法律事务工作与日常经营管理活动的相容性和依存度越来越高。这当然是一件好事，说明法律事务工作受到了重视，发挥了作用，但同时也是对法律事务部门和法律事务工作者的一个巨大考验。法律事务部门如何更全面、更主动地参与全行的改革进程，了解业务的发展趋势，如何进一步提高法律服务水平、质量和效率，如何处理好支持发展与防范风险的关系等，都需要认真研究。当然，这不仅是对法律事务部门的挑战与要求，也是各职能部门需要认真思考的一个问题，即我们如何认识法律事务工作，如何重视并加强与法律事务部门的相互配合。

（四）法律事务集中改革后续任务十分繁重。法律事务集中改革到目前为止只能说刚刚开局，我们应该把改革理解为出门而不是回家，是上路而不是返程，不要轻言结束。就目前来看，有些行、有些同事对为什么进行法律事务集中改革还认识不足，对如何进行集中改革还准备不足，对集中以后怎么办还应对不足，有些已经改了的还在套用原来的做法，或者是只变换名称，没有实质意义上的集中，这是下一步需要研究解决的问题。总行层面，大家平时主要关心的可能是自己的会签意见、法律意见书能否及时回来，而对于法律事务集中改革所知并不多。实际上，法律事务集中改革与各专业息息相关，我们应该进一步加强对法律事务集中的了解与支持力度。

（五）实现法律事务工作升级发展是我们未来的目标。这些年来，工商银行各项业务蓬勃发展，法律事务工作也成绩斐然。但建设国际一流现代金融企业，需要建设与之相适应的国际一流现代法律事务体系，从这个角度来看，我们还有不小的差距。比如，全行法律文化影响力还不够深远，法律事务集中改革才刚刚开始，法律事务职能调整还在进行，法律事务体制机制还需要不断完善，法律事务在全行改革发展中还可以发挥更好的作用，等等。

三、做好今后一个时期法律事务工作的几点意见

（一）重视法律文化建设，把法律文化作为工商银行企业文化建设的重要内容。工商银行“工于至诚，行以致远”的企业文化博大精深，不仅引领了全行发展，也引导着全员的成长。在工商银行企业文化精髓之中，随处体现着各行、各专业与全体员工的智慧火花，这其中也包含着我们法律文化的贡献。既然法律事务是现代公司治理的重要活动，法律事务工作是全行工作的有机组成部分，那么法律文化建设也应成为企业文化建设的重要方面。我们需要从文化的角度、从文化的高度来认识和推动法律事务工作，并在实践中总结经验，提炼文化。法律文化的一般解释是，在法律实践活动中所积累的经验、智慧和知识，是从事法律活动的行为模式、传统与习惯。在法律文化建设过程中，一方面要把遵纪、守法、严谨、规范这样的经典理念加以坚守与传导，另一方面还要把创新、服务、简约、价值这样的新

型内涵加以植入与表达。从文化的层面思考、研究、开展法律工作，会从文化的层面上得到更多收获，不仅会使法律事务工作的内涵更加丰富，而且关注者与参与者会更加广泛，法律工作的收效也会更加全面。

（二）重视法律事务规律性研究，提升法律事务工作的质量与价值。前期在法律事务部调研时，我发现全行各专业条线中很少有哪个部门能够像法律事务部门这样同时具有以下特点：一是关联性强，法律部门与全行各机构、各条线、各专业甚至各产品都有关系，常打交道；二是集约化程度高，全行的涉法业务都集中在这里办理，独此一家，别无分店；三是权威性高，法律事务部门可以说是全行的执法部门，说一不二，深受尊重；四是专业化程度高，总分行法律事务工作者绝大部分都是高学历、有资质、外语水平高，本科以上学历占88%，有法律职业资格、律师资格或企业法律顾问资质的超过60%，有外语资质的超过75%；五是潜在性价值大，法律的事务性工作只是传统与常态，法律的服务价值还需要进一步认识、挖掘与发挥。

以上是法律事务部门的特点，那么对于法律事务工作的规律性又如何认识呢？我认为有以下几个方面：

一是法律事务的职责很宽。过去我们常讲“以法律为准绳”，所谓准绳，从字面上理解，可能是一个平面或长度的问题，然而现在我行法律事务工作的职责已经拓展的很宽、很深、很远，既有长度，又有宽度，还有高度。法律事务已经融入到全行发展的方方面面，把法律事务限定在一个专业、一项业务或者一个部门的区间里是不够的。

二是法律事务工作的价值在于服务，而不只是事务。服务与事务虽只有一字之差，但意义大不相同。事务是指所做或要做的事情，而服务是指为集体或别人的利益或某种事业而工作。换言之，事务是做自己的事情，而服务是为别人做事情。既然法律是武器、是工具，那么服务的特性就应该更明显。如果上述观点成立，那么法律事务工作的宗旨、态度和方式方法就应该有所转变，对法律事务工作的价值和意义就应该有新的认识。

三是法律事务适用于集中处理、集中服务，正在实施的法律事务集中改革就是用集中的办法和智慧来实现集中的效果和价值，这个问题我后面还会讲。

四是法律事务可以由事后向事中、事前转变，由被动向主动转变。比如，我们可以通过宣传、培训等手段从文化层面来提高全员的法律意识，减少和避免操作风险以及一些违纪违法现象，那么法律事务事后处理的工作量就会减下来，部门之间的配合也会协调起来。又如，我们可以通过研判形势、深入调研来归纳和发现法律风险点，并提示给业务部门，通过更早的介入来帮助业务部门规避潜在的法律风险。我认为，防患于未然是法律事务工作的一种黄金价值、最高价值。法律部门通过常年的经验积累，利用嵌入流程的优势，是可以对业务的运行规律、曲线加以分析、预判，并进行提示的。与此同时，如果全行对法律事务的重视程度再能提高一些，可能出现的法律风险就会更少一些，这既取决于我们法律事务部门，也取决于使用法律武器的那些部门与同事、业务和产品。

五是法律事务需要双向来做，而不是单向来做。把法律作为武器，应该是使用法律的人比法律更重要。辩证地看，法律事务工作的成效往往取决于对方。全行对法律文化的重视、经营行为的规范、政策流程的科学、对法律事务工作的配合，这些都是更高意义上的法律事务工作，但这些工作并不单纯取决于法律事务部门和专业本身，全行特别是各职能部门承担着更大、更重的职责。比如说，去年我行因为操作风险导致被诉且败诉的案件达312件，败诉金额超过亿元。再比如说，总行有些部门或同事不经意的一份文件、一份合同、一份邮件都可能会增加法律部门工作人员几个小时甚至几天的工作量，而这些问题很多可以通过改进工作加以避免。

（三）加快法律事务集中改革步伐，通过体制机制创新推动法律事务工作迈上新的台阶。一是要进一步提高对集中改革重要性的认识，配合、服从、服务于集中改革。法律事务集中改革符合法律事务发展规律，适应全行改革发展需要，意义十分重大，希望各行积极推动。二是集中改革并不是简单的把人和事集中起来办公，更不是只变换一个名称，应该是名副其实，具有实质内容的集中。所谓集中，是指把分散的人、物或事集合在一起，把意见、经验归纳到一起。目前我们只是做到了第一步，把人、物、事集合到了一起，但是还没有把意见、经验归纳到一起，况且有一些分行还没有搞集中改革。因此，现在还不能说法律事务集中改革的生机与活力已经完全体现出来，还需要继续深化改革。三是集中改革要辅之以相配套的流程与管理。比如，总行法律团队与总行各职能部门之间的服务问题，总行法律事务部内各法律团队之间的协同问题，各行法律部门的业绩考核与管理问题，各行法律事务集中以后的内部流程以及与业务集中处理的对接问题，人员集中以后的管理与服务问题，对二级分行法律事务工作的具体指导问题，对兼职人员的服务与管理问题，还有集中以后的现场与非现场、调查取证、内务外勤等，这些流程、机制、管理、组织等方面的问题还需要我们进一步研究。四是要及时总结集中改革取得的成绩、经验，查找存在的问题，并提出改进的意见与建议。当前的法律事务工作任务是非常繁重的，需要大家一起努力做好。

（四）全行要共同努力促进法律事务工作的转型与发展。在这里我分几个层次，给大家提几点建议。

第一，分管行长要切实履行好职责。从各行分管行长的经历来看，法律科班出身的不多，来自法律部门、从事过法律专业的也不多。但是近年来各行法律事务工作却发生很大变化，做得非常好，这一方面是因为分管行长们基层经验和管理经验很丰富，对市场、客户、业务、流程有感受、有体验；另一方面是因为分管行长们同时兼管着其他的专业部门，如果把法律部门与其他部门互为客户比作甲方乙方的话，分管行长既分管甲方又分管乙方，会得到很全面的体验与感受，有利于组织、领导、协调好法律事务工作。所以，我对分管行长们的建议，一是要倡导并建设好工商银行的法律文化，营造一个良好的法律事务工作环境；二是要推动好法律事务集中改革工作，特别是没有进行改革的分行要抓紧推动，并进一步研究集中改革后面临的新情况与新问题；三是要协调配置各种资源，充分解决好法律部门与各职能部门、各基层行之间的问题与困难，而不要把疑难问题交给法律部门总经理去做；四是要积极支持法律部门总经理，放手让他们工作，充分发挥他们的职业化优势；五是希望会后分管行长们主持召开一次法律事务座谈会，或者是到法律部门去调研，了解、听取当前法律事务工作和法律事务集中改革所取得的成绩与存在的问题，并且提出改进的意见与建议。

第二，分行法律部门负责人与全体法律事务工作者要做出成绩来。今天全系统有 1 100 多名法律事务工作者在会场，大家的学历、专业资质很高，很多同事在这个岗位上已经工作多年，不少总经理既从事过业务、管理工作，又在基层担任过领导职务，管理经验、专业经验都非常丰富，这是我们做好工作的巨大优势。法律事务集中以后，从事这项工作除了对专业能力要求较高外，对组织管理能力也有很高的要求。在这里，我给大家包括全体人员提几点要求，一是要对法律事务工作充满敬畏，珍惜岗位，从严要求，通过学习来提高自己的专业能力，通过实践来提高对全行业务的认识与理解。二是要研究法律事务工作的新情况与新特点，要发挥法律部门更综合、更主动、更有价值的作用。前期在总行法律事务部调研时，我也提出了同样的要求，希望各分行法律部门能够在这方面多实践，特别是通过日常的事务工作，及时总结当前业务经营与管理中的一些倾向性、集中性问题。三是各法律部门的负责人要善于协调、处理各方面关系，要像律师一样能够处理疑难杂症，要运用创新与沟通这两种手段做好工作。四是各法律部门的负责人还要承担起培养人才的职责，一个团队就是一个家庭，团队负责人就是家长，要关心、帮助员工，切实解决他们的后顾之忧；同时要培养大家成为行家里手，成为专家，成为大家。要支持他们参加全行的人才流动，也要从全行乃至社会上选拔我们所需要的专业人才。五是希望会后各分行法律部门总经理们到平时所服务的相关部门去开展一次座谈，特别是到那些业务量大、经常打交道的部门去，听取他们对法律事务工作的意见，了解一下当前业务经营、管理、流程、产品中存在的法律需求，了解他们担心的潜在性问题，在归纳整理的基础上提出你们的意见与建议。

第三，今天参会的还有我们二级分行的行领导和兼职法律工作人员，在这里也对兼职法律事务工作者说几句。兼职人员的工作十分辛苦，大家的付出很有价值，劳动值得肯定。虽然集中以后从空间上看似乎法律事务跟业务、跟基层远了，但从兼职人员承担的职责以及发挥的作用来看，其实并不远，希望通过兼职法律人员的工作和劳动进一步拉近这种距离。兼职法律人员是全行法律战线的重要力量，在这里向你们表示敬意，向二级分行的行领导表示感谢。我知道兼职法律人员平时的工作任务很重，但我还是希望大家在会后开展一些调研，把目前已经存在的或者可能存在的潜在性法律风险做一些收集、整理，报到省行或者直接报到总行。因为大家在一线，在开展业务、开拓市场、营销客户当中，可能会对风险的反应更加敏感。会后，总行法律事务部会对全行兼职人员的工作情况开展一次调查，提出具体的管理、培养与服务意见，希望从制度上避免因法律事务集中而削弱基层法律事务工作的情况发生。

第四，对今天参加会议的总行各部门总经理、副总经理们也提几点建议。由于你们的参会，使今天的会议变得特别有意义，变得更加重要。由于你们所在部门的业务发展使法律事务工作有了新的需求，反之，如果这几年没有法律事务工作，恐怕我们各个职能部门也不会有这么好的发展，这是一个辩证的关系。借今天这样一个机会，我再给大家提几点建议，一是全行改革创新、依法合规、稳健经营、规范管理的良好局面，需要法律事务部门发挥更好的作用，各部门包括分行的各有关部门，要关心、支持、配合法律事务部门内工作。二是目前法律事务工作面临的工作压力、工作难题有时来自我们一些不经意的、非故意的行为，希望通过大家的共同努力为他们减负。三是有一些工作可以让法律事务部门更早一些参与，这样可以使法律事务部门的工作更加主动、更有效率。四是法律事务部门，包括我本人，很愿意听到改进法律事务工作、提高法律事务工作效率等方面的意见建议，法律事务集中改革也需要大家的关心与指导。我建议会后各部门的领导同志把会议精神带回去向总经理汇报一下，或者在部务会议上通报一下，或者在你们分管的处室当中传达一下。大家对法律事务工作的关心、帮助和指导，都会促使我们的法律服务工作做得更好，实现一个新的、更好的发展。

在“逸贷”业务启动视频会上的讲话

王希全

（2013年8月23日）

为积极把握消费金融和互联网金融时代的发展机遇，深度挖掘日益繁荣的电子支付领域信贷商机，打造契合新时期特征的核心竞争力产品，在总行各相关部门的通力配合下，我行将于9月2日正式推出“逸贷”业务。今天，我们召开这次启动会，主要内容有两项：一是将“逸贷”产品的基本情况及时通报给大家，二是对于即将启动的专项营销推广工作进行总体的安排部署。

一、“逸贷”的基本情况

（一）“逸贷”的基本功能及定位。“逸贷”是指客户使用我行借记卡、信用卡、存折等介质在我行特约商户进行线上B2C或线下POS消费时，我行针对符合条件的持卡人，按照一定规则联动提供信用消费贷款服务或信用卡分期付款服务。该产品是我行基于对当前及未来宏观经济环境及金融产品发展方向的判断，基于对新时期客户消费方式及交易习惯的把握而推出的一款主动授信、自动审批、由客户多渠道自主办理的个人消费信贷产品。

（二）“逸贷”的产品特点及优势。“逸贷”产品的目标客户定位准确、流程精简、渠道多样、用途可控，无论对于银行还是客户，都具有特别突出的优势。

从银行的角度看，“逸贷”的优势包括：一是贷款资金安全可控。“逸贷”客户定位于低风险优质客户，产品推广初期以我行代发工资客户为主，可以从源头上把控借款主体；商户定位于管理规范、交易量大的我行线上线下特约商户，可以从源头上规避合作机构风险；贷款以消费支付环节为切入点，并与其精准绑定，可以从源头上保证资金用途的合理、可控、可监测。二是投入产出比高。“逸贷”实现了全流程系统化、自动化、批量化的运作模式，如该产品实现了系统自动筛选客户、电子渠道签约、客户自主触发贷款、系统自动审批发放等功能，从根本上解放了劳动力，释放了柜面资源，大大节约了经办行的人力、物力和资金成本。而且，“逸贷”按照人民银行同期同档次基准利率上浮10%执行，不但高于住房类贷款，也高于部分消费信贷产品。应该说，这是一款效率效益高、事半功倍的创新型产品。三是开辟了拓户新渠道。根据“逸贷”准入条件初步测算，全行符合“逸贷”条件的个人客户约为4 461万户，如果其中有1%的客户办理这项业务，我们的个贷客户就会在目前836万户的基数上扩大5%；如果有10%的客户办理业务，个贷客户就将突破1 200万户，因此逸贷业务营销将是一次个贷客户规模“大跃进”的过程。客户是银行经营发展最重要的资源，有了客户，才能谈交叉渗透，才能谈深度挖掘，才能谈综合贡献。“逸贷”通过对客户金融资产、交易行为、信用记录等信息的综合分析挖掘实现拓户，是我们在大数据时代转变客户拓展方式的一项重要举措。从这个意义上看，“逸贷”也是我们经营转型的一个载体。

从客户的角度来看，“逸贷”的优势包括：一是高效快捷。“逸贷”采取信用方式，无须办理抵（质）押，客户只需要动动手指就可以申请贷款，我行系统自动审批后，贷款资金将瞬时到账，这种“一触即发”的性能将带给客户全新的融资体验。二是支持随时随地办理。客户在符合我行准入条件的数十万家线上线下特约商户消费，均可申请办理“逸贷”，而且可以通过我行的各类电子渠道快捷办理。银行贷款不再是一道道门槛、一层层壁垒、一堆堆手续，“逸贷”将塑造银行贷款的友好、亲民形象。三是贷款自由灵活。“逸贷”的贷款额度最低600元，起贷点低最高60万元，可以较好地覆盖普通居民的各类正常消费需求。“逸贷”还款无需预约，且支持各类电子渠道还款，比以往客户需要提前15天预约并且需到柜面办理的方式更加便捷化、人性化。正是因为“逸贷”兼顾了“好借”与“好还”的特性，才能“再借不难”，“逸贷”才具有生命力和成长性。像这些方面的优势，我们首先需要自己意识到，同时也要在营销过程中向客户做好宣传。

（三）“逸贷”的市场前景。我们认为“逸贷”的市场前景是十分广阔的。据测算，目前符合“逸贷”办理条件的4 461万户存量个人客户，其信用类综合授信总额度达10.17万亿元，其中已使用信用类授信额度仅200亿元。由此推测，“逸贷”基础目标客户的潜在贷款空间约10万亿元。但截至7月末，全行个人贷款余额仅为2.27万亿元，也就是说，目标客户的潜在贷款空间接近当前全部个人贷款余额的4.5倍，这是相当可观的。如果投产后到今年末有1%的客户能够办理"逸贷"业务，按照人均办理"逸贷"金额1万元，平均贷款期限1年进行测算，就将增加45万签约客户，发放个人贷款45亿元，带来利息收入7.4亿元。因此，尽管该产品单笔金额较小，但是由于其具有灵活便捷和受众广泛的特点，将成为我行个人贷款产品的一支重要新生力量。不是所有的贷款都是越大越好，"逸贷"就是一个和当前网络社会、大数据时代密切相关的，从零散小额开始做起，但却可以聚沙成塔、集腋成裘的产品。

（四）"逸贷"项目的进展情况。自去年底以来，总行产品创新管理部、信贷与投资管理部、风险管理部、银行卡业务部、电子银行部、法律事务部、信息科技部、办公室及个人金融业务部等部门分工协作，密切配合，整个工作紧张有序，顺利开展。目前"逸贷"的系统开发、整章建制、营销设计等一系列前期准备工作均已陆续到位。"逸贷"各版本功能分别于8月17日、9月14日及10月19日投产。根据银行卡业务部和电子银行部的筛选结果，"逸贷"的线下合作商户及线上合作商户分别达44.2万家和378家。

应该说，像"逸贷"这样一款创新突破点多、涉及业务面广、系统开发量大的产品，从"理念"到"实现"仅用了不足1年的时间，这得益于总行党委的正确指导，得益于各部门的高度重视，也得益于所有相关人员的辛勤付出。从项目的进展情况来看，各部门的不懈努力是值得充分肯定的。

二、充分认识"逸贷"产品的重大意义

这里，我想和大家分享一下"逸贷"对全行的重要意义。这一产品的推出是全行长期以来持续加强综合运营能力、不断提升市场响应速度、加快产品创新的成果，也是顺应外部市场环境、积极应对同业竞争的外在需要，还是加快经营转型、增强客户服务能力的内在要求。总体来看，"逸贷"的推出具有以下五方面的重要意义。

一是积极响应国家宏观经济发展战略的需要。近年来，国家深入实施拉动内需、扩大消费的经济发展战略，党的十八大确立了"两个100年"的奋斗目标，以及人均收入倍增等一系列惠及民生的举措。可以预见，未来我国居民收入将呈现稳步上升的态势，将为社会消费的持续增长打下坚实基础。同时，城镇化步伐不断加快，城镇化的重点也由"土地城镇化"转移至"人口城镇化"，而城镇化率每提升1个百分点，将增加约1 300万的城镇人口，由此带来的消费需求将是十分巨大的。可以说，国家的一系列利好政策必将有效推动居民财富的增加及消费的升级，在接下来的较长时期内，消费信贷业务都将大有可为。我们只有加快消费领域的产品创新，才能抓住个人消费信贷业务发展的大好机遇。"逸贷"作为我行针对网上购物及刷卡支付的消费者量身打造的便捷贷款产品，它的适时推出，不仅有利于促进我行零售业务的发展，也将有利于促进居民消费提升，实现金融支持民生、行惠于民的目标。

二是深化经营转型的需要。近年来，随着经济结构调整步伐的加快，我行持续深化信贷结构调整，个贷业务由于经济资本占用少、风险低、收益高，成为全行资产业务发展的重点。今年前7个月，全行个人贷款及信用卡透支增量在全行信贷增量中的占比为50.64%，较上年提升20.70个百分点；个人贷款及信用卡透支余额在全行信贷资产中的占比为29.97%，较年初提升1.47个百分点，信贷结构不断优化。与此同时，为积极拓展消费升级带来的广阔融资市场，总行将进一步加大对"量大、面广、额小"的消费类个人贷款的支持力度。"逸贷"正是契合这一要求应运而生的一款创新产品。

三是优化零售业务结构的需要。第一，优化客户结构。"逸贷"产品以年轻、时尚、信用记录良好、消费需求及融资需求旺盛的优质客户为主。该类客户具有培养前景大、价值贡献高、新鲜事物接受能力强等特点，其消费习惯和消费模式对融资业务的发展具有较强的引领作用，是"五新战略"中"新客户"的重要组成部分。同时，在信息高度发达的今天，该类客户也是"自媒体"的主力军，其"口碑效应"及"人际传播"力量也不容小觑，可以进一步助推"逸贷"业务的批量化发展。第二，优化产品结构。今年以来，个贷业务持续快速发展，已经成为领跑全行信贷业务的主力品种。但也要看到，前7个月的新增个人贷款中，个人住房贷款新增2 368.67亿元，占到新增个人贷款的九成以上，达92%，消费和经营贷款两大品种的新增占比尚不足一成，说明拉动全行个贷业务发展的动力源还比较单一。而且这种"一枝独大"的个贷结构容易受到特定市场兴衰的直接影响，风险也相对集中。所以，全行迫切需要挖掘新的业务增长点，打造新的营销工具，以有效保证个贷业务的延续性和进阶性。第三，优化渠道结构。"逸贷"实现了个人信贷业务受理由柜面渠道向电子渠道的拓展，电子渠道也不再仅仅局限于我行的自助终端及电子银行，而是进一步延展到近400家线上合作商户的电商交易平台，延展到线下合作商户的上百万台POS机具，延展到数亿客户随身携带的手机。应该说，"逸贷"的推出，是全行业务受理新渠道内涵及外延的一次质的飞跃。

四是顺应市场形势、应对市场竞争的需要。在消费金融和互联网金融时代，个人客户的消费方式和支付行为正在发生深刻转变，网络购物、刷卡支付等正以前所未有的速度改变着传统商业模式。2009—2012年，我国电商交易额由3.7万亿元上升到7.85万亿元，年均增速28.5%；第三方支付交易额由0.59万亿元上升到

3.5万亿元，年均增速253.3%。2012年，国内使用第三方支付的用户达2.3亿户，与一家大型银行的客户数量不相上下。我行经过数十年的发展也只有4亿个人客户，剔除无效客户，有效客户也只有3亿。与此同时，随着银行卡受理环境的改善，社会公众银行卡使用意识不断增强，客户的线下支付习惯正由现金交易向刷卡支付迁徙，据统计，我国POS机刷卡消费在社会消费品零售总额中的占比由2008年的36.4%快速攀升至2012年的79.65%，这是一个很大的比例。应该说，线上B2C交易及线下POS交易中蕴藏的商机相当可观。同时，在巨大的商机背后，竞争形势也悄然发生变化，第三方支付公司持续扩张经营边界，网络小贷公司快速兴起，部分国内商业银行纷纷涉足电商，如建行的善融商务、中信银行的金融商城等，电子商务领域已经成为个人融资业务的新战场。在竞争激烈的消费金融时代，我们只有顺应形势，才能化挑战为机遇。针对线上B2C及线下POS交易推出“逸贷”产品，是我们参与新形势下个人信贷业务竞争的必然选择。接下来，总行还会研究“逸贷”产品在小微商户的使用，目前正在5个城市、60个商户进行试点，取得了一些成效，这都是我们参与市场竞争的需要。

五是加强信贷业务管理、防控业务风险的需要。第一，按照“逸贷”的产品设计，该产品实现了从源头上对客户、商户、用途三个方面的全面风险把控。第二，我行于2011年推出了个人贷款综合授信，为全面把控“逸贷”客户的信用风险提供了重要保障。在个人客户综合授信的框架下，“逸贷”实现了个人信用贷款和信用卡透支的总量控制和额度的“此消彼长”，使我们可以在把控总体风险的前提下有更多的业务拓展空间。第三，我行具有强大的海量信息处理能力，借助大数据处理技术，通过对互联网、移动终端、客户端等渠道形成的信息流进行综合分析，我们不但能够挖掘出某个客户的消费习惯、商品偏好、信用状况、潜在金融需求等重要信息，而且可以基于对客户信息的全面掌握来提升风险管理能力。

三、下一步工作安排及要求

为做好“逸贷”的营销推广工作，总行决定，自产品投放之日起，以“工银逸贷　一触即贷”为主题，开展为期一年的专题营销推广活动。有关工作安排和要求如下：

一是要统一思想认识，加强组织学习。今天就是一次统一思想认识、加强组织学习的好机会，全行上下要充分认识“逸贷”对我们抢占市场、拓展客户、促进个贷业务发展、打造工行产品品牌的重要意义，只有认识上统一了，行动上才能统一。希望我刚才讲的五个方面的意义，能够得到各级行的认同，我也乐于听到更多新的观点和认识。

二是要强化组织保障，加强产品营销。首先，总行层面要认真做好各方面工作，个人金融业务部、电子银行部、银行卡业务部、办公室要组成联合营销团队；产品创新管理部、信贷与投资管理部、风险管理部、法律事务部、信息科技部等部门要组成联合保障团队。相关各部门要各司其职，通力协作。其次，分行层面要做好具体工作的落实，各级行“一把手”要亲自挂帅，组织各职能部门协力把产品做起来；分管副行长在新产品的推广过程中，要认真听取并及时收集基层和客户的反馈，发挥好上传下达，承上启下的“通道”作用。希望各行要统一部署，认真策划，精心准备。

三是要立即行动起来，狠抓具体落实。会后，各行要在第一时间内逐条落实本次会议的各项部署安排，确保产品投产前期的人员培训、营销方案制定、合作关系搭建等工作全部到位。要加快推动创新产品及时转化为现实生产力，确保产品的“即投即用”。

四是要明确营销目标，确保完成任务。通过此次营销活动，要分别在业务量、覆盖率、美誉度三方面实现以下目标：第一，要积极营造产品投放的舆论声势，吸引客户积极开办“逸贷”业务，争取在营销活动期末，“逸贷”签约客户突破200万户，贷款金额突破200亿元。第二，要提升“逸贷”在我行银行卡客户、网银客户、个人信贷客户中的覆盖率，通过产品组合营销、交叉渗透，提升客户综合贡献能力。第三，要通过持续营销，不断提升“逸贷”在内的我行个人金融产品整体的公众认知度及社会美誉度。

五是要主动体验产品，增强营销能力。在这里，我提一点意见，希望“逸贷”产品开通后，各位行长、各位总经理、各部门员工要在第一时间主动进行产品体验，切身感受一下产品是否实用、便捷，及时听取率先体验产品同志的反馈意见。

六是要加强对创新的认识和理解。“逸贷”产品是一个创新，我们如何认识这款创新产品？一个人从事一项工作时间长了，在对新鲜事物的认知上，总会有一种先入为主、自以为是的看法，甚至会对其产生排斥。但是在目前这个崇尚创新的信息化时代，客户新的金融服务需求在不断增长。因此，对于新产品新业务，我们应该更新观念，主动认识，宽容接纳，积极参与，抱着这样一种态度去工作。

同志们，目前离“逸贷”正式投产还有不足10天的时间，我们要做的工作还有很多，后期任务还很艰巨。应该说，上半年总行是“逸贷”项目的主推力量，相关工作已按部就班地陆续到位。下半年，各分支行将成为“逸贷”宣传推广的主推力量，希望各行有信心、有能力、有方法接好这个接力棒，能够积极、主动地把“逸贷”产品推广链条衔接好，确保“逸贷”业务开局顺利圆满。

在全行预算单位和国有企业公务卡业务营销推广会议上的讲话

王希全

（2013年12月6日）

党的十八大以来，中央不断加大反腐倡廉工作力度，出台了关于改进工作作风、密切联系群众的“八项规定”，并在全党范围内深入开展党的群众路线教育实践活动。最近，中央颁布了《党政机关厉行节约反对浪费条例》，要求全面推行公务用卡制度。这是中央在党政机关和国有企业推进反腐败反浪费工作的又一有力举措，为我行公务卡新一轮发展提供了重大机遇。今天我们召开这次会议，部署全行公务卡营销推广工作，通过大力发展公务卡，加快我行机构、公司和个人金融业务的协同发展，助推国家财政支付改革和廉政建设，践行我行作为国内第一大行的社会责任。下面我讲三点意见。

一、新政策出台为公务卡推广带来新机遇

2007年，我行创新提出了中央预算单位公务卡解决方案，得到财政部的高度认可，成为中央预算单位公务卡项目唯一试点行。公务卡产品促成了一种便于公务消费结算、促进公务消费透明、提高财政对账效率的新型财政资金管理模式，对推动支付体系完善、促进财政支付改革发挥了重要作用，体现了银行卡积极的社会效益。由于公务卡特性契合了廉政建设要求，我国近年来强化财政支出透明、加强廉政建设的举措，都成为公务卡发展的推动力量。

今年11月25日，在全国贯彻落实十八大关于厉行节约、反对浪费、加强廉政建设一系列重大举措的基础上，中央又颁布实施了《党政机关厉行节约反对浪费条例》，明确要求全面实行公务卡制度，国内公务差旅费、公务接待费、公务用车购置及运行费、会议费、培训费等经费支出，都是公务卡结算的适用领域，不但要求党政机关和参照公务员法管理的事业单位贯彻执行条例，同时也要求国有企业、国有金融企业和不参照公务员法管理的事业单位参照执行。条例从更高的层面、以更大的力度推动公务消费公开透明、便于监督，实质性地将阳光财政建设向前推进了一大步，大大拓宽了公务卡应用范围。

从国际同业情况来看，世界前三大发卡银行摩根大通、美国银行、花旗银行的公务卡数量占本行本土发卡量的20%以上，而我行公务卡数量在本行发卡量占比不足5%，只有384万张，如果能将公务卡数量翻一倍，将对我行信用卡发卡量突破1亿张提供强有力的支撑，同时带来银行卡收益的稳定提升。抓住这次机遇实现公务卡发展的新突破，其意义不仅在于信用卡业务本身的大发展，还能强力带动机构业务、公司业务、结算业务、个人金融业务的发展，进一步巩固我行在财政业务领域的优势地位。

二、公务卡是一个具有核心竞争力的产品

当今时代是一个客户的时代、创新的时代、合作的时代、重视零星业务的时代、重视风险防控的时代。公务卡面向单位客户财务管理需求，基于创新思维而生，依靠不同专业条线合作营销，适用于财政直接支付或者银行转账支付以外的零星多笔支付，利用层级授权和额度控制防范风险。

（一）公务卡对单位、对员工而言是一个好产品。具体体现在三个方面：

一是刷卡有痕迹、报销有依据。公务卡不仅是一张卡片，还是一整套解决方案。会议费、差旅费、交通费、招待费及零星采购费等公务消费支出，通过银行卡结算能够保留消费地点、消费金额、消费时间，为财务报销杜绝假发票提供了有力支持。财政预算单位可以登录系统获取数据，勾兑成功后通过网银或者财务POS报销；国有企业可以通过企业资源计划系统（ERP系统）与我行系统对接直接获取数据，自动进行查询与核对，可以通过网银或者批量入账方式完成报销。

二是安全有保障、信誉有依托。我行系统支持用卡单位对公务卡持有人进行事前层级授权、额度控制，直接锁定风险敞口。刷卡交易过程中如有异常，我行系统将会实时捕捉并干预，再添一分安全保障。事后账务核对、报表统计功能，可以大幅度提高财务管理效率。更为重要的是，政府机关、事业单位迫切需要提升公众信任度，有了公务卡，行为是可监控的、数据是可追溯的，刷卡交易信息和财政零余额账户变动信息一并通过

系统上送财政部，纳入监控范围，实现公务支付、信息反馈和动态监控的一体化管理，为用卡单位获取监督机构、社会公众的信任提供了坚实的依托。

三是办卡有优惠、用卡有回馈。我行公务实现了年费、挂失、补办、更换卡片等多项手续费优惠减免；用卡单位可以享受专属的授信政策；持卡人享有旅行不便险、交通意外险等增值服务；我行独家提供透支逾期不用缴纳全额罚息的特惠；公务卡持有人刷卡消费可以累积个人积分，参加积分回馈活动。

（二）公务卡对我行而言是个好产品。具体体现在三个方面：

一是公务卡是关联度较高的业务。它可以带动机构业务、结算业务、电子银行业务条线争揽并锁定政府、军队等机构客户，并且最大限度地使资金在我行系统内运行；可以带动公司业务发展，公务卡的服务将密切我行与公司财务部门的关系，有利于为融资业务提供切入点；可以带动个人业务发展，公务卡持有人都是优质客户，如果把我行客户结构比作一个橄榄，这些客户就处在橄榄的中间段，是存款服务、理财服务需求最旺盛的群体。因此，各相关专业要协同起来，共同搞好营销和服务。

二是公务卡是我行践行社会责任的业务。银行不仅是经营货币资金的单位，更是经营信息的单位。通过我们的公务卡系统，为财政支付改革提供了强有力的支撑。用经济学的观点看，这种支撑是一种“正”的外部性；用流行的词语来形容，这种支撑是一种“正能量”，因为它能够满足公众对阳光财政的渴望。

三是公务卡是收益高、风险低的业务。公务卡卡均消费 2.3 万元，高于一般信用卡，公务卡不良率仅 0.96%，又低于一般信用卡。

公务卡产品推广 6 年来，各级机构业务、电子银行、结算与现金管理、信息科技及银行卡业务等部门密切配合，联合营销各级财政部门、预算单位和军队武警单位，共同开展公务卡推广工作，取得了显著成效。目前发行的银联品牌的公务卡年化消费额达到 781.4 亿元，保持同业领先地位；公务卡启用率 70.1%，动卡率 60.7%，均优于全行整体水平。

三、工作要求

中央出台《党政机关厉行节约反对浪费条例》后，总行党委高度重视，要求各行各部门要深入贯彻落实条例精神。全行要以此为契机，积极行动起来，放开眼界，拓宽渠道，开创我行公务卡业务新局面。

（一）推广目标

全行要力争让实行公务卡制度且在我行开户的财政预算单位、军队武警单位及国有企业全部领用我行公务卡；同时还要争取在他行开户的财政预算单位、军队武警单位和国有企业也领用我行公务卡。从现在开始每年新发公务卡 200 万张，三年后公务卡发卡量达到 1 000 万张，公务卡占信用卡发卡量的 10%，成为我行信用卡产品线中的精品。

（二）具体要求

1. 统一思想，提高认识，从战略高度认识公务卡推广的意义。首先，要站在政治高度重视此次公务卡推广工作。在预算单位、军队武警和国有企业全面推广公务卡，是贯彻落实中央关于反腐倡廉有关要求的重要举措，是将党的群众路线实践活动推向深入的重要实践。各行要深刻理解推广公务卡的重大意义，通过提供公务卡服务，扎实配合当地廉政主管部门、财政预算单位、军队武警和国有企业推进建设阳光财政、倡导厉行节约的工作步骤。

其次，要站在战略高度认识公务卡对我行业务拓展重要推动作用。长期以来，财政预算单位、军队武警、国有企业是我行重要的对公客户，对我行存贷款业务具有支柱性作用。同时，这些单位的职工是我行优质稳定的个人客户群。一张公务卡就有可能将对公客户、个人客户全部争揽过来，将这些客户的金融服务锁定在我行系统。实践表明，改革往往是市场格局重新洗牌的机遇，抓住机遇，就能乘势而上；抓不住机遇，则可能失去市场。

2. 成立推广领导小组，加强部门协同联动，发挥整体优势推进公务卡项目。总分行都要成立公务卡推广工作领导小组，主管副行长挂帅，财务会计、机构业务、个人金融、银行卡、公司业务、结算与现金管理、运行管理、信息科技、电子银行、人力资源、监察室等相关部门负责人参加，统一组织协调，保证整体优势的发挥。各相关部门要确定具体联络人员，确保将各项工作落到实处。

银行卡业务部要牵头会同对公客户营销部门，做好产品和营销材料的准备工作，制订联合营销计划和服务方案，迅速展开上门营销。营销成功后，要及时高效地完成公务卡制作、发放以及用卡培训工作，认真解决客户用卡障碍。要提前做好“95588”坐席培训，做到解答问题准确、服务热情周到。要根据公务卡强制结算目录，及时做好公务卡使用场所受理环境建设，通过行之有效的促销活动引导公务卡启用、使用。机构业务、公司业务、结算与现金管理业务等对公客户部门要积极配合银行卡业务部筛选目标客户，制订公务卡联合营销计划和方案，组织开展上门营销、协议签署及相关协调工作。个人金融业务部要做好综合服务工作，积极策划个人金融综合服务方案，与其他相关部门协同起来，推荐我行各种个人金融服务，用更多、更好的产品和服务锁定客户。营业网点要有专人负责公务卡业务咨询，为持卡人提供专属快捷服务，根据对公客户综合贡献度，合理调配 ATM、自助终端等自助银行设备为公务用卡单位提供服务。运行管理、信息科技、电子银行、人力资源、纪检监察等部门要为公务卡营销推广提供坚实的后台保障。

3. 筛选名单，拉网营销，全面开展名单制营销。目前，在我行开户的机构或企业客户中有 3 959 家中央财政预算单位、78 657 家地方预算单位、3 875 家军队武警单位、约 10 万家国有企业。各级对公客户营销部门要积极配合银行卡业务部尽快筛选未办卡的目标客户清单，特别这次新增加的国有企业、国有金融企业清单，将清单和任务分解到二级分行、营业网点、客户经理，排定优先级，逐家上门营销。

总行机构业务部、公司业务一部、银行卡业务部要展开“总对总”营销。中央预算单位、军队武警及大型国有企业集团，往往分支机构遍布全国，职工数量众多。总行、分行、支行要协同营销，突破总部、带动全辖，提高各个层级营销的成功率。各级领导小组要组织走访本级对口预算单位、军队武警部队、国有企业和当地政府纪检监察部门，抢在他行之前宣讲我行公务卡产品的功能和优势，配合单位或企业贯彻执行中央文件要求。

4. 制订营销进度计划，按月通报进展情况。今年年底前，各级机构要制订营销进度计划表，完成营销小组组建、工作机制确定、营销方案制订、全员培训、目标客户筛选和上门对接等工作。各行要在年底前将辖内预算单位、国有企业营销清单和营销进度计划表上报总行。总行将对全行下达公务卡分解任务，并对全行推动情况进行监督和跟踪，按月通报各行、各级机构的营销进展情况，对执行不力的分行要通报批评。

明年年初，各级机构要完成对口单位的走访和宣讲工作，总行银行卡业务部要迅速在全国范围内开展公务卡办卡、用卡促销活动，各级机构同步配套资源，开展行内激励和行外用卡促销活动，用市场化手段吸引单位和个人积极参与公务卡改革。明年年中，力争与财政、国资管理、纪委等主管部门联合交流推广经验，深化推广成效。

5. 加强服务意识、风险意识和责任意识，规范开展各项业务。过去个别分行在服务财政预算单位、军队武警部队方面存在业务不熟悉、服务不主动、效率低下等问题。各级机构、经办人员要切实提高服务意识，主动深入目标客户进行营销宣传，详细介绍公务卡应用特点、优惠措施及功能优势。为便于客户办理业务，有条件的分行要提供上门服务，提高客户满意度。对于在营业网点办理业务的客户，大堂经理要加强识别引导，为客户办理卡片激活、换卡、还款等业务提供必要的便利。各级行要建立联系人制度，指定专人及时解答基层网点和客户的咨询和疑问，迅速响应客户服务需求，不得以任何理由拖延推诿。

同时，要增强风险意识和责任意识，切实加强和规范关键业务环节的管理，特别是重视以下四个环节：一是营销环节，要明确对方协议签署的主管部门；二是办卡环节，必须落实四部委关于首次办卡“亲访亲签”的要求，严格审查申请表的各项要素信息，并与单位换手核对申请信息的真实性；三是领卡环节，要严格执行签收规定，对办卡人进行电话回访；四是用卡环节，要加强异常交易监控，核实交易行为的真实性。

6. 做好预算单位、国有企业的全方位金融服务，拓展外企和民企公务卡市场。要以公务卡为突破点，全面拓展对预算单位、军队武警和国有企业的综合金融服务。要认真研究各地、各部门公务卡强制结算目录以及定点消费和采购目录，在公务卡指定消费场所积极布放我行 POS 机具，借势扩大我行收单市场份额。巩固和加深与预算单位、军队武警和国有企业的全面合作关系，积极拓展对公存款、贷款、个人金融、现金管理、投资银行等综合金融服务，同时积极营销他行预算单位、国有企业使用我行金融产品。要借助本次财政预算单位、国有企业公务卡推广的有利时机，积极拓展外资企业、民营企业等公务卡市场，开创预算单位、军队武警、国有企业与非国有企业公务卡四大细分市场齐头并进的良好格局。

同志们，政策带来的机遇只是一种可能性，我们只有通过扎实工作，才能把可能性转化现实。全行上下要牢牢把握这次发展机遇，尽快行动起来，加强领导，加大投入，统筹协调，发挥合力，确保圆满完成公务卡营销的各项计划目标！

在部分分行经营形势分析座谈会上的讲话

郑万春

（2013 年 9 月 18 日 · 根据录音整理）

我刚到工行时间不长，情况还不太熟，参加这次座谈会对我来说也是一次学习和调研的机会。这些年来，工商银行在总行党委的领导下，在全体同志的共同努力下，取得了举世瞩目的成绩。这次参加会议的华东区 9 家分行，占全行规模总量的四分之一。从昨天一天的汇报来看，百闻不如一见，各行的经营管理水平和经营业绩都是非常突出的。关于政策方面我还在了解过程中，就不多谈了，主要结合前一天各分行汇报和易行长提出的四个讨论主题，谈三点体会和看法。

一、全行总体发展平稳，风险可控，存贷款和效益保持持续增长

主要有以下几个特点：一是存款绝对额上升，但同业占比有所下降。截至 8 月末，境内分行人民币存款余额 145 015 亿元，增幅 2.26%，但更能体现效益的日均余额比年初下降 435 亿元。分品种看，储蓄存款余额 69 397 亿元，比年初增加 3 199 亿元；公司存款余额 32 672 亿元，比年初下降 323 亿元；机构存款余额 35 506 亿元，比年初上升 4 373 亿元；同业存款余额 7 441 亿元，比年初下降 3 353 亿元，同业存款的大幅下降主要是总行主动调整负债结构，对高成本的短期同业定期存款进行压降的结果。从四大行横向比较看，农行存款增幅为 4.59%，中行为 5.84%，建行为 2.76%，我行存款增长的幅度是最小的。

二是贷款绝对额上升，增幅排名基本稳定。到 8 月末，境内分行人民币贷款余额 85 363 亿元，较年初增长 8.10%，农行贷款增幅 8.68%，中行贷款增幅 6.88%，建行贷款增幅 8.67%，我行绝对额排在第一位，增幅排在第三位。

三是不良贷款余额有明显上升，不良额和不良率呈现“双升”走势。年初全行不良贷款余额 746 亿元，占全部贷款的比重为 0.85%；到 8 月底余额为 945 亿元，占比 0.99%。

四是效益绝对额同比上升，但增幅同比有所下降。前 8 个月，境内分行实现净利润 1 668 亿元，同比增加 110 亿元，增长 7.1%，增幅较前期略有下降，其中 6 月末集团口径同比增长 12.3%。

从这组数据看，我行的各项指标是排在行业前列的，领先地位是不可动摇的，但从同业占比看，市场份额有下降趋势，充分反映了市场竞争的激烈程度和金融业格局的不断演进。因此，虽然发展势头好，但也要保持清醒认识，认真研究对策，继续坚持不懈地做好各项工作。

二、存在的一些问题和产生的原因

从外部来看：一是主要受经济金融发展形势的影响。由于经济增长的放缓，导致不良贷款的产生和增加，这也是一个必然的趋势，有些行业，比如钢贸、钢铁、光伏、政府平台、煤炭等出现了亏损和风险。我们在信贷方面也有针对性地制定了很多政策来调整投向和优化结构，避免新的不良贷款的产生。二是受市场竞争的影响。应该说现在同业竞争、几大银行之间的竞争都比较激烈，尤其是随着利率市场化机制的形成，小银行的竞争将更加突出，特别是对存款的竞争。非银行金融机构的竞争现在也是非常激烈，信托业资产规模目前是 9 万亿元左右，年内就可能达到 10 万亿元。还有保险、证券等管理资产的规模也都在快速增长，都会对商业银行的业务发展产生一定的影响。

从内部来看，也存在一些影响因素：一是业务办理和审批程序还需要进一步优化。有些环节还是比较复杂的，风险是控制住了，但是灵活性还有待提高。二是产品品种是不是适合和满足市场发展和客户的需求，要多做一些考虑。为了适应市场竞争，各家银行都设计了非常丰富的产品，我行产品也非常丰富，但还有很多产品需要开发。三是考核的指标非常丰富，但是因此也有不够集中的问题。四是贷款规模问题。对于贷款的规模国家有总体的调控，同时也受到存款的制约，每年的规模总量都是有限的，不能一味地追求增加规模，而要设法提高质量和单产。

上述内外部因素对我们的经营产生了一定影响，大家在昨天的汇报中也都对这些情况进行了深入的分析，我认为是比较到位的。

三、在经营中值得研究和探讨的问题

一是加大力度开拓市场。在客户开拓上，要根据大小客户不同的特点采取不同的营销策略。小客户数量特别多，经营灵活，从银行角度要抓住实质性风险，要简化程序，重点在产品开发和渠道上抓住客户，抓一些关键环节。比如说，要有有效的抵押和保证措施等。在大客户拓展上要抓重点客户，总分行既要发挥合力，又要建立分层次的客户营销体系，总行重点抓200多户集团客户、总部客户，每个省分行也要有重点客户名单。在客户营销上，要充分利用我行的综合性优势，整体一揽子营销，而不是只抓存款或只抓贷款，特别是要避免大家反映的“裸贷”现象，努力将重点客户发展成为我行的综合服务客户。

二是多措并举化解不良贷款。在不良贷款清收处置中，打包转让是一个方法，从各分行反映看效果比较好，但规模受总额的限制，也涉及要提取拨备，直接影响到利润等问题，因此也要研究一些其他方式和办法。比如考虑资产证券化或者结构性交易的方式，或者特定债权资产的财务顾问等。打包转让审批要集中报总行，走总部审批程序，严格做到依法合规。可以利用我行的综合性优势，与地方其他项目结合起来对企业进行重组，在支持地方经济的同时，依托地方政府支持，研究解决我行的不良贷款问题。还可以与其他金融机构合作，通过投资银行的手段进行企业和债务重组，盘活不良。此外，在不良贷款处置中，对于传统的方式也不能放松，要加大清收追索和资产抵债力度，把实实在在的东西抓在手里。

三是简化程序、提高效率。适当地对部分产品和客户，有针对性地研究特殊授权和流程，例如对上海自贸区业务、浙江小贷企业等。对总行现有信贷管理系统要进一步优化功能，适当增加灵活性。对考核目标、对规模分配，在总的规模能够满足需要的情况下，根据各分行特点，结合目前我行业务的转型发展进行适当地调整。对存贷款定价机制，针对各行不同情况、不同企业考虑综合定价，加大基层定价的授权和灵活性，特殊情况报总行研究解决。

四是加大转型、创新力度提高效益。建立健全以客户为中心的经济资本考核办法，适应市场需求。进一步优化符合国家政策导向的信贷投放格局，比如说“新四化”问题，在贷款投放上重点应考虑抓好城镇化建设、农业现代化建设中的新机遇，挖掘培育新的效益增长点。进一步加大中间业务拓展力度，中间业务是转型发展的重点，目前国际银行同业的中间业务收入占比基本为30%～40%，我们近年来也有了很大提高，要继续坚定不移地推进中间业务发展。要充分发挥集团的整体优势，加强总分行与集团其他子公司的合作，提高为客户提供多元化服务的水平，增加新的效益增长点。要加大产品创新力度，设计出满足客户需求的多元化产品。此外，事情是人做出来的，各行也应重视加大创新业务人才的培养和引进力度。

多措并举 加大力度 推动投资银行业务又好又快发展

——在中国工商银行投资银行业务视频会议上的讲话

郑万春

（2013年11月22日·根据录音整理）

今天，我们专门召开这次投行业务视频会议，主题就是要动员全行加大力度，推动投行业务又好又快发展，确保完成全年投行业务经营计划，争取为全年整体经营业绩的实现多作贡献。下面我讲四点意见。

一、目前投行业务经营情况

截至11月20日，全行境内实现全口径投行收入208.4亿元，同比增长7.2%，完成全年计划的71.6%。其中，实现基础类投行收入86亿元，同比下降23.7%；实现全口径品牌类投行收入122.3亿元，同比增长49.7%。

今年以来，基础类投行业务收入有较大幅度的下降，原因是多方面的。3月银监会出台“8号文”，对全行理财投资规模影响较大，发改委下半年启动全国涉企收费专项检查，也给分行带来较大压力；还有我行自身对规范经营的要求更加严格，以往对投行收入贡献较大的房地产、地方政府融资平台和中小企业相关业务也不同程度地放缓脚步。当然，也有部分分行存在“因噎废食”的现象。尽管如此，全行公司投行战线的同志们克服困难、开拓进取，仍然在品牌类投行业务拓展方面取得了显著成绩，保持了投行业务对中间业务的整体贡献度，借此机会，向大家的辛勤工作道声辛苦并致以敬意！与此同时，我们必须充分地认识到，今年投行业务遇到了很多以往从未出现过的问题，需要引起我们足够的重视。主要是基础类投行业务收入持续负增长，导致投行收入整体增速自2002年以来首次降到个位数，计划完成情况不容乐观。品牌类投行业务收入经过近两年的快速增长后，今年开始有些业务品种明显出现增速放缓、增长乏力的迹象。此外，也存在投行业务区域间发展不平衡的问题，部分分行出现了投行收入较大幅度下降的现象。具体来讲，今年以来全行投行业务有以下几个特点：

（一）投行业务收入整体上升，但同比增速和计划完成进度明显放缓。截至目前，投行收入在全行中间业务收入中的占比虽然较上年末下降1.9个百分点，但仍然保持在20%左右，继续在各大类中间业务产品中保持第一。但投行收入增量在全行中间业务收入增量中的占比由去年的47.3%下降为9.7%，下降幅度较大。投行收入的增幅和年度计划完成率也为历年来的最低，已实现收入与年初制定的290.8亿元投行收入计划相比缺口很大，投行业务经营压力明显加大。

（二）投行收入上半年增长较快，下半年大幅回落。今年前两个季度分别实现投行收入81.5亿元、75.7亿元，均为历年来的季度最高水平，截至半年末的同比增速也还保持在10%以上。但第三季度仅实现投行收入47.7亿元，较前两个季度环比大幅下降。其中，基础类投行收入由前两个季度的33亿元、28亿元下降到第三季度的24亿元；品牌类投行收入也由前两个季度的49亿元、48亿元下降到第三季度的24亿元。尤其是高端财务顾问业务收入由前两个季度的23亿元、20亿元下降到第三季度的6.7亿元。进入第四季度以来，这1个半月多的时间，投行收入仅增长3亿元，这是我行上市以来从未出现过的情况。

（三）同业占比继续保持第一，但领先优势有所减弱。截至9月末，按照我行口径计算，工、农、中、建四行分别实现投行业务收入205亿元、120亿元、100亿元和117亿元，我行仍保持四行占比第一（37.8%），但领先优势较上年末下降3.2个百分点，我行投行收入同比增加15.8亿元，四行排名第二，落后于中行的49亿元。

（四）品牌类业务收入增长较快，基础类业务收入大幅下降。今年以来，全行品牌类投行业务继续快速发展，截至11月20日，全口径品牌类投行收入完成全年计划的80.8%，在全部投行收入中的占比达到58.7%，较上年末44%的水平提高了近15个百分点。其中，总行投行部负责的重组并购、股权融资、高端财务顾问三项品牌类投行业务实现收入86.9亿元，同比增长56.9%，完成全年计划的87.3%，在全口径品牌类投行收入中的占比提高到71%，较上年末65.7%的水平提高5.3个百分点。与此同时，基础类投行收入自去年初全行开展规范经营专项活动以来，增速逐步放缓，出现了连续负增长的局面。截至11月20日，基础类投行收入仅完成全年收入计划的61.7%，与年初139.4亿元的计划相比，缺口达53.4亿元。

（五）品牌类业务整体贡献提升，但部分产品增速放缓。截至11月20日，品牌类投行业务中，股权融资、高端财务顾问和银团贷款安排业务收入继续保持较快增长，同比分别增长79.6%、82.1%和52%，股权融资和高端财务顾问业务收入分别完成计划的92.4%和103%。而重组并购、债务融资工具业务收入增长缓慢，计划完成进度明显落后于序时进度。重组并购业务实现收入22.1亿元，计划完成率63.2%，同比增速仅为12.2%，与去年同期138.9%的增速相比，降幅巨大；债务融资工具业务实现收入8.6亿元，同比增速仅为3.9%，与去年同期33%的增速相比，也出现较大幅度下降。

（六）许多分行完成计划缺口较大，同比增速全面放缓。从计划完成率来看，截至11月20日，作为总行计划单位的37家一级、直属分行中（总行未对西藏分行下达收入计划），基本完成或超过序时进度（88%）的仅6家分行，分别为青岛、河南、河北、新疆、内蒙古、宁夏分行，其他31家分行均未达到序时进度。在距离年终决算仅剩40天的情况下，还有24家分行计划完成进度低于70%，最低的福建、吉林、甘肃、黑龙江4家分行计划完成率都低于50%。总行对37家计划单位年内计划预计完成情况进行了电话了解，根据各家分行的估计，年内投行收入预计实现249.9亿元，距离年初计划（290.8亿元）尚有41亿元缺口。仅有青岛、河北、内蒙古、安徽、河南、新疆、云南、天津、湖北、重庆、宁夏11家分行预计能够完成计划任务。其余26家分行均预计无法完成。计划缺口最大的5家分行分别是江苏（-6.9亿元）、福建（-4.5亿元）、湖南（-3.8亿元）、广东（-3.8亿元）、山东（-3.2亿元）。这5家分行计划缺口合计22.1亿元，占全行计划缺口的52%。

从同比增幅来看，全部38家分行中，同比增幅超过全行计划平均增幅（18%）的仅14家。同比负增长的分行达到13家，其中负增长率最高的5家分行，分别为甘肃（-43.6%）、吉林（-27.8%）、福建（-27.2%）、黑龙江（-26.1%）和深圳（-25.9%）。收入同比下降绝对额最高的5家分行，分别是江苏（-3.6亿元）、福建（-1.8亿元）、湖南（-1.4亿元）、山东（-1.4亿元）和深圳（-1.2亿元）。

从中间业务贡献度来看，投行收入占中间业务收入的比例超过全行平均水平（20%）的有20家分行，其中最高的天津分行达到42%，内蒙古、宁夏、青岛、海南、江西5家分行超过30%。17家分行低于全行平均水平，最低的5家分行分别为青海（11.2%）、新疆（10.7%）、深圳（10.7%）、北京（10.7%）和甘肃分行（6.2%）。

从四行同业占比来看，31家省分行中，总量占比有25家的同业占比排名第1；河南、广西2家分行排名第2；吉林、福建、甘肃3家分行同业排名第3；青海同业排名第4。增量占比仅8家分行排名第1；9家分行排名第2；还有8家分行排名第3，分别为山西、江苏、福建、江西、海南、贵州、陕西、青海分行；6家分行排名第4，分别为辽宁、吉林、黑龙江、山东、湖南、甘肃分行。

二、充分认识年前抓好投行业务增收工作的重要性

（一）投行收入计划完成情况对全行中间业务及经营业绩具有较大影响。姜建清董事长高度重视投行业务，曾明确指出，“开展低资本耗用而高智力型的品牌类投行业务，不仅扩大中间业务收入，提升收入质量，而且能够抓住龙头，派生出公司、个金及其他收费业务，扩大品牌影响力，增强对客户的黏性”，“投行业务进步快，成为收入转型的一个亮点。要坚持投行业务发展和收入结构调整的方向。”易会满行长也多次强调，近年来“投行业务发展情况喜人、转型效果突出”，“在推动全行加快经营转型，更好地应对利率市场化、金融脱媒化，推动全行综合化、国际化，保持我行持续竞争发展能力中，投资银行具有不可替代的地位和作用”。在传统银行业务增长乏力的情况下，市场前景广阔的投行业务将是商业银行未来的“蓝海”领域。

今年下半年以来，全行利润增长幅度有所放缓，净息差有所下降，而且压降不良贷款的任务也较重，如果中间业务收入不能保持较好的发展态势，则全年的经营效益可能面临更大的压力，对我行的市场形象、市值管理和投资者信心可能造成影响。近年来，全行投行收入占中间业务收入的比重都超过20%，是中间业务收入的第一大品种。因此，投行收入计划完成情况对中间业务收入计划完成、对全行经营绩效的提升都具有十分重要的作用。在分行层面，很多分行投行收入对中间业务和经营绩效的影响可能比总行还要显著。希望各行主要负责人要树立起责任意识和全局意识，充分认识到抓好投行业务对于增收工作的重要意义，从坚决贯彻总行决策、确保全行经营大局的高度，将投行增收工作作为分行班子的核心工作内容之一，确保年底前扭转局面、弥补缺口。

（二）投行业务应为全行中间业务发展不断提供新的动力。近年来投行收入增量对中间业务收入增量的贡献也非常显著，尤其是去年达到47.3%，在银行卡业务之后位列第二。但今年以来，投行收入增速一直落后于中间业务收入整体增速，虽然总量贡献度仍然保持第一，但增量贡献度已经滑落到9.7%，在全部中间业务收入品种中排名第六，这也是全行中间业务收入增长乏力的重要因素之一。虽然目前投行收入增速和计划完成进度都不太理想，但今天参加会议的都是管理经验非常丰富的主管行长和公司投行部门负责人，大家都应该深有体会，其实不管哪个专业，12月的计划完成情况历来都有很大的弹性，只要全行上下能够认识到位、措施得力，完全可以在计划任务冲刺阶段取得业务收入的显著增长（比如，去年11月20日到年底的40天里，全行投行收入和中间业务收入分别增长了52亿元和235亿元；特别是12月的后半个月，全行投行收入和中间业务收入分别增长了42亿元和169亿元）。各行要树立投行增收工作的信心和决心，提高责任感和紧迫感，化压力为动力，全力抓好这项重点工作，力争为年终决算交出一份好的答卷。

（三）品牌类投行业务发展对全行市场形象和投资者信心具有重要意义。股改上市以来，投行业务已经成为全行中间业务最主要的收入来源和增长来源之一，成为中间业务发展和我行战略转型的重要推动力量。在我行战略引资、上市路演、业绩披露等历次重大事件中，投行业务都成为监管部门、资本市场、合作伙伴最为关注的业务亮点之一，对提升我行整体形象、展示战略转型成果发挥了重要作用。股改上市后，包括投行业务在内的手续费及佣金收入已经成为资本市场和投资者评估我行市场价值和发展前景的重要参数。去年投行改革以来，总行党委确立了“打造与工商银行全球地位和影响力相匹配投行业务”的战略目标，明确了大力发展品牌类投行业务的战略方向。品牌类投行业务也实现了跨越式发展，2012年和今年前三个季度，全行分别实现全口径品牌类投行收入108.2亿元、121.1亿元，同比增速分别达到167%、52%。在今年公布半年报的业绩发布会上，品牌类投行业务成为我行提振市场形象和投资者信心的突出亮点和关注焦点之一。但自第三季度以来，品牌类投行收入的环比增速出现了较为明显的回落，尤其是10月品牌类投行只实现收入0.96亿元，这需要引起我们高度的关注。从基础类投行收入看，预计全行即使经过最后40天的不懈努力，全年基础类投行收入能够达到与去年持平、不出现大的下降就已经是较为理想的局面。因此，整个投行收入整体贡献度的提升也需要品牌类投行收入作出更多的贡献、承担更多的责任。

三、关于年前推动投行业务发展的总体要求

（一）要确保完成年初制订的各项经营计划。全行

要确保按照年初计划实现全口径投行收入290.8亿元，同比增长18%，在中间业务收入中的占比要继续保持在20%以上。其中，品牌类投行收入要在确保完成年初151.4亿元计划的基础上，力争多增长15亿元左右，达到170亿元，弥补基础类投行收入的部分计划缺口。基础类投行收入尽管面临的困难比较大，但也仍要按照年初计划的139.4亿元去努力，尽量缩小计划任务缺口，底线是不低于125亿元。

（二）各分行都要力争完成和超额完成计划任务。目前已经完成或预计能够完成计划的11家分行，仍要继续做好增收工作，力争实现更多的超计划收入，为全行完成经营计划提供更多的回旋空间。当然总行在制订明年的计划任务时，也会充分考虑这些分行今年底作出的实际贡献，将主要参照这些行今年的计划任务数、而不是实际完成数作为计划基数，绝不鞭打快牛。目前存在计划缺口的26家分行，要将增收工作作为年前的核心任务，缺口不大的分行要力争完成计划，缺口较大的分行也要全力缩小计划缺口。总行在年终的投行专业考核中，将对年终决算后未完成计划的分行加大扣减分力度，并将今年未完成计划产生的缺口列入明年计划目标中。

四、具体的工作措施

（一）分工负责，层层落实，一抓到底，抓出成效。希望各分行认真分析投行收入产生差距的原因，提出年内增收的具体措施向分行党委汇报，由分行分管行长亲自抓，将任务层层布置到部门、辖属分支机构，并分品种、分项目、分阶段落实到每个责任人。计划缺口大的分行，要由分行主要负责人召集相关部门和机构专题研究落实本行增收工作方案，确保全辖思想一致、步调一致，推动本辖增收工作齐心协力、齐头并进；缺口较小的分行，要有效安排在年内能弥补缺口的措施，确保完成全年任务；没有缺口的分行，也要采取措施力争超额完成，多作贡献。各行在工作开展过程中要注意方式方法，要找准问题要害，根据实际情况抓好重点产品和重点机构，不撒胡椒面、不眉毛胡子一把抓；要多措并举，通过赴重点二级分行现场办公、每周甚至逐日监测计划进度、倾斜配置业务和考核资源、部门负责人甚至主管副行长挂帅督办重点大额项目进度等多种方式，确保增收工作落到实处、抓出实效，力争在年终决算前的关键阶段，尽最大可能为全行经营业绩多做一点贡献。

（二）分产品、分科目、分机构抓精、抓细增收工作。现在全行全口径投行收入共计9个科目，每个分行的实际情况和业务结构都有所不同，希望各行认真立足自身、分析原因，查找自身的薄弱环节和业务空白点，逐项分析投行产品、投行科目的问题所在和增收潜力，逐个制定辖属机构的增收措施和督导机制，逐笔梳理现有已签约项目的入账进度和储备项目的完成进度，把投行收入增收工作抓精、抓细、抓出实效。

各级公司投行部门要按照各自的职能分工，逐项确定各投行产品线年内的增收工作重点。一是要尽量缩小基础类收入计划任务缺口。投融资顾问和常年财务顾问通过去年以来的服务规范，基本具备了大力推广的条件。常年财务顾问已实现“服务分级、收费分级”，客户适用范围较广，关键是要抓好拓户工作、提升客户覆盖率。投融资顾问单笔收费金额高，是大额顾问收费的核心产品。对高融资成本行业中存在的顾问业务机会，在依法合规的前提下要做到应收尽收。二是要延续品牌类业务较好的发展势头。高端财务顾问业务方面，对协议约定年内收取顾问费的项目，应加强与客户沟通，确保收入及时入账；对已完成行内信用审批但资金尚未到位的项目，应加紧落实前提条件，争取年内完成资金投放和顾问费的收取；对正在运作中、预计年底前可完成审批和投资的项目，要提高工作效率，保证按计划完成项目运作。股权融资业务方面，各分行要重新梳理所有已完成或已进入投资（募资）流程的项目，对可以在今年实现的收入，要督促客户尽快执行协议条款；要加强与资金渠道部门的沟通协调，已收费但未进行分配的项目收入要尽快划账分配。重组并购业务方面，今年以来工作重点放在结构调整上，整体收入尤其是重组收入增速明显放缓。各分行应抓紧最后40天的时间，尽快完成现有项目的推进与收尾，尤其是要在规范经营的前提下，通过多种融资方式拓展具有实质性内容的债务重组业务。债务融资工具承销方面，截至10月末，我行主承销债务融资工具2 381亿元，市场排名第二，落后建行238亿元。发行资源丰富的江苏、山东、广东、湖北、天津分行分别落后当地建行73亿元、26亿元、83亿元、85亿元、55亿元。尽管面临资金紧张等因素影响，各行仍要在最后40天内加快推进已报会项目的发行工作，尽量追赶建行、缩小差距。银团贷款方面，主要是各行公司业务部门要认真梳理年内可能投放的重大项目，如有可能尽量采取银团方式，扩大银团顾问、安排、代理及管理费等收入来源。

（三）加强收入增长和计划完成进度的考核监测。会议结束后，请各行回去及时制定出年内投行业务增加收入和弥补缺口的可行计划，于下周三下班前以行发文报送总行。存在计划缺口的分行，必须每周向总行报送计划执行进度。这些报告都由总行投资银行部牵头受理。对年内抓增收工作不力的分行，总行公司、投行部门要在各自的全年专业考核排名中，在执行年初既定考核办法要求的前提下，加大计划完成率、收入增长率等关键指标的权重，对增收工作不力的分行要直接扣减分值，甚至下调考核排名。各分行要建立对辖属分支行投行计划完成情况的监测制度，在全辖营造抓好增收工作的浓厚氛围。二级分行是投行增收工作的关键所在，要将二级行投行收入的计划完成情况作为对其年终业绩评价和资源配置时的重要参考因素。各行要对增收工作组织不力的辖属分支行，要采取通报批评、诫勉谈话等方式落实问责制度，增强辖属分支机构的紧迫感和执行力。

（四）处理好规范管理与业务发展的关系，既要确保合规经营，又要推动业务正常发展。上周，谷澍副行长已经专门召开视频会议，专题通报了发改委涉企收费专项检查的情况，指出了各行在配合涉企收费检查中存在的不足，并就下一步的工作做出了细致、重要的部署。这里我要强调的是，各分行一定要正确处理好发展与规范管理的关系，不能“因噎废食”、“矫枉过正”。就部分分行对外部收费检查反应过度的问题，易会满行长也在近期作出批示，指出“需正确处理规范管理与合理收费之间的关系”，“要一手抓规范、一手抓发展，确保全行中间业务良性发展态势”。一方面，我们在规范收费管理的同时，不能因为检查，正常的投行业务也不敢做了。规范是为了更好地做好投行业务，是为了促进投行业务的可持续发展。只要分行投行项目有合法的合同协议，客户是自愿选择我们工行，我们也提供了有效的投行服务，收费在总行规定的标准范围内，就是合理规范的。不仅要做，而且要争取做大做好。当然，对发改委检查出来的确属管理不规范的问题，各行要深刻剖析原因，认真做好整改。从下周开始，总行还将组织多个中间业务增收工作督导组赴分行开展工作，公司投行条线的同志们要认真按照督导要求做好投行业务增收工作。另一方面，增收工作虽然很重要，但是绝对不能按下葫芦浮起瓢，头脑发热、简单机械地抓投行收入是绝对不允许的。尤其是在发改委已经进驻检查的情况下，抓投行增收，尤其是基础类投行业务增收工作的同时绝对不能对规范管理工作掉以轻心，该走流程的必须走流程，该提供服务的必须不打折扣地提供服务，对有些重点客户的沟通解释工作必要时要由分支行负责人亲自出面，确保在关键时刻、敏感时期不出差错。

各行投行业务增收工作面临的困难，有很多共性的地方，比如规范经营压力加大、其他中间业务品种分流、表内外融资规模下降等。但除此之外，不可否认的是，很多分行的问题在于经营理念出现偏差，片面地理解规范管理的压力，不是以加强服务为出发点，而是以放松正常业务发展为代价去应对规范管理压力。因此，大家就会看到，面对相同的困难和经营环境，各分行的业绩表现差别很大。有些分行从总行获得的各种资源和支持并不少，市场环境和客户基础也都不错，但投行业务发展的步伐却明显慢了下来。而有的分行就能够未雨绸缪，在系统推动、政策配套等方面提早入手、多想办法，推动投行收入保持了较快的发展。其实，我认为，业务发展快的分行，不见得就会在规范管理方面出多大的问题，我们相信，有进取心、有执行力的分行无论是抓业务发展，还是抓规范管理，都会有思路、有能力、有办法。反而是那些消极对待业务发展的分行，暴露了自身在经营理念方面的缺陷，最终也未见得能以此减少业务风险。

今天的会就开到这里，希望各行回去抓住年底前的最后40天时间，全面加大投行业务增收工作力度，在确保规范合规经营的前提下，为全行经营绩效提升作出更多的贡献。

在中国工商银行公司与法人客户营销系统推广视频会上的讲话

郑万春

（2013年12月13日）

今天，我们召开这次视频会议的主要任务是，动员全行推广应用公司与法人客户营销系统，提升公司客户营销工作信息化、科学化、精细化水平，全面落实“大公司金融”战略，进一步推进公司金融业务转型。下面，我讲三点意见。

一、明确公司金融转型的战略思路和举措

过去十年，我行依靠改革创新，坚持公司金融业务转型发展，对内整合资源，对外扩大服务边界，经过持续努力，经营转型取得显著成绩，信贷结构全面改善，金融资产服务深入拓展，全产品营销持续推进，商行、投行业务互动迈上新的台阶，境内外营销协同发展。同时，我们也应当注意到，当前外部环境正在发生非常重大、深刻的变化，利率市场化改革正向纵深推进、金融脱媒趋势进一步加剧、互联网金融快速发展、资本监管新规正逐步实施，尤其是党的十八届三中全会召开后，

一系列重大金融改革措施即将展开，包括允许民间资本设立中小型银行、扩大信贷资产证券化试点、设立消费金融公司、推进汇率市场化和人民币资本项目可兑换等。可以预见，未来十年，金融生态将呈现多元化、差异化格局，商业银行经营模式、管理水平、业务创新将发生巨大变化。在这种形势下，公司金融持续转型显得比任何时候都更加迫切，其速度、深度和广度也将是前所未有的，而且也没有什么经验可供借鉴。所以，公司金融如何转型？向什么方向转？需要我们认真思考，积极探索，开创出一条具有前瞻性、独创性的科学发展之路。

一要认真贯彻落实“大公司金融”战略。姜建清董事长在2011年12月的发展战略研讨会上，第一次提出“强个金、大公司、全机构”战略。这两年，总行就“大公司金融”战略的落地做了积极部署。今年年中工作会上，易会满行长对“大公司金融”的理念、体制机制、具体举措做了全面深入阐述，详细解释了“大公司金融”战略的内涵，要求全行“以客户为中心、以市场为导向”，整合营销力量，构建“全产品营销、综合化经营”的大营销格局。公司业务部门作为直接面对客户的营销服务部门，要深入研究“大公司金融”战略顺利实施的营销机制和服务流程，建立起对联动营销、利润分成、服务团队建设以及科学评价考核等机制。全面整合客户需求，加强各部门、各机构协同联动，实现对客户全产品服务、全过程管理、全链条营销的综合服务体系。

二要树立全新的客户营销理念。当前，我们的客户部门、产品部门、渠道部门都在面向客户开展营销，客户服务更多是产品化的，而不是将客户视为一个整体来经营，这种方式很难适应客户集团化、网络化、链条式的经营模式对金融服务的需求。因此，我们要从“经营产品”向“经营客户”的营销理念转变，将客户关联关系、金融需求、综合贡献梳理清楚，建立起客户统一视图，全方位展现公司客户信息，更有效制定与公司客户总体合作策略。同时发挥全行整体协同优势，进行总体策划与部署，开展整体营销服务，将营销方式由以往的发散式转变为集中式，把多头营销方式统一为集中进出、分工协作的整体服务方式，通过“客户经理+产品经理+综合服务方案”，为客户提供一揽子差别化服务。同时要始终树立以“贷款+存款”、“商行+投行”、“表内+表外”、“本币+外币”、“国内+国际”、“公司+个人”的理念，去开拓新市场、新客户和新业务。

三要全面夯实客户基础。客户是公司业务持续发展的基础。股改以来，公司业务条线通过抓大客户、抓优质客户，实施拓户工程，保持了客户数量的稳步增长、盈利能力的稳步提升。但是，从现有客户结构看，客户总量基础和产品渗透能力仍然较为薄弱。从客户总量看，虽然我行公司客户达到403多万户，但有贷款余额的客户仅为12万户，这些客户支撑目前全行超过6万亿元的贷款、每年超过4万亿元的投放，而且每年贷款还要继续增长，所以要保持信贷业务的可持续发展，必须扩大信贷客户总量规模。从产品渗透看，还有较大提升空间。近期，总行对有融资关系的大中型客户的存款、贷款、现金管理、网银等15种重点产品覆盖情况进行了统计分析，只有存款、贷款、网银和现金管理的覆盖率接近或超过50%，其他11种产品的覆盖率基本都在20%以下，企业债和银团业务覆盖率不到2%。因此下一阶段，要实现客户总量和客户基础的提升，要做好两件事情，一是新市场和新客户的拓展，全行要把拓户作为“一号工程”，认真思考新客户从哪里来？在今年公司金融业务半年度专业会上，总行公司业务一部提出了五类重点市场拓展客户，各行要全面梳理，找出这些市场的目标客户。客户拓展要做到大中小并举，有贷、无贷一起抓，确保客户增长率的稳步提升。二是存量客户的服务，就是如何留住存量客户的问题。要做好关系管理，加强与客户的沟通互动，强化服务标准和质量，提升客户活力、忠诚度和满意度，稳定客户数量，降低客户流失率。同时，要加强产品渗透力，提高产品覆盖率，增强对客户“黏性”。

四要狠抓客户信息管理。客户信息蕴藏着市场机会，公司客户以银行为依托，以账户为纽带，每天进行着大量交易，产生大量的、各种形式的、快速传输的数据信息，这些经济活动、交易数据在银行体系内聚集汇合，进行纵向和横向的流转。企业数据的流转，反映的是客户在投行、理财、托管、保险、基金、租赁、境外等方面的金融需求。因此，我们要重视客户信息的收集、存储、处理、分析与应用，把客户的各类信息有机整合起来，构建公司客户大数据库。通过对客户资金流、物流和信息流的深度分析，把握客户的交易习惯，为服务客户、研判市场、评估风险和配置资源等提供决策支持，同时要摸清客户潜在需求，筛选出目标客户，更加精准、迅速地捕捉业务机会。

五要建立以系统为依托的科学营销方式。目前我们的客户经理人数不到3万人，人均管有贷户数量超过4户，部分行超过10户，加上无贷户，人均管户数更多，有些客户经理名下甚至超过100户，同时还要不停拓展新户。如果没有系统支撑，仅是客户业务数据的记录、统计、分析就会牵制客户经理大量的时间和精力，而且客户需求信息也不能及时有效传递给产品部门或其他机构，从而影响客户营销的广度和深度，造成客户要么流失，要么极度不活跃。因此，要改变客户经理对尽职调查中数据掌握的活情况和数据仅靠用小本子记录，或自己建立小型台账来管理客户信息，建立客户营销系统，将客户动态、客户走访等信息全部统一维护在系统中共享，不但各级管理人员和客户经理，可以快速查看到自己管理客户的全方位信息，产品、渠道、个人等部门也可以分享客户信息，打通客户经理单一营销的壁垒，建立纵向和横向密切联系的营销网络，实现客户经理和产品经理顺畅沟通，使客户金融需求全面辐射，真正做大做强业务规模。

六要更加重视绩效管理，提高运营效率和价值贡献。在推动客户拓展过程中，要从客户、客户经理、产品、机构、部门等不同维度，进行业绩效率和贡献度的分析评价。评价公司金融总体工作成效，既要看总量，又要看结构和质量；既要把业务规模做到同业第一，又要把人均效率、效益做到高于市场平均水平；既要保证重点区域、重点客户和重点产品最具市场竞争力，又要持续提升客户和产品的价值贡献。要把人力、物力和财力投入到最需要的地方，确保产出和投入成正比，使考核评价工作真正能够对公司金融转型发展起到导向和推动作用，切实提高营销服务运营效率。

二、公司与法人客户营销系统的建设是推进公司金融转型的重要保障

公司金融转型是当前最迫切的任务，而转型的核心在于技术创新和机制改革。要从信息化建设入手，实现客户信息全面整合、客户统一视图完整展现、目标客户有效挖掘、客户营销全流程管理、部门联动营销顺利开展、业绩贡献科学评价，从而建立全新的公司金融业务发展模式，推进全行公司业务经营转型和“大公司金融”战略的实施，实现公司金融盈利能力与竞争力的进一步提升。

我行历来重视信息化建设，先后开发了多个系统来实现对公司客户的信息管理、营销服务、业务办理和绩效管理等，虽然这些系统在历史上发挥了很重要的作用，但都没有真正实现“以客户为中心”的营销信息管理和服务，只是根据客户对某种产品或业务的需要收集相关信息，而这些信息又是通过多个环节、多个部门、多个渠道在维护和发布，客户数据呈现条线化、局部化、碎片化等现象，造成系统数据标准不一，客户信息不全面、不准确、不及时、不完整，这对准确评价客户价值、科学衡量与考核岗位贡献造成很大困难，管理决策缺乏真实依据，也很难发掘目标客户市场、开拓更广阔的业务空间。在这种形势下，加强客户信息化管理水平，以集团化、系统化方式梳理客户整体关系，提高客户信息的准确性和及时性，真正实现“一个公司客户”的整体营销服务成为赢得市场、赢得客户的关键。为此，总行决定在原来法人客户营销、集团客户综合价值评价等系统基础上，对现有功能进行优化和提升，建设全新的公司与法人客户营销系统。

今年7月，易会满行长、林晓轩首席信息官分别部署了公司与法人客户营销系统的建设工作，确定由总行公司业务一部牵头，信息科技部、结算与现金管理部、产品创新管理部、信贷管理部、管理信息部等部门配合，加快推进系统建设，确保一期在年底前投产，二期在明年4月底前投产。要在半年内完成系统一期开发，可以说时间非常紧、任务很重、工作量也很大，总行各相关业务部门和各分行克服种种困难，付出了巨大努力。信息科技部在系统前期评估、功能定位、组织开发力量等方面做了大量工作；产品创新管理部在功能设计、需求编写等方面投入了大量人力；结算与现金管理部、管理信息部、财务会计部、信贷管理部等部门在数据共享、资源整合、信息标准化、客户信息梳理、客户科学分类等方面提供了巨大支持；软件开发中心和数据中心在系统框架内容规划、功能实现、系统测试、生产应用等方面付出了辛勤劳动；北京、广东、山东、云南等分行参与了系统测试体验并提出了非常好的意见建议。还有许多总行部门和分行为系统的开发建设提供了帮助，这里就不再一一赘述。正是这些部门和分行的支持和配合，才顺利完成了第一阶段的工作。在这里，我代表总行党委表示衷心的感谢！同时，希望大家继续发扬优良工作作风，把公司与法人客户营销系统的开发、推广、完善工作持续做好，在科学管理、精准营销等方面发挥应有的作用。

今天我们召开这个会议，标志着公司与法人客户营销系统正式进入推广应用阶段。我相信，这个系统的投产将对公司金融业务的转型起到很好的推动作用。

一是实现了客户信息的全面整合，便于分层营销管理。公司与法人客户营销系统连接了行内几乎所有主要的数据系统，如客户信息系统、数据仓库、法人客户关系管理系统、资产管理系统、MOVA系统等，基本实现了存量公司客户在我行既有信息的归集整合，同时对集团客户及其关联企业、供应链企业、单一客户进行梳理，形成集团客户和单一客户的统一视图，涵盖客户基本信息、综合评价信息、全产品使用信息、资产业务信息、非信贷融资信息、负债业务信息、中间业务信息、关联信息、资金流向信息、风险信息等。可根据客户统一视图，实现对客户的分级分类，在系统中形成总行、一级分行、二级分行直营客户名单，其中总行直营客户达到300户左右，每家一级、直属分行直营客户达到100户左右，合计达到3 500户左右；每家省行营业部和二级分行直营客户达到50户左右，合计达到15 000户左右。针对直营客户，不同层级的管理人员和客户经理，可一键查询客户不同维度的信息，按照现有合作关系实行分类管理，在整体合作策略、营销频率、营销目标、营销方案、授权与授信管理、业务流程、协议签署、服务团队配备、考核指标设计等方面实现差别化管理，为在全行推行“大公司金融”战略的营销格局奠定了基础。

二是强化数据挖掘，有效改变客户拓展方式。过去拓展客户，主要以“点”拓展为主，通过自下而上逐层筛选优质客户，逐个开展营销，拓单一户、散户的情

况比较多，这种客户拓展方式的效率还比较低。随着营销系统的投产，可以依靠信息系统，通过建立专业分析师队伍，围绕客户信息流、资金流、供应链，建立筛选模型，对我行403万存量公司客户，以及从外部渠道获取的企业注册信息、企业税务登记信息、开发区入驻企业信息等进行数据挖掘和分析，全面准确地分析判断客户的现时需求，预判客户的潜在需求，提炼和发现有价值的客户群体，批量筛选出有效客户、优质客户，以及能为我行带来较大收益的客户，自上而下全面推送，指导分行开展精准营销和科学营销，提高分行营销效能，实现客户总量、产品覆盖率、客户综合贡献的全面扩展和提升。

三是建立起科学营销机制，快速响应市场客户需求。目前，公司客户跨地域经营、多产品需求成为趋势，对服务效率、服务质量要求越来越高，客户营销越来越要求部门联动、区域联动、内外联动、上下联动。营销系统的投产，可以实现公司客户营销活动流程化、智能化管理，为联动营销、快速满足客户需求提供强力支持。正是因为营销系统实现了客户信息的整合，建立了完整的客户“关系树”，可以使公司客户经理全面了解客户产品使用情况，分析客户还需要什么产品，找准客户需求的空白点；正是因为营销系统实现了客户信息的高效传递，客户需求可以快速传递给相关部门或机构，其他部门或机构在了解客户需求后，可以迅速跟进和提出客户需求解决方案，及时为客户提供金融服务。

四是实现产品与市场的有效结合，便于产品推广与创新。产品必须考虑市场、客户、效益，目前我行公司金融产品有 1 700 多种，但不是所有的产品市场影响力、客户认可度、综合收益率都很好。因此，对产品进行对比、分析、评价，加强推广与创新就显得非常重要，而营销系统就起到了这个作用。通过营销系统，客户经理可以第一时间反馈市场和客户的需求，为产品研发提供第一手资料。可以以最快的速度将产品推向市场，赢取先机。可以准确分析出不同行业、不同区域、不同规模的客户对产品的需求差异，有针对性推荐合适的产品。还可以实现对产品的跟踪研究，分析产品的市场竞争力，及时总结改进，提升服务质量。

五是有效支持客户经理队伍建设，打造过硬营销团队。目前公司客户经理虽然有3万名，但是都是什么样的结构，业务素质、岗位匹配度如何，我们并不是十分清楚。营销系统将所有客户经理纳入系统进行管理，是一项非常重要的工作。这样可以根据客户经理数量、现有素质，合理分配管理客户，有效提升客户服务效率；可以更好建立客户经理网络，在业务水平、营销技能上实现互补，提升营销合力，缓解在新市场、新客户、新业务拓展上因人员不足而带来的营销压力；可以针对业务开展过程中出现的问题，及时加强培训，弥补客户经理短板，提升客户经理战斗力；可以根据经营方向，更有针对性地选聘人才，把最优秀的人吸引到队伍中来。

六是实现多维度考核评价，提升精细化管理水平。营销系统通过与 MOVA 系统以及其他相关系统的数据同步，可以从机构、部门、产品、客户、员工五个不同维度对相关业绩进行统计、核算、考核与分析，做到科学全面地评价公司金融总体工作成效。同时，各级机构还可以根据工作需要，在系统中定制个性化经营分析报表，建立与“大公司金融”相适应的考核指标体系，强化全客户拓展考核，强化全产品营销考核，强化日均存款考核，强化重点指标压力传导，促进管理工作更加科学化、精细化，为各级机构人力、物力和财力投入的科学管理提供数据支持。

三、营销系统推广应用的几点工作要求

公司与法人客户营销系统按照贴近营销实际的业务逻辑和管理思路而开发，将分散在不同系统中的客户数据、业务流程、关系管理进行整合，将为公司金融转型提供有力保障。要使用好这个系统，让它发挥作用，真正使信息科技优势转化为经营管理优势和市场竞争优势。下面，对利用系统做好客户营销管理工作，推进公司金融转型方面，再提几点具体要求：

（一）高度重视，精心组织系统推广应用工作。各级行要成立专门的系统应用推广工作小组，由公司业务主管行长任组长，精心组织好系统上线、业务培训、推广应用工作。各级工作小组组长在机制建设上要亲自抓、亲自协调；在宣传推广上要亲自体验、亲自使用；在工作推动上要亲自组织、亲自督导。各级行公司业务部门要按照总行相关工作要求，设置专门岗位人员负责系统管理、信息接收、监测、维护与传递工作，在系统投产后完成辖内相关用户开立、角色设置与授权工作，并及时通知有关用户使用系统功能。原则上，各级行年底前系统用户均应登录营销系统，试用主要功能菜单。各产品部门在开立用户后，要积极使用系统功能，充分发挥部门之间的高效联动机制，同时提出系统功能优化的建议和需求。各信息提供部门要尽快实现数据集中和共享，并使数据导入的方式格式化。信息科技部门要做好系统上线投产和各项技术支持保障工作，切实保障营销系统推广应用工作按照总行部署顺利、有序进行。产创部门要密切配合，做好后续功能版本的开发建设，不断推动系统功能的升级与完善。

（二）广泛开展培训，确保系统推广应用效果。总行公司业务一部要牵头做好系统应用培训，既要重点做好对分行主管行长和公司业务部门总经理的培训，使分行领导层面重视系统的推广与应用，又要尽快培训一批系统推广业务骨干。各一级分行公司业务部门要在总行的指导下，尽快掌握系统使用和操作规则，做好辖内分支行用户开立、功能培训及转培训、系统管理等相关工作。各二级分行要组织专人、安排专岗，在充分领会

总、分行培训内容的基础上，采取送教上门、现场支持等多种灵活方式做好基层行的培训推广工作，使基层行的客户经理尽快掌握和熟练应用系统功能。科技部门要从系统原理和功能层面，做好培训支持，组织开发人员解答系统应用问题。总行公司业务一部还要牵头做好系统的使用规范工作，组织力量编制系统管理办法、功能操作手册等相关文件，制定好系统运用规则，确保各类信息的采集、加工、展现、输出都有据可依，系统应用有章可循。

（三）加强系统应用，持续推动系统功能升级。营销系统已搭建起公司客户营销管理的框架，但具体功能还需要各行在应用中不断完善。在系统推广应用过程中，发现的问题和新业务需求也会越来越多，总行要建立系统应用问题反馈工作机制，各级行要定期反馈应用情况和系统问题。总行公司业务一部要与结算与现金管理部、信息科技部、产品创新管理部密切配合，根据全行应用情况，及时分析分行反馈的问题，力争在最短时间内解决。同时要不断整理新的业务需求补充到系统功能中，不断推动系统功能的优化升级，使系统在公司客户的营销管理中发挥越来越重要的作用。分行层面也要建立这一机制，及时解决好系统应用中的问题，同时将客户营销过程的实际与系统功能相结合，尽量充分体现不同客户的特点，并提出相应的需求，使系统各项功能不断趋于完善。

（四）依托系统功能，提升客户营销效率。营销系统实现了公司客户信息统一管理、全景视图统一展现、客户营销全流程管理等功能，全行要加强系统应用，真正实现以客户为中心的统一营销。一要做好客户信息整理维护。各级公司业务部门要按照客户分层管理的要求，对本级行营销客户，做好集团关联关系维护、梳理客户组织架构和层级关系、客户档案上传、动态营销信息录入、营销计划和营销方案上传等，构建完整的客户信息档案，确保所有公司客户信息尽可能完整、准确、及时。同时做好客户分配，确保所有公司客户都有对应的客户经理管理。二要做好统一营销管理。各级公司业务部门要利用客户整体信息，认真分析客户需求，通过系统，加强联动，将客户需求及时顺畅传递到相关部门或机构，实现客户需求的有机整合，推进客户全产品营销和统筹服务。三要做好客户关系管理。各级公司业务部门要通过系统做好客户的识别引导、接触营销、业务处理、关系维护，充分利用移动终端，将金融产品、综合服务方案更好地向客户展示，与客户进行充分沟通和互动，了解客户的真实需求，做好产品创新，实现更为精准的营销和服务。

（五）完善应用机制，加大系统推广督导考核。系统的推广应用，是全行的一项重要工作，要对系统的使用情况加强督导、考核，对系统推广过程中不积极、不尽职的，要对相应的分支机构和部门负责人、系统管理员、客户经理进行问责。各级行要依托营销系统，对客户分配、信息搜集、客户拜访和谈判、产品推介等客户全流程营销进行监测，对信息录入不准确或不完整、信息传递不及时、联动营销不到位等情况，也要实行问责。

此外，在系统推广应用过程中，各行还要注意把握好以下两个问题：一是营销系统尚处于一期版本推广阶段，部分系统功能和数据质量问题可在使用过程中边用边改，持续优化，当前主要任务是要充分用好系统现有功能。二是既要利用好系统各项信息，又要做好客户及其交易数据等敏感信息的保密工作，利用权限管理和审核流程等方法提升信息的安全等级，杜绝系统数据外泄。

公司与法人客户营销系统的建设、推广应用是一项长期而艰巨的任务，希望各行统一思想，真抓实干，以系统推广为契机，加快提升公司业务营销管理信息化水平，促进公司业务市场竞争力的持续提升！

在营业机构核算印章综合改革动员会上的讲话

谷　澍

（2013 年 10 月 22 日）

经过深入调研、充分论证和精心准备，总行决定启动营业机构核算印章综合改革。考虑到这项改革涉及面广，前期有大量工作需要各行认真准备，所以今天召开动员会，对改革工作进行部署。下面，我讲几点意见。

一、营业机构核算印章改革的背景

核算印章在确认银行与客户双方权责关系中具有重要作用。长期以来，我行通过不断完善制度体系、建设核算要素管理系统、强化日常管理等措施，促进了核算印章管理水平的提高。但是，由于营业网点开办业务范围广的特点和核算印章管理手段的局限性，核算印章的种类和数量仍然较多，管理手段相对落后，安全隐患很大，主要表现在三个方面。

（一）核算印章数量多、分布广，管理难度大。一是种类多。按照人民银行规定要求，营业网点开办相关业务共需配备“结算专用章”“汇票专用章”等9类业务印章。此外，我行根据开办业务的需要，统一规定了“核算事项证明章”“核算用章”等5类业务印章，全行统一规定的核算印章共有14类。二是数量大。为适应开办业务的需要和保证业务处理效率，营业网点的核算印章按网点、按开办的业务种类，甚至按柜员配备。据统计，目前全行共配有各类核算印章34万余枚。三是用途广。营业网点从受理客户各类申请到各类账务处理，各种内、外部凭证上都需要加盖核算印章。由于以上原因，各级机构、营业网点负责人核算印章日常管理的难度非常大。

（二）印章管理环节多，日常管理成本大。核算印章日常管理包括交接、保管和使用等多个环节。为落实岗位分离、权限控制原则，我们根据不同环节的特点，制定了相应的管理制度。这种基于内部控制需要设计的制度，客观上对网点的岗位设置和人员配置提出了基本要求。即使是一些中小型网点，为了落实核算印章分管分用等制度，也必须按照最低标准配备人员。特别是当印章管理人员轮休、临时离岗时，给核算印章的交接、保管等带来很大的困难，也存在较大风险隐患。这种制度安排，日常管理成本大，不利于网点优化内部劳动组合，不利于全行人力资源的优化配置。

（三）违规用印风险隐患大，后果严重。在传统用印模式下印章依赖手工加盖，其使用与业务场景是分离的。因为什么原因需要用印、由谁完成用印、什么时候完成用印、印章加盖在哪些凭证上，均无法被记录和追溯，因此印章使用如果不符合真实的业务场景，甚至违规用印都很难被发现，一些严重的违规行为往往要到风险事件发生之后才暴露。近年来，同业发生了多起违规用印导致严重后果的案件，我行也曾发生过类似事件。据统计，我行涉及违规用印的被诉案件和金额已连续3年上升。目前司法实践对于银行内部人员违规用印的案件，一般均会判定银行承担相应责任，银行往往会因此面临很大的法律风险。

概括而言，我行目前核算印章点多面广、管理手段落后、用印缺乏刚性控制的现状，决定了核算印章合规使用难以得到有效管控。如果不彻底改变传统的管理方式和手段，其固有的风险隐患很容易引发严重后果。因此，核算印章的改革势在必行。

二、营业机构核算印章改革的主要内容

总行在全面分析全行核算印章管理现状、广泛听取不同类型客户和各级行的意见建议、充分论证改革必要性和可行性的基础上，提出了改革的目标、原则和内容。

（一）核算印章综合改革的总体目标。通过电子化打印或自动化控制的全新用印模式，全面构建起系统有控制、使用有记录、管理有规范、检查有手段的核算印章管理新格局，解决传统实物用印模式下印章使用和业务场景分离的缺陷，从根本上破解核算印章管理的行业性难题。

为顺利实现改革预定目标，有序推进核算印章综合改革，全行需要把握以下原则：一是客户为尊的原则。核算印章综合改革要始终坚持以客户为中心，统筹考虑法律法规和客户服务等要求，精简实物核算印章种类和数量，引入电子化和自动化的用印方式，为客户提供更好的服务体验。二是分类管理的原则。充分兼顾不同客户、不同业务的用印要求，并考虑印章的重要程度，分别设计不同的用印方式，覆盖各项业务的用印需求。三是风险控制的原则。科学管理风险是印章综合改革的主要目标之一，也是改革中需要坚持的重要原则和贯穿始终的关键点，要通过印章综合改革，建立起基于交易驱动的用印流程，以真实的业务场景为基础，完整记录业务用印的详细信息，建立安全有效的用印风险管控机制。四是稳步实施的原则。综合考虑我行业务实际，通过全行上下的整体联动和部门间的协调配合，先试点后推广，有计划、分阶段地完成改革任务，实现预定目标。

（二）改革的主要内容。核算印章改革主要包括以下内容：

一是全面实施主要业务用印的电子化改造。实行用印电子化改造的主要是不涉及第三方认证的个人业务，如个人的存取款、转账汇款等。这部分业务用印电子化改造后，在交易完成时同步打印电子图形印章。并且，总行在此次核算印章改革中，研究设计了一种可供客户验证业务真实性的“业务验证码”。这种业务验证码根据业务的关键要素加密生成，具有安全性、唯一性和不可抵赖性等特征，具备与实物印章同等的法律效力。业务验证码与电子图形印章一起打印在凭证上，有了这种验证码，客户可以通过我行的自助设备、门户网站等渠道，对业务的真实性进行核验，同时，也可有效识别和防范银行内部人员盗用业务凭证进行作案。预计改革后，全行绝大部分柜面业务将可使用电子化印章。可以说，电子化印章是对传统实物印章管理模式的一次重大变革，将从根本上改变柜面业务认证方式，适应客户日

趋电子化、信息化的服务需求，有效解决手工加盖印章不清晰，难以验证业务真伪的问题，为客户提供更加安全可靠的服务。

二是全面实现重要实物印章用印的自动化控制。目前全行核算印章中，有些是按照人民银行等监管部门规定要求配置使用的，有些是需要提供给第三方进行验证的，对这部分核算印章，将通过柜面用印机和自助回单机进行自动化控制。如银行汇票、银行本票、资信证明等业务用印，通过柜面用印机进行管理，实行自动化用印；银行提供给对公客户的回单，因客户需要满足外部审计和税务检查要求，将通过自助回单机由客户自行打印并自动完成用印；“核算事项证明章”和“核算用章”也将整合为“业务专用章”，纳入柜面用印机管理。这样改革以后，我行在用的重要核算印章，将全部纳入柜面用印机实现硬控制。与传统用印方式相比，柜面用印机在不改变用印流程、不增加客户等待时间、不改变客户交易习惯的前提下，不仅可自动识别凭证的版式和号码，而且通过业务验证码的验证，可有效防控套章、套凭证等风险。

三是全面构建基于交易驱动的用印流程。传统模式下，业务和用印分离带来了很大的安全隐患，难以有效管理。为了解决这一重大缺陷，需要建立起交易驱动用印的业务流程，实现用印和业务的准确匹配。为此，总行全面梳理了与用印相关的交易和凭证，明确业务场景、交易类型和印章种类、用印次数、用印凭证的对应关系，建立起“交易—凭证—用印”三者之间清晰的逻辑关系，统一了柜面业务的用印标准。同时，遵循“有章必有码，有码必可验”的原则，梳理确定关键交易要素，并加密生成业务验证码，将业务验证码作为交易驱动用印的唯一纽带，实现交易真实性核验和风险控制向信息化、电子化方式的根本转变。

四是统一规范核算印章种类和适用范围。对于以下三类特殊的业务用印需求，将采取针对性的措施解决：第一，对于代理税务、财政等代收类业务，因客户的行业特点而难以推行电子化印章，且各地财税部门设计的凭证标准化程度较低而难以实行自动化的用印，我们设计了“代理财税专用章”并附“他用无效”的限制性说明，仍保留其手工用印方式。第二，对于“受理凭证专用章”，为了有效管控其用印风险，考虑其用印流程的特点，以统一刻制的带提示文字的戳记予以代替。第三，对于内部会计档案留存或业务管理等内部事项，考虑其用印与客户需求无关，且已实现了业务操作记录的可追溯，将不再使用核算印章。

五是统一业务用印凭证的管理标准。考虑到现有凭证版式的设计将业务申请和处理结果集中展现在一张凭证上，由于各类凭证版式设计的标准不统一，难以满足电子化印章打印输出的要求，为此，总行建立起了全新的凭证设计标准和凭证版式，将业务申请凭证和用印凭证进行有效分离，取消业务申请凭证上的打印区域和银行签章区域。同时，新型的凭证版式设计，实现电子化印章的集中一次打印，将解决传统模式下客户办理中需要多次打印、多次盖章的问题，有利于改善柜员操作和客户服务体验。

印章综合改革实施过程中涉及客户服务、柜员体验、内部管理和外部监管等多方面的需求。改革方案制订过程中，姜建清董事长、易会满行长先后作出重要批示，提出明确要求。易行长还召开了专题会议进行研究，总行运行管理、信息科技、个人金融、法律事务等部门多次组织研讨，方案形成过程中也多次在全行范围内征求意见，方案确定后总行也向人民银行作过专门汇报，得到了充分认可和大力支持。

改革完成后，全行核算印章管理水平将显著提升。首先，违规用印风险将得到全面管控。柜员不再保留重要核算印章，核算印章使用有章不循，各种不规范问题屡查屡犯、屡禁不止的现象将得到根本遏制。其次，柜员、客户体验将显著改善。此次印章改革将取消重要实物印章保管、人工盖章操作及内部会计档案留存需要的实物用印。随着自助回单机的推广，全行对公客户回单的打印、分拣、分发工作将由柜面分流至自助回单机，网点柜员工作量将大幅降低，工作效率将有效提高，客户体验将进一步改善。最后，人力资源配置将更为集约。网点因印章分管分用、岗位制衡的制度要求而占用人员的问题将得到妥善解决，自助回单机的全面应用将为网点劳动组合优化提供更大空间，全行印章实物的监督、检查和管理的人力资源投入将大幅减少。

三、核算印章改革总体部署和工作安排

核算印章改革涉及内容多、范围广，是我行一项基础性、综合性、系统性的强基固本工程。全行上下要高度重视，精心组织，确保改革顺利实施。

（一）统一思想认识，加强组织领导。核算印章改革是多目标取向的改革，全行要充分认识改革的必要性、重要性和复杂性，全面理解改革对强化用印风险管理、降低用印成本、优化人力资源配置等方面的重要意义，增强改革的主动性。为加强改革的组织领导，总行成立了运行管理主管行长为组长、相关部门负责人为成员的改革领导小组。各行也要成立相应的改革领导小组，负责改革工作的领导和组织实施；要按照总行印发的改革方案，结合本行实际，制订具体的实施方案和工作计划，并于试点前两个月上报总行。实施过程中，各行主管行长要亲自抓，充分调配改革资源，为改革顺利推进提供有力保障。

（二）明确工作责任，加强协调配合。运行管理部门作为牵头部门，要认真做好改革的组织协调工作，组织做好交易梳理、需求研发、设备推广、改革试点和制度制定等工作。信息科技部门要按照计划完成系统开

发，确保版本质量，提前做好设备安装调试。财务会计部门要负责按时组织做好相关设备的集中采购。个人金融等各相关业务部门要配合做好本专业的交易梳理和业务用印流程的系统改造。结算与现金管理部门要配合做好自助回单机的推广应用，组织财智账户卡的营销和协议签订等工作。办公室要负责做好舆情管理工作。各相关部门要各司其职，密切配合，合力推动改革的顺利实施。

（三）要按期完成分行特色业务的梳理和改造。为保证改革的顺利实施，总行已全面梳理完成并建立起交易、凭证与用印的逻辑对应关系，实现了用印与交易的物理绑定，统一了全行柜面业务的用印标准。各分行也要按照总行印发的标准，对本行的特色业务进行全面梳理和改造，以确保印章改革后分行特色业务的正常用印。分行特色业务的梳理和改造工作，试点行要于年底前完成，其余分行要在2014年第一季度前完成。同时，各行要在年底前完成分行特色业务回单的梳理和改造，实现对公客户回单全部纳入自助回单机管理。

（四）加大自助回单打印设备推广力度。据统计，目前全行每天对公客户回单量约450万笔，客户回单通过柜面发放不仅成本很高，而且占用人力资源。另外，为了解决印章改革后客户回单用印实现方式的问题，总行对前些年一些分行应用的自助回单机进行了全面优化和升级，并决定在全行推广。今后，凡对公客户数量较多或回单打印量大的网点，客户回单应一律通过自助回单机提供；一些对公客户和回单量较少的网点，可按网点配置一台彩色打印机，以满足客户回单用印需要。考虑到推广客户自助打印回单需要一定的时间，经严格审批后，部分网点可暂时保留1枚“核算用章”，以满足尚未使用自助回单机的客户用印需求，但保留时间最长不得超过1年。

应该说，自助回单机的推广和印章改革是密切相关的，为了促进自助回单机的应用，总行将其纳入了科技经费支持项目进行管理。各行要高度重视回单机推广工作，精心组织做好自助回单机的计划编制工作，要将自助回单机、柜面彩色打印机的配备和印章改革的具体实施统筹进行安排，一并组织推进。同时，要切实加强客户应用自助回单机的宣传和引导工作，大力推广财智账户卡或对公客户卡，凡配置自助回单机的网点，印章改革推广前，要力争客户通过自助回单机打印回单的比率达到80%以上。

（五）认真组织做好印章改革的试点推广工作。按照总体的改革实施计划，系统版本将先后实现柜面用印机、电子图形印章和用印管理等三部分功能。按照“先试点、再推广”的原则，总行确定了山西、浙江等6家分行为试点行，在充分总结试点经验的基础上，分批完成全行印章改革推广任务。为组织好试点和后续推广，对全行提出如下要求：

一是积极做好相关设备配备工作。各行运行管理、财务会计、信息科技等部门，要及早制定柜面用印机的集中采购计划，及时组织设备的采购，做好安装调试，确保柜面用印机试点前一个月配备到位。柜面用印机的推广应用要优先安排在边远网点和中小型网点，首先实现对这部分网点重要核算印章的硬控制，切实管控风险。核算印章电子化改造后，将对业务凭证的打印速度和打印效果提出更高要求，从目前掌握情况看，不同厂商、不同型号的打印机性能存在较大差异。总行信息科技部已制定统一的检查标准和升级方案，各行要严格按照要求，提前组织好网点打印机性能的全面检查，对未能满足要求的，要在电子化印章推广前一个月完成升级改造工作。

二是严格印章刻制管理。改革涉及的新增印章刻制和领用等工作，要由各一级分行、直属分行根据改革试点推广进度统一组织。由于“业务专用章”采用了自动化控制的方式，纳入柜面用印机管理，因此，“业务专用章”的使用必须与柜面用印机的推广同步安排。受理提示文字和“代理财税专用章”已经有明确的使用范围，各行可结合本行实际情况统一安排启用。

三是组织做好新版凭证的印制管理。为配合电子化印章改造，总行全面梳理、重新设计了近百种用印凭证的版式，确定了电子化印章的打印位置。新版凭证将随改革推广逐步扩大应用，各行要按照改革实施时间表，提前组织做好凭证印制、配送和管理等工作。此外，柜面用印机的自动化用印需要识别凭证的版式和号码，为保证识别效率，总行将制定统一的凭证印制标准，各分行要加强凭证印刷质量管理，避免因印刷质量问题影响用印识别效率。

四是加强改革培训和宣传。核算印章改革涉及面广，内容复杂，完整、准确地理解改革精神和内容是顺利推进改革的前提。为此，全行要加强对改革方案、相关实施指引的学习，对照总行归纳的五个方面的改革主要内容，重点掌握好电子化和自动化用印的特点、两种用印方式分别适用的业务范围和交易驱动用印流程的实现方式。要认真组织好分阶段、分层次的培训，让全行准确理解改革思路，确保改革按照总行的统一部署有序推进。目前，总行已组织了试点行和首批推广行等19家分行关于改革方案的培训，后续总行将修订相关制度办法、下发统一应答口径，并组织相应内容的培训。各行也要组织好培训，重点加强柜面用印机操作流程的培训，以及网点与客户沟通技巧的培训，引导网点积极向客户宣传新型用印方式安全、便捷的服务优势，争取客户的理解与支持，营造良好的改革氛围。

（六）加强改革过渡期间的风险管理。核算印章改革涉及新旧用印模式的转换，改革期间，各行要坚持改革推进和风险管理并重，做到平稳衔接，确保印章改革的安全平稳进行。

一是要继续严格核算印章管理。印章改革新增和废止涉及的印章种类多、印章数量大，一旦在实施过程中发生印章遗失，会形成严重风险隐患。因此，各行要高度重视，加强印章新增和废止的组织管理工作，及时做好废止印章的上收、清理和销毁，所有废止印章要逐一登记造册管理，完成上收和销毁后要正式报告总行。

二是要重视舆情管理。满足客户需求和改善客户体验是检验此次改革的重要标准。对部分客户可能提出的特殊需求一定要耐心处理，不能简单地予以回绝。比如说，对于积极沟通后仍坚持希望使用实物印章的客户，可以通过柜面用印机补盖红色印章的方式解决，避免处理不当产生服务投诉。在应对客户质疑时，要耐心解释沟通，对可能引发媒体关注的重大事项要及时上报。办公室等有关部门要密切关注此类舆情，及时跟进处理。

本次核算印章改革意义重大、任务艰巨。启动会后，各行要立即着手部署，严格按照改革方案的统一要求和进度安排，扎实推进各项工作，确保改革取得圆满成功。

加大市场拓展力度　提升风险控制水平
保持小企业金融业务稳健发展

——在中国工商银行小企业金融工作会议上的讲话

魏国雄

（2013 年 2 月 5 日）

今天，我们召开 2013 年全行小企业金融工作会议，总结 2012 年小企业信贷业务发展情况，分析当前存在的问题和挑战，部署 2013 年小企业金融业务的重点工作任务和措施。下面，我讲三个方面的意见。

一、2012 年小企业信贷业务发展情况

2005 年以来，小企业贷款年均增加近 1 000 亿元、增长 38%，至 2012 年末，小企业贷款在各项贷款中的占比达到 9.92%，占公司贷款余额的 13.5%；小企业有贷户由 2005 年末的不足 2 万户增加到 8.5 万户，占公司客户的比重由 34% 提高到 71%。特别是 2012 年在外部形势异常复杂、市场需求减少、企业经营困难、信贷风险事件频发、小企业信贷面临很多困难的情况下，实现了业务的平稳发展，对推进信贷结构调整、实现拓户增收发挥了重要作用。

（一）小企业贷款稳步增长。2012 年，全行累放小企业贷款 11 789 亿元，同比多放 1 579 亿元；年末贷款余额 7 890 亿元，比年初增加 931 亿元，增长 13.28%，高于各项贷款平均增幅。广东、浙江分行继续发挥小企业贷款主力军作用，贷款增量分别达到 198 亿元和 135 亿元。

（二）小企业拓户效果明显。2012 年，全行新建立信贷关系小企业客户 2.16 万户，新增户数仅稍低于历史最高的 2011 年；当年有贷户比年初净增 7 600 户，占全行公司有贷户增量的 73.1%，拓户成效显著。

（三）不良率控制在目标值以内。2012 年末全行小企业贷款不良率为 1.46%，控制在 1.5% 的目标以内，低于 2008 年金融危机时的不良率最高水平；多数分支机构小企业贷款质量保持优良，623 家二级分行中，有 310 家保持不良贷款为零，70% 的不良贷款集中在 5% 的支行；全年分别压降专业担保公司担保贷款、钢贸小企业贷款、专业市场和产业集群内的联保互保贷款 451 亿元、178 亿元和 355.4 亿元，压降其他潜在风险贷款 47.7 亿元，有效化解了部分存量贷款风险。

（四）贷款收益逐步提升。2012 年，小企业贷款利率上浮幅度呈逐月上升的态势，全年平均上浮 18.47%，分别比 2011 年末和 2010 年末高 4.66 个和 10.53 个百分点。年末，全行小企业贷款平均监管资本占用率为 3.26%，低于大型和中型企业贷款的 7.13% 和 6.15%。小企业贷款风险调整后资本收益率（RAROC）为 70.22%，分别比中型和大型企业高 43.64 个和 51.98 个百分点。

（五）中西部地区分行业务发展较快。四川分行全年小企业贷款增量超 100 亿元，位居全行第三；江西（60 亿元）、云南（51 亿元）分行增量超 50 亿元；湖南（39 亿元）、广西（34 亿元）、陕西（33 亿元）、重庆（32 亿元）分行增量超 30 亿元。全行小企业贷款增长开始呈现全面发展的格局。

（六）业务创新持续推进。在前几年业务创新的基础上，2012 年小企业标准厂房按揭贷款、代理设备租赁、电子供应链、循环账户卡以及“科技通”、“小额便利贷”等创新产品的试点和推广取得了较好效果。

总行还完善了小企业贷款用途监控、贷后管理、信贷合同用印等系统功能，系统操作进一步优化。

在去年如此艰难的环境下，取得上述成绩实属不易。在此，我代表总行向全行小企业金融专业的干部员工表示衷心的感谢！

二、当前面临的问题和挑战

今年，全行小企业信贷业务发展仍将面临十分严峻复杂的形势，经济波动的影响和存量贷款风险的释放，对全行风险管控能力的考验仍将持续，全行对此要有清醒认识。

（一）小企业贷款增长的难度加大。今年宏观经济将逐步企稳，国家正在采取一系列拉动经济增长的措施，小企业金融服务需求可能会相应增加。但从去年增长情况看，尽管中西部地区分行出现良好发展势头，但全行小企业贷款增速明显趋缓，江苏、山东等多家小企业贷款大行同比少增100亿元以上，北京、上海分行甚至负增长超过50亿元。今年1月全行小企业贷款仅增加12亿元，一些分支机构怕风险、不敢做、不敢批的心态加重，对小企业信贷业务发展形成很大压力。

（二）保持资产质量和风险防控的任务艰巨。2011年下半年以来，小企业违约事件频发。截至去年末，全行小企业不良贷款余额115.17亿元，比2011年8月末的最低点增加近80亿元。38家一级（直属）分行中有36家不良率比年初有所上升，其中有2家整体不良率超过3%，7家超过2%。623家二级分行中，有124家的不良率超过2%，比年初增加74家。存量小企业贷款的风险还将在今年释放，如去年末，全行贷款形态正常但已出现逾期、欠息的小企业贷款51.5亿元，较年初增加47.4亿元；关注三级小企业贷款57亿元，较年初增加47.8亿元；全年钢贸小企业不良贷款增加已超过20亿元，今年仍有继续增加的势头。要实现小企业贷款不良率控制在2%以下的目标，难度很大。

（三）内部管理需要着力加强。一是业务办理效率不高，“四合一”流程运行不到位，调查、审查、审批等环节的一些人员不能做到一岗多能，难以适应“四合一”操作要求。二是风险管理还不能适应复杂多变的外部形势。在客户选择上，“散户”占比大，大部分机构集群客户占比不到10%；风险识别能力不强，对民间借贷、关联关系、对外担保、借款人不良背景等风险信息掌握不全、不深入，对交易背景真实性掌握不够，资金用途的监管把关不严，贷款流向与合同约定不一致的现象时有发生，导致一些贷款资金被移用、挪用。对风险贷款重视程度不够，有的处置不果断、不坚决。这些问题对今年工作将带来更大的压力。

三、2013年小企业重点工作和措施

去年推动科学发展研讨会和今年初的全行工作会议都强调，小企业贷款将是未来五年全行信贷业务可持续发展的重要组成。面对复杂的外部形势及严峻的不良贷款防控压力，全行上下一定要统一认识，正确看待目前存在的问题和困难，进一步坚定发展小企业信贷的信心和决心。

2013年，全行小企业金融业务总的要求是，在严控贷款风险的基础上，保持小企业贷款平稳较快增长。总行初步安排全年新增小企业人民币贷款1 500亿元以上，实现小企业新拓贷款户2.2万户以上，年末小企业贷款不良率控制在2%以内。完成上述目标，全行要着力抓好以下几方面工作。

（一）正确把握小企业贷款投向。选好客户，把好准入关是业务稳健发展的关键。今年，供应链客户、集群类客户是小企业拓户的重点，全年新增的2.2万客户中，这两类客户占比要超过50%。为此，各行要继续加大对专业市场、产业集群、产业园区小企业客户的拓展力度，走批量拓户和集约发展的路子，提高集约业务占比。

要大力拓展小企业抵质押贷款、经营型物业贷款、标准厂房按揭贷款。总行将修订完善经营型物业贷款办法并全面推开，贷款余额在1亿元以上、不良率低于0.5%的分支机构都可以办理这项业务。同时，总行将加快推广“小额便利贷”等微贷产品，研发小企业增信贷款，扩大保险保证项下的小微企业贷款试点。探索电子商务、电商金融等新领域，加快发展小企业电子供应链融资业务，在宝钢供应链、家乐福供应链等试点基础上，探索拓展围绕核心企业的电子供应链客户和业务，继续做好小企业网络融资业务。

（二）加强市场营销和组织推动。今年总行将牵头抓好销售额超过100亿元的专业市场、产业集群、小微企业集聚区小企业业务的营销推动工作，组织开展业务模式创新、产品推介等活动。要大力拓展供应链融资业务，重点抓好跨区域的100条供应链。各一级（直属）分行小企业部门要按照总行部署，做好营销配套工作，加强与公司业务部门的联动，探索和逐步建立辖内供应链业务发展机制。要根据辖内机构小企业资源丰富程度、管理水平高低，实施分类指导，抓住重点支行、百强镇等经济发达区域，根据郊区和城区支行的资源特点，制定差异化的客户策略和主要拓户方向。同时，对产业集群、专业市场和产业园区客户，要逐个研究落实适用政策、配套产品和风控措施，制订综合化营销方案，每个二级分行以及客户资源丰富的支行都要抓好几个集群类和供应链类客户群体。

各行要本着降低资本占用和提高收益的原则，合理安排信贷资源，优先保证小企业客户资源丰富、风险管理水平高的分支机构的贷款计划，优先保证重点县支行小企业贷款的投放。对小企业贷款需求超过总行下达的小企业专项计划的，要合理调剂资源，增加小企业贷款

投放。

要积极向小企业推介适合其特点的多种金融服务，包括结算类产品、网上银行、信用卡、代发工资等业务，积极发展代理租赁及其后续的保理业务，这不仅有助于我行掌握贷款客户现金流，而且也是风险防控的重要措施。要加强公司与个人业务联动、信贷和非信贷业务联动，把握好小企业成长为大中型企业过程中金融产品和服务的衔接。

（三）进一步明确小企业信贷政策导向。今年总行将修订印发新的小企业信贷政策。一是对符合国标、资产或销售额相对较大的客户，在严格测算可承受债务和还款能力的前提下，适当调整现行单户融资限额，以适应小企业的生产经营需要。二是按照商业银行资本管理办法要求，大力发展单户500万元以下的小微企业贷款业务，以及期限在1年以内、周转速度快的贷款品种，控制中长期贷款的总量和比重，保持小企业贷款的合理结构，减少资本占用。三是加强小企业风险定价管理，根据客户综合回报、贷款期限、担保方式、信用等级等因素来确定利率水平，严格执行小企业贷款 RAROC 阈值控制政策。考虑到风险抵补因素，利率不应在基准利率基础上下浮。四是加强小企业贷款的流量管理，要防止小企业贷款的“垒大户”和只增不减，避免存量客户的贷款沉淀和借新还旧，原则上小企业客户要保持每年20%以上的换手率。五是严格执行国家的产业政策和总行的行业政策，禁止向污染严重、环保不达标的小企业融资，控制向涉及产能过剩行业的小企业贷款。六是整合各类客户信息，规范和明确贷后监测和预警的相关方法、机制和操作，增强小企业风险提前预警和防控能力，探索建立小企业操作和管理行为的评价机制。

（四）进一步优化业务流程。按照2013年的经营目标，全年小企业贷款累放预计将超过1.4万亿元，随着业务量不断增大，办理小企业信贷业务的效率须进一步提高。目前，总行正在调研全行信贷业务流程优化问题，包括同步梳理和优化小企业信贷业务系统操作流程。各行也要积极完善和优化各相关环节的业务操作，努力提高效率。一是要合理调配客户经理，尽快实现前台人员同时具备评级、押品评估、授信和业务调查资格，确保小企业信贷业务的“四合一”流程在调查环节落实到位。二是进一步落实小企业信贷业务的直报流程。各行在实行授信审批集中改革后，由支行经办的小企业信贷业务经“双人调查”和支行行长同意后，直接报一级（直属）分行授信审批部门审查审批，二级分行相关管理部门不再进入信贷流程。三是在一级（直属）分行授信审批部内，要配备专门的小企业信贷业务审查审批团队，并确保这些人员同时具备授信、押品评估、评级和业务的审查审批资格，避免小企业信贷业务在授信审批部门内部多次流转。

对小企业贷款各操作环节，要根据业务类型的不同明确相应的时限要求。例如，对需要基层行补充资料的，基层行要提高调查质量，一般在2个工作日内予以补齐，要考核客户经理一次申报即被审批同意的业务占比；对风险程度较低或存量客户贷款业务，从接受完整资料到完成审查原则上不超过2个工作日；对新客户贷款的审查审批时间原则上不超过5个工作日；对已完成审批和签批的小企业信贷业务，放款核准工作不超过2个工作日。对业务量大的支行，经一级（直属）分行批准，也可向其派驻专职信贷监督执行人员，负责相应的作业监督工作。

对人均管户数量较多的专营机构，要适当细化分工和岗位职责，配备必要的专门信贷操作人员，承担客户经理的一些辅助性工作，在减轻客户经理工作量基础上提高工作效率。

（五）加强重点领域和关键环节的风险管控。

一是要强化小企业关联风险管理。客户经理要通过借款人资金往来、投资关系、工商税务、法院、公安等渠道，深入了解小企业关联关系。要完善小企业授信测算方法，对关联交易产生的销售归行，在授信时予以剔除或适当调整，把调查工作做实。

二是加强对真实交易背景和贷款用途的调查审查。要根据购销双方的历史交易记录、发票、保税凭证及资金流水等信息，综合验证交易真实性，不能单凭一纸合同和几张发票简单加以判断。对存在疑问的大宗交易，要对交易对手和票据单证开立情况进行现场核验。加强作业监督和支付控制，严查与融资申请需求不符的资金支付，对发现贷款被挪用的，要视为违约，立即收回贷款，并列入违约关注名单。

三是防止“裸贷”现象。不得向在我行无存款或结算账户、无结算量的小企业发放贷款；对销售归行比例长期低于我行融资占比且无特别理由的客户，要坚决压缩融资、直至退出。我行小企业融资客户在我行办理的其他金融业务不得低于3种，并至少包括企业和企业主个人的结算、存款业务。原则上，对500万元以下的融资客户，应要求其在我行办理其全部金融业务和业主个人业务，并在合同中给予约定。审批和作业监督都应关注上述要求的落实情况。

四是加强对客户重点信息的调查审查。对小企业客户的民间借贷、对外担保、关联关系、业主及企业不良信用记录，客户经理要进行逐一深入调查，提出调查结论，并对真实性负责。审查人员要加强对上述内容的审查，科学评估对我行融资风险的影响。

五是各一级（直属）分行和二级分行要加大监测力度，保证小企业信贷风险排查常态化。对发现风险隐患的，要及时采取系统控制措施。要加大风险排查的覆盖面，及时更新潜在风险客户名单。总行还将监控不良贷款识别率、潜在风险贷款压降率等指标，综合考察各分行风险排查工作的准确性和尽职情况。

六是规范小企业保证贷款管理。要严格控制保证类贷款，小企业贷款不接受由同一实际控制人（企业）控制的关联方保证和小企业之间的互保。对联保贷款要从严控制，严格限制在专业市场、产业集群内，联保小组成员须属同一行业、同一领域或同一场地，联保小组整体的贷款金额应限制在100万元以下。

七是按月监测通报辖内分支机构小企业贷款质量、风险贷款处置等情况，按照风险提示和业务整顿管理要求，采取分类管理措施。被总行实施小企业贷款业务整顿的二级分行或支行，一级（直属）分行要立即对其组织一次全面的现场检查，防范风险蔓延。对风险管理不力、持续两年受到业务整顿的分支行，要采取停办高风险业务、加强经营绩效考核等多种手段，督导其加强管理，问题严重的要按相关规定追究客户经理和主管行长、行长的责任。

八是今年总行要组织小企业信贷业务专项检查，覆盖重点地区、重点风险领域。

（六）完善业务考核，提升员工素质。各一级（直属）分行要继续将小企业信贷业务纳入下级行行长经营绩效考核，切实引导资源向资本回报和收益水平高、管理基础好的业务和区域倾斜，以更好地激励小微企业金融业务拓展。

对客户经理除了要考核业务量、风险度等总量和静态指标外，还要统筹考虑其市场营销、贷前调查和贷后管理质量、风险贷款处置等工作的具体履职情况，将尽职要求纳入考核范畴。各行要充分利用MOVA系统功能对小企业业务进行成本效益分析，并将其作为对分支机构和小企业客户经理的重要考核依据。

各行要切实解决小企业客户经理的工作强度和管户数量问题，对人均管户数超出规定的机构，要及时补充人力。为解决客户经理不具备客户评级、押品评估等专业资格问题，今年上半年，总行将通过培训和考试解决存量客户经理从业资格的问题，今后每年将组织两次全行性培训和资格考试。同时，还要做好其他业务的培训，既要培训小企业信贷政策、制度、产品、流程等基础知识，更要强化批量化营销、交叉销售、风险管理等方面的知识和技能。要适当增加案例教学的比重，通过案例告诉客户经理怎么营销客户，调查怎么做，风险怎么管，注重实战效果。

同志们，今年小企业业务发展任务重、要求高、难度大，全行小企业金融战线的同志们一定要保持奋发有为的精神状态和扎实细致的良好工作作风，勇于创新，锐意改革，稳中求进，确保圆满完成全年小企业金融业务发展的各项任务目标！

在2013年信贷和风险管理工作会议上的讲话

魏国雄

（2013年3月1日）

这次会议的主要任务是：认真贯彻全行发展战略研讨会和分行行长工作会精神，总结去年工作，布置今年重点工作。

一、2012年工作情况

在过去的一年里，全行信贷与风险管理部门在总行党委的领导下，认真贯彻国家宏观政策和监管要求，积极服务实体经济，推进信贷结构调整，在复杂困难的内外部形势下，严守风险底线，为全行实现稳中有进的良好经营态势作出了积极的贡献。截至2012年末未经审计的管理层数据，全集团各项贷款比年初增加10 232亿元，增长13.14%，境内分行人民币各项贷款增加8 674亿元，增长12.34%，比五大行平均增速高0.47个百分点，信贷增长总体稳健；11类金融资产服务业务余额增加11 837亿元，增长20.1%，保持了与信贷资产的协调增长；信贷资产质量总体稳定，全集团清收处置不良贷款×××亿元，其中现金清收×××亿元，占×××%，不良率下降×××个百分点，下降至××%，在五大行中我行不良率最低；拨备覆盖率达300%，提高了33个百分点，抵御风险能力进一步增强。

同时，信贷结构调整成效明显。四大行业贷款总量比年初下降1 516亿元。制造业、服务业、文化产业和战略性新兴产业新增贷款占公司贷款增量的113%，余额占公司贷款的48.6%。新发放项目贷款95%以上投向了以国家重点投资为主体的在建续建项目。中小企业新增贷款占公司贷款增量的73%，余额占公司贷款的65%。个人类贷款（含银行卡融资）占全部贷款增量的30%，余额占全部贷款的25.4%。贸易融资余额增加2 144亿元，占公司贷款增量的33.8%，增长

29.4%。为3万户小微企业累计办理网络融资业务3 288亿元。境内外信贷业务联动发展，境外机构贷款余额增加57.6亿美元。各项贷款平均收益率为6.35%，比上年提高0.55个百分点。公司客户新增贷款平均RAROC为42.3%，个人贷款新申请业务平均RAROC为53.33%。全行贷款集中度和期限结构、收益结构发生了积极变化，信贷业务继续保持了健康发展的良好态势。

回顾一年来的工作，主要有以下几点：

（一）及时调整相关信贷政策。

——集中修（制）订了行业区域信贷政策，实现了服务业贷款的全覆盖，细化了装备制造业、批发零售业、战略性新兴产业等子行业信贷政策和一批区域信贷政策。

——调整了500万元以下小微企业信贷政策，促进个人经营贷款协调联动发展，实施个人综合授信管理，扩大实施中型企业试点信贷政策，完善异地跨区域信贷业务管理。

（二）严控重点领域风险，个别集群风险、行业风险和区域性风险得到稳妥处置。

——地方政府融资平台全口径贷款较年初下降×××亿元，不良率仍在×××%的较低水平，全覆盖与基本覆盖类平台贷款合计占比为98.2%，处于同业最优水平。

——房地产贷款余额较年初下降×××亿元，总体风险有所缓释，不良余额减少×××亿元，不良率下降×××个百分点。

——全年共退出潜在风险贷款1 352亿元，化解担保圈贷款1 278亿元。

——转化和压降总分行重点监控的479户单一风险大户和97个集团风险大户融资720亿元。

——全年压降钢贸小企业贷款178亿元，压降专业市场和产业集群内的联保互保贷款355.4亿元。

——清退担保机构717户，融资担保余额较年初减少近1 000亿元。

——全年呆账核销×××亿元，重点集中解决了一些历史遗留的老大难问题。

（三）推进实施资本管理高级方法。

——推进集团内部评级体系建设，圆满完成了银监会对我行资本管理高级方法的验收工作，实施资本管理办法的正式申请已进入银监会审批流程。

——完善内部评级模型体系，优化了10类法人客户模型和34个零售评分评级模型，完成近600余个模型的日常监控。完成内部评级系统等9个系统优化及个人业务验证系统等4个系统的新建工作，债项评级及客户RAROC评价系统与MOVA系统成功对接，使信贷业务风险和收益的计量更为准确。

——充分利用评级成果，为经营决策提供支持，适应利率调整后的市场竞争变化情况，进一步扩大RAROC阈值应用范围，调整部分业务RAROC阈值，赋予各行弹性处理RAROC未达标业务的权限，促进了风险收益结构调整和资本节约利用。

——加快市场风险体系建设应用，完成了全球市场风险管理系统向15家境外分行及首家境外子行的延伸，开展上海金融市场业务备份中心中台建设准备工作。完善市场风险限额监控和管理，深化以风险价值为核心的风险计量分析报告体系。

——投产应用信用卡申请反欺诈系统，实现了申请信息的自动比对，完成信用卡交易反欺诈模型开发与系统框架搭建，启动了电子银行反欺诈项目。

（四）强化风险管理执行能力。

——制定了2012—2014年风险管理规划，修订完善了并表管理制度。全球信贷资产管理系统（GCMS）覆盖了境外银行类并表机构，初步实现对境内外客户、法人与个人客户的信息共享和一体化管理。

——初步建立起金融资产服务业务管理体系，基本实现了信贷业务和代客类投资业务的一体化管理。

——各行建立了个人贷款违约催收机制，并组建了催收专门队伍。

——重点加强了合规性检查。总行信贷与投资管理部组织、参与和接受内外部检查审计26项，各一级（直属）分行组织开展自查931项，累计对超过6.4万亿元贷款进行了现场检查和认真整改。

——去年，累计核准信贷业务121.8万笔7.25万亿元，申请核准业务的无差错率达到98.4%，较上年提高了1.49个百分点；受托支付执行比例达到99.27%，高于监管部门要求19.27个百分点；实施放款后监督的信贷业务合计176.46万份，累计接收应入库信贷业务档案297.78万份，信贷业务档案入库率达99.9%。

2012年，全行绿色信贷、服务“三农”、小企业等工作得到了社会的广泛认可，荣膺“十一五”全国节能减排先进集体、服务小微企业及“三农”十佳特色金融产品奖、优秀中小企业服务机构、上市公司绿色金融奖等十几项荣誉。全球市场风险管理系统还被评为2012年度银行科技进步一等奖。这是总行党委科学决策与正确领导的结果，是总分行各相关部门团结协作、共同努力的结果，也是全行广大信贷与风险管理系统员工齐心协力、奋力拼搏的结果。在这里，我代表总行向全行各级信贷与风险管理部门的干部员工表示崇高的敬意和亲切的慰问！

二、2013年重点工作

总行推动科学发展战略研讨会和年初工作会议已经明确了全行信贷和风险管理工作的主要目标和任务。总行信贷与投资管理部、风险管理部分别制定了今年工作的要点，并已经印发和即将印发，全行小企业金融工作会议也已专门召开，希望各行认真执行落实好。

借此机会，重点强调以下20个具体问题。

1. 关于今年信贷的主要投向。

——要继续积极拓展先进制造业、现代服务业、文化产业、战略性新兴产业，继续坚持发展小企业、贸易融资、个人信贷与银行卡融资业务。

——主要支持在建续建的我行已有先期投入的电力供应、石油石化、机场、铁路、港口、城市轨道交通、水电等基础产业及能源产业项目。

——重点选择先进装备制造、现代物流、文化旅游、广电、新闻出版、综合商贸流通等领域的优质客户。

——结合国家新型城镇化发展规划，要按照“市场化运作模式相对成熟、有可靠还款来源”的原则，重点做好城镇工业、商贸领域的金融服务。

——小企业融资要重点发展500万元以下的小微企业融资业务。

——重点推进以个人住房贷款为主体，以个人小额贷款为基础的消费类贷款业务，积极拓展代发工资账户的个人小额贷款。

2. 关于行业信贷政策和区域信贷政策。

今年总行对行业信贷政策的部分内容及管理方式进行了调整，主要有四个方面：

一是行业信贷政策主要采用经济、工艺、技术、环保等行业关键指标和核心指标，来确定行业中客户与项目的准入和退出标准，并且将在系统中进行设置，实行信贷准入的系统自动管理。

二是不再实行准入的名单制管理，由各行根据行业政策规定标准进行客户分类和管理。但是，对钢铁、常用有色金属冶炼、水泥、煤化工、平板玻璃、风电设备、造船、光伏制造等8个产能过剩行业和涉及汞、铬、镉、铅和类金属砷等重金属排放的13个重点行业，仍然实行退出客户名单制管理。

三是对上述8个产能过剩行业实行行业信贷限额管理，并进行系统刚性控制。要严控产能过剩行业融资总量和增速，降低贷款比重，今年要退出产能过剩行业内劣势企业存量融资300亿元，同时要支持行业内优势企业的转型升级和兼并重组。产能过剩行业的债券投资、金融资产服务业务总量年均增速应低于全行同类业务的平均增速，并争取将融资总量控制在年初规模以内。

四是对13个重金属排放重点行业的中小型客户，要停止新增融资，并制订融资压退计划，现有存量融资到期要全部收回。确需办理业务的客户，需经总行同意后办理。对涉及重金属排放的大型企业，也要严格控制我行融资总量，同业占比有所下降。

同时，对于行业信贷政策未覆盖的领域，通过区域政策来弥补。区域政策不是简单降低信贷政策标准，也不是条件放宽的信贷政策，有些区域政策还应实行更加严格的标准。要支持西部地区承接东部产业转移，对于能耗高的产业向能源资源丰富的中西部转移可以支持，但是高污染的产业向哪里转移都不应支持，并且西部部分地区生态环境十分脆弱，要实行严格的环保准入标准和环境保护措施。区域信贷政策每年要进行执行效果评价，并及时进行修订。

3. 关于加快发展供应链融资业务问题。

今年，贸易融资重点要发展供应链融资，严格规范和控制一对一的贸易融资。全行要重点围绕大型装备制造业、连锁业、重点能源和优势资源产业、全国性大宗商品交易市场、农产品等领域，新增500条贸易融资供应链。

——供应链核心企业的选择标准是行业龙头、年销售收入规模大、上下游客户数量多、产品全国覆盖率高、连续三年保持盈利。对于出现亏损、负债率过高、经营活动现金流不足的核心企业，要及时退出。总行要力争打造50条优质供应链，业务余额突破1 500亿元，占公司贷款的比重达到2%。

——要选择发展一批经营稳健、ERP应用成熟、合作意愿强的大中型核心企业，采用企业网银、银企互联等网络通道办理电子供应链融资业务。

——要依托全球供应链，围绕我国企业境外销售、境外采购、境外投资设厂等不同模式，境内外联动，积极摸索发展全球供应链金融服务业务。

4. 关于规范金融资产服务业务管理问题。

发展金融资产服务业务对促进全行业务经营转型具有重要作用。要在规范管理的基础上，推动金融资产服务业务更加快速健康发展。全行非信贷融资总额与信贷融资增量要达到2:1。

——要加强业务准入管理，与信贷业务执行统一的风险偏好、贯彻统一的风险战略，实行统一的融资总量控制。对于信贷政策的限制性和禁止性规定，金融资产服务业务也要同样地执行，严禁办理信贷业务和金融资产服务业务的政策套利行为。

——按照资源和优势互补的原则，引导金融资产服务业务投资。对于经营良好、风险可控的行业或领域，金融资产服务业务可以适当增加投资。

——要严格按照总行存续期管理相关规定，做好现场检查、非现场监测、风险预警和突发风险管理。要对客户的两类业务进行统一管理。同一客户既有信贷业务又有金融资产服务业务的，金融资产服务业务质量分类不能高于信贷资产质量分类；同一客户被列为潜在风险贷款客户的，在退出和控制信贷业务的同时，也要及时退出金融资产服务业务。

——规范与基金公司、证券公司和保险公司的业务合作，未按要求经本行调查、审查审批、核准的，严禁代销此类公司的资产管理计划产品。

——加强金融资产服务业务投资品估值和客户风险评估管理，总行将尽早开发投资业务估值管理系统，实行业务客户风险评级，并将融资客户、投资客户和合作机构纳入评估范围。各行对本地区理财产品要进行持续的风险监测及评估，确保理财产品、客户信息的准确性。

5. 关于四大行业贷款总量控制问题。

与同业相比，我行基础产业领域贷款占比仍较高。今年仍要实行四大行业融资总量控制，继续压降融资总量。总行将根据各行的实际情况，分类指导，区别对待。总的原则是：西部和东北地区分行四大行业贷款占比控制在50%以下，中部地区分行要控制在40%以下，东部沿海地区分行要控制在30%以下。总行将据此制订下达今年的四大行业贷款压降计划，这是指令性计划。对于年末压降计划未完成的分行，仍然按照增提经济资本方式进行考核。对于已按授权审批通过的四大行业贷款，可由分行按照有关规定核准放款（包括前提条件核准），不再报总行。

在压降总量的同时，电力生产行业新发放贷款要重点支持水电和火电项目中的“上大压小”项目、坑口电站、煤炭储备—发电一体化项目和港电一体化项目；公路行业重点支持省级财政统贷统还的高速路网在建项目、我行前期已投放的项目，对其资本金比例按国家有关规定执行；城建领域重点支持国务院批准的重大项目。对于四大行业项目贷款，除按监管规定须报总行审批的地方政府融资平台客户外，先按照年度基础产业类基本授权执行。

6. 关于融资平台贷款管理问题。

——要根据监管要求，继续执行“总量控制、分类管理、区别对待、逐步化解”政策。总行将对全口径地方政府融资平台客户贷款和非贷款融资统一实行总量控制，各行融资平台客户贷款和非贷款融资总量较年初要下降。

——去年四部委发布的463号文要求，凡是需要财政性资金（含土地出让收入）偿付的项目，不得通过信托公司、基金公司、金融租赁公司、保险公司等直接或间接融资；除公共租赁住房、公路项目外，其他不得通过BT方式融资；不得将储备土地预期出让收入作为偿债资金来源。上述情况中，凡是涉及我行的新增业务一律暂停办理，存量业务抓紧清理收回。

——城镇化建设中涉及地方政府融资平台的信贷业务，要严格执行银监会及总行有关融资平台贷款的规定。

7. 关于房地产贷款管理问题。

——2013年到期房地产贷款×××亿元，占房地产贷款余额的×××%，且多为2010年前后发放，受房地产调控政策影响较大，贷款按期收回风险较往年明显增加。同时，据监测，我行房地产贷款项目中存在资金缺口、停工或建设进度严重滞后等问题，具有较大风险的项目尚有×××个，我行贷款余额×××亿元。因此，房地产贷款的潜在风险仍然较高，贷款总量仍要控制压降，各行要继续加强监测、排查，逐个项目落实风险防控措施。

——新增房地产融资要重点支持以中小户型为主的普通商品住宅项目，尤其要支持能够带来按揭资源的普通商品住房开发贷款项目，适度支持落实可靠还款来源、风险可控的经济适用房、双限房、棚户区改造类保障性住房项目。

——要严格控制向规模小、资质低的房地产企业发放房地产开发贷款，重点压降商用房开发贷款。近期，总行将对商用房开发贷款项目资本金比例、客户信用等级、注册资本等准入标准进行调整，进一步提高商用房开发贷款项目的准入门槛。

——土地储备贷款的借款人必须在国土资源部公布的土储机构名录内，贷款额度和本年度已融资额度累计不得超过融资规模控制卡的可融资额度，期限最长不超过五年。

8. 关于个人经营性贷款和信用卡用途的管理问题。

——要严格根据客户销售周期及货款回笼情况确定贷款期限，严格限制发放1年期以上贷款。对于贷款期限超过6个月的，原则上要采用分期还款方式。不得向经营期限不足1年的客户发放个人经营性贷款。

——信用卡分期付款业务只能用于消费，不得进入经营性领域，不得用于购买商用车、支付商铺租金或用于商贸经营。

9. 关于保证贷款管理问题。

——对融资性担保机构再进行一次清理，对不具备担保能力，存在风险隐患的融资性担保机构，即使有授信额度也不得做贷款担保业务，已经办理的担保业务，要抓紧采取补充抵质押物、调整担保人等保全措施，抓紧退出。

——对保证人保证能力的大小不能简单地以净资产来测算，而要像审查借款人一样进行经营性现金流的分析评估，经营性现金流不足的不能接受保证担保。

——严格规范保证担保贷款管理，对母子公司担保要按信用方式进行管理，此外，禁止借款人之间的相互担保，对于我行客户间的保证担保要进行系统控制，对于保证人不属于我行客户的，客户经理要对保证人情况进行深入调查，在确认无其他关联担保的情况下，可办理相关信贷业务。同时，在保证合同中，要有保证人对外担保行为的触发条款，一旦触发限制性担保行为，应要求保证人和被保证人补充其他风险缓释手段或者宣布违约，提前收回贷款或采取保全措施。

——小企业、个人经营贷款的联保办法暂停执行。对已办理的，要全力保全，增加其他缓释措施，到期不再续做。

10. 关于小企业和个人客户关联风险问题。

——要密切关注小企业和个人客户的关联风险。对存在股权关联、自然人关联、实际控制人关联的小企业客户，在核定授信时，应剔除关联交易形成的销售归行额。对于只有关联企业货款归行的企业，要与关联企业实行统一授信管理，授信额度统一分配使用。

——企业实际控制人的个人贷款、信用卡出现违约的，对其实际控制的企业要按交叉违约进行控制，不得给予融资。对于小微企业或实际控制人个人贷款出现不良或者信用卡逾期超过 90 天的客户，要及时清收贷款。

——总行将按月把存在交叉违约的潜在风险客户名单下发各分行，在特别关注客户信息系统中整合小微企业、个人和信用卡违约信息，提供多种违约信息的联动查询，以有效防控交叉违约风险，并在存量贷款发生交叉违约时自动预警，进行系统控制。

此外，各级行要严格禁止“裸贷”。除项目公司外，经营期一年以上的企业，才可以提供融资。除参与他行牵头的银团贷款外，借款人在我行至少要办理日常结算业务，以便了解掌握客户信息和经营现金流情况。小企业主还必须在我行开立个人账户。

11. 关于潜在风险贷款管理问题。

——今年要继续实施潜在风险贷款退出 1 000 亿元的目标。各行要实实在在地把需要主动退出的潜在风险贷款列入退出范围，总行将按月监测、按季度通报潜在风险化解情况，对未列入潜在风险贷款而直接劣变为不良贷款的情况，要进行风险管理评价考核。

——对于总行认定为潜在风险贷款而分行未及时发现或未及时调入潜在风险贷款管理，以及潜在风险贷款存续时间超过一年而尚未采取措施，或者风险化解措施不力而劣变为不良贷款的，要追究相关客户经理及主管行领导的责任。

——对持续出现贷款集中劣变的经办行要实施业务整顿，经办人员要下岗清收。各级行要加强对经办行和经办人员的业务管理和督导，对集中出现 3 笔及以上不良贷款的客户经理，连续 3 个月集中发生不良贷款的信贷经营机构负责人采取诫勉谈话、专职清收等措施。

12. 关于不良贷款管理问题。

——各行要逐户研究制订不良贷款清收处置方案，报主管行领导审定后实施。主管行领导至少每季度要组织召开一次会议，审议方案落实情况，并根据情况变化和工作进展及时调整方案。

——各行要加大个人不良贷款的清收处置力度，区分个人不良贷款的业务品种、账龄等情况，逐户形成清收处置方案，对符合重组条件的要及时进行重组，对符合呆账核销条件的，及时组卷申报核销，加快清收处置进度。对百万元以上的个人不良贷款大户，主管行领导要牵头组织清收。

——加快长账龄不良贷款的处置进度，已具备核销申报条件且已无清收潜力和追索可能性的，要及时组卷申报，成熟一户，申报一户，避免集中在季末、年末批量申报；对借款人、保证人遇突发事件或存在恶意逃债行为的，要积极做好保全工作；对无法通过协议或协商方式清收的，要及时提起诉讼；对已起诉的，要跟踪推进诉讼执行进度，不要“一诉了之”；要综合考虑各种清收处置手段，把握清收处置时机，最大限度地维护我行权益。总行将在风险管理专业考核和风险评价中根据各行五年以上账龄不良余额和户数实行倒扣分。

13. 关于逾期贷款催收管理问题。

——各级信贷管理部门要切实做好个人贷款贷后监测、风险评价与风险提示工作，积极做好个人逾期贷款催收工作的组织实施。客户经理要切实做好客户信息维护更新、逾期贷款催收等日常管理工作。

——对于个人贷款逾期率较高的客户经理，总行将在系统中进行提示，限制其办理新的贷款业务；对于个人逾期贷款率较高的贷款经办行，要对其行长及主管行长进行问责。

——加强违约贷款催收中心的建设。第一季度，总行要对各行个人违约贷款催收中心工作进行检查，对于未建立催收中心或者催收中心工作机制不健全，人员力量配备明显不足、催收工作严重缺乏成效的，要限制其办理除个人住房贷款以外的其他个人信贷业务。

14. 关于信贷作业监督管理问题。

——加强风险监测预警，重点做好对关注贷款、逾期贷款的监测分析，有效预判和防范区域性和系统性风险，督促下级行采取切实有效的风险化解和保全措施。

——加强信贷监督执行工作质量管理，作业监督的责任是不让不合格、不合规的业务流出去。要建立和落实监督工作问责机制，对于行内外审计检查中发现的合规性问题，在追究相关人员责任的同时，也要追究信贷监督执行人员的责任。切实解决监督发现问题屡查屡犯现象，今后，经过放款核准和作业监督的信贷业务不应再出现合规性问题。

——总行准备对去年内控、内审、外审检查中发现不合规定的情况，进行分析通报。

——各行也要定期对内外部审计检查、信贷监督执行工作发现问题情况进行逐笔分析，管理责任要明确到人，谁签字，谁负责。对合规性问题频发的作业监督人员，要下岗培训，问题严重的，要追究责任。

15. 关于加强信贷业务检查问题。

今年，银监会将对我行进行信用风险现场检查，重点关注房地产、地方政府融资平台、产能过剩行业等贷款风险，并要对理财及影子银行相关业务进行现场检查。总行也将对小企业贷款、商品融资业务、金融资产服务业务存续期融资客户等进行检查调研。总行最近已组织了 6 个检查组对 47 家新增不良贷款较多的支行进行专项检查。各行对检查发现的问题要及时采取有效措施，落实有效整改，对其中涉及的违规、屡查屡犯等问题的机构和人员，要严格落实责任追究，进行严肃处理。

今年，总行将对新增不良贷款进行常态化检查，各行要高度警觉和遏制住不良贷款的反弹势头，做好辖内重点支行的排查、整改和追责。

16. 关于深化内部评级在信贷资本管理中的应用问题。

今年总行将拓展评级成果在经济资本计量、拨备计提、贷款定价和绩效考核等方面的高级应用，完善RAROC风险收益定价机制和客户综合收益评价机制，提升利率市场化的应对能力，将资本约束理念有效落实到各级机构、各业务条线和各层级人员。

——据分析，截至去年末，我行内部评级法基础下的信用风险监管资本占用额为3 324.7亿元，比年初增加264.5亿元，增幅为8.64%，低于贷款增幅2.31个百分点；信用风险平均监管资本占用率为6.16%，比年初下降0.13个百分点。加强资本管理的核心是提高资本利用效率，多做资本节约的业务，降低高资本消耗的业务占比，根据资本占用要求优化信贷结构。各行要重点支持中小企业、贸易融资、个人贷款业务，以及其他有利于降低资本占用的期限短的融资、信用等级高的客户。

——今年总行将按月监测、按季度通报各行信贷业务监管资本占用情况，并作为制定区域信贷政策重要因素。对于信贷资本占用增长快，资本消耗大的分行和业务，要实行限制性措施，促使全行更加注重节约利用好有限的资本资源。

17. 关于市场风险管理问题。

——总行将加强市场风险并表管理，推进全球市场风险管理（GMRM）系统向并表机构延伸。完善集团外汇敞口、VaR值计量和新产品市场风险计量工作，优化压力测试手段，做好市场风险资本计算和校准工作，完善资本分配方法，并将内部模型计量方法延伸至资产管理业务，把资产管理业务纳入统一的市场风险计量体系。

——总行还将按计划完成境外机构及金融市场业务上海备份中心中台的产品控制系统推广工作，加快北京、深圳等境内分行产品控制系统建设，将银行账户全部纳入产品控制系统建设范围；按照业务线构建并完善产品控制工作台，落实交易复核、对账、损益分析、交易价格监测等职责。

18. 关于发挥全面风险管理作用。

——总行将优化风险加权资产系统，下半年逐步向分支机构开放查询功能，修订系统管理办法，加强用户和权限管理。各行要进行系统数据对账，开展地区、行业、业务条线等监管资本占用和使用效率情况分析，按季度报告总行。

——对新资本协议第二支柱的工作，总行将开展实质性风险评估、资本充足率预测和整合性压力测试，制定分行及子行实质性风险评估管理办法。各行要利用风险量化结果，及时揭示业务发展中的隐患，提示重点问题和潜在风险。

——强化国别风险管理工作，加强对国别风险的监测分析，将主权风险评级纳入内部评级体系，并加强国别风险分析报告、压力测试和应急预案管理工作。各行要持续做好敞口统计监测，加强国别限额管理。

19. 关于集团并表风险管理问题。

2013年要完成集团信用风险管理基本制度向境内外并表机构的延伸，不留有缺口。所有境外分行和境内外并表机构都要执行集团统一的风险偏好和管理要求，集团制度在个别条款上与当地法律或监管要求有差异的，可以研究调整，但不能因此否认整个制度办法的有效性。对母行要求和当地监管要求应按照“孰严”原则执行。集团要求严于当地监管要求，要执行集团管理要求，不能以监管要求不同而不执行。

20. 关于信贷管理系统建设和数据质量管理问题。

——继续稳步推进资产管理系统（CM2002/PCM2003）相关功能迁移整合工作，并在全行逐步推广应用全球信贷管理系统（GCMS）客户信息管理和贷后管理相关功能，全面搭建金融资产服务业务系统支持体系，逐步将金融资产服务业务纳入系统进行电子化操作管理，实现对金融资产服务业务和信贷业务客户的统一信用风险控制。

——对于系统中的数据质量问题，各行要负责复核、验证和监督整改。经过去年全行上下对客户风险数据的治理，系统中的数据质量有所提升，但仍不理想。总行将继续加强对客户风险数据质量的监控，在全行风险管理评价中增加对系统基础数据质量考核的指标，定期对全行考核结果进行通报。对于屡次发生同类错误且分行未举证、未做任何处理的客户，总行将实施信贷业务的系统刚性控制。对系统录入财务报表及数据不齐全的客户，要纳入潜在风险贷款进行管理。各级信贷管理部门要每月监测客户财务报表，并将有关情况通报客户经理，督促客户经理按时录入系统数据。同时要在贷款合同中明确约定企业不按时提供报表视同违约。

——各级行要充分利用好信贷管理系统和数据信息，在按期及时出报表、做分析的同时，深入挖掘客户数据信息，针对存在的风险问题进行专项、重点分析。各一级（直属）分行要建立行长风险分析制度，一把手每半年、主管行长每季度要主持召开风险分析会，亲自听取重点风险领域、重点关注客户的风险分析报告，严防辖内出现系统性风险和大户风险。

今年的工作任务已经确定，政策已经明确，做好今年的工作关键在于以抓好落实。

最后，我再就贷款质量问题强调一下。从前两个月信贷运行情况来看，信贷风险形势不容乐观，2月末全行不良贷款比年初增加较多，尤其是江苏（包括苏州）、上海、浙江、福建、广东等分行。因此，各行对当前面临的形势要有清醒的认识，要把稳定贷款质量作为今年一项重点工作抓实抓好，要有具体、有效、可操作性的措施，行领导要亲自抓，各部门要协同做好贷款质量的维稳工作，提前消化潜在风险，严格控制贷款劣变，及时做好新发生不良贷款的清收工作，确保全行全年信贷资产质量的稳定。

在中国工商银行小企业信贷业务推动座谈会上的讲话

魏国雄

（2013年3月29日）

今天召开这次会议，主要是为了进一步推动小企业信贷业务的发展。刚才各参会分行汇报了各自小企业信贷业务发展的现状、问题和建议，也表示了加快发展小企业信贷业务、完成2013年度计划的信心和决心。从最近一周小企业贷款投放情况看，在月底信贷规模更趋紧张的不利形势下，参会分行的小企业贷款投放开始出现增长势头，说明各行对发展小企业业务还是比较重视，采取了一些工作措施，值得肯定。但总体看，今年以来全行小企业信贷业务发展缓慢，70%以上的一级分行与年初比较仍呈负增长态势，特别是在座的分行与去年同期增量相比差距很大，所以还需要我们统一认识，找出问题，明确方向，落实措施。

一、坚定发展小企业信贷业务的决心

支持小微企业发展是工商银行积极履行经济责任和社会责任的重要内容。总行一直强调，把小企业信贷业务作为未来全行可持续发展及信贷结构调整的重要战略举措。要持续推动小企业信贷业务发展，各行必须坚定发展小企业信贷业务的决心，切实落实总行的部署。

前几年，各分行小企业贷款发展比较快，去年下半年以来，部分地区的小企业贷款不良率上升较快，使得部分分行不敢发展了，反映出我行小企业信贷业务发展的基础不牢固、队伍不成熟的问题。导致上述问题产生的根源并不是小企业信贷业务发展前景不好，而是我们认识不深刻、信心在动摇。因此，各分行的领导班子要进一步统一认识，越是在困难的时候越要看到光明前景，认准目标、坚定发展小企业业务的信心。

二、推动小企业经营模式转型

这些年来，多数分行基本沿用了大企业信贷业务模式开展小企业业务，采用人海战术粗放经营，凭经验、靠感觉做业务，散户占比高，经营管理效率低下。随着小企业信贷业务快速发展，原有的经营管理模式就会出现瓶颈。前期多家分行反映，小企业从业队伍的人手不足，一些客户经理管户偏多、不堪重负。以浙江分行为例，其小企业贷款的周转量占到全行的20%，但实际情况是员工数量不可能同比例增加，因此依靠人海战术来发展小企业不可持续，经营模式转型迫在眉睫。

从外部竞争角度看，小企业间接融资渠道越来越多，除了传统商业银行渠道外，小额贷款公司、村镇银行、典当行等机构都在做小微企业贷款业务，电子商务企业依靠他们的信息化平台，投资设立小额贷款公司，批量拓展小企业贷款业务，小企业信贷市场竞争日趋激烈。这些新加入的市场参与者，依托他们的独特交易平台、信息优势实现了客户信息隔离，不仅抢走了一批商业银行的客户，更重要的是对银行传统经营模式提出了挑战，迫使我们必须要创新小企业信贷业务经营管理模式。

从风险管理角度看，前期暴露的很多风险问题，都与小企业关联风险、虚假交易等有关系；即便是目前没有出现风险的贷款，也很难说不存在关联、虚假交易等问题。这说明完全靠人海战术、靠客户经理经验，仅仅考虑形式上的风险、忽视实质性风险，业务发展是难以为继的。这种局限性在信贷扩张时期体现不出来，一旦经济下行、信贷收缩，风险就不断暴露。所以说，过去我们没有对相关数据信息进行整合、挖掘，导致信息利用效率低，信贷风险难以有效管控，或者现有信贷管理要求很难落实到位，需要我们实现业务模式的转型、重建风控体系。

下阶段要抓紧利用我行现有的信息资源，探索小企业业务的转型和创新问题。各行小企业部的重要任务就是要对信息进行研究分析，充分利用主机信息、同业信息和外部信息，深入挖掘客户的潜在需求，进行批量营销，同时也找出潜在的风险点、采取针对性风控措施。近日，银行卡业务部整理了年刷卡金额在1 000万元以上的POS商户清单。这些商户是我们的收单客户，但未必都与我行建立了信贷关系。各行回去后，要核对这些客户清单，挖掘出小企业信贷客户；同时也要利用POS交易的信息，用于创新产品和加强风险管理。比如，利用POS刷卡交易，实现客户的动态还款，每刷一笔就还一部分贷款，天天还、笔笔还，这样就落实了还款来源；还可以借助POS刷卡交易信息，实施动态风险监测，如果企业7天没有刷卡，或者频繁大额刷卡，那么就要分析，是否出现潜在风险。相关清单会后总行将下发给各分行，回去后各分行要认真分析筛选。除了POS商户，今后全行还要充分利用其他的行内信息，例如，全行超过400万家对公客户的结算信息，小企业主通过个人账户进行交易和结算的情况也比较普遍，也需进一步挖掘。

总体上看，今后小企业信贷营销和管理模式要从“自下而上”转变为“自上而下”，先做好细分市场规划、确定目标客户名单，然后再去上门进行精准销售。通过营销管理模式的转变，增加工作的积极性和主动性，有效节约人力、物力、财力，提升经营管理效率。

三、加强政策的分类指导

刚才，部分分行建议总行在制定政策的时候不要一刀切，加强分类指导，我赞同这个意见。近期，总行针对前期出台的小企业信贷政策，下发了补充通知，明确要求区分存量和增量贷款实施差异化的信贷政策，对存量贷款允许一定的过渡期。今后，各分行也要做实、做好分类指导工作。在营销环节，要根据不同区域的特点，实施不同的推动政策。在风险管理中，更要善于抓住风险苗头采取精细化具体措施。比如对钢贸企业，前期部分分行也发现了一些风险苗头和隐患，但是没有从“根”上去分析，也没有采取针对性措施。近期，总行还发现个别地区的小企业贷款脱离了实体经济领域，用去支持企业做外汇套利，并且单户金额也比较大。这些潜在的风险因素如果没有引起足够的重视，就容易集中爆发。

我们讲对小企业贷款风险要有一定的容忍度，是建立在清醒认识、客观分析、准确把握的基础上，而不是盲目、不加区分的容忍。今后，各行要从产品、市场、风险等维度，明确分类指导的要求；小企业贷款投放到什么区域，采取什么模式，风险是否可控等，要做到心中有数。我建议各行领导要加强调研，经常看看信贷档案，掌握充分的信息，指导意见要具体，确保有效控制实质性风险。

刚才，各分行还提出了一些针对具体信贷政策的意见建议。我想，这些政策也不是不可以调整，关键是调整的理由要说清楚，后续的风控措施要明确，确保能控制住风险。比如说，对小企业联保，根据国外的经验，联保贷款的额度很小，并且借款人互相熟悉，互相监督也很到位，而之前我行的联保贷款没有设置单个联保体最高限额。对钢贸企业，只要能够控制住风险、贷款用于真实钢材交易，也是可以做的。所以说，还是要加深了解企业经营情况、掌握交易的真实背景，在此基础上才能谈得上分类指导。

四、积极推动业务创新

近年来，全行上下积极创新小企业信贷产品，对这些创新产品，总行将在完成试点后，通过适用性、通用性改造，加快向其他地区推广。近期，要考虑各分行在物业类型、贷款用途、还款资金来源等方面的意见，完善经营型物业贷款管理办法，在明确准许办理该项业务的分支机构标准，把握总原则的前提下，可以把具体的机构、项目准入权限交给各一级分行；要加快完善并积极推广“小额便利贷”这一微贷产品，在首批推广范围内，单户微型企业的贷款金额不要超过100万元；对采用最高额抵押方式的客户，在每年评估押品价值的基础上，对超出贷款余额的可抵押额度，要研究怎么用。此外，对标准厂房按揭贷款，以及网上网下的小企业贷款产品，也要抓紧推广。

要充分考虑评级、授信、押品评估、审批等各个操作环节的要求，如个人经营贷款主要是做债项，贷款手续和流程比较快；小企业贷款能不能考虑参照这个模式，先做债项评级，把客户评级能否放到后面做。

刚才有分行谈到与政府客户进行衔接，探索拓展政府采购项下的上游客户，从总体看政府比一般的企业风险要小，可以做政府应付款项下的融资业务。小企业商品融资期限不宜超过6个月，对于特殊商品，可以考虑适当延长。

五、切实把握实质风险

前期，总行已经部署了加强小企业信贷管理的一些具体工作，在这里我强调要把握住以下实质性风险因素：一是小企业贷款用途往往是导致风险的直接原因，把握不准，企业会挪用贷款；融资额度超出其正常经营所需，也会诱使企业挪用资金。这就要求各行要加强对真实交易背景和融资需求的调查审查，综合多方信息进行交叉验证，同时做好作业监督和支付控制。二是要把准融资期限，当前小企业贷款期限和企业生产经营周期不匹配的情况比较普遍，通常是整年、整月。小企业逐利的意识很强，资金回笼后，若贷款没有到期，难免要用于其他投资，这样风险就不好控制了。所以要明确小企业贷款期限和还款方式的具体要求，授信审批部门要进行审核把关。三是要确保还款来源的可靠性。对有可靠、可信第一还款来源的小企业，可以发放信用贷款。

当前的问题是，虚假还款来源、虚假担保方式的情况较多。要切实落实还贷资金来源，同时对不能发挥风险缓释作用、无代偿功能的担保措施，要视同信用方式进行管理。

六、加强前中后台协调配合

今年全行面临小企业信贷经营模式的转型和创新，特别是在批量营销、集中审批等业务环节上，需要各行加强前中后台的沟通协调。从总体看，前中后台的目标是一致的，都是要发展小企业业务，但对具体政策理解和把握上可能存在不一致，因此需要各分行领导把前中后台召集到一起，分析具体问题和困难，有针对性地采取风险防控的措施。特别是批量营销模式下的个性化融资方案，只要能达成共识的，可以做；无法达成共识的，暂时就不要做。总之，要形成分行领导牵头、前中后台定期协调的工作机制，步调一致地推动小企业信贷业务健康发展。

七、加强信贷规模配置和业务考核

部分分行提出了小企业信贷规模偏紧的问题，关键还在于各分行内部要统一偏好。发展小企业信贷业务，是总行的一项重要战略，各行必须落实。小企业贷款户数多、周转收回快，所需信贷限额容易受到挤占，各行要加强内部协调，配置资源时要保障小企业贷款相对优先，特别是在规模紧张的情况下，更要预留出足够的资源保障小企业贷款均衡投放。对于考核中由于企业规模变动导致考核口径发生变化的情况，要及时调整考核基数。

从目前情况看，完成今年小企业工作目标的任务重、困难大。会议结束后，各分行回去要专题研究，统一认识，明确思路，落实各项工作措施，务求取得实效；总行各部门也要加强政策指导，要通过全行上下的共同努力，确保完成全年任务目标！

在境外分行及子公司风险　信贷　授信审批管理培训班上的讲话

魏国雄

（2013 年 8 月 20 日）

今天听了大家的介绍和交流，很有收获。各机构所谈的情况把主要问题都反映出来了，但因为这次机构比较多，时间比较紧，有些方面谈的可能还比较粗，各机构一些好的做法会后还可以深入地交流。由于境外机构所处环境差异很大，不同的环境有不同的要求，在风险管理方面也有不同的需求，以后还可以采取专题座谈或者分片座谈的方式，多做一些交流沟通。总的来说，这次座谈的信息量很大，很多问题需要专题研究，有些问题需要总行作出安排。总行在研究后，会逐步出台相关政策。根据日程安排，从明天开始，我们将进行专题性培训，探讨一些具体问题。今天，结合大家的问题和总行最近的工作，我想谈谈十个方面的问题：

一是全面风险管理问题。无论是海外分行还是附属机构，银行类子公司还是非银行类子公司，全面风险管理的要求都是一样的。各机构都要设立风险管理委员会，对经营中的风险进行分析和把控。采用集体委员制的风险管理委员会，是工商银行集团风险管理文化的一个重要表现，也是我们的风险偏好。风险管理委员会要集体审议和决策，不论是分行和子公司，风险管理委员会必须健全。机构重大的风险事项，均要向委员会报告，由委员会讨论和决议。各境外机构要在实际操作当中落实这个要求。这次座谈整个听下来，各机构风险管理委员会的形式基本上都有了，但实质上还有一些差异，或者说有一部分到位了，还有相当一部分不到位。所以，对于风险管理委员会的设立和运行机制，各机构回去后还要进一步落实好、健全好。

二是资本管理问题。最近美国明确了资本监管要求，国际保险业也提出了类似巴塞尔协议的资本监管框架。各机构所在地的监管机构都会对我们设立的境外机构，尤其是子公司提出资本管理要求，目前工银亚洲、工银澳门等机构已经收到了这方面的监管要求，欧洲、美洲等地的监管部门也非常关注我们当地机构的资本状况。各机构要做好实施资本管理的相关准备工作，其中也包括数据、文件的积累。同时，各机构还要明确具体的牵头部门，明确资本管理由谁来做，谁来管。在集团层面，由总行风险管理部牵头负责，凡是涉及新资本协议、资本监管方面的要求，各机构可以找风险管理部。工商银行很有可能在近期进入全球系统性重要性银行之列，因此，我们的资本管理应该走在别人的前面，不论是信用风险内评法初级法、高级法，还是市场风险标准法和高级法，今后各机构要和总行风险管理部进行衔接。不同的监管体系、不同的计量方法，会有不同的要求，各个机构要做好准备。这项工作的量很大，需要长期的积累。目前，工银亚洲的准备工作比较迫切，可与总行风险部一起研究，抓紧落实。

三是业务拓展和转型问题。刚才工银巴西讲的很好，我们要干有我们特色的业务。我认为从总体来看，各家机构特色业务不多，包括业务领域、产品。这导致各家子银行都面临共同的问题：增加资本金，希望资本金越多越好。给子公司增加一次资本，最多干两年资本又不够了。这样无限增加下去，不论子银行还是集团都会有问题。各机构只有通过业务转型和创新来提升ROA和ROE，降低资本占用。大家要研究一下，哪些业务资本占用比较少，哪些业务占用比较多，要考虑如何降低资本占用。现在大多数境外机构从事传统的信贷业务比较多，所以资本占用比较高。境外机构要积极探索，要转型。同样是做贷款，但做法可以不同，比如将贷款转出去，赚中间业务手续费。国内目前也在做这件事情，所谓盘活存量，实质就是让贷款流动起来。现在，银监会、人民银行都在研究探索盘活存量。总行也在研究，也在做存量资产盘活转让工作。这方面的工作由总行信贷和投资管理部牵头，研究海外机构的资产转让，可以在市场上转让，也可以在各分子机构、附属机构之间转让。境内对转让有一些限制，海外约束较少，贷款转让市场也比较成熟。这样既可以提高收益，又能降低资本占用。其实总行给附属机构增资，成本很高。因此，我们要盘活存量，优化结构，降低业务资本占用。信贷与投资管理部可以把境内、境外机构的信贷业务转让一并牵头做起来。

四是供应链融资问题。上半年总行对湄公河区域进行了调研，对供应链融资问题提出了几点意见。目前，总行正准备发文，推进这项工作。现在有的境外机构已经在供应链融资方面进行了探索，也遇到了不少的问题和障碍，但这个业务必须做起来，有些问题只有在业务推进的过程中才能发现。除了工银亚洲、工银澳门、工银阿根廷、工银泰国外，其他的境外机构客户很少，把二手贷款、总行簿记贷款剔除后，真正的双边贷款很少，有的机构客户只有个位数。现在境外机构要落地，要多一点本地客户，供应链融资至少是可以拓展的一块本地市场。我们要管风险，实际上也要管业务，要在业务发展中控制风险，首先要找准市场和客户，才能管住风险。营销一笔项目贷款，我们不要着急放款，要看它上游是什么，下游是什么，贷款做什么用，买什么东西。现在都是买方市场，很多交易并不会立即付款，那就会有应收应付账款。根据上下游，追下去，做供应链融资、做买断型保理，相关的存款、结算都可以由我们来做。例如，卡拉奇分行的电厂项目，就延伸出了煤矿、电网的需求。刚才有机构谈到一个问题，国家开发银行、进出口银行在境外有很多项目，但在当地没有机构，我们可以争取做代理行，这方面总行和国开行、进出口行有协议，境外机构要了解哪个具体项目是国开行、进出口行的，可以与总行联系，由总行来协调。代理行的项目我们能够拿住，也可以做供应链融资，我们不要简单地做搭桥贷款，要做买断型保理，这类业务更好，不仅能稳住客户，还能增加客户，带来其他业务。供应链融资要尽快推出去，还可以对当地的中资企业做供应链融资，如华为在一些国家发展得很好，它的情况我们比较了解，还款没有问题，就可以买断对其上下游的应收应付款，这样客户增加了，业务也做起来了，同时监管部门满意，华为也满意。有时候我们都喜欢做大的业务，一下十几亿、上百亿，一年甚至几年的任务都完成了，但这种模式不可持续。

五是流动性风险问题。现在境外机构业务越来越多，越做越大，流动性也越绷越紧。很多资产业务期限长，虽然收入高，但在流动性上有问题。从目前的实际情况来看，每家境外机构都要有一个流动性管理的应急方案，要有可操作性。因时差关系，也不能都找总行。因此要明确在不同时点上，流动性的问题找谁能解决。同时，还要考虑价格问题，如果向当地监管部门求助，不但价格高，还让监管部门感觉不好，认为你们经营有问题，风险管理不到位。所以，我们每家机构都要有一个可操作性的流动性应急预案。这个事情不能马虎，因为近年来市场不确定性因素太多。

六是市场风险问题。今天各机构在汇报的时候，总行一再问做什么交易、有什么产品、用什么系统、业务怎么操作等，目前境外机构都有投资和交易，大家要关注这方面的市场风险问题。系统要统一，全行的交易系统目前还没有统一，市场风险系统总行已经做了，正在向境外推广。最近几年市场上不断发生像光大证券这样的乌龙事件，例如法兴银行、瑞银都发生过。集团的每个分支机构都是工商银行的一部分，一个机构出了乌龙事件，将影响到整个工商银行集团。像光大证券，复牌后就跌停了，乌龙事件使它的市场信誉没有了。所以，各境外机构不但要管信用风险，还要管市场风险、管操作风险。操作风险有时候防范起来很难，所以要尽可能采取系统硬控制，设定好限额。这样可能使有些业务做不大，那就不要去做大。不管代客也好，自营也好，各家机构要理一下，各类交易都要设定一个最高限额、最大交易额，系统把它控制死，避免出现乌龙事件。总行也在抓紧研发，做好这方面的风险防控。以后总行有系统的，各分支机构都要尽可能使用总行的系统。

七是行业信贷政策问题。行业信贷政策要解决哪些可以做，哪些不能做。今年全球经济仍比较低迷，最近美国金融市场比较活跃，但实体经济并未根本好转；欧洲在欧债危机后，近期有好转的迹象，但仍处于衰退；“金砖五国”除了中国外，经济增速都大幅放缓；今年国内经济也不明朗，虽然政府也采取了一系列措施，但取得效果还要有一个过程，目前还很难显现出来。过去我们看好的行业，可能会有一定的波动。比如，中国控制钢铁行业产能过剩，必然会影响到澳大利亚铁矿石的价格，对铁矿石行业的融资要谨慎。现在国际和国内煤价都在跌，以往那种价格高增长不会再有了，部分煤炭企业可能会比较困难。房地产也要注意，全球所有的经济危机和金融危机，绝大多数的爆发点都是从房地产开始的，房地产越是热的地方，越要警惕。总行的行业政策也发布了海外版，但这只是供境外机构参考。在国内限制的行业、过剩的产能，国外不一定限制，一些产能过剩的“走出去”企业的合理需求还应支持。对此，我们要具体情况具体分析，不能照搬国内的行业政策和要求。工银亚洲和工银澳门不一样，这两家机构大部分业务与境内有关，所以要严格执行总行的行业信贷政策。境外各分支机构要全面理解总行的行业信贷政策，合理把控行业风险和导向，不要简单化。

八是授信和评级问题。授信方面，业务发展越快、做得越多的境外机构，对统一授信的时效要求越高，需要授信报送、审查、审批全流程提高工作效率。供应链融资基本上只做债项授信，但统一授信都是大客户、“走出去”的客户。最近总行在两方面对统一授信做了改进：一个是总对总，总行对总部。这类统一授信将不再需要各境外机构向总行逐户报方案了，由总行统一核定授信。比如，最近总行做了美的集团的全球统一授信，并没有要求境外机构报方案，很快就做完了。美的集团自身对其境外分支机构融资有总量控制，我们根据它的控制计划，核定一个授信总量，境外机构只要本地客户有授信就可以使用了，也不需要向总行申请。境外机构有本地客户，也可以采用总对总的方式，由机构核定授信，全集团共享。这个工作总行授信业务部很支持，采取了很多措施。另一个是境内外分支机构为授信牵头行的沟通协调问题。现在境外机构向总行申请授信，还比较好沟通，但向境内分行申请授信，就比较难些。境外机构申请授信，境内分行也想做业务，很难达成一致，时常谈不拢。这会导致客户的不满，也影响办事效率，有些客户因此不与我们做业务。境外机构如果有与境内分行协商的问题，可直接找总行授信业务部，由授信业务部来协调，这要比境外机构自己去和境内分行协调好得多。今后涉及全球统一授信问题，都直接找总行授信业务部，由总行负责来协调统一授信，就是属于境内分行的授信，也可直接找总行来帮助协调，这样可以大大提高效率。评级方面，对供应链融资的评级，将来随着数据积累到一定程度后，总行风险管理部要对数据进行分析和建模，并出台一个供应链融资的债项评级。因此，全集团的评级要统一，各境外机构要考虑这方面的问题，即使使用外部评级，也要按总行规定的一一对应关系来比照执行。

九是全球资产管理系统（GCMS）问题。在今天的会上，不少机构反映使用GCMS中存在一些问题。海外机构人员成本比较高，不少人力用在了系统操作上，因此操作系统要尽量友好，要提高系统的操作效率。GCMS目前的操作还比较烦琐，许多信息资料要尽量共享，总行信贷与投资管理部对GCMS要抓紧改进、完善。

十是合规和操作风险问题。最近我看了一些监管审计、各种业务核查的报告材料，包括外部监管和总行内审内控的报告，或多或少都反映出境外机构还存在不少合规问题，包括当地监管提出的问题。各境外机构要严格遵守当地监管的规则和要求，遵守集团的内控合规要求。境外机构人少是一个事实，但人少不是违规的理由。从风险管理角度来说，一些操作不规范的问题，有的虽然不是什么大问题，但必须引起高度重视，否则可能诱发风险事件。例如，档案管理这种小问题，也要规范。海外人员流动性比较大，如果档案不好好规范管理，就有可能人员一轮换就找不到历史资料了。这些问题如不严格管理，会产生严重后果。各境外机构要努力把这方面的工作做到位，千万不能马虎。所有档案资料，都要完整、及时、真实地入库，所有的要件都要合法有效，确保我们的权益得到维护。其他方面的合规性问题，各机构也要按照总行要求，抓紧落实。对合规核查发现的问题，各分支机构一定要尽快整改落实到位，杜绝屡查屡犯。

今天讲的这十个方面问题，不一定都能够满足大家的需要，但这些问题至少和各境外分行和子公司都密切相关。接下来的几天，总行各部门的专家会和大家交流一些具体的问题，各机构要珍惜这次机会，认真参加培训，努力把培训成果运用到今后具体的业务工作中去。

在部分分行经营形势分析座谈会上的讲话

魏国雄

（2013 年 9 月 18 日・根据录音整理）

在昨天一天的座谈汇报中，9 家行提出了许多很好的意见和建议。关于信贷业务方面的几个问题，我想再重点提示一下。

一是关于信贷业务转型。这几年，全行信贷结构调整的总体进展情况较好。但从今年情况看，信贷结构调整有些往回走的迹象，“贷大、贷长、贷集中”的问题出现回潮。尽管目前信贷市场需求形势不是太好，但仍然要高度关注信贷投向的选择。在信贷投向的把握中，要在综合考虑风险与收益平衡的基础上，重点关注资本占用和收益水平两方面问题。今年新增贷款中政府背景项目和房地产项目较多、增长较快、资本占用高，信贷整体收益水平不太理想。

二是关于信贷资产质量控制。截至 8 月末，全行不良贷款余额为 946 亿元，要控制在 746 亿元的年初水平，需要压降 200 亿元，压力是非常大的。即使按照“单下降”或“单升”的目标掌握，今年新增 9 000 亿元贷款，全年也只有 90 亿元的不良贷款增加空间。因此，大家还是要继续努力稳定资产质量，要将工作做细、做实，不要简单化。在清收转化、打包转让和核销处置等工作的基础上，提前做好风险防控工作，避免贷款突然劣变。总行将积极支持各行做好工作，例如在核销政策上，总行完全采用财政部规定，没有再附加任何其他条件。关于各行提出的要进一步扩大核销权限问题，总行已授权分行对金额 150 万元以内的个人贷款进行自主核销，目前超过权限报总行审批的不多。从财政部的政策来看，为防范道德风险，财政部对个人贷款的核销掌握较严，即使权限放下去，但核销标准不能变，仍需要遵守财政部规定，因而进一步扩大的意义不大。对于法人贷款的核销授权，总行可考虑扩大到 1 000 万元，但实际上报到总行审批的超过 1 000 万元的核销一笔都没有。因此，可以讲，控制资产质量的核心还是要做好其他方面的工作。

三是关于小企业贷款业务。按照国家政策要求，总行关于加快发展小微企业贷款的导向也非常明确，但从目前我行小微企业贷款业务的发展来看，与“两个不低于”的政策要求相比，还是有不小的差距。而且从四大行比较看，我们的小微企业贷款增量也是最少的，建行、农行、中行都比我们增加得多。根据近期分行反映的情况，总行也采取了一些政策措施，例如允许对小企业包括个人经营贷款发放有条件的信用贷款，金额最高为 500 万元。关于大家提出的小企业贷款创新权，要重点发展产业集群、重点专业市场为基础的小微企业信贷市场，要控制零打碎敲、单户拓展的发展模式。对于这种“一线、一片、一圈”式的小企业市场，可授权省行设计贷款的抵押率、折扣率以及风险把控方式等方案，方案报总行审批后可设定总体限额和单户上限并授权二级分行审批。关于大家提出的互保、联保问题，我个人很不赞成用这种发展模式，尽管短期看比较方便，但从长期看问题很多。相比之下，还不如发放信用贷款，既有必要的风险识别，利率定价也可高一点。大家不能简单化，重复走过去教训很大的互保、联保的老路，要以转变经营模式和管理方式为主线，适应外部形势需要，积极探索新的经营模式和管理方式。

四是关于供应链融资业务。目前，总分行均在积极推动供应链融资业务的发展。考虑到业务操作经验有限、核心企业配合积极性不高以及贸易融资中存在虚假合同等问题，在业务拓展的初期，重点还是从已审批的项目贷款入手，以项目为依托开展供应链融资业务。今年项目贷款增长比较多，项目贷款已新增 2 000 亿元，其中有很多潜在资源可以挖掘。要把项目贷款项下的上下游企业链做好、做实，真正将业务做成链，仅两三户企业套上“两个圈”，还不能称为链。

五是关于融资平台控制问题。目前地方政府融资平台融资总额控制的压力有所加大，近期银监会已对 6 家总量超限额的银行进行了风险提示。从调整信贷结构和把控信贷风险的角度出发，全行必须要控制地方政府融资平台总额。要关注部分地方政府融资平台的潜在风险，杜绝各类涉及平台信贷与投资业务的合规性问题发生。

六是关于行业信贷政策问题。今年总行在行业政策方面，重点对高污染和产能严重过剩的产业实行了限额管理，应该说效果是明显的。目前分行对部分行业限额控制问题有些意见，总行的政策是将总量控制目标切给分行，由分行在限额内对客户自己弹性掌握，因此是有一定灵活性的。大家还是要采取谨慎的态度掌握高污染、产能严重过剩行业的信贷投入。例如，我们对于钢铁行业已控制了多年，但目前全行大大小小的钢铁行业客户仍有300多家，未来国家对产能过剩行业的政策措施对我行的影响仍然较大。再如，高污染行业方面，大家需要关注的是，各地方与国家的环保标准是有差异的，而且目前我国通常只要求做项目环评，对区域环评尚未普遍开展。

七是关于棚户区、城镇化和新农村建设等领域政策把握问题。近期总行已出台加快棚户区改造贷款发展的政策措施，积极推进北京、天津、上海、重庆、广州、杭州等15个城市的棚户区改造贷款，重点支持小户型、功能齐、配套好、质量高、安全可靠的棚户区改造大型项目。后续还将根据国家相关政策出台情况，进一步研究城镇化、新农村建设等领域的政策安排，各行要按总行新政策、新规定把握好相关领域的信贷投向。

八是关于信贷流程效率问题。为提高信贷业务效率，总行将进一步优化评级、授权、资料上传等电子化流程，例如对300万元以下的小微企业贷款评级拟采取更加切合实际的业务流程，并在厘清业务风险控制关键环节的基础上，着手从规范信息采集与校验方式、建立和形成信息分类与计量机制、规范信息传导与应用路径、简化信贷业务运行流程、加强信贷监督与控制功能等5个方面深入推进信贷流程优化。

在信息科技高级管理人员培训班上的讲话

林晓轩

（2013年6月21日·根据录音整理）

为更好地推进全行科技工作，促进各分行更好地理解总行科技和业务管理要求，并为全行信息科技高级管理人员提供一个学习与交流的平台，总行每年年中都会举办一期信息科技高级管理人员培训班，在回顾上半年信息科技工作的同时，向大家介绍全行现阶段改革发展的重点任务和要求，研究分析今后一段时期科技和业务的发展要求和趋势。今天，我重点谈四个方面的意见。

一、今年以来全行经营形势及信息科技整体情况

今年以来，全行在宏观经济形势复杂多变的情况下，各项业务总体保持了较好的发展态势。截至5月末，境内分行实现净利润1 054亿元，同比增长8.73%；实现利息净收入1 728亿元，同比增长5.41%；实现手续费及佣金收入479亿元，同比增长22.9 %；境内分行人民币各项贷款余额83 027亿元，比年初增加4 061亿元，增幅5.1%；前5个月的NIM为2.63%，同比下降了10个基点；人民币各项存款（含同业）余额为142 751亿元，较年初增加935亿元，增幅为0.7%，同比少增2 828亿元。各级信息科技部门紧密围绕全行改革发展目标，按照年初信息科技工作会议提出的“质量优先、效率并重”要求，积极推进各项工作任务，全行信息科技工作呈现“稳中有进”的良好态势。

“稳”主要表现在：全行信息系统总体保持安全稳定运行。今年以来，全行境内日均业务量达到2.03亿笔，较上年日均增长13%。目前日均业务量超过2亿笔已成为常态，持续较高的业务量对数据中心的技术和管理能力带来了新的考验。日峰值业务量达到2.44亿笔，较上年增长4%。境外日均业务量达到90.6万笔，较上年日均增长18%；日峰值业务量达到139.4万笔，较上年增长15%。在业务量增长的情况下，NOVA和FOVA信息系统可用率均达到99.99%，四级（含）以上生产事件数量同比下降24%。全行ATM可用设备8.02万台，比上年末增加9 929台，在用设备数量达到7.2万台。总体来看，今年以来，ATM投入力度很大，预计上半年ATM新增投放数量将突破1万台。在设备总量增长的情况下，ATM单台日均交易笔数284笔，与去年基本持平；单台日均交易金额33.3万元，增长11%，主要是由于存取款一体机在新增ATM设备中的占比超过70%。目前总行优化了ATM考核机制，白天和夜间分别采取ATM台均和自助网点网均开机率的考核方式，日间ATM硬件正常运行率达到98.73%；夜间自助网点服务可用率达到99.46%，均优于年度目标。

“进”主要表现在两个方面：一是应用创新取得新突破，有力支持了全行转型发展。今年全行应用研发任务空前繁重，各项改革创新要求非常迫切。截至5月末，总行完成了4期版本共计418个项目的研发，研发规模达到64.8万功能点，比去年同期增加了22.7%；前5个月已经完成了390个项目的投产，投产版本差错率控制在0.55‰以内，明显优于年度目标。积极推进

了金融资产服务业务相关系统建设，实施了对公结算、个人金融、企业网银等产品线的产品化改造，持续丰富电子银行服务功能，推动工银亚洲顺利投产了网上银行和手机银行；主动应对利率市场化改革，全面完成利率市场化相关系统改造；FOVA 系统每月例行优化机制进一步健全，有效地满足了境外分行的特色需求，较好地解决了境外机构面临的系统集中和特色业务发展的矛盾，等等。二是分行科技队伍建设取得新进展，为分行的科技工作的顺利开展提供了有力保障。今年初，总行党委和人力资源部门下发了关于进一步加强分行信息科技管理及科技队伍建设的意见。各分行高度重视、认真落实，绝大部分分行已经按照总行意见要求制订了符合本行实际的工作方案，并组织实施。截至目前，全行的 80% 以上的二级分行已明确设立了信息科技部门。总行要求，对已经明确了工作方案的分行要尽快组织实施，内蒙古等分行要抓紧研究形成工作方案，各位分管行长和科技部门负责人要主动做好工作推动和协调工作，确保这项关系基层科技服务和队伍建设的措施早见成效。下半年新员工到岗和明年的招聘工作也将开始，各分行要积极做好信息科技专业新员工的补充，以及信息科技人员的业务交流。

二、继续牢固树立“安全生产运行第一”和“第一时间恢复生产”的指导思想，做好全行生产运行、基础设施建设以及信息安全管理工作

（一）生产运行管理方面。今年上半年，全行共发生四级（含）以上生产事件 13 起，同比减少 4 起，其中分行发生生产事件 6 起，同比减少 1 起。从生产事件数量来看，上半年全行生产运行形势整体上是好的。从事件发生的原因看，版本类事件 2 起，同比减少 1 起；操作管理类事件 9 起，同比增加 2 起；5 月还发生了一起 3 级操作管理类生产事件，说明总分行在日常生产运行管理方面存在的一些突出问题还没有得到根本解决。过一会儿，总行信息科技部毛宇星副总经理将就近期发生的典型生产事件进行案例专题分析。

从今年上半年总行对全行的非现场信息科技检查情况看，信息安全、运行监控、变更管理等领域的风险暴露比较集中，特别是在变更管理上暴露了一些高风险问题，有些甚至引发了重大生产事件。主要是由于一些单位违反总行制度规定，在主要业务时段进行生产变更，以及对变更方案的审查流于形式等因素所致。今年检查发现的问题中 90% 是重复发生的，也是总行反复强调的老问题，说明一些单位对问题整改落实不到位，各中心和分行科技部门的主要负责人在思想上还没有足够重视，没有对问题根源进行深入剖析，没有在专业管理和内控上采取针对性的有力措施。

上半年出现的操作管理类生产事件，主要原因是内部管理职责没有落实到位。一些机构的内部技术管理部门与安全管理部门没有严格按照管理制度与技术规范要求切实履行好内部管理职责；一些机构在安全生产管理上简单地将任务和责任进行分解，没有形成统一管理和严格的授权制度，内部联动的审查、检查等制约机制没有有效发挥作用。在此，我再次强调，对于操作管理类生产事件，以及屡查屡犯的操作管理问题，要追究各机构管理人员的责任，各机构专业部门、管理部门、内控部门如没有按照规定履职，并造成重大生产事件的要承担相同责任。

今年以来，总行开始按季度对 36 家分行的开放平台系统、网络、动力等领域开展了远程健康检查和技术支持，从实际效果看，部分专业领域的技术支持达到了较好效果，帮助分行发现并消除了生产系统中存在的隐患。但部分专业存在着走过场的现象，所提意见针对性不强，分行难以操作。总行已要求各专业团队面向各分行建立对口的技术支持机制，在开展远程健康检查和技术支持的同时，在分行出现紧急事件的时候，对口支持人员能够通过远程方式参与到分行的应急处理。需要提醒大家的是，近年来分行发生的生产运行事件，主要集中在机房、网络、设备、动力等基础专业方面，因此，在总行加大支持力度的同时，分行也要改变重开发、轻运行维护的思路，加大对基础设施专业领域的投入和关注。

（二）基础设施建设方面。上半年，“两地三中心”工程建设取得了重大进展，上海同城中心的基建工程进展顺利，完成了客户营销、金卡前置等 15 个高等级开放平台的双活部署，实现了主机生产系统与并行系统的同步运行，并行系统日均交易量从年初的 50 万笔增加到了目前的 700 万笔以上。下半年，总行信息科技部门要抓紧按计划推进“两地三中心”工程，确保年内完成基建工程建设并进入设备安装。

截至目前，各分行已基本完成对综合前置等 6 个关键应用的高可用改造，湖北、黑龙江、四川等分行实施了新机房迁移和改造，重庆、海南等 6 家分行更新了供配电系统，山东、宁波等分行以临时通知形式开展了应急演练，深圳、辽宁等 17 家分行组织了对辖内二级分行的远程操作接管演练。各分行要继续重视并做好基础设施更新改造工作，合理投入，在改造中按照总行技术规范和建设标准要求加强管理。总行有关部门要做好演练计划的梳理，合理控制应急演练频度。各分行要统筹安排，确保各项演练的效果，以及各项应急设施和措施运作正常。

（三）信息安全方面。近两年，经过总分行科技、内控、办公室等部门的共同努力，全行信息安全整体情况有了显著改善，外发邮件审核率从年初的 45% 提升到 70% 以上，每百台设备使用非授权软件数从年初的 0.184 减少到 0.168，移动存储安全管理功能投产后 U

盘拷贝文件数量减少到投产前的1/12。但也要清醒地看到当前全行面临的信息安全形势依然严峻。前不久人民银行和银监会先后通报了商业银行手机银行和网银系统的安全漏洞，其中也发现我行存在的问题。监管部门对银行业务外包管理中的信息安全管理问题非常重视，各分行和各中心要围绕科技外包工作尽快开展一次自查。此外，今年以来每月平均发现假冒我行网站184个，检测到针对我行网站和网银系统的各类不同程度攻击告警事件129万次。仅5月全行就检测发现并强制隔离的计算机设备达到2.6万台次。为此，各单位要强化防范意识和信息安全教育，确保各项技术与管理措施的落实。下半年，总行将进一步推动全行信息安全策略的集中管理和硬控制。各分行要充分发挥好本行信息科技、内控合规、办公室保密管理等多部门联合推动工作机制的作用，尤其要严格控制各种信息安全措施的“例外”。各级管理人员要以身作则，带头在日常工作中落实好信息安全管理要求。

三、积极主动做好总行应用推广和分行特色业务创新

（一）做好总行应用推广。近年来，总行每年研发近千个创新项目，推出了大量的新产品和新功能。为了确保这些新产品和新功能得到有效使用，总行在正式下发的版本投产通知文件中对主要业务的应用功能进行介绍，版本投产后又分别在网讯、资讯平台上开辟专栏，面向全行发布应用系统的版本内容和业务功能变化情况。软件开发中心在每个版本交付前，面向分行技术部门介绍版本整体内容、部分重点项目的技术方案和原理等，今年已组织了46课时的视频培训；数据中心（北京）则从业务角度对分行开展了57课时的视频培训。总行已经连续三年面向境外机构开展各类培训，仅今年就对境外机构举办了14场系统推广培训、19场版本投产培训、17场业务和技术专题培训，参训员工近600人次。但是，部分分行对总行新版本新功能的了解和应用并不好。例如，对于MOVA平台的使用情况差异就比较大。上半年机构、客户维度的指标访问率超过80%，产品、员工维度的指标访问率不足20%；不同分行间的使用情况也不均衡，广东、宁波、北京、大连等分行的人均访问量是湖南、河北等分行的7倍以上。去年总行投产了大额资金流向监控平台，截至目前，系统共生成潜在目标客户42 223户，但各分行分配给客户经理或由客户经理主动认领的目标客户仅455户。系统运用较好的四川分行潜在目标客户开户数超过500户，上海、浙江、河南、北京4家分行今年前5个月新开户的目标客户的存款余额超过10亿元。

在总行应用系统平台推广中，各分行信息科技部门要主动发挥好专业优势，为分行的业务部门和基层分行组织内部再培训，推广使用好新系统、新平台、新功能。本次培训班总行专门安排了2012年以来投产的应用系统业务分析以及2013年分行重点应用研发项目情况介绍两个课程。后续，总行数据中心（北京）和软件开发中心将继续组织做好这些培训，及时向分行发布《新业务分析报告》。各分行在组织做好学习和内部再培训的同时，也要主动收集并向总行反馈系统优化意见建议。各境外机构更要通过这项工作在本地培养一批业务和技术骨干，提高本机构的基础管理能力，促进业务发展。

（二）支持行业合作等分行特色业务创新。当前，社会资金持续投向社保、住房、医疗和教育等民生领域，这一市场中蕴藏着丰富的金融服务需求。今年全国保障性住房将投入1.2万亿元，医疗卫生领域投入3.2万亿元，教育领域投入4.6万亿元，社保基金结余将达到4万亿元。上半年，各分行到总行立项的特色研发项目数量达到259个，同比增长68%，其中行业合作方面的项目数量达到119个，比去年同期的56个增长了112.5%。总行将积极支持行业合作的科技创新，加大对分行的科技建设配套资金的投入。同时，加大对分行特色研发的技术支持力度，进一步优化行业合作的系统方案，加强对分行的技术培训。例如，针对行业合作领域，去年以来总行已经举办了11期培训；今年软件开发中心派出支持团队到深圳、辽宁等分行提供现场支持，为15家分行的25个特色研发项目提供了远程支持；广东、安徽等8家分行派出人员到总行参与了联合创新，吉林分行利用总行联合创新环境成功开展一汽医院的银医合作业务营销。河北、重庆等分行完成了地方财政电子支付项目试点。山东、江西、北京等分行在特色研发上也取得了显著成效。

各分行要抓住当前民生领域改革的机遇，积极配合业务部门“走出去”开发。要充分利用总行提供的平台，做好分行特色业务功能分析，加强总分行联动创新。软件开发中心要继续安排专业技术支持团队做好对分行行业合作的技术支持，及时归纳总结经验，不断优化系统的功能。

四、加快推进信息化银行建设，促进国际化综合化发展

信息化银行建设将对全行的经营理念、业务运营、组织流程等带来重大改变。全行信息科技部门要充分领会总行战略要求，积极参与需求分析、系统建设，做好战略的落地。

（一）信息化银行建设。董事长5月20日在“创新沙龙”上发表了“大数据时代的信息化银行”主题演讲，阐述了工商银行推进信息化银行建设的战略思路与举措。总行将信息化银行建设课题列为全行九大改革创新课题之一。作为关系经营管理全局和长远发展的重大战略问题，经过几个月的调研和广泛征求意见，目前

课题研究已经基本完成。课题明确了建设信息化银行的总体目标、思路和配套措施，提出了今后三年的阶段性工作目标和需要重点推进的25项工作任务。

随着大数据时代的来临，以及新一轮技术革命和互联网金融生态的加速演变，我行与同业在信息化建设方面站在了同一起跑线上，国内外先进银行正积极探索利用新技术加快创新，抢占新一轮科技发展的制高点。在信息技术高速发展的今天，银行的信息科技工作如逆水行舟，不进则退，慢进也等于后退。信息科技工作要"生于忧患，发展于危机"，盲目骄傲、故步自封意味着我们多年积累的科技优势将难以为继。尤其在座的各位要认清当前信息科技工作面临的新形势，勤思考，多钻研，共同推进全行信息化建设再上新台阶。昨天上午，总行信息科技部张艳副总经理已经就信息化银行建设向大家作了专题介绍。各级科技管理人员要全面深入理解信息化银行建设的内涵，紧跟新技术和新金融模式的发展潮流，在总行信息化银行建设的整体框架下，引导全行科技与业务部门提高认识、转变观念、深入思考，要按照"总体规划、分步实施"的策略，围绕"信息共享、互联互通、整合创新、智慧管理、价值创造"目标，落实好信息化银行建设短、中、长期规划任务的落地实施工作。

信息化银行建设的顺利实施和取得成效，需要全行上下形成共识，认识到信息化银行建设不仅仅是一项信息技术革新，更重要的是一种经营理念和思维方式的革命，是更深层次、更高阶段、影响更长远的发展方式转变；不仅是搭建新的系统与平台，更重要的是推进组织和流程的革新。要充分发挥各行、各部门乃至每一名员工的积极性、主观能动性和创造力，把信息化银行理念内化于各项工作的始终，贯穿在客户服务、经营管理及风险控制等各项日常经营活动全过程，培育信息化银行建设的生态文化环境。充分发挥基层的首创精神，充分考虑分行的实际需要，不断研究创新金融产品和服务模式，使信息化银行建设更符合市场和客户的需求。

按照信息化银行工作计划，年内将实施综合化电子商务平台、线上线下小额消费贷款平台、集团信息库等重点任务研发，这些任务无论在技术方面还是业务方面都面临着许多新的难点，需要实现新的突破。科技部门要与业务部门加强合作，联合攻坚，业务需求与技术方案同步推进，确保按计划实现任务目标。

在信息化银行建设中，要以产品化改造为抓手，按照专业联动、上下游联动和线上线下联动的要求，积极推进各业务条线的整体创新，实现跨专业跨部门联动营销协同和信息共享，抓紧实施对公结算、个金、电子银行等14条产品线的改造。各分行要高度重视产品化改造工作，根据总行产品化改造进度安排，做好产品化测试与推广，结合分行实际情况提出产品化创新需求和工作建议，积极应用产品化成果开展分行特色创新。

（二）深入开展国际化系统建设推广。今年以来，FOVA系统在新西兰分行投产，FOVA系统与阿根廷子行系统互联互通、工银美国系统整合等工作也已经启动；总行科技部门仅用1个多月就完成了新加坡清算系统建设和23项应用的配套改造、投产，为我行成为首家海外人民币清算行作出了重要贡献。总行还建立了FOVA每月优化的管理和跟踪机制，今年已完成了对FOVA系统350项的优化。全行在国际化系统建设方面的任务仍然十分繁重，今年要全面完成工银美国等机构FOVA系统整合的差异化需求分析，启动系统研发。要发挥好"一个团队""两个平台"对境外机构的支持和服务作用，更好地满足境外机构本地特色业务研发和监管要求。

（三）实现综合化系统建设突破。我行新三年发展规划中明确提出加快推进综合化业务拓展，形成集团内商业银行业务和综合化业务更加协同的发展格局。信息科技部门要充分发挥集团科技整体优势，加快综合化子公司信息平台的规划建设，并在保险、投行等领域实现重大突破。年内要完成集团子公司客户信息系统建设，既要符合监管部门对保护客户信息安全的要求，又要满足综合化子公司对客户信息统一管理的需要。要按照信息共享、系统联动的要求，完成工银安盛团险系统研发和投产。要加快推进集团子公司财务会计系统建设，年内要完成会计核算功能在工银国际的推广使用。

当前全行经营管理各项任务十分繁重，其中许多工作都需要科技部门积极参与，希望大家回去后要认真落实好这次培训班的工作安排，结合总行工作要求和各分行实际，全力以赴完成好今年既定的各项信息科技任务，为推动信息化银行建设、促进全行加快转型发展作出新的贡献。

第七部分

综合统计

责任编辑：盘为龙

中国工商银行股本变动及主要股东持股情况

一、股份变动情况表

单位：股

	2012年12月31日		报告期内增减（+，-）	2013年12月31日	
	股份数量	比例（%）	可转债转股	股份数量	比例（%）
一、有限售条件股份	0	0.0	0	0	0.0
二、无限售条件股份	349 618 757 526	100.0	1 769 915 420	351 388 672 946	100.0
1. 人民币普通股	262 824 712 976	75.2	1 769 915 420	264 594 628 396	75.3
2. 境外上市的外资股	86 794 044 550	24.8	0	86 794 044 550	24.7
三、股份总数	349 618 757 526	100.0	1 769 915 420	351 388 672 946	100.0

注："境外上市的外资股"即H股，根据中国证监会《公开发行证券的公司信息披露内容与格式准则第5号——公司股份变动报告的内容与格式》（2007年修订）中的相关内容界定。

二、前10名股东持股情况

单位：股

2013年末股东总数						891 634（2013年12月31日的A+H在册股东数）
前10名股东持股情况（以下数据来源于2013年12月31日的在册股东情况）						
股东名称	股东性质	股份类别	持股比例（%）	持股总数	持有限售条件股份数量	质押或冻结的股份数量
中央汇金投资有限责任公司	国家	A股	35.33	124 155 852 951	—	无
中华人民共和国财政部	国家	A股	35.09	123 316 451 864	—	无
香港中央结算代理人有限公司	境外法人	H股	24.48	86 013 832 094	—	未知
中国平安人寿保险股份有限公司——传统—普通保险产品	其他内资	A股	1.27	4 474 434 462	—	无
工银瑞信基金公司——特定客户资产管理	其他内资	A股	0.30	1 053 190 083	—	无
中国证券金融股份有限公司	其他内资	A股	0.23	806 536 828	—	无
安邦保险集团股份有限公司——传统保险产品	其他内资	A股	0.15	540 842 624	—	无
中国人寿保险股份有限公司——传统—普通保险产品——005L—CT001沪	其他内资	A股	0.11	373 491 528	—	无
中国太平洋人寿保险股份有限公司——传统—普通保险产品	其他内资	A股	0.07	262 303 877	—	无
中国平安人寿保险股份有限公司——传统—高利率保单产品	其他内资	A股	0.07	261 629 846	—	无

注：（1）H股股东持股情况是根据H股证券登记处设置的本行股东名册中所列的股份数目统计。

（2）"中国平安人寿保险股份有限公司——传统—普通保险产品"与"中国平安人寿保险股份有限公司——传统—高利率保单产品"同属中国平安人寿保险股份有限公司管理。除此之外，本行未知上述股东之间有关联关系或一致行动关系。

中国工商银行合并资产负债表

（除特别注明外，金额单位均为人民币百万元）

	2013 年 12 月 31 日	2012 年 12 月 31 日
资产：		
现金及存放中央银行款项	3 294 007	3 174 943
存放同业及其他金融机构款项	306 366	411 937
贵金属	61 821	55 358
拆出资金	411 618	224 513
以公允价值计量且其变动计入当期损益的金融资产	372 556	221 671
衍生金融资产	25 020	14 756
买入返售款项	331 903	544 579
客户贷款及垫款	9 681 415	8 583 289
可供出售金融资产	1 000 800	920 939
持有至到期投资	2 624 400	2 576 562
应收款项类投资	324 488	364 715
长期股权投资	28 515	33 284
固定资产	135 863	110 275
在建工程	24 841	22 604
递延所得税资产	28 860	22 789
其他资产	265 279	260 003
资产合计	18 917 752	17 542 217
负债：		
向中央银行借款	724	1 133
同业及其他金融机构存放款项	867 094	1 232 623
拆入资金	402 161	254 182
以公允价值计量且其变动计入当期损益的金融负债	553 607	319 742
衍生金融负债	19 168	13 261
卖出回购款项	299 304	237 764
存款证	130 558	38 009
客户存款	14 620 825	13 642 910
应付职工薪酬	24 529	25 013
应交税费	67 051	68 162
已发行债务证券	253 018	232 186
递延所得税负债	420	552
其他负债	400 830	348 221
负债合计	17 639 289	16 413 758
股东权益：		
股本	351 390	349 620
资本公积	108 023	128 524
盈余公积	123 870	98 063
一般准备	202 940	189 071
未分配利润	511 949	372 541
外币报表折算差额	（24 038）	（12 822）
归属于母公司股东的权益	1 274 134	1 124 997
少数股东权益	4 329	3 462
股东权益合计	1 278 463	1 128 459
负债及股东权益总计	18 917 752	17 542 217

中国工商银行合并利润表

（除特别注明外，金额单位均为人民币百万元）

	2013 年度	2012 年度
利息净收入		
利息收入	767 111	721 439
利息支出	(323 776)	(303 611)
	443 335	417 828
手续费及佣金净收入		
手续费及佣金收入	134 550	115 881
手续费及佣金支出	(12 224)	(9 817)
	122 326	106 064
投资收益	3 078	4 707
其中：对联营及合营公司的投资收益	2 097	2 652
公允价值变动净损失	(151)	(371)
汇兑及汇率产品净收益	6 593	4 095
其他业务收入	14 456	4 622
营业收入	589 637	536 945
营业税金及附加	(37 441)	(35 066)
业务及管理费	(165 280)	(153 336)
资产减值损失	(38 321)	(33 745)
其他业务成本	(11 549)	(7 340)
营业支出	(252 591)	(229 487)
营业利润	337 046	307 458
加：营业外收入	2 910	2 767
减：营业外支出	(1 419)	(1 538)
税前利润	338 537	308 687
减：所得税费用	(75 572)	(69 996)
净利润	262 965	238 691
净利润归属于		
母公司股东	262 649	238 532
少数股东	316	159
	262 965	238 691
每股收益		
基本每股收益（人民币元）	0.75	0.68
稀释每股收益（人民币元）	0.74	0.67
其他综合收益	(36 629)	(1 178)
综合收益总额	226 336	237 513
综合收益总额归属于：		
母公司股东	226 375	237 245
少数股东	(39)	268

中国工商银行合并现金流量表

（除特别注明外，金额单位均为人民币百万元）

	2013 年度	2012 年度
一、经营活动产生的现金流量：		
客户存款净额	994 119	1 365 818
向中央银行借款净额	—	1 025
同业及其他金融机构存放款项净额	—	142 798
拆入资金净额	154 123	5 899
拆出资金净额	33 743	—
买入返售款项净额	5 443	—
卖出回购款项净额	61 540	31 325
存放同业及其他金融机构款项净额	47 599	—
为交易而持有的投资款项净额	—	10 636
以公允价值计量且其变动计入当期损益的金融负债款项净额	234 583	147 651
存款证净额	94 351	—
收取的以公允价值计量且其变动计入当期损益的金融资产投资收益	358	1 486
收取的利息、手续费及佣金的现金	891 079	824 124
处置抵债资产收到的现金	872	478
收到的其他与经营活动有关的现金	32 813	23 870
经营活动现金流入小计	2 550 623	2 555 110
客户贷款及垫款净额	(1 159 539)	(1 010 592)
向中央银行借款净额	(409)	—
同业及其他金融机构存放款项净额	(361 808)	—
存放中央银行款项净额	(319 010)	(179 741)
存放同业及其他金融机构款项净额	—	(50 876)
拆出资金净额	—	(141 006)
买入返售款项净额	—	(35 653)
为交易而持有的投资款项净额	(7 804)	—
指定为以公允价值计量且其变动计入当期损益的金融资产净额	(142 720)	(80 025)
存款证净额	—	(3 880)
支付的利息、手续费及佣金的现金	(277 232)	(253 217)
支付给职工以及为职工支付的现金	(103 936)	(95 483)
支付的各项税费	(114 256)	(100 103)
支付的其他与经营活动有关的现金	(65 856)	(71 026)
经营活动现金流出小计	(2 552 570)	(2 021 602)
经营活动产生的现金流量净额	(1 947)	533 508
二、投资活动产生的现金流量：		
收回投资收到的现金	1 117 779	965 229
分配股利及红利所收到的现金	653	914
处置联营及合营企业所收到的现金	493	—

续表

	2013 年度	2012 年度
处置固定资产、无形资产和其他长期资产收回的现金	1 088	1 271
投资活动现金流入小计	1 120 013	967 414
投资支付的现金	(1 239 747)	(1 058 490)
投资合营及联营公司所支付的现金	—	(19)
取得子公司所支付的现金净额	—	(3 723)
购建固定资产、无形资产和其他长期资产支付的现金	(32 485)	(18 707)
增加在建工程所支付的现金	(11 942)	(13 145)
投资活动现金流出小计	(1 284 174)	(1 094 084)
投资活动产生的现金流量净额	(164 161)	(126 670)
三、筹资活动产生的现金流量：		
吸收少数股东投资所收到的现金	955	600
发行次级债券所收到的现金	3 031	20 000
发行其他债务证券所收到的现金	41 336	9 640
筹资活动现金流入小计	45 322	30 240
支付债务证券利息	(10 074)	(8 566)
偿还其他债务证券所支付的现金	(17 084)	—
取得少数股东股权所支付的现金	(17)	—
分配普通股股利所支付的现金	(83 565)	(70 912)
向少数股东分配股利所支付的现金	(47)	(41)
筹资活动现金流出小计	(110 787)	(79 519)
筹资活动产生的现金流量净额	(65 465)	(49 279)
四、汇率变动对现金及现金等价物的影响	(12 672)	(4 220)
五、现金及现金等价物净变动额	(244 245)	353 339
加：年初现金及现金等价物余额	1 201 647	848 308
六、年末现金及现金等价物余额	957 402	1 201 647
1. 将净利润调节为经营活动现金流量：		
净利润	262 965	238 691
资产减值损失	38 321	33 745
固定资产折旧	13 386	12 288
资产摊销	3 052	2 708
债券投资溢折价摊销	(163)	(2 857)
固定资产、无形资产和其他长期资产盘盈及处置净收益	(848)	(961)
投资收益	(2 720)	(3 273)
公允价值变动净损失	151	371
未实现汇兑损失	6 206	6 853
已减值贷款利息收入	(2 019)	(944)
递延税款	1 972	(284)
发行债务证券利息支出	10 785	9 876
经营性应收项目的增加	(1 552 720)	(1 518 383)
经营性应付项目的增加	1 219 685	1 755 678
经营活动产生的现金流量净额	(1 947)	533 508
2. 现金及现金等价物净变动情况：		
现金年末余额	80 913	76 060
减：现金年初余额	76 060	60 145
加：现金等价物的年末余额	876 489	1 125 587
减：现金等价物的年初余额	1 125 587	788 163
现金及现金等价物净变动额	(244 245)	353 339

中国工商银行资本充足率情况表

（单位：人民币百万元，百分比除外）

项目	2013 年 12 月 31 日
核心一级资本	1 276 344
实收资本	351 390
资本公积可计入部分	108 202
盈余公积	123 870
一般风险准备	202 940
未分配利润	512 024
少数股东资本可计入部分	1 956
其他[(1)]	(24 038)
核心一级资本扣除项目	9 503
商誉	8 049
其他无形资产（土地使用权除外）	1 474
对未按公允价值计量的项目进行现金流套期形成的储备	(3 920)
对有控制权但不并表的金融机构的核心一级资本投资	3 900
核心一级资本净额	1 266 841
其他一级资本[(2)]	18
一级资本净额	1 266 859
二级资本	324 806
二级资本工具及其溢价可计入金额	189 877
超额贷款损失准备	134 857
少数股东资本可计入部分	72
二级资本扣除项目	19 400
对未并表金融机构大额少数资本投资中的二级资本	19 400
总资本净额	1 572 265
风险加权资产	11 982 187
核心一级资本充足率	10. 57%
一级资本充足率	10. 57%
资本充足率	13. 12%

注：（1）外币报表折算差额。

（2）少数股东资本可计入部分。

中国工商银行贷款五级分类分布情况表

（单位：人民币百万元，百分比除外）

项目	2013 年 12 月 31 日		2012 年 12 月 31 日	
	金额	占比（%）	金额	占比（%）
正常	9 632 523	97. 08	8 501 566	96. 57
关注	196 162	1. 98	227 551	2. 58
不良贷款	93 689	0. 94	74 575	0. 85
次级	36 532	0. 37	29 418	0. 33
可疑	43 020	0. 43	36 482	0. 42
损失	14 137	0. 14	8 675	0. 10
合计	9 922 374	100. 00	8 803 692	100. 00

中国工商银行员工情况表

2013 年 12 月 31 日　　单位：人

机构名称	总计	性别		年龄								学历				
		男	女	平均年龄	25 岁及以下	26 ~ 30 岁	31 ~ 35 岁	36 ~ 40 岁	41 ~ 45 岁	46 ~ 50 岁	50 岁以上	博士研究生	硕士研究生	大学本科	大专	专科以下
合计	426 681	213 407	213 274	40. 77	36 199	52 537	39 380	46 780	83 716	111 271	56 798	518	17 647	195 716	150 550	62 250
机构本部	2 460	1 515	945	36. 31	86	505	813	455	223	195	183	191	1 226	987	39	17
北京分行	16 981	6 868	10 113	38. 6	1 318	3 809	2 367	1 449	2 524	3 500	2 014	23	1 712	8 887	4 960	1 399
天津分行	7 858	3 867	3 991	39. 95	863	801	967	715	1 555	2 371	586	2	283	3 693	2 401	1 479
河北分行	21 513	11 670	9 843	43. 25	974	1 484	1 252	2 499	4 899	7 002	3 403	2	288	8 050	8 372	4 801
山西分行	15 219	7 465	7 754	41. 84	978	1 388	1 262	2 091	2 859	4 611	2 030		460	4 685	6 689	3 385
内蒙古分行	12 553	6 427	6 126	44. 07	462	741	662	1 479	2 953	3 636	2 620	2	171	4 643	4 578	3 159
辽宁分行	18 446	9 381	9 065	43. 53	723	955	1 878	1 911	3 988	5 610	3 381	1	314	8 216	8 274	1 641
吉林分行	13 329	6 558	6 771	42. 48	811	863	1 620	1 753	2 314	3 145	2 823	1	280	6 121	4 250	2 677
黑龙江分行	16 453	8 484	7 969	44. 51	522	653	895	2 033	3 624	5 355	3 371	3	100	5 788	6 811	3 751
上海分行	12 904	5 383	7 521	36. 03	2 015	3 114	1 423	1 415	1 953	2 311	673	29	768	8 081	2 717	1 309
江苏分行	17 027	9 206	7 821	43. 13	1 059	1 474	1 064	1 283	3 580	5 374	3 193	8	657	6 994	6 054	3 314
浙江分行	19 437	8 008	11 429	36. 76	2 118	4 952	2 801	2 132	2 498	3 206	1 730	10	691	11 595	5 366	1 775
安徽分行	13 272	7 563	5 709	43. 38	874	823	780	1 355	2 731	4 194	2 515	9	273	5 237	5 527	2 226
福建分行	10 201	5 346	4 855	42. 5	625	798	865	1 071	1 970	3 323	1 549	4	191	5 175	3 131	1 700
江西分行	9 949	5 653	4 296	42. 43	848	586	685	1 155	2 102	2 879	1 694	3	261	3 759	3 731	2 195
山东分行	20 141	10 821	9 320	41. 87	1 186	2 047	1 843	2 400	3 845	5 767	3 053	13	575	9 038	8 237	2 278
河南分行	19 915	10 528	9 387	42. 71	1 217	1 047	863	2 966	5 502	5 771	2 549	6	291	8 338	7 314	3 966
湖北分行	16 735	8 779	7 956	42. 39	1 606	877	678	1 776	4 425	5 124	2 249	10	756	7 516	5 581	2 872
湖南分行	13 601	6 957	6 644	43. 91	292	814	1 052	1 510	2 806	4 899	2 228	1	214	4 916	6 166	2 304
广东分行	20 805	10 860	9 945	36. 64	2 872	4 313	2 553	2 939	4 108	2 554	1 466	21	559	9 991	7 834	2 400
广西分行	10 811	4 999	5 812	40. 44	1 305	1 038	1 243	953	1 833	3 021	1 418	1	124	4 783	3 991	1 912

续表

机构名称	总计	性别		年龄								学历				
		男	女	平均年龄	25岁及以下	26～30岁	31～35岁	36～40岁	41～45岁	46～50岁	50岁以上	博士研究生	硕士研究生	大学本科	大专	专科以下
海南分行	2 733	1 558	1 175	40.57	269	199	327	348	646	660	284	1	76	1 510	885	261
重庆分行	6 640	3 448	3 192	42.36	556	704	399	524	1 390	1 821	1 246	3	307	2 454	2 457	1 419
四川分行	16 274	8 046	8 228	38.25	2 236	2 596	1 513	1 795	3 417	3 615	1 102	15	824	7 993	6 194	1 248
贵州分行	6 267	3 348	2 919	42.21	674	525	320	490	1 091	2 158	1 009		114	2 641	2 449	1 063
云南分行	8 678	4 109	4 569	42.13	835	690	486	734	1 781	2 989	1 163		167	3 921	3 588	1 002
陕西分行	12 089	6 514	5 575	43.43	547	702	611	1 365	3 053	4 098	1 713	9	511	4 565	5 438	1 566
甘肃分行	7 443	4 012	3 431	44.36	199	341	453	659	1 797	2 873	1 121	1	53	3 587	2 946	856
青海分行	2 200	1 064	1 136	39.43	432	118	151	183	457	727	132		36	1 146	862	156
宁夏分行	2 667	1 257	1 410	41.17	283	261	139	205	689	810	280		32	1 222	1 094	319
新疆分行	7 940	3 606	4 334	41.09	843	738	615	764	1 564	2 445	971	2	148	3 766	3 119	905
西藏分行	113	79	34	35.71	18	22	14	19	24	12	4	1	7	95	10	
大连分行	3 927	1 518	2 409	39.93	337	579	350	508	866	832	455	2	224	2 174	1 303	224
青岛分行	3 416	1 654	1 762	40.78	317	563	300	258	426	936	616	3	208	1 644	1 006	555
宁波分行	3 949	1 582	2 367	36.69	573	896	537	487	406	647	403		131	2 313	1 032	473
深圳分行	4 188	2 078	2 110	36.76	425	957	744	481	705	519	357	6	603	2 567	754	258
厦门分行	2 204	975	1 229	39.26	178	414	165	305	433	484	225	2	148	1 360	409	285
广东分行营业部	10 508	4 111	6 397	34.05	1 775	2 667	2 138	1 164	1 645	710	409	8	277	6 441	3 098	684
苏州分行	3 362	1 536	1 826	37.87	498	587	429	345	470	704	329	1	171	1 975	841	374
长春金融研修学院	64	37	27	44.36		8	12		5	18	21	3	16	41	4	
杭州金融研修学院	66	32	34	41.08	7	9	8	1	6	24	11	1	18	47		
牡丹卡中心	1 675	502	1 173	30.39	278	911	157	131	115	52	31	9	141	1 104	405	16
票据营业部	302	133	169	35.31	44	78	39	43	55	29	14	2	72	209	19	
软件开发中心	4 361	2 938	1 423	29.48	766	2 232	965	233	110	38	17	24	1 469	2 839	26	3
数据中心（北京）	1 034	570	464	29.89	210	522	151	64	47	25	15	6	415	600	11	2
数据中心（上海）	785	543	242	30.45	168	345	138	54	32	30	18	5	220	539	15	6

续表

机构名称	总计	性别		年龄								学历				
		男	女	平均年龄	25 岁及以下	26 ~ 30 岁	31 ~ 35 岁	36 ~ 40 岁	41 ~ 45 岁	46 ~ 50 岁	50 岁以上	博士研究生	硕士研究生	大学本科	大专	专科以下
私人银行部	126	80	46	33. 16	16	39	37	14	7	8	5	9	69	43	5	
贵金属业务部	79	53	26	34. 22	2	26	22	15	7	7		2	32	44	1	
电子银行中心	1 055	343	712	28. 66	280	567	125	17	24	27	15		62	752	239	2
电子银行中心（石家庄）	376	105	271	27. 24	133	200	16	12	12	3			6	284	85	1
电子银行中心（合肥）	311	100	211	25. 72	186	112	2	7	1	2	1		5	184	122	
电子银行中心（广州）	176	57	119	29. 64	28	100	23	12	9	3	1		3	72	90	11
国际结算单证中心	647	224	423	27. 8	232	295	72	23	16	7	2	1	193	448	5	
产品研发中心	230	118	112	29. 07	26	150	39	10	4	1		1	168	61		
专项融资部（营业部）	102	65	37	35. 78	2	32	26	15	12	7	8	4	51	45	2	
总行资产托管部	185	90	95	31. 18	19	89	51	10	5	8	3	8	84	89	3	1
总行投资银行部	84	62	22	34. 43	3	23	30	17	1	8	2	7	60	17		
总行养老金业务部	52	32	20	34. 98	5	14	12	10	4	4	3	2	29	20	1	
总行金融场部	215	138	77	31. 93	26	65	82	27	6	6	3	18	133	64		
总行资产管理部	166	118	48	31. 78	19	53	67	18	4	3	2	12	106	48		
内审直属分局	48	26	22	39. 83		7	8	13	10	5	5	5	17	25	1	
内审天津分局	38	25	13	45. 13		3	2	3	8	15	7		9	29		
内审沈阳分局	39	22	17	44. 13		3	3	5	12	9	7		6	31	2	
内审上海分局	40	19	21	40. 33		3	9	11	7	5	5		3	37		
内审南京分局	35	26	9	45. 46			5	5	9	5	11		2	33		
内审武汉分局	34	19	15	40. 97		2	7	9	6	6	4		9	24	1	
内审广州分局	40	28	12	43. 98		3	4	5	12	5	11	3	3	33	1	
内审成都分局	37	24	13	44. 24		1	7	7	6	4	12	1	10	23	3	
内审昆明分局	35	21	14	42. 31		3	1	10	9	8	4		3	32		
内审西安分局	36	24	12	46. 97		1	3	5	3	11	13	1	2	32	1	

中国工商银行系统机构设置情况表

2013 年 12 月 31 日

机构名称	合计	总行	一级分行	直属分行	一级分行营业部	二级分行	一级支行			基层营业网点				总行直属机构及其分支
							合计	县支行	城区支行	合计	二级支行	分理处	储蓄所	
合计	17 184	1	31	5	26	401	3 075	1 331	1 744	13 605	11 726	1 268	611	40
机构本部	1	1												
北京分行	562		1			34	2	2		525	459	32	34	
天津分行	335		1			23	19	3	16	292	287	1	4	
河北分行	842		1		1	10	214	96	118	616	584	12	20	
山西分行	472		1		1	10	137	65	72	323	287	27	9	
内蒙古分行	446		1		1	12	107	50	57	325	324		1	
辽宁分行	661		1		1	12	140	29	111	507	423	17	67	
吉林分行	376		1		1	8	84	29	55	282	204	17	61	
黑龙江分行	582		1		1	12	166	56	110	402	96	108	198	
上海市分行	507		1		2	33				471	453	18		
江苏分行	949		1		1	11	118	45	73	818	775	38	5	
浙江分行	807		1		1	11	105	49	56	689	567	120	2	
安徽分行	569		1		1	15	159	43	116	393	373	11	9	
福建分行	466		1		1	7	88	53	35	369	367	1	1	
江西分行	446		1		1	10	120	75	45	314	260	54		
山东分行	986		1		1	15	162	84	78	807	410	283	114	
河南分行	783		1		1	17	184	83	101	580	543	37		
湖北分行	724		1		1	12	102	36	66	608	607		1	

续表

机构名称	合计	总行	一级分行	直属分行	一级分行营业部	二级分行	一级支行			基层营业网点				总行直属机构及其分支
							合计	县支行	城区支行	合计	二级支行	分理处	储蓄所	
湖南分行	553		1		1	13	140	61	79	398	293	97	8	
广东分行	1 098		1			19	203	61	142	875	871	1	3	
广西分行	475		1		1	13	111	53	58	349	349			
海南分行	131		1		1	2	15	10	5	112	112			
重庆分行	323		1			20	39	25	14	263	177	84	2	
四川分行	766		1		1	18	107	78	29	639	507	132		
贵州分行	301		1		1	8	82	50	32	209	163	46		
云南分行	365		1		1	14	65	35	30	284	284			
陕西分行	501		1		1	9	114	49	65	376	307	55	14	
甘肃分行	355		1		1	15	54	38	16	284	281	1	2	
青海分行	90		1			1	12	6	6	76	57	9	10	
宁夏分行	100		1				16	6	10	83	65	14	4	
新疆分行	283		1		1	14	61	39	22	206	195	11		
西藏分行	3		1				1		1	1	1			
大连分行	163			1			20	4	16	142	142			
青岛分行	125			1			19	5	14	105	57	21	27	
宁波分行	181			1			21	6	15	159	153	3	3	
深圳分行	132			1		1	26		26	104	104			
厦门分行	70			1			17		17	52	52			
广东分行营业部	388				1		36	3	33	351	350		1	

续表

机构名称	合计	总行	一级分行	直属分行	一级分行营业部	二级分行	一级支行			基层营业网点				总行直属机构及其分支
							合计	县支行	城区支行	合计	二级支行	分理处	储蓄所	
苏州分行	227					2	9	4	5	216	187	18	11	
长春金融研修学院	1													1
杭州金融研修学院	1													1
牡丹卡中心	5													5
票据营业部	9													9
软件开发中心	1													1
数据中心（北京）	1													1
数据中心（上海）	1													1
私人银行部	11													11
贵金属业务部	1													1
电子银行中心	1													1
国际结算单证中心	1													1
产品研发中心	1													1
专项融资部（营业部）	1													1
总行资产托管部	1													1
总行投资银行部	1													1
总行养老金业务部	1													1
总行金融市场部	1													1
总行资产管理部	1													1

注：本表不包括境内控股公司和境外机构。

第八部分

大 事 记

责任编辑：周吉人

1月

1月4日

姜建清董事长、杨凯生行长、赵林监事长，王丽丽、李晓鹏、罗熹副行长，刘立宪纪委书记，易会满、张红力、王希全副行长出席年终决算通报会，听取2012年全行年终决算情况汇报，交换有关工作意见。在北京的董事、监事和魏国雄首席风险官、林晓轩首席信息官、胡浩董事会秘书以及总行各部门负责人参加。

赵林监事长、王希全副行长主持召开“机构改革”重点工作课题调研组第一次会议。

刘立宪纪委书记赴监察室调研，研究2013年纪检监察工作。

1月4日－5日

罗熹副行长赴上海调研。其间，拜会了上海市委常委、副市长屠光绍等地方党政领导，会见了上海警备区司令员彭水根、上海清算所董事长徐臻、光大证券总经理徐浩明，并对上海分行机构、结算与现金、资产托管、管理信息、教育培训和内控合规工作进行了调研。

张红力副行长赴上海贵金属业务部宣布人事任免决定，并出席了私人银行业务发展座谈会。

1月5日

姜建清董事长、刘立宪纪委书记会见中央国家机关工委副书记邵旭军一行。

易会满副行长主持召开第1次专题会议，研究金融支持城镇化发展问题。魏国雄首席风险官出席。

1月6日

李晓鹏副行长赴信用审批部宣布人事任免决定并调研。

刘立宪纪委书记主持召开外部欺诈风险评估管理领导小组成立暨第一次工作会议。

易会满副行长主持召开“信息化银行建设”重点工作调研课题组第一次会议。林晓轩首席信息官出席。

1月7日

姜建清董事长会见瑞信集团董事长罗楠（Urs Rohner）一行，双方就全球经济发展形势、国际金融监管环境变化、银行业发展趋势及未来合作等议题进行了交流。

王丽丽副行长主持召开跨境人民币业务领导小组工作会议，研究全行跨境人民币业务发展相关问题，并对下一步工作进行了部署。

王丽丽副行长会见高盛集团副董事长、亚太区董事长马克·施瓦茨（Mark Schwartz）一行，双方就我行国际化发展战略等议题进行了交流。

罗熹副行长主持召开“民生领域金融服务”重点工作课题组第一次会议。

刘立宪纪委书记赴直属党委主持召开会议，研究2013年直属党委工作。

1月8日

赵林监事长与部分独立董事访谈。王炽曦、董娟监事参加。

罗熹副行长会见中国印钞造币总公司董事长敖惠诚一行，双方就进一步加强现金管理等业务合作进行了交流。

罗熹副行长应邀出席人力资源和社会保障部中国职工教育和职业培训协会“银行客户经理岗位培训”项目发布会并致辞。

易会满副行长会见铁道部总经济师余邦利一行，双方就进一步加强银企业务合作进行了交流。

李晓鹏副行长主持召开第2次专题会议，研究个人资产综合服务业务。魏国雄首席风险官出席。

1月8日－12日

王丽丽副行长出访新加坡、印度尼西亚。在新加坡期间，会见了新加坡金管局副局长王宗智，听取了新加坡分行关于2012年发展情况以及申请成为当地人民币清算行各项工作进展汇报。在印尼期间，会见了中国驻印尼大使刘建超、印尼央行副行长哈利姆·阿兰西亚（Halim Alamsyah），听取了工银印尼关于2012年发展情况以及提升监管评级各项工作进展的汇报。

1月9日

姜建清董事长应邀出席山西省与国家大型银行座谈会并发言。

赵林监事长与部分独立董事、股权董事访谈。王炽曦监事参加。

刘立宪纪委书记赴工会工作委员会调研，研究2013年工会工作。

易会满副行长会见航天科工集团总会计师刘跃珍一行，双方就进一步加强业务合作进行了交流。

易会满副行长会见中国交通建设股份有限公司总会计师傅俊元一行，双方就进一步加强业务合作进行了交流。

李晓鹏副行长主持召开第3次专题会议，研究存量网点调整优化课题调研工作。

1月10日

姜建清董事长会见高盛集团副董事长马克·埃文斯（Mike Evans）一行，双方就中国资本市场现状与未来、全球新兴市场潜力与我行国际化发展等议题进行了交流。胡浩董事会秘书陪同。

赵林监事长与部分高级管理人员访谈。王炽曦监事参加。

赵林监事长、王希全副行长主持召开“机构改革”重点工作课题调研组第二次会议。

罗熹副行长会见货币金融机构官方论坛（OMFIF）

主席戴维·马什（David Marsh）一行，双方就欧洲债务危机发展趋势等议题进行了交流。

罗熹副行长会见中信建投证券公司董事长王长青一行，双方就进一步加强固定收益、投资银行、资产管理和资产托管等业务合作进行了交流。

易会满副行长参加国务院召开的全国信访局长电视电话会议。

易会满副行长会见中国联通公司副总经理李福申一行，双方就进一步加强业务合作进行了交流。林晓轩首席信息官陪同。

王希全副行长赴离退休人员管理部宣布人事任命决定并调研。

以工银发〔2013〕3号文印发《关于提名中国工商银行（巴西）有限公司董事及管理人员的通知》。

1月11日

党委书记姜建清主持召开第1次党委（扩大）会议，研究拟提交董事会议案。党委副书记杨凯生、赵林及党委委员李晓鹏、罗熹、刘立宪、易会满、张红力、王希全出席。

赵林监事长与部分高级管理人员访谈。王炽曦监事参加。

刘立宪纪委书记主持召开“员工行为分析与风险防范”重点工作课题组第一次会议。

1月14日

姜建清董事长，杨凯生行长，王丽丽、李晓鹏、罗熹副行长，刘立宪纪委书记，易会满、张红力、王希全副行长参观“爱心永恒　情暖巴山——中国工商银行定点扶贫十七载图片展”。魏国雄首席风险官、林晓轩首席信息官、胡浩董事会秘书陪同。

姜建清董事长、杨凯生行长、赵林监事长会见安永全球主席詹姆斯·戴利（James Turley）一行，双方就进一步加强有关业务合作进行了交流。胡浩董事会秘书陪同。

赵林监事长参加银监会召开的2013年全国银行业监督管理工作会议。

赵林监事长、刘立宪纪委书记主持召开第三届“感动工行”员工评选活动评审委员会第二次会议，审议“感动工行”员工名单。

罗熹、张红力副行长出席我行2013年结算与现金管理、贵金属业务工作会议并讲话。

第4次专题会议，王丽丽副行长主持，研究新型资本工具调研及发行工作。

1月15日

姜建清董事长主持召开董事会会议，审议通过了《关于2013年度固定资产投资预算的议案》等7项议案，并听取了《关于董事会2012年工作情况与2013年工作计划的汇报》等3项汇报。董事会成员杨凯生、王丽丽、李晓鹏、许善达、黄钢城、麦卡锡、钟嘉年、柯清辉、洪永淼、环挥武、汪小亚、葛蓉蓉、李军、王小岚、姚中利出席。赵林监事长及部分监事会成员、魏国雄首席风险官、林晓轩首席信息官列席，胡浩董事会秘书参加。

赵林监事长主持召开监事会会议，审议通过了《中国工商银行股份有限公司2013年度监事会工作计划》的议案，并听取了《2012年度监事会工作报告》等9项汇报。王炽曦、董娟、孟焰、张炜、朱立飞、李明天监事出席。

王丽丽副行长会见德意志银行亚太联席行政总裁查德（Gunit Chadha）一行，双方就我行国际化经营战略、银行业应对监管新规等议题进行了交流。

李晓鹏副行长会见易方达基金管理公司总经理刘晓艳一行，双方就加强银基业务合作进行了交流。

李晓鹏副行长参加文化部举办的“2013年文化金融新春茶话会”。

罗熹副行长参加外交部召开的外交政策咨询委员会年终形势务虚会。

易会满副行长出席2013年公司与投行业务工作（视频）会议并作重要讲话。

1月15日–18日

姜建清董事长赴深圳、香港调研。在深圳期间，会见了深圳市市委书记王荣、深圳市市长许勤等地方党政领导，视察了深圳分行智能网点、私人银行部深圳分部及华商银行，并赴前海经济开发区调研。在香港期间，拜会了中联办主任张晓明、香港特别行政区财务司司长曾俊华、金管局局长陈德霖、财金事务及库务局局长陈家强，会见了长江实业集团主席李嘉诚、电讯盈科集团主席李泽楷、嘉里集团主席郭鹤年、东亚银行主席李国宝、招商局集团主席傅育宁、香港商品交易所主席张震远。胡浩董事会秘书陪同。

刘立宪纪委书记赴浙江分行参加党员领导干部民主生活会，慰问老干部、老党员和困难员工并调研。

1月16日

杨凯生行长会见美国阿斯特罗夫特（Ashcroft）律师事务所主席约翰·阿斯特罗夫特（John Ashcroft）一行，双方就美国住房抵押担保债券追索等议题进行了交流。

王丽丽副行长会见摩根大通投资银行业务全球副主席迈克尔·雷德利（Michael Ridley）一行，双方就我行国际化发展战略、两行业务合作等议题进行了交流。

罗熹副行长参加人民银行召开的征信工作座谈会。

易会满副行长出席2013年信息科技工作（视频）会议并作重要讲话。林晓轩首席信息官参加会议。

1月16日–18日

赵林监事长赴四川分行参加党员领导干部民主生活会并就机构改革课题进行调研。王炽曦监事陪同。

1月17日

杨凯生行长、王丽丽副行长出席2013年资产管理业务工作（视频）会议并作重要讲话。

杨凯生行长、李晓鹏副行长会见维萨（VISA）全球首席执行官夏尚福（Charles W. Scharf）一行，双方就信用卡业务合作、全球业务拓展、新产品合作开发等议题进行了交流。

李晓鹏副行长会见国泰基金总经理金旭一行，双方就进一步加强有关业务合作进行了交流。

李晓鹏副行长赴银行卡业务部宣布人事任命决定。

易会满副行长拜会中化集团总会计师杨林，双方就进一步加强有关业务合作进行了交流。

易会满副行长会见中国电信集团公司副总经理吴安迪一行，双方就进一步加强有关业务合作进行了交流。

易会满副行长参加银监会召开的2013年全国大型银行监管工作（电视电话）会议。

张红力副行长主持召开第5次专题会议，研究私人银行转型发展相关工作。

1月18日

李晓鹏、张红力副行长出席2013年个人金融、信用卡与私人银行业务工作（视频）会议并作重要讲话。

罗熹副行长应邀出席东方银行业高级管理人员研修院第一届第一次理事会。

易会满副行长出席2013年电子银行业务工作（视频）会议并作重要讲话。

易会满副行长参加国务院召开的全国扶贫开发工作电视电话会议。

1月19日

罗熹副行长出席第五届金融家年会，并发表题为"利率市场化下的银行经营转型"的演讲。

1月19日－27日

张红力副行长赴古巴、巴西。在古巴期间，调研了古巴金融市场状况及银行间国际结算与跨境人民币业务合作。在巴西期间，出席了工银巴西成立答谢会并致辞。

1月21日

姜建清董事长陪同国务院总理温家宝赴人民银行调研并参加座谈会。

赵林监事长赴总行党校出席学习贯彻十八大精神专题培训班开班仪式。

李晓鹏副行长参加人民银行召开的银行卡刷卡手续费标准调整和信用卡息费计收规则座谈会。

罗熹、王希全副行长出席2013年机构金融、资产托管、养老金业务工作（视频）会议并作重要讲话。

易会满副行长主持召开技术审查委员会2013年第一次会议。林晓轩首席信息官出席。

以工银发〔2013〕8号文印发《关于信用审批部更名及内设机构与人员编制调整的通知》。

1月21日－22日

党委书记、董事长姜建清列席中央纪委召开的十八届二中全会全体会议，刘立宪纪委书记参加会议。

1月22日

王丽丽副行长出席中国国债协会年度会长办公会。

李晓鹏副行长会见光大集团副总经理解植春一行，双方就进一步加强有关业务合作进行了交流。

王希全副行长赴集团派驻子公司董监事办公室宣布人事任命决定并调研。

易会满副行长主持召开第6次专题会议，研究ATM非正常存取款治理问题。

王丽丽副行长主持召开第7次专题会议，研究总行在伦敦发行人民币债券工作。

1月22日－24日

罗熹副行长赴贵州调研。其间，拜会了贵州省委常委、贵阳市委书记李军，贵州省副省长黄康生、贵州省财政厅厅长李岷等地方党政领导，会见了翁福集团董事长何浩明，听取了贵州分行工作汇报。

1月23日

姜建清董事长参加国务院召开的第8次全体会议。

赵林监事长与部分高级管理人员访谈，王炽曦监事参加。

易会满副行长会见中煤能源集团副总经理兼总会计师彭毅，双方就当前经济金融形势、行业发展、项目融资以及海外业务进行了交流。

以工银任免〔2013〕17号决定：续聘王刚为金融市场部总经理。

1月24日

姜建清董事长、赵林监事长赴总行党校与学习贯彻党的十八大精神专题培训班学员座谈并做辅导报告。

赵林监事长与部分高级管理人员访谈，王炽曦监事参加。

赵林监事长主持召开"机构改革"重点工作课题调研组第三次会议。

易会满副行长通过视频方式宣布数据中心（上海）人事任命决定。

易会满副行长会见国家发展和改革委员会发展规划司司长徐林一行，双方就金融支持城镇化建设等议题交换了意见。

易会满副行长会见华为技术有限公司财务总监孟晚舟一行，双方就进一步加强银企业务合作进行了交流。

王希全副行长参加银行业协会召开的全国银行业维权工作会议暨法律工作委员会第五届第一次全体会议。

李晓鹏副行长主持召开第8次专题会议，研究规范与非金融支付机构银联卡业务合作问题。

1月25日

党委书记姜建清主持召开第2次党委（扩大）会议，传达中央纪委十八届二中全会精神并研究年度工作会议材料。党委副书记杨凯生、赵林及党委委员王丽丽、李晓鹏、罗熹、刘立宪、易会满、王希全出席。

姜建清董事长、杨凯生行长、赵林监事长、李晓鹏副行长出席城市金融学会常务理事会扩大会议，审议通过了《中国城市金融学会2012年工作情况及2013年计划安排》和《关于增补林毅夫担任第五届理事会常务理事、副会长》等提案。

王丽丽副行长会见人民银行货币政策二司司长李波一行，双方就人民币跨境业务等议题交换了意见。

王丽丽副行长会见迪拜黄金及商品交易所首席执行官加里·安德森（Gary Anderson）一行，双方就进一步加强贵金属业务合作进行了交流。

易会满副行长主持召开第9次专题会议，研究个人客户满意度调查情况及改进措施。

以工银发〔2013〕9号文印发《关于风险管理部内设机构与人员编制调整的通知》。

1月26日

杨凯生行长应邀出席中国国际经济交流中心主办的中国经济年会并发表演讲。

李晓鹏副行长出席金融体协网球协会成立仪式。

1月28日

姜建清董事长，杨凯生行长，赵林监事长，王丽丽、李晓鹏、罗熹副行长，刘立宪纪委书记，易会满、张红力、王希全副行长出席我行《奔腾入海——纪念中国工商银行国际化发展二十周年》图片展启动仪式。林晓轩首席信息官、胡浩董事会秘书参加。

党委副书记、监事长、党校校长赵林，党委委员、副行长、党校副校长王希全出席总行党校第十次校务委员会会议，听取了总行党校2012年工作汇报，审议通过了2013年工作要点和培训计划。

李晓鹏副行长主持召开工银瑞信第三届董事会2013年第一次会议，审议通过了《工银瑞信2012年工作总结及2013年工作计划》、《工银瑞信2013年度财务预算》等议案。

罗熹副行长会见金融教育发展基金会理事长初本德一行，双方就加强教育培训合作进行了交流。

1月29日

全行2013年工作会议在北京召开，姜建清董事长作了题为《深化改革创新　转变工作作风　努力在复杂形势下实现健康可持续发展》的重要讲话，杨凯生行长总结了去年以及过去10年全行的发展变化，分析了存在的问题，提出了今年工作的重点措施。赵林监事长主持会议，王丽丽、李晓鹏、罗熹副行长，刘立宪纪委书记，易会满、张红力、王希全副行长，魏国雄首席风险官、林晓轩首席信息官、胡浩董事会秘书及在北京的董事会、监事会成员出席会议。总行各部室主要负责人，各一级（直属）分行、直属机构、内审分局、境外机构和控股机构主要负责人参加会议。国家有关部门、监管机构和股东单位代表也应邀参加会议。

刘立宪纪委书记参加中央国家机关工委召开的会议。

易会满副行长会见中国石油天然气集团公司总会计师王国樑一行，双方就进一步加强业务合作进行了交流。

1月30日

姜建清董事长，杨凯生行长，赵林监事长，王丽丽、李晓鹏、罗熹副行长，刘立宪纪委书记，易会满、张红力、王希全副行长出席2012年领导班子和领导人员年度考核评价暨干部选拔任用工作“一报告两评议”会议。魏国雄首席风险官、林晓轩首席信息官、胡浩董事会秘书及各一级（直属）分行、直属机构、内审分局、境外机构和控股机构主要负责人参加会议。

全行2013年国际化工作会议在北京召开，姜建清董事长作了题为《抓住新机遇　打造新优势　建设具有较强国际竞争力和影响力的跨国银行》的重要讲话，王丽丽副行长主持会议并讲话，李晓鹏、罗熹副行长，刘立宪纪委书记，易会满、张红力、王希全副行长出席。

姜建清董事长会见法国安盛集团副董事长德尼·杜威（Denis Duverne）一行，双方就加快工银安盛业务发展等议题进行了交流。胡浩董事会秘书陪同。

张红力副行长会见加拿大财政部副部长琼·博伊文（Jean Boivin）一行，双方就中国宏观经济、银行业以及我行国际化发展等议题交换了意见。

1月31日

姜建清董事长、赵林监事长参加银监会召开的大型银行座谈会。

王丽丽副行长主持召开2013年境外机构经营转型座谈会。

罗熹副行长出席2013年管理信息工作（视频）会议并作重要讲话。

罗熹副行长会见广发证券总裁林治海一行，双方就进一步加强银证合作进行了交流。

李晓鹏副行长主持召开第10次专题会议，研究代理投资审查委员会章程及相关事宜、《金融资产服务业务融资客户风险限额管理办法（2012年版）》及代销工银瑞信专项资产管理计划有关问题。

2月

2月1日

姜建清董事长会见台湾永丰金控董事长何寿川一行，双方就业务合作事宜及我行银行博物馆赴台湾展览情况进行了交流。胡浩董事会秘书陪同。

姜建清董事长会见南非标准银行集团董事长弗瑞德·福斯瓦纳（Fred Phaswana）一行，双方就标准银行发展战略和经营转型等议题进行了交流。胡浩董事会秘书陪同。

杨凯生行长主持召开第1次行长办公会，研究进一步加强理财产品信息披露工作。王丽丽、李晓鹏、罗熹副行长，刘立宪纪委书记，张红力、王希全副行长出席，魏国雄首席风险官参加。

杨凯生行长、易会满副行长拜访中国石油化工集团公司总经理王天普、会计师刘运总，双方就进一步深化银企全面战略合作进行了交流。

罗熹副行长会见中国人寿副总经理廖平一行，双方就加强银保合作进行了交流。

易会满副行长出席2013年运行管理工作（视频）会议并作重要讲话。

2月4日

姜建清董事长，杨凯生行长，赵林监事长，王丽丽、李晓鹏、罗熹副行长，刘立宪纪委书记，易会满、张红力、王希全副行长出席“总行机关2013年春节团拜会”。姜建清董事长发表了新年贺辞，杨凯生行长主持团拜会。魏国雄首席风险官、林晓轩首席信息官、胡浩董事会秘书参加。

赵林监事长、王希全副行长主持召开“机构改革”重点工作调研课题组第四次会议。

赵林监事长与部分高级管理层成员访谈。王炽曦监事参加。

李晓鹏副行长主持召开会议，研究存量网点调整优化重点调研课题有关工作。

罗熹副行长通过视频方式主持召开工银莫斯科第18次董事会会议。

易会满副行长会见中国电力建设集团总会计师孙璀一行，双方就加强境内外各项业务合作等议题进行了交流。

2月5日

姜建清董事长，王希全副行长慰问原行长陈立、张肖等老同志。

赵林监事长赴监事会办公室进行工作调研。

易会满副行长拜访中国五矿集团公司总会计师沈翎，双方就进一步加强境内外业务合作进行了交流。

李晓鹏副行长主持召开第11次专题会议，研究集团综合化信息系统建设工作。林晓轩首席信息官出席。

罗熹副行长主持召开第12次专题会议，研究社保业务及社保卡推广工作。

以工银任免〔2013〕54号决定：聘任张伟武为中国工商银行股份有限公司新加坡分行总经理。

以工银任免〔2013〕55号决定：聘任刘刚为中国工商银行股份有限公司阿姆斯特丹分行总经理，张伟武不再担任中国工商银行股份有限公司阿姆斯特丹分行总经理职务，另有任用。

2月6日

党委书记姜建清主持召开第3次党委（扩大）会议，研究有关工作。党委副书记杨凯生、赵林及党委委员王丽丽、李晓鹏、罗熹、刘立宪、易会满、张红力、王希全出席。

罗熹副行长会见南非标准银行中国区总经理克莱武·塔斯克（Clive Tasker）一行，双方就有关业务合作进行了交流。

罗熹副行长会见美国领航（Vanguard）资产管理公司主席兼首席执行官威廉·麦克纳布（William McNabb III）一行，双方就拓展有关业务合作进行了交流。

2月7日

姜建清董事长会见土耳其银监会监管委员会委员埃罗尔·贝克塔夏（Erol Berktasy）一行，双方就两国金融合作及我行在土耳其业务发展等议题交换了意见。

2月16日

李晓鹏副行长赴个人金融业务部宣布人事任命。

2月17日

罗熹副行长主持召开会议，研究结算与现金管理专业服务调查相关工作。

2月17日-23日

张红力副行长赴南非。其间，会见了南非标准银行集团董事长弗瑞德·福斯瓦纳（Fred Phaswana），出席了南非标准银行集团特别董事事务委员会和特别董事会会议，慰问了我行驻非洲代表处员工。

2月18日

杨凯生行长、罗熹副行长出席2013年内控合规工作（视频）会议并作重要讲话。

李晓鹏副行长赴天津分行开展基层营业网点评价优化实地专题调研。

2月18日-21日

姜建清董事长赴广东、贵州参加分行党员领导干部民主生活会并调研。在粤期间，考察了白云电气集团等企业，并赴广东省分行营业部天河支行调研慰问。在黔期间，会见了贵州省省长陈敏尔等地方党政领导，考察了盘江集团，并赴贵州省分行营业部云岩支行调研慰问。

2月19日

杨凯生行长、李晓鹏副行长主持召开“信贷业务流程改造”课题组会议。魏国雄首席风险官、林晓轩首席信息官出席。

王丽丽副行长通过视频方式主持召开阿根廷子行2013年第二次董事会会议。

易会满副行长出席部分分行信访工作座谈会并发表重要讲话。

罗熹副行长主持召开第13次专题会议，研究代理信托管理相关工作。

2 月 20 日

王丽丽副行长主持召开新加坡人民币清算行业务启动工作会议。

李晓鹏副行长主持召开租赁公司第二届董事会第二次会议。

李晓鹏副行长参加人民银行召开的刷卡手续费调整工作座谈会。

罗熹副行长拜会银监会副主席蔡鄂生，双方就代理信托业务有关问题交换了意见。

易会满副行长赴审计署沟通审计调查报告反馈意见。

罗熹副行长、刘立宪纪委书记主持召开第 14 次专题会议，研究员工账户大额异常资金交易监督管理工作。

2 月 21 日

姜建清董事长会见巴克莱银行高级顾问、前美国佛罗里达州州长杰布·布什（Jeb Bush）一行，双方就银行国际化发展、中国市场发展前景、新兴市场国家经济等议题进行了交流。胡浩董事会秘书陪同。

王丽丽副行长会见招商证券董事长宫少林一行，双方就公司债券发行等业务合作议题进行了交流。

刘立宪纪委书记主持召开总行纪委 2013 年第一次全委会，讨论了 2013 年全行反腐倡廉工作重点，审议了 2013 年全行纪检监察工作会议工作报告。

2 月 22 日

赵林监事长参加监事会办公室党员领导干部民主生活会。

罗熹副行长主持召开 2013 年总行反洗钱领导小组会议，审议通过了《关于 2012 年全行反洗钱工作情况的报告及 2013 年全行反洗钱工作安排的建议》。会议决定增加内部审计局、管理信息部为总行反洗钱领导小组成员部室。

刘立宪纪委书记会见中纪委法规室主任侯觉非一行，双方就加强反腐倡廉制度建设和纪检监察干部交流等问题交换了意见。

刘立宪纪委书记主持召开员工行为分析与风险防范课题组会议。

以工银任免〔2013〕82 号决定：续聘钱毅为董事会办公室主任。

2 月 25 日

姜建清董事长会见美国纽约梅隆银行董事长何瑞德（Gerald Hassell）一行，双方就国内外经济金融形势，两行合作等议题进行了交流。

王丽丽副行长出席 2013 年资产负债管理工作（视频）会议并作重要讲话。

刘立宪纪委书记赴监察室宣布人事任命决定。

李晓鹏副行长、易会满副行长主持召开第 15 次专题会议，研究组建银行卡收单业务专职团队和收单业务管理系统平台建设工作。

以工银任免〔2013〕90 号决定：续聘王丽平为数据中心（北京）总经理。

2 月 26 日

赵林监事长出席总行党校学习贯彻党的十八大精神专题培训班开班仪式。

易会满副行长主持召开技术审查委员会 2013 年第 2 次会议，审议通过了《金融资产服务业务系统建设方案》、《业务系统命名规范研究报告》两项议案，并讨论《数据服务技术体系规划及建设报告》。林晓轩首席信息官出席。

张红力副行长拜会银河证券董事长陈有安，双方就银河证券海外上市项目进行了交流。

李晓鹏副行长主持召开第 16 次专题会议，研究境外机构对银行卡业务意见及建议落实情况和 2013 年境外银行卡业务工作要点。

易会满副行长主持召开第 17 次专题会议，研究营业机构核算印章综合改革问题。

2 月 26 日－28 日

党委书记、董事长姜建清参加中国共产党在北京召开的第十八届二中全会。

2 月 26 日－3 月 1 日

李晓鹏副行长赴上海、江苏。在上海期间，出席了 2013 年工银安盛银保业务工作会议并发表重要讲话；在江苏期间，主持召开了网点评价优化专题调研座谈会，赴基层网点考察并慰问网点一线员工。

2 月 26 日－3 月 4 日

王丽丽副行长出访英国。其间，主持召开了工银伦敦 2013 年第一次董事会，会见了苏格兰皇家银行财务总监约翰·康明斯（John Cummins）、伦敦金融城政策与资源委员会主席包墨凯（Mark Boleat）。

2 月 27 日

杨凯生行长主持召开信贷业务流程改造课题组第二次会议。魏国雄首席风险官出席。

易会满副行长会见 SWIFT 亚太区兼欧非大区首席执行官阿兰·瑞斯（Alain Raes）一行，双方就深化人民币国际化背景下的业务合作等议题进行了交流。

易会满副行长会见广核集团总会计师施兵一行，双方就核电及新能源项目融资、债券发行承销、现金管理、海外业务等议题进行了交流。

2 月 28 日

杨凯生行长赴总行党校与学习贯彻党的十八大精神专题培训班学员座谈。

易会满副行长会见德意志银行副行长约翰·鲍尔（John Ball）一行，双方就运营支付业务、两行业务合作等议题进行了交流。

易会满副行长参加银监会召开的 2013 年银行业监管统计工作（电视电话）会议。

易会满副行长主持召开第 18 次专题会议，研究四大行业信贷结构调整有关工作。魏国雄首席风险官参加。

3 月

3 月 1 日

党委书记姜建清主持召开第 4 次党委（扩大）会议，传达中国共产党第十八届二中全会精神，并研究有关工作。党委副书记杨凯生、赵林及党委委员李晓鹏、刘立宪、易会满、张红力、王希全出席。

姜建清董事长会见科威特计划发展兼议会事务国务大臣劳拉·达士提博士（Dr. Rola Abdulla Dashti）一行，双方就我行在科威特设立机构及未来合作事项等议题交换了意见。胡浩董事会秘书陪同。

2013 年纪检监察工作（视频）会议在北京召开，杨凯生行长主持会议，姜建清董事长作重要讲话，刘立宪作工作报告。

刘立宪纪委书记参加银监会召开的 2013 年全国银行业案件防控工作会议。

易会满副行长主持召开第 19 次专题会议，研究小额电子支付产品策略和产品展示中心创意设计方案。

3 月 2 日 –12 日

全国政协委员杨凯生行长、赵林监事长、张红力副行长参加第十二届全国政协会议。

3 月 4 日

易会满副行长出席我行与中国石油天然气集团公司境外资金池签约仪式。

3 月 5 日

姜建清董事长会见香港九龙仓集团董事局主席吴光正一行，双方就有关业务合作进行了交流。

李晓鹏副行长会见湖北省副省长张通一行，双方就推进城镇化建设、金融改革创新等议题交换了意见。

李晓鹏副行长参加银监会召开的平台监管政策座谈会。

易会满副行长赴数据中心（北京）参加党员领导干部民主生活会。林晓轩首席信息官陪同。

3 月 5 日 –17 日

姜建清董事长列席在北京召开的第十二届全国人民代表大会，全国人大代表黑龙江分行行长李勇、河南分行行长刘卫星、江西分行行长倪百祥、新疆乌鲁木齐明德路支行员工穆合塔拜·沙迪克参加会议。

3 月 6 日

姜建清董事长会见新加坡驻华大使罗家良一行，双方就新加坡人民币清算行的相关事宜交换了意见。林晓轩首席信息官陪同。

王丽丽副行长通过视频方式主持召开阿根廷子行 2013 年第三次董事会会议。

李晓鹏副行长会见嘉实基金管理公司总经理赵学军一行，双方就进一步加强银基合作关系、拓展业务合作领域等议题进行了交流。

李晓鹏副行长主持召开信用风险委员会 2013 年第一次会议，审议通过了《2012 年度风险管理报告》、《2012 年集团并表管理工作及 2013 年并表管理计划》等 4 项议案。刘立宪纪委书记，张红力、王希全副行长，魏国雄首席风险官出席。

3 月 7 日

易会满副行长会见福特汽车公司副总裁兼全球司库尼尔·施洛斯（Neil Schloss）一行，双方就加强全球业务合作等议题进行了交流。

3 月 8 日

姜建清董事长会见 TCL 集团董事长李东升一行，双方就现金管理、海外业务及电子商务等议题进行了交流。

李晓鹏副行长出席 2013 年授信审批工作（视频）会议并作重要讲话。

3 月 11 日

姜建清董事长与我行第十二届全国政协委员杨凯生行长、赵林监事长、张红力副行长和第十二届全国人大代表黑龙江分行行长李勇、河南分行行长刘卫星、江西分行行长倪百祥、新疆乌鲁木齐明德路支行员工穆合塔拜·沙迪克座谈。

李晓鹏副行长主持召开渠道优化建设工作领导小组会议。

3 月 12 日

姜建清董事长为获得 2012 年政府特殊津贴的原贵金属业务部郑之光总经理、运行管理部牛刚总经理、结算与现金管理部许燕总经理和公司业务二部江涛总经理颁发证书并座谈。

杨凯生行长听取安永会计师事务所 2012 年年度审计结果汇报。

罗熹副行长拜会银河证券董事长陈有安，双方就进一步加强银证业务合作进行了交流。

易会满副行长会见 ABB 集团全球司库乌尔斯·阿诺德（Urs Arnold）一行，双方就进一步加强业务合作进行了交流。

易会满副行长出席银行业协会召开的银行与第三方机构规范合作工作会议。

3 月 12 日 –14 日

王丽丽副行长赴甘肃分行参加党员领导干部民主生活会。

3 月 13 日

姜建清董事长、杨凯生行长、赵林监事长出席 2013 年内部审计工作（视频）会议并作重要讲话。

3月13日－15日

李晓鹏副行长赴深圳分行参加党员领导干部民主生活会并调研智能网点建设有关工作。

3月14日

杨凯生行长主持召开第2次行长办公会，研究2013年度授权有关工作。罗熹副行长、刘立宪纪委书记，易会满、王希全副行长，林晓轩首席信息官、胡浩董事会秘书出席。

罗熹副行长会见腾讯集团副总裁、首席财务官罗硕瀚一行，双方就进一步加强业务合作事宜进行了会谈。

3月15日

杨凯生行长主持召开信息科技管理委员会2013年第一次会议，审议通过了《2012年度信息科技风险管理及2013年以来信息科技工作进展情况汇报》和《利率市场化相关系统建设进展情况汇报》等3项议题。易会满副行长、林晓轩首席信息官出席。

杨凯生行长出席中国工商银行2013年第1期（总第29期）创新沙龙。本期沙龙主题为“2012年度总行改革发展重点课题成果发布”。

罗熹副行长出席银行业协会召开的《2012年度中国银行业服务改进情况报告》发布暨文明规范服务千家示范单位表彰会议。

易会满副行长参加人民银行召开的温州地区经济形势与信贷情况座谈会。

3月18日

党委书记姜建清主持召开第5次党委（扩大）会议，听取私人银行部、产品创新管理部和电子银行部有关工作情况的汇报。党委副书记杨凯生、赵林及党委委员王丽丽、李晓鹏、罗熹、刘立宪、易会满、张红力、王希全出席。

党委书记姜建清主持召开2012年度党员领导干部民主生活会，党委副书记杨凯生、赵林，党委委员王丽丽、李晓鹏、罗熹、刘立宪、易会满、张红力、王希全出席会议。中纪委、中组部、中央国家机关工委有关领导应邀列席会议。

3月19日

姜建清董事长、杨凯生行长、赵林监事长、李晓鹏副行长出席银监会关于我行2012年度监管情况通报会，魏国雄首席风险官参加。

罗熹副行长听取内控合规部关于新增不良贷款检查情况的汇报。

罗熹副行长主持召开“民生领域金融服务”重点工作课题组第二次会议。

刘立宪纪委书记参加中纪委召开的推进国企高管任命制度改革课题调研座谈会。

易会满副行长会见昆明市委副书记、市长李文荣一行，双方就旧城改造和综合开发、轨道交通项目建设、东盟贸易区小商品生产企业融资支持等议题交换了意见。

3月20日

姜建清董事长参加国务院召开的2013年第1次全体会议。

杨凯生副董事长受姜建清董事长委托，主持召开2013年第1次临时股东大会，审议通过了《关于选举M·C·麦卡锡先生为中国工商银行股份有限公司独立非执行董事的议案》等4项议案。董事会成员王丽丽、许善达、黄钢城、麦卡锡、钟嘉年、柯清辉、洪永淼、环挥武、汪小亚、葛蓉蓉、李军、王小岚、姚中利出席。赵林监事长及部分监事会成员列席。胡浩董事会秘书参加。共有68位股东及股东代表出席本次临时股东大会。

赵林监事长、王希全副行长主持召开“机构改革”重点工作课题调研组第五次会议。

李晓鹏副行长受杨凯生行长委托，主持召开风险管理委员会2013年第一次会议，审议通过了《2012年度风险管理报告》、《2012年集团并表管理工作及2013年并表管理计划》、《关于我行2012年整治不规范经营情况的报告》等4项议案。刘立宪纪委书记，张红力、王希全副行长，魏国雄首席风险官出席。

李晓鹏副行长会见科尔尼咨询公司金融行业负责人埃托·帕斯托（Ettore Pastore）一行，双方就开展个人金融业务咨询业务合作等议题进行了交流。

罗熹副行长出席欧洲金融会展公司举办的第七届中国大型企业现金、财资及风险管理年会，并发表题为“利率市场化下的企业财资管理”的主旨演讲。

罗熹副行长出席中国金融教育基金会第六届理事会第二次会议。

易会满副行长会见中国铁路总公司余邦利（原铁道部总经济师）一行，双方就近期铁路改革实施情况交换了意见。

3月21日

姜建清董事长主持召开会议，听取信贷资产质量相关工作的汇报，杨凯生行长，李晓鹏、罗熹、易会满副行长，魏国雄首席风险官出席。

姜建清董事长、易会满副行长出席我行移动银行客户过亿新闻发布会，林晓轩首席信息官参加。

杨凯生行长出席2013年财务会计工作（视频）会议并作重要讲话。

王丽丽副行长赴数据中心（北京）参加总行机关女领导干部茶话会。

李晓鹏副行长主持召开第20次专题会议，研究线上线下一体化个人消费贷款产品工作。

罗熹副行长主持召开操作风险暨内部控制管理委员会2013年第一次会议，审议通过了《关于增补操作风险暨内部控制管理委员会成员单位的建议》、《2012年度操作风险管理报告》等7项议案。

易会满副行长通过视频方式宣布电子银行中心（石家庄）人事任命。

3 月 22 日

党委书记姜建清主持召开第 6 次党委（扩大）会议，审议拟提交董事会的议案。党委副书记杨凯生，赵林及党委委员李晓鹏、罗熹、刘立宪、易会满、张红力、王希全出席。

姜建清董事长会见我行前任董事、美国布鲁金斯学会主席约翰·桑顿一行，双方就有关合作进行了交流。胡浩董事会秘书陪同。

罗熹副行长主持召开第 21 次专题会议，研究境外报表有关问题。

3 月 24 日 –26 日

李晓鹏副行长赴上海参加银联国际董事会。

3 月 24 日 –31 日

王丽丽副行长出访南非。其间，出席了第五届金砖国家工商论坛，应邀担任金融分论坛的主持人，并接受了中央电视台的专访。

3 月 25 日

杨凯生副董事长出席董事会薪酬委员会会议。

罗熹副行长主持召开第 22 次专题会议，研究国际化人才培训有关问题。

以工银任免〔2013〕129 号决定：聘任刘子刚为信贷与投资管理部总经理，解聘其信贷管理部总经理职务。

以工银任免〔2013〕132 号决定：聘任索绪全为信用与投资审批部总经理，解聘其信用审批部总经理职务。

3 月 25 日 –27 日

赵林监事长主持召开监事会会议，审议通过了《中国工商银行股份有限公司 2012 年度监事会工作报告》和《中国工商银行股份有限公司 2012 年度监事会监督报告》等 17 项议案。王炽曦、董娟、孟焰、张炜、朱立飞、李明天监事出席会议。

3 月 26 日

杨凯生副董事长受姜建清董事长的委托，主持召开董事会战略委员会会议，审议通过了《关于 2012 年度财务决算方案的议案》等 3 项议案，并听取了《关于人才工作情况的汇报》和《关于信息科技情况的汇报》2 项汇报。董事会战略委员会委员麦卡锡、环挥武、汪小亚、姚中利出席。部分监事会成员及林晓轩首席信息官列席。胡浩董事会秘书参加。

赵林监事长参加国务院召开的 2013 年第一次廉政工作会议。

张红力副行长会见美国第 89 批国会议员助手团。

3 月 26 日 –27 日

易会满副行长赴黑龙江分行参加党员领导干部民主生活会并调研。其间，会见了黑龙江省委常委、常务副省长刘国中等地方党政领导。

3 月 26 日 –29 日

罗熹副行长赴辽宁分行、大连分行调研民生领域金融服务情况。其间，拜会了辽宁省委副书记、省政协主席夏德仁、辽宁省政府副省长刘强等地方党政领导；会见了大连商品交易所理事长刘兴强、东软集团股份有限公司董事长刘积仁、百年人寿保险董事长何勇生、大连船舶重工集团总经理于逢平。

3 月 27 日

杨凯生副董事长受姜建清董事长委托，主持召开董事会会议，审议通过了《关于 2012 年度报告及摘要的议案》等 13 项议案，并听取了《关于 2012 年关联方确认情况的汇报》等 10 项汇报。董事会成员李晓鹏、麦卡锡、钟嘉年、洪永淼、环挥武、汪小亚、葛蓉蓉、李军、王小岚、姚中利出席。赵林监事长及部分监事会成员、魏国雄首席风险官、林晓轩首席信息官列席。胡浩董事会秘书参加。

杨凯生行长出席我行 2012 年度业绩发布会。魏国雄首席风险官、胡浩董事会秘书陪同。

李晓鹏副行长会见中国石油化工集团公司总会计师刘运一行，双方就未来加强租赁、年金投资管理人、债券承销、境内外大项目融资等业务合作进行了交流。

3 月 28 日

杨凯生行长会见银监会办公厅主任杨家才一行，双方就商业银行理财业务监管、未来发展等议题进行了交流。

杨凯生行长会见美国国会参议院外事委员会共和党首席成员鲍勃·考克（Bob Corker）参议员一行，双方就中国宏观经济、国有商业银行运营模式以及全球银行业资本监管等议题交换了意见。胡浩董事会秘书陪同。

杨凯生行长主持召开金融资产服务管理委员会成立大会暨 2013 年第一次会议，审议通过了《金融资产服务业务管理委员会章程》、《金融资产服务业务管理委员会名单》和《2013 年度金融资产服务业务发展计划》等 10 项议题。李晓鹏、易会满、张红力、王希全副行长，魏国雄首席风险官出席。

李晓鹏副行长出席工银瑞信 2013 年金融系统企业年金投资论坛。

李晓鹏副行长会见安永候任全球主席马克·温伯格（Mark Weinberger）一行，双方就开展业务合作问题进行了交流。

刘立宪纪委书记出席 2013 年保卫工作（视频）会议并作重要讲话。

3 月 29 日

杨凯生行长、张红力副行长会见安哥拉 BPI 银行股东伊莎贝尔·多斯桑托斯（Isabel Dos Santos）一行，双方就国内外经济金融形势和未来融资合作等议题交换了意见。

李晓鹏副行长参加中国银联董事会会议。

易会满副行长主持召开会议研究信息化银行课题报告，林晓轩首席信息官出席。

王希全副行长出席2013年法律事务工作（视频）会议并作重要讲话。

4月

3月24日－4月3日

姜建清董事长出访坦桑尼亚、南非、新加坡。在坦桑尼亚期间，在习近平主席及基奎特总统的见证下，与坦桑尼亚国家发展公司共同签署了坦桑尼亚开发项目融资合作备忘录。在南非期间，出席了两国商贸协议签字仪式；会见了标准银行Co－CEO本·克鲁格（Ben Kruger）及原CEO杰克·马里（Jacko Maree）等；并见证了我行与标准银行可再生能源项目合作签约仪式。在新加坡期间，主持了新加坡分行人民币清算行暨三大中心启动仪式；拜会了新加坡金管局总裁孟文能（Ravi Menon）；听取了新加坡分行工作汇报，并慰问一线员工。

4月1日－2日

杨凯生行长、李晓鹏副行长、魏国雄首席风险官出席信贷业务流程调研座谈会，听取部分分行对信贷业务流程中存在的重点问题的意见和建议。

刘立宪纪委书记出席中国金融工会常务会议。

4月1日－12日

王丽丽副行长出访新加坡、澳大利亚。在新加坡期间，出席了新加坡分行人民币清算行暨三大业务中心启动仪式、亚太经合组织工商咨询理事会（ABAC）2013年第二次会议和亚太金融论坛（APFF），并到新加坡分行调研。在澳大利亚期间，拜会了澳大利亚金管局（APRA）外资银行监管司司长斯图亚特·宾汉姆（Stuart Bingham），并就悉尼分行的经营发展情况以及新西兰子行筹备情况进行调研。

4月2日

罗熹副行长通过视频主持召开工银加拿大2013年第一次董事会。会议听取了子行内外部审计师关于子行审计、内控合规和反洗钱情况的报告3项汇报，审议了子行2012年度财务报告等6项议题。

罗熹副行长会见华安财产保险董事长李光荣一行，双方就加强全面业务合作进行了交流。

易会满副行长会见印度尼西亚工业部部长助理薛德诚一行，双方就推进中国与印尼金融和项目合作等议题交换了意见。

易会满副行长主持召开第23次专题会议，研究信息化银行建设课题报告。

4月3日

杨凯生行长会见以色列国民银行董事长大卫·布洛迪特（David Brodet）一行，双方就促进中以两国经贸和金融合作进行了交流。

李晓鹏副行长会见重庆市政协副主席童小平一行，双方就工商银行支持重庆市经济发展交换了意见。

罗熹副行长出席贯彻落实《征信业管理条例》工作视频会。

4月4日－9日

张红力副行长应邀赴海南参加博鳌论坛。

4月8日

李晓鹏副行长会见花旗集团金融机构部联席主管彼得·巴贝约（Peter Babej）一行，双方就当前两行合作、美国金融环境、新资本工具等议题交换了意见。

刘立宪纪委书记主持召开2013年机关党委全委会第一次会议，审议通过了《机关党委2013年工作要点》、《关于总行机关2012年度党费收支情况的报告》等2项议案。

以工银党任免〔2013〕16号决定：汪晓芳同志任党委宣传部部长，免去王云桂同志党委宣传部部长职务。

以工银任免〔2013〕146号决定：聘任汪晓芳为教育部总经理，解聘王云桂教育部总经理职务。

4月9日

姜建清董事长会见多米尼加解放党政治委员会成员，政府经济、计划和发展部长胡安·特米斯托克莱斯·蒙塔斯（Juan Temístocles Montas）率领的多米尼加解放党代表团一行，双方就工商银行在多米尼加开展项目的具体情况交换了意见，胡浩董事会秘书陪同。

杨凯生行长、易会满副行长出席业务与产品创新管理委员会2013年第一次会议。会议听取了《2012年业务与产品创新工作情况》汇报，审议通过了《2013年业务与产品创新计划》等4项议题。

4月9日－11日

易会满副行长赴广东分行、珠海软件开发中心调研。其间，主持召开了信息化银行建设课题讨论会；听取了广东分行、珠海软件开发中心工作情况汇报；走访了珠海横琴新区，林晓轩首席信息官陪同。

4月10日

杨凯生行长、赵林监事长、王希全副行长主持召开“机构改革”重点课题调研组第六次会议。

杨凯生行长赴财务会计部宣布人事任免决定。

罗熹副行长出席法人客户结算服务调查工作视频动员会。

罗熹副行长主持召开第25次专题会议，研究中年员工培训有关工作。

4 月 10 日 –12 日

李晓鹏副行长赴香港参加境外银行卡工作会议，并赴工银亚洲、信用卡中心（国际）调研，专题研究香港地区零售业务、全球统一授信管理和境外银行卡业务发展等有关问题。

4 月 11 日

姜建清董事长会见英国《Banker》杂志荣誉主编泰姆威尔（Timewell）。

罗熹副行长主持召开第 26 次专题会议，研究贯彻落实《征信业管理条例》有关工作。

4 月 12 日

赵林监事长、罗熹副行长赴教育部（党委宣传部）宣布人事任免决定。

4 月 15 日

姜建清董事长参加国务院召开的部分商业银行主要负责人座谈会。

杨凯生行长会见银监会创新部主任王岩岫一行，双方就当前银行监管政策及业务创新等议题交换了意见。

杨凯生行长参加中俄第一副总理座谈会。

罗熹副行长会见国际反洗钱协会主席泰德（Ted）一行，双方就全球及亚洲反洗钱领域所面临的热点问题，以及 ACAMS 协会与我行业务合作等进行了交流。

罗熹副行长主持召开“民生领域金融服务”重点课题组第三次会议。

4 月 15 日 –19 日

王丽丽副行长出访印度尼西亚。其间，拜会印尼央行，商谈印尼子行评级有关事宜。

4 月 16 日

姜建清董事长、杨凯生行长、赵林监事长，李晓鹏、罗熹、易会满、张红力、王希全副行长出席 2013 年第一季度经营情况通报会。魏国雄首席风险官、林晓轩首席信息官参加。

赵林监事长出席总行党校第二十一期领导干部进修班开学典礼。

易会满副行长主持召开 2013 年第三次技术审查委员会会议，审议通过了《工银电子商务平台建设规划报告》、《业务集中处理灾备体系建设方案》等 3 项议案。林晓轩首席信息官出席。

4 月 16 日 –19 日

刘立宪纪委书记赴海南分行进行“员工行为分析与风险防范”重点课题调研，检查总行巡视组在海南分行的巡视工作。

4 月 17 日

党委书记姜建清主持召开第 7 次党委（扩大）会议，传达国务院廉政工作会议精神，听取关于营业网点评价优化、新资本工具发行重点课题进展情况等 4 项汇报。党委副书记杨凯生、赵林及党委委员李晓鹏、罗熹、易会满、张红力、王希全出席。

4 月 18 日

杨凯生行长、李晓鹏副行长出席工银租赁与匈牙利 WIZZ 航空签约仪式。

杨凯生行长会见江西省副省长胡幼桃一行，双方就我行支持江西经济发展等议题交换了意见。

李晓鹏副行长主持召开第 24 次专题会议，研究个人不良贷款工作。魏国雄首席风险官出席。

姜建清董事长主持召开第 27 次专题会议，研究行史馆建设方案。杨凯生行长、易会满副行长出席。

易会满副行长主持召开第 28 次专题会议，研究加强境外科技服务团队建设有关工作。

4 月 18 日 –19 日

罗熹副行长赴山西分行调研。其间，会见了山西省政府省长李小鹏、副省长王一新等地方党政领导；听取了山西分行关于民生领域金融服务、结算业务和资产质量等工作情况的汇报。

4 月 19 日

姜建清董事长参加银监会召开的经济金融形势分析会。

易会满副行长出席 2013 年产品创新工作会议。

李晓鹏副行长主持召开第 29 次专题会议，研究智能网点建设工作，林晓轩首席信息官出席。

4 月 21 日 –28 日

杨凯生行长出访法国、瑞典。在法国期间，开展了我行 2012 年度及 2013 年第一季度业绩路演；会见了摩根士丹利（法国）主席雷内·普格里奥（Rene Proglio）、法国燃气苏伊士集团执行副总裁伊莎贝拉·克歇尔（Isabelle Kocher）；拜会了中国驻法国公使（代办）邓励。在瑞典期间，拜会了瑞典央行行长斯特凡·英韦斯（Stefan Ingves）、中国驻瑞典大使兰立俊。

4 月 22 日

党委书记姜建清主持召开第 8 次党委（扩大）会议，研究布置做好四川芦山地震救灾及相关金融服务工作事宜。党委副书记赵林及党委委员王丽丽、李晓鹏、罗熹、刘立宪、易会满、张红力、王希全出席。

姜建清董事长会见黑石集团董事长施瓦茨曼一行，双方就近期中国经济走势、影子银行监管及投行业务发展等议题进行了交流。

王丽丽副行长会见加拿大丰业银行副行长兼全球财富管理集团总裁克里斯托弗·霍奇森（Christopher J. Hodgson）一行，双方就跨境人民币、资产管理业务及海外战略发展等议题进行了交流。

李晓鹏副行长听取毕马威 2013 年第一季度商定程序工作汇报。

4 月 23 日

党委书记姜建清主持召开第 9 次党委（扩大）会议，研究拟提交董事会审议议案及有关工作。党委副书记赵林及党委委员王丽丽、李晓鹏、罗熹、刘立宪、易会满、张红力、王希全出席。

姜建清董事长会见美国前财政部长鲍尔森一行，双方就近期中国经济形势、银行业经营状况、环境保护和教育培训等议题交换了意见。

以工银任免〔2013〕164号决定：续聘吕仲涛为软件开发中心总经理。

赵林监事长参加银监会在广西召开的大型银行监事长联席会议。王炽曦监事陪同。

4月23日－28日

王希全副行长赴重庆、陕西分行进行工作调研。

4月24日

党委书记姜建清主持召开第10次党委（扩大）会议，研究有关工作。党委委员王丽丽、李晓鹏、罗熹、刘立宪、张红力出席。

姜建清董事长参加银监会召开的征求对中央有关材料的意见的座谈会。

姜建清董事长会见台湾永丰金控董事长何寿川一行，双方就业务合作、人民币国际化等议题进行了交流。

易会满副行长通过视频方式出席工银马来西亚董事会2013年第三次会议。

易会满副行长出席第二届中国支付清算论坛，并作题为“循行业脉动　与时代同行——支付变革中商业银行的责任”的主旨演讲。

4月25日

姜建清董事长接受台湾《经济日报》总编辑于趾琴女士采访。

姜建清董事长会见高盛集团副董事长兼亚太区董事长马克·施瓦茨（Mark Shwartz）、投资银行主席克里斯·科尔（Chris Cole）一行，双方就未来全球货币政策、近期日本政府量化宽松政策等议题进行了交流。

王丽丽副行长应邀出席中法商务论坛。

易会满副行长出席全行服务工作推动会并作重要讲话。

4月26日

姜建清董事长主持召开董事会会议，审议通过了《关于2013年第一季度报告的议案》等2项议案，听取了《关于2013年第一季度经营情况的汇报》。董事会成员王丽丽、李晓鹏、黄钢城、麦卡锡、钟嘉年、柯清辉、洪永淼、环挥武、汪小亚、李军、王小岚、姚中利出席。赵林监事长及监事会部分成员列席。胡浩董事会秘书参加。

赵林监事长主持召开监事会会议，审议通过了《关于2013年第一季度报告的议案》，听取了关于2013年第一季度商定程序、2013年第一季度经营情况等5项汇报。王炽曦、董娟、孟焰、张炜、朱立飞、李明天监事出席。

易会满副行长会见新加坡佳通集团执行董事林美金一行，双方就以信息化银行建设为主题的跨界领导力培训项目有关事宜进行了交流。林晓轩首席信息官陪同。

易会满副行长会见联想控股有限公司副总裁宁旻一行，双方就落实双方战略合作协议，加强业务合作等议题进行了交流。

4月27日

姜建清董事长会见毕马威会计师事务所金融服务业主席安德森一行，双方就我国金融改革方向、全球银行业兼并发展趋势、当前信息化条件下银行业面临的新挑战以及“大数据”时代信息化银行建设规划和商业模式等议题进行了交流。胡浩董事会秘书陪同。

姜建清董事长会见美国五三银行董事长威廉姆·艾萨克（William Issac）一行，双方就第三方支付产业的发展、巴塞尔协议III对银行经营的影响、美国量化宽松政策的实际效果和存款保险制度等议题进行了交流。胡浩董事会秘书陪同。

王丽丽副行长参加国家外汇管理局召开的银行检查情况通报会。

李晓鹏副行长主持授信审批集中管理工作汇报会，听取了广东等6家分行就授信审批集中管理改革工作情况的汇报。

4月28日

姜建清董事长，赵林监事长，李晓鹏、罗熹副行长，刘立宪纪委书记，张红力副行长出席全行五四青年座谈会。姜建清董事长发表重要讲话。

以工银党任免〔2013〕25号决定：任命官学清同志为中国工商银行股份有限公司四川省分行党委书记；免去陈焕祥同志中国工商银行股份有限公司四川省分行党委书记职务。

以工银党任免〔2013〕26号决定：任命王芝斌同志为中国工商银行股份有限公司湖北省分行党委书记；免去官学清同志中国工商银行股份有限公司湖北省分行党委书记职务，另有任用。

以工银任免〔2013〕193号决定：聘任官学清为中国工商银行股份有限公司四川省分行行长。聘任陈焕祥为中国工商银行股份有限公司四川省分行资深专家；解聘其中国工商银行股份有限公司四川省分行行长职务。

5月

5月3日

赵林监事长主持召开“机构改革”重点工作课题调研组第七次会议。

李晓鹏副行长主持召开信贷审查委员会和代理投资审查委员会委员座谈会。

5月6日

党委书记姜建清主持召开第11次党委（扩大）会议，研究有关工作。党委副书记杨凯生、赵林及党委委员王丽丽、李晓鹏、罗熹、刘立宪、易会满、张红力、王希全出席。

杨凯生行长会见哈萨克斯坦经济与预算规划部部长叶·多萨耶夫一行，双方就中哈两国经济形势、潜在合作机会等议题交换了意见。

王丽丽副行长主持召开银监会大型银行国际化战略成效现场调查进点见面会，银监会监管一部有关负责人到会。

罗熹副行长会见瑞士洛桑国际管理学院主席特宾（Dominique Turpin）一行，双方就进一步加强在教育培训方面合作进行了交流。

刘立宪纪委书记主持召开会议，听取2013年上半年巡视工作情况汇报。

以工银党任免〔2013〕28号决定：任命陆钦同志为中国工商银行股份有限公司长春金融研修学院党委书记；免去鞠延强同志中国工商银行股份有限公司长春金融研修学院党委书记职务。

以工银党任免〔2013〕29决定：任命陈华蓉同志为中国工商银行股份有限公司杭州金融研修学院党委书记；免去沈荣勤同志中国工商银行股份有限公司杭州金融研修学院党委书记职务。

以工银任免〔2013〕196号决定：聘任陆钦为长春金融研修学院院长，解聘其董事会办公室副主任职务；解聘鞠延强长春金融研修学院院长职务。

以工银任免〔2013〕197号决定：聘任陈华蓉为杭州金融研修学院院长；解聘沈荣勤杭州金融研修学院院长职务。

5月7日

赵林监事长、王希全副行长主持召开“机构改革”重点课题调研组第八次会议。

王丽丽副行长会见美国富国银行集团执行副总裁兼司库保罗·阿克曼（Paul Ackerman）一行，双方就两行合作、巴塞尔协议Ⅲ等议题进行了交流。

王丽丽副行长出席全球雇员培训班开班仪式。

李晓鹏副行长会见普华永道全球金融服务业主席菲尔·里维特（Phil Rivett）一行，双方就全球重要系统性金融机构的监管趋势、美国《海外账户纳税法案》的最新发展以及营业税转增值税的潜在影响等议题进行了交流。

以工银任免〔2013〕198号决定：聘任王芝斌为中国工商银行股份有限公司湖北省分行行长；解聘官学清中国工商银行股份有限公司湖北省分行行长职务，另有任用。

5月8日

赵林监事长、王希全副行长主持召开“机构改革”重点课题调研组第九次会议。

王丽丽副行长通过视频方式主持召开工银阿根廷2013年第五次董事会及公司治理汇报会。

5月8日－10日

姜建清董事长赴湖北分行、四川分行宣布人事任免决定并调研。在湖北期间，会见了湖北省委书记李鸿忠、省长王国生、常务副省长王晓东等地方党政领导，并赴湖北分行私人银行中心调研。在四川期间，会见了四川省委书记王东明、省长魏宏等地方党政领导，并赴成都飞机工业（集团）有限责任公司调研。

5月9日

杨凯生行长、李晓鹏副行长出席2013年财政部会计信息质量检查进点见面会。

杨凯生行长主持召开关于配合财政部会计信息质量检查工作视频会议。

杨凯生行长会见马来西亚佐汉控股主席丹斯里陈溪福一行，双方就进一步加强有关业务合作进行了交流。

王丽丽副行长会见花旗集团司库埃里克·阿波夫（Eric Aboaf）一行，双方就两行合作、新型资本工具等议题进行了交流。

王丽丽副行长参加外交部举办的中央企业国际形势吹风会。

罗熹副行长赴河北廊坊出席东方银行业高管研修院揭牌仪式并致辞。

易会满副行长出席信访工作（视频）会议。

张红力副行长会见来宝集团首席执行官约瑟夫（Yusuf Alireza）一行，双方就进一步加强有关业务合作进行了交流。

5月9日－10日

赵林监事长、王希全副行长赴广东分行调研，听取分行对“机构改革”重点课题的意见。

5月10日

王丽丽副行长赴资产负债管理部、金融市场部宣布人事任命决定。

李晓鹏副行长赴个人金融业务部宣布人事任命决定。

罗熹副行长主持召开“民生领域金融服务”重点课题研究座谈会，听取了北京等6家分行关于民生领域金融服务的意见和建议。

5月12日－21日

刘立宪纪委书记出访荷兰、比利时和意大利。在荷兰期间，出席了国际银行安全协会（IBSA）第64届年会；拜会了中国驻荷兰大使陈旭；会见了阿克苏集团首席财务总监基思·尼科尔斯（Keith Nichols）和全球司库彼得·范·路德（Peter Van Rood），并赴阿姆斯特丹分行调研。在比利时期间，拜会了中国驻欧盟使团团长吴海龙大使、驻比利时大使廖力强；会见了比利时苏威集团首席财务官霍比尼特（M. Hubinont），并赴布鲁塞尔分行调研。在意大利期间，拜会了中国驻米兰总领事廖菊华；会见了意大利 CDP 集团首席执行官乔瓦尼（Giovanni Tempini）、意大利 ENEL 集团财务公司主席，并赴米兰分行调研。

5 月 13 日

姜建清董事长主持召开总行副总以上干部大会。中组部副部长王京清同志一行到我行宣布了领导班子调整的决定。经党中央批准，易会满同志任中国工商银行副董事长、行长、党委副书记，免去杨凯生同志中国工商银行副董事长、行长、党委副书记职务，免去王丽丽、李晓鹏同志中国工商银行执行董事、副行长、党委委员职务，李晓鹏同志任中国投资有限责任公司监事长、党委副书记。中组部副部长王京清同志代表中央高度评价了杨凯生、李晓鹏、王丽丽三位同志任职期间的工作表现，介绍了易会满同志的基本情况，并对我行工作提出了希望和要求。杨凯生行长在干部大会上对党组织、全行上下等各方面表示感谢，并表达了对工商银行发展的殷切期望。易会满党委副书记在干部大会上发表了讲话，感谢组织的信任和培养，表示将在姜建清同志为“班长”的总行党委带领下，同班子成员一道，紧紧依靠广大员工，在已有的工作基础上，尽心竭力把各项工作推向前进，不辜负组织的重托和同志们的期望。杨凯生行长，赵林监事长，王丽丽、李晓鹏、罗熹、易会满、张红力、王希全副行长出席。总行副总经理以上干部及在北京机构主要负责人参加。

姜建清董事长会见美国前资深参议员菲尔·格拉姆（Phil Gramm）一行，双方就进一步加强有关业务合作进行了交流。胡浩董事会秘书陪同。

王丽丽副行长会见美国财政部助理部长马修·卢瑟福（Matthew Rutherford）一行，双方就中国经济及金融市场情况、近期美国量化宽松政策调整等议题进行了交流。

张红力副行长会见瑞士 Vontobel 集团董事长赫伯特（Herbert J. Scheidt）一行，双方就全球及中国经济金融形势、加强双方私人银行业务合作等议题进行了交流。

5 月 13 日－14 日

姜建清董事长赴福建分行宣布干部任免并调研。其间，会见了福建省委书记尤权、省长苏树林、常务副省长张志南等地方党政领导。

5 月 14 日

易会满党委副书记出席中国金融会计学会召开第五次会员代表大会，并代表新当选的第五届理事会副会长单位发言。

罗熹副行长出席我行与中信证券全面合作座谈会。

王丽丽会见高盛集团副董事长兼亚太区董事长马克·施瓦茨（Mark Shwartz）一行，双方就国内外经济与金融市场形势等议题进行了交流。

5 月 14 日－15 日

杨凯生参加全国政协经济委员会会议。

5 月 15 日

姜建清董事长会见法国安盛集团董事长亨利·德·卡斯特（Henri de Castries）一行，双方就进一步加强有关业务合作进行了交流。胡浩董事会秘书陪同。

张红力副行长会见波音民机集团总裁雷蒙德·康纳一行，并出席工银租赁与波音民机公司签约仪式。

张红力副行长参加银监会举行的专营机构专题监管会谈。

5 月 15 日－16 日

赵林监事长、王希全副行长赴上海调研，听取分行对“机构改革”重点课题的意见。

5 月 16 日

姜建清董事长会见花旗集团首席执行官高沛德（Michael Corbat）一行，双方就进一步加强业务合作进行了交流。胡浩董事会秘书陪同。

罗熹副行长主持召开 2013 年教材编审委员会会议，听取了教育部就 2012 年教材案例开发情况和 2013 年主要工作的汇报，委员会顾问原副行长张衢参加了会议。

王丽丽出席国际业务专家委员会成立仪式。

王丽丽会见新加坡金管局代表团一行。

以工银党〔2013〕12 号决定：易会满同志任中国工商银行党委副书记，免去杨凯生同志中国工商银行党委副书记职务，免去王丽丽、李晓鹏同志中国工商银行党委委员职务。

5 月 17 日

党委书记姜建清主持召开第 12 次党委（扩大）会议，研究党委分工等有关工作。党委副书记易会满、赵林及党委委员罗熹、张红力、王希全出席。

5 月 18 日－23 日

张红力副行长出访印度。其间，出席了中印企业首席执行官论坛。

5 月 20 日

姜建清董事长、易会满党委副书记、赵林监事长，罗熹、王希全副行长出席总行党委座谈会，与杨凯生、王丽丽、李晓鹏三位离任行领导进行座谈。在会上，姜建清董事长高度评价了杨凯生、王丽丽和李晓鹏同志在工商银行的工作，代表总行党委和个人表达了对三位同志真挚感谢和美好祝愿。杨凯生、王丽丽、李晓鹏分别作了发言。杨凯生表达了对所处改革开放时代和工商银行的感恩之心，表示自己永远是一个工行人，在今后的日子里，将继续关注工商银行的新发展和新进步。王丽丽回顾了自己四十五年特别是在工商银行的十三年职业生涯，表达了对全行的感谢之情，希望工商银行开创更加辉煌的未来。李晓鹏回顾了在工商银行的工作成长历程，表示要把在工商银行三十年来积累的工作经验与新的工作职责有机地结合起来，为工行争光，并祝愿工商银行的各项事业再上一个新的水平。赵林监事长、罗熹副行长、王希全副行长也在发言中充分表达了与三位同志在工作中结下的情谊，以及对三位同志的敬意和祝福之情。总行部分部室总经理也在座谈会上进行了发言。林晓轩首席信息官、胡浩董事会秘书及总行部室主要负责人参加了座谈会。

姜建清董事长、易会满党委副书记，罗熹、王希全副行长出席总行2013年度第二期创新沙龙，姜建清董事长发表题为“大数据时代的信息化银行”的演讲。林晓轩首席信息官、胡浩董事会秘书参加。

5月21日

易会满党委副书记赴风险管理部调研，听取风险管理部就当前信贷资产质量及面临挑战等内容的专题汇报。

易会满党委副书记拜会中国人民银行行长周小川。

5月21日－23日

赵林监事长参加中组部举办的“学习贯彻十八大精神”培训班。

5月22日

姜建清董事长主持召开董事会会议，审议通过了《关于聘任易会满先生为中国工商银行股份有限公司行长的议案》等8项议案。董事会成员杨凯生、王丽丽、李晓鹏、许善达、黄钢城、麦卡锡、钟嘉年、柯清辉、洪永森、环挥武、汪小亚、葛蓉蓉、李军、王小岚、姚中利出席。部分监事会成员列席，胡浩董事会秘书参加。

易会满党委副书记赴国际业务部调研，听取国际业务部、国际结算单证中心有关工作情况的汇报。

罗熹副行长会见欧洲货币亚洲区总裁史托尼（Tony Shale）一行，双方就进一步加强有关业务合作进行了交流。

罗熹副行长赴电子银行部调研，听取电子银行部有关工作情况的汇报。

以工银发〔2013〕74号决定：提名李志刚任中国工商银行（泰国）股份有限公司执行董事、总经理，陈友滨不再担任中国工商银行（泰国）股份有限公司执行董事、总经理职务，另有任用。

以工银发〔2013〕76号决定：提名陈焕祥任工银金融租赁有限公司董事长；李晓鹏不再担任工银金融租赁有限公司董事长。

5月23日

易会满党委副书记拜会银监会主席尚福林。

罗熹副行长会见华泰证券董事长吴万善一行，双方就进一步加强银证合作进行了交流。

5月24日

易会满党委副书记主持会议听取信贷与投资管理部就当前信贷与投资运行情况、重点工作进展与实施、信用风险管理与控制情况以及有关工作建议的专题汇报。魏国雄首席风险官参加。

刘立宪纪委书记会见我行全国金融系统先进集体、先进个人代表。

5月24日－30日

姜建清董事长出访德国、卢森堡。在德国期间，主持召开了中德经济顾问委员会第一次会议，受到李克强总理的亲切接见；拜会了我国驻德国大使史明德、驻法兰克福总领馆总领事温振顺；会见了黑森州州长沃克·鲍非（Walker），并赴法兰克福分行调研。在卢森堡期间，出席了由我行主办的“合作与机遇”人民币业务论坛；会见了卢森堡央行行长瑞司奇（Gaston Reinesch）、卢森堡财政部长弗里登（Luc Frieden）；拜会了中国驻卢森堡大使曾宪柒，并赴卢森堡分行调研。

5月27日

易会满党委副书记赴公司业务一部宣布人事任免决定。

5月27日－6月2日

张红力副行长出访美国。其间，出席了工银美国2013年度第三次董事会和北美地区私人银行业务座谈会，并到工银美国北加州分行进行调研，与当地各中资及高科技中小企业代表举行营销会议。

5月28日

易会满党委副书记赴财务会计部调研，听取财务会计部就财务会计管理及消费者权益保护的主要工作、面临的挑战及未来工作设想的专题汇报。

赵林监事长、王希全副行长主持召开会议，听取部分分行对“机构改革”重点课题的建议。

罗熹副行长赴城市金融研究所调研，听取城市金融研究所有关工作情况的汇报。

罗熹副行长出席新加坡金融管理局北京代表处开业仪式，并会见了新加坡副总理兼财政部长、金融管理局主席尚达曼、新加坡金融管理局局长孟文能。

罗熹副行长主持召开会议，听取票据营业部工作专题汇报。

5月29日

党委副书记易会满受党委书记姜建清委托主持召开第13次党委（扩大）会议，研究有关工作。党委副书记赵林及党委委员刘立宪、王希全出席。

易会满党委副书记、王希全副行长听取个人金融业务部工作专题汇报。

王希全副行长出席“2013中国金融创新奖”颁奖典礼并发表演讲。

5月29日－31日

罗熹副行长赴长春金融研修学院、杭州金融研修学院宣布人事任免决定。

5月30日

中国银监会以银监复〔2013〕267号文件批复核准易会满中国工商银行股份有限公司行长任职资格。

王希全副行长出席全行法律集中改革经验交流会。

5月31日

易会满行长会见瑞典银行董事长安德斯·萨德特姆（Anders Sundstroem）一行，双方就中国经济发展现状与前景、欧洲及瑞典市场形势等议题进行了交流。

6月

6月3日

易会满行长会见澳大利亚国民银行行长卡梅伦·克里恩（Cameron Clyne）一行，双方就中澳企业金融服务、两行金融互惠支持等议题进行了交流。

6月2日－4日

我行与中国银行在上海承办国际货币会议（International Monetary Conference）2013年年会，会议就“全球监管环境变化”、“金融稳定及可持续发展”和“亚洲的发展前景及其在全球市场中的地位”等世界经济和金融界的最新形势和热点议题进行了讨论与交流。新加坡副总理兼财政部长尚达曼（Tharman Shanmugaratnam）、泰国央行行长张旭洲（Prasarn Trairatvorakul）、墨西哥前央行行长吉列尔莫·奥尔蒂斯（Guillermo Ortiz Martinez）、美国大通银行董事长兼首席执行官杰米·戴蒙（Jamie Dimon）、英国汇丰银行集团董事长范智廉（Douglas J. Flint）、瑞士银行董事长韦伯（Axel A. Weber）等来自30多个国家和地区的政府官员、金融机构董事会主席或首席执行官参加会议。其间，中央政治局委员、国务院副总理马凯会见了参会代表并就金融创新、监管合作以及量化宽松等问题发表了重要讲话；中央政治局委员、上海市委书记韩正出席了年会开幕式并致辞；全国政协副主席、中国人民银行行长周小川，中国银监会主席尚福林，我行姜建清董事长应邀出席了本次会议并发表讲话。会议期间，我行与中国银行联合举办国际货币会议招待酒会及晚宴，姜建清代表主办行对国际货币会议代表及嘉宾表示欢迎，王丽丽女士代表我行和中国银行向“健康快车基金会”进行了捐赠。

姜建清董事长参加国务院马凯副总理在上海主持召开的经济金融形势座谈会，并发言。

6月3日

姜建清董事长在上海会见标准银行前首席执行官杰克·马里先生和联席首席执行官森布威·沙巴拉拉先生，双方就南非标准银行发展战略等进行了交流。

6月4日

赵林监事长主持全行内审条线专家公开竞聘面试。

罗熹副行长出席业务运营风险专项治理（视频）会议。林晓轩首席信息官参加。

罗熹副行长会见银监会法规部副主任王科进一行，双方就银行与第三方支付合作、商业银行客户电子信息管理等议题进行了交流。

刘立宪纪委书记主持召开2013年机关党委全委会第二次会议，审议通过了总行机关“两优一先”评选结果。

易会满行长、罗熹副行长主持召开第30次专题会议，研究对公客户存款工作。

6月4日－7日

王希全副行长赴个人金融业务部调研，听取个人金融业务部有关工作情况的汇报。

6月5日

易会满行长会见国际金融公司首席执行官蔡金勇一行，双方就海外业务发展战略、银团贷款及全球贸易融资业务合作等议题进行了交流。

易会满行长赴人力资源部调研，听取人力资源部有关工作情况的汇报。

罗熹副行长会见广发证券董事长孙树明一行，双方就进一步加强债券投资、金融市场、资产托管等方面合作进行了交流。

罗熹副行长主持召开电商平台会议，听取电商平台筹备情况的汇报。

张红力副行长会见世界银行副行长迪奥普（Makhtar Diop）一行，双方就当前世界经济形势交换了意见。

张红力副行长会见泛美开发银行高管贝尔纳多·吉利亚蒙（Bernardo Guillamon）一行，双方就美洲地区业务合作机会等议题进行了交流。

张红力副行长会见淡水河谷集团首席执行官费雷拉（Murilo Ferreira）一行，双方就银团贷款以及债券业务等议题进行了交流。

以工银任免〔2013〕219号决定：聘任朱春华为中国工商银行股份有限公司福建省分行行长，解聘其中国工商银行股份有限公司江苏省分行副行长职务；解聘乔晋声中国工商银行股份有限公司福建省分行行长职务。

6月6日

易会满行长会见美国富国银行集团董事长、行长兼首席执行官约翰·斯坦普（John G. Stumpf）一行，双方就两行合作、中国经济等议题进行了交流。

罗熹副行长会见澳大利亚西太平洋银行首席执行官盖尔·凯莉（Gail Kelly）一行，双方就银行发展演变历程、在电子银行业务占比逐渐提高的趋势下银行物理网点管理理念等议题交流了意见。

罗熹副行长应邀出席中国太平保险集团有限责任公司成立大会。

第31次专题会议，王希全副行长主持，研究个人综合积分方案。

6月7日

中国工商银行股份有限公司2012年度股东年会在北京和香港两地通过视频连接同步召开，姜建清董事长在北京会场主持会议，赵林监事长在香港会场参加会议，审议通过了《关于〈中国工商银行股份有限公司2012年度董事会工作报告〉的议案》等8项议案，听取了《关于〈中国工商银行股份有限公司股东大会对董事会授权方案〉2012年度执行情况的汇报》等2项汇报。董事会成员许善达、黄钢城、麦卡锡、钟嘉年、柯清辉、洪永淼、环挥武、汪小亚、葛蓉蓉、李军、王小岚、姚中利出席。董事候选人易会满行长、罗熹副行长、刘立宪纪委书记及监事会成员列席，胡浩董事会秘书参加。北京和香港两地共计2 359位股东及股东代表出席会议。

6月8日

易会满行长会见中国海洋石油总公司总经理杨华一行，双方就2013年中海油预启动的境内天然气接收站及管网项目、债券承销以及“走出去”等业务合作进行了交流。

易会满行长主持召开当前重点工作推进会议并作重要讲话。魏国雄首席风险官出席。

6月9日

王希全副行长出席中国银联与中国移动手机支付产品联合发布会。

6月13日

姜建清董事长会见湖北省副省长张通一行，双方就进一步深化战略合作等议题交换了意见。

姜建清董事长会见海航集团董事长陈峰一行，双方就有关业务合作进行了交流。

姜建清董事长、罗熹副行长出席我行第九届博士后出站报告评审会并担任答辩评委。魏国雄首席风险官作为答辩评委参加。

易会满行长拜会财政部部长楼继伟。

赵林监事长参加全国政协经济委员会会议。

6月14日

易会满行长赴资产负债管理部调研，听取资产负债管理部就近期主要工作、当前资产负债管理面临的问题、下一步拟采取的工作措施的汇报。

赵林监事长赴办公室进行工作调研，听取办公室有关工作情况的汇报。

罗熹副行长通过视频宣布电子银行中心（广州）干部任免。

张红力副行长应邀赴天津出席第四届中国金融租赁年会，并发表了题为“加强发展定位再认识　促进租赁行业新发展”的主题演讲。

6月16日

姜建清董事长赴北京大学作题为“利率市场化背景下的商业银行变革策略与转型发展”主题演讲。

6月17日

罗熹副行长出席《中国工商银行股改史（2003—2006年）》征求意见座谈会并讲话。

6月18日

姜建清董事长为个人金融业务高级管理人员培训班作题为“新形势下工商银行个人金融业务转型与发展”的授课。林晓轩首席信息官及总行各部室负责人，各一级（直属）分行、苏州分行分管行长、个人金融业务部总经理参加主会场培训；各一级（直属）分行及营业部、各二级分行行长（总经理）及相关人员参加分会场培训。

易会满行长、魏国雄首席风险官会见华融资产管理公司总裁柯卡生、副总裁徐肇宏一行，双方就不良资产批量转让处置、同业拆借、金融债发行、银信合作等议题交换了意见。

张红力副行长应邀出席联合国秘书长潘基文与全球契约中国成员企业高管座谈会。

张红力副行长赴工银租赁调研。

王希全副行长出席由工银瑞信承办的“全国社保基金境内投资管理人2013年上半年座谈会”并致开幕词。

6月19日

姜建清董事长参加国务院召开的2013年第13次常务会议。

易会满行长、王希全副行长听取银行卡业务部工作汇报。

赵林监事长参加中央召开的党的群众路线教育实践活动工作会议。

张红力副行长赴产品创新管理部调研，听取产品创新管理部有关工作情况的汇报。

6月19日－20日

刘立宪纪委书记赴山东出席我行报警监控联网综合管理平台试点推广现场会。

6月20日

党委书记姜建清主持召开第14次党委（扩大）会议，传达党的群众路线教育实践活动工作会议精神，研究部署全行党的群众路线教育实践活动有关工作；传达国务院常务会议关于金融支持实体经济的会议精神。党委副书记易会满、赵林及党委委员罗熹、张红力、王希全出席。

姜建清董事长会见印度塔塔集团前任董事长瑞坦·塔塔先生（Ratan Tata）和现任董事长斯卢斯·米斯特里（Cyrus Mistry）一行，双方就进一步加强项目融资、银团贷款、人民币债券承销、消费信贷、现金管理等业务领域合作议题进行了交流。

易会满行长会见平安集团董事长兼首席执行官马明哲一行，双方就推进我行与平安集团有关业务合作进行了交流。

赵林监事长赴总行党校出席党委宣传部长培训班学

员座谈会。

姜建清董事长获评香港《亚洲公司治理》杂志组织评选的“2013年第四届亚洲杰出董事奖”。

王希全副行长出席全行个人金融业务高级管理人员培训班并授课。

6月21日

姜建清董事长参加人民银行召开的货币政策委员会会议。

易会满行长赴北京分行调研，听取北京分行有关工作情况的汇报。

易会满行长会见银监会消费者保护局局长刘元一行，双方就银行业消费者权益保护政策最新动向、深化银行业消费者权益保护工作等议题交换了意见。

易会满行长主持召开风险管理委员会2013年第二次会议，审议通过了《关于我行人民币债券业务检查情况的报告》等4项议题。罗熹副行长、刘立宪纪委书记，张红力、王希全副行长，魏国雄首席风险官、林晓轩首席信息官出席。

罗熹副行长出席总行电子银行中心“全国青年文明号”和“全国金融系统工人先锋号”授牌仪式。

罗熹副行长拜会银监会主席助理杨家才，双方就信托业务相关问题进行了交流。

6月24日

党委书记姜建清主持召开第15次党委（扩大）会议，审议了拟提交董事会的议案，听取了关于2013年境内分支机构建设计划、近期全行流动性管理工作以及信贷业务流程改造、民生领域金融服务重点课题的汇报。党委副书记易会满、赵林及党委委员罗熹、刘立宪、张红力、王希全出席。

6月25日

姜建清董事长接受路透社和新华社记者联合采访。

易会满行长出席电子商务平台业务筹备组成立大会并讲话，罗熹副行长主持。

易会满行长、魏国雄首席风险官会见信达资产管理公司总裁臧景范一行，双方就加强有关业务合作交换了意见。

赵林监事长与总行党校第二十一期领导干部进修班学员座谈。

刘立宪纪委书记出席“员工异常行为分析与风险防范”重点课题汇报会。

罗熹副行长参加银监会召开的“信息科技风险”和“流动性管理”会议。

张红力副行长会见新疆特变电工股份有限公司党委书记、董事长张新一行，双方就公司业务、专业融资产品、“走出去”等业务合作进行了交流。

王希全副行长会见长江养老保险股份有限公司董事长马力一行，双方就开展养老金业务合作进行了交流。

6月26日

姜建清董事长、赵林监事长、刘立宪纪委书记出席总行机关党的群众路线教育实践活动座谈会。

易会满行长、王希全副行长主持召开会议，研究营业网点竞争力提升工作方案。

易会满行长出席中石油《油气管道合资合作战略协议》签约仪式，并作为商业银行唯一代表发言。

易会满行长及部分监事会成员列席中国工商银行股份有限公司董事会薪酬委员会会议。委员会主席柯清辉独立董事通过视频主持会议。胡浩董事会秘书参加会议。

赵林监事长出席我行党的群众路线教育实践活动部分在北京的分支机构座谈会。

罗熹副行长通过视频主持召开工银加拿大2013年第二次董事会。

张红力副行长赴资产管理部宣布人事任命决定。

张红力副行长会见大连万达董事长王健林、万达文化产业集团总裁张霖，双方就进一步深化“走出去”业务合作进行了深入交流。

张红力副行长拜会中国水利水电建设股份有限公司总经理助理章云礼，双方就海外投融资、境外发债、全球现金管理及租赁金融等议题进行了交流。

6月26日－27日

罗熹副行长赴陕西出席全行2013年度第三期创新沙龙和《中国城市金融》、《金融论坛》两刊发行会。

6月27日

姜建清董事长主持召开董事会会议，审议通过了《关于同意并授权高级管理层发行不超过600亿元人民币等值减记型合格二级资本工具的议案》等4项议案。董事会成员许善达、黄钢城、麦卡锡、钟嘉年、洪永淼、环挥武、汪小亚、葛蓉蓉、王小岚、姚中利现场出席，柯清辉、李军通过视频出席。易会满行长、赵林监事长、罗熹副行长、刘立宪纪委书记及监事会部分成员、监管机构代表列席。胡浩董事会秘书参加。

易会满行长、张红力副行长赴资产管理部调研，听取资产管理部就资产管理业务的组织架构、今年以来业务发展情况以及下一步工作措施等内容的专题汇报。

赵林监事长主持召开监事会会议，听取了《关于落实2012年度监事会监督报告情况》、《关于经济资本管理情况》等3项汇报。王炽曦、董娟、孟焰、张炜、朱立飞、李明天监事出席。

赵林监事长参加监事会组织专题培训，培训邀请了毕马威会计师事务所就监管变革对银行经营模式的影响等情况进行介绍。

张红力副行长会见委内瑞拉经发行行长特米尔·波拉斯（Temir Porras）一行，双方就进一步加强业务合作进行了交流。

张红力副行长拜会中工国际工程股份有限公司董事

长罗艳一行，双方就国际化网络、海外项目融资、投行及设备租赁等业务合作进行了交流。

王希全副行长会见瑞士历峰集团全球司库约翰·麦纳提（John Mcanulty）一行，双方就进一步推进现金管理业务进行了广泛深入的交流。

6月28日

姜建清董事长再次荣获中国银行业协会主办的“2012年度社会责任引领人物奖”。

6月28日－29日

赵林监事长参加中央在北京召开的全国组织工作会议。

7月

7月1日

党委书记姜建清，党委副书记易会满、赵林及党委委员罗熹、刘立宪、张红力、王希全出席我行纪念建党92周年表彰大会。林晓轩首席信息官、胡浩董事会秘书参加。姜建清同志作重要讲话，易会满同志主持会议，赵林同志宣读了表彰决定，党委成员为先进集体和优秀个人代表颁奖。

7月2日

罗熹副行长出席2013年“国际化人才”培训项目开班典礼并讲话。

罗熹副行长出席银行业协会客户服务中心联席会议换届大会。

林晓轩首席信息官主持召开第32次专题会议，研究落实业务连续性管理有关工作。

7月3日

易会满行长会见财政部副部长刘昆一行，双方就推进工行与财政部业务合作、支持财政部信息化建设等议题进行了交流。林晓轩首席信息官陪同。

王希全副行长赴银行卡业务部调研。

7月3日－10日

罗熹副行长出访新加坡、马来西亚。在新加坡期间，出席了亚洲市场会议，就人民币国际化作了主题发言，听取了新加坡分行关于人民币的工作汇报，会见了新加坡金管局助理局长黄南新、星展银行首席执行官Piyush Gupta、华侨银行副行长高体良，拜会了我国驻新加坡大使段洁龙。在马来西亚期间，会见了马来亚银行首席执行官Mohamed Rafique Merican，拜会了中国驻马来西亚大使柴玺，听取了工银马来西亚的工作汇报。

7月4日

党委书记姜建清主持召开第16次党委（扩大）会议，研究全行党的群众路线教育实践活动有关工作。党委副书记易会满、赵林及党委委员刘立宪、王希全出席。

姜建清董事长会见海航集团董事长陈峰一行，双方就有关合作事宜进行了交流。

易会满行长主持召开会议，研究当前及下一步重点工作。刘立宪纪委书记、张红力副行长、王希全副行长、魏国雄首席风险官、胡浩董事会秘书出席。

赵林监事长出席总行党校第二十一期领导干部进修班结业典礼。

张红力副行长拜会中国长江三峡集团公司副总经理林初学，双方就“走出去”海外投融资、股权收购及基金定投等议题进行了交流。

7月5日

党委书记姜建清主持召开第17次党委（扩大）会议，传达全国组织部长会议精神，研究我行党的群众路线教育实践活动安排有关工作、供应链融资重点课题、员工行为分析与风险防范重点课题等三项汇报。党委副书记易会满、赵林及党委委员刘立宪、张红力、王希全出席。

张红力副行长出席产品创新管理部逸贷产品演示汇报会。

7月8日

姜建清董事长会见日本瑞穗金融集团董事会主席、总裁、CEO佐藤康博一行，双方就两行未来业务合作、中日经济等议题进行了交流。

姜建清董事长、易会满行长、张红力副行长会见标准银行集团CEO本·克鲁格（Ben Kruger）一行，双方就银行IT系统建设和深化战略合作等议题进行了交流。胡浩董事会秘书陪同。

7月9日

易会满行长会见英国每日邮报集团副主席维维安·巴林（Vivian Baring）一行，双方就中国经济增长前景、金融业发展趋势等议题进行了交流。

张红力副行长拜会五矿集团会计师沈翎总，双方就进一步加强海外业务合作等议题进行了交流。

王希全副行长出席中小商户逸贷公司卡座谈会。

以工银发〔2013〕120号决定：易会满任中国工商银行股份有限公司副董事长、执行董事，罗熹、刘立宪任中国工商银行股份有限公司执行董事。

7月10日

张红力副行长拜会中国交通建设股份有限公司执行董事兼财务总监傅俊元，双方就加强海外大型项目合作进行了交流。

张红力副行长主持召开中英基础设施合作CEO圆桌会议，并会见了汇丰集团行政总裁斯图尔特·格利弗（Stuart Gulliver）及英国贸易投资署、企业相关负责人，就中英基础设施合作前景和合作机制，以及金融机构应发挥的作用进行了交流。

张红力副行长会见惠生集团董事长、总裁华邦嵩一行，双方就有关业务合作进行了交流。

林晓轩首席信息官主持召开第33次专题会议，研究加强对基础技术产品测试管理的措施。

7月11日

中国工商银行召开党的群众路线教育实践活动动员大会，传达贯彻落实中央关于开展党的群众路线教育实践活动有关精神，动员部署全行开展教育实践活动工作。党委书记、董事长姜建清同志在会上作了动员讲话，中央督导组第33组组长马之庚同志出席会议并讲话。党委副书记易会满、赵林及党委委员罗熹、刘立宪、张红力、王希全出席。

姜建清董事长、易会满行长出席信息化银行建设课题座谈会。林晓轩首席信息官参加。

赵林监事长出席我行党的群众路线实践教育活动培训会。

7月12日

党委书记姜建清主持召开第18次党委（扩大）会议，研究年中工作会议材料。党委副书记易会满、赵林及党委委员罗熹、刘立宪、张红力、王希全出席。

姜建清董事长会见万达集团董事长王健林一行，双方就加强业务合作进行了交流。

罗熹副行长主持召开总行操作风险委员会2013年第二次会议，会议审议通过了《2013年第一季度操作风险管理报告》等4项议题。魏国雄首席风险官出席。

张红力、王希全副行长听取产品创新部逸贷产品汇报。

张红力副行长拜会中国核工业集团公司总经理钱智民，双方就深化“走出去”业务合作进行了交流。

王希全副行长出席我行与携程旅行网战略合作签约仪式暨联名卡启动活动，并会见携程董事会主席兼首席执行官梁建章一行，双方就进一步加强业务合作等议题进行了交流。

林晓轩首席信息官主持召开第34次专题会议，研究电子商务平台系统建设有关工作。

7月15日

姜建清董事长会见英国标准人寿集团董事长格林斯通（Gerald Grimstone）一行，双方就有关业务合作等议题进行了交流。

易会满行长作为全国小微企业金融服务先进单位代表参加国务院召开的全国小微企业金融服务经验交流电视电话会议，并在大会上介绍了我行小微企业金融服务经验。

罗熹副行长主持召开第35次专题会议，研究支付机构业务合作相关问题。

罗熹副行长主持召开第36次专题会议，研究高级客户经理培训相关问题。

7月16日

全行年中工作会议在北京召开，姜建清董事长、易会满行长作重要讲话，赵林监事长主持会议。罗熹副行长、刘立宪纪委书记，张红力、王希全副行长出席。魏国雄首席风险官、林晓轩首席信息官、胡浩董事会秘书及在北京的董事会、监事会成员参加。会议总结了上半年经营情况，分析了当前经营形势，部署了下半年重点工作任务。

7月17日

姜建清董事长参加国务院召开的2013年第17次常务会议。

7月18日

姜建清董事长、易会满行长、赵林监事长会见中投公司董事长丁学东，汇金公司总经理彭纯、副总经理张宏安一行，双方就经济金融形势、股权董事选任和履职建设等议题交换了意见。胡浩董事会秘书陪同。

姜建清董事长、易会满行长会见北京市委副书记吕锡文，西城区区委书记王宁、区长王少峰一行，双方就进一步加强合作进行了交流。

姜建清董事长、易会满行长会见银联董事长苏宁、总裁许罗德一行，双方就非金融机构管理与接入工作交换了意见。

易会满行长会见卢森堡金融界高级代表团一行，双方就支持卢森堡离岸人民币中心建设等议题进行了交流。

罗熹副行长出席中交财务有限公司开业庆典。

王希全副行长出席2013银行业发展论坛暨首届银行综合评选活动，并就“零售银行业务转型与创新”发表主旨演讲。

罗熹副行长主持召开第37次专题会议，研究集团信息库建设相关问题。

林晓轩首席信息官主持召开第38次专题会议，研究加强数据中心生产运行管理措施。

7月19日

姜建清董事长会见英国驻华大使吴思田（Sebastian Wood）一行，双方就人民币国际化、伦敦离岸人民币中心建设以及工商银行在英国发展战略等议题进行了交流。

赵林监事长赴内审局宣布有关人事任命。

罗熹副行长听取机构业务部关于机构客户管理系统演示汇报。

7月22日

姜建清董事长主持召开董事会会议，审议通过了《关于提名衣锡群先生为中国工商银行股份有限公司独立董事候选人的议案》等3项议案。易会满、罗熹、刘立宪、许善达、环挥武、葛蓉蓉、李军、王小岚、姚中利董事现场出席会议，黄钢城、柯清辉、洪永淼、汪小亚、钟嘉年分别通过视频和电话方式出席会议，麦卡锡董事委托黄钢城董事出席会议并代为行使表决权。赵林监事长及监事会成员王炽曦、张炜、李明天列席。胡浩董事会秘书参加。

姜建清董事长、易会满行长、赵林监事长会见国家开发银行董事长胡怀邦、监事长姚中民一行，双方就加强两行业务合作等议题交换了意见。

7 月 23 日

中国工商银行党委开展党的群众路线教育实践活动专题学习，党委班子集中学习了《党的群众路线教育实践活动学习文件选编》的有关篇目和中央教育实践活动简报第 6 期——《党员干部在作风方面存在的突出问题》，听取了总行教育实践活动领导小组办公室对中央教育实践活动办公室联络三组来我行调研情况、中央督导组座谈会情况以及下一步开展活动建议的汇报。党委书记姜建清、党委副书记易会满、赵林及党委委员罗熹、刘立宪、张红力、王希全出席。

姜建清董事长会见高盛集团董事长劳尔德·贝兰克梵（Lloyd Blankfein）一行，双方就当前全球经济走势、银行业改革发展趋势等话题进行了深入交流。

易会满行长出席银监会 2013 年半年度监管会谈。魏国雄首席风险官、林晓轩首席信息官参加。

王希全副行长会见爱尔兰政府企业、就业及创新部长理查德·布鲁顿（Richard Bruton）一行。双方主要就租赁业务发展等议题交换了意见。

7 月 24 日

赵林监事长主持召开会议，研究深入推进党的群众路线教育实践活动、改进机关作风提高工作效率，更好地为基层和客户服务等事项。

王希全副行长赴工银瑞信调研，听取了工银瑞信工作汇报，就工银瑞信下一步如何加快发展、与集团形成合力提出了指导意见。

7 月 24 日 -26 日

易会满行长赴上海分行及驻沪机构调研，并到联系点开展党的群众路线教育实践活动。

7 月 25 日

姜建清董事长会见中央第三十三督导组组长马之庚一行，双方就我行开展党的群众路线教育实践活动有关情况交换了意见。

总行召开机关党的群众路线教育实践活动座谈会，聚焦加强作风建设、反对“四风”主题，开展专题讨论。党委书记姜建清同志、刘立宪纪委书记出席并讲话。

赵林监事长参加银监会召开的银行业金融机构座谈会。

刘立宪纪委书记听取保卫部关于外部欺诈监控系统演示汇报。

王希全副行长参加中国银联四届六次董事会。

王希全副行长赴养老金业务部就部门半年工作情况进行调研，并与部门副处级以上干部就党的群众路线教育实践活动进行座谈。

7 月 26 日

姜建清董事长、林晓轩首席信息官听取电商平台建设专题汇报。

7 月 29 日

党委书记姜建清同志主持召开第 19 次党委（扩大）会议，集中学习了中共中央政治局常委、中央书记处书记、中央教育实践活动领导小组组长刘云山，中共中央政治局委员、中央组织部部长、中央教育实践活动领导小组副组长赵乐际在中央督导组工作座谈会上的讲话精神，传达了中央第 33 督导组组长马之庚对我行提出的具体工作要求，讨论我行贯彻落实的具体安排，重点研究党委班子和党委成员在“四风”方面存在问题的梳理工作，并进一步深入查找分析问题产生的根源。党委副书记易会满、赵林及党委委员罗熹、刘立宪、张红力、王希全出席。

总行举办党的群众路线教育实践活动专题党课。党委书记姜建清以《总行要作改进作风 密切联系群众的表率》为题，为总行本部处以上干部讲了专题党课。党委副书记易会满、赵林及党委委员罗熹、刘立宪、张红力、王希全出席。

7 月 30 日

易会满行长会见纽约梅隆银行行长凯伦·皮茨（Karen Peetz）一行，双方就加强两行合作等议题进行了交流。

罗熹副行长主持召开会议，研讨“大资管”课题的相关问题。

7 月 30 日 -8 月 1 日

姜建清董事长赴广东分行调研指导党的群众路线教育实践活动。其间，主持召开了分行党的群众路线教育实践活动专题座谈会，赴中山分行营业部、中山市东镇支行、广东分行营业部粤秀支行营业室、正佳广场支行考察调研并慰问基层员工，听取了基层网点负责人与员工的意见与建议；拜会了中共中央政治局委员、广东省委书记胡春华，广东省人民政府朱小丹省长，省委常委、省委秘书长林木声，副省长陈云贤等地方党政领导。

赵林监事长赴贵州分行调研指导党的群众路线教育实践活动。其间，听取了分行党委关于教育实践活动开展情况的汇报，赴都匀分行和省分行营业部考察调研并慰问基层员工，主持召开了员工代表座谈会；拜会了贵州省委副书记李军，省政府党组副书记、特邀咨询黄康生等地方党政领导；走访了省金融办、人民银行贵阳中心支行、贵州银监局、贵州乌江水电开发有限责任公司，听取对我行的意见和建议。

刘立宪纪委书记赴陕西分行调研指导党的群众路线教育实践活动。其间，听取了分行对总行党委班子开展党的群众路线教育实践活动的意见，主持召开了省行本部、二级分行及以下员工代表座谈会，并到陕西分行营业部东新街支行调研，听取一线员工的意见和建议；走访了陕煤集团，征求客户对我行的意见和建议。

张红力副行长赴辽宁分行调研指导党的群众路线教育实践活动。其间，听取了本溪分行党委班子相关工作汇报，主持召开了员工代表座谈会，看望慰问了本溪北地支行、解放路支行的基层员工，并走访本溪钢铁集团等客户，听取对银行产品和服务的意见和建议；拜会了辽宁省委书记王珉等地方党政领导。与辽宁省银监局局长李林进行了工作会晤，听取监管机构对工商银行开展党的群众路线教育实践活动的意见和建议。

王希全副行长赴浙江分行调研指导党的群众路线教育实践活动。其间，主持召开了金华分行、东阳支行两级班子和员工代表座谈会，赴东阳南马支行、通江支行看望慰问基层员工并听取基层网点负责人与员工的意见和建议。

7月31日

易会满行长参加银监会召开的2013年上半年全国银行业监督管理工作会议暨经济金融形势通报分析（电视电话）会议。

林晓轩首席信息官主持召开第39次专题会议，研究“两地三中心”工程。

8月

7月31日－8月1日

罗熹副行长赴河北分行调研指导党的群众路线教育实践活动。其间，主持召开座谈会听取基层员工的意见和建议，赴邢台桥东支行深入了解一线员工的工作环境和企业文化建设情况；走访了河北银监局郭锦洲局长、人民银行石家庄中心支行张文汇行长、河北晶龙集团靳保芳董事长，从监管部门、企业客户方面征求他们对工商银行“四风”问题、合规经营、服务客户方面的意见和建议。

8月1日

易会满行长出席公司业务一部党的群众路线教育实践活动座谈会。

王希全副行长参加保监会召开的银邮保险业务发展与风险防范工作座谈会。

8月2日

党委书记姜建清同志主持召开第20次党委（扩大）会议，研究剖析党委班子“四风”方面存在的问题。党委成员逐一发言，对照各方面征求到的意见和建议，深入剖析总行党委班子在“四风”方面存在的突出问题。同时，结合制度建设、业务流程、机构改革、绩效考评、队伍管理等工作实际，分析问题产生的思想根源和体制、机制方面的原因，进一步深化认识，查找差距，明确方向。党委副书记易会满、赵林及党委委员罗熹、刘立宪、张红力、王希全出席。

易会满行长会见厄瓜多尔驻华大使何塞·博尔哈（José María Borja）一行，双方就中厄经贸往来、重大项目合作及潜在业务机会等议题交换了意见。

张红力副行长拜会中国技术进出口总公司总裁唐毅，双方就加强“走出去”业务合作等议题进行了交流。

8月3日

赵林监事长主持召开总行督导组工作座谈会，传达中央有关会议精神，听取各督导组工作汇报，并对下一步的督导工作进行安排。

8月5日

赵林监事长主持召开信访工作视频会议。

张红力副行长会见墨西哥财政部部长助理阿伯拉姆·萨莫拉（Abraham Zamora Torres）一行，双方就我行在墨西哥设立机构、两国政府合作成立投资基金、墨西哥基础设施项目融资等议题交换了意见。

8月6日

姜建清董事长会见招商银行副董事长张光华一行，双方就商业银行内部审计等议题进行了交流。

姜建清董事长会见澳大利亚驻华大使孙芳安（Frances Adamson）一行，双方就中澳两国经济形势、双边关系、合作领域、发展前景等议题进行了交流。

姜建清董事长会见全国政协委员、香港总商会会长胡定旭一行，双方就进一步加强有关业务合作进行了交流。

姜建清董事长接受了G30（三十人小组）公司治理与银行监管研究小组尼古拉斯（Nicholas D'Orr Le Pan）和斯图尔特（Stuart P. M. Mackintosh）先生访谈，回答了对方就金融监管的重要性和有效性、董事会与监管者的职责分工和互动等方面的提问。胡浩董事会秘书陪同。

易会满行长，张红力、王希全副行长主持召开会议，研究个人金融资产管理工作。

赵林监事长出席监事会办公室党的群众路线教育实践活动座谈会。

张红力副行长拜会中信建设有限责任公司董事长洪波，双方就加强“走出去”业务合作等议题进行了交流。

林晓轩首席信息官主持召开第41次专题会议，研究电子商务平台系统建设问题。

8月7日

张红力副行长会见上海证券交易所副总经理刘绍统一行，双方就理财投资中小企业私募债等议题进行了交流。

林晓轩首席信息官主持召开第 42 次专题会议，研究新加坡人民币本地清算系统建设有关事宜。

罗熹副行长主持召开第 43 次专题会议，研究法人客户分类及存款账户信息治理相关问题。

罗熹副行长主持召开第 44 次专题会议，研究集团制度统筹管理相关问题。

8 月 8 日

王希全副行长参加国资委与外交部联合召开的“进一步规范中央企业外事管理工作”吹风会。

张红力副行长会见俄罗斯天然气建设安装公司首席执行官鲁斯兰（Goryukhin Ruslan）一行，双方就中俄天然气管道建设项目合作等议题进行了交流。

张红力副行长拜会中国机械工业集团有限公司董事长任洪斌，双方就进一步加强海外工程项目合作等议题进行了交流。

罗熹副行长主持召开第 45 次专题会议，研究优化账户营销和开户流程相关问题。

罗熹副行长主持召开第 46 次专题会议，研究新加坡人民币清算中心建设相关问题。

8 月 9 日

易会满行长出席毕马威中期报告审阅工作沟通会。林晓轩首席信息官参加。

赵林监事长出席办公室党的群众路线教育实践活动座谈会并调研。

赵林监事长出席教育部党的群众路线教育实践活动座谈会并调研。

张红力副行长拜会中国华电集团总会计师王怀书，双方就“走出去”业务合作等议题进行了交流。

王希全副行长出席集团派驻子公司董监事办公室党的群众路线教育实践活动座谈会并调研。

罗熹副行长主持召开第 47 次专题会议，研究银银平台建设相关问题。

8 月 12 日

姜建清董事长主持召开党委（扩大）中心组党的群众路线教育实践活动专题学习会，集中学习了习近平总书记《在河北调研指导党的群众路线教育实践活动时的讲话》（中办通报〔2013〕第 20 期）、《在中央政治局常委会会议上关于当前经济形势和经济工作的讲话》（中办通报〔2013〕第 21 期）精神，党委中心组成员结合自身实际，逐一作了发言，交流分享了学习心得和体会感受，共同研究我行贯彻落实的具体安排。党委副书记易会满、赵林以及党委成员罗熹、刘立宪、张红力、王希全参加。

8 月 13 日

罗熹副行长主持召开会议，研究推进电商平台建设进度、开发与推广微信银行等相关工作。

王希全副行长出席法律事务部党的群众路线教育实践活动座谈会并调研。

罗熹副行长主持召开第 48 次专题会议，研究完善人员信息管理相关问题。

8 月 13 日 – 24 日

张红力副行长赴南非、博茨瓦纳和美国。在南非期间，出席了南非标准银行董事会会议，审议通过了标准银行集团财务报告、业务与风险、董事会成员任命等多项议案。在博茨瓦纳期间，拜会了我国驻博茨瓦纳大使郑竹强及商务参赞马连星，会见了博茨瓦纳矿产、能源及水利部长莫凯拉（Mokaila）。在美国期间，会见了波音民机集团总裁雷蒙·康纳德（Lemon Conrad）。

8 月 14 日

易会满行长主持召开资产负债管理委员会 2013 年第三次会议，审议通过了《2013 年上半年流动性风险管理报告》等 3 项报告，审阅了《2013 年上半年资产负债管理报告》等 5 项议案。罗熹、王希全副行长，魏国雄首席风险官，胡浩董事会秘书出席。

赵林监事长向中央党的群众路线教育实践活动第 33 督导组汇报我行开展活动情况。

罗熹副行长出席机构客户营销管理系统推广视频会。

刘立宪纪委书记赴监察室出席党的群众路线教育实践活动集中学习。

8 月 15 日

姜建清董事长会见美国拉扎德（Lazard）投资银行副主席加里·帕（Gary Parr）一行，双方就后危机时代的欧美金融业监管变革、我行交易类业务的发展等议题进行了交流。

易会满行长主持召开风险管理委员会 2013 年第三次会议，审议通过了《2013 年中期风险管理报告》和《2013 年度国别风险评级及限额管理方案》，审阅了《2013 年中期信贷结构调整报告》。罗熹副行长、刘立宪纪委书记、王希全副行长、魏国雄首席风险官出席。

赵林监事长会见来我行征求党的群众路线教育实践活动意见及建议的审计署纪检组长陈蔷一行。

8 月 16 日

党委书记姜建清主持召开第 21 次党委（扩大）会议，研究党的群众路线教育实践活动有关工作。党委副书记易会满、赵林及党委委员罗熹、刘立宪、王希全出席。

姜建清董事长出席战略管理与投资者关系部党的群众路线教育实践活动座谈会。

赵林监事长主持召开会议，研究部署解决当前客户投诉反映的服务突出问题。

王希全副行长出席离退休人员管理部党的群众路线教育实践活动座谈会并调研。

8 月 19 日

罗熹副行长出席县支行改革发展及竞争力提升专题座谈会，并与 10 家县支行行长进行了交流。

8月20日

易会满行长会见花旗集团环球金融机构部全球联席主管彼得·巴贝约（Peter Babej）一行，双方就新资本工具等议题进行了交流。

罗熹副行长出席机构业务部党的群众路线教育实践活动座谈会。

王希全副行长出席工银大来信用卡首发仪式。

罗熹副行长主持召开第49次专题会议，研究智能营销与信息服务相关问题。

林晓轩首席信息官主持召开第50次专题会议，研究业务连续性管理工作落实情况。

8月21日

姜建清董事长会见巴克莱高级顾问、前美国佛罗里达州州长杰布·布什（Jeb Bush）一行，双方就近期全球经济形势和新兴市场的金融市场波动、新能源对全球经济格局的影响以及美国经济形势等议题进行了交流。

易会满行长会见中广核集团副总经理施兵一行，双方就核电项目融资、现金管理等议题进行了交流。

赵林监事长参加银监会召开的中国金融思想政治工作研究会第四届常务理事会第四次全体会议。

罗熹副行长会见腾讯集团总裁刘炽平一行，双方就微信银行、快捷支付、理财合作等议题进行了交流。

王希全副行长主持召开我行第二届企业年金管理委员会第一次会议，总结回顾了2012年我行企业年金和统筹外福利负债基金工作，分析了当前两项基金管理面临的新形势，安排部署了下一阶段重点工作。

王希全副行长主持召开网点竞争力提升领导小组会议。

8月22日

党委书记姜建清主持召开第22次党委（扩大）会议，审议拟提交董事会的议案，听取信息科技部、党委组织部有关工作情况的汇报。党委副书记易会满、赵林及党委委员罗熹、刘立宪、王希全出席。

罗熹副行长主持召开会议，研究《监督检查整改工作管理办法》。

王希全副行长出席工银环球旅行信用卡全球首发仪式。

8月23日

赵林监事长主持分管部门会议，研究党的群众路线教育实践活动中征求到的意见建议整改事宜。

刘立宪纪委书记主持召开会议，研究“坚持勤俭办行”专项整改有关工作。

王希全副行长出席“逸贷”业务启动视频会议。

王希全副行长会见中国银联董事长苏宁、中国人保集团副总裁王银成一行并出席工银人保爱车信用卡首发仪式。

林晓轩首席信息官主持召开第52次专题会议，研究公司客户统一营销系统建设相关问题。

8月23日–24日

姜建清董事长应邀赴安徽出席亚布力企业家论坛，并发表题为“用企业家的声音去引导市场预期”的主题演讲。其间，会见了安徽省委书记张宝顺、常务副省长詹夏来等地方党政领导，赴合肥电子银行中心考察调研并慰问员工。

8月24日

王希全副行长会见阿根廷副总统阿马多·布杜（Amado Budu）一行，双方就我行在阿根廷发展战略、支持中阿经贸往来等议题进行了交流。

8月26日

易会满行长会见云南省委常委、昆明市委书记张田欣一行，双方就当前经济运行的热点、难点问题以及进一步加强金融合作等议题交换了意见。

赵林监事长主持召开总行党的群众路线教育实践活动领导小组会议，研究党的群众路线教育实践活动有关工作。

罗熹副行长主持召开总行操作风险管理委员会2013年第三次会议。魏国雄首席风险官参加。

8月26日–30日

姜建清董事长赴珠海、澳门、香港。在珠海期间，赴软件开发中心珠海基地及珠海横琴开发区调研，听取了珠海市刘小龙副市长及横琴开发区主要负责人的介绍，并赴珠海华发集团、十字门商务区现场考察了横琴开发有关情况。在澳门期间，听取了工银澳门工作汇报，拜会了澳门特首崔世安、中联办李刚书记、仇鸿副主任，澳门金管局丁连星主席、南光集团许开程董事长，主持了澳门地区重点客户座谈会。在香港期间，通过视频方式参加了总行董事会，在香港会场主持了我行半年业绩新闻发布和分析师会议，会见了我行在港主要投资者，听取了工银亚洲经营情况的汇报；会见了香港特首梁振英、前特首董建华、九龙仓集团主席吴光正、大新银行集团主席王守业、信德集团董事总经理何超琼、信和集团主席黄志祥、恒隆集团主席陈启宗、鹰君集团主席罗家瑞、瑞安集团主席罗康瑞、中海集团主席郝建民，并赴军澳湾分行考察基层网点。林晓轩首席信息官陪同。

8月27日

张红力副行长出席资产管理部党的群众路线教育实践活动座谈会。

魏国雄首席风险官主持召开第57次专题会议，研究落实加强全集团交易业务风险管理的措施。

8月27日–30日

罗熹副行长赴内蒙古分行调研。其间，主持召开了基层员工渠道协同座谈会，听取了关于电子银行、结算与现金管理、信息服务、机构业务的汇报，拜会了内蒙古自治区区委常委、区政府常务副主席潘逸阳等地方党政领导，会见了鄂尔多斯羊绒集团常务副总裁张银荣、内蒙古伊泰集团党委副书记田尚万。

8月27日-9月18日

王希全副行长参加中组部举办的“现代金融体系建设专题研究班”。

8月28日

易会满行长参加国务院召开第22次常务会议。

易会满行长会见新加坡投资集团首席投资官林昭杰一行，双方就国际国内经济金融形势、加强投资者沟通等议题进行了交流。

张红力副行长会见中电投集团副总经理、中电国际董事长李小琳一行，双方就当前经济金融形势和业务合作进行了交流，并出席中国电力国际有限公司电力项目融资合作协议签约仪式。

张红力副行长拜会新疆金风科技股份有限公司总裁王海波，双方就风电产业发展、“走出去”业务合作等议题进行了交流。

8月29日

姜建清董事长、易会满行长出席2013年中期业绩发布会。魏国雄首席风险官陪同。

姜建清董事长在香港通过视频方式主持召开董事会会议，审议了《关于2013年半年度报告及摘要的议案》等5项议案，并听取了《关于我行2013年上半年经营情况的汇报》等5项汇报。易会满副董事长，董事会成员罗熹、刘立宪、许善达、黄钢城、麦卡锡、钟嘉年、柯清辉、洪永淼、环挥武、汪小亚、葛蓉蓉、李军、王小岚、姚中利出席会议。赵林监事长及部分监事会成员、魏国雄首席风险官列席。

赵林监事长主持召开监事会会议，审议通过了《关于2013年半年度报告及摘要的议案》，并听取了《关于2013年中期财务报告审阅结果的汇报》等5项汇报。监事会成员王炽曦、董娟、孟焰、张炜、朱立飞、李明天出席。

张红力副行长出席产品创新管理部党的群众路线教育实践活动座谈会。

8月30日

易会满行长会见毕马威全球金融服务业主席安德森（Jeremy Anderson）一行，双方就提供高质量审计和增值服务、新兴市场经济体经济金融运行态势等议题进行了交流。

罗熹副行长出席最高人民法院召开的人民法院与银行业执行合作签字仪式暨座谈会。

9月

8月30日-9月4日

张红力副行长赴新疆维吾尔自治区出席中国—亚欧博览会“金融合作与发展论坛”并发表主题演讲。

9月1日

易会满行长出席银监会2013年“金融知识进万家”银行业金融知识宣传服务月活动启动仪式。

9月2日

姜建清董事长会见澳大利亚力拓（Rio Tinto）集团CEO山姆·威尔士（Sam Walsh）一行，双方就全球大宗商品价格走势、中国经济金融形势等议题进行了交流。

中央党的群众路线教育实践活动领导小组办公室召开中管金融企业、中管企业党组（党委）教育实践活动领导小组组长座谈会，姜建清董事长参加并发言。

易会满行长、罗熹副行长出席信息化银行建设工程领导小组第一次会议暨信息科技管理委员会2013年第二次会议，审议通过了《今年以来信息科技风险管理及应用研发情况汇报》等5项议题。魏国雄首席风险官、林晓轩首席信息官出席。

9月3日

党委书记姜建清主持召开第23次党委（扩大）会议，集中学习了中共中央政治局常委、中央书记处书记、中央教育实践活动领导小组组长刘云山在中央党的群众路线教育实践活动领导小组第三次会议上的重要讲话精神，传达了中共中央政治局委员、中央组织部部长、中央教育实践活动领导小组副组长赵乐际在中管金融企业、中管企业党组（党委）教育实践活动领导小组组长座谈会上的讲话精神。会议围绕《关于在党的群众路线教育实践活动中开好专题民主生活会的通知》（中组发〔2013〕14号），重点讨论全行和总行党委专题民主生活会有关事项。党委副书记易会满、赵林及党委委员罗熹、刘立宪出席。

姜建清董事长会见德意志银行集团全球联席首席执行官尔根·费琛（Juergen Fitschen）一行，双方就欧洲与中国经济金融形势、两行共同服务中德企业等议题进行了交流。

罗熹副行长出席总行2013年第四期创新沙龙“大资管时代下的金融创新”并致辞。

9月4日

罗熹副行长主持召开会议，研究地方政府债券业务营销管理办法。

罗熹副行长主持召开第55次专题会议，研究支付宝合作业务相关问题。

9月5日

党委书记姜建清主持召开第24次党委（扩大）会议，研究有关工作。党委副书记易会满、赵林及党委委员罗熹、刘立宪出席。

易会满行长会见国家开发银行行长郑之杰一行，双方就国际国内经济金融形势、加强全面业务合作等议题交换了意见。魏国雄首席风险官陪同。

罗熹副行长会见瑞士银行家协会主席帕特里克·奥

迪耶（Patrick Odier）一行，双方就跨境人民币业务发展、潜在合作领域等议题进行了交流。

罗熹副行长出席电子商务平台建设专题培训会议并讲话。

张红力副行长应邀出席北京第二届“金融街论坛”并发表主题演讲。

9月6日

姜建清董事长出席我行与中国农业发展银行《信贷管理系统合作协议》签字仪式，并会见郑晖行长，双方就进一步加强两行业务合作进行了交流。林晓轩首席信息官陪同。

易会满行长主持召开第54次专题会议，研究逸贷业务管理有关工作。张红力副行长、林晓轩首席信息官出席。

张红力副行长会见巴基斯坦哈比银行总裁诺曼·达一行，双方就商业贷款以及结算等议题进行了交流。

9月9日

党委书记姜建清同志主持召开第25次党委（扩大）会议，集中学习了习近平总书记等中央领导同志近期讲话精神，深入讨论了党委班子“四风”问题对照检查材料，宣布了干部任命事项。根据工作需要，通过中管金融企业领导人员公开选拔，经中央组织部研究决定，郑万春同志任我行党委委员、副行长。姜建清书记介绍了郑万春同志的基本情况和工作经历，并对他到工商银行任职表示热烈欢迎，希望郑万春同志到任后尽快熟悉情况，在党委领导下，继续开拓创新，扎实工作，在新的领导岗位上创造出新的业绩。郑万春同志表示坚决服从组织安排，在党委的领导下，尽快进入角色，认真履行岗位职责，为工商银行的改革发展作出贡献。党委副书记易会满、赵林及党委委员罗熹、刘立宪、张红力、郑万春出席。

姜建清董事长会见高盛集团全球副董事长马克·埃文斯（Michael Evans）一行，双方就金融监管、中美经济前景、新兴市场发展等议题进行了交流。

9月9日－10日

罗熹副行长赴长春出席我行2013年教师节座谈会暨优秀兼职培训师、优秀培训项目表彰会议。

9月10日

姜建清董事长会见美国摩根士丹利副董事长托马斯·奈兹（Thomas Nides）一行，双方就中国经济发展现状、美联储宽松货币政策以及投资银行业发展趋势等话题进行了交流。

受姜建清董事长的委托，易会满副董事长主持召开中国工商银行股份有限公司2013年第二次临时股东大会，会议审议通过了《关于2012年度董事与监事薪酬清算方案的议案》等三项议案。赵林监事长、刘立宪执行董事和部分董事、监事及胡浩董事会秘书参加会议。

易会满行长会见全国社会保障基金理事会谢旭人理事长、孙小系副理事长一行，双方就加强投资管理和业务合作等议题进行了会谈。

张红力副行长拜会中国南车集团公司副总裁徐宗祥、财务总监詹艳景，双方就“走出去”业务合作进行了交流。

张红力副行长拜会中国铁建股份有限公司副总裁扈振衣，双方就加强“走出去”业务合作进行了交流。

9月10日－11日

姜建清董事长赴大连出席第七届夏季达沃斯论坛。其间，参加了“企业领袖午餐会”、“重塑中国全球品牌论坛”；出席了李克强总理与参会企业家代表的对话交流活动；会见了泛美开发银行行长莫雷诺（Luis Alberto Moreno）、巴基斯坦哈比银行董事长阿拉那（Sultan Ali Allana）、西联汇款公司首席执行官厄塞克（Hikmet Ersek）、俄罗斯USM控股公司主席斯特申思基（Ivan Streshinsky）、安永公司主席韦恩伯格（Mark Weinberger）及大连市市长李万才。

9月11日

易会满行长会见斯里兰卡央行行长卡布拉尔（Cabraal）一行，双方就中斯经贸往来、未来业务合作机会等议题进行了交流。

张红力副行长会见葡萄牙国家电网集团首席财务官兼董事会执行委员索雷斯（Goncalo Morais Soares）一行，双方就加强业务合作进行了交流。

张红力副行长拜会中国中铁股份有限公司副总裁周孟波，双方就加强“走出去”业务合作进行了会谈。

9月11日－12日

罗熹副行长赴上海出席重点行金融同业座谈会、电子商务平台工作推动会，赴票据营业部宣布有关人事任免事项，并进行客户营销。

9月12日

易会满行长约见美国IBM公司全球高级副总裁罗伯特·勒布朗（Robert LeBlanc），就我行主机系统异常事件后续改进提出要求。林晓轩首席信息官陪同。

赵林监事长赴教育部（党委宣传部）宣布人事任免。

张红力副行长会见世界银行常务副行长兼首席财务官伯特兰·巴德雷（Bertrand Badre）一行，双方就中国资本市场发展以及双方在国际银团贷款、人民币国际化领域合作等议题进行了交流。

以工银党任免〔2013〕47号决定，免去汪晓芳同志党委宣传部部长职务。

以工银任免〔2013〕383号决定，解聘汪晓芳教育部总经理职务。

9月13日

党委书记姜建清同志主持召开第26次党委（扩大）会议，听取了战略管理与投资者关系部关于工银安盛、工银瑞信、工银国际、工银租赁四家子公司未来发展规划的汇报及有关并购项目的汇报，宣布了干部任命事项。根据工作需要，经中央组织部研究决定，谷澍同志任我行党委委员、副行长。姜建清书记介绍了谷澍同志的基本情况，希望谷澍同志任职后能够按照中央和总行党委要求，进一步严格要求自己，持续加强学习，积极发挥作用，在总行党委的领导下，不断取得新的成绩。谷澍同志表示感谢组织的信任和多年的培养，将在党委领导下，更加严格要求自己，认真履行岗位职责。在新的岗位上为工商银行的改革发展作出更大的贡献。党委副书记易会满、赵林及党委委员罗熹、刘立宪、张红力、郑万春、谷澍出席。

罗熹副行长出席2013年“中国商业银行竞争力评价报告”发布会并发表主旨演讲。

9月16日

党委书记姜建清同志主持召开第27次党委（扩大）会议，研究有关工作。党委副书记易会满、赵林及党委委员罗熹、刘立宪、张红力、郑万春出席。

易会满行长会见诺贝尔经济学奖获得者、美国斯坦福大学教授迈伦·斯科尔斯（Myron Scholes）一行，双方就移动支付、第三方支付及我国支付市场发展动态等议题进行了交流。

赵林监事长出席中国银行业协会第十三次会员大会。

张红力副行长出席总行2013年产品创新产学研论坛并讲话。论坛邀请宽带资本董事长田溯宁博士作题为“云计算革命与中国产业机遇”的专题讲座。

9月16日-18日

易会满行长、党委委员郑万春赴福建出席部分分行经营形势分析座谈会，就全行存款、贷款、资产质量和经营转型等重点工作进行分析、交流和讨论。其间，拜会了福建省委书记尤权、省长苏树林、常务副省长张志南等地方党政负责人，双方就重点项目建设、小微企业金融服务创新以及深化战略合作等议题深入交换了意见。魏国雄首席风险官陪同。

9月17日

姜建清董事长会见瑞典北欧斯安银行董事长马库斯·瓦伦堡（Marcus Wallenberg）一行，双方就近期中国经济形势、新能源对全球经济格局影响以及两行未来合作发展等议题进行了交流。

姜建清董事长会见德国央行执行董事纳格尔博士（Dr. Joachim Nagel）一行，双方就建设德国法兰克福人民币离岸中心等议题进行了交流。

罗熹副行长参加国务院反假货币联席会议办公室召开的银行业金融机构反假货币工作联席会议第一次会议。

罗熹副行长会见华润元大基金公司董事长路强一行，双方就开展基金代理业务和基金托管业务的合作等议题进行了交流。

罗熹副行长出席重点分行支付机构合作管理通报会。

刘立宪纪委书记主持召开第59次专题会议，听取了总行机关党的群众路线教育实践活动学习教育、听取意见环节情况的汇报，研究部署总行机关专题民主生活会相关工作。

张红力副行长拜会中国北车股份有限公司副总裁赵光兴、高志，双方就加强“走出去”业务合作进行了交流。

9月18日

姜建清董事长会见美国运通公司董事长兼首席执行官陈纳德（Kenneth Chenault）一行，双方就大数据背景下的业务合作、新产品开发，以及百夫长黑金卡合作等议题进行了交流。

赵林监事长参加中央党的群众路线教育实践活动第33督导组召开的督导单位会议。

罗熹副行长出席电商平台领导小组会议。

9月22日

赵林监事长主持召开总行党的群众路线教育实践活动督导组工作座谈会并发表讲话。

9月22日-25日

罗熹副行长赴江西出席我行内控监测分析体系建设座谈会并调研。其间，会见了江西省委副书记尚勇、江西省委常委、秘书长赵智勇等地方党政领导，双方就进一步加强银政合作交换了意见。

9月23日-24日

党委委员郑万春参加国务院召开的全国第四次对口支援新疆工作会议。

9月24日

易会满行长在钓鱼台国宾馆会见来华访问的乌克兰第一副总理谢尔盖·阿尔布佐夫（Arbuzov）一行，双方就乌克兰住房建设项目业务合作等议题进行了会谈。

易会满行长出席人民银行召开的市场利率定价自律机制成立暨第一次工作会议，人民银行胡晓炼副行长出席会议并讲话。会上，易会满行长被推选为首任市场利率定价自律机制主任委员。

9月25日

姜建清董事长会见美国布鲁金斯学会会长约翰·桑顿（John Thornton）一行，双方就国际经济金融形势等议题进行了交流。胡浩董事会秘书陪同。

易会满行长会见荷兰阿姆斯特丹市市长范德拉恩（Eberhard van der Laan）一行，双方就中国经济形势、中荷企业商务峰会等话题进行了交流。

郑万春党委委员主持召开会议，研究支持上海分行进一步提升竞争发展能力。魏国雄首席风险官出席。

郑万春党委委员出席第十八届两岸金融学术研讨会，并就“利率市场化过程中商业银行机遇与挑战”

发表主题演讲。

王希全副行长参加人民银行召开的第二代支付系统上线电视电话会议。

以工银党任免〔2013〕50号决定，任命沈如军同志为中国工商银行股份有限公司山东省分行党委书记。免去谷澍同志中国工商银行股份有限公司山东省分行党委书记职务。

9月26日

姜建清董事长会见亚布力企业家论坛理事长、泰康人寿集团董事长陈东升，论坛轮值主席、TCL集团董事局主席李东生，复星集团董事长郭广昌、论坛创始人田源等企业家。

易会满行长赴财务会计部、消费者权益保护办公室宣布人事任免。

易会满行长、郑万春党委委员会见中国石油化工集团公司总会计师刘运一行，双方就国际国内经济金融形势、能源行业走势、热点问题及重点业务合作等议题进行了交流。

罗熹副行长通过视频方式宣布莫斯科子行人事任免。

王希全副行长出席银联第四届董事会会议。

王希全副行长出席银联国际第一届董事会第三次会议。

王希全副行长出席银行业消费者权益保护国际研讨会并发表演讲。

9月26日－27日

姜建清董事长赴山东分行宣布人事任免，经总行党委研究，沈如军同志任山东分行党委书记，主持全面工作；谷澍同志任总行副行长、党委委员，不再担任山东分行行长、党委书记职务。其间，会见了山东省委书记姜异康，省长郭树清，省委常委、常务副省长孙伟等地方党政领导。

9月27日

易会满行长主持召开会议，听取个人综合授信管理有关情况汇报。王希全副行长、魏国雄首席风险官出席。

易会满行长主持召开会议，研究江西宝葫芦项目法律诉讼问题。张红力副行长、魏国雄首席风险官出席。

罗熹副行长会见剑桥商学院院长克里斯托弗·洛赫（Christoph Loch）一行，双方就国际化人才项目、高管境外培训、案例开发等培训合作事项进行了交流。

罗熹副行长拜会银监会主席助理杨家才，双方就山西有关信托项目交换了意见。

罗熹副行长会见两岸金融学术研讨会台湾代表团一行，双方就加强两岸金融学术交流交换了意见。

郑万春党委委员会见新加坡金鹰国际集团公司董事局主席陈江和一行，双方就加强业务合作等议题进行了会谈。

9月29日

姜建清董事长主持召开董事会会议，审议通过了《关于聘任郑万春先生为中国工商银行股份有限公司副行长的议案》和《关于聘任谷澍先生为中国工商银行股份有限公司副行长的议案》。董事会成员易会满、罗熹、刘立宪、环挥武、汪小亚、葛蓉蓉、李军、王小岚、姚中利董事现场出席，黄钢城、柯清辉、洪永淼董事通过电话方式出席，许善达、麦卡锡董事委托黄钢城董事、钟嘉年董事委托柯清辉董事出席会议并代为行使表决权。赵林监事长及监事会成员列席。胡浩董事会秘书参加。

姜建清董事长会见南非标准银行中国区CEO克利弗·塔斯克（Clive Tasker）一行，双方就两行的业务合作进展、标准银行10月在北京召开的董事战略会以及推动中资企业对非投资等议题进行了交流。胡浩董事会秘书陪同。

姜建清董事长参加银监会召开的大型银行董事长座谈会。胡浩董事会秘书陪同。

易会满行长受姜建清董事长委托，组织学习观看习近平总书记在河北专题民主生活会视频。赵林监事长，罗熹、张红力、王希全副行长，郑万春、谷澍党委委员及教育实践活动领导办公室有关同志参加学习。

郑万春副行长拜会中国长江三峡集团公司董事长曹广晶、副总经理林初学，祝贺三峡集团成立二十周年，双方就进一步巩固战略合作关系等议题进行了交流。

9月30日

易会满行长参加国务院举办的国庆招待会。

罗熹副行长参加人民银行召开的2013年反洗钱形势通报会。

郑万春党委委员会见法国雷诺汽车公司副总裁帕斯特里克·克劳德（Patrick Claude）一行，双方就加强全球金融合作等议题进行了交流。

10月

10月2日－8日

张红力副行长出访印度尼西亚和马来西亚。其间，出席了中印和中马两国领导人见证的工银租赁项目签约仪式以及APEC工商领导人峰会，并会见了当地高端客户及中资大型企业客户。

10月8日

党委书记姜建清主持召开第28次党委（扩大）会议，集中传达学习《关于组织学习习近平总书记指导河北省委常委班子专题民主生活会有关新闻报道的通知》（群组发〔2013〕19号）、《关于认真学习贯彻习近平总书记重要讲话精神　切实开好专题民主生活会的通知》（群组发〔2013〕20号）及中央教育实践活动简报第70期《河北省委常委会召开高质量专题民主生活会》等有关文件精神，具体安排我行贯彻落实的各项措施，并研究行领导及高管分工安排。党委副书记易会满、赵林及党委委员罗熹、刘立宪、王希全、郑万春、谷澍出席。

10月9日

姜建清董事长会见路透集团全球总裁兼首席执行官吉姆·史密斯（Jim Smith）一行，双方就金融市场业务风险管理、金融信息资讯服务与商业银行全球化发展战略等议题进行了交流。

赵林监事长主持召开银监会大型银行内审履职情况现场调查进点见面会。

郑万春党委委员赴资产负债管理部调研，听取了资产负债管理部关于当前全行资产负债运行情况以及党的群众路线教育实践活动开展情况的汇报。

10月9日－13日

姜建清董事长出访美国。其间，出席了世界银行及国际货币基金组织年会，主持召开了纽约分行成立五周年招待会，视察了纽约分行、工银金融，会见了高盛集团董事长劳尔德·贝兰克梵（Lloyd Blankfein）、史带集团董事长格林伯格（Greenberg）、摩根大通集团董事长杰米·戴蒙（Jamie Dimon）、纽约联邦储备委员会主席威廉·达德利（William Dudley）、联邦货币监理署署长汤姆·库里（Tom Curry）、渣打银行首席执行官冼博德（Peter Sands）、花旗银行首席执行官迈克尔·考伯特（Michael Corbat）、美国国会众议员马特·赛门（Matt Salmon）、法国巴黎银行董事长博杜安·普罗特（Baudouin Prot）、英国财政部政务次官 Tom Sholar、纽约梅隆银行副董事长蒂姆·基尼（Tim Keaney）、德意志银行联合董事长菲辰（Jurgen Fitschen）等国际金融同业及监管机构主要负责人。

10月10日

罗熹副行长出席全国城市金融学会秘书长培训班开班仪式，并以“互联网技术下的金融服务”为题进行了授课。

郑万春党委委员赴公司业务一部调研，听取了公司业务一部关于近年工作情况以及党的群众路线教育实践活动开展情况的汇报。

10月11日

罗熹副行长赴金融市场部调研，听取了金融市场部近期工作情况以及党的群众路线教育实践活动开展情况的汇报。

王希全副行长、谷澍党委委员主持召开会议，听取网点竞争力提升工作汇报。

郑万春党委委员赴投资银行部调研，听取了投资银行部关于投行经营体系改革和利润中心建设、投行业务工作以及党的群众路线教育实践活动开展情况的汇报。

林晓轩首席信息官主持召开第60次专题会议，研究电子商务平台系统建设有关工作。

10月12日

罗熹副行长赴资产管理部调研，听取资产管理部工作以及党的群众路线教育实践活动开展情况的汇报。

王希全副行长主持召开逸贷业务工作汇报会议。

郑万春党委委员主持召开设立公司金融业务推进委员会会议。

10月14日

姜建清董事长应邀出席第五次中英经济财金对话企业家座谈会。国务院副总理马凯、英国财政大臣奥斯本主持会议，姜建清董事长就工商银行在增进中英经贸往来、金融投资等多方面所做的工作进行了发言。

罗熹副行长参加全国干部教育培训工作会议。

郑万春党委委员会见台湾永丰金控总经理萧子昂一行，双方就资本金业务、租赁业务、结算与现金管理等话题进行了交流。

10月14日－16日

刘立宪纪委书记赴湖北参加全行案防分析会，并赴湖北分行调研指导分行党的群众路线教育实践活动。

10月14日－17日

王希全副行长赴上海分行、私人银行部、工银安盛调研，并拜访中国银联与银联（国际）。

10月14日－20日

易会满行长赴西藏出席我行与西藏自治区政府战略合作协议签约仪式，并赴西藏分行调研。其间，拜会了自治区党委书记陈全国、党委副书记邓小刚、拉萨市委书记齐扎拉等地方党政领导，双方就深化工商银行与自治区、拉萨市的金融合作等议题交换了意见。

10月15日

姜建清董事长会见英国财政大臣乔治·奥斯本（George Osborne）一行，双方就建设伦敦离岸人民币中心和人民币清算行、中资银行在英设立分行、中国企业在英投资项目以及双方合作机遇等议题交换了意见。

罗熹副行长会见牛津大学商学院院长彼得·图法诺（Peter Tufano）一行，双方就高管境外培训等合作项目进行了交流。

罗熹副行长拜会新华社党组成员、副总编辑慎海雄，双方就加强财经资讯与数据服务、信息标准化等方面合作进行了交流，并以“互联网技术下的金融服务”为题为新华社记者高级研修班授课。

罗熹副行长，葛蓉蓉、李军、王小岚、姚中利等董事会风险管理委员会委员出席以“盘活存量、优化增量，严控信贷风险”为主题的董事会风险管理委员会调研座谈会，钟嘉年和洪永淼独立董事分别在上海和厦门分行视频参会，柯清辉、环挥武董事列席座谈。胡浩董事会秘书参加。

林晓轩首席信息官主持召开第61次专题会议，研究产品化改造工程产品属性参数管控方案。

林晓轩首席信息官主持召开第62次专题会议，研究境内监管报送相关系统优化提升工作。

10月15日－18日

郑万春党委委员赴四川参加西部金融论坛并调研。其间，出席了我行与五粮液集团公司、长虹集团公司战略合作协议签约仪式，会见了四川省省长魏宏、副省长甘霖等地方党政领导，出席了第四届中国西部金融论坛并发表主题演讲。

10月16日

姜建清董事长参加国务院召开的商业银行座谈会。

赵林监事长主持召开第63次专题会议，研究查处陕西分行服务事件、改进全行服务工作有关事宜。谷澍党委委员出席。

林晓轩首席信息官主持召开第64次专题会议，研究POS业务风险监控系统建设有关问题。

10月16日－23日

罗熹副行长赴加拿大和美国。其间，出席了工银加拿大董事会和机构投资者交流会，拜会了监管机构，并进行了客户营销和工作调研。

10月17日

姜建清董事长会见麻省理工学院彼得·圣吉教授，双方就“跨界领导力”项目合作、构建学习型组织等议题进行了交流。林晓轩首席信息官陪同。

赵林监事长赴监事会办公室调研，听取了监事会办公室工作以及党的群众路线教育实践活动开展情况的汇报。

赵林监事长赴党委宣传部调研，听取了党委宣传部工作以及党的群众路线教育实践活动开展情况的汇报。

10月18日

姜建清董事长参加国务院召开的第27次常务会议。

张红力副行长会见坦桑尼亚平达总理一行，双方就坦、中两国经济发展形势及在坦桑尼亚项目业务合作等交换了意见。

谷澍党委委员听取毕马威2013年第三季度商定程序汇报。

魏国雄首席风险官主持召开第75次专题会议，研究部署全球信贷管理系统（GCMS）和信贷与代理投资运营支持系统建设工作。

10月21日

姜建清董事长、易会满行长、原行长杨凯生、张红力副行长、谷澍党委委员会见了南非标准银行集团董事长Fred Phaswana先生、副董事长Saki Macozoma先生、联合CEO Ben Kruger先生和Sim Tshabalala先生一行，并出席了我行与标准银行集团战略合作会议。林晓轩首席信息官、胡浩董事会秘书参加。

赵林监事长主持召开部分分行负责人会议，布置信访有关工作。

郑万春党委委员主持召开第65次专题会议，研究我行与亚布力论坛合作事项。

10月22日

姜建清董事长会见印度诚信（Reliance）ADA董事长安巴尼一行，双方就印度经济发展和中印经贸合作等内容进行了交流。

姜建清董事长、王希全副行长会见法国安盛董事长亨利·德·卡斯特（Henri de Castris）一行，双方就工银安盛的业务发展情况和未来战略规划等议题进行了交流。

姜建清董事长会见台湾永丰金控董事长何寿川一行。双方就两岸经济金融状况和人民币国际化等议题进行了交流。

易会满行长会见白俄罗斯副总理托济克一行，双方就加强金融合作、为中国—白俄罗斯工业园区项目提供金融支持等议题交换了意见。

谷澍党委委员出席营业机构核算印章综合改革动员视频会并讲话。

10月22日－24日

张红力副行长赴深圳拜访华为集团和中广核集团。分别与华为首席财务官孟晚舟和中广核董事长贺禹会谈，重点就华为“走出去”业务合作及中广核“走出去”核电项目进行了交流。

10月23日

易会满行长出席中国印度企业首席执行官论坛，并代表中国金融企业在论坛上发表主旨演讲。论坛结束后，易会满作为中国企业代表参加了李克强总理为辛格总理举行的欢迎午宴。

赵林监事长主持召开会议，听取有关一级分行信访工作情况汇报。

谷澍党委委员主持召开第70次专题会议，研究电子商务平台建设有关事宜。

10月23日－24日

郑万春党委委员赴武汉与湖北省政府签署战略合作协议并赴湖北分行调研。其间，会见了湖北省省长王国生、副省长张通等地方党政领导。

10月24日

姜建清董事长、易会满行长会见香港特首梁振英一行，双方就香港离岸人民币中心建设和国际金融中心发展等议题交换了意见。

张红力副行长会见爱莎（Essar）集团副董事长拉维·儒亚一行，双方就爱莎集团与我行的全面合作进行了交流。

10月25日

党委书记姜建清主持召开第29次党委（扩大）会议，审议拟提交董事会的议案并研究有关工作。党委副书记易会满、赵林及党委委员罗熹、刘立宪、张红力、王希全、郑万春、谷澍出席。

姜建清董事长会见黑石集团董事长施瓦茨曼一行，双方就国际国内经济、金融改革动态、上海自贸区建设、银行资产质量等话题进行了交流。胡浩董事会秘书陪同。

赵林监事长主持召开会议，研究第三届“感动工行”评选活动有关工作。

郑万春副行长会见麦格纳集团副总裁兼司库保罗·布鲁克（Paul Brock）一行，双方就加强全球业务合作进行了交流。

郑万春副行长会见上海清算所许臻董事长一行，双方就宏观经济形势、未来的合作重点、金融创新等议题进行了交流。

谷澍副行长会见新加坡金管局助理局长梁新松一行，双方就新加坡人民币离岸业务的发展、人民币清算行 RTGS 系统建设、我行为新加坡人民币市场提供流动性支持以及新加坡获批 500 亿元 RQFII 投资额度等双方共同关心的话题进行了交流。

以工银发〔2013〕152 号决定：根据中央组织部组任字〔2013〕196 号、国务院国人字〔2013〕160 号文件通知，经中国工商银行股份有限公司董事会审议通过，并经中国银行业监督管理委员会核准任职资格：郑万春任中国工商银行股份有限公司副行长，试用期一年。

以工银发〔2013〕153 号决定：根据中央组织部组任字〔2013〕206 号、国务院国人字〔2013〕167 号文件通知，经中国工商银行股份有限公司董事会审议通过，并经中国银行业监督管理委员会核准任职资格：谷澍任中国工商银行股份有限公司副行长。

10 月 28 日

姜建清董事长、易会满行长主持召开第 1 次行务会议，赵林监事长、罗熹副行长、刘立宪纪委书记，张红力、王希全、郑万春、谷澍副行长出席。会议总结了全行第三季度经营情况，分析当前面临的主要问题，安排部署第四季度及下一阶段的重点工作。

易会满行长主持召开第 69 次专题会议，研究储蓄与理财业务发展问题。罗熹、王希全副行长出席。

10 月 29 日

姜建清董事长、易会满行长、王希全副行长出席个金工作座谈会。

易会满行长出席工银马来西亚 2013 年董事会第五次会议。

赵林监事长出席监事会监督委员会会议。

赵林监事长赴监事会办公室调研，听取了监事会办公室工作以及党的群众路线教育实践活动开展情况的汇报。

罗熹副行长出席董事会风险管理委员会会议。会议听取了《关于资产管理业务风险管理情况的汇报》。委员会黄钢城主席现场主持会议，麦卡锡、钟嘉年、葛蓉蓉、李军、王小岚、姚中利委员现场出席会议，洪永淼委员在美国通过电话方式出席会议。胡浩董事会秘书参加会议。监事会成员王炽曦、董娟、孟焰，魏国雄首席风险官列席会议。

罗熹副行长赴银行业协会为“银行前沿问题大讲堂”授课。

郑万春副行长拜会中国铁路总公司总会计师余邦利。

10 月 30 日

党委书记姜建清同志主持召开第 30 次党委（扩大）会议，研究有关工作。党委副书记易会满、赵林及党委委员刘立宪、王希全、郑万春、谷澍出席。

姜建清董事长主持召开董事会会议，审议通过了《关于 2013 年第三季度报告的议案》等 2 项议案，并听取了《关于 2013 年前三季度经营情况的汇报》等 3 项汇报。董事会成员易会满、罗熹、刘立宪、许善达、黄钢城、麦卡锡、钟嘉年、柯清辉、环挥武、汪小亚、葛蓉蓉、李军、王小岚、姚中利现场出席，洪永淼在美国纽约分行通过视频方式出席。赵林监事长及监事会成员王炽曦、董娟、李明天列席。胡浩董事会秘书参加。

姜建清董事长参加中央第一批教育实践活动工作座谈会。

赵林监事长主持召开监事会会议，审议通过了《关于 2013 年第三季度报告的议案》，并听取了《关于落实 2013 年 8 月 29 日监事会会议情况的汇报》、《关于 2013 年第三季度商定程序的汇报》、《关于 2013 年第三季度经营情况的汇报》、《关于 2013 年第三季度监督情况的汇报》和《关于信贷和投资管理情况的汇报》5 项汇报。王炽曦、董娟、孟焰、李明天监事出席。

罗熹副行长出席智能营销信息服务经验交流视频会并讲话。

郑万春副行长赴结算与现金管理部调研，听取了结算与现金管理部工作以及党的群众路线教育实践活动开展情况的汇报。

谷澍副行长会见西班牙对外银行行长安琪尔·卡努（Angel Cano）一行。双方就欧洲经济形势、中国未来经济发展前景，两行业务合作等话题进行了交流。

10 月 31 日

姜建清董事长主持召开董事会战略研讨会，听取了关于《工商银行十年转型总结及未来十年经营形势展望》的汇报。易会满副董事长，罗熹、刘立宪、许善达、黄钢城、麦卡锡、钟嘉年、柯清辉、洪永淼、环挥武、汪小亚、葛蓉蓉、李军、王小岚、姚中利董事出席。赵林监事长、魏国雄首席风险官、林晓轩首席信息官列席。胡浩董事会秘书参加。

谷澍副行长会见摩根大通大中华区首席执行官盖戈睿（Greg Guyett）一行。

11月

10月31日－11月1日

张红力副行长赴河北西柏坡出席贵金属红色产品发布会、贵金属部业务座谈会和订货会。

11月1日

姜建清董事长、易会满行长、郑万春副行长、魏国雄首席风险官出席信贷业务发展座谈会。

易会满行长、魏国雄首席风险官、胡浩董事会秘书出席我行2013年第三季度业绩发布全球电话会议。

刘立宪纪委书记主持召开第71次专题会议，研究外部欺诈信息系统甄别风险处置工作。王希全、谷澍副行长出席。

11月2日－5日

郑万春副行长出访荷兰。其间，出席了在阿姆斯特丹举行的全球CEO峰会，会见了荷兰首相马克·吕特（Mark Rutte）和阿姆斯特丹市长埃伯哈德·范德拉恩（Eberhard van der Laan），拜会了中国驻荷兰大使陈旭，走访了喜力集团司库尼尔斯·范波普达（Niels Van Popta）、缤客（Booking. com）公司集团首席财务官奥利维尔·比瑟里耶（Olivier Bisserier），并赴工银欧洲阿姆斯特丹分行调研。

11月4日

易会满行长参加银监会召开的全国银行业化解产能过剩暨践行绿色信贷会议。

罗熹副行长会见瑞士银行（UBS）高级顾问、美国前参议员、美国国会银行委员会前主席菲尔·格拉姆（Phil Gramm）一行，双方就美国货币政策和债务问题以及两行在资产管理和贵金属交易方面的合作等议题进行了交流。

谷澍副行长会见加拿大不列颠哥伦比亚省（Province of British Columbia）财政厅长麦德庄一行。双方就加拿大不列颠哥伦比亚省政府在香港市场发行人民币点心债、离岸人民币业务市场发展、不列颠哥伦比亚省地区LNG项目开发等议题进行了交流。

罗熹副行长主持召开第72次专题会议，研究全行分析师队伍建设相关问题。林晓轩首席信息官出席。

林晓轩首席信息官主持召开第74次专题会议，研究加强总行应用系统业务功能应用培训工作。

11月4日－8日

姜建清董事长参加中组部在中央党校举办的学习习近平总书记系列讲话精神省部级干部培训班。

11月4日－5日

赵林监事长赴河南省分行调研指导党的群众路线教育实践活动。其间，会见了河南省委常委、常务副省长李克。

11月4日－6日

王希全副行长赴工银泰国调研，考察了工银泰国沙通网点并慰问当地员工。

11月5日

谷澍副行长会见奥地利第一银行（Erste Group Bank AG）副董事长凡斯·豪克图斯（Franz Hochstrasser）一行，双方就中国与欧洲经济前景、工行在中东欧发展情况等议题进行了交流。

罗熹副行长主持召开第73次专题会议，研究理财产品信息披露和项目投后管理相关问题。

以工银发〔2013〕154号决定：提名莫扶民任中国工商银行（莫斯科）股份公司董事长、非执行董事，罗熹不再担任中国工商银行（莫斯科）股份公司董事长、非执行董事。

以工银发〔2013〕160号决定：提名莫扶民任中国工商银行马来西亚有限公司董事长、非执行董事，易会满不再担任中国工商银行马来西亚有限公司董事长、非执行董事。

11月6日

党委书记姜建清同志主持召开第31次党委（扩大）会议，研究有关工作。党委副书记易会满、赵林及党委委员罗熹、刘立宪、张红力、王希全、郑万春、谷澍出席。

赵林监事长会见中央督导组副组长魏向阳一行，听取中央督导组对我行开展党的群众路线教育实践活动的指导意见。

罗熹副行长主持召开会议，研究线上线下一体化服务策略问题。

罗熹副行长出席中国金融教育发展基金会举办的国际反洗钱认证签约暨项目启动仪式并致辞。

谷澍副行长应邀出席美银美林2013年中国投资峰会并致辞。

11月7日

党委书记姜建清同志主持召开党的群众路线教育实践活动专题民主生活会，党委副书记易会满、赵林及党委委员罗熹、刘立宪、张红力、王希全、郑万春、谷澍出席。会上，总行党委按照“照镜子、正衣冠、洗洗澡、治治病”的总要求，以习近平总书记在参加河北省委常委班子专题民主生活会时的重要讲话精神为指导，认真开展了批评和自我批评。中央督导组马之庚组长及有关同志参加会议。

11月8日

易会满行长、谷澍副行长出席电子商务平台专题汇报会，听取电子银行部关于电商平台建设情况和平台营销方案的汇报。

赵林监事长参加中投公司召开的控参股银行监事会工作座谈会。

罗熹副行长通过视频方式宣布工银莫斯科人事任免。

张红力副行长会见中信建投董事长王常青和总裁齐亮一行，双方就银证合作等议题进行了交流。

以工银发〔2013〕158号决定：提名姜壹盛任中国工商银行（澳门）股份有限公司副董事长、执行董事、总经理，沈晓祺不再担任中国工商银行（澳门）股份有限公司副董事长、执行董事、总经理，另有任用。

11月9日–12日

姜建清董事长参加中共中央召开的十八届三中全会，易会满行长列席。

11月11日

党委书记姜建清同志主持召开第32次党委（扩大）会议，宣布中央有关人事任免的决定。经中央研究决定，罗熹同志调往中国出口信用保险公司任副董事长、总经理、党委副书记，不再担任工商银行执行董事、副行长、党委委员职务。姜建清书记充分肯定了罗熹同志在工行这几年的工作成绩，并指出中央对于罗熹同志职务的调整，是根据中国金融业的发展需要作出的重要决定，是对罗熹同志工作能力和工作业绩的肯定和认可，祝愿罗熹同志在新的领导岗位上取得新的更大的成绩，并希望罗熹同志继续关注支持工商银行的发展。罗熹同志回顾了在工商银行的工作经历，对总行党委以及工作中给予帮助支持的领导同事表示感谢，并祝愿工商银行取得更好成绩。党委副书记易会满及党委委员刘立宪、王希全、郑万春、谷澍出席。

赵林监事长参加中央党的群众路线教育实践活动第33督导组召开的会议。

赵林监事长赴监事会办公室调研，听取了监事会办公室党支部党的群众路线教育实践活动整改工作和专题民主生活会准备情况的汇报。

赵林监事长赴办公室调研，听取了办公室全行服务管理、30周年行庆安排等重点工作以及办公室党总支党的群众路线教育实践活动开展情况的汇报。

11月12日

赵林监事长、刘立宪纪委书记审阅第三届“感动工行”员工（集体）评选活动颁奖专题片。

郑万春副行长应邀出席联合国环境规划署金融行动机构（UNEP FI）2013年可持续金融全球圆桌峰会并发言。

谷澍副行长主持召开会议，研究涉企收费专项检查协调工作。

11月12日–13日

谷澍副行长赴广州调研涉企收费专项检查工作。其间，会见了国家发改委价格检查司许昆林司长。

11月13日

姜建清董事长参加国务院召开的第30次常务会议。

党委书记姜建清同志主持召开第33次党委（扩大）会议，传达学习了党的十八届三中全会和国务院第30次常务会议精神，结合实际研究贯彻落实措施。党委副书记易会满、赵林及党委委员刘立宪、张红力、王希全、郑万春出席。

11月14日

党委书记姜建清，党委副书记易会满、赵林和党委委员刘立宪、张红力、王希全、郑万春、谷澍出席党员领导干部专题民主生活会情况通报会。党委书记、董事长姜建清代表党委通报了总行党委专题民主生活会基本情况，传达了中央督导组对总行党委专题民主生活会的评价，并指出总行党委将以专题民主生活会为开端，结合学习贯彻党的十八届三中全会精神，深入贯彻落实中央关于教育实践活动的部署，以高度的思想自觉和行动自觉抓好整改落实、建章立制各项工作。中央督导组成员，高管、总监，近年退出总行领导班子的老同志，总行各部室正副总经理，总行督导组部分成员在主会场参加了会议；各一级（直属）分行、直属机构领导班子成员，教育实践活动领导小组办公室负责人，十八大代表、全国人大代表通过视频系统在各地分会场参加了会议。

党委书记姜建清主持召开第34次党委（扩大）会议，讨论了我行党的群众路线教育实践活动整改阶段工作安排，听取了办公室关于纪念我行成立30周年系列活动进展情况及有关事项的汇报。党委副书记易会满、赵林及党委委员刘立宪、张红力、王希全、郑万春、谷澍出席。

易会满行长主持召开会议，听取网点竞争力提升工作有关情况汇报。王希全副行长、郑万春副行长、谷澍副行长、林晓轩首席信息官出席。

郑万春副行长会见阿里巴巴小微金融服务集团首席执行官彭蕾一行，双方就产品创新等议题进行了交流。

谷澍副行长会见荷兰银行（ABN AMRO Bank N. V.）执行董事兼公司业务全球总监约普·万恩（Joop Wijn）一行，双方就欧洲经济形势、中国经济发展状况等议题进行了交流。

以工银发〔2013〕160号决定：根据中共中央组织部组任字〔2013〕238号文件通知，免去罗熹中国工商银行执行董事、副行长职务。

11月15日

党委书记姜建清主持召开第35次党委（扩大）会议，宣布了干部任命事项。根据工作需要，经中央组织部研究决定，王敬东同志任工行党委委员、副行长。姜建清书记介绍了王敬东同志的基本情况，希望王敬东同志尽快熟悉情况，按照中央的要求，在党委领导下，在新的岗位上做出新的成绩。王敬东同志表示坚决服从组织安排，在党委的领导下，尽快进入角色，不断加强学习，认真履职，为工商银行的改革发展做出贡献。党委副书记易会满、赵林及党委委员张红力、王希全、郑万春、谷澍、王敬东出席。

姜建清董事长接受英国金融时报记者西蒙·拉比诺维奇（Simon Rabinovitch）专访。

易会满行长主持召开个金、公司、机构金融业务推进委员会成立大会暨第一次会议，张红力、王希全、郑万春副行长，魏国雄首席风险官出席了会议。

易会满行长应邀出席中国—荷兰双边贸易投资可持续发展CEO圆桌会议，并作为中国金融企业家代表发言。

郑万春副行长主持召开会议，传达中央外宣办有关会议精神。林晓轩首席信息官出席。

谷澍副行长会见阿根廷门多萨省省长弗朗西斯可·贝雷斯（Francisco Pérez）、阿根廷驻华大使古斯塔沃·马蒂诺（Gustavo Martino）一行，双方就进一步加强有关业务合作进行了交流。

魏国雄首席风险官主持召开第76次专题会议，研究全球系统重要性银行相关问题。

林晓轩首席信息官主持召开第77次专题会议，研究浙江分行“工银聚”网络金融平台建设问题。

11月16日

姜建清董事长应邀出席并主持中国跨国公司促进会主办的“中韩跨国公司领袖圆桌会议”。

11月18日

姜建清董事长主持召开境外业务工作座谈会。易会满行长，张红力、郑万春、谷澍副行长，魏国雄首席风险官、林晓轩首席信息官出席。

赵林监事长主持召开会议，研究机构改革课题。

张红力副行长拜会五矿集团总会计师沈翎，双方就进一步加强有关业务合作进行了交流。

谷澍副行长出席马来西亚央行北京代表处开业仪式。

11月19日

姜建清董事长会见摩根士丹利董事长兼首席执行官高闻（James Gorman）一行，双方就中国当前经济形势、金融监管动态、双方合作等议题进行了交流。

姜建清董事长会见高盛集团副董事长埃文斯（Mike Evans）、高盛集团中国区主席洪宁一行，双方就中国改革与发展前景、利率市场化影响、银行差异化发展等议题进行了交流。

姜建清董事长主持召开大资管业务座谈会。易会满行长，张红力、王希全、郑万春、谷澍副行长，魏国雄首席风险官、林晓轩首席信息官出席。

易会满行长会见国家安全部副部长董海舟一行并出席我行与中国信息安全测评中心合作协议签约仪式。林晓轩首席信息官陪同。

赵林监事长与党委组织部研究党的群众路线教育实践活动整改工作。

张红力副行长会见中国工艺集团公司董事长周郑生一行，双方就进一步加强有关业务合作进行了交流。

谷澍副行长会见国家税务总局王道树司长一行，双方就建立和完善企业税收风险内控机制等议题进行了交流。

11月20日

党委书记姜建清主持召开第36次党委（扩大）会议，研究了机构改革、关于党的群众路线教育实践活动整改阶段有关工作、关于调整规范总行议事协调机构和临时机构等三项议题。党委副书记易会满、赵林及党委委员刘立宪、张红力、王希全、郑万春、谷澍、王敬东出席。

易会满行长会见加拿大多伦多大学校长梅瑞克·戈特勒（Meric Gertler）一行，双方就加强教育培训合作等议题进行了交流。

易会满行长主持召开会议，研究绩效考核和人员考核体系优化工作。

郑万春副行长赴北京分行进行工作调研。

11月21日

姜建清董事长赴天津参加分行党的群众路线教育实践活动专题民主生活会。

张红力副行长赴辽宁参加分行党的群众路线教育实践活动专题民主生活会。

王希全副行长赴浙江参加分行党的群众路线教育实践活动专题民主生活会。

郑万春副行长赴上海参加票据营业部党的群众路线教育实践活动专题民主生活会。

谷澍副行长赴山西分行调研营业机构核算印章综合改革情况。

易会满行长主持召开第78次专题会议，研究县域市场拓展工作思路。

11月21日－22日

赵林监事长赴贵州参加分行党的群众路线教育实践活动专题民主生活会。

刘立宪纪委书记赴青岛参加分行党的群众路线教育实践活动专题民主生活会。

11月22日

郑万春副行长会见伟创力国际有限公司全球副总裁兼司库克里斯汀·鲍文斯（Christian Bauwens）一行，双方就有关业务合作等议题进行了交流。

郑万春副行长出席投资银行业务视频会议并讲话。

谷澍副行长赴国际结算单证中心进行工作调研。

王敬东党委委员出席中国金融会计学会2013年学术年会。

11月23日

张红力副行长赴深圳参加分行党的群众路线教育实践活动专题民主生活会。

11月25日

姜建清董事长，王希全、谷澍副行长，魏国雄首席风险官听取电子银行部关于电商平台建设情况的汇报和银行卡业务部关于商户 POS 管理及风险监控情况的汇报。

姜建清董事长会见中国并购公会会长王巍一行，双方就进一步加强有关业务合作进行了交流。

易会满行长通过视频方式宣布马来西亚子行人事任免。

易会满行长主持召开会议，研究客户基础拓展工作。张红力、王希全、郑万春副行长，魏国雄首席风险官出席。

赵林监事长参加监事会办公室党的群众路线教育实践活动专题民主生活会。

刘立宪纪委书记赴长春参加长春金融研修学院党的群众路线教育实践活动专题民主生活会。

张红力副行长拜会中国人寿保险公司总裁万峰，双方就进一步加强有关业务合作进行了交流。

谷澍副行长应邀出席 2013 新浪“金麒麟”论坛并致辞。

11 月 26 日

姜建清董事长会见美国贝莱德集团主席拉里·芬克（Larry Fink）一行，双方就资本市场估值、银行差异化发展、资本市场开放、资产管理业务发展以及合作前景等议题进行了交流。

易会满行长赴上海参加分行党的群众路线教育实践活动专题民主生活会。

张红力出席“中央财政国库集中支付代理银行项目”投标仪式，并代表我行作方案陈述。

郑万春副行长会见中国有色矿业集团总经理罗涛、党委书记张克利一行，并出席双方《全面战略合作协议》签约仪式。

谷澍副行长会见银监会监管一部陈颖副主任，双方就商业银行资产管理和国际业务的发展交换了意见。

11 月 26 日 –27 日

赵林监事长赴河北参加分行党的群众路线教育实践活动专题民主生活会。

11 月 27 日

易会满行长赴四川参加分行党的群众路线教育实践活动专题民主生活会。

王希全副行长赴甘肃参加分行党的群众路线教育实践活动专题民主生活会。

郑万春副行长会见中国移动通信集团公司副总经理、总会计师薛涛海一行，双方就新形势下进一步加强银企合作进行了交流。

11 月 27 日 –28 日

赵林监事长赴江苏参加分行党的群众路线教育实践活动专题民主生活会。

11 月 28 日

姜建清董事长会见越南投资与发展银行行长潘德秀（Phan Duc Tu）一行，双方就两行发展情况以及加强互利合作进行了交流。

郑万春副行长赴新疆参加分行党的群众路线教育实践活动专题民主生活会。其间，听取了新疆分行经营管理情况的汇报，会见了新疆维吾尔自治区黄卫副主席，并赴准东能源基地调研。

王敬东党委委员出席我行与中国出版集团公司和中国出版传媒股份有限公司《战略合作协议》签约仪式并致辞。

11 月 28 日 –29 日

易会满行长、王希全副行长、魏国雄首席风险官赴四川成都出席部分分行重点工作座谈会。其间，听取了四川分行工作情况的汇报，并赴国际结算单证中心（成都）、信用卡电话服务中心（成都）调研、看望慰问干部员工；拜会了四川省委书记王东明、省委秘书长陈光志、副省长甘霖等地方党政领导。

刘立宪纪委书记赴陕西参加分行党的群众路线教育实践活动专题民主生活会。

11 月 28 日 –12 月 2 日

谷澍副行长出访香港、科威特。在香港期间，出席了 2013（第十届）中国并购年会，代表我行领取中国并购公会“2013 年杰出并购贡献奖”，并赴工银亚洲进行调研。在科威特期间，会见了科威特央行行长穆罕默德·哈旭尔（Mohamed Herschel）、中国驻科威特大使崔建春，并听取了我行驻中东各机构的工作汇报。

11 月 28 日 –12 月 4 日

张红力副行长出访墨西哥。其间，以中方主席的身份参加了“中墨企业家高级别工作组首次会议”，会见了墨西哥总统培尼亚·涅托、墨西哥石油公司总经理埃米里奥·洛索亚、ALFA 集团董事会主席阿曼多·加尔萨、中国交通建设股份有限公司总工程师孙子宇等中墨企业主要负责人。

11 月 29 日

姜建清董事长、赵林监事长、王敬东党委委员出席总行机构改革座谈会。

12 月

12 月 2 日

姜建清董事长会见国华人寿董事长刘益谦一行，双方就银保业务、电子商务合作等议题进行了交流。

赵林监事长、王希全副行长、郑万春副行长、王敬东党委委员出席总行机构改革座谈会。魏国雄首席风险官、胡浩董事会秘书参加。

刘立宪纪委书记参加监察室党的群众路线教育实践活动专题民主生活会。

魏国雄首席风险官主持召开第81次专题会议，研究进一步推进个人住房贷款分类审批工作。

12月2日－6日

易会满行长参加中组部在中央党校举办的学习习近平总书记系列讲话精神省部级干部培训班。

12月3日

姜建清董事长、郑万春副行长会见中国化工集团董事长任建新一行，双方就进一步深化银企合作进行了交流。魏国雄首席风险官陪同。

郑万春副行长应邀出席第五届“中国对外投资合作洽谈会”开幕式，并发表题为“加大金融服务支持力度、助力中国企业对外投资”主题演讲。

郑万春副行长拜会中国兵器装备集团公司副总经理兼总会计师李守武，双方就加强有关业务合作等议题进行了交流。

王敬东党委委员赴养老金业务部进行工作调研。

12月3日－5日

王希全副行长赴山西参加分行党的群众路线教育实践活动专题民主生活会。

12月3日－6日

刘立宪纪委书记参加银监会在深圳举办的2013年大型银行董事监事培训班。

12月4日

郑万春副行长出席法人客户营销系统演示汇报会。

王敬东党委委员赴管理信息部调研。

12月5日

姜建清董事长听取优先股有关工作汇报。胡浩董事会秘书参加。

王敬东党委委员赴教育部调研。

12月5日－6日

郑万春副行长赴上海出席我行与上海迪士尼度假区企业联盟签约仪式，并会见迪士尼主题乐园和度假区主席汤世德（Thomas O. Staggs）一行，双方就加强有关业务合作进行了交流。

12月6日

党委书记姜建清主持召开第37次党委（扩大）会议，审议拟提交董事会审议议案。党委副书记易会满、赵林及党委委员张红力、王希全、郑万春、谷澍、王敬东出席。

王希全副行长出席全行预算单位和国有企业公务卡业务营销推广会。

林晓轩首席信息官主持召开第80次专题会议，研究工银美国FOVA系统推广工作进展和后续安排。

12月9日

易会满行长出席2013年度全行决算工作视频会议。

易会满行长，王希全、谷澍副行长出席网点竞争力提升工作视频会。林晓轩首席信息官参加。

易会满行长、王希全副行长会见公安部政治部主任、部党组成员夏崇源一行，双方就进一步深化业务合作等议题交换了意见。

郑万春副行长主持召开第83次专题会议，传达行长周例会精神，研究相关工作。

王敬东党委委员参加外汇管理局银行贸易融资检查政策通报会。

以工银任免〔2013〕450号决定：聘任刘亚干为财务会计部总经理；解聘沈如军财务会计部总经理兼消费者权益保护办公室主任职务。

12月9日－13日

赵林监事长参加中组部在中央党校举办的学习习近平总书记系列讲话精神省部级干部培训班。

刘立宪纪委书记参加中组部委托银监会在国防大学举办的“学习贯彻习近平总书记系列讲话精神暨金融风险防范与国家安全战略研讨班”。

12月10日

王希全副行长陪同中央第23督导组组长马之庚一行赴北京分行调研党的群众路线教育实践活动开展情况和窗口服务改进情况。

王希全副行长赴产品创新管理部进行工作调研。

郑万春副行长会见美国普迈卓然执行主席、前美国参谋长联席会议副委员长威廉·欧文斯（William A. Owens）一行，双方就业务合作等议题进行了交流。

郑万春副行长会见普洛斯中国首席执行官梅志明一行，双方就仓储行业发展现状和业务合作机会进行了交流。

郑万春副行长参加人民银行货币政策委员会第四季度金融机构座谈会。

林晓轩首席信息官主持召开第82次专题会议，研究产品化改造阶段工程有关问题。

12月10日－11日

谷澍副行长赴湖北、湖南参加分行党的群众路线教育实践活动专题民主生活会。

12月10日－12日

郑万春副行长赴海南参加分行党的群众路线教育实践活动专题民主生活会。

12月10日－13日

姜建清董事长、易会满行长参加中央召开的经济工作会议和城镇化工作会议。

12月11日

王敬东党委委员会见伊利诺伊大学校长菲丽丝·怀斯女士一行，双方就进一步加强业务合作等议题进行了交流。

12月12日

王希全副行长会见中国银联总裁时文朝一行，双方就青奥会主题卡、营销资源配置、互联网金融等议题进行了交流。

谷澍副行长主持召开上海自贸区业务推进视频

会议。

12 月 13 日

王希全副行长出席中央党的群众路线教育实践活动第 29 督导组调研座谈会并发言。

郑万春副行长出席公司与法人客户营销系统推广视频会并讲话。

郑万春副行长、杨凯生同志出席特许公司银行家座谈会。

郑万春副行长、王敬东党委委员主持召开第 86 次专题会议，研究账户贵金属业务职能划分有关问题。

12 月 15 日

姜建清董事长应邀出席国际金融论坛十周年年会，并发表演讲。

12 月 16 日

党委书记姜建清主持召开第 38 次党委（扩大）会议，传达学习中央经济工作会议和城镇化工作会议精神，并结合实际研究贯彻落实意见。党委副书记易会满、赵林及党委委员刘立宪、张红力、王希全、郑万春、谷澍、王敬东出席。

党委书记姜建清主持召开第 39 次党委（扩大）会议，研究改革发展战略研讨会材料，党委副书记易会满、赵林及党委委员刘立宪、张红力、王希全、郑万春、谷澍、王敬东出席。

王希全副行长会见瑞士信贷大中华区联席首席执行官尼尔·哈维（Neil Harvey）一行，双方就进一步加强合作展开深入交流。

郑万春副行长会见东风汽车副总经理周强一行，双方就进一步加强业务合作进行了交流。

12 月 17 日

姜建清董事长主持召开董事会会议，审议通过了《关于聘任王敬东先生为中国工商银行股份有限公司副行长的议案》等 3 项议案，并听取了《关于全面启动发行优先股工作的汇报》。董事会成员易会满、刘立宪、黄钢城、洪永淼、环挥武、汪小亚、葛蓉蓉、李军、王小岚、姚中利现场出席，许善达在海南分行、麦卡锡在工银伦敦、柯清辉在工银亚洲通过视频方式出席，钟嘉年通过电话方式出席会议。赵林监事长及监事会成员，魏国雄首席风险官列席。胡浩董事会秘书参加。

姜建清董事长应邀出席纪念人民银行成立 65 周年中国金融学会学术年会并发表主题演讲。

易会满行长主持召开总行风险管理委员会 2013 年第四次会议，审议通过了《集团交易业务事前风险管理情况及建议》和《风险管理委员会 2014 年工作计划草案》等 4 项议案。刘立宪纪委书记，张红力、王希全、郑万春、谷澍副行长，王敬东党委委员、魏国雄首席风险官、林晓轩首席信息官出席。

易会满行长赴财务会计部宣布人事任命，经总行党委研究决定，刘亚干同志任财务会计部总经理。

赵林监事长主持召开会议，研究布置上级部门赴我行实地督查相关准备工作。

谷澍副行长赴电子银行中心进行工作调研。

12 月 18 日

姜建清董事长会见加拿大巴里克黄金公司新任董事长约翰·桑顿一行，双方就投资并购、融资及贵金属等领域的合作进行了交流。

姜建清董事长、郑万春副行长会见中铝集团董事长熊维平一行，双方就进一步深化银企合作进行了交流。

姜建清董事长会见德国驻华大使柯慕贤（Michael Clauss）一行，双方就中德经济顾问委员会、德国法兰克福争取人民币离岸中心、中国经济金融最新情况及发展趋势、中德银企面临的挑战与机遇、上海自贸区建设等议题进行了交流。

易会满行长、王希全副行长出席代发工资业务营销拓展工作视频会议。

易会满行长主持召开信息化银行建设工程领导小组 2013 年第二次会议暨信息科技管理委员会 2013 年第三次会议，审议通过了《信息化银行建设工程阶段性进展情况汇报》、《全行分析师队伍组建情况汇报》等 5 项议题。王希全、郑万春、谷澍副行长，王敬东党委委员、魏国雄首席风险官、林晓轩首席信息官出席。

易会满行长主持召开总行资产负债管理部 2013 年第四次会议，审议通过了《关于人民币各项存贷款内部资金转移价格调整方案的汇报》、《2013 年前三季度境内分行经济资本管理报告》等 3 项议案，审阅了前三季度流动性风险管理、利率定价管理和票据融资业务分析报告。张红力、王希全、郑万春、谷澍副行长，王敬东党委委员、魏国雄首席风险官、林晓轩首席信息官出席。

赵林监事长主持召开监事会会议，审议通过了《关于监事会对董事会、高级管理层及其成员 2013 年度履职评价实施方案的议案》等 2 项议案，听取了《关于专项检查和调研情况的汇报》等 3 项汇报。王炽曦、董娟、孟焰、张炜、李明天监事出席。

郑万春副行长会见国投公司总会计师张华一行，双方就有关业务合作进行了交流。

郑万春副行长会见日本住友商事常务执行董事佐竹彰一行，双方就扩大业务合作进行了交流。

谷澍副行长赴内控合规部进行工作调研。

12 月 19 日

姜建清董事长、易会满行长、张红力副行长出席我行与国家开发银行《全面合作协议》签字仪式，并与国开行胡怀邦董事长、郑之杰行长和袁力副行长进行会谈，双方就加强银团贷款、境外业务等方面合作交换了意见。

郑万春副行长会见武钢集团副总经理彭辰一行，双方就进一步深化银企合作进行了会谈。

郑万春副行长出席北京大学奖教金颁奖仪式。

郑万春副行长拜会中国建筑股份有限公司副总裁兼财务总监曾肇河，双方就进一步拓展业务合作领域进行了交流。

谷澍副行长主持召开总行操作风险暨内部控制管理委员会2013年第四次会议，审议通过了《2013年第三季度操作风险管理报告》等6项议案。魏国雄首席风险官出席。

林晓轩首席信息官主持召开第84次专题会议，研究业务系统用户管理工作。

12月20日－21日

总行在北京召开改革发展研讨会，深入学习贯彻党的十八届三中全会和中央经济工作会议精神，研究通过全面深化改革，破解发展中面临的各种难题，开拓持续健康发展广阔前景的新思路、新举措。姜建清董事长、易会满行长作了重要讲话。姜建清董事长在题为“全面深化改革　加快经营转型　开拓现代金融企业建设更加广阔前景”的讲话中，结合贯彻落实中央全面深化改革的各项部署，以及当前经济金融形势的深刻变化，强调指出了全行可持续发展需要着力破解的五个重大问题，明确提出了未来一个时期改革发展的目标任务和深化“八大改革”、优化“五大布局”、突出“三大战略”、强化“一个基础”的战略措施。易会满行长的讲话从促进盈利可持续增长、贯彻落实改革发展任务部署、推动信贷流程优化和信贷风险管理、优化信贷投向和结构调整、完善绩效考评体系和深化组织机构改革等五个方面，对做好明年及未来一个时期的工作作了具体部署。总行部分部门负责人和部分分行行长紧扣改革发展主题，围绕董事长和行长讲话精神，结合各自实际作了发言。会议由赵林监事长主持，总行在北京党委班子成员、董事会、监事会和高管层成员出席会议。

12月23日

党委书记姜建清主持召开第40次党委（扩大）会议，研究有关工作。党委副书记易会满、赵林及党委委员刘立宪、张红力、王希全、谷澍、王敬东出席。

易会满行长、张红力副行长出席我行与银行间市场清算所战略合作协议签约仪式，并会见银行间市场清算所董事长许臻，双方就有关业务合作进行了交流。

王敬东党委委员拜会神华集团副总经理李东，双方就企业年金业务合作等议题进行了交流。

魏国雄首席风险官主持召开第87次专题会议，研究加强金融资产服务业务代理投资风险管理有关事宜。

12月23日－24日

郑万春副行长参加中央召开的农村工作会议。

12月25日

党委书记姜建清主持召开第41次党委（扩大）会议，研究有关工作。党委副书记易会满、赵林及党委委员刘立宪、张红力、王希全、谷澍、王敬东出席。

易会满行长主持召开会议，研究绩效考核方案。

郑万春副行长主持召开第85次专题会议，研究部署近期我行与支付宝合作策略。

12月26日

姜建清董事长、易会满行长、赵林监事长、刘立宪纪委书记会见中办、国办联合现场督查组一行。

易会满行长出席中国银行业协会利率工作委员会恢复成立暨利率市场化研讨会并发言。

易会满行长主持召开总行业务与产品创新管理委员会2013年第二次会议，审议通过了《产品创新奖励评选工作报告》和《关于2014年度分行产品与业务研发项目审批及新产品备案审核授权方案的汇报》。王希全副行长出席。

易会满行长、魏国雄首席风险官研究信贷流程优化落地方案。

郑万春副行长参加财政部公私合作模式（PPP）专题研讨会。

12月26日－27日

谷澍副行长赴黑龙江分行调研涉企收费业务。

12月27日

姜建清董事长、郑万春副行长会见辽宁省陈政高省长、刘强副省长一行，双方就金融创新合作、棚户区改造、产能过剩行业整合、个体工商户的金融服务等议题交换了意见。

姜建清董事长出席由凤凰网和凤凰卫视联合举办的“2013凤凰财经峰会”，并获颁“最具改革动力金融家”奖项。

张红力副行长出席主题为“宏观形势分析与展望”的2013年度第五期（总第33期）创新沙龙，并会见演讲嘉宾中国人民银行副行长潘功胜。

王希全副行长、魏国雄首席风险官出席毕马威年度审计预审沟通会。

郑万春副行长主持召开总行市场风险管理委员会2013年第五次会议，审议通过了《关于申请调整2013年金融市场部部分交易组合和部分境内外分支机构交易账户市场风险限额的报告》等2项议案，听取了《集团市场风险管理情况汇报》等3项汇报，魏国雄首席风险官出席。

12月30日

魏国雄首席风险官、林晓轩首席信息官主持召开第88次专题会议，研究部署法人信贷业务并行流程方案。

12月31日

姜建清董事长、易会满行长、赵林监事长等全体行领导赴总行财务会计部、资产负债管理部、运行管理部、信息科技部、资产管理部、金融市场部、风险管理部亲切看望参加年终决算的干部员工。在信息科技部通过视频会议系统向在数据中心（北京）、数据中心（上海）、软件开发中心现场进行年终决算的员工们致以亲切的慰问。总行慰问结束后，姜建清、易会满、赵林、王希全、谷澍等行领导又前往北京分行基层网点和牡丹卡中心慰问参加年终决算的一线员工。在北京分行营业部，姜建清、易会满、赵林、王希全、谷澍等行领导听取了北京分行的工作汇报，充分肯定了北京分行所发挥的全行稳定器作用，高度评价了分行今年在改进服务方面所取得的成绩，期望在新的一年作出新的更大的贡献。在牡丹卡中心，姜建清董事长、赵林监事长、王希全副行长通过视频会议系统，慰问了石家庄坐席中心和成都坐席中心基层员工，对明年信用卡工作提出了殷切的期望。易会满行长、谷澍副行长在北京分行广安门樱桃园支行认真了解了网点的人员配备、客户服务、理财产品销售和自助设备使用情况，听取了分、支行和网点工作人员对我行服务工作的意见，并鼓励基层员工多提意见和建议。林晓轩首席信息官陪同参加慰问。

以工银发〔2013〕167号决定：根据中共中央组织部组任字〔2013〕250号、国务院国人字〔2013〕211号文件通知，经中国工商银行股份有限公司董事会审议通过，并经中国银行业监督管理委员会核准任职资格：王敬东任中国工商银行股份有限公司副行长。

以工银任免〔2013〕487号决定：王文彬任中国工商银行股份有限公司非洲代表处首席代表、中国工商银行股份有限公司驻南非标准银行工作小组组长（省行副行级）。刘亚干不再担任中国工商银行股份有限公司非洲代表处首席代表、中国工商银行股份有限公司驻南非标准银行工作小组组长（省行副行级），另有任用。

第九部分

附　　录

责任编辑：缪　磊

中国工商银行党委、董事、监事及高管人员名录

党委

党委书记：姜建清
党委副书记：易会满、赵林
党委委员：刘立宪、张红力、王希全、郑万春、谷澍、王敬东

董事

董事长、执行董事：姜建清
副董事长、执行董事：易会满
执行董事：刘立宪
非执行董事：汪小亚、葛蓉蓉、李军、王小岚、姚中利、傅仲君
独立非执行董事：黄钢城、M·C·麦卡锡、钟嘉年、柯清辉、洪永淼、衣锡群

监事

监事长：赵林
股东代表监事：王炽曦
外部监事：董娟、孟焰
职工代表监事：张炜、李明天

高级管理人员

行　长：易会满
副行长：张红力、王希全、郑万春、谷澍、王敬东
纪委书记：刘立宪
首席风险官：魏国雄
首席信息官：林晓轩
董事会秘书：胡浩

总行内设机构名录

办公室

主任：高志新
副主任：宋立新、刘德奇、谢泰峰、张彪、高翀、王元元、邢新华

董事会办公室

主任：钱毅
副主任：洪烨

监事会办公室

主任：王炽曦
副主任：张利群、郑剑锋、郭敏

财务会计部

总经理：刘亚干
副总经理：徐坤田、李明熙、魏茂庆、韩旭、王凤玲、吴茜、王刚

消费者权益保护办公室

副主任：李金泽、王刚

资产负债管理部

总经理：朱长法
副总经理：韩松、何邵聪、卢京华、张伟

管理信息部

总经理：郝彬
副总经理：胡铁川、张勇、张一江、郑允戬

战略管理与投资者关系部

总经理：胡浩
副总经理：邹新、宋翰乙、陈培涛

集团派驻子公司董监事办公室

主任：吴宏波
副主任：侯倩

投资银行部

总经理：刘金
副总经理：安丽艳、胡传军、张都兴、黄纪法、张小东

金融市场部

总经理：王刚
副总经理：沈士生、许金雷、唐凌云、赵传新、王海璐、王屯、杨治宇

资产管理部

资产业务总监兼总经理：陈晓燕
副总经理：马长水、胡亚冰、马俊胜

机构业务部

总经理：席德应
副总经理：张聪、史其禄、袁宏奇、胡益民、孙玉德

个人金融业务部

个人金融业务总监兼总经理：李卫平
副总经理：苑书义、肖在翔、任西明、张剑宇、

胡亚辉、应维云

资产托管部

总经理：周月秋
副总经理：王立波、王承远、肖婉如、晏秋生

养老金业务部

总经理：赵跃
副总经理：任洪琦、彭兆芝、何亚平

信贷与投资管理部

信贷业务总监兼总经理：刘子刚
副总经理：刘绍楚、魏学坤、苏宗国、黄绍辉、赵建、聂大志、殷红、宁洁

公司业务一部

总经理：乔晋声
副总经理：熊燕、郑卫东、黄梅、吕一兵、王英奎、戴莲

公司业务二部（营业部）

总经理：江涛
副总经理：王一心、刘雁萍、王巍、刘建昌、秦靖、沈敏

授信业务部

总经理：蒋玉林
副总经理：赵庆森、孙以洲、张泽跃、杨海涛、刘志、王旭

信用与投资审批部

总经理：索绪全
副总经理：徐晶、王艳秋、李建新、杨志忠、许蒙、刘元庆

风险管理部

总经理：刘瑞霞
副总经理：季景玉、武宗选、刘震、梁登祥

结算与现金管理部

总经理：许燕
副总经理：杨烈、黄叶林、王守江、郭琳

运行管理部

总经理：牛刚
副总经理：宁保琪、杨棚、毛宁、戴志华、张世皓、毛群、高军、卢学功

国际业务部

总经理：吴斌
副总经理：原擒龙（兼）、聂长雯、唐潍、敖军承、曹云川

内部审计局

局长：白涛
副局长：黄庆惠、李炳元、杨娅丽、仲安妮、贾伊宾、史晓媛、马恒山、乔峰

内控合规部

总经理：惠平
副总经理：李林、童频、闫敏、赵建骥、连工、王栋、王增科

法律事务部

总经理：张炜
副总经理：李金泽（兼）、刘湘玲、刘泽华

信息科技部

总经理：林晓轩
副总经理：张艳、毛宇星、马雁、张颖、谭路远

电子银行部

总经理：蔡东
副总经理：张立军、王嵩、陈静娴、鲁小涛

产品创新管理部

总经理：薛鸿健
副总经理：李秀媛、徐晓群、毛卫东、汪要武

人力资源部

总经理：王云桂
副总经理：张庆华、金晖、霍江、邢颖华

教育部

副总经理：杨桂琴、邵光华

监察室

主任：李明天
副主任：王彦斌、崔琪珍、韩奇、赵向军、苏万龙

保卫部

总经理：靳晓鹏
副总经理：任翠云

工会工作委员会

常务副主任：朱立飞

副主任：杨国伟

系统团委

团委书记：李群

直属党委

常务副书记：王秀山
副书记：张曙明

离退休人员管理部

总经理：冯孝凯
副总经理：李杰志、王晓岚

城市金融研究所

金融研究总监兼所长：詹向阳
副所长：樊志刚、周永发、刘彪

总行直属机构名录

牡丹卡中心

总　裁、党委书记：栾建胜
执行副总裁、党委委员：孙洪霞、龙春玲、周跃东、韩旭升、周万山、刘辉成、陈明
纪委书记、党委委员：赵力
地　址：北京市西城区宣武门西大街丙121号
邮　编：100033

私人银行部

总经理、党委书记：马健
副总经理、党委委员：徐卫东、钱斌、王华
副总经理、纪委书记、党委委员：邹慧丽
地　址：上海市中山东一路24号6楼
邮　编：200002

贵金属业务部

总经理、党委书记：周明
副总经理、纪委书记、党委委员：赵文建
副总经理、党委委员：仇奕、杨煜国
地　址：上海市中山东二路11号18楼
邮　编：200002

票据营业部

总经理、党委书记：郭伟
副总经理、党委副书记：肖小和
副总经理、党委委员：张敬伦、唐国林、王永琪
纪委书记、党委委员：吕洁
地　址：上海市虹口区天潼路133号17楼
邮　编：200080

长春金融研修学院

院　长、党委书记：陆钦
副院长、党委委员：秦永顺、项成
纪委书记、党委委员：郑向居
地　址：长春市二道区公平路448号
邮　编：130033

杭州金融研修学院

院　长、党委书记：陈华蓉
副院长、纪委书记、党委委员：王龙华
副院长、党委委员：吕香茹
地　址：杭州市西湖区留下街道屏峰888号
邮　编：310023

软件开发中心

总经理、党委书记：吕仲涛
副总经理、党委委员：朱菲菲
副总经理、党委副书记、纪委书记：李旭风
副总经理、党委委员：李金浩、伊劲松、吴绵顺、杨龙如、李兴双
地　址：珠海市唐家湾软件园路2号
邮　编：519080

数据中心（北京）

总经理、党委书记：王丽平
副总经理、党委委员：翁伟勇、李六旬、孔兵、王钧、司继平（兼）
副总经理、纪委书记、党委委员：黎万明
地　址：北京市海淀区西三旗建材东路16号
邮　编：100096

数据中心（上海）

总经理、党委书记：蒋国强
副总经理、党委委员：刘方洲、司继平、郑庆华、丁旭东、李金浩（兼）
纪委书记、党委委员：汪李应
地　址：上海市杨高北路2005号（台南西路80号）
邮　编：200131

国际结算单证中心

总经理：原擒龙
副总经理：荆仁、林清胜、李峰
地　址：北京市东城区朝阳门内大街188号鸿安商务大厦二层

邮　编：100010

总行电子银行中心

总经理：陈静娴
副总经理：吕敏、郭杨
地　址：北京市西城区德胜门外大街77号德胜国际中心D座
邮　编：100088

电子银行中心（石家庄）

总经理：马铁军
副总经理：徐志强
地　址：石家庄市桥西区时光街88号
邮　编：050081

电子银行中心（合肥）

总经理：曾建平
副总经理：戴敏
地　址：合肥市东流路999号新城国际大厦B座14楼
邮　编：230031

电子银行中心（广州）

总经理：张敬华
副总经理：陈强
地　址：广州市天河区科韵路32－34号2楼
邮　编：510665

产品创新管理部产品研发中心

总经理：毛卫东
副总经理：黄浩波、王新红
地　址：北京市海淀区西三旗建材城东路16号
邮　编：100096

各一级分行、直属分行名录

北京分行

行　长、党委书记：王珍军
副行长、党委副书记：龚萍、季爱东
副行长、党委委员：顾建纲、付捷、汪晓芳、李建民
纪委书记、党委委员：王建红
地　址：北京市西城区复兴门南大街2号（天银大厦B座）
邮　编：100031

天津分行

行　长、党委书记：华耀纲
副行长、党委副书记：张兴东
副行长、党委委员：刘惠新、张静、罗勇、王建国、张希刚、赵义民
纪委书记、党委委员：赵军
地　址：天津市河西区围堤道123号
邮　编：300074

河北分行

行　长、党委书记：许杰
副行长、党委副书记：张彦欣
副行长、党委委员：刘建民、赵增学、史立军、李明海、曾琪
纪委书记、党委委员：齐永田
地　址：石家庄市中山西路188号
邮　编：050051

山西分行

行　长、党委书记：周玮
副行长、党委委员：于晋萍、贾建强、赵象钰、牛喜军
纪委书记、党委委员：王景华
地　址：太原市迎泽大街145号
邮　编：030001

内蒙古分行

行　长、党委书记：吴宁锋
副行长、党委委员：范继忠、刘志忠、王学勇、苏新立、肖舟、涂晓光
纪委书记、党委委员：曲云军
地　址：呼和浩特市锡林北路105号
邮　编：010050

辽宁分行

行　长、党委书记：戴春林
副行长、党委委员：王洪冰、王中印、宋宁、张卫东
纪委书记、党委委员：王伟
地　址：沈阳市和平区南京北街88号
邮　编：110001

吉林分行

行　长、党委书记：鞠延强
副行长、党委副书记：马玉贤
副行长、党委委员：岳万国、周春晓、毕晓宏、赵桂德
纪委书记、党委委员：常景恩
地　址：长春市人民大街9559号
邮　编：130022

黑龙江分行

行　长、党委书记：李勇
副行长、党委副书记：张晓辛
副行长、党委委员：杨宝金、杨秀芬、张希杰、石玉龙
纪委书记、党委委员：全同友
地　址：哈尔滨市道里区中央大街218号
邮　编：150010

上海分行

行　长、党委书记：沈立强
副行长、党委委员：应俊惠、顾国明、成善栋、徐力、朱晓怡、周春明
纪委书记、党委委员：吴勇
地　址：上海市浦东大道9号
邮　编：200120

江苏分行

行　长、党委书记：黄纪宪
副行长、党委副书记：陈平
副行长、党委委员：万辉、宋建华、吴宗辉、戴巍、岳小勇、徐晓岚、王都富
纪委书记：吴宗辉（兼）
地　址：南京市中山南路408号
邮　编：210006

浙江分行

行　长、党委书记：沈荣勤
副行长、党委委员：叶定金、吴翔江、宋关昶、侯念东、张松财、杨忆
纪委书记、党委委员：刘岩方
地　址：杭州市中河中路150号
邮　编：310009

安徽分行

行　长、党委书记：常真旺
副行长、党委副书记：梁延国
副行长、党委委员：苏国庆、许益明、胡伟谊、邹平、武龙、赵洪亚
纪委书记、党委委员：朱勇
地　址：合肥市芜湖路189号
邮　编：230001

福建分行

行　长、党委书记：朱春华
副行长、党委委员：刘丹、谢少波、范国德、李良茂、王升烽、郑志伟
纪委书记：李良茂（兼）
地　址：福州市古田路108号
邮　编：350005

江西分行

行　长、党委书记：倪百祥
副行长、党委委员：罗健、张少华、邱建华、周维、姜成茂
纪委书记：邱建华（兼）
地　址：南昌市抚河北路233号
邮　编：330008

山东分行

行　长、党委书记：沈如军
副行长、党委委员：夏侯静波、李明、王跃民、崔中玉、徐光林
纪委书记、党委委员：赵树厂
地　址：济南市经四路310号
邮　编：250001

河南分行

行　长、党委书记：刘卫星
副行长、党委委员：姚虎、郭瑞海、田哲、薛文才、赵联盟、张有赋
纪委书记：姚虎（兼）
地　址：郑州市经三路99号
邮　编：450011

湖北分行

行　长、党委书记：王芝斌
副行长、党委委员：明道欣、吴代强、张金星、李峰
纪委书记、党委委员：熊红英
地　址：武汉市武昌区中北路31号
邮　编：430071

湖南分行

行　长、党委书记：张恪理
副行长、党委委员：郑子术、聂建国、李勤、张龙清
纪委书记、党委委员：邢敏
地　址：长沙市芙蓉中路一段619号
邮　编：410011

广东分行

行　长、党委书记：施刚
副行长、党委副书记：杨南昌

副行长、党委委员：沈晓东、徐守本、谢忠、李宝权
纪委书记、党委委员：卢卓雄
地　址：广州市沿江西路123号
邮　编：510120

广西分行

行　长、党委书记：黄再红
副行长、党委委员：许桂北、杨永、邵苏江、李德斌、杨军、王琦
纪委书记、党委委员：吴进
地　址：南宁市教育路15－1号
邮　编：530022

海南分行

行　长、党委书记：石琪贤
副行长、党委委员：王树慧、陈学坤、吴传武、杨若飞
纪委书记：陈学坤（兼）
地　址：海口市和平南路3号
邮　编：570203

重庆分行

行　长、党委书记：王百荣
副行长、党委委员：谢明、陈忠、贺明
纪委书记、党委委员：宋克修
地　址：重庆市南岸区江南大道9号
邮　编：400060

四川分行

行　长、党委书记：官学清
副行长、党委委员：尹尤宪、洪维刚、罗毅、王世杰、陈丹、陈汀
纪委书记、党委委员：马培雄
地　址：成都市总府路35号
邮　编：610016

贵州分行

行　长、党委书记：黄力
副行长、党委委员：吴涛、黄文晖、顾斌、张正华
纪委书记、党委委员：马俊平
地　址：贵阳市中华北路200号
邮　编：550001

云南分行

行　长、党委书记：许海
副行长、党委委员：合杰、余良、王晓东
纪委书记、党委委员：凤兆龙
地　址：昆明市青年路395号邦克大厦
邮　编：650021

陕西分行

行　长、党委书记：尚军
副行长、党委委员：刘勇、王军锋、王建设、蒋伟
纪委书记、党委委员：杨金凯
地　址：西安市东新街395号
邮　编：710004

甘肃分行

行　长、党委书记：张海琳
副行长、党委副书记：樊志成
副行长、党委委员：李昶、郭一民、何林、蒋立强、晏贵宾
纪委书记：樊志成（兼）
地　址：兰州市庆阳路408号
邮　编：730030

青海分行

行　长、党委书记：崔亮
副行长、党委委员：柴海生、李香玲、施维、张振民
纪委书记、党委委员：高得文
地　址：西宁市胜利路2号
邮　编：810001

宁夏分行

行　长、党委书记：王保林
副行长、党委委员：廉智、栗宁安
纪委书记、党委委员：唐学文
地　址：银川市黄河东路901号
邮　编：750002

新疆分行

行　长、党委书记：孙建勇
副行长、党委副书记：袁萍
副行长、党委委员：张延挺、邢雷、张家琦
纪委书记、党委委员：张脉群
地　址：乌鲁木齐市人民路231号
邮　编：830002

西藏分行

行　长、党委书记：彭正江
副行长、党委委员：格桑曲珍、刘永斌、李海臣
纪委书记：刘永斌（兼）
地　址：拉萨市城关区金珠中路31号
邮　编：850000

大连分行

行　长、党委书记：迟维君
副行长、党委委员：吕维、孙祥伟、姜晓芳、高亚林
纪委书记、党委委员：牛晓东
地　址：大连市中山区中山广场5号
邮　编：116001

青岛分行

行　长、党委书记：侯本旗
副行长、党委副书记：李波
副行长、党委委员：程青、时辉、乔霞、毛波
纪委书记、党委委员：薛德贵
地　址：青岛市市南区山东路25号
邮　编：266071

宁波分行

行　长、党委书记：俞龙
副行长、党委委员：董继松、江甬辉、蔡志文、陈霄、郑东林、郑晔
纪委书记、党委委员：严爱兵
地 址：宁波市中山西路218号
邮 编：315010

厦门分行

行　长、党委书记：崔勇
副行长、党委委员：庄伟光、苏昆山、黄立波、曾桂华、李文聪
纪委书记、党委委员：林建忠
地　址：厦门市湖滨北路17号工商银行大厦
邮　编：361012

深圳分行

行　长、党委书记：林谦
副行长、党委委员：李学民、姚玉平、周杰、李健雄、刘宇峰、骆伟华
纪委书记、党委委员：万力
地　址：深圳市罗湖区深南东路5055金融中心大厦北座
邮　编：518015

苏州分行

行　长、党委书记：徐晓岚
副行长、党委副书记：谢志华
副行长、党委委员：吴军、杨晓东、钱群、杨磊
纪委书记、党委委员：周解平
地　址：苏州市阊胥路88号
邮　编：215002

各内审分局名录

直属分局

局　长：李健飞
副局长：庞力、娜日苏、何黎平
地　址：北京市西城区丰汇园小区21号楼西北门
邮　编：100032

天津分局

局　长：林明
副局长：王世明、孔祥国、李新明
地　址：天津市河西区围堤道123号26—27层
邮　编：300074

沈阳分局

局　长：李久新
副局长：陈晓光、刘相勇
地　址：沈阳市和平区和平北大街180号
邮　编：110001

上海分局

局　长：周志方
副局长：邱仁尔、林跃武、顾红英
地　址：上海黄浦区金陵东路2号光明金融大厦
邮　编：200002

南京分局

局　长：初苏华
副局长：黄世忠、吕相军、石光清
地　址：南京市建邺区兴隆大街172－5号
邮　编：210019

武汉分局

局　长：宋士卿
地　址：武汉市中北路31号18－19层
邮　编：430071

广州分局

局　长：杨春林
副局长：于临辉、蔡文、黄泉进、孙红、陈建兴、朱荣华
地　址：广州市昌岗东路五巷23号
邮　编：510260

成都分局

局　长：荀大志

副局长：黄岗、王文胜、严盖、刘享鑫、刘健
地　址：成都市锦江区如是庵街28号
邮　编：610016

昆明分局

局　长：郁炯彦
副局长：陶云
地　址：昆明市青年路395号邦克大厦
邮　编：650011

西安分局

局　长：李志诚
副局长：水永成、相稳成、苏南宏、吴永强
地　址：西安市高新开发区高新路1号金融大厦
邮　编：710075

各一级分行营业部名录

河北分行营业部

总经理、党委书记：沈学勤
地　址：石家庄市平安南大街113号
邮　编：050021

山西分行营业部

总经理、党委书记：张强
地　址：太原市新建路86号
邮　编：030002

内蒙古分行营业部

总经理、党委书记：涂晓光
地　址：呼和浩特市新华大街15号
邮　编：010010

辽宁分行营业部

总经理、党委书记：刘静波
地　址：沈阳市沈河区友好街9号
邮　编：110013

吉林分行营业部

总经理、党委书记：赵桂德
地　址：长春市朝阳区同志街136号
邮　编：130061

黑龙江分行营业部

副总经理、党委副书记：郭红（主持工作）
地　址：哈尔滨市道里区河洛街7号
邮　编：150076

江苏分行营业部

总经理、党委书记：王都富
地　址：南京市中山南路408号
邮　编：210006

浙江分行营业部

总经理、党委书记：沈忻
地　址：杭州市庆春路90号
邮　编：150076

安徽分行营业部

总经理、党委书记：赵洪亚
地　址：合肥市潜山路320号A座
邮　编：230031

福建分行营业部

总经理、党委书记：郑志伟
地　址：福州市八一七中路600号
邮　编：350004

江西分行营业部

总经理、党委书记：江华柱
地　址：南昌市中山路206号
邮　编：330003

山东分行营业部

总经理、党委书记：朱岩峰
地　址：济南市历下区黑虎泉西路57号
邮　编：250011

河南分行营业部

总经理、党委书记：夏宗福
地　址：郑州市花园路24号
邮　编：450008

湖北分行营业部

总经理、党委书记：李峰
地　址：武汉市汉口江汉路17号
邮　编：430021

湖南分行营业部

总经理、党委书记：张 慎
地　址：长沙市五一大道465号
邮　编：410005

广东分行营业部

总经理、党委书记：沈晓东

地 址：广州市大沙头路 29 号工银大厦
邮 编：510100

广西分行营业部

总经理、党委书记：农永富
地 址：南宁市民族大道 38－2 号
邮 编：530022

四川分行营业部

总经理、党委书记：陈汀
地 址：成都市藩库街 9 号
邮 编：610016

贵州分行营业部

总经理、党委书记：蒋云志
地 址：贵阳市省府路 1 号
邮 编：550001

云南分行营业部

总经理、党委书记：倪立
地 址：昆明市五一路 164 号
邮 编：650000

陕西分行营业部

总经理、党委书记：蒋伟
地 址：西安市粉巷 23 号
邮 编：710002

甘肃分行营业部

党委书记：蒋立强
党委副书记、总经理：贝玉双
地 址：兰州市静宁路 358 号
邮 编：730030

新疆分行营业部

总经理、党委书记：文德明
地 址：乌鲁木齐市新民路 2 号
邮 编：830002

各二级分行机构名录

北京分行

分行营业部

党委书记：舒力
地 址：北京市西城区复兴门南大街 2 号（天银大厦 B 座）
邮 编：100031

东城支行

行 长、党委书记：苗鸿祥
地 址：北京市东城区东四十条 24 号
邮 编：100007

王府井支行

行 长、党委书记：郭俊
地 址：北京市东城区王府井大街 237 号
邮 编：100006

和平里支行

行 长、党委书记：张俊杰
地 址：北京市东城区和平里北街 14 号
邮 编：100013

长安支行

行 长、党委书记：杜杰
地 址：北京市西城区宣内大街乙 6 号
邮 编：100031

新街口支行

行 长、党委书记：曲琰
地 址：北京市西城区西直门内大街 143 号
邮 编：100035

南礼士路支行

行 长、党委书记：谢一平
地 址：北京市西城区阜外大街 8 号
邮 编：100037

金融街支行

行 长、党委书记：于青
地 址：北京市西城区丰汇园 11 号楼
邮 编：100032

地安门支行

行 长、党委书记：吴迎春
地 址：北京市朝阳区裕民路 12 号
邮 编：100009

崇文支行

行 长、党委书记：高平
地 址：北京市东城区永定门外大街 86 号
邮 编：100075

宣武支行

行 长、党委书记：包永康

地　址：北京市西城区广安门内大街116号
邮　编：100055

广安门支行

行　长、党委书记：尹家赪
地　址：北京市西城区广外南滨河路3号楼
邮　编：100055

珠市口支行

行　长、党委书记：张建东
地　址：北京市东城区珠市口东大街15号
邮　编：100062

朝阳支行

行　长、党委书记：储成龙
地　址：北京市朝阳区朝外大街1号
邮　编：100020

九龙山支行

行　长、党委书记：李湛
地　址：北京市朝阳区广渠路甲40号
邮　编：100022

亚运村支行

行　长、党委书记：齐兆惠
地 址：北京市朝阳区慧忠北里407号
邮　编：100012

望京支行

行　长、党委书记：张宁涛
地　址：北京市朝阳区酒仙桥路10号
邮　编：100102

商务中心区支行

行　长、党委书记：张丹云
地　址：北京市朝阳区建国路108号
邮　编：100022

海淀支行

行　长、党委书记：陶锦莉
地　址：北京市海淀区中关村东路100号
邮　编：100080

海淀西区支行

行　长、党委书记：任路平
地　址：北京市海淀区北四环西路65号
邮　编：101200

中关村支行

行　长、党委书记：王耕欣
地　址：北京市海淀区上地信息路2号
邮　编：100085

翠微路支行

行　长、党委书记：何平
地　址：北京市海淀区阜成路79号
邮　编：100036

西客站支行

行　长、党委书记：江波
地　址：北京市海淀区莲花池东路39号
邮　编：100055

丰台支行

行　长、党委书记：尹承德
地　址：北京市丰台区文体路19号
邮　编：100071

方庄支行

行　长、党委书记：贾金锡
地　址：北京市丰台区芳城园三区18号楼
邮　编：100078

经济技术开发区支行

行　长、党委书记：刘红星
地　址：北京经济技术开发区荣昌东街甲5号隆盛大厦A座二层
邮　编：100176

石景山支行

行　长、党委书记：王耀红
地　址：北京市石景山区石景山路63号
邮　编：100043

门头沟支行

行　长、党委书记：范文
地　址：北京市门头沟区新桥大街12号
邮　编：102300

房山支行

行　长、党委书记：王凯
地　址：北京市房山良乡西潞北大街32号
邮　编：102488

通州支行

行　长、党委书记：马跃进

地 址：北京市通州区新华大街155号
邮 编：101100

大兴支行

行 长、党委书记：聂建文
地 址：北京市大兴区兴政街24号
邮 编：102600

顺义支行

行 长、党委书记：梅霜
地 址：北京市顺义区石园西路
邮 编：101300

昌平支行

行 长、党委书记：王智先
地 址：北京市昌平区科技园区综合办公楼
邮 编：102200

怀柔支行

行 长、党委书记：胡贤文
地 址：北京市怀柔区商业街23号
邮 编：101400

密云支行

行 长、党委书记：卫峥
地 址：北京市密云县鼓楼南大街
邮 编：101500

平谷支行

行 长、党委书记：金恒钧
地 址：北京市平谷区府前西街14号
邮 编：101200

延庆支行

行 长、党委书记：姚毅
地 址：北京市延庆县延庆镇东大街37号
邮 编：102100

天津分行

营业部

总经理、党委书记：马明
地 址：天津市和平区赤峰道12号
邮 编：300041

和平支行

行 长、党委书记：赵洪领
地 址：天津市和平区解放路147号
邮 编：300040

新华支行

行 长、党委书记：董谦
地 址：天津市和平区西康路33号
邮 编：300051

南开支行

行 长、党委书记：葛强
地 址：天津市南开区黄河道12号
邮 编：300101

河北支行

行 长、党委书记：张筱裛
地 址：天津市河北区滨海道69号、71号、73号、75号、77号
邮 编：300010

红桥支行

行 长、党委书记：张立群
地 址：天津市红桥区大丰路西端
邮 编：300121

河西支行

行 长、党委书记：戴江
地 址：天津市河西区围堤道123号
邮 编：300074

广厦支行

行 长、党委书记：侯雨生
地 址：天津市河西区大沽路361号
邮 编：300202

河东支行

行 长、党委书记：顾建国
地 址：天津市河东区十一经路河东金融大厦
邮 编：300171

新技术产业园区支行

行 长、党委书记：何松
地 址：天津市南开区红旗路与西湖道南侧博雅轩6，7－201室、302室
邮 编：300192

津西支行

行 长、党总支书记：张运航
地 址：天津市西青开发区津港公路龙府花园4号楼

邮　编：300381

塘沽分行

党委书记：于德全
副行长：王志咏（主持工作）
地　址：天津市塘沽区新华路菜市街 1 号
邮　编：300450

开发区分行

行　长：王兆毅
党委副书记：杜晓燕
地　址：天津开发区广场东路 20 号滨海金融街 E5AB 座
邮　编：300457

保税区分行

行　长、党委书记：李景龙
地　址：天津港保税区天保大道 176 号
邮　编：300461

汉沽支行

党委书记：王健
行　长：王刚
地　址：天津市汉沽区新开中路 69 号
邮　编：300480

大港支行

行　长、党委书记：刘永辉
地　址：天津市大港区迎宾街 79 号
邮　编：300270

西青支行

行　长、党总支书记：毕堃
地　址：天津市西青区杨柳青新华道 77 号
邮　编：300380

北辰支行

行　长、党总支书记：王双宁
地　址：天津市北辰区京津路 346 号
邮　编：300400

东丽支行

行　长、党总支书记：王伯森
地　址：天津市东丽区福山路先锋路交口
邮　编：300300

津南支行

行　长、党总支书记：李林原
地　址：天津市津南区咸水沽镇体育场路 35 号
邮　编：300350

宁河支行

党总支书记：王永泰
副行长：李华金（主持工作）
地　址：天津市宁河县芦台镇商业道 59 号
邮　编：301500

武清支行

行　长、党总支书记：陈宏
地　址：天津市武清区杨村镇雍阳东道
邮　编：301700

蓟县支行

行　长、党总支书记：袁乃村
地　址：天津市蓟县兴华大街 1 号
邮　编：301900

宝坻支行

行　长、党总支书记：李强
地　址：天津市宝坻区南关大街 2 号
邮　编：301800

静海支行

行　长、党总支书记：黄诚
地　址：天津市静海镇胜利大街 21 号
邮　编：301600

国信支行

行　长、党总支书记：李云峰
地　址：天津市河西区宾泰公寓 1 门
邮　编：300061

锦州道支行

行　长、党总支书记：杨居庄
地　址：天津市和平区和平路 254 号
邮　编：300020

红旗路支行

行　长、党总支书记：孙昊
地　址：天津市南开区嘉陵道 7 号
邮　编：300113

南门外支行

副行长、党总支书记：孙强（主持工作）
地　址：天津市南开区南开三马路 173 号
邮　编：300100

黄河道支行

行 长、党总支书记：刘西泉
地 址：天津市南开区长江道万科瑞湾花园 24 号
邮 编：300112

成都道支行

行 长、党总支书记：刘鹏
地 址：天津市和平区成都道 25 号
邮 编：300050

北站支行

行 长、党总支书记：崔建光
地 址：天津市河北区中山路 22 号
邮 编：300142

民族路支行

行 长、党总支书记：刘建农
地 址：天津市河北区进步道 38 号首层
邮 编：300010

王串场支行

行 长、党总支书记：蔺津祥
地 址：天津市河北区金钟河大街 107 号
邮 编：300150

新村支行

行 长、党总支书记：张建波
地 址：天津市红桥区咸阳北路与丁字沽一号路交口
邮 编：300131

唐家口支行

副行长、党总支书记：李洋（主持工作）
地 址：天津市河东区成林道东局子 1 号战备楼 1 层、4 层、5 层
邮 编：300161

谦德庄支行

副行长、党总支书记：张明磊（主持工作）
地 址：天津市河西区汕头路与永安道交口泰达园底商
邮 编：300204

体院北支行

行 长、党总支书记：宋佳镭
地 址：天津市西青区卫津南路与丽江道交口西南侧美域商业广场 5－106－112 室、206－210 室
邮 编：300381

陈塘庄支行

行 长、党总支书记：王迪
地 址：天津市河西区大沽南路 880 号增 1 号
邮 编：300220

双水道支行

行 长、党总支书记：杨斌
地 址：天津市河西区双水道 24 号
邮 编：300222

空港经济区支行

行 长、党总支书记：王利力
地 址：天津空港物流加工区西三道 158 号金融中心 2 号楼 103 室、203 室
邮 编：300308

临港经济区支行

副行长、党总支副书记：卢永波（主持工作）
地 址：天津临港工业区渤海十二南路西侧海港创业园 18－1 号、5 号
邮 编：300452

河北分行

邯郸分行

副行长、党委副书记：刘 斌（主持工作）
地 址：邯郸市人民东路 248 号
邮 编：056002

邢台分行

行 长、党委书记：刘维柱
地 址：邢台市郭守敬北路 285 号
邮 编：054059

衡水分行

行 长、党委书记：赵相玉
地 址：衡水市人民西路 321 号
邮 编：053000

保定分行

行 长、党委书记：王爱东
地 址：保定市东风中路 1902 号
邮 编：071051

沧州分行

行 长、党委书记：卢 斌

地　址：沧州市清池南大道 13 号
邮　编：061000

承德分行

行　长、党委书记：鲍振香
地　址：承德市西大街 26 号
邮　编：067000

张家口分行

行　长、党委书记：杨力民
地　址：张家口市桥东区解放大街 20 号
邮　编：075000

唐山分行

行　长、党委书记：刘　军
地　址：唐山市新华东道 102 号
邮　编：063000

廊坊分行

行　长、党委书记：郭会科
地　址：廊坊市和平路 78 号
邮　编：065000

秦皇岛分行

行　长、党委书记：李占虎
地　址：秦皇岛市建设大街 136 号
邮　编：066000

山西分行

大同分行

行　长、党委书记：邹建文
地　址：大同市新建西路 44 号
邮　编：037044

阳泉分行

行　长、党委书记：常　江
地　址：阳泉市德胜东街 13 号
邮　编：045000

长治分行

行　长、党委书记：裴利民
地　址：长治市太行东街 167 号
邮　编：046011

晋城分行

行　长、党委书记：郭守诚
地　址：晋城市凤台西街 55 号
邮　编：048026

朔州分行

行　长、党委书记：王东山
地　址：朔州市振华西街 50 号
邮　编：036000

忻州分行

行　长、党委书记：车长春
地　址：忻州市长征西街 27 号
邮　编：034000

吕梁分行

行　长、党委书记：郝恩源
地　址：吕梁市离石区永宁东路 29 号
邮　编：033000

晋中分行

行　长、党委书记：李颖耀
地　址：晋中市榆次区迎宾路 28 号
邮　编：030600

临汾分行

行　长、党委书记：李广军
地　址：临汾市鼓楼北街 44 号
邮　编：041000

运城分行

行　长、党委书记：荆小红
地　址：运城市红旗东街 242 号
邮　编：044000

内蒙古分行

包头分行

行　长、党委书记：王化臣
地　址：包头市昆都仑区钢铁大街 46 号
邮　编：014010

鄂尔多斯分行

行　长、党委书记：谢家俊
地　址：鄂尔多斯市东胜区满都海巷北 7 号
邮　编：017000

乌海分行

行　长、党委书记：贾振山
地　址：乌海市海勃湾区人民北路 77 号
邮　编：016000

赤峰分行

行　长、党委书记：曲向泽
地　址：赤峰市红山区钢铁西街18号
邮　编：024000

通辽分行

行　长、党委书记：李宝元
地　址：通辽市科尔沁区永清大街352号
邮　编：028000

呼伦贝尔分行

行　长、党委书记：徐国君
地　址：呼伦贝尔市海拉尔区伊敏大街40号
邮　编：021008

兴安盟分行

行　长、党委书记：王晓勇
地　址：兴安盟乌兰浩特市兴安北大路90号
邮　编：137400

锡林郭勒盟分行

行　长、党委书记：张　平
地　址：锡林郭勒盟锡林浩特市察哈尔街23号
邮　编：026000

乌兰察布分行

行　长、党委书记：周慧林
地　址：乌兰察布市集宁区桥东五马路6号
邮　编：012000

巴彦淖尔分行

行　长、党委书记：刘文海
地　址：巴彦淖尔市临河区胜利路51号
邮　编：015000

阿拉善盟分行

行　长、党委书记：郑建华
地　址：阿拉善盟巴彦浩特额鲁特东路5号
邮　编：750306

满洲里分行

行　长、党委书记：刘文明
地址：满洲里市三道街4号
邮　编：021400

辽宁分行

鞍山分行

行　长、党委书记：杨　青
地　址：鞍山市铁东区二一九路32号
邮　编：114000

抚顺分行

行　长、党委书记：张学锋
地　址：抚顺市新抚区中央大街东七路4号
邮　编：113008

本溪分行

行　长、党委书记：徐言峰
地　址：本溪市平山区曙光路3号
邮　编：117000

丹东分行

副行长、党委副书记：韩基广（主持工作）
地　址：丹东市元宝区锦山大街113号
邮　编：118000

锦州分行

行　长、党委书记：李爱民
地　址：锦州市凌河区解放路五段24甲
邮　编：121000

营口分行

副行长、党委副书记：林继维（主持工作）
地　址：营口市金牛山大街西4号
邮　编：115000

阜新分行

行　长、党委书记：耿敬东
地　址：阜新市细河区解放大街8号
邮　编：123000

辽阳分行

行　长、党委书记：王金贵
地　址：辽阳市文圣区中华大街157号
邮　编：111000

铁岭分行

行　长、党委书记：孙　琦
地　址：铁岭市银州区银州路27号
邮　编：112000

朝阳分行

行　长、党委书记：郭文峰
地　址：朝阳市双塔区朝阳大街四段 3 号
邮　编：122000

盘锦分行

副行长、党委副书记：王海军（主持工作）
地　址：盘锦市兴隆台区市府大街 9 号
邮　编：124010

葫芦岛分行

行　长、党委书记：吴兴春
地　址：葫芦岛市龙港区龙湾大街 38 号
邮　编：125000

吉林分行

吉林分行

行　长、党委书记：朱评
地　址：吉林市松江路 9 号
邮　编：132011

四平分行

行　长、党委书记：李延苗
地　址：四平市铁西区英雄大路 258 号
邮　编：136000

辽源分行

行　长、党委书记：王岩
地　址：辽源市人民大街 518 号
邮　编：136200

通化分行

行　长、党委书记：史建光
地　址：通化市东昌区滨江西路 3801 号
邮　编：134000

白山分行

行　长、党委书记：丛武义
地　址：白山市通江路 2 号
邮　编：134300

白城分行

行　长、党委书记：王戈
地　址：白城市中兴东大路 10 号
邮　编：137000

松原分行

行　长、党委书记：杨谦
地　址：松原市宁江区长宁南街 2101 号
邮　编：138001

延边分行

行　长、党委书记：巨新
地　址：延吉市长白路 56 号
邮　编：133001

黑龙江分行

齐齐哈尔分行

行　长、党委书记：张余振
地　址：齐齐哈尔市龙沙区斜阳街 6 号
邮　编：161005

牡丹江分行

行　长、党委书记：冯善核
地　址：牡丹江市太平路 115 号
邮　编：157000

佳木斯分行

行　长、党委书记：张虹
地　址：佳木斯市保卫路 105 号
邮　编：154002

大庆分行

行　长、党委书记：王伟哲
地　址：大庆市萨尔图区东风路 37 号
邮　编：163001

伊春分行

行　长、党委书记：吕云彪
地　址：伊春市伊春区新兴中大街 78 号
邮　编：153000

鸡西分行

行　长、党委书记：张青武
地　址：鸡西市鸡冠区红旗大街 19 号
邮　编：158100

鹤岗分行

行　长、党委书记：马勇
地　址：鹤岗市工农区东解放路 69 号
邮　编：154101

双鸭山分行

行 长、党委书记：王松
地 址：双鸭山市尖山区六马路15号
邮 编：155100

七台河分行

行 长、党委书记：黄光伟
地 址：七台河市桃山区大同街26号
邮 编：154600

绥化分行

行 长、党委书记：梁建国
地 址：绥化市中兴西路72号
邮 编：152001

黑河分行

行 长、党委书记：魏连彬
地 址：黑河市合作区通江路工行大楼
邮 编：164300

大兴安岭分行

行 长、党委书记：李 安
地 址：加格达奇区人民路38号
邮 编：165000

上海分行

营业部

总经理、党委书记：徐晓萍
地 址：上海市中山东一路24号
邮 编：200002

第二营业部

总经理、党支部书记：洪晓岚
地 址：上海市即墨路88号
邮 编：200120

外滩支行

副行长、党总支副书记：冯雁飞（主持工作）
地 址：上海市中山东二路11号
邮 编：200002

浦东分行

行 长、党委书记：秦华
地 址：上海市浦东南路2024－2034号
邮 编：200127

静安支行

行 长、党委书记：胡霄骅
地 址：上海市康定路699号
邮 编：200040

徐汇支行

行 长、党委书记：王伟权
地 址：上海市徐汇区辛耕路133号3－6层
邮 编：200030

虹口支行

行 长、党委书记：钱勤新
地 址：上海市东大名路578号
邮 编：200080

闸北支行

行 长、党委书记：陈磊
地 址：上海市河南北路485号
邮 编：200071

卢湾支行

行 长、党委书记：王德湛
地 址：上海市淮海中路98号
邮 编：200021

黄浦支行

行 长、党委书记：周紫华
地 址：上海市四川中路346号
邮 编：200002

杨浦支行

行 长、党委书记：张毅
地 址：上海市控江路1698号
邮 编：200092

普陀支行

行 长、党委书记：徐光华
地 址：上海市普陀区大渡河路388弄5号
邮 编：200062

长宁支行

行 长、党委书记：苏岳勤
地 址：上海市延安西路318号
邮 编：200050

宝山支行

副行长、党委副书记：王睿（主持工作）

地　址：上海市松滨路318号
邮　编：200940

闵行支行

行　长、党委书记：王燕青
地　址：上海市闵行区都市路4855号2座
邮　编：201199

金山支行

副行长、党委副书记：张作学（主持工作）
地　址：上海市金山区石化卫零路558号
邮　编：200540

漕河泾开发区支行

行　长、党总支书记：李毓菖
地　址：上海市宜山路900号
邮　编：200233

虹桥开发区支行

行　长、党总支书记：张政
地　址：上海市娄山关路83号
邮　编：200336

浦东开发区支行

行　长、党委书记：吴燕芬
地　址：上海市金桥路1391号1－7层
邮　编：200129

嘉定支行

行　长、党总支书记：杨勇
地　址：上海市清河路151号
邮　编：201800

南汇支行

行　长、党总支书记：冯羽
地　址：上海市惠南镇城南路258号
邮　编：201300

奉贤支行

行　长、党总支书记：盛俊中
地　址：上海市南桥镇南中路48号
邮　编：201400

松江支行

副行长、党总支副书记：徐莹（主持工作）
地　址：上海市松江区中山二路218－228号
邮　编：201600

青浦支行

行　长、党总支书记：吴晓春
地　址：上海市青浦区城中东路485号
邮　编：201700

崇明支行

副行长、党支部副书记：雷鸣（主持工作）
地　址：上海市城桥镇南门路158号
邮　编：202150

临港支行

行　长、党支部书记：孙伟
地　址：上海市南汇区临港新城新元南路555号
邮　编：201306

张江支行

行　长、党总支书记：江齐青
地　址：上海市张江路639号
邮　编：201120

地铁支行

行　长、党支部书记：郑唐浩
地　址：上海市浦东新区银城中路488号
邮　编：200120

世博支行

行　长、党总支书记：王育松
地　址：上海市浦东新区耀华路8号
邮　编：200126

自贸区分行

副行长：周宏（主持工作）
地　址：上海市马吉路28号
邮　编：200131

江苏分行

无锡分行

行　长、党委书记：姜　乔
地　址：无锡市五爱路30号
邮　编：204031

常州分行

行　长、党委书记：张　彬
地　址：常州市延陵中路680号
邮　编：213003

南通分行

行　长、党委书记：王荣成
地　址：南通市姚港路8号
邮　编：226006

镇江分行

行　长、党委书记：张清水
地　址：镇江市中山东路407号
邮　编：212001

泰州分行

行　长、党委书记：蔡万周
地　址：泰州市青年北路188号
邮　编：225300

扬州分行

行　长、党委书记：徐纯彬
地　址：扬州市扬子江中路756号
邮　编：225009

徐州分行

行　长、党委书记：李明星
地　址：徐州市大同街31号
邮　编：221003

盐城分行

副行长、党委副书记：陈爱民（主持工作）
地　址：盐城市建军中路124号
邮　编：224001

淮安分行

行　长、党委书记：周　刚
地　址：淮安市淮海西路81号
邮　编：223001

连云港分行

行　长、党委书记：卞俊峰
地　址：连云港市海连中路118号
邮　编：222004

宿迁分行

行　长、党委书记：姜邗
地　址：宿迁市洪泽湖路71号
邮　编：223800

浙江分行

温州分行

行　长、党委书记：侯念东
地　址：温州市人民东路2号工行大厦
邮　编：325003

嘉兴分行

行　长、党委书记：陶飚
地　址：嘉兴市禾兴南路419号
邮　编：314001

湖州分行

行　长、党委书记：李强
地　址：湖州市苕溪西路258号
邮　编：313000

绍兴分行

行　长、党委书记：邵锦华
地　址：绍兴市胜利东路180号
邮　编：312000

金华分行

行　长、党委书记：赵丹蓓
地　址：金华市八一北街595号
邮　编：321000

衢州分行

行　长、党委书记：陈文伟
地　址：衢州市市区上街66号
邮　编：324000

台州分行

行长、党委书记：王国才
地　址：台州市椒江区市府大道609号
邮　编：318000

丽水分行

行　长、党委书记：徐晓伟
地　址：丽水市丽阳街555号
邮　编：323000

舟山分行

行长、党委书记：谢素薇
地　址：舟山市定海区人民南路16号
邮　编：316000

义乌分行

行　长、党委书记：沈初阳
地　址：义乌市篁园路128号
邮　编：322000

萧山分行

行　长、党委书记：施锡昌
地　址：杭州市萧山区城厢镇城河街54号
邮　编：311200

安徽分行

淮北分行

行　长、党委书记：张瑞党
地　址：淮北市人民中路192号
邮　编：235000

宿州分行

行　长、党委书记：吉道勇
地　址：宿州市淮海中路58号
邮　编：234000

蚌埠分行

行　长、党委书记：李星逸
地　址：蚌埠市中兴街95号
邮　编：233000

阜阳分行

行　长、党委书记：兰少锋
地　址：阜阳市清河东路568号
邮　编：236032

淮南分行

行　长、党委书记：沈　刚
地　址：淮南市田家庵区国庆中路287号
邮　编：232007

滁州分行

副行长、党委副书记：周晨光（主持工作）
地　址：滁州市南谯北路852号
邮　编：239000

六安分行

行　长、党委书记：杨　林
地　址：六安市解放南路79号
邮　编：237000

马鞍山分行

行　长、党委书记：李为民
地　址：马鞍山市花山区湖南东路1123号（团结广场）
邮　编：243000

芜湖分行

行　长、党委书记：钱晓东
地　址：芜湖市文化路38号
邮　编：241000

宣城分行

行　长、党委书记：曲　乐
地　址：宣城市鳌峰西路76号
邮　编：242000

铜陵分行

行　长、党委书记：李新彬
地　址：铜陵市长江东路50号
邮　编：244000

池州分行

行　长、党委书记：黄乐志
地　址：池州市秋浦西路117号
邮　编：247000

安庆分行

行　长、党委书记：王新潮
地　址：安庆市孝肃路230号
邮　编：246004

黄山分行

行　长、党委书记：张宇建
地　址：黄山市屯溪区黄山中路57号
邮　编：245000

亳州分行

行　长、党委书记：苑卫东
地　址：亳州市人民中路431号
邮　编：236800

福建分行

泉州分行

行　长、党委书记：张建明
地　址：泉州市丰泽街610号
邮　编：362000

漳州分行

行　长、党委书记：朱子群
地　址：漳州市元光南路工行大楼
邮　编：363000

三明分行

行　长、党委书记：林民荣
地　址：三明市和仁新村一幢
邮　编：365000

南平分行

行　长、党委书记：张朝阳
地　址：南平市东山路 2 号
邮　编：353000

莆田分行

行　长、党委书记：王忠
地　址：莆田市荔城大道南段 968 号
邮　编：351100

龙岩分行

行　长、党委书记：黄金坤
地　址：龙岩市九一南路 47 号
邮　编：364000

宁德分行

行　长、党委书记：高向阳
地　址：宁德市东侨区海滨 1 号
邮　编：352100

江西分行

赣州分行

行　长、党委书记：汪蔚菁
地　址：赣州市文清路 39 号
邮　编：341000

宜春分行

行　长、党委书记：陈红根
地　址：宜春市秀江中路 219 号
邮　编：336000

吉安分行

行　长、党委书记：胡小龙
地　址：吉安市吉州区井冈山大道 103 号
邮　编：343000

上饶分行

行　长、党委书记：纪英武
地　址：上饶市信州区滨江西路 25 号
邮　编：334000

抚州分行

行　长、党委书记：黄新根
地　址：抚州市赣东大道 439 号
邮　编：344000

九江分行

行　长、党委书记：曾劭群
地　址：九江市滨江路 99 号
邮　编：332000

景德镇分行

副行长、党委副书记：罗德平（主持工作）
地　址：景德镇市瓷都大道 1106 号
邮　编：333000

萍乡分行

行　长、党委书记：余钟耕
地　址：萍乡市建设西路 76 号
邮　编：337000

新余分行

行　长、党委书记：胡小金
地　址：新余市仙来东大道 269 号
邮　编：338000

鹰潭分行

行　长、党委书记：余明安
地　址：鹰潭市环城西路 1 号
邮　编：335000

山东分行

淄博分行

行　长、党委书记：王世明
地　址：淄博市张店金晶大道 158 号
邮　编：255000

枣庄分行

行　长、党委书记：盖　伟
地　址：枣庄市光明大道 2399 号
邮　编：277102

东营分行

行　长、党委书记：刘爱峰
地　址：东营市南一路278号
邮　编：257091

烟台分行

行　长、党委书记：陈国立
地　址：烟台市芝罘区海港路1号
邮　编：264000

潍坊分行

行　长、党委书记：孙长庚
地　址：潍坊市奎文区胜利东街5099号
邮　编：261031

济宁分行

行　长、党委书记：刘　磊
地　址：济宁市红星东路115号
邮　编：272017

泰安分行

行　长、党委书记：宋鲁田
地　址：泰安市财源大街135号
邮　编：271000

威海分行

行　长、党委书记：姜　宁
地　址：威海市文化西路188号
邮　编：264209

日照分行

行　长、党委书记：贾　萍
地　址：日照市黄海一路43号
邮　编：276826

莱芜分行

行　长、党委书记：许在敏
地　址：莱芜市鲁中东大街1号
邮　编：271100

临沂分行

行　长、党委书记：孙光辉
地　址：临沂市兰山区平安路135号
邮　编：276000

德州分行

行　长、党委书记：赵忠江
地　址：德州市天衢中路1561号
邮　编：253016

聊城分行

行　长、党委书记：杨　峰
地　址：聊城市昌润南路7号
邮　编：252000

滨州分行

党委副书记：王　莹（主持工作）
地　址：滨州市滨城区渤海十八路568号
邮　编：256600

菏泽分行

行　长、党委书记：冯建军
地　址：菏泽市中华路2398号
邮　编：274000

河南分行

洛阳分行

行　长、党委书记：贺伍有
地　址：洛阳市中州中路230号
邮　编：471000

开封分行

行　长、党委书记：刘明海
地　址：开封市丁角街88号
邮　编：475000

新乡分行

行　长、党委书记：马世良
地　址：新乡市和平大道88号
邮　编：453003

焦作分行

行　长、党委书记：赵凌
地　址：焦作市焦东中路23号
邮　编：454002

平顶山分行

行　长、党委书记：张延庆
地　址：平顶山市矿工中路南37号
邮　编：467000

安阳分行

行　长、党委书记：吕红晓
地　址：安阳市文峰大道中段

邮　编：455000

鹤壁分行

行　长、党委书记：丁杰
地　址：鹤壁市兴鹤大街235号
邮　编：458030

濮阳分行

行　长、党委书记：沈卫裕
地　址：濮阳市建设路16号
邮　编：457000

许昌分行

行　长、党委书记：雷晓峰
地　址：许昌市七一路88号
邮　编：461000

漯河分行

行　长、党委书记：刘志刚
地　址：漯河市黄河路692号
邮　编：462000

三门峡分行

行　长、党委书记：康广明
地　址：三门峡市崤山路中段42号
邮　编：472000

南阳分行

行　长、党委书记：温铁牛
地　址：南阳市工业路124号
邮　编：473000

驻马店分行

行　长、党委书记：关文杰
地　址：驻马店市解放路东段
邮　编：463000

商丘分行

行　长、党委书记：王海峰
地　址：商丘市文化东路569号
邮　编：476000

周口分行

行　长、党委书记：王勇
地　址：周口市工农路20号
邮　编：466000

信阳分行

行　长、党委书记：梁光德
地　址：信阳市四一路41号
邮　编：464000

济源分行

行　长、党委书记：蔡海泉
地　址：济源市宣化东街131号
邮　编：454650

湖北分行

三峡分行

行　长、党委书记：成　斌
地　址：宜昌市夷陵路89号
邮　编：443000

襄阳分行

行　长、党委书记：张　辉
地　址：襄阳市前进路69号
邮　编：441003

荆州分行

行　长、党委书记：施光军
地　址：荆州市沙市区北京中路352号
邮　编：434000

孝感分行

行　长、党委书记：陈昭旭
地　址：孝感市园林二路47号
邮　编：432000

十堰分行

行　长、党委书记：邱世杰
地　址：十堰市公园路7号
邮　编：442001

荆门分行

行　长、党委书记：肖　勇
地　址：荆门市象山一路1号
邮　编：431800

黄冈分行

行　长、党委书记：杨中林
地　址：黄冈市新港二路59号
邮　编：438000

黄石分行

行　长、党委书记：杨向敏
地　址：黄石市南京路6号

邮　编：435000

咸宁分行

行　长、党委书记：徐向东
地　址：咸宁市淦河大道66号
邮　编：437100

随州分行

行　长、党委书记：肖金萍
地　址：随州市烈山大道493号
邮　编：441300

恩施分行

行　长、党委书记：胡学理
地　址：恩施市施州大道30号
邮　编：445000

鄂州分行

行　长、党委书记：杨金祥
地　址：鄂州市武昌大道312号
邮　编：436000

湖南分行

株洲分行

行　长、党委书记：郑振华
地　址：株洲市建设南路320号
邮　编：412000

湘潭分行

行　长、党委书记：许 青
地　址：湘潭市韶山中路1号
邮　编：411000

衡阳分行

行　长、党委书记：雷东明
地　址：衡阳市解放路1号
邮　编：421001

邵阳分行

行　长、党委书记：田俊德
地　址：邵阳市红旗路389号
邮　编：422000

岳阳分行

行　长、党委书记：杨　林
地　址：岳阳市南湖大道115号
邮　编：414000

益阳分行

行　长、党委书记：陆　舟
地　址：益阳市益宾路9号
邮　编：413000

常德分行

行　长、党委书记：匡一先
地　址：常德市人民中路358号
邮　编：415000

永州分行

行　长、党委书记：徐彦杰
地　址：永州市零陵区南津南路196号
邮　编：425100

郴州分行

行　长、党委书记：任建军
地　址：郴州市北湖路27号
邮　编：423000

娄底分行

行　长、党委书记：晏正芳
地　址：娄底市乐坪东街7号
邮　编：417000

怀化分行

行　长、党委书记：杨理杰
地　址：怀化市迎丰中路569号
邮　编：418000

湘西分行

行　长、党委书记：肖新华
地 址：吉首市人民北路79号
邮　编：416000

张家界分行

行　长、党委书记：张　林
地　址：张家界市回龙路29号
邮　编：427000

广东分行

珠海分行

行　长、党委书记：周骏
地　址：珠海市吉大景山路19号工商银行大厦
邮　编：519015

汕头分行

行　长、党委书记：许长明
地　址：汕头市迎宾路 1 号工行大楼
邮　编：515041

韶关分行

行　长、党委书记：王海
地　址：韶关市建国路 2 号
邮　编：512000

河源分行

行　长、党委书记：应非
地　址：河源市沿江路 13 号
邮　编：517000

梅州分行

行　长、党委书记：林伟
地　址：梅州市嘉应东路 18 号
邮　编：514021

惠州分行

副行长：徐晓飞（主持工作）
地　址：惠州市文明 1 路 3 号
邮　编：516003

汕尾分行

行　长、党委书记：林绍生
地　址：汕尾市四马路中段
邮　编：516600

东莞分行

行　长、党委书记：罗健强
地　址：东莞市莞太路胜和路段 18 号
邮　编：523009

中山分行

行　长、党委书记：刘同朋
地　址：中山市石岐悦来南路 7 号
邮　编：528400

江门分行

行　长、党委书记：梅超
地　址：江门市港口路 93 号
邮　编：529030

佛山分行

行　长、党委书记：林耸
地　址：佛山市汾江中路 130 号
邮　编：528000

阳江分行

行　长、党委书记：洪仕芹
地　址：阳江市新江北路 488 号
邮　编：529500

湛江分行

行　长、党委书记：杜东龙
地　址：湛江市康顺路 29 号
邮　编：524043

茂名分行

行　长、党委书记：余彬
地　址：茂名市人民南路 36 号
邮　编：525000

肇庆分行

行　长、党委书记：吴伟科
地　址：肇庆市端州三路 34 号
邮　编：526040

清远分行

行　长、党委书记：吴卫权
地　址：清远市桥北一路 1 号
邮　编：511500

潮州分行

行　长、党委书记：林斌
地　址：潮州市潮州大道中段
邮　编：521000

揭阳分行

行　长、党委书记：吴楚智
地　址：揭阳市黄岐山大道
邮　编：522031

云浮分行

行　长、党委书记：刘勇
地　址：云浮市建设北路 3 号
邮　编：527300

广西分行

柳州分行

行　长、党委书记：石经克
地　址：柳州市广雅路 19 号

邮　编：545001

桂林分行

行　长、党委书记：瞿东波
地　址：桂林市中山路16号
邮　编：541001

梧州分行

行　长、党委书记：蔡　山
地　址：梧州市大学路25号
邮　编：543002

北海分行

行　长、党委书记：汪　春
地　址：北海市四川南路63号
邮　编：536000

防城港分行

行　长、党委书记：庞愈强
地　址：防城港市友谊大道11号
邮　编：535700

钦州分行

行　长、党委书记：郑志海
地　址：钦州市向阳路8号
邮　编：535000

贵港分行

行　长、党委书记：陈宇红
地　址：贵港市桂林路708号东方巴黎写字楼21－23层
邮　编：537100

玉林分行

行　长、党委书记：杨世亮
地　址：玉林市一环东路158号
邮　编：537000

百色分行

行　长、党委书记：彭桂中
地　址：百色市中山二路1号
邮　编：533000

河池分行

行　长、党委书记：余昌涛
地　址：河池市新建路74号
邮　编：547000

来宾分行

行　长、党委书记：韦柳燕
地　址：来宾市新兴路140号
邮　编：546100

崇左分行

行　长、党委书记：刘鹏
地　址：崇左市江南路42号
邮　编：532200

贺州分行

行　长、党委书记：唐国富
地　址：贺州市建设东路2号
邮　编：542800

海南分行

三亚分行

行　长、党委书记：李峰
地　址：三亚市解放路743号
邮　编：572000

洋浦分行

行　长、党委书记：符致通
地　址：海南洋浦经济开发区工商银行大厦
邮　编：578101

重庆分行

两江分行

行　长、党委书记：罗伟
地　址：重庆市江北区洋河东路9号附10号、附11号
邮　编：400023

万州分行

行　长、党委书记：文革兵
地　址：重庆市万州区白岩路81号
邮　编：404000

涪陵分行

行　长、党委书记：郭保华
地　址：重庆市涪陵区兴华中路2号
邮　编：408000

黔江分行

行　长、党委书记：陈德宏

地　址：重庆市黔江区新华大道西段 1128 号
邮　编：409000

高科技支行

行　长、党委书记：江凯
地　址：重庆市渝州路 54 号
邮　编：400039

朝天门支行

行　长、党委书记：方蕾
地　址：重庆市渝中区民族路 24 号
邮　编：400011

渝中支行

行　长、党委书记：韩忠东
地　址：重庆市渝中区民族路 177 号
邮　编：400010

江北支行

行　长、党委书记：金远明
地　址：重庆市渝北区龙溪镇加州花园 B4－4
邮　编：401147

沙坪坝支行

行　长、党委书记：赖涛
地　址：重庆市沙坪坝区小龙坎新街 78 号
邮　编：400030

九龙坡支行

行　长、党委书记：钟兴华
地　址：重庆市九龙坡区杨家坪正街 13 号
邮　编：400050

南岸支行

行　长、党委书记：雷成亮
地　址：重庆市南岸区江南大道 9 号
邮　编：400060

大渡口支行

行　长、党委书记：袁兵
地　址：重庆市大渡口区钢花路 350 号
邮　编：400084

北碚支行

行　长、党委书记：蒋勇
地　址：重庆市北碚区康宁路 60 号
邮　编：400700

巴南支行

行　长、党委书记：张克强
地　址：重庆市巴南区龙洲湾龙海大道 3 号
邮　编：400055

渝北支行

行　长、党委书记：杨溢
地　址：重庆市渝北区胜利路 53 号
邮　编：401120

永川支行

行　长、党委书记：曾涛
地　址：重庆市永川区中山大道中段 594 号
邮　编：402160

江津支行

行　长、党委书记：苏海涛
地　址：重庆江津市几江大同路 322 号
邮　编：402260

合川支行

行　长、党委书记：蔡知平
地　址：重庆合川市苏家街 3 号
邮　编：401520

长寿支行

行　长、党委书记：李红
地　址：重庆市长寿区桃源大道 6 号
邮　编：401220

北部新区支行

行　长、党委书记：张建伦
地　址：重庆市北部新区金渝大道 99 号
邮　编：401121

较场口支行

行　长、党委书记：谢红林
地　址：重庆市渝中区较场口 88 号附 1 号
邮　编：400010

南坪支行

行　长、党委书记：胡长云
地　址：重庆市南岸区南坪西路 5 号
邮　编：400060

建新北路支行

行　长、党委书记：屈蓉

地　址：重庆市江北区建新北路37号
邮　编：400020

小龙坎支行

行　长、党委书记：樊雪明
地　址：重庆市沙坪坝区凤天大道130号
邮　编：400030

两路口支行

行　长、党委书记：罗明
地　址：重庆市渝中区中山二路159号
邮　编：400014

四川分行

德阳分行

行　长、党委书记：麻旭恒
地　址：德阳市凯江路33号
邮　编：618000

绵阳分行

行　长、党委书记：王涛
地　址：绵阳市涪城区警钟街10号
邮　编：621000

广元分行

行　长、党委书记：刘远为
地　址：广元市利州东路667号
邮　编：628017

遂宁分行

行　长、党委书记：李绍平
地　址：遂宁市遂州北路159号
邮　编：629000

南充分行

行　长、党委书记：罗光平
地　址：南充市丝绸路86号
邮　编：637000

广安分行

行　长、党委书记：齐君
地　址：广安市金安大道二段1号
邮　编：638000

达州分行

副行长、党委委员：王毅（主持工作）
地　址：达州市南外镇西环路538号
邮　编：635000

巴中分行

行　长、党委书记：王鲲
地　址：巴中市江北大街中段
邮　编：636600

资阳分行

行　长、党委书记：马传勇
地　址：资阳市雁江区西门桥24号
邮　编：641300

内江分行

行　长、党委书记：刘海
地　址：内江市中区中央路48－52号
邮　编：641000

自贡分行

行　长、党委书记：柳杨
地　址：自贡市自流井区尚义灏二支路1号
邮　编：643000

泸州分行

行　长、党委书记：徐向上
地　址：泸州市迎晖路77号
邮　编：646000

宜宾分行

行　长、党委书记：张昕煜
地　址：宜宾市南岸商贸路101号
邮　编：644002

眉山分行

行　长、党委书记：姜海清
地　址：眉山市东坡区珠市西街138号
邮　编：620010

乐山分行

行　长、党委书记：林进
地　址：乐山市中区紫云后街4号
邮　编：614000

雅安分行

行　长、党委书记：郭静林
地　址：雅安市雨城区东大街17号
邮　编：625000

凉山分行

行　长、党委书记：贾林恒

地　址：西昌市航天大道28号
邮　编：615000

攀枝花分行

行　长、党委书记：余平
地　址：攀枝花市攀枝花大道东段492号
邮　编：617000

贵州分行

六盘水分行

副行长、党委书记：袁珍凡（主持工作）
地　址：六盘水市钟山区南环路59号
邮　编：553001

遵义分行

行　长、党委书记：朱鄂清
地　址：遵义市红花岗区新华路8号
邮　编：563000

安顺分行

行　长、党委书记：严发忠
地　址：安顺市东郊路18号
邮　编：561000

毕节分行

行　长、党委书记：李　文
地　址：毕节市麻园大转盘
邮　编：551700

铜仁分行

行　长、党委书记：田进朝
地　址：铜仁市共青路37号
邮　编：554300

兴义分行

行　长、党委书记：梅　亮
地　址：兴义市瑞金北路7号
邮　编：562400

凯里分行

行　长、党委书记：罗　平
地　址：凯里市北京西路31号
邮　编：556000

都匀分行

行　长、党委书记：何骏
地　址：都匀市广惠路263号
邮　编：558000

云南分行

玉溪分行

行　长、党委书记：马仁平
地　址：玉溪市玉兴路21号
邮　编：653100

曲靖分行

行　长、党委书记：平　凡
地　址：曲靖市麒麟东路6号
邮　编：655000

昭通分行

行　长、党委书记：王　焰
地　址：昭通市昭阳区学生路123号
邮　编：657000

红河分行

行　长、党委书记：刘建雄
地　址：红河州蒙自市天马路41号
邮　编：661100

文山分行

副行长、党委副书记：何志强（主持工作）
地　址：文山州文山市普阳路114号
邮　编：663000

普洱分行

行　长、党委书记：施明飞
地　址：普洱市思茅区人民西路90号
邮　编：665000

西双版纳分行

行　长、党委书记：陈丽华
地　址：西双版纳州景洪市勐遮路10号
邮　编：666100

临沧分行

行　长、党委书记：赵国明
地　址：临沧市临翔区南塘街144号
邮　编：677000

楚雄分行

行　长、党委书记：李蜀昆
地　址：楚雄州楚雄市龙泉路78号
邮　编：675000

大理分行

行　长、党委书记：李胜祥
地　址：大理州大理市下关人民街 30 号
邮　编：671000

丽江分行

行　长、党委书记：曹云生
地　址：丽江市古城区香格里大道 1071 号
邮　编：674100

迪庆分行

行　长、党委书记：彭卫红
地　址：迪庆州香格里拉县建塘镇长征大道 28 号
邮　编：674400

怒江分行

副行长、党委副书记：刘　江（主持工作）
地　址：怒江州泸水县六库镇人民路 97 号
邮　编：673100

保山分行

行　长、党委书记：刁文利
地　址：保山市隆阳区正阳北路 129 号
邮　编：678000

德宏分行

行　长、党委书记：周剑
地　址：德宏州芒市胞波路 30 号
邮　编：678400

陕西分行

铜川分行

行　长、党委书记：姚胜琦
地　址：铜川市红旗街 66 号
邮　编：727000

宝鸡分行

行　长、党委书记：尚立本
地　址：宝鸡市经二路 157 号
邮　编：721000

咸阳分行

行　长、党委书记：李　骏
地　址：咸阳市人民路中段 37 号
邮　编：721000

渭南分行

行　长、党委书记：仪彦龙
地　址：渭南市前进路中段 87 号
邮　编：714000

汉中分行

行　长、党委书记：王建安
地　址：汉中市汉台区人民路北段
邮　编：723000

安康分行

行　长、党委书记：张治国
地　址：安康市汉滨区解放路 16 号
邮　编：725000

商洛分行

副行长、党委副书记：问世雄（主持工作）
地　址：商洛市迎宾路 1 号
邮　编：726000

延安分行

副行长、党委副书记：拓雪峰（主持工作）
地　址：延安市师范路 441 号
邮　编：716000

榆林分行

行　长、党委书记：王益武
地　址：榆林市长城西路 32 号
邮　编：719000

甘肃分行

天水分行

行　长、党委书记：杨凤伟
地　址：天水市秦州区建设路 185 号
邮　编：741000

白银分行

行　长、党委书记：王　贵
地　址：白银市白银区人民路 81 号
邮　编：730900

金昌分行

行　长、党委书记：王　蓓
地　址：金昌市新华路 18 号
邮　编：737100

嘉峪关分行

行　长、党委书记：李　锋
地　址：嘉峪关市新华中路476号
邮　编：735100

酒泉分行

行　长、党委书记：汤志锋
地　址：酒泉市肃州区解放路1号
邮　编：735000

张掖分行

行　长、党委书记：周玉龙
地　址：张掖市甘州县府街99号
邮　编：734000

武威分行

行　长、党委书记：平德鸿
地　址：武威市凉州区西大街9号
邮　编：733000

定西分行

行　长、党委书记：秦　玮
地　址：安定区大什字
邮　编：743000

平凉分行

行　长、党委书记：马　煜
地　址：平凉市崆峒区西大街75号
邮　编：744000

庆阳分行

行　长、党委书记：许国军
地　址：庆阳市西大街232号
邮　编：745000

陇南分行

行　长、党委书记：蒲五斤
地　址：陇南市武都区盘旋路006号
邮　编：746000

临夏分行

行　长、党委书记：王建青
地　址：临夏市团结路50号
邮　编：731100

甘南分行

行　长、党委书记：周俊杰
地　址：甘南州合作市碌曲东路18号
邮　编：747000

矿区分行

行　长、党委书记：汤　涛
地　址：嘉裕关市和诚西路66号
邮　编：735112

场区分行

行　长、党委书记：冯　刚
地　址：兰州市27支局48信箱106号
邮　编：732750

新疆分行

伊犁哈萨克自治州分行

行　长、党委书记：谢国珍
地　址：伊宁市斯大林街39号
邮　编：835000

塔城分行

行　长、党委书记：杨　明
地　址：塔城市新华街153号
邮　编：834700

阿勒泰分行

行　长、党委书记：肖功亮
地　址：阿勒泰市金山路6号
邮　编：836500

博尔塔拉蒙古自治州分行

行　长、党委书记：霍　炜
地　址：博乐市青得里大街148号
邮　编：833400

昌吉回族自治州分行

行　长、党委书记：孙凤琴
地　址：昌吉市延安北路23号
邮　编：831100

哈密分行

行　长、党委书记：王鲁兵
地　址：哈密市中山北路22号
邮　编：839000

吐鲁番分行

行　长、党委书记：徐开明
地　址：吐鲁番市绿洲中路390号

邮　编：838000

巴音郭楞蒙古自治州分行

行　长、党委书记：兰　鸥
地　址：库尔勒市石化大道工行大厦
邮　编：841000

阿克苏分行

行　长、党委书记：孟占良
地　址：阿克苏市栏杆路24号
邮　编：843000

喀什分行

行　长、党委书记：符光毅
地　址：喀什市人民东路1号
邮　编：844000

和田分行

行　长、党委书记：曹　阳
地　址：和田市乌鲁木齐南路2号
邮　编：848000

克拉玛依石油分行

行　长、党委书记：乐成军
地　址：克拉玛依市天山路38号
邮　编：834000

石河子分行

行　长、党委书记：蔡学德
地　址：石河子市北四路23小区240号
邮　编：832000

新疆第七支行

行　长、党委书记：孟　中
地　址：乌鲁木齐21信箱456分箱
邮　编：841700

境内控股及独资子公司名录

工银瑞信基金管理有限公司

董事长：陈焕祥
监事长：王丽丽
总经理：郭特华
督察长：朱碧艳
地　址：北京市西城区金融大街丙17号北京银行大厦8层
邮　编：100140

工银金融租赁有限公司

董事长：陈焕祥
监事长：明柱亮
副董事长：范尔钢
总　裁：丛　林
地　址（天津）：天津市经济开发区广场东路20号
邮　编：300457
地　址（北京）：北京市西城区金融大街丙17号北京银行大厦10层
邮　编：100033

工银安盛人寿保险有限公司

董事长：孙持平
监事长：高　斌
总经理：张文伟
地　址：上海市浦东新区陆家嘴环路166号未来资产大厦19楼
邮　编：200120

重庆璧山工银村镇银行

董事长：李新容
行　长：刘同宇
地　址：重庆市璧山区奥康大道1号
邮　编：402760

浙江平湖工银村镇银行

董事长：徐新桥
监事长：俞方敏
行　长：岳建忠
地　址：平湖市城南西路258号
邮　编：314200

境外机构名录

工银亚洲

中国工商银行（亚洲）有限公司

Industrial and Commercial Bank of China (Asia) Limited

地址：33/F, ICBC Tower, 3 Garden Road, Central, Hong Kong
E-mail：enquiry@icbcasia.com
电话：+852 2588 1188
传真：+852 2878 7784
SWIFT：UBHKHKHH

工银国际

工银国际控股有限公司

ICBC International Holdings Limited

地址：37/F, ICBC Tower, 3 Garden Road, Central, Hong Kong

E－mail：info@ icbci. com. hk

电话：＋852 2683 3888

传真：＋852 2683 3900

SWIFT：ICBHHKHH

工银澳门

中国工商银行（澳门）股份有限公司

Industrial and Commercial Bank of China (Macau) Limited

地址：18th Floor, ICBC Tower, Macau Landmark, 555 Avenida da Amizade, Macau

E－mail：icbc@ mc. icbc. com. cn

电话：＋853 2855 5222

传真：＋853 2833 8064

SWIFT：ICBKMOMX

工银马来西亚

中国工商银行（马来西亚）有限公司

Industrial and Commercial Bank of China (Malaysia) Berhad

地址：Level 35, Menara Maxis, Kuala Lumpur City Centr, 50088 Kuala Lumpur, Malaysia

E－mail：icbcmalaysia@ icbcmalaysia. com. my

电话：＋603－2301 3399

传真：＋603－2301 3388

SWIFT：ICBKMYKL

工银印尼

中国工商银行（印度尼西亚）有限公司

PT. Bank ICBC Indonesia

地址：TCT ICBC Tower 32nd Floor, Jl. MH. Thamrin No. 81, Jakarta Pusat, 10310, Indonesia

E－mail：cs@ ina. icbc. com. cn

电话：＋62 213199 6088

传真：＋62 213199 6016

SWIFT：ICBKIDJA

工银泰国

中国工商银行（泰国）股份有限公司

Industrial and Commercial Bank of China (Thai) Public Company Limited

地址：622 Emporium Tower 11－13 Fl. Sukhumvit Rd. Khlong Ton, Khlong Toei, Bangkok 10110

E－mail：icbcthai@ icbcthai. com

电话：＋66 2629 5588

传真：＋66 2663 9300

SWIFT：ICBKTHBK

工银阿拉木图

中国工商银行（阿拉木图）股份公司

Industrial and Commercial Bank of China (Almaty) Joint Stock Company

地址：150/230, Abai/Turgut Ozal Street, Almaty, Kazakhstan. 050046

E－mail：office@ kz. icbc. com. cn

电话：＋7727 2377085

传真：＋7727 2377070

SWIFT：ICBKKZKX

工银新西兰

中国工商银行（新西兰）有限公司

Industrial and Commercial Bank of China (New Zealand) Limited

地址：Level 11, PWC Tower, 188 Quay Street, Auckland CBD, New Zealand

E－mail：info@ nz. icbc. com. cn

电话：＋64 9374 7288

传真：＋64 9374 7287

SWIFT：ICBKNZ2A

工银伦敦

中国工商银行（伦敦）有限公司

Industrial and Commercial Bank of China (London) Limited

地址：81 King William Street, London EC4N 7BG, UK

E－mail：admin@ icbclondon. com

电话：＋44 20 7397 8888

传真：＋44 20 7397 8899

SWIFT：ICBKGB2L

工银欧洲

中国工商银行（欧洲）有限公司

Industrial and Commercial Bank of China (Europe) S. A.

地址：32, Boulevard Royal, L－2449 Luxembourg

E－mail：Office@ eu. icbc. com. cn

电话：+352 2686 661

传真：+352 2686 6666

SWIFT：ICBKLULU

工银莫斯科

中国工商银行（莫斯科）股份公司

ZAO Industrial and Commercial Bank of China (Moscow)

地址：Serebriannicheskaya Naberiejnaya Street 29, First Floor, Room 46－1, 109028, Moscow, Russia

E－mail：info@ ms. icbc. com. cn

电话：+7495 2873099

传真：+7495 2873098

SWIFT：ICBKRUMM

工银加拿大

中国工商银行（加拿大）有限公司

Industrial and Commercial Bank of China (Canada) Limited

地址：Unit 3710, Bay Adelaide Centre, 333 Bay Street, Toronto, Ontario, M5H 2R2

E－mail：info@ icbk. ca

电话：+1416 366 5588

传真：+1416 607 2000

SWIFT：ICBKCAT2

工银金融

工银金融服务有限责任公司

Industrial and Commercial Bank of China Financial Services LLC

地址：1633 Broadway, 28th Floor, New York, NY, 10019

E－mail：info@ icbkus. com

电话：+001 212 993 7300

传真：+001 212 993 7349

SWIFT：ICBKUS33FIN

工银美国

中国工商银行（美国）

Industrial and Commercial Bank of China (USA) NA

地址：202 Canal Street, New York, NY 10013, USA

E－mail：info@ us. icbc. com. cn

电话：+1－212－238－8208

传真：+1－212－619－3378

SWIFT：ICBKUS3N

工银秘鲁

中国工商银行（秘鲁）有限公司

ICBC PERU Bank

地址：Av. Juan de Arona 151, San Isidro, Lima 27－Peru (Office)

Av. Petit Thouars 3470, San Isidro, Lima 27 － Peru (Business Hall)

E－mail：Gongwen@ pe. icbc. com. cn

电话：+51－1－6316801

传真：+51－1－6316803

工银巴西

中国工商银行（巴西）有限公司

Industrial and Commercial Bank of China (Brasil) S. A.

地址：Av. Faria Lima, 3477, Bloco B, 6 Andar, 04538－133, Sao Paulo

E－mail：gybx@ br. icbc. com. cn

电话：+55－11－2395 6600

传真：+55－11－2395 6600

SWIFT：ICBKBRSP

工银阿根廷

中国工商银行（阿根廷）股份有限公司

Industrial and Commercial Bank of China (Argentina) S. A.

地址：Blvd. Cecilia Grierson 355 － Piso 2 (C1107BHA) Buenos Aires, Argentina

E－mail：gongwen@ ar. icbc. com. cn

电话：0054911 4820 9018

传真：0054911 4820 1901

SWIFT：ICBKARBA

香港分行

中国工商银行股份有限公司香港分行

Industrial and Commercial Bank of China Limited, Hong Kong Branch

地址：33/F, ICBC Tower, 3 Garden Road, Central, Hong Kong

E－mail：icbchk@ icbcasia. com

电话：+852 2588 1188

传真：+852 2878 7784

SWIFT：ICBKHKHH

首尔分行

中国工商银行股份有限公司首尔分行

Industrial and Commercial Bank of China Limited, Seoul Branch

地址：16 Floor, Taepeongno Bldg. , #310, Taepeongno2－ga, Jung－gu, Seoul 100－767, Korea

E－mail：icbcseoul@ kr. icbc. com. cn

电话：+822 3788 6670

传真：+822 7553748

SWIFT：ICBKKRSE

釜山分行

中国工商银行股份有限公司釜山分行

The Industrial and Commercial Bank of China Limited, Busan Branch

地址：1st Floor, Samsung Fire & Marine Insurance Bldg. , #1205－22, Choryang－1dong, Dong－gu, Busan, 601－728, Korea

E－mail：busanadmin@ kr. icbc. com. cn

电话：+8251 4638868

传真：+8251 4636880

SWIFT：ICBKKRSEBUS

东京分行

中国工商银行股份有限公司东京分行

Industrial and Commercial Bank of China Limited, Tokyo Branch

地址：2－1 Marunouchi 1－Chome, Chiyoda－ku, Tokyo 100－0005, Japan

E－mail：icbctokyo@ icbc. co. jp

电话：+813 5223 2088

传真：+813 5219 8502

SWIFT：ICBKJPJT

新加坡分行

中国工商银行股份有限公司新加坡分行

Industrial and Commercial Bank of China Limited, Singapore Branch

地址：6 Raffles Quay #12－01 6 Raffles Quay S048580

E－mail：icbcsg@ icbc. com. sg

电话：+65 6538 1066

传真：+65 6538 1370

SWIFT：ICBKSGSG

河内分行

中国工商银行股份有限公司河内分行

Industrial and Commercial Bank of China Limited, Hanoi City Branch

地址：Daeha Business Center, No. 360, Kim Ma Str. , Ba Dinh Dist. , Hanoi, Vietnam

E－mail：liuming@ vn. icbc. com. cn

电话：+84 462698812

传真：+84 462699800

SWIFT：ICBKVNVN

卡拉奇分行

中国工商银行股份有限公司卡拉奇分行

Industrial and Commercial Bank of China Limited Karachi Branch

地址：Show Room No. G－02 & G－03 Ground Floor, Office #803－807, 8th Floor, Parsa Towers, Plot No. 31－1－A, Block 6, PECHS, Karachi

电话：+92 21 3520 8990

传真：+92 21 3520 8930

SWIFT：ICBKPKKAXXX

伊斯兰堡分行

中国工商银行股份有限公司伊斯兰堡分行

Industrial and Commercial Bank of China Limited Islamabad Branch

地址：Ground Floor, ISE Towers, 55－B, Jinnah Avenue, Blue Area, Islamabad

电话：+92 512078218

传真：+92 512078222

SWIFT：ICBKPKKAXXX

孟买分行

中国工商银行股份有限公司孟买分行

Industrial and Commercial Bank of China Limited, Mumbai Branch

地址：Level 1, East Wing, Wockhardt Tower, C－2, G Block, Bandra Kurla Complex, Bandra（E）, Mumbai－400051, INDIA

E－mail：icbcmumbai@ india. icbc. com. cn

电话：＋91 22 33155999

传真：＋91 22 33155900

SWIFT：ICBKINBBXXX

万象分行

中国工商银行股份有限公司万象分行

Industrial and Commercial Bank of China Limited, Vientiane Branch

地址：Lanexang Avenue, Home No. 12, Unit 15, Ban Hatsadee－Tai, Chanthabouly District, Vientiane Capital, Lao PDR.

E－mail：icbcvte@ la. icbc. com. cn

电话：＋856 21 258897

传真：＋856 21 258897

SWIFT：ICBKLALA

金边分行

中国工商银行股份有限公司金边分行

Industrial and Commercial Bank of China Limited, Phnom Penh Branch

地址：No. 15, Preah Norodom Boulevard, Phsar Thmey I, Duan Penh, Phnom Penh, Cambodia

电话：＋855 2396 5280

传真：＋855 2396 5268

SWIFT：ICBKKHPP

悉尼分行

中国工商银行股份有限公司悉尼分行

Industrial and Commercial Bank of China Limited, Sydney Branch

地址：Level 1, 220 George Street, Sydney NSW 2000, Australia

E－mail：info@ icbc. com. au

电话：＋612 9475 5588

传真：＋612 9233 3982

SWIFT：ICBKAU2S

纽约分行

中国工商银行股份有限公司纽约分行

Industrial and Commercial Bank of China Limited, New York Branch

地址：725 Fifth Avenue, 20th Floor, New York, NY 10022, USA

E－mail：info@ us. icbc. com. cn

电话：＋1 212 838 7799

传真：＋1 212 838 6688

SWIFT：ICBKUS33

法兰克福分行

中国工商银行股份有限公司法兰克福分行

Industrial and Commercial Bank of China Limited, Frankfurt Branch

地址：Bockenheimer Anlage 15, 60322 Frankfurt am Main, Germany

E－mail：icbc@ icbc－ffm. de

电话：＋4969 50604700

传真：＋4969 50604708

SWIFT：ICBKDEFF

卢森堡分行

中国工商银行股份有限公司卢森堡分行

Industrial and Commercial Bank of China Limited, Luxembourg Branch

地址：32, Boulevard Royal, L－2449 Luxembourg

E－mail：office@ eu. icbc. com. cn

电话：＋352 2686 661

传真：＋352 2686 6666

SWIFT：ICBKLULL

巴黎分行

中国工商银行股份有限公司巴黎分行

Industrial and Commercial Bank of China（Europe）S. A. Paris Branch

地址：73, Boulevard Haussmann, 75008, Paris

E－mail：icbcparis@ fr. icbc. com. cn

电话：＋0033 1 40 06 58 58

传真：＋0033 1 40 06 58 59

SWIFT：ICBKFRPP

阿姆斯特丹分行

中国工商银行（欧洲）有限公司阿姆斯特丹分行

Industrial and Commercial Bank of China (Europe) S. A. Amsterdam Branch

地址：Johannes Vermeer Straat 7 – 9, 1071DK Amsterdam

E – mail：icbcamsterdam@ icbc. com. cn

电话：+0031 20 570 6666

传真：+0031 20 670 2774

SWIFT：ICBKNL2A

布鲁塞尔分行

中国工商银行股份有限公司布鲁塞尔分行

Industrial and Commercial Bank of China Limited, Brussels Branch

地址：Avenue Louise 81, 1050 Brussels Belgium

E – mail：info@ be. icbc. com. cn

电话：+32 2539 8888

传真：+32 2539 8880

SWIFT：ICBKBEBB

米兰分行

中国工商银行（欧洲）股份有限公司米兰分行

Industrial and Commercial Bank of China (Europe) S. A. Milan Branch

地址：Via Tommaso Grossi 2, 20121 Milano, Italy

E – mail：icbc@ it. icbc. com. cn

电话：+39 020066 8899

传真：+39 020066 8888

SWIFT：ICBKITMM

马德里分行

中国工商银行股份有限公司马德里分行

Industrial and Commercial Bank of China Limited, Luxembourg, Sucursal en España

地址：Paseo de Recoletos, 3, 28004, Madrid, Spain

E – mail：icbc@ icbc. es

电话：+34 912168888

传真：+34 912168866

SWIFT：ICBKESMM

华沙分行

中国工商银行股份有限公司华沙分行

Industrial and Commercial Bank of China (Europe) S. A. Poland Branch

地址：Plac Trzech Krzyzy 18, 0 – 499, Warszawa, Poland

E – mail：hsfh@ pl. icbc. com. cn

电话：+48 22 278 8066

传真：+48 22 278 8090

SWIFT：ICBKPLPW

多哈分行

中国工商银行股份有限公司多哈分行

Industrial and Commercial Bank of China Limited, Doha Branch

地址：Office 1202, 12/F, Qfc Tower 1, Diplomatic Area, West Bay, Doha, Qatar

E – mail：dboffice@ dxb. icbc. com. cn

电话：+974 44968076

传真：+974 44968080

SWIFT：ICBKQAQA

阿布扎比分行

中国工商银行股份有限公司阿布扎比分行

Industrial and Commercial Bank of China Limited, Abu Dhabi Branch

地址：C903, Plot 6, Banuna Street, AL Bateen Area, Abu Dhabi, U. A. E. , P. O. Box：62108, Abu Dhabi

E – mail：dboffice@ dxb. icbc. com. cn

电话：+971 47031111

传真：+971 47031199

SWIFT：ICBKAEAA

迪拜分行

中国工商银行股份有限公司迪拜国际金融中心分行

Industrial and Commercial Bank of China Limited, Dubai (DIFC) Branch

地址：16/F, Al Kifaf Tower, Sheikah Zayed Road, Dubai, Uuited Arab Emirates

E – mail：dboffice@ dxb. icbc. com. cn

电话：+971 4703 1111

传真：+971 4703 1199

SWIFT：ICBKAEAD

非洲代表处

中国工商银行股份有限公司非洲代表处

Industrial and Cmmercial Bank of China Limited, Africa Representative Office

地址：47 Price Drive, Constantia, Cape Town, South Africa, 7806

E－mail：icbc. africa@ gmail. com

电话：＋027 212008006

传真：＋027 849450266

仰光代表处

中国工商银行股份有限公司仰光代表处

Industrial and Cmmercial Bank of China Limited, Yangon Representative Office

地址：No. 601A, 6th Floor, Sakura Tower, No. 339, Bogyoke Aung San Street, Kyauktada Township, Yangon, Myanmar

电话：＋95 1 255045

传真：＋95 1 255045

里斯本代表处

中国工商银行（澳门）股份有限公司里斯本代表处

The Industrial and Cmmercial Bank of China (Macau) Limited, Lisbon Representative Office

地址：Avenid A Duque De LouLé 123, Sala 4. 1, 1050－089 Lisbon, Portugal

E－mail：zhangyou7748@ gmail. com

电话：＋351 211541970

传真：＋351 211541972

2013年度二级分行经营效益30强

地区	分 行	按绩效得分排名	按净利润排名	按人均EVA排名	三项因素综合排名
山东	滨州	1	13	3	1
广东	中山	2	8	12	2
浙江	金华	11	2	15	3
山东	东营	3	17	9	4
广东	珠海	7	12	10	5
浙江	台州	12	5	17	6
浙江	湖州	6	18	11	7
浙江	嘉兴	15	7	16	8
江苏	常州	27	3	13	9
山东	聊城	10	26	8	10
浙江	义乌	9	35	4	11
山东	日照	5	38	6	12
广东	东莞	21	4	28	13
广东	佛山	23	1	38	14
陕西	榆林	35	23	5	15
山东	济宁	22	15	27	16
浙江	舟山	28	28	14	17
山东	潍坊	29	10	33	18
海南	三亚	4	69	2	19
广东	江门	16	21	42	20
江苏	南通	32	9	39	21
广东	惠州	36	20	26	22
山东	临沂	24	27	34	23
广东	清远	13	52	20	24
广东	揭阳	8	62	18	25
广东	汕头	14	31	44	26
广东	肇庆	18	53	21	27
山东	菏泽	20	40	36	28
四川	绵阳	34	32	30	29
河北	廊坊	47	19	35	30

2013年度城区支行经营效益40强

地区	支行	按绩效得分排名	按净利润排名	按人均EVA排名	三项因素综合排名
北京	翠微路	7	1	2	1
北京	营业部	4	10	4	2
上海	分行营业部	18	2	1	3
北京	新街口	10	3	9	4
北京	长安	27	4	8	5
上海	第二营业部	15	23	7	6
江苏	江宁	1	50	18	7
北京	海淀西区	17	8	49	8
北京	地安门	51	17	16	9
北京	南礼士路	59	5	21	10
四川	滨江	40	14	39	11
浙江	西湖	8	68	23	12
四川	春熙	28	22	50	13
北京	西客站	44	18	40	14
上海	虹桥开发区	19	42	42	15
广东	第一	34	51	24	16
贵州	中华路	42	64	5	17
北京	东城	58	13	56	18
湖北	水果湖	36	37	54	19
上海	黄浦	31	7	91	20
广东	高新	12	84	38	21
北京	海淀	43	19	75	22
北京	宣武	124	6	10	23
上海	外滩	72	41	28	24
北京	商务中心区	22	47	85	25
浙江	营业部本级	90	38	26	26
苏州	吴江	63	30	66	27
北京	朝阳	66	9	95	28
四川	东大	55	80	35	29
山东	营业部营业厅	29	140	3	30
深圳	深东	46	96	31	31
北京	中关村	53	24	97	32
青岛	市南二	32	125	22	33
苏州	相城	37	103	41	34
四川	盐市口	38	131	19	35
深圳	红围	119	45	29	36
北京	开发区	14	134	47	37
湖北	东湖	13	117	65	38
湖北	沌口	6	162	27	39
上海	闵行	45	28	123	40

2013年国际评级、主要排名及获得的主要奖项

国际评级情况

	穆迪（Moody's）	标准普尔（S&P）
长期外币存款评级	A1	A
长期外币存款评级展望	稳定	稳定
短期外币存款评级	P－1	A－1
财务实力评级（BFSR）	D＋	—
个体信用状况评级（SACP）	—	BBB
财务实力评级展望	稳定	—

主要排名

排名机构	排名	排名依据
《福布斯》	全球2 000家大公司排名第1位	按公司销售收入、利润、资产、市值四项指标综合排名
《银行家》	全球1 000家大银行排名第1位	按银行一级资本排名
《财富》	世界500强排名第29位（商业银行子榜单排名第1位）	按公司营业收入排名
明略行	全球最具价值品牌百强排名第16位（金融机构品牌第2位）	按公司品牌价值排名
中国企业联合会	中国企业500强排名第4位	按公司营业收入排名

获奖情况

境外奖项

序号	奖项名称	颁奖机构
1	香港公司管治卓越奖	香港上市公司商会
2	中国最佳银行	《欧洲货币》
3	中国最佳贵金属交易银行	
4	中国最佳投融资方案私人银行	
5	中国最佳银行	《银行家》

续表

序号	奖项名称	颁奖机构
6	中国最佳银行	《环球金融》
7	中国最佳托管银行	
8	中国最佳企业网上银行	
9	中国最佳公司银行	
10	中国最佳供应链融资提供商	
11	亚洲最佳企业银行网站	
12	亚洲最佳信息安全网上银行	
13	亚洲最佳社会化媒体网上银行	
14	亚洲最佳在线财富服务网上银行	
15	中国最佳零售银行	《亚洲银行家》
16	中国最佳大型零售银行	
17	中国最佳私人银行	
18	中国最佳支付产品	
19	中国最佳现金管理银行	
20	中国最佳合作银行	
21	中国最佳本地银行	《亚洲货币》
22	中国最佳本地银行	《财资》
23	全优公司白金奖	
24	最具潜力中国企业	
25	中国最佳现金管理银行	
26	中国最佳本地托管银行	
27	中国最佳私人银行	
28	中国最佳财富管理银行	
29	中国最佳托管银行	《全球托管人》
30	亚洲杰出董事奖	《亚洲公司治理》
31	亚洲年度杰出公司秘书	
32	亚洲公司治理指标企业奖	
33	中国大陆企业香港股市排行榜——最大市值企业大奖	《亚洲周刊》
34	中国最佳银行	《金融亚洲》
35	中国最佳私人银行	
36	最佳企业社会责任	
37	最佳派息分红	
38	中国最佳债券承销行	国际金融评论亚洲
39	中国最佳银行（风险管理及衍生品交易）	《亚洲风险》
40	中国最佳托管银行	《亚洲投资人》
41	最具社会责任感上市公司	《大公报》
42	全球竞争力品牌·中国 TOP10	美国国际数据集团
43	中国最佳呼叫中心运营奖	亚太呼叫中心联盟（APCCAL）

续表

序号	奖项名称	颁奖机构
44	最具改革动力金融家	凤凰网和凤凰卫视
45	最具价值亚洲银行品牌	Brand Finance
46	中国最佳高端产品表现奖	VISA 国际组织
47	最佳全球业务拓展奖	
48	最佳跨境交易表现奖	万事达卡国际组织
49	最佳商务卡表现奖	
50	最佳产品表现奖	
51	最佳持卡人回馈奖	

境内奖项

序号	奖项名称	颁奖机构
1	记账式国债承销优秀奖	财政部
2	储蓄国债承销优秀奖	财政部、人民银行
3	银行科技发展奖	人民银行
4	农村支付服务环境建设先进集体	
5	全国银行业金融机构小微企业金融服务先进单位	中国银监会
6	全国银行业金融机构小微企业金融服务特色产品	
7	国家金卡工程二十年优秀应用成果奖——金融 IC 卡应用工程项目	国家金卡工程协调领导小组办公室
8	全国反假货币工作先进集体	国务院反假货币工作联席会议办公室
9	全国银行间债券市场优秀结算成员	中央国债登记结算有限公司
10	银团贷款最佳业绩奖	中国银行业协会
11	年度最具社会责任金融机构奖	
12	年度社会责任最佳民生金融奖	
13	年度社会责任引领人物奖	
14	年度公益慈善优秀项目奖	
15	年度最佳社会责任特殊贡献网点奖	
16	法律工作委员会突出贡献奖	
17	中国银行业普及金融知识万里行活动最佳成效奖	
18	最佳养老金业务专业委员会主任单位奖	
19	养老金业务突出贡献单位奖	
20	最佳做市商	中国外汇交易中心
21	最佳衍生品做市商	
22	最佳竞价做市商	
23	最佳技术做市商	
24	优秀直接交易做市商	
25	即期交易优秀会员	
26	外汇市场最佳后台支持做市商奖	

续表

序号	奖项名称	颁奖机构
27	优秀结算成员	银行间市场清算所股份有限公司
28	优秀清算会员	
29	中小企业融资突出贡献奖	中国中小企业协会
30	杰出并购贡献奖	中国并购公会
31	中国最佳自建呼叫中心	中国电子商会（CTI）呼叫中心与客户关系管理专委会
32	中国最佳客户服务管理团队	中国服务贸易协会、中国信息协会联合主办
33	中国最佳客户服务中心	
34	中国最具影响力广告传播案例	中国广告协会
35	最佳电子银行	中国金融认证中心（CFCA）
36	运营管理标杆团队奖	中国金融业客服中心发展联盟
37	呼出业务标杆团队奖	
38	技术支持标杆团队奖	
39	综合业务支持标杆团队奖	
40	中国最佳网络融资服务银行	中国科学院《互联网周刊》、中国社会科学院信息化研究中心
41	中国上市公司环境责任十佳企业	中国上市公司环境责任调查行动组委会
42	全国企业管理现代化创新成果一等奖	全国企业管理现代化创新成果审定委员会
43	光明功勋奖	中华健康快车基金会
44	警银共建贡献奖	银行卡安全合作委员会
45	中国最佳呼叫中心奖	中国信息化推进联盟客户关系管理专委会
46	中国上市公司资本品牌百强	中国上市公司市值管理研究中心
47	用户满意十大电子金融（电子支付）品牌	电子商务协会
48	最佳手机银行	
49	年度突出贡献奖	
50	优秀金融类会员	上海黄金交易所
51	租借业务一等奖	
52	跨行交易贡献奖	中国银联
53	行业运营合作优秀奖	
54	业务规则及技术落地系统改造优秀奖	
55	信用卡市场营销优秀贡献奖	
56	境外发卡推广奖	
57	品牌合作突出贡献奖	
58	亚洲最佳商业银行	《21世纪经济报道》
59	最佳中资私人银行	
60	中国上市企业社会责任 TOP10	
61	最佳风险控制银行	
62	最佳现金管理银行	《财资中国》

续表

序号	奖项名称	颁奖机构
63	金牌董秘	《大众证券报》
64	最佳股东回报奖	
65	最佳公众形象奖	
66	金圆桌奖最具创新力董秘	《董事会》
67	金圆桌最佳董事会奖	
68	年度最佳零售银行	《华夏时报》
69	中国上市公司信息披露“金盾奖”	
70	最具国际视野领先性银行	
71	年度金牌托管银行	《金融理财》
72	年度卓越中资银行	《经济观察报》
73	中国最佳呼叫中心	《客户世界》
74	中国最佳零售银行	《理财周报》
75	中国最佳银行财富管理品牌	
76	中国最佳私人银行	
77	中国最佳小微金融服务品牌	
78	中国最受尊敬银行	
79	最佳信用卡	
80	中国绿色公司百强	道农研究院
81	环保清馨企业	《每日经济新闻》
82	小微金融贡献奖	
83	年度最具社会责任商业银行	
84	年度客服大奖	《南方都市报》
85	中国国有上市企业社会责任榜第二名	《南方周末》
86	中国人才发展最佳企业	《培训》
87	信息披露公司董秘奖	《上海证券报》
88	最佳现金管理品牌奖	《首席财务官》
89	最佳企业理财奖	
90	最佳基金托管银行	《投资者报》
91	最佳全国性商业银行	《银行家》（中国）
92	最佳金融服务创新奖	
93	最佳金融企业形象奖	
94	最佳信息科技商业银行	
95	最佳风险管理商业银行	
96	全国性商业银行财务评价排名第一名	
97	全国性商业银行核心竞争力排名第一名	
98	十佳金融产品营销奖	
99	十佳金融产品创新奖——零售业务	
100	十佳金融产品创新奖——对公业务	
101	十佳金融产品创新奖——工银多币种卡	

续表

序号	奖项名称	颁奖机构
102	中国证券市场“金鼎奖”	《证券日报》
103	中国最佳私人银行	《证券时报》
104	中国最佳银行理财品牌	
105	中国最佳结构性银行理财产品	
106	中国最佳固定收益类银行理财产品	
107	最佳银行投行	
108	最佳并购顾问银行	
109	最佳股权融资项目	
110	中国最佳财富管理机构	
111	中国最佳财富管理品牌	
112	中国最佳互联网金融企业	
113	中国最佳金融 APP 产品——中国工商银行手机银行客户端	
114	金融服务行业优秀公司最受投资者欢迎上市公司网站	
115	最佳投资者关系互动平台	
116	最佳商务平台网站	
117	主板百佳董秘奖	
118	卓越竞争力财富管理银行	《中国经营报》
119	卓越竞争力私人银行	
120	卓越竞争力国际业务银行	
121	卓越竞争力投资银行	
122	卓越竞争力风险管理银行	
123	最具责任感企业	《中国新闻周刊》
124	中国低碳榜样	
125	中国 E－learning 行业卓越实施奖	《中国远程教育》
126	金牛理财银行奖	《中国证券报》、金牛理财网
127	卓越银行家	《卓越理财》
128	卓越金融理财产品	
129	卓越电子银行奖	
130	卓越银行网站	
131	中国第一信用卡品牌	
132	年度零售银行	《第一财经》
133	中国企业社会责任榜优秀实践奖	
134	中国银行互联网服务——最佳创新力奖	艾瑞咨询集团
135	卓越品牌奖	中国网
136	最佳财富管理银行	
137	大学生最佳雇主 TOP50	中华英才网
138	大学生最佳雇主全国性银行业最佳雇主	
139	中国电子支付行业贡献奖	新华网

续表

序号	奖项名称	颁奖机构
140	中国最受欢迎电子银行	新浪财经
141	银行综合服务消费者满意度奖	银率网
142	贵金属业务消费者满意度奖	
143	网上银行消费者满意度奖	
144	信用卡业务消费者满意度奖	
145	金融产品与服务创新奖——工银货币基金信用卡	
146	最佳投资者关系上市公司	证券之星网站
147	最佳社会责任上市公司	
148	最具用户体验银行网站奖	
149	中国年度最佳雇主（100强）	智联招聘
150	最佳银行贵金属交易平台	东方财富网
151	最佳电子银行	
152	最佳银行网站	
153	最受尊敬上市公司领导者	和讯网
154	十大品牌银行	
155	年度最佳银行	金融界网站
156	最佳零售银行	
157	最佳现金管理银行	
158	最佳电子银行	
159	最佳社会责任奖	
160	理财产品最佳创新奖	
161	年度银行业最佳创新奖	
162	电子银行最佳安全奖	
163	电子银行手机银行用户体验奖	
164	信用卡最佳营销奖	
165	中国好雇主（金融行业综合类）	太和顾问
166	金融盛典年度银行奖	腾讯网
167	港股100强（综合实力十强）	
168	年度最受欢迎信用卡	

2013 年全行性的重要评比或评奖活动结果

全国五一劳动奖状

浙江义乌分行

全国“工人先锋号”

深圳分行红围支行营业部贵宾理财中心
广东中山分行张家边支行

全国五一劳动奖章

陈铁钢　辽宁分行沈阳北市支行客户经理
姚　斌　安徽分行营业部小企业金融业务部经理

全国巾帼文明岗

江苏徐州鼓楼支行营业室
广东分行营业部北京路支行市场发展部
重庆渝中支行解放碑财富管理中心
宁夏银川临湖支行

全国巾帼建功标兵

蒋绮芳　厦门鹭江支行副行长

全国模范职工之家

江苏分行营业部
湖南娄底分行
云南大理分行

全国模范职工小家

甘肃静宁支行
新疆霍城支行

全国职工职业道德建设先进单位

广东中山分行高新技术开发区支行

全国职工职业道德建设先进个人

朱东亮　宁夏分行结算与机构业务部总经理